Dominando Oracle

programação avançada

Thomas Kyte

Tradução
Savannah Hartmann

RevisãoTécnica
Alfredo Dias da Cunha Júnior

EDITORA
CIÊNCIA MODERNA

Do original

Expert One-on-One Oracle

© 2001 Wrox Press

All rights reserved. No part of this book may be reproduced, stored in retrieval system or transmitted in any form or by any means, without the prior written permission of the Publisher, except in the case of brief quotation embodied in critical articles or reviews.

©Editora Ciência Moderna Ltda. 2002

Todos os direitos para a língua portuguesa reservados pela EDITORA CIÊNCIA MODERNA LTDA.

Nenhuma parte deste livro poderá ser reproduzida, transmitida e gravada, por qualquer meio eletrônico, mecânico, por fotocópia e outros, sem a prévia autorização, por escrito, da Editora.

Editor: Paulo André P. Marques

Supervisão Editorial: Carlos Augusto L. Almeida

Produção Editorial: Tereza Cristina N. Q. Bonadiman

Capa: Amarílio Bernard

Diagramação e Digitalização de Imagens: Patricia Seabra

Tradução: Savannah Hartmann

Revisão: Cyntia Motta

Revisão Técnica: Alfredo Dias da Cunha Júnior

Assistente Editorial: Daniele M. Oliveira

Várias **Marcas Registradas** aparecem no decorrer deste livro. Mais do que simplesmente listar esses nomes e informar quem possui seus direitos de exploração, ou ainda imprimir os logotipos das mesmas, o editor declara estar utilizando tais nomes apenas para fins editoriais, em benefício exclusivo do dono da Marca Registrada, sem intenção de infringir as regras de sua utilização.

FICHA CATALOGRÁFICA

Kyte, Thomas
Dominando Oracle: programação avançada
Rio de Janeiro: Editora Ciência Moderna Ltda., 2002.

Programação de banco de dados; Oracle
I — Título

ISBN: 85-7393-186-8   CDD 001642

Editora Ciência Moderna Ltda.

Rua Alice Figueiredo, 46

CEP: 20950-150, Riachuelo – Rio de Janeiro – Brasil

Tel: (0XX21) 2201-6662/2201-6492/2201-6511/2201-6998

Fax: (0XX21) 2201-6896/2281-5778

E-mail: lcm@lcm.com.br

Informações sobre marcas registradas mencionadas neste livro

A Wrox Press se esforçou ao máximo para fornecer informações sobre os produtos e serviços cujas marcas registradas são apresentadas no decorrer do livro, usando letras maiúsculas para indicá-las. Entretanto, não garantimos a precisão absoluta dessas informações.

Créditos da edição original em inglês

Autor
Thomas Kyte

Material Adicional
Joel Kallman
David Knox
Mark Piermarini

Gerente de Categoria
Paul Cooper

Arquiteto Técnico
Tony Davis

Editores Técnicos
Mankee Cheng
Mohammed Rfaquat

Agente do Autor
Tony Berry

Administradores do Projeto
Chandima Nethisinghe
Claire Robinson

Indexador
Andrew Criddle

Projeto de Capa
Chris Morris

Fotografia de Capa
Neil Steinberg

Revisores Técnicos
Steve Adams
Alice Backer
Christopher Beck
Robert Chang
Daryl Collins
Sean Dillon
Nikolay Fiykov
Mark Gokman
Chaim Katz
Oleg Khaikine
Perrumal Krishnaraj
Jonathan Lewis
Eric L. Ma
Tyler Muth
Sumit Pal
Brian Peasland
John Roberts

Gerente de Produção
Simon Hardware

Coordenador de Produção
Mark Burdett

Assistente de Produção
Abbie Forletta

Ilustrações
Paul Grove

Revisores de provas
Fiona Berryman
Five Locker
Miriam Robinson

O autor

Eu sou Tom Kyte. Tenho trabalhado em Oracle desde a versão 7.0.9 (isto é, 1993, para aqueles que não marcam o tempo pelas versões de Oracle). No entanto, tenho trabalhado *com* Oracle desde a versão 5.1.5c (a única versão de usuário de US$99.00 para DOS em disquetes de 360 KB). Antes de vir trabalhar na Oracle, trabalhei mais de seis anos como integrador de sistemas, montando bancos de dados e aplicativos em grande escala, heterogêneos, a maioria para clientes militares e governamentais. Atualmente, gasto a maior parte do meu tempo trabalhando com banco de dados com Oracle e, mais especificamente, ajudando as pessoas que estão usando o banco de dados Oracle. Trabalho diretamente com os clientes, seja especificando e montando seus sistemas ou, com mais freqüência, ajudando-os a remontá-los e sintonizá-los (sendo 'sincronizar', freqüentemente, um sinônimo de remontar). Além disso, sou o Tom por trás de 'AskTom' na Oracle Magazine, respondendo às perguntas das pessoas sobre banco de dados e ferramentas Oracle. Em um dia típico, recebo e respondo entre 30 e 40 perguntas em http://asktom.oracle.com. A cada dois meses, publico uma 'melhor de' na revista (todas as perguntas feitas estão disponíveis na Web — armazenadas em um banco de dados Oracle, claro). Basicamente, gasto muito do meu tempo auxiliando as pessoas a serem bem-sucedidas com o banco de dados Oracle. Ah, claro, nas minhas horas de folga, monto aplicativos e desenvolvo software na própria Oracle Corporation.

Este livro é um reflexo do que faço no dia a dia. O material contido cobre tópicos e perguntas com as quais vejo as pessoas lutando a cada dia. Esses aspectos são cobertos sob uma perspectiva de "Quando uso isso, faço dessa forma". É o resultado de muitos anos de experiência usando o produto, em uma miríade de situações.

Agradecimentos

Gostaria de agradecer a muitas pessoas por me ajudarem a completar este livro. Na Oracle, trabalho com as melhores e mais brilhantes pessoas que já conheci, e todos contribuíram, de uma maneira ou de outra. Especificamente, gostaria de agradecer a Joel Kallman pela sua ajuda no desenvolvimento da seção interMedia deste livro. Ao trabalhar na 'AskTom', freqüentemente busco a ajuda de Joel nessa área — ele é 'o homem' quando se trata de interMedia e tecnologias correlatas. Eu também gostaria de agradecer a David Knox pela sua ajuda no desenvolvimento de exemplos baseados em SSL na seção UTL_HTTP. Sem a sua presteza e disposição em me ajudar a descobrir tudo, tal seção não existiria. Por fim, gostaria de agradecer a todos com quem trabalhei, pelo apoio durante a organização da escrita deste livro. Custou muito mais tempo e energia do que eu supunha, e agradeço a flexibilidade deles com relação a isso. Em especial, gostaria de agradecer a Tim Hoechst e Mike Hichwa, com quem trabalhei e conheço há quase dez anos — o constante questionamento e a força deles me ajudaram a descobrir coisas que nunca teria pensado em investigar por mim mesmo.

Também gostaria de agradecer às pessoas que usam o software Oracle e que fazem tantas perguntas tão boas. Sem elas, eu nunca teria pensado em escrever este livro. Muito do que se encontra aqui é resultado direto de alguém me perguntando 'como' ou 'por que', em uma ocasião ou outra.

Finalmente, e mais importante, gostaria de reconhecer o incessante apoio que recebi de minha família. Sei que você deve ser importante para alguém quando ouve 'mas pai, por que você ainda está escrevendo aquele livro?', mais ou menos pela centésima vez. Sem o contínuo apoio de minha esposa Lori, filho Alan e filha Megan, não vejo como teria terminado isto.

Sumário

Introdução 1

    Sobre o que é este livro 1
    A quem se destina este livro? 1
    Como este livro é estruturado 2
        Como entender o banco de dados 3
        Estruturas e utilitários de banco de dados 4
        Desempenho 4
        Recursos SQL avançados 5
        Ampliação 5
        Segurança 6
        Apêndices 6
    Convenções 6
    Suporte ao cliente 7
        Código-fonte e atualizações 7
        Errata 7

Preparação 9

    Inicialização do esquema SCOTT/TIGER 9
    O ambiente SQL*PLUS 10
        Inicialização de AUTOTRACE em SQL*PLUS 11
        Compiladores C 13
    Convenções de codificação 13
    Outros aspectos 13

Capítulo 1 - Como desenvolver aplicativos Oracle com sucesso 15

    A minha abordagem 16
    A abordagem da caixa-preta 16
    Como (e como não) desenvolver aplicativos de banco de dados 19
        Como entender a arquitetura de Oracle 19
        Como entender o controle de consecução 24
        Independência de banco de dados? 30
        Como faço para ele executar mais depressa? 38
        O relacionamento DBA-Desenvolvedor 40
    Resumo 40

Capítulo 2 - Arquitetura 43

O servidor 43
Os arquivos 48
    Arquivos de parâmetro 49
    Arquivos de dados 50
    Arquivos temporários 53
    Arquivos de controle 54
    Arquivos redo log 54
    Envolvimento de arquivos 57
As estruturas de memória 57
    PGA e UGA 57
    SGA 61
    Envoltório de estruturas de memória 69
Os processos 69
    Processos de servidor 70
    Processos de background 74
    Processos escravos 80
Resumo 81

Capítulo 3 - Bloqueio e consecução 83

O que são bloqueios? 83
Aspectos de bloqueio 85
    Perda de atualizações 85
    Bloqueio 88
    Impasses 88
    Bloqueio progressivo 91
Tipos de bloqueio 92
    Bloqueios DML 93
    Bloqueios DDL 98
    Engates e bloqueios internos (enfileirados) 101
    Bloqueio manual e bloqueios definidos por usuário 101
O que é controle de consecução? 102
    Níveis de isolamento de transação 102
    Leitura não comprometida (READ UNCOMMITTED) 103
    Leitura comprometida (READ COMMITTED) 105
    Leitura repetível (REPEATABLE READ) 106
    SERIALIZABLE 108
    Transações apenas de leitura 109
Resumo 110

Capítulo 4 - Transações 111

Declarações de controle de transação 111
Restrições de integridade e transações 116
Maus hábitos de transação 118
Transações distribuídas 122
Refazer e retornar 124
Resumo 127

Capítulo 5 - Refazer e retornar 129

   Redo 129
      O que faz um COMMIT? 129
      O que realmente um ROLLBACK faz? 130
      Quanto de redo estou gerando? 134
      Posso desativar a geração de redo log? 135
      Não posso alocar um novo registro? 143
      Limpeza de bloco 145
      Contenção de registro 146
      Tabelas temporárias e redo/rollback 149
      Como analisar redo 151
   Rollback 153
      O que gera mais/menos undo? 153
      SET TRANSACTION 153
      'ORA-01555: snapshot too old' 154
   Resumo 154

Capítulo 6 - Tabelas de banco de dados 163

   Tipos de tabelas 165
   Terminologia 165
      Marca d'água em relevo 166
      FREELISTS 167
   PCTFREE e PCTUSED 167
      Inicial, próximo e PCTINCREASE 169
      MINEXTENTS e MAXEXTENTS 174
      LOGGING e NOLOGGING 175
      INITRANS e MAXTRANS 175
   Tabela organizada por acúmulo 175
   Tabelas organizadas por índices 175
   Tabelas organizadas por índice envolvido 178
   Tabelas indexadas em grupo 189
   Tabelas de índice agrupado envolvidas 189
   Tabelas de grupos residuais 195
   Grupos residuais envolvidos 195
   Tabelas aninhadas 202
      Sintaxe de tabelas aninhadas 203
      Armazenagem de tabela aninhada 203
   Tabelas aninhadas envolvidas 210
   Tabelas temporárias 212
      Tabela temporária envolvida 213
   Tabelas de objeto 219
      Tabela de objeto envolvida 219
   Resumo 225

Capítulo 7 - Índices 227

   Uma visão geral dos índices de Oracle 227
   Índices B*Tree 229
      Índices de chave inversa 232
      Índices descendentes 233
      Quando você deve usar um índice B*Tree? 234

Envoltório de B*Trees 240
Índices bitmap 240
    Quando você deve usar um índice bitmap? 242
Envoltório de índices bitmap 243
Índices baseados em função 243
    Detalhes importantes de implementação 243
    Exemplo de índice baseado em função 244
    Advertência 250
Envoltório de índice baseado em função 251
Índices de aplicativo de domínio 251
Envoltório de índices de aplicativo de domínio 252
Perguntas feitas com freqüência sobre índices 252
    Por que os índices trabalham em vistas? 252
    Índices e nulos 253
    Índices em chaves estrangeiras 255
    Por que o meu índice não está sendo usado? 256
    Os meus índices estão sendo usados? 260
    Mito: o espaço nunca é reutilizado em um índice 261
    Mito: os elementos mais discriminados devem ser os primeiros 263
Resumo 265

Capítulo 8 - Importação e exportação 267

Um exemplo rápido 267
Por que você deve usar IMP e EXP 268
    Detectar corrupção 269
    Como extrair DDL 269
    Cópia de esquemas 269
    Transporte de espaços de tabela 269
    Remontagem de cópias 269
    Como copiar dados entre plataformas 270
Como eles trabalham 270
    As opções 270
    Grandes exportações 273
    Como fazer um subconjunto de dados 276
    Transporte de dados 277
    Como obter a DDL 281
    Backup e recuperação 286
    IMP/EXP não é (mais) uma ferramenta da reorganização 287
    Como importar em estruturas diferentes 287
    Exportações de caminho direto 291
Advertências e erros 291
    Clonagem 292
    Como usar IMP/EXP através de versões 298
    Onde foram os meus índices? 298
    Nome versus restrições padrão nomeadas 300
    Aspectos de National Language Support (NLS) 303
    Tabelas se estendendo por múltiplos espaços de tabela 304
Resumo 308

Capítulo 9 - Carregamento de dados 309

    Uma introdução a SQL*LOADER 309
    Como 314
        Carga de dados delimitados 314
        Carregamento de dados de formato fixo 316
        Carregamento de dados 318
        Carregamento de dados usando seqüências e outras funções 319
        Atualização de fileiras existentes e inserção de novas fileiras 323
        Carregamento de entrada de dados no estilo de relatório 325
        Carregamento de um arquivo em um campo LONG RAW ou LONG 327
        Carregamento de dados com novas linhas embutidas 328
        Como descarregar dados 336
        Carga de LOBs 344
        Carregamento de VARRAYS/tabelas aninhadas com SQLLDR 352
        Chamada a SQLLDR a partir de um procedimento armazenado 355
    Advertências 358
        Você não pode pegar um segmento de retorno para usar 359
        TRUNCATE parece trabalhar diferentemente 359
        SQLLDR padroniza para CHAR(255) 359
        Linha de comando sobregrava o arquivo de controle 359
    Resumo 359

Capítulo 10 - Sintonização de estratégias e ferramentas 361

    Identificação do problema 361
    A minha abordagem 363
        Sintonização é uma coisa constante 363
    Ligação de variáveis e análise (de novo) 367
        Estou usando ligação de variáveis? 378
    Ligação de variáveis e envoltório de análise 380
    SQL_TRACE, TIMED_STATISTICS e TKPROF 380
        Configuração de busca 381
        Como usar e interpretar a saída de TKPROF 383
        Como usar e interpretar arquivos brutos de rastreio 391
    Envoltório de SQL_TRACE, TIMED_STATISTICS e TKPROF 400
    DBMS_PROFILER 400
    Instrumentação 401
    StatsPack 402
        Configuração de StatsPack 403
        Envoltório de StatsPack 417
    Tabelas V$ 418
        V$EVENT_NAME 418
        V$FILESTAT e V$TEMPSTAT 418
        V$LOCK 418
        V$MYSTAT 419
        V$OPEN_CURSOR 420
        V$PARAMETER 421
        V$SESSION 421
        V$SESSION_EVENT 423
        V$SESSION_LONGOPS 423
        V$SESSION_WAIT 423
        V$SESSTAT 423

V$SESS_IO 423
VSQL, VSQLAREA 423
V$STATNAME 424
V$SYSSTAT 424
V$SYSTEM_EVENT 424
Resumo 424

Capítulo 11 - Plano otimizador de estabilidade 425

Uma visão geral do recurso 425
Usos do plano otimizador de estabilidade 428
    Um método para implementar a sintonização 428
    Uma ferramenta de desenvolvimento 432
    Para ver os índices usados 433
    Para ver qual SQL é executado por um aplicativo 433
Como funciona o plano otimizador de estabilidade 434
    OUTLINES e OUTLINE_HINTS 434
Criação de esboços armazenados 436
    Privilégios necessários para esboços armazenados 436
    Como usar DDL 436
    Uso de ALTER SESSION 437
O usuário OUTLN 437
Como mover esboços entre bancos de dados 438
Como conseguir apenas o esboço certo 439
Gerenciamento de esboços 441
    Através de DDL 441
    O pacote OUTLN_PKG 444
Advertências 446
    Nomes e estilo de esboço 446
    Problema de ALTER SESSION 448
    DROP USER não solta esboços 448
    'CURSOR_SHARING = FORCE' e esboços 448
    Esboços usam simples combinação de texto 449
    Esboços estão por padrão no espaço de tabela SYSTEM 450
    Expansão OR 450
    Desempenho 450
    O espaço de nome de esboços é global 454
Erros que você pode encontrar 454
Resumo 456

Capítulo 12 - Funções analíticas 457

Um exemplo 457
Como funcionam as funções analíticas 460
    A sintaxe 460
    As funções 471
Exemplos 473
    A consulta TOP-N 474
    Consulta pivô 482
    Como acessar fileiras em sua corrente atual 488
Advertências 491
    PL/SQL e as funções analíticas 491
    Funções analíticas na cláusula Where 493

      Nulos e classificação 493
      Desempenho 494
  Resumo 495

Capítulo 13 - Vistas materializadas 497

  Uma história rápida 497
  O que é preciso para executar os exemplos 498
  Um exemplo 499
  Usos de vistas materializadas 504
  Como trabalham as vistas materializadas 504
      Configuração 504
      Mecânica interna 505
  Como ter certeza que a sua vista é usada 507
      Restrições 507
      Dimensões 511
  DBMS_OLAP 519
      Estimativa de tamanho 519
      Validação de dimensão 520
      Recomendação de vistas materializadas 522
  Advertências 523
      Vistas materializadas não são destinadas a sistemas OLTP 523
      Integridade de reescrita de consulta 524
  Resumo 524

Capítulo 14 - Particionamento 525

  Os usos de particionamento 525
      Disponibilidade aumentada 525
      Carga administrativa reduzida 527
      Aumento de DML e desempenho de consulta 528
  Como funciona o particionamento 529
      Esquemas de particionamento de tabela 529
      Como particionar índices 534
  Resumo 549

Capítulo 15 - Transações autônomas 551

  Um exemplo 551
  Por que usar transações autônomas? 553
      Auditoria que não pode ser retornada 553
      Um método para evitar a mutação de uma tabela 556
      Como fazer DDL em disparadores 556
      Como escrever no banco de dados 560
      Para desenvolver código mais modular 568
  Como elas trabalham 568
      Controle transacional 568
      Escopo 570
      Como terminar uma transação autônoma 575
      Savepoints 575
  Advertências 577
      Transações não distribuídas 577
      Apenas PL/SQL 577
      Toda a transação retorna 577

Tabelas temporárias em termos de transação 579
Mutação de tabelas 580
Erros que você pode encontrar 582
Resumo 583

Capítulo 16 - SQL dinâmica 585

SQL dinâmica versus SQL estática 585
Por que usar SQL dinâmica? 587
Como usar SQL dinâmica 588
    DBMS_SQL 588
    SQL dinâmica original 594
    DBMS_SQL versus SQL dinâmica original 597
Advertências 616
    Ela rompe a cadeia de dependência 616
    O código é mais frágil 617
    É mais difícil de sintonizar 617
Resumo 618

Capítulo 17 - interMedia 619

Uma história rápida 619
Usos de interMedia Text 620
    Como procurar por texto 620
    Gerenciamento de uma variedade de documentos 622
    Como indexar texto a partir de muitas fontes de dados 623
    Afinal, é um banco de dados Oracle 625
    Geração de temas 626
    Busca por aplicativos XML 627
Como funciona o interMedia Text 628
    Indexação de interMedia Text 631
    A respeito de ABOUT 633
    Seção de busca 634
Advertências 639
    Ele NÃO é gerenciador de documento 639
    Sincronização de índice 639
    Como indexar informações fora do banco de dados 640
    Serviços de documento 640
    O catálogo de índice 641
Erros que você pode encontrar 642
    Índice desatualizado 643
    Erros de procedimento externo 643
A estrada à frente 643
Resumo 644

Capítulo 18 - Procedimentos externos baseados em C 645

Quando eles são usados? 645
Como eles são implementados? 646
Como configurar o seu servidor 648
    Verificar o programa extproc 650
    Verificar o ambiente de banco de dados 650
    Verificar o ouvidor 651

O primeiro teste 652
    Compilação do código extproc.c 652
    Inicialização da conta SCOTT/TIGER 653
    Criação da biblioteca demolib 653
    Instalação e execução 654
Nosso primeiro procedimento externo 655
    O envoltório 656
    O código C 664
    Como montar o extproc 684
    Instalação e execução 686
LOB para arquivar procedimento externo (LOB_IO) 687
    A especificação de chamada a LOB_IO 688
    O código LOB_IO Pro*C 690
    Como montar o extproc 693
    Instalação e uso de LOB_IO 694
Erros que você pode encontrar 698
Resumo 704

Capítulo 19 - Procedimentos armazenados Java 705

Por que usar procedimentos armazenados Java? 705
Como eles funcionam 706
    Como passar dados 710
    Exemplos úteis 717
Possíveis erros 722
    ORA-29549 Java Session State Cleared 722
    Erros de permissão 723
    ORA-29531 no method in class Y 723
Resumo 724

Capítulo 20 - Como usar recursos de objeto relacional 725

Razões para usar esses recursos 725
Como funcionam os recursos de objeto relacional 726
Como acrescentar tipos de dados ao seu sistema 726
Acréscimo de envoltório de tipos de dados 737
Como usar tipos para estender PL/SQL 738
    Criação de um novo tipo de dados PL/SQL 738
    Usos únicos de coleções 746
Como usar tipos para estender o envoltório de PL/SQL 751
Vistas de objeto relacional 751
    Os tipos 751
    A vista O-R 752
Resumo 762

Capítulo 21 - Controle de acesso refinado 763

Um exemplo 764
Por que usar esse recurso? 764
    Facilidade de manutenção 764
    Realizado no servidor 765
    Evitar contas de usuário compartilhadas 766
    Suportar contas de usuário compartilhadas 766
    Hospedagem de um aplicativo como um ASP 766

Como ele funciona 767
    Exemplo 1: Implementação de uma política de segurança 768
    Exemplo 2: Como usar contextos de aplicativo 772
Advertências 786
    Referencial de integridade 786
    Armazenagem de cursor 790
    Exportação/Importação 796
    Depuração 798
Erros que você pode encontrar 799
Resumo 802

Capítulo 22 - Autenticação de n-Tier 805

Por que usar a autenticação n-Tier? 805
A mecânica de autenticação de n-Tier 807
    Concessão de privilégio 815
Auditoria de contas proxy 816
Advertências 817
Resumo 818

Capítulo 23 - Direitos de chamador e definidor 819

Um exemplo 819
Quando usar os direitos de chamador 822
    Ao desenvolver utilitários gerais 822
    Dicionário de dados de aplicativos 825
    Tipos de objeto genéricos 827
    Como implementar seu próprio controle de acesso 828
Quando usar os direitos de definidor 830
    Desempenho e escalonamento 830
    Segurança 831
Como eles funcionam 831
    Direitos de definidor 831
    Direitos de chamador 835
Advertências 843
    Uso de direitos de chamador e combinação compartilhada 843
    Desempenho 847
    O código precisa ser mais potente ao lidar com erros 848
    Efeitos colaterais do uso de SELECT * 849
    Esteja atento às colunas 'ocultas' 851
    Java e os direitos de chamador 852
Erros que você pode encontrar 857
Resumo 857

Apêndice A - Pacotes necessários fornecidos 859

Apêndice B - Suporte, errata e p2p.wrox.com 1055

Índice 1059

Introdução

A inspiração para o material contido neste livro vem de minhas experiências desenvolvendo software Oracle e trabalhando com os colegas desenvolvedores de Oracle, ajudando-os a montar aplicativos confiáveis e fortes, baseados no banco de dados Oracle. O livro é basicamente um reflexo do que faço diariamente e dos aspectos que vejo as pessoas encontrando a cada e em qualquer dia.

Abordei o que senti ser mais relevante — nomeadamente, o banco de dados Oracle e sua arquitetura. Eu poderia ter escrito um livro de nome parecido, explicando como desenvolver um aplicativo usando uma linguagem e arquitetura específicas — por exemplo, usando Java Server Pages, que se refere a Enterprise Java Beans, que usa JDBC para se comunicar com Oracle. Entretanto, no fim do dia, você na verdade precisa entender os tópicos cobertos aqui, para montar com sucesso tal aplicativo. Este livro lida com o que acredito que precisa ser universalmente conhecido para desenvolver Oracle com sucesso, seja você um programador Visual Basic usando ODBC, um programador Java usando EJBS e JDBC ou um programador Perl usando DBI Perl. Este livro não promove qualquer arquitetura de aplicativo específica; ele não compara 3-camadas a cliente-servidor. Ao contrário, ele cobre o que o banco de dados pode fazer e o que você precisa entender sobre a maneira como ele trabalha. Visto que o banco de dados é o coração de qualquer arquitetura de aplicativo, o livro deve ter uma ampla audiência.

Sobre o que é este livro

Um dos problemas em ter muitas opções de desenvolvimento está em tentar descobrir qual pode ser a melhor escolha para as suas necessidades em particular. Qualquer um quer tanta flexibilidade quanto possível (tantas escolhas quanto seja possível ter), mas também quer que as coisas sejam bem curtas e secas; em outras palavras, fáceis. O Oracle apresenta quase uma escolha ilimitada ao desenvolvedor. Nunca alguém diz 'você não pode fazer isso em Oracle' — diz 'de quantas maneiras diferentes você gostaria de fazer isso em Oracle?'. Espero que este livro ajude-o a fazer a escolha certa.

É um livro para aquelas pessoas que apreciam a escolha, mas que gostariam também de algumas diretrizes e detalhes práticos de implementação sobre os recursos e funções de Oracle. Por exemplo, Oracle tem um recurso realmente claro, chamado **virtual private database**. A documentação Oracle informa como usar esse recurso e o que ele faz. No entanto, não diz *quando* você deve usá-lo e, talvez ainda mais importante, *quando não deve* usá-lo. Ela nem sempre oferece os detalhes de implementação desse recurso e, se você não estiver ciente deles, isso pode realmente se voltar contra você (não estou me referindo a bugs, mas à forma como ele deve funcionar e para o que, realmente, o recurso foi destinado).

A quem se destina este livro?

O público-alvo deste livro é qualquer pessoa que desenvolva aplicativos com Oracle como a extremidade de banco de dados. É um livro para desenvolvedores profissionais de Oracle que precisam saber como ter as coisas feitas no banco de dados. Sua essência prática significa que muitas seções também devem ser interessantes ao DBA (Administrador de Banco de Dados). A maioria dos exemplos usa SQL*PLUS para demonstrar os recursos-chave, assim você não descobrirá como desenvolver uma GUI (Interface Gráfica de Usuário) realmente interessante — mas descobrirá como o banco de dados Oracle funciona, o que os seus recursos-chave podem fazer e quando eles devem (e não devem) ser usados.

Ele é um livro para qualquer um que queira conseguir mais de Oracle, com menos trabalho. É para qualquer um que queira ver novas formas de usar recursos existentes. É para qualquer um que queira ver como esses recursos podem ser aplicados no mundo real (não apenas exemplos de como usar o recurso, mas por que o recurso é relevante, em primeiro lugar). Uma outra categoria de pessoas que pode julgar este livro de interesse deve ser o gerente técnico encarregado dos desenvolvedores que trabalham em projetos Oracle. Em alguns aspectos, ele é simplesmente tão importante que eles entendem por que conhecer o banco de dados é crucial para o sucesso. Este livro pode oferecer a munição para o gerente que deseja ter o seu pessoal treinado nas tecnologias certas ou garantir que eles já saibam o que precisam saber.

Para obter o máximo deste livro, o leitor deve ter:

- **Conhecimento de SQL**. Você não precisa ser o melhor codificador existente de SQL (Linguagem de Consulta Estruturada), mas um bom conhecimento do trabalho ajudaria.
- **Um entendimento de PL/SQL** (PL — Linguagem de Programação). Esse não é um pré-requisito, mas ajudará você a 'absorver' os exemplos. Por exemplo, este livro não irá ensinar como programar um loop FOR ou declarar um tipo de registro — a documentação Oracle e diversos livros cobrem muito bem essas questões. No entanto, isso não quer dizer que você não vai aprender muito sobre PL/SQL lendo este livro. Vai. Você se tornará bem íntimo de muitos recursos de PL/SQL e verá novas maneiras de fazer coisas; se conscientizará de pacotes/recursos que talvez não soubesse que existiam.
- **Exposição a alguma linguagem 3GL, tal como C ou Java**. Creio que qualquer um que leia e escreva código em uma linguagem 3GL será capaz de ler e entender com sucesso os exemplos deste livro.
- **Familiaridade com o Manual de Conceitos do Servidor Oracle**.

Algumas palavras sobre esse último ponto: devido ao seu amplo tamanho, muitas pessoas consideram o conjunto de documentação Oracle, de alguma forma, intimidante. Se você só estiver começando ou ainda não tiver lido nada a respeito, posso dizer-lhe que o manual *Conceitos de Oracle8i* é exatamente o lugar certo para começar. Ele tem cerca de 800 páginas e aborda muitos dos principais conceitos Oracle que você precisa conhecer. Ele pode não oferecer todo e qualquer detalhe técnico (para isso é que servem as outras 10.000 a 20.000 páginas de documentação), mas irá educá-lo com relação a todos os conceitos importantes. Esse manual aborda os seguintes tópicos (para mencionar alguns):

- As estruturas no banco de dados, como os dados são organizados e armazenados.
- Processamento distribuído.
- Arquitetura de memória do Oracle.
- Arquitetura de processo do Oracle.
- Esquema de objetos que você usará (tabelas, índices, grupos e assim por diante).
- Tipos de dados internos e tipos de dados definidos pelo usuário.
- Procedimentos SQL armazenados.
- Como funcionam as transações.
- O otimizador.
- Integridade de dados.
- Controle de consecução.

De tempos em tempos, eu mesmo volto a esses tópicos. Eles são fundamentais — sem o conhecimento deles, seus aplicativos Oracle estão destinados a falhar. Recomendo que você leia o manual e obtenha um entendimento de alguns desses tópicos.

Como este livro é estruturado

Para ajudá-lo a usar este livro, ele é organizado em seis seções distintas (descritas a seguir). Essas não são divisões rígidas, mas irão ajudá-lo a navegar rapidamente para a área de que mais precisar. Este livro tem 23 capítulos, e cada um é como um 'minilivro' — um componente virtualmente individual. Ocasionalmente, refiro-me a exemplos ou recursos de outros capítulos (a seção *Segurança*, em especial, se baseia um pouco mais nos exemplos e conceitos que são montados sobre vários capítulos), mas você poderia muito bem pegar um capítulo do livro e lê-lo individualmente. Por exemplo, você não terá que ler o Capítulo 10 para entender ou usar o Capítulo 14.

O formato e estilo de cada capítulo é, virtualmente, idêntico:

- Uma introdução do recurso ou capacidade.
- Por que você deve querer usá-lo (ou não). Destaco as ocasiões em que você deve pensar em usar esse recurso e quando não deve querer usá-lo.

- ❏ Como usar esse recurso. Aqui não é apenas uma cópia da referência SQL, mas, ao contrário, passo a passo — aqui está o que você precisa, o que tem que fazer, essas são as trocas que precisará fazer para iniciar. As coisas cobertas nessa seção serão:

    Como implementar

    Exemplos, exemplos e exemplos

    Depuração do recurso

    Advertências sobre o uso desse recurso

    Como lidar com erros (preventivamente)
- ❏ Um resumo, reunindo tudo.

Existirão muitos exemplos, e muito código, tudo estará disponível para download em http://www.wrox.com. A seguir está uma separação do conteúdo de cada seção:

Como entender
o banco de dados

- ❏ **Capítulo 1, Como desenvolver aplicativos Oracle com sucesso.** Esse capítulo configura minha abordagem essencial à programação de banco de dados. Os bancos de dados *não* são todos criados da mesma maneira e, para desenvolver com sucesso e em tempo aplicativos direcionados a banco de dados, você precisa entender exatamente *o que* seu banco de dados em especial pode fazer e *como* fazê-lo. Se você não souber o que o seu banco de dados pode fazer, corre o risco de 'reinventar a roda' continuamente — desenvolvendo funcionalidade que o banco de dados já oferece. Se você não souber como seu banco de dados funciona, provavelmente vai desenvolver aplicativos que desempenham mal e não se comportam da forma prevista.

    O capítulo dá uma vista empírica em alguns aplicativos, onde a falta de entendimento básico do banco de dados leva à falha de projeto. Com essa abordagem direcionada, por exemplo, o capítulo discute os recursos e funções básicas do banco de dados que você, o desenvolvedor, precisa entender. A questão é que você não pode se dar ao luxo de tratar o banco de dados como uma caixa-preta que simplesmente 'produzirá as respostas' e cuidará por si própria do escalonamento e do desempenho.

- ❏ **Capítulo 2, Arquitetura.** O banco de dados Oracle é uma ferramenta altamente complexa. Cada vez que você se conecta com um banco de dados ou aspecto de um comando UPDATE, acontece toda uma gama de processos em segundo plano, para garantir que seu aplicativo execute suavemente e que a integridade de dados seja mantida. Por exemplo, o banco de dados garante que ele tenha informações suficientes para recuperar os dados em sua posição original, caso necessário. Ele armazenará temporariamente os dados de programa e os reutilizará automaticamente, quando apropriado. E assim por diante. Na maior parte do tempo, isso acontece transparentemente (pelo menos para o desenvolvedor), mas quando surgem os problemas, metade da batalha é saber onde corrigi-los.

    Este capítulo cobre os três componentes principais da arquitetura Oracle — suas estruturas de memória (especificamente a System Global Área), seus processos físicos e seu conjunto de arquivos (arquivos de parâmetro, arquivos para refazer registro...). Entender a arquitetura Oracle é fundamental para entender a forma única pela qual o Oracle implementa determinados recursos, e como isso afetará seu aplicativo.

- ❏ **Capítulo 3, Bloqueio e consecução.** Bancos de dados diferentes têm maneiras diferentes de fazer as coisas (o que funciona bem em SQL Server pode não funcionar tão bem em Oracle) e entender como o Oracle implementa o controle de bloqueio e de consecução é absolutamente vital para o sucesso de seu aplicativo. Este capítulo discute a abordagem básica do Oracle desses aspectos, os tipos de bloqueios que podem ser aplicados (DML [Linguagem de Manipulação de Dados], DDL [Linguagem de Definição de Dados], latches...) e os problemas que podem surgir se o bloqueio não for cuidadosamente implementado (impasse, bloqueio e escalonamento). A seção de controle de consecução discute as funções oferecidas pelo Oracle, que nos permitem controlar como os usuários podem acessar e modificar o banco de dados.

- ❏ **Capítulo 4, Transações.** As transações são um recurso fundamental de todos os bancos de dados — elas são parte do que distingue um banco de dados de um arquivo de sistema. Ainda assim, freqüentemente elas são mal entendidas, e muitos desenvolvedores nem mesmo sabem que, acidentalmente, não as estão usando. Este capítulo examina como as transações devem ser usadas em Oracle e também expõe alguns 'maus hábitos' adquiridos ao desenvolver com outros bancos de dados. Em especial, olhamos para as implicações da atomicidade e como ela afeta as declarações em Oracle. Depois, passamos para a discussão sobre controle de transação de declarações (COMMIT, SAVEPOINT, ROLLBACK), restrições de integridade e transações distribuídas (o comprometimento de duas fases). Finalmente, vemos alguns aspectos de mundo real circundando o uso de transações — como são registradas e a função de redo e undo.

Estruturas e utilitários de banco de dados

- **Capítulo 5, Refazer e retornar**. Pode-se dizer que o desenvolvedor não precisa entender o detalhe de refazer e retornar tanto quando o DBA, mas os desenvolvedores precisam conhecer as funções ocupadas no banco de dados. Depois da primeira definição de refazer, examinamos exatamente o que faz um COMMIT. Também consideramos aspectos tais como quanto de refazer está sendo gerado, como desativar o registro e também a análise de refazer.

    Na seção de retornar do capítulo, olhamos primeiro o que gera mais e menos de desfazer, antes de ver a declaração SQL set transaction. Geralmente isso é usado para pegar uma grande seção de retorno em alguma operação muito grande. Depois, focalizamos no malfalado erro 'tomada ORA-01555 tão antiga', buscando as causas e soluções.

- **Capítulo 6, Tabelas de banco de dados**. O Oracle agora suporta vários tipos de tabelas. Este capítulo olha cada tipo diferente — organizadas em pilhas (o padrão, tabela 'normal'), organizadas em índice, agrupadas em índice, agrupadas em resíduo, aninhadas, temporárias e objeto — e discute quando, como e por que você deve usá-las. Na maior parte do tempo, a tabela organizada em pilhas é suficiente, mas você deve ser capaz de reconhecer quando uma dos outros tipos é mais adequada.

- **Capítulo 7, Índices**. Os índices são um aspecto crucial do design de seu aplicativo. A implementação certa exige um profundo conhecimento dos dados, como são distribuídos, como serão usados. Freqüentemente os índices são tratados como um pensamento posterior no desenvolvimento de aplicativo e, como conseqüência, o desempenho sofre.

    Neste capítulo, veremos em detalhes os diferentes tipos de índices, incluindo os índices B*Tree, bitmap, baseados em função e de aplicativo de domínio, e discutimos onde eles devem e não devem ser usados. Também responderemos a algumas daquelas perguntas comuns na seção *Frequently Answered Questions*, tais como 'Os índices funcionam em vistas?' e 'Por que o meu índice não está sendo usado?'

- **Capítulo 8, Importação e exportação**. Importação e exportação são duas das ferramentas mais antigas oferecidas com Oracle, usadas para extrair tabelas, esquemas ou definições inteiras de banco de dados de uma cópia de Oracle para ser importada em outra cópia ou esquema, e ainda assim muitos desenvolvedores não sabem como usá-las adequadamente. Cobrimos tópicos tais como grandes exportações, subconfiguração e transporte de dados, e as usamos para copiar ou reorganizar ferramentas. O capítulo encerra destacando algumas das ciladas e problemas em potencial no uso dessas ferramentas.

- **Capítulo 9, Carregamento de dados**. Este capítulo se focaliza em SQLLDR e cobre as diversas maneiras pelas quais você pode usar essa ferramenta para carregar e modificar dados no banco de dados. Aspectos cobertos incluem o carregamento de dados delimitados, a atualização de fileiras existentes e a inserção de novas fileiras, o descarregamento de dados e como chamar SQLLDR a partir de um procedimento armazenado. De novo, SQLLDR é uma ferramenta bem estabelecida e crucial, mas é a fonte de muitas dúvidas, com relação ao seu uso prático.

Desempenho

- **Capítulo 10, Sintonização de estratégias e ferramentas**. Esse é um dos meus 'tópicos especiais', e aqui detalho minha abordagem à sincronização de aplicativos Oracle e depois entro em um guia altamente prático das ferramentas e técnicas que uso. A seção de abertura concentra-se na sintonização de aplicativo, cobrindo tópicos como a ligação e análise de variáveis, SQL_TRACE, TIMED_STATISTICS e TKPROF, a DBMS_PROFILER e a importância do registro em seus aplicativos. Com o aplicativo totalmente sintonizado, a atenção se volta para o banco de dados e, especificamente, para o grupo de utilitários StatsPack e as tabelas V$ que você usará nos esforços de sintonização.

- **Capítulo 11, Plano otimizador de estabilidade**. Os desenvolvedores que estiverem usando Oracle 8i (e posterior) agora têm a habilidade de salvar um conjunto de 'dicas conhecidas para o servidor', como um plano otimizador, detalhando como executar melhor uma declaração SQL específica no banco de dados. Isso tem óbvios benefícios de desempenho, e damos uma olhada detalhada em como você pode gerar esses esboços e gerenciá-los.

Recursos SQL avançados

- **Capítulo 12, Funções analíticas.** Determinadas perguntas são feitas muito regularmente ao banco de dados, mas as consultas que podem respondê-las são difíceis de escrever diretamente em SQL (e, de qualquer modo, nem sempre se realizam rapidamente). O Oracle 8.1.6 introduziu as funções analíticas. Essas funções acrescentam extensões à linguagem SQL que tornam tais consultas mais fáceis de codificar e aumentam dramaticamente o desempenho, comparado à consulta direta SQL equivalente. Este capítulo lida com a maneira como as funções analíticas trabalham, buscando a sintaxe completa (incluindo a função, partição e cláusulas exibidas) e depois oferece exemplos práticos, completos, de como essas funções podem ser usadas.

- **Capítulo 13, Vistas materializadas.** Certas consultas 'agregadas' potencialmente precisam processar terabytes (cerca de um trilhão de bytes) de dados para produzir uma resposta. As implicações de desempenho são claras — especialmente se for uma consulta comum, significando que uma ampla quantidade de dados precisa ser processada sempre que uma pergunta for feita. Com esse recurso, simplesmente fazemos um pouco do trabalho antecipadamente — resumimos os dados necessários para responder a determinada consulta em uma vista materializada, e futuras consultas são direcionadas para esse resumo de dados. Além do mais, o banco de dados pode reconhecer consultas *semelhantes* que usam esse resumo de dados e reescreve automaticamente a consulta, para permitir que isso seja feito. Esse capítulo discute como tudo isso funciona e como inicializar vistas materializadas, inclusive o uso de restrições, dimensões e o pacote DBMS_OLAP.

- **Capítulo 14, Particionamento.** O particionamento é destinado a facilitar o gerenciamento de tabelas e índices muito grandes, implementando uma lógica 'dividir-e-conquistar' — basicamente, partindo uma tabela ou índice em muitas partes menores e mais administráveis. É uma área onde o DBA e o desenvolvedor precisam trabalhar juntos para maximizar a disponibilidade e o desempenho do aplicativo. Esse capítulo cobre o particionamento de ambos, tabela e índice. Vemos o particionamento usando índices locais (comuns em armazenagens de dados) e índices globais (comuns em sistemas OLTP).

- **Capítulo 15, Transações autônomas.** Com esse recurso, criamos uma subtransação que pode comprometer ou retornar mudanças, independentemente de sua transação pai. Vemos situações em que isso pode ser desejado, como ao fazer a auditoria de uma tentativa 'ilegal' de modificar informações seguras para evitar a mutação de uma tabela, ou como uma maneira de realizar DDL em disparos. A discussão atravessará aspectos como controle transacional, escopo, o encerramento de uma transação autônoma e savepoints.

- **Capítulo 16, SQL dinâmica.** Nesse capítulo, comparamos dois métodos de uso de declarações SQL em nossos programas: SQL estática 'normal' e SQL dinâmica. SQL dinâmica é a SQL executada no tempo de execução, mas não conhecida por ocasião da compilação. Veremos os dois métodos de uso da SQL dinâmica em seus programas, nomeadamente, com o pacote internamente fornecido, DBMS_SQL e a SQL dinâmica original, um método de declaração para uso com PL/SQL. Há vários motivos pelos quais você deve escolher um ao outro, como se a ligação de variáveis for conhecida por ocasião da compilação, se você conhecer as saídas por ocasião da compilação e se determinada declaração será executada uma vez ou muitas vezes em uma sessão, aspectos que serão explorados em detalhes.

Ampliação

- **Capítulo 17, interMedia.** Este capítulo focaliza-se em interMedia Text. Em vez de um detalhado 'como usar interMedia Text', cobriremos o que é e o que oferece e os recursos do banco de dados que capacitam essa funcionalidade. Vemos como buscar pelo texto, gerenciar uma variedade de documentos, indexar texto a partir de muitas fontes de dados e buscar aplicativos XML. O capítulo termina com uma visão de algumas das armadilhas de interMedia, inclusive a sincronização de índices e informações de indexação fora do banco de dados.

- **Capítulo 18, Procedimentos externos baseados em C.** Com Oracle 8.0 vem a habilidade de implementar procedimentos no banco de dados servidor, que são escritos em linguagens diferentes de PL/SQL — por exemplo, C ou Java. Esses são referidos como procedimentos *externos*. Neste capítulo, cobriremos os procedimentos baseados em C a partir de uma perspectiva arquitetônica. Vemos como configurar seu servidor para usar esses procedimentos, testar a instalação e criar um exemplo de procedimento para passar e manipular vários tipos de variáveis. Também examinamos o procedimento externo LOB to File (LOB_IO), que escreve os CLOBs, BLOBs e BFILEs em disco.

- **Capítulo 19, Procedimentos armazenados Java.** Com o uso criterioso de pequenas quantidades de Java, podemos conseguir muito de funcionalidade útil que está além do alcance de PL/SQL. Neste capítulo, vemos exemplos práticos de onde essa habilidade é útil — como ao obter uma listagem de diretório ou executar o comando de um sistema operacional. De novo, terminamos o capítulo com alguns dos erros que você pode encontrar ao tentar usar esse recurso e algumas soluções possíveis.
- **Capítulo 20, Como usar recursos de objeto relacional.** A disponibilidade de recursos relativos a objeto no banco de dados (a partir de Oracle 8i) amplia muito o conjunto de tipos de dados disponíveis ao desenvolvedor — mas, quando eles devem ser usados (e, igualmente, quando não devem ser usados)? Neste capítulo, mostramos como acrescentar novos tipos de dados ao seu sistema (criamos um novo tipo de dados PL/SQL) e vemos os usos individuais em coleções. Finalmente, olhamos as vistas de objeto relacional, que são para aqueles de vocês que desejam trabalhar com recursos relativos a objeto mas ainda presentes em uma vista relacional dos dados para o aplicativo.

Segurança

- **Capítulo 21, Controle de acesso refinado.** Esse recurso permite anexar um predicado, no tempo de execução, a todas as consultas emitidas a um banco de dados. O fato de tal recurso ser implementado no servidor significa que qualquer aplicativo que possa acessar o banco de dados pode usar o recurso. Outras razões para usar esse recurso incluem a facilidade de manutenção e a habilidade de hospedar um aplicativo, como um ASP. Você também verá como ele funciona, testando um par de exemplos, sendo um baseado na implementação de uma política de segurança e outro usando contextos de aplicativo. O capítulo é encerrado com uma seção sobre ciladas, as quais incluem referencial de integridade, aspectos de importação e exportação e uma seção de erros.
- **Capítulo 22, Autenticação de n-Tier.** Neste capítulo discutiremos os efeitos da Web, que dá lugar a situações onde seu cliente apresenta suas credenciais a um aplicativo servidor de camada central, ainda antes de acessar o seu banco de dados. Veremos como esse recurso pode ser implementado e como ele funciona. Veremos como você pode conceder privilégios e auditar contas proxy.
- **Capítulo 23, Direitos de chamador e definidor.** Começando com o Oracle 8i, agora podemos conceder um conjunto diferente de privilégios a diferentes usuários de um procedimento armazenado. Com os direitos de chamador, podemos desenvolver um procedimento armazenado que executa com o ajuste de privilégio do chamador no tempo de execução. Examinamos por que esse recurso pode ser útil, como no desenvolvimento de utilitários genéricos e aplicativos de dicionários de dados, e por que, na maioria dos casos, a definição de direitos ainda é a escolha certa. Na seção 'Como funciona', vemos exatamente o que acontece quando compilamos os procedimentos de chamadores e definições de direitos.

Apêndices

- **Apêndice A, Pacotes necessários fornecidos.** Muitos desses pacotes são negligenciados nos esforços de desenvolvimento — ou sua intenção não é realmente entendida. Aqui, eu tento fazer sentido para eles, mostrar a você como usá-los e ampliá-los.
- **Apêndice B, Suporte, errata e p2p.wrox.com.** Aqui, tento fornecer-lhe meios de resolver seus problemas.

Convenções

Usamos uma série de estilos de texto e layout diferentes neste livro para ajudá-lo a diferenciar entre as várias espécies de informações. Eis alguns exemplos dos estilos que usamos e uma explicação do que eles significam:

Os códigos são apresentados na fonte courier, como a seguir:

```
tkyte@DEV816> create or replace procedure StaticEmpProc(p_job in varchar2)
  2  as
  3  begin
  4      for x in (select ename from emp where job = p_job)
  5      loop
  6          dbms_output.put_line( x.ename );
  7      end loop;
  8  end;
  9  /

Procedure created.
```

Neste livro também mostramos números de linha diretamente a partir da sessão SQL*PLUS, para facilidade de referência.

Avisos, dicas e informações de apoio aparecem em uma caixa cinza.

> Partes importantes de informações vêm em caixas como esta.

Bullets aparecem recuados, com cada novo bullet marcado como a seguir:

- **Palavras importantes** são em tipo de fonte negrito
- Teclas que você pressiona no teclado, como *Ctrl* e *Enter*, são em itálico

Suporte ao cliente

Caso deseje enviar sugestões, dúvidas ou críticas para a Wrox Press, editora responsável pela publicação do original em inglês deste livro, sinta-se à vontade através do endereço feedback@wrox.com.

Código-fonte e atualizações

À medida que você trabalha nos exemplos neste livro, pode decidir que prefere digitar todo o código à mão. Muitos leitores preferem isso, pois é uma boa maneira de se familiarizar com as técnicas de codificação usadas.

Querendo ou não digitar o código, disponibilizamos para este livro todo o código-fonte, em nosso Web site, no seguinte endereço:

```
http://www.wrox.com/
```

Se você for um daqueles leitores que gostam de digitar o código, pode usar nossos arquivos para verificar os resultados que estiver conseguindo — eles devem ser a sua primeira parada se pensar que cometeu um erro de digitação. Se for um daqueles que não gostam de digitar, então carregar o código-fonte de nosso Web site é glorioso!

De qualquer forma, ele irá ajudá-lo com atualizações e depuração.

Errata

Envidamos todos os esforços para ter certeza de que não há erros no texto ou no código. No entanto, errar é humano, e como tal reconhecemos a necessidade de mantê-lo informado sobre quaisquer erros que notamos e corrigimos. Folhas de errata estão disponíveis em http://www.wrox.com. Se você encontrar um erro que ainda não tenha sido relatado, por favor, avise-nos.

O nosso Web site age como um foco para outras informações e suporte, incluindo códigos, de todos os nossos livros, exemplos de capítulos, antecipação de títulos futuros e artigos e opiniões sobre tópicos correlatos.

Preparação

Nesta seção, descreverei como preparar um ambiente capaz de executar os exemplos deste livro. Cobrirei:

- Como inicializar o esquema de demonstração SCOTT/TIGER
- O ambiente que você precisa ter ativado e executando
- Como configurar AUTOTRACE, uma facilidade SQL*PLUS
- A inicialização do compilador C
- As convenções de codificação que uso neste livro

Inicialização do esquema SCOTT/TIGER

O esquema SCOTT/TIGER muitas vezes já pode existir em seu banco de dados. Geralmente, ele é incluído durante uma instalação típica, mas não é um componente obrigatório do banco de dados. Você pode instalar o exemplo de esquema SCOTT em qualquer conta de banco de dados — não há nada de mágico no uso da conta SCOTT. Se você quisesse, poderia instalar tabelas EMP/DEPT diretamente em sua própria conta de banco de dados.

Muitos dos meus exemplos neste livro desenham em tabelas no esquema SCOTT. Se você quiser ser capaz de trabalhar com eles também precisará dessas tabelas. Se estiver trabalhando em um banco de dados compartilhado, é recomendável instalar sua própria cópia dessas tabelas em alguma conta, diferente de SCOTT, para evitar os efeitos laterais ocasionados por outros usuários usando e modificando os mesmos dados.

Para criar as tabelas de demonstração SCOTT, você irá simplesmente:

- cd [ORACLE_HOME]/sqlplus/demo
- executar demobld.sql ao se conectar com qualquer usuário

O script demobld.sql criará e preencherá cinco tabelas para nós. Quando ele tiver terminado, sairá automaticamente de SQL*PLUS, portanto não fique surpreso quando SQL*PLUS desaparecer depois de executar o script — ele deve fazer isso.

As tabelas padrão de demonstração incluem as restrições padrão que impõem referencial de integridade. Alguns de meus exemplos esperam ter referencial de integridade. Depois de executar o script demobld.sql, é recomendado que você também execute o seguinte:

```
alter table emp add constraint emp_pk primary key(empno);
alter table dept add constraint  dept_pl primary key(deptno);
alter table emp add constraint emp_fk_dept
                       foreign key(deptno) reference dept;
alter table emp add constraint emp_fk_emp foreign key(mgr) references emp;
```

Isso termina a instalação do esquema de demonstração. Se você quiser soltar esse esquema em qualquer ocasião de limpeza, pode simplesmente executar [ORACLE_HOME]/sqlplus/demo/demodrop.sql. Isso soltará as cinco tabelas e SQL*PLUS sairá.

O ambiente SQL*PLUS

A maioria dos exemplos neste livro é destinada a executar 100 por cento no ambiente SQL*PLUS. As exceções notáveis são os exemplos baseados em C, onde, claro, você precisa de um compilador C separado do Oracle (veja a seção *Compiladores C*, um pouco mais adiante). No mais, SQL*PLUS é a única coisa que você precisa inicializar e configurar. SQL*PLUS oferece muitas opções e comandos úteis que serão usados com freqüência ao longo deste livro. Por exemplo, quase todos os exemplos deste livro usam DBMS_OUTPUT de alguma forma. Para DBMS_OUTPUT funcionar, é preciso emitir o comando SQL*PLUS:

```
SQL> set serveroutput on
```

Se você for como eu, logo ficará cansado de digitar isso a toda hora. Felizmente, SQL*PLUS nos permite inicializar um arquivo login.sql, um script que é executado sempre que iniciamos uma sessão SQL*PLUS. Ele ainda nos permite ajustar uma variável de ambiente, SQLPATH, para poder encontrar esse script de inicialização, independentemente do diretório onde ele esteja armazenado.

O script login.sql que usei em todos os exemplos deste livro é:

```
define_editor=vi

set serveroutput on size 1000000

set trimspool on
set long 5000
set linesize 100
set pagesize 9999

column plan_plus_exp format a80

column global_name new_value gname
set termout off
select lower(user) || '@' ||
decode(global.name, 'ORACLE8.WORLD', '8.0', 'ORA8I.WORLD',
'8i', global_name ) global_name from global_name;
set sqlprompt '&gname> '
set termout on
```

Onde:

- DEFINE EDITOR=VI ajusta o editor padrão de SQL*PLUS. Você pode ajustar este para ser o seu editor de texto favorito (não um processador de palavras) tal como Notepad ou EMACs.
- SET SERVEROUTPUT ON SIZE 1000000 capacita DBMS_OUTPUT para ser ativado, por padrão (para que não tenhamos que digitá-lo sempre). Ajusta também o tamanho de buffer padrão para ser tão grande quanto possível.
- SET TRIMSPOOL ON garante que, ao armazenar o texto, as linhas serão alinhadas em branco e não com largura fixa. Se isso for ajustado para off (o ajuste padrão), as linhas armazenadas serão tão grandes quanto o seu ajuste linesize (tamanho de linha).
- SET LONG 5000 ajusta o número padrão de bytes exibido ao selecionar as colunas LONG e CLOB.
- SET LINESIZE 100 ajusta a largura das linhas exibidas por SQL*PLUS para ter 100 caracteres.
- SET PAGESIZE 9999 ajusta o pagesize, que controla com qual freqüência SQL*PLUS imprime cabeçalhos, para um grande número (temos um ajuste de cabeçalhos por página).
- COLUMN PLAN_PLUS_EXP FORMAT A80 ajusta a largura padrão da saída EXPLAIN PLAN (explicar plano) que recebemos com AUTOTRACE. Uma largura de a80 geralmente é o bastante para conter o plano inteiro.

A próxima seção do login.sql inicializa o meu prompt (indicador de entrada de dados) SQL*PLUS, começando com a linha:

```
column global_name new_value gname
```

Essa diretiva diz a SQL*PLUS para tomar o último valor recuperado em qualquer coluna chamada GLOBAL_NAME e colocá-lo na variável de substituição GNAME. Temos então a consulta:

```
select lower(user) || '@' ||
decode(global_name, 'ORACLE8.WORLD', '8.0', 'ORA81.WORLD',
'8i', global_name ) global_name from global_name;
```

Isso seleciona a GLOBAL_NAME do banco de dados, usando a função DECODE para designar nomes familiares para alguma das cópias mais comuns de meu banco de dados, e a concatena com o nome de usuário com o qual eu esteja registrado no momento. Finalmente, refletimos essas informações no prompt SQL*PLUS:

```
set sqlprompt '%gname> '
```

Assim, meu prompt se parecerá mais ou menos com isto:

```
tkyte@TKYTE816>
```

Dessa forma, sei *quem* sou, assim como *onde* estou. Um outro script muito útil de ter no mesmo diretório que login.sql é este script connect.sql:

```
set termout off
connect &1
@login
set termout on
```

SQL*PLUS só executará o script login.sql quando inicializar pela primeira vez. Em geral, queremos que ele execute cada vez que nos conectamos. Procurei treinar-me para usar:

```
tkyte@TKYTE816> @connect Scott/tiger
```

em vez de apenas CONNECT SCOTT/TIGER. Dessa maneira, meu prompt é sempre ajustado adequadamente, como são as outras configurações, como SERVEROUTPUT.

Inicialização de AUTOTRACE em SQL*PLUS

Através deste livro, será útil monitorar o desempenho das consultas que fizermos, obtendo um relatório do plano de execução usado pelo otimizador SQL, junto com a execução de outras estatísticas úteis. O Oracle oferece uma ferramenta chamada EXPLAIN PLAN que, com o uso do comando EXPLAIN PLAN, permite gerar essa saída de plano de execução.

> *Para informações sobre a interpretação da saída de EXPLAIN PLAN, veja o guia Oracle8i Designing and Tuning for Performance.*

Entretanto, SQL*PLUS oferece uma facilidade AUTOTRACE que nos permite ver os planos de execução das consultas que executamos e os recursos que eles usaram, sem precisar usar o comando EXPLAIN PLAN. O relatório é gerado depois de declarações SQL DML bem-sucedidas (isto é, SELECT, DELETE, UPDATE e INSERT). Este livro usa muito essa facilidade. Há mais de uma maneira de configurar a facilidade AUTOTRACE. Estas são as etapas que uso:

- cd [ORACLE_HOME]/rdbms/admin
- registrar em SQL*PLUS como SYSTEM
- executar @utlxplan
- executar CREATE PUBLIC SYNONYM PLAN_TABLE FOR PLAN_TABLE;
- executar GRANT ALL ON PLAN_TABLE TO PUBLIC;

Se quiser, você pode substituir GRANT...TO PUBLIC por um GRANT a um usuário específico. Concedendo o privilégio à função PUBLIC, efetivamente você estará permitindo que qualquer pessoa rastreie usando SQL*PLUS. Na minha opinião, isso não é uma coisa ruim, pois evita que cada usuário tenha que instalar sua própria tabela de plano. A alternativa é você executar @UTLXPLAN em cada esquema em que quiser usar a facilidade AUTOTRACE.

A próxima etapa é criar e conceder a função PLUSTRACE:
- cd [ORACLE_HOME]/sqlplus/admin
- registrar em SQL*PLUS como SYS
- executar @plustrce
- executar GRANT PLUSTRACE TO PUBLIC;

De novo, se quiser, você pode substituir PUBLIC em GRANT por um usuário específico.

Como controlar o relatório de plano de execução

É possível controlar as informações exibidas no relatório de plano de execução, configurando a variável de sistema AUTOTRACE.

SET AUTOTRACE OFF	Nenhum relatório AUTOTRACE é gerado. Esse é o padrão.
SET AUTOTRACE ON EXPLAIN	O relatório AUTOTRACE só mostra o otimizador do caminho de execução.
SET AUTOTRACE ON STATISTICS	O relatório AUTOTRACE só mostra as estatísticas de execução da declaração SQL.
SET AUTOTRACE ON	O relatório AUTOTRACE inclui ambos, o otimizador do caminho de execução e as estatísticas de execução da declaração SQL.
SET AUTOTRACE TRACEONLY	Como SET AUTOTRACE ON, mas suprime a impressão da saída de consulta do usuário, se houver.

Como interpretar o plano de execução

O plano de execução mostra o caminho de execução de consulta do otimizador. Cada linha do Execution Plan tem um número de linha seqüencial. SQL*PLUS também exibe o número de linha da operação pai.

O plano de execução consiste em quatro colunas, exibidas na seguinte ordem:

Nome de coluna	Descrição
ID_PLUS_EXP	Mostra o número de linha de cada etapa de execução.
PARENT_ID_PLUS_EXP	Mostra o relacionamento entre cada etapa e o seu pai. Essa coluna é útil para grandes relatórios.
PLAN_PLUS_EXP	Mostra cada etapa do relatório.
OBJECT_NODE_PLUS_EXP	Mostra os links de banco de dados ou servidores de consulta paralelos usados.

O formato das colunas pode ser alterado com o comando COLUMN. Por exemplo, para interromper a exibição da coluna PARENT_ID_PLUS_EXP, entre com:

```
SQL> column parent_id_plus_exp noprint
```

Compiladores C

O compilador suportado por Oracle varia de acordo com o sistema operacional. No Microsoft Windows, usei Microsoft Visual C/C++. Só utilizei a parte da linha de comando dessa ferramenta (nmake e cl). Nenhum dos meus exemplos usa o ambiente de desenvolvimento GUI. No entanto, eles também podem ser desenvolvidos nesse ambiente, se você quiser. É sua decisão configurar os arquivos include apropriados e vincular às bibliotecas adequadas. Cada makefile contido neste livro é muito pequeno e simples — é óbvio que arquivos include e bibliotecas são necessários.

Em Sun Solaris, o compilador C suportado é o compilador Sun SparcsWorks. De novo, só usei as ferramentas da linha de comando, make e cc, para compilar os scripts.

Convenções de codificação

A única convenção de codificação usada neste livro que eu gostaria de comentar explicitamente é como nomeio as variáveis no código PL/SQL. Por exemplo, considere um corpo de pacote como:

```
create or replace package body my_pkg
as
    g_variable varchar2(25);

    procedure p( p_variable in varchar2 )
    is
        l_variable varchar2(25);
    begin
        null;
    end;
end;
/
```

Tenho aqui três variáveis, uma variável global de pacote, G_VARIABLE, um parâmetro formal para o procedimento, P_VARIABLE e uma variável local, L_VARIABLE. Nomeio minhas variáveis de acordo com o seu escopo — todas as globais começam com G_, parâmetros com P_ e variáveis locais com L_. O motivo principal para isso é distinguir variáveis PL/SQL de colunas em uma tabela de banco de dados. Por exemplo, um procedimento como:

```
create procedure p( ENAME in varchar2 )
as
begin
    for x in ( select * from emp where ename = ENAME ) loop
        Dbms_output.put_line( x.empno );
    end loop;
end;
```

imprimiria sempre cada fileira na tabela EMP. SQL vê ename = ENAME e compara a coluna ename a si própria (claro). Poderíamos usar ename = P.ENAME — isto é, qualificar a referência à variável PL/SQL com o nome de procedimento, mas isso é fácil demais de esquecer, levando a erros.

Sempre nomeio minhas variáveis pelo escopo. Assim posso distinguir facilmente parâmetros de variáveis locais e globais, além de tirar qualquer ambigüidade com relação a nomes de coluna e nomes de variável.

Outros aspectos

Cada capítulo neste livro é independente. No início de cada capítulo, soltei a minha cota de teste e o recriei. Isto é, cada capítulo começou com um esquema limpo — sem objetos. Se você trabalhar os exemplos do início ao fim em cada capítulo, irá querer fazer o mesmo. Ao consultar o dicionário de dados para ver quais objetos foram criados, quanto a um efeito lateral de um comando ou outro, isso pode ficar confuso se você tiver objetos deixados de outros exemplos. Também pretendi reutilizar nomes de tabela (especialmente a tabela T), de forma que se você não limpar o esquema entre capítulos, pode conseguir um conflito nesse ponto.

Além disso, se você tentar soltar manualmente os objetos criados pelo exemplo (em oposição a simplesmente soltar o usuário através de drop user USERNAME cascade e recriá-lo), precisa estar ciente de que os objetos Java são todos em estilo de letra misturado. Assim, se executar o exemplo do Capítulo 19:

```
tkyte@TKYTE816> create or replace and compile
  2    java source named "demo"
  3    as
  4    import java.sql.SQLException;
...
```

descobrirá que, para soltá-lo, precisa:

```
tkyte@TKYTE816> drop Java source "demo";

Java dropped.
```

Lembre-se de usar aspas duplas em torno do identificador de objetos Java, pois eles são criados e armazenados em estilo misto.

Como desenvolver aplicativos Oracle com sucesso

Gasto o grosso de meu tempo trabalhando com software de banco de dados Oracle e, mais direto, com pessoas que usam esse software. Nos últimos doze anos, trabalhei em muitos projetos — uns bem-sucedidos, outros que falharam, e se fosse encapsular minhas experiências em algumas declarações amplas, elas seriam:

- Um aplicativo montado em torno do banco de dados — dependente do banco de dados — será bem-sucedido ou falhará, com base em como ele usa o banco de dados.
- Uma equipe de desenvolvimento precisa de, como seu coração, um núcleo de codificadores 'de banco de dados sensatos', responsáveis por garantir que a lógica do banco de dados seja clara e que o sistema esteja sintonizado.

Essas podem ser declarações surpreendentemente óbvias, mas na minha experiência, descobri que pessoas demais se aproximam do banco de dados como se ele fosse uma 'caixa-preta' — algo sobre o qual elas não precisam conhecer. Talvez elas tenham um gerador de SQL que as salvará da dureza de precisar aprender SQL. Talvez elas achem que o usarão como um arquivo plano e por isso fazem 'leituras chave'. Seja o que for que imaginam, posso dizer que pensar dessa maneira certamente é uma má orientação; você simplesmente não pode prosseguir sem entender o banco de dados. Este capítulo discutirá *porque* é preciso saber sobre o banco de dados; especificamente, porque você precisa entender:

- A arquitetura de banco de dados, como ela funciona e como se parece.
- Quais são os controles de consecução, e o que eles significam para você.
- Como sintonizar seu aplicativo a partir do dia um.
- Como algumas coisas são implementadas no banco de dados, o que não é necessariamente igual a como você pensa que elas devam ser implementadas.
- Quais recursos seu banco de dados já oferece e porque geralmente é melhor usar um recurso oferecido do que montar o seu próprio.
- Porque você poderia querer mais do que um conhecimento rápido de SQL.

Agora isso pode parecer uma longa lista de coisas a aprender antes de começar, mas pense por um segundo nesta analogia: se você estivesse desenvolvendo um aplicativo empresarial, altamente escalonável em um novo sistema operacional (OS), qual seria a primeira coisa que faria? Esperamos que você tenha respondido 'descobrir como esse novo OS funciona, como as coisas executarão nele e assim por diante'. Se não, você falharia.

Considere por exemplo, uma das versões iniciais de Windows (digamos, Windows 3.x). Isso, como UNIX, era um sistema operacional de 'múltiplas tarefas'. No entanto, não era de múltiplas tarefas como era o UNIX — ele usava um modelo de múltiplas tarefas não relativo (significando que, se o aplicativo que estivesse sendo executado não desistisse do controle, nada mais poderia executar — inclusive o sistema operacional). De fato, comparado a UNIX, o Windows 3.x não era realmente um OS de múltiplas tarefas, de jeito algum. Os desenvolvedores tinham que entender exatamente como o recurso de 'múltiplas tarefas' Windows era implementado para desenvolver com eficácia. Se você for sentar-se para desenvolver um aplicativo que executará originalmente em um OS, é muito importante entender qual é o OS.

O que é verdade sobre aplicativos executando originalmente em sistemas operacionais é verdade sobre aplicativos que executarão em um banco de dados: entender qual é o banco de dados é crucial para o seu sucesso. Se você não entender o que o seu banco de dados em especial faz, ou como o faz, seu aplicativo falhará. Se você imaginar que, porque o seu aplicativo executa bem em SQL Server necessariamente executará bem em Oracle, novamente, o seu aplicativo deve falhar.

A minha abordagem

Antes de começarmos, acho que é justo que você entenda minha abordagem ao desenvolvimento. Costumo tomar uma abordagem central de banco de dados em problemas. Se quiser fazê-lo no banco de dados, farei. Há um par de razões para isso — a primeira e mais importante sendo que sei que se eu montar a funcionalidade no banco de dados, poderei *distribuí-lo* em qualquer lugar. Não estou ciente de um sistema operacional servidor onde o Oracle não esteja disponível — do Windows a dúzias de sistemas UNIX à unidade principal OS/390, estão disponíveis exatamente o mesmo software e opções Oracle. Com freqüência, monto e testo soluções em meu laptop, executando Oracle8i no Windows NT. Os distribuo em uma variedade de servidores UNIX executando o mesmo software de banco de dados. Quando preciso implementar um recurso fora do banco de dados, acho extremamente difícil distribuir tal recurso onde quer que eu queira. Um dos principais recursos que torna o Java chamativo a muitas pessoas — o fato que seus programas são sempre compilados no mesmo ambiente virtual, **J**ava **V**irtual **M**achine (**JVM**) e serem também altamente portáveis — é exatamente o mesmo recurso que torna o banco de dados chamativo para mim. O banco de dados é a *minha* Máquina Virtual. É o *meu* 'sistema operacional virtual'.

Minha abordagem é fazer tudo o que posso no banco de dados. Se as minhas exigências vão além do que o ambiente de banco de dados pode oferecer, faço primeiro em Java, fora do banco de dados. Dessa maneira, quase qualquer subterfúgio de sistema operacional me será oculta. Ainda tenho que entender como as *minhas* 'máquinas virtuais' (Oracle e ocasionalmente, uma JVM) trabalham — você precisa conhecer as ferramentas que está usando — mas elas, por sua vez, se preocupam sobre como melhor fazer as coisas em determinado OS para mim.

Assim, simplesmente conhecer os subterfúgios desse 'OS virtual' permite que você monte aplicativos que irão se realizar e escalonar bem em quaisquer sistemas operacionais. Isso não significa que você pode ser completamente ignorante quanto ao seu OS subjacente — apenas que, como um desenvolvedor de software montando aplicativos de banco de dados, você pode ir bastante bem isolado dele, e não precisará lidar com muitas de suas nuances. O seu DBA, responsável por executar o software Oracle, estará muito mais sintonizado com o OS (se ele ou ela não estiver, por favor, procure um novo DBA!). Se você desenvolve software cliente-servidor e o grosso de seu código está fora do banco de dados e fora de uma VM (Java Virtual Machines sendo provavelmente a VM mais popular), terá que se preocupar novamente com seu OS.

Tenho um mantra muito simples quando se trata de desenvolver software de banco de dados:

- ❏ Você deve fazê-lo, se possível, em uma única declaração SQL.
- ❏ Se não puder fazê-lo em uma única declaração SQL, faça-o em PL/SQL.
- ❏ Se não puder fazê-lo em PL/SQL, tente um Java Stored Procedure.
- ❏ Se não puder fazê-lo em Java, faça-o em um procedimento externo C.
- ❏ Se não puder fazê-lo em uma rotina externa C, pode querer pensar seriamente sobre porque isso precisa ser feito...

Ao longo deste livro, você verá a filosofia acima implementada. Usaremos PL/SQL e Object Types em PL/SQL para fazer coisas que a própria SQL não pode fazer. PL/SQL tem estado por aí há um longo tempo, mais de treze anos de sintonização passaram por ela, e você não encontrará linguagem tão estreitamente ligada a SQL, nem qualquer uma tão otimizada para interagir com SQL. Quando PL/SQL sai da seqüência — por exemplo, quando queremos acessar a rede, enviar emails e assim por diante — usamos Java. Ocasionalmente, faremos algo em C, mas tipicamente, só quando C é a única escolha, ou quando a velocidade bruta oferecida por C é exigida. Hoje em dia, em muitos casos, essa última razão se esvai com a compilação original de Java — a habilidade de converter seu byte de código Java em objeto código de sistema operacional em sua plataforma. Isso permite que Java execute tão rápido quanto C.

A abordagem da caixa-preta

Tenho uma idéia, nascida da primeira experiência à mão, quanto a porque os esforços de desenvolvimento de software suportado por banco de dados falham com tanta freqüência. Deixe-me esclarecer que estou incluindo aqui aqueles projetos que podem não ser documentados como falhas, mas que demoram muito mais para rolar e distribuir do que o originalmente planejado, devido à necessidade de realizar um importante esforço de 'reescrita', 're-arquitetura' ou 'sintonização'. Pessoalmente, chamo esses projetos atrasados de 'falhas': geralmente eles poderiam ter sido completados dentro do programado (ou mesmo mais depressa).

A única razão mais comum para a falha é uma falta de conhecimento prático do banco de dados — uma falta básica de entendimento da ferramenta fundamental que está sendo usada. A abordagem de 'caixa-preta' envolve uma decisão consciente para proteger os desenvolvedores do banco de dados. Na verdade, eles não são encorajados a aprender nada a respeito! Em muitos casos, eles não têm permissão de explorá-lo. Os motivos para isso parecem estar relacionados a FUD (**F**ear, **U**ncertainty, and **D**oubt). Eles ouviram dizer que bancos de dados são "difíceis", que SQL, transações e integridade de dados são 'difíceis'. A solução — não permitir que ninguém faça qualquer coisa 'difícil'. Eles tratam o banco de dados como uma caixa-preta e fazem alguma ferramenta de software gerar todo o código. Eles tentam se isolar com muitas camadas de proteção, para não precisarem tocar nesse banco de dados 'difícil'.

Essa é uma abordagem para o desenvolvimento de banco de dados que eu nunca fui capaz de entender. Uma das razões pela qual tive dificuldade de entender essa abordagem é que, para mim, aprender Java e C foi muito mais difícil do que aprender os conceitos por trás do banco de dados. Agora sei muito bem Java e C, mas custou muito mais prática para tornar-me capaz de usá-las do que para me capacitar a usar o banco de dados. Com o banco de dados, você precisa estar ciente de como ele funciona, mas não precisa conhecer tudo dentro e fora. Ao programar em C ou Java, você precisa saber tudo dentro e fora, e essas são linguagens *imensas*.

Um outro motivo é que, se você estiver montando um aplicativo de banco de dados, *a peça mais importante do software é o banco de dados*. Uma equipe de desenvolvimento bem-sucedida gostará disso e irá querer que o seu pessoal saiba sobre isso, para se concentrar nisso. Muitas vezes entrei em um projeto onde praticamente o contrário era verdadeiro.

Um cenário típico seria assim:

- Os desenvolvedores eram totalmente treinados na ferramenta GUI ou na linguagem que estavam usando para montar a fachada (tal como Java). Em muitos casos, eles tinham tido várias semanas, se não meses, treinando nela.
- A equipe tinha zero horas de treinamento em Oracle e zero horas de experiência em Oracle. A maioria não tinha qualquer experiência em banco de dados.
- Eles tinham extensos problemas de desempenho, problemas de integridade de dados, aspectos flutuantes e similares (mas telas muito bonitas).

Como resultado dos inevitáveis problemas de desempenho, eu era chamado para ajudar a resolver as dificuldades. Posso me lembrar de uma ocasião em especial, quando não podia me lembrar completamente da sintaxe de um novo comando que precisávamos usar. Pedi pelo manual *Referência SQL* e me deram um documento de Oracle 6.0. O desenvolvimento estava acontecendo na versão 7.3, cinco anos depois do lançamento da versão 6.0! Era tudo o que eles tinham para trabalhar, mas isso não parecia preocupá-los, de forma alguma. Não importa o fato de que a ferramenta que eles realmente precisavam conhecer para rastrear e sintonizar não existia na época. Não importa o fato que recursos como disparadores, procedimentos armazenados e muitas centenas de outros tinham sido acrescentados nos cinco anos desde que a documentação à qual eles tinham acesso tinha sido escrita. Era muito fácil determinar porque eles precisavam de ajuda — corrigir os problemas deles também era um outro aspecto.

A idéia que os desenvolvedores montando um **aplicativo de banco de dados** deve ser protegida do banco de dados é surpreendente para mim, ainda que a atitude persista. A maioria das pessoas ainda toma a atitude de que os desenvolvedores devem ser protegidos do banco de dados, eles não podem perder tempo sendo treinados em banco de dados — basicamente, eles nada devem saber sobre o banco de dados. Por quê? Bem, mais de uma vez ouvi '... mas Oracle é o banco de dados mais escalonável no mundo, o meu pessoal não precisa aprender sobre ele, ele simplesmente fará isso'. É verdade: Oracle é o banco de dados mais escalonável no mundo. Entretanto, posso escrever código ruim que não escalona em Oracle, com mais facilidade do que posso escrever bom código, código escalonável em Oracle. Você pode substituir Oracle por qualquer tecnologia e o mesmo se aplicará. Isso é um fato — é mais fácil escrever aplicativos que realizam pobremente do que aplicativos que realizam bem. Às vezes, é fácil demais montar um único sistema de usuário no banco de dados mais escalonável do mundo se você não souber o que está fazendo. O banco de dados é uma ferramenta, e o uso inadequado de qualquer ferramenta pode levar ao desastre. Você já usou um quebra-nozes para quebrar nozes como se ele fosse um martelo? Poderia fazê-lo, mas não seria o uso adequado daquela ferramenta e o resultado seria uma bagunça. Efeitos semelhantes podem ser conseguidos permanecendo ignorante com relação ao seu banco de dados.

Recentemente, estava trabalhando em um projeto no qual os arquitetos do sistema tinham projetado uma arquitetura muito elegante. Um cliente browser Web podia falar por HTTP para um aplicativo servidor executando Java Server Pages (JSP). A lógica do aplicativo seria 100 por cento gerada por uma ferramenta e implementada como EJBs (usando preservação de contentor gerenciado) e fisicamente localizada em outro aplicativo servidor. O banco de dados conteria tabelas e índices e nada mais.

Assim, começamos com uma arquitetura tecnicamente complexa. Encontramos quatro entidades que precisavam se comunicar para ter o trabalho feito: o browser Web para um JSP no Application Server para um EJB para o banco de dados. Seria preciso pessoal tecnicamente competente para desenvolver, testar, sintonizar e distribuir esse aplicativo. Fui solicitado a ajudar no teste de bancada do pós-desenvolvimento desse aplicativo. A primeira coisa que eu queria saber era a abordagem deles para com o banco de dados:

- Como eles se sentiam quanto aos principais pontos de atrito, áreas de contenção?
- O que eles tinham visto como os principais obstáculos a suplantar?

Eles não tinham idéia. Quando perguntei, 'OK, quando precisamos sintonizar uma consulta gerada, quem pode me ajudar a reescrever o código no EJB?'. A resposta foi: "Oh, você não pode sintonizar aquele código, precisa fazer tudo isso no banco de dados'. O aplicativo precisava permanecer intocável. Nesse ponto, realmente eu estava pronto para sair do projeto — estava muito claro que não havia maneira desse aplicativo funcionar:

- O aplicativo estava montado sem qualquer consideração ao nível de escalonamento do banco de dados.
- O próprio aplicativo não podia ser sintonizado ou tocado.
- A experiência mostra que, de 80 a 90 por cento de *toda* sintonização é feita em nível de aplicativo, não de banco de dados.
- Os desenvolvedores não tinham idéia do que os indivíduos tinham feito no banco de dados ou onde buscar por problemas em potencial.

Foi demonstrado ser esse o caso em nossa primeira hora de teste. No final, a primeira coisa que o aplicativo fez foi um:

```
select * from t for update;
```

O que isso fez foi forçar um trabalho *todo* em série. O modelo implementado no banco de dados foi tal que, antes que qualquer trabalho significativo pudesse prosseguir, era preciso bloquear um recurso extremamente escasso. Aquilo transformou imediatamente esse aplicativo em um sistema de usuário único muito grande. Os desenvolvedores não acreditaram em mim (em um outro banco de dados, empregando um bloqueio de leitura compartilhado, o comportamento observado foi diferente). Depois de perder dez minutos com uma ferramenta chamada TKPROF (você ouvirá muito mais sobre isso em *Estratégias e ferramentas de sintonização*, Capítulo 10), fui capaz de mostrar a eles que, sim, na verdade isso era SQL executada pelo aplicativo (eles não tinham idéia — nunca tinham visto a SQL). Não apenas era a SQL executada pelo aplicativo, mas usando duas sessões SQL*PLUS fui capaz de demonstrar que a sessão dois iria aguardar pela sessão um terminar completamente seu trabalho, antes de prosseguir.

Assim, em vez de gastar uma semana testando o aplicativo em bancada, perdi o tempo ensinando a eles sobre sintonização, bloqueio de banco de dados, mecanismos de controle de consecução, como isso funciona em Oracle versus Informix versus SQL Server versus DB2 e assim por diante (é diferente em cada caso). O que eu tinha que entender primeiro, no entanto, era o *motivo* para a SELECT FOR UPDATE. Descobri que os desenvolvedores queriam uma leitura repetida.

Repeatable read é um termo de banco de dados que diz que, se eu leio uma vez uma fileira em minha transação e a leio novamente mais tarde na mesma transação, a fileira não terá sido mudada — a leitura é repetida.

Por que eles queriam isso? Tinham ouvido dizer que era uma 'coisa boa'. Está bem, bom o bastante, você quer uma leitura repetida. A maneira de fazê-lo em Oracle é ajustar o nível de isolamento para **serializable** (que não apenas oferece uma leitura repetida em qualquer fileira de dados, oferece uma leitura repetida em uma consulta — se você executar a mesma consulta duas vezes, obterá os mesmos resultados). Para obter uma leitura repetida em Oracle, você não quer usar SELECT FOR UPDATE, que você só faz quando deseja acessar em série, fisicamente, os dados. Infelizmente, a ferramenta que eles utilizaram não sabia sobre isso — ela foi desenvolvida principalmente para usar com um outro banco de dados, onde essa *era* a maneira de obter uma leitura repetida.

Assim, o que tinha que ser feito nesse caso, para conseguir transações feitas em série, era criar um disparador de registro de entrada no banco de dados que alterasse a sessão desses aplicativos e ajustasse o nível de isolamento para serializable. Voltamos para a ferramenta que eles estavam usando e desativamos as tomadas de leituras repetidas e executamos novamente o aplicativo. Com a cláusula FOR UPDATE removida, de fato conseguimos o trabalho de consecução feito no banco de dados.

Evidente que esse não foi o fim dos problemas nesse projeto. Tivemos que descobrir:

- Como sintonizar SQL sem mudar a SQL (isso é difícil, veremos alguns métodos no Capítulo 11).
- Como medir o desempenho.

- Como ver onde estão os gargalos.
- Como e o que indexar. E assim por diante.

Ao final da semana, os desenvolvedores, que tinham sido isolados do banco de dados, estavam surpresos com o que de fato o banco de dados podia oferecer a eles, quão fácil era obter aquelas informações e, acima de tudo, que grande diferença podia fazer ao desempenho de seu aplicativo. Não fizemos o teste de bancada naquela semana (eles tinham algum trabalho para refazer!), mas no fim eles tiveram sucesso — com apenas algumas semanas de atraso.

Isso não é uma crítica a ferramentas ou tecnologias como EJBs e preservação de contentor gerenciado. Isso é uma crítica a propositadamente permanecer ignorante ao banco de dados, como ele trabalha e como usá-lo. As tecnologias usadas nesse caso funcionaram bem — depois dos desenvolvedores terem alguma intimidade com o próprio banco de dados.

A questão é que o banco de dados é, tipicamente, a base de seu aplicativo. Se ele não trabalha bem, nada mais importa. Se você tiver uma caixa-preta e ela não funcionar bem — o que você vai fazer com relação a isso? Quase que a única coisa a ser feita é olhar para ela e imaginar porque ela não está indo tão bem. Não é possível consertá-la, não é possível sintonizá-la, você simplesmente não entende como ela funciona — e tomou a decisão de estar nessa posição. A alternativa é a abordagem que eu advogo: entender seu banco de dados, saber como ele funciona, saber o que ele pode fazer por você e usá-lo em seu potencial máximo.

Como (e como não) desenvolver aplicativos de banco de dados

Isso é bastante hipotético, pelo menos por ora. No restante deste capítulo, farei uma abordagem mais empírica, discutindo porque o conhecimento do banco de dados e os seus trabalhos terão um longo caminho na direção de uma implementação bem-sucedida (sem precisar escrever o aplicativo duas vezes!). Alguns problemas são simples de corrigir, desde que você entenda como encontrá-los. Outros exigem drásticas reescritas. Um dos objetivos deste livro é, em primeiro lugar, ajudá-lo a evitar os problemas.

> Nas próximas seções, discuto os recursos núcleo de Oracle, sem me aprofundar exatamente no que esses recursos são e todas as ramificações de seu uso. Por exemplo, discuto uma das implicações de usar a arquitetura Multi-Threaded Server (MTS) — uma maneira pela qual você pode (e às vezes, precisa) configurar Oracle para suportar múltiplas conexões de banco de dados. No entanto, não verei no todo o que é MTS, como ele funciona e assim por diante. Tais fatos são cobertos em detalhes no Oracle Server Concepts Manual (com mais informações a serem encontradas no Net8 Administrators Guide - Guia dos administradores Net8).

Como entender a arquitetura de Oracle

Recentemente, estava trabalhando em um projeto onde eles decidiram usar apenas as últimas, mais recentes tecnologias: tudo foi codificado em Java com EJBs. O aplicativo cliente falaria com o banco de dados servidor usando beans — não Net8. Eles não podiam enviar e receber SQL entre cliente e servidor, apenas chamadas a EJB, usando chamada de método remoto (RMI) através de Internet Inter-Orb Protocol (IIOP).

> Se você estiver interessado em detalhes de RMI em IIOP, pode referir-se a http://java.sun.com/products/rmi-iiop/.

Essa é uma abordagem perfeitamente válida. Essa funcionalidade pode ser extremamente escalonável e funciona. As pessoas responsáveis pela arquitetura entendiam Java, EJBs, os protocolos envolvidos — toda aquela coisa. Eles sentiam que estavam em uma boa posição para montar com sucesso tal projeto. Quando o seu aplicativo não pode ser escalonável além de um par de usuários, acharam que era falta do banco de dados e duvidaram seriamente da reivindicação do Oracle em ser 'o banco de dados mais escalonável existente'.

O problema não era o banco de dados mas a falta de conhecimento de como o banco de dados funcionava — uma falta de conhecimento que significava que determinadas decisões tomadas por ocasião do design levaram esse aplicativo em especial a falhar. Para distribuir EJBs no banco de dados, o Oracle precisa ser executado para executar nessa forma MTS em vez de no modo de servidor dedicado. Basicamente, o que a equipe não entendeu foi como o uso de MTS com EJBs no banco de dados os afetaria. Sem esse entendimento, e sem um conhecimento geral de como Oracle funcionava, foram tomadas duas decisões chave:

- ❏ Executaremos alguns procedimentos armazenados que levam 45 segundos ou mais (às vezes, muito mais) em nossos beans.
- ❏ Não suportaremos o uso de ligação de variáveis. Todas as nossas consultas terão código rígido com valores constantes no predicado. Todas as entradas para procedimentos armazenados usarão strings. Isso é 'mais fácil' do que codificar ligação de variáveis.

Essas duas decisões, aparentemente de pouca importância, garantiram que o projeto falharia — por fim, provado. Eles fizeram de tal forma que um banco de dados altamente escalonável literalmente falharia e falharia de novo, com uma carga de usuário bem pequena. Uma falta de conhecimento de como o banco de dados funcionou mais que dominou seu intrincado conhecimento de Java beans e processamento distribuído. Se eles tivessem tomado tempo para aprender um pouco mais sobre a maneira com que Oracle trabalhava e, conseqüentemente, seguido as duas simples diretrizes, o projeto deles poderia ter tido uma chance muito melhor de sucesso, na primeira saída.

Não execute longas transações em MTS

A decisão de executar transações de 45 segundos em MTS traiu a falta de entendimento do que MTS foi destinado a fazer e como ele funciona em Oracle. Resumidamente, MTS trabalha tendo uma combinação compartilhada de processos servidor que servem a uma combinação maior de usuários finais. É muito como uma combinação de conexões — como o processo de criação e o gerenciamento são algumas das operações mais caras que você pode pedir para um sistema operacional realizar, o MTS é muito benéfico em um sistema de grande escala. Assim, eu poderia ter 100 usuários mas apenas cinco ou dez servidores compartilhados.

Quando um servidor compartilhado obtém uma solicitação para executar uma atualização, ou executa um procedimento armazenado, aquele servidor compartilhado é dedicado àquela tarefa até a sua complementação. Ninguém mais usará aquele servidor compartilhado até que a atualização esteja terminada ou aquele procedimento compartilhado acabe a execução. Assim, ao usar MTS, o seu objetivo precisa ser ter declarações bem curtas. MTS é destinado a escalonar sistemas de processamento de transação on-line (**OLTP**) — um sistema caracterizado por declarações que executam com tempos de resposta de sub-segundos. Você terá uma única fileira atualizada, inserirá um par de linhas de item e consultará registros pela chave principal. Você não executará (ou não poderá executar) um processo em grupo que tome muitos segundos ou minutos para completar.

Se todas as nossas declarações executam muito rapidamente, então o MTS funciona bem. Efetivamente, podemos compartilhar uma série de processos entre uma comunidade maior de usuários. Se, por outro lado, temos sessões que monopolizam um servidor compartilhado por períodos maiores de tempo, veremos claramente que o banco de dados 'está pendurado'. Digamos que configuramos dez servidores compartilhados para 100 pessoas. Se, em algum ponto, dez pessoas executam simultaneamente o processo que leva 45 segundos a mais do que qualquer outra transação (inclusive novas conexões), teremos que esperar. Se alguma das sessões na fila quiser executar aquele mesmo longo processo, teremos um *grande* problema — o aparente 'pendurado' não dura mais do que 45 segundos, ele parecerá demorar muito mais para a maioria das pessoas. Mesmo se nós tivermos algumas pessoas querendo executar esse processo simultaneamente, em vez de dez, ainda veremos o que parece ser uma grande degradação em desempenho do servidor. Estamos tirando fora, por um longo período de tempo, um recurso compartilhado, e isso não é uma boa coisa. Em vez de ter dez servidores compartilhados processando solicitações rápidas em uma fila, agora temos cinco ou seis (ou menos). Eventualmente, o sistema estará executando a alguma fração de sua capacidade, simplesmente devido a esse recurso estar sendo consumido.

A solução 'rápida e suja' foi inicializar mais servidores compartilhados, mas a conclusão lógica é que você precisa de um servidor compartilhado por usuário e isso não é uma conclusão razoável em um sistema com milhões de usuários (como esse sistema era). Não apenas iria introduzir gargalos no próprio sistema (quanto mais servidores é preciso gerenciar mais tempo de processamento é gasto em gerenciamento), mas também, simplesmente, não é a maneira que MTS foi destinado para trabalhar.

A solução real a esse problema foi simples: não executar longas transações rodando em MTS. Implementar essa solução não foi simples. Havia mais de uma maneira de implementar isso e todas exigiam mudanças arquiteturais fundamentais. A forma mais adequada de corrigir esse aspecto, exigindo a menor quantidade de mudança, foi usar **Advanced Queues** (**AQ**).

> *AQ é um middleware hospedado no banco de dados Oracle. Ele oferece a habilidade para uma sessão cliente enfileirar uma mensagem numa tabela de fila de banco de dados. Mais tarde, imediatamente depois de ser comprometida, essa mensagem é 'desenfileirada' por outra sessão e seu conteúdo é inspecionado. Essa mensagem contém informações para a outra sessão processar. Ela pode ser usada para dar o aspecto de luz às vezes de resposta rápida, separando o longo processo de execução do cliente interativo.*

Portanto, em vez de executar um processo de 45 segundos, o bean colocaria a solicitação, junto com todas as suas entradas, em uma fila e a executaria em uma conexão livre (assíncrona) em vez de em uma conexão estreita (síncrona). Dessa forma, o usuário final não teria que esperar 45 segundos por uma resposta — o sistema seria aparentemente muito mais receptivo.

Apesar dessa abordagem parecer fácil — apenas soltar uma '**AQ**' e o problema ser corrigido — há muito mais nela do que isso. Esse processo de 45 segundos gerou uma ID de transação exigida pela etapa seguinte na interface, de modo a unir a outras tabelas — conforme desenhada, a interface não trabalharia sem ela. Implementando AQ, não estamos esperando pela geração, aqui, desse ID de transação — estamos apenas pedindo ao sistema para fazê-lo para nós, em algum ponto. Assim, o aplicativo foi parado. Por um lado, não podíamos esperar 45 segundos para o processo se completar, mas por outro, precisávamos da ID gerada para ir para a tela seguinte e só podíamos conseguir isso aguardando 45 segundos. Para solucionar esse problema, o que tivemos que fazer foi sintetizar uma ID de pseudotransação, modificar o longo processo de execução para aceitar essa pseudo-ID gerada e tê-lo atualizando uma tabela quando tivesse terminado, pelo mecanismo ao qual a verdadeira ID de transação estava associada à pseudo identidade. Isto é, em vez da ID de transação ser uma saída do longo processo de execução, ela seria uma entrada para ele. E mais, todas as tabelas 'correnteza abaixo' teriam que usar essa ID de pseudotransação — não a verdadeira (visto que por enquanto, a verdadeira não seria gerada). Também tivemos que rever o uso dessa ID de transação para ver que impacto essa mudança teria em outros módulos, e assim por diante.

Uma outra consideração foi o fato que, enquanto executássemos de forma sincronizada, se o processo de 45 segundos falhasse, o usuário final seria imediatamente alertado. A condição de erro podia ser corrigida (tipicamente, corrigir as entradas) e a solicitação submetida novamente. Agora, com a transação sendo processada de forma assíncrona em AQ, não precisamos ter aquela habilidade. Nova funcionalidade tinha que ser acrescentada, de modo a suportar essa resposta atrasada. Especificamente, precisávamos de algum mecanismo de fluxo de trabalho para direcionar qualquer transação falha à pessoa adequada.

O resultado final de tudo isso é que tivemos que absorver mudanças importantes na estrutura de banco de dados. Novo software teve que ser acrescentado (AQ). Novos processos tiveram que ser desenvolvidos (fluxos de trabalho etc). No lado positivo, a remoção do lapso de tempo de 45 segundos a partir de um processo interativo não apenas solucionou o aspecto da arquitetura MTS como aumentou a experiência do usuário — significou que o usuário final obteve uma resposta 'aparente' muitas vezes mais rápida. No lado inverso, tudo isso atrasou consideravelmente o projeto, pois nada disso tinha sido observado até imediatamente antes da distribuição, durante o teste de escalonamento. Foi simplesmente muito ruim que ele não tivesse sido desenhado certo desde o início. Com o conhecimento de como MTS funcionava, fisicamente, teria ficado claro que o design original não escalonaria muito bem.

Uso de ligação de variáveis

Se eu fosse escrever um livro sobre como montar aplicativos Oracle *não escalonáveis*, então *Não use ligação de variáveis* seria o primeiro e último capítulo. Essa é a principal causa de aspectos de desempenho e o principal inibidor de escalonamento. A forma pela qual Oracle opera a combinação compartilhada (uma estrutura de dados de memória compartilhada muito importante) é baseada nos desenvolvedores que usam ligação de variáveis. Se você quiser fazer o Oracle executar vagarosamente, até forçar uma parada total — simplesmente recuse-se a usá-las.

Ligação de variável é um contentor de lugar em uma consulta. Por exemplo, para recuperar o registro do empregado 123, posso consultar:

```
select * from emp where empno - 123;
```

Alternativamente, posso consultar:

```
select * from emp where empno = :empno;
```

Em um sistema típico, você consultaria até o empregado 123 talvez uma vez, depois nunca mais. Mais tarde, você consultaria o empregado 456, depois 789 e assim por diante. Se você usar literais (constantes) na consulta, toda e qualquer consulta será uma consulta inteiramente nova, nunca antes vista pelo banco de dados. Ela precisará ser analisada, qualificada (os nomes esclarecidos), a segurança verificada, otimizada — em resumo, toda e qualquer declaração única que você executar precisará ser compilada cada vez que for executada.

A segunda consulta usa uma ligação de variável :empno, cujo valor é fornecido por ocasião da execução da consulta. Essa consulta é compilada uma vez, depois o plano de consulta é armazenado em uma combinação compartilhada (o cache de biblioteca), a partir da qual ela pode ser recuperada e reutilizada. A diferença entre as duas, em termos de desempenho e escalonamento, é imensa, até dramática.

A partir da descrição acima, seria bastante óbvio que analisar uma declaração com variáveis de código rígido (chamadas de análise **hard**), iria demorar mais e gastar muito mais recursos do que reutilizar um plano de consulta já analisado (chamado de análise **soft**). O que pode não ser tão óbvio é a extensão à qual o primeiro reduzirá o número de usuários que o seu sistema pode suportar. Obviamente, isso em parte é devido ao aumento de consumo de recurso, mas um fator ainda maior surge, devido aos mecanismos de engate do cache de biblioteca. Quando você faz uma análise hard em uma consulta, o banco de dados gastará mais tempo contendo determinados dispositivos de baixo nível em série, chamados **latches** (engate; dispositivo que mantém uma condição de saída, até receber um sinal de entrada) (Veja o Capítulo 3, para mais detalhes). Esses engates protegem as estruturas de dados na memória compartilhada de Oracle de modificações consecutivas, por duas sessões (ou Oracle acabaria com estruturas de dados corrompidas) e de alguém lendo uma estrutura de dados enquanto ela está sendo modificada. Quanto mais e com mais freqüência tivermos que engatar essas estruturas de dados, mais demorada a fila se tornará para obter esses engates. Numa maneira semelhante de ter longas transações executando em MTS, começaremos a monopolizar recursos esparsos. Às vezes, sua máquina pode parecer estar subutilizada — e ainda assim, tudo no banco de dados está executando muito vagarosamente. Parece que alguém está contendo um desses mecanismos em série e uma fila está se formando — você não é capaz de executar em velocidade superior. Só é preciso um aplicativo mal comportado em seu banco de dados para afetar dramaticamente o desempenho de todos os outros aplicativos. Um único, pequeno aplicativo que não usa ligação de variável levará a SQL relevante de outros aplicativos bem sintonizados a serem descartados, com o tempo, da combinação compartilhada. Só é necessária uma maçã podre para estragar toda a cesta.

Se você usar ligação de variáveis, todos os que submeterem exatamente a mesma consulta que se refira ao mesmo objeto usarão o plano compilado da combinação. A sua sub-rotina será compilada uma vez e usada repetidamente. Isso é muito eficiente e é a maneira que o banco de dados pretende que você trabalhe. Não apenas você usará menos recursos (uma análise soft utiliza muito menos recursos), mas também conterá engates por menos tempo e precisará deles com menos freqüência. Isso aumenta o seu desempenho e aumenta, muito, seu escalonamento.

Apenas para oferecer uma vaga idéia do quanto grande é a diferença que isso pode fazer, em termos de desempenho, você só precisa executar um pequeno teste:

```
tkyte@TKYTE816> alter system flush shared_pool;

System altered.
```

Aqui, estou começando com uma combinação compartilhada 'vazia'. Se eu fosse executar esse teste mais de uma vez, precisaria alinhar a combinação compartilhada cada vez, ou então a variável SQL não ligada abaixo, na verdade, seria armazenada e pareceria executar muito depressa.

```
tkyte@TKYTE816> set timing on
tkyte@TKYTE816> declare
  2          type rc is ref cursor;
  3          l_rc rc;
  4          l_dummy all_objects.object_name%type;
  5          l_start number default dbms_utility.get_time;
  6  begin
  7          for i in 1 .. 1000
  8          loop
  9              open l_rc for
 10          'select object_name
 11             from all_objects
 12            where object_id = ' || i;
 13          fetch l_rc into l_dummy;
 14          close l_rc;
```

```
15            end loop;
16            dbms_output.put_line
17            ( round( (dbms_utility.get_time-l_start)/100, 2 ) ||
18                      ' seconds...' );
19      end;
20      /
14.86 seconds...

PL/SQL procedure successfully completed.
```

O código acima usa SQL dinâmica para consultar uma única fileira da tabela ALL_OBJECTS. Ele gera 1000 consultas individuais com os valores 1, 2, 3,... e assim por diante de 'codificação rígida' na cláusula WHERE. Em meu laptop Pentium 350 MHz, isso demorou 15 segundos (a velocidade pode variar em máquinas diferentes).

A seguir, faremos isso usando ligação de variáveis:

```
tkyte@TKYTE816> declare
2              type rc is ref cursor;
3              l_rc rc;
4              l_dummy all_objects.object_name%type;
5              l_start number default dbms_utility.get_time;
6         begin
7              for i in 1 .. 1000
8              loop
9                   open l_rc for
10             'select object_name
11                   from all_objects
12                   where object_id = :x'
13             using i;
14             fetch l_rc into l_dummy;
15             close l_rc;
16             end loop;
17             dbms_output.put_line
18             ( round( (dmbs_utility.get_time-l_start)/100, 2 ) ||
19                       ' seconds...' );
20      end;
21      /
1.27 seconds...

PL/SQL procedure successfully completed.
```

Aqui usamos a mesma lógica — a única coisa que mudou foi o fato de que não fizemos código rígido nos valores 1, 2, 3... na consulta — em vez disso, estamos usando a ligação de variáveis. Os resultados são bastante dramáticos. O fato é que não apenas isso executa muito mais rápido (gastamos mais tempo *analisando* as nossas consultas do que, de fato, *executando-as*!), como permitirá que mais usuários usem o seu sistema, simultaneamente.

Executar declarações SQL sem ligação de variáveis é muito como compilar uma sub-rotina antes de toda e qualquer chamada a método. Imagine enviar código fonte Java aos seus clientes onde, antes de chamar um método em uma classe, eles têm que chamar o compilador Java, compilar a classe, executar o método e depois descartar o byte de código. Na próxima vez em que eles quiserem executar exatamente o mesmo método, terão que fazer a mesma coisa: compilá-lo, executá-lo e descartá-lo. Você nunca deve pensar em fazer isso em seu aplicativo — também nunca deve pensar em fazer isso em seu banco de dados.

> *No Capítulo 10, veremos maneiras de identificar se você está ou não usando ligação de variáveis, formas diferentes de usá-las, um recurso de 'autoligação' no banco de dados etc. Também discutiremos um caso especial onde você não irá querer usar ligação de variáveis.*

Como era esse projeto em especial, reescrever o código existente para usar ligação de variáveis era a única solução possível. O código resultante executava ordens de grandeza mais rápidas e aumentou muitas vezes o número de usuários simultâneos que o sistema podia suportar. No entanto, teve um preço alto, em termos de tempo e esforço. Não é que usar ligação de variáveis seja difícil, ou passível de erro, é simplesmente que eles não o fizeram inicialmente, e assim foram obrigados a voltar e rever, virtualmente, *todo* o código, e mudá-lo. Eles não teriam pago esse preço se tivessem entendido que é vital usar ligação de variáveis em seu aplicativo, a partir do primeiro dia.

Como entender o controle de consecução

O controle de consecução é uma área onde os bancos de dados se diferenciam entre si. É uma área que ajusta um banco de dados separado de um arquivo de sistema e que ajusta bancos de dados separados uns dos outros. Como programador, é vital que o seu aplicativo de banco de dados trabalhe corretamente sob condições de acesso consecutivo, e ainda assim, isso é algo que as pessoas repetidamente falham em testar. As técnicas que funcionam bem se tudo acontecer consecutivamente, não funcionam tão bem quando acontecem simultaneamente. Se você não tiver um bom controle de como o seu banco de dados implementa os mecanismos de controle de consecução, você irá:

- Corromper a integridade de seus dados.
- Executar mais lentamente do que faria com um pequeno número de usuários.
- Diminuir sua habilidade de escalonar para um grande número de usuários.

Note que não dizemos que 'você pode...' ou que 'você corre o risco de...', mas ao contrário, que invariavelmente você *fará* essas coisas. Você fará essas coisas, sem ao menos perceber. Sem corrigir o controle de consecução, a integridade de seu banco de dados será corrompida, pois algo que funciona em isolamento não funcionará tão bem conforme esperado em uma situação de múltiplos usuários. Você executará mais lentamente do que deveria, porque acabará esperando pelos dados. Perderá sua habilidade de escalonar, devido a aspectos de bloqueio e contenção. À medida que as filas para acessar um recurso ficam maiores, a espera torna-se mais e mais longa. Uma analogia aqui seria uma retenção em um pedágio. Se os carros chegassem de maneira previsível, ordenadamente, um atrás do outro, nunca haveria uma retenção. Se muitos carros chegam simultaneamente, filas começam a se formar. Além do mais, o tempo de espera não aumenta na fila com o número de carros na cabine. Depois de certo ponto, estamos perdendo tempo considerável, 'gerenciando' as pessoas que estão aguardando na fila, bem como os servindo (no banco de dados, falaríamos sobre troca de contexto).

Os aspectos de consecução são mais difíceis de rastrear — o problema é semelhante a depurar um programa multisseqüenciado. O programa pode trabalhar bem no ambiente controlado, artificial, do depurador, mas quebra horrivelmente no 'mundo real'. Por exemplo, em 'condições de corrida', você descobre que duas seqüências podem acabar modificando simultaneamente a mesma estrutura de dados. Esses tipos de bugs são terrivelmente difíceis de rastrear e corrigir. Se você só testar seu aplicativo isoladamente e depois distribui-lo a uma dúzia de usuários consecutivos, provavelmente será (dolorosamente) exposto a um aspecto de consecução não detectado.

Nas duas próximas seções, relatarei dois pequenos exemplos de como a falta de entendimento de controle de consecução pode arruinar seus dados ou inibir o desempenho e escalonamento.

Como implementar bloqueio

O banco de dados usa bloqueios para garantir que, no máximo, uma transação esteja modificando determinada parte de dados em determinada ocasião. Basicamente, eles são o mecanismo que permite a consecução — sem algum modelo de bloqueio para evitar atualizações consecutivas na mesma fileira, por exemplo, o acesso de múltiplos usuários não seria possível em um banco de dados. Entretanto, se usado inadequadamente, os bloqueios podem inibir a consecução. Se você, ou o próprio banco de dados, bloquear desnecessariamente os dados, menos pessoas serão capazes de realizar operações consecutivamente. Assim, entender o que é bloqueio e como ele funciona em seu banco de dados é vital, se for desenvolver um aplicativo certo, escalonável.

O que também é vital é que você entenda que cada banco de dados implementa bloqueios de maneira diferente. Alguns têm bloqueios em nível de página, outros no de fileira; algumas implementações escalonam bloqueios de nível de fileira para nível de página, algumas não; algumas usam bloqueios de leitura, outras não; algumas implementam transações em série através de bloqueio e outros através de vistas de dados consistentes de leitura (sem bloqueios). Essas pequenas diferenças podem inflar para grandes aspectos de desempenho ou cair para bugs em seu aplicativo, se você não entender como eles funcionam.

Os seguintes pontos resumem a política de bloqueio do Oracle:

- O Oracle só bloqueia dados em nível de fileira em modificação. Nunca há bloqueio de escalonamento em nível de um bloco ou tabela.
- Oracle nunca bloqueia dados apelas para lê-los. Não há bloqueios colocados em fileiras de dados para simples leituras.

❑ Um escritor de dados não bloqueia um leitor de dados. Deixe-me repetir — *leituras* não são bloqueadas por *escritas*. Isso é fundamentalmente diferente de quase cada qualquer outro banco de dados, onde leituras são bloqueadas por escritas.

❑ Um escritor de dados só é bloqueado quando um outro escritor de dados já bloqueou a fileira em que está atrás. Um leitor de dados nunca bloqueia um escritor de dados.

Esses fatos precisam ser levados em consideração ao desenvolver o seu aplicativo, e você também precisa observar que essa política é exclusiva de Oracle. Um desenvolvedor que não entende como seu banco de dados lida com a consecução, certamente encontrará aspectos de integridade de dados (isso é especialmente comum quando um desenvolvedor se move de um outro banco de dados para Oracle ou, vice versa, e negligencia levar em consideração os diferentes mecanismos de consecução em seu aplicativo).

Um dos efeitos laterais da abordagem de 'não bloqueio' do Oracle é que se você, de fato, quiser garantir que nenhum usuário mais tenha acesso a uma fileira, de uma vez, você mesmo, o desenvolvedor, precisa fazer um pequeno trabalho. Considere o seguinte exemplo. Um desenvolvedor estava me mostrando um programa de programação de recurso (para salas de conferência, projetores etc.) que ele tinha acabado de desenvolver e estava no processo de distribuir. O aplicativo implementou uma função comercial para evitar a alocação de um recurso a mais de uma pessoa, por qualquer período de tempo determinado. Isto é, o aplicativo continha código que verificava, especificamente, se nenhum outro usuário tinha alocado, anteriormente, o espaço de tempo (pelo menos o desenvolvedor pensava que tinha). Esse código consultava a tabela schedules e, se não existiam fileiras que se sobrepunham àquele espaço de tempo, inseria a nova fileira. Assim, o desenvolvedor estava basicamente, preocupado com duas tabelas:

```
create table resources ( resource_name varchar2(25) primary key, ... );
create table schedules( resource_name varchar2(25) references resources,
                        start_time      date,
                        end_time        date );
```

E, antes de fazer, digamos, uma reserva de sala, o aplicativo devia consultar:

```
select count(*)
        from schedules
    where resource_name = :room_name
            and (start_time between :new_start_time and :new_end_time
                    rr
                 end_time between :new_start_time and :new_end_time)
```

Parecia simples e à prova de bala (pelo menos para o desenvolvedor); se a contagem voltasse a zero, a sala era sua. Se não voltasse zero, ela não podia ser reservada para aquele período. Como eu sabia qual era a lógica dele, ajustei um teste bem simples para mostrar a ele o erro que poderia acontecer quando o aplicativo fosse ao ar. Um erro que seria incrivelmente difícil de rastrear e diagnosticar depois do fato — um que poderia convencê-lo que *tinha* que ser um bug de banco de dados.

Tudo o que fiz foi conseguir alguém para usar o terminal depois dele. Ambos navegaram na mesma tela e, na contagem de três, cada um pressionou o botão Go e tentou reservar a mesma sala para exatamente o mesmo período. Ambos conseguiram a reserva — a lógica, que funcionou perfeitamente em isolamento, falhou em um ambiente de múltiplos usuários. O problema, nesse caso, foi causado pelo não bloqueio de leituras do Oracle. Uma sessão nunca bloqueia outra sessão. Ambas as sessões simplesmente executaram a consulta acima e depois realizaram a lógica de reservar a sala. Ambos poderiam executar a consulta para buscar por uma reserva, ainda que a outra sessão já tivesse começado a modificar a tabela schedules (a mudança não seria visível à outra sessão, até que comprometida, quando seria muito tarde). Como eles nunca tentaram modificar a mesma fileira na tabela schedules, nunca poderiam bloquear um ao outro, e assim a função comercial não poderia reforçar o que tinha sido pretendido reforçar.

O desenvolvedor precisava de um método para reforçar a função comercial em um ambiente de múltiplos usuários, uma maneira de garantir que exatamente uma pessoa de cada vez tinha feito uma reserva de determinado recurso. Nesse caso, a solução foi impor um pouco de serialização própria — além de fazer a contagem, count (*), acima, o desenvolvedor precisava primeiro:

```
select * from resources where resource_name = :room_name FOR UPDATE;
```

Um pouco antes no capítulo, discutimos um exemplo onde o uso da cláusula FOR UPDATE causou problemas, mas aqui é o que faz essa função comercial funcionar conforme pretendido. O que fizemos aqui foi bloquear o recurso (a sala) para ser programado imediatamente *antes* de programá-la, em outras palavras, antes de consultarmos a tabela Schedules daquele recurso. Bloqueando o recurso que estávamos tentando programar, garantimos que ninguém mais estava modificando a programação, simultaneamente, para esse recurso. Seria preciso esperar até que tivéssemos comprometido a nossa transação — em cujo ponto eles poderiam ser capazes de ver a nossa programação. A possibilidade de sobreposição de programações foi removida. O desenvolvedor precisa entender que, no ambiente de múltiplos usuários, muitas vezes é preciso empregar técnicas semelhantes àquelas usadas em programação multisseqüenciada. Nesse caso, a cláusula FOR UPDATE está trabalhando como um semáforo. Ela faz em série o acesso às tabelas resources naquela fileira em particular — garantindo que duas pessoas não possam programá-las simultaneamente.

Isso ainda é altamente consecutivo, pois existem potencialmente milhões de recursos a serem reservados — o que fizemos foi garantir que apenas uma pessoa modifique um recurso de cada vez. Esse é um caso raro onde o bloqueio manual de dados de fato não vai atualizar o que é chamado. Você precisa ser capaz de reconhecer onde precisa fazer isso e talvez, mais importante, onde não fazer (tenho um exemplo de quando não fazer, abaixo). Além do mais, isso não bloqueia o recurso de leitura de dados para outras pessoas, como pode acontecer em outros bancos de dados, já que irá escalonar muito bem.

Aspectos como o citado têm extensas implicações ao tentar aportar um aplicativo de banco de dados para banco de dados (voltarei a esse tema mais adiante, no capítulo) e isso faz as pessoas voltarem, de tempos em tempos. Por exemplo, se você for experiente em outros bancos de dados, onde escritores bloqueiam leitores e vice versa, pode ter ficado confiante no fato de se proteger de aspectos de integridade de dados. A *falta* de consecução é uma maneira de se proteger disso — é como funciona em muitos bancos de dados, não Oracle. Em Oracle, regras de consecução são supremas, e você precisa estar ciente de que as coisas acontecerão de forma diferente (ou sofrer as conseqüências).

Em 99 por cento do tempo, o bloqueio é completamente transparente e não é preciso se preocupar com ele. É aquele outro 1 por cento que você precisa estar treinado para reconhecer. Não existe uma simples lista de verificação de 'se fizer isso, precisa fazer aquilo' com relação a esse aspecto. É uma questão de entender como o seu aplicativo se comportará em um ambiente de múltiplos usuários, e como ele se comportará em seu banco de dados.

Múltiplas versões

Esse é um tópico estreitamente relacionado ao controle de consecução, pois forma a base para este mecanismo do Oracle — o Oracle opera em um modelo de consecução consistente de leitura de versões múltiplas. No Capítulo 3, cobriremos os aspectos técnicos correspondentes em mais detalhes mas, essencialmente, é o mecanismo que Oracle oferece para:

- **Consultas consistentes de leitura:** Consultas que produzem resultados consistentes com relação a um ponto no tempo.
- **Consultas sem bloqueio:** Consultas nunca são bloqueadas por escritores de dados, como seriam em outros bancos de dados.

Esses dois conceitos são muito importantes no banco de dados Oracle. O termo de versões múltiplas vem basicamente do fato que o Oracle é capaz de manter, simultaneamente, diversas versões dos dados no banco de dados. Se você entender como funcionam as versões múltiplas, entenderá sempre as respostas obtidas do banco de dados. Antes de explorarmos em mais detalhes como o Oracle faz isso, eis a maneira mais simples que conheço de demonstrar múltiplas versões em Oracle:

```
tkyte@TKYTE816> create table t
  2    as
  3    select * from all_users;
Table created.

tkyte@TKYTE816> variable x refcursor

tkyte@TKYTE816> begin
  2                    open :x for select * from t;
  3    end;
  4    /
```

```
PL/SQL procedure successfully completed.

tkyte@TKYTE816> delete from t;

18 rows deleted.

tkyte@TKYTE816> commit;

Commit complete.

tkyte@TKYTE816> print x

USERNAME                              USER_ID    CREATED
------------------------------        -------    --------
SYS                                         0    04-NOV-00
SYSTEM                                      5    04-NOV-00
DBSNMP                                     16    04-NOV-00
AURORA$ORB$UNAUTHENTICATED                 24    04-NOV-00
ORDSYS                                     25    04-NOV-00
ORDPLUGINS                                 26    04-NOV-00
MDSYS                                      27    04-NOV-00
CTXSYS                                     30    04-NOV-00
...
DEMO                                       57    07-FEB-01

18 rows selected.
```

No exemplo acima, criamos uma tabela de teste, T, e a carregamos com alguns dados da tabela ALL_USERS. Abrimos um cursor naquela tabela. Buscamos *no data* a partir daquele cursor: simplesmente o abrimos.

> *Tenha em mente que o Oracle não 'responde' a consulta, não copia os dados em qualquer lugar quando você abre um cursor — imagine quanto tempo levaria para abrir um cursor em uma tabela de um bilhão de fileiras, se ele o fizesse. O cursor abre instantaneamente e responde a consulta à medida que prossegue. Em outras palavras, ele só deve ler dados da tabela na medida em que você a busca.*

Na mesma sessão (ou talvez uma outra sessão fizesse isso), pudemos continuar e apagar todos os dados daquela tabela. Fomos até o trabalho de COMMIT naquela remoção. As fileiras se foram — mas, foram? Na verdade, elas são recuperáveis através do cursor. O fato é que o conjunto de resultados retornado pelo comando OPEN foi preordenado para que, em determinada ocasião, pudéssemos reabri-lo. Não tínhamos tocado um único bloco de código naquela tabela durante a abertura, mas a resposta já estava gravada em pedra. Não temos como saber qual será a resposta até buscarmos os dados — entretanto, o resultado é imutável, sob a perspectiva do nosso cursor. Não é que o Oracle tenha copiado tudo dos dados acima para alguma outra localização quando abrimos o cursor; na verdade foi o comando delete que preservou nossos dados, colocando-os em uma área de dados chamada **rollback segment**.

É sobre isso que trata a consecução de leitura e, se você não entender como funciona o esquema de versões múltiplas do Oracle e o que ele significa, não será capaz de obter todas as vantagens do Oracle, nem será capaz de escrever aplicativos certos em Oracle (aqueles que garantirão a integridade de dados).

Vejamos as implicações de múltiplas versões, consultas de consistência de leitura e não bloqueio de leituras. Se você não estiver familiarizado com múltiplas versões, o que vê abaixo parecerá surpreendente. Para garantia de simplicidade, vamos supor que a tabela que estamos lendo armazena uma fileira por bloco de banco de dados (a menor unidade de armazenagem no banco de dados) e que estamos digitalizando totalmente a tabela, nesse exemplo.

A tabela que consultaremos é uma simples tabela accounts. Ela contém saldos em contas de um banco, e tem uma estrutura muito simples:

```
create table accounts
( account_number number primary key,
  account_balance number
);
```

Na verdade, a tabela accounts conteria centenas de milhares de fileiras, mas a título de simplicidade, vamos considerar apenas uma tabela com quatro fileiras (visitaremos esse exemplo em mais detalhes no Capítulo 3):

Fileira	Número da conta	Saldo
1	123	US$500.00
2	234	US$250.00
3	345	US$400.00
4	456	US$100.00

O que gostaríamos de fazer é executar o relatório de fim de expediente, que nos diga quanto dinheiro há no banco. Essa é uma consulta extremamente simples:

```
select sum(account_balance) from accounts;
```

E, claro, nesse exemplo a resposta é óbvia: US$1250. Entretanto, o que acontece se lermos apenas a fileira 1 e, enquanto estivermos lendo as fileiras 2 e 3, uma máquina de caixa automática (ATM) irá gerar transações nessa tabela, e transferir US$400 da conta 123 para a conta 456? A nossa consulta conta US$500 na fileira 4 e vem com a resposta de US$1650, não é? Bem, claro, isso deve ser evitado, pois seria um erro — essa quantia em dinheiro nunca existiu na coluna de saldo de contas. É dessa maneira que o Oracle evita tais ocorrências, e como os métodos do Oracle diferem de qualquer outro banco de dados é o que você precisa entender.

Praticamente em todos os outros bancos de dados, se você quisesse obter uma resposta 'consistente' e 'certa' a essa consulta teria que bloquear toda a tabela, enquanto a soma fosse calculada *ou* teria que bloquear as fileiras, enquanto as lesse. Isso evitaria que as pessoas mudassem a resposta enquanto você a estivesse obtendo. Se você bloquear a tabela antecipadamente, obterá a resposta que estava no banco de dados quando a consulta começou. Se você bloquear os dados enquanto os lê (comumente referido como um bloqueio compartilhado de leitura, que evita atualizações mas não que outros leitores acessem os dados), você obterá a resposta que estava no banco de dados no ponto em que a consulta terminou. Esses dois métodos inibem muito a consecução. A tabela bloqueada evitaria a ocorrência de quaisquer atualizações em toda a tabela durante o período de sua consulta (em uma tabela de quatro fileiras isso só seria um curto período de tempo — mas em tabelas com centenas de milhares de fileiras isso poderia levar vários minutos). O método 'bloquear à medida que você prossegue' evitaria atualizações nos dados que você leu e já processou e de fato, poderia causar impasses entre a sua consulta e outras atualizações.

Agora, eu disse antes que você não seria capaz de obter a vantagem total de Oracle se não entendesse o conceito de múltiplas versões. Eis um motivo porque aquilo é verdade. O Oracle usa múltiplas versões para obter a resposta, como elas existiam quando a consulta começou, e a consulta ocorrerá *sem bloquear uma única coisa* (enquanto que a transação de transferência de nossa conta atualiza as fileiras 1 e 4, essas fileiras serão bloqueadas a outras escritas — mas não bloqueadas a outros leitores, tal como a nossa consulta SELECT SUM...).De fato, o Oracle não tem um bloqueio 'leitura compartilhada' comum em outros bancos de dados — ele não precisa disso. Toda a consecução inibitória que pode ser removida, foi removida.

Assim, como o Oracle obtém a resposta certa, consistente (US$1250) durante uma leitura sem bloquear quaisquer dados — em outras palavras, sem diminuir a consecução? A segredo está nos mecanismos transacionais que o Oracle usa. Sempre que você modifica dados, o Oracle cria entradas em dois lugares diferentes. Uma entrada vai para os registros de refazer, onde Oracle armazena informações suficientes para **refazer** ou 'adiantar' a transação. Em uma inserção, isso seria a fileira inserida. Em uma remoção, seria uma mensagem para apagar a fileira no arquivo X, bloco Y, trilha de fileira Z. E assim por diante. A outra entrada é uma entrada de **desfazer**, escrita em um segmento de retorno. Se a sua transação falhar e precisar ser desfeita, o Oracle lerá a imagem 'antes' do segmento de retorno e recuperará os dados. Além de usar esse segmento de retorno de dados para desfazer transações, o Oracle o usa para desfazer mudanças em blocos, a medida em que os lê — para recuperar o bloco ao ponto em que sua consulta começou. Isso lhe oferece a habilidade de ler direto através de um bloqueio e obter respostas certas, consistentes, sem você mesmo precisa bloquear quaisquer dados.

Assim, no que se refere ao nosso exemplo, o Oracle chega à sua resposta, assim:

Horário	Consulta	Transação de transferência de conta
T1	Lê fileira 1 = até agora, US$500	
T2		Atualiza fileira 1, coloca um bloqueio exclusivo na fileira 1, evitando outras atualizações. Agora, a fileira 1 tem US$100
T3	Lê fileira 2, até agora, US$750	
T4	Lê fileira 3, até agora, US$1150	
T5		Atualiza fileira 4, coloca um bloqueio exclusivo na fileira 4, evitando outras atualizações (mas não lê). Agora, a fileira 4 tem US$500.
T6	Lê fileira 4, descobre que a fileira 4 foi modificada. De fato, voltará o bloqueio para fazer aparecer como no tempo = T1. A consulta lerá o valor US$100 desse bloco	
T7		Transação comprometida
T8	Apresenta US$1250 como resposta	

No tempo T6, efetivamente o Oracle está 'lendo através' do bloqueio colocado na fileira 4 pela nossa transação. É assim que são implementadas as leituras de não-bloqueio — o Oracle só olha para ver se os dados mudaram, ele não se preocupa se os dados estão bloqueados atualmente (o que significa que foram mudados). Simplesmente recupera o valor antigo do segmento de retorno e prossegue no bloco de dados seguinte.

Essa é outra demonstração clara de múltiplas versões — há múltiplas versões das mesmas peças de informações, todas em diferentes pontos no tempo, disponíveis no banco de dados. O Oracle é capaz de usar essas 'tomadas' de dados em pontos de tempo diferentes para nos fornecer consultas consistentes de leitura e consultas de não-bloqueio.

Essa vista de dados consistente de leitura é sempre feita no nível de declaração SQL, os resultados de qualquer declaração individual SQL são consistentes com relação ao ponto no tempo em que começou. Essa qualidade é o que faz uma declaração como a seguinte inserir um conjunto de dados previsível:

```
for x in (select * from t)
loop
    insert into t values (x.username, x.user_id, x.created);
end loop;
```

O resultado de SELECT *FROM T é preordenado quando a consulta começa a execução. SELECT não verá qualquer dos novos dados gerados pela INSERT. Imagine se visse — essa declaração poderia ser um loop interminável. Se, à medida que INSERT gerasse mais fileiras em CUSTOMER, SELECT pudesse 'ver' aquelas fileiras recentemente inseridas — o fragmento de código acima criaria uma quantidade desconhecida de fileiras. Se a tabela T começasse com 10 fileiras, poderíamos terminar com 20, 21, 23 ou um número infinito de fileiras em T, quando terminássemos. Seria totalmente imprevisível. Essa leitura consistente é oferecida a todas as declarações, para que uma INSERT como a seguinte também seja previsível:

```
insert into t select * from t;
```

A declaração INSERT será, desde que oferecida uma vista consistente de leitura de T — ela não verá as fileiras inseridas por ela própria, apenas irá inserir as fileiras que existiam quando INSERT começou. Muitos bancos de dados nem mesmo permitiriam declarações retornadas, tais como a acima, devido ao fato de que eles não podem dizer quantas fileiras, na verdade, podem ser inseridas.

Assim, se você estiver acostumado com a forma que outros bancos de dados trabalham com relação à consecução e consistência de consulta, ou se nunca tiver se defrontado com tais conceitos (nenhuma experiência real com banco de dados), agora pode ver como entender esse funcionamento será importante. Para maximizar o potencial do Oracle, é preciso entender esses aspectos, como eles pertencem ao Oracle — não como eles são implementados em outros bancos de dados.

Independência de banco de dados?

Agora você deve ser capaz de ver onde estou indo, nesta seção. Fiz referências acima a outros bancos de dados e como os recursos são diferentemente implementados em cada um. Exceto alguns aplicativos apenas de leitura, é minha alegação que montar um aplicativo de banco de dados totalmente independente, que seja altamente escalonável, é extremamente difícil — e de fato é quase impossível, a menos que você saiba a fundo exatamente como cada banco de dados funciona.

Por exemplo, vamos revisitar nosso programador de recursos inicial (antes de acrescentar a cláusula FOR UPDATE). Digamos que esse aplicativo tenha sido desenvolvido em um banco de dados com um modelo de consecução/bloqueio completamente diferente do Oracle. O que mostrarei aqui é que, se você migrar seu aplicativo de um banco de dados para outro, terá que verificar se ele ainda funciona corretamente nesses diferentes ambientes.

Vamos supor que distribuímos o aplicativo programador de recurso inicial em um banco de dados que empregou bloqueio em nível de página, com bloqueio de leituras (leituras são bloqueadas por escritas) e que havia um índice na tabela SCHEDULES:

```
create index schedules_idx on schedules( resource_name; start_time );
```

Considere também que a função comercial foi implementada através de um disparador de banco de dados (*depois* que INSERT aconteceu mas antes que a transação comprometida verificasse que apenas a nossa fileira existia na tabela, naquele espaço de tempo). Em um sistema de bloqueio de página, devido à atualização do índice de página por RESOURCE_NAME e START_TIME, é muito provável que tivéssemos que fazer essas transações em série. O sistema teria que processar seqüencialmente essas inserções, devido ao índice de página estar bloqueado (tudo de RESOURCE_NAMEs com START_TIMEs próximas umas das outras estaria na mesma página). Naquele banco de dados de bloqueio de página, nosso aplicativo aparentemente se comportaria bem — nossas verificações de sobreposição de alocações de recurso aconteceriam uma após a outra, e não concomitantemente.

Se migrássemos esse aplicativo para Oracle e simplesmente imaginássemos que ele se comportaria da mesma forma, ficaríamos chocados. No Oracle, que faz bloqueio em nível de fileira e oferece leituras de não-bloqueio, ele aparece com mau comportamento. Como vimos anteriormente, tivemos que usar a cláusula FOR UPDATE para fazer acesso em série. Sem essa cláusula, dois usuários poderiam programar o mesmo recurso para os mesmos horários. Isso é uma conseqüência direta de não entender como o banco de dados que temos trabalha em um ambiente de múltiplos usuários.

Encontrei aspectos como esse muitas vezes, quando um aplicativo está sendo movido do banco de dados A para o banco de dados B. Quando um aplicativo que trabalhou sem irregularidades no banco de dados A não funciona, ou funciona de uma maneira aparentemente bizarra no banco de dados B, o primeiro pensamento é que o banco de dados B é um 'mau banco de dados'. A verdade é que o banco de dados B simplesmente faz *diferente* — o banco de dados não está errado nem é 'mau', eles só são diferentes. Saber e entender como eles trabalham irá ajudá-lo muito a lidar com esses aspectos.

Por exemplo, bem recentemente, eu estava ajudando a converter umas Transações SQL (a linguagem de procedimento armazenado para SQL Server) para PL/SQL. O desenvolvedor que fazia a conversão estava reclamando que as consultas SQL em Oracle retornavam a resposta 'errada'. As consultas se pareciam com isto:

```
declare
    l_some_variable varchar2(25);
begin
    if ( some_condition )
    then
        l_some_variable := f( ... );
    end if;

    for x in ( select * from T where x = l_some_variable )
    loop
        . . .
```

O objetivo aqui era encontrar todas as fileiras em T, onde X era Null se alguma condição não fosse atingida ou onde x fosse igual a um valor específico se alguma condição fosse atingida.

A reclamação era que, em Oracle, essa consulta não retornaria dados quando L_SOME_VARIABLE não fosse ajustada a um valor específico (quando era deixada como Null). Em Sybase ou no SQL Server, esse não era o caso — a consulta descobriria as fileiras onde X estava ajustado para um valor Null. Vejo isso em quase cada conversão de Sybase ou SQL Server para Oracle. Supõe-se que SQL opere sob a lógica de valor triplo e Oracle implemente valores nulos da forma que ANSI SQL exige que eles sejam implementados. Sob tais regras, comparar X a um nulo não é True ou False — na verdade é *desconhecido*. O seguinte fragmento mostra o que quero dizer:

```
ops$tkyte@ORA8I.WORLD> select * from dual;

D
-
X

ops$tkyte@ORA8I.WORLD> select * from dual where null=null;

no rows selected

ops$tkyte@ORA8I.WORLD> select * from dual where null<>null;

no rows selected
```

À primeira vista isso pode ser confuso — prova que, em Oracle, Null não é igual nem diferente de Null. Por padrão o SQL Server não faz isso daquela maneira: no SQL Server e em Sybase, Null é igual a Null. Nenhum dos processamentos de SQL, do Oracle ou do SQL Server está *errado* — eles são apenas *diferentes*. Na verdade, ambos os bancos de dados são compatíveis ANSI, mas ainda assim trabalham diferentemente. Existem ambigüidades, aspectos de compatibilidade de suporte e outros a suplantar. Por exemplo, SQL Server suporta o método ANSI de comparação Null, apenas não o faz por padrão (ele romperia centenas de aplicativos herdados, montados naquele banco de dados).

Nesse caso, uma solução para o problema seria escrever a consulta assim:

```
select *
    from t
    where ( x = l_some_variable OR (x is null and l_some_variable is NULL ))
```

Entretanto, isso leva a um outro problema. Em SQL Server, essa consulta teria usado um índice em x. Esse não é o caso em Oracle, visto que um índice B*Tree (mais sobre técnicas de indexação no Capítulo 7) não irá indexar inteiramente a entrada Null. Assim, se você precisar encontrar valores Null, os índices B*Tree não são muito úteis.

O que fizemos, nesse caso, para diminuir o impacto no código, foi designar algum valor X que ele, realmente, nunca poderia assumir. Aqui, por definição, X era um número positivo — portanto escolhemos o número –1. Dessa forma, a consulta tornou-se:

```
select * from t where nvl(x, -1) = nvl(l_some_variable, -1)
```

E criamos um índice baseado em função:

```
create index t_idx on t( nvl(x, -1) );
```

Com uma mudança mínima, conseguimos o mesmo resultado final. Os pontos importantes a reconhecer disso são que:

❑ Bancos de dados são diferentes. A experiência em um será levada, em parte, para outro, mas você precisa estar pronto para algumas diferenças *fundamentais*, assim como para algumas diferenças menores.

❑ Diferenças menores (como o tratamento de Nulls) podem causar um impacto tão grande quanto diferenças fundamentais (como o mecanismo de controle de consecução).

❑ Estar ciente do banco de dados, de como funciona e como seus recursos são implementados, é a única maneira de suplantar esses aspectos.

Com freqüência, desenvolvedores me perguntam (normalmente, mais de uma vez por dia), como fazer algo específico no banco de dados. Por exemplo, eles farão a pergunta 'Como eu crio uma tabela temporária em um procedimento armazenado?'. Não respondo a tal pergunta com uma resposta direta — sempre respondo com uma pergunta: 'Por que você quer fazer isso?'. Muitas, muitas vezes, a resposta que voltará: 'Criamos tabelas temporárias em SQL Server, em nossos procedimentos armazenados, e queremos fazer isso em Oracle'. Era o que eu esperava ouvir. Minha resposta então, é fácil — 'você não quer criar tabelas temporárias em um procedimento armazenado em Oracle (só pensa que quer)'. Aquilo, de fato, seria uma coisa muito ruim a fazer em Oracle. Se você criasse as tabelas em um procedimento armazenado em Oracle, descobriria que:

- Fazer DDL é um inibidor de escalonamento.
- Fazer DDL constantemente não é rápido.
- Fazer DDL compromete a sua transação.
- Você teria que usar Dynamic SQL em todos os seus procedimentos armazenados para acessar essa tabela — não SQL estática.
- SQL dinâmica em PL/SQL não é tão rápida ou tão otimizada quanto SQL estática.

A questão é que você não deseja exatamente isso, como em SQL Server (se alguma vez precisou da tabela temporária em Oracle). Você deseja fazer as coisas como elas são melhores em Oracle. Exatamente como se estivesse indo de outra maneira, de Oracle para SQL Server, você não quer criar uma única tabela para todos os usuários compartilharem dados temporários (isso é como o Oracle faz). O que limitaria o escalonamento e a consecução nesses outros bancos de dados. Os bancos de dados não são criados igualmente — eles são todos muito diferentes.

O impacto de padrões

Se todos os bancos de dados fossem compatíveis com SQL92, eles precisariam ser iguais. Pelo menos essa suposição é feita muitas vezes. Nesta seção, gostaria de desfazer tal mito.

SQL92 é um padrão ANSI/ISO para bancos de dados. Ele é o sucessor do padrão SQL 89 ANSI/ISO. Ele define uma linguagem (SQL) e comportamento (transações, níveis de isolamento e assim por diante) que dizem a você como um banco de dados se comportará. Você sabe quantos bancos de dados comercialmente disponíveis são compatíveis com SQL92? Você sabe que isso significa muito pouco quanto à consulta e portabilidade de aplicativo?

Começando com o padrão, descobriremos que o padrão SQL92 tem quatro níveis:

- **Nível de entrada** — Esse é o nível que a maioria dos fabricantes tem seguido. Ele é um aperfeiçoamento menor do padrão anterior, SQL89. Nenhum fabricante de banco de dados tem um certificado mais alto e, de fato, o Instituto Nacional de Padrões e Tecnologia (NIST), a agência usada para certificar compatibilidade SQL, nem mesmo certifica mais. Eu fazia parte da equipe que obteve o certificado NIST Oracle 7.0 para compatibilidade de nível de entrada SQL 92, em 1993. Um nível de entrada compatível de banco de dados tem o conjunto de recursos de Oracle 7.0.
- **Transicional** — Esse é cerca de 'meio caminho' entre os níveis de entrada e intermediário, no que se refere ao conjunto de recursos.
- **Intermediário** — Esse acrescenta muitos recursos, inclusive (de nenhuma forma uma lista extensa):
  SQL dinâmica
  DELETE em cascata para referencial de integridade
  Tipos de dados DATE e TIME
  Domínios
  Strings de caracteres de comprimento de variável
  Uma expressão CASE
  Funções CAST entre tipos de dados
- **Completo** — Acrescenta provisões para (de novo, não extensa):
  Gerenciamento de conexão
  Uma string BIT de tipo de dados
  Restrições deferidas de integridade
  Tabelas derivadas na cláusula FROM
  Subconsultas em cláusulas CHECK
  Tabelas temporárias

O padrão de nível de entrada não inclui recursos como uniões externas, a nova sintaxe de união interna e outras. O transacional especifica a sintaxe de união interna e a sintaxe de união interna. O intermediário acrescenta mais e o Completo, claro, é tudo de SQL92. A maioria dos livros sobre SQL92 não diferencia os vários níveis, levando a confusão sobre o assunto. Eles demonstram como se pareceria um banco de dados teórico, implementando SQL92 FULL. É impossível pegar um livro SQL92 e aplicar o que você vê no livro, simplesmente, em qualquer banco de dados SQL92. Por exemplo, em SQL Server, a sintaxe 'união interna' é suportada de declarações SQL, enquanto que em Oracle não é. Mas ambos são bancos de dados compatíveis SQL92. Em Oracle, você pode fazer uniões internas e externas, apenas o faz diferentemente do que em SQL Server. A questão é que SQL92 não irá muito longe no nível de entrada e, se você usar qualquer dos recursos de intermediário ou superior, corre o risco de não ser capaz de 'aportar' seu aplicativo.

Você não deve ter medo de usar os recursos específicos de seu fabricante — afinal, você está pagando muito por eles. Cada banco de dados tem a sua própria bolsa de truques, e sempre podemos encontrar uma maneira de fazer a operação em cada banco de dados. Use o que é melhor para você em seu banco de dados atual, e reimplemente componentes quando for para outros bancos de dados. Use boas técnicas de programação para se isolar dessas mudanças. As mesmas técnicas são empregadas por pessoas que escrevem aplicativos portáteis de OS. O objetivo é utilizar completamente as facilidades disponíveis, mas assegure-se de que você pode mudar a implementação em uma base de caso a caso.

Por exemplo, uma função comum de muitos aplicativos de banco de dados é a geração de uma chave única para cada fileira. Quando você insere a fileira, o sistema deve gerar automaticamente uma chave. O Oracle implementou o objeto de banco de dados chamado SEQUENCE para isso. Informix tem um tipo de dados SERIAL. Sybase e SQL Server têm um tipo IDENTITY. Cada banco de dados tem uma maneira de fazer isso. No entanto, os métodos são diferentes, tanto em como fazer quanto nos possíveis resultados. Assim, para o desenvolvedor conhecedor, existem dois caminhos que devem ser trilhados:

- Desenvolver um método de geração de uma chave única, totalmente independente de banco de dados.
- Acomodar as diferentes implementações e técnicas ao implementar chaves em cada banco de dados.

A vantagem teórica da primeira abordagem é que, movendo de banco de dados para banco de dados você não precisa mudar nada. Chamo isso de uma vantagem 'teórica', pois o lado 'inverso' dessa implementação é tão imenso que torna essa solução completamente inviável. O que deve ser feito para desenvolver um processo completamente independente de banco de dados é criar uma tabela como:

```
create table id_table ( id_name varchar(30), id_value number );
insert into id_table values ( 'MY_KEY', 0 );
```

Depois, para obter uma nova chave, você deve executar o seguinte código:

```
update id_table set id_value = id_value + 1 where id_name = 'MY_KEY';
select id_value from id_table where id_name = 'MY_KEY';
```

Parece simples o bastante, mas o resultado é que agora apenas um usuário de cada vez pode processar uma transação. Precisamos atualizar aquela fileira para aumentar um contador, e isso levará nosso programa a fazer aquela operação em série. No máximo, uma pessoa de cada vez irá gerar um novo valor para essa chave. Esse aspecto é composto pelo fato de que nossa transação é muito maior do que esboçamos acima. UPDATE e SELECT, que temos no exemplo, são duas declarações de, potencialmente, muitas outras declarações que formam nossa transação. Ainda precisamos inserir a fileira na tabela com essa chave que acabamos de gerar e fazer qualquer outro trabalho necessário para completar essa transação. Isso feito em série será um imenso fator de limitação em escalonamento. Pense nas ramificações, se essa técnica fosse usada em Web sites que processassem pedidos, e isso seria como se tivéssemos gerados números de pedidos. Não haveria consecução de múltiplos usuários, portanto seríamos forçados a fazer tudo seqüencialmente.

A abordagem certa a esse problema seria usar o melhor código para cada banco de dados. Em Oracle, isso seria (supondo que a tabela que precisa da chave principal gerada seja T):

```
create table t ( pk number primary key, ... );
create sequence t_seq;
create trigger t_trigger before insert on t for each row
begin
    select t_seq.nextval into :new.pk from dual;
end;
```

Isso terá o efeito de, automática e transparentemente, designar uma chave única para cada fileira inserida. O mesmo efeito pode ser conseguido nos outros bancos de dados usando os seus tipos — a sintaxe create tables será diferente, os resultados finais serão iguais. Aqui, percorremos nosso caminho para usar cada recurso de bancos de dados a fim de gerar uma chave única, altamente consecutiva de *não bloqueio*, e não introduzimos mudanças reais ao código de aplicativo — toda a lógica está contida nesse caso, na DDL.

Um outro exemplo de programa de defesa para capacitar a portabilidade é quando você entende que cada banco de dados *implementará recursos de uma maneira diferente* à camada de acesso ao banco de dados, quando necessário. Digamos que você esteja programando usando JDBC. Se tudo o que você usa são SQL SELECTs, INSERTs, UPDATEs e DELETEs diretas, provavelmente não precisa de uma camada de abstração. Você pode muito bem ser capaz de codificar a SQL diretamente em seu aplicativo, desde que limite as construções que usa àquelas suportadas por cada um dos bancos de dados que pretende suportar. Uma outra abordagem é que tanto a mais portátil quando a que oferece melhor desempenho devem usar procedimentos armazenados para retornar conjuntos de resultados. Você descobrirá que cada banco de dados de fabricante pode retornar conjuntos de resultados de procedimentos armazenados, mas como eles são retornados, é diferente. O código de fonte atual que você precisa escrever é diferente em diferentes bancos de dados.

As duas escolhas aqui devem ser ou não usar procedimentos armazenados para retornar conjuntos de resultados, ou implementar código diferente para diferentes bancos de dados. Definitivamente, eu seguiria o método 'diferente código para diferentes fabricantes' e usaria pesadamente os procedimentos armazenados. Aparentemente, isso parece aumentar a quantidade de tempo para implementar em um banco de dados diferente. No entanto, você descobrirá que é realmente mais fácil implementar em múltiplos bancos de dados com essa abordagem. Em vez de ter que encontrar a SQL perfeita que trabalha em *todos* os bancos de dados (talvez melhor em alguns do que em outros), você implementará a SQL que funciona melhor naquele banco de dados. Isso pode ser feito fora do próprio aplicativo, oferecendo mais flexibilidade na sintonização do aplicativo. Podemos corrigir uma consulta de desempenho pobre no próprio banco de dados e distribuir aquela correção imediatamente, sem precisar remendar o aplicativo. Além disso, você pode obter a vantagem de extensões de fabricante para SQL, usando esse método gratuitamente. Por exemplo, o Oracle suporta consultas hierárquicas através da operação CONNECT BY em sua SQL. Esse recurso único é ótimo para solucionar consultas repetidas. Em Oracle você tem liberdade de usar essa extensão em SQL, desde que ela esteja 'fora' do aplicativo (oculta no banco de dados). Em outros bancos de dados, você deve usar uma tabela temporária e código de procedimento em um procedimento armazenado, para talvez conseguir os mesmos resultados. Você paga por esses recursos, então deve usá-los.

Essas são as mesmas técnicas usadas por desenvolvedores que implementam código de múltiplas plataformas. A Oracle Corporation, por exemplo, usa essa técnica no desenvolvimento de seu próprio banco de dados. Há uma grande quantidade de código (uma pequena porcentagem do código extra do banco de dados) chamado de código **OSD** (**O**perating **S**ystem **D**ependent) que é implementado especificamente em cada plataforma. Usando essa camada de abstração, Oracle é capaz de usar muitos dos recursos originais do OS para desempenho e integração, sem precisar reescrever a grande maioria do próprio banco de dados. O fato que o Oracle pode executar como um aplicativo multisseqüenciado em Windows e como um aplicativo de múltiplos processos em UNIX atesta esse recurso. Os mecanismos para comunicação interprocessos são abstraídas a tal nível que eles podem ser implementados em uma base OS-para-OS, permitindo que implementações radicalmente diferentes realizem tão bem como um aplicativo escrito diretamente e, especificamente, para aquela plataforma.

Além das diferenças sintáticas de SQL, diferenças de implementação e diferenças em desempenho da mesma consulta em diferentes bancos de dados, esboçadas acima, há alguns aspectos de controles de consecução, níveis de isolamento, consistência de consulta e assim por diante. Cobrimos esses itens em algum detalhe no Capítulo 3 e no Capítulo 4, e vemos como as suas diferenças podem afetá-lo. SQL92 tentou dar uma definição direta de como uma transação deveria funcionar, como os níveis de isolamento devem ser implementados, mas ao final você obterá diferentes resultados a partir de bancos de dados diversos. Tudo é devido à implementação. Em um banco de dados, um aplicativo terá um impasse e bloqueará tudo, em outro, com o mesmo aplicativo, não — executará suavemente. Em um banco de dados, o fato de você bloquear (fazer fisicamente em série) é usado para sua vantagem, e quando vai distribuir em outro banco de dados e ele não bloqueia, você recebe a resposta errada. Pegar um banco de dados e soltá-lo em outro dá muito trabalho e esforço, ainda que você tenha seguido 100 por cento o padrão.

Recursos e funções

Uma extensão natural do argumento com a qual você não deve, necessariamente, lutar pela 'independência de banco de dados', é a idéia de que você deve entender exatamente o que o seu banco de dados específico tem a oferecer, e fazer uso completo dele. Esta não é uma seção sobre todos os recursos que o Oracle8i tem a oferecer. Aquele seria, por si só, um livro muito grande. Os novos recursos de Oracle 8i enchem um livro no conjunto de documentação Oracle. Com cerca de 10.000 páginas de documentação oferecida pela Oracle, cobrir todo e qualquer recurso e função seria uma incrível empreitada. Em vez disso, esta é uma seção sobre porque seria benéfico você obter pelo menos um conhecimento rápido do que é oferecido.

Como disse anteriormente, respondo a perguntas sobre Oracle na Web. Eu diria que 80 por cento de minhas respostas são simplesmente URLs para a documentação. As pessoas perguntam como podem escrever alguma parte complexa de funcionalidade no banco de dados (ou fora dele). Simplesmente indico a eles o lugar na documentação que diz como o Oracle já implementou aquilo, e como usar. A réplica vem, freqüentemente, dessa maneira. Receberei a pergunta 'Eu gostaria de manter uma cópia de meus dados em outro lugar. Gostaria que essa fosse uma cópia apenas de leitura. Preciso dela para atualizar apenas uma vez por dia, à meia-noite. Como posso escrever o código para isso?'. A resposta é tão simples como um comando CREATE SNAPSHOT. Isso é que é funcionalidade interna no banco de dados.

É verdade que você pode escrever sua própria réplica, pode até se divertir fazendo isso, mas ao final do dia, pode não ser a coisa mais esperta a fazer. O banco de dados faz muitas coisas. Geralmente, ele pode fazer melhor do que nós mesmos. A réplica, por exemplo, é interna no kernel (núcleo; a parte principal de um programa), escrita em C. Ela é rápida, bastante fácil e é forte. Funciona através de versões, através de plataformas. Ela é suportada assim, se você atingir um problema, a equipe de suporte da Oracle ficará satisfeita em ajudar. Se você atualizar, a réplica será suportada lá também, provavelmente com alguns novos recursos. Agora, considere se você tiver desenvolvido a sua própria. Seria preciso oferecer suporte à todas as versões que você quisesse suportar. A interoperabilidade entre 7.3, 8.0, 8.1 e 9.0, e assim por diante — esse seria o seu trabalho. Se ela 'quebrar', você não chamará o suporte. Pelo menos, não até conseguir um teste de case que é pequeno o bastante para demonstrar seu aspecto básico. Quando o novo lançamento de Oracle for feito, será sua decisão migrar seu código de réplica para aquele lançamento.

Não ter um entendimento completo do que está disponível pode se voltar contra você, a longo prazo. Recentemente, eu estava falando com alguns desenvolvedores e seus gerenciadores. Eles estavam demonstrando uma peça 'muito boa' de software que tinham desenvolvido. Era um sistema baseado em mensagem que solucionava o problema de fila de banco de dados. Normalmente, você vê isso em um banco de dados se quer que muitas pessoas usem uma tabela como uma 'fila'. Você gostaria que muitas pessoas fossem capazes de bloquear o registro seguinte na fila, pulando quaisquer registros previamente bloqueados (esses registros de fila já estão sendo processados). O problema encontrado é que não há sintaxe documentada no banco de dados para pular fileiras bloqueadas. Assim, se você não souber nada sobre os recursos do Oracle, supõe-se que se quisesse o software de fila no alto do banco de dados teria que montá-lo (ou comprá-lo).

Foi o que fizeram esses desenvolvedores. Eles montaram uma série de processos e desenvolveram APIs para fazer a fila de mensagem no alto do banco de dados. Despenderam muito tempo nele e usaram muitas horas-homem para consegui-lo. Os desenvolvedores tinham certeza que ele era único. Imediatamente depois de vê-lo e ouvir sobre a sua funcionalidade, eu tinha uma coisa a dizer – Advanced Queues. Esse é um recurso original do banco de dados. Ele soluciona o problema 'obter o primeiro registro não bloqueado na tabela de fila e bloqueá-lo para mim'. Estava bem ali, o tempo todo. Seus desenvolvedores, não sabendo que esse recursos existia, perderam muito tempo e energia escrevendo o seu próprio. Além de gastar muito tempo com ele, no passado, no futuro gastariam muito tempo para mantê-lo. O gerente deles estava menos do que impressionado por descobrir que a única peça de software, em efeito, emulava um recurso original de banco de dados.

Tenho visto pessoas em um banco de dados Oracle 8i inicializarem processos daemon (programa que realiza um serviço para o sistema operacional de um servidor) que lêem mensagens fora de pipes (um mecanismo IPC de banco de dados) Esses processos daemon executam a SQL contida dentro do pipe de mensagem e comprometem o trabalho. Eles fizeram isso para poderem executar a auditoria em uma transação que não podia ser retornada se a transação maior o fizesse. Normalmente, se um disparador ou algo fosse usado para auditar um acesso a alguns dados, mas uma declaração falhasse mais tarde, todo o trabalho seria retornado (veja o Capítulo 4, onde discutimos com alguns detalhes essa atomicidade em termos de declaração). Assim, enviando uma mensagem a um outro processo, eles podiam ter uma transação separada para trabalhar e comprometê-la. O registro auditado ficaria por ali, mesmo se a transação pai fosse retornada. Nas versões de Oracle anteriores a Oracle 8I, essa era uma maneira apropriada (e provavelmente a única) de implementar essa funcionalidade. Quando lhes disse sobre o recurso do banco de dados chamado de transações autônomas (daremos uma olhada mais detalhada nisso no Capítulo 15), ficaram aborrecidos com eles próprios. Transações autônomas, implementadas com uma única linha de código, fazem exatamente o que eles estavam fazendo. No lado bom, isso significava que podiam descartar muito de código e não precisavam mantê-lo. Além disso, no geral, o sistema executava mais rápido e era mais fácil de entender. Ainda assim, eles estavam aborrecidos com a quantidade de tempo que tinham perdido, reinventando a roda. Em especial, o desenvolvedor que escreveu os processos daemon estava muito aborrecido por simplesmente ter escrito um punhado de 'software de prateleira'.

A lista de exemplos acima é algo que vejo repetidas vezes – grandes soluções complexas para problemas que já foram resolvidos pelo próprio banco de dados. A menos que você perca algum tempo para aprender o que há disponível, está destinado a fazer as mesmas coisas, em algum ponto. Na segunda seção deste livro, *Estruturas e utilitários de banco de dados*, você vai dar uma olhada profunda em um *punhado* de funcionalidade oferecida pelo banco de dados. Peguei e escolhi os recursos e funções que vejo as pessoas usando com freqüência, ou em outros casos, funcionalidade que deve ser usada com mais freqüência, mas não é. Porém, é apenas a ponta do iceberg. Há muito mais em Oracle do que pode ser apresentado em um único livro.

Como solucionar problemas com simplicidade

Sempre existem duas maneiras de resolver tudo: a maneira fácil e a maneira difícil. Sempre vejo as pessoas escolhendo a maneira difícil, geralmente de forma inconsciente. Com mais freqüência, é feito por ignorância. Elas nunca iriam esperar que o banco de dados fosse capaz de fazer 'aquilo'. Eu, por outro lado, espero que o banco de dados seja capaz de fazer qualquer coisa, e só faço da maneira 'difícil' (eu mesmo escrevendo), quando descubro que ele não pode fazer algo.

Por exemplo, com freqüência me perguntam 'Como posso ter certeza de que o usuário final tem apenas uma sessão no banco de dados?' (Há centenas de outros exemplos que eu poderia ter usado aqui). Isso precisa ser uma exigência de muitos aplicativos, mas nenhum com o qual eu já tenha trabalhado — não encontrei um bom motivo para limitar as pessoas dessa forma. Entretanto, as pessoas querem fazê-lo e, quando o fazem, normalmente fazem da maneira difícil. Por exemplo, eles terão um lote de trabalho executado pelo sistema operacional, que se parecerá com a tabela V$SESSION e, arbitrariamente, matará sessões de usuários que têm mais de uma sessão. Alternativamente, criarão suas próprias tabelas e farão o aplicativo inserir uma fileira quando o usuário registrar a entrada e remover a fileira quando ele registrar a saída. Invariavelmente, essa implementação leva a muitas chamadas ao setor de informações, pois quando o aplicativo 'quebra', a fileira nunca é removida. Tenho visto muitas outras maneiras 'criativas' de fazer isso, mas nenhuma tão fácil quanto:

```
ops$tkyte@ORA8I.WORLD> create profile one_session limit sessions_per_user 1;
Profile created.

ops$tkyte@ORA8I.WORLD> alter user scott profile one_session;
User altered.

ops$tkyte@ORA8I.WORLD> alter system set resource_limit=true;
System altered.
```

É isso — agora, qualquer usuário com o perfil ONE_SESSION só pode registrar a entrada uma vez. Quando trago essa solução, normalmente ouço o bater de uma mão na testa, seguido pela declaração 'Eu nunca soube que podia fazer isso'. Tomar um tempo para se familiarizar com o que as ferramentas que você tem para trabalhar são capazes de fazer pode poupar-lhe muito tempo e energia em seus esforços de desenvolvimento.

O mesmo argumento 'mantenha simples' aplica-se a um espectro mais amplo de arquitetura. Recomendaria que as pessoas pensassem cuidadosamente antes de adotar implementações muito complexas. Quanto mais partes se movendo você tiver em seu sistema, mais coisas terá que possam dar errado, e não é fácil rastrear exatamente onde, numa arquitetura extremamente complexa, aquele erro está ocorrendo. De fato, pode ser 'ótimo' implementar usando um monte de camadas, mas não é a escolha certa se um simples procedimento armazenado puder fazê-lo melhor, mais rápido e com menos recursos.

Trabalhei em um projeto no qual o desenvolvimento do aplicativo tinha demorado mais de um ano. Era um aplicativo da Web, para ser usado por toda a empresa. O cliente HTML falava com JSPs na camada central, que falava com objetos CORBA, que falavam com o banco de dados. Os objetos CORBA deviam manter a 'posição' e uma conexão com o banco de dados, de modo a manter uma sessão. Durante o teste desse sistema, descobri que eles precisariam de muitos aplicativos servidores de fachada e de uma grande máquina de banco de dados para suportar a consecução prevista de 10.000 usuários. Não apenas isso, mas a estabilidade às vezes era um aspecto, devido à essência complexa da interação entre os vários componentes (apenas, exatamente de onde na pilha estava vindo o erro e por que? — essa foi a pergunta difícil a responder). O sistema escalonaria, ele só tomaria muitos cavalos-vapor para fazê-lo. Além disso, como a implementação tinha usado muitas tecnologias complexas — exigiria desenvolvedores experientes não apenas para desenvolvê-lo, mas para mantê-lo. Demos uma olhada naquele sistema e o que ele estava tentando fazer e percebemos que a arquitetura era um pouco mais complexa do que precisava ser para fazer o trabalho. Vimos que usar simplesmente o módulo PL/SQL de Oracle iAS e alguns procedimentos armazenados poderia implementar o mesmo sistema em uma fração do hardware, usando menos desenvolvedores 'experientes'. Sem EJBs, sem interação complexa entre JSPs e EJBs — apenas a simples tradução de um URL em uma chamada de procedimento armazenado. Esse novo sistema ainda está ativo e executando hoje, excedendo a contagem prevista de usuários e com resposta tão grande que as pessoas não acreditam. Ele usa a mais básica das arquiteturas, tem menos peças se movendo, executa em barato servidor de grupo de trabalho 4-CPU e nunca quebra (bem, um espaço de tabela ficou cheio uma vez, mas isso é outro assunto).

Sempre irei com a arquitetura mais simples que soluciona o problema completamente, em vez de uma mais complexa. O retorno pode ser enorme. Cada tecnologia tem o seu lugar — nem todo problema é um prego, podemos usar mais do que um martelo em nossa caixa de ferramentas.

Abertura

Há um outro motivo pelo qual, com freqüência, vejo as pessoas fazendo coisas da maneira difícil, e novamente se relaciona com a idéia de que se deve lutar por 'aberturas' e 'independência de banco de dados' à todo custo. Os desenvolvedores desejam evitar o uso de recursos de banco de dados 'fechados' e de 'proprietário' — mesmo algo tão simples como 'procedimentos armazenados' ou 'seqüências', pois aquilo os bloqueará em um sistema de banco de dados. Bom, deixe-me colocar a idéia de que no momento em que você desenvolve um aplicativo de leitura/escrita, já está de alguma forma bloqueado nele. Você encontrará diferenças sutis (e às vezes não tão sutis) entre os bancos de dados, assim que começar a executar consultas e modificações. Por exemplo, em um banco de dados você pode descobrir que sua SELECT COUNT(*) FROM T causa impasse com uma simples atualização de duas fileiras. Em Oracle, você descobrirá que SELECT COUNT(*) nunca bloqueia para um escritor. Vimos o caso onde uma regra comercial parece ser forçada em um banco de dados, devido a efeitos laterais de modelo de bloqueio do banco de dados, e não é forçada em um outro banco de dados. Você descobrirá que, dada a mesma mistura de transação, relatórios acabam com respostas diferentes, em diferentes bancos de dados — tudo devido às diferenças fundamentais de implementação. Você descobrirá que é muito raro um aplicativo que pode simplesmente ser pego e movido de um banco de dados para outro. As diferenças na maneira com que SQL é interpretada (por exemplo, o exemplo NULL=NULL) e processada sempre estarão lá.

Em um projeto recente, os desenvolvedores estavam montando um produto baseado na Web, usando Visual Basic, controles ActiveX, IIS Server e o banco de dados Oracle 8i. Foi dito que os camaradas de desenvolvimento tinham expressado preocupação, pois visto que a lógica comercial tinha sido escrita em PL/SQL, o produto tinha se tornado dependente de banco de dados, e fui questionado: 'Como podemos corrigir isso?'

Fiquei um pouco receoso com essa pergunta. Olhando a lista de tecnologias escolhidas, eu não podia descobrir como ser dependente de banco de dados era uma coisa 'ruim':

- ❏ Eles tinham escolhido uma linguagem que os bloqueava em um único sistema operacional e que é fornecido por um único fabricante (eles poderiam ter optado por Java).
- ❏ Tinham escolhido uma tecnologia de componente que os bloqueava em um único sistema operacional e fabricante (eles poderiam ter optado por EJB ou CORBA).
- ❏ Tinham escolhido um servidor Web que os bloqueava em um único fabricante e única plataforma (por que não Apache?).

Qualquer outra escolha de tecnologia que eles tivessem feito iria bloqueá-los em uma configuração muito específica — de fato, a única tecnologia que oferecia qualquer escolha, quando a sistema operacional era, de fato, o banco de dados.

Independente disso — eles precisavam ter tido bons motivos para escolher as tecnologias que escolheram — ainda temos um grupo de desenvolvedores tomando uma decisão consciente de não utilizar a funcionalidade de um componente crítico em sua arquitetura, e fazendo isso em nome da 'abertura'. É a minha crença que você escolhe cuidadosamente as suas tecnologias e depois as explora ao máximo possível. Você pagou muito por essas tecnologias - não seria do seu interesse explorá-las completamente? Devo supor que eles estavam buscando usar o potencial total das outras tecnologias — assim, por que o banco de dados era uma exceção? Uma pergunta ainda mais difícil de responder, à luz do fato que é importante para o sucesso deles.

Podemos colocar um efeito ligeiramente diferente nesse argumento, se o considerarmos sob a perspectiva de 'abertura'. Você coloca todos os seus dados no banco de dados. O banco de dados é uma ferramenta muito aberta. Ele suporta acesso de dados através de SQL, EJBs, HTTP, FTP, SMB e muitos outros protocolos e mecanismos de acesso. Até agora parece ótimo, a coisa mais aberta do mundo.

Depois, você coloca toda a sua lógica de aplicativo e, mais importante, a sua *segurança* fora do banco de dados. Talvez em seus beans que acessam os dados. Talvez nas JSPs que acessam os dados. Talvez em seu código Visual Basic executando em Transaction Server da Microsoft (MTS). O resultado final é que você acabou de fechar mais o seu banco de dados — você o fez 'não aberto'. As pessoas não podem mais se encaixar nas tecnologias existentes para usar esses dados — elas *precisam* usar os seus métodos de acesso (ou ultrapassar a segurança). Hoje, isso parece tudo muito bom, mas o que é preciso lembrar é que a tecnologia 'de grande velocidade' de hoje, EJBs por exemplo, é o conceito de hoje e a tecnologia velha, cansada, de amanhã. O que foi preservado por mais de 20 anos no mundo relacional (e provavelmente também na maioria de implementação de objeto) é o próprio banco de dados. As fachadas dos dados mudam quase que anualmente e, à medida em que o fazem, o aplicativo que tem toda a segurança montada dentro delas, não no banco de dados, torna-se obstáculo, muralha ao futuro progresso.

O banco de dados Oracle oferece um recurso chamado **Fine Grained Access Control** (o Capítulo 21 é dedicado a ele). Em um envoltório, essa tecnologia permite ao desenvolvedor embutir procedimentos no banco de dados que podem modificar consultas quando elas são submetidas ao banco de dados. Essa modificação de consulta é usada para restringir as fileiras que o cliente receberá ou modificará. O procedimento pode ver quem está executando a consulta, quando eles a estão executando consulta, de qual terminal a executam e assim por diante, e pode restringir acesso aos dados, conforme apropriado. Com FGAC, podemos reforçar a segurança, como por exemplo:

- Qualquer consulta executada fora de horas comerciais normais, por determinada classe de usuários, retornar zero registros.
- Quaisquer dados poderiam ser retornados a um terminal com facilidade segura, mas apenas as informações não sensíveis para um terminal de cliente 'remoto'.

Basicamente, ele nos permite localizar o controle de acesso no banco de dados, *bem próximo aos dados*. Não importa mais se o usuário vem com dados de um Bean, uma JSP, um aplicativo VB usando ODBC ou SQL*PLUS, os mesmos protocolos de segurança serão reforçados. Você está bem situado para a próxima tecnologia, que vem junto.

Agora eu pergunto — qual implementação é mais 'aberta'? Aquela que torna todos os acessos aos dados possíveis apenas através de chamadas ao código VB e controles ActiveX (substitua VB por Java e ActiveX por EJB, se quiser — aqui, não estou pegando uma tecnologia em especial, mas uma implementação) ou a solução que permite acesso de qualquer coisa que pode falar com o banco de dados, sobre protocolos tão diferentes quando SSL, HTTP e Net8 (e outros), ou usando APIs como ODBC, JDBC, OCI e assim por diante? Ainda preciso ver uma reportagem de ferramenta específica que 'consultará' o seu código VB. Mas sei de dúzias que podem fazê-lo em SQL.

A decisão de lutar pela independência de banco de dados e 'abertura' total é uma que as pessoas têm absoluta liberdade de tomar e muitos tentam, porém acredito que é a decisão errada. Não importa qual banco de dados você esteja usando, deve explorá-lo ao máximo, esgotando cada pedaço de funcionalidade que puder daquele produto. Você se descobrirá fazendo aquilo, de qualquer forma, na fase de sintonização (que, de novo, sempre parece acontecer bem depois da distribuição). É surpreendente quão rapidamente a exigência de independência de banco de dados pode ser abandonada quando é possível fazer o aplicativo executar cinco vezes mais depressa, apenas explorando as capacidades do software.

Como faço para ele executar mais depressa?

A pergunta no cabeçalho me é feita o tempo todo. Todo mundo está buscando pela troca fast = true supondo que 'sintonização de banco de dados' significa que você sintoniza o banco de dados. De fato, é minha experiência que mais de 80 por cento (freqüentemente, muito mais, 100 por cento) de todos os ganhos em desempenho devem ser feitos em nível de aplicativo — não de banco de dados. Você não pode sintonizar um banco de dados até que tenha sintonizado os aplicativos que executam nos dados.

À medida em que acontecem algumas trocas, podemos 'atirar' em termos do banco de dados para ajudar a diminuir o impacto de erros crassos, notórios, de programação. Por exemplo, o Oracle 8.1.6 acrescenta um novo parâmetro, CURSOR_SHARING=FORCE. Esse recurso implementa uma auto-união se você quiser. Silenciosamente, ele tomará uma consulta escrita, como SELECT * FEROM EMP WHERE EMPNO=1234 e a reescreverá para nós como SELECT * FROM EMP WHERE EMPNO = :x. Isso *pode* diminuir dramaticamente o número de análises difíceis, e diminuir a espera de engate de biblioteca que discutimos nas seções de Arquitetura — *porém* (sempre há um porém), pode causar alguns efeitos colaterais. Você pode atingir um aspecto (conhecido como 'bug'), com relação a esse recurso, por exemplo, no primeiro lançamento:

```
ops$tkyte@ORA8I.WORLD> alter session set cursor_sharing=force;
Session altered.

ops$tkyte@ORA8I.WORLD> select * from dual where dummy='X' and 1=0;
select * from dual where dummy='X' and 1=0
                                        *
ERROR at line 1:
ORA-00933: SQL command not properly ended

ops$tkyte@ORA8I.WORLD> alter session set cursor_sharing=exact;
Session altered.

ops$tkyte@ORA8I.WORLD> select * from dual where dummy='X' and 1=0;
no rows selected
```

A forma que eles reescreveram a consulta (devido à falta de espaço em branco entre 'X' e a palavra AND) não funcionou em 8.1.6. A consulta acabou sendo:

```
select * from dual where dummy=:SYS_B_0and :SYS_B_1=:SYS_B_2;
```

A palavra chave AND tornou-se parte da ligação de variável :SYS_B_0. Porém em 8.1.7, essa consulta foi reescrita como:

```
select * from dual where dummy=:"SYS_B_0"and :"SYS_B_1"=:"SYS_B_2";
```

Sintaticamente, isso funciona mas pode afetar negativamente o desempenho de seu programa. Por exemplo, acima, observe como 1=0 (também False) é reescrito para ser :"SYS_B_1" =:"SYS_B_2". O otimizador não tem mais todas as informações no tempo de análise, não pode mais ver se essa consulta retorna zero fileiras (antes dele executá-la). Enquanto que eu não espero que você tenha muitas consultas com 1=0 nelas, esperaria que você tivesse algumas consultas que usam literais *de propósito*. Você pode ter uma coluna com muitos valores distorcidos, por exemplo, 90 por cento dos valores da coluna são maiores do que 100, 10 por cento são menores do que 100. Além do mais, 1 por cento é menor do que 50. Você iria querer que a consulta:

```
select * from t where x < 50;
```

use um índice, e a consulta:

```
select * from t where x > 100;
```

não use um índice. Se você usar CURSOR_SHARING = FORCE, o otimizador não terá os valores 50 ou 100 para considerar ao otimizar — assim, ele virá com um plano genérico que, provavelmente, não usa o índice (mesmo se 99.9 por cento de suas consultas sejam do tipo WHERE x < 50).

Além disso, descobri que enquanto CURSOR_SHARING = FORCE executa muito mais depressa do que analisar e otimizar muitas consultas individuais, ele é mais lento do que usar consultas onde o desenvolvedor não fez a ligação. Isso não vem de qualquer ineficiência no código de cursor compartilhado, mas em vez disso, de ineficiências no próprio programa. No Capítulo 10, descobriremos como a análise de consultas SQL pode afetar seu desempenho. Em muitos casos, um aplicativo que não usa ligação de variáveis não é eficientemente analisado e nem reutiliza cursores. Como o aplicativo confia que cada consulta seja única (ela as monta como declarações individuais), ele nunca usará um cursor mais de uma vez. O fato é que se o programador tivesse usado inicialmente ligação de variáveis, ele poderia ter analisado uma consulta uma vez e a reutilizá-la várias. É esse código extra de analisar que diminui o desempenho geral potencial que você pode ver.

Basicamente, é importante ter em mente que simplesmente ativar CURSOR_SHARING = FORCE não corrigirá necessariamente seus problemas. Pode muito bem acrescentar novos. Em alguns casos, CURSOR_SHARING é uma ferramenta muito útil, mas não é uma bala de prata. Um aplicativo bem desenvolvido nunca deve precisar dele. A longo prazo, usar ligação de variáveis onde adequado, e constantes onde necessário, é a abordagem certa.

Ainda que existam algumas trocas que possam ser atiradas, em termos de banco de dados, e elas são realmente poucas e espaçadas, os problemas referentes a aspectos de consecução e execução pobre de consultas (devido a consultas pobremente escritas ou dados pobremente estruturados), não podem ser corrigidos com uma troca. Essas situações exigem reescritas (e freqüentemente, uma rearquitetura). Movimentar arquivos de dados, mudar a contagem de leitura de múltiplos blocos e outras trocas em termos de 'banco de dados', com freqüência ocasionam um impacto menor no desempenho geral de um aplicativo. Definitivamente, nada em qualquer lugar perto de 2, 3,...N vezes de aumento no desempenho que você precisa conseguir para tornar o aplicativo aceitável. Quantas vezes seu aplicativo tem estado 10 por cento devagar demais? 10 por cento devagar demais, sem reclamações sobre isso. Cinco vezes devagar demais, as pessoas ficam aborrecidas. Eu repito: você não vai conseguir um aumento de cinco vezes no desempenho movimentando arquivos de dados. Isso só será conseguido corrigindo o aplicativo — talvez tornando-o significativamente menos I/O.

O desempenho é algo para o que você precisa fazer o design, montar e testar cuidadosa e continuamente a fase de desenvolvimento. Ele nunca deve ser algo a considerar depois do fato. Fico surpreso de quantas vezes as pessoas esperam até que o aplicativo tenha sido encaminhado a seus clientes, colocado no lugar e executado antes mesmo delas começarem a sintonizá-lo. Tenho visto implementações onde aplicativos são encaminhados com nada mais do que chaves principais — sem quaisquer outros índices. As consultas nunca foram sintonizadas ou a tensão testada. O aplicativo nunca foi experimentado com mais de um punhado de usuários. A sintonização é considerada como parte da instalação do produto. Para mim, isso é que é uma abordagem inaceitável. Seus usuários finais devem ser apresentados a um sistema que responde, totalmente sintonizado, a partir do primeiro dia. Os usuários estão esperando alguns 'bugs' de um novo aplicativo, mas pelo menos não os faça esperar que apareçam na tela por um longo e doloroso tempo.

O relacionamento DBA-Desenvolvedor

A última capa deste livro fala da importância de um DBA saber o que os desenvolvedores estão tentando conseguir, e dos desenvolvedores saberem como explorar as estratégias de gerenciamento de dados do DBA. Certamente é verdade que os sistemas de informações mais bem-sucedidos são baseados em um relacionamento simbiótico entre o DBA e o desenvolvedor de aplicativo. Nesta seção quero apenas dar uma perspectiva do desenvolvedor na divisão de trabalho entre o desenvolvedor e o DBA (supondo que cada sério esforço de desenvolvimento tenha um DBA de equipe).

Como desenvolvedor, necessariamente você não precisa saber como instalar e configurar o software. Aquilo deve ser a função do DBA e talvez do SA (Administrador de Sistema). Inicializar o Net8, conseguir que o ouvinte funcione, configurar o MTS, capacitar a combinação de conexão, instalar o banco de dados, criar o banco de dados e assim por diante — essas são as funções que coloco nas mãos do DBA/SA.

Geralmente, um desenvolvedor não precisa saber como sintonizar o sistema operacional. Eu mesmo, normalmente, deixo essa tarefa para os AS do sistema. Como desenvolvedor de software para aplicativos de banco de dados, você precisará ser competente no uso de seu sistema operacional de escolha, mas não se deve esperar que o sintonize.

Talvez uma das principais preocupações do DBA seja como dar suporte e recuperar um banco de dados, e eu diria que essa é a única responsabilidade do DBA. Entender como retornar e refazer o trabalho — sim, isso é algo que um desenvolvedor tem que saber. Saber como realizar a recuperação de um ponto de espaço de tabela em tempo, é algo que um desenvolvedor pode pular. Saber que você pode fazer pode vir a ser útil, mas de fato fazê-lo - não.

Sintonizar em termos de cópia de banco de dados, descobrir que SORT_AREA_SIZE deve ser ótimo, esse é tipicamente o trabalho do DBA. Há casos excepcionais onde um desenvolvedor pode precisar mudar alguma inicialização em uma sessão, mas em termos de banco de dados, o DBA é responsável por aquilo. Um banco de dados típico suporta mais que apenas um único aplicativo do desenvolvedor. Apenas o DBA que apóia todos os aplicativos pode tomar a decisão certa.

Alocar espaço e gerenciar os arquivos é o trabalho do DBA. Os desenvolvedores contribuirão com as suas precisões de espaço (quanto eles estimam que irão precisar), mas o DBA/SA cuida do resto.

Basicamente, os desenvolvedores não precisam saber como executar o banco de dados. Eles precisam saber como executar *no* banco de dados. O desenvolvedor e o DBA trabalharão juntos em diferentes partes do mesmo enigma. O DBA estará visitando você, o desenvolvedor, quando suas consultas estiverem gastando recursos demais, e você estará visitando-os quando não puder descobrir como fazer o sistema ir um pouco mais rápido (é quando a sintonização de cópia pode ser feita, quando o aplicativo estiver totalmente sintonizado).

Tudo isso irá variar de acordo com o ambiente, mas eu gostaria de pensar que há uma divisão. Um bom desenvolvedor normalmente é um DBA muito ruim, e vice versa. Eles são de dois conjuntos de habilidades diferentes, dois grupos de mentes diferentes e, na minha opinião, duas personalidades diferentes.

Resumo

Aqui, demos uma olhada de certa forma pitoresca em porque você precisa conhecer o banco de dados. Os exemplos que dei não são isolados — eles acontecem a cada dia, um dia após o outro. Vejo um ciclo contínuo disso acontecendo de novo e de novo. Vamos recapitular rapidamente os pontos chave. Se você está desenvolvendo com Oracle:

- ❏ Precisa entender a arquitetura Oracle. Não precisa conhecê-la tão bem para ser capaz de re-escrever o servidor, se quisesse, mas deve conhecê-la bem o bastante para estar ciente das implicações de usar um recurso em especial.
- ❏ Você precisa entender bloqueio e controle de consecução e que cada banco de dados implementa isso diferentemente. Se não, seu banco de dados dará respostas 'erradas' e você terá grandes aspectos de contenção — levando a pobre desempenho.
- ❏ Não trate o banco de dados como uma caixa-preta, algo que você não precisa entender. O banco de dados é a peça mais crítica da maioria dos aplicativos. Tentar ignorar isso seria fatal.
- ❏ Não reinvente a roda. Já vi mais de uma equipe de desenvolvedores com problemas, não apenas tecnicamente, mas a nível pessoal, devido à falta de consciência do que Oracle oferece gratuitamente. Isso acontecerá quando for indicado que o recurso em que eles despenderam um par de meses implementando, na verdade era um recurso núcleo do banco de dados, o tempo todo.

- Solucione os problemas da maneira mais simples possível, usando tanto da funcionalidade interna do Oracle quanto possível. Você pagou muito por ele.
- Projetos de software vêm e vão, as linguagens de programação e estruturas vêm e vão. Espera-se que nós, desenvolvedores, tenhamos os sistemas ativados e executando em semanas, talvez meses, e depois nos movamos para o próximo problema. Se reinventarmos a roda de novo e de novo, nunca chegaremos perto de manter a desvairada paz de desenvolvimento. Exatamente como você nunca deve montar sua própria classe de tabela residual em Java — pois ela vem com uma — você deve usar a funcionalidade do banco de dados que tem à sua disposição. A primeira etapa para ser capaz de fazer isso, claro, é entender o que você tem à sua disposição. Continue a ler.

2
Arquitetura

O Oracle é projetado para ser um banco de dados muito portátil — ele está disponível em cada plataforma de relevância. Por esse motivo, a arquitetura física do Oracle parece diferente em diferentes sistemas operacionais. Por exemplo, em um sistema operacional UNIX, você verá o Oracle implementado como muitos processos diferentes de sistema operacional, virtualmente, um processo por função principal. Em UNIX, essa é a implementação certa, pois ela trabalha em uma base de múltiplos processos. Porém, no Windows, essa arquitetura seria inadequada e não funcionaria tão bem (seria lenta e não escalonável). Nessa plataforma, o Oracle é implementado como um processo individual, seqüenciado, que é o mecanismo de implementação apropriado na plataforma. Na estrutura principal de sistemas IBM executando OS/390 e zOS, a arquitetura específica de sistema operacional de Oracle explora os múltiplos espaços de endereço OS/390, operando tudo como uma única cópia Oracle. Até 255 espaços de endereço podem ser configurados em uma única cópia de banco de dados. Além do mais, o Oracle trabalha junto ao OS/390 WorkLoad Manager (**WLM**), para estabelecer a prioridade de execução de cargas de trabalho específicas de Oracle referentes umas às outras e a todo outro trabalho no sistema OS/390. Em Netware, voltamos a um modelo seqüenciado. Ainda que os mecanismos físicos usados para implementar Oracle variem de uma para outra plataforma, a arquitetura é suficientemente generalizada para você poder obter um bom entendimento de como o Oracle trabalha em todas as plataformas.

Neste capítulo, veremos os três principais componentes da arquitetura de Oracle:

- Arquivos — percorreremos um conjunto de cinco arquivos que formam o banco de dados e a cópia. São esses os arquivos **parameter**, **data**, **temp** e **redo log**.
- Estruturas de memória, referidas como System Global Area (**SGA**) — percorreremos os relacionamentos entre SGA, PGA e UGA. Também iremos através da combinação Java compartilhada e grande parte da combinação de SGA.
- Processos ou seqüências físicas — percorreremos os três diferentes tipos de processos que estarão executando no banco de dados: processos **server**, processos **background** e processos **slave**.

O servidor

É difícil resolver qual desses componentes cobrir primeiro. Os processos usam SGA, de modo que discutindo o sistema antes, os processos podem não fazer sentido. Por outro lado, discutindo os processos e o que eles fazem, estarei fazendo referências a SGA. Os dois são estreitamente ligados. Os arquivos agem através dos processos e não fariam sentido sem entender o que os processos fazem. O que farei é definir alguns termos e dar uma visão geral de como o Oracle se parece (se você fosse desenhar em um quadro branco) e depois entrarei em alguns detalhes.

Existem dois termos que, quando usados em um contexto de Oracle, parecem causar muita confusão. Esses termos são 'cópia' e 'banco de dados'. Na terminologia de Oracle, a definição seria:

- **Banco de dados** — Uma coleção de arquivos físicos de sistema operacional
- **Cópia** — Um conjunto de processos Oracle e um SGA

Às vezes, os dois são intercambiáveis, mas eles abraçam conceitos muito diferentes. O relacionamento entre eles é que um banco de dados pode ser **montado** e **aberto** por quaisquer cópias. Uma cópia pode montar e abrir um único banco de dados em qualquer ocasião. O banco de dados que uma cópia abre e monta não precisa ser o mesmo cada vez que ele é iniciado.

Ficou ainda mais confuso? Eis alguns exemplos que devem ajudar a esclarecer isso. Uma cópia é simplesmente um conjunto de processos de sistema operacional e alguma memória. Elas podem operar em um banco de dados, um banco de dados sendo apenas uma coleção de arquivos (arquivos de dados, arquivos temporários, arquivos de desfazer registro, arquivos de controle). Em qualquer ocasião, uma cópia terá apenas um conjunto de arquivos. Na maioria dos casos, o oposto também é verdade, um banco de dados terá apenas uma cópia trabalhando nele. No caso especial de **O**racle **P**arallel **S**erver (**OPS**), uma opção de Oracle que permite que ele funcione em muitos computadores em um ambiente agrupado, podemos ter muitas cópias consecutivamente, montando e abrindo esse banco de dados. Isso nos dá acesso a esse único banco de dados a partir de vários diferentes computadores ao mesmo tempo. O Oracle Parallel Server oferece alta disponibilidade de sistemas e, quando corretamente implementado, soluções extremamente escalonáveis. De maneira geral, OPS será considerado fora do escopo deste livro, pois ocuparia um volume inteiro descrever como implementá-lo.

Assim, na maioria dos casos, há um relacionamento um-para-um entre uma cópia e um banco de dados. Provavelmente é assim que surge a confusão em torno dos termos. Na experiência da maioria das pessoas, um banco de dados é uma cópia, e uma cópia é um banco de dados.

No entanto, em muitos ambientes de teste, esse não é o caso. No meu disco, posso ter cinco bancos de dados separados. Na máquina de teste, instalei o Oracle uma vez. Em alguma época, há apenas uma cópia sendo executada, mas o banco de dados que ela está acessando pode ser diferente a cada dia ou a cada hora, dependendo de minhas necessidades. Simplesmente tendo diferentes configurações de arquivos, posso montar e abrir qualquer desses bancos de dados. Aqui, tenho uma 'cópia' mas muitos bancos de dados, apenas um dos quais está acessível de determinada ocasião.

Assim, quando alguém falar da cópia, você saberá que quer dizer os processos e a memória de Oracle. Quando mencionarem o banco de dados, estarão falando dos arquivos físicos que contêm os dados. Um banco de dados pode ser acessível a partir de muitas cópias, mas uma cópia oferecerá acesso a exatamente um banco de dados de cada vez.

Agora, podemos estar prontos para uma ilustração abstrata de como o Oracle se parece:

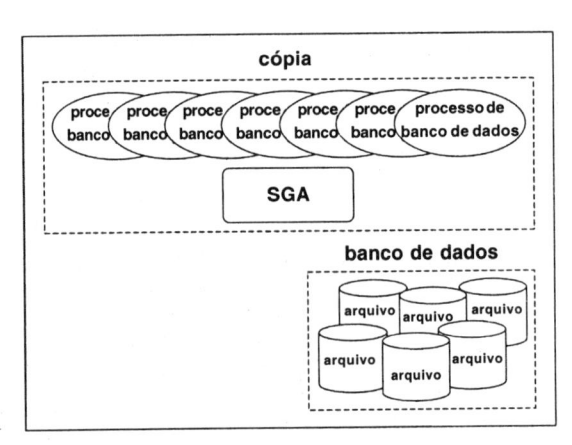

Em sua forma mais simples, é isso. O Oracle tem um punhado de chamada de memória a SGA, aonde ele irá: armazenar muitas estruturas internas de dados que todos os processos precisam acessar; armazenar dados do disco; armazenar dados refeitos antes de escrevê-los em disco; conter planos SQL analisados e assim por diante. O Oracle tem um conjunto de processos que são 'anexados' a esse SGA, e o mecanismo pelo qual eles anexam difere de acordo com o sistema operacional. Em um ambiente UNIX, eles serão fisicamente anexados a um grande segmento de memória compartilhada — um punhado de memória alocada no OS que pode ser acessada por muitos processos, consecutivamente. Sob o Windows, eles simplesmente usam a chamada C malloc( ) para alocar a memória, visto que eles são realmente seqüências em um grande processo. O Oracle também terá um conjunto de arquivos em que o banco de dados lê e escreve processos/seqüências (e os processos de Oracle são os únicos aos quais se permite ler ou escrever esses arquivos). Tais arquivos conterão tudo de sua tabela de dados, índices, espaço temporário, refazer registros etc.

Se você for iniciar Oracle em um sistema baseado em UNIX e executar um comando ps (process status — posição de processo), deve ver que muitos processos estão sendo executados, com diversos nomes. Por exemplo:

```
$ /bin/ps -aef | grep ora816
    ora816 20827     1    0   Feb 09 ?   0:00 ora_d000_ora816dev
    ora816 20821     1    0   Feb 09 ?   0:06 ora_smon_ora816dev
    ora816 20817     1    0   Feb 09 ?   0:57 ora_lgwr_ora816dev
```

```
ora816 20813    1    0    Feb 09  ?    0:00 ora_pmon_ora816dev
ora816 20819    1    0    Feb 09  ?    0:45 ora_ckpt_ora816dev
ora816 20815    1    0    Feb 09  ?    0:27 ora_dbw0_ora816dev
ora816 20825    1    0    Feb 09  :    0:00 ora_s000_ora816dev
ora816 20823    1    0    Feb 09  ?    0:00 ora_reco_ora816dev
```

Cobrirei cada um desses processos, mas geralmente eles são referidos como os **Oracle background process**. Eles são processos preservados que formam a cópia, e você os verá desde quando iniciar o banco de dados até fechá-lo. É interessante notar que são processos, não programas. Há apenas um programa Oracle em UNIX; ele tem muitas personalidades. O mesmo 'programa' que foi executado para obter ora_lgwr_ora816dev foi usado para obter o processo ora_ckpt_ora816dev. Só existe um binário, chamado simplesmente de oracle, que é executado muitas vezes, com nomes diferentes. No Windows, usando a ferramenta tlist a partir do recurso de conjunto de ferramentas Windows encontrarei apenas um processo, Oracle.exe. Novamente, em NT só há um programa binário. Dentro desse processo, encontraremos muitas seqüências representando os processos de apoio Oracle. Usando tlist (ou qualquer de uma série de ferramentas) podemos ver essas seqüências:

```
C:\Documents and Settings\Thomas Kyte\Desktop>list 1072
1072 ORACLE.EXE
     CWD:     C:\Oracle\DATABASE\
     CmdLine:    c:\oracle\ORACLE.EXE TKYTE816
     VirtualSize:         144780 KB   PeakVirtualSize:   154616 KB
     WorkingSetSize:       69424 KB   PeakWorkingSetSize: 71208 KB
     NumberOfThreads: 11
        0 Win32StartAddr:0x00000000 LastErr:0x00000000 State:Initialized
        5 Win32StartAddr:0x00000000 LastErr:0x00000000 State:Initialized
        5 Win32StartAddr:0x00000000 LastErr:0x00000000 State:Initialized
        5 Win32StartAddr:0x00000000 LastErr:0x00000000 State:Initialized
        5 Win32StartAddr:0x00000000 LastErr:0x00000000 State:Initialized
        5 Win32StartAddr:0x00000000 LastErr:0x00000000 State:Initialized
        5 Win32StartAddr:0x00000000 LastErr:0x00000000 State:Initialized
        5 Win32StartAddr:0x00000000 LastErr:0x00000000 State:Initialized
        5 Win32StartAddr:0x00000000 LastErr:0x00000000 State:Initialized
        5 Win32StartAddr:0x00000000 LastErr:0x00000000 State:Initialized
        5 Win32StartAddr:0x00000000 LastErr:0x00000000 State:Initialized
           0.0.0.0     shp 0x00400000   ORACLE.EXE
    5.0.2163.1 shp 0x77f80000   ntdll.dll
           0.0.0.0     shp 0x60400000   oraclient8.dll
           0.0.0.0     shp 0x60600000   oracore8.dll
           0.0.0.0     shp 0x60800000   oranls8.dll
...
```

Aqui, estão as onze seqüências executando dentro do único processo Oracle. Se eu fosse registrar nesse banco de dados, veria a contagem de seqüência pular para doze. No UNIX, provavelmente veria um outro processo ser acrescentado à lista de processos oracle que estivesse executando. Isso nos leva à próxima iteração do diagrama. O diagrama anterior deu uma ilustração conceitual de como Oracle se pareceria imediatamente depois de começar. Agora, se fôssemos conectar com Oracle em sua configuração mais comumente usada, veríamos algo como:

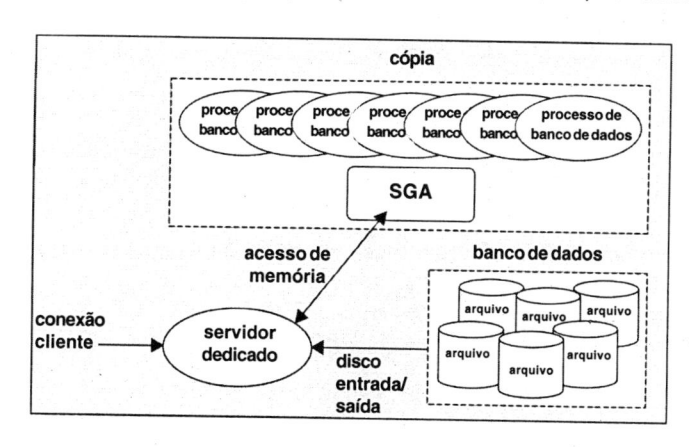

Tipicamente, o Oracle criará um novo processo para mim quando registrar minha entrada. Isso comumente é referido como a configuração **dedicated server** visto que um processo servidor será dedicado a mim pela duração de minha sessão. Em cada sessão, um novo servidor dedicado aparecerá em um mapeamento um-para-um. Meu processo cliente (qualquer que seja o programa que estiver tentando se conectar ao banco de dados) estará em contato direto com esse servidor dedicado em algum conduto de rede de trabalho, tal como um soquete TCP/IP. Ele é o servidor que receberá meu SQL e o executará. Ele lerá arquivos de dados, buscará no cache do banco de dados pelos meus dados. Realizará a atualização de minhas declarações. Executará meu código PL/SQL. Seu único objetivo é responder às chamadas SQL que submeto a ele.

O Oracle também pode estar executando em um modo chamado servidor multisseqüenciado (MTS), onde não podemos ver uma seqüência adicional criada, ou um novo processo UNIX aparecer. No modo MTS, o Oracle usa uma combinação de 'servidores compartilhados' para uma grande comunidade de usuários. Os servidores compartilhados são, simplesmente, um mecanismo de combinação de conexão. Em vez de ter 10.000 servidores dedicados (que são muitos processos ou seqüências) para 10.000 sessões de banco de dados, o MTS me permitiria ter uma pequena porcentagem desse número de servidores compartilhados, que seriam (como o seu nome implica), compartilhados por todas as sessões. Isso permite ao Oracle conectar muito mais usuários ao banco de dados do que seria possível de outro modo. Nossa máquina pode se fragmentar sob a carga de gerenciar 10.000 processos, mas gerenciar 100 ou 1.000 processos seria factível. No modo MTS, os processos de servidor compartilhado geralmente são inicializados com o banco de dados, e podem aparecer apenas na lista ps (na verdade, a minha lista ps anterior, o processo ora_s000_ora816dev é um processo de servidor compartilhado).

Uma grande diferença entre o modo MTS e o modo de servidor dedicado é que o processo cliente conectado ao banco de dados nunca fala diretamente com um servidor compartilhado, como faria a um servidor dedicado. Ele não pode falar com um servidor compartilhado, uma vez que aquele processo é, na verdade, compartilhado. Para compartilhar esses processos, precisamos de outro mecanismo através do qual 'falar'. O Oracle emprega um processo (ou conjunto de processos), chamado **dispatchers** com esse objetivo. O processo cliente falará pela rede com um processo expedidor. Este colocará a solicitação do cliente em uma fila de solicitação no SGA (uma das muitas coisas para as quais SGA é usada). O primeiro servidor compartilhado que não estiver ocupado pegará essa solicitação e a processará (por exemplo, a solicitação poderia ser UPDATE T SET X = X+5 WHERE Y = 2). Ao completar esse comando, o servidor compartilhado colocará a resposta em uma fila de respostas. O processo expedidor estará monitorando essa fila e, ao ver um resultado, o transmitirá ao cliente. Conceitualmente, o fluxo de uma solicitação MTS se parece com isto:

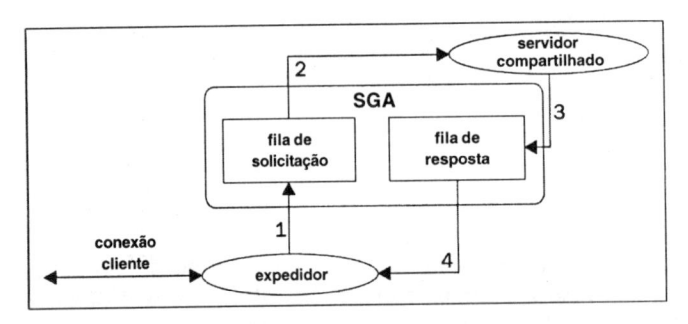

A conexão cliente enviará uma solicitação ao expedidor. Primeiro, o expedidor colocará essa solicitação na fila de solicitações na SGA (1). O primeiro servidor compartilhado disponível tirará da fila essa solicitação (2) e a processará. Quando o servidor compartilhado se completar, a resposta (retorno de códigos, dados e assim por diante) será colocada na fila de resposta (3) e em seguida pega pelo expedidor (4) e transmitida de volta ao cliente.

No que se refere ao desenvolvedor, não há diferença entre uma conexão MTS e uma conexão de servidor dedicado. Assim, agora que entendemos o que são as conexões de servidor dedicado e servidor compartilhado, isso implora pelas perguntas: 'Em primeiro lugar, como sou conectado?', 'O que deveria iniciar esse servidor dedicado?' e 'Como posso entrar em contato com um expedidor?'. As respostas dependem de nossa plataforma específica, mas geralmente, acontece como descrito abaixo.

Investigaremos o caso mais comum — uma conexão baseada em rede em uma conexão TCP/IP. Nesse caso, o cliente está situado em uma máquina e o servidor em outra máquina, as duas sendo conectadas em uma rede TCP/IP. Tudo começa com o cliente. Ele faz uma solicitação ao software cliente Oracle para se conectar com o banco de dados. Por exemplo, você emite:

```
C:\> sqlplus scott/tiger@ora816.us.oracle.com
```

Aqui, o cliente é o programa SQL*PLUS, scott/tiger é meu nome de usuário e senha e ora816.us.oracle.com é um nome de serviço TNS. TNS significa **T**ransparent **N**etwork **S**ubstract e é o software de 'fundação' interno no cliente Oracle que lida com nossas conexões remotas — capacitando a comunicação ponto-a-ponto. A string de conexão TNS diz ao software Oracle como se conectar com o banco de dados remoto. Geralmente, o software cliente executando em sua máquina lerá um arquivo chamado TNSNAMES.ORA. Esse é um arquivo de configuração de texto simples, usualmente encontrado no diretório [ORACLE_HOME]\network\admin e que terá entradas que se parecem com:

```
ORA816.US.ORACLE.COM =
    (DESCRIPTION =
        (ADDRESS_LIST =
            (ADDRESS = (PROTOCOL = TCP) (HOST = aria.us.oracle.com) (PORT = 1521))
        )
        (CONNECT_DATA =
            (ORACLE_SID = ora816)
        )
    )
```

São essas informações de configuração que permitem ao software cliente Oracle transformar ora816.us.oracle.com em algo útil — um nome de host, uma porta naquele host onde um processo 'ouvidor' aceitará conexões, o **SID** (**S**ite **Id**entifier) do banco de dados no host ao qual desejamos conectar e assim por diante. Há outras maneiras pelas quais essa string, ora816.us.oraclecom, poderia ter sido solucionada. Por exemplo, usando Oracle Names, que é um servidor distribuído de nome para o banco de dados, semelhante em objetivo a DNS para a resolução de nome de host. No entanto, o uso de TNSNAMES.ORA é comum na maioria das instalações pequenas a médias, onde o número de cópias de tal arquivo de configuração é administrável.

Agora que o software cliente sabe onde se conectar, ele abrirá um soquete TCP/IP de conexão para a máquina aria.us.oracle.com na porta 1521. Se o DBA de nosso servidor tiver ajustado Net8, e o ouvidor estiver sendo executado, essa conexão poderá ser aceita. Em um ambiente de rede, estaremos executando um processo chamado **TNS Listener** em nosso servidor. Esse processo ouvidor é o que nos conectará fisicamente a nosso banco de dados. Quando ele recebe uma solicitação de entrada de conexão inspeciona a solicitação e, usando os seus próprios arquivos de configuração, rejeita a solicitação (por exemplo, não há tal banco de dados ou talvez o nosso endereço IP foi incapacitado para conexões desse host) ou a aceita e nos conecta.

Se estivermos fazendo uma conexão de servidor dedicado, o processo ouvidor criará para nós um servidor dedicado. No UNIX, isso é conseguido através de uma chamada de sistema fork( ) e exec( ) (a única maneira de criar um novo processo depois da inicialização em UNIX é fork( )). Agora, estamos fisicamente conectados ao banco de dados. No Windows, o processo ouvidor solicita ao processo banco de dados que crie uma nova seqüência para uma conexão. Quando essa seqüência é criada, o cliente é 'redirecionado' a ela e somos fisicamente conectados. O diagrama em UNIX se pareceria com:

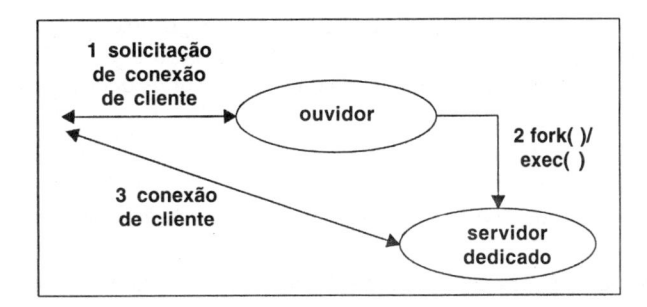

Por outro lado, se estivermos fazendo uma solicitação de conexão MTS, o ouvidor irá se comportar de maneira diferente. Esse processo ouvidor conhece o(s) expedidor(es) que estivermos executando no banco de dados. À medida que as solicitações de conexão forem recebidas, o ouvidor escolherá um processo expedidor na combinação de expedidores disponíveis. O ouvidor enviará de volta ao cliente as informações de conexão, descrevendo como o cliente pode se conectar com o processo expedidor. Isso precisa ser feito porque o ouvidor estará executando em um nome de host bem conhecido e porta naquele host, mas os expedidores aceitarão conexões em portas 'designadas aleatoriamente'

naquele servidor. O ouvidor estará ciente dessas designações aleatórias de porta e pegará um expedidor para nós. Então, o cliente se desconectaria do ouvidor e se conectaria diretamente ao expedidor. Teríamos uma conexão física com o banco de dados. Graficamente, isso se pareceria com:

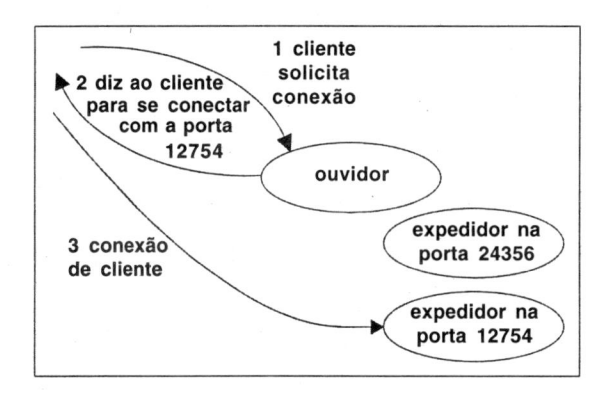

Essa é uma visão geral da arquitetura Oracle. Aqui, vimos o que é uma cópia Oracle, um banco de dados e como você pode ser conectado ao banco de dados, através de um servidor dedicado ou de um servidor compartilhado. O diagrama a seguir resume o que vimos até agora, mostrando a interação entre um cliente usando uma conexão de servidor compartilhado (MTS) e um cliente usando uma conexão de servidor dedicado. Ele também mostra que uma cópia Oracle pode usar ambos os tipos de conexão simultaneamente:

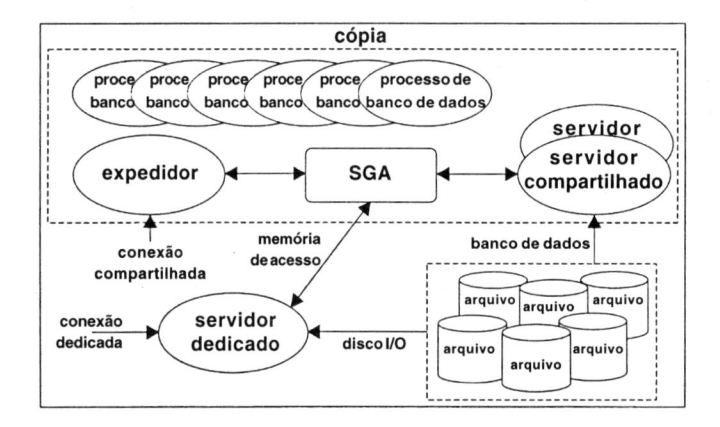

Agora estamos prontos para olhar em mais profundidade os processos por trás do servidor, o que eles fazem e como eles interagem. Também estamos prontos para olhar dentro de SGA, para ver o que há lá e qual é seu objetivo. Começaremos vendo os tipos de arquivos que o Oracle usa para gerenciar os dados e a função de cada tipo de arquivo.

Os arquivos

Começaremos com os cinco tipos de arquivo que formam um banco de dados e cópia. Os arquivos associados a uma cópia são, simplesmente:

- **Arquivos de parâmetro** — Esses arquivos dizem à cópia Oracle onde encontrar os arquivos de controle. Por exemplo, quão grandes são determinadas estruturas de memória etc.

Os arquivos que formam o banco de dados são:

- **Arquivos de dados** — Para o banco de dados (esses contêm suas tabelas, índices e todos os outros segmentos).
- **Arquivos de refazer registro** — Nossos registros de transação.
- **Arquivos de controle** — Que nos diz onde estão esses arquivos de dados e outras informações relevantes sobre a posição deles.
- **Arquivos temporários** — Usados para classificações e armazenagem temporária baseado em disco.
- **Arquivos de senha** — Usados para autenticar usuários que estejam realizando atividades administrativas na rede. Não discutiremos esses arquivos em detalhe.

Os arquivos mais importantes são os dois primeiros, pois contêm os dados que você trabalhou tanto para acumular. Posso perder qualquer um e todos os arquivos restantes e ainda assim chegar aos meus dados. Se perder os meus arquivos de refazer registro, posso começar a perder *alguns* dados. Se perder meus arquivos de dados e todas as suas cópias, *definitivamente*, terei perdido aqueles dados para sempre.

Agora, daremos uma olhada nos tipos de arquivos e o que podemos encontrar neles.

Arquivos de parâmetro

Existem muitos arquivos de parâmetros diferentes associados a um banco de dados Oracle, de um arquivo TNSNAMES.ORA em uma estação de trabalho cliente (usada para encontrar um servidor, conforme mostrado acima), a um arquivo LISTENER.ORA no servidor (para a inicialização do ouvidor Net8), aos arquivos SQLNET.ORA, PROTOCOL.ORA, NAMES.ORA, CMAN.ORA e LDAP.ORA. Entretanto, o arquivo de parâmetro mais importante é o arquivo de parâmetro de bancos de dados, pois sem esse não podemos sequer iniciar um banco de dados. Os arquivos restantes são importantes; todos são relacionados à rede de trabalho e à conexão ao banco de dados. Porém, estão fora do escopo de nossa discussão. Para informações sobre a configuração e inicialização deles, indicaria ao *Oracle Net8 Administrators Guide*. Como desenvolvedor, tipicamente, esses arquivos seriam inicializados para você, não por você.

O arquivo de parâmetro de um banco de dados é comumente conhecido como **init file**, ou um arquivo **init.ora**. Isso é devido ao seu nome padrão, que é init<ORACLE_SID>. Por exemplo, um banco de dados com um SID de tkyte816 terá um arquivo init chamado inittkyte816.ora. Sem um arquivo de parâmetro você não pode iniciar um banco de dados Oracle. Isso o torna um arquivo bastante importante. Entretanto, visto que ele é apenas um arquivo de texto simples, que você pode criar com qualquer editor de texto, ele não é um arquivo que você precise proteger com a sua vida.

Para aqueles que não estão familiarizados com o termo SID, ou ORACLE_SID, é necessária uma definição completa. SID é um identificador de site. Ele e ORACLE_HOME (onde o software Oracle é instalado) são misturados no UNIX para criar um nome chave uniforme para anexar uma SGA. Se o seu ORACLE_SID ou ORACLE_HOME não estiverem corretamente ajustados, você obterá um erro ORACLE NOT AVAILABLE (Oracle indisponível), já que é impossível anexar a um segmento de memória compartilhada que é identificado pela chave mágica. No Windows, não usamos memória compartilhada da mesma maneira que em UNIX, mas o SID ainda é importante. Podemos ter mais de um banco de dados no mesmo ORACLE_HOME, assim precisamos de uma maneira única para identificar cada um, junto com seus arquivos de configuração.

O arquivo Oracle init.ora é um arquivo muito simples em sua construção. Ele tem uma série de pares nome/valor. Um exemplo de arquivo init.ora poderia se parecer com isto:

```
db_name = 'tkyte816"

db_block_size = 8192

control_files = ("C:\oradata\control01.ctl", "C:\oradata\control02.ctl")
```

Na verdade, isso é muito próximo ao mínimo de arquivo init.ora com o qual você poderia lidar. Se eu tivesse um tamanho de bloco que fosse o padrão em minha plataforma (o tamanho de bloco padrão varia por plataforma), poderia removê-lo. O arquivo de parâmetro é usado, no mínimo, para obter o nome do banco de dados e a localização dos arquivos de controle. Os arquivos de controle dizem ao Oracle a localização de cada outro arquivo, assim, eles são muito importantes ao processo de 'bootstrap' (correia de bota; esforço próprio) de iniciar uma cópia.

Caracteristicamente, o arquivo de parâmetro tem nele muitos outros ajustes de configuração. A quantidade de parâmetros e seus nomes variam de lançamento para lançamento. Por exemplo, no Oracle 8.1.5, havia um parâmetro plsql_load_without_compile. Ele não estava no lançamento anterior e não é encontrado em qualquer lançamento subseqüente. Nos meus bancos de dados 8.1.5, 8.1.6 e 8.1.7, tenho 100, 201 e 203 parâmetros diferentes, respectivamente, que posso ajustar. A maioria dos parâmetros como db_block_size tem vida longa (eles não são descartados de lançamento para lançamento), mas com o tempo muitos outros parâmetros tornam-se obsoletos, à medida que as implementações mudam. Se você quiser rever esses parâmetros e obter um sentido do que está disponível e o que eles fazem, deve reportar-se ao manual *Oracle8i Reference*. No primeiro capítulo desse documento, ele percorre em detalhe cada parâmetro documentado.

Observe que eu disse 'documentado' no parágrafo anterior. Também existem parâmetros não documentados. É possível distinguir um parâmetro não documentado de outro documentado, pois todos os parâmetros não documentados começam com um sublinhado. Há muita especulação sobre esses parâmetros — como eles não são documentados, precisam ser 'mágicos'. Muitas pessoas sentem que esses parâmetros não documentados são bem conhecidos e usados pelos conhecedores de Oracle. Acho que o contrário é verdade. Eles não são bem conhecidos e dificilmente são usados. A maioria desses parâmetros não documentados, na verdade são bem cansativos, representando funcionalidade depreciada e sinalizações de compatibilidade de retrocesso. Outros ajudam na recuperação de dados, não do próprio banco de dados, capacitam o banco de dados a inicializar em determinadas circunstâncias extremas, mas apenas o tempo suficiente para conseguir a *saída* de dados, depois do que você precisa remontar. A não ser que orientado pelo suporte, não há motivo para ter um parâmetro init.ora não documentado em sua configuração. Muitos têm efeitos colaterais que podem ser devastadores. No meu desenvolvimento de banco de dados só uso um único ajuste não documentado:

```
_TRACE_FILES_PUBLIC = TRUE
```

Isso torna os arquivos de rastreio legíveis a todos, não apenas ao grupo DBA. No meu desenvolvimento de banco de dados, quero que meus desenvolvedores usem com freqüência os utilitários SQL_TRACE, TIMED_STATISTICS e TKPROF (bom, na verdade, eu exijo); assim, eles precisam ser capazes de ler os arquivos de rastreio. Em meu banco de dados real, não uso quaisquer ajustes não documentados.

Em geral, você só usará esses parâmetros não documentados por solicitação do suporte Oracle. O uso deles pode ser prejudicial a um banco de dados e sua implementação pode, e o fará, mudar de lançamento para lançamento.

Agora que sabemos o que são os arquivos de parâmetro de banco de dados e onde obter mais detalhes sobre os parâmetros válidos que podemos ajustar, a última coisa que precisamos saber é onde encontrá-los no disco. Por padrão, a convenção de nomeação desse arquivo é:

```
init$ORACLE_SID.ora        (variável de ambiente UNIX)
init$ORACLE_SID%.ora       (variável de ambiente Windows)
```

E por padrão, eles serão encontrados em

```
$ORACLE_HOME/dsbs          (UNIX)
$ORACLE_HOME%\DATABASE     (Windows)
```

É interessante observar que em muitos casos você encontrará o conteúdo completo desse arquivo de parâmetro como algo assim:

```
IFILE='C:\oracle\admin\tkyte816\pfile\init.ora'
```

A diretiva IFILE funciona de uma maneira semelhante a uma #include em C. Ela inclui o arquivo atual, o conteúdo do arquivo nomeado. O acima inclui um arquivo init.ora de uma localização não padrão.

Deve-se notar que o arquivo de parâmetro não precisa estar em uma localização especial. Ao iniciar uma cópia, você pode usar a inicialização pfile = filename. Isso é mais útil quando você quiser experimentar diferentes parâmetros init.ora em seu banco de dados, para ver os efeitos de ter diferentes ajustes.

Arquivos de dados

Os arquivos de dados, junto com os arquivos de refazer registros, são o conjunto de arquivos mais importantes no banco de dados. É onde todos os seus dados serão, afinal, armazenados. Cada banco de dados tem pelo menos um arquivo de dados associado a ele e geralmente terá muito mais de um. Só o banco de dados mais simples de 'teste' terá um arquivo. Qualquer banco de dados verdadeiro terá *pelo menos* dois — um para os dados SYSTEM, outro para os dados USER. O que iremos discutir nesta seção é como o Oracle organiza esses arquivos e como os dados são organizados dentro deles. Para entender isso, teremos que entender o que são espaço de tabela, segmento, extensão e bloco. Essas são as unidades de alocação que o Oracle usa para conter objetos no banco de dados.

Começaremos com os segmentos. Segmentos são simplesmente os objetos de seu banco de dados que consomem armazenagem — objetos como tabelas, índices, segmentos de retorno etc. Quando você cria uma tabela, está criando um segmento de tabela. Ao criar uma tabela particionada, cria um segmento por partição. Ao criar um índice, você cria um segmento de índice e assim por diante. Cada objeto que consome armazenagem é, por fim, armazenado em um único segmento. Esses são os segmentos de retorno, segmentos temporários, segmentos de grupo, segmentos de índice etc.

Os próprios segmentos consistem de uma ou mais **extent**. Uma extensão é uma alocação contígua de espaço em um arquivo. Cada segmento inicia com pelo menos uma extensão, e alguns objetos podem exigir duas ou mais (os segmentos de retorno são um exemplo de segmento que exige pelo menos duas extensões). Para um objeto crescer além de sua extensão inicial, ele irá solicitar que uma outra extensão seja alocada a ele. Essa segunda extensão não estará necessariamente logo em seguida à primeira no disco, pode nem mesmo estar alocada no mesmo arquivo que a primeira extensão. Pode estar alocada muito longe dele, mas o espaço dentro de uma extensão é sempre contíguo em um arquivo. Extensões variam em tamanho de um bloco a 2 GB.

Por sua vez, as extensões consistem de blocos. Um bloco é a menor unidade de alocação de espaço em Oracle. Os blocos são os locais onde suas fileiras de dados, ou entradas de índice, ou resultados de classificação temporária serão armazenadas. Um bloco é o que Oracle geralmente lê e escreve de e para o disco. Geralmente, os blocos em Oracle são de um de três tamanhos comuns — 2KB, 4KB ou 8KB (embora também sejam permitidos de 16KB e de 32KB). O relacionamento entre segmentos, extensões e blocos se parece com:

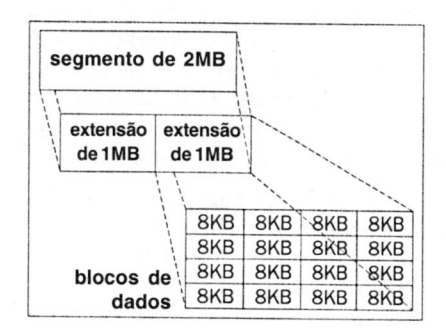

Um segmento é formado de uma ou mais extensões — uma extensão é uma alocação contígua de blocos.

O tamanho de bloco em um banco de dados é uma constante, quando o banco de dados é criado — todo e qualquer bloco no banco de dados será do mesmo tamanho. Todos os blocos têm o mesmo formato geral, que se parece com:

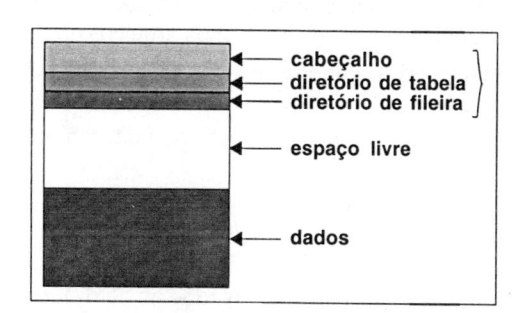

O **block header** contém informações sobre o tipo de bloco (um bloco de tabela, bloco de índice e assim por diante), informações de transação referentes a transações ativas e passadas no bloco e o endereço (localização) do bloco no disco. O **table directory**, se houver, contém informações sobre as tabelas que armazenam fileiras nesse bloco (dados de mais de uma tabela podem ser armazenados no mesmo bloco). O **row directory** contém informações descrevendo as fileiras que são encontradas no bloco. Esse é um array de indicadores para onde as fileiras são encontradas na porção de dados do bloco. Essas três peças de bloco são coletivamente conhecidas como o **bloco overhead** — espaço usado no bloco que não está disponível aos seus dados, mas em vez disso, é usado pelo Oracle para gerenciar o próprio bloco. As duas peças restantes do bloco são bem diretas — possivelmente elas irão *liberar* espaço em um bloco e depois *usar* o espaço que atualmente está armazenado dados.

Agora que temos um entendimento rápido de segmentos, que consiste em extensões, que consiste de blocos, estamos prontos para ver o que é um espaço de tabela e, depois, como os arquivos se ajustam no quadro. Um espaço de tabela é um contentor — ele contém os segmentos. Todo e qualquer segmento pertence a exatamente um espaço de tabela. Um espaço de tabela pode ter muitos segmentos dentro dele. Todas as extensões de determinado segmento serão encontradas no espaço de tabela associado àquele segmento. Os segmentos nunca atravessam os limites do espaço de tabela. O próprio espaço de tabela tem um ou mais arquivos de dados associados a ele.

Uma extensão de qualquer segmento determinado em um espaço de tabela será inteiramente contida dentro daquele arquivo de dados. Entretanto, um segmento pode ter extensões de muitos diferentes arquivos de dados. Graficamente, pode se parecer com isto:

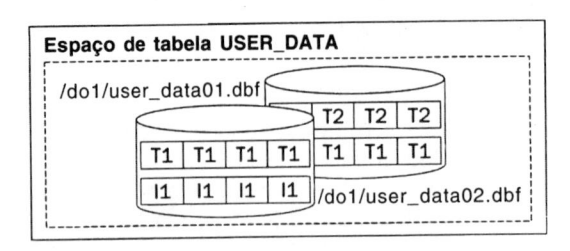

Espaço de tabela USER_DATA

/do1/user_data01.dbf
/do1/user_data02.dbf
T1 T1 T1 T1 T1 T1 T1
T2 T2 T2
I1 I1 I1 I1

Assim, vimos aqui o espaço de tabela chamado USER_DATA. Ele consiste de dois arquivos de dados, user_data01 e user_data02. Tem três segmentos alocados a ele, T1, T2 e I1 (provavelmente, duas tabelas e um índice). O espaço de tabela tem quatro extensões localizadas nele e cada extensão é demonstrada como um conjunto contíguo de blocos de banco de dados. O segmento T1 consiste de duas extensões, uma em cada arquivo. Cada um dos segmentos T2 e I1 tem uma extensão demonstrada. Se precisássemos de mais espaço nesse espaço de tabela, poderíamos redimensionar os arquivos de dados já alocados ao espaço de tabela ou acrescentar a ele um terceiro arquivo de dados.

Os espaços de tabela são contentores lógicos de armazenagem em Oracle. Como desenvolvedores, criaremos segmentos em espaços de tabela. Nunca chegaremos ao 'nível de arquivo' bruto — não especificamos que queremos que nossas extensões sejam alocadas em um arquivo específico. Em vez disso, criamos objetos em espaços de tabela e o Oracle cuida do resto. Se, em algum ponto no futuro, o DBA decidir movimentar nossos arquivos de dados no disco para distribuir mais igualmente I/O — isso está bem para nós. Não afetará absolutamente o nosso processamento.

Em resumo, a hierarquia de armazenagem em Oracle é:

1. Um banco de dados é formado de um ou mais espaços de tabela.
2. Um espaço de tabela é formado de um ou mais arquivos de dados. Um espaço de tabela contém segmentos.
3. Um segmento (TABLE, INDEX e assim por diante) é formado de uma ou mais extensões. Há um segmento em um espaço de tabela, mas podem haver dados em muitos arquivos de dados dentro daquele espaço de tabela.
4. Uma extensão é um conjunto de blocos contíguos no disco. Uma extensão está em um único espaço de tabela, e além do mais está sempre em um único arquivo dentro daquele espaço de tabela.
5. Um bloco é a menor unidade de alocação no banco de dados. Um bloco é a menor unidade de I/O usada por um banco de dados.

Antes de sairmos desse tópico de arquivos de dados, veremos mais um tópico relativo a espaços de tabela. Veremos como as extensões são gerenciadas em um espaço de tabela. Antes do Oracle 8.1.5, só havia um método de gerenciar a alocação de extensões em um espaço de tabela. Esse método é chamado de **dictionary-managed tablespace**. Isto é, o espaço dentro de um espaço de tabela foi gerenciado nas tabelas de dicionário de dados, quase da mesma forma que você gerenciaria contabilidade de dados, talvez com uma tabela DEBIT e CREDIT. No lado de débito, você tem todas as extensões alocadas a objetos. No lado de crédito, temos todas as extensões livres disponíveis para uso. Quando um objeto precisasse de uma outra extensão, ele pediria ao sistema por uma. Então, o Oracle iria para essas tabelas de dicionário de dados, executaria algumas consultas, encontraria o espaço (ou não) e depois atualizaria uma fileira em uma tabela (ou removeria todas) e inseriria uma fileira em outra. O Oracle gerenciou o espaço quase da mesma maneira pela qual você escreverá os seus aplicativos, modificando dados e movendo-os.

Essa SQL executada em seu favor ao fundo, para obter o espaço adicional, é referida como **recursive SQL**. A sua declaração SQL INSERT levou outra SQL repetida a ser executada, para obter mais espaço. Essa SQL repetida poderia ser muito cara, se fosse feita com freqüência. Tais atualizações ao dicionário de dados precisam ser feitas em série; não podem ser feitas consecutivamente. É algo a ser evitado.

Nos lançamentos iniciais de Oracle, podíamos ver esse aspecto de gerenciamento de espaço, esse código extra de SQL repetido, acontecendo mais freqüentemente em espaços de tabela temporários (isso antes da introdução de espaços de tabela temporários 'verdadeiros'). Com freqüência, o espaço seria alocado (só precisamos apagar de uma tabela de dicionário e inserir em outra), e desfeita a alocação (colocar as fileiras que acabamos de mover de volta a onde elas estavam inicialmente). Essas operações tendiam a ser em série, diminuindo dramaticamente a consecução e aumentando os períodos de espera. Na versão 7.3, o Oracle introduziu o conceito de espaço de tabela temporário para ajudar a aliviar esse aspecto. Um espaço de tabela temporário era um onde você podia criar os seus próprios objetos não permanentes. Fundamentalmente essa era a única diferença; o espaço ainda era gerenciado nas tabelas de dicionário de dados. Entretanto, quando uma extensão era alocada em um espaço de tabela temporário, o sistema poderia contê-la (não devolveria o espaço). Na próxima vez que alguém solicitasse espaço em um espaço de tabela temporário, com qualquer objetivo, o Oracle buscaria por uma extensão já alocada, no conjunto de extensões alocadas de sua memória. Se encontrasse uma, simplesmente a reutilizaria, ou então alocaria uma da maneira antiga. Dessa forma, quando o banco de dados estivesse ligado e executando por um tempo, o segmento temporário pareceria completo, mas estaria de fato apenas 'alocado'. Todas as extensões livres estavam lá; apenas estavam sendo gerenciadas diferentemente. Quando alguém precisava de espaço temporário, o Oracle simplesmente buscaria por aquele espaço em uma estrutura de dados em-memória, em vez de executar a cara, repetida, SQL.

No Oracle 8.1.5, e posterior, o Oracle vai um passo adiante, reduzindo esse código extra de gerenciamento de espaço. Eles introduziram o conceito de um espaço de tabela localmente gerenciado, em oposição a um dicionário gerenciado. Efetivamente, isso faz em todos os espaços de tabela o que Oracle 7.3 fez em espaços de tabela temporários — remove a necessidade de usar o dicionário de dados para gerenciar espaço em um espaço de tabela. Com um espaço de tabela localmente gerenciado, um bitmap armazenado em cada arquivo de dados é usado para gerenciar as extensões. Agora, para obter uma extensão, tudo o que o sistema precisa fazer é ajustar um bit para 1 no bitmap. Para liberar espaço — ajustá-lo de volta para 0. Comparado a usar espaços de tabela gerenciados por dicionários, isso é incrivelmente rápido. Não fazemos mais em série para executar uma longa operação ao nível do banco de dados para solicitações de espaço através de todos os espaços de tabela. Em vez disso, fazemos em série ao nível do espaço de tabela, para uma operação muito rápida. Espaços de tabela localmente gerenciados também têm outros bons atributos, tal como o reforço de um tamanho uniforme de extensão, mas isso está começando a ficar muito pesado na função do DBA.

Arquivos temporários

Os arquivos temporários de dados (temp files) em Oracle são um tipo especial de arquivo de dados. O Oracle usará arquivos temporários para armazenar os resultados intermediários de uma grande operação de classificação, ou conjunto de resultados, quando não há memória suficiente para conter tudo em RAM. Os objetos permanentes de dados, como uma tabela ou um índice, nunca serão armazenados em um arquivo temporário, mas o conteúdo de uma tabela ou índice temporário serão. Assim, você nunca criará as suas tabelas de aplicativo em um arquivo temporário de dados, mas pode armazenar dados aqui, quando usar uma tabela temporária.

Os arquivos temporários são tratados de maneira especial pelo Oracle. Normalmente, toda e qualquer mudança que é feita em um objeto será gravada nos registros redo — esses registros de transação podem ser reproduzidos em uma data posterior, para 'refazer uma transação'. Podemos fazer isso durante a recuperação de uma falha, por exemplo, Os arquivos temporários são excluídos desse processo. Arquivos temporários nunca têm redo gerado para eles, embora tenham UNDO gerado, quando usado em tabelas globais temporárias, no caso de você resolver retornar a algum trabalho que fez em sua sessão. Seu DBA nunca precisa copiar um arquivo de dados temporário e, na verdade, se o fizesse, só iria perder o seu tempo, pois você nunca armazena novamente um arquivo temporário de dados.

É recomendado que o seu banco de dados seja configurado com espaços de tabela temporários localmente gerenciados. Você irá querer ter certeza que seu DBA usa um comando CREATE TEMPORARY TABLESPACE. Não quer que ele simplesmente altere um espaço de tabela permanente para um temporário, pois daquela maneira você não obterá os benefícios de arquivos temporários. Além disso, irá querer ele use um espaço de tabela localmente gerenciado com tamanhos de extensão uniformes, que reflitam seu ajuste sort_area_size. Algo como:

```
tkyte@TKYTE816> create temporary tablespace temp
  2     tempfile 'c:\oracle\oradata\tkyte816\temp.dbf'
  3     size 5m
  4     extent management local
  5     uniform size 64k;

Tablespace create.
```

Como estamos começando a nos aprofundar novamente nas atividades relacionadas a DBA, nos moveremos para o próximo tópico.

Arquivos de controle

O arquivo de controle é um arquivo bastante pequeno (ele pode crescer até 64 MB ou algo assim, em casos extremos) que contém um diretório de outros arquivos que o Oracle precisa. O arquivo de parâmetro (arquivo init.ora) diz à cópia onde estão os arquivos de controle, os arquivos de controle dizem à cópia onde estão o banco de dados e os arquivos de refazer registro. Os arquivos de controle também dizem outras coisas ao Oracle, tais como informações sobre pontos de verificação que apareceram, o nome do banco de dados (que deve combinar com o parâmetro db_name init.ora), o carimbo de horário do banco de dados, como ele foi criado, um histórico de arquivo de refazer registro (isso pode tornar um arquivo de controle grande, em alguns casos) etc.

Os arquivos de controle devem ser multiplicados pelo hardware (RAID) ou pelo Oracle, quando o RAID ou o espelho não estiverem disponíveis — deve existir mais de uma cópia deles e seu armazenamento deve ser em discos separados, para evitar perda, no caso de você ter uma falha de disco. Não é fatal perder seus arquivos de controle, simplesmente torna a recuperação muito mais difícil.

Os arquivos de controle são algo com que um desenvolvedor provavelmente nunca terá que lidar. Eles são uma parte importante do banco de dados para o DBA, mas para um desenvolvedor de software não são extremamente relevantes.

Arquivos redo log

Arquivos redo log são cruciais para o banco de dados Oracle. Esses são os registros de transação do banco de dados, usados apenas com objetivos de recuperação — seu único objetivo na vida é serem usados no caso de uma falha de cópia ou meio ou como um método de manter uma prontidão de banco de dados em uma falha. Se acabar a energia em sua máquina de banco de dados, ocasionando um tipo de falha, o Oracle usará a energia dos redo logs para recuperar o sistema para exatamente o ponto em que ele estava, imediatamente antes do corte de energia. Se o seu drive de disco contendo seu arquivo de dados falhar permanentemente, o Oracle usará os redo logs arquivados, assim como os redo logs online, para recuperar uma cópia daquele drive para o ponto certo no tempo. Além disso, se 'acidentalmente' você soltar uma tabela ou remover informações críticas e comprometer aquela operação, é possível recuperar uma cópia e o Oracle recuperá-la no ponto imediatamente anterior ao 'acidente', usando esses arquivos redo log online ou arquivados.

Virtualmente, cada operação que você realiza em Oracle gera alguma quantidade de redo para ser escrito nos arquivos de redo log online. Quando você insere uma fileira em uma tabela, o resultado final daquela inserção é escrito nos redo logs. Ao apagar uma fileira, o fato de você ter apagado aquela fileira é escrito. Quando você solta uma tabela, os efeitos de soltar são escritos no redo log. Os dados da tabela que você soltou não são escritos, no entanto a SQL repetida que o Oracle realiza para soltar a tabela gera redo. Por exemplo, o Oracle irá apagar uma fileira de uma tabela SYS.OBJ$ e isso irá gerar redo.

Algumas operações podem ser realizadas em um modo que gera tão pouco redo quanto possível. Por exemplo, posso criar um índice com o atributo NOLOGGING. Isso significa que a criação inicial daquele índice não será registrada, mas qualquer SQL repetida que Oracle realizar em meu nome será. Por exemplo, a inserção de uma fileira em SYS.OBJ$, representando a existência do índice, não será registrada. Entretanto, todas as modificações subseqüentes do índice usando inserções, atualizações e remoções SQL serão registradas.

Há dois tipos de arquivos redo log a que me referi — online e arquivado. Veremos ambos. No Capítulo 5, iremos rever o redo em conjunto com o retorno de segmentos, para estudar qual o impacto que eles têm no desenvolvedor, você. Por ora, nos concentraremos apenas no que eles são e que objetivo propõem.

Online redo log

Cada banco de dados Oracle tem pelo menos dois arquivos online redo log. Esses arquivos de refazer registro online são fixos em tamanho e usados de maneira circular. O Oracle escreverá no arquivo de registro 1, e quando chegar ao fim desse arquivo trocará para o arquivo de registro 2, e reescreverá o conteúdo daquele arquivo do início ao fim. Quando tiver preenchido o arquivo de registro 2, trocará de volta para o arquivo de registro 1 (supondo que temos apenas dois arquivos de refazer registro; se você tiver três, claro que ele prosseguirá para o terceiro arquivo):

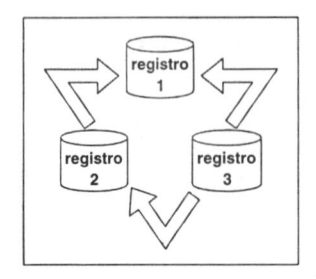

O ato de trocar de um arquivo de registro para outro é chamado de **log switch**. É importante notar que uma troca de registro pode ocasionar uma 'hesitação' temporária em um banco de dados pobremente sintonizado. Visto que os redo logs são usados para recuperar transações no caso de uma falha, precisamos nos assegurar que não precisaremos do conteúdo de um arquivo de refazer registro, no caso de uma falha, antes de reutilizá-lo. Se o Oracle não estiver certo de que não irá precisar do conteúdo de um arquivo de registro, ele interromperá momentaneamente as operações no banco de dados e garantirá que os dados 'protegidos' desse redo estejam em segurança no próprio disco. Quando isso estiver assegurado, retomará o processamento e o arquivo de refazer será reutilizado. O que começamos a falar aqui é um conceito chave de banco de dados — **checkpoint**. Para entender como são usados os arquivos online redo log, precisaremos saber sobre pontos de verificação, como o cache de buffer do banco de dados funciona e o que faz um processo chamado **Database Block Writer** (DBWn). O cache de buffer do banco de dados e o DBWn são cobertos em detalhes um pouco mais adiante, mas de qualquer forma nos adiantaremos um pouco, tocando neles agora.

O cache de buffer do banco de dados é onde são temporariamente armazenados os blocos de banco de dados. Essa é uma estrutura na SGA de Oracle. Os blocos são de leitura, armazenados nesse cache — esperamos que nos permitam não precisar reescrevê-los fisicamente mais tarde. O cache de buffer é, antes e acima de tudo, um dispositivo de sintonização de desempenho, ele só existe para tornar o muito lento processo de I/O físico parecer ser muito mais rápido do que é. Quando modificamos um bloco, atualizando uma fileira nele, essas modificações são feitas na memória, nos blocos no cache de buffer. Informações suficientes para refazer essa modificação são armazenadas no buffer de redo log, uma outra estrutura SGA de dados. Quando você COMMIT suas modificações, tornando-as permanentes, o Oracle não vai para todos os blocos que você modificou na SGA e os escreve em disco. Ao contrário, ele só escreve o conteúdo do buffer de redo log nos online redo logs. Desde que o bloco modificado esteja no cache de buffer e não no disco, precisamos do conteúdo daquele online redo log, para o caso do banco de dados falhar. Se imediatamente após termos comprometido a energia for interrompida, o cache de buffer do banco de dados será varrido.

Se isso acontecer, o único registro de nossa mudança estará naquele arquivo redo log. A partir do reinício do banco de dados, na verdade o Oracle repetirá a nossa transação, modificando novamente o bloco da mesma maneira que fizemos, e comprometendo-o para nós. Uma vez que o bloco modificado esteja armazenado e não escrito em disco, não poderemos reutilizar aquele arquivo redo log.

É onde entra DBWn. Ele é o processo de apoio de Oracle, responsável por fazer espaço no cache de buffer quando este está cheio e, mais importante, por desempenhar os **pontos de verificação**. Um ponto de verificação é a limpeza de blocos (modificados) do cache de buffer no disco. O Oracle faz isso ao fundo, para nós. Muitas coisas podem levar à ocorrência de um ponto de verificação, sendo o evento mais comum uma troca de redo log. Quando enchemos o arquivo de registro 1 e trocamos para o arquivo de registro 2, o Oracle inicia um ponto de verificação. Na hora desse ponto, DBWn inicia a limpeza do disco de todos os blocos sujos que são protegidos pelo arquivo de registro 1. Até que DBWn limpe todos esses blocos protegidos por aquele arquivo de registro, o Oracle não pode reutilizá-lo. Se ele tentar usá-lo antes de DBWn haver terminado seu ponto de verificação, obteremos uma mensagem como:

```
...
Thread 1 cannot allocate new log, sequence 66
Checkpoint not complete
    Current log# 2 seq# 65 mem# 0: C:\ORACLE\ORADATA\TKYTE816\REDO02.LOG
...
```

Em nosso registro de bancos de dados ALERT (o registro de alerta é um arquivo no servidor que contém mensagens informativas à respeito do servidor, como mensagens de encerramento e eventos excepcionais, como um ponto de verificação incompleto). Assim, quando essa mensagem aparece o processamento é suspenso no banco de dados, enquanto o DBWn termina apressadamente seu ponto de verificação. A esta altura, o Oracle desiste de todo o poder de processamento que poderia ter, em favor de DBWn, na esperança de que ele termine mais depressa.

Essa é uma mensagem que você nunca deseja ver em uma cópia de banco de dados bem sintonizado. Se você a vir, saberá que introduziu esperas artificiais, desnecessárias, aos seus usuários finais. Isso sempre pode ser evitado. O objetivo (e isso é para o DBA, não necessariamente para o desenvolvedor) é ter suficientes arquivos online redo log alocados, para que você nunca tente reutilizar um arquivo de registro antes do ponto de verificação iniciado por ele se completar. Se vir essa mensagem freqüentemente, significará que seu DBA não alocou suficiente online redo logs ao seu aplicativo, ou que DBWn precisa ser sintonizado para trabalhar com mais eficiência. Aplicativos diferentes irão gerar diferentes quantidades de redo log. Um sistema **DSS** (**D**ecision **S**upport **S**ystem) naturalmente irá gerar significativamente menos online redo log do que faria um sistema OLTP (processando transação). Um sistema que faz muita manipulação de imagem em **BLOBs** (**B**inary **L**arge **Ob**jects) no banco de dados pode gerar, radicalmente, mais redo do que uma simples ordem de entrada no sistema. Uma ordem de entrada no sistema com 100 usuários provavelmente irá gerar um décimo da quantidade de redo que 1.000 usuários gerariam. Não há tamanho 'certo' para os seus redo logs, embora você possa querer garantir que eles sejam grandes o bastante.

Há muitas coisas que você precisa levar em consideração ao ajustar ambos, o tamanho de e o número de online redo logs. Muitos deles estão fora do escopo deste livro em especial, mas listarei alguns deles para dar-lhe uma idéia:

- **Banco de dados em standby** — Se você estiver usando o recurso standby do banco de dados, através do qual os redo logs são enviados a uma outra máquina depois de serem preenchidos e aplicados a uma cópia de seu banco de dados, provavelmente irá querer muitos pequenos arquivos redo log. Isso ajudará a garantir que o standby de banco de dados nunca esteja longe do alcance de sincronização com o banco de dados principal.
- **Muitos usuários modificando os mesmos blocos** — Aqui você pode querer grandes arquivos redo log. Visto que cada um está modificando os mesmos blocos, gostaríamos de atualizá-los tantas vezes quanto possível antes de escrevê-los no disco. Cada troca de registro irá disparar um ponto de verificação, assim gostaríamos de trocar registros com menos freqüência. Entretanto, isso pode afetar seu tempo de recuperação.
- **Espaço de tempo para recuperação** — Se você precisa garantir que uma recuperação tome o mínimo de tempo possível, pode se inclinar para arquivos redo log menores, ainda que o ponto anterior seja real. Levará menos tempo para processar um ou dois arquivos redo log menores do que um gigantesco na recuperação. Esse sistema geral executará mais lentamente do que talvez pudesse fazer no dia-a-dia (devido ao excessivo ponto de verificação), mas a quantidade de tempo despendido na recuperação será menor. Existem outros parâmetros de banco de dados que também podem ser usados para reduzir esse tempo de recuperação, como uma alternativa ao uso de pequenos arquivos redo log.

Redo log arquivado

O banco de dados Oracle pode executar em um de dois modos — o modo NOARCHIVELOG e o modo ARCHIVELOG. Acredito que um sistema não é um sistema de produção a menos que ele esteja no modo ARCHIVELOG. Um banco de dados que não está no modo ARCHIVELOG algum dia *perderá dados*. É inevitável, você perderá dados se não estiver no modo ARCHIVELOG. Só um sistema de teste ou de desenvolvimento deve executar no modo NOARCHIVELOG.

A diferença entre esses dois modos é simplesmente o que acontece em um arquivo redo log quando Oracle vai reutilizá-lo. 'Manteremos uma cópia daquele redo ou o Oracle deve apenas sobregravá-lo, perdendo-o para sempre?'. É uma pergunta importante a responder. A menos que você mantenha esse arquivo, não podemos recuperar os dados de uma cópia no tempo atual. Digamos que você faça uma cópia uma vez por semana, aos sábados. Agora, na sexta-feira à tarde, depois de haver gerado centenas de redo logs durante a semana, seu disco rígido falha. Se você não estivesse executando no modo ARCHIVELOG, as únicas escolhas que teria seriam:

- Soltar o(s) espaço(s) de tabela associado(s) ao disco que falhou. Qualquer espaço de tabela que tivesse um arquivo naquele disco precisa ser solto, incluindo o conteúdo daquele espaço de tabela. Se o espaço de tabela SYSTEM (o dicionário de dados do Oracle) for afetado, você não pode fazer isso.
- Recuperar os dados do último sábado e perder todo o trabalho feito naquela semana.

Nenhuma das opções é muito atraente. Ambas implicam em perda de dados. Se tivesse executado no modo ARCHIVELOG, por outro lado, você simplesmente teria encontrado um outro disco. Teria recuperado nele os arquivos afetados da cópia do Sábado. Por fim, teria aplicado neles os redo logs arquivados e depois os online redo logs (no efeito de reproduzir as semanas de trabalho de transações no modo de encaminhamento rápido). Você não perde nada. Os dados são recuperados no ponto da falha.

Com freqüência, as pessoas me dizem que não precisam do modo ARCHIVELOG em seus sistemas de produção. Ainda preciso encontrar alguém que esteja certo em tal declaração. A menos que estejam dispostos a, um dia, perder dados, eles precisam estar no modo ARCHIVELOG. 'Estamos usando RAID-5, estamos totalmente protegidos', é uma desculpa comum. Tenho visto casos, devido a um erro de fabricação, onde todos os cinco discos em um raid ficam congelados, todos ao mesmo tempo. Tenho visto casos onde o controlador de hardware introduziu corrupção nos arquivos de dados, para que eles possam ser protegidos com segurança contra dados corrompidos. Se tivéssemos as cópias de antes da falha de hardware e os arquivos não fossem afetados, poderíamos ter recuperado. A questão é que não há desculpa por não estar no modo ARCHIVELOG em um sistema onde os dados são de algum valor. O desempenho não é desculpa — o arquivamento adequadamente configurado acrescenta pouco código extra. Isso e o fato de que um 'sistema rápido' que 'perde dados' é inútil, seria de tal forma que mesmo que o arquivamento acrescentasse 100 por cento de código extra, você precisaria fazê-lo.

Não permita que ninguém o tire fora do modo ARCHIVELOG. Você perde um longo tempo desenvolvendo o seu aplicativo, portanto deseja que as pessoas confiem nele. Perder seus dados não lhes dará confiança.

Envolvimento de arquivos

Aqui, exploramos os tipos importantes de arquivos usados pelo banco de dados Oracle, dos arquivos de parâmetros mais baixos (sem os quais você nem mesmo seria capaz de iniciar) aos importantes arquivos redo log e de dados. Exploramos as estruturas de armazenagem de Oracle, de espaços de tabela a segmentos e extensões e, finalmente, até os blocos de banco de dados, a menor unidade de armazenagem. Revimos como funcionam os pontos de verificação no banco de dados e até começamos a olhar antecipadamente alguns dos processos físicos ou seqüências que o Oracle faz. Nos últimos componentes deste capítulo, veremos em mais profundidade esses processos e estruturas de memória.

As estruturas de memória

Agora estamos prontos para ver as principais estruturas de memória do Oracle. Existem três principais a serem consideradas:

- **SGA, System Global Area** — Esse é um grande segmento de memória compartilhada que, virtualmente, todos os processos Oracle acessarão, em alguma ocasião.
- **PGA, Process Global Area** — Essa é memória, privada a um único processo ou seqüência, não é acessível a partir de outros processos/seqüências.
- **UGA, User Global Area** — Essa é a memória associada à sua sessão. Ela será encontrada em SGA ou em PGA, dependendo de você estar executando no modo MTS (então ela estará em SGA) ou servidor dedicado (então estará em PGA).

Discutiremos rapidamente PGA e UGA e depois nos moveremos para a estrutura realmente grande, SGA.

PGA e UGA

Conforme já declarado, PGA é uma peça de processo de memória. Essa memória é específica de um único processo ou seqüência de um sistema operacional. Essa memória não é acessível a qualquer outro processo/seqüência no sistema. Tipicamente, ela é alocada através da chamada de tempo de execução C, malloc( ) e pode crescer (e até diminuir) no tempo de execução. PGA nunca é alocada fora de SGA do Oracle — é sempre alocada localmente pelo processo ou seqüência.

Nesse aspecto, UGA é a posição de sua sessão. Ela é a memória que a sua sessão precisa sempre ser capaz de obter. A localização da UGA é totalmente dependente de como o Oracle foi configurado para aceitar conexões. Se você tiver configurado MTS, a UGA precisa ser armazenada em uma estrutura de memória que qualquer um possa acessar — e aquela seria a SGA. Dessa maneira, sua sessão pode usar qualquer um dos servidores compartilhados, visto que qualquer um deles pode ler e escrever seus dados de sessão. Por outro lado, se você estiver usando uma conexão de servidor dedicado, essa necessidade de acesso universal para a posição de sua sessão acaba, e a UGA torna-se, virtualmente, sinônimo de PGA — de fato, ela será contida em PGA. Quando você olhar as estatísticas de sistema, verá que UGA se reportou a PGA no modo de servidor dedicado (PGA será maior do que, ou igual à memória UGA usada; o tamanho de memória PGA incluirá também a UGA).

Um dos maiores impactos no tamanho de sua PGA/UGA será o init.ora ou os parâmetros em termos de sessão, SORT_AREA_SIZE e SORT_AREA_RETAINED_SIZE. Esses dois parâmetros controlam a quantidade de espaço que o Oracle usará para classificar os dados antes de escrevê-los em disco e quanto daquele segmento de memória será retido depois que a classificação for feita. O SORT_AREA_SIZE normalmente é alocado fora de sua PGA e SORT_AREA_RETAINED_SIZE estará em sua UGA. Podemos monitorar o tamanho de UGA/PGA consultando uma tabela V$ Oracle especial, também referida como uma tabela de desempenho dinâmico. Encontraremos mais sobre essas tabelas V$ no Capítulo 16. Usando essas tabelas podemos encontrar nossa memória PGA e UGA de uso atual. Por exemplo, executarei um pequeno teste que chamará muita classificação de dados. Veremos o primeiro par de fileiras e depois descartaremos o conjunto de resultados. Podemos ver o 'antes' e o 'depois' de uso de memória:

```
tkyte@TKYTE816> select a.name, b.value
  2     from v$statname a, v$mystat b
  3     where a.statistic# = b.statistic#
  4     and a.name like '%ga %'
  5     /
```

```
NAME                              VALUE
-----                             -----
session uga memory                67532
session uga memory max            71972
session pga memory                144688
session pga memory max            144688

4 rows selected.
```

Assim, antes de começar, podemos ver que temos cerca de 70 KB de dados na UGA e 140 KB de dados na PGA. A primeira pergunta é, quanta memória você está usando entre PGA e UGA? É uma pergunta ardilosa, e uma que você não pode responder a menos que saiba que estamos conectados através de um servidor dedicado ou de um servidor compartilhado em MTS, e ainda assim seria difícil descobrir. No modo de servidor dedicado, a UGA está totalmente contida dentro de PGA. Lá, estaríamos consumindo 140 KB de memória em nosso processo ou seqüência. No modo MTS, a UGA está localizada a partir de SGA, e a PGA está no servidor compartilhado. Portanto, no modo MTS, quando chegarmos à última fileira da consulta acima, nosso processo pode estar sendo usado por alguém mais. Aquela PGA não é 'nossa' e assim, tecnicamente, estamos usando 70 KB de memória (exceto quando na verdade estamos executando a consulta, em cujo ponto estamos usando 210 KB de memória entre o combinado PGA e UGA).

Agora faremos um pouco de trabalho e veremos o que acontece com nossa PGA/UGA:

```
tkyte@TKYTE816> show parameter sort_area

NAME                         TYPE      VALUE
----                         ----      -----
sort_area_retained_size      integer   65536
sort_area_size               integer   65536

tkyte@TKYTE816> set pagesize 10
tkyte@TKYTE816> set pause on
tkyte@TKYTE816> select * from all_objects order by 1, 2, 3, 4;

...(control C after first page of data) ...

tkyte@TKYTE816> set pause off

tkyte@TKYTE816> select a.name, b.value
    2        from v$statname a, v$mystat b
    3        where a.statistic# = b.statistic#
    4        and a.name like '%ga %'
    5        /

NAME                              VALUE
-----                             -----
session uga memory                67524
session uga memory max            174968
session pga memory                291336
session pga memory max            291336

4 rows selected.
```

Como se pode ver, nosso uso de memória subiu — fizemos alguma classificação de dados. Temporariamente nossa UGA aumentou em cerca do tamanho de SORT_AREA_RETAINED_SIZE enquanto nossa PGA aumentou um pouco mais. Para fazer a consulta e a classificação (e assim por diante), o Oracle alocou algumas estruturas adicionais, que a nossa sessão manterá em outras consultas. Agora, vamos tentar de novo aquela operação, alterando o tamanho de nosso SORT_AREA:

```
tkyte@TKYTE816> alter session set sort_area_size=1000000;

Session altered.

tkyte@TKYTE816> select a.name, b.value
    2        from v$statname a, v$mystat b
```

```
    3    where a.statistic# = b.statistic#
    4    and a.name like '%ga %'
    5    /

NAME                              NAME
------------------------------    ------
session uga memory                 63288
session uga memory max            174968
session pga memory                291336
session pga memory max            291336

4 rows selected.

tkyte@TKYTE816> show parameter sort_area

NAME                              TYPE      VALUE
------------------------------    -------   -------
sort_area_retained_size           integer   65536
sort_area_size                    integer   1000000

tkyte@TKYTE816> select * from all_objects order by 1, 2, 3, 4;

...(control C after first page of data) ...

tkyte@TKYTE816> set pause off

tkyte@TKYTE816> select a.name, b.value
    2    from v$statname a, v$mystat b
    3    where a.statistic# = b.statistic#
    4    and a.name like '%ga %'
    5    /

NAME                              VALUE
------------------------------    -------
session uga memory                 67528
session uga memory max            174968
session pga memory               1307580
session pga memory max           1307580

4 rows selected.
```

Como você pode ver, dessa vez nossa PGA cresceu consideravelmente. Por volta dos 1 000 000 de bytes de SORT_AREA_SIZE que estamos usando. É interessante notar que a UGA não se moveu de forma alguma nesse caso. Podemos mudar isso, alterando o SORT_AREA_RETAINED_SIZE, como a seguir:

```
tkyte@TKYTE816> alter session set sort_area_retained_size=1000000;
Session altered.

tkyte@TKYTE816> select a.name, b.value
    2    from v$statname a, v$mystat b
    3    where a.statistic# = b.statistic#
    4    and a.name like '%ga %'
    5    /

NAME                              VALUE
------------------------------    -------
session uga memory                 63288
session uga memory max            174968
session pga memory               1307580
session pga memory max           1307580
```

```
4 rows selected.

tkyte@TKYTE816> show parameter sort_area

NAME                                 TYPE     VALUE
------------------------------------ -------- --------
sort_area_retained_size              integer  1000000
sort_area_size                       integer  1000000

tkyte@TKYTE816> select * from all_objects order by 1, 2, 3, 4;

...(control C after first page of data) ...

tkyte@TKYTE816> select a.name, b.value
    2   from v$statname a, v$mystat b
    3   where a.statistic# = b.statistic#
    4   and a.name like '%ga %'
    5   /

NAME                                      VALUE
---------------------------------------   -------
session uga memory                          66344
session uga memory max                    1086120
session pga memory                        1469192
session pga memory max                    1469192

4 rows selected.
```

Aqui, vimos que nossa memória UGA máxima subiu muito — na verdade, para incluir a quantidade de dados SORT_AREA_RETAINED_SIZE. Durante o processamento de nossa consulta, tivemos 1 MB de dados classificados 'no cache de memória'. O restante dos dados estava no disco, em algum lugar de um segmento temporário. Depois de completada a execução de nossa consulta, essa memória foi devolvida para uso em algum lugar. Observe como a memória PGA não diminui de volta. Isso deve ser esperado, pois a PGA é gerenciada como um acúmulo e é criada através de malloc() na memória. Alguns processos dentro de Oracle liberarão, explicitamente, a memória PGA — outros permitirão que ela permaneça no acúmulo (tipo de espaço que por exemplo fica no acúmulo). A diminuição do acúmulo como esse, tipicamente nada faz (os processos tendem a crescer em tamanho, não diminuir). Como a UGA é um 'sub-acúmulo' (o acúmulo 'pai' sendo PGA ou SGA) ela é feita para diminuir. Se quiséssemos, poderíamos forçar PGA a diminuir:

```
tjyte@TKYTE816> exec dbms_session.free_unused_user_memory;

PL/SQL procedure successfully completed.

tkyte@TKYTE816> select a.name, b.value
    2   from v$statname a, v$mystat b
    3   where a.statistic# = b.statistic#
    4   and a.name like '%ga %'
    5   /

NAME                                      VALUE
---------------------------------------   -------
session uga memory                          73748
session uga memory max                    1086120
session pga memory                         183360
session pga memory max                    1469192
```

Entretanto, você deve estar ciente de que na maioria dos sistemas isso é algo como uma perda de tempo. É possível ter uma diminuição de tamanho do acúmulo PGA no que se refere ao Oracle, mas, realmente, você nunca tem qualquer memória de OS de volta, na maioria dos casos. Na verdade, dependendo do método de gerenciamento de memória do OS, você pode estar usando mais memória no total, de acordo com o OS. Tudo dependerá de como malloc( ), free( ), realloc( ), brk( ) e sbrk( ) (as rotinas de gerenciamento de memória C) são implementadas em sua plataforma.

Assim, vimos aqui as duas estruturas de memória, PGA e UGA. Entendemos agora que PGA é privado a um processo. É o conjunto de variáveis que um servidor Oracle dedicado ou compartilhado precisa ter, independente de uma sessão. A PGA é um 'acúmulo' de memória, onde outras estruturas podem ser alocadas. A UGA, por outro lado, também é um acúmulo de memória, onde as várias estruturas específicas de sessão podem ser definidas. A UGA é alocada a partir de PGA quando você usa o modo de servidor dedicado para se conectar com Oracle, e a partir de SGA no modo MTS. Isso implica que, quando usando MTS, você precisa dimensionar sua SGA para ter espaço UGA suficiente para reunir qualquer possível usuários que se conecte com seu banco de dados consecutivamente. Assim, a SGA de um banco de dados executando MTS geralmente é muito maior do que a SGA de um banco de dados, configurado da mesma forma, apenas no modo de servidor dedicado.

SGA

Cada cópia de Oracle tem uma grande estrutura de memória, coletivamente referenciada como a **SGA**, a **S**ystem **G**lobal **A**rea. Essa é uma grande estrutura de memória compartilhada que cada processo Oracle acessará em alguma ocasião. Ela poderá variar de um par de MBs, em pequenos sistemas de teste, a centenas de MBs, em sistemas de médio a grande, e em muitos GBs de tamanho em sistemas realmente grandes.

Em um sistema operacional UNIX, a SGA é uma entidade física que você pode 'ver' a partir da linha de comando do sistema operacional. Ela é fisicamente implementada como um segmento de memória compartilhada — uma peça individual de memória aos quais os processos podem se anexar. É possível ter uma SGA em um sistema sem precisar ter qualquer dos processos Oracle; a memória se mantém sozinha. Entretanto, deve-se observar que se você tem uma SGA sem quaisquer processos Oracle, é sinal que o banco de dados quebrou de alguma forma. Não é uma situação normal, mas pode acontecer. É assim que uma SGA 'se parece' em UNIX:

```
$ ipcs -mb
IPC status from <running system> as of Mon Feb 19 14:48:26 EST 2001
T          ID          KEY         MODE        OWNER       GROUP  SEGSZ
Shared Memory:
m          105         0xf223dfc8  -rw-r-----  ora816      dba    186802176
```

No Windows, realmente não é possível ver a SGA como é no UNIX. Já que o Oracle executa como um único processo com um único espaço de endereço naquela plataforma, a SGA é alocada como memória privada ao processo ORACLE.EXE. Se você usar o Windows Task Manager ou alguma outra ferramenta de desempenho, poderá ver quanto mais memória ORACLE.EXE alocou, mas não o que é a SGA versus qualquer outra peça de memória alocada.

Dentro do próprio Oracle, podemos ver a SGA independente de plataforma. Há uma outra tabela V$ mágica, chamada V$SGASTAT. Ela pode se parecer com isto:

```
tkyte@TKYTE816> compute sum of bytes on pool
tkyte@TKYTE816> break on pool skip 1
tkyte@TKYTE816> select pool, name, bytes
  2    from v$sgastat
  3    order by pool, name;

POOL          NAME                          BYTES
-----         -----------------             ------
java pool     free memory                   18366464
              memory in use                 2605056
*********                                   ------
sum           20971520

large pool    free memory                   6079520
              session heap                  64480
*********                                   ------
sum                                         6144000
```

```
shared pool      Checkpoint queue                73764
                 KGFF heap                        5900
                 KGK heap                        17556
                 KQLS heap                      554560
                 PL/SQL DIANA                   364292
                 PL/SQL MPCODE                  138396
                 PLS non-lib hp                   2096
                 SYSTEM PARAMETERS               61856
                 State objects                  125464
                 VIRTUAL CIRCUITS                97752
                 character set object            58936
                 db_block_buffers               408000
                 db_clock_hash_buckets          179128
                 db_files                       370988
                 dictionary cache               319604
                 distributed_transactions-      180152
                 dlo fib struct                  40980
                 enqueue_resources               94176
                 event statistics per sess      201600
                 file # translation table        65572
                 fixed allocation callback         320
                 free memory                   9973964
                 joxlod: in ehe                  52556
                 joxlod: in phe                   4144
                 joxs heap init                    356
                 library cache                 1403012
                 message pool freequeue         231152
                 miscellaneous                  562744
                 processes                       40000
                 sessions                       127920
                 sql area                      2115092
                 table columns                   19812
                 transaction_branches           368000
                 transactions                    58872
                 trigger defini                   2792
                 trigger inform                    520
* * * * * * * * *- - - - - - -
sum              18322028

                 db_block_buffers             24576000
                 fixed_sga                       70924
                 log_buffer                      66560
* * * * * * * * *                            - - - - - -
sum              24713484

43 rows selected.
```

A SGA está partida em várias **combinações**. São elas:

- **Combinação Java** — A combinação Java é uma quantidade fixa de memória alocada para o JVM executando no banco de dados.
- **Combinação grande** — A combinação grande é usada pelo MTS em memória de sessão, pela Parallel Execution (execução paralela) de buffers de mensagem, e pela cópia RMAN em buffers de disco I/O.
- **Combinação compartilhada** — A combinação compartilhada contém cursores compartilhados, procedimentos armazenados, objetos de posição, caches de dicionário e muitas dúzias de outros bits de dados.

❏ **A combinação 'Null'** — Essa realmente não tem um nome. Ela é a memória dedicada para bloquear buffers (blocos de banco de dados armazenados), o buffer de redo log e uma área 'SGA fixa'.

Assim, uma SGA pode se parecer com:

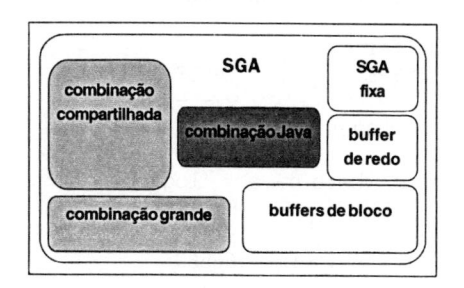

[Diagrama da SGA mostrando: combinação compartilhada, combinação Java, combinação grande, SGA fixa, buffer de redo, buffers de bloco]

Os parâmetros init.ora que têm mais efeito no tamanho total da SGA são:
❏ JAVA_POOL_SIZE — controla o tamanho da combinação Java.
❏ SHARED_POOL_SIZE — controla o tamanho da combinação compartilhada, em certo ponto.
❏ LARGE_POOL_SIZE — controla o tamanho da grande combinação.
❏ DB_BLOCK_BUFFERS — controla o tamanho do cache de buffer de bloco.
❏ LOG_BUFFER — controla o tamanho do buffer de redo, em certo ponto.

Com exceção de SHARED_POOL_SIZE e LOG_BUFFER, há uma correspondência um-para-um entre os parâmetros init-ora e a quantidade de memória alocada na SGA. Por exemplo, se você multiplicar DB_BLOCK_BUFFERS pelo tamanho de bloco de seu banco de dados, obterá o tamanho da fileira DB_BLOCK_BUFFERS da combinação NULL em V$SGASTAT (para engates, há o acréscimo de algum código extra). Se você olhar para a soma dos bytes de V$SGASTAT da grande combinação, essa será igual ao parâmetro LARGE_POOL_SIZE.

SGA fixa

A **SGA fixa** é um componente da SGA que varia em tamanho de plataforma para plataforma, e de lançamento para lançamento. Ele é 'compilado' no próprio binário Oracle por ocasião da instalação (daí o nome 'fixa'). A SGA fixa contém um conjunto de variáveis que indicam para outros componentes da SGA, e variáveis que contêm os valores de diversos parâmetros. O tamanho da SGA fixa é algo sobre o que não temos controle, e geralmente é muito pequeno. Pense nessa área como uma sessão de 'bootstrap' da SGA, algo que o Oracle usa internamente para encontrar os outros bits e peças da SGA.

Buffer de redo

O buffer redo é onde os dados que precisam ser escritos nos online redo logs serão temporariamente armazenados, antes de serem escritos em disco. Visto que uma transferência de memória para memória é muito mais rápida do que uma transferência de memória para disco, o uso do buffer de redo log pode apressar a operação do banco de dados. Os dados não ficarão no buffer de redo por um tempo muito longo. Na verdade, o conteúdo dessa área é fluido:
❏ A cada três segundos, ou
❏ Sempre que alguém comprometer, ou
❏ Quando ele obtém um terceiro cheio ou contém 1 MB de dados de redo log armazenados.

Por essas razões, ter um buffer de redo para muitas dezenas de MB em tamanho é apenas uma perda de memória boa. Para usar um cache de buffer de redo de 6 MB, você precisa ter muitas longas transações para executar, que gerem 2 MB de redo log a cada três segundos ou menos. Se em seu sistema alguém comprometer durante aquele período de tempo de três segundos, você nunca usará o espaço de 2 MB de redo log; ele estará sendo fluido continuamente. É muito raro um sistema que se beneficiará de um buffer de redo com mais de um par de megabytes de tamanho.

O tamanho padrão do buffer de redo, como controlado pelo parâmetro LOG_BUFFER init.ora, é o maior de 512 KB e (128 * número de CPUs) KB. O tamanho mínimo dessa área é quatro vezes o tamanho do bloco maior de banco de dados suportado naquela plataforma. Se você quiser descobrir qual é esse, apenas ajuste seu LOG_BUFFER para 1 byte e reinicie o banco de dados. Por exemplo, no meu Windows 2000 vejo:

```
SVRMGR> show parameter log_buffer
NAME                                 TYPE            VALUE
------------------------------       ------------    ----------------------
log_buffer                           integer         1

SVRMGR> select * from v$sgastat where name = 'log_buffer';
POOL              NAME              BYTES
-----------       -----------       ----------------------
                  log_buffer        66560
```

O menor buffer de registro que eu realmente posso ter, independente de meus ajustes init.ora vai ser 65 KB. Na verdade — é um pouco maior que isto:

```
tkyte@TKYTE816> select * from v$sga where name = 'Redo Buffers';

NAME                              VALUE
-----------------------------     ----------
Redo Buffers                      77824
```

Isso significa 76 KB em tamanho. Esse espaço extra está alocado como um dispositivo de proteção — como páginas 'de guarda' para proteger as próprias páginas de buffer de redo log.

Cache de buffer de bloco

Até agora, vimos componentes de SGA relativamente pequenos. Vamos olhar para um que possivelmente, é de tamanho enorme. O cache de buffer de bloco é onde o Oracle irá armazenar os blocos de banco de dados antes de escrevê-los em disco, depois de lê-los do disco. Para nós, essa é uma área crucial da SGA. Se a fizermos pequena demais, nossas consultas irão demorar a vida inteira para executar. Se a fizermos grande demais, prejudicaremos outros processos (por exemplo, não haverá espaço suficiente para um servidor dedicado criar a sua PGA e você nem mesmo terá iniciado).

Os blocos no cache de buffer basicamente são gerenciados em duas listas diferentes. Há uma lista 'suja' de blocos que precisam ser reescritos pelo escritor de bloco de banco de dados (DBWn — veremos tal processo um pouco mais adiante). Depois, há a lista de blocos 'não sujos'. Essa é usada para ser uma lista **LRU** (**L**east **R**ecently **U**sed) no Oracle 8.0 e anterior. Os blocos foram listados na ordem de uso. O algoritmo foi ligeiramente modificado no Oracle8i e nas versões posteriores. Em vez de manter a lista de blocos em alguma ordem física, o Oracle emprega um esquema de 'contagem de toque'. Na verdade, isso aumenta um contador associado ao bloco cada vez que você toca no cache. Podemos ver isso em uma das tabelas realmente mágicas, as tabelas X$. Essas tabelas X$ são totalmente não-documentadas por Oracle, mas as informações sobre elas vazam, de tempos em tempos.

A tabela X$BH mostra informações sobre os blocos no cache de buffer de bloco. Aqui, podemos ver a 'contagem de toque' sendo aumentada quando tocamos os blocos. Inicialmente, precisamos encontrar um bloco. Usaremos um na tabela DUAL, uma tabela especial com uma fileira e uma coluna, que é encontrada em todos os bancos de dados Oracle. Precisamos saber o número de arquivo e de bloco daquele bloco:

```
tkyte@TKYTE816> select file_id, block_id
  2  from dba_extents
  3  where segment_name = 'DUAL' and owner = 'SYS';

   FILE_ID    BLOCK_ID
----------  ----------
         1         465
```

Agora, podemos usar aquelas informações para ver a 'contagem de toque' daquele bloco:

```
sys@TKYTE816> select tch from x$bh where file# = 1 and dbablk = 465;

       TCH
----------
        10
```

```
sys@TKYTE816> select * from dual;

D
-
X

sys@TKYTE816> select tch from x$bh where file# = 1 and dbablk = 465;

       TCH
----------
        11

sys@TKYTE816> select * from dual;

D
-
X

sys@TKYTE816> select tch from x$bh where file# = 1 and dbablk = 465;

       TCH
----------
        12
```

Cada vez que toco aquele bloco, o contador aumenta. Um buffer não move mais para o cabeçalho da lista, como fazia, em vez disso ele permanece onde está na lista, com sua 'contagem de toque' aumentada. No entanto, os blocos tenderão a mover-se naturalmente na lista, com o tempo, pois eles são tirados da lista e colocados na lista suja (para serem escritos no disco por DBWn). Também, como são reutilizados, quando o cache de buffer estiver efetivamente cheio e algum bloco com uma pequena 'contagem de toque' for tirado da lista, ele será colocado aproximadamente no meio da lista com os novos dados. Todo o algoritmo usado para gerenciar essas listas é relativamente complexo, e têm sido feitas mudanças sutis de lançamento para lançamento de Oracle, no sentido de aperfeiçoamento. Os detalhes completos atuais não são relevantes para nós, como desenvolvedores, além do fato que blocos muito usados serão armazenados e outros, menos usados, não serão armazenados por muito tempo.

O cache de buffer de bloco, em versões anteriores a Oracle 8.0, era um grande cache de buffer. Cada bloco era armazenado junto a outro bloco — não havia como segmentar ou dividir o espaço no cache de buffer de bloco. O Oracle 8.0 acrescentou um recurso chamado de combinações de múltiplos buffers, para nos dar essa habilidade. Usando este recurso, podemos reservar determinada quantidade de espaço no cache de buffer de bloco para um segmento(s) específico(s) (segmentos, como você recorda, são índices, tabelas etc). Agora, podemos garantir um espaço, um buffer combinado, grande o bastante para conter nossas tabelas 'de busca' na memória, por exemplo. Quando o Oracle lê blocos a partir dessas tabelas, eles sempre são pegos nessa combinação especial. Eles só competirão por espaço com outros segmentos encaminhados para essa combinação. O resto dos segmentos no sistema competirá por espaço na combinação de buffer padrão. Isso aumentará a possibilidade deles ficarem no cache e não serem substituídos por outros blocos não relacionados. Uma combinação de buffer que é ajustada para armazenar blocos como esse é conhecido como combinação KEEP. Os blocos na combinação KEEP são gerenciados quase como os blocos no cache de buffer descrito acima — se você usar um buffer com freqüência, ele ficará armazenado. Se não tocar em um bloco por algum tempo e a combinação de buffer ficar sem espaço, tal bloco será substituído na combinação.

Também temos a habilidade de reservar um espaço para segmentos na combinação de buffer. Esse espaço é chamado de uma combinação RECYCLE. Aqui, a substituição de blocos é feita diferentemente da combinação KEEP. Na combinação KEEP, o objetivo é manter os blocos 'mornos' e 'quentes' armazenados tanto quanto possível. Na combinação de reciclagem, o objetivo é substituir um bloco assim que ele não for mais necessário. Isso é vantajoso em tabelas 'grandes' (lembre-se, grande é sempre relativo, pois não há tamanho absoluto que possamos colocar em 'grande') que são lidas de uma maneira muito aleatória. Se for grande a possibilidade de um bloco não ser relido em um período razoável de tempo, não há sentido em manter esse bloco armazenado por muito tempo. Portanto, em uma combinação RECYCLE, as coisas movem-se para dentro e para fora em uma base mais regular.

Assim, dando um passo adiante no diagrama da SGA, podemos rompê-lo em:

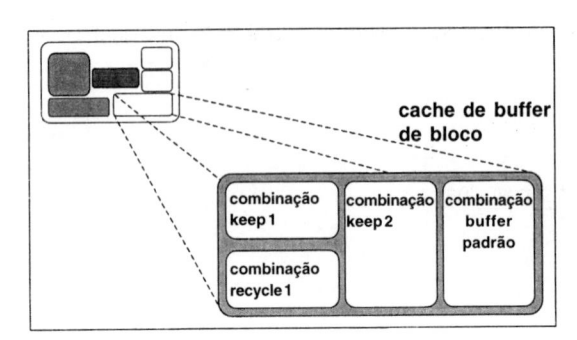

Combinação compartilhada

A combinação compartilhada é uma das peças mais críticas da memória na SGA, especialmente quanto ao desempenho e escalonamento. Uma combinação compartilhada que é pequena demais pode matar o desempenho no ponto em que o sistema parece flutuar. Uma combinação compartilhada que é grande demais pode fazer a mesma coisa. Uma combinação compartilhada que é incorretamente usada também será um desastre.

Então, o que é exatamente, uma combinação compartilhada? A combinação compartilhada é onde o Oracle armazena muitos bits de dados de 'programa'. Quando analisamos uma consulta, os resultados daquilo são armazenados aqui. Antes de prosseguir com o trabalho de analisar uma consulta inteira, o Oracle busca aqui para ver se o trabalho já foi feito. O código PL/SQL que você executa é armazenado aqui, portanto, da próxima vez que você executá-lo, o Oracle não precisará ler de novo, do disco. O código PL/SQL não é apenas armazenado aqui, ele também é compartilhado. Se você tiver 1.000 sessões, todas executando o mesmo código, apenas uma cópia do código será carregada e compartilhada entre todas as sessões. O Oracle armazena os parâmetros do sistema na combinação compartilhada. O cache de dicionário de dados, informações sobre objetos de banco de dados, são armazenadas aqui. Em resumo, tudo, exceto a pia da cozinha, é armazenado na combinação compartilhada.

A combinação compartilhada é caracterizada por muitos punhados pequenos (4 KB ou cerca disso) de memória. A memória na combinação compartilhada é gerenciada em uma base LRU. Em tal aspecto, ela é semelhante ao cache de buffer — se você não usá-la, irá perdê-la. É oferecido um pacote, DBMS_SHARED_POOL, que pode ser usado para mudar esse comportamento — para colocar forçadamente objetos na combinação compartilhada. É possível usar esse procedimento para carregar seus procedimentos e pacotes freqüentemente usados no banco de dados por ocasião da inicialização, e fazê-lo de tal modo que eles não ficam sujeitos a desatualização. Mas normalmente, se com o tempo uma parte de memória na combinação compartilhada não for reutilizada, ela se tornará sujeita à desatualização. Mesmo o código PL/SQL, que pode ser razoavelmente grande, é gerenciado no mecanismo de paginação, para que ao executar o código em um pacote muito grande, apenas o código que necessário seja carregado na combinação compartilhada, em pequenos punhados. Se você não usá-lo por um longo período de tempo, ele ficará desatualizado se a combinação compartilhada ficar cheia e for necessário espaço para outros objetos.

A maneira mais fácil de quebrar a combinação compartilhada de Oracle é não usar ligação de variáveis. Como vimos no Capítulo 1, não usar ligação de variáveis pode levar um sistema a se curvar por duas razões:

- O sistema gasta uma quantidade exorbitante de tempo de CPU analisando consultas.
- O sistema gasta uma quantidade extremamente grande de recursos gerenciando os objetos na combinação compartilhada, como resultado de nunca reutilizar consultas.

Se uma consulta submetida a Oracle é única, com os valores rigidamente codificados, o conceito da combinação compartilhada é substancialmente depreciado. A combinação compartilhada foi projetada para que planos de consulta fossem usados repetidamente. Se cada consulta for inteiramente nova, uma consulta nunca vista antes, armazenar só irá acrescentar código extra. A combinação compartilhada torna-se algo que *inibe o desempenho*. Uma técnica comum, mal orientada, que muitos tentam para solucionar esse aspecto, é acrescentar mais espaço à combinação compartilhada, mas isso só piora as coisas. Como inevitavelmente a combinação compartilhada é novamente preenchida, ocorre ainda *mais* sobrecarga do que na combinação compartilhada menor, pelo simples motivo de que gerenciar uma grande combinação totalmente compartilhada dá mais trabalho do que gerenciar uma combinação menor totalmente compartilhada.

A única solução verdadeira para esse problema é usar SQL compartilhada — reutilizar consultas. Mais adiante, no Capítulo 10, daremos uma olhada no parâmetro init.ora CURSOR_SHARING, que pode trabalhar como uma 'muleta' a curto prazo, nessa área, mas a única maneira verdadeira de resolver esse aspecto é usar, em primeiro lugar, SQL reutilizável. Mesmo no maior dos grandes sistemas, creio que existem pelo menos 10.000 a 20.000 declarações SQL individuais. A maioria dos sistemas só executa algumas centenas de consultas individuais.

O seguinte exemplo de mundo real demonstra apenas como as coisas podem ficar ruins se você usar pobremente a combinação compartilhada. Pediram-me para trabalhar em um sistema onde o procedimento padrão de operação era fechar o banco de dados a cada noite, para limpar a SGA, e reiniciá-lo limpo. O motivo para fazer isso era que o sistema passava por emissões durante o dia, estando assim totalmente ligado a CPU e, se o banco de dados ficasse executando por mais de um dia, o desempenho realmente iria começar a declinar. Isso devido a que, no período de tempo de 9 da manhã às 5 da tarde, eles preencheriam uma combinação compartilhada de 1GB dentro de uma SGA de 1.1 GB. Isso é verdade — 0.1 GB dedicado ao cache de buffer de bloco e outros elementos e 1 GB dedicado a armazenar consultas individuais que nunca mais seriam executadas. O motivo para o início frio era que, se eles deixassem o sistema executando por mais de um dia, ficariam sem memória na combinação compartilhada. Naquela altura, o código extra de estruturas desatualizadas (especialmente em uma estrutura tão grande) era tal que dominava o sistema, e o desempenho era esmagadoramente degradado (não que aquele desempenho fosse ótimo, de qualquer modo, visto que eles estavam gerenciando uma combinação compartilhada de 1 GB). Além disso, as pessoas trabalhando no sistema constantemente queriam acrescentar mais e mais CPUs à máquina, devido ao fato da dificuldade de analisar SQL ser tão intensa de CPU. Corrigindo o aplicativo, permitindo a ele usar ligação de variáveis, não apenas as exigências físicas da máquina caíram (eles tinham então muito mais vezes poder de CPU do que precisavam), como a utilização de memória foi invertida. Em vez de uma combinação compartilhada de 1 GB, eles tinham menos de 100 MB alocados — e nunca usaram tudo em muitas semanas de utilização contínua.

Um último comentário sobre a combinação compartilhada e o parâmetro init.ora, SHARED_POOL_SIZE. Não há relacionamento entre o resultado da consulta:

```
sys@TKYTE816> select sum(bytes) from v$sgastat where pool = 'shared pool';
SUM (BYTES)
-----------
18322028
1 row selected.
```

e o parâmetro SHARED_POOL_SIZE init.ora:

```
sys@TKYTE816> show parameter shared_pool_size
NAME                           TYPE     VALUE
------------------------------ -------- ---------------
shared_pool_size               string   15360000
SVRMGR>
```

além do fato que SUM (BYTES) FROM V$SGASTAT será sempre maior do que SHARED_POOL_SIZE. A combinação compartilhada contém muitas outras estruturas que estão fora do escopo do parâmetro init.ora correspondente. O SHARED_POOL_SIZE é o maior contribuinte da combinação compartilhada, conforme relatado por SUM (BYTES), mas não é o único contribuinte. Por exemplo, o parâmetro init.ora, CONTROL_FILES, contribui com 264 bytes por arquivo na seção 'miscellaneous' da combinação compartilhada. Infelizmente, aquela 'combinação compartilhada' em V$SGASTAT e o parâmetro init.ora SHARED_POOL_SIZE são nomeados como são, visto que o parâmetro init.ora contribui para o tamanho da combinação compartilhada, mas não é o *único* contribuinte.

Combinação grande

A combinação grande não é chamada assim porque é uma estrutura 'grande' (embora possa muito bem ser grande em tamanho). É chamada assim porque é usada para a alocação de grandes partes de memória, maiores do que a combinação compartilhada é destinada a lidar. Antes de sua introdução em Oracle 8.0, toda a alocação de memória ocorria na combinação compartilhada. Isso não era bom se você estivesse usando recursos que utilizavam 'grande' memória, alocações como MTS. Esse aspecto era mais confuso devido a que o processamento, que tendia a precisar de muita alocação de memória, usaria a memória de uma maneira diferente daquela em que a combinação compartilhada a administrava. A combinação compartilhada gerencia memória em uma base LRU, que é perfeita para armazenar e reutilizar dados. No entanto, grandes alocações de memória tendem a obter um punhado de memória, usá-la e depois acabar com ela — não há necessidade de armazenar essa memória.

O que o Oracle precisava era algo parecido com as combinações de buffer RECYCLE, implementadas para o cache de buffer de bloco. Isso é exatamente o que são agora a combinação grande e a combinação compartilhada. A combinação grande é um espaço de memória do estilo RECYCLE, enquanto que a combinação compartilhada é mais como a combinação de buffer KEEP — se as pessoas parecem estar usando algo com freqüência, você mantém isso armazenado.

A memória alocada na combinação grande é gerenciada em um acúmulo, muito da maneira com que C gerencia memória, através de malloc( ) e free( ). Assim que você 'libera' um punhado de memória, ela pode ser usada por outros processos. Na combinação compartilhada, realmente não há conceito de 'liberar' um punhado de memória. Você alocaria a memória, a usaria e pararia de usá-la. Depois de um certo tempo, se aquela memória precisasse ser reutilizada, o Oracle iria desatualizar o seu punhado de memória. O problema em usar apenas uma combinação compartilhada é que um tamanho nem sempre se ajusta a todos.

A combinação grande é usada especificamente por:

- **MTS** — para alocar a região UGA na SGA.
- **Execução paralela de declarações** — para capacitar a alocação de buffers de mensagem entre processos, usados para coordenar os servidores de consulta paralela.
- **Backup** — para buffers RMAN de disco de I/O.

Como se pode ver, nenhuma das alocações de memória acima deve ser gerenciada em uma combinação de buffer LRU, projetada para gerenciar pequenos punhados de memória. Por exemplo, com memória MTS, quando a sessão registra a saída, essa memória não será mais reutilizada, portanto deve ser imediatamente retornada à combinação. A memória MTS também tende a ser 'grande'. Se você revisar nossos exemplos anteriores, com o SORT_AREA_RETAINED_SIZE, a UGA pode ficar muito grande, e isso é definitivamente maior do que punhados de 4 KB. Colocar memória MTS na combinação compartilhada leva a fragmentá-la em partes desiguais de memória e, além do mais, você descobrirá que grandes partes de memória que nunca serão reutilizadas irão desatualizar a memória que poderia ser reutilizada. Isso força o banco de dados a fazer muito mais trabalho para remontar a estrutura daquela memória, mais tarde.

O mesmo se aplica a buffers de mensagem de consulta paralela. Quando eles tiverem entregue suas mensagens, não serão mais necessários. Buffers de backup ainda mais — eles são grandes, e quando o Oracle terminar de usá-los, devem simplesmente 'desaparecer'.

A combinação grande não é obrigatória ao usar MTS, mas é altamente recomendada. Se você não tiver uma combinação grande e usar MTS, a alocação vem da combinação compartilhada, como sempre acontecia no Oracle 7.3 e anterior. Definitivamente, isso leva à degradação de desempenho depois de algum tempo, e deve ser evitado. A combinação grande padronizará para algum tamanho se um dos dois parâmetros init.ora, DBWn_IO_SLAVES ou PARALLEL_AUTOMATIC_TUNING estiverem ajustados. É recomendado que você mesmo ajuste manualmente o tamanho da combinação grande. O mecanismo padrão, tipicamente, não é o valor apropriado para o seu caso.

Combinação Java

A combinação Java é a mais recente combinação no banco de dados Oracle 8i. Ela foi acrescentada na versão 8.1.5 para suportar a execução de Java no banco de dados. Se você codificar um procedimento armazenado em Java ou colocar um EJB (Enterprise Java Bean) no banco de dados, o Oracle usará esse punhado de memória ao processar aquele código. Uma sutileza anterior da combinação Java em Oracle 8.1.5 era que ela não aparecia no comando SHOW SGA e não era visível na vista V$SGASTAT. Na ocasião isso era particularmente confuso, visto que o parâmetro JAVA_POOL_SIZE init.ora que controla o tamanho dessa estrutura padroniza para 20 MB. Esse equívoco fazia as pessoas pensarem em porque suas SGA estavam ocupando 20 MB extra de RAM para o banco de dados.

Entretanto, com a versão 8.1.6, a combinação Java está visível na vista V$SGASTAT, bem como a variável de tamanho no comando SHOW SGA. O parâmetro init.ora JAVA_POOL_SIZE é usado para fixar a quantidade de memória alocada à combinação Java em todo código e dados Java específicos de sessão. No Oracle 8.1.5 esse parâmetro podia tomar valores de 1 MB a 1 GB. No Oracle 8.1.6 e versões posteriores, a faixa válida de valores é de 32 KB a 1 GB em tamanho. Isso é contrário à documentação, que ainda se refere ao mínimo antigo de 1 MB.

A combinação Java é usada de maneiras diferentes, dependendo do modo no qual o servidor Oracle esteja executando. No modo de servidor dedicado, a combinação Java inclui a parte compartilhada de cada classe Java, que de fato é usada por sessão. Essas são, basicamente, as partes apenas de leitura (execução de vetores, métodos e assim por diante) e são de cerca de 4 a 8 KB por classe.

Assim, no modo servidor dedicado (que provavelmente será o caso em aplicativos usando procedimentos armazenados puramente Java), o total de memória exigido para a combinação Java é bastante modesto e pode ser determinado com base na quantidade de classes Java que você estiver usando. Deve-se notar que nenhuma posição por sessão é armazenada na SGA no modo de servidor dedicado, pois essas informações são armazenadas na UGA e, como você deverá lembrar, a UGA no modo de servidor dedicado está incluída em PGA.

Ao executar no modo MTS, a combinação Java inclui:

- A parte compartilhada de cada classe Java e
- Algo de UGA usado para a posição por sessão de cada sessão, que é alocada a partir de java_pool dentro da SGA. O restante de UGA será localizado como normalmente na combinação compartilhada ou, se a combinação grande estiver configurada, será alocado ali.

Como o tamanho total da combinação Java é fixo, os desenvolvedores de aplicativo precisarão prever a exigência total de seus aplicativos e multiplicar isso pelo número de sessões repetidas que eles precisam suportar. Esse número ditará o tamanho geral da combinação Java. Cada UGA Java crescerá ou diminuirá conforme necessário, mas tenha em mente que a combinação precisa ser dimensionada de tal forma que todas as UGAs combinadas sejam capazes de caber nela ao mesmo tempo.

No modo MTS, que será o caso em aplicativos usando CORBA ou EJBs (conforme indicado no Capítulo 1), a combinação Java pode precisar ser bem grande. Em vez de ser uma função da quantidade de classes que você usa em seus aplicativos, ela será uma função da quantidade de usuários consecutivos. Exatamente como a combinação grande poderia tornar-se muito grande em MTS, a combinação Java também pode tornar-se muito grande.

Envoltório de estruturas de memória

Nesta seção, damos uma olhada na estrutura de memória Oracle. Começamos no processo e ao nível de sessão, vendo a PGA e a UGA e seu relacionamento. Vimos como o modo pelo qual você se conecta com o Oracle ditará como a memória é organizada. Uma conexão de servidor dedicado implica em mais memória usada no processo servidor do que em MTS, mas que MTS implica que haverá a necessidade de uma SGA significativamente maior. Depois, discutimos os componentes da própria SGA, vendo as suas seis principais estruturas. Descobrimos as diferenças entre a combinação compartilhada e vimos porque você pode querer uma combinação grande para 'salvar' sua combinação compartilhada. Cobrimos a combinação Java e como ela é usada sob diversas condições. Vimos o cache de buffer de bloco e como ele pode ser subdividido em combinações menores, mais focalizadas.

Agora, estamos prontos para nos mover para os processos físicos que formam o resto de uma cópia de Oracle.

Os processos

Chegamos à última parte do enigma. Investigamos o banco de dados e o conjunto de arquivos físicos que constituem um banco de dados. Cobrindo a memória usada por Oracle, vimos metade de uma cópia. O último aspecto de arquitetura restante é o conjunto de processos que constituem a outra metade da cópia. Alguns desses processos, como o escritor de bloco de banco de dados (DBWn) e o escritos de registro (LGWR), já foram vistos. Aqui, veremos mais de perto a função de cada um, o que eles fazem e porque o fazem. Quando falarmos de 'processo' ele será sinônimo de 'seqüência' nos sistemas operacionais onde o Oracle é implementado com seqüências. Assim, por exemplo, quando falamos sobre o processo DBWn o equivalente em Windows é a seqüência DBWn.

Existem três classes de processos em uma cópia de Oracle:

- **Processos de servidor** — Realizam o trabalho com base em uma solicitação do cliente. Já vimos os servidores dedicados e compartilhados, em certo grau. Esses são os processos de servidor.
- **Processos de suporte** — São os processos que inicializam com o banco de dados e realizam várias tarefas de manutenção, como escrever blocos em disco, manter o online redo log, limpar processos abortados e assim por diante.
- **Processos escravos** — São semelhantes aos processos de suporte, mas são processos que realizam trabalho extra em favor de um processo de suporte ou de servidor.

Veremos os processos em cada uma dessas três classes, para verificar como eles se ajustam no quadro.

Processos de servidor

Tocamos rapidamente nesses processos anteriormente nesta seção, quando discutimos os servidores dedicado e compartilhado. Iremos agora rever com mais detalhes os dois processos de servidor e suas arquiteturas.

Ambos os servidores, dedicado e compartilhado, têm o mesmo trabalho — processam toda a SQL que você lhes dá. Quando você submete uma consulta SELECT * FROM EMP ao banco de dados, é um servidor dedicado/compartilhado Oracle que irá analisar a consulta e colocá-la na combinação compartilhada (ou já encontrá-la na combinação compartilhada, se possível). É esse processo que surgirá com um plano de consulta. Esse é o processo que executará o plano de consulta, talvez encontrando os dados necessários no cache de buffer, ou lendo os dados do disco no cache de buffer. Esses processos de servidor são os processos 'cavalo de batalha'. Muitas vezes, você descobrirá que esses processos são os mais altos consumidores de tempo de CPU em seu sistema, pois é neles que você faz sua classificação, resumo, união — quase tudo.

No modo de servidor dedicado, haverá um mapeamento um-para-um entre uma sessão cliente e um processo de servidor (ou seqüência, conforme o caso). Se você tiver 100 sessões em uma máquina UNIX, haverá 100 processos executando em favor delas. Graficamente, ele se pareceria com isto:

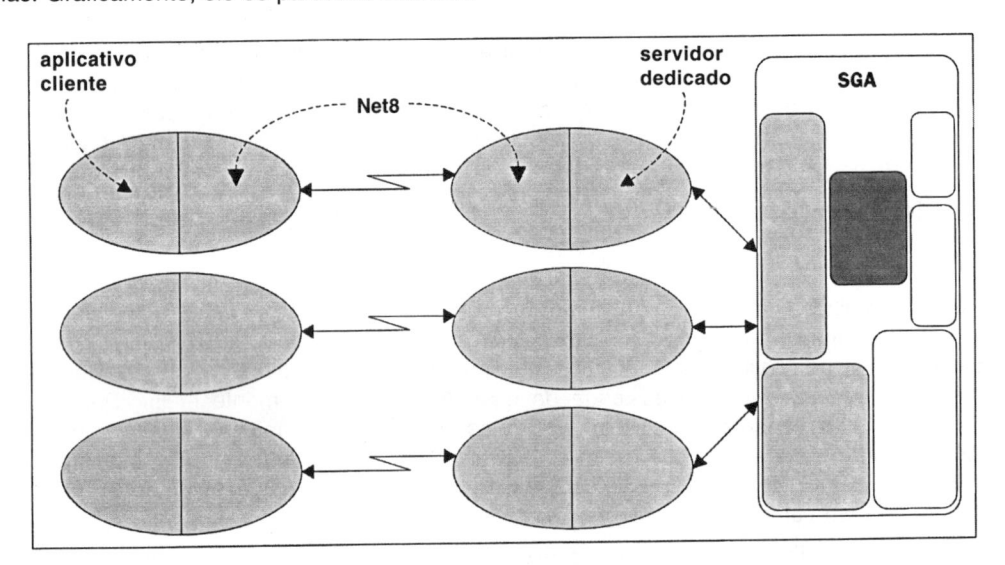

Seu aplicativo cliente terá as bibliotecas Oracle vinculadas a ele. Essas bibliotecas oferecem a **A**pplication **P**rogram **I**nterface (**API**) que você precisa para falar com o banco de dados. Essas APIs sabem como submeter uma consulta ao banco de dados e processar o cursor que é retornado. Sabem como agrupar suas solicitações em chamadas de rede que o servidor dedicado saberá como desagrupar. Essa parte do quadro é chamada de **Net8**. Esse é o trabalho de rede software/protocolo que o Oracle emprega para permitir ao cliente servidor processar (mesmo em uma arquitetura de n-camadas, há um programa de servidor cliente 'assistente'). O Oracle emprega essa mesma arquitetura ainda que o Net8 não esteja tecnicamente envolvido no quadro. Isto é, quando o cliente e o servidor estiverem na mesma máquina em que esse processo duplo (também conhecido como tarefa dupla) de arquitetura for empregado. Essa arquitetura oferece dois benefícios:

- **Execução remota** — É muito natural para o aplicativo cliente estar executando em uma máquina que não o próprio banco de dados.
- **Espaço de isolamento de endereço** — O processo de servidor tem acesso de leitura-escrita à SGA. Um indicador errante em um processo de cliente poderia corromper, facilmente, as estruturas de dados na SGA, se os processos de cliente e de servidor estivessem fisicamente vinculados.

Neste capítulo, já vimos como esses servidores dedicados são 'desovados', ou criados, pelo processo Oracle Net8 Listener. Não vamos cobrir novamente tal processo, mas em vez disso, daremos uma olhada rápida no que acontece quando o ouvidor não está envolvido. O mecanismo é como se ele estivesse com o ouvidor, mas em vez do ouvidor criar o servidor dedicado através de um fork( )/exec( ) em UNIX e uma chamada **IPC** (**I**nter **P**rocess **C**ommunication) no Windows, é o próprio processo de cliente que o cria. Isso pode ser claramente visto no UNIX:

```
ops$tkyte@ORA8I.WORLD> select a.spid dedicated_server,
  2                          b.process clientpid
  3                from v$process a, v$session b
  4                where a.addr = b.paddr
  5                and b.audsid = userenv('sessionid')
  6  /
DEDICATED       CLIENTPID
---------       ---------
   7055            7054

ops$tkyte@ORA8I.WORLD> !/bin/ps - lp 7055
 F  S   UID    PID   PPID  C  PRI  NI   ADDR      SZ    WCHAN      TTY   TIME    CMD
 8  S  30174  7055   7054  0   41  20  61ac4230  36815  639b1998    ?    0:00    oracle

ops$tkyte@ORA8I.WORLD> !/bin/ps =lp 7054
 F  S   UID    PID   PPID  C  PRI  NI   ADDR      SZ    WCHAN      TTY   TIME    CMD
 8  S  12997  7054   6783  0   51  20  63eece30   1087  63eecea0  pts/7  0:00    sqlplus
```

Aqui, usei uma consulta para descobrir o **Process ID** (PID) associado ao meu servidor dedicado (o SPID do V$PROCESS é o ID de processo do sistema operacional do processo que estava sendo usado durante a execução daquela consulta). Também, olhando para a coluna PROCESS em V$SESSION descobri o ID de processo do cliente acessando o banco de dados. Usando um simples comando ps, pude ver claramente que o PPID (**P**arent **P**rocess **ID**) de meu servidor dedicado é, de fato SQL*PLUS. Nesse caso, foi o SQL*PLUS que criou meu servidor dedicado, através dos comandos fork( )/exec( ).

Vejamos agora em mais detalhes o outro tipo de processo de servidor, o processo de servidor compartilhado. Esses tipos de conexões obrigam o uso de Net8, mesmo que o cliente e o servidor estejam na mesma máquina — não é possível usar MTS sem usar o ouvidor Net8. Conforme descrito anteriormente nesta seção, o aplicativo cliente se conectará com o ouvidor Net8 e será redirecionado para um expedidor. O expedidor agirá como condutor entre o aplicativo cliente e o processo de servidor compartilhado. A seguir está um diagrama da arquitetura de uma conexão de servidor compartilhado para o banco de dados:

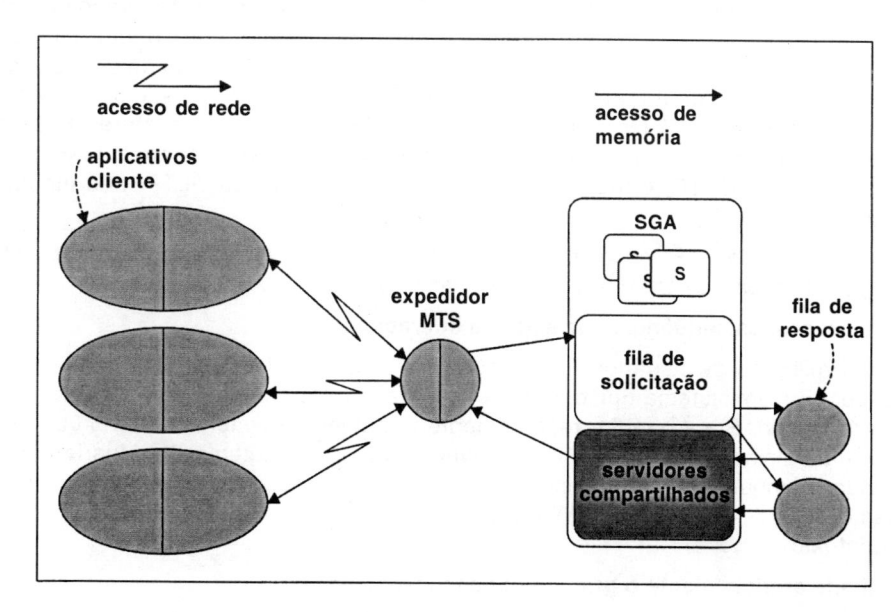

Aqui podemos ver que os aplicativos cliente, com as bibliotecas Oracle vinculadas, serão fisicamente conectados a um expedidor MTS. Podemos ter muitos expedidores MTS configurados para determinada cópia, mas não é incomum ter apenas um expedidor para muitas centenas, milhares de usuários. O expedidor simplesmente é responsável pela entrada de solicitações dos aplicativos cliente e por colocá-las na SGA em uma fila de solicitação. O primeiro processo de servidor compartilhado disponível, que basicamente é o mesmo que um processo de servidor dedicado, pegará a solicitação da fila e anexará a UGA da sessão associada (as caixas 'S' demonstradas no diagrama acima). O servidor compartilhado processará aquela solicitação e colocará qualquer saída dela na fila de resposta. O expedidor estará monitorando constantemente a fila de resposta, por resultados, e os transmitindo de volta ao aplicativo cliente. No que se refere ao cliente, realmente ele não pode dizer se está conectado através de um servidor dedicado ou uma conexão MTS — eles parecem iguais. Essa diferença só é clara no banco de dados.

Servidor dedicado versus servidor compartilhado

Antes de continuarmos com o restante dos processos, discutiremos porque existem dois modos de conexão, e quando um pode ser mais apropriado do que o outro. O modo de servidor dedicado é, de longe, o método mais comum de conexão ao banco de dados Oracle em todos os aplicativos baseados em SQL. Ele é mais fácil de inicializar e oferece a maneira mais fácil de estabelecer conexões. Exige de pouca a nenhuma configuração. A inicialização e configuração de MTS, ainda que não seja difícil, é uma etapa extra. A principal diferença entre os dois, no entanto, não está na sua inicialização. Está em seu modo de operação. Com o servidor dedicado, há um mapeamento um-para-um entre a sessão cliente e o processo de servidor. Com MTS há um relacionamento muito-para-um — muitos clientes para um servidor compartilhado. Ao usar um recurso compartilhado, você precisa ter cuidado em não monopolizá-lo por longos períodos de tempo. Como vimos no Capítulo 1, com o exemplo de EJB executando um procedimento armazenado de longa execução, monopolizar esse recurso pode levar a um sistema que parece estar flutuando. No quadro acima, tenho dois servidores compartilhados. Se eu tivesse três clientes e todos eles tentassem executar um processo de 45 segundos mais ou menos ao mesmo tempo, dois deles iriam obter suas respostas em 45 segundos; o terceiro iria obter a sua resposta em 90 segundos. Essa é a regra número um em MTS — assegure-se de que as suas transações tenham duração curta. Elas podem ser freqüentes, mas devem ser curtas (conforme caracterizado pelos sistemas OLTP). Se não forem, você obterá o que parece ser uma lentidão total de sistema, devido aos recursos compartilhados estarem sendo monopolizados por alguns processos. Em casos extremos, se todos os servidores compartilhados estiverem ocupados, o sistema parecerá flutuar.

Assim, MTS é altamente apropriado para um sistema OLTP caracterizado por transações curtas, freqüentes. Em um sistema OLTP as transações são executadas em milissegundos — nada demora mais que uma fração de um segundo. Por outro lado, o MTS é altamente inadequado para um armazém de dados. Aqui, você poderia executar uma consulta que demora um, dois, cinco ou mais minutos. Em MTS, isso seria mortal. Se você tiver um sistema que seja 90 por cento OLTP e 10 por cento 'não tão OLTP', pode misturar e combinar servidores dedicados e MTS na mesma cópia. Dessa forma, é possível reduzir dramaticamente a quantidade de processos na máquina para os usuários OLTP, e fazer com que os usuários 'não tão OLTP' não monopolizem os seus servidores compartilhados.

Assim, quais são os benefícios de MTS, tendo em mente que de alguma forma você precisa tomar cuidado com os tipos de transação que o permitem usá-lo? O MTS tem três coisas para nós, principalmente:

Reduz o número de processos/seqüências de sistema operacional:

Em um sistema com milhares de usuários, o OS pode tornar-se dominado rapidamente, tentando gerenciar milhares de processos. Em um sistema típico, apenas uma fração dos milhares de usuários é consecutivamente ativa em determinado tempo. Por exemplo, recentemente trabalhei em sistemas com 5.000 usuários consecutivos. Em determinada ocasião, pelo menos 50 estavam ativos. Esse sistema trabalharia eficazmente com 50 processos de servidor compartilhado, reduzindo o número de processos que o sistema operacional precisa gerenciar, em duas ordens de magnitude (100 vezes). Agora, o sistema operacional pode, em um algum grau, evitar a troca de contexto.

Permite que você limite artificialmente o grau de consecução:

Como uma pessoa que tem estado envolvida em muitos testes de bancada, os benefícios disso são óbvios para mim. Ao executar testes de bancadas, com freqüência as pessoas pedem para executar tantos usuários quanto possível, até que o sistema quebre. Uma das saídas desses testes de bancada é sempre um gráfico que mostra o número de usuários consecutivos contra o número de transações:

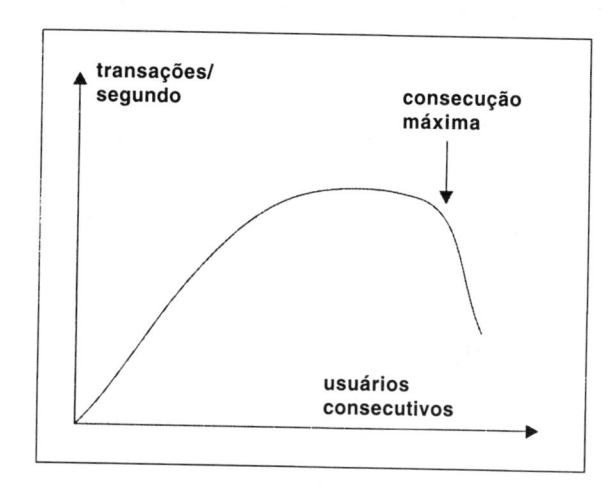

[Gráfico: eixo vertical "transações/segundo", eixo horizontal "usuários consecutivos", curva que sobe, atinge "consecução máxima" e depois cai]

Inicialmente, à medida que você acrescenta usuários consecutivos, o número de transações aumenta. Entretanto, em algum ponto, acrescentar usuários adicionais não aumenta o número de transações que você pode realizar por segundo — ele tende a ficar plano. A saída tinha empalidecido e agora o tempo de resposta começa a aumentar (estamos fazendo a mesma quantidade de TPS, mas os usuários finais estão vendo tempos de resposta mais lentos). À medida que você continuar acrescentando usuários descobrirá que a saída, na verdade, vai começar a diminuir. O contador de usuário consecutivo antes desse declínio é o grau máximo de consecução que você deseja permitir no sistema. Além desse ponto, o sistema está se tornando sobrecarregado e as filas estão se formando para fazer o trabalho. Muito como um exemplo de cabine de pedágio, o sistema não pode agüentar mais. Não apenas o tempo de resposta cresce dramaticamente a essa altura, mas a saída do sistema também cai. Se limitarmos a máxima consecução no ponto certo antes dessa queda, podemos manter a saída máxima e diminuir o aumento no tempo de resposta para a maioria dos usuários. O MTS nos permite limitar o grau máximo de consecução em nosso sistema a esse número.

Reduz a memória necessária no sistema:

Essa é uma das razões que mais atrai para usar MTS — ele reduz a quantidade de memória necessária. Faz isso, mas não tão significativamente quanto você poderia pensar. Lembre-se que, quando usamos MTS, a UGA está localizada na SGA. Isso significa que ao trocar para MTS você precisa ser capaz de determinar apuradamente suas necessidades de memória UGA pretendida, e alocar apropriadamente na SGA através de LARGE_POOL. Assim, as exigências de SGA para a configuração MTS são tipicamente maiores. Essa memória precisa ser pré-alocada, e assim só pode ser usada pelo banco de dados. Compare isso com o servidor dedicado, onde qualquer um pode usar qualquer memória não alocada a SGA. Portanto, se a SGA for muito maior devido à UGA estar alocada nela, de onde vem a economia de memória? Bem, de ter aquelas PGAs muito menores alocadas. Cada servidor dedicado/compartilhado tem uma PGA. Esse é o processo de informações. Ele está em áreas de classificação, em áreas de resíduo e em outras estruturas relativas a processo. É essa memória que você está removendo do sistema usando MTS. Se você for usar 5.000 servidores dedicados para 100 servidores compartilhados, são esses os tamanhos cumulativos das 4900 PGAs que você não precisa mais, que está economizando com MTS.

É claro que o motivo final para usar MTS é não ter escolha. Se você quiser falar com um EJB no banco de dados precisa usar MTS. Há muitos outros recursos de conexão avançados que exigem o uso de MTS. Se você quiser usar o link de banco de dados entre bancos de dados, por exemplo, precisa estar usando MTS para aquelas conexões.

Uma recomendação

A menos que o sistema esteja sobrecarregado ou que você precise usar MTS para um recurso específico, provavelmente um servidor dedicado o servirá melhor. Um servidor dedicado é simples de inicializar e torna mais fácil a sintonização. Existem determinadas operações que precisam ser feitas em um modo de servidor dedicado, e assim cada banco de dados terá ou ambos ou apenas uma inicialização de servidor dedicado.

Por outro lado, se você tiver uma comunidade de usuários muito grande e *souber* que você estará distribuindo com MTS, deve preferir *desenvolver e testar* com MTS. Aumentará sua possibilidade de falha se você desenvolver apenas sob o servidor dedicado e nunca testar no MTS. Esgote o sistema, teste-o, assegure-se de que o seu aplicativo está bem comportado sob MTS. Isto é, assegure-se de que ele não monopoliza servidores compartilhados por tempo demais. Se descobrir que ele faz isso durante o desenvolvimento, é muito mais fácil corrigir do que durante a distribuição. É possível usar recursos como as **A**dvanced **Q**ueues (**AQ**) para transformar um processo de execução longa em um aparentemente curto, mas é preciso fazer o *design* disso em seu aplicativo. Esse tipo de coisa é feito melhor quando você está desenvolvendo.

> *Se você já estiver usando um recurso de conexão combinada em seu aplicativo (por exemplo, se estiver usando a conexão combinada J2EE) e tiver dimensionado sua conexão combinada adequadamente, usar MTS será apenas um inibidor de desempenho. Você já dimensionou a sua conexão compartilhada para reunir a quantidade de conexões consecutivas que obterá em determinada ocasião — você deseja que cada uma dessas conexões seja uma conexão direta de servidor dedicado. Caso contrário, você terá apenas um recurso de conexão combinada se conectando com um outro recurso de conexão combinada.*

Processos de background

A cópia de Oracle é formada de duas coisas: a SGA e um conjunto de processos de suporte. Os processos de suporte fazem as tarefas mundanas de manutenção, para manter o banco de dados executando. Por exemplo, há um processo que mantém o cache de buffer de bloco para nós, escrevendo os blocos nos arquivos de dados, conforme necessário. Há um outro processo que é responsável por copiar um online redo log (refazer registro online) para um arquivo de destino quando ele está cheio. Há um outro processo responsável pela limpeza depois de processos abortados e assim por diante. Cada um desses processos se focaliza muito em seu trabalho, mas funciona em combinação com todos os outros. Por exemplo, quando o processo responsável por escrever nos arquivos de registro enche um registro e vai para o próximo, ele notificará o processo responsável por arquivar aquele arquivo de registro cheio, avisando que há trabalho a ser feito.

Existem duas classes de processos de suporte: os que têm um trabalho específico a ser feito (como acabamos de descrever) e aqueles que têm uma variedade de outros trabalhos. Por exemplo, há um processo de suporte para o trabalho de filas internas em Oracle. Esse processo monitora o trabalho de filas e executa o que estiver dentro delas. Em muitos aspectos, isso se parece com um processo de servidor dedicado, mas sem uma conexão de cliente. Agora, veremos cada um desses processos de suporte, começando com aqueles que têm um trabalho específico, indo depois para os processos de 'objetivos gerais'.

Processos de suporte específicos

O diagrama a seguir demonstra os processos de suporte de Oracle que têm um objetivo específico:

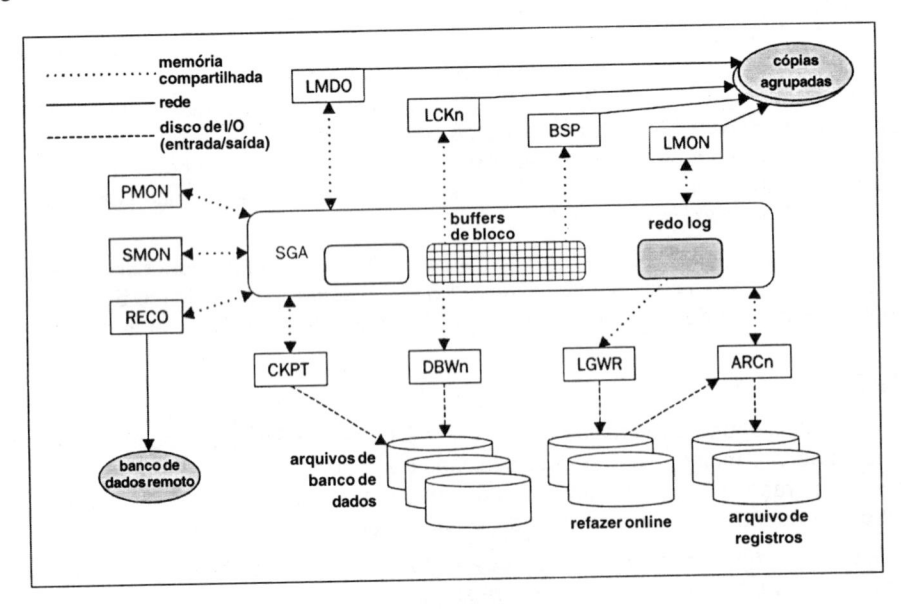

Você pode não ver todos esses processos quando inicia sua cópia, mas a maioria deles estará presente. Você só verá ARCn (o arquivador) se estiver em um Archive Log Mode (modo de registro de arquivamento) e tiver capacitado o arquivamento automático. Só verá os processos LMD0, LCKn, LMON e BSP (mais detalhes sobre esses processos adiante), se estiver executando Oracle Parallel Server (uma configuração de Oracle que capacita muitas cópias em diferentes máquinas em uma montagem agrupada) e abrir o mesmo banco de dados físico. Para clareza, estão faltando no quadro acima os processos do expedidor MTS (Dnnn) e do servidor compartilhado (Snnn). Como só os cobrimos em alguns detalhes, os deixei de fora para tornar o diagrama um pouco mais legível. A figura anterior demonstra o que você poderia 'ver' se tivesse iniciado uma cópia de Oracle e montado e aberto um banco de dados. Por exemplo, em meu sistema UNIX, depois de iniciar uma cópia, tenho os seguintes processos:

```
$ /bin/ps -aef | grep 'ora_.*_ora8i$'
   ora816 20642    1  0  Jan 17 ?    5:02  ora_arc0_ora8i
   ora816 20636    1  0  Jan 17 ?  265:44  ora_snp0_ora8i
   ora816 20628    1  0  Jan 17 ?   92:17  ora_lgwr_ora8i
   ora816 20626    1  0  Jan 17 ?    9:23  ora_dbw0_ora8i
   ora816 20638    1  0  Jan 17 ?    0:00  ora_s000_ora8i
   ora816 20634    1  0  Jan 17 ?    0:04  ora_reco_ora8i
   ora816 20630    1  0  Jan 17 ?    6:56  ora_ckpt_ora8i
   ora816 20632    1  0  Jan 17 ?  186:44  ora_smon_ora8i
   ora816 20640    1  0  Jan 17 ?    0:00  ora_d000_ora8i
   ora816 20624    1  0  Jan 17 ?    0:05  ora_pmon_ora8i
```

Eles correspondem aos processos demonstrados acima, com exceção do processo SNPn listado (que cobriremos em breve; ele não é um processo de suporte 'especializado'). É interessante observar as convenções de nomeação usadas por esses processos. O nome de processo começa com ora_. Ele é seguido por quatro caracteres, representando o nome atual do processo, depois por _ora8i. Quando isso acontece, o meu ORACLE_SID (identificador de site) é ora8i. No UNIX, isso facilita muito a identificação dos processos de suporte Oracle e sua associação a uma cópia em particular (no Windows, não há uma maneira fácil de fazer isso, pois os suportes são seqüências em um único processo, maior). O que talvez seja mais interessante, mas não prontamente claro a partir do acima, é que *todos eles têm realmente o mesmo binário exato*. Procure tanto quanto você quiser e não encontrará o binário executável arc0 em qualquer lugar do disco. Você não encontrará LGWR ou DBW0. Esses processos são realmente oracle (que é o nome do binário executável que é executado). Eles próprios são alias (nomes alternativos) a partir da inicialização, para facilitar a identificação de qual é o processo. Isso capacita muito o objeto código ser eficientemente compartilhado na plataforma UNIX. No Windows, isso não é tão interessante, pois eles são apenas seqüências dentro do processo — e assim, é claro que são um grande binário.

Vejamos agora as funções realizadas por cada processo.

PMON — o Process Monitor

Esse processo é responsável pela limpeza, depois de conexões anormalmente encerradas. Por exemplo, se o seu servidor dedicado 'falhar' ou for morto por algum motivo, PMON é o processo responsável por liberar seus recursos. PMON retornará o trabalho não comprometido, liberará os bloqueios e liberará os recursos SGA alocados ao processo falhado.

Além da limpeza depois de conexões abortadas, PMON é responsável por monitorar os outros processos de suporte de Oracle e reiniciá-los, se necessário (e se possível). Se um servidor compartilhado ou um expedidor falhar (quebrar), PMON assumirá e reiniciará um outro (depois de limpar o processo que falhou). PMON irá observar todos os processos Oracle e os reiniciará ou encerrará a cópia, conforme apropriado. Por exemplo, é apropriado reiniciar a cópia no caso do processo de escrever o registro de banco de dados LGWR( ) falhar. Esse é um sério erro e o caminho de ação mais seguro é encerrar imediatamente a cópia e deixar a recuperação normal corrigir os dados. Essa é uma ocorrência muito rara e deve ser relatada imediatamente ao suporte de Oracle.

A outra coisa que PMON faz para a cópia, no Oracle 8i, é registrá-la com o ouvidor Net8. Quando uma cópia inicializa, o processo PMON registra o endereço de porta bem conhecido (a menos que orientado em contrário) para ver se um ouvidor está ou não ativado e executando. A porta bem conhecida/padrão usada por Oracle é 1521. Agora, o que acontece se o ouvidor está iniciado em alguma porta diferente? Nesse caso, o mecanismo é o mesmo, exceto que o endereço do ouvidor precisa ser explicitamente mencionado no parâmetro init.ora através do ajuste LOCAL_LISTENER. Se o ouvidor tiver iniciado, PMON se comunica com o ouvidor e passa a ele parâmetros relevantes, tais como o nome de serviço.

SMON — o System Monitor

SMON é o processo que faz todos os serviços que ninguém mais quer fazer. Ele é uma espécie de 'coletor de lixo' do banco de dados. Alguns dos trabalhos pelos quais ele é responsável incluem:

- **Limpeza de espaço temporário** — Com o advento dos 'verdadeiros' espaços de tabela temporários, esse trabalho diminuiu, mas não desapareceu. Por exemplo, ao montar um índice, as extensões alocadas para o índice durante a criação são marcadas como TEMPORARY. Se por algum motivo a sessão CREATE INDEX for abortada, SMON é responsável por limpá-la. Existem outras operações que criam extensões temporárias, pelas quais SMON também é responsável.
- **Recuperação de quebra** — SMON é responsável por realizar a recuperação de quebra de uma cópia que tenha falhado, na reinicialização.
- **Fusão de espaço livre** — Se você estiver usando espaços de tabela gerenciados por dicionário, SMON é responsável por tomar extensões que estão livres em um espaço de tabela e contíguas, com relação umas às outras, e fundi-las em uma extensão livre 'maior'. Isso só acontece em espaço de tabela gerenciado por dicionário com uma cláusula de armazenagem padrão que tem pctincrease ajustada para um valor não zero.
- **Recuperação de transações ativas em arquivos indisponíveis** — Isso é semelhante à sua função durante a inicialização do banco de dados. Aqui, SMON recupera transações falhadas que foram puladas durante a recuperação de cópia/quebra devido a arquivo(s) não estar disponível(eis) para recuperação. Por exemplo, o arquivo pode ter estado em um disco que estava indisponível ou não montado. Quando o arquivo torna-se disponível, SMON irá recuperá-lo.
- **Recuperação de cópia de nó que falhou no OPS** — Em uma configuração de Oracle Parallel Server, quando um nó em um grupo cai (a máquina falha), algum outro nó na cópia abrirá aqueles arquivos de refazer registro do nó que falhou e fará uma recuperação de todos os dados daquele nó que falhou.
- **Limpeza de OBJ$** — OBJ$ é uma tabela de dicionário de dados de baixo nível que contém entrada para quase todos os objetos (tabela, índice, disparador, vista etc) no banco de dados. Há muitas ocasiões em que as entradas aqui representam objetos removidos ou objetos que representam objetos 'não lá', usados no mecanismo de dependência do Oracle. SMON é o processo que remove essas fileiras não mais necessárias.
- **Segmentos de retorno de diminuições** — SMON é o processo que realizará a diminuição automática de um segmento retornado ao seu tamanho ótimo, se ele for ajustado.
- **Segmentos de retorno de 'offlines'** (sinais de fora da linha) – — É possível para o DBA estar 'offline' ou indisponibilizar um segmento de retorno que tenha transações ativas. Pode ser possível que transações ativas estejam usando esse segmento de retorno fora da linha. Nesse caso, o retorno não está, de fato, fora da linha; ele está marcado como 'dependendo de fora da linha'. SMON tentará periodicamente 'de fato' colocá-lo fora da linha no suporte, enquanto puder.

Isso oferece um sabor do que SMON faz. Como evidenciado pela listagem ps dos processos que apresentei acima, SMON pode acumular muito de CPU com o tempo (a cópia de cujo ps foi tomada como uma cópia ativa que estava ativada por mais de um mês). Periodicamente, SMON acorda (ou é acordado por outros suportes) para fazer esses trabalhos domésticos.

RECO — Distributed Database Recovery

RECO tem um trabalho bem específico; ele recupera transações que são deixadas em uma posição preparada devido a uma quebra ou perda de conexão durante um comprometimento de fase dupla (2PC). Um 2PC é um protocolo distribuído que permite que uma modificação que afeta muitos bancos de dados dispersos seja atomicamente comprometido. Ele tenta fechar a janela para a falha distribuída tanto quanto possível antes do comprometimento. Em um 2PC entre *n* bancos de dados, um dos bancos de dados será (mas nem sempre) o coordenador, onde o cliente se registrou inicialmente. Esse site perguntará aos outros sites *n-1* se eles estão prontos para se comprometer. De fato, esse site irá para os sites *n-1* e pedirá que estejam preparados para se comprometer. Cada um dos sites *n-1* reporta de volta suas 'posições de preparados' como SIM ou NÃO. Se qualquer um dos sites escolher NÃO, toda a transação será retornada. Se todos os sites escolherem SIM, o coordenador do site exibirá uma mensagem para tornar o comprometimento permanente em cada um dos *n-1* sites.

Se depois de algumas escolhas SIM eles estiverem preparados para se comprometer, mas a rede falhar ou ocorrer algum outro erro antes de obterem a diretiva do coordenador para de fato comprometerem, a transação irá tornar-se uma **transação distribuída em dúvida**. O 2PC tenta limitar a janela de tempo onde isso pode acontecer, mas não pode removê-la. Se tivermos uma falha bem ali e agora, a transação se tornará responsabilidade de RECO. RECO tentará contatar o coordenador da transação para descobrir a sua saída. Até que ele tenha feito aquilo, a transação permanecerá em sua posição não comprometida. Quando o coordenador de transação puder ser novamente alcançado, RECO comprometerá a transação ou a retornará.

Deve-se notar que se o lapso de tempo persistir por um extenso período de tempo e você tiver algumas transações excepcionais, você mesmo pode comprometê-las/retorná-las manualmente. Você pode querer fazer isso, visto que uma transação distribuída em dúvida pode levar os **escritores a bloquear os leitores** — isso pode acontecer uma vez em Oracle. O seu DBA chamaria o DBA do outro banco de dados e pediria para consultar a posição daquelas transações em dúvida. Então, seu DBA pode comprometê-las ou retorná-las, aliviando REDO dessa tarefa.

CKPT—Checkpoint Process

O processo de ponto de verificação não faz um ponto de verificação, como o seu nome implica (isso é mais trabalho de DBWn). Ele simplesmente ajuda com o processo de verificação de ponto, atualizando os cabeçalhos de arquivo dos arquivos de dados. CKPT era um processo opcional, mas a partir da versão 8.0 do banco de dados ele é sempre iniciado assim; se você fizer um ps no UNIX, sempre o verá lá. O trabalho de atualizar os cabeçalhos dos arquivos de dados com as informações de ponto de verificação usadas, no entanto, pertencem ao LGWR (Log Writer); como através do tempo o número de arquivos aumentou junto com o tamanho de um banco de dados, essa tarefa adicional de LGWR torna-se muito mais um aborrecimento. Se LGWR tivesse que atualizar dezenas ou centenas, ou até milhares de arquivos, haveria uma boa chance das sessões esperando para comprometer essas transações terem que esperar tempo demais. CKPT tira essa responsabilidade de LGWR.

DBWn—Database Block Writer

O Database Block Writer (DBWn) é o processo de suporte responsável por escrever blocos sujos no disco. DBWn escreverá blocos sujos a partir do cache de buffer, normalmente de modo a fazer mais espaço no cache (para liberar os buffers para leituras de outros dados) ou para avançar um ponto de verificação (adiantar a posição em um arquivo online redo log do qual o Oracle teria que começar a ler, para recuperar a cópia, no caso de uma falha). Como já discutido, quando o Oracle troca arquivos de registro é designado um ponto de verificação. O Oracle precisa avançar para o ponto de verificação para que ele não precise mais do arquivo online redo log que acabou de preencher. Se ele não for capaz de fazer isso quando precisar reutilizar aquele arquivo de refazer registro, obteremos a mensagem 'ponto de verificação incompleto' e precisaremos aguardar.

Como se pode ver, o desempenho de DBWn pode ser crucial. Se ele não escrever os blocos depressa o bastante para liberar os buffers para nós, veremos que as esperas por FREE_BUFFER_WAITS e 'escrita completa aguarda' começam a crescer.

Podemos configurar mais de um DBWn, na verdade até dez (DBW0 ... DBW9). A maioria dos sistemas executa com um escritor de bloco de banco de dados, porém sistemas maiores, de múltiplas CPUs, podem usar mais de um. Se você configurar mais de um DBWn, assegure-se de aumentar também o parâmetro init.ora, DB_BLOCK_LRU_LATCHES. Isso controla o número de engates de lista LRU (agora chamada de **lista de toque** em 8i) — na verdade, se você quiser que cada DBWn tenha a sua própria lista. Se cada DBWn compartilhar da mesma lista de blocos para escrever em disco, eles acabarão disputando entre si para acessar essa lista.

Geralmente, o DBWn usa I/O assíncrona para escrever blocos em disco. Com I/O não assíncronas, DBWn reúne um lote de blocos a serem escritos e os dá ao sistema operacional. DBWn, na verdade, não espera que OS escreva os blocos, em vez disso, volta e coleta o próximo lote a ser escrito. Quando o OS completa as escritas, ele notifica assincronamente DBWn que completou a escrita. Isso permite ao DBWn trabalhar muito mais depressa do que se ele tivesse que fazer tudo em série. Mais adiante, na seção sobre *Processos escravos*, veremos como podemos usar escravos I/O para simular I/O assíncronas em plataformas ou configurações que não as suportem.

Eu gostaria de fazer um comentário final sobre DBWn. Quase que por definição, ele irá escrever blocos espalhados por todo o disco — o DBWn faz muitas escritas esparsas. Quando você fizer uma atualização, modificará blocos de índice que são armazenados aqui e lá, e também blocos de dados que são aleatoriamente distribuídos no disco. Por outro lado, LGWR faz muitas escritas seqüenciais no redo log. Essa é uma distinção importante e um dos motivos pelos quais o Oracle tem um redo log e um processo LGWR. Escritas esparsas são significativamente mais lentas do que escritas seqüenciais. Tendo o buffer SGA de blocos sujos e o LGWR para processar grandes escritas seqüenciais que podem recriar esses buffers sujos, conseguimos o aumento de desempenho. O fato é que DBWn faz o seu lento trabalho ao fundo, ao mesmo tempo em que LGWR faz o trabalho mais rápido enquanto o usuário aguarda, nos dando um melhor desempenho geral. Isso é verdade, ainda que o Oracle possa estar fazendo, tecnicamente, mais I/O do que precisa (escritas no registro e no arquivo de dados) — as escritas no online redo log poderiam ser puladas se, durante um comprometimento, o Oracle escrevesse fisicamente os blocos modificados em disco.

LGWR—Log Writer

O processo LGWR é responsável por fluir para o disco o conteúdo do buffer de refazer registro, localizado na SGA. Ele faz isto:

- A cada três segundos ou,
- Sempre que você comprometer ou
- Quando o buffer de redo log (refazer registro) for um terceiro cheio ou contiver 1 MB de dados armazenados.

Por essas razões, ter um enorme buffer de redo log não é prático — o Oracle nunca será capaz de usá-lo todo. Os registros são escritos com escritas seqüenciais, comparadas à I/O dispersa de DBWn que precisa realizar. Fazer grandes escritas em lote como isso é muito mais eficaz do que fazer muitas operações de escrita dispersas em várias partes de um arquivo. Esse é um dos principais motivos de ter um LGWR e redo logs, em primeiro lugar. A eficiência está em apenas escrever os bytes alterados usando I/O seqüencial contra o I/O adicional incorrido. O Oracle poderia simplesmente escrever blocos de banco de dados diretamente em disco quando você compromete, mas aquilo permitiria muitos blocos cheios de I/O espalhados — isso seria significativamente mais lento do que deixar o LGWR escrever as mudanças seqüencialmente.

ARCn—Archive Process

O trabalho do processo ARCn é copiar um arquivo online redo log para outro lugar quando LGWR fica cheio. Esses arquivos redo log arquivados podem então ser usados para realizar a recuperação de meio. Enquanto online redo log é usado para 'corrigir' os arquivos de dados no caso de uma falha de energia (quando a cópia é encerrada), os arquivos de redo logs são usados para 'corrigir' arquivos de dados no caso de uma falha do disco rígido. Se você perder o drive de disco contendo o arquivo de dados, /d01/oradata/ora8i/system.dbf, podemos ir para as nossas cópias da última semana, recuperar aquela antiga cópia do arquivo e pedir ao banco de dados para aplicar tudo do arquivado e online redo log gerado, desde que tenha havido o backup. Isso 'pegará' aquele arquivo com o resto dos arquivos de dados em seu banco de dados e poderemos continuar a processar, sem nenhuma perda dos mesmos.

Tipicamente, o ARCn copia os arquivos online redo log para pelo menos dois outros lugares (a redundância sendo uma chave para não perder dados!). Essas outras localizações podem ser discos na máquina local ou, mais apropriadamente, pelo menos um será localizado em uma outra máquina, para o caso de uma falha catastrófica. Em muitos casos, esses arquivos redo log arquivados são copiados por algum outro processo em algum dispositivo de armazenagem terceirizado, como uma fita. Eles também podem ser enviados para outra máquina, para serem aplicados a um 'banco de dados em standby', como opção contra falha oferecida pelo Oracle.

BSP — Block Server Process

Esse processo é usado exclusivamente em um ambiente Oracle Parallel Server (OPS). Um OPS é uma configuração de Oracle através da qual mais de uma cópia monta e abre o mesmo banco de dados. Nesse caso, cada cópia de Oracle estará executando em uma máquina diferente em um grupo, todas podendo acessar de uma maneira de leitura-escrita exatamente o mesmo conjunto de arquivos de banco de dados.

Para conseguir isso, os caches de buffer de bloco SGA precisam ser mantidos consistentes com relação uns aos outros. Esse é o principal objetivo do BSP. Em lançamentos anteriores de OPS, isso era conseguido através de um 'ping'. Isto é, se um nó no grupo precisava de uma vista consistente de leitura de um bloco que estava bloqueado no modo exclusivo por outro nó, a troca de dados era feita através de um disco fluido (o bloco era agrupado). Essa era uma operação muito cara apenas para ler dados. Agora, com o BSP, essa troca é feita através da rápida troca cache-para-cache através da conexão de alta velocidade de grupos.

LMON—Lock Monitor Process

Esse processo é usado exclusivamente em um ambiente OPS. O processo LMON monitora todas as cópias em um grupo para detectar a falha de uma cópia. Depois, facilita a recuperação dos bloqueios globais contidos pela instância que falhou, em conjunto com o gerenciador de bloqueio distribuído (DLM), empregado pelo hardware de grupo.

LMD — Lock Manager Daemon

Esse processo é exclusivamente usado em um ambiente OPS. O processo LMD controla os bloqueios globais e os recursos globais do cache de buffer de bloco em um ambiente agrupado. Outras cópias farão solicitações para o LMD local, de modo a pedir que ele libere um bloqueio ou encontre quem tem um bloqueio. O LMD também lida com a detecção de impasse global e resolução.

LCKn—Lock Process

O processo LCKn é exclusivamente usado em um ambiente OPS. Esse processo é muito semelhante em funcionalidade ao LMD, descrito acima, mas lida com solicitações de todos os recursos globais que não os buffers de bloco de banco de dados.

Processos de utilitário de suporte

Esses processos de suporte são completamente opcionais, baseados em sua necessidade por eles. Eles oferecem facilidades não necessariamente para executar o banco de dados no dia a dia, a menos que você mesmo os esteja usando, ou utilizando um recurso que os usa.

Há dois desses processos utilitários de suporte. Um lida com a execução de trabalhos submetidos. O Oracle tem um grupo de fila de trabalho interno no banco de dados que lhe permite programar a desativação tanto de um trabalho *off* como de trabalhos periódicos a serem executados. O outro processo gerencia e processa as tabelas de fila associadas ao software Advanced Queues (AQ). O software AQ oferece uma solução de middleware baseado em mensagem interna no banco de dados.

Eles serão visíveis em UNIX como o seria qualquer outro processo de suporte — se você fizer um ps, os verá. Na listagem acima de ps, você pode ver que estou executando um processo de trabalho de fila (ora_snp0_ora8I) e nenhum processo de fila em minha cópia.

SNPn—Snapshot Processes (Job Queues)

O processo SNPn é pobremente chamado, atualmente. No primeiro lançamento 7.0, o Oracle ofereceu a reprodução. Isso foi feito na forma de um objeto banco de dados conhecido como um **snapshot**. O mecanismo interno para restaurar ou tornar atual esses instantâneos foi o processo SNPn, o processo de instantâneo. Esse processo monitorava um trabalho de tabela que dizia a ele quando era preciso restaurar vários instantâneos no sistema. Em Oracle 7.1, a Oracle Corporation expôs essa facilidade para todos usarem, através de um pacote de banco de dados chamado DBMS_JOB. O que era apenas o domínio do instantâneo em 7.0 tornou-se a 'fila de trabalho' em 7.1 e versões posteriores. Com o tempo, os parâmetros para controlar o comportamento da fila (quão freqüentemente ela devia ser verificada e quantos processos de fila deveria haver) mudaram seus nomes de SNAPSHOT_REFRESH_INTERVAL e SHAPSHOT_REFRESH_PROCESSES para JOB_QUEUE_INTERVAL e JOB_QUEUE_PROCESSES. Entretanto, o nome do processo do sistema operacional não mudou.

Você pode ter até 36 processos de fila de trabalho. Seus nomes serão SNP0, SNP1, ... SNP9, SNPA, ..., SNPZ. Esses processos de fila de trabalho são muito usados em reprodução, como parte do instantâneo ou como processo de restauração de vista materializada. Com freqüência, os desenvolvedores os usam para programar uma desativação (de suporte) de trabalhos ou trabalhos periódicos. Por exemplo, mais adiante neste livro, mostraremos como usar as filas de trabalho para tornar as coisas 'aparentemente mais rápidas' — fazendo um pequeno trabalho extra em um lugar, podemos tornar a experiência do usuário final muito mais agradável (semelhante ao que Oracle faz com LGWR e DBWn).

Os processos SNPn são muito parecidos com um servidor compartilhado, mas com aspectos de um servidor dedicado. Eles são compartilhados — processam um trabalho após o outro, mas eles gerenciam memória muito como um servidor dedicado faria (UGA no aspecto PGA). Cada processo de fila de trabalho irá executar exatamente um trabalho de cada vez, um depois do outro, até terminar. Por isso é que talvez precisemos de múltiplos processos se quisermos executar trabalhos ao mesmo tempo. Não há seqüenciamento ou pré-esvaziamento de um trabalho. Quando ele estiver executando, será executado até o término (ou falha). Mais tarde, no Apêndice A, veremos com mais profundidade o pacote DBMS_JOB e os usos criativos dessa fila de trabalho.

QMNn—Queue Monitor Processes

O processo QMNn é para as tabelas AQ o que o processo SNPn é para a tabela de trabalho. Eles monitoram as Advanced Queues e avisam mensagens 'fora de filas' que uma mensagem tornou-se disponível. Eles também são responsáveis por propagação de fila — a habilidade de uma mensagem enfileirada (acrescentada) em um banco de dados ser movida para uma fila em outro banco de dados para sair da fila.

O monitor de fila é um processo de suporte opcional. O parâmetro init.ora AQ_TM_PROCESS especifica a criação de até dez desses processos, chamados QMN0, ..., QMN9. Por padrão, não existirão processos QMNn.

EMNn — Event Monitor Processes

O EMNn é parte da arquitetura Advanced Queue. Ele é um processo usado para notificar os assinantes da file sobre mensagens nas quais eles estariam interessados. Essa notificação é feita assincronamente. Há as funções Oracle Call Interface (OCI) disponíveis para registrar uma chamada de retorno para mensagem de notificação. A chamada de retorno é uma função no programa OCI que será automaticamente chamada sempre que uma mensagem de interesse estiver disponível na fila. O processo de suporte EMNn é usado para notificar o assinante. O processo EMNn é automaticamente iniciado quando a primeira notificação é emitida para a cópia. Então, o aplicativo pode emitir uma message_receive (dequeue) explícita para recuperar a mensagem.

Processos escravos

Agora, estamos prontos para ver a última classe de processos Oracle, os processos 'slave'. Existem dois tipos de processos escravos com Oracle — escravos I/O e escravos Parallel Query.

Escravos I/O

Os escravos I/O são usados para emular I/O assíncrona em sistemas, ou dispositivos, que não o suportam. Por exemplo, dispositivos de fita (notoriamente lentos) não suportam I/O assíncrono. Usando escravos I/O podemos imitar os drives de fita que o OS normalmente oferece para drives de disco. Exatamente como com os I/O assíncronos verdadeiros, o processo escrevendo no dispositivo engloba uma grande quantidade de dados e os pega para serem escritos. Quando estão escritos com sucesso, o escritos (dessa vez, o nosso escravo I/O e *não* o OS) assinala o chamador original, que remove esse grupo de dados de sua lista de dados que precisa ser escrito. Dessa maneira, podemos conseguir uma saída muito mais alta, uma vez que os escravos I/O são aqueles esperando pelo dispositivo lento, enquanto seu chamador está desativado, fazendo outro trabalho importante, reunindo os dados para a próxima escrita.

Os escravos I/O são usados em um par de lugares em Oracle 8i — DBWn e LGWR podem usá-los para simular I/O assíncrona e RMAN (**R**ecovery **MAN**ager) poderá usá-los ao escrever em fita.

Existem dois parâmetros init.ora controlando o uso de escravos I/O:

- ❑ BACKUP_TAPE_IO_SLAVES — Especifica se os escravos I/O são usados pelo RMAN para fazer o backup, copiar ou recuperar dados para a fita. Visto que isso é designado para dispositivos de *fita*, e os dispositivos de fita só podem ser acessados por um processo de cada vez, esse parâmetro é um booleano, não uma série de escravos para usar como você esperaria. RMAN irá inicializar tantos escravos quanto necessário para o número de dispositivos físicos que estiverem sendo usados. Quando BACKUP_TAPE_IO_SLAVES = TRUE, um processo escravo I/O, é usado para escrever a, ou ler a partir de um dispositivo de fita. Se esse parâmetro for FALSE (o padrão), os escravos I/O não serão usados para backups. Em vez disso, o processo sombra engajado no backup acessará o dispositivo de fita.
- ❑ DBWn_IO_SLAVES — Especifica o número de escravos I/O usados pelo processo DBWn. O processo DBWn e seus escravos fazem a escrita em disco de blocos sujos no cache de buffer. Por padrão, o valor é 0 e os escravos I/O não são usados.

Escravos de consulta paralela

O Oracle 7.1 introduziu capacidades de consulta paralela no banco de dados. Essa é a habilidade de tomar uma declaração SQL, como SELECT, CREATE TABLE, CREATE INDEX, UPDATE e outras, e criar um plano de execução que consiste de *muitos* planos de execução que podem ser feitos consecutivamente. As saídas de cada um desses planos são reunidas em um resultado maior. O objetivo é fazer uma operação em uma fração do tempo que levaria para fazê-la em série. Por exemplo, se você tiver uma tabela realmente grande espalhada por dez arquivos diferentes, 16 CPUs à sua disposição, e precisar executar uma consulta específica nessa tabela, pode ser vantajoso romper o plano de consulta em 32 peças pequenas e, de fato, usar aquela máquina. Isso é em oposição a usar apenas um processo para ler e processar em série todos aqueles dados.

Resumo

É isso — as três peças do Oracle. Cobrimos dos arquivos usados por Oracle, do lento mas importante init.ora, aos arquivos de dados, arquivos redo log etc. Demos uma olhada dentro das estruturas de memória usadas por Oracle, tanto de processos de servidor como a SGA. Vimos como diferentes configurações de servidor, como MTS contra o modo de servidor dedicado em conexões causarão um dramático impacto no modo como a memória é usada pelo sistema. Finalmente, vimos os processos (ou seqüências, dependendo do sistema operacional) que fazem o Oracle fazer o que ele faz. Agora, estamos prontos para ver a implementação de alguns outros recursos em Oracle, tais como os controles de *Bloqueio e consecução* e *Transações*, nos próximos capítulos.

3
Bloqueio e consecução

Um dos desafios chave no desenvolvimento de aplicativos dirigidos por banco de dados de múltiplos usuários é aumentar o acesso consecutivo, mas ao mesmo tempo garantir que cada usuário seja capaz de ler e modificar os dados de uma maneira consistente. Os controles **locking** e **concurrency** que permitem isso são recursos chave de qualquer banco de dados, e o Oracle tem a excelência de oferecê-los. A implementação desses recursos do Oracle é única, e depende de você, o desenvolvedor do aplicativo, garantir que quando seu aplicativo realizar a manipulação de dados, ele usará esses mecanismos corretamente. Se você falhar ao fazê-lo, seu aplicativo se comportará de uma forma inesperada e a integridade de seus dados será inevitavelmente comprometida (como demonstramos no Capítulo 1).

Neste capítulo, vamos ver detalhadamente como o Oracle bloqueia dados e as implicações desse modelo ao escrever aplicativos de múltiplos usuários. Investigaremos a granularidade com a qual o Oracle bloqueia dados, como o Oracle consegue 'consistência de leitura em versões múltiplas' e o que tudo isso significa para você, o desenvolvedor. Quando apropriado, irei comparar o esquema de bloqueio do Oracle com outras implementações populares, principalmente para desfazer o mito que 'o bloqueio em termos de fileira acrescenta código extra'. Ele só acrescenta código extra se a implementação acrescentar código extra.

O que são bloqueios?

Um **bloqueio** é um mecanismo usado para regular acesso consecutivo a um recurso compartilhado. Note como usei o termo 'recurso compartilhado', não 'fileira de banco de dados'. É verdade que o Oracle bloqueia tabela de dados em termos de fileira, mas ele também usa bloqueios em muitos outros níveis, para oferecer acesso consecutivo a vários recursos. Por exemplo, enquanto um procedimento armazenado está executando, o próprio procedimento é bloqueado de um modo que permite a outros executá-lo, mas não permitirá que um outro usuário o altere, de maneira alguma. Os bloqueios são usados no banco de dados para permitir acesso consecutivo a esses recursos compartilhados, enquanto ao mesmo tempo oferece integridade e consistência de dados.

Em um banco de dados de usuário único os bloqueios não são necessários. Por definição, há apenas um usuário modificando as informações. Entretanto, quando múltiplos usuários estão acessando e modificando os dados ou as estruturas de dados, é crucial ter um mecanismo colocado para evitar modificações consecutivas à mesma peça de informações. Isso é o que faz o bloqueio.

É muito importante entender que existem diversas maneiras de implementar o bloqueio em um banco de dados, como existem bancos de dados. Exatamente porque você é experiente com o modelo de bloqueio de um RDBMS em especial, não significa que sabe tudo sobre bloqueio. Por exemplo, antes de me tornar muito envolvido com o Oracle, usei outros bancos de dados, como Sybase e Informix. Todos esses três bancos de dados oferecem mecanismos de bloqueio para controle de consecução, mas existem diferenças profundas e fundamentais na maneira em que o bloqueio é implementado em cada um. Para demonstrar isso, esboçarei minha progressão de um desenvolvedor Sybase para um usuário de Informix e finalmente, um desenvolvedor de Oracle. Isso aconteceu muitos anos atrás, e os fãs de Sybase me dirão 'mas agora nós temos bloqueio em termos de fileira'. É verdade: Sybase agora usa bloqueio em termos de fileira, mas a maneira com que é implementado é *totalmente diferente* da maneira em que é feita no Oracle. É uma comparação entre maçãs e laranjas, e esse é o ponto chave.

Como programador Sybase, dificilmente eu iria considerar a possibilidade de múltiplos usuários inserindo dados consecutivamente em uma tabela - era algo que simplesmente não acontecia com freqüência naquele banco de dados. Naquela época, o Sybase só oferecia bloqueio em termos de página e, visto que todos os dados tendiam a serem inseridos na última página de tabelas não agrupadas, as inserções consecutivas de dois usuários simplesmente não aconteceriam. Exatamente o mesmo aspecto afetava atualizações consecutivas (visto que UPDATE é, de fato, um DELETE seguida por um INSERT). Talvez seja por isso que, por padrão, Sybase comprometa ou retorne imediatamente depois da execução de toda e qualquer declaração.

Acrescentando o fato que geralmente múltiplos usuários não podiam modificar a mesma tabela simultaneamente, estava o fato que, enquanto uma modificação de tabela estava ocorrendo, muitas consultas também estavam efetivamente bloqueadas por aquela tabela. Se tentasse consultar uma tabela e precisasse de uma página que estivesse bloqueada por uma atualização, eu esperava (e esperava, esperava). O mecanismo de bloqueio era tão pobre, que oferecer suporte para transações que tomavam mais que um micro segundo era mortal — todo o banco de dados parecia 'congelar' se você o fizesse. Aqui, aprendi muitos maus hábitos. Aprendi que as transações eram 'más', que você devia comprometer rapidamente e nunca conter bloqueios em dados. A consecução ficou às custas de consistência. Ou você queria fazê-la certo ou rápido. Passei a acreditar que não podia ter ambos.

Quando mudei para o Informix, as coisas ficaram melhores, mas não muito. Quanto ao que me lembrava para criar uma tabela capacitada com bloqueio em termos de fileira, na verdade eu podia ter duas pessoas inserindo, simultaneamente, dados em uma tabela. Infelizmente, essa consecução tinha um preço alto. Os bloqueios no nível de fileira na implementação Informix eram caros, tanto em termos de tempo quanto de memória. Demorava a adquirir e 'desadquirir' ou lançá-los, e cada bloqueio consumia verdadeira memória. A quantidade total de bloqueios disponível ao sistema também tinha que ser computada antes de iniciar o banco de dados. Se você excedesse aquela quantidade, estava sem sorte. Conseqüentemente, de qualquer modo, a maioria das tabelas era criada com bloqueio em termos de página e, como com Sybase, ambos os bloqueios, em termos de fileira e de página interromperiam uma consulta em suas trilhas. Como resultado de tudo isso, descobri que, novamente, eu queria comprometer tão rápido quanto possível. Os maus hábitos que adquiri usando Sybase eram simplesmente reforçados e, além do mais, aprendi a tratar um bloco como um recurso muito raro, algo a ser ambicionado. Aprendi que você deve escalonar manualmente bloqueios em termos de fileira para de tabela, para tentar evitar adquirir muitos deles e apagar o sistema.

Quando comecei a usar o Oracle, na verdade não me preocupei em ler os manuais para descobrir como o bloqueio funcionava. Afinal, eu estava usando bancos de dados há um bom tempo, e era considerado um especialista nesse campo (além de Sybase e Informix, havia usado Ingress, DB2, Gupta SQLBase e uma variedade de outros bancos de dados). Eu tinha caído na armadilha de acreditar que sabia como as coisas *deviam* funcionar, portanto, claro que elas *iriam* funcionar daquela forma. Estava completamente enganado.

Foi durante um teste de bancada que descobri quão errado estava. Nas primeiras épocas desses bancos de dados, era comum aos fabricantes fazerem 'teste de bancada' em aquisições realmente grandes — para ver como o trabalho podia ser mais rápido, mais fácil, com mais recursos. Eu estava ajustado entre Informix, Sybase e Oracle. O Oracle era primeiro. Seu pessoal técnico vinha no site, pronto para especificações de teste de bancada, e começava a inicializar. A primeira coisa que notei foi que eles iam usar uma tabela de banco de dados para registrar suas temporizações, ainda que fôssemos ter muitas dezenas de conexões fazendo o trabalho, cada qual precisando com freqüência inserir e atualizar dados nessa tabela de registro. Não apenas aquilo, mas eles também iam *ler* a tabela de registro durante o teste de bancada! Eu, como uma pessoa simpática, puxei um deles para o lado e perguntei se ele estava louco — porque, propositadamente eles introduziram um outro ponto de contenção no sistema? Todos os processos de teste de bancada não tenderiam a ficar, em série, em torno de suas operações nessa única tabela? Não iríamos misturar o teste de bancada tentando ler dessa tabela, enquanto outros a estavam modificando pesadamente? Por que eles iriam querer introduzir todos esses bloqueios extras que se precisava gerenciar? Eu tinha dezenas de tipos de perguntas 'por que você nem ao menos considera que'. Os técnicos do Oracle pensaram que eu era um pouco surdo, àquela altura. Isso, até que puxei uma janela no Sybase ou Informix e mostrei a eles os efeitos de duas pessoas inserindo na tabela, ou alguém tentando consultar uma tabela com outros inserindo fileiras (a consulta retorna zero fileira por segundo). As diferenças entre a maneira que o Oracle o faz e a que quase qualquer outro banco de dados faz são fenomenais — são como a noite e o dia. Desnecessário dizer, nem Informix nem Sybase estavam cientes da abordagem de registro de tabela de banco de dados durante as suas tentativas. Eles preferiam registrar suas temporizações em arquivos planos, no sistema operacional.

A moral da história tem dois lados; *todos os bancos de dados são fundamentalmente diferentes* e, ao fazer o design de seu aplicativo, *você precisa abordar cada um, se nunca tiver usado um banco de dados antes*. As coisas que você faria em um banco de dados ou não são necessárias ou simplesmente você não vai trabalhar em um outro banco de dados.

Em Oracle você aprenderá que:

- As transações são o que são os bancos de dados; são boas.
- Você deve restringir o comprometimento tanto quanto puder. Não deve fazê-lo rapidamente para evitar sobrecarregar o sistema, pois o sistema não fica sobrecarregado tendo transações longas ou grandes. A regra é *comprometa-se quando precisar, não antes*. Suas transações devem ser tão pequenas ou tão grandes quanto ditar a sua lógica comercial.
- Você deve conter bloqueios em dados, desde que precise. Eles são ferramentas para o seu uso, não coisas a serem evitadas. Os bloqueios não são um recurso raro.
- Não há envolvimento de código extra com o bloqueio em termos de fileira em Oracle, nenhum.
- Nunca você deve desenvolver progressivamente um bloqueio (por exemplo, usar um bloqueio de tabela em vez de bloqueios de fileira) porque seria 'melhor no sistema'. No Oracle não seria melhor para o sistema — não pouparia recursos.
- A consecução e a consistência podem ser conseguidas. Você sempre pode conseguir isso rápido e certo.

Na medida em que formos passando pelos componentes neste capítulo, reforçaremos os pontos acima.

Aspectos de bloqueio

Antes de discutirmos os vários tipos de bloqueios que o Oracle usa, é útil ver alguns aspectos de bloqueio — muitos dos quais surgem a partir de aplicativos com design ruim, que não usam corretamente (ou não usam) os mecanismos de bloqueio do banco de dados.

Perda de atualizações

Uma atualização perdida é um problema clássico de banco de dados. Expondo simplesmente, uma atualização perdida ocorre quando acontecem os seguintes eventos, na ordem apresentada:

1. O usuário 1 recupera (consulta) uma fileira de dados.
2. O usuário 2 recupera aquela mesma fileira.
3. O usuário 1 modifica aquela fileira, atualiza o banco de dados e o compromete.
4. O usuário 2 modifica aquela fileira, atualiza o banco de dados e o compromete.

Isso é chamado de perda de atualização, pois todas as mudanças feitas na etapa três acima serão perdidas. Considere, por exemplo, uma atualização de tela de empregado — que permite ao usuário mudar um endereço, número de trabalho e assim por diante. O próprio aplicativo é muito simples — uma pequena tela de busca para gerar uma lista de empregados e a habilidade de drill-down (percorrer completamente) os detalhes de cada empregado. Isso deveria ser um doce. Assim, escrevemos o aplicativo sem bloqueio de nossa parte, apenas simples comandos SELECT e UPDATE.

Dessa forma, um usuário final (usuário 1) navega para a tela de detalhes, muda um endereço na tela, pressiona Save e recebe a confirmação de que a atualização foi bem-sucedida. Ótimo, exceto que, quando o usuário 1 verifica o registro no dia seguinte, para enviar um formulário de imposto, o antigo endereço ainda está relacionado. Como aquilo poderia ter acontecido? Infelizmente, tudo pode acontecer muito rapidamente. Nesse caso, um outro usuário final (USER2) consultou o mesmo registro cerca de 5 minutos antes do usuário 1 e ainda tinha os dados antigos exibidos em sua tela. O usuário 1 apareceu, consultou os dados em seu terminal, fez sua atualização, recebeu a confirmação e até consultou novamente para ver por si mesmo a mudança. No entanto, o usuário 2 atualizou o campo de número de telefone comercial e pressionou salvar — sem consciência de que ele tinha acabado de sobregravar as mudanças do usuário 1 no campo de endereço, com os dados antigos! O motivo pelo qual isso pode acontecer é que o desenvolvedor de aplicativo, achando mais fácil atualizar todas as colunas em vez de descobrir exatamente quais colunas foram alteradas, escreveu o programa de tal forma que quando um campo em particular é atualizado, todos os campos daquele registro são 'restaurados'.

Observe que para isso acontecer, o usuário 1 e o usuário 2 nem ao menos precisam estar trabalhando no registro naquele exato momento. Tudo o que é preciso é que eles estejam trabalhando no registro **aproximadamente** na mesma ocasião.

Esse é um aspecto de banco de dados que tenho aparado de tempos em tempos, quando programadores GUI com pouco ou nenhum treinamento de banco de dados recebem a tarefa de escrever um aplicativo de banco de dados. Eles obtêm conhecimento de trabalho com SELECT, INSERT, UPDATE e DELETE e depois passam a escrever o aplicativo. Quando o aplicativo resultante se comporta da maneira descrita acima, acaba completamente com a confiança das pessoas nele, especialmente porque parece tão aleatório, tão esporádico e é totalmente irreproduzível em um ambiente controlado (levando o desenvolvedor a crer que deve ser um erro do usuário).

Muitas ferramentas, como Oracle Forms o protegem transparentemente desse comportamento, garantindo que o registro não estivesse alterado quando você o consultou e bloqueado antes de você fizesse quaisquer mudanças nele — mas muitos outros (como um programa VB ou Java escritos à mão), não. Quais as ferramentas que o protegem por trás da cena ou o que os próprios desenvolvedores precisam fazer, é usar um de dois tipos de bloqueio.

Bloqueio pessimista

Esse método de bloqueio deve ser posto em ação um instante antes de modificarmos um valor na tela — por exemplo, quando o usuário seleciona uma fileira específica e indica a sua intenção de fazer uma atualização (digamos, pressionando um botão na tela). Assim, um usuário consulta os dados sem bloquear:

```
scott@TKYTE816> SELECT EMPNO, ENAME, SAL FROM EMP WHERE DEPTNO = 10;

    EMPNO ENAME                SAL
--------- ---------- -----------
     7782 CLARK              2450
     7839 KING               5000
     7934 MILLER             1300
```

Eventualmente, o usuário pega uma fileira que gostaria de atualizar. Nesse caso, digamos que ele escolheu atualizar a fileira MILLER. O nosso aplicativo estará naquele ponto (antes que ele possa fazer quaisquer mudanças na tela) de emitir o seguinte comando:

```
scott@TKYTE816> SELECT EMPNO, ENAME, SAL
  2    FROM  EMP
  3    WHERE EMPNO = :EMPNO
  4    AND   ENAME = :ENAME
  5    AND   SAL   = :SAL
  6    FOR UPDATE NOWAIT
  7  /

EMPNO ENAME SAL
----- ----- ----
 7934      MILLER    1300
```

O que o aplicativo faz é fornecer valores para a ligação de variáveis dos dados na tela (nesse caso, 7934, MILLER e 1300) e consultar novamente essa mesma fileira a partir do banco de dados — dessa vez, bloqueando a fileira contra atualizações por outras sessões. Por isso é que essa abordagem é chamada de bloqueio **pessimista**. Bloqueamos a fileira antes de tentarmos atualizar, pois duvidamos que, caso contrário, aquela fileira permanecerá sem alteração.

Como todas as tabelas têm uma chave principal (a SELECT acima irá recuperar pelo menos um registro, visto que ele inclui a chave principal, EMPNO) e as chaves principais devem ser imutáveis (nunca devemos atualizá-las), obteremos uma das três saídas dessa declaração:

- ❏ Se os dados subjacentes não tiverem mudado, receberemos nossa fileira MILLER de volta e essa fileira será bloqueada de atualizações por outros (não de leitura).
- ❏ Se um outro usuário estiver no processo de modificar aquela fileira, obteremos um erro ORA-00054 Resource Busy. Nós bloqueamos e precisamos esperar que o outro usuário termine com ela.
- ❏ Se, em qualquer ocasião entre a seleção de dados e a indicação de nossa intenção de atualizar, alguém já tiver mudado a fileira, receberemos zero fileiras de volta. Os dados em nossa tela são velhos. O aplicativo precisa **reconsultar** e bloquear os dados antes de permitir ao usuário final modificar quaisquer dos dados, para evitar a perda de atualização, do cenário acima descrito. Nesse caso, com o bloqueio pessimista colocado, quando o usuário 2 tentar atualizar o campo de telefone, o aplicativo não irá reconhecer que o campo de endereço mudou e faria uma outra consulta aos dados. Assim, o usuário 2 não sobregravaria a mudança do usuário 1 com os dados antigos naquele campo.

Quando tivermos bloqueado a fileira com sucesso, o aplicativo emitirá alguma atualização e comprometerá as mudanças:

```
scott@TKYTE816> UPDATE EMP
  2     SET ENAME = :ENAME, SAL = :SAL
  3     WHERE EMPNO = :EMPNO;
1 row updated.

scott@TKYTE816> commit;
Commit complete.
```

Agora, alteramos com segurança aquela fileira. Não será possível sobregravar as mudanças de alguém, quando verificarmos que os dados não mudaram entre a hora em que os lemos inicialmente e quando os bloqueamos.

Bloqueio otimista

O segundo método, referido como bloqueio **otimista**, é para manter os valores antigos e novos no aplicativo e, por ocasião da atualização dos dados, usar uma atualização como esta:

```
Update table
        Set column1 = :new_column1, column2 = :new_column2, ... .
    Where column1 = :old_column1
        And column2 = :old_column2
        ...
```

Aqui, estamos esperando, com otimismo, que os dados não sejam alterados. Nesse caso, se as nossas modificações atualizarem **uma** fileira — temos sorte, os dados não mudaram entre o tempo em que os lemos e o tempo em que estivemos por perto para submeter a atualização. Se atualizarmos **zero** fileiras, perdemos — alguém mais mudou os dados e agora precisamos descobrir o que queremos fazer para evitar perder a atualização. Devemos fazer o usuário final refazer a transação chave depois de consultar os novos valores da fileira (frustrando-o, potencialmente, por não haver uma chance de que a fileira irá mudar de novo para eles)? Devemos tentar fundir os valores das duas atualizações, levando a um conflito de resolução de atualização, com base em regras comerciais (muito código)? É claro que para os usuários desconectados, a última opção é a única disponível.

Deve ser observado que aqui você também pode usar uma SELECT FOR UPDATE NOWAIT. A UPDATE acima, de fato, irá evitar uma perda de atualização, mas significa uma chance de bloqueio — flutuando enquanto aguarda por uma UPDATE daquela fileira por outra sessão completar. Se todos os seus aplicativos usam o bloqueio otimista, usar uma UPDATE direto geralmente está certo, as fileiras são bloqueadas por um curto período, enquanto as atualizações são aplicadas e comprometidas. Entretanto, se alguns de seus aplicativos usam bloqueio pessimista, o que reterá os bloqueios nas fileiras por períodos relativamente longos, você deve querer considerar o uso de uma SELECT FOR UPDATE NOWAIT imediatamente antes de UPDATE, para evitar ser bloqueado por uma outra sessão.

Assim, qual método é o melhor? Na minha experiência, o bloqueio pessimista funciona muito bem em Oracle (mas talvez não em outros bancos de dados) e tem muitas vantagens sobre o bloqueio otimista.

Com o bloqueio pessimista, o usuário pode confiar que os dados que ele está modificando na tela são atualmente 'de propriedade' dele — de fato, ele tem o registro marcado e ninguém mais pode modificá-los. Alguns poderão argumentar que, se você bloquear a fileira antes das mudanças serem feitas, outros usuários seriam bloqueados daquela fileira e o escalonamento do aplicativo diminuiria. No entanto, o fato é que, se você o fizer, apenas um usuário poderá ser capaz de atualizar a fileira (se quisermos evitar a perda de atualização). Se você bloquear a fileira primeiro e depois atualizá-la, seu usuário final terá uma experiência melhor. Se você não bloqueá-la e tentar atualizá-la mais tarde, seu usuário final poderá envidar tempo e esforço fazendo mudanças apenas para ouvir 'sinto muito, os dados mudaram, por favor, tente novamente'. Para limitar o tempo em que uma fileira está bloqueada antes da atualização, você poderia ter o aplicativo liberando o bloqueio se o usuário sair e, na verdade, não usar o registro por algum tempo, ou usar o Resource Profiles no banco de dados, durante sessões ociosas.

Além do mais, bloquear a fileira em Oracle não evita leituras daquele registro, como em outros bancos de dados; o bloqueio da fileira não evita a ocorrência de qualquer atividade normal. Isso é devido 100% à consecução do Oracle e à implementação de bloqueio. Em outros bancos de dados, o inverso é verdade. Se eu tentasse fazer neles o bloqueio pessimista, nenhum aplicativo funcionaria. Uma fileira bloqueada naquelas consultas de bloco de banco de dados evita que essa abordagem seja considerada. Assim, pode ser preciso desaprender as 'regras' que você aprendeu em um banco de dados para ser bem sucedido em um banco de dados diferente.

Bloqueio

O bloqueio acontece quando uma sessão contém um bloqueio em um recurso, que uma outra sessão está solicitando. Como resultado, a sessão solicitante será bloqueada, ela 'flutuará', enquanto a sessão contendo desiste do recurso de bloqueio. Quase em todos os casos, o bloqueio é inevitável. De fato, se você se vir bloqueando em um aplicativo interativo, muito provavelmente estará sofrendo do bug de perda de atualização, descrito acima (sua lógica é irregular e essa é a causa do bloqueio).

Existem quatro declarações DML que farão o bloqueio no banco de dados — INSERT, UPDATE, DELETE e SELECT FOR UPDATE. A solução para uma SELECT FOR UPDATE bloqueada é trivial: simplesmente acrescente a cláusula NOWAIT e ela não será mais bloqueada. Em vez disso, seu aplicativo relataria de volta ao usuário final que a fileira já está bloqueada. Os casos interessantes são as três declarações DML restantes. Veremos cada uma delas e porque elas não devem bloquear, e quando o fazem — como corrigir aquilo.

Inserções bloqueadas

A única vez em que uma INSERT será bloqueada será quando você tiver uma tabela com uma chave principal ou restrição única colocada nela e duas sessões simultaneamente tentarem inserir uma fileira com o mesmo valor. Uma das sessões será bloqueada até que a outra se comprometa (caso em que a sessão bloqueada receberá um erro sobre um valor duplicado) ou retorne (a sessão bloqueada prosseguirá). Isso acontece com aplicativos que permitem ao usuário final gerar o valor de chave principal/coluna única. É evitado mais facilmente através do uso de seqüências Oracle na geração de chaves principais, pois elas são um método altamente consecutivo de gerar chaves únicas em um ambiente de múltiplos usuários. No caso de você não poder usar uma seqüência, poderá usar a técnica esboçada no Apêndice A, no pacote DBMS_LOCK, onde demonstro como usar bloqueios manuais para evitar esse aspecto.

Atualizações e remoções bloqueadas

Em um aplicativo interativo — onde você consulta alguns dados do banco de dados, permite a um usuário final manipulá-los e depois 'devolver' ao banco de dados — uma UPDATE ou DELETE bloqueada indica que, provavelmente, você tem um problema de atualização perdida em seu código. Você está tentando UPDATE uma fileira que alguém mais já está atualizando, em outras palavras, que alguém mais já bloqueou. Você pode evitar o aspecto de bloqueio, usando a consulta SELECT FOR UPDATE NOWAIT para:

- Verificar se os dados não mudaram desde que você os consultou (prevenção de perda de atualização)
- Bloquear a fileira (evita a update ou delete de bloquear)

Como discutido anteriormente, você pode fazer isso independente da abordagem de bloqueio tomada — ambos os bloqueios, pessimista e otimista, podem empregar a SELECT FOR UPDATE NOWAIT para verificar se a fileira não mudou. O bloqueio pessimista usaria aquela declaração no instante em que o usuário indicasse sua intenção de modificar os dados. O bloqueio otimista usaria aquela declaração imediatamente antes da atualização dos dados no banco de dados. Isso não apenas resolveria o aspecto de bloqueio em seu aplicativo como também iria corrigir o aspecto de integridade de dados.

Impasses

Os impasses acontecem quando duas pessoas retêm um recurso que o outro quer. Por exemplo, tenho duas tabelas, A e B, no meu banco de dados e cada uma tem uma única fileira nela. Posso demonstrar facilmente um impasse. Tudo o que é preciso fazer é abrir duas sessões (duas sessões SQL*PLUS, por exemplo) e, na seção A, atualizar a tabela A. Na sessão B, atualizo a tabela B. Agora, se eu tentar atualizar a tabela A na sessão B ficarei bloqueado. A sessão A já tem sua fileira bloqueada. Isso não é um impasse, é apenas bloqueio. Ainda não criamos o impasse, visto que há uma chance de que a sessão A comprometerá ou retornará, e a sessão B simplesmente continuará daquele ponto.

Se voltarmos à sessão A e depois tentarmos atualizar a tabela B, causaremos um impasse. Uma das duas sessões será escolhida como a 'vítima' e terá as suas declarações retornadas. Por exemplo, a tentativa pela sessão B de atualizar a tabela A pode ser retornada, com um erro como:

```
update a set x = x+1
       *
ERROR at line 1:
ORA-00060: deadlock detected while waiting for resource
```

A tentativa da sessão A de atualizar a tabela B permanecerá bloqueada — o Oracle não retornará toda a transação. Apenas uma das declarações que contribuíram para o impasse será retornada. A sessão B ainda tem a fileira na tabela B bloqueada, e a sessão A está aguardando pacientemente que a fileira se torne disponível. Depois de receber a mensagem de impasse, a sessão B precisa decidir se compromete o trabalho extra na tabela B, se o retorna ou prossegue em um caminho alternativo e compromete mais tarde. Assim que a sessão for comprometida ou retornada, a outra sessão bloqueada continuará, como se nada tivesse acontecido.

O Oracle considera impasses como sendo tão raros, tão incomuns, que ele cria um arquivo de busca no servidor sempre que acontece um. O conteúdo do arquivo de busca se parecerá mais ou menos com:

```
*** 2001-02-23 14:03:35.041
*** SESSION ID: (8.82) 2001-02-23 14:03:35.001
DEADLOCK DETECTED
Current SQL statement for this session:
update a set x = x+1
The following deadlock is not an ORACLE error. It is a
deadlock due to user error in the design of an application
or from issuing incorrect ad-hoc SQL. The following ...
```

Obviamente, o Oracle considera impasses um erro auto-induzido por parte da implementação e, na maioria das vezes, ele está certo. Diferente de muitos outros RDBMSs, os impasses são tão raros em Oracle que podem ser considerados quase inexistentes. Tipicamente, você precisa vir com condições artificiais para conseguir um.

A causa número um de impasses no banco de dados Oracle, na minha experiência, são chaves estrangeiras não indexadas. Há dois casos onde Oracle colocará um bloqueio total de tabela em uma tabela filho depois da modificação da tabela pai:

❑ Se eu atualizar a chave principal da tabela pai (uma ocorrência muito rara, se você seguir as regras de banco de dados relacionais, que as chaves principais devem ser imutáveis), a tabela filho será bloqueada, na ausência de um índice.

❑ Se eu apagar uma fileira de tabela pai, toda a tabela filho também será bloqueada (na ausência de um índice).

Então, como demonstração do primeiro ponto, tenho um par de tabelas inicializadas, como:

```
tkyte@TKYTE816> create table p ( x int primary key );
Table created.

tkyte@TKYTE816> create table c ( y references p );
Table created.

tkyte@TKYTE816> insert into p values ( 1 );
tkyte@TKYTE816> insert into p values ( 2 );

tkyte@TKYTE816> commit;
```

E depois executo:

```
tkyte@TKYTE816> update p set x = 3 where x = 1;
1 row updated.
```

Descobrirei que a minha sessão bloqueou a tabela C. Nenhuma outra sessão pode apagar, inserir ou atualizar quaisquer fileiras em C. Novamente, atualizar uma chave principal é um imenso 'não-não' em um banco de dados relacional portanto, geralmente esse não é realmente um aspecto. Onde tenho visto essa atualização da chave principal se tornar um aspecto sério é quando você usa ferramentas que geram seu SQL e aquelas ferramentas atualizam cada coluna — independente de o usuário final ter realmente modificado aquela coluna ou não. Por exemplo, se você usa Oracle Forms e cria um layout padrão em qualquer tabela Oracle Forms, por padrão irá gerar uma atualização que modifica cada coluna na tabela que você escolheu exibir. Se montar um layout padrão na tabela DEPT e incluir todos os três campos, Oracle Forms executará o seguinte comando, sempre que você modificar *qualquer* das colunas da tabela DEPT:

```
update dept set deptno=:1,dname=:2,loc=:3 where rowid=:4
```

Nesse caso, se a tabela EMP tiver uma tecla estrangeira para DEPT e não houver índice na coluna DEPTNO, na tabela EMP — toda a tabela EMP será bloqueada depois de uma atualização a DEPT. Isso é algo a observar cuidadosamente se você estiver usando quaisquer ferramentas que gerem SQL. Ainda que o valor da chave principal não mude, a tabela filho EMP será bloqueada depois da execução da declaração SQL acima. No caso de Oracle Forms, a solução é marcar a propriedade update changed columns only (atualizar apenas colunas alteradas) daquela tabela para Yes. Oracle Forms irá gerar uma declaração de atualização que inclui apenas as colunas alteradas (não a chave principal).

Problemas oriundos da remoção de uma fileira em uma tabela pai são muito mais comuns. Se eu apagar uma fileira na tabela P, a tabela filho, C, se tornará bloqueada — evitando a ocorrência de atualizações em C pela duração da minha transação (supondo que ninguém mais tenha modificado C, claro — caso em que a minha remoção aguardará). É aqui que entram os aspectos de bloqueio e impasse. Bloqueando toda a tabela C, diminuo seriamente a consecução em meu banco de dados — ninguém mais será capaz de modificar qualquer coisa em C. Além disso, aumento a probabilidade de um impasse, visto que agora 'possuo' muitos dados, até comprometer. A probabilidade que alguma outra sessão se tornará bloqueada em C passa a ser muito maior; qualquer sessão que tentar modificar C será bloqueada. Portanto, começarei a ver muitas sessões com alguns bloqueios preexistentes sendo bloqueadas no banco de dados. Se quaisquer dessas sessões bloqueadas estiverem, de fato, contendo um bloqueio que a minha sessão precisa teremos um impasse. Nesse caso, o impasse é ocasionado pela minha sessão estar obtendo muito mais bloqueios do que precisava. Quando alguém reclama de impasses no banco de dados, digo a eles para executar um script que encontre chaves estrangeiras não indexadas e, em noventa e nove por cento do tempo, localizamos uma tabela afetada. Simplesmente indexando aquela chave estrangeira, os impasses e muitos outros aspectos de contenção vão embora. Eis um exemplo de como encontrar automaticamente essas chaves estrangeiras não indexadas:

```
tkyte@TKYTE816> column columns format a30 word_wrapped
tkyte@TKYTE816> column tablename format a15 word_wrapped
tkyte@TKYTE816> column constraint_name format a15 word_wrapped

tkyte@TKYTE816> select table_name, constraint_name,
  2         cname1 || nvl2(cname2,',' || cname2,null) ||
  3         nvl2(cname3,',' ||cname3,null) || nvl2(cname4,',' ||cname4,null) ||
  4         nvl2(cname5,',' ||cname5,null) || nvl2(cname6,',' ||cname6,null) ||
  5         nvl2(cname7,',' ||cname7,null) || nvl2(cname8,',' ||cname8,null)
  6         columns
  7    from ( select b.table_name,
  8                  b.constraint_name,
  9                  max(decode( position, 1, column_name, null )) cname1,
 10                  max(decode( position, 2, column_name, null )) cname2,
 11                  max(decode( position, 3, column_name, null )) cname3,
 12                  max(decode( position, 4, column_name, null )) cname4,
 13                  max(decode( position, 5, column_name, null )) cname5,
 14                  max(decode( position, 6, column_name, null )) cname6,
 15                  max(decode( position, 7, column_name, null )) cname7,
 16                  max(decode( position, 8, column_name, null )) cname8,
 17                  count(*) col_cnt
 18             from (select substr(table_name,1,30) table_name,
 19                          substr(constraint_name,1,30) constraint_name,
 20                          substr(column_name,1,30) column_name,
 21                          position
 22                     from user_cons_columns ) a,
 23                  suser_constraints b
 24            where a.constraint_name = b.constraint_name
 25              and b.constraint_type = 'R'
 26            group by b.table_name, b.constraint_name
 27         ) cons
 28   where col_cnt > ALL
 29        ( select count(*)
 30            from user_ind_columns i
 31           where i.table_name = cons.table_name
 32             and i.column_name in (cname1, cname2, cname3, cname4,
 33                                   cname5, cname6, cname7, cname8 )
 34             and i.column_position <= cons.col_cnt
```

```
     35          group by i.index_name
     36       )
     37  /
TABLE_NAME              CONSTRAINT_NAME              COLUMNS
----------              ---------------              -------
C                       SYS_C004710                  Y
```

Esse script trabalha em restrições de chave estrangeira que possuem até 8 colunas (se você tiver mais do que isso, provavelmente irá querer repensar o seu design). Ele começa montando uma vista inline, chamada CONS, na consulta acima. Essa vista inline transpõe os nomes apropriados de coluna na restrição das fileiras nas colunas, o resultado sendo uma fileira por restrição e até 8 colunas que têm os nomes das colunas na restrição. Além disso, há uma coluna, COL_CNT, que contém o número de colunas na própria restrição de chave estrangeira. Para cada coluna retornada da vista inline, executamos uma subconsulta correlata, que verifica todos os índices na tabela que estiver sendo processada. Ela conta as colunas naquele índice que combinam colunas na restrição de chave estrangeira e depois pelo índice de nome. Assim, ela gera um conjunto de números, cada um dos quais é uma contagem de colunas combinando em algum índice naquela tabela. Além disso, se a COL_CNT original for maior do que *todos* esses números, não haverá índice na tabela que suporte aquela restrição. Se COL_CNT for menor do que todos esses números, não haverá pelo menos um índice que suporte aquela restrição. Note o use da função NVL2 (nova em Oracle 8.15), que usamos para 'colar' a lista de nomes de coluna em uma lista separada por vírgula. Essa função toma três argumentos, A, B, C. Se o argumento A não for nulo, ele retorna o argumento B ou o argumento C. Essa consulta supõe que o proprietário da restrição também é o proprietário da tabela e do índice. Se um outro usuário tiver indexado a tabela, ou a tabela estiver em um outro esquema, ela não trabalhará corretamente (ambos são eventos raros).

Assim, esse script nos mostra que a tabela C tem uma chave estrangeira na coluna Y, mas não tem índice. Indexando Y, podemos remover esse aspecto de bloqueio. Além desse bloqueio de tabela, uma chave estrangeira sem índice também pode ser problemática nos seguintes casos:

- Quando você tem uma ON DELETE CASCADE e não indexou a tabela filho. Por exemplo, EMP é filho de DEPT. DELETE DEPTNO = 10 deve CASCADE para EMP. Se DEPTNO em EMP não estiver indexada, você obterá uma digitalização completa de tabela de EMP. Essa digitalização completa provavelmente é indesejada, e se você apagar muitas fileiras da tabela pai, a tabela filho será digitalizada uma vez para cada fileira pai apagada.
- Quando você consulta do pai para o filho. Considere novamente o exemplo EMP/DEPT. É muito comum consultar a tabela EMP no contexto de um DEPNO. Se você executar com freqüência a seguinte consulta, digamos, para gerar um relatório, descobrirá que não ter o índice no lugar tornará as consultas lentas:

```
select * from dept, emp

where emp.deptno = dept.deptno and dept.deptno = :x;
```

Assim, quando você *não* precisa indexar uma chave estrangeira? A resposta é, em geral, quando as seguintes condições são atingidas:

- Você *não* apaga de uma tabela pai.
- Você *não* atualiza o valor único/chave principal da tabela pai (observe atualizações não pretendidas na chave principal pelas ferramentas!)
- Você *não* une do pai para o filho (como DEPT para EMP).

Se você satisfizer todos os três acima, sinta-se à vontade para pular o índice — ele não é necessário. Se você fizer qualquer um dos acima, esteja ciente das conseqüências. Essa realmente é a única vez em que o Oracle tende a 'sobre bloquear' dados.

Bloqueio progressivo

Quando ocorre o bloqueio progressivo, o sistema está diminuindo o refinamento de seus bloqueios. Um exemplo seria o sistema de banco de dados transformando seus bloqueios no nível de 100 fileiras em uma tabela, para um bloqueio no nível de uma única tabela. Agora, você está usando 'um bloqueio para bloquear tudo' e também está bloqueando um total muito maior de dados do que estava antes. O bloqueio progressivo é usado com freqüência em bancos de dados que consideram um bloqueio como sendo um recurso raro, código extra a ser evitado.

> O Oracle nunca faz um bloqueio progressivo. *Nunca.*

O Oracle nunca faz um bloqueio progressivo, mas pratica a **conversão de bloqueio** ou a **promoção de bloqueio** — termos que são freqüentemente confundidos com bloqueio progressivo.

> Os termos 'conversão de bloqueio' e 'promoção de bloqueio' são sinônimos – tipicamente, o Oracle refere-se ao processo como conversão.

Darei uma olhada no nível mais baixo possível (o bloqueio menos restritivo possível) e converterei aquele bloqueio a um nível mais restritivo. Por exemplo, se você selecionar uma fileira a partir de uma tabela com a cláusula FOR UPDATE, serão criados dois bloqueios. Um será colocado na(s) fileira(s) selecionada(s) (e esse será um bloqueio exclusivo, ninguém mais pode bloquear aquela fileira específica no modo exclusivo). O outro, um bloqueio ROW SHARE TABLE, é colocado na própria tabela. Isso evitará que outras sessões coloquem um bloqueio exclusivo na tabela, portanto evitará que eles alterem a estrutura da tabela, por exemplo. Todas as outras declarações na tabela são permitidas. Uma outra sessão pode até surgir e tornar a tabela apenas de leitura, usando LOCK TABLE X IN SHARE MODE, prevenindo modificações. Entretanto, na verdade, essa outra sessão não pode ser permitida para prevenir a modificação que já esteja acontecendo. Assim, desde que o comando para atualizar aquela fileira é emitido, o Oracle converterá o bloqueio ROW SHARE TABLE ao bloqueio mais restritivo ROW EXCLUSIVE TABLE e a modificação prosseguirá. Essa conversão de bloqueio acontece com transparência.

O bloqueio progressivo não é um 'recurso' de banco de dados. Ele não é um atributo desejado. O fato de um banco de dados suportar o bloqueio progressivo implica em que exista código extra inerente a seu mecanismo de bloqueio, que há significativo trabalho feito para gerenciar centenas de bloqueios. No Oracle, o código extra para ter um bloqueio, ou milhões de bloqueios é igual — nenhum.

Tipos de bloqueio

As cinco classes gerais de bloqueios em Oracle estão relacionadas abaixo. As primeiras três são comuns (usadas em cada banco de dados Oracle) e as duas últimas são exclusivas do OPS (Oracle Parallel Server). Introduziremos os bloqueios específicos de OPS, mas nos concentraremos nos bloqueios comuns:

- **Bloqueios DML** — DML significa Data Manipulation Language, em geral SELECT, INSERT, UPDATE e DELETE. Os bloqueios DML serão, por exemplo, bloqueios em uma fileira de dados específica, ou um bloqueio no nível de tabela, que bloqueia cada fileira na tabela.
- **Bloqueios DDL** — DDL significa Data Definition Language, em geral CREATE, ALTER e assim por diante. Os bloqueios DDL protegem a definição da estrutura de objetos.
- **Bloqueios e engates internos** — Esses são os bloqueios que o Oracle usa para proteger suas estruturas internas de dados. Por exemplo, quando o Oracle analisar uma consulta e gera um plano otimizado de consulta, ele 'engatará' o cache de biblioteca, para colocar aquele plano lá para o uso de outras sessões. Um engate é um dispositivo em série de peso leve de baixo nível empregado por Oracle — semelhante em função a um bloqueio.
- **Bloqueios distribuídos** — São usados por OPS para garantir que recursos nos diversos nós permaneçam consistentes com relação uns aos outros. Os bloqueios distribuídos são contidos por uma cópia de banco de dados, não por transações individuais.
- **Bloqueios PCM (Parallel Cache Management)** São os bloqueios que protegem um ou mais blocos de dados armazenados no cache de buffer, através de múltiplas cópias.

Agora veremos em mais detalhes os tipos específicos de bloqueios dentro de cada uma dessas classes gerais e as implicações de seus usos. Existem mais tipos de bloqueio do que eu poderia cobrir aqui. Aqueles que estou cobrindo são os mais comuns e os que são mantidos por um longo tempo. Os outros tipos de bloqueio geralmente são mantidos por períodos muito curtos.

Bloqueios DML

Os bloqueios DML são usados para garantir que apenas uma pessoa de cada vez modifique uma fileira, e que ninguém possa soltar uma tabela na qual você esteja trabalhando. O Oracle irá colocar esses bloqueios para você, mais ou menos transparentemente, à medida que você trabalha.

Bloqueios TX (Transaction)

Um bloqueio TX é adquirido quando uma transação inicia sua primeira mudança, e é mantido até que a transação faça uma COMMIT ou ROLLBACK. Ele é usado como um mecanismo de fila, para que outras sessões possam esperar que a transação se complete. Toda e qualquer fileira que você modificar ou SELECT FOR UPDATE 'indicará' para um bloqueio TX associado. Ainda que pareça caro, não é. Para entender porque, precisamos de um entendimento conceitual de onde 'vivem' os bloqueios e como eles são gerenciados. Em Oracle, os bloqueios são armazenados como um atributo dos dados (veja o Capítulo 2, para uma visão geral do formato de bloco Oracle). O Oracle não tem um gerenciador tradicional de bloqueio que mantenha uma longa lista de cada fileira que ele bloqueou no sistema. Muitos outros bancos de dados fazem daquela forma, pois para eles os bloqueios são um recurso esparso, cujo uso precisa ser monitorado. Quanto mais bloqueios em uso, mais eles precisam gerenciar, portanto é uma preocupação nesses sistemas se estão sendo usados bloqueios 'demais'.

Se o Oracle tivesse um gerenciador tradicional de bloqueio, o ato de bloquear uma fileira se pareceria com:

1. Encontrar o endereço da fileira que você deseja bloquear.
2. Ficar em linha com o gerenciador de bloqueio (precisa ser em série, é uma estrutura comum em-memória).
3. Bloquear a lista.
4. Buscar através da lista para ver se alguém mais bloqueou essa fileira.
5. Criar uma nova entrada na lista para estabelecer o fato de que você bloqueou a fileira.
6. Desbloquear a lista.

Agora que você bloqueou a fileira, pode modificá-la. Depois, quando comprometer as suas mudanças, é preciso:

7. Ficar novamente em linha.
8. Bloquear a lista de bloqueios.
9. Buscar através dela e liberar todos os seus bloqueios.
10. Desbloquear a lista.

Como você pode ver, quantos mais bloqueios adquiridos, mais tempo é gasto nessa operação, tanto antes quanto depois de modificar os dados. O Oracle não faz dessa forma. Ele faz mais como isto:

1. Encontre o endereço da fileira que você deseja bloquear.
2. Vá para a fileira.
3. Bloqueie-a (esperando por ela, se ela já estiver bloqueada, a menos que a operação NOWAIT esteja sendo usada).

É isso. Ponto. Visto que o bloqueio é armazenado como um atributo dos dados, o Oracle não precisa de um gerenciador de bloqueio tradicional. A nossa transação simplesmente irá para os dados e a bloqueará (se já não estiver bloqueada). A coisa interessante é que os dados podem parecer bloqueados quando chegarmos a eles, ainda que não estejam. Quando bloqueamos fileiras de dados em Oracle, um ID de transação é associado ao bloco contendo os dados e, quando o bloqueio é liberado, aquele ID de transação é deixado para trás. Esse ID de transação é único em nossa transação, e representa o número, trilha e número de seqüência de segmento de retorno. Deixamos aquilo no bloco que contém a nossa fileira, para dizer às outras sessões que 'possuímos esses dados' (não todos os dados no bloco, apenas aquela fileira que estamos modificando). Quando surge uma nova sessão, ela vê o ID de bloqueio e, pelo fato de que ele representa uma transação, pode ver rapidamente se a transação contendo o bloqueio ainda está ativa. Se ela não estiver ativa, os dados são dela. Se ainda estiver ativa, aquela sessão pedirá para ser notificada assim que ela encerrar. Assim, temos um mecanismo de fila: a sessão solicitando o bloqueio ficará na fila, aguardando que aquela transação se complete e depois obterá os dados.

Eis um pequeno exemplo, mostrando como isso acontece. Usaremos três tabelas V$ para ver como isso funciona:

- V$TRANSACTION, que contém uma entrada para cada transação ativa.
- V$SESSION, que nos mostra a sessão que registrou a entrada.
- V$LOCK, que contém uma entrada para todos os bloqueios que estiverem sendo contidos, assim como para todas as sessões que estejam aguardando em bloqueios.

Primeiro, vamos iniciar uma transação:

```
tkyte@TKYTE816> update dept set deptno = deptno+10;
4 rows updated.
```

Agora, vamos ver a posição do sistema nesse ponto:

```
tkyte@TKYTE816> select username,
  2                  v$lock.sid,
  3                  trunc(id1/power(2, 16)) rbs,
  4                  bitand(id1, to_number('ffff', 'xxxx'))+0 slot,
  5                  id2 seq,
  6                  lmode,
  7                  request
  8    from v$lock, v$session
  9    where v$lock.type = 'TX'
 10    and v$lock.sid = v$session.sid
 11       and v$session.username = USER
 12  /

USERNAME           SID     RBS   SLOT      SEQ     LMODE    REQUEST
--------          -----    ---   ----     -----    -----    -------
TKYTE               8       2     46       160       6         0

tkyte@TKYTE816> select XIDUSN, XIDSLOT, XIDSQN
  2         from v$transaction
  3  /

  XIDUSN           XIDSLOT         XIDSQN
  ------          --------        --------
     2               46             160
```

Os pontos interessantes a observar aqui são:

- O LMODE é 6 na tabela V$LOCK e a solicitação é 0. Se você referir-se à definição da tabela V$LOCK no *Oracle Server Reference Manual*, descobrirá que LMODE=6 é um bloqueio exclusivo. Um valor de 0 na solicitação significa que não estamos fazendo uma solicitação — temos o bloqueio.
- Só há uma fileira nessa tabela. Essa tabela V$LOCK é mais uma tabela de fila do que uma tabela de bloqueio. Muitas pessoas esperam que haja quatro fileiras em V$LOCK, pois temos quatro fileiras bloqueadas. No entanto, é preciso lembrar que o Oracle não armazena uma lista principal de cada fileira bloqueada em qualquer lugar. Para descobrir se uma fileira está bloqueada, precisamos ir para aquela fileira.
- Peguei as colunas ID1 e ID2 e fiz nelas alguma modificação. O Oracle precisava salvar três números de 16 bits, mas só tinha aquelas duas colunas para fazê-lo. Assim, a primeira coluna ID1 contém dois desses números. Dividindo por 2^16 com trunc(id1/power(2, 16)) rbs e mascarando os bits altos com bitand(id1, to_number('ffff', 'xxxx'))+0 slot, sou capaz de obter os dois números que estão ocultando aquele número.
- Os valores RBS, SLOT e SEQ combinam as informações de V$TRANSACTION. Esse é o meu ID de transação.

Começaremos agora uma outra sessão, usando o mesmo nome de usuário, atualizaremos algumas fileiras em EMP e depois tentaremos atualizar DEPT:

```
tkyte@TKYTE816> update emp set ename = upper(ename);
14 rows updated.

tkyte@TKYTE816> update dept set deptno = deptno-10;
```

Agora estou bloqueado nessa sessão. Se executarmos consultas V$ novamente, veremos:

```
tkyte@TKYTE816> select username,
  2                 v$lock.sid,
  3                 trunc(id1/power(2, 16)) rbs,
  4                 bitand(id1, to_number('ffff', 'xxxx'))+0 slot,
  5                 id2 seq,
  6             lmode,
  7             request
  8     from v$lock, v$session
  9    where v$lock.type = 'TX'
 10      and v$lock.sid = v$session.sid
 11      and v$session.username = USER
 12  /

USERNAME        SID       RBS      SLOT       SEQ    LMODE   REQUEST
--------        ---       ---      ----       ---    -----   -------
TKYTE             8         2        46       160        6         0
TKYTE             9         2        46       160        0         6
TKYTE             9         3        82       163        6         0

tkyte@TKYTE816> select XIDUSN    , XIDSLOT, XIDSQN
  2         from v$transaction
  3  /

 XIDUSN       XIDSLOT       XIDSQN
 ------       -------       ------
      3            82          163
      2            46          160
```

O que vemos aqui é que uma nova transação começou, com um ID de transação de (3,82,163). A nossa nova sessão, SID=9, dessa vez tem duas fileiras em V$LOCK. Uma fileira representa os bloqueios que ela possui (onde LMODE=6). Ela também tem uma fileira em três, que mostra uma REQUEST com valor de 6. Essa é uma solicitação para bloqueio exclusivo. A coisa interessante a notar aqui é que os valores RDB/SLOT/SEQ dessa fileira de solicitação são o ID de transação do *holder* do bloqueio. A transação com SID=8 está bloqueando a transação com SID=9. Podemos ver isso mais explicitamente, fazendo uma auto-união de V$LOCK:

```
tkyte@TKYTE816> select
                      (select username from v$session where sid=a.sid) blocker,
  2           a.sid,
  3           ' is blocking ',
  4           (select username from v$session where sid=b.sid) blockee,
  5                 b.sid
  6      from v$lock a, v$lock b
  7     where a.block = 1
  8       and b.request > 0
  9       and a.id1 = b.id1
 10       and a.id2 = b.id2
 11  /

BLOCKER      SID    'ISBLOCKING'    BLOCKEE      SID
-------      ---    ------------    -------      ---
TKYTE          8    is blocking     TKYTE          9
```

Agora, se comprometermos nossa transação original, SID=8 e, executarmos novamente nossa consulta, descobriremos que a fileira de solicitação se foi:

```
tkyte@TKYTE816> select username,
  2                  v$lock.sid,
  3                      trunc(id1/power(2, 16)) rbs,
  4                      bitand(id1, to_number('ffff', 'xxxx'))+0 slot,
  5                  id2 seq,
  6              lmode,
  7                  request, block
  8      from v$lock, v$session,
  9      where v$lock.type = 'TX'
 10          and v$lock.sid = v$session.sid
 11          and v$session.username = USER
 12      /

USERNAME      SID     RBS     SLOT     SEQ     LMODE     REQUEST
--------      ---     ---     ----     ---     -----     -------
TKYTE          9       3       82      163       6           0

tkyte@TKYTE816 > select XIDUSN, XIDSLOT, XIDSQN
  2                from v$transaction
  3      /

XIDUSN          XIDSLOT         XIDSQN
------          -------         ------
    3              82             163
```

O pedido de fileira desapareceu no momento em que a outra sessão desistiu de seu bloqueio. Aquele pedido de fileira era o mecanismo de fila. O banco de dados é capaz de ativar as sessões bloqueadas no momento em que a transação é completada.

Há muitas outras 'bonitas' exibições com várias ferramentas GUI, mas em um apanhado, ter conhecimento das tabelas que você precisa olhar é muito útil.

Entretanto, antes de podermos dizer que temos um bom entendimento de como a fileira bloqueando em Oracle funciona, precisamos olhar uma última peça, isto é, como as informações de bloqueio de transação são gerenciadas com os próprios dados. É parte do código extra de bloqueio. No Capítulo 2, discutimos como o formato básico de um bloco incluía antes um espaço 'de código extra', onde armazenar uma tabela de transação para aquele bloco. Essa tabela de transação contém uma entrada para cada transação 'real' que tenha bloqueado alguns dados naquele bloqueio. O tamanho dessa estrutura é controlado por dois parâmetros de atributo físico na declaração CREATE de um objeto:

- ❏ INITRANS — o tamanho inicial, pré-alocado, dessa estrutura. Isso padroniza para 2 em índices e para 1 em tabelas.
- ❏ MAXTRANS — o tamanho máximo até o qual essa estrutura pode crescer. Ele padroniza para 255.

Assim, por padrão, cada bloco começa a vida com uma ou duas trilhas de transação. O número de transações ativas simultâneas que um bloco pode vir a ter é restrito pelo valor de MAXTRANS e pela disponibilidade de espaço no bloco. Você pode não ser capaz de conseguir 255 transações consecutivas no bloco se não houver espaço suficiente para aumentar essa estrutura.

Podemos demonstrar artificialmente como isso funciona, criando uma tabela com uma restrição MAXTRANS. Por exemplo:

```
tkyte@TKYTE816> create table t ( x int ) maxtrans 1;
Table created.

tkyte@TKYTE816> insert into t values ( 1 );
1 row created.
```

```
tkyte@TKYTE816> insert into t values ( 2 ) ;
1 row created.

tkyte@TKYTE816> commit;
Commit complete.
```

Agora, em uma sessão, emitimos:

```
tkyte@TKYTE816> update t set x = 3 where x = 1;
1 row updated.
```

e em outra:

```
tkyte@TKYTE816> update t set x = 4 where x = 2;
```

Agora, como aquelas duas fileiras estão sem dúvida no mesmo bloco de banco de dados e ajustamos MAXTRANS (o grau máximo de consecução para aquele bloco) para uma, a segunda sessão será bloqueada. Isso demonstra o que acontece quando mais de uma transação MAXTRANS tenta acessar o mesmo bloco simultaneamente. Da mesma forma, o bloqueio também pode ocorrer se INITRANS estiver ajustado baixo e não houver espaço suficiente em um bloco para expandir dinamicamente a transação. Na maioria dos casos, os padrões de 1 e 2 de INITRANS é suficiente, pois a tabela de transação crescerá dinamicamente (se o espaço permitir), mas em alguns ambientes você pode precisar aumentar esse ajuste para aumentar a consecução e diminuir as esperas. Um exemplo de quando você pode precisar fazer isso seria uma tabela ou, até mais freqüentemente, um índice (pois os blocos de índice podem ter muito mais fileiras neles do que uma tabela pode conter), que é modificado com freqüência. Podemos precisar aumentar INITRANS para ajustar, além de antecipar tempo suficiente para espaço no bloco para o número esperado de transações consecutivas. Isso é verdade especialmente se for esperado que os blocos estejam quase cheios para começar, significando que não há espaço para a expansão dinâmica da estrutura de transação no bloco.

Bloqueios TM (DML enfileirada)

Esses bloqueios são usados para garantir que a estrutura de uma tabela não seja alterada enquanto você modifica seu conteúdo. Por exemplo, se você tiver atualizado uma tabela, obterá um bloqueio TM nela. Isso evitará que outro usuário execute os comandos DROP ou ALTER naquela tabela. Se ele tentar fazer uma DDL na tabela enquanto você tiver nela um bloqueio TM, receberá a mensagem de erro:

```
drop table dept
               *
ERROR at line 1:
ORA-00054: resource busy and acquire with NOWAIT specified
```

Em princípio, essa é uma mensagem confusa, visto que não há, de forma alguma, método para especificar NOWAIT (não esperar) ou WAIT (esperar) em uma DROP TABLE. É apenas uma mensagem genérica que você recebe quando tenta fazer uma operação que seria em bloco, mas a operação não permite fazer bloqueio. Conforme vimos antes, essa é a mesma mensagem que você recebe se emitir uma SELECT FOR UPDATE NOWAIT em uma fileira bloqueada.

Abaixo, vemos como esses bloqueios apareceriam para nós, na tabela V$LOCK:

```
tkyte@TKYTE816> create table t1 ( x int );
Table created.

tkyte@TKYTE816> create table t2 ( x int );
Table created.

tkyte@TKYTE816> insert into t1 values ( 1 );
1 row created.

tkyte@TKYTE816> insert into t2 values ( 1 );
1 row created.
```

```
tkyte@TKYTE816> select username,
  2                     v$lock.sid,
  3                        id1, id2,
  4                     lmode,
  5                        request, block, v$lock.type
  6    from v$lock, v$session
  7   where v$lock.sid = v$session.sid
  8     and v$session.username = USER
  9  /

USERNAME         SID        ID1       ID2     LMODE    REQUEST     BLOCK     TY
--------         ---        ---       ---     -----    -------     -----     ---
TKYTE             8        24055        0       3         0          0       TM
TKYTE             8        24054        0       3         0          0       TM
TKYTE             8       327697      165       6         0          0       TX

tkyte@TKYTE816> select object_name, object_id from user_objects;

OBJECT_NAME                           OBJECT_ID
-------------------                   ---------
T1                                       24054
T2                                       24055
```

Enquanto só conseguimos um bloqueio TX por transação, podemos conseguir tantos bloqueios TM quantos objetos modificarmos. Aqui, a coisa interessante é que a coluna ID1 do bloqueio TM é o objeto ID do objeto bloqueado DML, assim é fácil encontrar os objetos onde o bloqueio estiver sendo mantido.

Um lado interessante do bloqueio TM: o número total de bloqueios TM no sistema é configurável por você (para detalhes, veja a definição do parâmetro DML_LOCKS init.ora no manual *Oracle8i Server Reference*). De fato, ele pode ser configurado para zero. Isso não significa que o seu banco de dados vá tornar-se um banco de dados apenas de leitura (sem bloqueios), mas ao contrário, que DDL não é permitida. Isso é útil em muitos aplicativos especializados, como OPS, para reduzir a quantidade de coordenação entre cópias, que caso contrário aconteceria. Também é possível remover a habilidade de ganhar blocos TM em uma base objeto-por-objeto, usando o comando ALTER TABLE TABLENAME DISABLE TABLE LOCK.

Bloqueios DDL

Os bloqueios DDL são automaticamente colocados em objetos durante uma operação DDL, para protegê-los contra mudanças por outras sessões. Por exemplo, se eu realizar uma operação DDL ALTERTABLE T, a tabela T terá um bloqueio DDL exclusivo colocado nela, evitando que outras sessões obtenham bloqueios DDL e bloqueios TM nessa tabela. Os bloqueios DDL são mantidos pela duração da declaração DDL e liberados imediatamente depois. Na verdade, isso sempre é feito envolvendo declarações DDL em comprometimentos implícitos (ou um par comprometimento/retorno). É por esse motivo que DDL sempre compromete em Oracle. Cada declaração CREATE, ALTER e outras, de fato é executada conforme mostrado nesta espécie de código:

```
Begin
        Commit;
        DDL-STATEMENT
        Commit
Exception
        When others then rollback;
End;
```

Então, a DDL será sempre comprometida, ainda que sem sucesso. DDL começa comprometendo — esteja ciente disso. Ela se compromete primeiro, de forma que se tiver que retornar, não retornará a sua transação. Se você executar DDL, ela tornará permanente qualquer trabalho extraordinário que você tenha feito, mesmo que DDL não seja bem sucedida. Se você precisar executar DDL mas não quiser comprometer sua transação existente, pode usar uma transação autônoma (veja o Capítulo 15, para mais detalhes).

Existem três tipos de bloqueios DDL:

- ❏ **Bloqueios exclusivos DDL** — Evitam que outras sessões obtenham um bloqueio DDL ou TM (DML) por si próprias. Isso significa que você pode consultar uma tabela durante uma operação DDL, mas não modificá-la.

- **Bloqueios DDL compartilhados** — Protege a estrutura do objeto referenciado contra modificação por outras sessões, mas permite modificações aos dados.
- **Bloqueios de análise quebradiços** — Permite a um objeto, como um plano de consulta armazenado em uma combinação compartilhada, registrar sua confiança em algum outro objeto. Se você fizer DDL naquele objeto, o Oracle revisará a lista de objetos que registraram sua dependência e os invalidará. Assim, esses 'bloqueios' são 'quebradiços'; não evitam a ocorrência da DDL.

A maior parte de DDL toma um bloqueio DDL **exclusivo**. Se você emitir uma declaração como:

```
Alter table t add new_column date;
```

a tabela T não estará disponível para modificação durante a execução daquela declaração. A tabela pode ser consultada usando SELECT durante esse tempo, mas a maioria das outras operações será evitada, inclusive todas as declarações DDL. Em Oracle 8i, algumas operações DDL agora podem ocorrer sem bloqueios DDL. Por exemplo, posso emitir:

```
create index t_idx on t(x) ONLINE;
```

A palavra chave ONLINE modifica o método pelo qual o índice na verdade é montado. Em vez de tomar um bloqueio DDL exclusivo, evitando modificações de dados, o Oracle só tentará adquirir um bloqueio TM (modo 2) de baixo nível na tabela. Efetivamente, isso evitará que outras DDL sejam colocadas, mas também permitirá que DDL ocorra normalmente. O Oracle consegue isso mantendo um registro de modificações feitas na tabela durante a declaração DDL e aplicando essas mudanças ao novo índice, quando ele termina CREATE. Isso aumenta muito a disponibilidade de dados.

Outros tipos de DDL usam bloqueios DDL **compartilhados**. São tomados contra objetos dependentes quando você cria objetos compilados, armazenados, tais como procedimentos e vistas. Por exemplo, se você executar:

```
Create view MyView
as
select *
        from emp, dept
    where emp.deptno = dept.deptno;
```

Os bloqueios DDL compartilhados serão colocados em ambos, EMP e DEPT, enquanto o comando CREATE VIEW estiver sendo processado. Podemos modificar o conteúdo dessas tabelas, mas não podemos modificar suas estruturas.

O último tipo de bloqueio DDL é um bloqueio de **análise quebradiço**. Quando a sua sessão analisa uma declaração, um bloqueio de análise é tomado em cada objeto referido por aquela declaração. Esses bloqueios são tomados de modo a permitir que a declaração analisada, armazenada, seja invalidade (fluida) na combinação compartilhada, se um objeto referido é solto ou alterado, de alguma forma.

Uma vista que é valiosa para buscar essas informações é a DBA_DDL_LOCKS. Não há vista V$ para olharmos. A vista DBA_DDL_LOCKS é montada na mais misteriosa das tabelas V$ e, por padrão, ela não será instalada em seu banco de dados. Você pode instalar essa e outras vistas de bloqueio executando o script CATBLOCK.SQL, encontrado no diretório [ORACLE_HOME]/rdbms/admin. Esse script precisa ser executado como o usuário SYS para ter sucesso. Quando você tiver executado esse script, poderá executar uma consulta na vista. Por exemplo, em um banco de dados de um único usuário eu vejo:

```
tkyte@TKYTE816> select * from dba_ddl_locks;

session                                                         mode  held
     id     OWNER    NAME                    TYPE               mode  reqe
    ---     -----    ----                    ----               ----  ----
      8     SYS      DBMS_APPLICATION_INFO   Body               Null  None
      8     SYS      DBMS_APPLICATION_INFO   Table/Procedure/Type  Null  None
      8     SYS      DBMS_OUTPUT             Table/Procedure/Type  Null  None
      8     SYS      DBMS_OUTPUT             Body               Null  None
      8     TKYTE    TKYTE                   18                 Null  None
      8     SYS      DATABASE                18                 Null  None

6 rows selected.
```

Esses são todos os objetos que a minha sessão está 'bloqueando'. Tenho bloqueios de análise quebradiços em um par de pacotes DBMS_*. Há um efeito colateral no uso de SQL*PLUS; ele chama DBMS_APPLICATION_INFO, por exemplo. Aqui posso ver mais de uma cópia de vários objetos — isso é normal, e significa apenas que estou usando mais de uma coisa na combinação compartilhada, que se refere a esses objetos. É interessante notar que na vista a coluna OWNER não é a proprietária do bloqueio; em vez disso, ela é a proprietária do objeto sendo bloqueado. Por isso é que você vê muitas fileiras SYS — SYS possuindo esses pacotes, mas todos pertencem à minha sessão.

Para ver um bloqueio de análise quebradiço em ação, primeiro criaremos e executaremos P, um procedimento armazenado:

```
tkyte@TKYTE816> create or replace procedure p as begin null; end;
  2   /
Procedure created.

tkyte@TKYTE816> exec P

PL/SQL procedure successfully completed.
```

O procedimento, P, agora aparecerá na vista DBA_DDL_LOCKS. Temos nele um bloqueio analisado:

```
tkyte@TKYTE816> select * from dba-ddl_locks;

session                                                        mode held
     id    OWNER    NAME                    TYPE               mode reqe
    ---    -----    ----                    ----               ---- ----
      8    TKYTE    P                       Table/Procedure/Type  Null None
      8    SYS      DBMS_APPLICATION_INFO   Body                  Null None
      8    SYS      DBMS_APPLICATION_INFO   Table/Procedure/Type  Null None
      8    SYS      DBMS_OUTPUT             Table/Procedure/Type  Null None
      8    SYS      DBMS_OUTPUT             Body                  Null None
      8    TKYTE    TKYTE                   18                    Null None
      8    SYS      DATABASE                18                    Null None

7 rows selected.
```

Depois, recompilamos nosso procedimento e consultamos novamente a vista:

```
tkyte@TKYTE816> alter procedure p compile;

Procedure altered.

tkyte@TKYTE816> select * from dba_ddl_locks;

session                                                        mode held
     id    OWNER    NAME                    TYPE               mode reqe
    ---    -----    ----                    ----               ---- ----
      8    SYS      DBMS_APPLICATION_INFO   Body                  Null None
      8    SYS      DBMS_APPLICATION_INFO   Table/Procedure/Type  Null None
      8    SYS      DBMS_OUTPUT             Table/Procedure/Type  Null None
      8    SYS      DBMS_OUTPUT             Body                  Null None
      8    TKYTE    TKYTE                   18                    Null None
      8    SYS      DATABASE                18                    Null None

6 rows selected.
```

Descobrimos que agora P está faltando na vista — o nosso bloqueio analisado foi quebrado.

Essa vista é útil para você, como desenvolvedor, quando ela descobre que alguma parte do código não compila no teste ou no sistema de desenvolvimento — ele flutua e eventualmente se encerra. Isso indica que alguém mais o está usando (na verdade, executando) e você pode usar essa vista para ver quem pode ser. O mesmo acontecerá com GRANTS e outros tipos de DDL no objeto. Você não pode conceder EXECUTE em um procedimento que esteja sendo executado, por exemplo. Pode usar o mesmo método que acima para descobrir os bloqueadores potenciais e de espera.

Engates e bloqueios internos (enfileirados)

Os engates e enfileirados são dispositivos em série, de peso leve, usados para coordenar acesso de múltiplos usuários a estruturas de dados compartilhados, objetos e arquivos.

Os engates são bloqueios que mantidos por períodos de tempo extremamente curtos, por exemplo, o tempo que demora em modificar uma estrutura de dados em-memória. Eles são usados para proteger determinadas estruturas de memória, como o cache de buffer de bloco de banco de dados ou o cache de biblioteca na combinação compartilhada (conforme descrito no Capítulo 2). Tipicamente, os engates são internamente solicitados, em um modo 'disposto a aguardar'. Isso significa que, se o engate não estiver disponível, a sessão solicitante dormirá por um curto período de tempo e tentará novamente a operação, mais tarde. Outros engates podem ser solicitados em um modo 'imediato', significando que o processo irá fazer outra coisa que não sentar e aguardar que o engate torne-se disponível. Como muitos solicitantes podem estar aguardando por um engate ao mesmo tempo, é possível ver alguns processos esperando mais tempo do que outros. Os engates são designados mais aleatoriamente, com base no 'sucesso do desenho', se você preferir. Qualquer sessão que peça por um engate logo após ele ter sido liberado o obterá. Não há fila de espera por engates, apenas uma 'multidão' aguardando constantemente para tentar de novo.

O Oracle usa instruções atômicas, como 'testar e ajustar' para operar nos engates. Como as instruções para ajustar e liberar engates são atômicas, o próprio sistema operacional garante que só um processo o obterá. Visto que é apenas uma instrução, ela pode ser bem rápida. Os engates são mantidos por curtos períodos de tempo e oferecem um mecanismo para limpeza, no caso de um engate mais antigo 'morrer' anormalmente enquanto o estiver contendo. Esse processo de limpeza seria realizado por PMON.

As filas são um outro dispositivo em série, mais sofisticado, usado ao atualizar fileiras em uma tabela de banco de dados, por exemplo. Elas diferem de engates por permitirem que o solicitante 'entre na fila' e aguarde pelo recurso. Com uma solicitação de engate, o solicitante é dito para ficar fora, indo ou não engatar. Com uma fila, o solicitante será bloqueado até que seja de fato ativado. Como tal, elas não são tão rápidas como podem ser os engates, mas oferecem uma funcionalidade superior à de um engate. As filas podem ser obtidas em vários níveis, assim você pode ter muitos bloqueios 'compartilhados' e bloqueios com diversos graus de 'compartilhamento'.

Bloqueio manual e bloqueios definidos por usuário

Até agora vimos mais os bloqueios que o Oracle, transparentemente, coloca para nós. Quando atualizamos uma tabela, o Oracle coloca um bloqueio TM nela, para evitar que outras sessões soltem aquela tabela (ou façam a maioria de DDL, na verdade). Temos os bloqueios TX, que são deixados nos vários blocos que modificamos, para que os outros possam dizer quais dados 'possuímos'. O banco de dados emprega bloqueios DDL para proteger objetos de mudança enquanto nós mesmos os estamos alterando. Ele usa engates e bloqueios internamente para proteger a sua própria estrutura. Agora, vamos ver como podemos nos envolver em alguma dessas ações de bloqueio. Nossas opções são:

- Bloquear dados manualmente, através de uma declaração SQL.
- Criar os nossos próprios bloqueios, através do pacote DBMS_LOCK.

Discutiremos rapidamente porque você pode querer fazer cada um desses.

Bloqueio manual

Na verdade, já vimos um par de casos onde podemos querer usar o bloqueio manual. A declaração SELECT...FOR UPDATE é o método predominante para bloquear dados manualmente. Nós a usamos em exemplos anteriores, para evitar o aspecto de perda de atualização, através do qual uma sessão sobregravaria mudanças de uma outra sessão. Vimos que ela usou um método de acesso em série para detalhar registros, de modo a reforçar regras comerciais (o exemplo de recursos programados do Capítulo 1).

Também podemos bloquear dados manualmente, usando a declaração LOCK TABLE. Na verdade, isso só é usado raramente, devido à aspereza do bloqueio. Ele simplesmente bloqueia a tabela, não as fileiras nela. Se você começar a modificar as fileiras, elas serão 'bloqueadas' como normais. Assim, não é um método para salvar em recursos (pois ele poderia estar em outros RDBMSs). Você poderia usar a declaração LOCK TABLE IN EXCLUSIVE MODE se estivesse escrevendo uma grande atualização de bloco que pudesse afetar a maioria das fileiras em determinada tabela e se quisesse ter certeza de que nenhuma iria 'bloqueá-lo'. Bloqueando a tabela dessa forma, você pode ter certeza que sua atualização será capaz de fazer todo o seu trabalho sem ser bloqueada por outras transações. Entretanto, seria o aplicativo raro que tem uma declaração LOCK TABLE nele.

Como criar os seus próprios bloqueios

Na verdade, o Oracle expõe aos desenvolvedores o mecanismo de bloqueio enfileirado que ele usa internamente, através do pacote DBMS_LOCK (que cobriremos em muito mais detalhes no Apêndice A). Você pode estar imaginando por que iria querer criar os seus próprios bloqueios. A resposta é bem específica de aplicativo. Por exemplo, você poderia usar esse pacote para fazer acesso em série a algum recurso externo a Oracle. Digamos que você esteja usando a rotina UTL_FILE que lhe permite escrever em um arquivo no sistema de arquivo do servidor. Você poderia ter desenvolvido uma rotina de mensagem comum, que cada aplicativo chama para registrar mensagens. Como o arquivo é externo, o Oracle não coordena os muitos usuários tentando modificá-lo simultaneamente. É onde entra o pacote DBMS_LOCK. Agora, antes de você abrir, escrever e fechar o arquivo, irá solicitar um bloqueio, chamado depois do arquivo, no modo exclusivo, e depois de fechar o arquivo você irá liberar manualmente o bloqueio. Dessa forma, só uma pessoa de cada vez será capaz de escrever uma mensagem nesse arquivo. Todos os demais ficarão na fila. O pacote DBMS_LOCK permite liberar manualmente um bloqueio quando tiver terminado com ele, ou desistir automaticamente quando você compromete, ou mesmo para mantê-lo ativado, enquanto você está registrado.

O que é controle de consecução?

Os controles de consecução são coleções de funções que o banco de dados oferece para permitir a muitas pessoas acessarem e modificarem dados simultaneamente. A implementação de bloqueio no banco de dados é talvez o fator mais crucial na determinação do grau de consecução que o seu aplicativo pode suportar (basicamente, quão bem ele irá escalonar). Como discutimos anteriormente, existem muitos tipos diferentes de bloqueios — de bloqueios TX de transação, que são extremamente escalonáveis tanto em termos de desempenho quanto de cardinalidade (tendo você um ou um bilhão deles), a bloqueios TM e DDL (aplicados no modo menos restritivo, sempre que possível), até os bloqueios internos que o Oracle emprega para intermediar o acesso a suas estruturas de dados compartilhados, do mecanismo de peso muito leve e rápido de engate ao mais pesado, mas rico em recursos, de fila.

Porém, o controle de consecução vai além de bloqueios. Existem outras coisas que o banco de dados pode fazer para oferecer acesso controlado a dados, ainda assim altamente consecutivo. Por exemplo, há um recurso de Oracle chamado múltiplas versões (apresentado no Capítulo 1). Como o Oracle usa múltiplas versões para oferecer muitas vistas de dados de consistência de leitura, temos um efeito colateral bem agradável, que um leitor de dados nunca será bloqueado por um escritor de dados — escritas não bloqueiam leituras. Essa é uma das diferenças fundamentais entre Oracle e os demais bancos de dados existentes. Uma consulta de leitura em Oracle nunca será bloqueada, nunca causará impasse em uma outra sessão e nunca obterá uma resposta que não existisse no banco de dados.

O modelo de múltiplas versões do Oracle para consistência de leitura é sempre aplicado no nível de declaração (em toda e qualquer consulta) e também pode ser aplicado no de transação. O que eu gostaria de fazer nesta seção é demonstrar como as múltiplas versões se ligam aos vários níveis de isolamento de transação definidos no padrão SQL92.

Níveis de isolamento de transação

O padrão ANSI/SQL92 define quatro níveis de isolamento de transação, com diferentes possíveis resultados para a mesma cena de transação. Isto é, o mesmo trabalho realizado da mesma forma, com as mesmas entradas, pode resultar em respostas diferentes, dependendo do seu nível de isolamento. Esses níveis de isolamento são definidos em termos de três 'fenômenos' que são ou não permitidos, em determinado nível de isolamento:

- **Leitura suja** — O significado disso é tão ruim quanto parece. Você tem permissão para ler dados não comprometidos, ou 'sujos'. Esse é o efeito que seria conseguido simplesmente abrindo um arquivo de OS que alguém mais está escrevendo e lendo quaisquer dados que por acaso estivessem lá. A integridade dos dados é comprometida, chaves estrangeiras são violadas, restrições únicas são ignoradas.

- **LEITURA não-REPETÍVEL** — Isso significa simplesmente que se você ler uma fileira no tempo T1 e tentar ler de novo aquela fileira no tempo T2, a fileira pode ter mudado. Ela pode ter desaparecido, pode ter sido atualizada e assim por diante.

❑ **Leitura fantasma** — Significa que, se você executou uma consulta no tempo T1 e a executou de novo no tempo T2, fileiras adicionais podem ter sido acrescentadas ao banco de dados, o que afetará seus resultados. Isso difere da leitura não repetível, pois nesse caso os dados que você já leu não foram mudados, ao contrário, aqueles dados satisfazem *mais* seus critérios de consulta do que antes.

Os níveis de isolamento SQL92 são definidos com base em se eles permitem ou não cada um dos fenômenos acima:

Nível de Isolamento	Leitura suja	Leitura não repetível	Leitura fantasma
LEITURA NÃO COMPROMETIDA	Permitida	Permitida	Permitida
LEITURA COMPROMETIDA		Permitida	Permitida
REPETÍVEL			Permitida
LEITURA EM SÉRIE PERMITÍVEL			

Explicitamente, o Oracle suporta os níveis de isolamento READ COMMITTED e SERIALIZABLE, como eles são definidos no padrão. No entanto, isso não conta toda a estória. O padrão SQL92 estava tentando ajustar níveis de isolamento que pudessem permitir vários graus de consistência a consultas feitas em cada nível. REPEATABLE READ é o nível de isolamento que eles reivindicam irá garantir um resultado de leitura consistente de uma consulta. Em sua definição, READ COMMITTED não oferece a você resultados consistentes e READ UNCOMMITTED é o nível a ser usado para conseguir leituras não bloqueadas.

Em Oracle, READ COMMITTED tem todos os atributos exigidos para conseguir consultas consistentes de leitura. Em outros bancos de dados, consultas READ COMMITTED podem, e retornarão, respostas que nunca existiram no banco de dados, em qualquer ocasião. Além do mais, o Oracle também suporta o *espírito* de READ UNCOMMITTED. O objetivo de oferecer uma leitura suja é fornecer uma leitura não em bloqueio, enquanto as consultas não estejam bloqueadas e não bloqueiem atualizações dos mesmos dados. Porém, o Oracle não precisa de leituras sujas para atingir esse objetivo, nem as suporta. As leituras sujas são uma implementação que outros bancos de dados precisam usar para fornecer leituras não em bloqueio.

Além dos quatro níveis de isolamento definidos por SQL92, o Oracle oferece um outro, apenas de leitura. Uma transação apenas de leitura é equivalente a uma REPEATABLE READ ou SERIALIZABLE apenas de leitura em SQL92. Ela só vê aquelas mudanças que foram comprometidas quando a transação começou, mas insere atualizações e remoções não permitidas nesse modo (outras sessões podem atualizar dados, mas não a transação apenas de leitura). Usando esse modo você consegue REPEATABLE READ e SERIALIZABLE, sem fantasmas.

Vamos nos dirigir agora para a discussão de exatamente como as múltiplas versões e a consistência de leitura se ajustam nos esquemas de isolamento acima, e como outros bancos de dados que não suportam múltiplas versões conseguiriam os mesmos resultados. Isso é instrutivo para qualquer um que tenha usado um outro banco de dados e acredite saber como os níveis de isolamento precisam funcionar. Também é interessante ver como um padrão que se supunha remover as diferenças de bancos de dados, SQL92, na verdade as permite. O padrão, enquanto muito detalhado, pode ser implementado de várias maneiras.

Leitura não comprometida (READ UNCOMMITTED)

O nível de isolamento READ UNCOMMITTED só permite leituras sujas. O Oracle não usa leituras sujas, nem ao menos as permite. O objetivo básico de um nível de isolamento READ UNCOMMITTED é oferecer uma definição baseada em padrões que reúnam leituras não bloqueadas. Como vimos, o Oracle oferece por padrão leituras de não bloqueio. Se você fosse fortemente pressionado a fazer uma consulta de bloco SELECT no banco de dados (há o caso especial de uma transação em-dúvida distribuída, que discutimos no Capítulo 4). Cada consulta individual, seja ela uma SELECT, INSERT ou DELETE, se executa de uma maneira consistente de leitura.

No Capítulo 1, o método de Oracle de obter consistência de leitura foi demonstrado na forma de um exemplo de conta. Agora, vamos rever aquele exemplo, para discutir em mais detalhes o que acontece em Oracle, usando múltiplas versões e o que aconteceria em quaisquer outros bancos de dados. De novo, estamos imaginando uma fileira de banco de dados por bloco.

Começaremos com a mesma tabela e consulta básica:

```
create table accounts
( account_number number primary key,
    account_balance number
);

select sum(account_balance) from accounts;
```

Antes da consulta começar temos os seguintes dados:

Fileira	Número de conta	Saldo de conta
1	123	US$500.00
2	456	US$240.25
...	...	...
342,023	987	US$100.00

Agora, a nossa declaração selecionada começa a executar e lê a fileira 1, a fileira 2 e assim por diante. Em algum ponto, enquanto estamos no meio da consulta, uma transação move US$400.00 da conta 123 para a conta 987. Essa transação faz duas atualizações, mas não compromete. Agora, a tabela se parece com isto:

Fileira	Número de conta	Saldo de conta	BLOQUEADO
1	123	(US$500.00) mudou para US$100.00	X
2	456	US$240.25	
...	...	...	
342,023	987	(US$100.00) mudou para US$500.00	X

Assim, duas daquelas fileiras foram bloqueadas — se alguém tentasse atualizá-las, elas estariam bloqueadas. Quanto a esse comportamento que estamos vendo, é mais ou menos consistente através de todos os bancos de dados. A diferença estará no que acontece quando a consulta chega aos dados bloqueados.

Quando a consulta que estamos executando chega ao bloco bloqueado, irá notar que os dados nele mudaram desde o início de sua execução. Para oferecer uma resposta consistente (certa), nesse ponto o Oracle criará o bloco com os dados bloqueados, como ele existia quando a consulta começou. Isto é, o Oracle faz um retorno no bloqueio — ele lê em torno dele, reconstruindo-o a partir do segmento de retorno. Uma resposta consistente e correta volta, sem esperar que a transação se comprometa.

Agora, um banco de dados que tenha permitido uma leitura suja simplesmente retornaria o valor visto na conta 987 quando ele a leu, nesse caso, US$500. A consulta contaria duas vezes os US$400 transferidos e apresentaria um total nunca existente na tabela de contas, em qualquer tempo. Em um banco de dados de múltiplos usuários, uma leitura suja pode ser um aspecto perigoso e, pessoalmente, nunca vi utilidade nela. Ela não apenas retorna a resposta errada, como pode ver dados que na verdade nunca existiram no banco de dados em qualquer ocasião. Digamos que, em vez de transferir, a transação de fato estivesse apenas depositando US$400 na conta 987. A leitura suja contaria os US$400 e obteria a resposta 'certa', não é? Bem, supondo que a transação não comprometida fosse retornada. Acabamos de contabilizar US$400 que na verdade nunca estiveram no banco de dados.

O ponto aqui é que a leitura suja não é um recurso — ao contrário, é um compromisso. Em Oracle, ela simplesmente não é necessária. Você tem todas as vantagens de uma leitura suja (sem bloqueio) sem quaisquer dos resultados incorretos.

Leitura comprometida
(READ COMMITTED)

O nível de isolamento READ COMMITTED declara que uma transação só pode ler dados que foram comprometidos antes do início da transação. Não há leituras sujas. Pode haver leituras não REPEATABLE READs (releituras da mesma fileira retornam uma resposta diferente) e leituras fantasma (fileiras recém inseridas, que não eram visíveis anteriormente na transação, tornam-se visíveis a uma consulta). READ COMMITTED é talvez o nível de isolamento mais comumente usado em aplicativos de banco de dados em qualquer lugar. É raro ver usado um nível de isolamento diferente.

O isolamento READ COMMITTED não é curto e seco como parece. Se você olhar para a matriz acima, ele parece direto. Obviamente, dadas as regras acima, uma consulta executada em qualquer banco de dados usando o isolamento READ COMMITTED se comportaria da mesma maneira, não é? Não. Se você consultar múltiplas fileiras em uma única declaração, na maioria dos outros bancos de dados o isolamento READ COMMITTED poderia ser tão ruim como uma leitura suja, dependendo da implementação.

Em Oracle, usando múltiplas versões e consultas de leitura consistente, a resposta que obtemos da consulta de contas é a mesma que em READ COMMITTED, como estava no exemplo READ UNCOMMITTED. O Oracle reconstruirá os dados modificados como eles apareceram quando a consulta começou, retornando a resposta que estava no banco de dados quando a consulta iniciou.

Vamos ver agora como o nosso exemplo acima poderia funcionar no modo READ COMMITTED em outros bancos de dados — você pode achar a resposta surpreendente. Pegaremos o nosso exemplo no ponto descrito na tabela anterior:

- Estamos no meio da tabela. Lemos e resumimos as primeiras N fileiras.
- A outra transação moveu US$400 da conta 123 para a 987.
- Ela ainda não foi comprometida, assim as fileiras 123 e 987 estão bloqueadas.

Sabemos o que acontece em Oracle quando ele chegar à conta 987 — ele irá ler em volta dos dados modificados, descobrir que seria US$100 e terminar. Vejamos agora como um outro banco de dados, executando em algum modo padrão READ COMMITTED, poderia chegar à resposta:

Tempo	Consulta	Transação de transferência de conta
T1	Lê fileira 1, soma = US$500 até agora.	
T2	Lê fileira 2, soma = US$740.25 até agora.	
T3		Atualiza fileira 1, coloca um bloqueio exclusivo no bloco 1, evitando outras atualizações e leituras. Agora, a fileira 1 tem US$100.
T4	Lê fileira N, soma = ...	
T5		Atualiza fileira 342023, coloca um bloqueio exclusivo nesse bloco. Agora, a fileira tem US$500.
T6	Lê a fileira 342023, descobre que ela foi modificada. Essa sessão será bloqueada e aguardará que esse bloqueio torne-se disponível. Todo o processamento nessa consulta é interrompido.	
T7		Compromete a transação.
T8	Lê a fileira 342,023, vê US$500 e apresenta a resposta final.	

A primeira coisa a observar é que esse outro banco de dados, depois de chegar à conta 987, bloqueará nossa consulta. Essa sessão precisa esperar naquela fileira, até que a transação contendo o bloqueio exclusivo comprometa. Esse é um dos motivos pelos quais muitas pessoas têm um mau hábito de comprometer no meio de suas transações. As atualizações interferem com leituras, na maioria de outros bancos de dados. As notícias realmente ruins nesse cenário são que estamos fazendo o usuário final esperar pela resposta *errada*. Você ainda receberá uma resposta que nunca existiu no banco de dados, naquela ocasião, como com a leitura suja, mas dessa vez teve que esperar pela resposta errada.

A lição importante aqui é que vários bancos de dados executando no mesmo nível de isolamento, aparentemente seguro, podem, e retornarão respostas muito diferentes sob exatamente as mesmas circunstâncias. É importante entender que, em Oracle, as leituras não bloqueadas não são tão ruins à custa de respostas certas. Às vezes você pode pegar o seu bolo e comê-lo também.

Leitura repetível (REPEATABLE READ)

O objetivo de REPEATABLE READ em SQL92 é oferecer um nível de isolamento que dê respostas consistentes, certas, e evite perda de atualizações. Veremos ambos os exemplos, o que temos a ver com o Oracle conseguir isso e o que acontece em outros sistemas.

Como obter uma resposta consistente

Se tenho um isolamento REPEATABLE READ, o resultado de determinada consulta precisa ser consistente com relação a algum período de tempo. A maioria dos bancos de dados (não Oracle) consegue REPEATABLE READ através do uso de bloqueios de leitura compartilhados, no nível de fileira. Um bloqueio de leitura compartilhado evita que outras sessões modifiquem os dados que você leu. Claro que isso diminui a consecução. O Oracle optou pelo modelo mais consecutivo, de múltiplas versões, para fornecer a leitura de respostas consistentes.

Em Oracle, usando múltiplas versões, você obtém uma resposta que é consistente com relação ao período de tempo em que a consulta começou a ser executada. Em outros bancos de dados, usando bloqueios de leitura compartilhados, você obtém uma resposta que é consistente com relação ao período de tempo em que a consulta se completa — isto é, pode obter toda a resposta (mais sobre isso em um momento).

Em um sistema que emprega um bloqueio de leitura compartilhado para oferecer REPEATABLE READs, você veria fileiras em uma tabela sendo bloqueadas, à medida que a consulta as processasse. Assim, usando o exemplo acima, como a nossa consulta lê a tabela de contas, os bloqueios de leitura compartilhados em cada fileira seriam:

Tempo	Consulta	Transação de transferência de conta
T1	Lê a fileira 1, soma = US$500 até agora.	
T2	Lê a fileira 2, soma = US$740.25 até agora. O bloco 2 tem nele um bloqueio de leitura compartilhado.	
T3		Tenta atualizar a fileira 1 mas é bloqueada. A transação é interrompida até que ela possa obter bloqueio exclusivo.
T4	Lê a fileira N, soma = ...	
T5	Lê a fileira 342023, vê US$100 e apresenta a resposta final.	
T6	Compromete a transação.	
T7		Atualiza a fileira 1, coloca um bloqueio exclusivo nesse bloco. Agora a fileira tem US$100.
T8		Atualiza a fileira 342023, coloca nesse bloco um bloqueio exclusivo. Agora a fileira tem US$500. Compromete.

Essa tabela mostra que agora temos a resposta certa, mas à custa de fazer em série, fisicamente, as duas transações. Esse é um dos efeitos colaterais de bloqueios de leitura compartilhados em respostas consistentes: *leitores de dados bloquearão escritores de dados*. Isso além do fato que, nesses sistemas, os escritores de dados bloquearão os leitores de dados.

Assim, você pode ver como os bloqueios de leitura compartilhados inibem a consecução, mas eles também podem ocasionar erros espúrios. Nesse exemplo, começamos com a tabela original, mas dessa vez com o objetivo de transferir US$50.00 da conta 987 para a conta 123:

Tempo	Consulta	Transação de transferência de conta
T1	Lê a fileira 1, soma = US$500 até agora. O bloco 1 tem nele um bloqueio de leitura compartilhado.	
T2	Lê a fileira 2, soma = US$740.25 até agora. O bloco 2 tem nele um bloqueio de leitura compartilhado.	
T3		Atualiza a fileira 342023, coloca um bloqueio exclusivo no bloco 342023, evitando outras atualizações e bloqueios de leitura compartilhados. Agora essa fileira tem US$50.
T4	Lê a fileira N, soma = ...	
T5		Tenta atualizar a fileira 1 mas está bloqueada. A transação é suspensa até ela poder obter um bloqueio exclusivo.
T6	Tenta ler a fileira 342023, mas não pode pois um bloqueio exclusivo já está colocado.	

Acabamos de atingir a clássica condição de impasse. Nossa consulta contém recursos de que a atualização precisa e vice-versa. Nossa consulta acabou de sofrer o impasse com a transação de atualização. Uma delas será escolhida como a vítima e será morta. Acabamos de perder muito tempo e muitos recursos apenas para falhar e sermos retornados ao final. Esse é o segundo efeito colateral de bloqueios de leitura compartilhados: *os leitores e escritores de dados podem, e com freqüência o farão, causar impasses uns nos outros.*

Como vimos em Oracle, temos consistência de leitura em termos de declaração sem leituras bloqueando escritas ou impasses. O Oracle nunca usa bloqueios de leitura compartilhados — *jamais*. Oracle escolheu o esquema mais difícil de implementar, mas infinitamente mais consecutivo de múltiplas versões.

Prevenção de perda de atualização

Um uso comum de REPEATABLE READ seria para a prevenção de perda de atualização. Se tivermos capacitado REPEATABLE READ, isso não pode acontecer. Por definição, uma releitura daquela fileira na mesma sessão resultará no retorno de exatamente os mesmos dados.

Em bancos de dados que não Oracle, uma REPEATABLE READ pode ser implementada usando SELECT FOR UPDATE e bloqueios de leitura compartilhados. Se dois usuários selecionarem a mesma fileira para atualização, ambos colocação um bloqueio de leitura compartilhado naqueles dados. Quando o primeiro usuário tentar atualizar, será bloqueado. Quando o segundo usuário tentar atualizar, acontecerá o impasse. Isso não é o ideal, mas evita a perda de atualização.

Em Oracle, se quisermos REPEATABLE READ, mas se não quisermos exatamente fazer acesso em série, fisicamente, a uma tabela com SELECT FOR UPDATE NOWAIT (conforme demonstrado anteriormente no capítulo), de fato precisaremos ajustar o nível de isolamento para SERIALIZABLE. SERIALIZABLE engloba os níveis de isolamento mais baixos assim, se é possível fazer SERIALIZABLE, é possível fazer REPEATABLE READ.

Em Oracle, uma transação SERIALIZABLE é implementada para que a consistência de leitura que normalmente obtemos em termos de declaração seja estendida para a transação. Isto é, as respostas a cada consulta que executaremos em nossa transação serão fixadas ao período de tempo em que a transação tiver começado. Nesse modo se:

```
Select * from T;
Begin dbms_lock.sleep( 60*60*24 ); end;
Select * from T;
```

As respostas retornadas de T seriam iguais, ainda que apenas dormíssemos por 24 horas (ou poderíamos obter um erro ORA-1555, snapshot too old). O nível de isolamento iria nos garantir que essas duas consultas sempre retornariam os mesmos resultados. O Oracle faz isso da mesma forma que oferece uma consulta de leitura consistente. Ele usa os segmentos de retorno para reconstruir os dados que existiam quando nossa transação começou, em vez de apenas quando nossa declaração começou. Entretanto, em um modo de transação SERIALIZABLE, se tentássemos atualizar os dados e descobríssemos que naquela ocasião os dados tinham mudado desde que nossa transação havia começado, receberíamos um erro sobre não ser capaz de fazer acesso em série. Em breve cobriremos isso em mais detalhes.

É claro que essa não é uma abordagem ótima para nosso aplicativo de RH (recursos humanos). O que aconteceria naquele aplicativo é que ambos os usuários consultariam os dados; ambos os usuários atualizariam os dados na tela. O primeiro usuário salvaria suas mudanças e seria bem sucedido. No entanto, o segundo usuário receberia um erro quando tentasse salvar suas mudanças. Ele simplesmente perderia muito tempo para nada. Precisaria reiniciar a transação, receber suas mudanças e fazer tudo de novo. Seria evitada a perda de atualização, mas ao preço de um usuário final aborrecido. Porém, se uma situação surge onde é exigido REPEATABLE READ e você não espera que transações tentem atualizar as mesmas fileiras, o uso do modo SERIALIZABLE é uma solução possível.

SERIALIZABLE

Geralmente, esse é considerado o nível mais restritivo de isolamento de transação, mas oferece o grau mais alto de isolamento. Uma operação SERIALIZABLE opera em um ambiente que a faz parecer como se não existissem outros usuários modificando os dados no banco de dados; o banco de dados será 'congelado' na ocasião em a sua consulta começar. A sua transação vê consistentemente o banco de dados, em um único ponto no tempo. Os efeitos laterais (mudanças) feitas por outras transações não são vistos nele, independente de quanto tempo tenha estado executando. SERIALIZABLE **não** significa que todas as transações executadas pelos usuários sejam iguais, como se tivessem sido executadas uma depois da outra, em série. Não implica que haja alguma organização em série das transações que levariam ao mesmo resultado. Esse último ponto é um conceito freqüentemente mal entendido, uma pequena demonstração irá esclarecê-lo. A seguinte tabela representa duas sessões trabalhando ao longo do tempo. As tabelas A e B do banco de dados começam vazias e são criadas como a seguir:

```
tkyte@TKYTE816> create table a ( x int );
Table created.

tkyte@TKYTE816> create table b ( x int );
Table created.
```

Agora, temos a seguinte série de eventos:

Tempo	Sessão 1 executa	Sessão 2 executa
0:00	Altera ajuste de sessão isolation_level=serializable;	
0:01		Altera ajuste de sessão isolation_level=serializable;
0:02	Insere em um select count(*) from b;	
0:03		Insere em b select count(*) de a;
0:04	Compromete;	
0:05		Compromete;

Agora, quando tudo isso está dito e feito — as tabelas A e b cada uma terá uma fileira com o valor zero nela. Se tivesse havido alguma organização 'em série' das transações, não poderíamos ter ambas as tabelas contendo o valor zero. Se a Sessão 1 executasse antes da Sessão 2 a tabela B teria uma contagem de 1. Se a Sessão 2 executasse antes da Sessão 1 a tabela A teria uma contagem de 1. Como executado acima, entretanto, ambas as tabelas terão uma contagem de *zero*. Elas foram executadas como se fossem a única transação no banco de dados, naquela ocasião. Não importa quantas vezes a Sessão 1 tenha consultado a tabela B, a contagem considerada será a comprometida no banco de dados no tempo 0:00. Da mesma maneira, não importa quantas vezes a Sessão 2 tenha consultado a tabela A, ela será igual ao que era no tempo 0:01.

No Oracle, a serialização é conseguida estendendo a consistência de leitura que obtemos no nível de declaração para o de transação. Em vez dos resultados serem consistentes em relação ao início de uma declaração, já se encontram organizados no início da transação. Há aqui um pensamento bastante profundo — o banco de dados já conhece a resposta para qualquer pergunta que você possa fazer a ele, antes de você perguntar.

Esse grau de isolamento tem um preço — tal preço é o erro:

```
ERROR at line 1:
ORA-08177: can't serialize access for this transaction
```

Você obterá essa mensagem sempre que tentar atualizar uma fileira que tenha mudado desde o começo de sua transação. O Oracle toma uma abordagem otimista para com a serialização; ele joga com o fato de que os dados que a sua transação deseja atualizar não serão atualizados por qualquer outra transação. Essa é, tipicamente, a maneira com que acontece, e depois o jogador paga, especialmente em sistemas de tipo OLTP. Se ninguém mais atualizar os seus dados durante a transação, esse nível de isolamento, que irá gerar diminuição de consecução em outros sistemas, oferecerá o mesmo grau de consecução como faria sem transações SERIALIZABLE. O lado inverso a isso é que você pode obter o erro ORA-08177 se o jogo não parar. Porém, se pensar sobre isso, vale a pena arriscar. Se você estiver usando a transação SERIALIZABLE, não deve esperar atualizar as mesmas informações como outras transações. Se o fizer, deve usar SELECT...FOR UPDATE, como mostrado acima, e isso fará o acesso em série. Por tanto, se você:

- ❏ Tiver uma alta probabilidade de ninguém mais modificar os mesmos dados;
- ❏ Precisar de consistência de leitura no nível de transação;
- ❏ Estará fazendo transações curtas (para ajudar a tornar o primeiro ponto uma realidade);

usar um nível de isolamento de SERIALIZABLE será atingível e eficiente. O Oracle julga esse método escalonável o bastante para executar todos os seus TPC-Cs (um teste de bancada OLTP de padrão industrial, veja http://www.tcp.org para detalhes). Em muitas outras implementações, você pode ver isso sendo conseguido com bloqueios de leitura compartilhados e seus impasses correspondentes, e bloqueios. Aqui em Oracle, não obtemos qualquer bloqueio, mas obteremos o ORA-08177 se outras sessões mudarem os dados que também queremos mudar. Entretanto, não o teremos tão freqüentemente como teríamos impasses e bloqueios em outros sistemas.

Transações apenas de leitura

As transações apenas de leitura são muito semelhantes às transações SERIALIZABLE, a única diferença sendo que elas não permitem modificações, portanto não são suscetíveis ao erro ORA-08177. As transações apenas de leitura pretendem suportar necessidades de relatório, onde o conteúdo do relatório precisa ser consistente em relação a um único ponto no tempo. Em outros sistemas, você usaria a REPEATABLE READ e sofreria os efeitos associados do bloqueio de leitura compartilhado. Em Oracle, você usará a transação apenas de leitura. Nesse modo, a saída produzida em um relatório que usa 50 declarações SELECT para reunir os dados será consistente em relação a um único ponto no tempo — o tempo em que a transação começou. Você será capaz de fazer isso sem bloquear uma única peça de dados, em lugar algum.

Isso é conseguido usando as mesmas múltiplas versões usadas em declarações individuais. Os dados são reconstruídos conforme necessário, a partir dos segmentos de retorno, e apresentados a você como existiam quando o relatório começou. As transações apenas de leitura, no entanto, não são livres de problemas. Enquanto que poderíamos ver um ORA-08177 em uma transação SERIALIZABLE, poderíamos esperar ver um erro ORA-1555 snapshot too old com transações apenas de leitura. Isso acontecerá em um sistema onde outras pessoas estejam modificando, ativamente, as informações que estivermos lendo. As mudanças delas (desfazer) são registradas nos segmentos de retorno. Mas os segmentos de retorno são usados de uma maneira circular, muito parecido com a maneira dos registros de refazer. Quanto mais tempo o relatório leva para executar, maior será a possibilidade de não existir mais algum desfazer que precisarmos para reconstrução de nossos dados. O segmento de retorno estará envolvido, e a parte dele que precisarmos terá sido reutilizada por alguma outra transação. Nesse ponto, você receberá o ORA-1555 e terá que começar tudo de novo. A única solução para esse aspecto pegajoso é ter segmentos de retorno corretamente dimensionados para o seu sistema. De tempos em tempos, vejo as pessoas tentando economizar alguns MBs de espaço em disco, tendo os menores segmentos de retorno possíveis (por que 'desperdiçar' espaço em algo que na verdade não preciso?). O problema é que os segmentos de retorno são um componente chave na forma que o banco de dados trabalha, e a menos que eles sejam dimensionados corretamente, você chegará a esse erro. Em 12 anos usando Oracle 6, 7 e 8, posso dizer que nunca cheguei a um ORA-1555 fora de um teste ou sistema de desenvolvimento. Se você chegar lá, saberá que não dimensionou corretamente os segmentos de retorno e os corrigirá. Voltaremos a esse aspecto no Capítulo 5.

Resumo

Nesta seção, cobrimos muito material que às vezes faz quebrar a sua cabeça. Enquanto bloquear é bastante direto, alguns dos efeitos colaterais não são. No entanto, é vital que você entenda esses aspectos. Por exemplo, se você não estiver ciente da tabela de bloqueio que o Oracle usa para reforçar um relacionamento de chave estrangeira quando a chave estrangeira não está indexada, seu aplicativo sofrerá de pobre desempenho. Se você não entendeu como rever o dicionário de dados para ver o que estava bloqueando de quem, pode nunca descobrir isso. Simplesmente você iria supor que às vezes o banco de dados 'flutua'. Às vezes, eu gostaria de ganhar um dólar por cada vez que fui capaz de solucionar um aspecto de flutuação 'insolúvel', simplesmente executando a consulta para detectar chaves estrangeiras não indexadas e sugerindo que indexássemos aquela que estava causando o problema — eu seria muito rico.

Demos uma olhada no significado dos níveis de isolamento ajustados no padrão SQL92 e como os outros bancos de dados implementam seu significado, comparado a Oracle. Vimos que, em outras implementações, aquelas que empregam bloqueios de leitura para fornecer dados consistentes, há um imenso desacordo entre consecução e consistência. Para obter o acesso altamente consecutivo aos dados, você teria que diminuir suas necessidades de respostas consistentes. Vimos como em Oracle isso não é o caso — tudo devido às múltiplas versões. Essa curta tabela resume o que você poderia esperar em um banco de dados que emprega bloqueio de leitura contra as múltiplas versões de Oracle:

Nível de isolamento	Implementação	Escritas bloqueiam	Leituras bloqueiam leituras	Leitura sensíveis escritas	Resultados errados de de impasse	Perda de atualizações consulta	Limites de escalonamento de bloqueio
READ UNCOMMITTED	Bloqueio de leitura	Não	Não	Não	Sim	Sim	Sim
READ COMMITTED	(Outros bancos de dados)	Sim	Não	Não	Sim	Sim	Sim
REPEATABLE READ		Sim	Sim	Sim	Não	Não	Sim
SERIALIZABLE		Sim	Sim	Sim	Não	Não	Sim
READ COMMITTED	Múltiplas versões	Não	Não	Não	Não	Não*	Não
SERIALIZABLE	(Oracle)	Não	Não	Não	Não	Não	Não

*Com select for update nowait

Os controles de consecução e como o banco de dados os implementa são coisas sobre as quais, definitivamente, você deseja ter algum conhecimento. Tenho estado cantando em orações sobre múltiplas versões e consistência de leitura, mas como tudo mais no mundo, é uma faca de dois gumes. Se você não entender o que está lá e como funciona, cometerá erros no design do aplicativo. Pense no exemplo do recurso de agenda, do Capítulo 1. Em um banco de dados sem múltiplas versões e suas leituras de não bloqueio associadas, a lógica original empregada pelo programa pode muito bem ter trabalhado. Porém, essa lógica se partiria quando implementada em Oracle — faria com que a integridade de dados fosse comprometida. A menos que você saiba como ela funciona, escreverá programas que corrompem dados. É simples assim.

4
Transações

As transações são dos principais recursos que distinguem um banco de dados de um arquivo de sistema. Em um sistema de arquivo, se você estiver no meio da escrita de um arquivo e o sistema operacional quebrar, esse arquivo provavelmente será corrompido. É verdade que existem sistemas de arquivo de 'registro diário' e similares que podem ser capazes de recuperar seu arquivo até algum ponto no tempo. Entretanto, se você precisar manter dois arquivos sincronizados, isso não ajudará — se você atualizasse um arquivo e o sistema falhasse antes da atualização do segundo estar terminada, você só teria arquivos fora de sincronia.

Esse é o principal objetivo de transações no banco de dados — elas levam o banco de dados de uma posição consistente para a próxima. Esse é o trabalho delas. Quando você compromete trabalho no banco de dados, está seguro de que ou todas as suas mudanças foram salvas ou nenhuma delas foi salva. Além do mais, você tem a certeza de que são efetuadas as várias regras e verificações que implementam a integridade de dados.

As transações de banco de dados devem exibir atributos descritos pelas **propriedades ACID**. ACID é um acrônimo de:

- **Atomicity** — Uma transação acontece inteiramente ou nada dela acontece.
- **Consistency** — Uma transação leva o banco de dados de uma posição consistente para a seguinte.
- **Isolation** — Os efeitos de uma transação podem não ser visíveis a outras transações até que a transação esteja comprometida.
- **Durability** — Quando uma transação é comprometida ela é permanente.

As transações em Oracle exibem todas as características acima. Neste capítulo, discutiremos as implicações de atomicidade e como ela afeta as declarações em Oracle. Cobriremos as declarações de controle de transação, como COMMIT, SAVEPOINT e ROLLBACK, e discutiremos como as restrições de integridade e tais são reforçadas em uma transação. Veremos também porque você pode ter alguns maus hábitos de transação se tiver estado desenvolvendo em outros bancos de dados. Veremos as transações distribuídas e o **comprometimento de duas fases**. Finalmente, veremos alguns aspectos do mundo real relativos às transações, como eles são registrados e qual a função que os segmentos de retorno podem exercer.

Declarações de controle de transação

Não há declaração de 'começo de transação' em Oracle. Implicitamente, uma transação começa com a primeira declaração que modifica os dados (a primeira declaração que obtém um bloqueio TX). Emitindo uma declaração COMMIT ou uma ROLLBACK, explicitamente encerra as transações. Você deve encerrar sempre explicitamente suas transações com uma COMMIT ou ROLLBACK — caso contrário a ferramenta/ambiente que estiver sendo utilizada pegará uma ou outra para você. Se sair de sua sessão SQL*PLUS normalmente, sem comprometer ou retornar, SQL*PLUS irá supor que você deseja comprometer o seu trabalho, e o fará. Se por outro lado, você encerrar um programa Pro*C, ocorrerá um retorno.

Em Oracle as transações são atômicas — ou cada declaração que compreende a transação é comprometida (tornada permanente) ou todas as declarações são retornadas. Essa proteção é ampliada também para declarações individuais. Uma declaração pode prosseguir inteiramente ou ser totalmente retornada. Observe que eu disse que a *declaração* é retornada. A falha de uma declaração não leva as declarações já executadas a serem automaticamente retornadas. O trabalho delas é preservado e precisa ser comprometido ou retornado por você. Antes de entrarmos em detalhes de exatamente o que significa uma declaração e uma transação serem 'atômicas', veremos algumas das diversas declarações de controle de transação disponíveis:

- COMMIT — Em sua forma mais simples, você só emite COMMIT. Você poderia ser mais prolixo e dizer COMMIT WORK, mas as duas são equivalentes. Uma COMMIT encerra sua transação e torna permanentes (duráveis) quaisquer mudanças. Existem extensões para a declaração COMMIT, usadas em transações distribuídas. Essas extensões permitem rotular uma COMMIT (rotular uma transação) com algum comentário significativo e forçar o comprometimento em uma transação distribuída em-dúvida.
- ROLLBACK — Em sua forma mais simples, você apenas emite ROLLBACK. De novo, você poderia ser mais prolixo e dizer ROLLBACK WORK, mas as duas são equivalentes. Um retorno encerra sua transação e desfaz quaisquer mudanças extras não comprometidas. Ela faz isso lendo informações armazenadas nos segmentos de retorno e recuperando os blocos de banco de dados para a posição em que estavam antes do início de sua transação.
- SAVEPOINT — Uma SAVEPOINT permite que você crie um 'ponto marcado' dentro de uma transação. Podem existir muitos SAVEPOINTS dentro de uma única transação.
- ROLLBACK TO <SAVEPOINT> — Essa é usada com o comando SAVEPOINT acima. Você pode retornar sua transação para aquele ponto marcado sem retornar qualquer trabalho antecedente a ele. Assim, você poderia emitir duas declarações UPDATE seguidas por uma SAVEPOINT e depois duas declarações DELETE. Se acontecer um erro ou algum tipo de condição excepcional durante a execução das declarações DELETE, a transação retornará para a SAVEPOINT nomeada, desfazendo as DELETEs, mas não as declarações UPDATE.
- SET TRANSACTION — Essa declaração permite que você ajuste vários atributos de transação, tais como o seu nível de isolamento e se ela é apenas de leitura ou de leitura e escrita. Também é possível usar essa declaração para orientar a transação para usar um segmento de retorno específico.

E é isso — não há mais nada. As declarações de controle usadas com mais freqüência são COMMIT e ROLLBACK. A declaração SAVEPOINT tem um objetivo de certa forma especial. Internamente, o Oracle a usa com freqüência, e você também pode encontrar algum uso para ela em seu aplicativo.

Agora que tivemos uma rápida visão geral das declarações de controle de transação, estamos prontos para ver o que quero dizer com atomicidade de declaração e transação. Considere a seguinte declaração:

```
Insert into t values ( 1 ) ;
```

Parece bastante claro que, se ela falhar devido a uma violação de restrição, nossa fileira não será incluída. No entanto, considere o seguinte exemplo, onde uma inserção ou remoção na tabela T acende um disparador que ajusta a coluna cnt na tabela T2, apropriadamente:

```
tkyte@TKYTE816> create table t2 ( cnt int );
Table created.

tkyte@TKYTE816> insert into t2 values (0);
1 row created.

tkyte@TKYTE816> create table t (x int check ( x>0));
Table created.

tkyte@TKYTE816> create trigger t_trigger
  2     before insert or delete on t for each row
  3     begin
  4         if ( inserting ) then
  5             update t2 set cnt = cnt +1;
  6         else
  7             update t2 set cnt = cnt -1;
```

```
8              end if;
9              dbms_output.put_line('I fired and updated ' ||
                                    sql%rowcount || ' rows');
10      end;
11      /
Trigger created.
```

Nessa situação está menos claro o que deveria acontecer. Se o erro acontecer *depois* que o disparador tiver incendiado, ocorrem ou não os efeitos do disparador? Isto é, se o disparador atingisse e atualizasse T2, mas a fileira não fosse inserida em T, qual seria o resultado? Claramente, a resposta é que não iríamos querer que a coluna cnt em T2 fosse aumentada se uma fileira de fato não fosse interida em T. Felizmente, em Oracle, a declaração original do cliente, nesse caso INSERT INTO T, ou seria totalmente bem sucedida ou falharia completamente. Essa declaração é atômica. Podemos confirmar isso como a seguir:

```
tkyte@TKYTE816> set serveroutput on

tkyte@TKYTE816> insert into t values ( 1 );
I fired and updated 1 rows

1 row created.

tkyte@TKYTE816> insert into t values (-1 );
insert into t values (-1)
*
ERROR at line 1:
ORA-02290: check constraint (TKYTE.SYS_C001570) violated

tkyte@TKYTE816> exec null /* this is needed to retrieve the dbms_output */
I fired and updated 1 rows

PL/SQL procedure successfully completed.

tkyte@TKYTE816> select * from t2;

     CNT
-----
       1
```

Inserimos com sucesso uma fileira em T, recebendo devidamente a mensagem I fired and updated 1 rows. A seguinte declaração INSERT viola a restrição de integridade que temos em T. Eu precisaria de exec NULL para executar uma declaração Null, e fazer com que SQL*PLUS me mostrasse as informações DBMS_OUTPUT (visto que SQL*PLUS não imprimirá o buffer DBMS_OUTPUT depois de uma SELECT), mas isso mostra que, de novo, o disparador incendiou e atualizou uma fileira. Talvez esperássemos que agora T2 tivesse valor 2, mas vimos que ela tem valor 1. O Oracle fez uma inserção original atômica.

Ele o faz silenciosamente, envolvendo uma SAVEPOINT em torno de cada uma de nossas chamadas. As duas inserções acima realmente foram tratadas assim:

```
Savepoint statement1;
    Insert into t values ( 1 );
If error then rollback to statement1;
Savepoint statement2;
    Insert into t values ( -1 );
If error then rollback to statement2;
```

Para programadores acostumados a Sybase ou SQLServer, inicialmente, isso pode parecer confuso. *Exatamente o oposto é verdade* naqueles bancos de dados. Os disparadores em tais sistemas executam independentemente de incendiar a declaração. Se eles encontram um erro, o disparador precisa retornar explicitamente o seu próprio trabalho e depois levantar um outro erro, para retornar a declaração disparando. Caso contrário, o trabalho feito por um disparador será preservado ainda que a declaração disparando ou parte dela falhe.

Em Oracle, essa atomicidade em termos de declaração se estende tão fundo quanto necessário. Se no exemplo acima a INSERT INTO T incendiou um disparador que atualiza uma outra tabela e aquela tabela tem um disparador que apaga de uma outra tabela (e assim por diante), o trabalho de *todos* será bem sucedido, ou *nenhum* será. Não é preciso codificar nada especial para garantir isso — é como ela funciona.

É interessante notar que o Oracle também considera blocos PL/SQL anônimos como declarações. Considere o seguinte procedimento armazenado:

```
tkyte@TKYTE816> create or replace procedure p
  2    as
  3    begin
  4            insert into t values ( 1 );
  5            insert into t values (-1 );
  6    end;
  7    /
Procedure created.

tkyte@TKYTE816> select * from t;
no rows selected

tkyte@TKYTE816> select * from t2;

       CNT
    -----
         0
```

Assim, temos um procedimento que sabemos que irá falhar. A segunda inserção, nesse caso, também falhará. Vejamos o que acontece se simplesmente executarmos aquele procedimento armazenado:

```
tkyte@TKYTE816> begin
  2            p;
  3    end;
  4    /
I fired and updated 1 rows
I fired and updated 1 rows
begin
*
ERROR at line 1:
ORA-02290: check constraint (TKYTE.SYS_C001570) violated
ORA-06512: at "TKYTE.P", line 5
ORA-06512: at line 2

tkyte@TKYTE816> select * from t;

no rows selected

tkyte@TKYTE816> select * from t2;

       CNT
    -----
         0
```

Como você pode ver, o Oracle tratou a chamada do procedimento armazenado como uma declaração atômica. O cliente submeteu um bloco de código, BEGIN P; END; e o Oracle envolveu uma SAVEPOINT em torno dele. Como P falhou, Oracle recuperou o banco de dados de volta ao ponto em que estava exatamente antes dele ser chamado. Agora, se submetermos um bloco ligeiramente diferente, teremos resultados completamente diferentes:

```
tkyte@TKYTE816> begin
  2            p;
  3    exception
  4            when others then null;
  5    end;
  6    /
```

```
I fired and updated 1 rows
I fired and updated 1 rows

PL/SQL procedure successfully completed.

tkyte@TKYTE816> select * from t;

        X
     ---
        1

tkyte@TKYTE816> select * from t2;

     CNT
     ---
       1
```

Aqui, executamos um bloco de código que ignorou todo e qualquer erro, e a diferença no resultado é imensa. Enquanto a primeira chamada a P não efetuou mudanças, aqui a primeira INSERT foi bem sucedida e a coluna cnt em T2 foi aumentada de acordo. O Oracle considerou a 'declaração' como sendo o bloco que o cliente submeteu. Essa declaração foi bem sucedida, pegando e ignorando o próprio erro, assim que 'If error then rollback...' não foi efetivado e o Oracle não retornou à SAVEPOINT depois da execução. Assim, o trabalho parcial executado por P foi preservado. O motivo disso é que, primeiro, temos atomicidade em termos de declaração dentro de P — cada declaração em P é atômica. P torna-se o cliente de Oracle quando submete suas duas declarações INSERT. Cada INSERT ou é completamente bem sucedida ou falha. Isso é evidenciado pelo fato de que vemos o disparador em T ativado duas vezes e atualizado duas vezes em T2, ainda assim a contagem em T2 só reflete uma atualização. A segunda INSERT executada em P teve uma SAVEPOINT implícita envolvendo-a.

A diferença entre os dois blocos de código é sutil, e algo que você precisa considerar em seus aplicativos. Acrescentar um alavancador de exceção em um bloco de código PL/SQL pode mudar radicalmente seu comportamento. Uma maneira mais certa de codificar isso, recuperando a atomicidade em termos de declaração em todo o bloco PL/SQL, seria:

```
tkyte@TKYTE816> begin
  2                  savepoint sp;
  3                  p;
  4      exception
  5                  when others then
  6                       rollback to sp;
  7      end;
  8    /
I fired and updated 1 rows
I fired and updated 1 rows

PL/SQL procedure successfully completed.

tkyte@TKYTE816>
tkyte@TKYTE816> select * from t;

no rows selected

tkyte@TKYTE816> select * from t2;

     CNT
     ----
        0
```

Aqui, imitando o trabalho que o Oracle faz normalmente para nós com a SAVEPOINT, somos capazes de recuperar o comportamento original enquanto ainda pegando e 'ignorando' o erro.

Restrições de integridade e transações

É interessante observar exatamente quando as restrições de integridade são marcadas. Por padrão, elas são marcadas depois de cada declaração SQL inteira ter sido processada. Observe que eu disse 'declaração SQL' e não apenas 'declaração'. Se eu tiver muitas declarações SQL em um procedimento armazenado PL/SQL, cada declaração SQL terá a sua restrição de integridade imediatamente validada depois de sua execução individual, não depois do procedimento armazenado se completar. A marcação de restrição de integridade pode ser programaticamente retardada até que a transação se comprometa, ou até que você, o desenvolvedor, queira validá-la.

Então, por que as restrições são validadas *depois* que a declaração SQL executa, não enquanto executa? Isso é porque é muito normal para uma declaração única tornar momentaneamente 'inconsistentes' fileiras individuais em uma tabela. Olhar para o trabalho parcial de uma declaração resultaria na rejeição dos resultados pelo Oracle, mesmo que o resultado final estivesse certo. Por exemplo, suponha que você tem uma tabela como essa:

```
tkyte@TKYTE816> create table t ( x int unique );
Table created.

tkyte@TKYTE816> insert into t values ( 1 );
1 row created.

tkyte@TKYTE816> insert into t values ( 2 );
1 row created.
```

E agora, queremos executar uma atualização de múltiplas fileiras:

```
tkyte@TKYTE816> update t set x = x+1;
2 rows updated.
```

Se o Oracle marcasse a restrição depois de cada fileira ser atualizada, em qualquer dia você teria uma chance 50/50 da atualização falhar. As fileiras em T são acessadas em alguma ordem, e se o Oracle atualizasse primeiro a fileira X=1, momentaneamente teríamos um valor duplicado de X e ele rejeitaria a atualização. Como o Oracle aguarda pacientemente o final da declaração, ela é bem sucedida, porque o tempo está feito, não há duplicatas.

Começando com o Oracle 8.0, também temos a habilidade de **deferir** a marcação de restrição. Essa habilidade pode ser bem vantajosa em diversas operações. A única que vem imediatamente à cabeça é a exigência de por em cascata uma atualização de uma chave principal nas chaves filhos. Muitas pessoas dirão que você não precisa fazer isso, que as chaves principais são imutáveis (eu não sou uma dessas pessoas), mas muitas pessoas preservam seus desejos de atualizar em cascata. As restrições deferidas tornam isso possível.

Em lançamentos anteriores, de fato era possível fazer uma atualização em cascata, mas ela envolvia uma incrível quantidade de trabalho e tinha certas limitações. Com as restrições deferidas, torna-se quase trivial. Ela poderia se parecer com isto:

```
tkyte@TKYTE816> create table p
  2    ( pk int primary key )
  3    /
Table created.

tkyte@TKYTE816>
tkyte@TKYTE816> create table c
  2    ( fk int constraint c_fk
  3              references p(pk)
  4              deferrable
  5              initially immediate
  6    )
  7    /
Table created.
```

```
tkyte@TKYTE816> insert into p values ( 1 );
1 row created.

tkyte@TKYTE816> insert into c values ( 1 );
1 row created.
```

Assim, tenho uma tabela pai P e uma tabela filho C. A tabela C refere-se a tabela P, e a restrição usada para reforçar tal regra é chamada C_FK (child foreign key). Essa restrição foi criada como DEFERRABLE, mas foi ajustada para INITIALLY IMMEDIATE. Isso significa que eu posso deferir aquela restrição até comprometer, ou para algum outro tempo. Entretanto, por padrão, ela será validada em termos de declaração. Esse é o uso mais comum das restrições deferidas. A maioria dos aplicativos existentes não estará marcada para violações de restrição em uma declaração COMMIT, é melhor não surpreendê-los com aquilo. Conforme definida, nossa tabela C comporta-se da mesma forma que sempre aconteceu com as tabelas, mas nos oferece a habilidade de mudar, explicitamente, o seu comportamento. Agora, vamos experimentar alguma DML nas tabelas e ver o que acontece:

```
tkyte@TKYTE816> update p set pk = 2;
update p set pk = 2
       *
ERROR at line 1:
ORA-02292: integrity constraint (TKYTE.C_FK) violated - child record found
```

Visto que a restrição está no modo IMMEDIATE, essa atualização falha. Mudaremos o modo e tentaremos de novo:

```
tkyte@TKYTE816> set constraint c_fk deferred;
Constraint set.

tkyte@TKYTE816> update p set pk = 2;
1 row updated.
```

Agora ela é bem sucedida. Para ilustração, vou mostrar aqui como marcar como de procedimento uma restrição FEDERRED, para ver se as modificações que você fez estão de acordo com as regras comerciais (em outras palavras, se a restrição não foi violada). É uma boa idéia fazer isso antes de comprometer ou liberar o controle de alguma outra parte do programa (que pode não estar esperando as restrições DEFERRED):

```
tkyte@TKYTE816> set constraint c_fk immediate;
set constraint c_fk immediate
       *
ERROR at line 1:
ORA-02291: integrity constraint (TKYTE.C_FK) violated - parent key not found
```

Ela falha e retorna imediatamente um erro, conforme esperado, pois sabíamos que a restrição tinha sido violada. A atualização em P não foi retornada (o que violaria a atomicidade em termos de declaração). Ela ainda é extra. Você também deveria observar que a nossa transação ainda está trabalhando com a restrição C_FK DEFERRED, pois o comando SET CONSTRAINT falhou. Continuaremos agora, atualizando em cascata em C:

```
tkyte@TKYTE816> update c set fk = 2;
1 row updated.

tkyte@TKYTE816> set constraint c_fk immediate;
Constraint set.

tkyte@TKYTE816> commit;
Commit complete.
```

E é dessa maneira que ela funciona.

Maus hábitos de transação

Muitos desenvolvedores têm alguns maus hábitos quando se trata de transações. Vejo isso com freqüência com desenvolvedores que trabalharam com um banco de dados que 'suporta' mas não 'promove' o uso de transações. Por exemplo, em Informix (por padrão), Sybase e SQLServer, você precisa BEGIN explicitamente uma transação, caso contrário cada declaração individual é por si só uma transação. De maneira semelhante a que o Oracle envolve uma SAVEPOINT em torno de declarações discretas, eles envolvem uma BEGIN WORK/COMMIT ou ROLLBACK em torno de cada declaração. Isso porque nesses bancos de dados, os bloqueios são um recurso precioso e leitores bloqueiam escritores e escritores bloqueiam leitores. Em uma tentativa de aumentar a consecução, eles gostariam que você fizesse a transação o mais curta possível — às vezes à custa de integridade de dados.

O Oracle toma a abordagem oposta. As transações são sempre implícitas e não há maneira de ter um 'autocomprometimento', a menos que o aplicativo o implemente (veja a discussão da JDBC API, ao final desta seção). Em Oracle, cada transação deve ser comprometida quando você precisa, nunca antes. As transações devem ser tão grandes quanto precisarem ser. Aspectos como bloqueios, blocos e outros realmente não devem ser considerados — a integridade de dados é a força motora por trás do tamanho de sua transação. Os bloqueios não são um recurso raro e não há aspectos de contenção entre leitores consecutivos e escritores de dados. Isso permite ter transações fortes no banco de dados. Essas transações não precisam ser curtas em duração — devem ser exatamente tão longas quanto precisarem ser. As transações não são para a conveniência do computador e de seu software, são para proteger os seus dados.

Diante da tarefa de atualizar muitas fileiras, a maioria dos programadores tentará descobrir algum procedimento de fazê-lo em um loop, para poderem comprometer cada uma, de tantas fileiras. Escuto que há duas razões para fazer dessa maneira:

- É mais rápido e mais eficiente comprometer freqüentemente várias pequenas transações do que é processar e comprometer uma grande.
- Não temos espaço de retorno suficiente.

Essas duas conclusões são mal direcionadas. Geralmente não é mais rápido comprometer freqüentemente — quase sempre é mais rápido trabalhar em uma única declaração SQL. Através de um pequeno exemplo, digamos que temos uma tabela T com muitas fileiras e queremos atualizar um valor de coluna para cada fileira naquela tabela. Poderíamos simplesmente fazê-lo em uma única atualização, como esta:

```
tkyte@TKYTE816> create table t as select * from all_objects;
Table created.

tkyte@TKYTE816> set timing on
tkyte@TKYTE816> update t set object_name = lower(object_name);

21946 rows updated.

Elapsed: 00:00:01.12
```

No entanto, muitas pessoas, por qualquer motivo, sentem-se compelidas a fazer assim:

```
tkyte@TKYTE816> begin
  2        for x in ( select rowid rid, object_name, rownum r
  3                                from t )
  4        loop
  5                update t
  6                   set object_name = lower(x.object_name)
  7                 where rowid = x.rid;
  8                if ( mod(x.r,100) = 0 ) then
  9                        commit;
 10                end if;
 11        end loop;
 12        commit;
 13    end;
 14    /
PL/SQL procedure successfully completed.

Elapsed: 00:00:05.99
```

Nesse simples exemplo, é cerca de cinco vezes *mais lento* comprometer freqüentemente em um loop. Se você puder fazê-lo em uma *única* declaração SQL, faça daquela forma, pois certamente será mais rápido.

Vejamos agora a segunda razão, que surge de desenvolvedores usando um 'recurso limitado' (segmentos de retorno) com cautela. Esse é um aspecto de configuração: você *precisa* garantir que tem espaço de retorno suficiente para dimensionar corretamente suas transações. O comprometimento em um loop, além de ser geralmente mais lento, também é a causa mais comum de levar a um erro ORA-01555. Vejamos isso em mais detalhes.

Como você perceberá depois de ler os capítulos *Bloqueio e consecução* e *Como desenvolver aplicativos Oracle com sucesso*, o modelo de múltiplas versões do Oracle usa o segmento de retorno de dados para reconstruir blocos como eles apareceram no início de sua declaração ou transação (dependendo do modo de isolamento). Se as informações de retorno necessárias não existirem mais, você receberá uma mensagem de erro ORA-01555 snapshot too old e a sua consulta não completará. Assim, se você estiver modificando a tabela que estiver lendo (como no procedimento acima), estará gerando as informações de retorno exigidas para sua consulta. Sua atualização gera informações desfeitas que a consulta provavelmente estará usando, de forma a ler a vista consistente dos dados que ela precisa atualizar. Se comprometer, você estará permitindo que o sistema reutilize o espaço de segmento de retorno que você acabou de preencher. Se ele fizer isso, removendo os antigos dados de retorno que a sua consulta precisa subseqüentemente, você estará com um grande problema. Sua SELECT falhará e a atualização irá parar na metade do caminho. Você tem uma transação parcialmente acabada e, provavelmente, não tem uma boa maneira de reiniciá-la (mais sobre isso logo). Vejamos isso em ação, com uma pequena demonstração. Em um pequeno banco de dados de teste, inicializo uma tabela:

```
tkyte@TKYTE816> create table t as select * from all_objects;
Table created.

tkyte@TKYTE816> create index t_idx on t(object_name);
Index created.
```

Depois, saí de todos os meus segmentos de retorno e criei um pequeno:

```
tkyte@TKYTE816> create rollback segment rbs_small storage (initial 64k
  2         next 64k minextents 2 maxextents 4 ) tablespace tools;

Rollback segment created.
```

Agora, com apenas o pequeno segmento de retorno online, executo esse bloco de código para fazer a atualização:

```
tkyte@TKYTE816> begin
  2         for x in ( select rowid rid, object_name, rownum r
  3                      from t
  4                     where object_name > chr(0) )
  5         loop
  6                 update t
  7                    set object_name = loer(x.object_name)
  8                  where rowid = x.rid;
  9                 if ( mod(x.r,100) = 0 ) then
 10                         commit;
 11                 end if;
 12         end loop;
 13         commit;
 14    end;
 15  /
begin
*
ERROR at line 1:
ORA-01555: snapshot too old: rollback segment number 10 with name "RBS_SMALL" too small
ORA-06512: at line 2
```

Obtenho um erro. Eu deveria indicar que acrescentei um índice e uma cláusula WHERE. Eu queria ter certeza de que estava lendo a tabela aleatoriamente. A cláusula WHERE usará o índice (usei para isso o otimizador baseado em regra). Quando processamos uma tabela através de um índice, tendemos a ler um bloco em uma única fileira e depois a próxima fileira que quisermos estará em um bloco diferente. Processaremos todas as fileiras no bloco 1, apenas não consecutivamente. O bloco 1 pode conter, digamos, as fileiras A, M, N, Q e Z. Assim, poderíamos atingir o bloco quatro vezes com longos intervalos de tempo entre cada toque. Como estamos comprometendo freqüentemente e reutilizando o espaço de retorno, eventualmente revisitaremos um bloco que podemos simplesmente não reproduzir mais e obter o erro.

Esse é um exemplo muito artificial, apenas para mostrar como acontece, em uma maneira confiável. A nossa declaração UPDATE estava gerando retorno. Tínhamos 64K de extensões de retornar para jogar, em um total de 256K. Cada vez que comprometíamos, permitíamos ao Oracle sobregravar os dados retornados que gerávamos. Eventualmente, precisamos de alguma parte de dados que geramos, mas eles não existiam mais e recebíamos o erro ORA-01555.

Você estaria certo indicando que, nesse caso, se não tivéssemos comprometido, obteríamos o seguinte erro:

```
Begin
*
ERROR at line 1:
ORA-01562: failed to extend rollback segment number 10
ORA-01628: max # extents (4) reached for rollback segment RBS_SMALL
ORA-06512: at line 6
```

No entanto, as principais diferenças entre os dois erros são:

- ❏ O exemplo ORA-01555 *deixou a nossa atualização em uma posição totalmente desconhecida*. Um pouco do trabalho foi feito, outro tanto não.
- ❏ Não há absolutamente *nada que possamos fazer para evitar o* ORA-01555, pois o comprometemos no cursor do loop FOR.
- ❏ *Sempre podemos evitar o* ORA-01555 alocando recursos apropriados em nosso sistema. O segundo erro é evitável pelo dimensionamento certo; o primeiro não.

A questão aqui é que você não pode 'salvar' em espaço de retorno, comprometendo freqüentemente — é preciso que o retorno (eu era um usuário único no sistema quando recebi o ORA-01555. Só é preciso uma sessão para obter aquilo). Os desenvolvedores e DBAs precisam trabalhar juntos para dimensionar adequadamente esses objetos para os serviços que precisam ser feitos. Aqui não pode haver mudanças curtas. É preciso descobrir, através da análise de seu sistema, quais são as suas maiores transações, e dimensioná-las adequadamente. Dado o exemplo acima, essa pode ser uma atualização de uma vez. Nesse caso, posso ter criado um *imenso* segmento de retorno em algum lugar de meu sistema, com o simples propósito de fazer essa atualização. Depois, eu utilizaria a declaração SET TRANSACTION para informar à minha transação para usar esse segmento de retorno realmente grande. Depois, poderia soltar aquele segmento de retorno e liberar o espaço. Se essa não for uma coisa de uma só vez, mas para ser freqüentemente executada, você precisará dimensioná-la em seu sistema e ter o espaço prontamente disponível. Muitas pessoas consideram coisas como temporário, retorno e refazer como 'código extra' — coisas a alocar como armazenagem tão pequena quanto possível. Isso é remanescente de um problema que a indústria de computador teve em 1º de Janeiro de 2000 — tudo causado por tentar salvar 2 bytes em um campo de dados. Esses componentes do banco de dados não são código extra, em vez disso, são componentes chave do sistema — precisam ser adequadamente dimensionados (não muito grandes, não pequenos demais, apenas certos).

Claro que o problema mais sério com a abordagem do 'comprometimento antes da transação terminar' é o fato que ela freqüentemente deixa o seu banco de dados em uma posição desconhecida, se a atualização falhar na metade do caminho. A menos que você tenha planejado isso antecipadamente, é muito difícil reiniciar a transação que falhou, permitindo pegar onde ela parou. Por exemplo, digamos que não estivéssemos aplicando a função LOWER( ) à coluna, mas em vez disso, alguma outra função da coluna, como:

```
Last_ddl_time - last_ddl_time + 1;
```

Se interrompêssemos o loop a meio caminho, como reiniciaríamos? Não poderíamos simplesmente executá-lo novamente, pois acabaríamos acrescentando 2 a algumas datas e 1 a outras. Se falhássemos de novo, acrescentaríamos 3 a algumas e 2 e outras e 1 ao resto etc. Precisamos de uma lógica ainda mais complexa — uma maneira de 'particionar' os dados. Por exemplo, poderíamos processar todos os object_names que começam com A, depois B e assim por diante:

```
tkyte@TKYTE816> create table to_do
  2      as
  3      select distinct substr( object_name, 1,1 ) first_char
  4        from T
```

```
      5   /
Table created.
tkyte@TKYTE816> begin
  2              for x in ( select * from to_do )
  3              loop
  4                  update t set last_ddl_time = last_ddl_time+1
  5                      where object_name like x.first_char || '%';
  6
  7                  dbms_output.put_line( sql%rowcount || ' rows updated' );
  8                  delete from to_do where first_char = x.first_char;
  9
 10                  commit;
 11              end loop;
 12        end;
 13   /
11654 rows updated
21759 rows updated
309 rows updated
6 rows updated
270 rows updated
830 rows updated
412 rows updated
7 rows updated
378 rows updated
95 rows updated
203 rows updated
2482 rows  updated
13 rows updated
318 rows updated
83 rows updated
14 rows updated
1408 rows updated
86 rows updated
2 rows updated
35 rows updated
2409 rows updated
57 rows updated
306 rows updated
379 rows updated
1 rows updated
1 rows updated

PL/SQL procedure successfully completed.
```

Agora, podemos reiniciar esse processo se ele falhar, visto que não processaríamos qualquer objeto nome que já tenha sido processado com sucesso. No entanto, o problema com essa abordagem é que, a menos que você tenha algum atributo que particione igualmente os dados, acabará tendo uma distribuição de fileiras muito ampla. A segunda atualização fez mais trabalho do que todas as outras combinadas. Além disso, se outras sessões estiverem acessando essa tabela e modificando os dados, elas também poderão atualizar o campo object_name. Suponha que alguma outra sessão atualize o objeto chamado Z para ser A, *depois* de você já ter processado os As — você perderia aquele registro. Além disso, esse é um processo muito ineficiente, comparado a update t set last_ddl_time = last_ddl_time+1. Provavelmente, estamos usando um índice para ler cada fileira na tabela ou estamos fazendo a digitalização total n-vezes — ambos indesejáveis. Existem muitas coisas ruins a serem ditas sobre essa abordagem.

A melhor abordagem aqui é uma que advogo na seção de abertura do Capítulo 1: faça simples. Se ela pode ser feita em SQL, faça em SQL. O que não pode ser feito em SQL, faça em PL/SQL. Faça usando a menor quantidade de código possível. Tenha recursos suficientes alocados. Pense sempre sobre o que acontece no caso de um erro. Assim, muitas vezes, tenho visto as pessoas codificarem loops de atualização que funcionavam bem nos dados de teste, mas depois falhavam na metade do caminho, quando aplicados a dados reais. E ficavam realmente bloqueados, como se não tivessem idéia do que havia interrompido o processamento. É muito mais fácil dimensionar corretamente o retorno do que escrever uma transação que possa ser reiniciada. Se você tiver tabelas realmente grandes que precisam ser atualizadas, deve usar partições (mais sobre isso no Capítulo 14), permitindo que você atualize cada partição individualmente. Você pode usar até DML paralela para fazer a atualização.

Minha palavra final sobre maus hábitos de transação refere-se a uma que surge do uso da popular programação de APIs ODBC e JDBC. Essas APIs, por padrão, se 'autocomprometem'. Considere as seguintes declarações, transferindo US$1000 de uma conta corrente para uma conta poupança:

```
update accounts set balance = balance - 1000 where account_id = 123;
update accounts set balance = balance + 1000 where account_id = 456;
```

Se o seu programa estiver usando JDBC quando você submeter essas declarações, JDBC injetará (silenciosamente) um comprometimento depois de *cada* atualização. Pense no impacto disso se o sistema falhar depois da primeira atualização e antes da segunda. Você acabou de perder US$1000!

Posso entender porque ODBC faz isso. Os desenvolvedores de SQLServer fizeram o design de ODBC e esse banco de dados exige que você use transações muito curtas, devido ao seu modelo de consecução (escritas bloqueiam leituras, leituras bloqueiam escritas e bloqueios são um recurso escasso). O que não posso entender é como isso foi levado para JDBC, uma API que se supõe esteja no suporte de 'Enterprise'. Acredito que a próxima linha de código, depois de abrir uma conexão em JDBC deva ser sempre:

```
connection conn81 = DriveManager.getConnection
        ("jdbc:oracle:oci8:@ora8idev","scott","tigger");

conn81.setAutocommit (false);
```

Isso retornará o controle da transação de volta a você, o desenvolvedor, que é a quem pertence. Com segurança, você pode codificar sua transação de transferência de conta e comprometê-la, depois que ambas as declarações tiverem sucesso. A falta de conhecimento de sua API pode ser mortal, nesse caso. Tenho visto mais de um desenvolvedor, inconsciente desse 'recurso' de autocomprometimento, ter grandes problemas com seu aplicativo com a ocorrência de um erro.

Transações distribuídas

Um dos recursos realmente simpáticos de Oracle é a sua habilidade de lidar transparentemente com transações distribuídas para nós. Posso atualizar em muitos diferentes bancos de dados, no escopo de uma única transação. Quando comprometo, comprometo as atualizações em todas as cópias ou em nenhuma delas (todas serão retornadas). Não é necessário código extra para conseguir isso, simplesmente 'comprometo'.

A chave para transações distribuídas em Oracle é o **link de banco de dados**. Um link de banco de dados é um objeto banco de dados que descreve como registrar em uma outra cópia a partir da sua cópia. Entretanto, o objetivo desta seção não é cobrir a sintaxe do comando de link de banco de dados (ele é totalmente documentado). Quando você tiver inicializado o link de banco de dados, acessar objetos remotos será tão fácil quanto:

```
select * from T@another_database;
```

Isso selecionaria da tabela T na cópia de banco de dados definida pelo link de banco de dados ANOTHER_DATABASE. Tipicamente, você 'ocultaria' o fato que T é uma tabela remota, criando uma vista ou um sinônimo dela. Por exemplo, posso:

```
create synonym T for T@another_database;
```

e depois acessar T como se fosse uma tabela local. Agora que temos esse link de banco de dados inicializado e podemos ler algumas tabelas, também somos capazes de modificá-las (visto que, claro, temos os privilégios apropriados). Realizar uma transação distribuída agora não é diferente de uma transação local. Tudo que temos a fazer é:

```
update local_table set x = 5;
update remote_table@another_database set y = 10;
commit;
```

É isso. O Oracle ou comprometerá em ambos os bancos de dados ou em nenhum. Ele usa um protocolo de comprometimento distribuído de duas fases (2PC). O 2PC é um protocolo distribuído que permite uma modificação que afeta muitos bancos de dados separados, a serem atomicamente comprometidos. Tanto quanto possível, ele tenta fechar a janela para a falha distribuída antes de comprometer. Em um 2PC entre muitos bancos de dados, aquele em que o cliente tiver registrado inicialmente a entrada será o coordenador da transação distribuída. Esse site perguntará aos outros sites se eles estão prontos para comprometer. De fato, ele irá para os outros sites e pedirá que estejam preparados para comprometer. Cada um dos outros retorna, indicando sua 'posição de preparado' como SIM ou NÃO. Se um dos sites votar NÃO, toda a transação é retornada. Se todos os sites votarem SIM, o site coordenador difunde uma mensagem, para tornar permanente o comprometimento em cada um dos sites.

Isso limita a janela onde um sério erro poderia acontecer. Antes de 'votar' no comprometimento de duas fases, qualquer erro distribuído resultaria em todos os sites sendo retornados. Isso não traria dúvidas quanto ao resultado da transação. Depois da ordem de comprometer ou retornar, novamente não há dúvida quanto ao resultado da transação distribuída. É apenas durante o curto período da janela, quando o coordenador está coletando os votos, que o resultado pode ser duvidoso, depois de uma falha. Vamos supor, por exemplo, que temos três sites participando da transação, com o Site 1 sendo o coordenador. O Site 1 pediu ao Site 2 para se preparar para o comprometimento e o Site 2 o fez. Então, o Site 1 pede ao Site 3 para se preparar para comprometer, e ele o faz. Nesse ponto, o Site 1 é o único que sabe o resultado da transação, e agora ele é responsável pela difusão do resultado para os outros sites. Se acontecer um erro bem agora — a rede falhar, o Site 1 perder a energia, o que for — os Sites 2 e 3 serão deixados 'flutuando'. Eles terão o que é conhecido como uma transação distribuída em-dúvida. O protocolo de comprometimento de duas fases tenta tanto quanto possível fechar a janela de erro, mas não pode fechá-la completamente. Os Sites 2 e 3 precisam manter aquela transação aberta, aguardando notificação do resultado pelo Site 1. Se você se lembrar da discussão sobre arquitetura, no Capítulo 2, essa é a função do processo RECO, para resolver esse aspecto. É também onde entram em cena COMMIT e ROLLBACK com a opção FORCE. Se a causa do problema fosse uma falha de rede entre os Sites 1, 2 e 3, os DBAs dos Sites 2 e 3 poderiam chamar o DBA do Site 1, pedir o resultado e aplicar o comprometimento ou retorno manualmente, conforme apropriado.

Existem alguns limites ao que você pode fazer em uma transação distribuída. Mas não muitos, e eles são razoáveis (pelo menos para mim eles parecem razoáveis). Os grandes são:

- ❑ Você não pode emitir uma COMMIT em um link de banco de dados. Só pode comprometer a partir do site que iniciou a transação.
- ❑ Você não pode fazer DDL em um link de banco de dados. Esse é um resultado direto do primeiro aspecto, acima. DDL compromete. Você não pode comprometer a partir de qualquer outro site que não o site de iniciação assim, não podemos fazer DDL em um link de banco de dados.
- ❑ Você não pode emitir um SAVEPOINT em um link de banco de dados. Em resumo, não pode emitir quaisquer declarações de controle de transação em um link de banco de dados.

A falta de controle de transação em um link de banco de dados é razoável, visto que o site iniciando é o único que tem uma lista de cada um dos envolvidos na transação. Se na sua configuração de três sites, acima, o Site 2 tentasse comprometer, ele não teria como saber que o Site 3 estava envolvido. Em Oracle, apenas o Site 1 pode emitir o comando de comprometer. Naquele ponto então é permitido ao Site 1 delegar responsabilidade do controle de transação distribuída para um outro site.

Podemos influenciar qual site será o site atual para comprometer, ajustando a força de ponto de comprometimento (um parâmetro init.ora) do site. Uma força de ponto de comprometimento associa um nível relativo de importância a um servidor em uma transação distribuída — quanto mais importante o servidor (quanto mais disponíveis os dados precisam ser), mais provável será que ele coordene a transação distribuída. Você pode querer fazer isso no caso de precisar executar uma transação distribuída entre a sua máquina de produção e uma máquina de teste. Visto que o coordenador de transação *nunca* está em dúvida quanto ao resultado de uma transação, seria melhor se a máquina de produção coordenasse a transação distribuída. Você não se importa muito se a sua máquina de teste tiver algumas transações abertas e recursos bloqueados. Certamente você se importa se a sua máquina de produção tiver.

A inabilidade de fazer DDL em um link de banco de dados, na verdade, não é tão ruim. Primeiro, DDL é *rara*. Você a faz na instalação ou depois de um upgrade. Os sistemas de produção não fazem DDL (bem, eles *não deveriam* fazer DDL). Em segundo lugar, há um método para fazer DDL em um link de banco de dados, usando o dispositivo de fila de trabalho, DBMS_JOB (coberto no apêndice *Pacotes necessários fornecidos*). Em vez de tentar fazer DDL no link, usamos o link para programar um trabalho a ser executado, assim que comprometemos. Daquela maneira, o trabalho executa na máquina remota, não é uma transação distribuída, e pode fazer a DDL. Na verdade, esse é o método pelo qual os serviços Oracle Replication distribuem DDL ao esquema de reprodução.

Refazer e retornar

Gostaria de terminar este capítulo sobre transações com uma descrição de como refazer e retornar desfazer são gerados e como se ajustam em transações, recuperação e assim por diante. Essa é uma pergunta que me é feita com freqüência. Um bom entendimento conceitual de como trabalham redo e undo e o que acontece, ajudará você a entender os bancos de dados em geral. É importante para os desenvolvedores, assim como para os DBAs, ter um bom conhecimento de trabalho do que realmente acontece quando ocorre uma atualização. Você precisa entender as ramificações de suas ações. O que estou apresentando abaixo é o pseudocódigo desses mecanismos em Oracle. O que realmente acontece é um pouco mais envolvente, mas ter um bom entendimento do fluxo de como trabalha é valioso.

Como um exemplo, investigaremos o que poderia acontecer com uma transação como esta:

```
insert into t (x,y) values (1,1);
update t set x = x+1 where x = 1;
delete from t where x = 2;
```

Seguiremos essa transação através de diferentes caminhos e descobriremos:

- ❏ O que acontece se o sistema falhar depois de uma atualização?
- ❏ O que acontece se formos bem sucedidos e comprometermos?
- ❏ O que acontece se retornarmos?

O inicial INSERT INTO T irá gerar ambos, redo e undo. O undo gerado terá informações suficientes para fazer a inserção 'vá embora'. O redo gerado terá informações suficientes para inserir 'acontecer de novo'. O undo pode consistir de muitas partes de informações. Pode haver índices nas colunas X e Y, por exemplo, e as suas mudanças também precisam ser desfeitas por ocasião de um retorno, assim como Undo é armazenado em um segmento de retorno. Um segmento de retorno é armazenado em um espaço de tabela e (essa é a parte importante), é protegido pelo registro de refazer, exatamente como qualquer outro segmento. Em outras palavras, os dados retornados são tratados exatamente como dados de tabela ou dados de índice — as mudanças nos segmentos de retorno geram algum redo, que é registrado. Os dados de undo são acrescentados ao segmento de retorno e armazenados no cache de buffer, exatamente como seria qualquer outra parte de dados. Com o undo gerado, redo também pode consistir de muitas peças de informações.

Assim, nesse ponto de tempo, depois da ocorrência de inserir, temos:

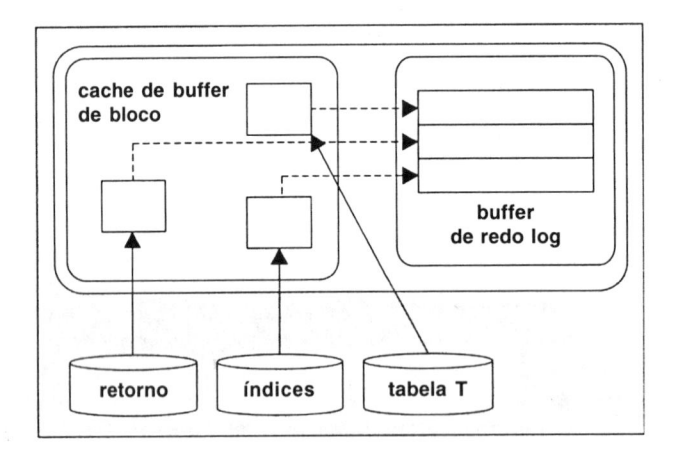

Existem alguns blocos de retorno modificados, armazenados, blocos de índice e blocos de dados de tabela. Cada um desses blocos modificados é protegido por entradas no buffer redo log. Todas essas informações são armazenadas na hora.

Cenário hipotético: *o sistema quebra agora*. Tudo está certo. A SGA é limpa, mas não precisamos de nada que estava na SGA. Será como se a transação nunca tivesse acontecido quando reiniciarmos. Nenhum dos blocos com mudanças é transportado, como nenhum de redo.

Cenário hipotético: *o cache de buffer fica cheio agora*. DBWR precisa fazer espaço e precisa transportar os blocos que acabamos de modificar. Nesse caso, DBWR iniciará, pedindo a LGWR para transportar os blocos redo que protegem os blocos de banco de dados. Antes de DBWR poder escrever qualquer dos blocos que estão mudados em disco, LGWR precisa transportar as informações redo relativas a esses blocos. Isso faz sentido, pois se transportamos os blocos modificados para a tabela T e não transportamos o redo para os blocos undo associados, e o sistema falhar, teremos um bloco de tabela T modificado com as informações undo associadas a ele. Precisamos transportar os buffers de redo log antes de escrever esses blocos, para podermos refazer todas as mudanças necessárias a fim de obter a SGA de volta à sua posição, para que possa ocorrer um retorno.

Esse segundo cenário deve mostrar algumas das visões externas que aconteceram em tudo isso. O conjunto de condições 'se transportamos blocos da tabela T *e* não transportamos redo dos blocos undo *e* o sistema falhou' está começando a ficar completo. Ele só fica mais complexo à medida que você acrescenta mais usuários, mais objetos e processamento consecutivo.

Então, nesse ponto, temos a situação demonstrada na página anterior. Geramos alguns blocos de tabela e índice modificados. Esses criaram alguns novos blocos de segmento de retorno e todos os três tipos de blocos geraram redo para protegê-los. Se você se lembrar de nossa discussão anterior sobre o buffer de redo log, ele é transportado a cada três segundos, quando um terceiro é cheio, e de qualquer forma, ocorre um comprometimento. É bem provável que, em algum ponto do nosso processamento, o buffer de redo log seja transportado e algumas de nossas mudanças também vão para o disco. Em tal caso, o quadro se torna este:

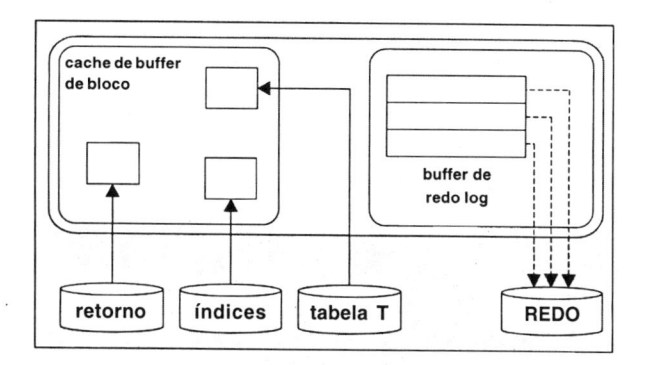

Agora, os próprios blocos podem acabar no disco, mas provavelmente não nesse caso. Em seguida, fazemos a atualização. Ocorre algo muito parecido com o mesmo tipo de coisa. Dessa vez, a quantidade de undo será maior (agora temos algumas imagens 'antes' para salvar, como resultado da atualização). Então, temos o seguinte quadro:

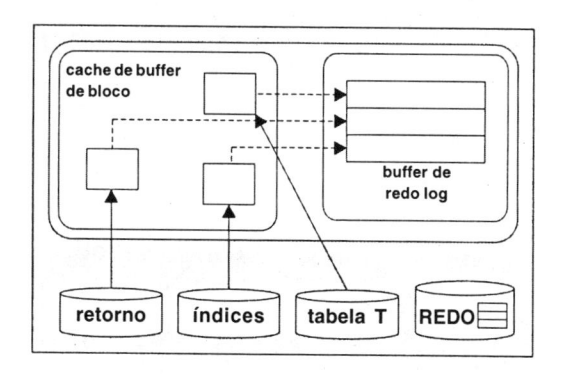

Agora temos mais novos blocos de segmento de retorno no cache de buffer de bloco. Para desfazer a atualização, se necessário, modificamos os blocos de tabela e índice de banco de dados no cache. Também geramos mais entradas de buffer de redo log. Algum de nosso redo log gerado está em disco, algum no cache.

Cenário hipotético: *o sistema quebra agora*. Quando da inicialização, o Oracle leria os registros de refazer e encontraria algumas entradas de rego log para a nossa transação. Devido à posição na qual deixamos o sistema, com as entradas de refazer para a inserção de arquivos redo log, e o redo para atualização ainda no buffer, o Oracle 'adiantaria' a inserção. Acabaríamos com um quadro muito parecido com o primeiro, com alguns blocos undo de segmento de retorno (para desfazer a inserção), blocos de tabela modificados (bem depois da inserção) e blocos de índice modificados (bem depois da inserção). Agora o Oracle descobrirá que a nossa transação nunca comprometeu e a rolará de volta, visto que o sistema está se recuperando da quebra e, claro, a nossa sessão não está mais conectada. Ele pegará o undo que acabou de adiantar no cache de buffer e a aplicará aos blocos de dados e de índice, fazendo-os parecer como estavam antes de ocorrer a inserção. Agora tudo está como era. Os blocos que estão no disco podem ou não refletir a INSERT (dependendo se os nossos blocos foram ou não transportados antes da quebra). Se foram, a inserção terá sido de fato desfeita, e quando os blocos forem emanados do cache de buffer o arquivo de dados refletirá aquilo. Se eles não refletirem a inserção, serão sobregravados mais tarde, de qualquer forma.

Cenário hipotético: *o aplicativo retorna a transação*. Nesse ponto, o Oracle encontrará informações de undo para essa transação, nos blocos de segmento de retorno armazenados (mais provavelmente) ou no disco, se elas tiverem sido emanadas (mais provavelmente em transações muito grandes). Ele aplicará as informações de undo nos blocos de dados e índice no cache de buffer ou, se elas não estiverem mais na solicitação de cache, elas serão lidas do disco no cache para ter UNDO aplicado. Esses blocos mais tarde serão transportados para os arquivos de dados no formulário original.

O primeiro cenário cobre os detalhes rudimentares de uma recuperação de quebra. O sistema faz isso em um processo de duas etapas. Primeiro ele adianta, trazendo o sistema bem para o ponto da falha, depois processa o retorno de tudo que ainda não tinha sido comprometido. Essa ação irá refazer a sincronia dos arquivos de dados. Ele repete o trabalho que estava em progresso e desfaz qualquer coisa ainda não completa.

O segundo cenário muito mais freqüente. É útil notar que, durante o processo de retorno, os registros de refazer nunca são envolvidos. A única ocasião em que os redo logs são lidos é durante a recuperação e arquivamento. Esse é um conceito chave de sintonização — os redo logs são escritos para. O Oracle não os lê durante o processamento normal. Quando você tiver dispositivos suficientes de modo que quando ARCH estiver lendo um arquivo, LGWR estará escrevendo em um dispositivo diferente, não haverá contenção de redo logs. Muitos outros bancos de dados tratam os arquivos de registro como 'registros de transação'. Eles não têm essa separação de redo e undo — mantêm ambos no mesmo arquivo. Para aqueles sistemas, o ato de retornar pode ser desastroso — o processo de retorno precisa ler os registros onde o escritor de registro deles está tentando escrever. Eles introduzem contenção na parte do sistema que menos pode suportá-la. O objetivo do Oracle é fazer com que aqueles registros sejam escritos seqüencialmente e nenhum os lê enquanto eles estão sendo escritos — nunca.

Agora, dentro da declaração DELETE. De novo, undo é gerado, os blocos são modificados e redo é enviado para o buffer de redo log. Isso não é muito diferente de antes. Na verdade, é tão parecido que a UPDATE está indo diretamente para dentro de COMMIT. Vimos os diversos cenários de falha e os diferentes caminhos e, finalmente, o fazemos em COMMIT. Aqui, o Oracle irá transportar o buffer de redo log para o disco e o quadro se parecerá com isto:

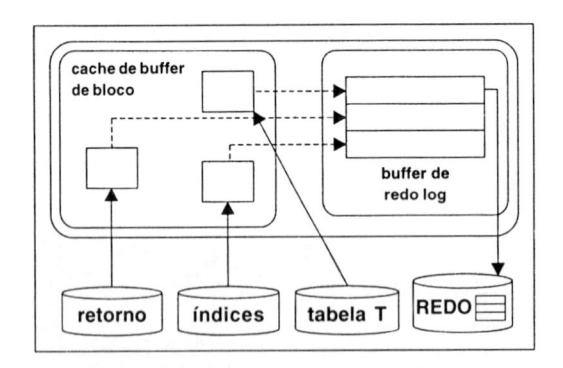

Os blocos modificados estão no cache de buffer; talvez alguns deles tenham sido transportados para o disco. Todo o redo necessário para repetir essa transação está em segurança no disco e as mudanças agora são permanentes. Se fossemos ler os dados diretamente a partir dos arquivos de dados, provavelmente veríamos os blocos como eles existiam *antes* da transação acontecer, porque provavelmente DBWR ainda não escreveu neles. Isso está certo — os arquivos redo log podem ser usados para recuperar aqueles blocos, no caso de uma falha. As informações de undo flutuarão em torno, até que o segmento de retorno envolva e reutilize esses blocos. O Oracle usará aqueles undo para fornecer leituras consistentes dos objetos afetados em qualquer sessão que precise deles.

Resumo

Nesta seção, vimos muitos dos aspectos de gerenciamento de transação em Oracle. As transações são dos principais recursos que distinguem um banco de dados de um arquivo de sistema. É preciso entender como elas funcionam e como usá-las, para implementar corretamente aplicativos em qualquer banco de dados. É crucial entender que, no Oracle, todas as declarações são atômicas (inclusive seus efeitos colaterais) e que essa atomicidade é estendida aos procedimentos armazenados. Vimos como a colocação de um alavancador de evento WHEN OTHERS em um bloco PL/SQL poderia afetar, radicalmente, quais mudanças ocorrem no banco de dados. Como desenvolvedores de banco de dados, é decisivo ter um bom entendimento de como as transações funcionam.

Demos uma olhada na interação, de alguma forma complexa, entre restrições de integridade (chaves únicas, marcação de restrições etc) e as transações em Oracle. Discutimos como o Oracle processa as restrições de integridade imediatamente depois da execução de uma declaração, mas se quisermos podemos deferir a validação dessa restrição até o final da transação. Esse recurso é chave na implementação de atualizações complexas de múltiplas tabelas, quando as tabelas que estiverem sendo modificadas são todas dependentes umas das outras — a atualização em cascata foi um exemplo daquilo.

Nos movemos para considerar alguns dos maus hábitos de transação que as pessoas tendem a pegar do trabalho com bancos de dados que 'suportam', em vez de 'promoverem' o uso de transações. Vimos a regra principal de transações: elas devem ser classificadas como podem ser mas, desde que precisem ser. A integridade de dados deriva do tamanho da transação — que é um conceito chave a tirar deste capítulo. As únicas coisas que devem direcionar o tamanho de suas transações são as regras comerciais que governam seu sistema, não espaço de retorno, nem bloqueios — regras comerciais.

Cobrimos as transações distribuídas e como elas diferem de transações de banco de dados individual. Exploramos as limitações que nos são impostas em uma transação distribuída e discutimos porque elas estão lá. Antes de montar um sistema distribuído, você precisa entender essas limitações. O que funciona em uma única cópia pode não funcionar em um banco de dados distribuído.

Encerramos com uma olhada em redo e undo, os recursos arquiteturais que servem para reforçar as propriedades de transação ACID, discutidas no início deste capítulo. Vimos o que acontece quando modificamos dados em uma transação, com relação a redo e undo (retorno de dados). Esse último tópico será considerado em muito mais detalhes no próximo capítulo.

5
Refazer e retornar

No Capítulo 4, cobrimos a mecânica básica de **redo** e **rollback** (também conhecido como **undo**). Lá, cobrimos o que é redo. Colocando simplesmente, essas são as informações que o Oracle registra nos arquivos redo log online, de modo a repetir a sua transação, no caso de uma falha. Ele permite que o Oracle, de fato, 'refaça' a(s) sua(s) transação(ões). Também cobrimos undo, ou rollback, as informações que o Oracle registra nos segmentos de retorno, para desfazer, ou retornar, a sua transação. Além disso, tocamos em um par de aspectos, tais como porque você poderia obter um erro ORA-01555: snapshot too old e porque poderia ver checkpoint not complete, cannot allocate new log (ponto de verificação incompleto, impossível alocar novo registro). O que eu gostaria de fazer neste capítulo é percorrer em mais profundidade, os conceitos por trás de redo e rollback, o que você, o desenvolvedor, precisa saber sobre eles.

Refazer e retornar são um tópico que faz a ligação das funções do DBA e do desenvolvedor. Ambos precisam de um bom entendimento fundamental de seus objetivos, como eles trabalham e como evitar aspectos relativos a eles. Cobriremos essas informações aqui. O que não cobriremos são as coisas que seriam da exclusividade de seu DBA descobrir e sintonizar. Por exemplo, como encontrar a configuração ótima para os parâmetros RECOVERY_PARALLELISM ou FAST_START_IO_TARGET init.ora, são tópicos que não cobriremos. Em vez, nos concentraremos nas coisas que um desenvolvedor de banco de dados deve se preocupar, e como elas causarão impacto em seu aplicativo.

Redo

Os arquivos redo log são extremamente importantes para o banco de dados Oracle. Esses são os registros de transação do banco de dados. Eles são usados apenas com objetivos de recuperação; o seu único objetivo na vida é ser usado no caso de uma falha de cópia ou meio. Se a energia acaba em sua máquina de banco de dados, ocasionando uma falha de cópia, o Oracle usará os redo logs online para recuperar o sistema exatamente no ponto em que ele estava, imediatamente antes do corte de energia. Se o seu drive de disco falhar, o Oracle irá utilizar os redo logs arquivados e também os redo logs para recuperar um backup daquele drive para corrigir o ponto no tempo. Além disso, se 'acidentalmente' você soltar uma tabela ou remover algumas informações críticas e comprometer essa operação, pode recuperar um backup dos dados afetados e recuperá-los, no ponto imediatamente anterior ao 'acidente', usando esses arquivos redo log online e arquivados.

O Oracle mantém dois tipos de arquivos redo log, **online e arquivados**. Cada banco de dados Oracle tem pelo menos dois arquivos redo log online. Esses arquivos redo log online são usados de uma maneira circular. O Oracle escreverá no arquivo 1 de registro e, quando chegar ao fim daquele arquivo, trocará para o arquivo 2 de registro, e começará a escrever nesse. Quando ele tiver preenchido o arquivo 2 de registro, voltará de novo para o arquivo 1 de registro (supondo que tenhamos apenas dois arquivos redo log, se você tiver três, claro que ele prosseguiria para o terceiro arquivo). Os arquivos redo log arquivados são simplesmente, cópias dos antigos e cheios arquivos redo log. A medida que o sistema preenche os arquivos de registro, o processo ARCH fará uma cópia do arquivo redo log online em outro lugar. Esses arquivos redo log arquivados são usados para fazer a recuperação de meio, quando uma falha é causada por um drive de disco indo mal ou alguma outra falha física. O Oracle pode tomar esses arquivos redo log arquivados e aplicá-los em backups dos arquivos de dados, para reuni-los com o resto do banco de dados. Eles são a história de transação do banco de dados.

Redo, ou registros de transação, são um dos principais recursos que tornam um banco de dados um banco de dados. Talvez eles sejam a sua estrutura de recuperação mais importante, embora sem outras peças, tais como segmentos de retorno, recuperação de transação distribuída e assim por diante, nada funcione. Eles são os principais componentes do que distingue um banco de dados de um arquivo de sistema. Os redo logs online nos permitem recuperar-nos, eficientemente, de uma falha de energia — uma que acontece enquanto o Oracle pode estar no meio de uma escrita. Os redo logs arquivados nos permitem recuperar de falhas de meio quando, por exemplo, o disco rígido vai mal. Sem eles, o banco de dados não ofereceria qualquer proteção a mais do que um arquivo de sistema.

Para nós, é importante entender como esses arquivos de registro podem nos afetar, como desenvolvedores. Veremos quais as maneiras diferentes pelas quais podemos escrever o nosso código que afeta a sua utilização. Veremos porque, alguns erros de banco de dados (especificamente o ORA-01555: snapshot too old) ocorrem e como evitá-los. Já vimos, no Capítulo 4, a mecânica de redo e agora olharemos alguns aspectos específicos. Muitos desses cenários podem ser detectados por você, mas seriam corrigidos pelo DBA, pois eles afetam a cópia do banco de dados como um todo. Começaremos com o que acontece durante um COMMIT, e depois entraremos nas perguntas feitas com mais freqüência e nos aspectos circundando os redo logs online.

O que faz um COMMIT?

Às vezes, as pessoas querem entender exatamente o que acontece durante um COMMIT e, como um desenvolvedor, você deve ter um entendimento do que está havendo. Um COMMIT é uma operação muito rápida, independentemente do tamanho da transação. Pode-se pensar que quanto maior a transação (em outras palavras, quanto mais dados ela afeta), maior COMMIT tomará. Isso não é verdade. O tempo de resposta de um COMMIT geralmente é 'plano', independentemente do tamanho da transação. Isso é devido a um COMMIT de fato não ter muito trabalho a fazer, mas o que ele faz é vital.

Uma das razões para compreender este fato é que isto o ajudará a fazer com que suas transações sejam tão grandes quanto devem ser. Muitos desenvolvedores restringem artificialmente o tamanho de suas transações, comprometendo cada uma das muitas fileiras, em vez de comprometer quando uma unidade lógica de trabalho tiver sido realizada. Eles fazem isso na crença errada de que estão diminuindo os recursos no sistema, quando, na verdade, estão aumentando. Se um COMMIT de uma fileira toma X unidades de tempo e o COMMIT de uma centena de fileiras toma as mesmas X unidades de tempo, então fazer o trabalho de uma forma que faz o COMMIT de 1000 uma fileira não tomará adicionais 1000*X unidades de tempo para realizar. Comprometendo apenas quando você precisar (quando a transação estiver completa), você não apenas irá aumentar o desempenho, mas também reduzir a contenção de recursos compartilhados (os arquivos de registro, os diversos engates internos etc.). Um simples exemplo demonstra que, necessariamente, demora mais:

```
tkyte@TKYTE816> create table t ( x int );
tkyte@TKYTE816> set serveroutput on
tkyte@TKYTE816> declare
  2                             l_start number default dbms_utility.get_time;
  3                             begin
  4                             for i in 1 .. 1000
  5                             loop
  6                                     insert into t values ( 1 );
  7                             end loop;
  8                             commit;
  9                             dbms_output.put_line
 10                             ( dbms_utility.get_time-l_start || ' hsecs' );
 11      end;
 12      /
7 hsecs

PL/SQL procedure successfully completed.

tkyte@TKYTE816> declare
  2                             l_start number default dbms_utility.get_time;
  3          begin
  4                             for i in 1 .. 1000
```

```
     5                    loop
     6                         insert into t values ( 1 );
     7                         commit;
     8                    end loop;
     9                    dbms_output.put_line
    10                    ( dbms_utility.get_time-l_start || ' hsecs' );
    11       end;
    12       /
21 hsecs

PL/SQL procedure successfully completed.
```

Nesse caso, é três vezes maior — a sua milhagem irá variar nisso. Quando você compõe o exemplo acima com múltiplos usuários fazendo o mesmo trabalho, todos comprometendo muito freqüentemente, os números subirão rapidamente. Temos visto isso, de tempos em tempos com outras situações semelhantes. Por exemplo, temos visto como não usar ligação de variáveis e realizar com freqüências análises difíceis reduz severamente a consecução, devido à contenção de cache de biblioteca, e o excesso de uso de CPU. Mesmo quando trocamos para usar ligação de variáveis, fazer análise suave com muita freqüência incorre em código extra pesado. Você só pode fazer operações quando precisar — um COMMIT é apenas uma outra operação, como uma análise. É melhor dimensionar as suas transações com base nas necessidades comerciais, não com base em tentativas desorientadas de diminuir o uso de recurso no banco de dados.

Assim, pelo fato de que o tempo de resposta de COMMIT é bastante plano, independentemente do tamanho da transação? Antes mesmo de irmos para COMMIT no banco de dados, já fizemos o trabalho realmente difícil. Já modificamos os dados no banco de dados, então, já fizemos 99,9 por cento do trabalho. Por exemplo, operações tais como as seguintes já ocorreram:

- Os registros de segmento de retorno já foram gerados na SGA.
- Os blocos de dados modificados foram gerados na SGA.
- O redo armazenado dos dois itens acima foram gerados na SGA.
- Dependendo do tamanho dos três acima, e da quantidade de tempo gasta, algumas combinações dos dados acima já podem ser fluídas para o disco.
- Todos os bloqueios foram adquiridos.

Quando COMMIT, tudo o que resta fazer é o seguinte:

- Gerar um **SCN** (**S**ystem **C**hange **N**umber) para a nossa transação.
- LGWR escreve tudo de nossas entradas de redo log armazenadas *restantes* em disco, e também registra o SCN dos arquivos redo log online. Na verdade, essa etapa é o COMMIT. Se essa etapa acontecer, comprometemos. A nossa entrada de transação é removida, isso mostra que estamos comprometidos. O nosso registro na vista V$TRANSACTION irá 'desaparecer'.
- Todos os bloqueios mantidos pela nossa sessão serão liberados, e todos os que estavam na fila aguardando nos bloqueios mantidos serão liberados.
- Muitos dos blocos que a nossa transação modificou serão visitados e 'limpos' de uma maneira rápida, se eles ainda estiverem no cache de buffer.

Como você pode ver, há pouco a fazer para processar um COMMIT. A operação mais longa é, e sempre será, a atividade feita por LGWR, pois esse é o disco físico I/O. A quantidade de tempo gasta por LGWR aqui será diminuída (limitada) pelo fato de que ele já está fluindo o conteúdo do buffer de redo log em uma base sucessiva. LGWR não armazenará todo o trabalho para você, desde que você o faça. Em vez, ele aumentará o fluxo do conteúdo do buffer de redo log ao fundo, a medida em que prosseguimos. Isso é para evitar que um COMMIT espere por muito tempo para fluir todo o seu redo de uma vez. LGWR faz esse fluxo continuamente, a medida em que estamos processando, pelo menos:

- A cada três segundos.
- Quando há um terço ou um MB cheio.
- Quando há qualquer COMMIT de transação.

Assim, mesmo se tivermos uma longa transação executando, muito do redo log armazenado que ela gera terá sido fluído em disco, antes de comprometer. Entretanto, no lado inverso disso, está o fato de que, quando fazemos o comprometimento, precisamos aguardar até que *todo* o redo armazenado que geramos, que ainda não tenha sido escrito, esteja em segurança no disco. Isto é, as nossas chamadas a LGWR são **síncronas**. Enquanto que LGWR pode usar I/O assíncrona para escrever em paralelo aos nossos arquivos de registro, a nossa transação irá esperar que LGWR termine todas as escritas e receba a confirmação de que os dados existem no disco, antes de retornar.

No caso de você não estar familiarizado com ele, o SCN a que me referi anteriormente é um simples mecanismo de temporização que o Oracle usa para garantir a ordem das transações, e para permitir a recuperação de falha. Ele também é usado para garantir a consistência de leitura e o ponto de verificação no banco de dados. Pense em um SCN como um marcador; cada vez que alguém COMMIT, o SCN é aumentado em um.

O último ponto a esclarecer da lista acima, é o que quero dizer com 'limpo', em relação aos blocos de banco de dados. Eu disse que visitaríamos novamente alguns dos blocos de nossa transação modificada durante o processo COMMIT e os limparíamos. Isso refere-se às informações referentes a bloqueio que armazenados no bloco de cabeçalho do banco de dados. Na seção sobre *Limpeza de bloco*, abaixo, discutiremos isso em mais detalhe. Rapidamente, estamos limpando as informações de nossa transação no bloco, assim a próxima pessoa que visitar o bloco não precisará fazê-lo. Fazemos isso de uma forma que não precisa gerar informações de redo log, poupando considerável trabalho futuro.

Para demonstrar que uma operação COMMIT é um 'tempo de resposta plano', gerarei quantidades variadas de redo e tempo de INSERTs e COMMITs. Para fazer isso, precisaremos de um par de GRANTs em algumas tabelas V$ (veja o Capítulo 10, para mais informações sobre essas tabelas). Quando tivermos essas GRANTs, ajustaremos uma tabela grande o bastante para teste. Nesse exemplo, uso a vista ALL_OBJECTS para gerar fileiras de dados e INSERT cópias suficientes dessas fileiras para nos dar cerca de 100.000 fileiras com as quais trabalhar (as suas INSERTs podem precisar executar mais ou menos vezes para conseguir a mesma contagem de fileiras):

```
tkyte@TKYTE816> connect sys/change_on_install

sys@TKYTE816> grant select on v_$mystat to tkyte;

Grant succeeded.

sys@TKYTE816> grant select on v_$statname to tkyte;

Grant succeeded.

sys@TKYTE816> connect tkyte/tkyte

tkyte@TKYTE816> drop table t;

Table dropped.

tkyte@TKYTE816> create table t
  2      as
  3      select * from all_objects
  4      /
Table created.

tkyte@TKYTE816> insert into t select * from t;

21979 rows created.

tkyte@TKYTE816> insert into t select * from t;

43958 rows created.

tkyte@TKYTE816> insert into t select * from t where rownum < 12000;

11999 rows created.

tkyte@TKYTE816> commit;

Commit complete.

tkyte@TKYTE816> create or replace procedure do_commit( p_rows in number )
  2      as
  3              l_start                         number;
  4              l_after_redo            number;
  5              l_before_redo   number;
```

```
  6      begin
  7                  select v$mystat.value into l_before_redo
  8                       from v$mystat, v$statname
  9                      where v$mystat.statistic# = v$statname.statistic#
 10                        and v$statname.name = 'redo size';
 11
 12                  l_start := dbms_utility.get_time;
 13                  insert into t select * from t where rownum < p_rows;
 14                  dbms_output.put_line
 15                  ( sql%rowcount || ' rows created' );
 16                  dbms_output.put_line
 17                  ( 'Time to INSERT: ' ||
 18                       to_char( round( (dbms_utility.get_time-l_start)/100, 5 ),
 19                                         '999.99') ||
 20                       ' seconds' );
 21
 22                  l_start := dbms_utility.get_time;
 23                  commit;
 24                  dbms_output.put_line
 25                  ( 'Time to COMMIT: ' ||
 26                       to_char( round( (dbms_utility.get_time-l_start)/100, 5 ),
 27                                         '999.99') ||
 28                       ' seconds' );
 29
 30                  select v$mystat.value into l_after_redo
 31                       from v$mystat, v$statname
 32                    where v$mystat.statistic# = v$statname.statistic#
 33                        and v$statname.name = 'redo size';
 34
 35                  dbms_output.put_line
 36                  ( 'Generated ' ||
 37                       to_char(l_after_redo-l_before_redo, '999,999,999,999') ||
 38                       ' bytes of redo' );
 39                  dbms_output.new_line;
 40      end;
 41    /
Procedure created.
```

Agora, estamos prontos para ver os efeitos de comprometer transações de vários tamanhos. Chamaremos o procedimento acima, pediremos que ele crie novas fileiras de tamanhos variados e reportaremos o resultado:

```
tkyte@TKYTE816> set serveroutput on format wraped
tkyte@TKYTE816> begin
  2                  for i in 1 .. 5
  3                  loop
  4                             do-commit( power(10,i) );
  5                  end loop;
  6      end;
  7    /
9 rows created
Time to INSERT:                    .06 seconds
Time to COMMIT:                    .00 seconds
Generated                          1,512 bytes of redo

99 rows created
Time to INSERT:                    .06 seconds
Time to COMMIT:                    .00 seconds
Generated                          11,908 bytes of redo

999 rows created
Time to INSERT:                    .05 seconds
```

```
        Time to COMMIT:            .00 seconds
        Generated                  115,924 bytes of redo

        9999 rows created
        Time to INSERT:            .46 seconds
        Time to COMMIT:            .00 seconds
        Generated                  1,103,524 bytes of redo

        99999 rows created
        Time to INSERT:            16.36 seconds
        Time to COMMIT:            .00 seconds
        Generated                  11,220,656 bytes of redo

        PL/SQL procedure successfully completed.

        tkyte@TKYTE816> show parameter log_buffer

        NAME                       TYPE      VALUE
        -------------------        -------   --------------
        log_buffer                 integer   512000
```

Como você pode ver, uma vez que geramos quantidade variável de redo de 1.512 a 11.220.656 bytes, o tempo para COMMIT não é medido usando um timer com uma resolução de um centésimo de segundo. Especificamente, temporizei as INSERTs para demonstrar que a lógica de timer 'funciona'. Se você fizer algo que tome uma quantidade de tempo medido, será relatado — os COMMITs simplesmente acontecem rápido demais. Como estamos processando e gerando o rego log, LGWR estava transportando constantemente nossas informações de redo armazenadas para o disco, ao fundo, enquanto prosseguíamos. Assim, quando geramos onze MB de informações de redo log, LGWR estava ocupado transportando cada 170 KB ou algo assim (um terço de 512.000 bytes). Quando chegou a vez de COMMIT, não havia muito a fazer — não muito mais do que quando criamos nove fileiras de dados. Você esperaria ver resultados semelhantes (não exatamente iguais), independentemente da quantidade de redo gerada.

O que realmente um ROLLBACK faz?

Agora, se mudarmos COMMIT para ROLLBACK, poderemos esperar um resultado completamente diferente. O tempo do retorno será definitivamente uma função da quantidade de dados modificados. Mudei a rotina DO_COMMIT que desenvolvemos na seção *O que faz um COMMIT?* para fazer um ROLLBACK (simplesmente mudando o COMMIT na linha 23 para ROLLBACK) e os tempos são muito diferentes. Por exemplo:

```
        9 rows created
        Time to INSERT:            .06 seconds
        Time to ROLLBACK:          .02 seconds
        Generated                  1.648 bytes of redo

        99 rows created
        Time to INSERT:            .04 seconds
        Time to ROLLBACK:          .00 seconds
        Generated                  12.728 bytes of redo

        999 rows created
        Time to INSERT:            .04 seconds
        Time to ROLLBACK:          .01 seconds
        Generated                  122.852 bytes of redo

        9999 rows created
        Time to INSERT:            .94 seconds
        Time to ROLLBACK:          .08 seconds
        Generated                  1.170.112 bytes of redo
```

```
99999 rows created
Time to INSERT:        8.08 seconds
Time to ROLLBACK:      4.81 seconds
Generated              11.842.168 bytes of redo

PL/SQL procedure successfully completed.
```

Isso é esperado, pois um ROLLBACK precisa desfazer fisicamente o trabalho que fizemos. Semelhante a um COMMIT há uma série de operações que precisam ser realizadas. Antes mesmo de chegarmos a ROLLBACK, o banco de dados já terá feito muito trabalho. Recapitulando, o seguinte teria acontecido:

- Os registros de segmento de retorno foram gerados na SGA.
- Os blocos de dados modificados foram gerados na SGA.
- O registro Redo armazenado dos dois itens acima foi gerado na SGA.
- Dependendo do tamanho dos três acima e da quantidade de tempo gasta, algumas combinações dos dados acima já podem ser transportadas no disco.
- Todos os bloqueios foram adquiridos.

Quando fazemos o ROLLBACK:

- Desfazemos todas as mudanças feitas. Isso é conseguido lendo os dados de volta do segmento ROLLBACK (undo) e, de fato, invertendo nossa operação. Se tivermos inserido uma fileira, um ROLLBACK a apagará. Se tivermos atualizado uma fileira, um retorno inverterá a atualização. Se tivermos removido uma fileira, um retorno irá inseri-la de novo.
- Todos os bloqueios mantidos pela nossa sessão serão liberados e cada um que estiver esperando na fila dos bloqueios mantidos será liberado.

Por outro lado, um COMMIT apenas transporta quaisquer dados restantes nos redo log armazenados. Ele executa muito pouco trabalho, comparado a um ROLLBACK. O ponto aqui é que você não quer retornar, a menos que precise. É caro, pois você perde muito tempo fazendo o trabalho e também irá gastar muito tempo desfazendo o trabalho. Não o faça, a menos que esteja certo de que vai querer comprometê-lo. Isso parece sentido comum; claro, eu não faria todo o trabalho a menos que quisesse comprometê-lo. No entanto, tenho visto muitas vezes, um desenvolvedor que usará uma tabela 'real' como uma temporária, a preencherá com dados e retornará. Abaixo, falaremos sobre as tabelas temporárias verdadeiras e como evitar esse aspecto.

Quanto de redo estou gerando?

Como desenvolvedor, você descobrirá que pode ser relevante a capacidade de medir quanto redo suas operações geram. Quanto mais redo você gera, mais tempo suas operações tomarão e mais lento será todo o sistema. Você não está apenas afetando a *sua* sessão, mas *cada* sessão. O gerenciamento de redo é um ponto em série dentro do banco de dados — eventualmente, todas as transações acabarão em LGWR, pedindo a ele para gerenciar seu redo e comprometer sua transação. Quanto mais ele tiver para fazer, mais lento será o sistema. Vendo quanto redo uma operação tende a gerar, e testando mais de uma abordagem a um problema, você pode descobrir a melhor maneira de fazer as coisas.

É bastante direto ver quanto redo estou gerando, conforme mostrado aqui. Usei a vista de desempenho dinâmico, V$MYSTAT, que tem apenas a estatística da minha sessão nela, unida a V$STATNAME. Recuperei o valor de estatística chamado redo size. Não precisei adivinhar esse nome, porque usei a vista V$STATNAME para encontrá-lo:

```
ops$tkyte@DEV816> select * from v$statname
    2    where name like 'redo%';

STATISTIC#    NAME                              CLASS
----------    ------------------------------    -----
        61    redo synch writes                     8
        62    redo synch time                       8
        98    redo entries                          2
        99    redo size                             2
       100    redo buffer allocation retries        2
       101    redo wastage                          2
       102    redo writer latching time             2
```

```
        103     redo writes                       2
        104     redo blocks written               2
        105     redo write time                   2
        106     redo log space requests           2
        107     redo log space wait time          2
        108     redo log switch interrupts        2
        109     redo ordering marks               2
14 rows selected.
```

Agora, estamos prontos para investigar como poderíamos determinar a quantidade de redo que determinada transação iria gerar. É direto estimar quando redo será gerado se você souber quantos dados serão modificados. Abaixo, criarei uma tabela cujo tamanho de fileira é de cerca de 2010 bytes, mais ou menos um par de bytes. Como o tipo de dados CHAR sempre consome a quantidade máxima de armazenagem, essa fileira tem 2000 bytes para o CHAR, sete bytes para a DATE e três bytes para o número — cerca de 2010 bytes, mais algum código extra de fileira:

```
tkyte@TKYTE816> create table t ( x int, y char(2000), z date );

Table created.
```

Daremos uma olhada no que toma para INSERT e depois UPDATE, depois DELETE uma, dez e muitas dessas fileiras. Veremos também se há qualquer diferença medida entre atualizar um conjunto de fileiras em grupo versus atualizar cada fileira individualmente, com base na quantidade de redo gerado. Já sabemos que atualizar fileira por fileira é mais lento do que usar uma única declaração UPDATE.

Para medir o redo gerado, usaremos a facilidade SQL*PLUS AUTOTRACE ou uma consulta direta em uma vista de V$MYSTAT/V$STATNAME, que mostra o tamanho de redo da nossa sessão:

```
tkyte@TKYTE816> create or replace view redo_size
  2  as
  3  select value
  4     from v$mystat, v$statname
  5  where v$mystat.statistic# = v$statname.statistic#
  6     and v$statname.name = 'redo size';

View created.
```

Para as declarações que AUTOTRACE rastreará (INSERTs, UPDATEs e DELETEs), iremos usá-la. Para os nossos blocos PL/SQL, classificaremos para V$MYSTAT/V$STATNAME, visto que AUTOTRACE não irá gerar as informações para essas declarações.

Para o processo exercer a geração de redo, usaremos a tabela T acima, que tem um tamanho fixo de fileira razoável de 2010 bytes, se todas as colunas não forem Null. Faremos diversas operações e medidas do redo gerado em cada uma. O que faremos é INSERT uma única fileira, depois dez fileiras com uma única declaração, 200 fileiras com uma única declaração e, adiante, 200 fileiras de uma vez. Faremos operações semelhantes também em UPDATE e em DELETE.

Segue-se o código para esse exemplo. Em vez do habitual recortar e colar, diretamente de SQL*PLUS, simplesmente olharemos para as declarações que foram usadas e veremos a tabela que resume o resultado:

```
set autotrace traceonly statistics
insert into t values ( 1, user, sysdate );

insert into t
select object_id, object_name, created
        from all_objects
    where rownum <= 10;

insert into t
select object_id, object_name, created
        from all_objects
    where rownum <= 200
/
```

```
declare
    l_redo_size number;
    l_cnt       number := 0;
begin
    select value into l_redo_size from redo_size;
    for x in ( select * from all_objects where rownum <= 200 )
    loop
        insert into t values
        ( x.object_id, x.object_name, x.created );
        l_cnt := l_cnt+1;
    end loop;
    select value-l_redo_size into l_redo_size from redo_size;
    dbms_output.put_line( 'redo size = ' || l_reedo_size ||
                          ' rows = ' || l_cnt );
end;
/
```

O fragmento de código acima faz as nossas INSERTs, conforme descrito — 1, 10, 200 de cada vez, e depois 200 INSERTs individuais. Em seguida, faremos as UPDATEs:

```
update t set y=lower(y) where rownum = 1;

update t set y=lower(y) where rownum <= 10;

update t set y=lower(y) where rownum <= 200;

declare
    l_redo_size number;
    l_cnt       number := 0;
begin
    select value into l_redo_size from redo_size;
    for x in ( select rowid r from t where rownum <= 200 )
    loop
        update t set y=lower(y) where rowid = x.r;
        l_cnt := l_cnt+1;
    end loop;
    select value-l_redo_size into l_redo_size from redo_size;
    dbms_output.put_line( 'redo size = ' || l_redo_size ||
                          ' rows = ' || l_cnt );
end;
/
```

e depois, as DELETEs:

```
delete from t where rownum = 1;

delete from t where rownum <= 10;

delete from t where rownum <= 200;

declare
    l_redo_size number;
    l_cnt                    number := 0;
begin
    select value into l_redo_size from redo_size;
    for x in ( select rowid r from t ) loop
        delete from t where rowid = x.r;
        l_cnt := l_cnt+1;
    end loop;
```

```
            select value=1_redo_size into 1_redo_size from redo_size;
            dbms_output.put_line( 'redo size = ' || 1_redo_size ||
                                  ' rows = ' || 1_cnt );
end;
/
```

Eis os resultados finais:

Operação	Fileira afetada	Redo total	Média por fileira
INSERT uma fileira	1	2.679	2.679
INSERT 10 fileiras em uma declaração	10	22.260	2.226
INSERT 200 fileiras em uma declaração	200	442.784	2.213
INSERT 200 fileiras, uma de cada vez	200	464.224	2.321
UPDATE uma fileira	1	4.228	4.228
UPDATE 10 fileiras em uma declaração	10	42.520	4.252
UPDATE 200 fileiras em uma declaração	200	849.600	4.248
UPDATE 200 fileiras individualmente	200	849.700	4.248
DELETE uma fileira	1	2.236	2.236
DELETE 10 fileiras em grupo	10	23.688	2.369
DELETE 200 fileiras em grupo	200	469.152	2.345
DELETE 200 fileiras de uma vez	200	469.212	2.346

A coisa interessante a observar é que, fazendo UPDATE em 200 fileiras com uma declaração ou com 200 declarações, gera-se a mesma quantidade de redo. O mesmo é verdade quanto aos DELETEs — uma declaração ou 200, o resultado é exatamente o mesmo. Uma INSERT se comporta um pouco diferente. Ela gera ligeiramente mais redo na inserção de uma única fileira, o que é razoável, pois ela precisa organizar os dados no bloco de forma diferente do que quando inserindo uma a uma, versus muitas ao mesmo tempo (ela trabalha ligeiramente mais).

Como você pode ver, o redo gerado é em função da quantidade de dados modificados. Se INSERT 2000 bytes de fileiras, geramos um pouco mais do que 2000 bytes por fileira. Quando UPDATE, geramos o dobro de quantidade de redo (registramos os dados e retornados, como você deve se lembrar, portanto isso faz sentido). Uma DELETE é semelhante a uma INSERT em tamanho. Toda a fileira é registrada no segmento de retorno e isso é registrado, assim como as próprias mudanças de bloco, contando para a pequena disparidade. Assim, desde que você entenda a quantidade de dados que estiver modificando e, até certo ponto, *como* modificar, determinar a quantidade de redo é direto.

Esse não é o caso que prova que o processamento daquela única fileira é tão eficiente quanto o processamento de conjunto. Ele só mostra que a quantidade de redo gerado é igual. Vimos em outras seções que o processamento de uma fileira em um tempo nunca é tão eficaz quanto fazer a operação do próprio conjunto. Além disso, se você estiver tentado a atirar um COMMIT no loop, como muitas pessoas fazem, na crença de que ele conservará algum recurso, só aumentará o problema. Agora que sabemos como medir o redo que geramos, podemos ver claramente o efeito dessa má idéia. Usaremos o mesmo exemplo de esquema que acima e mediremos o que acontece quando atirarmos um COMMIT no loop:

```
tkyte@TKYTE816> declare
  2                 1_redo_size number;
  3                 1_cnt                          number := 200;
  4                 procedure report
  5                 is
  6                 begin
  7                         select value-1_redo_size into 1_redo_size from redo_size;
```

```
  8                        dbms_output.put_line( 'redo size = ' || l_redo_size ||
  9                                               ' rows = ' || l_cnt || ' ' ||
 10                                               to_char(l_redo_size/l_cnt,'99,999.9') ||
 11                                               ' bytes/row' );
 12              end;
 13   begin
 14        select value into l_redo_size from redo_size;
 15        for x in ( select object_id, object_name, created
 16                          from all_objects
 17                          where rownum <= l_cnt )
 18        loop
 19                   insert into t values
 20                       ( x.object_id, x.object_name, x.created );
 21                   commit;
 22        end loop;
 23        report;
 24
 25        select value into l_redo_size from redo_size;
 26        for x in ( select rowid rid from t )
 27        loop
 28                   update t set y = lower(y) where rowid = x.rid;
 29                   commit;
 30        end loop   ;
 31        report;
 32
 33        select value into l_redo_size from redo_size;
 34        for x in ( select rowid rid from t )
 35        loop
 36                   delete from t where rowid = x.rid;
 37                   commit;
 38        end loop;
 39        report;
 40   end;
 41   /
redo size = 530396 rows = 200        2.652,0 bytes/row
redo size = 956660 rows = 200        4.783,3 bytes/row
redo size = 537132 rows = 200        2.685,7 bytes/row

PL/SQL procedure successfully completed.
```

Como você pode ver, comprometer cada fileira aumentou muito a quantidade de redo gerada, (a tabela abaixo resume isso). Existem outros aspectos relativos a desempenho no que se refere a porque você não deveria comprometer cada fileira (ou possivelmente, até grupos de fileiras). Vimos acima a prova concreta disso, onde um COMMIT para cada fileira levou três vezes mais tempo comprometendo quando a transação estava completa. Há o código extra de chamar no kernel do banco de dados com cada declaração individual, há o engate desnecessário e a contenção em recursos compartilhados em cada declaração individual. A questão é que se você puder fazê-lo em uma única declaração SQL — faça-o. Adicionalmente, assegure-se de COMMIT quando a transação estiver *completa*, nunca antes.

Operação	Fileiras afetadas	Total redo (sem COMMITs)	Total redo (com COMMITs)	% aumento
INSERT 200 fileiras	200	442.784	530.396	20%
UPDATE 200 fileiras	200	849.600	956.660	13%
DELETE 200 fileiras	200	469.152	537.132	14%

O método que esboçamos anteriormente geralmente é útil para ver os efeitos laterais de diversas outras opções. Uma pergunta que surge com freqüência é: a não ser o fato de que você pode modificar os valores de uma fileira em um disparador BEFORE, existem quaisquer outras diferenças? Bem, na verdade, existem sim. Um disparador BEFORE tende a acrescentar informações adicionais redo, mesmo que não modifique qualquer dos valores na fileira. De fato, esse é um caso interessante e, usando as técnicas acima, descobriremos que:

- Um disparador BEFORE ou AFTER não afeta DELETEs.
- Uma INSERT gera redo extra no mesmo volume para um disparador BEFORE ou um AFTER.
- Uma UPDATE só é afetada pela existência de um disparador BEFORE — o disparador AFTER não acrescenta redo adicional.
- O tamanho da fileira afeta a quantidade de redo adicional gerado por INSERTs, mas não por UPDATE.

Para fazer esse teste, usaremos a tabela T, do acima:

```
create table t ( x int, y char(N), z date );
```

mas a criaremos com tamanhos variados para N. Nesse exemplo, usaremos N = 30, 100, 500, 1000 e 2000 para atingir fileiras de larguras variáveis. Usei um simples registro de tabela para captar os resultados de minhas muitas execuções:

```
create table log ( what varchar2(15),   - - will be no trigger, after or before
                   op varchar2(10),      - - will be insert/update or delete
                   rowsize int,          - - will be the size of Y
                   redo_size int,        - - will be the redo generated
                   rowcnt int );         - - will be the count of rows affected
```

Depois de executarmos o nosso teste em várias colunas Y dimensionadas, analisaremos os resultados. Usei esse procedimento armazenado para gerar minhas transações e registrei o redo gerado. O sub procedimento REPORT é um procedimento local (visível apenas no procedimento DO_WORK), ele simplesmente relata na tela o que aconteceu e capta as descobertas em nossa tabela LOG. O corpo principal do procedimento realiza as transações verdadeiras que estivermos monitorando. Todas elas começarão captando o tamanho atual de redo da nossa sessão, fazendo algum trabalho, comprometendo e depois gerando o relatório:

```
tkyte@TKYTE816> create or replace procedure do_work( p_what in varchar2 )
  2      as
  3          l_redo_size number;
  4          l_cnt                    number := 200;
  5
  6          procedure report( l_op in varchar2 )
  7          is
  8          begin
  9              select value-l_redo_size into l_redo_size from redo_size;
 10              dbms_output.put_line(l_op || ' redo size = ' || l_redo_size ||
 11                                   ' rows = ' || l_cnt || ' ' ||
 12                                   to_char(l_redo_size/l_cnt, '99,999.9') ||
 13                                   ' bytes/row' );
 14              insert into log
 15              select p_what, l_op, data_length, l_redo_size, l_cnt
 16                from user_tab_columns
 17               where table_name = 'T'
 18                 and column_name = 'Y';
 19          end;
 20      begin
 21          select value into l_redo_size from redo_size;
 22          insert into t
 23          select object_id, object_name, created
 24            from all_objects
 25           where rownum <= l_cnt;
 26          l_cnt := sql%rowcount;
 27          commit;
 28          report('insert');
 29
```

```
30              select value into l_redo_size from redo_size;
31              update t set y=lower(y);
32              l_cnt := sql%rowcount;
33              commit;
34              report('update');
35
36              select value into l_redo_size from redo_size;
37              delete from t;
38              l_cnt := slq%rowcount;
39              commit;
40              report('delete');
41      end;
42      /
```

Procedure created.

Agora, visto que tenho isso no lugar, solto e crio a tabela T, mudando o tamanho da coluna Y. Depois, executo o seguinte script para testar os vários cenários (sem TRIGGER, antes de TRIGGER e depois de TRIGGER):

```
tkyte@TKYTE816> truncate table t;

Table truncated.

tkyte@TKYTE816> exec do_work( 'no trigger' );
insert redo size = 443280 rows = 200     2.216,4 bytes/row
update redo size = 853968 rows = 200     4.269,8 bytes/row
delete redo size = 473620 rows = 200     2.368,1 bytes/row

PL/SQL procedure successfully completed.

tkyte@TKYTE816> create or replace trigger before_insert_update_delete
  2     before insert or update or delete on T for each row
  3     begin
  4                     null;
  5     end;
  6     /

Trigger created.

tkyte@TKYTE816> truncate table t;

Table truncated.

tkyte@TKYTE816> exec do_work( 'before trigger' );
insert redo size = 465640 rows = 200     2.328,2 bytes/row
update redo size = 891628 rows = 200     4.458,1 bytes/row
delete redo size = 473520 rows = 200     2.367,6 bytes/row

PL/SQL procedure successfully completed.

tkyte@TKYTE816> drop trigger before_insert_update_delete;

Trigger dropped.

tkyte@TKYTE816> create or replace trigger after_insert_update_delete
  2     after insert or update or delete on T
  3     for each row
  4     begin
  5                     null;
  6     end;
  7     /
```

```
Trigger created.

tkyte@TKYTE816> truncate table t;

Table truncated.

tkyte@TKYTE816> exec to_work( 'after trigger' );
insert redo size = 465600 rows = 200      2.328,0 bytes/row
update redo size = 854028 rows = 200      4.270,1 bytes/row
delete redo size = 473580 rows = 200      2.367,9 bytes/row

PL/SQL procedure successfully completed.
```

A saída acima foi de uma execução onde o tamanho de Y era 2000 bytes. Depois de todas as execuções completadas, fui capaz de consultar o registro de tabela e ver:

```
tkyte@TKYTE816> break on op skip 1
tkyte@TKYTE816> set numformat 999,999

tkyte@TKYTE816> select op, rowsize, no_trig, before_trig-no_trig, after_trig-no_trig
  2     from ( select op, rowsize,
  3                   sum(decode( what, 'no trigger', redo_size/rowcnt,0 ) )
                                                                    no_trig,
  4                   sum(decode( what, 'before trigger', redo_size/rowcnt, 0 ) )
                                                                    before_trig,
  5                   sum(decode( what, 'after trigger', redo_size/rowcnt, 0 ) )
                                                                    after_trig
  6            from log
  7            group by op, rowsize
  8          )
  9     order by op, rowsize
 10    /
```

OP	ROWSIZE	NO_TRIG	BEFORE_TRIG-NO_TRIG	AFTER_TRIG-NO_TRIG
delete	30	272	0	0
	100	344	-0	-0
	500	765	-0	-0
	1.000	1.293	-1	-0
	2.000	2.368	-1	-0
insert	30	60	213	213
	100	136	208	208
	500	574	184	184
	1.000	1.113	162	162
	2.000	2.216	112	112
update	30	294	189	0
	100	431	188	0
	500	1.238	188	-0
	1.000	2.246	188	-0
	2.000	4.270	188	0

15 rows selected.

Se você estiver curioso a respeito dessa consulta e de como armei o conjunto de resultado, veja o Capítulo 12, onde discuto em detalhes a armação de conjunto de resultados.

O que está embutido na consulta gerada é um conjunto de resultados que computou a média de bytes de redo gerados por fileira em cada um dos três testes. O exterior da consulta simplesmente exibe a média de bytes por fileira no caso onde o disparador estava colocado e as duas colunas subseqüentes mostram a diferença entre os outros casos e a quantidade de redo gerada por fileira, em qualquer tempo. No entanto, olhando o caso INSERT, podemos ver que houve um código extra de 213 para 112 bytes por fileira, independente do tipo de disparador usado (antes ou depois). Quanto maior a fileira, menor o código extra, por algum motivo (não investiguei *porque* isso é assim, mas apenas nesse caso é assim). Por fim, no caso de UPDATE, vemos duas coisas. Primeiro, a quantidade de redo gerado é constante, independente de seu tamanho — o código extra em UPDATEs é fixo. Segundo, podemos ver que um disparador AFTER é muito mais eficiente em UPDATEs, pois não afeta de forma alguma a geração de redo. Por esse motivo, você pode desenvolver um método empírico: sempre que possível, use disparadores AFTER em UPDATEs. Se, e apenas se, você precisa da funcionalidade disponível no disparador BEFORE, deve realmente usar um.

Agora você sabe como avaliar a quantidade de redo, o que cada desenvolvedor deve ser capaz de fazer. Você pode:

- Avaliar o tamanho da sua 'transação' — quantos dados modificou.
- Acrescentar 10 a 20 por cento de código extra, dependendo da quantidade de fileiras que estiver modificando — quanto mais fileiras, menos código extra.
- Dobrar esse valor em UPDATEs.

Na maioria dos casos, essa será uma boa avaliação. Dobrar em UPDATEs é uma adivinhação — realmente depende de como você modifica os dados. Dobrar supõe que você toma uma fileira de X bytes e a atualiza para ser uma fileira de X bytes. Se tomar uma pequena fileira e torná-la grande, você não dobrará seu valor (ela se comportará mais como uma INSERT). Se tomar uma grande fileira e torná-la pequena, não dobrará seu valor (ela se comportará como uma DELETE). Dobrar é um número de 'pior caso', pois existem várias opções e recursos que afetarão isso, por exemplo, a existência de índices (ou a sua falta, no meu caso), contribuirá para a questão. A quantidade de trabalho que precisa ser feito para manter a estrutura de índice pode variar, de UPDATE para UPDATE e assim por diante. Efeitos laterais dos disparadores precisam ser levados em consideração (além do código extra fixo, descrito acima). Operações implícitas feitas em seu nome, como um ajuste ON DELETE CASCADE em uma chave estrangeira, também precisam ser consideradas. Isso permitirá que você avalie a quantidade de objetivos de dimensionamento/desempenho de redo. Só o teste de mundo real dirá com certeza. Dado o script acima, você pode ver como medir isso por si mesmo, em quaisquer de seus objetos e transações.

Posso desativar a geração de redo log?

Essa pergunta é feita com freqüência. A simples e curta resposta é 'não', visto que registrar redo é crucial para o banco de dados; não é código extra, não é um desperdício. Você precisa dele, independente de acreditar ou não nisto. É um fato da vida, e é dessa maneira que o banco de dados funciona. No entanto, dito isso, existem algumas operações que, em alguns casos, podem ser feitas sem gerar redo log.

Algumas declarações SQL e operações suportam o uso de uma cláusula NOLOGGING. Isso não significa que todas as operações no objeto serão realizadas sem a geração de redo log, apenas que algumas operações específicas irão gerar *significativamente menos* redo que o normal. Observe que eu disse 'significativamente menos', não 'nenhum'. Todas as operações gerarão algum redo — todas as operações de dicionário de dados serão registradas, independente do modo de registro. A quantidade de redo gerada pode ser significativamente menor. Por exemplo, executo o seguinte em um banco de dados, no modo ARCHIVELOG. Se você testar em um banco de dados no modo NOARCHIVELOG, não verá quaisquer diferenças. A CREATE TABLE não será registrada, com exceção das modificações de dicionário de dados em um banco de dados no modo NOARCHIVELOG. Entretanto, os usuários de Oracle 7.3 verão a diferença, pois essa otimização não estava presente naquele banco de dados. Em vez disso, eles terão que usar também UNRECOVERABLE, da palavra chave NOLOGGING (NOLOGGING era UNRECOVERABLE nos lançamentos anteriores de Oracle). Se você quiser a diferença em um banco de dados no modo NOARCHIVELOG, pode substituir DROP TABLE e CREATE TABLE por uma declaração DROP INDEX e CREATE INDEX em alguma tabela. Essas operações são registradas por padrão, independente do modo no qual o banco de dados estiver executando. Isso também dá uma dica valiosa — testar seu sistema no modo em que ele executará na produção, pois o comportamento pode ser diferente. Seu sistema de produção estará executando no modo ARCHIVELOG; se você fizer muitas operações que gerem redo nesse modo, mas não no modo NOARCHIVELOG, vai querer descobrir isso durante o teste, não durante a apresentação para os usuários! Então, para o exemplo da cláusula NOLOGGING:

```
tkyte@TKYTE816> column value new_value old_value
tkyte@TKYTE816> select value from redo_size;

     VALUE
    ------
   5195512

tkyte@TKYTE816> create table t
  2    as
  3    select * from all_objects
  4    /
Table created.

tkyte@TKYTE816> select value-&old_value REDO_GENERATED from redo_size;
old   1: select value-&old_value REDO_GENERATED from redo_size
new   1: select value-  5195512 REDO_GENERATED from redo_size

REDO_GENERATED
--------------
       2515860
```

Aqui, mais de 2.5MB de redo é gerado em meu banco de dados.

```
tkyte@TKYTE816> drop table t;

Table dropped.

tkyte@TKYTE816> select value from redo_size;

     VALUE
    ------
   7741248

tkyte@TKYTE816> create table t
  2    NOLOGGING
  3    as
  4    select * from all_objects
  5    /
Table created.

tkyte@TKYTE816> select value-&old_value REDO_GENERATED from redo_size;
old   1: select value-&old_value  REDO_GENERATED from redo_size
new   1: select value-  7741248   REDO_GENERATED from redo_size

REDO_GENERATED
--------------
         43264
```

Dessa vez só há 50 KB de redo gerado.

Como você pode ver, isso faz uma incrível diferença: 2.5 MB de redo contra 50 KB. Os 2.5 MB são os próprios dados de tabela — foram escritos diretamente em disco, sem nenhum redo log gerado para eles. Claro, agora está óbvio que faremos todo o possível com NOLOGGING, certo? Na verdade, a resposta é um sonoro *não*. Você precisa usar isso com muito cuidado e só depois de discutir os aspectos com a pessoa encarregada de fazer o backup e a recuperação. Digamos que você criou essa tabela e ela agora é parte de seu aplicativo (por exemplo, você usou uma CREATE TABLE AS SELECT NOLOGGING como parte de um script de atualização). Seus usuários modificam essa tabela no correr do dia. Naquela noite, o disco daquela tabela falha. Sem problemas, diz o DBA — estamos executando no modo ARCHIVELOG, podemos fazer a recuperação do meio. No entanto, o problema é que a tabela criada inicialmente, como não estava registrada, não é recuperável do redo log arquivado. Essa tabela é irrecuperável e isso leva ao ponto mais importante sobre operações NOLOGGING — elas precisam ser coordenadas com o seu DBA e o sistema, como um todo. Se você as usar e outros não estiverem cientes do fato, pode comprometer a habilidade de seu DBA de recuperar completamente seu banco de dados, depois de uma falha de meio. Elas precisam ser utilizadas consciente e cuidadosamente.

As coisas importantes a notar em operações NOLOGGING são:

- Na verdade, será gerada alguma quantidade de redo. Esse redo é para proteger o dicionário de dados. Não há como evitar isso. Ele terá uma quantidade significativamente menor do que antes, mas haverá um pouco.
- NOLOGGING não evita que redo seja gerado por todas as operações subseqüentes. No exemplo acima, não criei uma tabela que nunca foi registrada. Apenas uma única operação, individual, de criar a tabela não estava registrada. Todas as operações 'normais' subseqüentes, como INSERTs, UPDATEs e DELETEs serão registradas. Outras operações especiais, como um caminho direto carregado usando SQLLDR ou um caminho direto inserido usando a sintaxe INSERT /*+APPEND*/, não serão registradas. Porém, geralmente serão registradas as operações em seu aplicativo que se realizem nessa tabela.
- Depois de fazer operações NOLOGGING em um banco de dados no modo ARCHIVELOG, você precisa fazer uma cópia de linha de referência dos arquivos de dado afetados, assim que possível. Isso é para evitar perder mudanças subseqüentes nesses objetos, devido à falha de meio. Na verdade, não perderíamos as mudanças, pois essas estão no redo log. O que de fato perderíamos seriam os dados para aplicar as mudanças.

Há duas maneiras de usar a opção NOLOGGING. Você já viu um método, embutindo a palavra chave NOLOGGING no próprio comando SQL no lugar apropriado. O outro método permite que operações sejam realizadas implicitamente em um modo NOLOGGING. Por exemplo, posso alterar um índice para ser, por padrão, NOLOGGING. Isso significa que as cargas subseqüentes e as inserções de caminho direto feitas, que afetam esse índice, não serão registradas (o índice não irá gerar redo — outros índices e a própria tabela poderão, mas não este índice).

As operações que podem ser realizadas em um modo NOLOGGING são:

- Criação de índice e ALTERs (remontagens).
- INSERTs em grupo, usando uma 'inserção de caminho direto' através da dica /*+APPEND*/.
- Operações de LOG (atualizações para objetos maiores não precisam ser logadas)
- Criação de tabela através de CREATE TABLE AS SELECT.
- Várias operações ALTER TABLE, como MOVE e SPLIT.
- TRUNCATE (mas não é necessária em uma cláusula NOLOGGING, pois está sempre no modo NOLOGGING).

Usada adequadamente em um banco de dados no modo ARCHIVELOG, NOLOGGING pode agilizar muitas operações, reduzindo dramaticamente a quantidade de redo log gerado. Suponha que você tenha uma tabela que precisa mover de um espaço de tabela para outro. Você pode programar essa operação para acontecer imediatamente antes de um backup — você alteraria a tabela para NOLOGGING, a moveria, remontaria os índices (também sem registrar) e depois alteraria a tabela de volta para o modo de registro. Agora uma operação que poderia ter X horas pode acontecer talvez em X/2 horas. O uso adequado desse recurso inclui o envolvimento do DBA, ou quem quer que seja responsável pelo backup e recuperação do banco de dados. Se eles não estiverem cientes do uso desse recurso e ocorrer uma falha de meio, você perderá os dados. Isso é algo a considerar seriamente.

Não posso alocar um novo registro?

Vejo isso acontecer o tempo todo, embora não no meu banco de dados, claro! Você recebe mensagens de aviso com esse objetivo (isso será encontrado em seu alert.log, em seu servidor):

```
Sun Feb 25 10:59:55 2001-09-07
Thread 1 cannot allocate new log, sequence 326
Checkpoint not complete
```

Ela poderia dizer Archival required em vez de Checkpoint not complete, mas o efeito é igual. Porém, isso é algo que o DBA deve procurar. No caso dele não fazer isso, é algo que você mesmo precisa fazer. Essa mensagem será escrita no alert.log no servidor, sempre que o banco de dados tentar reutilizar um arquivo redo log online e descobrir que não pode. Isso acontecerá quando DBWR não tiver terminado o ponto de verificação dos dados protegidos pelo redo log, ou ARCH não tiver terminado de copiar o arquivo redo log no arquivo de destino. Se DBWR ou ARCH não significarem nada para você, por favor, reveja o Capítulo 2 para mais informações. Nesse ponto, efetivamente, o banco de dado *interrompe*, no que se refere ao usuário final. Friamente, ele pára. DBWR ou ARCH terão prioridade para transportar os blocos para o disco. Ao término do ponto de verificação ou arquivamento, tudo voltará ao normal. O motivo pelo qual o banco de dados interrompe a atividade de usuário é que, simplesmente, não há lugar para registrar as mudanças que ele está fazendo. O Oracle está tentando reutilizar um arquivo redo log online, mas como o arquivo é necessário para recuperar o banco de dados no evento de uma falha (Checkpoint not complete) ou o arquivador ainda não terminou de copiá-lo (Archival required), o Oracle precisa esperar (e nossos usuários terão que esperar) até que o arquivo redo log possa ser reutilizado com segurança.

Se você vir que suas sessões gastam muito tempo esperando em uma 'troca de registro de arquivo', 'espaço de buffer de registro' ou 'troca de registro de arquivo com ponto de verificação ou arquivamento incompleto', provavelmente está atingindo isso (refira-se ao Capítulo 10, para ver do que estão sofrendo os eventos de sua sessão). Você perceberá isso durante longos períodos de modificações de banco de dados, se os seus arquivos de registro forem incorretamente dimensionados ou se DBWR e ARCH precisarem ser sintonizados pelo DBA ou pelo Administrador de Sistema. Com freqüência vejo isso com o 'starter' do banco de dados, que não foi personalizado. Tipicamente, o 'starter' do banco de dados dimensiona os redo logs muito menores do que qualquer quantidade de medida de trabalho (inclusive a montagem inicial de banco de dados do próprio dicionário de dados). Assim que você começar a carregar o banco de dados, irá perceber que as primeiras 100 fileiras irão rápido, depois as coisas começarão a ser mais vagarosas; 1000 vão rápido, depois flutuam, depois rápido, depois flutuam, e assim por diante. Esses são indícios de que você está atingindo essa condição.

Há um par de coisas que podem ser feitas para resolver isso:

- Tornar DBWR mais rápido. Faça o seu DBA sintonizar DBWR, capacitando ASYNC I/O, usando escravos DBWR I/O ou múltiplos processos DBWR. Verifique I/O no sistema e veja se um disco, ou um conjunto de discos, está 'quente' e, portanto, precisamos espalhá-lo. O mesmo dispositivo geral também se aplica a ARCH. Os contras disso são que, aqui, você obtém 'alguma coisa por nada' — aumento de desempenho sem realmente mudar qualquer lógica/estruturas/código. De fato, não há inversos para essa abordagem.

- Acrescentar mais arquivos redo log. Isso retardará o Checkpoint not complete em alguns casos e, depois de algum tempo, o retardará tanto que ele talvez não ocorra (demos ao DBWR espaço suficiente para respirar a fim de fazer o ponto de verificação). O mesmo se aplica à mensagem Archival required. O benefício dessa abordagem é a remoção das 'pausas' em seu sistema. O inverso é que ela consome mais disco, mas o benefício aqui supera qualquer inverso.

- Recriar os arquivos de registro com um tamanho maior. Isso ampliará o tempo entre o preenchimento do redo log online e sua reutilização. O mesmo se aplica para a mensagem Archival required, se o uso do arquivo redo log estiver 'queimado'. Se você tiver um período de grande geração de registro (carregamentos noturnos, processos em grupo) seguido por períodos de relativa calma, ter redo logs online maiores pode dar tempo bastante para ARCH durante os períodos de calma. Os prós e os contras são idênticos aos da abordagem acima, de acréscimo de arquivos. Além disso, ele pode retardar um ponto de verificação, visto que pontos de verificação ocorrem a cada troca de registro (no mínimo) e as trocas de registro agora serão muito mais esparsas.

- Levar o ponto de verificação a acontecer com mais freqüência e mais continuamente. Use um cache de buffer de bloco menor (não completamente desejável), ou várias configurações init.ora, tais como FAST_START_IO_TARGET, DB_BLOCK_MAX_DIRTY_TARGET, LOG_CHECKPOINT_INTERVAL e LOG_CHECKPOINT_TIMEOUT. Isso forçará o DBWR a emanar blocos sujos com mais freqüência. O ponto positivo dessa abordagem é que o tempo de recuperação de uma falha é reduzido. Haverá sempre menos trabalho nos redo logs online a ser aplicado. O inverso é que os blocos serão escritos em disco com mais freqüência. O cache de buffer não será tão eficiente como deveria e pode anular o mecanismo de limpeza de bloco, discutido abaixo.

- A abordagem que você toma vai depender das circunstâncias. Isso é algo que precisa ser fixado em termos de banco de dados, levando em consideração toda a cópia.

Limpeza de bloco

Se você se recorda, no Capítulo 3, quando falamos sobre bloqueios de dados e como eles foram gerenciados, descrevi como, na verdade, eles são atributos dos dados, armazenados no cabeçalho de bloco. Um efeito colateral disso é que, na próxima vez em que o bloco for acessado, é possível que tenhamos que 'limpá-lo' — em outras palavras, remover as informações de transação. Essa ação gera redo e leva o bloco a ficar 'sujo', se ele já não estiver. O que isso significa é que uma simples SELECT pode gerar redo e levar muitos blocos a serem escritos em disco, com o próximo ponto de verificação. Entretanto, isso não acontecerá sob a maioria das circunstâncias normais. Se você tiver a maior parte das transações dimensionadas de pequenas para médias (OLTP), ou se estiver em uma armazenagem de dados que analise as tabelas depois de operações em grupo, descobrirá que os blocos geralmente são 'limpados' para você. Se você lembrar da seção anterior, *O que faz um COMMIT?*, uma das etapas de tempo de processamento de COMMIT é rever os nossos blocos, se eles ainda estiverem na SGA, se eles estiverem acessíveis (ninguém mais os está modificando) e depois limpá-los. Essa atividade é conhecida como **commit clean out**. Nossa transação limpa o bloco o suficiente para que uma SELECT (leitura) não precise limpá-lo. Apenas uma UPDATE desse bloco de fato limparia nossas informações residuais de transação, e visto que isso já está gerando redo, a limpeza não é perceptível.

Podemos forçar a ocorrência de uma limpeza para ver os efeitos colaterais, entendendo como funciona a limpeza de comprometimento. O Oracle irá alocar listas de blocos que modificamos em uma lista de comprometimento associada à nossa transação. Cada uma dessas listas tem 20 blocos de comprimento e o Oracle alocará tantas quantas necessárias em um ponto. Se a soma dos blocos que modificamos exceder a 10 por cento do tamanho de cache de buffer de bloco, o Oracle interromperá a alocação de novas listas. Por exemplo, se o seu cache de buffer de bloco estiver ajustado para 3.000, o Oracle manterá uma lista de até 300 blocos (10 por cento de 3.000) para nós. Com COMMIT, o Oracle processará cada uma dessas listas de 20 indicadores de bloco e, se os blocos ainda estiverem disponíveis, fará uma rápida limpeza. Assim, desde que o número de blocos que estivermos modificando não exceda 10 por cento do número de blocos no cache *e* que os nossos blocos ainda estejam disponíveis para nós, o Oracle os limpará quando ocorrer COMMIT. Caso contrário, ele simplesmente os pulará (não os limpará). Dado esse entendimento, podemos ajustar condições artificiais para ver como isso funciona. Ajustei meu DB_BLOCK_BUFFERS para um valor baixo de 300. Depois criei uma tabela, de modo que uma fileira se ajuste exatamente em um bloco — nunca terei duas fileiras por bloco. Depois, preenchi essa tabela com 499 fileiras e comprometi. Mediremos a quantidade de redo que gerei até agora, executaremos uma SELECT que visitará cada bloco e depois medirei a quantidade de redo que SELECT gerou.

Com surpresa para muita gente, SELECT irá gerar redo. Não apenas isso, mas ela também modificará esses blocos 'sujos', levando o DBWR a escrevê-los de novo. Isso se deve à limpeza do bloco. Em seguida, executarei novamente SELECT e veremos que nenhum redo é gerado. Isso é esperado, pois todos os blocos estão 'limpos' a essa altura.

```
tkyte@TKYTE816> create table t
  2  ( x char(2000) default 'x',
  3    y char(2000) default 'y',
  4    z char(2000) default 'z' )
  5  /
Table created.

tkyte@TKYTE816> insert into t
  2  select 'x', 'y', 'z'
  3  from all_objects where rownum < 500
  4  /

499 rows created.

tkyte@TKYTE816> commit;

Commit complete.
```

Assim, essa é a nossa tabela com uma fileira por bloco (no meu tamanho 8 KB de bloco de banco de dados). Agora, mediremos a quantidade de redo gerado durante a leitura dos dados:

```
tkyte@TKYTE816> column value new_value old_value
tkyte@TKYTE816> select * from redo_size;

     VALUE
----------
   3250592

tkyte@TKYTE816> select *
  2        from t
  3     where x = y;
no rows selected
```

```
tkyte@TKYTE816> select value-&old_value REDO_GENERATED from redo_size;
old   1: select value-&old_value   REDO_GENERATED from redo_size
new   1: select value- 3250592     REDO_GENERATED from redo_size

REDO_GENERATED
--------------
         29940

tkyte@TKYTE816> commit;

Commit complete.
```

Então, essa SELECT gerou cerca de 30 KB de redo durante seu processamento. Isso representa os cabeçalhos de bloco que ela modificou durante a digitalização total de T. DBWR escreverá esses blocos modificados de volta em disco em algum ponto no futuro. Agora, se executarmos novamente a consulta:

```
tkyte@TKYTE816> select value from redo_size;

    VALUE
---------
  3280532

tkyte@TKYTE816> select *
  2       from t
  3    where x = y;

no rows selected

tkyte@TKYTE816>
tkyte@TKYTE816> select value-&old_value REDO_GENERATED from redo_size;
old   1: select value-&old_value   REDO_GENERATED from redo_size
new   1: select value- 3280532     REDO_GENERATED from redo_size

REDO_GENERATED
--------------
             0

Commit complete.
```

vemos que não é gerado nenhum redo — os blocos estão limpos.

Se fôssemos reexecutar o exemplo acima, com buffers de bloco ajustados para 6.000 em vez de 300, descobriríamos que não geramos redo em qualquer das SELECTs — não sujaríamos blocos durante quaisquer de nossas declarações SELECT. Isso porque os 499 blocos modificados se ajustam confortavelmente em 10 por cento de nosso cache de buffer de bloco, e somos os únicos usuários. Não há mais ninguém mexendo com os dados e ninguém mais está transportando nossos dados para o disco ou acessando aqueles blocos. Em um sistema ao vivo, seria normal que ao menos alguns de nossos blocos não fossem, às vezes, limpos.

Esse comportamento irá afetá-lo mais depois de uma grande INSERT (conforme demonstrado acima), UPDATE ou DELETE — uma que afete muitos blocos no banco de dados (qualquer coisa maior que 10 por cento do tamanho do cache). Você irá perceber que a primeira consulta que tocar o bloco depois disso irá gerar um pequeno redo e sujar o bloco, possivelmente levando-o a ser escrito se o DBWR já o tiver transportado, ou a cópia tiver sido fechada, limpando ao mesmo tempo o cache de buffer. Não há muito mais que você possa fazer sobre isso. É o normal e o esperado. Se o Oracle não fizesse essa limpeza deferida de um bloco, um COMMIT poderia demorar tanto a processar quanto a própria transação. O COMMIT teria que revisitar cada bloco, possivelmente lendo-os novamente a partir do disco (eles poderiam ter sido transportados). Se você não tiver certeza da limpeza de blocos e como elas operam, será uma daquelas coisas misteriosas que simplesmente parecem acontecer, sem motivo. Por exemplo, você atualiza muitos dados e compromete. Depois, executa uma consulta nos dados para verificar os resultados. A consulta parece gerar toneladas de escrita I/O e redo. Parece impossível que você não estivesse ciente disso — para mim foi assim, quando vi pela primeira vez. Então você pede alguém para observar com você, mas não é reproduzível, pois na segunda consulta os blocos estarão 'limpos'. Você simplesmente acabou de apagar um daqueles 'mistérios'.

Em um antigo sistema OLTP, provavelmente você nunca verá isso acontecendo. Todas as transações são curtas e suaves. Modifique um par de blocos e eles serão limpos. Em uma armazenagem, onde você faz grandes UPDATEs nos dados depois de um carregamento, a limpeza de blocos pode ser um fator do seu design. Algumas operações criarão dados em blocos 'limpos'. Por exemplo, CREATE TABLE AS SELECT, caminho direto de dados carregados, caminho direto de dados inseridos; todos criarão blocos 'limpos'. Uma UPDATE, INSERT normal ou DELETE podem criar blocos que precisam ser limpos com a primeira leitura. Isso realmente pode afetá-lo se o seu processamento consistir de:

- Carregamento de grandes quantidades de novos dados na armazenagem de dados.
- Execução de UPDATEs em todos os dados que acabou de carregar (produzindo blocos que precisam ser limpos).
- Permissão para que as pessoas consultem os dados.

Você precisará perceber que a primeira consulta a tocar os dados incorrerá em algum processamento adicional se o bloco precisar ser limpo. Percebendo isso, você mesmo deve 'tocar' os dados depois da atualização. Você simplesmente carregou ou modificou uma tonelada de dados, precisa analisá-los bem depressa. Talvez precise executar alguns relatórios, para validar o carregamento. Isso limpará o bloco e fará com que a próxima consulta não precise fazê-lo. Melhor ainda, como você só carregou quantidade de dados, precisará restaurar as estatísticas, de qualquer forma. Executar o comando ANALYZE para atualizar as estatísticas também limpará os blocos.

Contenção de registro

Isso, como a mensagem Cannot Allocate New Log, é algo que o DBA precisa corrigir, tipicamente em conjunto com o administrador de sistema. No entanto, é algo que você pode detectar, se eles não estiverem observando atentamente. Quando discutirmos a importância do desempenho dinâmico das vistas V$ no Capítulo 10, veremos exatamente o que estamos esperando. Muitas vezes, o evento de maior espera será 'sincronização de registro de arquivo'. Se for, estaremos experimentando a contenção dos redo logs; eles não vão rápido o bastante. Isso pode acontecer por muitas razões. Uma razão de aplicativo (que o DBA não pode corrigir, mas que o desenvolvedor precisa corrigir) é que você compromete com muita freqüência — comprometendo dentro de um loop fazendo INSERTs, por exemplo. Aqui, você introduziu o COMMIT na falsa esperança de reduzir sua necessidade de recursos. Comprometer com muita freqüência, além de ser uma má prática de programação, é uma maneira perigosa de introduzir muitas esperas de registro de arquivo, pois precisamos esperar que o LGWR transporte nossos buffers de redo log para o disco. Normalmente, LGWR pode fazer isso no fundo, não precisamos esperar. Quando comprometemos mais freqüentemente do que deveríamos (ou precisaríamos), esperamos mais do que deveríamos. Supondo que todas as nossas transações estejam corretamente dimensionadas (você não está comprometendo com mais freqüência do que ditam suas regras comerciais), as causas mais comuns para esperas de arquivo de registro que tenho visto são:

- Colocar redo em um dispositivo lento. Os discos são simplesmente discos de desempenho pobre. Está na hora de comprar discos mais rápidos.
- Colocar redo no mesmo dispositivo que outros arquivos. Redo é destinado a ser enunciado com grandes escritas seqüenciais e para estar em dispositivos dedicados. Se outros componentes de seu sistema, até mesmo outros componentes Oracle, estiverem tentando ler e escrever nesse dispositivo ao mesmo tempo em que LGWR, você experimentará algum tipo de contenção. Aqui, você quer garantir que LGWR tenha acesso exclusivo a ele.
- Montar os dispositivos de uma maneira armazenada. Você está usando aqui um arquivo de sistema 'cozido' (não discos RAW). O sistema operacional está armazenando os dados, o banco de dados também está armazenando os dados (buffer de redo log). A armazenagem dupla torna as coisas lentas. Se possível, monte os dispositivos de uma maneira 'direta'. Como fazer isso varia de acordo com o sistema operacional e o dispositivo, mas normalmente é possível.
- Colocar redo em uma tecnologia lenta como RAID-5. RAID-5 é ótima para leituras, mas é terrível para escritas. Como vimos anteriormente sobre o que acontece durante uma COMMIT, precisamos esperar que LGWR garanta os dados no disco. Usar uma tecnologia que torna isso mais lento não será uma boa idéia.

Se for possível realmente, você irá querer pelo menos cinco dispositivos dedicados para registrar e, otimamente, seis, de modo a espelhar também os seus arquivos. Nos dias de 9, 20, 36 GB e discos maiores, isso está ficando difícil, mas se você puder separar quatro dos discos menores, mais rápidos, que puder encontrar e um ou dois grandes, pode afetar LGWR e ARCH de uma maneira positiva. Para colocar os discos, você os dividiria em três grupos:

- Grupo Redo 1 — Discos 1 e 3
- Grupo Redo 2 — Discos 2 e 4
- Arquivo — Disco 5 e, opcionalmente, disco 6 (o disco grande)

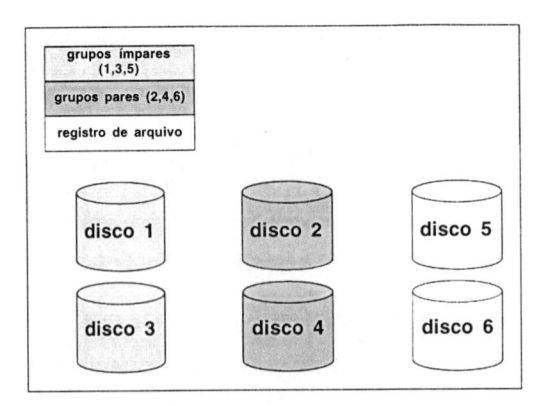

Você colocaria o grupo 1 de redo log com os membros A e B no Grupo 1. Colocaria o grupo 1 de redo log com os membros C e D no Grupo 2. Se tivesse os grupos 3, 4 e assim por diante, eles iriam dentro dos grupos ímpares e pares de discos. O efeito disso é que LGWR, ao usar o grupo 1, escreverá no disco 1 e no disco 3, simultaneamente. Quando esse grupo estiver cheio, LGWR se moverá para os discos 2 e 4. Quando eles estiverem cheios, ele voltará para os discos 1 e 3. Enquanto isso, ARCH estará processando os redo logs online cheios e escrevendo-os no Grupo 3, o disco grande. O efeito resultante é que nenhum deles, ARCH ou LGWR, lerá um disco que estiver sendo escrito ou escreverá em um disco que estiver sendo lido — não há contenção:

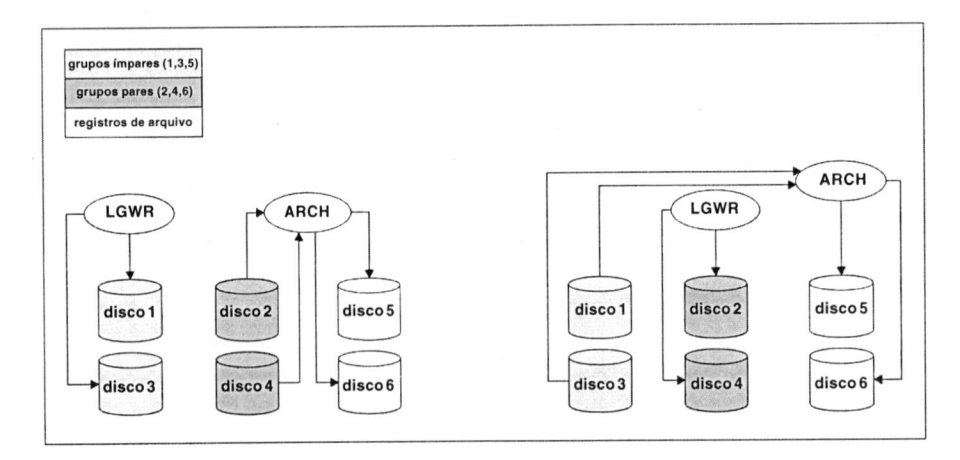

Assim, quando LGWR estiver escrevendo o Grupo 1, ARCH estará lendo o Grupo 2 e escrevendo os discos de arquivo. Quando LGWR estiver escrevendo o Grupo 2, ARCH estará lendo o Grupo 1 e escrevendo os discos de arquivo. Dessa maneira, cada um (LGWR e ARCH) terá os seus próprios dispositivos dedicados e não brigará com mais ninguém; não havendo briga nem mesmo entre eles.

Os arquivos de registro são um conjunto de arquivos Oracle que se beneficiam mais do uso de discos RAW. Se houver um conjunto de arquivos que você queira considerar para RAW, devem ser os arquivos de registro. Há muita discussão a respeito dos prós e dos contras de usar RAW versus sistemas de arquivo 'cozido'. Como este não é um livro sobre as tarefas de DBA/AS, não nos aprofundaremos nisso. Apenas mencionarei que, se você for usá-los em qualquer lugar, os arquivos de registro devem ser os melhores candidatos. Você nunca copia arquivos de redo log online, portanto, o fato deles estarem em partições RAW contra um sistema de arquivo cozido não afetará quais cópias de scripts você possa ter. ARCH sempre se voltará para os registros RAW nos arquivos de sistema de arquivo cozido (você não pode usar um dispositivo RAW para arquivar); nesse caso, a 'mística' de dispositivos RAW será muito diminuída.

Tabelas temporárias e redo/rollback

As tabelas temporárias são um novo recurso de Oracle 8.1.5. Como tal, há confusão em torno delas, em especial na área de registro. No Capítulo 6, sobre os diferentes tipos de *Tabelas* de banco de dados disponíveis, cobriremos como e porque você deve usar tabelas temporárias. Nessa seção, cobriremos apenas a questão 'Como faço tabelas temporárias trabalharem com relação a registro?'

As tabelas temporárias não geram redo em seus blocos. Portanto, uma operação em uma tabela temporária não é 'recuperável'. Quando você modificar um bloco em uma tabela temporária, não será feito nenhum registro dessa mudança nos arquivos de registro. No entanto, as tabelas temporárias geram retorno, e o retorno é registrado. Assim, tabelas temporárias gerarão algum redo. À primeira vista, parece não fazer muito sentido: por que elas precisariam gerar retorno? Porque você pode retornar para um ponto seguro dentro de uma transação. Você pode apagar as últimas 50 inserções em uma tabela temporária, mas não as primeiras 50. As tabelas temporárias têm restrições e tudo o mais que uma tabela normal pode ter. Elas podem falhar uma declaração na 500ª fileira de uma inserção de 500 fileiras, precisando de um retorno daquela declaração. Como as tabelas temporárias se comportam exatamente como uma tabela 'normal', elas precisam criar retorno. Como o retorno de dados precisa ser registrado, elas irão gerar algum redo log para o retorno que criaram.

Isso não é tão sinistro quanto parece. As principais declarações SQL usadas em tabelas temporárias são INSERTs e SELECTs. Felizmente, INSERTs geram muito pouco retorno (você precisa recuperar os blocos para 'nada', e não ocupa muito espaço armazenar 'nada') e SELECTs não geram retorno. Dessa forma, se usa exclusivamente INSERTs e SELECTs em tabelas temporárias, essa seção não significa nada para você. Sua única preocupação quanto a isso é se você UPDATE ou DELETE.

Preparei um pequeno teste para demonstrar a quantidade de redo gerado, uma indicação da quantidade de retorno gerada em tabelas temporárias, visto que o retorno é registrado nelas. Para fazer isso, pegaremos uma tabela 'permanente' e uma tabela 'temporária', igualmente configuradas, depois faremos as mesmas operações nelas, medindo a cada vez a quantidade de redo gerado. As tabelas que usei foram:

```
tkyte@TKYTE816> create table perm
  2  ( x char(2000) default 'x',
  3    y char(2000) default 'y',
  4    z char(2000) default 'z' )
  5  /
Table created.

tkyte@TKYTE816>
tkyte@TKYTE816>
tkyte@TKYTE816> create global temporary table temp
  2  ( x char(2000) default 'x',
  3    y char(2000) default 'y',
  4    z char(2000) default 'z' )
  5  on commit preserve rows
  6  /
Table created.
```

Ajustei um pequeno procedimento armazenado para fazer algum SQL na tabela e reportar o resultado:

```
tkyte@TKYTE816> create or replace procedure do_sql( p_sql in varchar2 )
  2  as
  3      l_start_redo    number;
  4      l_redo          number;
  5  begin
  6      select value into l_start_redo from redo_size;
  7
  8          execute immediate p_sql;
  9          commit;
 10
```

```
11                    select value-l_start_redo into l_redo from redo_size;
12
13                    dbms_output.put_line
14                    ( to_char(l_redo, '9.999,999') ||' bytes of redo generated for " ' ||
15                    substr( replace( p_sql, chr(10), ' '), 1, 25 ) || ' "...' );
16       end;
17       /
Procedure created.
```

Depois, executei nelas as equivalentes INSERTs, UPDATEs e DELETEs:

```
tkyte@TKYTE816> set serveroutput on format wrapped
tkyte@TKYTE816> begin
  2              do_sql( 'insert into perm
  3                        select 1,1,1
  4                          from all_objects
  5                         where rownum <= 500' );
  6
  7              do_sql( 'insert into temp
  8                        select 1,1,1
  9                          from all_objects
 10                         where rownum <= 500' );
 11
 12              do_sql( 'update perm set x = 2' );
 13              do_sql( 'update temp set x = 2' );
 14
 15              do_sql( 'delete from perm' );
 16              do_sql( 'delete from temp' );
 17       end;
 18       /
3.238.688 bytes of redo generated for "insert into perm" ...
   72. 572 bytes of redo generated for "insert into temp" ...
2.166.376 bytes of redo generated for "update perm set x = 2" ...
1.090.336 bytes of redo generated for "update temp set x = 2" ...
3.320.244 bytes of redo generated for "delete from perm" ...
3.198.236 bytes of redo generated for "delete from temp" ...

PL/SQL procedure successfully completed.
```

Como você pode ver:

- A INSERT na tabela 'real' gerou muito redo. Quase nenhum foi gerado para a tabela temporária. Isso faz sentido — há muito pouco retorno de dados gerados por INSERTs, e só o retorno de dados é registrado em tabelas temporárias.
- A UPDATE da tabela real gerou cerca de duas vezes a quantidade de redo que a tabela temporária. Novamente, isso faz sentido. Cerca de metade daquela UPDATE, a 'imagem antes', precisou ser salva. A 'imagem depois' (redo) da tabela temporária não precisou ser salva.
- A DELETE tomou aproximadamente a mesma quantidade de espaço de redo. Isso faz sentido, pois o retorno de uma DELETE é grande, mas o redo de blocos modificados é muito pequeno. Assim, uma DELETE em uma tabela temporária ocupa tanto espaço quanto uma DELETE em uma tabela permanente.

Portanto, os métodos empíricos são:

- Uma INSERT gerará de pouca a nenhuma atividade de retorno/redo.
- Uma DELETE irá gerar a mesma quantidade de redo que uma tabela normal.
- Uma UPDATE de tabela temporária gerará cerca de metade do redo de UPDATE uma tabela normal.

Há notáveis exceções para o último método empírico. Por exemplo, se atualizo uma coluna que é inteiramente Null com 2000 bytes de dados, haverá muito pouco retorno de dados gerado. Essa UPDATE se comportará como a INSERT. Por outro lado, se eu fizer uma UPDATE em uma coluna com 2000 bytes de dados para serem Null, ela se comportará como a DELETE, no que se refere à geração de redo. Na média, você pode esperar que uma UPDATE em uma tabela temporária produza cerca de 50 por cento do retorno/redo que você teria com uma tabela real.

Geralmente o sentido comum prevalece na quantidade de redo criado. Se a operação realizada leva à criação de retorno de dados, determina o quanto será fácil ou difícil inverter (undo) o efeito de sua operação. Se você insere 2000 bytes, o inverso é fácil. Você simplesmente não volta quaisquer bytes. Se apaga 2000 bytes, o inverso é inserir 2000 bytes. Nesse caso, o redo é substancial.

Armado desse conhecimento, você evitará apagar tabelas temporárias. É possível usar TRUNCATE ou deixá-las simplesmente vazias, automaticamente, depois de um COMMIT ou quando sua sessão terminar. Todos esses métodos não geram retorno e, portanto, nenhum redo. Você tentará evitar atualizar uma tabela temporária a menos que realmente precise fazê-lo, por algum motivo. As tabelas temporárias serão usadas principalmente como algo a ser inserido em e selecionado de. Desse modo, você fará ótimo uso de sua habilidade única, de não gerar redo.

Como analisar redo

Finalmente na área de redo log, há uma pergunta que é feita com freqüência: 'Como você analisa esses arquivos?'. No passado, antes do Oracle 8i, era muito difícil. Você podia chamar o suporte de Oracle e obter o comando mágico para 'despejar' um arquivo de redo log. Isso criaria um relatório de texto que, ao ser lido, e se você realmente entendesse muito das coisas internas, não documentadas de Oracle, poderia ver sentido nelas. Praticamente falando, isso não era factível, especialmente se você quisesse analisar os arquivos de redo log para descobrir quando uma tabela tinha sido solta, ou qual transação ajustava a coluna SALARY para um valor negativo e assim por diante.

Entre com **LogMiner**; que é um novo pacote, DBMS_LOGMNR, fornecido com o Oracle 8i, que permite carregar seus arquivos de redo log em uma tabela V$ de banco de dados e consultá-los usando SQL. Você pode ver os valores antes e depois de cada coluna afetada por uma declaração DML. Pode ver o SQL com o qual você efetivamente 'repete' ou 'desfaz' sua transação. É possível buscar nele para encontrar a DELETE em OBJ$ (uma tabela de dicionários de dados de SYS), para ver quando sua tabela foi 'acidentalmente' solta, na esperança de que o seu DBA possa inverter para um ponto no tempo exatamente antes dessa DROP TABLE e recuperá-la.

Por ora, vou apenas mencionar Log Miner. No Apêndice A, me aprofundarei mais no pacote DBMS_LOGMNR. Refira-se à seção no final deste livro para mais detalhes nessa área.

Rollback

Já discutimos muito sobre os tópicos de segmento de rollback. Vimos como eles são usados durante a recuperação, como interagem com os redo logs e como são usados para leituras de dados consistente, de não bloqueio. Nesta seção, gostaria de cobrir os aspectos de segmentos de retorno que surgem com mais freqüência. O grosso de nosso tempo será gasto com o mal falado erro ORA-01555: snapshot too old, pois só esse aspecto causa mais confusão do que qualquer outro tópico de todo o conjunto de dados do banco de dados. Antes de fazer isso, investigaremos dois outros aspectos relativos a retorno. Primeiro encaminharemos a questão do que gera mais/menos undo (você já pode ser capaz de responder, por já ter visto nos exemplos anteriores, com tabelas temporárias). Depois, veremos o uso da declaração SET TRANSACTION para pegar um segmento de retorno e discutiremos porque iremos querer usar isso. Terminaremos com uma vista detalhada no misterioso ORA-01555.

O que gera mais/menos undo?

Essa é uma pergunta feita com freqüência, mas facilmente respondida. Uma INSERT irá gerar a menor quantidade de undo, visto que tudo o que o Oracle precisa registrar é um ID de fileira para 'apagar'. Tipicamente, uma UPDATE é a segunda na corrida (na maioria dos casos). Tudo o que precisa ser registrado são os bytes alterados. É mais comum que você atualize alguma pequena fração de todos os dados da fileira. Portanto, uma pequena fração da fileira precisa ser relembrada no undo. Muitos dos meus exemplos acima executam contador para esse método empírico, mas é porque eles atualizam grandes fileiras, de tamanho fixo, e atualizam a fileira toda. É muito mais comum atualizar uma fileira e mudar uma pequena porcentagem da fileira inteira. Uma DELETE geralmente irá criar mais undo. Para uma remoção, o Oracle precisa registrar toda a imagem antes da fileira no segmento de undo. O exemplo da tabela temporária, acima, com relação à geração de redo, é o exemplo clássico disso. A INSERT gerou muito pouco undo que precisava ser registrado. A UPDATE gerou uma quantidade igual para a imagem antes dos dados que foram mudados e DELETE gerou todo o conjunto de dados escrito no segmento de retorno.

SET TRANSACTION

A declaração SQL SET TRANSACTION pode ser usada para 'pegar' o segmento de retorno que você gostaria que a sua transação usasse. Geralmente isso é usado para ter um segmento de retorno realmente grande em alguma grande operação. Normalmente, *não* sou um grande admirador dessa prática, especialmente quando ela é muito usada. Em algumas raras grandes atualizações isso pode ser uma boa coisa a fazer, eventualmente. Entretanto, minha opinião é que você deve ter segmentos de retorno de tamanhos equivalentes (todos os segmentos de retorno são do mesmo tamanho) e deixar o sistema pegar e escolher o que você vai usar para determinada transação. Se você usar segmentos de retorno que possam crescer (MAXEXTENTS é grande o bastante) se necessário, tendo uma configuração ótima para que eles diminuam depois de estender uma grande quantidade, não é preciso ter 'um grande'.

Um dos problemas com um grande segmento de retorno é que nada impede qualquer outra transação de usá-lo. Não há nada que, de um ponto de vista realista, você possa fazer para forçar um segmento de retorno a pertencer a uma única transação. Outros estarão trabalhando em seu espaço. Simplesmente é muito mais direto deixar o sistema pegar um segmento de retorno e deixá-lo crescer. Ele também chega a ser um caso se a ferramenta que você estiver usando não lhe permitir escolher um segmento de retorno, por exemplo, IMP (import) não permite, uma restauração de instantâneo permite, SQLLDR não, e assim por diante. Acredito muito que os seus segmentos de retorno devam ser dimensionados para as transações que seu sistema realiza, e que qualquer segmento de retorno deva ser grande o suficiente.

Dito isso, há alguns usos de uma só vez para essa declaração. Se você tiver que fazer algum tipo de atualização em massa, de muitas informações, esse pode ser um bom uso do recurso. Você criaria um segmento de retorno temporário em alguns discos de rascunho para fazer a atualização. Depois dela feita, você ficaria offline e soltaria o segmento de retorno. Talvez uma alternativa melhor ainda fosse ter, primeiro, uma tabela realmente grande particionada e fazer uma atualização paralela. Nesse caso, cada uma das consultas escravas paralelas seria designada ao seu próprio segmento de retorno, tornando possível às suas transações usarem simultaneamente todos os segmentos de retorno disponíveis. Isso é algo que não pode ser feito com uma atualização em série.

'ORA-01555: snapshot too old'

O ORA-01555 é um daqueles erros que confunde as pessoas. Ele é a base de muitos mitos, incertezas e suposições. Na verdade, o erro é direto e só tem duas causas reais, mas visto que há um caso especial que o faz acontecer tão freqüentemente, eu diria que são três. São elas:

- Os segmentos de retorno são pequenos demais para o trabalho feito em seu sistema.
- Seu programa busca através de COMMITs (na verdade, uma variação do acima).
- Limpeza de bloco.

Os pontos um e dois estão diretamente relacionados ao modelo de consistência de leitura do Oracle. Como você se lembra do Capítulo 2, os resultados de sua consulta são 'preordenados' — são bem definidos antes do Oracle ir definir até a primeira fileira. O Oracle oferece esse 'snapshot' consistente no ponto de tempo do banco de dados usando os segmentos de retorno para retornar blocos que mudaram desde que sua consulta iniciou. Cada declaração que você executa, como:

```
update t set x = 5 where x = 2;

insert into t select * from t where x = 2;

delete from t where x = 2;

select * from t where x = 2;
```

verá uma vista de leitura consistente de T e o conjunto de fileiras onde x=2, independentemente de qualquer outra atividade consecutiva no banco de dados. Todas as declarações que 'lêem' a tabela têm a vantagem dessa consistência de leitura. No acima, a UPDATE lê a tabela para encontrar fileiras onde x=2 (e depois os atualiza). INSERT lê a tabela para encontrar onde x=2 e depois os insere e assim por diante. Esse é o uso duplo dos segmentos de retorno, tanto para retornar transações que apresentaram problemas quanto para oferecer consistência de leitura que resulta no ORA-01555.

O terceiro item é a causa mais insidiosa do ORA-01555, pois ela pode acontecer em um banco de dados onde haja uma única sessão, e essa sessão não esteja modificando a tabela que levanta o erro! Isso não parece possível; por que precisaríamos retornar dados para uma tabela que podemos garantir que não está sendo modificada? Descobriremos abaixo.

Antes de ver todos os três casos com ilustrações, gostaria de compartilhar com você as soluções para o ORA-01555. Em geral elas são:

- Analisar objetos relativos. Isso ajudará a evitar o terceiro ponto acima. Como a limpeza de bloco é resultado de uma grande quantidade de UPDATE ou INSERT, isso precisa ser feito de qualquer forma, antes de uma grande UPDATE ou grande carregamento.
- Aumento ou acréscimo de mais segmentos de retorno. Diminui a possibilidade de retorno de dados serem sobregravados durante o curso da execução de sua longa consulta. Isso pode solucionar todos os três pontos acima.
- Reduzir o tempo de execução de sua consulta (sintonizá-la). Se possível, é sempre uma boa coisa, pode ser a primeira a ser tentada. Reduzirá a necessidade de segmentos de retorno maiores. Isso pode solucionar todos os três pontos acima.

Voltaremos ao assunto adiante, pois são fatos importantes de que se deve ter conhecimento. Pareceu apropriado exibi-los em destaque antes de começarmos.

Segmentos de retorno são, de fato, muito pequenos

O cenário é esse: você tem um sistema onde as transações são pequenas. Como resultado, é preciso muito pouco espaço de segmento de retorno alocado. Digamos, por exemplo, que o seguinte seja verdade:

- Cada transação gera 1 KB de undo, em média.
- Você tem cinco dessas transações por segundo, em média (5 KB de undo por segundo, 300 KB por minuto).
- Você tem uma transação que gera 1 MB de undo que acontece uma vez por minuto, em média. No total, cerca de 1.3 MB de undo é gerado por minuto.
- Você tem 5 MB de retorno configurado para o sistema.

Isso é undo mais do que suficiente para esse banco de dados, quando processando transações. Os segmentos de retorno envolverão e reutilizarão o espaço mais ou menos a cada três ou quatro minutos, em média. Se fôssemos dimensionar os segmentos de retorno com base em nossas transações que fazem as modificações, faríamos certo.

Entretanto, nesse mesmo ambiente, temos necessidade de alguns relatórios. Algumas dessas consultas levam muito tempo para executar — talvez cinco minutos. É onde surge o problema. Se essas consultas levarem cinco minutos para executar e elas precisarem de uma vista dos dados como existiam quando a consulta começou, teremos uma grande probabilidade de ocorrer o erro ORA-01555. Como os nossos segmentos de retorno envolverão durante a execução dessa consulta, sabemos que algumas informações de retorno geradas desde o início da nossa consulta se foram — elas foram sobregravadas. Se tocássemos um bloco que foi modificado perto do tempo em que começamos nossa consulta, perderíamos o undo das informações desse bloco e receberíamos o ORA-01555.

Eis um pequeno exemplo. Digamos que tenho uma tabela com os blocos 1, 2, 3, ... 1.000.000. A seguinte é uma lista em série de eventos que poderiam acontecer:

Tempo (min:segs)	Ação
0:00	Começa a nossa consulta.
0:01	Uma outra seção UPDATEs o bloco 1.000.000. As informações de retorno para isso são registradas em algum segmento de retorno.
0:01	Essa sessão de UPDATE se compromete (COMMITs). Os dados de retorno gerados ainda estão lá, mas sujeitos a serem sobregravados, se precisarmos de espaço.
1:00	Nossa consulta ainda está descarregando. Ele está no bloco 200.000.
1:01	Muita atividade está acontecendo; até agora geramos pouco mais de 1.3 MB de retorno.
3:00	Nossa consulta ainda está prosseguindo, fortemente. Estamos em torno do bloco 600.000.
4:00	Nossos segmentos de retorno começam a se envolver em torno e reutilizar o espaço que estava ativo quando a consulta iniciou, no tempo 0:00. Especificamente, reutilizamos apenas o espaço de segmento de retorno que a atualização do bloco 1.000.000 usou, no tempo 0:01.
5:00	Finalmente nossa consulta chega ao bloco 1.000.000. Ela descobre que ele foi modificado desde que a consulta começou. Ela vai para o segmento de retorno e tenta encontrar o undo para aquele bloco, para conseguir uma leitura consistente. Nesse ponto, ela descobre que as informações necessárias não existem mais. É levantado o ORA-01555 e a consulta falha.

Isso é tudo o que acontece. Se os seus segmentos de retorno forem dimensionados de modo a terem uma boa oportunidade de se envolver durante a execução de suas consultas, e as suas consultas acessarem os dados que provavelmente serão modificados, você terá uma boa chance de chegar ao ORA-01555 em uma base periódica. É nesse ponto que você precisa redimensionar seus segmentos de retorno e torná-los maiores (ou ter mais deles). É preciso muito retorno configurado para durar enquanto você executa consultas. O sistema foi dimensionado para a transação que modifica dados — e esquecemos de dimensionar para os outros componentes do sistema. Aí surgem os pontos de confusão. As pessoas dirão: 'Bem, eu tenho X MB de retorno configurado, mas pode crescer — temos MAXEXTENTS ajustados em 500 e cada extensão tem 1 MB, assim o retorno pode ficar bem maior'. O problema é que os segmentos de retorno nunca crescerão devido a uma consulta, apenas devido a INSERTs, UPDATEs e DELETEs. O fato é que a execução de uma longa consulta não leva o Oracle a aumentar um segmento de retorno para reter os dados, no caso de necessidade. Apenas uma longa transação executando UPDATE faria isso. No exemplo acima, mesmo que os segmentos de retorno tivessem potencial para crescer, não iriam. O que você precisa fazer para esse sistema é ter os segmentos de retorno que já são grandes. Precisa alocar espaço permanentemente para os segmentos de retorno, não dar a eles a oportunidade de crescer por si próprios.

As únicas soluções para o problema acima são fazer de tal forma que os segmentos de retorno sejam dimensionados para não serem envolvidos senão a cada seis a dez minutos ou fazer com que suas consultas nunca demorem mais que dois ou três minutos para executar. A primeira sugestão é baseada em que temos consultas que demoram cinco minutos para executar. Nesse caso, o DBA precisa fazer a quantidade de retorno permanentemente alocada duas ou três vezes maior. A segunda sugestão, perfeitamente válida, é igualmente apropriada. Sempre que puder fazer com que suas consultas sejam mais rápidas, deve fazê-lo. Se o retorno gerado desde o começo da consulta nunca for sobregravado, você evitará o ORA-01555.

Importante a ser lembrado é que a probabilidade de um ORA-01555 é ditada pelo *menor* segmento de retorno em seu sistema, não pelo maior ou pelo médio. Acrescentar um 'grande' segmento de retorno não fará o problema ir embora. Tudo leva o menor segmento de retorno a se envolver enquanto uma consulta está sendo processada, depois essa consulta tem uma chance de um ORA-01555. Por isso é que sou um grande fã de segmentos de retorno de tamanho equalizado. Dessa forma, cada segmento de retorno tanto é o menor quanto o maior. É também porque evito usar segmentos de retorno 'otimamente' dimensionados. Se você diminuir um segmento de retorno que tenha forçado a crescer, estará jogando fora muito undo que pode ser necessário logo em seguida. Ele descarta os dados de retorno mais antigos ao fazer isso, diminuindo o risco, mas ainda assim o risco está lá. Prefiro diminuir manualmente os segmentos de retorno durante os períodos mais calmos, se possível. Nesse ponto, estou me aprofundando um pouco na função do DBA, portanto nos moveremos para o próximo caso. Simplesmente é importante que você entenda o ORA-01555 nessas circunstâncias, devido ao fato do sistema não ser dimensionado corretamente para a sua carga de trabalho. A única solução é dimensionar corretamente para a sua carga de trabalho. Não é sua culpa, mas é seu problema, visto que você o atinge. É igual a se você ficasse sem espaço temporário durante uma consulta. Ou você configura espaço temporário suficiente para o sistema ou reescreve as consultas para que eles usem um plano que não exija espaço temporário.

Para você mesmo ver esse efeito, podemos ajustar um pequeno teste, mas de alguma forma artificial. O que farei é criar um segmento de retorno muito pequeno. Teremos uma sessão que usará apenas esse segmento de retorno, garantindo virtualmente que ele envolverá e reutilizará muitas vezes o seu espaço alocado. A sessão que usa esse segmento de retorno estará modificando a tabela T. Ela usará uma digitalização completa de T e a lerá de 'alto' a 'baixo'. Em outra sessão, executaremos uma consulta que lerá a tabela T através de um índice. Desse modo, ela lerá a tabela aleatoriamente, de certa forma. Lerá a fileira 1, depois a fileira 1000, a 500, depois a 20.001 e assim por diante. Dessa maneira, tenderemos a visitar os blocos aleatoriamente, talvez muitas vezes durante o processamento de nossa consulta. As chances de obter um ORA-01555 nesse caso são, virtualmente, de 100 por cento.

```
tkyte@TKYTE816> create rollback segment rbs_small
  2     storage
  3     ( initial 8k next 8k
  4         minextents 2 maxextents 3 )
  5     tablespace rbs_test
  6  /

Rollback segment created.

tkyte@TKYTE816> alter rollback segment rbs_small online;

Rollback segment altered.

tkyte@TKYTE816> create table t
  2  as
  3  select *
  4     from all_objects
  5  /

Table created.

tkyte@TKYTE816> create index t_idx on t(object_id)
  2  /
Index created.

tkyte@TKYTE816> begin
  2              for x in ( select rowid rid from t )
  3              loop
  4                      commit;
  5                      set transaction use rollback segment rbs_small;
  6                      update t
  7                          set object_name = lower(object_name)
  8                      where rowid = x.rid;
  9              end loop;
 10              commit;
 11      end;
 12  /
```

Em outra sessão, enquanto esse bloco PL/SQL está executando, emitimos:

```
tkyte@TKYTE816> select object_name from t where object_id > 0 order by object_id;

OBJECT_NAME
------------
i_object#
```

```
tab$
...
/91196853_activationactivation
/91196853_activationactivation
ERROR:
ORA-01555: snapshot too old: rollback segment number 10 with name "RBS SMALL' too small

3150 rows selected.

tkyte@TKYTE816> select count(*) from t;

   COUNT(*)
   --------
      21773
```

Como você pode ver, demorou um pouco, mas depois de ler cerca de trezentas fileiras (aproximadamente um sétimo dos dados) aleatoriamente, eventualmente atingimos o ORA-01555. Nesse caso, foi simplesmente devido a que lemos a tabela T através do índice e fizemos leituras aleatórias em toda a tabela. Se em vez disso tivéssemos digitalizado a tabela, provavelmente não obteríamos o ORA-01555 *nesse caso em particular*. (Experimente: mude a consulta SELECT para ser SELECT /*+FULL(T) */... e veja o que acontece. No meu sistema, essa consulta não obteve o ORA-01555 em execuções repetidas). Isso porque ambas, SELECT e UPDATE, tiveram digitalizações completas de T, e a SELECT provavelmente passaria na frente de UPDATE durante sua digitalização (SELECT só precisa ler, UPDATE precisa ler e atualizar, portanto será mais lenta). Fazendo essas leituras aleatórias, aumentamos a probabilidade de que SELECT precise ler um bloco que UPDATE modificou e comprometeu muitas fileiras atrás. Isso só demonstra a essência, de certa forma insidiosa, do ORA-01555. Sua ocorrência depende de como acessar sessões consecutivas e manipular tabelas adjacentes.

Você busca através de COMMITs

Essa é simplesmente uma variação no tema. É o mesmo caso que acima, mas você está fazendo tudo por si próprio. Não precisa de ajuda de uma outra sessão. Já investigamos isso no Capítulo 4, e faremos uma revisão rápida. A questão é: buscar através de COMMITs é uma forma infalível de obter o ORA-01555. Minha observação é que a maioria das ocorrências do ORA-01555 é devido a essa operação. A coisa interessante é que, às vezes, as pessoas reagem a esse erro comprometendo com mais freqüência, visto que a mensagem diz rollback segment too small. O pensamento é que isso ajudará o problema (que a nossa modificação precisa usar muito mais retorno é a conclusão errada), quando na verdade só irá garantir que ele aconteça ainda mais depressa.

O cenário é que você precisa atualizar muitas informações. Você está hesitante em configurar o sistema com espaço de retorno suficiente, por quaisquer razões. Assim, resolve comprometer cada X fileiras para 'salvar' no retorno. Não importa que isso seja provavelmente mais lento, e no fim gere mais undo e redo — também é a maneira infalível de entrar em ORA-01555. Continuando com o exemplo acima, posso demonstrar facilmente isso. Usando a mesma tabela T usada acima, simplesmente executamos:

```
tkyte@TKYTE816> declare
  2              l_cnt number default 0;
  3      begin
  4              for x in ( select rowid rid, t.* from t where object_id> 0 )
  5              loop
  6                      if ( mod(l_cnt,100) = 0 )
  7                      then
  8                              commit;
  9                              set transaction use rollback segment rbs_small;
 10                      end if;
 11                      update t
 12                              set object_name = lower(object_name)
 13                      where rowid = x.rid;
 14                      l_cnt := l_cnt + 1;
```

```
           15                     end loop;
           16             commit;
           18     end;
           19   /
declare
*
ERROR at line 1:
ORA-01555: snapshot too old: rollback segment number 10 with name "RBS_SMALL" too small
ORA-06512: at line 4
```

Aqui, estamos fazendo uma leitura aleatória na tabela T através do índice. Atualizamos uma única fileira de cada vez no loop. A cada 100 fileiras de atualizações, realizamos uma operação de commit. Em algum ponto voltaremos com a nossa *consulta* a um bloco que modificamos com a UPDATE, e aquele bloco não será mais recuperável a partir dos segmentos de retorno (já que sobregravamos os dados há muito tempo). Agora estamos na desconfortável posição de ter o nosso processo UPDATE falhando no meio do caminho.

Poderíamos, como esboçado no Capítulo 4, vir com um método mais sofisticado de atualização de dados. Por exemplo, poderíamos encontrar o mínimo e o máximo de OBJECT_ID. Poderíamos dividir isso em faixas de 100 e fazer as atualizações, registrando em outra tabela o que tivéssemos atualizado com sucesso até então. Isso torna o processo, que *deve* ser uma única declaração e uma única transação, em muitas transações individuais implementadas em código de procedimento complexo, que poderia ser reiniciado a partir de uma falha. Por exemplo:

```
tkyte@TKYTE816> create table done( object_id int );

Table created.

tkyte@TKYTE816> insert into done values ( 0 );

1 row created.

tkyte@TKYTE816> declare
  2              l_cnt number;
  3              l_max number;
  4     begin
  5              select object_id into l_cnt from done;
  6              select max(object_id) into l_max from t;
  7
  8              while ( l_cnt < l_max )
  9              loop
 10                      update t
 11                         set object_name = lower(object_name)
 12                       where object_id > l_cnt
 13                         set object_id <= l_cnt+100;
 14
 15                      update done set object_id = object_id+100;
 16
 17                      commit;
 18                      set transaction use rollback segment rbs_small;
 19                      l_cnt := l_cnt + 100;
 20              end loop;
 21     end;
 22   /
PL/SQL procedure successfully completed.
```

O que fizemos aqui, principalmente, foi surgir com uma solução complexa que precisa ser testada e revisada para precisão, e que executaremos muito mais lentamente do que a simples:

```
update t set object_name = lower(object_name) where object_id > 0;
```

A simples e, na minha opinião, certa solução para esse dilema é configurar uma quantidade adequada de espaço de retorno para o seu sistema e usar a única declaração UPDATE. Se ocasionalmente você tiver uma atualização grande, use o segmento de retorno de 'rascunho' criado só para o processo grande e solto depois. É muito mais fácil e menos passível de erro do que vir com uma solução complexa que pode falhar, simplesmente devido à sua complexidade (erro de programação). É tão mais fácil deixar o sistema fazer o que ele precisa fazer, em vez de tentar vir com trabalhos extras complexos para 'poupar espaço'.

Limpeza atrasada de bloco

Essa causa do ORA-01555 é mais difícil de eliminar completamente, mas é rara; como as circunstâncias sob as quais ela ocorre, não acontece freqüentemente (pelo menos, não mais no Oracle 8i). Já discutimos o mecanismo de limpeza de bloco mas, resumindo, é um processo pelo qual a próxima sessão a acessar um bloco depois dele ter sido modificado pode precisar verificar se a transação que modificou por último o bloco ainda está ativa. Quando ele determina que ela não está ativa, ele limpa o bloco, para que a próxima sessão a acessá-lo não precise percorrer todo o processo de novo. Para limpar o bloco, o Oracle determina o segmento de retorno usado pela transação anterior (a partir do cabeçalho de blocos) e depois determina se o cabeçalho do retorno indica se ele foi comprometido. Essa confirmação é conseguida por uma de duas maneiras. Uma é que o Oracle pode determinar que a transação foi comprometida muito tempo atrás, ainda que a trilha da transação tenha sido sobregravada no segmento de retorno da tabela de transação. A outra é que a COMMIT **SCN** ainda esteja na tabela de transação do segmento de retorno, significando que a transação foi comprometida há pouco tempo, e sua trilha de transação não foi sobregravada.

Para receber um ORA-01555 de uma limpeza atrasada de bloco, todas as seguintes condições precisam ser atingidas:

- Uma modificação é feita e comprometida, e os blocos não são automaticamente limpos (por exemplo, ela modificou mais blocos do que cabiam nos 10 por cento da SGA do cache de buffer do bloco).
- Esses blocos não foram tocados por uma outra sessão e não o serão até que a nossa infeliz consulta os atinja.
- Começa uma consulta de 'longa execução', que lerá alguns desses blocos acima. Essa consulta se inicia em SCN t1. É a leitura SCN consistente e precisa retornar dados para conseguir essa consistência de leitura. A entrada de transação para a modificação de transação ainda está no segmento de retorno da tabela de transação quando começamos.
- Durante a consulta, são feitos muitos comprometimentos no sistema. Essas transações não tocam os blocos em questão (se o fizessem, não teríamos o problema de impedimento).
- As tabelas de transação nos segmentos de retorno envolvem e reutilizam as trilhas, devido ao alto grau de comprometimento. Mais importante, a entrada de transação da transação de modificação original é circulada e reutilizada. Além disso, o sistema reutilizou as extensões de segmento de retorno de modo a evitar uma leitura consistente no próprio cabeçalho de bloco de segmento de retorno.
- Adicionalmente, o SCN mais baixo gravado no segmento de retorno excede t1 (é maior do que a leitura consistente de SCN da consulta), devido ao grande número de comprometimentos.

Quando a nossa consulta chegar ao bloco que foi modificado e comprometido antes de começarmos, ela estará com problemas. Normalmente, iríamos para o segmento de retorno indicado pelo bloco e encontraríamos a posição da transição que a modificasse (em outras palavras, encontraríamos o COMMIT SCN daquela transação). Se o COMMIT SCN fosse menor que t1, nossa consulta poderia usar esse bloco. Se o COMMIT SCN fosse maior que t1, nossa consulta precisaria retornar aquele bloco. Entretanto, o problema é que a nossa consulta é incapaz de determinar, nesse caso em especial, se o COMMIT SCN do bloco é maior ou menor que t1. Ele está inseguro quanto a poder ou não usá-lo. O que resulta em ORA-01555.

Podemos forçar a ocorrência desse erro artificialmente, com uma única sessão, mas é mais impressionante se usarmos duas sessões, que irá direcionar ao ponto principal que esse erro não é causado por busca através de COMMITs. Mostraremos os dois exemplos, pois são bem pequenos e muito semelhantes.

O que faremos é criar muitos blocos em uma tabela que precisa ser limpa. Depois, abriremos um cursor naquela tabela e, dentro de um loop estreito, iniciaremos muitas transações. Estou fazendo todas as modificações irem no mesmo segmento de retorno, para levar esse erro a ocorrer de uma maneira previsível. Eventualmente, o ORA-01555 acontecerá quando a consulta externa no loop (SELECT * FROM T) atingir esse aspecto de limpeza de bloco, devido à pequena UPDATE dentro do loop mais interno modificando e se comprometendo com freqüência:

```
tkyte@TKYTE816> create table small( x int );

Table created.

tkyte@TKYTE816> insert into small values ( 0 );

1 row created.

tkyte@TKYTE816> begin
  2        commit;
  3        set transaction use rollback segment rbs_small;
  4        update t
  5           set object_type = lower(object_type);
  6        commit;
  7
  8        for x in ( select * from t )
  9        loop
 10              for i in 1 .. 20
 11              loop
 12                    update small set x = x+1;
 13                    commit;
 14                    set transaction use rollback segment rbs_small;
 15              end loop;
 16        end loop;
 17    end;
 18    /
begin
*
ERROR at line 1:
ORA-01555: snapshot too old: rollback segment number 10 with name "RBS_SMALL" too small
ORA-06512: at line 8

tkyte@TKYTE816> select * from small;

         X
----------
    196900
```

Para 'conseguir' o erro acima, usei a mesma tabela T que antes, com umas 22.000 fileiras nela (cerca de 300 blocos em meu sistema). Eu tinha um cache de buffer de bloco de 300 blocos (10 por centro sendo 30). A UPDATE na linha 4 deve ter deixado aproximadamente 270 blocos precisando de limpeza. Depois, prosseguimos para SELECT * a partir dessa tabela, onde muitos blocos precisavam de limpeza. Em cada fileira que buscamos, fizemos 20 transações e me assegurei de que essas transações fossem direcionadas para o mesmo segmento de retorno que fez a UPDATE inicialmente (afinal, o objetivo é sobregravar aquela trilha de transação). Depois de processar cerca de 10.000 fileiras em nossa consulta de T (como evidenciado pelo valor em SMALL), atingimos o ORA-01555.

Agora, para mostrar que isso não é ocasionado pela busca através de COMMIT (parece que seria, visto que estamos buscando através de um COMMIT), usaremos duas sessões. A primeira começará criando uma tabela chamada STOP_OTHER_SESSION. Usaremos essa tabela para notificar a outra sessão (que gera muitas informações), que é hora de parar. Depois, ela terá novamente muitos blocos sujos na tabela, e iniciará a execução de uma longa consulta nessa tabela. A DBMS_LOCK.SLEEP é usada para aplicar uma espera entre cada fileira buscada, a fim de transformar essa simples consulta em uma de execução longa. Ela simula o tempo que considera que o trabalho deveria estar fazendo em cada fileira:

```
tkyte@TKYTE816> create table stop_other_session ( x int );

Table created.

tkyte@TKYTE816> declare
  2        l_cnt number := 0;
```

```
      3    begin
      4         commit;
      5         set transaction use rollback segment rbs_small;
      6         update t
      7              set object_type = lower(object_type);
      8         commit;
      9
     10         for x in ( select * from t )
     11         loop
     12              dbms_lock.sleep(1);
     13         end loop;
     14    end;
    .15    /
```

Agora, enquanto que o código acima está sendo efetuado, executaríamos o seguinte, na outra sessão:

```
tkyte@TKYTE816> create table small( x int );

Table created.

tkyte@TKYTE816> insert into small values ( 0 );

1 row created.

tkyte@TKYTE816> begin
     2              commit;
     3              set transaction use rollback segment rbs_small;
     4              for i in 1 .. 500000
     5              loop
     6                   update small set x = x+1;
     7              commit;
     8              set transaction use rollback segment rbs_small;
     9              for x in ( select * from stop_other_session )
    10              loop
    11                   return; -- stop when the other session tells us to
    12              end loop;
    13              end loop;
    14    end;
    15    /

PL/SQL procedure successfully completed.
```

Depois de um tempo, a primeira sessão retornará com:

```
declare
*
ERROR at line 1:
ORA-01555: snapshot too old: rollback segment number 10 with name "RBS_SMALL' too small
ORA-06512: at line 10
```

Esse é o mesmo erro, mas dessa vez não buscamos através de um COMMIT. Na verdade, ninguém estava modificando quaisquer dos dados que estávamos lendo.

Como eu disse, o caso acima é raro. Pega muitas condições, todas que precisam existir simultaneamente para ele acontecer. Precisamos de blocos necessitando de uma limpeza, e esses blocos são raros em Oracle 8i (eles costumavam acontecer com mais freqüência nos lançamentos das versões 7.x e 8.0, mas são relativamente raros em 8.1). Uma declaração ANALYZE para coletar estatísticas livra-se deles, assim a maior parte das causas comuns, atualizações de grandes quantidades e carregamentos em quantidade, não devem ser uma preocupação, pois de qualquer modo as tabelas precisam ser analisadas antes de tais operações. A maioria das transações tende a tocar menos do que 10 por cento do cache de buffer do bloco, não gerando blocos que precisem ser limpos. No caso de você acreditar que encontrou esse aspecto, através de uma SELECT em uma tabela que não tenha outra DML aplicada, levantando o ORA-01555, as coisas a tentar são:

- Assegure-se que esteja usando as transações 'dimensionadas certo', em primeiro lugar. Tenha certeza de que você não está comprometendo mais freqüentemente do que deveria.
- Analise objetos relacionados. Visto que a limpeza de bloco é o resultado de uma grande quantidade de UPDATE ou INSERT, isso precisa ser feito.
- Aumente ou acrescente mais segmentos de retorno. Isso diminui a possibilidade de trilhas de tabela para transação de segmento de retorno serem sobregravadas durante o curso de sua consulta de longa execução. Essa é a mesma solução para a outra causa de um ORA-01555 (na verdade, as duas são muito relacionadas; você está passando por reutilização de segmento de retorno durante o processamento de sua consulta).
- Reduza o tempo de execução de sua consulta (sintonize-a). Essa sempre é uma coisa boa, se possível a primeira que você deve tentar.

Resumo

Neste capítulo, vimos redo e rollback e o que eles significam para o desenvolvedor. O que apresentei aqui são principalmente coisas que você precisa observar, pois na verdade são os DBAs ou SAs que precisam corrigir esses aspectos. As coisas mais importantes a tirar deste capítulo são a importância de redo e rollback e o fato que eles não são código extra — são componentes integrais do banco de dados, necessários e obrigatórios. Quando você tiver um bom entendimento de como eles trabalham e porque o fazem, será capaz de usá-los melhor. Entender que você não está 'poupando' nada, comprometendo mais freqüentemente do que deveria (na verdade, desperdiçar recursos toma mais CPU, mais disco e mais programação), provavelmente é o ponto mais importante. Entenda o que o banco de dados precisa fazer e depois o deixe fazer.

Tabelas de banco de dados

Neste capítulo, discutiremos as tabelas de banco de dados. Veremos os vários tipos de tabelas e quando cada tipo deve ser usado; quando um tipo de tabela é mais apropriado do que outro. Nos concentraremos nas características de armazenagem física das tabelas; como os dados são organizados e armazenados.

Era uma vez, quando havia realmente só um tipo de tabela: uma tabela 'normal'. Ela era gerenciada da mesma maneira que um 'acúmulo' é gerenciado (a definição do mesmo está abaixo). Com o tempo, o Oracle acrescentou tipos mais sofisticados de tabelas. Há as tabelas agrupadas (dois tipos), tabelas organizadas por índice, tabelas aninhadas, tabelas temporárias e tabelas de objeto, além da tabela organizada de acúmulo. Cada tipo de tabela tem características diferentes que tornam seu uso adequado em diferentes áreas de aplicativo.

Tipos de tabelas

Definiremos cada tipo de tabela antes de entrarmos nos detalhes. Há sete tipos principais de tabelas em Oracle 8i. São elas:

- **Tabelas organizadas de acúmulo** — Essa é a tabela padrão de banco de dados, 'normal'. Os dados são gerenciados de uma maneira parecida com um acúmulo. Os dados são acrescentados, o primeiro espaço livre encontrado no segmento que pode conter os dados será usado. Na medida em que os dados são removidos da tabela, eles permitem que espaço torne-se disponível para reutilização por subseqüentes INSERTs e UPDATEs. Essa é a origem no nome heap, pois as tabelas são assim referidas. Um acúmulo é um punhado de espaço e é usado mais ou menos de maneira aleatória.

- **Tabelas organizadas por índice** — Aqui, uma tabela é armazenada em uma estrutura de índice. Isso impõe ordem física nas próprias fileiras. Enquanto que em um acúmulo os dados são colocados onde puderem se ajustar, em uma tabela organizada por índice os dados são armazenados em ordem classificada, de acordo com a chave principal.

- **Tabelas agrupadas** — Duas coisas são conseguidas com essas. Em primeiro lugar, muitas tabelas podem ser fisicamente armazenadas juntas. Normalmente, se esperaria que os dados de apenas uma tabela fossem encontrados no bloco do banco de dados. Com as tabelas agrupadas, os dados de muitas tabelas podem ser armazenados juntos no mesmo bloco. Segundo, todos os dados que contenham o mesmo valor chave de grupo serão armazenados fisicamente juntos. Os dados são 'agrupados' em torno do valor chave de grupo. Uma chave de grupo é montada usando um índice B*Tree.

- **Tabelas agrupadas residuais** — Semelhante à tabela agrupada, mas em vez de usar um índice B*Tree para localizar os dados pela chave de grupo, o resíduo de grupo produz a entrada de chave para o grupo, para chegar ao bloco de banco de dados onde os dados devem estar. Em um grupo residual os dados são o índice (metaforicamente falando). Isso seria apropriado para dados freqüentemente lidos através de uma comparação de igualdade na chave.
- **Tabelas aninhadas** —São parte das extensões Object Relational de Oracle. Elas são simplesmente geradas por sistema e mantidas tabelas filho em um relacionamento pai/filho. Elas trabalham da mesma maneira que EMP e DEPT no esquema SCOTT. EMP é considerada filho da tabela DEPT, visto que a tabela EMP tem uma chave estrangeira, DEPTNO, que indica para DEPT. A principal diferença é que elas não são tabelas 'individuais', como EMP.
- **Tabelas temporárias** — Armazenam rascunho de dados durante a vida de uma transação ou durante a vida de uma sessão. Essas tabelas alocam extensões temporárias, conforme necessário, de espaço de tabela temporária de usuários. Cada sessão só verá as extensões que ela aloca, nunca qualquer dos dados criados em qualquer outra sessão.
- **Tabelas de objeto** — Essas são tabelas criadas com base em um tipo de objeto. Precisam ter atributos especiais não associados a tabelas não-objeto, como um REF (objeto identificador) gerado pelo sistema, em cada fileira. As tabelas de objeto realmente são casos especiais de tabelas de acúmulo, organizadas por índice e temporárias, e também podem incluir tabelas aninhadas como parte de suas estruturas.

Em geral, há um par de fatos sobre tabelas, independente de seus tipos. Alguns desses são:

- Uma tabela pode ter até 1.000 colunas, embora eu não recomende um design que o faça, a menos que haja necessidade premente. As tabelas são mais eficazes com muito menos que 1.000 colunas.
- Virtualmente, uma tabela pode ter um número ilimitado de fileiras. Ainda que você vá atingir outros limites que evitem isso acontecer. Por exemplo, um espaço de tabela pode ter no máximo 1.022 arquivos. Digamos que você tenha 32 arquivos de 1 GB, isto quer dizer 32.704 GB por espaço de tabela. Seriam 2.143.289.344 blocos, cada um com 16 KB em tamanho. Você poderia ser capaz de ajustar 160 fileiras de cerca de 80 a 100 bytes por bloco. Isso lhe daria 342.926.295.040 fileiras. Mas, se particionarmos a tabela, poderemos multiplicar isso por dez vezes ou mais. Esses são limites, mas você atingirá outras limitações práticas antes mesmo de chegar perto desses números.
- Uma tabela pode ter tantos índices quantos são permutas de colunas, tomadas 32 de cada vez (e permutas de funções naquelas colunas) embora, novamente, as restrições práticas limitarão o número verdadeiro de índices que você criará e manterá.
- Não há limite para a quantidade de tabelas que você pode ter. De novo, os limites práticos manterão essa quantidade dentro de contornos razoáveis. Você não terá milhões de tabelas (impraticável de criar e gerenciar), mas sim milhares de tabelas.

Começaremos vendo alguns dos parâmetros e terminologia relevantes às tabelas e suas definições. Depois disso, pularemos para uma discussão sobre a tabela básica 'organizada de acúmulo' e então moveremos para os outros tipos.

Terminologia

Nesta seção, cobriremos os diversos parâmetros de armazenagem e terminologia associados às tabelas. Nem todos os parâmetros são usados em cada tipo de tabela. Por exemplo, o parâmetro PCTUSED não é significativo no contexto de uma tabela organizada por índice. Na discussão sobre cada tipo de tabela, abaixo, mencionaremos quais parâmetros são relevantes. O objetivo é introduzir os termos e defini-los. Quando apropriadas, mais informações sobre o uso de parâmetros específicos serão cobertos nas seções subseqüentes.

Marca d'água em relevo

Esse termo é usado com objetos armazenados no banco de dados. Se você visualizar uma tabela, por exemplo, como uma estrutura 'plana', como uma série de blocos deitados uns depois dos outros em uma linha, da esquerda para a direita, a **marca d'água em relevo** deve estar mais à direita do bloco que já conteve dados. Por exemplo:

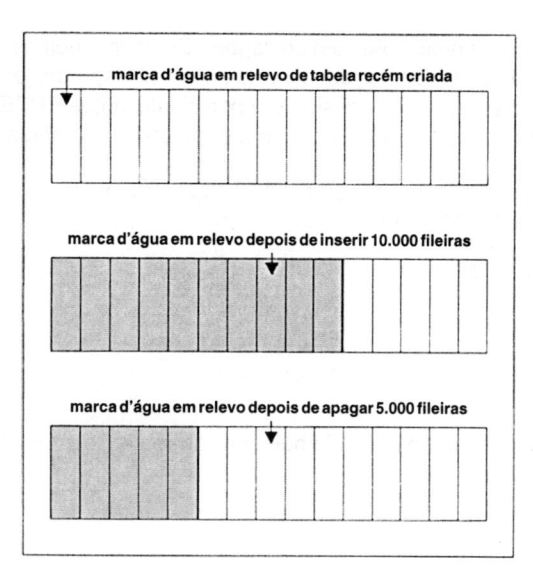

marca d'água em relevo de tabela recém criada

marca d'água em relevo depois de inserir 10.000 fileiras

marca d'água em relevo depois de apagar 5.000 fileiras

Isso mostra que a marca d'água em relevo começa no primeiro bloco de uma tabela recém criada. À medida que dados são colocados na tabela, mais blocos são usados e a marca d'água em relevo aumenta. Se apagarmos algumas (ou mesmo *todas*) das fileiras na tabela, poderemos ter muitos blocos que não contenham mais dados, mas elas ainda estão *sob* a marca d'água em relevo e permanecerão assim até que o objeto seja remontado ou truncado.

A marca d'água em relevo é importante, visto que o Oracle digitalizará todos os blocos sob a marca d'água em relevo, mesmo quando eles *não* contenham dados, durante uma digitalização completa. Isso afetará o desempenho dessa digitalização — especialmente se a maioria dos blocos sob a marca d'água em relevo estiver vazia. Para ver isso, simplesmente crie uma tabela com 1.000.000 fileiras (ou crie qualquer tabela com um grande número de fileiras). A partir dessa tabela, faça uma SELECT COUNT(*). Agora, DELETE cada fileira nela e descobrirá que a SELECT COUNT(*) demora tanto para contar *zero* fileiras quanto demoraria a contar 1.000.000. Isso porque o Oracle está ocupado lendo todos os blocos embaixo da marca d'água em relevo para ver se eles contém dados. Você deve comparar isso ao que acontece se você tiver usado TRUNCATE na tabela, em vez de apagar cada fileira individual. TRUNCATE reajustará a marca d'água em relevo de uma tabela de volta a 'zero'. Por esse motivo, TRUNCATE será o método indicado se você planeja apagar cada fileira em uma tabela.

FREELISTS

A **FREELIST** é aquela na qual o Oracle mantém o controle de blocos sob a marca d'água em relevo de objetos que tenham espaço livre. Cada objeto terá pelo menos uma FREELIST associada a ele e, na medida em que os blocos sejam usados, serão colocados ou tirados da FREELIST, conforme necessário. É importante observar que apenas os blocos sob a marca d'água em relevo de um objeto serão encontrados na FREELIST. Os blocos que permanecem acima da marca d'água em relevo só serão usados quando as FREELISTs estiverem vazias, ponto no qual o Oracle avança a marca d'água em relevo e acrescenta esses blocos à FREELIST. Desse modo, o Oracle atrasa o aumento da marca d'água em relevo para um objeto enquanto for preciso.

Um objeto pode ter mais de uma FREELIST. Se você estimar muita atividade de INSERT ou UPDATE em um objeto, por muitos usuários consecutivos, pode ter impacto positivo configurar mais de uma FREELIST no desempenho (possivelmente, ao custo de armazenagem adicional). Como veremos mais adiante, é crucial ter FREELISTs suficientes para as suas necessidades.

As listas livres podem ser uma enorme influência (ou inibição) positiva em desempenho num ambiente com muitas inserções e atualizações consecutivas. Um teste extremamente simples pode mostrar os benefícios desse ajuste correto. Pegue a tabela mais simples do mundo:

```
tkyte@TKYTE816> create table t ( x int );
```

e usando duas sessões, comece a inserir nela, como um selvagem. Se você medir os eventos de espera de bloco quanto ao sistema, referentes a esperas antes e depois, descobrirá enormes esperas, especialmente em blocos de dados (tentando inserir dados). Freqüentemente, isso é ocasionado por insuficientes FREELISTs nas tabelas (e nos índices, mas cobriremos esses novamente no Capítulo 7). Por exemplo, ajustei uma tabela temporária:

```
tkyte@TKYTE816> create global temporary table waitstat_before
  2    on commit preserve rows
  3    as
  4    select * from v$waitstat
  5    where 1=0
  6  /

Table created.
```

para conter o quadro antes de esperas nos blocos. Depois, em duas sessões, executei simultaneamente:

```
tkye@TKYTE816> truncate waitstat_before;

Table truncated.

tkyte@TKYTE816> insert into waitstat_before
  2    select * from v$waitstat
  3  /

14 rows created.

tkyte@TKYTE816> begin
  2    for i in 1 .. 100000
  3    loop
  4        insert into t values ( i );
  5        commit;
  6    end loop;
  7    end;
  8  /

PL/SQL procedure successfully completed.
```

Agora, esse é um bloco de código muito simples e somos os únicos usuários no banco de dados. Devemos ter um bom desempenho. Tenho configurado muito cache de buffer, meus redo logs estão adequadamente dimensionados, os índices não retardarão as coisas; isso deve executar rápido. Quando encontro retrocessos, no entanto, é que:

```
tkyte@TKYTE816> select a.class, b.count-a.count count, b.time-a.time time
  2             from waitstat_before a, v$waitstat b
  3             where a.class = b.class
  4  /

CLASS                   COUNT        TIME
-----------------      -------     --------
bitmap block                 0           0
bitmap index block           0           0
data block                4226        3239
extent map                   0           0
free list                    0           0
save undo block              0           0
save undo header             0           0
```

```
segment header         2         0
sort block             0         0
system undo block      0         0
system undo header     0         0
undo block             0         0
undo header          649        36
unused                 0         0
```

Esperei mais de 32 segundos durante essas execuções consecutivas, inteiramente pelo fato de não ter configurado suficientes FREELISTs em minhas tabelas para o tipo de atividade consecutiva que estou esperando fazer. Posso remover facilmente todo aquele tempo de espera, simplesmente criando a tabela com múltiplas FREELISTs:

```
tkyte@TKYTE816> create table t ( x int ) storage ( FREELISTS 2 );

Table created.
```

ou alterando o objeto:

```
tkyte@TKYTE816> alter table t storage ( FREELISTS 2 );

Table altered.
```

Você descobrirá que ambos os eventos de espera acima vão para zero; é assim fácil. O que você deseja fazer em uma tabela é tentar determinar o número máximo de inserções consecutivas (realmente consecutivas) ou atualizações que exigirão mais espaço. O que quero dizer com realmente consecutivas é quão freqüentemente você espera duas pessoas exatamente no mesmo instante, para solicitar um bloco livre naquela tabela. Essa não é uma medida de sobregravar transações, é uma medida de sessões fazendo uma inserção ao mesmo tempo, independente de limites de transação. Você quer ter tantas FREELISTs quantas inserções consecutivas na tabela, para aumentar a consecução.

Você deve ajustar FREELISTs bem alto e depois não se preocupar com isso, certo? Errado — claro que seria fácil demais. Cada processo usará uma única FREELIST. Ele não irá de FREELIST em FREELIST para encontrar espaço. Isso significa que, se você tiver dez FREELISTs em uma tabela e a que o seu processo estiver usando esgotar os buffers livres em sua lista, ele não irá para outra lista em busca de espaço. Levará a tabela a avançar a marca d'água em relevo ou, se as tabelas da marca d'água não puderem ser avançadas (todo o espaço estiver ocupado), a estender para obter uma outra extensão. Então, o processo continuará a usar o espaço em sua FREELIST apenas (que agora está vazia). Há uma troca a ser feita com múltiplas FREELISTs. Por um lado, elas têm um enorme desempenho amplificador. Por outro, provavelmente levarão a tabela a usar mais espaço em disco do que o absolutamente necessário. Você terá que decidir o que causa menos aborrecimento em seu ambiente.

Não subestime a utilidade desse parâmetro, especialmente porque podemos alterá-lo para cima e para baixo, à vontade, com Oracle 8.1.6 e superior. O que você pode fazer é alterá-lo para um grande número, para fazer algum carregamento de dados em paralelo com o caminho de modo convencional de SQLLDR. Você conseguirá um alto grau de consecução para a carga, com esperas mínimas. Depois do carregamento, é possível alterar as FREELISTs de volta para algum número razoável, mais do dia-a-dia; os blocos nas muitas FREELISTs existentes serão fundidos em uma FREELIST principal quando você alterar o espaço para baixo.

PCTFREE e PCTUSED

Esses dois ajustes controlam quando os blocos serão colocados e tirados de FREELISTs. Quando usados com uma tabela (mas não uma Tabela Organizada por Índice, como veremos), **PCTFREE** diz ao Oracle quanto espaço deve ser reservado em um bloco para futuras atualizações. Por padrão, é 10 por cento. O que isso significa é que, se usarmos um bloco de 8 KB de tamanho, assim que o acréscimo de uma nova fileira em um bloco levar o espaço livre naquele bloco a diminuir para menos de 800 bytes, o Oracle usará um novo bloco em vez do bloco existente. Esses 10 por cento do espaço de dados no bloco são deixados de lado para atualizações nas fileiras daquele bloco. Se fôssemos atualizá-los, o bloco ainda seria capaz de conter a fileira atualizada.

Enquanto PCTFREE diz ao Oracle quando tirar um bloco de FREELIST, fazendo com que ele não seja mais um candidato a inserção, **PCTUSED** diz ao Oracle quando colocar um bloco novamente na FREELIST. Se PCTFREE estiver ajustado para 40 por cento (o padrão) e o bloco atingir o nível de PCTFREE (atualmente ele não está na FREELIST), os 61 por cento do bloco precisam ser de espaço livre antes de Oracle colocar o bloco de volta na FREELIST. Se estivermos usando os valores padrão em PCTFREE (10) e PCTUSED (40), um bloco permanecerá na FREELIST até estar 90 por cento cheio (10 por cento de espaço livre). Quando ele atingir os 90 por cento, será tirado da FREELIST e permanecerá fora dela até que o espaço livre no bloco exceda 60 por cento do bloco.

PCTFREE e PCTUSED são implementados diferentemente em tipos de tabela diversas, como será observado adiante, quando discutimos cada tipo. Alguns tipos de tabelas usam ambos, outros usam apenas PCTFREE, assim mesmo apenas quando o objeto é criado.

Há três ajustes para PCTFREE: muito alto, muito baixo e apenas o certo. Se você ajustar PCTFREE em muito alto em blocos, desperdiçará espaço. Se ajustar PCTFREE para 50 por cento e nunca atualizar os dados, simplesmente desperdiçou 50 por cento de cada bloco. Entretanto, em uma outra tabela, 50 por cento pode ser bem razoável. Se as fileiras começam pequenas e tendem a dobrar de tamanho, um ajuste grande em PCTFREE evitará a migração de fileira.

Migração de fileira

Assim, aquilo implica em uma pergunta: o que exatamente é migração de fileira? Migração de fileira é quando uma fileira é forçada a deixar o bloco onde foi criada, porque ficou muito grande para se ajustar naquele bloco com o restante das fileiras. Ilustrarei a seguir uma migração de fileira. Começamos com um bloco que se parece com isto:

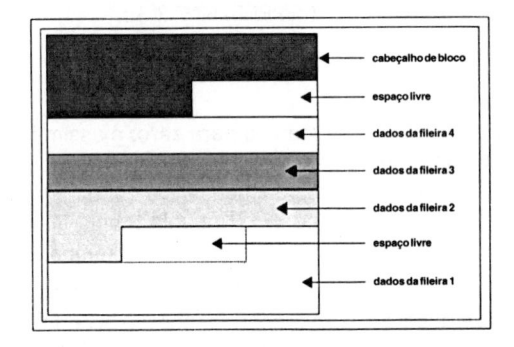

Cerca de um sétimo do bloco é de espaço livre. No entanto, gostaríamos de mais do que dobrar a quantidade de espaço usada pela fileira 4, através de uma UPDATE (atualmente ela usa um sétimo do bloco). Nesse caso, mesmo se o Oracle fundir o espaço no bloco, como isto:

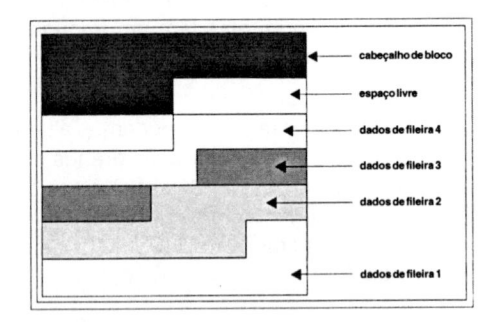

ainda não haverá espaço suficiente para a fileira 4 crescer mais do que duas vezes seu tamanho atual, pois o tamanho de espaço livre é menor que o tamanho da fileira 4. Se a fileira pudesse ser ajustada no espaço fundido, isso aconteceria. Porém dessa vez o Oracle não fará essa fusão e o bloco permanecerá como está. Como a fileira 4 teria que expandir mais que um bloco se ficasse neste bloco, o Oracle moverá, ou migrará, a fileira. Entretanto, ele não pode apenas movê-la; é preciso deixar atrás um 'endereço de encaminhamento'. Pode haver índices apontando fisicamente para a fileira 4. Uma simples atualização não irá modificar também os índices (note que há um caso especial com tabelas particionadas onde o ID de fileira, o endereço de uma fileira, mudará. Veremos esse caso no Capítulo 14). Portanto, quando o Oracle migrar a fileira, deixará para trás um indicador de onde a fileira realmente está. Depois da atualização, os blocos podem ser parecer como a seguir:

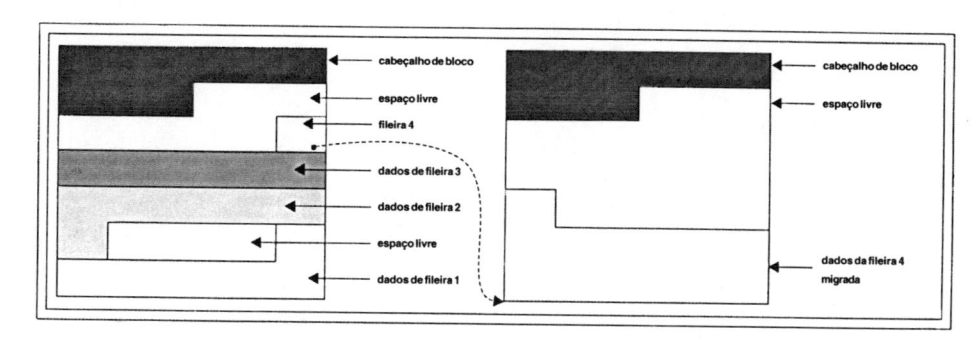

Isso é uma fileira migrada: uma fileira que teve que migrar do bloco onde estava inserida para algum outro. Por que isso é um aspecto? Seu aplicativo nunca saberá, o SQL que você usa não é diferente. Só importa por razões de desempenho. Se fossemos ler essa fileira através de um índice, o índice indicaria para o bloco original. Aquele bloco indicaria para o novo bloco. Em vez de ter duas ou mais I/Os para ler o índice, mais uma I/O para ler a tabela, precisaremos de mais outra I/O para chegar aos dados da fileira atual. Isoladamente isso não é uma 'grande coisa'; você nem mesmo perceberia isso. No entanto, quando tiver uma porcentagem razoável de suas fileiras nessa situação, com muitos usuários, começará a notar esse efeito lateral. O acesso a esses dados começará a se tornar lento (I/Os adicionais aumentam o tempo de acesso), a eficiência do seu cache de buffer a diminuir (você precisará armazenar duas vezes a quantidade de blocos que teria, caso elas não tivessem migrado) e sua tabela crescer em tamanho e complexidade. Por essas razões é que você não deseja migrar fileiras. É interessante notar o que Oracle faria se a fileira migrasse de um bloco à esquerda para o bloco à direita, no diagrama acima — migrar *de novo* em alguma ocasião no futuro. Isso seria devido a outras fileiras serem acrescentadas ao bloco para o qual tinham migrado e depois atualizado essa fileira, para torná-la ainda maior. Na verdade, o Oracle migrará a fileira *de volta* para o bloco original se restar espaço suficiente lá (a fileira se tornaria 'não-migrada'). Se não houvesse espaço suficiente, o Oracle migraria a fileira para outro bloco e mudaria o endereço de encaminhamento no bloco *original*. Como tal, as migrações de fileira sempre envolverão um nível de dissimulação. Portanto, agora estamos de volta a PCTFREE e para o que ele é usado; é o seu ajuste adequado que lhe ajudará a diminuir o encadeamento de fileira.

Como ajustar valores PCTFREE e PCTUSED

Ajustar PCTFREE e PCTUSED é um tópico importante e muito desconsiderado. Gostaria de mostrar como você pode medir o comportamento de seus objetos, para ver quanto espaço está sendo usado. Usarei um procedimento armazenado que mostrará os efeitos de inserções em uma tabela com vários ajustes PCTFREE/PCTUSED seguidos por uma série de atualizações aos mesmos dados. Isso ilustrará como esses ajustes podem afetar o número de blocos disponíveis na FREELIST (que afinal afetará quanto espaço é usado, quantas fileiras migraram e assim por diante). Esses scripts são ilustrativos; eles não lhe dirão para o que ajustar os valores; podem ser usados para descobrir como o Oracle está tratando seus blocos, dando vários tipos de atualizações. Eles são gabaritos que você terá que modificar para usá-los efetivamente.

Comecei criando uma tabela de teste:

```
tkyte@TKYTE816> create table t ( x int, y char(1000) default 'x' );

Table created.
```

É uma tabela muito simples, mas com fins ilustrativos servirá muito bem. Usando o tipo CHAR, me assegurei que cada fileira com um valor não nulo em Y terá 1.000 bytes de comprimento. Eu seria capaz de 'adivinhar' como as coisas funcionarão em um tamanho de bloco específico. Agora, para a rotina de medir FREELIST e o uso de bloco:

```
tkyte@TKYTE816> create or replace procedure measure_usage
  2      as
  3          l_free_blks         number;
  4          l_total_blocks      number;
  5          l_total_bytes       number;
```

```
  6          l_unused_blocks           number;
  7          l_unused_bytes            number;
  8          l_LastUsedExtFileID       number;
  9          l_LastUsedExtBlockID      number;
 10          l_LAST_USED_BLOCK         number;
 11
 12          procedure get_data
 13          is
 14          begin
 15              dbms_space.free_blocks
 16                ( segment_owner          => USER,
 17                  segment_name           => 'T',
 18                  segment_type           => 'TABLE',
 19                  FREELIST_group_id      => 0,
 20                  free_blks              => l_free_blks );
 21
 22              dbms_space.unused_space
 23                ( segment_owner          => USER,
 24                  segment_name           => 'T',
 25                  segment_type           => 'TABLE',
 26                  total_blocks           => l_total_blocks,
 27                  total_bytes            => l_total_bytes,
 28                  unused_blocks          => l_unused_blocks,
 29                  unused_bytes           => l_unused_bytes,
 30                  LAST_USED_EXTENT_FILE_ID => l_LastUsedExtFileId,
 31                  LAST_USED_EXTENT_BLOCK_ID => l_LastUsedExtBlockId,
 32                  LAST_USED_BLOCK => l_last_used_block );
 33
 34
 35              dbms_output.put_line( L_free_blks || ' on FREELIST, ' ||
 36                             to_number(l_total_blocks-l_unused_blocks-1) ||
 37                             ' used by table' );
 38          end;
 39      begin
 40          for i in 0 .. 10
 41          loop
 42              dbms_output.put( 'insert ' || to_char(i, '00') || ' ' );
 43              get_data;
 44              insert into t (x) values ( i );
 45              commit ;
 46          end loop;
 47
 48
 49          for i in 0 .. 10
 50          loop
 51              dbms_output.put( 'update ' || to_char(i, '00') || ' ' );
 52              get_data;
 53              update t set y = null where x = i;
 54              commit;
 55          end loop;
 56      end;
 57      /
```

Procedure created.

Usamos aqui duas rotinas no pacote DBMS_SPACE que nos dizem quantos blocos estão na FREELIST de um segmento, quantos estão alocados à tabela, quantos blocos não usados etc. Podemos usar essas informações para sabermos quantos dos blocos usados pela tabela (embaixo da marca d'água em relevo da tabela) estão na FREELIST. Depois, insiro 10 fileiras na tabela com um Y não nulo. Volto e atualizo Y para Null, fileira por fileira. Como tenho um bloco de 8 KB de tamanho, com um PCTFREE padrão de 10 e um PCTUSED padrão de 40, deveria supor que sete fileiras se ajustassem bem no bloco (o cálculo abaixo é feito sem considerar o código extra de bloco/fileira):

```
(2+1)bytes for X + (1000+2)bytes for Y = 1005
1005 bytes/row * 7 rows = 7035
8192 - 7035 bytes (blocksize) = 1157 bytes

1157 bytes are leftover, insufficient for another row plus 800+ bytes (10% of the block)
```

Agora, visto que 10 por cento do bloco de 8 KB é cerca de 800 + bytes, sabemos que não podemos ajustar uma outra fileira dentro daquele bloco. Se quiséssemos fazê-lo, calcularíamos exatamente o cabeçalho de bloco, mas aqui simplesmente adivinhamos que ele tem menos de 350 + bytes (1157 - 800 = 357). Aquilo nos dá espaço para sete fileiras por bloco.

Em seguida, prevemos quantas atualizações colocarão um bloco de volta na FREELIST. Sabemos que o bloco precisa ter menos que 40 por cento usado — que é simplesmente um máximo de 3.275 bytes que pode ser usado para conseguir o bloco dentro da lista livre. Podemos esperar então que, se cada UPDATE devolver 1.000 bytes, irá demorar cerca de quatro atualizações para colocar um bloco de volta na FREELIST. Bem, vejamos como me saí:

```
tkyte@TKYTE816> exec measure_usage;
insert 00 0 on FREELIST, 0 used by table
insert 01 1 on FREELIST, 1 used by table
insert 02 1 on FREELIST, 1 used by table
insert 03 1 on FREELIST, 1 used by table
insert 04 1 on FREELIST, 1 used by table
insert 05 1 on FREELIST, 1 used by table
insert 06 1 on FREELIST, 1 used by table
insert 07 1 on FREELIST, 1 used by table
insert 08 1 on FREELIST, 2 used by table
insert 09 1 on FREELIST, 2 used by table -- entre as 7ª e 8ª fileiras acrescentamos
insert 10 1 on FREELIST, 2 used by table    um outro bloco 'em uso'
update 00 1 on FREELIST, 2 used by table
update 01 1 on FREELIST, 2 used by table
update 02 1 on FREELIST, 2 used by table
update 03 1 on FREELIST, 2 used by table
update 04 2 on FREELIST, 2 used by table
update 05 2 on FREELIST, 2 used by table
update 06 2 on FREELIST, 2 used by table -- a 4ª atualização pôs outro bloco
update 07 2 on FREELIST, 2 used by table    de volta na lista livre
update 08 2 on FREELIST, 2 used by table
update 09 2 on FREELIST, 2 used by table
update 10 2 on FREELIST, 2 used by table

PL/SQL procedure successfully completed.
```

Com certeza, depois de sete inserções, um outro bloco é acrescentado à tabela. Da mesma forma, depois de quatro atualizações, os blocos na FREELIST aumentam de 1 para 2 (ambos os blocos estão de volta à FREELIST, disponíveis para INSERTs). Se soltarmos e recriarmos a tabela T com ajustes diferentes e a medirmos de novo, obteremos o seguinte:

```
tkyte@TKYTE816> create table t ( x int, y char( 1000) default 'x' ) pctfree 10
  2            pctused 80;

Table created.

tkyte@TKYTE816> exec measure_usage;
insert 00 0 on FREELIST, 0 used by table
insert 01 1 on FREELIST, 1 used by table
insert 02 1 on FREELIST, 1 used by table
insert 03 1 on FREELIST, 1 used by table
insert 04 1 on FREELIST, 1 used by table
```

```
insert 05 1 on FREELIST, 1 used by table
insert 06 1 on FREELIST, 1 used by table
insert 07 1 on FREELIST, 1 used by table
insert 08 1 on FREELIST, 2 used by table
insert 09 1 on FREELIST, 2 used by table
insert 10 1 on FREELIST, 2 used by table
update 00 1 on FREELIST, 2 used by table
update 01 2 on FREELIST, 2 used by table
update 02 2 on FREELIST, 2 used by table
update 03 2 on FREELIST, 2 used by table
update 04 2 on FREELIST, 2 used by table -- a primeira atualização pôs um bloco de
update 05 2 on FREELIST, 2 used by table    volta na lista livre, devido ao pctused
update 06 2 on FREELIST, 2 used by table    muito mais alto
update 07 2 on FREELIST, 2 used by table
update 08 2 on FREELIST, 2 used by table
update 09 2 on FREELIST, 2 used by table
update 10 2 on FREELIST, 2 used by table

PL/SQL procedure successfully completed.
```

Podemos ver aqui o efeito de aumentar o PCTUSED. A primeira atualização teve o efeito de colocar o bloco de volta na FREELIST. Aquele bloco pode ser usado de novo por outra INSERT, muito mais rápida.

Isso significa que você deve aumentar seu PCTUSED? Não, não necessariamente. Depende de como seus dados se comportam com o tempo. Se o seu aplicativo for através de ciclos de:

1. Acrescentar dados (muitas INSERTs), seguido por,
2. UPDATEs — Atualizar os dados, levando as fileiras a crescer e diminuir.
3. Voltar para os dados acrescentados.

Posso *nunca* querer que um bloco seja colocado na FREELIST como resultado de uma atualização. Aqui, iríamos querer um PCTUSED bem baixo, levando o bloco a ir para dentro de uma FREELIST somente depois de todos os dados de fileira terem sido apagados. Caso contrário, alguns dos blocos que têm fileiras temporariamente 'diminuídas' poderiam obter fileiras recém inseridas se PCTUSED fosse ajustado para alto. Então, quando fôssemos atualizar as fileiras antigas e novas nesses blocos, não haveria espaço suficiente para elas crescerem — elas migrariam.

Em resumo, PCTUSED e PCTFREE são *cruciais*. Por um lado, você precisa usá-los para evitar a migração de muitas fileiras, por outro, você os usa para evitar perder espaço demais. É preciso olhar os seus objetos, descrever como eles serão usados; depois você pode surgir com um plano lógico para ajustar esses valores. O método empírico pode muito bem falhar nesses ajustes; eles realmente precisam ser ajustados com base em seu uso. É preciso considerar (e lembrar que alto e baixo são termos *relativos*):

- ❑ PCTFREE alto, PCTUSED baixo — Para quando você inserir muitos dados que serão atualizados e as atualizações aumentarem o tamanho das fileiras com freqüência. Isso reserva muito espaço no bloco depois das inserções (PCTFREE alto) e faz com que aquele bloco precise estar quase vazio antes de voltar para a lista livre (PCTUSED baixo).
- ❑ PCTFREE baixo, PCTUSED alto — Se você estiver inclinado a ter apenas INSERT ou DELETE a partir da tabela ou se fizer UPDATEs, a UPDATE tende a diminuir a fileira em tamanho.

Inicial, próximo e PCTINCREASE

Esses são parâmetros de armazenagem que definem o tamanho do **INITIAL** e extensões subseqüentes alocadas a uma tabela e a percentagem pela qual a **NEXT** extensão deve crescer. Por exemplo, se você usar uma extensão INITIAL de 1 MB, uma extensão NEXT de 2 MB e uma **PCTINCREASE** de 50 — suas extensões serão de:

1. 1 MB.
2. 2 MB.
3. 3 MB (150 por cento de 2).
4. 4.5 MB (150 por cento de 3).

e assim por diante. Considero esses parâmetros *obsoletos*. O banco de dados deve estar usando espaços de tabela localmente gerenciados, exclusivamente com tamanhos de extensão uniformes. Desse modo, a extensão INITIAL é sempre igual ao tamanho da extensão NEXT e não há tal coisa como PCTINCREASE — um ajuste que só causa fragmentação em um espaço de tabela.

No caso de você não estar usando espaços de tabela localmente gerenciados, minha recomendação é ajustar sempre INITIAL = NEXT e PCTINCREASE para ZERO. Isso imita a alocação que você obteria em um espaço de tabela localmente gerenciado. Todos os objetos em um espaço de tabela usariam a mesma estratégia de alocação de extensão, para evitar fragmentação.

MINEXTENTS e MAXEXTENTS

Esses ajustes controlam o número de extensões que um objeto pode alocar por si próprio. O ajuste para **MINEXTENTS** diz ao Oracle quantas extensões alocar inicialmente para cada tabela. Por exemplo, em um espaço de tabela localmente gerenciado com tamanhos de extensão uniformes de 1 MB, um ajuste MINEXTENTS de 10 levaria a tabela a ter 10 MB de armazenagem alocado a ela.

MAXEXTENTS é simplesmente um limite superior no número possível de extensões que esse objeto pode conseguir. Se você ajustar MAXEXTENTS para 255 naquele mesmo espaço de tabela, o maior tabela nunca chegaria a ter 255 MB de tamanho. Claro que não há espaço suficiente no espaço de tabela para ficar tão grande, a tabela não seria capaz de alocar essas extensões.

LOGGING e NOLOGGING

Geralmente os objetos são criados de uma maneira **LOGGING**, significando que todas as operações feitas neles que possam criar redo serão geradas nele. **NOLOGGING** permite que determinadas operações sejam realizadas naquele objeto sem a geração de redo. NOLOGGING só afeta algumas operações específicas, como a criação inicial do objeto, o caminho direto de carregamentos usando SQLLDR ou remontagens (veja o *SQL Language Reference Manual* — manual de referência de linguagem SQL — do objeto banco de dados com o qual você está trabalhando, para ver quais operações se aplicam).

Em geral, essa opção não incapacita a geração de redo log para o objeto; apenas para poucas operações específicas. Por exemplo, se crio uma tabela como SELECT NOLOGGING e depois, INSERT INTO THAT_TABLE VALUES (1), a INSERT será registrada, mas a criação de tabela não.

INITRANS e MAXTRANS

Cada bloco em um objeto tem um cabeçalho de bloco. Parte desse cabeçalho de bloco é uma tabela de transação; entradas serão feitas na tabela de transação para descrever quais delas têm quais fileiras/elementos no bloco inibido. O tamanho inicial dessa tabela de transação é especificado pelo ajuste **INITRANS** do objeto. Em tabelas, isso é padronizado para 1 (índices padronizam para 2). Essa tabela de transação crescerá dinamicamente, conforme necessário, até entradas **MAXTRANS** em tamanho (dado o espaço livre suficiente no bloco em que estiver). Cada entrada de transação alocada consome 23 bytes de armazenagem do cabeçalho de bloco.

Tabela organizada por acúmulo

Uma tabela organizada por acúmulo provavelmente é 99 por cento (ou mais) usada em aplicativos, embora isso possa mudar com o tempo, com o advento de tabelas organizadas por índice, agora que as tabelas organizadas por índice podem ser indexadas, elas próprias. Uma tabela organizada por acúmulo é o tipo de tabela que você obtém por padrão quando emite uma declaração CREATE TABLE. Se você quiser qualquer outro tipo de estrutura de tabela, deve precisar especificá-la na própria declaração CREATE.

Um acúmulo é uma estrutura de dados clássica estudada na ciência de computação. Basicamente, é uma grande área de espaço, disco ou memória (disco, no caso de uma tabela de banco de dados, claro), que é gerenciada de uma forma aparentemente aleatória. Os dados serão colocados onde melhor se ajustam, não em qualquer tipo específico de ordem. Muitas pessoas esperam que os dados voltem de uma tabela na mesma ordem em que foram colocados nela, mas sem um acúmulo isso definitivamente não é garantido. Na verdade, o oposto é garantido; as fileiras voltarão em uma ordem totalmente imprevisível. Isso é bem fácil de demonstrar. Ajustarei uma tabela, como em meu banco de dados posso ajustar uma fileira completa por bloco (estou usando um tamanho de bloco de 8 KB). Não é preciso que você só tenha uma fileira por bloco, estou apenas obtendo a vantagem daquilo para demonstrar uma seqüência previsível de eventos. O seguinte comportamento será observado em tabelas de todos os tamanhos, em bancos de dados com qualquer tamanho de bloco:

```
tkyte@TKYTE816> create table t
  2  ( a int,
  3    b varchar2(4000) default rpad('*', 4000, '*'),
  4    c varchar2(3000) default rpad('*', 3000, '*')
  5  )
  6  /
Table created.

tkyte@TKYTE816> insert into t (a) values ( 1);
1 row created.

tkyte@TKYTE816> insert into t (a) values ( 2);

1 row created.

tkyte@TKYTE816> insert into t (a) values ( 3);

1 row created.

tkyte@TKYTE816> delete from t where a = 2 ;

1 row deleted.

tkyte@TKYTE816> insert into t (a) values ( 4);

1 row created.

tkyte@TKYTE816> select a from t;

         A
----------
         1
         4
         3
```

Ajuste as colunas B e C para serem apropriadas em seu tamanho de bloco, se quiser reproduzir isso. Por exemplo, se você tiver um tamanho de bloco de 2 KB, não precisa da coluna C, e a coluna B deve ser uma VARCHAR2(1500) com um padrão de 1500 asteriscos. Visto que os dados são gerenciados em um acúmulo na tabela como essa, na medida em que espaço se tornar disponível ele será reutilizado. Uma digitalização completa da tabela irá recuperar os dados quando os atingir, não na ordem de inserção. Esse é um conceito chave a entender sobre tabelas de banco de dados; geralmente, são coleções de dados inerentemente desordenados. Você também deve notar que não precisamos usar uma DELETE para observar o acima — eu poderia conseguir os mesmos resultados usando *apenas* INSERTs. Se inserir uma pequena fileira, seguida por uma fileira muito grande que não se ajustará no bloco com a pequena fileira, e depois de novo uma pequena fileira, posso muito bem observar que as fileiras aparecem, por padrão, na ordem 'fileira pequena, fileira pequena, fileira grande'. Elas não serão recuperadas na ordem de inserção. O Oracle colocará os dados onde eles se ajustam, não em qualquer ordem de data ou de transação.

Se a sua consulta precisar recuperar os dados na ordem de inserção, é preciso acrescentar uma coluna àquela tabela, que poderemos usar para ordenar os dados quando recuperados. Aquela coluna seria uma coluna de número, como por exemplo aquela que foi mantida com um aumento de seqüência (usando o objeto Oracle SEQUENCE). Poderíamos então aproximar a ordem de inserção usando 'selecionar por ordem' nessa coluna. Ela seria uma aproximação, porque a fileira com o número de seqüência 55 pode muito bem ter sido comprometida antes da fileira com a seqüência 54, portanto estava oficialmente 'primeiro' no banco de dados.

Então, você só deve pensar em uma tabela organizada por acúmulo como uma grande e desordenada coleção de fileiras. Essas fileiras sairão em uma ordem parecendo desorganizada e, dependendo das opções que estiverem sendo usadas (consulta paralela, modos diferentes de otimizador e assim por diante), podem vir em uma ordem diferente com uma consulta igual. Nem mesmo conte com a ordem de fileiras de uma consulta, a menos que você tenha uma declaração ORDER BY em sua consulta!

Isso posto, o que é importante saber sobre tabelas de acúmulo? Bem, a sintaxe CREATE TABLE divulga quase 40 páginas no manual de referência SQL oferecido por Oracle, pois há muitas opções nele. Existem tantas opções que reunir todas é muito difícil. Os 'diagramas na linha' (ou diagramas 'no trilho') ocupam apenas oito páginas. Um truque que uso para ver a maioria das opções disponíveis na declaração de criar tabela é criá-la tão simplesmente quanto possível, por exemplo:

```
tkyte@TKYTE816> create table t
  2    ( x int primary key ,
  3      y date,
  4      z clob )
  5    /

Table created.
```

Depois, usando os utilitários padrões de exportação e importação (veja o Capítulo 8), exportaremos sua definição, e a importação nos mostrará a sintaxe prolixa:

```
exp userid=tkyte/tkyte tables=t
imp userid=tkyte/tkyte full=y indexfile=t.sql
```

Agora descobrirei que T.SQL contém minha declaração CREATE TABLE em sua forma mais prolixa. Formatei um pouco, para facilitar a leitura, mas de outra forma ela é direta, a partir do arquivo DMP gerado por exportação:

```
CREATE TABLE "TKYTE". "T"
("X" NUMBER(*,0), "Y" DATE, "Z" CLOB)
PCTFREE 10 PCTUSED 40
INITRANS 1 MAXTRANS 255
LOGGING STORAGE(INITIAL 32768 NEXT 32768
               MINEXTENTS 1 MAXEXTENTS 4096
               PCTINCREASE 0 FREELISTS 1 FREELIST GROUPS 1
               BUFFER_POOL DEFAULT
              )
TABLESPACE "TOOLS"
LOB ("Z") STORE AS     (TABLESPACE "TOOLS"
               ENABLE STORAGE IN ROW CHUNK 8192
               PCTVERSION 10 NOCACHE
               STORAGE(INITIAL 32768 NEXT 32768
                      MINEXTENTS 1 MAXEXTENTS 4096
                      PCTINCREASE 0
                      FREELISTS 1 FREELIST GROUPS 1
                      BUFFER_POOL DEFAULT)) ;

ALTER TABLE "TKYTE". "T"
ADD PRIMARY KEY ("X")
USING INDEX
PCTFREE 10 INITRANS 2 MAXTRANS 255
STORAGE(INITIAL 32768 NEXT 32768
        MINEXTENTS 1 MAXEXTENTS 4096
        PCTINCREASE 0
        FREELISTS 1 FREELIST GROUPS 1
        BUFFER_POOL DEFAULT)
TABLESPACE "TOOLS" ENABLE ;
```

Algo bom no que mostramos é que pode-se ver quantas são as opções para minha declaração CREATE TABLE. Apenas peguei os tipos de dados e pronto: o Oracle produzirá a versão loquaz para mim. Agora posso personalizar essa versão, talvez mudando a ENABLE STORAGE IN ROW para DISABLE SOTRAGE IN ROW — isso incapacitaria a armazenagem dos dados LOB na fileira com os dados estruturados, armazenando-os em outro segmento. Eu mesmo uso esse truque o tempo todo para economizar alguns minutos da confusão que teria se tentasse descobrir tudo a respeito dos imensos diagramas em linha. Também posso usar isso para descobrir quais opções estão disponíveis na declaração CREATE TABLE, em circunstâncias diferentes.

É assim que descubro o que está disponível quanto à sintaxe de CREATE TABLE — na verdade, uso esse truque em muitos objetos. Terei um pequeno esquema de teste, criando objetos 'magros' naquele esquema, exportando com OWNER = THAT_SCHEMA e fazendo a importação. Uma revisão do arquivo SQL gerado me mostra o que está disponível.

Agora que sabemos como ver a maioria das opções disponíveis em determinada declaração CREATE TABLE, quais são as importantes que precisamos conhecer em tabelas *de acúmulo*? Na minha opinião elas são:

- **FREELISTS** — cada tabela gerencia os blocos que ela alocou no acúmulo em uma FREELIST. Uma tabela pode ter mais de uma FREELIST. Se você estimar inserção pesada de muitos usuários em uma tabela, configurar mais de uma FREELIST pode causar um impacto positivo no desempenho (ao custo de possível armazenagem adicional). Refira-se à discussão anterior e ao exemplo acima (na seção *FREELISTS*) para o tipo de impacto que esse ajuste pode causar no desempenho.
- **PCTFREE** — uma medida de quanto um bloco pode ficar cheio durante o processo de INSERT. Quando um bloco tem menos que o espaço 'PCTFREE' restante nele, não pode mais ser candidato à inserção de novas fileiras. Isso será usado para controlar as migrações de fileira causadas por atualizações subseqüentes e precisa ser ajustado com base no seu uso da tabela.
- **PCTUSED** — uma medida de quanto um bloco precisa se tornar vazio, antes de poder ser novamente candidato à inserção. Um bloco que tem menos espaço PCTUSED é candidato à inserção de novas fileiras. Novamente, como PCTFREE, é preciso considerar como você usará sua tabela, de modo a ajustar isso adequadamente.
- **INITRANS** — o número de trilhas de transações inicialmente alocado a um bloco. Se ajustado baixo demais (padroniza para 1) isso pode levar a aspectos de consecução em um bloco acessado por muitos usuários. Se um bloco de banco de dados estiver quase cheio e a lista de transações não puder ser dinamicamente expandida — as sessões serão enfileiradas, aguardando por esse bloco, pois cada transação consecutiva precisa de uma trilha de transação. Se você imaginar que terá muitas atualizações consecutivas nos mesmos blocos, deve pensar em aumentar esse valor.

Nota: Os dados LOB armazenados fora da linha no segmento LOB, não usam os parâmetros PCTFREE/PCTUSED ajustados para a tabela. Esses blocos LOB são gerenciados de forma diferente. Sempre são preenchidos à capacidade e retornados a FREELIST só quando completamente vazios.

Esses são os parâmetros aos quais você deseja prestar atenção especial. Creio que o restante dos parâmetros de armazenagem não é mais relevante. Como já mencionei neste capítulo, deveríamos usar espaços de tabela gerenciados localmente, e esses não usam os parâmetros PCTINCREASE, NEXT e outros.

Tabelas organizadas por índices

As tabelas organizadas por índices (IOTs) são simplesmente tabelas armazenadas em uma estrutura de índice. Enquanto que uma tabela armazenada em um acúmulo é organizada aleatoriamente (os dados ficam onde há espaço disponível), os dados em uma IOT são armazenados e classificados por chave principal. As IOTs comportam-se como uma tabela 'normal', no que se refere ao seu aplicativo; você usa SQL para acessá-la como sempre. Elas são especialmente úteis para recuperação de informações (IR), aplicativos OLAP e espaciais.

Qual é o ponto de uma IOT? Na verdade, se poderia perguntar o inverso: qual é o ponto de uma tabela organizada por acúmulo? Visto que todas as tabelas em um banco de dados relacional devem ter uma chave principal, uma tabela organizada por acúmulo não é apenas um desperdício de espaço? Temos que fazer espaço para ambos, a tabela e o índice na chave principal da tabela, ao usar uma tabela organizada por acúmulo. Com a IOT o espaço de código extra do índice da chave principal é removido, pois o índice são os dados, os dados são o índice. Bem, o fato é que um índice é uma estrutura de dados complexa que exige muito trabalho para gerenciar e manter. Um acúmulo, por outro lado, é fácil de gerenciar. Existem eficiências em uma tabela organizada por acúmulo sobre uma IOT. Dito isso, há algumas vantagens em IOTs sobre sua contraparte, o acúmulo. Por exemplo, lembro de uma vez em que estava montando uma lista de índice invertida em alguns dados de texto (isso foi antes da introdução de interMedia e tecnologias correlatas). Eu tinha uma tabela cheia de documentos. Ia analisar os documentos e encontrar palavras dentro dele. Então, tinha uma tabela que se parecia com isto:

```
create table keywords
 ( word varchar2(50),
     position int,
     doc_id int,
     primary key(word,position,doc_id)
);
```

Aqui eu tinha uma tabela que consistia apenas de colunas da chave principal. Mais de 100 por cento de código extra; o tamanho da minha tabela e do índice de chave principal era comparável (na verdade, o índice de chave principal era maior, já que ele armazenava fisicamente o ID de fileira da fileira que indicava, enquanto que o ID de fileira não é armazenado na tabela — é inferido). Só usei essa tabela com uma cláusula WHERE na WORD ou as colunas WORD e POSITION. Isto é, nunca usei a tabela, apenas o índice na tabela. A própria tabela não era senão código extra. Eu queria encontrar todos os documentos contendo determinada palavra (ou uma palavra 'próxima' e assim por diante). A tabela era inútil, ela só tornava lento o aplicativo durante a manutenção da tabela KEYWORDS e dobrava as exigências de armazenagem. Esse é um aplicativo perfeito para uma IOT.

Uma outra implementação que pede por uma IOT é uma tabela de busca de código. Você pode ter como exemplo o ZIP_CODE para a busca de STATE. Agora você pode se livrar da tabela e usar apenas a própria IOT. Sempre que tiver uma tabela, acessada através de sua chave principal com freqüência, ela é uma candidata à IOT.

Uma outra implementação que faz bom uso de IOTs é quando você deseja montar sua própria estrutura de indexação. Por exemplo, você pode querer oferecer uma busca sem estilo de letra ao seu aplicativo. Poderia usar índices baseados em função (veja o Capítulo 7, para detalhes sobre o que é isso). Entretanto, esse recurso só está disponível com as edições Enterprise e Personal Editions de Oracle. Suponha que você tem a Standard Edition (edição padrão); uma maneira de oferecer busca de palavra chave, sem estilo de letra, seria 'retornar o seu próprio' índice baseado em função. Por exemplo, se você quisesse oferecer uma busca sem estilo de letra na coluna ENAME da tabela EMP. Uma abordagem seria criar uma outra coluna, ENAME_UPPER, na tabela EMP e indexar aquela coluna. Essa coluna sombra seria mantida através de um disparador. Se você não gostou da idéia de ter uma coluna extra na tabela, pode simplesmente criar o seu próprio índice baseado em função, com o seguinte:

```
tkyte@TKYTE816> create table emp as select * from scott.emp;

Table created.

tkyte@TKYTE816> create table upper_ename
        2    ( x$ename, x$rid,
        3        primary key (x$ename,x$rid)
        4    )
        5    organization index
        6    as
        7    select upper(ename), rowed from emp
        8    /
Table created.

tkyte@TKYTE816> create or replace trigger upper_ename
        2    after insert or update or delete on emp
        3    for each row
        4    begin
        5        if (updating and (:old.ename||'x' <> :new.ename||'x'))
        6        then
        7            delete from upper_ename
        8            where x$ename = upper(:old.ename)
        9              and x$rid = :old.rowed;
       10
```

```
11                      insert into upper_ename
12                          (x$ename,x$rid) values
13                          ( upper(:new.ename), :new.rowid );
14          elsif (inserting)
15          then
16                      insert into upper_ename
17                          (x$ename,x$rid) values
18                          ( upper(:new.ename), :new.rowid );
19          elsif (deleting)
20          then
21                      delete from upper_ename
22                       where x$ename = upper(:old.ename)
23                         and x$rid = :old.rowid;
24          end if;
25      end;
26  /
```

Trigger created.

tkyte@TKYTE816> update emp set ename = initcap(ename);

14 rows updated.

tkyte@TKYTE816> commit;

Commit complete.

Agora, a tabela UPPER_ENAME está de fato em nosso índice sem estilo de letra, como seria um índice baseado em função. Precisamos usar, explicitamente, esse 'índice'. O Oracle não o conhece. O seguinte mostra como você poderia usar esse 'índice' para UPDATE, SELECT e DELETE dados da tabela:

```
tkyte@TKYTE816> update
   2  (
   3  select ename, sal
   4      from emp
   5     where emp.rowid in ( select upper_ename.x$rid
   6                            from upper_ename
   7                           where x$ename = 'KING' )
   8  )
   9  set sal = 1234
  10  /
```

1 row updated.
```
tkyte@TKYTE816> select ename, empno, sal
   2    from emp, upper_ename
   3   where emp.rowed = upper_ename.x$rid
   4     and upper_ename.x$ename = 'KING'
   5  /
```

ENAME	EMPNO	SAL
King	7839	1234

```
tkyte@TKYTE816> delete from
   2  (
   3  select ename, empno
   4          from emp
   5    where emp.rowed in ( select upper_ename.x$rid
   6                           from upper_ename
   7                          where x$ename = 'KING' )
   8  )
   9  /
```

1 row deleted.

Ao selecionar, podemos usar um IN ou um JOIN. Devido a regras de 'preservação chave', precisamos usar IN ao atualizar ou apagar. Uma observação sobre esse método, uma vez que ele envolve a armazenagem de um ID de fileira: nossa tabela organizada por índice, como seria qualquer índice, precisa ser remontada se fizermos algo que leve os IDs de fileira da tabela EMP a mudar — tal como exportar e importar EMP ou usar nela o comando ALTER TABLE MOVE.

Finalmente, quando você quer reforçar a co-localização de dados ou que os dados sejam fisicamente armazenados em uma ordem específica, a IOT é a estrutura para você. Para os usuários de Sybase e SQL Server, é como deve ter usado um índice agrupado, mas ela faz melhor. Um índice agrupado naqueles bancos de dados pode ter até 110 por cento de código extra (semelhante ao meu exemplo KEYWORDS, acima). Aqui, temos um código extra de 0 por cento, pois os dados são armazenados apenas uma vez. Um exemplo clássico de quando você pode querer que esses dados sejam fisicamente co-alocados, seria um relacionamento pai/filho. Digamos que a tabela EMP tivesse uma tabela filho:

```
tkyte@TKYTE816> create table addresses
  2    ( empno           number(4) references emp(empno) on delete cascade,
  3      addr_type       varchar2(10),
  4      street          varchar2(20),
  5      city            varchar2(20),
  6      state           varchar2(2),
  7      zip             number,
  8      primary key (empno,addr_type)
  9    )
 10    ORGANIZATION INDEX
 11    /
Table created.
```

Ter todos os endereços de um empregado (seu endereço residencial, de trabalho, escolar, endereço anterior etc) fisicamente alocados uns aos outros reduzirá a quantidade de I/O que você teria que fazer, caso contrário, ao reunir EMP em ADDRESSES. A I/O lógica seria igual, a I/O física seria significativamente menor. Em uma tabela organizada por acúmulo, cada endereço de empregado poderia estar em um bloco de banco de dados fisicamente diferente de qualquer outro endereço daquele empregado. Armazenando os endereços organizados por EMPNO e ADDR_TYPE — garantimos que todos os endereços de determinado empregado estejam 'perto' uns dos outros.

O mesmo se aplicaria se você usasse BETWEEN com freqüência, em consultas em uma chave principal ou única. Ter os dados armazenados fisicamente classificados também aumentará o desempenho daquelas consultas. Por exemplo, mantenho uma tabela de cotações de ações em meu banco de dados. Todos os dias reúno a cotação de ações, a data, o preço de fechamento, as altas do dia, as baixas do dia, o volume e outras informações correlatas. Faço isso com centenas de ações. Essa tabela se parece com isto:

```
tkyte@TKYTE816> create table stocks
  2    ( ticker          varchar2(10),
  3      day             date,
  4      value           number,
  5      change          number,
  6      high            number,
  7      low             number,
  8      vol             number,
  9      primary key(ticker,day)
 10    )
 11     organization index
 12    /
Table created.
```

Com freqüência, vemos uma ação de cada vez — em determinada faixa de dias (computando uma média de movimento, por exemplo). Se fôssemos usar uma tabela organizada de acúmulo, a probabilidade de duas fileiras do apontador de ação ORCL existente no mesmo bloco de banco de dados seria quase zero. Isso porque, a cada noite, inserimos os registros do dia em todas as ações. Aquilo preenche pelo menos um bloco de banco de dados (na verdade, muitos deles).

Portanto, a cada dia, acrescentamos um novo registro ORCL, mas ele fica em um bloco diferente de cada outro registro ORCL que já esteja na tabela. Se consultássemos:

```
Select * from stocks
     where ticker = 'ORCL'
         and day between sysdate and sysdate - 100;
```

o Oracle leria o índice e depois faria o acesso de tabela através do ID de fileira para obter o resto dos dados da fileira. Cada uma das 100 fileiras que recuperássemos estaria em um bloco de banco de dados diferente — cada um seria provavelmente uma I/O física. Agora, considere que temos isso em uma IOT. A mesma consulta só precisa ler os blocos de índice relevantes e já tem todos os dados. Não apenas o acesso da tabela é removido, mas também todas as fileiras de ORCL em determinada faixa de datas são fisicamente armazenadas 'perto' uma das outras. Ocorre I/O menos lógica e menos física.

Agora entendemos quando podemos querer usar tabelas organizadas por índice e como usá-las. O que precisamos entender, em seguida, é quais são as opções com essas tabelas. O que são advertências? As opções são muito semelhantes às de uma tabela organizada por acúmulo. Novamente, usaremos EXP/IMP para nos mostrar os detalhes. Se começarmos com as três variações básicas da tabela organizada por índice:

```
tkyte@TKYTE816> create table t1
     2  (    x int primary key,
     3       y varchar2(25),
     4       z date
     5  )
     6  organization index;

Table created.

tkyte@TKYTE816> create table t2
     2  (    x int primary key,
     3       y varchar2(25),
     4       z date
     5  )
     6  organization index
     7  OVERFLOW;

Table created.

tkyte@TKYTE816> create table t3
     2  (    x int primary key,
     3       y varchar2(25),
     4       z date
     5  )
     6  organization index
     7  overflow    INCLUDING Y;

Table created.
```

Entraremos no que OVERFLOW e INCLUDING fizeram para nós antes, veremos o SQL detalhado exigido para a primeira tabela acima:

```
CREATE TABLE "TKYTE"."T1"
(    "X" NUMBER(*.0),
     "Y" VARCHAR2(25),
     "Z" DATE,
     PRIMARY KEY ("X") ENABLE
)
ORGANIZATION INDEX
NOCOMPRESS
PCTFREE10
INITRANS 2 MAXTRANS 255
LOGGING
STORAGE  ( INITIAL 32768
           NEXT 32768
           MINEXTENTS 1 MAXEXTENTS 4096
```

```
            PCTINCREASE 0
            FREELISTS 1
            FREELIST GROUPS 1
            BUFFER_POOL DEFAULT
           )
TABLESPACE "TOOLS"
PCTTHRESHOLD 50;
```

Ele apresenta duas opções, NOCOMPRESS e PCTTHRESHOLD, que veremos logo. Você pode ter notado que algo está faltando na sintaxe CREATE TABLE acima; não há cláusula PCTUSED, mas há uma PCTFREE. Isso porque um índice é uma estrutura de dados complexa, não aleatoriamente organizada, como um acúmulo; os dados precisam ir para onde eles 'pertençam'. Diferente de um acúmulo, onde às vezes os blocos estão disponíveis para inserções, os blocos estão sempre disponíveis para novas entradas em um índice. Se os dados pertencem a determinado bloco devido aos seus valores, eles irão para lá, independente de quão cheio ou vazio esteja o bloco. Além disso, PCTFREE só é usado quando o objeto é criado e preenchido com dados em uma estrutura de índice. Ele não é usado como na tabela organizada por acúmulo. PCTFREE reservará espaço em um índice recém criado, mas não para operações subseqüentes nele e sim pelo mesmo motivo porque PCTUSED não é usado de forma alguma. As mesmas considerações para FREELISTs que fizemos em tabelas organizadas por acúmulo aplicam-se inteiramente a IOTs.

Agora, na opção NOCOMPRESS recém descoberta. Essa é uma opção disponível para índices em geral. Ela diz ao Oracle para armazenar todo e qualquer valor em uma entrada de índice (não compactar). Se a chave principal do objeto estivesse nas colunas A, B e C, cada combinação de A, B e C seria fisicamente armazenada. O contrário de NOCOMPRESS é COMPRESS N, onde N é um inteiro que representa a quantidade de colunas a compactar. O que ele faz é remover valores repetidos, decompondo-os em termos de bloco, para que os valores de A e talvez de B que se repetem muitas vezes não sejam mais fisicamente armazenados. Considere por exemplo, a tabela criada assim:

```
tkyte@TKYTE816> create table iot
  2  ( owner, object_type, object_name,
  3    primary key(owner, object_type, object_name)
  4  )
  5  organization index
  6  NOCOMPRESS
  7  as
  8  select owner, object_type, object_name from all_objects
  9  /
Table created.
```

Se você pensar sobre isso, o valor de OWNER é repetido centenas de vezes. Cada esquema (OWNER) tende a possuir muitos objetos. Mesmo o valor par de OWNER, OBJECT_TYPE se repete muitas vezes; determinado esquema terá dezenas de tabelas, dezenas de pacotes e assim por diante. Só as três colunas juntas não se repetem. Temos o Oracle suprimindo esses valores repetidos. Em vez de ter um bloco de índice com os valores:

Sys,table,t1	Sys,table,t2	Sys,table,t3	Sys,table,t4
Sys,table,t5	Sys,table,t6	Sys,table,t7	Sys,table,t8
...	...	...	...
Sys,table,t100	Sys,table,t101	Sys,table,t102	Sys,table,t103

Poderíamos usar COMPRESS 2 (desmembrando as duas primeiras colunas) e ter um bloco com:

Sys,table	t1	t2	t3
t4	t5	...	...
...	t103	t104	...
t300	t301	t302	t303

Isto é, os valores SYS e TABLE aparecem uma vez e depois a terceira coluna é armazenada. Dessa maneira, podemos conseguir muito mais entradas por bloco de índice. Isso de forma alguma diminui a consecução ou a funcionalidade. Toma um pouco mais de potência de CPU, pois o Oracle tem que fazer mais trabalho para reunir as chaves. Por outro lado, pode reduzir significativamente a I/O e permite que mais dados sejam armazenados no cache de buffer — pois temos mais dados por bloco. Essa é uma boa troca. Demonstraremos a economia, fazendo um teste rápido do CREATE TABLE como SELECT com NOCOMPRESS, COMPRESS1 e COMPRESS 2. Começaremos com um procedimento que mostra, facilmente, a utilização de espaço de uma IOT:

```
tkyte@TKYTE816> create or replace
  2     procedure show_iot_space
  3     ( p_segname in varchar2 )
  4     as
  5             l_segname               varchar2(30);
  6             l_total_blocks          number;
  7             l_total_bytes           number;
  8             l_unused_blocks         number;
  9             l_unused_bytes          number;
 10             l_LastUsedExtField      number;
 11             l_LastUsed ExtBlockId   number;
 12             l_last_used_block       number;
 13     begin
 14             select 'SYS_IOT_TOP_' || object_id
 15                 into l_segname
 16                 from user_objects
 17                 where object_name = upper(p_segname);
 18
 19             dbms_space.unused_space
 20             ( segment_owner          => user,
 21               segment_name           => l_segname,
 22               segment_type           => 'INDEX',
 23               total_blocks           => l_total_blocks,
 24               total_bytes            => l_total_bytes,
 25               unused_blocks          => l_unused_blocks,
 26               unused_bytes           => l_unused_bytes,
 27               LAST_USED_EXTENT_FILE_ID => l_LastUsedExtFileId,
 28               LAST_USED_EXTENT_BLOCK_ID => l_LastUsedExtBlockId,
 29               LAST_USED_BLOCK        => l_last_used_block );
 30
 31             dbms_output.put_line
 32             ( 'IOT used ' || to_char(l_total_blocks-l_unused_blocks) );
 33     end;
 34     /

Procedure created.
```

Agora criaremos a nossa IOT sem compactação:

```
tkyte@TKYTE816> create table iot
  2     ( owner, object_type, object_name,
  3       primary key(owner,object_type,object_name)
  4     )
  5     organized index
  6     NOCOMPRESS
  7     as
  8     select owner, object_type, object_name from all_objects
  9     order by owner, object_type, object_name
 10     /

Table created.

tkyte@TKYTE816> set serveroutput on
tkyte@TKYTE816> exec show_iot_space( 'iot' );
IOT used 135

PL/SQL procedure successfully completed.
```

Se você estiver trabalhando esses exemplos enquanto os fizemos, esperaria que tivesse visto um número diferente, algo que não 135. Ele dependerá do tamanho de seu bloco e da quantidade de objetos em seu dicionário de dados. Porém, esperaríamos que esse número diminuísse no próximo exemplo:

```
tkyte@TKYTE816> create table iot
  2        ( owner, object_type, object_name,
  3          primary key(owner,object_type,object_name)
  4        )
  5        organization index
  6        compress 1
  7        as
  8        select owner, object_type, object_name from all_objects
  9        order by owner, object_type, object_name
 10       /

Table created.

tkkyte@TKYTE816> exec show_iot_space( 'iot' );
IOT used 119
PL/SQL procedure successfully completed.
```

Assim, aquela IOT tem cerca de 12 por cento menos que a primeira; podemos fazer melhor, compactando-a ainda mais:

```
tkyte@TKYTE816> create table iot
  2        ( owner, object_type, object_name,
  3          primary key(owner,object_type,object_name)
  4        )
  5        organization index
  6        compress 2
  7        as
  8        select owner, object_type, object_name from all_objects
  9        order by owner, object_type, object_name
 10       /

Table created.

tkyte@TKYTE816> exec show_iot_space( 'iot' );
IOT used 91

PL/SQL procedure successfully completed.
```

O índice COMPRESS 2 é cerca de um terço menor que a IOT não compactada. Sua milhagem irá variar, mas o resultado pode ser fantástico.

O exemplo acima indica um fato interessante com as IOTs. Elas são tabelas, mas apenas no nome. O seu segmento é realmente um índice de segmento. Para mostrar a utilização de espaço, tive que converter o nome da tabela IOT para o seu nome de índice subjacente. Nesses exemplos, capacitei o nome de índice subjacente gerado para mim; ele padroniza para SYS_IOT_TOP_<object_id>, onde OBJECT_ID é o id de objeto interno designado à tabela. Se eu não quisesse esses nomes gerados agrupando em meu dicionário de dados, poderia nomeá-los facilmente:

```
tkyte@TKYTE816> create table iot
  2        ( owner, object_type, object_name,
  3          constraint iot_pk primary key(owner,object_type,object_name)
  4        )
  5        organization index
  6        compress 2
  7        as
  8        select owner, object_type, object_name from all_objects
  9          /

Table created.
```

Normalmente, é considerada uma boa prática nomear explicitamente os seus objetos, assim. Oferece mais significado para o uso atual do objeto do que um nome como SYS_IOT_TOP_1234.

Vou deferir a discussão da opção PCTTHRESHOLD nesse ponto, pois ela está relacionada às duas próximas opções de IOTs; OVERFLOW e INCLUDING. Se olharmos todo o SQL dos dois conjuntos de tabelas T2 e T3, veremos:

```
CREATE TABLE "TKYTE"."T2"
("X" NUMBER(*,0),
 "Y" VARCHAR2(25),
 "Z" DATE,
 PRIMARY KEY ("X") ENABLE
)
ORGANIZATION INDEX
NOCOMPRESS
PCTFREE10
INITRANS 2 MAXTRANS 255
LOGGING
STORAGE (   INITIAL 32768 NEXT 32768 MINEXTENTS 1 MAXEXTENTS 4096
            PCTINCREASE 0 FREELISTS 1 FREELIST GROUPS 1 BUFFER_POOL DEFAULT )
TABLESPACE "TOOLS"
PCTTHRESHOLD 50
OVERFLOW
            PCTFREE 10
                        PCTUSED 40
            INITRANS 1
            MAXTRANS 255
            LOGGING
            STORAGE (   INITIAL 32768 NEXT 32768 MINEXTENTS 1 MAXEXTENTS 4096
                        PCTINCREASE 0 FREELISTS 1 FREELIST GROUPS 1
                        BUFFER_POOL DEFAULT )
TABLESPACE "TOOLS" ;
CREATE TABLE
"TKYTE"."T3"
("X" NUMBER(*,0),
 "Y" VARCHAR2(25),
 "Z" DATE,
 PRIMARY KEY ("X") ENABLE
)
ORGANIZATION INDEX
NOCOMPRESS
PCTFREE 10
INITRANS 2
MAXTRANS 255
LOGGING
STORAGE(INITIAL 32768 NEXT 32768 MINEXTENTS 1 MAXEXTENTS 4096
        PCTINCREASE 0 FREELISTS 1 FREELIST GROUPS 1 BUFFER_POOL DEFAULT )
TABLESPACE "TOOLS"
PCTTHRESHOLD 50
INCLUDING "Y"
OVERFLOW  PCTFREE 10 PCTUSED 40 INITRANS 1 MAXTRANS 255 LOGGING
          STORAGE (   INITIAL 32768 NEXT 32768 MINEXTENTS 1 MAXEXTENTS 4096
                      PCTINCREASE 0 FREELISTS 1 FREELIST GROUPS 1
                      BUFFER_POOL DEFAULT )
TABLESPACE "TOOLS";
```

Agora nos resta discutir PCTTHRESHOLD, OVERFLOW e INCLUDING. Esses três itens são interligados, e seu objetivo é tornar a folha dos blocos de índice (os blocos que contêm os dados do índice atual) capaz de armazenar dados eficientemente. Tipicamente, um índice está em um subconjunto de colunas. Em geral você encontrará números muito maiores de fileiras em um bloco de índice do que encontraria em um bloco de tabela de acúmulo. Um índice permite ter muitas fileiras por bloco; o Oracle gastaria muito tempo mantendo um índice de outra forma, pois cada INSERT ou UPDATE provavelmente levaria o bloco de índice a se separar para acomodar os novos dados.

A cláusula OVERFLOW possibilita ajustar um outro segmento onde os dados de fileira da IOT podem ultrapassar quando ficam muito grandes. Observe que uma OVERFLOW reintroduz a cláusula PCTUSED em uma IOT. PCTFREE e PCTUSED têm os mesmos significados de um segmento OBERFLOW, como tinham em uma tabela de acúmulo. As condições para usar um segmento de ultrapassagem podem ser especificadas de uma das duas maneiras:

- ❏ PCTTHRESHOLD — Quando a quantidade de dados na fileira excede aquela porcentagem do bloco, a trilha das colunas daquela fileira será armazenada no overflow. Assim, se PCTTHRESHOLD foi de 10 por cento e o tamanho do seu bloco foi de 8 KB, qualquer fileira que fosse maior do que cerca de 800 bytes em comprimento teria parte dela armazenada em qualquer outro lugar — fora do bloco de índice.
- ❏ INCLUDING — Todas as colunas na fileira até e incluindo a especificada na cláusula INCLUDING, são armazenadas no bloco de índice. As restantes são armazenadas no overflow.

Dada determinada tabela com um tamanho de bloco de 2 KB:

```
ops$tkyte@ORA8I.WORLD> create table iot
  2  (    x    int,
  3       y    date,
  4       z    varchar2(2000),
  5       constraint iot_pk primary key (x)
  6  )
  7  organization index
  8  pctthreshold 10
  9  overflow
 10  /

Table created.
```

Graficamente, ela se pareceria com isto:

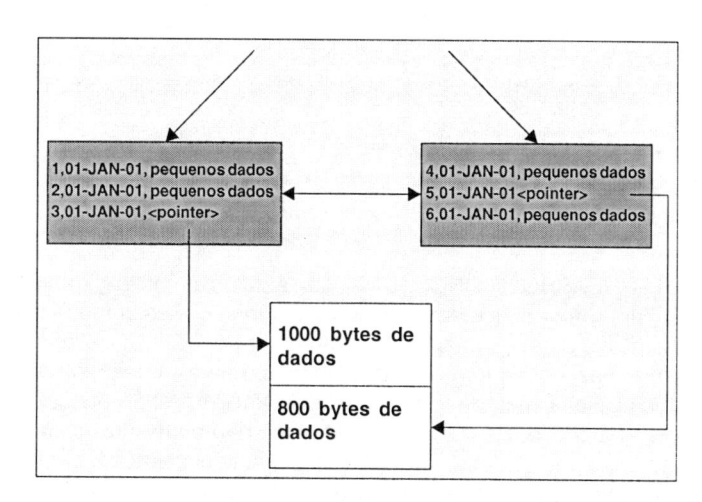

As caixas cinza são as entradas de índice, parte de uma estrutura de índice maior (no Capítulo 7, você terá uma noção melhor de como se parece um índice). Resumidamente, a estrutura de índice é uma árvore, e as folhas de blocos (onde os dados são armazenados) são, na verdade, uma lista duplamente vinculada para facilitar a travessia dos nós, para quando você tiver encontrado o local em que deseja iniciar no índice. A caixa branca representa um segmento de OVERFLOW. É onde os dados que excedem nosso ajuste PCTTHRESHOLD serão armazenados. O Oracle trabalhará retornando da última coluna para cima, mas não incluindo a última coluna da chave principal para descobrir quais colunas precisam ser armazenadas no segmento de overflow. Nesse exemplo, os números da coluna X e a data da coluna Y sempre se ajustarão no bloco de índice. A última coluna, Z, é o comprimento variável. Quando ele é menor que cerca de 190 bytes ou algo assim (10 por cento de um bloco de 2 KB é cerca de 200 bytes, acrescente 7 bytes para a data e de 3 a 5 para o número), ele será armazenado no bloco de índice. Quando ele exceder 190 bytes, o Oracle armazenará os dados em Z, no segmento de overflow e ajustará um indicador para ele.

A outra opção é usar a cláusula INCLUDING. Aqui você está declarando explicitamente quais colunas deseja armazenadas no bloco de índice e quais devem ser armazenadas no overflow. Dada uma tabela criada assim:

```
ops$tkyte@ORA8I.WORLD> create table iot
  2  ( x  int,
  3    y  date,
  4    z  varchar2(2000),
  5       constraint iot_pk primary key (x)
  6  )
  7  organization index
  8  including y
  9  overflow
 10  /
Table created.
```

Esperamos encontrar:

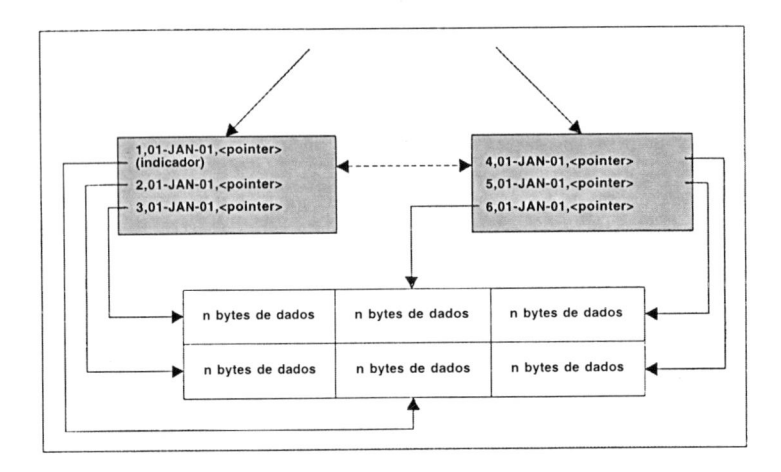

[Diagrama: dois blocos de índice contendo entradas (1,01-JAN-01,<pointer>(indicador), 2,01-JAN-01,<pointer>, 3,01-JAN-01,<pointer>) e (4,01-JAN-01,<pointer>, 5,01-JAN-01,<pointer>, 6,01-JAN-01,<pointer>), apontando para blocos de "n bytes de dados" no segmento de overflow]

Nessa situação, independentemente do tamanho dos dados armazenados nela, Z será armazenado 'fora da linha' no segmento de overflow.

Então, o que é melhor, PCTTHRESHOLD, INCLUDING ou alguma combinação de ambos? Depende de suas necessidades. Se você tiver um aplicativo que sempre, ou quase sempre, use as primeiras quatro colunas de uma tabela, e raramente acesse as últimas cinco, parece um aplicativo para usar INCLUDING. Você incluiria até a quarta coluna e deixaria as outras cinco serem armazenadas fora da linha. No tempo de execução, se precisar delas, irá recuperá-las da mesma maneira como seria uma fileira migrada ou em cadeia. O Oracle irá ler a 'cabeça' da fileira, descobrir o indicador para o resto da fileira e depois lerá aquilo. Se por outro lado, você não puder dizer que quase sempre acessa essas colunas e dificilmente acessa aquelas colunas, deve ter alguma consideração com PCTTHRESHOLD. Ajustar PCTTHRESHOLD é fácil, quando você determinar o número de fileiras que gostaria de armazenar por bloco de índice, na média. Suponha que queira 20 fileiras por bloco de índice. Bem, isso significa que cada fileira deve ter 1/20 avos (5 por cento). Seu PCTTHRESHOLD seria de cinco; cada punhado da fileira que fica na folha de bloco do índice não deveria consumir mais que 5 por cento do bloco.

A última coisa a considerar com IOTs é indexação. Você pode ter um índice *no* índice, desde que o índice principal esteja na IOT. Esses são chamados de **índices secundários**. Normalmente, um índice contém o endereço físico de fileira que ele indica, o ID de fileira. Um índice IOT secundário não pode fazer isso; ele precisa usar alguma outra maneira de endereçar a fileira. Isso porque uma fileira em uma IOT pode se movimentar muito e não 'migra' como faria em uma tabela organizada por acúmulo. Espera-se que uma fileira em uma IOT esteja em alguma posição na estrutura de índice, com base em sua chave principal; ela só se moverá porque o tamanho e a forma do próprio índice estarão mudando. Para acomodar essa situação, o Oracle introduziu um ID lógico de fileira. Esses IDs lógicos de fileira são baseados na chave principal da IOT. Elas também podem conter uma 'adivinhação' quanto à localização atual da fileira (embora essa adivinhação quase sempre esteja errada; depois de algum tempo, os dados em uma IOT tendem a se mover). Um índice em uma IOT é ligeiramente menos eficaz do que em uma tabela normal. Em uma tabela normal, o acesso ao índice exige a I/O para digitalizar a estrutura de índice e uma única leitura para ler os dados de tabela. Com uma IOT são realizadas duas digitalizações, uma na estrutura secundária e a outra na própria IOT. Com isso, os índices nas IOTs oferecem acesso rápido e eficaz aos dados na IOT, usando outras colunas que não a chave principal.

Tabelas organizadas por índice envolvido

Livrar-se da mistura de dados no bloco de índice versus os dados no segmento de overflow é a parte mais crítica da configuração de IOT. Teste vários cenários com diferentes condições de overflow. Veja como cada um afetará suas INSERTs, UPDATEs, DELETEs e SELECTs. Se você tiver uma estrutura que seja montada uma vez e lida freqüentemente, ponha tantos dados no bloco de índice quanto puder. Se você modificar freqüentemente a estrutura, terá algum equilíbrio entre ter todos os dados no bloco de índice (ótimo para recuperação) contra reorganizar os dados freqüentemente no índice (ruim para modificações). A consideração com FREELIST que você teve em tabelas de acúmulo também se aplica às IOTs. PCTFREE e PCTUSED têm duas funções em uma IOT. PCTFREE não é tão importante para uma IOT quanto para uma tabela de acúmulo, e PCTUSED normalmente não é usado. Entretanto, ao considerar um segmento OVERFLOW, PCTFREE e PCTUSED têm a mesma interpretação que teriam em uma tabela de acúmulo; ajuste-os para um segmento de overflow usando a mesma lógica que utilizaria para uma tabela de acúmulo.

Tabelas indexadas em grupo

Em geral, vejo as pessoas entendendo errado o que é um grupo em Oracle. Muitas pessoas tendem a confundir isso com um 'índice agrupado' SQL Server ou Sybase. Não é. Um grupo é uma maneira de armazenar tabelas que compartilham a(s) mesma(s) coluna(s) comum(ns) nos mesmos blocos de banco de dados e armazenam dados relacionados, juntos no mesmo bloco. Um índice agrupado em SQL Server força as fileiras a serem armazenadas em ordem classificada, de acordo com o índice chave; elas são semelhantes a uma IOT, descrita acima. Com um grupo, um único bloco de dados pode conter dados de muitas tabelas. Conceitualmente, você está armazenando dados 'pré-unidos'. Ele também pode ser usado com tabelas individuais. Você estará armazenando dados juntos, agrupados por alguma coluna. Por exemplo, todos os empregados no departamento 10 serão armazenados no mesmo bloco (ou em tantos blocos quanto possível, se todos não couberem). Isto não é armazenar os dados classificados — essa é a função da IOT. Ele está armazenando os dados agrupados por alguma chave, mas em um acúmulo. Assim, o departamento 100 pode estar bem próximo ao departamento 1 e muito longe (fisicamente, no disco) dos departamentos 101 e 99.

Graficamente, você pode pensar nele como demonstro abaixo. No lado esquerdo, estamos usando tabelas convencionais. EMP será armazenado em seu segmento. DEPT será armazenado sozinho. Eles podem estar em diferentes arquivos, diferentes espaços de tabela e estão, definitivamente, em extensões separadas. No lado direito, vemos o que aconteceria se agrupássemos essas duas tabelas. As caixas quadradas representam blocos de banco de dados. Agora temos o valor 10 desmembrado e armazenado uma vez. Depois, todos os dados de todas as tabelas no grupo, para o departamento 10, são armazenados naquele bloco. Se todos os dados do departamento 10 não couberem no bloco, blocos adicionais serão encadeados ao bloco original para conter o overflow, da mesma forma que os blocos de overflow em uma IOT:

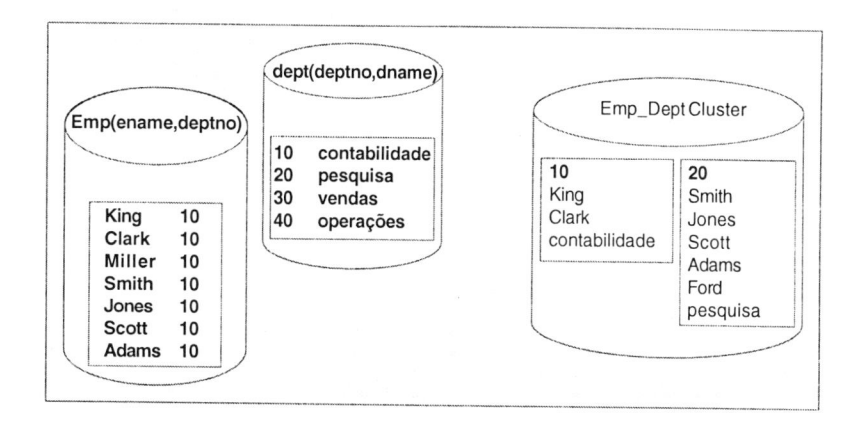

Assim, vejamos como você pode prosseguir na criação de um objeto agrupado. Criar um grupo de tabelas nele é direto. A definição da armazenagem do objeto (PCTFREE, PCTUSED, INITIAL etc) está associada com o CLUSTER, não com as tabelas. Isso faz sentido, uma vez que existirão muitas tabelas no grupo e cada uma estará no mesmo bloco. Ter diferentes PCTFREEs não faz sentido. Portanto, uma CREATE CLUSTER se parece com uma CREATE TABLE, com uma pequena quantidade de colunas (apenas as colunas de grupo chave):

```
tkyte@TKYTE816> create cluster emp_dept_cluster
  2    ( deptno number(2) )
  3    size 1024
  4  /

Cluster created.
```

Criamos um grupo de índice (o outro tipo sendo um grupo residual; veremos isso em seguida). A coluna agrupada para esse grupo será a coluna DEPTNO; a coluna nas tabelas não precisam ser chamadas de DEPTNO, mas *precisam* ser um NUMBER(2) para combinar com essa definição. Na definição de grupo, tenho uma opção SIZE 1024, usada para dizer ao Oracle que esperamos cerca de 1.024 bytes de dados serem associados com cada valor chave de grupo. O Oracle a utilizará para computar a quantidade *máxima* de chaves de grupo que podem caber no bloco. Como tenho um bloco de 8 KB de tamanho, o Oracle ajustará até sete chaves de grupo (talvez menos, se os dados forem maiores que o esperado) por bloco de banco de dados. Isto é, os dados dos departamentos 10, 20, 30, 40, 50, 60, 70 tenderiam a ir dentro de um bloco; assim que você inserir o departamento 80 será usado um novo bloco. Isso não significa que os dados estão armazenados de uma forma classificada, significa apenas que, se você inserisse os departamentos naquela ordem, eles estariam naturalmente inclinados a serem colocados juntos. Se você inserisse os departamentos na ordem: 10, 80, 20, 30, 40, 50, 60 e depois 70, o departamento final, 70, tenderia a estar em um bloco recém acrescentado. Como veremos abaixo, tanto o tamanho dos dados quanto a ordem na qual os dados são inseridos afetarão o número de chaves que podemos armazenar por bloco.

Portanto, o tamanho do parâmetro controla o número máximo de grupos chave por bloco. Ele é a maior influência no uso de espaço de seu grupo. Ajuste o tamanho muito alto e terá poucas chaves por bloco, e você usará mais espaço do que precisa. Ajuste o tamanho muito baixo e terá excesso de encadeamento de dados, o que excede o objetivo do grupo, de armazenar todos os dados juntos em um único bloco. É o parâmetro importante em um grupo.

Agora, para o índice de grupo em nosso grupo. Precisamos indexar o grupo antes de colocarmos dados nele. Criaremos tabelas no grupo, mas vou criar e preencher as tabelas simultaneamente, e precisamos de um índice de grupo *antes* de poder ter quaisquer dados. O trabalho do índice de grupo é pegar um valor de chave de grupo e retornar o endereço de bloco do bloco que contém aquela chave. É a chave principal no efeito onde cada valor de chave de grupo indica para um único bloco no próprio grupo. Assim, quando você pedir pelos dados no departamento 10, o Oracle irá ler a chave de grupo, determinar seu endereço de bloco e ler os dados. O índice de chave de grupo é criado assim:

```
tkyte@TKYTE816> create index emp_dept_cluster_idx
  2    on cluster emp_dept_cluster
  3  /

Index created.
```

Ele pode ter todos os parâmetros normais de armazenagem de um índice e pode ser armazenado em outro espaço de tabela. É apenas um índice normal, que acontece indexar em um grupo e também pode incluir entrada para um valor completamente nulo (veja o Capítulo 7, porque é interessante observar isso). Agora, estamos prontos para criar nossas tabelas no grupo:

```
tkyte@TKYTE816> create table dept
  2    ( deptno number(2) primary key,
  3      dname  varchar2(14),
  4      loc    varchar2(13)
  5    )
  6    cluster emp_dept_cluster(deptno)
  7  /

Table created.
```

```
tkyte@TKYTE816> create table emp
  2    ( empno number primary key,
  3         ename varchar2(10),
  4         job        varchar2(9),
  5         mgr        number,
  6         hiredate   date,
  7         sal             number,
  8         comm       number,
  9         deptno number(2) references dept(deptno)
 10    )
 11    cluster emp_dept_cluster(deptno)
 12    /

Table created.
```

Aqui, a única diferença de uma tabela 'normal' é que usei a palavra chave CLUSTER e disse ao Oracle qual coluna na tabela básica irá mapear a chave de grupo no próprio grupo. Agora podemos carregá-las com o conjunto inicial de dados:

```
tkyte@TKYTE816> begin
  2              for x in ( select * from scott.dept )
  3              loop
  4                   insert into dept
  5                   values ( x.deptno, x.dname, x.loc );
  6                   insert into emp
  7                   select *
  8                        from scott.emp
  9                        where deptno = x.deptno;
 10              end loop;
 11    end;
 12    /

PL/SQL procedure successfully completed.
```

Você pode estar se perguntando: 'Por que simplesmente não inserimos todos os dados DEPT e depois todos os dados EMP, ou vice-versa, por que carregamos os dados DEPTNO por DEPTNO assim?'. O motivo está no design do grupo. Eu estava simulando um grande carregamento inicial de um grupo. Se tivesse carregado todas as fileiras DEPT primeiro, definitivamente teríamos obtido nossas 7 chaves por bloco (com base no ajuste SIZE 1024 que fizemos), pois as fileiras DEPT são muito pequenas, apenas um par de bytes. Na hora de carregar as fileiras EMP, teríamos descoberto que alguns dos departamentos tinham muito mais que 1.024 bytes de dados. Isso causaria o encadeamento excessivo naqueles blocos de chave de grupo. Carregando todos os dados em determinada chave de grupo ao mesmo tempo, empacotamos os blocos tão estreitamente quanto possível e iniciamos um novo bloco quando ficamos sem espaço. Em vez do Oracle colocar sete valores chave de grupo por bloco, ele colocará quantos blocos puder ajustar. Um exemplo rápido mostrará a diferença entre as duas abordagens. O que farei será acrescentar uma grande coluna à tabela EMP; uma CHAR(1000). Essa coluna será usada para tornar as fileiras EMP muito maiores do que são agora. Carregaremos as tabelas de grupo de duas maneiras — quando tivermos carregado DEPT, carregaremos EMP. Na segunda vez, carregaremos pelo número de departamento — uma fileira DEPT e todas as fileiras EMP que vão com ela, depois a próxima DEPT. Veremos que os blocos em cada fileira terminam, no caso dado, para ver qual atinge melhor o objetivo de co-alocar os dados por DEPTNO. Nesse exemplo, nossa tabela EMP se parece com:

```
create table emp
(  empno number primary key,
    ename     varchar2(10),
    job       varchar2(9),
    mgr       number,
   hiredate date,
    sal      number,
    comm.    number,
    deptno number(2) references dept(deptno),
    data char(1000) default '*'
)
cluster emp_dept_cluster(deptno)
/
```

Quando carregamos os dados no DEPT e nas tabelas EMP, vemos que muitas das fileiras EMP não estão mais no mesmo bloco que a fileira DEPT (DBMS_ROWID é um pacote útil fornecido para pegar o conteúdo de um ID de fileira):

```
tkyte@TKYTE816> insert into dept
  2    select * from scott.dept
  3  /
4 rows created.

tkyte@TKYTE816> insert into emp
  2    select emp.*, '*' from scott.emp
  3  /

14 rows created.

tkyte@TKYTE816> select dbms_rowid.rowid_block_number(dept.rowid) dept_rid,
  2         dbms_rowid.rowid_block_number(emp.rowid) emp_rid,
  3         dept.deptno
  4    from emp, dept
  5   where emp.deptno = dept.deptno
  6  /

  DEPT_RID         EMP_RID              DEPTNO
---------        -------              ------
       10              12                  10
       10              11                  10
       10              11                  10
       10              10                  20
       10              10                  20
       10              12                  20
       10              11                  20
       10              11                  20
       10              10                  30
       10              10                  30
       10              10                  30
       10              10                  30
       10              11                  30
       10              11                  30

14 rows selected.
```

Mais da metade das fileiras EMP não está no bloco com a fileira DEPT. Carregando os dados usando a chave de grupo em vez da tabela chave, obtemos:

```
tkyte@TKYTE816> begin
  2      for x in ( select * from scott.dept )
  3      loop
  4          insert into dept
  5          values ( x.deptno, x.dname, x.loc );
  6          insert into emp
  7          select emp.*, 'x'
  8            from scott.emp
  9           where deptno = x.deptno;
 10      end loop;
 11  end;
 12  /

PL/SQL procedure successfully completed.

tkyte@TKYTE816> select dbms_rowid.rowid_block_number(dept.rowid) dept_rid,
  2         dbms_rowid.rowid_block_numer(emp.rowid) emp_rid,
  3         dept.deptno
  4    from emp, dept
```

```
    5          where emp.deptno = dept.deptno
    6  /

  DEPT_RID        EMP_RID         DEPTNO
  --------        -------         ------
        11             11             30
        11             11             30
        11             11             30
        11             11             30
        11             11             30
        11             11             30
        12             12             10
        12             12             10
        12             12             10
        12             12             20
        12             12             20
        12             12             20
        12             10             20
        12             10             20

14 rows selected.
```

A maioria das fileiras EMP está no mesmo bloco das fileiras DEPT. Esse exemplo é de alguma forma restrito por eu ter subdimensionado completamente o parâmetro SIZE no grupo, para fazer notar, mas a abordagem sugerida está certa para o carregamento inicial de um grupo. Ela garantirá que, se em algumas das chaves de grupo você tiver excedido o SIZE previsto, acabará com a maioria dos dados agrupados no mesmo bloco. Não se você carregar a tabela de uma vez.

Eis parte de um enigma para divertir e confundir seus amigos. Muitas pessoas acreditam, erradamente, que um ID de uma fileira só identifica uma fileira em um banco de dados, que dado o ID de fileira posso dizer de qual tabela a fileira veio. Na verdade, *não é possível*. Você pode, e obterá os IDs de fileira repetidos de um grupo. Por exemplo, depois de executar o acima, você encontraria:

```
tkyte@TKYTE816> select rowid from emp
    2      intersect
    3      select rowid from dept;

ROWID
------------------
AAAGB0AAFAAAAJyAAA
AAAGB0AAFAAAAJyAAB
AAAGB0AAFAAAAJyAAC
AAAGB0AAFAAAAJyAAD
```

Cada ID de fileira designado às fileiras em DEPT foi designado também às fileiras em EMP. Isso porque ele toma uma tabela *e* o ID de fileira para identificar apenas uma fileira. A pseudo coluna de ID de fileira é única dentro de uma tabela.

Também descobri que muitas pessoas acreditam que o objeto grupo é um objeto esotérico que ninguém realmente usa. Todos só usam as tabelas normais. O fato é que você usa grupos cada vez que usa Oracle. Muito do dicionário de dados está armazenado em diversos grupos. Por exemplo:

```
sys@TKYTE816> select cluster_name, table_name from user_tables
    2      where cluster_name is not null
    3      order by 1
    4  /

CLUSTER_NAME                    TABLE_NAME
---------------                 ----------
C_COBJ#                         CCOL$
                                CDEF$
C_FILE#_BLOCK#                  SEG$
                                UET$
```

```
C_MLOG#              MLOG$
                     SLOG$
C_OBJ#               ATTRCOL$
                     COL$
                     COLTYPE$
                     CLU$
                     ICOLDEP$
                     LIBRARY$
                     LOB$
                     VIEWTRCOL$
                     TYPE_MISC$
                     TAB$
                     REFCON$
                     NTAB$
                     IND$
                     ICOL$
C_OBJ#_INTCOL#       HISTGRM$
C_RG#                RGCHILD$
                     RGROUP$
C_TOID_VERSION#      ATTRIBUTE$
                     COLLECTION$
                     METHOD$
                     RESULT$
                     TYPE$
                     PARAMETER$
C_TS#                FET$
                     TS$
C_USER#              TSQ$
                     USER$

33 rows selected.
```

Como pode ser visto, a maior parte dos objetos relacionados com dados está em um único grupo (o grupo C_OBJ#), 14 tabelas compartilhando o mesmo bloco. Lá está a maioria das informações relacionadas a coluna, portanto todas as informações sobre o conjunto de colunas de uma tabela ou índice estão armazenadas fisicamente no mesmo bloco. Isso faz sentido; quando o Oracle analisa uma consulta, ele quer acessar os dados de todas as colunas na tabela referida. Se esses dados estiverem espalhados por todos os lugares, demoraria um tempo até reunir tudo. Aqui estão, em um único bloco e prontamente disponíveis.

Quando você deveria usar um grupo? Talvez seja mais fácil descrever quando não usá-los:

- Os grupos podem afetar negativamente o desempenho de DML — Se você prever que as tabelas no grupo serão muito modificadas, precisa estar ciente de que um índice de grupo terá certos efeitos colaterais de desempenho negativo. Dá mais trabalho gerenciar os dados em um grupo.
- Digitalizações inteiras de tabelas em grupos são afetadas — Em vez de ter apenas a digitalização completa dos dados em sua tabela, você precisa digitalizar todos os dados de (possivelmente) muitas tabelas. Há mais dados para digitalizar. As digitalizações completas demoram mais.
- Se você acreditar que precisará com freqüência TRUNCATE e carregar a tabela — As tabelas em grupos não podem ser truncadas, isso é óbvio, pois uma vez que o grupo armazena mais que uma tabela em um bloco, é preciso apagar as fileiras em um grupo de tabela.

Portanto, se você tem na maioria dados de leitura (isso *não* significa 'nunca escritos', está perfeitamente certo modificar grupo de tabelas), lê através de índices, seja no índice de chave de grupo ou outros que você coloca nas tabelas do grupo, e reúne essas informações freqüentemente, um grupo seria apropriado. Procure pelas tabelas que estão logicamente relacionadas e use-as sempre juntas, como as pessoas que desenharam o dicionário de dados de Oracle, quando agruparam todas as informações relativas a coluna.

Tabelas de índice agrupado envolvidas

As tabelas agrupadas oferecem a habilidade de unir fisicamente dados 'pré-unidos'. Você usa grupos para armazenar dados relacionados de muitas tabelas no mesmo bloco de banco de dados. Os grupos podem ajudar a ler operações intensas que sempre reúnem dados ou acessam conjuntos de dados correlatos (por exemplo, todos no departamento 10). Eles reduzirão o número de blocos que o Oracle precisa armazenar; em vez de manter 10 blocos para 10 empregados no mesmo departamento, eles serão colocados em um bloco, o que aumentará a eficiência de seu cache de buffer. No lado contrário, a menos que você possa calcular corretamente o ajuste de seu parâmetro SIZE, os grupos podem ser ineficientes com seu uso de espaço e podem levar à diminuição de pesadas operações DML.

Tabelas de grupos residuais

As tabelas de grupos residuais são muito semelhantes em conceito ao índice de grupo, descrito acima, com uma exceção principal. O índice de chave de grupo é substituído por uma função residual. Os dados na tabela são o índice, não há índice físico. O Oracle tomará o valor chave para uma fileira, fará seu resíduo usando uma função interna ou uma que você forneça e usará aquela para descobrir onde os dados devem estar no disco. No entanto, um efeito colateral de usar um algoritmo de resíduo para localizar os dados é que você não pode digitalizar a faixa de uma tabela em um grupo residual sem acrescentar um índice convencional à tabela. No índice de grupo acima, a consulta:

```
select * from emp where deptno between 10 and 20
```

seria capaz de usar o índice de grupo de chave para encontrar essas fileiras. Em um grupo residual, essa consulta resultaria em uma digitalização completa de tabela, a menos que você tivesse um índice na coluna DEPTNO. Só uma igualdade de buscas exatas pode ser feita na chave residual sem usar um índice que suporta faixas digitalizadas.

Em um mundo perfeito, com pouco ou nenhum confronto no algoritmo residual, um grupo residual significará que podemos ir direto de uma consulta para os dados com uma I/O. No mundo real, muito provavelmente haverá confrontos e encadeamento de fileira periodicamente, significando que precisaremos mais que uma I/O para recuperar alguns dados.

Como uma tabela residual em uma linguagem de programação, as tabelas residuais no banco de dados têm um 'tamanho' fixo. Ao criar uma tabela, você precisa determinar o número de chaves residuais que a sua tabela terá, para sempre. Isso não limita a quantidade de fileiras que você pode colocar lá.

Abaixo podemos ver a representação gráfica de um grupo residual com a tabela EMP criada nele. Quando o cliente emitir uma consulta que use a chave de grupo residual no predicado, o Oracle aplicará a função residual para determinar em qual bloco de dados deve estar. Ele lerá aquele bloco para encontrar os dados. Se houver muitos conflitos ou o parâmetro SIZE para CREATE CLUSTER tiver sido subestimado, o Oracle alocará blocos de overflow que são encadeados para fora do bloco original.

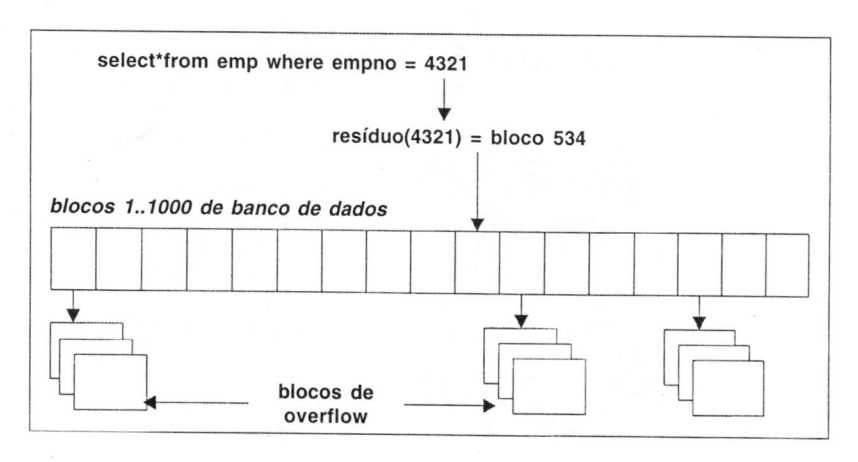

Ao criar um grupo residual você usará a mesma declaração CREATE CLUSTER usada para criar o índice de grupo, com diferentes opções. Simplesmente acrescentaremos uma opção HASHKEYs a ele para especificar o tamanho da tabela residual. O Oracle tomará seus valores HASHKEYS e os envolverá para o número primo mais próximo, o número de chaves residuais será sempre um primo. A seguir, o Oracle computará um valor, baseado no parâmetro SIZE multiplicado pelo valor HASHKEYS modificado. Depois ele alocará pelo menos aquele espaço em bytes ao grupo. Essa é uma grande diferença do índice de grupo acima, que aloca espaço dinamicamente, na medida em que precisa dele. Um grupo residual pré-aloca espaço suficiente para conter (HASHKEYS/trunc(blocksize/SIZE)) bytes de dados. Assim, por exemplo, se você ajustar seu SIZE para 1.500 bytes e tiver um bloco com 4 KB de tamanho, o Oracle esperará armazenar 2 chaves por bloco. Se você pretende ter 1.000 HASHKEYs, o Oracle alocará 500 blocos.

É interessante observar que, diferente de uma tabela residual convencional em uma linguagem de computador, está certo ter conflitos residuais; na verdade, eles são desejáveis em muitos casos. Se você tomar o mesmo exemplo DEPT/EMP, pode ajustar um grupo residual baseado na coluna DEPTNO. Obviamente, muitas fileiras serão resíduos do mesmo valor — você espera que sejam (elas têm o mesmo DEPTNO), é isso que o grupo é sobre alguns aspectos, agrupando como dados reunidos. É por isso que o Oracle pede que você especifique as HASHKEYs (quantos números de departamento você prevê com o tempo) e SIZE (qual é o tamanho dos dados que serão associados a cada número de departamento). Ele aloca uma tabela residual para conter o número HASHKEY de departamentos de SYZE bytes cada. O que você quer evitar são conflitos residuais não pretendidos. É óbvio que se você ajustar o tamanho da tabela residual para 1.000 (na verdade, 1.009, pois a tabela residual sempre é um número primo e o Oracle arredonda para nós) e colocar 1.010 departamentos na tabela, haverá pelo menos um conflito (dois departamentos diferentes com resíduos no mesmo valor). Os conflitos residuais não pretendidos devem ser evitados, pois acrescentam código extra e aumentam a probabilidade da ocorrência de encadeamento de fileira.

Para ver qual o tipo de espaço os grupos residuais tomam, escreveremos um pequeno utilitário de procedimento armazenado, SHOW_SPACE, que usaremos neste capítulo e no próximo, sobre *Índices*. Esta rotina usa apenas as rotinas DBMS_SPACE que vimos na parte acima, para exibir o espaço usado por objetos no banco de dados:

```
tkyte@TKYTE816> create or replace
  2    procedure show_space
  3    ( p_segname in varchar2,
  4      p_owner          in varchar2 default user,
  5      p_type           in varchar2 default 'TABLE',
  6      p_partition in varchar2 default NULL )
  7    as
  8              l_free_blks              number;
  9
 10              l_total_blocks           number;
 11              l_total_bytes            number;
 12              l_unused_blocks          number;
 13              l_unused_bytes           number;
 14              l_LastUsedExtFileId      number;
 15              l_LastUsedExtBlockId     number;
 16              l_last_used_block        number;
 17              procedure p( p_label in varchar2, p_num in number )
 18              is
 19              begin
 20                      dbms_output.put_line( rpad(p_label,40,'.') ||
 21                                            p_num );
 22              end;
 23    begin
 24              dbms_space.free_blocks
 25              ( segment_owner           => p_owner,
 26                segment_name            => p_segname,
 27                segment_type            => p_type,
 28                    partition_name      => p_partition,
 29                freelist_group_id       => 0,
 30                free_blks               => l_free_blks );
 31
 32              dbms_space.unused_space
 33              ( segment_owner           => p_owner,
 34                segment_name            => p_segname,
```

```
35                        segment_type            => p_type,
36                           partition_name       => p_partition,
37                        total_blocks            => l_total_blocks,
38                        total_bytes             => l_total_bytes,
39                        unused_blocks           => l_unused_blocks,
40                        unused_bytes            => l_unused_bytes,
41                        last_used_extent_file_id=> l_LastUsedExtFileId,
42                        last_used_extent_block_id=> l_LastUsedExtBlockId,
43                        last_used_block         => l_last_used_block );
44
45          p( 'Free Blocks', l_free_blks );
46          p( 'Total Blocks', l_total_blocks );
47          p( 'Total Bytes', l_total_bytes );
48          p( 'Unused Blocks', l_unused_blocks );
49          p( 'Unused Bytes', l_unused_bytes );
50          p( 'Last Used Ext FileId', l_LastUsedExtFileId );
51          p( 'Last Used Ext BlockId', l_LastUsedExtBlockId );
52          p( 'Last Used Block', l_last_used_block );
53     end;
54    /

Procedure created.
```

Agora, se eu emitir uma declaração CREATE CLUSTER, como a seguinte, será possível ver a armazenagem que ele alocou:

```
tkyte@TKYTE816> create cluster hash_cluster
  2    ( hash_key number )
  3    hashkeys 1000
  4    size 8192
  5  /

Cluster created.

tkyte@TKYTE816> exec show_space( 'HASH_CLUSTER', user, 'CLUSTER' )
Free Blocks ............................... 0
Total Blocks .............................. 1016
Total Bytes ............................... 8323072
Unused Blocks ............................. 6
Unused Bytes .............................. 49152
Last Used Ext FileId ...................... 5
Last Used Ext BlockId ..................... 889
Last Used Block ........................... 2

PL/SQL procedure successfully completed.
```

Posso ver que o número total de blocos alocados à tabela é 1.016. Seis desses blocos não estão usados (livres). Um bloco vai para o código extra de tabela, para gerenciar as extensões. Portanto, há 1.009 blocos sob a marca d'água em relevo desse objeto, e são usados pelo grupo. Acontece que 1.009 é o primo mais próximo acima de 1.000, e como meu bloco tem 8 KB de tamanho, podemos ver que o Oracle de fato alocou (8192*1009) blocos. Esse número é um pouco mais alto do que isso, devido a como as extensões são arredondadas e/ou usam espaços de tabela localmente gerenciados com extensões uniformemente dimensionadas.

Isso indica os aspectos com os grupos residuais dos quais você precisa estar ciente. Normalmente, se eu criar uma tabela vazia, o número de blocos sob a marca d'água em relevo para aquela tabela será 0. Se digitalizá-la completamente, ela atingirá a marca d'água em relevo e irá parar. Com um grupo residual, as tabelas começarão grandes e demorarão mais para criar, pois o Oracle precisa inicializar cada bloco, uma ação que normalmente ocorre quando os dados são acrescentados à tabela. Eles têm o potencial de ter dados em seu primeiro e último blocos, sem nada entre eles. Digitalizar completamente um grupo residual virtual vazio demora tanto quanto a digitalização completa de um grupo residual cheio. Necessariamente, isso não é uma coisa ruim; você monta o grupo residual para ter acesso rápido aos dados através de uma busca de chave residual, não para digitalizá-lo completamente com freqüência.

Posso começar a colocar tabelas no grupo residual, da mesma forma que fiz com os grupos de índice. Por exemplo:

```
tkyte@TKYTE816> create table hashed_table
  2    ( x number, data1 varchar2(4000), data2 varchar2(4000) )
  3    cluster hash_cluster(x);

Table created.
```

Para ver a diferença que um grupo residual pode fazer, iniciei um pequeno teste. Criei um grupo residual, carreguei nele alguns dados, copiei esses dados para uma tabela 'normal' com um índice convencional nele e fiz 100.000 leituras aleatórias em cada tabela (as mesmas leituras 'aleatórias' em cada uma). Usando SQL_TRACE e TKPROF (mais sobre essas ferramentas no Capítulo 10), fui capaz de determinar as características de desempenho de cada uma. Abaixo está a inicialização realizada, seguida de sua análise:

```
tkyte@TKYTE816> create cluster hash_cluster
  2    ( hash_key number )
  3    hashkeys 50000
  4    size 45
  5  /

Cluster created.

tkyte@TKYTE816> create table emp
  2    cluster hash_cluster(empno)
  3    as
  4    select rownum empno, ename, job, mgr, hiredate, sal, comm., deptno
  5      from scott.emp
  6     where 1=0
  7  /

Table created.
```

Criei o grupo residual com tamanho de 45 bytes, porque determinei que o tamanho médio de fileira de uma fileira na minha tabela seria cerca de 45 bytes (analisei a tabela SCOTT.EMP para essa determinação). A seguir criei uma tabela vazia naquele grupo, parecida com a tabela SCOTT.EMP. A única modificação foi selecionar ROWNUM em vez de EMPNO para que a tabela que criei fosse feita com um NUMBER em vez da coluna NUMBER(4). Eu queria mais que 9.999 fileiras nessa tabela; estava indo para aproximadamente 50.000. Em seguida, preenchi a tabela e criei nela a 'cópia convencional':

```
tkyte@TKYTE816> declare
  2              l_cnt              number;
  3              l_empno number default 1;
  4  begin
  5              select count(*) into l_cnt from scott.emp;
  6
  7              for x in ( select * from scott.emp )
  8              loop
  9                  for i in 1 .. trunc(50000/l_cnt)+1
 10                  loop
 11                      insert into emp values
 12                      ( l_empno, x.ename, x.job, x.mgr, x.hiredate, x.sal,
 13                        x.comm., x.deptno );
 14                      l_empno := l_empno+1;
 15                  end loop;
```

```
16                 end loop;
17                 commit;
18       end;
19       /
```

PL/SQL procedure successfully completed.

```
tkyte@TKYTE816> create table emp_reg
  2       as
  3       select * from emp;
```

Table created.

```
tkyte@TKYTE816> alter table emp_reg add constraint emp_pk primary key(empno);
```

Table altered.

Tudo que eu precisava neste ponto eram alguns dados 'aleatórios' para pegar fileiras a partir de cada uma das tabelas, com:

```
tkyte@TKYTE816> create table random ( x int );
```

Table created.

```
tkyte@TKYTE816> begin
  2            for i in 1 .. 100000
  3            loop
  4                    insert into random values
  5                    ( mod(abs(dbms_random.random),50000)+1 );
  6            end loop;
  7       end;
  8       /
```

PL/SQL procedure successfully completed.

Estamos prontos para fazer um teste:

```
tkyte@TKYTE816> alter session set sql_trace=true;
```

Session altered.

```
tkyte@TKYTE816> select count(ename)
  2       from emp, random
  3       where emp.empno = random.x;

COUNT(ENAME)
------------
      100000

tkyte@TKYTE816> select count(ename)
  2       from emp_reg, random
  3       where emp_reg.empno = random.x;

COUNT(ENAME)
------------
      100000
```

Eu sabia que o otimizador seria uma FULL SCAN aleatória em ambos os casos, pois não havia outro método de acesso disponível para aquela tabela. Estava contando que ele fizesse um loop aninhado junto com as tabelas EMP e EMP_REG (que ele fez). Isso fez 100.000 leituras aleatórias nas duas tabelas. O relatório TKPROF mostrou:

```
select count(ename)
       from emp, random
where emp.empno = random.x

call        count       cpu      elapsed    disk      query     current      rows
-------     -----      -----     -------    ----     ------     -------     -----
Parse         1        0.00       0.00       0          0          2          0
Execute       1        0.00       0.00       0          0          0          0
Fetch         2        3.44       3.57      13      177348         4          1
-------     -----      -----     -------    ----     ------     -------     -----
total         4        3.44       3.57      13      177348         6          1

Misses in library cache during parse: 1
Optimizer goal: CHOOSE
Parsing used id: 66

     Rows         Row Source Operation
     -----        --------------------
        1         SORT AGGREGATE
   100000           NESTED LOOPS
   100001             TABLE ACCESS FULL RANDOM
   100000             TABLE ACCESS HASH EMP


select count(ename)
       from emp_req, random
where emp_req.empno = random.x

call        count       cpu      elapsed    disk      query     current      rows
-------     -----      -----     -------    ----     ------     -------     -----
Parse         1        0.01       0.01       0          1          3          0
Execute       1        0.00       0.00       0          0          0          0
Fetch         2        1.80       6.26     410      300153         4          1
-------     -----      -----     -------    ----     ------     -------     -----
total         4        1.81       6.27     410      300154         7          1

Misses in library cache during parse: 1
Optimizer goal: CHOOSE
Parsing user id: 66

     Rows         Row Source Operation
     -----        --------------------
        1         SORT AGGREGATE
   100000           NESTED LOOPS
   100001             TABLE ACCESS FULL RANDOM
   100000             TABLE ACCESS BY INDEX ROWID EMP_REG
   200000               INDEX UNIQUE SCAN (object id 24743)
```

Os pontos de interesse aqui são:

- O grupo residual fez significativamente menos I/O (consulta de coluna), o que tínhamos previsto. A consulta tomou apenas números aleatórios, fez o resíduo neles e foi para o bloco. O grupo residual teve que fazer pelo menos uma I/O para obter os dados. A tabela convencional com um índice teve que fazer digitalizações de índice, seguidas por um acesso de tabela pelo ID da fileira para obter a mesma resposta. A tabela indexada fez pelo menos duas I/Os para obter os dados.
- A consulta ao grupo residual tomou significativamente mais CPU. Isso também podia ser previsto. O ato de realizar um resíduo usa muita CPU. O ato de realizar uma busca de índice usa muita I/0.

❑ A consulta de grupo residual teve um melhor espaço de tempo. Isso irá variar. No meu sistema (um laptop de usuário único para esse teste; torna os discos lentos, mas tenho a CPU), eu não estava ligado à CPU — e sim ao disco. Como tinha acesso exclusivo à CPU, o espaço de tempo para a consulta de grupo residual foi muito próximo ao tempo de CPU. Por outro lado, os discos no meu laptop não eram os mais rápidos. Perdi muito tempo aguardando pela I/O.

Esse último ponto é o importante. Ao trabalhar com computadores, tudo se refere a recursos e a sua utilização. Se você estiver ligado a I/O e fizer consultas que executam muitas leituras de chave como fiz acima, um grupo residual pode aperfeiçoar o desempenho. Se você já estiver ligado a CPU, possivelmente um grupo residual diminuirá o desempenho, pois ele precisa de mais potência de CPU. Esse é um dos motivos principais porque os métodos empíricos não funcionam em sistemas do mundo real — o que funciona para você pode não funcionar para outros, em condições semelhantes, mas diferentes.

Há um caso especial de um grupo residual e que é um grupo residual de 'tabela única'. Essa é uma versão otimizada do grupo residual geral que já vimos. Ele suporta apenas uma tabela de cada vez no grupo (você precisa soltar a tabela existente em um único grupo residual de tabela antes de poder criar outra). Além disso, se houver um mapeamento um-para-um entre chaves residuais e fileiras de dados, o acesso às fileiras também será, de alguma forma, mais rápido. Esses grupos residuais são destinados àquelas ocasiões quando você quer acessar uma tabela através de chave principal e não se preocupa em agrupar outras tabelas a ela. Se você precisar de acesso rápido a um registro empregado por EMPNO, um único grupo residual de tabela pode ser chamado. Fiz o teste acima em um grupo residual de tabela única e também achei o desempenho ainda melhor do que apenas um grupo residual. Porém, dei mais um passo com esse exemplo e tive a vantagem que o Oracle permitirá escrever minha própria função residual especializada (em vez de usar o padrão fornecido por Oracle). Você está limitado a usar apenas as colunas disponíveis na tabela e as funções internas de Oracle (por exemplo, sem código PL/SQL) ao escrever essas funções residuais. Tirando vantagem do fato de EMPNO ser um número entre 1 e 50.000 no exemplo acima, fiz minha 'função residual' simplesmente para ser a própria coluna EMPNO. Desse modo, estou seguro de nunca ter um conflito residual. Reunindo tudo, criaremos um grupo residual de tabela única com a minha própria função residual, através de:

```
tkyte@TKYTE816> create cluster single_table_hash_cluster
  2    ( hash_key INT )
  3    hashkeys 50000
  4    size 45
  4    single table
  6    hash is HASH_KEY
  7  /
Cluster created.
```

Apenas acrescentamos as palavras chave SINGLE TABLE para torná-la uma tabela única de grupo residual. Nossa função HASH IS é simplesmente o grupo chave HASH_KEY, nesse caso. Essa é uma função SQL; poderíamos ter usado trunc(mod(hash_key/324+278,555)/abs(hash_key+1)) se quiséssemos (não que essa seja uma boa função residual, ela apenas demonstra que você pode usar se quiser uma função complexa). A seguir criamos a nossa tabela naquele grupo:

```
tkyte@TKYTE816> create table single_table_emp
  2    ( empno    INT    ,
  3      ename    varchar2(10),
  4      job      varchar2(9),
  5      mgr      number,
  6      hiredate date,
  7      sal      number,
  8      comm     number,
  9      deptno   number(2)
 10    )
 11    cluster single_table_hash_cluster(empno)
 12  /
Table created.
```

e a carregamos com os dados EMP de antes:

```
tkyte@TKYTE816> insert into single_table_emp
  2    select * from emp;

50008 rows created.
```

Depois de executar a mesma consulta que fizemos para as outras duas tabelas, descobrimos a partir do relatório TKPROF, que:

```
select count(ename)
    from single_table_emp, random
where single_table_emp.empno = random.x

call      count      cpu     elapsed      disk      query     current     rows
-------   -------    ----    --------    ------    -------    --------    ----
Parse         1      0.00       0.00         0          0           0        0
Execute       1      0.00       0.00         0          0           0        0
Fetch         2      3.29       3.44       127     135406           4        1
-------   -------    ----    --------    ------    -------    --------    ----
total         4      3.29       3.44       127     135406           4        1

Misses in library cache during parse: 0
Optimizer goal: CHOOSE
Parsing used id: 264

Rows         Row Source Operation
-------      --------------------
     1       SORT AGGREGATE
100000         NESTED LOOPS
100001           TABLE ACCESS FULL RANDOM
100000           TABLE ACCESS HASH SINGLE_TABLE_EMP
```

Essa consulta processou três quartos do número de blocos que o outro bloco residual fez, devido a alguma combinação do uso de nossa própria função residual, que garantiu nenhum conflito e o uso de uma única tabela de grupo residual.

Grupos residuais envolvidos

Esses são os 'detalhes práticos' de um grupo residual. São semelhantes em conceito ao grupo de índice acima, com a exceção de que um índice de grupo não é usado. Os dados, nesse caso, são o índice. O grupo chave é o resíduo em um bloco de endereço e espera-se dos dados que estejam lá. As coisas realmente importantes a entender são:

- ❏ O grupo residual é alocado desde o início. O Oracle tomará a sua HASHKEYS/trunc(blocksize/SIZE) e alocará aquele espaço imediatamente. Assim que a primeira tabela for colocada naquele grupo, qualquer digitalização completa atingirá cada bloco alocado. Nesse aspecto, é diferente de todas as outras tabelas.
- ❏ O número de HASHKEYs em um grupo residual tem um tamanho fixo. Você não pode mudar o tamanho da tabela residual sem uma remontagem do grupo. De qualquer forma, isso não limita a quantidade de dados que você pode armazenar nesse grupo, simplesmente limita o número de chaves residuais únicas que pode ser gerado para esse grupo. O que pode afetar o desempenho devido a conflitos residuais indesejados, se for ajustado muito baixo.
- ❏ A digitalização de faixa no grupo chave não está disponível. Predicados como WHERE cluster_key BETWEEN 50 AND 60 não podem usar o algoritmo residual. Há um número infinito de possíveis valores entre 50 e 60 — o servidor teria que gerá-los todos para fazer o resíduo de cada um e ver se haveria quaisquer dados neles. Isso não é possível. O grupo seria completamente digitalizado se você usasse uma faixa em um grupo chave e não o tivesse indexado usando um índice convencional.

Os grupos residuais são adequados quando:

- ❏ Você sabe, com um bom grau de certeza, quantas fileiras a tabela terá no curso de sua vida, ou se você tem alguma ligação superior razoável. Conseguir o tamanho certo dos parâmetros HASHKEYs e SIZE é crucial para evitar uma remontagem. Se a vida da tabela é curta (por exemplo, uma armazenagem de praça/dados), isso é fácil.
- ❏ DML, especialmente inserções, é leve. As atualizações não introduzem código extra significativo, a menos que você atualize a HASHKEY, o que não seria uma boa idéia. Aquilo levaria a fileira a migrar.
- ❏ Você acessa os dados constantemente pelo valor HASHKEY. Por exemplo, você tem uma tabela de partes, e a parte de número acessa essas partes. As buscas de tabela são especialmente adequadas para grupos residuais.

Tabelas aninhadas

As tabelas aninhadas são parte das **E**xtensões **R**elativas a **O**bjeto de **O**racle. Uma tabela aninhada, um das duas coleções de tipos em Oracle, é muito semelhante a uma tabela filho em um par de tabelas tradicional pai/filho no modelo relacional. É um conjunto de elementos de dados desordenado, do mesmo tipo de dados, que poderia ser um tipo de dados interno ou um tipo de dados objeto. Entretanto, ela vai um passo adiante, pois é destinada a dar a ilusão de que cada fileira na tabela pai tem sua própria tabela filho. Se existirem 100 fileiras na tabela pai, todas serão *virtualmente* tabelas aninhadas. Fisicamente, há apenas um pai e a única tabela filho. Existem grandes diferenças sintáticas e semânticas entre tabelas aninhadas e tabelas pai/filho, e as veremos nesta seção.

Há duas maneiras de usar tabelas aninhadas. Uma é em nosso código PL/SQL, como uma forma de ampliar a linguagem PL/SQL. Cobrimos essa técnica no Capítulo 20. A outra é como um mecanismo de armazenagem físico, para armazenagem permanente de coleções. Pessoalmente, as uso em PL/SQL o tempo todo, mas com pouca freqüência, como um mecanismo permanente de armazenagem.

O que vou fazer nesta seção é introduzir rapidamente a sintaxe para criar, consultar e modificar tabelas aninhadas. Depois verei alguns detalhes de implementação, o que é importante saber sobre como o Oracle realmente os armazena.

Sintaxe de tabelas aninhadas

A criação de uma tabela com uma tabela aninhada é bastante direta, a sintaxe para manipulá-las é que fica um pouco complexa. Usarei as simples tabelas EMP e DEPT para demonstrar. Estamos familiarizados com aquele pequeno modelo de dados, relativamente implementado como:

```
tkyte@TKYTE816> create table dept
  2         (deptno number(2) primary key,
  3             dname      varchar2(14),
  4             loc        varchar2(13)
  5         );
Table created.

tkyte@TKYTE816> create table emp
  2         (empno      number(4) primary key,
  3          ename      varchar2(10),
  4          job        varchar2(9),
  5          mgr        number(4) references emp,
  6          hiredate   date,
  7          sal        number(7, 2),
  8          comm       number(7, 2),
  9          deptno     number(2) references dept
 10         );
Table created.
```

com as chaves principal e estrangeira. Faremos a implementação equivalente usando uma tabela aninhada na tabela EMP:

```
tkyte@TKYTE816> create or replace type emp_type
  2     as object
  3     (empno              number(4),
  4         ename           varchar2(10),
  5         job             varchar2(9),
  6         mgr             number(4),
  7         hiredate        date,
  8         sal             number(7, 2),
  9         comm            number(7, 2)
 10     );
 11     /
```

```
Type created.

tkyte@TKYTE816> create or replace type emp_tab_type
    2    as table of emp_type
    3    /

Type created.
```

Para criar uma tabela com uma tabela aninhada, precisamos de um tipo de tabela aninhada. O código acima cria um objeto complexo tipo EMP_TYPE, e um tipo de tabela aninhada, daquela chamada EMP_TAB_TYPE. Em PL/SQL, isso será tratado como um array. Em SQL, levaria à criação de uma tabela física aninhada. Eis a simples declaração CREATE TABLE que a usa:

```
tkyte@TKYTE816> create table dept_and_emp
    2    (deptno  number(2) primary key,
    3     dname   varchar2(14),
    4     loc     varchar2(13),
    5     emps    emp_tab_type
    6    )
    7    nested table emps store as emps_nt;

Table created.

tkyte@TKYTE816> alter table emps_nt add constraint emps_empno_unique
    2                   unique(empno)
    3    /

Table altered.
```

A parte importante dessa criação de tabela é a inclusão da coluna EMPS de EMP_TAB_TYPE e a correspondente NESTED TABLE EMPS STORE AS EMPS_NT. Isso criou uma tabela física real EMPS_NT separada (e além) da tabela DEPT_AND_EMP. Acrescentei uma restrição na coluna EMPNO diretamente na tabela aninhada, de modo a tornar EMPNO única, como era em nosso modelo relacional original. Não é possível implementar nosso modelo de dados completo. Entretanto, há a restrição auto-referenciada:

```
tkyte@TKYTE816> alter table emps_nt add constraint mgr_fk
    2     foreign key(mgr) references emps_nt(empno);
 alter table emps_nt add constraint mgr_fk
 *
ERROR at line 1:
ORA-30730: referential constraint not allowed on nested table column
```

Isso simplesmente não irá funcionar. Tabelas aninhadas não suportam restrições de referencial de integridade, pois não podem referir-se a qualquer outra tabela, nem a si mesma. Assim, por ora, simplesmente pularemos isso. Vamos preencher essa tabela com os dados EMP e DEPT existentes:

```
tkyte@TKYTE816> insert into dept_and_emp
    2    select dept.*,
    3           CAST( multiset( select empno, ename, job, mgr, hiredate, sal, comm
    4                             from emp
    5                            where emp.deptno = dept.deptno ) AS emp_tab_type )
    6      from dept
    7    /

4 rows created.
```

Há duas coisas a observar aqui:

❑ Só 'quatro' fileiras foram criadas. Realmente, só há quatro fileiras na tabela DEPT_AND_EMP. As 14 fileiras EMP na verdade não existem individualmente.

❑ A sintaxe está ficando bem exótica. CAST e MULTISET — sintaxes que a maioria das pessoas jamais usou. Você encontrará muitas sintaxes exóticas ao lidar com componentes relativos a objeto no banco de dados. A palavra chave MULTISET é usada para dizer ao Oracle que a sub consulta espera retornar mais que uma fileira (as sub consultas em uma lista SELECT anteriormente eram limitadas a retornar uma fileira). CAST é usada para instruir o Oracle a tratar o conjunto retornado como um tipo de coleção — nesse caso, orientamos CAST e MULTISET para serem uma EMP_TAB_TYPE. CAST é uma rotina de objetivos gerais, não limitada ao uso de coleções — por exemplo, se você quisesse buscar a coluna EMPNO a partir de EMP com uma VARCHAR2(20) em vez de um tipo NUMBER(4), poderia consultar: select cast(empno as VARCHAR2(20)) e a partir de emp.

Estamos prontos para consultar os dados. Vejamos como se parece uma fileira:

```
tkyte@TKYTE816> select deptno, dname, loc, d.emps AS employees
  2    from dept_and_emp d
  3    where deptno = 10
  4  /

DEPTNO  DNAME       LOCATION    EMPLOYEES(EMPNO, ENAME, JOB, M
------  ----------  ----------  ------------------------------
    10  ACCOUNTING  NEW YORK    EMP_TAB_TYPE(EMP_TYPE(7782,
                                CLARK', 'MANAGER', 7839
                                '09-JUN-81', 2450, NULL),
                                EMP_TYPE(7839, 'KING',
                                'PRESIDENT', NULL,
                                '17-NOV-81', 5000, NULL)
                                EMP_TYPE(7934, 'MILLER',
                                'CLERK', 7782, '23-JAN-82',
                                1300, NULL))
```

Todos os dados estão lá, em uma única coluna. A maioria dos aplicativos, a menos que sejam especificamente escritos para os recursos relativos a objeto, não será capaz de lidar com essa coluna em especial. Por exemplo, ODBC não tem uma forma de lidar com uma tabela aninhada (JDBC, OCI, Pro*C, PL/SQL e a maioria das outras APIs e linguagens têm). Para tais casos, o Oracle oferece uma maneira de desaninhar uma coleção e a trata como uma tabela relacional. Por exemplo:

```
tkyte@TKYTE816> select d.deptno, d.dname, emp.*
  2    from dept_and_emp D, table(d.emps) emp
  3  /
```

DEPTNO	DNAME	EMPNO	ENAME	JOB	MGR	HIREDATE	SAL	COMM
10	ACCOUNTING	7782	CLARK	MANAGER	7839	09-JUN-81	2450	
10	ACCOUNTING	7839	KING	PRESIDENT		17-NOV-81	5000	
10	ACCOUNTING	7934	MILLER	CLERK	7782	23-JAN-82	1300	
20	RESEARCH	7369	SMITH	CLERK	7092	17-DEC-80	800	
20	RESEARCH	7566	JONES	MANAGER	7839	02-APR-81	2975	
20	RESEARCH	7788	SCOTT	ANALYST	7566	09-DEC-82	3000	
20	RESEARCH	7876	ADAMS	CLERK	7788	12-JAN-83	1100	
20	RESEARCH	7902	FORD	ANALYST	7566	03-DEC-81	3000	
30	SALES	7499	ALLEN	SALESMAN	7698	20-FEB-81	1600	300
30	SALES	7521	WARD	SALESMAN	7698	22-FEB-81	1250	500
30	SALES	7654	MARTIN	SALESMAN	7698	28-SEPT-81	1250	1400
30	SALES	7698	BLAKE	MANAGER	7839	01-MAY-81	2850	
30	SALES	7844	TURNER	SALESMAN	7698	08-SEPT-81	1500	0
30	SALES	7900	JAMES	CLERK	7698	03-DEC-81	950	

14 rows selected.

Somos capazes de calcular a coluna EMPS como uma tabela, e naturalmente ele fez para nós a união — não foram necessárias condições de união. Na verdade, como nosso tipo EMP não tem uma coluna DEPTNO, aparentemente não há nada para reunirmos. O Oracle cuida daquele aspecto para nós.

Assim, como podemos atualizar os dados? Digamos que você queira dar um bônus de US$100 ao departamento 10. Você codificaria assim:

```
tkyte@TKYTE816> update
  2       table( select emps
  3                from dept_and_emp
  4                 where deptno = 10
  5             )
  6       set comm. = 100
  7   /

3 rows updated.
```

É aqui que 'virtualmente, uma tabela para cada fileira' entra em cena. No predicado SELECT, mostrado anteriormente, pode não ter sido óbvio que havia uma tabela por fileira, especialmente que as uniões e similares não estavam lá, parece um pouco como 'mágica'. Entretanto, a declaração UPDATE mostra que lá existe uma tabela por fileira. Selecionamos uma tabela discreta para UPDATE; essa tabela não tem nome, apenas uma consulta para identificá-la. Se usarmos uma consulta que não seleciona *exatamente* uma tabela, receberemos:

```
tkyte@TKYTE816> update
  2       table( select emps
  3                from dept_and_emp
  4                 where deptno = 1
  5             )
  6       set comm. = 100
  7   /
update
*
ERROR at line 1:
ORA-22908: reference to NULL table value

tkyte@TKYTE816> update
  2       table( select emps
  3                from dept_and_emp
  4                 where deptno > 1
  5             )
  6       set comm. = 100
  7   /
     table( select emps
            *
ERROR at line 2:
ORA-01427: single-row subquery returns more than one row
```

Se você retornar menos de uma fileira (uma cópia de tabela aninhada), a atualização falha. Normalmente, uma atualização de zero fileiras está certa, mas não nesse caso: ela retorna um erro como se você deixasse o nome de tabela fora da atualização. Se você retornar mais de uma fileira (mais que uma cópia de tabela aninhada), a atualização falha. Normalmente, uma atualização de muitas fileiras é perfeitamente certa. Isso mostra que o Oracle considera cada fileira na tabela DEPT_AND_EMP indicar para outra tabela, não apenas um outro conjunto de fileiras como faz o modelo relacional. Essa é a diferença semântica entre uma tabela aninhada e uma tabela relacional pai/filho. No modelo de tabela aninhada, há uma tabela por fileira pai. No modelo relacional, há um conjunto de fileiras por fileira pai. Essa diferença pode fazer com que as tabelas aninhadas muitas vezes pareçam enfadonhas. Considere esse modelo que estamos usando, que oferece uma vista muito boa dos dados, sob a perspectiva de um único departamento. Ele é um modelo horrível, se você fizer perguntas como 'para qual departamento KING trabalha?', 'quantos contadores tenho trabalhando para mim?' e assim por diante. Essas perguntas são melhores feitas de uma tabela EMP relacional, mas nesse modelo de tabela aninhada só podemos acessar os dados EMP através dos dados DEPT. Sempre precisamos unir, não podemos consultar os dados EMP sozinhos. Bem, não podemos fazer isso em um método documentado, suportado — podemos usar um truque (mais sobre esse truque adiante). Se precisássemos atualizar cada fileira em EMPS_NT, teríamos que fazer 4 atualizações; uma em cada uma das fileiras em DEPT_AND_EMP para atualizar a tabela virtual associada a cada fileira.

Uma outra coisa a considerar é que, quando atualizamos os dados de empregado do departamento 10, estávamos atualizando semanticamente a coluna EMPS na tabela DEPT_AND_EMP. Fisicamente, entendemos que há duas tabelas envolvidas, mas semanticamente há apenas uma. Ainda que não atualizemos dados na tabela de departamento, a fileira que contém a tabela aninhada que modificamos está bloqueada da atualização por outras sessões. Em um relacionamento tradicional pai/filho, esse não seria o caso.

Esses são os motivos pelos quais me inclino a ficar longe de tabelas aninhadas como um mecanismo permanente de armazenagem. É *rara* uma tabela filho que não é individualmente consultada. Acima, a tabela EMP deve ser uma entidade forte. Ela fica sozinha, assim, precisa ser consultada sozinha. Creio que esse é o caso na maioria do tempo. Eu me inclino a usar tabelas aninhadas através de vistas em tabelas relacionais. Investigaremos isso no Capítulo 20.

Agora que vimos como atualizar uma cópia de tabela aninhada, inserir e apagar é muito direto. Vamos acrescentar uma fileira ao departamento 10 da cópia de tabela aninhada e remover uma fileira do departamento 20:

```
tkyte@TKYTE816> insert into table
  2   ( select emps from dept_and_emp where deptno = 10 )
  3   values
  4   ( 1234, 'NewEmp', 'CLERK', 7782, sysdate, 1200, null );

1 row created.

tkyte@TKYTE816> delete from table
  2   ( select emps from dept_and_emp where deptno = 20 )
  3   where ename = 'SCOTT';

1 row deleted.

tkyte@TKYTE816> select d.dname, e.empno, ename
  2   from dept_and_emp d, table(d.emps) e
  3   where d.deptno in ( 10, 20 );

DNAME              EMPNO  ENAME
------             -----  -----
RESEARCH            7369  SMITH
RESEARCH            7566  JONES
RESEARCH            7876  ADAMS
RESEARCH            7902  FORD
ACCOUNTING          7782  CLARK
ACCOUNTING          7839  KING
ACCOUNTING          7934  MILLER
ACCOUNTING          1234  NewEmp

8    rows selected.
```

Assim, essa é a sintaxe básica de como consultar e modificar tabelas aninhadas. Muitas vezes você descobrirá que precisa desaninhar essas tabelas para usá-las, como fiz acima, especialmente em consultas. Quando você visualiza conceitualmente o conceito 'tabela virtual por fileira', se torna muito mais fácil trabalhar com tabelas aninhadas.

Antes eu disse: 'Precisamos sempre juntar, não podemos consultar os dados EMP individualmente'. Depois acompanhei aquilo com uma advertência: 'Você pode fazê-lo, se realmente precisar'. Não está documentado e não é suportado, portanto, use-o *apenas* como um último método alternativo. Onde ele se tornará mais útil é se você precisar atualizar em massa a tabela aninhada (lembre-se, teríamos que fazê-lo através da tabela DEPT com uma união). Há uma sugestão não documentada, NESTED_TABLE_GET_REFS, usada por EXP e por IMP para lidar com tabelas aninhadas. Ela será também uma forma de ver um pouco mais sobre a estrutura física das tabelas aninhadas. Essa sugestão mágica é fácil de descobrir, depois que você exporta uma tabela com uma tabela aninhada. Exportei a tabela acima para obter a sua definição 'maior' de IMP. Depois de fazer a exportação, descobri o seguinte SQL em minha combinação compartilhada (tabela V$SQL):

```
SELECT/*+NESTER_TABLE_GET_REFS+*/NESTED_TABLE_ID,SYS_NC_ROWINFO$ FROM "TKYTE"."EMPS_NT"
```

Uma simples consulta, como SELECT SQL_TEXT FROM V$SQL WHERE UPPER (SQL_TEXT) LIKE '%EMP% a encontrou para mim. Se você executar isso, obterá alguns resultados 'mágicos':

```
tkyte@TKYTE816> SELECT /*+NESTED_TABLE_GET_REFS+*/
  2          NESTED_TABLE_ID,SYS_NC_ROWINFO$
  3     FROM "TKYTE"."EMPS_NT"
  4  /

NESTED_TABLE_ID                          SYS_NC_ROWINFO$(EMPNO, ENAME,
-------------------------------------    --------------------------------
9A39835005B149859735617476C9A80E         EMP_TYPE(7782, 'CLARK',
                                         'MANAGER', 7839, '09-JUN-81',
                                         2450, 100)

9A39835005B149859735617476C9A80E         EMP_TYPE(7839, 'KING',
                                         'PRESIDENT', NULL,
                                         '17-NOV-81', 5000, 100)
```

Bem, de alguma forma, isso é surpreendente, se você descrever essa tabela:

```
tkyte@TKYTE816> desc emps_nt
 Name                              Null?     Type
 -------------------------------   -----     ------------
 EMPNO                                       NUMBER(4)
 ENAME                                       VARCHAR2(10)
 JOB                                         VARCHAR2(9)
 MGR                                         NUMBER(4)
 HIREDATE                                    DATE
 SAL                                         NUMBER(7, 2)
 COMM                                        NUMBER(7, 2)
```

Essas duas colunas nem mesmo aparecem. São parte da implementação oculta de tabelas aninhadas. A NESTED_TABLE_ID é, de fato, uma tabela estrangeira da tabela pai DEPT_AND_EMP. DEPT_AND_EMP, que na verdade é uma coluna oculta nela, é usada para unir a EMPS_NT. A 'coluna' SYS_NC_ROWINF$ é uma coluna mágica, é mais uma função que uma coluna. Aqui a tabela aninhada é realmente um objeto tabela (ele é formado de um tipo de objeto) e SYS_NC_INFO$ é a maneira interna que o Oracle refere-se à fileira como um objeto, em vez de referir-se a cada uma das colunas escalares. Escondido, tudo o que Oracle fez por nós foi implementar uma tabela pai/filho com sistema gerado de chaves principal e estrangeira. Se nos aprofundarmos um pouco mais, podemos consultar o 'verdadeiro' dicionário de dados para ver todas as colunas na tabela DEPT_AND_EMP:

```
tkyte@TKYTE816> select name
  2    from sys.col$
  3   where obj# = ( select object_id
  4                    from user_objects
  5                   where object_name = 'DEPT_AND_EMP' )
  6  /

NAME
------------------
DEPTNO
DNAME
LOC
EMPS
SYS_NC0000400005$

tkyte@TKYTE816> select SYS_NC0000400005$ from dept_and_emp;

SYS_NC0000400005$
------------------
9AA39835005B149859735617476C9A80E
A7140089B1954B39B73347EC20190D68
20D4AA0839FB49B0975FBDE367842E16
56350C866BA24ADE8CF9E47073C52296
```

O estranho aspecto do nome de coluna, SYS_NC0000400005$, é a chave gerada pelo sistema colocada na tabela DEPT_AND_EMP. Se você aprofundar ainda mais, descobrirá que o Oracle colocou um índice único nessa coluna. Porém, infelizmente, ele esqueceu de indexar a NESTED_TABLE_ID em EMPS_NT. Essa coluna precisa ser indexada, pois estamos sempre unindo de DEPT_AND_EMP para EMPS_NT. Essa é uma coisa importante a lembrar sobre tabelas aninhadas, se você usá-las com todos os padrões, como fiz acima, sempre indexar a NESTED_TABLE_ID nas tabelas aninhadas!

Porém, sai do trilho nesse ponto. Estava falando sobre como tratar a tabela aninhada como se ela fosse uma tabela real. A dica NESTED_TABLE_GET_REFS faz isso por nós. Podemos usar assim:

```
tkyte@TKYTE816> select /*+ nested_table_get_refs */ empno, ename
  2  from emps_nt where ename like '%A%';

     EMPNO ENAME
    ------ -----
      7782 CLARK
      7876 ADAMS
      7499 ALLEN
      7521 WARD
      7654 MARTIN
      7698 BLAKE
      7900 JAMES

7 rows selected.

tkyte@TKYTE816> update /*+ nested_table_get_refs */ emps_nt
  2  set ename = initcap(ename);

14 rows updated.

tkyte@TKYTE816> select /*+ nested_table+get_refs */ empno, ename
  2  from emps_nt where ename like '%a%';

     EMPNO ENAME
    ------ -----
      7782 Clark
      7876 Adams
      7521 Ward
      7654 Martin
      7698 Blake
      7900 James
6 rows selected.
```

De novo, esse não é um recurso suportado. Pode não funcionar em todos os ambientes. Ele tem uma funcionalidade específica — para EXP e IMP funcionarem. Esse é o único ambiente em que é garantido que funcione. Use-o por sua conta, mas com cuidado, e não o ponha em código de produção. Use-o fora de dados fixos ou para ver o que está na tabela aninhada, sem curiosidade. A maneira garantida de relatar nos dados é desaninhar, assim:

```
tkyte@TKYTE816> select d.deptno, d.dname, emp.*
  2    from dept_and_emp D, table(d.emps) emp
  3  /
```

Isso é o que você deve usar em consultas e código de produção.

Armazenagem de tabela aninhada

Já vimos um pouco da armazenagem da estrutura de tabela aninhada. Veremos mais profundamente a estrutura criada por Oracle, por padrão, e qual o tipo de controle temos. Trabalhando com a mesma declaração de criar acima:

```
tkyte@TKYTE816> create table dept_and_emp
  2      (deptno  number(2) primary key,
  3       dname   varchar2(14),
  4       loc     varchar2(13),
  5       emps    emp_tab_type
  6      )
  7      nested table emps store as emps_nt;

Table created.

tkyte@TKYTE816> alter table emps_nt add constraint emps_empno_unique
  2         unique(empno)
  3  /

Table altered.
```

Sabemos que o Oracle realmente cria uma estrutura como esta:

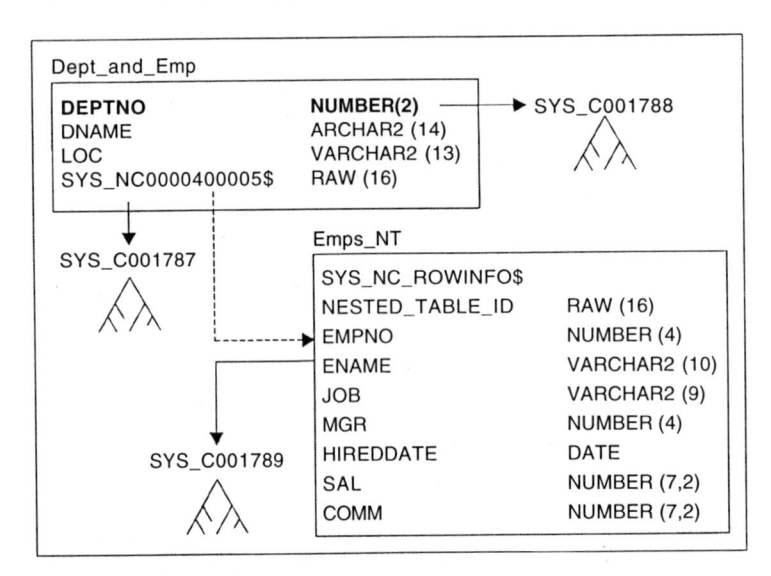

```
Dept_and_Emp
┌─────────────────────────────────────────────────┐
│ DEPTNO              NUMBER(2)   ──► SYS_C001788 │
│ DNAME               ARCHAR2 (14)                │
│ LOC                 VARCHAR2 (13)               │
│ SYS_NC0000400005$   RAW (16)                    │
└─────────────────────────────────────────────────┘
         │
         ▼
   SYS_C001787        Emps_NT
                ┌──────────────────────────────────┐
                │ SYS_NC_ROWINFO$                  │
                │ NESTED_TABLE_ID     RAW (16)     │
                │ EMPNO               NUMBER (4)   │
                │ ENAME               VARCHAR2 (10)│
                │ JOB                 VARCHAR2 (9) │
                │ MGR                 NUMBER (4)   │
   SYS_C001789  │ HIREDDATE           DATE         │
                │ SAL                 NUMBER (7,2) │
                │ COMM                NUMBER (7,2) │
                └──────────────────────────────────┘
```

O código criou duas tabelas reais. A tabela que pedimos está lá, mas tem uma coluna extra oculta (teremos uma coluna extra oculta, por padrão, em *cada* coluna de tabela aninhada em uma tabela). Ele também criou uma restrição *única* nessa coluna oculta. O Oracle criou para nós a tabela aninhada — EMPS_NT. Ela tem duas colunas ocultas, uma que não é de fato uma coluna, SYS_NC_ROWINFO$, e sim uma coluna virtual que retorna todos os elementos escalares como um objeto. A outra é a chave estrangeira, chamada de NESTED_TABLE_ID, que pode ser reunida de volta à tabela pai. Observe a *falta* de um índice nessa coluna! Finalmente, o Oracle acrescentou um índice na coluna DEPTNO, na tabela DEPT_AND_EMP, para reforçar a chave principal. Assim, pedimos por uma tabela e obtivemos muito mais do que barganhamos. Se você olhar para ela, parecerá que é possível criar um relacionamento pai/filho, mas teríamos que ter usado a chave principal existente em DEPTNO como chave estrangeira em EMPS_NT, em vez de gerar uma chave RAW(16) substituta.

Se olharmos para o depósito EXP/IMP de nosso exemplo de tabela aninhada, veremos o seguinte:

```
CREATE TABLE "TKYTE"."DEPT_AND_EMP"
("DEPTNO" NUMBER(2, 0),
    "DNAME"    VARCHAR2(14),
    "LOC"      VARCHAR2(13),
```

```
        "EMPS"    "EMP_TAB_TYPE")
PCTFREE 10 PCTUSED 40 INITRANS 1 MAXTRANS 255 LOGGING
STORAGE(INITIAL 131072 NEXT 131072
        MINEXTENTS 1 MAXEXTENTS 4096
        PCTINCREASE 0 FREELISTS 1 FREELIST GROUPS 1
        BUFFER_POOL DEFAULT)
TABLESPACE "USERS"
NESTED TABLE "EMPS"
    STORE AS "EMPS_NT"
    RETURN AS VALUE
```

Até agora, a única coisa que percebemos aqui é o RETURN AS VALUE. Ele é usado para descrever como a tabela aninhada é retornada para um aplicativo cliente. Por padrão, o Oracle retornará a tabela aninhada pelo valor ao cliente — os dados atuais serão transmitidos com cada fileira. Isso também pode ser ajustado para RETURN AS LOCATOR, significando que o cliente obterá um indicador para os dados, não os próprios dados. Se, e apenas se, o cliente referir-se a esse indicador, os dados serão transmitidos a ele. Portanto, se você acreditar que o cliente não verá as fileiras de uma tabela aninhada em cada fileira pai, pode retornar um locador em vez de valores, economizando a volta completa na rede. Por exemplo, se você tiver um aplicativo cliente que exibe as listas de departamentos e, quando o usuário clica duas vezes em um departamento ele mostra as informações de empregado, você pode pensar em usar o locador. Isso porque geralmente, os detalhes não são vistos — é a exceção, não a regra.

Assim, o que mais podemos fazer com a tabela aninhada? Em primeiro lugar, a coluna NESTED_TABLE_ID precisa ser indexada. Visto que sempre acessamos a tabela aninhada *de* pai para *filho*, de fato precisamos daquele índice. Podemos indexar aquela coluna usando criar índice, mas uma solução melhor é usar uma tabela organizada por índice para armazenar a tabela aninhada. A tabela aninhada é outro exemplo perfeito de para que uma IOT é excelente. Fisicamente, ela irá armazenar as fileiras filho co-alocadas por NESTED_TABLE_ID (assim, a recuperação da tabela é feita com menos I/O física). Ela removerá a necessidade de índice redundante na coluna RAW(16). Indo um passo adiante, como a NESTED_TABLE_ID será a coluna guia na chave principal da IOT, também devemos incorporar a compactação de chave índice para suprimir a redundância de NESTED_TABLE_ID que, caso contrário, haveria. Além disso, podemos incorporar nossas restrições UNIQUE e NOT NULL na coluna EMPNO, no comando CREATE TABLE. Pegando CREATE ABOVE e modificando-a ligeiramente:

```
CREATE TABLE '"TKYTE"."DEPT_AND_EMP"
("DEPTNO"   NUMBER(2, 0),
 "DNAME"    VARCHAR2(14),
 "LOC"      VARCHAR2(13),
 "EMPS"  "EMP_TAB_TYPE")
PCTFREE 10 PCTUSED 40 INITRANS 1 MAXTRANS 255 LOGGING
STORAGE(INITIAL 131072 NEXT 131072
        MINEXTENTS 1 MAXEXTENTS 4096
        PCTINCREASE 0 FREELISTS 1 FREELIST GROUPS 1
        BUFFER_POOL DEFAULT)
TABLESPACE "USERS"
NESTED TABLE "EMPS"
    STORE AS "EMPS_NT"
    ( (empno NOT NULL, unique (empno), primary key(nested_table_id,empno))
        organization index compress 1 )
    RETURN AS VALUE
/
```

e agora conseguimos o seguinte conjunto de objetos. Em vez de ter uma tabela EMP_NT convencional, temos uma IOT EMPS_NT, como significado pela estrutura de índice sobreposta na tabela abaixo:

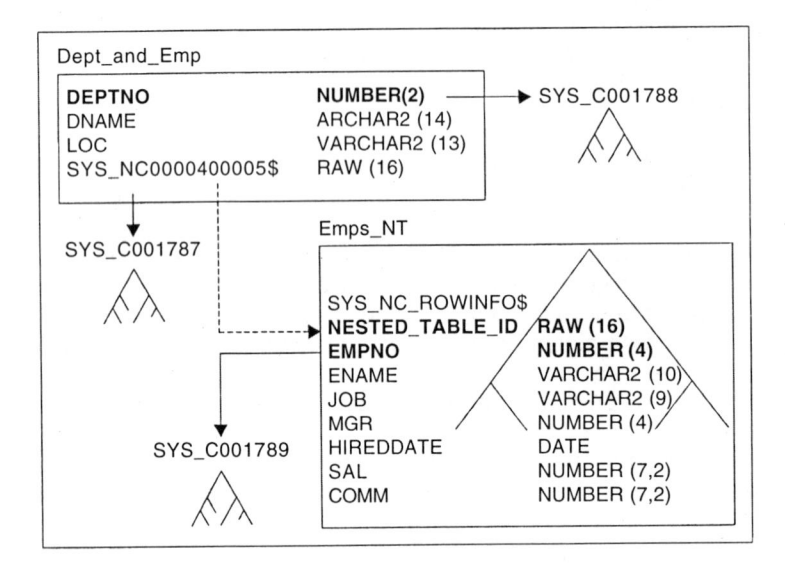

```
Dept_and_Emp
  DEPTNO              NUMBER(2)      ──► SYS_C001788
  DNAME               ARCHAR2 (14)
  LOC                 VARCHAR2 (13)
  SYS_NC0000400005$   RAW (16)

SYS_C001787

Emps_NT
  SYS_NC_ROWINFO$
  NESTED_TABLE_ID    RAW (16)
  EMPNO              NUMBER (4)
  ENAME              VARCHAR2 (10)
  JOB                VARCHAR2 (9)
  MGR                NUMBER (4)
  HIREDDATE          DATE
  SAL                NUMBER (7,2)
  COMM               NUMBER (7,2)

SYS_C001789
```

Onde a EMPS_NT é uma IOT usando compactação, isso toma menos armazenagem que a tabela aninhada original padrão e ela tem um índice de que dificilmente precisamos.

Tabelas aninhadas envolvidas

Eu mesmo não uso tabelas aninhadas como mecanismo permanente de armazenagem, pelas seguintes razões:

- ❏ O código extra das colunas RAW(16) que é acrescentado. Ambas as tabelas, pai e filho, terão essa coluna extra. A tabela pai terá 16 bytes RAW extra em cada coluna de tabela aninhada. Visto que a tabela pai tem uma chave principal (DEPTNO, nos meus exemplos) faria sentido usar isso nas tabelas filho, não em uma chave gerada pelo sistema.
- ❏ O código extra da única restrição na tabela pai, quando ela já tem uma restrição única.
- ❏ A tabela aninhada não é, por si só, facilmente usada, sem usar construções não suportadas (NESTED_TABLE_GETS_REFS). Ela pode ser desaninhada em consultas mas não em atualizações em massa.

Uso pesadamente tabelas aninhadas como uma construção de programação e em vistas. É onde acredito que elas estão no seu elemento e, no Capítulo 20, veremos como explorá-las desse modo. Como mecanismo de armazenagem, prefiro muito mais criar as tabelas pai/filho. Depois de criar as tabelas pai/filho, na verdade podemos criar uma vista que faz parecer como se tivéssemos uma verdadeira tabela aninhada. Isto é, podemos conseguir todas as vantagens da construção de tabela aninhada sem incorrer no código extra. Novamente, no Capítulo 20, veremos detalhadamente como conseguir isso.

Se você usá-las como mecanismo de armazenagem, certifique-se de tornar a tabela aninhada organizada por índice, para evitar o código extra de um índice na NESTED_TABLE_ID e na própria tabela aninhada. Veja a seção anterior, sobre as IOTs, para orientação sobre configurá-las com excesso de segmentos e outras opções. Se não usar uma IOT, assegure-se então de criar um índice na coluna NESTED_TABLE_ID, na tabela aninhada, para evitar a digitalização completa que ela encontra nas fileiras filho.

Tabelas temporárias

As tabelas temporárias são usadas para conter conjuntos de resultado intermediários, seja pela duração de uma transação ou por uma sessão. Os dados contidos em uma tabela temporária não são visíveis na sessão presente — nenhuma outra sessão jamais verá os dados de qualquer outra sessão, ainda que a sessão atual comprometa os dados. A consecução de múltiplos usuários também não é um aspecto com relação às tabelas temporárias, uma sessão nunca pode bloquear outra usando uma tabela temporária. Mesmo se 'bloquearmos' a tabela temporária, não evitará que outras sessões de usem a sua tabela temporária. Como vimos no Capítulo 3, as tabelas temporárias geram significativamente menos REDO do que fariam as tabelas normais. Entretanto, visto que precisamos gerar informações de UNDO para os dados que elas contêm, elas gerarão alguma quantidade de registro REDO. UPDATEs e DELETEs criarão a maior quantidade; INSERTs e SELECTs a quantidade menor.

As tabelas temporárias alocarão armazenagem do registrado atualmente no espaço de tabela temporário de usuários ou, se eles forem acessados a partir de um procedimento de reguladores de direitos, será usado o espaço de tabela temporário do proprietário daquele procedimento. Uma tabela temporária global é realmente apenas um gabarito da própria tabela. O ato de criar uma tabela temporária não envolve alocação de armazenagem; nenhuma extensão INITIAL é alocada, como seria em uma tabela não temporária. Em vez disso, no tempo de execução, quando uma sessão coloca dados inicialmente na tabela temporária, um segmento temporário será criado para aquela sessão naquela ocasião. Uma vez que cada sessão tem seu próprio segmento temporário (não apenas uma extensão em um segmento existente), cada usuário pode estar alocando espaço para sua tabela temporária em diferentes espaços de tabela. USER1 pode ter seu espaço de tabela temporário ajustado para TEMP1 — suas tabelas temporárias serão alocadas a partir desse espaço. USER2 pode ter TEMP2 como espaço de tabela temporário e suas tabelas temporárias serão alocadas lá.

As tabelas temporárias de Oracle são semelhantes às tabelas temporárias em outros bancos de dados relacionais, com a principal exceção delas não serem 'estaticamente' definidas. Você as cria uma vez por banco de dados, não uma vez por procedimento armazenado no banco de dados. Elas existem sempre — estarão no dicionário de dados como objetos, mas sempre aparecerão vazias, até que sua sessão coloque dados nelas. O fato delas serem estaticamente definidas nos permite criar vistas que referem-se a tabelas temporárias, criar procedimentos armazenados que usam SQL estática para referir-se a elas e assim por diante.

As tabelas temporárias podem ser baseadas *em sessão* (os dados sobrevivem na tabela através de comprometimentos, mas não a desconexão/reconexão). Elas também podem ser baseadas *em transação* (os dados desaparecem depois de um comprometimento). Eis um exemplo, acompanhando o comportamento de ambas. Como gabarito, usei a tabela SCOTT.EMP:

```
tkyte@TKYTE816> create global temporary table temp_table_session
  2      on commit preserve rows
  3      as
  4      select * from scott.emp where 1=0
  5   /

Table created.
```

A cláusula ON COMMIT PRESERVE ROWS, torna essa uma tabela temporária baseada em sessão. As fileiras permanecerão nessa tabela até que minha sessão se desconecte ou que eu as remova, fisicamente, através de DELETE ou TRUNCATE. Só a minha sessão pode ver essas fileiras; nenhuma outra jamais verá as 'minhas' fileiras, mesmo depois que eu comprometa:

```
tkyte@TKYTE816> create global temporary table temp_table_transaction
  2      on commit delete rows
  3      as
  4      select * from scott.emp where 1=0
  5   /

Table created.
```

A ON COMMIT DELETE ROWS torna essa uma tabela temporária baseada em transação. Quando a sua sessão compromete, as fileiras desaparecem. As fileiras desaparecerão simplesmente retornando as extensões temporárias alocadas à sua tabela — não há código extra envolvido na limpeza automática de tabelas temporárias. Agora, vejamos as diferenças entre os dois tipos:

```
tkyte@TKYTE816> insert into temp_table_session select * from scott.emp;

14 rows created.

tkyte@TKYTE816> insert into temp_table_transaction select * from scott.emp;

14 rows created.
```

Simplesmente, colocamos 14 fileiras em cada tabela temporária e isto mostra como podemos vê-las:

```
tkyte@TKYTE816> select session_cnt, transaction_cnt
  2     from ( select count(*) session_cnt from temp_table_session ),
  3          ( select count(*) transaction_cnt from temp_table_transaction );

SESSION_CNT    TRANSACTION_CNT
-----------    ---------------
         14                 14

tkyte@TKYTE816> commit;
```

Visto que comprometemos, veremos as fileiras baseadas em sessão, mas não as baseadas em transação:

```
tkyte@TKYTE816> select session_cnt, transaction_cnt
  2     from ( select count(*) session_cnt from temp_table)session ),
  3          ( select count(*) transaction_cnt from temp_table_transaction );

SESSION_CNT    TRANSACTION_CNT
-----------    ---------------
         14                  0

tkyte@TKYTE816> disconnect
Disconnected from Oracle8i Enterprise Edition Release 8.1.6.0.0 - Production
With the Partitioning option
JServer Release 8.1.6.0.0 - Production
tkyte@TKYTE816> connect tkyte/tkyte
Connected.
```

Como iniciamos uma nova sessão, não veremos fileiras em qualquer tabela:

```
tkyte@TKYTE816> select session_cnt, transaction_cnt
  2     from ( select count(*) session_cnt from temp_table_session ),
  3          ( select count(*) transaction_cnt from temp_table_transaction )

SESSION_CNT    TRANSACTION_CNT
-----------    ---------------
          0                  0
```

Se você tiver experiência de tabelas temporárias em SQL Server e/ou Sybase, sua principal consideração é que, em vez de executar select x, y, z em #temp from some_table para criar e preencher dinamicamente uma tabela temporária, você irá:

- Uma vez por banco de dados, criar todas as suas tabelas TEMP como tabela temporária global. Isso será feito como parte da instalação de aplicativo, exatamente como criar suas tabelas permanentes.
- Em seu procedimento, simplesmente insert into temp (x,y,z) select x,y,z from some_table.

Capítulo 6 - Tabelas de banco de dados | 215

Só para chegar ao ponto, o objetivo aqui não é criar tabelas em seus procedimentos armazenados no tempo de execução. Essa não é a maneira certa de fazer isso em Oracle. DDL é uma operação cara, queremos evitar fazê-la no tempo de execução. As tabelas temporárias em um aplicativo devem ser criadas durante a instalação do aplicativo, *nunca* no tempo de execução.

As tabelas temporárias podem ter muitos dos atributos de uma tabela permanente. Podem ter disparadores, restrições de verificação, índices e assim por diante. Os recursos de tabelas permanentes que elas não suportam incluem:

- ❏ Elas não podem ter restrições de referencial de integridade — não podem ser o *alvo* de uma chave estrangeira, nem podem ter uma chave estrangeira definida nelas.
- ❏ Elas não podem ter colunas de tipo VARRAY ou NESTED TABLE.
- ❏ Elas não podem ser tabelas organizadas por índices.
- ❏ Elas não podem estar em um grupo de índice ou residual.
- ❏ Elas não podem ser particionadas.
- ❏ Elas não podem ter estatísticas geradas através do comando de tabela ANALYZE.

Um dos retrocessos de uma tabela temporária em qualquer banco de dados é o fato do otimizador não ter estatísticas reais nele. Ao usar o **Otimizador Baseado em Custo** (CBO), estatísticas válidas são vitais para o sucesso (ou falha) do otimizador. Na ausência de estatísticas, o otimizador fará adivinhações quanto à distribuição de dados, a quantidade de dados, a seletividade de um índice. Quando essas adivinhações estiverem erradas, os planos de consulta gerados para consultas que usam pesadamente tabelas temporárias, poderão ser menos que ótimos. Em muitos casos, a solução adequada é não usar de forma alguma uma tabela temporária, mas usar em seu lugar uma INLINE VIEW (para exemplo de uma INLINE VIEW, refira-se à última SELECT que executamos, anteriormente — ele tem duas delas). Desse modo, o Oracle terá acesso a todas as estatísticas relevantes de uma tabela e poderá surgir com um ótimo plano.

Muitas vezes vejo as pessoas usarem tabelas temporárias porque elas aprenderam em outros bancos de dados que reunir muitas tabelas em uma única consulta é uma 'coisa ruim'. Essa é uma prática que precisa ser desaprendida para o desenvolvimento de Oracle. Em vez de tentar ser mais esperto que o otimizador e romper o que seria uma única consulta em três ou quatro consultas que armazenam seus sub resultados em tabelas temporárias e depois reunir as tabelas temporárias, você deve simplesmente codificar uma consulta única que responda à pergunta original. Referir-se a muitas tabelas em uma única consulta está certo; a aglutinação de tabela temporária não é necessária para esse objetivo em Oracle.

Mas em outros casos o uso de tabelas temporárias em um processo é a abordagem correta. Por exemplo, recentemente escrevi um aplicativo Palm Sync para sincronizar a data de livro no Palm Pilot com informações de calendário armazenadas em Oracle. O Palm deu-me uma lista de registros que tinham sido modificados desde a última sincronização válida. Eu precisava pegar esses registros e compará-los com os dados atuais, no banco de dados, atualizar os registros de banco de dados e gerar uma lista de mudanças para ser aplicada ao Palm. Esse é um exemplo perfeito de quanto uma tabela temporária é muito útil. Usei uma tabela temporária para armazenar as mudanças do Palm no banco de dados. A seguir executei um procedimento armazenado que ressalta as mudanças geradas no Palm nas tabelas permanentes ativas (e muito grandes) para descobrir quais mudanças precisam ser feitas nos dados do Oracle e depois para encontrar as mudanças que precisam vir do Oracle para o Palm. Tenho um par de passagens nesses dados: primeiro encontro todos os registros que só foram modificados no Palm e faço as mudanças correspondentes em Oracle. Depois encontro todos os registros que foram modificados em ambos, o Palm e meu banco de dados, desde a última sincronização, e os retifico. A seguir, encontro todos os registros que só foram modificados no banco de dados e coloco suas mudanças na tabela temporária. Por fim, o aplicativo sincronizado do Palm puxa as mudanças da tabela temporária e as aplica no próprio dispositivo do Palm. Quando há desconexão, os dados temporários vão embora.

O aspecto que encontrei aqui é que, devido às tabelas permanentes serem analisadas, o CBO foi usado. A tabela temporária não tinha estatísticas (você pode analisar a tabela temporária, mas as estatísticas não estão reunidas) e o CBO 'adivinharia' muitas coisas sobre ela. Eu, como desenvolvedor, conhecia a média de número de fileiras que você poderia esperar, a distribuição dos dados, a seletividade dos índices e assim por diante. Precisava de uma maneira para informar ao otimizador sobre essas adivinhações *melhores*. O pacote DBMS_STATS é uma ótima maneira de fazer isso.

Como o comando ANALYZE não coleta estatísticas em uma tabela temporária, precisamos usar um processo manual para preencher o dicionário de dados com estatísticas representativas para nossas tabelas temporárias. Por exemplo, se na média o número de fileiras na tabela temporária será 500, o tamanho médio de fileira será 100 bytes e o número de blocos será 7, poderíamos simplesmente usar:

```
tkyte@TKYTE816> begin
  2       dbms_stats.set_table_stats( ownname => USER,
  3                                   tabname  => 'T',
  4                                   numrows => 500,
  5                                   numblks => 7,
  6                                   avgrlen => 100 );
  7       end;
  8       /

PL/SQL procedure successfully completed.

tkyte@TKYTE816> select table_name, num_rows, blocks, avg_row_len
  2              from user_tables
  3              where table_name = 'T';

TABLE_NAME                     NUM_ROWS         BLOCKS    AVG_ROW_LEN
------------------------       ----------       ------    -----------
T                              500              7         100
```

Dessa forma, o otimizador não usa a sua melhor adivinhação, ele usará a *nossa* melhor adivinhação para essas informações. Indo além, podemos usar o Oracle para ajustar as estatísticas para um nível de detalhe ainda maior. O exemplo a seguir mostra o uso de uma tabela temporária com o CBO. O plano de consulta gerado sem estatísticas não é ótimo; o CBO escolheu usar um índice, quando não devia. Ele o fez porque supôs que as informações padrão seriam sobre seletividade de índice, número de fileiras na tabela e número de fileiras a serem retornadas e coisas assim. O que fiz para corrigir isso foi soltar a tabela temporária por um momento, criar uma tabela permanente do mesmo nome e estrutura e preenchê-la com dados representativos. Depois analisei essa tabela tão cuidadosamente quanto quis (eu também podia ter gerado histogramas e assim por diante) e usei DBMS_STATS para exportar as estatísticas dessa tabela permanente. A seguir soltei a tabela permanente e recriei minha tabela temporária. Tudo o que precisei fazer depois foi importar minhas estatísticas representativas, e o otimizador fez a coisa certa:

```
tkyte@TKYTE816> create global temporary table temp_all_objects
  2       as
  3       select * from all_objects where 1=0
  4       /

Table created.

tkyte@TKYTE816> create index temp_all_objects_idx on temp_all_objects(object_id)
  2       /

Index created.

tkyte@TKYTE816> insert into temp_all_objects
  2       select * from all_objects where rownum < 51
  3       /

50 rows created.

tkyte@TKYTE816> set autotrace on explain
tkyte@TKYTE816> select /*+ ALL_ROWS / object_type, count(*)
  2              FROM temp_all_objects
  3              where object_id < 50000
  4              group by object_type
  5       /
```

```
    OBJECT_TYPE              COUNT(*)
    -----------              --------
    JAVA CLASS                    50

Execution    Plan
----------   -------------------------------------------------------
     0       SELECT STATEMENT Optimizer=HINT: ALL_ROWS (Cost=13 Card=409
     1    0  SORT (GROUP BY) (Cost=13 Card=409 Bytes=9816)
     2    1  TABLE ACCESS (BY INDEX ROWID) OF 'TEMP_ALL_OBJECTS' (Cost=10
     3    2  INDEX (RANGE SCAN) OF 'TEMP_ALL_OBJECTS_IDX' (NON-UNIQUE)

tkyte@TKYTE816> set autotrace off
```

Isso mostra que o CBO fez a coisa errada. Sempre que você acessar mais que 10-20 por cento da tabela, não deve usar um índice. Aqui, acessamos 100 por cento da tabela; de fato, a tabela é tão pequena que usar o índice, nesse caso, não nos dá absolutamente nada. Eis como dar ao otimizador as informações que ele precisa para desenvolver o plano certo:

```
tkyte@TKYTE816> drop table temp_all_objects;

Table dropped.

tkyte@TKYTE816> create table temp_all_objects
  2   as
  3   select * from all_objects where 1=0
  4   /

Table created.

tkyte@TKYTE816> create index temp_all_objects_idx on temp_all_objects(object_id)
  2   /

Index created.

tkyte@TKYTE816> insert into temp_all_objects
  2     select * from all_objects where rownum < 51;

50 rows created.

tkyte@TKYTE816> analyze table temp_all_objects compute statistics;

Table analyzed.

tkyte@TKYTE816> analyze table temp_all_objects compute statistics for all
  2     indexes;

Table analyzed.
```

O que fiz foi criar uma tabela permanente que se parece exatamente com a tabela temporária. A preenchi com dados representativos. Essa é a parte ardilosa: você precisa considerar cuidadosamente o que coloca na tabela quando a analisa. Você estará sobregravando a melhor adivinhação do otimizador com esses dados, portanto precisa ser melhor, dando dados melhores do que o próprio pode dar. Em alguns casos, pode ser o bastante apenas ajustar manualmente as estatísticas de índice ou de tabela, como fiz acima para informar ao CBO quanto à cardinalidade e a faixa de valores. Em outros casos, você pode precisar acrescentar muitas peças de informações ao dicionário de dados, para dar ao CBO os dados que ele precisa. Em vez de acrescentá-los manualmente, podemos deixar o Oracle fazê-lo para nós. O método abaixo obtém facilmente todas as informações que você pode ajustar:

```
tkyte@TKYTE816> begin
  2      dbms_stats.create_stat_table( ownname => USER,
  3                                    stattab => 'STATS' );
  4
  5      dbms_stats.export_table_stats( ownname =: USER,
  6                                     tabname => 'TEMP_ALL_OBJECTS',
  7
```

```
                        stattab => 'STATS' );
        8           dbms_stats.export_index_stats( ownname => USER,
        9                                          indname => 'TEMP_ALL_OBJECTS_IDX',
       10
                        stattab => 'STATS' );
       11   end;
       12   /

PL/SQL procedure successfully completed.

tkyte@TKYTE816> drop table temp_all_objects;
Table dropped.

tkyte@TKYTE816> create global temporary table temp_all_objects
        2   as
        3   select * from all_objects where 1=0
        4   /

Table created.

tkyte@TKYTE816> create index temp_all_objects_idx on temp_all_objects(object_id)
        2   /

Index created.

tkyte@TKYTE816> begin
        2           dbms_stats.import_table_stats( ownname => USER,
        3                                          tabname => 'TEMP_ALL_OBJECTS',
        4                                          stattab => 'STATS' );
        5           dbms_stats.import_index_stats( ownname => USER,
        6                                          indname => 'TEMP_ALL_OBJECTS_IDX',
        7                                          stattab => 'STATS' );
        8   end;
        9   /

PL/SQL procedure successfully completed.
```

Simplesmente colocamos as estatísticas em nossa tabela temporária, com base no conjunto de resultados representativos. O CBO agora usará isso para tomar decisões sobre os planos, baseado naquela tabela, como evidenciado pela próxima consulta:

```
tkyte@TKYTE816> insert into temp_all_objects
        2   select * from all_objects where rownum < 51
        3   /

50 rows created.

tkyte@TKYTE816> set autotrace on
tkyte@TKYTE816> select /*+ ALL_ROWS / object_type, count(*)
        2     FROM temp_all_objects
        3     where object_id < 50000
        4     group by object_type
        5   /

OBJECT_TYPE                    COUNT(*)
------------------------       --------
JAVA CLASS                           50

Execution Plan
----------------------------------
        0      SELECT STATEMENT Optimizer=HINT: ALL_ROWS (Cost=3 Card=1 Bytes=14)
        1   0    SORT (GROUP BY) (Cost=3 Card=1 Bytes=14)
        2   1      TABLE ACCESS (FULL) OF 'TEMP_ALL_OBJECTS' (Cost=1 Card=50
```

Tabela temporária envolvida

As tabelas temporárias podem ser úteis em um aplicativo onde você precisa armazenar temporariamente um conjunto de fileiras para serem processadas em outras tabelas, seja em uma sessão ou numa transação. Não é preciso que elas sejam usadas como meio para fazer uma consulta maior e 'serem partidas' em conjuntos de resultado menores que seriam novamente reunidos (que parece ser o uso mais popular de tabelas temporárias em outros bancos de dados). Na verdade, você verá que em quase todos os casos onde uma única consulta é partida em consultas menores de tabela temporária, ela se realiza mais lentamente em Oracle do que a consulta única faria. Tenho visto esse comportamento repetidamente; quando há oportunidade de escrever uma série de INSERTs em tabelas temporárias, como SELECTs, no formulário de uma consulta grande, vai muito mais rápido.

As tabelas temporárias geram uma quantidade mínima de REDO, porém ainda geram algum, e não há como incapacitar isso. O REDO é gerado para o retorno de dados e, no uso mais típico, será imperceptível. Se você só inserir e selecionar a partir de tabelas temporárias, a quantidade de REDO gerado não será notada. Apenas se você apagar ou atualizar pesadamente uma tabela temporária verá a geração de grandes quantidades de redo.

As estatísticas usadas pelo CBO não podem ser geradas em uma tabela temporária, no entanto, um melhor conjunto de estatísticas pode ser ajustado em uma tabela temporária usando o pacote DBMS_STATS. Você pode ajustar algumas das estatísticas relevantes, como o número de fileiras, a média de comprimento de fileira e assim por diante, ou pode usar uma tabela permanente preenchida com dados representativos para gerar um conjunto completo. Um aviso: assegure-se que a sua adivinhação é melhor que a adivinhação padrão, caso contrário os planos de consulta que o CBO gerar serão ainda piores que antes.

Tabelas de objeto

Já vimos acima o exemplo parcial de uma tabela de objeto, com as tabelas aninhadas. Uma tabela de objeto é criada com base em um TYPE, não como uma coleção de colunas. Normalmente, uma CREATE TABLE se pareceria com:

```
create table t ( x int, y date, z varchar2(25);
```

A declaração de criação de uma tabela de objeto se parece mais com:

```
create table t of Some_Type;
```

Os atributos (colunas) de t são derivados da definição de SOME_TYPE. Vejamos um rápido exemplo, envolvendo um par de tipos e revendo as estruturas de dados resultantes:

```
tkyte@TKYTE816> create or replace type address_type
  2     as object
  3     ( city          varchar2(30)
  4       street        varchar2(30),
  5       state         varchar2(2),
  6       zip           number
  7     )
  8  /

Type created.

tkyte@TKYTE816> create or replace type person_type
  2     as object
  3     ( name          varchar2(30),
  4       dob           date,
  5       home_address  address_type,
  6       work_address  address_type
  7     )
  8  /

Type created.
```

```
tkyte@TKYTE816> create table people of person_type
  2  /

Table created.

tkyte@TKYTE816> desc people
 Name                    Null?    Type
 ----------------        -----    ------
 NAME                             VARCHAR2(30)
 DOB                              DATE
 HOME_ADDRESS                     ADDRESS_TYPE
 WORK_ADDRESS                     ADDRESS_TYPE
```

Resumindo, é tudo. Você cria algumas definições de tipo e depois pode criar tabelas daquele tipo. A tabela parece ter quatro colunas, representando os quatro atributos da PERSON_TYPE criados. Estamos no ponto onde podemos realizar DML na tabela de objeto, para criar e consultar dados:

```
tkyte@TKYTE816> insert into people values ( 'Tom', '15-mar-1965',
  2      address_type( 'Reston', '123 Main Street', 'Va', '45678' ),
  3      address_type( 'Redwood', '1 Oracle Way', 'Ca', '23456' ) );

1 row created.

tkyte@TKYTE816> select * from people;

NAME    DOB         HOME_ADDRESS(CITY, S        WORK_ADDRESS(CI
-----   ---------   --------------------        ----------------
Tom     15-MAR-65   ADDRESS_TYPE('Reston        ADDRESS_TYPE( 'R
                    ', '123 Main '              edwood', '1
                    Street', 'Va',              Oracle Way',
                    45678)                      'Ca', 23456)

tkyte@TKYTE816> select name, p.home_address.city from people p;

NAME    HOME_ADDRESS.CITY
----    ------------------
Tom     Reston
```

Você está começando a ver alguma sintaxe do objeto necessária para lidar com tipos de objeto. Por exemplo, na declaração INSERT temos que envolver HOME_ADDRESS e WORK_ADDRESS com uma CAST. Calculamos os valores escalares para serem de um ADDRESS_TYPE. Uma outra maneira de dizer isso é que criamos uma cópia de ADDRESS_TYPE para aquela fileira, usando o construtor padrão do objeto ADDRESS_TYPE.

Agora, quanto à face externa da tabela, há quatro colunas em nossa tabela. Por ora, depois de ver a mágica oculta que aconteceu nas tabelas aninhadas, provavelmente podemos adivinhar que há algo mais acontecendo. O Oracle armazena todos os dados relativos a objeto nas antigas tabelas relacionais simples — ao fim do dia, está tudo em fileiras e colunas. Se nos aprofundarmos no 'verdadeiro' dicionário de dados, poderemos ver como de fato a tabela se parece:

```
tkyte@TKYTE816> select name, segcollength
  2    from sys.col$
  3   where obj# = ( select object_id
  4                    from user_objects
  5                   where object_name = 'PEOPLE' )
  6  /

NAME                       SEGCOLLENGTH
-----------------------    ------------
SYS_NC_OID$                          16
SYS_NC_ROWINFO$                       1
NAME                                 30
DOB                                   7
HOME_ADDRESS                          1
```

```
SYS_NC00006$                          30
SYS_NC00007$                          30
SYS_NC00008$                           2
SYS_NC00009$                          22
WORK_ADDRESS                           1
SYS_NC00011$                          30
SYS_NC00012$                          30
SYS_NC00013$                           2
SYS_NC00014$                          22

14 rows selected.
```

Isso parece bastante diferente do que o descrito nos diz. Aparentemente, há 14 colunas nessa tabela, não 4. Nesse caso, elas são:

- SYS_NC_OID$ - Esse é o ID da tabela de objeto gerado pelo sistema. Ele é uma coluna RAW(16) única. Tem uma restrição única — também há nele um índice correspondente único.
- SYS_NC_ROWINFO — Essa é a mesma função 'mágica' que vimos com a tabela aninhada. Se a selecionarmos da tabela, ela retornará toda a fileira em uma única coluna:

```
tkyte@TKYTE816> select sys@nc_rowinfo$ from people;

SYS_NC_ROWINFO$(NAME,  DOB, HOME_ADDRESS(CITY,  STREET,  ZIP), ...
- - - - - - - - - - - - - - - - - - - - - - - - - - - - - - - - - - - - -
PERSON_TYPE('Tom',  '15-MAR-65',  ADDRESS_TYPE('Leesburg',  '1234 Main Street',  'Va', 20175),
ADDRESS_TYPE('Reston',  '1910 Oracle Way', 'Va', 20190'))
```

- NAME, DOB — Esses são os atributos escalares de nossa tabela de objeto. São armazenados como você esperaria, como colunas normais.
- HOME_ADDRESS, WORK_ADDRESS — Essas também são funções 'mágicas', retornam a coleção de colunas que representam como um único objeto. Não ocupam espaço real, exceto para significar NULL ou NOT NULL para a entidade.
- SYS_NCnnnnn$ - São as implementações escalares de seus tipos de objeto embutidos. Como a PERSON_TYPE tinha ADDRESS_TYPE embutido nela, o Oracle precisava fazer espaço para armazená-las no tipo de colunas apropriado. Os nomes gerados pelo sistema são necessários, visto que um nome de coluna precisa ser único e não há nada que nos impeça de usar o mesmo tipo de objeto mais de uma vez, como fizemos. Se os nomes não fossem gerados, acabaríamos com duas colunas ZIP.

Exatamente como com a tabela aninhada, há muitas coisas acontecendo aqui. Uma pseudochave principal de 16 bytes foi acrescentada, há colunas virtuais e um índice, criado para nós. Podemos mudar o comportamento padrão com relação ao valor do identificador de objeto, designado a um objeto, como veremos em um momento. Vejamos primeiro a SQL prolixa completa que a nossa tabela iria gerar; de novo, isso foi gerado usando EXP/IMP:

```
CREATE TABLE "TKYTE"."PEOPLE"
OF "PERSON_TYPE" OID '36101E4C6B7E4F7E96A8A6662518965C'
OIDINDEX (PCTFREE 10   INITRANS 2 MAXTRANS 255
          STORAGE(INITIAL 131072 NEXT 131072
              MINEXTENTS 1 MAXEXTENTS 4096
              PCTINCREASE 0   FREELISTS 1 FREELIST GROUPS 1
              BUFFER_POOL DEFAULT)
TABLESPACE "USERS")
PCTFREE 10 PCTUSED 40
INITRANS 1 MAXTRANS 255
LOGGING STORAGE(INITIAL 131072 NEXT 131072
              MINEXTENTS 1 MAXEXTENTS 4096
              PCTINCREASE 0 FREELISTS 1 FREELIST GROUPS 1
              BUFFER_POOL DEFAULT) TABLESPACE "USERS"
/

ALTER TABLE "TKYTE"."PEOPLE" MODIFY
("SYS_NC_OID$" DEFAULT SYS_OP_GUID( ))
/
```

Isso nos dá um pouco mais de visão interna do que realmente está acontecendo. Agora vemos claramente a cláusula OIDINDEX e vemos uma referência à coluna SYS_NC_OID$. Essa é a chave principal oculta da tabela. A função SYS_OP_GUID, é igual à função SYS_GUID. Ambas retornam um identificador global único, que tem um campo RAW de 16 bytes.

A sintaxe OID '<big hex number>' não está documentada no material do Oracle. Tudo o que isso está fazendo é garantir que, durante uma EXP e subseqüente IMP, o tipo subjacente PERSON_TYPE seja de fato, o *mesmo* tipo. Isso evitará um erro que poderia acontecer se você:

1. Criou a tabela PEOPLE.
2. A exportou.
3. Soltou-a e ao PERSON_TYPE subjacente.
4. Criou um novo PERSON_TYPE com atributos diferentes.
5. Importou os antigos dados de PEOPLE.

Obviamente, essa exportação não pode ser importada na nova estrutura — ela não caberá. Essa verificação evita que isso aconteça. Você pode referir-se ao Capítulo 8, mais adiante, para diretrizes relativas à importação e exportação e mais detalhes sobre tabelas de objeto.

Se recordar, mencionei que podemos mudar o comportamento do identificador de objeto designado a uma cópia de objeto. Em vez do sistema gerar uma pseudochave principal para nós, podemos usar a chave natural de um objeto. Em princípio isso pode parecer auto-anulação — SYS_NC_OID$ ainda irá aparecer na definição de tabela em SYS.COL$ e, de fato, parecerá gastar enormes quantidades de armazenagem se comparado à coluna gerada pelo sistema. Entretanto, de novo, há um trabalho 'mágico' aqui. A coluna SYS_NC_OID$ em uma tabela de objeto que é baseada em uma *chave principal* e não gerada por *sistema*, é uma coluna virtual, e não consome armazenagem real no disco. Eis um exemplo que mostra o que acontece no dicionário de dados, mostrando que não há consumo físico de armazenagem para a SYS_NC_OID$. Começaremos com uma análise da tabela OID gerada pelo sistema:

```
tkyte@TKYTE816> CREATE TABLE "TKYTE"."PEOPLE"
     2      OF "PERSON_TYPE"
     3    /

Table created.

tkyte@TKYTE816> select name, type#, segcollength
     2         from sys.col$
     3        where obj# - ( select object_id
     4                         from user_objects
     5                        where object_name = 'PEOPLE' )
     6          and name lime 'SYS\_NC\_%' escape '\'
     7    /

NAME                              TYPE#      SEGCOLLENGTH
--------------------              -----      ------------
SYS_NC_OID$                          23                16
SYS_NC_ROWINFO$                     121                 1

tkyte@TKYTE816> insert into people(name)
     2    select rownum from all_objects;

21765 rows created.

tkyte@TKYTE816> analyze table people compute statistics;
Table analyzed.

tkyte@TKYTE816> select table_name, avg_row_len from user_object_tables;

TABLE_NAME                   AVG_ROW_LEN
------------------           -----------
PEOPLE                                25
```

Vimos aqui que o comprimento médio de fileira é de 25 bytes, 16 bytes para a SYS_NC_OID$ e 9 para a NAME. Agora vamos fazer a mesma coisa, mas usando uma chave principal na coluna NAME, como o identificador de objeto:

```
tkyte@TKYTE816> CREATE TABLE "TKYTE"."PEOPLE"
     2      OF "PERSON_TYPE"
     3       ( constraint people_pk primary key(name) )
     4      object identifier is PRIMARY KEY
     5  /

Table created.

tkyte@TKYTE816> select name, type#, segcollength
     2        from sys.col$
     3       where obj# = ( select object_id
     4                        from user_objects
     5                       where object_name = 'PEOPLE' )
     6         and name like 'SYS\_NC\_%' escape '\'
     7  /

NAME                         TYPE#     SEGCOLLENGTH
---------------------        -----     ------------
SYS_NC_OID$                    23              81
SYS_NC_ROWINFO$               121               1
```

De acordo com isso, em vez de uma pequena coluna de 16 bytes, temos uma grande coluna de 81 bytes! Realmente, não há dados armazenados lá. Eles serão Null. O sistema irá gerar um ID único, baseado na tabela de objeto, seu tipo subjacente e o valor, na própria fileira. Podemos ver isso aqui:

```
tkyte@TKYTE816> insert into people (name)
     2     values ( 'Hello World!' );

1 row created.

tkyte@TKYTE816> select sys_nc_oid$ from people p;

SYS_NC_OID$
-------------------------------------------------
7129B0A94D3B49258CA926D8FDD6EEB00000017260100010001002900000
0000000C07001E0100002A00078401FE000000140C48656C6C6F20576F72
6C64210000000000000000000000000000000000000000

tkyte@TKYTE816> select utl_raw.cast_to_raw( 'Hello World!' ) data
     2    from dual;

DATA
-------------------------------------------------
48656C6C6F20576F726C6421

tkyte@TKYTE816> select utl_raw.cast_to_varchar2(sys_nc_oid$) data
     2    from people;

DATA
-------------------------------------------------
<garbage data....... .>Hello World!
```

Se selecionarmos a coluna SYS_NC_OID$ e inspecionarmos o depósito HEX da string que inserimos, veremos que a própria fileira de dados está embutida no ID de objeto. Convertendo o id de objeto em um VARCHAR2, podemos confirmar apenas aquela visualidade. Significa que os nossos dados são armazenados duas vezes com muito código extra nele? Na verdade, não pode:

```
tkyte@TKYTE816> insert into people(name)
     2    select rownum from all_objects;
```

```
21766 rows created.

tkyte@TKYTE816> analyze table people compute statistics;

Table analyzed.

tkyte@TKYTE816> select table_name, avg_row_len from user_object_tables;

TABLE_NAME                     AVG_ROW_LEN
------------------------------ -----------
PEOPLE                                   8
```

A média de comprimento da fileira agora é de apenas 8 bytes. O código extra de armazenar a chave gerada pelo sistema se foi e os 81 bytes que você pode imaginar que vai ter realmente não estão lá. O Oracle sintetiza os dados depois de selecionar da tabela.

Agora uma opinião. Os componentes relativos a objeto (tabelas aninhadas, tabelas de objeto) são principalmente o que chamo de 'açúcar sintático'. Eles são sempre traduzidos nas 'boas e velhas' fileiras e colunas relacionais. Pessoalmente, prefiro não usá-las como mecanismos de armazenagem física. Há porções demais de 'mágica' acontecendo — efeitos colaterais que não são claros. Você obtém colunas ocultas, índices extras, colunas pseudo surpresas e assim por diante. *Isso não significa que os componentes relativos a objeto são uma perda de tempo*, na verdade, pelo contrário. Os uso constantemente em PL/SQL. Os uso com vistas de objeto. Posso conseguir o benefício de construção de uma tabela aninhada (menos dados retornados pela rede em um detalhe de relacionamento principal, conceitualmente mais fácil para se trabalhar etc.) sem qualquer das preocupações da armazenagem física. Isso porque posso usar vistas de objeto para sintetizar meus objetos a partir de meus dados relacionais, o que resolve a maioria das minhas preocupações com tabelas objeto/tabelas aninhadas naquela armazenagem física ditada por mim: as condições de união são configuradas por mim e as tabelas estão disponíveis como tabelas relacionais (razão pela qual serão necessários muitas ferramentas e aplicativos terceirizados), naturalmente. As pessoas que exigem uma vista de objeto de dados relacionais podem tê-los e as pessoas que precisam da vista relacional podem tê-la. Como as tabelas de objeto são realmente tabelas relacionais distintas, estamos fazendo a mesma coisa que o Oracle faz por nós por trás das cenas, apenas podemos fazer com mais eficiência, pois não temos que fazê-lo genericamente, como ele. Por exemplo, usando os tipos definidos acima, eu poderia tão facilmente usar o seguinte:

```
tkyte@TKYTE816> create table people_tab
  2  ( name          varchar2(30) primary key,
  3    dob           date,
  4    home_city     varchar2(30),
  5    home_street   varchar2(30),
  6    home_state    varchar2(2),
  7    home_zip      number,
  8    work_city     varchar2(30),
  9    work_street   varchar2(30),
 10    work_state    varchar2(2),
 11    work_zip      number
 12  )
 13  /

Table created.

tkyte@TKYTE816> create view people of person_type
  2     with object identifier (name)
  3     as
  4     select name, dob,
  5            address_type(home_city,home_street,home_state,home_zip) home_address,
  6            address_type(work_city,work_street,work_state,work_zip) work_address
  7       from people_tab
  8  /

View created.
```

```
tkyte@TKYTE816> insert into people values ( 'Tom', '15-mar-1965',
  2     address_type( 'Reston', '123 Main Street', 'Va', '45678' ),
  3     address_type( 'Redwood', '1 Oracle Way', 'Ca', '23456' ) );

1 row created.
```

Entretanto, consigo praticamente o mesmo efeito, sei exatamente o que está armazenado, como está armazenado e onde está armazenado. Em objetos mais complexos, podemos precisar codificar disparadores INSTEAD OF nas Vistas de Objeto para permitir modificações através da vista.

Tabela de objeto envolvida

As tabelas de objeto são usadas para implementar um modelo relativo a objeto em Oracle. Uma única tabela de objeto criará muitos objetos físicos de banco de dados e acrescentará colunas adicionais ao seu esquema, para gerenciar tudo. Há alguma quantidade de 'mágica' associada às tabelas de objeto. Object Views permite que você se beneficie da sintaxe e da semântica de 'objetos' enquanto, ao mesmo tempo, consegue controle completo sobre a armazenagem física dos dados, permitindo acesso relacional aos dados subjacentes. Daquela forma, você pode conseguir o melhor de ambos os mundos, relacional e relativo a objeto.

Resumo

Esperamos que, depois de ler este capítulo, você tenha chegado à conclusão de que nem todas as tabelas são criadas igualmente. O Oracle oferece uma rica variedade de tipos de tabelas que você pode explorar. Neste capítulo, cobrimos muitos dos aspectos notáveis de tabelas em geral e os muitos tipos diferentes de tabelas que o Oracle oferece para nosso uso.

Começamos vendo alguma terminologia e parâmetros de armazenagem associados às tabelas. Vimos a utilidade de FREELISTs em um ambiente de múltiplos usuários, onde uma tabela é inserida/atualizada simultaneamente por muitas pessoas, com freqüência. Investigamos o significado de PCTFREE e PCTUSED e desenvolvemos algumas diretrizes para configurá-los corretamente.

Depois fomos para os diferentes tipos de tabelas, começando com o acúmulo comum. A tabela organizada por acúmulo é, de longe, mais comumente usada na maioria dos aplicativos Oracle, e é o tipo de tabela padrão. Nos movemos para as tabelas organizadas por índices, a habilidade de armazenar os dados de sua tabela em um índice. Vimos como são aplicáveis a diversos usos, como tabelas de busca e listas invertidas, em que uma tabela de acúmulo poderia ser apenas uma cópia redundante dos dados. Em seguida, vimos como elas realmente podem ser úteis quando misturadas a outros tipos de tabela, especificamente o tipo de tabela aninhada.

Vimos os objetos de grupo, dos quais Oracle tem dois tipos: índice e residual. Os objetivos do grupo têm dois lados:

- ❏ Para nos oferecer a habilidade de armazenar dados de muitas tabelas, reunidos — no(s) mesmo(s) bloco(s) de banco de dados e
- ❏ Para nos oferecer a habilidade de forçar como os dados são armazenados fisicamente 'juntos', com base em algum grupo chave — desse modo, todos os dados do departamento 10 (das minhas tabelas) podem ser armazenados juntos.

Tais recursos nos permitem acessar muito rapidamente esses dados relacionados, com o mínimo de I/O física que, caso contrário, precisaria ser puxada para reunir todos os dados. Observamos as principais diferenças entre grupos de índice e grupos residuais e discutimos quando cada um deve ser apropriado (e quando não devem).

Em seguida, nos movemos para as tabelas aninhadas. Recuperamos a sintaxe, a semântica e o uso desses tipos de tabelas. Vimos como elas, de fato, são tabelas geradas pelo sistema e um par pai/filho mantido, e descobrimos como o Oracle faz isso para nós, fisicamente. Vimos o uso de diferentes tipos de tabelas em tabelas aninhadas, que por padrão usam uma tabela baseada em acúmulo. Descobrimos que poderia nunca existir um motivo para não usar uma IOT, em vez de uma tabela de acúmulo em tabelas aninhadas.

A seguir olhamos os prós e os contras de tabelas temporárias; vendo como criá-las, de onde elas obtém sua armazenagem e o fato que elas não introduzem aspectos relativos à consecução no tempo de execução. Exploramos as diferenças entre tabela temporária em termos de sessão e de transação. Discutimos o método adequado para usar tabelas temporárias em um banco de dados Oracle.

Esta seção foi encerrada com uma vista nos trabalhos de tabelas de objeto. Como as tabelas aninhadas, descobrimos que há muito acontecendo por trás com as tabelas de objeto em Oracle. Discutimos como as vistas de objeto no alto de tabelas relacionais podem nos oferecer a funcionalidade de uma tabela de objeto, enquanto ao mesmo tempo oferecem acesso, facilmente, aos dados relacionais subjacentes; um tópico que veremos em mais detalhes no Capítulo 20.

7
Índices

A indexação é um aspecto crucial do design e do desenvolvimento de seu aplicativo. Indexações demais farão o desempenho de DML sofrer. Indexações de menos farão o desempenho de consultas (incluindo inserções, atualizações e remoções) sofrer. Encontrar a mistura certa é crítico para o desempenho de seu aplicativo.

Com freqüência, descubro que os índices são um pensamento posterior no desenvolvimento de aplicativo. Acredito que essa é a abordagem errada. Desde o início, se você entender como os dados serão usados, deve ser capaz de aparecer com um conjunto representativo de índices que usará em seu aplicativo. Muitas vezes a abordagem parece ser atirar o aplicativo lá e depois ver quais são os índices necessários. Isso significa que você não se preocupou em entender como os dados serão usados e com quantas fileiras você lidará. Você estará acrescentando índices a esse sistema para sempre, na medida que o volume de dados crescer com o tempo (sintonização reativa). Você terá índices redundantes, que nunca são usados, e isso desperdiça espaço e recursos de computação. Um pouco antes de começar, pense adequadamente quanto e como indexar seus dados irá poupar muitas horas de 'sintonização' mais adiante (note que eu disse 'irá' e não 'talvez vá').

O objetivo básico deste capítulo é dar uma visão geral dos índices disponíveis para uso em Oracle e discutir quando e onde você pode usá-los. Esse capítulo será diferente dos outros neste livro em termos de estilo e formato. A indexação é um tópico imenso — você poderia escrever um livro inteiro sobre o assunto. Em parte porque isso é o que une as funções do desenvolvedor e do DBA. O desenvolvedor precisa estar ciente deles, como são utilizados nos aplicativos, quando usá-los (e quando não usá-los) e assim por diante. O DBA está preocupado com o crescimento de um índice, o grau de fragmentação dentro de um índice e outras propriedades físicas. Estaremos atacando os índices principalmente do ponto de vista de seu uso prático em aplicativos (não lidaremos especificamente com a fragmentação de índice etc.). A primeira metade deste capítulo representa o conhecimento básico que acredito que você precise para fazer escolhas inteligentes sobre quando indexar e qual tipo de índice usar. A segunda responde a algumas das perguntas mais freqüentes sobre índices.

Os vários exemplos neste livro exigem diferentes lançamentos de Oracle. Quando um recurso específico requer Oracle 8i Enterprise ou Personal Edition, especificarei. A maioria dos exemplos de indexação B*Tree exige o Oracle 7.0 e versões posteriores. Os exemplos de indexação de bitmap exigem Oracle 7.3.3 ou versões posteriores (Enterprise ou Personal Edition). Os índices baseados em função e índices de aplicativo de domínio exigem Oracle 8i nas edições Enterprise ou Personal. A seção *P*erguntas Feitas com Freqüência aplica-se a todos os lançamentos de Oracle.

Uma visão geral dos índices de Oracle

O Oracle oferece diferentes tipos de índices para nosso uso. Resumidamente, são eles:

- **Índices B*Tree** — São a esses que me refiro como índices 'convencionais'. De longe, são os índices mais comuns em uso em Oracle e na maioria dos outros bancos de dados. Semelhantes em construção a uma árvore binária, oferecem acesso rápido, por chave, a uma fileira individual ou faixa de fileiras, geralmente exigindo poucas leituras para encontrar a fileira certa. O índice B*Tree tem vários 'subtipos':

Tabelas organizadas por índice — Uma tabela armazenada em uma estrutura B*Tree. Nós as discutimos com alguns detalhes no Capítulo 4. Aquela seção também cobriu a armazenagem física de estruturas B*Tree, portanto não a repetiremos.

Índices de grupo B*Tree — Uma ligeira variante do índice acima. São usados para indexar as chaves grupo (veja *Tabelas de índice agrupado*, no Capítulo 4) e não serão discutidos novamente neste capítulo. Não são usados para ir de uma chave para uma fileira, mas em vez disso, de uma chave de grupo para o bloco que contém as fileiras relacionadas àquela chave de grupo.

Índices de chave invertida — São índices B*Tree, onde os bytes na chave são 'invertidos'. Usados para distribuir mais uniformemente entradas de índice através de um índice preenchido com valores crescentes. Por exemplo, se estou usando uma seqüência para gerar uma chave principal, a seqüência irá gerar valores como 987500, 987501, 987502 etc. Como esses valores são seqüenciais, eles tenderiam a ir para o mesmo bloco no índice, aumentando a contenção daquele bloco. Com o índice de chave invertida, o Oracle indexaria: 205789, 105789, 005789. Esses valores tenderiam a ser 'muito distantes' de cada um dos outros no índice e espalhariam as inserções no índice em muitos blocos.

Índices descendentes — No futuro, os índices descendentes não serão vistos como um tipo especial de índice. No entanto, visto que são novos com o Oracle 8i, eles merecem uma vista especial. Os índices descendentes permitem aos dados serem classificados de 'grande' para 'pequeno' (descendente) em vez de pequeno para grande (ascendente), na estrutura de índice. Veremos porque eles podem ser importantes e como trabalham.

- **Índices de bitmap** — Normalmente em uma B*Tree há um relacionamento um-para-um entre uma entrada de índice e uma fileira — uma entrada de índice indica para uma fileira. Com um índice de bitmap, uma única entrada de índice usa um bitmap para indicar simultaneamente para muitas fileiras. Eles são apropriados para dados de baixa cardinalidade (dados com poucos valores distintos), que na maioria são apenas de leitura. Uma coluna que toma três valores: Y, N e NULL em uma tabela de um milhão de fileiras pode ser uma boa candidata a um índice de bitmap. Os índices de bitmap nunca devem ser considerados em um banco de dados OLTP para aspectos relativos a consecução (o que discutiremos no devido tempo).

- **Índices baseados em função** — São índices B*Tree ou Bitmap que armazenam o resultado computado de uma função em coluna(s) de fileiras — não nos dados da própria coluna. Podem ser usados para agilizar consultas do formulário: SELECT * FROM T WHERE FUNCTION(DATABASE_COLUMN) = SOME_VALUE, uma vez que o valor FUNCTION(DATABASE_COLUMN) já foi computado e armazenado no índice.

- **Índices de aplicativo de domínio** — Os índices que você mesmo monta e armazena, seja em Oracle ou fora dele. Você dirá ao otimizador o quanto seu índice é seletivo, o quanto é caro executá-lo, e o otimizador decidirá usar ou não o seu índice, com base naquelas informações. O índice de texto interMedia é um exemplo de índice de aplicativo de domínio; ele é montado usando as mesmas ferramentas que você pode usar para montar o seu próprio índice.

- **Índices de texto interMedia** — Esse é um índice especializado montado no Oracle, que permite a busca de palavras chave de grandes corpos de texto. Retardaremos uma discussão sobre esses até o Capítulo 17.

Como você pode ver, esses são os diversos tipos de índices a escolher. O que eu gostaria de fazer nas próximas seções é apresentar alguns detalhes técnicos sobre como eles trabalham e quando eles devem ser usados. Novamente, gostaria de enfatizar que não cobriremos determinados tópicos relativos a DBA. Por exemplo, não cobriremos a mecânica de uma remontagem online, em vez disso nos concentraremos nos detalhes práticos relativos a aplicativo.

Índices B*Tree

B*Tree ou os índices que chamarei 'convencionais' são o tipo mais usado de estrutura de indexação no banco de dados. Eles são semelhantes em implementação a uma árvore de busca binária. Seu objetivo é minimizar a quantidade de tempo que o Oracle gasta buscando pelos dados. Falando vagamente, se você tiver um índice em uma coluna de número, a estrutura poderá se parecer com isto:

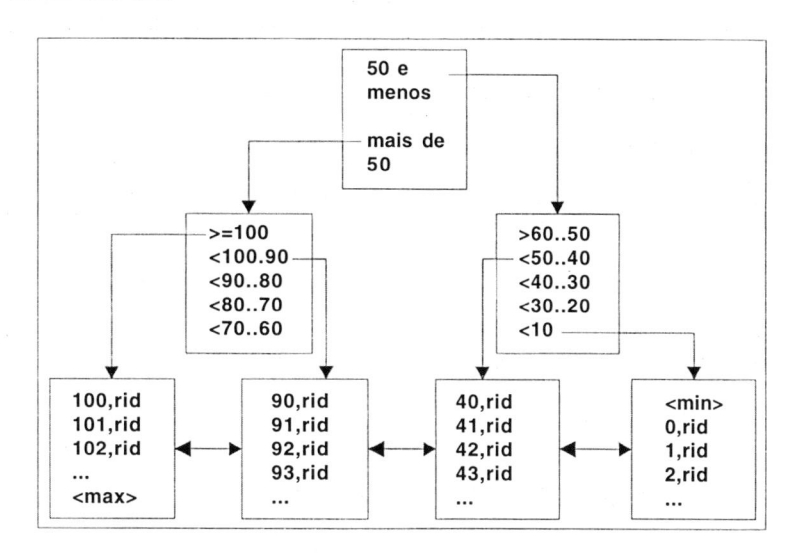

```
                    ┌─────────┐
                    │  50 e   │
                    │ menos   │
                    │         │
                    │ mais de │
                    │   50    │
                    └─────────┘
        ┌──────────────┘     └──────────────┐
        ▼                                   ▼
  ┌──────────┐                        ┌──────────┐
  │ >=100    │                        │ >60..50  │
  │ <100.90  │                        │ <50..40  │
  │ <90..80  │                        │ <40..30  │
  │ <80..70  │                        │ <30..20  │
  │ <70..60  │                        │ <10      │
  └──────────┘                        └──────────┘
   │      │                            │      │
   ▼      ▼                            ▼      ▼
┌──────┐┌──────┐                    ┌──────┐┌──────┐
│100,rid││90,rid│                   │40,rid││<min> │
│101,rid││91,rid│                   │41,rid││0,rid │
│102,rid││92,rid│ ◄──►              │42,rid││1,rid │
│ ...  ││93,rid│                    │43,rid││2,rid │
│<max> ││ ...  │                    │ ...  ││ ...  │
└──────┘└──────┘                    └──────┘└──────┘
```

Os blocos de nível mais baixo na árvore, chamados leaf nodes, contêm cada chave indexada e um ID de fileira (rid, na figura) que indica para a fileira que ele está indexando. Os blocos internos, acima da folha de nós, são conhecidos como **branch blocks**. São usados para navegar através da estrutura. Por exemplo, se quiséssemos encontrar o valor 42 no índice, começaríamos no alto da árvore e iríamos para a direita. Inspecionaríamos aquele bloco a fim de descobrir se seria necessário ir para o bloco na faixa 'menos do que 50 para 40'. Esse bloco seria a folha de bloco e nos indicaria para as fileiras que contivessem o número 42. É interessante notar que as folhas de nós do índice na verdade são listas duplamente vinculadas. Quando descobrirmos onde 'começar' na folha de nós — quando tivermos encontrado aquele primeiro valor — será muito fácil fazer uma digitalização organizada de valores (também conhecida como uma **index range scan** — digitalização de faixa de índice). Não temos que navegar mais a estrutura; apenas prosseguiremos através da folha de nós. Isso torna muito simples solucionar um predicado, como o este:

```
where x between 20 and 30
```

O Oracle encontra o primeiro bloco de índice que contém 20 e depois apenas caminha horizontalmente através da lista vinculada de folha de nós, até finalmente atingir um valor que seja maior do que 30.

Na verdade, não há nada como um índice não único em uma B*Tree. Em um índice não único, o Oracle simplesmente acrescenta o ID de fileira da fileira ao índice chave, para torná-lo único. Em um índice único, como definido por você, o Oracle não acrescenta o ID de fileira ao índice chave. Em um índice não único, descobriremos que os dados são classificados por valores de índice chave (na ordem do índice chave) e depois por ID de fileira. Em um índice único, os dados são classificados apenas pelos valores de índice chave.

Uma das propriedades de uma B*Tree é que todas as folhas de blocos devem estar no mesmo nível que a árvore, embora tecnicamente a diferença em altura, através da árvore, possa variar em um. Esse nível também é conhecido como a **altura** do índice, significando que todos os nós acima das folhas de nós só indicam para baixo, mais especificamente os nós, enquanto que as entradas na folha de nós indicam para os IDs específicos de fileira, ou uma faixa de IDs de fileira. A maioria dos índices B*Tree terá uma altura de 2 ou 3, até em milhões de registros. Isso significa que, em geral, ele fará 2 ou 3 leituras para encontrar a sua chave no índice — o que não é tão ruim. Uma outra propriedade é que as folhas são autobalanceadas, em outras palavras, todas estão no mesmo nível, o que na maioria dos casos é verdade. Há algumas oportunidades para o índice ter um balanceamento quase perfeito, devido a atualizações e remoções. O Oracle tentará manter cada bloco no índice entre cerca de três-quartos a completamente cheio embora, de novo, DELETEs e UPDATEs também possam alterar isso. Geralmente, a B*Tree é um excelente mecanismo de indexação de objetivo geral, que funciona bem em grandes e pequenas tabelas e sofre pouca, se alguma, degradação à medida que cresce o tamanho da tabela subjacente, desde que a árvore não seja distorcida.

Uma das coisas interessantes que você pode fazer com um índice B*Tree é 'compactá-lo'. Essa não é o mesmo tipo de compactação com a qual os arquivos zip são compactados; em vez disso, essa é a compactação que remove redundâncias dos índices concatenados. Cobrimos isso com alguns detalhes na seção *Tabelas organizadas por índice*, no Capítulo 6, mas o reveremos rapidamente, aqui. O conceito básico por trás de um índice de chave compactada é que cada entrada é partida em duas partes — um componente 'prefixo' e um 'sufixo'. O prefixo é montado nas colunas da frente do índice concatenado e tem muitos valores repetidos. O sufixo está nas últimas colunas no índice chave e é o único componente da entrada de índice dentro do prefixo. Por exemplo, criaremos uma tabela e um índice e mediremos seu espaço sem compactação — depois, recriaremos o índice com compactação de índice chave capacitado e veremos a diferença:

Este exemplo chama pelo procedimento show_space, dado no Capítulo 6.

```
tkyte@TKYTE816> create table t
  2  as
  3  select * from all_objects
  4  /

Table created.

tkyte@TKYTE816> create index t_idx on
  2  t(owner,object_type,object_name);

Index created.

tkyte@TKYTE816>
tkyte@TKYTE816> exec show_space('T_IDX',user,'INDEX')

Free Blocks.................  0
Total Blocks ...............  192
Total Bytes ................  1572864
Unused Blocks ..............  35
Unused Bytes ...............  286720
Last Used Ext FileId .......  6
Last Used Ext BlockId ......  649
Last Used Block ............  29

PL/SQL procedure successfully completed.
```

O índice alocou 192 blocos e tem 35 que não contêm dados (157 blocos no total de uso). Podemos ver que o componente OWNER é repetido muitas vezes. Um único bloco de índice terá dúzias de entradas, como:

```
Sys,Package,Dbms_Alert
Sys,Package,Dbms_Application_Info
Sys,Package,Dbms_Aq
Sys,Package,Dbms_Aqadm
Sys,Package,Dbms_Aqadm_Sys
Sys,Package,Dbms_Aqadm_Syscalls
Sys,Package,Dbms_Aqin
Sys,Package,Dbms_Aqjms
....
```

Poderíamos decompor disso a coluna OWNER repetida, resultando em um bloco que se parece mais com:

```
Sys
Package,Dbms_Alert
Package,Dbms_Application_Info
Package,Dbms_Aq
Package,Dbms_Aqadm
Package,Dbms_Aqadm_Sys
Package,Dbms_Aqadm_Syscalls
Package,Dbms_Aqin
Package,Dbms_Aqjms
....
```

Aqui, o nome do proprietário aparece uma vez na folha de blocos — não uma vez por entrada repetida. Se recriássemos aquele índice usando compactação com a coluna inicial:

```
tkyte@TKYTE816> drop index t_idx;
Index dropped.

tkyte@TKYTE816> create index t_idx on
  2    t(owner,object_type,object_name)
  3    compress 1;
Index created.

tkyte@TKYTE816> exec show_space('T_IDX',user,'INDEX')
Free Blocks .................... 0
Total Blocks ................... 192
Total Bytes .................... 1572864
Unused Blocks .................. 52
Unused Bytes ................... 425984
Last Used Ext FileId ........... 6
Last Used Ext BlockId .......... 649
Last Used Block ................ 12

PL/SQL procedure successfully completed.
```

Podemos ver que isso reduziu o tamanho total da estrutura de 157 blocos usados para 140, uma redução de cerca de 10 por cento. Podemos ir mais adiante, compactando as duas primeiras colunas, o que resultará em blocos onde ambos, OWNER e OBJECT_TYPE, serão decompostos em termos de bloco:

Sys,Package
Dbms_Application_Info
Dbms_Aq
Dbms_Aqadm
Dbms_Aqadm_Sys
Dbms_Aqadm_Syscalls
Dbms_Aqin
Dbms_Aqjms
....

Agora, quando usarmos a compactação nas duas primeiras colunas:

```
tkyte@TKYTE816> drop index t_idx;
Index dropped.

tkyte@TKYTE816> create index t_idx on
  2    t(owner,object_type,object_name)
  3    compress 2;
Index created.

tkyte@TKYTE816>
tkyte@TKYTE816> exec show_space('T_IDX', user, 'INDEX')
Free Blocks ................ 0
Total Blocks ............... 128
Total Bytes ................ 1048576
Unused Blocks .............. 15
Unused Bytes ............... 122880
Last Used Ext FileId ....... 6
Last Used Ext BlockId ...... 586
Last Used Block ............ 49

PL/SQL procedure successfully completed.
```

Esse índice tem 113 blocos, cerca de trinta por cento a menos que o índice original. Dependendo de quão repetidos são os seus dados, isso pode aumentar. Você não consegue essa compactação gratuitamente. A estrutura de índice compactado agora é mais complexa do que costumava ser. O Oracle gastará mais tempo processando os dados nessa estrutura, tanto enquanto estiver mantendo o índice durante as modificações, quanto quando você buscar o índice durante uma consulta. O que estamos fazendo aqui é trocar o tempo aumentado de CPU pelo tempo de I/O reduzido. O nosso cache de buffer de bloco será capaz de conter mais entradas de índice do que antes, a nossa taxa de acesso ao cachê poderá subir, nossas I/Os físicas devem cair, mas tomará um pouco mais de potência de CPU para processar o índice e também aumentará as chances de contenção de bloco. Exatamente como em nossa discussão sobre o grupo residual, ele tomou mais CPU para recuperar um milhão de fileiras aleatórias, mas metade da I/O, precisamos estar cientes da troca. Se atualmente você estiver ligado a CPU, acrescentar índices de chave compactada pode tornar seu processamento lento. Por outro lado, se você estiver ligado a I/O, usá-los pode apressar as coisas.

Índices de chave inversa

Um outro recurso de um índice B*Tree é a habilidade de 'inverter' suas chaves. Primeiro você precisa se perguntar: 'Por que eu iria querer fazer isso?'. Eles foram designados para um ambiente específico, para um aspecto específico. Foram implementados para reduzir a contenção nas folhas de blocos de índice em um ambiente Oracle Parallel Server (OPS).

Discutimos OPS no Capítulo 2.

Ele é uma configuração de Oracle, onde múltiplas cópias podem montar e abrir o mesmo banco de dados. Se duas cópias precisarem modificar o mesmo bloco de dados simultaneamente, elas compartilharão o mesmo bloco fluindo para o disco, para que a outra cópia possa lê-lo. Essa atividade é conhecida como '*pinging*'. O agrupamento é algo a ser evitado ao usar OPS, mas será virtualmente inevitável se você tiver um índice B*Tree convencional — isso está em uma coluna cujos valores são gerados por um número em seqüência. Qualquer um tentará modificar o lado esquerdo da estrutura de índice, pois eles inserem novos valores (veja a figura no início da seção sobre *Índices B*Tree*, que mostra que 'valores mais altos' no índice vão para a esquerda, valores mais baixos para a direita). Em um ambiente OPS, as modificações nos índices em colunas preenchidas por seqüências são focalizadas em um pequeno conjunto de folhas de blocos. Inverter as chaves do índice permite que inserções sejam distribuídas através de todas as filhas chave no índice, embora a tendência seja tornar o índice menos eficientemente empacotado.

Um índice de chave inversa simplesmente inverterá os bytes de cada coluna em um índice chave. Se considerarmos os números 90101, 90102, 90103 e olharmos sua representação interna usando a função Oracle DUMP, descobriremos que eles são representados como:

```
tkyte@TKYTE816> select 90101, dump(90101,16) from dual
  2  union all
  3  select 90102, dump(90102,16) from dual
  4  union all
  5  select 90103, dump(90103,16) from dual
  6  /

     90101    DUMP(90101,16)
---------- ---------------------
     90101    Typ=2 Len=4: c3,a,2,2
     90102    Typ=2 Len=4: c3,a,2,3
     90103    Typ=2 Len=4; c3,a,2,4
```

Cada um tem quatro bytes de comprimento, e apenas o último byte é diferente. Esses números acabariam bem próximos uns aos outros em uma estrutura de índice. Porém, se invertêssemos seus bytes, o Oracle inseriria:

```
tkyte@TKYTE816> select 90101, dump(reverse(90101),16) from dual
  2  union all
  3  select 90102, dump(reverse(90102),16) from dual
  4  union all
  5  select 90103, dump(reverse(90103),16) from dual
  6  /
```

```
    90101    DUMP(REVERSE(90101),1
-----        ----------------------
    90101    Typ=2 Len=4: 2,2,a,c3
    90102    Typ=2 Len=4: 3,2,a,c3
    90103    Typ=2 Len=4: 4,2,a,c3
```

Os números terminarão 'longe' uns dos outros. Isso reduz o número de cópias seguindo o mesmo bloco (o bloco da extrema esquerda) e reduz a quantidade de agrupamento. Um índice de chave inversa não pode ser utilizado em todos os casos onde um índice normal pode ser aplicado. Por exemplo, respondendo ao seguinte predicado, um índice de chave inversa em x não seria útil:

```
where x > 5
```

Os dados no índice não são classificados antes dele ser armazenado, assim a digitalização de faixa não funcionará. Por outro lado, algumas digitalizações de faixa podem ser feitas em um índice de chave inversa. Se eu tiver um índice concatenado em X, Y, o seguinte predicado será capaz de usar o índice de chave inversa e fará nele a 'digitalização de faixa':

```
where x = 5
```

Isso porque os bytes de X são invertidos e depois os bytes de Y são invertidos. O Oracle não inverte os bytes de X || Y mas, ao contrário, armazena reverse(X) || reverse(Y). Significa que todos os valores em X = 5 serão armazenados juntos, portanto o Oracle pode digitalizar a faixa daquele índice para encontrá-los.

Índices descendentes

Os índices descendentes são um novo recurso de Oracle 8i, que estende a funcionalidade de um índice B*Tree. Permitem que uma coluna seja armazenada classificada de 'grande' a 'pequena' no índice, em vez de ascendente. Lançamentos anteriores de Oracle sempre suportaram a palavra chave DESC (descendente), mas basicamente a ignoraram — ela não tinha efeito sobre como os dados eram armazenados ou usados no índice. Porém em Oracle 8i ela muda a maneira pela qual o índice é criado e usado.

O Oracle teve a habilidade de ler um índice invertido por algum tempo, assim você pode estar imaginando porque esse recurso é relevante. Por exemplo, se usássemos a tabela T acima e consultássemos:

```
tkyte@TKYTE816> select owner, object_type
  2  from t
  3  where owner between 'T' and 'Z'
  4  and object_type is not null
  5  order by owner DESC, object_type DESC
  6  /
46 rows selected.

Execution   Plan
----------------------------------------------------------
   0        SELECT STATEMENT Optimizer=CHOOSE (Cost=2 Card=46 Bytes=644)
   1    0     INDEX (RANGE SCAN DESCENDING) OF 'T_IDX' (NON_UNIQUE)...
```

Ela está mostrando que o Oracle simplesmente lerá o índice invertido, não há etapa final de classificação nesse plano, os dados são classificados. Onde entra o recurso de índice descendente entretanto, você tem uma mistura de colunas e algumas são classificadas ASC (ascendente) e outras DESC (descendente). Por exemplo:

```
tkyte@TKYTE816> select owner, object_type
  2  from t
  3  where owner between 'T' and 'Z'
  4  and object_type is not null
  5  order by owner DESC, object_type ASC
  6  /
46 rows selected.
```

```
Execution    Plan
-----------------------------------------------------
   0            SELECT STATEMENT Optimizer=CHOOSE (Cost=4 Card=46 Bytes=644)
   1      0     SORT (ORDER BY) (Cost=4 Card=46 Bytes=644)
   2      1     INDEX (RANGE SCAN) OF 'T-IDX' (NON-UNIQUE) (Cost=2 Card=
```

O Oracle não é mais capaz de usar o índice que colocamos em (OWNER, OBJECT_TYPE, OBJECT_NAME) para *classificar* os dados. Ele poderia lê-lo invertido para obter os dados classificados por OWNER DESC, mas precisa ler 'para a frente' para obter OBJECT_TYPE classificado em ASC. Em vez disso, ele coletou tudo das fileiras e depois classificou. Entre com o índice DESC:

```
tkyte@TKYTE816> create index desc_t_idx on t(owner DESC, object_type ASC )
  2  /
Index created.

tkyte@TKYTE816> select owner, object_type
  2    from t
  3   where owner between 'T' and 'Z'
  4     and object_type is not null
  5   order by owner DESC, object_type ASC
  6  /
46 rows selected.

Execution    Plan
-----------------------------------------------------
   0            SELECT STATEMENT Optimizer=CHOOSE (Cost=4 Card=46 Bytes=644)
   1      0     INDEX (RANGE SCAN) OF 'DESC_T_IDX' (NON-UNIQUE)...
```

Agora, mais uma vez, somos capazes de ler os dados classificados, não há etapa de classificação extra ao final do plano. Deve-se notar que a menos que seu parâmetro *compatível* init.ora seja ajustado para 8.1.0 ou superior, a opção DESC na criação de índice será silenciosamente ignorada — nenhum aviso ou erro será produzido, pois esse era o comportamento padrão em lançamentos anteriores.

Quando você deve usar um índice B*Tree?

Não sendo um grande crente no 'método empírico' (há exceções em cada regra), eu não tenho quaisquer métodos empíricos para quando usar (ou não usar) um índice B*Tree. Para demonstrar porque não os tenho, apresentarei dois igualmente válidos:

- Só use B*Tree para indexar colunas se for acessar uma porcentagem muito pequena das fileiras na tabela através do índice
- Use um índice B*Tree se você for processar muitas fileiras de uma tabela e o índice puder ser usado *em vez* da tabela.

Essas regras parecem oferecer conselho conflitante, mas na realidade não o fazem — elas apenas cobrem dois casos completamente diferentes. Há duas maneiras de usar um índice:

1. Como um meio de acessar fileiras em uma tabela. Você lerá o índice para chegar a uma fileira na tabela. Aqui você quer acessar uma porcentagem muito pequena das fileiras na tabela.
2. Como um meio de responder a uma consulta. O índice contém informações suficientes para responder a consulta toda — não precisaremos ir para a tabela. O índice será usado como uma versão 'mais magra' da tabela.

O primeiro caso acima diz se você tem uma tabela T (usando a mesma tabela T de acima) e um plano de consulta que se parece com isto:

```
tkyte@TKYTE816> set autotrace traceonly explain

tkyte@TKYTE816> select owner, status
  2    from T
  4   where owner = USER;
```

```
Execution     Plan
---------------------------------------------------------
    0         SELECT STATEMENT Optimizer=CHOOSE
    1    0      TABLE ACCESS (BY INDEX ROWID) OF 'T'
    2    1        INDEX (RANGE SCAN) OF 'T_IDX' (NON-UNIQUE)
```

Você deveria estar acessando uma porcentagem muito pequena dessa tabela. O aspecto a olhar aqui é o INDEX (RANGE SCAN) seguido por TABLE ACCESS BY INDEX ROWID. Isso significa que o Oracle lerá o índice e depois, em cada entrada de índice, fará uma leitura de bloco de banco de dados (I/O lógica ou física) para obter a fileira de dados. Esse não é o método mais eficiente, se você tiver que acessar uma grande porcentagem de fileiras em T, através do índice (abaixo, definiremos qual pode ser uma grande porcentagem).

Por outro lado, se o índice puder ser usado *em vez* da tabela, você pode processar 100 por cento (ou na verdade, qualquer porcentagem) das fileiras através do índice. Esse é o método empírico número dois. Você pode usar um índice apenas para criar uma versão 'mais magra' de uma tabela (na ordem classificada para inicializar).

A seguinte consulta demonstra esse conceito:

```
tkyte@TKYTE816> select count(*)
  2  from T
  3  where owner = USER;

Execution     Plan
---------------------------------------------------------
    0         SELECT STATEMENT Optimizer=CHOOSE
    1    0      SORT (AGGREGATE)
    2    1        INDEX (RANGE SCAN) OF 'T_IDX' (NON-UNIQUE)
```

Aqui, apenas o índice foi usado para responder à consulta — não importaria agora qual porcentagem de fileiras estávamos acessando, usamos apenas o índice. Podemos ver do plano que a tabela subjacente nunca foi acessada; simplesmente digitalizamos a própria estrutura de índice.

É importante entender a diferença entre os dois conceitos. Quando temos que fazer uma TABLE ACCESS BY INDEX ROWID, precisamos garantir que estamos acessando apenas uma pequena porcentagem do total de fileiras na tabela. Se acessarmos uma porcentagem muito alta das fileiras (maior do que algo entre 1 e 20 por cento das fileiras) irá demorar mais do que se apenas digitalizarmos totalmente a tabela. Com o segundo tipo de consulta acima, onde a resposta é encontrada inteiramente no índice, temos uma estória bem diferente. Lemos um bloco de índice e pegamos muitas 'fileiras' para processar, depois vamos para dentro do próximo bloco de índice e assim por diante — nunca vamos para a tabela. Há também uma **fast full** scan que podemos fazer nos índices, para tornar isso ainda mais rápido, em determinados casos. Uma digitalização completa rápida é quando o banco de dados lê os blocos de índice sem uma ordem em especial — ele simplesmente começa a lê-las. Ele não está mais usando o índice como índice, mas como uma tabela, naquele ponto. As fileiras não saem ordenadas pelas entradas de índice de uma digitalização completa rápida.

Geralmente, um índice B*Tree deve ser colocado na coluna que uso com freqüência no predicado de uma consulta, esperando uma pequena fração dos dados da tabela ser retornada. Em uma tabela 'magra', tabela com poucas ou pequenas colunas, essa fração pode ser muito pequena. Uma consulta que usa esse índice deve esperar recuperar de 2 a 3 por cento (ou menos) das fileiras a serem acessadas na tabela. Em uma tabela 'gorda', tabela com muitas colunas ou com colunas muito largas, essa fração *pode* ir até 20-25 por cento da tabela. Esse conselho não parece fazer sempre sentido para qualquer pessoa, de imediato; ele não é intuitivo, é apurado. Um índice é armazenado pela chave de índice. O índice será acessado em ordem classificada pela chave. Os blocos indicados são armazenados aleatoriamente em um acúmulo. Portanto, à medida que lermos através de um índice para acessar a tabela, faremos muitas I/O aleatórias, **dispersas**. Por dispersas quero dizer que o índice nos dirá para ler o bloco 1, o bloco 1000, o bloco 205, o bloco 321, o bloco 1, o bloco 1032, o bloco 1 e assim por diante — ele não nos pedirá para ler o bloco 1, depois o 2, o 3, de uma forma consecutiva. Tenderemos a ler e reler blocos ao acaso. Fazendo isso, o único bloco I/O pode ser muito lento.

Como exemplo simplista disso, digamos que estamos lendo aquela tabela 'magra' através de um índice e vamos ler 20 por cento das fileiras. Suponha que temos 100.000 fileiras na tabela. Vinte por cento disso é cerca de 20.000 fileiras. Se as fileiras tiverem aproximadamente 80 bytes cada em tamanho, em um banco de dados com um bloco de 8 KB de tamanho, encontraremos cerca de 100 fileiras por bloco. Isso significa que a tabela terá aproximadamente 1000 blocos. A partir daqui, a matemática é muito fácil. Vamos ler 20.000 fileiras através do índice; isso significará 20.000 operações TABLE ACCESS BY ROWID. Processaremos 20.000 blocos de tabela para executar essa consulta. No entanto, há apenas 1000 blocos em toda a tabela! Acabaríamos lendo e processando cada bloco na tabela, 20 vezes, em média! Ainda que aumentássemos o tamanho da fileira em uma ordem de magnitude para 800 bytes por fileira, 10 fileiras por bloco, teríamos 10.000 blocos na tabela. O acesso de índice para 20.000 fileiras ainda nos levaria a ler cada bloco, duas vezes, em média. Nesse caso, uma digitalização completa de tabela será muito mais eficiente do que usar um índice, pois ela só precisa tocar cada bloco uma vez. Qualquer consulta que usasse esse índice para acessar os dados não seria muito eficiente até atingir uma média menor que 5 por cento dos dados da coluna de 800 bytes (depois, acessamos cerca de 5000 blocos) e até menor para a coluna de 80 bytes (cerca de 0.5 por cento ou menos).

Claro que existem fatores que mudam esses cálculos. Suponha que você tem uma tabela onde as fileiras possuem uma chave principal preenchida por uma seqüência. À medida que dados são acrescentados à tabela, fileiras com números seqüenciais são em geral 'seguidas' umas às outras. A tabela é naturalmente agrupada, em ordem, pela chave principal (já que os dados são acrescentados mais ou menos naquela ordem). Ela não será estritamente agrupada na ordem pela chave (precisamos usar uma IOT para conseguir isso), mas em geral as fileiras com chaves principais que são próximas em valor ficarão 'perto', em proximidade física. Agora quando você emitir a consulta:

```
select * from T where primary_key between :x and :y
```

As fileiras que você deseja estarão localizadas nos mesmos blocos. Nesse caso, uma digitalização de faixa de índice pode ser útil, mesmo se ela acessar uma grande porcentagem de fileiras, simplesmente porque os blocos de banco de dados que precisamos ler e reler provavelmente estarão armazenados, visto que os dados são co-alocados. Por outro lado, se as fileiras não estiverem co-alocadas, usar aquele mesmo índice pode ser desastroso para o desempenho. Uma pequena demonstração trará esse fato para casa. Começaremos com uma tabela que é muito organizada pela sua chave principal:

```
tkyte@TKYTE816> create table colocated ( x int, y varchar2(2000) ) pctfree 0;
Table created.

tkyte@TKYTE816> begin
  2    for i in 1 . . 100000
  3    loop
  4        insert into collocated values ( i, rpad(dbms_random.random,75, '*') );
  5    end loop;
  6  end;
  7  /
PL/SQL procedure successfully completed.

tkyte@TKYTE816> alter table collocated
  2  add constraint collocated_pk primary key(x);
Table altered.
```

Essa é uma tabela ajustando a descrição que fizemos acima — cerca de 100 fileiras/bloco em meu banco de dados de 8 KB. Nessa tabela há uma boa chance de que as fileiras com x = 1,2,3 estejam no mesmo bloco. Tomaremos essa tabela e a 'desorganizaremos' propositadamente. Na tabela COLOCATED acima, criamos a coluna Y com um número aleatório na frente — usaremos tal fato para 'desorganizar' os dados — assim, definitivamente, ela não estará mais organizada pela chave principal:

```
tkyte@TKYTE816> create table disorganized nologging pctfree 0
  2  as
  3  select x, y from collocated ORDER BY Y
  4  /
Table created.

tkyte@TKYTE816> alter table disorganized
  2  add constraint disorganized_pk primary key(x);
Table altered.
```

Discutivelmente, essas são tabelas iguais –é um banco de dados relacional, a organização física não se preocupa como as coisas funcionam (pelo menos é o que ensinam nos cursos teóricos de banco de dados). Na verdade, as características de desempenho dessas duas tabelas são diferentes como 'noite e dia'. Dada exatamente a mesma consulta:

```
tkyte@TKYTE816> select * from COLOCATED where x between 20000 and 40000;
20001 rows selected.
```
Elapsed: 00:00:01.02

```
Execution    Plan
- - - - - - - - - - - - - - - - - - - - - - - - - - - - - -
   0           SELECT STATEMENT Optimizer=CHOOSE
   1     0       TABLE ACCESS (BY INDEX ROWID) OF 'COLOCATED'
   2     1         INDEX (RANGE SCAN) OF 'COLOCATED_PK' (UNIQUE)

Statistics
- - - - - - - - - - - - - - - - - - - - - - - - - - - - - -
        0  recursive calls
        0  db block gets
     2909  consistent gets
      258  physical reads
        0  redo size
  1991367  bytes sent via SQL*Net to client
   148387  bytes received via SQL*Net from client
     1335  SQL*Net roundtrips to/from client
        0  sorts (memory)
        0  sorts (disk)
    20001  rows processed
```

```
tkyte@TKYTE816> select * from DISORGANIZED where x between 20000 and 40000;
20001 rows selected.
```
Elapsed: 00:00:23.34

```
Execution    Plan
- - - - - - - - - - - - - - - - - - - - - - - - - - - - - -
   0           SELECT STATEMENT Optimizer=CHOOSE
   1     0       TABLE ACCESS (BY INDEX ROWID) OF 'DISORGANIZED'
   2     1         INDEX (RANGE SCAN) OF 'DISORGANIZED_PK' (UNIQUE)

Statistics
- - - - - - - - - - - - - - - - - - - - - - - - - - - - - -
        0  recursive calls
        0  db block gets
    21361  consistent gets
     1684  physical reads
        0  redo size
  1991367  bytes sent via SQL*Net to client
   148387  bytes received via SQL*Net from client
     1335  SQL*Net roundtrips to/from client
        0  sorts (memory)
        0  sorts (disk)
    20001  rows processed
```

Acho isso incrível. Que diferença o layout físico de dados pode fazer! Para resumir os resultados:

Tabela	Intervalo de tempo	I/O lógica
Colocated	1.02 segundos	2.909
Disorganized	23.34 segundos	21.361

Em meu banco de dados, usando um bloco de 8 KB de tamanho, essas tabelas tinham um total de 1.088 blocos por peça. A consulta na tabela desorganizada se pareceu com o cálculo simples que fizemos acima — fizemos 20.000 mais I/Os lógicas. Processamos cada bloco 20 vezes! Por outro lado, os dados fisicamente colocados derrubaram as I/Os lógicas. Eis o exemplo perfeito de porque os métodos empíricos são tão difíceis de serem oferecidos — em um caso, usar o índice é ótimo, no outro ele cheira mal. Pense nisso na próxima vez em que despejar dados de seu sistema de produção e colocá-los em desenvolvimento — pode muito bem ser parte da resposta à pergunta: 'por que estão executando diferente nesta máquina — eles são idênticos?". Eles não são idênticos.

Apenas envolvendo esse exemplo — vejamos o que acontece quando digitalizamos completamente a tabela desorganizada:

```
tkyte@TKYTE816> select /*+ FULL(DISORGANIZED) */ *
  2   from DISORGANIZED
  3   where x between 20000 and 40000;

20001 rows selected.

Elapsed: 00:00:01.42

Execution     Plan
- - - - - - - - - - - - - - - - - - - - - - - - - - - - - - - - - - -
     0          SELECT STATEMENT Optimizer=CHOOSE (Cost=162 Card=218 Bytes=2
     1    0        TABLE ACCESS (FULL) OF 'DISORGANIZED' (Cost=162 Card=218 B

Statistics
- - - - - - - - - - - - - - - - - - - - - - - - - - - - - - - - - -
         0   recursive calls
        15   db block gets
      2385   consistent gets
       404   physical reads
         0   redo size
   1991367   bytes sent via SQL*Net to client
    148387   bytes received via SQL*Net from client
      1335   SQL*Net roundtrips to/from client
         0   sorts (memory)
         0   sorts (disk)
     20001   rows processed
```

Isso mostra que, nesse caso em especial — devido à maneira com que os dados são fisicamente armazenados no disco, a digitalização completa é muito apropriada. O que leva à pergunta: "Assim, como posso acomodar isso?". A resposta é — use o otimizador baseado em custo (CBO) e ele o fará por você. O caso acima foi executado, até agora, no modo RULE pois nunca reunimos quaisquer estatísticas. A única vez que usamos o otimizador baseado em custo foi quando atingimos a digitalização completa de tabela, acima, e pedimos ao otimizador baseado em custo para fazer algo específico para nós. Se analisarmos as tabelas, podemos pegar algumas informações que o Oracle usará para otimizar essas consultas:

```
tkyte@TKYTE816> analyze table colocated
  2   compute statistics
  3   for table
  4   for all indexes
  5   for all indexed columns
  6   /
Table analyzed.

tkyte@TKYTE816> analyze table disorganized
  2   compute statistics
  3   for table
  4   for all indexes
  5   for all indexed columns
  6   /
Table analyzed.
```

Veremos agora algumas informações que o Oracle usará. Especificamente, vamos ver a coluna CLUSTERING_FACTOR, encontrada na vista USER_INDEXES. O *Manual de referência de Oracle* diz que essa coluna tem o seguinte significado:

Indica a quantidade de ordem das fileiras na tabela, com base nos valores do índice:

- ❏ Se o valor está próximo do número de blocos, a tabela está muito bem ordenada. Nesse caso, as entradas de índice em uma única folha de bloco tendem a indicar para fileiras nos mesmos blocos de dados.
- ❏ Se o valor está próximo do número de fileiras, a tabela é organizada aleatoriamente. Nesse caso, é improvável que as entradas de índice na mesma folha de bloco indiquem para fileiras nos mesmos blocos de dados.

A CLUSTERING_FACTOR é uma indicação de como está organizada a tabela com relação ao próprio índice; quando vemos esses índices, encontramos:

```
tkyte@TKYTE816>    select a.index_name,
  2                b.num_rows,
  3                b.blocks,
  4                a.clustering_factor
  5        from user_indexes a, user_tables b
  6       where index_name in ('COLOCATED_PK', 'DISORGANIZED_PK' )
  7         and a.table_name = b.table_name
  8    /

INDEX_NAME                      NUM_ROWS      BLOCKS    CLUSTERING_FACTOR
-------------------------      ---------     -------    -----------------
COLOCATED_PK                      100000        1063                 1063
DISORGANIZED_PK                   100000        1064                99908
```

COLOCATED_PK é um exemplo clássico de 'a tabela está bem organizada', enquanto DISORGANIZED_PK é o exemplo clássico de 'a tabela está aleatoriamente organizada'. É interessante ver como isso agora afeta o otimizador. Se tentássemos recuperar 20.000 fileiras, o Oracle iria escolher uma digitalização completa de tabela em ambas as consultas (recuperar 20 por cento das fileiras através de um índice não é um plano ótimo, mesmo na tabela bem organizada). Entretanto, se soltarmos 10 por cento dos dados de tabela:

```
tkyte@TKYTE816> select * from COLOCATED where x between 20000 and 30000;
10001 rows selected.

Elapsed: 00:00:00.11

Execution   Plan
----------------------------------------------------------
   0          SELECT STATEMENT Optimizer=CHOOSE (Cost=129 Card=9996 Bytes=839664)
   1      0     TABLE ACCESS (BY INDEX ROWID) OF 'COLOCATED' (Cost=129 Card=9996
   2      1       INDEX (RANGE SCAN) OF 'COLOCATED_PK' (UNIQUE) (Cost=22 Card=9996)

Statistics
----------------------------------------------------------
         0  recursive calls
         0  db block gets
      1478  consistent gets
       107  physical reads
         0  redo size
    996087  bytes sent via SQL*Net to client
     74350  bytes received via SQL*Net from client
       668  SQL*Net roundtrips to/from client
         1  sorts (memory)
         0  sorts (disk)
     10001  rows processed

tkyte@TKYTE816> select * from DISORGANIZED where x between 20000 and 30000;
10001 rows selected.

Elapsed: 00:00:00.42
```

```
Execution    Plan
-------------------------------------------------------------
   0              SELECT STATEMENT Optimizer=CHOOSE (Cost=162 Card=9996 Bytes=839664)
   1    0           TABLE ACCESS (FULL) OF 'DISORGANIZED' (Cost=162 Card=9996

Statistics
-------------------------------------------------------------
        0   recursive calls
       15   db block gets
     1725   consistent gets
      707   physical reads
        0   redo size
   996087   bytes sent via SQL*Net to client
    74350   bytes received via SQL*Net from client
      668   SQL*Net roundtrips to/from client
        1   sorts (memory)
        0   sorts (disk)
    10001   rows processed
```

Temos aqui as mesmas estruturas de tabela — alguns índices, mas diferentes fatores de agrupamento. O otimizado, nesse caso, escolhe um plano de acesso ao índice para a tabela COLOCATED e um plano de acesso de digitalização completa para a tabela DISORGANIZED.

O ponto chave dessa discussão é que índices nem sempre são o método de acesso apropriado. O otimizador pode muito bem estar certo na escolha de não usar um índice, como demonstra o exemplo acima. Existem muitos fatores que influenciam o uso de um índice pelo otimizador — *incluindo* o layout de dados físicos. Você pode executar e tentar remontar todas as suas tabelas, para fazer com que todos os índices tenham um bom fator de agrupamento, mas na maioria dos casos provavelmente seria uma perda de tempo. Isso afetará casos onde você faça digitalizações de faixa de índice de grande porcentagem de uma tabela — na minha experiência, um caso incomum. Além disso, você precisa ter em mente que geralmente a tabela só terá *um* índice com um bom fator de agrupamento! Os dados só podem ser classificados de uma maneira. No exemplo acima — se eu tivesse um outro índice na coluna Y — ele seria pobremente agrupado na tabela COLOCATED, mas muito bem agrupado na tabela DISORGANIZED. Se ter os dados fisicamente agrupados é importante para você — considere a utilização de uma IOT na remontagem de tabela.

Envoltório de B*Trees

Os índices B*Tree são, de longe, as estruturas de indexação mais comuns e bem entendidas no banco de dados Oracle. São mecanismos excelentes de objetivo de indexação. Elas oferecem tempos de acesso muito escalonáveis, retornando dados de um índice de 1.000 fileiras quase na mesma quantidade de tempo que uma estrutura de índice de 100.000 fileiras.

Quando indexar e quais colunas indexar é algo que você precisa prestar atenção em seu design. Um índice nem sempre significa acesso mais rápido; na verdade, você descobrirá que em muitos casos os índices diminuirão o desempenho, se o Oracle os usar. É apenas uma função de quanto de uma porcentagem da tabela você precisará acessar através do índice e como acontece a colocação dos dados. Se você pode usar o índice para 'responder à pergunta', faz sentido acessar uma grande porcentagem das fileiras, pois você estará evitando a dispersão extra de I/O em ler a tabela. Se usar o índice para acessar a tabela, você precisará garantir estar processando uma pequena porcentagem do total da tabela.

Devem ser considerados o design e a implementação de índices *durante* o design de seu aplicativo, não como um pensamento posterior (como vejo tão freqüentemente). Com planejamento cuidadoso e a devida consideração de como você vai acessar os dados, os índices que você precisa ficarão claros, na maioria dos casos.

Índices bitmap

Os índices bitmap foram acrescentados ao Oracle na versão 7.3 do banco de dados. Atualmente, eles estão disponíveis com o Oracle 8i, edições Enterprise e Personal, mas não na edição Standard. Os índices bitmap são destinados para ambientes de armazenagem de dados/ consulta específica, onde o conjunto completo de consultas que pode ser feito sobre os dados **não** é totalmente conhecido pelo sistema por ocasião da implementação. Tipicamente, eles **não** são designados para sistemas OLTP ou sistemas onde os dados são freqüentemente atualizados por muitas sessões consecutivas.

Os índices bitmap são estruturas que armazenam indicadores para muitas fileiras com uma única entrada chave de índice, em comparação a uma estrutura B*Tree, onde há paridade entre as chaves de índice e as fileiras na tabela. Em um índice bitmap haverá uma pequena quantidade de entradas de índice, cada uma das quais indicando para muitas fileiras. Em uma B*Tree, é uma-para-uma — uma entrada de índice indica para uma única fileira.

Digamos que você estivesse criando um índice bitmap na coluna JOB, na tabela EMP, como a seguir:

```
scott@TKYTE816> create BITMAP index job_idx on emp(job);
Index created.
```

O Oracle armazenará no índice algo como o seguinte:

Valor/Fileira	1	2	3	4	5	6	7	8	9	10	11	12	13	14
ANALYST	0	0	0	0	0	0	0	1	0	1	0	0	1	0
CLERK	1	0	0	0	0	0	0	0	0	0	1	1	0	1
MANAGER	0	0	0	1	0	1	1	0	0	0	0	0	0	0
PRESIDENT	0	0	0	0	0	0	0	0	1	0	0	0	0	0
SALESMAN	0	1	1	0	1	0	0	0	0	0	0	0	0	0

Isso mostra que as fileiras 8, 10 e 13 têm o valor ANALYST, enquanto as fileiras 4, 6 e 7 têm o valor MANAGER. Também mostra que não há fileiras nulas (os índices bitmap armazenam entradas nulas — a falta de uma entrada nula no índice implica que não há fileiras nulas). Se eu quisesse contar as fileiras que têm o valor MANAGER, o índice bitmap faria isso muito rapidamente. Se quisesse encontrar todas as fileiras, como aquela em que JOB fosse CLERK ou MANAGER, eu simplesmente combinaria seus bitmaps, do índice, como a seguir:

Valor/Fileira	1	2	3	4	5	6	7	8	9	10	11	12	13	14
CLERK	1	0	0	0	0	0	0	0	0	0	1	1	0	1
MANAGER	0	0	0	1	0	1	1	0	0	0	0	0	0	0
CLERK ou MANAGER	1	0	0	1	0	1	1	0	0	0	1	1	0	1

Isso me mostra, rapidamente, que as fileiras 1, 4, 6, 7, 11, 12 e 14 satisfazem meus critérios. O bitmap que o Oracle armazena com cada valor chave é inicializado para que cada posição represente um ID de fileira na tabela subjacente, se de fato precisarmos recuperar a fileira para mais processamento. Consultas como:

```
select count(*) from emp where job = 'CLERK' or job = 'MANAGER'
```

serão diretamente respondidas a partir do índice bitmap. Uma consulta como:

```
select * from emp where job = 'CLERK' or job = 'MANAGER'
```

por outro lado, precisará ir para a tabela. Aqui, o Oracle aplicará uma função para transformar o fato de que o i° bit está em um bitmap, em um ID de fileira que pode ser usado para acessar a tabela.

Quando você deve usar um índice bitmap?

Os índices bitmap são mais apropriados em dados de baixa cardinalidade. Esses são os dados onde o número de itens distintos no conjunto de fileiras, dividido pelo número de fileiras, é um número pequeno (próximo de zero). Por exemplo, uma coluna GENDER pode tomar os valores M, F e NULL. Se você tivesse uma tabela com 20000 registros de empregados, descobriria que 3/20000 = 0.00015. Essa coluna seria uma candidata a um índice bitmap. Definitivamente, ela *não* seria candidata para um índice B*Tree, pois cada um dos valores tenderia a recuperar uma porcentagem extremamente grande da tabela. Os índices B*Tree devem ser seletivos, conforme esboçado acima. Os índices bitmap não são seletivos, ao contrário, eles devem ser muito 'não seletivos'.

Os índices bitmap são extremamente úteis em ambientes onde você tem muitas consultas específicas, principalmente consultas que referem-se a muitas colunas de uma maneira específica ou que produzem agregações, como COUNT. Por exemplo, suponha que você tem uma tabela com três colunas, GENDER, LOCATION e AGE_GROUP. Nessa tabela GENDER há um valor de M ou F e LOCATION pode tomar os valores de 1 a 50, e AGE_GROUP é um código representando 18 and under, 19-25, 26-30, 31-40, 41 and over. Você precisa suportar um grande número de consultas específicas que tomam a forma:

```
Select count(*)
    from T
 where gender = 'M'
    and location in ( 1, 10, 30 )
    and age_group = '41 and over';

select *
    from t
 where ( ( gender = 'M' and location = 20 )
        or ( gender = 'F' and location = 22 ) )
    and age_group = '18 and under';

select count(*) from t where location in (11,20,30);

select count(*) from t where age_group = '41 and over' and gender = 'F';
```

Você descobre que um esquema de indexação B*Tree convencional falharia. Se quisesse usar um índice para obter a resposta, você precisaria de pelo menos três a seis combinações de possíveis índices B*Tree para acessar os dados. Como qualquer das três colunas ou qualquer subconjunto das três colunas pode aparecer, você precisaria de grandes índices B*Tree concatenados em:

- ❏ GENDER, LOCATION, AGE_GROUP — Em consultas que usaram as três, ou GENDER com LOCATION, ou apenas GENDER.
- ❏ LOCATION, AGE_GROUP — Em consultas que usaram LOCATION e AGE_GROUP ou só LOCATION.
- ❏ AGE_GROUP, GENDER — Em consultas que usaram AGE_GROUP com GENDER ou só AGE_GROUP.

Para reduzir a quantidade de dados gerados, outras permutas também podem ser razoáveis, afim de diminuir o tamanho da estrutura de índice sendo digitalizada. Ignorando o fato que um índice B*Tree em tais dados de baixa cardinalidade não é uma boa idéia.

É aqui que entra em ação o índice bitmap. Com três pequenos índices bitmap, um em cada coluna individual, você será capaz de satisfazer com eficácia todos os predicados acima. O Oracle simplesmente usará as funções AND, OR e XOR com os bitmaps dos três índices juntos, para encontrar a solução de ajuste de qualquer predicado que refira-se a qualquer conjunto dessas três colunas. Ele pegará o bitmap unido resultante, converterá os 1s nos IDs de fileiras, se necessário, e acessará os dados (se estiver apenas contando fileiras que combinam com o critério, o Oracle só contará os bits 1).

Há ocasiões em que bitmaps também *não* são apropriados. Eles trabalham bem em um ambiente de leitura intensa, mas são pouco adequados para um ambiente de escrita intensa. O motivo é que uma única entrada de índice chave de bitmap indica para *muitas* fileiras. Se uma sessão modificar os dados indexados, todas as indicações das fileiras daquela entrada de índice serão efetivamente bloqueadas. O Oracle não pode bloquear um bit individual em uma entrada de índice bitmap; ele bloqueia todo o bitmap. Quaisquer outras modificações que precisem atualizar aquele mesmo bitmap serão bloqueadas. Isso inibirá seriamente a consecução — cada atualização parecerá bloquear potencialmente centenas de fileiras, evitando que suas colunas bitmap sejam atualizadas consecutivamente. Isso não bloqueará *cada* fileira, como você pode pensar, apenas muitas delas. Os bitmaps são armazenados em punhados, usando o exemplo EMP acima poderemos descobrir que a chave de índice ANALYST aparece muitas vezes no índice, cada vez indicando para centenas de fileiras. Uma atualização em uma fileira que modifique a coluna JOB precisará ter acesso exclusivo a duas dessas entradas chave de índice; as entradas chave de índice para o valor *antigo* e para o *novo* valor. As centenas de fileiras às quais essas duas entradas indicam não estarão disponíveis para modificação por outras sessões até que UPDATE comprometa.

Envoltório de índices bitmap

'Quando em dúvida — experimente'. É comum acrescentar um índice bitmap a uma tabela (ou a um punhado delas) e ver o que elas fazem por você. Normalmente, você pode criar índices de bitmap muito mais depressa do que índices B*Tree. Experimentar é a melhor maneira de ver se eles são adequados ao seu ambiente. Com freqüência me perguntam: 'O que define a baixa cardinalidade?'. Não há uma resposta curta e seca para isso. Às vezes são três valores, entre 100.000. Às vezes, são 10.000 valores entre 1.000.000. A baixa cardinalidade não implica contagens de um dígito de valores distintos. Experimentar será a forma de descobrir se um bitmap é uma boa idéia para o seu aplicativo. Em geral, se você tiver um ambiente grande (na maior parte apenas de leitura) com muitas consultas especiais, um conjunto de índices de bitmap pode ser exatamente o que você precisa.

Índices baseados em função

Os índices baseados em função foram acrescentados ao Oracle 8.1.5 do banco de dados. Atualmente estão disponíveis com o Oracle 8i nas edições Enterprise e Personal, mas não na edição Standard.

Os índices baseados em função nos dão a habilidade de indexar colunas computadas e usar esses índices em uma consulta. Resumindo, essa capacidade permite que você faça buscas ou classificações com estilo de letra, buscas em equações completas e amplie eficientemente a linguagem SQL, implementando suas próprias funções e operadores e depois buscando-os.

Existem muitas razões pelas quais você deseja usar um índice baseado em função. Entre as principais estão:

- ❑ Eles são fáceis de implementar e oferecem valor imediato.
- ❑ Eles podem ser usados para agilizar aplicativos existentes sem mudar nada da sua lógica ou consultas.

Detalhes importantes de implementação

Para usar índices baseados em função, precisamos fazer algum trabalho de inicialização. Diferente dos índices B*Tree e Bitmap acima, os índices baseados em função exigem inicialização antes de podermos criá-los e usá-los. Há algumas configurações init.ora ou de sessão que você precisa usar e ser capaz de criar, um privilégio que você precisa ter. A seguir está uma lista do que precisa ser feito para usar índices baseados em função:

- ❑ Você precisa ter o privilégio de sistema QUERY REWRITE para criar índices baseados em função nas tabelas do seu esquema.
- ❑ Precisa ter o privilégio de sistema GLOBAL QUERY REWRITE para criar índices baseados em função nas tabelas em outros esquemas.
- ❑ Usar o Cost Based Optimizer. Os índices baseados em função só são visíveis ao Cost Based Optimizer e não serão maus usados pelo Rule Based Optimizer.
- ❑ Usar SUBSTR para restringir os valores de retorno das funções escritas de usuário que retornam tipos VARCHAR2 ou RAW. Opcionalmente, ocultar SUBSTR em uma vista (recomendado). Veja abaixo exemplos disso.
- ❑ Para o otimizador usar índices baseados em função, a seguinte sessão ou variáveis de sistema precisam ser ajustadas:

```
QUERY_REWRITE_ENABLED=TRUE
QUERY_REWRITE_INTEGRITY=TRUSTED
```

Essas podem ser habilitadas em termos de sessão, com ALTER SESSION, em termos de sistema, através de ALTER_SYSTEM, ou ajustando-as no arquivo de parâmetro init.ora. O significado de QUERY_REWRITE_ENABLED é permitir ao otimizador reescrever a consulta para usar o índice baseado em função. O significado de QUERY_REWRITE_INTEGRITY é dizer ao otimizador para 'confiar' que o código determinante marcado pelo programador é, de fato, determinante (veja abaixo exemplos de código determinante e seu significado). Se o código não for realmente determinante (isto é, ele retornar saída diferente, dadas as mesmas entradas), as fileiras resultantes recuperadas através do índice podem estar erradas. Isso é algo que você precisa ter cuidado em garantir.

Quando a lista tiver sido satisfeita, os índices baseados em função serão tão fáceis de usar quando o comando CREATE INDEX. O otimizador encontrará e usará seus índices no tempo de execução.

Exemplo de índice baseado em função

Considere o seguinte exemplo. Queremos fazer uma busca com estilo de letra na coluna ENAME da tabela EMP. Antes dos índices baseados em função, teríamos abordado isso de uma maneira bem diferente. Teríamos acrescentado uma coluna extra à tabela EMP — chamada UPPER_ENAME, para o exemplo. Essa coluna teria sido mantida por um disparador de banco de dados, em INSERT e UPDATE — aquele disparador simplesmente teria ajustado: NEW.UPPER_NAME := UPPER(:NEW.ENAME). Essa coluna extra teria sido indexada. Com índices baseados em função, removemos a necessidade da coluna extra.

Começaremos criando uma cópia da tabela EMP no esquema SCOTT e acrescentaremos muitos dados a ela.

```
tkyte@TKYTE816> create table emp
  2  as
  3  select * from scott.emp;
Table created.

tkyte@TKYTE816> set timing on
tkyte@TKYTE816> insert into emp
  2  select -rownum EMPNO,
  3         substr(object_name,1,10) ENAME,
  4         substr(object_type,1,9) JOB,
  5            -rownum MGR,
  6            created hiredate,
  7            rownum SAL,
  8            rownum COMM,
  9            (mod(rownum,4)+1)*10 DEPTNO
 10    from all_objects
 11   where rownum < 10000
 12  /

9999 rows created.

Elapsed: 00:00:01.02
tkyte@TKYTE816> set timing off

tkyte@TKYTE816> commit;
Commit complete.
```

Agora mudaremos os dados na coluna de nome de empregado para ficar em estilo misto. Depois criaremos um índice em UPPER da coluna ENAME, criando efetivamente um índice com estilo de letra:

```
tkyte@TKYTE816> update emp set ename = initcap(ename);
10013 rows updated.

tkyte@TKYTE816> create index emp_upper_idx on emp(upper(ename));
Index created.
```

Finalmente, analisaremos a tabela, pois conforme observado acima, precisamos usar o otimizador baseado em custo para utilizar os índices baseados em função:

```
tkyte@TKYTE816> analyze table emp compute statistics
  2   for table
  3   for all indexed columns
  4   for all indexes;

Table analyzed.
```

Temos então um índice no UPPER de uma coluna. Qualquer aplicativo que já emita consultas com estilo de letra (e tenha as configurações exigidas SYSTEM ou SESSION), como isto:

```
tkyte@TKYTE816> alter session set QUERY_REWIRTE_ENABLED=TRUE;
Session altered.

tkyte@TKYTE816> alter session set QUERY_REWRITE_INTEGRITY=TRUSTED;
Session altered.

tkyte@TKYTE816> set autotrace on explain
tkyte@TKYTE816> select ename, empno, sal from emp where upper(ename)='KING';

      ENAME        EMPNO      SAL
      ------       ------     ----
      King         7839       5000

Execution Plan
----------------------------------------------------------
  0          SELECT STATEMENT Optimizer=CHOOSE (Cost=2 Card=9 Bytes=297)
  1     0      TABLE ACCESS (BY INDEX ROWID) OF 'EMP' (Cost=2 Card=9 Bytes=297)
  2     1         INDEX (RANGE SCAN) OF 'EMP_UPPER_IDX' (NON-UNIQUE) (Cost=1 Card=9)
```

usará esse índice, conseguindo aumento de desempenho que um índice possa apresentar. Antes que esse recurso esteja disponível, cada fileira na tabela EMP terá sido digitalizada, colocada em maiúsculas e comparada. Ao contrário, com o índice em UPPER (ENAME), a consulta leva a constante KING para o índice, digitaliza alguns dados da faixa e acessa a tabela pelo ID da fileira para obter os dados. Isso é muito rápido.

Esse aumento de desempenho é mais visível quando indexando funções escritas de usuário em colunas. O Oracle 7.1 acrescentou a habilidade de usar funções de escrita de usuário em SQL para que você pudesse fazer algo assim:

```
SQL> select my_function(ename)
  2   from emp
  3   where some_other_function(empno) > 10
  4   /
```

Isso foi ótimo, porque agora você pode efetivamente ampliar a linguagem SQL para incluir funções específicas de aplicativo. No entanto, infelizmente, o desempenho da consulta acima às vezes desaponta um pouco. Digamos que a tabela EMP tivesse 1.000 fileiras, a função SOME_OTHER_FUNCTION teria sido executada 1.000 vezes durante a consulta, uma vez por fileira. Além disso, suponha que a função tenha levado um centésimo de segundo para executar. Essa consulta relativamente simples leva agora pelo menos 10 segundos.

Eis um exemplo real. Implementei uma rotina SOUNDEX modificada em PL/SQL. Além disso, usaremos um pacote de variável global, como um contador, em nosso procedimento — o que nos permitirá executar consultas que usarão a função MY_SOUNDEX — e veremos exatamente quantas vezes ela será chamada:

```
tkyte@TKYTE816> create or replace package stats
  2   as
  3           cnt number default 0;
  4   end;
  5   /
Package created.
```

```
tkyte@TKYTE816> create or replace
  2    function my_soundex( p_string in varchar2 ) return varchar2
  3    deterministic
  4    as
  5        l_return_string varchar2(6) default substr( p_string, 1, 1 );
  6        l_char          varchar2(1);
  7        l_last_digit    number default 0;
  8
  9        type vcArray is table of varchar2(10) index by binary_integer;
 10        l_code_table    vcArray;
 11
 12    begin
 13        stats.cnt := stats.cnt+1;
 14
 15        l_code_table(1) := 'BPFV';
 16        l_code_table(2) := 'CSKGJQXZ';
 17        l_code_table(3) := 'DT';
 18        l_code_table(4) := 'L';
 19        l_code_table(5) := 'MN';
 20        l_code_table(6) := 'R';
 21
 22
 23        for i in 1 .. length(p_string)
 24        loop
 25            exit when (length(l_return_string) = 6);
 26            l_char := upper(substr( p_string, i, 1 ) );
 27
 28            for j in 1 .. l_code_table.count
 29            loop
 30                if (instr(l_code_table(j), l_char ) > 0 AND j <> l_last_digit)
 31                then
 32                    l_return_string := l_return_string || to_char(j, 'fm9');
 33                    l_last_digit := j;
 34                end if;
 35            end loop;
 36        end loop;
 37
 38        return rpad( l_return_string, 6, '0' );
 39    end;
 40  /
Function created.
```

Observe que nessa função estou usando uma nova palavra-chave, DETERMINISTIC. Ela declara que a função acima — quando dadas as mesmas entradas — retornará sempre a mesma entrada. Ela é necessária para criar um índice em uma função de escrita de usuário. Você precisa dizer ao Oracle que a função é DETERMINISTIC e retornará um resultado consistente, dadas as mesmas entradas. Essa palavra chave vai de mão em mão com a configuração sistema/sessão de QUERY_REWRITE_INTEGRITY=TRUSTED. Estamos dizendo ao Oracle que essa função deve ser confiável para retornar o mesmo valor — chamada após chamada — dadas as mesmas entradas. Se não fosse esse o caso, receberíamos respostas diferentes ao acessar os dados através do índice versus uma digitalização completa de tabela. Essa configuração de determinação implica, por exemplo, que você não pode criar um índice na função DBMS_RANDOM.RANDOM, o gerador de número aleatório. Seus resultados não são determinados — dadas as mesmas entradas você obterá saída aleatória. A função interna de SQL, UPPER, que usamos no primeiro exemplo, por outro lado, é de determinação, pois você pode criar um índice no UPPER de uma coluna.

Agora que temos a função MY_SOUNDEX, vejamos como ela executa sem um índice. Usa a tabela EMP que criamos acima com cerca de 10.000 fileiras nela:

```
tkyte@TKYTE816> REM reset out counter
tkyte@TKYTE816> exec stats.cnt := 0

pl/SQL procedure successfully completed.

tkyte@TKYTE816> set timing on
```

```
tkyte@TKYTE816> set autotrace on explain
tkyte@TKYTE816> select ename, hiredate
  2    from emp
  3    where my_soundex(ename) = my_soundex('Kings')
  4    /

ENAME         HIREDATE
------        ---------
King          17-NOV-81

Elapsed: 00:00:04.57

Execution   Plan
-----------------------------------------------------------
   0         SELECT STATEMENT Optimizer=CHOOSE (Cost-12 Card-101 Bytes=16
   1    0       TABLE ACCESS (FULL) OF 'EMP' (Cost=12 Card=101 Bytes=1616)

tkyte@TKYTE816> set autotrace off
tkyte@TKYTE816> set timing off

tkyte@TKYTE816> set serveroutput on
tkyte@TKYTE816> exec dbms_output.put_line( stats.cnt );
20026

PL/SQL procedure successfully completed.
```

Assim, podemos ver que essa consulta tomou mais de quatro segundos para executar, e tivemos que fazer uma digitalização completa na tabela. A função MY_SOUNDEX foi chamada mais de 20.000 vezes (de acordo com o nosso contador), duas vezes para cada fileira. Vejamos como a indexação de função pode ser usada para apressar as coisas.

A primeira coisa que faremos será criar o índice:

```
tkyte@TKYTE816> create index emp_soundex_idc on
  2   emp( substr(my_soundex(ename),1,6) )
  3   /
Index created.
```

A coisa interessante a notar nesse comando de criar o índice é o uso da função SUBSTR, pois estamos indexando uma função que retorna uma string. Se fossemos indexar uma função que retornasse um número ou data, essa SUBSTR não seria necessária. O motivo pelo qual precisamos SUBSTR a função de escrita de usuário que retorna uma string é que ela retorna tipos VARCHAR2(4000). Isso é muito grande para ser indexado — as entradas de índice precisam caber em um terço do tamanho do bloco. Se tivéssemos tentado, poderíamos receber (em um banco de dados com um bloco de 8 KB de tamanho), o seguinte;

```
tkyte@TKYTE816> create index emp_soundex_idx on emp( my_soundex(ename) );
create index emp_soundex_idx on emp( my_soundex(ename) )
                                     *
ERROR at line 1:
ORA-01450: maximum key length (3218) exceeded
```

Em bancos de dados com diferentes tamanhos de bloco, o número 3218 poderia variar, mas a menos que você esteja usando um bloco com tamanho de 16 KB ou maior, não será capaz de indexar uma VARCHAR2(4000).

Assim, de modo a indexar uma função de escrita de usuário que retorna uma string, precisamos restringir o tipo de retorno na declaração CREATE INDEX. Acima, sabendo que MY_SOUNDEX retorna no máximo 6 caracteres, fizemos uma substring nos primeiros seis caracteres.

Agora estamos prontos para testar o desempenho da tabela com o índice nela. Gostaríamos de monitorar o efeito do índice nas INSERTs e também apressar SELECTs, para ver o efeito em cada uma. No caso do teste não indexado, nossas consultas demoraram mais de quatro segundos e a inserção de 10000 registros demorou cerca de um segundo. Olhando o novo teste, vemos:

```
tkyte@TKYTE816> REM reset counter
tkyte@TKYTE816> exec stats.cnt := 0
PL/SQL procedure successfully completed.

tkyte@TKYTE816> set timing on
tkyte@TKYTE816> truncate table emp;
Table truncated.

tkyte@TKYTE816> insert into emp
  2    select -rownum EMPNO,
  3           initcap( substr(object_name,1,10)) ENAME,
  4           substr(object_type,1,9) JOB,
  5           -rownum MGR,
  6           created hiredate,
  7           rownum SAL,
  8           rownum COMM,
  9           (mod(rownum,4)+1)*10 DEPTNO
 10      from all_objects
 11     where rownum < 10000
 12   union all
 13    select empno, initcap(ename), job, mgr, hiredate,
 14           sal, comm, deptno
 15      from scott.emp
 16  /
10013
rows created.

Elapsed: 00:00:05.07
tkyte@TKYTE816> set timing off

tkyte@TKYTE816> exec dbms_output.put_line( stats.cnt );
10013

PL/SQL procedure successfully completed.
```

Nossas INSERTs dessa vez demoraram cerca de cinco segundos. Esse foi o código extra introduzido no gerenciamento do novo índice na função MY_SOUNDEX — tanto no código extra de desempenho de ter simplesmente um índice (qualquer tipo de índice afetará o desempenho de inserção), quanto o fato de que esse índice teve que chamar um procedimento armazenado 10.013 vezes, conforme mostrado na variável stats.cnt.

Para testar a consulta, começaremos analisando a tabela e garantindo que os ajustes de nossa sessão estão adequados:

```
tkyte@TKYTE816> analyze table emp compute statistics
  2    for table
  3    for all indexed columns
  4    for all indexes;
Table analyzed.

tkyte@TKYTE816> alter session set QUERY_REWRITE_ENABLED=TRUE;
Session altered.

tkyte@TKYTE816> alter session set QUERY_REWRITE_INTEGRITY=TRUSTED;
Session altered.
```

e depois realmente executaremos a consulta:

```
tkyte@TKYTE816> REM reset our counter
tkyte@TKYTE816> exec stats.cnt := 0
```

```
PL/SQL procedure successfully completed.

tkyte@TKYTE816> set timing on

tkyte@TKYTE816> select ename, hiredate
  2         from emp
  3         where substr(my_soundex(ename),1,6) = my_soundex('Kings')
  4  /

ENAME        HIREDATE
------       --------
King         17-NOV-81

Elapsed: 00:00:00.10

tkyte@TKYTE816> set timing off

tkyte@TKYTE816> serveroutput on
tkyte@tKYTE816> exec dbms_output.put_line( stats.cnt );
  2  /

PL/SQL procedure successfully completed.
```

Se compararmos os dois exemplos (não indexado versus indexado) teremos:

Operação	Não indexado	Indexado	Diferença	Resposta
Inserção	1.02	5.07	4.05	5 vezes mais lento
Seleção	4.57	0.10	4.47	46 vezes mais rápido

As coisas importantes a notar aqui são:

❑ A inserção de 10.000 registros demorou aproximadamente cinco vezes mais. Indexar uma função escrita de usuário necessariamente afetará o desempenho de inserções e de algumas atualizações. Você deve perceber que, claro, qualquer índice será afetado — fiz um simples teste, sem a função MY_SOUNDEX, apenas indexando a própria coluna ENAME. Aquilo induz INSERT a levar cerca de dois segundos para executar — a função PL/SQL não é responsável por todo o código extra. Visto que a maioria dos aplicativos insere e atualiza entradas individuais e que cada fileira toma menos do que 5/10.000 de um segundo para inserir, provavelmente você nem ao menos notaria isso em um aplicativo típico. Como só inserimos uma fileira uma vez, pagamos o preço de executar a função na coluna uma vez, não as centenas de vezes que consultamos os dados.

❑ Enquanto a inserção executou cinco vezes mais devagar, a consulta executou algo como 47 vezes mais depressa. Ela avaliou a função MY_SOUNDEX duas vezes, em vez de 20000. Não há comparação no desempenho dessa consulta indexada com a consulta não indexada. Também, à medida que o tamanho de nossa tabela cresce, a consulta de digitalização completa demora mais e mais para executar. A consulta baseada em índice sempre executará com aproximadamente as mesmas características de desempenho, à medida que a tabela fica maior.

❑ Tivemos que usar SUBSTR em nossa consulta. Não é tão bom quanto codificar apenas WHERE MY_SOUNDEX(ename)=MY_SOUNDEX('King'), mas podemos facilmente contornar isso, como veremos abaixo.

Portanto, a inserção foi afetada, mas a consulta executou incrivelmente rápido. O custo para uma pequena redução no desempenho de inserção/atualização é imenso. Além disso, se você nunca atualizar as colunas envolvidas na chamada da função MY_SOUNDEX, as atualizações não serão penalizadas de forma alguma (MY_SOUNDEX só é chamada se a coluna ENAME for atualizada).

Agora poderíamos ver como fazer para que a consulta não tenha que usar a chamada de função SUBSTR. O uso da chamada de SUBSTR poderia ser passível de erro — seus usuários finais precisam saber SUBSTR de 1 para 6 caracteres.

Se eles tivessem usado um tamanho diferente, o índice não seria usado. Da mesma forma, você deseja controlar no servidor o número de bytes a indexar. Isso permitirá que reimplementar mais tarde a função MY_SOUNDEX com 7 bytes em vez de 6, se quiser. Podemos fazer isso — ocultando SUBSTR — com uma vista muito parecida com esta:

```
tkyte@TKYTE816> create or replace view emp_v
  2  as
  3  select ename, substr(my_soundex(ename),1,6) ename_soundex, hiredate
  4    from emp
  5  /
View created.
```

Agora, quando consultamos a vista:

```
tkyte@TKYTE816> exec stats.cnt := 0;
PL/SQL procedure successfully completed.

tkyte@TKYTE816> set timing on

tkyte@TKYTE816> select ename, hiredate
  2    from emp_v
  3   where ename_soundex = my_soundex('Kings')
  4  /

ENAME       HIREDATE
------      ---------
King        17-NOV-81

Elapsed: 00:00:00.10

tkyte@TKYTE816> set timing off

tkyte@TKYTE816> exec dbms_output.put_line ( stats.cnt )
2

PL/SQL procedure successfully completed.
```

Vemos o mesmo plano de classificação de consulta que fizemos com a tabela base. Tudo o que fizemos aqui foi ocultar a SUBSTR(F(X), 1, 6) na própria vista. O otimizador ainda reconhece que essa coluna é a coluna indexada e faz a 'coisa certa'. Vemos o mesmo aperfeiçoamento de desempenho e o mesmo plano de consulta. Usar essa vista é tão bom quanto usar a tabela base, talvez melhor porque ela oculta a complexidade e permite escolher o tamanho da SUBSTR mais tarde.

Advertência

Uma peculiaridade que notei com os índices baseados em função é que se você criar um na função interna TO_DATE, ele não será criado. Por exemplo:

```
ops$tkyte@ORA8I.WORLD> create index t2 on t(to_date(Y,'YYYY'));
create index t2 on t(to_date(y, 'YYYY'))
                            *
ERROR at line 1:
ORA-01743: only pure functions can be indexed
```

Esse é um bug arquivado e será corrigido em um lançamento futuro de Oracle (depois de 8.1.7). Até tal ocasião, a solução é criar sua própria interface para TO_DATE e índice que:

```
ops$tkyte@ORA8I.WORLD> create or replace
  2  function my_to_date( p_str in varchar2,
  3                       p_fmt in varchar2 ) return date
  4  DETERMINISTIC
  5  is
  6  begin
  7         return to_date( p_str, p_fmt );
```

```
    8    end;
    9    /
Function created.

ops$tkyte@ORA8I.WORLD> create index t2 on t(my_to_date(Y, 'YYYY'));
Index created.
```

Envoltório de índice baseado em função

Os índices baseados em função são fáceis de usar, implementar e fornecer valor imediato. Podem ser usados para agilizar aplicativos existentes sem mudar quaisquer de suas lógicas ou consultas. Muitas ordens de aperfeiçoamento de grandeza podem ser observadas. Você pode usá-los para computar previamente valores complexos, sem usar um disparador. Adicionalmente, o otimizador pode avaliar a seletividade com mais precisão se as expressões forem materializadas em um índice baseado em função.

No lado inverso, não é possível direcionar o caminho de carregamento da tabela com um índice baseado em função se aquela função for de escrita de usuário e exigir o mecanismo SQL. Aquilo significa que você não pode direcionar o caminho de carregamento dentro de uma tabela que foi indexada usando MY_SOUNDEX(X), mas poderia, se tivesse indexado UPPER(x).

Os índices baseados em função afetarão o desempenho de inserções e atualizações. Se tal aviso é ou não relevante, é algo que você precisa resolver — se inserir e consultar com pouca freqüência os dados, esse pode não ser um recurso adequado para você. Por outro lado, tenha em mente que você insere uma fileira uma vez e a consulta milhões de vezes. O desempenho atingido na inserção (que o seu usuário final provavelmente nunca notará) pode compensar muitos milhões de vezes, pela agilidade das consultas.

Em geral, os prós suplantam pesadamente quaisquer dos contras, nesse caso.

Índices de aplicativo de domínio

Os índices de aplicativo de domínio são o que o Oracle chama de 'indexação extensível'. Eles nos permitem criar nossa própria estrutura de índice, que funciona exatamente como um índice fornecido por Oracle. Quando alguém emite uma declaração CREATE INDEX usando o seu tipo de índice, o Oracle irá executar seu código para gerar o índice. Se alguém analisar o índice para computar estatísticas, o Oracle executará seu código para gerar estatísticas em qualquer formato no qual você queira armazená-las. Quando o Oracle analisa uma consulta e desenvolve um plano de consulta que pode usar o seu índice, perguntará: 'Quão cara é executar essa função?', como se ele estivesse avaliando os diferentes planos. Em resumo, os índices de aplicativo de domínio oferecem a habilidade de implementar um novo tipo de índice que não existe ainda no banco de dados. Por exemplo, se você desenvolveu software que analisou imagens armazenadas no banco de dados e produziu informações sobre as imagens — como as cores encontradas nelas — poderia criar o seu próprio índice de **imagem**. Quando as imagens fossem acrescentadas ao banco de dados, seu código poderia ser chamado para extrair as cores das imagens e armazená-las em algum lugar (onde você quisesse armazená-las). Por ocasião da consulta, quando o usuário pedisse por todas as 'imagens azuis', o Oracle pediria que você fornecesse a resposta a partir de seu índice, quando apropriado.

O melhor exemplo é o índice de texto interMedia do próprio Oracle. Esse índice é usado para oferecer a palavra-chave de busca em itens de grande texto. interMedia introduz o seu próprio tipo de índice:

```
ops$tkyte@ORA8I.WORLD> create index myindex on mytable(docs)
    2    indextype is ctxsys.context
    3    /
Index created.
```

e os seus próprios operadores na linguagem SQL:

```
select * from mytable where contains( docs, 'some words' ) > 0;
```

Ele até responderá a comandos como:

```
ops$tkyte@ORA8I.WORLD> analyze index myindex compute statistics;
Index analyzed.
```

Ele participará, com o otimizador, no tempo de execução, para determinar o custo relativo do uso de um índice de texto em algum outro índice ou digitalização completa. O fato interessante sobre tudo isso é que eu ou você poderíamos ter desenvolvido esse índice. A implementação do índice de texto interMedia foi feita sem 'conhecimento de kernel interno'. Foi executada usando a API documentada e exposta para fazer essas espécies de coisas. O kernel do banco de dados Oracle não tem conhecimento de como o índice de texto interMedia é armazenado (o que é feito em muitas tabelas físicas de banco de dados, por índice criado). O Oracle não está ciente do processamento que ocorre quando uma nova fileira é inserida. interMedia é, de fato, um aplicativo montado sobre o banco de dados, mas de uma maneira totalmente integrada. Para você e para mim, ele se parece exatamente como qualquer outra função de kernel de banco de dados Oracle, mas não é.

Pessoalmente, não vejo a necessidade de ir e montar um novo tipo, exótico, de estrutura de índice. Vejo esse recurso em especial como sendo mais para uso de provedores de solução terceirizados, que têm técnicas de indexação inovadoras. Por exemplo, uma empresa com o nome de Virage, Inc. usou essa mesma API para implementar um índice no Oracle. Esse índice pega as figuras que você carrega no banco de dados e as indexa. Depois, você pode encontrar figuras que 'se pareçam' com outras figuras, com base na textura, cores, luminosidade e assim por diante. Um outro uso que alguém pode achar para isso seria criar um índice, como se inseríssemos uma impressão digital no banco de dados através de um tipo BLOB; algum software externo seria chamado para indexar isso, como as impressões digitais que são indexadas. Ele armazenaria os dados indicados da impressão digital, em tabelas de banco de dados, grupos ou talvez externamente em arquivos planos — o que fizesse mais sentido. Então, você seria capaz de entrar com uma impressão digital no banco de dados e encontrar outras impressões digitais que combinassem com ela — tão facilmente como você SELECT * FROM T WHERE X BETWEEN 1 AND 2, usando SQL.

Envoltório de índices de aplicativo de domínio

Creio que o fato mais interessante sobre os índices de aplicativo de domínio é que ele permite a outros oferecerem nova tecnologia de indexação que eu posso usar em meus aplicativos. A maioria das pessoas nunca usará essa API específica para montar um novo tipo de índice, mas a maioria de nós usará os resultados finais. Virtualmente, cada aplicativo onde trabalho parece ter algum *texto* associado a ele, *XML* para ser tratado ou *imagens* para serem armazenadas e classificadas. O conjunto de funcionalidade interMedia, implementado com o uso do recurso Application Domain Indexing oferece essas capacidades. À medida que o tempo passa, cresce o conjunto de tipos de índices disponível. Por exemplo, o Oracle 8.1.7 acrescentou índices Rtree ao banco de dados usando essa capacidade (a indexação Rtree é útil para indexar dados espaciais).

Perguntas feitas com freqüência sobre índices

Como eu disse na introdução deste livro, catalogo muitas perguntas sobre Oracle. Sou o Tom por trás de 'AskTom' na revista Oracle em http://asktom.oracle.com, onde respondo às perguntas das pessoas sobre o banco de dados e ferramentas Oracle. Na minha experiência, os índices são o tópico que atrai a maioria das perguntas. Nesta seção, respondi algumas das mais freqüentes e repetidas. Algumas das respostas podem parecer de senso comum, outras podem surpreendê-lo. É suficiente dizer que existe muito de mito e mal entendido circundando os índices.

Por que os índices trabalham em vistas?

Ou a pergunta correlata: 'Como posso indexar uma vista?'. Bem, o fato é que uma vista nada mais é do que uma consulta armazenada. O Oracle substituirá o texto da consulta que acessa a vista pela própria definição de vista. As vistas são para a conveniência do usuário final — o otimizador funciona com a consulta nas tabelas base. Todo e qualquer índice que tenha sido usado, se a consulta foi escrita em tabelas base, será considerado quando você usar a vista. Para 'indexar uma vista', você simplesmente indexa as tabelas base.

Índices e nulos

Os índices B*Tree, exceto no caso especial de índices B*Tree de grupo, não armazenam completamente entradas Null, mas os índices bitmap e de grupo o fazem. Esse efeito lateral pode ser um ponto de confusão, mas pode ser usado em seu benefício quando você entender o que isso significa.

Para ver o efeito do fato que valores Null *não* são armazenados, considere o exemplo:

```
ops$tkyte@ORA8I.WORLD> create table t ( x int, y int );
Table created.

ops$tkyte@ORA8I.WORLD> create unique index t_idx on t(x,y);
Index created.

ops$tkyte@ORA8I.WORLD> insert into t values ( 1, 1 );
1 row created.

ops$tkyte@ORA8I.WORLD> insert into t values ( 1, NULL );
1 row created.

ops$tkyte@ORA8I.WORLD> insert into t values ( NULL, 1 );
1 row created.

ops$tkyte@ORA8I.WORLD> insert into t values ( NULL, NULL );
1 row created.

ops$tkyte@ORA8I.WORLD> analyze index t_idx validate structure;
Index analyzed.

ops$tkyte@ORA8I.WORLD> select name, lf_rows from index_stats;

NAME                              LF_ROWS
------------------------------    -------
T_IDX                                   3
```

A tabela tem quatro fileiras, enquanto o índice tem apenas três. As primeiras três fileiras, onde ao menos *um* dos elementos chave de índice não era Null, estão no índice. A última fileira, com (NULL, NULL), não está no índice. Uma das áreas de confusão é quando o índice é um índice único, como acima. Considere o efeito das seguintes três declarações INSERT:

```
ops$tkyte@ORA8I.WORLD> insert into t values ( NULL, NULL );
1 row created.

ops$tkyte@ORA8I.WORLD> insert into t values ( NULL, 1 );
insert into t values ( NULL, 1 )
*
ERROR at line 1:
ORA-00001: unique constraint (OPS$TKYTE.T_IDX) violated

ops$tkyte@ORA8I.WORLD> insert into t values ( 1, NULL );
insert into t values ( 1, NULL )
*
ERROR at line 1:
ORA-00001: unique constraint (OPS$TKYTE.T_IDX) violated
```

A nova fileira (NULL, NULL) não é considerada igual à antiga fileira com (NULL, NULL):

```
ops$tkyte@ORA8I.WORLD> select x, y, count(*)
  2    from t
  3    group by x,y
  4    having count(*) > 1;

         X          Y   COUNT(*)
---------- ---------- ----------
                               2
```

Isso parece impossível — nossa única chave não é única se você considerar todas as entradas Null. O fato é que, em Oracle, (NULL, NULL) <> (NULL, NULL). As duas são únicas em comparações, mas são iguais no que se refere à cláusula GROUP BY. Isso é algo a considerar: cada restrição *única* deve ter pelo menos uma coluna NOT NULL para ser realmente única.

O outro aspecto que surge com relação a índices e valores Null é a pergunta: 'Por que minha consulta não está usando o índice?' A consulta em questão é algo como:

```
select * from T where x is null;
```

Essa consulta não pode usar o índice que criamos acima — a fileira (NULL, NULL) simplesmente não está no índice, assim, o uso do índice deve de fato retornar a resposta errada. Só se pelo menos *uma* das colunas for definida como NOT NULL a consulta poderá usar um índice. Por exemplo, com base no exposto, o Oracle usará um índice em um predicado X IS NULL se houver um índice com X na frente e pelo menos uma outra coluna no índice for NOT NULL:

```
ops$tkyte@ORA8I.WORLD> create table t ( x int, y int NOT NULL );
Table created.

ops$tkyte@ORA8I.WORLD> create unique index t_idx on t(x,y);
Index created.

ops$tkyte@ORA8I.WORLD> insert into t values ( 1, 1 );
1 row created.

ops$tkyte@ORA8I.WORLD> insert into t values ( NULL, 1 );
1 row created.

ops$tkyte@ORA8I.WORLD> analyze table t compute statistics;
Table analyzed.

ops$tkyte@ORA8I.WORLD> set autotrace on
ops$tkyte@ORA8I.WORLD> select * from t where x is null;

         X          Y
---------- ----------
                    1

Execution   Plan
----------------------------------------------------------
     0      SELECT STATEMENT Optimizer=CHOOSE (Cost=1 Card=1 Bytes=8)
     1   0     INDEX (RANGE SCAN) OF 'T_IDX' (UNIQUE) (Cost=1 Card=1 Bytes=8)
```

Anteriormente, eu disse que você pode aproveitar o fato que entradas totalmente Null não são armazenadas em um índice B*Tree — eis como: digamos que você tenha uma tabela com uma coluna que toma exatamente dois valores. Os valores são muito inclinados — talvez 90 por cento ou mais das fileiras toma um valor e 10 por cento ou menos toma o outro valor. Podemos indexar essa coluna com eficiência para obter rápido acesso às fileiras em minoria. Isso é jeitoso quando você quer usar um índice para obter as fileiras em minoria, mas quer uma digitalização completa para obter as fileiras em maioria e deseja conservar espaço. A solução é usar um Null para as fileiras em maioria e qualquer valor que você queira para as fileiras em minoria.

Por exemplo, digamos que a tabela fosse uma tabela 'em fila' de tabela de classificações. As pessoas inseriram fileiras que seriam trabalhadas por um outro processo. A grande maioria das fileiras nessa tabela está na posição de ser processada, poucas na posição de não processadas. Essa tabela poderia ser inicializada assim:

```
create table t ( . . . other columns . . ., timestamp DATE default SYSDATE);
create index t_idx on t(timestamp);
```

Agora, quando uma nova fileira for inserida, ela será 'carimbada' com o horário atual. O nosso processo que consulta os dados usará uma consulta como a seguinte, usando uma data muito distante, no *passado*, para obter todos os registros atuais:

```
select * from T where timestamps > to_date('01010001', 'ddmmyyyy') order by
timestamp;
```

E, à medida que ele processar esses registros, atualizará a coluna timestamp para NULL — efetivamente, removendo-o do índice. Assim, o índice nessa tabela fica muito pequeno, independente do número de fileiras na tabela. Se houver chance que alguns registros não sejam processados com o tempo — significando que há alguns registros duradouros nesse índice em particular, você pode querer reivindicar espaço fisicamente e compactar esse índice especial. Isso é conseguido usando o comando ALTER INDEX COALESCE. Caso contrário, o índice tenderá com o tempo a ser muito maior (menos denso) de que deveria. Se as fileiras forem sempre processadas e removidas do índice, essa etapa não será necessária.

Agora que você sabe como um B*Tree tratará valores Null, pode usar isso em seu benefício e tomar precauções com restrições únicas em conjuntos de colunas que permitem todos os Nulls (nesse caso, esteja preparado para a possibilidade de ter mais de uma fileira que seja toda Null).

Índices em chaves estrangeiras

A pergunta se as chaves estrangeiras devem ou não ser indexadas surge com freqüência. Tocamos nesse assunto no Capítulo 3, ao discutir os impasses. Lá, indiquei que chaves estrangeiras não indexadas eram a maior causa individual de impasses que vejo, devido a que uma atualização numa chave principal da tabela pai, ou a remoção de um registro pai, colocará um bloqueio total de tabela na tabela filho (não serão permitidas quaisquer modificações na tabela filho até que a transação esteja comprometida). Isso bloqueia muito mais fileiras do que deveria e diminui a consecução. Vejo isso com freqüência, quando as pessoas estão usando ferramentas que geram SQL para modificar uma tabela. A ferramenta gera uma declaração UPDATE que atualiza cada coluna na tabela, independente do valor ter sido ou não modificado. De fato, isso atualiza a chave principal (ainda que você nunca mude o valor). Por exemplo, Oracle Forms fará isso por padrão, a menos que você diga a ele para enviar apenas as colunas que estiverem sendo modificadas para o banco de dados. Além do aspecto de bloqueio de tabela que pode atingi-lo, uma chave estrangeira não indexada é ruim também nos seguintes casos:

- ❏ Quando você tem uma ON DELETE CASCADE e não indexou a tabela filho. Por exemplo, EMP é filho de DEPT. DELETE FROM DEPT WHERE DEPTNO = 10 deveria fazer em cascata para EMP. Se DEPTNO em EMP não for indexada, você obterá uma digitalização completa de tabela de EMP. Essa digitalização completa provavelmente é indesejável, e se você apagar muitas fileiras da tabela pai, a tabela filho será digitalizada uma vez para cada tabela pai apagada.

- ❏ Quando você consulta de pai para filho. Considere novamente o exemplo EMP/DEPT. É muito comum consultar a tabela EMP no contexto de uma DEPTNO. Se você consultar com freqüência:

```
select *
  from dept, emp
 where emp.deptno = dept.deptno
   and dept.dname = :x;
```

para gerar um relatório ou algo assim, descobrirá que não ter o índice colocado tornará as consultas lentas. Esse é o mesmo argumento que dei para indexar o NESTED_COLUMN_ID de uma tabela aninhada, no capítulo sobre tabelas. O NESTED_COLUMN_ID oculto de uma tabela aninhada nada mais é do que uma chave estrangeira.

Assim, quando você *não* precisa indexar uma chave estrangeira? Geralmente, quando as seguintes condições são atingidas:

- ❏ Você *não* apaga a partir da tabela pai.
- ❏ Você *não* atualiza o valor chave único/principal das tabelas pai, seja propositadamente ou por acidente (através de uma ferramenta).
- ❏ Você *não* une a partir da tabela pai para a tabela filho, normalmente — as colunas de chave estrangeira não suportam um caminho de acesso importante para a tabela filho (como DEPT para EMP).

Se você satisfizer as três acima, fique à vontade para pular o índice — ele não necessário e tornará lenta a DML na tabela filho. Se você fizer uma das acima, esteja ciente das conseqüências.

Como observação, se você acreditar que uma tabela filho está sendo bloqueada através de uma chave estrangeira não indexada e quiser experimentar (ou simplesmente evitá-la, de uma maneira geral), pode emitir:

```
ALTER TABLE <child table name> DISABLE TABLE LOCK;
```

Agora, qualquer UPDATE ou DELETE à tabela pai que for causar o bloqueio da tabela receberá:

```
ERROR at line 1:
ORA-00069: cannot acquire lock - - table locks disabled for <child table name>
```

Isso é útil para rastrear a parte de código que está fazendo o que você crê que não deve ser feito (não atualizações ou remoções da chave principal pai), pois os usuários finais lhe reportarão imediatamente esse erro.

Por que o meu índice não está sendo usado?

Há muitas causas possíveis para isso — veremos algumas das mais comuns.

Caso 1

Você está executando o índice B*Tree e seu predicado não usa a margem inicial de um índice. Nesse caso, você pode ter uma tabela T com um índice em T(x,y). Você consulta SELECT * FROM T WHERE Y = 5. O otimizador tenderá a não usar o índice, pois o seu predicado não envolve a coluna X — nesse caso, ele precisa inspecionar toda e qualquer entrada de índice. Tipicamente, ele optará por uma digitalização completa de tabela de T, o que não evita que o índice seja usado. Se a consulta tivesse sido SELECT X, Y FROM T WHERE Y=5, o otimizador teria observado que ele não precisava ir para a tabela para obter X ou Y (eles estão no índice) e poderia muito bem optar por uma rápida digitalização completa do próprio índice, pois o índice é tipicamente muito menor do que a tabela subjacente. Note também que esse caminho de acesso só está disponível com o Cost Based Optimizer (CBO).

Caso 2

Você está usando a consulta SELECT COUNT(*) FROM T (ou algo semelhante) e tem um índice B*Tree na tabela T. Entretanto, o otimizador está fazendo uma digitalização completa de tabela, em vez de estar contando as entradas (muito menores) de índice. Nesse caso, provavelmente o índice estará em um conjunto de colunas que pode conter Nulls. Como uma entrada de índice totalmente nula nunca deveria ser feita, a contagem de fileiras no índice não será a contagem de fileiras na tabela. Aqui o otimizador está fazendo a coisa certa — ele obteria a resposta errada se tivesse usado o índice para contar fileiras.

Caso 3

Em uma coluna indexada você consulta usando:

```
select * from t where f(indexed_column) = value
```

e descobre que o índice em INDEX_COLUMN não é usado. Isso é devido ao uso da função na coluna. Você indexou os valores de INDEX_COLUMN — não o valor de F(INDEXED_COLUMN). Aqui o índice é anulado. É possível indexar a função, se você resolver fazê-lo.

Caso 4

Você indexou uma coluna de caractere. Essa coluna contém apenas dados numéricos. A consulta é feita usando a sintaxe:

```
select * from t where indexed_column = 5
```

Observe que o número cinco na consulta é a constante *número* cinco (não uma string de caractere). O índice em INDEXED_COLUMN não é usado. Isso porque a coluna acima é igual a:

```
select * from t where to_number(indexed_column) = 5
```

Implicitamente, você aplicou uma função à coluna e, como notado no caso 3, isso anulará o uso do índice. É muito fácil de ver com um pequeno exemplo:

```
ops$tkyte@ORA8I.WORLD> create table t ( x char(1) primary key );
Table created.

ops$tkyte@ORA8I.WORLD> insert into t values ( '5' );
1 row created.

ops$tkyte@ORA8I.WORLD> set autotrace on explain

ops$tkyte@ORA8I.WORLD> select * from t where x = 5;

x
-
5

Execution    Plan
----------------------------------------------------
    0          SELECT STATEMENT Optimizer=CHOOSE
    1     0       TABLE ACCESS (FULL) OF 'T'

ops$tkyte@ORA08I.WORLD> select * from t where x = '5';

x
-
5

Execution    Plan
----------------------------------------------------
    0          SELECT STATEMENT Optimizer=CHOOSE
    1     0       INDEX (UNIQUE SCAN) OF 'SYS_C0038216' (UNIQUE)
```

Você deve *sempre* evitar conversões implícitas, de qualquer modo. Compare sempre maçãs com maçãs e laranjas com laranjas. Um outro caso que surge com freqüência é com datas. Você tenta consultar:

```
- - find all records for today
select * from t where trunc(date_col) = trunc(sysdate);
```

E descobre que o índice em DATE_COL não será usado. Você pode indexar TRUNC(DATE_COL) ou, talvez mais facilmente, consultar usando o operador de comparação BETWEEN. O seguinte demonstra o uso de BETWEEN em uma data. Quando perceber que a condição:

```
TRUNC(DATE_COL) = TRUNC(SYSDATE)
```

é igual à condição:

```
DATE_COL BETWEEN TRUNC(SYSDATE) AND TRUNC (SYSDATE) PLUS ONE DAY MINUS ONE SECOND,
```

Usar a cláusula BETWEEN é direto.

```
select *
  from t
 where date_col between trunc(sysdate) and trunc(sysdate)+1-1/(1*24*60*60)
```

Nota: a expressão 1/(1*24*60*60) é a fração de um dia que é igual a um segundo.
Subtrair 1 tiraria um dia, 1/24 - uma hora e 1/(24*60) - um minuto.

Isso move todas as funções para o lado direito da equação, permitindo-nos usar o índice em DATE_COL (e tem o mesmo efeito que WHERE TRUNC(DATE_COL) = TRUNC(SYSDATE). **Se possível, você deve sempre remover as funções das colunas de banco de dados quando elas estão no predicado**. Isso não apenas permitirá que mais índices sejam considerados para uso, como reduzirá a quantidade de processamento que o banco de dados precisa fazer. No caso acima, quando usamos:

```
between trunc(sysdate) and trunc(sysdate)+1/(1*24*60*60)
```

os valores são computados uma vez para a consulta, depois um índice pode ser usado para encontrar apenas os valores que se qualifiquem. Quando usamos TRUNC(DATE_COL) = TRUNC(SYSDATE), TRUNC(DATE_COL) teve que ser avaliado uma vez *por fileira* em toda a tabela (sem índices).

Caso 5

Na verdade, se o índice fosse usado, seria mais lento. Vejo muito isso — as pessoas supõem que, claro, um índice sempre tornará uma consulta mais rápida. Assim, eles inicializam uma pequena tabela, a analisam e descobrem que o otimizador não usa o índice. O otimizador está fazendo exatamente a coisa certa nesse caso. O Oracle (em CBO) só usará um índice quando fizer sentido usá-lo. Considere este exemplo:

```
ops$tkyte@ORA8I.WORLD> create table t
  2  ( x, y null, primary key (x) )
  3  as
  4  select rownum x, username
  5      from all_users
  6  where rownum <= 100
  7  /
Table created.

ops$tkyte@ORA8I.WORLD> analyze table t compute statistics;
Table analyzed.

ops$tkyte@ORA8I.WORLD> analyze table t compute statistics for all indexes;
Table analyzed.

ops$tkyte@ORA8I.WORLD> set autotrace on explain
ops$tkyte@ORA8I.WORLD> select count(y) from t where x < 50;

   COUNT(Y)
 ----------
         49

Execution    Plan
----------------------------------------------------------
   0           SELECT STATEMENT Optimizer=CHOOSE (Cost=1 Card=1 Bytes=18)
   1     0       SORT (AGGREGATE)
   2     1          TABLE ACCESS (FULL) OF 'T' (Cost=1 Card=50 Bytes=900)
```

O CBO olhou para essa tabela e descobriu que ele recuperaria 50 por cento das fileiras. Fazer isso através de um índice será vagaroso; eu teria que ler um bloco de índice e depois processar cada uma das fileiras nele — e em cada outra fileira, eu estaria fazendo a obtenção de bloco de banco de dados, para obter os dados de fileira. Seria muito mais eficaz simplesmente ler cada fileira no bloco e encontrar os 50 por cento de fileiras que vamos processar. Agora, se mudarmos um pouco a situação:

```
ops$tkyte@ORA8I.WORLD> set autotrace off
ops$tkyte@ORA8I.WORLD> insert into t
  2  select rownum+100, username
  3      from all_users
  4  /
```

```
41231 rows created.

ops$tkyte@ORA8I.WORLD> analyze table t compute statistics;
Table analyzed.

ops$tkyte@ORA8I.WORLD> analyze table t compute statistics for all indexes;
Table analyzed.

ops$tkyte@ORA8I.WORLD> set autotrace on explain
ops$tkyte@ORA8I.WORLD> select count(y) from t where x < 50;

   COUNT(Y)
----------
        49

Execution    Plan
----------------------------------------------------------
   0              SELECT STATEMENT Optimizer=CHOOSE (Cost=3 Card=1 Bytes=21)
   1     0            SORT (AGGREGATE)
   2     1               TABLE ACCESS (BY INDEX ROWID) OF 'T' (Cost=3 Card=50
   3     2                  INDEX (RANGE SCAN) OF 'SYS_C0038226' (UNIQUE) (Cost=2
```

O otimizador vê que o predicado agora irá recuperar cerca de 0.1 por cento das fileiras — o índice faz um grande sentido.

Na verdade, esse exemplo mostra duas coisas. Em primeiro lugar, os índices *nem sempre* devem ser usados. Antes de você pular para conclusões, prove que um índice será de fato mais rápido. Em segundo lugar, estatísticas atualizadas são muito importantes. Se eu não tivesse analisado as tabelas depois de carregar muitos dados, o otimizador teria tomado a decisão errada, o que me leva ao caso 6.

Caso 6

Você não tem analisado suas tabelas por algum tempo; elas costumavam ser pequenas, mas agora, quando você as olha, percebe que cresceram muito. Um índice fará sentido, enquanto originalmente não fazia. Se você analisar a tabela, ela usará o índice. Reutilizando o exemplo acima, mas executando a consulta antes e depois da inserção, podemos ver claramente:

```
ops$tkyte@ORA8I.WORLD> insert into t
  2   select rownum+100, username
  3     from all_users
  4  /
41231 rows created.

ops$tkyte@ORA8I.WORLD> set autotrace on explain
ops$tkyte@ORA8I.WORLD> select count(y) from t where x < 50;

   COUNT(Y)
----------
        49

Execution    Plan
----------------------------------------------------------
   0              SELECT STATEMENT Optimizer=CHOOSE (Cost=1 Card=1 Bytes=18)
   1     0            SORT (AGGREGATE)
   2     1               TABLE ACCESS (FULL) OF 'T' (Cost=1 Card=50 Bytes=900)

ops$tkyte@ORA8I.WORLD>  set autotrace off

ops$tkyte@ORA8I.WORLD> analyze table t compute statistics;
Table analyzed.

ops$tkyte@ORA8I.WORLD> analyze table t compute statistics for all indexes;
Table analyzed.
```

```
ops$tkyte@ORA8I.WORLD> set autotrace on explain
ops$tkyte@ORA8I.WORLD> select count(y) from t where x < 50;

   COUNT(Y)
----------
        49

Execution   Plan
----------------------------------------------------------
     0      SELECT STATEMENT Optimizer=CHOOSE (Cost=3 Card=1 Bytes=21)
     1    0    SORT (AGGREGATE)
     2    1      TABLE ACCESS (BY INDEX ROWID) OF 'T' (Cost=3 Card=50 Bytes=1050)
     3    2        INDEX (RANGE SCAN) OF 'SYS_C0038227' (UNIQUE) (Cost=2 Card=50)
```

Sem atualizar estatísticas, o CBO *não pode* tomar as decisões certas.

Na minha experiência, esses seis casos são as *principais* razões pelas quais acho que os índices não estão sendo usados. Geralmente, leva a um caso de 'eles não podem ser usados, usá-los retornaria resultados incorretos' ou 'eles não devem ser usados, se fossem usados o desempenho seria terrível'.

Os meus índices estão sendo usados?

Essa é uma pergunta difícil de responder. O Oracle não controla os acessos a índices, portanto não podemos contar fileiras em uma auditoria de controle de tabela ou algo tão simples como isso. Não há, de fato, uma maneira simples de solucionar esse problema. Entretanto, em Oracle 8i há duas abordagens disponíveis.

No Capítulo 11, descrevo como se esboçam consultas armazenadas, um recurso através do qual o Oracle salva as sugestões de um plano de consulta em uma tabela de banco de dados, que pode ser usado para descobrir quais índices estão sendo usados. Você poderia capacitar a armazenagem (mas não o uso) desses planos. Daquela forma, é possível captar os planos de todas as consultas executadas, sem afetar o aplicativo de qualquer outra forma. Então, você poderia consultas o esboço de tabelas para ver quais métodos de acesso a índice foram usados, e até uni-los às consultas que os usaram.

Um outro método é colocar cada índice em seu próprio espaço de tabela, ou em seu próprio arquivo dentro de um espaço de tabela. O Oracle irá monitorar I/O por arquivo (através da vista de desempenho dinâmico V$FILESTAT). Se você vir um espaço de tabela de índice em que as leituras e escritas sejam bem semelhantes, saberá que tem um índice que não é usado para acessar os dados. Isso *só* é lido quando está sendo escrito (você está vendo o Oracle manter o índice depois de INSERTs, UPDATEs e DELETEs). Se *não* houver leituras no espaço de tabela, claro, o índice não estará sendo usado e a tabela não será freqüentemente modificada. Se as leituras *sobrecarregam* as escritas, essa é uma boa indicação de que o índice está sendo usado atualmente.

O lado inverso de tudo isso é que, ainda que você descubra que os índices que são usados versus os que não são usados, não saberá se tem o conjunto *certo* de índices em seus dados. Esses métodos não dirão se você simplesmente acrescentou a coluna X ao índice Y; um acesso de tabela pelo ID de fileira poderia ser evitado e, eficazmente, poderia ser simplesmente envolvido. É uma técnica comum de otimização acrescentar colunas ao final de um índice para que o próprio índice possa responder às consultas feitas, em vez de precisar usar a tabela. Ela não dirá se você tem índices redundantes. Por exemplo, se você tivesse índices em T(X) e T(X,Y) e T(X, Y, Z), provavelmente soltaria os dois primeiros sem qualquer perda de desempenho de consulta, e obteria um aumento no desempenho atualizado — claro que esses são os casos onde isso não é verdade. O ponto é que um sistema documentado, bem desenhado, não teria que se perguntar freqüentemente 'estou usando os meus índices?', pois cada índice seria cuidadosa e antecipadamente planejado para o sistema, como um todo, não em uma base consulta-por-consulta. Em um sistema que muda rapidamente, com muitos desenvolvedores indo e vindo, no entanto, esse não é o caso.

Mito: o espaço nunca é reutilizado em um índice

Esse é um mito que gostaria de desfazer de uma vez por todas: o espaço *é* reutilizado em um índice. O mito é assim, você tem uma tabela T, onde há uma coluna X. Em algum ponto, você põe o valor X = 5 na tabela. Mais tarde, você o apaga. O mito é que o espaço usado por X = 5 não será reutilizado, a menos que você ponha X = 5 de volta no índice, mais tarde. O mito declara que, uma vez a trilha de índice seja usada, ele ficará lá para sempre e só poderá ser reutilizado pelo mesmo valor. Um corolário para isso é o mito que o espaço livre nunca é retornado para a estrutura de índice, um bloco nunca será reutilizado. Novamente, isso simplesmente não é verdade.

A primeira parte do mito é fácil de refutar. Tudo o que precisamos fazer é criar uma tabela como esta:

```
tkyte@ORA8I.WORLD> create table t ( x int, constraint t_pk primary key(x) );
Table created.

tkyte@ORA8I.WORLD> insert into t values (1);
1 row created.

tkyte@ORA8I.WORLD> insert into t values (2);
1 row created.

tkyte@ORA8I.WORLD> insert into t values (9999999999);
1 row created.

tkyte@ORA8I.WORLD> exec show_space( 'T_PK', user, 'INDEX' );
Free Blocks............................. 0
Total Blocks............................ 64
Unused Blocks........................... 62

PL/SQL procedure successfully completed.
```

Assim, de acordo com o mito, se eu apagar de T, onde x = 2, aquele espaço nunca será reutilizado, a menos que eu reinsira o número 2. Presentemente, esse índice está usando dois blocos de espaço, uma para a extensão de mapa e um para os dados de índice. Se as entradas de índice nunca forem reutilizadas quando das remoções e eu continuar inserindo e apagando, nunca reutilizando um valor, esse índice crescerá como louco. Vejamos:

```
ops$tkyte@ORA8I.WORLD> begin
  2           for i in 2 .. 999999
  3           loop
  4                   delete from t where x = i;
  5                   commit;
  6                   insert into t values (i+1);
  7                   commit;
  8           end loop;
  9   end;
 10  /

PL/SQL procedure successfully completed.

ops$tkyte@ORA8I.WORLD> exec show_space( 'T_PK', user, 'INDEX' );
Free blocks............................. 0
Total Blocks............................ 64
Unused Blocks........................... 62

PL/SQL procedure successfully completed.
```

Portanto, vemos que o espaço no índice foi reutilizado. Porém, como na maioria dos mitos, há um fundo de verdade ali. A verdade é que o espaço usado por aquele número 2 inicial — entre 1 e 9.999.999.999 — permaneceria naquele bloco de índice para sempre. O índice não irá se 'misturar'. O que isso significa é que, se você carregar uma tabela com valores de 1 a 500.000 e depois apagar cada fileira (todas de números pares) existirão 250.000 'furos' no índice, naquela coluna. Só se você reinserir dados que se ajustarão no bloco onde havia um furo o espaço pode ser reutilizado. O Oracle não tentará 'diminuir' ou compactar o índice. Isso pode ser feito através de um comando ALTER INDEX REBUILD ou COALESCE. Por outro lado, se eu carregar uma tabela com valores de 1 a 500.000 e depois apagar dela cada fileira onde o valor era de 250.000 ou menor, irei descobrir que os blocos limpos do índice foram colocados de volta na FREELIST do índice. Esse espaço pode ser totalmente reutilizado. Se você se recorda, esse era o segundo mito, que o espaço de índice nunca é 'reivindicado'. Ele declara que uma vez usado o bloco de índice, ele ficará naquele lugar na estrutura de índice para sempre, e só será reutilizado se você inserir dados que vão para aquele lugar no índice, de qualquer forma. Podemos mostrar que isso também é falso. Primeiro, precisamos montar uma tabela com cerca de 500.000 fileiras:

```
ops$tkyte@ORA8I.WORLD> create table t
  2  ( x int );
Table created.

ops$tkyte@ORA8I.WORLD> insert /*+ APPEND */ into t select rownum from all_objects;
30402 rows created.

ops$tkyte@ORA8I>WORLD> commit;
Commit complete.

ops$tkyte@ORA8I.WORLD> insert /*+ APPEND */ into t
  2   select rownum+cnt from t, (select count(*) cnt from t);
30402 rows created.

ops$tkyte@ORA8I.WORLD> commit;
Commit complete.

ops$tkyte@ORA8I.WORLD> insert /*+ APPEND */ into t
  2   select rownum+cnt from t, (select count(*) cnt from t);
60804 rows created.

ops$tkyte@ORA8I.WORLD> commit;
Commit complete.

ops$tkyte@ORA8I.WORLD> insert /*+ APPEND */ into t
  2   select rownum+cnt from t, (select count(*) cnt from t);
121608 rows created.

ops$tkyte@ORA8I.WORLD> commit;
Commit complete.

ops$tkyte@ORA8I.WORLD> insert /*+ APPEND */ into t
  2   insert rownum+cnt from t, (select count(*) cnt from t);
243216 rows created.

ops$tkyte@ORA8I.WORLD> commit;
Commit complete.

ops$tkyte@ORA8I.WORLD> alter table t add constraint t_pk primary key(x)
  2  /
Table altered.
```

Agora, apenas medimos a sua utilização antes e depois de uma remoção em massa:

```
ops$tkyte@ORA8I.WORLD> exec show_space( 'T_PK', user, 'INDEX' );
Free Blocks.............................0
Total Blocks............................1024
Unused Blocks...........................5

PL/SQL procedure successfully completed.

ops$tkyte@ORA8I.WORLD> delete from t where x < 250000;
249999 rows deleted.
```

```
ops$tkyte@ORA8I.WORLD> commit;
Commit complete.

ops$tkyte@ORA8I.WORLD> exec show_space( 'T_PK', user, 'INDEX' );
Free Blocks............................. 520
Total Blocks............................ 1024
Unused Blocks........................... 5

PL/SQL procedure successfully completed.
```

Como se pode ver, mais da metade do índice está agora na FREELIST. Isso significa que o bloco está totalmente vazio (os blocos na FREELIST de um índice precisam estar vazios, diferente dos blocos na FREELIST de uma tabela organizada por acúmulo).

Essa demonstração destaca dois pontos:

- O espaço é reutilizado nos blocos de índice assim que surge uma fileira que possa reutilizá-lo.
- Quando um bloco de índice é esvaziado, ele é tirado da estrutura de índice e pode ser reutilizado mais tarde. Provavelmente, essa é a gênese desse mito, em primeiro lugar — aqueles blocos não são vistos como tendo 'espaço livre' em uma estrutura de índice, como são em uma tabela. Em uma tabela, você pode ver os blocos no espaço livre, ainda que eles contenham dados. Em um índice, você só vê blocos completamente vazios nas FREELISTs; os blocos que têm pelo menos uma entrada de índice (e o restante do espaço livre) não estarão tão claramente visíveis.

Mito: os elementos mais discriminados devem ser os primeiros

Isso parece um senso comum. Se você vai criar um índice nas colunas C1, C2 em uma tabela com 100.000 fileiras e descobrir que C1 tem 100.000 valores únicos e que a coluna C2 tem 25.000 valores únicos, deve querer criar o índice em T (C1, C2). Isso significa que C1 deve vir primeiro, que é a abordagem de 'senso comum'. O fato é que, ao comparar vetores de dados (considere C1, C2 como um vetor), não importa qual você põe primeiro. Considere o exemplo. Criaremos uma tabela baseada em todos os objetos e um índice nas colunas OWNER, OBJECT_TYPE, e OBJECT_NAME (menos discriminatória para mais discriminatória) e também em OBJECT_NAME, OBJECT_TYPE e OWNER:

```
tkyte@TKYTE816> create table t
  2  nologging
  3  as
  4  select * from all_objects;
Table created.

tkyte@TKYTE816> create index t_idx_1 on t(owner,object_type,object_name)
  2  nologging pctfree 0;
Index created.

tkyte@TKYTE816> create index t_idx_2 on t(object_name,object_type,owner)
  2  nologging pctfree 0;
Index created.

tkyte@TKYTE816> select count(distinct owner), count(distinct object_type),
  2    count(distinct object_name ), count(*)
  3    from t;

(DISTINCTOWNER)    (DISTINCTOBJECT_TYPE)    (DISTINCTOBJECT_NAME)    COUNT(*)
---------------    ---------------------    ---------------------    --------
             24                       23                    12265       21975
```

Agora, para mostrar que nenhum é mais eficiente quanto a espaço, mediremos sua utilização de espaço:

```
tkyte@TKYTE816> exec show_space( 'T_IDX_1', user, 'INDEX' );
Free Blocks............................. 0
Total Blocks............................ 192
```

```
Total Bytes ........................... 1572864
Unused Blocks ......................... 51
Unused Bytes .......................... 417792
Last Used Ext FileId .................. 6
Last Used Ext BlockId ................. 4745
Last Used Block ....................... 13

PL/SQL procedure successfully completed.

tkyte@TKYTE816> exec show_space( 'T_IDX_2', user, 'INDEX' );
Free Blocks ........................... 0
Total Blocks .......................... 192
Total Bytes ........................... 1572864
Unused Blocks ......................... 51
Unused Bytes .......................... 417792
Last Used Ext FileId .................. 6
Last Used Ext BlockId ................. 4937
Last Used Block ....................... 13

PL/SQL procedure successfully completed.
```

Eles usam exatamente a mesma quantidade de espaço — lá não há diferença. No entanto, o primeiro índice é muito mais *compactável* se usarmos a compactação de índice chave! Há um argumento para ir de menos para mais discriminatório. Agora, vejamos como eles atuam — vejamos se um índice é geralmente mais eficiente do que o outro. Para testar, usei um bloco PL/SQL com consultas sugeridas (como para usar um índice ou o outro), assim:

```
tkyte@TKYTE816> alter session set sql_trace=true;
Session altered.

tkyte@TKYTE816> declare
  2      cnt int;
  3  begin
  4      for x in ( select owner, object_type, object_name from t )
  5      loop
  6          select /*+ INDEX( t t_idx_1 ) / count(*) into cnt
  7            from t
  8           where object_name = x.object_name
  9             and object_type = x.object_type
 10             and owner = x.owner;
 11
 12          select /*+ INDEX( t t_idx_2 ) / count(*) into cnt
 13            from t
 14           where object_name = x.object_name
 15             and object_type = x.object_type
 16             and owner = x.owner;
 17      end loop;
 18  end;
 19  /

PL/SQL procedure successfully completed.
```

Essas consultas lêem cada fileira na tabela, através do índice. O relatório TKPROF nos mostra:

```
SELECT /*+ INDEX( t t_idx_1 ) */COUNT(*)
FROM
 T WHERE OBJECT_NAME = :b1 AND OBJECT_TYPE = :b2 AND OWNER = :b3
```

call	count	cpu	elapsed	disk	query	current	rows
Parse	1	0.00	0.00	0	0	0	0
Execute	21975	2.35	2.55	0	0	0	0
Fetch	21975	1.40	1.57	0	44088	0	21975
total	43951	3.75	4.12	0	44088	0	21975

```
Rows        Execution Plan
----        ---------------------------------------------------
0                SELECT STATEMENT GOAL: CHOOSE
21975              SORT (AGGREGATE)
21975                INDEX (RANGE SCAN) OF 'T_IDX_1' (NON-UNIQUE)

********************************************************************************

SELECT /*+ INDEX( t t_idx_2 ) */COUNT(*)
FROM
 T WHERE OBJECT_NAME = :b1 AND OBJECT_TYPE = :b2 AND OWNER = :b3
```

call	count	cpu	elapsed	disk	query	current	rows
Parse	1	0.00	0.00	0	0	0	0
Execute	21975	2.10	2.44	0	0	0	0
Fetch	21975	1.65	1.60	0	44088	0	21975
total	43951	3.75	4.04	0	44088	0	21975

```
Rows        Execution Plan
----        ---------------------------------------------------
0                SELECT STATEMENT GOAL: CHOOSE
21975              SORT (AGGREGATE)
21975                INDEX (RANGE SCAN) OF 'T_IDX_2' (NON_UNIQUE)
```

Eles processaram o mesmo exato número de fileiras, blocos, usaram quantidades de tempo de CPU equivalentes e executaram em aproximadamente o mesmo tempo (execute o teste novamente e os números de CPU e ELAPSED serão um pouco diferentes, mas na média serão iguais). Não há eficiências inerentes a ganhar ao se colocar as colunas na ordem de quanto elas são discriminatórias.

Na verdade, a decisão de colocar uma coluna C1 antes de C2 *precisa* ser direcionada pelo uso do índice. Se você tiver muitas consultas, como:

```
select * from t where c1 = :x and c2 = :y;
select * from t where c2 = :y;
```

fará mais sentido colocar o índice em T(C2, C1) — esse índice único seria usado por qualquer das consultas acima. Além disso, usando a compactação chave (que vimos com relação às tabelas organizadas por índice e veremos novamente, mais adiante), podemos montar um índice menor se C2 estiver primeiro. Isso porque C2 se repete em média quatro vezes no índice. Se ambos, C1 e C2, tiverem na média 10 bytes de comprimento, as entradas de índice para esse índice nominalmente teriam 2.000.000 bytes (100.000 * 20). Usando a compactação chave de índice em (C2, C1), poderíamos diminuir esse índice para 1.250.000 (100.000 * 12.5), visto que 3, de 4 repetições de C2, poderiam ser suprimidas.

Em Oracle 5 (sim, na versão 5!), havia um argumento para colocar as colunas mais seletivas primeiro, em um índice. Tinha a ver com a maneira como a versão 5 implementava a compactação de índice (não igual à compactação chave de índice). Esse recurso foi removido na versão 6, com a adição do bloqueio em termos de fileira. Desde então, não é verdade que colocar primeiro as entradas mais discriminatórias no índice o tornarão menor ou mais eficiente. Parece que seria, mas não é. Com a compactação chave de índice, há um argumento de apelo para ir ao contrário, visto que ele pode tornar o índice menor. Entretanto, ele deve ser direcionado por *como* você usa o índice, como já definido.

Resumo

Neste capítulo cobrimos os diferentes tipos de índices que o Oracle tem a oferecer. Começamos com o índice básico B*Tree e vimos seus vários subtipos, tal como o índice de chave inversa, destinado para Oracle Parallel Server, e índices descendentes — para recuperar dados classificados em uma mistura de ordem, descendente e ascendente. Gastamos algum tempo vendo quando você deve usar um índice e porque um índice pode não ser útil em várias circunstâncias.

Depois, vimos os índices bitmap, um excelente método para indexar dados de baixa para média cardinalidade em um ambiente de armazenagem de dados (de leitura intensa, não OLTP); Cobrimos as ocasiões em que seria apropriado usar um índice com bitmap e porque você nunca deve considerá-los para uso em um ambiente OLTP — ou em qualquer ambiente onde múltiplos usuários precisam atualizar consecutivamente a mesma coluna.

Nos movemos para os índices baseados em função, que na verdade, são casos especiais de índices B*Tree e Bitmap. Um índice baseado em função nos permite criar um índice em uma função de coluna(s), o que significa que podemos pré computar e armazenar os resultados de cálculos complexos e funções escritas por usuário, para possibilitar a rápida recuperação de índice, mais tarde. Vimos alguns importantes detalhes de implementação envolvendo os índices baseados em função, tais como os ajustes ao nível de sessão e de sistema necessários que precisam ser colocados para eles serem usados. Acompanhamos aquilo com exemplos de índices baseados em função, tanto em funções internas de Oracle quando nas escritas por usuário. Por fim, vimos as advertências quanto aos índices baseados em função, com base na função interna Oracle TO_DATE e como contornar esse aspecto.

Depois, vimos um tipo de índice muito especializado — o índice de aplicativo de domínio. Em vez de ver como montar um daqueles a partir do esboço (uma longa e complexa seqüência de eventos), vimos um exemplo de um que já tinha sido implementado, o índice de texto interMedia. Voltaremos a esse importante índice em um capítulo inteiro sobre ele, que é o Capítulo 17.

Encerramos com algumas das perguntas que me fazem com mais freqüência sobre os índices. Essas variam da simples 'os índices funcionam com vistas?' (sim) às mais complexas e sublimes 'o espaço nunca é utilizado em um índice' (mito). Essas perguntas foram respondidas, na maioria, através de exemplos demonstrando os conceitos que percorremos.

8
Importação e exportação

Import (IMP) e Export (EXP) estão entre as mais antigas ferramentas sobreviventes do Oracle. Elas são as ferramentas de linha de comando usadas para extrair tabelas, esquemas ou definições inteiras de banco de dados de uma cópia do Oracle, para serem importadas em outra cópia ou esquema.

Tradicionalmente, Import e Export têm sido consideradas como estando no domínio do DBA. Na verdade, as julgo mais úteis para o desenvolvedor individual do que como uma ferramenta do DBA. À medida que os bancos de dados cresceram em tamanho e importância, as ferramentas para gerenciá-las também cresceram. Antigamente não seria razoável usar importação e exportação para remontar seu banco de dados (talvez para mudar o tamanho de bloco ou para mover seu banco de dados para uma outra plataforma) ou como seu método de backup. Com os 'pequenos' bancos de dados de hoje, começando na faixa de gigabytes, simples ferramentas que processam tudo em série (como import e export) apenas não escalonam. Apesar de não serem inúteis ao DBA, definitivamente não são tão importantes como já foram. Outras ferramentas e métodos surgiram para ocupar o espaço delas. Por exemplo, agora poderíamos usar Gerenciador de Recuperação (RMAN) para fazer uma cópia incremental de bancos de dados muito grandes, não EXP. Elas ainda têm muitos outros usos, como detectar corrupção lógica e física, transportar arquivos de dados de banco de dados para dados etc.

EXP e IMP são ferramentas que provavelmente você usará em uma ou outra ocasião. Se desejar copiar um esquema de um usuário para outro, o método mais fácil será usar EXP e IMP. Se quiser extrair a DDL de um esquema, EXP e IMP serão as ferramentas usadas. Se quiser particionar uma tabela existente em muitas partições físicas (o que exige uma remontagem da tabela), EXP e IMP podem ser uma abordagem. Neste capítulo, você verá como:

- ❏ Fazer subconjuntos de dados.
- ❏ Obter sua DDL de volta do banco de dados.
- ❏ Importar quantidades pequenas a médias de dados em diferentes estruturas (estruturas diferentes daquelas de onde são exportadas).
- ❏ Copiar um esquema no banco de dados — isso parece fácil com essa ferramenta, mas há várias 'pegadas' sobre as quais você precisa estar ciente.

Abordaremos EXP e IMP principalmente sob a perspectiva do desenvolvedor. Vou cobrir muito do que é perguntado com freqüência sobre aspectos relativos ao uso prático de EXP e IMP. Eu mesmo uso essas ferramentas e, ou tenho encontrado esses aspectos ou tenho sido questionado para oferecer uma solução para eles.

Um exemplo rápido

Para demonstrar o valor de IMP e EXP e o seu uso fácil, as usarei para extrair a DDL de uma tabela no esquema SCOTT/TIGER. Tenho visto muitas pessoas buscando por utilitários que façam isso, ou tentando escrever seus próprios extratores DDL — nunca percebendo que há um, oferecido com o banco de dados. É tão fácil quanto:

```
C:\ImpExp>exp userid=scott/tiger tables=emp

C:\ImpExp>imp userid=scott/tiger full=y indexfile=emp.sql
```

```
C:\ImpExp>type emp.sql

REM CREATE TABLE "SCOTT"."EMP"  ("EMPNO" NUMBER(4, 0) NOT NULL ENABLE,
REM "ENAME" VARCHAR2(10), "JOB" VARCHAR2(9), "MGR" NUMBER(4, 0),
REM "HIREDATE" DATE, "SAL" NUMBER(7, 2), "COMM" NUMBER(7, 2), 'DEPTNO"
REM NUMBER(2, 0)) PCTFREE 10 PCTUSED 40 INITRANS 1 MAXTRANS 255 LOGGING
REM STORAGE(INITIAL 32768 NEXT 32768 MINEXTENTS 1 MAXEXTENTS 4096
REM PCTINCREASE 0 FREELISTS 1 FREELIST GROUPS 1 BUFFER_POOL DEFAULT)
REM TABLESPACE "TOOLS" ;
REM . . . 14 rows
CONNECT SCOTT;
CREATE UNIQUE INDEX "SCOTT"."EMP_PK" ON "EMP" ("EMPNO" ) PCTFREE 10
INITRANS 2 MAXTRANS 255 STORAGE(INITIAL 32768 NEXT 32768 MINEXTENTS 1
MAXEXTENTS 4096 PCTINCREASE 0 FREELISTS 1 FREELIST GROUPS 1 BUFFER_POOL
DEFAULT) TABLESPACE "TOOLS" LOGGING;
REM ALTER TABLE "SCOTT"."EMP" ADD CONSTRAINT "EMP_PK" PRIMARY KEY
REM ("EMPNO") USING INDEX PCTFREE 10 INITRANS 2 MAXTRANS 255
REM STORAGE(INITIAL 32768 NEXT 32768 MINEXTENTS 1 MAXEXTENTS 4096
REM PCTINCREASE 0 FREELISTS 1 FREELIST GROUPS 1 BUFFER_POOL DEFAULT)
REM TABLESPACE "TOOLS" ENABLE;
REM ALTER TABLE "SCOTT"."EMP ADD CONSTRAINT "EMP_FK_DEPT" FOREIGN KEY
REM ("DEPTNO") REFERENCES "DEPT" ("DEPTNO") ENABLE NOVALIDATE ;
REM ALTER TABLE "SCOTT"."EMP" ADD CONSTRAINT "EMP_FK_EMP" FOREIGN KEY
REM ("MGR") REFERENCES "EMP" ("EMPNO") ENABLE NOVALIDATE ;
REM ALTER TABLE "SCOTT"."EMP" ENABLE CONSTRAINT "EMP_PK" ;
REM ALTER TABLE "SCOTT"."EMP" ENABLE CONSTRAINT "EMP_FK_DEPT" ;
REM ALTER TABLE "SCOTT"."EMP" ENABLE CONSTRAINT "EMP_FK_EMP" ;
```

Isso é tudo dessa gloriosa loquacidade (provavelmente a sua se parece um pouco diferente — você está vendo alguns dos muitos 'aperfeiçoamentos' que fiz na tabela SCOTT.EMP durante a escrita deste livro). Essa é a DDL que você precisa para recriar a tabela EMP, como ela é atualmente. Um pouco mais tarde, veremos alguns detalhes do uso de IMP e EXP para extrair com sucesso DDL do banco de dados (e alguns scripts que são úteis quando com pouco IMP/EXP).

> *A documentação completa sobre EXP e IMP está disponível no Oracle Server Utilities Guide. Em vez de repetir muito do que está lá, você é encorajado a lê-lo, como um suplemento a este capítulo.*

EXP cria um arquivo binário proprietário, conhecido como arquivo de depósito (com freqüência abreviado para DMP), que é transportável através de sistemas operacionais — você pode transferi-lo do Windows 2000 para o Sun Solaris, de Sun para MVS e ele ainda funcionará.

Isso significa que você não usará EXP para descarregar dados do Oracle para importar no SQLServer — ele não é a ferramenta apropriada para tal. Se quiser fazer isso, você deve usar o comando copy SQL*Plus em conjunto com o Meio de Acesso Transparente para SQLServer ou, ainda mais simplesmente, com os drivers ODBC Net8 oferecidos com Oracle Developer/2000 (o último permite SQL*Plus se conectar com uma fonte de dados ODBC). Você não estará editando o arquivo DMP usando seu editor de texto (ou de fato, qualquer editor de texto). Um arquivo DMP tem um uso, e apenas um uso — para ser lido e processado pela ferramenta IMP.

Por que você deve usar IMP e EXP

EXP tem muitos usos, alguns dos quais mencionados rapidamente aqui. Eis uma lista das situações onde os julgo mais úteis.

Detectar corrupção

Uso EXP como ferramenta para detectar corrupção física ou lógica em meu banco de dados, antecipadamente. Se você usa EXP para fazer uma exportação *completa* de banco de dados, ela exercitará completamente o dicionário de dados, encontrando quase qualquer corrupção lógica de dicionário. Além disso, ela fará uma digitalização completa em cada tabela de seu banco de dados, lendo todas as fileiras. Se houver uma tabela, em algum lugar, com um bloco ruim, EXP é a ligação para encontrá-lo. Ela não irá encontrar determinados tipos de corrupção lógica, como um índice que indica para fileiras não existentes, pois digitaliza completamente as tabelas, mas irá encontrar os tipos mais importantes de erro (sempre podemos remontar um índice; remontar uma tabela pode não ser possível).

Como EXP lê completamente cada tabela, também cuida de quaisquer blocos que precisem de limpeza. Isso nos dá uma bonificação extra para evitar a ocorrência de um falso ORA-01555 (veja o Capítulo 5, para mais detalhes). Depois que exporto todo o banco de dados e verifico os resultados (busco por erros nos registros), faço uma importação completa no modo SHOW. O bom efeito colateral disso é criar um grande arquivo de registro com toda a DDL, o texto de todos os procedimentos, disparadores, vistas e assim por diante. Em mais de uma ocasião, usei esse expediente para salvar uma peça em falta no código, em uma emergência. Adicionalmente, se uma tabela é 'acidentalmente' solta, sou capaz de recuperá-la rapidamente a partir do arquivo DMP, em vez de ir para meus backups reais a fim de recuperar um objeto. Se você tiver espaço para armazenar os arquivos DMP (eles são muito compactáveis), eu recomendaria que sua exportação fosse feita em seu sistema durante as horas 'fora de pico'. Na seção sobre *Exportações grandes*, em seguida, darei o script para sistemas UNIX que exportam diretamente em arquivos compactados, poupando considerável espaço.

Como extrair DDL

EXP é uma excelente ferramenta para extrair DDL do banco de dados (conforme demonstrado no Capítulo 6), fornecendo uma maneira muito fácil de ver a declaração loquaz CREATE em muitos objetos. Na seção a seguir, sobre *Como obter a DDL,* vamos rever essa idéia e explorá-la mais.

Cópia de esquemas

EXP e IMP podem ser usados para copiar um esquema para teste. Usando as opções FROMUSER e TOUSER do comando IMP, podemos facilmente exportar dados de uma conta de usuário para outra. Esse também é um método suportado para 'renomear' um usuário — você deve realizar uma exportação em termos de usuário, importar na conta do novo usuário e depois, quando da verificação de sucesso, soltar o antigo usuário.

Transporte de espaços de tabela

EXP e IMP podem ser usados para 'transportar' um espaço de tabela ou um conjunto de espaços de tabela. Disponíveis apenas em Oracle 8i, nos permitem tomar os arquivos de dados formatados de uma cópia e 'plugá-los' em outra. Pense no caso em que você tem um Web site online e quer publicar um grande catálogo. Você pode montar o catálogo no seu lado do firewall, refinando-o e testando-o. Depois, quando da publicação do catálogo, pode simplesmente EXP aquele espaço de tabela e todos os relacionados (com todas as estruturas de suporte, como índices etc), e copiar aqueles arquivos de dados para os diversos servidores que tenha fora do firewall. Não há mais 'despejar e carregar' para publicar dados — a troca do antigo catálogo para o novo acontece muito rapidamente. As utilizações em um ambiente de armazenagem de dados são óbvias — em vez de ETL (Extrair, Transformar, Carregar) podemos apenas L (Carregar), anexando os arquivos de dados de nosso sistema operacional à armazenagem de dados e usando SQL para reformatar os dados. Também usei bastante esse recurso em meu teste e desenvolvimento. Para testar software, precisamos sempre de uma forma de 'reinicializar' o banco de dados. Usando espaços de tabela transportáveis, somos capazes de fazer isso rapidamente, sem precisar recuperar todo o banco de dados, permitindo assim que muitos projetos diferentes compartilhem o mesmo banco de dados (não estaremos reconfigurando os dados uns dos outros). Desse modo, podemos usar uma cópia de banco de dados, em vez de uma a cada projeto.

Remontagem de cópias

Usar EXP e IMP é uma boa maneira de remontar uma cópia modestamente dimensionada. Se você quisesse mudar o tamanho de bloco de seu banco de dados, por exemplo, EXP e IMP poderiam ser as ferramentas certas. Em uma grande cópia pode ser proibitivo, com relação ao tempo, usar EXP e IMP, mas em sistemas de até um par de gigabytes, é uma opção. Eu não usaria isso em minha cópia de terabyte (ou algo acima, ou em torno de, 15 gigabytes)!

Como copiar dados entre plataformas

EXP e IMP oferecem uma boa maneira de copiar dados de uma plataforma para outra, ou até como uma maneira de 'email' alguns dados para alguém. Se criarmos um arquivo DMP em uma plataforma, poderemos importar em qualquer outra plataforma — os dados são independentes da plataforma, ainda que o arquivo DMP seja um arquivo binário.

Há outros usos criativos dessas ferramentas, mas o acima cobre seus principais usos. O que farei agora é responder às perguntas formuladas com freqüência, em relação ao uso prático de EXP e IMP e na solução de problemas comuns.

Como eles trabalham

Nesta seção, cobriremos muitas das perguntas feitas com freqüência, perguntas 'como faço' sobre IMP e EXP. Antes de começarmos, passarei pelas importantes opções de cada um e para que são usadas.

As opções

As entradas para EXP e IMP são todas pares nome-valor. Você usará:

```
exp parameter_name = value
```

ou

```
exp parameter_name = (value1, value2, value3 ...)
```

O segundo método é útil para determinadas operações, como para exportar em termos de tabela e para exportar mais que uma tabela de cada vez. Você pode salvar suas opções IMP e EXP em um arquivo de parâmetro, poupando a si mesmo a função de digitar as mesmas opções repetidamente.

Ambos, EXP e IMP, suportam uma opção HELP = Y, que exibirá rápidas informações de uso na tela. Isso é muito útil quando você não pode se lembrar do nome exato de um parâmetro específico. Se você digitar apenas EXP ou IMP na linha de comando e pressionar *Enter*, eles irão para o modo 'interativo' e você receberá os valores de cada parâmetro, um por um.

Parâmetros EXP

A seguir é o que EXP exibirá se você passar apenas o parâmetro HELP = Y:

```
C:\exp>exp help=y
Export: Release 8.1.6.0.0 - Production on Mon Mar 19 14:11:23 2001

(c) Copyright 1999 Oracle Corporation. All rights reserved.

You can let Export prompt you for parameters by entering the EXP
command followed by your username/password:

   Example: EXP SCOTT/TIGER

Or, you can control how Export runs by entering the EXP command followed
by various arguments. To specify parameters, you use keywords:

   Format:  EXP KEYWORD=value or KEYWORD=(value1,value2,...,valueN)
   Example: EXP SCOTT/TIGER GRANTS=Y TABLES=(EMP,DEPT,MGR)
            or TABLES=(T1:P1,T1:P2), if T1 is partitioned table

USERID must be the first parameter on the command line.

Keyword      Description (Default)        Keyword     Description (Default)
-----------------------------------------------------------------------------
USERID       username/password            FULL        export entire file (N)
BUFFER       size of data buffer          OWNER       list of owner username
```

```
FILE            output files (EXPDAT.DMP)           TABLES          list of table names
COMPRESS        import into one extent (Y)          RECORDLENGTH    length of IO record
GRANTS          export grants (Y)                   INCTYPE         incremental export type
INDEXES         export indexes (Y)                  RECORD          track incr. Export (Y)
ROWS            export data rows (Y)                PARFILE         parameter filename
CONSTRAINTS     export constraints (Y)              CONSISTENT      cross-table consistency
LOG             log file of screen output           STATISTICS      analyze objects (ESTIMATe)
DIRECT          direct path (N)                     TRIGGERS        export triggers (Y)
FEEDBACK        display progress every x rows (0)
FILESIZE        maximum size of each dump file
QUERY           select clause used to export a subset of a table

The following keywords only apply to transportable tablespaces
TRANSPORT_TABLESPACE export transportable tablespace metadata (N)
TABLESPACES list of tablespaces to transport
Export terminated successfully without warnings.
```

Veremos os parâmetros mais importantes e aqueles que exigem esclarecimento, em detalhes. Os parâmetros que são óbvios, como USERID, não serão cobertos. Os parâmetros que considero obsoletos, como INCTYPE, também não serão cobertos:

Nome de parâmetro	Valor padrão	Significado/observações
BUFFER	Dependente de OS	Essa configuração dimensiona o buffer de array de busca usado por EXP. Se você dividir o parâmetro BUFFER pelo tamanho máximo da fileira de determinada tabela, obterá o número de fileiras EXP que buscará em determinado tempo, daquela tabela. Tamanhos maiores de array aperfeiçoam o desempenho. Descobri que 100 fileiras é, em geral, um tamanho 'bom' de array. Note que algumas tabelas, em especial as com colunas LONG ou LOB, são buscadas uma fileira de cada vez, independente da configuração do buffer. Você deve garantir que o buffer esteja ajustado em medida grande o bastante para sua maior coluna LONG.
COMPRESS	Y	Esse parâmetro *não compacta o conteúdo dos dados exportados*. Ele controla como a cláusula STORAGE será gerada, em objetos exportados. Se deixado como Y, a cláusula de armazenagem de objetos terá uma extensão inicial igual à soma de suas extensões atuais. Isto é, EXP irá gerar uma declaração CREATE que tentará ajustar o objeto em uma única extensão. Recomendo compress = N e o uso de espaços de tabela localmente gerenciados.
ROWS	Y	Diz a EXP se exportar as fileiras de dados dentro das tabelas exportadas ou apenas a estrutura. Uso com freqüência com uma configuração de N, apenas para fazer exportações estruturais.
FILESIZE	0	Se ajustado para um valor positivo, ajusta o tamanho máximo do arquivo DMP que a exportação criará. Usado quando exportando mais do que dois gigabytes de dados. Veja *Grandes exportações*, mais adiante, para detalhes.
QUERY	N/A	Permite associar uma cláusula WHERE às tabelas que estiverem sendo exportadas. Essa cláusula WHERE será aplicada às fileiras durante uma exportação em termos tabela, e só as fileiras que satisfaçam a cláusula WHERE serão exportadas. Isso permite que você exporte um 'pedaço' de uma tabela. Veja um exemplo na seção *Como fazer um subconjunto de dados*.
FULL	N	Se ajustado para Y, a exportação faria uma exportação completa de banco de dados. Extrairá todos os usuários, definições de espaço de tabela, concessões de sistema e tudo do banco de dados.
OWNER	N/A	Permite especificar uma lista de esquemas a exportar. Útil para copiar um esquema ou 'renomear' um usuário.
TABLES	N/A	Permite especificar uma lista de tabelas a serem exportadas.

(Continuação)

Nome de parâmetro	Valor padrão	Significado/observações
PARFILE	N/A	Indica o nome de um arquivo de parâmetro que contenha o parameter_name = values. Pode ser usado em vez de especificar os na linha de comando. Mais útil com longas listas de tabelas a exportar ou quando especificando uma consulta.
CONSISTENT	N	Aponta se a exportação deve ser feita em uma transação apenas de leitura. Isso poderia garantir consistência através da tabela. Se você lembrar do Capítulo 3, cada consulta individual é executada de uma forma consistente de leitura. Uma transação apenas de leitura (em um nível isolado de série) amplia aquela consistência de leitura em termos de transação. Se você estiver exportando tabelas vinculadas através de RI (Referencial de Integridade) declarada ou objetos de tabela aninhada, e precisar ser capaz de importá-las juntas, mais tarde, seria recomendado usar consistency = Y. Isso se aplica especialmente se as tabelas serão modificadas quando acontecer a exportação.
TRANSPORT_TABLESPACE	N	Especifica se EXP será usado ou não para exportar os meta dados para um conjunto de espaço de tabela transportável. Para detalhes, veja a seção sobre *Transporte de dados*.
TABLESPACES	NA	Usado com Transport_tablespace para listar os espaços de tabela que estiverem sendo transportados.

Parâmetros IMP

A seguir está a saída IMP quando passado o parâmetro HELP = Y:

```
C:\exp>imp help=y

Import: Release 8.1.6.0.0 - Production on Mon Mar 19 16:10:14 2001

(c) Copyright 1999 Oracle Corporation. All rights reserved.

You can let Import prompt you for parameters by entering the IMP
command followed by your username/password:

    Example: IMP SCOTT/TIGER

Or, you can control how Import runs by entering the IMP command followed
by various arguments. To specify parameters, you use keywords:

    Format:  IMP KEYWORD or KEYWORD=(value1, value2,..., valueN)
    Example: IMP SCOTT/TIGER IGNORE=Y TABLES=(EMP, DEPT) FULL=N
             or TABLES=(T1:P1, T1:P2), if T1 is partitioned table

USERID must be the first parameter on the command line.

Keyword    Description (Default)       Keyword      Description (Default)
--------------------------------------------------------------------------
USERID     username/password           FULL         import entire file (N)
FILE       input files (EXPDAT.DMP)    TOUSER       list of usernames
SHOW       just list file contents (N) TABLES       list of table names
IGNORE     ignore create errors (N)    RECORDLENGTH length of IO record
GRANTS     import grants (Y)           INCTYPE      incremental import type
INDEXES    import indexes (Y)          COMMIT       commit array insert (N)
ROWS       import data rows (Y)        PARFILE      parameter filename
LOG        log file of screen output   CONSTRAINTS  import constraints (Y)
DESTROY    overwrite tablespace data file (N)
INDEXFILE  write table/index info to specified file
SKIP_UNUSABLE_INDEXES   skip maintenance of unusable indexes (N)
```

```
ANALYZE       execute ANALYZE statements in dump file (Y)
FEEDBACK      display progress every x rows (0)
TOID_NOVALIDATE   skip validation of specified type ids
FILESIZE maximum size of each dump file
RECALCULATE_STATISTICS recalculate statistics (N)

The following keywords only apply to transportable tablespaces
TRANSPORT_TABLESPACE import transportable tablespace metadata (N)
TABLESPACES tablespaces to be transported into database
DATAFILES datafiles to be transported into database
TTS_ONWERS users that own data in the transportable tablespace set

Import terminated successfully without warnings.
```

Veremos os parâmetros importantes que ainda não foram discutidos em EXP:

Nome de parâmetro	Valor padrão	Significado/observações
SHOW	N	Se ajustado para Y, a importação *mostrará* que ela teria sido feita; na verdade, ele não a fará. Com SHOW = Y nenhum dado será acrescentado e nenhum objeto criado.
IGNORE	N	Quando ajustado para Y, IMP irá ignorar a *maioria* de erros de criação de objeto. Útil quando você tem os objetos criados previamente no banco de dados e quer usar IMP apenas para preencher as tabelas com dados.
INDEXFILE	N/A	Se especificado, IMP importará todos os comandos CREATE INDEX e muitas outras declarações DDL para o arquivo especificado (com REMs — comentários — diante delas). *Nenhum outro objeto será processado no arquivo DMP, apenas o arquivo de índice será criado.*
FROMUSER	N/A	Se ajustado, especifica uma lista de usuários a partir dos quais importar o arquivo DMP. Pode ser usado para recuperar um único esquema de uma exportação de banco de dados completa.
TOUSER	N/A	Se ajustado, importará os objetos do usuário especificado no parâmetro FROMUSER, no usuário especificado pelo parâmetro TOUSER. Permite que você 'copie' um usuário.
COMMIT	N	Indica se IMP comprometerá depois de cada inserção de array. É controlado pelo parâmetro BUFFER. Em geral, IMP comprometerá depois de carregar completamente uma tabela. Como uma inserção gera a menor quantidade de retorno possível, e porque comprometer com freqüência tornará lenta a inserção de dados e causará a geração de mais registros redo, uma IMP não pode ser reiniciada depois de uma falha. Recomendo uma configuração de N para esse parâmetro.
TTS_OWNERS	N/A	Usado com TRANSPORTABLE_TABLESPACES, listará os proprietários de objetos no espaço de tabela transportável.

Grandes exportações

Quando EXP é usado para escrever em um dispositivo que suporta 'ver', como faz um arquivo normal, ele é limitado no tamanho de arquivo que pode gerar. EXP usa o arquivo normal das APIs do sistema operacional, que em um OS de 32 bits limita o tamanho do arquivo para 2 GB. Conheço quatro soluções para esse aspecto (embora provavelmente existam outras), e veremos cada uma delas.

Use o parâmetro FILESIZE

Essa opção tornou-se disponível pela primeira vez com o Oracle 8i. Usando o parâmetro FILESIZE podemos ajustar o tamanho máximo (em bytes) dos arquivos DMP que constituem nossa exportação, e EXP criará tantos arquivos DMP quanto necessário para exportar os dados. Por exemplo, para exportar uma série de arquivos que não devem ser maiores do que 500 MB cada um, podemos usar:

```
exp userid=tkyte/tkyte file = f1,f2,f3,f4,f5 filesize = 500m owner = scott
```

Isso criaria os arquivos DMP f1.dmp, f2.dmp e assim por diante, cada um com até 500 MB de tamanho. Se o tamanho total da exportação fosse menor que 2 GB, EXP não precisaria criar o arquivo f5.dmp.

O lado inverso é que, a menos que você saiba aproximadamente quão grande será a exportação, ela será interativa e difícil de automatizar. Considere essa sessão de exportação, que deve exportar cerca de 2.3 MB de dados em arquivos DMP de 500 KB:

```
C:\exp>exp userid=tkyte/tkyte tables=t file=(t1,t2,t3) filesize=500k

Export: Release 8.1.6.0.0 - Production on Mon Mar 19 14:54:12 2001

(c) Copyright 1999 Oracle Corporation. All rights reserved.

Connected to: Oracle 8i Enterprise Edition Release 8.1.6.0.0 - Production
With the Partitioning option
JServer Release 8.1.6.0.0 - Production
Export done in WE8ISO8859P1 character set and WE8ISO8859P1 NCHAR character set
About to export specified tables via Conventional Path . . .
. . exporting table                     T
continuing export into file t2.DMP

continuing export into file t3.DMP

Export file: EXPDAT.DMP > t4

continuing export into file t4.DMP

Export file: EXPDAT.DMP > t5

continuing export into file t5.DMP
       21899 rows exported
Export terminated successfully without warnings.
```

O texto Export file: EXPDAT.DMP> foi uma indicação interativa. Depois que EXP usou os nomes de arquivo oferecidos na linha de comando (t1, t2, t3), ele começou a apresentar interativamente os nomes de arquivos seguintes para uso. Se isso fosse parte de um script de suporte, executando bem tarde à noite, EXP teria simplesmente esperado por uma resposta ou, dependendo das circunstâncias, poderia simplesmente ter falhado, visto que nunca receberia uma resposta. Esse recurso pode ser aceitável em muitos casos — se você souber que a exportação não passará de 100 GB (uma suposição razoável em um banco de dados de 50 GB, por exemplo), você poderia usar um FILESIZE de dois GB e gerar uma lista de 50 nomes de arquivo em um arquivo de parâmetro, (PARFILE), usando um script. Depois, poderia simplesmente usar PARFILE = thatlist.par em vez de FILE = (a very long list).

Para importar esses dados, usamos apenas IMP e listamos os arquivos *na ordem em que eles devem ser aplicados*. IMP não irá verificar se eles estão na ordem certa e falhará miseravelmente se você listá-los fora de seqüência. Felizmente, você pode listar mais arquivos do que necessário assim, se você usar a sugestão PARFILE acima, ele pode listar arquivos que não existem e IMP não irá reclamar. Eis um exemplo:

```
C:\exp>imp userid=tkyte/tkyte full=y file=(t1,t2,t3,t4,t5,t6)

Import: Release 8.1.6.0.0 - Production on Mon Mar 19 15:49:24 2001

(c) Copyright 1999 Oracle Corporation. All rights reserved.

Connected to: Oracle8i Enterprise Edition Release 8.1.6.0.0 - Production
With the Partitioning option
JServer Release 8.1.6.0.0 - Production

Export file created by EXPORT:V08.01.06 via conventional path
import done in WE8ISO8859P1 character set and WE8ISO8859P1 NCHAR character set
IMP-00046: using FILESIZE value from export file of 512000
. . importing TKYTE's objects into TKYTE
. . importing table              "T"              21899 rows imported
Import terminated successfully with warnings.
```

Exportação de peças menores

Resolve o problema, enviando tudo junto. Se você tiver um banco de dados de 10 GB com 50 esquemas de aplicativo e cada esquema tiver menos de 2 GB em tamanho, é possível usar exportações no nível do usuário. Você terminará com 50 arquivos exportados, cada um dos quais contendo um esquema de aplicativo.

Exportação para um Filtro de sistema operacional

É uma solução que funciona muito bem no UNIX. Até hoje não encontrei uma maneira de fazer isso no ambiente Windows. Nesse caso, uso o comando mknod para criar um pipe nomeado. Um pipe nomeado é um dispositivo através do qual um processo pode escrever no pipe e um outro pode ler, na outra ponta. EXP pode escrever uma quantidade ilimitada de dados em pipes, uma vez que não suporta 'vistas'. Além do mais, o processo de leitura da outra extremidade do pipe poderia ser uma rotina de compactação. Usando isso podemos simultaneamente exportar os dados e compactá-los. No caso em que o arquivo compactado ainda seja maior que 2 GB, poderemos usar o utilitário de separação para partir o arquivo em pedaços menores. A seguir está um script comentado que uso em Unix. O script também mostra como importar esses dados divididos compactados, porque imediatamente depois de fazer uma exportação executei uma importação completa com SHOW = Y, para testar a integridade do arquivo DMP que acabei de criar:

```
#!/bin/csh -f

# Set this to the userid you want to perform the export as I always use OPS$ (os
# authenticated) accounts for all jobs that will be run in the background. In that
# way a password never appears in a script file or in the ps output.
setenv UID /

# This is the name of the export file. SPLIT will use this to name the pieces of
# the compressed DMP file.
setenv FN exp.`date +%j_%Y`.dmp

# This is the name of the named pipe we will use.
setenv PIPE /tmp/exp_tmp_ora8i.dmp

# Here I limit the size of the compressed files to 500 MG each. Anything less
# than 2 GB would be fine.
setenv MAXSIZE 500m

# This is what we are going to export. By default I am doing a full database
# export.
setenv EXPORT_WHAT "full=y COMPRESS=n"

# This is where the export will go to.
cd /nfs/atc-netapp1/exopbkup_ora8i

# Clear out the last export.
rm expbkup.log export.test exp.*.dmp* $PIPE

# Create the named pipe.
mknod $PIPE p

# Write the datetime to the log file.
date > expbkup.log

# Start a gzip process in the background. Gzip will read the pipe and put the
# compressed data out to split. Split will then create 500 MB files out of the
# input data adding .aa, .ab, .ac, .ad, ... file extensions to the template name
```

```
# found in $FN.
( gzip < $PIPE ) | split -b $MAXSIZE - $FN. &

# Now, start up export. The Gzip above is waiting for export to start filling the
# pipe up.
exp userid=$UID buffer-20000000 file=$PIPE $EXPORT_WHAT >>& expbkup.log
date >> expbkup.log

# Now the export is done, this is how to IMP. We need to sort the filenames and
# then simply cat their contents into gunzip. We write that into the pipe. IMP
# will then read that pipe and write what it would do to stderr. The >>& in the
# csh redirects stdout and stderr for us.

date > export.test
cat `echo.$FN.* | sort`       | gunzip > $PIPE &
imp userid=$UID file=$PIPE show=y full=y >>& export.test
date >> export.test

# Clean up the pipe, we don't need it anymore.
rm -f $PIPE
```

Se você estiver usando UNIX, pessoalmente acredito que o script acima é uma abordagem melhor do que usar FILESIZE = com múltiplos nomes de arquivos especificados na linha de comando, por dois motivos. Primeiro por que ele nos permite compactar os dados antes de armazená-los, segundo, ele nos pede por um nome de arquivo, como faria EXP.

Exportação para um dispositivo que não suporta vista

Novamente, essa é uma solução apenas para UNIX. É possível exportar direto para um dispositivo de fita, simplesmente especificando o nome do dispositivo. Por exemplo:

```
exp userid=tkyte/tkyte file=/dev/rmt/0 volsize = 600m full = y
```

Isso exportará diretamente para a fita, parando a cada 6000 MB para mudarmos as fitas, se necessário.

Como fazer um subconjunto de dados

O Oracle 8i introduziu a habilidade de EXP exportar apenas fileiras selecionadas de uma tabela. Antes desse lançamento, EXP era um evento de tudo ou nada; cada fileira era exportada ou nenhuma era. Agora podemos usar o parâmetro QUERY= para fornecer uma cláusula WHERE que será aplicada a cada tabela exportada. Deve se observar que, ao usar uma cláusula WHERE (o parâmetro QUERY), o modo direto de exportação não é permitido; se você quiser um subconjunto de dados usará o modo de caminho convencional de EXP.

O método pelo qual você especifica o parâmetro QUERY= depende do sistema operacional. Uma cláusula WHERE em geral conterá muitos caracteres especiais, como =, >, < e espaços. O comando shell apresentado em UNIX e no Windows não parece gostar muito de tais caracteres. Eles precisarão ser seqüenciais (de escape), e a maneira de fazer isso depende do sistema operacional. O que sempre prefiro fazer é usar um PARFILE com a opção QUERY. Dessa forma, posso utilizar exatamente os mesmos métodos, independente de plataforma.

Como exemplo, criei uma tabela T como SELECT * FROM ALL_OBJECTS. Quero exportar todas as fileiras, como é o object_id, menos 5000. No Windows, preciso executar:

```
C:\exp>exp userid=tkyte/tkyte tables=t query=" " "where object_id < 5000" " "
```

Observe que no Windows precisamos de três aspas duplas de cada lado da cláusula WHERE. Agora, o comando UNIX equivalente é:

```
$ exp userid=tkyte/tkyte tables=t query=\"where object_id\<5000\"
```

Entretanto, se eu usar simplesmente um arquivo de parâmetro, exp.par, contendo o seguinte argumento:

```
query="where object_id < 5000"
```

Posso usar o comando único em ambos os sistemas, sem alteração:

```
exp userid=tkyte/tkyte tables=t parfile=exp.par
```

Acho isso muito mais fácil do que digitar para o escape apropriado das strings QUERY em cada plataforma.

Transporte de dados

Um espaço de tabela transportável é um mecanismo para tomar os arquivos de dados formatados em um banco de dados e anexá-los uns aos outros. Em vez de descarregar os dados de um banco de dados para um arquivo plano ou um arquivo DMP, e depois inserir aqueles dados no outro banco de dados, transportar um espaço de tabela permite mover os dados tão rápido quando possa copiar os arquivos.

Há algumas restrições no transporte de espaços de tabela, nomeadamente:

- **Os bancos de dados fonte e destino precisam estar executando nas mesmas plataformas de hardware** — Não é possível pegar os arquivos de dados de Windows NT e transferi-los para HP/UX, por exemplo. Um arquivo DMP pode ser copiado de sistema operacional para sistema operacional — os **DATAFILES** de um banco de dados não podem; os arquivos de dados não são independentes de sistema operacional como um arquivo DMP.

- **Os bancos de dados fonte e destino precisam estar usando o mesmo conjunto de caracteres** — Você não pode pegar um conjunto de arquivos de um banco de dados com um conjunto de caracteres WE8ISO8859P1 e anexá-lo a uma cópia UTF8, por exemplo.

- **O banco de dados fonte não precisa ter um espaço de tabela com o mesmo nome** — Será usado o nome do espaço de tabela do banco de dados de origem. Se o banco de dados fonte já tiver um espaço de tabela com aquele nome, o Oracle não poderá anexar um outro com o mesmo nome.

- **Os bancos de dados fonte e destino precisam ter blocos do mesmo tamanho** — Não é possível anexar os arquivos de um banco de dados com blocos de 4 KB de tamanho em um banco de dados com blocos de 8 KB de tamanho.

- **Você precisa transportar um conjunto de objetos autocontidos** — Por exemplo, não é possível transportar um espaço de tabela que contenha um índice, sem também transportar o espaço de tabela que contenha a tabela onde está o índice.

- **Há alguns objetos que não podem ser transportados** — Incluem vistas instantâneas/materializadas, índices baseados em função, índices de domínio (como aqueles produzidos por interMedia), referências de escopo e filas avançadas com mais de um destinatário.

- **O banco de dados fonte precisa ajustar o espaço de tabela a ser transportado no modo READ ONLY por um curto período de tempo** — Esse é o período de tempo que demora em exportar os meta dados de espaço de tabela e copiar os arquivos de dados em outro lugar.

- **Objetos de propriedade de SYS não podem ser transportados** — Se um espaço de tabela contiver qualquer objeto de propriedade de SYS, o transporte falhará. Isso significa que objetos como segmentos de retorno, o espaço de tabela do sistema e outros, não podem ser transportados (o que é razoável, pois de qualquer forma não haveria razão para transportar aqueles objetos).

O exemplo a seguir trabalha através de todas as etapas envolvidas no transporte de um espaço de tabela. Apenas para torná-lo interessante, estou usando dois espaços de tabela. Começarei configurando os espaços de tabela, as tabelas e criando um novo usuário para o exemplo:

```
SQL> create tablespace tts_ex1
  2    datafile 'c:\oracle\oradata\tkyte816\tts_ex1.dbf' size 1m
  3    extent management local uniform size 64k;
Tablespace created.

SQL> create tablespace tts_ex2
  2    datafile 'c:\oracle\oradata\tkyte816\tts_ex2.dbf' size 1m
  3    extent management local uniform size 64k;
Tablespace created.

SQL> create user tts_user identified by tts_user
  2    default tablespace tts_ex1
  3    temporary tablespace temp;
User created.

SQL> grant dba to tts_user;
Grant succeeded.

SQL> connect tts_user/tts_user
Connected.

SQL> create table emp as select * from scott.emp;
Table created.

SQL> create table dept as select * from scott.dept;
Table created.

SQL> create index emp_idx on emp(empno) tablespace tts_ex2;
Index created.

SQL> create index dept_idx on dept(deptno) tablespace tts_ex2;
Index created.

SQL> select object_type, object_name,
  2              decode(status, 'INVALID', '*', ' ') status,
  3              tablespace_name
  4    from user_objects a, user_segments b
  5   where a.object_name = b.segment_name (+)
  6   order by object_type, object_name
  7  /

OBJECT_TYPE   OBJECT_NAME               S    TABLESPACE_NAME
------------  ------------------------  ---  ---------------
INDEX         DEPT_IDX                       TTS_EX2
              EMP_IDX                        TTS_EX2
TABLE         DEPT                           TTS_EX1
              EMP                            TTS_EX1
```

Antes de tentar exportar, precisamos nos certificar que temos um conjunto de objetos autocontidos para transportar. Podemos transportar uma tabela sem os seus índices, mas não um índice sem as suas tabelas. O seguinte exemplo mostra a rotina que devemos usar para verificar se um espaço de tabela ou conjunto de espaços de tabela são autocontidos:

```
SQL> exec sys.dbms_tts.transport_set_check( 'tts_ex1', TRUE );
PL/SQL procedure successfully completed.

SQL> select * from sys.transport_set_violations;
no rows selected
```

```
SQL> exec sys.dbms_tts.transport_set_check( 'tts_ex2', TRUE );
PL/SQL procedure successfully completed.

SQL> select * from sys.transport_set_violations;

VIOLATIONS
-------------------------------------------------------------
Index TTS_USER.EMP_IDX in tablespace TTS_EX2 points to table TTS_USER.EMP in
tablespace TTS_EX1
Index TTS_USER.DEPT_IDX in tablespace TTS_EX2 points to table TTS_USER.DEPT in tablespace
TTS_EX1

SQL> exec sys.dbms_tts.transport_set_check( 'tts_ex1, tts_ex2', TRUE );
PL/SQL procedure successfully completed.

SQL> select * from sys.transport_set_violations;
no rows selected
```

Podemos transportar TTS_EX1 porque ele só contém uma tabela de dados e é autocontido. No tanto, qualquer tentativa de transportar TTS_EX2 falharia, uma vez que ele possui índices, não tabelas, nas quais é baseado. Por fim, ambos os espaços de tabela, TTS_EX1 e TTS_EX2, podem ser transportados juntos, pois estaremos transportando as tabelas e os índices.

SYS.DBMS_TTS é executável por qualquer DBA (eles têm EXECUTE ANY PROCEDURE) ou qualquer usuário com EXECUTE_CATALOG_ROLE. Ele preenche uma tabela dinâmica com quaisquer erros que possam ocorrer se tentarmos transportar o(s) espaço(s) de tabela. Agora, estamos prontos para 'separar', ou transportar, esses espaços de tabela. Começamos transformando-os em READ ONLY:

```
SQL> alter tablespace tts_ex1 read only;
Tablespace altered.

SQL> alter tablespace tts_ex2 read only;
Tablespace altered.
```

Depois, emitimos o comando EXP:

```
SQL> host exp userid=" " "sys/change_on_install as sysdba" " "
                         transport_tablespace=y tablespaces=(tts_ex1, tts_ex2)

Export: Release 8.1.6.0.0 - Production on Mon Mar 19 19:26:26 2001

(c) Copyright 1999 Oracle Corporation. All rights reserved.

Production
With the Partitioning option
JServer Release 8.1.6.0.0 - Production
Export done in WE8ISO8859P1 character set and WE8ISO8859P1 NCHAR character set
Note: table data (rows) will not be exported
About to export transportable tablespace metadata...
For tablespace TTS_EX1 ...
. exporting cluster definitions
. exporting table definitions
. . exporting table                          EMP
. . exporting table                          DEPT
For tablespace TTS_EX2 ...
. exporting cluster definitions
. exporting table definitions
. exporting referential integrity constraints
. exporting triggers
. end transportable tablespace metadata export
Export terminated successfully without warnings.
```

Observe a necessidade de três aspas duplas para especificar o userid na linha de comando. Em UNIX, teríamos que usar também o escape /. Se quisermos evitar isso, podemos apenas deixar EXP nos indicar o nome de usuário. Note também que usamos as SYSDBA. Apenas uma conta SYSDBA (interna) pode fazer um transporte em Oracle 8.1.6 e versões posteriores. No Oracle 8.1.5 a função de DBA era suficiente. (Note que esse comando precisa ser colocado em uma linha de SQL*PLUS. Entretanto, ele é mostrado em duas linhas no exemplo abaixo.)

Agora, tudo o que precisamos fazer é copiar os arquivos de dados para um outro lugar. Isso poderia ter sido feito em paralelo à exportação acima, para reduzir a quantidade de tempo gasto no modo apenas de leitura:

```
SQL> host XCOPY c:\oracle\oradata\tkyte816\tts_ex?.dbf c:\temp
C:\oracle\oradata\tkyte816\TTS_EX1.DBF
C:\oracle\oradata\tkyte816\TTS_EX2.DBF
2 File(s) copied

SQL> alter tablespace tts_ex1 read write;
Tablespace altered.

SQL> alter tablespace tts_ex2 read write;
Tablespace altered.
```

O espaço de tabela está disponível para READs e WRITEs. Agora podemos levar esse conjunto de arquivos para um outro banco de dados e anexá-lo:

```
C:\exp> imp file=expdata.dmp userid= " " "sys/manager as sysdba" " "
     transport_tablespace=y
     "datafiles=(c:\temp\tts_ex1.dbf,c:\temp\tts_ex2.dbf)"

Import: Release 8.1.6.0.0 - Production on Mon Mar 19 19:26:39 2001

(c) Copyright 1999 Oracle Corporation. All rights reserved.

Connected to: Oracle8i Enterprise Edition Release 8.1.6.0.0 - Production
With the Partitioning option
JServer Release 8.1.6.0.0 - Production

Export file created by EXPORT:V08.01.06 via conventional path
About to export transportable tablespace(s) metadata...

import done in WE8ISO8859P1 character set and WE8ISO8859P1 NCHAR character set
. importing SYS's objects into SYS
. importing TTS_USER's objects into TTS_USER
. . importing table                         "EMP"
. . importing table                         "DEPT"
Import terminated successfully without warnings.

SQL> update emp set ename=lower(ename);
update emp set ename=lower(ename)
       *
ERROR at line 1:
ORA-00372: file 9 cannot be modified at this time
ORA-01110: data file 9: 'C:\TEMP\TTS_EX1.DBF'

SQL> alter tablespace tts_ex1 read write;
Tablespace altered.

SQL> alter tablespace tts_ex2 read write;
Tablespace altered.

SQL> update emp set ename=lower(ename);
14 rows updated.
```

E é isso; os arquivos são anexados ao banco de dados. A etapa final mostra que eles foram anexados em um modo de READ ONLY (isso faz sentido, pois eram apenas de leitura quando os transportamos). Podemos precisar alterá-los depois de anexar. Se você quisesse testar em um banco de dados individual, poderia executar esses comandos ou equivalentes em seu banco de dados, depois de fazer de novo READ WRITE, mas antes você faz a IMP:

```
SQL> drop tablespace tts_ex1 including contents;
Tablespace dropped.

SQL> drop tablespace tts_ex2 including contents;
Tablespace dropped.

SQL> host erase c:\oracle\oradata\tkyte816\tts_ex?.dbf
```

É assim que 'reajusto' um banco de dados com objetivos de teste. Transporto o banco 'semente' antes de testar e quando preciso reajustá-lo, simplesmente solto os espaços de tabela existentes e anexo novamente ao banco de dados 'semente'.

Os espaços de tabela transportáveis também podem ser usados para fazer manualmente uma recuperação de espaço de tabela de um ponto no tempo. Suponha que você tenha soltado 'acidentalmente' uma tabela. Pode fazer uma recuperação desse SYSTEM, ROLLBACK do banco de dados e o espaço de tabela afetado em uma outra máquina. É possível recuperar esse mini banco de dados ao ponto no tempo imediatamente antes da errada perda da tabela. Você poderá transportar o espaço de tabela contendo essa tabela para o outro banco de dados e anexá-lo novamente. Na verdade, isso é o que o Recovery Manager (**RMAN**) faz quando realiza uma recuperação de espaço de tabela em um ponto no tempo. Se não estiver usando RMAN, você mesmo poderá fazer facilmente essa operação.

Um outro uso interessante desse recurso poderia ser para compartilhar uma grande quantidade de dados apenas de leitura (ou na maior parte apenas de leitura) entre duas cópias na mesma máquina. Você poderia montar um grande espaço de tabela, ajustá-lo apenas para leitura, exportar os meta dados e importá-los para a outra cópia. Você terá então dois bancos de dados que têm acesso apenas de leitura para o mesmo conjunto de arquivos. Se alguma vez precisar modificar as informações, você deverá:

- Soltar o espaço de tabela, inclusive o conteúdo, no banco de dados onde estiverem anexados os arquivos de dados
- Alterar o espaço de tabela para ser de leitura-escrita na fonte
- Fazer as modificações
- Alterar o espaço de tabela para ser apenas de leitura
- Exportar os meta dados e reimportá-los para o outro banco de dados.

O espaço de tabela precisa ser apenas de leitura sempre que for usado por mais de um banco de dados.

Como obter a DDL

Esse é um bom efeito de EXP. Podemos usá-lo para gerar muito da DDL a partir de nosso banco de dados. Vimos como funciona no Capítulo 6, onde usei EXP e IMP para ver uma declaração CREATE TABLE mais prolixa.

Há duas maneiras de obter a DDL: SHOW = Y e INDEXFILE = filename. Sempre recomendo usar a opção INDEXFILE e nunca a opção SHOW = Y. A última é destinada a nos mostrar o que EXP faria se de fato fosse executada. O formato da saída que ela produz não é utilizado como é — ele tende a envolver as declarações DDL em lugares anteriores e acrescenta aspas duplas. Além disso, não há um esboço claro entre os próprios comandos individuais. SHOW = Y é bom como último esforço, frustrado, para extrair alguma DDL, se isso for tudo o que você tiver. Iremos comparar os resultados das duas opções abaixo e você verá porque INDEXFILE é a maneira adequada.

Usando a opção INDEXFILE, podemos reconstruir a maioria da DDL para um esquema em um script de arquivo. Por exemplo, suponha que eu tenha começado com:

```
tkyte@TKYTE816> create table t1 ( x int primary key, y int );
Table created.

tkyte@TKYTE816> create table t2 (col1 int references t1, col2 int check (col2>0));
Table created.
```

```
tkyte@TKYTE816> create index t2_idx on t2(col2,col1);
Index created.

tkyte@TKYTE816> create trigger t2_trigger before insert or update col1, col2
                                                          on t2 for each row
  2   begin
  3       if ( :new.col1 < :new.col2 ) then
  4           raise_application_error(-20001,
  5                       'Invalid Operation Col1 cannot be less then Col2');
  6       end if;
  7   end;
  8   /
Trigger created.

tkyte@TKYTE816> create view v
  2   as
  3   select t1.y t1_y, t2.col2 t2_col2 from t1, t2 where t1.x = t2.col1
  4   /
View created.
```

Agora, posso executar EXP e IMP assim:

```
C:\>exp userid=tkyte/tkyte owner=tkyte
C:\>imp userid=tkyte/tkyte full=y indexfile=tkyte.sql
```

Inspecionar tkyte.sql mostra:

```
REM   CREATE TABLE "TKYTE"."T1" ("X" NUMBER(*,0), "Y" NUMBER(*,0)) PCTFREE
REM   10 PCTUSED 40 INITRANS 1 MAXTRANS 255 LOGGING STORAGE(INITIAL 524288)
REM   TABLESPACE "DATA" ;
REM   . . . 0 rows
REM   ALTER TABLE "TKYTE"."T1" ADD PRIMARY KEY ("X") USING INDEX PCTFREE 10
REM   INITRANS 2 MAXTRANS 255 STORAGE(INITIAL 524288) TABLESPACE "DATA"
REM   ENABLE ;
REM   CREATE TABLE "TKYTE"."T2" ("COL1" NUMBER(*,0), "COL2" NUMBER(*,0))
REM   PCTFREE 10 PCTUSED 40 INITRANS 1 MAXTRANS 255 LOGGING STORAGE(INITIAL
REM   524288) TABLESPACE "DATA" ;
REM   . . . 0 rows
CONNECT TKYTE;
CREATE INDEX "TKYTE"."T2_IDX" ON "T2" ("COL2" , "COL1" ) PCTFREE 10
INITRANS 2 MAXTRANS 255 STORAGE(INITIAL 524288) TABLESPACE "DATA" LOGGING ;
REM   ALTER TABLE "TKYTE"."T2" ADD CHECK (col2>0) ENABLE ;
REM   ALTER TABLE "TKYTE"."T2" ADD FOREIGN KEY ("COL1") REFERENCES "T1"
REM   ("X") ENABLE ;
```

Se remover as declarações REM terei a DDL dos objetos que consomem espaço, mas não meu disparador ou a vista (procedimentos e outros também estariam faltando). EXP exporta esses objetos, mas IMP não os mostra na opção INDEXFILE. A única maneira pela qual podemos fazer IMP nos mostrar esses objetos é através da opção SHOW:

```
C:\ImpExp> imp userid=tkyte/tkyte show=y full=y
Import: Release 8.1.6.0.0 - Production on Mon Apr 23 15:48:43 2001
(c) Copyright 1999 Oracle Corporation. All rights reserved.
Connected to: Oracle8i Enterprise Edition Release 8.1.6.0.0 - Production
With the Partitioning option
JServer Release 8.1.6.0.0 - Production

Export file created by EXPORT:V08.01.06 via conventional path
import done in WE8ISO8859P1 character set and WE8ISO8859P1 NCHAR character set
. importing TKYTE's objects into TKYTE
 "CREATE TABLE "T1" ("X" NUMBER(*,0), "Y" NUMBER(*,0)) PCTFREE 10 PCTUSED 40"
 "INITRANS 1 MAXTRANS 255 LOGGING STORAGE(INITIAL 524288) TABLESPACE "DATA" "
. . skipping table "T1"
```

```
"CREATE TABLE "T2" ("COL1" NUMBER(*,0), "COL2" NUMBER(*,0)) PCTFREE 10 PCTU"
"SED 40 INITRANS 1 MAXTRANS 255 LOGGING STORAGE(INITIAL 524288) TABLESPACE " "
"DATA" "
. . skipping table "T2"

"CREATE INDEX "T2_IDX" ON "T2" ("COL2" , "COL1" ) PCTFREE 10 INITRANS 2 MAX"
"TRANS 255 STORAGE(INITIAL 524288) TABLESPACE "DATA" LOGGING "
"CREATE FORCE VIEW "TKYTE"."V"
("T1_Y" , "T2_COL2") "
"AS "
'select t1.y t1_y, t2.col2 t2_col2 from t1, t2 where t1.x = t2.col1"
"CREATE TRIGGER "TKYTE".t2_trigger before insert or update of col1, col2 on"
" t2 for each row"
" " "
"begin"
"        if ( :new.col1 < :new.col2 ) then"
"            raise_application_error(-20001, 'Invalid Operation Col1 cannot be le"
"ss than Col2');"
"        end if;"
"end;"
"ALTER TRIGGER "T2_TRIGGER" ENABLE"
Import terminated successfully without warnings.
```

Você deve notar que essa saída é totalmente inadequada para uso geral. Por exemplo, considere:

```
"CREATE TABLE "T2" ("COL1" NUMBER(*,0), "COL2" NUMBER(*,0)) PCTFREE 10 PCTU"
"SED 40 INITRANS 1 MAXTRANS 255 LOGGING STORAGE(INITIAL 524288) TABLESPACE " "
```

O IMP quebra linhas em lugares arbitrários — a palavra PCTUSED é partida ao meio. Além disso, cada linha começa e termina com aspas duplas. Simplesmente remover aspas não tornará esse script de arquivo mais utilizável, pois os comandos são partidos em pontos inapropriados. Não apenas isso, mas nosso código fonte também é 'danificado':

```
"   if ( :new.col1 < :new.col2 ) then"
"       raise_application_error(-20001, 'Invalid Operation Col1 cannot be le"
" ss than Col2');"
"       end if;"
```

IMP interrompeu uma nova linha bem no meio de nossa linha de código. Por fim, os próprios comandos não são separados por nada:

```
"CREATE INDEX "T2_IDX" ON "T2" ("COL2", "COL1" ) PCTFREE 10 INITRANS 2 MAX"
"TRANS 255 STORAGE(INITIAL 524288) TABLESPACE "DATA" LOGGING"
"CREATE FORCE VIEW "TKYTE"."V"                          ("T1_Y" , "T2_COL2") "
"AS "
"select t1.y t1_y, t2.col2 t2_col2 from t1, t2 where t1.x = t2.col1"
"CREATE TRIGGER "TKYTE".t2_trigger before insert or update of col1, col2 on "
"t2 for each row"
```

O comando CREATE INDEX executa na CREATE VIEW, que executa na CREATE TRIGGER e assim por diante (você entendeu!). Esse arquivo precisaria de uma séria edição para ser útil. As coisas das quais sentimos falta aqui, agora — elas não estão em um formato para executar, mas podem ser salvas. Creio que isso é um gancho útil, quando alguém acidentalmente soltou seu trabalho do mês inteiro (o seu código) e precisa recuperá-lo. Por isso é que exporto meu banco de dados duas vezes por semana e faço IMP...SHOW = Y nele (conforme demonstrado na seção *Grandes exportações*). Mais que uma vez, fui capaz de retornar a ele uma cópia relativamente recente do código, a partir da saída daquele comando. Isso acabou com a necessidade de fazer uma recuperação de banco de dados para conseguir de volta seu código (que seria a outra alternativa — os dados nunca estão perdidos em um banco de dados!).

Como lidar com as limitações de scripts

Se eu tiver que mover código PL/SQL de um esquema para outro, prefiro usar scripts. Tenho scripts para recuperar um pacote, procedimento ou função. Um outro script extrai vistas. Ainda um outro faz disparadores. Mover esses tipos de objetos não é algo para o que EXP/IMP sejam adeptos. Peça uma tabela a EXP/IMP e eles serão ótimos. Peça a EXP/IMP para retornar sua definição de vista e eles não serão tão bons.

Já que são tão úteis, incluirei os scripts para extrair os objetos acima, aqui na seção de EXP. Provavelmente, você voltará a esta seção, tentando descobrir como conseguir que IMP retorne o seu código, de qualquer forma. Agora, você sabe que IMP não vai dá-lo a você em formato que seja utilizável.

Assim, eis um script que irá recuperar qualquer pacote (inclusive o corpo do pacote), função ou procedimento, e escrevê-lo em um arquivo SQL daquele mesmo nome. Se você executar SQL>@getcode my_procedure, esse script criará um arquivo my_procedure.sql que conterá aquela rotina PL/SQL:

```
REM get code.sql - extract any procedure, function or package
set  feedback off
set  heading off
set  termout off
set  linesize 1000
set  trimspool on
set  verify off
spool &1..sql
prompt set define off
select decode( type||'-'||to_char(line,'fm99999'),
               'PACKAGE BODY-1', '/' || chr(10),
               null) ||
          decode(line 1, 'create or replace ', ' ') ||
          text text
     from user_source
   where name = upper('&&1')
   order by type, line;
prompt /
prompt set define on
spool off
set  feedback on
set  heading on
set  termout on
set  linesize 100
```

Para aqueles de vocês que desejem extrair *todo* o código de um esquema, tenho um script chamado getallcode.sql. Ele criará um script de arquivo por objeto PL/SQL no diretório atual de trabalho e depois um script getallcode_INSTALL, que irá instalar o código em um outro esquema para você:

```
set  termout off
set  heading off
set  feedback off
set  linesize 50
spool xtmpx.sql
select '@getcode ' || object_name
from user_objects
where object_type in ( 'PROCEDURE', 'FUNCTION', 'PACKAGE' )
/
spool off
spool getallcode_INSTALL.sql
select '@' || object_name
from user_objects
where object_type in ( 'PROCEDURE', 'FUNCTION', 'PACKAGE' )
/
spool of
```

```
set  heading on
set  feedback on
set  linesize 130
set  termout on
@xtmpx.sql
```

O seguinte script é usado para extrair uma única vista. Se você executar SQL> @getaview view_name, ele criará um arquivo view_name.sql no diretório atual, com a declaração CREATE VIEW nele:

```
REM getaview.sql
set heading off
set long 99999999
set feedback off
set linesize 1000
set trimspool on
set verify off
set termout off
set embedded on

column column_name format a1000
column text format a1000

spool &1..sql
prompt create or replace view &1 (
select decode(column_id,1,' ',',') || column_name  column_name
     from user_tab_columns
  where table_name = upper('&1')
  order by column_id
/
prompt ) as
select text
     from user_views
  where view_name = upper('&1')
/
prompt /
spool off

set termout on
set heading on
set feedback on
set verify on
```

Claro, se você quiser *todas* as vistas, há o script getallviews:

```
set heading off
set feedback off
set linesize 1000
set trimspool on
set verify off
set termout off
set embedded on

spool tmp.sql
select '@getaview ' || view_name
from user_views
/
spool off

set termout on
set heading on
set feedback on
set verify on
@tmp
```

Por fim, há o gettrig.sql, que não lida com todos os casos de disparadores. Por exemplo, não posso recuperar a declaração referencing OLD as ..., como nunca a usei. O conceito é o mesmo de acima e poderia ser fácil modificá-lo, se você julgar a construção do disparador útil:

```
set echo off
set verify off
set feedback off
set termout off
set heading off
set pagesize 0
set long 99999999
spool &1..sql

select
'create or replace trigger " ' ||
        trigger_name || ' " ' || chr(10) ||
 decode( substr( trigger_type, 1, 1 ),
         'A', 'AFTER', 'B', 'BEFORE', 'I', 'INSTEAD OF' ) ||
            chr(10) ||
 triggering_event || chr(10) ||
 'ON " ' || table_owner || ' "." ' ||
            table_name || ' " ' || chr(10) ||
 decode( instr( trigger_type, 'EACH ROW' ), 0, null,
         'FOR EACH ROW' ) || chr(10) ,
 trigger_body
 from user_triggers
 where trigger_name = upper('&1')
 /
 prompt /

 spool off
 set verify on
 set feedback on
 set termout on
 set heading on
```

Vimos como podemos usar EXP/IMP para obter nossa DDL; suas tabelas e índices, coisas que ocupam espaço. Para coisas que realmente não ocupam espaço, incluindo (mas não limitado a disparadores) procedimentos, vistas, seqüências, sinônimos etc, simples scripts SQL*PLUS são a melhor abordagem. IMP com SHOW = Y pode ser usado em um instante, mas se você estiver com uma premente necessidade de extrair esses objetos, um script é o que você desejará.

Backup e recuperação

EXP e IMP *não* devem ser consideradas ferramentas de backup. Não são apropriados para o seu mecanismo de backup e recuperação. Os backups de RMAN e do sistema operacional são os únicos backups verdadeiros. As razões pelas quais EXP/IMP não devem ser considerados como suas ferramentas de backup são:

- ❑ Elas apresentam no máximo um quadro de ponto no tempo do banco de dados. Usar CONSISTENT = Y permitirá que você extraia um quadro de ponto no tempo do banco de dados (talvez, lembrar a possibilidade de ORA-01555 snapshot too old aumentar com o comprimento de sua transação), mas é exatamente isso — um único ponto no tempo. Se você usar essa exportação para recuperar, perderá *todo* o trabalho que houve antes do início de EXP. Também, registros redo arquivados não podem ser aplicados a um IMP.
- ❑ Recuperar um banco de dados de qualquer tamanho significativo usando IMP é um processo lento; todos os dados terão que ser inseridos (através da máquina SQL, gerando retorno e redo), todos os índices terão que ser remontados, todas as restrições precisarão ser validadas, todo o código precisará ser compilado e assim por diante. O que pode levar alguns minutos com um backup real, levará horas ou dias, usando IMP.
- ❑ EXP/IMP incremental em breve não será mais um recurso suportado. O uso do parâmetro INCTYPE = será removido. A menção de Oracle é 'Importante: Exportações incrementais, cumulativas e completas são recursos obsoletos que serão removidos em um lançamento subseqüente. Você deve começar agora a migrar para o Backup and Recovery Manager do Oracle, para cópias de banco de dados'. Para mais informações, veja *Oracle8i Operating System Backup and Recovery Guide*.

Isso significa que os utilitários EXP/IMP não são úteis como parte de um plano maior de cópia e recuperação? Bem, acredito que eles *podem* ser uma função importante como parte de um plano maior de cópia e recuperação. Seu banco de dados de produção precisa estar executando no modo de registro de arquivo para permitir a realização de recuperação de meio e 'ponto no tempo' (recuperação de um disco que falhou). Isso é crucial e não tem substituto. Além disso, alguma detecção antecipada de falha é uma boa idéia, como parte de um plano bem feito de backup/recuperação. Como parte disso, uso EXP como mencionado acima, o que exercita completamente o dicionário de dados, usando quase tudo de seus índices e objetos, garantindo que ele está bem. Ele também digitaliza todos os dados de tabela, garantindo que a mesma está segura (se um índice vai mal ele é facilmente recriado, portanto não estou preocupado em testá-los). O arquivo DMP resultante também pode ser útil para extrair aquela parte de código perdida, ou ainda, às vezes, aquela tabela acidentalmente solta, poupando-nos muitas vezes de fazer uma recuperação de um ponto no tempo.

Outras ferramentas, como DBV (o verificador de banco de dados), podem ser periodicamente executadas nos arquivos de dados, para garantir a integridade física dos dados, verificando aquelas estruturas de índice que EXP pode não atingir.

IMP/EXP não é (mais) uma ferramenta da reorganização

Esse era um dos principais usos de EXP/IMP. Para 'desfragmentar' um espaço de tabela, os DBAs gastariam tempo exportando um conjunto de objetos, soltando-os e importando-os de volta. Muitos DBAs gastam repetidamente um tempo considerável nisso. O fato é que eles não deveriam ter que fazer isso mais de uma vez e, na maioria dos casos, nunca precisariam fazê-lo, pois se o espaço de tabela realmente estivesse fragmentado, seria esperado que os DBAs tivessem usado um planejamento mais apropriado (que evitaria a fragmentação) para a armazenagem durante o processo de exportação/importação. Entretanto, na maioria dos casos não o fizeram, e a história é fadada a se repetir. Muitas vezes o fazem porque ouviram dizer que é uma 'coisa boa', algo que precisava ser feito, quando na verdade provavelmente não seria necessário.

Além disso, usar EXP/IMP dessa forma era carregado de perigo. Você estava tirando todos os dados *para fora* do banco de dados, soltando-os e trazendo-os de volta. Haveria um período de tempo em que os dados não estariam mais protegidos pelo banco de dados. Haveria a chance do IMP não funcionar (afinal, ele é apenas um programa). Haveria uma chance de alguém mudar os dados enquanto você estivesse exportando-os (você não veria essas mudanças na exportação) e você *perderia* tais mudanças. Perderia concessões em objetos e assim por diante. É preciso muito planejamento e reflexão para fazer isso.

Em Oracle8i, você nunca precisa usar EXP/IMP para reorganizar os dados. Se acreditar realmente que precisa (e sou um crente convicto que você nunca precisa corrigir uma má implementação mais do que *uma vez*), você pode usar o comando ALTER TABLE MOVE para mover tabelas de espaço de tabela para espaço de tabela, mudar suas características de armazenagem etc. A tabela está disponível para consulta durante esse período de reorganização, mas não para atualizações. Imediatamente depois de mover, os índices se tornarão inutilizáveis e precisarão ser remontados, portanto as consultas serão afetadas em tal ponto no tempo. O inverso é *consideravelmente* menor que o inverso correspondente de usar EXP/IMP e nenhum dos aspectos listados acima ocorrem; não haverá qualquer ocasião em que os dados não estejam protegidos pelo banco de dados, não haverá possibilidade de perder uma atualização dos dados, as concessões não serão atingidas por esse processo etc.

Em resumo, terminaram os dias de EXP/IMP como ferramenta de reorganização. Nem ao menos os considere para esse trabalho.

Como importar em estruturas diferentes

Esse é um aspecto que surge freqüentemente; você tem uma exportação de alguns dados e precisa importá-los para uma estrutura ligeiramente diferente. Há alguma forma de fazer isso? Tenho visto tal situação ao exportar dados de uma versão 1 de um pacote de software em um banco de dados que tem a versão 2 do software (ou vice versa). A resposta é *sim*, mas talvez precisemos de alguma ajuda para fazê-lo. Há três casos a serem considerados aqui:

- Você *acrescentou* uma coluna (não lhe foi solicitado nenhum trabalho, o Oracle colocará um Null ou qualquer padrão que você tenha ajustado)
- Você *soltou* uma coluna (algum trabalho de sua parte)
- Você mudou o tipo de dados de uma coluna (novamente, algum trabalho de sua parte).

No caso da coluna adicional, não precisamos fazer nada. O Oracle irá inserir normalmente na tabela, usando valores nulos ou qualquer valor padrão que tenhamos especificado. Nas colunas soltas e modificadas precisaremos importar na vista, usando um disparador INSTEAD OF para fazer qualquer mapeamento de dados necessário. Observe que o uso de um disparador INSTEAD OF, obviamente, irá acrescentar código extra — é uma boa solução para conjuntos de dados de meio, mas você não deve querer carregar dezenas de milhões de fileiras desse modo! Eis as tabelas:

```
tkyte@TKYTE816> create table added_a_column ( x int );
Table created.

tkyte@TKYTE816> create table dropped_a_column ( x int, y int );
Table created.

tkyte@TKYTE816> create table modified_a_column( x int, y int );
Table created.

tkyte@TKYTE816> insert into added_a_column values ( 1 ) ;
1 row created.

tkyte@TKYTE816> insert into dropped_a_column values ( 1, 1 );
1 row created.

tkyte@TKYTE816> insert into modified_a_column values ( 1, 1 );
1 row created.

tkyte@TKYTE816> commit;
Commit complete.
```

Começaremos exportando as três tabelas (esse comando deve estar em uma linha, caso contrário você exportará todo o esquema):

```
tkyte@TKYTE816> host exp userid=tkyte/tkyte

tables=(added_a_column,dropped_a_column,modified_a_column)

Export: Release 8.1.6.0.0 - Production on Tue Mar 20 09:02:34 2001
(c) Copyright 1999 Oracle Corporation. All rights reserved.

Connected to: Oracle8i Enterprise Edition Release 8.1.6.0.0 - Production
With the Partitioning option
JServer Release 8.1.6.0.0 - Production
Export done in WE8ISO8859P1 character set and WE8ISO8859P1 NCHAR character set

About to export specified tables via Conventional Path ...
. . exporting table            ADDED_A_COLUMN          1 rows exported
. . exporting table            DROPPED_A_COLUMN        1 rows exported
. . exporting table            MODIFIED_A_COLUMN       1 rows exported
Export terminated successfully without warnings.
```

Assim, isso constitui o nosso caso de teste. Exportamos as três tabelas 'como estão'. Vamos agora modificá-las:

```
tkyte@TKYTE816> alter table added_a_column add ( y int );
Table altered.

tkyte@TKYTE816> alter table dropped_a_column drop column y;
Table altered.

tkyte@TKYTE816> delete from modified_a_column;
1 row deleted.
```

```
tkyte@TKYTE816> alter table modified_a_column modify y date;
Table altered.
```

Agora, se tentarmos importar, descobriremos que ADDED_A_COLUMN funciona bem, mas o resto falha:

```
tkyte@TKYTE816> host imp userid=tkyte/tkyte full=y ignore=y

Import: Release 8.1.6.0.0 - Production on Tue Mar 20 09:02:34 2001
(c) Copyright 1999 Oracle Corporation.  All rights reserved.

Connected to: Oracle8i Enterprise Edition Release 8.1.6.0.0 - Production
With the Partitioning option
JServer Release 8.1.6.0.0 - Production

Export file created by EXPORT:V08.01.06 via conventional path
Import done with WE8ISO8859P1 character set and WE8ISO8859P1 NCHAR character set
. importing TKYTE's objects into TKYTE
. . importing table            "ADDED_A_COLUMN"           1 rows imported
. . importing table '          "DROPPED_A_COLUMN"
IMP-00058: ORACLE error 904 encountered
ORA-00904: invalid column name
. . importing table            "MODIFIED_A_COLUMN"
IMP-00058: ORACLE error 932 encountered
ORA-00932: inconsistent datatype
Import terminated successfully with warnings.
```

A próxima etapa é criar vistas no banco de dados — vistas que se pareçam com as tabelas originais. Para conseguir isso, teremos que:

- Renomear as tabelas para a duração da importação
- Criar uma vista que selecione constantes do tipo certo — por exemplo, select 1 para um número, SELECT SYSDATE para uma data, SELECT RPAD('*', 30, '*') para uma VARCHAR2(30) e assim por diante
- Criar um disparador INSTEAD OF que 'faz a coisa certa' para nós, realizando qualquer conversão/mapeamento de dados que precisarmos.

Eis o código para fazer isso:

```
tkyte@TKYTE816> rename modified_a_column to modified_a_column_TEMP;
Table renamed.

tkyte@TKYTE816> create or replace view modified_a_column
  2  as
  3  select 1 x, 1 y from modified_a_column_TEMP;
View created.

tkyte@TKYTE816> create or replace trigger modified_a_column_IOI
  2      instead of insert on modified_a_column
  3      begin
  4              insert into modified_a_column_TEMP
  5              ( x, y )
  6              values
  7              ( :new.x, to_date('01012001', 'ddmmyyyy')+:new.y );
  8      end;
  9  /
Trigger created.
```

Aqui, convertemos o NUMBER que foi armazenado em Y, no espaço de 1º de Janeiro, 2001. Você faria qualquer conversão necessária: de STRING para DATE, DATE para NUMBER, NUMBER para STRING etc. Agora, vamos cuidar da coluna solta:

```
tkyte@TKYTE816> rename dropped_a_column to dropped_a_column_TEMP;
Table renamed.

tkyte@TKYTE816> create or replace view dropped_a_column
  2  as
  3  select 1 x, 1 y from dropped_a_column_TEMP;
View created.

tkyte@TKYTE816> create or replace trigger dropped_a_column_IOI
  2      instead of insert on dropped_a_column
  3      begin
  4            insert into dropped_a_column_TEMP
  5            ( x )
  6            values
  7            ( :new.x );
  8      end;
  9  /
Trigger created.
```

Aqui, simplesmente nos livramos de :new.y. Não fazemos nada com ele — apenas o ignoramos. Ele precisa estar na vista, para que IMP tenha algo a inserir. Agora estamos prontos para importar novamente:

```
tkyte@TKYTE816> host imp userid=tyke/tkyte full=y ignore=y

Import: Release 8.1.6.0.0 - Production on Tue Mar 20 09:21:41 2001
(c) Copyright 1999 Oracle Corporation. All rights reserved.

Connected to: Oracle8i Enterprise Edition Release 8.1.6.0.0 - Production
With the Partitioning option
JServer Release 8.1.6.0.0 - Production

Export file created by EXPORT:V08.01.06 via conventional path
import done in WE8ISO8859P1 character set and WE8ISO8859P1 NCHAR character set
. import TKYTE's objects into TKYTE
. . importing table          "ADDED_A_COLUMN"           1 rows imported
. . importing table          "DROPPED_A_COLUMN"         1 rows imported
. . importing table          "MODIFIED_A_COLUMN"        1 rows imported
Import terminated successfully without warnings.
```

A importação executou limpa. Em seguida, precisamos ir no banco de dados, soltar nossas vistas e renomear nossas tabelas:

```
tkyte@TKYTE816> drop view modified_a_column;
View dropped.

tkyte@TKYTE816> drop view dropped_a_column;
View dropped.

tkyte@TKYTE816> rename dropped_a_column_TEMP to dropped_a_column;
Table renamed.

tkyte@TKYTE816> rename modified_a_column_TEMP to modified_a_column;
Table renamed.
```

Ao olharmos para os dados, esperamos ver o seguinte:
- ❑ Três fileiras em added_a_column da inserção original e duas importações

- Duas fileiras em dropped_a_column da inserção original e uma importação que trabalhou nela
- Uma fileira em modified_a_column, visto que tínhamos esvaziado essa tabela antes de alterar o tipo de coluna.

E foi isso que conseguimos:

```
tkyte@TKYTE816> select * from added_a_column;

       X          Y
------     ------
       1
       1
       1

tkyte@TKYTE816> select * from dropped_a_column;

       X
------
       1
       1

tkyte@TKYTE816> select * from modified_a_column;

       X          Y
------     ------
       1   02-JAN-01
```

Exportações de caminho direto

Uma exportação de caminho direto não deve ser considerada a inversão do carregamento de um caminho direto usando SQLLDR (veja o Capítulo 9). Uma exportação de caminho direto não lê diretamente dos arquivos de dados e escreve no arquivo DMP. SQLLDR escreve diretamente nos arquivos de dados a partir dos arquivos DAT. Exportar no modo de caminho direto, simplesmente transpassa a avaliação SQL de buffer (processando a cláusula WHERE, formatando colunas etc). Noventa por cento do caminho é igual. EXP ainda está lendo buffers no cache de buffer, fazendo o mesmo processamento consistente de leitura e assim por diante.

A agilidade obtida usando a exportação de caminho direto pode ser grande. Os dez por cento do processamento que são cortados contabilizam uma porcentagem muito maior do tempo de execução. Por exemplo, acabei de exportar cerca de 100 MB de dados e 1.2 milhões de registros. A exportação de caminho direto me tomou cerca de um minuto. A exportação de caminho convencional, por outro lado, levou três minutos. Infelizmente, não há uma 'importação de caminho direto' correspondente. A importação usa SQL convencional para inserir os dados de volta às tabelas. SQLLDR ainda é a ferramenta a usar em carregamentos de dados de alto desempenho.

Deve-se notar que no modo de caminho direto você não pode usar o parâmetro QUERY = para selecionar um subconjunto de fileiras. Isso faz sentido, visto que DIRECT = Y é simplesmente uma maneira de transpassar a avaliação SQL de buffer e é onde, normalmente, ocorreria a cláusula de processamento where.

Advertências e erros

Nesta seção, gostaria de cobrir alguns dos aspectos e problemas com EXP/IMP que as pessoas encontram com freqüência. Aqui, veremos os aspectos envolvendo:

- O uso de EXP/IMP para 'clonar' um esquema
- O uso de EXP/IMP através de versões heterogêneas de Oracle
- O caso de um índice 'desaparecendo'
- O impacto de restrições que têm nomes designados pelo sistema
- Aspectos relativos a NLS (Suporte Nacional a Linguagem)
- Aspectos relativos a objetos que podem ter referências múltiplas de nome de espaço de tabela, como as tabelas LOBs.

Clonagem

Esse é um uso comum de EXP/IMP; você deseja copiar todo um esquema de aplicativo. É preciso copiar todas as tabelas, disparadores, vistas, procedimentos e assim por diante. Geralmente, isso funciona bem, simplesmente uso o seguinte:

```
Exp userid=tkyte/tkyte owner=old_user
Imp userid=tkyte/tkyte fromuser=old_user touser=new_user
```

Porém, surge um aspecto potencialmente desagradável quando o esquema de aplicativo do qual você está copiando usa referências qualificadas de esquema em seus próprios objetos. O que quero dizer é que, dado um usuário A, algo assim é codificado:

```
create trigger MY_trigger
before insert on A.table_name
begin
    ...;
end;
/
```

Isso cria um disparador que está *explicitamente* na tabela A.TABLE_NAME. Se a exportarmos e importamos em outro esquema, esse disparador *ainda* estará na A.TABLE_NAME, não na tabela chamada TABLE_NAME no outro esquema. Mas EXP/IMP são um pouco inconsistentes na forma de lidar com essa condição. Considere o esquema:

```
tkyte@TKYTE816> create table t1
  2  ( x int primary key );
Table created.

tkyte@TKYTE816> create table t4 ( y int references TKYTE.t1 );
Table created.

tkyte@TKYTE816> create trigger t2_trigger
  2    before insert on TKYTE.t4
  3    begin
  4        null;
  5    end;
  6  /
Trigger created.

tkyte@TKYTE816> create or replace view v
  2  as
  3  select * from TKYTE.t1;
View created.
```

Temos uma restrição de referencial de integridade que refere-se explicitamente a TKYTE.T1, um disparador explicitamente em TKYTE.T4 e uma vista que refere-se explicitamente a TKYTE.T1. Exportarei esse esquema e criarei um usuário para importá-lo e fazer a importação (note que o usuário fazendo a importação com as opções FROMUSER e TOUSER precisa ter a função de IMP_FULL_DATABASE concedida a ele):

```
tkyte@TKYTE816> host exp userid=tkyte/tkyte owner=tkyte
...
tkyte@TKYTE816> grant connect,resource to a identified by a;
Grant succeeded.

tkyte@TKYTE816> host imp userid=system/change_on_install fromuser=tkyte touser=a

Import: Release 8.1.6.0.0 - Production on Tue Mar 20 09:56:17 2001

(c) Copyright 1999 Oracle Corporation. All rights reserved.
```

```
Connected to: Oracle8i Enterprise Edition Release 8.1.6.0.0 - Production
With the Partitioning option
JServer Release 8.1.6.0.0 - Production

Export file created by EXPORT:V08.01.06 via conventional path

Warning: the objects were exported by TKYTE, not by you

import done in WE8ISO8859P1 character set and WE8ISO8859P1 NCHAR character set
. importing TKYTE's objects into A
. . importing table                        "T1"        0 rows imported
. . importing table                        "T4"        0 rows imported
IMP-00041: Warning: object created with compilation warnings
 "CREATE FORCE VIEW "A"."V"                          ("X") AS "
 "select "X" from TKYTE.t1"
Import terminated successfully with warnings.
```

Já podemos ver que a vista tem um problema — ele refere-se explicitamente a TKYTE.T1, e o usuário A não pode criar uma vista naquele objeto, devido a privilégios insuficientes. Felizmente, IMP deixa claro que a vista foi criada com um erro. O que não é tão claro é o que aconteceu com a declaração de RI e o disparador. Uma inspeção do dicionário de dados quando registrado como A nos mostra:

```
a@TKYTE816> select table_name, constraint_name,
  2              constraint_type, r_constraint_name
  3          from user_constraints
  4  /

TABLE_NAME          CONSTRAINT_NAME           C    R_CONSTRAINT_NAME
----------          ---------------           -    -----------------
T1                  SYS_C002465               P
T4                  SYS_C002466               R    SYS_C002465

a@TKYTE816> select trigger_name, table_owner, table_name
  2              from user_triggers
  3  /

TRIGGER_NAME        TABLE_OWNER               TABLE_NAME
------------        -----------               ----------
T2_TRIGGER          TKYTE                     T4
```

Surpreendentemente, nossa restrição de referencial de integridade indica para o usuário da tabela A. A restrição R é a referência, e a restrição que ela indica, SYS_C002465, é a chave principal de restrição na tabela T1 — o usuário da tabela A T1. Se você prosseguir nessa corrente de pensamento, se o esquema TKYTE tivesse uma restrição qualificada de RI que indicasse para uma tabela B, T (uma tabela T possuída por B), essa restrição RI seria importada para o esquema de A, como indicando também para B.T. Se o nome de esquema qualificado na tabela referida na restrição for igual ao proprietário da tabela por ocasião da exportação, EXP não preservará o nome.

Considere isso em comparação com o disparador. O disparador T2_TRIGGER não é um usuário da tabela A — de fato, ele está na tabela do usuário TKYTE! Esse é um efeito colateral potencialmente desastroso. Considere que o disparador é duplicado em TKYTE.T4 — sua lógica executará duas vezes, além de que o disparador não está absolutamente em A.T4.

Sugiro que você considere esses aspectos ao usar EXP/IMP para copiar um usuário. Esteja ciente de que eles existem e busque por eles. Se executar o seguinte, será capaz de rever tudo de DDL, disparadores, procedimentos etc, antes de executá-los no banco de dados:

```
Imp userid=sys/manager fromuser=tkyte touser=a INDEXFILE=foo.sql
Imp userid=sys/manager fromuser=tkyte touser=a SHOW=Y
```

No mínimo, considere fazer a importação em um banco de dados que não tenha a conta FROMUSER. Por exemplo, faço a importação acima em um banco de dados onde A existe, mas TKYTE não:

```
C:\exp>exp userid=sys/manager fromuser=tkyte touser=a

Import: Release 8.1.6.0.0 - Production on Tue Mar 20 10:29:37 2001
(c) Copyright 1999 Oracle Corporation. All rights reserved.

Connected to: Oracle8i Enterprise Edition Release 8.1.6.0.0 - Production
With the Partitioning option
JServer Release 8.1.6.0.0 - Production

Export file created by EXPORT:V08.01.06 via conventional path

Warning: the objects were exported by TKYTE, not by you

import done in WE8ISO8859P1 character set and WE8ISO8859P1 NCHAR character set
. importing TKYTE's objects into A
. . importing table                     "T1"         0 rows imported
. . importing table                     "T4"         0 rows imported
. . importing table                     "T5"         0 rows imported
IMP-00041: Warning: object created with compilation warnings
 "CREATE FORCE VIEW "A"."V"                         ("X") AS "
 "select "X" from TKYTE.t1"
IMP-00017: following statement failed with ORACLE error 942:
 "CREATE TRIGGER "A".t2_trigger"
 "before insert on TKYTE.t4"
 " "
 "begin"
 "null;"
 "end;"
IMP-00003: ORACLE error 942 encountered
ORA-00942: table or view does not exist
Import terminated successfully with warnings.
```

Serei capaz de descobrir imediatamente essas nuances. Recomendaria fortemente essa abordagem para descobrir os objetos que tenham nomes de esquema qualificados e determinar se estão ou não certos.

Um aspecto semelhante, porém ligeiramente diferente, acontece com os tipos de objeto do Oracle. O Oracle permite que você crie novos tipos de dados no banco de dados. Da mesma maneira que eles oferecem os tipos NUMBER, DATE, VARCHAR2..., você pode acrescentar tipos ao banco de dados. Depois, pode criar tabelas daquele tipo ou com colunas, que sejam daquele tipo. Um curso comum de ação, portanto, é criar um esquema e se assegurar sobre a criação de tipos no esquema e nos objetos ligados àqueles tipos — tudo em uma conta de usuário. Se um dia você quiser 'clonar' aquele esquema, terá sérios problemas. Demonstrarei primeiro o problema e depois descreverei porque ele acontece e como resolvê-lo, parcialmente.

Começaremos com um esquema como:

```
tkyte@TKYTE816> create type my_type
  2    as object
  3    ( x int,
  4        y date,
  5        z varchar2(20)
  6    )
  7  /
Type created.

tkyte@TKYTE816> create table t1 of my_type
  2  /
Table created.

tkyte@TKYTE816> create table t2 ( a int, by my_type );
Table created.
```

```
tkyte@TKYTE816> insert into t1 values ( 1, sysdate, 'hello' );
1 row created.

tkyte@TKYTE816> insert into t2 values ( 55, my_type( 1, sysdate, 'hello') );
1 row created.

tkyte@TKYTE816> commit;
Commit complete.

tkyte@TKYTE816> host exp userid=tkyte/tkyte owner=tkyte
```

Isso nos dá uma cópia desse esquema. No entanto, quando tentarmos usar a opção FROMUSER/TOUSER, rapidamente descobriremos:

```
tkyte@TKYTE816> host imp userid=sys/manager fromuser=tkyte touser=a;

Import: Release 8.1.6.0.0 - Production on Tue Mar 20 12:44:26 2001

(c) Copyright 1999 Oracle Corporation. All rights reserved.

Connected to: Oracle8i Enterprise Edition Release 8.1.6.0.0 - Production
With the Partitioning option
JServer Release 8.1.6.0.0 - Production

Export file created by EXPORT:V08.01.06 via conventional path

Warning: the objects were exported by TKYTE, not by you

import done in WE8ISO8859P1 character set and WE8ISO8859P1 NCHAR character set
. importing TKYTE's objects into A
IMP-00017: following statement failed with ORACLE error 2304:
 "CREATE TYPE "MY_TYPE" TIMESTAMP '2001-03-20:12:44:21' OID '4A301F5AABF04A46"
 "88552E4AF5793176' "
 "as object"
 "( x int, "
 "  y date, "
 "  z varchar2(20)"
 ")"
IMP-00003: ORACLE error 2304 encountered
ORA-02304: invalid object identifier literal
IMP-00063: Warning: Skipping table "A"."T1" because object type "A"."MY_TYPE"
cannot be created or has different identifier
IMP-00063: Warning: Skipping table "A"."T2" because object type "A"."MY_TYPE"
cannot be created or has different identifier
Import terminated successfully with warnings.
```

Basicamente, estamos presos nesse ponto. Não podemos criar o tipo no esquema de A e, mesmo que pudéssemos, ele seria um tipo *diferente* e a importação não sairia a contento. Seria como ter dois tipos NUMBER diferentes no banco de dados — eles seriam diferentes um do outro. Acima, tentamos criar dois tipos MY_TYPE diferentes, mas os tratamos como um.

O aspecto, e isso não está claro na documentação, é que não devemos criar um esquema que tenha ambos, tipos e objetos, *especialmente* se quisermos importar/exportar o esquema desse modo. Em uma forma semelhante àquela na qual estão configurados CTXSYS e ORDSYS para interMedia do Oracle, poderia configurar um esquema para conter nossos tipos. Se quisermos usar interMedia Text, usamos os tipos disponíveis de CTXSYS. Se quisermos usar as capacidades de imagem de interMedia, usamos os tipos ORDSYS. Deveríamos fazer o mesmo aqui. O que fazemos é configurar um esquema que conterá nossos tipos — todo e qualquer um de nossos tipos:

```
our_types@TKYTE816> connect OUR_TYPES

our_types@TKYTE816> create type my_type
  2   as object
  3   ( x int,
  4       y date,
```

```
     5       z varchar2(20)
     6    )
     7   /
Type created.

our_types@TKYTE816> grant all on my_type to public;
Grant succeeded.
```

Todos os esquemas usarão *esses* tipos, nunca os seus próprios tipos pessoais, o que se tornará fortemente ligado às suas contas. Agora, refaremos nosso exemplo acima:

```
tkyte@TKYTE816> connect tkyte

tkyte@TKYTE816> create table t1 of out_types.my_type
  2  /
Table created.

tkyte@TKYTE816> create table t2 ( a int, b our_types.my_type );
Table created.

tkyte@TKYTE816> insert into t1 values ( 1, sysdate, 'hello' );
1 row created.

tkyte@TKYTE816> insert into t2 values ( 55,
  2  our_types.my_type( 1, sysdate, 'hello') );
1 row created.

tkyte@TKYTE816> commit;
Commit complete.

tkyte@TKYTE816> host exp userid=tkyte/tkyte owner=tkyte
```

A única diferença aqui é que estamos usando OUR_TYPES.MY_TYPE, não apenas MY_TYPE. Como nunca podemos criar sinônimos para tipos, essa qualificação de esquema é obrigatória — precisamos qualificar completamente o nome de objeto com o nome do esquema que o possui. É assim que precisamos fazer ao usarmos tipos interMedia (por exemplo, objetos CTXSYS, ORDSYS) e também índices — sempre os qualificamos completamente. Por esse motivo, pegue o nome de esquema de seu contentor de tipo com cuidado, pois você viverá com ele por um tempo!

Vejamos como a importação se sai agora:

```
tkyte@TKYTE816> host imp userid=sys/manager fromuser=tkyte touser=a;

Import: Release 8.1.6.0.0 - Production on Tue Mar 20 12:49:33 2001
(c) Copyright 1999 Oracle Corporation. All rights reserved.

Connected to: Oracle8i Enterprise Edition Release 8.1.6.0.0 - Production
With the Partitioning option
JServer Release 8.1.6.0.0 - Production

Export file created by EXPORT:V08.01.06 via conventional path

Warning: the objects were exported by TKYTE, not by you

import done in WE8ISO8859P1 character set and WE8ISO8859P1 NCHAR character set
. importing TKYTE's objects into A
IMP-00017: following statement failed with ORACLE error 2304:
 "CREATE TABLE "T1" OF "OUR_TYPES"."MY_TYPE" OID 'AC60D4D9ED142B84D245357AD"
 "F2DF3' OIDINDEX (PCTFREE 10 INITRANS 2 MAXTRANS 255 STORAGE(INITIAL 524288)"
 "TABLESPACE "DATA") PCTFREE 10 PCTUSED 40 INITRANS 1 MAXTRANS 255 LOGGING S"
 "TORAGE(INITIAL 524288) TABLESPACE "DATA" "
IMP-00003: ORACLE error 2304 encountered
ORA-02304: invalid object identifier literal
. . importing table                        "T2"          1 rows imported
Import terminated successfully with warnings.
```

Foi melhor, mas ainda não está perfeito. A simples tabela OBJECT falhou, mas a tabela relacional com o objeto tipo foi bem sucedida. Isso é o esperado. O objeto tabela não é o mesmo objeto tabela, tecnicamente, e os objetos são muito severos quanto a isso. No entanto, podemos trabalhar em torno desse aspecto em especial, visto que essas duas tabelas são, na verdade, construídas sobre o mesmo tipo. O que precisamos fazer é criar antecipadamente o objeto tabela no esquema de A. Podemos usar a opção IMP INDEXFILE> para obter a DDL:

```
a@TKYTE816> host imp userid=a/a tables=t1 indexfile=t1.sql
```

Se editarmos a T1.SQL resultante, encontraremos:

```
REM  CREATE TABLE "A"."T1" OF "OUR_TYPES"."MY_TYPE" OID
REM  'AC60D4D90ED1428B84D245357ADF2DF3' OIDINDEX (PCTFREE 10 INITRANS 2
REM  MAXTRANS 255 STORAGE(INITIAL 524288) TABLESPACE "DATA") PCTFREE 10
REM  PCTUSED 40   INITRANS 1 MAXTRANS 255 LOGGING STORAGE(INITIAL 524288)
REM  TABLESPACE "DATA" ;
REM  ALTER TABLE "A"."T1" MODIFY ("SYS_NC_OID$" DEFAULT SYS_OP_GUID( )) ;
REM  . . . 1 rows
```

Precisamos remover os caracteres REM, bem como a cláusula OID xxxxx, e depois executar:

```
a@TKYTE816> CREATE TABLE "A"."T1" OF "OUR_TYPES"."MY_TYPE"
  2  OIDINDEX (PCTFREE 10 INITRANS 2
  3  MAXTRANS 255 STORAGE(INITIAL 524288) TABLESPACE "DATA") PCTFREE 10
  4  PCTUSED 40 INITRANS 1 MAXTRANS 255 LOGGING STORAGE(INITIAL 524288)
  5  TABLESPACE "DATA" ;

Table created.

a@TKYTE816> ALTER TABLE "a"."t1" MODIFY ("SYS_NC_OID$" DEFAULT SYS_OP_GUID( )) ;

Table altered.
```

Agora podemos executar:

```
a@TKYTE816> host imp userid=a/a tables=t1 ignore=y

Import: Release 8.1.6.0.0 - Production on Tue Mar 20 13:01:24 2001-09-17
(c) Copyright 1999 Oracle Corporation. All rights reserved.

Connected to: Oracle8i Enterprise Edition Release 8.1.6.0.0 - Production
With the Partitioning option
JServer Release 8.1.6.0.0 - Production

Export file created by EXPORT:V08.01.06 via conventional path

Warning: the objects were exported by TKYTE, not by you

import done in WE8ISO8859P1 character set and WE8ISO8859P1 NCHAR character set
. importing TKYTE's objects into A
. . importing table                       "T1"          1 rows imported
Import terminated successfully without warnings.

a@TKYTE816> select * from t1;

         X  Y           Z
 ---------- ---------   -----
         1  20-MAR-01   hello
```

e temos os nossos dados de volta.

Como usar IMP/EXP através de versões

É possível usar IMP e EXP em diferentes versões de Oracle. É possível até usar EXP e IMP para e de bancos de dados de versões 7 e 8. No entanto, você precisa usar a versão apropriada de EXP e IMP ao fazê-lo. As regras para pegar a versão de IMP e EXP são:

- ❑ Use sempre a versão de IMP que combine com a versão do banco de dados. Se você for importar na versão 8.1.6, use a ferramenta de importação 8.1.6.
- ❑ Use sempre a versão de EXP que combine com a mais baixa das duas versões do banco de dados. Se você estiver exportando da versão 8.1.6 para a 8.1.5, deve usar a versão 8.1.5. da ferramenta EXP, em Net8, na versão 8.1.6 do banco de dados. Se você estiver exportando da versão 8.1.5 para 8.1.6, deve usar a versão 8.1.5 da ferramenta EXP diretamente no banco de dados 8.1.5.

Isso é crucial — se tentar exportar de 8.1.6 para 8.0.5, por exemplo, e usar a versão 8.1.6 da ferramenta EXP, descobrirá que a ferramenta IMP 8.0.5 não pode ler o arquivo DMP. Além do mais, você não pode usar a versão 8.1.6 da ferramenta IMP na versão 8.0.5; ela não irá funcionar. Há coisas no banco de dados 8.1.6 que simplesmente não existiam em 8.0.5.

Se você tiver essa regra em mente — que o banco de dados onde você está importando dita a versão de IMP que deve ser usada e a versão de EXP a usar é a mais baixa das duas versões, será capaz de EXP/IMP facilmente através de versões.

Uma última observação: se você ainda tiver bancos de dados Oracle 7 pululando à sua volta, precisará executar um script em seus bancos de dados Oracle 8 para permitir que a versão 7 da ferramenta EXP funcione. Esse script é cat7exp.sql e é encontrado em [ORACLE_HOME]/rdbms/admin. Deve ser executado pelo usuário SYS quando conectado através da ferramenta de linha de comando SVRMGRL. Isso inicializará os scripts de exportação compatíveis da versão 7 no banco de dados versão 8. Ele não substituirá as vistas de exportação da versão 8 — elas permanecerão intactas. Esse script simplesmente acrescentará vistas adicionais da versão 7 ao seu banco de dados, permitindo que a versão 7 da ferramenta EXP funcione.

Onde foram os meus índices?

Você pode esperar que, se tiver exportado um esquema, soltado todos os objetos naquele esquema de banco de dados e reimportado seu esquema, deverá acabar com o mesmo conjunto de objetos. Bem, você pode ficar surpreso. Considere esse simples esquema:

```
tkyte@TKYTE816> create table t
  2  ( x int,
  3    y int,
  4    constraint t_pk primary key(x)
  5  )
  6  /
Table created.

tkyte@TKYTE816> create index t_idx on t(x, y)
  2  /
Index created.

tkyte@TKYTE816> create table t2
  2  ( x int primary key,
  3    y int
  4  )
  5  /
Table created.

tkyte@TKYTE816> create index t2_idx on t2(x,y)
  2  /
Index created.
```

Duas tabelas muito semelhantes, sendo a única diferença que uma usou uma chave principal nomeada e a outra deixou o sistema criar uma. Vejamos os objetos criados no banco de dados:

```
tkyte@TKYTE816> select object_type, object_name,
  2                    decode(status, 'INVALID', '*', ' ') status,
  3                    tablespace_name
  4  from user_objects a, user_segments b
  5  where a.object_name = b.segment_name (+)
  6  order by object_type, object_name
  7  /

OBJECT_TYPE    OBJECT_NAME              S   TABLESPACE_NAME
-----------    ---------------          -   ---------------
INDEX          SYS_C002559                  DATA
               T2_IDX                       DATA
               T_IDX                        DATA
               T_PK                         DATA

TABLE          T                            DATA
               T2                           DATA

6 rows selected.
```

Vimos que cada uma de nossas chaves principais tinha um índice gerado para elas — são esses SYS_C002559 e T_PK. Vimos também que dois índices extras foram criados. Depois, soltei as tabelas T e T2, executei uma IMP completa. Para minha surpresa, descobri o seguinte:

```
tkyte@TKYTE816> select object_type, object_name,
  2                    decode(status, 'INVALID', '*', ' ') status,
  3                    tablespace_name
  4  from user_objects a, user_segments b
  5  where a.object_name = b.segment_name (+)
  6  order by object_type, object_name
  7  /

OBJECT_TYPE    OBJECT_NAME              S   TABLESPACE_NAME
-----------    ---------------          -   ---------------
INDEX          T2_IDX                       DATA
               T_IDX                        DATA
               T_PK                         DATA
TABLE          T                            DATA
               T2                           DATA
```

Está 'faltando' um dos meus índices. O que aconteceu aqui é que o Oracle usou o índice T2_IDX em (X,Y) para reforçar a chave principal, o que é perfeitamente válido. Nós mesmos podemos reproduzir esse comportamento, simplesmente executando os comandos CREATE em uma ordem ligeiramente diferente (executar em um esquema 'limpo', sem quaisquer outros objetos criados):

```
tkyte@TKYTE816> create table t ( x int, y int );
Table created.

tkyte@TKYTE816> create index t_idx on t(x,y);
Index created.

tkyte@TKYTE816> alter table t add constraint t_pk primary key(x);
Table altered.

tkyte@TKYTE816> select object_type, object_name,
  2                    decode(status, 'INVALID', '*', ' ') status,
  3                    tablespace_name
  4  from user_objects a, user_segments b
  5  where a.object_name = b.segment_name (+)
```

```
    6  order by object_type, object_name
    7  /

OBJECT_TYPE    OBJECT_NAME              S  TABLESPACE_NAME
-----------    -----------              -  ---------------
INDEX          T_IDX                       DATA

TABLE          T                           DATA
```

Aqui, o Oracle usará o índice T_IDX para reforçar a chave principal. Podemos ver isso claramente se tentarmos largá-lo:

```
tkyte@TKYTE816> drop index t_idx;
drop index t_idx
               *
ERROR at line 1:
ORA-02429: cannot drop index used for enforcement of unique/primary key
```

Bem, um evento semelhante está acontecendo com EXP/IMP. Ele não exporta a definição de índice para índices que tenham nomes gerados pelo sistema. Haveria um erro se isso fosse feito. EXP/IMP confia no fato que o índice é implicitamente gerado quando da criação do objeto (se houver). Se de fato ele exportar nosso índice SYS_C002559 e tentar criá-lo na importação, pode acontecer um de dois erros. Primeiro, o nome gerado, SYS_C002559 pode muito bem conflitar com um nome gerado *já* existente no banco de dados (digamos, para uma verificação de restrição). Segundo, a própria criação de objeto pode já ter gerado o índice — tornando esse índice redundante (e em erro). Portanto, aqui, EXP e IMP estão fazendo o que é certo — você apenas está tendo um efeito colateral do fato, que uma restrição *não* precisa criar um índice.

Nomeando a chave principal, criamos um índice que tem uma constante de nome; cada vez que criamos aquele objeto, o nome do índice é imutável. EXP exporta a definição desse índice e IMP irá importá-lo.

A moral dessa história é que nomes padrão de objetos devem ser evitados, não apenas pela razão acima, mas também pela razão abaixo. Além do fato que o nome SYS_C002559 não significa nada para ninguém, enquanto o nome T_PK pode significar 'chave principal da tabela T' para alguém.

Nome versus restrições padrão nomeadas

Um outro aspecto com relação a restrições nomeadas geradas pelo sistema é o fato de que a importação pode levar uma restrição redundante a ser acrescentada à tabela (eu poderia ter chamado esta seção *De onde vieram todas essas restrições?*). Vejamos um exemplo. Começamos com uma tabela T:

```
tkyte@TKYTE816> create table t
  2   ( x int check ( x > 5 ),
  3     y int constraint my_rule check ( y > 10 ),
  4     z int not null ,
  5     a int unique,
  6     b int references t,
  7     c int primary key
  8  );
Table created.

tkyte@TKYTE816> select constraint_name name, constraint_type type,
search_condition
  2  from user_constraints where table_name = 'T';

NAME                     T  SEARCH_CONDITION
-----------              -  ----------------
SYS_C002674              C  "Z" IS NOT NULL
SYS_C002675              C  x > 5
MY_RULE                  C  y > 10
```

```
SYS_C002677                          P
SYS_C002678                          U
SYS_C002679                          R

6 rows selected.
```

Ela tem uma série de restrições — seis no total. Eu a exportarei, soltarei a tabela e importarei novamente:

```
tkyte@TKYTE816> host exp userid=tkyte/tkyte owner=tkyte

tkyte@TKYTE816> drop table T;
Table dropped.

tkyte@TKYTE816> host imp userid=tkyte/tkyte full=y ignore=y rows=n

tkyte@TKYTE816> select constraint_name name, constraint_type type,
search_condition
  2   from user_constraints where table_name = 'T';

NAME                          T   SEARCH_CONDITION
---------------------         -   -------------------
SYS_C002680                   C   "Z" IS NOT NULL
SYS_C002681                   C   x > 5
MY_RULE                       C   y > 10
SYS_C002683                   P
SYS_C002684                   U
SYS_C002685                   R

6 rows selected.
```

Até agora parece normal. Entretanto, digamos que executamos novamente a importação por qualquer motivo (ela falhou no meio do caminho, por exemplo). O que teremos que descobrir é:

```
tkyte@TKYTE816> host imp userid=tkyte/tkyte full=y ignore=y

Import: Release 8.1.6.0.0 - Production on Tue Mar 20 15:42:26 2001

(c) Copyright 1999 Oracle Corporation. All rights reserved.

Connected to: Oracle8i Enterprise Edition Release 8.1.6.0.0 - Production
With the Partitioning option
JServer Release 8.1.6.0.0 - Production

Export file created by EXPORT:V08.01.06 via conventional path
import done in WE8ISO8859P1 character set and WE8ISO8859P1 NCHAR character set
. importing TKYTE's objects into TKYTE
. . importing table                     "T"          0 rows imported
IMP-00017: following statement failed with ORACLE error 2264:
 "ALTER TABLE "T" ADD CONSTRAINT "MY_RULE" CHECK ( y > 10 ) ENABLE NOVALIDAT"
 "E"
IMP-00003: ORACLE error 2264 encountered
ORA-02264: name already used by an existing constraint
IMP-00017: following statement failed with ORACLE error 2261:
 "ALTER TABLE "T" ADD UNIQUE ("A") USING INDEX PCTFREE 10 INITRANS 2 MAXTRAN"
 "S 255 STORAGE(INITIAL 524288) TABLESPACE "DATA" ENABLE"
IMP-00003: ORACLE error 2261 encountered
ORA-02261: such unique or primary key already exists in the table
About to enable constraints...
Import terminated successfully with warnings.
```

```
tkyte@TKYTE816> select constraint_name name, constraint_type type,
search_condition
  2  from user_constraints where table_name = "T";

NAME                            T    SEARCH_CONDITION
------------------------------  -    -----------------
SYS_C002680                     C    "Z" IS NOT NULL
SYS_C002681                     C    x > 5
MY_RULE                         C    Y > 10
SYS_C002683                     P
SYS_C002685                     U
SYS_C002685                     R
SYS_C002686                     C    x > 5

7 rows selected.
```

Temos uma restrição extra. De fato, cada vez que executarmos teremos acrescentada uma restrição extra. Entretanto, minha restrição nomeada gera um aviso na tela — você não pode ter a mesma restrição nomeada duas vezes. A restrição não nomeada para x > 5, por outro lado, é criada de novo, porque o banco de dados apenas gerou um novo nome para ela.

Tenho visto casos em que as pessoas vêm usando EXP em um banco de dados, truncando os dados em outro e usando IMP para colocar os dados nele. Com o tempo, acumularam centenas de restrições marcadas em muitas colunas. O desempenho começou a despencar e elas queriam saber por que. Eis o porquê: cada vez que elas copiaram os dados, apenas acrescentaram um outro punhado de restrições marcadas, todas fazendo o mesmo trabalho. Vejamos o efeito que apenas uma centena de restrições marcadas redundantes pode causar:

```
tkyte@TKYTE816> create table t
  2  ( x int check ( x > 5 )
  3  )
  4  /
Table created.

tkyte@TKYTE816> declare
  2      l_start number default dbms_utility.get_time;
  3  begin
  4      for i in 1 .. 1000
  5      loop
  6          insert into t values ( 10 );
  7      end loop;
  8      dbms_output.put_line
  9        ( round((dbms_utility.get_time-l_start)/100,2) || ' seconds' );
 10  end;
 11  /
.08 seconds

PL/SQL procedure successfully completed.

tkyte@TKYTE816> begin
  2      for i in 1 .. 100
  3      loop
  4          execute immediate
  5      'ALTER TABLE "TKYTE"."T" ADD CHECK ( x > 5 ) ENABLE ';
  6      end loop;
  7  end;
  8  /
PL/SQL procedure successfully completed.

tkyte@TKYTE816> declare
  2      l_start number default dbms_utility.get_time;
  3  begin
  4      for i in 1 .. 1000
```

```
     5      loop
     6          insert into t values ( 10 );
     7      end loop;
     8      dbms_output.put_line
     9      ( round((dbms_utility.get_time-l_start)/100,2) || ' seconds' );
    10  end;
    11 /
.17 seconds

PL/SQL procedure successfully completed.
```

Ainda uma outra razão para nomear as suas restrições!

Aspectos de National Language Support (NLS)

NLS significa Suporte Nacional de Linguagem. Ele nos permite armazenar, processar e recuperar dados em linguagens originais. Ele garante que os utilitários e mensagens de erro do banco de dados, ordem de classificação, data, horário, convenções monetárias, numéricas e de calendário se adaptem automaticamente ao idioma e local — por exemplo, para que números sejam exibidos com vírgulas e pontos no lugar certo. Em alguns países, um número deve ser exibido como 999.999.999,99 em outros 999,999,999.99. Há aspectos que você deve considerar ao usar EXP/IMP para movimentar dados em um ambiente com diferentes conjuntos de caracteres. De importância especial são os conjuntos de caracteres de:

❑ O cliente EXP versus o banco de dados sendo exportado *de*
❑ O cliente IMP versus os clientes EXP
❑ O cliente IMP versus o banco de dados sendo importado *no*

Se *qualquer* um deles divergir, você pode acabar danificando seus dados, sem intenção. Considere esse exemplo bem trivial (trivial, não comum):

```
ops$tkyte@DEV816> create table t ( c varchar2(1) );
Table created.

ops$tkyte@DEV816> insert into t values ( chr(235) );
1 row created.

ops$tkyte@DEV816> select dump(c) from t;

DUMP(C)
-------------------------------------
Typ=1 Len=1: 235

ops$tkyte@DEV816> commit;
Commit complete.
```

Até agora tudo bem. Vamos exportar:

```
ops$tkyte@DEV816> host exp userid=tkyte/tkyte tables=t

Export: Release 8.1.6.2.0 - Production on Tue Mar 20 16:04:55 2001

(c) Copyright 1999 Oracle Corporation. All rights reserved.


Connected to: Oracle8i Enterprise Edition Release 8.1.6.2.0 - Production
With the Partitioning option
JServer Release 8.1.6.2.0 - Production
Export done in US7ASCII character set and US7ASCII NCHAR character set
server uses WE8ISP8859P1 character set (possible charset conversion)
```

```
About to export specified tables via Conventional Path . . .
. . exporting table                          T            1 rows exported
Export terminated successfully without warnings.
```

Essa mensagem (possível conversão de charset) precisa ser observada! Tomamos apenas 8 bits de dados e os exportamos para um conjunto de caracteres de 7 bits. Vejamos como importar de volta esses dados:

```
ops$tkyte@DEV816> host imp userid=tkyte/tkyte full=y ignore=y

Import: Release 8.1.6.2.0 - Production on Tue Mar 20 16:05:07 2001

(c) Copyright 1999 Oracle Corporation. All rights reserved.

Connected to: Oracle8i Enterprise Edition Release 8.1.6.2.0 - Production
With the Partitioning option
JServer Release 8.1.6.2.0 - Production

Export file created by EXPORT:V08.01.06 via conventional path
import done in US7ASCII character set and US7ASCII NCHAR character set
import server uses WE8ISO8859P1 character set (possible charset conversion)
. importing OPS$TKYTE's objects into OPS$TKYTE
. . importing table                       "T"            1 rows imported
Import terminated successfully without warnings.

ops$tkyte@DEV816> select dump(c) from t;

DUMP(C)
- - - - - - - - - - - - - - -
Typ=1 Len=1: 235
Typ=1 Len=1: 101
```

O comando SQL DUMP mostra que os dados que tiramos e colocamos de volta são diferentes. É mais claro se virmos os números em binários:

```
235 decimal = 11101011 binary
101 decimal = 01100101 binary
```

Nossos dados foram mapeados de um conjunto de caracteres para outro — foram mudados. Seria terrível descobrir isso *depois* de ter soltado a tabela.

Se vir essa mensagem de aviso, pare e pense nas conseqüências. No meu caso, a solução é fácil. Em UNIX ou NT, apenas ajusto a variável de ambiente NLS_LANG para combinar com o banco de dados:

```
$ echo $NLS_LANG
AMERICAN_AMERICA.WE8ISO8859P1
```

Agora, nem EXP ou IMP farão qualquer conversão de conjunto de caracteres. Eles também executarão muito mais rápido. No Windows NT/2000, a NLS_LANG também pode ser ajustada no registro.

Tabelas se estendendo por múltiplos espaços de tabela

No início, as declarações CREATE TABLE eram relativamente simples. Com o passar dos anos elas se tornaram progressivamente mais complexas. Os 'trilhos do trem' ou 'diagrama pelo fio' da simples CREATE TABLE agora se estende por oito páginas. Um dos mais recentes recursos de tabelas é a capacidade que seus bits e peças têm de existirem em vários espaços de tabela. Por exemplo, uma tabela com uma coluna CLOB terá um segmento de tabela, um segmento de índice CLOB e um segmento de dados CLOB. Podemos especificar a localização da tabela e a localização dos dados CLOB. Uma tabela organizada por índice (IOT) pode ter o segmento de índice e um segmento de excesso. Tabelas particionadas, claro, podem ter muitas partições, cada uma em um espaço de tabela especificado.

Com essa complexidade vem alguma confusão para EXP/IMP. Era comum que, se você tentasse importar um objeto e ele falhasse devido à *não* existência de espaço de tabela,ou porque você tinha excedido sua cota naquele espaço de tabela, o IMP reescreveria o SQL para você criar o objeto em seu espaço de tabela DEFAULT. O IMP não fará isso com objetos de múltiplos espaços de tabela como para objeto de espaço de tabela único, ainda que todos os espaços de tabela especificados no comando CREATE sejam iguais. Um exemplo irá demonstrar o problema, e depois descreverei como podemos contornar a situação.

Começaremos com um esquema que tem um par de objetos de múltiplos espaços de tabela e uma tabela de apenas um espaço de tabela, em um espaço de tabela:

```
tkyte@TKYTE816: create tablespace exp_test
    2  datafile 'c:\oracle\oradata\tkyte816\exp_test.dbf'
    3  size 1m
    4  extent management local
    5  uniform size 64k
    6  /
Tablespace created.

tkyte@TKYTE816> alter user tkyte default tablespace exp_test
    2  /
User altered.

tkyte@TKYTE816> create table t1
    2  ( x int primary key, y varchar2(25) )
    3  organization index
    4  overflow tablespace exp_test
    5  /
Table created.

tkyte@TKYTE816> create table t2
    2  ( x int, y clob )
    3  /
Table created.

tkyte@TKYTE816> create table t3
    2  ( x int,
    3     a int default to_char(sysdate, 'd') )
    4  )
    5  PARTITION BY RANGE (a)
    6  )
    7  PARTITION  part_1 VALUES LESS THAN(2),
    8  PARTITION part_2 VALUES LESS THAN(3),
    9  PARTITION part_3 VALUES LESS THAN(4),
   10  PARTITION part_4 VALUES LESS THAN(5),
   11  PARTITION part_5 VALUES LESS THAN(6),
   12  PARTITION part_6 VALUES LESS THAN(7),
   13  PARTITION part_7 VALUES LESS THAN(8)
   14  )
   15  /
Table created.

tkyte@TKYTE816> create table t4 ( x int )
    2  /
Table created.
```

Assim, começamos criando um espaço de tabela e fazendo desse o nosso espaço de tabela *padrão*. Depois, criamos uma IOT com dois segmentos — o índice e o excesso. Criamos uma tabela com um CLOB que tem três segmentos. Depois, temos uma tabela particionada com sete segmentos. Por fim, temos a simples 'tabela', normal. Exportamos esse esquema:

```
tkyte@TKYTE816> host exp userid=tkyte/tkyte owner=tkyte
```

e prosseguimos para soltar aquele espaço de tabela:

```
tkyte@TKYTE816> drop tablespace exp_test including contents;
Tablespace dropped.

tkyte@TKYTE816> alter use tkyte default tablespace data;
User altered.
```

Ao importarmos o esquema, descobrimos que a maioria das tabelas não voltaria em:

```
tkyte@TKYTE816> host imp userid=tkyte/tkyte full=y

Import: Release 8.1.6.0.0 - Production on Tie Mar 20 19:03:18 2001

(c) Copyright 1999 Oracle Corporation. All rights reserved.

Connected to: Oracle8i Enterprise Edition Release 8.1.6.0.0 - Production
With the Partitioning option
JServer Release 8.1.6.0.0 - Production

Export file created by EXPORT:V08.01.06 via conventional path
import done in WE8ISO8859P1 character set and WE8ISO8859P1 NCHAR character set
. importing TKYTE's objects into TKYTE
IMP-00017: following statement failed with ORACLE error 959:
 "CREATE TABLE "T2" ("X" NUMBER(*,0), "Y" CLOB) PCTFREE 10 PCTUSED 40 INITRA"
 "NS 1 MAXTRANS 255 LOGGING STORAGE(INITIAL 65536) TABLESPACE "EXP_TEST" LOB "
 "("Y") STORE AS (TABLESPACE "EXP_TEST" ENABLE STORAGE IN ROW CHUNK 8192 PCT"
 "VERSION 10 NOCACHE STORAGE(INITIAL 65536))"
IMP-00003: ORACLE error 959 encountered
ORA-00959: tablespace 'EXP_TEST' does not exist
IMP-00017: following statement failed with ORACLE error 959:
 "CREATE TABLE "T3" ("X" NUMBER(*,0), "A" NUMBER(*,0)) PCTFREE 10 PCTUSED 40"
 " INITRANS 1 MAXTRANS 255 LOGGING TABLESPACE "EXP_TEST" PARTITION BY RANGE("
 " "A" ) (PARTITION "PART_1" VALUES LESS THAN (2) PCTFREE 10 PCTUSED 40 INIT"
 "RANS 1 MAXTRANS 255 STORAGE(INITIAL 65536) TABLESPACE "EXP_TEST" LOGGING, P"
 "ARTITION "PART_2" VALUES LESS THAN (3) PCTFREE 10 PCTUSED 40 INITRANS 1 MA"
 "XTRANS 255 STORAGE(INITIAL 65536) TABLESPACE "EXP_TEST" LOGGING, PARTITION "
 " "PART_3" VALUES LESS THAN (4) PCTFREE 10 PCTUSED 40 INITRANS 1 MAXTRANS 25"
 "5 STORAGE(INITIAL 65536)   TABLESPACE "EXP_TEST" LOGGING, PARTITION "PART_4" "
 "VALUES LESS THAN (5) PCTFREE 10 PCTUSED 40 INITRANS 1 MAXTRANS 255 STORAGE"
 "(INITIAL 65536) TABLESPACE "EXP_TEST" LOGGING, PARTITION "PART_5" VALUES LE"
 "SS THAN (6) PCTFREE 10 PCTUSED 40 INITRANS 1 MAXTRANS 255 STORAGE(INITIAL "
 "65536) TABLESPACE "EXP_TEST" LOGGING, PARTITION "PART_6" VALUES LESS THAN ("
 "7) PCTFREE 10 PCTUSED 40 INITRANS 1 MAXTRANS 255 STORAGE(INITIAL 65536) TA"
 "BLESPACE "EXP_TEST" LOGGING, PARTITION "PART_7" VALUES LESS THAN (8) PCTFR"
 "EE 10 PCTUSED 40 INITRANS 1 MAXTRANS 255 STORAGE(INITIAL 65536) TABLESPACE "
 " "EXP_TEST" LOGGING )"
IMP-00003: ORACLE error 959 encountered
ORA-00959: tablespace 'EXP_TEST' does not exist
. . importing table                        "T4"              0 rows imported
IMP-00017: following statement failed with ORACLE error 959:
 "CREATE TABLE "T1" ("X" NUMBER(*,0), "Y" VARCHAR2(25), PRIMARY KEY ("X") EN"
 "ABLE) ORGANIZATION INDEX NOCOMPRESS PCTFREE 10 INITRANS 2 MAXTRANS 255 LOG"
```

```
"GING STORAGE(INITIAL 65536) TABLESPACE "EXP_TEST" PCTTHRESHOLD 50 OVERFLOW "
"PCTFREE 10 PCTUSED 40 INITRANS 1 MAXTRANSA 255 LOGGING STORAGE(INITIAL 6553"
"6) TABLESPACE "EXP_TEST" "
IMP-00003: ORACLE error 959 encountered
ORA-00959: tablespace 'EXP_TEST' does not exist
Import terminated successfully with warnings.
```

Especificamente, a *única* tabela que voltou sem um erro foi a tabela simples, 'normal'. Para essa tabela, IMP reescreveu a SQL. Ele cobriu a primeira TABLESPACE EXP_TEST que apareceu e tentou de novo CREATE. Essa CREATE reescrita foi bem sucedida. Os outros comandos CREATE, quando reescritos da mesma forma, não o foram. A única solução é criar antecipadamente as tabelas e depois importar com IGNORE=Y. Se você não tiver a DDL para os comandos CREATE TABLE, é claro que pode recuperá-la do arquivo DMP com INDEXFILE=Y. Aquilo permitirá que você modifique a DDL, fornecendo as informações certas de espaço de tabela. Nesse caso, como temos a DDL à mão, apenas criei as três tabelas com os novos espaços de tabela especificados, onde necessário:

```
tkyte@TKYTE816> create table t1
  2  ( x int primary key, y varchar2(25) )
  3  organization index
  4  overflow tablespace data
  5  /
Table created.

tkyte@TKYTE816> create table t2
  2  ( x int, y clob )
  3  /
Table created.

tkyte@TKYTE816> create table t3
  2  ( x int,
  3      a int default to_char(sysdate, 'd')
  4  /
  5  PARTITION BY RANGE (a)
  6  (
  7  PARTITION part_1 VALUES LESS THAN(2),
  8  PARTITION part_1 VALUES LESS THAN(3),
  9  PARTITION part_3 VALUES LESS THAN(4),
 10  PARTITION part_4 VALUES LESS THAN(5),
 11  PARTITION part_5 VALUES LESS THAN(6),
 12  PARTITION part_6 VALUES LESS THAN(7),
 13  PARTITION part_7 VALUES LESS THAN(8),
 14  )
 15  /
Table created.
```

e fui capaz de importar, bem limpo:

```
tkyte@TKYTE816> host imp userid=tkyte/tkyte full=y ignore=y

Import: Release 8.1.6.0.0 - Production on Tue Mar 20 19:03:20 2001

(c) Copyright 1999 Oracle Corporation. All rights reserved.

Connected to: Oracle8i Enterprise Edition Release 8.1.6.0.0 - Production
With the Partitioning option
JServer Release 8.1.6.0.0 - Production

Export file created by EXPORT:V08.01.06 via conventional path
```

```
import done in WE8ISO8859P1 character set and WE8ISO8859P1 NCHAR character set
. importing TKYTE's objects into TKYTE
. . importing table                "T2"              0 rows imported
. . importing partition            "T3":"PART_1"     0 rows imported
. . importing partition            "T3":"PART_2"     0 rows imported
. . importing partition            "T3":"PART_3"     0 rows imported
. . importing partition            "T3":"PART_4"     0 rows imported
. . importing partition            "T3":"PART_5"     0 rows imported
. . importing partition            "T3":"PART_6"     0 rows imported
. . importing partition            "T3":"PART_7"     0 rows imported
. . importing table                "T4"              0 rows imported
. . importing table                "T1"              0 rows imported
Import terminated successfully without warnings.
```

Agora, vi um aspecto com alguns objetos, através do trabalho realizado acima. IMP ainda levanta o ORA-00959 tablespace 'name' does not exist. A única forma que encontrei para fazer um trabalho temporário foi criar antecipadamente o objeto (como acima) e depois criar espaços de tabela muito pequenos, com os nomes exigidos por IMP. Você poderia criar esses espaços de tabela com um arquivo na verdade pequeno demais para criar qualquer coisa. Como IMP funcionará, você pode soltar depois os espaços de tabela.

Resumo

Neste capítulo cobrimos os diversos usos das ferramentas Import e Export. Apresentei as soluções comuns aos problemas e perguntas que ouço mais freqüentemente, referentes a essas ferramentas. EXP e IMP são extremamente poderosos, quando você consegue guardar um ou dois truques em seu cinto. Dada a complexidade de objetos nos bancos de dados de hoje, às vezes sou surpreendido por eles trabalharem tão sem emendas como o fazem.

As funções de IMP e EXP estão mudando com o tempo. Nos dias das versões 5 e 6 de Oracle, eram consideradas uma ferramenta viável de backup. Os bancos de dados eram menores (um banco de dados de 100MB podia ser considerado grande) e 24x7 era exatamente o início de uma exigência. Com o tempo, a utilidade de IMP/EXP na área de backup e recuperação diminuiu severamente, ao ponto em que eu diria que não são mais absolutamente ferramentas de backup e recuperação. Hoje, EXP e IMP são ferramentas relativamente simples, que devem ser usadas para mover uma quantidade modesta de dados entre cópias ou, usando espaços de tabelas transportáveis, mover quantidades maciças de dados. Seria um absurdo usá-los para copiar um banco de dados de 500GB. Usá-los para transportar 100GB daquele banco de dados seria perfeitamente válido.

Eles ainda têm muitos usos convencionais, como a habilidade de 'clonar' um esquema (desde que você entenda o potencial de 'pegadas') ou para extrair a DDL de um esquema para um arquivo. Misturado com outros recursos de banco de dados, como disparadores INSTEAD OF em vistas, você até pode ensinar a eles alguns novos truques. Tenho certeza que usos interessantes para essas ferramentas, como a habilidade de dois bancos de dados compartilharem um conjunto de arquivos apenas de leitura, ainda estão esperando para serem descobertos.

9
Carregamento de dados

Neste capítulo, discutiremos o carregamento de dados — em outras palavras, como *pôr* dados no banco de dados Oracle. O foco principal do capítulo é a ferramenta SQL*LOADER (ou SQLLDR, pronuncia-se 'sequel loader'), pois ainda é o método predominante para carregamento de dados. Entretanto, veremos algumas outras opções pelo caminho e também exploraremos rapidamente como colocar dados *fora* do banco de dados.

Segundo me lembro, SQLLDR tem estado por aqui há um bom tempo, com vários pequenos aperfeiçoamentos, mas ainda causa alguma confusão. Meu objetivo neste capítulo não é ser compreensivo mas, ao contrário, atacar os aspectos que vejo as pessoas encontrarem a cada dia, ao usar essa ferramenta. O capítulo tem um formato de 'pergunta e resposta'. Apresentarei uma exigência ou aspecto que encontro com freqüência e explorarei as soluções. No processo, cobriremos muitas das praticidades do uso da ferramenta SQLLDR e do carregamento de dados em geral:

- ❑ O carregamento delimitado e formato fixo de dados.
- ❑ Carregamento de datas.
- ❑ Carregamento de dados usando seqüências, onde vemos o acréscimo da declaração CASE em SQL, adicionada em Oracle 8.1.6.
- ❑ Como suportar uma **upsert** (atualização, se existirem dados, caso contrário inserir).
- ❑ Carregamento de dados com a inclusão de novas linhas, onde nos baseamos no uso de alguns novos recursos e opções, como os atributos FIX, VAR e STR, acrescentados em Oracle 8.1.6.
- ❑ Carregamento de LOBs usando novos tipos de dados, BLOB e CLOB, introduzidos em Oracle 8.0, que suportam uma funcionalidade muito mais profunda do que os tipos legados LONG e LONG RAW.

Não cobriremos o modo de carregador de caminho direto sob nenhum aspecto, nem cobriremos tópicos como usar SQLLDR em armazenagem de dados, carregamentos paralelos e assim por diante. Esses tópicos preencheriam, por si próprios, um livro inteiro.

Uma introdução a SQL*LOADER

SQL*LOADER (SQLLDR) é o carregador de dados brutos, de alta velocidade, do Oracle. É uma ferramenta extremamente poderosa, usada para pôr os dados no banco de dados Oracle a partir de uma variedade de formatos de arquivo planos. SQLLDR pode ser usado para carregar enormes quantidades de dados em um período de tempo surpreendentemente curto. Ele tem dois modos de operação:

- ❑ **Caminho convencional** — SQLLDR empregará inserções SQL em nosso nome para carregar dados.
- ❑ **Caminho direto** — Não usa de SQL. Formata blocos de banco de dados diretamente.

O carregamento de caminho direto permite que você leia dados a partir de um arquivo plano e escreva diretamente nos blocos formatados de banco de dados, traspassando toda a máquina SQL (e ao mesmo tempo, retornando e refazendo). Quando usado em paralelo, o carregamento de caminho direto é o caminho mais rápido de um banco de dados sem quaisquer dados para completamente carregado, e não pode ser suplantado.

Não cobriremos cada aspecto individual de SQLLDR. Para todos os detalhes, o *Oracle Server Utilities Guide* dedica seis capítulos a SQLLDR. O fato de serem seis capítulos é notável, pois cada utilitário tem um capítulo ou menos. Para a sintaxe completa e todas as opções, recomendo que veja esse guia de referência — este capítulo pretende responder às perguntas 'Como faço?', que um guia de referência não encaminha.

Deve-se notar que o **OCI** (Interface de Chamada de Oracle para C) permite que você escreva o seu próprio carregador de caminho direto usando C, com o lançamento 1 de Oracle 8.1.6 e também posteriores. Isso é útil quando a operação que você deseja realizar não é possível em SQLLDR, ou quando é desejada a integração sem emendas com o seu aplicativo. SQLLDR é uma ferramenta de linha de comando — um programa separado. Não é uma API ou nada que possa ser 'chamado a partir de PL/SQL', por exemplo.

Se você executar SQLLDR da linha de comando sem entradas, ele dá a seguinte ajuda:

```
$ sqlldr

SQLLDR: Release 8.1.6.1.0 - Production on Sun Sep 17 12:02:59 2000
(c) Copyright 1999 Oracle Corporation. All rights reserved.

Usage: SQLLOAD keyword=value [,keyword=value,...]

Valid Keywords:

    userid -- ORACLE username/password
   control -- Control file name
       log -- Log file name
       bad -- Bad file name
      data -- Data file name
   discard -- Discard file name
discardmax -- Number of discards to allow          (Default all)
      skip -- Number of logical records to skip    (Default 0)
      load -- Number of logical records to load    (Default all)
    errors -- Number of errors to allow            (Default 50)
      rows -- Number of rows in conventional path bind array or between direct path data
              saves
                 (Default: Conventional path 64, Direct path all)
  bindsize -- Size of conventional path bind array in bytes    (Default 65536)
    silent -- Suppress messages during run (header, feedback, errors, discards, partitions)
    direct -- use direct path                      (Default FALSE)
   parfile -- parameter file: name of file that contains parameter specifications
  parallel -- do parallel load                     (Default FALSE)
      file -- File to allocate extents from skip_unusable_indexes -- disallow/allow
              unusable indexes or index partitions        (Default FALSE)
skip_index_maintenance -- do not maintain indexes, mark affected indexes as unusable
                                                   (Default FALSE)
commit_discontinued -- commit loaded rows when load is discontinued
                                                   (Default FALSE)
  readsize -- Size of Read buffer                  (Default 1048576)
```

Na tabela a seguir veremos rapidamente o significado desses parâmetros:

Parâmetro	Significado
BAD	O nome de um arquivo que conterá registros rejeitados ao final do carregamento. Se você não especificar um nome, o arquivo BAD será nomeado depois do arquivo CONTROL (veja mais detalhes sobre controle de arquivos, mais adiante no capítulo) que usamos para carregar. Por exemplo, se você usar um arquivo CONTROL chamado foo.ctl, o arquivo BAD padronizará para foo.bad, onde SQLLDR escreverá (ou sobregravará, se ele já existir).

(Continuação)

Parâmetro	Significado
BINDSIZE	O tamanho em bytes do buffer usado por SQLLDR para inserir dados no carregador de caminho convencional. Ele não é usado em um carregamento de caminho direto. É usado para dimensionar o array com o qual SQLLDR irá inserir dados.
CONTROL	O nome de um arquivo CONTROL, que descreve a SQLLDR como a entrada de dados está formatada e como carregá-los em uma tabela. Você precisará de um arquivo CONTROL para cada execução de SQLLDR.
DATA	O nome do arquivo de entrada a partir do qual são lidos os dados.
DIRECT	Valores válidos são True e False, com o padrão sendo False. Por padrão, SQLLDR usará o método de carregamento de caminho convencional.
DISCARD	O nome de um arquivo para escrever registros que não devem ser carregados. SQLLDR pode ser usado para filtrar registros de entrada, permitindo que você especifique que apenas registros que atinjam critérios especiais sejam carregados.
DISCARDMAX	Especifica a quantidade máxima de registros descartados permitida em um carregamento. Se você exceder esse valor, o carregamento será encerrado, sem terminar.
ERRORS	O número máximo de erros encontrados pelo SQLLDR permitidos antes do carregamento terminar. Esses erros podem ser causados por muitas coisas, como falhas de conversão (tentando carregar ABC em um outro campo, por exemplo), registros duplicados em um índice único e assim por diante. Por padrão, são permitidos 50 erros, depois o carregamento será encerrado. Para capacitar a todos os registros válidos serem carregados em uma sessão especial (com os registros rejeitados indo para o arquivo BAD), especifique um número grande, como 999999999.
FILE	Ao usar a opção de carregamento de caminho direto em paralelo, você pode usar file para informar a SQLLDR exatamente em qual arquivo de dados do banco de dados carregar. Você pode usá-lo para reduzir a contenção dos arquivos de dados do banco de dados durante um carregamento paralelo, para garantir que cada sessão de carregamento esteja escrevendo em um dispositivo separado.
LOAD	O número máximo de registros a carregar. Usado tipicamente para carregar um exemplo de um grande arquivo de dados, ou em conjunto com SKIP para carregar uma faixa específica de registros de um arquivo de entrada.
LOG	Usado para nomear o arquivo LOG. Por padrão, SQLLDR criará um arquivo LOG nomeado depois do arquivo CONTROL, da mesma forma que o arquivo BAD.
PARALLEL	Será TRUE ou FALSE. Quando TRUE, significa que você está fazendo um carregamento paralelo de caminho direto. Isso não é necessário ao usar um carregamento de caminho convencional — ele pode ser feito em paralelo sem ajustar esse parâmetro.
PARFILE	Pode ser usado para especificar o nome de um arquivo que contenha todos os pares de KEYWORD=VALUE. É usado em vez de especificar todos na linha de comando.
READSIZE	Especifica o tamanho do buffer usado para ler a entrada de dados
ROWS	O número de fileiras que SQLLDR deve inserir entre comprometimentos em um carregamento de caminho convencional. Em um carregamento de caminho direto esse é o número de fileiras a serem carregadas antes de salvar os dados (semelhante a um comprometimento). Em um carregamento de caminho convencional, o padrão é de 64 fileiras. Em um carregamento de caminho direto, o padrão é não salvar dados até que o carregamento esteja completo.
SILENT	Suprime as diversas mensagens informativas no tempo de execução.
SKIP	Usado para dizer a SQLLDR para pular x número de registros no arquivo de entrada. Usado mais comumente para reiniciar um carregamento interrompido (pulando os registros que já foram carregados) ou para carregar apenas uma parte de um arquivo de entrada.
USERID	A string de conexão USERNAME/PASSWORD@DATABASE. Usado para autenticar o banco de dados.
SKIP_INDEX_ MAINTENANCE	Não se aplica a carregamentos de caminho convencional — todos os índices são sempre mantidos dessa forma. Em um carregamento de caminho direto, diz ao Oracle para não manter índices, marcando-os como não utilizáveis. Esses índices precisam ser remontados depois do carregamento.
SKIP_UNUSABLE _INDEXES	Diz a SQLLDR para permitir que as fileiras sejam carregadas em uma tabela que tenha índices não utilizáveis, desde que os índices não sejam únicos.

Para usar SQLLDR, você precisará de um **arquivo de controle**. Um arquivo de controle contém apenas informações descrevendo a entrada de dados — o seu layout, tipos de dados e assim por diante, bem como informações sobre em qual(quais) tabela(s) eles devem ser carregados. O arquivo de controle pode até conter os dados a carregar. No exemplo a seguir, montaremos um simples arquivo de controle, passo a passo, com uma explicação de cada etapa:

```
LOAD DATA
```

LOAD DATA — Diz ao SQLLDR o que fazer, nesse caso, carregar dados. A outra coisa que SQLLDR pode fazer é CONTINUE_LOAD, para reiniciar um carregamento. Só podemos usar essa opção ao prosseguir um carregamento de caminho direto em múltiplas tabelas.

```
INFILE*
```

INFILE* - Diz a SQLLDR que os dados a serem carregados estão contidos no próprio arquivo de controle (veja abaixo). Alternativamente, você poderia especificar o nome de um outro arquivo que contivesse os dados. Podemos sobregravar essa declaração INFILE usando um parâmetro de linha de comando, se quisermos. Fique atento pois *as opções de linha de comando sobregravam as configurações de arquivo de controle*, como veremos na seção de *Advertências*.

```
INTO TABLE DEPT
```

INTO TABLE DEPT — Isso diz a SQLLDR para qual tabela estamos carregando os dados, nesse caso a tabela DEPT.

```
FIELDS TERMINATED BY ','
```

FIELDS TERMINATED BY ',' - Diz a SQLLDR que os dados estarão na forma de valores separados por vírgulas. Existem dezenas de maneiras de descrever a entrada de dados para SQLLDR, esse é apenas um dos métodos mais comuns.

```
(DEPTNO,
   DNAME,
   LOC
)
```

(DEPTNO, DNAME, LOC) — Diz a SQLLDR quais colunas estamos carregando, sua ordem na entrada de dados e seus tipos de dados. Os tipos são dos dados na corrente de *entrada*, não daqueles no banco de dados. Nesse caso, eles estão padronizados para CHAR(255), que é o bastante.

```
BEGINDATA
```

BEGINDATA — Diz a SQLLDR que terminamos de descrever a entrada de dados, e que a próxima linha será dos dados atuais para serem carregados na tabela DEPT:

```
10,Sales,Virginia
20,Accounting,Virginia
30,Consulting,Virginia
40,Finance,Virginia
```

Assim, esse é um arquivo de controle em um dos formatos mais simples e comuns — para carregar dados delimitados em uma tabela. Neste capítulo, veremos alguns exemplos mais complexos, mas esse é bom para molharmos os pés. Para usar esse arquivo de controle, tudo o que precisamos fazer é criar uma tabela DEPT vazia:

```
tkyte@TKYTE816> create table dept
  2  ( deptno number(2) constraint emp_pk primary key,
  3    dname varchar2(14),
  4    loc   varchar2(13)
  5  )
  6  /
Table created.
```

e executar o seguinte comando:

```
C:\sqlldr>sqlldr userid=tkyte/tkyte control=demo1.ctl
```

```
SQLLDR: Release 8.1.6.0.0 - Production on Sat Apr 14 10:54:56 2001
(c) Copyright 1999 Oracle Corporation. All rights reserved.
Commit point reached - logical record count 4
```

Se a tabela não estiver vazia, você receberá uma mensagem de erro com o seguinte efeito:

```
SQLLDR-601: For INSERT option, table must be empty. Error on table DEPT
```

Isso é porque permitimos quase tudo no arquivo de controle, por padrão, e a opção de carregamento padrão é INSERT (em oposição a APPEND, TRUNCATE ou REPLACE). Para inserir, SQLLDR supõe que a tabela esteja vazia. Se quiséssemos **acrescentar** registros à tabela DEPT, poderíamos ter especificado APPEND, ou para substituir os dados na tabela DEPT poderíamos ter usado REPLACE ou TRUNCATE.

Cada carregamento irá gerar um arquivo de registro. O arquivo de registro de nosso simples carregamento se parece com:

```
SQLLDR: Release 8.1.6.0.0 - Production on Sat Apr 14 10:58:02 2001

(c) Copyright 1999 Oracle Corporation. All rights reserved.

Control File:         demo1.ctl
Data File:            demo1.ctl
  Bad File:           demo1.bad
  Discard File:       none specified

 (Allow all discards)

Number to load:   ALL
Number to skip:   0
Errors allowed:   50
Bind array:       64 rows, maximum of 65536 bytes
Continuation:     none specified
Path used:        Conventional

Table DEPT, loaded from every logical record.
Insert option in effect for this table: INSERT

   Column Name          Position    Len   Term    Encl     Datatype
----------------------- --------    ---   ----    ----     ---------
DEPTNO                     FIRST     *      ,              CHARACTER
DNAME                       NEXT     *      ,              CHARACTER
LOC                         NEXT     *      ,              CHARACTER

Table DEPT:
   4 Rows successfully loaded.
   0 Rows not loaded due to data errors.
   0 Rows not loaded because all WHEN clauses were failed.
   0 Rows not loaded because all fields were null.

Space allocated for bind array:                  49536 bytes(64 rows)
Space allocated for memory besides bind array:       0 bytes

Total logical records skipped:      0
Total logical records read:         4
Total logical records rejected:     0
Total logical records discarded:    0

Run began on Sat Apr 14 10:58:02 2001
Run ended on Sat Apr 14 10:58:02 2001

Elapsed time was:     00:00:00.11
CPU time was:         00:00:00.04
```

Esses arquivos de registro nos falam muito sobre os aspectos de nosso carregamento, Podemos ver as opções que usamos (padronizadas ou não). Podemos ver quantos registros foram lidos, quantos foram carregados e assim por diante. Eles especificam os locais de todos os arquivos BAD e DISCARD. Até nos dizem quanto tempo demorou. Esses arquivos de registro são cruciais para verificar se o carregamento foi bem sucedido, assim como para diagnosticar erros. Se os dados carregados resultassem em erros de SQL (a entrada de dados fosse 'ruim' e criasse registros no arquivo BAD), esses erros seriam registrados aqui. As informações do arquivo de registro são auto-explicativas, portanto não perderemos mais tempo com elas.

Como ...

Agora abordarei as perguntas que descobri serem mais freqüentes com relação ao carregamento e descarregamento de dados em um banco de dados Oracle usando SQLLDR.

Carga de dados delimitados

Dados delimitados, dados que são separados por algum caractere especial e talvez entre aspas, são atualmente o formato de dados mais popular para arquivos planos. Em uma estrutura principal, um arquivo de comprimento fixo, formato fixo, provavelmente seria o formato de arquivo mais reconhecido, mas no UNIX e no NT os arquivos delimitados são a norma. Nesta seção, investigaremos as opções populares usadas para carregar dados delimitados.

O formato mais popular é o **CSV**, onde CSV significa **V**alores **S**eparados por **V**írgula. Nesse formato de arquivo, onde cada campo de dados é separado do próximo por uma vírgula, strings de texto podem ser apresentadas entre aspas, permitindo à própria string conter uma vírgula. Se a string também precisar conter aspas, a convenção é dobrar as aspas (no código usamos "" em vez de apenas ").

Um típico arquivo de controle para carregar dados delimitados se parecerá muito com:

```
LOAD DATA
INFILE *
INTO TABLE DEPT
REPLACE
FIELDS TERMINATED BY ',' OPTIONALLY ENCLOSED BY '"'
(DEPTNO,
DNAME
LOC
)
BEGINDATA
10,Sales," " "USA" " "
20,Accounting,"Virginia,USA"
30,Consulting,Virginia
40,Finance,Virginia
50,"Finance"," ",Virginia
60,"Finance",,Virginia
```

A linha a seguir faz o grosso do trabalho:

```
FIELDS TERMINATED BY ',' OPTIONALLY ENCLOSED BY '"'
```

Ela especifica que uma vírgula separa os campos de dados e que cada campo *pode* estar entre aspas duplas. Quando executarmos SQLLDR usando esse arquivo de controle, os resultados serão:

```
tkyte@TKYTE816> select * from dept;

    DEPTNO DNAME      LOC
---------- ---------- ----
        10 Sales      "USA"
        20 Accounting Virginia,USA
        30 Consulting Virginia
```

```
    40  Finance     Virginia
    50  Finance
    60  Finance
```

6 rows selected.

Em especial, observe o seguinte:

- "USA" — Resultou da entrada de dados que foi " " "USA" " ". SQLLDR contou a ocorrência dupla de uma " como uma única ocorrência dentro da string envolvida. Para carregar uma string que contenha o anexo opcional, você precisa garantir que elas sejam dobradas.
- Virginia,USA no departamento 20 — Isso resulta da entrada de dados que foi "Virginia,USA". Esse campo de entrada de dados teve que ser encerrado entre aspas para reter as vírgulas como parte dos dados. Caso contrário a vírgula teria sido tratada como o marcador de fim de campo, e Virginia teria sido carregado sem o texto USA.
- Os departamentos 50 e 60 foram carregados com campos de localização nulos. Quando estão faltando dados, você pode escolher anexá-los ou não, o efeito é o mesmo.

Um outro formato popular é **dados delimitados por tab**: os dados são separados por tabs em vez de por vírgulas. Há duas maneiras de carregar esses dados usando a cláusula TERMINATED BY:

- TERMINATED BY X'09', que é o caractere tab usando o formato hexadecimal (ASCII 9 é um caractere tab); ou você pode usar
- TERMINATED BY WHITESPACE

Entretanto, as duas são de implementação muito diferente, como é mostrado a seguir. Usando a tabela DEPT de acima, carregaremos usando esse arquivo de controle:

```
LOAD DATA
INFILE *
INTO TABLE DEPT
REPLACE
FIELDS TERMINATED BY WHITESPACE
  (DEPTNO,
DNAME,
LOC)
BEGINDATA
10      Sales       Virginia
```

Na página não é prontamente visível, mas há *duas* tabs entre cada peça dos dados acima. A linha de dados, de fato, é:

10**\t\t**Sales**\t\t**Virginia

Onde \t é universalmente reconhecido como a seqüência de escape tab. Quando você usa esse arquivo de controle com a cláusula TERMINATED BY WHITESPACE, como acima, os dados resultantes da tabela DEPT são:

```
tkyte@TKYTE816> select * from dept;

    DEPTNO DNAME       LOC
---------- ----------  ----
        10 Sales       Virginia
```

TERMINATED BY WHITESPACE analisa a string, buscando pela primeira ocorrência do espaço em branco (tab, em branco ou nova linha) e depois prossegue até encontrar o próximo caractere *não* de espaço em branco. Assim, quando analisados os dados, DEPTNO tem 10 designados a ele e dois tabs subseqüentes considerados como espaços em branco, e depois Sales foi designada a DNAME e assim por diante.

Por outro lado, se você fosse usar FIELDS TERMINATED BY X'09', como faz o seguinte arquivo de controle:

```
LOAD DATA
INFILE *
INTO TABLE DEPT
```

```
REPLACE
FIELDS TERMINATED BY X'09'
  (DEPTNO,
DNAME,
LOC
)
BEGINDATA
10      Sales       Virginia
```

Você veria DEPT carregado com os seguintes dados:

```
tkyte@TKYTE816> select * from dept;

    DEPTNO DNAME        LOC
---------- ------------ ----
        10              Sales
```

Quando SQLLDR encontrou um tab, ele promoveu a saída de um valor. Assim, 10 é designado a DEPTNO, e DNAME obtém nulo, uma vez que não há dados entre o primeiro tab e a próxima ocorrência de um tab. Sales é designado a LOC.

Esse é o comportamento pretendido de TERMINATED BY WHITESPACE e TERMINATED BY <character>. O que é mais apropriado para usar será ditado pela entrada de dados e por como você precisar interpretá-lo.

Por fim, ao carregar dados delimitados assim, é muito comum querer pular várias colunas na entrada de registro. Por exemplo, você pode querer carregar as colunas 1, 3 e 5, pulando as colunas 2 e 4. Para fazer isso, o SQLLDR oferece a palavra chave FILLER, o que nos permite mapear uma coluna em uma entrada de registro, mas não colocá-la no banco de dados. Por exemplo, dada a tabela DEPT acima, o seguinte arquivo de controle contém 4 campos delimitados, mas não carregará o segundo campo no banco de dados:

```
LOAD DATA
INFILE *
INTO TABLE DEPT
REPLACE
FIELDS TERMINATED BY ',' OPTIONALLY ENCLOSED BY ' " '
( DEPTNO,
  FILLER_1 FILLER,
  DNAME,
  LOC
)
BEGINDATA
20,Something Not To Be Loaded,Accounting,"Virginia,USA"
```

A tabela DEPT resultante é:

```
tkyte@TKYTE816> select * from dept;

    DEPTNO DNAME        LOC
---------- ------------ ----
        20 Accounting   Virginia,USA
```

Carregamento de dados de formato fixo

Com freqüência você tem um arquivo plano gerado a partir de algum sistema externo, e esse arquivo tem um arquivo de comprimento fixo com dados posicionais. Por exemplo, o campo NAME está nos bytes 1 a 10, o campo ADDRESS nos bytes 11 a 35 e assim por diante. Veremos como SQLLDR pode importar esse tipo de dados.

Esses dados posicionais de largura fixa são os dados ótimos para SQLLDR carregar. Será mais fácil para ele processar, pois a corrente de entrada de dados é algo trivial para analisar. SQLLDR terá armazenado offsets e comprimentos fixos de bytes nos registros de dados, e extrair determinado campo é muito simples. Se você tiver um volume de dados extremamente grande para carregar, geralmente convertê-los para um formato de posição fixo é a melhor abordagem. Claro que o lado inverso de um arquivo de largura fixa é que ele pode ser muito maior que um simples formato de arquivo delimitado.

Para carregar dados de posição fixa, você usará a palavra chave POSITION no arquivo de controle. Por exemplo:

```
LOAD DATA
INFILE *
INTO TABLE DEPT
REPLACE
( DEPTNO   position(1:2),
  DNAME    position(3:16),
  LOC      position (17:29)
)
BEGINDATA
10Accounting      Virginia,USA
```

Esse arquivo de controle não emprega a cláusula FIELDS TERMINATED BY, em vez disso ele usa POSITION para dizer ao SQLLDR onde começam e terminam os campos. É interessante notar que a cláusula POSITION é aquela que poderíamos usar, sobrepondo posições, e ir e voltar no registro. Por exemplo, se fôssemos alterar a tabela DEPT, como a seguir:

```
tkyte@TKYTE816> alter table dept add entire_line varchar(29);
```

Table altered.

E depois usássemos o arquivo de controle:

```
LOAD DATA
INFILE *
INTO TABLE DEPT
REPLACE
( DEPTNO        position(1:2),
  DNAME         position(3:16),
  LOC           position(17:29),
  ENTIRE_LINE   position(1:29)
)
BEGINDATA
10Accounting      Virginia,USA
```

O campo ENTIRE_LINE é definido como position(1:29) — ele extrai os seus dados de todos os 29 bytes de entrada de dados, enquanto os outros campos são substrings da entrada de dados. O resultado do arquivo de controle acima será:

```
tkyte@TKYTE816> select * from dept;

    DEPTNO NAME         LOC           ENTIRE_LINE
    ------ ----------   -----------   --------------------
        10 Accounting   Virginia,USA  10Accounting      Virginia,USA
```

Ao usar POSITION, podemos usar espaços relativos ou absolutos. Acima, utilizei espaços absolutos. Especificamente, demonstrei onde começam os campos e onde terminam. Eu poderia ter escrito o arquivo de controle acima como:

```
LOAD DATA
INFILE *
INTO TABLE DEPT
REPLACE
( DEPTNO        position(1:2),
```

```
    DNAME         position(*:16),
    LOC           position(*:29),
    ENTIRE_LINE   position(1:29)
)
BEGINDATA
10Accounting          Virginia,USA
```

O * instrui o arquivo de controle a pegar onde parou o último campo. Portanto, (*:16) é exatamente igual a (3:16), nesse caso. Observe que você pode misturar posições relativas e absolutas no arquivo de controle. Além disso, ao usar a notação, é possível aumentar o espaço. Por exemplo, se DNAME começasse 2 bytes *depois* do fim de DEPTNO, eu poderia ter usado (*+2:16). Nesse exemplo, o efeito seria idêntico a usar (5:16).

A posição de encerramento na cláusula POSITION precisa ser a posição de coluna absoluta onde terminam os dados. Às vezes, pode ser mais fácil especificar apenas o comprimento de cada campo, especialmente se eles forem contíguos, como no exemplo. Dessa forma, poderíamos simplesmente dizer a SQLLDR para começar o registro no byte 1 e depois especificar o comprimento de cada campo. Isso nos poupará de precisar computar no registro os offsets de bytes de início e parada, que podem nos dificultar. Para fazer isso, deixaremos de fora a posição de encerramento e especificando o *comprimento* de cada campo, no registro de comprimento fixo, assim:

```
LOAD DATA
INFILE *
INTO TABLE DEPT
REPLACE
( DEPTNO        position(1) char(2),
  DNAME         position(*) char(14),
  LOC           position(*) char(13),
  ENTIRE_LINE   position(1) char(29)
)
BEGINDATA
10Accounting          Virginia,USA
```

Só tivemos que dizer ao SQLLDR onde começa o primeiro campo e qual o seu comprimento. Cada campo subseqüente começa onde o último termina, e continua por um comprimento especificado. Não é senão quando o último campo tiver sido especificado que teremos que especificar de novo uma posição, pois esse campo volta ao início do registro.

Carregamento de dados

O carregamento de dados usando SQLLDR é bastante direto, mas parece ser um ponto comum de confusão. Você só precisa usar o tipo de dados DATE no arquivo de controle e especificar a máscara de data a ser usada. Essa é a mesma máscara usada com TO_CHAR e TO_DATE no banco de dados. SQLLDR aplicará a máscara de data em seus dados e os carregará para você.

Por exemplo, se alterarmos de novo a nossa tabela DEPT:

```
tkyte@TKYTE816> alter table dept add last_updated date;

Table altered.
```

Poderemos carregá-la com o seguinte arquivo de controle:

```
LOAD DATA
INFILE *
INTO TABLE DEPT
REPLACE
FIELDS TERMINATED BY ','
( DEPTNO,
  DNAME,
  LOC,
  LAST_UPDATED date 'dd/mm/yyyy'
)
```

```
BEGINDATA
10,Sales,Virginia,1/5/2000
20,Accounting,Virginia,21/6/1999
30,Consulting,Virginia,5/1/2000
40,Finance,Virginia,15/3/2001
```

A tabela DEPT resultante se parecerá com:

```
tkyte@TKYTE816> select * from dept;

    DEPTNO  DNAME         LOC      LAST_UPDA
    ------  ----------    ----     ---------
        10  Sales         Virginia 01-MAY-00
        20  Accounting    Virginia 21-JUN-99
        30  Consulting    Virginia 05-JAN-00
        40  Finance       Virginia 15-MAR-01
```

É fácil assim. Apenas fornecemos o formato no arquivo de controle e SQLLDR converterá a data para nós. Em alguns casos, uma função SQL mais poderosa pode ser apropriada. Por exemplo, se a sua entrada de arquivo contiver datas em muitos formatos diferentes: algumas vezes com o componente de hora, outras sem, às vezes no formato DD-MON-YYYY, outras ainda no DD/MM/YYYY e assim por diante. Na próxima seção veremos como podemos usar funções em SQLLDR para contornar esses desafios.

Carregamento de dados usando seqüências e outras funções

Nesta seção, veremos como fazer referência a seqüências e outras funções ao carregar dados. Mas tenha em mente que o uso de seqüências e outras funções no banco de dados exige a máquina SQL, assim não funcionará em um carregamento de caminho direto.

Usar funções em SQLLDR é muito fácil, uma vez que você entenda como SQLLDR monta sua declaração INSERT. Para ter uma função aplicada a um campo em um script SQLLDR, simplesmente a acrescentamos ao arquivo de controle com aspas duplas. Por exemplo, digamos que você tenha a tabela DEPT de acima e queira ter certeza que os dados que estão sendo carregados estejam em maiúsculas. Você poderia usar o seguinte arquivo de controle para carregá-los:

```
LOAD DATA
INFILE *
INTO TABLE DEPT
REPLACE
FIELDS TERMINATED BY ','
( DEPTNO,
  DNAME            "upper(:dname)",
  LOC              "upper(:loc)",
  LAST_UPDATE date 'dd/mm/yyyy'
)
BEGINDATA
10,Sales,Virginia,1/5/2000
20,Accounting,Virginia,21/06/1999
30,Consulting, Virginia, 5/1/2000
40,Finance,Virginia,15/3/2001
```

Os dados resultantes no banco de dados serão:

```
tkyte@TKYTE816> select * from dept;

    DEPTNO  DNAME         LOC      ENTIRE_LINE    LAST_UPDA
    ------  ----------    ----     -----------    ---------
        10  SALES         VIRGINIA                01-MAY-00
        20  ACCOUNTING    VIRGINIA                21-JUN-99
        30  CONSULTING    VIRGINIA                05-JAN-00
        40  FINANCE       VIRGINIA                15-MAR-01
```

Observe como fomos capazes de colocar em maiúsculas os dados, simplesmente aplicando a função UPPER em uma variável de ligação. Deve ser notado que as funções SQL poderiam se referir a qualquer das colunas, independente da coluna à qual a função esteja aplicada no momento. Isso significa que uma coluna pode ser o resultado de uma função em uma ou mais colunas. Por exemplo, se quiséssemos carregar a coluna ENTIRE_LINE, poderíamos usar o operador de concatenação SQL. Nesse caso, ele é um pouco mais envolvente do que pensávamos. Agora, o conjunto de entrada de dados tem quatro elementos. Se simplesmente acrescentássemos ENTIRE_LINE ao arquivo de controle, assim:

```
LOAD DATA
INFILE *
INTO TABLE DEPT
REPLACE
FIELDS TERMINATED BY ','
( DEPTNO,
  DNAME           "upper(:dname)",
  LOC             "upper(:loc)",
  LAST_UPDATE date 'dd/mm/yyyy',
  ENTIRE_LINE     ":deptno||:dname||:loc||:last_updated"
)
BEGINDATA
10,Sales,Virginia,1/5/2000
20,Accounting,Virginia,21/6/1999
20,Consulting.Virginia,5/1/2000
40,Finance,Virginia,15/3/2001
```

Encontraríamos esse erro em nosso arquivo LOG, em cada registro de entrada:

```
Record 1: Rejected - Error on table DEPT, column ENTIRE_LINE.
Column not found before end of logical record (use TRAILING NULLCOLS)
```

Aqui, SQLLDR está nos informando que está sem dados no registro, antes de executar as colunas. Nesse caso, a solução é fácil e, de fato, SQLLDR até nos diz o que fazer — USAR TRAILING NULLCOLS. Isso fará SQLLDR vincular um valor nulo àquela coluna se não existirem dados no registro de entrada. Nesse caso, acrescentar TRAILING NULLCOLS levará a ligação de variável :ENTIRE_LINE a ser nula. Portanto, tentamos de novo com esse arquivo de controle:

```
LOAD DATA
INFILE *
INTO TABLE DEPT
REPLACE
FIELDS TERMINATED BY ','
TRAILING NULLCOLS
( DEPTNO,
  DNAME           "upper(:dname)",
  LOC             "upper(:loc)",
  LAST_UPDATED date 'dd/mm/yyyy',
  ENTIRE_LINE     ":deptno||:dname||:loc||:last_updated"
)
BEGINDATA
10,Sales,Virginia,1/5/2000
20,Accounting,Virginia,21/6/1999
30,Consulting,Virginia,5/1/2000
40,Finance,Virginia,15/3/2001
```

Agora, os dados na tabela são como:

```
tkyte@TKYTE816> select * from dept;

    DEPTNO DNAME       LOC       ENTIRE_LINE                    LAST_UPDA
    ------ ----------  --------  -----------------------------  ---------
        10 SALES       VIRGINIA  10SalesVirginia1/5/2000        01-MAY-00
        20 ACCOUNTING  VIRGINIA  20AccountingVirginia21/6/1999  21-JUN-99
        30 CONSULTING  VIRGINIA  30ConsultingVirginia5/1/2000   05-JAN-00
        40 FINANCE     VIRGINIA  40FinanceVirginia15/3/2001     15_MAR-01
```

O que torna possível essa façanha é a maneira com que SQLLDR monta sua declaração INSERT. SQLLDR verá o acima e as colunas DEPTNO, DNAME, LOC, LAST_UPDATED e ENTIRE_LINE no arquivo de controle. Ele ajustará até cinco ligações de variável nomeadas a partir dessas colunas. Em geral, na ausência de qualquer das funções, a declaração INSERT é montada simplesmente assim:

```
INSERT INTO DEPT ( DEPTNO, DNAME, LOC, LAST_UPDATED, ENTIRE_LINE )
VALUES ( :DEPTNO, :DNAME, :LOC, :LAST_UPDATED, :ENTIRE_LINE );
```

Ela iria então analisar a corrente de entrada, designando os valores às suas ligações de variável, e executar a declaração. Quando começamos a usar funções, SQLLDR as incorpora na declaração INSERT. Em nosso exemplo acima, a declaração INSERT que SQLLDR monta se parecerá com:

```
INSERT INTO T (DEPTNO, DNAME, LOC, LAST_UPDATED, ENTIRE_LINE)
VALUES (   :DEPTNO, upper(:dname), upper(:loc), :last_updated,
           :deptno|| :dname|| :loc|| :last_updated );
```

Depois, ele prepara e vincula as entradas para essa declaração, e a executa. Portanto, pode incorporar em seus scripts SQLLDR quase qualquer coisa que pense em fazer em SQL.Com o acréscimo da declaração CASE em SQL (acrescida em Oracle), isso pode ser extremamente poderoso e fácil. Por exemplo, digamos que às vezes nossas datas contivessem componentes de horário, às vezes não. Poderíamos usar um arquivo de controle como este:

```
LOAD DATA
INFILE *
INTO TABLE DEPT
REPLACE
FIELDS TERMINATED BY ','
TRAILING NULLCOLS
( DEPTNO,
  DNAME              "upper(:dname)",
  LOC                "upper(:loc)",
  LAST_UPDATED       "case when length(:last_updated) <= 10
                          then to_date(:last_updated, 'dd/mm/yyyy')
                          else to_date(:last_updated,'dd/mm/yyyy hh24:mi:ss')
                     end"
)
BEGINDATA
10,Sales,Virginia,1/5/2000 12:03:03
20,Accounting,Virginia,21/6/1999
30,Consulting,Virginia,5/1/2000 01:23:00
40,Finance,Virginia,15/3/2001
```

o que resulta em:

```
tkyte@TKYTE816> alter session
  2                 set nls_date_format = 'dd-mon-yyyy hh24:mi:ss';

Session altered.

tkyte@TKYTE816> select * from dept;
```

DEPTNO	DNAME	LOC	ENTIRE_LINE	LAST_UPDATED
10	SALES	VIRGINIA		01-may-2000 12:03:03
20	ACCOUNTING	VIRGINIA		21-jun-1999 00:00:00
30	CONSULTING	VIRGINIA		05-jan-2000 01:23:00
40	FINANCE	VIRGINIA		15-mar-2001 00:00:00

Agora, um dos dois formatos de data será aplicado à string de caractere de entrada (observe que *não* estamos mais carregando uma DATE, estamos carregando apenas a string). A função CASE verá o comprimento da string para determinar qual das duas máscaras deve usar.

É interessante notar que podemos escrever as *nossas* próprias funções para serem chamadas de SQLLDR. Essa é uma aplicação direta do fato que PL/SQL pode ser chamada de SQL. Por exemplo, suponha que suas dadas sejam fornecidas no arquivo de entrada em um dos seguintes formatos (fico surpreso como isso surge com tanta freqüência, aparentemente é comum misturar e combinar seus formatos de dados em arquivos de entrada, por algum motivo):

```
dd-mon-yyyy
dd-month-yyyy
dd/mm/yyyy
dd/mm/yyyy hh24:mi:ss
number of seconds since January 1st 1970 GMT (aka "UNIX time")
```

Usar a declaração CASE poderia ser muito difícil, visto que o comprimento da string não implica o formato a ser usado. Em vez disso, o que podemos fazer é criar uma função que experimente formatos de data até encontrar um que funcione. A rotina a seguir faz um loop sobre um array de formatos, experimentando-os um a um, até que algum seja bem sucedido. Se, depois do loop, ainda não tivermos a data convertida, imaginamos que ela seja uma data UNIX e fazemos a conversão adequada. Se isso falhasse, a falha simplesmente permitiria voltar para SQLLDR, que colocará o registro no arquivo BAD. A rotina se parece com:

```
tkyte@TKYTE816> create or replace
  2  function my_to_date( p_string in varchar2 ) return date
  3  as
  4      type fmtArray is table of varchar2(25);
  5
  6      l_fmts fmtArray := fmtArray( 'dd-mon-yyyy', 'dd-month-yyyy',
  7          'dd/mm/yyyy',
  8          'dd/mm/yyyy hh24:mi:ss' );
  9      l_return date;
 10  begin
 11      for i in 1 .. l_fmts.count
 12      loop
 13        begin
 14              l_return := to_date( p_string, l_fmts(i) );
 15        exception
 16              when others then null;
 17        end;
 18        EXIT when l_return is not null;
 19      end loop;
 20
 21      if ( l_return is null )
 22      then
 23        l_return :=
 24            new_time(   to_date('01011970', 'ddmmyyyy') + 1/24/60/60 *
 25                p_string, 'GMT', 'EST' );
 26      end if;
 27
 28      return l_return;
 29  end;
 30  /
Function created.
```

Depois, poderíamos usar um arquivo de controle como:

```
LOAD DATA
INFILE *
INTO TABLE DEPT
REPLACE
FIELDS TERMINATED BY ','
( DEPTNO,
  DNAME            "upper(:dname)",
  LOC              "upper(:loc)",
  LAST_UPDATED     "my_to_date( :last_updated )"
```

```
)
BEGINDATA
10,Sales,Virginia,01-april-2001
20,Accounting,Virginia,13/04/2001
30,Consulting,Virginia,14/04/2001 12:02:02
40,Finance,Virginia,987268297
50,Finance,Virginia,02-apr-2001
60,Finance,Virginia,Not a date
```

Depois de carregar, encontraríamos a mensagem de erro:

```
Record 6: Rejected - Error on table DEPT, column LAST_UPDATED.
ORA-06502: PL/SQL: numeric or value error: character to number conversion error
ORA-06512: at "TKYTE.MY_TO_DATE", line 30
ORA-06512: at line 1
```

indicando que o ultimo registro falhou, mas todos os outros foram carregados. Esse registro que falhou irá para nosso arquivo BAD. Podemos corrigi-lo e recarregá-lo mais tarde. Inspecionando os dados que carregamos, vemos:

```
tkyte@TKYTE816> alter session
  2              set nls_date_format = 'dd-mon-yyyy hh24:mi:ss';

Session altered.

tkyte@TKYTE816> select deptno, dname, loc, last_updated from dept;

    DEPTNO DNAME       LOC       LAST_UPDATED
---------- ----------- --------- --------------------
        10 SALES       VIRGINIA  01-apr-2001 00:00:00
        20 ACCOUNTING  VIRGINIA  13-apr-2001 00:00:00
        30 CONSULTING  VIRGINIA  14-apr-2001 12:02:02
        40 FINANCE     VIRGINIA  14-apr-2001 12:11:37
        50 FINANCE     VIRGINIA  02-apr-2001 00:00:00
```

Atualização de fileiras existentes e inserção de novas fileiras

Freqüentemente, você receberá um arquivo de registros para uma tabela existente. Você gostaria de usar esses dados para atualizar fileiras que já existem, através de alguma chave principal, ou inserir fileiras que ainda não existem. Isso realmente não é possível em uma etapa, mas pode ser conseguido em três fáceis etapas. Primeiro esboçarei o que precisamos fazer, depois mostrarei passo a passo como o código pode se parecer. Você deve:

1. Carregar todos os dados com a opção APPEND e especificar ERRORS=999999999. Usar um grande número de erros permite que todos os registros 'bons' sejam carregados. Os registros que seriam usados para UPDATES serão rejeitados, com base em uma chave principal ou violação de restrição única. Eles serão reescritos para um arquivo BAD. Conseguiremos todos os novos registros carregados dessa forma.
2. Carregar o arquivo BAD em uma tabela de trabalho com a opção TRUNCATE. Essa tabela é estruturalmente igual à tabela 'real' — deve ter o mesmo conjunto de restrições etc. Isso fará com que apenas os registros duplicados sejam carregados. Os registros que foram rejeitados por outras razões de validação de dados serão rejeitados de novo, a partir desta tabela.
3. Atualizar a união da tabela real e a tabela de trabalho.

Usando a tabela DEPT de antes, com o último conjunto de dados (departamentos 10, 20, 30, 40 e 50), carregaremos os dados:

```
10, Sales,NewYork,14-april-2001
60,Finance,Virginia,14-april-2001
```

Isso atualizaria um registro e inseriria um registro. Supondo que esses dados estão no arquivo new.dat e que você tem o arquivo de controle load.ctl, como a seguir:

```
LOAD DATA
INTO TABLE DEPT
APPEND
FIELDS TERMINATED BY '.'
( DEPTNO,
  DNAME             "upper(:dname)",
  LOC               "upper(:loc)",
  LAST_UPDATED      "my_to_date( :last_updated )"
)
```

É muito semelhante ao nosso último arquivo de controle, com exceção que as declarações INFILE * e BEGINDATA foram removidas e REPLACE foi mudada para APPEND. Especificaremos o arquivo de dados a carregar na linha de comando, pois INFILE não é mais necessária e, visto que os dados estão em um arquivo externo, a BEGINDATA também não é mais necessária. Como queremos inserir novos registros e atualizar os existentes, usaremos o modo APPEND, não REPLACE como antes. Assim, podemos agora carregar nossos dados, usando:

```
C:\>sqlldr userid=tkyte/tkyte control=load.ctl data=new.dat errors=9999999
```

Ao executarmos, será gerado um arquivo BAD com um registro. O registro do departamento 10 será encontrado no arquivo new.bad, pois ele violou a chave principal. Podemos verificar que revendo o arquivo de registro load.log:

```
Record 1: Rejected - Error on table DEPT.
ORA-00001: unique constraint (TKYTE.EMP_PK) violated
```

Agora, pegaremos aquele arquivo BAD e o carregaremos usando, virtualmente, o mesmo arquivo de controle. As únicas mudanças que faremos no arquivo de controle serão o nome da tabela que estamos carregando, DEPT_WORKING, em vez de DEPT e o uso da opção REPLACE para a tabela de trabalho, em vez de APEND. A tabela onde carregaremos é criada assim:

```
tkyte@TKYTE816> create table dept_working
  2   as
  3   select * from dept
  4   where 1=0
  5   /

Table created.

tkyte@TKYTE816> alter table dept_working
  2   add constraint dept_working_pk
  3   primary key(deptno)
  4   /

Table created.
```

Ao carregar os dados, assegure-se de usar a opção BAD=<SOME FILENAME> na linha de comando, para evitar ler e escrever o mesmo arquivo durante o carregamento!

```
C:\sqlldr>sqlldr userid=tkyte/tkyte control=load_working.ctl bad=working.bad
data=new.bad
```

Depois de carregar isso, encontramos a fileira carregada na tabela DEPT_WORKING. Se houver quaisquer registros em WORKING.BAD, eles *realmente* serão registros ruins, registros que violaram alguma outra restrição e precisam ser revistos. Quando estiver carregado, poderemos atualizar as fileiras existentes em DEPT por meio dessa única declaração de atualização:

```
tkyte@TKYTE816>  set autotrace on explain
tkyte@TKYTE816>  update ( select /*+ ORDERED USE_NL(dept) */
  2                      dept.dname                dept_dname,
```

```
  3                      dept.loc                 dept_loc,
  4                      dept.last_updated        dept_last_updated,
  5                      w.dname                  w_dname,
  6                      w.loc                    w_loc,
  7                      w.last_updated           w_last_updated
  8                  from dept_working            W.dept
  9                  where dept.deptno = w.deptno )
 10      set dept_dname = w_dname,
 11          dept_loc              = w_loc,
 12          dept_last_updated = w_last_updated
 13  /
```

1 row updated.

```
Execution       Plan
----------------------------------------------------------
0          UPDATE STATEMENT Optimizer=CHOOSE (Cost=83 Card=67 Bytes=5226)
  1    0     UPDATE OF 'DEPT'
  2    1       NESTED LOOPS (Cost=83 Card=67 Bytes=5226)
  3    2         TABLE ACCESS (FULL) of 'DEPT_WORKING' (Cost=1 Card=82
  4    2         TABLE ACCESS (BY INDEX ROWID) OF 'DEPT' (Cost=1 Card=8
  5    4           INDEX (UNIQUE SCAN) OF 'EMP_PK' (UNIQUE)
```

tkyte@TKYTE816> select deptno, dname, loc, last_updated from dept;

```
    DEPTNO  DNAME          LOC          LAST_UPDA
    ------  ----------     ----         ---------
        10  SALES          NEW YORK     14-APR-01
        20  ACCOUNTING     VIRGINIA     13-APR-01
        30  CONSULTING     VIRGINIA     14-APR-01
        40  FINANCE        VIRGINIA     14-APR-01
        50  FINANCE        VIRGINIA     02-APR-01
        60  FINANCE        VIRGINIA     14-APR-01
```

6 rows selected.

Como tipicamente DEPT_WORKING não seria analisado, usaremos dicas para dizer ao otimizador para utilizar DEPT_WORKING como tabela guia. Queremos que ele faça uma digitalização completa da tabela DEPT_WORKING. Atualizaremos uma fileira para cada fileira lá e depois faremos uma leitura indexada em DEPT para atualizar aquela fileira (esses são os NESTED LOOPS). Na maioria dos casos, essa deve ser a abordagem mais eficaz.

Carregamento de entrada de dados no estilo de relatório

Com freqüência, você tem um relatório TEXT que contém dados que gostaria de carregar. Esses dados estão no estilo formatado, mas os dados que você precisa vêm de todo o relatório. Por exemplo, recebi a tarefa de fazer um relatório que se parecia com:

```
3205679761 - Detailed report

   July 01, 2000 21:24
      Location : location data 1
      Status : status 1

   July 01, 2000 22:18
      Location : location data 2
      Status : status 2

 . . .

3205679783 - Detailed Report
```

```
          July 01, 2000 21:24
            Location : location data 3
            Status   : status data 3
    . . .
```

que precisava ser carregado em uma tabela que se parecia com:

```
tkyte@TKYTE816> create table t
  2  ( serial_no  varchar2(20),
  3    date_time  varchar2(50),
  4    location   varchar2(100),
  5    status     varchar2(100)
  6  )
  7  /
Table created.
```

É possível que, usando alguns disparadores obtusos, um pacote PL/SQL para manter a posição e alguns truques SQLLDR, possamos carregar diretamente esse relatório. Na verdade, o *Oracle Server Utilities Guide* tem um exemplo para fazer exatamente isso. No entanto, acho tal abordagem incrivelmente complexa e obscura, para não falar que você precisaria colocar disparadores em uma tabela, em suporte de um carregamento. E se as tabelas fossem usadas para outras coisas? Os disparadores não iriam disparar para elas, mas não haveria como criar um disparador que só disparasse para SQLLDR. Assim, fico com a maneira que acho mais fácil.

Freqüentemente, quando os dados são tão complexos quanto esses, é mais rápido, mais barato e mais fácil carregar os dados em uma tabela 'de rascunho' e depois usar um pequeno procedimento armazenado para manipulá-la. Foi isso exatamente o que fiz com o relatório acima. Usei um arquivo de controle:

```
LOAD DATA
INTO TABLE TEMP
REPLACE
( seqno RECNUM,
  text Position(1:1024))
```

para carregar os dados na tabela que foi criada através de:

```
TKYTE@TKYTE816> create table temp
  2  ( seqno int primary key,
  3       text varchar2(4000) )
  4  organization index
  5  overflow tablespace data;
Table created.
```

A cláusula RECNUM, no arquivo de controle, direciona SQLLDR para fornecer o número de registro atual para aquela coluna, na medida em que ela carregar os dados. Isso designará o número 1 para o primeiro registro, 100 para o centésimo registro e assim por diante. Depois, usei um pequeno procedimento armazenado para reformatar os dados como os queria. A lógica dessa rotina é ler cada linha de entrada da tabela, na ordem. Depois, ela busca a linha e se a linha contiver:

- ❏ Detailed Report, ela extrai o número da linha, colocando-o na variável L_SERIAL_NO.
- ❏ Location, ela extrai a localização de dados na variável L_LOCATION.
- ❏ Status, ela extrai a posição dos dados na variável L_STATUS *e* insere o registro. Estamos naquele ponto do relatório onde coletamos todos os campos necessários, por ora. Já temos o número de série, a data e horário (veja o próximo ponto) e a localização.

❏ Sem mais nada, vemos se o campo pode ser convertido em uma data. Se não puder, pulamos completamente essa linha de entrada. O bloco de exceção, a seguir, faz isso para nós.

Eis a rotina:

```
tkyte@TKYTE816> create or replace procedure reformat
  2  as
  3      l_serial_no t.serial_no%type;
  4      l_date_time t.date_time%type;
  5      l_location t.location%type;
  6      l_status t.status%type;
  7      l_temp_date date;
  8  begin
  9      for x in ( select * from temp order by seqno )
 10      loop
 11          if ( x.text like '%Detailed Report%' ) then
 12              l_serial_no := substr( x.text, 1, instr(x.text, '-')-1 );
 13          elsif ( x.text like '%Location : %' ) then
 14              l_location := substr( x.text, instr(x.text, ':')+2 );
 15          elsif ( x.text like '%Status %:%' ) then
 16                  l_status := substr( x.text, instr(x.text, ':' )+2 );
 17                  insert into t ( serial_no, date_time, location, status )
 18                  values ( l_serial_no, l_date_time, l_location, l_status );
 19          else
 20              begin
 21                  l_temp_date := to_date( ltrim(rtrim(x.text)),
 22                                          'Month dd, yyyy hh24:mi');
 23                  l_date_time := x.text;
 24              exception
 25                  when others then null;
 26              end;
 27          end if;
 28      end loop;
 29  end;
 30  /

Procedure created.
```

Quando você compara essa quantidade de trabalho à quantidade de esforço que teria que ser feito para desenvolver os disparadores extremamente complexos, para manter uma posição entre inserções e para coordenar aqueles disparadores com os outros aplicativos que acessam a tabela, não há comparação. Carregar diretamente na própria tabela pode ter salvado um par de I/Os no sistema, mas o código para fazê-lo não seria confiável, devido à sua complexidade e nível ardiloso.

A moral desse exemplo é que se você tiver que resolver uma tarefa complexa tente, sempre que possível, minimizar a complexidade. Uma maneira de fazer isso é usando as ferramentas apropriadas. Nesse caso, usamos PL/SQL para escrever alguma lógica de procedimento para nos ajudar a reformatar os dados quando eles foram carregados. Era a maneira mais fácil de fazer isso. Tentar com que SQLLDR faça tudo nem sempre é a abordagem certa. Em outros casos, descobrimos que SQLLDR é uma ferramenta melhor do que PL/SQL. Use a ferramenta apropriada para o trabalho.

Carregamento de um arquivo em um campo LONG RAW ou LONG

Ainda que o tipo LONG RAW seja um tipo depreciado em Oracle8i, o encontraremos de tempos em tempos em aplicativos herdados, e ainda teremos que lidar com ele. Ocasionalmente, você pode precisar carregar um arquivo, ou arquivos, em um longo RAW e em vez de escrever um programa personalizado, você *gostaria* de usar SQLLDR. A boa notícia é que pode, mas a má notícia é que não é muito fácil, e nem sempre é muito apto no carregamento de grandes quantidades de arquivos.

Para carregar um longo RAW usando SQLLDR, geralmente precisaremos ter um arquivo de controle por arquivo (por fileira) para ser carregado (a menos que os arquivos sejam todos do mesmo tamanho). Há um truque para conseguir que SQLLDR faça isso para nós. Precisamos trabalhar com uma série de buffers de 64KB ou menos, e encontrar alguma quantidade de registros de tamanhos fixos para reunir, para carregar. Por exemplo, digamos que quiséssemos carregar um arquivo que tivesse 1075200 bytes de comprimento. O arquivo de controle se pareceria com:

*Os números entre parênteses e em **negrito**, à direita, na verdade não fazem parte do arquivo. Eles servem apenas como referência:*

```
options(bindsize=1075700, rows=1)           (1)
Load Data                                   (2)
Infile mydata.dat "fix 53760"               (3)
Concatenate 20                              (4)
Preserve Blanks                             (5)
Into Table foo                              (6)
Append                                      (7)
(id constant 1,bigdata raw(1075200))        (8)
```

O truque aqui é que 53760*20 = 1075200 e 53760 é o maior número que é um fator de 1075200, menor que 64k. Precisamos encontrar o maior inteiro menor que 64KB para usar como um tamanho fixo e depois concatenar 20 deles, reunidos, para reconstruir nosso registro físico.

Assim, na linha (3) acima, usamos o número 53760 para especificar um tamanho fixo de entrada de registro. Isso incapacita a interpretação normal de SQLLDR de um alimentador de linha como um final de linha. Agora, SQLLDR considera 53760 bytes como sendo uma linha — independente dos dados nela. A linha (4) diz a SQLLDR que um registro lógico (que é carregado) serão 20 desses registros físicos concatenados. Usamos bindsize=1075700 na linha (1) para inicializar uma ligação de buffer que é grande o bastante para acomodar nosso arquivo de entrada, mais algum extra (para a outra coluna). Por fim, na linha (8) especificamos quão grande tornar o buffer de coluna raw para aquela coluna (o padrão seria de 255 bytes).

Esse arquivo de controle carregará o arquivo MYDATA.DAT na tabela FOO, designando o valor de 1 para o ID de coluna, e a coluna BIGDATA ao conteúdo do próprio arquivo. Como esse é o tal truque a fazer (encontrar o maior inteiro menor que 64KB e assim por diante), inicializei um pequeno programa C portátil, que uso para fazer isso para mim mesmo. Sempre me vejo precisando carregar uma coluna LONG ou LONG RAW com o conteúdo de um arquivo, precisando ao mesmo tempo preencher uma outra coluna, alguma coluna de chave principal. Assim, uso esse programa C para escrever um arquivo de controle, exatamente como o acima. O seu uso é o seguinte:

```
genctl filename tablename lr_column_name pk_column_name pk_value RAW|CHAR
```

e o executo assim para gerar o arquivo de controle acima:

```
genctl mydata.dat foo bigdata id 1 RAW > text.ctl
```

O programa visto em MYDATA.DAT conseguiu o seu tamanho, fez a matemática e gerou o arquivo de controle. Você pode encontrar o código fonte de GENCTL no Web site da Wrox, em http://www.wrox.com

Carregamento de dados com novas linhas embutidas

Isso é algo que, historicamente, tem sido problemático para SQLLDR — como carregar formulário livre de dados que podem incluir nele uma nova linha. O caractere de nova linha é o caractere padrão 'fim de linha' de SQLLDR, e as maneiras de contornar isso não ofereciam muita flexibilidade no passado. Felizmente, em Oracle 8.1.6 e versões posteriores, temos algumas novas opções.

As opções para carregar dados com novas linhas embutidas são agora:

- ❑ Carregar os dados com algum outro caractere nos dados que representam uma nova linha (por exemplo, colocar a string \n no texto onde deve aparecer uma nova linha) e usar uma função SQL para substituir aquele texto com uma CHR(10) durante o tempo de carregamento.
- ❑ Usar o atributo FIX na diretiva INFILE, e carregar um arquivo plano de comprimento fixo.

- Usar o atributo VAR na diretiva INFILE, e carregar um arquivo de largura variável que use um formato de modo que aqueles poucos primeiros bytes de cada linha sejam o comprimento da linha a seguir.
- Usar o atributo STR na diretiva INFILE para carregar um arquivo de largura variável com alguma seqüência de caracteres que represente o final de linha, em oposição apenas ao caractere de nova linha representando isso.

Demonstraremos um de cada vez.

Como usar um caractere diferente de um de nova linha

Esse é um método mais fácil, se você tiver controle sobre como a entrada de dados é produzida. Se ele for fácil o bastante para converter os dados ao criar o arquivo de dados, funcionará bem. A idéia é aplicar uma função SQL aos dados no caminho do banco de dados, substituindo alguma string de caracteres por uma nova linha. Vamos acrescentar uma outra coluna à nossa tabela DEPT:

```
tkyte@TKYTE816> alter table dept add comments varchar2(4000);

Table altered.
```

Usaremos essa coluna para carregar texto. Um exemplo de arquivo de controle com dados inline seria:

```
LOAD DATA
INFILE *
INTO TABLE DEPT
REPLACE
FIELDS TERMINATED BY ','
TRAILING NULLCOLS
( DEPTNO,
  DNAME            "upper(:dname)",
  LOC              "upper(:loc)",
  LAST_UPDATED     "my_to_daate( :last_updated )",
  COMMENTS         "replace(:comments,'\n',chr(10))"
)
BEGINDATA
10,Sales,Virginia,01-april-2001,This is the Sales\nOffice in Virginia
20,Accounting,Virginia,13/04/2001,This is the Accounting\nOffice in Virginia
30,Consulting,Virginia,14/04/2001,This is the Consulting\nOffice in Virginia
40,Finance,Virginia,987268297,This is the Finance\nOffice in Virginia
```

Agora, há algo importante a indicar aqui. O arquivo de controle acima só funcionará em plataformas baseadas em DOS, como Windows NT. Em uma plataforma UNIX, precisamos usar:

```
COMMENTS         "replace(:comments,'\\n',chr(10))"
```

Observe como na chamada para substituir tivemos que usar \\n e não apenas \n, porque \n é reconhecido por SQLLDR como uma nova linha e o teria convertido para uma nova linha, não para uma string de dois caracteres. Usamos \\n para obter a string de caractere de constante \n no arquivo de controle em SQLLDR no UNIX. Quando executamos SQLLDR com o arquivo de controle acima (ajustado para UNIX, se você estiver naquela plataforma), a tabela DEPT é carregada com:

```
tkyte@TKYTE816> select deptno, dname, comments from dept;

    DEPTNO DNAME      COMMENTS
---------- ---------- --------------------
        10 SALES      This is the Sales
                      Office in Virginia

        20 ACCOUNTING This is the Accounting
                      Office in Virginia
```

```
            30   CONSULTING      This is the Consulting
                                 Office in Virginia

            40   FINANCE         This is the Finance
                                 Office in Virginia
```

Uso do atributo FIX

O atributo FIX é um outro método disponível. Se você o usar, a entrada de dados precisará aparecer nos registros de comprimento fixo. Cada registro terá exatamente o mesmo número de bytes que qualquer outro registro no conjunto de entrada de dados. Ao usar dados **posicionais**, isso é especialmente válido. Para começar, esses arquivos são arquivos de entrada de comprimento fixo. Quando usar dados delimitados de 'formulário livre" é menos provável que você tenha um arquivo de entrada de comprimento fixo, pois geralmente esses arquivos são de comprimento variável (esse é o ponto de entrada de arquivo delimitados — para tornar cada linha apenas tão grande quanto ela precisa ser).

Ao usar o atributo FIX precisamos usar uma cláusula INFILE, pois essa é uma opção para INFILE. Além disso, os dados precisam ser armazenados externamente, não no próprio arquivo de controle usando essa opção. Portanto, supondo que temos registros de entrada de comprimento fixo, podemos usar um arquivo de controla como:

```
LOAD DATA
INFILE demo17.dat "fix 101"
INTO TABLE DEPT
REPLACE
FIELDS TERMINATED BY ','
TRAILING NULLCOLS
( DEPTNO,
  DNAME            "upper(:dname)",
  LOC              "upper(:loc)",
  LAST_UPDATED     "my_to_date(:last_updated)",
  COMMENTS
)
```

Dessa forma especificamos a entrada de um arquivo de dados que terá registros com 101 bytes cada um. *Isso inclui a nova linha final* que pode ou não estar lá. Nesse caso, a nova linha não é especial na entrada de arquivo de dados. É apenas um outro caractere a ser ou não carregado. Este é um fato a entender — a nova linha no final do registro (se houver) se tornará parte do registro. Para compreender completamente precisamos de um utilitário para despejar o conteúdo de um arquivo na tela, para podermos ver exatamente o que está lá. Para fazer isso de uma maneira totalmente portátil, para termos uma coisa que funcione em todas as plataformas, usaremos o banco de dados. Podemos escrever uma rotina que use BFILE para ler um arquivo a partir do sistema operacional e a despejamos caractere por caractere na tela, mostrando-nos onde estão, no arquivo, o retorno de carro (ASCII 13), alimentadores de linha (ASCII 10), tabs (ASCII 9) e outros caracteres especiais. Usando PL/SQL ela poderia se parecer com:

```
tkyte@TKYTE816> create or replace
  2  procedure file_dump( p_directory in varchar2,
  3  p_filename in varchar2 )
  4  as
  5      type array is table of varchar2(5) index by binary_integer;
  6
  7      l_chars array;
  8      l_bfile bfile;
  9      l_buffsize number default 15;
 10      l_data varchar2(30);
 11      l_len number;
 12      l_offset number default 1;
 13      l_char char(1);
 14  begin
 15      -- special cases, print out "escapes" for readability
 16      l_chars(0) := '\0';
 17      l_chars(13) := '\r';
 18      l_chars(10) := '\n';
 19      l_chars(9) := '\t';
 20
```

```
21      l_bfile := bfilename( p_directory, p_filename );
22      dbms_lob.fileopen( l_bfile );
23
24      l_len := dbms_log.getlength( l_bfile );
25      while( l_offset < l_len )
26      loop
27         - - first show the BYTE offsets into the file
28         dbms_output.put( to_char(l_offset,'fm000000') || '-' ||
29  to_char(l_offset+l_buffsize-1,'fm000000') );
30
31         - - now get BUFFSIZE bytes from the file to dump
32         l_data := utl_raw.cast_to_varchar2
33                  (dbms_lob.substr( l_bfile, b_buffsize, l_offset ));
34
35         - - for each character
36         for i in 1 . . length(l_data)
37         loop
38            l_char := substr(l_data,i,1);
39
40            - - if the character is printable, just print it
41            if ascii( l_char ) between 32 and 126
42            then
43               dbms_output.put( lpad(l_char,3) );
44            - - if it is one of the SPECIAL characters above, print
45            - - if in using the text provided
46            elsif ( l_chars.exists( ascii(l_char) ) )
47            then
48               dbms_output.put( lpad( l_chars(ascii(l_char)), 3 ) );
49            - - else it is just binary data, display it in HEX
50            else
51               dbms_output.put( to_char(ascii(l_char), 'OX') );
52            end if;
53         end loop;
54         dbms_output.new line;
55
56         l_offset := l_offset + l_buffsize;
57      end loop;
58      dbms_lob.close( l_bfile );
59  end;
60  /
```

Procedure created.

Para mais informações sobre DBMS_LOB e BFILES, veja o Apêndice A, no final deste livro.

Assim, se você tiver um arquivo de dados como:

```
tkyte@TKYTE816> host type demo17.dat
10,Sales,Virginia,01-april-2001,This is the Sales
Office in Virginia
20,Accounting,Virginia,13/04/2001,This is the Accounting
Office in Virginia
30,Consulting,Virginia,14/04/2001 12:02:02,This is the Consulting
Office in Virginia
40,Finance,Virginia,987268297,This is the Finance
Office in Virginia

tkyte@TKYTE816> exec file_dump( 'MY_FILES', 'demo17.dat' );
000001-000015    1  0  ,  S  a  l  e  s  ,  V  i  r  g  i  n
000016-000030    i  a  ,  0  1  -  a  p  r  i  l  -  2  0  0
000031-000045    1  ,  T  h  i  s        i  s        t  h  e      s
000046-000060    a  l  e  s  \r \n o  f  f  i  c  e        i  n
```

000061-000075			V	i	r	g	i	n	i	a					
000076-000090															
000091-000105											\r	\n	2	0	,	A
000106-000120	c	c	o	u	n	t	i	n	g	,	V	i	r	g	i
000121-000135	n	i	a	,	1	3	/	0	4	/	2	0	0	1	,
000136-000150	T	h	i	s		i	s		t	h	e		A	c	c
000151-000165	o	u	n	t	i	n	g	\r	\n	O	f	f	i	c	e
000166-000180		i	n		V	i	r	g	i	n	i	a			
000181-000195															
000196-000210								\r	\n	3	0	,	C	o	n	s	u
000211-000225	l	t	i	n	g	,	V	i	r	g	i	n	i	a	,
000226-000240	1	4	/	0	4	/	2	0	0	1		1	2	:	0
000241-000255	2	:	0	2	,	T	h	i	s		i	s		t	h
000256-000270	e		C	o	n	s	u	l	t	i	n	g	\r	\n	O
000271-000285	f	f	i	c	e		i	n		V	i	r	g	i	n
000286-000300	i	a													
000301-000315		\r	\n	4	0	,	F	i	n	a	n	c	e	,	V
000316-000330	i	r	g	i	n	i	a	,	9	8	7	2	6	8	2
000331-000345	9	7	,	T	h	i	s		i	s		t	h	e	
000346-000360	F	i	n	a	n	c	e	\r	\n	O	f	f	i	c	e
000361-000375		i	n		V	i	r	g	i	n	i	a			
000376-000390															
000391-000405													\r	\n	

PL/SQL procedure successfully completed.

Assim, usando esse utilitário podemos ver que cada registro tem 10 bytes de comprimento. Se você olhar para a linha de dados que começa com 000091-000105 poderá ver o final da linha (\r\n). Como sabemos que o último caractere nessa exibição de linha está no byte 105 no arquivo, podemos contar para trás, para ver o \n no byte 101. Vendo à frente, na linha que começa com 000196-000210, vemos o espaço 202 no arquivo, um outro final de linha representando o fim daquele registro.

Agora que sabemos que cada registro tem 101 bytes de comprimento, estamos prontos para carregá-lo no arquivo de controle listado acima, com a cláusula FIX 101. Ao fazê-lo, podemos ver:

```
tkyte@TKYTE816> select '"' || comments || '"' comments from dept;

COMMENTS
----------
"This is the Sales
Office in Virginia
"

"This is the Accounting
Office in Virginia
"

"This is the Consulting
Office in Virginia
"

"This is the Finance
Office in Virginia
"
```

Observe como cada fileira carregada termina com uma nova linha, como evidenciado por aquelas aspas de encerramento que acrescentamos no início de uma linha (o último caractere do campo COMMENTS é uma nova linha e leva as aspas a uma nova linha). Minha entrada de dados sempre teve uma nova linha no 101º byte, e SQLLDR não conta isso como um separador de registro de qualquer tipo. Se isso não for desejado, você deve envolver seus dados entre aspas e usar a cláusula OPTIONALLY ENCLOSED BY para que SQLLDR carregue apenas os dados envolvidos, menos a nova linha (e não se esqueça de contabilizar aquele espaço adicional em cada linha, no atributo FIX). Desse modo, a nova linha do final não será carregada como parte da entrada de dados. Portanto, se você podar o arquivo de controle para:

```
LOAD DATA
INFILE demo18.dat "fix 101"
INTO TABLE DEPT
REPLACE
FIELDS TERMINATED BY ',' OPTIONALLY ENCLOSED BY ' " '
TRAINLING NULLCOLS
( DEPTNO,
  DNAME            "upper(:dname)";
  LOC              "upper(:loc)",
  LAST_UPDATED     "my_to_date( :last_updated )",
  COMMENTS
)
```

e mudar o arquivo de dados para:

```
C:\sqlldr>TKYTE demo18.dat
10,Sales,Virginia,01-aapril-2001,"This is the Sales
Office in Virginia"
20,Accounting,Virginia,13/04/2001,"This is the Accounting
Office in Virginia"
30,Consulting,Virginia,14/04/2001 12:02:02, "This is the Consulting
Office in Virginia"
40,Finance,Virginia,987268297, "This is the Finance
Office in Virginia"
```

com aspas envolvendo o texto, ele seria carregado assim:

```
tkyte@TKYTE816> select ' " ' || comments || ' " ' comments from dept;

COMMENTS
-----------------
"This is the Sales
Office in Virginia"

"This is the Accounting
Office in Virginia"

"This is the Consulting
Office in Virginia"

"This is the Finance
Office in Virginia"
```

Uma palavra de aviso para aqueles de vocês com sorte suficiente para trabalhar com ambos, Windows NT e UNIX. O marcador de final de linha é diferente nessas plataformas. No UNIX é simplesmente \n. No Windows NT é \r\n. Digamos que pegamos o exemplo acima e simplesmente fizemos a transferência de arquivos (ftp) para uma máquina UNIX. Fazer o mesmo FILE_DUMP acima nos mostraria o problema que encontraríamos:

```
ops$tkyte@ORA8I.WORLD> EXEC file_dump( 'MY_FILES", 'demo17.dat' );
000001-000015   1   0   ,   S   a   l   e   s   ,   V   i   r   g   i   n
000016-000030   i   a   ,   0   1   -   a   p   r   i   l   -   2   0   0
000031-000045   1   ,   T   h   i   s       i   s       t   h   e       S
000046-000060   a   l   e   s   \n  O   f   f   i   c   e       i   n
000061-000075   V   i   r   g   i   n   i   a
000076-000090
000091-000105                                                   \n  2   0   ,   A   c   c
000106-000120   o   u   n   t   i   n   g   ,   V   i   r   g   i   n   i
```

```
000121-000135     a  ,  1  3  /  0  4  /  2  0  0  1  ,  T  h
000136-000150     i  s     i  s     t  h  e     A  c  c  o  u
000151-000165     n  t  i  n  g  \n O  f  f  i  c  e     i  n
000166-000180        V  i  r  g  i  n  i  a
000181-000195
000196-000210              \n 3  0  ,     C  o  n  s  u  l  t  i  n
000211-000225     g  ,     V  i  r  g  i  n  i  a  ,  1  4  /  0
000226-000240     4  /  2  0  0  1        1  2  :  0  2  :  0  2
000241-000255     ,     T  h  i  s     i  s     t  h  e     C  o
000256-000270     n  s  u  l  t  i  n  g  \n O  f  f  i  c  e
000271-000285     i  n     V  i  r  g  i  n  i  a
000286-000300                                            \n 4  0  ,
000301-000315     F  i  n  a  n  c  e  ,     V  i  r  g  i  n  i
000316-000330     a  ,  9  8  7  2  6  8  2  9  7  ,  T  h  i
000331-000345     s     i  s     t  h  e     F  i  n  a  n  c
000346-000360     e  \n O  f  f  i  c  e     i  n     V  i  r
000361-000375     g  i  n  i  a
000376-000390
000391-000405                             \n
```

PL/SQL procedure successfully completed.

Esse arquivo tem um tamanho totalmente diferente, como cada um dos registros. Cada par \r\n agora é apenas uma seqüência \n. Esse é um exemplo especial, podemos simplesmente ajustar o FIX de 101 para 99, mas isso *apenas* porque eu tinha exatamente o mesmo número de novas linhas em cada registro! O comprimento de cada registro foi reduzido em 2 bytes. Se alguns dos registros tivessem três novas linhas, seu comprimento teria sido reduzido em três bytes e não em dois. Isso mudaria o arquivo de tal forma que os registros já não teriam mais comprimento fixo. Em geral, se você usar a abordagem FIX, assegure-se de *criar e carregar* o arquivo em uma plataforma homogênea (UNIX e UNIX ou Windows e Windows). Transferir os arquivos de um sistema para outro quase sempre os levará a não serem carregáveis.

Uso do atributo VAR

Um outro método de carregar dados com caracteres de nova linha embutidos é usar o atributo VAR. Ao usar esse formato, cada registro começará com alguma quantidade fixa de bytes, que representa o comprimento total do registro que está entrando. Usando esse formato, posso carregar registros de comprimentos variáveis que contenham novas linhas embutidas, mas apenas se eu tiver um **campo de comprimento de registro** no início de *todo e qualquer* registro. Assim, se usar um arquivo de controle como:

```
LOAD DATA
INFILE demop19.dat "var 3"
INTO TABLE DEPT
REPLACE
FIELDS TERMINATED BY ','
TRAILING NULLCOLS
( DEPTNO,
  DNAME            "upper(:dname)",
  LOC              "upper(:loc)",
  LAST_UPDATED     "my_to_date(:last_updated)",
  COMMENTS
)
```

a vear 3 diz que os primeiros três bytes de cada entrada de registro terão o comprimento daquela entrada de registro. Se tomar um arquivo de dados como:

```
C:\sqlldr>type demo19.dat
07110,Sales,Virginia,01-april-2001,This is the Sales
Office in Virginia
07820,Accounting,Virginia,13/04/2001,This is the Accounting
Office in Virginia
08730,Consulting,Virginia,14/04/2001 12:02:02,This is the Consulting
Office in Virginia
07140,Finance,Virginia,987268297,This is the Finance
Office in Virginia
```

poderei carregá-lo usando aquele arquivo de controle. Em minha entrada de arquivo de dados tenho quatro fileiras de dados. A primeira começa com 071, significando que os próximos 71 bytes representam a primeira entrada de registro. Esses 71 bytes incluem a nova linha encerrada depois da palavra Virginia. A fileira seguinte começa com 078. Ela tem 78 bytes de texto, e assim por diante. Usando esse formato de arquivo de dados podemos facilmente carregar nossos dados com novas linhas embutidas.

De novo, se você estiver usando UNIX e NT (o exemplo acima era em NT, onde uma nova linha tem dois caracteres de comprimento), teria simplesmente que ajustar o campo de comprimento em cada registro. No UNIX, como acima, o arquivo .DAT teria 69, 76, 85 e 69 como comprimentos dos campos, nesse exemplo em especial.

Uso do atributo STR

Talvez esse seja o método mais flexível de carregar dados com novas linhas embutidas. Usando o atributo STR posso especificar um novo caractere de fim de linha (ou seqüência de caracteres), o que permite criar uma entrada de arquivo de dados que tenha algum caractere especial no final de cada linha — a nova linha não é mais 'especial'.

Prefiro usar uma seqüência de caracteres, tipicamente algum 'marcador' especial, depois uma nova linha. Isso torna fácil ver o caractere de final de linha ao observar a entrada de dados em um editor de texto ou algum utilitário, enquanto o registro ainda tem uma nova linha em seu final. O atributo STR é especificado em hexadecimal, e talvez a maneira mais fácil de obter a string hexadecimal exata que você precisa seja usar SQL e UTL_RAW (veja o apêndice *Pacotes necessários fornecidos*, no final deste livro, para detalhes sobre UTL_RAW) para produzir a string hexadecimal. Por exemplo, supondo que você esteja no Windows NT, onde o marcador de fim de linha é CHR(13) || CHR(10) (retorno de carro/alimentador de linha) e o seu caractere de marcador especial seja uma barra |, podemos escrever isto:

```
tkyte@TKYTE816> select utl_raw.cast_to_raw( '|'||chr(13)||chr(10) ) from
                                                                 dual;

UTL_RAW.CAST_TO_RAW('|'||CHR(13)||CHR(10))
-------------------------------------------
7C0D0A
```

que nos mostra que o STR que precisamos usar é X'7C0D0A'. Para usar isso, devemos ter um arquivo de controle como este:

```
LOAD DATA
INFILE demo20.dat "str X'7C0D0A'"
INTO TABLE DEPT
REPLACE
FIELDS TERMINATED BY ','
TRAILING NULLCOLS
( DEPTO,
  DNAME            "upper(:dname)",
  LOC              "upper(:loc)",
  LAST_UPDATED     "my_to_date) :last_updated )",
  COMMENTS
)
```

Portanto, se a sua entrada de dados se parece com:

```
C:\sqlldr>type demo20.dat
10,Sales,Virginia,01-april-2001,This is the Sales
Office in Virginia|
20,Accounting,Virginia,13/04/2001,This is the Accounting
Office in Virginia|
30,Consulting,Virginia,14/04/2001 12:02:02,This is the Consulting
Office in Virginia|
40,Finance,Virginia,987268297,This is the Finance
Office in Virginia|
```

onde cada registro no arquivo de dados terminou com um |\r\n, o arquivo de controle acima será carregado corretamente.

Envoltório de novas linhas embutidas

Exploramos pelo menos quatro maneiras de carregar dados com novas linhas embutidas. Na próxima seção usaremos uma dessas, o atributo STR, em um utilitário genérico de descarregamento, para evitar os aspectos relativos a novas linhas no texto.

Uma coisa para ficar bem atento, e que mencionei anteriormente uma duas vezes, é que no Windows (todos os sabores), os arquivos de texto podem terminar em \r\n (ASCII 13 + ASCII 10, retorno de carro/alimentador de linha). Seu arquivo de controle terá que acomodar isso — aquele \r é parte do registro. A contagem de bytes em FIX e VAR e a string usada com STR precisam acomodar isso. Por exemplo, se você tomasse qualquer dos arquivos .DAT acima que atualmente contêm apenas \n e os transferisse para Windows NT 4.0 usando uma transferência ASCII (o padrão), cada \n se transformaria em \r\n. O mesmo arquivo de controle que acabou de funcionar no UNIX não seria mais capaz de carregar os dados. É algo sobre o que você precisa estar atento, levando em consideração ao configurar o arquivo de controle.

Como descarregar dados

Uma coisa que o SQLLDR não faz, e para a qual o Oracle não oferece ferramentas, é descarregar dados em um formato não entendido pelo SQLLDR. Isso seria útil para mover dados de sistema para sistema, sem usar EXP/IMP. Usar EXP/IMP para mover dados de sistema para sistema funciona bem em quantidades moderadas de dados. Como IMP não suporta uma importação de caminho direto e não montaria índices em paralelo, mover dados através de SQLLDR e depois criar os índices usando um índice paralelo, não recuperável, pode ser de magnitude muito maior.

Iremos desenvolver um pequeno utilitário PL/SQL que pode ser usado para descarregar dados em um servidor, em um formato amigável a SQLLDR. Também são oferecidas ferramentas equivalentes para fazê-lo em Pro*C e SQL*PLUS no Web site Wrox. O utilitário PL/SQL funcionará bem na maioria dos casos, porém o melhor desempenho seria conseguido usando Pro*C, e se você precisasse que os arquivos fossem gerados no cliente (não no servidor, onde PL/SQL seria gerado).

A especificação do pacote que criaremos é:

```
tkyte@TKYTE816> create or replace package unloader
  2         l_rows     number;
  3  begin
  4         l_rows := unloader.run
  5                  ( p_query      => 'select * from emp order by empno',
  6                    p_tname      => 'emp',
  7                    p_mode       => 'replace',
  8                    p_dir        => 'c:\temp',
  9                    p_filename   => 'emp',
 10                    p_separator  => ',',
 11                    p_enclosure  => '"',
 12                    p_terminator => '~' );
 13
 14         dbms_output.put_line( to_char(l_rows) ||
 15                               ' rows extracted to ascii file' );
 16  end;
 17  /

Package created.
```

com os seguintes significados:

```
/* Function run    -   Descarrega dados de qualquer consulta em um arquivo e cria um arquivo
                       de controle para recarregar esses dados em outra tabela

   p_query         =   Consulta SQL para 'descarregar'. Pode ser virtualmente qualquer
                       consulta
   p_tname         =   Tabela na qual carregar. Será colocada no arquivo de controle
   p_mode          =   REPLACE|APPEND|TRUNCATE - como recarregar os dados
   p_dir           =   Diretório onde escreveremos os arquivos .ctl e .dat
   p_filename      =   Nome do arquivo onde escrever. Acrescentarei .ctl e .dat a esse nome
```

```
            p_separator    =   Delimitador de campo. Padronizei isso para uma vírgula
            p_enclosure    =   Em que cada campo será envolvido
            p_terminator   =   Caractere de final de linha. Usamos para poder descarregar e carregar
                               dados com novas linhas. Eu padronizo para '|\n' (uma barra e uma nova
                               linha juntos), '|\r\n' em NT. Você só precisa sobrescrever isso se
                               acreditar que seus dados terão essa seqüência. SEMPRE acrescento o
                               marcador de 'fim de linha' do sistema operacional a essa seqüência;
                               você não precisa
    */
```

Segue-se o corpo do pacote. Usamos UTL_FILE para escrever um arquivo de controle e um arquivo de dados. Assegure-se de referir-se a UTL_FILE no Apêndice A, no final deste livro para detalhes sobre a configuração de UTL_FILE. Sem as configurações apropriadas do parâmetro init.ora, UTL_FILE não funcionará. DBMS_SQL é usado para processar dinamicamente qualquer consulta (veja a seção sobre DBMS_SQL no apêndice, para detalhes sobre esse pacote). Usamos um tipo de dados em nossas consultas — um VARCHAR2(4000), o que implica que não podemos usar esse método para descarregar LOBS, e que é verdade se LOB tiver mais que 4000 bytes. No entanto, podemos usar para descarregar até 4000 bytes de qualquer LOB usando DBMS_LOB.SUBSTR. Além disso, como estamos usando um VARCHAR2 como o único tipo de saída de dados, podemos lidar com RAWS de até 2000 bytes de comprimento (4000 caracteres hexadecimais), o que é suficiente para tudo, exceto para LONG RAWS e LOBS. A solução abaixo é uma solução 90 por cento — ela resolve o problema 90% do tempo. Com um pouco mais de trabalho e usando outras ferramentas descritas neste livro, por exemplo o pacote LOB_IO, descrito no Capítulo 18, poderíamos facilmente ampliar isso para lidar com todos os tipos de dados, inclusive LOBS.

```
    tkyte@TKYTE816> create or replace package body unloader
      2  as
      3
      4
      5     g_theCursor        integer default dbms_sql.open_cursor;
      6     g_descTbl          dbms_sql.desc_tab;
      7     g_nl               varchar2(2) default chr(10);
      8
```

Essas são algumas variáveis globais que usamos nesse pacote. O cursor global é aberto uma vez, a primeira em que nos referimos a esse pacote, e permanecerá aberto até que registremos a saída. Assim evita-se o código extra para obter um novo cursor cada vez que esse pacote é chamado. G_DESCTBL é uma tabela PL/SQL que conterá toda a saída de uma chamada a DBMS_SQL.DESCRIBE. G_NL é um caractere de nova linha. Usamos em strings que precisam ter novas linhas embutidas nelas. Não precisamos ajustar para Windows — UTL_FILE verá CHR(10) na string de caracteres e, automaticamente, a transformará em um retorno de carro/alimentador de linha.

Em seguida, temos uma pequena função conveniente, usada para converter um caractere em hexadecimal. Ela usa as funções internas para fazer isto:

```
      9
     10    function to_hex( p_str in varchar2 ) return varchar2
     11    is
     12    begin
     13       return to_char( ascii(p_str), 'fm0x' );
     14    end;
     15
```

A seguir está um procedimento para criar um arquivo de controle para recarregar os dados descarregados. Ele usa a tabela DESCRIBE gerada por dbms_sql.describe_columns para essa ação. Ele cuida das especificações de sistema operacional para nós, tais como se o sistema operacional usa um retorno de carro/alimentador de linha (usado pelo atributo STR) e se o separador de diretório é \ ou /. Ele faz isso olhando para o nome de diretório passado por ele. Se o diretório contiver um \, estaremos no Windows, caso contrário, estaremos no UNIX:

```
     16    /*
     17    */
     18
     19    procedure dump_ctl( p_dir         in varchar2,
     20                        p_filename    in varchar2,
```

```
21                         p_tname        in varchar2,
22                         p_mode         in varchar2,
23                         p_separator    in varchar2,
24                         p_enclosure    in varchar2,
25                         p_terminator   in varchar2 )
26    is
27         l_output      utl_file.file_type;
28         l_sep         varchar2(5);
29         l_str         varchar2(5);
30         l_path        varchar2(5);
31    begin
32         if ( p_dir like '%\%' )
33         then
34              - - Windows platforms - -
35              l_str := ch(13) || chr(10);
36              if ( p_dir not like '%\' AND p_filename not like '\%' )
37              then
38                   l_path := '\';
39              end if;
40         else
41              l_str := chr(1);
42              if ( p_dir not like '%/' AND p_filename not like '/%' )
43              then
44                   l_path := '/';
45              end if;
46         end if;
47
48         l_output := utl_file.fopen( p_dir, p_filename || '.ctl', 'w' );
49
50         utl_file.put_line( l_output, 'load data' );
51         utl_file.put_line( l_output, 'infile ' ' ' || p_dir || l_path ||
52                                      p_filename || '.dat' ' "str x' ' ' ||
53                                      utl_raw.cast_to_raw(p_terminator ||
54                                      l_str ) || ' ' ' ' " ' ' );
55         utl_file.put_line( l_output, 'into table ' || p_tname );
56         utl_file.put_line( l_output, p_mode );
57         utl_file.put_line( l_output, 'fields terminated by X' ' ' ||
58                                      to_hex(p_separator) ||
59                                      ' ' ' ' enclosed by X' ' ' ||
60                                      to_hex(p_enclosure) || ' ' ' ' ' );
61         utl_file.put_line( l_output, '(' );
62
63         for i in 1 . . g_descTbl.count
64         loop
65              if ( g_descTbl(i).col_type = 12 )
66              then
67                   utl_file.put( l_output, l_sep || g_descTbl(i).col_name ||
68                                 ' date ' 'ddmmyyyydd24miss' ' ' );
69              else
70                   utl_file.put( l_output, l_sep || g_descTbl(i).col_name ||
71                                 ' char(' ||
72                                 to_char(g_descTbl(i).col_max_len*2) || ' )' );
73              end if;
74              l_sep := ',' || g_nl;
75         end loop;
76         utl_file.put_line( l_output, g_nl || ')' );
77         utl_file.fclose( l_output );
78    end;
```

Eis uma função simples para retornar uma string entre aspas usando o caractere de envolvimento escolhido. Observe como ele não apenas envolve o caractere, mas também o dobra se ele também existir na string, para que sejam preservados:

```
79
80      function quote(p_str in varchar2, p_enclosure in varchar2)
81          return varchar 2
82      is
83      begin
84        return p_enclosure ||
85          replace( p_str, p_enclosure, p_enclosure||p_enclosure ) ||
86          p_enclosure;
87      end;
```

Em seguida, temos a função principal, RUN. Ela é bem grande, portanto iremos comentá-la enquanto prosseguimos:

```
88
89      function run( p_query        in varchar2,
90                    p_tname        in varchar2,
91                    p_mode         in varchar2 default 'REPLACE',
92                    p_dir          in varchar2,
93                    p_filename     in varchar2,
94                    p_separator    in varchar2 default ',',
95                    p_enclosure    in varchar2 default ' " ',
96                    p_terminator   in varchar2 default '|' ) return number
97      is
98          l_output          utl_file.file_type;
99          l_columnValue     varchar2(4000);
100         l_colCnt          number default 0;
101         l_separator       varchar2(10) default ' ';
102         l_cnt             number default 0;
103         l_line            long;
104         l_datefmt         varchar2(255);
105         l_descTbl         dbms_sql.desc_tab;
106     begin
```

Salvaremos o formato NLS Date em uma variável para podermos mudá-lo para um formato que preserve a data e horário ao despejar os dados no disco. Dessa forma preservaremos o componente de horário de uma data. Depois configuramos um bloco de exceção, para podermos reajustar o NLS_DATE_FORMAT na ocorrência de qualquer erro:

```
107     select value
108       into l_datefmt
109       from nls_session_parameters
110      where parameter - 'NLS_DATE_FORMAT';
111
112     /*
113        Set the date format to a big numeric string. Avoids
114        all NLS issues and saves both the time and date.
115     */
116     execute immediate
117        'alter session set nls_date_format=``ddmmyyyyhh24miss´´ `;
118
119     /*
120        Set up an exception block so that in the event of any
121        error, we can at least reset the date format.
121     */
123     begin
```

Em seguida, analisaremos e descreveremos a consulta. O ajuste de G_DESCTBL para L_DESCTBL é feito para 'reajustar' a tabela global, caso contrário ela poderia conter dados de uma DESCRIBE anterior, além dos dados da consulta atual. Quando aquilo tiver sido feito, chamamos DUMP_CTL para criar o arquivo de controle:

```
124     /*
125         Parse and describe the query. We reset the
126         descTbl to an empty table so .count on it
127         will be reliable.
128     */
129     dbms_sql.parse( g_theCursor, p_query, dbms_sql.native );
130     g_descTbl := l_descTbl;
131     dbms_sql.describe_columns( g_theCursor, l_colCnt, g_descTbl );
132
133     /*
134         Create a control file to reload this data
135         into the desired table.
136     */
137     dump_ctl( p_dir, p_filename, p_tname, p_mode, p_separator,
138                p_enclosure, p_terminator );
139
140     /*
141         Bind every single column to a varchar2(4000). We don't care
142         if we are fetching a number or a date or whatever.
143         Everything can be a string.
144     */
```

Agora, estamos prontos para despejar os dados atuais no disco. Começamos definindo cada coluna como uma VARCHAR2(4000) na qual buscar. Todos NUMBERs, DATEs, RAWs — cada tipo será convertido em VARCHAR2, imediatamente depois disso executaremos a consulta para preparar para a fase de busca:

```
145     for i in 1 .. l_colCnt loop
146         dbms_sql.define_column( g_theCursor, i, l_columnValue, 4000;
147     end loop;
148
149     /*
150         Run the query - ignore the output of execute. It is only
151         valid when the DML is an insert/update or delete.
152     */
```

Agora, abrimos o arquivo de dados para escrever, buscamos todas as fileiras da consulta e imprimimos o arquivo de dados:

```
153     l_cnt := dbms_sql.execute(g_theCursor);
154
155     /*
156         Open the file to write output to and then write the
157         delimited data to it.
158     */
159     l_output := utl_file.fopen( p_dir, p_filename || '.dat', 'w',
160                                 32760 );
161     loop
162         exit when ( dbms_sql.fetch_rows(g_theCursor) <= 0 );
163         l_separator := '';
164         l_line := null;
165         for i in 1 .. l_colCnt loop
166             dbms_sql.column_value( g_theCursor, i,
167                                    l_columnValue );
168             l_line := || l_separator ||
169                       quote( l_columnValue, p_enclosure );
170             l_separator := p_separator;
171         end loop;
```

```
172            l_line := l_line || p_terminator;
173            utl_file.put_line( l_output, l_line );
174            l_cnt := l_cnt+1;
175        end loop;
176        utl_file.fclose( l_output );
```

Por fim, ajustamos o formato de data de volta (e o bloco de exceção fará o mesmo se qualquer código acima falhar, por qualquer motivo) para o que era e retornamos:

```
177
178            /*
179                Now reset the date format and return the number of rows
180                written to the output file.
181            */
182            execute immediate
183                'alter session set nls_date_format='' ' || l_datefmt || ' '' ';
184            return l_cnt;
185    - -  exception
186            /*
187                In the event of ANY error, reset the data format and
188                re-raise the error.
189            */
190        - - when others then
191        - - execute immediate
192        - - 'alter session set nls_date_format='' ' || l_datefmt || ' '' ';
193        - - RAISE;
194        end;
195    end run;
196
197
198    end unloader;
199    /
```

Package body created.

Para executar, podemos simplesmente usar:

Claro que o seguinte exige que você tenha SELECT em SCOTT.EMP concedida para a sua função.

```
tkyte@TKYTE816> drop table emp;
```

Table dropped.

```
tkyte@TKYTE816> create table emp as select * from scott.emp;
```

Table created.

```
tkyte@TKYTE816> alter table emp add resume raw(2000);
```

Table altered.

```
tkyte@TKYTE816> update emp
    2    set resume = rpad( '02', 4000, '02' );
```

14 rows updated.

```
tkyte@TKYTE816> update emp
    2    set ename = substr( ename, 1, 2 ) || ' " ' ||
    3                       chr(10) || ' " ' || substr(ename, 3);
```

14 rows updated.

```
tkyte@TKYTE816> set serveroutput on

tkyte@TKYTE816> declare
  2      l_rows    number;
  3  begin
  4      l_rows := unloader.run
  5                  ( p_query       => 'select * from emp order by empno',
  6                    p_tname       => 'emp',
  7                    p_mode        => 'replace',
  8                    p_dir         => 'c:\temp',
  9                    p_filename    => 'emp',
 10                    p_separator   => ',',
 11                    p_enclosure   => '"',
 12                    p_terminator  => '~' );
 13
 14      dbms_output.put_line( to_char(l_rows) ||
 15                            'rows extracted to ascii file' );
 16  end;
 17  /
14   rows extracted to ascii file

PL/SQL procedure successfully completed.
```

O arquivo de controle que foi gerado mostra:

*Os números entre parênteses e em **negrito**, à direita, na verdade não estão no arquivo. Eles são para a sua referência, abaixo.*

```
load data                                            (1)
infile 'c:\temp\emp.dat' "str x'7E0D0A'"             (2)
into table emp                                       (3)
replace                                              (4)
fields terminated by X'2c' enclosed by X'22'         (5)
(                                                    (6)
EMPNO char(44 ),                                     (7)
ENAME char(20 ),                                     (8)
JOB char(18 ),                                       (9)
MGR char(44 ),                                       (10)
HIREDATE date 'ddmmyyyyhh24miss' ,                   (11)
SAL char(44 ),                                       (12)
COMM char(4 ),                                       (13)
DEPTNO char(44 ),                                    (14)
RESUME char(4000 )                                   (15)
)                                                    (16)
```

As coisas a observar nesse arquivo de controle são:

❑ Linha (2) — Usamos o novo recurso em Oracle 8.1.6 de STR. Podemos especificar que o caractere ou string seja usado para determinar um registro. Isso nos permite carregar dados facilmente, com novas linhas embutidas. A string acima de x'7E0D0A' é simplesmente um til (~) seguido por uma nova linha.

❑ Linha (5) — Usamos nossos caracteres separador e de anexo. Eu não uso OPTIONALLY ENCLOSED BY, visto que estarei incluindo cada campo único depois de dobrar qualquer ocorrência do caractere de anexo nos dados brutos.

❑ Linha (11) — Usamos um grande formato de data 'numérico', o que faz duas coisas. Primeiro, evita quaisquer aspectos NLS com relação aos dados, depois, preserva o componente de tempo do campo de data.

- Linha (15) — Usamos char(4000). Por padrão, SQLLDR usará um char(255) para campos. Dupliquei o comprimento de todo e qualquer campo no arquivo de controle. Isso garante que SQLLDR será capaz de ler os dados sem truncar quaisquer campos. Escolhi duplicar o comprimento para suportar tipos RAW que extrairemos no formato VARCHAR2 (em hexadecimal). Isto é, duas vezes mais longo que a fonte de dados original.

O arquivo de dados RAW (o .dat) gerados a partir do código acima se parecerão com:

```
"7369", "SM" "
" "ITH", "CLERK", "7902", "17121980000000", "800", " ", "20",
"0202020202020202020202020202020202020202...<many occurrences removed>
...0202020202020202"~
"7499", "AL" "
" "LEN", "SALESMAN", "7698", "20021981000000", "1600", "300", "30",
"020202020202020202020202020202020202...<many occurrences removed> ...0202020202020202"~
```

As coisas a observar no arquivo .dat são:
- Cada campo está anexado em nosso caractere de envolvimento.
- O campo ENAME, onde colocamos aspas e um caractere \n através de uma atualização, tem uma nova linha. Também, as aspas são dobradas para preservá-los nos dados brutos.
- As DATES são descarregadas como números grandes.
- O campo RAW que acrescentamos está preservado, e é despejado no formato hexadecimal.
- Cada linha de dados nesse arquivo termina com um ~, conforme solicitado.

Agora podemos recarregar esses dados facilmente, usando SQLLDR. Você pode acrescentar opções à linha de comando SQLLDR, conforme perceba a necessidade.

Você pode usar essa funcionalidade para fazer coisas que, por outros métodos, seriam difíceis ou impossíveis de executar. Por exemplo, se quisesse renomear a coluna ENAME da tabela EMP para EMP_NAME, poderia fazer o seguinte. O que faço aqui é descarregar os dados para SQLLDR recarregar. Observe como 'renomeamos' a coluna, em nosso caminho, usando o alias EMP_NAME na lista SELECT depois de ENAME. Isso levará o arquivo de controle a ser criado com um nome de coluna de EMP-NAME em vez de ENAME. Interrompo a tabela, solto uma coluna inadequadamente nomeada e acrescento o novo nome. Depois, recarrego a tabela. Poderia escolher essa abordagem em vez de um mais simples 'acrescentar coluna, atualizar nova coluna para a antiga coluna e soltar a antiga coluna' se de qualquer modo eu quisesse reorganizar a tabela, ou se estivesse preocupado com a quantidade de retorno e redo que poderia gerar fazendo tal operação. Também posso usar SQLLDR com o modo de caminho direto para evitar toda a geração de retorno e redo no recarregamento subseqüente. Eis as etapas:

```
tkyte@TKYTE816> declare
  2      l_rows  number;
  3  begin
  4      l_rows := unloader.run
  5             ( p_query    => 'select EMPNO, ENAME EMP_NAME,
  6                              JOB , MGR, HIREDATE,
  7                              SAL, COMM, DEPTNO
  8                         from emp
  9                         order by empno',
 10      p_tname      => 'emp',
 11      p_mode       => 'TRUNCATE',
 12      p_dir        => 'c:\temp',
 13      p_filename   => 'emp',
 14      p_separator  => ',',
 15      p_enclosure  => '"',
 16      p_terminator=> '~' );
 17
 18      dbms_output.put_line( to_char(l_rows) ||
 19      rows extracted to ascii file' );
 20  end;
 21  /

PL/SQL procedure successfully completed.
```

```
tkyte@TKYTE816> truncate table emp;

Table truncated.

tkyte@TKYTE816> alter table emp drop column ename;

Table altered.

tkyte@TKYTE816> alter table emp add emp_name varchar2(10);

Table altered.

tkyte@TKYTE816> host sqlldr userid=tkyte/tkyte control=c:\temp\emp.ctl
SQLLDR: Release 8.1.6.0.0 - Production on Sat Apr 14 20:40:01 2001
(c) Copyright 1999 Oracle Corporation. All rights reserved.
Commit point reached - logical record count 14

tkyte@TKYTE816> desc emp
 Name                          Null?        Type
 ---------------------------   ----------   -----------
 EMPNO                         NOT NULL     NUMBER(4)
 JOB                                        VARCHAR2(9)
 MGR                                        NUMBER(4)
 HIREDATE                                   DATE
 SAL                                        NUMBER(7, 2)
 COMM                                       NUMBER(7, 2)
 DEPTNO                                     NUMBER(2)
 RESUME                                     RAW(2000)
 EMP_NAME                                   VARCHAR2(10)

tkyte@TKYTE816> select emp_name from emp;

EMP_NAME
----------
SM"
"ITH
...
MI"
"LLER

14 rows selected.
```

Você também pode usar esse método para realizar outras operações, como modificar um tipo de dados, tirar dados da ordem normal (por exemplo, descarregar um JOIN) e assim por diante.

Como já declarado, a lógica do pacote descarregado (acima) pode ser implementada em uma variedade de linguagens e ferramentas. No web site da Wrox, você encontrará isso implementado não apenas em PL/SQL, mas também em scripts Pro*C e SQL*PLUS. Pro*C será a implementação mais rápida, e sempre escreverá ao sistema de arquivo de estação de trabalho cliente. PL/SQL será uma boa implementação em geral (sem necessidade de compilar e instalar em estações de trabalho cliente), mas sempre escreverá no sistema de arquivo servidor. SQL*PLUS será um bom meio termo, oferecendo desempenho justo e a habilidade de escrever no sistema de arquivo cliente.

Carga de LOBs

Vamos considerar alguns métodos para carregar em LOBS (grandes objetos). Esse não é um LONG ou um campo LONG RAW mas, ao contrário, os tipos de dados preferidos de BLOB e CLOB. Esses tipos de dados foram introduzidos em Oracle 8.0 e posterior, e suportam interface/conjunto de funcionalidade muito mais rica do que os tipos herdados LONG e LONG RAW.

Investigaremos dois métodos para carregar esses campos — SQLLDR e PL/SQL. Existem outros, como seqüências Java, Pro*C e OCI. Se você olhar o Capítulo 18, vamos rever lá como descarregar um LOB usando Pro*C. Carregar um LOB seria muito semelhante, exceto que em vez de usar EXEC SQL READ usaríamos EXEC SQL WRITE.

Começaremos trabalhando com o método PL/SQL de carregar LOBs e também veremos o uso de SQLLDR para carregá-los.

Carregamento de um LOB através de PL/SQL

O pacote DBMS_LOB tem um ponto de entrada chamado LOADFROMFILE. Esse procedimento permite usar um BFILE (que pode ler arquivos de sistema operacional) para preencher um BLOB ou CLOB no banco de dados. Para usar esse procedimento, precisaremos criar um objeto DIRECTORY no banco de dados. Esse objeto nos permitirá criar BFILES (e abri-los), que indicam para um arquivo existente no arquivo de sistema, ao qual o banco de dados servidor tem acesso. Esse último ponto '...ao qual o banco de dados servidor tem acesso' é um ponto chave ao usar PL/SQL para carregar LOBS. O pacote DBMS_LOB executa inteiramente no servidor. Ele só pode ver arquivos de sistemas que o servidor puder. Em especial, ele não pode ver seu arquivo de sistema local se você estiver acessando Oracle pela rede.

Usar PL/SQL para carregar um LOB não é apropriado, pois os dados a serem carregados não estão na máquina do servidor.

Precisamos portanto começar criando um objeto DIRECTORY no banco de dados, o que é direto. Criarei dois diretórios para esse exemplo (dessa vez, exemplos executados no ambiente UNIX):

```
ops$tkyte@DEV816> create or replace directory dir1 as '/tmp';

Directory created.

ops$tkyte@DEV816> create or replace directory "dir2" as '/tmp/';

Directory created.
```

O usuário que realiza essa operação precisa ter o privilégio CREATE ANY DIRECTORY. O motivo pelo qual criei dois diretórios é para demonstrar um aspecto comum referente a duas ou mais opções comuns com relação a objetos diretório. Quando o Oracle criou o primeiro diretório DIR1, acima, armazenou o nome do objeto em *maiúsculas*, como é o padrão. No segundo exemplo, com DIR2, ele terá criado o objeto diretório preservando a opção que usei no nome. Uma vez que isso é importante, será demonstrado abaixo, quando usarmos o objeto BFILE.

Agora queremos carregar alguns dados em um BLOB ou em um CLOB. O método para isso é bastante fácil:

```
ops$tkyte@DEV816> create table demo
  2  ( id        int primary key,
  3    theClob   clob
  4  )
  5  /

Table created.

ops$tkyte@DEV816> host echo 'Hello World\!' > /tmp/test.txt

ops$tkyte@DEV816> declare
  2      l_clob    clob;
  3      l_bfile   bfile;
  4  begin
  5      insert into demo values ( 1, empty_clob() )
  6      returning theclob into l_clob;
  7
  8      l_bfile := bfilename( 'DIR1', 'test.txt' );
  9      dbms_lob.fileopen( l_bfile );
 10
 11      dbms_lob.loadfromfile( l_clob, l_bfile,
 12  dbms_lob.getlength( l_bfile ) );
 13
 14      dbms_lob.fileclose( l_bfile );
 15  end;
 16  /
```

```
PL/SQL procedure successfully completed.

ops$tkyte@DEV816> select dbms_lob.getlength(theClob), theClob from demo
  2  /

DBMS_LOB.GETLENGTH(THECLOB)    THECLOB
--------------------------     --------
                       13      Hello World!
```

Pode ser interessante observar que se você executar o exemplo como é no Windows (mudando /tmp/ para um diretório apropriado para aquele sistema operacional, claro) a saída será:

```
tkyte@TKYTE816> select dbms_lob.getlength(theClob), theClob from demo
  2  /

DBMS_LOB.GETLENGTH(THECLOB)    THECLOB
--------------------------     --------
                       18      'Hello World\!'
```

O comprimento é maior em virtude de o envoltório Windows não tratar aspas e escapes (\) da mesma maneira que o UNIX, e o caractere de fim de linha é mais longo.

Caminhando através do código acima, vemos que:

❑ Nas linhas 5, 6, 7 e 8, criamos uma fileira em nossa tabela, ajustamos o CLOB para um EMPTY_CLOB( ) e recuperamos seu valor em uma chamada. Com exceção de temporários LOBs, os LOBs 'vivos' no banco de dados — não podemos escrever em uma variável LOB sem precisar um indicador para um LOB, ou para um LOB que já esteja no banco de dados. Um EMPTY_CLOB() não é um CLOB nulo — é um indicador válido não nulo para uma estrutura vazia. Também foi obtido para nós um localizador LOB, que indica para os dados em uma fileira que está bloqueada. Se tivéssemos selecionado esse valor sem bloquear a fileira subjacente, nossas tentativas de escrever nela falhariam, pois os LOBs precisam ser bloqueados antes de escrever (diferente de outros dados estruturados). Inserindo a fileira, é claro que bloqueamos a fileira. Se isso estivesse vindo de uma fileira existente, poderíamos ter selecionado FOR UPDATE para bloqueá-la.

❑ Na linha 10, criamos um objeto BFILE. Note como usamos DIR1 em maiúsculas — isso é chave, como veremos em um minuto. Tal acontece porque estamos passando para BFILENAME o *nome* de um objeto, não o próprio objeto. Portanto, precisamos garantir que o nome combine o estilo que Oracle armazenou para esse objeto.

❑ Na linha 11, abrimos o LOB. Isso permite que ele seja lido.

❑ Na linha 12, carregamos todo o conteúdo do arquivo /tmp/test.txt do sistema operacional no localizador LOB que acabamos de inserir. Usamos DBMS_LOB.GETLENGTH para dizer à rotina LOADFROMFILE quantos bytes de BFILE carregar (todos eles).

❑ Por fim, na linha 13, fechamos o BFILE que abrimos, e o CLOB estará carregado.

Se tivéssemos tentado usar dir1 em vez de DIR1 no exemplo acima, teríamos encontrado o seguinte erro:

```
ops$tkyte@DEV816> declare
  2      l_clob    clob;
  3      l_bfile   bfile;
  4  begin
  5      insert into demo values ( 1, empty_clob( ) )
  6      returning theclob into l_clob;
  7
  8      l_bfile := bfilename( 'DIR1', 'test.txt' );
  9      dbms_lob.fileopen( l_bfile );
 10
 11      dbms_lob.loadfromfile( l_clob, l_bfile,
 12   dmbs_lob.getlength( l_bfile ) );
 13
 14      dbms_lob.fileclose( l_bfile );
 15  end;
 16  /
declare
*
```

```
ERROR at line 1:
ORA-22285: non-existent directory or file for FILEOPEN opera tion
ORA-06512: at "SYS.DBMS_LOB", line 475
ORA-06512: at line 9
```

Acontece porque o diretório dir1 não existe — DIR1 sim. Se você preferir usar nomes de diretório em estilos misturados, pode usar identificadores com aspas ao criá-los, como fiz acima em dir2. Isso permitirá que você escreva código assim:

```
ops$tkyte@DEV816> declare
  2      l_clob      clob;
  3      l_bfile     bfile;
  4  begin
  5      insert into demo values ( 2, empty_clob( ) )
  6      returning theclob into l_clob;
  7
  8      l_bfile := bfilename( 'dir2', 'test.txt' );
  9      dbms_lob.fileopen( l_bfile );
 10
 11      dbms_lob.loadfromfile( l_clob, l_bfile,
 12  dbms_lob.getlength l_bfile ) );
 13
 14      dbms_lob.fileclose( l_bfile );
 15  end;
 16  /

PL/SQL procedure successfully completed.
```

Existem outros métodos que não LOADFROMFILE, pelos quais você pode preencher um LOB usando PL/SQL. LOADFROMFILE é de longe o mais fácil se você for carregar o arquivo inteiro. Se precisar processar o conteúdo do arquivo enquanto estiver carregando-o, também pode usar DBMS_LOB.READ no BFILE para ler os dados. O uso de UTL_RAW.CAST_TO_VARCHAR2 é jeitoso se os dados que você estiver lendo forem texto, não RAW. Veja o apêndice sobre *Pacotes necessários fornecidos* para mais informações sobre UTL_RAW. Depois, você pode usar DBMS_LOB.WRITE ou WRITEAPPEND para colocar os dados em um CLOB ou BLOB.

Carregamento de dados LOB através de SQLLDR

Agora veremos como carregar dados em um LOB através de SQLLDR. Há mais de um método para fazer isso, mas veremos os dois mais comuns:

❑ Quando os dados estão 'na linha' com o restante dos dados.

❑ Quando os dados são armazenados fora de linha e a entrada de dados contém um nome de arquivo a serem carregados com a fileira. Isso também é conhecido como arquivos de dados secundários (**SDF**) na terminologia SQLLDR.

Começaremos com os dados que estão em linha.

Carregamento de dados LOB que estão na linha

Tipicamente, esses LOBS têm novas linhas e outros caracteres especiais embutidos. Portanto, quase sempre você estará usando um dos quatro métodos detalhados acima, na seção *Carregamento de dados com novas linhas embutidas,* para carregar esses dados. Vamos começar modificando a tabela DEPT para ter um CLOB em vez de um campo grande VARCHAR2, na coluna COMMENTS:

```
tkyte@TKYTE816> truncate table dept;

Table truncated.

tkyte@TKYTE816> alter table dept drop column comments;
```

Table altered.

tkyte@TKYTE816> alter table dept add comments clob;

Table altered.

Por exemplo, tenho um arquivo de dados (demo21.dat) que tem o conteúdo:

```
10, Sales,Virginia,01-april-2001,This is the Sales
Office in Virginia|
20,Accounting,Virginia,13/04/2001,This is the Accounting
Office in Virginia|
30,Consulting,Virginia,14/04/2001 12:02:02,This is the Consulting
Office in Virginia|
40,Finance,Virginia,987268297,"This is the Finance
Office in Virginia, it has embedded commas and is
much longer than the other comments field. If you
feel the need to add double quoted text in here like
this: " "You will need to double up those quotes!" " to
preserve them in the string. This field keeps going for up to
1000000 bytes or until we hit the magic end of record marker,
the | followed by a end of line - it is right here ->"|
```

Cada registro termina com uma barra (|) seguida pelo marcador de final de linha. Se lido, o texto do departamento 40 é muito maior que o restante, com muitas novas linhas, aspas embutidas e vírgulas. Dado esse arquivo de dados, posso criar um arquivo de controle como este:

```
LOAD DATA
INFILE demo21.dat "str X'7C0D0A' "
INTO TABLE DEPT
REPLACE
FIELDS TERMINATED BY ',' OPTIONALLY BY ' " '
TRAILING NULLCOLS
( DEPTNO,
  DNAME            "upper(:dname)",
  LOC              "upper(:loc)",
  LAST_UPDATED     "my_to_date( :last_updated )",
  COMMENTS         char(1000000)
)
```

Este exemplo é do Windows, onde o marcador de final de linha tem dois bytes, assim a configuração de STR no arquivo de controle acima. No UNIX ele seria apenas 7C0A'.

Para carregar o arquivo de dados, especifiquei CHAR(1000000) na coluna COMMENTS, visto que SQLLDR padroniza para CHAR(255) em qualquer campo de entrada. O CHAR(1000000) permitirá a SQLLDR lidar com até 1000000 bytes de entrada de texto. Você precisa ajustar isso para um valor que seja maior que qualquer punhado de texto esperado na entrada de arquivo. Revendo os dados carregados vemos:

```
tkyte@TKYTE816> select comments from dept;

COMMENTS
-----------
This is the Accounting
Office in Virginia

This is the Consulting
Office in Virginia

This is the Finance
Office in Virginia, it has embedded commas and is
```

```
much longer then the other comments field. If you
feel the need to add double quoted text in here like
this: "You will need to double up those quotes!" to
preserve them in the string. This field keeps going for upto
1,000,000 bytes or until we hit the magic end of record marker,
the | followed by a end of line - - it is tight here ->

This is the Sales
Office in Virginia
```

Uma coisa a observar aqui é que as aspas dobradas não estão mais dobradas. SQLLDR removeu as aspas extras que colocamos lá.

Carregamento de dados LOB fora de linha

Um cenário comum é ter um arquivo de dados que contenha os nomes de arquivos a carregar nos LOBs, em vez de ter os dados LOB misturados com os dados estruturados. Isso oferece um maior grau de flexibilidade, pois os dados fornecidos a SQLLDR não precisam usar um dos quatro métodos tendo que lidar com novas linhas embutidas na entrada de dados, como acontece com freqüência com grandes quantidades de texto ou com dados binários. SQLLDR chama esse tipo de arquivo de dados adicionais de LOBFILE.

O SQLLDR também pode suportar o carregamento de um arquivo de dados estruturados que indica para outro arquivo de dados, individual. Podemos dizer a SQLLDR como analisar dados LOB a partir desse outro arquivo, para que cada fileira nos dados estruturados seja carregada com uma parte dele. Acho que esse modo é de uso limitado (eu mesmo nunca encontrei um uso para ele, até hoje) e não o discutirei aqui. SQLLDR refere-se a esses arquivos externamente referenciados como arquivos de dados secundários complexos.

LOBFILES são arquivos de dados relativamente simples, destinados a facilitar o carregamento de LOB. O atributo que distingue LOBFILES dos arquivos de dados principais é que em LOBFILES não há um conceito de registro, pois novas linhas nunca ficam no caminho. Em LOBFILEs, os dados estão em quaisquer dos seguintes formatos:

- ❑ Campos de comprimento fixo (por exemplo, carga de 100 a 1000 bytes do LOBFILE).
- ❑ Campos delimitados (terminados por algo ou envolvidos por algo).
- ❑ Pares comprimento-valor, um campo de comprimento variável.

O mais comum desses tipos será o de campos delimitados, aqueles terminados por EOF (end of file). Tipicamente, você tem um diretório cheio de arquivos que gostaria de carregar nas colunas LOB — cada arquivo, em sua totalidade, irá para um BLOB. A declaração LOBFILE, com TERMINATED BY EOF é a que você usará.

Então, digamos que você tenha um diretório cheio de arquivos que gostaria de carregar no banco de dados. Você gostaria de carregar o OWNER do arquivo, o TIMESTAMP do arquivo, o NAME do arquivo e o próprio arquivo. Nossa tabela, onde carregaríamos, seria:

```
tkyte@TKYTE816> create table lob_demo
  2   ( owner      varchar2(255),
  3     timestamp  date,
  4     filename   varchar2(255),
  5     text       clob
  6   )
  7  /

Table created.
```

Usando um simples ls –l em Unix, e dir /q em Windows, podemos gerar a entrada de nosso arquivo e carregá-lo usando um arquivo de controle como esse, no Unix:

```
LOAD DATA
INFILE *
REPLACE
INTO TABLE LOB_DEMO
( owner        position(16:24),
  timestamp    position(34:45) date "Mon DD HH24:MI",
```

```
        filename     position(47:100),
    text LOBFILE(filename) TERMINATED BY EOF
)
BEGINDATA
-rw-r- -r- -           1 tkyte           1785 Sep 27 12:56 demo10.log
-rw-r- -r- -           1 tkyte           1674 Sep 19 15:57 demo2.log
-rw-r- -r- -           1 tkyte           1637 Sep 17 14:43 demo3.log
-rw-r- -r- -           1 tkyte           2385 Sep 17 15:05 demo4.log
-rw-r- -r- -           1 tkyte           2048 Sep 17 15:32 demo5.log
-rw-r- -r- -           1 tkyte           1801 Sep 17 15:56 demo6.log
-rw-r- -r- -           1 tkyte           1753 Sep 17 16:03 demo7.log
-rw-r- -r- -           1 tkyte           1759 Sep 17 16:41 demo8.log
-rw-r- -r- -           1 tkyte           1694 Sep 17 16:27 demo8a.log
-rw-r- -r- -           1 tkyte           1640 Sep 24 16:17 demo9.log
```

ou no Windows, seria:

```
LOAD DATA
INFILE *
REPLACE
INTO TABLE LOB-DEMO
( owner          position(40:61),
  timestamp      position(1:18)
                 "to_date( :timestamp||'m', 'mm/dd/yyyy hh:miam')",
  filename       position(63:80),
  text LOBFILE(filename) TERMINATED BY EOF
)
BEGINDATA
04/14/2001    12:36p        1,697 BUILTIN\Administrators demo10.log
04/14/2001    12:42p        1,785 BUILTIN\Administrators demo11.log
04/14/2001    12:47p        2,470 BUILTIN\Administrators demo12.log
04/14/2001    12:56p        2,062 BUILTIN\Administrators demo13.log
04/14/2001    12:58p        2,022 BUILTIN\Administrators demo14.log
04/14/2001    01:38p        2,091 BUILTIN\Administrators demo15.log
04/14/2001    04:29p        2,024 BUILTIN\Administrators demo16.log
04/14/2001    05:31p        2,005 BUILTIN\Administrators demo17.log
04/14/2001    05:40p        2,005 BUILTIB\Administrators demo18.log
04/14/2001    07:19p        2,003 BUILTIN\Administrators demo19.log
04/14/2001    07:20p        2,011 BUILTIN\Administrators demo20.log
04/15/2001    11:26a        2,047 BUILTIN\Administrators demo21.log
04/14/2001    11:17a        1,612 BUILTIN\Administrators demo4.log
```

Observe que não carregamos uma DATE na coluna de carimbo de horário (timestamp), precisávamos usar uma função SQL para massagear o formato de data Windows em um que o banco de dados pudesse usar. Agora, se inspecionarmos o conteúdo da tabela LOB_DEMO depois de executar SQLLDR, descobriremos:

```
tkyte@TKYTE816> select owner, timestamp, filename, dbms_lob.getlength(text)
  2   from lob_demo;

OWNER                      TIMESTAMP      FILENAME      DBMS_LOB.GETLENGTH(TEXT)
------                     ---------      --------      ------------------------
BUILTIN\Administrators     14-APR-01      demo10.log                        1697
BUILTIN\Administrators     14-APR-01      demo11.log                        1785
BUILTIN\Administrators     14-APR-01      demo12.log                        2470
BUILTIN\Administrators     14-APR-01      demo4.log                         1612
BUILTIN\Administrators     14-APR-01      demo13.log                        2062
BUILTIN\Administrators     14-APR-01      demo14.log                        2022
BUILTIN\Administrators     14-APR-01      demo15.log                        2091
BUILTIN\Administrators     14-APR-01      demo16.log                        2024
BUILTIN\Administrators     14-APR-01      demo17.log                        2005
BUILTIN\Administrators     14-APR-01      demo18.log                        2005
```

```
BUILTIN\Administrators         14-APR-01      demo19.log                    2003
BUILTIN\Administrators         14-APR-01      demo20.log                    2011
BUILTIN\Administrators         15-APR-01      demo21.log                    2047

13 rows selected.
```

Isso também funciona com BLOBs e com LOBs. Carregar um diretório de imagens usando SQLLDR dessa forma é fácil.

Carregamento de dados
LOB em colunas de objeto

Agora que sabemos como carregar em uma simples tabela que nós mesmos criamos, também podemos descobrir a necessidade de carregar em uma tabela que tem um tipo complexo de objeto, com um LOB, nele. Isso acontece mais freqüentemente ao usar as capacidades interMedia ou o Virage Image Cartridge (VIR) com o banco de dados. Ambos usam um tipo complexo de objeto, ORDSYS.ORDIMAGE como uma coluna de banco de dados. Precisamos ser capazes de dizer ao SQLLDR como carregar nisso. Para carregar um LOB em uma coluna de tipo ORDIMAGE, é preciso entender um pouco mais sobre a estrutura do tipo ORDIMAGE. Usando uma tabela na qual queremos carregar, e uma DESCRIBE naquela tabela em SQL*PLUS, podemos descobrir que temos uma coluna chamada IMAGE de tipo ORDSYS.ORDIMAGE, que queremos carregar em IMAGE.SOURCE.LOCALDATA. Os exemplos a seguir só funcionarão se você tiver interMedia ou Virage Image Cartridge instalado e configurado, caso contrário o tipo de dados ORDSYS.ORDIMAGE será desconhecido:

```
ops$tkyte@ORA8I.WORLD> create table image_load(
  2    id number,
  3    name varchar2(255),
  4    image ordsys.ordimage
  5  )
  6  /

Table created.

ops$tkyte@ORA8I.WORLD> desc image_load
 Name                         Null?         Type
 -----------                  -------       -----------
 ID                                         NUMBER
 NAME                                       VARCHAR2(255)
 IMAGE                                      ORDSYS.ORDIMAGE

ops$tkyte@ORA8I.WORLD> desc ordsys.ordimage
 Name                         Null?         Type
 -----------                  -------       -----------
 SOURCE                                     ORDSOURCE
 HEIGHT                                     NUMBER(38)
 WIDTH                                      NUMBER(38)
 CONTENTLENGHT                              NUMBER(38)
 ...

ops$tkyte@ORA8I.WORLD> desc ordsys.ordsource
 Name                         Null?         Type
 -----------                  -------       -----------
 LOCALDATA                                  BLOB
 SRCTYPE                                    VARCHAR2(4000)
 SRCLOCATION                                VARCHAR2(4000)
 ...
```

assim, um arquivo de controle para carregar isso pode se parecer com:

```
LOAD DATA
INFILE *
INTO TABLE image_load
REPLACE
```

```
    FIELDS TERMINATED BY ','
    ( ID,
      NAME,
      file_name FILLER,
      IMAGE column object
      (
          SOURCE column object
          (
              LOCALDATA LOBFILE (file_name) TERMINATED BY EOF
                      NULLIF file_name = 'NONE'
          )
      )
    )
    BEGINDATA
    1,icons,icons.gif
```

Acima, introduzi duas novas construções:

- ❑ COLUMN OBJECT — Diz ao SQLLDR que esse não é um nome de coluna, mas parte de um nome de coluna. Ele não é mapeado para um campo na entrada de arquivo, mas usado para montar a referência certa de coluna de objeto a ser usada durante o carregamento. Acima, temos duas colunas de objeto da guia aninhadas uma na outra. Portanto, o nome de coluna que será usado é o seu IMAGE.SOURCE.LOCALDATA, como precisamos que seja. Note que não estamos carregando quaisquer dos outros atributos desses dois tipos de objeto. Por exemplo, IMAGE.HEIGHT, IMAGE.CONTENTLENGTH, IMAGE.SOURCE.SRCTYPE. Abaixo veremos como preenchê-los.
- ❑ NULL IF FILE_NAME — 'NONE' — Diz a SQLLDR para carregar um Null na coluna de objeto, no caso daquele campo FILE_NAME conter nele a palavra NONE.

Quando você tiver carregado um tipo interMedia precisará processar após o carregamento de dados, usando PL/SQL, para que o interMedia opere neles. Por exemplo, com o acima, provavelmente você quer executar o seguinte para ter as propriedades da imagem corretamente ajustadas:

```
begin
   for c in ( select * from image_load ) loop
       c.image.setproperties;
   end loop;
end;
/
```

SETPROPERTIES é um método objeto fornecido pelo tipo ORDSYS.ORDIMAGE, que processa a própria imagem e atualiza os atributos restantes do objeto com os valores apropriados. Veja o Capítulo 17, para mais informações referentes à manipulação de imagem.

Carregamento de VARRAYS/tabelas aninhadas com SQLLDR

Veremos como carregar VARRAYS e tipos de tabelas aninhadas com SQLLDR. Basicamente, VARRAYS e tipos de tabelas aninhadas (doravante simplesmente chamadas arrays) serão codificadas na entrada de arquivo como:

- ❑ Será incluído um campo no arquivo de dados. Esse campo conterá o número de elementos de array esperados no arquivo de dados. Não será carregado, mas sim usado por SQLLDR para descobrir quantos elementos de array estão vindo no arquivo.
- ❑ Seguido por um (conjunto) de campo(s) representando os elementos do array.

Assim, esperamos arrays de comprimentos variados serem codificados na entrada de arquivo de dados, com um campo que nos informa quantos elementos estão vindo, depois os próprios elementos. Também podemos carregar array de dados quando há um número fixo de elementos de array em cada registro (por exemplo, cada registro de entrada terá cinco elementos de array). Veremos ambos os métodos usando os tipos abaixo:

```
tkyte@TKYTE816> create type myArrayType
   2    as varray(10) of number(12, 2)
   3    /
```

```
Type created.

tkyte@TKYTE816> create table t
  2    ( x int primary key, y myArrayType )
  3  /

Table created.
```

Esse é o esquema onde queremos carregar nossos dados. Agora, eis um simples arquivo de controle/dados que podemos usar para carregá-los, demonstrando o número variável de elementos de array. Cada entrada de registro estará em um formato:

- Valor de x.
- Número de elementos em y.
- Repetição de campo representando os elementos individuais de y.

```
LOAD DATA
INFILE *
INTO TABLE t
replace
fields terminate by ","
(
  x,
  y_cnt           FILLER,
  y               varray count (y_count)
  (
     y
  )
)

BEGINDATA
1, 2, 3, 4
2, 10, 1, 2, 3, 4, 5, 6, 7, 8, 9, 10
3, 5, 5, 4, 3, 2, 1
```

Observe que usamos a palavra chave FILLER para permitir mapear uma variável Y_CNT na entrada de arquivo, mas não carregamos esse campo. Também usamos as palavras chave VARRAY COUNT (Y_CNT) para dizer ao SQLLDR que y é um VARRAY. Se Y fosse uma tabela aninhada, teríamos usado NESTED TABLE COUNT(Y-CNT). Note também que essas são palavras chave SQLLDR, não funções SQL, portanto não usamos aspas ou pontos e vírgulas para ligar variáveis, como faríamos com uma função SQL.

A peça-chave a notar na entrada de dados é a inclusão de COUNT. Ela diz a SQLLDR como dimensionar o array que estamos carregando. Por exemplo, dada a linha de entrada:

```
1, 2, 3, 4
```

teremos:

- 1 — mapeado para x, a chave principal.
- 2 — mapeado para y_cnt, a contagem de elementos de array
- 3, 4 — mapeados para y, os próprios elementos de array.

Depois de executar SQLLDR, temos:

```
tkyte@TKYTE816> select * from t;

       X   Y
-----  --------------------
       1   MYARRAYTYPE(3, 4)
       2   MYARRAYTYPE(1, 2, 3, 4, 5, 6, 7, 8, 9, 10)
       3   MYARRAYTYPE(5, 4, 3, 2, 1)
```

Isso é exatamente o que queríamos. Agora, digamos que quiséssemos carregar uma entrada de arquivo onde houvesse um número fixo de elementos de array. Por exemplo, você tem um ID e cinco observações acompanham esse ID. Podemos usar a combinação tipo/tabela, como:

```
tkyte@TKYTE816> create or replace type myTableType
  2    as table of number(12, 2)
  3  /

Type created.

tkyte@TKYTE816> create table t
  2    ( x int primary key, y myTableType)
  3    nested table y store as y_tab
  4  /

Table created.
```

O arquivo de controle se parecerá com isto. Note o uso de CONSTANT 5 na construção da contagem de tabela aninhada; é o que diz a SQLLDR quantos elementos esperar agora em cada registro:

```
LOAD DATA
INFILE *
INTO TABLE t
replace
fields terminated by ","
(
  x,
  y                    nested table count (CONSTANT 5)
  (
    y
  )
)
BEGINDATA
1, 100, 200, 300, 400, 500
2, 123, 243, 542, 123, 432
3, 432, 232, 542, 765, 543
```

e depois de executar SQLLDR, encontramos:

```
tkyte@TKYTE816> select * from t;
         X Y
- - - - - - - - - - - - - - - - - - - - - - - -
         1 MYARRAYTYPE(100, 200, 300, 400, 500)
         2 MYARRAYTYPE(123, 243, 542, 123, 432)
         3 MYARRAYTYPE(432, 232, 542, 765, 543)
```

Isso mostra os dados carregados na nossa tabela aninhada. Como observação (saindo um pouco de SQLLDR), podemos ver uma das propriedades de uma tabela aninhada. Por acaso descobri que, se *recarregarmos* a tabela usando SQLLDR e esse exemplo de dados, conseguimos um resultado final ligeiramente diferente:

```
tkyte@TKYTE816> host sqlldr userid=tkyte/tkyte control=demo24.ctl
SQLLDR: Release 8.1.6.0.0 - Production on Sun Apr 15 12:06:56 2001

(c) Copyright 1999 Oracle Corporation. All rights reserved.

Commit point reached - logical record count 3

tkyte@TKYTE816> select * from t;
```

```
         X Y
---------------------------
         1 MYARRAYTYPE(200, 300, 400, 500, 100)
         2 MYARRAYTYPE(123, 243, 542, 123, 432)
         3 MYARRAYTYPE(432, 232, 542, 765, 543)
```

Observe como o número 100 é o *último* na primeira tabela aninhada. Esse é apenas um efeito lateral da forma com que o espaço foi reutilizado na tabela durante o segundo carregamento. Ele pode (ou não) reproduzir em todos os sistemas, com todos os tamanhos de bloco, apenas aconteceu comigo. As tabelas aninhadas não preservam ordem, portanto não fique surpreso quando os dados da tabela aninhada vierem em uma ordem diferente daquela em que você carregou!

Chamada a SQLLDR a partir de um procedimento armazenado

A curta resposta é que você não pode fazer isso. SQLLDR não é uma API, não é algo que possa ser chamado. SQLLDR é um programa de linha de comando. Definitivamente, você pode escrever um procedimento externo em Java ou C que executa SQLLDR (veja o Capítulo 19, para executar um comando em termos de sistema operacional), mas aquilo não será o mesmo que 'chamar' SQLLDR. O carregamento acontecerá em uma outra sessão, e não estará sujeito ao seu controle de transação. Além disso, você terá que analisar o arquivo de registro resultante para determinar se o carregamento foi ou não bem sucedido, e quão bem sucedido (quantas fileiras foram carregadas antes de um erro encerrar o carregamento) ele foi. Chamar SQLLDR de um procedimento armazenado não é algo que eu recomende.

Então, digamos que você tenha uma exigência para carregar dados através de um procedimento armazenado. Quais são suas opções? As que vêm à minha mente são:

- Escrever um mini SQLLDR em PL/SQL. Ele pode usar BFILES para ler dados binários ou UTL_FILE para ler texto de dados, para analisar e carregar. Demonstraremos isso aqui.
- Escrever um mini SQLLDR em Java. Isso pode ser um pouco mais sofisticado do que um carregador baseado em PL/SQL, e pode usar muitas das rotinas Java disponíveis.
- Escrever um SQLLDR em C e chamá-lo como um procedimento armazenado.

As coloquei na ordem de complexidade e desempenho. À medida que a complexidade aumenta, também o fará o desempenho, em muitos casos. Será o caso em que PL/SQL e Java serão comparáveis em desempenho e C será mais rápido (mas menos portátil e mais difícil de construir e instalar). Sou adepto de simplicidade e portabilidade, portanto demonstrarei a idéia, usando PL/SQL. Será surpreendente quão fácil é escrever o nosso mini SQLLDR. Por exemplo:

```
ops$tkyte@DEV816> create table badlog( errm varchar2(4000),
  2                          data varchar2(4000) );

Table created.
```

É uma tabela que usaremos para colocar os registros que não pudermos carregar. Em seguida, temos a função que montaremos:

```
ops$tkyte@DEV816> create or replace
  2   function load_data( p_table      in varchar2,
  3                       p_cnames     in varchar2,
  4                       p_dir        in varchar2,
  5                       p_filename   in varchar2,
  6                       p_delimiter  in varchar2 default '|' )
  7   return number
```

Ela leva como entrada o nome da tabela onde carregar, a lista de nomes de coluna na ordem em que eles aparecem na entrada de arquivo, o diretório, o nome do arquivo a carregar e o delimitador; em outras palavras, o que separa os arquivos de dados na entrada de arquivo. O valor de retorno dessa rotina é o número de registros carregados com sucesso. Em seguida, temos as variáveis locais para essa pequena rotina:

```
  8   is
  9       l_input       utl_file.file_type;
 10       l_theCursor   integer default dbms_sql.open_cursor;
```

```
11          l_buffer          varchar2(4000);
12          l_lastLine        varchar2(4000);
13          l_status          integer;
14          l_colCnt          number default 0;
15          l_cnt             number default 0;
16          l_sep             char(1) default NULL;
17          l_errmsg          varchar2(4000);
18     begin
```

A seguir, abrimos a entrada de arquivo. Estamos esperando simples dados delimitados e linhas que não são maiores que 4000 bytes. Esse limite poderia ser aumentado para 32 KB (o máximo suportado por UTL_FILE). Para ficar maior, você iria precisar usar um BFILE, e o pacote DBMS_LOB:

```
19          /*
20           * esta será a linha de onde leremos os dados
21           * estamos esperando simples dados delimitados.
22           */
23          l_input := utl_file.fopen( p_dir, p_filename, 'r', 4000 );
```

Agora montamos uma INSERT TABLE que se parece com INSERT INTO TABLE (COLUMNS) VALUES (BINDS). Determinamos o número de colunas que estamos inserindo, contando vírgulas. Isso é feito tomando o comprimento atual da lista de nomes de colunas, subtraindo o comprimento da mesma string com vírgulas removidas e acrescentando 1 (uma maneira genérica de contar o número de um caractere específico em uma string):

```
24
25          l_buffer := 'insert into ` || p_table ||
26                      `(` || p_cnames || `) values ( `;
27          /*
28           * isso conta as vírgulas, tomando o comprimento atual
29           * da lista de nomes de colunas, subtraindo o
30           * comprimento da mesma string com vírgulas removidas e
31           * acrescentando 1.
32           */
33          l_colCnt := length(p_cnames) -
34                      length(replace(p_cnames, ',', '' ) )+1;
35
36          for i in 1 .. l_colCnt
37          loop
38              l_buffer := l_buffer || l_sep || ':b' || i;
39              l_sep    := ',';
40          end loop;
41          l_buffer := l_buffer || ')';
42
43          /*
44           * agora temos uma string que se parece com:
45           * insert into T ( c1,c2,. . . ) values ( :b1, :b2, . . . )
46           */
```

Agora, que temos a string que é a nossa declaração INSERT, a analisamos:

```
47          dbms_sql.parse( l_theCursor, l_buffer, dbms_sql.native );
```

depois lemos cada linha da entrada de arquivo e a rompemos nas colunas individuais:

```
48
49          loop
50              /*
51               * ler os dados e sair de lá quando não houver mais.
52               */
53              begin
54                  utl_file.get_line( l_input, l_lastLine );
```

```
55              exception
56                  when NO_DATA_FOUND then
57                      exit;
58              end;
59              /*
60               * é mais fácil analisar quando a linha termina
61               * com um delimitador.
62               */
63              l_buffer := l_lastLine || p_delimiter;
64
65
66              for i in 1 .. l_colCnt
67              loop
68                  dbms_sql.bind_variable( l_theCursor, ':b' || i,
69                                  substr( l_buffer, 1,
70                                      instr(l_buffer,p_delimiter)-1 ) );
71                  l_buffer := substr( l_buffer,
72                                      instr(l_buffer,p_delimiter)+1 );
73              end loop;
74
75              /*
76               * execute a declaração de inserção. No caso de um erro
77               * coloque-a no arquivo 'ruim'.
78               */
79              begin
80                  l_status := dbms_sql.execute(l_theCursor);
81                  l_cnt := l_cnt + 1;
82              exception
83                  when others then
84                      l_errmsg := sqlerrm;
85                      insert into badlog ( errm, data )
86                      values l_errmsg, l_lastLine );
87              end;
88          end loop;
```

Agora que carregamos cada registro possível e colocamos o que não foi possível de volta na tabela BAD, limpamos e retornamos:

```
89
90          /*
91           * fechar e comprometer
92           */
93          dbms_sql.close_cursor(l_theCursor);
94          utl_file.fclose( l_input );
95          commit;
96
97          return l_cnt;
98      exception
99          when others then
100             dbms_sql.close_cursor(l_theCursor);
101             if ( utl_file.is_open( l_input ) ) then
102                 utl_file.fclose(l_input);
103             end if;
104             RAISE;
105     end load_data;
106     /
```

Function created.

Podemos usar isso assim:

```
ops$tkyte@DEV816> create table t1 ( x int, y int, z int );

Table created.
```

```
ops$tkyte@DEV816> host echo 1,2,3, > /tmp/t1.dat
ops$tkyte@DEV816> host echo 4,5,6 >> /tmp/t1.dat
ops$tkyte@DEV816> host echo 7,8,9 >> /tmp/t1.dat
ops$tkyte@DEV816> host echo 7,NotANumber,9 >> /tmp/t1.dat

ops$tkyte@DEV816> begin
  2    dbms_output.put_line(
  3      load_data( 'T1',
  4                 'x,y,z',
  5                 'c:\temp',
  6                 't1.dat',
  7                 ',' ) || 'rows loaded' );
  8  end;
  9  /
3 rows loaded

PL/SQL procedure successfully completed.

ops$tkyte@DEV816> SELECT *
  2  FROM BADLOG;

ERRM                              DATA
------------------------          ----------
ORA-01722: invalid number         7,NotANumber,9

ops$tkyte@DEV816> select * from badlog;

        X         Y         Z
     ----      ----      ----
        1         2         3
        4         5         6
        7         8         9
```

Mas isso não é tão poderoso quanto SQLLDR, visto que não podemos ter uma maneira de especificar o número máximo de erros ou onde colocar os registros ruins ou o que poderia ser um anexo de campo etc, mas você poderia ver como seria fácil acrescentar tais recursos. Por exemplo, acrescentar um anexo de campo seria tão fácil quanto acrescentar um parâmetro P_ENCLOSED_BY e mudar a chamada DBMS_SQL.BIND para ser:

```
loop
  dbms_sql.bind_variable( l_theCursor, ':b' ||i,
    trim( nvl(p_enclosed_by,chr(0)) FROM
              substr( l_buffer, 1,
                instr(l_buffer,p_delimiter)-1 ) );
  l_buffer := substr( l_buffer,
              instr(l_buffer,p_delimiter)+1 );
end loop;
```

Agora você tem a opção OPTIONALLY ENCLOSED BY de SQLLDR. A rotina acima é adequada para carregar pequenas quantidades de dados, conforme observado no Capítulo 16, sobre *SQL dinâmica*, embora devamos empregar o processamento de array dessa rotina se precisarmos escaloná-la. Refira-se a esse capítulo para exemplos do uso de processamento de array em inserções.

No web site da Wrox você encontrará um mini SQLLDR adicional, escrito em PL/SQL. Foi desenvolvido para facilitar o carregamento de formato de arquivos dBASE. Ele emprega BFILES como a entrada fonte (arquivos dBASE contém 1, 2 e 4 bytes de inteiros binários que UTL_FILE não pode lidar) e pode descrever o que está em um arquivo dBASE ou carregar o conteúdo do arquivo dBASE no banco de dados.

Advertências

Aqui, veremos algumas coisas que você tem que observar ao usar SQLLDR.

Você não pode pegar um segmento de retorno para usar

Com freqüência, você usará SQLLDR com a opção REPLACE, quando carregando. O que isso faz é um aspecto DELETE antes de carregar os dados. Os dados podem gerar uma enorme quantidade de retorno. Você pode querer usar um segmento de retorno específico de modo a realizar essa operação. SQLLDR não tem uma facilidade para permitir isso. É preciso garantir que qualquer segmento de retorno seja grande o bastante para acomodar o DELETE, ou usar a opção TRUNCATE, em vez disso. Como uma INSERT não gera muito retorno, e SQLLDR compromete com freqüência, esse aspecto só se aplica à opção REPLACE.

TRUNCATE parece trabalhar diferentemente

A opção TRUNCATE de SQLLDR pode parecer trabalhar de modo diferente de TRUNCATE em SQL*PLUS ou em qualquer outra ferramenta. SQLLDR, trabalhando na suposição de que você estará descarregando a tabela com uma quantidade semelhante de dados, usa a forma ampliada de TRUNCATE. Especificamente, ele emite:

```
truncate table t reuse storage
```

A opção REUSE TRUNCATE não libera as extensões alocadas — apenas as marca como 'espaço livre'. Se esse não for o resultado desejado, você deve truncar a tabela antes de executar SQLLDR.

SQLLDR padroniza para CHAR(255)

O comprimento padrão de campos de entrada é de 255 caracteres. Se o seu campo for maior que isso, você receberá uma mensagem de erro:

```
Record N: Rejected - Error on table T, column C.
Field in data file exceeds maximum length
```

Isso não significa que os dados não se ajustarão na coluna de banco de dados, mas que SQLLDR estava esperando 255 bytes ou menos de entrada de dados e recebeu um pouco mais que aquilo. A solução é simplesmente usar CHAR(N) no arquivo de controle, onde N é grande o suficiente para acomodar comprimento de campo maior na entrada de arquivo.

Linha de comando sobregrava o arquivo de controle

Muitas das opções SQLLDR podem ser colocadas no arquivo de controle ou usadas na linha de comando. Por exemplo, posso usar o nome de arquivo INFILE e também SQLLDR . . . DATA_FILENAME. A linha de comando sobregrava quaisquer opções no arquivo de controle. Você não pode contar que as opções em um arquivo de controle estão de fato sendo usadas, pois a pessoa executando SQLLDR pode sobregravá-las.

Resumo

Neste capítulo, exploramos muitas áreas de carregamento de dados. Cobrimos as coisas típicas do dia-a-dia que encontraremos — o carregamento de arquivos delimitados, o de arquivos de comprimento fixo, o de um diretório cheio de arquivos de imagem, o uso de funções na entrada de dados para transformá-las, o descarregamento de dados e assim por diante. Não cobrimos carregamentos maciços de dados usando o carregador de caminho direto em nenhum detalhe. Em vez disso, tocamos ligeiramente em tal assunto. Nosso objetivo foi responder às perguntas que surgem freqüentemente com o uso de SQLLDR e o impacto na maior audiência.

10
Sintonização de estratégias e ferramentas

Tenho extrema familiaridade com sintonização e gasto muito tempo sintonizando sistemas, em especial sistemas para os quais não fiz a arquitetura ou o código. Isso me deixa em grande desvantagem; posso demorar algum tempo para descobrir não apenas onde olhar, mas também onde não olhar. De certa forma, a sintonização é uma coisa muito ardilosa, e normalmente é feita sobre extrema pressão. Ninguém sintoniza quando tudo está indo bem — parece que só se quer sintonizar quando tudo está desmoronando.

Este capítulo descreve minha abordagem à sintonização e as ferramentas que uso. Você verá que adoto uma abordagem 'defensiva' — tento fazer parecer que nunca tive que sintonizar; pelo menos não depois de ficar sem um aplicativo, de qualquer modo. A sintonização é parte do desenvolvimento que começa antes da primeira linha de código ter sido escrita e um dia depois da distribuição; ela não é uma atividade pós-distribuição. Infelizmente, a maioria da sintonização que sou chamado para fazer afeta os sistemas de produção que já estão desenvolvidos. Isso significa que estamos sintonizando, de alguma forma, em um ambiente hostil (usuários finais enraivecidos) e há muitas restrições indesejáveis voltadas para nós (em um sistema de produção eles não gostam que você os feche para mudar alguma coisa). A melhor ocasião para sintonizar é bem antes de você chegar a tal ponto.

Especificamente, este capítulo cobrirá:

- Ligação de variáveis e desempenho.
- Como rastrear aplicativos usando SQL_TRACE e TIMED_STATISTICS e interpretar os resultados usando TKPROF.
- Como inicializar e usar Statspack para sintonizar a cópia de banco de dados.
- Algumas das tabelas V$ que uso regularmente e como as uso.

Identificação do problema

Sintonizar um aplicativo pode ser uma coisa muito interessante. Não apenas poder descobrir onde o aplicativo está se desmoronando é difícil, mas também implementar as correções pode ser ainda mais doloroso. Em alguns casos, a arquitetura geral pode mudar. No Capítulo 1, descrevi um sistema que usou o servidor multisseqüenciado do Oracle para a longa execução de procedimentos armazenados. Esse sistema precisou examinar a arquitetura para corrigir. Em outros casos, só é preciso encontrar as consultas SQL de pior desempenho e sintonizá-las.

Nem toda sintonização é relacionada com banco de dados. Lembro-me de uma sessão de sintonização particularmente difícil, onde o cliente estava usando um aplicativo de tempo e atendimento comercialmente disponível, montado em Oracle. Esse aplicativo em especial tinha várias instalações em diversos locais e tudo era bem separado. No entanto, em um local, a maior instalação até então estava desmoronando completamente. Na maior parte do tempo ele executava perfeitamente, conforme o esperado. Em ocasiões de pico, como troca de turno e horário de refeições, podia surgir um problema — todo o sistema, periodicamente, parecia estar pendente. Parecia não haver motivo para aquilo. Por observação, eu sabia que era um aspecto de bloqueio/contenção — podia ver aquilo claramente. Descobrir porque estávamos sendo bloqueados e contidos era a parte difícil. Depois de perder dois dias bisbilhotando no banco de dados, buscando em todas as tabelas V$, revendo código e observando o problema, pedi para ver o aplicativo em ação. Conceitualmente, entendi o que ele fazia, mas não sabia como ele o fazia. Os clientes me levaram para o andar da armazenagem, onde os usuários finais (os trabalhadores da fábrica) usavam o aplicativo. Vi como eles, de fato, o usavam. Eles passavam em uma única fila dos muitos terminais e colocavam um código de barra para marcar o horário. A pessoa seguinte na fila pressionava a tecla *Enter,* colocava seu cartão e assim prosseguia. Por acaso, quando eu estava parado lá o aplicativo ficou suspenso. Ninguém mais podia colocar seu cartão. Então, alguém caminhava para um terminal vazio, pressionava *Enter* e colocava seu cartão — o sistema voltava! Vendo o aplicativo mais de perto, ficou claro o que estava acontecendo. Descobri que, de forma alguma, era um aspecto de banco de dados — era simplesmente um aspecto humano de interface de computador. A interface de aplicativo era a causa da suspensão. É que o sistema tinha sido desenhado para processar uma transação como esta:

1. O cartão inserido que bloqueava uma fileira user em uma tabela e inseria uma fileira em outra tabela.
2. Ver a mensagem na tela que dizia fileira inserida, favor pressionar enter.
3. Você deve pressionar *Enter* e depois o aplicativo deve COMMIT (até então, ele não teria sido comprometido).
4. A próxima pessoa insere o cartão.

Mas de fato, as pessoas estavam fazendo o seguinte:

1. Inserindo o cartão e saindo do terminal.
2. A pessoa seguinte pressionava *Enter* da última pessoa, comprometendo o trabalho dela, inseria o seu cartão e partia.

Quando a última pessoa inseria o cartão, estava deixando a transação aberta, o que bloqueava os recursos. Um processo de apoio que estava executando a cada par de minutos bloqueava um recurso e depois tentava bloquear o mesmo recurso que essa transação 'aberta' tinha. O processo de apoio interrompia, mas não antes de bloquear alguns dos recursos necessários ao aplicativo interativo. Isso bloqueava todos os terminais e o sistema ficava 'em suspenso' dessa forma, até que alguém chegasse, notasse a mensagem *Favor pressionar Enter para continuar*, e pressionasse a tecla *Enter*. Então, tudo funcionava bem. Uma simples correção na interface para comprometer a transação resolveu esse aspecto.

Em um outro caso, na minha última incursão de sintonização, eu estava vendo a implementação de um aplicativo muito grande. Havia, literalmente, centenas de pessoas envolvidas no desenvolvimento, implementação e distribuição desse aplicativo. A situação estava chegando a um ponto crítico (elas sempre estão quando você está sintonizando). A reclamação: 'O aplicativo Oracle é lento'. Depois de dar uma olhada no aplicativo, no ambiente e no banco de dados, não estava tão óbvio onde estava o problema. Depois de muitos estudos e revisões de aplicativo, começou a ficar claro um par de possíveis pontos de choque no sistema. Por fim, não era o aplicativo Oracle, de forma alguma — era uma interface em um sistema existente. O novo aplicativo estava usando o sistema existente de uma forma não prevista. O carregamento adicional no sistema existente o tinha colocado no limite. O novo aplicativo estava matando o antigo aplicativo. Era muito difícil rastrear isso, pois o código não era pesadamente instrumentado (instrumentação significando algo tão simples como 'depurar' mensagens ou registros de aplicativo com temporizações, para você poder ver o que está acontecendo). Tínhamos que acrescentar muita instrumentação 'depois do fato', para determinar a causa da lentidão (e eventual fechamento) do sistema.

A moral dessas histórias é que sintonizar é muito ardiloso, e as soluções nem sempre são intuitivas. Dois exercícios de sintonização não fazem a mesma coisa; os problemas nem sempre são no banco de dados, nem sempre são no aplicativo nem na arquitetura. Encontrá-los, especialmente se você não entende como o aplicativo está sendo usado ou como ele funciona, às vezes é 'pura sorte'. Por isso é que a sintonização é considerada por alguns como 'magia negra'. É extremamente difícil saber como dizer a alguém para sintonizar um sistema se a abordagem é sintonizar depois do fato. Sintonizar depois do fato exige as habilidades de investigação de um detetive, você está desvendando um mistério. Requer uma fina mistura de habilidades técnicas e pessoas habilidosas (nunca alguém quer ter o dedo apontado para eles, você precisa ter cuidado com isso). Não há um mapa rodoviário, difícil e rápido, a seguir para sintonizar depois do fato. No entanto, posso lhe dizer como sintonizar *à medida que* você desenvolve; é a estratégia que irei encorajar. Sintonizar o sistema, para mim, é uma atividade por ocasião do design, algo que você deve montar em todo o sistema. Sintonizar um sistema depois do fato não é, realmente, sintonizar — é recodificar, refazer a arquitetura.

A minha abordagem

Nesta seção, vou apresentar algumas idéias gerais que tenho sobre sintonização. Se há uma coisa de algum modo considerada como uma 'arte negra' em Oracle, é a sintonização. Tudo o que você não entende parece mágica. A sintonização de banco de dados é algo que muitas pessoas não entendem. Acho a arte de sintonizar bastante direta. Acredito que existem três níveis de sintonização aos quais todos precisamos estar atentos e seguir:

- **Sintonização de aplicativo, parte 1** — Sintonizar seu aplicativo isolado. Conseguir executá-lo o mais rápido possível no modo de um único usuário.
- **Sintonização de aplicativo, parte 2** — Sintonizar seu aplicativo no modo de múltiplos usuários. Conseguir executá-lo o mais consecutivamente possível com muitos usuários.
- **Sintonização de cópia/servidor de banco de dados**.

A sintonização de aplicativo partes 1 e 2 constituem bons *90 por cento ou mais* do esforço. Está certo; antes mesmo de envolvermos o DBA nós, os desenvolvedores, fizemos 90 por cento do trabalho. Por isso é que penso que a maioria das pessoas não entende a sintonização de banco de dados. Constantemente, eles estão me pedindo para ir e sintonizar seus bancos de dados, sem tocar nos aplicativos! Exceto em ocasiões muito raras, isso é fisicamente impossível. Todo mundo está em busca do que chamo de parâmetro fast=true init.ora. Esse parâmetro mágico fará seus bancos de dados irem mais depressa. Quando mais cedo você aceitar o fato de que ele não existe, melhor você estará. É extremamente improvável fazermos suas consultas irem mais depressa, magicamente, fazendo uma troca rápida em um parâmetro de arquivo. Podemos precisar reorganizar seus dados, e não estou falando em mover arquivos de dados para agilizar I/O. Estou falando sobre reorganizar fisicamente as colunas em suas tabelas, a quantidade de tabelas que você tem e o que elas contêm. Isso é redesign de aplicativo.

Há alguns aspectos que precisam ser sintonizados em termos de banco de dados, mas a experiência mostra que a maioria do trabalho é feita por nós nos próprios aplicativos. É mais provável que você só seja capaz de pegar sua consulta que faz 1.000.000 de I/Os lógicas para obter sua resposta e descobrir uma consulta melhor, ou método alternativo para obter aquela resposta. Se tiver aspectos de arquitetura, você só será capaz de corrigi-los ou trabalhar com eles.

Sintonização é uma coisa constante

Quando você perceber que a maior parte da sintonização é feita em termos de aplicativo, a etapa seguinte é determinar que a sintonização é feita continuamente. Não há um ponto de partida e um ponto de chegada. É parte da fase de design, é parte de desenvolvimento, é parte de teste e é parte de distribuição e além.

Design para desempenho

Um sistema de banco de dados não é algo que possa ser encarado com uma 'abordagem de monte-o agora e sintonize-o mais tarde'. Decisões demais serão tomadas na parte 'monte-o' que afetarão diretamente a habilidade do sistema de realizar e, mais importante, de escalonar. Lembre-se do que eu disse anteriormente: 'é muito mais fácil montar um sistema não escalonável do que montar um sistema escalonável em Oracle'. Montar um aplicativo não escalonável é trivial — qualquer um pode fazê-lo. Dá trabalho montar um que realiza e escalona bem. É preciso fazer o design dessa maneira, desde o primeiro dia.

História real: um grupo de pessoas desenvolveu um aplicativo. Era uma extensão de um sistema existente. Ele vinha com o seu próprio conjunto de tabelas, e usou algumas das tabelas existentes. O novo aplicativo é distribuído e, imediatamente, o sistema existente torna-se inutilizável — todo o sistema simplesmente é lento demais para usar. É que os desenvolvedores do novo aplicativo decidiram que iriam descobrir quais índices precisavam 'no campo'. Resumo das chaves principais, não havia um único índice a ser encontrado. Virtualmente, cada consulta consistia de múltiplas digitalizações completas. A pergunta deles era 'como corrigimos isso rapidamente?'. Naquela altura, a única resposta era 'solte suas tabelas e saia de seu banco de dados'. Para esse grupo, sintonização era uma atividade para ser tomada no pós-desenvolvimento. Você o coloca funcionando e depois o faz funcionar mais rápido. Desnecessário dizer, esse projeto falhou completamente. As estruturas de banco de dados desenvolvidas não podiam responder eficazmente às perguntas que queriam fazer. Voltava para o primeiro quadro e eles tinham que recomeçar.

Minha abordagem começa bem do início, da fase de design do aplicativo, e eu gostaria de contar uma pequena estória que a ilustra muito bem. Havia um sistema interno onde trabalho, chamado 'phone'. Você podia telefonar pela rede em qualquer máquina de e-mail (quando o e-mail era no modo de caractere) e digitar na linha de comando phone <search string>. Dados como estes eram retornados:

```
$ phone tkyte
TKYTE    Kyte, Tom      703/555 4567  Managing Technologies RESTON:
```

Quando a Web explodiu, em torno de 1995/1996, nosso grupo escreveu um pequeno sistema web que carregou esses dados de telefone em uma tabela e permitia às pessoas buscá-lo. Agora que ele estava em um banco de dados e tinha pouco GUI para ir nele, começou a se tornar dentro da empresa o padrão *de-facto* para procurar pessoas. Com o tempo, começamos a acrescentar mais dados e mais campos. Rapidamente ele começou a ficar cheio. Em algum ponto, resolvemos acrescentar muito mais campos e remontar o sistema com mais recursos.

Nesse ponto, nosso objetivo era desenvolvê-lo a partir do início, para executar. Sabíamos que ele seria um fator limitador ao desempenho total de nosso sistema. Ele podia ser pequeno em tamanho (quanto a aplicativo), mas iria gerar a maior parte do tráfego em nosso site. A primeira coisa que fizemos, com base em nosso conhecimento e pensamentos de como as pessoas usariam esse simples e pequeno sistema, foi o design das tabelas para conter esses dados. Especificamente, fizemos o design dessas tabelas para o que elas iriam ser usadas. Tínhamos um pequeno depósito de dados, apenas de leitura, que as pessoas iriam buscar, e ele precisava ser rápido. Esse sistema estava crescendo em popularidade a cada dia e estava ameaçando gastar nossa máquina com seus recursos. Tínhamos uma única tabela com 67 colunas, 75.000 fileiras, onde queríamos executar uma simples string de busca nos vários campos. Assim, se eu colocasse ABC, ela encontraria ABC no endereço de e-mail, ou o primeiro nome, o sobrenome ou o nome do meio etc. Ainda pior, ele tentava ser interpretado como %ABC%, e os dados tinham estilos misturados de letra.

Não havia um índice no mundo que pudesse nos ajudar aqui — assim, montamos o nosso próprio. Cada noite que revisávamos os dados de nosso sistema RH (uma revisão completa de dados), também digitávamos:

```
CREATE TABLE FAST_EMPS
PCTFREE 0
CACHE
AS
SELECT upper(last_name) || '/' || upper(first_name) || '/' … . || '/' ||
              substr( phone, length(phone)-4) SEARCH_STRING,
       rowid row_id
  FROM EMPLOYEES
/
```

depois de terminar. De fato, montamos a tabela mais densa, compacta possível (pctfree 0) e perguntamos se era possível que ela fosse armazenada. Agora, consultaríamos:

```
select *
    from employees
  where rowid in ( select row_id
                     from fast_emp
                    where search_string like :bv
                      and rownum <= 500 )
```

Essa consulta iria sempre *digitalizar completamente* a tabela FAST_EMP, mas queríamos isso. Dados os tipos de perguntas que estávamos usando, essa era a única escolha. Não havia esquema de indexação que pudéssemos usar para responder a isso. Desde o início, nosso objetivo era diminuir a quantidade de dados que podia ser digitalizada, limitar a quantidade de dados que as pessoas receberiam de volta e torná-lo o mais rápido possível. O acima consegue todos os três objetivos. A tabela FAST_EMP está sempre no cache de buffer. É pequena (menos que oito por cento do tamanho da tabela original) e digitaliza muito rápido. Já fez o trabalho de busca de estilo de letra para nós uma vez (em vez de uma vez por consulta), armazenando os dados em maiúsculas. Limita o número de acessos a 500 (se a busca for mais ampla que isto, refine-a — você *nunca* verá 500 acessos, de qualquer modo). De fato, aquela tabela funciona como um índice, visto que armazena a fileira ID de funcionários. Não há emprego de índices nesse sistema para fazer busca — apenas duas tabelas.

Esse é um exemplo perfeito de um aplicativo com considerações de design muito particulares — e de como levá-las em conta bem no início pode levar ao ótimo desempenho.

Tente muitas abordagens

É crucial testar, experimentar, tentar diferentes implementações. A 'teoria' é ótima — mas com freqüência, errada; os testes implementados são muito mais apurados. Experimente suas idéias.Veja qual é o desempenho de mundo real. O banco de dados tem, literalmente, milhares de recursos. Não há uma única 'melhor solução' (se esse fosse o caso, um fabricante de banco de dados só precisaria fornecer essa única solução). Às vezes, particionar dados aumentará o desempenho, em outras vezes, não. Às vezes o interMedia Text pode apressar suas buscas, às vezes não. Um grupo residual pode ser a melhor coisa no mundo, algumas vezes, e em outras, não. *Não* há recursos 'do mal' (recursos a serem evitadas a qualquer custo). Da mesma forma, não há recursos de 'bala de prata' que resolvem todos os problemas.

Antes de nos posicionarmos nesse design acima, experimentamos um par de abordagens alternativas para o aplicativo. Tentamos usar uma digitalização rápida completa em um índice baseado em função (perto, mas não tão rápido), experimentamos interMedia Text (inútil, devido à exigência de %ABC%), tentamos ter apenas um campo extra na tabela base EMPLOYEES (varreu o cache de buffer, grande demais para digitalização completa). Parece engraçado ter perdido tanto tempo nesse detalhe. No entanto, essa consulta é executada entre 150.000 e 250.000 vezes por dia. Isso quer dizer, duas a três vezes por segundo, cada segundo, o dia todo, supondo um fluxo de tráfego constante. Isso não é algo que possamos imaginar — com freqüência, temos bloqueios na atividade, como a maioria dos sistemas. Se essa única consulta fosse feita pobremente, todo o nosso sistema poderia desmoronar — e é apenas uma de milhares de consultas que temos que fazer. Determinando onde poderiam estar nossos pontos fracos — o fruto pendente mais baixo, por assim dizer — e nos concentrando neles, seríamos capazes de montar um aplicativo que escalonasse muito bem. Se tivéssemos tentado o princípio 'sintonizar depois do fato', teríamos nos encontrado, realmente, reescrevendo depois do fato.

Programação defensiva

Instrumente seu código e deixe-o instrumentado em produção. A instrumentação é a prática de ter uma maneira de rastrear seu aplicativo a partir de 'fora'. SQL_TRACE (coberto em detalhe mais adiante, no capítulo) é uma ferramenta de instrumentação. O sistema EVENT dentro de Oracle é uma ferramenta de instrumentação (um exemplo de EVENTs em Oracle é dado abaixo). O banco de dados Oracle é pesadamente instrumentado, portanto os desenvolvedores de kernel de Oracle podem diagnosticar aspectos de desempenho sem precisar ir ao site. Você também precisa dessa capacidade em seu aplicativo. A única maneira de fazer as coisas irem mais depressa é entender onde elas estão indo devagar. Se você simplesmente apontar para um processo e disser 'ele está indo devagar', terá um tempo difícil para sintonizá-lo. Se o processo for pesadamente instrumentado e tiver a habilidade de se registrar quando da solicitação, você será capaz de descobrir onde as coisas estiverem lentas.

Teste de bancada

É crítico fazer teste de bancada periodicamente na implementação. Alguma coisa que funciona bem com 10 usuários falha com 100 ou 1000. Fazer o teste de bancada é a única maneira de garantir que você atinja seus objetivos.

O primeiro ponto a notar aqui é que você precisa ter **a medida de desempenho identificada de um dia**. Esse é o meu pesadelo: alguém quer fazer um teste de bancada e o objeto é simplesmente 'ir o mais rápido que você puder'. Isso é um convite em aberto para fazer teste de bancada pelo resto de sua vida. Tudo sempre pode ir um pouco mais rápido. Com o objetivo 'o mais rápido que você puder', você nunca termina. É preciso saber quais são suas restrições e desenvolvê-las. Se você estiver restrito a 'ir o mais rápido que puder', também poderá ter permissão para 'ir o mais devagar que você puder'. Não há nada contra medir para trás assim, o que você desenvolver será rápido o bastante. Esse último ponto deve erguer algumas sobrancelhas — 'tão rápido quanto você puder' é o mesmo que 'tão lento quanto você quiser'. As medidas são as únicas coisas que evitarão aquilo de acontecer.

A primeira etapa é **fazer o teste de bancada no isolamento**. Se você não puder fazê-lo executar rápido no modo de usuário único, ele simplesmente executará mais lento na vida real. Registre esses testes de bancada, compare-os com testes passados e futuros. Dessa maneira, você descobrirá facilmente que um módulo que costumava demorar um segundo agora demora um minuto.

A próxima etapa é fazer o **teste de bancada para escalonar** e testar seu aplicativo (ou as suas idéias) sob o carregamento que prevê, para garantir que você esteja aumentando o escalonamento. No teste, muitas pessoas experimentam a funcionalidade. Quando testo, testo o escalonamento. Agora que temos todos os módulos de nosso aplicativo reunidos pela primeira vez, precisamos aproveitar o tempo e a energia para escaloná-lo, e ver se ele irá ou não voar. É nesse ponto que você irá encontrar as consultas que não usam ligações de variáveis, o bloqueio e a contenção introduzidos pelo aplicativo, os fluxos de arquitetura. Em um teste de escalonamento essas coisas tornam-se óbvias — dolorosamente óbvias. Se você quiser ser bem sucedido ao distribuir seu aplicativo, irá testá-lo quanto ao escalonamento antes da distribuição.

Uma coisa que escuto repetidamente é 'desenvolvemos em um subconjunto de dados e a execução foi boa. Quando distribuímos o sistema em produção, executou muito lentamente. Ajude-nos a apressar!'. Nesse caso, a única coisa que você pode fazer para apressar é desfazer a distribuição do sistema e voltar para a prancheta de desenho. É preciso desenvolver seu sistema no conjunto completo de dados no qual ele será usado. Aquela digitalização completa de 100 fileiras não foi problema para sua máquina de desenvolvimento. Agora que são 100.000 fileiras e você tem 100 pessoas fazendo-o simultaneamente, é uma espécie de problema de desempenho. É preciso desenvolver com coisas reais, as tabelas reais, a segurança real, tudo. Essa é a única maneira de realmente ficar à frente das más consultas, no início. Novamente, registre esses testes de bancada — rapidamente você descobrirá a implementação que leva o desempenho a afundar, comparando os resultados atuais com a história. Você também será capaz de justificar aquela nova peça de hardware/software no meio do caminho (ela cresceu em X) — você não precisa adivinhar.

Por exemplo, a seqüência de declarações a seguir, funciona muito bem em isolamento:

```
declare
  l_rec t%rowtype;
begin
  select * from T into l_rec from T where rownum = 1 FOR UPDATE;
  process( l_rec );
  delete from t where t.pk = l_rec.pk;
  commit;
end;
```

Ela processa muito rapidamente o primeiro registro em uma tabela. Você pode temporizar isso em isolamento e dizer 'posso fazer 5 transações por segundo (TPS)'. Depois você prossegue para 'extrapolar' aquele número e dizer 'se executássemos 10 desses processos poderíamos fazer 50 TPS'. O problema é que você ainda fará apenas 5 TPS (se tanto) com 10 processos, pois eles serão em série; todos tentarão bloquear o primeiro registro e apenas um deles poderá fazer isso em uma ocasião. Fazer com que algo execute rapidamente em isolamento é ótimo; fazer com que execute rapidamente em um ambiente com muitos usuários é outra coisa bem diferente.

Mesmo que você só tenha um sistema de apenas leitura, em outras palavras, sem possibilidade de um aspecto de bloqueio como acima, é precisa fazer teste de bancada para escalonar. Consultas precisam de recursos — buffers de blocos, I/O de disco, CPU com a qual classificar dados e assim por diante; tudo o que precisar de recursos precisa ser testado. O bloqueio de fileira do exemplo acima é apenas um tipo de recurso, há centenas de recursos com os quais lutar, independente do tipo de sistema que você estiver montando.

E finalmente, o *último componente de loop de sintonização* deve ser a **sintonização de cópia** de banco de dados. A maioria das pessoas está buscando pelo que eu chamo de configuração FAST=TRUE, no arquivo init.ora; alguma configuração simples que eles possam fazer na inicialização de seus arquivos de bancos de dados para que coisas irem mais depressa. *Essa configuração não existe.* Na verdade, sintonizar a cópia de banco de dados, de acordo com a minha experiência, retornará o menor aumento de desempenho em um banco de dados que já tenha configurações *razoáveis*. Há casos extremamente raros onde a inicialização de banco de dados é tão ruim que a sintonização de cópia afetará materialmente o desempenho, mas na verdade eles são raros (você pode ter 300 buffers de bloco configurados em uma armazenagem de dados e precisar de algo entre 30.000 e 300.000, por exemplo). A aplicação de sintonização, tal como mudança de estruturas de banco de dados e a implementação de melhores algoritmos de desempenho, é onde está a fruta mais baixa pendente, onde realmente está a oportunidade de sintonizar. Com freqüência, há de pouco para nada que se possa fazer em termos de cópia de banco de dados para corrigir as coisas.

Agora, de volta ao mundo real, onde os aplicativos são montados, nunca testados quanto ao escalonamento, nunca medidos durante o desenvolvimento e, absolutamente, não instrumentados. O que podemos fazer com esses (além de correr para longe e nos esconder)? Em alguns casos, seremos capazes de usar algumas ferramentas para diagnosticar e corrigir os seus problemas. Em muitos outros casos, será necessária a instrumentação do próprio código, particularmente em grandes aplicativos com muitos módulos de interação. Para diagnosticar problemas de aplicativos grandes, pode ser difícil simplesmente descobrir onde começar. Se você tiver um cliente Java levando para um aplicativo servidor que faz uma chamada a um objeto CORBA, aquilo afinal atualiza o banco de dados — descobrir onde as coisas estão demorando vai ser entediante (a menos que você tenha instrumentado). Mesmo depois de encontrar o erro, corrigir também será difícil. Muitas vezes, a simples solução é a resposta certa. Quanto menos partes móveis a considerar, mais fácil é sintonizar.

Ligação de variáveis e análise (de novo)

Já cobrimos um par de vezes a ligação de variáveis, sob várias perspectivas. Vimos por exemplo, que por não usar ligação de variáveis você pode gastar 90 por cento de seu tempo de execução analisando consultas, em vez de executando-as. Vimos como isso pode afetar a combinação compartilhada, um precioso recurso em Oracle. Agora você entende que elas são cruciais para o desempenho de um sistema. Não as use e você executará muitas vezes mais lento do que deveria e reduzirá o número de usuários que podem ser suportados. Use-as e a sua vida será muito mais fácil. Pelo menos não precisará voltar e corrigir seus programas para usá-los.

As ligações de variáveis são importantes, pois um dos recursos de design do banco de dados Oracle é, sempre que possível, reutilizar planos do otimizador. Quando você submete qualquer SQL ou PL/SQL ao banco de dados, o Oracle primeiro irá buscar para ver se já existe uma combinação compartilhada. Por exemplo, no caso de uma consulta SQL, o Oracle irá procurar saber se aquela consulta já foi analisada e otimizada. Se ele encontrar a consulta e puder reutilizá-la, você estará pronto para prosseguir. Se não puder encontrá-la, o Oracle precisará analisar completamente a consulta, otimizando o plano, fazendo as verificações de segurança e assim por diante. Isso não apenas gasta muito do poder da CPU (muito mais tempo de processamento de CPU do que usado para executar a própria consulta), como tende a bloquear partes do cache de biblioteca por períodos relativamente longos. Quanto mais pessoas estiverem analisando consultas, mais longa a espera pelo engate no cache de biblioteca e o sistema, vagarosamente, tende a interromper.

As ligações de variáveis e seus usos são bons exemplos de porque você deve testar para escalonar. Em um sistema de usuário único, pode não ser perceptível a análise das consultas de um usuário que não usa ligações de variáveis. Essa sessão única executará mais lentamente do que deveria, mas provavelmente executará 'rápido o bastante'. É quando você começa 10 ou 100 dessas sessões simultaneamente que descobre que o sistema tende a interromper. Há falta de recursos (CPU, cache de biblioteca, engates de cache de biblioteca) e todos demais estão em uso. Simplesmente usando ligações de variáveis você reduz em muitas vezes as necessidades desses recursos.

Vou demonstrar novamente o poder que as ligações de variáveis têm sobre o desempenho de seu aplicativo. No Capítulo 1, mostrei isso para uma sessão única — não usar ligações de variáveis tornaria a execução de um aplicativo mais lenta. Naquela seção, vimos que um bloco de código usando ligações de variáveis demora 15 segundos para executar. Exatamente o mesmo código escrito com ligações de variáveis executou em 1.5 segundos. Aqui, mostrarei o efeito de não usar ligações de variáveis em uma situação de múltiplos usuários. Já entendemos que o nosso código, definitivamente, executará mais lentamente sem ligações de variáveis — agora vamos medir o que ele tem a ver com o nosso escalonamento.

Para esse teste, usarei as seguintes tabelas. Note que o acesso à tabela V$SESSION_EVENT precisa estar disponível para esse exemplo funcionar — você pode precisar ter a concessão de SELECT em V$SESSION_EVENT. Além disso, o parâmetro SESSION ou o SYSTEM TIMED_STATISTICS precisa ser capacitado para os números serem significativos (caso contrário o tempo será zero). Isso pode ser conseguido através do comando ALTER SESSION SET TIMED_STATISTICS=TRUE. Começaremos criando uma tabela global temporária, SESS_EVENT, que a nossa sessão usará para conter 'valores anteriores' aos eventos em que nossa sessão esperou. Essa tabela SESS_EVENT será usada para medir nossas sessões de espera por eventos (que são esperados), como muitas vezes ela esperou por eventos e qual o tempo de espera, em centésimos de segundos.

```
tkyte@TKYTE816> create global temporary table sess_event
  2  on commit preserve rows
  3  as
  4  select * from v$session_event where 1=0;

Table created.
```

Agora, criaremos a tabela 'aplicativo' na qual testar:

```
tkyte@TKYTE816> create table t
  2  ( c1 int, c2 int, c3 int, c4 int )
  3  storage ( freelists 10 );

Table created.
```

Quero testar os efeitos de múltiplos usuários inserindo consecutivamente nessa tabela. Vimos, no Capítulo 6, o efeito que múltiplas freelists podem ter em inserções consecutivas e, portanto, já incorporamos isso em nosso design. Agora mediremos quais tipos de espera de eventos nosso 'aplicativo' tem, fazendo uma cópia de esperas por eventos de nossa sessão, executando o bloco de código que queremos analisar e computando as esperas que ocorreram durante aquele bloco de código:

```
tkyte@TKYTE816> truncate table sess_event;

Table truncated.

tkyte@TKYTE816> insert into sess_event
  2    select * from v$session_event
  3    where sid = (select sid from v$mystat where rownum = 1);

3 rows created.

tkyte@TKYTE816> declare
  2           l_number number;
  3    begin
  4           for i in 1 .. 10000
  5           loop
  6                  l_number := dbms_random.random;
  7
  8                  execute immediate
  9                  'insert into t values ( ' || l_number || ',' ||
 10                                              l_number || ',' ||
 11                                              l_number || ',' ||
 12                                              l_number || ',' ;
 13           end loop;
 14           commit;
 15    end;
 16    /

PL/SQL procedure successfully completed

tkyte@TKYTE816> select a.event,
  2         (a.total_waits-nvl(b.total_waits,0)) total_waits,
  3         (a.time_waited-nvl(b.time_waited,0)) time_waited
  4    from (select *
  5                from v$session_event
  6                where sid = (select sid from v$mystat where rownum = 1 )) a,
  7         sess_event b
  8    where a.event = b.event(+)
  9      and (a.total_waits-nvl(b.total_waits,0)) > 0
 10  /

EVENT                                   TOTAL_WAITS         TIME_WAITED
-----------------------------------   --------------      --------------
SQL*Net message from client                      4                  14
SQL*Net message to client                        5                   0
log file sync                                    5                   2
```

Nesse pequeno teste, estamos montando uma declaração INSERT *única*, que se parecerá mais ou menos com:

```
insert into t values (12323, 12323, 12323, 12323);
insert into t values (632425, 632425, 632425, 632425);
```

Os resultados anteriores são de uma execução de usuário único. Quando executarmos duas dessas ao mesmo tempo veremos um relatório de espera parecido com:

```
EVENT                                   TOTAL_WAITS         TIME_WAITED
-------------------------               -----------         -----------
SQL*Net message from client                       4                  18
SQL*Net message to client                         5                   0
enqueue                                           2                   0
latch free                                      142                 235
log file sync                                     2                   2
```

Como se pode ver, essa sessão esperou muitas vezes por um engate livre (e esperou um longo tempo acumulado). As outras esperas observadas, nesse caso, foram:

- SQL*NET message from client — o servidor estava esperando que o cliente lhe enviasse uma mensagem, sendo o cliente nesse caso, SQL*PLUS. Na maioria das vezes, esse evento de espera pode ser ignorado; se o aplicativo tiver muito tempo de pensamento, esse número será necessariamente mais alto. Em nosso caso, a sessão SQL*PLUS deve ter alimentado continuamente o banco de dados com declarações, pelo tempo em que medimos, portanto esperamos um número baixo. Se o número fosse alto, teria implicado que um cliente tivesse emitido (aquele cliente era um gargalo, incapaz de alimentar com perguntas o banco de dados, com rapidez suficiente).
- SQL*Net message to client — A quantidade de tempo que demorou a enviar mensagens para o cliente (SQL*PLUS), a partir do servidor.
- Enqueue — Uma espera em algum tipo de bloqueio.
- Log file sync — Tempo gasto esperando por LGWR fluir o nosso registro de redo armazenado em disco, depois de comprometer.

Todos os eventos de espera são documentados no Oracle8i Reference Manual, no Apêndice 'Oracle Wait Events'. Veja esse guia para detalhes sobre quaisquer eventos de espera que você vir em V$SESSION_EVENT.

O evento **latch free** é um no qual precisamos nos focalizar, nesse caso. Na verdade, esse engate livre é um engate na área SQL compartilhada. Isso é algo que por acaso eu sei, dadas as características da transação que executamos acima. Mais investigações nas tabelas V$ confirmariam isso (mais adiante, nesta seção, discutiremos essas vistas V$ em mais detalhes). Já que agora temos duas sessões fazendo 'análises difíceis' (análises de uma consulta que nunca foi analisada), foi introduzida a contenção da área SQL compartilhada. Ambas precisam modificar uma estrutura de dados compartilhada, e apenas uma sessão de cada vez pode fazer isso. O gráfico a seguir mostra o evento de espera de engate livre para 1, 2, 3, 4 e 5 sessões executando simultaneamente a transação acima:

	1 usuário	2 usuários	3 usuários	4 usuários	5 usuários
Esperas	0	102	267	385	542
Tempo (segundos)	0	1.56	5.92	10.72	16.67

Você deve lembrar que as informações acima são por sessão — cada uma das sessões teve aquelas muitas esperas e aguardou tanto assim. Com dois usuários tivemos cerca de três segundos de tempo de espera, com três usuários, cerca de 18, com quatro, cerca de 40 e assim por diante. Em algum ponto, à medida que acrescentarmos mais usuários gastaremos mais tempo *esperando* do que de fato processando. Quantos mais usuários acrescentarmos, mais tempo gastaremos esperando e, eventualmente, as esperas se tornarão tão longas que acrescentar mais usuários diminuirá não apenas seus tempos de resposta como também sua saída geral. Como corrigir isso? Se simplesmente reescrevermos o bloco de código para usar a ligação de variáveis, assim:

```
tkyte@TKYTE816> declare
  2      l_number number;
  3  begin
  4      for i in 1 .. 10000
  5      loop
```

```
 6                 l_number := dbms_random.random;
 7
 8                 execute immediate
 9                 'insert into t values ( :x1, :x2, :x3, :x4 )'
10                     using l_number, l_number, l_number, l_number;
11         end loop;
12         commit;
13  end;
14  /

PL/SQL procedure successfully completed.
```

Usando isso, notamos um aperfeiçoamento marcante:

	1 usuário	2 usuários	3 usuários	4 usuários	5 usuários
Esperas	0	47 (46%)	65 (25%)	89 (23%)	113 (20%)
Tempo (segundos)	0	0.74 (47%)	1.29 (21%)	2.12 (19%)	3.0 (17%)

Esse é um aperfeiçoamento dramático, mas podemos fazer *melhor*. Com dois usuários, o número total de esperas por engates livres na área SQL compartilhada cai para 46 por cento da contagem original, assim como o tempo esperado. À medida que acrescentamos mais usuários, fica ainda melhor. Com cinco usuários, temos apenas 20 por cento da espera que tínhamos sem ligação de variáveis, e espera de apenas 17 por cento do tempo.

Entretanto, eu disse, poderíamos ir um passo adiante. No exemplo acima, enquanto evitamos a análise difícil, ainda estamos tendo 'análises suaves'. Cada iteração através do loop precisa encontrar a declaração INSERT na combinação compartilhada e verificar se podemos usá-la. A abordagem EXECUTE IMMEDIATE, acima, é equivalente a codificar:

```
loop
   parse
   bind
   execute
close
end;
```

Iríamos preferir codificar:

```
parse
loop
   bind
   execute
end;
close;
```

No exemplo acima, poderíamos usar SQL estática em PL/SQL ou usar DBMS_SQL e fazer como procedimento a SQL dinâmica (veja o Capítulo 16, mais adiante, para exemplos e todos os detalhes sobre DBMS_SQL). Usarei SQL estática para ligação de variáveis, como a seguir:

```
tkyte@TKYTE816> declare
  2         l_number number;
  3  begin
  4         for i in 1 . . 10000
  5         loop
  6             l_number := dbms_random.random;
  7
  8             insert into t
```

```
  9                          values( l_number, l_number, l_number, l_number );
 10         end loop;
 11         commit;
 12     end;
 13     /
```

PL/SQL procedure successfully completed.

Sei que PL/SQL armazenará temporariamente meu cursor — essa é uma das principais vantagens de PL/SQL. Essa inserção tipicamente fará a análise suave por sessão para mim, se eu estiver em um procedimento. Ela fará uma análise suave por bloco em um bloco anônimo. Agora, se executarmos novamente os testes:

	1 usuário	2 usuários	3 usuários	4 usuários	5 usuários
Esperas	0	1	1	7	7
Tempo (segundos)	0	0	0.01	0.10	0.08

Em todas as intenções e objetivos, o engate se foi completamente; mal é medido. O acima demonstra que:
- Usar ligações de variáveis é crucial para o desempenho.
- Igualmente importante é evitar a análise suave de uma consulta.

Evitar a análise suave de uma declaração SQL compensa ainda mais que usar ligações de variáveis em certos casos, como demonstrado. Não seja tão rápido em fechar um cursor - o código extra para permanecer com ele aberto durante a execução de seu programa, se você puder executá-lo, será compensado pelo aumento de desempenho que você receberá mantendo-o aberto.

Em Oracle 8.1.6 foi introduzido um novo recurso, chamado CURSOR_SHARING. O compartilhamento de cursor é uma espécie de 'auto-ligação'. Ele leva o banco de dados a reescrever a sua consulta usando ligação de variáveis antes de analisá-lo. Esse recurso terá uma consulta como:

```
scott@TKYTE816> select * from emp where ename = 'KING';
```

e automaticamente a reescreverá como:

```
select * from emp where ename =:SYS_B_0
```

ou em 8.1.6 e em 8.1.7:

```
select * from emp where ename =:"SYS_B_0"
```

Esse é um passo na direção certa, mas não deve ser a solução final para o problema e não deve ser usado a longo termo. Existem os efeitos colaterais de CURSOR_SHARING sobre os quais você também precisa estar ciente. Um programa pobremente escrito pode experimentar um grande ganho em desempenho, configurando o parâmetro CURSOR_SHARING=FORCE, mas ele ainda estará executando mais lentamente do que deveria, e ainda será limitado no grau de escalonamento. Conforme observado acima, somos capazes de reduzir em grande porcentagem muitas das esperas e do tempo gasto esperando, simplesmente usando ligação de variáveis. Poderíamos conseguir os mesmos resultados usando CURSOR_SHARING=FORCE. Não é senão até evitarmos a análise suave que somos capazes de evitar 100 por cento das esperas. O compartilhamento de cursor *não* evitará essas análises suaves para nós. É um fato que se você puder se beneficiar de CURSOR_SHARING, estará levando o Oracle a analisar muitas consultas com muita frequência. Se você estiver habitualmente causando que muitas consultas sejam analisadas, acrescentar CURSOR_SHARING corrigirá o aspecto de ligação de variável, mas você ainda ficará com o código extra de análise suave. Enquanto não tão egrégias quando o código extra de ligação de variáveis, as contagens de análise suave também limitarão seus desempenho e escalonamento. A única solução certa é usar ligação de variáveis em primeiro lugar e reutilizar seus cursores, sempre que possível. Por exemplo, se eu estivesse codificando um aplicativo Java, nunca iria codificar uma rotina assim:

```java
. . .
String getWrodb(int ID, int IDLang, Connection conn) throws SQLException {
  CallableStatement stmt = null;

  stmt = conn.prepareCall("{ call get.wordb (?,?,?)}");
  stmt.setInt(1, ID);
  stmt.setInt(2, IDLang);
  stmt.registerOutParameter (3, java.sql.Types.VARCHAR);
  stmt.execute( );
  String word = stmt.getString (3);
  stmt.close( );
  return word;
}
. . .
```

Eu codificaria assim:

```java
. . .
CallableStatement stmt = null;

String getWordb(int ID int IDLang, Connection conn)
throws SQLExpection {
  if ( stmt == null ) {
      stmt = conn.prepareCall("{call get.wordb (?,?,?)}");
      stmt.registerOutParameter (3, java.sql.Types.VARCHAR);
  }
  stmt.setInt(1, ID);
  stmt.setInt(2,IDLang);
  stmt.execute( );
  return stmt.getString (3);
}
. . .
```

Aqui, estou garantindo o uso de ligação de variáveis, usando os contentores de lugar na declaração. Além disso, estou analisando essa declaração *pelo menos* uma vez por execução de programa. Isso fará uma imensa diferença no desempenho. Em um teste, chamei 1.000 vezes 'ruim' e 'boa'cada uma das implementações. A implementação ruim, com as análises suaves em cada chamada, demorou dois segundos e meio para executar. A implementação boa levou um segundo. Isso no modo de usuário único. Sabemos agora que acrescentar usuários adicionais, cada um fazendo milhares de análises suaves, simplesmente tornará cada um lento, com engates de esperas durante a análise suave. Isso é código extra que podemos e precisamos evitar em nossos aplicativos.

De volta por um momento a CURSOR_SHARING. Acima, também disse que há alguns efeitos colaterais em CURSOR_SHARING sobre os quais você precisa estar ciente. Eles caem nas seguintes categorias:

- **Aspectos relativos a otimizador** — CURSOR_SHARING removerá *qualquer* string de caractere e constantes numéricas da consulta; o otimizador terá menos informações com que trabalhar. Isso pode muito bem resultar em diferentes planos de consulta.

- **Aspectos relacionados a saída de consulta** — Os comprimentos das colunas que sua consulta busca mudarão inesperadamente. As consultas que usaram uma VARCHAR(5) e uma NUMBER(2) podem começar a retornar uma VARCHAR2(30) e uma NUMBER(5). O tamanho real dos dados retornados não muda, mas o aplicativo será informado que o potencial para uma coluna de 30 bytes está lá — relatórios e outros aplicativos correlatos podem ser afetados.

- **Planos de consulta são mais difíceis de avaliar** — EXPLAIN PLAN 'verá' uma consulta diferente daquela que o banco de dados vê. Isso torna a sintonização da consulta muito difícil. Recursos como AUTOTRACE em SQL*PLUS não são confiáveis com CURSOR_SHARING.

Capítulo 10 - Sintonização de estratégias e ferramentas | 373

Veremos cada um desses aspectos em detalhes, mas primeiro vamos ver mais de perto os aspectos relativos ao otimizador. Eles terão efeitos diretamente relacionados ao desempenho de seu aplicativo. Considere o seguinte exemplo simples, onde executaremos uma consulta que usa uma mistura de ligação de variáveis e constantes de string de caracteres. O desempenho dessa consulta, antes de CURSOR_SHARING, é excelente. O desempenho depois de sintonizar CURSOR_SHARING é terrível. O motivo para o acesso de desempenho é devido ao fato que o otimizador tem menos informações com as quais trabalhar. O otimizador, quando podia ver as constantes de string de caracteres, era capaz de determinar que um índice seria muito mais seletivo do que um outro. Quando todas as constantes foram removidas o otimizador não tinha essa visão. Esse será um problema comum em muitos aplicativos; não uma ocorrência 'rara'. A maioria dos aplicativos usa uma mistura de ligação de variáveis e constantes em seu SQL. Só que, da mesma forma que nunca usar uma ligação de variável é terrível, usar *sempre* uma ligação de variável também pode ser ruim. Eis uma tabela inicializada para o exemplo:

```
tkyte@TKYTE816> create table t as
  2    select * from all_objects;

Table created.

tkyte@TKYTE816> create index t_idx1 on t(OBJECT_NAME);

Index created.

tkyte@TKYTE816> create index t_idx2 on t(OBJECT_TYPE);

Index created.

tkyte@TKYTE816> analyze table t compute statistics
  2    for all indexed columns
  3    for table;

Table analyzed.
```

Nessa tabela, temos dois índices. O índice em OBJECT_TYPE é usado para a nossa consulta abaixo. O índice em OBJECT_NAME é pesadamente usado por outro aplicativo. Precisamos ter ambos os índices no lugar. A consulta que executaremos nessa tabela vai ser:

```
select *
    from t
 where object_name like :search_str
     and object_type in( 'FUNCTION', 'PROCEDURE', 'TRIGGER' );
```

Ela é designada para preencher uma lista pop-up em nosso aplicativo. A partir dessa lista, clicaríamos no procedimento, função ou disparador que quiséssemos editar. Essa consulta é executada milhares de vezes por dia.

Se déssemos uma olhada nos dados brutos na tabela:

```
tkyte@TKYTE816> compute sum of cnt on report
tkyte@TKYTE816> break on report
tkyte@TKYTE816> select object_type, count(*) cnt from t group by
  2 object_type;

OBJECT_TYPE                          CNT
-----------------              --------
CONSUMER GROUP                         2
CONTEXT                                4
DIRECTORY                              1
FUNCTION                              27
INDEX                                301
INDEXTYPE                              3
JAVA CLASS                          8926
JAVA DATA                            288
JAVA RESOURCE                         69
```

```
JAVA SOURCE                    4
LIBRARY                       33
LOB                            3
OPERATOR                      15
PACKAGE                      229
PACKAGE BODY                 212
PROCEDURE                     24
SEQUENCE                      35
SYNONYM                     9817
TABLE                        292
TRIGGER                        7
TYPE                         137
TYPE BODY                     12
UNDEFINED                      1
VIEW                        1340
                          ------
sum                        21782

24 rows selected.
```

podemos ver que 58 fileiras seriam recuperadas na cláusula IN, e uma quantidade indeterminada seria recuperada pela cláusula LIKE (em qualquer ponto entre 0 e 21.782). Se executarmos a consulta em SQL*PLUS, como isto:

```
tkyte@TKYTE816> variable search_str varchar2(25)
tkyte@TKYTE816> exec :search_str := '%';

PL/SQL procedure successfully completed.

tkyte@TKYTE816> set autotrace traceonly
tkyte@TKYTE816> select * from t t1 where object_name like :search_str
  2    and object_type in( 'FUNCTION', 'PROCEDURE', 'TRIGGER' );

58 rows selected.

Execution Plan
----------------------------------------
   0      SELECT STATEMENT Optimizer=CHOOSE (Cost=5 Card=3 Bytes=291)
   1    0   INLIST ITERATOR
   2    1     TABLE ACCESS (BY INDEX ROWID) OF 'T' (Cost=5 Card=3 Bytes=291)
   3    2       INDEX (RANGE SCAN) OF 'T_IDX2' (NON-UNIQUE) (Cost=2 Card=3)

Statistics
----------------------------------------
        222  recursive calls
          0  db block gets
         45  consistent gets
          3  physical reads
          0  redo size
       6930  bytes sent via SQL*Net from client
        762  bytes received via SQL*Net from client
          5  SQL*Net roundtrips to/from client
          1  sorts (memory)
          0  sorts (disk)
         58  rows processed
```

Com o nosso conhecimento de dados, é óbvio que, definitivamente, o otimizador deve usar o índice em OBJECT_TYPE para encontrar as 58 fileiras das 21.000 e aplicar nelas a cláusula LIKE. Ele também mostra que há vezes em que usar uma constante é relevante. Nesse caso em particular, seria melhor não usarmos uma ligação de variável — seria melhor usarmos uma constante. O otimizador pode garantir que essa consulta se beneficiará muito de um índice comparado a outro. Se fizermos isto:

```
tkyte@TKYTE816> alter session set cursor_sharing = force;

Session altered.

tkyte@TKYTE816> select * from t t2 where object_name like :search_str
  2  and object_type in( 'FUNCTION', 'PROCEDURE', 'TRIGGER' );

58 rows selected.

Execution Plan
----------------------------------------------------------
0          SELECT STATEMENT Optimizer=CHOOSE (Cost=5 Card=3 Bytes=291)
1     0      INLIST ITERATOR
2     1        TABLE ACCESS (BY INDEX ROWID) OF 'T' (Cost=5 Card=3 Bytes=291)
3     2          INDEX (RANGE SCAN) OF 'T_IDX2' (NON-UNIQUE) (Cost=2 Card=3)

Statistics
----------------------------------------------------------
          0  recursive calls
          0  db block gets
      19256  consistent gets
        169  physical reads
          0  redo size
       7480  bytes sent via SQL*Net to client
        762  bytes received via SQL*Net from client
          5  SQL*Net roundtrips to/from client
          2  sorts (memory)
          0  sorts (disk)
         58  rows processed
```

Embora o plano otimizador não pareça ter mudado (AUTOTRACE está mostrando exatamente o mesmo plano), a diferença in consistent GETS (leituras lógicas) é significativa — indicando que algo mudou. De fato, o banco de dados realmente executa a consulta:

```
select *
    from t t2
  where object_name like :search_str
     and object_type in ( :SYS_B_0, :SYS_B_1, :SYS_B_2 )
```

e ele não é mais capaz de determinar a quantidade de fileiras que acessaria através do índice em OBJECT_TYPE. O exemplo acima também demonstra como com CURSOR_SHARING pode ser mais difícil sintonizar. A explicação do plano SQL*PLUS impressa me leva a crer que executamos uma leitura de índice em T_IDX2, mas se olharmos para as obtenções consistentes (leituras lógicas) veremos 19.256 delas. A primeira consulta que realmente fez uma digitalização de índice em T_IDX2 processou 45 blocos. Aqui, a explicação de plano usada por autotrace é enganada, dando-nos o plano errado. Ela não está ciente da verdadeira consulta executada. Em vez disso, ativei SQL_TRACE (mais sobre isso na próxima seção) e podemos então ver claramente nas duas consultas:

```
select * from t t1 where object_name like :search_str
and object_type in( 'FUNCTION', 'PROCEDURE', 'TRIGGER' )
```

call	count	cpu	elapsed	disk	query	current	rows
Parse	1	0.00	0.00	0	0	0	0
Execute	1	0.00	0.00	0	0	0	0
Fetch	5	0.01	0.09	14	34	0	58
total	7	0.01	0.09	14	34	0	58

```
Rows         Row Source Operation
-----        -------------------
   58        INLIST ITERATOR
   58          TABLE ACCESS BY INDEX ROWID T
   61            INDEX RANGE SCAN (object id 25244)

select * from t t2 where object_name like :search_str
and object_type in ( :SYS_B_0, :SYS_B_1, :SYS_B_2 )

call      count       cpu     elapsed      disk      query    current      rows
----      -----     -----     -------      ----      -----    -------      ----
Parse         1      0.00        0.00         0          0          0         0
Execute       1      0.00        0.00         0          0          0         0
Fetch         5      0.15        1.77       255      19256          0        58
----      -----     -----     -------      ----      -----    -------      ----
total         7      0.15        1.77       255      19256          0        58

Rows         Row Source Operation
-----        -------------------
   58        TABLE ACCESS BY INDEX ROWID T
21783          INDEC RANGE SCAN (object id 25243)
```

SQL_TRACE e TKPROF são capazes de nos mostrar o que realmente aconteceu aqui. A segunda consulta foi executada usando o outro índice (como evidenciado pelos IDs de objeto diferentes), que nesse caso foi o plano errado. Nossa consulta demora de 15 a 20 vezes mais para executar e acessa uma incrível quantidade de dados. Esse problema de **superligação** aparecerá em muitos aplicativos que usam uma mistura de constantes e ligação de variáveis. Sem as informações adicionais fornecidas pelas constantes na consulta, o otimizador pode tomar a decisão errada. Só com o uso certo de ligação de variáveis onde pretendemos, e usando constantes onde precisamos, conseguiremos um bom equilíbrio. CURSOR_SHARING é um apoio temporário que pode fazer você começar, mas por esse motivo não deve ser confiável a longo termo.

Além de o otimizador ser ardiloso, como acima, o uso de CURSOR_SHARING pode afetar outros recursos de Oracle. Por exemplo, se você referir-se de volta ao Capítulo 7, há um recurso chamado *Índices baseados em função*. Efetivamente, posso criar um índice em uma função. Usando o mesmo exemplo daquele capítulo, onde criamos um índice como este:

```
tkyte@TKYTE816> create index test_soundex_idx on
  2             test_soundex( substr(my_soundex(name),1,6) )
  3  /

Index created.
```

Descobriríamos que CURSOR_SHARING removeria a habilidade dessa consulta:

```
tkyte@TKYTE816: select name
  2             from test_soundex C
  3             where substr(my_soundex(name),1,6) = my_soundex( 'FILE$' )
  4  /
```

de usar o índice, visto que os valores literais 1 e 6 seriam substituídos por ligações de variáveis. Aqui, podemos superar o aspecto, 'ocultando' as constantes em uma vista mas, não obstante, esse é um aspecto a considerar. Quais outras incompatibilidades 'surpresa' estarão lá?

Um outro efeito colateral de CURSOR_SHARING é a possível mudança inesperada no tamanho de colunas retornadas por uma consulta. Considere o seguinte exemplo, onde exibo o tamanho de colunas retornadas por uma consulta antes e depois de CURSOR_SHARING. Esse exemplo usa DBMS_SQL para analisar e descrever dinamicamente uma consulta. Ele imprimirá os tamanhos de colunas conforme relatado ao aplicativo por Oracle:

```
tkyte@TKYTE816> declare
  2      l_theCursor       integer default dbms_sql.open_cursor;
  3      l_descTbl         dbms_sql.desc_tab;
  4      l_colCnt          number;
  5  begin
  6      execute immediate 'alter session set cursor_sharing=exact';
  7      dbms_output.put_line( 'Without Cursor Sharing:' );
  8      for i in 1 .. 2
  9      loop
 10          dbms_sql.parse( l_theCursor,
 11                         'select substr( object_name, 1, 5 ) c1,
 12                                 55 c2,
 13                                 ' 'Hello' ' c3
 14                          from all_objects t' || i,
 15                          dbms_sql.native );
 16
 17          dbms_sql.describe_columns( l_theCursor,
 18                                     l_colCnt, l_descTbl );
 19
 20          for i in 1 .. l_colCnt loop
 21              dbms_output.put_line( 'Column ' ||
 22                                     l_descTbl(i).col_name ||
 23                                    ' has a length of ' ||
 24                                     l_descTbl(i).col_max_len );
 25          end loop;
 26          execute immediate 'alter session set cursor_sharing=force';
 27          dbms_output.put_line( 'With Cursor Sharing:' );
 28      end loop;
 29
 30      dbms_sql.close_cursor(l_theCursor);
 31      execute immediate 'alter session set cursor_sharing=exact';
 32  end;
 33  /
Without Cursor Sharing:
Column C1 has a length of 5
Column C2 has a length of 2
Column C3 has a length of 5
With Cursor Sharing:
Column C1 has a length of 30
Column C2 has a length of 22
Column C3 has a length of 32

PL/SQL procedure successfully completed.
```

O motivo pelo qual a coluna 1 foi de um comprimento de 5 para um de 30 é que a função SUBSTR(OBJECT_NAME, 1, 5) foi reescrita como SUBSTR(OBJECT_NAME, :SYS_B_0, :SYS_B_1). O banco de dados não sabia mais que o comprimento máximo que essa função poderia possivelmente retornar era 5, e agora é 30 (o comprimento de OBJECT_NAME). O comprimento da coluna dois foi de 2 para 22 porque o banco de dados não sabia que o número 55 seria retornado — apenas que um *número* retornaria, e os números podem ser de até 22 bytes de comprimento. A última coluna simplesmente padronizou para um valor — se HELLO fosse maior, o padrão também seria maior (por exemplo, se você usar uma string de 35 bytes, o padrão deve ser de 128 bytes).

Você pode dizer 'e então, o tamanho dos dados retornados não é diferente, apenas o comprimento relatado?'. Bem, o problema virá com qualquer script SQL*PLUS que você tiver, quaisquer relatórios que executar usando várias ferramentas, qualquer coisa que confie no banco de dados para informar a ele o comprimento da coluna para formatar será adversamente afetado. A saída desses aplicativos será diferente do que era sem CURSOR_SHARING; em muitos casos, seus relatórios finamente apresentados terão a formatação destruída. Apenas considere qual impacto isso pode ter em uma suíte de aplicativos existente! O efeito colateral é muito fácil de observar:

```
tkyte@TKYTE816> select substr(object_name,1,2)
  2         from all_objects t1
  3     where rownum = 1
  4  /

SU
--
/1

tkyte@TKYTE816> alter session set cursor_sharing = force;

Session altered.

tkyte@TKYTE816> select substr(object_name,1,2)
  2         from all_objects t2
  3     where rownum = 1
  4  /

SUBSTR(OBJECT_NAME,1,2)
------------------------------
/1
```

SQL*PLUS foi de dois caracteres por coluna para 30 por coluna. Isso afetaria adversamente relatórios que estivessem executando com sucesso.

Estou usando ligação de variáveis?

Uma pergunta que ouço, normalmente bem depois que pergunto 'você está usando ligação de variáveis?', é 'como posso dizer se estou?'. Felizmente, descobrir isso é muito direto; todas as informações que precisamos estão na combinação compartilhada.

Inicializei um script que uso (e passo adiante) com freqüência, que indica declarações que parecem que só poderiam ser iguais se usassem ligações de variáveis. Para mostrar a você como esse script funciona, preencherei artificialmente minha combinação compartilhada com SQL 'ruim', que não usa ligação de variáveis:

```
tkyte@TKYTE816> create table t ( x int );

Table created.

tkyte@TKYTE816> begin
  2     for i in 1 .. 100
  3     loop
  4         execute immediate 'insert into t values ( ' || i || ')' ;
  5     end loop;
  6  end;
  7  /

PL/SQL procedure successfully completed.
```

Agora, estou pronto para o script. Ele começa criando uma função que remove constantes de strings. Ele tomará declarações SQL como:

```
insert into t values ( 'hello', 55 );
insert into t values ( 'world', 66 );
```

e as retornará em:

```
insert into t values ('#', @ );
```

Todas as declarações que poderiam parecer iguais se usassem ligações de variáveis ficarão claramente visíveis para nós — ambas as inserções únicas acima se tornarão a mesma declaração de inserção depois da substituição. A função para fazer essa transformação é:

```
tkyte@TKYTE816> create or replace
  2  function remove_constants( p_query in varchar2 )
  3  return varchar2
  4  as
  5      l_query long;
  6      l_char varchar2(1);
  7      l_in_quotes bolean default FALSE;
  8  begin
  9      for i in 1 . . length( p_query )
 10      loop
 11          l_char := substr(p_query,i,1);
 12          if ( l_char = ' ' ' ' and l_in_quotes )
 13          then
 14              l_in_quotes := FALSE;
 15          elsif ( l_char = ' ' ' ' and NOT l_in_quotes )
 16          then
 17              l_in_quotes := TRUE;
 18              l_query := l_query || ' ' '#';
 19          end if;
 20          if ( NOT l_in_quotes ) then
 21              l_query := l_query || l_char;
 22          end if;
 23      end loop;
 24      l_query := translate( l_query, '0123456789', '@@@@@@@@@@' );
 25      for i in 0 . . 8 loop
 26          l_query := replace( l_query, lpad('@',10-i,'@'), '@' );
 27          l_query := replace( l_query, lpad(' ',10-i,' '), ' ' );
 28      end loop;
 29      return upper(l_query);
 30  end;
 31  /

Function created.
```

Para o corpo principal do script faremos uma cópia da tabela V$SQLAREA — essa é cara para consultar e só queremos consultá-la uma vez. A copiamos na tabela temporária, assim podemos trabalhar em seu conteúdo:

```
tkyte@TKYTE816> create global temporary table sql_area_tmp
  2  on commit preserve rows
  3  as
  4  select sql_text, sql_text sql_text_wo_constants
  5      from v$sqlarea
  6  where 1=0
  7  /

Table created.
```

```
tkyte@TKYTE816> insert into sql_area_tmp (sql_text)
  2   select sql_text from v$sqlarea
  3  /

436 rows created.
```

Percorremos e atualizamos toda e qualquer fileira nessa tabela para computar a SQL_TEXT transformada, removendo as constantes:

```
tkyte@TKYTE816> update sql_area_tmp
  2         set sql_text_wo_constants = remove_constants(sql_text);
  3  /

436 rows updated.
```

E agora estamos nos preparando para encontrar a SQL 'ruim':

```
tkyte@TKYTE816> select sql_text_wo_constants, count(*)
  2       from sql_area_tmp
  3       group by sql_text_wo_constants
  4       having count(*) > 10
  5       order by 2
  6  /

SQL_TEXT_WO_CONSTANTS                    COUNT(*)
-------------------------                --------
INSERT INTO T VALUES ( @)                     100
```

Isso mostra claramente que há 100 declarações INSERT em minha combinação compartilhada que diferem apenas em um campo numérico, na cláusula de valores. *Muito provavelmente*, isso indicaria que alguém esqueceu de usar ligação de variáveis. Há alguns casos legítimos onde você poderia ter um número razoável de cópias de uma declaração SQL na combinação compartilhada — por exemplo, poderia haver cinco tabelas nomeadas T no banco de dados. Ao determinarmos que não há causa legítima, precisamos rastrear aquela pessoa, ensiná-la a maneira certa e fazê-la corrigir. Contabilizo isso como um *bug* no programa, não como algo com que temos que viver — precisa ser corrigido.

Ligação de variáveis e envoltório de análise

Nesta seção, discutimos a importância de usar ligações de variáveis em seu aplicativo, assim como o desejo de minimizar a quantidade de vezes que você analisa uma consulta. Vimos um recurso, CURSOR_SHARING, que parecia ser uma panacéia para esses aspectos, apenas para descobrir que esse não é bem o caso. CURSOR_SHARING pode ser usado como solução temporária para tapar-buraco em aspectos de desempenho especial de aplicativo, mas como única maneira de conseguir todo o desempenho e escalonamento possíveis, você precisa implementar corretamente seus aplicativos.

Não posso enfatizar o suficiente esse ponto. Pessoalmente, tenho visto vários sistemas falharem devido à não atenção a esses fatos. Como disse bem no início deste livro, se eu fosse escrever um livro sobre como montar um aplicativo Oracle não escalonável, não performático, ele teria apenas um capítulo que diria simplesmente 'não use ligação de variáveis'. Usar ligação de variáveis e boas técnicas de análise em seus aplicativos não vai garantir escalonamento, porém não usá-las garantirá o contrário.

SQL_TRACE, TIMED_STATISTICS e TKPROF

SQL_TRACE, TIMED_STATISTICS e TKPROF são algumas das minhas ferramentas preferidas. As tenho usado incontáveis vezes para determinar onde está o aspecto de desempenho em um sistema. Dadas tantas vezes, uma é sintonizar um sistema em que elas não escrevem, sendo difícil saber onde procurar. Essas configurações e ferramenta são um ótimo lugar para começar.

Em resumo, SQL_TRACE capacita o registro de todo o SQL que o seu aplicativo realiza, as estatísticas de desempenho referentes à execução daquele SQL e os planos de consulta que de fato usou. Como demonstrado na seção anterior, sobre CURSOR_SHARING, AUTOTRACE mostra o plano errado, SQL_TRACE e TKPROF o fazem direito. TIMED_STATISTICS é um parâmetro que capacita o servidor a nos dizer quanto tempo demora cada etapa. Finalmente, TKPROF é um simples programa, usado para formatar o arquivo bruto de rastreio em algo mais legível. O que farei nesta seção é mostrar como usar SQL_TRACE e TKPROF, e explicar o significado do que está incluído nos arquivos usados por essas facilidades. Não descreverei como você pode pegar uma consulta em especial e sintonizá-la tanto, mas mostrarei como usar essas ferramentas para encontrar as consultas para sintonizar. Para mais informações sobre a sintonização de consultas individuais, recomendo o *Oracle8i Designing and Tuning for Performance Manual*. Ele cobre os vários planos de acesso de consultas que podem ser usados, como usar dicas para sintonizar consultas e assim por diante.

O parâmetro TIMED_STATISTICS controla se o Oracle irá coletar informações de temporização para várias atividades no banco de dados. Ele tem dois ajustes, TRUE e FALSE. Esse recurso é tão útil que geralmente o deixo em TRUE, mesmo quando não sintonizando — seu impacto em desempenho em um banco de dados geralmente é imperceptível (há um aspecto em Oracle 8.1.5 onde através de SQL compartilhado pode ser esclarecido se TIMED_STATISTICS está ajustado para TRUE). Ele pode ser ajustado para o nível SYSTEM ou para SESSION, e pode ser 'globalmente' ajustado no arquivo de inicialização do banco de dados. Se o colocar no arquivo INIT.ORA em sua cópia, você simplesmente acrescentará:

```
timed_statistics=true
```

Ele será capacitado no init.ora e na próxima vez em que você reiniciar o banco de dados. Alternativamente, para capacitá-lo para sua sessão, você pode emitir:

```
tkyte@TKYTE816> alter session set timed_statistics=true;

Session altered.
```

E para ativar isso para todo o sistema:

```
tkyte@TKYTE816> alter system set timed_statistics=true;

System altered.
```

Como eu disse, é tão útil ter isso que apenas o deixo ativado o tempo todo, configurando-o para TRUE em meu arquivo de parâmetro init.ora. O código extra de desempenho gerado não é mensurável, e o efeito de não ter essas informações é que você não pode monitorar de forma alguma o desempenho.

Configuração de busca

SQL_TRACE também pode ser capacitado em termos de sistema ou de sessão. Ele gera tanta saída e é de tal impacto em desempenho que quase sempre você deve capacitá-lo, seletivamente — raramente, se alguma vez, você o capacita para o sistema no arquivo init.ora. SQL_TRACE também tem duas configurações, TRUE e FALSE. Se ajustado para TRUE ele irá gerar arquivos de busca no diretório especificado pelo parâmetro init.ora USER_DUMP_DEST, ao usar servidores dedicados para conectar com o Oracle, e BACKGROUND_DUMP_DEST ao usar uma conexão de servidor multisseqüenciado (MTS). Mas eu recomendaria nunca tentar usar SQL_TRACE com MTS, pois as saídas das sessões de consultas seriam escritas em tantos arquivos de busca que sua sessão migraria de servidor compartilhado para servidor compartilhado. Em MTS, é quase impossível interpretar resultados SQL_TRACE. Um outro parâmetro init.ora importante é MAX_DUMP_FILE_SIZE. Ele limita o tamanho máximo de um arquivo de busca que o Oracle irá gerar. Se você descobrir que seus arquivos de busca estão truncados, aumente esse ajuste. Ele pode ser mudado através de uma alteração em comando de sistema ou de sessão. MAX_DUMP_FILE_SIZE pode ser especificado em uma de três maneiras:

- Um valor numérico em MAX_DUMP_FILE_SIZE especifica o tamanho máximo em blocos do sistema operacional.
- Um número seguido por um sufixo K ou M especifica o tamanho de arquivo em kilobytes ou megabytes.
- A string UNLIMITED significa que não há limite superior no tamanho de arquivo de busca. Assim, os arquivos de depósito podem ser tão grandes quanto permita o sistema operacional.

Não recomendo UNLIMITED — é fácil demais de encher completamente um arquivo de sistema desse modo; um ajuste de 50 a 100 MB seria mais que suficiente.

Quais são as diversas maneiras de capacitar SQL_TRACE? Há várias, mas as que uso mais são:

- ALTER SESSION SET SQL_TRACE=TRUE|FALSE — Executar essa SQL capacitará o modo padrão de SQL_TRACE na sessão atual. É mais útil em um ambiente interativo, como SQL*PLUS ou embutido em um aplicativo, para que o aplicativo possa ativar e desativar SQL_TRACE à vontade. Ele é um bom recurso em todos os aplicativos, pois permite que você ative e desative SQL_TRACE através de uma troca de linha de comando, seleção de menu, parâmetro etc, com facilidade.
- SYS.DBMS_SYSTEM.SET_SQL_TRACE_IN_SESSION — Esse procedimento empacotado nos permite ajustar a ativação e desativação de SQL_TRACE em qualquer sessão existente no banco de dados. Tudo o que precisamos fazer é identificar o SID e SERIAL# da sessão, disponível no desempenho de vista dinâmica V$SESSION.
- ALTER SESSION SET EVENTS — Podemos ajustar um evento para capacitar o rastreio com mais informações do que normalmente disponíveis através de ALTER SESSION SET SQL_TRACE=TRUE. A abordagem SET EVENTS não é documentada ou suportada pela Oracle Corporation, entretanto a sua existência geralmente é de conhecimento, disponível (vá para http://www.google.com/ e busque por alter session set events 10046 para ver os muitos web sites que documentam esse recurso). Usando esse evento podemos não apenas conseguir tudo o que SQL_TRACE nos diz, mas também ver os valores de ligações variáveis usados por nosso SQL, assim como eventos de espera (que nos tornam lentos), também em nosso SQL.

Entretanto, existem outros métodos, os três acima são os que uso e vejo sendo usados com mais freqüência. Os métodos ALTER SESSION SET SQL_TRACE e SYS.DBMS_SYSTEM de configurar SQL_TRACE são muito diretos e auto-explicativos, o método EVENT é um pouco mais obscuro. Ele usa uma facilidade de evento interno (e não documentada) no Oracle. Em resumo, o comando que você usaria se parecerá com:

```
alter session set events '10046 trace name context forever, level <n>';
alter session set events '10046 trace name context off';
```

Onde N é um dos valores:

- N=1 — Capacita a facilidade padrão SQL_TRACE. Não é diferente de ajustar SQL_TRACE=true.
- N=4 — Capacita SQL_TRACE padrão, mas também capta valores de ligação de variável no arquivo de busca.
- N=8 — Capacita SQL_TRACE padrão, mas também capta eventos de espera em termos de consulta no arquivo de busca.
- N=12 — Capacita SQL_TRACE padrão e inclui ambas, ligação de variáveis e esperas.

Usar o pacote DBMS_SUPPORT é um outro método de configurar SQL_TRACE com ligação de variável e suporte de evento de espera. Porém, para conseguir DBMS_SUPPORT, você precisa fazer contato com o suporte de Oracle, pois ele não é entregue como parte da instalação normal; como é simplesmente uma interface do comando ALTER SYSTEM SET EVENTS acima, talvez seja mais fácil usar o comando ALTER.

Agora que sabemos como ativar SQL_TRACE, surge a pergunta 'como podemos fazer melhor uso dele?'. Eu mesmo gosto de ter uma troca que possa enviar para meus aplicativos na linha de comando ou através de um URL (se eles estiverem na web) que diz a eles para ativar o rastreio. Isso me permite captar com facilidade as informações de SQL_TRACE de uma única sessão. Muitas ferramentas Oracle também permitem que você o faça. Por exemplo, se você usar formulários Oracle, pode executar:

```
C:\> ifrun60 module=myform userid=scott/tiger statistics=yes
```

STATISTICS=YES é uma sinalização para os formulários permitirem emitir ALTER SESSION SET SQL_TRACE. Se todos os seus aplicativos fizerem o mesmo, você descobrirá que sintonizar tal aplicativo é fácil. É possível pedir ao usuário único, que está tendo um problema de desempenho, para executar com rastreio embutido. Depois, pedir a ele para reproduzir o problema de desempenho. Você terá todas as informações necessárias para descobrir porque está ficando lento. Não é preciso pedir a ele pelas etapas para reproduzir a lentidão — você pedirá que ele reproduza a lentidão e apenas analisará os resultados dela. Se rastrear com ligações de variáveis e eventos de espera, terá informações mais que suficientes para descobrir o que está errado.

Se você tiver um aplicativo oferecido por terceiros ou aplicativos que não sejam capacitados por SQL_TRACE, o que poderá fazer para rastreá-los? Há duas abordagens que uso: se o aplicativo for um aplicativo cliente-servidor e ficar conectado ao banco de dados, faça a sessão que você deseja rastrear inicializar o aplicativo e se registrar no banco de dados. Depois, consultando V$SESSION, determine quais SID e SERIAL# da sessão. Depois, você pode chamar SYS.DBMS_SYSTEM.SET_SQL_TRACE_IN_SESSION para capacitar o rastreio naquela única sessão. Hoje, no entanto, muitos aplicativos são baseados na web e esse truque não funciona muito bem. As sessões são muito curtas e vêm e vão freqüentemente. O que precisamos é a habilidade de ajustar SQL_TRACE para um 'usuário' - sempre que esse usuário estiver no banco de dados, precisamos ter SQL_TRACE ativado para ele. Felizmente, podemos fazer isso através do disparador DDL LOGON, no banco de dados. Por exemplo, um disparador que uso com freqüência em Oracle 8i (os disparadores de evento de banco de dados, como AFTER LOGON, são um novo recurso de Oracle 8.1.5 e superior) é:

```
create or replace trigger logon_trigger
alter logon on database
begin
  if ( user = 'TKYTE' ) then
      execute immediate
        'ALTER SESSION SET EVENTS ' '10046 TRACE NAME CONTEXT FOREVER, LEVEL 4 ' ' ';
  end if;
end;/
```

Isso capacitará o rastreamento sempre que eu registrar a entrada no banco de dados. O aplicativo não precisa participar da configuração de SQL_TRACE — nós mesmos faremos isso.

Como usar e interpretar a saída de TKPROF

TKPROF nada mais é do que uma simples ferramenta de linha de comando para formar o arquivo de rastreio (ou de busca) bruto em algo que possamos ler facilmente. É um excelente utilitário que não é bastante usado. Creio que devido principalmente ao desconhecimento de sua existência. Agora que você sabe que ele existe, espero que o use constantemente.

O que farei nesta seção é executar uma consulta com rastreio capacitado. Veremos detalhadamente o relatório TKPROF e aprenderemos o que precisamos ver nesses relatórios:

```
tkyte@TKYTE816> show parameter timed_statistics;

NAME                                 TYPE        VALUE
------------------------------------ ----------- ----------
timed_statistics                     boolean     TRUE

tkyte@TKYTE816> alter session set sql_trace=true;

Session altered.

tkyte@TKYTE816> select owner, count(*)
  2    from all_objects
  3   group by owner;

OWNER                            COUNT(*)
------------------------------ ----------
CTXSYS                                185
DBSNMP                                  4
DEMO                                    5
DEMO11                                  3
MDSYS                                 176
MV_USER                                 5
ORDPLUGINS                             26
ORDSYS                                206
PUBLIC                               9796
SCOTT                                  18
```

```
SEAPARK                    3
SYS                    11279
SYSTEM                    51
TKYTE                     32
TYPES                      3

15 rows selected.

tkyte@TKYTE816> select a.spid
  2      from v$process a, v$session b
  3     where a.addr = b.paddr
  4       and b.audsid = userenv('sessionid')
  5  /

SPID
----
1124
```

Verifiquei aqui que as estatísticas temporizadas estavam capacitadas (é quase desnecessário executar SQL_TRACE sem isso) e capacitei SQL_TRACE. Depois, executei uma consulta que queria analisar. Finalmente, executei uma consulta para obter o meu SPID (ID de processo servidor) — isso é muito útil na identificação de meu arquivo de rastreio. Depois que executei essa consulta, saí de SQL*PLUS e fui para o diretório no banco de dados servidor especificado pelo parâmetro USER_DUMP_DEST init.ora. Você pode recuperar o valor desse parâmetro online, consultando a vista V$PARAMETER ou usando DBMS_UTILITY (que não exige acesso à vista V$PARAMETER):

```
tkyte@TKYTE816> declare
  2      l_intval number;
  3      l_strval varchar2(2000);
  4      l_type number;
  5  begin
  6      l_type := dbms_utility.get_parameter_value
  7                          ('user_dump_dest', l_intval, l_strval);
  8      dbms_output.put_line(l_strval);
  9  end;
 10  /
C:\oracle\admin\tkyte816\udump

PL/SQL procedure successfully completed.
```

Nesse diretório, encontrei:

```
C:\oracle\ADMIN\tkyte816\udump>dir
 Volume in drive C has no label.
 Volume Serial Number is F455-B3C3

 Directory of C:\oracle\ADMIN\tkyte816\udump

03/16/2001  02:55p      <DIR>          .
03/16/2001  02:55p      <DIR>          ..
03/16/2001  08:45a               5.114 ORA00860.TRC
03/16/2001  02:54p               3.630 ORA01112.TRC
03/16/2001  02:53p               6.183 ORA01124.TRC
              3 File(s)         14.927 bytes
              2 Dir(s)  13.383.999.488 bytes free
```

Alguns arquivos de rastreio — é aí que SPID se tornará útil. Meu arquivo de rastreio é ORA01124.TRC. Sei isso porque o SPID é parte do nome de arquivo. Em UNIX, é usada uma convenção de nomeação semelhante, que também incorpora o SPID. Um problema com arquivos de rastreio é que os arquivos nesse diretório não podem ser legíveis, se você não estiver no grupo administrativo de Oracle (por exemplo, no UNIX, o grupo DBA). Se não, você deve pedir ao DBA para ajustar:

```
_trace_files_public = true
```

no arquivo init.ora de suas máquinas de teste e desenvolvimento. Isso permitirá que todos os usuários leiam os arquivos de rastreio no servidor. Você *não* deve usar essa configuração em uma máquina de produção, pois esses arquivos podem conter informações sensíveis. Em uma plataforma de teste ou de desenvolvimento, é seguro usá-la. Observe que esse parâmetro init.ora inicia com um sublinhado. Ele não é documentado e suportado pela empresa Oracle. De novo, como o comando EVENTS que usaremos mais tarde, ele é de conhecimento geral e amplamente usado — busque em Google ou qualquer outra máquina de busca por _trace_files_public e encontrará muitas referências a esse parâmetro.

Agora que identificamos o nosso arquivo de rastreio, precisamos formatá-lo. Podemos ler (e o faremos mais adiante, nesta seção) o arquivo bruto de rastreio. Mas, cerca de 90 por cento das informações que precisamos são facilmente recuperadas a partir de um relatório bem formatado. Os restantes 10 por cento das informações, geralmente não são necessários e, quando o são, teremos que tê-los do próprio arquivo de rastreio. Para formatar o arquivo de rastreio, usaremos o utilitário TKPROF da linha de comando. Em sua forma mais simples, apenas executaremos:

```
C:\oracle\ADMIN\tkyte816\udump>tkprof ora01124.trc report.txt

TKPROF: Release 8.1.6.0.0 - Production on Fri Mar 16 15:04:33 2001

(c) Copyright 1999 Oracle Corporation. All rights reserved.
```

Os parâmetros para o comando TKPROF são os nomes do arquivo de entrada e do arquivo de saída. Agora, só precisamos editar REPORT.TXT e encontraremos as informações:

```
select owner, count(*)
from all_objects
group by owner

call     count       cpu      elapsed      disk      query    current       rows
-------  ------   --------   ---------   -------   -------   --------    -------
Parse        1       0.00        0.00         0         0          0          0
Execute      1       0.00        0.00         0         0          0          0
Fetch        2       1.20        1.21         0     86091          4         15
-------  ------   --------   ---------   -------   -------   --------    -------
total        4       1.20        1.21         0     86091          4         15

Misses in library cache during parse: 0
Optimizer goal: CHOOSE
Parsing user id: 69

Rows         Row Source Operation
-------      ---------------------------
     15      SORT GROUP BY
  21792          FILTER
  21932              NESTED LOOPS
     46                  TABLE ACCESS FULL USER$
  21976                  TABLE ACCESS BY INDEX ROWID OBJ$
  21976                      INDEX RANGE SCAN (object id 34)
      1              FIXED TABLE FULL X$KZSPR
      1              FIXED TABLE FULL X$KZSPR
      0              FIXED TABLE FULL X$KZSPR
      0              FIXED TABLE FULL X$KZSPR
      1              FIXED TABLE FULL X$KZSPR
      1              FIXED TABLE FULL X$KZSPR
      1              FIXED TABLE FULL X$KZSPR
      1              FIXED TABLE FULL X$KZSPR
      1              FIXED TABLE FULL X$KZSPR
      1              FIXED TABLE FULL X$KZSPR
      1              FIXED TABLE FULL X$KZSPR
      1              FIXED TABLE FULL X$KZSPR
```

```
        1            FIXED TABLE FULL X$KZSPR
    11777           NESTED LOOPS
    30159             FIXED TABLE FULL X$KZSRO
    28971             TABLE ACCESS BY INDEX ROWID OBJAUTH$
    28973               INDEX RANGE SCAN (object id 101)
      631             TABLE ACCESS BY INDEX ROWID IND$
      654               INDEX UNIQUE SCAN (object id 36)
```

Aqui, TKPROF está nos mostrando muitas informações. Pegaremos parte por parte:

```
select owner, count(*)
from all_objects
group by owner
```

Primeiro, vemos a consulta original como o servidor a recebeu. Devemos ser capazes de reconhecer facilmente nossas consultas aqui. Nesse caso, são exatamente como digitei. Depois, vem a execução geral do relatório para essa consulta:

```
call     count     cpu       elapsed     disk     query     current     rows
-----    -----     -----     -------     ----     -----     -------     ----
Parse        1     0.00      0.00           0         0           0        0
Execute      1     0.00      0.00           0         0           0        0
Fetch        2     1.20      1.21           0     86091           4       15
-----    -----     -----     -------     ----     -----     -------     ----
total        4     1.20      1.21           0     86091           4       15
```

Aqui vemos as três principais fases da consulta:
- A fase PARSE — onde o Oracle encontra a consulta na combinação compartilhada (análise suave) ou cria um novo plano para a consulta (análise difícil).
- A fase EXECUTE. É o trabalho feito por Oracle ao OPEN ou EXECUTE a consulta. Para uma SELECT, será muitas vezes 'esvaziado', enquanto em uma UPDATE é onde todo o trabalho será feito.
- Depois, há a fase FETCH. Em uma SELECT, será onde a maioria do trabalho será feito e visível, mas uma declaração como uma UPDATE não mostrará trabalho (você não 'FETCH" a partir de uma UPDATE).

Os cabeçalhos de coluna nesta seção têm os seguintes significados:
- CALL — Será um de PARSE, EXECUTE, FETCH ou TOTAL. Simplesmente demonstra qual fase da consulta em processo estamos vendo.
- OUNT — Quantas vezes o evento ocorreu. Pode ser um número muito importante. Abaixo, veremos como interpretar os valores.
- CPU — Em segundos de CPU, quanto tempo foi gasto nessa fase de execução da consulta. Só é preenchido se TIMED_STATISTICS estiver capacitado.
- ELAPSED — Como medido por um relógio de parede; quanto tempo essa fase levou para executar a consulta. Só é preenchido se TIMED_STATISTICS estiver capacitado.
- DISK — Quantas I/Os físicas nossa consulta realizou no disco.
- QUERY — Quantos blocos foram processados no modo de leitura consistente. Incluirá contagens de blocos lidos do segmento de retorno para 'retornar' um bloco.
- CURRENT — Quantos blocos foram lidos no modo 'CURRENT'. Os blocos do modo CURRENT são recuperados, como existirem no momento, não de uma forma de leitura consistente. Geralmente, os blocos são recuperados por uma consulta como existiam quando a consulta *começou*. Os blocos do modo atual são recuperados como existem exatamente agora, não a partir de um ponto no tempo anterior. Durante uma SELECT, podemos ver recuperações de modo CURRENT devido à leitura de dicionário de dados, para encontrar as informações de extensão de uma tabela, para fazer uma digitalização completa (precisamos daquelas informações 'de agora', não da leitura consistente). Durante uma modificação, acessaremos os blocos no modo CURRENT para escrevê-los.

❏ ROWS — Quantas fileiras foram afetadas por aquela fase de processamento. Uma SELECT as mostrará na fase FETCH. Uma UPDATE mostraria quantas fileiras foram atualizadas na fase EXECUTE.

As seqüências ou fatos importantes a observar nesta seção do relatório são assim:

Uma contagem de análise alta (perto de 100 por cento) para executar a razão de contagem ao executar contagem maior que um — Você pega o número de vezes que analisou essa declaração e divide pelo número de vezes que a executou. Se a razão for 1 –todas as vezes que você executou essa consulta, ela precisou ser corrigida. Gostaríamos que essa razão fosse próxima de zero. Idealmente, a contagem de análise seria um e a contagem de execução seria mais alta que um. Se virmos uma alta contagem de análise, implica que estamos fazendo muitas análises dessa consulta. Se lembrar da seção anterior, isso pode reduzir dramaticamente seu escalonamento, e afetará seu desempenho de tempo de execução, mesmo em uma sessão de usuário único. Você deve garantir que analisa uma consulta uma vez por sessão e a executa repetidamente — nunca deve querer analisar sua SQL em cada execução.

Executar a contagem de uma em todas, ou quase todas, SQL — Se você tiver um relatório TKPROF onde todas as declarações SQL sejam executadas apenas uma vez, provavelmente não estará usando ligação de variáveis (todas as suas consultas são parecidas, exceto por alguma constante nelas). Em um rastreio real de aplicativo, esperaríamos muito pouca SQL 'única'; a mesma SQL seria executada mais de uma vez. SQL única implica que você não está usando corretamente ligações de variáveis.

Uma grande disparidade entre tempo de CPU e intervalo de tempo — Indicaria que você perdeu muito tempo esperando por algo. Se vir que levou um segundo de CPU para executar, mas precisava de dez segundos pelo relógio de parede, significa que você gastou 90 por cento de seu tempo de execução aguardando por um recurso. Mais tarde, nesta seção, veremos como usar o arquivo bruto de rastreio para determinar a causa da espera. Essa espera poderia ter muitas causas. Por exemplo, uma atualização que estava bloqueada por outra sessão teria um intervalo de tempo muito grande contra o tempo de CPU. Uma consulta SQL que faz muitas entradas/saídas físicas em disco pode ter muito de tempo de espera para a I/O completar.

Uma grande disparidade de tempo de CPU ou de intervalo — Essas são as suas consultas que representam a 'fruta pendendo mais embaixo'. Se você puder fazê-las ir mais rápido, seu programa irá mais rápido. Muitas vezes há uma consulta monstruosa obstruindo os trabalhos; corrija isso e o aplicativo funcionará bem.

Uma alta razão (FETCH COUNT)/(fileiras buscadas) — Aqui, tomamos o número de chamadas FETCH (duas, em nosso exemplo) e a contagem de fileiras buscadas (15 em nosso exemplo). Se esse número estiver perto de um e as fileiras buscadas forem maiores que um, nosso aplicativo não estará fazendo buscas em grupo. Cada linguagem/API tem a habilidade de fazer isso — buscar muitas fileiras de uma vez em uma única chamada. Se você não usar essa habilidade para buscar em grupo, gastará muito mais tempo do que deveria fazendo viagens completas do cliente para o servidor. Essa troca excessiva de idas e vindas, além de gerar uma situação de rede muito 'tagarela', é muito mais lenta do que buscar muitas fileiras em uma única chamada. Como você direciona seu aplicativo para busca de grupo depende de 'linguagem/API'. Por exemplo, em Pro*C você iria pré-compilar com prefetch=NN, em Java/JDBC você chamaria o método SETROWPREFETCH, em PL/SQL você usaria a diretiva BULK COLLECT em uma SELECT INTO e assim por diante. O exemplo acima mostra que SQL*PLUS (o cliente que usamos), chamou a busca duas vezes para recuperar 15 fileiras, e que usou um array de pelo menos oito fileiras de tamanho. De fato, SQL*PLUS usa, por padrão, um array de 15 fileiras de tamanho — a segunda busca que fez retornou zero registros, ele simplesmente chegou ao final de arquivo.

Uma contagem de disco excessivamente alta — Isso é mais difícil de avaliar como método empírico, no entanto, se o DISK COUNT = QUERY + CURRENT MODE BLOCK COUNT, todos os blocos terão sido lidos a partir do disco. Iríamos esperar que, se uma consulta fosse executada de novo, alguns dos blocos seriam encontrados na SGA. Você deve considerar um alto valor de contagem de disco como sendo uma sinalização vermelha, algo a investigar. É possível que seja preciso fazer algum redimensionamento de SGA ou trabalhar na consulta para desenvolver uma que exija menos leituras de bloco.

Uma consulta ou contagem atual excessivamente alta — Indica que a sua consulta tem muito trabalho. É subjetivo se isso é ou não um problema. Algumas consultas apenas atingem muitos dados, como fez o nosso exemplo acima. No entanto, uma consulta que é executada com freqüência deve ter contagens relativamente pequenas. Se acrescentasse consulta e blocos de modo atual da linha total e dividisse aquilo pela coluna de contagem da linha de execução, você teria um número pequeno.

Vamos continuar para a próxima parte do relatório:

```
Misses in library cache during parse: 0
Optimizer goal: CHOOSE
Parsing user id: 69
```

Está nos dizendo que a consulta que executamos foi encontrada na combinação compartilhada — não geramos uma perda no cache de biblioteca durante essa análise. Ele indica que fizemos uma análise suave da consulta. A primeira vez em que a consulta é executada, esperamos que essa contagem seja de um. Se quase toda consulta que você executar tiver um como esse valor, é uma indicação de que não está usando ligação de variáveis (e é preciso corrigir isso). Você não está reutilizando SQL.

A segunda linha nos informa sobre o modo de otimizador que estava no lugar durante a execução dessa consulta. É apenas a título de informação — o plano de consulta desenvolvido e usado seria diretamente afetado por essa configuração.

Finalmente, é apresentado o USERID usado para analisar a consulta. Isso pode ser solucionado em uma USERNAME, através de:

```
tkyte@TKYTE816> select * from all_users where user_id = 69;

USERNAME                          USER_ID    CREATED
------------------------------    -------    -------
TKYTE                                  69    10-MAR-01
```

mostrando que o executei. A última seção do relatório TKPROF para essa consulta é o plano de consulta. O plano de consulta que aparece por padrão é:

```
   Rows        Row Source Operation
   ----        -------------------
     15        SORT GROUP BY
  21792         FILTER
  21932          NESTED LOOPS
     46           TABLE ACCESS FULL USER$
  21976           TABLE ACCESS BY INDEX ROWID OBJ$
  21976            INDEX RANGE SCAN (object id 34)
      1         FIXED TABLE FULL X$KZSPR
      1         FIXED TABLE FULL X$KZSPR
      0         FIXED TABLE FULL X$KZSPR
      0         FIXED TABLE FULL X$KZSPR
      1         FIXED TABLE FULL X$KZSPR
      1         FIXED TABLE FULL X$KZSPR
      1         FIXED TABLE FULL X$KZSPR
      1         FIXED TABLE FULL X$KZSPR
      1         FIXED TABLE FULL X$KZSPR
      1         FIXED TABLE FULL X$KZSPR
      1         FIXED TABLE FULL X$KZSPR
      1         FIXED TABLE FULL X$KZSPR
      1         FIXED TABLE FULL X$KZSPR
  11777         NESTED LOOPS
  30159          FIXED TABLE FULL X$KZSRO
  28971          TABLE ACCESS BY INDEX ROWID OBJAUTH$
  28973           INDEX RANGE SCAN (object id 101)
    631         TABLE ACCESS BY INDEX ROWID IND$
    654          INDEX UNIQUE SCAN (object id 36)
```

Esse é o atual plano de consulta que foi usado por Oracle no tempo de execução. A coisa interessante sobre esse plano é que as fileiras que fluem através de cada etapa do plano são visíveis. Por exemplo, podemos ver que 28.971 fileiras foram buscadas a partir de OBJAUTH$. Essas contagens são as de fileira, das fileiras fluindo daquela etapa do plano de execução (depois de quaisquer predicados que pudessem ser aplicados, onde aplicável a OBJAUTH$, enviou 28.971 na próxima etapa do plano). Em Oracle 8.0 e anteriores, essa contagem era feita por fileiras inspecionadas por aquela fase do plano de execução (o número de fileiras fluindo nessa etapa). Por exemplo, se 50.000 fileiras fossem consideradas em OBJAUTH$, mas tivesse sido usada alguma cláusula WHERE para excluí-las, um relatório TKPROF do Oracle 8.0 teria, em vez disso, reportado 50.000. Usando esse tipo de informações você pode ver quais etapas pode querer evitar em uma consulta e gravar a consulta ou usar HINTS para vir com um plano mais desejável.

Aqui você verá que há uma mistura de nomes de objeto (por exemplo, TABLE ACCESS BY INDEX ROWID IND$) e IDs de objeto (por exemplo, INDEX UNIQUE SCAN (object id 36)), porque o arquivo bruto de rastreio não grava todos os nomes de objeto, apenas os IDs de objeto de alguns objetos. Também, TKPROF não se conectará com o banco de dados para transformar os IDs de objeto em nomes de objeto, por padrão. Facilmente podemos transformar esse ID de objeto em um nome de objeto através da consulta:

```
tkyte@TKYTE816> select owner, object_type, object_name
  2  from all_objects
  3  where object_id = 36;

OWNER                          OBJECT_TYPE        OBJECT_NAME
-----------------              ---------------    -------------
SYS                            INDEX              I-IND1
```

Alternativamente, poderíamos acrescentar o parâmetro EXPLAIN= a TKPROF:

```
C:\oracle\ADMIN\tkyte816\udump>tkprof ora01124.trc x.txt explain=tkyte/tkyte
```

nesse caso, receberíamos o seguinte erro no arquivo de saída:

```
error during parse of EXPLAIN PLAN statement
ORA-01039: insufficient privileges on underlying objects of the view
```

Enquanto podemos executar a consulta, não podemos ver a tabela base que a vista acessa. Para conseguir a explicação de plano dessa consulta usaríamos a conta SYS, ou alguma outra conta que não tivesse acesso aos objetos subjacentes.

No entanto, prefiro nunca usar o EXPLAIN= e recomendo o mesmo a você.

A razão é que a explain (explicação) do plano de consulta pode diferir radicalmente da consulta atual usada no tempo de execução. O único plano que pode ser confiável é o plano salvo no próprio arquivo de rastreio. Eis um exemplo simples de uso de TKPROF com o explain=userid/password, que demonstra isso:

```
select count (object_type)
from   t where object_id > 0

call       count       cpu        elapsed      disk      query       current      rows
---        ----        ---        -----        ---       -----       -------      ----
Parse      1           0.00       0.00         0         0           0            0
Execute    1           0.00       0.00         0         0           0            0
Fetch      2           0.19       2.07         337       20498       0            1
---        ----        ---        -----        ---       -----       -------      ----
total      4           0.19       2.07         337       20498       0            1

Misses in library cache during parse: 1
Optimizer goal: CHOOSE
Parsing user id: 69 (TKYTE)

Rows       Row Source Operation
----       -------------------
    1      SORT AGGREGATE
21790      TABLE ACCESS BY INDEX ROWID T
21791          INDEX RANGE SCAN (object id 25291)

Rows       Execution Plan
----       --------------
    0      SELECT STATEMENT   GOAL: CHOOSE
    1         SORT (AGGREGATE)
21790         TABLE ACCESS   GOAL: ANALYZED (FULL) OF 'T'
```

Obviamente, um dos planos está errado; um mostra uma digitalização de faixa de índice e acesso de tabela pelo ID de fileira, o outro é uma simples digitalização completa. A menos que eu soubesse *que tinha analisado a tabela depois de você ter executado a sua consulta, mas antes de você executar TKPROF,* você seria incapaz de explicar essa disparidade. Depois que analisei a tabela, o plano padrão para aquela consulta mudou dramaticamente. TKPROF simplesmente usa a facilidade de explicação de plano em Oracle. Isso retornará o plano de consulta que seria usado nessa ocasião; *não* o plano que, de fato, foi usado. Muitos recursos podem afetar o plano visível no arquivo de rastreio versus o plano retornado pelo plano explicado. Por exemplo, o aplicativo poderia ter usado esboços de consulta armazenados (veja o Capítulo 11, para mais detalhes sobre esse recurso). O plano de consulta teria sido baseado em um esboço armazenado no tempo de execução, enquanto o plano de consulta retornado pelo plano explicado seria algum outro. Em geral, se você usar o parâmetro EXPLAIN= para TKPROF, é preciso verificar se os dois planos combinam um com o outro, etapa por etapa.

TKPROF tem muitas opções de linha de comando, e se você digitar apenas TKPROF na linha de comando, poderá vê-los todos:

```
C:\Documents and Settings\Thomas Kyte\Desktop>tkprof

Usage: tkprof tracefile outputfile [explain= ] [table= ]
              [print= ] [insert= ] [sys= ] [sort= ]
  table=schema.tablename   Use 'schema.tablename' with 'explain=' option.
  explain=user/password    Connect to ORACLE and issue EXPLAIN PLAIN.
  print=integer            List only the first 'integer' SQL statements.
  aggregate=yes|no
  insert=filename          List SQL statements and data inside INSERT statements.
  sys=no                   TKPROF does not list SQL statements run as user SYS.
  record=filename          Record non-recursive statements found in the trace file.
  sort=option              Set of zero or more of the following sort options:
    prscnt   number of times parse was called
    prscpu   cpu time parsing
    prsela   elapsed time parsing
    prsdsk   number of disk reads during parse
    prsqry   number of buffers for consistent read during parse
    prscu    number of buffers for current read during parse
    prsmis   number of misses in library cache during parse
    execnt   number of execute was called
    execpu   cpu time spent executing
    exeela   elapsed time executing
    exedsk   number of disk reads during execute
    exeqry   number of buffers for consistent read during execute
    execu    number of buffers for current read during execute
    exerow   number of rows processed during execute
    exemis   number of library cache misses during execute
    fchcnt   number of times fetch was called
    fchcpu   cpu time spent fetching
    fchela   elapsed time fetching
    fchdsk   number of disk reads during fetch
    fchqry   number of buffers for consistent read during fetch
    fchcu    number of buffers for current read during fetch
    fchrow   number of rows fetched
    userid   userid of user that parsed the cursor
```

A opção mais útil, na minha opinião, é a opção sort=. Gosto de classificar pelas várias medidas de CPU e intervalo de tempo para obter as 'piores' consultas, para colocar no alto do arquivo de rastreio. Você também pode usar isso para encontrar as consultas que fazem I/O demais e assim por diante. As opções restantes são auto-explicativas. 99,9 por cento do tempo uso apenas tkprof tracefilename reportfilename e nada mais, o que mostra o SQL mais ou menos na ordem em que ele foi executado no tempo de execução. Eu poderia usar uma ferramenta como grep, em UNIX, ou find em Windows, para extrair tudo do total de linhas, para saber quais consultas aumentar. Por exemplo, usando o nosso report.txt:

```
C:\oracle\ADMIN\tkyte816>find "total" report.txt

- - - - - - REPORT.TXT
total       2      0.00    0.00    0       0       0   0
total       4      0.01    0.02    1       1       4   1
total       4      1.20    1.21    0    86091      4  15
```

```
total         6      0.01        0.01       0        4        0       2
total         4      0.00        0.00       0        0        0       1
total        14      1.21        1.23       1    86092        8      17
total         6      0.01        0.01       0        4        0       2
```

mostra que eu deveria editar report.txt e buscar por 1.21, se quisesse apressar esse processo. Há outras declarações lá, mas obviamente, essa é aquela na qual preciso focalizar, se quiser ir mais depressa.

Como usar e interpretar arquivos brutos de rastreio

Em Oracle há dois tipos de arquivos de rastreio; os gerados por SQL_TRACE (úteis para nós) e aqueles gerados como resultado de uma sessão que falhou (um bug no software de banco de dados). O segundo tipo, de uma sessão que falhou, não nos é diretamente útil; só são úteis para enviar ao suporte de Oracle para análise. O primeiro tipo de arquivo de rastreio é muito útil para nós, especialmente se soubermos como lê-lo e interpretá-lo.

Na maior parte do tempo, usaremos TKPROF para formar os arquivos de rastreio, porém de tempos em tempos precisamos nos aprofundar no arquivo de rastreio para entender mais sobre o que aconteceu do que TKPROF nos dirá. Por exemplo, suponha que alguém lhe dê um relatório TKPROF com:

```
UPDATE EMP SET ENAME=LOWER(ENAME)
WHERE
  EMPNO = :b1

call     count       cpu    elapsed       disk      query    current       rows
-------  ------  --------  ---------  ---------  ---------  ---------  ---------
Parse         1      0.00       0.00          0          0          0          0
Execute       1      0.00      54.25          0         17          8          1
Fetch         0      0.00       0.00          0          0          0          0
-------  ------  --------  ---------  ---------  ---------  ---------  ---------
total         2      0.00      54.25          0         17          8          1
```

É óbvio que temos um problema — demorou mais de um minuto para a atualização de uma única fileira, ainda que não tenha medido tempo de CPU. O problema é que tínhamos algum maciço evento de espera em algo, mas TKPROF não nos diz o que estávamos aguardando. Além disso, seria bom se soubéssemos atrás de qual fileira estávamos indo (tal como aquela do valor EMPNO em :b1). Informações como aquela poderiam nos ajudar a rastrear como chegamos a essa situação. Felizmente, o aplicativo foi rastreado com o comando:

```
alter session set events '10046 trace name context forever, level 12';
```

então o arquivo de rastreio tem ambos, os eventos de espera e as ligações de variáveis. Vejamos o arquivo bruto de rastreio de alto a baixo. A parte de código que foi rastreada foi:

```
scott@TKYTE816> alter session set events
  2  '10046 trace name context forever, level 12';

Session altered.

scott@TKYTE816> declare
  2      l_empno number default 7698;
  3  begin
  4      update emp set ename = lower(ename) where empno = l_empno;
  5  end;
  6  /

PL/SQL procedure successfully completed.

scott@TKYTE816> exit
```

Sabemos que EMPNO está sendo usado nesse simples exemplo, mas em geral não saberíamos. Eis o conteúdo do arquivo de rastreio entremeado com comentários:

```
Dump file C:\oracle\admin\tkyte816\udump\ORA01156.TRC
Sat Mar 17 12:16:38 2001
ORACLE V8.1.6.0.0 - Production vsnsta=0
vsnsql=e csnxtr=3
Windows 2000 Version 5.0 , CPU type 586
Oracle8i Enterprise Edition Release 8.1.6.0.0 - Production
With the Partitioning option
JServer Release 8.1.6.0.0 - Production
Windows 2000 Version 5.0 , CPU type 586
Instance name: tkyte816

Redo thread mounted by this instance: 1

Oracle process number: 11

Windows thread id: 1156, image: ORACLE.EXE
```

Esse é um cabeçalho de arquivo de rastreio padrão. É útil para identificar a versão de sistema exata e a versão do banco de dados onde você estiver executando. Ele também contém o Oracle SID, que é útil para confirmar se, em primeiro lugar, você está buscando no arquivo de rastreio certo.

```
* * * 2001-03-17 12:16:38.407
* * * SESSION ID: (7.74) 2001-03-17 12:16:38.407
APPNAME mod='SQL*PLUS' mh=3669949024 act=' ' ah=4029777240
= = = = = = = = = = = = =
```

O registro APPNAME foi feito por uma chamada ao pacote DBMS_APPLICATION (veja o Apêndice A, para detalhes sobre esse pacote). Os aplicativos usam esse pacote para se registrar no banco de dados, para que uma consulta em V$SESSION possa ver 'quem' são eles. SQL*PLUS, em especial, usa esse pacote. Você pode ou não ver um registro APPNAME em seu arquivo de rastreio, dependendo do ambiente. É uma *excelente* idéia ter todos os seus aplicativos se registrando, assim possivelmente você verá esse registro com o nome de seu próprio módulo. O significado desse registro é:

APPNAME mod='%s' mh=%lu act='%s' ah=%lu

Campo	Significado
mod	Nome de módulo como passado para DBMS_APPLICATION_INFO
mh	Valor residual de módulo
act	Ação como passada para DBMS_APPLICATION_INFO
ah	Valor residual de ação

Se você for um programador C, reconhecerá a string de formato C printf. Ela pode ser usada para nos dizer os tipos de dados que podemos esperar encontrar no registro APNAME; uma %s é uma string, a %lu é um long unsigned integer (um número). Prosseguindo, o que vejo a seguir em meu arquivo de rastreio é:

```
PARSING IN CURSOR #3 len=70 dep=0 uid=54 oct=42 lid=54 tim=6184206 hv=347037164 ad='31883a4'
Alter session set events '10046 trace name context forever, level 12'
END OF STMT
EXEC #3:c=0,e=0,p=0,cr=0,cu=0,mis=1,r=0,dep=0,og=4,tim=6184296
WAIT #3: nam='SQL*Net message to client' ela= 0 p1=1111838976 p2=1 p3=0
WAIT #3: nam='SQL*Net message from client' ela= 818 p1=1111838976 p2=1 p3=0
= = = = = = = = = = = = =
```

Aqui podemos ver a declaração atual usada para capacitar o controle. Ela é precedida por um registro CURSOR, que será sempre o caso (todos os SQL no arquivo de rastreio serão precedidos por um registro de cursor). O significado dos campos no registro de cursor é:

```
Parsing in Cursor #d len=%d dep=%d uid=%ld oct=%d lid=%ld Tim=%ld hv=%ld ad='%s'
```

Campo	Significado
Cursor #	O número do cursor. Você pode usá-lo para encontrar o número máximo de cursores abertos em seu aplicativo, bem como se esse número aumenta ou diminui cada vez que você abre um novo cursor e fecha um existente.
len	O comprimento da declaração SQL a seguir.
dep	A profundidade repetida de uma declaração SQL. SQL repetida é SQL feita em nome de alguma outra SQL. Tipicamente, essa é a SQL executada por Oracle para analisar uma consulta ou fazer gerenciamento de espaço. Ela também pode ser ocasionada por PL/SQL (que é SQL) executando SQL. Assim, você pode achar que a sua própria SQL é 'repetida'.
uid	ID de usuário do esquema atual. Note que pode ser diferente de lid, abaixo, especialmente se você usar alter session set current_schema para mudar o esquema de análise.
oct	Oracle Command Type. Código numérico indicando o tipo de comando SQL sendo analisado.
lid	ID de usuário usado para verificar a segurança em privilégios de acesso.
tim	Um timer. Sua resolução é de centésimos de segundos. Você pode subtrair esses tempos uns dos outros quando os encontrar no arquivo de rastreio, para ver a distância em que aconteceram.
ha	ID residual da declaração SQL.
ad	Coluna ADDR de V$SQLAREA que se refere a essa declaração SQL.

Em seguida, no arquivo de rastreio, podemos ver que a declaração, de fato, executou logo depois da análise. Os significados dos valores encontrados no registro são:

```
EXECCursor#:c=%d,e=%d,p=%d,cr=%d,cu=%d,mis=%d,r=%d,dep=%d,og=%d,tim=%d
```

Campo	Significado
Cursor#	O número do cursor.
c	Tempo de CPU em centésimos de segundos.
e	Intervalo de tempo em centésimos de segundos.
p	Número de leituras físicas realizadas.
cr	Leituras consistentes (modo de consulta) (I/O lógicas).
cu	Leituras de modo atual (I/O lógicas).
mis	Falta cursor no cache de biblioteca, indica que precisamos analisar a declaração por ela estar antiga na combinação compartilhada, por nunca ter estado na combinação compartilhada ou por ter sido invalidada.
r	Número de fileiras processadas.
dep	Profundidade repetida da declaração SQL.
og	Objetivo do otimizador, 1= todas as fileiras, 2 = primeiras fileiras, 3 = regra, 4 = escolher.
tim	Um timer.

Há outras variações desse registro EXEC. Em vez da palavra chave EXEC, podemos encontrar:

Campo	Significado
PARSE	Análise de uma declaração.
FETCH	Ao buscar fileiras de um cursor.
UNMAP	Usado para mostrar a liberação de segmentos temporários a partir de resultados imediatos, quando não são mais necessários.
SORT UNMAP	Igual a unmap, mas para classificar segmentos.

Os registros para cada um de PARSE, FETCH, UNMAP e SORT UNMAP contêm as mesmas informações que um registro EXEC, na mesma ordem.

A última parte desta seção tem o nosso primeiro relatório de eventos de espera. Nesse caso, eles foram:

```
WAIT #3: nam='SQL*Net message to client' ela= 0 p1=1111838976 p2=1 p3=0
WAIT #3: nam='SQL*Net message from client' ela= 818 p1=1111838976 p2=1 p3=0
```

Esses são os eventos de espera típicos 'ocupados', que discutimos anteriormente neste capítulo. A mensagem ao cliente é o servidor enviando ao cliente uma mensagem e aguardando pela resposta. A mensagem do cliente é o servidor aguardando para o cliente enviar uma solicitação, Nesse caso, o intervalo de tempo (ela) naquele evento foi de 8.18 segundos. Isso significa apenas que aguardei 8.18 segundos depois de enviar o comando ALTER SESSION ao banco de dados para enviar o próximo comando, nesse exemplo. A menos que você esteja alimentando uma constante e corrente contínua de solicitações ao servidor, a espera pela 'mensagem do cliente' será inevitável e normal. O registro de espera inclui estes campos:

```
WAIT Cursor#: nam='%s' ela=%d p1=%ul p2=%ul p3=%ul
```

Campo	Significado
Cursor #	O número do cursor.
nam	O nome do evento de espera. O Oracle Server Reference tem uma lista completa de eventos de espera e detalhes sobre cada um.
ela	O intervalo de tempo em centésimos de segundos para o evento.
p1, p2, p3	Os parâmetros específicos para o evento de espera. Cada evento tem o seu próprio conjunto de parâmetros. Refira-se ao Oracle Server Reference para o significado de p1, p2, p3 para um evento de espera específico.

Agora, estamos prontos para ver a nossa primeira declaração real em nosso arquivo de rastreio:

```
PARSING IN CURSOR #3 len=110 dep=0 uid=54 oct=47 lid=54 tim=6185026 hv=2018962105
  ad='31991c8'
declare
l_empno number default 7698;
begin
  update emp set ename = lower(ename) where empno = l_empno;
end;
END OF STMT
PARSE #3:c=0,e=0,p=0,cr=0,cu=0,mis=1,r=0,dep=0,og=4,tim=6185026
BINDS #3:
= = = = = = = = = = = =
```

Aqui, vemos o nosso bloco de código PL/SQL, como o submetemos. Podemos ver do registro PARSE que ele analisou muito rapidamente, mesmo ele ainda não estando no cache de biblioteca (MIS=1). Vemos um registro BINDS sem nada depois dele. Isso porque esse bloco de código em especial não tem ligação de variáveis. Iremos rever esse registro de ligação em mais profundidade. Continuaremos na próxima declaração, no arquivo de rastreio, onde as coisas ficam realmente interessantes;

```
PARSING IN CURSOR #4 len=51 dep=1 uid=54 oct=6 lid=54 tim=6185026 hv=2518517322 ad='318e29c'
UPDATE EMP SET ENAME=LOWER(ENAME) WHERE EMPNO = :b1
END OF STMT
PARSE #4:c=0,e=0,p=0,cr=0,cu=0,mis=1,r=0,dep=1,og=0,tim=6185026
BINDS #4:
 bind 0: dty=2 mx1=22(21) mal=00 scl=00 pre=00 oacflg=03 oacfl2=1 size=24 offset=0
   bfp=07425360 bln=22 avl=03 flg=05
   value=7698
WAIT #4: nam='enqueue' ela= 308 p1=1415053318 p2=393290 p3=2947
WAIT #4: nam='enqueue' ela= 307 p1=1415053318 p2=393290 p3=2947
WAIT #4: nam='enqueue' ela= 307 p1=1415053318 p2=393290 p3=2947
WAIT #4: nam='enqueue' ela = 308 p1=1415053318 p2=393290 p3=2947
WAIT #4: nam='enqueue' ela= 307 p1=1415053318 p2=393290 p3=2947
WAIT #4: nam='enqueue' ela= 308 p1=1415053318 p2=393290 p3=2947
WAIT #4: nam='enqueue' ela= 307 p1=1415053318 p2=393290 p3=2947
WAIT #4: nam='enqueue' ela= 308 p1=1415053318 p2=393290 p3=2947
WAIT #4: nam='enqueue' ela= 307 p1=1415053318 p2=393290 p3=2947
WAIT #4: nam='enqueue' ela= 308 p1=1415053318 p2=393290 p3=2947
WAIT #4: nam='enqueue' ela= 307 p1=1415053318 p2=393290 p3=2947
WAIT #4: nam='enqueue' ela= 307 p1=1415053318 p2=393290 p3=2947
WAIT #4: nam='enqueue' ela= 308 p1=1415053318 p2=383290 p3=2947
WAIT #4: nam='enqueue' ela= 307 p1=1415053318 p2=393290 p3=2947
WAIT #4: nam='enqueue' ela= 308 p1=1415053318 p2=383290 p3=2947
WAIT #4: nam='enqueue' ela= 307 p1=1415053318 p2=383290 p3=2947
WAIT #4: nam='enqueue' ela= 308 p1=1415053318 p2=393290 p3=2947
WAIT #4: nam='enqueue' ela= 198 p1=1415053318 p2=393290 p3=2947
EXEC #4: c=0,e=5425,p=0,cr=17,cu=8,mis=0,r=1,dep=1,og=4,tim=6190451
EXEC #3: c=0,e=5425,p=0,cr=17,cu=8,mis=0,r=1,dep=0,og=4,tim=6190451
WAIT #3: nam='SQL*Net message to client' ela=0 p1=1111838976 p2=1 p3=0
WAIT #3: nam='SQL*Net message from client' ela=0 p1=1111838976 p2=1 p3=0
= = = = = = = = = = = = = =
```

Vimos aqui a nossa declaração UPDATE como Oracle a vê. Ela é diferente do que era no bloco de código PL/SQL; especificamente nossa referência a l_empno (uma variável) é substituída por uma ligação de variável. PL/SQL substitui todas as referências a variáveis locais por ligação de variáveis antes de executar a declaração. Também podemos ver do registro PARSING IN CURSOR que a profundidade repetida (dep) agora é um, não zero como era no bloco PL/SQL original. Podemos dizer que essa é SQL executada por alguma *outra* SQL (ou PL/SQL); ela não foi submetida pelo aplicativo cliente ao banco de dados. Essa é uma sinalização que usamos para nos dizer onde buscar por essa SQL. Se dep não for zero, sabemos que SQL 'vive' no banco de dados, não em um aplicativo cliente. Podemos usar isso em nosso benefício ao sintonizar. SQL que vive no banco de dados pode ser mudada *facilmente*, sem afetar o aplicativo. A SQL que vive no aplicativo cliente nos exige encontrar o cliente, mudar o código, recompilá-lo e distribuí-lo novamente. Quanto mais SQL eu puder deixar viver em meu banco de dados, melhor. Posso corrigi-lo sem tocar no próprio aplicativo.

Aqui vemos de novo um registro BINDS, dessa vez com mais informações. Essa declaração de atualização tem um valor de ligação e podemos ver claramente qual é — o valor da primeira ligação de variável é 7.698. Agora, se essa fosse uma consulta problema que estivéssemos procurando (uma consulta desempenhando pobremente), teríamos a maioria das informações que precisávamos para sintonizá-la. Temos exatamente o texto da consulta. Temos os valores de todas as ligações de variáveis (assim, podemos executá-la com algumas entradas). Temos até os eventos de espera que nos tornaram lentos durante a execução. A única coisa que está faltando é o plano de consulta, mas isso só porque não paginamos o suficiente.

O registro BIND no arquivo de rastreio contém essas informações:

Campo	Significado
cursor #	O número de cursor.
bind N	A posição de ligação, começando de 0 (0 sendo a primeira ligação de variável.
dty	Tipo de dados (veja abaixo).
mxl	Comprimento máximo da ligação de variável.
mal	Comprimento máximo de array (quando usando array de ligações ou grupo de operações).
scl	Escala.
pre	Precisão.
oacflg	Sinalizações internas. Se esse número for ímpar, a ligação de variável pode ser nula (permite nulos).
oacfl2	Continuação de sinalizações internas.
size	Tamanho do buffer.
offset	Usado quanto a peça de ligações.
bfp	Ligação de endereço.
bln	Comprimento de buffer de ligação.
avl	Comprimento de valor atual.
flag	Sinalizações internas.
value	A representação de string de caracteres (se possível, pode ser um depósito de 'hex') do valor de ligação — isso é o que realmente queremos!

O número dty (tipo de dados) pode ser decodificado usando as informações da vista USER_TAB_COLUMNS. Se você select text from all_view where view_name = 'USER_VIEWS' (selecionar texto de todas as vistas onde nome de vista = USER_VIEWS), você verá uma chamada de função de decodificação que irá mapear os números dty para as suas representações de string de caracteres.

As informações realmente interessantes, que afinal estávamos procurando, agora estão bem aqui; as informações de espera. Podemos ver claramente porque a atualização demorou quase um minuto de tempo marcado no relógio de parede para completar, ainda que não tenha tomado tempo de CPU. O recurso que estávamos esperando estava em um bloqueio — se você lembrar dos Capítulos 3 e 4, onde discutimos *Bloqueio e consecução* e *Transações*, um enqueue é um dos dois mecanismos de bloqueio que o Oracle emprega internamente para acessar em série recursos compartilhados. O arquivo de rastreio nos mostra que estávamos esperando em um bloqueio, não que estávamos esperando em I/O, não estávamos esperando em uma sincronização de arquivo de registro, não estávamos esperando buffers ficarem livres — estávamos enfileirados em algum recurso. Indo mais adiante, podemos tomar o parâmetro p1 e decodificá-lo, para ver em que tipo de bloqueio estávamos. O processo para fazer aquilo:

```
tkyte@TKYTE816> create or replace
  2  function enqueue_decode( l_p1 in number ) return varchar2
  3  as
  4          l_str varchar2(25);
  5  begin
  6      select   chr(bitand(l_p1, -16777216)/16777215)      ||
  7               chr(bitand(l_p1,  16711680)/65535)         ||  ' ' ||
  8               decode( bitand(l_p1, 65535),
  9                          0, 'No lock',
 10                          1, 'No lock',
 11                          2, 'Row-Share',
```

```
12                                3, 'Row-Exclusive',
13                                4, 'Share',
14                                5, 'Share Row-Excl',
15                                6, 'Exclusive' )
16           into l_str
17           from dual;
18
19           return l_str;
20  end;
21  /

Function created.

tkyte@TKYTE816>
tkyte@TKYTE816> select enqueue_decode( 1415053318 ) from dual;

ENQUEUE_DECODE(1415053318)
-------------------------------
TX Exclusive
```

Isso mostra que estávamos aguardando em um bloqueio exclusivo em termos de fileira. A resposta que demorou um minuto para atualizar essa fileira agora está clara. Havia uma outra sessão contendo um bloqueio na fileira que queríamos, e ela a reteve por um minuto enquanto esperávamos por ela. O que fazer sobre isso é específico de aplicativo. Por exemplo, no aplicativo acima, estou fazendo uma 'atualização às cegas'. Se não quiser que o aplicativo bloqueie na atualização, posso processá-lo como:

```
select ename from emp where empno = :bv for update NOWAIT;
update emp set ename = lower(ename) where empno = :bv;
```

Isso evitaria o aspecto de bloqueio. Agora pelo menos somos capazes de determinar completamente o que levou essa atualização a demorar tanto e somos capazes de diagnosticá-la de uma maneira *post mortem*. Não precisamos 'estar lá' para diagnosticar isso, só precisamos rastrear as informações relevantes.

Terminando o arquivo de rastreio, vemos:

```
PARSING IN CURSOR #5 len=52 dep=0 uid=54 oct=47 lid=54 tim=6190451 hv=1697159799
ad='3532750'
BEGIN DBMS_OUTPUT.GET_LINES(:LINES, :NUMLINES); END;
END OF STMT
PARSE #5:c=0,e=0,p=0,cr=0,cu=0,mis=0,r=0,dep=0,og=4,tim=6190451
BINDS #5:
 bind 0: dty=1 mxl=2000(255) mal=25 scl=00 pre=00 oacflg=43 oacfl2=10 size=2000
   offset=0
       bfp=07448dd4 bln=255 avl=00 flg=05
 bind 1: dty=2 mxl=22(02) mal=00 scl=00 pre=00 oacflg=01 oacfl2=0 size=24 offset=0
       bfp=0741c7e8 bln=22 avl=02 flg=05
       value=25
WAIT #5: nam='SQL*Net message to client' ela= 0 p1=1111838976 p2=1 p3=0
EXEC #5:c=0,e=0,p=0,cr=0,cu=0,mis=0,r=1,dep=0,og=4,tim=6190451
WAIT #5: nam="SQL*Net message from client' ela= 273 p1=1111838976 p2=1 p3=0
```

Agora, essa declaração é uma surpresa. Nós mesmos nunca a executamos, e ela não é uma SQL repetida (dep=0), veio do aplicativo cliente. De fato, isso nos dá uma visão interna de como SQL*PLUS e DBMS_OUTPUT trabalham. Ajustei set serveroutput em meu arquivo login.sql de modo que, sempre que me registrar em SQL*PLUS, DBMS_OUTPUT seja capacitada por padrão. Depois de cada declaração que executamos que pode gerar dados DBMS_OUTPUT, SQL*PLUS precisa chamar o procedimento GET_LINES para obter os dados e depositá-los na tela (veja a seção sobre DBMS_OUTPUT no Apêndice A, para muitos mais detalhes sobre DBMS_OUTPUT). Aqui, podemos ver SQL*PLUS fazendo aquela chamada. Além disso, podemos ver que o primeiro parâmetro, :LINES, na verdade é um array com 25 trilhas (mal=25). Portanto, sabemos agora que SQL*PLUS irá recuperar as 25 linhas de buffer de DBMS_OUTPUT em tempo e despejá-las na tela. É interessante o fato de que podemos controlar o comportamento de SQL*PLUS; na verdade, podemos controlar o comportamento de qualquer peça de software que é executada em Oracle, para ver o que ela faz e como faz.

Por fim, no fundo de nosso arquivo de rastreio, vemos:

```
XCTEND rlbk=0, rd_only=0
WAIT #0: nam='log file sync' ela= 0 p1=988 p2=0 p3=0
STAT #4 id=1 cnt=1 pid=0 pos=0 obj=0 op='UPDATE EMP '
STAT #4 id=2 cnt=2 pid=1 pos=1 obj=24767 op='TABLE ACCESS FULL EMP '
```

O registro XCTEND (transação limite) é um registro de nosso comprometimento, mas de novo, não comprometemos SQL*PLUS que o fez para nós, silenciosamente, quando saímos. Os valores do registro XCTEND são:

Campo	Significado
rlbk	Sinalização de retorno. Se 0, comprometemos. Se 1, retornamos.
rd_Only	Sinalização apenas de leitura. Se 1, a transação era apenas de leitura. Se 0, foram feitas mudanças e comprometido (ou retornado).

Imediatamente depois do registro XCTEND, podemos ver que temos outro evento de espera — dessa vez em um arquivo de registro sync. Se nos referirmos ao Oracle Server Reference e buscarmos aquele evento de espera, veremos que o 988 para o valor p1 representa o fato de o buffer 988 no buffer de registro de redo teve que ser escrito e é o que estávamos esperando. A espera foi menor do que um centésimo de um segundo, conforme evidenciado por ela=0.

Os últimos registros que observamos nesse arquivo de rastreio são os registros STAT. Esses são os planos de consulta atuais usados no tempo de execução por nossa SQL. Esse é o plano no qual podemos confiar. Não apenas isso, mas esse plano terá as contagens de fileira corretamente associadas a cada etapa do plano. Esses registros só são produzidos *depois* que o cursor que eles representam sejam fechados. Geralmente, significa que o aplicativo cliente precisa *sair* para ver esses registros; simplesmente executar uma ALTER SESSION SET SQL_TRACE=FALSE não produzirá necessariamente esses registros de arquivo de rastreio. Os valores nesse registro são:

Campo	Significado
cursor #	O número do cursor.
id	A linha de explicação do plano de 1 ao número de linhas no plano.
cnt	O número de fileiras fluindo através dessa fase do plano de consulta.
pid	ID pai dessa etapa no plano. Usado para refletir corretamente a hierarquia do plano, com recuo.
pos	Posição na explicação de plano.
obj	ID de objeto do objeto referenciado, se aplicável.
op	A descrição textual da operação realizada.

Existem apenas dois outros tipos de registro que devemos encontrar em um arquivo de rastreio SQL_TRACE. Eles representam os erros encontrados durante a execução de uma consulta. Os erros serão:

- PARSE Errors — A declaração SQL não era SQL válida.
- Run-time errors –como duplicate value on index, out of space e assim por diante.

Usei muitas vezes na solução do problema o fato desses erros serem registrados no arquivo de rastreio. Se você estiver usando algum aplicativo não-de-prateleira, uma ferramenta terceirizada ou mesmos muitos comandos Oracle e receber o retorno de uma mensagem de erro quase inútil, pode ser muito valioso executar o comando com SQL_TRACE capacitada e ver o que acontece. Em muitos casos, a causa de origem do erro pode ser gerada do arquivo de rastreio, visto que toda a SQL realizada em seu nome é registrada lá.

Para demonstrar como se parecem esses registros, executei a seguinte SQL:

```
tkyte@TKYTE816> create table t ( x int primary key );

Table created.

tkyte@TKYTE816> alter session set sql_trace=true;

Session altered.

tkyte@TKYTE816> select * from;
select * from
           *
ERROR at line 1:
ORA-00903: invalid table name

tkyte@TKYTE816> insert into t values ( 1 );

1 row created.

tkyte@TKYTE816> insert into t values ( 1 );
insert into t values ( 1 )
*
ERROR at line 1:
ORA-00001: unique constraint (TKYTE.SYS_C002207) violated

tkyte@TKYTE816> exit
```

Depois de ver o arquivo de rastreio, descobri:

```
=============
PARSE ERROR #3:len=15 dep=0 uid=69 oct=3 lid=69 tim=7160573 err=903
select * from
=============
PARSING IN CURSOR #3 len=27 dep=0 uid=69 oct=2 lid=69 tim=7161010 hv=1601248092 ad='32306c0'
Insert into t values ( 1 )
END OF STMT
PARSE #3:c=0,e=0,p=0,cr=0,cu=0,mis=0,r=0,dep=0,og=4,tim=7161010
=============
. . .
EXEC #3:c=1,e=9,p=0,cr=9,cu=7,mis=0,r=0,dep=0,og=4,tim=7161019
ERROR #3:err=1 tim=7161019
```

Como você pode ver, encontrar o problema de SQL (a origem da causa do erro) é trivial com esse método; podemos ver claramente o que deu errado. Isso é extremamente útil se você estiver depurando um erro que esteja acontecendo bem dentro de um procedimento armazenado, por exemplo, Tenho visto mais de um caso em que um erro acontece num procedimento profundamente aninhado, e alguém tem um alavancador de evento WHEN OTHERS, que pega e *ignora* todas as exceções. É minha opinião que o alavancador de exceção WHEN OTHERS nunca deve ser usado e todos os aplicativos que o usam e não reerguem imediatamente um erro devem ser imediatamente apagados — eles são bugs esperando para acontecer. De qualquer forma, o erro acontece, mas é pego e ignorado, e ninguém jamais é informado sobre ele. O procedimento parece ter funcionado, mas na verdade, não funcionou. Aqui, uma simples SQL_TRACE nos mostrará o que o procedimento faz, na verdade, e podemos ver que havia um erro. Depois, tudo o que precisamos fazer é descobrir porque, no mundo, ele está sendo ignorado. Também uso isso quando os comandos retornam mensagens de erro quase nada úteis. Por exemplo, se um instantâneo (vista materializada) revisado retorna ORA-00942: table or view does not exist (tabela ou vista não existe), usar SQL_TRACE será extremamente útil. Você pode não estar ciente de tudo o que SQL executou em seu nome para revisar uma vista materializada e a quantidade de tabelas que foram 'tocadas'. De fato, usando SQL_TRACE você será capaz de descobrir *qual* tabela ou vista não existe, e colocar no lugar certo as permissões.

O formato do registro PARSE ERROR é:

Campo	Significado
len	Comprimento da declaração SQL
dep	Profundidade repetida da declaração SQL
uid	Esquema de análise (pode ser diferente do esquema de privilégio)
oct	Tipo de comando Oracle
lid	ID de esquema de privilégio, cujo privilégio está de fato, executando sob o conjunto de declaração
tim	Um timer

err	O código de erro ORA. Se você executar:
	
	`tkyte@TKYTE816>EXEC DBMS_OUTPUT.PUT_LINE(SQLERRM(-903));`
	`ORA-00903: invalid table name`
	
	Receberá o texto do erro.

O conteúdo do registro de ERROR é simplesmente:

Campo	Significado
cursor #	O número do cursor
err	O código de erro ORA
tim	Um timer

Envoltório de SQL_TRACE, TIMED_STATISTICS e TKPROF

Nesta seção vemos com bastante profundidade um conjunto de ferramentas — de valiosas ferramentas que funcionam em todos os ambientes e estão sempre disponíveis. SQL_TRACE, e o resultado disponível através de TKPROF, é uma das mais poderosas ferramentas de sintonização e depuração que você tem. As usei para depurar e sintonizar aplicativos em incontáveis ocasiões. Sua ubiqüidade (não há instalação de Oracle, em qualquer lugar, que não tenha essas ferramentas), junto com seu poder, as tornam as preferidas quando se trata de sintonização.

Se você entende como controlar seu aplicativo e como interpretar os resultados, estará com meio caminho pronto para a sintonização de seu aplicativo. A outra metade é com você — que descobre porque a sua consulta precisa acessar um milhão de buffers de bloco, ou porque ela está esperando cinco minutos em filas de espera. SQL_TRACE dirá a você o que procurar — corrigir o problema é mais fácil do que encontra-lo, especialmente se, em primeiro lugar, você não estiver familiarizado com o aplicativo.

DBMS_PROFILER

Se for um usuário pesado de PL/SQL, você dará boas vindas ao acréscimo de um perfilador de código fonte no banco de dados. Com Oracle 8i temos um perfilador de código fonte desenvolvido para PL/SQL integrado no banco de dados. Esse pacote, DBMS_PROFILER, nos permite zerar nas rotinas e pacotes onde gastamos a maior parte de nosso tempo de execução. Não apenas isso, mas ele oferece a cobertura de análise de código, permitindo-nos dizer se exercemos 10 ou 90 por cento de nosso código com determinada execução de teste.

No Apêndice A, entro em detalhes sobre como usar o pacote DBMS_PROFILER e como interpretar os relatórios e dados resultantes. Ele é muito direto de usar e é bem integrado com a própria PL/SQL. Durante o curso de um procedimento armazenado PL/SQL você pode ativar e desativar o perfilador, na medida em que estreite a seção de código que gostaria de sintonizar.

Meus estágios de sintonizar um aplicativo me teriam feito usar SQL_TRACE e TKPROF primeiro, para identificar e corrigir SQL pobremente sintonizada em um aplicativo. Depois de toda SQL estar executando o mais rápido possível, eu começaria com o perfilador de código fonte, se fosse necessário sintonizar mais. Com exceção de um algoritmo realmente ruim, a maior pancada quanto a desempenho virá de sintonizar SQL. Só vejo aumentos moderados em sintonizar código fonte PL/SQL; esforço válido, mas não tão grande quanto corrigir uma consulta ruim. Claro que se o algoritmo fosse horrível, para começar, isso poderia não ser verdade.

O outro uso do perfilador é oferecer relatórios de cobertura de código, o que pode ser extremamente útil durante a fase de teste de seu aplicativo. Usando esse recurso, você pode ajustar casos de teste e mostrar que 100 por cento de seu código foi executado durante a execução do teste. Enquanto isso não garante código livre de bug, garante que nada está obviamente errado.

Instrumentação

Isso é crucial fazer, especialmente em um grande aplicativo com muitas peças móveis. À medida que os aplicativos ficam mais complexos e têm mais peças interagindo, encontrar o problema de desempenho tem se tornado de fato mais difícil de que realmente corrigir o problema. À título de definição, instrumentação está incluindo em seu código capacidades suficientes de registro que podem, seletivamente, ser habilitadas à vontade para descobrir: a) o que o programa está fazendo e b) quanto tempo demora a fazê-lo. Tudo do mais simples processo ao algoritmo mais complexo deve ser cuidadosamente instrumentado. Sim, a instrumentação acrescenta código extra, mesmo quando você não está registrando as mensagens, porém a inabilidade de determinar onde está um problema, sem ela, sobrecarrega de longe qualquer código extra trivial de desempenho em tê-la.

No início deste capítulo, contei uma estória de minha última expedição de sintonização. A arquitetura era, no mínimo, complexa. Havia um browser de entrada, vindo da fazenda de um servidor web, através de um firewall muito restritivo. Os servidores web estavam executando Java Server Pages (JSPs). Os JSP usaram um mecanismo de conexão combinada para fazer o banco de dados executar algumas SQL e PL/SQL. Também fizeram chamadas CORBA para um outro aplicativo servidor, para fazer interface com o sistema herdado. Eles eram apenas uma parte de um aplicativo muito maior. Havia lotes de empregos, processos de apoio, processamento em fila, outro software terceirizado e assim por diante. Entrei naquele ambiente sem saber nada sobre o aplicativo e, infelizmente, não muitas pessoas lá sabiam algo sobre tudo — todos eles conheciam os seus bits e partes. Conseguir uma grande idéia é sempre difícil.

Como nada estava instrumentado, nem mesmo um pouco, tínhamos que usar as ferramentas relacionadas acima para experimentar e isolar o problema. SQL_TRACE não mostrou nada óbvio (na verdade, mostrou que SQL estava executando bem). O perfilador não ofereceu quaisquer informações além do fato que PL/SQL estava executando bem. As tabelas V$ de desempenho dinâmico no banco de dados mostraram que estavam bem. Só podíamos usar essas ferramentas para provar que não era o banco de dados que estava causando a lentidão. Dessa vez, não podíamos usa-las para encontrar o problema. Ele estava fora do banco de dados, em algum lugar entre o browser e o banco de dados. Infelizmente, estava na esfera de JSPs, EJBs, Connection Pools e chamadas CORBA. A única coisa que podíamos fazer era instrumentar o código para encontrar qual era a parte lenta. Não era como se tivéssemos um único programa que podíamos executar em um depurador, como nos 'velhos tempos'. Tínhamos dúzias de bits e partes de código aqui e lá, ligadas em uma rede — aqueles bits e partes de código tinham que nos dizer qual delas estava lenta.

Finalmente descobrimos — era uma chamada em CORBA para um sistema herdado que tinha que ser feita quase que em cada página. Simplesmente criando arquivos de registro com carimbos de tempo fomos capazes de isolar esse problema. Afinal, nem mesmo era um problema de banco de dados, restando um problema de aplicativo, mas ainda éramos muito mal vistos pelo usuário final. Eles realmente não se importavam *de quem* era o código ruim; apenas estavam aborrecidos com a demora de semanas em descobrir isso.

Como você instrumenta, varia de acordo com a linguagem escolhida. Por exemplo, em PL/SQL uso um pacote personalizado desenvolvido, DEBUG. Ele usa um mecanismo de registro padronizado para criar um arquivo de registro para qualquer rotina PL/SQL. 'Desarrumamos' nosso código com chamadas a debug.f, assim:

```
create function foo . . .
as
    . . .
begin
    debug.f ( 'Enter procedure foo' );
    if ( some_condition ) then
        l_predicate := 'x=1';
    end if;

    debug.f( 'Going to return the predicate "%s" ', l_predicate );
    return l_predicate;
end;
```

e ele criou entradas de registro, como esta, para nós:

```
011101 145055 ( FOO,  6) Enter procedure foo
011101 145056 ( FOO, 11) Going to return the predicate "x=1"
```

Automaticamente, ele acrescentou a data (01/11/2001) e o horário (14:50:55) ao registro, além do procedimento/pacote que o chamou e o número de linha. Temos a habilidade de ativar e desativar o controle de qualquer módulo ou conjunto de módulos. Essa não é apenas uma ferramenta útil, mas também podemos buscar os arquivos de rastreio e ver imediatamente o que está demorando. Daremos uma outra olhada nesse utilitário DEBUG no Capítulo 21, onde o usamos pesadamente.

Se cada aplicativo e cada parte dele tiver tal facilidade, descobrir onde começar a procurar por problemas relativos a desempenho seria, no mínimo, mais fácil. Em um sistema não instrumentado, é muito parecido a procurar agulha no palheiro. Pode até ser pior; pelo menos com a agulha em um palheiro você não tem muitas pessoas com noções preconcebidas de que, inicialmente, o problema o está levando a caminhos errados.

Em resumo, todos os componentes de aplicativo, mesmo aqueles não de banco de dados, precisam ser instrumentados, especialmente no ambiente de hoje, em que você não tem um aplicativo de cliente individual falando com um servidor individual. Com a explosão de aplicativos baseados na web, particularmente aqueles que usam arquiteturas complexas, distribuídas, determinar *onde* estão os problemas é infinitamente mais difícil do que corrigi-los. Instrumentando seu código desde o início, você estará praticando a técnica de boa defesa para problemas que surgirão com o tempo. Posso garantir que você nunca se arrependerá de ter instrumentado; só se arrependerá se não o fizer.

Recomendo que você deixe esse código instrumentado como está para a produção. *Não o remova para a produção.* É onde ele é mais útil! Minha abordagem tem sido implementar um corpo de pacote DEBUG vazio (um onde todas as funções retornam imediatamente). Desse modo, se eu precisar gerar um rastreio, simplesmente coloco o corpo de pacote DEBUG real nele, rastreio o que preciso e depois coloco de volta o vazio. Remover o código da produção 'por razões de desempenho' prevenirá a sua utilidade. Considere o próprio banco de dados — considerando uma miríade de *eventos*, o suporte de Oracle pode deduzir uma grande quantidade de diagnóstico de dados a partir da produção de seu banco de dados — os desenvolvedores de kernel reconhecem que o custo de *não* ter o código de rastreio no código de produção sobrecarrega muito mais do que qualquer possível código extra.

StatsPack

Até agora, vimos as ferramentas que são úteis para sintonizar um aplicativo, SQL_TRACE, DBMS_PROFILER, código de instrumentação –todas são ferramentas de sintonização em termos de aplicativo. Quando acreditamos ter um aplicativo funcionando tão bem quanto ele pode, também devemos olhar toda a cópia do banco de dados e ver quão bem ela está se saindo. Isso é onde os deveres de trabalho entre o DBA e o desenvolvedor começam a se sobrepor e embaçar um pouco. O DBA pode encontrar a causa da lentidão, mas será o desenvolvedor que precisará corrigi-lo, em muitos casos. Nesse ponto, trabalhar em conjunto é obrigatório.

No início, as ferramentas que se podiam usar eram chamadas de UTLBSTAT e UTLESTAT (início de estatísticas e fim de estatísticas). O script UTLBSTATS faria uma tomada do desempenho de muitas tabelas V$. Posteriormente, UTLESTAT criaria um relatório baseado nos valores 'antes' e 'depois', nas tabelas V$. Então, as estatísticas seriam 'varridas' e você ficaria com um simples relatório de texto para rever. Começando com Oracle8i, BSTAT/ESTAT foram, formalmente, substituídas pelo conjunto de utilitários **StatsPack** (pacote de estatísticas). Esse é um conjunto de ferramentas muito mais robusto do que BSTAT/ESTAT jamais foi. A nova peça mais importante de funcionalidade é a habilidade de ter uma história das tabelas V$ armazenada para você. Isto é, em vez de varrer as estatísticas depois da geração de um relatório, StatsPack permite que você salve os dados e gere os relatórios à vontade, posteriormente. Com BSTAT/ESTAT, por exemplo, seria impossível gerar um relatório todos os dias, durante uma semana, e um relatório que cobrisse cada hora de cada dia, durante a semana. Com StatsPack, posso simplesmente ajustá-lo para coletar estatísticas a cada hora (dificilmente causando qualquer impacto perceptível em meu sistema) e depois gerar relatórios que comparam quaisquer dois, entre os 'instantâneos'. Dessa forma, posso criar um relatório para cobrir qualquer hora, bem como qualquer dia.

Além da flexibilidade de relatório, StatsPack é mais compreensivo no que se refere à exibição de dados. Nesta seção, o que eu gostaria de fazer é cobrir como instalar StatsPack, como coletar dados e, mais importante, como ler o relatório resultante.

Configuração de StatsPack

StatsPack é projetado para ser instalado quando conectado como INTERNAL ou, mais apropriadamente, como SYSDBA (CONNECTSYS/CHANGE_ON_INSTALL AS SYSDBA), embora ele execute um CONNECT INTERNAL. Para instalar, você precisa ser capaz de realizar tal operação. Em muitas instalações, essa será uma tarefa que você precisará pedir ao DBA ou o administrador para fazer.

Quando você tiver a habilidade de conectar INTERNAL, instalar StatsPack será trivial. Simplesmente, você executará statscre.sql em 8.1.6 ou spcreate.sql em 8.1.7, que serão encontrados em [ORACLE_HOME]\rdbms\admin quando conectado como INTERNAL, através de SQL*PLUS. Ele se pareceria algo com:

```
C:\oracle\RDBMS\ADMIN>sqlplus internal

SQL*PLUS: Release 8.1.6.0.0 - Production on Sun Mar 18 11:52:32 2001

(c) Copyright 1999 Oracle Corporation. All rights reserved.

Connected to;
Oracle8i enterprise Edition Release 8.1.6.0.0 - Production
With the Partitioning option
JServer Release 8.1.6.0.0 - Production

sys@TKYTE816> @statscre
. . . Installing Required Packages
```

Você precisará conhecer três partes de informações antes de executar o script statscre.sql. São elas:
- ❏ O espaço de tabela padrão que será criado para o usuário PERFSTAT.
- ❏ O espaço de tabela temporário para aquele usuário.
- ❏ O nome do espaço de tabela onde você gostaria que os objetos StatsPack fossem criados. Você não será solicitado a dar isso em 8.1.7, apenas em 8.1.6. Esse espaço de tabela precisa ter espaço suficiente para cerca de 60 extensões (portanto, o tamanho de que você precisa depende do tamanho padrão de sua extensão inicial).

Esse script pedirá as informações à medida que executar. No caso de você cometer um erro de digitação ou cancelar inadvertidamente a instalação, deve usar spdrop.sql (8.1.7 e superior) ou stastdrp.sql (8.1.6 e anterior) para remover o usuário e vistas instaladas, antes de tentar uma outra instalação de StatsPack. A instalação StatsPack criará três arquivos .lis (cujos nomes serão exibidos durante a instalação). Você deve revê-los em busca de quaisquer erros que possam ter ocorrido. Porém, eles devem instalar bem, desde que você tenha fornecido nomes válidos de espaço de tabela (e ainda não tenha um usuário PERFSTAT).

Agora que StatsPack está instalado, tudo o que precisamos fazer é coletar pelo menos dois pontos de dados. A maneira mais simples de fazer isso é usar o pacote STATSPACK, agora de propriedade de PERFSTAT, como a seguir:

```
perfstat@DEV2.THINK.COM> exec statspack.snap

PL/SQL procedure successfully completed.
```

Agora, só precisamos esperar um pouco, deixar o sistema executar 'normalmente' e depois fazer um outro instantâneo. Quando tivermos coletado dois pontos de dados, executar um relatório será bem fácil. O script statsrep.sql (8.1.6) ou spreport.sql (8.1.7) está disponível para ser executado com esse objetivo. Ele é um script SQL*PLUS destinado a ser executado quando conectado como PERFSTAT (cuja senha, por padrão, é PERFSTAT — o que deve ser mudado imediatamente depois da instalação). O formato de relatório entre as versões 8.1.6 e 8.1.7 mudou ligeiramente, e como prefiro o formato 8.1.7 ao formato 8.1.6, será esse relatório que executaremos. Para executá-lo, simplesmente processaremos:

```
perfstat@ORA8I.WORLD> @spreport

DB Id         DB Name              Inst Num     Instance
-----         -------              --------     --------
4080044148    ORA8I                       1     ora8i

Completed Snapshots

Instance      DB Name       Snap Id    Snap Started         Snap Level    Comment
--------      -------       -------    ------------         ----------    -------
ora8i         ORA8I              1     18 Mar 2001 12:44        10
                                 2     18 Mar 2001 12:47        10

Specify the Begin and End Snapshot Ids
~~~~~~~~~~~~~~~~~~~~~~~~~~~~~~~~~~~~~~
Enter value for begin_snap:
```

Fomos apresentados a uma lista de pontos de dados que coletamos e seremos solicitados para pegar quaisquer dois, para comparar. Depois, será gerado um nome de relatório padrão e deveremos aceitá-lo ou fornecer um novo nome. O relatório será gerado. A seguir, vemos a versão 8.1.7 de um relatório StatsPack, seção por seção, com comentários descrevendo o que busca pelo quê e como interpretar esses resultados.

```
STATSPACK report for
DB Name        DB Id            Instance       Inst Num    Release       OPS     Host
-------        -----            --------       --------    -------       ---     ----
ORA8I          4080044148       ora8i                 1    8.1.6.2.0     NO      aria

               Snap Id          Snap Time                  Sessions
               -------          ---------                  --------
Begin Snap:          1          18-Mar-01 12:44:41               22
End Snap:            3          18-Mar-01 12:57:23               22
Elapsed:                             12.70 (mins)

Cache Sizes
-----------
         db_block_buffers:          16384              log_buffer:            512000
         db_block_size:              8192         shared_pool_size:        102400000
```

A primeira parte do relatório é puramente informativa. Ela mostra em qual banco de dados esse relatório foi gerado, incluindo o DB Name e DB Id, que devem ser únicos em seu ambiente. A variável Instance é o Oracle SID do banco de dados. Essas três porções de dados devem ajudá-lo a identificar exatamente a partir de qual banco de dados foi gerado o relatório. Esse era um dos problemas com os antigos relatórios BSTAT/ESTAT — não mostravam essas informações de identificação. Mais de uma vez recebi um relatório para criticar, mas descobriu-se que o relatório não estava executando no servidor com o problema. Isso nunca aconteceria de novo. Aqui, as outras informações são informações precisas; sobre onde esses pontos de dados foram coletados e quão separados eles estavam. É surpreendente para muitos que os pontos de dados não precisem estar muito separados uns dos outros — o relatório acima cobre uma janela de 13 minutos. Eles só precisam se expandir para uma faixa normal de atividade. Um relatório StatsPack gerado com uma janela de 15 minutos é tão válido quanto um com janela de uma hora (ou até com uma estrutura de tempo maior). De fato, à medida que a janela fica maior, pode ser mais difícil chegar a conclusões definitivas, em virtude dos dados brutos numéricos. Por fim, nesta seção, vemos algumas informações de configuração de alto nível para o servidor. Os principais componentes da SGA estão visíveis para revisão:

```
Load Profile                    Per Second          Per Transaction
------                          ---------           ---------------
           Redo size:            5.982,09             13.446,47
       Logical reads:            1.664,37              3.741,15
       Block changes:               17,83                 40,09
       Physical reads:              15,25                 34,29
      Physical writes:               5,66                 12,73
          User calls:                3,28                  7,37
              Parses:               16,44                 36,96
         Hard parses:                0,17                  0,37
               Sorts:                2,95                  6,64
              Logons:                0,14                  0,32
            Executes:               30,23                 67,95
        Transactions:                                      0,44
```

Esta seção mostra muitas informações em uma quantidade de espaço muito pequena. Podemos ver quanto REDO é gerado, na média, a cada segundo e em cada transação. Aqui, posso ver que gerei cerca de 5 a 6 KB de redo por segundo. Minha transação média gera apenas 13 KB de redo. O próximo bit de informações tem a ver com as I/Os lógicas e físicas. Posso ver que cerca de um por cento de minhas leituras lógicas resultaram em I/O físicas — isso é muito bom. Também posso ver que minhas transações fazem na média quase 4.000 leituras lógicas, o que é mais alto ou não depende do tipo de sistema que você tem. No meu caso, existem apenas alguns grandes trabalhos de apoio sendo executados, portanto uma contagem alta de leitura é aceitável.

Agora, as informações realmente importantes: minhas estatísticas relativas à análise. Aqui posso ver que faço cerca de 16 análises por segundo e cerca de 0,17 delas são análises difíceis (aquela SQL ainda não existia). A cada seis segundos ou algo assim, meu sistema está analisando um bit de SQL pela primeira vez. Isso não é ruim. No entanto, eu iria preferir uma contagem de zero nessa coluna, em um sistema refinado que estivesse executando por alguns dias. Toda SQL estaria na combinação compartilhada depois de algum ponto no tempo.

```
   % Blocks changed per Read:    1,07      Recursive Call %:       97,39
   Rollback per transaction %:   0,29.       Rows per Sort:       151,30
```

A seção seguinte, acima, exibe alguns números interessantes. O % Blocks Changed per Read (% de blocos alterados por leitura) nos mostra que, nesse caso, 99 por cento das leituras lógicas que fazemos são em blocos apenas de *leitura*, não atualizados. Esse sistema só atualiza cerca de um por cento dos blocos recuperados. A Recursive Call % é muito alta — mais de 97 por cento. Isso não significa que 97 por cento da SQL executada em meu sistema é devido a 'gerenciamento de espaço' ou análise. Se você lembrar de nossa análise do arquivo de rastreio, anteriormente, de SQL_TRACE, SQL executar de PL/SQL é considerado 'SQL repetida'. No meu sistema, virtualmente, tudo funciona usando PL/SQL em vez de mod_plsql (um módulo de servidor web Apache) e um trabalho de apoio ocasional, tudo é escrito em PL/SQL no meu sistema. Nesse caso, eu ficaria surpreso se Recursive Call % fosse baixa.

A porcentagem de transações que retornaram (Rollback per transaction %) é muito baixa, o que é uma coisa boa. Retornar é extremamente caro. Primeiro fizemos o trabalho, que foi caro. Depois, desfizemos o trabalho e, de novo, isso é caro. Fizemos muito trabalho para nada. Você descobre que a maioria das suas transações retorna, está gastando tempo demais fazendo trabalho e desfazendo-o imediatamente. Você deve investigar *por que* retorna tanto e como pode refazer seu aplicativo para evitar aquilo. No sistema reportado, uma em cada 345 transações resultou em retorno — isso é aceitável.

```
Instance Efficiency Percentages (Target 100%)
---------------------------------------------
           Buffer Nowait %:   100,00      Redo NoWait %:      100,00
             Buffer Hit  %:    99,08    In-memory Sort %:      99,60
            Library Hit  %:    99,46       Soft Parse %:      99,99
         Execute to Parse %:    45,61       Latch Hit %:     100,00
Parse CPU to Parse Elapsed %:    87,88    % Non-Parse CPU:    100,00
```

Em seguida, temos a Instance Efficiency Percentages. Aqui, elas declaram que o objetivo está 100 por cento, e isso é praticamente verdade. Creio que uma exceção àquilo é a razão Execute to Parse, uma medida de quantas vezes uma declaração foi executada, em oposição a ser analisada. Em um sistema onde analisamos, depois executamos a declaração e nunca mais o executamos na mesma sessão, essa razão será zero. O acima mostra que, em cada análise, eu tive cerca de 1,8 execuções (quase duas para uma razão). Dependerá da essência do sistema se isso é bom ou ruim. Em meu sistema, em especial, usamos mod_plsql para fazer todos os nossos aplicativos. Uma sessão é criada, um procedimento armazenado é executado, uma página web é formada e a sessão é destruída. A menos que executemos exatamente a mesma SQL muitas vezes em um único procedimento armazenado, nossa execução para analisar a razão será baixa. Por outro lado, se eu tivesse um cliente servidor ou uma conexão posicionada para o banco de dados (talvez através de uma interface servlet), iria esperar que essa razão fosse muito mais próxima do objetivo de 100 por cento. No entanto, entendo que, dada a arquitetura que estou usando, conseguir uma execução extremamente alta para analisar a razão não é algo que possa fazer.

Na minha cabeça, as razões mais importantes são as razões de análise — elas chamam imediatamente minha atenção. A razão da análise suave é a razão de quantas análises *suaves* versus *difíceis* fazemos. 99 por cento das análises nesse sistema são análises *suaves* (reutilizadas da combinação compartilhada). Isso é bom. Se virmos uma razão baixa de análise suave, isso será uma indicação de um sistema que não usou ligação de variáveis. Eu iria esperar ver uma razão muito alta nesse campo, independente das ferramentas ou técnicas usadas. Um número baixo indica que você está desperdiçando recursos e introduzindo contenção. O próximo número a olhar é o Parse CPU to Parse Elapsed (análise de CPU para análise de intervalo). Aqui, mostro cerca de 88 por cento. Isso é um pouco baixo; eu deveria trabalhar nisso. Nesse caso, em cada segundo de CPU gasto analisando, gastamos cerca de 1,13 segundos de tempo no relógio de parede, o que significa que gastamos algum tempo esperando por um recurso — se a razão fosse de 100 por cento, significaria que o tempo de CPU era igual ao intervalo de tempo e que processamos sem quaisquer esperas. Finalmente, quando vemos Non-Parse CPU (CPU não analisada), essa é uma comparação de tempo gasto fazendo trabalho real contra tempo gasto analisando consultas. O relatório computa essa razão com round(100*1-(PARSE_CPU/TOT_CPU), 2). Se TOT_CPU for muito alto comparado ao PARSE_CPU (como deveria ser), essa razão estará bem perto de 100 por cento, como está a minha. Isso é bom e indica que a maioria do trabalho feito pelo computador foi trabalho feito para *executar* as consultas, não para *analisá-las*.

No todo, olhando para a seção acima, minha recomendação seria reduzir ainda mais as análises difíceis. Obviamente, há um par de declarações que ainda não está usando ligação de variáveis em algum lugar no sistema (a cada seis segundos é introduzida uma nova consulta). Isso reduziria o número total de análises feitas, pois uma análise *difícil* tem que fazer muito da própria SQL repetida. Simplesmente removendo uma única chamada de análise difícil, reduziremos o número de análises suaves que também fazemos. Tudo o mais naquela seção pareceu aceitável. A primeira seção que acabamos de rever é a minha parte preferida do relatório StatsPack — olhando rapidamente, ele dá uma boa visão geral da 'saúde' relativa de seu sistema. Agora, no restante do relatório:

```
Shared Pool Statistics          Begin       End
                                ----        ----
          Memory Usage %:       75,03       75,26
   % SQL with executions>1:     79,18       78,72
   % Memory for SQL w/exec>1:   74,15       73,33
```

Esse pequeno fragmento nos dá alguma visão interna da utilização de nossa combinação compartilhada. Os detalhes mostrados acima são:

- ❏ Memory Usage — A porcentagem da combinação compartilhada em uso. Esse número deve estabilizar com o tempo da faixa de menos de 90 por cento para a média de 70 por cento. Se a porcentagem for baixa demais, você estará desperdiçando memória. Se for muito alta, você estará amadurecendo componentes fora da combinação compartilhada e isso levará SQL a ter análise difícil, se for novamente executada. Em um sistema de dimensão certa, o seu uso de combinação compartilhada ficará na faixa entre 75 e menos de 90 por cento.

- ❏ SQL with executions>1 — É uma medida de quantas declarações SQL foram encontradas na combinação compartilhada executada mais de uma vez. Esse número precisa ser considerado cuidadosamente em um sistema que tende a executar em ciclos, onde um conjunto diferente de SQL é executado durante uma parte do dia versus outro (por exemplo, OLTP durante o dia, DSS à noite). Você terá algumas declarações SQL em sua combinação compartilhada, durante o tempo observado, que não foram executadas, apenas porque os processos que deveriam executá-las não o fizeram durante o período de observação. Só se o sistema executar o trabalho de conjunto de SQL continuamente, esse número será próximo a 100 por cento. Aqui, mostro que quase 80 por cento da SQL em minha combinação compartilhada foi usada mais de uma vez na janela de 13 minutos de observação. Os restantes 20 por cento provavelmente já estavam lá — meu sistema não tinha motivo para executá-los.

❑ **Memory for SQL w/exec>1** — É uma medida do consumo da memória pela SQL que você usa com freqüência, comparada com a SQL que você não usa com freqüência. Em geral, esse número será bem próximo à porcentagem de SQL com execuções maiores que um, a menos que você tenha algumas consultas que tomem uma quantidade incomum de memória. A utilidade desse valor em particular é questionável.

Em geral, você iria querer ver em torno de 75 a 85 por cento da combinação compartilhada usada com o tempo, em uma posição estável. A porcentagem de SQL com execuções maiores que um deve estar próximo de 100 por cento, se o tempo de janela do relatório StatsPack for grande o bastante para cobrir todos os seus ciclos. Essa é uma estatística que é afetada pelo tempo de duração entre as observações. Você deve esperar que ela aumente na mesma medida que o tempo entre as observações.

Agora, na próxima seção:

```
Top 5 Wait Events
- - - - - - - - -
                                                        Wait        % Total
Event                                     Waits       time (cs)     WT Time
- - - - - - - - - - - - - - - - - - - -   - - - - -   - - - - -    - - - - -
SQL*Net more data from dblink              1,861         836          35,86
control file parallel write                  245         644          27,63
log file sync                                150         280          12,01
db file scattered read                     1,020         275          11,80
db file sequential read                      483         165           7,08
         - - - - - - - - - - - - - - - - - - - - - - - - -
Wait Events for DB: ORA8I Instance: ora8i Snaps: 1 -3
-> cs - centisecond - 100th of a second
-> ms - millisecond - 1000th of a second
-> ordered by wait time desc, waits desc (idle events last)
```

Aqui está a sua 'fruta pendendo baixo', os eventos que estão tornando você mais lento do que qualquer outra coisa. A primeira etapa é olhar o Wait Time e ver se vale à pena perder seu tempo se preocupando em sintonizar algo com base neles. Por exemplo, gastei 8,36 segundos em um período de tempo de 13 minutos esperando por dados de um dblink. Isso vale o meu tempo para investigar e 'corrigir'? Nesse caso, eu diria que não, a média de espera foi de 0,004 segundos. Além do mais, sei que tenho executando um processo de apoio que está fazendo uma grande operação em um link de banco de dados; o tempo de espera é muito pequeno, considerando tudo.

Assim, suponha que eu tenha alguma coisa que precise de atenção. Aqui, o que é preciso fazer primeiro é descobrir o que significam os eventos. Por exemplo, se você buscar 'log file sync' no Manual de Referência do Oracle, descobrirá que isso é:

> *Quando uma sessão usuário COMMITs, as informações de redo da sessão precisam ser fluidas para o arquivo de registro de redo. A sessão usuário encaminhará o LGWR para escrever o buffer de registro para o arquivo de registro de redo. Quando LGWR tiver terminado de escrever, ele será encaminhado à sessão usuário.*
>
> **Tempo de espera**: *O tempo de espera inclui a escrita do buffer de registro e o encaminhamento.*

Agora que entendo o que é espera, devo tentar uma forma de fazê-lo 'ir embora'. No caso de uma sincronização de arquivo de registro, isso significa sintonizar LGWR; basicamente, para que a espera termine você precisa fazer os discos irem mais depressa, gerar menos redo, reduzir a contenção dos discos de registro e assim por diante. Descobrir o evento de espera é uma coisa, fazê-lo desaparecer é outra. Há cerca de mais de 200 eventos que são temporizados em Oracle — nenhum deles, realmente, tem uma solução curta e seca 'faça isso e eles desaparecerão'.

Algo a ter em mente é que você *sempre* estará esperando por alguma coisa. Se remover um bloqueio, surgirá outro. Nunca conseguirá que essa lista de grandes eventos de espera desapareça — sempre terá alguns. Se descobrir que você está sempre 'sintonizando para ir o mais rápido possível', nunca terminará. Sempre é possível fazer o sistema ir um por cento mais depressa, mas a quantidade de trabalho e de tempo que precisa gastar para conseguir aquele um por cento aumentará muito com o tempo. Sintonizar é algo que precisa ser feito com um objetivo em mente, um ponto final. Se você não pode dizer 'terei terminado quando X for real' e X for algo que possa ser medido, você estará perdendo tempo.

A próxima seção no relatório:

```
Wait Events  for DB: ORA8I Instance: ora8i Snaps:   1 -3
-> cs - centisecond - 100th of a second
-> ms - millisecond - 1000th of a second
-> ordered by wait time desc, waits desc (idle events last)
```

Event	Waits	Timeouts	Total Wait Time (cs)	Avg wait (ms)	Waits /txn
SQL*Net more data from dblin	1.861	0	836	4	5,5
control file parallel write	245	0	644	26	0,7
log file sync	150	0	280	19	0,4
db file scattered read	1.020	0	275	3	3.0
db file sequential read	483	0	165	3	1,4
control file sequential read	206	0	44	2	0,6
SQL*Net message from dblink	51	0	35	7	0,2
refresh controlfile command	21	0	28	13	0,1
log file parallel write	374	0	14	0	1,1
latch free	13	10	3	2	0,0
SQL*Net more data to client	586	0	2	0	1,7
single-task message	1	0	2	20	0,0
direct path read	716	0	1	0	2,1
direct path write	28	0	1	0	0,1
file open	28	0	1	0	0,1
SQL*Net message to dblink	51	0	0	0	0,2
db file parallel write	24	0	0	0	0,1
LGWR wait for redo copy	3	0	0	0	0.0
file identity	1	0	0	0	0.0
SQL*Net message from client	2.470	0	1.021.740	4137	7,3
virtual circuit status	25	25	76.825	30730	0,1
pipe get	739	739	76.106	1030	2,2
SQL*Net more data from client	259	0	3	0	0,8
SQL*Net message to client	2.470	0	0	0	7,3

mostra todos os eventos de espera que aconteceram para clientes do banco de dados na janela de medida. Além do que estava disponível no relatório Top 5, ele mostra a média de tempo de espera em milhões de segundos e quanto tempo uma transação esperou nele. Você pode usar isso para identificar eventos de espera relevantes. Nessa listagem, eu diria que há muitos eventos que simplesmente devem ser ignorados. Por exemplo, a mensagem do cliente SQL*Net — ignore-a em sistemas onde o cliente tem tempo de pensar. Ela representa o tempo que o cliente ficou lá e não pediu ao banco de dados para fazer algo (por outro lado, se você vir isso durante um carregamento de dados –o cliente não está alimentando o banco de dados rápido o suficiente e indica um problema). Porém nesse caso, significa apenas que o cliente estava conectado e não fez qualquer solicitação. O cabeçalho do relatório observa que idle events last. Tudo da mensagem do cliente SQL*Net para baixo é um evento 'idle', algum processo estava aguardando orientação para fazer alguma coisa. Em sua maioria, ignore-os.

```
Background Wait Events for DB: ORA8I Instance: ora8i Snaps: 1 -3
-> ordered by wait time desc, waits desc (idle events last)

                                                            Avg
                                              Total Wait   wait    Waits
Event                         Waits  Timeouts  Time (cs)   (ms)    /txn
---------------------------   -----  --------  ---------   -----   -----
control file parallel write     245         0        644      26     0,7
control file sequential read     42         0         25       6     0,1
log file parallel write         374         0         14       0     1,1
db file parallel write           24         0          0       0     0,1
LGWR wait for redo copy           3         0          0       0     0,0
rdbms ipc message             1.379       741    564.886    4096     4,1
smon timer                        3         3     92.163  ######     0,0
pmon timer                      248       248     76.076    3068     0,7
```

A seção acima do relatório StatsPack mostra os eventos de espera que ocorreram nos processos 'de fundo' do banco de dados (DBWR, LGWR e assim por diante). Novamente, esperas ociosas estão listadas embaixo no relatório e geralmente devem ser ignoradas. São úteis para sintonização em termos de cópia, para descobrir quais processos de fundo estão aguardando. É fácil para você determinar o que está mantendo sua sessão ativa, fizemos isso muitas vezes nos exemplos sobre ligação de variáveis e em outros locais, consultando V$SESSION_EVENT. Esse fragmento de relatório mostra os eventos de espera para os processos de fundo quase da mesma forma que os mostramos em nossa sessão individual.

```
SQL ordered by Gets for DB: ORA8I Instance: ora8i Snaps: 1 -3
-> End Buffer Gets Threshold: 10000
-> Observe que recursos relatados para PL/SQL incluem os recursos usados por todas
   as declarações SQL chamadas dentro do código PL/SQL. Como declarações SQL
   individuais também são relatadas, é possível e válido que a % total exceda 100

   Buffer Gets    Executions   Gets per Exec   % Total    Hash Value
   -----------    ----------   -------------   -------    ----------
       713.388             1       713.388.0      56.2    1907729738

BEGIN sys.sync_users.do_it; END;

       485.161             1       485.161.0      38,3    1989876028
SELECT DECODE(SA.GRANTEE#,' 'PUBLIC', U1.NAME) "GRANTEE',U2.NAME
"GRANTED_ROLE', DECODE(OPTION$,1, 'YES', 'NO' ) "ADMIN_OPTION" FRO
M SYSAUTH$@ORACLE8.WORLD SA, DEFROLE$@ORACLE8.WORLD UD.USER$@ORAC
LE8.WORLD U1, USER$@ORACLE8.WORLD U2 WHERE SA.GRANTEE# = UD.USER
# (+)  AND SA.PRIVILEGE# = UD.ROLE# (+0 AND U1.USER# = SA.G

       239.778             2       119.889,0      18.9     617705294
BEGIN statspack.snap(10); END;
         . . .
```

Esta seção do relatório mostra nossa 'TOP' SQL. Nessa seção do relatório, a SQL é organizada por Buffer Gets, em outras palavras, quantas I/Os lógicas são feitas. Conforme observado no comentário no alto, a obtenção de buffer para uma unidade PL/SQL inclui a obtenção de buffer para *toda* SQL executada pelo bloco de código. Portanto, com freqüência você verá procedimentos PL/SQL no alto dessa lista, visto que o total das declarações individuais executadas pelo procedimento armazenado é somado.

Nesse exemplo em particular, posso ver que havia uma rotina PL/SQL sync_users.do_it. Atinjo quase três quartos de um milhão de buffers de bloco nessa única execução. Se aquilo é ou não ruim não está claro a partir desse relatório. A única coisa que esse relatório pode fazer é relatar os fatos — ele não faz julgamentos com base neles. Nesse caso, sei que sync_users é um grande trabalho de lote que está sincronizando os dicionários de dados em dois bancos de dados, garantindo que um usuário criado em um banco de dados seja criado no outro, e que todas as funções e senhas sejam iguais na sincronização. Eu esperava que isso fosse ser maior — afinal, esse é o trabalho que estava aguardando no evento de espera dblink, também observado acima.

```
SQL ordered by Reads for DB: ORA8I Instance: ora8i Snaps: 1 -3
-> End Disk Reads Threshold:  1000

   Physical Reads      Executions     Reads per Exec    % Total    Hash Value
   --------------      ----------     --------------    -------    ----------
            8.484               1            8.484,0       73,0    1907729738

BEGIN sys.sync_userd.do_it; END;

            2.810               2            1.405,0       24,2     617705294
BEGIN statspack.snap(10); END;
      ...
```

Esta próxima seção é muito semelhante à acima, mas em vez de relatar sobre I/O lógicas, está relatando sobre I/O físicas. Está mostrando a SQL que incorre na maioria das atividades de *leitura* no sistema, as I/O físicas. Há consultas e processos que você pode querer olhar, se estiver fazendo ligação de I/O. A rotina sync_users pode precisar de um pouco de sintonização — de longe, ela é a maior consumidora de recursos de disco nesse sistema em especial.

```
SQL ordered by Executions for DB: ORA8I Instance: ora8i Snaps: 1 -3
-> End Executions Threshold:  100

   Executions     Rows Processed     Rows per Exec    Hash Value
   ----------     --------------     -------------    ----------
        2.583                  0               0.0    4044433098
SELECT TRANSLATE_TO_TEXT FROM WWV_FLOW_DYNAMIC_TRANSLATIONS$
WHERE TRANSLATE_FROM_TEXT = :b1 AND TRANSLATE_TO_LANG_CODE = :b
2

        2.065              2.065               1.0    2573952486
SELECT DISPLAY_NAME FROM WWC_PEOPLE_LABEL_NAMES WHERE LABEL_N
AME = :b1
```

Essa parte do 'TOP' SQL de relatório nos mostra a SQL que foi mais executada durante esse período de tempo. Isso pode ser útil para isolar algumas consultas executadas com muita freqüência, para ver se há alguma maneira de mudar a lógica, evitar ter que executá-las com tanta freqüência. Talvez uma consulta esteja sendo executada dentro de um loop e poderia ser executada fora — a simples mudança de algoritmo pode ser feita para reduzir a quantidade de vezes que você precisa executar tal consulta. Ainda que ela execute rapidamente, às cegas, qualquer coisa que seja executada milhões de vezes começará a consumir uma grande porção de tempo.

```
SQL ordered by Version Count for DB: ORA8I  Instance: ora8i Snaps: 1 -3
-> End Version Count Threshold:  20

Version
  Count      Executions     Hash Value
  -----      ----------     ----------
     21             415      451919557
SELECT SHORTCUT_NAME,IDFROM WWV_FLOW_SHORTCUTS  WHERE FLOW_ID
= :b1 AND (:b2 IS NULL  OR SHORTCUT_NAME = :b2 ) AND NOT EXIST
S (SELECT 1  FROM WWV_FLOW_PATCHES  WHERE FLOW_ID = :b1 AND I
D = BUILD_OPTION  AND PATCH_STATUS = 'EXCLUDE' )  ORDER BY SHORT
CUT_NAME,SHORTCUT_CONSIDERATION_SEQ
```

```
         21        110    1510890808
SELECT DECODE(:b1,1,ICON_IMAGE,2,ICON_IMAGE2,3,ICON_IMAGE3) ICON
_IMAGE,DECODE(:b1,1,ICON_SUBTEXT,2,ICON,SUBTEXT2,3,ICON_SUBTEXT3
) ICON_SUBTEXT,ICON_TARGET,ICON_IMAGE_ALT,DECODE(:b1,1,ICON_HEIG
HT,2,NVL(ICON_HEIGHT2,ICON_HEIGHT),3,NVL(ICON_HEIGHT3,ICON_HEIGH
T)) ICON_HEIGHT,DECODE(:b1,1,ICON_WIDTH,2,NVL(ICON_WIDTH2,ICON_H
```

Esse relatório mostra a SQL organizada por quantas versões da SQL aparecem na combinação compartilhada. Há muitas razões pelas quais há mais de uma versão da mesma declaração SQL exata, na combinação compartilhada. Algumas das causas principais são:

- Diferentes usuários submetem a mesma SQL, mas na verdade, diferentes tabelas serão acessadas.
- A mesma consulta é executada com um ambiente radicalmente diferente, por exemplo, o objetivo do otimizador é diferente.
- Fine Grained Access Control está sendo usado para reescrever a consulta. Cada versão na combinação compartilhada, de fato, é uma consulta muito diferente.
- O cliente usa diferentes tipos/comprimentos de dados na ligação de variáveis — um programa liga uma string de caracteres de comprimento 10 e outro liga uma string de caracteres de comprimento 20 — isso também resultará em uma nova versão da declaração SQL.

O exemplo a seguir mostra como você pode conseguir muitas versões da mesma consulta SQL na combinação compartilhada. Começamos fluindo a combinação compartilhada para remover todas as declarações, depois teremos três versões da mesma consulta carregadas lá:

```
tkyte@TKYTE816> connect tkyte/tkyte

tkyte@TKYTE816> alter system flush shared_pool;

System altered.

tkyte@TKYTE816> select * from t where x = 5;

no rows selected

tkyte@TYTE816> alter session set optimizer_goal=first_rows;

Session altered.

tkyte@TKYTE816> select * from t where x = 5;

no rows selected

tkyte@TKYTE816> connect scott/tiger

scott@TKYTE816> select * from t where x = 5;

no rows selected

scott@TKYTE816> connect tkyte/tkyte

tkyte@TKYTE816> select sql_text, version_count
    2       from v$sqlarea
    3       where sql_text like 'select * from t where x = 5%'
    4   /

SQL_TEXT                    VERSION_COUNT
----------------------      -------------
select * from t wher                    3
e x = 5
```

```
tkyte@TKYTE816> select loaded_versions, optimizer_mode,
  2                 parsing_user_id, parsing_schema_id
  3         from v$sql
  4     where sqp_text like 'select * from t where x = 5%'
  4  /

LOADED_VERSIONS   OPTIMIZER_    PARSING_USER_ID    PARSING_SCHEMA_ID
---------------   ----------    ---------------    -----------------
              1   CHOOSE                     69                   69
              1   FIRST_ROWS                 69                   69
              1   CHOOSE                     54                   54
```

Isso mostra por que temos múltiplas versões na combinação compartilhada. As primeiras duas estão lá, pois ainda que o mesmo ID de usuário as tenha analisado, elas foram analisadas em ambientes diferentes. Na primeira vez o objetivo do otimizador era CHOOSE, depois era FIRST ROWS. Como um modo diferente de otimizador pode resultar em um plano diferente, precisamos de duas versões daquela consulta. A última fileira está lá porque é uma consulta totalmente diferente; no entanto, o texto é igual. Essa consulta seleciona de SCOTT.T e não de TKYTE.T — no fim, é uma consulta totalmente separada.

Uma contagem de versão mais alta deve ser evitada pelo mesmo motivo que você deve usar ligação de variáveis e evitar análise suave em consultas, sempre que possível; você vai ter mais trabalho que o necessário. Às vezes, múltiplas versões de uma consulta precisam ser mantidas, especialmente quando ela é ocasionada por diferentes contas executando a mesma SQL em tabelas diferentes, como é o caso acima, com TKYTE.T e SCOTT.T. O outro caso, onde você tem diferentes ambientes ocasionando múltiplas versões, devem ser evitadas, sempre que possível.

No meu caso acima, as 21 versões foram ocasionadas por 21 contas diferentes de usuário analisando a mesma consulta em tabelas diferentes.

```
instance Activity Stats for DB: ORA8I  Instance: ora8i  Snaps: 1 -3

Statistic                        Total        per Second       per Trans
---------------------          --------       ----------       ---------
CPU used by this session      14.196,226        18.630,2        41.876,8
...
parse count (hard)                   127           0,2              0,4
parse count (total)               12.530          16,4             37,0
parse time cpu                        20           0,3              0,6
parse time elapsed                   231           0,3              0,7
...
sorts (disk)                           9           0,0              0,0
sorts (memory)                     2.242           2,9              6,6
sorts (rows)                     340.568         446,9          1.004,6
...
-----------------------------------------------
```

Essa parte do relatório, Instance Activity Stats, contém quantidades de números muito detalhados. Já vimos muitos desses números — eles foram usados para computar a razão e as estatísticas, no início do relatório. Por exemplo, buscando por parse count (hard) e (total), encontramos:

```
tkyte@TKYTE816> select round( 100 *(1-127/12530),2 ) from dual;

ROUND(100*(1-127/12530),2)
--------------------------
                     98,99
```

que é exatamente o nosso Soft Parse % do início do relatório. Ele detalhou os dados que foram usados para computar muitas das razões e resumos acima.

```
Tablespace IO Stats for DB: ORA8I Instance: ora8i Snaps: 1 -3
-> ordered by IOs (Reads + Writes) desc
Tablespace
------------
                  Av       Av       Av                  Av       Buffer    Av Buf
         Reads  Reads/s   Rd(ms)   Blks/Rd   Writes   Writes/s   Waits     Wt (ms)
        ------ -------- -------- --------- -------- ---------- --------- --------
TEMP
         1,221     2       0,0      2,3       628       1          0       0,0
...
File IO Stats for DB: ORA8I Instance: ora8i Snaps: 1 -3
-> ordered by Tablespace, File
Tablespace                       Filename
------------                     -----------------------------------

                  Av       Av       Av                  Av       Buffer    Av Buf
         Reads  Reads/s   Rd(ms)   Blks/Rd   Writes   Writes/s   Waits     Wt (ms)
        ------ -------- -------- --------- -------- ---------- --------- --------
DRSYS                            /d02/oradata/ora8i/drsys01.dbf
           14     0       7,9      2,4         0         0          0
```

Os dois relatórios acima são baseados em I/O. Geralmente, você estará buscando por uma distribuição par de leituras e escritas através dos dispositivos. Você irá querer descobrir quais arquivos devem ser 'quentes'. Quando seu DBA entender como os dados são lidos e escritos, ele poderá ser capaz de conseguir algum ganho de desempenho, distribuindo I/O mais igualmente pelos discos.

```
Buffer Pool Statistics for DB: ORA8I Instance: ora8i Snaps: 1 -3
-> Pools D: default pool, K: keep pool, R: recycle pool

                                  Free      Write    Buffer
        Buffer    Consistent    Physical   Physical   Buffer    Complete    Busy
  P      Gets       Gets         Reads     Writes    Waits      Waits      Waits
  -     ------    ----------    --------   --------  -------    --------   ------
  D     9.183      721.865       7.586       118        0          0         0
```

Se estivéssemos usando o recurso de combinação de múltiplos buffers, o acima nos mostraria a quebra de uso pela combinação de buffer. Como está, apenas reitera as informações que vimos no início do relatório.

```
Rollback Segment Stats for DB: ORA8I Instance: ora8i Snaps: 1 -3
-> A high value for "Pct Waits" suggests more rollback segments may be required

         Trans Table    Pct      Undo Bytes
RBS No      Gets       Waits      Written       Wraps     Shrinks    Extends
------   -----------  -------   -----------   -------   --------   --------
  0          5,0       0,00          0            0         0          0
  1        866,0       0,00       447.312         1         0          0
...
Rollback Segment Storage for DB: ORA8I Instance: ora8I Snaps: 1 -3
->Optimal Size should be larger than Avg Active

RBS No    Segment Size       Avg Active      Optimal Size       Maximum Size
------   --------------    ------------     --------------     --------------
  0          663.552           7.372                                663.552
  1       26.206.208         527.774                             26.206.208
  2       26.206.208         649.805                             26.206.208
. . .
```

O anterior mostra a atividade de segmento de retorno. De novo, você estará buscando por uma distribuição igual através de segmentos de retorno (com exceção do segmento de retorno SYSTEM, é claro). Também, os cabeçalhos de relatório possuem as informações mais úteis a ter em mente enquanto inspecionamos essa seção do relatório — especialmente o conselho sobre Optimal ser maior que Avg Active, se você usar uma configuração ótima (o relatório mostra que esse banco de dados não usa ótimo no tamanho de segmento de retorno). Como essa é principalmente uma atividade relativa ao DBA (as informações de I/O e segmento de retorno), prosseguiremos na seção:

```
Latch Activity for DB: ORA8I Instance: ora8i Snaps: 1 -3
->"Get Requests", "Pct Get Miss" and "Avg Slps/Miss" are statistics for
  willing-to-wait latch get requests
->"NoWait Requests", "Pct NoWait Miss" are for no-wait latch get requests
->"Pct Misses" for both should be very close to 0.0

                                          Pct     Avg       Pct
                                 Get      Get     Slps      NoWaits       NoWait
Latch Name                       Requests Miss    /Miss     Requests      Miss
------------------------         -------- -----   -----     --------      ------
Active checkpoint queue latch    271      0.0                0
...
virtual circuit queues           37       0.0                0

Latch Sleep breakdown for DB: ORA8I Instance: ora8i Snaps: 1 -3
-> ordered by misses desc

                             Get                                       Spin &
Latch Name                   Requests     Misses       Sleeps          Sleeps 1->4
------------------------     --------     ------       ------          -----------
library cache                202.907      82           12              72/8/2/0/0
cache buffers chains         2.082.767    26           1               25/1/0/0/0

Latch Miss Sources for DB: ORA8I Instance: ora8i Snaps: 1 -3
-> only latches with sleeps are shown
-> ordered by name, sleeps desc

             NoWait    Waiter
Latch Name   Where     Misses   Sleeps   Sleeps
-----------  --------  ------   ------   ------
cache buffers chains   kcbgtcr: kslbegin 0    1     1
library cache  kglic              0       7    0
library cache  kglhdgn: child: 0   3      1
library cache  kglget:  child: KGLDSBYD 0  2   0

Child Latch Statistics DB: ORA8I Instance: ora8i Snaps: 1 -3
-> only latches with sleeps are shown
-> ordered by name, gets desc

                           Child        Get
Latch Name                 Num          Requests     Misses      Sleeps
-----------------------    -----        --------     ------      ------
  Spin &
Sleeps 1->4
----------
cache buffers chains       930          93.800       21          1
 20/1/0/0/0
library cache              2            48.412       34          6
 29/4/1/0/0
library cache              1            42.069       10          3
 8/1/1/0/0
library cache              5            37.334       10          2
 8/2/0/0/0
library cache              4            36.007       13          1
 12/1/0/0/0
```

Capítulo 10 - Sintonização de estratégias e ferramentas | 415

Se você se lembra do Capítulo 3, engates são dispositivos de peso leve, em série, usados por Oracle. Eles são sempre 'obtidos' ou não; não são como enfileirados, onde uma sessão solicita um bloqueio e são postos para dormir até estarem disponível. Com um engate, o solicitante recebe imediatamente a informação de 'você conseguiu' ou 'você não conseguiu'. O solicitante então 'gira' (consumindo CPU) por um tempo e tenta novamente. Se aquilo não funcionar, ele 'dorme' um pouco e tenta novamente. Os relatórios mostram essa atividade. Por exemplo, posso ver que o engate de cache de biblioteca foi perdido 82 vezes, entre 202.907 tentativas. Além do mais, 72 das 82 tentativas foram bem sucedidas quanto tentadas em seguida, 8 na segunda tentativa e 2 na terceira. A razão de Gets to Misses é muito próxima de 100 por cento nesse sistema (quase 100 por cento das obtenções foram imediatamente bem sucedidas), portanto não há nada a fazer. Em um sistema que não usa ligação de variáveis ou analisa consultas com muita freqüência, você verá muita contenção do engate de cache de biblioteca. Outras informações que posso originar desse relatório de engate é que cerca de 4,5 por cento (93800/2082767) dos meus caches de buffers encadeando engate de consultas era de um engate filho para (pelo menos) 930. Provavelmente, isso indica que tenho um bloqueio 'quente' — um que muitos processos estão tentando acessar simultaneamente. Todos precisam de um engate para acessar esse bloco e isso resulta em alguma contenção, o que seria algo a ser observado. O relatório de engate é útil para identificar qual contenção de engate você está tendo. Precisaremos voltar à sintonização em termos de *aplicativo* para corrigi-lo. A contenção de engate é um sintoma, não uma causa de problemas. Para nos livrarmos do sintoma precisamos determinar a causa. Infelizmente, não podemos gerar uma lista de recomendações na forma de 'se você tiver contenção para esse engate, precisa fazer isso' (se fosse tão fácil assim!). Em vez disso, quando tiver identificado que você, na verdade, tem contenção de engate, precisa voltar ao design do aplicativo e determinar porque está com contenção para aquele recurso.

```
Dictionary Cache Stats for DB: ORA8I Instance: ora8i Snaps: 1 -3
->"Pct Misses"     should be very low (< 2% in most cases)
->"Cache Usage"    is the number of cache entries being used
->"Pct SGA"        is the ratio of usage to allocated size for that cache
```

Cache	Get Requests	Pct Miss	Scan Requests	Pct Miss	Mod Req	Final Usage	Pct SGA
dc_constraints	0		0		0	227	99
dc_database_links	9	0,00	0		0	7	88
dc_files	0		0		0	69	88
dc_free_extents	747	55,0	336	0,0	672	90	98
dc_global_oids	14	0,0	0		0	0	86
dc_histogram_data	0		0		0	0	0
dc_histogram_data_valu	0		0		0	0	0
dc_histogram_defs	94	21,3	0		0	1.902	100
dc_object_ids	190	0,0	0		0	2.392	100
dc_objects	345	2,9	0		0	6.092	100
dc_outlines	0		0		0	0	0
dc_profiles	132	0,0	0		0	2	33
dc_rollback_segments	192	0,0	0		0	33	77
dc_segments	637	0,6	0		340	3.028	100
dc_sequence_grants	6	0,0	0		0	6	6
dc_sequences	8	0,0	0		5	23	82
dc_synonyms	28	10,7	0		0	96	96
dc_tablespace_quotas	0		0		0	14	12
dc_tablespaces	1.033	0,0	0		0	100	94
dc_used_extents	672	50,0	0		672	5	6
dc_user_grants	1.296	0,2	0		0	756	82
dc_usernames	337	0,9	0		0	1.381	99
dc_users	9.892	0.0	0		1	865	100

Este é um relatório sobre o cache de dicionário. Não gosto muito deste relatório, visto que não há muito que eu possa fazer a respeito dos números dele. O cache de dicionário é totalmente controlado por Oracle, não podemos dimensionar seus componentes. Só podemos dimensionar o tamanho da combinação compartilhada, desde que nossa combinação compartilhada esteja corretamente dimensionada — supõe-se que cuide disso, ele mesmo. Como a minha combinação compartilhada está utilizada em 75 por cento, ela é grande o suficiente. Se estivesse 'cheia' e os picos de razão fossem ruins, aumentar a combinação compartilhada aumentaria os picos de razão.

```
Library Cache Activity for DB: ORA8I Instance: ora8i Snaps: 1 -3
->"Pct Misses" should be very low

                    Get     Pct      Pin     Pct                 Invali-
Namespace       Requests    Miss Requests    Miss    Reloads    dations
-----------     --------    ---- --------    ----    -------    -------
BODY               5.018    0,0    5.018     0,0          0          0
CLUSTER                0      0        0       0
INDEX                  1    0,0        1     0,0          0          0
OBJECT                        0        0       0          0
PIPE                 765    0,0      765     0,0          0          0
SQL AREA           1.283    6,9   38.321     0,6         39          0
TABLE/PROCEDURE    3.005    0,3   11.488     0,6          1          0
TRIGGER               21    0,0       21     0,0          0          0
```

Estamos vendo a quebra do pico de razão do cache de biblioteca. Em um sistema com sintonização refinada, o Pct Misses será muito próximo de zero. Em um sistema de desenvolvimento ou em um onde objetos sejam freqüentemente soltos e recriados, algumas dessas razões serão altas, como será a coluna Invalidations. Dimensionar a combinação compartilhada e garantir que você diminua as análises difíceis, usando ligação de variáveis, é a maneira de garantir boas razões no acima.

```
SGA Memory Summary for DB: ORA8I Instance: ora8i Snaps: 1 -3

SGA regions                      Size in Bytes
--------------------             -------------
Database Buffers                   134.217.728
Fixed Size                              69.616
Redo Buffers                           532.480
Variable Size                      130.187.264
                                 -------------
sum
                                   265.007.088

SGA breakdown difference for DB: ORA8I Instance: ora8i Snaps: 1 -3

Pool         Name                    Begin value        End value       Difference
----         ----                    -----------        ---------       ----------
java pool    free memory              17.838.080       17.838.080                0
java pool    memory in use             3.133.440        3.133.440                0
shared pool  KGFF heap                    54.128           54.128                0
shared pool  KGK heap                      5.840            5.840                0
shared pool  KQLS heap                 3.253.784        3.231.844          -21.940
shared pool  PL/SQL DIANA              4.436.044        4.413.960          -22.084
shared pool  PL/SQL MPCODE            15.378.764       15.546.652          167.888
shared pool  PLS non-lib hp                2.096            2.096                0
shared pool  State objects               291.304          291.304                0
shared pool  VIRTUAL CIRCUITS            484.632          484.632                0
shared pool  db_block_buffers          2.228.224        2.228.224                0
shared pool  db_block_hash_buckets       393.240          393.240                0
shared pool  dictionary cache          6.547.348        6.586.032           38.684
shared pool  event statistics per ses  1.017.600        1.017.600                0
shared pool  fixed allocation callbac        960              960                0
shared pool  free memory              27.266.500       27.013.928         -252.572
shared pool  joxlod: in ehe               71.344           71.344                0
shared pool  joxs heap init                  244              244                0
shared pool  library cache            28.105.460       28.168.952           63.492
shared pool  message pool freequeue      231.152          231.152                0
shared pool  miscellaneous             1.788.284        1.800.404           12.120
```

```
shared pool   pl/sql source       42.536        42.536              0
shared pool   processes          153.600       153.600              0
shared pool   sessions           633.600       633.600              0
shared pool   sql area        16.377.404    16.390.124         12.720
shared pool   table columns       45.264        45.936            672
shared pool   table definiti      11.984        12.944            960
shared pool   transactions       294.360       294.360              0
shared pool   trigger defini       8.216         8.216              0
shared pool   trigger inform       5.004         5.064             60
shared pool   type object de      48.040        48.040              0
shared pool   view columns d       1.072         1.072              0
              db_block_buffers 134.217.728   134.217.728            0
              fixed_sga           69.616        69.616              0
              log_buffer         512.000       512.000              0
```

Essa parte do relatório mostra a utilização da combinação compartilhada com alguns detalhes. Você pode ver como, com o tempo, o uso de memória troca de componente para componente, algumas seções liberando memória e outras alocando mais memória. Descobri que essa seção do relatório é mais útil como uma forma de explicar porque algo foi relatado em outra seção. Por exemplo, recebi uma série de relatórios StatsPack para análise. Eles mostravam muitas contagens constantes de análise difícil e suave depois, subitamente, as análises difíceis foram para as alturas por cerca de uma hora e tudo voltou ao normal. Usando os relatórios, fui capaz de determinar isso ao mesmo tempo em que a contagem de análise difícil subiu, o uso de memória shared pool sql area diminuiu em grande quantidade, muitas dezenas de MB. Curioso sobre isso, perguntei 'alguém fluiu a combinação compartilhada?' e a resposta foi 'claro que sim'. Era parte do procedimento operacional padrão deles; a cada seis horas eles fluíam a combinação compartilhada. Por que? Ninguém realmente sabia, simplesmente o faziam. De fato, um serviço estava inicializado para fazê-lo. Incapacitando esse serviço corrigi os problemas de desempenho periódico, que eram completamente auto-induzidos pela combinação compartilhada fluida (e portanto, fluindo todos os planos que eles tinham acumulado nas últimas seis horas).

```
init.ora Parameters for DB: ORA8I Instance: ora8i Snaps: 1 -3

                                                              End value
Parameter Name              Begin value                       (if different)
------------                ----------                        ---------
background_dump_dest        /export/home/ora816/admin/ora8i/b
compatible                  8.1.0, 8.1.6.0.0
control_files               /d01/oradata/ora8i/control01.ctl,
core_dump_dest              /export/home/ora816;admin/ora8i/c
db_block_buffers            16384
...
End of Report
```

A última parte do relatório é uma listagem dos parâmetros init.ora que diferem do padrão. São úteis para determinar porque algo está acontecendo, semelhante aos relatórios de memória de combinação compartilhada acima. É possível ver rapidamente quais parâmetros foram explicitamente ajustados e determinar seus efeitos no sistema.

Envoltório de StatsPack

StatsPack é uma ótima ferramenta para usar em ambos os sistemas, de produção e de desenvolvimento. Ele ajudará a determinar a saúde geral de seu banco de dados, assim como indicar gargalos em potencial. Recomendo enfaticamente às pessoas usarem-no continuamente, como parte da execução do sistema do dia-a-dia. Existem planos para acrescentar ferramentas de análise adicionais em torno das informações coletadas por StatsPack, em especial alguns tipos de análises, para que você veja não apenas o delta entre dois pontos, mas também a tendência de algum período de tempo arbitrário.

Entender o conteúdo do relatório é a primeira etapa. Entender o que fazer com ele é a seguinte. Não é possível olhar qualquer número ou estatística isolados, pois é preciso algum entendimento do sistema e seus objetivos. No relatório que revimos acima, a menos que eu soubesse sobre o trabalho em lote sync_users, sobre o fato de ele ter usado pesadamente um link de banco de dados e que era um processo de fundo — poderia pensar que tinha um problema no sistema. No entanto, não sabia; sync_users é executado ao fundo. O fato de esperar um pouco em um dblink é perfeitamente aceitável e dentro das restrições de meu sistema. O relatório apontou que havia lá um aplicativo que não estava fazendo uso ótimo de ligação de variáveis no sistema — estávamos analisando muito freqüentemente. Usarei as outras ferramentas apresentadas nas seções anteriores para solucionar tal problema em particular.

Tabelas V$

Nesta seção, gostaria de rever as principais tabelas V$ que você utilizará em seus esforços de sintonizar o aplicativo. Há mais de 180 dessas tabelas e, ainda que elas sejam chamadas de 'tabelas de desempenho dinâmico', nem todas são relativas a desempenho. Esta seção mostrará aquelas que uso repetidamente. Existem outras, como as vistas V$, usadas para monitorar e sintonizar servidor multisseqüenciado; isso não será coberto. Todas essas tabelas também são documentadas no manual de referência de Oracle8i. Não vou repetir o material aqui, mas em vez disso, gostaria de chamar a sua atenção para aquelas que penso que você deveria conhecer.

Simplesmente vou apresentar essas vistas para fazê-lo ciente delas. Já usamos muitas em vários exemplos. Algumas são novas. Quando apropriado, é incluído um pequeno exemplo.

V$EVENT_NAME

Temos os nomes de muitos 'eventos' nesta seção. Vimos como o evento tem um nome e até três parâmetros, p1, p2 e p3. Ainda podemos girar para os manuais cada vez que quisermos buscar o significado de p1, p2 e p3 para determinado evento, ou podemos simplesmente consultar V$EVENT_NAME. Por exemplo, dois dos eventos que encontrei neste capítulo são latch free e enqueue. Usando esta vista:

```
tkyte@TKYTE816> select * from v$event_name where name = 'latch free'
  2  /

    EVENT#  NAME                          PARAMETER1      PARAMETER2      PARAMETER3
    ------  ----                          ----------      ----------      ----------
         2  latch free                    address         number          tries

tkyte@TKYTE816> select * from v$event_name where name = 'enqueue'
  2  /

    EVENT#  NAME                          PARAMETER1      PARAMETER2      PARAMETER3
    ------  ----                          ----------      ----------      ----------
        11  enqueue                       name|mode       id1             id2
```

rapidamente, podemos conseguir uma alavanca no significado desses parâmetros, especialmente se já tivermos lido sobre eles uma ou duas vezes, e só precisamos de um rápido lembrete quanto ao que está disponível.

V$FILESTAT e V$TEMPSTAT

V$FILESTAT e V$TEMPSTAT podem oferecer uma rápida visão da I/O feita em seu sistema e quanto tempo o Oracle gastou lendo e escrevendo em qualquer arquivo determinado. É possível até usar StatsPack para obter instantâneos desse uso, ou você mesmo pode fazer um rápido instantâneo dessa tabela, aguardar um pouco e comparar as diferenças.

V$LOCK

É uma vista que já usamos um par de vezes, no Capítulo 3. É usada para dizer quem bloqueou o que. Lembre, o Oracle não armazena bloqueios no nível de fileira externamente aos próprios dados, portanto, não vamos ver isso aqui. Nessa vista, você será capaz de ver quem tem bloqueios TM (DML Enqueue) em tabelas, assim será capaz de dizer que a sessão 'x,y' tem algumas fileiras bloqueadas em determinada tabela, mas não poderá determinar *quais* fileiras elas bloquearam.

V$MYSTAT

Essa vista contém estatísticas apenas para a sua sessão. Isso é muito útil para diagnosticar como a *sua* sessão está indo. O esquema que cria essa vista precisa ter acesso direto aos objetos V$STATNAME e V$MYSTAT, por exemplo:

```
sys@TKYTE816> grant select on v_$statname to tkyte;
Grant succeeded.

sys@TKYTE816> grant select on v$mystat to tkyte;
Grant succeeded.
```

Observe que usamos V_$STATNAME e não V$STATNAME. Isso porque V$STATNAME realmente é apenas um sinônimo da vista V$_STATNAME.

Essa vista contém a estatística de número, um código interno, não o nome do evento que está sendo rastreado. Tipicamente, instalo uma vista assim:

```
ops$tkyte@ORA8I.WORLD> create view my_stats
  2    as
  3    select a.name, b.value
  4        from v$statname a, v$mystat b
  5      where a.statistic# = b.statistic#
  6  /

View created.

ops$tkyte@ORA8I.WORLD> SELECT * FROM MY_STATS WHERE VALUE > -;

NAME                                        VALUE
-------------------------------          --------
logons cumulative                               1
logons current                                  1
opened cursors cumulative                     160
opened cursors current                          1
...
```

em meus sistemas para tornar mais fácil consultar. Uma vez tendo essa inicialização, é possível criar consultas que ofereçam informações como StatsPack sobre a sua sessão. Por exemplo, podemos computar o todo importante Soft Parse Ratio assim:

```
ops$tkyte@ORA8I.WORLD> select round(100 *
  2             (1-max(decode(name, 'parse count (hard)',value,null))/
  3              max(decode(name,'parse count (total)',value,null))), 2
  4                         ) "Soft Parse Ratio"
  5             from my_stats
  6  /

Soft Parse Ratio
----------------
           84,03
```

Se você criar um conjunto de consultas como esse e colocá-lo em um 'registro de saída' de disparador ou embuti-lo diretamente em seu aplicativo, é possível monitorar o desempenho de seus aplicativos individuais para ver quantos comprometimentos eles fazem, quantos retornos e assim por diante, por sessão e por aplicativo.

V$OPEN_CURSOR

Essa vista contém uma lista de cada cursor aberto para todas as sessões, o que é muito útil para rastrear 'falhas de cursor' e ver qual SQL sua sessão tem executado. O Oracle armazenará cursores mesmo depois de você fechá-los explicitamente, portanto não se surpreenda ao ver cursores que você pensava ter fechado (você deve ter fechado). Por exemplo, na mesma sessão SQL*PLUS que eu estava usando para computar o Soft Parse Ratio acima, encontro:

```
ops$tkyte@ORA8I.WORLD> select * from v$open_cursor
  2  where sid = ( select sid from v$mystat where rownum = 1 );
```

SADDR	SID	USER_NAME	ADDRESS	HASH_VALUE	SQL_TEXT
8C1706A0	92	OPS$TKYTE	8AD80D18	607327990	BEGIN DBMS_OUTPUT. DISABLE; END;
8C1705A0	92	OPS$TKYTE	8AD6BB54	130268528	select lower(user) || '@' || decode(global_name, 'ORACLE8.WO
8C1706A0	92	OPS$TKYTE	8AD8EDB4	230633120	select round(100 * (1-max(decode(name, 'parse count (hard
8C1706A0	92	OPS$TKYTE	8AD7DEC0	159232314	SELECT ATTRIBUTE.SCOPE, NUMERIC_VALUE, CHAR_VALUE, DATE_VALUE F
8C1706A0	92	OPS$TKYTE	8E16AC30	3347301380	select round(100 * (1-max(decode(name, 'parse count (hard)',
8C1706A0	92	OPS$TKYTE	8AD7AD70	1280991272	SELECT CHAR_VALUE FROM SYSTEM.PRODUCT_PRIVS WHERE (UPPER('
8C1706A0	92	OPS$TKYTE	8AD62080	1585371720	BEGIN DBMS_OUTPUT.ENABLE (1000000); END;
8C1706A0	92	OPS$TKYTE	8AD816B8	3441224864	SELECT USER FROM DUAL
8C1706A0	92	OPS$TKYTE	8ADF4D3C	1948987396	SELECT DECODE('A', 'A', '1','2') FROM DUAL
8C1706A0	92	OPS$TKYTE	89D30A18	2728523820	select round(100 * (1-max(decode(name, 'parse count (hard
8C1706A0	92	OPS$TKYTE	8865AB90	3507933882	select * from v$open_cursor where sid = (select sid from v$
8C1706A0	92	OPS$TKYTE	8AD637B0	242587281	commit
8C1706A0	92	OPS$TKYTE	8AD70660	3759542639	BEGIN DBMS_APPLICATION_INFO. SET_MODULE(:1,NULL); END;

```
13 rows selected.
```

Como você pode ver, há uma série de cursores aparentemente abertos. Entretanto:

```
ops$tkyte@ORA8I.WORLD> select * from my_stats where name = 'opened cursors
current';

NAME                                VALUE
------------------------------     ------
opened cursors current                  1
```

Na verdade, só tenho um cursor realmente aberto (e de fato, esse é o cursor usado para consultar quantos cursores abertos tenho). O Oracle está armazenando os outros cursores, na esperança de que eu os execute novamente.

V$PARAMETER

V$PARAMETER é útil para encontrar os vários ajustes relevantes à sintonização, tais como o tamanho de bloco, o tamanho de área classificada e assim por diante. Sua relevância para sintonizar é que ele contém todos os valores do parâmetro init.ora, e muitos desses têm um significado em nosso desempenho.

V$SESSION

V$SESSION contém uma fileira para cada sessão no banco de dados. Como com V$STATNAME, mostrado anteriormente, você precisará ter permissões de seu DBA para usar essa vista:

```
sys@TKYTE816> grant select on v_$session to tkyte;
  Grant succeeded.
```

Para encontrar a fileira específica de sua sessão, você simplesmente consulta:

```
ops$tkyte@ORA8I.WORLD> select * from v$session
  2   where sid = ( select sid from v$mystat where rownum = 1 )
  3  /
```

Normalmente uso essa vista para ver o que mais está acontecendo no banco de dados. Por exemplo, com freqüência, uso um script chamado showsql que me mostra uma listagem de cada sessão, sua posição (ativa ou não), o módulo, ação, ajustes client_info e finalmente, de sessões ativas, qual SQL elas estão executando.

Os campos MODULE, ACTION e CLIENT_INFO são ajustáveis em seu aplicativo através de uma chamada aos procedimentos no pacote DBMS_APPLICATION_INFO (veja o Apêndice A, para detalhes sobre esse pacote). Recomendo que você instrumente cada aplicativo que montar com chamadas a esse pacote, para ajustar esse campo. Realmente, ele pode poupar tempo de tentar descobrir qual sessão está executando qual aplicativo — se você colocar tais informações na vista V$, será óbvio.

O meu script showsql é simplesmente:

```
column username format a15 word_wrapped
column module format a15 word_wrapped
column action format a15 word_wrapped
column client_info format a15 word_wrapped
column status format a10
column sid_serial format a15
set feedback off
set serveroutput on

select username, ' ' ' '| |sid| |','| |serial#| |' ' ' ' sid_serial, status, module,
action, client_info
from v$session
where username is not null
/

column username format a20
column sql_text format a55 word_wrapped

set serveroutput on size 1000000
declare
  x number;
procedure p ( p_str in varchar2 )
is
  l_str     long := p_str;
begin
  loop
       exit when l_str is null;
       dbms_output.put_line( substr( l_str, 1, 250 ) );
       l_str := substr( l_str, 251 );
  end loop;
```

```
end;
begin
   for x in
   ( select username||'('||sid||','||serial#||
                       ') ospid = ' || process ||
                       ' program = ' || program username,
                    to_char(LOGON_TIME,' Day HH24:MI') logon_time,
                    to_char(sysdate,' Day HH24:MI') current_time,
                    sql_address, LAST_CALL_ET
          from v$session
         where status = 'ACTIVE'
           and rawtohex(sql_address) <> '00'
           and username is not null order by last_call_et )
   loop
       dbms_output.put_line( '---------------' );
       dbms_output.put_line( x.username );
       dbms_output.put_line( x.logon_time || ' ' ||
                                             x.current_time||
                                             ' last et = ' ||
                                             x.LAST_CALL_ET);
       for y in ( select sql_text
                    from v$sqltext_with_newlines
                   where address = x.sql_address
                   order by piece )
       loop
           p( y.sql_text );
       end loop;
   end loop;
end;
```

e produz saída como:

```
ops$tkyte@ORA8I.WORLD> @showsql

USERNAME          SID_SERIAL      STATUS      MODULE              ACTION        CLIENT_INFO
--------          ----------      ------      ------              ------        -----------
OPS$TKYTE         '30,23483'      ACTIVE      01@ showsql.sql
CTXSYS                            '56.32'     ACTIVE
---------------
OPS$TKYTE(30.23483) ospid = 29832 program = sqlplus@aria (TNS V1-V3)
Sunday 20:34 Sunday 20:40 last et = 0
SELECT USERNAME || '(' || SID || ',' || SERIAL# || ') ospid
= ' || PROCESS || ' program = ' || PROGRAM USERNAME,TO_CHAR(
LOGON_TIME,' Day HH24:MI') LOGON_TIME,TO_CHAR(SYSDATE,' Day HH24
:MI') CURRENT_TIME,SQL_ADDRESS,LAST_CALL_ET FROM V$SESSION WH
ERE STATUS = 'ACTIVE' AND RAWTOHEX(SQL_ADDRESS) != '00' AND US
ERNAME IS NOT NULL  ORDER BY LAST_CALL_ET
---------------
CTXSYS(56.32) ospid = 15610 program = ctxsrv@aria (TNS V1-V3)
Monday  11:52 Sunday  20:40 last et = 20
BEGIN  drilist.get_cmd( :sid, :mbox, :pmask, :cmd_type, :disp_
Id, :disp_return_address, :disp_user, :disp_command, :disp_arg1,
:disp_arg2, :disp_arg3, :disp_arg4, :disp_arg5, :disp_arg6, :di
sp_arg7, :disp_arg8, :disp_arg9, :disp_arg10 ); :error_stack :=
drue.get_stack; exception when dr_def.textile_error then :error)
stack := drue.get_stack; when others then drue.text_on_stack(sql
errm); :error_stack := drue.get_stack; END;
ops$tkyte@ORA8I.WORLD>
```

Como você pode ver, SQL*PLUS preencheu a coluna MODULE em V$SESSION com o nome do script que estiver sendo executado. Isso pode ser muito útil, especialmente quando seus aplicativos se beneficiam dele mostrar seus progressos.

V$SESSION_EVENT

Já usamos essa vista uma série de vezes. A uso com freqüência para ver o que está causando a 'espera' de um procedimento ou consulta por um recurso. Você pode obter informações semelhantes de um arquivo de rastreio, com o conjunto de evento apropriado, mas isso torna tão fácil captar a posição atual dos eventos de sua sessão, executar um processo e depois exibir as diferenças. É muito mais fácil do que rever um arquivo de rastreio para informações semelhantes.

Essa vista contém os eventos de espera de todas as sessões no sistema, assim é útil para ver os principais eventos de espera de sessões, diferentes também das suas próprias. Da mesma forma que podemos transformar SQL_TRACE em uma outra sessão usando DBMS_SYSTEM, podemos usar V$SESSION_EVENT para ver quais eventos de espera outras sessões estão tendo.

V$SESSION_LONGOPS

Veremos essa vista com alguns detalhes no Apêndice A. É usada para executar longos processos, como criações de índices, backups, recuperações e qualquer coisa que o custo baseado em otimizador pensar que irá demorar mais que seis segundos de tempo de execução para relatar seu progresso. Seus aplicativos também podem usar essa vista, através do pacote DBMS_APPLICATION_INFO. Se você estiver executando um longo processo ou serviço, ele deve ser instrumentado com chamadas a DBMS_APPLICATION_INFO para relatar sobre o seu progresso. Dessa forma, é possível monitorar facilmente seu trabalho e ver se ele realmente 'ficou preso' ou apenas está tomando tempo para completar sua tarefa.

V$SESSION_WAIT

Essa vista mostra todas as sessões aguardando por algo e quanto tempo estão aguardando. É usada para monitorar sistemas que parecem ter 'balançado' ou que estão executando muito lentamente.

V$SESSTAT

V$SESSTAT é semelhante a V$MYSTAT, mas mostra as estatísticas de todas as sessões, não apenas as suas. É útil para monitorar outra sessão que você tenha identificado, para ver como ela está indo.

Por exemplo, você pode usá-la para monitorar o soft parse ration de um aplicativo terceirizado que instalou em sua máquina. É possível fazer isso depois de observar a contagem de análise difícil aumentando em seu sistema com sintonização refinada. Monitorando a razão de análise difícil apenas do aplicativo terceirizado, você pode determinar rapidamente se ele é ou não culpado de introduzir muitas SQL únicas, sem ligação de variáveis em seu sistema.

V$SESS_IO

É útil para ver quanto I/O sua (ou de outra pessoa) sessão fez. Uso essa vista de maneira semelhante à V$MYSTAT e V$SESSION_EVENT. Tomo um instantâneo, executo alguns processos e revejo a 'diferença' entre os dois pontos. Isso mostra quanto de I/O o processo realiza. Também poderia obter essas informações de um relatório TKPROF, mas isso me faz aumentar facilmente a contagem. TKPROF mostrará a I/O feita, através de declaração, o que me permite executar um conjunto de declarações arbitrário e coletar delas as estatísticas de I/O.

VSQL, VSQLAREA

Essas vistas nos mostram tudo da SQL que for analisada e armazenada na combinação compartilhada. Já usamos ambas em diversos lugares nesta seção.

V$SQLAREA é uma vista agregada. Haverá uma fileira por consulta SQL nessa vista. A coluna VERSION_COUNT nos diz quantas fileiras podemos esperar encontrar na tabela V$SQL para aquela consulta. Tente evitar consultar essa vista e use V$SQL em vez dela. V$SQLAREA pode ser bastante cara, especialmente em um sistema já ocupado.

Podemos usar as vistas V$SQLAREA e V$SQL para ver qual SQL nosso sistema executa, quantas vezes essa SQL é executada, analisada, quantas I/Os lógicas e físicas faz etc. Também podemos usar essas vistas para descobrir a SQL que não tenha ligação de variáveis.

V$STATNAME

V$STATNAME contém o mapeamento da estatística de número do nome de estatística. É útil quando em conjunto com V$MYSTAT e V$SESSTAT para transformar a estatística de número em um nome legível.

V$SYSSTAT

Enquanto V$SESSTAT mantém as estatísticas por sessão, V$SYSSTAT as mantém para a cópia. Como as sessões vêm e vão, suas entradas são acrescentadas e removidas na vista V$SESSTAT. O dados em V$SYSSTAT persistem até que o banco de dados seja fechado. Essas são as informações que StatsPack usa para derivar muitas de suas razões etc.

V$SYSTEM_EVENT

Essa é para eventos o que a vista V$SYSSTAT é para estatísticas. Contém informações de evento de espera no nível de cópia. Também é o que StatsPack usa para derivar muitos de seus relatórios.

Resumo

A sintonização, quando feita 'depois do fato', é um pouco de sorte e muito de investigação. Quando é feita como parte do processo de desenvolvimento, é direta e fácil de fazer. Prefiro direta e fácil qualquer dia, especialmente quando a outra alternativa envolve 'sorte'. Sintonizar depois do fato é uma das coisas mais difíceis de fazer. Você precisa descobrir porque o sistema está lento, onde está lento e como fazê-lo ir mais rápido sem separar tudo, e fazer da maneira que deveria ter sido feito desde o início.

Se você tornar o desempenho parte do aplicativo desde o primeiro dia, descobrirá que sintonizar é uma ciência, não uma arte. Qualquer um pode fazê-la, se ela for parte do processo. Para conseguir esse objetivo, você precisará fazer coisas como ajustar as medidas através das quais os aplicativos possam ser testados. Precisará ter código instrumentado, para poder diagnosticar onde estão acontecendo as demoras. A parte da instrumentação é muito importante; o banco de dados é muito instrumentado, conforme mostrado neste capítulo. Posso usar essa instrumentação para provar que o banco de dados não é a parte lenta. Em tal ponto, ainda temos um sistema 'lento' — a única coisa que sabemos é que o banco de dados não é a parte lenta. Se o código fora do banco de dados não estiver instrumentado, teremos que adivinhar onde o problema poderá estar. Até mesmo em código executando dentro do banco de dados, a instrumentação em termos de aplicativo é extremamente útil para rastrear os locais de execução lenta.

E, para o caso de você ter perdido isso, acima, *as ligações de variáveis são importantes*. Não posso lhe dizer quantas vezes tenho visto sistemas simplesmente serem interrompidos porque os desenvolvedores acharam mais fácil usar concatenação de string em todas as suas consultas em vez de ligações de variáveis. Esses sistemas apenas não funcionam. É fácil demais fazer da maneira certa, nesse caso; não cometa o erro de não usá-las. Não confie em muletas como CURSOR_SHARING, pois elas introduzem seus próprios problemas.

11

Plano otimizador de estabilidade

O Oracle8i permite que um desenvolvedor salve um conjunto de 'referências para o servidor', descrevendo como executar uma declaração SQL específica no banco de dados. Esse recurso é referido como **Optimizer Plan Stability** e implementado através de um esboço de plano de consulta armazenado, semelhante ao rascunho de um livro. Este capítulo olha detalhadamente esse recurso, cobrindo:

- ❏ Porque você pode querer usar o Plano Otimizador de Estabilidade em seus aplicativos, e os cenários típicos onde ele pode ser útil.
- ❏ Algumas utilizações alternativas desse recurso — usos não necessariamente pretendidos pelos desenvolvedores desse recurso.
- ❏ Como implementar o recurso e como gerenciar os planos armazenados no banco de dados, através de ambos, DDL e OUTLN_PKG.
- ❏ Advertências importantes, incluindo a importância de estilo de letra, problemas com ALTER SESSION, expansão OR e desempenho.
- ❏ Erros que você pode encontrar e o que fazer a respeito deles, inclusive casos em que não são especificadas opções para ALTER OUTLINE, ou se já existir um esboço.

Para executar os exemplos deste capítulo você precisará ter o lançamento 1 de Oracle8i (versão 8.1.5) ou superior. Além disso, precisará ser uma versão Enterprise ou Personal de Oracle8i, pois o recurso Optimizer Plan Stability não está incluído na Standard Edition.

Uma visão geral do recurso

Em determinada consulta ou conjunto de declarações SQL, o plano otimizador de estabilidade nos permite salvar o conjunto ótimo de referências de seu tempo de execução, sem que tenhamos que nos 'referir' no aplicativo, o que permite:

1. Desenvolver um aplicativo.
2. Testar e sintonizar as consultas dentro dele.
3. Salvar aqueles planos refinadamente sintonizados no banco de dados para uso posterior pelo otimizador.

Esse recurso ajuda a nos proteger de muitas mudanças no banco de dados subjacente. As mudanças que podem levar os planos de consulta a mudar dramaticamente incluem:

- ❏ Reanálise de uma tabela, depois de mudar sua quantidade de dados.
- ❏ Reanálise de uma tabela, depois de mudar sua distribuição de dados.
- ❏ Reanálise da tabela usando diferentes parâmetros ou métodos.
- ❏ Mudança de vários parâmetros init.ora que afetam o comportamento do otimizador, como db_block_buffers.
- ❏ Acréscimo de índices.
- ❏ Atualização do software Oracle com um novo lançamento.

Entretanto, usando o plano otimizador de estabilidade, podemos preservar nossos planos de execução e isolar nosso aplicativo dessas mudanças.

Deve ser observado que, na maioria dos casos, é desejável que os planos de consulta mudem com o tempo na reação aos eventos da lista acima. Se a distribuição de dados mudar radicalmente em uma coluna, o otimizador será destinado a mudar seu plano de consulta para acomodar isso. Se for acrescentado um índice, o otimizador será destinado a reconhecê-lo e se beneficiar dele. O plano otimizador de estabilidade pode ser usado para ajudar a prevenir que essas mudanças aconteçam, o que pode ser útil em um ambiente onde as mesmas precisem ser feitas gradualmente, depois de testar. Por exemplo, antes de permitir o uso geral de um novo índice, você pode querer testar consultas que podem ser afetadas, individualmente, para garantir que a adição daquele índice não afete adversamente algum outro componente do sistema. O mesmo se aplica a uma mudança num parâmetro de inicialização ou à atualização de um banco de dados.

Um ponto chave a lembrar sobre o plano otimizador de estabilidade é que ele é implementado através de **hints**. Hints não são mandatos; não são regras. Enquanto que o mecanismo de referência usado pelo plano otimizador de estabilidade é mais forte do que nos é mostrado através do mecanismo de referência documentado, o otimizador ainda é, como sempre, livre para acompanhá-lo ou não, no tempo de execução. Isso é uma faca de dois gumes — parece um defeito, mas na verdade é um recurso. Se forem feitas mudanças no banco de dados que apresentam um conjunto de sugestões obsoletas (como acontecerá, digamos, se você soltar um índice), o Oracle irá ignorar as sugestões e gerar o melhor plano que puder.

Um rápido exemplo irá demonstrar o que o plano otimizador de estabilidade oferece. Abaixo, veremos um método que podemos usar para salvar um esboço armazenado de uma consulta. Depois de armazenar o esboço, faremos certas mudanças no banco de dados (analisaremos a tabela), o que levará o plano a mudar. Por fim, veremos como, capacitando o plano otimizador de estabilidade, podemos fazer o Oracle usar o plano que armazenamos inicialmente — mesmo à luz das mudanças que fizemos. Primeiro, criamos uma cópia da tabela SCOTT.EMP e inicializamos uma chave principal:

```
tkyte@TKYTE816> create table emp
  2  as
  3  select ename, empno from scott.emp group by ename, empno
  4  /

Table created.

tkyte@TKYTE816> alter table emp
  2  add constraint emp_pk
  3  primary key(empno)
  4  /

Table altered.
```

Se você não tiver acesso à tabela EMP, precisará ter a concessão aos privilégios SELECT. A chave principal que criamos é usada no exemplo; geramos uma consulta que a usará. Em seguida, ajustamos o objetivo do otimizador para CHOOSE:

```
tkyte@TKYTE816> alter session set optimizer_goal=choose
  2  /

Session altered.
```

Isso é feito simplesmente para a garantia de consistência na execução desse exemplo. Claro que, na ausência de quaisquer estatísticas, o otimizador baseado em regra (RBO) é chamado. No entanto, se o objetivo de seu otimizador é ajustar para algum outro valor, por exemplo, FIRST_ROWS, o Cost Based Optimizer será chamado e a mudança que faremos mais tarde no banco de dados, poderá não afetar o plano de consulta. Finalmente, eis o plano de execução para nossa consulta:

```
tkyte@TKYTE816> set autotrace traceonly explain
tkyte@TKYTE816> select empno, ename from emp where empno > 0

Execution Plan
----------
     0           SELECT STATEMENT Optimizer=CHOOSE
     1     0       TABLE ACCESS (BY INDEX ROWID) OF 'EMP'
     2     1         INDEX (RANGE SCAN) OF 'EMP_PK' (UNIQUE)
```

Vamos supor que essa consulta venha de um aplicativo interativo, onde o usuário final gostaria de obter alguns dados bem rapidamente, e o acesso de índice não faça isso bem. Estamos contentes com esse plano e gostaríamos de usá-lo sempre, assim a próxima coisa a fazer é criar um outro esboço para ele. Criamos explicitamente o esboço (também podemos criá-lo implicitamente, como demonstrado na seção *Um método para implementar a sintonização*):

```
tkyte@TKYTE816> create or replace outline MyOutline
  2    for category mycategory
  3    ON
  4    select empno, ename from emp where empno > 0
  5  /

Outline created.
```

O comando CREATE OR REPLACE OUTLINE criou o esboço de nossa consulta e o armazenou no banco de dados (*onde* e *como* ele é armazenado será explicado mais adiante, neste capítulo). Visto que criamos explicitamente o esboço, tivemos a habilidade de nomeá-lo (MYOUTLINE). Além disso, colocamos o esboço dessa consulta em uma **categoria** específica (MYCATEGORY).

Antes de prosseguir, é válido indicar que, se você estiver trabalhando junto com este exemplo, pode receber o seguinte erro do comando CREATE OUTLINE acima:

```
select empno, ename from emp where empno > 0

ERROR at line 4:
ORA-18005: create any outline privilege is required for this operation
```

Assim, você precisa que o DBA lhe conceda o privilégio de CREATE ANY OUTLINE. Todos os privilégios necessários para criar e manipular esboços são cobertos na seção abaixo, *Como funciona o plano otimizador de estabilidade*.

OK, temos nosso esboço, que define nosso plano de execução exigido (ele usa o nosso índice). Agora vamos fazer uma mudança no banco de dados — simplesmente, analisamos nossa tabela:

```
tkyte@TKYTE816> analyze table emp compute statistics
  2  /

Table analyzed.
```

Agora, vamos dar outra olhada no plano de execução de nossa consulta:

```
tkyte@TKYTE816> set autotrace traceonly explain
tkyte@TKYTE816> select empno, ename from emp where empno > 0
  2  /

Execution Plan
----------------------------------------
   0      SELECT STATEMENT Optimizer=CHOOSE (Cost=1 Card=14 Bytes=112)
   1    0    TABLE ACCESS (FULL) OF 'EMP' (Cost=1 Card=14 Bytes=112)
```

Em vez de usar nosso índice, como foi com o RBO, as estatísticas agora permitem que o CBO seja chamado, e ele está escolhendo uma digitalização completa de tabela. Na verdade, CBO escolheu o plano certo. Há apenas 14 fileiras e ele entende que, nesse caso, *todas elas* satisfazem o predicado. Para conseguir voltar ao nosso plano preferido, precisamos usar o recurso de plano otimizador de estabilidade. Para fazê-lo, apenas emitimos o comando:

```
tkyte@TKYTE816> alter session set use_stored_outlines = mycategory
  2  /

Session altered.
```

Isso reforça o uso de nosso esboço armazenado, MYCATEGORY. Se olharmos para nossa execução de plano:

```
tkyte@TKYTE816> set autotrace traceonly explain
tkyte@TKYTE816> select empno, ename from emp where empno > 0
  2  /
```

```
Execution Plan
----------------------------------------------------------
    0        SELECT STATEMENT Optimizer=CHOOSE (Cost=2 Card=14 Bytes=112)
    1    0      TABLE ACCESS (BY INDEX ROWID) OF 'EMP' (Cost=2 Card=14
    2    1         INDEX (RANGE SCAN) OF 'EMP_PK' (UNIQUE) (Cost=1 Card=14)
```

Descobriremos que voltamos a usar o plano original com o índice. Esse é o objetivo do plano otimizador de estabilidade — permitir que você 'congele' os planos de consulta em seu aplicativo refinadamente sintonizado, tanto quanto possível. Ele isola você de mudanças nos planos de otimizador, que acontecem no nível do banco de dados (como um DBA analisando suas tabelas, mudando alguns parâmetros init.ora ou atualizando o software). Como a maioria dos recursos, ele é uma faca de dois gumes. O fato de isolá-lo de mudanças externas tanto pode ser bom quando ruim. Pode ser bom porque obterá resultados de desempenho consistentes com o tempo (uma vez que seu plano nunca muda). Entretanto, pode ser ruim, quanto a você perder em um plano mais novo que possa levar a consulta a executar ainda mais depressa.

Usos do plano otimizador de estabilidade

Nesta seção, iremos explorar os vários cenários que você pode escolher para usar esse recurso. Usaremos muitos dos recursos de geração de esboço nesta seção, com explicação mínima; os detalhes de como usar os comandos, criar esboços, gerenciá-los e assim por diante estão nas seções que se seguem.

Um método para implementar a sintonização

Muitas vezes as pessoas perguntam: 'Como posso referir uma consulta em um aplicativo existente sem, de fato, referi-la?'. Em geral, elas só têm acesso ao código binário do aplicativo e não podem fazer modificações nele, mas precisam ser capazes de mudar o plano sem modificar o próprio aplicativo.

Essas pessoas conhecem o problema de consulta e descobriram que, através de vários ajustes de ambiente de sessão, a consulta pode ser bem realizada. Se eles pudessem injetar uma simples ALTER SESSION no aplicativo (para capacitar ou incapacitar uma união residual, por exemplo) ou colocar uma simples referência na consulta (por exemplo, /*+ RULE*/ ou /*+ALL_ROWS*/), ela executaria muito melhor. O plano otimizador de estabilidade dará essa capacidade. Você pode, independentemente, criar e armazenar ótimos esboços de consulta **fora** do aplicativo existente. É possível utilizar um disparador de banco de dados LOGON (método para executar um fragmento de código quando um usuário registrar a entrada no banco de dados) ou mecanismo similar, levando o aplicativo existente a pegar, transparentemente, o seu esboço armazenado.

Por exemplo, digamos que você tenha usado SQL_TRACE para captar a SQL que estava sendo feita por um aplicativo ou relatório. Você usou a ferramenta TKPROF para analisar o arquivo de rastreio resultante e encontrou uma consulta que executa muito pobremente. Você leu o guia *Design e sintonização para desempenho* oferecido pelo Oracle, e experimentou as sugestões documentadas. Acha que, se executar a consulta com o otimizador FIRST_ROWS capacitado, ele executará bem, mas se capacitar FIRST_ROWS para todo o aplicativo, ele afetará negativamente o desempenho geral. Assim, gostaríamos de ter a otimização FIRST_ROWS para essa consulta e a otimização padrão, CHOOSE, para o restante. Normalmente, apenas acrescentaríamos uma referência /*+FIRST_ROWS*/ à consulta e teríamos terminado. Mas, não podemos fazer isso, pois não podemos modificar a consulta. O que podemos fazer agora é usar o comando CREATE OUTLINE, exatamente como fizemos acima, para criar um esboço nomeado, depois colocá-lo no conjunto de esboços DEFAULT ou em alguma categoria nomeada. Ajustaremos nosso ambiente de modo que seja gerado o plano que quisermos. Por exemplo, nesse caso, teríamos emitido ALTER SESSION set optimizer_goal = first_rows e depois criado o esboço de consulta. Poderíamos então usar um disparador ON LOGON para capacitar esse esboço armazenado sempre que os usuários desse aplicativo registrassem a entrada.

Isso pode ser um pouco ardiloso para fazer, pois o texto de consulta onde precisamos gerar o esboço armazenado precisa ser exatamente igual ao texto de consulta, byte por byte, como ele está embutido no próprio aplicativo. O que faremos aqui é demonstrar, passo a passo, como podemos realizar essa operação da maneira mais fácil possível.

Continuaremos a usar a consulta da tabela EMP do exemplo anterior — essa é a consulta que queremos executar com FIRST_ROWS. O restante do aplicativo deve ser executado em CHOOSE. Temos um 'aplicativo' que contém o seguinte código:

```
tkyte@TKYTE816> create or replace procedure show_emps
  2    as
  3    begin
  4       for x in ( select ename, empno
  5                    from emp
  6                   where empno > 0 )
  7       loop
  8          dbms_output.put_line( x.empno || ',' || x.ename );
  9       end loop;
 10    end;
 11    /

Procedure created.
```

Executamos esse procedimento usando SQL_TRACE e determinamos, a partir do relatório TKPROF, que ele está usando um plano indesejável (veja o Capítulo 10, para mais informações sobre SQL_TRACE e TKPROF e como capacitá-las em vários ambientes). Aqui, usaremos apenas um simples comando ALTER SESSION, pois ele é uma rotina PL/SQL que podemos executar em SQL*PLUS:

```
tkyte@TKYTE816> alter session set sql_trace=true;

Session altered.

tkyte@TKYTE816> exec show_emps
7876,ADAMS
...
7521,WARD

PL/SQL procedure successfully completed.
```

Em seguida, executamos TKPROF no rastreio resultante:

```
SELECT ENAME,EMPNO
FROM
  EMP WHERE EMPNO > 0

call       count       cpu     elapsed      disk      query    current       rows
----       -----       ---     -------      ----      -----    -------       ----
Parse          2      0,01        0,01         0          0          0          0
Execute        2      0,00        0,00         0          0          0          0
Fetch         30      0,00        0,00         0         36         24         28
----       -----       ---     -------      ----      -----    -------       ----
total         34      0,01        0,01         0         36         24         28

Misses in library cache during parse: 1
Optimizer goal: CHOOSE
Parsing user id: 224         (recursive depth: 1)

Rows     Row Source Operation
----     --------------------
   14    TABLE ACCESS FULL EMP
```

A primeira coisa a notar aqui é que a consulta em TKPROF parece muito diferente (em formato) da consulta no aplicativo. Esse é o efeito colateral de como PL/SQL processa SQL: reescreve todas as SQL estáticas, e a consulta resultante pode parecer muito diferente da consulta atual, no código fonte original. Quando criamos o esboço armazenado, precisamos ter certeza que usamos a consulta que o banco de dados de fato utiliza, pois o plano otimizador de estabilidade só faz a combinação da string exata — precisamos usar a consulta *exata* que o banco de dados vê, com espaços, tabs e novas linhas. Entretanto, nem o texto da consulta na rotina PL/SQL, nem o texto no relatório TKPROF são o que queremos! Felizmente, podemos usar os próprios mecanismos de esboço armazenado para captar a consulta com a qual realmente queremos trabalhar. Capacitaremos a geração implícita do esboço armazenado, e isso irá captar para nós o texto SQL atual na tabela do banco de dados:

```
tkyte@TKYTE816> alter session set create_stored_outlines = hr_application;

Session altered.

tkyte@TKYTE816> exec show_emps
7876,ADAMS
. . .
7521,WARD

PL/SQL procedure successfully completed.

tkyte@TKYTE816> alter session set create_stored_outlines = FALSE;

Session altered.

tkyte@TKYTE816> set long 50000
tkyte@TKYTE816> select name, sql_text
  2    from user_outlines
  3   where category = 'HR_APPLICATION'
  4  /

NAME                              SQL_TEXT
-----------------------------     ---------------------------------
SYS_OUTLINE_0104120951400008      SELECT ENAME,EMPNO  FROM EMP WHERE EMPNO> 0
```

Usamos o comando ALTER SESSION para capacitar a geração automática de esboço armazenado para uma categoria chamada HR_APPLICATION e executamos nosso aplicativo.

O comando SET LONG foi usado para garantir que SQL*PLUS nos mostraria toda a consulta SQL; por padrão, ele só mostraria os primeiros 80 bytes.

Poderíamos ter usado um disparador de banco de dados ON LOGON, como o seguinte, para conseguir o mesmo resultado:

```
tkyte@TKYTE816> create or replace trigger tkyte_logon
  2  after logon on database
  3  begin
  4      if ( user = 'TKYTE' ) then
  5          execute immediate
  6              'alter session set use_stored_outlines = hr_application';
  7      end if;
  8  end;
  9  /

Trigger created.
```

Você precisa dos privilégios CREATE TRIGGER e ADMINISTER DATABASE para criar um disparador LOGON. Além disso, o proprietário desse disparador precisa do privilégio ALTER SESSION concedido diretamente a ele, através de uma função.

Você deve adotar essa abordagem em um aplicativo onde não possa emitir o comando ALTER SESSION de qualquer outro modo.

Temos agora nossa consulta pronta para gerar o esboço armazenado com o plano que queremos que a consulta use. É interessante observar que ela é diferente da consulta no código PL/SQL - é toda em minúsculas. Ela também é diferente da consulta no relatório TKPROF — aquela tinha novas linhas. Como o uso do esboço armazenado é *muito* ardiloso sobre usar *exatamente* a mesma consulta, vou mostrar da maneira mais fácil possível como mudar o conjunto de referências associado ao esboço que captamos. Observe como, na saída acima da consulta na vista USER_OUTLINES, selecionamos o NAME e o SQL_TEXT para podermos identificar com facilidade a consulta que queremos corrigir, e agora sabemos o nome do esboço armazenado, SYS_OUTLINE_0104120951400008.

Então, podemos mudar nosso ambiente para FIRST_ROWS, remontar o esboço nomeado e terminarmos:

```
tkyte@TKYTE816> alter session set optimizer_goal=first_rows
  2  /

Session altered.

tkyte@TKYTE816> alter outline SYS_OUTLINE_0104120951400008 rebuild
  2  /

Outline altered.

tkyte@TKYTE816> alter session set optimizer_goal=CHOOSE;

Session altered.
```

Começamos configurando o objetivo do otimizador para FIRST_ROWS, em vez de CHOOSE. Sabemos que se executarmos nossa consulta sob a otimização FIRST_ROWS, ela obterá o plano que queremos (sabemos disso porque é o cenário que ajustamos, nesse caso — nós o teríamos descoberto através de sintonização e teste). Em vez de executar a consulta agora, simplesmente REBUILD o esboço — REBUILD usará nosso ambiente atual para gerar o plano.

Agora, para ver se realmente funciona, precisamos capacitar essa categoria para esboços. Para demonstração, usaremos um simples comando ALTER SESSION, interativamente, mas para tornar isso transparente você deve usar o disparador ON LOGON para ajuste imediato quando do registro no banco de dados. Para verificar se essa correção está no lugar, executaremos novamente o aplicativo:

```
tkyte@TKYTE816> alter session set optimizer_goal=CHOOSE;

Session altered.

tkyte@TKYTE816> alter session set USE_STORED_OUTLINES = hr_application;

Session altered.

tkyte@TKYTE816> alter session set sql_trace=true;

Session altered.

tkyte@TKYTE816> exec show_emps
7369,SMITH
. . .
7934,MILLER

PL/SQL procedure successfully completed.
```

Ajustamos o objetivo do otimizador de volta ao valor padrão, orientamos o Oracle para usar os esboços armazenados na categoria HR_APPLICATION e executamos o aplicativo. Agora, o relatório TKPROF nos mostrará:

```
SELECT ENAME, EMPNO
FROM
   EMP WHERE EMPNO > 0
```

call	count	cpu	elapsed	disk	query	current	rows
Parse	1	0,01	0,01	0	0	1	0
Execute	1	0,00	0,00	0	0	0	0

```
Fetch            15      0,00       0,00       0       28        0       14
-----           ----    -----      -----      ---    -----     -----    ----
total            17      0,01       0,01       0       28        1       14

Misses in library cache during parse: 1
Optimizer goal: CHOOSE
Parsing user id: 224        (recursive depth: 1)

Rows       Row Source Operation
----       --------------------
  14       TABLE ACCESS BY INDEX ROWID EMP
  15       INDEX RANGE SCAN (object id 28094)
```

Isso prova que nosso plano agora está em efeito. Quando executamos o aplicativo, esse ALTER SESSION SET USE_STORED_OUTLINE capacitou os esboços que armazenamos. A consulta exata que queríamos será otimizada usando as referências que armazenamos — as referências geradas com o modo de otimizador FIRST_ROWS. As consultas restantes no aplicativo serão otimizadas exatamente como antes.

Uma ferramenta de desenvolvimento

Digamos que você esteja montando um aplicativo que deverá ser entregue a muitas pessoas. Você está montando o próximo 'aplicativo matador'. Terá pouco, ou nenhum, controle sobre o ambiente de banco de dados alvo — você pode ter instalado em uma cópia que é 'toda sua' ou em uma cópia que já tenha muitos outros aplicativos sendo executados. Esses bancos de dados terão várias configurações init.ora que afetam o otimizador, como DB_BLOCK_BUFFERS, DB_FILE_MULTIBLOCK_READ_COUNT, HASH_MULTIBLOCK_IO_COUNT, OPTIMIZER_GOAL, HASH_JOIN_ENABLED e assim por diante. Eles podem ou não ter consultas paralelas capacitadas. Eles podem ou não ter uma grande SGA em uma grande máquina. Podem ter a versão 8.1.6.1, 8.1.7 ou 8.1.6.2. E assim por diante. Há muitos fatores que podem influenciar o plano gerado pelo otimizador.

Você percorrerá grandes extensões enquanto estiver desenvolvendo seus aplicativos para que eles acessem os dados 'exatamente da maneira certa'. Em seus testes de desenvolvimento e de escalonamento, em grandes conjuntos de dados reais, ao vivo, em suas máquinas, o aplicativo executa extremamente bem. Tudo corre conforme o esperado. Então, por que as pessoas chamam seus suportes técnicos com problemas referentes ao desempenho? É porque em suas próprias máquinas, com suas próprias configurações, os planos de consulta estão saindo ligeiramente diferentes.

É possível usar aqui o plano otimizador de estabilidade para nivelar o campo que estiver atuando. Quando você tiver sintonizado seu aplicativo internamente, teste-o cuidadosamente com os dados reais (quantidade e mistura de fileiras apropriadas). A última etapa antes de embarcar o aplicativo é gerar esboços de consulta em todas as suas consultas, o que pode ser feito muito facilmente usando novamente o disparador ON LOGON, mas dessa vez codificando algo como:

```
sys@TKYTE816> create or replace trigger tkyte_logon
  2  after logon on database
  3  begin
  4     if (user = 'TKYTE' ) then
  5         execute immediate
  6              'alter session set create_stored_outlines = KillerApp';
  7     end if;
  8  end;
  9  /

Trigger created.
```

Isso foi executado como o usuário SYS que, por padrão, tem todos os privilégios necessários para fazer esse disparador.

Agora, quando registro minha entrada, cada consulta que executar criará um esboço para mim, o nomeará e armazenará na categoria KillerApp. Executarei uma bateria completa de testes no aplicativo, exercendo *tudo* da SQL e, na medida em que fizer isso, estarei coletando os esboços de cada consulta no aplicativo. Quando feito, poderei usar o utilitário

Oracle, EXP, para exportar meus esboços e instalá-los como parte de minha importação, usando o utilitário IMP (isso é discutido mais adiante no capítulo, na seção *Como mover esboços entre bancos de dados*). Os aplicativos que escrevemos sempre emitirão este comando, logo após a conexão:

```
alter session set use_stored_outlines = KillerApp;
```

Dessa forma, tenho certeza de que o plano de consulta no qual trabalhei tão duro estará sendo usado, independente das configurações nas máquinas de meus clientes. Isso faz sentido, não apenas para clientes 'externos', mas também ao movermos um aplicativo da cópia de teste de banco de dados para a cópia de produção. Isso diminuirá o número de vezes em que você escuta: 'Bem, ele executa muito bem na cópia de teste, mas quando se move para a cópia de produção, vai muito devagar'. Normalmente, essa declaração é seguida por 'Ambas as cópias são exatamente iguais'. Depois, você descobre que elas têm diferentes quantidades de RAM, CPUs e os seus arquivos init.ora são diferentes, para refletir a diferente configuração de hardware. Qualquer um desses fatores pode (e o fará) influenciar o otimizador, levando a planos diferentes. O plano otimizador de estabilidade evitará todo esse problema.

Entretanto, deve ser observado que você pode estar perdendo os benefícios dos mais recentes e melhores aperfeiçoamentos do otimizador. Se tiver instalado novo software, novos recursos, seria uma boa idéia incapacitar esse recurso exatamente agora e novamente durante o desenvolvimento e a fase de teste de seu aplicativo, para poder identificar as consultas que executariam mais depressa com algum novo plano que o otimizador possa apresentar.

Para ver os índices usados

Na verdade, esse não é um dos usos pretendidos de esboços armazenados, e sim um efeito colateral — mas, epa, funciona! Uma pergunta feita com freqüência é: 'Tenho muitos e muitos índices em meu banco de dados e tenho certeza que alguns deles não estão sendo usados, mas não sei quais. Como posso saber?'. Bom, uma maneira é através dos esboços armazenados — eles listarão o nome de cada índice que usam em um plano de acesso a consulta. Se você usar um disparador ON LOGON para capacitar a geração automática de esboço, executar seu sistema por algum tempo e depois incapacitá-lo — terá uma lista bastante conclusiva de quais índices são usados no sistema (e por quais consultas). Como vemos abaixo, todas as 'referências' que usam esboços armazenados estão em uma tabela de dicionário de dados. Torna-se muito fácil ver os índices que são usados (e por quais consultas) e os que não são. Por exemplo, usando a saída de nossos dois exemplos acima, podemos ver quais consultas usam o índice EMP_PK que criamos em nosso banco de dados:

```
tkyte@TKYTE816> select name, hint
  2  from user_outline_hints
  3  where hint like 'INDEX   %EMP_PK%'
  4  /

NAME                HINT
--------            --------
MYOUTLINE           INDEX(EMP EMP_PK)
FIRST_ROWS_EMP      INDEX(EMP EMP_PK)
```

Podemos usar a coluna NAME a partir dessa consulta para voltar à consulta SQL atual armazenada em USER_OUTLINES, para ver o texto da consulta original que estiver usando esse índice.

Para ver qual SQL é executado por um aplicativo

Novamente, esse é um efeito colateral, em vez do uso verdadeiro pretendido de esboços armazenados, mas funciona. Freqüentemente, as pessoas querem saber qual SQL seus aplicativos executam. Elas não podem modificar o aplicativo, e configurar SQL_TRACE ON é caro demais. Usando um disparador ON LOGON em alguns usuários do aplicativo, podemos captar automaticamente, nas tabelas OUTLINE, toda a SQL que o aplicativo executa. Podemos usar isso para sintonizar ou analisar, mais tarde.

Você deve sempre estar ciente de que isso só captura SQL quando ela for executada. Para ver uma extensa lista de SQL que um aplicativo pode emitir, você precisa levar aquele aplicativo a executar todas as suas SQL e isso implica em usar cada recurso e função, em cada combinação.

Como funciona o plano otimizador de estabilidade

O plano otimizador de estabilidade funciona através do mecanismo de 'referência' de Oracle. Usando o nosso exemplo anterior, EMP, seremos capazes de ver as referências que foram armazenadas para consulta, e como elas devem ser aplicadas no tempo de execução. Veremos também o esquema OUTLN, que contém todos os esboços de consulta armazenados e suas referências.

A primeira etapa para ter o plano otimizador de estabilidade trabalhando é coletar um esboço de consulta. Como já o fizemos no exemplo anterior, através do comando CREATE OUTLINE, iremos usá-lo aqui para ver como o banco de dados processa esses esboços.

OUTLINES e OUTLINE_HINTS

Há apenas duas vistas a considerar com esboços de consulta, e elas exibem um relacionamento de detalhe principal. A tabela principal é a tabela OUTLINES (as três versões normais: DBA_, ALL_ e USER_). A tabela de detalhe é OUTLINE_HINTS (com, de novo, as três variações normais). As seções a seguir explicam cada uma e como são usadas:

As vistas _OUTLINES

Essas vistas mostram a quantidade de esboços armazenados no banco de dados. DBA_OUTLINES tem uma entrada para todo e qualquer esboço armazenado pelo usuário, enquanto que ALL_ e USER_OUTLINES só exporão as fileiras relevantes ao usuário atual (os esboços que *ele* criou). Como DBA_OUTLINES e USER_OUTLINES só diferem por uma coluna (a tabela DBA tem uma coluna OWNER, representando o esquema que criou o esboço), veremos a DBA_OUTLINES:

- NAME — O nome do esboço que você deu, usando o comando CREATE OUTLINE (no exemplo acima, nossos nomes foram MYOUTLINE ou FIRST_ROWS_EMP). Se você usar o método ALTER SESSION para criar um esboço armazenado — exploraremos esse método detalhadamente mais adiante neste capítulo — e não nomeá-lo, o sistema irá gerar um nome de esboço para você. Deve-se notar que o nome de um esboço é único (o nome de esboço é uma chave principal). Não é possível ter o mesmo nome em duas categorias diferentes, nem é possível ter o mesmo nome com dois proprietários diferentes. Isso é discutido em mais detalhes na seção *Advertências*.
- OWNER — O esquema que criou o esboço. Na verdade, os esboços não são 'possuídos' por ninguém, assim esse nome é, de alguma forma, uma denominação imprópria. Deveria ser 'criador'.
- CATEGORY — A categoria à qual você designou o esquema (MYCATEGORY, em nosso exemplo). Os esboços de consulta podem pertencer a uma categoria especificamente nomeada ou à categoria genérica, DEFAULT, usada se nenhum nome de categoria for especificado. No tempo de execução, um usuário ou aplicativo emitirá um ALTER SESSION SET USE_STORED_OUTLINES = <TRUE|category name> para especificar qual conjunto de esboços armazenados deve ser usado. Configurar para TRUE capacitará o uso de esboços armazenados na categoria DEFAULT. Você só pode ter uma categoria de esboços armazenados em uso numa ocasião em especial.
- USED — Esse atributo nos informa se o esboço nomeado já foi usado. Ele terá o valor não usado até a primeira vez em que for usado para modificar o plano de consulta de uma consulta que estiver sendo executada, ponto no qual ele assumirá o valor used.
- TIMESTAMP — A data e horário em que o esboço foi originalmente criado.
- VERSION — A versão de banco de dados que criou originalmente o esboço de consulta.
- SQL_TEXT — A consulta SQL atual (textual) que foi usada para gerar o esboço. Só as consultas que combinam exatamente esse texto, como já observado, serão candidatas a usar esse esboço armazenado.

Assim, por exemplo, depois de executar nossas consultas de exemplo acima, teremos as seguintes informações em USER_OUTLINES:

```
tkyte@TKYTE816> select * from user_outlines;

NAME          CATEGORY      USED    TIMESTAMP    VERSION      SQL_TEXT
----------    ----------    ----    ---------    --------     --------
MYOUTLINE     MYCATEGORY    USED    11-APR-01    8.1.6.0.0    select empno,ename
                                                              from emp where empno
                                                              > 0
```

```
FIRST_ROWS_EMP    HR_APPLICATION USED    12_APR-01    8.1.6.0.0    SELECT ENAME, EMPNO
                                                                   FROM EMP  WHERE EMPNO
                                                                   > 0
```

Como esperado, isso mostra todas as informações descritas.

As vistas_OUTLINE_HINTS

Mostram as referências atuais que precisam ser aplicadas às várias fases internas do plano de consulta desenvolvido. O servidor escreve internamente nossa consulta submetida com essas referências embutidas, nos locais apropriados, dando-nos o plano de consulta que desejamos. Nunca veremos essas referências no próprio texto de consulta — é tudo feito nas estruturas internas do plano de consulta. De novo, a única diferença entre as vistas DBA_OUTLINE_HINTS e USER_OUTLINE_HINTS e ALL_OUTLINE_HINTS é a inclusão de uma coluna OWNER, identificando o esquema que criou o esboço:

- ❏ NAME — O nome do esboço armazenado. Se gerado com uma declaração CREATE OUTLINE, será algum nome que você tiver designado. Se gerado através do método ALTER SESSION, será um identificador designado pelo sistema, como o nome SYS_OUTLINE_0104120957410010, dado a nosso esboço armazenado, no exemplo.
- ❏ OWNER — O nome do esquema que criou o esboço de consulta.
- ❏ NODE — A consulta ou subconsulta à qual essa referência se aplicará. À consulta mais externa será designado um nó de 1 e às subconsultas embutidas na consulta pai serão designados números de ID aumentados.
- ❏ STAGE — Existem vários estágios aos quais essas referências serão aplicadas durante a compilação de uma consulta. Esse número representa o estágio em que essa referência em particular será 'escrita' na consulta. Eles são estágios de compilação interna; parte do otimizador de Oracle, algo a que normalmente você não tem acesso.
- ❏ JOIN_POS — Identifica a tabela à qual essa referência será aplicada. Em todas as referências que não acessam métodos de referência, será ZERO. Em métodos de acesso a referências (por exemplo, acessa essa tabela através de um INDEX), JOIN_POS identificará a tabela.
- ❏ HINT — A referência atual a ser embutida na consulta.

Olhando os resultados de nosso exemplo inicial, temos:

```
tkyte@TKYTE816> break on stage skip 1

tkyte@TKYTE816> select stage, name, node, join_pos, hint
  2          from user_outline_hints
  3          where name = 'MYOUTLINE'
  4          order by stage
  5  /

    STAGE NAME              NODE   JOINT_POS HINT
    ----- ---------         ----   --------- ---------
        1 MYOUTLINE            1           0 NOREWRITE
          MYOUTLINE            1           0 RULE
        2 MYOUTLINE            1           0 NOREWRITE
        3 MYOUTLINE            1           0 NO_EXPAND
          MYOUTLINE            1           0 ORDERED
          MYOUTLINE            1           0 NO_FACT(EMP)
          MYOUTLINE            1           1 INDEX(EMP_PK)

7 rows selected.
```

Isso mostra que no estágio 1 o servidor aplicará as referências NOREWRITE e RULE. A referência NOREWRITE evitará a ocorrência de reescrita da consulta no tempo de execução (se alguém mais tarde acrescentar um recurso ou capacitar um parâmetro de sistema/session que possa chamar QUERY_REWRITE). A referência RULE usará o otimizador baseado em regra no tempo de execução, independente da configuração presente do OPTIMIZER_GOAL ou da presença (ou sua falta) de estatísticas na tabela.

No estágio 2, novamente ele evitará a ocorrência de reescrita da consulta. No estágio 3 estamos acrescentando as referências que farão, realmente, a consulta executar o que quisermos. Ele aplica uma referência ORDERED, que utiliza a ordem das tabelas na cláusula FROM para unir tabelas (visto que acessamos uma única tabela em nosso exemplo, isso é supérfluo, de alguma forma). Ele aplica uma referência NO_EXPAND (aplica-se a condições relativas a objeto e, como não há relações a objeto em nosso exemplo, realmente não é necessária). Depois, ele aplica uma referência interna, não documentada, NO_FACT. Por fim, a referência de método de acesso INDEX( ) deve ser usada na tabela 1 (a coluna JOIN_POS), que é a tabela EMP usando o índice EMP_PK, nossa chave principal.

São essas as mecânicas do plano otimizador de estabilidade. Você armazena um plano em uma categoria nomeada ou padrão. No tempo de execução seu aplicativo escolhe 'usar' uma determinada categoria de planos e o otimizador de banco de dados fundirá os requisitos de referências em seu texto de consulta para que o resultado do plano seja sempre igual.

Criação de esboços armazenados

Há duas maneiras de gerar planos. Já os apresentamos rapidamente nos exemplos anteriores. Um método é através de SQL DDL, o outro é configurando uma variável de posição de sessão. Veremos ambos e consideraremos quando cada um deve ser usado. Entretanto, em qualquer dos casos, você irá querer ter certeza de que o esquema gerador de esboços tem os privilégios apropriados para criar e gerenciar esboços.

Privilégios necessários para esboços armazenados

Ao usar esboços armazenados, há quatro privilégios relevantes:

- CREATE ANY OUTLINE — Permite criar esboços no banco de dados. Sem esse privilégio você receberá o erro ORA-18005: create any outline privilege is required for this operation (privilégio de criar qualquer esboço é exigido para essa operação).
- ALTER ANY OUTLINE — Permite que você altere (renomeie, mude a categoria de ou recompute o plano para) uma consulta.
- DROP ANY OUTLINE — Permite soltar qualquer esboço existente, pelo nome.
- EXECUTE ON OUTLN_PCK — Permite executar o pacote OUTLINE (veja um pouco mais adiante a funcionalidade).

Deve-se notar também que esses são privilégios ANY, o que significa que se você tiver a habilidade de CREATE ou REPLACE ANY esboço, terá a habilidade de sobregravar o esboço de outro alguém, sem a permissão dele. Esboços, diferente da maioria de outros objetos de banco de dados, não são propriedade de ninguém. Eles têm um criador, mas não um proprietário, no sentido normal. Se você puder soltar seus próprios esboços, também poderá (inadvertidamente) soltar o esboço de alguém, portanto deve-se tomar cuidado com esses privilégios. Veja *O espaço de nome de esboços é global*, na seção *Advertências*, para mais informações sobre isso.

Como usar DDL

Para criar esboços armazenados usando DDL, usamos um comando SQL da seguinte estrutura:

```
CREATE <OR REPLACE> OUTLINE OUTLINE_NAME
<FOR CATEGORY CATEGORY_NAME>
ON STATEMENT_TO_STORE_OUTLINE_FOR
```

Onde:

- OUTLINE_NAME é o nome que você designou para esse esboço em particular. Ele deve ser algo relevante a você e ao seu aplicativo. Segue as mesmas restrições de nomeação que qualquer objeto de banco de dados (30 caracteres, começar com uma letra etc). Além disso, o OUTLINE_NAME precisa ser único em um banco de dados, não apenas para um usuário ou categoria em especial, como se poderia esperar, assim tenha muito cuidado ao usar o OR REPLACE, pois ele sobregravará qualquer esboço existente com aquele nome.

- CATEGORY_NAME é o nome que você está usando para agrupar esboços. Essa parte da declaração CREATE é opcional e se você não especificar uma categoria, o esboço será colocado na DEFAULT. É recomendado que você nomeie explicitamente uma categoria em todos os casos e não confie no DEFAULT. Como apenas uma categoria pode ser usada de cada vez por uma sessão, será importante gerar um plano para cada consulta relevante nessa categoria.
- STATEMENT_TO_STORE_OUTLINE_FOR é qualquer declaração SQL DML válida.

Gerar esboços através de DDL é mais útil se você tiver um aplicativo que armazene todas as suas declarações SQL externamente. Isto é, você tem um arquivo de recurso de algum tipo que tem toda a SQL que você já executou nele. Nesse caso, é uma simples questão de gerar um script CREATE OUTLINE a partir desse arquivo de recurso e executá-lo através do banco de dados. Isso garantirá que você gere esboços para 100 por cento de suas consultas (posto que há 100 por cento de suas consultas nesses arquivos de recurso). Ele também protege contra geração acidental de esboços armazenados em consultas não relevantes. Por exemplo, se você usar o disparador ON LOGON e registrar depois em SQL*PLUS, descobrirá que as consultas que SQL*PLUS executar em seu nome terão esboços gerados por ele.

Além disso, a abordagem DDL é útil quando você tem poucas consultas individuais para as quais deseja gerar esboços. Por exemplo, você pode usar essa abordagem ao usar esboços de consulta como uma ferramenta de sintonização. Então, quando quiser gerar esboços armazenados para uma pequena porcentagem de um aplicativo, deve usar DDL para gerar os esboços apenas das consultas desejadas, em vez de para cada consulta gerada.

Uso de ALTER SESSION

Esse é mais um método de objetivo geral para gerar esboços de consulta. Ele funciona de maneira semelhante a SQL_TRACE ao rastrear um programa. Da ocasião em que você emite uma declaração ALTER SESSION até quando desativa a criação de esboços armazenados, cada consulta emitida terá seu esboço salvado (bem, quase cada consulta, veja a seção *Advertências*, abaixo, para os casos onde o seu esboço não será salvo).

Você pode usar esse método em qualquer aplicativo em que quiser que todos os planos sejam estabilizados. Isto é, quando quiser saber quais serão os planos de consulta em sua SQL, independente da versão do banco de dados onde seu aplicativo estiver instalado, independente das configurações no init.ora naquele banco de dados e assim por diante. Para fazer isso em seu aplicativo, é preciso usar o disparador ON LOGON, conforme demonstrado anteriormente, e depois exercitar totalmente seu aplicativo, executando cada possível consulta. Você deve fazer isso em sua cópia de teste de banco de dados como parte de seu teste final, antes da entrega. Depois de coletar todos os planos, você deve usar a ferramenta EXP para extraí-los e utilizar a ferramenta IMP como parte de seu mecanismo de entrega. Veja *Como se movimentar entre bancos de dados*, mais adiante, para detalhes de extração daquele processo.

Esse método também será utilizado ao usar o recurso de banco de dados de **autoligação**. A seção *Advertências* entrará em mais detalhes sobre esse recurso e sobre a sua interação com o plano otimizador de estabilidade.

A sintaxe do método ALTER SESSION é muito direta:

```
ALTER SESSION SET CREATE_STORED_OUTLINES = TRUE;
ALTER SESSION SET CREATE_STORED_OUTLINES = FALSE;
ALTER SESSION SET CREATE_STORED_OUTLINES = some_category_you_choose;
```

Se você ajustar CREATE_STORED_OUTLINES para TRUE, o Oracle irá gerar esboços armazenados na categoria DEFAULT. A categoria DEFAULT é simplesmente uma categoria nomeada DEFAULT — ela precisa ser capacitada como seria qualquer outra. Quando você ajustar CREATE_STORED_OUTLINES para FALSE, o Oracle irá parar de gerar esboços armazenados em sua sessão.

Configurando CREATE_STORED_OUTLINES para some_category_you_choose, o Oracle irá gerar esboços de consulta para todas as consultas emitidas e armazená-los naquela categoria nomeada. Essa é a maneira preferida de usar esse método. É recomendado, por clareza, que o seu aplicativo use uma categoria própria, especialmente se você for instalá-lo num banco de dados compartilhado que pode ter outros aplicativos usando esse recurso. Isso evitará conflitos entre esses aplicativos, e ficará mais claro a quem pertence determinado esboço.

O usuário OUTLN

O esquema OUTLN agora é criado em todos os bancos de dados Oracle8i, com uma senha padrão de OUTLN. O DBA *pode* e *deve* mudar a senha dessa conta, imediatamente depois de uma instalação, exatamente como faz em outras contas como SYS e SYSTEM.

Esse esquema contém duas tabelas e alguns índices que, por padrão, estão no espaço de tabela SYSTEM. Se você planeja usar pesadamente o plano otimizador de estabilidade (especialmente com relação ao método ALTER SESSION de captação de planos de consulta), deve considerar mover os objetos para fora do espaço de tabela SYSTEM e para dentro de um espaço de tabela que você inicializar para eles. Uma das duas tabelas contém uma coluna LONG, portanto pode não ser facilmente movida usando a sintaxe normal ALTER TABLE tablename MOVE. Em vez disso, precisamos usar exportação e importação para mover os objetos. As seguintes etapas descrevem como mover todo o esquema OUTLN do espaço de tabela SYSTEM para o espaço de tabela TOOLS:

1. Exportar o usuário OUTLN:

   ```
   exp userid=outln/outln owner=outln
   ```

2. Alterar o usuário OUTLN para mudar seu espaço de tabela de SYSTEM para TOOLS, dar-lhes uma cota ilimitada em TOOLS e uma cota 0k em SYSTEM:

   ```
   alter user outln default tablespace tools;
   revoke unlimited tablespace from outln;
   alter user outln quota 0k on system;
   alter user outln quota unlimited on tools;
   ```

3. Soltar as tabelas OL$ e OL$HINTS do esquema OUTLN:

   ```
   drop table ol$;
   drop table ol$hints;
   ```

4. Importar o usuário OUTLN:

   ```
   imp userid=outln/outln full=yes
   ```

Note que se um sistema já estiver usando esboços, a operação acima deverá ser feita no modo de usuário único, se possível, e em um banco de dados sem usuários finais ativos.

Com o tempo, você pode pensar em monitorar a utilização de espaço das tabelas OL$ e OL$HINTS e os índices correspondentes.

Como mover esboços entre bancos de dados

Tendo revisto como mover todo o esquema OUTLN de espaço de tabela para um dentro de banco de dados, vejamos como exportar esboços de consulta do seu banco de dados e importá-los para uma cópia totalmente diferente. Tal utilização seria um apoio ao uso de esboços, para garantir o plano otimizador de estabilidade de um aplicativo que você vai instalar em vários sites de clientes, ou que está movendo de sua cópia de teste para a de produção.

A maneira mais fácil é através de um arquivo de parâmetro (para evitar problemas com os aspectos de escape sh e nuances de linha de comando NT). Inicializo um arquivo exp.par para exportar que se parece com:

```
query="where category='HR_APPLICATION'"
tables=(ol$,ol$hints)
```

Isso é inicializado para exportar todos os esboços de consulta da categoria HR_APPLICATION. A única coisa que você mudará de execução para execução no arquivo exp.par deve ser o nome da categoria que você estará movendo. Então, devemos executar:

```
exp userid=outln/<password> parfile=exp.par
```

substituindo <password> pela senha certa de OUTLN, claro. Ele só exportará as fileiras nas quais estivermos interessados. Poderíamos mover o arquivo expdat.dmp resultante para o servidor alvo ou executar IMP pela rede, para fazer uma importação completa. Esse comando seria:

```
imp userid=outln/outln full=y ignore=yes
```

Dessa vez precisamos usar a cláusula IGNORE=YES, pois estamos acrescentando fileiras a uma tabela existente, não tentando movê-la como fizemos na seção anterior. O plano otimizador de estabilidade suporta totalmente exportação e importação — você tem permissão para isso. Nunca se deve modificar diretamente as tabelas OL$ ou OL$HINTS, mas é possível usar EXP/IMP para movimentá-las de banco de dados para banco de dados. Na verdade, EXP/IMP é a única ferramenta que fará essa tarefa com segurança. Pense no que aconteceria se você tivesse um banco de dados com um esboço armazenado chamado MYOUTLINE, o exportasse e levasse para outro banco de dados, mas aquele outro banco de dados *já* tivesse um esboço chamado MYOUTLINE. Se você tivesse usado qualquer outra ferramenta que não EXP/IMP, corromperia o esboço no outro banco de dados. Suponha que você apenas tentou copiar os dados usando SQL. Algumas das fileiras poderiam copiar, mas outras não, devido a conflitos chave. Você acabaria com bits e peças misturadas de dois esboços armazenados. Somente importação e exportação conhecem a maneira adequada de conseguir essa tarefa, e têm ganchos especiais para garantir que um esboço de banco de dados não sobregrave aqueles em outro banco de dados (discutido em mais detalhe na seção *O pacote OUTLN_PKG*, um pouco mais adiante).

Como conseguir apenas o esboço certo

A pergunta 'Como podemos fazer funcionar simplesmente o plano otimizador?' pode surgir se o estivermos usando em uma ferramenta de sintonização. Já demonstrei como alterar a sessão e executar uma consulta específica podia gerar um 'bom' plano. De longe esse é o método mais fácil. Se fosse possível, você simplesmente emitiria as diretivas necessárias ALTER SESSION para inicializar adequadamente o ambiente de sua sessão e emitiria a CREATE OUTLINE para essa consulta. Alternativamente, se a consulta já estivesse nas tabelas de esboço, a remontaria com o novo ambiente, como fizemos acima. Esse segundo caso é desejável, pois garante a combinação do texto de consulta. Isso é possível em muitos casos, como quando:

- ❏ Você deseja que uma consulta específica use determinado modo de otimização, independente da configuração de OPTIMIZER_GOAL no aplicativo, no tempo de execução. Você pode emitir a ALTER SESSION para o modo apropriado, executar a CREATE OUTLINE para aquela consulta e pronto.

- ❏ Você deseja evitar o uso de um recurso específico, como QUERY_REWRITE_ENABLED, HASH_JOIN_ENABLED, ou diminuir para um diferente OPTIMIZER_FEATURES_ENABLED. Você criaria uma sessão, emitiria a ALTER SESSION para capacitar/incapacitar vários recursos e depois emitiria o comando CREATE OUTLINE para as diversas consultas.

Bem, o que acontece quando apenas configurar um atributo no nível de sessão, como HASH_JOIN_ENABLED, não muda o plano de consulta da forma que você deseja — quando a única coisa que tem o efeito desejado é referir fisicamente a própria consulta? Bem, certamente você pode usar referências com o plano otimizador de estabilidade, pois pode criar um esboço armazenado em uma consulta contendo referências, mas aquilo provavelmente não é o que você deseja. Você deseja uma consulta que seja executada sem as referências, para usar esse plano. No entanto, para usar esse plano armazenado é preciso *executar* consultas que combinem *exatamente* com a SQL usada para gerar o esboço. Você deseja ser capaz de armazenar um esboço em uma consulta não referida, e que aquela consulta pegue aquele plano. Devido à implementação do plano otimizador de estabilidade podemos, na verdade, fazer isso — só que de uma forma indireta. Eis como funcionaria.

Vamos imaginar que começamos com a consulta:

```
scott@TKYTE816> set autotrace traceonly explain
scott@TKYTE816> select * from emp, dept where emp.deptno = dept.deptno;

Execution Plan
----------
   0      SELECT STATEMENT Optimizer=CHOOSE
   1   0     NESTED LOOPS
```

```
   2    1            TABLE ACCESS (FULL) OF 'EMP'
   3    1            TABLE ACCESS (BY INDEX ROWID) OF 'DEPT'
   4    3               INDEX (UNIQUE SCAN) OF "DEPT_PK' (UNIQUE)
```

Descobrimos, através de teste e sintonização, que a seguinte consulta funciona muito melhor para nós:

```
scott@TKYTE816> select *
  2    from ( select /*+ use_hash(emp) */ * from emp ) emp,
  3         ( select /*+ use_hash(dept) */ * from dept ) dept
  4    where emp.deptno = dept.deptno
  5  /

Execution Plan
----------------------------------------------------------
0      SELECT STATEMENT Optimizer=CHOOSE (Cost=3 Card=67 Bytes=7839)
1   0     HASH JOIN (Cost=3 Card=67 Bytes=7839)
2   1        TABLE ACCESS (FULL) OF 'EMP' (Cost=1 Card=82 Bytes=7134)
3   1        TABLE ACCESS (FULL) OF 'DEPT' (Cost=1, Card=82 Bytes=2460)
```

O desempenho é incrível quando comparado aos loops de consulta aninhada. *Gostaríamos que os aplicativos emitentes da primeira consulta obtivessem o plano de resíduo unido, em vez do loop de plano aninhado, mas precisamos que isso aconteça sem mudar o código de aplicativo* (por qualquer motivo não podemos acrescentar referências ao código).

Bem, como os esboços de plano de consulta são baseados em comparações de string de caracteres, podemos conseguir isso usando um esquema diferente e algumas vistas referidas. Como os objetos acima estão no esquema SCOTT, vamos usar o esquema TKYTE para inicializar algumas vistas:

```
scott@TKYTE816> grant select on emp to tkyte;

Grant succeeded.

scott@TKYTE816> grant select on dept to tkyte;

Grant succeeded.

scott@TKYTE816> connect tkyte/tkyte
Connected.
tkyte@YKYTE816> drop table emp;

Table dropped.

tkyte@TKYTE816> drop table dept;

Table dropped.

tkyte@TKYTE816> create or replace view emp as
  2    select /*+ use_hash(emp) */ * from scott.emp emp
  3  /

View created.

tkyte@TKYTE816> create or replace view dept as
  2    select /*+ use_hash(dept) */ * from scott.dept dept
  3  /

View created.
```

Agora, geramos um esboço armazenado para nossa consulta de aplicativo:

```
tkyte@TKYTE816> create or replace outline my_outline
  2    for category my_category
  3    on select * from emp, dept where emp.deptno = dept.deptno;

Outline created.
```

Assim, no esquema TKYTE, temos as nossas **vistas referidas** dos objetos base e criamos um esboço armazenado da consulta que queríamos naquele esquema. Poderíamos soltar as vistas nesse ponto, se quiséssemos — temos o que queríamos, o esboço armazenado usando uniões *residuais*. Quando registrarmos novamente a entrada, como SCOTT, veremos o seguinte:

```
scott@TKTE816> connect scott/tiger
scott@TKYTE816> alter session set use_stored_outlines=my_category;

Session altered.

scott@TKYTE816> set autotrace traceonly explain
scott@TKYTE816> select * from emp, dept where emp.deptno = dept.deptno;

Execution Plan
----------------------------------------
0       SELECT STATEMENT Optimizer=CHOOSE (Cost=3 Card=67 Bytes=7839)
1    0     HASH JOIN (Cost=3 Card=67 Bytes=7839)
2    1        TABLE ACCESS (FULL) OF 'EMP' (Cost=1 Card=82 Bytes=7134)
3    1        TABLE ACCESS (FULL) OF 'DEPT' (Cost=1 Card=82 Bytes=2460)
```

Usando apenas a categoria apropriada de esboço, estamos pegando o plano desejado, porque o plano otimizador de estabilidade, por design, não soluciona referências de objeto no texto SQL. Ele apenas armazena uma string e, quando obtém outra string que combine com a categoria que você capacitou, usa as referências armazenadas. Isso é o pretendido pelo design.

Usando esse recurso de combinação de strings podemos usar vistas e/ou sinônimos para criar esboços de consulta que utilizem nossas referências na geração do plano final de consulta. Combine isso com o método ALTER SESSION acima, e é seguro dizer que você poderia gerar a maioria dos planos que precise.

Gerenciamento de esboços

Agora veremos com profundidade as facilidades usadas para gerenciar esboços: usando DDL (ALTER e DROP) ou o pacote oferecido OUTLN_PKG.

Através de DDL

Além do comando CREATE, usamos os comandos ALTER e DROP para gerenciar esboços de consulta. O comando ALTER nos permite:

- RENAME um esboço armazenado.
- REBUILD o plano de um esboço armazenado.
- CHANGE a categoria de um plano armazenado que esteja em outra categoria

O comando DROP simplesmente solta um esboço armazenado pelo nome.

ALTER OUTLINE

O comando ALTER tem três variantes, e veremos cada uma delas. Para rever como esse comando funciona, criaremos primeiro um esboço armazenado e depois o alteraremos de várias maneiras:

```
tkyte@TKYTE816> create or replace outline my_outline
  2   for category my_category
  3   on select * from all_objects
  4  /

Outline created.

tkyte@TKYTE816> select name, category, sql_text from user_outlines;
```

```
NAME              CATEGORY           SQL_TEXT
-----             --------           --------
MY_OUTLINE        MY_CATEGORY        select * from
                                     all_objects

tkyte@TKYTE816> select count(*) from user_outline_hints
                            where name = 'MY_OUTLINE';

    COUNT(*)
    --------
         138
```

Assim, o esboço em que estamos trabalhando é chamado de MY_OUTLINE, na categoria MY_CATEGORY, e tem atualmente 138 referências associadas a ele (sua milhagem pode variar, dependendo da configuração de seu otimizador!).

O primeiro uso do comando ALTER OUTLINE apenas permite renomear um esboço armazenado. A sintaxe desse comando é:

```
alter outline outline_name rename to new_name
```

Portanto, usaremos esse comando para renomear nosso esboço de MY_OUTLINE para PLAN_FOR_ALL_OBJECTS:

```
tkyte@TKYTE816> alter outline my_outline rename to plan_for_all_objects
  2  /

Outline altered.
```

Uma simples consulta verifica que ele funcionou conforme planejado:

```
tkyte@TKYTE816> select name, category, sql_text from user_outlines
  2  /

NAME                    CATEGORY           SQL_TEXT
-----                   --------           --------
PLAN_FOR_ALL_OBJECTS    MY_CATEGORY        select * from
                                           all_objects
```

A próxima etapa é usar o comando ALTER OUTLINE para mudar a categoria onde esse esboço está armazenado atualmente. A sintaxe para esse comando é:

```
alter outline outline_name change category to new_category_name;
```

Assim, vamos mudar a categoria de nosso esboço armazenado de MY_CATEGORY para uma categoria chamada DICTIONARY_PLANS:

```
TKYTE@tkyte816> alter outline plan_for_all_objects change category to
  2             dictionary_plans
  3  /

Outlined altered.

tkyte@TKYTE816> select name, category, sql_text from user_outlines
  2  /

NAME                    CATEGORY           SQL_TEXT
-----                   --------           --------
PLAN_FOR_ALL_OBJECTS    DICTIONARY_PLANS   select * from
                                           all_objects
```

Novamente, isso é muito direto. O comando ALTER, simplesmente atualizou o nome da categoria para nós no esquema OUTLN. Para demonstrar o último uso do comando ALTER, remontaremos o plano de consulta utilizando o ambiente atual. A sintaxe básica é:

```
alter outline outline_name rebuild;
```

No momento, estamos registrados em SQL*PLUS com o OPTIMIZER_GOAL ajustado para CHOOSE. Como os objetos de dicionário de dados não estão analisados, o otimizador usado pela consulta acima é o otimizador baseado em regra (quando o objetivo do otimizador é CHOOSE e nenhum objeto referido está analisado, usamos o otimizador baseado em regra). Ajustaremos o objetivo do otimizador para ALL_ROWS, forçando o uso do otimizador baseado em custo, e remontamos o plano.

```
tkyte@TKYTE816> alter session set optimizer_goal = all_rows
  2  /

Session altered.

tkyte@TKYTE816> alter outline plan_for_all_objects rebuild
  2  /
Outline altered.
```

Olhando para o número de referências resultante, podemos confirmar que o plano gerado foi de fato remontado, e é diferente do plano original:

```
tkyte@TKYTE816> SELECT COUNT (*)
  2    FROM USER_OUTLINE_HINTS
  3   WHERE NAME = 'PLAN_FOR_ALL_OBJECTS'
  4  /

  COUNT(*)
----------
       139
```

O plano é, definitivamente, diferente — agora temos 139 referências — e está otimizado usando ALL_ROWS em vez de CHOOSE.

DROP OUTLINE

O comando para soltar o esboço é muito simples. A sintaxe é:

```
drop outline outline_name;
```

Continuando o exemplo, usaremos esse comando DDL para soltar nosso esboço armazenado existente:

```
tkyte@TKYTE816> drop outline plan_for_all_objects
  2  /

Outline dropped.

tkyte@TKYTE816> select * from user_outlines;

no rows selected
```

É assim bem simples. A seção a seguir detalha alguns dos procedimentos mais potentes para manipular grupos de esboços.

O pacote OUTLN_PKG

Veremos agora o OUTLN_PKG. Esse pacote é fornecido por dois motivos:

- ❏ Para permitir que você faça operações em lote em esboços, tais como soltar todos os esboços armazenados não utilizados, soltar todos os esboços de uma categoria e assim por diante. A funcionalidade equivalente está disponível através dos comandos ALTER e DROP, mas apenas em um único esboço de cada vez. O OUTLN_PKG oferece uma API para trabalhar em muitos esboços com um comando.
- ❏ Para oferecer uma API para os utilitários Export e Import serem capazes de exportar e importar esboços armazenados.

Descreveremos e demonstraremos o uso das funções OUTLN_PKG para operações em lote. Não veremos as chamadas a API no pacote, que são para uso de exportação e importação. Tais funções não são documentadas e não devem ser chamadas por qualquer ferramenta diferente de IMP e EXP.

O OUTLN_PKG é criado pelos scripts dbmsool.sql e prvtol.plb, encontrados em [ORACLE_HOME]/rdbms/admin. Esse script é executado por catproc.sql (encontrado no mesmo lugar) e será instalado por padrão em seu banco de dados. Além de criar o OUTLN_PKG, ele insere as fileiras necessárias nas tabelas de dicionário EXP para registrar suas funções com as ferramentas EXP/IMP. Deve ser instalado pelo usuário SYS ou INTERNAL, usando SVRMGRL. Como ele é instalado em uma atualização ou uma instalação do banco de dados, nunca deve ser preciso que você mesmo execute esse script.

O OUTLN_PKG tem três pontos de entrada que nos interessam:

- ❏ DROP_UNUSED — Solta qualquer esboço cuja coluna 'usada' for UNUSED. Esses são esboços armazenados que foram gerados, mas nunca utilizados para reescrever uma consulta.
- ❏ DROP_BY_CAT — Solta todos os esboços da mesma categoria nomeada. Se você determinar que toda uma categoria de esboços armazenados não é mais relevante, pode usar isso para soltar todos com um comando, em vez de chamar DROP OUTLINE para um esboço armazenado de cada vez.
- ❏ UPDATE_BY_CAT — Muda o nome da categoria, globalmente, de todos os esboços armazenados na mesma categoria.

OUTLN_PKG.DROP_UNUSED

Esse procedimento, que não toma entradas, solta cada esboço não utilizado de *cada* categoria. Ele simplesmente encontra cada esboço cujo campo USED esteja ajustado para UNUSED, e faz nele o equivalente a DROP OUTLINE outline_name. Um exemplo do uso é:

```
tkyte@TKYTE816> exec outln_pkg.drop_unused;

PL/SQL procedure successfully completed.
```

Como esse procedimento funciona em todas as categorias, deve ser usado com cuidado. Inadvertidamente, você pode soltar um esboço armazenado numa categoria que não deveria. Isso poderia interferir com alguém que tivesse gerado os esboços mas ainda não os tivesse usado.

OUTLN_PKG.DROP_BY_CAT

O procedimento DROP_BY_CAT removerá todos os esboços em determinada categoria. Você pode usa-lo, por exemplo, ao testar, para remover categorias de esboços armazenados que não estejam de acordo com suas necessidades. Alternativamente, ele pode ser usado para remover os esboços de uma categoria, o que permitirá que um aplicativo comece a gerar planos usando diretamente o otimizador, onde antes usava os esboços. Eis um rápido exemplo usando essa rotina:

```
tkyte@TKYTE816> select category from user_outlines;

CATEGORY
-----------
DICTIONARY_PLANS

tkyte@TKYTE816> exec outln_pkg.drop_by_cat( 'DICTIONARY_PLANS' );
```

```
PL/SQL procedure successfully completed.

tkyte@TKYTE816> select category from user_outlines;

no rows selected
```

OUTLN_PKG.UPDATE_BY_CAT

Esse procedimento permite que você renomeie uma categoria existente ou que funda uma categoria em outra. A sintaxe desse procedimento é simplesmente:

```
outln_pkg.update_by_cat(old_category_name, new_category_name);
```

Ele funciona assim:

- ❑ Se o nome new_category_name ainda não existir no banco de dados, todos os esboços existentes em old_category_name terão a categoria new_category_name.
- ❑ Se a categoria new_category_name não existir, todos os esboços armazenados de old_category_name que não tenham uma entrada em new_category_name serão movidos para new_category_name.
- ❑ Se a coluna SQL_TEXT do esboço armazenado em old_category_name tiver uma combinação exata na categoria new_category_name, *ela não será movida.*

Vejamos um exemplo que demonstra esse recurso:

```
tkyte@TKYTE816> create outline outline_1
  2  for category CAT_1
  3  on select * from dual
  4  /

Outline created.

tkyte@TKYTE816> create outline outline_2
  2  for category CAT_2
  3  on select * from dual
  4  /
Outline created.

tkyte@TKYTE816> create outline outline_3
  2  for category CAT_2
  3  on select * from dual A
  4  /
Outline created.
```

Assim, temos três esboços armazenados em duas categorias. A consulta SELECT * FROM DUAL tem dois esboços armazenados, enquanto a consulta SELECT * FROM DUAL A tem um. Vendo o que temos até agora:

```
tkyte@TKYTE816> select category, name, sql_text
  2      from user_outlines
  3  order by category, name
  4  /

CATEGORY            NAME                SQL_TEXT
--------            --------            ----------
CAT_1               OUTLINE_1           select * from dual
CAT_2               OUTLINE_2           select * from dual
CAT_2               OUTLINE_3           select * from dual A
```

podemos ver CAT_1 com 1 esboço e CAT_2 com 2 esboços. Além do mais, vemos claramente que CAT_2 tem uma entrada SQL_TEXT que já existe em CAT_1. Depois, fazemos a fusão:

```
tkyte@TKYTE816> exec outln_pkg.update_by_cat( 'CAT_2', 'CAT_1' );

PL/SQL procedure successfully completed.

tkyte@TKYTE816> select category, name, sql_text
  2    from user_outlines
  3    order by category, name
  4  /

CATEGORY            NAME                SQL_TEXT
--------            --------            -----------
CAT_1               OUTLINE_1           select * from dual
CAT_1               OUTLINE_3           select * from dual A
CAT_2               OUTLINE_2           select * from dual
```

Podemos ver que os esboços de CAT_2 que ainda não existiam em CAT_1 foram movidos para cima. Porém, o esboço armazenado da consulta duplicada não o foi. Isso porque há uma igualdade reforçada nas colunas (NAME) e (CATEGORY, SIGNATURE). Dentro de uma categoria, SQL_TEXT precisa ser única, o que é reforçado pela geração de uma assinatura única para SQL_TEXT. Se você quiser mover OUTLINE_2 de CAT_2 para CAT_1, terá que soltar OUTLINE_1 de CAT_1 antes de executar UPDATE_BY_CAT.

```
tkyte@TKYTE816> drop outline outline_1;

Outline dropped.

tkyte@TKYTE816> exec outln_pkg.update_by_cat( 'CAT_2', 'CAT_1' );

PL/SQL procedure successfully completed.

tkyte@TKYTE861> select category, name, sql_text
  2    from user_outlines
  3    order by category, name
  4  /

CATEGORY            NAME                SQL_TEXT
--------            --------            -----------
CAT_1               OUTLINE_2           select * from dual
CAT_1               OUTLINE_3           select * from dual A
```

Advertências

Como com qualquer recurso, algumas nuances precisam ser observadas, quanto à maneira que os esboços de consulta funcionam. Essa seção tenta encaminhar cada uma delas.

Nomes e estilo de esboço

O OUTLN_PKG tem dois pontos de entrada que tomam o nome de uma categoria de esboço, ou o próprio esboço. Como ele aceita uma *string* como entrada, é preciso ter cuidado em relação ao *estilo* usado. O Oracle armazenará, por padrão, nomes de objetos em MAIÚSCULAS, mas os nomes de objetos podem estar em estilo misto se você tiver usado identificadores de aspas. Você precisa ter certeza que o estilo do nome de categoria que passar em DROP_BY_CAT, por exemplo, combine com o estilo da categoria como ela é armazenada no dicionário de dados. O exemplo a seguir demonstrará essa advertência:

```
tkyte@TKYTE816> create or replace outline my_outline
  2    for category my_category
  3    on select * from dual
  4  /
```

```
Outline created.

tkyte@TKYTE816> create or replace outline my_other_outline
  2    for category "My_Category"
  3    on select * from dual
  4  /

Outline created.

tkyte@TKYTE816> select name, category, sql_text from user_outlines;

NAME                          CATEGORY              SQL_TEXT
-----------------------       -----------           -----------
MY_OUTLINE                    MY_CATEGORY           select * from dual
MY_OTHER_OUTLINE              My_Category           select * from dual
```

Assim, temos os nossos dois esboços. Note que os nomes de categoria são iguais, mas estão em um estilo diferente. Há duas categorias muito diferentes. Conseguimos isso através do identificador 'de aspas' no segundo comando CREATE OUTLINE. Agora, pareceria bastante normal usar letra minúscula ao soltar a categoria, mas como vemos abaixo, isso não funciona:

```
tkyte@TKYTE816> exec outln_pkg.drop_by_cat( 'my_category' );

PL/SQL procedure successfully completed.

tkyte@TKYTE816> select name, category, sql_text from user_outlines;

NAME                          CATEGORY              SQL_TEXT
-----------------------       -----------           -----------
MY_OUTLINE                    MY_CATEGORY           select * from dual
MY_OTHER_OUTLINE              My_Category           select * from dual
```

Ambas as categorias permanecem. Isso porque não há categoria armazenada com todos os caracteres em minúsculas. Agora, soltaremos a categoria em maiúsculas:

```
tkyte@TKYTE816> exec outln_pkg.drop_by_cat( 'MY_CATEGORY' );

PL/SQL procedure successfully completed.

tkyte@TKYTE816> select name, category, sql_text from user_outlines

NAME                          CATEGORY              SQL_TEXT
-----------------------       -----------           -----------
MY_OTHER_OUTLINE              My_Category           select * from dual
```

E agora, a categoria em minúsculas:

```
tkyte@TKYTE816> exec outln_pkg.drop_by_cat( 'My_Category' );

PL/SQL procedure successfully completed.

tkyte@TKYTE816> select name, category, sql_text from user_outlines;

no rows selected
```

Esse efeito colateral, de passar o nome de um objeto em vez do próprio 'objeto', tem causado alguma confusão. Existem problemas semelhantes em outros lugares, com objetos BFILES e DIRECTORY, visto que eles também passam nomes de objeto como strings.

Eu desaconselharia fortemente que você usasse identificadores entre aspas. Eles apenas causarão confusão a longo termo e, a menos que você sempre use aspas, não poderá acessá-los. Tenho visto mais de uma ferramenta de banco de dados tentando erradamente trabalhar com identificadores mistos de estilo.

Problema de ALTER SESSION

Deve-se notar que se você não tiver o privilégio para o sistema CREATE ANY OUTLINE, seja através de uma função ou diretamente, a ALTER SESSION assumirá silenciosamente, mas não serão gerados quaisquer esboços. Portanto, se você alterar sua sessão e observar que nenhum esboço está sendo gerado, esta será a causa. Você precisa ter CREATE ANY OUTLINE concedido, ou uma função que você tenha. Isso é verdadeiro mesmo se for usado um comando ALTER SYSTEM para gerar planos de consulta em cada sessão. Apenas sessões autenticadas usando uma conta com o privilégio CREATE ANY OUTLINE irão de fato criar esboços.

DROP USER não solta esboços

Normalmente, se você solta um usuário com a opção CASCADE, todos os objetos de propriedade daquele usuário serão soltos a partir do banco de dados. Os esboços armazenados são uma exceção àquela regra. Por exemplo:

```
sys@TKYTE816> select owner, name from dba_outlines where owner = 'TKYTE';

OWNER                            NAME
-----------------                ----------------
TKYTE                            OUTLINE_1
TKYTE                            OUTLINE_2
TKYTE                            OUTLINE_3

sys@TKYTE816> drop user tkyte cascade;

User dropped.

sys@TKYTE816> select owner, name from dba_outlines where owner = 'TKYTE';

OWNER                            NAME
-----------------                ----------------
TKYTE                            OUTLINE_1
TKYTE                            OUTLINE_2
TKYTE                            OUTLINE_3
```

Mostra que mesmo depois de soltar minha conta, os esboços do exemplo anterior existem e continuariam a ser usados.

'CURSOR_SHARING = FORCE' e esboços

O lançamento 8.1.6 de Oracle apresentou um recurso ao qual me refiro como 'autoligação'. No Capítulo 10, declarei a importância de usar ligação de variáveis e demonstrei um novo recurso no banco de dados, através do qual o próprio kernel do banco de dados reescreverá as consultas que usam constantes, para em vez disso, usar ligação de variáveis. Esse recurso, de compartilhar cursor, tem uma anomalia com relação a esboços armazenados. Dependendo de *como* o esboço tiver sido gerado, ou armazenaremos o plano de uma consulta com uma ligação de variável ou não. Um exemplo ajudará a esclarecer. Executaremos exatamente a mesma consulta em uma sessão onde CURSOR_SHARING esteja capacitado. Em um caso, iremos gerar o esboço usando DDL através do comando CREATE OUTLINE, no outro usaremos o comando ALTER SESSION para termos os esboços gerados. Depois, poderemos comparar o SQL_TEXT armazenado em cada um:

```
tkyte@TKYTE816> alters session set cursor_sharing = force;

Session altered.

tkyte@TKYTE816> create or replace outline my_outline
  2    for category my_category
  3    on select * from dual where dummy = 'X';

Outline created.
```

```
tkyte@TKYTE816> alter session set create_stored_outlines = true;

Session altered.

tkyte@TKYTE816> select * from dual where dummy = 'X';

D
-
X

tkyte@TKYTE816> alter session set create_stored_outlines = false;

Session altered.

tkyte@TKYTE816> select name, category, sql_text from user_outlines;

NAME                             CATEGORY           SQL_TEXT
----------------------------     ---------------    ---------------
SYS_OUTLINE_0104122003150057     DEFAULT            select * from dual where dummy
                                                    = :SYS_B_0
MY_OUTLINE                       MY_CATEGORY        select * from dual where dummy
                                                    = 'X'
```

Como você pode ver, as consultas armazenadas são muito diferentes umas das outras. A que geramos através do comando CREATE OUTLINE é exatamente como fornecemos. O código CURSOR_SHARING, nesse caso, não foi executado, pois na verdade não executamos a consulta. O texto de consulta foi armazenado literalmente. Por outro lado, o texto de consultas para o esboço explicitamente gerado mostra o efeito da consulta reescrita para nós. Podemos ver, claramente, que nossa constante X foi transformada em uma ligação de variável. Essa SQL foi armazenada para nós.

Dependendo de suas necessidades, ambos os métodos podem ser aplicáveis. Apenas é importante entender que há uma sutil diferença entre o plano explicitamente gerado e aquele implicitamente gerado com o CURSOR_SHARING capacitado.

Esboços usam simples combinação de texto

O mecanismo de esboço, o mecanismo para encontrar e usar um esboço armazenado, é muito simples. O que ele faz é apenas combinar texto. Não é como a combinação que ocorre na combinação compartilhada com planos de consulta analisados; é muito mais direto.

Com esboços de consulta, o Oracle interrompe a combinação de texto SQL. Nenhuma tentativa é feita para verificar ou garantir que os objetos subjacentes sejam realmente iguais. Usamos isso em nosso benefício, em uma seção anterior, *Como obter apenas o esboço certo*. Criamos um esquema, onde projetamos vistas nomeadas, referidas, depois de tabelas base 'reais' em outro esquema. Depois geramos essas vistas em consultas. Esses esboços foram muito influenciados por nossas referências. A seguir, vimos que quando executamos exatamente a mesmo consulta no esquema original com as tabelas 'reais' (não as vistas), o Oracle pegou o esboço armazenado, ainda que as tabelas subjacentes fossem totalmente diferentes. Esse é o comportamento de design esperado desse recurso. Ele foi destinado para que combinações exatas, baseadas apenas em texto SQL, obtivessem o mesmo conjunto de referências associado a elas.

Deve-se notar que essa string combinando é *exatamente* a string de combinação. Espaços, tabs, novas linhas, estilo — tudo conta. Essas duas consultas:

```
select * from dual;
SELECT * FROM DUAL;
```

são diferentes no que se refere a esboços armazenados.

Esboços estão por padrão no espaço de tabela SYSTEM

Por padrão, os esboços são armazenados no espaço de tabela SYSTEM. Se você planeja usar pesadamente esboços armazenados, deve pensar em movê-los para outro espaço de tabela. O método para conseguir isso foi dado na seção sobre *O usuário OUTLN*, anteriormente. A tabela de referências de esboço pode ficar muito grande bem rapidamente (nosso exemplo mostra que um simples select * from all_objects gerou mais de 100 fileiras nessa tabela de referências). A menos que você queira que o espaço de tabela de seu sistema fique extremamente grande, é recomendado mover os objetos de usuários OUTLN para outro espaço de tabela.

Expansão OR

Como aquele mecanismo de esboço de consulta é feito através de referências e é limitado a qual referência pode chegar, há um caso que deve ser indicado como não sendo um candidato adequado para esboços armazenados. É a classe de consultas que usa **OR-Expansion**. OR-Expansion tomaria uma consulta como:

```
select * from T where x = 5 or x = 6;
```

e a reescreveria como:

```
select * from T where x = 5
Union All
select * from T where x = 6;
```

O mecanismo de esboço não tem a habilidade de redistribuir as referências para esse plano internamente reescrito. Todas as referências armazenadas seriam aplicadas à primeira parte da consulta UNION ALL, não às consultas subseqüentes. O Oracle, no readme oferecido com o banco de dados ([ORACLE_HOME]/rdbms/doc/README.txt), declara:

> 7.4.2 OR-Expansion
>
> - - - - - - - - - - - - - -
>
> Em planos de execução que envolvam a expansão OR, se possível, você deve evitar usar esboços armazenados. Essa recomendação é feita devido a ambos, a essência de esboços armazenados que usa referências para influenciar o plano de execução, e a essência da expansão OR, que é internamente representada por um conjunto de cadeias OR, cada qual representando uma união de ordem distinta. As referências só são úteis para influenciar uma ordem de união única, pois não há como alvejar uma cadeia OR específica. Portanto, as referências de um esboço são aplicadas à primeira cadeia OR representada internamente. O efeito claro é que essas referências simplesmente são propagadas pelo otimizador através das cadeias OR restantes, levando com freqüência a planos de execução menores que ótimos, que diferem dos planos salvados originais.
>
> Trabalho paralelo:
>
> Esboços armazenados que envolvem a extensão OR podem ser identificados consultando a vista USER_OUTLINE_HINTS no texto de referência contendo USE_CONCAT. Emita a seguinte consulta:
>
> SELECT NAME, HINT FROM USER_OUTLINE_HINTS WHERE HINT LIKE 'USE_CONCAT%';
>
> Qualquer esboço contendo essa referência deve ser solta usando o comando DROP OUTLINE ou movida para uma categoria não utilizada, com o comando:
>
> ALTER OUTLINE <outline-name> CHANGE CATEGORY TO <unused-category-name>

Desempenho

Uma pergunta óbvia: 'Como essa facilidade afeta meu desempenho no tempo de execução?'. A resposta é — marginalmente. Esse recurso acrescenta código extra marginal durante a fase de análise de uma consulta, com a maioria do código extra ocorrendo na primeira vez em que o plano de consulta é gerado e salvo (como seria esperado).

Capítulo 11 - Plano otimizador de estabilidade | **451**

O que fiz para testar foi inicializar um pequeno bloco PL/SQL que levaria um número x de 'simples' consultas a serem analisadas, executadas e buscadas (select * from T1, onde T1 era uma fileira um, uma coluna de tabela). Dessa forma, eu estava medindo a maioria do tempo de análise. Para inicializar, executei o seguinte bloco, para criar 100 tabelas:

```
tkyte@TKYTE816> begin
  2     for i in 1 . . 100 loop
  3         begin
  4             execute immediate 'drop table t' | |i;
  5         exception
  6             when others then null;
  7         end;
  8         execute immediate 'create table t'| |i| |' ( dummy char(1) )';
  9         execute immediate 'insert into t'| |i| |' values ( ' 'x' ' )';
 10     end loop;
 11  end;
 12  /

PL/SQL procedure successfully completed.
```

Assim, depois de criar 100 tabelas nomeadas T1 a T100, executei um bloco de código só para obter a SQL compartilhada analisada e pronta para prosseguir. Queremos ver o impacto de criar esboços, não analisar a consulta;

```
tkyte@TKYTE816> declare l_tmp char(1); l_start number :=
                                              dbms_utility.get_time; begin
  2     select * into l_tmp from t1;
  3     select * into l_tmp from t2;
  4     select * into l_tmp from t3;
...    ...
...    ...
...    ...
 99     select * into l_tmp from t98;
100     select * into l_tmp from t99;
101     select * into l_tmp from t100;
102     dbms_output.put_line( round( (dbms_utility.get_time-l_start)/100,
                                              2 ) | |' seconds' );
103  end;
104  /
.89  seconds
```

Quando o cache estava aquecido, executei o bloco mais umas duas vezes, para ver quanto tempo ele levaria:

```
tkyte@TKYTE816> declare l_tmp char(1); l_start number :=
                                              dbms_utility.get_time; begin
  2     select * into l_tmp from t1;
  3     select * into l_tmp from t2;
  4     select * into l_tmp from t3;
...    ...
...    ...
...    ...
 99     select * into l_tmp from t98;
100     select * into l_tmp from t99;
101     select * into l_tmp from t100;
102     dbms_output.put_line( round( (dbms_utility.get_time-l_start)/100,
                                              2 ) | |' seconds' );
103  end;
104  /
.02  seconds
```

Ele estava consistentemente demorando .02 segundos. Depois, ativei a criação de esboço:

```
tkyte@TKYTE816> alter session set create_stored_outlines = testing;

Session altered.
```

```
tkyte@TKYTE816> declare l_tmp char(1); l_start number :=
                                           dbms_utility.get_time; begin
  2     select * into l_tmp from t1;
  3     select * into l_tmp from t2;
  4     select * into l_tmp from t3;
...     ...
...     ...
...     ...
 99     select * into l_tmp from t98;
100     select * into l_tmp from t99;
101     select * into l_tmp from t100;
102     dbms_output.put_line( round( (dbms_utility.get_time-l_start)/100,
                                          2 )| |' seconds' );
103     end;
104     /
.82 seconds
```

A primeira volta completa, quando ele realmente armazenou os esboços pela primeira vez, demorou cerca de .82 segundos. Isso é mais ou menos a mesma quantidade de tempo que levou para analisar as consultas, inicialmente. O que descobri depois disso foi que a execução subseqüente levou .02 segundos. Depois um pico inicial de armazenagem dos esboços, o tempo de execução caiu para o que era antes da criação de esboço ser capacitada. Em uma situação pesada de múltiplos usuários, sua milhagem pode variar, você pode precisar fazer alguma quantidade de sintonização nas tabelas OUTLN (por exemplo, ajuste de freelist), para lidar com um alto nível de inserções consecutivas.

Há uma coisa aqui a considerar. O modo padrão é não executar com CREATE_STORED_OUTLINES = TRUE. Em vez disso, é feito uma vez em cada período de tempo para captar as consultas e seus planos associados. Será mais típico executar com USE_STORED_OUTLINES = TRUE na produção, não CREATE. Esse é o ponto, mesmo que o código extra de gerar os planos seja excessivo, você não pretenderá de qualquer forma executar nesse modo na produção. Só no teste e nas cópias de desenvolvimento o código extra seria aceitável.

Agora, vejamos o código extra associado ao *uso*, de fato, desses planos armazenados nessa simples consulta:

```
tkyte@TKYTE816> alter session set use_stored_outlines=testing;

Session altered.

tkyte@TKYTE816> select used, count(*) from user_outlines group by used;

USED            COUNT(*)
----            --------
UNUSED              1000

tkyte@TKYTE816> declare l_tmp char(1); l_start number :=
                                           dbms_utility.get_time; begin
  2     select * into l_tmp from t1;
  3     select * into l_tmp from t2;
  4     select * into l_tmp from t3;
...     ...
...     ...
...     ...
 99     select * into l_tmp from t98;
100     select * into l_tmp from t99;
101     select * into l_tmp from t100;
102     dbms_output.put_line( round( (dbms_utility.get_time-l_start)/100,
                                          2 )| |' seconds' );
103     end;
104     /
.32 seconds
```

```
PL/SQL procedure successfully completed.

tkyte@TKYTE816> select used, count(*) from user_outlines group by used;

USED            COUNT(*)
----            --------
USED                 100

tkyte@TKYTE816> declare l_tmp char(1); l_start number :=
                                         dbms_utility.get_time; begin
  2     select * into l_tmp from t1;
  3     select * into l_tmp from t2;
  4     select * into l_tmp from t3;
...     ...
...     ...
...     ...
 99     select * into l_tmp from t98;
100     select * into l_tmp from t99;
101     select * into l_tmp from t100;
102     dbms_output.put_line( round( (dbms_utility.get_time-l_start)/100,
                                                     2 )| |' seconds' );
103     end;
104     /
.03     seconds

PL/SQL procedure successfully completed.

tkyte@TKYTE816> declare l_tmp char(1); l_start number :=
                                         dbms_utility.get_time; begin
  2     select * into l_tmp from t1;
  3     select * into l_tmp from t2;
  4     select * into l_tmp from t3;
...     ...
...     ...
...     ...
 99     select * into l_tmp from t98;
100     select * into l_tmp from t99;
101     select * into l_tmp from t100;
102     dbms_output.put_line( round( (dbms_utility.get_time-l_start)/100,
                                                     2 )| |' seconds' );
103     end;
104     /
.03     seconds

PL/SQL procedure successfully completed.
```

A primeira vez que reanalisamos essas consultas depois de capacitar os esboços armazenados, demorou 0,32 segundos para executar. Quando comparamos isso à análise inicial sem os esboços armazenados (sem salvá-los ou usá-los), descobrimos que o tempo de análise não foi materialmente afetado. Também verificamos que estávamos usando os esboços armazenados como quando a coluna USED veio de UNUSED para USED em todos os casos, depois de executar nosso bloco. Com base nisso, sabemos que as referências foram usadas em nossas consultas. A execução repetida daquele bloco mostra que quando as referências foram fundidas e atingiram a SQL compartilhada, o efeito dos esboços armazenados no desempenho se foi completamente.

Em resumo, a utilização de esboços armazenados em seu aplicativo não afetará materialmente o desempenho de tempo de execução depois da análise da consulta pela primeira vez, na combinação compartilhada. O efeito de usar esboços armazenados, tanto quanto ele influencia o plano de consulta, pode afetar seu tempo de execução, mas o fato de esboços armazenados serem fundidos com a sua consulta não o farão.

O espaço de nome de esboços é global

À primeira vista, pareceria que os esboços são como qualquer outro objeto de banco de dados, tabelas por exemplo, e que seus nomes precisam ser únicos em um OWNER. Porém, não é o caso. O nome de um esboço precisa ser único quanto ao banco de dados, como um espaço de tabela ou entrada de diretório. A existência de uma coluna OWNER e da vista USER_OUTLINES é enganosa, pois ninguém verdadeiramente possui um esboço. A coluna OWNER é realmente o nome do usuário que criou o esboço.

Podemos ver isso facilmente com um pequeno teste:

```
tkyte@TKYTE816> create outline the_outline
  2  on select * from dual;

Outline created.

tkyte@TKYTE816> connect system

system@TKYTE816> select owner, name from dbs_outlines;

OWNER               NAME
----------          ----------
TKYTE               THE_OUTLINE

system@TKYTE816> create outline the_outline
  2  on select * from dual;
on select * from dual
                    *
ERROR at line 2:
ORA-18004: outline already exists

system@TKYTE816> drop outline the_outline;

Outline dropped.

system@TKYTE816> select owner, name from dbs_outlines;

no rows selected
```

Assim, como você pode ver, SYSTEM não pode criar um outro esboço chamado THE_OUTLINE, a menos que ele tenha usado a declaração CREATE OR REPLACE (que sobregravaria meu esboço) ou solte o esboço. (Note, aqui não é necessário um OWNER.OUTLINE_NAME, como em outros objetos).

Isso é algo que você terá que considerar para evitar sobregravar acidentalmente o esboço de alguém. Se você usar a criação implícita de esboço através de ALTER SESSION SET CREATE_STORED_OUTLINES, esse aspecto não será relevante, pois um único nome sempre será gerado. Na verdade, só afeta os esboços que você mesmo cria e nomeia.

Erros que você pode encontrar

Esta seção listará os erros que você poderá ver ao usar esboços.

ORA-18001 "no options specified for ALTER OUTLINE"

```
//* Causa: o analisador detectou que nenhuma cláusula foi especificada no comando
//* Ação: reemitir o comando, especificando uma cláusula ALTER OUTLINE válida.
```

Você só receberá isso quando usar o comando de alterar o esboço inadequadamente. Por exemplo:

```
ops$tkyte@DEV816> alter outline xxxx
  2  /

alter outline xxxx
               *
ERROR at line 1:
ORA-18001: no options specified for ALTER OUTLINE
```

A solução é clara: fornecer uma das três opções válidas (RENAME, REBUILD, CHANGE) ao comando e reexecutá-lo. Veja a seção *Gerenciamento de esboços* para mais informações sobre o assunto.

ORA-18002 "the specified outline does not exist" (o esboço especificado não existe)

```
//    *Causa: O esboço não existia no começo, ou uma janela de temporização permitiu que
//            outra seqüência soltasse ou alterasse a corrente do esboço.
//    *Ação:
```

Esse erro também é bastante direto. O esboço referido já não existe mais — ou ele nunca existiu ou alguém o soltou.

ORA-18003 "an outline already exists with this signature"

```
//    *Causa: O algoritmo de geração de assinatura gera assinaturas que têm 16 bytes de
//            comprimento, assim é altamente improvável que quaisquer 2 assinaturas sejam
//            idênticas. Essa mensagem é levantada em tal caso raro
//    *Ação:  Reemitir a declaração que levou o esboço a ser criado, com algum espaço em
//            branco acrescentado ou forçar o esboço a ser criado em uma categoria diferen-
//            te.
```

Não fui capaz de fazer um teste para isso — seria uma incrível falta de sorte se você atingisse esse erro em especial. As assinaturas de consultas são computadas para nos permitir realizar uma busca rápida nelas. Como o texto de consulta pode ser muito longo, é usada a assinatura numérica, em vez de buscas rápidas.

ORA-18004 "outline already exists"

```
//    *Causa: Já existe um esboço, seja com o nome especificado ou para o texto SQL especi-
//            ficado.
//    *Ação:
```

Esse erro é auto explicativo. Você tentou CREATE um esboço nomeado, mas um esboço com aquele nome já existia. Suas opções são:

- Pegar um novo nome.
- Usar CREATE OR REPLACE e reescrever o esboço existente.
- DROP o esboço existente e depois CREATE.

ORA-18005-18007

Esses três erros são muito interligados, assim os discutirei ao mesmo tempo:

- ORA-18005 "para essa operação é necessário o privilégio de criar qualquer esboço".
- ORA-18006 "para essa operação é necessário o privilégio de soltar qualquer esboço".
- ORA-18007 "para essa operação é necessário o privilégio de alterar qualquer esboço".

Esses erros acontecerão quando você tentar fazer uma operação num esboço, mas não tiver o privilégio exigido. De alguma forma, isso pode ser confuso, especialmente ao trabalhar com seus próprios esboços. No entanto, como indicado na seção *Advertências*, os esboços não são realmente de propriedade de ninguém; seus espaços de nome são globais (como um espaço de tabela). Portanto, você pode ser capaz de CREATE um esboço, mas não de, subseqüentemente, DROP ou ALTER. Você pode ser capaz de alterar esboços, mas não criá-los ou soltá-los.

Resumo

Neste capítulo, exploramos cuidadosamente o recurso Optimizer Plan Stability de Oracle8i. Ele foi designado para capacitar o desempenho de um conjunto de declarações SQL a permanecer estável, independente de mudanças no próprio banco de dados (por exemplo, atualizações de versão, mudanças no parâmetro init.ora etc). Encontramos algumas outras funções úteis desse recurso, como a sintonização de aplicativos que não possamos modificar por qualquer motivo, a descoberta de quais índices realmente usamos, qual SQL realmente executamos e assim por diante. Como aqueles esboços armazenados são tão transparentes a um aplicativo e acrescentam pouco ou nenhum código extra ao tempo de execução, sua utilidade é aumentada. Há algumas advertências cruciais em relação a esse aspecto, mas uma vez que haja orientação sobre eles, os esboços armazenados podem ser muito poderosos.

12
Funções analíticas

SQL é uma linguagem muito capaz e há muitas perguntas que ela não pode responder. Creio que posso aparecer com alguma consulta SQL enrolada para responder virtualmente a qualquer pergunta que você possa fazer sobre os dados. No entanto, o desempenho de algumas dessas consultas não é o que deveria ser — nem, em primeiro lugar, a própria consulta é fácil de escrever. Algumas das coisas difíceis de fazer em SQL direta são na verdade operações normalmente muito solicitadas, incluindo:

- **Calcular a execução de um total** — Mostra o salário cumulativo dentro de um departamento, fileira por fileira, com cada fileira incluindo um somatório do salário da fileira anterior.
- **Encontrar porcentagens dentro de um grupo** — Mostra a porcentagem do salário total pago a um indivíduo, em determinado departamento. Pega o salário dele e o divide pela soma dos salários no departamento.
- **N consultas superiores** — Encontra as 'N' pessoas de pagamento mais alto ou as 'N' vendas superiores por região.
- **Computar um movimento médio** — Média do valor atual da fileira e também os valores de 'N' fileiras anteriores.
- **Fazer consultas de posicionamento** — Mostra a posição relativa do salário de um indivíduo dentro de seu departamento.

As funções analíticas, disponíveis desde o Oracle 8.1.6, são destinadas a encaminhar esses aspectos. Elas acrescentam extensões à linguagem SQL, que não apenas tornam essas operações mais fáceis de codificar; como as tornam mais rápidas do que se poderia conseguir com a simples abordagem SQL. Atualmente, essas extensões estão sob a revisão do comitê ANSI SQL, para a inclusão na especificação SQL.

Começaremos este capítulo com um exemplo que lhe dará uma boa idéia sobre a que se referem as funções analíticas. A partir de lá, encaminharemos uma sintaxe completa, descreveremos as funções disponíveis e executaremos alguns exemplos trabalhados abrangendo algumas das operações acima. Como de hábito, terminaremos com a sinopse de algumas armadilhas potenciais do uso dessas funções.

Um exemplo

Um rápido exemplo, que calcula a execução do total de salários por departamento, e uma explicação do que está exatamente acontecendo darão um bom entendimento inicial de funções analíticas:

```
tkyte@TKYTE816> break on deptno skip 1

tkyte@TKYTE816> select ename, deptno, sal,
  2  sum(sal) over
  3      (order by deptno, ename) running_total,
  4  sum(sal) over
  5      (partition by deptno
  6       order by ename) department_total,
  7  row_number() over
  8      (partition by deptno
  9       order by ename) seq
```

```
 10  from emp
 11  order by deptno, ename
 12  /

ENAME         DEPTNO   SAL    RUNNING_TOTAL   DEPARTMENT_TOTAL   SEQ
--------      ------   ----   -------------   ----------------   ---
CLARK           10     2450        2450             2450          1
KING                   5000        7450             7450          2
MILLER                 1300        8750             8750          3

ADAMS           20     1100        9850             1100          1
FORD                   3000       12850             4100          2
JONES                  2975       15825             7075          3
SCOTT                  3000       18825            10075          4
SMITH                   800       19625            10875          5

ALLEN           30     1600       21225             1600          1
BLAKE                  2850       24075             4450          2
JAMES                   950       25025             5400          3
MARTIN                 1250       26275             6650          4
TURNER                 1500       27775             8150          5
WARD                   1250       29025             9400          6

14 rows selected.
```

No código acima, fomos capazes de computar um RUNNING_TOTAL de toda a consulta, usando o conjunto de resultados totalmente ordenado, através de SUM(SAL) OVER (ORDER BY DEPTNO, ENAME). Também fomos capazes de computar a execução de um total dentro de cada departamento, que seria reajustado no início do departamento seguinte. A PARTITION BY DEPTNO naquela SUM(SAL) levou isso a acontecer — uma cláusula de particionamento foi especificada na consulta para romper os dados em grupos. A função ROW_NUMBER( ) é usada para numerar seqüencialmente as fileiras retornadas em cada grupo, de acordo com nosso critério de ordem (uma coluna SEQ foi acrescentada para exibir essa posição). Assim, vemos que SCOTT é a quarta fileira no departamento 20, quando ordenada por ENAME. Esse recurso ROW_NUMBER( ) tem muitos usos em outro lugar, por exemplo, para transpor ou manobrar conjuntos de resultados (como discutiremos mais adiante).

Esse novo conjunto de funcionalidade contém algumas possibilidades excitantes, abre uma maneira totalmente nova de olhar os dados. Ele removerá muito código procedimental e consultas complexas (ou ineficientes) que demorariam a desenvolver, para conseguir o mesmo resultado. Apenas para dar uma amostra de quanto essas funções analíticas podem ser eficientes, sobre as antigas 'maneiras relacionais simples', vamos comparar o desempenho da consulta acima com 1000 fileiras, em vez de apenas 14. Ambas, as novas funções analíticas e os 'antigos' métodos relacionais, são usadas aqui para testar o desempenho da consulta. As duas declarações a seguir inicializarão uma cópia da tabela SCOTT.EMP, apenas com as colunas ENAME, DEPTNO e SAL junto com um índice (o único necessário para esse exemplo!). Vou fazer tudo usando DEPTNO e ENAME:

```
tkyte@TKYTE816> create table t
  2  as
  3  select object_name ename,
  4         mod(object_id, 50) deptno,
  5         object_id sal
  6    from all_objects
  7   where rownum <= 1000
  8  /

Table created.

tkyte@TKYTE816> create index t_idx on t(deptno,ename);
Index Created.
```

Executamos nossa consulta na nova tabela, usando AUTOTRACE apenas no modo de rastreio, para ver quanto trabalho é feito (precisaremos ter a função PLUSTRACE capacitada):

```
tkyte@TKYTE816> set autotrace traceonly

tkyte@TKYTE816> select ename, deptno, sal,
  2  sum(sal) over
  3       (order by deptno, ename) running_total,
  4  sum(sal) over
  5       (partition by deptno
  6       order by ename) department_total,
  7  row_number( ) over
  8       (partition by deptno
  9       order by ename) seq
 10  from t emp
 11  order by deptno, ename
 12  /

1000 rows selected.

Elapsed: 00:00:00.61

Execution   Plan
----------------------------------------
0              SELECT STATEMENT Optimizer=CHOOSE
1     0          WINDOW (BUFFER)
2     1            TABLE ACCESS (BY INDEX ROWID) OF 'T'
3     2              INDEX (FULL SCAN) OF 'T_IDX' (NON-UNIQUE)

Statistics
----------------------------------------
         0   recursive calls
         2   db block gets
       292   consistent gets
        66   physical reads
         0   redo size
    106978   bytes sent via SQL*Net to client
      7750   bytes received via SQL*Net from client
        68   SQL*Net roundtrips to/from client
         0   sorts (memory)
         1   sorts (disk)
      1000   rows processed
```

O processo demorou 0,61 segundos e 294 I/Os lógicas. Agora, repita a consulta usando apenas a funcionalidade SQL 'padrão':

```
tkyte@TKYTE816> select ename, deptno, sal,
  2   (select sum(sal)
  3        from t e2
  4        where e2.deptno < emp.deptno
  5        or (e.2deptno = emp.deptno and e.2ename <= e,p;ename ))
  6   running_total,
  7      (select sum(sal)
  8           from t e3
  9           where e3.deptno = emp.deptno
 10           and e3.ename <= emp.ename)
 11   department_total,
 12      (select count(ename)
 13           from t e3
 14           where e3.deptno = emp.deptno
 15           and e3.ename <= emp.ename)
 16   seq
 17   from t emp
```

```
    18  order by deptno, ename
    19  /

1000 rows selected.

Elapsed: 00:00:06.89

Execution Plan
----------------------------------------
  0      SELECT STATEMENT Optimizer=CHOOSE
  1   0     TABLE ACCESS (BY INDEX ROWID) OF 'T'
  2   1        INDEX (FULL SCAN) OF 'T_IDX' (NON_UNIQUE)

Statistics
----------------------------------------
          0  recursive calls
          0  db block gets
     665490  consistent gets
          0  physical reads
          0  redo size
     106978  bytes sent via SQL*Net to client
       7750  bytes received via SQL*Net from client
         68  SQL*Net roundtrips to/from client
          0  sorts (memory)
          0  sorts (disk)
       1000  rows processed

tkyte@TKYTE816> set autotrace off
```

Você obtém exatamente a mesma resposta de ambas as consultas, mas que diferença essas funções podem fazer. O tempo de execução é muitas vezes mais longo e a quantidade de I/Os lógicas é muito aumentada. As funções analíticas processaram o conjunto de resultados usando significativamente menos recursos e o tempo foi estonteantemente reduzido. Não apenas isso, mas quando você entender a sintaxe das funções analíticas, irá achar mais fácil codificar com elas do que com a SQL padrão equivalente — apenas compare a sintaxe das duas consultas acima para ver a diferença que podem fazer.

Como funcionam as funções analíticas

A primeira parte desta seção conterá apenas os detalhes da sintaxe e as definições de termos. Depois disso, nos aprofundaremos nos exemplos. Demonstrarei muitas das 26 novas funções (nem todas elas, pois tantos exemplos seriam repetitivos). As funções analíticas usam a mesma sintaxe geral e muitas oferecem funcionalidade especializada destinada a determinadas disciplinas técnicas, não usadas pelo desenvolvedor no dia a dia. Quando você estiver familiarizado com a sintaxe — como particionar, como definir as janelas de dados e assim por diante — usar essas funções se tornará muito natural.

A sintaxe

A sintaxe das funções analíticas é bastante direta em aparência, mas o aspecto pode ser enganador. Ela começa com:

```
FUNCTION_NAME(<argument>,<argument>,...)
OVER
(<Partition-Clause> <Order-by-Clause> <Windowing Clause>)
```

Há até quatro partes em uma função analítica; ela pode ser chamada com argumentos, uma cláusula de partição, uma ordem por cláusula e uma cláusula de janela. No exemplo mostrado na introdução acima:

```
4  sum(sal) over
5      (partition by deptno)
6      order by ename) department_total,
```

Nesse caso:
- **SUM** é a nossa FUNCTION_NAME.
- **(SAL)** é o argument para nossa função analítica. Cada função toma entre zero e três argumentos. Os argumentos são expressões — e também podiam ter sido a SUM(SAL+COMM).
- OVER é uma palavra chave que o identifica como uma função analítica. Caso contrário, o analisador de consulta não seria capaz de dizer a diferença entre SUM( ), a função agregada, e SUM( ), a função analítica. A cláusula que segue a palavra chave OVER descreve a parte de dados 'sobre' a qual essa função analítica será executada.
- **PARTITION BY DEPTNO** (partição por número de departamento) é a cláusula de particionamento opcional. Se não existir nenhuma cláusula de particionamento, todo o conjunto de resultados será tratado como uma única grande partição. Você a usará para quebrar um conjunto de resultados em **grupos**, e a função analítica será aplicada ao grupo, não a todo o conjunto de resultados. No exemplo de apresentação, quando a cláusula de particionamento foi deixada de fora, a SUM de SAL foi gerada para todo o conjunto de resultados. Particionando por DEPTNO, a SUM de SAL por DEPTNO foi computada — reajustando o total de execução de cada grupo.
- **ORDER BY** NAME é a cláusula ORDER BY opcional; algumas funções a exigem, outras não. Funções que dependem de dados ordenados, como LAG e LEAD, utilizadas para acessar as fileiras 'anterior' e 'seguinte' em um conjunto de resultados, precisam usar uma cláusula ORDER BY. Outras funções, como AVG, não. Essa cláusula é obrigatória com uma função de janela de qualquer tipo (veja mais detalhes abaixo, na seção sobre *A cláusula de janela*). Ela especifica como os dados são organizados dentro de um grupo ao computar a função analítica. Você não precisou organizar por DEPTNO e ENAME, nesse caso, visto que ele foi particionado por DEPTNO — é implícito que o particionamento de colunas, por definição, faz parte da chave de classificação (a ORDER BY é aplicada a cada partição, uma de cada vez).
- **WINDOWING CLAUSE** foi deixado de fora nesse exemplo. É onde a sintaxe parece um pouco mais confusa de se olhar, em alguns casos. Abaixo, iremos nos aprofundar em todas as permutas da cláusula de janela.

Agora veremos em mais detalhes cada uma das quatro partes da função analítica, para entender o que é válido para cada uma.

A cláusula de função

O Oracle oferece 26 funções analíticas. Elas caem em cinco principais classes de funcionalidade.

Há vários **posicionamentos** de funções úteis para descobrir as respostas a consultas do tipo TOP-N. Já usamos uma delas, ROW_NUMBER, ao gerar a coluna SEQ no exemplo anterior. Ela classificou as pessoas em seus departamentos, com base em seus ENAME. Poderíamos facilmente tê-las classificado por SALARY ou outro atributo.

Há as funções **de janela**, que são úteis para computar vários agregados. Vimos dois exemplos no exemplo de introdução, onde computamos SUM(SAL) em diferentes grupos. Poderíamos usar muitas outras funções no lugar de SUM, tais como COUNT, AVG, MIN, MAX etc.

Há diversas funções de **relatório**. São muito semelhantes às funções de janela, acima. Na verdade, seus nomes são iguais: SUM, MIN, MAX etc. Enquanto a função de janela é usada para trabalhar em uma janela de dados, como o total no exemplo anterior que fizemos, uma função de relatório trabalha em todas as fileiras em uma partição ou grupo. Por exemplo, se em nossa consulta inicial tivéssemos apenas solicitado por:

```
sum(sal) over ( ) total_salary,
sum(sal) over (partition by deptno) total_salary_for_department
```

teríamos recebido as somas totais do grupo, não os totais sendo executados, como antes. O diferenciador chave entre uma função de janela e uma de relatório é a ausência da cláusula ORDER BY na declaração OVER. Na ausência da ORDER BY, a função é aplicada a cada fileira no grupo. Com uma cláusula ORDER BY, ela é aplicada a uma janela (mais sobre isso na seção descrevendo essa cláusula).

Também há disponíveis funções **LAG** e **LEAD**, que permitem que você olhe para trás ou para frente em um conjunto de resultados, para recuperar valores. São úteis para evitar a auto-união de dados. Por exemplo, se você tivesse uma tabela que registrasse visitas de pacientes por data e quisesse computar o tempo entre as visitas para cada paciente, a função LAG viria a calhar. Você apenas particionaria os dados por patient e os classificaria por data. A função LAG facilmente seria capaz de retornar os dados do registro anterior daquele paciente. Então, você simplesmente subtrairia as duas datas. Antes da introdução de funções analíticas, isso exigia uma complexa auto-união dos dados de paciente com o próprio, de modo a recuperar os dados.

Finalmente há um grande conjunto de funções **estatísticas**, como VAR_POP, VAR_SAMP, STDEV_POP, um conjunto de funções de regressão linear e assim por diante. Essas funções computam os valores estatísticos de qualquer partição não organizada.

Para fechar esta seção sobre sintaxe, há uma tabela com cada uma das funções analíticas listadas e uma rápida explicação da operação que elas executam.

A cláusula de partição

A cláusula PARTITION BY quebra logicamente um único conjunto de resultados em N grupos, de acordo com os critérios ajustados pelas expressões de partição. As palavras 'partição' e 'grupo' são usadas como sinônimos, aqui e na documentação de Oracle. As funções analíticas são aplicadas independentemente a cada grupo — são 'reajustadas' para cada grupo. Por exemplo, quando demonstramos acima uma função cumulativa SAL, particionamos por DEPTNO. Quando DEPTNO mudou no conjunto de resultados, reajustamos o SAL cumulativo para ZERO, e o somatório começou novamente.

Se você omitir uma cláusula de particionamento, todo o conjunto de resultado será considerado como um único grupo. No exemplo de introdução, usamos SUM(SAL) sem uma cláusula de particionamento para obter um total executado para todo o conjunto de resultado.

É interessante notar que cada cópia de função analítica em uma consulta pode ter uma cláusula de particionamento inteiramente diferente; o simples exemplo com que iniciamos este capítulo faz isso. A coluna RUNNING_TOTAL não forneceu uma cláusula de particionamento; assim, todo o conjunto de resultado foi o seu grupo alvo. A coluna DEPARTMENTAL_TOTAL, por outro lado, particionou o conjunto de resultado por departamentos, permitindo-nos computar um total sendo executado dentro de um departamento.

A cláusula de partição tem uma sintaxe simples e é muito semelhante à cláusula GROUP BY que normalmente você vê em consultas SQL:

```
PARTITION BY expression <, expression> <, expression>
```

A cláusula Order By

A cláusula ORDER BY especifica como os dados são armazenados dentro de cada grupo (partição). Definitivamente, isso afetará a saída de qualquer função analítica. As funções analíticas são computadas diferentemente na presença de uma cláusula ORDER BY (ou na sua falta). Como um exemplo bem simples, considere o que acontece quando usamos AVG( ) com e sem uma cláusula ORDER BY:

```
scott@TKYTE816> select ename, sal, avg(sal) over ( )
  2  from emp;
  3  /

ENAME            SAL        AVG(SAL)OVER   ( )
----------    --------     --------------
SMITH          800,00         2073,21
ALLEN         1600,00         2073,21
WARD          1250,00         2073,21
JONES         2975,00         2073,21
MARTIN        1250,00         2073,21
BLAKE         2850,00         2073,21
CLARK         2450,00         2073,21
SCOTT         3000,00         2073,21
KING          5000,00         2073,21
TURNER        1500,00         2073,21
```

```
ADAMS           1100,00                 2073,21
JAMES            950,00                 2073,21
FORD            3000,00                 2073,21
MILLER          1300,00                 2073,21

14 rows selected.

scott@TKYTE816> select ename, sal, avg(sal) over (ORDER BY ENAME)
  2   from emp
  3   order by ename
  4  /

ENAME             SAL      AVG(SAL)OVER (ORDERBYENAME)
------          -----      ---------------------------
ADAMS           1100,00                  1100,00
ALLEN           1600,00                  1350,00
BLAKE           2850,00                  1850,00
CLARK           2450,00                  2000,00
FORD            3000,00                  2200,00
JAMES            950,00                  1991,67
JONES           2975,00                  2132,14
KING            5000,00                  2490,63
MARTIN          1250,00                  2352,78
MULLER          1300,00                  2247,50
SCOTT           3000,00                  2315,91
SMITH            800,00                  2189,58
TURNER          1500,00                  2136,54
WARD            1250,00                  2073,21

14 rows selected.
```

Sem a cláusula ORDER BY, a média é computada sobre todo o grupo e o mesmo valor é dado a cada fileira (ele está sendo usado como uma função de relatório). Quando é usada AVG( ) com ORDER BY, a média de cada fileira é a daquela fileira e todas as fileiras antecedentes (aqui ela é usada como uma função de janela). Por exemplo, a média de salário de ALLEN na consulta, com a cláusula ORDER BY é de 1350 (a média de 1100 e 1600).

> *Antecipando só um pouco a próxima seção sobre a Cláusula de janela — pode-se dizer que a existência de uma ORDER BY em uma função analítica acrescentará uma janela padrão de cláusula RANGE UNBOUNDED PRECEDING. Isso significa que o conjunto de fileiras a ser usado na computação consiste de todas as fileiras atuais e anteriores na partição atual. Sem ORDER BY a janela padrão é toda a partição.*

Para ter uma noção exata de como isso funciona, é instrutivo usar a mesma função analítica duas vezes, com uma ORDER BY diferente a cada vez. Nesse primeiro exemplo, foi computado um total sendo executado para toda a tabela EMP, usando ORDER BY DEPTNO, ENAME, o que levou o total sendo executado a ser computado da primeira até a última fileira, onde a ordem de fileira foi especificada pela função ORDER BY. Se a ordem da coluna fosse inversa ou a coluna que fosse classificada mudasse, os resultados de nosso total sendo executado seriam muito diferentes; a última fileira teria o mesmo total geral, mas todos os valores intermediários seriam diferentes. Por exemplo:

```
ops$tkyte@DEV816> select ename, deptno,
  2        sum(sal) over (order by ename, deptno) sum_ename_deptno,
  3        sum(sal) over (order by deptno, ename) sum_deptno_ename
  4   from emp
  5   order by ename, deptno
  6  /

ENAME              DEPTNO      SUM_ENAME_DEPTNO      SUM_DEPTNO_ENAME
------             ------      ----------------      ----------------
ADAMS                  20                  1100                  9850
ALLEN                  30                  2700                 21225
BLAKE                  30                  5550                 24075
```

```
CLARK                           10              8000            2450
FORD                            20             11000           12850
JAMES                           30             11950           25025
JONES                           20             14925           15825
KING                            10             19925            7450
MARTIN                          30             21175           26275
MILLER                          10             22475            8750
SCOTT                           20             25475           18825
SMITH                           20             26275           19625
TURNER                          30             27775           27775
WARD                            30             29025           29025

14 rows selected.
```

Ambas as colunas SUM(SAL) estão igualmente certas; uma delas está computando a SUM(SAL) por DEPTNO e depois por ENAME, enquanto a outra o faz por ENAME e depois por DEPTNO. Como o conjunto de resultado é ordenado por (ENAME, DEPTNO), a SUM(SAL) computada naquela ordem parece mais correta, mas ambas têm o mesmo resultado, o total geral é 29025.

A sintaxe de uma cláusula ORDER BY com as funções analíticas é:

```
ORDER BY expression <ASC|DESC> <NULLS FIRST|NULLS LAST>,
```

É exatamente igual a uma cláusula ORDER BY de uma consulta, mas ela será apenas a ordem das fileiras dentro de partições e não precisa ser igual a ORDER BY da consulta (ou no caso, uma outra partição). As cláusulas NULLS FIRSTS e NULLS LAST são nova sintaxe em Oracle 8.1.6. Elas nos permitem especificar se NULLS devem vir no início ou no fim numa classificação. Ao usar classificações DESC, especialmente com funções analíticas, essa nova funcionalidade é crucial. Veremos o porquê na seção *Advertências*, mais para o final.

A cláusula de janela

É onde a sintaxe fica um pouco mais complicada na aparência. Embora ela não seja assim tão difícil, a princípio os termos são um pouco confusos. Termos como RANGE BETWEEN UNBOUNDED PRECEDING AND CURRENT ROW (faixa entre fileira não ligada anterior e atual), que é a janela padrão com uma cláusula ORDER BY, não são termos que você use todos os dias. A sintaxe de uma cláusula de janela é complexa demais para listar. Em vez de tentar redesenhar o 'diagrama de fio' que você pode rever por si mesmo no *Oracle8i SQL Reference Manual*, irei relacionar todas as variantes da cláusula de janela e explicar o conjunto de dados que cada uma usaria, dentro de um grupo. Mas primeiro, vejamos o que a cláusula de janela faz por você.

A cláusula de janela nos oferece uma maneira de definir a janela de dados deslizante ou ancorada, onde a função analítica irá operar, dentro de um grupo. Essa cláusula pode ser usada para que a função analítica compute o seu valor com base em qualquer janela deslizante ou ancorada dentro de um grupo. Por exemplo, a faixa da cláusula RANGE UNBOUNDED PRECEDING significa 'aplicar a função analítica a cada fileira no grupo atual, da primeira fileira no grupo à atual'. A janela padrão é uma janela ancorada que simplesmente começa na primeira fileira de um grupo e continua para a fileira atual. Se uma janela for usada como:

```
SUM(sal) OVER
    (PARTITION BY deptno
    ORDER BY ename
    ROWS 2 preceding) department_total2,
```

Isso criaria uma janela deslizante dentro de um grupo e computaria a soma da coluna SAL da fileira atual, mais as 2 fileiras anteriores naquele grupo. Se precisássemos de um relatório que mostrasse a soma do salário atual do empregado, com os dois salários precedentes dentro de um departamento, ela se pareceria com:

```
scott@TKYTE816> break on deptno

scott@TKYTE816> select deptno, ename, sal,
  2      sum(sal) over
  3          (partition by deptno
  4          order by ename
```

```
     5           rows 2 preceding) sliding_total
     6    from emp
     7    order by deptno, ename
     8    /

    DEPTNO    ENAME     SAL       SLIDING_TOTAL
    ------    ------    ---       -------------
        10    CLARK     2450              2450
              KING      5000              7450
              MILLER    1300              8750
        20    ADAMS     1100              1100
              FORD      3000              4100
              JONES     2975              7075
              SCOTT     3000              8975
              SMITH      800              6775
        30    ALLEN     1600              1600
              BLAKE     2850              4450
              JAMES      950              5400
              MARTIN    1250              5050
              TURNER    1500              3700
              WARD      1250              4000

14 rows selected.
```

Aqui, a porção relevante da consulta era:

```
    2   sum(sal) over
    3     (partition by deptno
    4      order by ename
    5      rows 2 preceding) sliding_total
```

A cláusula de partição leva SUM(SAL) a ser computada dentro de cada departamento, independente dos outros grupos (a SUM(SAL) é 'reajustada' quando o departamento muda). A cláusula ORDER BY ENAME classifica os dados dentro de cada departamento por ENAME, o que permite que a cláusula de janela, rows 2 preceding, acesse as 2 fileiras anteriores à fileira atual em um grupo, para tomar os salários. Por exemplo, se você observar, o valor SLIDING_TOTAL de SMITH é 6775, que é a soma de 800, 3000 e 2975. Aquela era apenas a fileira do SMITH mais o salário das duas fileiras precedentes na janela.

Podemos inicializar as janelas com base em dois critérios: RANGES de valores de dados ou o espaço ROWS da fileira atual. Vimos a cláusula RANGE algumas vezes, com um RANGE UNBOUNCED PRECEDING, por exemplo. Ele diz para obter todas as fileiras em nossa partição que vêm à nossa presença, como especificado pela cláusula ORDER BY. Deve-se notar que para usar uma janela é preciso usar uma cláusula ORDER BY. Veremos agora as janelas ROW e RANGE e depois encerraremos descrevendo as diversas maneiras em que as janelas podem ser aplicadas.

Faixa de janelas

A faixa de janelas coleta fileiras reunidas, com base em uma cláusula WHERE. Se por exemplo, eu disser 'faixa 5 precedente', isso irá gerar uma janela deslizante com o conjunto de todas as fileiras precedentes no grupo, tal como elas estiverem nas 5 unidades da fileira atual. Essas unidades podem ser comparações numéricas ou de data, e não é válido usar RANGE com tipos de dados diferentes de números e datas.

Se eu tiver a tabela EMP com a coluna de data HIREDATE e especificar:

```
    count(*) over (order by hiredate asc range 100 preceding)
```

encontrarei todas as fileiras precedentes na partição, como aquela que contém HIREDATE dentro de 100 dias da HIREDATE da fileira atual. Nesse caso, como os dados são classificados por ASC (ascendente, pequeno para grande), os valores na janela consistiriam de todas as fileiras no grupo atual, pois aquela HIREDATE era menor do que a HIREDATE da fileira atual e dentro de 100 dias dela. Se em vez disso usássemos:

```
    count(*) over (order by hiredate desc range 100 preceding)
```

e classificássemos a partição DESC (descendente, grande para pequeno), a mesma lógica seria executada, mas como os dados no grupo são classificados de forma diferente, ela encontraria um conjunto de fileiras diferentes para a janela. Nesse caso, encontrará todas as fileiras precedentes à fileira atual, onde HIREDATE era maior que a HIREDATE das fileiras atuais e dentro dela. Um exemplo irá ajudar a tornar isso mais claro. Usarei uma consulta que utiliza a função analítica FIRST_VALUE. Essa função retorna o valor da expressão, usando a fileira FIRST em uma janela. Podemos ver facilmente onde a janela começa:

```
scott@TKYTE816> select ename, sal, hiredate, hiredate-100 windowtop,
  2  first_value(ename)
  3  over (order by hiredate asc
  4        range 100 preceding) ename_prec,
  5  first_value(hiredate)
  6  over (order by hiredate asc
  7        range 100 preceding) hiredate_prec
  8  from emp
  9  order by hiredate asc
 10  /

ENAME         SAL   HIREDATE    WINDOW_TOP   ENAME_PREC   HIREDATE
-----         ---   --------    ----------   ----------   --------
SMITH         800   17-DEC-80   08-DEC-80    SMITH        17-DEC-80
ALLEN        1600   20-FEB-81   12-NOV-80    SMITH        17-DEC-80
WARD         1250   22-FEB-81   14-NOV-80    SMITH        17-DEC-80
JONES        2975   02-APR-81   23-DEC-80    ALLEN        20-FEB-81
BLAKE        2850   01-MAY-81   21-JAN-81    ALLEN        20-FEB-81
CLARK        2450   09-JUN-81   01-MAR-81    JONES        02-APR-81
TURNER       1500   08-SEP-81   31-MAY-81    CLARK        09-JUN-81
MARTIN       1250   28-SEP-81   20-JUN-81    TURNER       08-SEP-81
KING         5000   17-NOV-81   09-AUG-81    TURNER       08-SEP-81
FORD         3000   03-DEC-81   25-AUG-81    TURNER       08-SEP-81
JAMES         950   03-DEC-81   25-AUG-81    TURNER       08-SEP-81
MILLER       1300   23-JAN-82   15-OCT-81    KING         17-NOV-81
SCOTT        3000   09-DEC-82   31-AUG-82    SCOTT        09-DEC-82
ADAMS        1100   12-JAN-83   04-OCT-82    SCOTT        09-DEC-82

14 rows selected.
```

Organizamos a partição única por HIREDATE ASC. Usamos a função analítica FIRST_VALUE para encontrar o valor da primeira ENAME em nossa janela e a primeira HIREDATE em nossa janela. Se olharmos para a fileira CLARK, poderemos ver que sua HIREDATE foi em 09-JUN-81 e que, 100 dias antes daquela, está a data 01-MAR-81. Por conveniência, essa data é colocada na coluna WINDOWTOP. Então, a função analítica é definida como a janela de cada fileira na partição classificada que precedeu o registro CLARK e onde a HIREDATE estava entre 09-JUN-81 e 01-MAR-81. O primeiro valor de ENAME daquela janela é JONES, e esse é o nome que a função analítica retorna na coluna ENAME_PREC.

Vendo sob a perspectiva de HIREDATE DESC (descendente):

```
scott@TKYTE816> select ename, sal, hiredate, hiredate+100 windowtop,
  2  first_value(ename)
  3  over (order by hiredate desc
  4        range 100 preceding) ename_prec,
  5  first_value(hiredate)
  6  over (order by hiredate desc
  7        range 100 preceding) hiredate_prec
  8  from emp
  9  order by hiredate desc
 10  /

ENAME         SAL   HIREDATE    WINDOWTOP    ENAME_PREC   HIREDATE_
-----         ---   --------    ---------    ----------   ---------
ADAMS        1100   12-JAN-83   22-APR-83    ADAMS        12-JAN-83
SCOTT        3000   09-DEC-82   19-MAR-83    ADAMS        12-JAN-83
```

```
MILLER      1300    23-JAN-82   03-MAY-82   MILLER     23-JAN-82
FORD        3000    03-DEC-81   13-MAR-82   MILLER     23-JAN-82
JAMES        950    03-DEC-81   13-MAR-82   MILLER     23-JAN-82
KING        5000    17-NOV-82   25-FEB-82   MILLER     23-JAN-82
MARTIN      1250    28-SEP-81   06-JAN-82   FORD       03-DEC-81

TURNER      1500    08-SEP-81   17-DEC-81   FORD       03-DEC-81
CLARK       2450    09-JUN-81   17-SEP-81   TURNER     08-SEP-81

BLAKE       2850    01-MAY-81   09-AUG-81   CLARK      09-JUN-81
JONES       2975    02-APR-81   11-JUL-81   CLARK      09-JUN-81
WARD        1250    22-FEB-81   02-JUN-81   BLAKE      01-MAY-81
ALLEN       1600    20-FEB-81   31-MAY-81   BLAKE      01-MAY-81
SMITH        800    17-DEC-80   17-MAR-81   WARD       22-FEB-81

14 rows selected.
```

Se olharmos novamente para CLARK — a janela selecionada é diferente, visto que os dados na partição estão classificados de maneira diferente. A janela de CLARK para RANGE 100 PRECEDING agora volta para TURNER, visto que a HIREDATE de TURNER é a última HIREDATE **precedendo** o registro de CLARK, que está dentro de 100 dias dela.

Às vezes é um pouco confuso tentar descobrir o que a faixa, na verdade, incluirá. Acho que usar FIRST_VALUE é um método habilidoso para ajudar a visualizar a janela e verificar se inicializei corretamente os parâmetros. Agora que podemos 'ver' claramente as janelas desse exemplo, iremos usá-las para computar algo significativo. Precisamos relatar o salário de cada empregado e a média de salário de cada um admitido dentro dos 100 dias precedentes e a média de salário de cada um admitido dentro dos 100 dias subseqüentes. A consulta se pareceria com:

```
scott@TKYTE816> select ename, hiredate, sal,
  2  avg(sal)
  3  over (order by hiredate asc  range 100 preceding)
  4      avg_sal_100_days_before,
  5  avg(sal)
  6  over (order by hiredate desc  range 100 preceding)
  7      avg_sal_100_days_after
  8  from emp
  9  order by
  8  /

ENAME    HIREDATE      SAL    AVG_SAL_100_DAYS_BEFORE   AVG_SAL_100_DAYS_AFTER
-----    --------    ------   -----------------------   ----------------------
SMITH    17-DEC-80    800,00                  800,00                  1216,67
ALLEN    20-FEB-81   1600,00                 1200,00                  2168,75
WARD     22-FEB-81   1250,00                 1216,67                  2358,33

JONES    02-APR-81   2975,00                 1941,67                  2758,33
BLAKE    01-MAY-81   2850,00                 2168,75                  2650,00
CLARK    09-JUN-81   2450,00                 2758,33                  1975,00
TURNER   08-SEP-81   1500,00                 1975,00                  2340,00

MARTIN   28-SEP-81   1250,00                 1375,00                  2550,00
KING     17-NOV-81   5000,00                 2583,33                  2562,50
JAMES    03-DEC-81    950,00                 2340,00                  1750,00
FORD     03-DEC-81   3000,00                 2340,00                  1750,00
MILLER   23-JAN-82   1300,00                 2562,50                  1300,00
SCOTT    09-DEC-82   3000,00                 3000,00                  2050,00
ADAMS    12-JAN-83   1100,00                 2050,00                  1100,00

14 rows selected.
```

Aqui, se olharmos CLARK novamente, visto que entendemos sua janela dentro do grupo, poderemos ver que a média de salário de 2758,33 é igual a (2450+2850+2975)/3. Essa é a média dos salários para CLARK e as fileiras precedentes de CLARK (são essas JONES e BLAKE) quando os dados são classificados em uma ordem ascendente. Por outro lado, a média de salário de 1975,00 é igual a (2450+1500)/2. Esses são os valores do salário de CLARK e as fileiras precedentes a CLARK quando os dados são classificados em uma ordem descendente. Usando essa consulta somos capazes de computar a média de salário de pessoas admitidas dentro de 100 dias *antes* e 100 dias *depois* de CLARK, simultaneamente.

As janelas RANGE só funcionam em NUMBERS e DATES, pois em geral não podemos acrescentar ou subtrair N unidades de VARCHAR2. A outra limitação que elas têm é que só pode haver uma coluna na ORDER BY — as faixas são unidimensionais, por essência. Não podemos fazer uma faixa no espaço N dimensional.

Janelas de fileira

As janelas de fileira são unidades físicas; números de fileiras físicas, para incluir na janela. Usando o exemplo anterior como uma partição ROW:

```
count (*) over  ( order by x ROWS 5 preceding )
```

Aquela janela consistirá de até 6 fileiras; a atual e as cinco fileiras 'na frente' dessa (onde 'na frente de' é definido pela cláusula ORDER BY). Com as partições ROW não temos as limitações da partição RANGE — os dados pode ser de qualquer tipo e a ordem pode incluir muitas colunas. Eis um exemplo similar ao que fizemos acima:

```
scott@TKYTE816> select ename, sal, hiredate,
  2    first_value(ename)
  3    over (order by hiredate asc
  4        rows 5 preceding) ename_prec,
  5    first_value(hiredate)
  6    over (order by hiredate asc
  7        rows 5 preceding) hiredate_prec
  8    from emp
  9    order by hiredate asc
 10  /
```

ENAME	SAL	HIREDATE	ENAME_PREC	HIREDATE_
SMITH	800,00	17-DEC-80	SMITH	17-DEC-80
ALLEN	1600,00	20-FEB-81	SMITH	17-DEC-80
WARD	1250,00	22-FEB-81	SMITH	17-DEC-80
JONES	2975,00	02-APR-81	SMITH	17-DEC-80
BLAKE	2850,00	01-MAY-81	SMITH	17-DEC-80
CLARK	2450,00	09-JUN-81	SMITH	**17-DEC-80**
TURNER	1500,00	08-SEP-81	ALLEN	20-FEB-81
MARTIN	1250,00	28-SEP-81	WARD	22-FEB-81
KING	5000,00	17-NOV-81	JONES	02-APR-81
JAMES	950,00	03-DEC-81	BLAKE	01-MAY-81
FORD	3000,00	03-DEC-81	CLARK	09-JUN-81
MILLER	1300,00	23-JAN-82	TURNER	08-SEP-81
SCOTT	3000,00	09-DEC-82	MARTIN	28-SEP-81
ADAMS	1100,00	12-JAN-83	KING	17-NOV-81

14 rows selected.

Olhando CLARK de novo, vemos que o primeiro valor na janela ROWS 5 PRECEDING é SMITH; a primeira fileira na janela precedendo CLARK volta 5 fileiras. Na verdade, SMITH é o primeiro valor em todas as fileiras precedentes, para BLAKE, JONES e assim por diante. Isso é porque SMITH é o primeiro registro nesse grupo (SMITH é também o primeiro valor para SMITH). Classificar o grupo em uma forma descendente inverte as janelas:

```
scott@TKYTE816> select ename, sal, hiredate,
  2    first_value(ename)
  3    over (order by hiredate desc
  4        rows 5 preceding) ename_prec,
  5    first_value(hiredate)
```

```
  6  over (order by hiredate desc
  7       rows 5 preceding) hiredate_prec
  8  from emp
  9  order by hiredate desc
 10  /

ENAME            SAL   HIREDATE   ENAME_PREC      HIREDATE_
------        ------   --------   ----------      ---------
ADAMS         1100,00  12-JAN-83  ADAMS           12-JAN-83
SCOTT         3000,00  09-DEC-82  ADAMS           12-JAN-83
MILLER        1300,00  23-JAN-82  ADAMS           12-JAN-83
JAMES          950,00  03-DEC-81  ADAMS           12-JAN-83
FORD          3000,00  03-DEC-81  ADAMS           12-JAN-83
KING          5000,00  17-NOV-81  ADAMS           12-JAN-83
MARTIN        1250,00  28-SEP-81  SCOTT           09-DEC-82
TURNER        1500,00  08-SEP-81  MILLER          23-JAN-82
CLARK         2450,00  09-JUN-81  JAMES           **03-DEC-81**
BLAKE         2850,00  01-MAY-81  FORD            03-DEC-81
JONES         2975,00  02-APR-81  KING            17-NOV-81
WARD          1250,00  22-FEB-81  MARTIN          28-SEP-81
ALLEN         1600,00  20-FEB-81  TURNER          08-SEP-81
SMITH          800,00  17-DEC-80  CLARK           09-JUN-81

14 rows selected.
```

Agora JAMES é o primeiro valor no conjunto de 5 fileiras precedendo CLARK no grupo. Podemos então computar a média de salário de determinado registro com os (até) 5 empregados admitidos *antes* ou *depois* deles:

```
scott@TKYTE816> select ename, hiredate, sal,
  2     avg(sal)
  3     over (order by hiredate asc rows 5 preceding) avg_5_before,
  4     count(*)
  5     over (order by hiredate asc rows 5 preceding) obs_before,
  6     avg(sal)
  7     over (order by hiredate desc rows 5 preceding) avg_5_after,
  8     count(*)
  9     over (order by hiredate desc rows 5 preceding) obs_after
 10  from emp
 11  order by hiredate
 12  /

ENAME     HIREDATE       SAL    AVG_5_BEFORE   OBS_BEFORE   AVG_5_AFTER   OBS_AFTER
------    ---------   -------   ------------   ----------   -----------   ---------
SMITH     17-DEC-80    800,00         800.00         1.00       1987.50        6.00
ALLEN     20-FEB-81   1600,00        1200,00         2.00       2104,17        6.00
WARD      22-FEB-81   1250,00        1216,67         3.00       2045,83        6.00
JONES     02-APR-81   2975,00        1656,25         4.00       2670,83        6.00
BLAKE     01-MAY-81   2850,00        1895,00         5.00       2675,00        6.00
CLARK     09-JUN-81   2450,00        1987,50         6.00       2358,33        6.00
TURNER    08-SEP-81   1500,00        2104,17         6.00       2166,67        6.00
MARTIN    28-SEP-81   1250,00        2045,83         6.00       2416,67        6.00
KING      17-NOV-81   5000,00        2670,83         6.00       2391,67        6.00
JAMES     03-DEC-81    950,00        2333,33         6.00       1587,50        4.00
FORD      03-DEC-81   3000,00        2358,33         6.00       1870,00        5.00
MILLER    23-JAN-82   1300,00        2166,67         6.00       1800,00        3.00
SCOTT     09-DEC-82   3000,00        2416,67         6.00       2050,00        2.00
ADAMS     12-JAN-83   1100,00        2391,67         6.00       1100,00        1.00

14 rows selected.
```

Note que aqui também selecionei uma COUNT(*). Isso só é útil para demonstrar quantas fileiras formaram determinada média. Podemos ver claramente que para o registro de ALLEN, a computação da média de salário para pessoas admitidas *antes* dele só usou 2 registros, enquanto que a computação de salários de pessoas admitidas *depois* usou 6. No ponto onde está localizado o registro de ALLEN só havia um registro precedente assim, a função analítica usou apenas tantas quantas estavam na computação.

Janelas de especificação

Agora que entendemos as diferenças entre uma janela RANGE e uma ROWS, podemos investigar as maneiras pelas quais podemos especificar essas faixas.

Em sua forma mais simples, a janela é especificada com uma das três declarações mutuamente exclusivas:

- **UNBOUNDED PRECEDING** — a janela começa com a primeira fileira da partição atual e termina com a fileira atual sendo processada.
- **CURRENT ROW** — a janela inicia (e termina) com a fileira atual.
- **Numeric Expression PRECEDING** — a janela começa na fileira de Numeric Expression 'na frente' da fileira atual de ROWS e termina a partir da fileira na ordem de quem, por valor, é menor que a fileira atual pela RANGE de 'Numeric Expression'.

A faixa CURRENT ROW provavelmente nunca seria usada na forma simples, pois ela restringiria a função analítica a apenas uma única fileira, algo para o que a função analítica não é necessária. Em uma forma mais complexa, a janela é especificada com uma cláusula BETWEEN. Lá, podemos usar a CURRENT ROW tanto como ponto de partida quando como ponto de encerramento da janela. Os pontos de partida e os de encerramento da cláusula BETWEEN podem ser especificados usando todos os itens na lista acima, mais um adicional:

Numeric Expression FOLLOWING — a janela termina (ou começa) a partir da fileira que tem 'Numeric Expression' de fileiras 'depois' da fileira atual em ROWS e começa (ou termina) a partir da fileira na ordem de quem, por valor, é mais do que a fileira atual pela RANGE de 'Numeric Expression'.

Alguns exemplos dessas janelas seriam:

```
scott@TKYTE816> select deptno, ename, hiredate,
  2   count(*) over ( partition by deptno
  3                   order by hiredate nulls first
  4                   range 100 preceding) cnt_range,
  5   count(*) over ( partition by deptno
  6                   order by hiredate nulls first
  7                   rows 2 preceding) cnt_rows
  8   from emp
  9   where deptno in (10, 20)
 10   order by deptno, hiredate
 11  /

    DEPTNO ENAME      HIREDATE     CNT_RANGE   CNT_ROWS
    ------ ---------- ---------    ---------   --------
        10 CLARK      09-JUN-81            1          1
           KING       17-NOV-81            1          2
           MILLER     23-JAN-82            2          3

        20 SMITH      17-DEC-80            1          1
           JONES      02-APR-81            1          2
           FORD       03-DEC-81            1          3
           SCOTT      09-DEC-82            1          3
           ADAMS      12-JAN-83            2          3

8 rows selected.
```

Como você pode ver, a RANGE 100 PRECEDING só conta as fileiras na partição atual, tal como a HIREDATE que está entre HIREDATE-100 e HIREDATE+100 e aquela fileira que precedeu a fileira atual na janela. Nesse caso, a contagem é sempre 1 ou 2, indicando que nesses departamentos foi raro ter um empregado admitido no espaço de 100 dias para outro empregado; só aconteceu duas vezes. Entretanto, a janela ROWS 2 PRECEDING varia de 1 a 3 fileiras, dependendo de quão longe estejam no grupo. Na primeira fileira do grupo, a contagem é um (não há fileiras precedentes). Na próxima fileira no grupo há 2. Finalmente, nas fileiras 3 e superior, a COUNT (*) permanece constante, pois estamos contando apenas a fileira atual e as 2 precedentes.

Agora daremos uma olhada no uso de BETWEEN. Todas as janelas que definimos até agora terminaram na fileira atual e buscaram 'para trás' no conjunto de resultados por mais informações. Podemos definir uma janela, como aquela fileira atual sendo processada que não é a última fileira na janela, mas que está em algum lugar no meio. Por exemplo:

```
scott@TKYTE816> select ename, hiredate,
  2     first_value(ename) over
  3          (order by hiredate asc
  4          range between 100 preceding and 100 following),
  5     last_value(ename) over
  6          (order by hiredate asc
  7          range between 100 preceding and 100 following)
  8  from emp
  9  order by hiredate asc
 10  /
```

ENAME	HIREDATE	FIRST-VALUE	LAST_VALUE
SMITH	17-DEC-80	SMITH	WARD
ALLEN	20-FEB-81	SMITH	BLAKE
WARD	22-FEB-81	SMITH	BLAKE
JONES	02-APR-81	ALLEN	CLARK
BLAKE	01-MAY-81	ALLEN	CLARK
CLARK	09-JUN-81	JONES	TURNER
TURNER	08-SEP-81	CLARK	JAMES
MARTIN	28-SEP-81	TURNER	JAMES
KING	17-NOT-81	TURNER	MILLER
FORD	03-DEC-81	TURNER	MILLER
JAMES	03-DEC-81	TURNER	MILLER
MILLER	23-JAN-82	KING	MILLER
SCOTT	09-DEC-82	SCOTT	ADAMS
ADAMS	12-JAN-83	SCOTT	ADAMS

14 rows selected.

Usando novamente CLARK, podemos ver que essa janela se estende de volta para JONES e para baixo, para TURNER. Em vez de ter uma janela consistindo das pessoas admitidas 100 dias antes *ou* depois, a janela consiste agora de pessoas admitidas 100 dias antes *e* depois do registro atual.

OK, agora temos um bom entendimento da sintaxe dos quatro componentes da cláusula de função analítica:

❑ A própria **função**

❑ A **cláusula de particionamento** usada para quebrar o conjunto de resultados em grupos independentes

❑ A **ordem por cláusula**, usada para classificar dados para a função de janela, dentro de um grupo

❑ A **cláusula de janela**, usada para definir o conjunto de fileiras onde a função analítica irá operar

```
FUNCTION_NAME(<argument>,<argument>,...)
OVER
(<PARTITION-Clause> <Order-by-Clause> <Windowing Clause>)
```

Veremos agora, rapidamente, todas as funções disponíveis.

As funções

Nesse recurso há mais de 26 funções analíticas disponíveis para uso. Algumas delas têm o mesmo nome que funções agregadas existentes, como AVG e SUM. Outras têm novos nomes e oferecem nova funcionalidade. O que faremos nesta seção é simplesmente listar as funções disponíveis e dar uma rápida descrição de quais são seus objetivos.

Função analítica	Objetivo
AVG (<distinct|all> expression)	Usada para computar a média de uma expressão dentro de um grupo e janela. Distinct pode ser usada para encontrar a média dos valores em um grupo, depois de duplicates terem sido removidas.
CORR (expression, expression)	Retorna o coeficiente de correlação de um par de expressões que retorna números. É a abreviação de: COVAR_POP(expr1, expr2) / STDDEV_POP(expr1) * STDDEV_POP(expr2)). Estatisticamente falando, uma correlação é a força de uma associação entre variáveis. Uma associação entre variáveis significa que o valor de uma variável pode ser vaticinado, até certo ponto, pelo valor da outra. O coeficiente de correlação dá a força da associação, retornando um número entre −1 (forte correlação inversa) e 1 (forte correlação). Um valor de 0 não indicaria correlação.
COUNT (<distinct> <*> <expression>)	Contará as ocorrências dentro de um grupo. Se você especificar * ou alguma constante não nula, count contará todas as fileiras. Se especificar uma expressão, count retornará a contagem de avaliações *não* nulas de expressão. É possível usar o modificador DISTINCT para contar ocorrências de fileiras em um grupo *depois* que duplicatas tiverem sido removidas.
COVAR_POP (expression, expression)	Retorna o preenchimento de covariância de um par de expressões que retorna números.
COVAR_SAM (expression, expression)	Retorna o exemplo de covariância de um par de expressões que retorna números.
CUME_DIST	Computa a posição relativa de uma fileira em um grupo. CUME_DIST retornará sempre um número maior que 0 e menor ou igual a 1. Esse número representa a 'posição' da fileira no grupo de N fileiras. Em um grupo de três fileiras, a distribuição acumulada de valores retornados deve ser 1/3, 2/3 e 3/3, por exemplo.
DENSE_RANK	Essa função computa a posição relativa de cada fileira retornada de uma consulta, em relação às outras fileiras, com base nos valores das expressões na cláusula ORDER BY. Os dados dentro de um grupo são classificados pela cláusula ORDER BY, e depois é designada uma posição numérica a cada fileira, começando com 1 e continuando a aumentar. A posição é aumentada cada vez que os valores da expressão ORDER BY mudam. As fileiras com valores iguais recebem a mesma posição (nessa comparação, nulos são considerados iguais). Uma posição densa retorna um número de posicionamento sem quaisquer falhas. Isso em comparação com RANK, abaixo.
FIRST_VALUE	Simplesmente retorna o primeiro valor de um grupo.
LAG (expression, <offset>, <default>)	LAG oferece o acesso a *outras* fileiras em um conjunto de resultados, sem fazer uma autounião). Permite que você trate o cursor como se ele fosse de fato um array. Você pode referir fileiras que venham antes da atual em determinado grupo. Isso permitiria que você selecionasse 'a fileira anterior' de um grupo, junto com a fileira atual. Veja LEAD para saber como obter 'as próximas fileiras'. Offset é um inteiro positivo que padroniza para 1 (a fileira anterior). Default é o valor a ser retornado se o índice estiver fora da faixa da janela (na primeira fileira de um grupo, o padrão será retornado).
LAST_VALUE	Simplesmente retorna o último valor de um grupo.
LEAD (expression, <offset>, <default>)	LEAD é o oposto de LAG. Enquanto LAG oferece acesso à fileira precedente da sua em um grupo, LEAD oferece acesso à fileira que vem depois da sua fileira. Offset é um inteiro positivo que padroniza para 1 (a próxima fileira). Default é o valor a ser retornado se o índice estiver fora da faixa da janela (na última fileira de um grupo, o padrão será retornado).
MAX(expression)	Encontra o valor máximo de expressão dentro de uma janela de um grupo.
MIN(expression)	Encontra o valor mínimo de expressão dentro de uma janela de um grupo.

(Continuação)

Função analítica	Objetivo
NTILE (expression)	Divide o grupo em punhados 'valor de expressão'. Por exemplo, se expression = 4, então cada fileira no grupo teria um número designado de 1 a 4, colocado em uma porcentagem. Se o grupo contivesse 20 fileiras, as primeiras 5 teriam 1 designado, as 5 seguintes teriam 2 designado e assim por diante. No caso da cardinalidade do grupo não ser divisível igualmente pela expressão, as fileiras seriam distribuídas de modo a que nenhuma porcentagem tivesse mais de 1 fileira que qualquer outra porcentagem naquele grupo, e as menores porcentagens fossem aquelas com fileiras 'extras'. Por exemplo, usando expression = 4 de novo e o número de fileiras = 21, a porcentagem = 1 teria 6 fileiras, porcentagem = 2 teria 5 e assim por diante.
PERCENT_RANK	É semelhante à função CUME_DIST (distribuição cumulativa). Em determinada fileira em um grupo, ela calcula a posição daquela fileira menos 1, dividido por 1 a menos que o número de fileiras sendo avaliado no grupo. Essa função sempre retornará valores de 0 a 1, inclusive.
RANK	Essa função computa a posição relativa de cada fileira retornada de uma consulta em relação às outras fileiras, com base nos valores das expressões na cláusula ORDER BY. Os dados em um grupo são classificados pela cláusula ORDER BY e depois é designada uma posição numérica a uma fileira de cada vez, começando com 1 e crescendo. As fileiras com os mesmos valores das expressões ORDER BY recebem a mesma posição; no entanto, se duas fileiras receberem a mesma posição, os números de posição serão subseqüentemente 'pulados'. Se duas fileiras tiverem o número 1, não haverá número 2 — a posição designará o valor de 3 para a próxima fileira no grupo. Isso é oposto a DENSE_ RANK, que não pula valores.
RATIO_TO_REPORT (expression)	Computa o valor de expressão / (sum(expression)) do grupo. Dá a porcentagem do total de contribuições da fileira atual à soma (expressão).
REGR_xxxxxxx (expression, expression)	Essas funções de regressão linear ajustam-se na linha de regressão comum-menos-quadrados em um par de expressões. Há 9 funções de regressão diferentes disponíveis.
ROW_NUMBER	Retorna o offset de uma fileira em um grupo ordenado. Podem ser usados números de fileiras seqüencialmente, ordenados por determinados critérios.
STDDEV (expression)	Computa o desvio padrão da fileira atual com relação ao grupo.
STDDEV_POP (expression)	Computa o desvio de preenchimento padrão e retorna a raiz quadrada da variação de preenchimento. Seu valor de retorno é igual à raiz quadrada da função VAR_POP.
STDDEV_SAMP (expression)	Essa função computa o exemplo cumulativo de desvio padrão e retorna a raiz quadrada do exemplo de variação. Retorna o mesmo valor que a raiz quadrada de VAR_SAMP retornaria.
SUM(expression)	Computa a soma cumulativa da expressão em um grupo.
VAR_POP (expression)	Retorna o preenchimento de variação de um conjunto não nulo de números (nulos são ignorados). A função VAR_POP faz para nós o seguinte cálculo: (SUM(expr*expr) - SUM(expr)*SUM(expr) /COUNT(expr))/ COUNT(expr)
VAR_SAMP (expression)	Retorna o exemplo de variação de um conjunto não nulo de números (no conjunto, os nulos são ignorados). Essa função faz para nós o seguinte cálculo: (SUM(expr*expr) - SUM(expr)*SUM(expr) / COUNT(expr))/ (COUNT(expr) - 1)
VARIANCE (expression)	Retorna a expressão de variação. O Oracle irá calcular a variação assim: 0 se o número de fileiras na expressão = 1 VAR_SAMP se o número de fileiras na expressão > 1

Exemplos

Agora estamos prontos para a parte divertida: o que podemos fazer com essa funcionalidade. Vou demonstrar com um par de exemplos, que de forma alguma esgotam o que você pode fazer com essas novas funções, mas que darão um bom conjunto de exemplos de trabalho para prosseguir.

A consulta TOP-N

A pergunta que ouço com freqüência é: "Como posso conseguir os registros TOP-N por algum conjunto de campos?". Antes de ter acesso a essas funções analíticas, perguntas dessa natureza eram extremamente difíceis de responder. Agora, são muito fáceis.

No entanto, há alguns problemas com as consultas TOP-N; a maioria na forma em que as pessoas as fraseiam. É algo com que ter cuidado ao fazer o design de seus relatórios. Considere essa solicitação aparentemente sensível:

Eu queria os três principais representantes de vendas por departamento.

O problema com essa pergunta é que ela é ambígua. É ambígua devido aos valores repetidos; pode haver quatro pessoas que recebam o mesmo salário astronômico, então como seria?

Posso surgir com pelo menos três interpretações razoavelmente iguais para tal solicitação — nenhuma das quais pode retornar três registros! Eu interpretaria essa solicitação como:

- ❏ Dê-me o grupo de pessoas de vendas que têm os 3 maiores salários — isto é, encontre o conjunto de quantidades de salários em destaque, classifique-os, pegue os três maiores e me dê qualquer que tenha um daqueles valores.
- ❏ Dê-me até três pessoas que tenham o maior salário. Se por acaso houver quatro pessoas que tenham o maior salário, a resposta não deve ter fileiras. Se duas pessoas tiverem o salário mais alto e duas o mesmo segundo salário mais alto, a resposta terá apenas duas fileiras (os dois mais altos).
- ❏ Classifique as pessoas de vendas por salário, do maior para o menor. Dê-me as três primeiras fileiras. Se houver menos de três pessoas em um departamento, isso retornará menos de três registros.

Depois de mais perguntas e esclarecimentos, a maioria das pessoas quer a primeira situação; o restante irá querer a segunda ou a terceira posição. Vejamos como usar essa funcionalidade analítica para responder a qualquer das três e comparar como podemos fazer, sem funções analíticas.

Usaremos para esses exemplos a tabela SCOTT.EMP. A primeira pergunta que responderemos é: 'Dê-me o grupo de pessoas de vendas recebendo os 3 maiores salários em cada departamento'.

```
scott@TKYTE816> select *
  2     from (select deptno, ename, sal,
  3                  dense_rank()
  4                     over (partition by deptno
  5                           order by sal desc)
  6                  dr from emp)
  7     where dr <= 3
  8     order by deptno, sal desc
  9  /

    DEPTNO ENAME             SAL         DR
---------- ---------- ---------- ----------
        10 KING             5000          1
           CLARK            2450          2
           MILLER           1300          3

        20 SCOTT            3000          1
           FORD             3000          1
           JONES            2975          2
           ADAMS            1100          3

        30 BLAKE            2850          1
           ALLEN            1600          2
           TURNER           1500          3

10 rows selected.
```

Aqui foi usada a função DENSE_RANK() para obter os três maiores salários. Designamos uma dense rank para a coluna de salário e a classificamos em ordem descendente. Se você recordar, uma dense rank não pula números, e designará o mesmo número àquelas fileiras com o mesmo valor. Assim, depois que o conjunto de resultados for montado na vista em linha, poderemos simplesmente selecionar todas as fileiras com uma dense rank de três ou menos, o que dará todos que recebem os três maiores salários pelo número do departamento. Só para mostrar o que aconteceria se tivéssemos tentado usar RANK e encontrado esses valores duplicados:

```
scott@TKYTE816> select deptno, ename, sal,
  2                dense_rank( )
  3                   over (partition by deptno
  4                         order by sal desc) dr,
  5                rank( )
  6                   over (partition by deptno
  7                         order by sal desc) r
  8     from emp
  9    order by deptno, sal desc
 10   /

    DEPTNO ENAME             SAL         DR          R
    ------ -----          ------     ------     ------
        10 KING             5000          1          1
           CLARK            2450          2          2
           MILLER           1300          3          3

        20 SCOTT            3000          1          1
           FORD             3000          1          1
           JONES            2975          2          3
           ADAMS            1100          3          4
           SMITH             800          4          5

        30 BLAKE            2850          1          1
           ALLEN            1600          2          2
           TURNER           1500          3          3
           WARD             1250          4          4
           MARTIN           1250          4          4
           JAMES             950          5          6

14 rows selected.
```

Se tivéssemos usado RANK, teríamos deixado ADAMS de fora (porque ele se posicionou em 4) do conjunto de resultados, mas ADAMS é uma das pessoas no departamento 20 recebendo um dos 3 maiores salários, portanto precisa estar no resultado. Nesse caso, usar RANK em vez de DENSE não teria respondido nossa consulta específica.

Por fim, tivemos que usar uma vista em linha e unir a coluna dense rank a DR. Isso porque não podemos usar funções analíticas diretamente em uma cláusula WHERE ou HAVING, assim tivemos que computar a vista e depois filtrar apenas as fileiras que queríamos manter. O uso de uma vista em linha com um predicado será uma operação comum em muitos de nossos exemplos.

Agora, na pergunta 'Dê-me até três pessoas que recebam os salários mais altos por departamento':

```
scott@TKYTE816> select *
  2     from (select deptno, ename, sal,
  3                  count(*) over (partition by deptno
  4                                 over by sal desc
  5                                 range unbounded preceding)
  6           cnt from emp)
  7    where cnt <= 3
  8    order by deptno, sal desc
  9   /

    DEPTNO ENAME             SAL        CNT
    ------ -----          ------     ------
        10 KING             5000          1
           CLARK            2450          2
           MILLER          10300          3
```

```
            20      SCOTT                   3000                    2
                    FORD                    3000                    2
                    JONES                   2975                    3

            30      BLAKE                   2850                    1
                    ALLEN                   1600                    2
                    TURNER                  1500                    3

9 rows selected.
```

Isso foi um pouco ardiloso. O que estamos fazendo é contar todos os registros que precedem o registro atual na janela e classificá-los por salário. A RANGE UNBOUNDED PRECEDING, que aqui seria a faixa padrão, faz uma janela que inclui todos os registros cujo salário seja maior ou igual ao seu, visto que classificamos por ordem descendente (DESC). Contando todos os que recebem o mesmo ou mais que nós, só podemos recuperar fileiras como aquela contagem (CNT) de pessoas recebendo o mesmo ou mais, que é menor ou igual a 3. Observe como no departamento 20, SCOTT e FORD têm contagem de 2; eles recebem os dois maiores salários naquele departamento, assim estão ambos na mesma janela, um em relação ao outro. É interessante notar a sutil diferença nessa consulta:

```
scott@TKYTE816> select *
  2  from (select deptno, ename, sal
  3              count(*) over (partition by deptno
  4                             order by sal desc, ename
  5                             range unbounded preceding)
  6         cnt from emp)
  7  where cnt <= 3
  8  order by deptno, sal desc
  9  /

    DEPTNO  ENAME                   SAL                    CNT
    ------  ------                  ------                 ------
        10  KING                    5000                    1
            CLARK                   2450                    2
            MILLER                  1300                    3

        20  FORD                    3000                    1
            SCOTT                   3000                    2
            JONES                   2975                    3

        30  BLAKE                   2850                    1
            ALLEN                   1600                    2
            TURNER                  1500                    3

9 rows selected.
```

Observe como acrescentar a função ORDER BY afetou a janela. Anteriormente, FORD e SCOTT tinham uma contagem de dois, porque a janela estava montada usando apenas a coluna de salário. Aqui, uma janela mais específica muda a saída de COUNT, o que indica apenas que a função de janela é computada com base na ORDER BY e na RANGE. Quando classificamos a partição apenas pelo salário, FORD precedeu SCOTT quando SCOTT estava na fileira atual, e SCOTT precedeu FORD quando FORD estava na fileira atual. Só quando classificamos ambas as colunas, SAL e ENAME, os registros SCOTT e FORD têm qualquer tipo de ordem um com relação ao outro.

Para ver como é essa abordagem usando a contagem, nos permitindo voltar três ou menos registros, podemos atualizar os dados para fazer de modo que mais de três pessoas recebam os salários maiores:

```
scott@TKYTE816> update emp set sal = 99 where deptno = 30;

6 rows updated.

scott@TKYTE816       2  from (select deptno, ename, sal,
  3              count(*) over (partition by deptno
  4                             order by sal desc
  5                             range unbounded preceding)
```

```
6         cnt from emp)
7  where cnt <= 3
8  order by deptno, sal desc
9  /

   DEPTNO   ENAME      SAL        CNT
   ------   ------     ----       ----
       10   KING       5000         1
            CLARK      2450         2
            MILLER     1300         3

       20   SCOTT      3000         2
            FORD       3000         2
            JONES      2975         3

6 rows selected.
```

Agora o departamento 30 não aparece mais no relatório, pois todas as 6 pessoas naquele departamento recebem a mesma quantia. O campo CNT de todos eles é 6, um número não menor ou igual a 3.

Então, para a última pergunta de 'Classificando as pessoas de vendas pelo salário maior para o menor; dê-me as primeiras três fileiras'. Usando ROW_NUMBER( ) isso é fácil de conseguir:

```
scott@TKYTE816> select *
  2  from (select deptno, ename, sal,
  3              row_number( ) over (partition by deptno
  4                                  order by sal desc)
  5              rn from emp)
  6  where rn <=
  7  /

   DEPTNO   ENAME      SAL         RN
   ------   ------     ----        ---
       10   KING       5000         1
            CLARK      2450         2
            MILLER     1300         3

       20   SCOTT      3000         1
            FORD       3000         2
            JONES      2975         3

       30   ALLEN        99         1
            BLAKE        99         2
            MARTIN       99         3

9 rows selected.
```

Essa consulta funciona classificando cada partição em ordem descendente, com base na coluna de salário, e designando uma fileira de número seqüencial a cada fileira na partição em que ela é processada. Usamos a cláusula WHERE depois de fazer isso para obter apenas as três primeiras fileiras em cada partição. Abaixo, no exemplo pivô, usaremos o mesmo conceito para transformar fileiras em colunas. No entanto, deve-se notar aqui que as fileiras que recebemos de volta para o DEPTNO=30 são de alguma forma aleatórias. Se você lembra, o departamento 30 foi atualizado para que todos os 6 empregados tivessem o valor de 99. Até certo ponto, seria possível controlar quais dos três registros voltam, através de ORDER BY. Por exemplo, você poderia usar ORDER SAL DESC, ENAME, para obter os três mais bem pagos, na ordem de nome de empregado, quando todos os três ganham a mesma quantia.

É interessante notar que, usando o método acima com ROW_NUMBER, você tem a habilidade de obter um 'pedaço' arbitrário de dados de um grupo de fileiras. Isso pode ser útil em um ambiente sem posição, onde você precise paginar através de um conjunto de dados. Por exemplo, se resolvesse exibir a tabela EMP classificada por cinco fileiras ENAME de uma vez, você poderia usar uma consulta semelhante a esta:

```
scott@TKYTE816> select ename, hiredate, sal
  2    from (select ename, hiredate, sal,
  3             row_number( ) over (order by name)
  4             rn from emp)
  5    where rn between 5 and 10
  6    order by rn
  7  /

ENAME        HIREDATE         SAL
----------   ---------      ------
FORD         03-DEC-81       3000
JAMES        03-DEC-81        950
JONES        02-APR-81       2975
KING         17-NOV-81       5000
MARTIN       28-SEP-81       1250
MILLER       23-JAN-82       1300

6 rows selected.
```

Uma última coisa, para demonstrar o quanto essa funcionalidade é realmente poderosa, seria ver uma comparação entre consultas que usam a abordagem de função analítica e consultas que não usam. O que fiz para testar isso foi criar uma tabela T, que é apenas uma tabela EMP 'maior' para todas as intenções e objetivos:

```
scott@TKYTE816> create table t
  2    as
  3    select object_name ename,
  4           mod(object_id,50) deptno,
  5           object_id sal
  6    from all_objects
  7    where rownum <= 1000
  8  /

Table created.

scott@TKYTE816> create index t_idx on t(deptno,sal desc);

Index created.

scott@TKYTE816> analyze table t
  2    compute statistics
  3    for table
  4    for all indexed columns
  5    for all indexes
  6  /

Table analyzed.
```

Colocamos um índice nessa tabela que será útil para responder aos tipos de perguntas que temos feito a ela. Agora, gostaríamos de comparar a sintaxe e o desempenho das consultas com e sem funções analíticas. Para isso, usei SQL_TRACE, TIMED_STATISTICS e TKPROF para comparar o desempenho das consultas. Veja o capítulo sobre *Estratégias e ferramentas de desempenho* para mais detalhes sobre o uso dessas ferramentas e a interpretação completa dos seguintes resultados:

```
scott@TKYTE816> select *
  2    from (select deptno, ename, sal,
  3            dense_rank( ) over (partition by deptno
  4                                order by sal desc)
  5            dr from t)
```

```
    6   where dr <= 3
    7   order by deptno, sal desc
    8   /

call       count      cpu       elapsed    disk      query     current    rows
-----      -----      -----     -------    ----      -----     -------    ----
Parse        1        0,00       0,00        0          0         0         0
Execute      2        0,00       0,00        0          0         0         0
Fetch       11        0,01       0,07        7         10        17       150
-----      -----      -----     -------    ----      -----     -------    ----
total       14        0,01       0,07        7         10        17       150

Misses in library cache during parse: 0
Optimizer goal: CHOOSE
Parsing user id: 54

Rows            Row Source Operation
-----           --------------------
    150         VIEW
    364             WINDOW SORT PUSHED RANK
   1000                 TABLE ACCESS FULL T
```

* *

```
scott@TKYTE816> select depno, ename, sal
  2   from t e1
  3   where sal in (select sal
  4                   from (select distinct sal , deptno
  5                           from t e3
  6                           order by deptno, sal desc) e2
  7                   where e2.deptno = e1.deptno
  8                   and rownum <= 3)
  9   order by deptno, sal desc
 10   /

call       count      cpu       elapsed    disk      query     current    rows
-----      -----      -----     -------    ----      -----     -------    ----
Parse        1        0,00       0,00        0          0         0         0
Execute      1        0,00       0,00        0          0         0         0
Fetch       11        0,80       0,80        0      10010     12012       150
-----      -----      -----     -------    ----      -----     -------    ----
total       13        0,80       0,80        0      10010     12012       150

Misses in library cache during parse: 0
Optimizer goal: CHOOSE
Parsing user id: 54

Rows            Row Source Operation
-----           --------------------
    150         SORT ORDER BY
    150             FILTER
   1001             TABLE ACCESS FULL T
   1000             FILTER
   3700                 COUNT STOPKEY
   2850                     VIEW
   2850                         SORT ORDER BY STOPKEY
  20654                             SORT UNIQUE
  20654                                 TABLE ACCESS FULL T
```

As consultas opõem ambas as respostas à pergunta 'quem recebe os três maiores salários'. A consulta analítica pode responder a essa pergunta quase sem nenhum trabalho — 0,01 segundo de CPU e 27 I/Os lógicas. A consulta relacional, por outro lado, precisa fazer muito mais trabalho — 0,80 segundo de CPU e mais de 22.000 I/Os lógicas. Para a consulta não de função analítica, precisamos executar uma subconsulta para cada fileira em T para encontrar os três salários maiores de determinado departamento. Não apenas essa consulta executa mais lentamente, como também é mais difícil de escrever. Há alguns truques que eu poderia usar para tentar aperfeiçoar o desempenho, algumas dicas que posso empregar, mas a consulta só ficará menos ilegível e mais 'frágil'. Frágil no sentido de que qualquer consulta que se baseia em dicas é frágil. Uma dica é apenas uma sugestão, o otimizador tem a liberdade de ignorá-la em qualquer ocasião no futuro. Aqui, a consulta analítica vence claramente, tanto em desempenho quanto em legibilidade.

Agora, para a segunda pergunta — 'dê-me até três pessoas que recebam o maior salário'.

```
scott@TKYTE816> select *
  2  from (select deptno, ename, sal
  3              count(*) over (partition by deptno
  4                             order by sal desc
  5                             range unbounded preceding)
  6              cnt from t)
  7  where cnt <= 3
  8  order by deptno, sal desc
  9  /
```

call	count	cpu	elapsed	disk	query	current	rows
Parse	1	0,01	0,01	0	0	0	0
Execute	2	0,00	0,00	0	0	0	0
Fetch	11	0,02	0,12	15	10	17	150
total	14	0,03	0,13	15	10	17	150

Misses in library cache during parse: 0
Optimizer goal: CHOOSE
Parsing user id: 54

Rows	Row Source Operation
150	VIEW
1000	WINDOW SORT
1000	TABLE ACCESS FULL T

* *

```
scott@TKYTE816> select deptno, ename, sal
  2  from t e1
  3  where (select count(*)
  4           from t e2
  5          where e2.deptno = e1.deptno
  6            and e2.sal >= e1.sal) <= 3
  7  order by deptno, sal desc
  8  /
```

call	count	cpu	elapsed	disk	query	current	rows
Parse	1	0,01	0,01	0	0	0	0
Execute	1	0,00	0,00	0	0	0	0
Fetch	11	0,60	0,66	0	4010	4012	150
total	13	0,61	0,67	0	4010	4012	150

Misses in library cache during parse: 0
Optimizer goal: CHOOSE
Parsing user id: 54

Rows	Row Source Operation
150	SORT ORDER BY
150	FILTER
1001	TABLE ACCESS FULL T
2000	SORT AGGREGATE
10827	INDEX FAST FULL SCAN (object id 27867)

Novamente, os resultados são claros. 0,03 segundo de CPU e 27 I/Os lógicas contra 0,61 segundo de CPU e mais de 8000 I/Os lógicas. O vencedor claro aqui é, de novo, a função analítica. O motivo, novamente, é o fato que precisamos executar uma subconsulta correlata para toda e qualquer fileira na tabela base, sem as funções analíticas. Essa consulta conta o número de registros no mesmo departamento que recebem o mesmo ou o maior salário. Só mantemos os registros como aquele onde a contagem é menor do que ou igual a 3. Os resultados das consultas são iguais; os recursos de tempo de execução necessários por ambos são radicalmente diferentes. Nesse caso em particular, eu diria que a consulta não era mais difícil de codificar usando qualquer dos métodos, mas quanto a desempenho, não há comparação.

Finalmente, precisamos obter os primeiros três empregados mais bem pagos que podemos ver em um departamento. Os resultados são:

```
scott@TKYTE816> select *
  2  from (select deptno, ename, sal,
  3         row_number( ) over (partition by deptno
  4                             order by sal desc)
  5         rn from t)
  6  where rn <= 3       8      /
```

call	count	cpu	elapsed	disk	query	current	rows
Parse	1	0,00	0,00	0	0	0	0
Execute	2	0,00	0,00	0	0	0	0
Fetch	11	0,00	0,12	14	10	17	150
total	14	0,00	0,12	14	10	17	150

Misses in library cache during parse: 0
Optimizer goal: CHOOSE
Parsing user id: 54

Rows	Row Source Operation
150	VIEW
1000	WINDOW SORT
1000	TABLE ACCESS FULL T

* *

```
scott@TKYTE816> select deptno, ename, sal
  2  from t e1
  3  where (select count(*)
  4         from t e2
  5         where e2.deptno = e1.deptno
  6         and e2.sal >= e1.sal
  7         and (e2.sal > e1.sal OR e2.rowid > e1.rowid) ) < 3
  8  order by deptno, sal desc
  9  /
```

call	count	cpu	elapsed	disk	query	current	rows
Parse	1	0,00	0,00	0	0	0	0
Execute	1	0,00	0,00	0	0	0	0
Fetch	11	0,88	0,88	0	4010	4012	150
total	13	0,88	0,88	0	4010	4012	150

Misses in library cache during parse: 0
Optimizer goal: CHOOSE
Parsing user id: 54

```
Rows        Row Source Operation
----        --------------------
 150        SORT ORDER BY
 150          FILTER
2000            SORT AGGREGATE
1001              TABLE ACCESS FULL T
2000                INDEX FAST FULL SCAN (object id 27867)
```

Novamente, quanto ao desempenho, não há comparação. A versão de função analítica simplesmente ultrapassa muito a consulta que não usa funções analíticas. Nesse caso em especial, a consulta analítica é muito mais fácil de codificar e também de entender. A subconsulta correlata que precisamos codificar é muito complexa. Precisamos contar o número de registros em um departamento em que aquele salário é maior do que ou igual à corrente atual. Além disso, se o salário não for maior que o nosso (ele é igual), só podemos contar isso se a ROWID (qualquer coluna única seria) for maior que aquele registro. Isso garante que não dobramos a contagem de fileiras e apenas recuperamos um conjunto de fileiras arbitrário.

Em cada caso, está claro que as funções analíticas não apenas facilitam o trabalho de escrever consultas, mas podem acrescentar substanciais aumentos de desempenho no tempo de execução de suas consultas. Elas permitem que você faça coisas que não consideraria fazer em SQL, devido ao custo associado.

Consulta pivô

Uma consulta pivô é quando você deseja tomar alguns dados, como:

```
C1          C2          C3
----        ----        ----
a1          b1          x1
a1          b1          x2
a1          b1          x3
...
```

e gostaria de exibir o seguinte formato:

```
C1          C2          C3(1)       C3(2)       C3(3)
----        ----        ----        ----        ----
a1          b1          x1          x2          x3
...
```

Isso transforma as fileiras em colunas. Por exemplo, pegando os diferentes empregos dentro de um departamento e transformando em colunas, a saída se pareceria com:

```
DEPTNO      JOB_1       JOB_2       JOB_3
------      -----       -----       -----
  10        CLERK       MANAGER     PRESIDENT
  20        ANALYST     ANALYST     CLERK
  30        CLERK       MANAGER     SALESMAN
```

em vez disto:

```
DEPTNO      JOB
------      ---
  10        CLERK
  10        MANAGER
  10        PRESIDENT
  20        ANALYST
  20        CLERK
  20        MANAGER
  30        CLERK
  30        MANAGER
  30        SALESMAN
```

Vou mostrar dois exemplos de pivôs. O primeiro será uma outra implementação da pergunta anterior. O segundo mostra como manobrar qualquer conjunto de resultados de forma genérica, e oferece um gabarito para fazê-lo.

No primeiro caso, digamos que você quisesse mostrar quem recebe os 3 maiores salários em cada departamento como *colunas*. A consulta precisa retornar exatamente 1 fileira por departamento e a fileira deveria ter 4 colunas; DEPTNO, o nome do empregado mais bem pago no departamento, o nome do seguinte mais bem pago e assim por diante. Usando essa nova funcionalidade — é quase fácil (antes dessas funções era virtualmente impossível):

```
ops$tkyte@DEV816> select deptno,
  2      max(decode(seq,1,ename,null)) highest_paid,
  3      max(decode(seq,2,ename,null)) second_highest,
  4      mac(decode(seq,3,ename,null)) third_highest
  5        from (SELECT deptno, ename,
  6                     row_number( ) OVER
  7                        (PARTITION BY deptno
  8                         ORDER BY sal desc NULLS LAST) seq
  9              FROM emp)
 10       where seq <= 3
 11       group by deptno
 12  /

    DEPTNO HIGHEST_PA       SECOND_HIG       THIRD_HIGH
---------- ----------       ----------       ----------
        10 KING             CLARK            MILLER
        20 SCOTT            FORD             JONES
        30 BLAKE            ALLEN            TURNER
```

Isso simplesmente criou um conjunto interno de resultados que tinha uma seqüência designada aos empregados pelo número de departamento na ordem de salário. O decode na consulta externa só mantém as fileiras com seqüências 1, 2 ou 3 e as designa à 'coluna' certa. GROUP BY se livra das fileiras redundantes e ficamos com nosso resultado menor. Pode ser mais fácil entender o que quero dizer com isso se você vir o conjunto de resultados em GROUP BY e MAX:

```
scott@TKYTE816> select deptno,
  2          max(decode(seq,1,ename,null)) highest_paid,
  3          max(decode(seq,2,ename,null)) second_highest,
  4          max(decode(seq,3,ename,null)) third_highest
  5     from (select deptno, ename,
  6           row_number( ) over
  7               (partition by deptno
  8                order by sal desc nulls last)
  9           seq from emp)
 10    where seq <= 3
 11    group by deptno
 12    /

    DEPTNO HIGHEST_PA       SECOND_HIG       THIRD_HIG
---------- ----------       ----------       ----------
        10 KING
        10                  CLARK
        10                                   MILLER

        20 SCOTT
        20                  FORD
        20                                   JONES

        30 ALLEN
        30                  BLAKE
        30                                   MARTIN

9 rows selected.
```

A função agregada MAX será aplicada por GROUP BY, coluna DEPTNO. Em qualquer dado DEPTNO acima, apenas uma fileira terá valor não nulo em HIGHEST_PAID, as fileiras restantes naquele grupo serão sempre NULL. A função MAX pegará a fileira não nula e a manterá. Assim, a agrupada por e MAX entrarão em 'colapso' em nosso conjunto de resultados, removendo os valores NULL e dando-nos o que queremos.

Se você tivesse uma tabela T com as colunas C1, C2 e quisesse obter um resultado como:

    C1   C2(1)   C2(2)   ....   C2(N)

onde a coluna C1 deve *atravessar o registro* (ir até o fim da página) e a coluna C2 ser manobrada para ficar *no registro* (indo através da página), os valores de C2 se tornarão colunas, em vez de fileiras — você irá gerar uma consulta do tipo:

```
Select c1
   max(decode(rn,1,c2,null)) c2_1,
   max(decode(rn,2,c2,null)) c2_2,
   ...
   max(decode(rn,N,c2,null)) c2_N
from (select c1, c2
         row_number( ) over (partition by C1
                             order by <something>)
         rn from T
      <some predicate>)
group by C1
```

No exemplo acima, C1 era simplesmente DEPTNO e C2 era ENAME. Como ordenamos por SAL DESC, as primeiras três colunas que recuperamos foram os três empregados de pagamento maior naquele departamento (tendo em mente que, se quatro pessoas fossem mais bem pagas aqui, claro que perderíamos uma).

O segundo exemplo é um 'Quero manobrar meu conjunto de resultados' mais genérico. Em vez de ter uma única coluna C1 onde ancorar e uma única coluna C2 para manobrar — veremos o caso mais geral onde C1 é um conjunto de colunas, como C2. No final, isso é muito semelhante ao acima. Suponha que você queira fazer um relatório por JOB e DEPTNO dos empregados naquele serviço, e seus salários. Porém, o relatório precisa ter os empregados indo *através* da página, como colunas, não até o fim da página, e igualmente com seus salários. Além disso, os empregados precisam aparecer da esquerda para a direita, na sua ordem de salário. As etapas seriam:

```
scott@TKYTE816> select max(count(*)) from emp group by deptno, job;

MAX(COUNT(*))
-------------
            4
```

Informado o número de colunas, podemos gerar a consulta:

```
scott@TKYTE816> select deptno, job,
  2           max(decode(rn, 1, ename, null)) ename_1,
  3           max(decode(rn, 1, sal, null)) sal_1,
  4           max(decode(rn, 2, ename, null)) ename_2,
  5           max(decode(rn, 2, sal, null)) sal_2,
  6           max(decode(rn, 3, ename, null)) ename_3,
  7           max(decode(rn, 3, sal, null)) sal_3,
  8           max(decode(rn, 4, ename, null)) ename_4,
  9           max(decode(rn, 4, sal, null)) sal_4
 10     from (select deptno, job, ename, sal,
 11             row_number( ) over (partition by deptno, job
 12                                 order by sal, ename)
 13             rn from emp)
 14     group by deptno, job
 15  /
```

```
DEPTNO JOB       ENAME_1 SAL_1  ENAME_2  SAL_2  ENAME_3  SAL_3  ENAME_  SAL_4
------ --------- ------- -----  -------  -----  -------  -----  ------  -----
    10 CLERK     MILLER   1300
    10 MANAGER   CLARK    2450
    10 PRESIDENT KING     5000

    20 ANALYST   FORD     3000  SCOTT     3000
    20 CLERK     SMITH     800  ADAMS     1100
    20 MANAGER   JONES    2975

    30 CLERK     JAMES      99
    30 MANAGER   BLAKE      99
    30 SALESMAN  ALLEN      99  MARTIN      99  TURNER      99  WARD       99

9 rows selected.
```

Inserimos valores de 99 na coluna salary de todos os empregados no departamento 30, anteriormente no capítulo. Para manobrar um conjunto de resultados, podemos generalizar mais. Se você tivesse um conjunto de colunas C1, C2, C3, ... CN e quisesse manter as colunas C1 ... Cx *através do registro* e Cx+1 ... CN *no registro*, a sintaxe da consulta seria:

```
Select C1, C2, . . . CX,
    max(decode(rn,1,C{X+1},null)) cx+1_1,... max(decode(rn,1,CN,null)) CN_1
    max(decode(rn,2,C{X+1},null)) cx+1_2,... max(decode(rn,1,CN,null)) CN_2
    . . .
    max(decode(rn,N,c{X+1},null)) cx+1_N,... max(decode(rn,1,CN,null)) CN_N
from (select C1, C2, . . . CN
        row_number( ) over (partition by C1, C2, . . . CX
                            order by <something>)
        rn from T
      <some predicate>)
group by C1, C2, . . . CX
```

No exemplo acima, usamos C1 como DEPTNO, C2 como JOB, C3 como ENAME e C4 como SAL.

Uma outra coisa que precisamos saber é o número *máximo* de fileiras por partição que prevemos, o que ditará o número de colunas que iremos gerar. SQL precisa saber o número de fileiras, não há argumentos quanto a esse fato, e sem esse conhecimento não seremos capazes de manobrar. Isso nos leva ao seguinte exemplo de manobra, mais complexo. Se não soubermos o número total de colunas no tempo de execução, teremos que usar SQL dinâmica para lidar com o fato de que a lista SELECT é variável. Podemos usar PL/SQL para demonstrar como fazer, o que resultará em uma rotina genérica que pode ser reutilizada sempre que você precisar de um pivô. Ela terá a seguinte especificação:

```
scott@TKYTE816> create or replace package my_pkg
  2  as
  3          type refcursor is ref cursor;
  4          type array is table of varchar2(30);
  5              procedure pivot(p_max_cols        in number     default NULL,
  6                              p_max_cols_query  in varchar2   default NULL,
  7                              p_query           in varchar2,
  8                              p_anchor          in array,
  9                              p_pivot           in array,
 10                              p_cursor in out refcursor);
 12  end;

Package created.
```

Aqui, você precisa entrar com valores para P_MAX_COLS ou P_MAX_COLS_QUERY. SQL precisa saber o número de colunas em uma consulta, e esse parâmetro nos permitirá montar uma consulta com o número apropriado de colunas. O valor que você deve enviar aqui será a saída de uma consulta, semelhante a:

```
scott@TKYTE816> select max(count(*)) from emp group by deptno, job;
```

Essa é a contagem dos valores discretos que atualmente estão nas *fileiras*, que colocaremos nas *colunas*. Você pode usar uma consulta para obter esse número ou pode você mesmo inserir o número, se já o conhecer.

O parâmetro P_QUERY é simplesmente a consulta que reúne seus dados. Usando o exemplo anterior, a consulta seria:

```
10      from (select deptno, job, ename, sal,
11          row_number( ) over (partition by deptno, job
12                              order by sal, ename)
13          rn from emp)
```

As duas entradas seguintes são arrays de nomes de coluna. O P_ANCHOR nos diz quais colunas estarão *através do registro* (até o fim da página) e P_PIVOT declara as colunas que ficarão *no registro* (através da página). Em nosso exemplo acima, P_ANCHOR = ('DEPTNO', 'JOB') e P_PIVOT = ('ENAME', 'SAL'). Pulando a implementação por um momento, toda a chamada reunida pode se parecer com:

```
scott@TKYTE816> variable x refcursor

scott@TKYTE816> set autoprint on

scott@TKYTE816> begin
  2   my_pkg.pivot
  3     (p_max_cols_query => 'select max(count(*)) from emp
  4                          group by deptno, job',
  5      p_query => 'select deptno, job, ename, sal,
  6      row_number( ) over (partition by deptno, job
  7                          order by sal, ename)
  8      rn from emp a',
  9
 10         p_anchor => my_pkg.array('DEPTNO', 'JOB'),
 11         p_pivot  => my_pkg.array('ENAME', 'SAL'),
 12         p_cursor => :x);
 13   end;

PL/SQL procedure successfully completed.
```

DEPTNO	JOB	ENAME	SAL_1	ENAME_2	SAL_2	ENAME_3	SAL_3	ENAME_	SAL_4
10	CLERK	MILLER	1300						
10	MANAGER	CLARK	2450						
10	PRESIDENT	KING	5000						
20	ANALYST	FORD	3000	SCOTT	3000				
20	CLERK	SMITH	800	ADAMS	1100				
20	MANAGER	JONES	2975						
30	CLERK	JAMES	99						
30	MANAGER	BLAKE	99						
30	SALESMAN	ALLEN	99	MARTIN	99	TURNER	99	WARD	99

9 rows selected.

Como você pode ver, aquilo reescreveu dinamicamente nossa consulta usando o gabarito generalizado que desenvolvemos. A implementação do corpo do pacote é direta:

```
scott@TKYTE816> create or replace package body my_pkg
  2   as
  3
  4      procedure pivot( p_max_cols          in number       default null,
  5                       p_max_cols_query    in varchar2     default null,
  6                       p_query             in varchar2,
  7                       p_anchor            in array,
  8                       p_pivot             in array,
  9                       p_cursor in out refcursor)
 10      as
```

```
11                          l_max_cols number;
12                          l_query    long;
13                          l_cnames   array;
14      begin
15              - - figure out the number of columns we must support
16              - - we either KNOW this or we have a query that can tell us
17              if (p_max_cols is not null)
18              then
19                      l_max_cols := p_max_cols;
20              elsif (p_max_cols_query is not null)
21              then
22                      execute immediate p_max_cols_query into l_max_cols;
23              else
24                      raise_application_error(-20001, 'Cannot figure out max cols');
25              end if;
26
27
28              - - Now, construct the query that can answer the question for us. . .
29              - - start with the C1, C2, . . . CX columns:
30
31              l_query := 'select ';
32              for i in 1 . . p_anchor.count
33
34              loop
35                      l_query := l_query || p_anchor(i) || ',';
36              end loop;
37
38              - - Now add in the C{x+1}. . . CN columns to be pivoted:
39              - - the format is "max(decode(rn,1,C{x+'},null)) cx+1_1"
40
41              for i in 1 . . l_max_cols
42              loop
43                      for j in 1 . . p_pivot.count
44                              loop
45                                      l_query := l_query ||
46                                              'max(decode(rn,' || i || ',' ||
47                                              p_pivot(j) || ',null)) ' ||
48                                              p_pivot(j) || '_' || i || ',';
49                              end loop;
50              end loop;
51
52              - - Now just add in the original query
53
54              l_query := rtrim(l_query, ',') || ' from (' || p_query || ') group by ';
55
56              - - and then the group by columns. . .
57
58              for i in    1 . . p_anchor.count
59              loop
60                      l_query := l_query || p_anchor(i) || ',';
61              end loop;
62              l_query := rtrim(l_query, ',');
63
64              - - and return it
65
66              execute immediate 'alter session set cursor_sharing=force';
67              open p_cursor for l_query;
68              execute immediate 'alter session set cursor_sharing=exact';
69              end;
70
71      end;
72       /
```

Package body created.

Ele só faz uma pequena manipulação de string para reescrever a consulta e abrir dinamicamente um REF CURSOR. Na eventualidade da consulta ter um predicado com constante e outros nele, ajustamos o cursor compartilhado e depois voltamos a analisar essa consulta, para facilitar a ligação de variáveis (veja mais informações sobre isso na seção sobre sintonização). Agora, temos uma consulta completamente analisada, pronta para ser buscada.

Como acessar fileiras em sua corrente atual

Com freqüência as pessoas querem acessar dados não apenas da fileira atual, mas desta e daquelas 'na frente' e 'atrás' dela. Por exemplo, digamos que você precisou de um relatório que mostra todos os empregados por departamento; a data de admissão deles; quantos dias antes da última admissão; quantos dias depois foi a seguinte. Usando SQL direta essa consulta seria um pesadelo para escrever. Poderia ser feita, mas seria bastante difícil. Não apenas isso, mas seu desempenho seria, de novo, definitivamente questionável. A abordagem que usei no passado foi 'selecionar uma seleção' ou escrever uma função PL/SQL que tomasse alguns dados da fileira atual e 'encontrasse' os dados das fileiras anteriores e seguintes. Isso funcionava, mas introduzia muito código extra, tanto no desenvolvimento da consulta (eu tinha que escrever mais código) quanto no tempo de execução da consulta.

Usando funções analíticas isso é fácil e eficiente de fazer. Ela se pareceria com isto:

```
scott@TKYTE816> select deptno, ename, hiredate,
  2        lag( hiredate, 1, null ) over ( partition by deptno
  3                              order by hiredate, ename ) last_hire,
  4        hiredate - lag( hiredate, 1, null )
  5                   over ( partition by deptno
  6                          order by hiredate, ename ) days_last,
  7        lead( hiredate, 1, null )
  8        over ( partition by deptno
  9                order by hiredate, ename ) next_hire,
 10        lead( hiredate, 1, null )
 11        over ( partition by deptno
 12                order by hiredate, ename ) - hiredate days_next
 13   from emp
 14   order by deptno, hiredate
 15   /
```

DEPTNO	ENAME	HIREDATE	LAST_HIRE	DAYS_LAST	NEXT_HIRE	DAYS_NEXT
10	CLARK	09-JUN-81			17-NOV-81	161
	KING	17-NOV-81	09-JUN-81	161	23-JAN-82	67
	MILLER	23-JAN-82	17-NOV-81	67		
20	SMITH	17-DEC-80			02-APR-81	106
	JONES	02-APR-81	17-DEC-80	106	03-DEC-81	245
	FORD	03-DEC-81	02-APR-81	245	09-DEC-82	371
	SCOTT	09-DEC-82	03-DEC-82	371	12-JAN-83	34
	ADAMS	12-JAN-83	09-DEC-82	34		
30	ALLEN	20-FEB-81			22-FEB-81	2
	WARD	22-FEB-81	20-FEB-81	2	01-MAY-81	68
	BLAKE	01-MAY-81	22-FEB-81	68	08-SEP-81	130
	TURNER	08-SEP-81	01-MAY-81	130	28-SEP-81	20
	MARTIN	28-SEP-81	08-SEP-81	20	03-DEC-81	66
	JAMES	03-DEC-81	28-SEP-81	66		

14 rows selected.

As rotinas LEAD e LAG poderiam ser consideradas maneiras de 'indexar em seu grupo particionado'. Usando essas funções, você pode acessar qualquer fileira individual. Observe por exemplo, na impressão acima, que ela mostra que o registro de KING inclui os dados (fonte em negrito) da fileira anterior (LAST_HIRE) e da próxima fileira (NEXT_HIRE). Podemos acessar facilmente e de maneira ordenada os campos nos registros anteriores ou seguintes do registro atual.

Antes de vermos com mais detalhes LAG e LEAD, eu gostaria de comparar isso com a maneira com que você faria sem as funções analíticas. De novo, criarei uma tabela adequadamente indexada, tentando responder à pergunta o mais rapidamente possível:

```
scott@TKYTE816> create table t
  2  as
  3  select object_name ename,
  4         created hiredate,
  5             mod(object_id,50) deptno
  6  from all_objects
  7  /

Table created.

scott@TKYTE816> alter table t modify deptno not null;

Table altered.

scott@TKYTE816> create index t_idx on t(deptno,hiredate,ename)
  2  /

Index created.

scott@TKYTE816> analyze table t
  2  compute statistics
  3  for table
  4  for all indexes
  5  for all indexed columns
  6  /

Table analyzed.
```

Até acrescentei ENAME ao índice, para permitir acessar *apenas* o índice, a fim de responder à pergunta e evitar que a tabela fosse acessada por ROWID. A consulta com a função analítica executou assim:

```
scott@TKYTE816> select deptno, ename, hiredate,
  2    lag(hiredate, 1, null) over (partition by deptno
  3                      order by hiredate, ename) last_hire,
  4    hiredate - lag(hiredate, 1, null)
  5    over (partition by deptno
  6             order by hiredate, ename) days_last,
  7    lead(hiredate, 1, null)
  8    over (partition by deptno
  9             order by hiredate, ename) next_hire,
 10    lead(hiredate, 1, null)
 11    over (partition by deptno
 12             order by hiredate, ename) - hiredate days_next
 13  from emp
 14  order by deptno, hiredate
 15  /
```

call	count	cpu	elapsed	disk	query	current	rows
Parse	1	0,01	0,01	0	0	0	0
Execute	2	0,00	0,00	0	0	0	0
Fetch	1313	0,72	1,57	142	133	2	19675
total	1316	0,73	1,58	142	133	2	19675

Misses in library cache during parse: 0
Optimizer goal: FIRST_ROWS
Parsing user id: 54

```
Rows       Row Source Operation
----       -------------------
19675      WINDOW BUFFER
19675          INDEX FULL SCAN (object id 27899)
```

Em comparação com a consulta equivalente sem as funções analíticas:

```
scott@TKYTE816> select deptno, ename, hiredate,
  2     hiredate-(select max(hiredate)
  3                 from t e2
  4                 where e2.deptno = e1.deptno
  5                 and e2.hiredate < e1.hiredate ) last_hire,
  6     hiredate-(select max(hiredate)
  7                 from t e2
  8                 where e2.deptno = e1.deptno
  9                 and e2.hiredate < e1.hiredate ) days_last,
 10                (select min(hiredate)
 11                 from t e3
 12                 where e3.deptno = e1.deptno
 13                 and e3.hiredate > e1.hiredate) next_hire,
 14                (select min(hiredate)
 15                 from t e3
 16                 where e3.deptno = e1.deptno
 17                 and e3.hiredate > e1.hiredate) - hiredate days_next
 18       from t e1
 19   order by deptno, hiredate
 20  /

call      count       cpu    elapsed      disk      query    current       rows
-----     -----      ----    -------     -----     ------    -------      -----
Parse         1      0,01       0,01         0          0          0          0
Execute       1      0,00       0,00         0          0          0          0
Fetch      1313      2,48       2,69         0     141851          0      19675
-----     -----      ----    -------     -----     ------    -------      -----
total      1315      2,49       2,70         0     141851          0      19675

Misses in library cache during parse: 0
Optimizer goal: FIRST_ROWS
Parsing user id: 54

Rows       Row Source Operation
----       -------------------
19675      INDEX FULL SCAN (object id 27899)
```

Há uma diferença significativa entre o desempenho de ambas as consultas; 135 I/Os lógicas contra mais de 141000, 0.73 segundo de CPU contra 2.49. A função analítica é, novamente, claramente vitoriosa nesse caso. Você também deve considerar a complexidade das consultas. Na minha opinião, quando usamos LAG e LEAD não foi fácil codificar, mas também ficou óbvio que a consulta estava recuperando. O 'selecionar de uma seleção' é um bom truque, mas o código é mais difícil de escrever e, com uma rápida leitura da consulta, não é tão óbvio que você esteja recuperando. A segunda consulta faz 'pensar' mais em inverter a engenharia.

Agora, para alguns detalhes sobre as funções LAG e LEAD. Essas funções tomam três argumentos:

```
lag( Arg1, Arg2, Arg3)
```

- **Arg1** é a expressão a ser retornada da outra fileira
- **Arg2** é o offset na partição, a partir da fileira atual que você deseja recuperar. Esse é um offset de inteiro positivo da fileira atual. No caso de LAG ele é o índice de volta nas fileiras anteriores. No caso de LEAD é o índice para frente, nas fileiras a seguir. O valor padrão desse argumento é 1.

❑ **Arg3** é o que retorna, por padrão, quando o índice fornecido por Arg2 sai da janela. Por exemplo, a primeira fileira em cada partição não tem uma fileira anterior, portanto LAG(...,1) para aquela fileira não será definida. Você pode capacitá-la para retornar NULL, por padrão, ou fornecer um valor. Deve-se notar que não são usadas janelas com LAG e LEAD — só é possível usar PARTITION BY e ORDER BY, mas não ROWS ou RANGE.

Assim, em nosso exemplo:

```
4    hiredate - lag( hiredate, 1, null )
5                over ( partition by deptno
6                       order by hiredate, ename ) days_last,
```

Usamos LAG para encontrar o registro 'na frente' do registro atual, passando 1 como segundo parâmetro (se não houvesse registro anterior, NULL seria retornado por padrão). Particionamos os dados por DEPTNO para que cada departamento fosse feito independentemente dos outros. Organizamos o grupo por HIREDATE para que LAG(HIREDATE, 1, NULL) retornasse a maior HIREDATE que fosse menor que o registro atual.

Advertências

Com as funções analíticas, descobri muito poucas advertências. Elas respondem a uma faixa de perguntas completamente novas de maneira mais eficaz do que era possível antes de sua introdução. Uma vez que você tenha administrado sua sintaxe, as possibilidades são ilimitadas. Eu diria que é muito raro você conseguir alguma coisa de graça, mas com as funções analíticas esse parece ser o caso. No entanto, há quatro coisas a ficar atento.

PL/SQL e as funções analíticas

Na área de erros, em PL/SQL e funções analíticas você pode encontrar um. Se eu pegar uma simples consulta e colocá-la em um bloco PL/SQL, como:

```
scott@TKYTE816> variable x refcursor

scott@TKYTE816> set autoprint on

scott@TKYTE816> begin
  2    open :x for
  3    select mgr, ename,
  4           row_number( ) over (partition by mgr
  5                               order by ename)
  6           rn from emp;
  7    end;
  8    /
           row_number( ) over (partition by mgr
                  *
ERROR at line 5:
ORA-06550: line 5, column 31:
PLS-00103: Encountered the symbol "(" when expecting one of the following:
, from into bulk
```

PL/SQL o rejeitará. O analisador SQL usado por PL/SQL ainda não entende essa sintaxe. No entanto, sempre que aquilo acontece (há outras construções que também confundirão PL/SQL) uso um cursor de referência dinamicamente aberto. Uma implementação do acima se pareceria com isto:

```
scott@TKYTE816> variable x refcursor

scott@TKYTE816> set autoprint on

scott@TKYTE816> begin
  2    open :x for
  3    'select mgr, ename,
```

```
  4              row_number( ) over (partition by mgr
  5                            order by ename)
  6    rn from emp';
  7  end;
  8  /

PL/SQL procedure successfully completed.

       MGR        ENAME           RN
      ----       ------         ----
      7566         FORD            1
      7566        SCOTT            2
      7698        ALLEN            1
      7698        JAMES            2
      7698       MARTIN            3
      7698       TURNER            4
      7698         WARD            5
      7782       MILLER            1
      7788        ADAMS            1
      7839        BLAKE            1
      7839        CLARK            2
      7839        JONES            3
      7902        SMITH            1
                   KING            1

14 rows selected.
```

O que temos que fazer aqui é 'enganar' o analisador PL/SQL, não permitindo que ele veja a construção que não entende — nesse caso, a função ROW_NUMBER( ). Os cursores de referência dinamicamente abertos são a forma de conseguir isso. Eles comportam-se como cursores *normais* quando abertos, buscamos a partir deles, os fechamos e assim por diante, mas a máquina PL/SQL não tenta analisar as declarações nem no tempo de compilação, nem no de execução — assim a sintaxe é bem sucedida.

Uma outra solução é criar uma VIEW permanente, usando a consulta com as funções analíticas e acessando avista no bloco PL/SQL. Por exemplo:

```
scott@TKYTE816> create or replace view
  2  emp_view
  3  as
  4  select mgr, ename,
  5         row_number( ) over (partition by mgr
  6                              order by ename) rn
  7     from emp
  8  /

View created.

scott@TKYTE816> begin
  2    open :x for
  3    'select mgr, ename,
  4            row_number( ) over (partition by mgr
  5                              order by ename)
  6    rn from emp';
  7  end;
  8  /

PL/SQL procedure successfully completed.

       MGR        ENAME           RN
      ----       ------         ----
      7566         FORD            1
      7566        SCOTT            2
```

Funções analíticas na cláusula Where

Deve ser observado que as funções analíticas são o último conjunto de operações feito em uma consulta, exceto pela cláusula final ORDER BY. O que isso significa é que não podemos usar uma função analítica diretamente em um predicado — você não pode usar as cláusula where ou having nelas. Em vez disso, teremos que usar uma vista em linha se precisarmos selecionar a partir de um conjunto de resultados com base na saída de uma função analítica. As funções analíticas só podem aparecer na lista de seleção ou na cláusula ORDER BY de uma consulta.

Neste capítulo, vimos muitos casos em que usamos a capacidade de vista em linha — a seção *Consulta TOP-N* tem algumas. Por exemplo, para encontrar o grupo de empregados por departamento, que recebem os três salários mais altos, codificamos:

```
scott@TKYTE816> select *
  2  from (select deptno, ename, sal
  3           dense_rank( ) over (partition by deptno
  4                               order by sal desc) dr
  5          from emp)
  6  where dr <= 3
  7  order by deptno, sal desc
  8  /
```

Como DENSE_RANK não pode ser usado diretamente na cláusula where, precisamos puxá-lo para uma vista em linha e dar-lhe um nome alternativo (DR, acima) para podermos mais tarde usar DR no predicado a fim de conseguir as fileiras que queremos. Descobriremos que essa é uma operação comum com funções analíticas.

Nulos e classificação

Os NULLS podem afetar a saída das funções analíticas — especialmente quando você usa a classificação descendente. Por padrão, NULLS são maiores do que qualquer outro valor. Considere este exemplo:

```
scott@TKYTE816> select ename, comm from emp order by comm desc;

ENAME                 COMM
----------       --------
SMITH
JONES
CLARK
BLAKE
SCOTT
KING
JAMES
MILLER
FORD
ADAMS
MARTIN               1400
WARD                  500
ALLEN                 300
TURNER                  0

14 rows selected.
```

Se tivéssemos aplicado nossa lógica TOP-N, poderíamos obter:

```
scott@TKYTE816> select ename, comm, dr
  2  from (select ename, comm.,
  3           dense_rank( ) over (order by comm. Desc)
  4          dr from emp)
  5  where dr <= 3
  6  order by comm
  8  /
```

```
ENAME            COMM        DR
-----          ------      ----
SMITH                         1
JONES                         1
CLARK                         1
BLAKE                         1
SCOTT                         1
KING                          1
JAMES                         1
MILLER                        1
FORD                          1
ADAMS                         1
MARTIN           1400         2
WARD              500         3

12 rows selected.
```

Embora isso possa ser tecnicamente 'certo', provavelmente não é o que você queria. Ou você não quer que NULLS sejam considerados, de modo algum, ou quer que os NULLS sejam interpretados como 'pequenos', nesse caso. Assim podemos pensar em remover NULLS, usando where comm is not null (comando where não é nulo):

```
scott@TKYTE816> select ename, comm, dr
  2  from (select ename, comm.,
  3          dense_rank( ) over (order by comm desc)
  4          dr from emp
  5          where comm. is not null)
  6  where dr <= 3
  7  order by comm desc
  8  /

ENAME            COMM        DR
-----          ------      ---
MARTIN           1400         1
WARD              500         2
ALLEN             300         3
```

ou podemos usar a extensão NULLS LAST para a cláusula ORDER BY:

```
scott@TKYTE816> select ename, comm, dr
  2  from (select ename, comm.,
  3          dense_rank( ) over (order by comm. desc nulls last)
  4          dr from emp
  5          where comm is not null)
  6  where dr <= 3
  7  order by comm. desc
  8  /

ENAME            COMM        DR
-----          ------      ---
MARTIN           1400         1
WARD              500         2
ALLEN             300         3
```

Deve-se notar que NULLS LAST funciona também em uma ORDER BY normal; seu uso não é limitado às funções analíticas.

Desempenho

Até agora, tudo o que vimos sobre funções analíticas parece como se elas fossem balas de prata para a sintonização de desempenho — se você usá-las, tudo irá rápido. Essa não é uma representação de qualquer tecnologia ou recurso com os quais eu jamais tenha cruzado em qualquer lugar. Tudo pode causar um efeito abusivo e negativo no desempenho. Nesse aspecto, as funções analíticas não são diferentes.

O que irá variar com essas funções é a extrema facilidade com que elas permitem que você classifique e analise um conjunto de dados, como aquela SQL nunca faria. Cada chamada a função analítica em uma lista de seleção pode ter partições diferentes, janelas diferentes e ordens de classificação diferentes. Se elas não forem compatíveis umas com as outras (não subconjuntos uns com os outros), você pode acabar fazendo uma maciça quantidade de classificação e análise. Por exemplo, anteriormente executamos esta consulta:

```
ops$tkyte@DEC816> select ename, deptno,
  2                      sum(sal) over ( order by ename, deptno) sum_ename_deptno,
  3                      sum(sal) over ( order by deptno, ename ) sum_deptno_ename
  4            from emp
  5          order by ename, deptno
  6  /
```

Nesta consulta existem cláusulas ORDER BY, assim estão potencialmente envolvidas três classificações. Duas das classificações podem ser feitas juntas, pois classificam as mesmas colunas, mas a outra classificação terá que ser feita independentemente. Não é uma coisa *ruim*, não é um motivo de alarme, não deve fazer você rejeitar o uso desse recurso. É apenas algo a levar em consideração. Você pode, simplesmente, escrever a consulta que irá usar todos os recursos disponíveis na máquina usando esse recurso, como pode escrever consultas que, elegante e eficientemente, respondam às suas perguntas.

Resumo

Neste capítulo, exploramos cuidadosamente a sintaxe e a implementação de funções analíticas. Vimos de que forma muitas operações comuns como executar totais, manobrar conjuntos de resultados, acessar fileiras 'próximas' na fileira atual e outras são agora facilmente conseguidas. As funções analíticas abrem um potencial totalmente novo para consultas.

13
Vistas materializadas

As vistas materializadas são ferramentas do sistema de suporte de armazenagem/decisão de dados que podem aumentar muito a velocidade de consultas que acessem um grande número (talvez muitas centenas de milhares ou de milhões) de registros. Em termos básicos, elas permitem que um usuário consulte potencialmente terabytes de dados detalhados em segundos (ou menos). Elas conseguem isso usando transparentemente resumos pré-computados e uniões de dados. Esses resumos pré-computados, tipicamente, seriam muito pequenos, comparados à fonte de dados original.

Digamos, por exemplo, que sua empresa tem um banco de dados de vendas carregado com os detalhes de um milhão de pedidos e você deseja obter o resumo de vendas por região (uma consulta bem comum). Todo e qualquer registro seria lido, os dados agregados por região e o cálculo feito. Usando uma vista materializada, podemos armazenar um resumo dos dados de vendas por região e fazer com que o sistema mantenha esses resumos. Se você tiver dez regiões de vendas, esse resumo terá dez registros, assim em vez de analisar os detalhes de um milhão de registros, consultaremos apenas dez. Além do mais, se alguém fizer uma pergunta ligeiramente diferente, digamos, sobre as vendas em uma região específica, aquela consulta também poderá obter a resposta a partir da vista materializada.

Neste capítulo, você descobrirá o que são as vistas materializadas, o que elas podem fazer e, mais importante, como trabalham — muito da 'mágica' está por trás das cenas. Tendo passado pelo trabalho de criação, você descobrirá como ter certeza que sua vista materializada é usada por *todas* as consultas às quais ela é capaz de oferecer resposta (às vezes, *você* sabe que o Oracle poderia usar a vista materializada, mas ele não é capaz de fazê-lo, simplesmente porque faltam a ele informações importantes). Especificamente, iremos:

- ❏ Executar através de um exemplo, o que irá demonstrar a força essencial de vistas materializadas e ajudá-lo a decidir rapidamente se esse é um recurso que você pode querer usar.
- ❏ Discutir os diversos parâmetros e privilégios que precisam ser ajustados para usar esse recurso.
- ❏ Investigar, com exemplos, o uso de restrições e dimensões para permitir ao banco de dados saber quando usar uma vista materializada para responder a uma consulta da maneira mais eficaz.
- ❏ Ver como usar o pacote DBMS_OLAP para analisar suas vistas.
- ❏ Encerrar o capítulo com duas advertências que você deve estar ciente ao usar vistas materializadas.

Uma história rápida

Gerenciamento de resumo de tabela, um outro termo para a vista materializada, na verdade tem estado por algum tempo em ferramentas como **Oracle Discoverer** (uma consulta e ferramenta de relatório específica). Usando Discoverer, um administrador inicializaria diversas tabelas de resumo no banco de dados, e a ferramenta analisaria as consultas antes de enviá-las ao Oracle. Se fosse determinada a existência de alguma tabela de resumo e que ela poderia responder mais prontamente a consulta, ele reescreveria a consulta para acessar as tabelas de resumo, em vez da tabela subjacente que estava originalmente especificada na consulta, e a submeteria ao Oracle para processamento. Isso era ótimo, desde que você tivesse usado aquela ferramenta para processar suas consultas. Se executasse uma consulta em SQL*PLUS ou de seu cliente Java JDBC, a reescrita de consulta não aconteceria (não poderia). Além do mais, a sincronização entre os detalhes (fonte de dados original) e os resumos poderia não ser feita ou validada automaticamente, visto que a ferramenta era executada fora do banco de dados.

Além do mais, desde a versão 7.0, o próprio banco de dados Oracle implementou um recurso com muitas das características das tabelas de resumo — o **Snapshot**. Inicialmente, esse recurso foi destinado a suportar a reprodução, mas eu próprio o usaria para 'pré-responder' grandes consultas. Assim, tinha um snapshot que não havia usado um link de banco de dados para reproduzir dados de um banco para outro, mas em vez disso, apenas resumia ou pré-unia dados freqüentemente acessados. Isso era bom, mas sem qualquer capacidade de reescrita de consulta, ainda era problemático. Antes de qualquer coisa, o aplicativo tinha que saber como usar as tabelas de resumo, o que tornava o aplicativo mais difícil de codificar e manter. Se eu acrescentasse um novo resumo, teria que encontrar o código que poderia usá-lo e reescrever tal código.

Em Oracle 8.1.5 (edições Enterprise e Personal), o Oracle tomou as capacidades de reescrever consultas de ferramentas como Discoverer, os mecanismos de revisão e programação automatizados de snapshots (que tornam as tabelas de resumo 'auto-administradas') e combinou-as com a habilidade do otimizador de encontrar o melhor plano, dentre muitas alternativas. Isso produziu a vista materializada.

Com toda essa funcionalidade centralizada no banco de dados, agora *cada* aplicativo pode usufruir o benefício da **facilidade automatizada de reescrever consulta**, independente do acesso ao banco de dados ser por meio de SQL*PLUS, Oracle Forms, JDBC, ODBC, Pro*C, OCI ou alguma ferramenta terceirizada. Todo banco de dados do empreendimento de Oracle 8i pode ter gerenciamento de resumo de tabela. Também, visto que tudo ocorre dentro do banco de dados, os detalhes podem facilmente ser sincronizados com os resumos, ou pelo menos o banco de dados sabe quando *eles não estão* sincronizados e podem ultrapassar resumos 'envelhecidos' (nesse caso, você controla o comportamento deles). Colocando a funcionalidade bem diante dos dados, tudo que puder acessar o Oracle pode ter vantagem com essa funcionalidade.

> *A mesma filosofia sustenta recursos como Fine Grained Access Control (veja a seção sobre Aberturas no Capítulo 1 e também o Capítulo 21, dedicado a FGAC). Quanto mais próximos os dados estiverem dessas funções, maior a audiência que poderá usufruir deles. Se você colocar a segurança fora do banco de dados, talvez em um aplicativo, só as pessoas que usarem esse aplicativo poderão utilizá-la (assim, o único acesso aos dados é através do aplicativo).*

O que é preciso para executar os exemplos

Para executar os exemplos deste capítulo, você precisará acessar uma edição Personal ou Enterprise de Oracle 8.1.5 ou superior. Essa funcionalidade não é oferecida no lançamento Standard. Será necessária uma conta de usuário com pelo menos os privilégios:

- GRANT CREATE SESSION
- GRANT CREATE TABLE
- GRANT CREATE MATERIALIZED VIEW
- GRANT QUERY REWRITE

Os três primeiros privilégios podem ser concedidos a uma função à qual você tenha tido concessão. O privilégio QUERY REWRITE precisa ser concedido diretamente a você.

Além disso, você precisará de acesso a um espaço de tabela com cerca de 30-50 MB de espaço livre.

Finalmente, é preciso usar o Otimizador Baseado em Custo (**CBO**) para usar a reescrita de consulta. Se você não usar o CBO, não haverá reescrita de consulta. Nesses exemplos, o objetivo do nosso otimizador será deixado no padrão CHOOSE; apenas analisar as tabelas irá garantir que podemos conseguir a vantagem da reescrita de consulta.

Um exemplo

Um rápido exemplo irá demonstrar o que permite uma vista materializada. O conceito demonstrado abaixo é o de reduzir o tempo de execução de uma consulta de longa execução, resumindo os dados no banco de dados. Uma consulta numa grande tabela será transparentemente reescrita em uma consulta numa tabela muito pequena, sem qualquer perda de precisão na resposta. Começaremos com uma tabela grande que contém uma lista de proprietários de objetos, e os objetos que eles possuem. Essa tabela é baseada na vista de dicionário de dados ALL_OBJECTS:

```
tkyte@TKYTE816> create table my_all_objects
  2  nologging
  3  as
  4  select * from all_objects
  5  union all
  6  select * from all_objects
  7  union all
  8  select * from all_objects
  9  /

Table created.

tkyte@TKYTE816> insert /*+ APEND */ into my_all_objects
  2  select * from my_all_objects;

65742 rows created.

tkyte@TKYTE816> commit;

Commit complete.

tkyte@TKYTE816> insert /*+ APEND */ into my_all_objects
  2  select * from my_all_objects;

131484 rows created.

tkyte@TKYTE816> commit;

Commit complete.

tkyte@TKYTE816> analyze table my_all_objects compute statistics;

Table analyzed.
```

No meu sistema, tenho a opção Java instalada, assim a tabela MY_ALL_OBJECTS tem cerca de 250000 fileiras, depois do acima. Você pode precisar ajustar o número de vezes que UNION ALL e INSERT, para conseguir o mesmo efeito. Agora executaremos uma consulta nessa tabela que mostra o número de objetos possuídos por cada usuário. Inicialmente, isso exigirá uma leitura completa da tabela grande que temos acima:

```
tkyte@TKYTE816> set autotrace on
tkyte@TKYTE816> set timing on
tkyte@TKYTE816> select owner, count(*) from my_all_objects group by owner;

OWNER                            COUNT(*)
------------------------------   --------
A                                      36
B                                      24
CTXSYS                               2220
DBSNMP                                 48
DEMO                                   60
DEMO11                                 36
DEMO_DDL                              108
MDSYS                                2112
```

```
MV_USER                                                   60
ORDPLUGINS                                               312
ORDSYS                                                  2472
OUR_TYPES                                                 12
OUTLN                                                     60
PERFSTAT                                                 636
PUBLIC                                                117972
SCHEDULER                                                 36
SCOTT                                                     84
SEAPARK                                                   36
SYS                                                   135648
SYSTEM                                                   624
TESTING                                                  276
TKYTE                                                     12
TTS_USER                                                  48
TYPES                                                     36

24 rows selected.

Elapsed: 00:00:03.35

tkyte@TKYTE816> set timing off
tkyte@TKYTE816> set autotrace traceonly
tkyte@TKYTE816> select owner, count(*) from my_all_objects group by owner;

24 rows selected.

Execution Plan
----------------------------------------------------------
0           SELECT STATEMENT Optimizer=CHOOSE (Cost=2525 Card=24 Bytes=120)
1      0        SORT (GROUP BY) (Cost=2525 Card=24 Bytes=120)
2      1             TABLE ACCESS (FULL) OF 'MY_ALL_OBJECTS' (Cost=547 Card=262968

Statistics
----------------------------------------------------------
          0  recursive calls
         27  db block gets
       3608  consistent gets
       3516  physical reads
          0  redo size
       1483  bytes sent via SQL*Net to client
        535  bytes received via SQL*Net from client
          3  SQL*Net roundtrips to/from client
          1  sorts (memory)
          0  sorts (disk)
         24  rows processed
```

Para conseguir a contagem agregada, precisamos contra 250000 registros ou mais em 3600 blocos. Infelizmente, em nosso sistema fazemos essa pergunta com freqüência, dúzias de vezes a cada dia. Estamos lendo quase 30MB de dados. Poderíamos evitar a contagem de detalhes o tempo todo, criando uma vista materializada dos dados. O seguinte demonstra as etapas básicas necessárias para fazer essa operação. Discutiremos as declarações GRANT e ALTER em mais detalhes na seção *Como funcionam as vistas materializadas*. Além das concessões abaixo, você deve precisar do privilégio **CREATE MATERIALIZED VIEW**, dependendo de quais funções lhe tiverem sido concedidas e quais estiverem capacitadas:

```
tkyte@TKYTE816> grant query rewrite to tkyte;

Grant succeeded.

tkyte@TKYTE816> alter session set query_rewrite_enabled=true;

Session altered.
```

```
tkyte@TKYTE816> alter session set query_rewrite_integrity=enforced;

Session altered.

tkyte@TKYTe816> create materialized view my_all_objects_aggs
  2    build immediate
  3    refresh on commit
  4    enable query rewrite
  5    as
  6    select owner, count(*)
  7      from my_all_objects
  8     group by owner
  9  /

Materialized view created.

tkyte@TKYTE816> analyze table my_all_objects_aggs compute statistics;
Table analyzed.
```

Basicamente, o que fizemos foi calcular previamente a contagem de objeto e definir essas informações de resumo como uma vista materializada. Pedimos para aquela vista ser imediatamente montada e preenchida com dados. Você notará que também especificamos REFRESH ON COMMIT e ENABLE QUERY REWRITE, mas veremos um pouco mais disso em breve. Observe ainda que podemos ter criado uma vista materializada, mas quando ANALYZE, analisamos uma tabela. Uma vista materializada cria uma tabela real, e essa tabela pode ser indexada, analisada etc.

Vejamos primeiro a vista em ação, reemitindo a mesma consulta (a consulta que usamos para definir a própria vista):

```
tkyte@TKYTE816> set timing on
tkyte@TKYTE816> select owner, count(*)
  2    from my_all_objects
  3    group by owner;

OWNER                                 COUNT(*)
------------------------------      ----------
A                                           36
B                                           24
...
TYPES                                       36

24 rows selected.

Elapsed: 00:00:00.10

tkyte@TKYTE816> set timing off

tkyte@TKYTE816> set autotrace traceonly
tkyte@TKYTE816> select owner, count(*)
  2    from my_all_objects
  3    group by owner;

24 rows selected.

Execution  Plan
----------------------------------------------
0            SELECT STATEMENT Optimizer=CHOOSE (Cost=1 Card=24 Bytes=216)
1     0        TABLE ACCESS (FULL) OF 'MY_ALL_OBJECTS_AGGS' (Cost=1 Card=Valve)

Statistics
----------------------------------------------
          0   recursive calls
         12   db block gets
          7   consistent gets
          0   physical reads
```

```
        0  redo size
     1483  bytes sent via SQL*Net to client
      535  bytes received via SQL*Net from client
        3  SQL*Net roundtrips to/from client
        0  sorts (memory)
        0  sorts (disk)
       24  rows processed

tkyte@TKYTE816> set autotrace off
```

De mais de 3.600 obtenções consistentes (I/Os lógicas) para apenas 12. Dessa vez, nenhuma I/O estava por perto quando os dados foram encontrados no cache. Nosso cache de buffer será muito mais eficiente agora que tem menos para armazenar. Eu não podia sequer começar a armazenar o conjunto de trabalho da consulta anterior, mas agora posso. Observe como nosso plano de consulta mostra que estamos fazendo uma leitura completa da tabela MY_ALL_OBJECTS_AGGS, ainda que tenhamos consultado o detalhe da tabela MY_ALL_OBJECTS. Quando a consulta SELECT OWNER, COUNT(*)... é emitida, o banco de dados automaticamente a direciona para nossa vista materializada.

Vamos dar um passo à frente, acrescentando uma nova fileira à tabela MY_ALL_OBJECTS, e comprometer a mudança:

```
tkyte@TKYTE816> insert into my_all_objects
  2     ( owner, object_name, object_type, object_id )
  3     values
  4     ( 'New Owner', 'New Name', 'New Type', 1111111 );

1 row created.

tkyte@TKYTE816> commit;

Commit complete.
```

Agora, efetivamente reemitimos a mesma consulta, mas dessa vez, apenas buscamos nossa fileira recém inserida:

```
tkyte@TKYTE816> set timing on
tkyte@TKYTE816> select owner, count(*)
  2     from my_all_objects
  3     where owner = 'New Owner'
  4     group by owner;

OWNER                              COUNT(*)
-----------------                  --------
New Owner                                 1

Elapsed: 00:00:00.01
tkyte@TKYTE816> set timing off

tkyte@TKYTE816> set autotrace traceonly
tkyte@TKYTE816> select owner, count(*)
  2     from my_all_objects
  3     where owner = 'New Owner'
  4     group by owner;

Execution Plan
----------------------------------------------------------
   0      SELECT STATEMENT Optimizer=CHOOSE (Cost=1 Card=1 Bytes=9)
   1    0   TABLE ACCESS (FULL) OF 'MY_ALL_OBJECTS_AGGS' (Cost=1 Card=Valve)

Statistics
----------------------------------------------------------
        0  recursive calls
       12  db block gets
        6  consistent gets
        0  physical reads
```

```
        0  redo size
      430  bytes sent via SQL*Net to client
      424  bytes received via SQL*Net from client
        2  SQL*Net roundtrips to/from client
        0  sorts (memory)
        0  sorts (disk)
        1  rows processed

tkyte@TKYTE816> set autotrace off
```

A análise mostra que digitalizamos a vista materializada e encontramos a nova fileira. Especificando REFRESH ON COMMIT em nossa definição original da vista, solicitamos que Oracle mantenha a sincronização entre a vista e os detalhes — quando atualizamos os detalhes, o resumo também será mantido. Ele não pode manter a sincronização em cada caso de uma vista materializada arbitrária, mas no caso de uma única tabela de resumo (como temos) ou uniões sem agregado, ele pode.

Agora, uma última consulta:

```
tkyte@TKYTE816> set timing on
tkyte@TKYTE816> select count(*)
  2    from my_all_objects
  3   where owner = 'New Owner';

COUNT(*)
-----
      1

Elapsed: 00:00:00.00

tkyte@TKYTE816> set timing off

tkyte@TKYTE816> set autotrace traceonly
tkyte@TKYTE816> select count(*)
  2    from my_all_objects
  3   where owner = 'New Owner';

Execution Plan
----------------------------------------
   0      SELECT STATEMENT Optimizer=CHOOSE (Cost=1 Card=1 Bytes=9)
   1   0    SORT (AGGREGATE)
   2   1      TABLE ACCESS (FULL) OF 'MY_ALL_OBJECTS_AGGS' (Cost=1 Card=Valve)

Statistics
----------------------------------------
        0  recursive calls
       12  db block gets
        5  consistent gets
        0  physical reads
        0  redo size
      367  bytes sent via SQL*Net to client
      424  bytes received via SQL*Net from client
        2  SQL*Net roundtrips to/from client
        0  sorts (memory)
        0  sorts (disk)
        1  rows processed
tkyte@TKYTE816> set autotrace off
```

Podemos ver que o Oracle é esperto o bastante para usar a vista, mesmo quando a consulta parece ser ligeiramente diferente. Aqui não havia cláusula GROUP BY, ainda que o banco de dados tenha reconhecido que a vista materializada poderia ser usada. É isso que torna 'mágicas' as vistas materializadas. Os usuários finais não precisam estar cientes desses resumos de tabelas. O banco de dados irá descobrir para nós se a resposta já existe e, desde que sejamos capazes de reescrever a consulta (que éramos), automaticamente o faremos. Esse recurso permite que você afete imediatamente aplicativos existentes, sem mudar uma única consulta.

Usos de vistas materializadas

Isso é relativamente direto, e respondido com uma única palavra — *desempenho*. Calculando as respostas antes de perguntas realmente difíceis (e apenas uma vez), reduziremos muito a carga em nossa máquina. Teremos:

- **Menos leituras físicas** — Há menos dados para ler.
- **Menos escritas** — Não iremos classificar/agregar tão freqüentemente.
- **Diminuição de consumo de CPU** — Não iremos calcular agregados e funções nos dados, pois já fizemos isso.
- **Tempos de resposta nitidamente mais rápidos** — Nossas consultas retornarão incrivelmente mais depressa quando usarmos um resumo, em oposição a detalhes. Essa será uma função da quantidade de trabalho que podemos evitar usando a vista materializada, mas muitas ordens de grandeza não estão fora de questão.

As vistas materializadas aumentarão sua necessidade de um recurso — mais disco alocado permanentemente. Precisamos de espaço extra de armazenagem para acomodar as vistas materializadas, claro, mas por um pequeno espaço extra em disco podemos colher muitos benefícios.

As vistas materializadas funcionam melhor em ambiente apenas de leitura, ou de leitura intensa. Elas *não* se destinam ao uso um ambiente de alta finalidade OLTP, pois acrescentarão código extra às modificações feitas em tabelas de base para captar as mudanças. Há aspectos consecutivos com relação ao uso da opção REFRESH ON COMMIT. Considere nosso exemplo de resumo anterior. Quaisquer fileiras que sejam inseridas ou apagadas dessa tabela terão que atualizar uma das 24 fileiras na tabela de resumo para manter a contagem no tempo real. O que isso significa é que você pode ter 24 pessoas, no máximo, comprometendo ao mesmo tempo (supondo que todas elas afetem um proprietário que seja diferente). Isso não impede o uso de vistas materializadas em um ambiente OLTP. Por exemplo, se você usar revisões completas em uma base consecutiva (fora do período de pico) não haverá acréscimo de código extra nas modificações, nem problemas de consecução, o que permitirá que você relate sobre as atividades de ontem, por exemplo, e não consulte os dados OLTP vivos para relatórios.

Como trabalham as vistas materializadas

As vistas materializadas podem, em princípio, parecer difíceis de trabalhar. Haverá casos onde você criará uma vista materializada e *saberá* que a vista contém a resposta a determinada pergunta mas, por algum motivo, o Oracle não. Se você se aprofundar o suficiente, descobrirá porque, voltando sempre ao fato de que o Oracle é apenas uma peça de software e só pode funcionar com as informações de disco fornecidas a ele. Quanto mais meta dados oferecidos, mais peças de informações sobre os dados subjacentes você puder dar ao Oracle, melhor. Essas peças de informações são coisas comuns que você poderia nem mesmo imaginar em um ambiente de armazenagem de dados, tais como restrições NOT NULL, chaves principais, chaves estrangeiras e assim por diante. Os meta dados oferecidos por essas chaves e restrições dão mais informações ao otimizador e, assim, mais oportunidade.

> *As chaves e restrições, como as listadas, não apenas preservam a integridade de dados como acrescentam informações **sobre** os dados, no dicionário de dados, o qual pode ser usado em reescritas de consulta — daí o termo **met adata**. Veja a seção "Restrições" para mais informações.*

Nas próximas seções veremos o que é preciso fazer para inicializar as vistas materializadas, alguns exemplos de sua utilização e como acrescentar mais informações; mais meta dados ao banco de dados farão as vistas materializadas operarem com mais freqüência.

Configuração

Há um parâmetro obrigatório INIT.ORA necessário para as vistas materializadas funcionarem — o parâmetro COMPATIBLE. O valor de COMPATIBLE deve ser ajustado em 8.1.0 ou superior para as reescritas de consulta serem funcionais. Se esse valor não for adequadamente ajustado, a reescrita de consulta não será chamada.

Há dois outros parâmetros relevantes, que podem ser ajustados tanto para sistema (através do arquivo INIT.ORA) como para sessão (através do comando ALTER SESSION). São eles:

- QUERY_REWRITE_ENABLED — A menos que o valor desse parâmetro seja ajustado para TRUE, as reescritas de consulta não acontecerão. O valor padrão é FALSE.
- QUERY_REWRITE_INTEGRITY — Esse parâmetro controla *como* o Oracle reescreve as consultas e pode ser ajustado para um dos três valores:

    ENFORCED — As consultas serão reescritas usando apenas restrições e regras reforçadas e garantidas pelo Oracle. Há mecanismos pelos quais podemos informar ao Oracle sobre outros relacionamentos inferidos, e isso capacitará que mais consultas sejam reescritas, mas como o Oracle não reforça esses relacionamentos, não utiliza esses fatos neste nível.

    TRUSTED — As consultas serão reescritas usando as restrições garantidas por Oracle, bem como quaisquer relacionamentos existentes nos dados sobre os quais falamos ao Oracle, mas não são garantidos pelo banco de dados. Por exemplo, em nosso exemplo inicial, poderíamos ter criado a tabela física MY_ALL_OBJECTS_AGGS manualmente, usando uma CREATE TABLE AS SELECT paralela, não registrando (para apressar a montagem da tabela de resumo). Poderíamos então ter criado a vista materializada, instruindo-a a usar essa tabela pré-montada em vez de criar a própria tabela de resumo. Se quisermos que o Oracle use essa tabela pré-montada durante uma reescrita de consulta subseqüente, precisamos especificar um valor de TRUSTED, já que desejamos que o Oracle 'confie' que fornecemos os dados certos na tabela pré-montada — o Oracle não garante que os dados nessa tabela estejam certos.

    STALE_TOLERATED — As consultas serão reescritas para usar vistas materializadas mesmo que o Oracle saiba que os dados contidos na vista materializada são 'envelhecidos' (fora de sincronia com os detalhes). Pode ser útil em um ambiente onde as tabelas de resumo sejam revisadas em uma base consecutiva, não no comprometimento, e uma resposta ligeiramente fora de sincronia é aceitável.

No exemplo acima, você viu as declarações ALTER SESSION que capacitam essa mágica de reescrita de consulta. Como o exemplo só usou relacionamentos e objetos garantidos por Oracle, a integridade de reescrita da consulta poderia ser ajustada ao nível mais alto — ENFORCED.

Também precisei conceder a mim mesmo os privilégios de QUERY REWRITE. A conta que usei era, por acaso uma conta de DBA, que tem QUERY REWRITE: por que precisei então conceder a mim mesmo, diretamente, o privilégio? A razão é que você não pode criar objetos compilados armazenados, tais como vistas materializadas, procedimentos armazenados e disparadores que confiam em privilégios de uma função (nesse caso, a função de DBA). Veja o Capítulo 23, para uma explicação completa sobre o uso de funções e objetos compilados armazenados. Se você criar uma vista materializada com QUERY REWRITE capacitado, mas você mesmo não tiver o privilégio QUERY REWRITE do sistema, receberá o erro:

```
create materialized view my_all_objects_aggs
                        *
ERROR at line 1:
ORA-01031: insufficient privileges
```

Mecânica interna

Bem, agora que podemos criar uma vista materializada e mostrar como ela funciona, quais são as etapas que o Oracle tomará para reescrever nossas consultas? Em geral, quando QUERY_REWRITE_ENABLED está ajustado para FALSE, o Oracle pegará a sua SQL como estiver, irá analisá-la e otimizá-la. Com a reescrita de consulta capacitada, o Oracle irá inserir uma etapa extra nesse processo. Depois de analisar, tentará reescrever a consulta para acessar alguma vista materializada, em vez da tabela atual a que ele se refere. Se ele puder realizar uma reescrita de consulta, a consulta (ou consultas) reescrita será analisada e depois otimizada, junto com a consulta original. O plano de consulta com o custo mais baixo desse conjunto é escolhido para execução. Se ele não puder reescrever a consulta, a consulta original analisada será otimizada e executada normalmente.

Consulta reescrita

Quando a reescrita de consulta estiver capacitada, o Oracle usará as seguintes etapas para experimentar e reescrever uma consulta, com vista materializada.

Combinação exata de texto completo

Nesse método, o Oracle considera as possíveis combinações exatas de string no conjunto de vistas materializadas disponíveis encontradas no dicionário de dados. No exemplo acima, esse é o método que o Oracle teria usado para a primeira consulta que empregou a vista materializada. O algoritmo usado é 'mais amistoso' (mais flexível) do que uma comparação de combinação compartilhada (que exige uma combinação exata byte-a-byte), pois ele ignora espaço em branco, estilo de caracteres e outras formatações.

Combinação parcial de texto

Começando com a cláusula FROM, o otimizador compara o texto restante da vista materializada definindo a consulta. Isso capacita os desencontros entre itens na lista SELECT. Se os dados que você precisa puderem ser gerados da vista materializada (se a sua lista SELECT puder ser satisfeita), o Oracle reescreverá a consulta utilizando a vista materializada. A consulta SELECT LOWER(OWNER) FROM MY_ALL_OBJECTS GROUP BY OWNER; seria um exemplo de combinação parcial de texto.

Métodos gerais de reescrita de consulta

Capacitam o uso de uma vista materializada, mesmo que ela só contenha parte dos dados, mais dados do que o solicitado ou dados que possam ser convertidos. O otimizador testa a definição da vista materializada com os componentes individuais da consulta (SELECT, FROM, WHERE, GROUP BY) para encontrar uma combinação. As verificações que o Oracle faz nesses componentes são:

- **Suficiência de dados** — Podem os dados exigidos serem obtidos a partir de determinada vista materializada? Se você pedir pela coluna X e ela não for uma vista materializada e, além do mais, não for recuperável através da mesma união com a vista materializada, o Oracle não reescreverá a consulta para usar aquela vista. Por exemplo, a consulta SELECT DISTINCT OWNER FROM MY_ALL_OBJECTS, usando o nosso exemplo anterior, pode ser reescrita usando nossa vista materializada — a coluna OWNER está disponível. A consulta SELECT DISTINCS OBJECT_TYPE FROM MY_ALL_OBJECTS não pode ser satisfeita usando a vista materializada, pois a vista não tem dados suficientes.
- **União de compatibilidade** — Garante que qualquer JOIN exigida pela consulta submetida possa ser satisfeita pela vista materializada.

Podemos ver um exemplo de união de compatibilidade usando MY_ALL_OBJECTS e as seguintes tabelas:

```
tkyte@TKYTE816> create table t1 ( owner varchar2(30), flag char(1) );

Table created.

tkyte@TKYTE816> create table t2 ( object_type varchar2(30), flag char(1) );

Table created.
```

A seguinte consulta é de união compatível com a vista materializada — a consulta pode, e será, reescrita usando a vista materializada:

```
tkyte@TKYTE816> select a.owner, count(*), b.owner
  2    from my_all_objects a, t1 b
  3   where a.owner = b.owner
  4     and b.flag is not null
  5   group by a.owner, b.owner
  6  /
```

O banco de dados pode ver que, usando nossa vista materializada ou a tabela base atual, teria como resultado a mesma resposta. Porém, a seguinte consulta, enquanto semelhante, não é de união compatível:

```
tkyte@TKYTE816> select a.owner, count(*), b.object_type
  2     from my_all_objects a, t2 b
  3    where a.object_type = b.object_type
  4      and b.flag is not null
  5    group by a.owner, b.object_type
  6  /
```

A coluna OBJECT_TYPE não é a nossa vista materializada, assim o Oracle não pode reescrever essa consulta usando a vista materializada.

Compatibilidade de agrupamento

É exigida se a vista materializada e a consulta contiverem, ambas, uma cláusula GROUP BY. Se a vista materializada for agrupada no mesmo nível ou a um nível mais alto de detalhe do que necessário, a consulta será reescrita para usar a vista materializada. A consulta SELECT COUNT(*) FROM MY_ALL_OBJECTS GROUP BY 1; aplicada em nosso primeiro exemplo, seria um caso onde a vista materializada está agrupada a um nível mais alto de detalhe do que necessário. O banco de dados pode reescrever essa consulta para usar nossa vista materializada, ainda que o agrupamento da consulta não seja igual ao agrupamento da vista materializada.

Compatibilidade agregada

É exigida se ambas, a consulta e a vista materializada, contiverem agregados. Irá garantir que a vista materializada possa satisfazer os agregados exigidos. Em alguns casos é possível fazer algumas reescritas interessantes. Por exemplo, ela reconhecerá que AVG(X) é igual a SUM(X)/COUNT(X), assim uma consulta que exija AVG(X) poderá ser satisfeita por uma vista materializada com SUM ou COUNT.

Em muitos casos, a simples aplicação das regras acima permitirá ao Oracle reescrever uma consulta para usar uma vista materializada. Em outros casos (como veremos no próximo exemplo), o banco de dados precisará de um pouco mais de ajuda da sua parte. Você precisará dar informações adicionais para que ele reconheça que pode usar uma vista materializada para responder a uma pergunta.

Como ter certeza que a sua vista é usada

Nesta seção, veremos a maneira de fazer isso, primeiro usando **restrições** para nos ajudar a fazer uso de uma consulta reescrita, depois usando **dimensões**, que são meios de descrever relacionamentos complexos — hierarquias de dados.

Restrições

No passado me perguntaram: 'Por que devo usar uma chave principal? Por que não usar apenas um índice único?'. Bem, a resposta é que você poderia, mas o fato de você ter usado uma chave principal não diz algo sobre usar apenas um único índice? É — pode dizer muito. O mesmo se aplica a chaves estrangeiras, restrições NOT NULL etc. Elas não apenas protegem os dados como também acrescentam informações *a respeito* dos dados ao dicionário de dados. Usando essas informações adicionais, o Oracle é capaz de fazer reescrita de consulta com mais freqüência, em muitos casos complexos.

Considere o seguinte exemplo. Copiaremos as tabelas EMP e DEPT do esquema SCOTT e criaremos uma vista materializada que une previamente as tabelas. Essa vista materializada difere de nosso primeiro exemplo, pois é uma vista materializada REFRESH ON DEMAND. Isso significa que, para as mudanças serem aplicadas, teremos que revisá-la manualmente:

```
tkyte@TKYTE816> create table emp as select * from scott.emp;

Table created.

tkyte@TKYTE816> create table dept as select * from scott.dept;
```

```
Table created.

tkyte@TKYTE816> alter session set query_rewrite_enabled=true;

Session altered.

tkyte@TKYTE816> alter session set query_rewrite_integrity=enforced;

Session altered.

tkyte@TKYTE816> create materialized view emp_dept
  2    build immediate
  3    refresh on demand
  4    enable query rewrite
  5    as
  6    select dept.deptno, dept.dname, count (*)
  7      from emp, dept
  8     where emp.deptno = dept.deptno
  9     group by dept.deptno, dept.dname
 10  /

Materialized view created.

tkyte@TKYTE816> alter session set optimizer_goal=all_rows;

Session altered.
```

Como as tabelas subjacentes e a vista materializada resultante são muito pequenas, forçaremos o uso do otimizador baseado em custo, usando o comando ALTER SESSION em vez de analisar as tabelas, como faríamos normalmente. Se o Oracle soubesse o quanto eram pequenas essas tabelas, não faria algumas das otimizações que gostaríamos. Usando as estatísticas 'padrão', ele se comportará como se as tabelas fossem bem grandes.

Mantemos aqui muitas informações do Oracle. Ele não entende o relacionamento entre EMP e DEPT, não sabe quais colunas são chaves principais e assim por diante. Então, vamos executar uma consulta e ver o que acontece:

```
tkyte@TKYTE816> set autotrace on
tkyte@TKYTE816> select count(*) from emp;

  COUNT(*)
----------
        14

Execution Plan
----------------
   0      SELECT STATEMENT Optimizer=ALL_ROWS (Cost=1 Card=1)
   1    0    SORT (AGGREGATE)
   2    1      TABLE ACCESS (FULL) OF 'EMP' (Cost=1 Card=82)
```

A consulta foi direcionada à tabela subjacente EMP. Agora, você e eu sabemos que a consulta COUNT(*) poderia ter sido respondida a partir da vista materializada, fácil e mais eficientemente (especialmente se o número de empregados em cada departamento fosse grande e houvesse muitos departamentos). Lá, temos todas as informações necessárias para obter a contagem de empregados. Sabemos disso porque estamos cientes de coisas sobre os dados que mantivemos do Oracle:

- ❑ DEPTNO é a chave principal de DEPT — Significa que cada registro EMP será unido, no máximo, a um registro DEPT.
- ❑ DEPTNO em EMP é uma chave estrangeira para DEPTNO em DEPT — Se DEPTNO em EMP não for um valor nulo, ele será unido a uma fileira em DEPT (nós não perdemos quaisquer registros EMP não nulos durante uma união).
- ❑ DEPTNO em EMP é NOT NULL — Junto com a restrição de chave estrangeira, nos diz que não perdemos *quaisquer* registros EMP.

Esses três fatos implicam que se unirmos EMP e DEPT, cada fileira EMP será observada no conjunto de resultados *pelo menos* uma vez e *no máximo* uma. Como nunca falamos sobre esses fatos com Oracle, ele não foi capaz de usar a vista materializada. Portanto, vamos informar o Oracle a respeito deles:

```
tkyte@TKYTE816> alter table dept
  2   add constraint dept_pk primary key(deptno);

Table altered.

tkyte@TKYTE816> alter table emp
  2   add constraint emp_fk_dept
  3   foreign key(deptno) references dept(deptno);

Table altered.

tkyte@TKYTE816> alter table emp modify deptno not null;

Table altered.

tkyte@TKYTE816> set autotrace on
tkyte@TKYTE816> select count(*) from emp;

  COUNT(*)
----------
        14

Execution Plan
----------
   0      SELECT STATEMENT Optimizer=ALL_ROWS (Cost=1 Card=1 Bytes=13)
   1   0      SORT (AGGREGATE)
   2   1          TABLE ACCESS (FULL) OF 'EMP_DEPT' (Cost=1 Card=82 Bytes=1066)
```

Agora o Oracle é capaz de reescrever a consulta usando a vista materializada EMP_DEPT. Sempre que você souber que o Oracle *poderia* usar uma vista materializada, mas *não* está fazendo isso (e você tiver verificado que, em geral, pode usar vistas materializadas), veja atentamente os dados e pergunte-se: 'Qual parte das informações ocultei do Oracle?'. Nove em dez vezes, você descobrirá que está faltando uma peça de meta dados que, quando incluída, permite ao Oracle reescrever a consulta.

Assim, o que acontece se essa for uma armazenagem de dados real e houver dezenas de milhões de registros nas tabelas acima? De fato, você não quer o esforço adicional de verificar um relacionamento de chave estrangeira — já fez isso em sua rotina de remoção de dados, não fez? Nesse caso, pode criar uma restrição não validada, usada para informar ao banco de dados sobre um relacionamento, mas não validada pelo próprio banco de dados. Vejamos novamente o exemplo acima, mas dessa vez iremos simular o carregamento de dados em uma armazenagem existente (nosso exemplo acima é a nossa armazenagem de dados). Soltaremos nossas restrições, carregaremos os dados, revisaremos as vistas materializadas e acrescentaremos de volta nossas restrições. Começaremos soltando as restrições:

```
tkyte@TKYTE816> alter table emp drop constraint emp_fk_dept;

Table altered.

tkyte@TKYTE816> alter table dept drop constraint dept_pk;

Table altered.

tkyte@TKYTE816> alter table emp modify deptno null;

Table altered.
```

Agora, para similar o carregamento, iremos inserir uma única fileira nova em EMP (não é muito carregamento, eu sei, mas o bastante para demonstração). Depois, revisaremos nossa vista materializada e diremos ao Oracle para considerá-la como FRESH:

```
tkyte@TKYTE816> insert into emp (empno,deptno) values ( 1, 1 );

1 row created.

tkyte@TKYTE816> exec dbms_mview.refresh( 'EMP_DEPT' );

PL/SQL procedure successfully completed.

tkyte@TKYTE816> alter materialized view emp_dept consider fresh;

Materialized view altered.
```

Agora, informamos ao Oracle sobre os relacionamentos entre EMP e DEPT:

```
tkyte@TKYTE816> alter table dept
  2    add constraint dept_pk primary key(deptno)
  3    rely enable NOVALIDATE
  4  /

Table altered.

tkyte@TKYTE816> alter table emp
  2    add constraint emp_pk_dept
  3    foreign key(deptno) references dept(deptno)
  4    rely enable NOVALIDATE
  5  /

Table altered.

tkyte@TKYTE816> alter table emp modify deptno not null NOVALIDATE;

Table altered.
```

Aqui, dissemos ao Oracle que há uma chave estrangeira de EMP para DEPT, como antes. No entanto, dessa vez não fizemos quaisquer verificações de validação. A opção NOVALIDATE traspassa a verificação de dados existentes que carregamos e RELY diz ao Oracle para confiar na integridade dos dados. Basicamente, dissemos ao Oracle para confiar que, se ele unir EMP a DEPT por DEPTNO, cada fileira em EMP será recuperada pelo menos uma vez, e no máximo uma vez.

Nesse caso, 'mentimos' para o banco de dados. Inserimos uma fileira em EMP que não tem fileira correspondente em DEPT. Agora estamos prontos para consultar:

```
tkyte@TKYTE816> alter session set query_rewrite_integrity=enforced;

Session altered.

tkyte@TKYTE816> select count(*) from emp;

  COUNT(*)
----------
        15

Execution Plan
----------------------------------------------------------
   0      SELECT STATEMENT Optimizer=ALL_ROWS (Cost=1 Card=1)
   1    0   SORT (AGGREGATE)
   2    1     TABLE ACCESS (FULL) OF 'EMP' (Cost=1 Card=164)
```

Como ajustamos QUERY_REWRITE_INTEGRITY=ENFORCED, o Oracle não reescreveu a consulta para usar a vista materializada. Precisamos descer mais um nível na integridade de consulta. Precisamos que o Oracle 'confie' em nós:

```
tkyte@TKYTE816> alter session set query_rewrite_integrity=trusted;

Session altered.

tkyte@TKYTE816> select count(*) from emp;

  COUNT(*)
----------
        14

Execution Plan
----------------
   0      SELECT STATEMENT Optimizer=ALL_ROWS (Cost=1 Card=1 Bytes=13)
   1    0    SORT (AGGREGATE)
   2    1      TABLE ACCESS (FULL) OF 'EMP_DEPT' (Cost=1 Card=82 Bytes=1066)
```

Na verdade, o Oracle reescreveu a consulta, mas o efeito colateral é que nossa recém inserida fileira não foi contada. A resposta 'errada' é retornada, pois o 'fato' que cada fileira em EMP devia ser preservada em uma união com DEPT não é um fato, devido aos dados que carregamos. Quando revisada a vista materializada, ela não obteve a fileira EMP recém acrescentada. Os dados que dissemos ao Oracle para confiar não eram confiáveis. Essa demonstração destaca dois pontos importantes:

- Você pode usar vistas materializadas em uma grande armazenagem de dados com muita eficiência, sem precisar fazer várias verificações de dados extras, tipicamente redundantes.
- **PORÉM**, você tem 100 por cento de certeza que seus dados serão removidos se pedir ao Oracle para confiar neles.

Dimensões

O uso de dimensões é outro método pelo qual podemos informar ainda mais o Oracle. Suponha que temos uma tabela de detalhes dando uma data de transação e um ID de cliente. A data de transação indica para outra tabela, que dá detalhes completos sobre em qual mês estava a data de transação, qual trimestre do seu ano fiscal ela representa, em qual ano fiscal ela estava e assim por diante. Agora, suponha que você criou uma vista materializada que armazenou informações agregadas de vendas em base mensal. O Oracle pode usar aquela vista para responder a uma consulta por dados de vendas de um trimestre ou ano em especial? Bom, *sabemos* que a data de transação implica em mês, mês implica em trimestre e trimestre implica em ano, assim a resposta é que ele *pode*, mas o Oracle não sabe (ainda), portanto ele pode, mas não o faz.

Usando um objeto de banco de dados chamado DIMENSION, podemos avisar o Oracle sobre esses fatos, que ele usará para reescrever consultas em mais casos. Uma dimensão declara um relacionamento pai/filho entre pares de colunas. Podemos usá-la para descrever ao Oracle que, dentro de uma fileira de uma tabela, a coluna MONTH implica o valor que você encontrará na coluna QTR, a coluna QTR implica o valor onde você encontrará a coluna YEAR e assim por diante. Usando uma dimensão, podemos ter uma vista materializada com menos detalhes do que os registros detalhados (talvez resumidos em base mensal). Isso ainda pode ser um nível mais alto de agregação do que a consulta exige (digamos que a consulta queira dados por trimestre), mas o Oracle irá reconhecer que ele pode usar a vista materializada para obter a resposta.

Eis um exemplo simples. Ajustaremos uma tabela SALES para armazenar a data de transação, um ID de cliente e o número total de vendas. Essa tabela terá cerca de 350.000 fileiras. Uma outra tabela, TIME_HIERARCHY, armazenará o mapeamento de data de transação de mês, trimestre, ano. Se unirmos as duas, poderemos obter vendas agregadas por mês, trimestre, ano e assim por diante. Da mesma forma, se tivéssemos uma tabela que mapeasse um ID de cliente para um código postal e o código postal para uma região, poderíamos facilmente unir essa tabela a SALES, e agregar por código postal ou por região.

Em um esquema convencional de banco de dados (sem vistas materializadas e outras estruturas) essas operações seriam bem sucedidas, mas muito lentas. Em cada fileira nos dados de vendas teríamos que fazer uma leitura indexada na tabela de busca para converter a data de transação ou o ID de cliente para algum outro valor (uma NESTED LOOP

JOIN), para agrupar por esse outro valor. Entre com a vista materializada. Podemos armazenar uma lista resumida dos detalhes, talvez com base no mês, para a data de transação, e no nível de código postal para as informações de cliente. Agora, relacionar por trimestres ou por região torna-se uma operação muito rápida.

Começaremos criando a tabela SALES e carregando-a com alguns dados de teste aleatórios, gerados com a vista ALL_OBJECTS.

```
tkyte@TKYTE816> create table sales
  2  (trans_date date, cust_id int, sales_amount number );

Table created.

tkyte@TKYTE816> insert /*+ APPEND */ into sales
  2  select trunc(sysdate,'year')+mod(rownum,366) TRANS_DATE,
  3         mod(rownum,100) CUST_ID,
  4         abs(dbms_random.random)/100 SALES_AMOUNT
  5    from all_objects
  6  /

21921 rows created.

tkyte@TKYTE816> commit;

Commit complete.
```

Esses detalhes representarão a validade de um ano de dados. Configurei a TRANS_DATE para ser apenas o primeiro dia desse ano, mais um número entre 1 e 365. CUST_ID é um número entre 0 e 99. O número total de vendas é algum número tipicamente 'grande' (foi realmente um bom ano).

A vista ALL_OBJECTS contém cerca de 22000 fileiras, portanto depois de quatro inserções que dobraram, consecutivamente, o tamanho da tabela, teremos cerca de 350.000 registros. Estou usando a referência /*+ APPEND */ apenas para evitar o registro de redo que, caso contrário, seria gerado por essas grandes inserções:

```
tkyte@TKYTE816> begin
  2      for i in 1 .. 4
  3      loop
  4          insert /*+ APPEND */ into sales
  5          select trans_date, cust_id, abs(dbms_random.random)/100
  6            from sales;
  7          commit;
  8      end loop;
  9  end;
 10  /

PL/SQL procedure successfully completed.

tkyte@TKYTE816> select count(*) from sales;

  COUNT(*)
----------
    350736
```

Agora, precisamos inicializar nossa tabela TIME_HIERARCHY para listar o campo de data por mês, ano, trimestre etc:

```
tkyte@TKYTE816> create table time_hierarchy
  2  (day primary key, mmyyyy, mon_yyyy, qtr_yyyy, yyyy)
  3  organization index
  4  as
  5  select distinct
  6         trans_date          DAY,
  7         cast (to_char(trans_date,'mmyyyy') as number) MMYYYY,
  8         to_char(trans_date,'mon-yyyy') MON_YYYY,
```

```
  9         'Q' || ceil( to_char(trans_date,'mm')/3) || ' FY'
 10             || to_char(trans_date, 'yyyy') QTR_YYYY,
 11       cast( to_char( trans_date, 'yyyy' ) as number ) YYYY
 12    from sales
 13  /
```

Table created.

Nesse caso, foi bastante simples. Geramos:

- MMYYYY — O mês, incluindo o ano
- MON_YYYY — O mesmo que acima, mas 'soletramos' o mês
- QTR_YYYY — O trimestre do ano, incluindo o ano
- YYYY — O próprio ano.

Em geral, as computações exigidas para criar essa tabela seriam muito mais complexas. Por exemplo, os trimestres do ano fiscal não são tão facilmente computados, nem os anos fiscais. Em geral eles não acompanham o ano do calendário.

Agora, criaremos a vista materializada, SALES_MV. O resumo que estamos criando lista os dados dos dias individuais em meses. Esperaríamos que nossa vista materializada tivesse cerca de 1/30 do número de fileiras de nossa tabela SALES, se os dados fossem igualmente distribuídos:

```
tkyte@TKYTE816> analyze table sales compute statistics;

Table analyzed.

tkyte@TKYTE816> analyze table time_hierarchy compute statistics;

Table analyzed.

tkyte@TKYTE816> create materialized view sales_mv
  2  build immediate
  3  refresh on demand
  4  enable query rewrite
  5  as
  6  select sales.cust_id, sum(sales.sales_amount) sales_amount,
  7       time_hierarchy.mmyyyy
  8    from sales, time_hierarchy
  9  where sales.trans_date = time_hierarchy.day
 10  group by sales.cust_id, time_hierarchy.mmyyyy
 11  /

Materialized view created.

tkyte@TKYTE816> set autotrace on
tkyte@TKYTE816> select time_hierarchy.mmyyyy, sum(sales_amount)
  2       from sales, time_hierarchy
  3  where sales.trans_date = time_hierarchy.day
  4  group by time_hierarchy.mmyyyy
  5  /

    MMYYYY   SUM(SALES_AMOUNT)
    ------   -----------------
     12001         3.2177E+11
     12002         1.0200E+10
     22001         2.8848E+11
     32001         3.1944E+11
     42001         3.1012E+11
     52001         3.2066E+11
     62001         3.0794E+11
     72001         3.1796E+11
     82001         3.2176E+11
     92001         3.0859E+11
```

```
         102001              3.1868E+11
         112001              3.0763E+11
         122001              3.1305E+11

13 rows selected.

Execution Plan
----------------
0          SELECT STATEMENT Optimizer=CHOOSE (Cost=4 Card=327 Bytes=850VALVE)
1     0       SORT (GROUP BY) (Cost=4 Card=327 Bytes=8502)
2     1          TABLE ACCESS (FULL) OF 'SALES_MV' (Cost=1 Card=327 Bytes
```

Até agora, tudo bem — o Oracle reescreveu a consulta para usar a vista, SALES_MV. No entanto, vejamos o que acontece se emitirmos uma consulta que chama um nível mais alto de agregação:

```
tkyte@TKYTE816> set timing on
tkyte@TKYTE816> set autotrace on
tkyte@TKYTE816> select time_hierarchy.qtr_yyyy, sum(sales_amount)
  2    from sales, time_hierarchy
  3    where sales.trans_date = time_hierarchy.day
  4    group by time_hierarchy.qtr_yyyy
  5  /

QTR_YYYY                            SUM(SALES_AMOUNT)
------------------------            -----------------
Q1 FY2001                                   9.2969E+11
Q1 FY2002                                   1.0200E+10
Q2 FY2001                                   9.3872E+11
Q3 FY2001                                   9.4832E+11
Q4 FY2001                                   9.3936E+11

Elapsed: 00:00:05.58

Execution Plan
----------------
0          STATEMENT Optimizer=CHOOSE (Cost=8289 Card=5 Bytes=14)
1     0       SORT (GROUP BY) (Cost=8289 Card=5 Bytes=145)
2     1          NESTED LOOPS (Cost=169 Card=350736 Bytes=10171344)
3     2             TABLE ACCESS (FULL) OF 'SALES' (Cost=169 Card=350736 B
4     2             INDEX (UNIQUE SCAN) OF 'SYS_IOT_TOP_30180' (UNIQUE)

Statistics
----------------
         0  recursive calls
        15  db block gets
    351853  consistent gets
...
```

Vemos que o Oracle não tem o conhecimento que temos. Ele ainda não sabe que deveria ter usado a vista materializada para responder a essa consulta em especial, usou em vez disso a tabela original SALES e teve que fazer muito trabalho para obter a resposta. A mesma coisa aconteceria se solicitássemos dados agregados pelo ano fiscal.

Assim, vamos usar uma DIMENSION para avisar ao Oracle sobre o fato que a vista materializada seria útil para responder a essa pergunta. Primeiro criaremos a DIMENSION:

```
tkyte@TKYTE816> create dimension time_hierarchy_dim
  2      level day       is time_hierarchy.day
  3      level mmyyy     is time_hierarchy.mmyyyy
  4      level qtr_yyyy  is time_hierarchy.qtr_yyyy
  5      level yyyy      is time_hierarchy.yyyy
  6    hierarchy time_rollup
  7    (
  8      day child of
```

```
     9    mmyyyy child of
    10    qtr_yyyy child of
    11    yyyy
    12    )
    13    attribute mmyyyy
    14    determine mon_yyyy;

Dimension created.
```

Isso informa ao Oracle que a coluna DAY da tabela TIME_HIERARCHY implica em MMYYYY, que por sua vez implica em QTR_YYYY. Finalmente, QTR_YYYY implica em YYYY. Também declarado é o fato que MMYYYY e MON_YYYY são sinônimos — há um mapeamento um para um entre os dois. Assim, sempre que o Oracle vir MON_YYYY sendo usado, ele entenderá como se MMYYYY fosse usado. Agora que o Oracle tem um entendimento maior sobre os relacionamentos entre os dados, podemos ver um aperfeiçoamento nítido em nossos tempos de resposta à consulta:

```
tkyte@TKYTE816> set autotrace on
tkyte@TKYTE816> select time_hierarchy.qtr_yyyy, sum(sales_amount)
  2    from sales, time_hierarchy
  3    where sales.trans_date = time_hierarchy.day
  4    group by time_hierarchy.qtr_yyyy
  5  /

QTR_YYYY                                      SUM(SALES_AMOUNT)
-------------------------                     -----------------
Q1 FY2001                                            9.2969E+11
Q1 FY2002                                            1.0200E+10
Q2 FY2001                                            9.3872E+11
Q3 FY2001                                            9.4832E+11
Q4 FY2001                                            9.3936E+11

Elapsed: 00:00:00.20

Execution Plan
----------------------------------------------------------
   0      SELECT STATEMENT Optimizer=CHOOSE (Cost=7 Card=5 Bytes=195)
   1   0    SORT (GROUP BY) (Cost=7 Card=5 Bytes=195)
   2   1      HASH JOIN (Cost=6 Card=150 Bytes=5850)
   3   2        VIEW (Cost=4 Card=46 Bytes=598)
   4   3          SORT (UNIQUE) (Cost=4 Card=46 Bytes=598)
   5   4            INDEX (FAST FULL SCAN) OF 'SYS_IOT_TOP_30180' (UNI
   6   2        TABLE ACCESS (FULL) OF 'SALES_MV' (Cost=1 Card=327 Byt

Statistics
----------------------------------------------------------
          0  recursive calls
         16  db block gets
         12  consistent gets
. . .
```

Bem, fomos de mais de 350000 leituras lógicas para 12 — não de todo ruim. Se você executar esse exemplo, será capaz de ver a diferença. A primeira consulta demorou um pouco (cerca de seis segundos), a resposta à segunda consulta estava na tela antes da sua mão deixar a tecla Enter (cerca de um quinto de segundo).

Podemos usar esse recurso DIMENSION muitas vezes na mesma tabela base. Imagine se tivéssemos designado um atributo ZIP_CODE e uma REGION a cada cliente em nosso banco de dados:

```
tkyte@TKYTE816> create table customer_hierarchy
  2  ( cust_id primary key, zip_code, region )
  3  organization index
  4  as
  5  select cust_id,
  6      mod( rownum, 6 ) || to_char(mod( rownum, 1000 ), 'fm0000' ) zip_code,
  7      mod( rownum, 6 ) region
```

```
     8      from ( select distinct cust_id from sales)
     9   /

Table created.

tkyte@TKYTE816> analyze table customer_hierarchy compute statistics;

Table analyzed.
```

Em seguida, recriamos a vista materializada para ser um resumo que nos mostra SALES_AMOUNT por ZIP_CODE e MMYYYY:

```
tkyte@TKYTE816> drop materialized view sales_mv;

Materialized view dropped.

tkyte@TKYTE816> create materialized view sales_mv
     2   build immediate
     3   refresh on demand
     4   enable query rewrite
     5   as
     6   select customer_hierarchy.zip_code,
     7          time_hierarchy.mmyyyy,
     8          sum(sales.sales_amount) sales_amount
     9     from sales, time_hierarchy, customer_hierarchy
    10    where sales.trans_date = time_hierarchy.day
    11      and sales.cust_id = customer_hierarchy.cust_id
    12    group by customer_hierarchy.zip_code, time_hierarchy.mmyyyy
    13   /

Materialized view created.
```

Agora tentaremos executar a consulta que nos mostrará vendas por ZIP_CODE e MMYYYY, e demonstrará que usei a vista materializada, conforme esperado:

```
tkyte@TKYTE816> set autotrace
tkyte@TKYTE816> select customer_hierarchy.zip_code,
     2                  time_hierarchy.mmyyyy,
     3                  sum(sales.sales_amount) sales_amount
     4     from sales, time_hierarchy, customer_hierarchy
     5    where sales.trans_date = time_hierarchy.day
     6      and sales.cust_id = customer_hierarchy.cust_id
     7    group by customer_hierarchy.zip_code, time_hierarchy.mmyyyy
     8   /

1250 rows selected.

Execution Plan
----------------------------------------------------------
   0           SELECT STATEMENT Optimizer=CHOOSE (Cost=1 Card=409 Bytes=204
   1    0        TABLE ACCESS (FULL) OF 'SALES_MV' (Cost=1 Card=409 Bytes=2

Statistics
----------------------------------------------------------
         28  recursive calls
         12  db block gets
        120  consistent gets
...
```

No entanto, quando pedimos por informações a um nível diferente de agregação (listando MMYYYY até YYYY e ZIP_CODE até REGION) vemos que o Oracle não reconhece que pode usar a vista materializada:

```
tkyte@TKYTE816> select customer_hierarchy.region,
  2                 time_hierarchy.yyyy,
  3                 sum(sales.sales_amount) sales_amount
  4    from sales, time_hierarchy, customer_hierarchy
  5   where sales.trans_date = time_hierarchy.day
  6     and sales.cust_id = customer_hierarchy.cust_id
  7   group by customer_hierarchy.region, time_hierarchy.yyyy
  8  /
9 rows selected.

Execution Plan
----------------------------------------------------------
   0      SELECT STATEMENT Optimizer=CHOOSE (Cost=8289 Card=9 Bytes=26
   1    0   SORT (GROUP BY) (Cost=8289 Card=9 Bytes=261)
   2    1     NESTED LOOPS (Cost=169 Card=350736 Bytes=10171344)
   3    2       NESTED LOOPS (Cost=169 Card=350736 Bytes=6663984)
   4    3         TABLE ACCESS (FULL) OF 'SALES' (Cost=169 Card=350736
   5    3         INDEX (UNIQUE SCAN) OF 'SYS_IOT_TOP_30185' (UNIQUE)
   6    2       INDEX (UNIQUE SCAN) OF 'SYS_IOT_TOP_30180' (UNIQUE)

Statistics
----------------------------------------------------------
         0  recursive calls
        15  db block gets
    702589  consistent gets
...
```

O Oracle entende a dimensão de tempo que ajustamos, mas ainda não tem quaisquer informações sobre como CUST_ID, ZIP_CODE e REGION se relacionam entre si em nossa tabela CUSTOMER_HIERARCHY. O que faremos para corrigir isso é remontar nossa dimensão com duas hierarquias — uma descrevendo TIME_HIERARCHY e a outra descrevendo a tabela CUSTOMER_HIERARCHY:

```
tkyte@TKYTE816> drop dimension time_hierarchy_dim
  2  /

Dimension dropped.

tkyte@TKYTE816> create dimension sales_dimension
  2      level cust_id      is customer_hierarchy.cust_id
  3      level zip_code     is customer_hierarchy.zip_code
  4      level region       is customer_hierarchy.region
  5      level day          is time_hierarchy.day
  6      level mmyyyy       is time_hierarchy.mmyyyy
  7      level qtr_yyyy     is time_hierarchy.qtr_yyyy
  8      level yyyy         is time_hierarchy.yyyy
  9   hierarchy cust_rollup
 10   (
 11      cust_id child of
 12      zip_code child of
 13      region
 14   )
 15   hierarchy time_rollup
 16   (
 17      day child of
 18      mmyyyy child of
 19      qtr_yyyy child of
 20      yyyy
 21   )
```

```
   22    attribute mmyyyy
   23    determines mon_yyyy;

Dimension created.
```

Soltamos a hierarquia de tempo original e criamos uma nova, mais descritiva, explicando todos os relacionamentos relevantes. Agora o Oracle irá entender que a SALES_MV que criamos é capaz de responder a muitas perguntas mais. Por exemplo, se pedirmos novamente a nossa REGION por YYYY':

```
tkyte@TKYTE816> select customer_hierarchy.region,
  2              time_hierarchy.yyyy,
  3              sum(sales.sales_amount) sales_amount
  4       from sales, time_hierarchy, customer_hierarchy
  5      where sales.trans_date = time_hierarchy.day
  6        and sales.cust_id = customer_hierarchy.cust_id
  7    group by customer_hierarchy.region, time_hierarchy.yyyy
  8    /

  REGION       YYYY       SALES_AMOUNT
  ------       ----       ------------
       0       2001       5.9598E+11
       0       2002       3123737106
       1       2001       6.3789E+11
       2       2001       6.3903E+11
       2       2002       3538489159
       3       2001       6.4069E+11
       4       2001       6.3885E+11
       4       2002       3537548948
       5       2001       6.0365E+11

9 rows selected.

Execution Plan
----------------------------------------
  0        SELECT STATEMENT Optimizer=CHOOSE (Cost=11 Card=9 Bytes=576)
  1    0     SORT (GROUP BY) (Cost=11 Card=9 Bytes=576)
  2    1       HASH JOIN (Cost=9 Card=78 Bytes=4992)
  3    2         HASH JOIN    (Cost=6 Card=78 Bytes=4446)
  4    3           VIEW (Cost=3 Card=19 Bytes=133)
  5    4             SORT (UNIQUE) (Cost=3 Card=19 Bytes=133)
  6    5               INDEX (FAST FULL SCAN) OF 'SYS_IOT_TOP_30180'  (U
  7    3           TABLE ACCESS (FULL) OF 'SALES_MV' (Cost=1 Card=409 B
  8    2         VIEW (Cost=3 Card=100 Bytes=700)
  9    8           SORT (UNIQUE) (Cost=3 Card=100 Bytes=700)
 10    9             INDEX (FULL SCAN) OF 'SYS_IOT_TOP_30185' (UNIQUE)

Statistics
----------------------------------------
       0  recursive calls
      16  db block gets
      14  consistent gets
       ...
```

O Oracle foi capaz de usar aqui *ambas* as hierarquias, e agora pode usar a vista materializada. Devido às dimensões que criamos, ele fez uma busca simples para converter a coluna CUST_ID em REGION (visto que CUST_ID implica em ZIP_CODE, que implica em REGION), a coluna MMYYYY em QTR_YYYY, e respondeu à nossa pergunta quase que instantaneamente. Aqui, reduzimos a quantidade de I/Os lógicas de mais de 700.000 para 16. Quando você considera que o tamanho da tabela SALES só crescerá com o tempo e o tamanho da SALES_MV crescerá muito mais vagarosamente (180 registros ou cerca disso por mês), podemos ver que essa consulta irá escalonar muito bem.

DBMS_OLAP

A última peça do enigma da vista materializada é o pacote DBMS_OLAP. Ele é usado com os seguintes objetivos:

- **Para avaliar o tamanho de uma vista materializada**, em termos da quantidade de fileiras e bytes de armazenagem.
- **Para validar se os seus objetos dimensão estão certos**, dado o relacionamento chave principal/estrangeira que você inicializou.
- **Para recomendar vistas materializadas adicionais e nomear vistas que devem ser soltas**, com base na utilização e estrutura atuais ou apenas a estrutura.
- **Para avaliar o uso de uma vista materializada**, usando procedimentos fornecidos, que irão relatar a respeito da utilidade atual de suas vistas materializadas, se elas estão sendo usadas ou não.

Infelizmente, as rotinas de utilização estão além do escopo do que posso cobrir em um capítulo. Envolvem a configuração de Oracle Trace e o Enterprise Manager Performance Pack, mas daremos uma olhada em outros três.

Para usar o pacote DBMS_OLAP, você precisa ter procedimentos externos inicializados, o máximo de código DBMS_OLAP que está armazenado em uma biblioteca C. Veja o Capítulo 18, para instruções de inicialização se você receber um erro como:

```
ERROR at line 1:
ORA-28575: unable to open RPC connection to external procedure agent
ORA-06512: at "SYS.DBMS_SUMADV", line 6
ORA-06512: at "SYS.DBMS_SUMMARY", line 559
ORA-06512: at line 1
```

Estimativa de tamanho

A rotina ESTIMATE_SUMMARY_SIZE irá relatar a quantidade estimada de fileiras e bytes de armazenagem que a vista materializada consumirá. Como a percepção é 20/20, podemos pedir a DBMS_OLAP para estimar um dado e depois compará-lo ao dado que obtivermos.

Para executar esse procedimento, você precisará estar certo de ter uma PLAN_TABLE instalada em seu esquema. A declaração CREATE TABLE será encontrara no diretório [ORACLE_HOME]/rdbms/admin no seu servidor de banco de dados, em um arquivo chamado utlxplan.sql. Se você executar esse script, ele criará a PLAN_TABLE. Essa tabela é usada pela facilidade EXPLAIN PLAN que, por sua vez, é usada por DBMS_OLAP para avaliar o tamanho da vista materializada. Com essa tabela no lugar, podemos usar a rotina interna ESTIMATE_SUMMARY_SIZE para obter uma estimativa da quantidade de fileiras/bytes que uma vista materializada iria precisar se fossemos montá-la.. Começo com uma DELETE STATISTICS em nossa vista materializada SALES_MV. DBMS_OLAP normalmente não tem acesso a uma vista materializada para ver quais são os tamanhos, portanto temos que ocultá-la (caso contrário DBMS_OLAP receberá uma resposta extra do dicionário de dados):

```
tkyte@TKYTE816> analyze table sales_mv DELETE statistics;
Table analyzed.

tkyte@TKYTE816> declare
  2      num_rows number;
  3      num_bytes number;
  4  begin
  5      dbms_olap.estimate_summary_size
  6      ( 'SALES_MV_ESTIMATE',
  7        'select customer_hierarchy.zip_code,
  8                time_hierarchy.mmyyyy,
  9                sum(sales.sales_amount) sales_amount
 10           from sales, time_hierarchy, customer_hierarchy
 11          where sales.trans_date = time_hierarchy.day
 12            and sales.cust_id = customer_hierarchy.cust_id
 13          group by customer_hierarchy.zip_code, time_hierarchy.mmyyyy',
 14        num_rows,
 15        num_bytes );
 16
```

```
17         dbms_output.put_line( num_rows || ' rows' );
18         dbms_output.put_line( num_bytes || ' bytes' );
19   end;
20   /
409 rows
36401 bytes
```

PL/SQL procedure successfully completed.

O primeiro parâmetro para essa rotina é o nome do plano a ser armazenado no plano de tabela. Esse nome não é relevante, exceto se você quiser DELETE FROM PLAN_TABLE WHERE STATEMENT_ID = 'SALE_MV_ESTIMATE' depois de terminar. O segundo parâmetro é a consulta que será usada para copiar a vista materializada. DBMS_OLAP analisará essa consulta usando as estatísticas em todas as tabelas subjacentes, para adivinhar o tamanho desse objeto. Os dois parâmetros restantes são as saídas de DBMS_OLAP — as estimativas de contagem de fileiras e bytes, com valores de 409 e 36401, respectivamente. Agora, vamos calcular os valores reais:

```
tkyte@TKYTE816> analyze table sales_mv COMPUTE statistics;
Table analyzed.

tkyte@TKYTE816> select count(*) from sales_mv;

  COUNT(*)
----------
      1250

tkyte@TKYTE816> select blocks * 8 * 1024
  2    from user_tables
  3    where table_name = 'SALES_MV'
  4  /

BLOCKS*8*1024
-------------
        40960
```

Assim, a rotina ESTIMATE_SUMMARY_SIZE foi muito bem no tamanho da tabela, mas subestimou a quantidade de fileiras. Isso é típico de qualquer coisa que 'avalia' — obteremos algumas coisas adequadamente e outras faltarão. Eu usaria essa rotina para uma grosseira 'melhor adivinhação' quanto ao tamanho de um objeto.

Validação de dimensão

Essa rotina pega qualquer dimensão e verifica se as hierarquias que você definiu são válidas. Por exemplo, em nosso exemplo anterior, ela iria garantir que uma CUST_ID implicasse uma ZIP_CODE, que implicasse uma REGION. Para ver essa rotina funcionando, criaremos um exemplo 'ruim', para trabalhar com ele. Começaremos criando uma tabela com uma fileira para cada dia desse ano, com o dia, o mês e o ano como atributos:

```
tkyte@TKYTE816> create table time_rollup
  2  ( day     date,
  3    month   number,
  4    year    number
  5  )
  6  /
Table created.

tkyte@TKYTE816> insert into time_rollup
  2    select dt, to_char(dt,'mm'), to_char(dt,'yyyy')
  3      from ( select trunc(sysdate,'year')+rownum-1 dt
  4               from all_objects where rownum < 366 )
  5  /
365 rows created.
```

Então, inicializamos aqui uma lista de tempo semelhante ao nosso exemplo anterior. Porém dessa vez não preservei o ano no atributo mês, apenas os dois dígitos que representam o mês. Se acrescentarmos mais uma fileira a essa tabela:

```
tkyte@TKYTE816> insert into time_rollup values
  2  ( add_months(sysdate,12),
  3    to_char(add_months(sysdate,12), 'mm'),
  4    to_char(add_months(sysdate,12), 'yyyy') );

1 row created.
```

Poderemos ver o problema. Estaremos dizendo que DAY implica em MONTH e MONTH implica em YEAR, mas nesse caso não é verdade. Teremos um mês que implica em um de *dois* anos diferentes. DBMS_OLAP fará uma verificação de limpeza, para nos mostrar o nosso erro. Primeiro inicializaremos a dimensão:

```
tkyte@TKYTE816> create dimension time_rollup_dim
  2      level day is time_rollup.day
  3      level mon is time_rollup.mon
  4      level year is time_rollup.year
  5    hierarchy time_rollup
  6    (
  7            day child of mon child of year
  8    )
  9  /

Dimension created.
```

E depois a validaremos:

```
tkyte@TKYTE816> exec dbms_olap.validate_dimension( 'time_rollup_dim', user, false,
false );

PL/SQL procedure successfully completed.
```

Parece que ela foi bem sucedida, mas realmente precisamos verificar a tabela que ela *cria* e preenche para nós:

```
tkyte@TKYTE816> select * from mview$_exceptions;

OWNER   TABLE_NAME    DIMENSION_NAME    RELATIONSHI   BAD_ROWID
- - -   - - - - -     - - - - - - -     - - - - -     - - - - - - -
TKYTE   TIME_ROLLUP   TIME_ROLLUP_DIM   CHILD OF      AAAGkxAAGAAAAcKAA7
TKYTE   TIME_ROLLUP   TIME_ROLLUP_DIM   CHILD OF      AAAGkxAAGAAAAcKAA8
TKYTE   TIME_ROLLUP   TIME_ROLLUP_DIM   CHILD OF      AAAGkxAAGAAAAcKAA9
...

32 rows selected.
```

Se olharmos para as fileiras que MVIEW$_EXCEPTIONS nos indica, descobriremos que são as fileiras para o mês de MARCH (executei isso em Março). Especificamente:

```
tkyte@TKYTE816> select * from time_rollup
  2  where rowid im ( select bad_rowid from mview$_exceptions );

DAY          MON      YEAR
- - - - -    - - - -  - - - - -
01-MAR-01    3        2001
02-MAR-01    3        2001
03-MAR-01    3        2001
04-MAR-01    3        2001
...
30-MAR-01    3        2001
31-MAR-01    3        2001
26-MAR-02    3        2002

32 rows selected.
```

Nesse ponto, o problema é claro, MON não implica YEAR — a dimensão é inválida. Seria inseguro usar essa dimensão, pois resultaria na resposta errada.

É recomendado que suas dimensões sejam validadas depois de modificadas, para garantir a integridade dos resultados que você recebe das vistas materializadas que as usam.

Recomendação de vistas materializadas

Um dos usos mais interessantes do pacote DBMS_OLAP é tê-lo informando quais vistas materializadas você pode pensar em criar. As rotinas RECOMMENDED fazem exatamente isso.

Há duas versões para essa rotina:

- ❑ RECOMMEND_MV verifica a estrutura da tabela, as chaves estrangeiras nos lugares, vistas materializadas existentes, estatísticas sobre tudo; depois desenvolve uma lista de recomendações prioritárias.
- ❑ RECOMMEND_MV_W vai um passo além. Se você estiver usando Oracle Trace e o Enterprise Manager Perfornamce Packs, ela verificará as consultas que o sistema processa e as vistas materializadas recomendadas, com base naquelas informações de vida real.

Como um exemplo simples, pediremos a DBMS_OLAP para verificar nossa tabela 'de fato' existente, SALES.

> *Uma tabela de fato é uma tabela em um esquema estrela que, bem simplesmente, contém fatos. A tabela SALES que usamos acima é uma tabela de fato. Tipicamente, uma tabela de fato tem dois tipos de colunas. Há colunas que contém fatos (valores como SALES_AMOUNT em nossa tabela de vendas) e há colunas que são chaves estrangeiras, para dimensionar tabelas (a lista TRANS_DATE em nossa tabela de vendas).*

Vejamos o que DBMS_OLAP tem a dizer. Antes de podermos fazer isso, precisaremos acrescentar as chaves estrangeiras. A rotina RECOMMEND não verificará a DIMENSION para ver o que pode ser feito — ela precisa ver as chaves estrangeiras para determinar o relacionamento entre as tabelas:

```
tkyte@TKYTE816> alter table sales add constraint t_fk_time
  2  foreign key( trans_date) references time_hierarchy
  3  /

Table altered.

tkyte@TKYTE816> alter table sales add constraint t_fk_cust
  2  foreign key( cust_id) references customer_hierarchy
  3  /

Table altered.
```

Quando tivermos feito isso, estaremos prontos para verificar nossa tabela de fato, SALES:

```
tkyte@TKYTE816> exec dbms_olap.recommend_mv( 'SALES', 10000000000, ' ' );

PL/SQL procedure successfully completed.
```

Aqui, pedimos a RECOMMEND_MV para:

1. Verificar a tabela SALES.
2. Considerar um grande espaço a ser usado para as vistas materializadas (simplesmente passamos um número realmente grande).
3. Não sentir que ela precisa manter qualquer vista materializada (passamos ' ' como a lista de vistas a KEEP).

Em seguida, podemos consultar as tabelas que ela preenche diretamente ou, mais convenientemente, usar um exemplo de rotina para imprimir o conteúdo. Para instalar o exemplo de rotina e executar o relatório você fará:

```
tkyte@TKYTE816> @C:\oracle\RDBMS\demo\sadvdemo

Package created.

Package body created.

Package created.

Package body created.

tkyte@TKYTE816> exec demo_sumadv.prettyprint_recommendations
Recommendation Number = 1
Recommended Action is CREATE new summary:
SELECT CUSTOMER_HIERARCHY.CUST_ID, CUSTOMER_HIERARCHY.ZIP_CODE
CUSTOMER_HIERARCHY.REGION, COUNT(*), SUM(SALES.SALES_AMOUNT),
COUNT(SALES.SALES_AMOUNT)
FROM TKYTE.SALES, TKYTE.CUSTOMER_HIERARCHY
WHERE SALES.CUST_ID = CUSTOMER_HIERARCHY.CUST_ID
GROUP BY CUSTOMER_HIERARCHY.CUST_ID, CUSTOMER_HIERARCHY.ZIP_CODE,
CUSTOMER_HIERARCHY.REGION
Storage in bytes is 2100
Percent performance gain is 43.2371266138587
Benefit-to-cost ratio is .0205891079113603
Recommendation Number = 2
. . .

PL/SQL procedure successfully completed.
```

DBMS_OLAP verificou as dimensões e vistas materializadas existentes e agora está fazendo sugestões para vistas materializadas adicionais que podem ser utilmente criadas, devido aos meta dados (chaves principais, chaves estrangeiras e dimensões) que fornecemos no banco de dados.

Se tivéssemos usado o Oracle Trace poderíamos ir um passo além nesse processo de recomendação. O Oracle Trace é capaz de captar as consultas *atuais* pedidas ao sistema e registrar detalhes sobre elas. Essas serão usadas por DBMS_OLAP para fazer recomendações ainda mais focalizadas, recomendações baseadas não apenas no que é possível, mas também na realidade dos tipos de perguntas realmente feitas aos dados. As vistas materializadas que são possíveis mas que você não usaria com base em sua carga de trabalho, não são recomendadas. Outras vistas materializadas que são possíveis e que você usaria, seriam recomendadas, pois seriam empregadas por consultas realmente executadas por seu sistema.

Advertências

Há algumas considerações quanto ao uso de vistas materializadas. Cobriremos rapidamente algumas.

Vistas materializadas não são destinadas a sistemas OLTP

Como já foi mencionado, as vistas materializadas acrescentam código extra a transações individuais e, se criadas com REFRESH ON COMMIT, introduzem contenção. O código extra surge da necessidade de controlar as mudanças feitas por uma transação — essas mudanças serão mantidas na posição de sessão ou em registro de tabelas. Em um sistema OLTP de alta finalidade, esse código extra não é desejável. O aspecto consecutivo vem à cena com uma vista materializada REFRESH ON COMMIT, devido a que muitas fileiras na tabela de detalhe indicam de fato para uma única fileira em um resumo de tabela. Uma atualização em qualquer dos milhares de registros precisará modificar uma única fileira no resumo. Naturalmente, irá inibir a consecução em uma situação de alta atualização.

Isso não afasta o uso de vistas materializadas com OLTP, em especial aquelas revisadas por solicitação (REFRESHed ON DEMAND) com uma revisão *completa*. Uma revisão completa não acrescenta o código extra de controle de mudanças em termos de transação. Em vez disso, em algum ponto, a definição de consulta da vista materializada é executada, e os resultados simplesmente substituem a vista materializada existente. Como isso é feito por solicitação (em uma base periódica), a revisão pode ser programada para uma ocasião em que a carga for leve. A vista materializada resultante é especialmente relevante para relatórios — seus dados OLTP podem ser transformados usando SQL em algo que seja fácil e rápido de consultar, a cada noite. No próximo dia, seus relatórios online das atividades do dia anterior executam tão rápido quanto possível, e coexistem facilmente com seu sistema OLTP.

Integridade de reescrita de consulta

Conforme discutimos acima, tem três modos:

- ENFORCED — Só usará uma vista materializada se não houver possibilidade de receber dados incorretos ou envelhecidos.
- TRUSTED — O Oracle usará uma vista materializada mesmo que algumas das restrições em que ele esteja confiando sejam algo que ele não valide ou garanta. Isso é típico em um ambiente de armazenagem de dados, onde muitas restrições podem estar presentes, mas que não foram garantidas por Oracle.
- STALE_TOLERATED — O Oracle usará uma vista materializada mesmo se souber que os dados dos quais ela derivou foram alterados. Isso é típico de um ambiente sendo relatado, como descrito na advertência anterior.

Você precisa entender as ramificações do uso de cada um desses modos. ENFORCED lhe dará o direito de responder sempre, às custas de não usar algumas vistas materializadas que apressariam o tempo de resposta da consulta. TRUSTED, se o que o Oracle tiver sido solicitado para 'confiar' mostrar ser falso, pode dar um resultado que não seria obtido se a fonte de dados original tivesse sido consultada. Vimos um exemplo disso, com a vista materializada EMP_DEPT. STATE_TOLERATED seria usada em sistemas de relatório, onde é aceitável obter um valor que existia algum tempo antes. Se forem obrigatórias informações de um minuto atrás, STALE_TOLERATED não deve ser usado.

Resumo

As vistas materializadas são poderosos recursos de suporte de armazenagem/decisão de dados. Uma única vista materializada pode ser usada por muitas consultas diferentes, mas relacionadas. Melhor que tudo, ela é 100 por cento transparente ao aplicativo e ao usuário final. Você não precisa ensinar às pessoas quais resumos estão disponíveis — você informa ao Oracle o que é possível, através de restrições, referencial de integridade e dimensões. Ele faz o resto.

As vistas materializadas são a evolução natural, e a fusão, de recursos encontrados no banco de dados e nas ferramentas de decisão de suporte.Os recursos de gerenciamento de resumo de tabela do Discovered do Oracle (e outras ferramentas semelhantes) não são mais limitados a esses ambientes. Agora, cada cliente, desde o lento SQL*PLUS aos seus aplicativos personalizados desenvolvidos, às ferramentas de relatório pouco conhecidas, pode obter vantagens da resposta já estar armazenada para eles.

Acrescente a tudo isso a ferramenta DBMS_OLAP. Ela não só avaliará quanto de armazenagem adicional para suportar uma vista materializada você pode precisar, como poderá observar como são usadas suas vistas existentes. Com base nisso, ela recomendará soltar algumas e criar outras — a ponto de fornecer até a consulta que ela sente que você deve usar na vista materializada.

No todo, as vistas materializadas em um ambiente apenas de leitura/de leitura intensa, definitivamente, dão o retorno pela armazenagem adicional, através da redução do tempo de resposta à consulta e dos recursos necessários para processar as consultas.

14

Particionamento

O particionamento em Oracle foi introduzido originalmente no Oracle 8.0. Ele é a habilidade de romper fisicamente uma tabela ou índice em pedaços muito menores, mais maleáveis. No que se refere ao acesso do banco de dados, logicamente, só há uma tabela ou um índice. Fisicamente, pode haver inúmeras partições físicas que compreendem a tabela ou o índice. Cada partição é um objeto independente que pode ser manipulado por si próprio ou como parte do objeto maior.

O particionamento é destinado a facilitar o gerenciamento de tabelas e índices muito grandes, implementando a lógica dividida e conquistada. Por exemplo, digamos que você tenha um índice de 10GB em seu banco de dados. Se por algum motivo precisar remontar esse índice e ele não estiver particionado, você terá que remontar todo os 10 GB de índice como uma única unidade de trabalho. É verdade que poderíamos remontar o índice online, mas a quantidade de recursos necessários para remontar completamente o índice de 10 GB é imensa. Precisaremos de pelo menos 10 GB de armazenagem livre em algum lugar para conter uma cópia de ambos os índices, precisaremos de uma tabela de registro de transação temporária para gravar as mudanças feitas na tabela base durante o longo tempo que gastarmos remontando o índice e assim por diante. Por outro lado, se o próprio índice tiver sido particionado em dez partições de 1 GB, poderíamos remontar cada partição de índice individualmente, uma por uma. Precisaremos então de 10 por cento do espaço livre de que precisávamos anteriormente. Da mesma forma, a remontagem de índice vai muito mais depressa (digamos, talvez dez vezes mais rápido) e também a quantidade de mudanças transacionais que precisam ser fundidas no novo índice é muito menor.

Em resumo, o particionamento pode tornar o que de outra forma seria dantesco ou inviável, em alguns casos, em operações tão fáceis quanto em um pequeno banco de dados.

Os usos de particionamento

Há três motivos principais para usar o particionamento:
- Aumentar a disponibilidade
- Facilitar da carga de administração
- Aumentar a DML e o desempenho de consulta

Disponibilidade aumentada

A disponibilidade aumentada é derivada do fato que partições são entidades independentes. A disponibilidade (ou a falta) de uma única partição num objeto não significa que o próprio objeto esteja indisponível. O otimizador está ciente do esquema de particionamento que você implementou e removerá partições não referidas do plano de consulta, de acordo. Se uma única partição estiver indisponível em um grande objeto e sua consulta puder não levar em consideração essa partição, o Oracle processará a consulta com sucesso. Por exemplo, iremos inicializar uma tabela particionada residual com duas partições, cada qual em um espaço de tabela separado, e inserir nela alguns dados. Em cada fileira inserida nessa tabela, o valor da coluna EMPNO é misturado para determinar em qual partição (e assim o espaço de tabela, nesse caso) os dados serão colocados. Depois, usando o nome de tabela ampliado por partição, inspecionaremos o conteúdo de cada uma:

```
tkyte@TKYTE816> CREATE TABLE emp
  2  (  empno    int,
  3     ename    varchar2(20)
  4  )
  5  PARTITION BY HASH (empno)
  6  ( partition part_1 tablespace p1,
  7      partition part_2 tablespace p2
  8  )
  9  /

Table created.

tkyte@TKYTE816> insert into emp select empno, ename from scott.emp
  2  /

14 rows created.

tkyte@TKYTE816> select * from emp partition(part_1);

     EMPNO ENAME
---------- ---------
      7369 SMITH
      7499 ALLEN
      7654 MARTIN
      7698 BLAKE
      7782 CLARK
      7839 KING
      7876 ADAMS
      7934 MILLER
8 rows selected.

tkyte@TKYTE816> select * from emp partition(part_2);

     EMPNO ENAME
---------- ---------
      7521 WARD
      7566 JONES
      7788 SCOTT
      7844 TURNER
      7900 JAMES
      7902 FORD
6 rows selected.
```

Agora, tornaremos alguns dos dados indisponíveis, tirando um dos espaços de tabela. Executaremos uma consulta que atinge cada partição para mostrar que a consulta falhará. Depois, mostraremos que uma consulta que não acessa o espaço de tabela fora da linha funcionará normalmente — o Oracle não irá considerar a partição fora da linha. Nesse exemplo em especial, uso uma ligação de variável apenas para demonstrar que, ainda que o Oracle não saiba por ocasião da otimização da consulta, qual partição será acessada, ele será capaz de fazer essa eliminação:

```
tkyte@TKYTE816> alter tablespace p1 offline;

Tablespace altered.

tkyte@TKYTE816> select * from emp
  2  /
select * from emp
               *
ERROR at line 1:
```

```
ORA-00376: file 4 cannot be read at this time
ORA-01110: data file 4: 'C:\ORACLE\ORADATA\TKYTE816\P1.DBF'

tkyte@TKYTE816> variable n number
tkyte@TKYTE816> exec :n := 7844

PL/SQL procedure successfully completed.

tkyte@TKYTE816> select * from emp where empno = :n
  2  /

     EMPNO ENAME
    ------ ------
      7844 TURNER
```

Como você pode ver, tiramos um dos espaços de tabela da linha, simulando uma falha de disco. O efeito disso é que se tentarmos acessar toda a tabela, não conseguiremos. No entanto, se tentarmos acessar os dados dentro da partição online, teremos sucesso. Quando o otimizador puder eliminar partições do plano, ele o fará. Esse fato aumenta a disponibilidade para aqueles aplicativos que usam a partição chave em suas consultas.

As partições também aumentam a disponibilidade, uma vez que o tempo de espera é reduzido. Se você tiver uma tabela de 100 GB, por exemplo, e ela estiver particionada em cinqüenta partições de 2 GB, você poderá recuperar-se muito mais depressa de erros. Se uma das partições de 2GB for danificada, o tempo de recuperação será o tempo que demorar a restaurar e recuperar uma partição de 2 GB, não uma tabela de 100 GB. Assim, a disponibilidade é aumentada de duas maneiras; uma é que muitos usuários podem nunca notar que os dados estão indisponíveis devido à eliminação de partição, a outra é o tempo de espera reduzido no caso de um erro, devido à quantidade significativamente reduzida de trabalho que é realizada.

Carga administrativa reduzida

O alívio da carga administrativa deriva do fato que as operações de desempenho em pequenos objetos são inerentemente mais fáceis, mais rápidas e consomem menos recurso do que realizar a mesma operação num grande objeto. Por exemplo, se você descobrir que 50 por cento das fileiras em sua tabela são 'encadeadas' (veja o Capítulo, para detalhes sobre fileiras encadeadas/migradas) e quiser corrigir isso, ter uma tabela particionada irá facilitar a operação. Para 'corrigir' fileiras encadeadas, você precisa remontar o objeto — nesse caso, uma tabela. Se você tiver uma tabela de 100 GB, precisará fazer essa operação em um 'naco' muito grande, serialmente, usando ALTER TABLE MOVE. Por outro lado, se tiver 25 partições de 4GB, poderá remontar cada partição, uma por uma. Alternativamente, se estiver fazendo isso fora do horário de expediente, poderá até fazer as declarações ALTER TABLE MOVE em paralelo, em sessões separadas, reduzindo potencialmente o tempo de demora. Se você estiver usando índices localmente particionados nessa tabela particionada, a remontagem de índice também irá demorar significativamente menos tempo. Virtualmente, tudo o que você pode fazer em um objeto não particionado, também pode em uma partição individual de um objeto particionado.

Outro fator a considerar com relação a partições e à administração é o uso de 'janelas deslizantes' de dados na armazenagem e arquivamento de dados. Em muitos casos, você precisa manter as últimas N unidades de tempo de dados online. Por exemplo, é preciso manter os últimos doze meses online ou os últimos cinco anos. Sem as partições, era geralmente uma maciça INSERT, seguida por uma maciça DELETE. Muito de DML, muito de redo e retorno gerado. Com as partições podemos simplesmente:

- ❏ Carregar uma tabela separada com os dados dos novos meses (ou anos, o que for).
- ❏ Indexar totalmente a tabela. (Essas etapas poderiam até ser feitas em outra cópia e transportadas para esse banco de dados.)
- ❏ Deslizá-los para o *final* da tabela particionada.
- ❏ Deslizar a partição mais antiga para fora, na outra extremidade da tabela particionada.

Agora podemos suportar, muito facilmente, objetos extremamente grandes contendo informações sensíveis de tempo. Os dados antigos podem ser facilmente removidos da tabela particionada e simplesmente *soltos*, se você não precisar mais deles, ou se eles puderem ser arquivados em algum lugar fora. Novos dados podem ser carregados em uma tabela separada, de modo a não afetar a tabela particionada, até que o carregamento, a indexação etc, sejam completados. Mais tarde veremos um exemplo completo de janela deslizante.

Aumento de DML
e desempenho de consulta

O último benefício geral de particionamento é no aumento do desempenho de consulta e de DML. Olharemos cada um deles individualmente para ver quais os benefícios que podemos esperar.

O aumento de desempenho de DML refere-se ao potencial para realizar DML paralela (ou PDML). Durante a PDML, o Oracle usa muitas seqüências ou processos para fazer sua INSERT, UPDATE ou DELETE, em vez de um único processo em série. Em uma máquina de múltiplos CPUs, com muita largura de banda de I/O, a potencial agilidade pode ser grande para operações maciças de DML. Diferente de consulta paralela (o processamento de uma declaração SELECT por muitos processos/seqüências), a PDML requer o particionamento (há um caso especial de inserção paralela de caminho direto, através da referência /*+ APPEND*/ que não exige particionamento). Se as suas tabelas não são particionadas, não é possível realizar essas operações em paralelo. O Oracle irá designar um grau máximo de paralelismo ao objeto, com base na quantidade de partições físicas que ele tenha.

Você não deve ver a PDML como um recurso para apressar seus aplicativos baseados em OLTP. Freqüentemente há confusão com relação a isso. Muitas vezes ouço 'As operações paralelas precisam ser mais rápidas que as operações em série — simplesmente elas têm que ser', o que nem sempre é o caso. Algumas operações feitas em paralelo podem ser muito mais lentas do que feitas em série. Há um certo código extra envolvido na configuração de operações paralelas; mais coordenação que precisa ocorrer. Além disso, operações paralelas não são coisas que você deve considerar fazer em um sistema OLTP, principalmente online — simplesmente não faz sentido. Elas são destinadas a maximizar completa e totalmente o uso de uma máquina. São projetadas para que um único usuário possa usar completamente todos os discos, CPU e memória na máquina. Em uma armazenagem de dados — muitos dados, poucos usuários — isso é algo que você quer conseguir. Em um sistema OLTP (toneladas de usuários, todos fazendo transações curtas, rápidas), dar a um usuário a habilidade de usar completamente todos os recursos da máquina não é uma solução escalonável.

Isso parece contraditório — usamos a consulta paralela para aumentar o escalonamento, como ela pode não ser escalonável? Quando aplicada a um sistema OLTP, no entanto, a declaração é bastante apurada. A consulta paralela não é algo que aumente o escalonamento à medida que usuários consecutivos aumentam o escalonamento. A consulta paralela foi projetada para permitir a uma única sessão gerar tanto trabalho quando poderia uma centena de sessões consecutivas. Na verdade, em nosso sistema OLTP, não queremos que um único usuário gere o trabalho de uma centena de usuários.

PDML é útil em um grande ambiente de armazenagem de dados para facilitar atualizações em grupo de maciças quantidades de dados. A operação PDML é executada da maneira que seria uma consulta distribuída, pelo Oracle, com cada partição agindo como uma cópia separada de banco de dados. Cada partição é atualizada por uma seqüência separada, com a sua própria transação (e assim esperamos, o seu próprio segmento de retorno) e depois que todas são feitas, é realizado o equivalente de uma fase dupla de comprometimento, para comprometer as transações independentes, separadas. Devido a essa arquitetura, há determinadas limitações associadas a PDML. Por exemplo, disparadores não são suportados durante uma operação PDML. Essa é uma limitação razoável, na minha opinião, visto que os disparadores tenderiam a acrescentar uma grande quantidade de código extra à atualização, e você está usando PDML para ir rápido — os dois recursos não podem ir juntos. Há também certas restrições de referencial integridade declaradas que não são suportadas durante a PDML, pois cada partição é feita em uma transação separada no equivalente de uma sessão separada. Por exemplo, o auto-referencial de integridade não é suportado. Considere os impasses e outros aspectos de bloqueio que poderiam ocorrer se ele fosse suportado.

Na área de desempenho de consulta, o particionamento entra em cena com dois tipos de operações especializadas:

- **Eliminação de partição** — Algumas partições de dados não são consideradas no processamento da consulta. Vimos um exemplo de eliminação de partição no exemplo onde tomamos um de dois espaços de tabela offline e a consulta ainda funcionou. O espaço de tabela offline (nesse caso, partição) foi eliminado.

- **Operações paralelas** — Tal como uniões quanto à partição em objetos particionados em chaves de união, ou leituras de índice paralelo, através das quais as partições de índices podem ser lidas em paralelo.

Novamente, muito como PDML, não deveríamos olhar para as partições como forma de aperfeiçoar maciçamente o desempenho em um sistema OLTP. A eliminação de partição é útil onde você tem leituras completas de grandes objetos. Usando a eliminação de partição você pode evitar a leitura completa de grandes partes de um objeto. O aumento em desempenho seria oriundo desse recurso. No entanto, em um ambiente OLTP *você não está lendo completamente* grandes objetos (se estiver, tem sérios fluxos de design). Mesmo que particione seus índices, é minúscula a agilidade que consegue lendo um índice menor– se de fato você conseguir qualquer agilidade. Se algumas de suas consultas usam um índice *e* não podem ser usadas para eliminar ao menos uma partição, você pode descobrir que, de fato, suas consultas executam mais lentamente depois de particionar, pois agora você tem 5, 10 ou 20 índices menores para ler, em vez de um índice maior.

Investigaremos isso em mais detalhes adiante, quando virmos os tipos de índices particionados que temos à nossa disposição. Há oportunidades para ganhar eficiência em um sistema OLTP com partições — elas podem ser usadas para aumentar a consecução, diminuindo, por exemplo, a contenção. Podem ser usadas para expandir as modificações de uma única tabela, dentre muitas partições físicas. Em vez de ter um único segmento de tabela com um único segmento de índice — você pode ter 20 partições de tabela e 20 partições de índice. Seria como ter 20 tabelas em vez de uma — diminuindo assim a contenção desse recurso compartilhado durante as modificações.

Quanto às operações paralelas, como já declarado, você não quer fazer uma consulta paralela em um sistema OLTP. Deve reservar o seu uso de operações paralelas para o DBA fazer remontagens, criar índices, analisar tabelas e assim por diante. O fato é que em um sistema OLTP, suas consultas já devem ser caracterizadas por índices de acesso muito rápidos — particionar não apressará muito, se apressar. Isso não significa 'evitar particionar em OLTP', significa não esperar aperfeiçoamentos maciços em desempenho, simplesmente acrescentando particionamento. Seus aplicativos não são capazes de obter vantagem das ocasiões onde o particionamento é capaz de aumentar o desempenho de consulta, nesse caso.

Em um sistema de suporte de armazenagem/decisão de dados, o particionamento não é apenas uma ótima ferramenta administrativa, mas é algo a dar agilidade ao processamento. Por exemplo, você pode ter uma grande tabela, onde é possível fazer uma consulta específica. Você sempre faz a consulta específica pelo trimestre de vendas — cada trimestre de vendas contém centenas de milhares de registros e você tem milhões de registros online. Assim, você quer consultar um pedaço relativamente pequeno de todo o conjunto de dados, mas na verdade não é viável indexá-lo baseado no trimestre de vendas. Esse índice indicaria para centenas de milhares de registros, e seria terrível fazer a leitura da faixa de índice dessa maneira (refira-se ao Capítulo 7, para mais detalhes). Uma leitura completa de tabela é chamada para processar muitas de suas consultas, mas acabamos tendo que ler milhões de registros, a maioria dos quais não se aplicam à nossa consulta. Usando um inteligente esquema de particionamento, podemos agregar os dados por trimestre para que ao consultarmos os dados de qualquer trimestre determinado, acabemos lendo completamente apenas os dados daquele trimestre. Essa é a melhor solução possível, de todas.

Além disso, em um ambiente de sistema de suporte de armazenagem/decisão de dados, a consulta paralela é freqüentemente usada. Aqui, operações como leituras de faixa de índice paralelo ou leituras rápidas completas paralelas de índice não apenas são significativas, mas também benéficas. Queremos maximizar nosso uso de todos os recursos disponíveis, e a consulta paralela é a maneira de fazer isso. Portanto, nesse ambiente, o particionamento significa uma boa chance de agilidade de processamento.

Se fossemos colocar os benefícios de particionamento em alguma ordem de classificação, ela seria:

1. Aumenta a disponibilidade de dados — bom para todos os tipos de sistemas
2. Facilita a administração de grandes objetos, removendo grandes objetos do banco de dados — bom para todos os tipos de sistemas
3. Aumenta o desempenho de determinadas DML e consultas — benéfico principalmente em um grande ambiente de armazenagem
4. Reduz a contenção em sistemas OLTP de grande inserção (como uma tabela final de auditoria), distribuindo as inserções através de muitas partições separadas (distribui os pontos quentes).

Como funciona o particionamento

Nesta seção, veremos os esquemas de particionamento oferecidos por Oracle 8i. Há três esquemas de particionamento para tabelas e dois para índices. Dentro dos dois esquemas para particionamento de índice, há várias classes de particionamento. Veremos os benefícios de cada um e as diferenças entre eles. Veremos também quando aplicar quais esquemas para diferentes tipos de aplicativo.

Esquemas de particionamento de tabela

Atualmente, há três métodos pelos quais podemos particionar tabelas em Oracle:

- **Particionamento de faixa** — Você pode especificar : de dados que devam ser armazenadas juntas. Por exemplo, tudo que tem um carimbo de tempo no mês de Jan-2001 será armazenado na partição 1, tudo com um carimbo de tempo de Fev-2001 na partição 2 e assim por diante. Provavelmente, esse é o mecanismo de particionamento mais usado em Oracle 8i.

- **Particionamento residual** — Vimos isso no primeiro exemplo deste capítulo. Uma coluna, ou colunas, tem uma função residual aplicada a ela e a fileira será colocada em uma partição, de acordo com o valor desse resíduo.
- **Particionamento composto** — É uma combinação de faixa e resíduo. Permite que você aplique primeiro o particionamento de faixa em alguns dados e depois, dentro daquela faixa, tenha a partição final escolhida por resíduo.

O código a seguir e os diagramas oferecem uma demonstração visual desses diferentes métodos. Além disso, as declarações CREATE TABLE são inicializadas de modo a dar uma visão geral da sintaxe de uma tabela particionada. O primeiro tipo que veremos é uma tabela de faixa particionada:

```
tkyte@TKYTE816> CREATE TABLE range_example
  2    ( range_key_column date,
  3        data                    varchar2(20)
  4    )
  5    PARTITION BY RANGE (range_key_column)
  6    ( PARTITION part_1 VALUES LESS THAN
  7            (to_date('01-JAN-1995', 'dd-mon-yyyy')),
  8      PARTITION part_2 VALUES LESS THAN
  9            (to_date('01-JAN-1996', 'dd-mon-yyyy'))
 10    )
 11  /
Table created.
```

O diagrama mostra que o Oracle irá inspecionar o valor da RANGE_KEY_COLUMN e, baseado em seu valor, inseri-la em uma das duas partições:

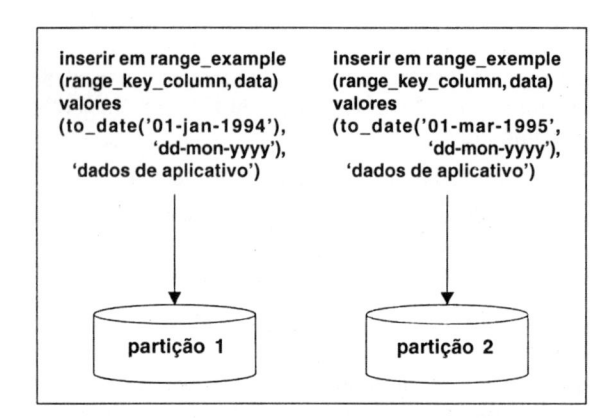

```
inserir em range_example            inserir em range_exemple
(range_key_column, data)            (range_key_column, data)
valores                             valores
(to_date('01-jan-1994'),            (to_date('01-mar-1995',
         'dd-mon-yyyy'),                      'dd-mon-yyyy'),
 'dados de aplicativo')              'dados de aplicativo')
            |                                   |
            v                                   v
       partição 1                          partição 2
```

Você pode estar imaginando o que aconteceria se a coluna usada para determinar a partição fosse modificada. Há dois casos a considerar:

- A modificação não ocasionaria o uso de uma partição diferente; a fileira ainda pertenceria a essa partição. Isso é suportado em todos os casos.
- A modificação levaria a fileira a mover-se através de partições. Isso é suportado *se* o movimento de fileira for capacitado para a tabela, caso contrário, será levantado um erro.

Podemos observar facilmente esses comportamentos. Abaixo, iremos inserir uma fileira na PART_1 da tabela acima. Depois, iremos atualizá-la para um valor que lhe permita ficar na PART_1, e tudo será bem sucedido. Em seguida, atualizaremos a RANGE_KEY_COLUMN para um valor que a levaria a pertencer à PART_2, que erguerá um erro, visto que não capacitamos explicitamente o movimento de fileira. Por fim, alteraremos a tabela para suportar o movimento de fileira e veremos o resultado de fazê-lo:

```
tkyte@TKYTE816> insert into range_example
  2  values ( to_date( '01-jan-1994', 'dd-mon-yyyy' ), 'application data' );

1 row created.
```

```
tkyte@TKYTE816> update range_example
  2    set range_key_column = range_key_column+1
  3  /

1 row updated.
```

Conforme esperado, isso é bem sucedido, a fileira permanece na partição PART_1. Em seguida, observaremos o comportamento quando a atualização pode levar a fileira a mover:

```
tkyte@TKYTE816> update range_example
  2    set range_key_column = range_key_column+366
  3  /
update range_example
       *
ERROR at line 1:
ORA-14402: updating partition key column would cause a partition change
```

Isto levantou imediatamente um erro. Em Oracle 8.1.5 e lançamentos posteriores, podemos capacitar o movimento de fileira nessa tabela para permitir à fileira mover-se de partição para partição. Essa funcionalidade não está disponível em Oracle 8.0 — você precisa apagar a fileira e inseri-la novamente naquele lançamento. Mas deve ficar atento com relação ao sutil efeito colateral dessa ação. É um dos casos onde o ROWID de uma fileira mudará decido a uma atualização (o outro é uma atualização na chave principal de uma IOT — tabela organizada por índice. O ROWID universal também mudará para aquela fileira):

```
tkyte@TKYTE816> select rowid from range_example
  2  /

ROWID
------
AAAHeRAAGAAAAAKAAA

tkyte@TKYTE816> alter table range_example enable row movement
  2  /

Table altered.

tkyte@TKYTE816> update range_example
  2    set range_key_column = range_key_column+366
  3  /

1 row updated.

tkyte@TKYTE816> select rowed from range_example
  2  /

ROWID
------
AAAHeSAAGAAAABKAAA
```

Assim, desde que você entenda que o ROWID da fileira mudará nessa atualização, capacitar o movimento de fileira permitirá que você atualize as chaves de partição.

O exemplo a seguir é aquele de uma tabela particionada residual. Aqui, o Oracle irá aplicar uma função residual à partição chave para determinar em qual das N partições os dados devem ser colocados. O Oracle recomenda que N seja um número múltiplo de 2 (2, 4, 8, 16 e assim por diante) para conseguir a melhor distribuição de todas. O particionamento residual é destinado a conseguir uma boa expansão de dados através de muitos dispositivos (discos) diferentes. A chave residual escolhida para uma tabela deve ser uma coluna ou conjunto de colunas tão única quanto possível, para oferecer uma boa expansão de valores. Se você escolher uma coluna que tenha apenas quatro valores e usar duas partições, elas poderão acabar fazendo muito facilmente o resíduo da mesma partição, traspassando primeiro o valor do particionamento!

Criaremos uma tabela residual, nesse caso com duas partições:

```
tkyte@TKYTE816> CREATE TABLE hash_example
  2  ( hash_key_column      date,
  3       data                            varchar2(20)
  4  )
  5  PARTITION BY HASH (hash_key_column)
  6  ( partition part_1 tablespace p1,
  7      partition part_2 tablespace p2
  8  )
  9  /
Table created.
```

O diagrama mostra que o Oracle irá inspecionar o valor no hash_key_column, misturá-lo e determinar em qual das duas partições determinada fileira irá aparecer:

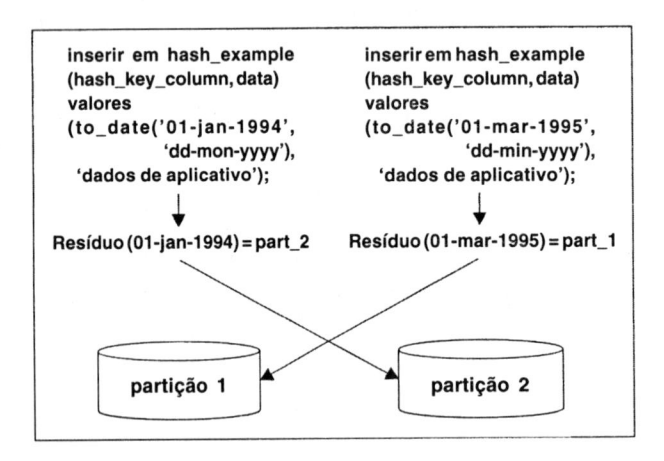

```
inserir em hash_example              inserir em hash_example
(hash_key_column, data)              (hash_key_column, data)
valores                              valores
(to_date('01-jan-1994',              (to_date('01-mar-1995',
        'dd-mon-yyyy'),                      'dd-min-yyyy'),
 'dados de aplicativo');              'dados de aplicativo');
         ↓                                    ↓
Resíduo(01-jan-1994)=part_2         Resíduo(01-mar-1995)=part_1

              partição 1        partição 2
```

Por fim, veremos um exemplo de particionamento composto, que é uma mistura de faixa e resíduo. Estamos usando um conjunto de colunas para particionar faixa diferente do conjunto de colunas que usamos para misturar. Isso não é obrigatório — poderíamos usar o mesmo conjunto de colunas para ambos:

```
tkyte@TKYTE816> CREATE TABLE composite_example
  2  (   range_key_column   date,
  3      hash_key_column    int,
  4      data               varchar2(20)
  5  )
  6  PARTITION BY RANGE (range_key_column)
  7  subpartition by hash(hash_key_column) subpartitions 2
  8  )
  9  PARTITION part_1
 10         VALUES LESS THAN(to_date('01-jan-1995', 'dd-mon-yyyy'))
 11         (subpartition part_1_sub_1,
 12          subpartition part_1_sub_2
 13         ),
 14  PARTITION part_2
 15         VALUES LESS THAN(to_date('01-jan-1996', 'dd-mon-yyyy'))
```

```
16              (subpartition part_2_sub_1,
17              subpartition part_2_sub_2
18              )
19      )
20      /

Table created.
```

No particionamento composto, o Oracle primeiro irá aplicar as regras de particionamento de faixa para descobrir em qual faixa caem os dados. Depois, irá aplicar a função residual para decidir em qual partição física os dados finalmente devem ser colocados:

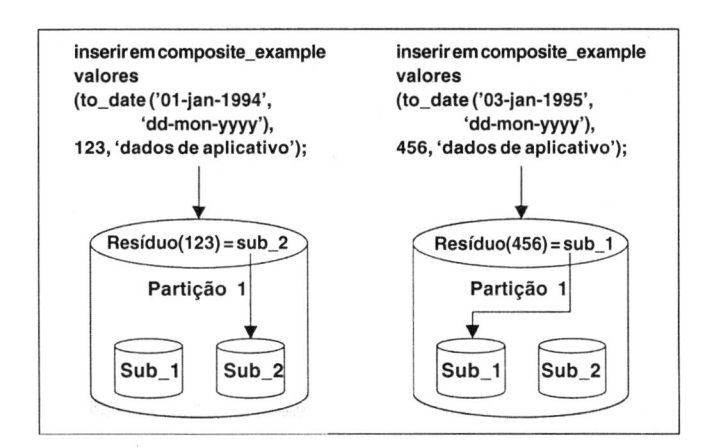

```
inserir em composite_example            inserir em composite_example
valores                                 valores
(to_date ('01-jan-1994',                (to_date ('03-jan-1995',
    'dd-mon-yyyy'),                         'dd-mon-yyyy'),
 123, 'dados de aplicativo');            456, 'dados de aplicativo');

        Resíduo(123) = sub_2                    Resíduo(456) = sub_1

        Partição 1                              Partição 1

        Sub_1   Sub_2                           Sub_1   Sub_2
```

Geralmente, o particionamento de faixa é útil quando você tem dados logicamente desagregados por algum(ns) valor(es). Dados baseados em tempo vêm imediatamente à frente, como um exemplo clássico. A partição de 'Vendas por Trimestre'. A partição de 'Ano Fiscal'. A partição por 'Mês'. O particionamento de faixa é capaz de obter vantagem da eliminação de partição em muitos casos, inclusive o uso de igualdade e de faixas — menor do que, maior do que, entre etc.

O particionamento residual é adequado para dados que não têm faixas naturais através das quais você possa particionar. Por exemplo, se você tivesse que carregar uma tabela completa de dados relativos ao censo, poderia não haver um atributo pelo qual faria sentido particionar por faixa. No entanto, você ainda deve querer usufruir as vantagens dos aperfeiçoamentos administrativos, de desempenho e de disponibilidade oferecidos pelo particionamento. Aqui, você simplesmente pegaria um conjunto de colunas único, ou quase único, para misturar, o que conseguiria uma distribuição igual de dados através de tantas partições quantas você quisesse. Os objetos particionados por resíduo podem obter vantagem da eliminação de partição quando a igualdade exata de IN (value, value, ...) é usada, mas não quando faixas de dados são usadas.

O particionamento composto é útil quando você tem algo lógico pelo qual pode fazer a partição de faixa, mas as partições de faixa resultantes ainda são grandes demais para gerenciar efetivamente. É possível aplicar o particionamento de faixa e depois dividir mais cada faixa através de uma função residual. Esse procedimento permitirá expandir solicitações de entrada/saída por muitos discos em qualquer grande partição determinada. Além disso, você poderá conseguir a eliminação de partição em três níveis. Se você consultar na faixa de partição chave, o Oracle é capaz de eliminar quaisquer partições de faixa que não atinjam seus critérios. Se você acrescentar a chave residual à sua consulta, o Oracle poderá eliminar as outras partições residuais dentro daquela faixa. Se você só consultar a chave residual (não usando a chave de partição de faixa), o Oracle irá consultar apenas aquelas subpartições residuais que se aplicam, a partir de cada faixa de partição.

É recomendado que, se houver algo que faça sentido aos seus dados, você use aquilo em vez de particionamento residual. O particionamento residual acrescenta muitos dos claros benefícios de particionamento, mas não é tão útil quanto ao particionamento de faixa quando se trata de eliminação de partição. Usar partições residuais dentro de partições de faixa é recomendável quando as partições de faixa resultantes forem grandes demais para gerenciar, ou quando você quiser usar PDML ou a leitura paralela de índice em uma única partição de faixa.

Como particionar índices

Os índices, como as tabelas, podem ser particionados. Existem dois métodos possíveis para particionar índices. Você pode tanto:

- **Partição igual de índice com a tabela** — também conhecido como **índice local**. Em cada partição de tabela haverá uma partição de índice que indexa apenas aquela partição de tabela. Todas as entradas em determinada partição de índice indicam para uma única partição de tabela, e todas as fileiras em uma partição de tabela única são representadas em uma única partição de índice.
- **Partição do índice por faixa** — também conhecido como **índice global**. Aqui o índice é particionado por faixa, e uma única partição de índice pode indicar para *qualquer* (e todas) as partições de tabela.

O seguinte diagrama exibe a diferença entre um índice local e um global:

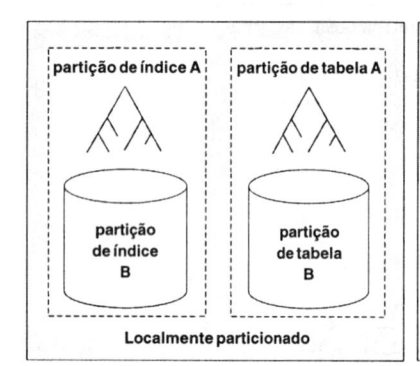

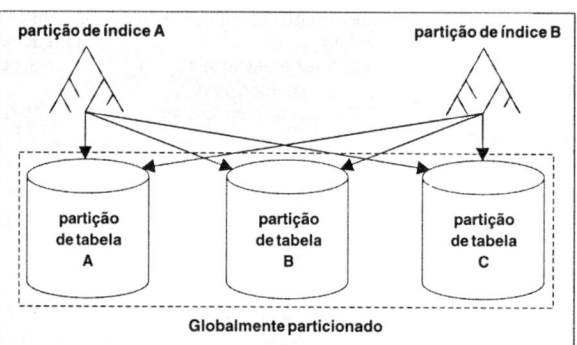

No caso de um índice globalmente particionado, note que a quantidade de partições de índice pode, de fato, ser diferente da quantidade de partições de tabela.

Como os índices globais só podem ser particionados por faixa, se você quiser ter um índice particionado por resíduo ou composto precisará usar índices locais. Estes serão particionados usando o mesmo esquema que a tabela subjacente.

Índices locais

Os índices locais são aqueles, na minha experiência, que a maioria das implementações de partição usou, uma vez que a maioria das implementações de partição que tenho visto tem sido de armazenagem de dados. Em um sistema OLTP os índices globais seriam mais comuns. Os índices locais têm determinadas propriedades que os tornam a melhor escolha para a maioria das implementações de armazenagem de dados. Eles suportam um ambiente mais disponível (menos tempo de espera), pois os problemas serão isolados em uma faixa ou resíduo de dados. Por outro lado, um índice global, que pode indicar para muitas partições de tabela, pode tornar-se um ponto de falha, tornando todas as partições inacessíveis a determinadas consultas. Os índices locais são mais flexíveis quando se trata de operações de manutenção de partição. Se o DBA resolver mover uma partição de tabela, apenas as partições locais de índice associadas precisarão ser remontadas. Com um índice global, todas as partições de índice precisam ser remontadas. O mesmo se aplica às implementações com 'janelas deslizantes', onde saem os dados antigos da partição e entram os novos. Nenhum índice local precisará de remontagem, mas todos os índices globais precisarão. Em alguns casos, o Oracle pode usufruir as vantagens do índice ser localmente particionado com a tabela e, com base nisso, desenvolverá planos de consulta otimizados. Com os índices globais não existe tal relacionamento entre as partições de índice e de tabela; eles locais também facilitam a uma partição indicar a recuperação de uma operação no tempo. Se uma única partição precisar ser recuperada a um ponto prévio no tempo comparado ao restante da tabela, por algum motivo, todos os índices localmente particionados poderão ser recuperados para aquele mesmo ponto no tempo. Todos os índices globais precisariam ser remontados nesse objeto.

O Oracle faz uma distinção entre esses dois tipos de índices locais:

- **Índices locais prefixados** — São índices como as partições chave são na margem guia da definição de índice. Por exemplo, se uma tabela é particionada por faixa na coluna TIMESTAMP, um índice local prefixado naquela tabela deve ter TIMESTAMP como a primeira coluna na sua lista de colunas.
- **Índices locais não prefixados** — Esses índices *não* têm a partição chave na margem guia de sua lista de coluna. O índice pode ou não conter as colunas de partições chave.

Ambos os tipos de índices são capazes de se beneficiar da eliminação de partição, ambos podem suportar a individualidade (desde que o índice não prefixado inclua a partição chave) e assim por diante. O fato é que uma consulta que usa um índice local prefixado sempre *capacitará* a eliminação de partição de índice, enquanto uma consulta com um índice local não prefixado pode não capacitar. Por isso é que os índices locais não prefixados são ditos 'mais lentos'; eles não *garantem* a eliminação de partição (mas a suportam). Além disso, como veremos abaixo, o otimizador tratará os índices locais não prefixados diferente dos índices locais prefixados ao realizar certas operações. A documentação de Oracle declara que:

> *índices locais prefixados oferecem melhor desempenho do que índices locais não prefixados, pois diminuem a quantidade de índices examinados*

Na verdade, isso deveria ser lido mais como:

> *índices localmente particionados são usados em CONSULTAS que referem toda a partição chave neles, oferecem um melhor desempenho do que CONSULTAS que não referem a partição chave*

Não há nada inerentemente melhor sobre um índice local prefixado em oposição a um índice local não prefixado, quando aquele índice é usado como o caminho inicial para a tabela em uma consulta. O que quero dizer com isso é que se a consulta pode iniciar com SCAN AN INDEX como primeira etapa, não há muita diferença entre um índice prefixado e um não prefixado. Abaixo, quando estivermos buscando por índices particionados em uniões, veremos a diferença entre um índice prefixado e um não prefixado.

Para a consulta que começa com um acesso a índice, tudo realmente depende do predicado em sua consulta. Um pequeno exemplo ajudará a demonstração. Inicializaremos uma tabela, PARTITIONED_TABLE, e criaremos nela um índice local prefixado, LOCAL_PREFIXED. Além disso, acrescentaremos um índice local não prefixado, LOCAL_NONPREFIXED:

```
tkyte@TKYTE816> CREATE TABLE partitioned_table
  2  (   a int,
  3      b int
  4  )
  5  PARTITION BY RANGE (a)
  6  )
  7  PARTITION part_1 VALUES LESS THAN(2) ,
  8  PARTITION part_2 VALUES LESS THAN(3)
  9  )
 10  /

Table created.

tkyte@TKYTE816> create index local_prefixed on partitioned_table (a,b) local;

Index created.

tkyte@TKYTE816> create index local_nonprefixed on partitioned_table (b) local;

Index created.
```

Agora, iremos inserir alguns dados em uma partição e marcar os índices UNUSABLE:

```
tkyte@TKYTE816> insert into partitioned_table values ( 1, 1 );

1 row created.

tkyte@TKYTE816> alter index local_prefixed modify partition part_2 unusable;

Index altered.

tkyte@TKYTE816> alter index local_nonprefixed modify partition part_2 unusable;

Index altered.
```

Configurar as partições de índice para UNUSABLE evitará que o Oracle acesse essas partições específicas. Será como se elas tivessem sofrido uma 'falha de meio' — ficam indisponíveis. Agora consultaremos a tabela para ver quais partições de índice são necessárias por diferentes consultas:

```
tkyte@TKYTE816> set autotrace on explain
tkyte@TKYTE816> select * from partitioned_table where a = 1 and b = 1;

         A          B
------   ------
         1          1

Execution Plan
----------------------------------------
   0      SELECT STATEMENT Optimizer=CHOOSE (Cost=1 Card=1 Bytes=26)
   1    0   INDEX (RANGE SCAN) OF 'LOCAL_PREFIXED' (NON-UNIQUE) (Cost=1
```

Assim, a consulta que usa LOCAL_PREFIX é bem sucedida. O otimizador foi capaz de excluir PART_2 de LOCAL_PREFIX de consideração, pois especificamos A=1 na consulta. A eliminação de partição a dispensou por nós. Para a segunda consulta:

```
tkyte@TKYTE816> select * from partitioned_table where b = 1;
ERROR:
ORA-01502: index 'TKYTE.LOCAL_NONPREFIXED' or partition of such index is in
unusable state

no rows selected

Execution Plan
----------------------------------------
   0      SELECT STATEMENT Optimizer=CHOOSE (Cost=1 Card=2 Bytes=52)
   1    0   PARTITION RANGE (ALL)
   2    1    TABLE ACCESS (BY LOCAL INDEX ROWID) OF 'PARTITIONED_TABLE'
   3    2     INDEX (RANGE SCAN) OF 'LOCAL_NONPREFIXED' (NON-UNIQUE)
```

Aqui o otimizador *não* foi capaz de remover PART_2 de LOCAL_NONPREFIXED de consideração. Eis um aspecto de desempenho com índices locais não prefixados. Eles não *fazem* você usar a partição chave no predicado, como faz um índice prefixado. Não que os índices prefixados sejam melhores, é que para usá-los é precisa usar uma consulta que permita a eliminação de partição.

Se soltarmos o índice LOCAL_PREFIXED e executarmos novamente a consulta original que foi bem sucedida:

```
tkyte@TKYTE816> select * from partitioned_table where a = 1 and b = 1;

         A          B
------   ------
         1          1

Execution Plan
----------------------------------------
   0      SELECT STATEMENT Optimizer=CHOOSE (Cost=1 Card=1 Bytes=26)
   1    0   TABLE ACCESS (BY LOCAL INDEX ROWID) OF 'PARTITIONED_TABLE'
   2    1    INDEX (RANGE SCAN) OF 'LOCAL_NONPREFIXED' (NON-UNIQUE) (Cost=1
```

Bem, esse pode ser um resultado surpreendente. É quase o mesmo plano para a consulta que acabou de falhar, mas dessa vez funcionou, porque o otimizador é capaz de executar a eliminação de partição mesmo em índices locais não prefixados (não há a etapa PARTITION RANGE(ALL) nesse plano).

Se você consulta freqüentemente a tabela acima com as consultas:

```
select ... from partitioned_table where a = :a and b = :b;
select ... from partitioned_table where b = :b;
```

pode considerar o uso de um índice local não prefixado em (b,a) — aquele índice seria útil para ambas as consultas acima. O índice local prefixado em (a,b) só seria útil para a primeira consulta.

No entanto, quando se trata de usar os índices particionados em uniões, os resultados podem ser diferentes. Nos exemplos, o Oracle foi capaz de ver o predicado e, no tempo de otimização, determinar se ele seria (ou não) capaz de eliminar partições. Isso foi claro a partir do predicado (mesmo se o predicado tivesse usado ligação de variáveis isso seria verdade). Quando o índice é usado como método inicial, principal de acesso, não há diferença real entre índices prefixados e não prefixados. Porém, quando unimos a um índice local prefixado, isso muda. Considere uma simples tabela particionada de faixa, como:

```
tkyte@TKYTE816> CREATE TABLE range_example
  2  ( range_key_column  date,
  3    x                 int,
  4    data              varchar2(20)
  5  )
  6  PARTITION BY RANGE (range_key_column)
  7  ( PARTITION part_1 VALUES LESS THAN
  8      (to_date('01-jan-1995', 'dd-mon-yyyy')),
  9    PARTITION part_2 VALUES LESS THAN
 10      (to_date('01-jan-1996', 'dd-mon=yyyy'))
 11  )
 12  /

Table created.

tkyte@TKYTE816> alter table range_example
  2  add constraint range_example_pk
  3  primary key (range_key_column,x)
  4  using index local
  5  /

Table altered.

tkyte@TKYTE816> insert into range_example values ( to_date('01-jan-1994'), 1,
'xxx' );

1 row created.

tkyte@TKYTE816> insert into range_example values ( to_date('01-jan-1995'), 2,
'xxx' );

1 row created.
```

Essa tabela iniciará com um índice de chave principal local prefixado. Para ver a diferença entre os índices prefixados e os não prefixados, precisaremos criar outra tabela. A usaremos para direcionar uma consulta em nossa tabela, RANGE_EXAMPLE, acima. TEST será usada apenas como tabela guia em uma consulta que fará um tipo de união de 'loops aninhados' para a tabela RANGE_EXAMPLE:

```
tkyte@TKYTE816> create table test ( pk, range_key_column, x,
  2                                 constraint test_pk primary key(pk) )
  3  as
  4  select rownum, range_key_column, x from range_example
  5  /

Table created.

tkyte@TKYTE816> set autotrace on explain

tkyte@TKYTE816> select * from test, range_example
  2  where test.pk = 1
  3  and test.range_key_column = range_example.range_key_column
  4  and test.x = range_example.x
  5  /
```

```
         PK      RANGE_KEY              X    RANGE_KEY              X    DATA
    ----         ------                ---    ------                ---   ------
          1     01-JAN-94               1    01-JAN-94              1    xxx

Execution Plan
----------
    0          SELECT STATEMENT Optimizer=CHOOSE (Cost=2 Card=1 Bytes=69)
    1     0       NESTED LOOPS (Cost=2 Card=1 Bytes=69)
    2     1          TABLE ACCESS (BY INDEX ROWID) OF 'TEST' (Cost=1 Card=1
    3     2             INDEX (RANGE SCAN) OF 'TEST_PK' (UNIQUE) (Cost=1 Card=1
    4     1          PARTITION RANGE (ITERATOR)
    5     4             TABLE ACCESS (BY LOCAL INDEX ROWID) OF 'RANGE_EXAMPLE'
    6     5                INDEX (UNIQUE SCAN) OF 'RANGE_EXAMPLE_PK' (UNIQUE)
```

O plano de consulta acima se processaria da seguinte maneira:

5. Use o índice TEST_PK para encontrar as fileiras na tabela TEST que combinem com o predicado test.pk = 1.

6. Acesse a tabela TEST para pegar as colunas restantes em TEST — especificamente range_key_column e x.

7. Usando esses valores, que foram pegos em (2), use RANGE_EXAMPLE_PK para encontrar as fileiras em uma única partição de RANGE_EXAMPLE.

8. Acesse a única partição RANGE_EXAMPLE para pegar a coluna de dados.

Parece bastante direto — mas veja o que acontece quando transformamos o índice em um índice não prefixado, invertendo range_key_column e x:

```
tkyte@TKYTE816> alter table range_example
  2   drop constraint range_example_pk
  3  /

Table altered.

tkyte@TKYTE816> alter table range_example
  2   add constraint range_example_pk
  3   primary key (x, range_key_column)
  4   using index local
  5  /

Table altered.

tkyte@TKYTE816> select * from test, range_example
  2   where test.pk = 1
  3   and test.range_key_column = range_example.range_key_column
  4   and test.x = range_example.x
  5  /

         PK      RANGE_KEY              X    RANGE_KEY              X    DATA
    ----         ------                ---    ------                ---   ------
          1     01-JAN-94               1    01-JAN-94              1    xxx

Execution Plan
----------
    0          SELECT STATEMENT Optimizer=CHOOSE (Cost=2 Card=1 Bytes=69)
    1     0       NESTED LOOPS (Cost=2 Card=1 Bytes=69)
    2     1          TABLE ACCESS (BY INDEX ROWID) OF 'TEST' (Cost=1 Card=1
    3     2             INDEX (RANGE SCAN) OF 'TEST_PK' (UNIQUE) (Cost=1 Card=1)
    4     1          PARTITION RANGE (ITERATOR)
    5     4             TABLE ACCESS (FULL) OF 'RANGE_EXAMPLE' (Cost=1 Card=164
```

De repente, o Oracle acha esse novo índice caro demais para usar. Esse é um caso onde o uso de um índice prefixado ofereceria um benefício perceptível.

A questão aqui é que você não deve ter receio de índices não prefixados ou considerá-los como inibidores de desempenho. Se tiver muitas consultas que poderiam se beneficiar de um índice não prefixado, como esboçado acima, você deve considerar usá-lo. A principal preocupação é garantir que suas consultas, sempre que possível, contenham predicados que permitam a eliminação de partição de índice. O uso de índices locais prefixados garante tal consideração, o de índices não prefixados não. Considere ainda como o índice será usado — se como a primeira etapa em um plano de consulta, não há muitas diferenças entre os dois tipos de índices. Se, por outro lado, o índice for destinado a ser usado principalmente como método de acesso em uma união, como acima, considere os índices prefixados em vez dos não prefixados. Se você puder usar o índice local prefixado, tente fazê-lo.

Índices locais e individualidade

Para garantir a individualidade, o que inclui uma restrição UNIQUE ou restrições PRIMARY KEY, sua chave de particionamento precisa estar incluída na própria restrição. Esse é o maior impacto de um índice local, na minha opinião. O Oracle só garante a individualidade dentro de uma partição de índice, nunca através de partições. O que isso implica, por exemplo, é que você não pode fazer uma partição de faixa em um campo TIMESTAMP e ter uma chave principal no ID, o que é garantido usando um índice localmente particionado. O Oracle usará um único índice *global* para garantir a individualidade.

Por exemplo, se você executar a seguinte declaração CREATE TABLE em um esquema que não possua outros objetos (assim podemos ver exatamente quais objetos são criados, buscando em cada segmento que esse usuário possua), encontraremos:

```
tkyte@TKYTE816> CREATE TABLE partitioned
  2  ( timestamp date,
  3      id              int primary key
  4  )
  5  PARTITION BY RANGE (timestamp)
  6  (
  7  PARTITION part_1 VALUES LESS THAN
  8  ( to_date('01-jan-2000', 'dd-mon-yyyy') ) ,
  9  PARTITION part_2 VALUES LESS THAN
 10  ( to_date('01-jan-2001', 'dd-mon-yyyy') )
 11  )
 12  /

Table created.

tkyte@TKYTE816> select segment_name, partition_name, segment_type
  2            from user_segments;

SEGMENT_NAME        PARTITION_NAME     SEGMENT_TYPE
------------        --------------     ------------
PARTITIONED         PART_2             TABLE PARTITION
PARTITIONED         PART_1             TABLE PARTITION
SYS_C003582                            INDEX
```

O índice SYS_C003582 não é particionado — ele não pode ser. Isso significa que você perde muito dos recursos disponíveis de partições em uma armazenagem de dados. Se fizer as operações de partição, como faria em uma armazenagem de dados, você perde a habilidade de fazê-las independentemente. Isto é, se você acrescentar uma nova partição de dados, seu único índice global precisará ser remontado — virtualmente, cada operação de partição exigirá uma remontagem. Contraste isso com um índice local, a única implementação através da qual os índices locais nunca precisem ser remontados, a menos que seja na partição em que eles foram executados.

Se você tentar enganar o Oracle fazendo com que aquela chave principal possa ser garantida por um índice não único e como único, descobrirá que também não funciona:

```
tkyte@TKYTE816> CREATE TABLE partitioned
  2  ( timestamp date,
  3      id      int
  4  )
  5  PARTITION BY RANGE (timestamp)
  6  (
```

```
    7    PARTITION part_1 VALUES LESS THAN
    8    ( to_date('01-jan-2000', ''dd-mon-yyyy') ) ,
    9    PARTITION part_2 VALUES LESS THAN
   10    ( to_date('01-jan-2001', 'dd-mon-yyyy') )
   11    )
   12  /

Table created.

tkyte@TKYTE816> create index partitioned_index
  2    on partitioned(id)
  3    LOCAL
  4  /

Index created.

tkyte@TKYTE816> select segment_name, partition_name, segment_type
  2            from user_segments;

SEGMENT_NAME              PARTITION_NAME            SEGMENT_TYPE
-------                   --------                  --------
PARTITIONED               PART_2                    TABLE PARTITION
PARTITIONED               PART_1                    TABLE PARTITION
PARTITIONED_INDEX         PART_2                    INDEX PARTITION
PARTITIONED_INDEX         PART_1                    INDEX PARTITION

tkyte@TKYTE816> alter table partitioned
  2       add constraint partitioned_pk
  3       primary key(id)
  4  /
alter table partitioned
*
ERROR at line 1:
ORA_01408: such column list already indexed
```

Aqui o Oracle tenta criar um índice global em ID mas descobre que não pode, pois já existe um índice. As declarações acima funcionariam se o índice que criamos não fosse particionado — Oracle o teria usado para garantir a restrição.

O motivo pelo qual tal individualidade não pode ser garantida, a menos que a partição chave seja parte da restrição, tem dois lados. Primeiramente, com a capacitação pelo Oracle, ele evitaria a maioria das vantagens de partições. A disponibilidade e o escalonamento seriam perdidos, pois toda e qualquer partição deveria estar sempre *disponível* e ser sempre *escalonada* em quaisquer inserções e atualizações. Quanto mais partições você tem, menos disponíveis são os dados. Quanto mais partições, mais partições de índice você precisa ler, menos escalonáveis elas se tornam. Em vez de oferecer disponibilidade e escalonamento, isso diminuiria ambos.

Além disso, o Oracle precisa, efetivamente, fazer inserções e atualizações **em série** nessa tabela, em termos de transação, devido a que se acrescentarmos ID=1 PART_1, Oracle precisará, de alguma maneira, *evitar* que alguém mais acrescente ID=1 a PART_2. A única maneira de fazer isso seria evitar que eles modificassem a partição de índice PART_2, pois não há nada para realmente 'bloquear' naquela partição.

Em um sistema OLTP, restrições únicas precisam ser garantidas pelo sistema (por Oracle) para certificar a integridade de dados. Dessa forma, o modelo lógico de seu sistema terá um efeito no design físico. A individualidade de restrições direcionará para o esquema de particionamento de tabela subjacente, levando à escolha das partições chave, ou alternativamente, essas restrições o encaminharão na direção do uso de índices *globais*. Agora veremos mais profundamente os índices globais.

Índices globais

Os índices globais são particionados usando um esquema diferente de sua tabela subjacente. A tabela poderia ser dividida pela coluna TIMESTAMP em dez partições, e um índice global naquela tabela poderia ser dividido em cinco partições pela coluna REGION. Diferente de índices locais há apenas uma classe de índice global, e aquela é **índice global prefixado**. Não há suporte para um índice global cujo índice chave não começa com a partição chave.

Acompanhando nosso exemplo anterior, eis um rápido exemplo do uso de um índice global. Ele mostra que um índice global particionado pode ser usado para garantir a individualidade de uma chave principal, para que você possa ter índices particionados que garantam a individualidade, mas não incluíam a partição chave de TABLE. O exemplo cria uma tabela particionada por TIMESTAMP, que tem um índice particionado por ID:

```
tkyte@TKYTE816> CREATE TABLE partitioned
  2  ( timestamp date,
  3     id       int
  4  )
  5  PARTITION BY RANGE (timestamp)
  6  (
  7  PARTITION part_1 VALUES LESS THAN
  8  ( to_date('01-jan-2000', 'dd-mon-yyyy') ) ,
  9  PARTITION part_2 VALUES LESS THAN
 10  ( to_date('01-jan-2001','dd-mon-yyyy') )
 11  )
 12  /

Table created.

tkyte@TKYTE816> create index partitioned_index
  2     on partitioned(id)
  3     GLOBAL
  4     partition  by range(id)
  5     (
  6     partition part_1 values less than(1000),
  7     partition part_2 values less than MAXVALUE)
  8     )
  9     /

Index created.
```

Observe o uso de MAXVALUE nesse índice. MAXVALUE pode ser usado em qualquer tabela particionada por faixa, bem como no índice. Ele representa uma 'ligação superior infinita' na faixa. Em nossos exemplos até agora, usamos as ligações superiores difíceis nas faixas (valores menores do que <algum valor>). Entretanto, um índice global tem uma exigência que a partição mais alta (a última partição) precisa ter um limite cujo valor é MAXVALUE, garantindo que todas as fileiras na tabela subjacente possam ser colocadas no índice.

Agora, completando esse exemplo, acrescentaremos nossa chave principal à tabela:

```
tkyte@TKYTE816> alter table partitioned add constraint
  2     partitioned_pk
  3     primary key(id)
  4  /

Table altered.
```

Não está claro, a partir do acima, que o Oracle está usando o índice que criamos para garantir a chave principal (para mim é, porque sei que o Oracle está usando), então podemos prová-lo através de uma consulta mágica no 'verdadeiro' dicionário de dados. Para executar essa consulta, você precisará de uma conta que tenha SELECT concedido nas tabelas base, ou o privilégio SELECT ANY TABLE:

```
tkyte@TKYTE816> select        t.name     table_name
  2            ,   u.name     owner
  3            ,   c.name     constraint_name
  4            ,   i.name     index_name
  5            ,      decode(bitand(i.flags, 4), 4, 'Yes',
  6                      decode( i.name, c.name, 'Possibly', 'No') ) generated
  7    from sys.cdef$        cd
  8            ,  sys.con$   c
  9            ,  sys.obj$   t
 10            ,  sys.obj$   i
```

```
 11            ,   sys.user$    u
 12   where cd.type#           between 2 and 3
 13         and    cd.con#      = c.con#
 14         and    cd.obj#      = t.obj#
 15         and    cd.enabled   = i.obj#
 16         and    c.owner#     = u.user#
 17         and    c.owner#     - uid
 18   /

TABLE_NAME      OWNER    CONSTRAINT_NAME    INDEX_NAME         GENERATE
----------      -----    ---------------    ----------         --------
PARTITIONED     TKYTE    PARTITIONED_PK     PARTITIONED_INDEX  No
```

Essa consulta nos mostra o índice usado para garantir determinada restrição, e tenta 'adivinhar' se o nome do índice é gerado ou não pelo sistema. Nesse caso, ele nos mostra que o índice que está sendo usado pela nossa chave principal é, de fato, o PARTITIONED_INDEX que acabamos de criar (e definitivamente, o nome não foi gerado pelo sistema).

Para mostrar que o Oracle não nos permitirá criar um índice global *não* prefixado, só precisamos experimentar:

```
tkyte@TKYTE816> create index partitioned_index2
  2    on partitioned(timestamp,id)
  3    GLOBAL
  4    partition by range(id)
  5    (
  6    partition part_1 value less than(1000),
  7    partition part_2 values less than (MAXVALUE)
  8    )
  9    /
partition by range(id)
            *
ERROR at line 4:
ORA-14038: GLOBAL partitioned index must be prefixed
```

A mensagem de erro é bem clara. O índice global *precisa* ser prefixado.

Assim, quando você usaria um índice global? Veremos dois tipos de sistemas, armazenagem de dados e OLTP, e quando eles devem ser aplicados.

Armazenagem de dados e índices globais

É minha opinião que são mutuamente exclusivas. Uma armazenagem de dados implica em determinadas coisas: grandes quantidades de dados entrando e saindo, alta probabilidade de uma falha de disco em algum lugar e assim por diante. Qualquer armazenagem de dados que use uma 'janela deslizante' iria querer evitar o uso de índices globais. Eis um exemplo do que quero dizer com janela deslizante de dados e o impacto de um índice global nela:

```
tkyte@TKYTE816> CREATE TABLE partitioned
  2   ( timestamp date,
  3        id      int
  4   )
  5   PARTITION BY RANGE (timestamp)
  6   (
  7   PARTITION fy_1999 VALUES LESS THAN
  8   ( to_date('01-jan-2000', 'dd-mon-yyyy') ) ,
  9   PARTITION fy_2000 VALUES LESS THAN
 10   ( to_date('01-jan-2001', 'dd-mon-yyyy') ) ,
 11   PARTITION the_rest VALUES LESS THAN
 12   ( maxvalue )
 13   )
 14   /

Table created.
```

```
tkyte@TKYTE816> insert into partitioned partition(fy_1999)
  2    select to_date('31-dec-1999')-mod(rownum,360), object_id
  3    from all_objects
  4  /

21914 rows crested.

tkyte@TKYTE816> insert into partitioned partition(fy_2000)
  2    select to_date('31-dec-2000')-mod(rownum,360), object_id
  3    from all_objects
  4  /

21914 rows created.

tkyte@TKYTE816> create index partitioned_idx_local
  2    on partitioned(id)
  3    INDEX
  4  /

Index created.

tkyte@TKYTE816> create index partitioned_idx_global
  2    on partitioned(timestamp)
  3    GLOBAL
  4  /

Index created.
```

Assim, isso inicializa nossa tabela 'de armazenagem'. Os dados são divididos pelo ano fiscal e temos online os dois últimos anos de dados válidos. Essa tabela tem dois índices; um é LOCAL e o outro GLOBAL. Observe que deixei uma partição THE_REST vazia no final da tabela, que facilitará o deslizamento rápido de novos dados. Agora, é o final do ano e gostaríamos de:

1. Remover os dados do ano fiscal mais antigo. Não queremos perder esses dados para sempre, apenas colocá-los no arquivo morto.
2. Acrescentar os dados do ano fiscal mais novo. Irá demorar um pouco para carregá-los, transformá-los, indexá-los etc. Gostaríamos de fazer esse trabalho sem afetar a disponibilidade dos dados atuais, se possível.

As etapas que eu deveria tomar seriam:

```
tkyte@TKYTE816> create table fy_1999 ( timestamp date, id int );

Table created.

tkyte@TKYTE816> create index fy_1999 on fy_1999(id)
  2  /

Index created.

tkyte@TKYTE816> create table fy_2001 ( timestamp date, id int );

Table created.

tkyte@TKYTE816> insert into fy_2001
  2    select to_date('31-dec-2001')-mod(rownum,360), object_id
  3    from all_objects
  4  /

21922 rows created.

tkyte@TKYTE816> create index fy_2001_idx on fy_2001(id) nologging
  2  /

Index created.
```

O que fizemos foi ajustar uma tabela 'envoltório' vazia e um índice para os dados mais antigos. O que faremos é transformar a atual partição completa em uma partição vazia e criar uma tabela 'cheia', com os dados FY_1999. Também, completei todo o trabalho necessário para ter os dados FY_2001 prontos para prosseguir. Isso teria envolvido a verificação de dados, sua transformação — quaisquer tarefas complexas que você precisa realizar para tê-los prontos.

Agora estamos prontos para atualizar os dados 'vivos':

```
tkyte@TKYTE816> alter table partitioned
  2    exchange partition fy_1999
  3    with table fy_1999
  4    including indexes
  5    without validation
  6   /

Table altered.

tkyte@TKYTE816> alter table partitioned
  2    drop partition fy_1999
  3   /

Table altered.
```

Isso é tudo o que você precisa para 'aposentar' os dados antigos. Transformamos a partição em uma tabela cheia e a tabela vazia em uma partição. Essa foi uma simples atualização de dicionário de dados — não tomou nenhuma grande quantidade de I/O — apenas aconteceu. Agora podemos exportar aquela tabela (talvez usando um espaço de tabela transportável) para fora de nosso banco de dados com objetivo de arquivamento. Poderíamos anexá-la novamente, com rapidez, se precisarmos fazê-lo.

Em seguida, queremos deslizar pelos novos dados:

```
tkyte@TKYTE816> alter table partitioned
  2    split partition the_rest
  3    at ( to_date('01-jan-2002', 'dd-mon-yyyy') )
  4    into ( partition fy_2001, partition the_rest )
  5   /

Table altered.

tkyte@TKYTE816> alter table partitioned
  2    exchange partition fy_2001
  3    with table fy_2001
  4    including indexes
  5    without validation
  6   /

Table altered.
```

De novo, isso foi instantâneo — uma simples atualização de dicionário de dados. Separar a partição vazia demora muito pouco tempo, pois nunca houve nem haverá dados nela. Por isso coloquei uma partição extra, vazia, no final da tabela, para facilitar a separação. Depois, mudamos a partição vazia recém criada pela tabela cheia e a tabela cheia por uma partição vazia. Os novos dados estão online.

No entanto, observando nossos índices, descobriremos:

```
tkyte@TKYTE816> select index_name, status from user_indexes;

INDEX_NAME                     STATUS
------------------------       --------
FY_1999_IDX                    VALID
FY_2001_IDX                    VALID
PARTITIONED_IDX_GLOBAL         UNUSABLE
PARTITIONED_IDX_LOCAL          N/A
```

Claro que o índice global não é utilizável depois dessa operação. Como cada partição de índice pode indicar para qualquer partição de tabela *e* só tiramos uma partição e acrescentamos outra, aquele índice é inválido. Ele tem entradas que indicam para a partição que soltamos. *Não* tem entradas que indicam para a partição que acabamos de acrescentar. Qualquer consulta que usar esse índice irá falhar:

```
tkyte@TKYTE816> select count(*)
  2    from partitioned
  3    where timestamp between sysdate-50 and sysdate;
select count(*)
*
ERROR at line 1:
ORA-01502: index 'TKYTE.PARTITIONED_IDX_GLOBAL' or partition of such index is in usable
state
```

Poderíamos ajustar SKIP_UNUSABLE_INDEXES=TRUE, mas perderíamos o desempenho que o índice estava nos dando (isso funciona em Oracle 8.1.5 e versões posteriores; anteriormente, a declaração SELECT ainda tentaria usar o índice UNUSABLE). Precisamos remontar esse índice para tornar os dados novamente utilizáveis. O processo de janela deslizante, que até agora não resultou virtualmente em qualquer tempo de manutenção, irá demorar um longo tempo para se completar, enquanto remontamos o índice global. Todos os dados precisam ser lidos e todo o índice reconstruído a partir da tabela de dados. Se a tabela tiver muitas centenas de gigabytes de tamanho, isso consumirá recursos consideráveis.

Qualquer operação de partição ocasionará a invalidação desse índice global. Se você precisar mover uma partição para outro disco, seus índices globais precisarão ser remontados (apenas as partições de índice local *naquela* partição terão que ser remontadas). Se descobrir que você precisa separar uma partição em duas menores em algum tempo, todos os índices globais precisarão ser remontados (apenas os pares de partições de índice local individual naquelas duas novas partições precisam ser remontados). E assim por diante. Por esse motivo, os índices globais no ambiente de armazenagem de dados devem ser evitados. Seu uso pode afetar dramaticamente muitas operações.

OLTP e índices globais

Um sistema OLTP é caracterizado pela ocorrência freqüente de muitas transações pequenas, para muito pequenas, de leitura e escrita. Geralmente, as janelas deslizantes de dados não são algo com o que você deva se preocupar. O rápido acesso à fileira, ou fileiras, que você precisa é superior. A integridade de dados é vital. A disponibilidade também é muito importante.

Os índices globais fazem sentido nos sistemas OLTP. A tabela de dados só pode ser particionada por uma chave — um conjunto de colunas. No entanto, você pode precisar acessar os dados de muitas maneiras diferentes. Pode particionar os dados EMPLOYEE por local. Porém, você ainda precisa de acesso rápido aos dados de EMPLOYEE através de:

- DEPARTMENT — os departamentos são separados geograficamente, não há relacionamento entre um departamento e uma localidade.
- EMPLOYEE_ID — enquanto o ID de um empregado determinará uma localidade, você não precisa procurar por EMPLOYEE_ID e LOCATION, visto que a eliminação de partição não pode ocorrer nas partições de índice. Também, EMPLOYEE_ID precisa ser *único*.
- JOB_TITLE

Há necessidade de acessar os dados EMPLOYEE através de muitas chaves diferentes, em diversos lugares em seu aplicativo, e a velocidade é superior. Em uma armazenagem de dados, simplesmente usaríamos índices localmente particionados nos valores chave acima, e usaríamos leituras paralelas de faixa de índice para coletar rapidamente os dados. Nesses casos, necessariamente, não precisaríamos usar a eliminação de partição de índice, mas em um sistema OLTP precisamos usá-la. A consulta paralela não é apropriada para esses sistemas; é necessário oferecer adequadamente os índices. Portanto, precisaremos usar os índices globais em determinados campos.

Os objetivos que precisamos atingir são:

- Acesso rápido
- Integridade de dados
- Disponibilidade

Os índices globais podem fazer isso em um sistema OLTP, já que as características desse sistema são muito diferentes de armazenagem de dados. Provavelmente não faremos janelas deslizantes, não iremos separar partições (a menos que tenhamos programado um tempo de manutenção), não iremos mover dados e assim por diante. As operações que fazemos em uma armazenagem de dados, geralmente, não são feitas em um sistema OLTP ativo.

Eis um pequeno exemplo que mostra como podemos conseguir os três objetivos acima com os índices globais. Vou usar simples partição de índices globais, única, mas os resultados não seriam diferentes com índices globais particionados (exceto pelo fato de que a disponibilidade e o manejo *aumentariam* se acrescentássemos partições de índice):

```
tkyte@TKYTE816> create table emp
    2   (EMPNO        NUMBER(4) NOT NULL,
    3    ENAME        VARCHAR2(10),
    4    JOB          VARCHAR2(9),
    5    MGR          NUMBER(4),
    6    HIREDATE     DATE,
    7    SAL          NUMBER(7,2),
    8    COMM         NUMBER(7,2),
    9    DEPTNO       NUMBER(2) NOT NULL,
   10    LOC          VARCHAR2(13) NOT NULL
   11   )
   12   partition by range(loc)
   13   (
   14   partition p1 values less than('C') tablespace p1,
   15   partition p2 values less than('D') tablespace p2,
   16   partition p3 values less than('N') tablespace p3,
   17   partition p4 values less than('Z') tablespace p4
   18   )
   19   /

Table created.

tkyte@TKYTE816> alter table emp add constraint emp_pk
    2      primary key(empno)
    3   /

Table altered.

tkyte@TKYTE816> create index emp_job_idx on emp(job)
    2   GLOBAL
    3   /

Index created.

tkyte@TKYTE816> create index emp_dept_idx on emp(deptno)
    2   GLOBAL
    3   /

Index created.

tkyte@TKYTE816> insert into emp
    2   select e.*, d.loc
    3      from scott.emp e, scott.dept d
    4   where e.deptno = d.deptno
    5   /

14 rows created.
```

Assim, começamos com uma tabela particionada por localidade, LOC, de acordo com nossas regras. Há um índice global único na coluna EMPNO como efeito colateral da ALTER TABLE ADD CONSTRAINT, mostrando que podemos suportar a integridade de dados. Além disso, acrescentamos mais dois índices globais em DEPTNO e JOB, para facilitar o acesso rápido a registros por aqueles atributos. Agora, iremos colocar alguns dados lá e ver como está cada partição:

```
tkyte@TKYTE816> select empno,job,loc from emp partition(p1);

no rows selected

tkyte@TKYTE816> select empno,job,loc from emp partition(p2);

     EMPNO JOB       LOC
     ----- --------- --------
      7900 CLERK     CHICAGO
      7844 SALESMAN  CHICAGO
      7698 MANAGER   CHICAGO
      7654 SALESMAN  CHICAGO
      7521 SALESMAN  CHICAGO
      7499 SALESMAN  CHICAGO
6 rows selected.

tkyte@TKYTE816> select empno,job,loc from emp partition(p3);

     EMPNO JOB       LOC
     ----- --------- --------
      7902 ANALYST   DALLAS
      7876 CLERK     DALLAS
      7788 ANALYST   DALLAS
      7566 MANAGER   DALLAS
      7369 CLERK     DALLAS

tkyte@TKYTE816> select empno,job,loc from emp partition(p4);

     EMPNO JOB       LOC
     ----- --------- --------
      7934 CLERK     NEW YORK
      7839 PRESIDENT NEW YORK
      7782 MANAGER   NEW YORK
```

Isso mostra a distribuição de dados, por localidade, em partições individuais. Agora podemos executar algumas consultas para verificar o desempenho:

```
tkyte@TKYTE816> select empno,job,lob from emp where empno = 7782;

     EMPNO JOB       LOC
     ----- --------- --------
      7782 MANAGER   NEW YORK

Execution Plan
----------------------------------------------------------
   0      SELECT STATEMENT Optimizer=CHOOSE (Cost=1 Card-4 Bytes=108)
   1    0   TABLE ACCESS (BY GLOBAL INDEX ROWID) OF 'EMP' (Cost=1 Card
   2    1     INDEX (RANGE SCAN) OF 'EMP_PK' (UNIQUE) (Cost=1 Card=4)

tkyte@TKYTE816> select empno,job,loc from emp where job = 'CLERK';

     EMPNO JOB       LOC
     ----- --------- --------
      7900 CLERK     CHICAGO
      7876 CLERK     DALLAS
      7369 CLERK     DALLAS
      7934 CLERK     NEW YORK
```

```
Execution Plan
----------------------------------------------------------
   0      SELECT STATEMENT Optimizer= CHOOSE (Cost=1 Card=4 Bytes=108)
   1   0    TABLE ACCESS (BY GLOBAL INDEX ROWID) OF 'EMP' (Cost=1 Card
   2   1      INDEX (RANGE SCAN) OF 'EMP_JOB_IDX' (NON-UNIQUE) (Cost=1
```

E, com certeza, nossos índices são usados e oferecem grande velocidade para OLTP acessar os dados subjacentes. Se eles tivessem sido particionados, teriam sido prefixados e garantiriam a eliminação de partição de índice; assim, também seriam escalonáveis. Por fim, vejamos a área de disponibilidade. A documentação de Oracle reivindica que os índices globalmente particionados tornam os dados 'menos disponíveis' do que os particionados localmente. Não concordo plenamente com essa caracterização de cobertura. Acredito que em um sistema OLTP eles estão altamente disponíveis como um índice localmente particionado. Considere:

```
tkyte@TKYTE816> alter tablespace p1 offline;

Tablespace altered.

tkyte@TKYTE816> alter tablespace p2 offline;

Tablespace altered.

tkyte@TKYTE816> alter tablespace p3 offline;

Tablespace altered.

tkyte@TKYTE816: select empno,job,loc from emp where empno = 7782;

    EMPNO  JOB        LOC
    -----  -------    --------
     7782  MANAGER    NEW YORK

Execution Plan
----------------------------------------------------------
   0      SELECT STATEMENT Optimizer=CHOOSE (Cost=1 Card=4 Bytes=108)
   1   0    TABLE ACCESS (BY GLOBAL INDEX ROWID) OF 'EMP' (Cost=1 Card
   2   1      INDEX (RANGE SCAN) OF 'EMP_PK' (UNIQUE) (Cost=1 Card=4)
```

Aqui, ainda que a maioria dos dados subjacentes esteja disponível na tabela, podemos conseguir acesso a qualquer porção de dados, disponíveis por aquele índice. Desde que a EMPNO que queremos esteja disponível em um espaço de tabela livre, nosso índice GLOBAL funcionará. Por outro lado, se *tivéssemos* usado o índice local 'altamente disponível' no caso acima, poderíamos ter evitado acessar os dados! Esse é o efeito colateral de termos particionado em LOC, mas precisávamos consultar através de EMPNO; teríamos que ter examinado cada partição de índice local e teríamos falhado nas partições de índice que não estavam disponíveis.

No entanto, outros tipos de consultas não funcionarão (e não poderão) nesse ponto do tempo:

```
tkyte@TKYTE816> select empno,job,loc from emp where job = 'CLERK';
select empno,job,loc from emp where job = 'CLERK'
                                          *
ERROR at line 1:
ORA-00376: file 13 cannot be read at this time
ORA-01110: data file 13: 'C:\ORACLE\ORADATA\TKYTE816\P2.DBF'
```

Os dados CLERK estão em todas as partições — o fato de três dos espaços de tabela estarem offline não nos atinge. Isso é inevitável, a menos que tivéssemos particionado em JOB, mas então teríamos os mesmos problemas com consultas que precisavam de dados por LOC. Sempre que você precisar acessar os dados de muitas 'chaves' diferentes, terá esse problema. O Oracle fornecerá os dados sempre que puder.

No entanto, observe que se a consulta puder ser respondida a partir do índice, evitando TABLE ACCESS BY ROWID, o fato dos dados estarem indisponíveis não é tão significativo:

```
tkyte@TKYTE816> select count(*) from emp where job = 'CLERK';

   COUNT(*)
----------
         4

Execution Plan
----------------------------------------------------
    0      SELECT STATEMENT Optimizer=CHOOSE (Cost=1 Card=1 Bytes=6)
    1   0     SORT (AGGREGATE)
    2   1        INDEX (RANGE SCAN) OF 'EMP_JOB_IDX' (NON-UNIQUE) (Cost=1
```

Visto que nesse caso o Oracle não precisou da tabela, o fato da maioria das partições estar offline não afetou essa consulta. Como esse tipo de otimização (responder à consulta usando apenas o índice) é comum em um sistema OLTP, existirão muitos aplicativos não afetados pelos dados offline. Tudo o que precisamos fazer agora é disponibilizar os dados offline o mais rápido possível (restaurá-los, recuperá-los).

Resumo

O particionamento é extremamente útil no escalonamento de grandes bancos de dados de objetos no banco de dados. Esse escalonamento é visível sob a perspectiva de desempenho e disponibilidade de escalonamento, assim como o escalonamento administrativo. Todos os três são extremamente importantes para diferentes pessoas. O DBA está preocupado com o escalonamento administrativo. Os proprietários do sistema estão preocupados com a disponibilidade. O tempo de manutenção é perda de dinheiro e tudo o que reduz o tempo de manutenção ou reduz o impacto de tempo de manutenção, apresenta lucro para um sistema. Os usuários finais do sistema estão preocupados com o escalonamento de desempenho — afinal, ninguém gosta de usar um sistema lento.

Vimos também que em um sistema OLTP as partições podem não aumentar o desempenho, especialmente se inadequadamente aplicadas. Elas podem aumentar o desempenho de determinadas classes de consultas, mas aquelas consultas geralmente não são aplicadas em um sistema OLTP. É importante entender esse ponto, pois muitas pessoas associam o particionamento com 'livre aumento de desempenho'. Isso não significa que as partições *não* devem ser usadas em sistemas OLTP, pois elas oferecem muitos outros claros benefícios nesse ambiente — apenas, não espere um aumento maciço na saída. Espere tempo de manutenção reduzido. Espere o mesmo bom desempenho (ela não o deixará lento quando adequadamente aplicada). Espere maneabilidade mais fácil, que pode aumentar o desempenho devido a algumas operações de manutenção serem feitas mais freqüentemente pelos DBAs, porque elas podem ser.

Investigamos os diversos esquemas de particionamento de tabela oferecidos por Oracle — faixa, resíduo e composto — e falamos a respeito de quando o uso deles é mais apropriado. Gastamos muito de nosso tempo vendo índices particionados, examinando a diferença entre prefixado e não prefixado e índices locais e globais. Descobrimos que os índices globais talvez não sejam apropriados na maioria das armazenagens de dados, enquanto que um sistema OLTP muito provavelmente os usaria com freqüência.

O particionamento é um recurso crescente dentro do Oracle, com muitos aperfeiçoamentos planejados para o próximo lançamento. Com o tempo, vejo esse recurso se tornando mais relevante para uma audiência mais ampla, na medida em que o tamanho e a escala dos aplicativos de banco de dados crescem. A Internet e a sua essência de banco de dados faminta estão levando a coleções de dados cada vez maiores, e o particionamento é uma ferramenta natural para ajudar a gerenciar tal problema.

15

Transações autônomas

As transações autônomas permitem criar uma nova **transação dentro de uma transação** que pode comprometer ou retornar mudanças, independentemente de sua transação pai. Elas permitem que você interrompa a transação que estiver sendo executada, inicie uma nova, faça algum trabalho e comprometa ou retorne, tudo sem afetar a posição da transação que estiver sendo executada no momento. As transações autônomas oferecem um novo método de controlar transações em PL/SQL, e podem ser usadas em:

- ❏ Nível superior de blocos anônimos
- ❏ Funções e procedimentos locais, individuais ou empacotados
- ❏ Métodos ou tipos de objeto
- ❏ Disparadores de banco de dados

Para executar os exemplos deste capítulo, você precisará do Oracle 8.1.5 ou superior. Qualquer edição, Standard, Enterprise ou Personal, pode ser usada, pois esse recurso está disponível em todas.

Depois de ver o primeiro exemplo de uma simples transação autônoma, nós:

- ❏ Veremos como usá-las, inclusive como implementar a auditoria que não pode ser retornada, evitando mutação de tabelas, escrevendo no banco de dados a partir de uma declaração SELECT, e maneiras de desenvolver um código mais modular.
- ❏ Veremos como elas funcionam. Investigaremos o controle e o escopo transacional, como encerrar uma transação autônoma e como emitir savepoints (pontos de salvamento).
- ❏ Encerraremos o capítulo com advertências e erros que você deve observar ao usar o recurso de transações autônomas em seus aplicativos.

Um exemplo

Para mostrar o que esse recurso pode fazer, começaremos com um exemplo rápido que demonstra os efeitos de transações autônomas. Criaremos uma tabela simples para conter uma mensagem, junto com dois procedimentos: um 'regular' e o outro codificado como uma transação autônoma. Os procedimentos modificarão a tabela que criamos. Usaremos esses objetos para mostrar que o trabalho é preservado (é comprometido) no banco de dados, sob várias circunstâncias:

```
tkyte@TKYTE816> create table t ( msg varchar2(25) );

Table created.

tkyte@TKYTE816> create or replace procedure Autonomous_Insert
  2  as
  3          pragma autonomous_transaction;
  4  begin
  5          insert into t values ( 'Autonomous Insert' );
  6          commit;
```

```
  7    end;
  8  /
```

Procedure created.

```
tkyte@TKYTE816> create or replace procedure NonAutonomous_Insert
  2  as
  3  begin
  4          insert into t values ( 'NonAutonomous Insert' );
  5          commit;
  6  end;
  7  /
```

Procedure created.

Os procedimentos apenas inserem seus nomes na mensagem de tabela e comprometem — muito simples. Note o uso de PRAGMA AUTONOMOUS_TRANSACTION. Essa diretiva diz ao banco de dados que tal procedimento deve ser executado como uma nova transação autônoma, independentemente de sua transação pai. Agora, vamos observar o comportamento da transação não autônoma em um bloco anônimo de código PL/SQL:

```
tkyte@TKYTE816> begin
  2          insert into t values ( 'Anonymous Block' );
  3          NonAutonomous_Insert;
  4          rollback;
  5  end;
  6  /
```

PL/SQL procedure successfully completed.

```
tkyte@TKYTE816> select * from t;

MSG
-------------
Anonymous Block
NonAutonomous Insert
```

Como você pode ver, o trabalho feito pelo bloco anônimo (sua inserção) foi comprometido pelo procedimento NonAutonomous_Insert. Ambas as fileiras de dados foram comprometidas e o retorno nada teve para retornar. Compare com o comportamento do procedimento da transação autônoma:

```
tkyte@TKYTE816> delete from t;

2 rows deleted.

tkyte@TKYTE816> commit;

Commit complete.

tkyte@TKYTE816> begin
  2          insert into t values ( 'Anonymous Block' ) ;
  3          Autonomous_Insert;
  4          rollback;
  5  end;
  6  /
```

PL/SQL procedure successfully completed.

```
tkyte@TKYTE816> select * from t;

MSG
-------------
Autonomous Insert
```

Aqui, só é preservado o trabalho feito e comprometido pela transação autônoma. A INSERT feita no bloco anônimo é retornada pela declaração ROLLBACK na linha 4. A transação autônoma COMMIT do procedimento não tem efeito na transação pai iniciada no bloco anônimo. Esse simples exemplo capta a essência de transações autônomas e o que fazem.

Na ausência de transações autônomas, o COMMIT no procedimento NonAutonomous_Insert comprometeu não apenas o trabalho feito (a INSERT de NonAutonomous Insert), mas também qualquer trabalho extraordinário que a sessão fez e ainda não comprometeu (como a inserção de Anonymous Block no bloco anônimo). O retorno feito não funciona, pois o procedimento de chamada já comprometeu ambas as INSERTs. Vimos que esse não é o caso com as transações autônomas. O trabalho feito no procedimento marcado com AUTONOMOUS_TRANSACTION foi comprometido; no entanto, o trabalho feito fora da transação autônoma foi retornado.

O Oracle tem suportado internamente as transações autônomas, por algum tempo. Nós as vemos sempre na forma de SQL consecutiva. Por exemplo, ao selecionar de uma seqüência não armazenada, é realizada uma transação consecutiva para aumentar a seqüência na tabela SYS.SEQ$. A atualização da seqüência torna-se imediatamente comprometida e visível a outras transações, mas a sua transação ainda não estará comprometida. Além disso, se você retornar a sua transação, o aumento na seqüência permanece no lugar — ele não é retornado com a transação, como se já tivesse sido comprometido. O gerenciamento de espaço, a auditoria e outras operações internas são feitas de maneira semelhante, consecutiva. Esse recurso agora foi exposto para nosso uso.

Agora que já vimos o que é uma transação autônoma, veremos os motivos de usá-la.

Por que usar transações autônomas?

Nesta seção, iremos explorar os diversos cenários onde você pode escolher usar esse recurso.

Auditoria que não pode ser retornada

Uma pergunta que, no passado, era feita com freqüência por desenvolvedores de aplicativo: 'Como posso verificar uma *tentativa* de modificar informações protegidas?'. O que eles queriam fazer não era apenas *evitar* a ocorrência de tentativa de modificação, mas também criar um registro permanente da tentativa. No passado, a abordagem que muitos tentaram (e falharam) era com disparadores. O disparador detectaria a atualização e, ao descobrir um usuário modificando indevidamente os dados, criaria um registro de auditoria e levaria à falha da atualização. Infelizmente, quando você falhava em uma atualização, também retornava o registro de auditoria — era uma falha de tudo ou nada. Agora, com as transações autônomas, podemos captar com segurança a auditoria de uma operação de tentativa, bem como retornar aquela operação, dando-nos a habilidade de dizer ao usuário final: 'Você não pode modificar tais dados, e registramos sua tentativa de modificá-los'. É interessante observar que a capacidade original AUDIT do Oracle nos deu por muitos anos a habilidade de captar tentativas malsucedidas de modificar informações usando transações autônomas. A exposição desse recurso ao desenvolvedor de Oracle permite criar nossas próprias verificações, mais personalizadas.

Eis um pequeno exemplo. O que faremos é copiar a tabela EMP do esquema SCOTT. Também criaremos uma tabela final de auditoria, que será usada para captar *quem* tiver tentado atualizar essa tabela EMP e *quando*, junto com uma mensagem descritiva do que foi tentado modificar. Um disparador, codificado como transação autônoma, será colocado na tabela EMP para captar essas informações:

```
tkyte@TKYTE816> create table emp
  2  as
  3  select * from scott.emp;

Table created.

tkyte@TKYTE816> grant all on emp to scott;

Grant succeeded.
```

```
tkyte@TKYTE816> create table audit_tab
  2    ( username       varchar2(30) default user,
  3      timestamp      date default sysdate,
  4      msg            varchar2(4000)
  5    )
  6  /

Table created.
```

O próximo passo é criar um disparador para verificar a atividade de atualização na tabela EMP. Note o uso da transação autônoma. A lógica empregada por esse disparador é impedir alguém de atualizar o registro de um empregado que não trabalha para ele ou ela. A consulta CONNECT BY é adepta de solucionar toda a hierarquia, dado o usuário atual. Ela irá verificar se o registro que você está tentando atualizar é de alguém que se reporta a você, em algum nível:

```
tkyte@TKYTE816> create or replace trigger EMP_AUDIT
  2  before update on emp
  3  for each row
  4  declare
  5      pragma autonomous_transaction;
  6      l_cnt number;
  7  begin
  8
  9      select count(*) into l_cnt
 10          from dual
 11      where EXISTS ( select null
 12                       from emp
 13                      where empno = :new.empno
 14                      start with mgr = ( select empno
 15                                           from emp
 16                                          where ename = USER )
 17                     connect by prior empno = mgr );
 18
 19      if ( l_cnt = 0 )
 20      then
 21          insert into audit_tab ( msg )
 22          values ( 'Attempt to update' || :new.empno );
 23          commit;
 24
 25          raise_application_error( -20001, 'Access Denied' );
 26      end if;
 27  end;
 28  /

Trigger created.
```

Assim, inicializamos a tabela EMP, que tem uma boa estrutura hierárquica (relacionamento consecutivo EMPNO/MGR). Temos uma AUDIT_TAB onde queremos registrar tentativas falhas de modificar as informações. Temos um disparador para garantir nossa regra de que só o seu gerente, ou o gerente do seu gerente (e assim por diante) pode modificar o seu registro.

O que se deve observar no disparador acima é:

- ❏ PRAGMA AUTONOMOUS_TRANSACTION é aplicado à definição do disparador. Todo o disparador é uma transação autônoma da transação pai. Uma palavra rápida sobre o termo 'pragma': é simplesmente uma diretiva de compilador, um método para instrui-lo a fazer alguma opção de compilação. Há outras pragmas disponíveis, veja o *Guia e referência do Usuário PL/SQL* na documentação do Oracle e busque no índice por uma lista delas, em pragma.

- ❏ Esse disparador em EMP lê *de* EMP na consulta. Mais sobre isso em um momento.

- Esse disparador compromete. Isso nunca foi possível antes — os disparadores nunca puderam comprometer trabalho. Ele não compromete o trabalho que de fato ativou o disparador, só o trabalho que o disparador realizou (o registro de auditoria).

Então, vejamos como ele funciona:

```
tkyte@TKYTE816> update emp set sal = sal*10;
update emp set sal = sal*10
       *
ERROR at line 1:
ORA-20001: Access Denied
ORA-06512: at "TKYTE.EMP_AUDIT", line 22
ORA-04088: error during execution of trigger 'TKYTE.EMP_AUDIT'

tkyte@TKYTE816> column msg format a30 word_wrapped
tkyte@TKYTE816> select * from audit_tab;

USERNAME                TIMESTAMP      MSG
-----------             -----          --------------
TKYTE                   15-APR-01      Attempt to update 7369
```

Assim, o disparador me pegou e foi capaz de evitar que a atualização acontecesse, enquanto criava um registro permanente da tentativa (observe como ele usou a palavra chave DEFAULT no CREATE TABLE acima para ter automaticamente os valores USER e SYSDATE inseridos). Agora, vamos registrar a entrada como um usuário que, de fato, pode fazer uma atualização e experimentar algumas coisas:

```
tkyte@TKYTE816> connect scott/tiger

scott@TKYTE816> update tkyte.emp set sal = sal*1.05 where ename = 'ADAMS';

1 row updated.

scott@TKYTE816> update tkyte.emp set sal = sal*1.05 where ename = 'SCOTT';
update tkyte.emp set sal = sal*1.05 where ename = 'SCOTT'
       *
ERROR at line 1:
ORA-20001: Access Denied
ORA-06512: at "TKYTE.EMP_AUDIT", line 22
ORA-04088: error during execution of trigger 'TKYTE.EMP_AUDIT'
```

Na tabela padrão EMP, o empregado ADAMS trabalha para SCOTT, portanto a primeira atualização é bem sucedida. A segunda atualização falha, pois SCOTT tenta dar a si mesmo uma permissão, e SCOTT não se reporta a SCOTT. Registrando de volta no esquema onde AUDIT_TAB está localizada, vemos:

```
scott@TKYTE816> connect tkyte/tkyte
tkyte@TKYTE816> select * from audit_tab;

USERNAME                TIMESTAMP      MSG
-----------             -----          --------------
TKYTE                   15-APR-01      Attempt to update 7369
SCOTT                   15-APR-01      Attempt to update 7788
```

A tentativa de SCOTT de fazer essa atualização está aqui. A última coisa que queremos ver é o porquê da relevância de termos que ler *de* EMP no disparador em EMP. Isso nos leva diretamente à próxima seção.

Um método para evitar a mutação de uma tabela

Um erro de mutação de tabela pode acontecer por vários motivos. A causa predominante é tentar ler uma tabela quando um disparador está sendo ativado. No exemplo acima, lemos claramente da tabela que ativou o disparador. Se comentarmos duas linhas desse disparador, poderemos tentar usá-lo assim:

```
tkyte@TKYTE816> create or replace trigger EMP_AUDIT
  2    before update on emp
  3    for each row
  4    declare
  5            - - pragma autonomous_transaction;
  6            l_cnt       number;
  7    begin
  8
  9            select count(*) into l_cnt
 10                from dual
 11            where EXISTS ( select null
 12                             from emp
 13                            where empno = :new.empno
 14                            start with mgr = ( select empno
 15                                                 from emp
 16                                                where ename = USER )
 17                          connect by prior empno = mgr );
 18
 19            if ( l_cnt = 0 )
 20            then
 21                insert into audit_tab ( msg )
 22                values ( 'Attempt to update' || :new.empno );
 23                - - commit;
 24
 25                raise_application_error( -20001, 'Access Denied' );
 26        end if;
 27    end;
 28  /

tkyte@TKYTE816> update emp set sal = sal*10;
update emp set sal = sal*10
           *
ERROR at line 1:
ORA-04091: table TKYTE.EMP is mutating, trigger/function may not see it
ORA-06512: at "TKYTE.EMP_AUDIT", line 6
ORA-04088: error during execution of trigger 'TKYTE.EMP_AUDIT'
```

O fato é que sem transações autônomas seria difícil escrever este disparador, mesmo que só quiséssemos verificar se você estava atualizando uma fileira para o que tivesse permissão (e nem mesmo fazendo auditoria). Sem AUTONOMOUS_TRANSACTION tomaria um pacote e três disparadores para codificar, o que não significa que usaremos as transações autônomas para 'corrigir' erros de mutação de tabela sempre que os atingirmos — elas precisam ser usadas com cautela e com conhecimento de como a transação esteja progredindo. Na seção *Advertências*, mais adiante, iremos explorar os motivos. O erro de mutação de tabela, de fato, é para sua proteção; um entendimento de porque acontece é importante. Não caia na armadilha de acreditar que as transações autônomas removeram os disparadores mutantes como aspecto!

Como fazer DDL em disparadores

Esta é uma pergunta feita com freqüência: 'Como posso criar um objeto de banco de dados sempre que insiro uma fileira em tal e tal tabela?'. O objeto de banco de dados varia de pergunta para pergunta. Às vezes, as pessoas querem criar um banco de dados USER quando inserem alguma tabela nele, às vezes querem criar uma tabela ou seqüência. Como a DDL sempre emite um comprometimento exatamente antes e exatamente depois que é executada (ou um comprometimento e um retorno, dependendo do sucesso ou falha da DDL), não era possível fazer DDL em um disparador. Agora, as transações autônomas tornam isso possível.

No passado, se poderia usar DBMS_JOB para programar a DDL para executar depois da transação comprometer. Ainda é uma opção viável e *em quase todos os casos ainda é a opção certa, ótima*. O que é bom no uso de DBMS_JOB para programar a DDL é que ele oferece uma maneira de tornar a DDL transacional. Se o disparador põe na fila um trabalho a ser executado e aquele trabalho cria uma conta de usuário, o trabalho que enfileiramos para criar o usuário também será retornado quando do retorno da transação pai. A fileira representando o trabalho será 'não-inserida'. Sem registro em sua tabela PEOPLE e na conta de banco de dados. Usando transações autônomas no mesmo cenário, você terá criado a conta de banco de dados, mas não terá registro na tabela PEOPLE. O retrocesso na abordagem DBMS_JOB é que, necessariamente, haverá uma pequena falha entre o tempo que você compromete e aquele em que o trabalho realmente executa. O usuário seria criado logo depois de você comprometer; logo depois, mas não imediatamente. Qual método usar será baseado em suas exigências. De novo, quase em qualquer caso, deve ser feito o argumento para DBMS_JOB.

No exemplo que usaremos para demonstrar como fazer DDL em disparadores, você deseja CREATE um usuário no banco de dados ao INSERT em uma tabela e DROP aquele usuário ao efetuar o DELETE. Nesse exemplo, abaixo, vou sair do meu caminho para evitar a condição onde você poderia terminar com um usuário criado, mas sem fileira na tabela ou, quando de uma remoção, ficar com um registro na tabela mas sem conta de usuário. Meu método é usar um INSTEAD OF TRIGGER em uma vista da tabela APPLICATION_USERS_TBL. Os disparadores INSTEAD OF são dispositivos habilidosos que nos permitem oferecer a lógica a ser realizada durante a modificação de fileiras em uma vista, *em vez* do processamento padrão que o Oracle faria. No Capítulo 20, demonstramos como podemos usar os disparadores INSTEAD OF para atualizações de vistas complexas onde o Oracle não permitiria atualizações. Aqui, os usaremos para criar um USER e inserir a fileira em uma tabela real (ou soltar o usuário e apagar a fileira). Isso irá garantir que o USER seja criado e a fileira inserida ou que nada aconteça. Se o disparador estivesse na própria tabela, poderíamos não ser capazes de garantir que ambos ou nenhum dos dois acontecesse — a *vista* nos permitirá vincular os dois eventos. Em vez de inserir ou apagar a tabela física real, todos os aplicativos irão inserir e apagar da vista. A vista terá um disparador INSTEAD OF e poderá, em continuação, processar as mudanças fileira por fileira. Dessa forma, serei capaz de garantir que, se uma fileira existir na tabela real, a conta de usuário será criada. Se uma fileira for removida da tabela real, a conta de usuário será solta. O exemplo mostrará a melhor maneira de conseguir esse resultado. Destacarei as partes relevantes quando chegarmos a elas.

Começaremos criando o esquema que conterá esse aplicativo:

```
tkyte@TKYTE816> create user demo_ddl identified by demo_ddl;

User created.

tkyte@TKYTE816> grant connect, resource to demo_ddl with admin option;

Grant succeeded.

tkyte@TKYTE816> grant create user to demo_ddl;
Grant succeeded.

tkyte@TKYTE816> grant drop user to demo_ddl;
Grant succeeded.

tkyte@TKYTE816> connect demo_ddl/demo_ddl
demo_ddl@TKYTE816>
```

Acabamos de criar um usuário e queremos que ele conceda CONNECT e RESOURCE a outros usuários. (Observe que CONNECT e RESOURCE são usados aqui por conveniência. Você deve usar o seu próprio conjunto de privilégios, como ditados pelas suas necessidades.) Portanto, precisamos conceder CONNECT e RESOURCE a esse esquema, usando a WITH ADMIN OPTION para que o usuário possa concedê-los a outros. Além disso, como queremos criar e soltar usuários no disparador, precisamos ter diretamente os privilégios de usuário CREATE e DROP, conforme acima. Precisamos dessas concessões diretamente para esse esquema, não através de uma função, pois os disparadores sempre executam com direitos de definidor, e daquela forma as funções não são capacitadas (veja o Capítulo 23, para mais informações sobre esse tópico).

Em seguida, criamos a tabela de aplicativo para conter nossos usuários. Colocaremos um disparador nessa tabela para o evento BEFORE INSERT ou DELETE. Esse disparador será usado para garantir que ninguém jamais insira ou apague essa tabela diretamente (incluindo o proprietário). O motivo é que precisamos que todas as inserções/remoções ocorram na vista, para que a DDL também seja feita.

No código abaixo, MY_CALLER é uma pequena rotina que uso com freqüência (junto com a rotina WHO_CALLED_ME). Você pode encontrar o código para essas rotinas no guia *Pacotes necessários fornecidos*, no final deste livro, na seção sobre DBMS_UTILITY. Essa função simplesmente retorna o nome do procedimento/função/disparador que levou o código a executar. Se MY_CALLER *não* for o disparador em outras vistas (ainda tiver que ser criado), ele não permitirá que você realize essa operação.

```
demo_ddl@TKYTE816> create table application_users_tbl
  2    (uname              varchar2(30) primary key,
  3     pw                 varchar2(30),
  4     role_to_grant      varchar2(4000)
  5    );

Table created.

demo_ddl@TKYTE816> create or replace trigger application_users_tbl_bid
  2    before insert or delete on application_users_tbl
  3    begin
  4        if ( my_caller not in ( 'DEMO_DDL.APPLICATION_USERS_IOI',
  5                                'DEMO_DDL.APPLICATION_USERS_IOD' ) )
  6        then
  7            raise_application_error(-20001, 'Cannot insert/delete directly');
  8        end if;
  9    end;
 10    /

Trigger created.
```

Agora criaremos a vista e o disparador INSTEAD OF, que de fato faz o trabalho. Colocaremos um disparador INSTEAD OF INSERT nessa vista para criar as contas, e também um disparador INSTEAD OF DELETE. O DELETE levará a declaração DROP USER a ser executada. Você poderia ampliar para acrescentar suporte para os disparadores INSTEAD OF UPDATE, para capacitar o acréscimo de funções e também mudar as senhas através de uma UPDATE.

Quando o disparador INSTEAD OF INSERT for ativado, executará duas declarações:

❑ Uma única declaração, semelhante a GRANT CONNECT, RESOURCE TO SOME_USERNAME IDENTIFIED BY SOME_PASSWORD.

❑ Uma INSERT na APPLICATION_USERS_TBL definida acima.

O motivo pelo qual usei uma GRANT, em vez de CREATE USER e depois GRANT, é que essa declaração realiza COMMIT, CREATE USER, GRANT e COMMIT em uma etapa. A vantagem é que se a declaração única falhar, não precisaremos soltar manualmente um usuário, como teríamos se usássemos duas declarações para criar e conceder para o usuário. A declaração CREATE USER poderia ser bem sucedida e a GRANT poderia falhar. No entanto, ainda precisamos pegar os erros de GRANT para apagar a fileira que acabamos de inserir.

Como fazemos essa INSERT e GRANT em cada fileira inserida na vista, podemos dizer com segurança que se uma fileira existir na tabela real, a conta será criada com sucesso, caso contrário, não. Essa ainda é uma janela muito pequena para falha em potencial, da qual nunca podemos nos livrar completamente. Se depois de inserir a fileira na APPLICATION_USERS_TBL a GRANT falhar por algum motivo, e estivermos prevenidos quanto a apagar a fileira que acabamos de inserir (devido à quebra de sistema, ou ao espaço de tabela com APPLICATION_USERS_TBL indo para fora da linha e assim por diante), teremos essa inconsistência. Não se esqueça que uma GRANT de fato é uma COMMIT/GRANT/COMMIT como toda DDL, portanto antes de GRANT falhar ela já terá comprometido a INSERT. Porém a janela é suficientemente pequena para sentirmos segurança nessa técnica.

Agora, vamos implementar a vista e os disparadores na vista, como descrito:

```
demo_ddl@TKYTE816> create or replace view
  2    application_users
  3    as
  4    select * from application_users_tbl
  5    /

View created.
```

```
demo_ddl@TKYTE816> create or replace trigger application_users_IOI
  2      instead of insert on application_users
  3      declare
  4          pragma   autonomous_transaction;
  5      begin
  6          insert into application_users_tbl
  7          ( uname, pw, role_to_grant )
  8          values
  9          ( upper(:new.uname), :new.pw, :new.role_to_grant );
 10
 11          begin
 12              execute immediate
 13                  'grant' || :new.role_to_grant ||
 14                  ' to ' || :new.uname ||
 15                  ' identified by ' || :new.pw;
 16          exception
 17              when others then
 18                  delete from application_users_tbl
 19                      where uname = upper(:new.uname);
 20                  commit;
 21                  raise;
 22          end;
 23      end;
 24  /

Trigger created.
```

O disparador INSTEAD OF INSERT, nessa tabela, primeiro insere uma fileira em APPLICATION_USERS_TBL. Depois executa GRANT para criar o usuário. GRANT é realmente COMMIT/GRANT/COMMIT portanto, assim que a executarmos, a fileira em APPLICATION_USERS_TBL será comprometida. Se GRANT for bem sucedida, ela já terá comprometido a transação autônoma e o disparador sairá. Se GRANT falhar (o usuário já existir, nome de usuário inválido ou o que for), pegaremos o erro, explicitamente DESFAZEMOS a inserção e comprometemos aquela remoção. Depois reerguemos o erro.

Fazemos a INSERT e depois a DDL nessa cópia, porque desfazer a INSERT é muito mais fácil do que desfazer a criação de usuário — prefiro DELETE a DROP para desfazer trabalho. No fim, esse disparador garante que temos uma fileira em APPLICATION_USERS_TBL e um usuário é criado, ou que nenhuma das ações acontece.

Agora para apagar o disparador para remover a fileira e soltar o usuário:

```
demo_ddl@TKYTE816> create or replace trigger application_users_IOD
  2      instead of delete on application_users
  3      declare
  4          pragma   autonomous_transaction;
  5      begin
  6              execute immediate 'drop user || :old.uname;
  7              delete from application_users_tbl
  8                  where uname = :old.uname;
  9              commit;
 10      end;
 11  /

Trigger created.
```

Nesse caso, inverti propositadamente a ordem da operação. Fazemos DDL e depois DML, enquanto antes fizemos DML e depois DDL. O motivo é, de novo, a facilidade de recuperação de erro. Se DROP USER falhar, não temos que 'desfazer' nada. A probabilidade de DELETE falhar é (esperamos) zero. Não temos restrições que fizessem isso, portanto a fileira não pode ser apagada. Se houvesse uma grande probabilidade de DELETE falhar devido a algumas restrições de integridade, poderíamos inverter a ordem dessas operações e fazê-la se parecer mais como o disparador INSTEAD OF INSERT.

Agora podemos testá-lo, inserindo um usuário para criar, verificando se ele está lá e depois, finalmente, 'apagando' o usuário.

```
demo_ddl@TKYTE816> select * from all_users where username = 'NEW_USER';

no rows selected

demo_ddl@TKYTE816> insert into application_users values
  2    ( 'new_user', 'pw', 'connect, resource' );

1 row created.

demo_ddl@TKYTE816> select * from all_users where username = 'NEW_USER';

USER_NAME                       USER_ID   CREATED
------------------------------  --------  ---------
NEW_USER                            235   15-APR-01

demo_ddl@TKYTE816> delete from application_users were uname = 'NEW_USER';

1 row deleted.

demo_ddl@TKYTE816> select * from all_users where username = 'NEW_USER';

no rows selected
```

(Note que o USER_ID que você pode ver se executar esse exemplo em seu próprio banco de dados, será provavelmente diferente do 235 acima, o que deve ser esperado.) Por fim, notaremos que também não podemos inserir ou apagar a partir da tabela 'real'.

```
demo_ddl@TKYTE816> insert into application_users_tbl values
  2    ( 'new_user', 'pw', 'connect, resource' );
insert into application_users_tbl values
            *
ERROR at line 1:
ORA-20001: Cannot insert/delete directly
ORA-06512: at "DEMO_DDL.APPLICATION_USERS_TBL_BID", line 5
ORA-04088: error during execution of trigger 'DEMO_DDL.APPLICATION_USERS_TBL_BID'

demo_ddl@TKYTE816> delete from application_users_tbl;
delete from application_users_tbl
            *
ERROR at line 1:
ORA-20001: Cannot insert/delete directly
ORA-06512: at "DEMO_DDL.APPLICATION_USERS_TBL_BID", line 5
ORA-04088: error during execution of trigger 'DEMO_DDL.APPLICATION_USERS_TBL_BID'
```

Aí está. Os disparadores são capazes de acrescentar e soltar usuários a partir de inserções e remoções de uma tabela de banco de dados. Usando os disparadores INSTEAD OF, podemos tornar a ação 'segura', oferecendo transações compensatórias quando necessário, para garantir que nossas tabelas de banco de dados de aplicativo permaneçam sincronizadas com nossos comandos DDL. Você pode até se adiantar mais um passo e usar disparadores EVENT de banco de dados, que disparam durante a DROP de uma conta de usuário, apenas para garantir que não tenha contas sendo soltas, sem percorrer sua vista.

Como escrever no banco de dados

O Oracle 7.1 introduziu a habilidade de ampliar o conjunto de funções SQL com quaisquer novas funções que você pudesse pensar escrever em PL/SQL. É um recurso extremamente poderoso, especialmente hoje em dia, quando essas funções podem ser escritas em Java e C, além de PL/SQL. No passado, uma coisa que todas as funções chamadas de

SQL precisavam prometer era **W**rite **N**o **D**atabase **S**tate (**WNDS**). Se a sua função fizesse uma INSERT, UPDATE, DELETE, CREATE, ALTER, COMMIT e assim por diante, ou chamasse qualquer função ou procedimento que fosse realizado nessas operações, simplesmente não poderia ser chamada a partir de SQL.

Usando as transações autônomas, agora podemos escrever na posição de banco de dados em funções chamadas a partir de SQL. Há algumas razões para fazer isso, mas duas que tenho visto nos últimos tempos são:

- **Auditoria realmente estrita.** Quero saber quais dados cada pessoa viu. Preciso registrar o ID de cada registro que elas consultaram do sistema.
- **Meu gerador de relatório só permite executar declarações SQL SELECT.** Realmente, preciso chamar um procedimento armazenado que faz algumas inserções desse relatório (talvez para preencher um parâmetro de tabela para o relatório).

Vejamos como cada um pode ser implementado.

Auditoria realmente estrita

Tenho visto determinadas configurações governamentais onde, por razões de privacidade, é preciso controlar quem viu os vários elementos de determinado registro. Por exemplo, o escritório de impostos mantém registros muito detalhados de quanto você recebeu, quanto deve etc. São informações extremamente delicadas. Sempre que alguém consulta o registro e vê essas informações delicadas sobre outra pessoa, é preciso que isso seja registrado. Assim, é possível controlar, para ver se as pessoas estão entrando em registros em que não deveriam, ou descobrir retroativamente quem teve acesso a determinadas informações depois de uma falha em impressão ou alguma outra exposição.

Com as vistas e as transações autônomas, podemos fazer isso de uma maneira não-intuitiva e ocasional para o usuário final com quaisquer ferramentas, totalmente transparente. Ele não será capaz de se sair bem e não conseguirá ficar no caminho. Claro que isso irá acrescentar código extra à consulta, mas é realmente adequado àquelas ocasiões em que você puxa um registro de cada vez, não centenas ou milhares de registros. Dada essa restrição, a implementação é bem simples. Usando a tabela EMP como gabarito, podemos implementar uma auditoria nas colunas HIREDATE, SALARY e COMMISSION, assim sempre que alguém vir SALARY, por exemplo, saberemos *quem* olhou e até qual registro foi visto. Começaremos criando uma tabela de busca de auditoria para nossa tabela EMP, que copiamos de SCOTT, neste capítulo.

```
tkyte@TKYTE816> create table audit_trail
  2    (username   varchar2(30),
  3     pk         number,
  4     attribute  varchar2(30),
  5     dataum     varchar2(255),
  6     timestamp  date
  7    )
  8  /
Table created.
```

Em seguida, criaremos uma série de funções sobrecarregadas em um pacote de busca de auditoria. A cada uma dessas funções será passado um valor de chave principal da fileira que estiver sendo selecionada, assim como o valor e o nome da coluna. Usamos funções de sobrecarga para que as datas sejam preservadas como datas e os números como números, permitindo-nos convertê-las a um formato padrão para armazenar na string de caracteres DATAUM, acima:

```
tkyte@TKYTE816> create or replace package audit_trail_pkg
  2  as
  3      function record(p_pk in number,
  4                      p_attr in varchar2,
  5                      p_dataum in number ) return number;
  6      function record(p_pk in number,
  7                      p_attr in varchar2,
  8                      p_dataum in varchar2 ) return varchar2;
```

```
  9       function record(p_pk in number,
 10                       p_attr in varchar2,
 11                       p_datum in date ) return date;
 12   end;
 13   /
```

Package created.

Estamos prontos agora para implementar o corpo do próprio pacote. Aqui, cada uma das funções RECORD acima chama o mesmo procedimento interno LOG. LOG é a transação autônoma que insere na tabela de busca de auditoria e compromete. Em especial, observe como a função RECORD, abaixo, formata a coluna de data em uma string que preserva o componente de tempo:

```
tkyte@TKYTE816> create or replace package body audit_trail_pkg
  2   as
  3
  4   procedure log ( p_pk in number,
  5                   p_attr in varchar2,
  6                   p_dataum in varchar2 )
  7   as
  8       pragma autonomous_transaction;
  9   begin
 10           insert into audit_trail values
 11           ( user, p_pk, p_attr, p_dataum, sysdate );
 12           commit;
 13   end;
 14
 15   function record(p_pk in number,
 16                   p_attr in varchar2,
 17                   p_dataum in number ) return number
 18   is
 19   begin
 20           log( p_pk, p_attr, p_dataum );
 21           return p_dataum;
 22   end;
 23
 24   function record(p_pk in number,
 25                   p_attr in varchar2,
 26                   p_dataum in varchar2 ) return varchar2
 27   is
 28   begin
 29           log( p_pk, p_attr, p_dataum );
 30           return p_dataum;
 31   end;
 32
 33   function record(p_pk in number,
 34                   p_attr in varchar2,
 35                   p_dataum in date ) return date
 36   is
 37   begin
 38           log( p_pk, p_attr,
 39              to_char(p_dataum, 'dd-mon-yyyy hh24:mi:ss') );
 40           return p_dataum;
 41   end;
 42
 43   end;
 44   /
```

Package body created.

```
tkyte@TKYTE816> create or replace view emp_v
  2  as
  3  select empno , ename, job,mgr,
  4         audit_trail_pkg.record( empno, 'sal', sal ) sal,
  5         audit_trail_pkg.record( empno, 'comm', comm ) comm,
  6         audit_trail_pkg.record( empno, 'hiredate', hiredate ) hiredate,
  7         deptno
  8    from emp
  9  /

View created.
```

Portanto, o que criamos é uma vista que expõe as três colunas, HIREDATE, SAL e COMM através de uma função PL/SQL. A função PL/SQL é a nossa função de auditoria, que irá registrar, silenciosamente, quem olhou o que, e quando. Essa vista é adequada para consultas diretas de tipo 'busca', como as seguintes:

```
tkyte@TKYTE816> select empno, ename, hiredate, sal, comm, job
  2               from emp_v where ename = 'KING';

     EMPNO ENAME      HIREDATE        SAL       COMM JOB
---------- ---------- --------- ---------- ---------- ---------
      7839 KING       17-NOV-81       5000            PRESIDENT

tkyte@TKYTE816> column username format a8
tkyte@TKYTE816> column pk format 9999
tkyte@TKYTE816> column attribute format a8
tkyte@TKYTE816> column datum format a20

tkyte@TKYTE816> select * from audit_trail;

USERNAME     PK  ATTRIBUT  DATUM                 TIMESTAMP
--------  -----  --------  --------------------  ---------
TKYTE      7839  hiredate  17-nov-1981 00:00:00  15-APR-01
TKYTE      7839  sal       5000                  15-APR-01
TKYTE      7839  comm                            15-APR-01

tkyte@TKYTE816> select empno, ename from emp_v where ename = 'BLAKE';

     EMPNO ENAME
---------- ----------
      7698 BLAKE

tkyte@TKYTE816> select * from audit_trail;

USERNAME     PK  ATTRIBUT  DATUM                 TIMESTAMP
--------  -----  --------  --------------------  ---------
TKYTE      7839  hiredate  17-nov-1981 00:00:00  15-APR-01
TKYTE      7839  sal       5000                  15-APR-01
TKYTE      7839  comm                            15-APR-01
```

Como você pode ver, posso dizer que TKYTE viu as colunas HIREDATE, SAL e COMM na data relacionada. A segunda consulta não recuperou as informações naquelas colunas e portanto não foram produzidos registros de auditoria adicionais.

O motivo pelo qual eu disse que a vista acima é apropriada para consultas do tipo 'busca' é porque ela tenderá, em alguns casos, a fazer uma 'super auditoria'. Pode haver casos em que ela relate que alguém buscou alguma peça de informações, quando na verdade ela não foi vista. Depois, ela foi filtrada em uma consulta complexa ou foi agregada para algum valor não associado a um único indivíduo. Por exemplo, o seguinte mostra que usar um agregado ou uma coluna na cláusula WHERE, o levará a ser apresentado 'como visto'.

Começaremos limpando a tabela de controle de auditoria; apenas para tornar óbvio o que estamos fazendo:

```
tkyte@TKYTE816> delete from audit_trail;

3 rows deleted.

tkyte@TKYTE816> commit;

Commit complete.

tkyte@TKYTE816> select avg(sal) from emp_v;

   AVG(SAL)
   --------
 2077.14286

tkyte@TKYTE816> select * from audit_trail;

USERNAME      PK    ATTRIBUT    DATAUM         TIMESTAMP
--------    -----  ---------   ----------     ---------
TKYTE        7499   sal         1600           15-APR-01
...
TKYTE        7934   sal         1300           15-APR-01

14 rows selected.

tkyte@TKYTE816> select ename from emp_v where sal >= 5000;

ENAME
------
KING

tkyte@TKYTE816> select * from audit_trail;

USERNAME      PK    ATTRIBUT    DATAUM         TIMESTAMP
--------    -----  ---------   ----------     ---------
TKYTE        7499   sal         1600           15-APR-01
...
TKYTE        7934   sal         1300           15-APR-01

28 rows selected.
```

A consulta agregada registrou cada salário que 'buscamos', na ordem, para obter a AVG(SAL). Da mesma forma, a consulta WHERE SAL >= 5000 registrou cada salário que buscamos, para obter a resposta. Para esses casos não há uma boa solução, a não ser usar essa vista para responder a tais perguntas. No caso da AVG(SAL) você iria querer expor apenas a coluna SAL, talvez outras informações, e usar essa vista em seu aplicativo quando precisasse, por exemplo, da média de salário. Isto é, ao consultar uma vista que não associa a coluna SAL ao indivíduo, você pode ver os salários, mas *não* a quem pertencem. A outra pergunta, SAL >=5000 é difícil de responder sem registrar cada salário. Para isso eu deveria usar um procedimento armazenado que retornasse REF CURSOR. O procedimento armazenado pode consultar com segurança a tabela EMP usando um predicado em SAL, mas só selecionar outras informações, menos a coluna SAL. O usuário não saberia quanto a pessoa fez, apenas que estava acima de algum valor. Você restringiria o seu uso de EMP_V às ocasiões em que quisesse mostrar as duas informações relacionadas à pessoa, (EMPNO e ENAME) e SAL.

Nesse contexto, executar DML a partir de SQL é muito especializado, precisa ser usado com cautela.

Quando o ambiente só permite SELECTs

É um uso realmente habilidoso de transações autônomas em declarações SQL. Em muitos casos, as pessoas estão usando ferramentas que só permitem processar declarações SQL SELECT ou talvez fazer INSERTs etc, mas realmente precisam chamar um procedimento armazenado, embora não sejam capazes. As transações autônomas fazem de tal forma que podem afinal chamar qualquer procedimento armazenado ou função usando uma declaração SQL SELECT.

Digamos que você tenha ajustado um procedimento armazenado que coloque alguns valores em uma tabela. Esses valores são postos na tabela para que uma consulta executada mais tarde naquela sessão possa restringir seus valores, com base no conteúdo daquela tabela. Se essa tabela não estiver preenchida, seu relatório não executará. Você está em um ambiente que não lhe permite executar procedimentos armazenados, apenas SQL 'normal'. No entanto, precisa *realmente* executar esse procedimento. Como podemos fazer isso? Funcionaria assim:

```
tkyte@TKYTE816> create table report_parm_table
  2  (session_id    number,
  3   arg1          number,
  4   arg2          date
  5  )
  6  /

Table created.

tkyte@TKYTE816> create or replace
  2  procedure set_up_report( p_arg1 in number, p_arg2 in date )
  3  as
  4  begin
  5      delete from report_parm_table
  6      where session_id = sys_context('userenv', 'sessionid');
  7
  8      insert into report_parm_table
  9      ( session_id, arg1, arg2 )
 10      values
 11      ( sys_context('userenv', 'sessionid'), p_arg1, p_arg2 );
 12  end;
 13  /

Procedure created.
```

Temos aqui um procedimento armazenado que escreve na posição do banco de dados — ele é parte de um sistema já instituído. Gostaríamos de chamá-lo a partir de uma declaração SQL SELECT, uma vez que ele é o único método disponível. Precisaremos envolver esse procedimento SET_UP_REPORT em uma pequena função PL/SQL, pois as únicas coisas que SQL pode chamar são funções. Além disso, precisamos do envoltório para nos fornecer o pragma AUTONOMOUS_TRANSACTION:

```
tkyte@TKYTE816> create or replace
  2  function set_up_report_F( p_arg1 in number, p_arg2 in date )
  3  return number
  4  as
  5      pragma autonomous_transaction;
  6  begin
  7      set_up_report( p_arg1, p_arg2 );
  8      commit;
  9      return 1;
 10  exception
 11      when others then
 12      rollback;
 13      return 0;
 14  end;
 15  /
```

```
Function created.

tkyte@TKYTE816> select set_up_report_F( 1, sysdate ) from dual
  2  /

SET_UP_REPORT_F(1,SYSDATE)
--------------------------
                         1

tkyte@TKYTE816> select * from report_parm_table
  2
```

Pode parecer interessante ver o que aconteceria se tentássemos chamar essa função a partir de SQL, sem a transação autônoma. Se você recompilar a função acima com o pragma, recebe:

```
tkyte@TKYTE816> select set_up_report_F( 1, sysdate ) from dual
  2  /
select set_up_report_F( 1, sysdate ) from dual
       *
ERROR at line 1:
ORA-14552: cannot perform a DDL, commit or rollback inside a query or DML
ORA-06512: at "TKYTE.SET_UP_REPORT_F", line 10
ORA-14551: cannot perform a DML operation inside a query
ORA-06512: at line 1
```

Isso é exatamente o que a transação autônoma está evitando. Portanto, temos agora uma função que pode ser chamada de SQL e faz uma inserção real numa tabela de banco de dados. É importante observar que o envoltório da função precisa comprometer (ou retornar) antes de retornar, para evitar o erro ORA-06519 (veja a seção *Erros que você pode encontrar*, para mais informações) que, caso contrário, ocorreria. Além disso, a função precisa retornar algo — qualquer coisa, mas *tem* que retornar algo; estou retornando 1 para sucesso, 0 para falha. Por fim, o importante a observar é que a função só pode aceitar parâmetros IN — não IN/OUT ou OUT, porque a camada SQL não permitirá parâmetros desse modo.

Gostaria de fazer uma advertência quanto a essa abordagem. Normalmente, eu a faria no final, mas ela implica diretamente com as funções de chamada que modificam o banco de dados a partir de SQL. Pode causar perigosos efeitos colaterais devido à forma com que o banco de dados otimiza e executa as consultas. O exemplo acima foi relativamente 'seguro'. DUAL é uma tabela de fileira única, selecionamos a nossa função e ela só devia ser chamada uma vez. Não havia uniões, predicados, classificações e efeitos colaterais. Isso seria confiável. Há outros casos onde nossa função pode ser chamada menos do que pensamos que deveria, mais do que pensamos ou, com sorte, exatamente tantas vezes quantas pensamos. Para demonstrar, usarei um exemplo de certa forma contrito. Teremos uma simples tabela COUNTER que uma transação autônoma atualizará com cada chamada feita a ela. Dessa forma, podemos executar consultas e ver quantas vezes nossa função é, de fato, chamada:

```
tkyte@TKYTE816> create table counter ( x int );

Table created

tkyte@TKYTE816> insert into counter values (0);

1 row created.

tkyte@TKYTE816> create or replace function f return number
  2  as
  3          pragma autonomous_transaction;
  4  begin
  5          update counter set x = x+1;
  6          commit;
  7          return 1;
  8  end;
  9  /

Function created.
```

Assim, essa é a função e a tabela COUNTER. Cada vez que F for chamada, X será aumentada em 1. Vamos experimentá-la:

```
tkyte@TKYTE816> select count(*)
  2     form ( select f from emp )
  3  /

  COUNT(*)
----------
        14

tkyte@TKYTE816> select * from counter;

         X
----------
         0
```

Aparentemente, nossa função nunca foi chamada. Parece que ela teria sido chamada 14 vezes, mas não foi. Só para mostrar que F funciona, usamos:

```
tkyte@TKYTE816> select count(*)
  2     from (select f from emp union select f from emp )
  3  /

  COUNT(*)
----------
         1

tkyte@TKYTE816> select * from counter;

         X
----------
        28
```

Isso é o que esperávamos. A função F foi chamada 28 vezes-14 vezes em cada consulta na declaração UNION. Como UNION faz uma SORT DISTINCT como efeito colateral de processamento, a COUNT(*) da união é 1 (está certo) e o número de chamadas foi 28, que é o que esperávamos. Mas, e se modificássemos a consulta só um pouco:

```
tkyte@TKYTE816> update counter set x = 0;

1 row updated.

tkyte@TKYTE816> commit;

Commit complete.

tkyte@TKYTE816> select f from emp union ALL select f from emp
  2  /

         F
----------
         1
...
         1

28 rows selected.

tkyte@TKYTE816> select * from counter;

         X
----------
        32
```

28 fileiras retornaram, *mas* a nossa função, aparentemente chamou 32 vezes! Ciente dos efeitos colaterais, o Oracle nunca prometeu chamar sua função (o primeiro exemplo acima) ou chamá-la um número determinado de vezes (último exemplo). Esteja bem atento quanto ao uso dessa funcionalidade (escrever no banco de dados em uma função chamada em SQL) quando qualquer tabela que não DUAL estiver envolvida, e você tiver uniões, classificações etc. Os resultados podem ser surpreendentes.

Para desenvolver código mais modular

As transações autônomas também permitem o desenvolvimento de código mais modular. Tradicionalmente, seria possível escrever uma série de pacotes que fariam algumas operações. Essas operações fariam algumas modificações no banco de dados e, dependendo do resultado, comprometeriam ou as retornariam. Tudo isso está bem e é bom se os seus procedimentos forem a única coisa com o que se preocupar. No entanto, em um aplicativo de grande escala, é raro que o seu simples pacote seja a única coisa acontecendo. Mais provavelmente ele é um pequeno pedaço de uma torta muito maior.

Em um procedimento típico, se você compromete, compromete não apenas o seu trabalho, como todo o trabalho extra realizado em sua sessão *antes* do procedimento ter sido chamado. Comprometendo, você estará tornando permanente o seu trabalho e aquele outro trabalho. O problema é que o outro trabalho pode ainda não estar 100 por cento completo. Portanto, seu comprometimento induz o potencial a um erro, na rotina chamada. Ele perde a habilidade de retornar as suas mudanças, no caso de uma falha, e pode nem ao menos estar ciente disso.

Usando transações autônomas, você pode agora criar transações autocontidas que acontecem sem afetar a posições chamando transações. Pode ser extremamente útil para muitos tipos de rotinas, como auditoria, registro de entrada e outros serviços. Permite desenvolver código que pode ser chamado com segurança a partir de uma variedade de ambientes, tudo sem afetar adversamente esses ambientes. Esses são usos válidos de transações autônomas — auditoria, registro de entrada e outras rotinas baseadas em serviço. Geralmente, não acredito em comprometer em um procedimento armazenado, exceto em casos como aqueles. Acredito que o controle de transação só deve ficar nas mãos do aplicativo cliente. Muito cuidado deve ser tomado para garantir que você não abuse de transações autônomas. Se o seu código tiver que ser chamado como parte lógica de uma transação muito maior (por exemplo, você está fornecendo o pacote ADDRESS_UPDATE em um sistema de Recursos Humanos), então codificá-lo como uma transação autônoma não seria apropriado. O chamador gostaria de ser capaz de chamar a sua funcionalidade e outros pacotes correlatos, comprometendo todo o trabalho (ou não). Assim, se você tivesse utilizado uma transação autônoma, o chamador iria perder esse controle, e não seria possível montar transações maiores dessas transações menores. Adicionalmente, um dos atributos de uma transação autônoma é que não lhe é possível ver nada do trabalho não comprometido que tenha sido realizado pelo seu chamador. Ouviremos mais sobre isso na seção *Como elas trabalham*. Significaria que a sua transação autônoma não seria capaz de ver as atualizações não comprometidas para o resto das informações de RH. Você precisa entender como o seu código será usado, para empregar corretamente essa funcionalidade.

Como elas trabalham

Esta seção descreverá como trabalham as transações autônomas e o que se pode esperar delas. Investigaremos o fluxo de controle transacional com relação às transações autônomas. Também veremos como as transações autônomas afetam o escopo de vários elementos, como variáveis empacotadas, configurações de sessão, mudanças em banco de dados e bloqueios. Iremos explorar a maneira certa de terminar uma transação autônoma e, finalmente, terminaremos com uma seção sobre savepoints (pontos de salvação).

Controle transacional

O fluxo de controle transacional de uma transação autônoma começa com uma BEGIN e termina com uma END. O que quero dizer com isso é que, dado o seguinte bloco de código:

```
declare
  pragma autonomous_transaction;
  X number default func;            (1)
begin                               (2)
   . . .
end;                                (3)
```

a transação autônoma começa em (2), não em (1). Ela começa com a primeira seção executável. Se FUNC de fato, for uma função que realiza operações no banco de dados, ela não faz parte da transação autônoma! Ela será parte da transação pai. Além disso, a ordem de itens no bloco DECLARE não é relevante — o PRAGMA pode vir primeiro ou por último. Todo o bloco DECLARE é parte da transação pai, não a transação autônoma. Um exemplo tornará isso claro:

```
tkyte@TKYTE816> create table t ( msg varchar2(50) );

Table created.

tkyte@TKYTE816> create or replace function func return number
  2  as
  3  begin
  4          insert into t values
  5          ( 'I was inserted by FUNC' );
  6          return 0;
  7  end;
  8  /

Function created.
```

Temos então uma função que faz algum trabalho no banco de dados. Agora, vamos chamar essa função no bloco DECLARE de uma transação autônoma:

```
tkyte@TKYTE816> declare
  2          x number default func;
  3          pragma autonomous_transaction;
  4  begin
  5          insert into t values
  6          ( 'I was inserted by anon block' );
  7          commit;
  8  end;
  9  /

PL/SQL procedure successfully completed.

tkyte@TKYTE816> select * from t;

MSG
--------------------------------------------------
I was inserted by FUNC
I was inserted by anon block
```

Exatamente agora, ambas as fileiras estão lá. No entanto, uma das fileiras ainda não está comprometida. Podemos observar isso, voltando:

```
tkyte@TKYTE816> rollback;

Rollback complete.

tkyte@TKYTE816> select * from t;

MSG
--------------------------------------------------
I was inserted by anon block
```

Como você vê, depois de executar o bloco anônimo, parece que ambas as fileiras estão na tabela T, e comprometidas. No entanto, isso é um engano. A fileira inserida pela função ainda está, na verdade, pendente. Ela é parte da transação pai, e ainda não está comprometida. Retornando, podemos ver que ela vai embora, mas a fileira inserida na transação autônoma permanece, conforme esperado.

Assim, uma transação autônoma começa *exatamente em seguida* a BEGIN, *depois* de PRAGMA, e fica em efeito durante todo o tempo em que aquele bloco BEGIN ainda estiver em escopo. Quaisquer funções ou procedimentos que a transação autônoma chamar, quaisquer disparadores que ela leve a serem disparados e assim por diante, são parte de sua transação autônoma, e serão comprometidos ou retornados com ela.

As transações autônomas podem ser aninhadas, sendo que uma pode levar outra a acontecer. Essas novas transações autônomas comportam-se exatamente da mesma forma que a transação autônoma pai — elas começam com a primeira BEGIN, têm o controle transacional até que o final de declaração seja atingido e são totalmente independentes de sua transação pai. O único limite à profundidade de aninhamento de transações autônomas é o parâmetro init.ora TRANSACTIONS, que orienta o número total de possíveis transações autônomas no servidor ao mesmo tempo. Em geral, isso padroniza para 1.1 vezes o número de SESSIONS, e se você planeja usar muitas transações autônomas, pode ter que aumentar esse parâmetro.

Escopo

Por **escopo**, quero dizer a habilidade de ver valores de várias coisas dentro do banco de dados. Aqui, estamos preocupados com quatro elementos diferentes. Veremos o escopo de:

- Variáveis empacotadas.
- Configurações/parâmetros de sessão.
- Mudanças de banco de dados.
- Bloqueios.

e vamos considerar um de cada vez.

Variáveis empacotadas

Uma transação autônoma cria uma nova posição de transação, mas não uma nova 'sessão'. Portanto, quaisquer variáveis que estão no escopo (são visíveis) de ambos, o pai e a transação autônoma, serão idênticas na essência de ambos, pois a designação de variável não é coberta pelos limites transacionais (você não pode retornar uma designação PL/SQL a uma variável). Então, uma transação autônoma não apenas pode ver a posição variável da transação pai, mas ela também pode modificá-la, e o pai verá essas mudanças.

O que isso significa é que as mudanças em variáveis, como elas não são explicitamente afetadas por comprometimentos e retornos, caem fora do domínio da transação autônoma, e se comportarão exatamente como fariam na ausência de transações autônomas. Na forma de um simples exemplo para demonstrar isso, criarei um pacote que tem uma variável global. A 'transação pai' (a nossa sessão) ajustará esse valor para alguma posição conhecida, e uma transação autônoma então irá modificá-la. A transação pai verá os efeitos daquela modificação:

```
tkyte@TKYTE816> create or replace package global_variables
  2  as
  3          x number;
  4  end;
  5  /

Package created.

tkyte@TKYTE816> begin
  2          global_variables.x := 5;
  3  end;
  4  /

PL/SQL procedure successfully completed.

tkyte@TKYTE816> declare
  2          pragma autonomous_transaction;
  3  begin
  4          global_variables.x := 10;
  5          commit;
  6  end;
  7  /
```

```
PL/SQL procedure successfully completed.

tkyte@TKYTE816> set serveroutput on
tkyte@TKYTE816> exec dbms_output.put_line( global_variables.x );
10

PL/SQL procedure successfully completed.
```

Essa mudança na variável global pela transação autônoma ocorrerá, independente do resultado final da transação autônoma.

Configurações/Parâmetros de sessão

De novo, como as transações autônomas criam uma nova transação mas não uma nova sessão, a posição de sessão da transação pai é igual à da sessão filho. Ambos compartilham exatamente a mesma sessão, apenas são executados em transações separadas. A sessão é estabelecida quando o aplicativo se conecta com o banco de dados. Uma transação autônoma não se 'reconecta' novamente com o banco de dados, apenas compartilha a mesma conexão ou sessão. Portanto, qualquer mudança em termos de sessão feita no pai será visível no filho e, além disso, se o filho fizer quaisquer mudanças através de um comando ALTER SESSION, essas mudanças também terão efeito na transação pai. Deve-se notar que o comando SET TRANSACTION, que por definição trabalha em termos de transação, só afeta a transação em que tiver sido emitido. Assim, por exemplo, uma transação autônoma que emita um comando SET TRANSACTION USE ROLLBACK SEGMENT só ajustará o segmento de retorno da *sua* transação, não do pai. Uma transação autônoma que emite SET TRANSACTION ISOLATION LEVEL SERIALIZABLE só afeta a sua transação, mas uma transação autônoma que emitir uma ALTER SESSION SET ISOLATION_LEVEL= SERIALIZABLE mudará o nível de isolamento do pai para a *próxima* transação. Além disso, uma transação pai READ ONLY pode chamar uma transação autônoma que modifica o banco de dados. A transação autônoma também não é forçada a ser apenas de leitura.

Mudanças de banco de dados

Agora é onde as coisas começam a ficar interessantes — as mudanças de banco de dados. Aqui, as coisas podem ficar um pouco obscuras. Mudanças feitas em banco de dados, mas ainda não comprometidas por uma transação pai, *não* são visíveis às transações autônomas. As mudanças feitas e já comprometidas pela transação pai são sempre visíveis à transação filho. As mudanças feitas pela transação autônoma *podem ou não* ser visíveis à transação pai, dependendo de seu nível de isolamento.

Mas como eu disse antes, é quando as coisas ficam obscuras. Fui muito claro acima ao dizer que as mudanças feitas pela transação pai não são visíveis ao filho, mas essa não é 100 por cento da estória. Um cursor aberto pela transação anônima filho não verá essas mudanças não comprometidas, mas um cursor aberto pelo pai e buscado a partir do filho, verá. O caso a seguir mostra como isso funciona. Recriaremos nossa tabela EMP (ela possui todos os tipos de rotinas de auditoria) e depois codificaremos um pacote que a modifica e imprime. Nesse pacote, teremos um cursor global que seleciona de EMP. Haverá uma única transação autônoma. Ela simplesmente busca a partir de um cursor e imprime os resultados. Primeiro ela verá se o cursor está aberto, e se não, o abrirá. Isso nos mostrará a diferença nos resultados obtidos, dependendo de quem tiver aberto determinado cursor. O conjunto de resultados do cursor é sempre consistente com relação ao tempo em que ele foi aberto, e onde a transação foi aberta:

```
tkyte@TKYTE816> drop table emp;

Table dropped.

tkyte@TKYTE816> create table emp as select * from scott.emp;

Table created.

tkyte@TKYTE816> create or replace package my_pkg
  2  as
  3
  4      procedure run;
  5
  6  end;
  7  /
```

Package created.

```
tkyte@TKYTE816> create or replace package body my_pkg
  2    as
  3
  4
  5    cursor global_cursor is select ename from emp;
  6
  7
  8    procedure show_results
  9    is
 10            pragma autonomous_transaction;
 11            l_ename emp.ename%type;
 12    begin
 13            if ( global_cursor%isopen )
 14            then
 15                    dbms_output.put_line( 'NOT already opened cursor' );
 16            else
 17                    dbms_output.put_line( 'Already opened' );
 18                    open global_cursor;
 19            end if;
 20
 21            loop
 22                    fetch global_cursor into l_ename;
 23                    exit when global_cursor%notfound;
 24                    dbms_output.put_line( l_ename );
 25            end loop;
 26            close global_cursor;
 27    end;
 28
 29
 30    procedure run
 31    is
 32    begin
 33            update emp set ename = 'x';
 34
 35            open global_cursor;
 36            show_results;
 37
 38            show_results;
 39
 40            rollback;
 41    end;
 42
 43    end;
 44    /
```

Package body created.

```
tkyte@TKYTE816> exec my_pkg.run
NOT already opened cursor
x
. . .
x
Already opened
SMITH
. . .
MILLER
```

PL/SQL procedure successfully completed.

Quando o cursor é aberto na posição de transação pai, a transação autônoma pode ver essas fileiras não comprometidas — elas estão todas em x. O cursor aberto na transação autônoma também pode ter sido aberto em outra sessão, quando se trata desses dados não comprometidos. Nunca será possível ver as fileiras não comprometidas. Vemos as imagens dos dados como eles existiam *antes* de acontecer a atualização.

Assim, vimos como uma transação autônoma filho reagirá às mudanças não comprometidas feitas pelo pai, no que se refere a SELECTs. E sobre o pai ver as mudanças de dados feitas pelo filho? Bom, isso dependerá do nível de isolamento do pai. Se você usar o nível de isolamento padrão de READ COMMITTED, o pai será capaz de ver as mudanças. Mas, se você estiver usando transações SERIALIZABLE, não será capaz de ver as mudanças feitas, ainda que você as faça. Por exemplo:

```
tkyte@TKYTE816> create table t ( msg varchar2(4000) );

Table created.

tkyte@TKYTE816> create or replace procedure auto_proc
  2   as
  3           pragma autonomous_transaction;
  4   begin
  5           insert into t values ( 'A row for you' );
  6           commit;
  7   end;
  8   /

Procedure created.

tkyte@TKYTE816> create or replace
  2   procedure proc( read_committed in boolean )
  3   as
  4   begin
  5           if ( read_committed ) then
  6                   set transaction isolation level read committed;
  7           else
  8                   set transaction isolation level serializable;
  9           end if;
 10
 11           auto_proc;
 12
 13           dbms_output.put_line( '- - - - - - - -' );
 14           for x in ( select * from t ) loop
 15                   dbms_output.put_line( x.msg );
 16           end loop;
 17           dbms_output.put_line( '- - - - - - - -' );
 18           commit;
 19   end;
 20   /

Procedure created.

tkyte@TKYTE816> exec proc( TRUE )
- - - - -
A row for you
- - - - -

PL/SQL procedure successfully completed.

tkyte@TKYTE816> delete from t;

1 row deleted.

tkyte@TKYTE816> commit;
```

```
Commit complete.

tkyte@TKYTE816> exec proc( FALSE )
- - - - - - - -
- - - - - - - -

PL/SQL procedure successfully completed.
```

Como se pode ver, quando o procedimento é executado no modo READ COMMITTED, vemos as mudanças comprometidas. Quando executamos no modo SERIALIZABLE, não podemos ver as mudanças, porque na transação autônoma elas ocorreram em outra transação, e o modo de isolamento de SERIALIZABLE dita que só podemos ver nossas mudanças de transações (como se a nossa transação fosse a única no banco de dados nesse modo, não temos permissão para ver as mudanças dos outros).

Bloqueios

Na seção anterior, exploramos o que acontece com relação a uma transação autônoma filho lendo mudanças comprometidas e não comprometidas do pai, assim como um pai lendo as mudanças da transação autônoma filho. Agora, veremos o que acontece com relação a bloqueios.

Como pai e filho têm duas transações completamente diferentes, eles não serão capazes de compartilhar bloqueios de qualquer modo ou forma. Se a transação pai tiver um recurso bloqueado que a transação autônoma filho também precise bloquear, você terá um impasse. O seguinte demonstra esse aspecto:

```
tkyte@TKYTE816> create or replace procedure child
  2   as
  3           pragma autonomous_transaction;
  4           l_ename emp-ename%type;
  5   begin
  6           select ename into l_ename
  7                   from emp
  8                   where ename = 'KING'
  9                   FOR UPDATE;
 10           commit;
 11   end;
 12   /

Procedure created.

tkyte@TKYTE816> create or replace procedure parent
  2   as
  3           l_ename emp.ename%type;
  4   begin
  5           select ename into l_ename
  6                   from emp
  7                   where ename = 'KING'
  8                   FOR UPDATE;
  9           child;
 10           commit;
 11   end;
 12   /

Procedure created.

tkyte@TKYTE816> exec parent
BEGIN parent; END;

*
ERROR at line 1:
ORA-00060: deadlock detected while waiting for resource
ORA-06512: at "TKYTE.CHILD", line 6
ORA-06512: at "TKYTE.PARENT", line 9
ORA-06512: at line 1
```

Deve-se tomar cuidado para evitar um impasse de um filho com o seu pai. O filho sempre 'perderá', nesse caso, e a declaração que estiver ofendendo será retornada.

Como terminar uma transação autônoma

Para terminar uma transação autônoma precisamos sempre emitir uma COMMIT ou ROLLBACK desenvolvida, ou executar DDL, o que uma COMMIT faz para nós. A própria transação autônoma inicia automaticamente quando a transação autônoma faz quaisquer mudanças no banco de dados, bloqueia recursos ou emite declarações de controle de transação, como SET TRANSACTION ou SAVEPOINT. A transação autônoma precisa ser explicitamente encerrada antes do controle retornar à transação pai (ou ocorrerá um erro). Uma ROLLBACK para SAVEPOINT não é suficiente, ainda que isso não deixe trabalho de fora, pois ela não termina a posição de transação.

Se uma transação autônoma sai 'normalmente' (não através de uma exceção propagada) e negligencia COMMIT ou ROLLBACK, receberá o erro:

```
tkyte@TKYTE816> create or replace procedure child
  2  as
  3          pragma autonomous_transaction;
  4          l_ename emp.ename%type;
  5  begin
  6          select ename into l_ename
  7                  from emp
  8                  where ename = 'KING'
  9                  FOR UPDATE;
 10  end;
 11  /

Procedure created.

tkyte@TKYTE816> exec child
BEGIN child; END;

*
ERROR at line 1:
ORA-06519: active autonomous transaction detected and rolled back
ORA-06512: at "TKYTE.CHILD", line 6
ORA-06512: at line 1
```

Assim, exatamente como uma transação autônoma precisa tomar cuidado para evitar impasses com a transação pai, ela também precisa tomar cuidado para terminar claramente qualquer transação que iniciar (para evitar tê-la retornada).

Savepoints

No Capítulo 4, descrevemos os savepoins e como afetam as transações em seu aplicativo. Os savepoints têm o escopo apenas para a transação atual. Isto é, uma transação autônoma não pode retornar para um savepoint emitido na transação de rotina que estiver chamando. Esse savepoint simplesmente não existe no ambiente da transação autônoma. Considere o que acontece se tentarmos:

```
tkyte@TKYTE816> create or replace procedure child
  2  as
  3          pragma autonomous_transaction;
  4          l_ename emp-ename%type;
  5  begin
  6
  7          update emp set ename = 'y' where ename = 'BLAKE';
  8          rollback to Parent_Savepoint;
  9          commit;
 10  end;
 11  /
```

Procedure created.

```
tkyte@TKYTE816> create or replace procedure parent
  2    as
  3            l_ename emp.ename%type;
  4    begin
  5            savepoint Parent_Savepoint;
  6            update emp set ename = 'x' where ename = 'KING';
  7
  8            child;
  9            rollback;
 10    end;
 11    /

Procedure created.

tkyte@TKYTE816> exec parent
BEGIN parent; END;

      *
ERROR at line 1:
ORA-01086: savepoint 'PARENT_SAVEPOINT' never established
ORA-06512: at "TKYTE.CHILD", line 8
ORA-06512: at "TKYTE.PARENT", line 8
ORA-06512: at line 1
```

No que se refere à transação autônoma, esse ponto de salvamento nunca foi emitido. Se removermos a transação autônoma do filho acima e executarmos novamente, ela funcionará muito bem. A transação autônoma não pode afetar a 'posição' da transação que estiver chamando.

Isso não significa que as transações autônomas não possam usar savepoints — podem. Elas simplesmente precisam usar os seus *próprios* savepoints. Por exemplo, o seguinte código demonstra que um savepoint emitido na transação filho funciona. Uma atualização dentro do savepoint foi retornada conforme esperado e a outra foi preservada:

```
tkyte@TKYTE816> create or replace procedure child
  2    as
  3            pragma autonomous_transaction;
  4            l_ename emp.ename%type;
  5    begin
  6
  7        update emp set ename = 'y' where ename = 'BLAKE';
  8        savepoint child_savepoint;
  9        update emp set ename = 'z' where ename = 'SMITH';
 10        rollback to child_savepoint;
 11        commit;
 12    end;
 13    /

Procedure created.

tkyte@TKYTE816> create or replace procedure parent
  2    as
  3            l_ename emp.ename%type;
  4    begin
  5            savepoint Parent_Savepoint;
  6            update emp set ename = 'x' where ename = 'KING';
  7
  8            child;
  9            commit;
 10    end;
 11    /

Procedure created.
```

```
tkyte@TKYTE816> select ename
  2    from emp
  3    where ename in ( 'x', 'y', 'z', 'BLAKE', 'SMITH', 'KING' );

ENAME
------
SMITH
BLAKE
KING

tkyte@TKYTE816> exec parent

PL/SQL procedure successfully completed.

tkyte@TKYTE816> select ename
  2    from emp
  3    where ename in ( 'x', 'y', 'z', 'BLAKE', 'SMITH', 'KING' );

ENAME
------
SMITH
y
x
```

Advertências

Como em qualquer recurso, há algumas nuances que precisam ser observadas na maneira desse recurso funcionar. Esta seção tenta encaminhá-las, uma por vez. Veremos os recursos mutuamente exclusivos com transações autônomas, os ambientes que podem usá-los, diferenças de comportamento que você notará e outros aspectos.

Transações não distribuídas

Atualmente (pelo menos até o Oracle 8.1.7), não é possível usar transações autônomas em uma transação distribuída. Você não receberá uma mensagem clara de erro com relação a isso. Em vez disso, em vários casos (não em todos) será erguido um erro interno. É planejado que as transações autônomas poderão ser usadas com segurança em transações distribuídas, no futuro. Por enquanto, se você estiver usando um Database Link, não use uma transação autônoma.

Apenas PL/SQL

As transações autônomas são disponíveis apenas com PL/SQL. Elas podem ser estendidas para Java e outras linguagens, chamando Java ou outra rotina de linguagem, a partir de um bloco PL/SQL que seja uma transação autônoma. Assim, se você precisar que um procedimento armazenado Java seja chamado como transação autônoma, precisará criar um procedimento armazenado em PL/SQL, que é uma transação autônoma, e chamar Java a partir dele.

Toda a transação retorna

Se uma transação autônoma sair em erro devido a uma exceção que não tenha sido pega e tratada, toda a transação será retornada, não apenas a declaração que estiver ofendendo. O que isso significa é que a chamada a uma transação autônoma é um evento 'tudo-ou-nada'. Ou ela sai com sucesso, tendo salvado todo o trabalho *ou* sai com uma exceção e todo o seu trabalho *não comprometido* é desfeito. Observe que na frase enfatizei não comprometido. Na verdade, uma transação autônoma pode comprometer muitas vezes durante a execução, apenas o seu trabalho não comprometido é retornado. Normalmente, se um procedimento sai com uma exceção e você pega e trata tal exceção, seu trabalho não comprometido é preservado — não é assim com uma transação autônoma. Por exemplo:

```
tkyte@TKYTE816> create table t ( msg varchar2(25) );

Table created.

tkyte@TKYTE816> create or replace procedure auto_proc
```

```
  2  as
  3      pragma AUTONOMOUS_TRANSACTION;
  4      x number;
  5  begin
  6      insert into t values ('AutoProc');
  7      x := 'a'; - - This will fail
  8      commit;
  9  end;
 10  /
```

Procedure created.

```
tkyte@TKYTE816> create or replace procedure Regular_Proc
  2  as
  3      x number;
  4  begin
  5      insert into t values ('RegularProc');
  6      x := 'a'; - - This will fail
  7      commit;
  8  end;
  9  /
```

Procedure created.

tkyte@TKYTE816> set serveroutput on

```
tkyte@TKYTE816> begin
  2      insert into t values ('Anonymous');
  3      auto_proc;
  4  exception
  5      when others then
  6          dbms_output.put_line( 'Caught Error:' );
  7          dbms_output.put_line( sqlerrm );
  8      commit;
  9  end;
 10  /
Caught Error:
ORA-06502: PL/SQL: numeric or value error: character to number conversion error

PL/SQL procedure successfully completed.
```

tkyte@TKYTE816> select * from t;

```
MSG
- - - - - - - - - - -
Anonymous
```

Apenas os dados do bloco anônimo são preservados. Contraste isso com um comportamento 'normal' do bloco:

tkyte@TKYTE816> delete from t;

1 row deleted.

tkyte@TKYTE816> commit;

Commit complete.

```
tkyte@TKYTE816> begin
  2      insert into t values ('Anonymous');
  3      regular_proc;
  4  exception
  5      when others then
```

```
       6                    dbms_output.put_line( 'Caught Error:' );
       7                    dbms_output.put_line( sqlerrm );
       8            commit;
       9   end;
      10   /
Caught Error:
ORA-06502: PL/SQL: numeric or value error: character to number conversion error

PL/SQL procedure successfully completed.

tkyte@TKYTE816> select * from t;

MSG
-------------
Anonymous
RegularProc
```

Aqui, visto que pegamos e tratamos o erro, as fileiras do procedimento que falhou e do bloco anônimo sobreviveram.

O que isso significa, no final, é que você não pode simplesmente jogar PRAGMA AUTONOMOUS_TRANSACTION dentro de procedimentos armazenados existentes e esperar deles o mesmo comportamento. Haverá diferenças sutis.

Tabelas temporárias em termos de transação

Se você estiver usando tabelas GLOBAL TEMPORARY, uma coisa a que deve ficar atento é o fato de que uma tabela temporária em termos de transação não pode ser usada por mais de uma transação, em uma única sessão, ao mesmo tempo. As tabelas temporárias são gerenciadas em termos de sessão, e quando criadas no modo que as torna 'transacionais" (em fileiras comprometidas, apagadas), só podem ser usadas pela transação pai ou filho, não por ambas. Por exemplo, o exemplo mostra que uma transação autônoma que tenta ler ou escrever em uma tabela temporária em termos *de transação*, que já esteja em uso na sessão, falhará:

```
tkyte@TKYTE816> create global temporary table temp
  2  ( x int )
  3  on commit delete rows
  4  /

Table created.

tkyte@TKYTE816> create or replace procedure auto_proc1
  2  as
  3          pragma autonomous_transaction;
  4  begin
  5      insert into temp values ( 1 );
  6      commit;
  7  end;
  8  /

Procedure created.

tkyte@TKYTE816> create or replace procedure auto_proc2
  2  as
  3          pragma autonomous_transaction;
  4  begin
  5          for x in ( select * from temp )
  6          loop
  7                  null;
  8          end loop;
  9      commit;
 10  end;
 11  /
```

```
Procedure created.

tkyte@TKYTE816> insert into temp values ( 2 );

1 row created.

tkyte@TKYTE816> exec auto_proc1;
BEGIN auto_proc1; END;

*
ERROR at line 1:
ORA-14450: attempt to access a transactional temp table already in use
ORA-06512: at "TKYTE.AUTO_PROC1", line 5
ORA- 06512: at line 1

tkyte@TKYTE816> exec auto_proc2;
BEGIN auto_proc2; END;

*
ERROR at line 1:
ORA-14450: attempt to access a transactional temp table already in use
ORA-06512: at "TKYTE.AUTO_PROC2", line 5
ORA-06512: at line 1
```

Esse é o erro que você obterá se tentar usar a mesma tabela temporária com ambas as transações. Deve-se notar que isso só acontece com transações simultâneas na *mesma sessão*. Muitas transações consecutivas podem, e o fazem, usar tabelas temporárias em termos de transação simultaneamente, quando cada transação é de propriedade de uma sessão separada.

Mutação de tabelas

À primeira vista, as transações autônomas parecem a resposta a todos os seus problemas de mutação de tabela. No entanto, pode ser apenas o início de um *novo* conjunto de problemas lógicos.

Digamos que você quisesse garantir uma regra que o salário médio de todos os empregados não pode ser menor que a metade do salário máximo de alguém no departamento deles. Você poderia começar com um procedimento e disparador que se parece com:

```
tkyte@TKYTE816> create or replace
  2  procedure sal_check( p_deptno in number )
  3  is
  4          avg_sal number;
  5          max_sal number;
  6  begin
  7          select avg(sal), max(sal)
  8             into avg_sal, max_sal
  9             from emp
 10      where deptno = p_deptno;
 11
 12          if ( max_sal/2 > avg_sal )
 13          then
 14                  raise_application_error(-20001,'Rule violated');
 15          end if;
 16  end;
 17  /

Procedure created.

tkyte@TKYTE816> create or replace trigger sal_trigger
  2    after insert or update or delete on emp
  3    for each row
```

```
    4   begin
    5           if (inserting or updating) then
    6                   sal_check(:new.deptno);
    7           end if;
    8
    9           if (updating or deleting) then
   10                   sal_check(:old.deptno);
   11           end if;
   12   end;
   13   /
```

Trigger created.

```
tkyte@TKYTE816>
tkyte@TKYTE816> update emp set sal = sal*1.1;
update emp set sal = sal*1.1
              *
ERROR at line 1:
ORA-04091: table TKYTE.EMP is mutating, trigger/function may not see it
ORA-06512: at "TKYTE.SAL_CHECK", line 6
ORA-06512: at "TKYTE.SAL_TRIGGER", line 3
ORA-04088: error during execution of trigger 'TKYTE.SAL_TRIGGER'
```

Isso não funcionou muito bem. Atingimos imediatamente o erro da mutação de tabela, simplesmente porque não podemos ler a tabela em que estamos no processo de mutação. Assim, pensamos imediatamente 'a mutação de tabelas é igual a transações autônomas', e aplicamos uma transação autônoma em nosso procedimento:

```
tkyte@TKYTE816> create or replace
    2    procedure sal_check( p_deptno in number )
    3    is
    4            pragma autonomous_transaction;
    5            avg_sal number;
    6            max_sal number;
    7    begin
. . .
```

Procedure created.

e com certeza, ela parece ter corrigido o problema:

tkyte@TKYTE816> update emp set sal = sal*1.1;

14 rows updated.

tkyte@TKYTE816> commit;

Commit complete.

Mas, no fechamento da inspeção, descobrimos que temos um fluxo fatal em nosso design. Durante o teste, descobrimos o que poderia facilmente acontecer:

tkyte@TKYTE816> update emp set sal = 99999.99 where ename = 'WARD';

1 row updated.

tkyte@TKYTE816> commit;

Commit complete.

tkyte@TKYTE816> exec sal_check(30);
BEGIN sal_check(30); END;

```
        *
ERROR at line 1:
ORA-20001: Rule violated
ORA-06512: at "TKYTE.SAL_CHECK", line 14
ORA-06512: at line 1
```

Atualizei WARD com um salário muito alto; WARD trabalha no departamento 30 e o seu salário agora é muito mais alto do que a metade do salário médio naquele departamento. O disparador não detectou isso, mas depois do fato, executando o mesmo código, o disparador nos permite ver que a regra foi violada. Por que? Porque a nossa transação autônoma não pode ver qualquer das mudanças que fizemos. Assim, a atualização do salário para uma grande quantia parece OK, porque o procedimento está validando a tabela, como se ela existisse *antes* da nossa atualização ter começado! Seria bem sem sorte o usuário final que disparasse essa violação (como forçamos artificialmente, executando o procedimento SAL_CHECK).

Quando você usar uma transação autônoma para evitar uma mutação de tabela, precisa ter certeza de estar fazendo a coisa certa. No exemplo *A auditoria que não pode ser retornada*, usei uma transação autônoma da forma 'segura'. A lógica do meu disparador não é afetada pelo fato que estou vendo a tabela como existia *antes* da transação acontecer. No exemplo acima, meu disparador foi grandemente afetado por esse fato. Deve-se tomar muito cuidado, e cada disparador que usa uma transação autônoma deve ser verificado quanto à correção.

Erros que você pode encontrar

Há alguns erros que você pode esperar encontrar com transações autônomas. Para complementação, estão relacionados aqui, mas já vimos cada um deles nos exemplos acima.

ORA-06519 "active autonomous transaction detected and rolled back"

```
// *Causa: Antes de retornar de um bloco PL/SQL autônomo, todas as transações
//         autônomas iniciadas dentro do bloco precisam ser completadas (ou
//         comprometidas ou retornadas). Se não, a transação autônoma ativa
//         é implicitamente retornada e um erro é levantado.
// *Ação:  Assegure-se de que antes de retornar de um bloco PL/SQL autônomo,
//         quaisquer transações autônomas sejam explicitamente comprometidas
//         ou retornadas.
```

Você receberá esse erro sempre que sair de uma transação autônoma e negligenciar se comprometer ou retornar. A ação retornará à sua transação autônoma e propagará esse erro ao chamador. Você deve sempre garantir que todos os caminhos de saída de seus procedimentos autônomos comprometam ou retornem, para evitar esse problema. Esse erro é sempre resultado de erro na lógica de seu código.

ORA-14450 "attempt to access a transactional temp table already in use"

```
// *Causa: Foi feita uma tentativa de acessar uma tabela temporária transacional
//         que já tinha sido preenchida por uma transação consecutiva da mesma sessão
// *Ação:  Não tente acessar a tabela temporária até que a transação consecutiva
//         tenha sido comprometida ou abortada.
```

Como demonstrado acima, uma tabela global temporária criada com ON COMMIT DELETE ROWS pode ser usada por exatamente uma transação em qualquer sessão determinada. Deve se tomar cuidado em não ter ambas as transações, pai e filho, tentando utilizar a mesma tabela temporária.

ORA-00060 "deadlock detected while waiting for resource"

```
// *Causa: Transações causaram impasses umas nas outras enquanto aguardando recursos.
// * Ação: Olhe no arquivo de busca para ver as transações e recursos envolvidos. Se
//         necessário, tente de novo.
```

Na realidade, esse não é um erro de transação autônoma, mas o incluímos aqui devido à crescente probabilidade de atingir esse erro específico ao usa-lá. Como a transação pai é suspensa durante a execução da transação filho e não será capaz de retomar o processamento até que a transação filho se complete, um impasse que não aconteceria se fossem usadas suas sessões consecutivas que estivessem sendo executadas pode muito bem acontecer ao usar transações autônomas. Ele ocorrerá quando tentarmos atualizar os mesmos dados a partir de duas transações separadas em uma única sessão. Deve-se tomar cuidado para garantir que o filho não tente bloquear os mesmos recursos que o pai já pode ter bloqueado.

Resumo

Neste capítulo, exploramos cuidadosamente o recurso de transações autônomas. Vimos como elas podem ser usadas para gerar código seguro, mais modular. Vimos como podem ser usadas para fazer coisas que anteriormente não teria sido possível, como fazer DDL em um disparador ou executar qualquer função armazenada através de uma declaração SELECT, independente daquela função ter ou não escrito no banco de dados. Também vimos que não é inteligente pensar que você sabe exatamente quantas vezes uma função chamada a partir de SQL será de fato chamada, assim tenha cautela ao escrever na posição do banco de dados de tal forma. Vimos como esse recurso pode ser usado para evitar um erro de mutação de tabela e como esse recurso pode levar ao resultado 'errado' quando incorretamente empregado para resolver esse problema.

As transações autônomas são um poderoso recurso que o próprio Oracle tem usado por muitos anos, à guisa de SQL, periodicamente. Agora ele está disponível para seu uso, também em seus aplicativos. Um cuidadoso entendimento de transações, como elas trabalham, onde começam e quando terminam, é obrigatório antes de usar esse recurso, pois podem acontecer vários efeitos colaterais. Por exemplo, uma sessão pode causar um impasse a si própria, uma transação pai pode ou não ver os resultados da transação autônoma filho, uma transação autônoma filho pode não ver o trabalho pendente do pai e assim por diante.

16

SQL dinâmica

Normalmente, um programa é desenvolvido com toda a SQL que usa pesadamente codificada nele, o que é referido como **SQL estática**. No entanto, muitos programas úteis não sabem qual SQL irão executar até o tempo de execução. É onde entra a **SQL dinâmica** — é a SQL que o seu programa executa no tempo de execução, não conhecida no tempo de compilação. Talvez seu programa gere consultas no ar com base na entrada de usuário; talvez ele seja um programa de carregamento de dados que você tenha desenvolvido. SQL*PLUS é um ótimo exemplo desse tipo de programa, como é qualquer consulta específica ou ferramenta de relatório. SQL*PLUS pode executar e exibir os resultados de qualquer declaração SQL e, definitivamente, não foi compilada sabendo toda a SQL que você iria querer executar.

Neste capítulo, discutiremos como e porque você pode querer usar SQL dinâmica em seus programas e os tipos de cenários onde isso seria benéfico para seu aplicativo. Nos concentraremos em SQL dinâmica em PL/SQL, pois esse é o ambiente no qual a maioria das pessoas estará usando SQL dinâmica em formato de pré-compilador. Como a SQL dinâmica é a norma em Java, através de JDBC, e para realizar SQL dinâmica em SQLJ você precisa usar JDBC, e em C através de OCI (Interface de Chamada Oracle), não seria relevante discuti-las em tal contexto — há apenas SQL dinâmica e não a estática, portanto a discussão como um tópico especial seria sem sentido. Especificamente, iremos:

- ❏ Demonstrar as diferentes implicações do uso de SQL dinâmica ou estática.
- ❏ Ver em detalhes como você pode usar SQL dinâmica em seus programas através do pacote DBMS_SQL oferecido.
- ❏ Examinar o recurso **SQL dinâmica original**.
- ❏ Lidar com alguns problemas que você pode enfrentar ao usar SQL dinâmica em seus aplicativos, inclusive os fatos dele quebrar a cadeia de dependência e tornar o código mais frágil e difícil de sintonizar.

Para executar todos os exemplos de SQL dinâmica desta seção você precisará ter o Oracle 8.1.5 ou superior. A SQL dinâmica original foi introduzida naquele lançamento e é o recurso principal de todas as edições subseqüentes de Oracle. A maioria dos exemplos DBMS_SQL só exige Oracle 7.1 e superior, com exceção de funções que empregam o processamento de array — um recurso acrescentado a DBMS_SQL na versão 8.0.

SQL dinâmica versus SQL estática

SQL dinâmica é uma escolha natural em abordagens de API à programação de banco de dados, como ODBC, JDBC e OCI. SQL estática, por outro lado, é mais natural nos ambientes de pré-compilador, como Pro*C, SQLJ e PL/SQL (sim, é justo pensar no compilador PL/SQL como um pré-compilador). Em abordagens baseadas em API, *apenas* a SQL dinâmica é suportada. Para executar a consulta, você, o programador, monta a consulta em uma string, a analisa, liga entradas a ela, a executa, busca fileiras se necessário e então, finalmente, fecha a declaração. Em um ambiente de SQL estática, quase todo esse trabalho será feito para você. A título de comparação, vamos criar dois programas PL/SQL que fazem a mesma coisa, mas onde um usa SQL dinâmica e o outro a SQL estática. Eis a versão de SQL dinâmica:

```
scott@TKYTE816> create or replace procedure DynEmpProc( p_job in varchar2 )
  2    as
  3        type refcursor is ref cursor;
  4
  5        - - We must allocate our own host
  6        - - variables and resources using dynamic sql.
  7        l_custor     refcursor;
  8        l_ename      emp.ename%type;
  9    begin
 10
 11        - - We start by parsing the query
 12        open l_cursor for
 13        'select ename
 14           from emp
 15          where job = :x' USING in p_job;
 16
 17        loop
 18            - - and explicitly FETCHING from the cursor.
 19            fetch l_cursor into l_ename;
 20
 21            - - We have to do all error handling
 22            - - and processing logic ourselves.
 23            exit when l_cursor%not found;
 24
 25            dbms_output.put_line( l_ename );
 26        end loop;
 27
 28        - - Make sure to free up resources
 29        close l_cursor;
 30    exception
 31        when others then
 32            - - and catch and handle any errors so
 33            - - as to not 'leak' resources over time
 34            - - when errors occur.
 35        if ( l_cursor%isopen )
 36        then
 37            close l_cursor;
 38        end if;
 39        RAISE;
 40    end;
 41  /

Procedure created.
```

e aqui está a contraparte SQL estática:

```
scott@TKYTE816> create or replace procedure StaticEmpProc(p_job in varchar2)
  2    as
  3    begin
  4        for x in ( select ename from emp where job = p_job )
  5        loop
  6            dbms_output.put_line( x.ename );
  7        end loop;
  8    end;
  9  /

Procedure created.
```

Os dois procedimentos fazem exatamente a mesma coisa:

```
scott@TKYTE816> set serveroutput on size 1000000
scott@TKYTE816> exec DynEmpProc( 'CLERK' )
SMITH
ADAMS
JAMES
MILLER

PL/SQL procedure successfully completed.

scott@TKYTE816> exec StaticEmpProc( 'CLERK' )
SMITH
ADAMS
JAMES
MILLER

PL/SQL procedure successfully completed.
```

No entanto, está claro que a SQL dinâmica exigirá significativamente mais codificação da sua parte. Creio que, sob o ponto de vista de uma programação, a SQL estática é mais eficiente quanto à codificação (posso desenvolver um aplicativo mais depressa usando SQL estática), mas a SQL dinâmica é mais flexível no tempo de execução (meu programa pode fazer coisas que explicitamente não codifiquei no tempo de execução). Também a SQL estática, especialmente a SQL estática em PL/SQL, executará muito mais eficientemente do que a dinâmica. Usando SQL estática, a máquina PL/SQL pode fazer em uma única linha de código interpretada o que poderia demorar cinco ou seis linhas de código interpretado com SQL dinâmica. Por esse motivo, uso SQL estática sempre que possível e deixo cair para SQL dinâmica só quando preciso. Ambos os métodos são úteis; um não é inerentemente melhor do que o outro e há ganhos de eficiência e recursos em ambos.

Por que usar SQL dinâmica?

Há muitos motivos para usar SQL dinâmica em PL/SQL. Alguns dos mais comuns são:

- Para desenvolver rotinas gerais para operações comuns, como descarregar dados em arquivos planos. No Capítulo 9, demonstramos tal rotina.
- Para desenvolver rotinas gerais para o carregamento de dados, em tabelas ainda desconhecidas. Iremos explorar o uso de SQL dinâmica para carregar qualquer tabela.
- Para chamar dinamicamente outras rotinas PL/SQL no tempo de execução. Discutimos esse tópico no Capítulo 23 sobre procedimentos, *Chamador e definição de direitos*. Investigaremos mais neste capítulo.
- Para gerar predicados (por exemplo, a cláusula where) no ar, no tempo de execução, com base em entradas. Essa talvez seja a razão número um pela qual as pessoas usam SQL dinâmica. Exploraremos como fazer isso (e como não fazer isso!) neste capítulo.
- Para executar DDL. Como PL/SQL não permite que você codifique declarações DDL estáticas em seu aplicativo, a SQL dinâmica é a única forma de consegui-lo. Isso nos permitirá emitir declarações que começam com CREATE, ALTER, GRANT, DROP etc.

Iremos explorar o acima usando duas construções principais PL/SQL. Inicialmente, o pacote DBMS_SQL fornecido. Esse pacote tem estado disponível por algum tempo — desde a versão 7.1 de Oracle. Ele fornece um método contínuo para executar SQL dinâmica semelhante a uma abordagem baseada em API (como JDBC ou ODBC). Depois, a **SQL dinâmica original** (esse é o verbo EXECUTE IMMEDIATE em PL/SQL). É um método de declaração para realizar SQL dinâmica em PL/SQL e, na maioria dos casos, é sintaticamente mais fácil do que DBMS_SQL, além de ser mais rápido.

Observe que *a maior parte*, mas não *todo*, o pacote DBMS_SQL ainda representa uma vital e importante abordagem em PL/SQL. Iremos comparar e contrastar os dois métodos e tentar distinguir quando você pode querer usar um em vez do outro. Quando tiver determinado que precisa de SQL dinâmica (na maioria dos casos SQL estática seria melhor), você escolherá DBMS_SQL ou SQL dinâmica original depois de determinar o seguinte:

DBMS_SQL será usada quando:

- Você não souber a quantidade ou o tipo de colunas com as quais estará trabalhando. DBMS_SQL inclui procedimentos para 'descrever' um conjunto de resultados. SQL dinâmica original não. Com SQL dinâmica original você precisa saber como o conjunto de resultados se parecerá, no tempo de execução, se PL/SQL for processar os resultados.
- Você não conhece o número ou tipos de possíveis ligações de variáveis com as quais estará trabalhando. DBMS_SQL nos permite ligar entradas, continuamente, em nossas declarações. SQL dinâmica original exige que estejamos cientes do número e tipos de ligações de variáveis no tempo de compilação (mas investigaremos um meio de trabalho interessante quanto a esse aspecto).
- Você estará buscando ou inserindo milhares de fileiras e pode empregar o processamento de array. DBMS_SQL permite o processamento de array, a habilidade de buscar N fileiras em uma única chamada, em vez de uma fileira de cada vez. SQL dinâmica original, geralmente não, mas há um meio de trabalho, demonstrado abaixo.
- Você executará a mesma declaração muitas vezes, na mesma sessão. DBMS_SQL nos permitirá analisar a declaração uma vez e executá-la repetidamente. SQL dinâmica original causará uma análise suave em toda e qualquer execução. Veja o Capítulo 10, sobre porque essa análise extra não é desejável.

A SQL dinâmica original deve ser usada quando:

- Você sabe a quantidade e os tipos de colunas com as quais estará trabalhando.
- Você sabe o número e os tipos de ligações de variáveis (também podemos usar contextos de aplicativo para usar a SQL dinâmica original, mais fácil para suplantar o fato de não sabermos o número e os tipos).
- Você estará fazendo DDL.
- Você executará muito poucas vezes a declaração (uma otimamente).

Como usar SQL dinâmica

Veremos o básico envolvido no uso de ambos, o pacote DBMS_SQL fornecido com o banco de dados e o recurso SQL dinâmica original.

DBMS_SQL

O pacote DBMS_SQL é um pacote interno fornecido com o banco de dados. Por padrão, é instalado no esquema SYS e o privilégio para executar esse pacote é concedido a PUBLIC. Isso significa que você não deve ter problemas em acessá-lo ou montar os objetos armazenados compilados que o referem - não é preciso que sejam feitas concessões especiais ou adicionais. Uma das boas coisas sobre esse pacote é que a documentação está sempre a um par de toques de tecla de distância. Se você estiver usando DBMS_SQL e precisar de uma rápida revisão, pode simplesmente executar o seguinte script:

```
scott@TKYTE816> set pagesize 30
scott@TKYTE816> set pause on
scott@TKYTE816> prompt remember to hit ENTER to start reading
remember to hit ENTER to start reading

scott@TKYTE816> select text
  2    from all_source
  3   where name = 'DBMS_SQL'
  4     and type = 'PACKAGE'
  5   order by line
  6  /
```

```
TEST
- - - - - - - - - - - - - - - - - - - - - - - - - - - - - - - - - - - - - - - - -
package dbms_sql is

- - - - - - - - - - - -
- -   OVERVIEW
- -
- -   This package provides a means to use dynamic SQL to access the database
- -
- - - - - - - - - - - -
- -   RULES AND LIMITATIONS
. . .
```

Na verdade, se você precisar de uma visão geral e exemplos, o truque acima funciona muito bem em qualquer dos pacotes DBMS_SQL oferecidos.

DBMS_SQL é uma abordagem procedimental a SQL dinâmica. Ele representa uma abordagem muito semelhante à usada em qualquer outra linguagem, como Java usando JDBC ou C usando OCI. Geralmente, um processo usando DBMS_SQL terá a estrutura:

- ❑ Chamar OPEN_CURSOR para obter uma alavanca de cursor.
- ❑ Chamar PARSE para analisar uma declaração. Uma única alavanca de cursor pode ser usada com muitas declarações diferentes analisadas. No entanto, apenas uma declaração de cada vez será afetada.
- ❑ Chamar BIND_VARIABLE ou BIND_ARRAY para fornecer qualquer entrada para a declaração.
- ❑ Se ele for uma consulta (declaração SELECT) você chamará DEFINE_COLUMN ou DEFINE_ARRAY, para informar ao Oracle como deseja a saída (como arrays ou escalares e de quais tipos).
- ❑ Chamar EXECUTE para que a declaração execute e faça o seu trabalho.
- ❑ Se ele for uma consulta, você chamará FETCH_ROWS para que Oracle busque os dados. Você usará COLUMN_VALUE para recuperar esses valores pela posição na lista de seleção.
- ❑ Caso contrário, se ele for um bloco de código PL/SQL ou uma declaração DML com uma cláusula RETURN, você pode chamar VARIABLE_VALUE para recuperar valores OUT do bloco, pelo nome.
- ❑ Chamar CLOSE_CURSOR.

As etapas do pseudo código para processar dinamicamente uma consulta são:

```
1) Abra um cursor
2) Analise uma declaração
3) Opcionalmente, descreva a declaração para descobrir as saídas
4) Para I em número de ligação de variáveis (inputs)
       Vincule a entrada I à declaração
5) Para I em número de saída de colunas
       Defina a coluna I, diga ao Oracle em qual tipo de variável você estará buscando
6) Execute a declaração
7) Enquanto a busca de fileira prossegue
       Loop
8) Para I em número de saída de colunas
       Chame o valor de coluna para recuperar o valor da coluna I
       Fim do loop while
9) Feche o cursor
```

E as etapas de pseudo código para um bloco PL/SQL ou declaração DML são:

```
1) Abra um cursor
2) Analise uma declaração
3) Para I em um número de ligação de variáveis (entradas e saídas)
       Vincule a entrada I à declaração
4) Execute a declaração
5) Para I em um número de saída de ligação de variáveis
       Chame o valor variável para recuperar o valor de I de saída
6) Feche o cursor
```

Finalmente, quando apenas executando DDL (que pode não ter ligação de variáveis) ou declarações PL/SQL ou DML que não precisam de ligação de variáveis, o conjunto de etapas acima é simplificado para (embora, para esse tipo de declaração, eu preferisse não usar DBMS_SQL, e sim SQL dinâmica original):

```
1) Abra um cursor
2) Analise uma declaração
3) Execute a declaração
4) Feche o cursor
```

Considere o seguinte exemplo de uso de DBMS_SQL com uma consulta, a qual pode contar a quantidade de fileiras em qualquer tabela de banco de dados à qual você tenha acesso:

```
scott@TKYTE816> create or replace
  2    function get_row_cnts( p_tname in varchar2 ) return number
  3    as
  4        l_theCursor      integer;
  5        l_columnValue    number default NULL;
  6        l_status         integer;
  7    begin
  8
  9        - - Step 1, open the cursor.
 10        l_theCursor := dbms_sql.open_cursor;
```

Começamos um bloco com um alavancador de exceção. Se recebermos um erro nesse próximo bloco de código, precisaremos que o alavancador de exceção feche o cursor que acabamos de abrir, para evitar 'vazamento do cursor', pelo que uma alavanca de cursor aberta é perdida quando um erro nos atira fora dessa rotina.

```
 11        begin
 12
 13            - - Step 2, parse the query.
 14            dbms_sql.parse( c               => l_theCursor,
 15                            statement       => 'select count(*) from ' || p_tname,
 16                            language_flag   => dbms_sql.native );
 17
```

Observe que a sinalização de linguagem está ajustada para a constante fornecida no pacote DBMS_SQL, chamada NATIVE. Isso leva a consulta a ser analisada usando as regras do banco de dados onde o código estiver sendo executado. Ele também seria ajustado para DBMS_SQL.V6 ou DBMS_SQL.V7. Em todos os casos uso NATIVE.

Não precisamos das etapas 3 ou 4 do pseudo código acima, pois *conhecemos* as saídas e não há ligações de variáveis nesse exemplo simples.

```
 18            - - Step 5, define the output of this query as a NUMBER,
 19            dbms_sql.define_column (  c         => l_theCursor,
 20                                      position  => 1,
 21                                      column    => l_columnValue );
 22
```

DEFINE faz isso sendo um procedimento sobrecarregado, assim ele pode dizer quando você definiu um número, DATE ou VARCHAR.

```
 23            - - Step 6, execute the statement,
 24            l_status := dbms_sql.execute(l_theCursor);
 25
```

Se houvesse uma declaração DML, L_STATUS seria o número de fileiras retornadas. Para uma SELECT, o valor de retorno não é significativo.

```
26              - - Step 7, fetch the rows.
27              if ( dbms_sql.fetch_rows( c => l_theCursor) > 0 )
28              then
29                  - - Step 8, retrieve the outputs.
30                  dbms_sql.column_value( c         => l_theCursor,
31                                         position => 1,
32                                         value    => l_columnValue );
33              end if;
34
35              - - Step 9, close the cursor.
36              dbms_sql.close_cursor( c => l_theCursor );
37              return l_columnValue;
38          exception
39              when others then
40                  dbms_output.put_line( '= = =>  ' || sqlerrm );
41                  dbms_sql.close_cursor( c => l_theCursor );
42                  RAISE;
43          end;
44  end;
45  /
```

Function created.

```
scott@TKYTE816> set serveroutput on
scott@TKYTE816> begin
  2             dbms_output.put_line('Emp has this many rows ' ||
  3  get_row_cnts('emp'));
  4     end;
  5  /
Emp has this many rows 14

PL/SQL procedure successfully completed.

scott@TKYTE816> begin
  2             dbms_output.put_line('Not a table has this many rows ' ||
  3  get_row_cnts('NOT_A_TABLE'));
  4     end;
  5  /
= = => ORA-000942: table or view does not exist
begin
*
ERROR at line 1:
ORA-00942: table or view does not exist
ORA-06512: at "SCOTT.GET_ROW_CNTS", line 60
ORA-06512: at line 2
```

No exemplo acima, começamos alocando um cursor através da chamada a DBMS_SQL.OPEN_CURSOR. Deve-se notar que esse cursor é especifico a DBMS_SQL – não pode ser retornado para um aplicativo VB para ser buscado a partir de, e não pode ser usado como cursor PL/SQL. Para recuperar dados desse cursor, precisamos usar DBMS_SQL. Analisamos então uma consulta SELECT COUNT(*) FROM TABLE, onde o valor de TABLE é oferecido pelo chamador no tempo de execução — ele é concatenado na consulta. Precisamos 'colar' o nome da tabela na consulta e não usar uma ligação de variável, pois as ligações de variáveis *nunca* podem ser usadas onde é necessário um identificador (o nome da tabela ou da coluna, por exemplo). Depois de analisar a consulta, usamos DBMS_SQL.DEFINE_COLUMN para especificar que iríamos querer primeiro (e nesse caso, apenas) a coluna de saída na lista SELECT para ser recuperada como NUMBER. O fato que a queremos recuperada como um número está implícito, aqui — DBMS_SQL.DEFINE_COLUMN é um procedimento sobrecarregado com pontos de entrada para VARCHARs, NUMBERs, DATEs, BLOB, CLOB etc. O tipo de saída de dados que queremos está implícito pelo ponto de entrada que usamos, pois L_COLUMNVALUE acima é um número, o número de versão de DEFINE_COLUMN é chamado. Em seguida, chamaremos DBMS_SQL.EXECUTE. Se estivéssemos fazendo um tipo de declaração INSERT, UPDATE ou DELETE, EXECUTE retornaria o número de fileiras afetadas. No caso de uma consulta, o valor de retorno não é definido e pode simplesmente ser ignorado. Depois de executar a declaração, chamamos DBMS_SQL.FETCH_ROWS. FETCH_ROWS retorna o número de fileiras buscadas de fato. Em nosso caso acima, como vinculados para tipos escalares (não arrays) FETCH_ROWS retornará 1 até que não existam mais dados, em cujo ponto retornará 0. Depois de buscarmos cada fileira, chamamos DBMS_SQL.COLUMN_VALUE para cada coluna na lista de seleção, para recuperar seu valor. Por fim, encerramos a rotina, fechando o cursor através de DBMS_SQL.CLOSE_CURSOR.

Em seguida, demonstraremos como usar DBMS_SQL para processar dinamicamente blocos PL/SQL em parâmetro ou declarações DML. Acho essa funcionalidade muito útil ao carregar um arquivo arbitrário do sistema operacional, usando UTL_FILE (uma API para permitir a PL/SQL ler arquivos de texto), por exemplo. Oferecemos tal utilitário como exemplo no Capítulo 9. Lá, usamos DBMS_SQL para montar dinamicamente uma declaração INSERT com um número de colunas, número que só é conhecido no tempo de execução e varia de chamada para chamada. Não seria possível usar SQL dinâmica original para carregar uma tabela arbitrária com um número arbitrário de colunas, visto que é preciso saber o número de ligações de variáveis no tempo de compilação. Esse exemplo em especial é destinado a mostrar a mecânica de DBMS_SQL com relação aos blocos PL/SQL e DML (na verdade, seria mais fácil codificar o exemplo a seguir usando SQL dinâmica original, pois obviamente, nesse caso, sabemos o número de ligações de variáveis por ocasião da compilação):

```
scott@TKYTE816> create or replace
  2    function update_row(p_owner       in varchar2,
  3                        p_newDname    in varchar2,
  4                        p_newLoc      in varchar2,
  5                        p_deptno      in varchar2,
  6                        p_rowid       out varchar2 )
  7    return number
  8    is
  9            l_theCursor      integer;
 10            l_columnValue    number default NULL;
 11            l_status         integer;
 12            l_update         long;
 13    begin
 14            l_update := 'update ' || p_owner || ' .dept
 15                         set dname = >bv1, loc = :bv2
 16                         where deptno = to_number(:pk)
 17                     returning rowed into :out';
 18
 19            - - Step 1, open the cursor.
 20            l_theCursor := dbms_sql.open_cursor;
 21
```

Começamos um sub bloco com um alavancador de exceção. Se obtivermos um erro nesse bloco de código, precisaremos que o alavancador de exceção feche o cursor que acabamos de abrir, para evitar um 'vazamento de cursor', através do qual uma alavanca de cursor aberta é perdida quando um erro nos atira para fora dessa rotina.

```
 22            begin
 23            - - Step 2, parse the query.
 24            dbms_sql.parse( c               => l_theCursor,
 25                        statement           => l_update,
 26                        language_flag       => dbms_sql.native );
 27
 28            - - Step 3, bind all of the INPUTS and OUTPUTS.
 29            dbms_sql.bind_variable ( c      =>    l_theCursor,
 30                                     name   =>    ':bv1',
 31                                     value  =>    p_newDname );
 32            dbms_sql.bind_variable ( c      =>    l_theCursor,
 33                                     name   =>    ':bv2',
 34                                     value  =>    p_newLoc );
```

```
35              dbms_sql.bind_variable ( c    =>   l_theCursor,
36                                       name =>   ':pk',
37                                       value =>  p_deptno );
38              dbms_sql.bind_variable ( c    =>   l_theCursor,
39                                       name =>   ':out',
40                                       value =>  p_rowid,
41                                       out_value_size => 4000 );
42
```

Observe que, ainda que as variáveis *retornando* sejam apenas parâmetros OUT, precisamos 'vinculá-las' na entrada. Também precisamos enviar o tamanho máximo que esperamos na saída (OUT_VALUE_SIZE) para que o Oracle separe espaço para elas.

```
43              - - Step 4, execute the statement. Since this is a DML
44              - - statement, L_STATUS is be the number of rows updated.
45              - - This is what we'll return.
46
47              l_status := dbms_sql.execute(l_theCursor);
48
49              - - Step 5, retrieve the OUT variables from the statement.
50              dbms_sql.variable_value( c     => l_theCursor,
51                                       name  => ':out',
52                                       value => p_rowid );
53
54              - - Step 6, close the cursor.
55              dbms_sql.close_cursor( c => l_theCursor );
56              return l_columnValue;
57          exception
58              when dup_val_on_index then
59                  dbms_output.put_line( '= = => ' || sqlerrm );
60                  dbms_sql.close_cursor( c => l_theCursor );
61                  RAISE;
62          end;
63      end;
64      /

Function created.

scott@TKYTE816> set serveroutput on
scott@TKYTE816> declare
  2      l_rowid      varchar(50);
  3      l_rows       number;
  4   begin
  5      l_rows := update_row('SCOTT', 'CONSULTING', 'WASHINGTON',
                              '10', l_rowid );
  6
  7      dbms_output.put_line( 'Updated ' || l_rows || ' rows' );
  8      dbms_output.put_line( 'its rowid was ' || l_rowid );
  9   end;
 10   /
Updated 1 rows
its rowid was AAAGnuAAFAAAAESAAA

PL/SQL procedure successfully completed.
```

Isso mostra a mecânica de usar DBMS_SQL para executar um bloco de código oferecendo entradas e recuperando saídas. Deixe-me reiterar — o bloco de código acima poderia ser implementado usando SQL dinâmica original (iremos implementar em um momento a rotina acima em SQL dinâmica original). Usamos DBMS_SQL simplesmente para mostrar como a API trabalhou. Em outras seções do livro, especificamente no Capítulo 9, mostramos porque DBMS_SQL ainda é extremamente útil. Naquele capítulo, examinamos o código de um 'carregador de dados' e um 'descarregador de dados' PL/SQL. Lá, DBMS_SQL mostra a sua verdadeira força — a habilidade de processar uma quantidade desconhecida de colunas de diferentes tipos, seja na entrada (INSERTs) ou na saída (SELECTs).

Agora talvez tenhamos coberto 75 por cento da funcionalidade do pacote DBMS_SQL. Um pouco mais adiante, quando virmos a execução da mesma declaração, dinamicamente, muitas vezes, veremos o array de interface e faremos a comparação de DBMS_SQL com SQL dinâmica em tal cenário. No entanto, por enquanto, encerramos a visão geral de DBMS_SQL. Para uma lista completa de sub-rotinas disponíveis e suas entradas/saídas, eu recomendaria a *Oracle8i Supplied PL/SQL Packages Reference*, onde cada rotina é enumerada.

SQL dinâmica original

A SQL dinâmica original foi introduzida no Oracle 8i. Ela apresenta a PL/SQL, um método de declaração para executar SQL dinâmica. A maioria do trabalho é feita com uma cláusula, EXECUTE IMMEDIATE, mas com uma pequena ajuda de OPEN FOR. A sintaxe de EXECUTE IMMEDIATE é como a seguir:

```
EXECUTE IMMEDIATE 'some statement'
[INTO {variable1, variable2, . . . variableN | record}]
[USING [IN | OUT | IN OUT] bindvar1, . . . bindvarN]
[{RETURNING | RETURN} INTO output1 [, . . ., outputN]. . .];
```

onde:

- some statement é qualquer declaração SQL ou PL/SQL.
- variable1, variable2,...variableN ou record é uma variável PL/SQL a ser buscada (como o resultado da fileira única SELECT).
- bindvar1, ... bindvarN é um conjunto de variáveis PL/SQL a ser usado para entrada e/ou saída.
- output1, ...outputN é um conjunto de variáveis PL/SQL a ser usado para saída de uma cláusula RETURN em DML.

A título de exemplo, implementarei o código para as funções GET_ROW_CNTS e UPDATE_ROW, que implementamos anteriormente usando DBMS_SQL, usando EXECUTE IMMEDIATE. Primeiro, a função GET_ROW_CNTS:

```
scott@TKYTE816> create or replace
  2   function get_row_cnts( p_tname in varchar2 ) return number
  3   as
  4       l_cnt number;
  5   begin
  6           execute immediate
  7               'select count(*) from ' || p_tname
  8               into l_cnt;
  9
 10           return l_cnt;
 11   end;
 12   /

Function created.

scott@TKYTE816> set serveroutput on
scott@TKYTE816> exec dbms_output.put_line( get_row_cnts('emp') );
14

PL/SQL procedure successfully completed.
```

Usando uma simples SELECT...INTO com EXECUTE IMMEDIATE, você pode ver que diminuímos drasticamente a quantidade de código que precisamos escrever. As nove etapas procedimentais necessárias ao DBMS_SQL são concluídas em uma etapa usando a SQL dinâmica original. Nem sempre é só uma etapa — às vezes são três, como veremos a seguir — mas você entendeu. A SQL dinâmica original é muito mais eficiente, nesse cenário, sob a perspectiva de codificação (investigaremos em um momento sob a perspectiva de desempenho). Você também deve ter observado aqui a remoção do bloco EXCEPTION — ele não é necessário, pois tudo está *implícito*. Não há cursor para fechar, não é necessário fazer limpeza. O Oracle faz todo o trabalho.

Agora, implementaremos UPDATE_ROW usando a SQL dinâmica original:

```
scott@TKYTE816> create or replace
  2     function update_row( p_owner      in varchar2,
  3                          p_newDname   in varchar2,
  4                          p_newLoc     in varchar2,
  5                          p_deptno     in varchar2,
  6                          p_rowid      out varchar2 )
  7     return number
  8     is
  9     begin
 10         execute immediate
 11                 'update' || p_owner || '.dept
 12                  set dname = :bv1, loc = :bv2
 13                  where deptno = to_number(:pk)
 14                  returning rowid into :out'
 15         using p_newDname, p_newLoc, p_deptno
 16         returning into p_rowid;
 17
 18         return sql%rowcount;
 19 end;
 20 /

Function created.

scott@TKYTE816> set serveroutput on
scott@TKYTE816> declare
  2     l_rowid    varchar(50);
  3     l_rows     number;
  4  begin
  5     l_rows := update_row(   'SCOTT', 'CONSULTING',
  6                             'WASHINGTON', '10', l_rowid );
  7
  8     dbms_output.put_line( 'Updated ' || l_rows || ' rows' );
  9     dbms_output.put_line( 'its rowid was ' || l_rowid );
 10  end;
 11  /
Update 1 rows
its rowid was AAAGnuAAFAAAAESAAA

PL/SQL procedure successfully completed.
```

Novamente, a redução de código é tremenda — uma etapa, em vez de seis; mais fácil de ler, mais fácil de manter. Nesses dois casos, a SQL dinâmica original é nitidamente superior a DBMS_SQL.

Além de EXECUTE IMMEDIATE, a SQL dinâmica original suporta o processamento dinâmico de REF CURSOR, conhecida como variável de cursor. As variáveis de cursor têm estado presentes há algum tempo no Oracle (na verdade, desde a versão 7.2). Inicialmente, elas permitiam (conjunto de resultados) a um procedimento armazenado que OPEN uma consulta e a retornasse a um cliente. Elas são métodos através dos quais um procedimento retorna um conjunto de resultado a um cliente quando usando um programa VB, JDBC, ODBC ou OCI. Depois, na versão 7.3, elas foram generalizadas para que PL/SQL pudesse usar uma variável de cursor não apenas na declaração OPEN, mas também em uma declaração FETCH (o cliente poderia ser outra rotina PL/SQL). Isso permitiu a uma rotina PL/SQL aceitar um conjunto de resultados como entrada e processá-lo, o que dá uma forma de centralizar determinado processamento de diferentes consultas — uma única rotina poderia FETCH a partir de muitas consultas diferentes (conjuntos de resultados) pela primeira vez. No entanto, até o Oracle 8i, REF CURSORS eram puramente estáticas. Você precisava saber, por ocasião da compilação (por ocasião da criação do procedimento armazenado) exatamente como ia ser a consulta SQL, algo muito limitador, pois você não podia mudar dinamicamente o predicado, mudar a(s) tabela(s) sendo consultada(s) e assim por diante. A partir de Oracle 8i, a SQL dinâmica original nos permite abrir dinamicamente uma REF CURSOR, usando qualquer consulta arbitrária. A sintaxe para isso é simplesmente:

```
OPEN ref_cursor_variable FOR 'select . . . '
USING bind_variable1, bind_variable2, . . .;
```

Assim, usando uma ref cursor com SQL dinâmica, podemos implementar um procedimento genérico que consulta uma tabela diferentemente, dando diversas entradas, e retorna o conjunto de resultados ao cliente, para mais processamento:

```
scott@TKYTE816> create or replace package my_pkg
  2  as
  3          type refcursor_Type is ref cursor;
  4
  5          procedure get_emps( p_ename   in varchar2 default NULL,
  6                              p_deptno  in varchar2 default NULL,
  7                              p_cursor  in out refcursor_type );
  8  end;
  9  /

Package created.

scott@TKYTE816> create or replace package body my_pkg
  2  as
  3          procedure get_emps( p_ename   in varchar2 default NULL,
  4                              p_deptno  in varchar2 default NULL,
  5                              p_cursor  in out refcursor_type )
  6          is
  7              l_query long;
  8              l_bind varchar2(30);
  9          begin
 10              l_query := 'select deptno, ename, job from emp';
 11
 12              if ( p_ename is not NULL )
 13              then
 14                  l_query := l_query || ' where ename like :x';
 15                  l_bind := '%' || upper(p_ename) || '%';
 16              elsif ( p_deptno is not NULL )
 17              then
 18                  l_query := l_query || ' where deptno = to_number(:x)';
 19                  l_bind := p_deptno;
 20              else
 21                  raise_application_error(-20001, 'Missing search criteria');
 22              end if;
 23
 24              open p_cursor for l_query using l_bind;
 25          end;
 26  end;
 27  /

Package body created.

scott@TKYTE816> variable C refcursor
scott@TKYTE816> set autoprint on
scott@TKYTE816> exec my_pkg.get_emps( p_ename => 'a', p_cursor => :C )

PL/SQL procedure successfully completed.

    DEPTNO ENAME      JOB
---------- ---------- ---------
        20 ADAMS      CLERK
        30 ALLEN      SALESMAN
        30 BLAKE      MANAGER
```

```
      10   CLARK           MANAGER
      30   JAMES           CLERK
      30   MARTIN          SALESMAN
      30   WARD            SALESMAN

7 rows selected.

scott@TKYTE816> exec my_pkg.get_emps( p_deptno=> '10', p_cursor => :C )

PL/SQL procedure successfully completed.

   DEPTNO   ENAME           JOB
   ------   ------          -----
      10    CLARK           MANAGER
      10    KING            PRESIDENT
      10    MILLER          CLERK
```

Sempre que você tiver mais de uma fileira retornada de uma consulta dinâmica, precisará usar o método acima em vez de EXECUTE IMMEDIATE.

Assim, comparado às rotinas DBMS_SQL acima, esse EXECUTE IMMEDIATE e o método OPEN são fáceis de codificar e implementar. Isso significa que nunca mais devemos usar DBMS_SQL de novo? A resposta é, definitivamente, *não*. Os exemplos mostram o quanto a SQL dinâmica pode ser fácil quando sabemos o número de ligações de variáveis por ocasião da compilação. Se não soubéssemos, não poderíamos usar EXECUTE IMMEDIATE tão facilmente como fizemos acima. Ele precisa saber antecipadamente o número de ligações de variáveis. DBMS_SQL é mais flexível nesse aspecto. Além das ligações de variáveis, há o aspecto de colunas definidas — colunas que saem de uma declaração SQL SELECT. Se você não souber o número e tipos dessas colunas, novamente não poderá usar EXECUTE IMMEDIATE. Você pode ser capaz de usar OPEN FOR, se o cliente que receberá REF CURSOR não estiver em outra rotina PL/SQL.

Em termos de desempenho, EXECUTE IMMEDIATE suplantará o desempenho de DBMS_SQL em todas as declarações analisadas e executadas apenas uma vez (todos os nossos exemplos, até agora, foram do tipo 'executar uma vez'). DBMS_SQL tem mais código extra com relação a isso, simplesmente porque precisamos de cinco ou seis chamadas de procedimento para conseguir o que é feito em um EXECUTE IMMEDIATE.

Entretanto, DBMS_SQL dá uma volta na área de desempenho quando você o usa para executar uma declaração analisada repetidamente. EXECUTE IMMEDIATE não tem um mecanismo para 'reutilizar' declarações analisadas. Ele precisa sempre analisá-las, e o código extra da repetição logo suplanta os benefícios de fazer menos chamadas de procedimento. Isso é especialmente relevante em um ambiente de múltiplos usuários. Finalmente, EXECUTE IMMEDIATE e OPEN não podem usar o processamento de array tão facilmente quando DBMS_SQL e, como veremos, só isso tem um imenso impacto no desempenho.

DBMS_SQL versus SQL dinâmica original

Agora que discutimos como implementar várias rotinas usando DBMS_SQL ou SQL dinâmica original, investigaremos quando você deve usar um em vez de outro. São alguns casos bem claros. O que causará impacto em sua escolha será:

- ❑ Conhecer ou não as ligações de variáveis por ocasião da compilação. Se não conhecer, provavelmente a escolha certa será DBMS_SQL.
- ❑ Conhecer ou não todas as saídas por ocasião da compilação. Se não conhecer, provavelmente a escolha certa será DBMS_SQL.
- ❑ Se você precisa usar REF CURSOR para retornar um conjunto de resultados de um procedimento armazenado. Se precisar, deverá usar OPEN FOR.
- ❑ Se você for executar determinada declaração uma vez, ou muitas vezes em uma sessão. Se descobrir que executará dinamicamente a declaração muitas vezes, DBMS_SQL dará melhor desempenho.
- ❑ Se você precisar empregar dinamicamente o processamento de array.

Investigaremos a seguir três desses casos (na verdade, quatro — pois veremos exemplos que executam uma declaração muitas vezes, com e sem o processamento de array).

Ligação de variáveis

As ligações de variáveis têm um grande impacto no desempenho de seu sistema. Sem elas, o desempenho será terrível. Com elas, o desempenho irá melhorar. É simples assim. Vimos métodos para fazer **autoligação** no Capítulo 10 (através do parâmetro CURSOR_SHARING). Isso ajuda muito, mas ainda acrescenta código extra, pois o banco de dados precisa reescrever sua consulta e remover as informações que podem ser vitais ao otimizador, em vez de você fazer diretamente em seu próprio código.

Então, digamos que você quisesse criar um procedimento que cria dinamicamente uma consulta, com base nas entradas de usuário. A consulta terá sempre as mesmas saídas — a mesma lista SELECT — mas a cláusula WHERE irá variar, dependendo da entrada do usuário. Precisamos usar ligações de variáveis por razões de desempenho. Como podemos fazer isso usando SQL dinâmica original e DBNMS_SQL? Para ver os métodos, começaremos com uma simples especificação de rotina. O procedimento que iremos desenvolver se parecerá com:

```
scott@TKYTE816> create or replace package dyn_demo
  2  as
  3      type array is table of varchar2(2000);
  4
  5
  6      /*
  7       * DO_QUERY will dynamically query the emp
  8       * table and process the results. You might
  9       * call it like this:
 10       *
 11       * dyn_demo.do_query(   array( 'ename',   'job' ),
 12                              array( 'like',    '=' ),
 13                              array( '%A%',     'CLERK' ) );
 14       *
 15       * to have it query up:
 16       *
 17       * select * from emp where ename like '%A%' and job = 'CLERK'
 18       *
 19       * for example
 20       */
 21      procedure do_query( p_cnames      in array,
 22                          p_operators   in array,
 23                          p_values      in array );
 24
 25  end;
 26  /
Package created.
```

É natural fazer isso com DBMS_SQL — o pacote foi montado para esse tipo de situação. Podemos fazer um procedimento de loop através de nossos arrays de colunas e valores, e montar a cláusula WHERE. Podemos analisar aquela consulta e depois fazer o loop através do array novamente, para vincular os valores aos contentores de lugar. Depois, podemos executar a declaração, buscar as fileiras e processá-las. Poderia ser codificado assim:

```
scott@TKYTE816> create or replace package body dyn_demo
  2  as
  3
  4  /*
  5   * DBMS_SQL-based implementation of dynamic
  6   * query with unknown bind variables
  7   */
  8  g_cursor int default dbms_sql.open_cursor;
  9
 10
 11  procedure do_query( p_cnames                 in array,
 12                      p_operators in array,
 13                      p_values                 in array )
```

```
14      is
15          l_query         long;
16          l_sep           varchar2(20) default ' where ';
17          l_comma         varchar2(1) default ' ';
18          l_status        int;
19          l_colValue      varchar2(4000);
20      begin
21          /*
22           * This is our constant SELECT list - we'll always
23           * get these three columns. The predicate is what
24           * changes.
25           */
26          l_query := 'select ename, empno, job from emp';
27
28          /*
29           * We build the predicate by putting:
30           *
31           * cname operator :bvX
32           *
33           * into the query first
34           */
35          for i in 1 .. p_cnames.count loop
36              l_query := l_query || l_sep || p_cnames(i) || ' ' ||
37                                              p_operators(i) || ' ' ||
38                                              ':bv' || i;
39              l_sep := ' and ';
40          end loop;
41
42          /*
43           * Now we can parse the query
44           */
45          dbms_sql.parse(g_cursor, l_query, dbms_sql.native);
46
47          /*
48           * and then define the outputs. We fetch all three
49           * columns into a VARCHAR2 type.
50           */
51          for i in 1 .. 3 loop
52              dbms_sql.define_column( g_cursor, i, l_colValue, 4000 );
53          end loop;
54
55          /*
56           * Now, we can bind the inputs to the query
57           */
58          for i in 1 .. p_cnames.count loop
59              dbms_sql.bind_variable( g_cursor, ':bv'||i, p_values(i), 4000);
60          end loop;
61
62          /*
63           * and then execute it. This defines the resultset
64           */
65          l_status := dbms_sql.execute(g_cursor);
66
67          /*
68           * and now we loop over the rows and print out the results.
69           */
70          while( dbms_sql.fetch_rows( g_cursor ) > 0 )
71          loop
72              l_comma := ' ';
73              for i in 1 .. 3 loop
74                  dbms_sql.column_value( g_cursor, i, l_colValue );
75                  dbms_output.put( l_comma || l_colValue );
76                  l_comma := ',';
```

```
77            end loop;
78            dbms_output.new_line;
79         end loop;
80     end;
81
82  end dyn_demo;
83  /
```

Package body created.

```
scott@TKYTE816> set serveroutput on
scott@TKYTE816> begin
  2         dyn_demo.do_query(  dyn_demo.array( 'ename', 'job' ),
  3                             dyn_demo.array( 'like', '=' ),
  4                             dyn_demo.array( '%A%', 'CLERK' ) );
  5  end;
  6  /
ADAMS, 7876, CLERK
JAMES, 7900, CLERK

PL/SQL procedure successfully completed.
```

Como você pode ver, ele é muito direto e segue as etapas para DBMS_SQL esboçadas no início. Agora, gostaríamos de implementar a mesma coisa usando SQL dinâmica original, mas encontramos um obstáculo. A sintaxe para abrir dinamicamente uma consulta com ligações de variáveis usando SQL dinâmica original é:

```
OPEN ref_cursor_variable FOR 'select . . .'
USING variable1, variable2, variable3, . . .;
```

O problema aqui é que não sabemos, por ocasião da compilação, quão grande é a nossa lista USING — haverá uma variável, duas variáveis, nenhuma variável? A resposta é: não sabemos. Portanto, precisamos por nossa consulta em parâmetros, mas não podemos usar ligação de variáveis no sentido tradicional. Podemos no entanto emprestar um recurso pretendido para uso em outro lugar. Quando investigamos *Controle de acesso refinado* no Capítulo 21, revemos o que é um **aplicativo de contexto** e como usá-lo. Basicamente, um aplicativo de contexto é um método para colocar um par variável/valor em um espaço de nome. Esse par variável/valor pode ser referido em SQL usando a função interna SYS_CONTEXT. Podemos usar esse aplicativo de contexto para por em parâmetros uma consulta, colocando nossas ligações de variáveis em um espaço de nome e as referindo através da rotina interna SYS_CONTEXT na consulta.

Assim, em vez de montar uma consulta como:

```
select ename, empno, job
  from emp
 where ename like :bv1
   and job = :bv2;
```

como fizemos acima, montaremos uma consulta que se parece com:

```
select ename, empno, job
  from emp
 where ename like SYS_CONTEXT( 'namespace', 'ename' )
   and job = SYS_CONTEXT( 'namespace', 'job' );
```

O código para implementar poderia ser como este:

```
scott@TKYTE816> REM SCOTT must have GRANT CREATE ANY CONTEXT TO SCOTT;
scott@TKYTE816> REM or a role with that for this to work
scott@TKYTE816> create or replace context bv_context using dyn_demo
  2  /
```

Context created.

```
scott@TKYTE816> create or replace package body dyn_demo
  2     as
  3
  4     procedure do_query( p_cnames     in array,
  5                         p_operators  in array,
  6                         p_values     in array )
  7     is
  8         type rc is ref cursor;
  9
 10         l_query      long;
 11         l_sep        varchar2(20) default ' where ';
 12         l_cursor     rc;
 13         l_ename      emp.ename%type;
 14         l_empno      emp.empno&type;
 15         l_job        emp.job%type;
 16     begin
 17         /*
 18          * This is our constant SELECT list - we'll always
 19          * get these three columns. The predicate is what
 20          * changes.
 21          */
 22         l_query := 'select ename, empno, job from emp';
 23
 24         for i in 1 .. p_cnames.count loop
 25             l_query := l_query || l_sep ||
 26                        p_cnames(i) || ' ' ||
 27                        p_operators(i) || ' ' ||
 28                        'sys_context( ' 'BV_CONTEXT' ', ' ' ' ||
 29                        p_cnames(i) || ' ' ' )';
 30             l_sep := ' and ';
 31             dbms_session.set_context( 'bv_context',
 32                                       p_cnames(i),
 33                                       p_values(i) );
 34         end loop;
 35
 36         open l_cursor for l_query;
 37         loop
 38             fetch l_cursor into l_ename, l_empno, l_job;
 39             exit when l_cursor%notfound;
 40             dbms_output.put_line( l_ename || ',' || l_empno || ',' || l_job );
 41         end loop;
 42         close l_cursor;
 43     end;
 44
 45     end dyn_demo;
 46  /

Package body created.

scott@TKYTE816> set serveroutput on
scott@TKYTE816> begin
  2         dyn_demo.do_query(  dyn_demo.array( 'ename', 'job' ),
  3                             dyn_demo.array( 'like', '=' ),
  4                             dyn_demo.array( '%A%', 'CLERK' ) );
  5     end;
  6  /
ADAMS, 7876, CLERK
JAMES, 7900, CLERK

PL/SQL procedure successfully completed.
```

Assim, ele não é tão direto quando usar DBMS_SQL com relação a ligação de variáveis — requer um *truque*. Quando você entender como fazer isso, deve optar por usar a SQL dinâmica original em vez de DBMS_SQL, *desde que a consulta tenha um número fixo de saídas e você use um aplicativo de contexto*. É preciso criar e usar um aplicativo de contexto para suportar ligações de variáveis que façam o tipo de trabalho acima funcionar. No final, você achará que o exemplo, usando REF CURSORS com a SQL dinâmica original, é mais rápido. Em consultas simples, onde o próprio processamento da consulta podia ser ignorado, a SQL dinâmica original é quase duas vezes mais rápida em buscar os dados que DBMS_SQL.

Números de saídas desconhecidos no tempo de compilação

Aqui a resposta é curta e seca — se o cliente que irá buscar e processar os dados for PL/SQL, você precisará usar DBMS_SQL. Se o cliente que irá buscar e processar os dados estiver em um aplicativo 3GL usando ODBC, JDBC, OCI etc, você usará SQL dinâmica original.

A situação que veremos é que você está em determinada consulta no tempo de execução e não tem idéia de quantas colunas estão na lista de seleção. É preciso processar isso em PL/SQL. Descobriremos que não podemos usar SQL dinâmica original, visto que precisaríamos codificar isto:

```
FETCH cursor INTO variable1, variable2, variable3, ...;
```

em algum lugar em nosso código, mas não podemos fazê-lo, pois não sabemos quantas variáveis colocar lá até o tempo de execução. Esse é um caso onde o uso de DBMS_SQL será obrigatório, já que ele nos dá a habilidade de usar construções como:

```
41      while ( dbms_sql.fetch_rows(l_theCursor) > 0 )
42      loop
43          /* Build up a big output line, this is more efficient than calling
44           * DBMS_OUTPUT.PUT_LINE inside the loop.
45           */
46          l_cnt := l_cnt+1;
47          l_line := l_cnt;
48          /* Step 8 - get and process the column data. */
49          for i in 1 .. l_colCnt loop
50              dbms_sql.column_value( l_theCursor, i, l_columnValue );
51              l_line := l_line || ',' || l_columnValue;
52          end loop;
53
54          /* Now print out this line. */
55          dbms_output.put_line( l_line );
56      end loop;
```

Através de procedimento, podemos interagir sobre as colunas, indexando cada uma como se fosse um array. A montagem acima vem da seguinte parte de código:

```
scott@TKYTE816> create or replace
  2  procedure dump_query( p_query in varchar2 )
  3  is
  4      l_columnValue    varchar2(4000);
  5      l_status         integer;
  6      l_colCnt         number default 0;
  7      l_cnt            number default 0;
  8      l_line           long;
  9
 10      /* We'll be using this to see how many columns
 11       * we have to fetch so we can define them and
 12       * then retrieve their values;
```

```
13          */
14          l_descTbl        dbms_sql.desc_tab;
15
16
17          /* Step 1 - open cursor. */
18          l_theCursor      integer default dbms_sql.open_cursor;
19  begin
20
21          /* Step 2 - parse the input query so we can describe it. */
22          dbms_sql.parse( l_theCursor, p_query, dbms_sql.native );
23
24          /* Step 3 - now, describe the outputs of the query. */
25          dbms_sql.describe_columns( l_theCursor, l_colCnt, l_descTbl );
26
27          /* Step 4 - we do not use in this example, no BINDING needed.
28           * Step 5 - for each column, we need to define it, tell the database
29           * what we will fetch into. In this case, all data is going
30           * to be fetched into a single varchar2(4000) variable.
31           */
32          for i in 1 . . l_colCnt
33          loop
34              dbms_sql.define_column( l_theCursor, i, l_columnValue, 4000 );
35          end loop;
36
37          /* Step 6 - execute the statement. */
38          l_status := dbms_sql.execute(l_theCursor);
39
40          /* Step 7 - fetch all rows. */
41          while (dbms_sql.fetch_rows(l_theCursor) > 0 )
42          loop
43              /* Build up a big output line, this is more efficient than calling
44               * DBMS_OUTPUT.PUT_LINE inside the loop.
45               */
46              l_cnt := l_cnt+1;
47              l_line := l_cnt;
48              /* Step 8 - get and process the column data. */
49              for i in 1 . . l_colCnt loop
50                  dbms_sql.column_value( l_theCursor, i, l_columnValue );
51                  l_line := l_line || ',' || l_columnValue;
52              end loop;
53
54              /* Now print out this line. */
55              dbms_output.put_line( l_line );
56          end loop;
57
58          /* Step 9 - close cursor to free up resources. . */
59          dbms_sql.close_cursor(l_theCursor);
60  exception
61      when others then
62          dbms_sql.close_cursor( l_theCursor );
63          raise;
64  end dump_query;
65  /
```

Procedure created.

Adicionalmente, DBMS_SQL nos oferece uma API chamada DBMS_SQL.DESCRIBE_COLUMNS, que nos dirá o número de colunas em uma consulta, seus tipos de dados e seus nomes, entre outras informações. Como exemplo, veremos uma rotina genérica para despejar os resultados de uma consulta arbitrária em um arquivo plano. Ele difere do outro exemplo que temos no Capítulo 9, onde vimos a ferramenta SQL Unloader. Este exemplo despeja dados em um arquivo de comprimento fixo, onde cada coluna sempre aparece na mesma posição na saída do arquivo; faz isso inspecionando a saída de DBMS_SQL.DESCRIBE_COLUMNS, que nos informa a largura máxima de uma coluna, além do número de colunas que selecionamos. Antes do exemplo completo, veremos a rotina DESCRIBE_COLUMNS. Depois de analisar uma consulta SELECT, podemos usar essa rotina para interrogar o banco de dados quanto ao que podemos esperar ao buscar a partir da consulta. Essa rotina irá preencher um array de registros com informações relativas ao nome de coluna, tipo de dados, comprimento máximo e assim por diante.

Eis um exemplo que mostra como usar DESCRIBE_COLUMNS e despejar os dados que ele retorna para uma consulta arbitrária, para que possamos ver quais tipos de informações estão disponíveis:

```
scott@TKYTE816> create or replace
  2  procedure desc_query( p_query in varchar2 )
  3  is
  4      l_columnValue    varchar2(4000);
  5      l_status         integer;
  6      l_colCnt         number default 0;
  7      l_cnt            number default 0;
  8      l_line           long;
  9
 10      /* We'll be using this to see what out query SELECTs
 11       */
 12      l_descTbl        dbms_sql.desc_tab;
 13
 14
 15      /* Step 1 - open cursor. */
 16      l_theCursor      integer default dbms_sql.open_cursor;
 17  begin
 18
 19      /* Step 2 - parse the input query so we can describe it. */
 20      dbms_sql.parse( l_theCursor, p_query, dbms_sql.native );
 21
 22      /* Step 3 - now, describe the outputs of the query.
 23       * L_COLCNT will contain the number of columns selected
 24       * in the query. It will be equal to L_DESCTBL.COUNT
 25       * actually and so it is redundant really. L_DESCTBL
 26       * contains the useful data about our SELECTed columns.
 27       */
 28
 29      dbms_sql.describe_columns (   c        => l_theCursor,
 30                                    col_cnt  => l_colCnt,
 31                                    desc_t   => l_descTbl );
 32
 33      for i in 1 .. l_colCnt
 34      loop
 35          dbms_output.put_line
 36          ( 'Column Type . . . . . . . .' || l_descTbl(i).col_type );
 37          dbms_output.put_line
 38          ( 'Max Length. . . . . . . . .' || l_descTbl(i).col_max_len );
 39          dbms_output.put_line
 40          ( 'Name . . . . . . . . . . .' || l_descTbl(i).cool_name );
 41          dbms_output.put_line
 42          ( 'Name Length.. . . . . . . .' || l_descTbl(i).col_name_len );
 43          dbms_output.put_line
 44          ( 'ObjColumn Schema Name. . .' || l_descTbl(i).col_schema_name );
 45          dbms_output.put_line
```

```
46              ( 'Schema Name Length. . . . '  || l_descTbl(i).col_schema_name_len );
47              dbms_output.put_line
48              ( 'Precision . . . . . . . . '  || l_descTbl(i).col_precision );
49              dbms_output.put_line
50              ( 'Scale . . . . . . . . . . '  || l_descTbl(i).col_scale );
51              dbms_output.put_line
52              ( 'Charsetid . . . . . . . .'   || l_desctTbl(i).col_Charsetid     );
53              dbms_output.put_line
54              ( ' Charset Form . . . . . .'   || l_descTbl(i).col_charsetform );
55                  if ( l_desctbl(i).col_null_ok ) then
56              dbms_output.put_line( 'Nullable . . . . . . . . . Y' );
57              else
58                  dbms_output.put_line ( 'Nullable. . . . . . . . N' );
59              end if;
60                  dbms_output.put_line ( '- - - - - - - - - - - - - ' );
61          end loop;
62
63          /* Step 9 - close cursor to free up resources. */
64          dbms_sql.close_cursor(l_theCursor);
65      exception
66          when others then
67              dbms_sql.close_cursor( l_theCursor );
68              raise;
69      end desc_query;
70      /

Procedure created.

scott@TKYTE816> set serveroutput on
scott@TKYTE816> exec desc_query( 'select rowid, ename from emp' );
Column Type . . . . . . . 11
Max Length . . . . . . . .16
Name . . . . . . . . . . .ROWID
Name Length . . . . . . . 5
ObjColumn Schema Name.
Schema Name Length . . . .0
Precision . . . . . . . . 0
Scale . . . . . . . . . . 0
Charsetid . . . . . . . . 0
Charset Form . . . . . .  0
Nullable . . . . . . . . .Y
- - - - - - - - - - - - - -
Column Type . . . . . . . 1
Max Length . . . . . . . .10
Name . . . . . . . . . . .ENAME
Name Length . . . . . . . 5
ObjColumn Schema Name.
Schema Name Length . . . .0
Precision . . . . . . . . 0
Scale . . . . . . . . . . 0
Charsetid . . . . . . . . 31
Charset Form . . . . . .  1
Nullable . . . . . . . .   Y
- - - - - - - - - - - - - -

PL/SQL procedure successfully completed.
```

Infelizmente, a COLUMN TYPE é apenas um número, não o nome do próprio tipo de dados assim, a menos que você saiba que Column Type 11 é um ROWID e que 1 é um VARCHAR2, não será capaz de decodificá-los. O *Guia do Oracle de chamada de interface do programador* tem uma lista completa de todos os códigos internos de tipo de dados e seus nomes de tipos de dados correspondentes. Eis uma cópia daquela lista:

Nome do tipo de dados	Código
VARCHAR2, NVARCHAR2	1
NUMBER	2
LONG	8
ROWID	11
DATE	12
RAW	23
LONG RAW	24
CHAR, NCHAR	96
Tipo definido por usuário (objeto tipo, VARRAY, tabela aninhada)	108
REF	111
CLOB, NCLOB	112
BLOB	113
BFILE	114
UROWID	208

Agora, estamos prontos para a rotina completa que pode pegar quase qualquer consulta e despejar os resultados em um arquivo plano (supondo que você tenha configurado UTL_FILE, veja o Apêndice A, para mais detalhes):

```
scott@TKYTE816> create or replace
  2    function dump_fixed_width( p_query    in varchar2,
  3                               p_dir      in varchar2 ,
  4                               p_filename in varchar2 )
  5    return number
  6    is
  7        l_output        utl_file.file_type;
  8        l_theCursor     integer default dbms_sql.open_cursor;
  9        l_columnValue   varchar2(4000);
 10        l_status        integer;
 11        l_colCnt        number default 0;
 12        l_cnt           number default 0;
 13        l_line          long;
 14        l_descTbl       dbms_sql.desc_tab;
 15        l_dataformat    nls_session_parameters.valye%type;
 16    begin
 17        select value into l_dateformat
 18          from nls_session_parameters
 19         where parameter = 'NLS_DATE_FORMAT';
 20
 21        /* Use a date format that includes the time. */
 22        execute immediate
 23        'alter session set nls_date_format=' 'dd-mon-yyyy hh24:mi:ss' ' ';
 24        l_output := utl_file.fopen( p_dir, p_filename, 'w', 32000 );
 25
 26        /* Parse the input query so we can describe it. */
 27        dbms_sql.parse( l_theCursor, p_query, dbms_sql.native );
 28
```

```
29            /* Now, describe the outputs of the query. */
30            dbms_sql.describe_columns( l_theCursor, l_colCnt, l_descTbl );
31
32            /* For each column, we need to define it, to tell the database
33             * what we will fetch into. In this case, all data is going
34             * to be fetched into a single varchar2(4000) variable.
35             *
36             * We will also adjust the max width of each column. We do
37             * this so when we OUTPUT the data. Each field starts and
38             * stop in the same position for each record.
39             */
40            for i in 1 . . l_colCnt loop
41                dbms_sql.define_column( l_theCursor, i, l_columnValue, 4000 );
42
43                if ( l_descTbl(i).col_type = 2 ) /* number type */
44                then
45                    l_descTbl(i).col_max_len := l_descTbl(i).col_precision+2;
46                elsif ( l_descTbl(i).col_type = 12 ) /* date type */
47                then
48                    /* length of my format above */
49                    l_descTbl(i).col_max_len := 20;
50                end if;
51            end loop;
52
53  l_status := dbms_sql.execute(l_theCursor);
54
55        while ( dbms_sql.fetch_rows(l_theCursor) > 0 )
56        loop
57            /* Build up a big output line. This is more efficient than
58             * calling UTL_FILE.PUT inside the loop.
59             */
60            l_line := null;
61            for i in 1 . . l_colCnt loop
62                dbms_sql.column_value( l_theCursor, i, l_columnValue );
63                l_line := l_line ||
64                    rpad( nvl(l_columnValue, ' '),
65                    l_descTbl(i).col_max_len );
66            end loop;
67
68            /* Now print out that line and increment a counter. */
69            utl_file.put_line( l_output, l_line );
70            l_cnt := l_cnt+1;
71        end loop;
72
73        /* Free up resources. */
74        dbms_sql.close_cursor(l_theCursor);
75        utl_file.fclose( l_output );
76
77        /* Reset the date format . . . and return. */
78        execute immediate
79        'alter session set nls_date_format=' ' ' || l_dateformat || ' ' ' ';
80        return l_cnt;
81  exception
82      when others then
83          dbms_sql.close_cursor( l_theCursor );
84          execute immediate
85          'alter session set nls_date_format=' ' ' || l_dateformat || ' ' ' ';
86
87  end dump_fixed_width;
88  /

Function created.
```

Assim, essa função usa a rotina DBMS_SQL.DESCRIBE_COLUMNS para encontrar o número de colunas, com base em seu tipo de dados. Modifiquei algumas configurações de comprimento máximo para ajustar ao tamanho do formato de dados que estou usando e decimais/sinais em números. Como atualmente codificada, a rotina acima não descarregaria LONGs, LONG RAW, CLOBs e BLOBs. Ela podia ser facilmente modificada para lidar com CLOBs e até com LONGs. Você precisaria vincular especificamente para esses tipos e usar DBMS_CLOB para recuperar os dados CLOB e DBMS_SQL.COLUMN_VALUE_LONG para os dados LONG. Deve ser observado que você simplesmente *não seria* capaz de conseguir o acima usando SQL dinâmica original — não é possível, quando a lista SELECT não é conhecida em PL/SQL.

Como executar dinamicamente a mesma declaração, muitas vezes

Será uma troca entre DBMS_SQL e SQL dinâmica original, de código e complexidade versus desempenho. Para demonstrar isso, desenvolverei uma rotina que insere, dinamicamente, muitas fileiras em uma tabela. Estamos usando SQL dinâmica, visto que não conhecemos o nome da tabela, no tempo de execução, onde estamos inserindo. Iremos configurar quatro rotinas para comparação e contraste:

Rotina	Significado
DBMSSQL_ARRAY	Usa processamento de array em PL/SQL para inserir consultas em lotes.
NATIVE_DYNAMIC_ARRAY	Usa processamento de array simulado com tabelas de tipo de objeto.
DBMSSQL_NOARRAY	Usa fileira por ocasião de processamento para inserir registros.
NATIVE_DYNAMIC_NOARRAY	Usa fileira por ocasião de processamento para inserir registros.

O primeiro método será o mais escalonável e de melhor desempenho. Nos meus testes em várias plataformas, os métodos um e dois foram *ligados* em um teste de usuário único — dada uma máquina sem outros usuários, eles foram mais ou menos equivalentes. Em outras plataformas, SQL dinâmica original foi de longe, mais rápida — em outras, DBMS_SQL foi a mais rápida das duas. Mas, em um ambiente de múltiplos usuários, devido ao fato que a SQL dinâmica original é analisada cada vez que é executada, a abordagem de array DBMS_SQL será mais escalonável. Ela remove a necessidade de análise suave na consulta em toda e qualquer execução. Uma outra coisa a considerar é que, para simular o processamento de array na SQL dinâmica original, precisamos reclassificar com um truque. De qualquer modo, o código não é mais fácil de escrever. Em geral, SQL dinâmica original é muito mais fácil de codificar do que DBMS_SQL, mas não nesse caso.

A única conclusão clara a que chegaremos a partir disso é que os métodos três e quatro são muito mais lentos do que os um e dois — na verdade, muitas vezes mais lentos. Os seguintes resultados foram obtidos em uma plataforma Solaris de único usuário, embora os resultados no Windows fossem semelhantes. Teste em sua plataforma para ver o que faz mais sentido para você.

```
scott@TKYTE816> create or replace type vcArray as table of varchar2(400)
  2  /

Type created.

scott@TKYTE816> create or replace type dtArray as table of date
  2  /

Type created.

scott@TKYTE816> create or replace type nmArray as table of number
  2  /

Type created.
```

Esses tipos são necessários para simular o processamento de array com a SQL dinâmica original. Eles serão os nossos tipos de array — a SQL dinâmica original não pode, de maneira nenhuma, ser usada com tipos de tabela PL/SQL. Eis a especificação do pacote que usaremos para testar:

```
scott@TKYTE816> create or replace package load_data
  2  as
  3
  4  procedure dbmssql_array( p_tname        in varchar2,
  5                           p_arraysize    in number default 100,
  6                           p_rows         in number default 500 );
  7
  8  procedure dbmssql_noarray( p_tname      in varchar2,
  9                             p_rows       in number default 500 );
 10
 11
 12  procedure native_dynamic_noarray( p_tname    in varchar2,
 13                                    p_rows     in number default 500 );
 14
 15  procedure native_dynamic_array(   p_tname       in varchar2,
 16                                    p_arraysize   in number default 100,
 17                                    p_rows        in number default 500 );
 18  end lbad_data;
 19  /
Package created.
```

Cada um dos procedimentos será dinamicamente inserido em alguma tabela especificada por P_TNAME. O número de fileiras inseridas é controlado por P_ROWS e, ao usar o processamento de array, o tamanho de array empregado é ditado pelo parâmetro P_ARRAYSIZE. Agora, para a implementação:

```
scott@TKYTE816> create or replace package body load_data
  2  as
  3
  4  procedure dbmssql_array( p_tname       in varchar2,
  5                           p_arraysize   in number default 100,
  6                           p_rows        in number default 500 )
  7  is
  8      l_stmt          long;
  9      l_theCursor     integer;
 10      l_status        number;
 11      l_col1          dbms_sql.number_table;
 12      l_col2          dbms_sql.date_table;
 13      l_col3          dbms_sql.varchar2_table;
 14      l_cnt           number default 0;
 15  begin
 16      l_stmt :=    'insert into ' || p_tname ||
 17                   ' q1 ( a, b, c ) values ( :a, :b, :c )';
 18
 19      l_theCursor := dbms_sql.open_cursor;
 20      dbms_sql.parse(l_theCursor, l_stmt, dbms_sql.native);
 21          /*
 22           * We will make up data here. When we've made up ARRAYSIZE
 23           * rows, we'll bulk insert them. At the end of the loop,
 24           * if any rows remain, we'll insert them as well.
 25           */
 26      for i in 1 .. p_rows
 27      loop
 28              l_cnt := l_cnt+1;
 29              l_col1( l_cnt ) := i;
```

```
30              l_col2( l_cnt ) := sysdate+i;
31              l_col3( l_cnt ) := to_char(i);
32
33              if (l_cnt = p_arraysize)
34              then
35                  dbms_sql.bind_array( l_theCursor, ':a', l_col1, 1, l_cnt );
36                  dbms_sql.bind_array( l_theCursor, ':b', l_col2, 1, l_cnt );
37                  dbms_sql.bind_array( l_theCursor, ':c', l_col3, 1, l_cnt );
38                  l_status := dbms_sql.execute( l_theCursor );
39                      l_cnt := 0;
40              end if;
41          end loop;
42          if (l_cnt > 0 )
43          then
44              dbms_sql.bind_array( l_theCursor, ':a', l_col1, 1, l_cnt );
45              dbms_sql.bind_array( l_theCursor, ':b', l_col2, 1, l_cnt );
46              dbms_sql.bind_array( l_theCursor, ':c', l_col3, 1, l_cnt );
47              l_status := dbms_sql.execute( l_theCursor );
48          end if;
49          dbms_sql.close_cursor( l_theCursor );
50     end;
51
```

Assim, essa é a rotina que usa DBMS_SQL para inserir array de N fileiras ao mesmo tempo. Usamos a rotina sobrecarregada BIND_VARIABLE, que nos permite enviar em um tipo de tabela PL/SQL com os dados que carregamos. Enviamos nos limites de array, dizendo ao Oracle onde começar e parar em nossa tabela PL/SQL — nesse caso, sempre começamos no índice 1 e terminados no L_CNT. Observe que o nome de tabela na declaração INSERT tem um nome correlato Q1 associado a ele. Fiz isso para que quando formos analisar o desempenho usando TKPROF, sejamos capazes de identificar quais declarações INSERT foram usadas por rotinas em especial. O código geral é bastante direto. Em seguida, implementamos o DBMS_SQL que não usa processamento de array:

```
52     procedure dbmssql_noarray( p_tname     in varchar;
53                                p_rows      in number default 500 )
54     is
55         l_stmt          long;
56         l_theCursor     integer;
57         l_status        number;
58     begin
59         l_stmt := 'insert into ' || p_tname ||
60                          ' q2 ( a, b, c ) values ( :a, :b, :c )';
61
62         l_theCursor := dbms_sql.open_cursor;
63         dbms_sql.parse(l_theCursor, l_stmt, dbms_sql.native);
64              /*
65               * We will make up data here. When we've made up ARRAYSIZE
66               * rows, we'll bulk insert them. At the end of the loop,
67               * if any rows remain, we'll insert them as well.
68               */
69         for i in 1 . . p_rows
70         loop
71             dbms_sql.bind_variable( l_theCursor, ':a', i );
72             dbms_sql.bind_variable( l_theCursor, ':b', sysdate+i );
73             dbms_sql.bind_variable( l_theCursor, ':c', to_char(i) );
74             l_status := dbms_sql.execute( l_theCursor );
75         end loop;
76         dbms_sql.close_cursor( l_theCursor );
77     end;
78
```

No aspecto, é muito semelhante à rotina anterior, apenas faltando os arrays. Se você se vir codificando uma rotina que pareça com a lógica acima, deve pensar seriamente em usar o processamento de array. Como veremos em um momento, ele pode fazer uma grande diferença no desempenho de seu aplicativo. Agora, para a rotina SQL dinâmica original:

```
79   procedure native_dynamic_noarray( p_tname    in varchar2,
80                                     p_rows     in number default 500 )
81   is
82   begin
83         /*
84          * Here, we simply make up a row and insert it.
85          * A trivial amount of code to write and execute.
86          */
87         for i in 1 .. p_rows
88         loop
89             execute immediate
90                 'insert into ' || p_tname ||
91                 ' q3 ( a, b, c ) values ( :a, :b, :c )'
92             using i, sysdate+i, to_char(i);
93         end loop;
94   end;
95
```

Isso é sem o processamento de array. Muito simples, muito pequeno — fácil de codificar, mas entre os piores desempenhos, devido à excessiva quantidade de análise que precisa ser feita. Por fim, um exemplo de simulação de inserção de arrays usando SQL dinâmica original:

```
96   procedure native_dynamic_array(  p_tname        in varchar2,
97                                    p_arraysize    in number default 100,
98                                    p_rows         in number default 500 )
99   is
100          l_stmt              long;
101          l_theCursor         integer;
102          l_status            number;
103          l_col1              nmArray := nmArray( );
104          l_col2              dtArray := dtArray( );
105          l_col3              vcArray := vcArray( );
106          l_cnt               number := 0;
107  begin
108          /*
109           * We will make up data here. When we've made up ARRAYSIZE
110           * rows, we'll bulk insert them. At the end of the loop,
111           * if any rows remain, we'll insert them as well.
112           */
113          l_col1.extend( p_arraysize );
114          l_col2.extend( p_arraysize );
115          l_col3.extend( p_arraysize );
116          for i in 1 .. p_rows
117          loop
118              l_cnt := l_cnt+1;
119              l_col1( l_cnt ) := i;
120              l_col2( l_cnt ) := sysdate+i;
121              l_col3( l_cnt ) := to_char(i);
122
123              if (l_cnt = p_arraysize)
124              then
125                      execute immediate
126                      'begin
```

```
127                         forall i in 1 . . :n
128                             insert into ` | | p_tname | | `
129                             q4 ( a, b, c ) values ( :a(i), :b(i), :c(i) );
130                             end;'
131                         USING l_cnt, l_col1, l_col2, l_col3;
132                         l_cnt := 0;
133                     end if;
134         end loop;
135         if (l_cnt > 0 )
136         then
137                 execute immediate
138                 'begin
139                     forall i in 1 . . :n
140                         insert into ` | | p_tname | | `
141                         q4 ( a, b, c ) values ( :a(i), :b(i), :c(i) );
142                     end;'
143                 USING l_cnt, l_col1, l_col2, l_col3;
144         end if;
145     end;
146
147     end load_data;
148     /

Package body created.
```

Como você pode ver, é um pouco obscuro. Nosso código está escrevendo que seremos dinamicamente executados. Esse código dinâmico usa a sintaxe FORALL para inserir arrays em lote. Como a declaração EXECUTE IMMEDIATE só pode usar tipos SQL, tivemos que definir tipos para o seu uso. Depois, tivemos que executar dinamicamente uma declaração:

```
begin
    forall i in 1 . . :n
        insert into t (a,b,c) values (:a(I), :b(I), :c(I));
end;
```

vinculando no número de fileiras a inserir e os três arrays. Como veremos abaixo, o uso de processamento de array agiliza muito as inserções. Porém, você precisa trocar isso com a facilidade de codificar a rotina SQL dinâmica original sem arrays — é difícil bater uma linha de código! Se esse fosse um programa de um tempo, onde o desempenho não fosse importante, eu poderia continuar por aquele caminho. Se essa fosse uma rotina reutilizável, que ficasse por perto por algum tempo, eu escolheria DBMS_SQL quando precisasse que a rapidez estivesse presente e o número de ligações de variáveis desconhecido, e SQL dinâmica original quando o desempenho fosse aceitável e o número de ligações de variáveis fosse bem conhecido.

Por fim, não podemos esquecer da discussão do Capítulo 10, onde vimos que evitar a análise suave é desejável — o DBMS_SQL pode fazer isso, a SQL dinâmica original não pode. Você precisa ver o que está fazendo e escolher a abordagem apropriada. Se estiver escrevendo um carregador de dados que será executado uma vez ao dia e analisar as consultas um par de centenas de vezes, a SQL dinâmica original trabalhará muito bem. Por outro lado, se você estiver escrevendo uma rotina que usa a mesma declaração SQL dinâmica dúzias de vezes por muitas dúzias de usuários, consecutivamente, irá querer usar DBMS_SQL, para poder analisar uma vez e executar muitas.

Executo as rotinas acima usando esse bloco de código de teste (lembre-se, um sistema de usuário único!):

```
create table t (a int, b date, c varchar2(15) );

alter session set sql_trace=true;
truncate table t;
exec load_data.dbmssql_array('t', 50, 10000);

truncate table t;
exec load_data.native_dynamic_array('t', 50, 10000);
```

```
truncate table t;
exec load_data.dbmssql_noarray('t', 10000)

truncate table t;
exec load_data.native_dynamic_noarray('t', 10000)
```

O que encontramos a partir do relatório TKPROF é isso:

```
BEGIN load_data.dbmssql_array( 't', 50, 10000 ); END;
```

call	count	cpu	elapsed	disk	query	current	rows
Parse	1	0,01	0,00	0	0	0	0
Execute	1	2,58	2,83	0	0	0	1
Fetch	0	0,00	0,00	0	0	0	0
total	2	2,59	2,83	0	0	0	1

```
BEGIN load_data.native_dynamic_array( 't', 50, 10000 ); END;
```

call	count	cpu	elapsed	disk	query	current	rows
Parse	1	0,00	0,00	0	0	0	0
Execute	1	2,39	2,63	0	0	0	1
Fetch	0	0,00	0,00	0	0	0	0
total	2	2,39	2,63	0	0	0	1

Assim no geral, os perfis de execução foram muito semelhantes, 2,59 segundos de CPU e 2,30 segundos de CPU. Porém, aqui, o diabo está nos detalhes. Se você olhar para o código acima, posso garantir que cada inserção foi um pouco diferente das outras, marcando nelas uma correlação de nomes Q1, Q2, Q3 e Q4. Dessa forma, podemos ver quantas análises aconteceram. A rotina de array DBMS_SQL usou Q1 e a SQL dinâmica original usou Q4. Os resultados são:

```
insert into t q1 ( a, b, c ) values ( :a, :b, :c )
```

call	count	cpu	elapsed	disk	query	current	rows
Parse	1	0,00	0,01	0	0	0	0

e:

```
begin
  forall i in 1 . . :n
    insert into t q4 ( a, b, c ) values ( :a(i), :b(i), :c(i) );
end;
```

call	count	cpu	elapsed	disk	query	current	rows
Parse	200	0,10	0,07	0	0	0	0

```
INSERT INTO T Q4 (A,B,C) VALUES ( :b1, :b2, :b3 )
```

call	count	cpu	elapsed	disk	query	current	rows
Parse	200	0,07	0,04	0	0	0	0

Como você pode ver, a rotina DBMS_SQL foi capaz de se sair bem com uma única análise, mas a SQL dinâmica original teve que analisar 400 vezes. Em um sistema pesadamente carregado, com muitos usuários consecutivos, isso pode de fato afetar o desempenho, e é algo a considerar. Como pode ser evitado e o código DBMS_SQL não é significativamente mais difícil de codificar, nesse caso em particular, eu daria o sinal para DBMS_SQL como a implementação certa para esse tipo de trabalho. É uma chamada fechada, mas por motivos de escalonamento, ficaria com ele.

Os resultados do processamento de rotinas não array foram terríveis, falando relativamente:

```
BEGIN load_data.dbmssql_noarray( 't', 10000 ); END;

call         count      cpu       elapsed    disk      query     current    rows
----         -----      ---       -------    ----      -----     -------    ----
Parse        1          0,00      0,00       0         0         0          0
Execute      1          7,66      7,68       0         0         0          1
Fetch        0          0,00      0.00       0         0         0          0
----         -----      ---       -------    ----      -----     -------    ----
total        2          7.66      7,68       0         0         0          1

BEGIN load_data.native_dynamic_noarray( 't', 10000 ); END;

call         count      cpu       elapsed    disk      query     current    rows
----         -----      ---       -------    ----      -----     -------    ----
Parse        1          0,00      0,00       0         0         0          0
Execute      1          6,15      6,25       0         0         0          1
Fetch        0          0.00      0,00       0         0         0          0
----         -----      ---       -------    ----      -----     -------    ----
total        2          6,15      6,25       0         0         0          1
```

Aqui, parece que a SQL dinâmica original seria a maneira de prosseguir. No entanto, provavelmente eu ainda ficaria com DBMS_SQL se não fosse implementar o processamento de array. É simplesmente por causa disto:

```
insert into t q2 ( a, b, c ) values ( :a, :b, :c )

call         count      cpu       elapsed    disk      query     current    rows
----         -----      ---       -------    ----      -----     -------    ----
Parse        1          0,00      0.00       0         0         0          0

insert into t q3 ( a, b, c ) values ( :a, :b, :c )

call         count      cpu       elapsed    disk      query     current    rows
----         -----      ---       -------    ----      -----     -------    ----
Parse        10000      1,87      1,84       0         0         0          0
```

Vemos 10.000 análises suaves usando SQL dinâmica original e uma análise suave usando DBMS_SQL. Em um ambiente de múltiplos usuários, a implementação DBMS_SQL irá escalonar melhor.

Vemos resultados semelhantes ao processar com muitas fileiras de uma consulta dinamicamente executada. Em geral, você pode buscar array a partir de um REF CURSOR, mas apenas de um REF CURSOR fortemente digitado. Isto é, um REF CURSOR cuja estrutura seja conhecida pelo compilador por ocasião da compilação. A SQL dinâmica original só suporta REF CURSORS fracamente digitados, assim não suporta a BULK COLLECT. Se você tentar BULK COLLECT em um REF CURSOR dinamicamente aberto, receberá um:

ORA-01001: Invalid Cursor

Aqui está uma comparação de duas rotinas, que buscam todas as fileiras a partir de ALL_OBJECTS e as contam. A rotina que usa DBMS_SQL com o processamento de array é quase duas vezes mais rápida:

```
scott@TKYTE816> create or replace procedure native_dynamic_select
  2      as
  3         type rc is ref cursor;
  4         l_cursor rc;
```

```
  5          l_oname      varchar2(255);
  6          l_cnt        number := 0;
  7          l_start      number default dbms_utility.get_time;
  8      begin
  9          open l_cursor for 'select object_name from all_objects';
 10
 11          loop
 12              fetch l_cursor into l_oname;
 13              exit when l_cursor%notfound;
 14              l_cnt := l_cnt+1;
 15          end loop;
 16
 17          close l_cursor;
 18          dbms_output.put_line( L_cnt || ' rows processed' );
 19          dbms_output.put_line
 20          ( round( (dbms_utility.get_time-l_start)/100, 2 ) || ' seconds' );
 21      exception
 22          when others then
 23              if ( l_cursor%isopen )
 24              then
 25              close l_cursor;
 26          end if;
 27          raise;
 28      end;
 29      /
```

Procedure created.

```
scott@TKYTE816> create or replace procedure dbms_sql_select
  2      as
  3          l_theCursor       integer default dbms_sql.open_cursor;
  4          l_columnValue     dbms_sql.varchar2_table;
  5          l_status          integer;
  6          l_cnt             number := 0;
  7          l_start number default dbms_utility.get_time;
  8      begin
  9
 10          dbms_sql.parse( l_theCursor,
 11                          'select object_name from all_objects',
 12                          dbms_sql.native );
 13
 14          dbms_sql.define_array( l_theCursor, 1, l_columnValue, 100, 1 );
 15          l_status := dbms_sql.execute( l_theCursor );
 16          loop
 17              l_status := dbms_sql.fetch_rows( l_theCursor );
 18              dbms_sql.column_value(l_theCursor,1,l_columnValue);
 19
 20              l_cnt := l_status+l_cnt;
 21              exit when l_status <> 100;
 22          end loop;
 23          dbms_sql.close_cursor( l_theCursor );
 24          dbms_output.put_line( L_cnt || ' rows processed' );
 25          dbms_output.put_line
 26          ( round( (dbms_utility.get_time-l_start)/100, 2 ) || ' seconds' );
 27      exception
 28          when others then
 29              dbms_sql.close_cursor( l_theCursor );
 30              raise;
 31      end;
 32      /
```

Procedure created.

```
scott@TKYTE816> set serveroutput on

scott@TKYTE816> exec native_dynamic_select
19695 rows processed
1,85 seconds

PL/SQL procedure successfully completed.

scott@TKYTE816> exec native_dynamic_select
19695 rows processed
1,86 seconds

PL/SQL procedure successfully completed.

scott@TKYTE816> exec dbms_sql_select
19695 rows processed
1,03 seconds

PL/SQL procedure successfully completed.

scott@TKYTE816> exec dbms_sql_select
19695 rows processed
1,07 seconds

PL/SQL procedure successfully completed.
```

Novamente, há uma troca de desempenho por esforço de codificação. Usar o procedimento de array em DBMS_SQL toma uma considerável quantidade a mais de codificação do que SQL dinâmica original, mas o retorno é o desempenho muito aumentado.

Advertências

Como com qualquer recurso, há algumas nuances que precisam ser observadas, na maneira em que esse recurso funciona. A seção tenta encaminhá-las, uma de cada vez. Há três advertências principais que vêm à mente com a SQL dinâmica em procedimentos armazenados. São elas:

- Ela rompe a cadeia de dependência.
- Ela torna o código mais 'frágil'.
- Ela é muito mais difícil de sintonizar para ter tempos de resposta previsíveis.

Ela rompe a cadeia de dependência

Geralmente, quando você compila um procedimento em um banco de dados, ele se refere a tudo e tudo o que é referido é gravado no dicionário de dados. Por exemplo, crio um procedimento:

```
ops$tkyte@DEV816> create or replace function count_emp return number
  2  as
  3          l_cnt number;
  4  begin
  5          select count(*) into l_cnt from emp;
  6          return l_cnt;
  7  end;
  8  /

Function created.
```

```
ops$tkyte@DEV816> select referenced_name, referenced_type
  2       from user_dependencies
  3      where name = 'COUNT_EMP'
  4        and type = 'FUNCTION'
  5  /

REFERENCED_NAME                                              REFERENCED_T
------------------------------------------------------------ ------------
STANDARD                                                     PACKAGE
SYS_STUB_FOR_PURITY_ANALYSIS                                 PACKAGE
EMP                                                          TABLE
3 rows selected.
```

Agora, vamos comparar a última iteração de nossa função SQL dinâmica original GET_ROW_CNTS, de acima, com o procedimento COUNT_EMP:

```
ops$tkyte@DEV816> select referenced_name, referenced_type
  2       from user_dependencies
  3      where name = 'GET_ROW_CNTS'
  4        and type = 'FUNCTION'
  5  /

REFERENCED_NAME                                              REFERENCED_T
------------------------------------------------------------ ------------
STANDARD                                                     PACKAGE
SYS_STUB_FOR_PURITY_ANALYSIS                                 PACKAGE
2 rows selected.
```

A função com uma referência estática a EMP mostra essa referência na tabela de dependência. A outra função não, pois ela não é dependente da tabela EMP. Nesse caso, está perfeitamente bem, porque derivamos muito valor acrescentado do uso de SQL dinâmica — a habilidade de obter, genericamente, a contagem de fileira de qualquer tabela. No entanto, acima, estávamos usando SQL dinâmica só por garantia — essa quebra de dependência seria uma coisa ruim. É extremamente útil descobrir a que seus procedimentos se referem e o que os refere. A SQL dinâmica tornará esse relacionamento obscuro.

O código é mais frágil

Ao usar apenas SQL estática, posso ter certeza de que ao compilar o programa, a SQL que embuti estará lá, sintaticamente certa — tem que estar, pois verificamos totalmente por ocasião da compilação. Ao usar SQL dinâmica, só serei capaz de dizer no tempo de execução se a SQL está OK. Além do mais, como montamos a SQL no ar, precisamos testar cada possível caminho de código para verificar se toda SQL que geramos está OK. Significa que determinado conjunto de entradas, que leva o procedimento a gerar SQL de uma maneira, pode não funcionar, enquanto um diferente conjunto de entradas o fará. Isso se aplica a *todo* código, mas o uso de SQL dinâmica introduz uma outra maneira do seu código 'quebrar'.

A SQL dinâmica possibilita fazer muitas coisas que, caso contrário, você não faria, mas a SQL estática deve ser usada, sempre que possível. A SQL estática será mais rápida, mais clara e menos frágil.

É mais difícil de sintonizar

Isso não é tão óbvio, mas um aplicativo que monta consultas dinamicamente é difícil de sintonizar. Normalmente, podemos ver o cansativo conjunto de consultas que um aplicativo usará, identificar aqueles que serão potenciais problemas de desempenho e sintonizá-los até a morte. Se o conjunto de consultas que o aplicativo usará não é conhecido até *depois* que ele o execute, não temos como saber como será realizado. Suponha que você crie um procedimento armazenado que monta dinamicamente uma consulta baseada em entradas de usuário em uma tela da web. A menos que você teste toda e qualquer consulta que possa ser gerada por sua rotina, nunca saberá se vai ter os índices certos no lugar e assim por diante, para ter um sistema bem sintonizado. Com apenas um número baixo de colunas (digamos, cinco) já há dúzias de combinações de predicados que você poderia ter. Isso não significa 'nunca use SQL dinâmica', significa estar preparado para buscar por esses tipos de problemas — consultas que você nunca previu sendo geradas pelo sistema.

Resumo

Neste capítulo, exploramos cuidadosamente a SQL dinâmica em procedimentos armazenados. Vimos as diferenças entre SQL dinâmica original e DBMS_SQL, mostrando quando usar uma em vez de outra. Ambas as implementações têm seu tempo e lugar.

A SQL dinâmica permite escrever procedimentos que, caso contrário, seria impossível — utilidades genéricas para despejar dados, para carregar dados etc. Outros exemplos de rotinas baseadas em SQL dinâmica podem ser encontrados no web site da Wrox, como um utilitário para carregar arquivos dBASE III em Oracle através de PL/SQL, imprimindo os resultados da consulta na página em SQL*PLUS (veja Capítulo 23), monitorando conjuntos de resultados (veja Capítulo 12, para detalhes) e muito mais.

17
interMedia

interMedia é uma coleção de recursos, estreitamente integrada no banco de dados Oracle, que permite carregar rico conteúdo no banco de dados, gerenciá-lo com segurança e entregá-lo para uso em um aplicativo. O rico conteúdo é amplamente utilizado na maioria dos principais aplicativos atuais da web, e inclui texto, dados, imagens, arquivos de áudio e vídeo.

Este capítulo focaliza um dos meus componentes preferidos de interMedia: **interMedia Text**. Acho que o interMedia Text é uma tecnologia sub-utilizada. Isso se origina da falta de entendimento do que ele é e do que faz. A maioria das pessoas entende o que interMedia Text pode fazer a partir de um nível alto e como 'capacitar texto' de uma tabela. Porém, quando você se aprofundar, irá descobrir que interMedia Text é um recurso brilhantemente burilado do banco de dados Oracle.

Depois de uma rápida visão geral da história do interMedia, iremos:

- ❑ Discutir os usos potenciais de interMedia Text, como a busca por texto, a indexação de dados a partir de muitas diferentes fontes de dados e a busca de aplicativos XML, entre outros.
- ❑ Dar uma olhada em como, de fato, o banco de dados implementa esse recurso.
- ❑ Cobrir alguns mecanismos de interMedia Text, como a indexação, o operador ABOUT e a seção de busca.

Uma história rápida

Durante meu trabalho num grande projeto de desenvolvimento em 1992, tive meu primeiro contato com interMedia Text ou, como ele era chamado então, **SQL*TextRetrieval**. Naquela época, uma das minhas tarefas era integrar uma variedade de diferentes sistemas de banco de dados em uma rede maior, distribuída, de bancos de dados. Um desses produtos de banco de dados era proprietário de todas as formas possíveis. Faltava uma interface SQL para definição de banco de dados e quantidades de dados de texto. Nosso trabalho era escrever para ele uma interface SQL.

Em uma ocasião, no meio desse projeto de desenvolvimento, nosso consultor de vendas Oracle entregava informações sobre a próxima geração do produto SQL*TextRetrieval do Oracle, a ser chamado **TextServer3**. Uma das vantagens de TextServer3 era ele ser altamente otimizado para o ambiente cliente-servidor. Junto com TextServer3, veio uma interface baseada em C, de certa forma obtusa, mas pelo menos eu tinha a habilidade de armazenar todos os meus dados de texto dentro de um banco de dados Oracle e também de acessar outros dados dentro do mesmo banco de dados, através de SQL. Fiquei viciado.

Em 1996, o Oracle lançou a geração seguinte de TextServer, chamado **ConText Option**, que era dramaticamente diferente das versões anteriores. Eu não tinha mais que armazenar e gerenciar meu conteúdo de texto através de um C ou API baseado em Forms. Podia fazer tudo a partir de SQL. A ConText Option oferecia muitos procedimentos PL/SQL e pacotes que permitiam armazenar texto, criar índices, fazer consultas, fazer a manutenção de índice e assim por diante, e eu não tinha que escrever uma única linha de C. Dos muitos avanços apresentados por ConText Option, na minha opinião, dois são os mais dignos de nota. Primeiro e acima de tudo, ConText Option não estava mais na periferia da integração de banco de dados. Vinha com o Oracle7 e era separadamente licenciado, com opção para instalação para o banco de dados, e em todos os objetivos práticos era estreitamente integrado ao banco de dados Oracle7. Em segundo lugar, ConText Option ia além do padrão de recuperação de texto e oferecia análise lingüística de texto e documentos, possibilitando a um desenvolvedor de aplicativo montar um sistema que podia 'ver' além das palavras e explorar de fato o significado geral dos dados de texto. E não se esqueça que tudo isso era acessível através de SQL, o que tornou o uso desses avançados recursos dramaticamente mais fácil.

Um dos recursos avançados do banco de dados Oracle 8i é a sua capacidade de extensão de estrutura. Usando os serviços oferecidos, agora os desenvolvedores têm as ferramentas para criar tipos de dados personalizados, complexos, e também as habilidades de seus próprios serviços de banco de dados em suporte a esses tipos de dados. Com a capacidade de extensão de estrutura, novos índices podiam ser definidos, métodos de coleção de estatísticas personalizados podiam ser empregados e custo personalizado e seletividade de funções podiam ser integradas em um banco de dados Oracle. Usando essas informações, o otimizador da consulta podia, inteligente e eficazmente, acessar esses novos tipos de dados. A equipe de ConText Option reconheceu o valor desses serviços e se pôs a criar o produto atual, interMedia Text, que foi lançado pela primeira vez com o Oracle 8i, em 1999.

Usos de interMedia Text

Há incontáveis maneiras pelas quais o interMedia Text pode ser explorado em aplicativos, incluindo:

- **Busca por texto** — Você precisa montar rapidamente um aplicativo que possa buscar, com eficiência, dados de texto.
- **erenciamento de uma variedade de documentos** — Você precisa montar um aplicativo que permita a busca através de uma mistura de formatos de documento, incluindo texto, Microsoft Word, Lotus 1-2-3 e Microsoft Excel.
- **Indexação de texto a partir de muitas fontes de dados** — Você precisa montar um aplicativo que gerencie dados de texto não apenas do banco de dados Oracle, mas também de um arquivo de sistema e da Internet.
- **Montagem de aplicativos com mais que apenas texto** — Além de buscar por palavras e sentenças, você tem a tarefa de montar uma base de conhecimento com rápidos instantâneos ou pontos essenciais sobre cada documento, ou precisa classificar documentos com base nos conceitos que eles discutem, em vez apenas de palavras que eles contenham.
- **Busca de aplicativos XML** — interMedia Text oferece ao desenvolvedor de aplicativo todas as ferramentas necessárias para montar sistemas que podem consultar não apenas o conteúdo de documentos XML, mas também fazer essas consultas confinadas a uma estrutura específica do documento XML.

E claro, o fato dessa funcionalidade estar em um banco de dados Oracle significa que você pode explorar o escalonamento e a segurança inerentes ao Oracle, e aplicar isso aos seus dados de texto.

Como procurar por texto

Claro que há uma série de maneiras que você pode usar para procurar por texto dentro do banco de dados Oracle sem usar a funcionalidade interMedia. No exemplo a seguir, criamos uma tabela simples, inserimos um par de fileiras e usamos a função padrão INSTR e o operador LIKE para buscar a coluna de texto na tabela:

```
SQL> create table mytext
  2    ( id      number primary key,
  3      thetext varchar2(4000)
  4    )
  5  /

Table created.

SQL> insert into mytext
  2    values( 1,  'The headquarters of Oracle Corporation is ' ||
  3                'in Redwood Shores, California.');

1 row created.

SQL> insert into mytext
  2    values( 2, 'Oracle has many training centers around the world.');
```

```
1 row created.

SQL> commit;

Commit complete.

SQL> select id
  2    from mytext
  3    where instr( thetext, 'Oracle') > 0;

        ID
----------
         1
         2

SQL> select id
  2    from mytext
  3    where thetext like '%Oracle%';

        ID
----------
         1
         2
```

Usando a função SQL INSTR, podemos buscar pela ocorrência de uma substring dentro de outra string. Usando o operador LIKE, também podemos buscar por padrões dentro de uma string. Há muitas ocasiões em que o uso da função INSTR ou do operador LIKE é ideal, e nada mais seria morto, especialmente ao buscar em tabelas bem pequenas.

No entanto, esses métodos de localizar texto resultarão em uma leitura completa de tabela e tendem a ser muito caros, em termos de recursos. Além do mais, são muito limitados em funcionalidade. Por exemplo, eles não seriam úteis se você precisasse montar um aplicativo que respondesse perguntas como:

- ❏ Encontre todas as fileiras que contenham 'Oracle' perto da palavra 'Corporation' e não mais que a 10 palavras de distância.
- ❏ Encontre todas as fileiras que contenham 'Oracle' ou 'California' e posicione na ordem de importância.
- ❏ Encontre todas as fileiras que teenham a mesma raiz lingüística que 'train' (por exemplo, trained, training, trains).
- ❏ Faça uma busca quanto a estilo de letras através de uma biblioteca de documento.

Tais consultas só arranham a superfície do que não pode ser feito pelo meio tradicional, mas que pode ser facilmente conseguido com o uso de interMedia Text. Para demonstrar quão facilmente interMedia pode responder a perguntas como aquelas colocadas acima, primeiro precisamos criar um simples índice interMedia Text em nossa coluna de texto:

Para usar os pacotes interMedia Text PL/SQL, o usuário precisa ter concedida a função CTXAPP.

```
SQL> create index mytext_idx
  2    on mytext( the text )
  3    indextype is CTXSYS.CONTEXT
  4   /

Index created.
```

Com a criação do novo tipo de índice, CTXSYS.CONTEXT, temos 'capacitado o texto' em nossa tabela existente. Agora podemos fazer uso da variedade de operadores que interMedia Text suporta, para lidar com sofisticado conteúdo de texto. Os exemplos a seguir demonstram o uso do operador de consulta CONTAINS para responder três das quatro perguntas acima (não se preocupe sobre os meandros da sintaxe SQL por enquanto, pois isso será explicado um pouco mais adiante):

```
SQL> select id
  2    from mytext
  3    where contains( thetext, 'near((Oracle,Corporation),10)') > 0;
```

```
        ID
------
         1

SQL> select score(1), id
  2       from mytext
  3       where contains( the text, 'oracle or california', 1 ) > 0
  4       order by score(1) desc
  5  /

  SCORE(1)              ID
------          ------
         4               1
         3               2

SQL> select id
  2       from mytext
  3       where contains( the text, '$train') > 0;

        ID
------
         2
```

Cada parte, tão importante quanto a funcionalidade, é o aspecto de desempenho de um índice interMedia Text, que supera os métodos tradicionais de relação de localizar texto dentro de uma coluna. Sendo realmente um novo tipo de índice dentro do banco de dados Oracle, as informações mantidas em torno dos dados que estiverem sendo indexados podem ser exploradas durante a criação do plano de consulta. Assim, é dado ao kernel do Oracle o caminho ideal para localizar dados de texto dentro de uma coluna indexada por interMedia Text.

Gerenciamento de uma variedade de documentos

Além da habilidade de indexar colunas de texto simples em um banco de dados, interMedia Text também é agrupado com filtros de documentos para uma imensa variedade de formatos de documentos. Automaticamente, interMedia Text irá filtrar Microsoft Word 2000 para o Windows, Microsoft Word 98 para o Macintosh, planilhas Lotus 1-2-3, Adobe Acrobat PDF e até arquivos de apresentação Microsoft PowerPoint. No total, mais de 150 filtros de documentos e arquivos são agrupados com interMedia Text.

A disponibilidade de filtros depende do lançamento específico de Oracle 8i. Por exemplo, Oracle 8.1.5 e Oracle 8.1.6 foram lançados antes da introdução de Microsoft Word 2000 para Windows. Assim, não há filtro para esse formato de documento em interMedia Text 8.1.5 ou 8.1.6, mas ele está presente em interMedia Text com o Oracle 8.1.7.

A tecnologia de filtragem que está agrupada com interMedia Text é licenciada da Inso Corporation e, no que se refere à precisão e eficácia dos filtros, sinto que esses são os melhores no mercado. A lista de formatos atuais de arquivos suportados está documentada em um apêndice do *Referência Oracle8i interMedia Text*.

Enquanto isto era escrito, os filtros Inso não estavam disponíveis nas plataformas Linux e não havia planos para, eventualmente, torná-los disponíveis, o que é uma pena. Isso não significa que interMedia Text não possa ser explorado em uma plataforma Linux, mas significa que se você está distribuindo Oracle 8i em um sistema Linux, precisará restringir seus tipos de documentos a texto simples ou HTML ou terá que criar o que é chamado de um objeto USER_FILTER.

Como indexar texto a partir de muitas fontes de dados

interMedia Text não trata apenas de armazenar arquivos dentro de um banco de dados. Um interMedia Text **datastore object** permite que você especifique exatamente onde estão armazenados seus textos/dados. Basicamente, um objeto de armazenagem de dados oferece informações ao índice interMedia Text, permitindo que ele 'saiba' onde estão localizados seus dados. Essas informações só podem ser especificadas por ocasião da criação do índice.

Como vimos em um exemplo anterior, os dados em um índice interMedia Text podem vir diretamente do banco de dados, sendo armazenados internamente em uma coluna. Esse é o objeto de armazenagem de dados DIRECT_DATASTORE e é a armazenagem de dados padrão, se nenhuma for especificada. O tipo de coluna de banco de dados pode ser CHAR, VARCHAR, VARCHAR2, BLOB, CLOB ou BFILE. Por favor, observe também que você pode criar um índice interMedia Text em uma coluna de tipo LONG ou LONG RAW, mas esses são tipos de dados desaprovados desde o lançamento de Oracle 8 e você, absolutamente, *não* deve usá-los em quaisquer novos aplicativos.

Um outro tipo de armazenagem de dados interessante que é baseado em armazenagem de texto internamente em uma coluna é o DETAIL_DATASTORE. O relacionamento principal/detalhe é muito comum em qualquer aplicativo de banco de dados. Declarado em termos simples, ele descreve um relacionamento de uma única fileira em uma tabela principal ou pai para zero ou mais fileiras em uma tabela de detalhe, tipicamente com uma restrição de chave estrangeira a partir da tabela de detalhe para a tabela principal. Um pedido de compra é um bom exemplo de um relacionamento principal/detalhe, com uma fileira para o próprio pedido de compra e zero ou mais fileiras na tabela de detalhe, formando a linha de itens do pedido de compra. Um DETAIL_DATASTORE permite ao desenvolvedor de aplicativo manter esse relacionamento lógico.

Vejamos um exemplo. Basicamente, precisamos criar uma estrutura de detalhe principal que nos permita fazer uma consulta interMedia Text numa tabela principal, mas com a fonte atual dos dados de interMedia Text sendo originada de uma tabela de detalhe. Para demonstrar, precisamos primeiro criar nossas tabelas de detalhe principal e carregá-las com dados:

```
SQL> create table purchase_order
  2  (id                  number primary key,
  3   description         varchar2(100),
  4   line_item_body      char(1)
  5  )
  6  /

Table created.

SQL> create table line_item
  2  ( po_id              number,
  3    po_sequence        number,
  4    line_item_detail   varchar2(1000)
  5  )
  6  /

Table created.

SQL> insert into purchase_order ( id, description )
  2  values( 1, 'Many Office Items' )
  3  /

1 row created.

SQL> insert into line_item( po_id, po_sequence, line_item_detail )
  2  values( 1, 1, 'Paperclips to be used for many reports')
  3  /

1 row created.

SQL> insert into line_item( po_id, po_sequence, line_item_detail )
  2  values( 1, 2, 'Some more Oracle letterhead')
  3  /
```

```
1 row created.

SQL> insert into line_item( po_id, po_sequence, line_item_detail )
  2    values( 1, 3, 'Optical mouse' )
  3  /

1 row created.

SQL> commit;

Commit complete.
```

Note que a coluna LINE_ITEM_BODY é essencialmente uma coluna 'simulada', pois só existe para que possamos criar o índice interMedia Text em uma coluna na tabela principal. Nunca inseri quaisquer dados nela. Agora, antes da criação do índice, precisamos ajustar as preferências de interMedia Text para que o índice possa localizar os dados a serem indexados:

```
SQL> begin
  2      ctx_ddl.create_preference( 'po_pref', 'DETAIL_DATASTORE' );
  3      ctx_ddl.set_attribute( 'po_pref', 'detail_table', 'line_item' );
  4      ctx_ddl.set_attribute( 'po_pref', 'detail_key', 'po_id' );
  5      ctx_ddl.set_attribute( 'po_pref', 'detail_lineno', 'po_sequence' );
  6      ctx_ddl.set_attribute( 'po_pref', 'detail_text', 'line_item_detail' );
  7  end;
  8  /

PL/SQL procedure successfully completed.
```

Primeiro criamos uma preferência PO_PREF definida por usuário. É um DETAIL_DATASTORE que armazenará todas as informações necessárias para localizar os dados da tabela de detalhe. Nas linhas subseqüentes, definimos o nome da tabela de detalhe, a chave que une à tabela principal, como as fileiras são organizadas e, finalmente, a coluna que estiver sendo indexada.

Agora, apenas criamos nosso índice e o vemos em ação:

```
SQL> create index pó_index on purchase_order( line_item_body )
  2    indextype is ctxsys.context
  3    parameters( 'datasotore po_pref' )
  4  /

Index created.

SQL> select id
  2    from purchase_order
  3   where contains( line_item_body, 'Oracle' ) > 0
  4  /

        ID
- - - - - -
         1
```

Embora tenhamos criado o índice em LINE_ITEM_BODY, poderíamos ter especificado a coluna DESCRIPTION da tabela principal ao criá-lo. No entanto, tenha em mente que quaisquer mudanças *nessa* coluna (que *não* é uma coluna simulada) iniciará uma operação de reindexação na fileira principal e todas as fileiras de detalhes associadas.

interMedia Text também suporta fontes de dados externas ao banco de dados — especificamente, arquivos externos ao banco de dados, como Uniform Resource Locators (URLs). Em muitos ambientes de trabalho, normalmente os arquivos são armazenados em um sistema de arquivo compartilhado acessível pela rede. Em vez de impor a exigência de montar um aplicativo que armazene todos de texto e documento no banco de dados Oracle, o objeto de armazenagem de dados FILE_DATASTORE permite ao Oracle gerenciar o próprio índice de texto, não a armazenagem e a segurança dos arquivos. Usando um FILE_DATASTORE você não poderia armazenar o texto do documento em uma coluna. Em vez disso, você armazena uma referência de arquivo do sistema ao arquivo, que precisa estar acessível a partir do arquivo de sistema do banco de dados *servidor*. Assim, ainda que você possa estar usando um cliente Windows, por exemplo, se o banco de dados Oracle estiver sendo executado em seu sabor preferido de UNIX, sua referência ao arquivo seguiria a sintaxe de arquivo do sistema UNIX, como em /export/home/tkyte/MyWordDoc.doc. Observe que esse tipo de acesso de arquivo externo não está relacionado a uma forma alternativa de acesso externo de arquivo de um banco de dados Oracle usando BFILEs.

Outro tipo de armazenagem de dados externa ao banco de dados é um URL_DATASTORE. Ele é muito parecido com um objeto de armazenagem de dados FILE_DATASTORE, mas em vez de armazenar uma referência do arquivo de sistema em uma coluna no banco de dados Oracle, você pode armazenar um URL. Na hora de indexar uma fileira, interMedia Text, de fato, buscará os dados em HTTP a partir do próprio banco de dados servidor. De novo, o Oracle não está armazenando ou gerenciando os próprios dados. O índice é construído a partir do conteúdo filtrado da corrente HTTP, e os dados reais buscados do URL são descartados. FTP também é um protocolo válido ao usar URL_DATASTORE, assim interMedia Text também pode indexar arquivos acessíveis através de FTP do banco de dados servidor. Com Oracle 8.1.7 e posterior, você também pode embutir o nome de usuário e senha diretamente em um URL FTP (por exemplo, ftp://uid:pwd@ftp.bogus.com/tmp/test.doc).

De fato, algumas pessoas pensam que o URL_DATASTORE é bom para montar o seu próprio robô arrepiante da Web, porém não muito mais (a propósito, ele não tem essa capacidade externa de arrepiante da Web). Isso não é verdade. Colegas meus arquitetaram um grande sistema distribuído, acessível pela Internet, com muitos nós diferentes de banco de dados. Uma exigência desse sistema era fornecer uma única interface, unificada, de busca a todos os dados de texto através dos nós. Eles podiam ter montado um sistema com índices interMedia Text nas tabelas de banco de dados em cada nó, e a consulta seria composta de muitas consultas menores, distribuídas em cada um. No entanto, em vez de seguir a rota que podia ter levado ao desempenho não ótimo, eles arquitetaram uma solução que dedicou um servidor único ao interMedia Text e os índices foram criados usando exclusivamente o objeto de armazenagem de dados URL_DATASTORE. Nesse sistema, os nós distribuídos eram responsáveis por inserir URLs de conteúdo novo e modificado no nó de busca de dados. Dessa maneira, sempre que era criado um novo documento, ou um existente era modificado, a máquina responsável por indexar o conteúdo recebia o URL para recuperar aquele conteúdo. Assim, em vez de indexar a máquina, arrepiando todos os possíveis documentos, buscando por conteúdo novo/modificado, os provedores de conteúdo notificavam a máquina sobre novo conteúdo. Não apenas a consulta distribuída foi em frente, mas também passou a existir um único ponto de verdade, que resultou em menos administração.

Afinal, é um banco de dados Oracle

Um dos motivos mais atraentes para usar interMedia Text em vez de uma solução baseada em arquivo de sistema é o fato de que ele é um banco de dados Oracle. Em primeiro lugar, um banco de dados Oracle é transacional por essência, enquanto que um arquivo de sistema não é. A integridade dos seus dados não será comprometida, e as propriedades ACID de um banco de dados relacional também são observadas por interMedia Text.

> *Para uma definição das propriedades ACID de um banco de dados relacional, por favor, refira-se ao Capítulo 4.*

Em segundo lugar, em Oracle, a linguagem de manipulação de banco de dados é SQL, e o interMedia Text é totalmente acessível a partir de SQL. Isso permite a um desenvolvedor de aplicativo escolher de uma imensa variedade de ferramentas que podem 'falar' com SQL. Depois, se você estiver inclinado (não é a minha recomendação), poderia montar um aplicativo interMedia Text que fosse acessível a partir de Microsoft Excel, comunicando-se com um driver ODBC com o banco de dados Oracle.

Tendo preenchido muitas funções de DBA em minha carreira, gosto do fato que, quando todos os meus dados estão contidos no banco de dados Oracle, ao copiar meu banco de dados, estou copiando meu aplicativo e todos os seus dados. No caso de uma situação de recuperação, posso recuperar o aplicativo e os dados em qualquer ponto do tempo. Em uma abordagem baseada em arquivo de sistema, eu sempre precisaria garantir que meu banco de dados *e* o arquivo de sistema fossem copiados e esperar que fossem relativamente consistentes ao executar a cópia.

Nesse ponto, porém, uma importante advertência é que, se você estiver usando interMedia Text para indexar informações contidas fora de um banco de dados Oracle, sua estratégia de cópia será ligeiramente alterada. Se você estiver usando as armazenagens de dados UTL_DATASTORE ou FILE_DATASTORE em seu conteúdo, interMedia Text, só estará mantendo referências ao conteúdo e não gerenciando também o conteúdo. Assim, o conteúdo pode tornar-se envelhecido, ser apagado ou tornar-se indisponível à medida que o tempo passa, e isso pode afetar seu aplicativo. Além disso, você não precisa mais ter uma cópia completa de todo o aplicativo ao copiar o banco de dados Oracle. Você também irá precisar desenvolver uma estratégia de cópia separada para qualquer conteúdo gerenciado externamente ao banco de dados Oracle.

Geração de temas

Vá para sua máquina preferida de busca web, digite uma palavra que ocorra com freqüência na Internet, como 'banco de dados' e espere pelo retorno de uma quantidade de resultados de busca. A indexação de texto é muito poderosa e pode ser usada em muitos aplicativos. Isso é particularmente verdade quando o domínio de informações é muito grande, pois se torna difícil para um usuário final percorrer todos os dados. interMedia Text tem recursos integrados que permitem transformar todos esses dados em informações úteis.

Integrada em interMedia Text está uma base de conhecimento extensível, usando durante a indexação e a análise do texto, que confere a esse recurso consideráveis capacidades lingüísticas. Podemos não apenas buscar o texto, como *analisar o significado* do texto. Assim, por ocasião da criação do índice, opcionalmente, podemos gerar temas para o próprio índice interMedia Text, o que nos permite criar aplicativos que podem, por exemplo, analisar documentos e classificá-los por tema, em vez de palavras ou sentenças específicas.

Quando a geração de tema tornou-se disponível pela primeira vez em um banco de dados Oracle, executei um rápido teste para ver o que ela podia fazer. Alimentei uma tabela em um banco de dados Oracle com mais de mil artigos de notícias de vários noticiários por computador. Criei um índice interMedia Text na coluna, que foi usada para armazenar o texto real dos artigos e depois gerei os temas de cada artigo. Busquei por todos os documentos que tinham um tema de 'banco de dados' e os resultados incluíram um artigo de notícias que não continha uma única ocorrência da palavra 'banco de dados' e, ainda assim, interMedia Text gerou banco de dados como um tema. Inicialmente, pensei que isso era um erro do próprio interMedia Text, mas depois de pensar com cuidado, percebi que esse era, de fato, um poderoso recurso — a habilidade de localizar texto em um banco de dados com base no *significado* do texto. Não é uma análise estatística ou alguma forma de contagem de palavras, realmente é uma análise lingüística do texto.

Um pequeno exemplo ilustra essas capacidades:

```
SQL> create table mydocs
  2   ( id         number primary key,
  3     thetext    varchar2(4000)
  4   )
  5  /

Table created.

SQL> create table mythemes
  2   ( query_id   number,
  3     theme      varchar2(2000),
  4     weight     number
  5   )
  6  /

Table created.

SQL> insert into mydocs( id, thetext )
  2  values( 1,
  3  'Go to your favorite Web search engine, type in a frequently
  4  occurring word on the Internet like ' ' database ' ', and wait
  5  for the plethora of search results to return.'
  6  )
  7  /

1 row created.

SQL> commit;

Commit complete.
```

```
SQL> create index my_idx on mydocs(thetext) indextype is ctxsys.context;

Index created.

SQL> begin
  2      ctx_doc.themes( index_name  =>  'my_idx',
  3                      textkey     =>  '1',
  4                      restab      =>  'mythemes'
  5      );
  6  end;
  7  /

PL/SQL procedure successfully completed.

SQL> select theme, weight from mythemes order by weight desc;

THEME                                          WEIGHT
-------------------------------------          ------
occurrences                                        12
search engines                                     12
Internet                                           11
result                                             11
returns                                            11
database                                           11
searches                                           10
favoritism                                          6
type                                                5
plethora                                            4
frequency                                           3
words                                               3

12 rows selected.
```

Nosso procedimento PL/SQL toma a tabela indicada pelo índice MY_IDX, encontra a fileira com key = 1 e recupera os dados indexados. Depois, executa aqueles dados em um analisador temático. Esse analisador gera e designa um peso a todos os 'temas' do documento (por exemplo, um documento sobre banco pode extrair temas como 'dinheiro', 'crédito' e assim por diante). Ele coloca esses temas na tabela de resultados MYTHEMES.

Agora, se esses forem todos os dados dentro de meu aplicativo, meus usuários finais poderão ter a habilidade de buscar não apenas aquelas fileiras que continham determinada palavra, mas também aquelas que tiverem o significado mais semelhante ao texto em uma fileira especial.

Note que com mais informações para interMedia Text analisar, os temas podem ser calculados com muito mais precisão do que a simples sentença mostrada no exemplo acima.

Observe também que criei uma coluna ID com uma restrição de chave principal. Em interMedia Text no Oracle 8i 8.1.6 e anterior, a existência de uma chave principal era exigida antes de você poder criar um índice interMedia Text na mesma tabela. No Oracle 8i 8.1.7 e posterior, interMedia Text não exige mais a existência de uma chave principal.

Busca por aplicativos XML

Com freqüência, as pessoas me perguntam como podem buscar com eficácia dentro de um documento que tenha marcação embutida, como HTML ou XML. Felizmente, interMedia Text torna isso comum através do uso de um objeto chamado **sections**.

Essa solução de fato está perto quando você combina os recursos de análise XML e definição de seção com um URL_DATASTORE. Se XML chegar a esse ponto como o meio de comunicação através do qual sistemas heterogêneos se comuniquem, um desenvolvedor de aplicativo armado com interMedia Text pode criar rapidamente uma base de dados de conhecimento online, pesquisável, a partir de uma variedade de sistemas. Um exemplo completo de indexação de XML é apresentado mais adiante neste capítulo.

Como funciona
o interMedia Text

Esta seção irá descrever como interMedia Text é implementado e o que você pode esperar ao usá-lo.

Como já mencionado, interMedia Text foi montado usando a estrutura de capacidade de extensão oferecida por Oracle. Usando essa facilidade, a equipe de interMedia Text foi capaz de introduzir no Oracle o equivalente a um tipo de índice específico de texto. Se dermos uma olhada em alguns dos objetos subjacentes de banco de dados, poderemos puxar as cobertas e começar a aprender como isso é, realmente, implementado. Os objetos de banco de dados que formam o interMedia Text são sempre de propriedade do usuário CTXSYS:

```
SQL> connect ctxsys/ctxsys
Connected.

SQL> select indextype_name, implementation_name
  2    from user_indextypes;

INDEXTYPE_NAME                  IMPLEMENTATION_NAME
------------------------------  ------------------------------
CONTEXT                         TEXTINDEXMETHODS
CTXCAT                          CATINDEXMETHODS
```

Aqui, vemos que na verdade existem dois tipos de índices de proprietário dentro do esquema interMedia Text. O primeiro é CONTEXT, com o qual a maioria dos usuários de interMedia Text está familiarizado. O segundo, CTXCAT, é um tipo de índice de catálogo, e oferece um subconjunto de funcionalidade disponível com um CONTEXT. O tipo de índice de catálogo, introduzido com o Oracle 8.1.7, é ideal para dados de texto que possam ser classificados como fragmentos curtos de texto.

```
SQL> select library_name, file_spec, dynamic from user_libraries;

LIBRARY_NAME                    FILE_SPEC                              D
------------------------------  -------------------------------------  -
DR$LIB                                                                 N
DR$LIBX                         O:\Oracle\Ora8i\Bin\oractxx8.dll       Y
```

Aqui, podemos ver que há duas bibliotecas associadas ao interMedia Text. A biblioteca DR$LIB não é dinâmica, portanto é uma biblioteca de código confiável dentro do próprio banco de dados Oracle. A outra biblioteca, DR$LIBX, é compartilhada e dependente do sistema operacional. Como a consulta acima foi feita em um banco de dados executado em um ambiente Windows, a especificação de arquivo para essa biblioteca compartilhada é específica de Windows. Se você fizer a mesma consulta em um ambiente UNIX, verá algo diferente. Essas bibliotecas são específicas ao interMedia Text. Elas contêm uma coleção de métodos para que o kernel do Oracle possa lidar com esses tipos de índices interMedia Text.

```
SQL> select operator_name, number_of_binds from user_operators;

OPERATOR_NAME                   NUMBER_OF_BINDS
------------------------------  ---------------
CATSEARCH                                     2
CONTAINS                                      8
SCORE                                         5
```

Dentro da capacidade de extensão de estrutura, você também pode definir um objeto de banco de dados bastante individual, chamado **operator**. Um operador é referido por um tipo de índice e tem uma quantidade de ligações associadas a cada operador. Como em PL/SQL, onde você pode definir uma função com o mesmo nome mas com tipos de parâmetro diferentes, a capacidade de extensão de estrutura permite definir um operador que mapeia para diferentes métodos definidos por usuário, com base na assinatura de sua utilização.

```
SQL> select distinct method_name, type_name from user_method_params order by
  2    type_name;
```

```
METHOD_NAME                        TYPE_NAME
-------------------------          -------------------------
ODCIGETINTERFACES                  CATINDEXMETHODS
ODCIINDEXALTER                     CATINDEXMETHODS
ODCIINDEXCREATE                    CATINDEXMETHODS
ODCIINDEXDELETE                    CATINDEXMETHODS
ODCIINDEXDROP                      CATINDEXMETHODS
ODCIINDEXGETMETADATA               CATINDEXMETHODS
ODCIINDEXINSERT                    CATINDEXMETHODS
ODCIINDEXTRUNCATE                  CATINDEXMETHODS
ODCIINDEXUPDATE                    CATINDEXMETHODS
ODCIINDEXUTILCLEANUP               CATINDEXMETHODS
ODCIINDEXUTILGETTABLENAMES         CATINDEXMETHODS
RANK                               CTX_FEEDBACK_ITEM_TYPE
ODCIGETINTERFACES                  TEXTINDEXMETHODS
ODCIINDEXALTER                     TEXTINDEXMETHODS
ODCIINDEXCREATE                    TEXTINDEXMETHODS
ODCIINDEXDROP                      TEXTINDEXMETHODS
ODCIINDEXGETMETADATA               TEXTINDEXMETHODS
ODCIINDEXTRUNCATE                  TEXTINDEXMETHODS
ODCIINDEXUTILCLEANUP               TEXTINDEXMETHODS
ODCIINDEXUTILGETTABLENAMES         TEXTINDEXMETHODS
ODCIGETINTERFACES                  TEXTOPTSTATS

21 rows selected.
```

Depois de ver esses resultados, deve começar a ficar claro como um desenvolvedor pode explorar a capacidade de extensão de estrutura no banco de dados Oracle. Associados a cada tipo estão conjuntos de métodos nomeados, que a capacidade de extensão de estrutura de Oracle define por um nome único. Por exemplo, os métodos associados à manutenção de um índice, ODCIIndexInsert, ODCIIndexUpdate e ODCIIndexDelete são chamados por Oracle quando os dados associados a um índice são criados, modificados ou apagados. Assim, quando é preciso fazer manutenção em um índice interMedia Text para uma nova fileira, a máquina Oracle chama o método associado a ODCIIndexInsert. Essa rotina personalizada realiza então quaisquer operações necessárias no índice interMedia Text e depois assinala para o banco de dados Oracle que está completa.

Agora que vimos a arquitetura subjacente da implementação de interMedia Text, vamos ver alguns dos objetos de banco de dados associados a esse tipo de índice personalizado quando, de fato, você cria um índice interMedia Text.

```
SQL> select table_name
  2       from user_tables
  3    where table_name like '%MYTEXT%';

TABLE_NAME
------------------
MYTEXT

SQL> create index mytext_idx
  2    on mytext( thetext )
  3    indextype is ctxsys.context
  4  /

Index created.

SQL> select table_name
  2       from user_tables
  3    where table_name like '%MYTEXT%';

TABLE_NAME
------------------
DR$MYTEXT_IDX$I
DR$MYTEXT_IDX$K
DR$MYTEXT_IDX$N
DR$MYTEXT_IDX$R
MYTEXT
```

Começamos em nossa sessão SQL*PLUS, consultando a partir das vistas USER_TABLES em todas as tabelas que continham o nome MYTEXT. Depois de criar nossa tabela MYTEXT e um índice interMedia Text nessa mesma tabela, vemos um total de cinco tabelas com esse nome, inclusive nossa tabela original.

Há um total de quatro tabelas que são automaticamente criadas sempre que você cria um índice interMedia Text. Esses nomes de tabela terão sempre um prefixo de DR$, depois o nome de índice e um sufixo de $I, $K, $N ou $R. Elas serão sempre criadas no mesmo esquema Oracle que possui o índice interMedia Text. Vamos examiná-los em maiores detalhes.

```
SQL> desc dr$mytext_idx$i;
 Name                                      Null?       Type
 ---------------------------------------   --------    -------------
 TOKEN_TEXT                                NOT NULL    VARCHAR2(64)
 TOKEN_TYPE                                NOT NULL    NUMBER(3)
 TOKEN_FIRST                               NOT NULL    NUMBER(10)
 TOKEN_LAST                                NOT NULL    NUMBER(10)
 TOKEN_COUNT                               NOT NULL    NUMBER(10)
 TOKEN_INFO                                            BLOB

SQL> desc dr$mytext_idx$k;
 Name                                      Null?       Type
 ---------------------------------------   --------    -------------
 DOCID                                                 NUMBER(38)
 TEXTKEY                                   NOT NULL    ROWID

SQL> desc dr$mytext_idx$n;
 Name                                      Null?       Type
 ---------------------------------------   --------    -------------
 NULL_DOCID                                NOT NULL    NUMBER(38)
 NLT_MARK                                  NOT NULL    CHAR(1)

SQL> desc dr$mytext_idx$r;
 Name                                      Null?       Type
 ---------------------------------------   --------    -------------
 ROW_NO                                                NUMBER(3)
 DATA                                                  BLOB
```

Cada índice interMedia Text terá um conjunto de tabelas criado com uma estrutura semelhante àquelas acima. A senha da tabela DR$MYTEXT_IDX$I é a tabela principal de qualquer índice interMedia Text. Essa tabela é usada para manter uma entrada em cada senha chamada, assim como um bitmap (mapa de bits, imagem gráfica formada por pontos chamados pixels) de todos os documentos que contenham essa senha. Outras informações binárias são armazenadas nessa tabela para manter a proximidade de informações das senhas dentro das próprias colunas. Observe que sou cuidadoso ao usar a palavra 'token' nesse contexto, pois o interMedia Text tem a habilidade de indexar vários idiomas de múltiplos bytes, inclusive Chinês, Japonês e Coreano. Seria inadequado dizer que a tabela DR$I é usada para indexar 'palavras'.

As tabelas DR$K e DR$R simplesmente tabelas mapeiam entre um ROWID e um documento identificador.

A última tabela, a DR$N, ou 'tabela de fileira negativa', é usada para manter uma lista de documentos/fileiras que foram apagadas. Na verdade, quando você apaga uma fileira de uma tabela que tem definido nela um índice interMedia Text, é deferida a remoção física das informações dessa fileira do índice interMedia Text. Usando essa tabela interna, a fileira é referida por um documento identificador e marcada para limpeza durante a próxima remontagem ou otimização.

Note também que as tabelas DR$K e DR$N são criadas como tabelas organizadas por índice. Se em qualquer ocasião essas tabelas forem referidas a partir do código de interMedia Text, ele irá se referir a ambas as colunas contidas na tabela. Para maior eficácia e para evitar qualquer I/O extra, elas foram implementadas como tabelas organizadas por índice.

Deixe-me concluir esta seção dizendo que, embora seja interessante observar como interMedia Text é implementado na capacidade de extensão de estrutura do Oracle, de forma alguma ele tem as informações essenciais para efetivamente usar interMedia Text. Ao contrário, muitos desenvolvedores montaram aplicativos bem sofisticados usando interMedia Text, mas não estavam completamente cientes do objetivo dessas tabelas subjacentes.

Indexação de interMedia Text

Usando a tabela de exemplo criada na seção anterior, vamos andar em busca do verdadeiro processo de inserir texto e controlar quando o interMedia Text processa de fato nossas mudanças:

```
SQL> delete from mytext;

2 rows deleted.

SQL> insert into mytext( id, thetext )
  2    values( 1, 'interMedia Text is quite simple to use');

1 row created.

SQL> insert into mytext( id, thethext )
  2    values( 2, 'interMedia Text is powerful, yet easy to learn');

1 row created.

SQL> commit;

Commit complete.
```

Então, nesse ponto, você pensa que somos capazes de consultar a senha text, que retornaria ambas as fileiras de nossa tabela? Na verdade, a resposta é 'talvez'. Se o índice não estiver sincronizado, o índice interMedia Text subjacente ainda não terá sido atualizado com nossas mudanças. Sincronizar um índice significa atualizá-lo com as mudanças pendentes. Então, como diremos se há atualizações pendentes no índice interMedia Text?

```
SQL> select pnd_index_name, pnd_rowid from ctx_user_pending;

PND_INDEX_NAME                    PND_ROWID
--------------------              ----------
MYTEXT_IDX                        AAAGF1AABAAAIV0AAA
MYTEXT_IDX                        AAAGF1AABAAAIV0AAB
```

Consultando a vista CTX_USER_PENDING, somos capazes de determinar que existem duas fileiras associadas ao índice interMedia Text MYTEXT_IDX que são atualizações pendentes. Essa vista, CTX_USER_PENDING, é uma vista na tabela DR$PENDING possuída por CTXSYS. Sempre que uma fileira é inserida em nossa tabela MYTEXT, uma fileira também será inserida na tabela DR$PENDING do índice interMedia Text MYTEXT_IDX. Essas duas inserções ocorrem na mesma transação física, de forma que, se a transação inserida na tabela MYTEXT for retornada, a inserção em DR$PENDING também será retornada.

Existem três maneiras diferentes pelas quais um índice interMedia Text pode ser sincronizado. Podem ser feitas em uma série de cenários diferentes e por uma série de motivos diferentes. Mais adiante, falarei porque você deve escolher um método a outro.

O método mais simples para sincronizar um índice é executar o programa ctxsvr. Esse programa é executado de maneira semelhante a um daemon (programa que realiza um serviço para o sistema operacional de um servidor) UNIX. Você inicia esse programa, permite que ele execute ao fundo e, automaticamente, ele cuidará de sincronizar periodicamente o índice. Esse método é recomendável quando você está lidando com um pequeno conjunto (menos de 10.000 fileiras), e cada fileira não compreende uma grande quantidade de texto.

Outro método para sincronizar o índice é emitir a declaração ALTER INDEX. Normalmente, não é uma emissão para permitir que a fila de solicitações pendentes monte e processe as ações de sincronização em grupo no índice. Em muitos casos, é o método preferido de sincronizar um índice, pois diminuirá sua fragmentação total. A sintaxe usada para 'sync' um índice é:

```
alter index [schema.]index rebuild [online]
        parameters( 'sync [memory memsize]' )
```

Você iria querer remontar um índice online para torná-lo disponível durante o processo de 'sync'. Além disso, você pode especificar a quantidade de memória a ser usada durante o processo de sincronização. Quanto mais memória especificada para o processo 'sync', maior poderá ser o tamanho de lote indexado, que afinal resultará em um índice interMedia Text mais compacto.

Embora alguns possam argumentar que essa não é, de fato, uma maneira passível de repetição de sincronizar um índice, declaro que uma terceira maneira de sincronizar um índice é simplesmente criar o próprio índice. Quando você emite a declaração CREATE INDEX para um índice do tipo CONTEXT, resultará na criação do índice, bem como na indexação de qualquer coluna de dados a partir dos quais a coluna tenha sido criada. Normalmente isso atira as pessoas para um loop, quando elas têm dados existentes em suas tabelas. Eles criam seus índices e depois acrescentam fileiras subseqüentes à tabela. Quando as mudanças incorridas pelas novas fileiras não são feitas até o índice ser sincronizado, muitas pessoas têm vindo a mim reclamar que a única maneira de atualizar seus índices é soltar e depois recriar! De fato, é uma maneira de manter seu índice em sincronização, embora seja totalmente ineficiente e, com veemência, não a recomendo.

A semântica de SQL previne que dois usuários distintos emitam um ALTER INDEX REBUILD no mesmo índice, consecutivamente, mas não há restrições quanto a remontar ou sincronizar múltiplos índices interMedia Text ao mesmo tempo.

Prosseguindo com nosso exemplo, iremos sincronizar o índice:

```
SQL> alter mytext_idx rebuild online parameters('sync memory 20M');

Index altered.

SQL> select pnd_index_name, pnd_rowed from ctx_user_pending;

No rows selected
```

A esta altura, o nosso índice já está sincronizado, e poderemos realizar uma consulta usando:

```
SQL> sleect id
  2     from mytext
  3     where contains ( the text, 'easy') > 0
  4  /

        ID
----------
         2
```

Vamos explorar um pouco mais examinando os dados em uma das tabelas internas geradas quando criamos o índice interMedia Text:

```
SQL> select toke_text, token_type from dr$mytext_idx$1;

TOKEN_TEXT                                          TOKEN_TYPE
-----------------------------------------           ----------
EASY                                                         0
INTERMEDIA                                                   0
LEARN                                                        0
POWERFUL                                                     0
QUITE                                                        0
SIMPLE                                                       0
TEXT                                                         0
USE                                                          0
YET                                                          0
interMedia Text                                              1
learning                                                     1

TOKEN_TEXT                                          TOKEN_TYPE
-----------------------------------------           ----------
powerfulness                                                 1
simplicity                                                   1
```

Consultando a tabela DR$I associada ao índice MYTEXT_IDX, somos capazes de examinar algumas das informações que interMedia Text processou durante a sincronização do índice.

Primeiramente, observe quantos dos valores de TOKEN_TEXT estão em maiúsculas. Na verdade são as palavras em nosso próprio texto e estão armazenadas no estilo normativo. Se assim desejássemos, quando emitimos a declaração CREATE INDEX poderíamos ter direcionado interMedia Text para criar um índice em estilo misto.

A próxima coisa que você deve observar é que há uma série de senhas onde TOKEN_TYPE=1, que são armazenadas em estilo misto. Porém, mais importante, você deve notar que os dados 'simplicity' e 'learning' não estão contidos em nenhuma das fileiras na tabela MYTEXT. Assim, de onde vieram esses dados? A configuração padrão para o **lexer** (um *lexer* é usado para determinar como separar um bloco de texto nas senhas individuais) no idioma Inglês também serve para gerar informações de tema de índice. Assim, cada fileira onde TOKEN_TEXT=1, é um tema gerado a partir da análise lingüística do interMedia Text.

Por fim, algo que você pode não ter observado de imediato é a *ausência* de certas palavras nessa tabela. As palavras is e to não fazem parte da tabela de senhas, embora fossem parte dos dados. São consideradas **stopwords** e pobres informações para o índice, pois ocorrem demais no texto em Inglês e podem ser consideradas, essencialmente, como 'barulho'. As palavras is, to e cerca de 120 outras são parte da **stoplist** padrão do idioma Inglês, usada por padrão quando criamos o índice. O Oracle entrega o interMedia Text com listas de parada padrão para mais de 40 diferentes idiomas. Tenha em mente que não há exigência para você usar uma lista de parada, e você também pode criar a sua própria lista de parada.

Para concluir esta seção, quero dar um aviso. Enquanto seja muito interessante observar como interMedia Text é implementado, especialmente olhando para as senhas geradas quando criamos um índice, você *nunca* deve criar outros objetos de banco de dados nessas estruturas internamente implementadas. Como exemplo, você não deveria criar uma vista em cima da tabela DR$MYTEXT_IDX$I. Nem deveria criar um disparador na tabela DR$MYTEXT_IDX$K. A estrutura dessa implementação é sujeita a mudar e, muito provavelmente, mudará em lançamentos subseqüentes do produto.

A respeito de ABOUT

Com a introdução do operador ABOUT, o Oracle simplificou muito o uso de temas em consultas e também aperfeiçoou dramaticamente a precisão geral de consultas. Na implementação no idioma Inglês, o operador ABOUT buscará por todas as fileiras que combinem com a representação normativa do conceito fornecido. Anteriormente, mencionei que a configuração padrão era True para a geração de informações de tema de índice no idioma Inglês. Essas informações de tema de índice serão usadas para localizar outras fileiras que combinem em conceito. Se por algum motivo você resolvesse não gerar informações de tema de índice, o operador ABOUT poderia inverter para uma simples busca baseada em senha.

```
SQL> select id from mytext where contains(thetext, 'about(databases)') > 0;

no rows selected
```

Como esperado, em nossa tabela de exemplo não há fileiras que sejam sobre o conceito 'bancos de dados'.

```
SQL> select id from mytext where contains(thetext, 'about(simply)') > 0;

      ID
------
       1
```

Há uma fileira sobre o conceito simply. Para ser preciso, há uma fileira semelhante em conceito à versão normativa da palavra simply. Para provar isso:

```
SQL> select id from mytext where contains(thetext, 'simply') > 0;

no rows selected
```

Quando removemos o operador ABOUT de nossa consulta, não são retornadas fileiras, a nossa coluna thetext não tem ocorrências da palavra simply. Mas, há uma fileira que combina no conceito da raiz normativa simply.

O conceito associado a uma palavra não é igual à raiz lingüística de uma palavra. O uso do operador ($) de origem no interMedia Text permite ao usuário buscar por origens de inflexão ou derivação de uma palavra. Assim, uma busca de origem na palavra 'health' pode incluir no resultado documentos que contenham a palavra 'healthy'. Mas uma busca ABOUT de health também pode retornar documentos que contenham a palavra wellness.

O operador ABOUT é muito fácil de incluir em seus aplicativos e permite que os desenvolvedores explorem o poder de geração de tema e a análise lingüística com pouco esforço. O operador ABOUT leva um aplicativo de capacitar o usuário final a buscar palavras em uso, para buscar agora, através de conceitos. Na verdade, bem poderoso.

Seção de busca

O último tópico que cobrirei em profundidade é a **seção de busca**. As seções permitem a uma consulta granular acessar um documento, e pode aperfeiçoar muito a precisão dessas consultas. Na realidade, uma seção pode ser nada mais que uma seqüência de caracteres de aplicativo definida por desenvolvedor para delimitar o início e o fim da unidade lógica de um documento. A popularidade de várias linguagens de marcação padrão, como HTML e XML, mostrará a força da seção de busca no interMedia Text.

Um documento típico comumente tem elementos lógicos acontecendo, que compreendem sua estrutura. A maioria dos documentos tem alguma forma de nome, pode ter um cabeçalho, informações de *boilerplate* (documento feito a partir de um modelo, num editor de textos), a maioria provavelmente tem um corpo e pode conter um sumário, um glossário, um apêndice e assim por diante. Todas essas coisas são unidades lógicas que formam a estrutura de um documento.

Como exemplo de onde isso poderia ser útil, considere um fictício Departamento de Defesa. Pode ser adequado apenas encontrar em nossa biblioteca todos os documentos que contenham a frase 'Hellfire missile'. Pode ser até mais significativo encontrar em nossa biblioteca todos os documentos que contenham a frase 'Hellfire missile' no título do documento, ou talvez no glossário do documento. interMedia Text oferece uma maneira de deixar um desenvolvedor de aplicativo definir a seqüência de caracteres que retrata essas seções lógicas da estrutura de um documento. Adicionalmente, o interMedia Text suporta a busca *dentro* dessas mesmas seções lógicas.

O interMedia Text usa o termo '**sections**' para especificar essas unidades lógicas, ou agrupamento de texto dentro de um documento. Uma coleção de identificadores de seção é agregada em uma **seção de grupo** e é essa seção que pode ser referida ao criar um índice interMedia Text.

A HTML, iniciou como uma maneira de apresentar estrutura num documento, mas rapidamente se transformou em uma linguagem que era parte representação estrutural e parte apresentação visual. Contudo, interMedia Text vem com os componentes padrões para permitir a um desenvolvedor de aplicativo criar uma seção de unidade estrutural lógica com qualquer guia de marcação contida num documento.

Da mesma forma, suporte a XML é original em interMedia Text, a partir do Oracle 8.1.6. Dado um documento XML arbitrário, você pode facilmente (e automaticamente, se quiser), definir seções para cada elemento dentro daquele documento.

Vejamos primeiro o seguinte exemplo HTML:

```
SQL> create table my_html_docs
  2    ( id number primary key,
  3      html_text varchar2(4000))
  4  /

Table created.

SQL> insert into my_html_docs( id, html_text )
  2  values( 1,
  3  '<html>
  4  <title>Oracle Technology</title>
  5  <body>This is about the wonderful marvels of 8i e 9i</body>
  6  </html>' )
  7  /

1 row created.

SQL> commit;

Commit complete.
```

```
SQL> create index my_html_idx on my_html_docs( html_text )
  2    indextype is ctxsys.context
  3  /

Index created.
```

Nesse ponto, devemos ser capazes de localizar uma fileira, com base em qualquer palavra indexada no documento HTML.

```
SQL> select id from my_html_docs
  2    where contains( html_text, 'Oracle' ) > 0
  3  /

        ID
----------
         1

SQL> select id from my_html_docs
  2    where contains( html_text, 'html' ) > 0
  3  /

        ID
----------
         1
```

Podemos montar facilmente uma consulta para localizar todas as fileiras que contenham a palavra Oracle, mas imediatamente temos um par de coisas que gostaríamos de mudar, com relação à nossa solução atual. Primeiramente, os próprios elementos de marcação atuais não devem ser indexados, pois estarão acontecendo comumente e não fazem parte do conteúdo atual do documento. Segundo, somos capazes de buscar por palavras dentro de nosso documento HTML, mas não com relação ao elemento estrutural que as contém. Sabemos que temos uma fileira que contém Oracle em algum lugar no conteúdo, mas ela pode estar no cabeçalho, no corpo, no rodapé, no título etc.

Vamos supor que a exigência de nosso aplicativo é capaz de buscar dentro dos títulos de nossos documentos HTML. Para conseguir isso facilmente, criaremos uma seção de grupo contendo uma seção de campo para TITLE e depois soltaremos e recriaremos o índice:

```
SQL> begin
  2    ctx_ddl.create_section_group('my_section_group', 'BASIC_SECTION_GROUP');
  3    ctx_ddl.add_field_section(
  4       group_name     => 'my_section_group',
  5       section_name   => 'Title',
  6       tag            => 'title',
  7       visible        => FALSE );
  8  end;
  9  /

PL/SQL procedure successfully completed.

SQL> drop index my_html_idx;

Index dropped.

SQL> create index my_html_idx on my_html_docs( html_text)
  2    indextype is ctxsys.context
  3    parameters( 'section group my_section_group' )
  4  /

Index created.
```

Criamos uma nova seção de grupo chamada MY_SECTION_GROUP e acrescentamos uma seção de campo com um nome de Title. Note que nosso nome de seção mapeia para a guia title, e que essa seção não será visível. Se uma seção de campo estiver marcada como visível, o texto contido nas guias será tratado como parte do documento que a contém. Se uma seção de campo estiver marcada como não visível, o conteúdo entre as guias de início e fim da seção de campo será tratado como separado do documento que o contém, e só será passível de busca quando consultando dentro da seção de campo.

Como a maioria das modernas linguagens de marcação (por exemplo, XML, HTML, WML), em interMedia Text uma guia de início começa com < e termina com >. Além disso, uma guia de final começa com a seqüência </ e termina com >.

```
SQL> select if
  2     from my_html_docs
  3    where contains( html_text, 'Oracle' ) > 0
  4  /

no rows selected
```

Uma consulta que anteriormente retornou nossa única coluna agora retorna zero fileiras, e tudo o que fizemos foi definir a seção de grupo do interMedia Text. Lembre-se de que eu defini a seção de campo como não visível, assim o texto contido dentro das guias title é tratado como um sub-documento.

```
SQL> select id
  2     from my_html_docs
  3    where contains( html_text, 'Oracle within title' ) > 0
  4  /

        ID
- - - - - -
         1
```

Agora somos capazes de executar uma consulta que restringe nossa busca de texto apenas às seções de campo de título através de todos os nossos documentos. E se tentarmos e buscarmos pelo texto da própria guia, veremos que o interMedia Text não indexa o texto das próprias guias.

```
SQL> select id
  2     from my_html_docs
  3    where contains( html_text, 'title' ) > 0
  4  /

no rows selected
```

Embora anteriormente eu tenha definido meu próprio tipo de grupo com base na seção de grupo BASIC_SECTION_GROUP, o interMedia vem com preferências de sistema de seção de grupo predefinidas para HTML e XML, chamadas HTML_SECTION_GROUP e XML_SECTION_GROUP, respectivamente. O uso dessa seção de grupo não define automaticamente seções para cada possível elemento HTML e XML. Você mesmo ainda precisaria defini-las, mas com o uso dessas seções de grupo o interMedia Text saberá como transformar corretamente seu documento marcado em texto. Se aplicarmos isso ao nosso exemplo:

```
SQL> drop index my_html_idx;

Index dropped.

SQL> create index my_html_idx on my_html_docs( html_text )
  2    indextype is ctxsys.context
  3    parameters( 'section group ctxsys.html_section_group' )
  4  /

Index created.
```

```
SQL> select id
  2      from my_html_docs
  3      where contains( html_text, 'html') > 0
  4  /

no rows selected
```

Simplesmente especificando a preferência da seção de grupo HTML_SECTION_GROUP, evitamos indexar todos os elementos que são guias de marcação HTML dentro do documento. Isso não apenas aperfeiçoa a precisão de todas as consultas em nossos documentos, como também irá reduzir o tamanho geral do índice interMedia Text. Por exemplo, digamos que por qualquer motivo eu quisesse buscar pela palavra title em todos os meus documentos HTML. Se eu não usasse HTML_SECTION_GROUP em meu índice interMedia Text, poderia acabar com cada documento HTML que tivesse uma seção de título (isto é, uma seção no documento HTML delimitada pelas guias <title> e </title>) em meu resultado. Ignorando as guias e focalizando apenas no conteúdo dos meus documentos HTML, a precisão da minha busca é muito aperfeiçoada.

Agora, trocando o nosso foco para o processamento de documentos XML, digamos que você tivesse uma exigência para gerenciar uma coleção de documentos XML e também oferecer uma interface com a qual consultar dentro dos elementos estruturais de um documento XML. Para compor mais o problema, a sua coleção de documentos XML pode não estar toda de acordo com a mesma definição estrutural contida em uma DTD (Definição de Tipo de Documento).

Seguindo os exemplos anteriores, você pode pensar que a sua única opção é determinar todos os elementos passíveis de busca em todos os seus documentos XML e depois definir as seções interMedia Text para cada um desses elementos. Felizmente, o interMedia Text inclui uma facilidade para criar e indexar automaticamente seções fora de cada guia contida num documento.

Introduzida com o interMedia Text em Oracle 8.1.6, a AUTO_SECTION_GROUP opera exatamente como a seção de grupo XML_SECTION_GROUP, mas remove o aborrecimento do desenvolvedor em definir, antecipadamente, todas as seções. O grupo de seção AUTO_SECTION_GROUP instruirá o interMedia Text para criar automaticamente seções para quaisquer guias não vazias em um documento. Enquanto que um desenvolvedor de aplicativo pode mapear um nome de seção arbitrário para uma guia, essas seções geradas serão definidas com o nome igual ao da própria guia.

```
SQL> create table my_xml_docs
  2     ( id       number primary key,
  3       xmldoc   varchar2(4000)
  4     )
  5  /

Table created.

SQL> insert into my_xml_docs( id, xmldoc )
  2     values( 1,
  3     '<appointment type="personal">
  4         <title>Team Meeting</title>
  5         <start_date>31-MAR-2001</start_date>
  6         <start_time>1100</start_time>
  7         <notes>Review projects for Q1</notes>
  8         <attendees>
  9             <attendee>Joel</attendee>
 10             <attendee>Tom</attendee>
 11         </attendee>
 12     </appointment>' )
 13  /

1 row created.

SQL> commit;

Commit complete.
```

```
SQL> create index my_xml_idx on my_xml_docs( xmldoc )
  2     indextype is ctxsys.context
  3     parameters('section group ctxsys.auto_section_group')
  4  /

Index created.
```

Nesse ponto, sem qualquer outra intervenção, o interMedia Text criou automaticamente seções para cada guia contida em nossos documentos XML. Assim, se quiséssemos localizar todos os documentos contendo a palavra projects em um elemento note, emitiríamos:

```
SQL> select id
  2     from my_xml_docs
  3     where contains( xmldoc, 'projects within notes' ) > 0
  4  /

        ID
- - - - - -
         1
```

O processo de auto-seccionar cria um tipo especial de seção, chamado **zone section**. Enquanto nossos exemplos anteriores mostrando definição de seção demonstraram o uso de seções de campo, as seções de zona são um tipo diferente de seção. Diferente das seções de campo, podem sobrepor-se uma à outra e também ser aninhadas. Como a seção de grupo AUTO_SECTION_GROUP orienta interMedia para criar seções de zona a partir de todas as guias não vazias, podemos emitir consultas como:

```
SQL> select id
  2     from my_xml_docs
  3     where contains( xmldoc, 'projects within appointment' ) > 0
  4  /

        ID
- - - - - -
         1

SQL> select id
  2     from my_xml_docs
  3     where contains( xmldoc, 'Joel within attendees' ) > 0
  4  /

        ID
- - - - - -
         1
```

A seção especificada nas duas consultas anteriores não contém diretamente os termos de busca, mas os termos de busca estão aninhados na estrutura dessas seções. As seções de zona e o uso de auto-seccionamento, capacitam os usuários a controlar o escopo de uma busca através de um documento XML. Ele pode ser tão amplo ou estreito quanto você o ajustar.

Com o uso de seções de grupo, é possível orientar o interMedia Text para indexar atributos das próprias guias. Novamente, com a seção de grupo AUTO_SECTION_GROUP, os valores de atributo de seções também serão automaticamente criados e indexados.

Assim, se quiséssemos localizar todas as entrevistas pessoais, isto é, todos os documentos XML que contenham a string personal como um atributo chamado type dentro da guia appointment, emitiríamos:

```
SQL> select id
  2     from my_xml_docs
  3     where contains( xmldoc, 'personal within appointment@type' ) > 0
  4  /

        ID
- - - - - -
         1
```

Como você pode ver, a definição e indexação de seções é um recurso muito poderoso de interMedia Text. Porém, um ponto que você deve querer se lembrar é que *nem* sempre deseja usar AUTO_SECTION_GROUP. Embora haja uma facilidade para orientar o interMedia Text e o auto-seccionador para não indexar determinadas guias, você pode acabar indexando e criando seções para muitos elementos de documento que podem poluir o próprio índice. Isso aumentará o tamanho geral do índice e, possivelmente, diminuirá o desempenho. E um recurso poderoso, mas deve ser usado com prudência.

Advertências

Há uma série de aspectos para os quais você deve estar atento ao usar interMedia Text. Nem todos são claros de imediato, mas apresentarei os mais comuns que tenho visto.

Ele NÃO é gerenciador de documento

Em vez de uma advertência, isso é mais uma 'descaracterização' de interMedia Text. Ao mencionar interMedia Text, tenho ouvido clientes e também funcionários de Oracle referir-se a isso como uma solução de gerenciamento de documento do Oracle. Sem dúvida, interMedia Text *não* é gerenciador de documento.

O gerenciamento de documento é uma ciência por si só. Uma solução de gerenciador de documento é um sistema com um conjunto de recurso que auxilia no ciclo de vida de documentos. Isso pode incluir funcionalidade básica de verificação de entrada e saída, múltiplas versões e sub-versões de documentos, listas de controle de acesso, uma estrutura lógica de coleção, interface de texto de consulta e também um mecanismo para apresentar documentos.

O próprio interMedia Text não é gerenciador de documento. Ele pode ser explorado em um sistema de gerenciamento de documento, e oferece muitos dos blocos de montagem encontrados em sistemas completos. Na verdade, o Oracle integrou firmemente os recursos de interMedia Text ao Oracle Internet File System, que pode ser usado para conteúdo de gerenciamento, e oferece muito da funcionalidade básica de gerenciamento de documento.

Sincronização de índice

Há muitas ocasiões em que você gostaria de montar um sistema e executar o processo ctxsrv ao fundo para, periodicamente, sincronizar o seu índice interMedia Text, e mantê-lo em sincronização quase que em tempo real. Um dos problemas que pode surgir ao fazer sincronizações de índice muito freqüentes em um grande conjunto de documentos é que o índice interMedia Text pode acabar em uma situação não compacta, fragmentada.

Não há uma regra difícil e rápida declarando que você deve sincronizar periodicamente os seus índices em lotes, em vez de sincronizá-los com ctxsvr assim que eles são comprometidos. Muito disso depende da essência de seu aplicativo, quão freqüentemente o texto é atualizado, se for, quantos documentos estão no conjunto total e quão grandes são os seus documentos.

Um bom exemplo é o meu web site AskTom. É um site usado pelos clientes de Oracle para fazer perguntas técnicas sobre produtos Oracle. As perguntas são recuperadas, acompanhadas de uma resposta descritiva (esperamos) e, opcionalmente, apresentadas. Quando essas perguntas e respostas são publicadas, são inseridas em uma tabela indexada com um índice interMedia Text. Essa tabela de perguntas e respostas publicadas é pesquisável através de uma página no web site AskTom.

Esse sistema tem um número relativamente pequeno de total de fileiras (menos de 10.000 por ocasião desta escrita). Dificilmente existem atualizações no sistema; quando as perguntas e respostas são publicadas, quase nunca são atualizadas ou apagadas. A quantidade total de fileiras inseridas em qualquer determinado dia normalmente é de 25 ou menos, e essas acontecem no decorrer do dia. Fazemos a sincronização de índice através do processo ctxsvr sendo executado no fundo, o que é o ideal para esse sistema, pois ele é principalmente apenas de busca, com muito poucas inserções e atualizações.

Por outro lado, se você estivesse preparando para carregar periodicamente um milhão de documentos em uma tabela, na semana que vem, seria contra indicado indexar usando ctxsvr. Tipicamente, você iria querer que o tamanho de lote fosse o maior possível, sem ocasionar a paginação de memória quando o interMedia Text sincroniza um índice. Permitir que essas solicitações sejam montadas em fila e depois processar em uma grande lote resultará num índice mais compacto.

Independentemente do método escolhido, você deve otimizar periodicamente seus índices interMedia Text usando a sintaxe ALTER INDEX REBUILD. O processo de otimização não apenas resultará numa posição mais compacta de seu índice, mas as informações mantidas das remoções lógicas anteriores também serão limpas.

Como indexar informações fora do banco de dados

interMedia Text não restringe a localização de seus dados de texto ao banco de dados. Você poderia escolher armazenar os dados de texto diretamente em um banco de dados, mas também pode usar interMedia Text para indexar informações contidas nos documentos no sistema de arquivo servidor, ou mesmo documentos acessíveis através de um URL.

Quando seus dados são mantidos em um banco de dados Oracle, quaisquer atualizações a esses dados são automaticamente processadas pelo interMedia Text. Porém, quando a fonte de seus dados está fora do banco de dados, o ônus estará no desenvolvedor do aplicativo garantir que os dados atualizados fora do banco de dados sejam sincronizados com o índice.

A maneira mais fácil de disparar uma atualização numa fileira individual é atualizar uma das colunas indexadas por um índice interMedia Text. Como exemplo, se eu tivesse usado a seguinte tabela e índice para manter minha lista de URLs indexados:

```
SQL> create table my_urls
  2    ( id number primary key,
  3      theurl varchar2(4000)
  4    )
 /

Table created.

SQL> create index my_url_idx on my_urls( theurl )
  2    indextype is ctxsys.context
  3    parameters( 'datastore ctxsys,url_datastore' )
  4  /

Index created.
```

Facilmente eu poderia disparar uma 'revisão' de uma fileira em especial, emitindo:

```
SQL> update my_urls
  2     set theurl = theurl
  3   where id = 1
  4  /

0 rows updated.
```

Serviços de documento

Por **document services** quero dizer o conjunto de serviços oferecido por interMedia Text para filtrar 'por solicitação' um documento em texto ou HTML e também, opcionalmente, destacar as referências num documento, como resultado de uma busca.

Outra concepção errada comum que algumas pessoas têm é que interMedia Text mantém todas as informações necessárias para reconstruir um documento inteiro. Essa concepção leva as pessoas a acreditarem que uma vez indexado um documento, a fonte atual do documento pode ser descartada. Isso é verdade se tudo o que você fizer sempre for consultas em informações indexadas, mas não será verdade se você quiser empregar alguns desses serviços de documento.

Por exemplo, se você criar um índice interMedia Text usando uma URL_DATASTORE e quiser gerar a rendição HTML de uma fileira através do procedimento CTX_DOC.FILTER; se o URL não estiver acessível, a chamada a CTX_DOC.FILTER irá falhar. O interMedia Text precisa acessar o documento original para fazer essa operação. Isso também se aplica a arquivos que ficam fora do banco de dados no sistema de arquivo, indexados usando a preferência FILE_DATASTORE.

O catálogo de índice

Há muitas situações onde um índice interMedia Text oferece muito mais funcionalidade do que é exigida pelo aplicativo. O uso de um índice interMedia Text também permite que determinadas funções de manutenção mantenham o índice sincronizado, otimizado etc. Para suportar aplicativos onde a funcionalidade completa de um índice interMedia Text não seja exigida, um novo tipo de índice chamado **catálogo** de índice ou ctxcat para resumir, foi introduzido com o lançamento de interMedia Text em Oracle 8.1.7.

Tipicamente, a maioria dos dados de texto *não* é armazenada no banco de dados do sistema como uma grande coleção de documentos. Em muitos aplicativos, o texto não é formatado, acontece em pequenos fragmentos, não é partido em seções lógicas e as seções são assim pequenas para inibir a alta análise de qualidade lingüística. Também, esses tipos de aplicativos centralizados em banco de dados com freqüência fazem consultas em dados de texto combinados com outras restrições relacionais. Por exemplo, considere um banco de dados usado para registrar problemas relatados, junto com uma descrição de como solucioná-los. Digamos que ele possa ter um campo de sujeito de caractere de forma livre (é ao que se refere o problema) e um grande campo de texto com a resolução do problema e a descrição. Ele também pode armazenar outras partes de informações estruturadas, como a data em que o problema foi relatado, o analista trabalhando nele, o produto onde o problema ocorreu e assim por diante. Aqui temos uma combinação de texto (não um documento, por si) e dados estruturados. Ele será consultado com freqüência para encontrar as respostas a perguntas como 'encontre todos os problemas referentes ao banco de dados (um produto) versão 8.1.6 (outro atributo) que contenha uma referência a "ORA-01555" no sujeito (um texto de busca)'. Para esses tipos de aplicativos é que o catálogo de índice foi criado.

Como você poderia esperar de uma versão 'cortada' do índice completo, há uma série de limitações em ctxcat. Os tipos de operadores de consulta suportados por um catálogo de índice são um subconjunto dos operadores suportados em um índice 'completo' interMedia Text. O texto que você deseja indexar com ctxcat precisa estar contido no banco de dados Oracle e precisa ser texto simples. Além do mais, ctxcat não suporta múltiplas linguagens dentro do mesmo índice. Entretanto, dadas essas limitações, o catálogo de índice se sai muito bem em muitos aplicativos.

Um recurso interessante do catálogo de índice é a falta de manutenção de índice. DML feita em um catálogo de índice é inteiramente transacional. Assim, não há exigência de sincronizar periodicamente o catálogo ou executar o processo ctxsvr para sincronização periódica.

Uma outra razão atraente para usar um catálogo de índice é o seu suporte inerente a consultas estruturadas. O desenvolvedor de aplicativo pode definir conjuntos de índice, que são usados pelo catálogo de índice para processar com eficácia a busca de texto e uma consulta através de outros dados estruturais. Um conjunto de índice permite ao interMedia armazenar algumas informações relacionais estruturadas em seu índice, junto com o texto que ele está indexando. Isso permitirá ao interMedia usar ao mesmo tempo ambas, a busca de texto e a estruturada, para encontrar documentos que atinjam critérios bem específicos. Vejamos um curto exemplo:

```
SQL> create table mynews
  2    ( id number primary key,
  3      date_created date,
  4      news_text varchar2(4000) )
  5  /

Table created.

SQL> insert into mynews
  2    values( `, '01-JAN-1990', `Oracle is doing well' )
  3  /

1 row created.

SQL> insert into mynews
  2    values( 2, '01-JAN-2001', `I am looking forward to 9i' )
  3  /

1 row created.

SQL> commit;

Commit complete.
```

```
SQL> begin
  2      ctx_ddl.create_index_set( 'news_index_set' );
  3      ctx_ddl.add_index( 'news_index_set', 'date_created' );
  4  end;
  5  /

SQL> create index news_idx on mynews( news_text )
  2  indextype is ctxsys.ctxcat
  3  parameters( 'index set news_index_set' )
  4  /

Index created.
```

Observe que o tipo de índice que especifiquei para criar um catálogo de índice é CTXSYS.CTXCAT. Além disso, criei um conjunto de índice NEWS_INDEX_SET e acrescentei a coluna DATE_CREATED a esse conjunto de índice, o que permitirá ao interMedia Text processar com eficiência quaisquer consultas que incluam restrições em ambas as colunas, NEWS_TEXT e DATE_CREATED.

```
SQL> select id
  2    from mynews
  3   where catsearch( news_text, 'Oracle', null) > 0
  4     and date_created < sysdate
  5  /

        ID
------
         1

SQL> select id
  2    from mynews
  3   where catsearch( news_text, 'Oracle', date_created < sysdate' ) > 0
  4  /

        ID
------
         1
```

Aqui, podemos ver ambos os métodos para localizar todas as fileiras que contenham Oracle no texto das notícias, e onde a DATE_CREATED é anterior à de hoje. A primeira consulta usaria interMedia para encontrar todas as fileiras que pudessem satisfazer nossa consulta e depois acessar aquelas fileiras para ver se a DATE_CREATED era menor que SYSDATE. A segunda consulta, mais eficiente, usaria o índice interMedia, que incorporou a coluna DATE_CREATED para encontrar apenas aquelas fileiras que satisfazem simultaneamente o texto de consulta e a restrição DATE_CREATED < SYSDATE. Em vez de usar o operador CONTAINS, uma busca usando o catálogo de índice usa o operador CATSEARCH. Como definimos anteriormente um conjunto de índice que contém a coluna DATE_CREATED, também fui capaz de especificar a condição estruturada de nossa consulta diretamente no operador CATSEARCH. Usando essas informações, o Oracle pode processar, com muita eficiência, ambas as restrições na consulta.

Há uma série de restrições no tipo de condições que podem ser especificadas nas restrições de estrutura do operador CATSEARCH, especificamente que ele só suporta operadores lógicos AND, OR e NOT, mas em um grande número de aplicativos o catálogo de índice é adequado e, com freqüência, preferido.

Erros que você pode encontrar

Tratando com desenvolvedores de aplicativo e clientes que usam interMedia Text, me inclino a ver alguns dos mesmos problemas repetidamente. São eles que abordo nesta seção.

Índice desatualizado

Uma série de pessoas tem me perguntado porque algumas de suas informações são indexadas, mas não qualquer das novas fileiras que eles acrescentarem recentemente. A causa mais comum disso é que o índice interMedia Text, simplesmente, está fora de sincronização. Se você consultar a vista CTX_USER_PENDING, pode assegurar-se rapidamente se há solicitações de indexação pendentes. Se assim for, simplesmente sincronize o índice usando um dos métodos descritos anteriormente.

Uma outra causa comum para essa aparente falta de informações indexadas são os erros, especialmente durante o processo de filtragem. Se você estiver tentando indexar documentos com os filtros Inso, e o formato de documento não for suportado, resultarão erros e o documento específico não será indexado. Se você consultar a vista CTX_USER_INDEX_ERRORS, deverá ter informações adequadas quanto ao aspecto de indexação.

Erros de procedimento externo

Na versão de interMedia Text fornecida com Oracle 8.1.5 e 8.1.6, toda a filtragem de texto foi tratada através de filtros Inso, por procedimentos externos. Os procedimentos externos são funções escritas em C, armazenadas em uma biblioteca compartilhada no banco de dados servidor e chamadas de PL/SQL. Esses procedimentos externos executam em um espaço de endereço separado do próprio servidor Oracle.

Se você tiver documentos para serem filtrados por interMedia Text, mas procedimentos externos configurados não tão adequadamente no banco de dados servidor, isso tipicamente, resultará em um ou mais dos seguintes erros:

```
ORA-29855: error occurred in the execution of ODCIINDEXCREATE routine

ORA-20000: interMedia text error:
DRG-50704: Net8 listener is not running or cannot start external procedures

ORA-28575: unable to open RPC connection to external procedure agent
```

Você deve referir-se ao *Net8 Administrator's Guide* para informações completas sobre configuração com referência a procedimentos externos, mas eis uma verificação rápida e suja para ver se os procedimentos externos estão funcionando. A partir do banco de dados servidor (não em seu cliente local), você deseja executar de uma sessão telnet (ou janela de comando, se o seu banco de dados servidor estiver instalado em Microsoft Windows) o comando tnsping extproc_donnection_data. Se você não vir um resultado de OK, como em:

```
Oracle8i@cmh:/> tnsping extproc_connection_data

TNS Ping Utility for Solaris: Version 8.1.7.0.0 - Production on 30-MAR-2001
13:46:59

(c) Copyright 1997 Oracle Corporation. All rights reserved.

Attempting to contact (ADDRESS=(PROTOCOL=IPC) (KEY=EXTPROC) )
OK (100 msec)
```

então, a sua configuração de procedimentos externos está incorreta.

Os procedimentos externos não são exigidos para filtragem de interMedia Text até o Oracle 8.1.7. O processo de filtragem tem sido tratado dentro do próprio banco de dados servidor.

A estrada à frente

Com o lançamento de Oracle9i, o interMedia Text vai ter uma nova troca de nome e será referenciado como Oracle Text. Toda a funcionalidade que está presente no lançamento interMedia Text do Oracle 8i também estará presente em Oracle Text, mas o lançamento de Oracle 9i também introduz muitos novos poderosos recursos.

Um dos recursos mais desejados em interMedia Text era a classificação automática de documentos, com base em seu conteúdo. O interMedia Text deu ao desenvolvedor de aplicativo todas as ferramentas necessárias para montar um sistema para gerar os temas e resumos de documentos, as quais poderiam então ser usadas para desenvolver um sistema de classificação de pseudo-documento. Com Oracle Text, a classificação de documento agora é um recurso original. Esse recurso facilita a montagem de um sistema que permite ao usuário final perguntar, 'que consultas combinam com esse documento?'

O Oracle Text também aperfeiçoa o suporte original de documentos XML. Um documento XML é composto de conteúdo, bem como de metadados estruturais. Os elementos de um documento têm relacionamentos implícitos, e os metadados estruturais podem ser usados para apresentar esses relacionamentos. XPath, uma recomendação de W3C (http://www.w3.org/TR/xpath) oferece uma maneira de obter determinados elementos de um documento XML baseado no conteúdo e estrutura relativa dos elementos de documento. O Oracle Text introduz um novo operador XPATH, que capacita consultas SQL baseadas em elementos estruturais de um documento.

Esses são apenas alguns dos novos recursos vindo no interMedia Text/Oracle Text com o lançamento de Oracle 9i.

Resumo

Neste capítulo, examinamos o rico conjunto de recursos de interMedia Text e como ele pode ser facilmente explorado em uma variedade de aplicativos. Embora esse capítulo tenha coberto muitas facetas de interMedia Text, ainda há muito mais coisas que eu não abordei. Você pode usar um thesaurus (repositório de vocábulos), definir um lexer personalizado, gerar rendições HTML de todos os seus documentos, independente de formato, armazenar as suas expressões de consulta para uso posterior e até definir as suas próprias listas de stopword personalizadas.

interMedia Text por si só é um tópico muito extenso, e um que não pode ser coberto em um único capítulo. Além de ser um recurso muito rico, o interMedia Text é muito fácil de usar e de entender. Depois de ler este capítulo, agora você deve ter um claro entendimento de como o interMedia Text é implementado, e também como pode explorar o poder de interMedia Text em muitos de seus aplicativos.

18

Procedimentos externos baseados em C

Inicialmente, só PL/SQL era usada como linguagem para programar o servidor Oracle e seus aplicativos cliente, *dentro do próprio servidor*. Começando com a versão 8.0 de Oracle, foi introduzida a habilidade de implementar procedimentos armazenados em outras linguagens. Esse recurso é chamado **external procedures** e cobre ambos, C (ou tudo que é chamado de C) e procedimentos armazenados baseados em Java. Neste capítulo, focalizaremos exclusivamente C; o próximo capítulo cobre Java.

Este capítulo cobrirá os procedimentos externos sob a perspectiva arquitetônica, mostrando como foram implementados pelos desenvolvedores do kernel de Oracle. Além disso, veremos como você precisa configurar seu servidor para suportá-los e como você *deve* configurá-lo, por razões de segurança. Demonstraremos como escrever um procedimento externo usando o Pro*C do Oracle. Tal procedimento será usado para escrever o conteúdo de qualquer LOB no sistema de arquivo do servidor. Mas, antes de chegar àquele exemplo, trabalharemos através de um exemplo 'primer' que demonstra como enviar e receber todos os interessantes tipos de dados para e de PL/SQL e C. Esse manual também irá desenvolver um útil gabarito genérico para desenvolver rapidamente todos os subseqüentes procedimentos externos baseados em C. Cobriremos como o código C deve ser implementado, com atenção na capacidade de suportar esse código do lado servidor. Veremos também a implementação da ligação SQL que criamos para esse procedimento externo. Aprenderemos como torná-lo passível de ser chamado a partir de SQL e PL/SQL e como devemos codificar a camada de ligação para facilitar o uso pelas pessoas que de fato usarão nosso código desenvolvido. Finalmente, cobriremos os prós e contras de procedimentos externos e quaisquer erros variados de servidor (erros ORA-XXXX) que você possa encontrar.

O exemplo Pro*C que será desenvolvido neste capítulo oferece um pouco da funcionalidade de servidor que está faltando. O Oracle oferece o pacote DBMS_LOB para manipular grandes objetos (LOB). Dentro desse pacote está um procedimento, loadfromfile, que lê um arquivo arbitrário do sistema de arquivo do sistema operacional no banco de dados e o armazena lá. No entanto, ele não oferece uma função, writetofile, para tomar o conteúdo de um LOB e escrevê-lo no sistema operacional — uma exigência comum. Retificaremos esse problema e criaremos um pacote LOB_IO, que nos permitirá escrever qualquer objeto BLOB, CLOB ou BFILE em um arquivo separado fora do banco de dados (assim, para BFILEs, nós mesmos demos efetivamente um comando copy, visto que o arquivo BFILE já está localizado fora do banco de dados).

Quando eles são usados?

Uma única linguagem ou ambiente não é capaz de oferecer cada recurso individual e função que você poderia querer. Cada linguagem tem retrocessos, coisas que ela não pode fazer e que você deseja fazer — há recursos faltando, coisas desprezadas. Quando estou escrevendo em C, às vezes o Assembler é habilidoso. Quando estou escrevendo em Java, às vezes PL/SQL se torna habilidoso. O ponto é que nem sempre você deixa cair para uma linguagem 'de nível mais baixo' — às vezes dá um passo acima, para um nível mais alto. Os procedimentos externos seriam considerados um 'passo para baixo', para uma linguagem de nível mais baixo. Você irá usá-los para integrar código C existente, passível de ser chamado, que você já tenha (uma DLL) no Windows; fornecida por algum terceirizado que você gostaria de chamar a partir do banco de dados), ou para ampliar a funcionalidade de alguns pacotes existentes, como estamos fazendo. Essa é a mesma tecnologia que o próprio Oracle usa para estender as capacidades de servidor — por exemplo, vimos como o interMedia usa esse recurso no capítulo anterior e, no Capítulo 13, como DBMS_OLAP usa essa capacidade.

O primeiro procedimento externo que escrevi foi um simples cliente TCP/IP. Com ele, na versão 8.0.3 do banco de dados, dei a PL/SQL a habilidade de abrir um soquete TCP/IP para um servidor existente e enviar e receber mensagens. Eu poderia conectar o servidor para ter um servidor Net News Transport Protocol (NNTP), um servidor Internet Message Access Protocol (IMAP), um servidor Simple Mail Transfer Protocol (SMTP), um servidor Post Office Protocol (POP), um servidor web e assim por diante. 'Ensinando' a PL/SQL como usar um soquete, abri todo um espectro de oportunidades. Eu poderia então:

- Enviar e-mail de um disparador usando SMTP
- Incorporar e-mail no banco de dados usando POP
- Indexar um grupo de notícias através de texto interMedia usando NNTP
- Acessar virtualmente *qualquer* serviço baseado em rede disponível

Em vez de pensar no servidor como um *servidor*, comecei a pensar nele como um cliente — um cliente de todos esses outros servidores. Quando eu tivesse seus dados em meu banco de dados, poderia fazer muitas coisas com eles (indexá-los, buscá-los, servi-los de uma maneira diferente etc).

Com o tempo, isso se tornou como uma ferramenta usada com freqüência, que agora é um recurso integrado ao banco de dados. Começando com o lançamento 8.1.6 do servidor Oracle, todos os serviços que eram oferecidos no simples cliente TCP/IP agora são implementados no pacote UTL_TCP.

Desde aquela época, escrevi um par de outros procedimentos externos. Alguns para obter uma resolução mais refinada do relógio do sistema do que a função SYSDATE podia oferecer, outros para executar comandos do sistema operacional ou para obter a zona de horário do sistema, ou para relacionar o conteúdo de um diretório. O mais recente que desenvolvi, e que iremos explorar aqui, é uma função para tomar o conteúdo de qualquer LOB, seja um Character Lob (CLOB), Binary LOB (BLOB) ou BFILE, e escrevê-lo em um arquivo nomeado. Outro efeito colateral interessante desse pacote será a funcionalidade semelhante a UTL_FILE, mas em arquivos binários (que UTL_ FILE não pode gerar). Como o servidor suporta o conceito de um Temporary LOB e tem funções para WRITE em um Temporary LOB, esse novo pacote que vamos implementar nos dará a habilidade de escrever um arquivo binário arbitrário a partir de PL/SQL. Então, em resumo, o que obteremos desse pacote será:

- A capacidade de exportar qualquer LOB para um arquivo externo no servidor.
- A capacidade de escrever qualquer arquivo binário até, virtualmente, qualquer tamanho com quaisquer dados (isso é semelhante a UTL_FILE, que funciona com dados de texto, mas falha com dados binários arbitrários).

Como você pode ver por alguns dos exemplos acima, as razões para usar um procedimento externo podem ser muitas e variadas. Você pode usá-lo para:

- Fornecer funcionalidade em falta.
- Interar código existente, talvez a partir de um sistema herdado que faz validação de dados.
- Apressar seu processamento. C compilado será capaz de realizar alguma operação cara, através de computação, mais depressa do que PL/SQL ou Java interpretada.

Como sempre, escolher algo para usar como procedimento externo tem algum custo. Há o custo de desenvolvimento do código em C, que é mais complexo, na minha opinião, do que desenvolver em PL/SQL. Há o custo da portabilidade — ou a incapacidade potencial de ser portátil. Se você desenvolver uma DLL no Windows, não há garantia que o código fonte que escreveu funcionaria em uma máquina UNIX, ou vice versa. Sou da opinião que você só deve usar um procedimento externo quando a linguagem (PL/SQL) não lhe der outra oportunidade.

Como eles são implementados?

Os procedimentos externos executam em um processo fisicamente separado do banco de dados, por razões de segurança. Embora fosse tecnicamente possível para os processos existentes de banco de dados servidor carregarem dinamicamente suas DLL (no Windows ou .so (código Shared Object em Solaris) no tempo de execução, iria expor o servidor a riscos desnecessários. Seu código acessaria o mesmo espaço de memória que os processos de servidor e isso poderia incluir áreas de memória como a Oracle SGA, o que poderia levar o código desenvolvido a corromper acidentalmente ou, por outro lado, prejudicar estruturas de kernel de dados, possivelmente levando à perda de dados ou a uma quebra de cópia de banco de dados. Para evitar isso, os processos externos são executados como um processo separado, que não compartilha tais áreas de memória com o servidor.

Na maioria dos casos, o processo separado seria configurado para executar como um usuário *diferente da conta de software Oracle*. O motivo disso é muito parecido com a razão pela qual eles executam em um processo separado — segurança. Por exemplo, vamos criar um procedimento externo capaz de escrever arquivos em disco (como faz o exemplo que desenvolveremos a seguir); Digamos que você está no UNIX, e o procedimento externo está executando como proprietário do software Oracle. Alguém chama sua nova função e pede para escrever um BLOB em /d01/oracle/data/system.dbf. Como o proprietário do software Oracle é o ID de usuário executando esse código, seremos capazes de fazer isso, sobregravando assim, inadvertidamente, o espaço de tabela de nosso sistema com o conteúdo de algum BLOB. Poderíamos nem ao menos ter notado que isso aconteceu até fecharmos e reiniciarmos nosso banco de dados (muitos dias depois). Se tivéssemos executado o procedimento armazenado como algum usuário menos privilegiado, isso poderia não acontecer (aquele usuário não teria escrito no arquivo system.dbf). Assim, por esse motivo, quando chegarmos à seção sobre configuração do servidor para procedimentos externos, descobriremos como inicializar um ouvidor EXTPROC (EXTernal PROCedure) 'seguro', executado em uma conta diferente do sistema operacional. É semelhante ao modo como os servidores web costumam executar como o usuário nobody em UNIX, ou em alguma conta pouco privilegiada no Windows.

Assim, quando você chama um procedimento armazenado, o Oracle criará um processo de sistema operacional chamado EXTPROC, contatando o ouvidor Net8. O ouvidor Net8 criará o processo EXTPROC da mesma forma que ele descende servidores dedicados ou compartilhados. Isso pode ser visto no Windows NT usando o utilitário NT Resource Toolkit tlist para imprimir uma árvore de processos e subprocessos. Por exemplo, iniciei uma sessão que acessou um procedimento externo e emitiu tlist –t, e vejo o seguinte:

```
C:\bin>tlist -t
System Process (0)
System (8)
  smss.exe (140)
     csrss.exe (164)
     winlogon.exe (160)
        services.exe (212)
           svchost.exe (384)
           SPOOLSV.EXE (412)
           svchost.exe (444)
           regsvc.exe (512)
           stisvc.exe (600)
           ORACLE.EXE (1024)
              ORADIM.EXE (1264)
           TNSLSNR.EXE (1188)
              EXTPROC.EXE (972)
        lsass.exe (224)
        . . .
```

Isso mostra que o processo TNSLNR.EXE é o processo pai de EXTPROC.EXE. O processo EXTPROC e seu processo servidor agora podem se comunicar. Mais importante, o processo EXTPROC é capaz de carregar dinamicamente sua DLL desenvolvida (ou o arquivo .so/ .sl/ .a no UNIX).

Portanto, arquitetonicamente, ele se parece com:

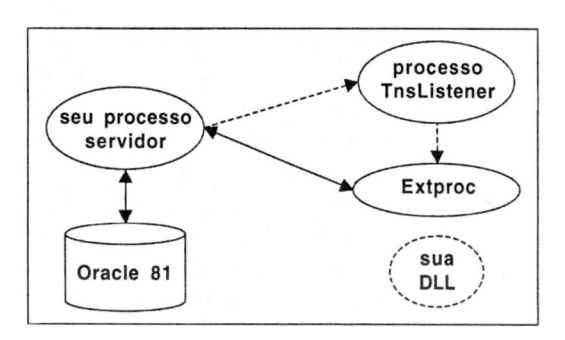

Onde:
1. Você tem sua conexão inicial com o banco de dados. Está executando seu servidor dedicado ou algum processo de servidor compartilhado.

2. Você faz uma chamada a um procedimento externo. Como essa é sua primeira chamada, o processo fará contato com o TNSLISTENER (ouvidor Net8).
3. O ouvidor Net8 iniciará um procedimento externo (ou encontrará em uma combinação já iniciada). Esse procedimento externo carregará a DLL necessária (ou arquivo .so/ .sl/ .s no UNIX).
4. Agora você pode 'falar' com o processo de procedimento externo, com o qual guiar os seus dados entre SQL e C.

Como configurar o seu servidor

Agora cobriremos o requisito de inicialização que precisamos para capacitar a execução de um procedimento externo, o que envolverá a configuração dos arquivos LISTENER.ORA e TNSNAMES.ORA no servidor, não na máquina cliente. Na instalação, esses arquivos devem ser automaticamente configurados com os serviços do procedimento externo (EXTPROC). Se assim for, seu arquivo de configuração LISTENER.ORA se parecerá com:

```
# LISTENER.ORA Network Configuration File: C:\oracle\network\admin\LISTENER.ORA
# Generated by Oracle configuration tools.

LISTENER =
  (DESCRIPTION_LIST =
    (DESCRIPTION =
      (ADDRESS_LIST =
        (ADDRESS = (PROTOCOL = TCP) (HOST = tkyte-del) (PORT = 1521))
      )
      (ADDRESS_LIST =
        (ADDRESS = (PROTOCOL = IPC) (KEY + EXTPROC1))
      )
    )
  )
SID_LIST_LISTENER =
  (SID_LIST =
    (SID_DESC =
      (SID_NAME = PLSExtProc)
      (ORACLE_HOME = C:\oracle)
      (PROGRAM = extproc)
    )
    (SID_DESC =
      (GLOBAL_DENAME = tkyte816)
      (ORACLE_HOME = C:\oracle)
      (SID_NAME = tkyte816)
    )
  )
```

Essas são as coisas importantes no arquivo ouvidor de procedimentos externos:

- ❏ (ADDRESS = (PROTOCOL = IPC) (KEY = EXTPROC1)) — Configura um endereço baseado em IPC. Lembre-se do valor de KEY. Você o faz sempre que quiser; apenas lembre-se do que ele é. Nos vários sistemas operacionais, a KEY tem estilo de letra, então tenha também isso em mente.
- ❏ (SID_DESC = (SID_NAME = PLSExtProc,) — Lembre-se de SID_NAME, chame-o de PLSExtProc ou algo semelhante. Por padrão, esse SID será configurado para ser PLSExtProc.

É possível configurar manualmente seu arquivo LISTENER.ORA, usando um simples editor de texto ou o Net8 Assistant. É fortemente recomendado que você use o assistente Net8, pois o menor erro de configuração de arquivo — como um parêntese desencontrado — tornará a configuração desses arquivos inútil. Se usar o Net8 Assistant, siga as etapas esboçadas na ajuda online, sob NetAssistantHelp, Local, Listeners,How To..., e finalmente, Configure External Procedure for the Listener.

Depois de modificar o arquivo LISTENER.ORA, lembre-se de parar e iniciar seu ouvidor, usando os comandos Lsnrctl stop e Lsnrctl start na linha de comando.

O próximo arquivo é o TNSNAMES.ORA. Ele precisa estar no diretório que o servidor usará para solucionar nomes. Tipicamente, um arquivo TNSNAMES.ORA é encontrado em um cliente e é usado para encontrar o servidor. É o único caso onde o servidor precisa dele para encontrar um serviço próprio. O arquivo TNSNAMES.ORA terá uma entrada semelhante a:

```
# TNSNAMES.ORA Network Configuration File:C:\oracle\network\admin\TNSNAMES.ORA
# Generated by Oracle configuration tools.

EXTPROC_CONNECTION_DATA =
  (DESCRIPTION =
    (ADDRESS_LIST =
       (ADDRESS = (PROTOCOL = IPC) (KEY = EXTPROC1))
    )
    (CONNECT_DATA =
       (SID = PLSExtProc)
       (PRESENTATION = RO)
    )
  )
```

Essas são as coisas importantes nessa configuração:

- EXTPROC_CONNECTION_DATA — É o nome de serviço pelo qual o banco de dados estará procurando. É preciso usar esse nome. Veja a advertência abaixo, com relação à configuração names.default_domain em seu arquivo de configuração SQLNET.ORA.
- (ADDRESS = (PROTOCOL = IPC) (KEY = EXTPROC1)) — Deve ser como no arquivo LISTENER.ORA. Em especial, o componente KEY = precisa combinar.
- (CONNECT_DATA = (SID = PLSExtProc), — O SID = precisa combinar com o SID no (SID_DESC = (SID_NAME = PLSExtProc) do LISTENER.ORA.

A seguinte é uma advertência sobre o nome EXTPROC_CONNECTION_DATA. Se o seu SQLNET.ORA especificar algum domínio padrão, ele precisará estar na entrada TNSNAMES. Assim, se você tiver um SLQNET.ORA com uma configuração como:

```
names.default_domain = world
```

deve precisar especificar EXTPROC_CONNECTION_DATA.world, não apenas EXTPROC_CONNECTION_DATA no arquivo TNSNAMES.ORA.

Quaisquer erros nos arquivos de configuração acima, muito provavelmente, levarão ao erro ORA-28575, mostrado abaixo:

```
declare
*
ERROR at line 1:
ORA-28575: unable to open RPC connection to external procedure agent
ORA-06512: at "USERNAME.PROCEDURE_NAME", line 0
ORA-06512: at line 5
```

Ao receber esse erro, as etapas que podem ser úteis para solucioná-lo são:

- Verificar se o programa extproc está disponível e executável.
- Verificar se o ambiente de banco de dados está configurado adequadamente para extprocs.
- Verificar se o ouvidor está corretamente configurado.

Agora veremos com mais profundidade cada uma dessas etapas. Elas supõem que por algum motivo você tenha atingido esse erro.

Verificar o programa extproc

A primeira verificação de limpeza depois que você tiver configurado extprocs e recebido o ORA-28575 é verificar a existência e execução do próprio programa extproc. Isso é facilmente feito a partir da linha de comando no Windows ou no UNIX. Deve ser feito no registro de entrada, com as credenciais do usuário que estarão *iniciando o ouvidor* (visto que esse é o processo que executará o extproc) para verificar que as permissões de execução para esse usuário estejam no lugar. Simplesmente, você fará o seguinte:

```
C:\oracle\BIN>.\extproc.exe

Oracle Corporation - - - SATURDAY AUG 05 2000 14:57:19.851

Heterogeneous Agent based on the following module(s):
    - External Procedure Module

C:\oracle\BIN>
```

Você está procurando por saída semelhante à acima. Note que executei a partir do diretório [ORACLE_HOME]\bin, pois é nele que encontraremos o programa extproc.exe. Se você não puder executar esse programa, será indício de uma instalação corrompida ou alguma configuração de sistema operacional que precisa ser corrigida.

Verificar o ambiente de banco de dados

Há um par de coisas a verificar no ambiente de banco de dados. Primeiro e acima de tudo, se o TNSNAMES.ORA *certo* está sendo usado, e se está corretamente configurado. Por exemplo, na minha máquina UNIX, usando truss, posso ver que:

```
$ setenv TNS_ADMIN /tmp

$ truss sqlplus /@ora8i.us.oracle.com |& grep TNSNAMES

access("/export/home/tkyte/.TNSNAMES.ORA", 0)           Err#2 ENOENT
access("/tmp/TNSNAMES.ORA", 0)                          Err#2 ENOENT
access("/var/opt/oracle/TNSNAMES.ORA", 0)               Err#2 ENOENT
access("/export/home/oracle8i/network/admin/TNSNAMES.ORA", 0) = 0
. . .
```

Portanto, o Oracle buscou em:
- ❑ Meu diretório pessoal por um arquivo TNSNAMES.ORA.
- ❑ O diretório especificado pela variável de ambiente TNS_ADMIN.
- ❑ O diretório /var/opt/oracle.
- ❑ E, finalmente, $ORACLE_HOME/network/admin/.

em um arquivo TNSNAMES.ORA. Um erro comum é configurar o arquivo TNSNAMES.ORA no diretório [ORACLE_HOME]/network/admin, mas ter uma variável de ambiente TNS_ADMIN que leva o Oracle a encontrar um TNSNAMES.ORA diferente em algum lugar. Assim, assegure-se de haver configurado o TNSNAMES.ORA certo (se houver qualquer confusão, você pode simplesmente ajustar a variável de ambiente TNS_ADMIN *antes de iniciar* o servidor; que irá garantir o uso da cópia que *você* queira que o Oracle utilize).

Depois de verificar se o TNSNAMES.ORA está sendo usado, podemos procurar naquele arquivo por erros de configuração. Você deve seguir as etapas esboçadas acima, para garantir que os componentes (ADDRESS = (PROTOCOL = IPC) (KEY = EXTPROC1)) e (CONNECT_DATA = (SID = PLSExtProc)) estejam corretamente configurados, o que se faz comparando-os à configuração LISTENER.ORA. Se você usar o Net8 Assistant para o ajuste, não terá que se preocupar com a combinação de parênteses. Se fizer isso manualmente, tenha muito cuidado. Um parêntese desencontrado ou fora de lugar tornará impossível usar uma entrada.

Quando tiver verificado que essas configurações apareçam certas, você verá o nome de entrada TNSNAMES.ORA utilizado. Ele precisa ser EXTPROC_CONNECTION_DATA. Não pode ser qualquer outra coisa, embora possa ter um domínio anexado a ele. Verifique a ortografia dessa entrada. Nessa hora, verifique o arquivo de configuração SQLNET.ORA. O Oracle busca pelo arquivo SQLNET.ORA da mesma forma que pelo arquivo TNSNAMES.ORA. Esteja ciente de que ele não precisa estar no mesmo diretório que o arquivo TNSNAMES.ORA — pode estar em um dos outros lugares. Se um de:

- names.directory_path
- names.default_domain

estiver ajustado, precisaremos nos certificar da compatibilidade com eles.

Se, por exemplo, tivermos ajustado names.default_domain para (WORLD), precisaremos garantir que esse domínio apareça na entrada TNSNAMES.ORA. Em vez de EXTPROC_CONNECTION_DATA, ele precisa ser EXTPROC_CONNECTION_DATA.WORLD.

Se tivermos ajustado names.directory_path, precisaremos verificar se ele contém TNSNAMES. Se names.directory_path estiver ajustado para (HOSTNAME, ONAMES), por exemplo, o Net8 usará o Host Naming Method para solucionar a string de conexão EXTPROC_CONNECTION_DATA e então o Oracle Names Server, depois que aquilo falhar. Como nenhum desses métodos irá encontrar EXTPROC_CONNECTION_DATA, nossa conexão falhará e a chamada a extproc falhará. Simplesmente acrescente TNSNAMES a essa lista para permitir ao Oracle ver a entrada EXTPROC_CONNECTION_DATA no arquivo local TNSNAMES.ORA.

Verificar o ouvidor

Os problemas do ouvidor são semelhantes aos do ambiente de banco de dados. Há duas coisas a considerar ao verificar a configuração do ouvidor:

- Você está usando o arquivo de configuração LISTENER.ORA certo?
- Esse arquivo está corretamente configurado?

Novamente, como acabamos de fazer com o ambiente do banco de dados servidor, precisamos garantir que usamos o ambiente certo para o ouvidor, permitindo que ele descubra o LISTENER.ORA que queremos que ele faça. Temos as mesmas considerações quando ao fato que o ouvidor buscará em vários lugares pelos arquivos de configuração. Se houver qualquer dúvida quanto ao conjunto de arquivos de configuração que estiver sendo usado, a variável de ambiente TNS_ADMIN deve ser ajustada *antes* de iniciar o ouvidor. Isso irá garantir o uso dos arquivos de configuração que queremos que ele use. Quando você tiver verificado que os arquivos de configuração certos estão sendo usados, deve usar as informações acima, com relação ao arquivo LISTENER.ORA, para garantir que ele esteja adequadamente configurado.

Feito isso, devemos ser capazes de, a partir do ambiente de banco de dados servidor, usar tnsping para tnsping extproc_connection_data (com qualquer domínio padrão anexado). Por exemplo, meu domínio padrão é us.oracle.com e sou capaz de:

```
C:\oracle\network\ADMIN>tnsping extproc_connection_data.us.oracle.com

TNS Ping Utility for 32-bit Windows: Version 8.1.6.0.0 — Production on 06-AUG-2000
09:34:32

(c) Copyright 1997 Oracle Corporation. All rights reserved.

Attempting to contact (ADDRESS=(PROTOCOL=IPC) (KEY=EXTPROC1))
OK (40 msec)
```

Isso indica e verifica que os ambientes de servidor e ouvidor de banco de dados estão corretamente configurados. Nesse ponto, não devemos ter problemas com o ORA-28575: unable to open RPC connection to external procedure agent.

O primeiro teste

É recomendado testar a instalação de procedimentos externos com os programas de demonstração. A razão disso tem dois lados:

- O suporte de Oracle está ciente de, e pode ajudar a inicializar/configurar o programa de demonstração. Se trabalharmos com um exemplo que ele conheça, seremos capazes de solucionar muito mais depressa quaisquer problemas.
- O programa de demonstração oferecido ilustrará a abordagem correta para compilar e vincular na sua plataforma.

O programa de demonstração é encontrado em seu diretório [ORACLE_HOME]/plsql/demo, em todos os lançamentos de Oracle 8i. As etapas que devemos seguir para fazer a demonstração estão expostas nas seguintes seções.

Compilação do código extproc.c

Primeiro, compilamos o código extproc.c em uma DLL ou um arquivo .so/ .sl/ .a. Esse processo no Windows é simplesmente cd o diretório ORACLE_HOME\plsql\demo e digitar make (o Oracle ofereceu um arquivo make.bat naquele diretório):

```
C:\oracle\plsql\demo>make
Microsoft (R) 32-bit C/C++ Optimizing Compiler Version 10.00.5270 for 80x86
Copyright (C) Microsoft Corp 1984-1995. All rights reserved.

extproc.c
Microsoft (R) 32-Bit Incremental Linker Version 3.00.5270
Copyright (C) Microsoft Corp 1992-1995. All rights reserved.

/out:extproc.dll
/dll
/implib:extproc.lib
/debug
..\..\ocilibmsvcoci.lib
msvcrt.lib
/nod:libcmt
/DLL
/EXPORT:UpdateSalary
/EXPORT:PercentComm
/EXPORT:PercentComm_ByRef
/EXPORT:EmpExp
/EXPORT:CheckEmpName
/EXPORT:LobDemo
extproc.obj
C:\oracle\plsql\demo>
```

No UNIX, faremos quase a mesma coisa, mas o comando para compilar é diferente. Lá, ele se parecerá com:

```
$ make -f demo_plsql.mk extproc.so
/usr/ccs/bin/make -f /export/home/ora816/rdbms/demo/demo_rdbms.mk extproc_callback
SHARED_LIBNAME=extproc.so OBJS="extproc.o"
. . .
```

Depois do comando se completar, você terá um arquivo .dll no Windows ou um arquivo .so/ .sl/ .a no UNIX; a extensão depende da plataforma. Por exemplo, em Solaris é .so, HP/UX será .sl.

Inicialização da conta SCOTT/TIGER

Para esse programa de demonstração funcionar corretamente, precisaremos de uma conta de demonstração SCOTT/TIGER. Se o seu banco de dados não tiver uma conta SCOTT/TIGER, é possível inicializar uma, emitindo:

```
SQL> Grant connect, resource to scott identified by tiger;
```

Será criado o usuário SCOTT, com a habilidade de se conectar ao banco de dados e criar objetos, como tabelas e pacotes. Muito provavelmente você irá querer designar isso para usar um espaço de tabela padrão diferente de SYSTEM, e também um espaço de tabela temporário.

```
SQL> alter user scott default tablespace tools temporary tablespace temp;
```

Visto que temos a conta SCOTT/TIGER, precisamos fornecer a ela uma concessão adicional antes de prosseguir. O usuário SCOTT precisará do privilégio CREATE LIBRARY, que lhe permitirá emitir a declaração de criar biblioteca, necessária para procedimentos externos. Discutiremos isso mais adiante. Como esse é um privilégio bem poderoso, você irá querer pensar em revogá-lo de SCOTT depois de executar o exemplo. Para conseguir isso será necessária a linha:

```
SQL> Grant create library to SCOTT;
```

quando conectado como alguém que tenha o privilégio CREATE LIBRARY com a própria opção ADMIN (por exemplo, SYSTEM ou alguma outra conta de DBA).

Finalmente, você irá querer garantir que as tabelas de demonstração EMP/DEPT estejam no esquema SCOTT e preenchidas com dados. Isso pode ser verificado através de:

```
SQL> select count(*) from emp;

  COUNT(*)
  --------
        14

SQL> select count(*) from dept;

  COUNT(*)
  --------
         4
```

Se essas tabelas não existirem ou não tiverem quaisquer dados, você poderá remontá-las, executando demodrop.sql (para removê-las) e demobld.sql (para criá-las e preenchê-las). Esses scripts são encontrados em [ORACLE_HOME]\sqlplus\demo, e devem ser executados através de SQL*PLUS quando registrada a entrada como SCOTT.

Criação da biblioteca demolib

A próxima etapa na demonstração é criar o objeto biblioteca em Oracle. Esse objeto é simplesmente o mapeamento de um nome de biblioteca (um nome com cerca de 30 caracteres que você escolhe) para um arquivo físico de sistema operacional. Tal arquivo é o seu binário compilado que fizemos na primeira etapa. O usuário que emitir a declaração CREATE LIBRARY precisa ter concedido a ele o privilégio CREATE LIBRARY, seja através de uma ROLE ou diretamente. Esse privilégio é considerado bastante poderoso e só deve ser concedido àquelas contas nas quais você confia. Ele permitirá que elas executem qualquer código C arbitrário que quiserem em sua máquina servidor, usando a conta em que o serviço extproc executa. Essa é uma das razões pelas quais você deve querer configurar o serviço extproc para executar em alguma conta diferente do proprietário de software Oracle (para evitar a sobregravação inadvertida ou proposital de seu espaço de tabela SYSTEM, por exemplo).

Para conseguir realizar essa etapa, use SQL*PLUS e execute:

```
SQL> connect scott/tiger
Connected.
SQL> create or replace library demolib as
  2    'c:\oracle\plsql\demo\extproc.dll';
  3  /

Library created.
```

O nome DEMOLIB é o que os desenvolvedores da demonstração escolheram como nome de sua biblioteca; você precisa usar DEMOLIB. O nome de arquivo c:\oracle\plsql\demo\extproc.dll pode ser diferente para você — eu montei o exemplo diretamente no diretório de demonstração de meu ORACLE_HOME. Você pode ter um ORACLE_HOME diferente do meu, ou pode ter montado a demonstração toda em outro diretório. Você deve usar o nome de caminho atual de extproc.dll montada na primeira etapa.

Instalação e execução

A última etapa na demonstração é instalar o código PL/SQL que mapeia as rotinas na biblioteca demolib. Nesse ponto, não estamos interessados em como ele se parece, tanto quanto estamos em como é a sua saída. Usamos essa demonstração para testar procedimentos externos. Em breve veremos como os codificamos.

Agora, simplesmente executaremos:

```
SQL> connect scott/tiger
Connected.
SQL> @extproc
```

quando no diretório [ORACLE_HOME]\plsql\demo. O que esperamos ver é:

```
SQL> @extproc

Package created.

No errors.

Package body created.

No errors.
ENAME      : ALLEN
JOB        : SALESMAN
SALARY     : 1600
COMMISSION : 300
Percent Commission : 18.75
ENAME      : MARTIN
JOB        : SALESMAN
SALARY     : 1250
COMMISSION : 1400
Percent Commission: 112
Return value from CheckEmpName : 0
old_ename value on return     : ANIL
ENAME      : 7369
HIREDATE   : 17-DEC-80
Employee Experience Test Passed.
* * * * * * * * * * * * * * * * * *

PL/SQL procedure successfully completed.
... (other feedback would be here as well)...
```

Isso mostra que os procedimentos externos estão corretamente configurados e prontos para serem usados no sistema. O primeiro procedimento executa muitas das rotinas na extproc.dll que criamos, levando-nos a concluir que tudo está corretamente configurado.

No caso de um sistema erradamente configurado, você deve esperar ver:

```
SQL> @extproc

Package created.

No errors.

Package body created.

No errors.
BEGIN demopack.demo_procedure; END;

      *
ERROR at line 1:
ORA-28575: unable to open RPC connection to external procedure agent
ORA-06512: at "SCOTT.DEMOPACK", line 61
ORA-06512: at "SCOTT.DEMOPACK", line 103
ORA-06512: at line 1
```

Portanto, é hora de revisitar a seção anterior, sobre *Configuração do seu servidor*, e percorrer as etapas de verificação.

Nosso primeiro procedimento externo

Como nosso ambiente de desenvolvimento está configurado, conforme acima, e pronto para passar aos procedimentos externos, vamos desenvolver o primeiro. Esse exemplo de procedimento externo passará muitos tipos diferentes de variáveis (strings, números, datas, arrays etc) e mostrará como o código C correspondente se pareceria para recebê-los. Nosso procedimento externo irá manipular algumas dessas variáveis, mudando os valores dos parâmetros OUT ou IN/OUT, com base nos valores de alguns dos parâmetros IN ou IN/OUT.

Demonstrarei como prefiro mapear essas variáveis, pois existem muitos mapeamentos e atalhos possíveis. Estou mostrando o método que prefiro usar, pois embora mais loquaz do que o necessário, oferece o máximo de informações no tempo de execução. Além disso, introduzirei um gabarito, através do qual montarei meus procedimentos externos. Esse gabarito implementa muitas montagens necessárias em qualquer aplicativo real, como:

- **Gerenciamento de posição** — Os procedimentos externos podem e 'perderão' a sua posição (valores atuais de variáveis 'estáticas' ou 'globais'), devido à armazenagem de EXTPROC que é implementada. Portanto, precisamos de um mecanismo para estabelecer e preservar uma posição em nossos programas C.

- **Mecanismos de controle** — Os procedimentos externos executam no servidor, por trás de outros processos. Embora seja possível, é bastante difícil depurar essas rotinas em várias plataformas, usando um depurador convencional e, como os bugs só surgem quando muitas pessoas usam o procedimento externo consecutivamente, pode ser impossível. Precisamos de uma facilidade para gerar copiosos arquivos de controle por solicitação para 'depurar à distância'. Na essência, são semelhantes aos arquivos de controle que o Oracle gera em resposta a um alter session set sql_trace = true — o único objetivo é oferecer informações, no tempo de execução, em um arquivo legível com objetivo de depuração/sintonização.

- **Configuração de parâmetro** — Precisamos de uma facilidade para colocar em parâmetros nossos procedimentos externos, para podermos mudar facilmente o comportamento deles, externamente, usando um parâmetro de arquivo, como fazemos com o arquivo init.ora e o banco de dados.

- **Manuseio de erro genérico** — Precisamos de uma facilidade para relatar facilmente, ao usuário final, erros significativos.

O envoltório

A forma com a qual gosto de iniciar é com o protótipo PL/SQL — venho com a especificação das rotinas PL/SQL que gostaria de implementar. As rotinas que eu gostaria de implementar nesse exemplo são uma série de procedimentos que aceitam um parâmetro IN e um OUT (ou IN/OUT). Escreveremos um para cada tipo de dados interessante (aqueles que usaremos com freqüência). Eles demonstrarão como passar cada um desses tipos, corretamente, como entradas e receber como saídas. Além disso, gostaria de ter algumas funções que também demonstrassem como retornar alguns desses tipos interessantes. Para mim, os tipos interessantes são:

- STRINGs (até o limite de 32KB PL/SQL)
- NUMBERs (de qualquer escala/precisão)
- DATEs
- INTEGERs (binary_integers)
- BOOLEANs
- RAWs (até 32KB)
- LOBs (para todos os dados >32KB)
- Arrays de STRINGs
- Arrays de NUMBERs
- Arrays de DATEs

Para fazer isso, antes de qualquer coisa, precisaremos inicializar alguns tipos de coleção. Essas representam nossos arrays de STRINGs, NUMBERs e DATEs:

```
tkyte@TKYTE816> create or replace type numArray as table of number
  2  /
Type created.

tkyte@TKYTE816> create or replace type dateArray as table of date
  2  /
Type created.

tkyte@TKYTE816> create or replace type strArray as table of varchar2(255)
  2  /
Type created.
```

Agora estamos prontos para a especificação do pacote. Essa é uma série de procedimentos sobrecarregados para testar a passagem com parâmetros. Cada rotina tem um parâmetro IN e um OUT, exceto a versão CLOB, que tem um parâmetro IN/OUT. O cliente precisa inicializar a implementação LOB IN OUT, e o procedimento externo se ajustará nela:

```
tkyte@TKYTE816> create or replace package demo_passing_pkg;
  2  as
  3      procedure pass( p_in in number, p_out out number );
  4
  5      procedure pass( p_in in date, p_out out date );
  6
  7      procedure pass( p_in in varchar2, p_out out varchar2 );
  8
  9      procedure pass( p_in in Boolean, p_out out Boolean );
 10
 11     procedure pass( p_in in CLOB, p_out in out CLOB );
 12
 13     procedure pass( p_in in numArray, p_out out numArray );
 14
 15     procedure pass( p_in in dateArray, p_out out dateArray );
 16
 17     procedure pass(p_in in strArray, p_out out strArray );
```

Não podemos usar sobrecarga nos procedimentos RAW e INT abaixo, como fizemos acima, pois PASS(RAW, RAW) poderia ser confundido com PASS(VARCHAR2,VARCHAR2) e PASS(INT,INT) ser confundido com PASS(NUMBER,NUMBER) por Oracle. Portanto, fazemos uma exceção para esses dois e criamos para eles rotinas nomeadas:

```
19          procedure pass_raw( p_in in RAW, p_out out RAW );
20
21          procedure pass_int( p_in in binary_integer,
22                              p_out out binary_integer );
```

Finalmente implementaremos algumas funções para retornar valores, para demonstrar como funciona. Implementaremos uma para retornar cada espécie de tipo SCALAR interessante:

```
25          function return_number return number;
26
27          function return_date return date;
28
29          function return_string return varchar2;
30
31  end demo_passing_pkg;
32  /

Package created.
```

O CREATE TYPES representa nosso array de tipos. Definimos novos tipos SQL; numArray para ser um tipo de números de tabela aninhada, dateArray como tabela de datas aninhadas e strArray como tabela de VARCHAR2(255)s aninhada. Criamos a especificação do pacote que queremos implementar e estamos prontos para o restante dele. Então, apresentarei isso peça por peça. Começaremos com a definição de biblioteca:

```
tkyte@TKYTE816> create or replace library demoPassing
  2  as
  3  'C:\demo_passing\extproc.dll'
  4  /
Library created.
```

Como você deve se lembrar do exemplo de teste SCOTT/TIGER acima, isso apenas define para o Oracle onde a biblioteca chamada demoPassing está fisicamente armazenada — nesse caso, o arquivo C:\demo_passing\extproc.dll. O fato de ainda não termos montado essa DLL não é relevante. Precisamos do objeto biblioteca para compilar o corpo de PL/SQL que vamos criar. A extproc.dll virá mais tarde. Podemos executar criar biblioteca com sucesso, sem ter de fato a biblioteca criada.

Agora, dentro do corpo do pacote:

```
tkyte@TKYTE816> create or replace package body demo_passing_pkg
  2  as
  3
  4     procedure pass( p_in    in    number,
  5                     p_out   out   number )
  6     as
  7     language C
  8     name "pass_number"
  9     library demoPassing
 10     with context
 11     parameters (
 12                  CONTEXT,
 13                  p_in    OCINumber,
 14                  p_in    INDICATOR short,
 15                  p_out   OCINumber,
 16                  p_out   INDICATOR short );
```

Vendo isso, ele inicial normal com CREATE OR REPLACE PACKAGE e PROCEDURE Pass(. . .) as . . ., mas depois diverge de um procedimento armazenado normal. Agora estamos criando uma especificação de chamada, não embutindo código PL/SQL. Uma especificação de chamada é o método pelo qual o Oracle mapeia os tipos PL/SQL aos tipos de dados originais da rotina externa. Por exemplo, o acima está mapeando o parâmetro de número p_in para o tipo OCINumber dos dados C. Uma explicação linha por linha do que estamos fazendo nesse caso é:

- Linha 7: language C — Identificamos a linguagem. Estamos fazendo C, embora também pudesse ter sido language Java (mas isso está no próximo capítulo).
- Linha 8: name "pass_number" — Identificamos o nome da sub-rotina em C que estaremos chamando em nossa biblioteca demoPassing. Precisamos usar um identificador de aspas para preservar o estilo (visto que C preserva o estilo). Em geral, todos os identificadores em Oracle são dobrados para maiúscula, cotá-los preserva seu estilo. Esse nome precisa combinar exatamente com o nome da rotina C em texto e estilo.
- Linha 9: library demoPassing — Identificamos o nome da biblioteca que conterá nosso código. Esse nome combina com o nome que usamos acima, na declaração CREATE LIBRARY.
- Linha 10: with context — É opcional, mas sempre o passo. Esse context é necessário para retornar mensagens de erro significativas e para usar as rotinas OCI ou Pro*C.
- Linha 11: parameters — É o início de nossa lista de parâmetros. Aqui, especificaremos explicitamente a ordem e os tipos de parâmetros que estiverem sendo passados. Como with context, é opcional, mas para ser explícito eu sempre o uso. Em vez de aceitar os padrões e às vezes 'adivinhar' o que está sendo passado, digo explicitamente ao Oracle o que estou esperando e em que ordem estou esperando.
- Linha 12: CONTEXT — Essa palavra-chave, desde o seu início, diz ao Oracle para passar o parâmetro OCIExtProcContext * como o primeiro parâmetro. Eu poderia colocá-lo em qualquer lugar na lista de parâmetro mas, tipicamente, ele é o primeiro. OCIExtProcContext é um tipo de dados definido por OCI e representa a nossa sessão no banco de dados.
- Linha 13: p_in OCINumber — Aqui, estou dizendo ao Oracle que o próximo parâmetro que espero em minha rotina C é um OCINumber. Nesse caso, um indicador OCINumber * para um OCINumber. Veja abaixo uma tabela de mapeamentos de tipo de dados.
- Linha 14: p_in INDICATOR short — Aqui, estou dizendo ao Oracle que o próximo parâmetro que espero em minha rotina C é uma variável de indicador de tipo short, que dirá se p_in foi passado ou não com um valor NULL. No é obrigatório, porém sempre passo uma variável NULL INDICATOR com toda e qualquer variável. Se você não o fizer, pode não ter como detectar nulos em seus procedimentos externos, ou você mesmo retornar um valor Null.
- Linha 15: p_out OCINumber — Aqui, estou dizendo ao Oracle que o próximo parâmetro que espero, depois daquela variável de indicador, é outro OCINumber. Nesse caso, ele será um OCINumber *. Veja abaixo uma tabela de mapeamentos de tipo de dados.
- Linha 16: p_out INDICATOR short — Aqui, estou dizendo ao Oracle que o próximo parâmetro que espero é uma variável de indicador para o parâmetro p_out, e que ele deve ser um C short. Como p_out é um parâmetro OUT, essa variável de indicador é para que eu ajuste, para dizer ao chamador se o parâmetro OUT é NULL ou não NULL. Assim, esse parâmetro será passado como um short * (um indicador), para que eu possa ajustar o valor, não apenas lê-lo.

Com isso, saltaremos um momento para frente e veremos o protótipo C que irá com essa especificação de chamada SQL, que acabamos de criar. Conforme a entrada acima, nosso protótipo C será:

```
18      - -void pass_number
19      - -   (
20      - -   OCIExtProcContext  * ,  /* 1 : With-Context */
21      - -          OCI Number  * ,  /* 2 : P_IN */
22      - -               short    ,  /* 3 : P_IN (Indicator) */
23      - -           OCINumber  * ,  /* 4 : P_OUT */
24      - -               short  *    /* 5 : P_OUT (Indicator) */
25      - -   );
```

Terminaremos vendo o corpo do pacote PL/SQL anotado que mapeia o restante dos procedimentos/funções. Aqui está a rotina que passa as datas de Oracle para frente e para trás; elas serão mapeadas para o tipo de dados C, OCIDate, fornecido por OCI:

```
27      procedure pass( p_in date, p_out out date )
28      as
29      language C name "pass_date" library demoPassing
30      with context parameters
31      ( CONTEXT,
32          p_in    OCIDate, p_in    INDICATOR short,
33          p_out   OCIDate, p_out   INDICATOR short );
34
35      - - void pass_date
36      - -     (
37      - - OCIExtProcContext   *,  /*  1 : With-Context */
38      - -                 OCIDate *,  /*  2 : P_IN         */
39      - -                 short   ,   /*  3 : P_IN (Indicator) */
40      - -                 OCIDate *,  /*  4 : P_OUT */
41      - -                 short   *,  /*  5 : P_OUT (Indicator) */
42      - -     );
```

Em seguida, vemos como passar o tipo varchar2 para frente e para trás — nesse caso, o Oracle irá mapear o tipo STRING de um char * C — um indicador de string de caractere.

```
45      procedure pass( p_in in varchar2, p_out out varchar2 )
46      as
47      language C name "pass_str" library demoPassing
48      with context parameters
49      ( CONTEXT,
50          p_in    STRING, p_in    INDICATOR short,
51          p_out   STRING, p_out INDICATOR short, p_out MAXLEN int );
52
53      - - void pass_str
54      - - (
55      - - OCIExtProcContext*, /*    1 : With-Context */
56      - -             char    *,  /*  2 : P_IN    */
57      - -             short   ,   /*  3 : P_IN (Indicator) */
58      - -             char    *,  /*  4 : P_OUT   */
59      - -             short   *,  /*  5 : P_OUT (Indicator)   */
60      - -             int     *,  /*  6 : P_OUT (Maxlen)      */
61      - - );
```

No acima, vemos o primeiro uso de MAXLEN. Ele instrui o Oracle a passar ao nosso procedimento externo a largura máxima do parâmetro OUT, p_out. Como estamos retornando uma string, é muito útil saber qual o comprimento máximo que ela pode ter, para evitar uma sobregravação de buffer. Em todos os tipos de string mapeadas como parâmetro OUT, o uso do parâmetro MAXLEN é altamente recomendado.

Em seguida, vemos como passar o tipo PL/SQL BOOLEAN; ele será mapeado para um tipo C int:

```
64      procedure pass( p_in in boolean, p_out out boolena )
65      as
66      language C name "pass_bool" library demoPassing
67      with context parameters
68      ( CONTEXT,
69          p_in int,   p_in    INDICATOR short,
70          p_out int,  p_out   INDICATOR short );
71
72      - - void pass_bool
73      - - (
74      - - OCIExtProcContext   *,  /*  1 : With-Context */
75      - -                 int *,  /*  2 : P_IN    */
```

```
76              - -                  short  *, /*  3 : P_IN (Indicator) */
77              - -                    int  *, /*  4 : P_OUT           */
78              - -                  short  *, /*  5 : P_OUT (Indicator) */
79              - - );
```

A seguir, vemos o exemplo CLOB. Passamos o tipo PL/SQL CLOB para um tipo C OCILobLocator. Nesse caso, observe que precisamos estar prontos para receber um indicador para um indicador do parâmetro OUT. Isso permite ao código C mudar não apenas o conteúdo daquilo ao qual o localizador LOB indica, mas também mudar o próprio localizador LOB — permitindo-nos indicá-lo para um LOB totalmente diferente, se quisermos:

```
83              procedure pass(p_in clob, p_out out clob )
84              as
85              language C name "pass_clob" library demoPassing
86              with context parameters
87              ( CONTEXT,
88                  p_in OCILobLocator,   p_in  INDICATOR short,
89                  p_out OCILobLocator,  p_out INDICATOR short );
90
91              - - vois pass_clob
92              - - (
93              - - OCIExtProcContext    *, /*  1 : With-Context */
94              - -       OCILobLocator  *, /*  2 : P_IN         */
95              - -               short  ,  /*  3 : P_IN (Indicator) */
96              - -       OCILobLocator **, /*  4 : P_OUT        */
97              - -               short  *, /*  5 : P_OUT (Indicator) */
98              - - );
```

Em seguida estão as três rotinas que passam arrays, os tipos de coleção Oracle, para frente e para trás. Como os mapeamentos de cada uma são muito parecidos — apresentaremos as três de uma vez. As rotinas C de cada uma têm exatamente os mesmos protótipos — o tipo OCIColl é passado a cada uma, independente do tipo de coleção que estiver sendo passado:

```
100             procedure pass( p_in in numArray, p_out out numArray )
101             as
102             language C name "pass_numArray" library demoPassing
103             with context parameters
104             ( CONTEXT,
105                 p_in    OCIColl, p_in  INDICATOR short,
106                 p_out   OCIColl, p_out INDICATOR short );
107
108             - - void pass_numArray
109             - - (
110             - - OCIExtProcContext  *, /*  1 : With-Context */
111             - -           OCIColl  *, /*  2 : P_IN         */
112             - -             short  ,  /*  3 : P_IN (Indicator) */
113             - -           OCIColl **, /*  4 : P_OUT        */
114             - -             short  *, /*  5 : P_OUT (Indicator) */
115             - - );
116
117             procedure pass( p_in in dateArray, p_out out dateArray )
118             as
119             language C name "pass_dateArray" library demoPassing
120             with context parameters
121             (   CONTEXT,
122                 p_in OCIColl, p_in  INDICATOR short,
123                 p_out OCIColl, p_out INDICATOR short );
124
125             procedure pass( p_in in strArray, p_out out strArray )
126             as
127             language C name "pass_strArray" library demoPassing
```

```
128             with context parameters
129             ( CONTEXT,
130               p_in OCIColl, p_in INDICATOR short,
131               p_out OCIColl, p_out INDICATOR short );
```

A seguir, temos a rotina que passa para frente e para trás os dados brutos. Aqui, usamos ambos os atributos, MAXLEN (que vimos com VARCHAR2s, acima) e LENGTH. Precisamos passar um comprimento com um tipo RAW, pois RAWs contêm informações binárias, incluindo zeros binários, o que significa que nosso programa C não seria capaz de determinar o comprimento da string atual, e o Oracle não seria capaz de descobrir quão grandes são os dados que estamos retornando. Em tipos RAW, LENGTH e MAXLEN são importantes. LENGTH precisa ser passado e MAXLEN deve ser passado.

```
134             procedure pass_raw( p_in in raw, p_out out raw )
135             as
136             language C name "pass_raw " library demoPassing
137             with context parameters
138             ( CONTEXT,
139               p_in RAW,   p_in  INDICATOR short, p_in LENGTH int,
140               p_out RAW,  p_out INDICATOR short, p_out MAXLEN int,
141               p_out LENGTH int );
142             -- void pass_long_raw
143             -- (
144             --   OCIExtProcContext  *.  /* 1 : With-Context */
145             --     unsigned char    *,  /* 2 : P_IN */
146             --     short            ,   /* 3 : P_IN (Indicator) */
147             --     int              ,   /* 4 : P_IN (Length) */
148             --     unsigned char    *,  /* 5 : P_OUT */
149             --     short            *,  /* 6 : P_OUT (Indicator) */
150             --     int              *,  /* 7 : P_OUT (Maxlen) */
151             --     int              *   /* 8 : P_OUT (Length) */
152             -- );
```

Depois, temos a rotina para passar um PL/SQL BINARY_INTEGER para frente e para trás em C. Nesse caso, o tipo BINARY_INTEGER é mapeado para o tipo original int em C:

```
154             procedure pass_int( p_in in binary_integer, p_out out binary_integer )
155                as
156             language C name "pass_int" library demoPassing
157             with context parameters
158             ( CONTEXT,
159               p_in    int, p_in     INDICATOR short,
160               p_out   int, p_out    INDICATOR short );
161
162             -- void pass_int
163             -- (
164             --   OCIExtProcContext  *,  /* 1 : With-Context */
165             --            int      ,   /* 2 : P_IN */
166             --            short    ,   /* 3 : P_IN (Indicator) */
167             --            int      *,  /* 4 : P_OUT */
168             --            short    *   /* 5 : P_OUT (Indicator) */
169 -- );
```

Aqui estão os envoltórios para nossas três funções, para retornar NUMBERs, DATEs e STRINGs. Encontramos uma nova palavra chave, RETURN. Quando mapeamos para uma função, precisamos usar a palavra chave RETURN como último na lista de parâmetros. Na verdade, é o tipo de retorno da função e não um parâmetro formal para/da própria função. Acima há três parâmetros no envoltório SQL, mas estarei usando apenas dois no protótipo C. O parâmetro RETURN

OCINumber, de fato, define o tipo que estarei *retornando* da função, como demonstrado por OCINumber *return_number. Incluo um indicador par para meu valor de retorno, pois quero ser capaz de retornar Null em alguma ocasião. Se eu não incluísse esse indicador, não teria um mecanismo para ser capaz de retornar um valor Null. Como veremos com o exemplo de string, também posso retornar o atributo LENGTH, mas não o MAXLEN, pois esse só está disponível com parâmetros OUT, onde o Oracle ajusta a armazenagem. Com valores de retorno, como somos responsáveis pela alocação de memória, o atributo MAXLEN não faria sentido.

```
173         function return_number return number
174         as
175         language C name "return_number" library demoPassing
176         with context parameters
177         ( CONTEXT, RETURN INDICATOR short, return OCINumber );
178
179         - - OCINumber *return_number
180         - - (
181         - - OCIExtProcContext    *,  /*  1 : With-Context */
182         - -              short   *   /*  2 : RETURN (Indicator) */
183         - - );
184
185         function return_date return date
186         as
187         language C name "return_date" library demoPassing
188         with context parameters
189         ( CONTEXT, RETURN INDICATOR short, RETURN OCIDate );
190
191         - - OCIDate *return_date
192         - - (
193         - - OCIExtProcContext    *,  /*  1 : With-Context */
194         - -              short   *   /*  2 : RETURN (Indicator) */
195         - - );
196
197         function return_string return varchar2
198         as
199         language C name "return_string" library demoPassing
200         with context parameters
201         (CONTEXT, RETURN INDICATOR short, RETURN LENGTH int, RETURN STRING );
202
203         - - char *return_string
204         - - (
205         - - OCIExtProcContext    *,  /*  1 : With-Context */
206         - -              short   *,  /*  2 : RETURN (Indicator) */
207         - -              int     *   /*  3 : RETURN (Length) */
208         - - );
209
210 end demo_passing_pkg;
211 /

Package body created.
```

Você pode ver, na última função, que estou usando o atributo LENGTH e também INDICATOR. Assim posso informar ao Oracle o quanto é longa a string que estou retornando.

Portanto, recapitulando, o que temos agora é:

❏ Uma especificação de pacote, esboçando o pacote que queremos implementar.
❏ Uma série de novos tipos de array SQL que podemos usar.

- Um objeto biblioteca no banco de dados, mapeando a nossa extproc.dll, ainda a ser criada.
- Um corpo de pacote que é apenas uma especificação de chamada SQL em torno de nossas funções C. Ele orienta o procedimento e como (quanto ao tipo de dados) enviá-lo.

Depois de ver o exemplo, pode ser uma boa hora para dar uma olhada na tabela de mapeamento de tipo de dados. Isto é, quando um tipo X SQL é dado, quais tipos externos estarão disponíveis? Dado o tipo externo que escolhemos, qual é o tipo C que será, de fato, usado? Essas tabelas de mapeamento de tipo de dados estão disponíveis no *Oracle Application Developers Guide — Fundamentals* e incluídas aqui para sua referência. Note que um tipo externo de dados não é um tipo C (nem um tipo SQL ou PL/SQL). Você ainda precisa se referir à segunda tabela para obter o verdadeiro tipo C que deve usar.

Tipo de dados SQL ou PL/SQL	Tipo externo de dados	Tipo padrão
BINARY_INTEGER, BOOLEAN, PLS_INTEGER	[unsigned] char, [unsigned] short, [unsigned] int, [unsigned] long, sb1, sb2, sb4, ub1, ub2, ub4, size_t	int
NATURAL, NATURALN, POSITIVE, POSITIVEN, SIGNTYPE	[unsigned] char, [unsigned] short, [unsigned] int, [unsigned] long, sb1, sb2, sb4, ub1, ub2, ub4, size_t	unsigned int
FLOAT, REAL	Float	float
DOUBLE PRECISION	Double	double
CHAR, CHARACTER, LONG, NCHAR, NVARCHAR2, ROWID, VARCHAR2, VARCHAR	string, ocistring	string
LONG RAW, RAW	raw, ociraw	raw
BFILE, BLOB, CLOB, NCLOB	ociloblocator	ociloblocator
NUMBER, DEC, DECIMAL, INT, INTEGER, NUMERIC, SMALLINT	[unsigned] char, [unsigned] short, [unsigned] int, [unsigned] long, sb1, sb2, sb4, ub1, ub2, ub4, size_t, ocinumber	ocinumber
DATE	Ocidate	ocidate
Abstract Data Types (ADTs)	Dvoid	dvoid
Coleções (tabelas aninhadas, VARRAYS)	Ocicoll	ocicoll

A tabela acima mapeia os tipos SQL ou PL/SQL para tipo externo de dados. Sempre recomendo usar tipos padrão, conforme listado acima, pois são mais fáceis de lidar em seu código C. Um tipo externo de dados se parece muito com um tipo C, mas precisamos ir um passo além. Visto que cada tipo SQL ou PL/SQL pode ser in, in out, out ou um valor de retorno de função, precisamos ir além ao determinar o verdadeiro tipo C. Em geral, as variáveis que são 'retornadas' são in, passadas por valor, enquanto as variáveis in out, out ou passadas explicitamente por referência, são passadas através de indicadores, por referência. A seguinte tabela nos mostra qual tipo C deveríamos usar, dado um tipo externo de dados e um parâmetro de modo:

Tipo C para parâmetros IN	Tipo C para IN Out, Out e e valores RETURN	Tipo externo de dados por variáveis REFERENCE
[unsigned] char	[unsigned]char	[unsigned] char*
[unsigned] short	[unsigned] short	[unsigned] short*
[unsigned] int	[unsigned] int	[unsigned] int*
[unsigned] long	[unsigned] lon	[unsigned] long*
size_t	size_t	size_t*
sb1	sb1	sb1*
sb2	sb2	sb2*
sb4	sb4	sb4*
ub1	ub1	ub1*
ub2	ub2	ub2*
ub4	ub4	ub4*
float	float	float*
double	double	double*
string	char*	char*
raw	unsigned char*	unsigned char*
Ociloblocator	OCILobLocator*	OCILobLocator**
Ocinumber	OCINumber*	OCINumber*
Ocistring	OCIString*	OCIString*
Ociraw	OCIRaw*	OCIRaw*
Ocidate	OCIDate*	OCIDate*
Ocicoll	OCIColl	OCIColl**
Adt	dvoid*	dvoid*

O código C

Agora estamos prontos para o código C, para implementar nossa biblioteca. Começaremos com o gabarito comum que uso em todos os procedimentos externos. Esse gabarito inclui arquivos de cabeçalho padrão que uso com freqüência, o arquivo de cabeçalho OCI Oracle que precisamos e três funções, debugf, oci_error e raise_application_error. Essas funções nos ajudarão a atingir nossos objetivos de ter um mecanismo de controle (debugf) e lidar com erros genéricos (oci_error e raise_application_error). Simplesmente copio esse arquivo sempre que estou iniciando um novo projeto extproc e o uso para começar.

```
# include <stdio.h>
# include <stlib.h>
# include <stdarg.h>
# include <time.h>
# include <string.h>
# include <errno.h>
# include <ctype.h>

# include <oci.h>
```

```
# ifdef WIN_NT
# define INI_FILE_NAME "c:\\temp\\extproc.ini"
# else
# define INI_FILE_NAME "/tmp/extproc.ini"
# endif

# define strupr(a) {char * cp; for(cp=a; *cp; *cp=toupper(*cp), cp++);}
```

O acima foi o verdadeiro início de meu gabarito C. Incluo arquivos de cabeçalho 'populares', aqueles que uso com freqüência, assim como defino onde estará meu parâmetro de arquivo. Há muitas formas pelas quais poderia ajustar isso no tempo de execução. Por exemplo, se eu fosse montar um procedimento externo para execução no Windows, poderia usar as funções Windows RegOpenKeyEx, RegQueryInfoKey e RegEnumValue para recuperar a localização do parâmetro de arquivo do registro. No UNIX, posso usar uma variável de ambiente. Nesse exemplo, simplesmente 'codifiquei pesado' a localização no procedimento externo. Essa é uma abordagem válida, pois você poderia apenas solicitar que seu parâmetro de arquivo de inicialização fosse colocado em algum lugar conhecido (por exemplo, /etc/your_extproc.ora no UNIX e c:\your_extproc\your_extproc.ora no Windows).

Agora, dentro do próprio código. A próxima parte define nosso contexto; ele contém o que normalmente seriam variáveis globais em um programa típico. Não podemos (não devemos — é totalmente pouco confiável) usar variáveis globais em um procedimento externo. Da mesma forma, visto que dados estáticos serão reinicializados entre chamadas globais, não iriam funcionar corretamente. Usaremos o gerenciamento OCI de contexto de chamadas API para obter e ajustar um contexto global para o nosso extproc. Você poderia acrescentar quaisquer variáveis de posição que quisesse preservar de chamada para chamada nessa estrutura abaixo.

As variáveis globais que defini são:

- OCIExtProcContext * ctx — O contexto que é passado a cada um de nossos procedimentos externos. Será necessário em várias chamadas, como em manuseio de erro.
- OCIEnv * envhp — O indicador do ambiente OCI. Será necessário em quase cada função de chamada OCI que fizermos.
- OCISvcCtx * svchp — A alavanca de serviço OCI. Será necessária em algumas, não em todas, as funções de chamada OCI.
- OCIError * errhp — A alavanca de erro OCI. Será usada em quase todas as funções de chamada OCI para lidar com erros.
- int curr_lineno e char * curr_filename — Serão usados pela nossa rotina de controle. Nos lembraremos do arquivo de código fonte e do número de linha que estiver fazendo uma chamada de rastreio, de forma que quando imprimirmos a mensagem saberemos exatamente qual arquivo de código fonte e linha, naquele arquivo, levou a mensagem a ser impressa — muito habilidoso para 'depurar à distância". No Capítulo 10, falei sobre instrumentar pesadamente o código — esse é um bom exemplo de onde isso é realmente importante.
- ub1 debugf_flag — Uma sinalização que nos dirá se estamos ou não imprimindo mensagens de controle. Se essa sinalização não for ajustada, causaremos 'curto circuito' nas chamadas debugf (debugf está definido a seguir). Isso nos permitirá reter as chamadas de controle em nosso código, mesmo durante a produção, assim podemos ativá-las facilmente, se for necessário.
- char debugf_path[255] — Controla o diretório para o qual escreveremos nossas mensagens de depuração.
- char debugf_filename[50] — Controla o nome do arquivo no diretório no qual escreveremos nossas mensagens de depuração.

```
typedef struct myCtx
{
   OCIExtProcContext *  ctx;        /* context passed to all external procs */
   OCIEnv *             envhp:      /* OCI environment handle */
   OCISvcCtx *          svchp;      /* OCI Service handle */
   OCIError *           errhp;      /* OCI Error handle */

   int                  curr_lineno;
   char *               curr_filename;

   ub1                  debugf_flag;
   char                 debugf_path[255];
```

```
        char                    debugf_filename[50];

        /* add your own state variables here. . . */
    }
    myCtxStruct;
```

Em seguida, no gabarito de código-fonte, temos debugf, nossa rotina de rastreio. É uma função C que funciona como o padrão C, fprintf, e até aceita um número variável de argumentos de entrada (o . . . na lista de argumentos). O primeiro argumento para ela é o 'contexto'; nossa posição descrita acima. Sempre imagino que esse indicador de posição é chamado de myCtx (meu macro para debugf faz essa suposição). Essa rotina debugf mostra um par de coisas: introduz muito da API lidando com arquivo OCI, que é vagamente modelado depois da família API C, fopen/fread/fwrite/fclose. A rotina debugf, que só é chamada se a sinalização myCTX->debugf_flag estiver de fato ajustada, simplesmente abre um arquivo, monta uma mensagem, a escreve e fecha o arquivo.

Isso mostra também como nosso contexto é usado. Ele contém a posição de 'sessão' e variáveis importantes, como as estruturas OCIEnv e OCIError, que precisamos para todas as chamadas API OCI. Mostra como podemos ajustar a posição, simplesmente manipulando variáveis na estrutura (como o macro debugf faz). O macro debugf apenas fará 'curto circuito' em chamadas à sub-rotina atual _debugf( ). Com isso, quero dizer que se myCtx ou myCtx->debugf_flag não estiver ajustado, a posição de contexto nunca será mudada, e a rotina _debugf( ) nunca será chamada. Dessa forma, você poderá deixar, com segurança, todas as suas declarações de depuração em seu código de produção, pois sua existência não afeta materialmente o desempenho no tempo de execução, a longo termo (quando debugf_flag está ajustado para falso).

```
        void _debugf( myCtxStruct * myCtx, char * fmt, . . . )
        {
        va_list             ap;
        OCIFileObject *     fp;
        time_t              theTime = time(NULL);
        char                msg[8192];
        ub4                 bytes;

            if ( OCIFileOpen(   myCtx->envhp, myCtx->errhp, &fp,
                                myCtx->debugf_filename,
                                myCtx->debugf)path,
                                OCI_FILE_WRITE_ONLY,OCI_FILE_APPEND|OCI_FILE_CREATE,
                                OCI_FILE_TEXT ) != OCI=SUCCESS ) return;

            strftime( msg, sizeof(msg),
                    "%y%m%d %H%M%S GMT ", gmtime(&theTime) );
            OCIFileWrite( myCtx->envhp, myCtx->errhp, fp, msg, strlen(lsg), &bytes );

            va_start(ap,fmt);
            vsprintf( msg, fmt, ap );
            va_end(ap);
            strcat ( msg, "\n");

            OCIFileWrite( myCtx->envhp, myCtx->errhp, fop, msg, strlen(msg), &bytes );
            OCIFileClose( myCtx->envhp, myCtx->errhp, fp );
        }
```

Esse próximo fragmento de código introduz um macro de interface para debugf. Esse macro é uma maneira mais conveniente de usar debugf. Em vez de passar the _LINE_,_FILE_ cada vez que chamamos, apenas codificamos:

```
        debugf( myCtx, "This is some format %s", some_string );
```

e esse macro o ajustará em nosso contexto, depois chamará _debugf.

```
        void _debugf( myCtxStruct * myCtx, char * fmt, . . . );
        #define debugf \
        if (myCtx!=NULL) && (myCtx->debugf_flag)) \
          myCtx->curr_lineno = _LINE_, \
          myCtx->curr_filename = _FILE_, \
          _debugf
```

Em seguida no gabarito está um utilitário de manuseio de erro, raise_application_error. Esse deve ser um nome familiar a um desenvolvedor PL/SQL. raise_application_error é uma função interna PL/SQL para levantar erros como exceções. Essa função tem exatamente o mesmo objetivo. Se o seu procedimento externo chamar essa função antes de retornar, os valores de retorno de seu procedimento externo serão ignorados, e será levantada uma exceção ao chamador. Isso não torna o manuseio de erros de um procedimento externo diferente de qualquer outra rotina PL/SQL, no que se refere ao chamador.

```
static int raise_application_error( myCtxStruct * myCtx,
                                    int           errCode,
                                    char *        errMsg, . . . )
{
char       msg[8192];
va_list    ap;

   va_start(ap,errMsg);
   vsprintf( msg, errMsg, ap );
   va_end(ap);

   debug( myCtx, "raise application error( %d, %s )", errCode, msg );
   if ( OCIExtProcRaiseExcpWithMsg(myCtx->ctx,errCode,msg,0) = =
                                                  OCIEXTPROC_ERROR )
   {
       debugf( myCtx, "Unable to raise exception" );
   }
   return =1;
}
```

Em seguida está outra rotina para lidar com erro, lastOciError. Essa função toma o contexto da sessão atual e, usando nela a estrutura OCIError, recupera o último texto de erro OCI que ocorreu. Ela recupera esse texto em alguma memória que foi alocada usando OCIExtProcAllocCallMemory( ). Qualquer memória alocada por essa função será automaticamente liberada por nós ao retornar do procedimento externo. Essa função é usada com mais freqüência em uma chamada a raise_application_error depois de uma chamada OCI que tiver falhado. Ela simplesmente permite ao chamador saber a causa do erro OCI que encontramos.

```
static char * lastOciError( myCtxStruct * myCtx )
{
sb4        errcode;
char       * errbuf = (char*)O CIExtProcAllocCallMemory( myCtx->ctx, 256 );

   strcpy( errbuf, "unable to retrieve message\n" );
   OCIErrorGet( myCtx->errhp, 1, NULL, &errcode, errbuf,
             255, OCI_HTYPE_ERROR );
   errbuf[strlen(errbuf)-1] = 0;
   return errbuf;
}
```

Agora, para a rotina 'cavalo de batalha' do gabarito de procedimento externo; init. Ela é responsável por estabelecer e recuperar nossa posição e processar quaisquer parâmetros que configuramos em nosso arquivo de inicialização. Ela tem muito para ler em uma só tacada, mas na verdade é bastante direta quando introduzimos as chamadas OCI API que estamos usando.

O objetivo da rotina init é inicializar nossa myCtxStruct e chamar qualquer função de inicialização OCI que precisarmos. Essa função começa obtendo as alavancas de ambiente OCI, e faz isso em uma de duas maneiras. Se estivermos usando apenas OCI (não Pro*C), apenas chamamos OCIExtProcGetEnv com o contexto que foi enviado ao nosso procedimento externo. Esse OCI API recupera a alavanca. Se estivermos usando ambos, OCI e Pro*C, precisaremos usar EXEC SQL REGISTER CONNECT :ctx, que configura a camada Pro*C. Ainda temos que recuperar as alavancas de ambiente OCI, mas dessa vez precisamos usar o Pro*C fornecido pelas chamadas a API para fazer isso — SQLEnvGet, SQLSvcCtxGet. Você deve comentar, ou não comentar, o método apropriado, dependendo de suas necessidades.

```c
/*- - - - - - - - include this for Pro*C external procedure only!! - - - - - - - -
#define SQLCA_INIT
EXEC SQL INCLUDE sqlca;
- - - - - - - - - - - - - - - - - - - - - - - - - - - - - - - - - - - - - - - - */

static myCtxStruct * init ( OCIExtProcContext * ctx )
{
ub1                false = 0;
myCtxStruct        *myCtx = NULL;
OCIEnv             *envhp;
OCISvcCtx          *svchp;
OCIError           *errhp;
Ub4                key = 1;

    if ( OCIExtProcGetEnv( ctx, &envhp, &svchp, &errhp ) != OCI_SUCCESS )
    {
         OCIExtProcRaiseExcpWithMsg(ctx,20000,
         "failed to get OCI Connection",0);
            return NULL;
    }

/*- - - - - replace the above OCIExtOProcGetEnv( ) call with the following - - - - -
- - - - - - when using Pro*C - - - - - - - - - - - - - - - - - - - - - - - - - - -

    EXEC SQL REGISTER CONNECT USING :ctx;
    if ( sqlca.sqlcode < 0 )
    {
        OCIExtProcRaiseExcpWithMsg(ctx,20000,sqlca.sqlerrm.sqlerrmc,70);
        return NULL;
    }
    if ( ( SQLEvnGet(0, &envhp ) != OCI_SUCCESS ) ||
         ( OCIHandleAlloc(envhp, (dvoid**)&errhp,
                          OCI_HTYPE_ERROR,0,0) != OCI_SUCCESS ) ||
         ( SQLSvcCtxGet(0, NULL, 0 &svchp ) ¡= OCI_SUCCESS ) ||
    {
         OCIExtProcRaiseExcpWithMsg(ctx,20000,"failed to get OCI ENV",0);
         return NULL;
    }
- - - - - - - - - - - - - - - - - - - - - - - - - - - - - - - - - - - - - - -*/
```

Quando temos o ambiente OCI, a primeira coisa que fazemos é chamar OCIContextGetValue( ) para recuperar nosso contexto. Essa chamada de API toma o ambiente OCI e uma 'chave', e tenta recuperar um indicador. A 'chave' nesse caso é algum número de 64 bits. Você pode armazenar tantos contextos quantos quiser, mas dessa vez estaremos usando um.

```c
    if ( OCIContextGetValue( enghp, errhp, (ub1*)&key, sizeof(key),
                      (dvoid**)&myCtx ) != OCI_SUCCESS )
    {
         OCIExtProcRaiseExcpWithMsg(ctx,20000,"failed to get OCI Context",0);
         return NULL;
    }
```

Se recuperarmos um indicador Null dessa vez, o que simplesmente indica que ainda não ajustamos um contexto, iremos alocar memória suficiente para um e ajustá-lo. A chamada a OCIMemoryAllocate é usada para alocar um bloco de memória que permanecerá válido pela vida do processo. Quando tivermos alocado essa memória, a salvamos em nosso contexto usando OCIContextSetValue. Essa função associará nosso indicador (que nunca mudará) à chave que escolhemos para a duração de nossa sessão. A próxima chamada a OCIContextGetValue com a mesma chave na mesma sessão irá recuperar esse indicador.

```
if ( myCtx = = NULL )
{
   if ( OCIMemoryAlloc(envhp, errhp, (dvoid**)&myCtx,
                       OCI_DURATION_PROCESS,
                       sizeof(myCtxStruct),
                       OCI_MEMORY_CLEARED ) != OCI_SUCCESS )
   {
       OCIExtProcRaiseExcpWithMsg(ctx,20000,
                       "failed to get OCI Memory",0);
       return NULL;
   }
   myCtx->ctx    = ctx;
   myCtx->envhp  = envhp;
   myCtx->svchp  = svchp;
   myCtx->errhp  = errhp;
   if ( OCIContextSetValue(envhp, errhp,
                       OCI_DURATION_SESSION, (ub1*)&key,
                       sizeof(key), myCtx ) != OCI_SUCCESS )
   {
       raise_application_error(myCtx, 20000, "%s",
                       lastOciError(myCtx));
       return NULL;
   }
}
```

Prosseguimos, visto que recuperamos um indicador Null que indica que nunca processamos nossos parâmetros. Fazemos isso no próximo bloco de código. Usamos as chamadas de API fornecidas pelo gerenciamento de parâmetro para processar arquivos que seguem as mesmas regras que o parâmetro de arquivo init.ora do Oracle. Veja o Capítulo 2, para uma descrição desses arquivos. Tipicamente, uso esse arquivo para controlar o controle de depuração e quaisquer outros padrões de posição de variável que quiser em meu programa. O arquivo de inicialização que vamos usar poderia se parecer, por exemplo, com:

```
debugf = true
debugf_filename = extproc2.log
debugf_path = /tmp/
```

Isso permite controlar (debugf = true) para um arquivo /tmp/extproc2.log. Você deve acrescentar parâmetros adicionais a esse arquivo e modificar o código init apropriado para lê-los e configurá-los no contexto de sua sessão. O processo para ler e processar um parâmetro de arquivo toma as seguintes etapas:

1. Chamar OCIExtractInit para inicializar a biblioteca de processamento de parâmetro.
2. Chamar OCIExtractSetNumKeys para permitir a OCI API qual número de nomes chave você vai pedir. Precisa combinar com o número de parâmetros fornecidos no parâmetro de arquivo.
3. Chamar OCIExtractSetKey o número de vezes que você disse a OCIExtractSetNumKeys( ).
4. Chamar OCIExtractFromFile para processar o parâmetro de arquivo.
5. Chamar OCIExtractTo<some datatype> para recuperar cada um dos valores de parâmetro de cada vez.
6. Chamar OCIExtractTerm para encerrar a biblioteca de processamento de parâmetro e permitir que ela retorne quaisquer recursos que poderia ter alocado ao sistema.

```
if  (( OCIExtractInit( envhp, errhp ) != OCI_SUCCESS ) ||
     ( OCIExtractSetNumKeys( enghp, errhp, 3 ) != OCI_SUCCESS ) ||
     ( OCIExtractSetKey( envhp, errhp, "debugf",
                       OCI_EXTRACT_TYPE_BOOLEAN,
                       0, &false, NULL, NULL ) != OCI_SUCCESS ) ||
     ( OCIExtractSetKey( envhp, errhp, "debugf_filename",
                       OCI_EXTRACT_TYPE_STRING,
                       0, "extproc.log",
                       NULL, NULL ) != OCI_SUCCESS ) ||
```

```
            ( OCIExtractSetKey( envhp, errhp, "debugf_path",
                              OCI_EXTRACT_TYPE_STRING,
                              0, " ", NULL, NULL ) != OCI_SUCCESS ) ||
            ( OCIExtractFromFile(   envhp, errhp, 0,
                                  INI_FILE_NAME ) != OCI_SUCCESS ) ||
            ( OCIExtractToBool( envhp, errhp, "debugf", 0,
                              &myCtx->debugf_flag ) != OCI_SUCCESS ) ||
            ( OCIExtractToStr( envhp, errhp, "debugf_filename", 0,
                             myCtx->debugf_filename,
                             sizeof(myCtx->debugf_filename) )
                                              != OCI_SUCCESS ) ||
            ( OCIExtract ToStr( envhp, errhp, "debugf_path",
                               0, myCtx->debugf_path,
                               sizeof(myCtx->debugf_path) )
                                              != OCI_SUCCESS ) ||
            ( OCIExtractTerm( envhp, errhp ) != OCI_SUCCESS ))
        {
            raise_application_error(myCtx, 20000, "%s",
                                    lastOciError(myCtx));
            return NULL;
        }
    }
```

A seguir está o bloco de código que executaremos na segunda e nas subseqüentes chamadas a init em nossa sessão. Como OCIContextGetValue retorna nosso contexto para a segunda e subseqüente chamadas, simplesmente configuramos nossa estrutura de dados, para indicar:

```
    else
    {
      myCtx->ctx           = ctx;
      myCtx->envhp= envhp;
      myCtx->svchp= svchp;
      myCtx->errhp     = errhp;
    }
```

A última coisa que fazemos em init antes de retornar é chamar a rotina OCIFileInit, o que inicializa a API do arquivo de lidar com OCI, e o faz de forma que possamos abrir e ler/escrever os arquivos do sistema operacional. Poderíamos usar as rotinas padrão C fopen, fclose, fread, fwrite, que só o torna um pouco mais portátil e faz com que o manuseio de erros fique muito consistente, de plataforma para plataforma. Você mesmo também pode acrescentar aqui chamadas init adicionais. Por exemplo, se escolher usar as rotinas OCIFormat* (semelhantes a vsprintg em C), pode acrescentar uma chamada a OCIFormatInit. Não se esqueça de acrescentar também uma chamada OCIFormatTerm correspondente a sua rotina term, abaixo.

```
    if ( OCIFileInit( myCtx->envhp, myCtx->errhp ) != OCI_SUCCESS )
    {
        raise_application_error(myCtx, 20000, "%s", lastOciError(myCtx));
        return NULL;
    }
    return myCtx;
}
```

Agora, para term, referida acima. Essa é a minha rotina de encerramento, uma rotina de limpeza, e precisa ser chamada depois de qualquer chamada bem sucedida a init acima. Deve ser a última coisa que você chama em sua rotina antes de retornar de C para SQL:

```
static void term( myCtxStruct * myCtx )
{
  OCIFileTerm( myCtx->envhp, myCtx->errhp );
}
```

Esse é o final de meu gabarito. Uso o mesmo código fonte de gabarito para cada projeto de procedimento externo que faço (pequenas modificações para simples OCI versus Pro*C mais OCI), poupando muito tempo e conseguindo muita funcionalidade.

Agora começamos a acrescentar nosso código. A primeira parte, logo depois do componente genérico, é uma listagem de códigos de erro que retornaremos, começando com 20001. É conveniente listá-los todos aqui, pois nos permitirá inicializar facilmente um mapeamento pragma exception_init em PL/SQL para cada código de erro em nosso PL/SQL. Assim os programas PL/SQL poderão pegar exceções nomeadas, em vez de precisar inspecionar códigos de erro. Não o demonstraremos com esse exemplo em especial; no entanto, o faremos quando chegarmos ao exemplo Pro*C abaixo. Os números de erro precisam estar na faixa de 20.000 a 20.999, pois esses são os suportados por Oracle; os restantes códigos de erro são reservados para seu uso.

```
#define ERROR_OCI_ERROR      20001
#define ERROR_STR_TOO_SMALL  20002
#define ERROR_RAW_TOO_SMALL  20003
#define ERROR_CLOB_NULL      20004
#define ERROR_ARRAY_NULL     20005
```

Em seguida vem nossa primeira rotina real. Esse procedimento é a implementação da rotina pass_number que especificamos em PL/SQL acima. Ela toma um número PL/SQL IN e ajusta um número OUT PL/SQL. A nossa simples rotina abaixo irá:

- ❏ Acessar o tipo OCI Number, um tipo de dados Oracle interno usando funções fornecidas por OCI. Nesse exemplo, iremos converter o NUMBER Oracle em um double C, usando o OCINumberToReal interno. Poderíamos converter o NUMBER em uma string usando OCINumberToText ou em um tipo int C usando OCINumberToInt. Existem quase 50 funções de número OCI que podem ser usadas para fazer várias operações nesse tipo interno. Todas as funções disponíveis são encontradas no Guia de chamada de interface do programador de Oracle.
- ❏ Faremos uma operação no DOUBLE C. Nesse caso, simplesmente a negaremos; se ela fosse positiva, a tornaríamos negativa, e vice-versa.
- ❏ Ajustaremos o parâmetro OUT NUMBER para esse valor negativado e retornaremos.

Veremos também uma portabilidade de macro que colocamos diante de cada rotina passível de chamada a partir de PL/SQL. Esse macro "exportará" uma função. Isso só é necessário na plataforma Windows, tecnicamente não o é no UNIX. Eu o coloco, independente da plataforma onde estiver montando, pois com freqüência surge a necessidade de mover a biblioteca extproc do Windows para o UNIX e vice-versa. Fazer isso sempre facilita. Os comentários embutidos explicam o código em detalhes, à medida que prosseguimos:

```
#ifdef WIN_NT
_declspect_(dllexport)
#endif
void pass_number
    ( OCIExtProcContext * ctx           /* CONTEXT */,

      OCINumber *       p_inum         /* OCINumber */,
      short             p_inum_i       /* INDICATOR short */,

      OCINumber *       p_onum         /* OCINumber */,
      short *           p_onum_i       /* INDICATOR short */ )
{
double       l_inum;
myCtxStruct *myCtx;
```

Antes de podermos fazer *qualquer coisa*, precisamos recuperar nosso contexto de sessão. Isso obtém o ambiente OCI, nossos parâmetros etc. Será a primeira chamada que fazemos em todas as nossas rotinas extproc:

```
if ( (myCtx = init( ctx ) ) == NULL ) return;
debugf( myCtx, "Enter Pass Number" );
```

Acessaremos agora o primeiro parâmetro. Nós o passamos como um tipo OCINumber; podemos usar nele muitas funções OCINumber*. Nesse caso, teremos o Number Oracle convertido para um DOUBLE C, usando OCINumberToReal. Também poderíamos convertê-lo facilmente em uma Int, Long, Float ou string formatada.

Primeiro, precisamos verificar se o Number passado é *Not Null*, se for, processar, também nesse caso; nada fazer, exceto chamar term( ) e retornar. Se formos bem sucedidos em acessar o primeiro parâmetro, o negativamos e depois montamos um OCINumber a partir dele, usando OCINumberFromReal. Se isso for bem sucedido, ajustamos o indicador p_onum_I para not Null — para permitir ao chamador saber que há um valor armazenado lá. Então, terminados, chamamos term para limpar e retornamos:

```
if ( p_inum_i = = OCI_IND_NOTNULL )
{
    if ( OCINumberToReal( myCtx->errhp, p_inum, sizeof(l_inum), &l_inum )
            != OCI_SUCCESS )
    {
        raise_application_error(myCtx,ERROR_OCI_ERROR,
                        "%s", lastOciError(myCtx));
    }
    else
    {
        debugf( myCtx, "The first parameter is %g", l_inum );
        l_inum = -l_inum;
        if ( OCINumberFromReal( myCtx->errhp, &l_inum,
                        sizeof(l_inum), p_onum) != OCI_SUCCESS )
        {
            raise_application_error(myCtx,ERROR_OCI_ERROR,
                            "%s", lastOciError(myCtx));
        }
        else
        {
            *p_onum_i = OCI_IND_NOTNULL;
            debugf( myCtx,
                "Set OUT parameter to %g and set indicator to NOTNULL",
                    l_inum );
        }
    }
}
term(myCtx);
}
```

e é isso. Nossa primeira rotina usa todas as rotinas auxiliares; raise_application_error, lastOciError, init, term e debugf. Depois, quando a testarmos, inspecionaremos os resultados de nossas chamadas debugf. Elas confirmarão se a rotina faz o que deveria (e oferecerão uma ferramenta habilidosa para depurar mais tarde).

Observe como tenho cuidado ao retornar de uma localização nessa rotina. Se você retornar de mais de um lugar, tenha certeza de chamar term(myCtx) em cada local.

Agora nos moveremos para as rotinas restantes. A próxima rotina lida com datas como parâmetros IN e OUT. Iremos:

- ❑ Recuperar o parâmetro IN DATE.
- ❑ Formatá-lo como uma string, usando as chamadas OCI API com objetivos de controle (existem cerca de 16 chamadas OCI API que você pode usar para manipular um tipo de dados DATE).
- ❑ Acrescentar um mês a ele, usando a OCI API fornecida.
- ❑ Designar uma nova data ao parâmetro OUT.
- ❑ Converter a data recém designada na string e imprimi-la.
- ❑ E finalmente, chamar term e retorná-lo.

```
#ifdef WIN_NT
-declspec (dllexport)
#endif
void pass_date
    (   OCIExtProContect * ctx      /* CONTEXT */,
```

```
            OCIDate *       p_idate     /* OCIDATE */,
            short           p_idate_i   /* INDICATOR short */,

            OCIDate *       p_odate     /* OCIDATE */,
            short *         p_odate_i   /* INDICATOR short */
      )
{
char        buffer[255];
ub4         buff_len;
char        * fmt = "dd-mon-yyyy hh24:mi:ss";
myCtxStruct*myCtx;

   if ( (myCtx = init( ctx )) = = NULL ) return;
   debugf( myCtx, "Enter Pass Date" );

   if ( p_idate_i = = OCI_IND_NOTNULL )
   {
         buff_len = sizeof(buffer);
         if ( OCIDateToText( myCtx->errhp, p_idate, fmt, strlen(fmt),
                          NULL, -1, &buff_len, buffer ) != OCI_SUCCESS )
         {
            raise_application_error(myCtx,ERROR_OCI_ERROR,
                                "%s", lastOciError(myCtx));
         }
         else
         {
            debugf( myCtx, "The date input parameter was set to '%.*s'",
                    buff_len, buffer );

            if ( OCIDateAddMonths( myCtx->errhp, p_idate, 1, p_odate )
                  != OCI_SUCCESS )
            {
               raise_application_error(myCtx,ERROR_OCI_ERROR,
                                   "%s",lastOciError(myCtx));
            }
            else
            {
               *p_odate_i = OCI_IND_NOTNULL;

               buff_len = sizeof(buffer);
               if ( OCIDateToText(   myCtx->errhp, p_odate, fmt,
                                     strlen(fmt), NULL, -1,
                                     &buff_len, buffer ) != OCI_SUCCESS )
               {
                  raise_application_error(myCtx,ERROR_OCI_ERROR,
                                      "%s",lastOciError(myCtx));
               }
               else
               {
                  debugf( myCtx,
                     "The date output parameter was set to '%.*s'",
                        buff_len, buffer );
               }
            }
         }
      }
   }
   term(myCtx);)
```

Agora veremos o que está envolvido, passando uma string para frente e para trás. As STRINGs são, de alguma forma, mais fáceis do que NUMBERs e DATEs, pois são passadas simplesmente como strings ASCII terminadas em nulo. Usaremos o parâmetro MAXLEN com todas as strings OUT. O parâmetro MAXLEN nos informa o tamanho máximo do buffer de saída da string, que pode mudar de chamada para chamada, porque o chamador fornece o buffer, e cada vez que nos chama, pode ser com um parâmetro OUT diferente ou um comprimento diferente. Isso permite ao nosso procedimento externo detectar uma sobregravação de buffer antes que aconteça, e evitá-la. Depois, podemos relatar de volta ao chamador que o buffer fornecido era muito pequeno (e qual tamanho deveria ter sido).

```
#ifdef WIN_NT
_declspec (dllexport)
#endif
void pass_str
    ( OCIExtProcContect * ctx         /* CONTEXT */,

        char *          p_istr        /* STRING */,
        short           p_istr_i      /* INDICATOR short */,

        char *          p_ostr        /* STRING */,
        short *         p_ostr_i      /* INDICATOR short */,
        int *           p_ostr_ml     /* MAXLEN int */

    )
{
myCtxStruct*myCtx;

    if ( (myCtx = init( ctx )) = = NULL ) return;
    debugf( myCtx, "Enter Pass Str" );

    if ( p_istr_i = = OCI_IND_NOTNULL )
    {
    int     l_istr_1 = strlen(p_istr);

        if ( *p_ostr_ml > l_istr_1 )
        {
            strcpy( p_ostr, p_istr );
            strupr( p_ostr );
            *p_ostr_i = OCI_IND_NOTNULL;
        }
        else
        {
            raise_application_error( myCtx, ERROR_STR_TOO_SMALL,
                "output buffer of %d bytes needs to be at least %d bytes",
                    *p_ostr_ml, l_istr_1+1 );
        }
    }
    term(myCtx);
}
```

A rotina a seguir demonstra um tipo binary_integer. Um binary_integer em PL/SQL é um inteiro assinado de 32 bits. De longe, é o tipo mais simples para enviar e receber. Ele é passado de uma maneira que é muito intuitiva a um programador C. Essa rotina simplesmente irá inspecionar o valor de entrada e designá-lo (vezes 10) para a variável de saída:

```
#ifdef WIN_NT
_declspec (dllexport)
#endif
void pass_int
    ( OCIExtProcContext * ctx        /* CONTEXT */,

        int             p_iINT       /* int */,
        short           p_iINT_i     /* INDICATIOR short */,

        int *           p_oINT       /* int */,
        short *         p_oINT_i     /* INDICATOR short */
    )
{
```

```
myCtxStruct*myCtx;

    if ( (myCtx = init( ctx )) = = NULL ) return;
    debugf( myCtx, "Enter Pass Int" );

    if ( p_iINT_i = = OCI_IND_NOTNULL )
    {
        debugf( myCtx, "This first INT parameter is %d", p_iINT );

        *p_oINT_i = p_iINT*10;
        *p_oINT_i = OCI_IND_NOTNULL;

        debugf( myCtx, "Set the INT out parameter to %d", *p_oINT );
    }
    term(myCtx);
}
```

Agora, para um PL/SQL BOOLEAN. O tipo PL/SQL BOOLEAN será mapeado para um int C, nesse caso. Um valor de 1 indica verdadeiro e 0 indica falso, como seria esperado. Essa rotina simplesmente irá inspecionar a INPUT (se não Null) e ajustar a saída para a negativa da entrada. De novo, como isso mapeia muito bem para tipos originais C, é muito fácil de codificar. Nenhum manuseio especial de ambiente ou chamadas de API para tratar os dados. Essa rotina simplesmente ajusta a saída igual à negativa da entrada:

```
#ifdef WIN_NT
_declspec (dllexport)
#endif
void pass_bool
    ( OCIExtProcContext *    ctx             /* CONTEXT */

        int                  p_ibool         /* int */,
        short                p_ibool_i       /* INDICATOR short */,

        int *                p_obool         /* int */,
        short *              p_obool_i       /* INDICATOR short */ )
{
myCtxStruct*myCtx;

    if ( (myCtx = init( ctx )) = = NULL ) return;
    debugf( myCtx, "Enter Pass Boolean" );

    if ( p_ibool_i = = OCI_IND_NOTNULL )
    {
        *p_obool = !p_ibool;
        *p_ibool_i = OCI_IND_NOTNULL;
    }
    term(myCtx);
}
```

Agora passaremos e retornaremos um parâmetro RAW. Como as variáveis de tipo PL/SQL VARCHAR2 são limitadas a 32 KB em comprimento, sempre usaremos a mais-fácil-para-fazer-interface-com tipo externo RAW. Esse procedimento mapeia para uma unsigned char * C, que é apenas um indicador para o byte de dados. Com RAWs, *sempre* receberemos o atributo LENGTH. Isso é obrigatório; ou não teremos como determinar o número de bytes que devemos acessar. Também *sempre* iremos receber o atributo MAXLEN em todos os parâmetros OUT que têm um comprimento variado, para evitar a potencial sobregravação de buffer. Esse atributo, enquanto tecnicamente não obrigatório, é apenas importante demais para deixar de fora. Essa rotina simplesmente copia a entrada de buffer na saída de buffer:

```
#ifdef WIN_NT
_declspec (dllexport)
#endif
void pass_raw
    ( OCIExtProcContect *    ctx             /* CONTEXT */,
```

```
            unsigned char *       p_iraw            /* RAW */,
            short                 p_iraw_i          /* INDICATOR short */,
            int                   p_iraw_l          /* LENGTH INT */,

            unsigned char *       p_oraw            /* RAW */,
            short *               p_oraw_i          /* INDICATOR short */,
            int *                 p_oraw_ml         /* MAXLEN int */,
            int *                 p_oraw_l          /* LENGTH int */
    )
{
myCtxStruct*myCtx;

    if ( (myCtx = init( ctx )) = = NULL ) return;
    debugf( myCtx, "Enter Pass long raw" );

    if ( p_iraw_i = = OCI_IND_NOTNULL )
    {
        if ( p_iraw_l <= *p_oraw_ml )
        {
            memcpy( p_oraw, p_iraw_l );

            *p_oraw_l = p_iraw_l;
            *p_oraw_i = OCI_IND_NOTNULL;
        }
        else
        {
            raise_application_error(myCtx, ERROR_RAW_TO_SMALL,
                    "Buffer of %d bytes needs to be %d",
                    *p_oraw_ml, p_iraw_l );
        }
    }
    else
    {
        *p_oraw_i = OCI_IND_NOTNULL;
        *p_oraw_l = 0;
    }
    term(myCtx);
}
```

Em nossa última sub-rotina scalar, lidaremos com LOBs. Os LOBs não são mais difíceis ou mais complexos do que DATEs ou NUMBERs. São as várias chamadas OCI API que nos permitem ler e escrever neles, copiá-los, compará-los e assim por diante. Nesse exemplo, usaremos chamadas a API para determinar o comprimento e depois copiar a entrada LOB em OUTPUT LOB. Esse procedimento exige que o chamador inicialize o LOB (seja selecionando um localizador LOB a partir de uma fileira existente em uma tabela ou utilizando dbms_lob.createtemporary). Deve-se notar que enquanto estamos demonstrando aqui com um CLOB, que seria muito semelhantes às implementações BLOB e BFILE — um OCILobLocator é usado em todos os três tipos. Mais informações sobre as funções que você pode usar com o tipo OCILobLocator podem ser encontradas no *Guia de chamada de interface do programador de Oracle*. Essa demonstração de rotina simplesmente copiará a entrada CLOB para a saída CLOB.

```
    #ifdef WIN_NT
    _declspec (dllexport)
    #endif
    void pass_clob
        ( OCIExtProcContext *   ctx               /* CONTEXT */,

            OCILobLocator *     p_iCLOB           /* OCILOBLOCATOR */,
            short               p_iCLOB_i         /* INDICATOR short */,

            OCILobLocator * *   p_oCLOB           /* OCILOBLOCATOR */,
            short *             p_oCLOB_i         /* INDICATOR short */
        )
```

```
{
    ub4                     lob_length;
myCtxStruct* myCtx;

    if ( (myCtx = init( ctx )) == NULL ) return;
    debugf( myCtx, "Enter Pass Clob" );
    if ( p_iCLOB_i == OCI_IND_NOTNULL && *p_o_CLOB_i == OCI_IND_NOTNULL )
    {
        debugf( myCtx, "both lobs are NOT NULL" );

        if ( OCILobGetLength( myCtx->svchp, myCtx->errhp,
                              p_iCLOB, &lob_length ) != OCI_SUCCESS )
        {
            raise_application_error(myCtx, ERROR_OCI_ERROR,
                                    "%s", lastOciError(myCtx));
        }
        else
        {
            debugf( myCtx, "Length of input lob was %d", lob_length );
            if ( OCILobCopy(myCtx->svchp, myCtx->errhp, *p_oCLOB, p_iCLOB,
                            lob_length, 1, 1) != OCI_SUCCESS )
            {
                raise_application_error(myCtx,ERROR_OCI_ERROR,
                                        "%s",lastOciError(myCtx));
            }
            else
            {
                debugf( myCtx, "We copied the lob!");
            }
        }
    }
    else
    {
        raise_application_error(myCtx, ERROR_CLOB_NULL,
                                "%s %s clob was NULL",
                                (p_iCLOB_i == OCI_IND_NULL)?"input":" ",
                                (*p_oCLOB_i == OCI_IND_NULL)?"output":" " );
    }
    term(myCtx);
}
```

As três rotinas a seguir demonstram como passar arrays de dados para frente e para trás entre um procedimento armazenado e um externo. Se você se lembrar do acima, criamos alguns tipos SQL de tabela aninhada — numArray, dateArray e strArray. Demonstraremos com esses tipos. Em geral, nossas rotinas mostrarão quantos elementos de array existem, despejarão seu conteúdo e preencherão o array OUT com aqueles elementos.

Nessas rotinas de array, usaremos o conjunto de chamadas API OCICoLL*. Há cerca de 15 chamadas API que podemos usar em tipos (array) de coleção para interagir com elas, obter ou ajustar seus valores etc. Aqueles que usamos abaixo (os mais comuns) são:

- OCICollSize, para recuperar o número de elementos em uma coleção.
- OCICollGetElem, para recuperar o 1º elemento de um array.
- OCICollAppend, para acrescentar um elemento ao final de um array.

Refira-se ao *Guia de chamada de interface do programador de Oracle* para uma extensa lista das funções disponíveis.

Começaremos com o array de números. Essa rotina irá interagir em todos os valores na coleção IN, imprimi-los e designá-los à coleção OUT:

```c
#ifdef WIN_NT
_declspec (dllexport)
#endif
void pass_numArray
    ( OCIExtProcContext *   ctx         /* CONTEXT */,
        OCIColl *            p_in        /* OCICOL */,
        short                p_in_i      /* INDICATOR short */,
        OCIColl **           p_out       /* OCICOL */,
        short *              p_out_i     /* INDICATOR short */
    )
{
ub4             arraySize;
double          tmp_dbl;
boolean         exists;
OCINumber       *ocinum;
int             i;
myCtxStruct*myCtx;

    if ( (myCtx = init( ctx )) == NULL ) return;
    debugf( myCtx, "Enter Pass numArray" );

    if ( p_in_i == OCI_IND_NULL )
    {
        raise_application_error(myCtx, ERROR_ARRAY_NULL,
                                        "Input array was NULL" );
    }
    else
    if ( OCICollSize( myCtx->envhp, myCtx->errhp,
                    p_in, &arraySize ) != OCI_SUCCESS )
    {
        raise_application_error(myCtx,ERROR_OCI_ERROR,
                                    "%s",lastOciError(myCtx));
    }
    else
    {
        debugf( myCtx, "IN Array is %d elements long", arraySize );

        for( i = 0; i < arraySize; i++ )
        {
            if (OCICollGetElem( myCtx->envhp, myCtx->errhp, p_in, i,
                            &exists, (dvoid*)&ocinum, 0 ) != OCI_SUCCESS )
            {
                raise_application_error(myCtx,ERROR_OCI_ERROR,
                                            "%s",lastOciError(myCtx));
                break;
            }
            if (OCINumberToReal( myCtx->errhp, ocinum,
                            sizeof(tmp_dbl), &tmp_dbl ) != OCI_SUCCESS )
            {
                raise_application_error(myCtx,ERROR_OCI_ERROR, "%s",
                                            lastOciError(myCtx));
                break;
            }
            debugf( myCtx, "p_in[%d] = %g", i, tmp_dbl );
            if ( OCICollAppend( myCtx->envhp, myCtx->errhp, ocinum, 0,
                            *p_out ) != OCI_SUCCESS )
```

```
            {
                raise_application_error(myCtx,ERROR_OCI_ERROR,
                                    "%s",lastOciError(myCtx));
                break;
            }
            debugf( myCtx, "Appended to end of other array" );
        }
    *p_out_i = OCI_IND_NOTNULL;
    }
    term(myCtx);
}
```

Agora, as duas rotinas a seguir fazem STRINGs e DATEs. Elas são muito semelhantes ao exemplo number acima, pois todas funcionam em OCIColl*. O exemplo strArray é interessante, pois introduz um novo tipo OCI — um OCIString (que *não* é um simples char*). Precisamos fazer um não direcionamento duplo com tipos OCIString. Faremos em strings e dates exatamente o que fizemos acima em number:

```
#ifdef WIN_NT
_declspec (dllexport)
#endif
void pass_strArray
    ( OCIExtProcContext *   ctx          /* CONTEXT */,
      OCIColl *              p_in         /* OCICOL */,
      short                  p_in_i       /* INDICATOR short */,
      OCIColl **             p_out        /* OCICOL */,
      short *                p_out_i      /* INDICATOR short */
    )
{
ub4             arraySize;
boolean         exists;
OCIString *     * ocistring;
int             i;
text            *txt;
myCtxStruct*myCtx;

    if ( (myCtx = init( ctx )) = = NULL ) return;
    debugf( myCtx, "Enter Pass strArray" );

    if ( p_in_i = = OCI_IND_NULL )
    {
        raise_application_error( myCtx, ERROR_ARRAY_NULL,
                            "Input array was NULL" );
    }
    else if ( OCICollSize( myCtx->envhp, myCtx->errhp,
                        p_in, &arraySize ) != OCI_SUCCESS )
    {
        raise_application_error(myCtx, ERROR_OCI_ERROR,
                            "%s",lastOciError(myCtx));
    }
    else
    {
        debugf( myCtx, "IN Array is %d elements long", arraySize );
        for( i = 0; i < arraySize; i++ )
        {
            if (OCICollGetElem( myCtx->envhp, myCtx->errhp, p_in, i, &exists,
                        (dvoid*)&ocistring, 0) != OCI_SUCCESS )
            {
                raise_application_error(myCtx, ERROR_OCI_ERROR,
                                    "%s",lastOciError(myCtx));
                break;
            }
            txt = OCIStringPtr( myCtx->envhp, *ocistring );
```

```c
                debugf( myCtx, "p_in[%d] = '%s', size = %d, exists = %d',
                        i, txt, OCIStringSize(myCtx->envhp, *ocistring), exists );

                if ( OCICollAppend( myCtx->envhp, myCtx->errhp, *ocistring,
                                    0, *p_out ) != OCI_SUCCESS )
                {
                    raise_application_error(myCtx, ERROR_OCI_ERROR,
                                            "%s",lastOciError(myCtx));
                    break;
                }
                debugf( myCtx, "Appended to end of other array" );
            }
            *p_out_i = OCI_IND_NOTNULL;
    }
    term(myCtx);
}

#ifdef WIN_NT
_declspec (dllexport)
#endif
void pass_dateArray
    ( OCIExtProcContect *   ctx         /* CONTEXT */,

        OCIColl *           p_in        /* OCICOL */,
        short               p_in_i      /* INDICATOR short */,

        OCIColl **          p_out       /* OCICOL */,
        short *             p_out_i     /* INDICATOR short */,
    )
{
ub4         arraySize;
boolean     exists;
OCIDate *   ocidate;
int         i;
char        *   fmt = "Day, Month YYYY hh24:mi:ss";
ub4         buff_len;
char        buffer[255];
myCtxStruct*myCtx;

        if ( (myCtx = init( ctx )) = = NULL ) return;
        debugf( myCtx, "Enter Pass dateArray" );

        if ( p_in_i = = OCI_IND_NULL )
        {
            raise_application_error(myCtx, ERROR_ARRAY_NULL,
                                    "Input array was NULL" );
        }
        else if ( OCICollSize( myCtx->envhp, myCtx->errhp,
                            p_in, &arraySize ) != OCI_SUCCESS )
        {
            raise_application_error(myCtx, ERROR_OCI_ERROR,
                                    "%s", lastOciError(myCtx));
        }
        else
        {
            debugf( myCtx, "IN Array is %d elements long", arraySize );

            for( i = 0; i < arraySize; i++ )
            {
                if (OCICollGetElem( myCtx->envhp, myCtx->errhp, p_in, i,
                                    &exists, (dvoid*)&ocidate, 0 ) != OCI_SUCCESS )
```

```
        {
            raise_application_error(myCtx, ERROR_OCI_ERROR,
                                    "%s", lastOciError(myCtx));
            break.
        }

        buff_len = sizeof(buffer);
        if ( OCIDateToText( myCtx->errhp, ocidate, fmt, strlen(fmt),
                    NULL, -1, &buff_len, buffer ) !=    OCI_SUCCESS )
        {
            raise_application_error(myCtx, ERROR_OCI_ERROR,
                                    "%s", lastOciError(myCtx));
            break;
        }

        debugf( myCtx, "p_in[%d] = %.*s", i, buff_len, buffer );

        if ( OCICollAppend( myCtx->envhp,myCtx->errhp, ocidate,
                        o, *p_out ) != OCI_SUCCESS )
        {
            raise_application_error(myCtx, ERROR_OCI_ERROR,
                                    "%s", lastOciError(myCtx));
            break;
        }
        debugf( myCtx, "Appended to end of other array" );
    }
    *p_out_i = OCI_IND_NOTNULL;
    }
    term(myCtx);
}
```

Finalmente, veremos uma função que retorna valores. Parece um pouco incomum, pois em PL/SQL temos funções que apenas retornam um valor e não tomam entradas, mas as rotinas C que devemos mapear *precisam* ter algumas entradas. Isto é, a função mais simples em PL/SQL que não toma entradas mapeará para uma rotina C que tem parâmetros formais. Esses parâmetros formais serão usados pela rotina externa, para informar ao Oracle coisas como:

- ❏ Se a função retornou um valor Null ou não Null através de um indicador.
- ❏ O comprimento atual de um tipo STRING ou RAW.

Vimos esses parâmetros antes, mas eles são simplesmente inesperados em uma função.

```
#ifdef WIN_NT
_declspec (dllexport)
#endif
OCINumber * return_number
    ( OCIExtProcContext *    ctx,
      short                  return_i )
{
double          our_number = 123.456;
OCINumber *     return_value:
myCtxStruct*myCtx;
* return_i = OCI_IND_NULL;
if ( myCtx = init( ctx )) = = NULL ) return NULL;
debugf( myCtx, "Enter return Number" );
```

Aqui precisamos alocar armazenagem para o número que estamos retornando. Não podemos apenas usar uma área de memória variável, pois ela ficaria fora de escopo quando retornássemos. Usar malloc poderia ser causa de vazamento de memória. Usar uma variável estática também não funcionaria, pois devido à armazenagem de extproc, alguém mais poderia vir e alterar os valores que estamos indicando, depois de retornarmos (mas antes do Oracle ter copiado o valor). Alocar a armazenagem é a maneira certa de fazer isso:

```c
    return_value =
            (OCINumber *)OCIExtProcAllocCallMemory(ctx, sizeof(OCINumber) );
    if ( return_value = = NULL )
    {
        raise_application_error( myCtx, ERROR_OCI_ERROR, "%s", "no memory" );
    }
    else
    {
        if ( OCINumberFromReal( myCtx->errhp, &our_number,
                    sizeof(our_number), return_value ) != OCI_SUCCESS )
        {
            raise_application_error(myCtx,ERROR_OCI_ERROR,
                                "%s",lastOciError(myCtx));
        }
        *return_i = OCI_IND_NOTNULL;
    }
    term(myCtx);
    return return_value;
}
```

Retornar uma date é semelhante a retornar um number. Aplicam-se os mesmos aspectos de memória. Iremos alocar armazenagem para a nossa date, preenchê-la, ajustar o indicador e retornar:

```c
#ifdef WIN_NT
_declspec (dllexport)
#endif
OCIDate * return_date
    ( OCIExtProcContext * ctx,
        short *          return_i )
{
OCIDate * return_value;
myCtxStruct*myCtx;

    if ( (myCtx = init( ctx )) = = NULL ) return NULL;
    debugf( myCtx, "Enter return Date" );

    return_value =
            (OCIDate *)OCIExtProcAllocCallMemory(ctx, sizeof(OCIDate) );

    if( return_value = = NULL )
    {
        raise_application_error( myCtx, ERROR_OCI_ERROR, "%s", "no memory" );
    }
    else
    {
        *return_i = OCI_IND_NULL;
        if ( OCIDateSysDate( myCtx->errhp, return_value ) != OCI_SUCCESS )
        {
            raise_application_error(myCtx, ERROR_OCI_ERROR,
                                "%s",lastOciError(myCtx));
        }
        *return_I = OCI_IND_NOTNULL;
    }
    term(myCtx);
    return return_value;
}
```

Com a string de tipo de retorno (VARCHAR) usaremos dois parâmetros — a variável indicator e o campo LENGTH. Dessa vez, como um parâmetro OUT, ajustamos o campo LENGTH para que o chamador saiba o quanto a string retornada é longa.

Muitas das mesmas considerações se aplicam às strings retornadas, conforme acima; alocaremos a armazenagem, ajustaremos o indicador, forneceremos o valor e retornaremos:

```c
#ifdef WIN_NT
_declspec (dllexport)
#endif
char * return_string
    ( OCIExtProcContext *   ctx,
        short *             return_i,
        int *               return_l )
{
char * data_we_want_to_return = "Hello World!";

char * return_value;
myCtxStruct*myCtx;

    if ( (myCtx = init( ctx )) = = NULL ) return NULL;
    debugf( myCtx, "Enter return String" );

    return_value = (char *)OCIExtProcAllocCallMemory(ctx,

        strlen(data_we_want_to_return)+1 );
    if( return_value = = NULL )
    {
        raise_application_error( myCtx, ERROR_OCI_ERROR, "%s", "no memory" );
    }
    else
    {
        *return_i = OCI_IND_NULL;
        strcpy( return_value, data_we_want_to_return );
        *return_l = strlen(return_value);
        *return_l = OCI_IND_NOTNULL;
    }
    term(myCtx);
    return return_value;
}
```

Concluímos então o código C necessário para demonstrar a passagem de todos os tipos 'interessantes como os parâmetros IN e IN/OUT ou retorno por funções. Também introduzimos uma grande quantidade de funções de procedimento externo OCI, como aquelas para armazenar e recuperar um contexto para manter a posição, processar parâmetro de arquivos e criar/escrever arquivos do sistema operacional. O que não mostramos explicitamente foi:

❑ Enviar e receber objeto de tipos *complexos* para procedimentos externos. São semelhantes aos exemplos de array (pois enviam e recebem objetos de tipos simples). Eles usariam os recursos de navegação de objeto OCI para manipular as entradas e saídas de tipos de objeto.

❑ Retornar cada tipo individual. Só cobrimos strings, dates e numbers. Os tipos restantes são muito semelhantes (na verdade, mais fáceis, pois para ints e outros você nem ao menos precisa alocar armazenagem).

Em seguida, veremos makefiles, que podemos usar para montar esse procedimento externo no UNIX ou no Windows.

Como montar o extproc

Veremos primeiro um makefile de objetivo geral para Windows:

```
CPU=i386
MSDEV            = c:\msdev                                         (1)
ORACLE_HOME      = c:\oracle                                        (2)

!include <$(MSDEV)\include\win32.mak>                               (3)

TGTDLL   = extproc.dll                                              (4)
OBJS     = extproc.obj                                              (5)

NTUSER32LIBS       =    $(MSDEV)\lib\user32.lib  \                  (6)
                        $(MSDEV)\lib\msvcrt.lib  \
                        $(MSDEV)\lib\oldnames.lib    \
                        $(MADEV)\lib\kernel32.lib    \
                        $(MADEV)\lib\advapi32.lib

SQLLIB =   $(ORACLE_HOME)\precomp\lib\msvc\orasql18.lib    \        (7)
           $(ORACLE_HOME)\oci\lib\msvc\oci.lib

INCLS   =   -I$(MSDEV)\include   \                                  (8)
            -I$(ORACLE_HOME)\oci\include   \
            -I.

CFLAGS =  $ (INCLS) -DWIN32 -DWIN_NT -D_DLL                         (9)

all: $(TGTDLL)                                                      (10)

clean:                                                              (11)
   erase *.obj *.lib *.exp

$(TGTDLL) : $(OBJS)                                                 (12)
    $(link) -DLL $(dllflags) \
       /NODEFAULTLIB:LIBC.LIB -out:$(TGTDLL) \
       $(OBJS) \
       $(NTUSER32LIBS) \
       $(SLQLIB)
```

Os **números em negrito**, entre parênteses, não são parte do makefile, estão lá para a referência abaixo.

1. Esse é o caminho para onde meu compilador C está instalado. Estou usando Microsoft Visual C/C++, que é o compilador suportado no Windows. Mais adiante usarei esse símbolo no makefile quando precisar referir esse caminho.
2. Meu ORACLE_HOME. É usado para encontrar os arquivos include para as bibliotecas OCI/Pro*C e Oracle fornecidas.
3. Incluo o gabarito makefile padrão Microsoft, que oferece símbolos para coisas como $(link) e $(dllflags), que podem mudar de lançamento para lançamento do compilador.
4. TGTDLL é o nome da DDL que estou criando.
5. OBJS é uma lista de arquivos de objeto que estou usando nessa montagem. Se eu separasse o código em muitos arquivos, haveria mais de um arquivo obj listado aqui. Nesse simples e pequeno exemplo, só temos um arquivo obj.
6. NTUSER32LIBS é uma lista de bibliotecas padrão do sistema que estou vinculando.
7. SQLLIB é uma lista de bibliotecas fornecidas pelo Oracle, que precisamos. Nesse exemplo, estou vinculando em *ambas* as bibliotecas, Pro*C e OCI, embora nessa ocasião só usemos as bibliotecas OCI. Não prejudica incluir Pro*C.
8. INCLS são a lista de diretórios onde tenho arquivos que preciso incluir. Aqui, tenho os arquivos de cabeçalho de sistema, assim como os arquivos de cabeçalho do Oracle e o diretório de trabalho atual.

9. CFLAGS e o macro C padrão usado pelo compilador. Defino –DWIN_NT para capacitar o código condicional que temos para NT, para compilar em NT (o _declspec(dllesport) por exemplo).
10. O all: por padrão, alvo que montará a DLL.
11. O clean: alvo que remove arquivos temporários criados durante uma compilação.
12. TGTDLL é o comando que realmente cria a DLL para nós. Ele irá compilar e vincular todo o código.

Como desenvolvedor, utilizo e reutilizo esse makefile constantemente. Tipicamente, só mudo a linha (4), o nome de saída e a linha (5), a lista de arquivos de código de objeto. A não ser por isso, os componentes restantes de makefile quando configurado em seu sistema, estarão prontos para prosseguir.

Tudo o que precisamos fazer agora é emitir o comando nmake e devemos ver algo como:

```
C:\Documents and Setting\Thomas Kyte\Desktop\extproc\demo_passing>nmake

Microsoft (R) Program Maintenance Utility Version 1.60.5270
Copyright (c) Microsoft Corp 1988-1995. All rights reserved.
      cl -Ic:\msdev\include -Ic:\oracle\oci\include -I. -DWIN32 -DWIN_NT
D_Dll /c extproc.c
Microsoft (R) 32-bit C/C++ Optimizing Compiler Version 10.00.5270 for 80x86
Copyright (c) Microsoft Corp 1984-1995. All rights reserved.

extproc.c
          link -DLL /NODEFAULTLIB:LIBC.LIB - out:extproc.dll extproc.obj
c:\msdev\lib\user32.lib
 c:\msdev\lib\msvcrt.lib c:\msdev\lib\oldnames.lib   c:\msdev\lib\kernel32.lib
c:\msdev\lib\adv
api32.lib  c:\oracle\precomp\lib\msvc\orasql18.lib c:\oracle\lib\msvc\oci.lib
Microsoft (R) 32-Bit Incremental Linker Version 3.00.5270
Copyright (c) Microsoft Corp 1992-1995. All rights reserved.

    Creating library extproc.lib and object extproc.exp
```

e é isso; a nossa extproc.dll está montada e pronta para prosseguir. Agora, vamos colocar isso em UNIX, usando esse makefile:

```
MAKEFILE= $(ORACLE_HOME)/rdbms/demo/demo_rdbms.mk                    (1)

INCLUDE=  -I$(ORACLE_HOME)/rdbms/demo \                              (2)
          -I$(ORACLE_HOME)/rdbms/public \
          -I$(ORACLE_HOME)/plsql/public \
          -I$(ORACLE_HOME)/network/public

TGTDLL= extproc.so                                                   (3)
OBJS = extproc.o                                                     (4)

all: $(TGTDLL)                                                       (5)

clean:
   rm * .o                                                           (6)

$(TGTDLL) : $(OBJS)
   $(MAKE) -f $(MAKEFILE) extproc_callback \                         (7)
   SHARED_LIBNAME=$(TGTDLL) OBJS=$(OBJS)

C=cc                                                                 (8)
CFLAGS= -g -I. $(INCLUDE) -Wall                                      (9)
```

1. Novamente, os **números em negrito**, entre parênteses, não fazem parte do makefile, estão lá apenas para referência, abaixo.
2. O nome/localização do makefile Oracle padrão. Usarei esse makefile para compilar limpo e fazer o link com as bibliotecas Oracle necessárias em cada plataforma/lançamento. Como essas variam de lançamento para lançamento, versão para versão e plataforma para plataforma, usar esse makefile é *altamente* recomendado.

3. Uma lista de diretórios para buscar pelas inclusões. Listei aqui os diretórios Oracle.
4. O nome da saída de biblioteca.
5. Todos os arquivos que formam essa biblioteca.
6. O alvo padrão a fazer.
7. Um alvo para remover arquivos temporários criados durante o make.
8. O próprio alvo atual; usa o makefile padrão fornecido por Oracle, para montar o extproc, o que remove todos os problemas com relação a nomes/localizações de biblioteca.
9. O nome do compilador C que queremos usar.
10. O conjunto de opções padrão que queremos passar ao compilador C.

Devido à maneira com que escrevemos o código, estamos prontos para colocar. Tudo o que precisamos fazer é emitir make e ver algo como:

```
$ make
cc -g -I. -I/export/home/ora816/rdbms/demo -I/export/home/ora81/rdbms/public -
I/export/home/ora816/plsql/public -I/export/home/ora816/network/public -Wall -c
extproc.c -o extproc.o
make -f /export/home/ora816/rdbms/demo/demo_rdbms.mk extproc_callback \
    SHARED_LIBNAME=extproc.so OBJS=extproc.o
make[1]: Entering directory `/aria-export/home/tkyte/src/demo_passing'
ld -G -L/export/home/ora816/lib -R/export/home/ora816/lib -o extproc.so extproc.o
-lclntsh `sed -e 's/-ljava//g' /export/home/ora816/lib/ldflags` -lnsgr8 -
lnzjs8 -ln8 - lnl8 - lnro8 `sed -e 's/-ljava//g' /export/home/ora816/lib/ldflags`
-lnsgr8 - lnzjs8 -ln8 -lnl8 -lclient8 - lvsn8 -lwtc8 - lcommon8 - lgeneric8 -lwtc8 -
lmm - lnls8 -lcore8 - lnls8 - lcore8 - lnls8 `sed -e 's/-ljava//g'
/export/home/ora816/lib/ldflags` -lnsgr8 -lnzjs8 -ln8 -lnl8 -lnro8 `sed -e
's/-ljava//g' /export/home/ora816/lib/ldflags` -lnsgr8 -lnzjs8 -ln8 -lnl8 -
lclient8 -lvsn8 -lwtc8 -lcommon8 -lgeneric8 -ltrace8 -lnls8 -lcore8 -lnls8 -
lcore8 -lnls8 -lclient8 - lvsn8 -lwtc8 -lcommon8 -lgeneric8 -lnls8 -lcore8 -
lnls8 - lcore8 - lnls8 `cat /export/home/ora816/lib/sysliblist` `if [ -f
/usr/lib/libshed.so ] ; then echo -lsched ; else true; fi` -
R/export/home/ora816/lib -laio /lposix4 -lkstat -lm -lthread \
/export/home/ora816/lib/libpls8.a
make[1]: Leaving directory `/aria-export/home/tkyte/src/demo_passing'
```

então, temos nosso arquivo extproc.so para Solaris.

Instalação e execução

Agora que temos nossa especificação de chamada, criamos a biblioteca, os tipos, as especificações e corpo do pacote demo_passing em extproc.sql e extproc.dll (ou extproc.so), estamos prontos para instalar o exemplo em nosso banco de dados. Para fazê-lo, simplesmente executaremos @extproc.sql e depois uma série de blocos anônimos, para exercitar nosso procedimento externo. Você precisará personalizar a declaração CREATE LIBRARY para indicar para a sua .dll ou .so:

```
create or replace library demoPassing as
'C:\<LOCATION OF YOUR DLL>\extproc.dll';
```

mas o restante deve ser compilado 'como é'.

Depois de executarmos extproc.sql, testaremos nossos procedimentos externos como:

```
SQL> declare
  2      l_input     number;
  3      l_output    number;
  4  begin
  5      dbms_output.put_line( 'Pass Number' );
  6
  7      dbms_output.put_line('first test passing nulls to see that works');
  8      demo_passing_pkg.pass( l_input, l_output );
```

```
    9        dbms_output.put_line( 'l_input = '| |l_input| |
                                    ' l_output = '| |l_output );
   10
   11       l_input := 123;
   12       dbms_output.put_line
                ( 'Now test passing non-nulls to see that works' );
   13       dbms_output.put_line( 'We expect the output to be -123' );
   14       demo_passing_pkg.pass( l_input, l_output );
   15       dbms_output.put_line
                ( 'l_input = '| |l_input| |' l_output = '| |l_output );
   16   end;
   17   /
Pass Number
first test passing nulls to see that works
l_input = l_output =
Now test passing non-nulls to see that works
We expect the output to be -123
l_input = 123 l_output = -123

PL/SQL procedure successfully completed.
```

Tenho um simples bloco anônimo para testar um procedimento/função de cada vez. Não embutimos a saída de cada um a partir daqui. Em vez disso, há um script test_all.sql incluído no código de exemplo que exercita cada procedimento/função e produz saída semelhante à acima. Você pode executar depois de instalar a demonstração, para ver cada um funcionando.

Se você se recorda do código C, temos uma série de declarações debugf. Se antes de executar o bloco de PL/SQL acima, apenas garantir que o arquivo ext_proc.log existe em meu diretório temporário, podemos ver a saída de debugf. Ela se parecerá com:

```
000809 185056 GMT (      extproc.c,176) Enter Pass Number
000809 185056 GMT (      extproc.c,183) Oci Environment Retrieved
000809 185056 GMT (      extproc.c,176) Enter Pass Number
000809 185056 GMT (      extproc.c,183) Oci Environment Retrieved
000809 185056 GMT (      extproc.c,209) The first parameter is 123
000809 185056 GMT (      extproc.c,230) Set OUT parameter to -123 and set indicator
to NOTNULL
```

Isso mostra que em 9 de Agosto, 2000 (000809) às 6:50:56PM (185056) GMT, o arquivo de código fonte extproc.c executou na linha 176 a declaração debguf que dizia Enter Pass Number. Prossegue para registrar o restante das declarações debugf que executamos. Como se pode ver, ter um arquivo de controle que podemos ativar e desativar à vontade, pode ser habilidoso em uma situação de depuração. Como os procedimentos externos executam *no servidor*, eles podem ser notoriamente difíceis de depurar. Quando existe a possibilidade de usar um depurador convencional, a praticidade de tal opção é muito limitada.

LOB para arquivar procedimento externo (LOB_IO)

O Oracle 8.0 introduziu um conjunto de novos tipos de dados:
- CLOB — **C**haracter **L**arge **OB**ject.
- BLOB — **B**inary **L**arge **Ob**ject.
- FILE — **B**inary **FILE**.

Usando um CLOB ou um BLOB posso armazenar até 4 GBs de dados não estruturados no banco de dados. Usando um BFILE posso acessar arquivos do sistema operacional no arquivo de sistema do banco de dados servidor de uma maneira apenas de leitura. O Oracle oferece um pacote DBMS_LOB com muitos utilitários de rotina para manipular um LOB. Ele até oferece uma função para loadfromfile, para carregar um LOB de um arquivo do sistema operacional existente. Mas o que o Oracle não oferece é uma função para escrever um LOB num arquivo do sistema operacional. Em muitos casos, o UTL_FILE poderia ser usado no tipo CLOB, mas nunca para o tipo CLOB. Implementaremos uma rotina usando um procedimento externo escrito em C com Por*C, que nos permite escrever todos os CLOBs e BLOBs em um arquivo.

A especificação de chamada a LOB_IO

De novo, começaremos com uma declaração CREATE LIBRARY, definiremos nossa especificação de pacote, depois um corpo de pacote para mapear as rotinas C e finalmente implementaremos nossa rotina C usando Pro*C. Começando com a especificação de biblioteca, temos:

```
tkyte@TKYTE816> create or replace library lobToFile_lib
  2    as 'C:\extproc\lobtofile\extproc.dll'
  3    /
Library created.
```

E depois a especificação do pacote que estamos criando. Ele começa com três funções sobrecarregadas para escrever um LOB num arquivo no nosso servidor. Elas são chamadas de maneira idêntica e todas retornam o número de bytes escritos em disco. As exceções que elas podem atirar estão listadas embaixo delas.

```
tkyte@TKYTE816> create or replace package lob_io
  2    as
  3
  4            function write( p_path in varchar2,
  5                            p_filename in varchar2, p_lob in blob )
  6            return binary_integer;
  7
  8            function write( p_path in varchar2,
  9                            p_filename in varchar2, p_lob in clob )
 10            return binary_integer;
 11
 12            function write( p_path in varchar2,
 13                            p_filename in varchar2, p_lob in bfile )
 14            return binary_integer;
 15
 16            IO_ERROR exception;
 17            pragma exception_init( IO_ERROR, -20001 );
 18
 19            CONNECT_ERROR exception;
 20            pragma exception_init( CONNECT_ERROR, -20002 );
 21
 22            INVALID_LOB exception;
 23            pragma exception_init( INVALID_LOB, -20003 );
 24
 25            INVALID_FILENAME exception;
 26            pragma exception_init( INVALID_FILENAME, -20004 );
 27
 28            OPEN_FILE_ERROR exception;
 29            pragma exception_init( OPEN_FILE_ERROR, -20005 );
 30
 31            LOB_READ_ERROR exception;
 32            pragma exception_init( LOB_READ_ERROR, -20006 );
 33
 34    end;
 35    /
Package created.
```

Aqui, tomamos cada código de erro que podíamos levantar (os códigos #define ERROR_ que definimos no alto de nosso extproc, abaixo) e os mapeamos para exceções nomeadas em PL/SQL. Esse é um bom toque, que permite ao usuário de nosso pacote pegar uma exceção *nomeada*, como esta:

```
exception
   when lob_io.IO_ERROR then
        . . .
   when lob_io.CONNECT_ERROR then
        . . .
```

ou, se preferir códigos de erro e mensagens de erro em vez de exceções nomeadas, assim:

```
exception
   when others then
      if (sqlcode = -20001 ) then - - (it was na IO error)
         . . .
      elsif( sqlcode = -20002 ) then - - (it was a connect error)
         … and so on
```

Também é uma boa forma de determinar exatamente quais erros podem ser erguidos pelo procedimento externo, sem precisar inspecionar diretamente o código C.

Agora, para o corpo do pacote — isso simplesmente mapeia a especificação PL/SQL do acima para a rotina C em nossa biblioteca lobToFile:

```
tkyte@TKYTE816> create or replace package body lob_io
  2  as
  3
  4  function write(p_path in varchar2,p_filename in varchar2,p_lob in blob)
  5  return binary_integer
  6  as
  7  language C name "lobToFile" library lobtofile_lib
  8  with context      parameters      ( CONTEXT,
  9     p_path         STRING,         p_path      INDICATOR short,
 10     p_filename     STRING,         p_filename  INDICATOR short,
 11     p_lob          OCILOBLOCATOR   p_lob       INDICATOR short,
 12     RETURN INDICATOR short );
 13
 14
 15  function write(p_path in varchar2,p_filename in varchar2,p_lob in clob)
 16  return binary_integer
 17  as
 18  language C name "lobToFile" library lobtofile_lib
 19  with context parameters ( CONTEXT,
 20     p_path         STRING          p_path      INDICATOR short,
 21     p_filename     STRING,         p_filename  INDICATOR short,
 22     p_lob          OCILOBLOCATOR   p_lob       INDICATOR short,
 23     RETURN INDICATOR short );
 24
 25
 26  function write(p_path in varchar2,p_filename in varchar2,
                                       p_lob in bfile)
 27  return binary_integer
 28  as
 29  language C name "lobToFile" library lobtofile_lib
 30  with context parameters ( CONTEXT,
 31     p_path         STRING,         p_path      INDICATOR short,
 32     p_filename     STRING,         p_filename  INDICATOR short,
 33     p_lob          OCILOBLOCATOR,  p_lob       INDICATOR short,
 34     RETURN INDICATOR short );
 35
 36  end lob_io;
 37  /

Package body created.
```

De alguma forma é interessante notar que todas as três funções mapeiam para *exatamente a mesma função externa C*. Não escrevi uma rotina separada para CLOBs, BLOBs e BFILEs. Como LOB é passado como OCILOBLOCATOR, todos eles podem usar a mesma rotina. Como de hábito, estou passando uma variável de indicador para cada parâmetro formal e uma para o valor de retorno. Embora não obrigatório, isso é fortemente recomendado.

O código LOB_IO Pro*C

Iremos inspecionar agora o código Pro*C que geraremos para implementar a biblioteca lobtofile_lib. Estou deixando de fora o código genérico, que discutimos no primeiro exemplo, por brevidade (as implementações de debugf, raise_application_error, ociLastError, term e init são iguais, exceto que usamos EXEC SQL REGISTER CONNECT em aplicativos Pro*C na função init) e pularemos direto no próprio código. Deve-se notar que o código a seguir vai para o final de nosso código de 'gabarito' acima, e que as seções relevantes referentes a conexões com Pro*C não devem ser comentadas no gabarito. Começamos com todos os erros que, possivelmente, retornaríamos. Esse conjunto de códigos de erro deve combinar exatamente com as exceções nomeadas e seus SQLCodes em nossa especificação de pacote PL/SQL. Não há nada para garantir que esse é o caso, pois é apenas uma convenção que uso, mas é uma boa prática.

```
#define ERROR_FWRITE              20001
#define ERROR_register_CONNECT    20002
#define ERROR_BLOB_IS_NULL        20003
#define ERROR_FILENAME_IS_NULL    20004
#define ERROR_OPEN_FILE           20005
#define ERROR_LOB_READ            20006
```

Em seguida vem uma rotina interna, não disponível diretamente a PL/SQL, que será usada pela rotina principal lobToFile para escrever bytes em um arquivo. Ela também mantém uma execução total dos números de bytes escritos no arquivo:

```
        static int writeToFile(   myCtxStruct *       myCtx,
                                  OCIFileObject *     output,
                                  char *              buff,
                                  int                 bytes,
                                  int *               totalWritten )
{
ub4        bytesWritten;

    debugf( myCtx, "Writing %d bytes to output", bytes );
    if ( OCIFileWrite( myCtx->envhp, myCtx->errhp, output,
                       buff, bytes, &bytesWritten ) != OCI_SUCCESS )
    {
        return raise_application_error
                    (   myCtx,
                        ERROR_FWRITE,
                        "Error writing to file '%s'",
                        lastOciError(myCtx) );
    }

    if ( bytesWritten != bytes )
    {
        return raise_application_error
                    (   myCtx,
                        ERROR_FWRITE,
                        "Error writing %d bytes to file, only %d written",
                        bytes, bytesWritten );
    }
    *totalWritten += bytesWritten;
    return 0;
}
```

O primeiro parâmetro dessa rotina é o contexto de nossa sessão. Esse contexto precisa ser passado a qualquer rotina para que possamos chamar utilitários, como raise_application_error. O próximo parâmetro é o arquivo de saída onde escreveremos. Estamos usando as funções portáteis OCIFile para fazer a nossa I/O. Espera-se que esse arquivo já esteja aberto antes de chamar writeToFile. Depois disso estão os indicadores para o buffer onde escrever, junto com a quantidade de bytes para os quais ele está indicando no momento. Por fim há uma variável de contador que estamos usando, para manter com o total que estiver sendo executado.

Agora, a rotina principal (e a última). Essa rotina faz todo o verdadeiro trabalho; pega um localizador LOB como uma entrada (qualquer de BLOB, CLOB ou BFILE) e escreve o conteúdo no arquivo nomeado:

```c
#ifdef WIN_NT
_declspec (dllexport)
#endif
int lobToFile( OCIExtProcContext *  ctx,
               char *                path,
      short                  path_i,
               char *                filename,
               short                 filename_i,
               OCIBlobLocator *      blob,
               short                 blob_i,
               short *               return_indicator )
{
```

Essa próxima parte do código define a estrutura onde buscaremos. Ela tem uma contagem guia de bytes e depois 64 KB de espaço de dados. Buscaremos 64 KB de cada vez a partir do LOB e os escreveremos em disco. Depois ele vai definir algumas outras variáveis locais que precisamos:

```c
typedef struct long_varraw
{
    ub4      len;
    text     buff[65536];
} long_varraw;

EXEC SQL TYPE long_varraw IS LONG VARRAW(65536);

long_varraw      data;    /* we'll fetch into this */
ub4              amt;     /* this will be how much was fetched */
ub4              buffsize = sizeof(data.buf); /* this is the amt we ask for*/
int              offset = 1; /* where in the lob we are currently reading */
OCIFileObject*   output = NULL; /* file we write to */
int              bytesWritten = 0; /* how many bytes we WROTE in total */
myCtxStruct *    myCtx;

    *return_indicator = OCI_IND_NULL;
    if ( (myCtx=init(ctx)) == NULL ) return 0;
```

Começamos inspecionando os indicadores Null. Se qualquer deles estiver ajustado, precisaremos falhar a solicitação. Podemos perceber a importância de passar *sempre* um indicador para um procedimento externo em C. Você nunca sabe quando o usuário final de seu código o enganará com um Null acidental. Se tentarmos acessar o nome de arquivo ou BLOB sem primeiro verificar *e* eles forem Null — poderemos muito bem 'quebrar' (o nosso extproc quebrará), pois eles não estarão inicializados.

```c
    if ( blob_i == OCI_IND_NULL )
    {
        raise_application_error
                ( myCtx,
                  ERROR_BLOB_IS_NULL,
                  "Null lob passed to lobToFile, invalid argument" );
    }
    else if ( filename_i == OCI_IND_NULL || path_i == OCI_IND_NULL )
    {
        raise_application_error
                ( myCtx,
                  ERROR_FILENAME_IS_NULL,
                  "Null Filename/path passed to lobToFile, invalid argument");
    }
```

Abra agora o arquivo de saída. Abrimos com a intenção de 'escrever' no modo 'binário'. Queremos apenas despejar bytes a partir do banco de dados em um arquivo.

```c
    else if ( OCIFileOpen( myCtx->envhp, myCtx->errhp, &output,
                    filename, path,
                    OCI_FILE_WRITE_ONLY, OCI_FILE_CREATE,
                    OCI_FILE_BIN ) != OCI_SUCCESS )
    {
        raise_application_error( myCtx,
                        ERROR_OPEN_FILE,
                        "Error opening file '%s' ",
                        lastOciError(myCtx) );
    }
    else
    {
        debugf( myCtx, "lobToFile( filename => '%s%s', lob => %X )",
                path, filename, blob );
```

Iremos ler o LOB usando Pro*C em um método *sem escrutínio*. Isso é importante, pois você não pode 'sondar' em um LOB num procedimento externo. Assim, nunca pediremos por mais do que possamos receber em uma chamada (sem escrutínio). Começamos com o offset 1 (o primeiro byte) e iremos ler os bytes de BUFSIZE (64 KB, nesse caso) de cada vez. Com o tempo, no entanto, aumentaremos nosso offset pela quantidade que acabarmos de ler e sairemos do loop quando a quantidade lida for menor que a solicitada — indicando que lemos todo o BLOB;

```c
        for(    offset = 1, amt = buffsize;
                amt = = buffsize;
                offset += amt )
        {
            debugf( myCtx, "Attempt to read %d bytes from LOB", amt );
            EXEC SQL LOB
                    READ  :amt
                    FROM  :blob
                    AT    :offset
                    INTO  :data
                    WITH LENGTH :buffsize;
```

Verificando todos *e* quaisquer erros, os converteremos em *nossa* mensagem de erro e acrescentaremos a verdadeira mensagem de erro na pilha de erros PL/SQL.

Observe como temos cuidado de limpar todo e qualquer recurso (o arquivo aberto) antes de retornar. Isso é importante. Se possível, não queremos 'vazar' recursos. Fazemos isso retornando apenas de uma localização (abaixo) e chamando term antes de fazê-lo:

```c
            if ( sqlca.sqlcode < 0 )
                break;

            if ( writeToFile(myCtx, output, data.buf, amt, &bytesWritten) )
                break;
        }
    }
```

Agora, tudo o que precisamos fazer é fechar o arquivo e retornar:

```c
    if ( output != NULL )
    {
        debugf( myCtx, "Done and closing file" );
        OCIFileClose( myCtx->envhp, myCtx->errhp, output );
    }
```

```
    *return_indicator = OCI_IND_NOTNULL;
    debugf( myCtx, "Returning a value of %d for total bytes written",
            bytesWritten );

    term( myCtx );
    return bytesWritten;
}
```

Como montar o extproc

O processo para montar lobtofile é virtualmente idêntico ao que era para a biblioteca demo_passing acima. O makefile genérico foi usado em ambos, Windows e UNIX, com modificações mínimas. No Windows, usamos:

```
CPU=i386

MSDEV                = c:\msdev
ORACLE_HOME = c:\oracle

!include <$ (MSDEV)\include\win32.mak>

TGTDLL = extproc.dll
OBJES  = lobtofile.obj

NTUSER32LIBS       =    $(MSDEV)\libuser32.lib \
                        $(MSDEV)\lib\msvcrt.lib \
                        $(MSDEV)\lib\oldnames.lib    \
                        $(MSDEV)\lib\kernel32.lib    \
                        $(MSDEV)\lib\advapi32.lib

SQLLIB =  $(ORACLE_HOME)\precomp\lib\msvc\orasql8.lib  \
          $(ORACLE_HOME)\oci\lib\msvc\oci.lib

INCLS  =  -I$(MSDEV)\indluce   \
          -I$(ORACLE_HOME)\oci\include  \
          -I.

CFLAGS =  $ (INCLS) -DWIN32 -DWIN_NT -D_Dll

all: $(TGTDLL)

clean:
    erase *.obj *.lib *.exp lobtofile.c

$(TGTDLL) : $(OBJS)
    $(link) -DLL $(dllflags) \
        /NODEFAULTLIB:LIBC.LIB -out:$(TGTDLL) \
        $(OBJS) \
        $(NTUSER32LIBS) \
        $(SQLLIB) \

lobtofile.c: lobtofile.pc
    proc \
        include=$(ORACLE_HOME)\network\public \
        include=$(ORACLE_HOME)\proc\lib \
        include=$(ORACLE_HOME)\rdbms\demo \
        include=$(ORACLE_HOME)\oci\include \
        include=$(MSDEV) \include \
        lines=yes \
        parse=full \
        iname=lobtofile.pc
```

As únicas alterações estão em fonte em **negrito**. Mudamos o nome dos arquivos OBJ aos quais estamos vinculando e acrescentamos a regra para converter lobtofile.pc em lobtofile.c. Simplesmente chamamos a linha de comando do pré-compilador Pro*C e informamos onde estão nossos arquivos include (INCLUDE=), para os quais queremos preservados os números de linha em nosso arquivo .c (lines=yes), pois queremos obter vantagem completa dessa habilidade de entender C (parse=full), e que a entrada do nome de arquivo a converter seja lobtofile.pc (iname=). Tudo o que temos a fazer é emitir nmake e a nossa DLL, que será montada.

No UNIX, o makefile é:

```
MAKEFILE= $(ORACLE_HOME)/rdbms/demo/demo_rdbms.mk

INCLUDE=    -I$(ORACLE_HOME)/rdbms/demo \
            -I$(ORACLE_HOME)/rdbms/public \
            -I$(ORACLE_HOME)/plsql/public \
            -I$(ORACLE_HOME)/network/public

TGTEDLL =   extproc.so
OBJS    =   lobtofile.o

all: $(TGTDLL)

clean:
    rm *.o

lobtofile.c: lobtofile.pc
    proc \
        include=$(ORACLE_HOME)/network/public \
        include=$(ORACLE_HOME)/proc/lib \
        include=$(ORACLE_HOME)/rdbms/demo \
        include=$(ORACLE_HOME)/rdbms/public \
        lines=yes \
        iname=lobtofile.pc

extproc.so: lobtofile.c lobtofile.o
    $(MAKE) =f $(MAKEFILE) extproc_callback \
        SHARED_LIBNAME=extproc.so OBJS="lobtofile.o"

CC=cc
CFLAGS= -g -I. $(INCLUDE)
```

De novo, fizemos no UNIX exatamente as mesmas operações que no Windows. Simplesmente, acrescentamos o comando de pré-compilador Pro*C e mudamos o nome do objeto código que estamos vinculando. Digitamos make, e temos nosso arquivo .so.

Estamos prontos para testá-lo e usá-lo.

Instalação e uso de LOB_IO

Tudo o que precisamos fazer agora é executar nossas CREATE LIBRARY, CREATE PACKAGE e CREATE PACKAGE BODY. Isso instala o pacote LOB_IO em nosso banco de dados. Para testá-lo, usaremos um par de blocos PL/SQL anônimos. O primeiro bloco que iremos executar exercita nossa detecção e manuseio de erros. Chamaremos o procedimento externo e, deliberadamente, passaremos a ele entradas ruins, nomes de diretório ruins e coisas assim. Ei-lo com comentários explicando o que estamos esperando ver em cada etapa:

```
SQL> @test
SQL> set echo on
SQL> test serveroutput on

SQL> REM for NT
SQL> REM define PATH=c:\temp\
SQL> REM define CMD=fc /b
```

```
SQL> REM for UNIX
SQL> define PATH=/tmp/
SQL> define CMS="diff -s"

SQL> drop table demo;
Table dropped.

SQL> create table demo( theBlob blob, theClob clob );
Table created.

SQL> /*
DOC> * the following block tests all of the error conditions we
DOC> * can test for. It does not test for IO_ERROR (we'd need a full
DOC> * disk or something for that) or CONNECT_ERROR (that should *never*
DOC> * happen)
DOC> */
SQL>
SQL> declare
  2          l_blob          blob;
  3          l_bytes number;
  4  begin
  5
  6          /*
  7           * Try a NULL blob
  8           */
  9          begin
 10              l_bytes := lob_io.write( '&PATH', 'test.dat', l_blob );
 11          exception
 12              when lob_io.INVALID_LOB then
 13                  dbms_output.put_line( 'invalid arg caught as expected' );
 14                  dbms_output.put_line( rpad('-', 70, '-') );
 15          end;
 16
 17          /*
 18           * Now, we'll try with a real blob and a NULL filename
 19           */
 20          begin
 21              insert into demo (theBlob) values( empty_blob( ) )
 22              returning theBlob into l_blob;
 23
 24              l_bytes := lob_io.write( NULL, NULL, l_blob );
 25          exception
 26              when lob_io.INVALID_FILENAME then
 27                  dbms_output.put_line( 'invalid arg caught as expected again' );
 28                  dbms_output.put_line( rpad('-', 70, '-') );
 29          end;
 30
 31          /*
 32           * Now, try with an OK blob but a directory that does not exist
 33           */
 34          begin
 35              l_bytes := lob_io.write( '/nonexistent/directory', 'x.dat', l_blob );
 36          exception
 37              when lob_io.OPEN_FILE_ERROR then
 38                  dbms_output.put_line( 'caught open file error expected' );
 39                  dbms_output.put_line( sqlerrm );
 40                  dbms_output.put_line( rpad('-', 70, '-') );
 41          end;
 42
 43          /*
 44           * Lets just try writing it out to see that work
 45           */
 46          l_bytes := lob_io.write( '&PATH', 'l.dat', l_blob' );
 47          dbms_output.put_line( 'Writing successful ' || l_bytes || ' bytes' );
```

```
48                dbms_output.put_line( rpad('-', 70, '-') );
49
50                rollback;
51
52                /*
53                 * Now we have a non-null blob BUT we rolled back so its an
54                 * invalid lob locator. Lets see what our extproc returns
55                 * now. . .
56                 */
57                begin
58                    l_bytes := lob_io.write( '&PATH', 'l.dat', l_blob );
59                exception
60                    when lob_io.LOB_READ_ERROR then
61                        dbms_output.put_line( 'caught lob read error expected' );
62                        dbms_output.put_line( sqlerrm );
63                        dbms_output.put_line( rpad('-', 70, '-') );
64                end;
65      end;
66      /
old    10:          l_bytes := lob_io.write( '&PATH', 'test.dat', l_blob );
new    10:          l_bytes := lob_io.write( '/tmp/', 'test.dat', l_blob );
old    46:    l_bytes := lob_io.write( '&PATH', 'l.dat', l_blob );
old    46:    l_bytes := lob_io.write( '/tmp/', 'l.dat', l_blob );
old    58:          l_bytes ;+ lob_io.write( '&PATH', 'l.dat', l_blob );
new    58:          l_bytes := lob_io.write( '/tmp/', 'l.dat', l_blob );

invalid arg caught as expected
- - - - - - - - - - - - - - - - - - - - - - - - - - - - - - - - - - - -
invalid arg caught as expected again
- - - - - - - - - - - - - - - - - - - - - - - - - - - - - - - - - - - -
caught open file error expected
ORA-20005: Error opening file 'ORA-30152: File does not exist'
- - - - - - - - - - - - - - - - - - - - - - - - - - - - - - - - - - - -
Writing successful 0 bytes
- - - - - - - - - - - - - - - - - - - - - - - - - - - - - - - - - - - -

PL/SQL procedure successfully completed.
```

Como você pode ver, tudo aconteceu como esperado. Forçamos o acontecimento de muitos erros e eles aconteceram exatamente como planejado. Agora, vamos usar nosso pacote para o que ele foi pretendido. Para testar, criarei um objeto *diretório*, mapeado para meu diretório temporário (/tmp no UNIX, C:\temp\ no Windows). Um objeto diretório é usado por BFILEs para permitir a leitura de arquivos em determinado diretório. No arquivo de sistema do sistema operacional (/tmp ou C:\temp\) colocarei um arquivo para testar, com something.big chamado. Esse é apenas um arquivo bastante grande para testar; não contém nada relevante. Carregaremos esse arquivo em um CLOB, depois em um BLOB e finalmente em um BLOB temporário. Usaremos nossa rotina para escrever cada um desses em um arquivo separado. Terminaremos usando os utilitários do sistema operacional (diff no UNIX, FC no Windows) para comparar os arquivos gerados com o arquivo de entrada original:

```
SQL> create or replace directory my_files as '&PATH.';
old    1: create or replace directory my_files as '&PATH.'
new    2: create or replace directory my_files as '/tmp/'

Directory created.

SQL>
SQL> declare
  2      l_blob      blob;
  3      l_clob      clob;
  4      l_bfile     bfile;
  5  begin
  6      insert into demo
  7      values ( empty_blob( ), empty_clob( ) )
```

```
     8          returning theBlob, theClob into l_blob, l_clob;
     9
    10       l_bfile := bfilename ( 'MY_FILES', 'something.big' );
    11
    12       dbms_lob.fileopen( l_bfile );
    13
    14       dbms_lob.loadfromfile( l_blob, l_bfile,
    15                          dbms_lob.getlength( l_bfile ) );
    16
    17       dbms_lob.loadfromfile( l_clob, l_bfile,
    18                          dbms_lob.getlength( l_bfile ) );
    19
    20       dbms_lob.fileclose( l_bfile );
    21       commit;
    22    end;
    23    /

PL/SQL procedure successfully completed.
```

Assim, o arquivo something.big foi carregado em nosso banco de dados, no elemento de dados BLOB e depois CLOB. Agora os escreveremos:

```
SQL> declare
     2       l_bytes   number;
     3       l_bfile   bfile;
     4   begin
     5       for x in ( select theBlob from demo )
     6       loop
     7           l_bytes := lob_io.write( '&PATH', 'blob.dat', x.theBlob );
     8           dbms_output.put_line( 'Wrote ' || l_bytes || ' bytes of blob' );
     9       end loop;
    10
    11       for x in ( select theClob from demo )
    12       loop
    13           l_bytes := lob_io.write( '&PATH', 'clob.dat', x.theclob );
    14           dbms_output.put_line( 'Wrote " || l_bytes || ' bytes of clob' );
    15       end loop;
    16
    17       l_bfile := bfilename ( 'MY_FILES', 'something.big' );
    18       dbms_lob.fileopen( l_bfile );
    19       l_bytes := lob_io.write( '&PATH', 'bfile.dat', l_bfile );
    20       dbms_output.put_line( 'Wrote' || l_bytes || ' bytes of bfile' );
    21       dbms_lob.fileclose( l_bfile );
    22   end;
    23   /
old    7:        l_bytes := lob_io.write( '&PATH', 'blob.dat', x.theBlob );
new    7:        l_bytes := lob_io.write( '/tmp/', 'blob.dat', x.theBlob );
old   13:        l_bytes := lob_io.write( '&PATH', 'clob.dat', x.theclob );
new   13:        l_bytes := lob_io.write( '/tmp/', 'clob.dat', x.theclob );
old   19:    l_bytes := lob_io.write( '&PATH', 'bfile.dat', l_bfile );
new   19:    l_bytes := lob_io.write( '/tmp/', 'bfile.dat', l_bfile );
Wrote 1107317 bytes of blob
Wrote 1107317 bytes of clob
Wrote 1107317 bytes of bfile

PL/SQL procedure successfully completed.
```

Tivemos sucesso, chamamos nosso procedimento externo e escrevemos três vezes no arquivo. Cada vez ele ficou exatamente do mesmo tamanho (conforme esperado). Agora, criaremos um LOB temporário, copiaremos o arquivo nele e o escreveremos, apenas para ter certeza de que também podemos trabalhar com LOBs temporários:

```
SQL> declare
  2             l_tmpblob    blob;
  3             l_blob       blob;
  4             l_bytes      number;
  5  begin
  6      select theBlob into l_blob from demo;
  7
  8      dbms_lob.createtemporary(l_tmpblob, TRUE);
  9
 10      dbms_lob.copy(l_tmpblob, l_blob,dbms_lob.getlength(l_blob),1,1);
 11
 12      l_bytes := lob_io.write( '&PATH', 'tempblob.dat', l_tmpblob );
 13      dbms_output.put_line( 'Wrote ' || l_bytes ||' bytes of temp_blob' );
 14
 15             DBMS_LOB.FREETEMPORARY(l_tmpblob);
 16  END;
 17  /
old   12:       l_bytes := lob_io.write( '&PATH', 'tempblob.dat', l_tmpblob );
new   12:       l_bytes := lob_io.write( '/tmp/', 'tempblob.dat', l_tmpblob );
Wrote 1107317 bytes of temp_blob

PL/SQL procedure successfully completed.
```

Fomos bem sucedidos e, felizmente, ele escreveu para nós o mesmo número de bytes. A última etapa é usar os utilitários do sistema operacional para verificar se os arquivos que escrevemos recentemente são iguais aos que carregamos:

```
SQL> host &CMD &PATH.something.big &PATH.blob.dat
Files /tmp/something.big and /tmp/blob.dat are identical

SQL> Host &CMD &PATH.something.big &PATH.clob.dat
Files /tmp/something.big and /tmp/clob.dat are identical

SQL> host &CMD &PATH.something.big &PATH.bfile.dat
Files /tmp/something.big and /tmp/bfile.dat are identical

SQL> host &CMD &PATH.something.big &PATH.tempblob.dat
Files /tmp/something.big and /tmp/tempblob.dat are identical
```

e isso conclui esse novo recurso/ LOB_IO.

Erros que você pode encontrar

A seguinte é uma lista de erros comuns que você pode encontrar ao usar procedimentos externos. Já falamos de alguns deles; por exemplo, o erro que você obterá se o seu ouvidor ou o arquivo TNSNAMES.ORA não estiver corretamente configurado, mas não falamos de muitos. Os veremos agora, explicando quando podem acontecer e o que fazer para corrigi-los.

Todos esses erros estão documentados também no *Oracle 8i Error Messages Manual*.

```
ORA-28575 "unable to open connection RPC to external procedure agent"

28575, 00000, 'Unable to open RPC connection to external procedure agent"
// *Causa:    A inicialização de uma conexão de rede com o agente extproc não ocorreu
//            Esse problema pode ter sido ocasionado por problemas de rede,
//            configuração errada do ouvidor ou código de transferência incorreto.
// *Ação:     Verificar a configuração do ouvidor em LISTENER.ORA ou TNSNAMES
//            ORA ou verificar o Servidor de nomes Oracle.
```

Esse erro quase sempre indica um TNSNAMES.ORA ou LISTENER.ORA incorretamente configurado. Cobrimos as possíveis causas e soluções desse erro anteriormente, na seção *Configuração de seu servidor*.

```
ORA-28576 "lost RPC connection to external procedure agent"

28576, 00000,  "lost RPC connection to external procedure agent"
//* Causa:    Ocorreu um erro fatal na conexão de rede RPC, no agente de,
//            extproc ou em 3GL chamado, depois da comunicação ter sido
//            estabelecida com sucesso.
//* Ação:     Verifique primeiro o código 3GL que está chamando, a causa mais
//            provável desse erro é o encerramento anormal da rotina "C" chamada.
//            Corrija o problema se o encontrar. Se todos os componentes parecerem
//            normais mas o problema persistir, pode ser um erro interno lógico
//            no código de transferência RPC. Contacte o seu representante de
//            suporte ao cliente.
```

Esse erro, quando reportado em um procedimento externo que você tenha escrito, quase certamente implica em um bug em seu código desenvolvido. Esse erro acontece quando o processo externo 'desaparece', o que acontecerá se o seu programa 'quebrar'. Por exemplo, eu acrescentei:

```
char * return_string
  ( OCIExtProcContext * ctx,
      short *      return_i,
      int *        return_l )
{
...
      *return_i = OCI_IND_NOTNULL;
      (char)NULL =1;
      return return_value;
}
```

ao fundo de meu exemplo return_string. Depois de uma recompilação, descubro que o seguinte:

```
ops$tkyte@ORA816.US.ORACLE.COM> exec dbms_output.put_line(
demo_passing_pkg.return_string )
BEGIN dbms_output.put_line( demo_passing_pkg.return_string ); END;

*
ERROR at line 1:
ORA-28576: lost RPC connection to external procedure agent
```

sempre acontecerá (até que eu depuro e corrijo o código, claro).

```
ORA-28577 "argument %s of external procedure %s has unsupported datatype %s"

28577, 00000,  "argument %s of external procedure %s had unsupported datatype %s"
//* Causa:    Ao transferir argumentos de procedimento externo ao agente, foi
//            detectado um tipo de dados não suportado.
//* Ação:     Verifique os tipos de dados suportados de argumentos de procedimento
//            externo de sua documentação.
```

Esse erro ocorrerá se você tentar passar um tipo de dados de PL/SQL para um procedimento externo que não seja suportado por essa interface. Em especial, um exemplo disso seria um tipo de tabela PL/SQL. Se, no exemplo demo_passing, tivéssemos declarado o tipo numArray no pacote spec, como:

```
...
type numArray is table of number index by binary_integer;
```

```
procedure pass( p_in in numArray, p_out out numArray );
...
```

em vez de como um tipo de tabela SQL aninhada, descobriríamos no tempo de execução que:

```
1   declare
2      l_input      demo_passing_pkg.numArray;
3      l_output     demo_passing_pkg.numArray;
4   begin
5      demo_passing_pkg.pass( l_input, l_output );
6*  end;
SQL> /
declare
*
ERROR at line 1:
ORA-28577: argument 2 of external procedure pass_numArray has unsupported datatype
ORA-06512: at "OPS$TKYTE.DEMO_PASSING_PKG", line 0
ORA-06512: at line 5
```

Porque a passagem dos tipos de tabela PL/SQL não é suportada (podemos passar coleções, mas não tipos de tabela PL/SQL).

ORA-28578 "protocol error during callback from an external procedure"

```
28578, 00000.  "protocol error during callback from an external procedure"
//* Causa:     Ocorreu um erro de protocolo ao tentar executar uma chamada
//             de retorno para o servidor Oracle a partir da rotina 3GL do usuário.
//* Ação:      Contacte o suporte ao cliente Oracle.
```

Esperamos nunca ver esse erro e o mostrado abaixo. Ele indicaria um erro interno, dentro do Oracle. A única coisa a fazer ao receber esse erro é tentar reproduzi-lo em um pequeno equipamento de teste e reportá-lo ao suporte de Oracle.

ORA-28579 "network error during callback from external procedure agent"

```
//* Causa:     Ocorreu um erro interno de rede ao tentar executar uma chamada
//             de retorno ao servidor Oracle a partir da rotina 3GL do usuário.
//* Ação:      Contacte o suporte ao cliente Oracle.
```

ORA-28580 "recursive external procedures are not supported"

```
//* Causa:     Uma chamada de retorno de dentro de uma rotina 3GL do usuário resultou
//             em uma chamada de outro procedimento externo.
//* Ação:      Assegure-se de que o código SQL executado em uma chamada de retorno
//             não chama diretamente outro procedimento externo, ou resulta indiretamente
//             em outro procedimento externo, como disparadores chamando
//             procedimentos externos, procedimentos PL/SQL chamando procedimentos externos etc.
```

Esse erro ocorrerá quando você fizer uma chamada de retorno *a partir de* um procedimento externo no banco de dados e o procedimento chamado fizer outra chamada a outro procedimento externo. Em resumo, um procedimento externo não pode, direta ou indiretamente, chamar outro procedimento externo. Podemos demonstrar isso modificando o nosso arquivo LOB_IO. Nesse arquivo, acrescentei:

```
{ int x;

exec sql execute begin
    :x := demo_passing_pkg.return_number;
end; end-exec;

if ( sqlca.sqlcode < 0 )
```

```
        {
                return raise_application_error
                        (   ctx,
                            20000,
                            "Error:\n%.70s",
                            sqlca.sqlerrm.sqlerrmc );
        }
}
```

exatamente após a chamada REGISTER CONNECT. Agora, sempre que executarmos lob_io, receberemos:

```
ops$tkyte@DEV8I.WORLD> declare x clob; y number; begin y := lob_io.write( 'x', x
); end;
   2  /
declare x clob; y number; begin y := lob_io.write( 'x', x ); end;
*
ERROR at line 1:
ORA-20000: Error:
ORA-28580: recursive external procedures are not supported
ORA-06512:
ORA-06512: at "OPS$TKYTE.LOB_IO", line 0
ORA-06512: at line 1
```

A única solução é nunca chamar outro procedimento externo de um procedimento externo.

ORA-28582 "a direct connection to this agent is not allowed"

```
$ oerr ora 28582
28582, 00000, "a direct connection to this agent is not allowed"
//* Causa:    Um usuário ou ferramenta tentou estabelecer uma conexão direta ou para
//            um agente de procedimento externo ou um agente de Serviços Heterogêneos,
//            por exemplo: "SVRGR> CONNECT SCOTT/TIGER@NETWORK_ALIAS".
//* Ação:     Ao executar a declaração CONNECT, assegure-se de que seu link
//            de banco de dados ou rede alternativa não esteja indicando para um agente de
//            Opção Heterogênea ou para um agente de procedimento externo.
```

Nunca devemos ver esse erro. Ele só acontece quando você tenta se conectar com um banco de dados e, acidentalmente, usa um nome de serviço que esteja configurado para conectar com um serviço extproc.

ORA-06520 "PL/SQL: Error loading external library"

```
$ oerr ora 6520
06520, 00000, "PL/SQL: Error loading external library"
//* Causa:    Foi detectado um erro por PL/SQL tentando carregar dinamicamente a
//            biblioteca externa.
//* Ação:     Verifique a área de memória de erros (se houver) para mais detalhes.
```

Esse erro deve ser seguido imediatamente por um erro específico de sistema operacional. Por exemplo, para ver esse erro, simplesmente faço o seguinte:

```
$ cp lobtofile.pc extproc.so
```

Copiei meu código fonte em meu arquivo .so e isso vai, definitivamente, causar problemas! Agora, quando executo o procedimento externo, recebo:

```
declare x clob; y number; begin y := lob_io.write( 'x', x ); end;
*
ERROR at line 1:
ORA-06520: PL/SQL: Error loading external library
ORA-06522: ld.so.1: extprocPLSExtProc: fatal:
```

```
/export/home/tkyte/lobtofile/extproc.so: unknown file type
ORA-06512: at "OPS$TKYTE.LOB_IO", line 0
ORA-06512: at line 1
```

Como você pode ver, a área de memória de erros contém o erro de sistema operacional que nos diz this is an unknown type of file (esse é um tipo de arquivo desconhecido), o que ajudará a diagnosticar esse erro (nesse caso, é fácil de diagnosticar — extproc.so na verdade é algum código C).

ORA-06521 "PL/SQL: Error mapping function"

```
$ oerr ora 6521
06521, 0000, "PL/SQL: Error mapping function"
// *Causa:    Um erro foi detectado por PL/SQL tentando mapear dinamicamente a função
//            mapeada.
// *Ação:     Verifique a área de memória de erro (se houver) para mais detalhes.
```

Tipicamente, esse erro é o resultado de uma dessas duas coisas:

- Um erro de digitação no nome do procedimento, no envoltório ou no código fonte C.
- Esquecimento de exportar a função no Windows (_declspec(dllexport)).

Para ver esse erro, modifiquei o código-fonte lobtofile.pc para ter:

```
#ifdef WIN_NT
_declspec (dllexport)
#endif
int xlobToFile( OCIExtProcContext *   ctx,
                char *                filename,
```

Acrescentei um x ao nome de arquivo. Agora, quando executamos isso, recebemos:

```
declare x clob; y number; begin y := lob_io_write( 'x', x ); end;
*
ERROR at line 1:
ORA-06521: PL/SQL: Error mapping function
ORA-06522: ld.so.1: extprocPLSExtProc: fatal: lobToFile: can't find symbol
ORA-06512: at "OPS$TKYTE.LOB_IO", line 0
ORA-06512: at line 1
```

Isso mostra que o erro é can't find symbol, significando que temos um desencontro entre o nome name no envoltório PL/SQL e o nome da função na biblioteca externa. Ou temos um erro de digitação ou nos esquecemos de exportar o nome (no Windows).

ORA-96523 "Maximum number of arguments exceeded"

```
$ oerr ora 6523
06523, 00000, "Maximum number of arguments exceeded"
//* Causa:   Há um limite superior no número de argumentos que se pode passar à
//           função externa.
//* Ação:    Verifique a documentação específica da porta sobre como calcular o
//           limite superior.
```

Você obterá esse erro se tiver uma lista de parâmetro incomumente grande. O número de elementos que pode ser passado a um procedimento externo é de cerca de 128 (menos se você passar duplos, pois eles tomam 8 bytes, não 4). Se você obtiver esse erro e realmente precisar enviar todas aquelas entradas, a maneira mais fácil de contornar isso é usar o tipo de coleção. Por exemplo:

```
1   declare
2       l_input     strArray := strArray( );
3       l_output    strArray := strArray( );
4   begin
```

```
        5      dbms_output.put_line( 'Pass strArray' );
        6      for i in 1 . . 1000 loop
        7         l_input.extend;
        8         l_input(i) := 'Element ' || i;
        9      end loop;
       10      demo_passing_pkg.pass( l_input, l_output );
       11      dbms_output.put_line( 'l_input.count = ' || l_input.count ||
       12                             'l_output.count = ' || l_output.count );
       13      for i in 1 . . l_input.count loop
       14         if ( l_input(i) != l_output(i) ) then
       15            raise program_error;
       16         end if;
       17      end loop;
       18*  end;
SQL> /
Pass strArray
l_input.count = 1000 l_output.count = 1000

PL/SQL procedure successfully completed.
```

mostra que posso enviar 1.000 strings, muitas vezes o limite no número de escalares, para um procedimento externo através de uma coleção.

```
ORA-06525 "Length Mismatch for CHAR or RAW data"

06525, 00000,  "Length Mismatch for CHAR or RAW data"
//* Causa:    O comprimento especificado na variável de comprimento tem valor ilegal.
//            Isso pode acontecer se você tiver solicitado uma variável bruta INPUT,
//            OUT ou RETURN PL/SQL para ser passada como Raw, sem variável
//            de comprimento correspondente. Esse erro também pode acontecer se houver
//            um desencontro no valor de comprimento ajustado na variável de
//            comprimento e o comprimento em orlvstr ou orlraw.
//* Ação:     Corrija o código do procedimento externo e ajuste corretamente a variável
//            de comprimento.
```

Esse erro, se você acompanhar meu uso para enviar e retornar parâmetros, só acontecerá no tipo RAW e numa string retornada de uma função. A solução é muito direta — você precisa ajustar corretamente o comprimento. Em um parâmetro Null RAW OUT, o comprimento precisa ser ajustado para 0, como fiz nos exemplos acima. Em um parâmetro não Null RAW OUT, o comprimento precisa ser ajustado para algum valor menor do que ou igual a MAXLEN. Da mesma forma, em uma string que retornará, o comprimento precisa ser corretamente ajustado (para menos do que MAXLEN, mas visto que você é responsável por configurar a armazenagem para a string, não há MAXLEN, assim LENGTH precisa ser menor do que ou igual a 32760, que é o maior que PL/SQL pode manusear).

ORA-06526 "Unable to load PL/SQL library"

```
$ oerr ora 6526
06526, 00000.  "Unable to load PL/SQL library"
//* Causa:    PL/SQL não foi capaz de copiar a biblioteca referida por essa
//            referência na sintaxe EXTERNAL. Esse é um erro sério e normalmente
//            não deve acontecer.
//* Ação:     Relate esse problema para o suporte ao cliente.
```

Esse é um erro interno. Você não deve vê-lo, mas se ele aparecer, há duas coisas que podem acontecer:

Primeiro, esse erro pode ser acompanhado por outro, com um pouco mais de detalhes. Ele pode se parecer com:

```
ERROR at line 1: ORA-6525: Unable to load PL/SQL library
ORA-4030: out of process memory when trying to allocate 65036 bytes (callheap,KQL
tmpbuf)
```

Esse é auto-explicativo — ficamos sem memória. Precisamos reduzir a quantidade de memória que estamos usando em outro lugar.

Alternativamente, a mensagem de erro que acompanha o ORA-6526 não nos permite quaisquer conclusões positivas. Nesse caso, precisamos contatar o suporte.

ORA-06527 "External procedure SQLLIB error: %s"

```
$ oerr ora 6527
06527, 00000, "External procedure SQLLIB error: %s"
//* Causa:   Ocorreu um erro em sqllib durante a execução de um procedimento
//           externo Pro*.
//* Ação:    O texto da mensagem indica o erro SQLLIB atual que aconteceu. Consulte
//           o manual de Mensagens e códigos de erro do Oracle e siga a ação
//           apropriada.
```

Esse é auto-explicativo. A mensagem de erro conterá mais informações.

Resumo

Neste capítulo, cobrimos os principais aspectos circundando procedimentos externos, como:

- Manutenção de uma posição usando contextos.
- Uso de APIs de arquivo independente de sistema operacional.
- Como fazer nosso código de procedimento externo em parâmetros usando parâmetros de arquivos externos.
- Como instrumentar nosso código (usando debugf) para capacitar 'depuração à distância'.
- Como codificar defensivamente (*sempre* passar o contexto, *sempre* passar os indicadores Null e assim por diante).
- Como usar um gabarito genérico para fazer com que seus procedimentos externos "iniciem no pulo" rapidamente, com muita funcionalidade.
- Como mapear e passar os tipos de dados PL/SQL relevantes para e de C.
- Como passar também as coleções de dados, para frente e para trás.

Dado o gabarito genérico e makefiles acima, agora você tem tudo o que precisa para escrever um procedimento externo do início ao fim em um par de minutos. A parte ardilosa é mapear os tipos de dados e as tabelas acima, mas aquilo é facilmente conseguido, acompanhando as duas tabelas na seção *O envoltório* — elas dizem 'se for esse tipo, você usará aquele tipo'. Então, apenas siga as diretrizes que tenho para passar os parâmetros no exemplo acima (sempre envie o contexto, sempre envie o atributo MAXLEN para strings e raws, sempre envie o indicador Null e assim por diante). Se fizer isso, rapidamente você estará escrevendo procedimentos externos.

19

Procedimentos armazenados Java

O Oracle 8.1.5 lançou a habilidade de escolher o Java como linguagem para implementar um procedimento armazenado. PL/SQL tem sido a escolha natural e, para 90 por cento do que você precisa fazer, ainda é a escolha certa. Anteriormente, o Oracle 8.0 nos deu a habilidade de implementar um procedimento armazenado em C, recurso que cobrimos no Capítulo 18. Os procedimentos armazenados baseados em Java (outra forma de uma rotina externa) são uma extensão natural dessa capacidade, oferecendo a habilidade de usar Java onde antes poderíamos ter usado C ou C++.

Em resumo, essa é apenas outra escolha. Quando você se prepara para desenvolver um procedimento armazenado, tem pelo menos três escolhas — PL/SQL, Java e C. As relacionei na minha ordem de preferência. PL/SQL faz a maioria do verdadeiro trabalho de banco de dados, Java entra em cena para coisas que PL/SQL não pode fazer (a maioria das interfaces de sistema operacional) e C surge quando tenho código C existente, ou por haver alguma outra razão pela qual não possa fazê-lo em Java.

Este capítulo não é uma introdução à programação em Java, JDBC ou SQLJ. Ele supõe que você tem ao menos um conhecimento superficial de Java e seria capaz de ler através de pequenas porções de código Java. Ele também supõe pelo menos um conhecimento rápido de JDBC e SQLJ — ainda que se você tiver um pouco de experiência em Java, poderá ser capaz de ler partes de JDBC e SQLJ sem problemas.

Por que usar procedimentos armazenados Java?

As rotinas externas Java diferem das rotinas baseadas em C, pois assim como PL/SQL, Java executa originalmente no JVM do Oracle, bem no espaço de endereço do banco de dados. Com procedimentos externos baseados em C, tínhamos que configurar um ouvidor, configurar o arquivo TNSNAMES.ORA e executar um processo separado. Nada disso é necessário com Java, pois como linguagem interpretada ela é destinada a ser 'segura', da mesma forma que PL/SQL. Não é possível desenvolver uma rotina Java que sobregrave alguma parte da SGA. Como discutiremos, isso tem seus prós e contras. O fato é que executar no mesmo espaço de endereço permite que a interação entre Java e o banco de dados seja um pouco mais suave — há menos troca de contexto entre processos ao nível de sistema operacional, por exemplo. No entanto, no lado inverso, o código Java está sempre executando como o 'proprietário do software Oracle', significando que um procedimento armazenado Java poderia sobregravar o parâmetro de arquivo INIT.ORA do banco de dados (ou algum outro conjunto de arquivos ainda mais importante, como os arquivos de dados), se ele tiver recebido os privilégios apropriados.

De vez em quando me vejo usando um pouco de Java para fazer coisas que não posso fazer em PL/SQL. Por exemplo, no Apêndice A, mostro como implementei um pacote de soquete TCP/IP usando Java. Fiz isso em Oracle 8.1.5 antes de UTL_TCP estar disponível (que realmente, também é escrito em Java), e ainda a prefiro. Também uso Java para enviar e-mail a partir do banco de dados. De novo, já existe um pacote, UTL_SMTP (também interno em Java) que pode enviar simples e-mails, mas Java tem muitas outras opções disponíveis, inclusive a habilidade de enviar (e receber) e-mails com anexos.

Uso muito UTL_FILE, para ler e escrever arquivos em PL/SQL. Uma das coisas que falta em UTL_FILE é a habilidade de conseguir uma listagem de diretório. PL/SQL não pode fazer isso — Java pode, bem facilmente.

Ocasionalmente, seria conveniente executar um comando ou programa de sistema operacional de dentro do banco de dados. De novo, PL/SQL não facilitaria isso, mas Java o faz com facilidade. Em algumas ocasiões, preciso saber o horário da zona no servidor — PL/SQL não pode descobrir, mas Java pode (exploramos essa funcionalidade no Apêndice A, em UTL_TCP). Precisa que o tempo seja marcado em milissegundos? No Oracle 8i, o Java pode fazer isso.

Se eventualmente precisássemos nos conectar com um banco de dados DB2 para executar uma consulta, poderíamos fazê-lo com o Transparent Gateway para DB2, que nos daria fusões completas de banco de dados heterogêneos, transações distribuídas, comprometimentos bifásicos transparentes e muitas outras opções. Mas, se só precisarmos executar uma simples consulta ou atualização em DB2, sem quaisquer outros recursos de fantasia, poderíamos simplesmente carregar os drivers DB2 Java JDBC no banco de dados e fazer daquela forma (claro que isso não se aplica apenas a DB2).

Basicamente, qualquer dos milhões de peças não interativas (sem interface de usuário) de código Java que está aí, pode ser carregada em Oracle e usada. Por isso é que você usará fragmentos de Java aqui e ali em seus aplicativos.

Em resumo, minha filosofia é usar Java apenas quando faz sentido e é útil fazê-lo. Ainda acho PL/SQL a escolha certa para a grande maioria de meus procedimentos armazenados. Posso escrever uma ou duas linhas de código PL/SQL para conseguir a mesma coisa que precisaria de muitas linhas de código Java/JDBC. SQLJ é menor no código que eu teria que escrever, mas ainda não se realiza tão bem quanto PL/SQL e SQL juntas. O desempenho de tempo de execução de PL/SQL interagindo com SQL é melhor que em Java/JDBC, como seria de se esperar. PL/SQL é desenhada com base em SQL, a integração entre as duas é muito estreita. Geralmente, os tipos de dados PL/SQL são tipos de dados SQL e todos os tipos de dados SQL são tipos de dados PL/SQL — não há desencontro de impedância entre os dois. Por outro lado, o acesso de SQL em Java é através de uma API acrescida à linguagem. Cada tipo SQL precisa ser convertido a algum tipo de Java e retornar, todo o acesso SQL é através de procedimentos — não há adequação estreita entre os dois. Em resumo, se você está manipulando dados em um banco de dados, PL/SQL é a maneira de fazê-lo. Se precisar pular para fora do banco de dados por um momento (talvez para enviar um e-mail), Java é a ferramenta mais apropriada. Se precisar buscar através de e-mails armazenados em seu banco de dados, use PL/SQL. Se precisar obter primeiro os e-mails em seu banco de dados, use Java.

Como eles funcionam

Você descobrirá que as rotinas externas Java ('rotina externa' sendo sinônimo de 'procedimento armazenado') são muito mais fáceis de implementar que rotinas externas baseadas em C. Por exemplo, no capítulo anterior, sobre *Rotinas externas baseadas em C*, estávamos preocupados com os seguintes aspectos:

- **Gerenciamento de posição** — Os procedimentos externos podem e 'perderão' sua posição (valores atuais de variáveis 'estáticas' ou 'globais'). Isso se deve ao armazenamento DLL que é implementado. Portanto, precisamos de um mecanismo para estabelecer e preservar uma posição em seus programas C.

- **Mecanismos de controle** — Os procedimentos externos executam no servidor em seu *próprio processo*, fora dos processos do servidor. Enquanto que em várias plataformas é possível depurar essas rotinas usando um depurador convencional, é bastante difícil, e pode ser impossível, se os bugs só surgirem quando muitas pessoas usarem consecutivamente o procedimento externo. Precisamos de uma facilidade para gerar copiosos arquivos de controle, por solicitação, para 'depurar à distância'.

- **Configuração de parâmetro** — Precisamos de uma facilidade que nos permita fazer em parâmetro os nossos procedimentos externos, para podermos mudar facilmente seu comportamento, externamente, usando um parâmetro de arquivo, como fazemos com o arquivo init.ora e o banco de dados.

- **Manuseio genérico de erro** — Precisamos de uma facilidade para relatar erros significativos ao usuário final.

Com Java você descobrirá que aqueles gerenciamentos de posição, controle e manuseio genérico de erro não são problema. Para o gerenciamento de posição, simplesmente declaramos variáveis em nossas classes Java. Em exigências simples de controle, podemos usar System.out.println. O manuseio genérico de erro é tratado com uma chamada à função RAISE_APPLICATION_ERROR PL/SQL. Tudo isso é demonstrado no código:

```
tkyte@TKYTE816> create or replace and compile
  2    java source named "demo"
  3    as
  4    import java.sql.SQLException;
  5
```

```
6    public class demo extends Object
7    {
8
9    static int counter = 0;
10
11   public static int IncrementCounter( ) throws SQLException
12   {
13       System.out.println( "Enter IncrementCounter, counter = "+counter);
14       if ( ++counter >= 3 )
15       {
16           System.out.println( "Error! counter="+counter);
17           #sql {
18           begin raise_application_error( -20001, 'Too many calls' ); end;
19           };
20       }
21       System.out.println( "Exit IncrementCounter, counter = "+counter);
22       return counter;
23   }
24   }
25   /

Java created.
```

Mantemos uma posição através de uma variável counter estática. A nossa simples rotina demo aumentará o contador cada vez que ele for chamado na terceira chamada, e qualquer subseqüente erguerá um erro para nós.

Observe como em pequenos fragmentos de código como esse podemos usar apenas SQL*PLUS para carregar nosso código Java direto no banco de dados, tê-lo compilado no byte de código e armazenado. Não há necessidade de um compilador externo ou instalações JDK — apenas uma declaração SQL CREATE OR REPLACE. Prefiro fazer a maior parte de meus procedimentos armazenados Java dessa forma. Torna muito mais fácil instalar em qualquer plataforma. Não preciso pedir um nome de usuário/senha, como teria que fazer com o comando LOADJAVA (uma ferramenta de linha de comando para carregar fonte Java, classes ou potes de arquivos no banco de dados). Não preciso me preocupar com classe de caminhos e assim por diante. No Apêndice A, veremos o LOADJAVA, em especial a interface do pacote DBMS_JAVA para LOADJAVA.

Esse método (usando CREATE OR REPLACE) de carregar pequenas rotinas Java no banco de dados é particularmente apropriado para as pessoas que querem 'molhar os pés' usando essa tecnologia. Em vez de instalar os drivers JDBC, um JDK, um ambiente no qual compilar, configurar classe de caminhos — você simplesmente compila direto no banco de dados, exatamente da mesma maneira que faria com PL/SQL. Você deve encontrar erros de tempo de compilação da mesma forma que acontece com PL/SQL, por exemplo:

```
tkyte@TKYTE816> create or replace and compile
  2  java source named "demo2"
  3  as
  4
  5  public class demo2 extends Object
  6  {
  7
  8  public static int my_routine( )
  9  {
 10        System.out.println( "Enter my_routine" );
 11
 12        return counter;
 13  }
 14  }
 15  /

Warning: Java created with compilation errors.
```

```
tkyte@TKYTE816> show errors java source "demo2"
Errors for JAVA SOURCE demo2:

LINE/COL   ERROR
--------   ------------------------
0/0        demo2:8: Undefined variable: counter
0/0        Info: 1 errors
```

Isso me mostra que my_routine definida na linha 8 está acessando uma variável que não declarei — não tenho que adivinhar o erro no código que é exibido. Muitas vezes, descobri que a frustração em tentar obter a configuração correta de JDBC/JDK/CLASSPATH pode suplantar em segundos o uso dessa abordagem fácil.

Agora, de volta ao exemplo de trabalho. Há outro detalhe importante na classe de demonstração acima. O método do ponto de entrada que é chamado de SQL, IncrementCounter, é estático. Ele precisa ser estático (nem tudo precisa ser estático. Você pode usar métodos 'regulares' deles para fora). A camada SQL precisa de pelo menos um método que possa chamar, sem precisar passar os dados de cópia implícitos como um parâmetro oculto, daí a necessidade de um método estático.

Agora que tenho uma pequena rotina Java carregada, preciso criar uma especificação de chamada para ela, em PL/SQL. Essa etapa é muito semelhante àquela vista no Capítulo 18, onde mapeamos os tipos de dados C para os tipos de dados SQL. Vamos fazer exatamente a mesma coisa aqui; só que dessa vez, vamos mapear tipos de dados Java para tipos de dados SQL:

```
tkyte@TKYTE816> create or replace
  2    function java_counter return number
  3    as
  4    language java
  5    name 'demo.IncrementCounter( ) return integer';
  6  /

Function created.
```

Agora, estamos prontos para chamá-la:

```
tkyte@TKYTE816> set serveroutput on

tkyte@TKYTE816> exec dbms_output.put_line( java_counter );
1
PL/SQL procedure successfully completed.

tkyte@TKYTE816> exec dbms_output.put_line( java_counter );
2
PL/SQL procedure successfully completed.

tkyte@TKYTE816> exec dbms_output.put_line( java_counter );
BEGIN dbms_output.put_line( java_counter ); END;

*
ERROR at line 1:
ORA-29532: Java call terminated by uncaught Java exception:
oracle.jdbc.driver.OracleSQLException
ORA-20001: Too many calls
ORA-06512: at line 1
ORA-06512: at "TKYTE.JAVA_COUNTER", line 0
ORA-06512: at line 1
```

Podemos ver que o gerenciamento de posição é feito para nós, como evidenciado pelo aumento do contador de 1 para 2, para 3. Podemos ver que é possível comunicar erros muito facilmente, mas para onde foram nossas chamadas System.out.println? Se você tiver acesso a V$PROCESS, V$SESSION e V$PARAMETER, poderá determinar o nome do arquivo de rastreio em uma configuração de servidor dedicado (esse exemplo é configurado para Windows — ele seria semelhante no UNIX, mas o nome de arquivo que você iria selecionar seria ligeiramente diferente):

```
tkyte@TKYTE816> select c.value| |'\ORA'| |to_char(a.spid, 'fm00000')| |' .trc'
  2    from v$process a, v$session b, v$parameter c
  3    where a.addr = b.paddr
  4      and b.audsid - userenv('sessionid')
  5      and c.name = 'user_dump_dest'
  6  /

C.VALUE| |'\ORA'| |TO_CHAR(A.SPID, 'FM00000')| |' .TRC'
- - - - - - - - - - - - - - - - - - - - - - - - - - - - - - - - - - - -
C:\oracle\admin\tkyte816\udump\ORA01236.trc

tkyte@TKYTE816> edit C:\oracle\admin\tkyte816\udump\ORA01236.trc
```

Ao olhar esse arquivo, encontro:

```
Dump file C:\oracle\admintkyte816\udump\ORA01236.TRC
Tue March 27 11:15:48 2001-10-13 ORACLE V8.1.6.0.0 - Production vsnsta=0
vsnsql=e vsnxtr=3
Windows 2000 Version 5.0 , CPU type 586
Oracle8i Enterprise Edition Release 8.1.6.0.0 - Production
With the Partitioning option
JServer Release 8.1.6.0.0 - Production
Windows 2000 Version 5.0 , CPU type 586
Instance name: tkyte816
Redo thread mounted by this instance: 1
Oracle process number: 12
Windows thread id: 1236, image: ORACLE.EXE

*** 2001-03-27 11:15:48.820
*** SESSION ID:(8.11) 2001-03-27 11:15:48.810
Enter IncrementCounter, counter = 0
Exit IncrementCounter, counter = 1
Enter IncrementCounter, counter = 1
Exit IncrementCounter, counter = 2
Enter IncrementCounter, counter = 2
Error! Counter=3
oracle.jdbc.driver.OracleSQLException: ORA-20001: Too many calls
ORA-06512: at line 1
. . .
```

Eu também poderia usar o pacote DBMS_JAVA para redirecionar essa saída para a tela SQL*PLUS, evitando usar os arquivos de controle enquanto estivesse depurando a rotina. Voltaremos ao pacote DBMS_JAVA ocasionalmente nessa seção, mas para uma visão geral, veja a seção sobre ele no Apêndice A.

Uma coisa que está clara a partir desse pequeno exemplo é que quando comparado a um procedimento externo baseado em C, é fácil. Não é necessária configuração especial no servidor (a não ser ter o próprio Java instalado no banco de dados). Não é preciso compilador externo. Muitas das facilidades que tinham que ser codificadas em C são externamente fornecidas. É fácil.

Uma coisa que pulei foram os parâmetros para configurar suas rotinas Java. O motivo é porque Java fornece funcionalidade interna para isso, na forma da classe java.util.Properties. Você deve apenas usar o método load dessa classe para carregar um conjunto de propriedades previamente salvo, seja de um LOB numa tabela de banco de dados ou de um arquivo de sistema operacional — o que for mais flexível para você.

No restante desta seção, darei um par de exemplos de procedimentos armazenados Java, como aqueles relacionados na seção deste capítulo *Por que usar procedimentos armazenados Java?* Antes disso, gostaria de implementar o mesmo DEMO_PASSING_PKG que fizemos em C, para Java, só para ter uma idéia de como passar os tipos de dados comuns para frente e para trás entre SQL e rotinas externas Java.

Como passar dados

As rotinas que eu gostaria de implementar nesse exemplo são uma série de procedimentos que aceitam um parâmetro IN e um parâmetro OUT (ou IN OUT). Escreveremos um para cada tipo de tipo de dados interessante (aqueles que usaremos com freqüência). Eles demonstrarão a maneira certa de passar como entradas e receber como saídas cada um desses tipos. Além disso, eu gostaria de ter funções que mostram como retornar alguns tipos interessantes. Para mim, os tipos interessantes com Java são:

- Strings (até 32k)
- Numbers (de qualquer escala/precisão)
- Dates
- Integers (binary_integers)
- RAWs (até 32k)
- LOBS (para todos os dados > 32k)
- Arrays de Strings
- Arrays de Numbers
- Arrays de Dates

Essa lista é um pouco diferente daquela para rotinas externas baseadas em C. Especificamente, BOOLEAN não está representado, porque atualmente não existe mapeamento entre o tipo PL/SQL BOOLEAN e os tipos Java. Não podemos usar parâmetros booleanos em nossos procedimentos externos Java.

Também são arbitrariamente complexos os tipos de dados que você pode criar com objetos de extensões relacionais. Para aqueles, recomendaria que você considerasse usar a ferramenta Java **JPublisher** fornecida pelo Oracle, que criará classes Java que envolvem automaticamente os tipos de objeto. Para mais informações sobre o JPublisher, por favor, refira-se ao 'Oracle8i JPublisher User's Guide', parte do conjunto de documentação fornecido por Oracle. Como nas rotinas externas baseadas em C, não iremos para os tipos de objeto em rotinas externas Java, além das simples coleções de tipos escalares.

Nossa classe Java será uma reimplementação da rotina externa baseada em C que codificamos anteriormente só que, dessa vez, escrita em Java. Começaremos com a definição SQL de nossos três tipos de coleção —são as mesmas definições usadas no exemplo de procedimentos externos C:

```
tkyte@TKYTE816> create or replace type numArray as table of number;
Type created.

tkyte@TKYTE816> create or replace type dateArray as table of date;
Type created.

tkyte@TKYTE816> create or replace type strArray as table of varchar2 (255);
Type created.
```

A especificação de chamada PL/SQL para nosso exemplo será como a seguir. Será uma série de procedimentos e funções sobrecarregados, para testar a passagem de parâmetros para e de procedimentos armazenados Java. Cada rotina tem um parâmetro IN e um OUT para mostrar os dados sendo enviados a e retornados do código Java.

A primeira rotina passa o tipo de número. Numbers Oracle serão passados a tipos Java BigDecimal. Eles poderiam ser passados para int, string e outros tipos, mas poderiam sofrer perda de precisão. BigDecimal pode conter com segurança um número Oracle.

Observe como o parâmetro OUT é passado como um array de tipos BigDecimal para a camada Java. Isso será verdade em todos os parâmetros OUT passados a Java. Para modificar um parâmetro passado a Java, precisamos passar um 'array' de parâmetros (nesse array haverá apenas um único elemento) e modificar tal elemento de array. Abaixo, na implementação do código Java, veremos o que significa em nosso código-fonte.

```
tkyte@TKYTE816> create or replace package demo_passing_pkg
  2  as
  3          procedure pass( p_in number, p_out out number )
  4          as
  5          language java
  6          name 'demo_passing_pkg.pass( java.math.BigDecimal,
  7                                      java.math.BigDecimal[] )'
```

Em seguida, Dates Oracle são mapeadas para o tipo Timestamp. Novamente, elas poderiam ter sido mapeadas para uma variedade de tipos diferentes, como uma String, mas para evitar qualquer perda de informações durante as conversões implícitas, escolhi o tipo Timestamp, que pode refletir apuradamente os dados contidos no tipo Date Oracle.

```
 8
 9      procedure pass( p_in in date, p_out out date )
10      as
11      language java
12      name 'demo_passing_pkg.pass(   java.sql.Timestamp,
13                                     java.sql.Timestamp[] )';
```

VARCHAR2s são muito diretas — são passadas ao tipo java.lang.String como você poderia esperar.

```
14
15      procedure pass( p_in in varchar2, p_out out varchar2 )
16      as
17      language java
18      name 'demo_passing_pkg.pass(   java.lang.String,
19                                     java.lang.String[] )';
```

Para o tipo CLOB, usamos o tipo Java oracle.sql.CLOB, fornecido por Oracle. Usando esse tipo, seremos capazes de obter facilmente correntes de entrada e saída usadas para ler e escrever os tipos CLOB.

```
20
21      procedure pass( p_in in CLOB, p_out out CLOB )
22      as
23      language java
24      name 'demo_passing_pkg.pass(   oracle.sql.CLOB,
25                                     oracle.sql.CLOB[] )';
```

Para a coleção de tipos vemos que usaremos o mesmo tipo fornecido por Oracle, independente do tipo de coleção que na verdade estivermos passando. Por isso é que nesse caso as rotinas Java não são sobrecarregadas como foram todas até então (até agora, todas as rotinas Java foram nomeadas demo_passing_pkg.pass). Como cada um dos tipos de coleção é passado exatamente como o mesmo tipo Java — não podemos usar sobrecarga nesse caso — em vez de ter uma rotina nomeada depois do tipo, de fato estaremos passando:

```
26
27      procedure pass( p_in in numArray, p_out out numArray )
28      as
29      language java
30      name 'demo_passing_pkg.pass_num_array(   oracle.sql.ARRAY,
31                                               oracle.sql.ARRAY[] )';
32
33      procedure pass( p_in in dateArray, p_out out dateArray )
34      as
35      language java
36      name 'demo_passing_pkg.pass_date_array(  oracle.sql.ARRAY,
37                                               oracle.sql.ARRAY[] )';
38
39      procedure pass( p_in in strArray, p_out out strArray )
40      as
41      language java
42      name 'demo_passing_pkg.pass_str_array(   oracle.sql.ARRAY,
43                                               oracle.sql.ARRAY[] )';
```

As duas rotinas a seguir demonstram o mapeamento que usaremos para os tipos RAW e INT. O tipo SQL RAW será mapeado para o tipo byte Java original. Da mesma forma, usaremos o tipo int Java original para inteiros simples:

```
44
45      procedure pass_raw( p_in in RAW, p_out out RAW )
46      as
47      language java
```

```
48          name 'demo_passing_pkg.pass( byte[], byte[] [] )';
49
50      procedure pass_int( p_in    in number,
51                          p_out   out number )
52      as
53      language java
54          name 'demo_passing_pkg.pass_int( int, int[] )';
```

Finalmente, para complementação, demonstraremos o uso de funções para retornar também os tipos escalares básicos:

```
55
56      function return_number return number
57      as
58      language java
59          name 'demo_passing_pkg.return_num() return java.math.BigDecimal';
60
61      function return_date return date
62      as
63      language java
64          name 'demo_passing_pkg.return_date() return java.sql.Timestamp';
65
66      function return_string return varchar2
67      as
68      language java
69          name 'demo_passing_pkg.return_string() return java.lang.String';
70
71  end demo_passing_pkg;
72  /

Package created.
```

Basicamente, essa é a mesma especificação de pacote (menos o BOOLEAN) de interface que usamos para as rotinas externas baseadas em C. Nesse exemplo, coloquei a camada de ligação na própria especificação, para evitar ter que codificar inteiramente o corpo de pacote redundante (cada função é implementada em Java).

Agora, para o código Java que implementa o acima. Começaremos com a definição da classe Java demo_passing_pkg:

```
tkyte@TKYTE816> set define off

tkyte@TKYTE816> create or replace and compile
  2   java source names "demo_passing_pkg
  3   as
  4   import java.io.*;
  5   import java.sql.*;
  6   import java.math.*;
  7   import oracle.sql.*;
  8   import oracle.jdbc.driver.*;
  9
 10   public class demo_passing_pkg extends Object
 11   {
```

Essa primeira rotina, mostrada abaixo, demonstra a única maneira de passar um parâmetro OUT para Java; de fato, passamos um 'array' e o primeiro elemento no array é o único elemento nele. Quando modificarmos o valor do array teremos modificado o parâmetro OUT. Por isso é que todos esses métodos têm o seu segundo parâmetro como um array. p_out[0] é algo que podemos ajustar e será enviado 'fora' do método. Quaisquer mudanças feitas em p_in, por outro lado, não serão retornadas.

Outra coisa interessante a notar nessa rotina é a falta de necessidade de um indicador de variável! Java suporta o conceito de nulo em seus tipos de objeto, como o fazem SQL e PL/SQL. No entanto, não é uma lógica de três valores como é SQL — não há operação X IS NOT NULL, só podemos comparar um objeto diretamente a nulo. Não fique confuso e tente codificar algo como p_in <> NULL em PL/SQL; nunca irá funcionar corretamente!

```
12    public static void pass( java.math.BigDecimal p_in,
13                             java.math.BigDecimal[] p_out )
14    {
15        if ( p_in != null )
16        {
17            System.out.println
18            ( "The first parameter is " + p_in.toString( ) );
19
20            p_out[0] = p_in.negate( );
21
22            System.out.println
23            ( "Set out parameter to " + p_out[0].toString( ) );
24        }
25    }
```

A rotina a seguir opera nos tipos Date de Oracle. É virtualmente idêntico à rotina acima, mas usamos os métodos da classe Timestamp para manipular a data. Nosso objetivo nessa rotina é acrescentar um mês à data:

```
26
27    public static void pass(java.sql.Timestamp p_in,
28                            java.sql.Timestamp[] p_out )
29    {
30        if ( p_in != null )
31        {
32            System.out.println
33            ( "The first parameter is " + p_in.toString( ) );
34
35            p_out[0] = p_in;
36
37            if ( p_out[0].getMonth( ) < 11 )
38                p_out[0].setMonth( p_out[0].getMonth( )+1 );
39            else
40            {
41                p_out[0].setMonth( 0 );
42                p_out[0].setYear( p_out[0].getYear( )+1 );
43            }
44            System.out.println
45            ( "Set out parameter to " + p_out[0].toString( ) );
46        }
47    }
```

Agora, para o mais simples tipo de dado; o tipo String. Se você lembra da versão C com seis parâmetros formais, indicadores nulos, strlens, strcpys e assim por diante — isso é comum, em comparação:

```
48
49    public static void pass(java.lang.String p_in,
50                            java.lang.String[] p_out )
51    {
52        if ( p_in != null )
53        {
54            System.out.println
55            ( "The first parameter is " + p_in.toString( ) );
56
57            p_out[0] = p_in.toUpperCase( );
58
59            System.out.println
60            ( "Set out parameter to " + p_out[0].toString( ) );
61        }
62    }
```

Na rotina CLOB, temos um pouco de trabalho para fazer. Essa rotina implementa uma 'cópia' de rotina para mostrar como passar LOBs para frente e para trás. Ela mostra que, para modificar/ler o conteúdo do LOB, só usamos os tipos de corrente entrada/saída Java. Nesse exemplo, is é a minha corrente de entrada e os é a corrente de saída. Nessa rotina, a lógica copia 8K de uma vez. Ela apenas faz loops, lê, escreve e depois sai, quando não há mais o que ler:

```
63
64     public static void pass(oracle.sql.CLOB p_in,
65                             oracle.sql.CLOB[] p_out )
66     throws SQLException, IOException
67     {
68         if ( p_in != null && p_out[0] != null )
69             {
70                 System.out.println
71                   ( "The first parameter is " + p_in.length( ) );
72                 System.out.println
73                   ( "The first parameter is ' " +
74                       p_in.getSubString(1, 80) + " ' " );
75
76                 Reader is = p_in.getCharacterStream( );
77                 Writer os = p_out[0].getCharacterOutputStream( );
78
79                 char buffer[] = new char[8192];
80                 int length;
81
82                 while( (length=is.read(buffer,0,8192)) != -1 )
83                     os.write(buffer,0,length);
84
85                 is.close( );
86                 os.close( );
87
88                 System.out.println
89                   ( "Set out parameter to " +
90                       p_out[0].getSubString(1, 80) );
91             }
92     }
```

Essa próxima rotina é privada (interna). Ela simplesmente imprime meta dados sobre o oracle.sql.ARRAY que é passado a ela. Cada um dos três tipos de array que enviamos ao Java usará essa rotina apenas para relatar de qual tamanho/tipo são eles:

```
93
94     private static void show_array_info( oracle.sql.ARRAY p_in )
95     throws SQLException
96     {
97         System.out.println( "Array is of type      " +
98                             p_in.getSQLTypeName( ) );
99         System.out.println( "Array is of type code " +
100                            p_in.getBaseType( ) );
101        System.out.println( "Array is of length    " +
102                            p_in.length( ) );
103    }
```

Veremos agora as rotinas que manipulam os arrays. Arrays são fáceis de usar, pois você descobre como tirar os dados deles e depois tê-los de volta. Conseguir tirar os dados é muito fácil; o método getArray( ) retornará o array de dados base. Só precisamos classificar o valor de retorno do getArray( ) para o tipo apropriado e depois teremos um array Java daquele tipo. Colocar os dados de volta em um array é um pouco mais complicado. Primeiro precisamos criar uma expressão (metadados) sobre o array, depois criar um novo objeto array com aquela expressão e os valores associados. O seguinte conjunto de rotinas o irá demonstrar em cada tipo de array, um de cada vez. Observe que o código é virtualmente idêntico — com exceção dos tempos, na verdade acessamos o array de dados Java. Tudo o que essas rotinas fazem é nos mostrar os metadados do tipo oracle.sql.ARRAY, imprimir o conteúdo do array e, finalmente, copiar o array de entrada para o array de saída:

```
104
105     public static void pass_num_array( oracle.sql.ARRAY p_in,
106                                        oracle.sql.ARRAY[] p_out )
107     throws SQLException
108     {
109         show_array_into( p_in );
110         java.math.BigDecimal[] values = (BigDecimal[])p_in.getArray( );
111
112         for( int i = 0; i < p_in.length( ); i++ )
113             System.out.println( "p_in["+i+"] = " + values[i].toString( ) );
114
115         Connection conn = new OracleDriver( ).defaultConection( );
116         ArrayDescriptor descriptor =
117             ArrayDescriptor.createDescriptor( p_in.getSQLTypeName( ), conn );
118
119         p_out[0] = new ARRAY( descriptor, conn, values );
120
121     }
122
123     public static void
124     pass_date_array( oracle.sql.ARRAY p_in, oracle.sql.ARRAY[] p_out )
125     throws SQLException
126     {
127         show_array_info( p_in );
128         java.sql.Timestamp[] values = (Timestamp[])p_in.getArray( );
129
130         for( int i = 0; i < p_in.length( ); i++ )
131             System.out.println( "p_in["+i+"] = " + values[i].toString( ) );
132
133         Connection conn = new OracleDriver( ).defaultConnection( );
134         ArrayDescriptor descriptror =
135             ArrayDescriptor.createDescriptor( p_in.getSQLTypeName( ), conn );
136
137         p_out[0] = new ARRAY( descriptor, conn, values );
138
139     }
140
141     public static void
142     pass_str_array( oracle.sql.ARRAY p_in, oracle.sql.ARRAY[] p_out )
143     throws java.sql.SQLException, IOException
144     {
145         show_array_info( p_in );
146         String[] values = (String[])p_in.getArray( );
147
148         for( int i = 0; i < p_in.length( ); i++ )
149             System.out.println( "p_in["+i+"] = " + values[i] );
150
151         Connection conn = new OracleDriver( ).defaultConnection( );
152         ArrayDescriptor descriptor =
153             ArrayDescriptor.createDescriptor( p_in.getSQLTypeName( ), conn );
154
155         p_out[0] = new ARRAY( descriptor, conn. values );
156
157     }
```

Passar dados RAW é como o tipo String; em outras palavras, é comum. É um tipo muito fácil de se trabalhar:

```
158
159     public static void pass( byte[] p_in, byte[] [] p_out )
160     {
```

```
161        if ( p_in != null )
162            p_out[0] = p_in;
163    }
```

Passar um int é *problemático* e eu não recomendo. Não há como passar Null — um int é um 'tipo de dados base' em Java, eles não são objetos — assim, não podem ser nulos. Como não há ali conceito de um indicador Null, teremos que passar o nosso próprio se quisermos suportar nulos, e a camada PL/SQL precisa verificar a sinalização, para ver se a variável é ou não Null. Isso está aqui apenas para complementação, mas não é uma boa idéia, especialmente em parâmetros in — a rotina Java não pode dizer se deve ou não ler o valor, pois não há conceito de Nulls!

```
164
165    public static void pass_int( int p_in, int[] p_out )
166    {
167        System.out.println
168        ( "The in parameter was " + p_in );
169
170        p_out[0] = p_in;
171
172        System.out.println
173        ( "The out parameter is " + p_out[0] );
174    }
```

Finalmente, chegamos à função. Se você se recorda dos procedimentos externos baseados em C —era difícil de implementar em C. Tínhamos alocações de memória, nulos para lidar, conversões de tipos C para tipos Oracle e assim por diante. Cada rotina C tinha dez ou mais linhas de código. Aqui, é simples como uma declaração de retorno:

```
175
176    public static String return_string()
177    {
178        return "Hello World";
179    }
180
181    public static java.sql.Timestamp return)date( )
182    {
183        return new java.sql.Timestamp(0);
184    }
185
186    public static java.math.BigDecimal return_num( )
187    {
188        return new java.math.BigDecimal( "44.3543" );
189    }
190
191    }
192    /

Java created.

tkyte@TKYTE816> set define on
```

Geralmente, isso é mais fácil de codificar do que em C, devido a que Java faz para nós muito do trabalho por trás do pano. No exemplo C, havia cerca de 1.000 linhas para oferecer funcionalidade semelhante. A alocação de memória que precisa ser tão cuidadosa em C não é um problema em Java, ela nos atirará uma exceção se fizermos algo errado. Os indicadores Null que prevalecem em C não existem em Java, o que causa um problema se você ligar a um tipo não objeto Java, mas como observado acima, na rotina PASS_INT, não é recomendado que Nulls sejam parte de seu ambiente.

Agora, estamos prontos para chamar as rotinas, pois tudo está no lugar. Por exemplo, posso:

```
tkyte@TKYTE816> set serveroutput on size 1000000
tkyte@TKYTE816> exec dbms_java.set_output( 1000000 )

tkyte@TKYTE816> declare
  2        l_in strArray := strArray( );
```

```
  3      l_out strArray := strArray( );
  4  begin
  5      for i in 1 . . 5 loop
  6          l_in.extend;
  7          l_in(i) := 'Element ' | | i;
  8      end loop;
  9
 10      demo_passing_pkg.pass( l_in, l_out );
 11      for i in 1 . . l_out.count loop
 12          dbms_output.put_line( 'l_out(' | | i | | ') = ' | | l_out(i) );
 13      end loop;
 14  end;
 15  /
Array is of type         SECOND.STRARRAY
Array is of type code 12
Array is of length       5
p_in[0] = Element 1
p_in[1] = Element 2
p_in[2] = Element 3
p_in[3] = Element 4
p_in[4] = Element 5
l_out(1) = Element 1
l_out(2) = Element 2
l_out(3) = Element 3
l_out(4) = Element 4
l_out(5) = Element 5

PL/SQL procedure successfully completed.
```

As primeiras oito linhas de saída foram geradas pela rotina Java, as últimas cinco por PL/SQL, mostrando que fomos capazes de passar o array de PL/SQL para Java e receber um array de volta, facilmente. A rotina Java simplesmente copiou o array de entrada para o de saída depois de imprimir o array de metadados e valores.

Exemplos úteis

Creio firmemente que se você puder fazer algo em uma única declaração SQL, deve. Nunca use um loop CURSOR FOR, por exemplo, quando uma simples atualização servirá. Também acredito que quando você não pode fazê-lo em SQL, deve tentar em PL/SQL. Nunca escreva uma rotina externa Java ou C, a menos que seja impossível conseguir sua tarefa em PL/SQL, ou se a rapidez obtida em C for dominante. Se você não puder fazer em PL/SQL por razões técnicas, Java deve ser a próxima escolha. No entanto, há código extra associado a Java, em termos de memória exigida, CPU usado e o tempo de inicialização de JVM. PL/SQL também tem um pouco disso, mas ele já está executando — não é outra coisa para executar.

Fora isso, há certas coisas que você simplesmente não pode fazer em PL/SQL, mas no que Java se supera. A seguir estão alguns fragmentos realmente úteis de Java, em que confiar no dia a dia. Você não deve ver isso como uma lista do que pode ser feito, apenas como a ponta do iceberg. Mais tarde, no Apêndice A, veremos alguns exemplos maiores do uso de Java em Oracle.

Como obter uma listagem de diretório

UTL_FILE, um utilitário que usamos em alguns lugares neste livro, é ótimo para ler e escrever arquivos de texto. Porém, uma exigência muito comum é processar todos os arquivos em determinado diretório. Para tal tarefa, ele fica pequeno. Não há métodos internos em qualquer lugar em SQL ou PL/SQL para ler uma listagem de diretório. Bem, Java pode fazer isso com facilidade para nós. Eis como:

```
tkyte@TKYTE816> create global temporary table DIR_LIST
  2    ( filename varchar2(255) )
  3    on commit delete rows
  4  /
Table created.
```

Nessa implementação, escolhi usar uma tabela temporária como a maneira do procedimento armazenado Java retornar seus resultados. Acho isso mais conveniente, pois me permite classificar e selecionar facilmente os nomes de arquivo retornados.

O fragmento de código Java que precisamos é:

```
tkyte@TKYTE816> create or replace
  2       and compile java source named "DirList"
  3  as
  4  import java.io.*;
  5  import java.sql.*;
  6
  7  public class DirList
  8  {
  9  public static void getList(String directory)
 10                  throws SQLException
 11  {
 12      File path = new File( directory );
 13      String[] list = path.list( );
 14      String element;
 15
 16      for(int i = 0; i < list.length; i++)
 17      {
 18              element = list[i];
 19              "sql { INSERT INTO DIR_LIST (FILENAME)
 20                      VALUES (:element) };
 21      }
 22  }
 23
 24  }
 25  /

Java created.
```

Escolhi usar SQLJ aqui para eficiência de programação. Já estou conectado ao banco de dados, e fazer isso através de JDBC tomaria bem poucas linhas de código. SQLJ torna fazer SQL em Java quase tão fácil quando em PL/SQL. Agora, claro, precisamos criar nossa especificação de chamada:

```
tkyte@TKYTE816> create or replace
  2  procedure get_dir_list( p_directory in varcha2 )
  3  as language java
  4  name 'DirList.getList( java.lang.String )';
  5  /

Procedure created.
```

Um último detalhe antes de executar esse procedimento. Precisamos dar a ele permissões para fazer o que ele quer: ler um diretório. Nesse exemplo sou o DBA, portanto posso conceder isso a mim mesmo, mas normalmente você precisa solicitar essa capacidade do DBA. Se você lembra, na introdução desta seção eu disse:

> "... o código Java está sempre executando como o 'proprietário do software Oracle', significando que um procedimento armazenado Java poderia sobregravar o parâmetro de arquivo INIT.ORA do banco de dados (ou algum outro, até um conjunto de arquivos mais importante, como os arquivos de dados) se tiver recebido os privilégios apropriados."

É assim que o Oracle se protege disso, você precisa receber explicitamente um privilégio, para fazer muitas coisas que seriam prejudiciais. Se tentássemos usar esse procedimento antes de obter os privilégios, teríamos recebido o erro:

```
tkyte@TKYTE816> exec get_dir_list( 'c:\temp' );
BEGIN get_dir_list( 'c:\temp' ); END;

*
```

```
ERROR at line 1:
ORA-29523: Java call terminated by uncaught Java exception:
java.security.AccessControlException:
the Permission (java.io.FilePermission c:\temp read) has not been granted by
dbms_java.grant_permission to
SchemaProtectionDomain(TKYTE|PolicyTableProxy(TKYTE))
ORA-06512: at "TKYTE.GET_DIR_LIST", line 0
ORA-06512: at line 1
```

Assim, autorizaremos a nós mesmos para fazer isso:

```
tkyte@TKYTE816> begin
  2            dbms_Java.grant_permission
  3            ( USER,
  4              'java.io.FilePermission',
  5              'c:\temp',
  6          'read' );
  7     end;
  8   /

PL/SQL procedure successfully completed.
```

e estamos prontos para prosseguir:

```
tkyte@TKYTE816> exec get_dir_list( 'c:\temp' );

PL/SQL procedure successfully completed.

tkyte@TKYTE816> select * from dir_list where rownum < 5;

FILENAME
---------------
a.sql
abc.dat
activation
activation8i.zip
```

As permissões são parte do Java2 Standard Edition (J2SE) e você pode ler mais sobre elas em http://java.sun.com/j2se/ 1.3/docs/api/java/security/Permission.html. No Apêndice A, iremos explorar DBMS_JAVA e seus usos em mais detalhes.

Há outra coisa da qual você deve estar ciente. O Oracle 8.1.6 foi a primeira versão de Oracle a suportar permissões J2SE. No Oracle 8.1.5, isso tinha que ser conseguido através de uma função. Infelizmente, quando digo uma 'função', basicamente quero dizer uma função única; JAVASYSPRIV. Seria semelhante a conceder DBA a cada usuário apenas porque eles precisavam criar uma vista — é poderoso demais. Quando tenho JAVASYSPRIV, posso fazer o que quiser. Tenha cautela com essa função se você tiver 8.1.5 e pense em usar um lançamento posterior, com um modelo de privilégio infinitamente mais granular.

Execução de um comando de sistema operacional

Se eu ganhasse um centavo por cada vez que me pediram para executar um comando OS, não estaria escrevendo esse livro — estaria de férias! Antes de Java, era realmente difícil. Agora é mais comum. Provavelmente, há uma centena de maneiras de implementar o seguinte segmento de código, mas esta funciona bem:

```
tkyte@TKYTE816> create or replace and compile
  2   java source names "Util"
  3   as
  4   import java.io.*;
  5   import java.lang.*;
  6
  7   public class Util extends Object
```

```
  8    {
  9
 10        public static int RunThis(String[] args)
 11        {
 12        Runtime rt = Runtime.getRuntime( );
 13        int                 rc = -1;
 14
 15        try
 16        {
 17            Process p = rt.exec*args[0]);
 18
 19            int bufSize = 4096;
 20            BufferedInputStream bis =
 21                new BufferedInputStream(p.getInputStream( ), bufSize);
 22            int len;
 23            byte buffer[] = new byte[bufSize];
 24
 25            // Echo back what the program split out
 26            while ((len = bis.read(buffer, 0, bufSize)) != -1)
 27                System.out.write(buffer, 0, len);
 28
 29            rc = p.waitFor( );
 30        }
 31        catch (Exception e)
 32        {
 33            e.printStackTrace( );
 34            rc = -1;
 35        }
 36        finally
 37        {
 38            return rc;
 39        }
 40        }
 41   }
 42   /

Java created.
```

Está inicializado para executar qualquer programa e captar a saída de um arquivo de rastreio no servidor ou, se você usar DBMS_JAVA, para o buffer DBMS_OUTPUT. Esse é um recurso bastante poderoso. Poderíamos executar qualquer comando com a conta de software Oracle usando-o, não tendo os privilégios que precisamos. Nesse caso, quero ser capaz de obter uma listagem de processo, usando /usr/bin/os no UNIX, e no Windows encontramos a listagem de diretório usando C:\WINNT\system32\cmd.exe. Para fazê-lo, precisamos de dois privilégios:

```
tkyte@TKYTE816>
tkyte@TKYTE816> BEGIN
  2         dbms_java.grant_permission
  3         ( USER,
  4         'java.io.FilePermission',
  5         - - '/usr/bin/ps',   - - for UNIX
  6         'C:\WINNT\system32\cmd.exe',  - - for WINDOWS
  7         'execute');
  8
  9         dbms_java.grant_permission
 10         ( USER,
 11         'java.lang.RuntimePermission',
 12         '*',
 13         'writeFileDescriptor' );
 14   end;
 15   /

PL/SQL procedure successfully completed.
```

O primeiro me permite executar um programa muito específico. Se eu me atrevesse, poderia colocar * no lugar do nome do programa, o que me deixaria executar qualquer coisa. Porém não creio que seria sábio; você só deve listar explicitamente os caminhos totalmente qualificados para programas sobre os quais esteja seguro. O segundo privilégio permite que meu tempo de execução produza saída. Aqui, preciso usar um *, pois não sei qual saída pode ser criada (por exemplo, stdout).

Agora precisamos da nossa camada de ligação:

```
tkyte@TKYTE816> create or replace
  2  function RUN_CMD( p_cmd in varchar2) return number
  3  as
  4  language java
  5  name 'Util.RunThis(java.lang.String[]) return integer';
  6  /

Function created.

tkyte@TKYTE816> create or replace procedure rc(
  2  as
  3      x number;
  4  begin
  5      x := run_cmd(p_cmd);
  6      if ( x <> 0 )
  7      then
  8          raise program_error;
  9      end if;
 10  end;
 11  /
Procedure created.
```

Criei uma pequena camada sobre a camada de ligação, para permitir execução fácil como procedimento. Agora veremos como funciona:

```
tkyte@TKYTE816> set serveroutput on size 1000000
tkyte@TKYTE816> exec dbms_java.set_output(1000000)

PL/SQL procedure successfully completed.

tkyte@TKYTE816> exec rc('C:\WINNT\system32\cmd.exe /c dir')
 Volume in drive C has no label.
 Volume Serial Numer is F455-B3C3
 Directory of C:\oracle\DATABASE
05/07/2001  10:13a      <DIR>              .
05/07/2001  10:13a      <DIR>              ..
11/04/2000  06:28p      <DIR>              ARCHIVE
11/04/2000  06:37p                     47  inittkyte816.ora
11/04/2000  06:28p                 31.744  ORADBA.EXE
05/07/2001  09:07p                  1.581  oradim.log
05/10/2001  07:47p                  2.560  pwdtkyte816.ora
05/06/2001  08:43p                  3.584  pwdtkyte816.ora.hold
01/26/2001  11:31a                  3.584  pwdtkyte816.xxx
04/19/2001  09:34a                 21.309  sqlnet.log
05/07/2001  10:13a                  2.424  test.sql
01/30/2001  02:10p                348.444  xml.tar
          9 File(s)        415,277  bytes
          3 Dir(s)  13,600,501,760  bytes free

PL/SQL procedure successfully completed.
```

E é isso, acabamos de obter uma listagem de diretório do sistema operacional.

Como diminuir o tempo para milissegundos

Os exemplos estão ficando menores, mais curtos e mais rápidos. De fato, esse é o ponto.Com um pouquinho de funcionalidade Java solta aqui e ali nos pontos certos, você pode conseguir muita funcionalidade.

No Oracle 9i, essa função apresentará discussão; é fornecido suporte para carimbos de tempo mais granular que um segundo. Até lá, se você precisar dele, poderá consegui-lo:

```
tkyte@TYTE816> create or replace java source
  2    named "MyTimestamp"
  3    as
  4    import java.lang.String;
  5    import java.sql.Timestamp;
  6
  7    public class MyTimestamp
  8    {
  9        public static String getTimestamp( )
 10        {
 11            return (new
 12                Timestamp(System.currentTimeMillis( ))).toString( );
 13        }
 14    };
 15    /

Java created.

tkyte@TKYTE816> create or replace function my_timestamp return varchar2
  2    as language java
  3    name 'MyTimestamp.getTimestamp( ) return java.lang.String';
  4    /

Function created.

tkyte@TKYTE816> select my_timestamp,
  2    to_char(sysdate, 'yyyy-mm-dd hh24:mi:ss') from dual
  3    /

MY_TIMESTAMP                  TO_CHAR(SYSDATE, 'YY
--------------------------    --------------------
2001-03-27 19:15:59.688       2001-3-27 19:15:59
```

Possíveis erros

A maioria dos erros que você encontrará usando esse recurso que está relacionado à compilação de código e a desencontros de parâmetro. Alguns dos mais freqüentes estão relacionados aqui.

ORA-29549 Java Session State Cleared

Você atingirá erros como este:

```
select my_timestamp, to_char(sysdate, 'yyyy-mm-dd hh24:mi:ss') from dual
                                                                       *
ERROR at line 1:
ORA-29549: class TKYTE.MyTimestamp has changed, Java session state cleared
```

continuamente, quando estiver desenvolvendo. O que isso significa é que a classe usada anteriormente na sessão foi recompilada por você. Qualquer posição associada àquela classe foi apagada. Você pode simplesmente, executar novamente o que falhou, e será copiada uma nova posição.

Por esse motivo, você deve evitar recarregar classes Java em um sistema de produção ativo. Qualquer seção que tenha usado a classe Java receberá esse erro da próxima vez que a usar novamente.

Erros de permissão

Exatamente como já recebemos:

```
ERROR at line 1:
ORA-29512: Java call terminated by uncaught Java exception:
java.security.AccessControlException:
the Permission (java.io.FilePermission c:\temp read) has not been granted by
dbms_java.grant_permission to
SchemaProtectionDomain(TKYTE|PolicyTableProxy(TKYTE))
ORA-06512: at "TKYTE.GET_DIR_LIST", line 0
ORA-06512: at line 1
```

Felizmente, a mensagem de erro tem os privilégios específicos que você precisa obter para ser relacionado com sucesso aqui. É preciso que você tenha o uso de usuário apropriadamente privilegiado para a rotina DBMS_JAVA GRANT_PERMISSION.

ORA-29531 no method in class Y

Tomando o exemplo RunThis acima e mudando a especificação de chamada para:

```
tkyte@TKYTE816> create or replace
  2    function RUN_CMD( p_cmd in varchar2) return number
  3    as
  4    language java
  5    name 'Util.RunThis(String[]) return integer';
  7  /

Function created.
```

levantará esse erro. Note que na lista de parâmetro para Util.RunThis, especifiquei STRING, não Java.lang.String.

```
tkyte@TKYTE816> exec rc('c:\winnt\system32\cmd.exe /c dir')
java.lang.NullPointerExecption
at oracle.aurora.util.JRIExtensions.getMaximallySpecifidMethod(JRIExtensions.java)
at oracle.aurora.util.JRIExtensions.getMaximallySpecifidMethod(JRIExtensions.java)
BEGIN RC('c:winnt\system32\cmd.exe /c dir'); END;

*
ERROR at line 1:
ORA-29531: no method RunThis in class Util
ORA-06512: at "TKYTE.RUN_CMD", line 0
ORA-06512: at "TKYTE.RC", line 5
ORA-06512: at line 1
```

O que acontece aqui é que você precisa usar tipos de nomes *totalmente* qualificados no mapeamento. Ainda que java.lang seja implicitamente importado para um programa Java, ele não é importado na camada SQL. Quando você obtém esse erro, precisa olhar seu mapeamento de tipo de dados e ter certeza de estar usando tipos de dados *totalmente* qualificados, e que eles combinem exatamente com os tipos atuais. O método Java a ser usado é encontrado por essa assinatura, e a sua assinatura é montada a partir dos tipos de dados usados. A menor diferença nas entradas, nas saídas ou no estilo do nome levarão as assinaturas a serem diferentes e o Oracle não encontrará seu código.

Resumo

Neste capítulo, exploramos como implementar procedimentos armazenados em Java. Isso não significa que você deve ficar sem e recodificar todo o seu PL/SQL em procedimentos armazenados Java. Significa que, quando atingir o limite do que PL/SQL pode fazer, quando você tentar ultrapassar o banco de dados e fazer interações de sistema operacional, Java deve ser a primeira coisa em que pensar.

Usando o material apresentado neste capítulo, você deve ser capaz de passar todos os tipos de dados SQL principais a partir de uma camada PL/SQL, até Java, e enviá-los de volta, inclusive arrays de informações. Você tem um punhado de fragmentos de Java úteis, que podem ser de uso imediato, e quando pesquisar a documentação Java encontrará mais dezenas adequadas na sua instalação.

Usado com cautela, um pouco de Java pode ser vantajoso na sua implementação.

20

Como usar recursos de objeto relacional

A partir do Oracle 8, temos a habilidade de usar recursos de objeto relacional no banco de dados. Em resumo, os recursos de objeto relacional em Oracle permitem ampliar o conjunto de tipos de dados disponíveis no banco de dados para ir além dos simples NUMBERs, DATEs e STRINGs. É possível configurar seus próprios tipos, que incluem:

- Um ou mais atributos, onde cada atributo pode ser um tipo escalar ou um conjunto (array) de outros tipos de objeto/dados.
- Um ou mais métodos que operem nesse tipo.
- Um ou mais métodos estáticos.
- Um método opcional de comparação, usado para classificação e comparações de igualdade/desigualdade.

Depois, você pode usar esse novo tipo para criar tabelas de banco de dados, especificar colunas de uma tabela, criar vistas ou como uma excelente maneira de estender as linguagens SQL e PL/SQL. Uma vez criado, seu tipo de dados estará disponível para ser usado da mesma maneira que o tipo de dados DATE básico.

O que eu gostaria de fazer neste capítulo é cobrir o uso de recursos de objeto relacional em Oracle. Da mesma forma será importante como *não* usar o recurso. Explicarei os componentes dessa tecnologia na medida que os apresentar. Entretanto, essa não deve ser considerada uma visão geral de tudo o que você pode fazer com os recursos de objeto relacional em Oracle. Este tópico é coberto em um manual de 200 páginas do Oracle, chamado *Application Developer's Guide — Object-Relational Features*. O objetivo deste capítulo é expor porque e como você deve querer usar essas capacidades.

Os recursos de objeto relacional do Oracle são acessíveis usando muitas linguagens, como Java, através de JDBC, Visual Basic com **OO4O** (**O**bjetos **O**racle para **O**le), **OCI** (Interface de **C**hamada **O**racle), PL/SQL e Pro*C; todas podem usar com facilidade essa funcionalidade. O Oracle oferece diversas ferramentas para simplificar o uso de recursos de objeto relacional nessas linguagens. Por exemplo, ao usar Java/JDBC, pode-se obter a vantagem do JPublisher do Oracle, um utilitário que gera classes Java representantes de tipos de objeto de banco de dados, tipos de coleção e pacotes PL/SQL para seu uso (ele é um gerador de código que remove qualquer complexidade associada ao mapeamento de tipos SQL complexos para tipos Java). OCI tem um cache interno de objeto, do lado cliente, usado para manipular e trabalhar com eficácia com objetos. Pro*C tem a ferramenta **OTT** (**T**radutor de **T**ipo de **O**bjeto) para gerar estruturas C/C++ para uso naquela linguagem. Neste livro não investigaremos especificamente o uso dessas linguagens ou ferramentas; cada uma é desenvolvida em profundidade na documentação de servidor Oracle. Em vez disso, nos focalizaremos na implementação e criação de tipos de objeto no próprio banco de dados.

Razões para usar esses recursos

Uso os recursos de objeto relacional em Oracle predominantemente como meio de estender a linguagem PL/SQL de forma natural. O tipo de objeto é uma excelente maneira de estender PL/SQL com nova funcionalidade, do mesmo modo que uma estrutura de classe faz isso em C++ ou Java. Na próxima seção veremos um exemplo.

Os tipos de objeto também podem ser usados para reforçar a padronização. Posso criar um novo tipo, digamos, ADDRESS_TYPE, que encapsula a definição de um endereço — os discretos componentes que o formam. Posso até acrescentar funções de conveniência (métodos) em torno desse tipo, para retornar o endereço em um formato adequado à impressão em tabelas, por exemplo. Agora, sempre que crio uma tabela precisando de uma coluna que seja um endereço, posso apenas declará-lo como um ADDRESS_TYPE. Os atributos que constituem um endereço serão acrescentados automaticamente pela minha tabela. Também percorreremos um exemplo.

Os tipos de objetos podem ser usados para representar uma vista de objeto relacional, de dados estritamente relacionais. Isto é, eu poderia tomar o exemplo simples EMP/TABLE e montar uma vista de objeto relacional dele para expor cada fileira da tabela DEPT, como se ela contivesse uma coleção de objetos EMP. Em vez de unir EMP a DEPT, posso simplesmente consultar a vista de objeto DEPT, para ver as informações DEPT e EMP em uma única fileira. Na próxima seção veremos também esse exemplo.

Os tipos de objeto também podem ser usados para criar tabelas de objeto. No Capítulo 6, cobrimos os prós e os contras de tabelas de objeto. As tabelas de objeto têm muitas colunas ocultas, efeitos colaterais e acontecimentos mágicos por trás delas. Além disso, normalmente você precisa de uma vista de dados estritamente relacional para uma variedade de objetivos (em especial para a grande quantidade de utilitários existentes e geradores de relatório que não entendem esses novos tipos de objeto). Por esse motivo, eu mesmo não me inclino a usá-los. Uso vistas de objeto de dados relacionais, que oferecem o mesmo efeito final de uma tabela de objeto. No entanto, controlo a armazenagem física de tudo. Por esse motivo, não nos aprofundaremos nas tabelas de objeto neste capítulo.

Como funcionam os recursos de objeto relacional

Nesta seção, veremos o uso de recursos de objeto relacional em Oracle para conseguir os seguintes objetivos:

- Impor tipos de dados padrão em um sistema.
- Estender naturalmente a linguagem PL/SQL.
- Apresentar vistas de objeto relacional de dados inerentemente relacionais.

Como acrescentar tipos de dados ao seu sistema

Começaremos com o básico, o simples ADDRESS_TYPE. Veremos a sintaxe envolvida, o que é possível, quais efeitos colaterais podemos observar e assim por diante. Para começar, precisaremos de um simples tipo:

```
tkyte@TKYTE816> create or replace type Address_Type
  2    as object
  3    ( street_addr1    varchar2(25),
  4      street_addr2    varchar2(25),
  5      city            varchar2(30),
  6      state           varchar2(2),
  7      zip_code        number
  8    )
  9  /

Type created.
```

Esse é o tipo mais básico de declaração CREATE TYPE que podemos usar. Acrescentaremos mais recursos a ela, à medida que prosseguirmos nesse exemplo. Ele é o mais básico porque é um tipo composto apenas por outros tipos escalares preexistentes; não tem métodos, nem funções de comparação, nada 'ilusório'. Mas podemos começar imediatamente a usar esse tipo em nossas tabelas e código PL/SQL:

```
tkyte@TKYTE816> create table people
  2    ( name            varchar2(10),
  3      home_address    address_type,
  4      work_address    address_type
  5    )
```

```
      6  /

Table created.

tkyte@TKYTE816> declare
  2         l_home_address address_type;
  3         l_work_address address_type;
  4     begin
  5         l_home_address := Address_Type( '123 Main Street', null,
  6     'Reston', 'VA', 45678 );
  7         l_work_address := Address_Type( '1 Oracle Way', null,
  8     'Redwood', 'CA', 23456 );
  9
 10         insert into people
 11         ( name, home_address, work_address )
 12         values
 13         ( 'Tom Kyte', l_home_address, l_work_address );
 14     end;
 15  /

PL/SQL procedure successfully completed.

tkyte@TKYTE816> select * from people;

NAME         HOME_ADDRESS(STREET_     WORK_ADDRESS(STREET_
------       -------------------      -------------------
Tom Kyte     ADDRESS_type('123 Ma     ADDRESS_TYPE('1 Orac
             in Street', NULL, 'R     le way', NULL, 'Redw
             eston', 'VA', 45678)     ood', 'CA', 23456)
```

Como você pode ver, usar o novo tipo em uma CREATE TABLE é tão fácil quanto usar o tipo NUMBER. Além disso, declarar variáveis de tipo ADDRESS_TYPE em PL/SQL também é direto — PL/SQL fica imediatamente ciente dos novos tipos. Vemos a nova porção de funcionalidade no código PL/SQL, nas linhas 5 a 8. Aqui estamos chamando o objeto construtor para o novo tipo. O objeto construtor padrão no tipo nos permite ajustar todos os atributos do tipo de objeto para algum valor. Por default, há apenas um construtor padrão, que pode ser chamado com um valor para cada atributo no tipo. Na seção sobre *Como usar tipos para ampliar PL/SQL*, veremos como escrever nossos próprios construtores personalizados usando funções de membro estático.

Quando tivermos criado e ajustado variáveis do tipo ADDRESS_TYPE, poderemos facilmente usá-las como ligações de variáveis em SQL, como demonstrado. Inserimos NAME, HOME_ADDRESS e WORK_ADDRESS e pronto. Uma simples consulta SQL recupera os dados. Podemos usar SQL não apenas para conseguir acesso à coluna HOME_ADDRESS, mas também para cada um dos componentes HOME_ADDRESS. Por exemplo:

```
tkyte@TKYTE816> select name, home_address.state, work_address.state
  2         from people
  3  /
select name, home_address.state, work_address.state
                *
ERROR at line 1:
ORA-00904: invalid column name

tkyte@TKYTE816> select name, P.home_address.state, P.work_address.state
  2         from people P
  3  /

NAME         HOME_ADDRESS.STATE       WORK_ADDRESS.STATE
------       ------------------       ------------------
Tom Kyte     VA                       CA
```

Mostrei ambos os métodos, o errado e o certo, para fazer isso. O primeiro exemplo é provavelmente o que a maioria das pessoas naturalmente tenta. É óbvio que ele não funciona. Para acessar os componentes de um tipo de objeto, precisamos usar um nome correlato, como fiz na segunda consulta. Aqui, dou o nome alternativo de P à tabela PEOPLE (qualquer identificador válido poderia ter sido usado, inclusive a própria palavra PEOPLE). Depois, quando quiser referir aos componentes individuais dos endereços, usarei o nome alternativo.

Assim, como de fato se parece a tabela física PEOPLE? O que o Oracle nos mostra e o que realmente está lá são coisas diferentes, como você pode esperar, se leu o Capítulo 6, e viu a tabela aninhada ou o exemplo de tabela de objeto:

```
tkyte@TKYTE816> desc people
Name                                      Null?    Type
----------------------------------------- -------- ----
NAME                                               VARCHAR2(10
HOME_ADDRESS                                       ADDRESS_TYPE
WORK_ADDRESS                                       ADDRESS_TYPE

tkyte@TKYTE816> select name, length
  2    from sys.col$
  3        where obj# = ( select object_id
  4                         from user_objects
  5                        where object_name = 'PEOPLE' )
  6  /

NAME                               LENGTH
-------------------------------- --------
NAME                                   10
HOME_ADDRESS                            1
SYS_NC00003$                           25
SYS_NC00004$                           25
SYS_NC00005$                           30
SYS_NC00006$                            2
SYS_NC00007$                           22
WORK_ADDRESS                            1
SYS_NC00009$                           25
SYS_NC00010$                           25
SYS_NC00011$                           30
SYS_NC00012$                            2
SYS_NC00013$                           22

13 rows selected.
```

O Oracle nos diz que temos três colunas; o dicionário de dados real, entretanto, diz treze. Podemos ver lá as nossas colunas escalares ocultas. Ainda que haja um pouco de mágica e algumas colunas ocultas ali, é bastante direto usar tipos escalares de objeto (não tabelas aninhadas) dessa maneira. Esse é o tipo de mágica com o qual podemos viver. Se usarmos a opção SET DESCRIBE em SQL*PLUS, poderemos obter SQL*PLUS para vermos toda a hierarquia de nosso tipo:

```
tkyte@TKYTE816> set describe depth all
tkyte@TKYTE816> desc people
   Name                                  Null?    Type
   ------------------------------------- -------- --------------
   NAME                                           VARCHAR2(10)
   HOME_ADDRESS                                   ADDRESS_TYPE
      STREET_ADDR1                                VARCHAR2(25)
      STREET_ADDR2                                VARCHAR2(25)
      CITY                                        VARCHAR2(30)
      STATE                                       VARCHAR2(2)
      ZIP_CODE                                    NUMBER
   WORK_ADDRESS                                   ADDRESS_TYPE
      STREET_ADDR1                                VARCHAR2(25)
      STREET_ADDR2                                VARCHAR2(25)
```

```
CITY                                    VARCHAR2(30)
STATE                                   VARCHAR2(2)
ZIP_CODE                                NUMBER
```

Isso é muito habilidoso para determinar quais atributos estão disponíveis para usarmos.

Agora, vamos dar mais um passo em nosso ADDRESS_TYPE. Gostaríamos de ter uma rotina conveniente que nos retornasse um endereço bem formatado num campo. Podemos fazer isso acrescentando uma função membro ao tipo de corpo:

```
tkyte@TKYTE816> alter type Address_Type
  2  REPLACE
  3  as object
  4  ( street_addr1       varchar2(25),
  5    street_addr2       varchar2(25),
  6    city               varchar2(30),
  7    state              varchar2(2),
  8    zip_code           number,
  9    member function toString return varchar2
 10  )
 11  /

Type altered.

tkyte@TKYTE816> create or replace type body Address_Type
  2  as
  3      member function toString return varchar2
  4      is
  5      begin
  6          if ( street_addr2 is not NULL )
  7          then
  8                  return    street_addr1 || chr(10) ||
  9                            street_addr2 || chr(10) ||
 10                            city || ', ' || state || ' ' || zip_code;
 11          else
 12                  return street_addr1 || chr(10) ||
 13                            city || ', ' || state || ' ' || zip_code;
 14          end if;
 15      end;
 16  end;
 17  /

Type body created.

tkyte@TKYTE816> select name, p.home_address.toString()
  2           from people p
  3  /

NAME
----------
P.HOME_ADDRESS.TOSTRING()
-----------------
Tom Kyte
123 Main Street
Reston, VA 45678
```

Estamos vendo nosso primeiro exemplo de um **objeto método**. Cada método é chamado com um parâmetro SELF implícito. Poderíamos ter prefixado STREET_ADDR1, STREET_ADDR2 e assim por diante, com:

```
SELF.street_addr1 || chr(10) || SELF.street_addr2 . . .
```

mas isso é implícito. Você pode estar olhando para ele e dizendo "Bem, isso é simpático, mas não é nada que não poderíamos fazer com uma tabela relacional e um pacote PL/SQL". Você deve estar certo. No entanto, há vantagens em usar o tipo de objeto com métodos, como fizemos acima.

- ❏ **Ele serve como um melhor mecanismo para encapsular** — O ADDRESS_TYPE encapsula e reforça nosso conceito do que é um endereço, quais atributos ele tem e qual funcionalidade está disponível.

- ❏ **Ele liga estreitamente métodos a dados específicos** — Esse é um ponto mais sutil, mas extremamente importante. Se implementássemos o acima usando colunas escalares e uma função PL/SQL para formatá-las em um endereço simpático de imprimir, poderíamos chamar essa função com quaisquer dados que quiséssemos. Eu poderia passar um EMPLOYEE_NUMBER como o código postal, um FIRST_NAME como o endereço de rua e assim por diante. Agrupando o método com o atributo de dados, o método TOSTRING *só* pode funcionar nos dados de endereço. As pessoas que chamam esse método não precisam estar cientes dos dados apropriados a serem passados — os dados apropriados 'simplesmente já estão lá'.

Entretanto, você deve estar ciente de uma desvantagem quanto ao tipo de objeto. Em Oracle 8i, o tipo de objeto não é alterável. Você pode acrescentar métodos a ele por meio da declaração ALTER, mas não pode remover nem acrescentar atributos adicionais quando tiver uma tabela criada com tipo, nem pode remover métodos quando os tiver acrescentado. A única coisa que você pode fazer bem é acrescentar métodos ou mudar sua implementação (tipo de corpo). Em outras palavras, o esquema de evolução não é bem suportado usando o tipo. Se com o tempo você descobriu que precisava de outro atributo no objeto ADDRESS_TYPE, deve precisar remontar objetos que tenham aquele tipo embutido. Isso não afeta os tipos de objeto não usados como colunas em tabelas de banco de dados ou como tipo na declaração CREATE TABLE OF TYPE. Isto é, se você usar tipos de objeto apenas em vistas de objeto e como método para estender PL/SQL (as duas seções seguintes), pode ignorar essa advertência.

Um conjunto especial de métodos associados aos tipos de objeto é o dos métodos MAP e ORDER. São usados ao classificar, comparar ou agrupar cópias de tipos de objeto. Se um tipo de objeto não tiver função MAP ou ORDER, você descobrirá que o seguinte é verdade:

```
tkyte@TKYTE816> select * from people order by home_address;
select * from people order by home_address
                              *
ERROR at line 1:
ORA-22950: cannot ORDER objects without MAP or ORDER method

tkyte@TKYTE816> select * from people where home_address > work_address;
select * from people where home_address > work_address
                                        *
ERROR at line 1:
ORA-22950: cannot ORDER objects without MAP or ORDER method

tkyte@TKYTE816> select * from people where home_address = work_address;

no rows selected
```

Não é possível ordenar pelo tipo de objeto, e você não pode usá-los em buscas maiores que ou menores que. A única coisa que pode ser feita com eles é usá-los em comparações diretas de igualdade. Depois, o Oracle faz uma comparação atributo por atributo, para ver se eles são iguais. A solução é acrescentar um método MAP ou ORDER (um tipo de objeto só pode ter um método MAP ou um ORDER, não ambos).

Um método MAP é simplesmente uma função que trabalha numa única cópia de objeto e retorna algum tipo escalar que o Oracle usará para comparar com outros tipos de objeto. Por exemplo, se o tipo de objeto em questão representou um ponto com uma coordenada X e Y, a função MAP pode retornar a raiz quadrada de (X*X+Y*Y) — a distância da origem. Um método ORDER, por outro lado, recebe duas cópias de objeto: SELF e algo para comparar a SELF. O método ORDER retorna 1 se SELF for maior que o outro objeto, -1 se SELF for menor ou 0 se eles forem iguais. Um método MAP é o mecanismo preferido, pois ele pode ser mais rápido, podendo também ser chamado em uma consulta paralela (o método ORDER não pode). Um método MAP tem que ser chamado uma vez na cópia de objeto, depois o Oracle pode classificá-lo; uma função ORDER pode ser chamada centenas ou milhares de vezes com as mesmas entradas, para classificar um grande conjunto. Demonstrarei ambos os exemplos usando o ADDRESS_TYPE acima. Primeiro, o método ORDER:

```
tkyte@TKYTE816> alter type Address_Type
  2    REPLACE
  3    as object
  4    (     street_addr1        varchar2(25),
  5          street_addr2        varchar2(25),
  6          city                varchar2(30),
  7          state               varchar2(2),
  8          zip_code            number
  9          member function toString return varchar2,
 10          order member function order_function( compare2 in Addresstype )
 11          return number
 12    )
 13    /

Type altered.

tkyte@TKYTE816> create or replace type body Address_Type
  2    as
  3          member function toString return varchar2
  4          is
  5          begin
  6                if (street_addr2 is not NULL )
  7                then
  8                      return      street_addr1 || chr(10) ||
  9                                  street_addr2 || chr(10) ||
 10                                  city || ', ' || state || ' ' || zip_code;
 11                else
 12                      return      street_addr1 || chr(10) ||
 13                                  city || ', ' || state || ' ' || zip_code;
 14                end if;
 15          end;
 16
 17          order number function order_function(compare2 in Address_type)
 18          return number
 19          is
 20          begin
 21                if (nvl(self.zip_code, -99999) <> nvl(compare2.zip_code, -99999))
 22                then
 23                      return sign(nvl(self.zip_code, -99999)
 24                                  -nvl(compare2.zip_code, -99999));
 25                end if;
 26                if (nvl(self.city,chr(0)) > nvl(compare2.city,chr(0)))
 27                then
 28                      return 1;
 29                elsif (nvl(self.city,chr(0)) < nvl(compare2.city,chr(0)))
 30                then
 31                      return -1;
 32                end if;
 33                if (nvl(self.street_addr1,chr(0)) >
 34                            nvl(compare2.street_addr1,chr(0)) )
 35                then
 36                      return 1;
 37                elsif ( nvl(self.street_addr1,chr(0)) <
 38                            nvl(compare2.street_addr1,chr(0)) )
 39                then
 40                      return -1;
 41                end if;
 42                if ( nvl(self.street_addr2,chr(0)) >
 43                            nvl(compare2.street_addr2,chr(0)) )
```

```
44                    then
45                            return 1;
46                    elsif ( nvl(self.street_addr2,chr(0)) <
47                                    nvl(compare2.street_addr2,chr(0)) )
48                    then
49                            return -1;
50                    end if;
51                    return 0;
52          end;
53  end;
54  /

Type body created.
```

Isso iria comparar dois endereços, usando o seguinte algoritmo:
1. Se os ZIP_CODES forem diferentes, retorna –1 se SELF for menor que COMPARE2, ou retorna 1.
2. Se CITY for diferente, retorna –1 se SELF for menor que COMPARE2, ou retorna 1.
3. Se STREET-ADDR1 for diferente, retorna –1 se SELF for menor que COMPARE2, ou retorna 1.
4. Se STREET_ADDR2 for diferente, retorna –1 se SELF for menor que COMPARE2, ou retorna 1.
5. Ou então retorna 0 (eles são iguais).

Como se pode ver, temos que nos preocupar com Nulls na comparação. A lógica é longa e complexa. Definitivamente, não é eficiente. Sempre que você estiver pensando em codificar uma função de membro ORDER, deve tentar encontrar uma maneira de fazê-lo em uma função de membro MAP. Creio que a lógica acima é melhor codificada como função de membro MAP. Note que, se você já tiver alterado o tipo para ter a função de membro ORDER acima, terá que soltar a tabela que está sujeita a esse tipo, soltar o próprio tipo e recomeçar. Funções de membro não podem ser removidas, apenas acrescentadas através do comando ALTER TYPE, e precisamos nos livrar da função de membro ORDER existente. O exemplo completo seguinte deve ter uma DROP TABLE PEOPLE, DROP TYPE ADRESS_TYPE e um comando CREATE TYPE antes de ALTER TYPE:

```
tkyte@TKYTE816> alter type Address_type
  2  REPLACE
  3  as object
  4  (    street_addr1            varchar2(25),
  5       street_addr2            varchar2(25),
  6       city                    varchar2(30),
  7       state                   varchar2(2),
  8       zip_code                number,
  9       member function toString return varchar2,
 10       map member function mapping_function return varchar2
 11  )
 12  /

Type altered.

tkyte@TKYTE816> create or replace type body Address_Type
  2  as
  3       member function toString return varchar2
  4       is
  5       begin
  6           if ( street_addr2 is not NULL )
  7           then
  8                   return   street_addr1 || chr(10) ||
  9                            street_addr2 || chr(10) ||
 10                            city || ', ' || state || ' ' || zip_code;
 11           else
 12                   return   street_addr1 || chr(10) ||
 13                            city || ', ' || state || ' ' || zip_code;
 14           end if;
```

```
15          end;
16
17          map member function mapping_function return varchar2
18          is
19          begin
20              return to_char( nvl(zip_code,0), 'fm00000' ) ||
21                     lpad( nvl(city,   ' '), 30 ) ||
22                     lpad( nvl(street_addr1, ' '), 25 ) ||
23                     lpad( nvl(street_addr2, ' '), 25 );
24          end;
25    end;
26  /

Type body created.
```

Retornando uma string de comprimento fixo com o ZIP_CODE, depois os campos CITY, STREET_ADDR, o Oracle fará para nós a classificação e as comparações.

Antes de entrarmos no próximo uso de tipos de objeto (meu uso preferido para estender PL/SQL), gostaria de introduzir outro tipo de coleção, VARRAYS. No Capítulo 6, investigamos tabelas aninhadas e sua implementação. Vimos que elas são apenas pares de tabelas pai/filho, implementado com uma chave substituta oculta na tabela pai e uma NESTED_TABLE_ID na tabela filho. De muitas maneiras, VARRAYS é semelhante a uma tabela aninhada, mas é implementado de forma muito diferente.

Uma VARRAY (ou tabela aninhada) seria usada para armazenar um array de dados associados a uma única fileira. Por exemplo, se você precisar armazenar endereços adicionais com a tabela PEOPLE (talvez um array de endereços residenciais anteriores, do mais antigo para o mais novo), poderia fazer o seguinte:

```
tkyte@TKYTE816> create or replace type Address_Array)Type
  2    as varray(25) of Address_Type
  3  /

Type created.

tkyte@TKYTE816> alter table people add previous_addresses Address_Array_Type
  2  /

Table altered.

tkyte@TKYTE816> set describe depth all
tkyte@TKYTE816> desc people
 Name                                      Null?    Type
 ---------------------------------         -----    ----
 NAME                                               VARCHAR2(10)
 HOME_ADDRESS                                       ADDRESS_TYPE
    STREET_ADDR1                                    VARCHAR2(25)
    STREET_ADDR2                                    VARCHAR2(25)
    CITY                                            VARCHAR2(30)
    STATE                                           VARCHAR2(2)
    ZIP_CODE                                        NUMBER

METHOD
------
   MEMBER FUNCTION TOSTRING RETURNS VARCHAR2

METHOD
------
   MAP MEMBER FUNCTION MAPPING_FUNCTION RETURNS VARCHAR2
      WORK_ADDRESS                                  ADDRESS_TYPE
         STREET_ADDR1                               VARCHAR2(25)
         STREET_ADDR2                               VARCHAR2(25)
         CITY                                       VARCHAR2(30)
         STATE                                      VARCHAR2(2)
         ZIP_CODE                                   NUMBER
```

```
METHOD
- - - - - - -
    MEMBER FUNCTION TOSTRING RETURNS VARCHAR2

METHOD
- - - - - - -
    MAP MEMBER FUNCTION MAPPING_FUNCTION RETURNS VARCHAR2
    PREVIOUS_ADDRESSES                      ADDRESS_ARRAY_TYPE
        STREET_ADDR1                        VARCHAR2(25)
        STREET_ADDR2                        VARCHAR2(25)
        CITY                                VARCHAR2(30)
        STATE                               VARCHAR2(2)
        ZIP_CODE                            NUMBER

METHOD
- - - - - - -
    MEMBER FUNCTION TOSTRING RETURNS VARCHAR2

METHOD
- - - - - - -
    MAP MEMBER FUNCTION MAPPING_FUNCTION RETURNS VARCHAR2
```

Agora sua tabela tem a habilidade de, opcionalmente, armazenar até 25 endereços anteriores. A questão é: o que ficou "por trás dos panos" para facilitar isso? Se consultássemos o dicionário de dados 'real', veríamos:

```
tkyte@TKYTE816> select name, length
  2  from sys.col$
  3  where obj# = ( select object_id
  4                   from user_objects
  5                   where object_name = 'PEOPLE' )
  6  /

NAME                              LENGTH
-----------------------------     --------
NAME                                  10
HOME_ADDRESS                           1
SYS_NC00003$                          25
SYS_NC00004$                          25
SYS_NC00005$                          30
SYS_NC00006$                           2
SYS_NC00007$                          22
WORK_ADDRESS                           1
SYS_NC00009$                          25
SYS_NC00010$                          25
SYS_NC00011$                          30
SYS_NC00012$                           2
SYS_NC00013$                          22
PREVIOUS_ADDRESSES                  2940

14 rows selected.
```

O Oracle acrescentou uma coluna de 2.940 bytes para suportar nossa implementação VARRAY. Os dados em nossa VARRAY serão armazenados inline (na própria fileira), o que levanta uma pergunta interessante: o que acontecerá se nosso array puder exceder 4.000 bytes (a maior coluna estruturada que o Oracle suporta)? Se soltarmos a coluna e a recriarmos como uma VARRAY(50), poderemos ver o que acontece:

```
tkyte@TKYTE816> alter table people drop column previous_addresses
  2  /

Table altered.

tkyte@TKYTE816> create or replace type Address_Array_Type
  2  as varray(50) of Address_Type
```

```
      3  /

Type created.

tkyte@TKYTE816> alter table people add previous_addresses Address_Array_Type
      2  /

Table altered.

tkyte@TKYTE816> select object_type, object_name,
  2                    decode(status,'INVALID','*',' ') status,
  3                    tablespace_name
  4    from user_objects a, user_segments b
  5   where a.object_name = b.segment_name (+)
  6   order by object_type, object_name
  7  /

OBJECT_TYPE        OBJECT_NAME                    S  TABLESPACE_NAME
------------------ ------------------------------ -- ------------------
LOB                SYS_LOB0000026301C00014$$         DATA

TABLE              PEOPLE                            DATA

TYPE               ADDRESS_ARRAY_TYPE                ADDRESS_TYPE

TYPE BODY          ADDRESS_TYPE

tkyte@TKYTE816> select name, length
  2    from sys.col$
  3   where obj# = ( select object_id
  4                    from user_objects
  5                   where object_name = 'PEOPLE' )
  6  /

NAME                           LENGTH
------------------------------ ------
NAME                               10
HOME_ADDRESS                        1
SYS_NC00003$                       25
SYS_NC00004$                       25
SYS_NC00005$                       30
SYS_NC00006$                        2
SYS_NC00007$                       22
WORK_ADDRESS                        1
SYS_NC00009$                       25
SYS_NC00010$                       25
SYS_NC00011$                       30
SYS_NC00012$                        2
SYS_NC00013$                       22
PREVIOUS_ADDRESSES               3852

14 rows selected.
```

O que vemos agora é que o Oracle criou um LOB. Se os dados em VARRAY estiverem abaixo de 4.000 bytes, serão armazenados inline. Se excederem esse número, VARRAY será removida fora de linha para o segmento LOB (exatamente como seria qualquer LOB).

VARRAYS são armazenadas como uma coluna RAW inline ou como um LOB, quando ficam muito grandes. O código extra de uma VARRAY (em comparação com uma tabela aninhada) é muito pequeno, tornando-as uma boa escolha como método para armazenar dados repetidos. VARRAYS podem ser buscadas, desfazendo seu aninhamento, tornando-as tão flexíveis como tabelas aninhadas em tal aspecto:

```
tkyte@TKYTE816> update people
  2    set previous_addresses = Address_Array_Type(
  3                    Address_Type( '312 Johnston Dr', null,
  4                                  'Bethlehem, 'PA', 18017 ),
  5                    Address_Type( '513 Zulema St', "Apartment #3',
  6                                  'Pittsburg', 'PA', 18123 ),
  7                    Address_Type( '840 South Frederick St', null,
  8                                  'Alexandria', 'VA', 20654 ) );

1 row updated.

tkyte@TKYTE816> select name, prev.city, prev.state, prev.zip_code
  2    from people p, table( p.previous_addresses ) prev
  3    where prev.state = 'PA';

NAME                CITY                            ST    ZIP_CODE
------------------  ------------------------------  --    --------
Tom Kyte            Bethlehem                       PA       18017
Tom Kyte            Pittsburg                       PA       18123
```

Uma grande diferença aqui é que na implementação da tabela aninhada poderíamos ter criado um índice na coluna STATE, e o otimizador teria sido capaz de usá-lo. Aqui, a coluna STATE não pode ser indexada.

As principais diferenças entre tabelas aninhadas e VARRAYS podem ser resumidas assim:

Tabela aninhada	VARRAY
Elementos 'array' não têm ordem específica. Os dados na coleção podem ser retornados em ordem diferente daquela em que foi inserida.	VARRAYS são arrays verdadeiros. Os dados permanecerão ordenados como você os tiver deixado. Em nosso exemplo acima, os endereços são anexados ao array. Isso implica que o endereço mais antigo seja o primeiro e que o endereço imediatamente anterior seja o último encontrado no array. Uma implementação de tabela aninhada precisaria de outro atributo para identificar a idade relativa de um endereço.
Tabelas aninhadas são fisicamente armazenadas com chaves substitutas.	VARRAYS são armazenadas como uma coluna RAW ou como um ou como um LOB. Há um mínimo de código extra introduzido para a funcionalidade.
Tabelas aninhadas não têm limite superior quanto ao número de elementos que podem ser armazenados.	VARRAYS têm um limite superior de elementos que podem ser armazenados. Esse limite superior máximo é definido quando o próprio tipo é criado.
Tabelas aninhadas podem ser modificadas (inseridas/atualizadas apagadas), usando SQL.	VARRAYS precisam ser modificadas de forma metódica. Você não pode: INSERT INTO (inserir em) TABLE (SELECT P.PREVIOUS_ADDRESSES FROM PEOPLE P) como faria com uma tabela aninhada. Para acrescentar um endereço, você teria que usar código procedimental (seja exemplo abaixo).
Tabelas aninhadas farão uma JOIN relacional para trazer a coleção de volta com a fileira. Em pequenas coleções, isso pode ser caro.	VARRAYS não unem. Os dados são acessados inline para pequenas coleções e como segmento LOB para grandes coleções. Em geral, haverá menos código extra associado ao acesso de uma VARRAY em comparação a uma tabela aninhada. Potencialmente, no entanto, há mais código extra associado à atualização de uma VARRAY em comparação a uma tabela aninhada, visto que toda a VARRAY precisa ser substituída — não apenas seu elemento.

Na tabela anterior, mencionei que VARRAYs não podem ser modificadas usando SQL e a cláusula TABLE, que precisamos processá-las de forma metódica. Muito provavelmente, você escreverá um procedimento armazenado para facilitar a modificação de colunas VARRAY. O código se pareceria mais ou menos com:

```
tkyte@TKYTE816> declare
  2         l_prev_addresses       address_Array_Type;
  3  begin
  4              select p.previous_addresses into l_prev_addresses
  5                from people p
  6               where p.name = 'Tom Kyte';
  7
  8              l_prev_addresses.extend;
  9              l_prev_addresses(l_prev_addresses.count) :=
 10              Address_Type( '123 Main Street', null,
 11  'Reston', 'VA', 45678 );
 12
 13              update people
 14                 set previous_addresses = l_prev_addresses
 15               where name = 'Tom Kyte';
 16  end;
 17  /

PL/SQL procedure successfully completed.

tkyte@TKYTE816> select name, prev.city, prev.state, prev.zip_code
  2    from people p, table( p.previous_addresses ) prev
  3  /

NAME          CITY              ST     ZIP_CODE
--------      -----------       --     --------
Tom Kyte      Bethlehem         PA        18017
Tom Kyte      Pittsburg         PA        18123
Tom Kyte      Alexandria        VA        20654
Tom Kyte      Reston            VA        45678
```

Acréscimo de envoltório de tipos de dados

Nesta seção, revisamos as vantagens e desvantagens de usar as extensões de tipo de Oracle em suas tabelas de banco de dados. Você precisa decidir se a habilidade de criar novos tipos de dados, com definições e métodos de coluna padrão que podem operar sem ambigüidade naqueles tipos, é obscurecida pela incapacidade de evolução desses tipos (acrescentar/remover atributos).

> *Gostaria de esclarecer que no Oracle 9i isso muda radicalmente, pois é acrescentada a habilidade de evoluir o esquema de tipo com o tempo.*

Também revisamos o uso de VARRAYs versus tabelas aninhadas como um mecanismo de armazenagem física. Vimos como as VARRAYs são excelentes para armazenar um conjunto vinculado de itens organizados, comparando a uma tabela aninhada. Você achará as VARRAYs úteis em muitos casos, quando precisar armazenar uma lista de itens, como endereços anteriores, números de telefone, nomes de animais de estimação etc. Sempre que você tiver uma lista de itens que não precisem de uma tabela inteira para eles, VARRAYs será útil.

O uso cauteloso de tipos pode acrescentar muito ao sistema e ao design. O uso de tipos de objeto Oracle como colunas em uma tabela (em oposição a uma tabela criada como TYPE, visto no Capítulo 6) é útil para reforçar a padronização e garantir que os procedimentos (métodos) sejam chamados com as entradas certas. O oposto é a atual falta de evolução de esquema para os tipos, quando você tiver criado uma tabela que use aquele tipo.

Como usar tipos para estender PL/SQL

Aí os recursos de objeto relacional do Oracle se impõem. PL/SQL é uma linguagem muito flexível e capaz, como evidenciado pelo fato de que Advanced Replication (reprodução avançada) foi toda escrita em PL/SQL, de volta no Oracle 7.1.6. Aplicativos Oracle (Recursos Humanos, Aplicativos Financeiros, aplicativos CRM etc) são desenvolvidos usando PL/SQL como uma das linguagens predominantes. A despeito de sua agilidade como linguagem de programação, haverá ocasiões em que você irá querer estender suas capacidades — exatamente como faria em Java, C, C++ ou qualquer outra linguagem. Os tipos de objeto são a maneira de fazer isso. Eles acrescentam funcionalidade a PL/SQL, semelhante ao que a **classe** acrescenta a Java ou C++.

Nesta seção, gostaria de criar um exemplo que demonstra como usar tipos de objeto para tornar a programação PL/SQL mais fácil. Gostaria de criar aqui um File Type montado sobre UTL_FILE, um pacote oferecido por Oracle, que permite a PL/SQL fazer operações de I/O de texto (lendo e escrevendo) no sistema de arquivo do servidor. É uma API de procedimento, semelhante à família F da linguagem C, de funções (fopen, fclose, fread, fwrite e assim por diante). Gostaria de encapsular a funcionalidade de UTL_FILE em um tipo de objeto mais fácil de usar.

Criação de um novo tipo de dados PL/SQL

UTL_FILE trabalha retornando um tipo PL/SQL RECORD, o que irá complicar ligeiramente a nossa implementação, mas podemos contornar. Ele complica as coisas porque um tipo de objeto SQL só pode conter tipos SQL, não tipos PL/SQL. Assim, não podemos criar um tipo de objeto que contenha um PL/SQL RECORD, mas precisamos, se quisermos encapsular a funcionalidade. Para resolver isso, usaremos um pequeno pacote PL/SQL em conjunto com nosso tipo.

Começarei com a especificação de tipo — nosso protótipo, para o que montaremos:

```
tkyte@TKYTE816> create or replace type FileType
  2  as object
  3  (      g_file_name      varchar2(255),
  4         g_path           varchar2(255),
  5         g_file_hdl       number
  6
  7         static function open(  p_path          in varchar2,
  8                                p_file_name     in varchar2,
  9                                p_mode          in varchar2 default 'r',
 10                                p_maxlinesize   in number default 32765 )
 11         return FileType,
 12
 13         member function isOpen return boolean,
 14         member procedure close,
 15         member function get_line return varchar2,
 16         member procedure put( p_text in varchar2 ),
 17         member procedure new_line( p_lines in number default 1 ),
 18         member procedure put_line( p_text in varchar2 ),
 19         member procedure putf( p_fmt in varchar2,
 20                                p_arg1 in varchar2 default null,
 21                                p_arg2 in varchar2 default null,
 22                                p_arg3 in varchar2 default null,
 23                                p_arg4 in varchar2 default null,
 24                                p_arg5 in varchar2 default null ),
 25         member procedure flush,
 26
 27         static procedure write_io( p_file      in number,
 28                                    p_operation in varchar2,
 29                                    p_parm1     in varchar2 default null,
 30                                    p_parm2     in varchar2 default null,
 31                                    p_parm3     in varchar2 default null,
```

```
    32                      p_parm4     in varchar2 default null,
    33                      p_parm5     in varchar2 default null,
    34                      p_parm6     in    varchar2 default null )
    35  )
    36  /
Type created.
```

Ele se parece um pouco com o próprio pacote UTL_FILE (se você não estiver familiarizado com UTL_FILE, pode querer ler sobre ele no Apêndice A). Ele oferece quase a mesma funcionalidade que o pacote, apenas mais intuitivamente, como você verá (na minha opinião). Agora, se você recorda o exemplo ADDRESS_TYPE acima, eu disse que cada tipo de objeto tem um construtor padrão, e que você precisa ajustar cada um dos atributos do tipo de objeto para algum valor naquele construtor. Nenhum código definido por usuário pode executar como um efeito colateral desse construtor padrão. Em outras palavras, esse construtor padrão só pode ser usado para ajustar *cada* atributo do tipo de objeto. Isso não é muito útil. A função estática OPEN, no tipo acima, será usada para demonstrar como podemos criar nosso próprio construtor para nossos tipos, infinitamente mais útil (e complexo). Observe como OPEN, parte do tipo de objeto FILETYPE, retorna um próprio FILETYPE. Ele fará o trabalho necessário de inicialização, depois retornará um tipo de objeto completamente copiado. Esse é o principal uso de funções de membro estáticas em tipos de objeto — elas oferecem a habilidade de criar seus próprios construtores complexos de objeto. As funções e procedimentos estáticos em um tipo de objeto diferem dos procedimentos e funções de membro, pois não obtêm um parâmetro SELF implícito. Na essência, essas funções são muito semelhantes a um procedimento ou função empacotada. São úteis para codificar rotinas comuns de utilitário que muitas das outras funções de membro chamariam, mas elas próprias não precisam acessar a cópia de dados (os atributos de objeto). WRITE_IO, no tipo de objeto acima, será um exemplo de tal rotina. Emprego a mesma para fazer todas as chamadas UTL_FILE que escrevem em um arquivo, para não precisar repetir a cada vez o mesmo bloco de exceção de 14 linhas.

Agora, você verá que o tipo de dados UTL_FILE.FILE_TYPE não é referido nesse tipo de objeto, e de fato, não pode ser. Os atributos de tipo de objeto só podem ser tipos SQL. Precisamos salvar esse registro em outro lugar. Para fazer isso, vou usar o pacote PL/SQL desta maneira:

```
tkyte@TKYTE816> create or replace package FileType_pkg
  2  as
  3      type utl_fileArrayType is table of utl_file.file_type
  4          index by binary_integer;
  5
  6      g_files utl_fileArrayType;
  7
  8      g_invalid_path_msg constant varchar2(131) default
  9      'INVALID_PATH: File location or filename was invalid.';
 10
 11      g_invalid_mode_msg constant varchar2(131) default
 12      'INVALID_MODE: The open_mode parameter %s in FOPEN was invalid.';
 13
 14      g_invalid_filehandle_msg constant varchar2(131) default
 15      'INVALID_FILEHANDLE: The file handle was invalid.';
 16
 17      p_invalid_operation_msg constant varchar2(131) default
 18      'INVALID_OPERATION: The file could not be opened or operated ' ||
 19      'on as requested.';
 20
 21      g_read_error_msg constant varchar2(131) default
 22      'READ_ERROR: An operating system error occurred during ' ||
 23      'the read operation.';
 24
 25      g_write_error_msg constant varchar2(131) default
 26      'WRITE_ERROR: An operating system error occurred during ' ||
 27      'the write operation.';
 28
 29      g_internal_error_msg constant varchar2(131) default
 30      'INTERNAL_ERROR: An unspecified error in PL/SQL.';
 31
```

```
32          g_invalid_maxlinesize_msg constant varchar2(131) default
33          'INVALID_MAXLINESIZE: Specified max linesize %d is too ' ||
34          'large or too small';
35   end;
36   /

Package created.
```

Esse pacote será usado no tempo de execução para conter quaisquer e todos os registros UTL_FILE.FILETYPE para nós. Cada cópia (variável) de tipo de objeto que declararmos de FILE_TYPE se alocará em uma 'faixa', no array G_FILES acima. Isso mostra um método para implementar dados 'privados' em tipos de objeto Oracle. Iremos armazenar os dados reais de tempo de execução nessa variável G_FILES de array empacotado e armazenar apenas a alavanca (o índice no array) no tipo de objeto. Na implementação atual de objeto do Oracle, todos os dados em um tipo de objeto são dados PUBLIC. Não há como esconder um atributo no tipo, para torná-lo inacessível aos usuários daquele tipo. Por exemplo, dado o FILE_TYPE acima, ele irá legitimar para nós o acesso direto à variável de cópia de G_FILE_NAME. Se isso não fosse desejável, 'ocultaríamos' essa variável em um pacote PL/SQL, da mesma forma que vamos 'ocultar' lá o tipo de registro PL/SQL. Ninguém pode acessar os dados no pacote PL/SQL, a menos que tenhamos concedido EXECUTE naquele pacote, portanto eles são dados protegidos.

Esse pacote também é usado para conter algumas constantes. Os tipos de objeto não suportam constantes de dados, assim o pacote torna-se um bom lugar também para isso.

Tenho tendência a nomear um pacote que suporte um tipo como esse, depois do próprio tipo. Assim, como criamos o tipo FILETYPE, tenho um FILETYPE_PKG para ficar com ele. Agora estamos prontos para o tipo de corpo FILETYPE, que conterá a implementação de todos os nossos membros e funções e procedimentos estáticos acima. Apresentarei o código com comentários a respeito do que ele tem dispersos:

```
tkyte@TKYTE816> create or replace type body FileType
  2   as
  3
  4   static function open( p_path          in varchar2,
  5                         p_file_name     in varchar2,
  6                         p_mode          in varchar2 default 'r',
  7                         p_maxlinesize   in number default 32765 )
  8   return FileType
  9   is
 10      l_file_hdl number;
 11      l_utl_file_dir varchar2(1024);
 12   begin
 13      l_file_hdl := nvl( fileType_pkg.g_files.last, 0 )+1;
 14
 15      filetype_pkg.g_files(l_file_hdl) :=
 16          utl_file.fopen( p_path, p_file_name, p_mode, p_maxlinesize );
 17
 18      return fileType( p_file_name, p_path, l_file_hdl );
```

A porção da função de membro estático OPEN, acima, é responsável por encontrar uma faixa vazia em nossos dados privados (oculta no pacote filetype_pkg). Ela faz isso acrescentando um ao atributo LAST da tabela. Se a tabela estiver vazia, LAST retorna NULL, assim anulamos (NVL) esse valor — a primeira entrada será o índice de array 1. Depois será o 2 e assim por diante. Nossa função CLOSE *apaga* as entradas quando fechamos o arquivo, portanto reutilizaremos o espaço nesse array com o tempo, quando abrirmos e fecharmos arquivos. O restante da função é bem direto: ela abre o arquivo solicitado e retorna uma cópia totalmente reproduzida de um objeto FILETYPE. O resto do método FILETYPE.OPEN é um bloco de exceção para pegar e lidar com todos os erros que UTL_FILE.FOPEN possa erguer:

```
 19   exception
 20       when utl_file.invalid_path then
 21           begin
 22               execute immediate 'select value
 23                                    from v$parameter
 24                                   where name = ' ' 'utl_file_dir' ' '
 25                            into l_utl_file_dir;
 26               exception
```

```
27                              when others then
28                                  l_utl_file_dir := p_path;
29                          end;
30                          if ( instr( l_utl_file_dir| |', ' , p_path | |',' ) = 0 )
31                          then
32                              raise_application_error
33                                  ( -20001, 'The path ' | | p_path | |
34                                    ' is not in the utl_file_dir path " ' | |
35                                       l_utl_file_dir | | '"' );
36                          else
37                              raise_application_error
38                                  (-20001,fileType_pkg.g_invalid_pakg_msg);
39                          end if;
40              when utl_file.invalid_mode then
41                  raise_application_error
42                      (-20002, replace(fileType_pkg.g_invalid_mode_msg, '%s', p_mode) );
43              when utl_file.invalid_operation then
44                  raise_application_error
45                      (-20003, fileType_pkg.g_invalid_operation_msg);
46              when utl_file.internal_eroror then
47                  raise_application_error
48                      (-20006, fileType_pkg.g_internal_error_msg);
49              when utl_file.invalid_maxlinesize then
50                  raise_application_error
51                      (-20007, replace(fileType_pkg.g_invalid_maxlinesize_msg,
52                                       '%d', p_maxlinesize));
53      end;
```

Esse bloco de exceção é destinado a pegar e reerguer todas as exceções UTL_FILE de uma maneira melhor que UTL_FILE faz originalmente. Em vez de receber o SQLERRMR de USER DEFINED EXCEPTION na rotina que estiver sendo chamada, como seria feito normalmente, receberemos algo significativo como THE OPEN MODE PARAMETER WAS INVALID. Além disso, para a exceção INVALID_PATH, que é erguida se o arquivo não puder ser aberto devido a um caminho ou nome de arquivo inválido, ficamos fora do nosso caminho para oferecer uma mensagem de erro significativa. Se o OWNER desse tipo tiver tido a concessão de SELECT em SYS.V_$PARAMETER, iremos recuperar todo o parâmetro UTL_FILE_DIR INIT.ORA e verificar se o caminho que tentamos usar está, de fato, configurado para ser utilizado. Se não estiver, retornaremos uma mensagem de erro, declarando que este é o caso. De todos os erros erguidos por UTL_FILE, esse é a exceção, de longe, mais 'popular'. Receber uma mensagem de erro assim significativa poupará muitas horas de 'depuração' para o usuário iniciante de UTL_FILE.

Prosseguindo, temos o método is Open:

```
55      member function isOpen return boolean
56      is
57      begin
58          return utl_file.is_open( filetype_pkg.g_files(g_file_hdl) );
59      end;
```

Ele é simplesmente uma camada sobre o UTL_FILE.IS_OPEN existente. Visto que essa função UTL_FILE nunca ergue erros, é uma rotina muito fácil de implementar. O próximo método é GET_LINE; sua lógica é um pouco mais envolvida:

```
61      member function get_line return varchar2
62      is
63          l_buffer varchar2(32765);
64      begin
65          utl_file.get_line (filetype_pkg.g_files(g_file_hdl), l_buffer);
66          return l_buffer;
67      exception
68          when utl_file.invalid_filehandle then
69              raise_application_error
70                  (-20002,fileType_pkg.g_invalid_filehandle_msg);
```

```
71          when utl_file.invalid_operation then
72               raise_application_error
73                    (-20003,fileType_pkg.g_invalid_operation_msg);
74          when utl_file.read_error then
75               raise_application_error
76                    (-20004,fileType_pkg.g_read_error_msg);
77          when utl_file.internal_error then
78               raise_application_error
79                    (-20006,fileType_pkg.g_internal_error_msg);
80     end;
```

Usamos aqui a variável local de tipo VARCHAR2(32765), que é a maior variável PL/SQL que você pode ter e a maior linha que UTL_FILE pode ler. De novo, como o método OPEN acima, pegamos e lidamos com todo e qualquer erro que UTL_FILE.GET_LINE possa erguer e o convertemos em uma chamada RAISE_APPLICATION_ERROR. Isso nos permite agora obter mensagens de erro significativas da função GET_LINE (e faz uma função GET_LINE, não um procedimento, o qual é executado por conveniência).

Para um procedimento estático, WRITE_IO. O único objetivo de WRITE_IO é evitar a necessidade de codificar o mesmo alavancador de exceção seis vezes para cada uma das rotinas guiadas WRITE, pois todas atirarão as mesmas exceções. Essa função aqui é puramente por conveniência e simplesmente chama uma de seis funções UTL_FILE, lidando genericamente com os erros:

```
82    static procedure write_io( p_file        in number,
83                               p_operation   in varchar2,
84                               p_parm1       in varchar2 default null,
85                               p_parm2       in varchar2 default null,
86                               p_parm3       in varchar2 default null,
87                               p_parm4       in varchar2 default null,
88                               p_parm5       in varchar2 default null,
89                               p_parm6       in varchar2 default null )
90    is
91         l_file utl_file.file_type default filetype_pkg.g_files(p_file);
92    begin
93         if    (p_operation='close')           then
94              utl_file.fclose(l_file);
95         elsif (p_operation='put')             then
96              utl_file.put(l_file,p_parm1);
97         elsif (p_operation='new_line')        then
98              utl_file.new_line( l_file,p_parm1 );
99         elsif (p_operation='put_line')        then
100             utl_file.put_line( l_file, p_parm1 );
101        elsif (p_operation='flus')            then
102             utl_file.fflush( l_file );
103        elsif (p_operation='putf' )           then
104             utl_file.putf(l_file,p_parm1,p_parm2,
105                                  p_parm3,p_parm4,p_parm5,
106                                  p_parm6);
107        else raise program_error;
108        end if;
109   exception
110        when utl_file.invalid_filehandle then
111             raise_application_error
112                  (-20002, fileType_pkg.g_invalid_filehandle_msg);
113        when utl_file.invalid_operation then
114             raise_application_error
115                  (-20003, fileType_pkg.g_invalid_operation_msg);
116        when utl_file.write_error then
117             raise_application_error
118                  (-20005, fileType_pkg.g_write_error_msg);
```

```
119         when utl_file.internal_error then
120             raise_application_error
121                 (-20006, fileType_pkg.g_internal_error_msg_;
122     end;
```

Os seis métodos restantes simplesmente chamam o método WRITE_IO para fazer o seu trabalho:

```
124 member procedure close
125 is
126 begin
127         fileType.write_io(g_file_hdl, 'close' );
128         filetype_pkg.g_files.delete(g_file_hdl);
129 end;
130
131 member procedure put( p_text in varchar2 )
132 is
133 begin
134         fileType.write_io(g_file_hdl, 'put',p_text );
135 end;
136
137 member procedure new_line( p_lines in number default 1 )
138 is
139 begin
140         fileType.write_io(g_file_hdl, 'new_line', p_lines );
141 end;
142
143 member procedure put_line( p_text in varchar 2)
144 is
145 begin
146         fileType.write_io(g_file_hdl, 'put_line', p_text );
147 end;
148
149 member procedure putf
150 (   p_fmt in varchar2, p_arg1 in varchar2 default null,
151     p_arg2 in varchar2 default null, p_arg3 in varchar2 default null,
152     p_arg4 in varchar2 default null, p_arg5 in varchar2 default null )
153 is
154 begin
155         fileType.write_io
156         (g_file_hdl, 'putf', p_fmt, p_arg1,
157             p_arg2, p_arg3, p_arg4, p_arg5);
158 end;
159
160 member procedure flush
161 is
162 begin
163         fileType.write_io(g_file_hdl, 'flush' );
164 end;
165
166 end;
167 /
```

Type body created.

Você notará que, acima, peguei toda e qualquer exceção UTL_FILE e levantei outro erro usando RAISE_APPLICATION_ERROR. Esse é o motivo principal pelo qual, inicialmente, resolvi encapsular UTL_FILE. UTL_FILE usa 'USER-DEFINER EXCEPTIONS' para erguer erros. Essas exceções são definidas pelos desenvolvedores de UTL_FILE quando eles levantam essas exceções; a mensagem de erro Oracle associada àquela é, simplesmente,

'USER-DEFINED EXCEPTION'. Isso não é muito significativo e não ajuda a descobrir o que saiu errado. Prefiro usar RAISE_APPLICATION_ERROR, que me permite ajustar SQLCODE e SQLERRM retornados ao cliente. Para ver o efeito que isso pode nos causar, só precisamos olhar para o seguinte pequeno exemplo, que demonstra os tipos de mensagens de erro que receberemos de UTL_FILE e FILETYPE:

```
tkyte@TKYTE816> declare
  2    f utl_file.file_type := utl_file.fopen( 'c:\temp\bogus',
  3                                            'foo.txt', 'w' );
  4    begin
  5         utl_file.fclose( f );
  6    end;
  7    /
declare
*
ERROR at line 1:
ORA-06510: PL/SQL: unhandled user-defined exception
ORA-06512: at "SYS.UTL_FILE", line 98
ORA-06512: at "SYS.UTL_FILE", line 157
ORA-06512: at line 2

tkyte@TKYTE816> declare
  2    f fileTyle := fileType.open( 'c:\temp\bogus', `
  3                                 foo.text', 'w' );
  4    begin
  5         f.close;
  6    end;
  7    /
declare
*
ERROR at line 1:
ORA-20001: The path c:\temp\bogus is not in the utl_file_dir path "c:\temp,
c:\oracle"
ORA-06512: at "TKYTE.FILETYPE", line 54
ORA-06512: at line 2
```

Não é difícil dizer qual é mais fácil de descobrir, qual é exatamente o erro. A segunda mensagem de erro, visto que o proprietário do tipo teve acesso a V$PARAMETER, é *muito* precisa quanto à causa exata do erro; o diretório que usei era inválido, ele não estava no parâmetro UTL_FILE_DIR init.ora. Mas se o proprietário não tivesse acesso a V$PARAMETER, o erro teria sido:

```
*
ERROR at line 1:
ORA-20001: INVALID_PATH: File location or filename was invalid.
ORA-06512: at "TKYTE.FILETYPE", line 59
ORA-06512: at line2
```

que ainda é mais útil do que user-defined exception.

Outra coisa a observar nesse tipo é que sou capaz de ajustar meus padrões preferidos em rotinas. Por exemplo, antes de Oracle 8.0.5, UTL_FILE era limitado a um tamanho de linha máximo de 1.023 bytes por linha. Se você tentasse imprimir uma linha de texto que excedesse isso, UTL_FILE ergueria uma exceção. Por padrão, esse comportamento prossegue em Oracle 8i. A menos que você chame UTL_FILE.FOPEN e diga-lhe para usar um tamanho de linha em especial, ainda assim ele irá padronizar para 1.023. Eu preferia ter esse padrão a um tamanho máximo de 32KB, por padrão. Também implementei um modo de padrão aberto no início do código de 'R', de leitura. Como em 90 por cento do tempo que utilizo UTL_FILE eu o uso para ler um arquivo, para mim isso faz mais sentido.

Vamos agora exercitar o pacote e mostrar como funciona cada função/procedimento. O primeiro exemplo criará um arquivo (supondo que você esteja executando no Windows NT, que o diretório c:\temp exista e que o parâmetro

Capítulo 20 - Como usar recursos de objeto relacional | 745

UTL_FILE_DIR init.ora contenha c:\temp) e escreverá nele alguns dados conhecidos. Então, ele fechará aquele arquivo, salvando os dados. Isso demonstra a funcionalidade WRITE do tipo FILETYPE:

```
tkyte@TKYTE816> declare
  2         f fileType := fileType.open( 'c:\temp', 'foo.txt', 'w' );
  3  begin
  4         if ( f.isOpen )
  5         then
  6                dbms_output.put_line( 'File is OPEN' );
  7         end if;
  8
  9         for i in 1 . . 10 loop
 10                f.put( i || ',' );
 11         end loop;
 12         f.put_line( 11 );
 13
 14         f.new_line( 5 );
 15         for i in 1 . . 5
 16         loop
 17                f.put_line( 'line ' || i );
 18         end loop;
 19
 20         f.putf( '%s', 'Hello', 'World' );
 21
 22         f.flush;
 23
 24         f.close;
 25  end;
 26  /
File is OPEN

PL/SQL procedure successfully completed.
```

A segunda metade do exemplo demonstra a leitura de um arquivo usando FILETYPE. Ele abrirá o arquivo que acabamos de escrever e irá verificar se os dados que lemos são exatamente os dados que esperamos:

```
tkyte@TKYTE816> declare
  2         f fileType := fileType.open( 'c:\temp', 'foo.txt' );
  3  begin
  4         if ( f.isOpen )
  5         then
  6                dbms_output.put_line( 'File is OPEN' );
  7         end if;
  8
  9         dbms_output.put_line
 10         ( 'line 1: (should be 1, 2,. . .,11)' || f.get_line );
 11
 12         for i in 2 . . 6
 13         loop
 14                dbms_output.put_line
 15                ( ' line ' || i || ': (should be blank)' || f.get_line );
 16         end loop;
 17
 18         for i in 7 . . 11
 19         loop
 20                dbms_output.put_line
 21                ( 'line ' || to_char(i+1) ||
 22                       ': (should be line N)' || f.get_line );
 23         end loop;
 24
 25         dbms_output.put_line
 26         ( 'line 12: (should be Hello World)' || f.get_line );
```

```
27
28         begin
29              dbms_output.put_line( 'f.get_line );
30              dbms_output.put_line( 'the above is an error' );
31         exception
32              when NO_DATA_FOUND then
33                   dbms_output.put_line( 'got a no data found as expected' );
34         end;
35         f.close;
36  end;
37  /
File is OPEN
line 1: (should be 1,2,. . .,11) 1, 2, 3, 4, 5, 6, 7, 8, 9, 10, 11
line 2: (should be blank)
line 3: (should be blank)
line 4: (should be blank)
line 5: (should be blank)
line 6: (should be blank)
line 8: (should be line N)line 1
line 9: (should be line N)line 2
line 10: (should be line N)line 3
line 11: (should be line N)line 4
line 12: (should be line N)line 5
line 12: (should be Hello World)Hello World
got a no data found as expected

PL/SQL procedure successfully completed.
```

Encapsulamos o tipo UTL_FILE usando um tipo de objeto Oracle. Temos uma boa camada sobre o pacote fornecido, que funciona exatamente como queremos. Em termos de 'programação de objeto', apenas estendemos a classe UTL_FILE — implementando-a com métodos que funcionam como preferimos, em vez de como os desenvolvedores de Oracle a configuraram. Não reinventamos UTL_FILE, apenas a empacotamos novamente. Essa é uma boa técnica geral de programação; se a implementação de UTL_FILE muda ou um bug é introduzido durante uma atualização, o peculiar é que você pode trabalhar com ela em seu tipo de corpo, evitando ter que mudar centenas ou milhares de rotinas dependentes. Por exemplo, em um lançamento de UTL_FILE, abrir um arquivo não existente no modo A não funcionaria; ele não criaria o arquivo como deveria. O trabalho para conseguir isso era codificar:

```
begin
    file_stat := utl_file.fopen(file_dir,file_name, 'a');
exception
    - - if file does not exist, fopen will fail with
    - - mode 'a' - bug:371510
    with utl_file.invalid_operation then
       - - let any other exception propagate
       - - to the outer block as normal
        file_stat := utl_file.fopen(file_dir,file_name, 'w');
end;
```

Agora, se você abriu um arquivo no modo APPEND em 100 rotinas, deve ter um bocado de correção a fazer. Por outro lado, se tivesse essa simpática camada, seria capaz de corrigi-lo em um lugar e ele estaria pronto.

Usos únicos de coleções

Outro uso de tipos de objeto em PL/SQL é o de tipos de coleção, e seu potencial para interagir facilmente com SQL e PL/SQL. Há três tipos de coleções que podem fazer em SQL e PL/SQL o que as pessoas freqüentemente perguntam como fazer. São eles:

- ❏ A habilidade de SELECT * from PLSQL_FUNCTION (selecionar a partir da função PLSQL) — Você escreve uma rotina PL/SQL e consulta a partir dela, em vez de consultar a partir de uma tabela de banco de dados.

- A habilidade de buscar array em uma tabela de registros — PL/SQL nos dá a habilidade de BULK COLLECT (buscar mais de uma fileira de cada vez), originalmente em tabelas PL/SQL. Infelizmente, isso só funciona com tabelas PL/SQL de SCALARs. Não posso fazer o seguinte:

    ```
    select c1, c2 BULK COLLECT INTO Record_type from T
    ```

    portanto, preciso codificar:

    ```
    select c1, c2 BULK COLLECT INTO table1, table2 from t
    ```

    Usando tipos de coleção, posso buscar array em um 'tipo de registro'.

- A habilidade de inserir um registro — Em vez de inserir coluna por coluna, posso inserir um registro único.

SELECT * from PLSQL_FUNCTION

Para demonstrar essa habilidade, iremos rever um aspecto de ligação de variável (não posso deixar esse tópico sozinho). Uma exigência comum que vejo com freqüência é a declarada necessidade de emitir uma consulta como:

```
select * from t where c in ( :bind_variable )
```

onde BIND_VARIABLE é uma lista de valores. Isto é, o valor de BIND_VARIABLE talvez seja '1, 2, 3' e você quer que a consulta seja executada como se fosse:

```
select * from t where c in ( 1, 2, 3 )
```

Isso retornaria fileiras onde c = 1 ou 2 ou 3, mas realmente executaria como:

```
Select * from t where c in ( '1,2,3' )
```

Serão retornadas fileiras onde c = '1, 2, 3' — uma única string. Normalmente, isso surge de uma interface de usuário, onde o usuário recebe uma caixa de lista de valores e pode selecionar um ou mais (qualquer quantidade) itens da lista. Para evitar ter que criar consultas únicas em cada solicitação (sabemos o quanto aquilo pode ser ruim), precisamos de um método para ligar um número variável de elementos numa lista. Bem, como podemos SELECT * FROM PLSQL_FUNCTION, estamos no negócio. Isso demonstra como:

```
tkyte@TKYTE816> create or replace type myTableType
  2  as table of number;
  3  /

Type created.
```

O tipo criado é um que nossa função PL/SQL retornará. Esse tipo *precisa* ser definido em termos de SQL, a partir da declaração CREATE TYPE, não pode ser um tipo dentro de um pacote PL/SQL; o objetivo é recuperar esses dados através de SQL assim, precisamos de um tipo SQL. Isso também prova que não sou totalmente tendencioso contra tabelas aninhadas. Uma VARRAY nos limitaria a alguma ligação superior artificial no array — a implementação da tabela aninhada só é limitada pela memória disponível em seu sistema.

```
tkyte@TKYTE816> create or replace
  2  function str2tbl( p_str in varchar2 ) return myTableType
  3  as
  4      l_str    long default p_str || ',';
  5      l_n      number;
  6      l_data   myTableType := myTableType();
  7  begin
  8      loop
  9          l_n := instr( l_str, ',' );
 10          exit when (nvl(l_n,0) = 0);
 11          l_data.extend;
```

```
 12                         l_data( l_data.count ) :=
 13                            ltrim(rtrim(substr(l_str,1,l_n-1)));
 14                  l_str := substr( l_str, l_n+1 );
 15            end loop;
 16            return l_data;
 17     end;
 18     /

Function created.
```

Temos uma função PL/SQL que tomará uma string de valores delimitada por vírgulas e a analisará em um tipo SQL MYTABLETYPE. Tudo o que precisamos fazer agora é encontrar uma maneira de recuperar isso usando SQL. Usando o operador TABLE e um CAST, podemos fazê-lo facilmente:

```
tkyte@TKYTE816> variable bind_variable varchar2(30)
tkyte@TKYTE816> exec :bind_variable := '1,3,5,7,99'

PL/SQL procedure successfully completed.

BIND_VARIABLE
----------------
1, 3, 5, 7, 99

tkyte@TKYTE816> select *
  2      from TABLE ( cast ( str2tbl(:bind_variable) as myTableType ) )
  3  /

COLUMN_VALUE
------------
           1
           3
           5
           7
          99
```

Agora, usar isso em uma sub consulta IN torna-se comum:

```
tkyte@TKYTE816> select *
  2     from all_users
  3   where user_id in
  4          ( select *
  5              from TABLE ( cast ( str2tbl(:bind_variable) as myTableType ) )
  6          )
  7  /

USER_NAME                       USER_ID    CREATED
-----------------------------   --------   ---------
SYSTEM                                 5   04-NOV-00
```

Agora você pode usar essa funcionalidade em muitos lugares. Pode tomar uma variável PL/SQL e aplicar nela uma ORDER BY, pode facilmente retornar ao cliente conjuntos de dados que foram gerados pela rotina PL/SQL, pode aplicar cláusulas WHERE em variáveis PL/SQL e assim por diante.

Indo um passo adiante, também podemos retornar dessa forma conjuntos de resultados completos de múltiplas colunas. Por exemplo:

```
tkyte@TKYTE816> create type myRecordType as object
  2     ( seq int,
  3        a int,
  4        b varchar2(10),
  5        c date
  6     )
  7  /
```

```
Type created.

tkyte@TKYTE816> create table t ( x int, y varchar2(10), z date );
Table created.

tkyte@TKYTE816> create or replace type myTableType
  2  as table or myRecordType
  3  /

Type created.

tkyte@TKYTE816> create or replace function my_function return myTableType
  2  is
  3      l_data myTableType;
  4  begin
  5      l_data := myTableType( );
  6
  7      for i in 1. .5
  8      loop
  9          l_data.extend;
 10          l_data(i) := myRecordType( i, i, 'row ' || i, sysdate+i );
 11      end loop;
 12      return l_data;
 13  end;
 14  /

Function created.

tkyte@TKYTE816> select *
  2          form TABLE ( cast( my_function( ) as mytableType ) )
  3    where c > sysdate+1
  4    order by seq desc
  5  /

       SEQ      A B          C
---------- ------ --------   ---------
         5      5 row 5      29-MAR-01
         4      4 row 4      28-MAR-01
         3      3 row 3      27-MAR-01
         2      2 row 2      26-MAR-01
```

Busca em grupo em tipos RECORD

Vimos como usar o tipo de coleção para SELECT * FROM PLSQL_FUNCTION. Agora iremos ver que podemos usá-lo para fazer uma busca em grupo no equivalente a um tipo de registro PL/SQL. Na verdade, não podemos fazer uma busca em grupo em um verdadeiro tipo de registro PL/SQL, mas podemos buscar facilmente em um tipo de tabela aninhada SQL. Para isso, precisaremos de dois tipos de objeto: um tipo escalar, que representa nosso registro, e uma tabela daquele tipo. Por exemplo:

```
tkyte@TKYTE816> create type myScalarType
  2  as object
  3  ( username varchar2(30),
  4    user_id    number,
  5    created    date
  6  )
  7  /

Type created.
```

```
tkyte@TKYTE816> create type myTableType as table of myScalarType
  2  /

Type created.
```

Estamos prontos para selecionar em uma variável de MYTABLETYPE, como a seguir:

```
tkyte@TKYTE816> declare
  2      l_users    myTableType;
  3  begin
  4      select cast( multiset(select username, user_id, created
  5                              from all_users
  6                              order by username )
  7                     as myTableType )
  8        into l_users
  9        from dual;
 10
 11      dbms_output.put_line( 'Retrieved ' || l_users.count || ' rows');
 12  end;
 13  /
Retrieved 25 rows

PL/SQL procedure successfully completed.
```

Podemos substituir a consulta em ALL_USERS por qualquer consulta que busque uma VARCHAR2(30), número e uma data. A consulta pode ser arbitrariamente complexa, envolver uniões etc. O truque é classificar os resultados daquela sub-consulta como sendo de nosso tipo de objeto. Podemos então buscar todo aquele conjunto de resultados em nossa variável local, usando a sintaxe padrão SELECT . . . INTO.

Inserção usando um tipo RECORD

Como podemos SELECT * FROM COLLECTION_VARIABLE, onde a variável de coleção é uma variável local ou uma função PL/SQL que retorna um tipo de tabela aninhada, não é muito difícil descobrir como INSERT usando esse método. Simplesmente definimos uma variável de nosso tipo de tabela aninhada e a preenchemos com tantos registros quantos quisermos inserir. O exemplo a seguir demonstra como pode se parecer uma inserção de fileira única:

```
tkyte@TKYTE816> create table t as select * from all_users where 1=0;

Table created.

tkyte@TKYTE816> declare
  2      l_users    myTableType :=
  3                  myTableType( myScalarType( 'tom', ', sysdate ) );
  4  begin
  5          insert into t
  6          select * from TABLE ( cast( l_users as myTableType ) );
  7  end;
  8  /
tkyte@TKYTE816> select * from t;

USERNAME                       USER_ID    CREATED
------------------------------ ---------- ---------
tom                                     1 24-MAR-01
```

Ao lidar com uma tabela com muitas colunas, esse pequeno truque é habilidoso.

Como usar tipos para estender o envoltório de PL/SQL

Nesta seção, vimos como podemos usar eficazmente tipos de objeto Oracle, não como mecanismo de armazenagem, mas como forma de estender PL/SQL do mesmo modo que classes usadas em Java ou C++, para oferecer funcionalidade genérica.

Também vimos alguns usos interessantes para o tipo de tabela aninhada. A habilidade de SELECT * from a PLSQL_FUNCTION levanta algumas oportunidades interessantes. Listas IN de tamanhos variados são apenas o começo. Aqui, as oportunidades são ilimitadas. Você pode escrever uma pequena rotina que use UTL_FILE para ler um arquivo de sistema operacional, analisar cada linha entre vírgulas e retornar um conjunto de resultados que seja o conteúdo daquele arquivo plano a ser inserido em alguma outra tabela ou, por exemplo, unido a uma tabela.

Usar tipos de objeto dessa forma dá nova vida a uma linguagem estabelecida. Quando você mesmo tiver criado um ou dois tipos, começará a encontrar aplicações para essa técnica em seu código. É uma maneira lógica de unir, estreitamente, dados e funcionalidade — um dos principais objetivos da programação baseada em objeto. Para não ofender os puristas, não chamarei essa programação baseada em objeto de *pura* em PL/SQL, mas com certeza é algo muito próximo.

Vistas de objeto relacional

É um recurso bastante poderoso para aqueles que querem trabalhar com recursos de objetos relacionais mas ainda precisam apresentar uma vista relacional dos dados em muitos aplicativos. Permite que você use o mecanismo padrão VIEW para sintetizar objetos a partir de tabelas relacionais. Não é preciso criar tabelas de um TYPE, com todas as misteriosas colunas etc — você pode criar uma vista de tabelas padrão que tenha criado (e provavelmente já tem). Essas vistas se comportarão exatamente como uma tabela de objeto daquele tipo — sem muito do código extra de chaves ocultas, chaves substitutas e outras nuances.

Nesta seção, usaremos as tabelas EMP e DEPT para apresentar uma vista de dados baseada em departamento, semelhante ao exemplo de tabela aninhada que usamos no Capítulo 6, onde tínhamos EMP_TAB_TYPE como tabela aninhada de EMP_TYPE, e a tabela DEPT tinha uma coluna desse tipo de tabela aninhada. Aqui, iremos modelar a EMP_TYPE e a EMP_TAB_TYPE novamente, mas também criaremos um tipo de objeto DEPT_TYPE, além de uma vista daquele tipo.

É interessante notar que essa abordagem de uso de vistas de objeto permite que tenhamos o melhor dos dois mundos (relacional e objeto relacional). Por exemplo, podemos ter um aplicativo que precise de uma vista dos dados baseada em departamento. A sua vista se inicia no departamento, e os empregados nele são naturalmente modelados como uma coleção dentro do departamento. Porém, outro aplicativo precisa de uma perspectiva diferente. Por exemplo, quando você caminha para um segurança e se identifica como empregado, ele precisará ter uma vista dos dados baseada em empregado. Nesse caso, o departamento é preterido pelo empregado, não o contrário, quando a vista daquele departamento preteria empregados. Esse é o poder do modelo relacional — muitas vistas diferentes podem ser suportadas simultaneamente, com eficácia. O objeto modelo não suporta tão fácil e eficientemente muitas vistas diferentes dos mesmos dados (se o fizer). Usando muitas vistas de diferentes objetos de dados relacionais, podemos satisfazer a todos.

Os tipos

Os tipos usados neste exemplo são emprestados do Capítulo 6, com o acréscimo de DEPT_TYPE. São eles:

```
scott@TKYTE816> create or replace type emp_type
  2  as object
  3  (empno        number(4),
  4          ename   varchar2(10),
  5          job     varchar2(9),
  6          mgr     number(4),
  7          hiredate date,
  8          sal     number(7, 2),
```

```
         9          comm        number(7, 2)
        10      );
        11      /

Type created.

scott@TKYTE816> create or replace type emp_tab_type
  2    as table of emp_type
  3    /

Type created.

scott@TKYTE816> create or replace type dept_type
  2    as object
  3    ( deptno     number(2),
  4      dname      varchar2(14),
  5      loc        varchar2(13),
  6      emps       emp_tab_type
  7    )
  8    /

Type created.
```

Novamente, um departamento é modelado como sendo objeto com um número, nome, uma localização e empregados de um departamento.

A vista O-R

A partir das definições de tipo acima, é fácil sintetizar os dados para esta vista, a partir dos dados relacionais existentes. Se pareceria com:

```
scott@TKYTE816> create or replace view dept_or
  2    of dept_type
  3    with object identifier(deptno)
  4    as
  5    select deptno, dname, loc,
  6           cast ( multiset (
  7                    select empno, ename, job, mgr, hiredate, sal, comm
  8                      from emp
  9                     where emp.deptno = dept.deptno )
 10                    as emp_tab_type )
 11          from dept
 12    /

View created.
```

Já estamos familiarizados com a função de CAST e MULTISET — aqui, estamos apenas transformando uma subconsulta correlata em uma coleção de tabela aninhada. Para cada fileira em DEPT, consultaremos todos os empregados. Usando a cláusula WHERE OBJECT IDENTIFIES, dissemos ao Oracle qual(is) coluna(s) identifica(m) uma fileira individualmente na vista. Permitimos assim que o Oracle sintetize um objeto referência, dando-nos a habilidade de tratar essa vista como se fosse uma tabela de objeto.

Assim que tivermos a vista, poderemos começar a usá-la:

```
scott@TKYTE816> select dname, d.emps
  2      from dept_or d
  3    /

DNAME                 EMPS (EMPNO, ENAME, JOB, MGR, HIREDATE, S
--------------        ----------------------------------------
ACCOUNTING            EMP_TAB_TYPE (EMP_TYPE (7782, 'CLARK',
                      'MANAGER', 7839, '09-JUN-81', 2450,
```

```
                        NULL), EMP_TYPE (7839, 'king',
                        'PRESIDENT', NULL, '17-NOV-81', 5000,
                        NULL), EMP_TYPE (7934, 'MILLER', 'CLERK',
                        7782, '23-JUN-82', 1300, NULL) )

RESEARCH                EMP_TAB_TYPE (EMP_TYPE (7369, 'SMITH',
                        'CLERK', 7902, '17-DEC-80', 800, NULL),
                        EMP_TYPE (7566, 'JONES', 'MANAGER', 7839,
                        '02-APR-81', 2975, NULL), EMP_TYPE (7788,
                        'SCOTT', 'ANALYST', 7566, '09-DEC-82',
                        3000, NULL), EMP_TYPE (7876, 'ADAMS',
                        'CLERK', 7788, '12-JAN-83', 1100, NULL),
                        EMP_TYPE (7902, 'FORD', 'ANALYST', 7566,
                        '03-DEC-81', 3000, NULL))

SALES                   EMP_TAB_TYPE (EMP_TYPE (7499, 'ALLEN',
                        'SALESMAN', 7698, '20-FEB-81', 1600,
                        300), EMP_TYPE (7521, 'WARD', 'SALESMAN',
                        7698, '22-FEB-81', 1250, 500),
                        EMP_TYPE (7654, 'MARTIN', 'SALESMAN',
                        7698, '28-SEP-81', 1250, 1400),
                        EMP_TYPE (7698, 'BLAKE', 'MANAGER', 7839,
                        '01-MAY-81', 2850, NULL), EMP_TYPE (7844,
                        'TURNER', 'SALESMAN', 7698, '08-SEP-81',
                        1500, 0), EMP_TYPE (7900, 'JAMES',
                        'CLERK', 7698, '03-DEC-81', 950, NULL))

OPERATIONS              EMP_TAB_TYPE()

4 rows selected.

scott@TKYTE816> select deptno, dname, loc, count(*)
  2             from dept_or d, table ( d.emps )
  3             group by deptno, dname, loc
  4  /

    DEPTNO  DNAME       LOC             COUNT(*)
    ------  ----------  --------        --------
        10  ACCOUNTING  NEW YORK               3
        20  RESEARCH    DALLAS                 5
        30  SALES       CHICAGO                6

3 rows selected.
```

Agora estamos a caminho. Temos as tabelas relacionais e a vista de objeto relacional. Externamente, é difícil dizer qual é a vista e quais são as tabelas. A funcionalidade de uma tabela de objeto está disponível — temos objetos referência nessa tabela, a tabela aninhada está configurada e assim por diante. A vantagem aqui é que especificamos como unir EMP a DEPT usando o relacionamento pai/filho existente.

Criamos assim uma vista de objeto relacional que expõe os dados para consulta. No entanto, ela ainda não funciona quando se trata de modificações:

```
scott@TKYTE816> update TABLE ( select p.emps
  2                            from dept_or p
  3                            where deptno = 20 )
  4         set ename = lower(ename)
  5  /
        set ename = lower(ename)
            *
ERROR at line 4:
ORA-25015: cannot perform DML on this nested table view column
```

```
scott@TKYTE816> declare
  2          l_emps      emp_tab_type;
  3   begin
  4          select p.emps into l_emps
  5              from dept_or p
  6          where deptno = 10;
  7
  8          for i in 1 . . l_emps.count
  9          loop
 10              l_emps(i).ename := lower(l_emps(i).ename);
 11          end loop;
 12
 13          update dept_or
 14              set emps = l_emps
 15          where deptno = 10;
 16   end;
 17   /
declare
*
ERROR at line 1:
ORA-01733: virtual column not allowed here
ORA-06512: at line 13
```

Precisamos 'treinar' nossa vista para que se atualize. De alguma forma, temos um mapeamento completo de dados relacionais para objeto relacional — de fato, pode ser arbitrariamente complexo. Assim, como podemos 'treinar' nossa vista para que se atualize? O Oracle oferece um mecanismo disparador chamado INSTEAD OF com esse objetivo. Podemos codificar a lógica que executaria a lógica INSTEAD OF do Oracle, quando modificamos o conteúdo da vista. Com objetivos ilustrativos, treinaremos a vista acima para que se atualize.

O Oracle nos permite colocar disparadores INSTEAD OF na vista DEPT_OR, assim como qualquer tipo de tabela aninhada incluída na vista. Se colocarmos um disparador nas colunas da tabela aninhada, poderemos processar a primeira atualização acima — a UPDATE da coluna de tabela aninhada, como se fosse uma tabela. O disparador se pareceria com:

```
scott@TKYTE816> create or replace trigger EMPS_IO_UPDATE
  2    instead of UPDATE on nested table emps of dept_or
  3    begin
  4          if ( :new.empno = :old.empno )
  5          then
  6              update emp
  7                  set ename = :new.ename, job = :new.job, mgr = :new.mgr,
  8                      hiredate = :new.hiredate, sal = :new.sal, comm. = :new.comm
  9              where empno = :old.empno;
 10          else
 11              raise_application_error(-20001, 'Empno cannot be updated' );
 12          end if;
 13    end;
 14    /

Trigger created.
```

Como se pode ver, esse disparador irá disparar INSTEAD OF UPDATE na coluna EMPS da tabela aninhada da vista DEPT_OR. Ele será chamado sempre em cada fileira modificada na tabela aninhada, e tem acesso aos valores :OLD e :NEW — exatamente como um disparador 'normal' teria. Nesse caso, está claro o que precisamos fazer. Precisamos atualizar a fileira EMP existente por EMPNO, configurando as colunas para seus novos valores. Uma coisa que reforço nesse disparador é que não é permitido UPDATE em uma chave principal (hei, podemos estar usando recursos de objeto relacional, mas isso não significa que vamos violar as regras básicas de design de banco de dados relacional!).

Agora, se executarmos:

```
scott@TKYTE816> update TABLE ( select p.emps
  2                                from dept_or p
  3                            where deptno = 20 )
```

```
  4        set ename = lower(ename)
  5   /
```

5 rows updated.

```
scott@TKYTE816> select ename from emp where deptno = 20;

ENAME
------
smith
jones
scott
adams
ford

scott@TKYTE816> select ename
  2    from TABLE( select p.emps
  3                  from dept_or p
  4                 where deptno = 20 );

ENAME
--------
smith
jones
scott
adams
ford
```

Vemos que a atualização da tabela aninhada se traduz com sucesso nas atualizações da tabela relacional, conforme esperado. Codificar os disparadores INSERT e DELETE relevantes é igualmente fácil, a UPDATE é o caso mais completo, portanto pararemos aqui.

Nesse ponto, se executarmos:

```
scott@TKYTE816> declare
  2      l_emps emp_tab_type;
  3   begin
  4      select p.emps into l_emps
  5        from dept_or p
  6       where deptno = 10;
  7
  8      for i in 1 .. l_emps.count
  9      loop
 10          l_emps(i).ename := lower(l_emps(i).ename);
 11      end loop;
 12
 13      update dept_or
 14         set emps = l_emps
 15       where deptno = 10;
 16   end;
 17   /
declare
*
ERROR at line 1:
ORA-01732: data manipulation operation not legal on this view
ORA-06512: at line 13
```

Descobriremos que ele ainda não funciona, o que pode parecer surpreendente. Por que nosso disparador acima não é ativado? Na verdade, ele não o fará. Somente atualizações nas tabelas aninhadas que usam a coleção não aninhada irão ativar esse disparador — só quando tratarmos a tabela aninhada como uma tabela ela irá ativar o disparador. Aqui, estamos apenas atualizando uma coluna na tabela DEPT_OR — não estamos fazendo uma operação conjunta na própria tabela aninhada. Para suportar esse estilo de código (e para suportar atualizações nos outros atributos escalares da própria vista DEPT_OR), precisamos de um disparador INSTEAD OF na vista DEPT_OR. A lógica desse disparador será processar :OLD.EMPS e :NEW.EMPS, conforme configurado e:

1. Remover *todos* os registros de EMP, como seu EMPNO que estava no conjunto :OLD, mas não era visto no conjunto :NEW. O operador SQL MINUS é excelente para isso.
2. Atualizar cada registro EMP, para que seu EMPNO esteja no conjunto de EMPNOs de forma que seu registro :NEW seja diferente de seu :OLD. De novo, MINUS é excelente para descobrir facilmente aquele conjunto.
3. Inserir em EMP todos os registros :NEW, onde EMPNO do registro :NEW não estiver no conjunto de valores :OLD.

Essa implementação é:

```
scott@TKYTE816> create or replace trigger DEPT_OR_IO_UPDATE
  2    instead of update on dept_or
  3    begin
  4        if ( :new.deptno = :old.deptno )
  5        then
  6            if updating('DNAME') or updating('LOC')
  7            then
  8                update dept
  9                   set dname = :new.dname, loc = :new.loc
 10                 where deptno = :new.deptno;
 11            end if;
 12
 13            if ( updating('EMPS') )
 14            then
 15                delete from emp
 16                 where empno in
 17                ( select empno
 18                    from TABLE(cast(:old.emps as emp_tab_type))
 19                   MINUS
 20                  select empno
 21                    from TABLE(cast(:new.emps as emp_tab_type))
 22                );
 23                dbms_output.put_line( 'deleted ' || sql%rowcount );
```

O primeiro MINUS nos dá um conjunto de EMPS que estava em :OLD, nas não era visto no conjunto :NEW. Precisamos remover aqueles registros da tabela EMP, pois eles não existem mais na coleção. Em seguida, modificaremos os registros de coleção alterados:

```
 24
 25                update emp E
 26                   set ( deptno, ename, job, mgr,
 27                         hiredate, sal, comm. ) =
 28                       ( select :new.deptno, ename, job, mgr,
 29                                hiredate, sal, comm
 30                           from TABLE(cast(:new.emps as emp_tab_type)) T
 31                          where T.empno = E.empno
 32                       )
 33                 where empno in
 34                ( select empno
 35                    from (select *
 36                            from TABLE(cast(:new.emps as emp_tab_type))
 37                                   MINUS
 38                          select *
 39                            from TABLE(cast(:old.emps as emp_tab_type))
 40                         )
 41                );
 42                dbms_output_put_line( 'update ' || sql%rowcount );
```

Aquele MINUS retornou tudo em :NEW, menos qualquer coisa em :OLD, que é o conjunto de registros modificados. Usamos isso em uma subconsulta para obter o conjunto de EMPNOs que precisamos atualizar na tabela EMP, depois usamos uma subconsulta correlata para ajustar aqueles valores. Por fim, acrescentaremos todos os novos registros:

```
 43
 44                    insert into emp
 45                    ( deptno, empno, ename, job, mgr, hiredate, sal, comm )
 46                    select :new.deptno, empno, ename, job, mgr, hiredate, sal, comm
 47                       from ( select *
 48                                from TABLE(cast(:new.emps as emp_tab_type))
 49                               where empno in
 50                                ( select empno
 51                                    from TABLE(cast(:new.emps as emp_tab_type))
 52                                  MINUS
 53                                  select empno
 54                                    from TABLE(cast(:old.emps as emp_tab_type))
 55                                )
 56                            );
 57                    dbms_output.put_line( 'inserted ' || sql%rowcount );
 58                 else
 59                    dbms_output.put_line( 'Skipped processing nested table' );
 60                 end if;
 61             else
 62                 raise_application_error(-20001, 'deptno cannot be updated' );
 63             end if;
 64     end;
 65   /
Trigger created.
```

Aquele MINUS gerou o conjunto de EMPNOs na coleção :NEW, que não estava presente na coleção :OLD, apresentando assim uma lista de fileiras para acrescentar a EMP.

Parece um disparador monstro, mas na verdade é direto. Recapitulando, ele começa vendo se as colunas escalares de DEPT_OR foram modificadas. Se afirmativo, aplica as mudanças à tabela DEPT. Em seguida, se a coluna da tabela aninhada tiver sido atualizada (todos os seus valores substituídos), ele reflete tais mudanças na tabela EMP. O que precisamos fazer para refletir as mudanças é:

1. DELETE quaisquer registros em EMP que tenham sido removidos da coluna de tabela aninhada EMPS.
2. UPDATE quaisquer registros em EMP cujos valores tenham sido modificados na coluna de tabela aninhada EMPS.
3. INSERT quaisquer registros em EMP, que tenham sido acrescentados à coluna de tabela aninhada de EMP.

Felizmente, o operador SQL MINUS e a habilidade de colocar na tabela a variável da coluna aninhada facilitaram isso para nós. Agora podemos processar.

```
scott@TKYTE816> declare
  2      l_emps emp_tab_type;
  3  begin
  4      select p.emps into l_emps
  5          from dept_or p
  6       where deptno = 10;
  7
  8      for i in 1 .. l_emps.count
  9      loop
 10          l_emps(i).ename := lower(l_emps(i).ename);
 11      end loop;
 12
 13      update dept_or
 14          set emps = l_emps
 15       where deptno = 10;
 16  end;
 17  /
```

```
deleted 0
updated 3
inserted 0

PL/SQL procedure successfully completed.

scott@TKYTE816> declare
  2      l_emps emp_tab_type;
  3   begin
  4      select p.emps into l_emps
  5        from dept_or p
  6       where deptno = 10;
  7
  8
  9      for i in 1 .. l_emps.count
 10      loop
 11          if ( l_emps(i).ename = 'miller' )
 12          then
 13              l_emps.delete(i);
 14          else
 15              l_emps(i).ename := initcap( l_emps(i).ename );
 16          end if;
 17      end loop;
 18
 19      l_emps.extend;
 20      l_emps(l_emps.count) :=
 21          emp_type(1234, 'Tom', 'Boss',
 22                   null, sysdate, 1000, 500 );
 23
 24      update dept_or
 25         set emps = l_emps
 26       where deptno = 10;
 27   end;
 28   /
deleted 1
updated 2
inserted 1

PL/SQL procedure successfully completed.

scott@TKYTE816> update dept_or set dname = initcap(dname);
Skipped processing nested table
Skipped processing nested table
Skipped processing nested table
Skipped processing nested table

4 rows updated.

scott@TKYTE816> commit;

Commit complete.
```

O disparador traduz nossas operações no objeto cópia nas modificações equivalentes em oposição às tabelas base relacionais.

Essa capacidade de expor nossos dados relacionais como vistas de objeto relacional, permite maximizar os benefícios de ambos, o modelo relacional e o objeto modelo relacional.

O modelo relacional mostra sua força na habilidade de responder com facilidade e eficiência a quase qualquer pergunta que você possa ter sobre os dados subjacentes. Seja sua vista de dados uma vista de departamento (consulta a um departamento e empregados relacionados) ou baseada em objeto (você especifica um número de empregados e precisa ver as informações de departamento), podemos suportá-lo. Você pode usar diretamente as tabelas relacionais, ou podemos gerar um tipo de objeto modelo que exponha sua vista de dados, puxe todos os requisitos de dados reunidos e os dê a você, facilmente. Considere os resultados dessas duas consultas:

```
scott@TKYTE816> select * from dept_or where deptno = 10;

    DEPTNO  DNAME           LOC         EMPS(EMPNO, ENAME, JOB, MGR, HIREDATE, S
    ------  --------------  ----------  ----------------------------------------
        10  Accounting      New York    EMP_TAB_TYPE (EMP_TYPE(7782, 'Clark',
                                        'MANAGER', 7839, '09-JUN-81', 2450,
                                        NULL), EMP_TYPE (7839, 'King',
                                        'PRESIDENT', NULL, '17-NOV-81', 5000,
                                        NULL), EMP_TYPE (1234, 'Tom', "Boss',
                                        NULL, '25-MAR-01', 1000, 5000))

scott@TKYTE816> select dept.*, empno, ename, job, mgr, hiredate, sal, comm.
  2  from emp, dept
  3  where emp.deptno = dept.deptno
  4  and dept.deptno = 10
  5  /

DEPTNO  DNAME        LOC         EMPNO  ENAME   JOB        MGR   HIREDATE    SAL    COMM
------  -----------  ----------  -----  ------  ---------  ----  ---------  ----   ----
    10  Accounting   NEW YORK     7782  Clark   MANAGER    7839  09-JUN-81  2450
    10  Accounting   NEW YORK     7839  King    PRESIDENT        17-NOV-81  5000
    10  Accounting   NEW YORK     1234  Tom     Boss             25-MAR-01  1000    500
```

Elas retornam dados semelhantes. O primeiro, concisamente, dá todas as informações sobre um departamento, em uma única fileira. Ele poderia voltar com muitos tipos de tabelas aninhadas, que em SQL fariam muitas consultas.

Ele pode fazer muito do seu trabalho na reunião de resposta do servidor, devolvendo em uma fileira única. Se você estiver em um ambiente onde as viagens pela rede devam ser evitadas sempre que possível (longos períodos de latência), isso pode ser extremamente benéfico. Para não falar que uma única SELECT * FROM T pode fazer o trabalho de muitas declarações SQL. Observe também que a repetição de colunas de dados não acontece com a vista de objetos. As colunas DEPTNO, DNAME e LOC não são repetidas para cada empregado; são retornadas apenas uma vez, o que para vários aplicativos pode ser muito intuitivo.

A segunda consulta exige que o desenvolvedor tenha mais conhecimento dos dados (isso não é algo ruim, para preocupá-lo, apenas algo a considerar). É preciso saber como unir os dados, e se houver muitas tabelas para unir, pode ser necessário que muitas consultas separadas sejam agrupadas para obter a mesma resposta. A título de exemplo, suponha que um departamento em seu modelo tenha um orçamento de ano fiscal. Ele é armazenado como:

```
scott@TKYTE816> create table dept_fy_budget
  2  ( deptno         number(2) references dept,
  3    fy             date,
  4    amount         number,
  5    constraint dept_fy_budget_pk primary key)deptno.fy)
  6  )
  7  /

Table created.
```

Aqui você tem alguns dados representando os orçamentos de FY (ano fiscal) desse ano e de um par de anos anteriores, por departamento. Seu aplicativo precisa da vista de departamento que tem todos os dados escalares referentes ao departamento (nome, localização). Ele também precisa das informações relativas a empregado (a EMP_TAB_TYPE). E ainda das informações de orçamento FY. Para conseguir isso, o programador do aplicativo terá que codificar:

```
scott@TKYTE816> select dept.*, empno, ename, job, mgr, hiredate, sal, comm.
  2  from emp, dept
  3  where emp.deptno = dept.deptno
  4  and dept.deptno = 10
  5  /
```

```
    DEPTNO DNAME          LOC            EMPNO ENAME  JOB          MGR HIREDATE    SAL  COMM
    ------ -------------- ------------- ------ ------ ---------- ----- --------- ----- -----
        10 Accounting     NEW YORK        7782 Clark  MANAGER     7839 09-JUN-81  2450
        10 Accounting     NEW YORK        7839 King   PRESIDENT        17-NOV-81  5000
        10 Accounting     NEW YORK        1234 Tom    Boss             25-MAR-01  1000   500

3 rows selected.

scott@TKYTE816> select fy, amount
  2  from dept_fy_budget
  3  where deptno = 10
  4  /

FY                       AMOUNT
------------          ---------
01-JAN-99                   500
01-JAN-00                   750
01-JAN-01                  1000

3 rows selected.
```

Não é possível escrever uma consulta relacional *única* que recupere esses dados em uma chamada. Podemos usar algumas extensões Oracle (a função CURSOR em SQL) para que elas próprias retornem conjuntos de resultados:

```
scott@TKYTE816> select
  2  dept.deptno, dept.dname,
  3  cursor(select empno from emp where deptno = dept.deptno),
  4  cursor(select fy, amount from dept_fy_budget where deptno - dept.deptno)
  5      from dept
  6  where deptno = 10
  7  /

    DEPTNO DNAME          CURSOR(SELECTEMPNOFR  CURSOR(SELECTFY,AMOU
    ------ -------------- --------------------  --------------------
        10 ACCOUNTING     CURSOR STATEMENT : 3  CURSOR STATEMENT : 4

CURSOR STATEMENT : 3

     EMPNO
    ------
      7782
      7839
      7934

3 rows selected.

CURSOR STATEMENT : 4

FY                       AMOUNT
------------          ---------
01-JAN-99                   500
01-JAN-00                   750
01-JAN-01                  1000

3 rows selected.

1 row selected.
```

Nesse caso, foi selecionada 1 fileira, que retornou ao cliente mais dois cursores. O cliente buscou dados de cada cursor e exibiu os resultados. Funcionou muito bem, mas exige conhecimento dos dados subjacentes e de como reuni-los (como escrever as subconsultas correlatas para gerar os cursores). Em vez disso, podemos modelar esses dados usando as extensões de objeto relacional e recriar nossa vista, assim:

```
scott@TKYTE816> create or replace type dept_budget_type
  2  as object
  3  ( fy         date,
  4       amount number
  5  )
  6  /

Type created.

scott@TKYTE816> create or replace type dept_budget_tab_type
  2  as table of dept_budget_type
  3  /
Type created.

scott@TKYTE816> create or replace type dept_type
  2  as object
  3  ( deptno number (2),
  4       dname varchar2 (14),
  5       loc                    varchar2 (13),
  6       emps      emp_tab_type,
  7       budget dept_budget_tab_type
  8  )
  9  /

Type created.

scott@TKYTE816> create or replace view dept_or
  2  of dept_type
  3  with object identifier(deptno)
  4  as
  5  select deptno, dname, loc,
  6       cast ( multiset (
  7             select empno, ename, job, mgr, hiredate, sal, comm
  8                from emp
  9             where emp.deptno = dept.deptno )
 10             as emp_tab_type ) emps,
 11       cast ( multiset (
 12             select fy, amount
 13                from dept_fy_budget
 14             where dept_fy_budget.deptno = dept.deptno )
 15             as dept_budget_tab_type ) budget
 16  from dept
 17  /

View created.
```

Agora, lembre-se, o acima é trabalho que fazemos uma vez, a complexidade é oculta do aplicativo. O aplicativo apenas irá codificar:

```
scott@TKYTE816> select * from dept_or where deptno = 10
  2  /
```

DEPTNO	DNAME	LOC	EMPS(EMPNO, ENAME, J	BUDGET(FY, AMOUNT)
10	Accounting	NEW YORK	EMP_TAB_TYPE(EMP_TYP E(7782, 'Clark' 'MANAGER', 7839, '09-JAN-81', 2450, NULL),	DEPT_BUDGET_TAB_TYPE (DEPT_BUDGET_TYPE('0 1-JAN-99', 500), DEPT_BUDGET_TYPE('01 -JAN-00', 750),

```
                        EMP_TYPE(7839,             DEPT_BUDGET_TYPE('01
                        'King', 'PRESIDENT',       -JAN-01', 1000))
                        NULL, '17-NOV-81',
                        5000, NULL),
                        EMP_TYPE(1234,
                        'Tom', 'Boss', NULL,
                        '25-MAR-01', 1000,
                        500))

1 row selected.
```

De novo, voltamos a uma fileira, uma cópia de objeto, que representa sua vista dos dados. De fato, isso pode ser bem habilidoso. A complexidade do modelo físico subjacente é removida, e é fácil ver como você pode preencher uma tela GUI com esses dados. Linguagens como Java JDBC, Visual Basic com OO4O, OCI, PL/SQL e Pro*C podem facilmente usar essa funcionalidade. Utilizar o modelo relacional é um pouco mais entediante, à medida que você obtém relacionamentos mais e mais complexos, de um para muitos. Com o objeto modelo relacional, ele é um pouco mais natural. Claro que teríamos que modificar nossos disparadores INSTEAD OF para suportar modificações também nos dados relacionais subjacentes, mas ainda que ele não seja totalmente completado, a essência está lá.

Resumo

Neste capítulo, revisamos os principais usos de tipos e extensibilidade de objetos Oracle. Há quatro maneiras de usá-los, três das quais abordamos em profundidade.

Cobrimos seu uso como método para impor tipos de dados padrão em um sistema. Usando ADDRESS_TYPE fomos capazes não apenas de reforçar uma convenção de nomeação comum e uso de tipo de dados, mas de oferecer métodos e funcionalidade específicos de dados.

Vimos seu uso como método para estender naturalmente a linguagem PL/SQL. Pegamos um pacote fornecido e o envolvemos numa camada de tipo de objeto, nos protegendo de mudanças futuras na implementação do pacote fornecido e nos dando uma maneira mais 'objeto' de programação em PL/SQL, semelhante à estrutura de classe em C++ ou Java. Além disso, vimos como o uso de tipos de coleção nos oferece a habilidade extremamente interessante de SELECT * FROM PLSQL_FUNCTION. Por si só, essa habilidade vale olhar os recursos de objeto.

Finalmente, investigamos como usar esse recurso como método para apresentar vistas de objeto relacional de dados inerentemente relacionais. Isso nos permite apresentar facilmente uma vista de objeto específico de aplicativo dos dados relacionais para tantos aplicativos diferentes quantos quisermos. O principal benefício dessa abordagem é que a SQL exigida no cliente torna-se quase 'trivial' para codificar. Não há uniões, não há consultas múltiplas para reunir a resposta. Uma simples fileira única FETCH retornaria tudo que precisamos em uma chamada.

A quarta opção, criar tabelas de um tipo, foi coberta no Capítulo 6. Uma vez que elas se comportam exatamente como vistas de objeto (ou é o contrário?), seu uso também foi coberto. Eu me inclino a não usar tabelas de objeto. Prefiro vistas de objeto de tabelas relacionais por muitas das razões abordadas acima. O motivo predominante é que, quase *sempre*, você precisa da vista relacional ao final do dia, para fornecer as muitas vistas dos dados específicas de aplicativo. As vistas de objeto relacional são excelentes para modelar vistas de dados específicas de aplicativo.

21
Controle de acesso refinado

Fine Grained Access Control (**FGAC**) em Oracle 8i oferece a habilidade de anexar dinamicamente, no tempo de execução, um predicado (a cláusula WHERE) a todas as consultas emitidas em uma tabela ou vista de banco de dados. Você tem agora a habilidade de modificar, de forma metódica, a consulta no tempo de execução — uma capacidade de vista dinâmica. É possível avaliar quem está executando a consulta, a partir de qual terminal o está fazendo, quando está executando (em que hora do dia) e depois montar o predicado com base nesse conjunto específico de circunstâncias. Com o uso de **contextos de aplicativo**, é possível acrescentar informações adicionais ao ambiente, com segurança (como uma função de aplicativo que o usuário pode ter) e também acessá-lo em seu procedimento ou predicado.

Você verá o FAGC referido com nomes diversos em publicações diferentes. A seguir estão os termos sinônimos desse recurso:

- Fine Grained Access Control
- **V**irtual **P**rivate **D**atabase (**VPD**)
- **R**ow **L**evel **S**ecurity ou DBMS_RLS (baseado no pacote PL/SQL DBMS_RLS que implementa esse recurso)

Para executar os exemplos encontrados neste capítulo, você precisará do Oracle 8i ou superior. Além disso, esse recurso só está disponível nas edições Enterprise e Personal de Oracle; esses exemplos não funcionarão na edição Standard.

Neste capítulo cobriremos:

- Os motivos pelos quais deve ser vantajoso usar esse recurso, como sua facilidade de manutenção, o fato dele ser realizado no próprio servidor, levar em consideração a evolução do aplicativo e também permitir desenvolvimento mais fácil etc.
- Dois exemplos na seção *Como ele funciona*, demonstrando tanto as políticas de segurança quanto os contextos de aplicativo.
- Uma extensa lista de problemas sobre os quais você deve estar ciente, como o comportamento do FGAC quanto ao referencial de integridade, armazenagem de cursor, aspectos de importação e exportação e nuances de depuração.
- Alguns dos erros com os quais você pode se defrontar ao tentar implementar FGAC em seus aplicativos.

Um exemplo

Digamos que você tenha uma política de segurança que determina quais fileiras diferentes grupos de pessoas podem ver. Sua política de segurança desenvolverá e retornará um predicado baseado em quem está registrado e qual a sua função. FGAC permitirá que você reescreva a consulta básica SELECT* FROM EMP assim:

Registro de entrada de usuário	Consulta re-escrita para	Comentários

Employee	```select *
	    from (select * from emp
	    where ename = USER)```
		Empregados só podem ver seus próprios registros.

Manager	```select *
	    from (select *
	        from emp
	        where mgr =
	            (select empno
	              from emp
	              where ename = USER)
	            or ename = USER
	    )```
		Gerentes podem ver seus próprios registros e os de pessoas que trabalham para eles.

HR rep.	```select *
	    from (select *
	        from emp
	        where deptno =
	        SYS_ CONTEXT ('OurApp', ptno')
	    )```
		Representantes de RH podem ver qualquer pessoa em determinado departamento. Isso introduz a sintaxe para recuperar variáveis de um contexto de aplicativo, a função interna SYS_CONTEXT( ).

Por que usar esse recurso?

Nesta seção iremos explorar os vários motivos e ocasiões em que você pode escolher usar esse recurso.

Facilidade de manutenção

FGAC permite que você tenha uma tabela e um procedimento armazenados, gerencie o que é usado para formar muitas vistas, disparadores de banco de dados ou muito de lógica de aplicativo.

A abordagem de múltiplas vistas era comum. Os desenvolvedores de aplicativo criariam muitas contas diferentes de bancos de dados, como EMPLOYEE, MANAGER, HR_REP, e instalariam em cada uma dessas contas um conjunto completo de vistas para selecionar exatamente os dados certos. Usando o exemplo introdutório acima, cada conta de banco de dados teria uma vista EMP separada, com um predicado personalizado especificamente para aquele grupo de usuários. Para controlar o que os usuários finais podiam ver, criar, modificar e remover, eles também precisavam de quatro vistas diferentes para a tabela EMP, uma de cada SELECT, INSERT, UPDATE e DELETE. Isso levava rapidamente a uma proliferação de objetos de banco de dados — cada vez que você precisava acrescentar um outro grupo de usuários, significava outro conjunto de vistas para gerenciar e manter.

Se você mudasse a política de segurança (por exemplo, se quisesse ver não apenas os seus relatórios diretos, mas também aqueles dois níveis abaixo), você precisava recriar a vista no banco de dados, invalidando todos os objetos que se referissem a ele. Não apenas essa abordagem levava à proliferação de vistas no banco de dados, como também forçava os usuários a registrar a entrada usando contas comuns, o que comprometia a contabilidade. Mais um efeito colateral dessa abordagem é que boa parte do código precisava ser duplicada no banco de dados. Se eu tivesse um procedimento armazenado que operasse na tabela EMP, teria que instalar o procedimento armazenado em cada conta individual. O mesmo se aplicaria a muitos outros objetos (disparadores, funções, pacotes etc). Então, eu precisava atualizar N contas cada vez que salvava um remendo em meu software, para garantir que tcdos estavam executando o mesmo código base.

Outra abordagem usa disparadores de banco de dados junto a vistas. Em vez de criar uma vista de banco de dados para cada SELECT, INSERT, UPDATE e DELETE, seria usado um disparador de banco de dados para rever, fileira por fileira, as mudanças que um indivíduo estivesse fazendo, e aceitá-las ou rejeitá-las. Essa implementação não apenas causaria a mesma proliferação de vistas delineadas acima, mas também acrescentaria o código extra de um disparador (às vezes um disparador complexo), sendo ativado em toda e qualquer fileira modificada.

Uma opção final seria colocar tudo da segurança no aplicativo, fosse um aplicativo cliente num ambiente cliente-servidor ou um aplicativo servidor de camada central. O aplicativo veria quem estava registrando a entrada e usaria a consulta certa para aquele usuário. De fato, o aplicativo implementa o seu próprio FGAC. Um sério retrocesso a essa abordagem (e qualquer abordagem que use um aplicativo para reforçar acesso a dados) é que os dados no banco de dados são úteis *apenas* ao aplicativo. Ela impede o uso de quaisquer ferramentas de consulta específicas, ferramentas de geração de relatório e semelhantes, pois os dados não estão protegidos, a menos que sejam acessados através do aplicativo. Quando a segurança está ligada ao aplicativo, não é fácil ampliar o aplicativo para novas interfaces — a utilização dos dados é reduzida.

FGAC permite que você gerencie essa complexidade e evite qualquer tipo de perda de funcionalidade, usando apenas dois objetos — a tabela ou vista original e um pacote ou função de banco de dados. É possível atualizar o pacote de banco de dados em qualquer ocasião, para colocar no lugar, imediatamente, um novo conjunto de políticas de segurança. Em vez de ter que olhar dúzias de vistas para ver se todas as políticas de segurança estão bem colocadas num objeto, você pode conseguir todas essas informações em um lugar.

Realizado no servidor

Muitas vezes, devido à complexidade de gerenciar e manter tantas vistas, os desenvolvedores codificarão a lógica de aplicativo no próprio aplicativo, como discutimos. O aplicativo verá quem está registrado e o que estão solicitando, e depois submeterá a consulta apropriada. Isso protege os dados apenas quando são acessados através do aplicativo, daí o aumento da probabilidade de que sejam comprometidos em algum ponto, pois tudo o que é preciso fazer é registrar no banco de dados com alguma ferramenta, diferente do seu aplicativo, e consultar os dados.

Usando FGAC, colocarmos a lógica de segurança, que determina quais dados o usuário deve ver, no banco de dados. Dessa forma, estamos garantindo que os dados estejam protegidos, independente da ferramenta usada para acessá-los.

A necessidade disso é claramente visível hoje em dia. Do início para a metade da década de 1990, havia a regra modelo cliente-servidor (e antes disso, a programação baseada em host era a norma). A maioria dos aplicativos cliente-servidor (e quase todos os baseados em host) tinha embutida a lógica que é usada para acessar o aplicativo. Atualmente, está muito mais 'em voga' usar um aplicativo servidor e hospedar lá a lógica de aplicativo. Como esses aplicativos cliente-servidor migram para a nova arquitetura, as pessoas estão extraindo a lógica de segurança dos aplicativos cliente-servidor e embutindo-a no aplicativo servidor. Isso tem levado a uma implementação dupla da lógica de segurança (os aplicativos cliente-servidor não vão completamente embora), então há dois lugares para manter e depurar a lógica. Ainda pior, não resolve o problema quando surge o paradigma seguinte. O que acontece depois do aplicativo servidor sair de moda? O que acontece quando seus usuários querem usar uma ferramenta terceirizada que pode acessar diretamente os dados? Se toda a segurança estiver bloqueada na lógica de camada central, eles não conseguirão. Se a segurança estiver bem lá, com os dados, não apenas você estará pronto para qualquer tecnologia que ainda será inventada, como já está pronto agora para acesso seguro, grátis, aos dados.

Desenvolvimento facilitado de aplicativo

O FGAC tira a lógica de segurança da lógica de aplicativo. O desenvolvedor pode se concentrar no próprio aplicativo, não na lógica de acesso aos dados subjacentes para mantê-lo protegido. Como FGAC é inteiramente feito no banco de dados servidor, os aplicativos herdam essa lógica imediatamente. No passado, os desenvolvedores tinham que codificar a lógica de segurança no aplicativo, tornando-os mais difíceis de desenvolver inicialmente, e também especialmente difíceis de manter. Se o aplicativo é responsável por intermediar acesso aos dados e você acessa os mesmos dados a partir de muitos lugares no aplicativo, uma simples mudança em sua política de segurança pode afetar dúzias de módulos do aplicativo. Usando FGAC, automaticamente, todos os módulos relevantes do aplicativo herdam as suas novas políticas de segurança, sem precisarem ser modificados.

Desenvolvimento evolutivo de aplicativo

Em muitos ambientes, as políticas de segurança não são inicialmente bem definidas e podem mudar com o tempo. À medida que as empresas se fundirem ou os provedores de assistência de saúde estreitarem o acesso a bancos de dados de pacientes, ou em que leis de privacidade sejam introduzidas, essas políticas de segurança precisarão ser mudadas. Colocar o controle de acesso o mais próximo possível dos dados, capacita essa evolução com mínimo impacto em aplicativos e ferramentas. Há um lugar onde a nova lógica de segurança é implementada e todos os aplicativos e ferramentas que acessam o banco de dados automaticamente herdam a nova lógica.

Evitar contas de usuário compartilhadas

Usando FGAC, cada usuário pode e deve registrar a entrada com credenciais individuais, o que oferece contabilidade completa, e você pode controlar ações em termos de usuário. No passado, muitos aplicativos, diante de diferentes vistas de dados para usuários diferentes, faziam a escolha de configurar contas compartilhadas. Por exemplo, cada empregado usaria a conta EMPLOYEE para acessar as vistas de empregado; cada gerente usaria a conta MANAGER e assim por diante. Essa opção tira a habilidade de controlar ações em termos de usuário. Você não pode mais ver que TKYTE está registrado (como um empregado), mas apenas que EMPLOYEE (quem quer que seja) registrou a entrada.

Você ainda pode usar FGAC com contas compartilhadas, se desejar. No entanto, esse recurso remove a *necessidade* de contas compartilhadas.

Suportar contas de usuário compartilhadas

Esse é um corolário da seção anterior. FGAC não obriga o uso de um registro de entrada por usuário; simplesmente o facilita. Usando um recurso chamado **contexto de aplicativo**, como veremos abaixo, seremos capazes de usar FGAC em um ambiente de 'conta individual', como pode surgir em uma conexão combinada com um aplicativo servidor. Algumas conexões combinadas obrigam o uso de uma única conta de banco de dados para se registrar. FGAC também funciona bem com tais ambientes.

Hospedagem de um aplicativo como um ASP

O FGAC permite que você pegue um aplicativo existente e o hospede para muitos clientes diferentes num ambiente **A**pplication **S**ervice **P**rovider (**ASP**), sem precisar mudar o aplicativo. Digamos que você tenha um aplicativo de RH que queira colocar na Internet e cobrar taxas de acesso. Como você tem muitos clientes diferentes, e cada um quer garantir que seus dados não possam ser vistos por mais ninguém, você vem com um plano para proteger essas informações. Suas escolhas são:

- ❏ Instalar, configurar e manter uma cópia de banco de dados em separado por cliente base.
- ❏ Registrar cada procedimento armazenado que o aplicativo usa para ser uma **rotina de direitos do chamador**, como descrito no Capítulo 23, e implementar um esquema por cliente base.
- ❏ Usar uma única instalação da cópia de banco de dados e um único esquema com FGAC.

A primeira opção é a menos desejável. O código extra de ter uma cópia de banco de dados por cliente base, onde só um cliente pode ter um punhado de usuários, evita que essa opção seja viável. Para cada grande cliente, com centenas ou milhares de usuários, isso faz sentido. Para a pletora de pequenos clientes, cada um dos quais contribuindo com cinco ou seis usuários finais, um banco de dados por cliente não funciona. Provavelmente você não poderá mantê-lo.

Potencialmente, a segunda opção envolve recodificação do aplicativo. O objetivo aqui seria ter para cada esquema de cliente o seu próprio conjunto de tabelas de banco de dados. Quaisquer procedimentos armazenados teriam que ser codificados de tal forma que iriam operar nas tabelas visíveis à conta de usuário atualmente registrado (o cliente). Normalmente, os procedimentos armazenados são os mesmos objetos que o *definidor* do procedimento veria — teríamos que percorrer o nosso caminho para ter certeza que usamos as rotinas de direitos do chamador, e nunca usar no aplicativo quaisquer nomes de esquemas fortemente codificados. Por exemplo, nunca poderíamos SELECT * FROM

SCOTT.EMP, só SELECT * FROM EMP. Isso não se aplicaria apenas a rotinas PL/SQL, mas a qualquer código externo em linguagens como Java ou Visual Basic, que também teriam que seguir essas regras (visto que elas não têm esquema de nomes). Por esse motivo ela não é desejável e agora, também, você tem centenas de esquema para gerenciar.

A terceira opção usando FGAC é a menos forçada das três, e a mais fácil de implementar. Aqui, por exemplo, poderíamos acrescentar uma coluna a cada tabela que precisa ser protegida, e essa coluna conteria o identificador da empresa. Usaríamos um disparador para manter essa coluna (assim o aplicativo não precisa fazê-lo). O disparador utilizaria um contexto de aplicativo ajustado por um disparador ON LOGON, para fornecer esse valor. A política de segurança retornaria um predicado que selecionaria apenas as fileiras da empresa que você tivesse permissão de ver. A política de segurança não só limitaria os dados por empresa, como acrescentaria outros predicados necessários para limitar acesso aos dados. Voltando ao nosso aplicativo de RH — não apenas acrescentaríamos WHERE COMPANY = VALUE, mas também os predicados definidos de acordo com sua posição de empregado, gerente ou representante de RH. Indo além, você poderia implementar particionamento para agregar fisicamente os dados de clientes maiores, para opções de recuperação e disponibilidade.

Como ele funciona

O FGAC é implementado em Oracle 8i com duas construções principais:

- **Um contexto de aplicativo** — Um espaço de nome com um conjunto correspondente de pares atributo/valor. Por exemplo, no contexto chamado OurApp, poderíamos acessar as variáveis DeptNo, Mgr etc. Um contexto de aplicativo está sempre ligado a algum pacote PL/SQL, que é o único método para configurar valores no contexto. Para conseguir o atributo DeptNo ajustado para um valor no contexto OurApp, seria preciso chamar um pacote específico — uma ligação para o contexto OurApp. Esse pacote é confiado para ajustar corretamente valores no contexto OurApp (você o escreveu, por isso ele é confiável para tal finalidade). Isso previne contra usuários com intenções maliciosas — configurar valores no contexto de aplicativo que dariam acesso a informações vedadas a eles. Alguém pode ler os valores de um contexto de aplicativo, mas apenas um pacote pode ajustar esses valores.

- **Uma política de segurança** — Uma política de segurança é apenas uma função que você desenvolve, que retornará um predicado usado para filtrar dinamicamente os dados, quando uma consulta for executada. Essa função será ligada a uma tabela ou vista de banco de dados, podendo ser chamada por alguma ou por todas as declarações que acessem a tabela. Ou seja, você pode ter uma política para SELECT, outra para INSERT e uma terceira para UPDATE e DELETE. Tipicamente, essa função usará os valores em um contexto de aplicativo para determinar o predicado correto a retornar (por exemplo, ela verá 'quem' está registrado, 'o que' estão tentando fazer e restringirá as fileiras que eles podem operar em algum conjunto). Deve-se notar que o usuário SYS (ou INTERNAL) nunca tem políticas de segurança aplicadas (as funções de política, simplesmente, nunca são chamadas), e eles serão capazes de ver/modificar todos os dados.

Também é válido mencionar outros recursos de Oracle 8i que capacitam a implementação de FGAC, como:

- **Função** SYS_CONTEXT — usada em SQL ou PL/SQL para acessar os valores de contexto de aplicativo. Veja o manual *Referência Oracle SQL* para todos os detalhes sobre ela e uma lista dos valores padrão que você encontrará no contexto USERENV que o Oracle configura automaticamente. Você encontrará coisas como o nome de usuário de sessão, o endereço IP do cliente e outros brindes escondidos lá.

- **Disparadores de registro de entrada no banco de dados** — Permite que você execute algum código por ocasião do registro de um usuário no banco de dados. Isso é extremamente útil para configurar o contexto de aplicativo inicial, padrão.

- **Pacote** DBMS_RLS — Oferece o API para podermos acrescentar, remover, revisar, capacitar e incapacitar políticas de segurança. Pode ser chamado a partir de qualquer linguagem/ambiente que possa se conectar ao Oracle.

Para usar esse recurso, o desenvolvedor precisará dos seguintes privilégios, além das funções padrão CONNECT e RESOURCE (ou equivalente):

- EXECUTE_CATALOG_ROLE — Permite ao desenvolvedor executar o pacote DBMS_RLS. Alternativamente, você pode conceder apenas a execução em DBMS_RLS à conta, quando conectada como SYS.

- CREATE ANY CONTEXT — Permite ao desenvolvedor criar contextos de aplicativo.

Um contexto de aplicativo é criado usando um simples comando SQL:

```
SQL> create or replace context OurApp using Our_Context_Pkg;
```

Aqui, OurApp é o nome do contexto e Our_Context_Pkg é o pacote PL/SQL que tem permissão para ajustar valores no contexto. Os contextos de aplicativo são um recurso importante para a implementação FGAC por dois motivos:

- **Oferecem uma maneira confiável de ajustar variáveis em um espaço de nome** — Só o pacote PL/SQL associado ao contexto pode ajustar valores naquele contexto, garantindo a integridade dos valores, nesse contexto. Visto que você o usará para restringir ou permitir acesso a dados, a integridade dos valores no contexto precisa ser garantida.

- **Referências aos valores de contexto de aplicativo em uma consulta SQL são tratadas como ligação de variáveis** — Por exemplo, se você ajustou valores de um atributo DeptNo no contexto OurApp e implementou uma política para retornar uma cláusula WHERE deptno = SYS_CONTEXT('OurApp', 'DeptNo'), ele estará sujeito ao uso de SQL compartilhada, pois a referência SYS_CONTEXT é semelhante a deptno = :b1. Cada um pode usar valores diferentes para DeptNo, mas todos precisarão reutilizar os mesmos planos de análise e consulta otimizada.

Exemplo 1: Implementação de uma política de segurança

Implementaremos uma política de segurança muito simples, como demonstração rápida desse recurso. A política que implementaremos é:

- Se o usuário atual for o OWNER da tabela, poderá ver todas as fileiras na tabela, caso contrário,
- Só será possível ver 'suas próprias' fileiras, onde o nome na coluna OWNER seja o seu nome de usuário.
- Adicionalmente, só será possível acrescentar fileiras em que você seja o OWNER. Se tentar acrescentar uma fileira para outra pessoa, ela será rejeitada.

A função PL/SQL que é preciso ser criada para isso se pareceria com:

```
tkyte@TKYTE816> create or replace
  2  function security_policy_function( p_schema in varchar2,
  3                   p_object in varchar2 )
  4  return varchar2
  5  as
  6  begin
  7          if ( user = p_schema ) then
  8              return ' ';
  9          else
 10              return 'owner = USER';
 11          end if;
 12  end;
 13  /

Function created.
```

Esta é a estrutura geral de uma função de política de segurança. Será sempre uma função que retorna uma VARCHAR2. O valor de retorno será um predicado acrescentado à consulta feita na tabela. Na verdade, ela será acrescentada como um predicado na tabela ou vista à qual você tenha aplicado essa política de segurança usando uma vista inline, como:

```
The query:              SELECT * FROM T

Will be written as:     SELECT * FROM ( SELECT * FROM T WHERE owner = USER)
or:                     SELECT * FROM ( SELECT * FROM T )
```

Além disso, todas as funções de política de segurança precisam aceitar dois parâmetros IN — o nome do esquema que *possui* o objeto e o nome do objeto, ao qual a função está sendo aplicada. Esses podem ser usados conforme você veja que se ajustem à função de política de segurança.

Nesse exemplo, o predicado owner = USER será dinamicamente anexado a todas as consultas feitas à tabela à qual essa função esteja ligada, restringindo eficazmente o número de fileiras que estariam disponíveis ao usuário. Um predicado vazio só será retornado se o usuário registrado no momento for o proprietário da tabela. Retornar um predicado vazio é como retornar 1=1 ou True. Retornar Null também é igual a retornar um predicado vazio. O acima poderia ter retornado Null em vez de uma string vazia, para conseguir o mesmo efeito.

Para ligar essa função à tabela, usamos o procedimento PL/SQL DBMS_RLS.ADD_POLICY, que será mostrado mais tarde. No exemplo temos a seguinte tabela inicializada, e o usuário registrou a entrada como TKYTE:

```
tkyte@TKYTE816> create table data_table
  2  (       some_date   varchar2(30),
  3          OWNER       varchar2(30) default USER
  4  )
  5  /
Table created.

tkyte@TKYTE816> grant all on data_table to public;

Grant succeeded.

tkyte@TKYTE816> create public synonym data_table for data_table;

Synonym created.

tkyte@TKYTE816> insert into data_table ( some_data ) values ( 'Some Data' );

1 row created.

tkyte@TKYTE816> insert into data_table ( some_data, owner )
  2  values ( 'Some Data Owned by SCOTT', 'SCOTT' );

1 row created.

tkyte@TKYTE816> commit;

Commit complete.

tkyte@TKYTE816> select * from data_table;

SOME_DATA                    OWNER
---------------              ---------------
Some Data                    TKYTE
Some Data Owned by SCOTT     SCOTT
```

Agora, anexaríamos a essa tabela a função de segurança que escrevemos, com a seguinte chamada ao pacote DBMS_RLS:

```
tkyte@TKYTE begin
  2     dbms_rls.add_policy
  3     ( object_schema    => 'TKYTE',
  4       object_name      => 'data_table',
  5       policy_name      => 'MY_POLICY',
  6       function_schema  => 'TKYTE',
  7       policy_function  => 'security_policy_function',
  8       statement_types  => 'select, insert, update, delete' ,
  9       update_check     => TRUE,
 10       enable           => TRUE
 11     );
 12  end;
 13  /

PL/SQL procedure successfully completed.
```

ADD_POLICY é uma das rotinas chave no pacote DBMS_RLS que usaremos. É ela que permite que você acrescente sua política de segurança à tabela em questão. Os parâmetros que passamos, em detalhe, são:

❑ OBJECT_SCHEMA — O nome do proprietário da tabela ou vista. Se deixado como Null (esse é o padrão), será interpretado como o usuário atualmente registrado. Passei meu nome de usuário para complementação, no exemplo acima.

- OBJECT_NAME — O nome da tabela ou vista em que a política será colocada.
- POLICY_NAME — Qualquer nome único que você deseje para designar essa política. Esse nome será usado mais tarde, se você desejar capacitar/incapacitar, revisar ou soltar essa política.
- FUNCTION_SCHEMA — O nome do proprietário da função que retorna o predicado. Funciona da mesma maneira que OBJECT_SCHEMA. Se deixado em seu padrão de Null, será usado o nome do usuário registrado naquele momento.
- POLICY_FUNCTION — O nome da função que retorna o predicado.
- STATEMENT_TYPES — Relaciona os tipos de declarações às quais essa política será aplicada. Pode ser qualquer combinação de INSERT, UPDATE, SELECT e DELETE. O *default* são as quatro — as relacionei aqui para complementação.
- UPDATE_CHECK — Só se aplica ao processamento de INSERTs e UPDATEs. Se ajustado para True (o padrão é False), irá verificar se os dados que você acabou de inserir ou atualizar são visíveis, usando aquele predicado. Isto é, quando ajustado para True, não é possível INSERT quaisquer dados que não fossem selecionados daquela tabela usando o predicado retornado.
- ENABLE — Especifica se a política está ou não capacitada. Padroniza para True.

Depois de executar a chamada ADD_POLICY, toda DML na tabela DATA_TABLE terá o predicado retornado por SECURITY_POLICY_FUNCTION aplicado a ele, independente do ambiente que estiver submetendo a operação DML. Em outras palavras, independente do aplicativo acessando os dados. Para ver essa ação:

```
tkyte@TKYTE816> connect system/manager
system@TKYTE816> select * from data_table;

no rows selected

system@TKYTE816> connect scott/tiger
scott@TKYTE816> select * from data_table;

SOME_DATA                       OWNER
-------------------------       ---------------
Some Data Owned by Scott        SCOTT
```

Vimos assim que efetivamente filtramos as fileiras — o usuário SYSTEM não vê dados nessa tabela, porque o predicado WHERE OWNER = USER não é satisfeito por nenhuma das fileiras de dados existentes. No entanto, quando registramos a entrada como SCOTT, a única fileira de propriedade de SCOTT torna-se visível. Prosseguindo com alguma DML na tabela:

```
sys@TKYTE816> connect scott/tiger

scott@TKYTE816> insert into data_table ( some_data )
  2   values ( 'Some New Data' );

1 row created.

scott@TKYTE816> insert into data_table (some_data, owner )
  2   values ( 'Some New Data Owner by SYS', 'SYS' )
  3   /
insert into data_table ( some_data, owner )
                  *
ERROR at line 1:
ORA-28115: policy with check option violation

scott@TKYTE816> select * from data_table;

SOME_DATA                       OWNER
-------------------------       ---------------
Some Data Owned by SCOTT        SCOTT
Some New Data                   SCOTT
```

Temos permissão para criar dados que possamos ver, mas levantamos o erro ORA-28115 ao acrescentarmos a política que especificamos, pois fizemos a chamada a dbms_rls.add_policy

```
    . . .
    9           update_check        => TRUE );
    . . .
```

Isso é análogo a criar uma vista com a CHECK OPTION capacitada, mas só nos capacitará a criar dados que também possamos selecionar. O padrão é permitir que você crie dados que não possa selecionar.

Devido à maneira pela qual codificamos nossa política de segurança, sabemos que o OWNER da tabela pode ver todas as fileiras e criar qualquer fileira. Para ver essa ação, simplesmente registramos a entrada como TKYTE e tentamos as operações:

```
scott@TKYTE816> connect tkyte/tkyte
tkyte@TKYTE816> insert indo data_table ( some_data, owner )
  2    values ( 'Some New Data Owned by SYS', 'SYS' )
  3    /

1 row created.

tkyte@TKYTE816> select * from data_table
  2    /

SOME_DATA                       OWNER
-------------------             -------------
Some Data                       TKYTE
Some Data Owned by SCOTT        SCOTT
Some New Data                   SCOTT
Some New Data Owned by SYS      SYS .
```

Vemos aí que TKYTE não é afetado por essa política. Uma coisa interessante a observar é que se registrarmos a entrada como SYS, será visto o seguinte comportamento:

```
tkyte@TKYTE816> connect sys/change_on_install
Connected.

sys@TKYTE816> select * from data_table;

SOME_DATA                       OWNER
-------------------             -------------
Some Data                       TKYTE
Some Data Owned by SCOTT        SCOTT
Some New Data                   SCOTT
Some New Data Owned by SYS      SYS
```

A política de segurança não é usada quando o registro de entrada é feito como um usuário especial SYS (ou INTERNAL, ou SYSDBA). Esse é o comportamento esperado, desejado. As contas SYSDBA são poderosas contas administrativas e têm permissão para ver todos os dados, o que é particularmente importante de se observar ao exportarmos informações. Você precisa estar ciente de que a política de segurança será aplicada quando exportar, a menos que faça a exportação como um SYSDBA. Você poderá *não* obter todos os dados se usar uma conta não-SYSDBA e um caminho convencional de exportação!

Exemplo 2: Como usar contextos de aplicativo

Neste exemplo, gostaríamos de implementar uma política de segurança de Recursos Humanos. Usaremos as tabelas de exemplo EMP e DEPT, de propriedade de SCOTT, e acrescentaremos uma tabela adicional que nos permitirá designar pessoas para serem representantes de RH em vários departamentos. Nossas exigências são:

- ❏ Um gerente de um departamento pode:

    Ler seu próprio registro, os registros de todos os empregados que se reportam diretamente a ele e os de todas as pessoas que se reportam a esses empregados etc (hierarquia).

    Atualizar os registros dos empregados que se reportam diretamente e ale.

- ❏ Um empregado pode:

    Ler seu próprio registro.

- ❏ Um representante de recursos humanos pode:

    Ler todos os registros do departamento onde trabalha (os representantes de RH só trabalham em um aplicativo de cada vez em nosso aplicativo).

    Atualizar todos os registros de determinado departamento.

    Fazer inserções em determinado departamento.

    Fazer remoções de determinado departamento.

Como declarado, nosso aplicativo usará cópias das tabelas EMP e DEPT existentes, do esquema SCOTT, com o acréscimo de uma tabela HR_REPS para nos permitir designar um representante de RH a um departamento. Ao registrar sua entrada, gostaria de ter a sua função automaticamente designada e configurada para você. Isto é, no registro de entrada, se for um representante de RH, a função de representante de RH estará no lugar, e assim por diante.

Para começar, precisaremos de algumas contas em nosso banco de dados, que representarão o proprietário e os usuários finais do aplicativo. Neste exemplo, TKYTE é o proprietário do aplicativo e terá uma cópia das tabelas EMP e DEPT da conta de demonstração de SCOTT. Os usuários finais são nomeados depois das pessoas na tabela EMP (em outras palavras, KING, BLAKE etc). Usamos o seguinte script para essa configuração. Primeiro soltamos e recriamos o usuário TKYTE e concedemos a ele CONNECT e RESOURCE:

```
sys@TKYTE816> drop user tkyte cascade;

User dropped.

sys@TKYTE816> create user tkyte identified by tkyte
  2    default tablespace data
  3    temporary talespace temp;

User created.

sys@TKYTE816> grant connect, resource to tkyte;

Grant succeeded.
```

Em seguida estão os privilégios mínimos exigidos para configurar FGAC. A função EXECUTE_CATALOG pode ser usada, no lugar de EXECUTE ON DBMS_RLS:

```
sys@TKYTE816> grant execute on dbms_rls to tkyte;

Grant succeeded.

sys@TKYTE816> grant created any context to tkyte;

Grant succeeded.
```

O próximo privilégio é necessário para criar o disparador de banco de dados no registro de entrada, que precisaremos criar mais tarde:

```
sys@TKYTE816> grant administer database trigger to tkyte;
Grant succeeded.
```

Agora criamos as contas empregado e gerente, para representar os usuários do aplicativo. Cada usuário na tabela EMP terá uma conta nomeada depois dele, com exceção de SCOTT. Em alguns bancos de dados o usuário SCOTT já existe:

```
sys@TKYTE816> begin
  2         for x in (select ename
  3                     from scott.emp where ename <> 'SCOTT')
  4         loop
  5             execute immediate 'grant connect to ' || x.ename ||
  6                     ' identified by ' || x.ename;
  7         end loop;
  8   end;
  9  /
PL/SQL procedure successfully completed.

sys@TKYTE816> connect scott/tiger

scott@TKYTE816> grant select on emp to tkyte;

Grant succeeded.

scott@TKYTE816> grant select on dept to tkyte;

Grant succeeded.
```

Usaremos o simples esquema de aplicativo como a seguir. Ele começa com as tabelas EMP e DEPT copiadas do esquema SCOTT. Também acrescentamos o referencial de integridade declarado a essas tabelas:

```
scott@TKYTE816> connect tkyte/tkyte

tkyte@TKYTE816> create table dept as select * from scott.dept;

Table created.

tkyte@TKYTE816> alter table dept add constraint dept_pk primary key(deptno);

Table altered.

tkyte@TKYTE816> create table emp_base_table as select * from scott.emp;

Table created.

tkyte@TKYTE816> alter table emp_base_table add constraint
  2    emp_pk primary key(empno);

Table altered.

tkyte@TKYTE816> alter table emp_base_table add constraint emp_fk_to_dept
  2    foreign key (deptno) references dept(deptno);

Table altered.
```

Acrescentaremos agora alguns índices e restrições adicionais. Criamos índices que serão usados para desempenho de nossas funções de contexto de aplicativo. Precisamos descobrir rapidamente se um usuário específico é um gerente de departamento:

```
tkyte@TKYTE816> create index emp_mgr_deptno_idx on emp_base_table(mgr);

Index created.
```

Precisaremos também converter rapidamente um nome de usuário para EMPNO, e reforçar a individualidade dos nomes de usuário nesse aplicativo:

```
tkyte@TKYTE816> alter table emp_base_table
  2    add constraint
  3    emp_ename_unique unique(ename);

Table altered.
```

Em seguida, criaremos uma vista EMP da tabela EMP_BASE. Colocaremos nossa política de segurança nessa vista, e nossos aplicativos a usarão para consultar, inserir, atualizar e remover. O motivo pelo qual estamos usando uma vista será explicado mais adiante:

```
tkyte@TKYTE816> create view emp as select * from emp_base_table;

View created.
```

Criaremos agora a tabela que gerencia nossos representantes de RH designados. Estamos usando uma tabela organizada por índice (IOT) para isso, pois só consultamos SELECT * FROM HR_REPS WHERE USERNAME = :X AND DEPTNO = :Y, não precisamos de uma estrutura de tabela tradicional:

```
tkyte@TKYTE816> create table hr_reps
  2    ( username                varchar2(30),
  3      deptno                  number,
  4      primary key(username,deptno)
  5    )
  6    organization index;

Table created.
```

Designaremos os representantes de RH:

```
tkyte@TKYTE816> insert into hr_reps values ( 'KING', 10 );

1 row created.

tkyte@TKYTE816> insert into hr_reps values ( 'KING', 20 );

1 row created.

tkyte@TKYTE816> insert into hr_reps values ( 'KING', 30 );

1 row created.

tkyte@TKYTE816> insert into hr_reps values ( 'BLAKE', 10 );

1 row created.

tkyte@TKYTE816> insert into hr_reps values ( 'BLAKE', 20 );

1 row created.

tkyte@TKYTE816> commit;

Commit complete.
```

Capítulo 21 - Controle de acesso refinado | 775

Agora que criamos as tabelas de aplicativo EMP, DEPT e HR_REPS, vamos criar um procedimento que nos permitirá ver um contexto de aplicativo que conterá três informações: os usuários EMPNO e USERNAME atualmente registrados e a função que estiverem usando (de EMP, MGR ou HR_REP). Nossa rotina de predicado dinâmico usará a função armazenada no contexto de aplicativo para decidir como a cláusula WHERE aparecerá para determinado usuário.

Usaremos as tabelas EMP_BASE_TABLE e HR_REPS para fazer essa determinação. Responde à pergunta que você deve estar fazendo: 'Por que precisamos ter uma tabela EMP_BASE_TABLE e uma vista EMP que é simplesmente SELECT * FROM EMP_BASE_TABLE? '. Há duas razões para isso:

❑ Usamos os dados na tabela de empregado para reforçar nossa política de segurança.

❑ Precisamos dessa tabela enquanto estivermos tentando ajustar um contexto de aplicativo.

Para ler os dados de empregado, precisamos que o contexto de aplicativo esteja ajustado, mas para ajustá-lo precisamos ler os dados de empregado. É um problema 'da galinha e do ovo', o que vem primeiro? Nossa solução é criar uma vista que todos os aplicativos usarão (a vista EMP) e reforçar nossa segurança nesta vista. A EMP_BASE_TABLE será usada por nossa política de segurança para reforçar as regras. A partir de EMP_BASE_TABLE, poderemos descobrir quem é gerente de determinado departamento e quem trabalha para determinado gerente. O aplicativo e os usuários finais nunca usarão EMP_BASE_TABLE, apenas a nossa política de segurança o fará. Esse último ponto é conseguindo não pela concessão de privilégios na tabela base — o banco de dados reforçará isso para nós.

Neste exemplo, escolhemos ter o contexto ajustado automaticamente quando do registro de entrada. Esse é um procedimento padrão, sempre que possível — ter o contexto de aplicativo automaticamente configurado. Podem existir ocasiões em que você precise sobregravar esse comportamento. Se, por ocasião do registro de entrada, você não tiver informações suficientes para determinar como o contexto deve ser, pode precisar ajustar o contexto manualmente, através de uma chamada de procedimento. Isso ocorreria freqüentemente ao usar uma camada central que registre todos os usuários através do mesmo usuário comum. Essa camada central precisaria chamar um procedimento de banco de dados, passando o nome do usuário 'real' para conseguir o contexto de aplicativo corretamente ajustado.

A seguir está nosso procedimento 'confiável' para ajustar o contexto. Ele é confiável pois *nós* temos confiança em sua funcionalidade, pois *nós* o escrevemos. Ele ajuda a reforçar as nossas políticas, apenas configurando o nome de usuário apropriado, o nome de função e o numero de empregado em nosso contexto. Depois, quando acessarmos esses valores, poderemos confiar que ele tenha sido ajustado corretamente e com segurança. Esse procedimento será automaticamente executado por um disparador ON LOGON. Como é codificado, estará pronto para suportar um aplicativo de 3 camadas que use uma conexão de combinação, também com uma conta individual de banco de dados. Poderíamos conceder execução nesse procedimento para a conta de usuário utilizada pela conexão de combinação e ela o executaria, enviando o nome de usuário como parâmetro, em vez de permitir ao procedimento usar o nome de usuário atualmente registrado.

```
tkyte@TKYTE816> create or replace
  2    procedure set_app_role( p_username in varchar2
  3                           default sys_context('userenv', 'session_user') )
  4    as
  5        l_empno      number;
  6        l_cnt        number;
  7        l_ctx        varchar2(255) default 'Hr_App_Ctx';
  8    begin
  9        dbms_session.set_context( l_ctx, 'UserName', p_username );
 10        begin
 11            select empno into l_empno
 12              from emp_base_table
 13             where ename = p_username; ;
 14            dbms_session.set_context( l_ctx. 'Empno', l_empno );
 15        exception
 16            when NO_DATA_FOUND then
 17                - - Person not in emp table - might be an HR rep.
 18                NULL;
 19        end;
 20
 21
 22        - - First, let's see if this person is a HR_REP, if not, then
 23        - - try MGR, if not, then set the EMP role on.
 24
 25        select count(*) into l_cnt
 26          from dual
```

```
27              where exists
28                ( select NULL
29                    from hr_reps
30                   where username = p_username
31                );
32
33        if ( l_cnt <> 0 )
34        then
35            dbms_session.set_context( l_ctx, 'RoleName', 'HR_REP' );
36        else
37            - - Lets see if this person is a MGR, if not, give them
38            - - the EMP role.
39
40            select count(*) into l_cnt
41              from dual
42             where exists
43                ( select NULL
44                    from emp_base_table
45                   where mgr = to_number(sys_context(l_ctx, 'Empno'))
46                );
47            if (l_cnt <> 0)
48            then
49                dbms_session.set_context(l_ctx, 'RoleName', 'MGR');
50            else
51                - - Everyone may use the EMP role.
52                dbms_session.set_context( l_ctx, 'RoleName', 'EMP' );
53            end if;
54        end if;
55    end;
56    /

Procedure created.
```

Em seguida, criaremos nosso contexto de aplicativo. Seu nome é HR_APP_CTX (o mesmo que usamos no procedimento anterior). Quando o criarmos, observe como ligá-lo ao procedimento que tivermos acabado de produzir — só que naquele momento o procedimento poderá ajustar valores de atributo no contexto:

```
tkyte@TKYTE816> create or replace context Hr_App_Ctx using SET_APP_ROLE
  2    /

Context created.
```

Por fim, para tornar tudo automático, usaremos um disparador de evento de registro de entrada no banco de dados para chamar automaticamente nosso procedimento para ajustar os valores de contexto:

```
tkyte@TKYTE816> create or replace trigger APP_LOGON_TRIGGER
  2    after logon on database
  3    begin
  4            set_app_role;
  5    end;
  6    /

Trigger created.
```

O que fizemos até agora foi criar um procedimento que encontra a função certa para o usuário registrado no momento. Conforme o design, esse procedimento será chamado no máximo uma vez por sessão, garantindo que o atributo RoleName seja ajustado uma vez, por ocasião do registro de entrada, a um valor estático. Visto que retornaremos diferentes predicados com base no valor de RoleName em nossa política de segurança, não podemos permitir a um usuário mudar sua função depois dela ter sido ajustada, em Oracle 8.1.5 e 8.1.6. Se o fizéssemos, haveria um problema

Capítulo 21 - Controle de acesso refinado | 777

potencial com cursores armazenados e predicados 'antigos' (veja a seção *Advertências* para uma descrição do problema que encontraríamos — em sua maior parte, ele é solucionado em 8.1.7). Além disso, buscamos pelo EMPNO do usuário atual, o que fará duas coisas para nós:

- ❏ Verificar se o usuário final é um empregado — Se obtivermos um erro NO_DATA_FOUND, saberemos que a pessoa não é um empregado. Como o atributo EMPNO nunca é ajustado, essa pessoa não verá dados, a menos que seja um representante de RH.
- ❏ Colocar valores usados com freqüência no contexto de aplicativo — Podemos acessar rapidamente a tabela EMP pelos EMPNO dos usuários atuais, o que será feito na função de predicado, abaixo.

Em seguida, criamos o contexto de aplicativo de banco de dados e o ligamos ao procedimento SET_APP_ROLE, que acabamos de criar. Isso faz com que *apenas* aquele procedimento possa ajustar valores nesse contexto, o que torna um contexto de aplicativo seguro e confiável. Sabemos exatamente qual parte de código pode ajustar valores e confiamos em sua correção (afinal, nós o escrevemos). O seguinte demonstra o que acontece quando qualquer outro procedimento tenta ajustar nosso contexto:

```
tkyte@TKYTE816> begin
  2          dbms_session.set_context( 'Hr_App_Ctx',
  3                                    'RoleName', 'MGR' );
  4   end;
  5   /
begin
*
ERROR at line 1:
ORA-01031: insufficient privileges
ORA-06512: at "SYS.DBMS_SESSION", line 58
ORA-96512: at line 2
```

Para testar a lógica de nosso procedimento, tentaremos usar o procedimento armazenado como vários usuários e ver as funções que podemos ajustar e quais valores são colocados no contexto. Começaremos com SMITH. Essa pessoa é apenas um EMP. Ele não gerencia ninguém e não é um representante de RH. Usaremos a vista SESSION_CONTEXT, publicamente disponível, para ver quais valores são ajustados em nosso contexto:

```
tkyte@TKYTE816> connect Smith/Smith

smith@TKYTE816> column namespace format a10
smith@TKYTE816> column attribute format a10
smith@TKYTE816> column value format a10
smith@TKYTE816> select * from session_context;

NAMESPACE    ATTRIBUTE    VALUE
---------    ---------    -----
HR_APP_CTX   ROLENAME     EMP
HR_APP_CTX   USERNAME     SMITH
HR_APP_CTX   EMPNO        7369
```

Podemos ver que funciona como esperado. SMITH obtém o seu nome de usuário, número de empregado e atributo RoleName ajustado com sucesso no contexto HR_APP_CTX.

Depois, conectando como um usuário diferente, vemos como o procedimento funciona e podemos perceber uma maneira diferente de inspecionar valores de um contexto de sessão:

```
smith@TKYTE816> connect blake/blake

blake@TKTE816> declare
  2     l_AppCtx    dbms_session.AppCtxTabTyp;
  3     l_size      number;
  4   begin
  5     dbms_session.list_context( l_AppCtx, l_size );
  6     for i in 1 .. l_size loop
  7        dbms_output.put( l_AppCtx(i).namespace || '.' );
  8        dbms_output.put( l_AppCtx(i).attribute || ' = ' );
```

```
     9            dbms_output.put_line( l_AppCtx(i).value );
    10       end loop;
    11   end;
    12   /
HR_APP_CTX.ROLENAME = HR_APP
HR_APP_CTX.USERNAME = BLAKE
HR_APP_CTX.EMPNO = 7698

PL/SQL procedure successfully completed.
```

Dessa vez, registramos a entrada como BLAKE, que é o gerente do departamento 30 e representante de RH dos departamentos 10 e 30. Quando BLAKE registra a entrada, vemos que o contexto está adequadamente ajustado — ele é um HR_REP e seu número de empregado e nome de usuário estão configurados. Isso também demonstra como relacionar os pares atributo/valor em um contexto de sessão usando o pacote DBMS_SESSION.LIST_CONTEXT, executável pelo público geral. Todos os usuários serão capazes de usar esse método para inspecionar os valores de contexto de suas sessões, além da vista SESSION_CONTEXT acima.

Agora que temos o nosso contexto de sessão preenchido como queremos, podemos ajustar para escrever a nossa função de política de segurança. São essas funções que serão chamadas pela máquina de banco de dados no tempo de execução para oferecer um predicado dinâmico. O predicado dinâmico restringirá o que o usuário pode ler ou escrever. Temos uma função separada para SELECTs versus UPDATEs versus INSERT/DELETE, porque cada uma dessas declarações permite acesso a diferentes conjuntos de fileiras. Temos permissão para SELECT mais dados do que podemos UPDATE (podemos ver nosso registro de empregado, mas não modificá-lo, por exemplo). Somente usuários especiais podem INSERT ou DELETE assim, tais predicados são diferentes dos outros dois:

```
blake@TKYTE816> connect tkyte/tkyte

tkyte@TKYTE816> create or replace package hr_predicate_pkg
  2   as
  3       function select_function( p_schema in varchar2,
  4                     p_object in varchar2 ) return varchar2;
  5
  6       function update_function( p_schema in varchar2,
  7                     p_object in varchar2 ) return varchar2;
  8
  9       function insert_delete_function( p_schema in varchar2,
 10                     p_object in varchar2 ) return varchar2;
 11   end;
 12   /
Package created.
```

A implementação de HR_PREDICATE_PKG é como a seguir. Começamos com algumas variáveis globais:

```
tkyte@TKYTE816> create or replace package body hr_predicate_pkg
  2   as
  3
  4       g_app_ctx    constant varchar2(30) default 'Hr_App_Ctx';
  5
  6       g_sel_pred        varchar2(1024) default NULL;
  7       g_upd_pred        varchar2(1024) default NULL;
  8       g_ins_del_pred    varchar2(1024) default NULL;
  9
```

G_APP_CTX é o nome do nosso contexto de aplicativo. Para o caso de querermos renomeá-lo em alguma ocasião, usamos uma constante de variável global para conter o nome e a variável no código subseqüente. Simplesmente, isso nos permitirá mudar a constante e recompilar o pacote, para usar um nome de contexto diferente, se quisermos. As outras três variáveis globais conterão os nossos predicados. Esse exemplo em especial foi codificado em Oracle 8.1.6. Nesse lançamento, há um problema com relação à armazenagem de cursor e FGAC (veja a seção de *Advertências,* para todos os detalhes). No Oracle 8.1.7 e superior, essa técnica de programação não precisa ser empregada. Nesse caso, significa que não é possível mudar a sua função *depois* de registrar a entrada. Geramos os predicados uma vez por sessão e retornamos as mesmas em cada consulta. Não os geramos uma vez por consulta, assim quaisquer mudanças à função não serão efetivadas até que você registre a saída (ou reinicie a posição de sua sessão, através de uma chamada a DBMS_SESSION.RESET_PACKAGE).

Vamos agora à primeira de nossas funções de predicado. Ela gera o predicado para uma SELECT em nossa vista EMP. Observe que tudo o que faz é ajustar a variável global G_SEL_PRED (**G**lobal **SEL**ect **PRED**icate), dependendo do valor do atributo RoleName em nosso contexto. Se o atributo de contexto não estiver ajustado essa rotina ergue um erro, que levará subseqüentemente à falha da consulta:

```
10
11  function select_function( p_schema in varchar2,
12                            p_object in varchar2) return varchar2
13  is
14  begin
15
16      if ( g_sel_pred is NULL )
17      then
18          if ( sys_context( g_app_ctx, 'RoleName' ) = 'EMP' )
19          then
20              g_sel_pred:=
21                  'empno=sys_context('' ''||g_app_ctx||'' '','' Empno'')' ;
22          elsif ( sys_context( g_app_ctx, 'RoleName' ) = 'MGR' )
23          then
24              g_sel_pred :=
25                  'empno in ( select empno
26                      from emp_base_table
27                      start with empno =
28                          sys_context('' ''||g_app_ctx||'' '','' Empno'')
29                      connect by prior empno = mgr)';
30
31          elsif ( sys_context( g_app_ctx, 'RoleName' ) = 'HR_REP' )
32          then
33              g_sel_pred := 'deptno in
34                  ( select deptno
35                      from hr_reps
36                      where username =
37                          sys_context('' ''||g_app_ctx||'' '','' UserName'') )';
38
39          else
40              raise_application_error( -20005, 'No Role Set' );
41          end if;
42      end if;
43
44      return g_sel_pred;
45  end;
46
```

Para a rotina que oferece o predicado para atualizações, a lógica é quase a mesma que a da anterior, no entanto o predicado retornado é diferente. Observe o uso de 1=0, por exemplo, quando o RoleName é ajustado para EMP. Um empregado não pode atualizar quaisquer informações. MGRs podem atualizar os registros daqueles que trabalham para eles (mas não seus próprios registros). Os HR_REPs podem atualizar qualquer um nos departamentos que gerenciem:

```
47  function update_function(   p_schema in varchar2,
48                              p_object in varchar2 ) return varchar2
49  is
50  begin
51      if ( g_upd_pred is NULL )
52      then
53          if ( sys_context( g_app_ctx, 'RoleName' ) = 'EMP' )
54          then
55              g_upd_pred := '1=0';
56
```

```
57           elsif ( sys_context( g_app_ctx, 'RoleName' ) = 'MGR' )
58           then
59               g_upd_pred :=
60                   ' empno in ( select empno
61                                  from emp_base_table
62                                  where mgr =
63                                  sys_context(' ' '| |g_app_ctx| |
64                                              ' ' ',' 'Empno' ') )';
65
66           elsif ( sys_context ( g_app_ctx, 'RoleName' ) = 'HR_REP' )
67           then
68               g_upd_pred := 'deptno in
69                   ( select deptno
70                       from hr_reps
71                       where username =
72                       sys_context(' ' '| |g_app_ctx| |' ' ',' 'Username' ') )';
73
74           else
75               raise_application_error( -20005, 'No Role Set' );
76           end if;
77       end if;
78
79       return g_upd_pred:
80  end;
```

Finalmente, é a função de predicado para INSERTs e DELETEs. Nesse caso, 1=0 é retornado para EMPs e MGRs igualmente — nenhum deles permitiu CREATE ou DELETE os registros, apenas os HR_REPS podem fazê-lo:

```
81
82  function insert_delete_function( p_schema in varchar2,
83                        p_object in varchar2) return varchar2
84  is
85  begin
86      if ( g_ins_del_pred is NULL )
87      then
88          if ( sys_context( g_app_ctx, 'RoleName' ) in ( 'EMP', 'MGR' ) )
89          then
90              g_ins_del_pred := '1=0';
91          elsif ( sys_context( g_app_ctx, 'RoleName' ) = 'HR_REP' )
92          then
93              g_upd_pred := 'deptno in
94                  ( select deptno
95                      from hr_reps
96                      where username =
97                      sys_context(' ' '| |g_app_ctx| |' ' ',' 'UserName' ') )';
98          else
99              raise_application_error( -20005, 'No Role Set' );
100         end if;
101     end if;
102     return g_ins_del_pred;
103 end;
104
105 end;
106 /
```

Package body created.

No passado, antes de FGAC, só se conseguia uma tabela com os três predicados com a utilização de muitas vistas, uma para cada SELECT, UPDATE e INSERT/DELETE de cada função. FGAC simplifica para apenas uma vista com um predicado dinâmico.

A última etapa no processo é associar nossos predicados com cada uma das operações DML, e a própria tabela EMP, assim:

```
tkyte@TKYTE816> begin
  2      dbms_rls.add_policy
  3      (   object_name      => 'EMP',
  4          policy_name      => 'HR_APP_SELECT_POLICY',
  5          policy_function  => 'HR_PREDICATE_PKG.SELECT_FUNCTION',
  6          statement_types  => 'select' );
  7  end;
  8  /

PL/SQL procedure successfully completed.

tkyte@TKYTE816> begin
  2      dbms_rls.add_policy
  3      (   object_name      => 'EMP',
  4          policy_name      => 'HR_APP_UPDATE_POLICY',
  5          policy_function  => 'HR_PREDICATE_PKG.UPDATE_FUNCTION',
  6          statement_types  => 'update',
  7          update_check     => TRUE );
  8  end;
  9  /

PL/SQL procedure successfully completed.

tkyte@TKYTE816> begin
  2      dbms_rls.add_policy
  3      (   object_name      => 'EMP',
  4          policy_name      => 'HR_APP_INSERT_DELETE_POLICY',
  5          policy_function  => 'HR_PREDICATE_PKG.INSERT_DELETE_FUNCTION',
  6          statement_types  => 'insert, delete' ,
  7          update_check     => TRUE );
  8  end;
  9  /

PL/SQL procedure successfully completed.
```

Para cada uma das operações DML associamos uma função de predicado diferente. Quando o usuário consulta a tabela EMP, será chamado o predicado gerado por HR_PREDICATE_PKG.SELECT_FUNCTION. Quando o usuário atualizar a tabela, a função de atualização naquele pacote será usada, e assim por diante.

Agora, testar o aplicativo. Criaremos um pacote HR_APP, que representa nosso aplicativo. Ele tem pontos de entrada para:

- ❑ Recuperar dados (procedimento listEmps)
- ❑ Atualizar dados (procedimento updateSal)
- ❑ Apagar dados (procedimento deleteAll)
- ❑ Inserir novos dados (procedimento insertNew)

Registraremos a entrada como diversos usuários, com diferentes funções, e iremos monitorar o comportamento de nosso aplicativo. Veremos FGAC trabalhando.

Aqui está a especificação para nosso aplicativo:

```
tkyte@TKYTE816> create or replace package hr_app
  2  as
  3      procedure listEmps;
  4
  5      procedure updateSal;
  6
```

```
     7       procedure deleteAll;
     8
     9       procedure insertNew( p_deptno in number );
    10   end;
    11   /
```

Package created.

E agora, ao corpo do pacote. De alguma forma, é um exemplo planejado, pois a rotina UPDATE tenta atualizar tantas fileiras quantas possíveis com um valor constante. É assim para que possamos ver exatamente quantas, e também quais, fileiras são afetadas. As outras rotinas são de essência semelhante — voltando ao que são capazes de fazer, e em quantas fileiras são capazes de fazê-lo:

```
tkyte@TKYTE816> create or replace package body hr_app
    2    as
    3
    4    procedure listEmps
    5    as
    6         l_cnt number default 0;
    7    begin
    8       dbms_output.put_line
    9       ( rpad('ename', 10) || rpad('sal', 6) || ' ' ||
   10         rpad('dname', 10) || rpad('mgr', 5) || ' ' ||
   11         rpad('dno', 3) );
   12       for x in ( select ename, sal, dname, mgr, emp.deptno
   13                    from emp, dept
   14                   where emp.deptno = dept.deptno )
   15       loop
   16           dbms_output.put_line(rpad(nvl(x.ename,'(null)'),10) ||
   17                                to_char(x.sal, '9,999') || ' ' ||
   18                                rpad(x.dname,10) ||
   19                                to_char(x.mgr,'9999') || ' ' ||
   20                                to_char(x.deptno, '99') );
   21           l_cnt := l_cnt + 1;
   22       end loop;
   23       dbms_output.put_line( l_cnt || ' rows selected' );
   24    end;
   25
   26
   27    procedure updateSal
   28    is
   29    begin
   30       update emp set sal = 9999;
   31       dbms_output.put_line( sql%rowcount || ' rows updated' );
   32    end;
   33
   34    procedure deleteAll
   35    is
   36    begin
   37       delete from emp where empno <> sys_context('Hr_app_Ctx', 'EMPNO' );
   38       dbms_output.put_line( sql%rowcount || ' rows deleted' );
   39    end;
   40
   41    procedure insertNew (p_deptno in number )
   42    as
   43    begin
   44       insert into emp (empno, deptno, sal) values (123, p_deptno, 1111);
   45    end;
   46
   47    end hr_app;
   48    /
```

```
Package body created.

tkyte@TKYTE816> grant execute on hr_app to public
  2  /

Grant succeeded.
```

Esse é o nosso 'aplicativo'. A rotina listEmps mostra cada registro que podemos ver na vista EMP. A rotina updateSal atualiza cada registro que temos permissão para tal. A rotina deleteAll apaga cada registro que podemos apagar, com exceção de nosso próprio registro. A rotina insertNew tenta criar um novo empregado no departamento que solicitamos. Esse aplicativo verifica todas as operações DML que podemos experimentar na vista EMP (no mínimo, é um aplicativo bastante arranjado).

Agora, como usuários diferentes, registraremos nossa entrada e testaremos a funcionalidade do aplicativo. Primeiro, registraremos a entrada e iremos rever os valores de contexto de nosso aplicativo:

```
tkyte@TKYTE816> connect adams/adams

adams@TKYTE816> column namespace format a10
adams@TKYTE816> column attribute format a10
adams@TKYTE816> column value format a10
adams@TKYTE816> select * from session_context;

NAMESPACE     ATTRIBUTE     VALUE
----------    ----------    ----------
HR_APP_CTX    ROLENAME      EMP
HR_APP_CTX    USERNAME      ADAMS
HR_APP_CTX    EMPNO         7976

adams@TKYTE816> set serveroutput on
```

Como somos apenas um EMP, esperamos que listEmps mostre nosso registro, e mais nada:

```
adams@TKYTE816> exec tkyte.hr_app_listEmps
ename      sal     dname               mgr         dno
ADAMS      1.000   RESEARCH    7788    20

1 rows selected

PL/SQL procedure successfully completed.
```

De novo, como somos apenas um EMP, não esperamos ser capazes de UPDATE e DELETE. O seguinte verifica que:

```
adams@TKYTE816> exec tkyte.hr_app.updateSal

0 rows updated

PL/SQL procedure successfully completed.

adams@TKYTE816> exec tkyte.hr_app.deleteAll

0 rows deleted

PL/SQL procedure successfully completed.
```

Por fim, testaremos INSERT. Receberemos de volta um erro do banco de dados, diferente dos casos UPDATE e DELETE acima, nesse exemplo em particular. As tentativas de UPDATE ou DELETE não falharam, visto que, antes de qualquer coisa, impedimos que o usuário visse qualquer dado para UPDATE ou DELETE. Mas quando vamos INSERT, a fileira é criada, descobre ser uma violação da política e é removida. Nesse caso, o banco de dados levanta um erro:

```
adams@TKYTE816> exec tkyte.hr_app.insertNew(20);
BEGIN tkyte.hr_app.insertNew(20); END;
```

```
      *
ERROR at line 1:
ORA-28115: policy with check option violation
ORA-06512: at "TKYTE.HR_APP", line 36
ORA-06512: at line 1
```

Portanto, só podemos ver o nosso registro. Não podemos UPDATE quaisquer tipos de dados, não podemos DELETE quaisquer registros e inserir qualquer novo empregado também falhará. Isso é exatamente o que pretendíamos, e acontece transparentemente. O aplicativo HR_APP não faz nada de especial para reforçar essas regras. O banco de dados está fazendo isso para nós, do registro de entrada ao de saída, não importando qual ferramenta ou ambiente usemos para conectar.

Em seguida, registramos a entrada como MGR e vemos o que acontece. Novamente iremos imprimir nosso contexto para ver o que há lá, e depois listarmos os empregados que podemos 'ver':

```
adams@TKYTE816> @connect jones/jones

jones@TKYTE816> set serveroutput on

jones@TKYTE816> select * from session_context;

NAMESPACE         ATTRIBUTE      VALUE
- - - - - -       - - - - -      - - - - - -
HR_APP_CTX        ROLENAME       MGR
HR_APP_CTX        USERNAME       JONES
HR_APP_CTX        EMPNO          7566

jones@TKYTE816> exec tkyte.hr_app.listEmps
ename        sal      dname        mgr      dno
SMITH        800      RESEARCH     7902     20
JONES        2.975    RESEARCH     7839     20
SCOTT        9.999    RESEARCH     7566     20
ADAMS        1.100    RESEARCH     7788     20
FORD         3.000    RESEARCH     7566     20
5 rows selected

PL/SQL procedure successfully completed.
```

Dessa vez podemos ver muito mais que um registro na tabela EMP. De fato, 'vemos' todos do departamento 20 — JONES é o MGR do departamento 20 na tabela EMP. Em seguida, executaremos a rotina UPDATE e iremos rever as mudanças feitas:

```
jones@TKYTE816> exec tkyte.hr_app.updateSal
2 rows updated

PL/SQL procedure successfully completed.

jones@TKYTE816> exec tkyte.hr_app.listEmps
ename        sal      dname        mgr      dno
SMITH        800      RESEARCH     7902     20
JONES        2.975    RESEARCH     7839     20
SCOTT        9.999    RESEARCH     7566     20
ADAMS        1.100    RESEARCH     7788     20
FORD         9.999    RESEARCH     7566     20
5 rows selected
```

De acordo com nossa lógica, só podemos UPDATE os registros de nossos relatórios diretos. A UPDATE só afetou os dois registros que representam os empregados se reportando diretamente a JONES. Em seguida, tentamos DELETE e INSERT. Como somos um MGR e não um HR_REP, não seremos capazes de DELETE quaisquer registros e a INSERT falhará:

```
jones@TKYTE816> exec tkyte.hr_app.deleteAll
0 rows deleted
```

```
PL/SQL procedure successfully completed.

jones@TKYTE816> exec tkyte.hr_app.insertNew(20)
BEGIN tkyte.hr_app.insertNew(20); END;

*
ERROR at line 1:
ORA-28115: policy with check option violation
ORA-06512: at "TKYTE.HR_APP", line 44
ORA-06512: at line 1
```

Dessa vez, como MGR, podemos:

- Ver mais do que apenas os nossos dados. Vemos todos que se reportam a nós, seus relatórios etc (hierarquia).
- UPDATE alguns dos dados. Especificamente, só podemos atualizar aqueles registros pertencentes às pessoas que se reportam diretamente a nós, conforme solicitado.
- Ainda não DELETE ou INSERT quaisquer dados, como solicitado.

Finalmente, registraremos a entrada como um HR_REP e revisaremos o comportamento de nosso aplicativo em sua função. Recomeçaremos mostrando a posição de contexto do aplicativo e imprimindo as fileiras que possamos ver. Dessa vez, veremos toda a tabela EMP — KING tem acesso aos três departamentos:

```
jones@TKYTE816> connect king/king

king@TKYTE816> select * from session_context;

NAMESPACE       ATTRIBUTE     VALUE
- - - - - -     - - - - -     - - - - -
HR_APP_CTX      ROLENAME      HR_APP
HR_APP_CTX      USERNAME      KING
HR_APP_CTX      EMPNO         7839

king@TKYTE816> exec tkyte.hr_app.listEmps
ename           sal         dname          mgr         dno
CLARK           2.450       ACCOUNTING     7839        10
KING            5.000       ACCOUNTING                 10
MILLER          1.300       ACCOUNTING     7782        10
SMITH            800        RESEARCH       7902        20
JONES           2.975       RESEARCH       7839        20
SCOTT           9.999       RESEARCH       7566        20
ADAMS           1.100       RESEARCH       7788        20
FORD            9.999       RESEARCH       7566        20
ALLEN           1.600       SALES          7698        30
WARD            1.250       SALES          7698        30
MARTIN          1.250       SALES          7698        30
BLAKE           2.850       SALES          7839        30
TURNER          1v500       SALES          7698        30
JAMES            950        SALES          7698        30
14 rows selected

PL/SQL procedure successfully completed.
```

Agora executaremos uma UPDATE para ver quais dados podemos modificar. Nesse caso, cada fileira será atualizada:

```
king@TKYTE816> exec tkyte.hr_app.updateSal
14 rows updated

PL/SQL procedure successfully completed.

king@TKYTE816> exec tkyte.hr_app.listEmps
ename           sal         dname          mgr         dno
CLARK           9.999       ACCOUNTING     7839        10
KING            9.999       ACCOUNTING                 10
MILLER          9.999       ACCOUNTING     7782        10
```

```
SMITH      9.999   RESEARCH    7902   20
JONES      9.999   RESEARCH    7839   20
SCOTT      9.999   RESEARCH    7566   20
ADAMS      9.999   RESEARCH    7788   20
FORD       9.999   RESEARCH    7566   20
ALLEN      9.999   SALES       7698   30
WARD       9.999   SALES       7698   30
MARTIN     9.999   SALES       7698   30
BLAKE      9.999   SALES       7839   30
TURNER     9.999   SALES       7698   30
JAMES      9.999   SALES       7698   30
14 rows selected

PL/SQL procedure successfully completed.
```

O valor de 9.999 na coluna SAL verifica que modificamos cada fileira na tabela. Em seguida, tentaremos DELETE. Lembre-se, a chamada a API DeleteAll que desenvolvemos anteriormente não apagará o registro de design dos usuários atualmente registrados:

```
king@TKYTE816> exec tkyte.hr_app.deleteAll
13 rows deleted

PL/SQL procedure successfully completed.
```

Como vemos, podemos DELETE registros pela primeira vez. Vamos tentar criar um:

```
king@TKYTE816> exec tkyte.hr_app.insertNew(20)

PL/SQL procedure successfully completed.

king@TKYTE816> exec tkyte.hr_app.listEmps
ename      sal     dname       mgr    dno
KING       9.999   ACCOUNTING  10
(null)     1.111   RESEARCH    20
2 rows selected

PL/SQL procedure successfully completed.
```

Com certeza funcionou dessa vez, pois as regras para um HR_Rep foram implementadas. Completamos o teste de nossas três funções. Nossas exigências foram atingidas, protegemos os dados e o fizemos transparentemente ao aplicativo.

Advertências

Como com qualquer recurso, há algumas nuances que precisam ser observadas na forma desse recurso funcionar. Esta seção tenta encaminhá-las, uma de cada vez.

Referencial de integridade

FGAC pode ou não trabalhar da maneira que você espera, com relação ao referencial de integridade. Acho que depende do que você pensa que possa acontecer. Eu mesmo realmente não tenho certeza *do que* poderia acontecer agora.

Afinal, o referencial de integridade traspassará FGAC. Com ele, posso ler uma tabela, apagar dela e atualizá-la, mesmo que não possa emitir SELECT, DELETE ou INSERT naquela tabela. Essa é a forma que ele deve funcionar, portanto é algo que você precisa considerar em seu design quando estiver usando FGAC.

Veremos casos de:

- ❏ Descobrir valores de dados que eu não seria capaz de ver. Isso é o que se conhece por um **covert channel**. Diretamente, não posso consultar os dados. No entanto, posso provar a existência (ou sua falta) de alguns valores de dados em uma tabela, usando uma chave estrangeira.

- Ser capaz de apagar a partir de uma tabela, através de uma restrição de integridade ON DELETE CASCADE.
- Ser capaz de atualizar uma tabela através de uma restrição de integridade UPDATE SET NULL.

Veremos esses três casos usando um exemplo de certo modo planejado, com duas tabelas P (pai) e C (filho):

```
tkyte@TKYE816> create table p ( x int primary key );

Table created.

tkyte@TKYTE816> create table c ( x int references p on delete cascade );

Table created.
```

O canal coberto

O canal coberto aqui é que podemos descobrir valores de chave principal de fileiras em P, inserindo em C, e observando o que acontece. Serei capaz de determinar se uma fileira existe ou não em P, através desse método. Começaremos implementando uma função de predicado que sempre retorna uma cláusula WHERE, que avalia para False:

```
tkyte@TKYTE816> create or replace function pred_function
  2    ( p_schema in varchar2, p_object in varchar2 )
  3    return varchar2
  4    as
  5    begin
  6         return '1=0';
  7    end;
  8  /

Function created.
```

e usando essa função de predicado para restringir acesso de SELECT em P:

```
tkyte@TKYTE816> begin
  2    dbms_rls.add_policy
  3    (   object_name      => 'P',
  4        policy_name      => 'P_POLICY',
  5        policy_function  => 'pred_function',
  6        statement_types  => 'select' );
  7    end;
  8  /

PL/SQL procedure successfully completed.
```

Ainda podemos INSERT em P (e UPDATE/DELETE de P), só não podemos SELECT nada dele. Começaremos colocando um valor em P:

```
tkyte@TKYTE816> insert into p values ( 1 );

1 row created.

tkyte@TKYTE816> select * from p;
no rows selected
```

Nosso predicado não permite ver essa fileira, mas podemos dizer que ela está lá, simplesmente inserindo em C:

```
tkyte@TKYTE816> insert into c values ( 1 );
1 row created.

tkyte@TKYTE816> insert into c values ( 2 );
insert into c values ( 2 );
*
ERROR at line 1:
ORA-02291: integrity constraint (TKYTE.SYS_C003873) violated - parent key not
found
```

Agora podemos ver que o valor 1 precisa estar em P, e o valor 2 não, pelo fato que C pode ter uma fileira com 1 mas não com 2. O referencial de integridade é capaz de ler através de FGAC. Isso pode ser confuso para um aplicativo, como uma ferramenta de consulta específica que gera consultas com base nos relacionamentos no dicionário de dados. Se ele consultar C, todas as fileiras retornam. Se unir P e C, nenhum dado será encontrado.

Deve-se notar também que existe um canal coberto semelhante, a partir do pai para o filho. Se a política acima tivesse sido colocada em C em vez de em P, e C não tivesse a cláusula ON DELETE CASCADE (em outras palavras, apenas uma referência), seríamos capazes de determinar quais valores de X estavam em C, apagando de P. DELETEs em P ergueriam um erro se houvesse fileiras filho em C, caso contrário seriam bem sucedidas, ainda que não pudéssemos SELECT, normalmente, quaisquer fileiras de C.

Remoção de fileiras

É exposta através da cláusula de referencial de integridade ON DELETE CASCADE. Se soltarmos a política em P e em vez disso usarmos a mesma função como uma política DELETE em C, como a seguir:

```
tkyte@TKYTE816> begin
  2        dbms_rls.drop_policy
  3        ( 'TKYTE', 'P', 'P_POLICY' );
  4     end;
  5  /

PL/SQL procedure successfully completed.

tkyte@TKYTE816> begin
  2        dbms_rls.add_policy
  3        (  object_name     => 'C',
  4           policy_name     => 'C_POLICY'
  5           policy_function => 'pred_function',
  6           statement_types => 'DELETE' );
  7     end;
  8  /

PL/SQL procedure successfully completed.
```

descobriremos que *não* podemos apagar fileiras em C usando SQL:

```
tkyte@TKYTE816> delete from C;

0 rows deleted.
```

A política que colocamos no lugar impede isso. Podemos ver que lá há uma fileira em C (da INSERT anterior, acima):

```
tkyte@TKYTE816> select * from C;

        X
---------
        1
```

O simples ato de apagar a fileira pai:

```
tkyte@TKYTE816> delete from P;

1 row deleted.
```

irá ler novamente através da política FGAC, e DELETE para nós aquela fileira em C:

```
tkyte@TKYTE816> select * from C;

no rows selected.
```

Atualização de fileiras

Há uma condição muito semelhante a DELETE com relação a ON DELETE SET NULL. Mudaremos aqui o exemplo para que possamos usar o referencial de integridade para atualizar fileiras em C que não podemos atualizar através de SQL. Começaremos remontando C com uma restrição ON DELETE SET NULL:

```
tkyte@TKYTE816> drop table c;

Table dropped.

tkyte@TKYTE816> create table c ( x int references p on delete set null );

Table created.

tkyte@TKYTE816> insert into p values ( 1 );

1 row created.

tkyte@TKYTE816> insert into c values ( 1 );

1 row created.
```

Em seguida, iremos associar aquela mesma função de predicado acima com a tabela C em UPDATE, e ajustar a sinalização UPDATE_CHECK para TRUE, o que nos impedirá de atualizar quaisquer fileiras:

```
tkyte@TKYTE816> begin
  2    dbms_rls.add_policy
  3    ( object_name       => 'C',
  4      policy_name       => 'C_POLICY',
  5      policy_function   => 'pred_function',
  6      statement_types   => 'UPDATE',
  7      update_check      => TRUE );
  8  end;
  9  /

PL/SQL procedure successfully completed.

tkyte@TKYTE816> update c set x = NULL;

0 rows updated.

tkyte@TKYTE816> select * from c;

         X
----------
         1
```

Portanto, não somos capazes de atualizar quaisquer fileiras em C usando SQL. Entretanto, um simples DELETE na tabela pai P nos mostra:

```
tkyte@TKYTE816> delete from p;
1 row deleted.

tkyte@TKYTE816> select * from c;

         X
----------
```

Dessa forma, podemos atualizar C de forma trabalhosa. Há outra maneira de demonstrar isso, portanto começaremos reajustando o exemplo:

```
tkyte@TKYTE816> delete from c;

1 row deleted.

tkyte@TKYTE816> insert into p values ( 1 );

1 row created.

tkyte@TKYTE816> insert into c values ( 1 );

1 row created.
```

e reescrevendo a função, para podermos atualizar fileiras em C para qualquer valor, *exceto Null*:

```
tkyte@TKYTE816> create or replace function pred_function
  2    ( p_schema in varchar2, p_object in varchar2 )
  3    return varchar2
  4    as
  5    begin
  6            return 'x is not null';
  7    end;
  8    /

Function created.

tkyte@TKYTE816> update c set x = NULL;
update c set x = NULL
              *
ERROR at line 1:
ORA-28115: policy with check option violation
```

Essa atualização falhou porque o predicado X IS NOT NULL não foi satisfeito depois da atualização. Agora, quando DELETE novamente de P:

```
tkyte@TKYTE816> delete from p;

1 row deleted.

tkyte@TKYTE816> select * from c;

         X
- - - - - - -
```

a fileira em C é ajustada para o valor que não podíamos ajustar usando SQL.

Armazenagem de cursor

Um importante recurso de implementação de nossa função de predicado de segurança, mostrado previamente na seção *Exemplo 1: implementação de uma política de segurança*, é o fato de, durante determinada sessão, essa função retornar uma constante de predicado — isso é crítico. Se virmos a função que usamos acima mais uma vez, veremos que a lógica é:

```
   . . .
   5    as
   6    begin
   7       if ( user = p_schema ) then
   8          return ' ';
   9       else
  10          return 'owner = USER';
  11      end if;
  12   end;
   . . .
```

Essa função de predicado ou não retorna nenhum predicado ou retorna owner = USER. Durante determinada sessão, consistentemente, ela retornará o mesmo predicado. Não há possibilidade de podermos recuperar o predicado owner = USER e, mais tarde na sessão, recuperar o predicado vazio. Para entender porque isso é absolutamente crítico para um aplicativo FGAC com design correto, precisamos entender quando o predicado está associado a uma consulta, e como ambientes diferentes como PL/SQL, Pro*C, OCI, JDBC, ODBC etc lidam com isso.

Digamos que escrevemos uma função de predicado que se parecesse com:

```
SQL> create or replace function rls_examp
  2    ( p_schema in varchar2, p_object in varchar2 )
  3    return varchar 2
  4    as
  5    begin
  6          if ( sys_context( 'myctx', 'x' ) is not null )
  7          then
  8                return 'x > 0';
  9          else
 10                return '1=0';
 11          end if;
 12    end;
 13  /

Function created.
```

Vemos que se o atributo x é ajustado no contexto, o predicado deve ser x > 0. Se o atributo de contexto x não estiver ajustado, o predicado será 1=0. Se criarmos uma tabela T, colocarmos dados nela e acrescentarmos a política e o contexto, como a seguir:

```
SQL> create table t ( x int );

Table created.

SQL> insert into t values ( 1234 );

1 row created.

SQL> begin
  2    dbms_rls.add_policy
  3    ( object_schema    => user,
  4      object_name      => 'T',
  5      policy_name      => 'T_POLICY',
  6      function_user    => user,
  7      policy_function  => 'rls_examp',
  8      statement_types  => 'select' );
  9  end;
 10  /

PL/SQL procedure successfully completed.

SQL> create or replace procedure set_ctx( p_val in varchar2 )
  2    as
  3    begin
  4          dbms_session.set_context( 'myctx', 'x', p_val );
  5    end;
  6  /

Procedure created.

SQL> create or replace context myctx using set_ctx;

Context created.
```

pareceria como se o contexto estivesse ajustado; poderíamos ver uma fileira. Se o contexto não estivesse ajustado, poderíamos ver zero fileiras. Na verdade, se testássemos em SQL*PLUS usando apenas SQL, o caso seria:

```
SQL> exec set_ctx( null );

PL/SQL procedure successfully completed.

SQL> select * from t;

no rows selected

SQL> exec set_ctx( 1 );

PL/SQL procedure successfully completed.

SQL> select * from t;

         X
- - - - - -
      1234
```

Assim, pareceria que estamos ajustados para prosseguir. O predicado dinâmico está funcionando como esperado. De fato, se usarmos PL/SQL (ou Pro*C, ou aplicativos OCI/JDBC/ODBC bem codificados, assim como muitos outros ambientes de execução), descobriremos que o acima não é verdade. Por exemplo, vamos codificar uma pequena rotina PL/SQL:

```
SQL> create or replace procedure dump_t
  2    ( some_input in number default NULL )
  3    as
  4    begin
  5            dbms_output.put_line
  6            ( '*** Output from SELECT * FROM T' );
  7
  8            for x in (select * from t ) loop
  9                    dbms_output.put_line( x.x );
 10            end loop;
 11
 12            if ( some_input is not null )
 13            then
 14                    dbms_output.put_line
 15                    ( '*** Output from another SELECT * FROM T' );
 16
 17                for x in (select * from t ) loop
 18                        dbms_output.put_line( x.x );
 19                end loop;
 20            end if;
 21    end;
 22    /

Procedure created.
```

Essa rotina simplesmente emite um SELECT * FROM T uma vez no procedimento se não tiverem sido passadas quaisquer entradas, e duas vezes no procedimento se for passada alguma entrada. Vamos executar esse procedimento e observar o resultado. Começaremos executando o procedimento com o valor de contexto ajustado para Null (então o predicado seria 1=0, em outras palavras, sem fileiras):

```
SQL> set serveroutput on

SQL> exec set_ctx( NULL )

PL/SQL procedure successfully completed.
```

```
SQL> exec dump_t
*** Output from SELECT * FROM T

PL/SQL procedure successfully completed.
```

Conforme esperado, não foram retornados dados. Agora vamos ajustar o valor de contexto para que o predicado seja x > 0. Chamaremos DUMP_T de modo que ele execute *ambas* as consultas dessa vez. O que acontecerá no Oracle 8.1.5 e 8.1.6 é o seguinte:

```
SQL> exec set_ctx( 1 )

PL/SQL procedure successfully completed.

SQL> exec dump_t( 0 )
*** Output from SELECT * FROM T
*** Output from another SELECT * FROM T
1234

PL/SQL procedure successfully completed.
```

A primeira consulta, aquela que inicialmente executou com o contexto Null, *ainda não retorna dados*. O seu cursor foi armazenado; ele não foi reanalisado.

Quando executamos o procedimento com o atributo de contexto 'x' ajustado para Null, obtemos os resultados esperados (pois é a primeira vez nessa sessão que estaremos executando esse procedimento). Ajustamos o atributo de contexto 'x' para um valor não Null, e descobrimos que obtemos resultados 'ambíguos'. O primeiro SELECT * FROM T no procedimento ainda não retorna fileiras — ele ainda está aparentemente usando o predicado 1=0. A segunda consulta (que não executamos da primeira vez) retorna o que parece ser, os resultados certos. Aparentemente, ela está usando o predicado x > 0, como esperado.

Por que a primeira SELECT nesse procedimento não usa o predicado que prevíamos? Devido a uma otimização chamada **armazenagem de cursor**. PL/SQL e muitos outros ambientes de execução realmente não 'fecham' um cursor quando você fecha um cursor. O exemplo acima pode ser facilmente reproduzido em Pro*C, por exemplo, se a opção de pré-compilação release_cursor for deixada no padrão de NO. Se você tomar o mesmo código e pré-compilar com release_cursor=YES, o programa Pro*C se comportará como consultas em SQL*PLUS. O predicado usado por DBMS_RLS é designado a uma consulta durante a fase PARSE. A primeira consulta SELECT * FROM T é analisada durante a primeira execução do procedimento armazenado, quando o predicado era 1=0. A máquina PL/SQL está armazenando esse cursor analisado para você. Na segunda vez que executamos o procedimento armazenado, PL/SQL simplesmente reutilizou o cursor analisado do primeiro SELECT * FROM T. Essa consulta analisada tem o predicado 1=0. A função de predicado não foi absolutamente chamada dessa vez. Como também passamos algumas entradas ao procedimento, PL/SQL executou a segunda consulta. No entanto, essa consulta ainda não tem um cursor aberto e analisado para ela, e este foi analisado durante a execução, quando o atributo de contexto era não Null. O segundo SELECT * FROM T tem o predicado x > 0 associado. Essa é a razão da ambigüidade. Visto que geralmente não temos controle sobre a armazenagem desses cursores, deve ser evitada a todo custo uma função de predicado de segurança que possa retornar mais de um predicado por sessão. Caso contrário, resultará em bugs sutis, difíceis de serem detectados, em seu aplicativo. Anteriormente, no exemplo de RH, demonstramos como implementar uma função de predicado de segurança que não pode retornar mais de um predicado por sessão. Isso garante que:

❑ Os seus resultados são consistentes de consulta para consulta, com relação ao FGAC.

❑ Você nunca será tentado a mudar o predicado no meio de uma sessão. Resultados estranhos e imprevisíveis acontecerão se você o fizer.

❑ Você deve reforçar para um usuário a sua política de segurança nesse predicado único, em vez de tentar retornar um predicado personalizado para o ambiente atual onde o usuário esteja executando.

No Oracle 8.1.7 e superior deve ser esperado o resultado:

```
tkyte@TKYTE816> exec dump_t( 0 )
*** Output from SELECT * FROM T
1234
*** Output from another SELECT * FROM T
1234

PL/SQL procedure successfully completed.
```

No Oracle 8.1.7 e superior, o banco de dados irá reanalisar essa consulta se o contexto de sessão tiver mudado, e ele tem uma política de segurança associado para evitar problemas como descrito acima. Precisamos enfatizar um pouco a *mudança de contexto de sessão* da declaração anterior. Se não usarmos um contexto de sessão para determinar nosso predicado, esse problema de armazenagem de cursor voltará à cena. Considere um sistema onde os predicados sejam armazenados como dados em uma tabela de banco de dados, uma espécie de tabela direcionada por função de política. Aqui, se o conteúdo da tabela mudar, levando o predicado que é retornado a mudar, cairemos em 8.1.7 nos mesmos problemas que tínhamos em 8.1.6 e anteriores. Se mudarmos o exemplo acima para incluir uma tabela de banco de dados:

```
tkyte@TKYTE816: create table policy_rules_table
  2   ( predicate_piece varchar2(255)
  3   );

Table created.

tkyte@TKYTE816> insert into policy_rules_table values ( 'x > 0' );

1 row created.
```

e mudarmos a função de política para a tabela direcionada:

```
tkyte@TKYTE816> create or replace function rls_examp
  2   ( p_schema in varchar2, p_object in varchar2 )
  3   return varchar2
  4   as
  5       l_predicate_piece varchar2(255);
  6   begin
  7       select predicate_piece into l_predicate_piece
  8           from policy_rules_table;
  9
 10       return l_predicate_piece;
 11   end;
 12   /

Function created.
```

iremos esperar a seguinte saída de DUMP_T se mudarmos o predicado *depois* de executar DUMP_T com entradas, mas *antes* de executá-lo com entradas:

```
tkyte@TYTE816> exec dump_t
*** Output from SELECT * FROM T
1234

PL/SQL procedure successfully completed.

tkyte@TKYTE816> update policy_rules_table set predicate_piece = '1=0';

1 row updated.

tkyte@TKYTE816> exec dump_t(0)
*** Output from SELECT * FROM T
1234
*** Output from another SELECT * FROM T

PL/SQL procedure successfully completed.
```

Observe como durante a primeira execução o predicado era x>0; isso retornou a fileira da tabela T. Depois que executamos esse procedimento, modificamos o predicado (essa atualização poderia ser feita de outra sessão — por exemplo, por um administrador). Quando executamos DUMPT_T pela segunda vez, passando a ele uma entrada para que executasse a segunda consulta, além da primeira, vimos que a primeira consulta ainda estava usando o antigo predicado x>0, enquanto a segunda estava obviamente usando o segundo predicado, 1=0, que tínhamos acabado de colocar na tabela POLICY_RULES. Precisamos ter cuidado com relação a essa armazenagem de cursor, mesmo em 8.1.7 e superior, a menos que seja usado um contexto de aplicativo, assim como a tabela.

Gostaria de esclarecer que é *muito seguro mudar o valor de* SYS_CONTEXT no meio de um aplicativo. As suas mudanças serão efetivadas e usadas na execução seguinte da consulta. Como elas são ligações de variáveis, são avaliadas durante a fase de 'execução' da consulta e não durante a análise, assim os seus valores não permanecem fixos durante o tempo de análise. É apenas o texto do próprio predicado que não deve mudar durante a execução de um aplicativo. Aqui está um pequeno exemplo que o demonstra. Registraremos a saída e a reentrada (para limpar a sessão anterior, acima, com os cursores armazenados), e reimplementaremos nossa função RLS_EXAMP. Depois faremos o mesmo tipo de lógica que fizemos acima, e veremos o que acontece:

```
tkyte@TKYTE816> connect tkyte/tkyte

tkyte@TKYTE816> create or replace function rls_examp
  2    ( p_schema in varchar2, p_object in varchar2 )
  3    return varchar2
  4    as
  5    begin
  6            return 'x > sys_context(''myctx'',''x'')';
  7    end;
  8  /

Function created.

tkyte@TKYTE816> set serveroutput on

tkyte@TKYTE816> exec set_ctx( NULL )

PL/SQL procedure successfully completed.

tkyte@TKYTE816> exec dump_t
*** Output from SELECT * FROM T

PL/SQL procedure successfully completed.

tkyte@TKYTE816> exec set_ctx( 1 )

PL/SQL procedure successfully completed.

tkyte@TKYTE816> exec dump_t( 0 )
*** Output from SELECT * FROM T
1234
*** Output from another SELECT * FROM T
1234

PL/SQL procedure successfully completed.
```

Dessa vez, as consultas retornam o mesmo resultado, simplesmente porque ambas usam a mesma cláusula WHERE, e acessam dinamicamente o valor do contexto de aplicativo na própria consulta.

Devo mencionar que há ocasiões onde mudar o predicado no meio de uma sessão pode ser desejável. Os aplicativos cliente que acessam objetos, que empregam políticas que podem mudar predicados no meio de uma sessão precisam ser codificados de uma maneira específica, para conseguir algum benefício. Por exemplo, em PL/SQL precisamos codificar o aplicativo inteiramente em SQL dinâmica, para impedir a armazenagem de cursor. Se você estiver empregando esse método de predicado dinâmico, deve ter em mente que os resultados dependerão de como o aplicativo cliente esteja codificado, portanto você não deve estar reforçando uma política de segurança com esse uso do recurso. Não discutiremos esse possível uso do recurso DBMS_RLS, mas nos concentraremos em seu uso pretendido, que é proteger dados.

Exportação/Importação

Esse aspecto foi mencionado anteriormente. É preciso tomar cuidado ao usar a ferramenta EXP para exportar dados e IMP para importá-los. Como os dois aspectos são diferentes, veremos um de cada vez. Para essa advertência, estenderemos o exemplo anterior, mudando a política T_POLICY. Teremos que fazê-lo para que dessa vez ela esteja em efeito para INSERTs e para SELECTs:

```
tkyte@TKYTE816> begin
  2          dbms_rls.drop_policy( 'TKYTE', 'T', 'T_POLICY' );
  3   end;
  4   /
PL/SQL procedure successfully completed.

tkyte@TKYTE816> begin
  2          dbms_rls.add_policy
  3          (   object_name     => 'T',
  4              policy_name     => 'T_POLICY',
  5              policy_function => 'rls_examp',
  6              statement_types => 'select, insert',
  7              update_check    => TRUE );
  8   end;
  9   /
PL/SQL procedure successfully completed.
```

Feito isso, será observado o seguinte comportamento:

```
tkyte@TKYTE816> delete from t;

1 row deleted.

tkyte@TKYTE816> commit;

Commit complete.

tkyte@TKYTE816> exec set_ctx( null );

PL/SQL procedure successfully completed.

tkyte@TKYTE816> insert into t values ( 1 );
insert into t values ( 1 )
            *
ERROR at line 1:
ORA-28115: policy with check option violation

tkyte@TKYTE816> exec set_ctx( 0 ) ;

PL/SQL procedure successfully completed.

tkyte@TKYTE816> insert into t values ( 1 );

1 row created.
```

Agora, o contexto precisa ser ajustado para SELECT e INSERT dados.

Aspectos de exportação

Por padrão, EXP executará em um modo de caminho 'convencional'. Ele usará SQL para ler todos os dados. Se usarmos EXP para extrair a tabela T do banco de dados, o seguinte será observado (note que agora T tem 1 fileira à direita, devido à nossa INSERT acima):

```
C:\fgac userid=tkyte/tkyte tables=t

Export: Release 8.1.6.0.0 - Production on Mon Apr 16 16:29:25 2001
```

```
(c) Copyright 1999 Oracle Corporation. All rights reserved.

Connected to: Oracle8i Enterprise Edition Release 8.1.6.0.0 - Production
With the Partitioning option
JServer Release 8.1.6.0.0 - Production
Export done in WE8ISO8859P1 character set and WE8ISO8859P1 NCHAR character set

About to export specified tables via Conventional Path . . .
EXP-00079: Data in table "T" is protected. Conventional path may only be exporting
partial table.
. . exporting table                              T                    o rows exported
Export terminated successfully with warnings.
```

Observe que EXP foi gentil o bastante para nos informar que a tabela que exportamos *pode* ser apenas parcialmente exportada, visto que o caminho convencional foi usado. A solução para isso é usar a conta SYS (ou qualquer conta conectada, como SYSDBA) para exportar. FGAC não está em efeito para o usuário SYS:

```
C:\fgac>exp userid=sys/manager tables=tkyte.t

Export: Release 8.1.6.0.0 - Production on Mon Apr 16 16:35:21 2001
(c) Copyright 1999 Oracle Corporation. All rights reserved.

Connected to: Oracle8i Enterprise Edition Release 8.1.6.0.0 - Production
With the Partitioning option
JServer Release 8.1.6.0.0 - Production
Export done in WE8ISO8859P1 character set and WE8ISO8859P1 NCHAR character set

About to export specified tables via Conventional Path . . .
Current user changed to TKYTE
. . exporting table                              T                    1 row exported
Export terminated successfully without warnings.
```

Outra opção válida seria usar DBMS_RLS.EMABLE_POLICY para incapacitar temporariamente a política, e habilitá-la novamente depois da exportação. Não é inteiramente desejável, pois a tabela é deixada desprotegida durante esse período de tempo.

> *Em algumas versões de Oracle 8.1.5, uma exportação de caminho direto traspassou FGAC erradamente. Isto é, acrescentando direct=true, todos os dados seriam exportados. Você não deve confiar,m pois isso foi corrigido em todas as versões posteriores. Nesses lançamentos você terá:*

```
About to export specified tables via Direct Path . . .
EXP-00080: Data in table "T" is protected. Using conventional mode.
EXP-00079: Data in table "T" is protected. Conventional path may only ...
```

Automaticamente, EXP soltará em uma exportação de caminho convencional em tabelas protegidas.

Aspectos de importação

Só é um problema se você tiver uma política FGAC numa tabela que esteja sendo afetada por INSERTs com UPDATE_CHECK ajustada para True. Nesse caso, IMP pode rejeitar algumas fileiras, se a sua função de predicado retornar um predicado que elas não possam satisfazer. Esse é o caso no exemplo acima. A menos que ajustemos o contexto, nenhuma fileira pode ser inserida (o valor de contexto é Null). Assim, se tomarmos o exemplo EXP criado acima e tentarmos importar os dados de volta:

```
C:\fgac>imp userid=tkyte/tkyte full=y ignore=y

Import: Release 8.1.6.0.0 - Production on Mon Apr 16 16:37:33 2001

(c) Copyright 1999 Oracle Corporation. All rights reserved.
```

```
Connected to: Oracle8i Enterprise Edition Release 8.1.6.0.0 - Production
With the Partitioning option
JServer Release 8.1.6.0.0 - Production

Export file created by EXPORT:V08.01.06 via conventional path

Warning: the objects were exported by SYS, not by you

import done in WE8ISO8859P1 character set and WE8ISO8859P1 NCHAR character set
. importing SYS's objects into TKYTE
. . importing table                              "T"
IMP-00058: ORACLE error 28115 encountered
ORA-28115: policy with check option violation
IMP-00017: following statement failed with ORACLE error 28101:
 "BEGIN DBMS_RLS.ADD_POLICY('TKYTE', 'T', 'T_POLICY', 'TKYTE', 'RLS_EXAMP', 'SE"
 "LECT,INSERT', TRUE,TRUE); END;"
IMP-00003: ORACLE error 28101 encountered
ORA-28101: policy already exists
ORA-06512: at "SYS.DBMS_RLS", line 0
ORA-06512: at line 1
Import terminated successfully with warnings.
```

nossas fileiras não serão inseridas. Novamente, o trabalho é feito para importar como SYS ou SYSDBA:

```
C:\fgac>imp userid=sys/manager fully=y ignore/y

Import: Release 8.1.6.0.0 - Production on Mon Apr 16 16:40:56 2001

(c) Copyright 1999 Oracle Corporation. All rights reserved.

Connected to: Oracle8i Enterprise Edition Release 8.1.6.0.0 - Production
With the Partitioning option
JServer Release 8.1.6.0.0 - Production

Export file created by EXPORT:V08.01.06 via conventional path
import done in WE8ISP8859P1 character set and WE8ISP8859P1 NCHAR character set
. importing SYS's objects into SYS
. importing TKYTE's objects into TKYTE
. . importing table                "T"               1 rows imported
```

Outra opção válida seria usar DBMS_RLS.ENABLE_POLICY para incapacitar temporariamente a política e habilitá-la novamente depois da importação. Como com EXP, isso não é inteiramente desejável, pois a tabela é deixada desprotegida durante aquele período de tempo.

Depuração

Um utilitário que uso com freqüência ao escrever funções de predicado é um simples pacote de 'depuração'. Esse pacote, de autoria de Christopher Beck, também de Oracle, permite instrumentar nosso código com declarações 'impressas'. Também nos permite colocar, com liberdade, declarações como estas em nosso código:

```
create function foo . . .
as
   . . .
begin
     debug.f( 'Enter procedure foo' );
     if ( some_condition ) then
         l_predicate := 'x=1';
     end if;

     debug.f( 'Going to return the predicate '%s' ', l_predicate );
     return l_predicate;
end;
```

Assim, debug.f trabalha similarmente à função C printf, e é implementado usando UTL_FILE. Ele cria arquivos de controle gerenciados por programas no banco de dados servidor. Esses arquivos de controle contêm as suas declarações de depuração, que podem ser usadas para ver o que está acontecendo em seu código. Como o kernel do banco de dados está chamando seu código ao fundo, a depuração pode ser difícil. Ferramentas tradicionais como DBMS_OUTPUT e o depurador PL/SQL não são muito úteis aqui. Ter esses arquivos de controle pode poupar muito tempo. Os scripts que você pode carregar (veja o web site da Wrox) contêm esse pacote de depuração e comentários sobre sua configuração e uso.

Esse pacote é extremamente valioso para diagnosticar exatamente o que está acontecendo em suas funções de política de segurança, e recomendo enfaticamente que você o use, ou a algo semelhante. Sem uma facilidade de controle como essa, é quase impossível descobrir exatamente o que está acontecendo de errado.

Erros que você pode encontrar

Durante a implementação do aplicativo acima, incorri em muitos erros e tive que depurar meu aplicativo. Visto que FGAC acontece totalmente no servidor, ele pode ser um pouco obtuso ao diagnosticar erros e depurar seu aplicativo. As seguintes seções ajudarão a depurar com sucesso e a diagnosticar erros.

ORA-28110: policy function or package <function name> has error

Indica que o pacote ou função ao qual a política está ligada tem um erro e não pode ser recompilada. Se você emitir o comando SQL*PLUS, SHOW ERRORS FUNCTION <FUNCTION NAME> ou SHOW ERRORS PACKAGE BODY <PACKAGE NAME> descobrirá quais são os erros.

Essa invalidação pode acontecer porque:

- ❏ Algum objeto ao qual sua função se refere foi solto, ou ele mesmo é inválido.
- ❏ O código que você compilou no banco de dados tem um erro sintático, ou não pode ser compilado por algum motivo.

A causa mais comum desse erro é que a função de predicado associada a uma tabela tem um erro. Por exemplo, considere a função dos exemplos anteriores:

```
tkyte@TKYTE816> create or replace function rls_examp
  2    ( p_schema in varchar2, p_object in varchar2 )
  3    return varchar2
  4    as
  5    begin
  6          this is an error
  7          return 'x > sys_context(' 'myctx' ', ' 'x' ') ';
  8    end;
  9    /

Warning: Function created with compilation errors.
```

Digamos que não percebemos, por ocasião da compilação, que a função não compilou claramente. Imaginamos que a função compilou e a executaríamos como normal. Agora, sempre que executarmos quaisquer consultas em T, receberemos:

```
tkyte@TKYTE816> exec set_ctx( 0 ) ;

PL/SQL procedure successfully completed.

tkyte@TKYTE816: select * from t;
select * from t
              *
ERROR at line 1:
ORA-28110: policy function or package TKYTE.RLS_EXAMP has error
```

Portanto, isso está nos dizendo que temos um erro, especificamente que a função TKYTE.RLS_EXAMP está em erro (ela não pode ser compilada com sucesso). Uma consulta que você pode achar útil para descobrir esses problemas antes que aconteçam é:

```
tkyte@TKYTE816> column pf_owner format a10
tkyte@TKYTE816> column package format a10
tkyte@TKYTE816> column function format a10
tkyte@TKYTE816> select pf_owner, package, function
  2      from user_policies a
  3     where exists ( select null
  4                      from all_objects
  5                     where    owner = pf_owner
  6                       and object_type in (    'FUNCTION', 'PACKAGE',
  7                                               'PACKAGE BODY' )
  8                       and status = 'INVALID'
  9                       and object_name in ( a.package, a.function )
 10                  )
 11  /

PF_OWNER       PACKAGE        FUNCTION
-----          -----          ---------
TKYTE                         RLS_EXAMP
```

Esta questão lista para você todas as funções inválidas de política de segurança, confirmando o que já sabíamos — que TKYTE.RLS_EXAMP é inválido. A solução agora é:

```
tkyte@TKYTE816> show errors function rls_examp
Errors for FUNCTION RLS_EXAMP:

LINE/COM   ERROR
--------   -----------------------------------
6/10       PLS-00103: Encountered the symbol "AN" when expecting one of the
           following:
           := . ( @ % ;
```

Olhando para a linha 6, é ela que lê this is an error. Corrija isso e o ORA-28110 irá embora.

ORA-28112: failed to execute policy function

Um ORA-28112: failed to execute policy function resulta se SELECT ou DML for realizado em uma tabela com uma função de política associada, e a função de política tiver erros relativos a política (não a predicados). Isso significa que a função é válida (ela pode ser executada), mas ergueu alguma exceção e não o fez, permitindo ao kernel do banco de dados receber a exceção.

Um ORA-28112 irá gerar um arquivo de controle no diretório especificado pelo parâmetro USER_DUMP_DEST init.ora. Esse arquivo *não* terá o ORA-28112, mas terá a frase Policy function execution error.

Por exemplo, digamos que tenhamos codificado a seguinte lógica (continuando o exemplo anterior):

```
tkyte@TKYTE816> create or replace function rls_examp
  2    ( p_schema in varchar2, p_object in varchar2 )
  3    return varchar2
  4    as
  5           l_uid number;
  6    begin
  7           select user_id
  8             into l_uid
  9             from all_users
 10           where username = 'SOME_USER_WHO_DOESNT_EXIST';
 11
 12          return 'x > sys_context(' 'myctx' ', ' 'x' ')';
 13    end;
 14  /

Function created.
```

A intenção da rotina anterior é levantar a exceção NO_DATA_FOUND e não lidar com ela. Isso, para ver o que acontece quando é permitido a uma exceção propagar de volta ao kernel do banco de dados. Vamos agora fazer essa rotina ser chamada:

```
tkyte@TKYTE816> exec set_ctx( 0 ) ;

PL/SQL procedure successfully completed.

tkyte@TKYTE816> select * from t;
select * from t
       *
ERROR at line 1:
ORA-28112: failed to execute policy function
```

Isso indica que a função de política existe e é válida, mas ergueu um erro durante a execução. Um arquivo de controle acompanha esse erro. Se olharmos no diretório especificado pelo parâmetro init.ora, USER_DUMP_DEST, e encontrarmos nosso arquivo de controle, acharemos no fundo desse arquivo:

```
...
*** SESSION ID: (8.405) 2001-04-16 17:03:00.193
** 2001-04-16 17:03:00.193
- - - - - - - - - - - - - - - - - - - - - - - - - - - - -
Policy function execution error:
Logon user         : TKYTE
Table or View      : TKYTE.T
Policy name        : T_POLICY
Policy function    : TKYTE.RLS_EXAMP
ORA-01403: no data found
ORA-06512: at "TKYTE.RLS_EXAMP", line 7
ORA-06512: at line 1
```

Essas informações são críticas em determinar o erro em nosso procedimento. Ele indica exatamente para a linha 7, a declaração SELECT . . . INTO, e nos diz que ele retornou NO DATA FOUND.

ORA-28113: policy predicate has error

Um ORA-28113: policy predicate has error ocorre se SELECT ou DML for executado em uma tabela com função política associada, e a função política retornar um predicado que seja sinteticamente incorreto. Esse predicado, quando fundido em uma consulta original, não é SQL válida.

Um ORA-28113 irá gerar um arquivo de controle no diretório especificado pelo parâmetro USER_DUMP_DEST init.ora. Esse arquivo terá a mensagem de erro ORA-28113, assim como informações sobre a sessão atual e o predicado que falhou.

Por exemplo, vamos dizer que tenhamos codificado a seguinte lógica. Ela retorna um predicado que compara X a uma coluna não existente na tabela (pelo menos tentará):

```
tkyte@TKYTE816> create or replace function rls_examp
  2    ( p_schema in varchar2, p_object in varchar2 )
  3    return varchar2
  4    as
  5    begin
  6         return 'x = nonexistent_column';
  7    end;
  8    /

Function created.
```

então, uma consulta como:

```
select * from t
```

será reescrita como:

```
select * from ( select * from t where x = nonexistent_column )
```

Obviamente, como a nossa tabela T não tem essa coluna, falhará. A consulta não poderá executar.

```
tkyte@TKYTE816> select * from t;
select * from t
              *
ERROR at line 1:
ORA-28113: policy predicate has error
```

Isso indica que o predicado foi recuperado com sucesso da função, mas quando usado na consulta, ergueu algum erro. Revendo o arquivo de controle recuperado da máquina de banco de dados servidor, descobrimos no fundo:

```
. . .
*** SESSION ID: (8.409) 2001-04-16 17:08:10.669
*** 2001-04-16 17:08:10.669
. . .
- - - - - - - - - - - - - - - - - - - - - - - - - - - - -
Error information for ORA-28113:
Logon user         : TKYTE
Table or view      : TKYTE.T
Policy name        : T_POLICY
Policy function    : TKYTE.RLS_EXAMP
RLS predicate      :
x = nonexistent_column
ORA-00904: invalid column name
```

Temos as informações que precisamos, no mínimo, para corrigir o problema — o predicado que ocasionou o erro e a mensagem de erro SQL que acompanha o predicado incorreto.

ORA-28106: Input value for argument #2 is not valid.

Você receberá esse erro de uma chamada a DBMS_SESSION.SET_CONTEXT se o nome do atributo não for um identificador Oracle válido. Nomes de atributo de um contexto de aplicativo precisam ser identificadores Oracle válidos (em outras palavras, você poderia usá-los para nomes de colunas em tabelas ou como nomes de variável PL/SQL). A única solução é mudar o nome de seu atributo. Por exemplo, não é possível ter um atributo de contexto chamado SELECT, portanto você deve pegar um nome alternativo.

Resumo

Neste capítulo, exploramos FGAC cuidadosamente. Existem muitos prós para esse recurso e poucos contras. Na verdade, é difícil pensar sobre quaisquer contras nesse recurso. Vimos como ele:

- **Simplifica o desenvolvimento de aplicativo.** Ele separa o controle de acesso do aplicativo e o põe com os dados.
- **Garante que os dados no banco de dados estejam sempre protegidos.** Não importa qual ferramenta acessa os dados, temos a certeza que a nossa política de segurança é chamada e não pode ser traspassada.
- **Capacita mudanças evolutivas** em políticas de segurança, sem impacto nos aplicativos cliente.
- **Simplifica o gerenciamento de objetos de banco de dados.** Reduz a quantidade total de objetos de banco de dados necessária para suportar um aplicativo.

❏ **Executa bem.** Na verdade, ele executa tão bem quanto a SQL que você acrescentar irá permitir. Se o predicado que você retornar for muito difícil para o otimizador desenvolver um plano rápido, não será culta do FGAC — é um problema de sintonização de uma consulta SQL. O uso dos contextos de aplicativo nos permitirá colher os benefícios da SQL compartilhada e reduzir o número de objetos de banco de dados que precisamos ter. FGAC não afetará o desempenho mais do que qualquer desempenho dessa operações em qualquer outra maneira.

Vimos também que ele pode ser difícil de depurar, pois FGAC ocorre no fundo e as ferramentas convencionais, como um depurador ou DBMS_OUTPUT, não funcionarão. Pacotes como debug.f, referidos na seção *Erros que você pode encontrar*, tornam a depuração e o controle desse recurso muito mais fácil.

22
Autenticação de n-Tier

A autenticação de n-Tier, ou proxy, é a habilidade de registro do software de camada central no banco de dados usando as suas próprias 'credenciais' em nome de outro usuário, para fazer alguma operação no banco de dados. Permite que montemos aplicativos de camada central que usem os seus próprios esquemas de autenticação, através de certificados X509 ou por algum outro processo de assinatura única, para registro seguro em um banco de dados, em seu nome, sem precisar conhecer sua senha de banco de dados. No que se refere ao banco de dados, você estará registrado. No entanto, as credenciais usadas para registrar a entrada não serão suas; serão aquelas da camada central.

Neste capítulo, veremos os recursos de autenticação de n-Tier e como implementar essa nossa funcionalidade de Oracle8i em seus aplicativos. Especificamente, iremos:

❑ Apresentar o recurso e ver porque você pode querer usá-lo em seus aplicativos.
❑ Desenvolver um programa OCI que permitirá usar esse esquema de autenticação de proxy para registrar a entrada no banco de dados.
❑ Investigar o comando ALTER USER que capacita esse recurso no banco de dados.
❑ Discutir as opções de auditoria que lhe permitem controlar as operações da conta proxy.

Atualmente, em Oracle8i, a autenticação de n-camadas é limitada aos programas Oracle Call Interface (OCI), escritos em C ou C++. Olhando antecipadamente para o Oracle 9i, esse recurso estará disponível também em JDBC, ampliando muito o público desse recurso.

Por que usar a autenticação n-Tier?

Nos dias de cliente-servidor e de sistemas baseados em host, a autenticação era fácil. O cliente (seu aplicativo) solicitava o usuário por suas credenciais (nome de usuário e senha) e as apresentava credenciais ao banco de dados servidor. O banco de dados as verificava e você estava conectado:

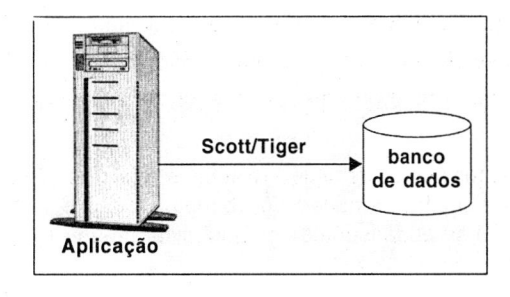

Agora temos a Web, e com ela uma arquitetura de n-camadas onde um cliente (o seu browser), por exemplo, apresenta as credenciais a um aplicativo servidor de camada central executando uma JavaServer Page (JSP), que por sua vez faz uma chamada a um objeto CORBA, que finalmente acessa o banco de dados. As credenciais apresentadas à camada central podem ser ou não as mesmas do nome de usuário e senha de banco de dados dos dias do cliente servidor - podem ser credenciais que permitem acesso a um diretório de serviço, assim a camada central pode descobrir quem é você e quais privilégios de acesso tem. Podem ser credenciais apresentadas na forma de um certificado X.509, que contém sua identidade e privilégios. De qualquer forma, elas não são necessariamente credenciais que a camada central possa usar para registrá-lo no banco de dados.

O fato é que o cliente não está mais falando diretamente com o banco de dados; há uma, duas ou mais camadas no meio. Claro que você poderia fazer o usuário final passar seu nome de usuário e senha de banco de dados para a JSP, que passaria ao objeto CORBA, que passaria para o banco de dados, mas isso contraria o uso de outras tecnologias e mecanismos de autenticação, especialmente mecanismos de assinatura individual.

Considere o seguinte exemplo — um aplicativo baseado na web, bastante típico atualmente:

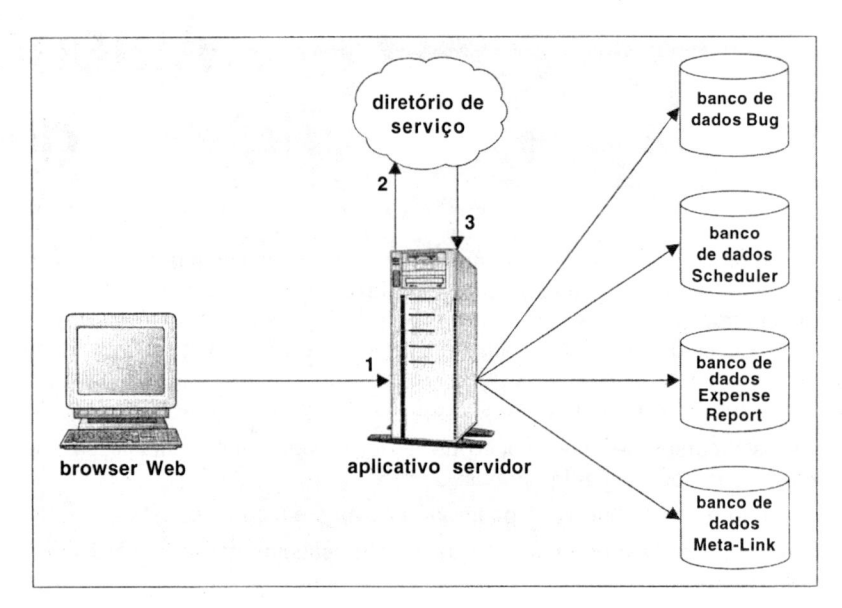

Na verdade, o cliente é apenas um browser web, exibindo HTML, que submete solicitações a um web/aplicativo servidor através de HTTP (1). O próprio aplicativo fica no web/aplicativo servidor, talvez como um servlet Java, módulo Apache etc. No diagrama acima, o aplicativo servidor de camada central usa um diretório de serviço, talvez executando LDAP, ao qual ele transmite as credenciais que você forneceu (2). O diretório de serviço é usado como meio para autenticar a sessão de browser. Se a autenticação for bem sucedida, o aplicativo servidor será notificado (3) e, finalmente, o aplicativo servidor registrará a entrada em um dos muitos bancos de dados existentes (4), para recuperar dados e processar transações.

As 'credenciais' passadas do browser para o aplicativo servidor em (1) podem tomar muitas formas — um nome de usuário/senha, um cookie de servidor de assinatura individual, um certificado digital de algum tipo — qualquer uma. A única coisa que geralmente é verdadeira é que não passamos nosso nome de usuário e senha ao banco de dados.

Claro que o problema é que o aplicativo servidor precisa de registro de entrada e senha de banco de dados para autenticar o usuário final do banco de dados. Além do mais, a combinação nome de usuário/senha será diferente em cada caso. No exemplo acima, temos quatro bancos de dados:

- Um banco de dados Bug, que pode me reconhecer como, digamos, TKYTE.
- Um banco de dados Expense Report, que pode me reconhecer como TKYTE_US.
- Um banco de dados Scheduler, que pode me reconhecer como WEB$TKYTE.
- ...e assim por diante...

Pare e pense por um momento — quantos nomes de usuário e senhas você tem? Tenho pelo menos 15 que posso lembrar de cabeça. Além do mais, embora a minha identidade no banco de dados nunca mude, minha senha muda com freqüência. Agora, não seria simpático se pudéssemos nos autenticar uma vez — no aplicativo servidor — e depois o próprio aplicativo servidor pudesse acessar os bancos de dados finais em nosso nome (em outras palavras, através de proxy), sem precisar dar uma senha específica para cada um desses bancos de dados? É sobre isso que trata a autenticação n-Tier.

O recurso que permite isso no banco de dados é uma simples opção de conexão. No Oracle 8i, o comando ALTER USER foi modificado para suportar a cláusula GRANT CONNECT THROUGH (isso é discutido em mais detalhes mais adiante, na seção *Concessão de privilégio*). Considere o acesso ao banco de dados Expense Report no aplicativo acima:

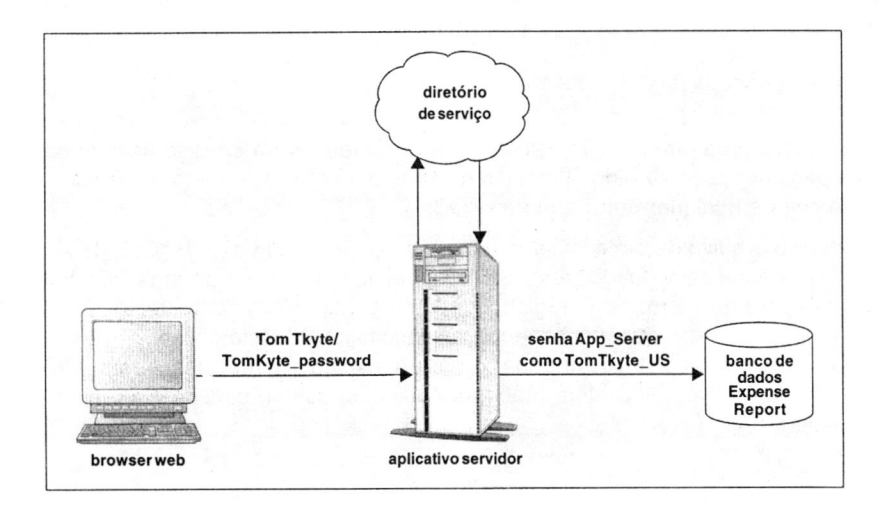

O diretório de serviço armazena as informações de mapeamento que associam TomTkyte com o banco de dados cliente TKYTE_US. Quando aquelas informações tiverem sido recuperadas com sucesso, a conta de aplicativo servidor (o proxy) poderá se registrar no banco de dados, **usando suas próprias credenciais**, em nome do cliente no banco de dados, TKYTE_US. O aplicativo servidor não precisa conhecer a senha de TKYTE_US.

Para permitir que isso aconteça, o administrador do banco de dados Expense Report precisaria conceder a permissão de conexão como cliente ao esquema APP_SERVER:

```
alter user tkyte_us grant connect through app_server
```

O aplicativo servidor executará no banco de dados com a identidade e os privilégios de TKYTE_US, e será como se TKYTE_US tivesse se registrado diretamente no banco de dados.

Dessa forma, o Oracle 8i estende o modelo de segurança para que o aplicativo servidor possa agir com segurança em nome do cliente, sem exigir a senha de banco de dados do cliente ou os muitos privilégios que lhe permitem acessar objetos ou procedimentos que não precise acessar. Além disso, o controle foi ampliado para incluir operações realizadas pelo aplicativo servidor em nome de um cliente. Isto é, podemos ver que o aplicativo servidor, em nome de um cliente, fez alguma operação (veja a seção *Auditoria de contas proxy*, para detalhes completos).

Agora iremos discutir como implementar esse recurso. Como indicado na introdução, esse recurso só está acessível atualmente através de programas Oracle Call Interface (OCI) escritos em C ou C++.

A mecânica de autenticação de n-Tier

Nesta seção, pegaremos um dos programas de demonstração OCI fornecidos, que implementa um mini SQL*PLUS, e o modificaremos para utilizar o esquema de autenticação proxy a fim de registrar a entrada no banco de dados. Teremos assim uma pequena ferramenta SQL, interativa, que nos permitirá explorar seu funcionamento e os efeitos colaterais que podemos esperar ter. Como bonificação, você terá uma ferramenta que lhe permitirá registrar a entrada como outro usuário e fazer operações específicas em nome dele, desde que você tenha a concessão de privilégios apropriados, ao mesmo tempo em que controla tudo. Poderá utilizar isso, por exemplo, para GRANT SELECT na tabela de outro usuário, sem precisar conhecer sua senha.

O código C necessário que grafaremos no exemplo cdemo2.c (encontrado em [ORACLE_HOME]\rdbms\demo) será apenas uma rotina de registro de entrada. Quando o tivermos feito, seremos capazes de registrar a entrada usando a autenticação de sistema operacional para a conta SCOTT e capacitar a função CONNECT, como a seguir:

```
C:\> cdemo2 / scott CONNECT
```

Alternativamente, poderemos registrar a entrada usando nome de usuário e senha para um banco de dados remoto à conta SCOTT e capacitar as funções RESOURCE e PLUSTRACE:

```
C:\> cdemo2 user/pass@database scott RESOURCE,PLUSTRACE
```

A rotina C de que precisamos para montar n-Tier demonstra como registrar a entrada usando essa autenticação de n-Tier — nós a veremos peça por peça. Quando tivermos registrado a entrada, o resto do aplicativo será apenas código padrão OCI, sem diferença de qualquer outro programa OCI.

O início do código C inclui o arquivo de cabeçalho padrão oci.h, encontrado em [ORACLE_HOME]\rdbms.demo. Esse arquivo include contém os protótipos de função necessários e define todos os programas OCI. Em seguida, declaramos um par de variáveis locais para nossa rotina de registro de entrada. Especificamente, temos as alavancas OCI normais para uma conexão — mas observe que temos duas alavancas OCISession. Uma é para a conta para a qual apresentaremos credenciais (com o registro de entrada), a outra será para a conta que queremos 'nos tornar'. As variáveis locais restantes são auto-explicativas — contêm o nome de usuário, senha, banco de dados e todas as funções que queremos capacitadas para nós:

```
#include <oci.h>

void checkerr( OCIError * errhp, sword status);

Lda_Def connect8i( int argc, char * argv[] )
{
OCIEnv          *environment_handle;
OCIServer       *data_server_handle;
OCIError        *error_handle;
OCISvcCtx       *application_server_service_handle;
OCISession      *first_client_session_handle;
OCISession      *application_server_session_handle;

char            *username;
char            *password;
char            *database;
char            *temp[255];
char            *role_buffer[1024];
char            *roles[255];
int             nroles;
```

Em seguida, validamos os argumentos de linha de comando passados a essa rotina. Se o número de argumentos não for igual a quatro, não passamos informações suficientes e simplesmente imprimiremos um uso e sairemos. Caso contrário, analisaremos (usando a função padrão C strtok) as entradas. Como strtok é destrutiva (ela muda a string que está analisando), copiamos os argumentos em variáveis locais antes de rompê-los:

```
if ( argc != 4 )
{
  printf( "usage: %s proxy_user/proxy_pass real_account_name role1,...\n",
          argv[0] );
  printf( "             proxy_user/proxy_pass can just be /\n" );
  printf( "             real_account_name is what you want to connect to\n" );
  exit(1);
}
strcpy( temp, argv[1] );
username = strtok( temp, "/" );
password = strtok( NULL, "@" );
database = strtok( NULL, " " );
```

```
            strcpy( role_buffer, argv[3] );
            for( nroles = 0, roles[nroles] = strtok(role_buffer, ",");
                 roles[nroles] != NULL;
                 nroles++, roles[nroles] = strtok(NULL, ",") );
```

Agora, temos alguma inicialização e alocação de contextos geral. Esse é o padrão para todas as rotinas OCI:

```
OCIInitialize( OCI_DEFAULT, NULL, NULL, NULL, NULL );

OCIEnvInit( &environment_handle, OCI_DEFAULT, 0, NULL );

OCIHandleAlloc(   (dvoid *) environment_handle,
                  (dvoid **) &error_handle,
                  OCI_HTYPE_ERROR, 0, NULL );
```

Em seguida, alocamos e inicializamos os contextos de servidor e serviço usados pelo 'aplicativo servidor'. Nesse caso, o aplicativo servidor vai ser a nossa mini ferramenta SQL*PLUS cdemo2. Esse código nos anexa ao servidor, mas ainda não inicia uma sessão:

```
        checkerr(errorhandle,
            OCIHandleAlloc(environment_handle,
                    (dvoid **)&data_server_handle,
                    OCI_HTYPE_SERVER,
                    0, NULL)
        );

        checkerr(error_handle,
            OCIHandleAlloc((dvoid *) environment_handle,
                    (dvoid **) &application_server_service_handle,
                    OCI_HTYPE_SVCCTX, 0, NULL)
        );

        checkerr(error_handle,
            OCIServerAttach(data_server_handle,
                    error_handle,
                    (text *)database?database:" ",
                    strlen(database?database:" "), 0)
        );

        checkerr(error_handle,
            OCIAttrSet((dvoid *) application_server_service_handle,
                    OCI_HTYPE_SVCCTX,
                    (dvoid *) data_server_handle,
                    (ub4) 0,
                    OCI_ATTR_SERVER,
                    error_handle)
        );
```

Estamos prontos agora para inicializar e depois autenticar a alavanca de sessão do aplicativo servidor. Nesse caso, qualquer autenticação externa ou nome de usuário/senha está sendo usado:

```
        checkerr(error_handle,
            OCIHandleAlloc((dvoid *) environment_handle,
                        (dvoid **)&application_server_session_handle,
                        (ub4) OCI_HTYPE_SESSION,
                        (size_t) 0,
                        (dvoid **) 0)
        );
```

Tendo inicializado a alavanca de sessão, precisamos acrescentar as informações de autenticação. Capacitamos a autenticação baseada em sistema operacional (que não exigiria que nosso aplicativo servidor passasse qualquer nome de usuário ou senha a todo o servidor) ou a autenticação padrão nome de usuário/senha. Colocaremos primeiro o código para autenticação de nome de usuário/senha:

```
if (username != NULL && password != NULL && *username && *password)
        {
                checkerr(error_handle,
                    OCIAttrSet((dvoid *) application_server_session_handle,
                            (ub4) OCI_HTYPE_SESSION,
                            (dvoid *) username, (ub4) strlen((char *)username),
                            (ub4) OCI_ATTR_USERNAME, error_handle)
                    );

                checkerr( error_handle,
                    OCIAttrSet((dvoid *) application_server_session)handle,
                            (ub4) OCI_HTYPE_SESSION,
                            (dvoid *) password,
                            (ub4) strlen((char *)password),
                            (ub4) OCI_ATTR_PASSWORD,
                            error_handle,
                    );

                checkerr(error_handle,
                    OCISessionBegin (application_server_service_handle,
                            error_handle,
                            application_server_session_handle,
                            OCI_CRED_RDBMS,
                            (ub4) OCI_DEFAULT)
                    );
        }
```

Agora, o código para lidar com a autenticação de sistema operacional:

```
else
        {
                checkerr(error_handle,
                    OCISessionBegin(application_server_service_handle,
                            error_handle,
                            application_server_session_handle,
                            OCI_CRED_EXT,
                            OCI_DEFAULT)
                    );
        }
```

Estamos prontos para inicializar a sessão de nosso cliente (o usuário que está registrando a entrada, e em cujo nome nos foi confiada a execução dos processos). Primeiro, inicializamos a sessão:

```
checkerr(error_handle,
        OCIHandleAlloc((dvoid *) environment_handle,
                    (dvoid **)&first_client_session_handle,
                    (ub4) OCI_HTYPE_SESSION,
                    (size_t) 0,
                    (dvoid **) 0)
        );
```

Então, ajustamos o nome de usuário para ser associado a essa sessão:

```
checkerr( error_handle,
        OCIAttrSet((dvoid *) first_client_session_handle,
                (ub4) OCI_HTYPE_SESSION,
                (dvoid *) argv[2],
```

```
            (ub4) strlen(argv[2]),
            OCI_ATTR_USERNAME,
            error_handle)
    );
```

Em seguida, acrescentamos a lista de funções que queremos capacitadas para essa sessão — se pularmos essa chamada, todas as funções padrão para aquele usuário serão capacitadas:

```
checkerr( error_handle,
    OCIAttrSet((dvoid *) first_client_session_handle,
            (ub4) OCI_HTYPE_SESSION,
            (dvoid *) roles,
            (ub4) nroles,
            OCI_ATTR_INITIAL_CLIENT_ROLES,
            error_handle)
    );
```

Agora estamos prontos para começar nossa verdadeira sessão. Primeiro, associamos a sessão cliente (quem queremos que seja vista no banco de dados) à sessão de aplicativo servidor (nossa conta proxy):

```
checkerr(error_handle,
    OCIAttrSet((dvoid *) first_client_session_handle,
            (ub4) OCI_HTYPE_SESSION,
            (dvoid *) application_server_session_handle,
            (ub4) 0,
            OCI_ATTR_PROXY_CREDENTIALS,
            error_handle)
        );

checkerr(error_handle,
    OCIAttrSet((dvoid *)application_server_service_handle,
            (ub4) OCI_HTYPE_SVCCTX,
            (dvoid *)first_client_session_handle,
            (ub4)0,
            (ub4)OCI_ATTR_SESSION,
            error_handle)
        );
```

E começamos a sessão:

```
checkerr(error_handle,
    OCISessionBegin(application_server_service_handle,
                error_handle,
                first_client_session_handle,
                OCI_CRED_PROXY,
                OCI_DEFAULT)
        );
```

Como essa é uma versão 7 do programa OCI (cdemo2.c é uma v.7 do programa), precisamos converter nossos registro de entradas de dados Oracle 8i para algo utilizável. Aqui, convertemos a conexão da versão 8 para uma versão 7 de OCI LDA (Login Data Area) e a retornamos:

```
checkerr(error_handle,
        OCISvcCtxToLda( application_server_service_handle,
                    error_handle,
                    &lda )
        );

    return lda;
}
```

812 | *Dominando Oracle: programação avançada*

A última parte de código é a rotina checkerr a que nos referimos muitas vezes acima. É usada para verificar se os códigos de retorno das funções OCI acima indicam sucesso, caso contrário imprimirá a mensagem de erro e sairá:

```c
void checkerr(OCIError * errhp, sword status)
{
text       errbuf[512];
sb4        errcode = 0;

   switch (status)
   {
   case OCI_SUCCESS;
       break;
   case OCI_SUCCESS_WITH_INFO:
       (void) printf("Error - OCI_SUCCESS_WITH_INFO\n");
       breal;
   case OCI_NEED_DATA;
       (void) printf("Error - OCI_NEED_DATA\n");
       break;
   case OCI_NO_DATA:
       (void) printf("Error - OCI_NODATA\n");
       break;
   case OCI_ERROR:
       (void) OCIErrorGet((dvoid *)errhp, (ub4) 1, (text *), NULL, &errcode,
                          errbuf, (ub4) sizeof(errbuf), OCI_HTYPE_ERROR);
       (void) printf("Error = %.*s\n", 512, errbuf);
       exit(1);
       break;
   case OCI_INVALID_HANDLE:
       (void) printf("Error - OCI_INVALID_HANDLE\n");
       break;
   case OCI_STILL_EXECUTING:
       (void) printf("Error - OCI_STILL_EXECUTE\n");
       break;
   case OCI_CONTINUE:
       (void) printf("Error - OCI_CONTINUE\n");
       break;
   default:
       break;
   }
}
```

Precisamos modificar cdemo2.c e injetar nosso código. O código existente naquele programa de exemplo se parece com:

```c
. . .
static sword numwidth = 8;

main( )
{
   sword col, errno, n, ncols;
   text *cp;

   /* Connect to ORACLE. */
   if (connect_user( ))
       exit(-1);
. . .
```

A modificação é muito direta, simplesmente precisamos acrescentar o código em negrito:

```c
. . .
static sword numwidth = 8;

**Lda_Def connect8i( int argc, char * argv[] );**
```

```
main( int argc, char * argv[] )
{
  sword col, errno, n, ncols;
  text *cp;

  /* Connect to ORACLE. */
  /*
  if (connect_user( ))
      exit(-1);
  */
  lda = connect8i( argc, argv );
  . . .
```

Em seguida, acrescentamos todo o conteúdo do código acima (as sub-rotinas connect8i e checkerr) para o fundo do arquivo de código fonte. Salve aquele arquivo e compile.

No UNIX, o comando para compilar será:

```
$ make -f $ORACLE_HOME/rdbms/demo/demo_rdbms.mk cdemo2
```

No Windows NT, usei esse makefile:

```
CPU=i386

WORK_DIR            = .\

!include <\msdev\include\win32.mak>

OBJDIR      = $(WORK_DIR)\       #
EXEDIR      = $(WORK_DIR)\       # dir where all the .exe will be put

ORACLE_HOME = \oracle

TARGET= $(EXEDIR)cdemo2.exe

SAMPLEOBJS  = cdemo2.obj

LOCAL_DEFINE = -DWIN_NT

SYSLIBS         =    \msdev\lib\mvcrt.lib \
                     \msdev\lib\oldnames.lib \
                     \msdev\lib\kernel32.lib \
                     \msdev\lib\advapi32.lib \
                     \msdev\lib\wsock32.lib

NTUSER32LIBS    =    \msdev\lib\user32.lib \
                     \msdev\lib\advapi32.lib \
                     \msdev\lib\libc.lib

SQLLIB= $(ORACLE_HOME)\oci\lib\msvc\oci.lib

INCLS =     -I\msdev\include \
            -I$(ORACLE_HOME)\oci\include
CFLAGS = $(cdebug) $(cflags) &(INCLS) $(LOCAL_DEFINE)
LINKOPT = /nologo /subsystem:console /machine:I386 /nodefaultlib

$(TARGET) : $(SAMPLEOBJS) $(SQLLIB)
      $(link) $(LINKOPT) \
```

```
            -out:$(TARGET) $(SAMPLEOBJS) \
                   $(NTUSER32LIBS) \
                   $(SYSLIBS) \
                   $(SQLLIB)
```

Depois usamos apenas nmake para compilá-lo:

```
c:\oracle\rdbms\demo>nmake
```

Estamos prontos para experimentá-lo:

```
c:\oracle\rdbms\demo>cdemo2 tkyte/tkyte scott connect,resource
Error - ORA-28150: proxy not authorized to connect as client
```

Não tivemos sucesso ainda, mas estamos muito perto. Precisamos dar ao nosso proxy (TKYTE) a autorização de se conectar como banco de dados cliente (SCOTT). Registre em SQL*PLUS e emita:

```
sys@TKYTE816> alter user scott grant connect through tkyte;
User altered.
```

Em um momento explicaremos mais sobre aquele novo comando, junto com todas as suas opções. Agora só queremos ver esse trabalho. Observe o prompt em **negrito** — aqui não estou em SQL*PLUS, estou no aplicativo cdemo2, ele se parece exatamente como SQL*PLUS:

```
c:\oracle\rdbms\demo>cdemo2 tkyte/tkyte scott connect,resource
```

OCISQL> SELECT user, substr(sys_context('userenv', **'proxy_user'**), 1, 30)
  2 FROM dual;

```
USER                    SUBSTR(SYS_CONTEXT('USERENV', 'PRO
----------------------  ---------------------------------
SCOTT                   TKYTE
```

1 row processed.

OCISQL> select * from session_roles;

```
ROLE
--------------------
CONNECT
RESOURCE
```

2 rows processed.

OCISQL> select distinct **authentication type** from v$session_connect_info
  2 where sid = (select sid from v$mystat where rownum =1);

```
AUTHENTICATION_TYPE
-------
PROXY
```

1 row processed.

OCISQL> exit

```
C:\oracle\RDBMS\demo>
```

É isso. Registramos com sucesso a entrada como SCOTT, sem conhecer a senha de SCOTT. Além disso, vimos como podemos verificar se estamos com proxy, comparando USER com PROXY_USER de SYS_CONTEXT ou olhando a vista V$SESSION_CONNECT_INFO. Também podemos ver claramente que as funções CONNECT e RESOURCE estão capacitadas. Se nos conectarmos assim:

```
c:\oracle\rdbms\demo>cdemo2 tkyte/tkyte scott connect

OCISQL> select * from session_roles;

ROLE
-----
CONNECT

1 row processed.
```

Poderemos ver que apenas CONNECT estará capacitada — controlamos quais funções o 'aplicativo servidor' capacita.

Concessão de privilégio

A sintaxe básica do comando ALTER USE é:

```
Alter user <username> grant connect through <proxy user><,proxy user>...
```

Isso dá aos nomes de usuários relacionados na lista de usuário de proxy a habilidade de se conectar como username. Por padrão, esses usuários relacionados terão todas as funções de usuário disponíveis. Eis uma variação desse comando:

```
Alter user <username> grant connect through <proxy> WITH NONE;
```

Permite à conta proxy se conectar como username, mas apenas com seus privilégios básicos — funções não serão capacitadas. Adicionalmente, podemos usar:

```
Alter user <username> grant connect through <proxy> ROLE rolename,rolename,...
```

ou

```
Alter user <username> grant connect through <proxy> ROLE ALL EXCEPT
rolename,rolename,...
```

O objetivo dessas duas declarações seria dar a uma conta proxy a habilidade de se conectar como determinado usuário, mas apenas com certas funções de aplicativo capacitadas. Não é preciso dar à conta proxy de aplicativo servidor todos os privilégios, apenas as funções necessárias para conseguir o trabalho. Por padrão, o Oracle tenta capacitar todas as funções padrão para o usuário e a função PUBLIC, o que seria apropriado se o aplicativo servidor só tivesse permissão para assumir a função de RH para determinado usuário, e nenhuma das outras funções de aplicativo que o usuário fosse capaz de usar.

Claro que há um método para revogar:

```
Alter user <username> REVOKE connect through <proxy user><,proxy user>...
```

Há uma vista administrativa, PROXY_USERS, que você pode usar para rever todas as contas proxy concedidas. Exatamente agora, visto que emitimos o comando ALTER user SCOTT GRANT CONNECT through tkyte; — nossa vista PROXY_USERS tem:

```
TKYTE@TKYTE816> select * from proxy_users;

PROXY     CLIENT    ROLE      FLAGS
-----     ------    -----     ------
TKYTE     SCOTT               PROXY MAY ACTIVATE ALL CLIENT ROLES
```

Auditoria de contas proxy

A nova sintaxe do comando de auditoria, com relação à conta proxy é:

    AUDIT <operation> BY <proxy>, <proxy> . . . ON BEHALF OF <client>, <client>. .;

ou

    AUDIT <operation> BY <proxy>, <proxy> ON BEHALF OF ANY;

As novas partes são BY <proxy> e ON BEHALF OF, que permitem controlar operações feitas por usuários proxy específicos, em nome de todas as contas ou de alguma em particular.

Por exemplo, suponha que você tenha permitido auditoria configurando AUDIT_TRAIL=TRUE em seu init.ora e reiniciando a cópia. Então, poderíamos usar:

    sys@TKYTE816> audit connect by tkyte on behalf of scott;
    Audit succeeded.

Se eu usar nosso cdemo2.c modificado para conectar:

    C:\oracle\RDBMS\demo\cdemo2 tkyte/tkyte scott connect

    OCISQL> exit

descobrirei esse registro em DBA_AUDIT_TRAIL:

```
OS-USERNAME                   : Thomas?Kyte
USERNAME                      : SCOTT
USERHOST                      :
TERMINAL                      : TKYTE-DELL
TIMESTAMP                     : 08-may-2001 19:19:29
OWNER                         :
OBJ_NAME                      :
ACTION                        : 101
ACTION_NAME                   : LOGOFF
NEW_OWNER                     :
NEW_NAME                      :
OBJ_PRIVILEGE                 :
SYS_PRIVILEGE                 :
ADMIN_OPTION                  :
GRANTEE                       :
AUDIT_OPTION                  :
SES_ACTIONS                   :
LOGOFF_TIME                   : 08-may-2001 19:19:30
LOGOFF_LREAD                  : 23
LOGOFF_PREAD                  : 0
LOGOFF_LWRITE                 : 6
LOGOFF_DLOCK                  : 0
COMMENT_TEXT                  : Authenticated by:   PROXY: TKYTE
SESSIONID                     : 8234
ENTRYID                       : 1
STATEMENTID                   : 1
RETURNCODE                    : 0
PRIV_USED                     : CREATE SESSION
```

É interessante notar que, se SCOTT ou TKYTE se conectarem através de SQL*PLUS, não será criado nenhum registro de busca de auditoria. A auditoria é estritamente limitada a:

    connect by tkyte on behalf of scott;

Ainda posso controlar conexões por TKYTE ou SCOTT se quiser, mas escolhi não fazê-lo, nesse caso. Podemos ter contabilidade no banco de dados (é possível dizer se foi SCOTT que fez alguma ação), mas também podemos dizer quando um aplicativo servidor estava executando em nome de SCOTT.

Advertências

Em geral, a autenticação n-Tier funciona exatamente como esperado. Se você conectar:

```
C:\oracle\RDBMS\demo>cdemo2 tkyte/tkyte scott connect
```

Será como se SCOTT registrasse diretamente sua entrada. Recursos como *Direitos de chamador e de definidor* (Capítulo 23) funcionam como se SCOTT tivesse registrado a entrada. *Controle de acesso refinado* (Capítulo 21) funciona como se SCOTT tivesse registrado a entrada. Os disparadores de registro para SCOTT irão disparar conforme esperado. E assim por diante. Não encontrei qualquer recurso que fosse negativamente afetado pelo uso da autenticação n-Tier.

No entanto, eis um detalhe de implementação que pode ser um problema: ao usar a autenticação n-Tier, o servidor irá capacitar um conjunto de funções. Se você usar o atributo OCI_ATTR_INITIAL_CLIENT_ROLES que utilizamos acima, pode esperar que esse conjunto de funções seja limitado apenas àquelas que você especifica. No entanto, as funções concedidas a PUBLIC também estarão sempre capacitadas. Por exemplo, se concedermos a função PLUSTRACE a PUBLIC (PLUSTRACE é a função AUTOTRACE que temos usado ao longo deste livro para fazer o controle de desempenho em SQL*PLUS):

```
sys@TKYTE816> grant plustrace to public;
Grant succeeded.
```

Quando nos conectarmos com o nosso mini SQL*PLUS:

```
c:\oracle\rdbms\demo>cdemo2 tkyte/tkyte scott connect

OCISQL> select * from session_roles;

ROLE
-----
CONNECT
PLUSTRACE

2 rows processed.
```

Você observará que, além da função CONNECT ser capacitada, a função PLUSTRACE também estará capacitada. Isso pode não parecer, inicialmente, uma coisa ruim. No entanto, se você tivesse usado o comando ALTER USER para passar apenas algumas funções a algum usuário:

```
sys@TKYTE816> alter user scott grant connect through tkyte with role CONNECT;
User altered.
```

Descobrirá que:

```
c:\oracle\rdbms\demo>cdemo2 tkyte/tkyte scott connect
Error - ORA-28156: Proxy user 'TKYTE' not authorized to set role 'PLUSTRACE' for
client 'SCOTT'
```

O usuário, TKYTE, não tem permissão para capacitar essa função ao se conectar em nome de SCOTT. As únicas soluções para esse problema são:
1. Não conceder funções a PUBLIC

2. Ou, sempre acrescentar aquela função à lista de funções no comando ALTER USER.

Por exemplo, se emitirmos:

```
sys@TKYTE816> alter user scott grant connect through tkyte with role
  2    connect, plustrace

User altered.
```

Os seguintes trabalhos serão esperados:

```
c:\oracle\rdbms\demo>cdemo2 tkyte/tkyte scott connect

OCISQL> select * from session_roles;

ROLE
- - - - - - - - - - - - - - -
CONNECT
PLUSTRACE
```

Resumo

Neste capítulo, aprendemos sobre as capacidades de autenticação proxy, ou autenticação n-Tier disponíveis ao programarmos em OCI. Esse recurso permite a um aplicativo servidor de camada central agir como um agente confiável no banco de dados, em nome de um cliente conhecido pelo aplicativo. Vimos como o Oracle nos permite restringir o conjunto de funções disponível à conta proxy do aplicativo servidor, para que a conta proxy só possa fazer operações específicas de aplicativo. Além do mais, vimos como o controle foi aperfeiçoado para suportar esse novo recurso. Podemos controlar ações especificamente feitas por contas proxy em nome de determinado usuário ou de todos os usuários. Podemos ver claramente quando determinado usuário, através da conta proxy de aplicativo, realizou uma ação, e quando ela foi feita diretamente pelo usuário.

Modificamos um dos programas simples de demonstração do Oracle para nos fornecer um ambiente como SQL*PLUS para testar esse recurso. O ambiente que ele fornece é ótimo para testar várias peças dessa funcionalidade e ajudará você a ver como ele funciona interativamente.

23

Direitos de chamador e definidor

Para começar, algumas definições são necessárias para garantir que entenderemos exatamente o que significam os termos **invoker** e **definer**:

- **Definer** — O esquema (nome de usuário) do proprietário do objeto armazenado compilado. Objetos armazenados compilados incluem pacotes, procedimentos, funções, disparadores e vistas
- **Invoker** — O esquema cujos privilégios estejam em efeito na sessão. Pode ou não ser igual ao atualmente registrado no usuário.

Antes de Oracle 8i, todos os objetos armazenados compilados eram executados com os privilégios e a resolução de nome de definidor do objeto. Isto é, o conjunto de privilégios concedidos diretamente ao proprietário (definidor) do objeto armazenado era usado por ocasião da compilação para descobrir:

- Quais objetos (tabelas e assim por diante) acessar.
- Se o definidor tinha os privilégios necessários para acessá-los.

Essa ligação estática, do tempo de compilação, foi a ponto de limitar o conjunto de privilégios apenas para aqueles com permissão diretamente ao definidor (em outras palavras, funções nem eram capacitadas durante a compilação ou a execução de um procedimento armazenado). Além disso, quando alguém executar uma rotina com os direitos do definidor, ela executará o conjunto básico de privilégios do definidor da rotina, não será o chamador que executará o procedimento.

A partir do Oracle 8i, temos um recurso chamado **direitos de chamador**, que permite criar procedimentos, pacotes e funções que executam o privilégio do chamador ajustado no tempo de execução, em vez do definidor. Neste capítulo, veremos:

- Quando você deve usar rotinas de direitos de chamador, cobrindo dicionário de dados de aplicativos, tipos de objeto genérico e implementação de seu próprio 'controle de acesso'.
- Quando usar procedimentos de direitos de definidor, cobrindo o seu escalonamento em comparação com os direitos de chamador e as maneiras pelas quais eles podem implementar segurança no banco de dados.
- Como funciona cada um desses recursos.
- Aspectos que precisam ser considerados ao implementar o recurso, tais como considerar a utilização de combinação compartilhada, desempenho de procedimentos, a necessidade de maiores habilidades de manuseio de erro no código e o uso de Java para implementar direitos de chamador.

Um exemplo

Com a introdução dos direitos de chamador podemos agora, por exemplo, desenvolver um procedimento armazenado que se execute com o privilégio do chamador ajustado no tempo de execução. Podemos assim criar um procedimento armazenado execute adequada e corretamente para um usuário (um que tenha acesso a todos os objetos relevantes) mas não para outro (que não tenha). Podemos fazer isso porque o acesso aos objetos subjacentes não é definido por ocasião da compilação (embora o definidor possa ter acesso a esses objetos ou pelo menos a objetos com esses nomes, para compilar o código PL/SQL), mas no tempo de execução. Esse acesso de tempo de execução é baseado nos privilégios e *funções* do atual esquema/usuário em efeito. Deve-se notar que os direitos de chamador não estão disponíveis na criação de vistas ou disparadores. Vistas e disparadores são criadas apenas com direitos de definidor.

Esse recurso de direitos de chamador é muito fácil de implementar e testar, pois só requer que você acrescente uma linha a um procedimento ou pacote para usá-lo. Por exemplo, considere a seguinte rotina, que imprime:

- CURRENT_USER — O nome do usuário sob cujos privilégios a sessão esteja sendo executada.
- SESSION_USER — O nome do usuário que originalmente tenha criado a sessão, que esteja registrado. Essa é a constante da sessão.
- CURRENT_SCHEMA — O nome do esquema padrão que será usado para solucionar referências a objetos não qualificados.

Para criar o procedimento com direitos de definidor, poderíamos codificar:

```
tkyte@TKYTE816> create or replace procedure definer_proc
  2  as
  3  begin
  4     for x in
  5     ( select sys_context( 'userenv', 'current_user' ) current_user,
  6              sys_context( 'userenv', 'session_user' ) session_user,
  7              sys_context( 'userenv', 'current_schema' ) current_schema
  8         from dual )
  9     loop
 10         dbms_output.put_line( 'Current User:    ' || x.current_user );
 11         dbms_output.put_line( 'Session User:    ' || x.session_user );
 12         dbms_output.put_line( 'Current Schema:  ' || x.current_schema );
 13     end loop;
 14  end;
 15  /

Procedure created.

tkyte@TKYTE816> grant execute on definer_proc to scott;

Grant succeeded.
```

Para criar o mesmo procedimento com direitos de chamador, escreveríamos o código:

```
tkyte@TKYTE816> create or replace procedure invoker_proc
  2  AUTHID CURRENT_USER
  3  as
  4  begin
  5     for x in
  6     ( select sys_context( 'userenv', 'current_user' ) current_user,
  7              sys_context( 'userenv', 'session_user' ) session_user,
  8              sys_context( 'userenv', 'current_schema' ) current_schema
  9         from dual;
 10     loop
 11         dbms_output.put_line( 'Current User:    ' || x.current_user );
 12         dbms_output.put_line( 'Asession User: ' || x.session_user );
 13         dbms_output.put_line( 'Current Schema: ' || x.current_schema );
 14     end loop;
 15  end;
 16  /

Procedure created.

tkyte@TKYTE816: grant execute on invoker_proc to scott;

Grant succeeded.
```

É isso: uma linha, e o procedimento executará com os privilégios e o nome de resolução do chamador, não do definidor. Para ver exatamente o significado disso, executaremos as rotinas acima e examinaremos as duas saídas. Primeiro, a rotina de direitos de definidor:

```
tkyte@TKYTE816> connect scott/tiger

scott@TKYTE816> exec tkyte.definer_proc
Current User:      TKYTE
Session User:      SCOTT
Current Schema:    TKYTE

PL/SQL procedure successfully completed.
```

Para o procedimento de direitos de definidor, o usuário atual e o esquema sob cujos privilégios a sessão está em execução, é TKYTE no procedimento. O usuário de sessão está registrado no usuário (SCOTT), que será constante para essa sessão. Nesse cenário, todas as referências de esquema não qualificadas serão solucionadas usando TKYTE como esquema (por exemplo, a consulta SELECT * FROM T será transformada em SELECT * FROM TKYTE.T).

A rotina de direitos de chamador se comporta de maneira bem diferente:

```
scott@TKYTE816> exec tkyte.invoker_proc
Current User:      SCOTT
Session User:      SCOTT
Current Schema:    SCOTT

PL/SQL procedure successfully completed.
```

O usuário atual é SCOTT, não TKYTE. O usuário na rotina de direitos de chamador será diferente em cada usuário que executar diretamente esse procedimento. O usuário de sessão pode ser SCOTT, como esperado. No entanto, o esquema atual também é SCOTT, o que significa que se esse procedimento tiver executado SELECT * FROM T, deverá ter executado como SELECT * FROM SCOTT.T. Vimos assim as diferenças fundamentais entre uma rotina de direitos de definidor e de chamador — o esquema cujos privilégios o procedimento executa sob o chamador da rotina. O esquema atual também depende da rotina de chamador. Diferentes objetos podem ser acessados por essa rotina, quando executada por diferentes usuários.

Além disso, é interessante ver o efeito que mudar o nosso esquema tem nessas rotinas:

```
scott@TKYTE816> alter session set current_schema = system;

Session altered.

scott@TKYTE816> exec tkyte.definer_proc
Current User:      TKYTE
Session User:      SCOTT
Current Schema:    TKYTE

PL/SQL procedure successfully completed.

scott@TKYTE816> exec tkyte.invoker_proc
Current User:      SCOTT
Session User:      SCOTT
Current Schema:    SYSTEM

PL/SQL procedure successfully completed.
```

Como se pode ver, a rotina de direitos de definidor não muda de forma alguma o seu comportamento. Os procedimentos de direitos de definidor são 'estáticos' em relação ao usuário atual e ao esquema atual, fixados por ocasião da compilação e não afetados por mudanças subseqüentes no ambiente atual. A rotina de direitos do chamador, por outro lado, é muito mais dinâmica. O usuário atual é ajustado de acordo com o chamador, no tempo de execução, e o esquema atual pode mudar de execução para execução, mesmo na própria sessão.

Essa é uma construção extremamente poderosa quando usada corretamente e nos lugares certos, pois não permite que procedimentos armazenados PL/SQL e pacotes se comportem como um aplicativo compilado Pro*C. Este aplicativo (ou ODBC, ou qualquer 3GL) executa com o privilégio ajustado e nome de resolução do usuário atualmente registrado (chamador). Agora podemos escrever código em PL/SQL que no passado tinha que ser escrito usando 3GL fora do banco de dados.

Quando usar os direitos de chamador

Nesta seção iremos explorar os vários motivos e casos onde há escolha de usar esse recurso. Nos concentraremos nos direitos de chamador, visto que ele é novo e ainda é exceção. Os procedimentos armazenados têm sido sempre executados em Oracle usando direitos de definidor.

A necessidade de direitos de chamador surge com mais freqüência quando alguma parte genérica de código deve ser desenvolvida por uma pessoa e reutilizada por muitas outras. O desenvolvedor não terá acesso aos mesmos objetos que o usuário final. Em vez disso, os privilégios dos usuários finais determinarão quais objetos o desenvolvedor pode acessar. Outra importante utilização desse recurso é produzir um único conjunto de rotinas que irá centralizar a recuperação de dados de muitos esquemas diferentes. Com procedimentos de direito de definidor, vimos como o usuário atual (com privilégio) e o esquema atual (usado para solucionar referências não qualificadas) são estáticos, fixados por ocasião da compilação. Um procedimento de direitos de definidor acessaria o mesmo conjunto de objetos cada vez que ele fosse executado (a menos que você tenha escrito SQL dinâmica, claro). Uma rotina de direitos de chamador permite escrever uma rotina que possa acessar estruturas semelhantes de diferentes esquemas, com base em quem executa o procedimento.

Portanto, vejamos alguns casos típicos onde você usará rotinas de direitos de chamador.

Ao desenvolver utilitários gerais

Nesse caso você poderia desenvolver um procedimento armazenado que usa SQL dinâmica para tomar qualquer consulta, executá-la e produzir um arquivo separado por vírgulas. Sem os direitos de chamador, um dos seguintes seria verdadeiro, para permitir que esse procedimento seja útil a alguém:

- **O definidor do procedimento precisaria ter acesso de leitura para virtualmente qualquer objeto no banco de dados** — Por exemplo, através do privilégio SELECT ANY TABLE. Caso contrário, o procedimento falharia ao ser executado para produzir um arquivo plano a partir de alguma tabela, pois faltaria ao definidor os privilégios SELECT necessários, nessa tabela em especial. Gostaríamos aqui que o procedimento executasse com os nossos privilégios, não com os privilégios do definidor.

- **Cada um teria o código fonte e seria capaz de instalar a sua própria cópia do código** — Isso é indesejável por diversas razões — entre elas, que sua manutenção seria um pesadelo. Se for encontrado um bug no código original ou uma atualização mudar o caminho no qual o código precisa ser escrito, teremos dúzias de cópias para percorrer e 'atualizar'. Além disso, objetos que podíamos acessar por uma função ainda não estarão disponíveis nesse procedimento copiado.

Geralmente, a segunda opção acima era o método mais freqüentemente aplicado de desenvolver código genérico. Não era uma abordagem muito satisfatória, mas sob a perspectiva de segurança, a 'mais segura'. No entanto, com os procedimentos de direitos de chamador, posso escrever aquela rotina *uma vez*, conceder sua execução a muitas pessoas, e elas podem usá-la com seus próprios privilégios e resolução de nome. Veremos um pequeno exemplo. Com freqüência, preciso ver tabelas em SQL*PLUS muito 'amplas'; em outras palavras, têm muitas colunas. Se eu simplesmente fizer um SELECT * FROM T naquela tabela, SQL*PLUS envolverá todos os dados em meu terminal. Por exemplo:

```
tkyte@TKYTE816> select * from dba_tablespaces where rownum = 1;

TABLESPACE_NAME                 INITIAL_EXTENT    NEXT_EXTENT    MIN_EXTENTS
---------------                 --------------    -----------    -----------
MAX_EXNTENTS    PCT_INCREASE    MIN_EXTENT   STATUS    CONTENTS    LOGGING
------------    ------------    ----------   ------    --------    -------
```

```
EXTENT_MAN     ALLOCATION          PLU
----------     ----------          ---
SYSTEM                                        16384          16384          1
     505             50          0 ONLINE     PERMANENT LOGGING
DICTIONARY USER    NO
```

Todos os dados estão aqui, mas são extremamente difíceis de ler. E se em vez disso, pudéssemos ter a saída como:

```
tkyte@DEV861> exec print_table('select * from dba_tablespaces where rownum = 1');

TABLESPACE_NAME                : SYSTEM
INITIAL_EXTENT                 : 16384
NEXT_EXTENT                    : 16384
MIN_EXTENTS                    : 1
MAX_EXTENTS                    : 505
PCT_INCREASE                   : 50
MIN_EXTLEN                     : 0
STATUS                         : ONLINE
CONTENTS                       : PERMANENT
LOGGING                        : LOGGING
EXTENT_MANAGEMENT              : DICTIONARY
ALLOCATION_TYPE                : USER
PLUGGED_IN                     : NO
-----------

PL/SQL procedure successfully completed.
```

Agora está mais parecido! Na verdade, posso ver qual coluna é o que. Sempre que alguém me vê usando meu procedimento PRINT_TABLE, quer uma cópia. Em vez de dar-lhe o código, digo apenas para usar o meu, visto que ele foi criado usando AUTHID CURRENT_USER. Não preciso acessar as tabelas deles. Esse procedimento será capaz de acessá-las (também pode acessar as tabelas através de uma função, algo que um procedimento de direitos de definidor não pode fazer). Vejamos o código e como ele se comporta. Começaremos criando uma conta de utilitário para conter esse código genérico e uma conta que possa ser usada para testar os recursos de segurança:

```
tkyte@TKYTE816> grant connect to another_user identified by another_user;

Grant succeeded.

tkyte@TKYTE816> create user utils_acct identified by utils_acct;

User created.

tkyte@TKYTE816> grant create session, create procedure to utils_acct;

Grant succeeded.
```

O que fiz foi criar um usuário com muito poucos privilégios. Apenas o suficiente para registrar a entrada e criar um procedimento. Agora instalarei o código de utilitário nesse esquema:

```
tkyte@TKYTE816> utils_acct/utils_acct

utils_acct@TKYTE816> create or replace
  2   procedure print_table( p_query in varchar2 )
  3   AUTHID CURRENT_USER
  4   is
  5       l_theCursor      integer default dbms_sql.open_cursor;
  6       l_columnValue    varchar2(4000);
  7       l_status         integer;
  8       l_descTbl        dbms_sql.desc_tab;
  9       l_colCnt         number;
 10   begin
 11       dbms_sql.parse( l_theCursor, p_query, dbms_sql.native );
```

```
12        dbms_sql.describe_columns( l_theCursor, l_colCnt, l_descTbl);
13
14        for i in 1 . . l_colCnt loop
15            dbms_sql.define_column(l_theCursor, i, l_columnValue, 4000);
16        end loop;
17
18        l_status := dbms_sql.execute(l_theCursor);
19
20        while ( dbms_sql.fetch_rows(l_theCursor) > 0 ) loop
21            for i in 1 . . l_colCnt loop
22                dbms_sql.column_value( l_theCursor, i, l_columnValue );
23                dbms_output.put_line( rpad ( l_descTbl(i).col_name, 30 )
24                                     || ': ' ||
25                                     l_columnValue );
26            end loop;
27            dbms_output.put_line( '- - - - - - - - - - - - - -' );
28        end loop;
29    exception
30        when others then
31            dbms_sql.close_cursor( l_theCursor );
32            RAISE;
33    end;
34    /
```

Procedure created.

utils_acct@TKYTE816> grant execute on print_table to public;

Grant succeeded.

Irei um passo além. Na verdade, o farei para que não possamos registrar de forma alguma a entrada para a conta UTILS_ACCT, o que evitará que o usuário normal adivinhe a senha de UTILS_ACCT e coloque um cavalo de Tróia no lugar do procedimento PRINT_TABLE. Claro que, de qualquer forma, um DBA com os privilégios adequados também será capaz de reativar essa conta e registrar a entrada com esse usuário — não há como evitar:

```
utils_acct@TKYTE816> connect tkyte/tkyte

tkyte@TKYTE816> revoke create session, create procedure
  2    from utils_acct;
```

Revoke succeeded.

O que temos é uma conta com algum código nela, mas efetivamente bloqueada, pois não tem mais os privilégios CREATE SESSION. Quando registrarmos a entrada como SCOTT, descobriremos que não apenas podemos ainda usar esse procedimento (mesmo que UTILS_ACCT seja uma conta não funcional, sem privilégios), mas também que ela pode acessar nossas tabelas. Então iremos verificar que outros usuários também não podem usá-la para acessar nossas tabelas (a menos que pudessem fazê-lo com uma consulta direta), mostrando que o procedimento executa com os privilégios do chamador:

```
scott@TKYTE816> exec utils_acct.print_table('select * from scott.dept')
DEPTNO                        : 10
DNAME                         : ACCOUNTING
LOC                           : NEW YORK
- - - - - - - -
. . .

PL/SQL procedure successfully completed.
```

Vemos aí que SCOTT pode usar o procedimento e acessar os objetos de SCOTT. No entanto, ANOTHER_USER poderia descobrir o seguinte:

```
scott@TKYTE816> connect another_user/another_user

another_user@TKYTE816> desc scott.dept
ERROR:
ORA-04043: object scott.dept does not exist

another_user@TKYTE816> set serveroutput on
another_user@TKYTE816> exec utils_acct.print_table('select * from scott.dept' );
BEGIN utils_acct.print_table('select * from scott.dept' ); END;

*
ERROR at line 1:
ORA-00942: table or view does not exist
ORA-06512: at "UTILS_ACCT.PRINT_TABLE", line 31
ORA-06512: at line 1
```

Qualquer usuário no banco de dados, que não tenha acesso às tabelas de SCOTT, não poderá usar essa rotina para obter acesso a ela. Para complementação, registraremos de volta como SCOTT e concederemos a ANOTHER_USER o privilégio apropriado para completar o exemplo:

```
another_user@TKYTE816> connect scott/tiger

scott@TKYTE816> grant select on dept to another_user;

Grant succeeded.

scott@TKYTE816> connect another_user/another_user

another_user@TKYTE816> exec utils_acct.print_table('select * from scott.dept' );
DEPTNO                        : 10
DNAME                         : ACCOUNTING
LOC                           : NEW YORK
-----------
...

PL/SQL procedure successfully completed.
```

Pudemos ver efetivamente o uso de direitos de chamador com relação a aplicativos genéricos.

Dicionário de dados de aplicativos

As pessoas sempre quiseram criar procedimentos que exibissem as informações no dicionário de dados num formato melhor do que uma simples SELECT pode conseguir, ou talvez criar uma ferramenta de extração DML. Com os procedimentos de direitos de definidor, isso era muito difícil. Se você usasse as vistas USER_* (por exemplo, USER_TABLES), as tabelas seriam o conjunto que aquele definidor do procedimento possuísse, nunca as tabelas do chamador, porque todas as vistas USER_* e ALL_* incluem em seu predicado:

```
where o.owner# userenv('SCHEMAID')
```

A função USERENV('SCHEMAID') retorna o ID de usuário do esquema sob o qual o procedimento se executa. Em um procedimento armazenado definido com direitos de definidor (o padrão), e este era de fato um valor constante — ele seria sempre o ID de usuário da pessoa proprietária do procedimento. Isso significa que qualquer procedimento escrito, acessando o dicionário de dados, veria os objetos *dela*, nunca os da pessoa que estivesse executando a consulta. Além do mais, *as funções nunca são ativas* (iremos rever esse fato abaixo) dentro de um procedimento armazenado, de forma que se você tiver acesso a uma tabela no esquema de outro por uma função, seu procedimento armazenado pode não ver aquele objeto. No passado, a única solução para esse quebra-cabeça era criar o procedimento nas vistas DBA_* (depois de obter concessões *diretas* em todos eles) e implementar sua própria segurança, para garantir que as pessoas só poderiam visualizar o que pudessem ver através das vistas ALL_* ou USER_*. Isso não é desejável, pois leva a escrever muito código para obter uma concessão em cada uma das tabelas do DBA_*, e a menos que você tenha cuidado, se arrisca a expor objetos que não devem ser visíveis.

Aqui são resgatados os direitos do chamador. Não apenas podemos criar um procedimento armazenado que acessa as vistas ALL_* e USER_*, podemos fazê-lo como o usuário atualmente registrado, usando seus privilégios e até as suas funções. Demonstraremos isso com a implementação de um 'melhor' comando, DESCRIBE. Será a implementação mínima — como é possível ver o que ele pode fazer, você pode fazer com ele qualquer coisa que queira:

```
tkyte@TKYTE816> create or replace
  2    procedure desc_table( p_tname in varchar2 )
  3    AUTHID CURRENT_USER
  4    as
  5    begin
  6        dbms_output.put_line('Datatypes for Table ' || p_tname );
  7        dbms_output.new_line;
  8
  9        dbms_output.put_line( rpad('Column Name', 31) ||
 10                              rpad('Datatype', 20) ||
 11                              rpad( 'Length', 11) ||
 12                              'Nullable' );
 13        dbms_output.put_line( rpad('-',30,' -') || ' ' ||
 14                              rpad('-',19,' -') || ' ' ||
 15                              rpad('-',10,' -') || ' ' ||
 16                              '- - - - - - - - -');
 17        for x in
 18        ( select column_name,
 19                 data_type,
 20                 substr(
 21                 decode( data_type,
 22                         'NUMBER', decode( data_precision, NULL, NULL,
 23                         '(' ||data_precision|| ',' ||data_scale||')' ),
 24                         data_length),1,11) data_length,
 25                 decode( nullable, 'Y', 'null', 'not null') nullable
 26            from user_tab_columns
 27           where table_name = upper(p_tname)
 28           order by column_id )
 29        loop
 30            dbms_output.put_line( rpad(x.column_name,31) ||
 31                                  rpad(x.data_type,20) ||
 32                                  rpad(x.data_length,11) ||
 33                                  x.nullable );
 34        end loop;
 35
 36        dbms_output.put_line( chr(10) || chr(10) ||
 37                              'Indexes on ' || p_tname );
 38
 39        for z in
 40        ( select a.index_name, a.uniqueness
 41            from user_indexes a
 42           where a.table_name = upper(p_tname)
 43             and index_type = 'NORMAL' )
 44        loop
 45            dbms_output.put( rpad(z.index_name,31) ||
 46                             z.uniqueness );
 47            for y in
 48            ( select decode(column_position,1,'(',', ') ||
 49                            column_name column_name
 50                from user_ind_columns b
```

```
51                  where b.index_name = z.index_name
52              order by column_position )
53          loop
54              dbms_output.put( y.column_name );
55          end loop;
56          dbms_output.put_line( ')' || chr(10) );
57      end loop;
58
59  end;
60  /

Procedure created.

tkyte@TKYTE816> grant execute on desc_table to public
  2  /

Grant succeeded.
```

Esse procedimento consulta bastante as vistas USER_INDEXES e USER_IND_COLUMNS. Sob os direitos de definidor (sem o AUTHID CURRENT_USER) ele seria capaz de mostrar as informações apenas para *um* usuário (e sempre o mesmo usuário). No entanto, no modelo de direitos de chamador, esse procedimento será executado com a identidade e os privilégios do usuário que tiver registrado a entrada no tempo de execução. Então, ainda que TKYTE seja proprietário desse procedimento, podemos executá-lo como o usuário SCOTT e receber saída semelhante a:

```
tkyte@TKYTE816> connect scott/tiger

scott@TKYTE816> set serveroutput on format wrapped
scott@TKYTE816: exec tkyte.desc_table( 'emp' )
Datatypes for Table emp

Column Name              Datatype           Length       Nullable
-----------              --------           ------       --------
EMPNO                    NUMBER             (4, 0)       not null
ENAME                    VARCHAR2           10           null
JOB                      VARCHAR2           9            null
MGR                      NUMBER             (4, 0)       null
HIREDATE                 DATE               7            null
SAL                      NUMBER             (7, 2)       null
COMM                     NUMBER             (7, 2)       null
DEPTNO                   NUMBER             (2, 0)       null

Indexes on emp
EMP_PK                   UNIQUE(EMPNO)

PL/SQL procedure successfully completed.
```

Tipos de objeto genéricos

A razão aqui é semelhante à acima, mas é mais poderosa em essência. Usando o recurso de Oracle 8 que permite criar seus próprios tipos de objeto com seus próprios métodos para manipular dados, você agora pode criar funções e procedimentos de membro para agir sob o domínio do privilégio do usuário atualmente registrado, permitindo criar tipos genéricos, instalá-los uma vez no banco de dados e deixar que todos os usem. Se não tivéssemos direitos de chamador, o proprietário do tipo de objeto precisaria ter privilégios muito poderosos (como os descritos) ou teria que instalar o tipo de objeto em cada esquema que o quisesse.

Os direitos do chamador são a maneira pela qual o Oracle ofereceu tipos (para suporte de interMedia, esses são os tipos ORDSYS.*), fazendo com que você possa instalá-los uma vez por banco de dados e todos possam usá-los com o seu ajuste de privilégio intacto. A importância disso é que os tipos de objeto ORDSYS lêem e escrevem em tabelas de banco de dados. O conjunto de tabelas de banco de dados que eles lêem e escrevem é completamente dependente de quem os estiver executando na ocasião. Isso é o que lhes permite ser de objetivo muito genérico e amplo. Os tipos de objeto são instalados no esquema ORDSYS, mas ORDSYS não tem acesso às tabelas onde ele opera. Agora, em Oracle 8i, você pode fazer o mesmo.

Como implementar seu próprio controle de acesso

O Oracle 8i introduziu um recurso chamado **F**ine **G**rained **A**ccess **C**ontrol (**FGAC**) que permite a implementação de uma política de segurança para impedir acesso não autorizado a dados. Tipicamente, isso poderia ser conseguido acrescentando uma coluna em cada tabela, digamos, uma coluna chamada COMPANY. Essa coluna seria automaticamente preenchida por um disparador, e cada consulta seria modificada para incluir WHERE COMPANY = SYS_CONTEXT (...) para restringir acesso apenas às fileiras do usuário que tivesse autorização de acesso (veja o Capítulo 21).

Outra abordagem seria criar um esquema (conjunto de tabelas) por empresa. Isto é, cada empresa teria a sua própria cópia das tabelas de banco de dados instalada e preenchida. Não haveria possibilidade de qualquer um acessar os dados de outro, visto que esses dados seriam fisicamente armazenados em uma tabela completamente diferente. Essa abordagem é bastante viável e tem muitas vantagens (assim como desvantagens) sobre FGAC. O problema é que você gostaria de manter um conjunto de código para todos os usuários. Não deseja ter dez cópias do mesmo grande pacote PL/SQL armazenado na combinação compartilhada. Você não quer ter que se lembrar de atualizar dez cópias do mesmo código quando um bug é encontrado e corrigido. Não quer pessoas executando versões de código potencialmente diferentes em cada ocasião. Os direitos de chamador suportam esse modelo (muitos conjuntos de tabelas, uma cópia de código).

Com os direitos de chamador, posso escrever um procedimento armazenado que acessa tabelas, com base nos privilégios e resolução de nome de acesso de usuários atualmente registrados. Conforme demonstrado no exemplo PRINT_TABLE, podemos fazer isso em SQL dinâmica, mas também funciona com SQL estática. Considere esse exemplo. Iremos instalar as tabelas EMP/DEPT no esquema SCOTT e em meu esquema TKYTE. Uma terceira parte escreverá o aplicativo que usa as tabelas EMP e DEPT para imprimir um relatório. Essa terceira parte não terá acesso à tabela EMP ou DEP de SCOTT ou de TKYTE (eles terão a sua própria cópia para teste). Veremos que quando SCOTT executar o procedimento, exibirá os dados do esquema de SCOTT, e quando TKYTE executar o procedimento usará as suas próprias tabelas:

```
tkyte@TKYTE816> connect scott/tiger

scott@TKYTE816> grant select on emp to public;

Grant succeeded.

scott@TKYTE816> grant select on dept to public;

Grant succeeded.

scott@TKYTE816> connect tkyte/tkyte

tkyte@TKYTE816> create table dept as select * from scott.dept;

Table created.

tkyte@TKYTE816> create table emp as select * from scott.emp;

Table created.

tkyte@TKYTE816> insert into emp select * from emp;

14 rows created.

tkyte@TKYTE816> create user application identified by pw
  2              default tablespace users quota unlimited on users;

User created.

tkyte@TKYTE816> grant create session, create table,
  2                          create procedure to application,

Grant succeeded.
```

```
tkyte@TKYTE816> connect application/pw

application@TKYTE816> create table emp as select * from scott.emp where 1=0;

Table created.

application@TKYTE816> create table dept as
  2                    select * from scott.dept where 1=0;

Table created.
```

Nesse ponto, temos três usuários, cada um com suas próprias tabelas EMP/DEPT no lugar. Os dados em todas as três tabelas são distintamente diferentes. SCOTT tem o conjunto 'normal' de dados EMP, TKYTE tem duas vezes a quantidade normal e APPLICATION tem apenas tabelas vazias. Agora criaremos o aplicativo:

```
application@TKYTE816> create or replace procedure emp_dept_rpt
  2    AUTHID CURRENT_USER
  3    as
  4    begin
  5        dbms_output.put_line( 'Salaries and Employee Count by Deptno' );
  6        dbms_output.put_line( chr(9)||'Deptno    Salary      Count' );
  7        dbms_output.put_line( chr(9)||'------    ------      ----' );
  8        for x in ( select dept.deptno, sum(sal) sal, count(*) cnt
  9                     from emp, dept
 10                    where dept.deptno = emp.deptno
 11                    group by dept.deptno )
 12        loop
 13            dbms_output.put_line( chr(9) ||
 14                    to_char(x.deptno,'99999') || ' ' ||
 15                    to_char(x.sal, '99,999') || ' ' ||
 16                    to_char(x.cnt, '99,999') );
 17        end loop;
 18        dbms_output.put_line( '= = = = = = = = = = = = = = = = = = = = =' );
 19    end;
 20   /

Procedure created.

application@TKYTE816> grant execute on emp_dept_rpt to public
  2   /

Grant succeeded.

application@TKYTE816> set serveroutput on format wrapped
application@TKYTE816> exec emp_dept_rpt;
Salaries and Employees Count by Deptno
        Deptno    Salary      Count
        ------    ------      ----
= = = = = = = = = = = = = = = = = = = = =

PL/SQL procedure successfully completed.
```

Vemos que quando APPLICATION executa o procedimento, mostra as tabelas vazias, como esperado. Agora, quando SCOTT e depois TKYTE executarem exatamente o mesmo aplicativo:

```
tkyte@TKYTE816> connect scott/tiger

scott@TKYTE816> set serveroutput on formar wrapped
scott@TKYTE816> exec application.emp_dept_rpt
Salaries and Employee Count by Deptno
```

```
         Deptno     Salary    Count
         ----       ----      ---
           10       8.750       3
           20      10.875       5
           30       9.400       6
======================================

PL/SQL procedure successfully completed.

scott@TKYTE816> connect tkyte/tkyte
tkyte@TKYTE816> set serveroutput on format wrapped
tkyte@TKYTE816> exec application.emp_dept_rpt
Salaries and Employee Count by Deptno
         Deptno     Salary    Count
         ----       ----      ---
           10      17.500       6
           20      21.750      10
           30      18.800      12
===================== ==============

PL/SQL procedure successfully completed.
```

veremos que eles acessam de fato diferentes tabelas em esquemas diferentes. Porém, como abordaremos na seção *Advertências,* é preciso ter cuidado para garantir que os esquemas sejam sincronizados. Não apenas os mesmos nomes de tabela precisam existir, mas também o tipo de dados, a ordem e número de colunas devem ser iguais ao usar SQL estática.

Quando usar os direitos de definidor

As rotinas de direitos de definidor continuarão a ser o método predominante com objetos armazenados compilados. Há duas razões principais para isso, ambas encaminhando aspectos críticos:

- **Desempenho** — Um banco de dados usando rotinas de direitos de definidor, quando possível, será inerentemente mais escalonável e de melhor desempenho do que um banco de dados usando rotinas de direitos de chamador.
- **Segurança** — As rotinas de direitos de definidor têm alguns aspectos de segurança muito interessantes e úteis, que os tornam a escolha certa quase todo o tempo.

Desempenho e escalonamento

Um procedimento de direitos de definidor é realmente uma grande coisa, em termos de segurança e desempenho. Na seção *Como eles funcionam*, veremos que devido à ligação estática do tempo de compilação, pode ser obtido muito de desempenho, no tempo de execução. Todas as validações de segurança, mecanismos de dependência etc são feitas por ocasião da compilação. Com uma rotina de direitos de chamador, muito desse trabalho precisa ser feito no tempo de execução. Ela também pode ser realizada muitas vezes em uma única sessão, depois de um comando ALTER SESSION ou SET ROLE. Tudo o que pode mudar na execução do ambiente no tempo de execução levará uma rotina de direitos de chamador a mudar também o seu comportamento. Uma rotina de direitos de definidor é estática com relação a isso; as rotinas de direitos de chamador não são.

Além disso, como veremos na seção *Advertências,* mais adiante neste capítulo, uma rotina de direitos de chamador incorrerá em utilização de combinação compartilhada maior do que uma rotina de direitos de definidor. Como o ambiente de execução da rotina de direitos de definidor é estático, *toda* a SQL estática executada por eles tem a garantia de ser passível de compartilhamento, na combinação compartilhada. Como vimos em outras seções neste livro, a combinação compartilhada é uma estrutura de dados que precisamos usar com cuidado para não abusar (através do uso de ligação de variáveis, análise excessiva etc). Usar rotinas de direitos de definidor garante o uso máximo da combinação compartilhada. Uma rotina de direitos de chamador, por outro lado, em alguns aspectos anula a combinação compartilhada. Em vez de uma única consulta SELECT * FROM T significando a mesma coisa para todas as pessoas quando em um procedimento, pode muito bem significar diferentes coisas para pessoas diferentes. Teremos mais SQL em nossa combinação compartilhada. Usar os procedimentos de direitos de definidor garante a melhor utilização geral de combinação compartilhada.

Segurança

Em resumo, os direitos de definidor nos permitem criar um procedimento que opera com segurança e correção em algum conjunto de objetos de banco de dados. Podemos então permitir que outras pessoas executem esse procedimento por meio do comando GRANT EXECUTE ON <procedure> TO <user>/public/<role>. Essas pessoas podem executar tal procedimento para acessar as nossas tabelas em uma maneira de leitura/escrita (somente através de código no procedimento), sem serem capazes de ler ou escrever nossas tabelas de qualquer outro modo. Em outras palavras, simplesmente fizemos um processo confiável em que podemos modificar ou ler nossos objetos com segurança, e podemos dar a outras pessoas a permissão para executar esse processo confiável sem precisar dar a eles a habilidade de ler ou escrever nossos objetos por meio de qualquer outro método. Eles não estarão usando SQP*PLUS para inserção em sua tabela de Recursos Humanos. A habilidade de fazer isso *só* é fornecida através de seu procedimento armazenado, com todas as suas verificações e controles no lugar. Isso tem imensas implicações no design de seu aplicativo e na forma como você permitirá que as pessoas utilizem seus dados. Você não iria mais GRANT INSERT em uma tabela como faz com um aplicativo cliente-servidor que faz inserções SQL diretas. Em vez disso, você iria GRANT EXECUTE em um procedimento que pode validar e verificar os dados, implementar outros controles e verificações de segurança, e não se preocupar com a integridade de seus dados (seu procedimento sabe o que fazer, e esse é o único jogo existente).

Compare com o modo que típicos aplicativos cliente-servidor ou muitos aplicativos de 3 camadas funcionam. Em um aplicativo cliente-servidor, as declarações INSERT, UPDATE e DELETE, entre outras, são codificadas diretamente no aplicativo cliente. O usuário final precisa ter concessão para INSERT, UPDATE e DELETE diretamente nas tabelas base, para executar esse aplicativo. Agora o mundo todo acessa suas tabelas base através de qualquer interface que possa se registrar no Oracle. Se você usar um procedimento de direitos de definidor, não tem tal problema. O seu procedimento confiável é o *único* mecanismo para modificar as tabelas. Isso é muito poderoso.

Com freqüência as pessoas perguntam: 'Como posso fazer para que só o meu aplicativo myapp.exe seja capaz de fazer a operação X no banco de dados?'. Isto é, eles querem que seu .exe seja capaz de INSERT em alguma tabela, mas não querem que qualquer outro aplicativo seja capaz de fazer a mesma coisa. A *única maneira segura* de fazer isso é colocar a lógica de banco de dados de myapp.exe no banco de dados — não colocar nem mesmo uma INSERT, UPDATE, DELETE ou SELECT no aplicativo cliente. Só se você colocar o aplicativo diretamente no banco de dados, tirando a necessidade do aplicativo cliente INSERT diretamente (ou o que for), em sua tabela, poderá fazer com que *apenas* seu aplicativo possa acessar os dados. Colocando a lógica de banco de dados do seu aplicativo no banco de dados, o seu banco de dados torna-se nada mais que uma camada de apresentação. Não importa se o seu aplicativo (o componente de banco de dados dele) é chamado por SQL*PLUS, pelo seu aplicativo GUI ou ainda por alguma outra interface implementada, é o seu aplicativo que estará executando no banco de dados.

Como eles funcionam

É onde as coisas começam a ficar confusas; exatamente quais privilégios são ativos e quando. Antes de entrar em como os procedimentos de direitos de chamador funcionam, veremos os procedimentos de direitos de definidor e como *eles* trabalham (e sempre trabalharam). Depois de entendermos os direitos de definidor e porque funcionam como o fazem, veremos as diferentes maneiras que os procedimentos de direitos de chamador se comportarão sob as várias circunstâncias de chamada.

Direitos de definidor

No modelo de direitos de definidor, um procedimento armazenado é compilado usando os privilégios concedidos diretamente à pessoa que 'possui' o procedimento. Por 'concedido diretamente', quero dizer todos os privilégios de objeto e sistema concedidos àquela conta ou a PUBLIC, não incluindo quaisquer funções que o usuário ou

PUBLIC possam ter. Em resumo, em um procedimento de direitos de definidor, as funções não têm significado ou presença por ocasião da compilação ou durante o tempo de execução. Os procedimentos são compilados usando apenas privilégios diretamente concedidos. Esse fato é documentado no *Guia do desenvolvedor de aplicativo Oracle*, como a seguir:

Privilégios exigidos para criar procedimentos e funções

Para criar um procedimento individual ou função, especificação de pacote ou corpo, você precisa seguir os seguintes pré-requisitos:

Precisa ter o privilégio de sistema CREATE PROCEDURE para criar um procedimento ou o privilégio de sistema CREATE ANY PROCEDURE para criar um procedimento ou pacote em outro esquema de usuário.

Atenção: Criar sem erros (para compilar o procedimento ou pacote com sucesso) exige os seguintes privilégios adicionais:

- O proprietário do procedimento ou pacote precisa ter, explicitamente, a concessão de privilégios necessários de objeto para todos os objetos referidos dentro do corpo do código.
- O proprietário não pode ter obtido os privilégios exigidos através de funções.

Se os privilégios de um proprietário de procedimento ou de pacote mudarem, o procedimento precisa ser autenticado novamente, antes de ser executado. Se um privilégio necessário a um objeto referido for revogado do proprietário do procedimento (ou pacote), o procedimento não poderá ser executado.

Embora isso não seja explicitamente declarado, uma concessão a PUBLIC é tão boa quando uma ao proprietário do procedimento. Essa exigência, a necessidade para uma concessão direta no procedimento de direitos de definidor, às vezes leva à uma situação confusa, demonstrada abaixo. Veremos que podemos consultar o objeto em SQL*PLUS e s usar um bloco anônimo para acessar o objeto, mas não podemos criar um procedimento armazenado nesse objeto. Começaremos configurando as concessões apropriadas para esse cenário:

```
scott@TKYTE816> revoke select on emp from public;

Revoke succeeded.

scott@TKYTE816> grant select on emp to connect;

Grant succeeded.

scott@TKYTE816> connect tkyte/tkyte

tkyte@TKYTE816> grant create procedure to another_user;

Grant succeeded.
```

e agora veremos que ANOTHER_USER pode consultar a tabela SCOTT.EMP:

```
tkyte@TKYTE816> connect another_user/another_user

another_user@TKYTE816> select count(*) from scott.emp;

COUNT(*)
--------
      14
```

Da mesma forma, ANOTHER_USER também pode executar um bloco PL/SQL anônimo:

```
another_user@TKYTE816> begin
  2      for x in ( select count(*) cnt from scott.emp )
  3      loop
  4          dbms_output.put_line( x.cnt );
```

```
    5      end loop;
    6  end;
    7  /
14
```

PL/SQL procedure successfully completed.

Entretanto, quando tentamos criar um procedimento idêntico ao PL/SQL acima, encontramos isto:

```
another_user@TKYTE816> create or replace procedure P
  2  as
  3  begin
  4      for x in ( select count(*) cnt from scott.emp )
  5      loop
  6              dbms_output.put_line( x.cnt );
  7      end loop;
  8  end;
  9  /

Warning: Procedure created with compilation errors.

another_user@TKYTE816> show err
Errors for PROCEDURE P:

LINE/COL    ERROR
--------    --------------------------------------------
4/14        PL/SQL: SQL statement ignored
4/39        PLS-00201: identifier 'SCOTT.EMP' must be declared
6/9         PL/SQL: Statement ignored
6/31        PLS-00364: loop index variable 'X' use is invalid
```

Não posso criar um procedimento (ou qualquer objeto armazenado compilado, como uma vista ou um disparador) que acesse SCOTT.EMP. Esse é o comportamento esperado e documentado. No exemplo acima, ANOTHER_USER é um usuário com a função CONNECT. A função CONNECT foi concedida para SELECT em SCOTT.EMP. Porém, esse privilégio da função CONNECT não está disponível no procedimento armazenado de direitos de definidor, daí a mensagem de erro. O que digo às pessoas, para evitar essa confusão, é para SET ROLE NONE em SQL*PLUS e experimentar a declaração desejada para encapsular em um procedimento armazenado. Por exemplo:

```
another_user@TKYTE816> set role none;

Role set.

another_user@TKYTE816> select count(*) from scott.emp;
select count(*) from scott.emp
                     *
ERROR at line 1:
ORA-00942: table or view does not exist
```

Se não funcionar em SQL*PLUS sem funções, definitivamente também não funcionará em um procedimento armazenado de direitos de definidor.

Compilação de um procedimento de direitos de definidor

Quando compilamos o procedimento no banco de dados, acontecem algumas coisas com relação aos privilégios. Vamos relacioná-las rapidamente e depois entrar em detalhes.

❑ Todos os objetos que o procedimento acessa estaticamente (qualquer um não acessado através de SQL dinâmica), têm sua existência verificada. Os nomes são verificados por regras de escopo padrão, à medida que eles se aplicam ao definidor do procedimento.

❏ Todos os objetos que ele acessa são verificados para garantir que o modo de acesso exigido estará disponível. Isto é, se for feita uma tentativa de UPDATE, o Oracle irá verificar se o definidor, ou PUBLIC, tem a habilidade de UPDATE T sem o uso de qualquer função.

❏ É ajustada e mantida uma dependência entre esse procedimento e os objetos referidos. Se esse procedimento emitir SELECT FROM T, é gravada uma dependência entre T e esse procedimento.

Por exemplo, se eu tiver um procedimento P que tentou SELECT * FROM T, primeiro o compilador irá verificar T na referência totalmente qualificada. T é um nome ambíguo no banco de dados — pode ser preciso escolher. O Oracle seguirá suas regras de escopo para descobrir o que T realmente é. Qualquer sinônimo será verificado quanto aos seus objetos de base, e o nome de esquema será associado ao objeto. Ele faz essa resolução de nome usando as regras atualmente registradas no usuário (o definidor). Isto é, buscaremos por um objeto chamado T, de propriedade de seu usuário, e o usaremos primeiro (isso inclui sinônimos privados), depois ele buscará por sinônimos públicos e tentará encontrar T, e assim por diante.

Quando ele determinar exatamente a que T se refere, o Oracle irá definir se o modo no qual estão tentando acessar T é permitido. Nesse caso, se o definidor possuir o objeto T ou tiver a concessão de SELECT diretamente em T (ou se PUBLIC teve concessão de privilégios SELECT), o procedimento será compilado. Se o definidor não tiver acesso a um objeto chamado T através de uma concessão direta, o procedimento P não será compilado. Portanto, quando o objeto (o procedimento armazenado que se refere a T) estiver compilado no banco de dados, o Oracle fará essas verificações. Se elas 'passarem', o Oracle compilará o procedimento, armazenará o código binário do procedimento e ajustará uma dependência entre esse procedimento e esse objeto T. Essa dependência é usada para invalidar o procedimento mais tarde, no caso de algo acontecer a T que precise da recompilação do procedimento armazenado. Por exemplo, se no futuro REVOKE SELECT ON T (revogarmos seleção em T) do proprietário desse procedimento armazenado, o Oracle marcará todos os procedimentos armazenados que esse usuário tenham, que dependam de T, e os referirá a T como INVALID. Se ALTER TO ADD... alguma coluna, o Oracle pode invalidar todos os procedimentos dependentes. Isso os levará a serem automaticamente recompilados em sua próxima execução.

O que é interessante notar é não apenas o que é armazenado, mas o que *não é* armazenado quando compilamos o objeto. O Oracle não armazena o privilégio exato usado para obter acesso a T. Só sabemos que o procedimento P é dependente de T. Não sabemos se o motivo porque temos permissão de ver T foi devido a:

❏ Uma concessão dada ao definidor do procedimento (GRANT SELECT ON T TO USER)
❏ Uma concessão a PUBLIC em T (GRANT SELECT ON T TO PUBLIC)
❏ O usuário tendo o privilégio SELECT ANY TABLE.

É interessante notar o motivo pelo qual ele não é armazenado, é que REVOKE de qualquer dos acima levará o procedimento P a tornar-se inválido. Se todos os três privilégios estivessem no lugar quando o procedimento foi compilado, uma revogação de *qualquer* deles invalidaria o procedimento, forçando-o a ser recompilado antes de ser novamente executado.

Agora que o procedimento está compilado no banco de dados e as dependências estão todas configuradas, podemos executar o procedimento e ter certeza de que ele sabe quem é T, e que T está acessível. Se alguma coisa que possa afetar a nossa habilidade de acessar T acontecer à tabela T ou ao conjunto de privilégios de base disponíveis ao definidor desse procedimento, nosso procedimento se tornará inválido e precisará ser recompilado.

Diretos e funções de definidor

Isso nos leva ao motivo pelo qual as funções não são capacitadas durante a compilação e execução de um procedimento armazenado no modo de direitos de definidor. O Oracle não está armazenando exatamente *porque* você tem permissão para acessar T, *só porque você tem*. Quaisquer mudanças em seus privilégios que possam vedar a remoção do acesso a T, levará o procedimento a se tornar inválido e precisar de recompilação. Sem funções, significa apenas REVOKE SELECT ANY TABLE ou REVOKE SELECT ON T da conta de definidor ou de PUBLIC.

Com funções capacitadas, aumenta muito o número de vezes em que poderíamos invalidar esse procedimento. Para ilustrar o que quero dizer com isso, vamos supor por um momento que as funções nos deram privilégios em objetos armazenados. Agora, quase sempre que *qualquer função* que tínhamos tenha sido modificada, sempre que um privilégio tenha sido revogado de uma função ou a partir de uma função designada a uma função (e assim por diante, as funções podem (e são) ser concedidas a funções), corremos o risco de invalidar muitos procedimentos (até procedimentos onde não tínhamos um privilégio de função modificada).

Considere o impacto de revogar um privilégio de sistema de uma função. Seria comparável a revogar um poderoso privilégio de sistema de PUBLIC (não o faça, só pense nisso — ou faça primeiro em um banco de dados de teste). Se PUBLIC tiver tido a concessão SELECT ANY TABLE, revogar tal privilégio levaria, virtualmente, cada procedimento no banco de dados a se tornar inválido. Se procedimentos baseados em funções, cada procedimento no banco de dados se tornaria constantemente inválido, devido a pequenas mudanças em permissões. Visto que um dos principais benefícios de procedimentos é o modelo 'compilar uma vez, executar muitas', tal coisa seria desastrosa para o desempenho.

Considere também que funções podem ser:

- **Não-padrão** — Se eu tiver uma função não-padrão, capacitá-la e compilar um procedimento que confie em tais privilégios, ao registrar minha saída não terei mais aquela função. O meu procedimento deve tornar-se *inválido*? Por que? Por que não? Eu poderia argumentar, facilmente, os dois lados.
- **Senha protegida** — Se alguém mudar a senha em uma ROLE, tudo o que precisar dessa função precisará ser recompilado? Posso ter essa função concedida, mas não conhecendo a nova senha, não posso mais capacitá-la. Os privilégios ainda devem estar disponíveis? Por que, ou por que não? De novo, há casos a favor e contra.

A questão com relação às funções em procedimentos com os direitos de definidor é:

- Você tem milhares ou dezenas de milhares de usuários finais. Eles não criam objetos armazenados (não devem). Precisamos de funções para gerenciar essas pessoas. As funções são designadas para essas pessoas (usuários finais).
- Você tem muito menos esquemas de aplicativos (coisas que contêm objetos armazenados). Para esses, queremos ser tão explícitos quanto a quais privilégios precisamos, exatamente, e porque. Em termos de segurança, isso é chamado de conceito de 'menos privilégios'. Você quer dizer especificamente qual privilégio precisa, e porque precisa dele. Se você herdar muitos privilégios de funções, efetivamente não poderá fazer isso. É possível gerenciar para ser explícito, visto que o número de esquemas de desenvolvimento é *pequeno* (mas o número de usuários finais é *grande*).
- Ter o relacionamento direto entre o definidor e o procedimento torna o banco de dados muito mais eficiente. Recompilamos objetos *só quando precisamos fazê-lo*, não quando *poderíamos precisar fazê-lo*. Isso é um grande aperfeiçoamento em eficiência.

Direitos de chamador

Há uma grande diferença entre procedimentos de direitos de chamador e procedimentos de direitos de definidor (e blocos anônimos de PL/SQL) com relação a como eles usam privilégios e verificam referências a objetos. Em termos de executar declarações SQL, os procedimentos de direitos de chamador são semelhantes a um bloco anônimo de PL/SQL, mas executam como um procedimento de direitos de definidor, com relação a outras declarações PL/SQL. Além disso, as funções *podem* ser capacitadas em um procedimento de direitos de chamador, dependendo de como ele tenha sido acessado — diferente de direitos de definidor, que não permitem o uso de funções para fornecer acesso a objetos em procedimentos armazenados.

Exploraremos duas peças desses procedimentos de direitos de chamador:

- Peças 'SQL' — qualquer coisa que SELECT, INSERT, UPDATE, DELETE e qualquer coisa que executemos dinamicamente, usando DBMS_SQL ou EXECUTE IMMEDIATE (inclusive código PL/SQL dinamicamente executado).
- Peças 'PL/SQL' — referências estáticas a tipos de objeto em declarações de variáveis, chamadas a outros procedimentos armazenados, pacotes, funções e assim por diante.

Essas duas 'peças' são tratadas de forma muito diferente em procedimentos de direitos de chamador. As 'peças SQL' são verificadas por ocasião da compilação (para determinar suas estruturas etc), mas são verificadas novamente no tempo de execução; é o que capacita um procedimento armazenado SELECT * FROM EMP acessar tabelas EMP completamente diferentes no tempo de execução, quando executadas por diferentes usuários. No entanto, as peças 'PL/SQL' são estaticamente ligadas no tempo de compilação, como em um procedimento de direitos de definidor. Assim, se o seu procedimento de direitos de chamador tiver código como:

```
...
AUTHID CURRENT_USER
as
begin
   for x in ( select * from T ) loop
        proc( x.cl );
   end loop;
...
```

a referência a T será dinamicamente verificada no tempo de execução (bem como por ocasião da compilação, para entender o que significa SELECT *), permitindo que uma T diferente seja usada por cada pessoa. No entanto, a referência a PROC só será verificada por ocasião da compilação, e o nosso procedimento será estaticamente ligado a um único PROC. O chamador dessa rotina não precisa EXECUTE ON PROC, mas precisa SELECT naquele objeto chamado T. Não para confundir o problema, mas se quisermos que a chamada a PROC seja verificada no tempo de execução, temos mecanismos para fazê-lo. Podemos codificar:

```
...
AUTHID CURRENT_USER
as
begin
    for x in ( select * from T ) loop
        execute immediate 'begin proc( :x ); end;' USING x.cl;
    end loop;
...
```

No caso acima, a referência a PROC será verificada utilizando o conjunto de privilégios de chamador, e eles precisam ter EXECUTE concedido a eles (ou a alguma função, se funções estiverem ativas).

Verificação de referências e concessão de privilégios

Vejamos como privilégios são passados dentro de um procedimento de direitos de chamador. Ao fazermos isso, precisamos considerar os diversos ambientes, ou pilhas de chamadas, que podem chamar nosso procedimento:

- Uma chamada direta por um usuário final.
- Uma chamada por um procedimento de direitos de definidor.
- Uma chamada por outro procedimento de direitos de chamador.
- Uma chamada por uma declaração SQL.
- Uma chamada por uma vista que se refere a um procedimento de direitos de chamador.
- Uma chamada por um disparador.

Exatamente com o mesmo procedimento, o resultado em cada um dos ambientes acima poderia ser diferente, potencialmente. Em cada caso, um procedimento de direitos de chamador pode muito bem acessar tabelas e objetos de banco de dados, completamente diferentes no tempo de execução.

Vamos começar então olhando como os objetos são ligados e quais privilégios estão disponíveis em um procedimento de direitos de chamador no tempo de execução, quando executando em cada um dos ambientes acima. Os casos da vista e do disparador serão considerados igualmente, visto que ambos executam apenas com os direitos de definidor. Também, visto que objetos estáticos PL/SQL *são sempre verificados por ocasião da compilação em todos os ambientes*, não iremos considerá-los. Eles são sempre verificados com relação ao esquema e direitos de acesso do definidor. O usuário atualmente registrado não precisa de acesso a objeto PL/SQL referido. A tabela a seguir descreve o comportamento que você deveria esperar de cada ambiente:

Ambiente	Objetos SQL e PL/SQL dinamicamente chamados	As funções estão capacitadas?
Uma chamada direta por um usuário final. Por exemplo: SQL> exec p;	Referências a esses objetos são verificadas usando o esquema padrão e privilégios do usuário atual. Referências não qualificadas a objetos serão verificadas em seus esquemas. Todos os objetos precisam estar acessíveis ao usuário registrado no momento. Se o procedimento SELECTs de T, o usuário atualmente registrado precisa ter também SELECT ON T (diretamente ou através de alguma função).	Sim. Todas as funções anteriores à execução do procedimento estão disponíveis dentro do procedimento. Elas serão usadas para permitir ou negar acesso a todos os objetos SQL e PL/SQL chamados dinamicamente.

(Continuação)

Ambiente	Objetos SQL e PL/SQL dinamicamente chamados	As funções estão capacitadas?

Uma chamada por um procedimento de direitos de definidor (P1), onde P2 é um procedimento de direitos de chamador. Por exemplo:
procedure p1
is
begin
  p2;
end;
	São verificados usando o esquema de definidor, o esquema de chamar o procedimento. Objetos não qualificados serão verificados nesse outro esquema, não no do usuário registrado atualmente, nem no esquema que procedimento de direitos de chamador, mas o esquema que estiver chamando o procedimento. Em nosso exemplo, o proprietário de P1 seria sempre o 'chamador' dentro de P2.	Não. Não há funções capacitadas, visto que o procedimento de direitos de chamador foi invocado. No ponto criou o de entrada no procedimento de direitos de definidor, todas as funções são incapacitadas e assim permanecerão até que o procedimento de direitos de definidor seja chamado.

Uma chamada por outro procedimento de direitos de chamador.	Igual à chamada direta por um usuário final.	Sim. Igual à chamada direta por um usuário final.
Uma chamada por uma declaração SQL.	Igual à chamada direta por um usuário final	Sim. Igual à chamada direta por um usuário final.
Uma chamada por uma VIEW ou um TRIGGER que se refere a um procedimento de direitos de chamador.	Igual a uma chamada por procedimento de direitos de definidor.	Não. Igual à chamada por procedimento de direitos de definidor.

Assim, como se pode ver, o ambiente de execução pode ter um efeito dramático no comportamento de tempo de execução de uma rotina de direitos de chamador. Exatamente o mesmo procedimento armazenado PL/SQL, quando executado diretamente, pode acessar um conjunto de objetos completamente diferente do que fará quando executado por outro procedimento armazenado, até quando registrado exatamente como o mesmo usuário.

Para demonstrar, criaremos um procedimento que exibe quais funções estão ativas no tempo de execução e acessa a tabela que contém dados, que nos diz quem 'possui' aquela tabela. Faremos isso para cada um dos casos acima, exceto para a rotina de direitos de chamador chamado de uma rotina de direitos de chamador, visto que isso é exatamente igual a chamar diretamente a rotina de direitos de chamador. Começaremos configurando as duas contas que usaremos para essa demonstração:

```
tkyte@TKYTE816> drop user a cascade;

User dropped.

tkyte@TKYTE816> drop user b cascade;

User dropped.

tkyte@TKYTE816> create user a identified by a default tablespace data temporary
tablespace temp;

User created.

tkyte@TKYTE816> grant connect, resource to a;

Grant succeeded.

tkyte@TKYTE816> create user b identified by b default tablespace data temporary
tablespace temp;

User created.

tkyte@TKYTE816> grant connect, resource to b;

Grant succeeded.
```

Essa configuração tem dois usuários, A e B, cada um com duas funções, CONNECT e RESOURCE. Em seguida, faremos o usuário A criar uma rotina de direitos de chamador e depois uma rotina de direitos de definidor e uma vista, cada qual chamando a rotina de direitos de chamador. Cada execução do procedimento nos dirá quantas funções estão colocadas, quem é o usuário atual (o esquema em cujo conjunto de privilégio está executando), qual é o esquema atual e, finalmente, qual tabela está sendo usada pela consulta. Começamos criando uma tabela identificável para o usuário A:

```
tkyte@TKYTE816> connect a/a

a@TKYTE816> create table t ( x varchar2(255) );

Table created.

a@TKYTE816> insert into t values ( 'A's table' );

1 row created.
```

Em seguida, o usuário A cria a função de direitos de chamador, o procedimento de direitos de definidor e a vista:

```
a@TKYTE816> create function Invoker_rights_function return varchar2
  2    AUTHID CURRENT_USER
  3    as
  4            l_data varchar2(4000);
  5    begin
  6            dbms_output.put_line( 'I am an IR PROC owned by A' );
  7            select 'current_user=' ||
  8                            sys_context( 'userenv', 'current_user' ) ||
  9                            ' current_schema=' ||
 10                            sys_context( 'userenv', 'current_schema' ) ||
 11                            ' active roles=' || cnt ||
 12                            ' data from T=' || t.x
 13                       into l_data
 14                       from (select count(*) cnt from session_roles), t;
 15
 16            return l_data:
 17    end;
 18    /

Function created.

a@TKYTE816> grant execute on Invoker_rights_function to public;

Grant succeeded.

a@TKYTE816> create procedure Definer_rights_procedure
  2    as
  3                       l_data varchar2(4000);
  4    begin
  5       dbms_output.put_line( 'I am a DR PROC owned by A' );
  6       select 'current_user=' ||
  7               sys_context( 'userenv', 'current_user' ) ||
  8               ' current_schema=' ||
  9               sys_context( 'userenv', 'current_schema' ) ||
 10               'active roles=' || cnt ||
 11               data from T=' || t.x
 12          into l_data
 13          from (select count(*) cnt from session_roles), t;
 14
 15       dbms_output.put_line( l_data );
 16       dbms_output.put_line
 17                 ( 'Going to call the INVOKER rights procedure now. . . ' );
 17       dbms_output.put_line( Invoker_rights_function );
 18    end;
 19    /
```

```
Procedure created.

a@TKYTE816> grant execute on Definer_rights_procedure to public;

Grant succeeded.

a@TKYTE816> create view V
  2  as
  3  select invoker_rights_function from dual
  4  /

View created.

a@TKYTE816> grant select on v to public
  2  /

Grant succeeded.
```

Agora registraremos a entrada como usuário B, criaremos uma tabela T com uma identificação de fileira e executaremos os procedimentos acima:

```
a@TKYTE816> connect b/b

b@TKYTE816> create table t ( x varchar2(255) );

Table created.

b@TKYTE816> insert into t values ( 'B''s table' );

1 row created.

b@TKYTE816> exec dbms_output.put_line( a.Invoker_rights_function )
I am an IR PROC owned by A
current_user=B current_schema=B active roles=3 data from T=B's table

PL/SQL procedure successfully completed.
```

Como vemos, quando o usuário B chama diretamente a rotina de direitos de chamador de propriedade de A, os privilégios são tomados do usuário B no tempo de execução (current_user=B). Além disso, como o current_schema é o usuário B, a consulta é selecionada de B.T, não de A.T. Isso é evidenciado por data from T=B's table na saída acima. Finalmente, vemos que há três funções ativas na sessão, quando executamos a consulta (em meu banco de dados tenho PLUSTRACE, usado por AUTOTRACE, concedido a PUBLIC — essa é a terceira função). Agora, vamos comparar o que acontece quando chamamos através do procedimento de direitos de definidor:

```
b@TKYTE816> exec a.Definer_rights_procedure
I am a DR PROC owned by A
current_user=A current_schema=A active roles=0 data from T=A's table
Going to call the INVOKER rights procedure now. . .
I am an IR PROC owned by A
current_user=A current_schema=A active roles=0 data from T=A's table

PL/SQL procedure successfully completed.
```

A rotina de direitos do definidor foi executada com os privilégios do usuário A, menos as funções (active roles=0). Além disso, a rotina de direitos de definidor está estaticamente ligada à tabela A.T, e não verá a tabela B.T.

O mais importante a notar é o efeito quando chamamos a rotina de direitos de chamador da rotina de direitos de definidor. Observe que, dessa vez, o *chamador* é A e não B. O chamador é o esquema que está atualmente colocado, quando da chamada à rotina de direitos do chamador. Ele *não* executará como o usuário V da forma que fez antes, dessa vez executará como o usuário A. Assim, current_user e current_schema são ajustados para o usuário A, e a tabela que a rotina de direitos de chamador acessa será a tabela de A. Outro fato importante é que agora as funções não são ativas na rotina de direitos de chamador. Quando entramos com a rotina de direitos de definidor, as funções foram incapacitadas, e permanecem incapacitadas até que saiamos de novo da rotina de direitos de definidor.

Vejamos agora quais os efeitos de chamar a função de direitos de chamador a partir de SQL:

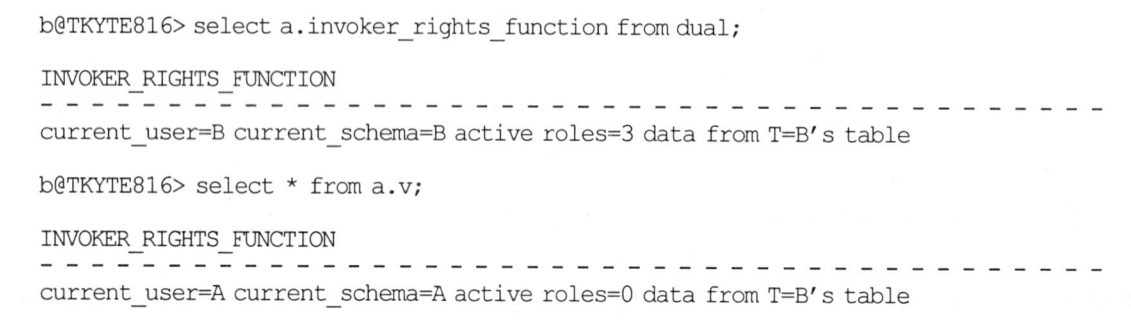

```
b@TKYTE816> select a.invoker_rights_function from dual;

INVOKER_RIGHTS_FUNCTION
-----------------------------------------------------------
current_user=B current_schema=B active roles=3 data from T=B's table

b@TKYTE816> select * from a.v;

INVOKER_RIGHTS_FUNCTION
-----------------------------------------------------------
current_user=A current_schema=A active roles=0 data from T=B's table
```

Podemos ver que chamar a rotina de direitos de chamador diretamente de SQL, selecionando-a de DUAL, como fizemos, é o mesmo que chamar diretamente a rotina. Além do mais, chamar a rotina de uma vista, como fizemos com a segunda consulta, mostra que ela se comportará como se tivéssemos chamado uma rotina de direitos de definidor, pois as vistas são sempre armazenadas usando direitos de definidor.

Compilação de um procedimento de direitos de chamador

Agora, iremos explorar o que acontece quando compilados um procedimento de direitos de chamador no banco de dados. Isso pode ser surpreendente, mas a resposta é *exatamente do mesmo tipo que acontece quando compilamos um procedimento de direitos de definidor.* As etapas são:

- ❑ Todos os objetos que ele acessa estaticamente (qualquer coisa não acessada através de SQL dinâmica) têm a sua existência verificada. Os nomes são verificados por meio das regras de escopo padrão, pois elas se aplicam ao definidor do procedimento. As funções *não* são capacitadas.
- ❑ Todos os objetos que ele acessa são verificados para garantir que o modo de acesso exigido estará disponível. Isto é, se for feita uma tentativa de UPDATE, o Oracle irá verificar o definidor, ou PUBLIC terá habilidade de UPDATE T sem usar quaisquer funções.
- ❑ É ajustada e mantida uma dependência entre esse procedimento e os objetos referidos. Se esse procedimento SELECTS FROM T, a dependência entre T e esse procedimento será gravada.

O que isso significa é que uma rotina de direitos de chamador, no *tempo de compilação*, é tratada exatamente como uma rotina de direitos de definidor. Essa é uma área de confusão para muitos, que ouviram que as funções são capacitadas em rotinas de direitos de chamador, o que de fato está certo. *Entretanto* (e esse é um grande entretanto), elas não estão em efeito durante o processo de compilação, ou seja, a pessoa que compila o procedimento armazenado, o proprietário do procedimento armazenado, ainda precisa ter acesso direto a todas as tabelas estaticamente referidas. Lembre-se do exemplo que usamos na seção *Direitos de definidor*, onde mostramos que SELECT COUNT(*) FROM EMP foi bem sucedida em SQL e em PL/SQL com um bloco anônimo, mas falhou na compilação do procedimento armazenado. Exatamente a mesma coisa aconteceria com uma rotina de direitos de chamador. Ainda prevalecem as regras ditadas pelo *Guia do desenvolvedor de aplicativo Oracle 8i* sobre *Privilégios exigidos para criar procedimentos e funções*. Você ainda precisa de acesso direto aos objetos subjacentes.

A causa é o mecanismo de dependência empregado pelo Oracle. Se uma operação feita no banco de dados levasse um procedimento de direitos de definidor a se tornar inválido (por exemplo, a declaração REVOKE), o procedimento de direitos de chamador correspondente também se tornaria inválido. A única diferença verdadeira entre os procedimentos de direito de chamador e de definidor é o seu comportamento no tempo de execução. Em termos de dependências, invalidação e os privilégios exigidos pelo proprietário do procedimento, eles são exatamente iguais.

Há maneiras de contornar esse problema, e em muitos usos de procedimentos de direitos de chamador não será um problema. No entanto, indica a necessidade de **objetos gabarito**, em alguns casos. Na próxima seção, veremos o que são objetos gabarito e como podemos usá-los para contornar a necessidade de uma concessão direta.

Como usar objetos gabarito

Agora que sabemos que, por ocasião da compilação, um procedimento de direitos de chamador não é realmente diferente de um procedimento de direitos de definidor, podemos entender a necessidade de ter acesso diretamente a todos os objetos. Se estivéssemos fazendo o design de procedimentos de direitos de chamador onde pretendêssemos usar funções, como o definidor, precisaríamos de concessões, não da função. Pode não ser possível, por qualquer motivo (basta alguém dizer 'não, não permito que você selecione naquela tabela') e precisamos contornar aquilo.

Entre com objetos gabarito. Um objeto gabarito é basicamente um objeto ao qual o esquema que estiver sendo definido tem acesso direto, e que se parece exatamente com o objeto que queremos acessar no tempo de execução. Pense nele como uma estrutura C, uma Classe Java, um registro PL/SQL ou uma estrutura de dados. Ele está lá para deixar PL/SQL saber o número de colunas, os tipos de colunas etc. Um exemplo irá ajudar. Digamos que você quisesse criar um procedimento que consulta a tabela DBA_USERS e exibe, em um belo formato, uma declaração CREATE USER a qualquer usuário existente. Você deve tentar escrever um procedimento como um DBA, como:

```
tkyte@TKYTE816> create or replace
  2  procedure show_user_info( p_username in varchar2 )
  3  AUTHID CURRENT_USER
  4  as
  5     l_rec      dba_users%rowtype;
  6  begin
  7     select *
  8        into l_rec
  9        from dba_users
 10     where username = upper(p_username);
 11
 12     dbms_output.put_line( 'create user ' || p_username );
 13     if ( l_rec.password = 'EXTERNAL' ) then
 14        dbms_output.put_line( ' identified externally' );
 15     else
 16        dbms_output.put_line
 17           ( ' identified by values ' '' || l_rec.password || '''' );
 18     end if;
 19     dbms_output.put_line
 20        ( ' temporary tablespace ' || l_rec.temporary_tablespace ||
 21          ' default tablespace ' || l_rec.default_tablespace ||
 22          ' profile ' || l_rec.profile );
 23  exception
 24     when no_data_found then
 25        dbms_output.put_line( '*** No such user ' || p_username );
 26  end;
 27  /

Warning: Procedure created with compilation errors.

tkyte@TKYTE816> show err
Errors for PROCEDURE SHOW_USER_INFO:

LINE/COL    ERROR
--------    ------------------------------------------------
4/13        PLS-00201: identifier 'SYS.DBA_USERS' must be declared
4/13        PL/SQL: Item ignored
6/5         PL/SQL: SQL Statement ignored
8/12        PLS-00201: identifier 'SYS.DBA_USERS' must be declared
12/5        PL/SQL: Statement ignored
12/10       PLS-00320: the declaration of the type of this expression is
            incomplete or malformed

18/5        PL/SSQL: Statement ignored
19/35       PLS-00320: the declaration of the type of this expression is
            incomplete or malformed
```

Esse procedimento falha em compilar, não porque SYS.DBA_USERS não exista, mas em vez disso, porque temos a habilidade de acessar DBA_USERS como função, e as funções não são jamais capacitadas durante *a compilação* de procedimentos armazenados. Assim, o que podemos fazer para esse procedimento compilar? Por um lado, poderíamos criar nossa própria tabela DBA_USERS, o que permitirá ao nosso procedimento compilar com sucesso. Porém, como essa tabela não será a 'verdadeira' tabela DBA_USERS, ela não nos dará o resultado esperado, *a menos* que a executemos como outro usuário, que pode acessar a verdadeira vista DBA_USERS:

```
tkyte@TKYTE816> create table dba_users
  2  as
  3  select * from SYS.dba_users where 1=0;

Table created.

tkyte@TKYTE816> alter procedure show_user_info compile;

Procedure altered.

tkyte@TKYTE816> exec show_user_info( USER );
*** No such user TKYTE

PL/SQL procedure successfully completed.

tkyte@TKYTE816> connect system/manager

system@TKYTE816> exec tkyte.show_user_info( 'TKYTE' )
create user TKYTE
identified by values '698F1E51F530CA57'
temporary tablespace TEMP default tablespace DATA profile DEFAULT

PL/SQL procedure successfully completed.
```

Temos agora um procedimento que, quanto executado por alguém diferente de *definidor*, vê a DBA_USERS certa (se o chamador não tiver permissão para ver DBA_USERS, ele receberá table or view does not exist). Quando o definidor executa o procedimento, recebe no such user..., pois o seu objeto gabarito DBA_USERS está vazio. Porém, alguém recebe os resultados esperados. Em muitos casos, isso é perfeitamente aceitável. Um exemplo é quando você espera executar o mesmo conjunto de código em muitas tabelas diferentes. Nesse caso, no entanto, queremos que esse procedimento execute exatamente em uma tabela, DBA_USERS. Assim, de volta ao quadro de desenho, como podemos fazer esse procedimento funcionar para todos os usuários, inclusive o definidor? A resposta é, usar um objeto gabarito de tipo diferente. Criaremos uma tabela que seja estruturalmente igual a DBA_USERS, mas daremos a ela um nome diferente, digamos, DBA_USERS_TEMPLATE. Usaremos essa tabela simplesmente para definir um registro onde buscar. Depois, acessaremos dinamicamente DBA_USERS em todos os casos:

```
system@TKYTE816> connect tkyte/tkyte

tkyte@TKYTE816> drop table dba_users;

Table dropped.

tkyte@TKYTE816> create table dba_users_TEMPLATE
  2  as
  3  select * from SYS.dba_users where 1=0;

Table created.

tkyte@TKYTE816> create or replace
  2  procedure show_user_info( p_username in varchar2 )
  3  AUTHID CURRENT_USER
  4  as
  5      type rc is ref cursor;
  6
  7      l_rec       dba_users_TEMPLATE%rowtype;
  8      l_cursor    rc;
```

```
 9    begin
10        open l_cursor for
11        'select *
12           from dba_users
13          where username = :x'
14        USING upper(p_username);
15
16        fetch l_cursor into l_rec;
17        if ( l_cursor%found ) then
18
19            dbms_output.put_line( 'create user ' || p_username );
20            if ( l_rec.password = 'EXTERNAL' ) then
21                dbms_output.put_line( ' identified externally' );
22            else
23                dbms_output.put_line
24                    ( ' identified by values ' '' || l_rec.password || ' '' ' );
25            end if;
26            dbms_output.put_line
27                ( ' temporary tablespace ' || l_rec.temporary_tablespace ||
29                  ' default tablespace ' || l_rec.default_tablespace ||
29                  ' profile ' || l_rec.profile );
30        else
31                dbms_output.put_line( '*** No such user ' || p_username );
32        end if;
33        close l_cursor;
34    end;
35    /

Procedure created.

tkyte@TKYTE816> exec show_user_info( USER );
create user TKYTE
identified by values '698F1E51F530CA57'
temporary tablespace TEMP default tablespace DATA profile DEFAULT

PL/SQL procedure successfully completed.
```

Nesse caso, usamos a tabela DBA_USERS_TEMPLATE como uma maneira simples de criar um tipo de registro onde buscar. Poderíamos ter descrito DBA_USERS e configurado o nosso próprio tipo de registro e todo o restante dele, mas simplesmente achei mais fácil deixar o banco de dados fazer o trabalho. No caso de atualizarmos para o próximo lançamento de Oracle, podemos simplesmente recriar a tabela de gabarito, o nosso procedimento se recompilará e quaisquer novas/adicionais colunas ou mudanças de tipo serão automaticamente contabilizadas.

Advertências

Como com qualquer recurso, há algumas nuances que precisam ser observadas na maneira como esse recurso funciona. Essa seção tenta encaminhar algumas delas.

Uso de direitos de chamador e combinação compartilhada

Ao usar os direitos de chamador para ter um único procedimento de acesso a dados em diferentes esquemas, dependendo de quem estiver executando a consulta no tempo de execução, é preciso estar atento à penalidade em que você incorre na combinação compartilhada. Ao usar procedimentos de direitos de definidor, há no máximo uma cópia de uma declaração SQL na combinação compartilhada para cada consulta no procedimento. Os procedimentos armazenados de direitos de definidor fazem excelente uso da facilidade de SQL compartilhada (veja o Capítulo 10, sobre como isso é uma consideração extremamente importante). Por design, os procedimentos de direitos de chamador, por outro lado, podem não fazê-lo.

Isso não é nem terrível nem bom. Ao contrário, é algo sobre o que você precisa estar ciente, e medir a sua combinação compartilhada de acordo. Ao usar procedimentos de direitos de chamador, usaremos a combinação compartilhada da mesma forma que se você escrevesse um aplicativo cliente-servidor usando ODBC ou JDBC, que chama DML diretamente. Cada usuário pode estar executando exatamente a mesma consulta, mas cada consulta pode ser diferente. Assim, enquanto todos podemos estar emitindo SELECT * FROM T, visto que todos podemos ter diferentes tabelas T, cada um de nós terá a própria cópia do plano de consulta e informações relativas, na combinação compartilhada. Isso é necessário, pois cada um de nós tem uma T diferente, com direitos de acesso diferentes e planos de acesso completamente diferentes.

Podemos ver facilmente o efeito na combinação compartilhada. Criei os seguintes objetos em um esquema:

```
tkyte@TKYTE816> create table t ( x int );

Table created.

tkyte@TKYTE816> create table t2 ( x int );

Table created.

tkyte@TKYTE816> create public synonym T for T;

Synonym created.

tkyte@TKYTE816> create or replace procedure dr_proc
  2  as
  3      l_cnt number;
  4  begin
  5      select count(*) into l_cnt from t DEMO_DR;
  6  end;
  7  /

Procedure created.

tkyte@TKYTE816> create or replace procedure ir_proc1
  2  authid current_user
  3  as
  4      l_cnt number;
  5  begin
  6      select count(*) into l_cnt from t DEMO_IR_1;
  7  end;
  8  /

Procedure created.

tkyte@TKYTE816> create or replace procedure ir_proc2
  2  authid current_user
  3  as
  4      l_cnt number;
  5  begin
  6      select count(*) into l_cnt from tkyte.t DEMO_IR_2;
  7  end;
  8  /

Procedure created.

tkyte@TKYTE816> create or replace procedure ir_proc3
  2  authid current_user
  3  as
  4      l_cnt number;
  5  begin
  6      select count(*) into l_cnt from t2 DEMO_IR_3;
  7  end;
  8  /
```

```
Procedure created.

tkyte@TKYTE816> grant select on t to public;

Grant succeeded.

tkyte@TKYTE816> grant execute on dr_proc to public;

Grant succeeded.

tkyte@TKYTE816> grant execute on ir_proc1 to public;

Grant succeeded.

tkyte@TKYTE816> grant execute on ir_proc2 to public;

Grant succeeded.

tkyte@TKYTE816> grant execute on ir_proc3 to public;

Grant succeeded.
```

Criamos duas tabelas, T e T2. Há um sinônimo público T para TKYTE.T. Todos os nossos quatro procedimentos acessam T ou T2. O procedimento de direitos de definidor, sendo estaticamente ligado por ocasião da compilação, não precisa de um qualificador de esquema. O procedimento de direitos de chamador, IR_PROC1, acessará T através do sinônimo público. O segundo procedimento, IR_PROC2, usará uma referência totalmente qualificada, e o terceiro, IR_PROC3, acessará T2 de maneira não qualificada. Observe que não há sinônimo público para T2 — minha intenção é que IR_PROC3 acesse muitos T2s no tempo de execução.

Agora, criei dez usuários com este script:

```
tkyte@TKYTE816> begin
  2      for i in 1 . . 10 loop
  3         begin
  4            execute immediate 'drop user u' || i || ' cascade';
  5         exception
  6            when others then null;
  7         end;
  8         execute immediate 'create user u' ||i || ' identified by pw';
  9         execute immediate 'grant create session, create table to u' || i;
 10         execute immediate 'alter user u' || i || ' default tablespace
 11                 data quota unlimited on data';
 12      end loop;
 13  end;
 14  /

PL/SQL procedure successfully completed.
```

e para cada usuário, executamos:

```
create table t2 ( x int );
exec tkyte.dr_proc
exec tkyte.ir_proc1
exec tkyte.ir_proc2
exec tkyte.ir_proc3
```

Isso registraria a entrada como aquele usuário, criaria T2 e executaria os quatro procedimentos em questão. Depois de fazer isso para cada um dos dez usuários, podemos inspecionar nossa combinação compartilhada, especificamente a vista V$SQLAREA, para ver o que aconteceu, usando o procedimento PRINT_TABLE, já mostrado no capítulo:

```
tkyte@TKYTE816> set serveroutput on size 1000000
tkyte@TKYTE816> begin
  2        print_table ('select sql_text, sharable_mem, version_count,
  3                       loaded_versions, parse_calls, optimizer_mode
  4                  from v$sqlarea
  5                 where sql_text like ' ''% DEMO\_R%'' ' escape ' ''\'' '
  6                   and lower(sql_text) not like ' ''%v$sqlarea%'' ' ');
  7    end;
  8    /

SQL_TEXT                  : SELECT COUNT(*)    FROM OPS$TKYTE.T_DEMO_IR_3
SHARABLE_MEM              : 4450
VERSION_COUNT             : 1
LOADED_VERSIONS           : 1
PARSE_CALLS               : 10
OPTIMIZER_MODE            : CHOOSE
-----------
SQL_TEXT                  : SELECT COUNT(*)    FROM T_DEMO_DR
SHARABLE_MEM              : 4246
VERSION_COUNT             : 1
LOADED_VERSIONS           : 1
PARSE_CALLS               : 10
OPTIMIZER_MODE            : CHOOSE
-----------
SQL_TEXT                  : SELECT COUNT(*)    FROM T_DEMO_IR_1
SHARABLE_MEM              : 4212
VERSION_COUNT             : 1
LOADED_VERSIONS           : 1
PARSE_CALLS               : 10
OPTIMIZER_MODE : CHOOSE
-----------
SQL_TEXT                  : SELECT COUNT(*)    FROM T2_DEMO_IR_3
SHARABLE_MEM              : 31941
VERSION_COUNT             : 10
LOADED_VERSIONS           : 10
PARSE_CALLS               : 10
OPTIMIZER_MODE            : MULTIPLE CHILDREN PRESENT
-----------

PL/SQL procedure successfully completed.
```

Ainda que o texto SQL seja exatamente igual para SELECT COUNT(*) FROM T2 DEMO_IR_3, podemos ver claramente que há dez cópias diferentes desse código na combinação compartilhada. De fato, cada usuário precisa de seu próprio plano otimizado, pois os objetos referidos por essa mesma consulta são completamente diferentes. Nos casos onde os objetos subjacentes eram idênticos e os privilégios estavam no lugar, compartilhamos os planos SQL, conforme esperado.

Assim, a questão é que se você usar direitos de chamador para hospedar uma cópia de código para acessar muitos esquemas diferentes, precisa estar preparado para ter uma combinação compartilhada maior para armazenar esses planos de consulta etc, o que nos leva à próxima advertência.

Desempenho

Ao usar procedimentos de direitos de chamador, como agora você está ciente, cada usuário pode precisar ter o seu próprio plano de consulta gerado para ele. O custo dessa análise adicional pode ser enorme. Analisar uma consulta é uma das coisas que fazemos que usa mais CPU. Podemos ver o 'custo' de analisar consultas individuais, como uma rotina de direitos de chamador pode fazer, usando TKPROF para temporizar a análise de declarações. Para executar o seguinte exemplo, você precisará do privilégio ALTER SYSTEM:

```
tkyte@TKYTE816> alter system flush shared_pool;

System altered.

tkyte@TKYTE816> alter system set timed_statistics=true;

System altered.

tkyte@TKYTE816> alter session set sql_trace=true;

Session altered.

tkyte@TKYTE816> declare
  2      type rc is ref cursor;
  3      l_cursor rc;
  4  begin
  5      for i in 1 . . 500 loop
  6          open l_cursor for 'select * from all_objects t' || i;
  7          close l_cursor;
  8      end loop;
  9  end;
 10  /

PL/SQL procedure successfully completed.
```

Isso levará 500 declarações individuais (cada uma tem um nome alternativo diferente de tabela) a serem analisadas (semelhante a uma rotina de direitos de chamador ser executada por 500 diferentes usuários com 500 esquemas diferentes). Olhando o resumo do relatório TKPROF dessa sessão, vemos:

```
. . .

OVERALL TOTALS FOR ALL RECURSIVE STATEMENTS

call     count      cpu     elapsed    disk     query    current     rows
---      -----      ---     -------    ----     -----    -------     ----
Parse    1148      17.95     18.03       0        55        15         0
Execute  1229       0.29      0.25       0         0         0         0
Fetch    1013       0.14      0.17       0      2176         0       888
---      -----     -----     -----     ----     -----    -------     ----
total    3390      18.38     18.45       0      2231        15       888

Misses in library cache during parse: 536

    504  user SQL statements in session.
    648  internal SQL statements in session.
   1152  SQL statements in session.
      0  statements EXPLAINED in this session.
```

Agora executamos um bloco que não analisa uma declaração individual 500 vezes, como:

```
tkyte@TKYTE816> alter system flush shared_pool;

System altered.

tkyte@TKYTE816> alter system set timed_statistics=true;
```

```
System altered.

tkyte@TKYTE816> alter session set sql_trace=true;

Session altered.

tkyte@TKYTE816> declare
  2      type rc is ref cursor;
  3      l_cursor rc;
  4  begin
  5      for i in 1 . . 500 loop
  6          open l_cursor for 'select * from all_objects t';
  7          close l_cursor;
  8      end loop;
  9  end;
 10  /

PL/SQL procedure successfully completed.
```

do relatório TKPROF, descobrimos que:

```
. . .

OVERALL TOTALS FOR ALL RECURSIVE STATEMENTS

call     count      cpu    elapsed      disk     query   current      rows
---      ---        ---    -----        ---      ----    ----         ----
Parse    614        0.74   0.53         1        55      9            0
Execute  671        0.09   0.31         0        0       0            0
Fetch    358        0.08   0.04         8        830     0            272
---      ---        ---    -----        ---      ----    ----         ----
total    1643       0.91   0.88         9        885     9            272

Misses in library cache during parse: 22

504   user SQL statements in session.
114   international SQL statements in session.
618   SQL statements in session.
  0   statements EXPLAINED in this session.
```

Essa é, simplesmente, uma *imensa* diferença. 500 declarações individuais (emulando o comportamento de uma rotina de direitos de chamador que acessa diferentes tabelas de cada vez), 17.95 segundos de CPU de tempo de análise. 500 das mesmas declarações (emulando uma rotina padrão de direitos de definidor), 0.74 segundos de CPU de tempo de análise. Esse é um efeito de 24 vezes!

Definitivamente, é algo a se observar. Em muitos casos, onde SQL não é reutilizada, o sistema gastará mais tempo analisando consultas do que executando-as. Para descobrir porque é assim, veja o Capítulo 10, onde falo sobre a vital importância de ligação de variáveis para tornar consultas reutilizáveis.

Esse não é um motivo para evitar o uso de rotinas de direitos de chamador. Use-as de todas as maneiras, mas fique atento às implicações de fazê-lo.

O código precisa ser mais potente ao lidar com erros

Normalmente, se eu fosse codificar um procedimento armazenado, como:

```
. . .
begin
  for x in ( select pk from t ) loop
        update y set c = c+0.5 where d = x.pk;
  end loop;
end;
. . .
```

Eu me sentiria muito confiante de que, se aquele procedimento fosse *válido*, ele executaria. Nesse caso, no modelo de direitos de definidor. Na verdade, sei que T e Y existem. Sei, de fato, que T é legível e que Y é passível de atualização.

Sob os direitos do chamador, perco todos esses fatos. Não sei mais se T existe e, se existe, tem uma coluna chamada PK? Se existe, tenho nela uma SELECT? Se tenho SELECT, é uma SELECT através de função, significando que se eu chamar esse procedimento de uma rotina de direitos de definidor, ela não funcionaria, mas uma chamada direta sim? Y existe? E assim por diante. Em resumo, todos os fatos que foram tidos como garantidos, são tirados de nós nas rotinas de direitos de chamador. Então, ao mesmo tempo em que as rotinas de direitos de chamador abrem uma nova forma de programar, de alguma forma tornam mais difícil.

Acima, nosso código deve ser preparado para lidar com muitos dos possíveis (e prováveis) casos, como:

- T não existe.
- T existe, mas não temos privilégios nela.
- T existe, mas não tem uma coluna PK.
- T existe e tem uma coluna chamada PK, mas o tipo de dados da coluna é diferente do tipo da compilação.
- Todos os acima com referência a Y.

Como a atualização em Y só acontece quando há alguns dados em T, podemos ser capazes de executar esse procedimento muitas vezes com sucesso, mas uma dia, quando os dados estiverem colocados em T, o procedimento falhará. Na verdade, nunca fomos capazes de ver Y, mas por ser essa a primeira vez que 'tentamos' ver Y, o procedimento falhou. Apenas quando um código de caminho é executado ele falhará!

Para ter uma rotina 'à prova de bala', que pega os possíveis erros, precisaríamos codificar:

```
create or replace procedure P
authid current_user
as
     no_such_table exception;
     pragma exception_init(no_such_table, -942);

     insufficient_prive exception;
     pragma exception_init(insufficient_privs, -1031);

     invalid_column_name exception;
     pragma exception_init(invalid_column_name, -904);

     inconsistent_datatypes exception;
     pragme exception_init(inconsistent_datatypes, -932);
begin
     for x in ( select pk from t ) loop
             update y set c = c+0.5 where d = x.pk;
     end loop;
exception
     when NO_SUCH_TABLE then
         dbms_output.put_line( 'Error Caught: ' || sqlerrm );
     when INSUFFICIENT_PRIVS then
         dbms_output.put_line( 'Error Caught: ' || sqlerrm );
     when INVALID_COLUMN_NAME then
         dbms_output.put_line( 'Error Caught: ' || sqlerrm );
     when INCONSISTENT_DATATYPES then
         dbms_output.put_line( 'Error Caught: ' || sqlerrm );
 . . . (a variety of other errors go here) . . .
end;
/
```

Efeitos colaterais do uso de SELECT *

Usar uma SELECT * pode ser muito perigoso numa rotina PL/SQL que acessa diferentes tabelas, quando executada por diferentes usuários, como no código de direitos de chamador. Os dados podem aparecer 'misturados' ou em ordem diferente, porque o registro configurado e buscado é definido por ocasião da compilação, não no tempo de execução. Assim, o * é expandido no *tempo de compilação* para os objetos PL/SQL (os tipos de registro), mas expandido no *tempo* *de execução* para a consulta. Se você tiver um objeto com o mesmo nome, mas uma ordem de coluna diferente, em esquemas diversos, e acessar através de uma rotina de direitos de chamados com uma SELECT *, esteja preparado para este efeito colateral:

```
tkyte@TKYTE816> create table t ( msg varchar2(25), c1 int, c2 int );

Table created.

tkyte@TKYTE816> insert into t values ( 'c1=1, c2=2', 1, 2 );

1 row created.

tkyte@TKYTE816> create or replace procedure P
  2    authid current_user
  3    as
  4    begin
  5        for x in ( select * from t ) loop
  6                 dbms_output.put_line( 'msg= ' || x.msg );
  7                 dbms_output.put_line( 'C1 = ' || x.c1 );
  8                 dbms_output.put_line( 'C2 = ' || x.c2 );
  9        end loop;
 10    end;
 11  /

Procedure created.

tkyte@TKYTE816> exec p
msg= c1=1, c2=2
C1 = 1
C2 = 2

PL/SQL procedure successfully completed.

tkyte@TKYTE816> grant execute on P to u1;

Grant succeeded.
```

O que temos acima é um procedimento que simplesmente nos mostra o que está na tabela T. Ele imprime uma coluna MSG, que estou usando nesse exemplo para mostrar como espero que seja a resposta. Ele imprime valores de C1 e C2. Muito simples, muito direto. Agora, vejamos o que acontece quando o executo como outro usuário, com a sua própria tabelaT:

```
tkyte@TKYTE816> @connect u1/pw

u1@TKYTE816> drop table t;

Table dropped.

u1@TKYTE816> create table t ( msg varchar2(25), c2 int, c1 int );

Table created.

u1@TKYTE816> insert into t values ( 'c1=2, c2=1', 1, 2 );

1 row created.
```

Observe que criei aqui a tabela com C1 e C2 invertidos! Estou esperando que C1 = 2 e C2 = 1. No entanto, quando executamos o procedimento, obtemos:

```
u1@TKYTE816> exec tkyte.p
msg= c1=2, c2=1
C1 = 1
C2 = 2

PL/SQL procedure successfully completed.
```

Não é exatamente o que esperávamos — até pensarmos sobre isso. PL/SQL, por ocasião da compilação, configurou o registro X implícito para nós. O registro X é simplesmente uma estrutura de dados com três elementos, MSG VARCHAR2, C1 NUMBER e C2 NUMBER. Quando as colunas SELECT * foram expandidas durante a fase de análise da consulta como usuário TKYTE, foram expandidas para serem MSG, C1 e C2, nessa ordem. No entanto, como U1, elas foram expandidas como MSG, C2 e C1. Como todos os tipos de dados combinaram com o registro X implícito, não recebemos um erro INCONSISTENT DATATYPE (isso também poderia acontecer se os tipos de dados não fossem compatíveis). A busca foi bem sucedida, mas colocou a coluna C2 no registro do atributo C1. Esse é o comportamento esperado e, ainda assim, um bom motivo para não usar SELECT * em código de produção.

Esteja atento às colunas 'ocultas'

Esta é muito semelhante à advertência sobre SELECT *, acima. Novamente, isso se liga a como a rotina PL/SQL é compilada com os direitos de chamador e como nomes e referências a objetos são verificados. Nesse caso, iremos considerar uma declaração UPDATE que se executada diretamente em SQL*PLUS daria uma resposta completamente diferente de quando executada em uma rotina de direitos de chamador. Ela faz a coisa 'certa' em ambos os ambientes — apenas faz de modo muito diferente.

Quando o código PL/SQL é compilado no banco de dados, toda e qualquer consulta SQL estática é analisada, e todos os identificadores são encontrados nelas. Esses identificadores podem ser nomes de coluna de bancos de dado ou variáveis de referência PL/SQL (ligação de variáveis). Se forem nomes de coluna de banco de dados, são deixados na consulta 'como estão'. Se forem nomes de variável PL/SQL, são substituídos na consulta por uma referência :BIND_VARIABLE. Essa substituição é feita por ocasião da compilação, nunca no tempo de execução. Assim, se tomarmos um exemplo:

```
tkyte@TKYTE816> create table t ( c1 int );

Table created.

tkyte@TKYTE816> insert into t values ( 1 );

1 row created.

tkyte@TKYTE816> create or replace procedure P
  2    authid current_user
  3    as
  4            c2 number default 5;
  5    begin
  6            update t set c1 = c2;
  7    end;
  8  /

Procedure created.

tkyte@TKYTE816> exec p

PL/SQL procedure successfully completed.

tkyte@TKYTE816> select * from t;

        C1
----------
         5

tkyte@TKYTE816> grant execute on P to u1;

Grant succeeded.
```

Tudo parece normal até agora. C1 é uma coluna de banco de dados na tabela T e C2 é um nome de variável PL/SQL. A declaração UPDATE T SET C1 = C2 é processada por PL/SQL por ocasião da compilação para ser UPDATE T SET C1 = :BIND_VARIABLE, e o valor de :BIND_VARIABLE é passado no tempo de execução. Agora, se nos registrarmos como U1 e criarmos nossa própria tabela T:

```
tkyte@TKYTE816> connect u1/pw

u1@TKYTE816> drop table t;

Table dropped.

u1@TKYTE816> create table t ( c1 int, c2 int );

Table created.

u1@TKYTE816> insert into t values ( 1, 2 );

1 row created.

u1@TKYTE816> exec tkyte.p

PL/SQL procedure successfully completed.

u1@TKYTE816> select * from t;

        C1         C2
------    ------
         5          2
```

Isso pode parecer certo ou errado, dependendo de como você olhar. Apenas executamos UPDATE T SET C1 = C2, que se tivéssemos executado na solicitação de SQL*PLUS teria resultado em C1 sendo ajustado para 2, não para 5. No entanto, como PL/SQL reescreveu essa consulta por ocasião da compilação para não ter quaisquer referências a C2, é exatamente a mesma coisa que a nossa cópia de T, que copiamos de outra cópia de T — ela ajusta a coluna C1 para 5. Essa rotina PL/SQL não pode 'ver' a coluna C2, já que C2 não existe no objeto onde ela foi copiada.

Em princípio, isso parece confuso, pois não podemos ver normalmente a atualização reescrita, mas quando você estiver ciente disso fará sentido.

Java e os direitos de chamador

Por padrão, PL/SQL compila com direitos de definidor. Você precisa abrir seu caminho para fazê-la executar como chamador. Java, por outro lado, vai por outro caminho. *Por padrão, Java usa direitos de chamador*. Se você quiser os direitos de chamador, precisa especificar ao carregar.

Como exemplo, criei uma tabela T como:

```
ops$tkyte@DEV816> create table t ( msg varchar2(50) );

Table created.

ops$tkyte@DEV816> insert into t values ( 'This is T owned by ' || user );

1 row created.
```

Também criei, e carreguei, dois procedimentos armazenados Java (você precisará do privilégio CREATE PUBLIC SYNONYM para completar este exemplo). Esses procedimentos armazenados Java são como os exemplos PL/SQL anteriores. Acessarão uma tabela T que contém uma fileira descrevendo quem 'possui' essa tabela e imprimirão o usuário de sessão, o usuário atual (esquema de privilégio) e esquema atual:

```
tkyte@TKYTE816> host type ir_java.java
import java.sql.*;
import oracle.jdbc.driver.*;

public class ir_java
{
public static void test( ) throws SQLException
   {
   Connection cnx = newOracleDriver( ).defaultConnection( );

   String sql =
       "SELECT MSG, sys_context('userenv', 'session_user'), "+
              "sys_context('userenv', 'current_user'), "+
              "sys_context('userenv', 'current_schema') "+
         "FROM T";

     Statement stmt = cnx.createStatement( );
     ResultSet rset = stmt.executeQuery(sql);

     if (rset.next( ))
         System.out.println( rset.getString(1) +
                            " session_user=" + rset.getString(2)+
                            " current_user=" + rset.getString(3)+
                            " current_schema=" + rset.getString(4) );
     rset.close( );
         stmt.close( );
   }
}

tkyte@TKYTE816> host dropjava -user tkyte/tkyte ir_java.Java

tkyte@TKYTE816> host loadjava -user tkyte/tkyte -synonym -grant u1 -verbose -
resolve ir_java.java
 initialization complete
loading    : ir_java
creating   : ir_java
resolver   :
resolving  : ir_java
synonym    : ir_java
```

Por padrão, a rotina acima é carregada com direitos de chamador. Agora vamos carregar a mesma rotina, mas com nome diferente. Quando fizermos o loadjava nessa rotina, iremos especificá-la como uma rotina de direitos de definidor:

```
tkyte@TKYTE816> host type dr_java.java
import java.sql.*;
import oracle.jdbc.driver.*;

public class dr_java
{
. . . same code as above . . .
}

tkyte@TKYTE816> host dropjava -user tkyte/tkyte dr_java.java

tkyte@TKYTE816> host loadjava -user tkyte/tkyte -synonym -definer -grant u1 -
verbose -resolve dr_jav
initialization complete
loading    : dr_java
creating   : dr_java
```

```
resolver    :
resolving   : dr_java
synonym     : dr_java
```

Agora, a única diferença entre IR_JAVA e DR_JAVA é o nome de classe delas, e o fato que DR_JAVA foi carregada com -definer.

Em seguida, criei as especificações de chamada PL/SQL para podermos executar esses procedimentos a partir de SQL*PLUS. Observe que aqui há quatro versões. Todas as chamadas a procedimentos armazenados Java são através da camada SQ. Como essa camada SQL é apenas uma ligação PL/SQL, também podemos especificar aqui a cláusula AUTHID. Precisamos ver o que acontece quando uma camada PL/SQL de direitos de chamador/definidor chama o procedimento Java de direitos de chamador/definidor:

```
tkyte@TKYTE816> create OR replace procedure ir_ir_java
  2     authid current_user
  3     as language java name 'ir_java.test( )';
  4  /

Procedure created.

tkyte@TKYTE816> grant execute on ir_ir_java to u1;

Grant succeeded.

tkyte@TKYTE816> create OR replace procedure dr_ir_java
  2     as language java name 'ir_java.test( )';
  3  /

Procedure created.

tkyte@TKYTE816> grant execute on dr_ir_java to u1;

Grant succeeded.

tkyte@TKYTE816> create OR replace procedure ir_dr_java
  2     authid current_user
  3     as language java name 'dr_java.test( )';
  4  /

Procedure created.

tkyte@TKYTE816. grant execute on ir_dr_java to u1;

Grant succeeded.

tkyte@TKYTE816> create OR replace procedure dr_dr_java
  2     authid current_user
  3     as language java name 'dr_java.test( )';
  4  /

Procedure created.

tkyte@TKYTE816> grant execute on dr_dr_java to u1;

Grant succeeded.
```

Agora precisamos criar e preencher a tabela T no esquema TKYTE:

```
tkyte@TKYTE816> drop table t;

Table dropped.

tkyte@TKYTE816> create table t ( msg varchar2(50) );
```

```
Table created.

tkyte@TKYTE816> insert into t values ( 'This is T owned by ' || user );

1 row created.
```

Estamos prontos para testar usando U1, que acontece ter uma tabela T também com uma fileira identificando o proprietário:

```
tkyte@TKYTE816> @connect u1/pw

u1@TKYTE816> drop table t;

table dropped.

u1@TKYTE816> create table t ( msg varchar2(50) );

Table created.

u1@TKYTE816> insert into t values ( 'This is T owned by ' || user ) ;

1 row created.

u1@TKYTE816> set serveroutput on size 1000000
u1@TKYTE816> exec dbms_java.set_output(1000000);

PL/SQL procedure successfully completed.

u1@TKYTE816> exec tkyte.ir_ir_java
This is T owned by U1 session_user=U1 current_user=U1 current_schema=U1

PL/SQL procedure successfully completed.
```

Vemos então que quando o procedimento armazenado Java de direitos de chamador é solicitado através de uma camada PL/SQL de direitos de chamador, ele se comporta como uma rotina de direitos de chamador. U1 é o usuário e o esquema atual, a SQL no procedimento armazenado Java acessou U1.T, não TKYTE.T. Agora vamos chamar o mesmo pedaço de Java através de uma camada de direitos de definidor:

```
u1@TKYTE816> exec tkyte.dr_ir_java
This is T owned by TKYTE session_user=U1 current_user=TKYTE current_schema=TKYTE

PL/SQL procedure successfully completed.
```

Ainda que o procedimento armazenado Java seja uma rotina de direitos de chamador, ele está se comportando como se fosse uma rotina de direitos de definidor, o que é esperado, como vimos acima. Quando esta rotina é chamada por uma rotina de direitos de definidor, ela se comportará como a rotina de direitos do definidor. Não há funções; o esquema atual é estaticamente fixo, como é o usuário atual. Essa rotina consulta TKYTE.T, não U1.T como antes, e o usuário/esquema atual é fixado em TKYTE.

Prosseguindo, veremos o que acontece quando uma camada PL/SQL de direitos de chamador chama os direitos de definidor que carregou o procedimento armazenado Java:

```
u1@TKYTE816> exec tkyte.ir_dr_java
This is T owned by TKYTE session_user=U1 current_user=TKYTE current_schema=TKYTE

PL/SQL procedure successfully completed.
```

Carregando Java com -definer, ele executa usando os direitos de definidor, mesmo quando chamado por uma camada de direitos de chamador. O último exemplo deve ser óbvio. Temos uma camada PL/SQL de direitos de definidor chamando uma rotina Java de direitos de definidor:

```
u1@TKYTE816> exec tkyte.dr_dr_java
This is T owned by TKYTE session_user=U1 current_user=TKYTE current_schema=TKYTE

PL/SQL procedure successfully completed.
```

E, claro, ela executa como uma rotina de direitos de definidor, como esperado.

Dado o acima, você pode não ter notado que o procedimento armazenado Java é carregado com direitos de chamador, por padrão, visto que a especificação de chamada PL/SQL é tipicamente o chamador do procedimento armazenado Java e, por padrão, isso se compila com direitos de definidor. Tipicamente, o esquema que carrega Java é o que cria a especificação de chamada, e se fosse criado com direitos de definidor, Java pareceria ter também direitos de definidor (e nesse caso, com todas as suas intenções e objetivos). Eu arriscaria que a maioria das pessoas não está ciente do fato que Java é carregado dessa forma, pois quase nunca parece ser uma rotina de direitos de chamador. Isso só se torna claro quando a especificação de chamada é criada no esquema com AUTHID CURRENT_USER.

Um caso onde 'importa' que Java seja armazenado com direitos de chamador por padrão, é aquele em que a especificação de chamada é definida em um esquema totalmente diferente daquele de código de byte de Java. Usando o mesmo código carregado de Java, acima, fiz U1 criar algumas especificações de chamada para chamar Java no esquema de TKYTE. Para fazer isso, U1 teve a concessão de CREAT E PROCEDURE. Também, isso confia no fato de que quando o código Java foi carregado, usou -synonym, que criou um sinônimo público para Java carregado e -grant U1, que deu a U1 acesso direto a esse código Java. Este é o resultado:

```
u1@TKYTE816> create OR replace procedure ir_Java
  2     authid current_user
  3     as language java name 'ir_java.test( )';
  4  /

Procedure created.

u1@TKYTE816> exec ir_java
This is T owned by U1 session_user=U1 current_user=U1 current_schema=U1

PL/SQL procedure successfully completed.
```

Podemos ver que esse procedimento de direitos de chamador (na verdade, um procedimento de direitos de definidor teria o mesmo efeito), possuído por U1, executa a SQL no código Java como se U1 o tivesse carregado. Ele mostra que o código Java é carregado com direitos de chamador. Se não fosse, a SQL no código Java executaria com a resolução de nome e privilégios de TKYTE, não de U1. Este próximo exemplo mostra os direitos de definidor carregado pelo esquema U1. Java executa no domínio de TKYTE:

```
u1@TKYTE816> create OR replace procedure dr_java
  2     as language java name 'dr_java.test( )';
  3  /

Procedure created.

u1@TKYTE816> exec dr_java
This is T owned by TKYTE session_user=U1 current_user=TKYTE current_schema=TKYTE

PL/SQL procedure successfully completed.
```

Isso mostra que o código Java carregado com direitos de definidor executa como TKYTE e não como U1. Tivemos que forçar esse código Java para carregar com os direitos de definidor, usando -definer, mostrando que o procedimento armazenado Java está 'atrasado' com relação a isso, quando comparado a PL/SQL.

Erros que você pode encontrar

Além do que acabamos de discutir, na seção *Advertências*, não há erros especiais que você possa esperar ao usar direitos de definidor ou de chamador. Ao usar direitos de chamador, é importante entender mais completamente como PL/SQL processa SQL embutida, para evitar problemas com SELECT * mudando a ordem de colunas, colunas 'ocultas' no tempo de execução e assim por diante. Além disso, com direitos de chamador, seu código PL/SQL, que normalmente executaria sem quaisquer tipos de problemas, pode falhar em executar em vários lugares, em diferentes usuários. O motivo é que os objetos estão sendo verificados de forma diferente. Em esquemas diferentes, os privilégios exigidos podem não estar no lugar, os tipos de dados podem ser diferentes etc.

Geralmente, com procedimentos de direitos de chamador, seu código precisa ser um pouco mais potente e você precisa esperar erros onde eles geralmente não aconteceriam. Referências estáticas não garantem mais a execução limpa de código. Pode ser como manter um programa ODBC ou JDBC com chamadas diretas de SQL. Você controla a 'ligação' de seu programa (*você* sabe quais sub-rotinas em seu aplicativo cliente serão chamadas), mas não tem controle sobre quando SQL executará, até de fato executá-las. A SQL chamada em uma rotina PL/SQL de direitos de chamador se comportará exatamente como faria em um aplicativo cliente JDBC. Até que você teste cada caminho com cada usuário, nunca estará 100 por cento seguro que ela executará sem irregularidades na produção. Assim, é preciso codificar muito mais manuseio de erro do que seria necessário de outra forma, em um procedimento armazenado tradicional.

Resumo

Neste capítulo, exploramos cuidadosamente os conceitos de procedimentos de direitos de definidor e de chamador. Aprendemos como é fácil capacitar direitos de chamador, mas também aprendemos sobre o preço que é pago com relação a:

- Detecção e manuseio de erro.
- Erros sutis que poderiam ser introduzidos por diferentes estruturas de tabela no tempo de execução.
- Potencial código extra da área SQL compartilhada adicional.
- Tempo adicional de análises incorrido.

À primeira vista, parecem um preço muito alto a pagar — e em muitos casos é. Em outros, como a rotina genérica para imprimir dados separados por vírgulas de qualquer consulta ou imprimir os resultados de uma consulta embaixo da tela, em vez de através da tela, é um recurso valioso. Sem ele, simplesmente não poderíamos conseguir o que projetamos fazer.

As rotinas de direitos de chamador fazem mais sentido nos seguintes casos:

- Quando a SQL a ser processada é dinâmica por essência (como são esses exemplos).
- Quando a SQL a ser processada está configurada para garantir a segurança, por SCHEMAID, como no caso do dicionário de dados (ou o seu próprio aplicativo).
- Quando você precisa que funções estejam no lugar, as rotinas de direitos de chamador são a única maneira de fazê-lo.

Os direitos de chamador *podem* ser usados para fornecer acesso a diferentes esquemas, com base no esquema atual (como retornado por SYS_CONTEXT('USERENV', 'CURRENT_SCHEMA')), mas é preciso cuidado aqui para garantir que os esquemas sejam consistentes uns com os outros, e que os privilégios necessários estejam no lugar (ou que o seu código esteja configurado para lidar, graciosamente, com a falta de acesso). Você precisa estar preparado para pagar o preço na utilização de combinação compartilhada e no código extra adicional com relação à análise.

Os procedimentos de direitos de definidor ainda são a implementação certa para quase todos os procedimentos armazenados. As rotinas de direitos de chamador são uma poderosa ferramenta, mas só devem ser usadas quando apropriado.

A
Pacotes necessários fornecidos

Nesta seção do livro, cobriremos os pacotes de banco de dados fornecidos que, na minha opinião, todos precisam conhecer. Cada um desses pacotes é coberto no documento do Oracle chamado *Referência a Pacotes PL/SQL fornecidos por Oracle8i*. Esta documentação mostra todos os pontos de entrada (procedimentos e funções externamente) do pacote fornecido e dá uma visão geral do uso de cada função/procedimento. Nesta seção, iremos descrever em mais detalhes quando você deve (ou não) escolher usar tal pacote. Não nos aprofundaremos em todo e qualquer procedimento de cada pacote. Em vez disso, discutiremos os pontos de entrada mais comumente usados e mostraremos como são utilizados. Para uma lista compreensiva de todos os procedimentos disponíveis em determinado pacote, juntamente com todos os parâmetros possíveis, recomendo o documento mencionado acima.

Esse apêndice servirá como um ponto de 'salto' para o uso desses pacotes fornecidos. Depois que você terminá-lo, terá uma boa noção sobre a intenção de uso deles. Nesta seção não cobrimos cada pacote, o que não quer dizer que eles não sejam úteis, apenas que o seu uso está fora do escopo do desenvolvimento típico. Iremos explorar aqueles que os aplicativos empregarão, na maioria dos casos.

Os pacotes que cobriremos são:

- ❏ DBMS_ALERT e DBMS_PIPE — Facilidades de comunicação entre processos, no banco de dados. DBMS_ALERT pode ser usado para sinalizar a todas as sessões interessadas que algum evento ocorreu. DBMS_PIPE permite a duas sessões 'falarem' uma com a outra, como um soquete TCP/IP.
- ❏ DBMS_APPLICATION_INFO — Permite a um aplicativo registrar informações úteis nas tabelas V$. Extremamente útil para monitorar o que o seu procedimento armazenado estiver fazendo e registrar outras informações.
- ❏ DBMS_JAVA — Um pacote PL/SQL útil para trabalhar com procedimentos armazenados Java.
- ❏ DBMS_JOB — Um organizador de serviço de banco de dados. Usado quando você tem aquele procedimento armazenado que deseja executar todas as noites, às 2h da madrugada, quando só quer executar alguma coisa no fundo.
- ❏ DBMS_LOB — Para trabalhar com **L**arge **Ob**jects (**LOB**s) no banco de dados.
- ❏ DBMS_LOCK — Para criar seus próprios bloqueios, definidos por usuário, separados e distintos dos bloqueios de fileira ou tabela da fileira do Oracle.
- ❏ DBMS_LOGMNR — Para rever e analisar o conteúdo de seus arquivos redo log online.
- ❏ DBMS_OBFUSCATION_TOOLKIT — Oferece dados criptografados no banco de dados.
- ❏ DBMS_OUTPUT — Oferece simples capacidades de tela de I/O para PL/SQL em SQL*PLUS e SVRMGRL.
- ❏ DBMS_PROFILER — Um perfil de código fonte PL/SQL montado no banco de dados.
- ❏ DBMS_UTILITY — Uma coleção 'miscelânea' de procedimentos úteis.
- ❏ UTL_FILE — Oferece I/O de arquivo de texto para PL/SQL. Permite a PL/SQL ler e escrever arquivos de texto no servidor.
- ❏ UTL_HTTP — Oferece acesso ao protocolo **HTTP** (**H**yper **T**ext **T**ransfer **P**rotocol) de dentro de PL/SQL. Permite a PL/SQL 'agarrar' páginas web.

- UTL_RAW — Oferece conversão entre os tipos RAW e VARCHAR2. Extremamente útil ao trabalhar com TCP/IP, BLOBs e BFILES e criptografias.
- UTL_SMTP — Oferece acesso ao **SMTP** (**S**imple **M**ail **T**ransfer **P**rotocol) de dentro de PL/SQL. Especificamente, permite que você envie um e-mail a partir de PL/SQL.
- UTL_TCP — Fornece habilidades de soquete TCP/IP para PL/SQL. Permite a PL/SQL abrir uma conexão para qualquer serviço TCP/IP.

Por que usar os pacotes fornecidos?

A racionalidade por trás do uso dos pacotes fornecidos é simples: é muito mais fácil e passível de manutenção desenvolver usando a funcionalidade oferecida do que montar a sua própria. Se o Oracle oferece um pacote para fazer algo (por exemplo, criptografia de dados), não seria produtivo escrever o seu próprio. Com freqüência, encontro pessoas implementando funcionalidade que não sabiam já existir no banco de dados, apenas por ignorância. Saber quais ferramentas estão à sua disposição torna sua vida muito mais fácil.

A respeito dos pacotes fornecidos

Todos os pacotes fornecidos pelo Oracle começarão com DBMS_ ou UTL_. Historicamente, os pacotes criados por Server Technologies (os colegas que escrevem o banco de dados), começam com DBMS_. Os pacotes UTL_ foram derivados de outras fontes. O UTL_HTTP, para fazer chamadas HTTP de PL/SQL (para recuperar páginas web etc), é um exemplo de tal pacote externo. A Application Server Division em Oracle, o desenvolveu para suportar o conceito de **ICX** (**I**nter-**C**artridge e**X**change) com o **OAS** (**O**racle **A**pplication **S**erver), que agora está sendo substituído pelo **iAS** (**i**nternet **A**pplication **S**erver). Essa diferença de nomeação realmente não significa nada para nós, os desenvolvedores — é apenas interessante notar.

A maioria desses pacotes está armazenada em um formato compilado, envolvido no banco de dados. Esse formato protege o código de espiões. Podemos ver a especificação do código, mas não o próprio código. Se você fosse selecionar o código de DBMS_OUTPUT PACKAGE BODY do próprio banco de dados, ele poderia se parecer com:

```
tkyte@TKYTE816> select text
  2  from all_source
  3  where name = 'DBMS_OUTPUT'
  4  and type = 'PACKAGE BODY'
  5  and line < 10
  6  order by line
  7  /

TEXT
----------------------------------
package body dbms_output wrapped
0
abcd
abcd
abcd
abcd
abcd
abcd
abcd

9 rows selected.
```

Não é muito útil. Mais útil será selecionarmos a *especificação* do PACKAGE:

```
tkyte@TKYTE816> select text
  2       from all_source
  3  where name = 'DBMS_OUTPUT'
```

```
  4         and type = 'PACKAGE'
  5         and line < 26
  6    order by line
  7    /

TEXT
- - - - - - - - - - - - - - - - - - - - - - - - - - - - - - - - - - - -

package dbms_output as

- - - - - - - -
- -   AVALIAÇÃO
- -
- -   Esses procedimentos acumulam informações em um buffer (através de 'put' e 'put_line')
- -   para que possam ser recuperados no futuro (através de "get_line" ou "get_lines"). Se
- -   esse pacote for incapacitado, todas as chamadas a ele serão simplesmente
- -   ignoradas. Dessa forma, essas rotinas só estão ativas quando o cliente é capaz
- -   de lidar com as informações. Isso é bom para depuração ou SPs que querem exibir
- -   mensagens ou relatórios a sql*plus ou mais (como 'descrever procedimentos' etc). O
- -   tamanho de buffer padrão é 20.000 bytes. O mínimo é 2.000 e o máximo 1.000.000.


- - - - - -
- -   EXEMPLO
- -
- -   Um disparador pode precisar imprimir algumas informações de depuração. Para
- -   fazer isso, esse disparador faria
- -   dbms_output.put_line ('I got here:'||:new col| |' is the new value');
- -   Se o cliente tivesse capacitado o pacote dbms_output, essa put_line seria
- -   armazenada e o cliente poderia depois de executar a declaração (presumivelmente,
- -   alguma inserção, remoção ou atualização que levasse o disparador a ser ativado),
executar.

25 rows selected.
```

Uma fonte de documentação online está oculta no banco de dados. Cada um desses pacotes tem uma especificação com uma simpática visão geral do que é o pacote, o que cada função ou procedimento faz e como usá-lo. Obviamente, isso é muito habilidoso quando você não possui a documentação, mas é útil mesmo quando tem, pois às vezes a especificação contém dados que a documentação não menciona, ou tem mais exemplos úteis.

Agora veremos os diversos pacotes que julgo úteis no trabalho do dia-a-dia com Oracle. São os pacotes que *eu* não apenas uso com freqüência, mas vejo *os outros* usando também. Além disso, iremos introduzir alguns novos pacotes ou maneiras de fazer coisas para contornar as limitações desses pacotes internos — limites que as pessoas atingem com freqüência, segundo a minha experiência.

DBMS_ALERT e DBMS_PIPE

DBMS_ALERT e DBMS_PIPE são pacotes de comunicação entre processos muito poderosos. Ambos permitem que uma sessão fale com outra sessão no banco de dados. DBMS_ALERT é como um 'sinal' de sistema operacional UNIX, e DBMS_PIPE é como uma 'named pipe' (designação nomeada de caractere) UNIX. Como existe muita confusão sobre qual pacote usar e quando, resolvi lidar com os dois juntos.

O pacote DBMS_ALERT é destinado a permitir que uma sessão sinalize a ocorrência de algum evento no banco de dados. Outras sessões que estão interessadas nesse evento podem ser notificadas sobre essa ocorrência. Os alertas são destinados a serem transacionais em essência, o que significa que você pode sinalizar um alerta num disparador ou algum procedimento armazenado, mas até que a sua transação de fato comprometa o alerta não será enviado para as sessões à espera. Se você retornar, seu alerta nunca será enviado. É importante entender que a sessão no banco de dados desejando ser notificada sobre o alerta, precisa ocasionalmente 'escrutinar' pelo evento (perguntar ao banco de dados se ele foi assinalado) ou bloquear (esperar) no banco de dados, aguardando pela ocorrência do evento.

Por outro lado, o pacote DBMS_PIPE é um pacote de comunicação entre processos mais genéricos. Permite a uma ou mais sessões 'ler' no final de um pipe, e a uma ou mais sessões 'escrever' mensagens nesse pipe. Só uma das sessões da 'escrita' obterá a mensagem (e pelo menos uma sessão obterá), e não é possível direcionar determinada mensagem em um único pipe nomeado para uma sessão específica. Será de alguma forma arbitrário, quanto a qual sessão irá ler determinada mensagem escrita num pipe, quando houver mais de um 'leitor' disponível. Por design, pipes não são transacionais em essência — assim que você enviar uma mensagem, ela se tornará disponível para outras sessões. Não é preciso comprometer, e comprometer ou retornar não irá afetar o resultado de enviar o pipe.

Porque você deve usá-los

A principal diferença entre alertas e pipes é a essência transacional (ou não) dos dois. Os alertas são úteis quando você deseja transmitir uma mensagem a uma ou mais sessões *depois* delas terem sido comprometidas com sucesso ao banco de dados. Pipes são úteis quando você deseja transmitir uma mensagem a uma única sessão, *imediatamente*. Exemplos de quando você pode querer usar alertas são:

- ❏ Você tem um gráfico GUI para exibir dados de inventário em uma tela. Quando as informações de inventário são modificadas no banco de dados, o aplicativo deve ser notificado para saber atualizar na tela
- ❏ Você deseja colocar um diálogo de notificação num aplicativo quando um novo registro é colocado na tabela, para que o usuário final possa ser notificado sobre o 'novo trabalho'.

Exemplos de quando você pode escolher usar um pipe de banco de dados seriam:

- ❏ Há um processo sendo executado em outra máquina na rede, que pode realizar uma operação. Você gostaria de enviar uma mensagem a esse processo, pedindo a ele para fazer algo. Dessa maneira, um pipe de banco de dados é como um soquete TCP/IP.

❏ Você gostaria de enfileirar alguns dados na SGA para que outro processo chegasse, lesse e processasse. Desse modo, você estará usando um pipe de banco de dados como uma fila FIFO (First In, First Out) preservada, que pode ser lida por muitas sessões diferentes.

Há outros exemplos de ambos, mas esses cobrem os principais usos de alertas e pipes, e dão uma boa caracterização de quando você pode usar um em vez do outro. Os alertas são usados quando você deseja informar a uma comunidade de usuários sobre um evento que, definitivamente, aconteceu (depois de comprometer). Pipes são usados quando você deseja enviar, imediatamente, uma mensagem para alguma outra sessão fora (e tipicamente, esperar por uma resposta).

Agora que entendemos a intenção básica de alertas e pipes, veremos alguns detalhes de cada implementação.

Inicialização

DBMS_ALERT e DBMS_PIPE, são instalados por padrão no banco de dados. Diferente de muitos dos pacotes fornecidos, EXECUTE nesses pacotes não é concedido a PUBLIC. No Oracle 8.0 e superior, EXECUTE é concedido a EXECUTE_CATALOG_ROLE. Nos lançamentos anteriores, esses pacotes não tinham concessões padrão de forma alguma.

Como EXECUTE é concedido a uma função, e não a PUBLIC, você descobrirá que não pode criar um procedimento armazenado dependente desses pacotes, pois as funções nunca são capacitadas durante a compilação de um procedimento/pacote. É preciso ter EXECUTE concedido diretamente para a sua conta.

DBMS_ALERT

O pacote DBMS_ALERT é muito pequeno, consistindo apenas de sete pontos de entrada. Devo discutir aqui os seis de mais interesse. O aplicativo que desejar receber um alerta estará interessado principalmente em:

❏ REGISTER — Registrar o interesse em um alerta nomeado. Você pode chamar REGISTER muitas vezes em uma sessão, com diferentes nomes, para ser notificado quando ocorrer um, de uma série de eventos.

❏ REMOVE — Para remover o seu interesse em um evento, de modo a evitar o servidor de tentar notificá-lo sobre ele.

❏ REMOVEALL — Para remover o seu interesse em todos os alertas nomeados em que você tenha se registrado.

❏ WAITANY — Para aguardar que qualquer dos alertas nomeados, nos quais você registrou o seu interesse, sejam disparados. Essa rotina dirá o nome do evento que foi disparado, e oferecerá acesso à rápida mensagem que pode acompanhá-lo. Você pode ou aguardar por um período de tempo específico ou não esperar nada (para permitir uma 'sondagem' ocasional do aplicativo, para ver se ocorreu qualquer evento, mas não bloquear a espera para a ocorrência de um evento).

❏ WAITONE — Para aguardar por um alerta específico nomeado ser disparado. Como WAITANY, você pode esperar por um período específico de tempo ou não esperar absolutamente.

E o aplicativo que quiser sinalizar, ou disparar um alerta, só está interessado na rotina:

❏ SIGNAL — Para sinalizar um alerta ao comprometer a transação atual. Um retorno 'desfará o sinal'.

Assim, DBMS_ALERT é muito fácil de usar. Um aplicativo cliente interessado em ser notificado de um evento pode conter código como:

```
tkyte@TKYTE816> begin
  2     dbms_alert.register( 'MyAlert' );
  3  end;
  4  /

PL/SQL procedure successfully completed.

tkyte@TKYTE816> set serveroutput on
tkyte@TKYTE816> declare
  2     l_status    number;
  3     l_msg       varchar2(1800);
  4  begin
  5     dbms_alert.waitone( name    => 'MyAlert',
  6                         message => l_msg,
```

```
  7                             status   => l_status,
  8                             timeout  => dbms_alert.maxwait );
  9
 10        if ( l_status = 0 )
 11        then
 12            dbms_output.put_line( 'Msg from event is ' || l_msg );
 13        end if;
 14   end;
 15   /
```

Ele apenas registra o seu interesse no alerta nomeado, MyAlert, e depois chama DBMS_ALERT.WAITONE para aguardar esse alerta ser disparado. Observe que, como DBMS_ALERT.MAXWAIT é usado, uma constante do pacote DBMS_ALERT, esse código ficará apenas 'sentado lá'. Ele é bloqueado no banco de dados, aguardando a ocorrência desse evento. O aplicativo cliente interessado poderia usar um período de encerramento de tempo muito menor, especificado em segundos (talvez 0, significando que não deveria haver qualquer espera), portanto ele poderia escrutinar por um evento. Por exemplo, um aplicativo Oracle Forms poderia ter um temporizador que desligue a cada minuto e chame DBMS_ALERT.WAITONE para ver se algum evento ocorreu. Se afirmativo, a tela será atualizada. Uma seqüência Java também poderia tornar-se ativa com freqüência para verificar por um evento, atualizar alguma estrutura de dados compartilhados e assim por diante.

Agora, para assinalar esse alerta, precisamos fazer isto:

```
tkyte@TKYTE816> exec dbms_alert.signal( 'MyAlert', 'Hello World' );

PL/SQL procedure successfully completed.

tkyte@TKYTE816> commit;

Commit complete.
```

em outra sessão. Você deve ver imediatamente:

```
...
 15   /
Msg from event is Hello World

PL/SQL procedure successfully completed.
```

na sessão que foi bloqueada aguardando pelo alerta, assim essa sessão não será mais bloqueada. Este exemplo simples mostra o formato mais usado de DBMS_ALERT. Algumas sessões aguardam em um alerta nomeado e outra sessão o sinaliza. Até que a sessão de sinalização comprometa, o alerta não é exibido. Você mesmo poderá ver isso, usando duas sessões SQL*PLUS.

Fica mais interessante com alertas quando nos perguntamos:

- ❑ O que acontece quando muitas mensagens são 'sinalizadas' mais ou menos ao mesmo tempo por diferentes sessões?
- ❑ O que acontece se eu chamar o sinal repetidamente — quantos alertas serão gerados ao final?
- ❑ O que acontece se mais de uma sessão sinalizar um alerta depois que eu registrei o interesse nela, mas antes de ter chamado uma das rotinas de espera? A mesma pergunta, o que acontece quando mais de uma sessão assinala um alerta entre as minhas chamadas para aguardar?

As respostas a essas perguntas indicarão alguns dos efeitos colaterais de alertas; algumas das coisas sobre as quais você precisa estar ciente ao usá-los. Também irei sugerir maneiras para evitar alguns problemas que essas perguntas podem levantar.

Sinais consecutivos
por mais de uma sessão

Se executarmos novamente nosso pequeno teste acima, tivermos uma sessão registrando seu interesse em MyAlert, aguardarmos por ela e iniciarmos duas sessões adicionais, poderemos facilmente ver o que acontece quando mais de uma sessão assinala um alerta, simultaneamente. Nesse teste, as duas outras sessões executarão:

```
tkyte@TKYTE816> exec dbms_alert.signal( 'MyAlert', 'Hello World' );
```

e nada mais (sem comprometer). O que você irá observar nesse caso, é que aquela que emitiu o segundo sinal está bloqueada, mostrando que se N sessões tentarem sinalizar consecutivamente o mesmo evento nomeado, N-1 delas serão bloqueadas na chamada DBMS_ALERT.SIGNAL. Apenas uma das sessões prosseguirá. Os alertas são em série, na essência, e é precisa cuidado para evitar problemas como esse.

O banco de dados é designado para fornecer acesso altamente consecutivo a dados. DBMS_ALERT é uma dessas ferramentas que pode limitar, definitivamente, o escalonamento nessa área. Se você colocar um disparador INSERT numa tabela e esse disparador colocar uma chamada DBMS_ALERT.SIGNAL quando ativado, se a tabela estiver sujeita a freqüentes declarações INSERT, você irá fazer em série todas as INSERTs naquela tabela em especial sempre que alguém estiver registrado para aquele alerta. Por esse motivo, você pode querer pensar em limitar a quantidade geral de sessões que podem sinalizar um alerta. Por exemplo, se tiver dados alimentados ao vivo entrando em seu banco de dados, para que só haja uma sessão inserindo dados nessa tabela, DBMS_ALERT seria apropriado. Por outro lado, se essa for uma tabela de controle, que cada um precisa INSERT com freqüência, DBMS_ALERT não seria uma tecnologia apropriada.

Um método para evitar esse uso em série por muitas sessões poderia ser usar DBMS_JOB (detalhado em sua própria seção, neste apêndice). Poderia escrever um procedimento onde a única coisa que você faz é sinalizar o alerta e comprometer.

```
tkyte@TKYTE816> create table alert_messages
  2  (   job_id       int primary key,
  3      alert_name   varchar2(2000)
  4      message      varchar2(2000)
  5  )
  6  /
Table created.

tkyte@TKYTE816> create or replace procedure background_alert( p_job in int )
  2  as
  3      l_rec alert_messages%rowtype;
  4  begin
  5      select * into l_rec from alert_messages where job_id = p_job;
  6
  7      dbms_alert.signal( l_rec.alert_name, l_rec.message );
  8      delete from alert_messages where job_id = p_job;
  9      commit;
 10  end;;
 11  /
Procedure created.
```

Então, o disparador de seu banco de dados se pareceria com:

```
tkyte@TKYTE816> create table t ( x int );
Table created.

tkyte@TKYTE816> create or replace trigger t_trigger
  2  after insert or update of x on t for each row
  3  declare
  4      l_job number;
  5  begin
  6      dbms_job.submit( l_job, 'background_alert(JOB);' );
```

```
  7      insert into alert_messages
  8      ( job_id, alert_name, message )
  9      values
 10      ( l_job, 'MyAlert', 'X in T has value ' || :new.x );
 11  end;
 12  /

Trigger created.
```

para ter o alerta sinalizado por um processo de fundo *depois* de você comprometer. Dessa forma:

- ❑ Os alertas ainda são transacionais
- ❑ Eles não farão em série os seus processos de frente (aplicativos interativos).

O retrocesso é que serviços não executam *de imediato*, necessariamente; pode demorar um pouco antes do alerta ser dado. Em muitos casos, descobri que isso é aceitável (é importante notificar o processo de espera que algo aconteceu, mas um certo período de espera geralmente está OK). Advanced Queues (AQ) também oferecem um método altamente escalonável de sinalizar eventos no banco de dados. São mais complexas de usar do que DBMS_ALERT, mas oferecem mais flexibilidade nessa área.

Chamadas repetidas a sinalizar por uma sessão

A questão é, e se eu sinalizo o mesmo alerta nomeado muitas vezes em meu aplicativo, e depois comprometo? Quantos alertas, de fato, são sinalizados? A resposta é simples: *um*. DBMS_ALERT funciona como faria um sinal UNIX. O sistema operacional UNIX usa sinais para notificar processos de eventos que ocorreram no sistema operacional. Por exemplo, um de tais eventos é 'I/O está pronta', significando que um dos arquivos (ou soquetes etc) que você abriu está pronto para mais I/O. Você poderia usar esse sinal ao montar um servidor baseado em TCP/IP, por exemplo. O sistema operacional irá notificá-lo quando um soquete que você tiver aberto contiver dados aguardando para serem lidos, em vez de você ir a cada soquete e pesquisá-lo, para ver se ele tem mais dados prontos. Se o sistema operacional determinar cinco vezes que o soquete tem dados para serem lidos, e ainda não tiver tido a oportunidade de notificá-lo, ele não lhe dirá cinco vezes, apenas uma. Você recebe o evento 'soquete X está pronto para ser lido'. Não recebe todos os eventos anteriores sobre aquele soquete. DBMS_ALERT funciona da mesma forma.

Voltando ao nosso exemplo de acima, poderíamos executar o fragmento de código que registra o seu interesse em um evento, e chamadas à rotina WAITONE para aguardar por esse evento. Em outra sessão, executaríamos:

```
tkyte@TKYTE816> begin
  2    for i in 1 . . 10 loop
  3      dbms_alert.signal( 'MyAlert', 'Message ' || i );
  4    end loop;
  5  end;
  6  /

PL/SQL procedure successfully completed.

tkyte@TKYTE816> commit;

Commit complete.
```

Na outra janela, veremos o retorno:

```
Msg from event is Message 10

PL/SQL procedure successfully completed.
```

Só a última mensagem que sinalizamos será apresentada — as mensagens intermediárias nunca serão vistas. É preciso estar atento ao fato que DBMS_ALERT, por design, soltará mensagens por uma sessão. Ele não é um método de entregar uma seqüência de mensagens, é simplesmente um mecanismo de sinalização. Oferece a habilidade de dizer a um aplicativo cliente que 'alguma coisa aconteceu'. Se você confiar em todo e qualquer evento sinalizado recebido por todas as sessões, ficará desapontado (e muito provavelmente, terá em suas mãos um bug em seu código).

Novamente DBMS_JOB pode ser usado, de certa forma, para solucionar esse problema, se for importante que cada evento seja sinalizado. No entanto, nesse ponto vem à mente uma tecnologia alternativa. Filas avançadas (um tópico fora do escopo deste livro), que podem ser usadas para satisfazer tais exigências de forma muito melhor.

Muitas chamadas para sinalizar por muitas sessões antes da chamada de uma rotina de espera

Essa é a última pergunta: o que acontece se mais de uma sessão sinalizar um alerta depois de eu ter registrado interesse nela, mas antes de ter chamado uma das rotinas de espera? A mesma pergunta, apenas o que acontece quando mais de uma sessão sinaliza um alerta entre minhas chamadas para esperar? A resposta é igual a quando uma única sessão faz muitas chamadas a DBMS_ALERT.SIGNAL. Apenas o *último* evento é lembrado e sinalizado. Você pode ver isso colocando uma PAUSE no script SQL*PLUS simples que temos usado, para que ele seja lido assim:

```
begin
    dbms_alert.register( 'MyAlert' );
end;
/
pause
```

Agora, em algumas outras sessões, chame o DBMS_ALERT.SIGNAL com mensagens únicas (para poder distingui-las) e comprometa cada mensagem. Por exemplo, modifique o nosso loop simples acima, dessa forma:

```
tkyte@TKYTE816> begin
  2     for i in 1 . . 10 loop
  3        dbms_alert.signal( 'MyAlert', 'Message ' || I );
  4        commit;
  5     end loop;
  6  end;
  7  /
PL/SQL procedure successfully completed.
```

Depois de fazer isso e retornar a essa sessão original, simplesmente pressione a tecla *Enter* e o bloco de código que chama WAITONE será executado. Como o alerta que estamos aguardando já foi sinalizado, esse bloco de código retornará imediatamente e nos mostrará que recebemos a *última* mensagem sinalizada por esse alerta. Todas as outras mensagens intermediárias das outras sessões são perdidas, por design.

Resumo

O pacote DBMS_ALERT é adequado para aqueles casos onde você deseja notificar uma grande audiência de clientes interessados em eventos no banco de dados. Esses eventos nomeados devem ser sinalizados por tão poucas sessões quanto possível, devido aos aspectos de série inerentes a DBMS_ALERT. Como as mensagens, por design, serão 'perdidas', DBMS_ALERT é adequado como processo de notificação de *evento*. Você pode usá-lo para notificar um cliente interessado que dados em uma tabela T mudaram, por exemplo, mas experimentá-lo e usá-lo para informar a esses clientes sobre mudanças de fileiras individuais em T não funcionaria (devido ao fato que só a 'última' mensagem é salva). DBMS_ALERT é um pacote muito simples de usar e quase não exige configuração.

DBMS_PIPE

DBMS_PIPE é um pacote fornecido para permitir a duas sessões se comunicarem entre si. É um dispositivo de comunicação interprocessos. Uma sessão pode escrever uma 'mensagem' em um pipe (designação de caractere, cachimbo, usado como filtro) e uma outra sessão pode 'ler' aquela mensagem. No UNIX há o mesmo conceito na forma de um pipe nomeado, no sistema operacional. Com pipes nomeados, podemos permitir que um processo escreva dados em outro processo.

O pacote DBMS_PIPE, diferente de DBMS_ALERT, é um pacote de 'tempo real'. Assim que você chamar a função SEND_MESSAGE, a mensagem será enviada. Ele não espera por um COMMIT; não é transacional. Isso torna o DBMS_PIPE adequado para casos onde DBMS_ALERT não é (ou vice versa). Podemos usar DBMS_PIPE para permitir a duas sessões terem uma conversação (algo que não podemos fazer com DBMS_ALERT). A sessão um poderia pedir à sessão dois para fazer alguma operação. A sessão dois poderia fazê-la e retornar os resultados à sessão um. Por exemplo, suponha que a sessão dois seja um programa C que pode ler um termômetro anexado à porta serial do computador onde ela está executando, e retornar a temperatura à sessão um. A sessão um precisa registrar a temperatura atual em uma tabela de banco de dados. Ela pode enviar à sessão dois uma mensagem 'dê-me a temperatura', que descobriria qual é ela e escreveria a resposta de volta à sessão um. As duas sessões podem ou não estar no mesmo computador — tudo o que sabemos é que ambas estão conectadas ao banco de dados. Estou usando o banco de dados como poderia usar uma rede TCP/IP para fazer a comunicação entre dois processos. Porém, no caso de DBMS_PIPE, não preciso conhecer um nome de host e um número de porta para conexão, como seria preciso com TCP/IP — apenas o nome do pipe de banco de dados, onde escrever a minha solicitação.

Há dois tipos de pipes disponíveis no banco de dados — **público** e **privado**. Um pipe público pode ser criado explicitamente através de uma chamada a CREATE_PIPE, ou você pode simplesmente criar um pipe enviando uma mensagem nele. A principal diferença entre um pipe explícito e um implícito é que o pipe criado através da chamada CREATE_PIPE deve ser removido pelo seu aplicativo quando terminar de usá-lo, enquanto que o pipe implícito ficará antigo no SGA, depois de ter sido acessado por algum tempo. Um pipe público é configurado de forma que *qualquer* sessão que tenha acesso ao pacote DBMS_PIPE, possa ler e escrever mensagens no pipe. Portanto, pipes públicos não são adequados para dados sensíveis ou mesmo apenas 'importantes'. Como os pipes são usados para conversação de filtros, e um pipe público permite a qualquer um ler ou escrever nessa conversação, um usuário malicioso poderia remover mensagens de seu pipe ou acrescentar mensagens de 'lixo' nele. Qualquer ação teria o efeito de interromper a conversação ou o protocolo entre as sessões. Por esse motivo, a maioria dos aplicativos usará um pipe privado.

Os pipes privados podem ser de leitura ou de escrita, apenas por sessões que operam sob o ID de usuário efetivo do *proprietário* do pipe, e os usuários especiais, SYS e INTERNAL. Isso significa que *apenas* procedimentos armazenados de direitos de definidor (veja o Capítulo 23) possuídos pelo proprietário do pipe ou sessões que registraram a entrada como o proprietário do pipe, SYS ou INTERNAL, podem ler ou escrever nesse pipe. Isso aumenta significativamente a confiabilidade de pipes, pois nenhuma outra sessão ou peça de código pode corromper ou interceptar o seu protocolo.

Um pipe é um objeto que viverá na SGA de sua cópia de Oracle. De forma alguma é um mecanismo baseado em disco. Os dados em um pipe não sobreviverão a desligamento e inicialização — no desligamento, quaisquer informações nele serão esvaziadas, e não estarão mais no pipe quando da inicialização.

O uso mais comum de pipes é para montar os seus próprios serviços ou servidores personalizados. Antes da introdução de procedimentos externos em Oracle 8.0, essa era a única maneira de implementar um procedimento armazenado numa linguagem que não PL/SQL. Você criaria um servidor 'pipe'. Na verdade, ConText (o precursor de interMedia Text) foi implementado usando pipes de banco de dados no Oracle 7.3 e posteriores. Com o tempo, um pouco dessa funcionalidade foi implementada através de procedimentos externos, mas muito da lógica de indexação ainda é implementada por pipes de banco de dados.

Devido ao fato que qualquer quantidade de sessões pode tentar ler de um pipe, e qualquer quantidade pode tentar escrever em determinado pipe, precisamos implementar alguma lógica para garantir que possamos entregar mensagens à sessão certa. Se formos criar o nosso próprio serviço personalizado (por exemplo, a demonstração de termômetro de antes) e acrescentá-lo ao banco de dados, precisamos ter certeza que a resposta à pergunta da sessão A chega à sessão A e não à sessão B. Para satisfazer essa exigência muito comum, geralmente escrevemos nossas solicitações em uma mensagem no pipe, com um nome bem conhecido, e incluímos nela um nome único de pipe em que esperamos ler nossa resposta. Como na figura a seguir:

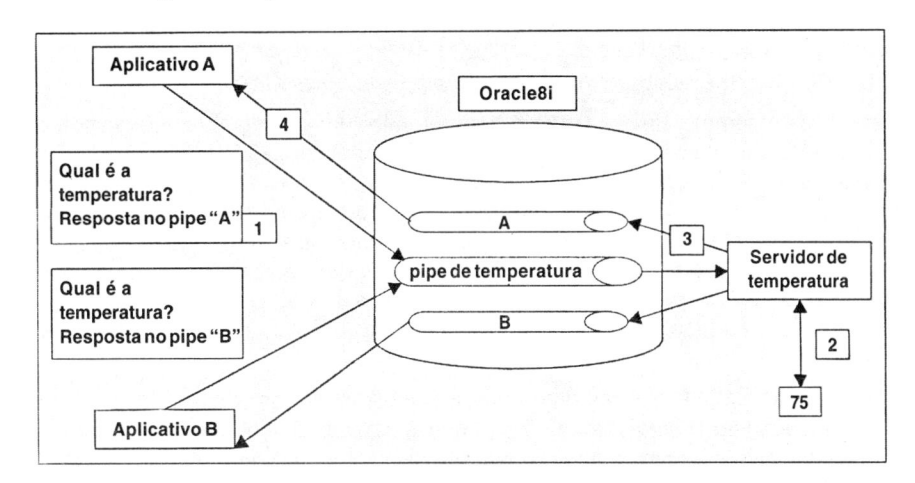

- ❏ **Etapa 1** — A sessão A escreverá sua solicitação 'Qual é a temperatura? Resposta no pipe A' no bem conhecido pipe chamado 'pipe de temperatura'. Ao mesmo tempo, outras sessões podem estar fazendo a mesma coisa. Cada mensagem será enfileirada no pipe, de uma maneira 'primeiro a chegar, primeiro a sair'.
- ❏ **Etapa 2** — O servidor de temperatura lerá uma única mensagem do pipe e consultará qualquer serviço ao qual ele esteja oferecendo acesso.
- ❏ **Etapa 3** — O servidor de temperatura usará o único nome de pipe escrito pela sessão solicitante das informações, para escrever uma resposta (neste exemplo, pipe A). Usamos uma fila implícita para essa resposta (assim a resposta de pipe desaparece imediatamente depois de ser dada). Se tivéssemos planejado fazer muitas de tais chamadas, iríamos querer usar um pipe criado explicitamente para mantê-las na SGA durante nossa sessão (mas teríamos que nos lembrar de limpá-la à nossa saída!).
- ❏ **Etapa 4** — A sessão A lê a resposta de volta do pipe em que foi dito ao servidor de temperatura para escrever a resposta.

A mesma seqüência de eventos deve ocorrer na Sessão B. O servidor de temperatura lê a sua solicitação, consulta a temperatura, olha a mensagem para descobrir o nome do pipe ao qual responder e escreve de volta a resposta.

Um dos aspectos interessantes de pipes de banco de dados é que muitas sessões podem *ler* do pipe. Qualquer mensagem determinada colocada no pipe só será lida, exatamente, por uma sessão, mas muitas sessões podem ser lidas ao mesmo tempo. Isso nos permite 'escalonar' a figura acima. No acima, é óbvio que poderíamos ter muitas sessões solicitando dados do 'servidor de temperatura', e ele os processaria em série, um após o outro. Não há nada que impeça iniciarmos mais de um servidor de temperatura, como:

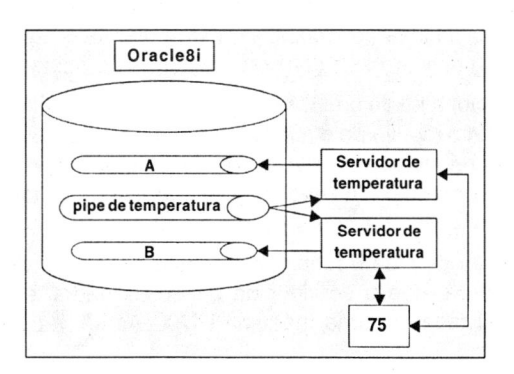

Agora podemos servir a duas solicitações consecutivas. Se iniciássemos cinco delas, poderíamos fazer cinco ao mesmo tempo, semelhante à conexão de combinação, ou como o servidor multisseqüenciado no próprio Oracle funciona. Temos uma combinação de processos prontos para fazer o trabalho, e a quantidade máxima de trabalho consecutivo que podemos fazer em qualquer ponto no tempo é ditada pelo número de processos que inicializamos. Esse aspecto dos pipes de banco de dados nos permite escalonar facilmente essa implementação em particular.

Servidores de pipes versus rotinas externas

O lançamento 8.0 do Oracle8 introduziu a habilidade de implementar diretamente um procedimento armazenado em C, e o Oracle8i nos deu a habilidade de implementar o procedimento armazenado em Java. Com isso, a necessidade de 'servidores de pipe' DBMS_PIPE acabou? A curta resposta é *não*, absolutamente não.

Quando cobrimos as rotinas externas, descrevemos sua arquitetura. Por exemplo, as rotinas externas baseadas em C executam em um espaço de endereço separado do procedimento armazenado PL/SQL. Há um mapeamento um por um entre a quantidade de sessões usando consecutivamente um procedimento externo e o número de espaços de endereço separados criado. Isto é, se 50 sessões chamarem consecutivamente a rotina externa, haverá 50 processos EXTPROC, ou seqüências, no mínimo. As rotinas externas baseadas em C têm arquitetura semelhante ao modo de servidor dedicado de Oracle. Só que como o Oracle criará um servidor dedicado para cada sessão consecutiva, ele também criará uma cópia EXTPROC para cada chamada de rotina externa consecutiva. As rotinas externas Java são executadas da mesma maneira — uma por uma. Em cada sessão usando uma rotina externa Java, haverá uma cópia JVM separada executando no servidor com a sua própria posição e recursos.

Um servidor de pipe, por outro lado, funciona como a arquitetura MTS faz em Oracle. Você cria uma combinação de recursos compartilhados (configura N servidores de pipe) e eles servirão às solicitações. Se mais solicitações vierem, consecutivamente, do que podem ser manuseadas, as solicitações serão enfileiradas. Isso é bastante análogo ao modo MTS de Oracle, onde solicitações serão enfileiradas na SGA e tiradas da fila por um servidor compartilhado, assim que for completado o processamento da solicitação anterior onde estava sendo feito trabalho. O exemplo da temperatura que vimos anteriormente é um bom exemplo. O primeiro diagrama demonstra um único servidor de pipe executando para servir a todas as solicitações. Nunca serão processadas mais de duas solicitações consecutivas. O termômetro nunca terá mais que dois clientes atingindo-o.

A razão disso é importante, pois nos dá uma grande capacidade de limitar acessos consecutivos a esse recurso compartilhado. Se tivéssemos usado rotinas externas, e 50 sessões tivessem solicitado simultaneamente a temperatura, isso poderia muito bem 'quebrar' o termômetro, se ele não tivesse sido designado para escalonar até tantas solicitações. Substitua o termômetro por muitos outros recursos compartilhados e você descobrirá que surge o mesmo problema. Ele pode lidar com um par de solicitações consecutivas, mas se você tivesse tentado atingi-lo com muitas solicitações simultâneas, ou ele iria falhar ou o desempenho sofreria, a ponto de torná-lo não-funcional.

Outro motivo pelo qual um servidor de pipe pode fazer sentido é acessar algum recurso compartilhado que demora muito para 'se conectar'. Por exemplo, trabalhei em um projeto alguns anos atrás, em uma grande universidade. Eles precisavam acessar algumas transações da unidade principal (que precisava chamar a unidade principal para obter algumas informações de alunos). A conexão inicial para a unidade principal podia demorar de 30 a 60 segundos para se completar, mas depois daquilo era muito rápida (desde que não sobrecarregássemos a unidade principal com toneladas de solicitações consecutivas). Usando um servidor de pipe, fomos capazes de iniciar a conexão com o servidor *uma vez*, quando o servidor de pipe iniciou. Esse único servidor de pipe poderia executar por dias, usando aquela conexão inicial. Usando uma rotina externa teríamos que iniciar a conexão uma vez por sessão de banco de dados. Uma implementação que tivesse usado rotinas externas poderia simplesmente não funcionar nesse ambiente, devido aos altos custos de inicialização associados à conexão de unidade principal. O servidor de pipe não apenas deu a ele a habilidade de limitar o número de solicitações consecutivas, como ofereceu a habilidade de fazer a cara conexão de unidade principal *uma vez* e depois reutilizar essa conexão centenas de milhares de vezes.

Se você estiver familiarizado com a racionalidade por trás do uso de software de combinação de conexão em um ambiente de 3 camadas, já estará habituado com o motivo pelo qual deve querer usar pipes em determinadas circunstâncias. Eles oferecem a habilidade de reutilizar o resultado de uma operação de execução longa (a conexão ao banco de dados, no caso de software de combinação de conexão) repetida, pois permitem limitar a quantidade de recursos que você consome consecutivamente (o tamanho de sua conexão combinada).

Uma última diferença entre um servidor de pipe e rotinas externas é onde o servidor de pipe pode executar. Suponha, no exemplo de servidor de temperatura, que o servidor de banco de dados estivesse executando em Windows. A verificação da temperatura está localizada em uma máquina UNIX. As únicas bibliotecas de objeto disponíveis para acesso estão no INUX. Como um servidor de pipe é apenas um cliente do banco de dados, como qualquer outro cliente, podemos codificá-lo, compilá-lo e executá-lo no UNIX. O servidor de pipe não precisa estar na mesma máquina, nem na mesma plataforma que o banco de dados. Por outro lado, uma rotina externa precisa executar na mesma máquina que o próprio servidor de banco de dados — eles não podem executar em máquinas remotas. Portanto, um servidor de pipe pode ser usado em circunstâncias onde uma rotina externa não pode.

Exemplo online

No web site da Wrox (http://www.wrox.com) você encontrará um exemplo de um pequeno servidor de pipe. Ele responde à pergunta freqüente: 'Como posso executar um comando host a partir de PL/SQL?' Com a adição de Java ao banco de dados e procedimentos externos C, poderíamos implementar com facilidade uma função de comando host, com qualquer tecnologia. E se eu não tiver acesso a um compilador C, ou não tiver o componente Java do banco de dados disponível — e então? O exemplo mostra como poderíamos configurar facilmente um pequeno 'servidor de pipe' que hospeda comandos usando nada mais que SQL*PLUS e a linguagem de script csh. Ele é bem simples, consistindo de algumas poucas linhas de csh e algumas poucas de PL/SQL. Porém, mostra muito do poder de pipes de banco de dados, e deve dar algumas idéias para outras implementações interessantes.

Resumo

Os pipes de banco de dados são um poderoso recurso do banco de dados Oracle, que permite que duas sessões tenham uma 'conversação', uma com a outra. Pipes posteriormente modelados em UNIX permitirão que você desenvolva o seu próprio protocolo para enviar e receber mensagens. O pequeno exemplo disponível do web site da Wrox demonstra o quanto pode ser fácil criar um 'servidor de pipe', um processo externo que recebe solicitações de sessões de banco de dados e faz algo 'especial' em nome delas. Os pipes de banco de dados não são transacionais, tornando-os diferentes de alertas de banco de dados, mas esse é um recurso não-transacional que os torna tão úteis, em muitos casos. Dentre outros, usei pipes de banco de dados para acrescentar recursos ao banco de dados, como:

- Enviar e-mail.
- Imprimir arquivos.
- Integrar fontes de dados não Oracle, não SQL.
- Implementar o equivalente a DBMS_LOB.LOADFROMFILE em LONGs e LONG RAWs.

DBMS_APPLICATION_INFO

É um dos recursos mais subutilizados no conjunto de pacotes fornecidos, ainda que eu não possa pensar em um único aplicativo que não se beneficiaria de seu uso. Você já se perguntou:

- Imagino o que essa sessão está fazendo, que tipo de formulário está rodando, qual módulo de código está executando?
- Imagino o quanto é longo aquele procedimento armazenado?
- Imagino o quanto é grande aquele trabalho em lote?
- Imagino quais valores de ligação de variável foram usadas naquela consulta?

DBMS_APPLICATION_INFO é o pacote que pode ser usado para responder a todas essas perguntas, e mais. Ele nos permite ajustar até três colunas em nossa fileira da tabela V$SESSION — as colunas CLIENT_INFO, ACTION e MODULE. Oferece funções não apenas para justar esses valores, mas também para retorná-los. Além do mais, há um parâmetro para a função interna USERENV, ou SYS_CONTEXT, que nos permitirá acessar facilmente a coluna CLIENT_INFO, em qualquer consulta. Posso selecionar, por exemplo, SELECT USERENV('CLIENT_INTO') FROM DUAL, ou usar WHERE SOME_COLUMN = SYS_CONTEXT('USERENV', 'CLIENT_INFO') em minhas consultas. Os valores que ajustamos nas tabelas V$ são imediatamente visíveis. Não precisamos comprometê-los para 'vê-los', tornando-os muito úteis para comunicar com o 'exterior'. Por fim, ele nos permite também ajustar valores na vista de desempenho dinâmico V$SESSION_LONGOPS (**LONG OperationS**) — útil para registrar o progresso de processos de longa execução.

Muitas ferramentas Oracle, como SQL*PLUS, já usam essa facilidade. Por exemplo, tenho um script, SHOWSQL.SQL, que uso para ver qual SQL as pessoas estão usando no banco de dados (disponível no web site da Wrox, em http://www.wrox.com). Parte desse script sai fora da tabela V$SESSION em todas as entradas onde CLIENT_INFO, MODULE ou ACTION é NOT NULL. Sempre que o executo, vejo, por exemplo:

```
USERNAME                MODULE           ACTION       CLIENT_INFO
---------------         --------------   ---------    -----------
OPS$TKYTE(107,19225)    01@ showsql.sql
OPS$TKYTE(22,50901)     SQL*Plus
```

A primeira linha mostra minha sessão atual executando o script SHOWSQL.SQL com um nível de 01. Isso significa que esse script ainda não chamou outro script. Se eu fosse criar um script TEST.SQL apenas com @SHOWSQL nele, SQL*PLUS ajustaria 02 na frente de SHOWSQL, para mostrar que ele estava aninhado. A segunda linha mostra outra sessão SQL*PLUS. Nesse momento, ela não está executando qualquer script (pode ter executado um comando, diretamente fornecido na linha de comando). Se você acrescentar as chamadas apropriadas a DBMS_APPLICATION_INFO ao seu aplicativo, pode fazer a mesma coisa, aumentando suas habilidades e as de seu DBA de monitorar seu aplicativo.

As chamadas para ajustar esses valores na tabela V$SESSION são simplesmente:

- SET_MODULE — Essa chamada de API permite ajustar ambas as colunas, MODULE e ACTION, na V$SESSION. O nome do módulo é limitado a 48 bytes e o valor da ação a 32 bytes. Tipicamente, o nome do módulo seria o nome de seu aplicativo. A ação inicial poderia ser algo como STARTUP ou INITIALIZING, para indicar que o programa está apenas começando.

❑ **SET_ACTION** — Essa chamada de API permite que você ajuste a coluna ACTION em V$SESSION. ACTION seria um termo descritivo para permitir que você saiba onde está em seu programa. A ação poderia ser ajustada para o nome do formulário atualmente ativo em um aplicativo de formulários, por exemplo, ou o nome de uma sub-rotina numa rotina Pro*C ou PL/SQL.

❑ **SET_CLIENT_INFO** — Essa chamada de API permite armazenar até 64 bytes de qualquer tipo de informações de especificação de aplicativo que possa querer manter. Usos comuns são as vistas em parâmetro (veja abaixo) e consultas.

Há as chamadas de API correspondentes também para ler de volta essas informações. Além de configurar valores na tabela V$SESSION, esse pacote permite ajustar informações na vista de desempenho dinâmico V$SESSION_LONGOPS. Essa vista permite que você armazene mais que uma fileira de informações em várias colunas. Logo veremos essa funcionalidade em detalhes.

Como usar o Client Info

A chamada a SET_CLIENT_INFO permite não apenas ajustar um valor numa coluna da tabela V$SESSION, mas também nos dá acesso àquela variável, através da função interna userenv (Oracle 7.3 e superior) ou sys_context (a função preferida em Oracle 8i e superior). Com isso podemos criar, por exemplo, uma **vista em parâmetro**, uma vista cujo resultado depende do valor no campo CLIENT_INFO. O exemplo a seguir demonstra esse conceito:

```
scott@TKYTE816> exec dbms_application_info.set_client_info('KING');

PL/SQL procedure successfully completed.

scott@TKYTE816> select userenv('CLIENT_INFO') from dual;

USERENV('CLIENT_INFO')
------------------
KING

scott@TKYTE816> select sys_context('userenv', 'client_info') from dual;

SYS_CONTEXT('USERENV', 'CLIENT_INFO')
-----------------------------------
KING

scott@TKYTE816> create or replace view
  2     emp_view
  3     as
  4     select ename, empno
  5         from emp
  6        where ename = sys_context( 'userenv', 'client_info');

View created.

scott@TKYTE816> select * from emp_view;

    ENAME          EMPNO
    ------        ------
     KING          7839

scott@TKYTE816> exec dbms_application_info.set_client_info('BLAKE');

PL/SQL procedure successfully completed.

scott@TKYTE816> select * from emp_view;

    ENAME          EMPNO
    ------        ------
     BLAKE         7698
```

Como se vê, podemos ajustar esse valor e também usá-lo facilmente em consultas, onde poderíamos usar uma constante, o que nos permite criar vistas complexas com predicados, que obtêm seus valores no tempo de execução. Um dos problemas com vistas pode ser na área de fusão de predicado. Se o otimizador fosse capaz de 'fundir' o predicado na definição de vista, ele realmente iria executar muito depressa. Se não, executa lentamente. Esse recurso, usando as informações de cliente, nos permite 'fundir' o predicado antecipadamente, quando o otimizador não pode. O desenvolvedor de aplicativo ajusta o valor e apenas SELECT * da vista. Depois, surgirão os dados 'certos'.

Outro lugar onde uso essa funcionalidade é para armazenar as ligações de variáveis que estou utilizando em minha consulta (e outras partes de informações), para poder ver rapidamente o que meus procedimentos estão fazendo. Por exemplo, se você tiver um processo de execução longa, pode instrumentá-lo assim:

```
tkyte@TKYTE816> declare
  2      l_owner     varchar2(30) default 'SYS';
  3      l_cnt       number default 0;
  4  begin
  5      dbms_application_info.set_client_info( 'owner=' || l_owner );
  6
  7      for x in ( select * from all_objects where owner = l_owner )
  8      loop
  9          l_cnt := l_cnt+1;
 10          dbms_application_info.set_action( 'processing row ' || l_cnt );
 11      end loop;
 12  end;
 13  /
```

Agora, usando aquele script SHOWSQL.SQL de novo, posso ver:

```
tkyte@TKYTE816> @showslq

USERNAME                          SID     SERIAL#    PROCESS      STATUS
------------------------------    ---     -------    ---------    ------
TKYTE                              8         206    780:716      ACTIVE
TKYTE                             11         635    1004:1144    ACTIVE
----------
TKYTE(11.635) ospid = 1004:1144 program = SQLPLUS.EXE
Saturday 15:59 Saturday 16:15
SELECT * FROM ALL_OBJECTS WHERE OWNER = :b1

USERNAME              MODULE              ACTION              CLIENT_INFO
----------            ----------          --------            -----------
TKYTE(8.206)          01@ showsql.sql
TKYTE(11.635)         SQL*PLUS            processing row      owner=SYS
                                                              5393
```

A sessão (11.635) está executando a consulta SELECT * FROM ALL_OBJECTS WHERE OWNER = :B1. O relatório também mostra que nesse caso owner=SYS e, no ponto de tempo em que o estamos vendo, ele já processou 5.393 fileiras. Na próxima seção, veremos como usar SESSION LONGOPS pode adiantar isso mais um pouco, se você souber quantas operações ou etapas o seu procedimento estará realizando.

Como usar V$SESSION_LONGOPS

Muitas operações no banco de dados podem demorar um tempo considerável. Caem nessa categoria a execução paralela, a recuperação de gerenciamento, grandes classificações, carregamentos etc. Essas operações de execução longa tiram vantagem de sua habilidade em ajustar valores na vista dinâmica de desempenho, V$SESSION_LONGOPS, para nos permitir saber quão longos são os seus trabalhos e assim podermos fazer nossos aplicativos. Essa vista exibe a posição de diversas operações de banco de dados que executam por mais de seis segundos. Isto é, funções que o banco de dados realiza, que os desenvolvedores de Oracle sentem que normalmente tomaria mais de seis segundos, foram instrumentadas para preencher a vista V$SESSION_LONGOPS. Isso não significa que qualquer coisa que demore mais de seis segundos irá aparecer, automaticamente, nessa vista. Atualmente, essas operações incluem muitas funções de backup e recuperação, reunião de estatísticas e execução de consulta. Outras operações são acrescentadas em cada lançamento de Oracle.

As mudanças feitas nessa vista são imediatamente visíveis a outras sessões, sem a necessidade de comprometer sua transação. Em qualquer processo que atualize essa vista, você será capaz de monitorar seu progresso a partir de outra sessão, consultando a vista V$SESSION_LONGOPS. Você também tem possibilidade de preencher fileiras nessa vista, tipicamente uma fileira, mas se quiser pode usar outras.

A API para ajustar os valores nessa vista é definida como:

```
PROCEDURE SET_SESSION_LONGOPS

Argument Name          Type              In/Out    Default?
----------             ----              ------    --------
RINDEX                 BINARY_INTEGER    IN/OUT
SLNO                   BINARY_INTEGER    IN/OUT
OP_NAME                VARCHAR2          IN        DEFAULT
TARGET                 BINARY_INTEGER    IN        DEFAULT
CONTEXT                BINARY_INTEGER    IN        DEFAULT
SOFAR                  NUMBER            IN        DEFAULT
TOTALWORK              NUMBER            IN        DEFAULT
TARGET_DESC            VARCHAR2          IN        DEFAULT
UNITS                  VARCHAR2          IN        DEFAULT
```

com os seguintes significados:

- ❑ RINDEX - Diz ao servidor qual fileira modificar na vista V$SESSION_LONGOPS. Se você ajustar esse valor para DBMS_APPLICATION_INFO.SET_SESSION_LONGOPS_NOHINT, uma nova fileira será alocada nessa vista, para você, e o índice dessa fileira será retornado em RINDEX. Chamadas subseqüentes a SET_SESSION_LONGOPS com o mesmo valor de RINDEX atualizarão essa fileira existente.

- ❑ SLNO — Um valor interno. Inicialmente, você deve passar um número Null, ou então ignorar o seu valor. O mesmo valor deve ser passado em cada chamada.

- ❑ OP_NAME — O nome do processo de execução longa. Ele é limitado a 64 bytes em tamanho, e deve ser ajustado para alguma string que será facilmente identificada e que ofereça algum significado.

- ❑ TARGET — Usado tipicamente para conter o ID de objeto que é o alvo da operação de execução longa (por exemplo, o ID de objeto da tabela sendo carregada). Aqui, você pode fornecer qualquer número desejado, ou deixar Null.

- ❑ CONTEXT — Um número definido pelo usuário. Esse número só deve ter algum significado para você. Ele é simplesmente qualquer número que você deseje armazenar.

- ❑ SOFAR — É definido como qualquer número que você queira armazenar, mas se você tornar esse número alguma porcentagem ou indicador da quantidade de trabalho feito, o banco de dados tentará avaliar o seu tempo de complementação. Por exemplo, se você tiver 25 coisas para fazer e elas ocuparem mais ou menos a mesma quantidade de tempo, você poderia ajustar SOFAR para o número de coisas feitas até então, e depois ajustar o próximo parâmetro para TOTALWORK. O servidor irá descobrir quanto tempo você levou para chegar onde está, e avaliará quanto tempo irá demorar a terminar.

- ❑ TOTALWORK — Definido como qualquer número que você deseje armazenar, mas aplica-se aqui a mesma advertência feita para SOFAR. Se SOFAR é uma porcentagem de TOTALWORK, representando seu progresso, o servidor irá computar o tempo restante para completar a tarefa.

- ❑ TARGET_DESC — Usado para descrever o conteúdo da entrada TARGET, acima. Se de fato TARGET continha um ID de objeto, isso poderia conter o nome do objeto para aquele ID de objeto.

- ❑ UNITS — Um termo descritivo que categoriza como SOFAR e TOTALWORK são medidos. Por exemplo, as unidades podem ser 'arquivos', 'iterações' ou 'chamadas'.

Esses são os valores que você pode ajustar. Entretanto, ao olhar para uma vista V$SESSION_LONGOPS, você verá que ela tem muito mais colunas do que essas:

```
ops$TKYTE@ORA8I.WORLD> desc v$session_longops
Name                        Null?    Type
--------------------------- -------- -----------------
 SID                                 NUMBER
 SERIAL#                             NUMBER
 OPNAME                              VARCHAR2(64) **
 TARGET                              VARCHAR2(64) **
 TARGET_DESC                         VARCHAR2(32) **
 SOFAR                               NUMBER **
 TOTALWORK                           NUMBER **
 UNITS                               VARCHAR2(32) **
 START_TIME                          DATE
 LAST_UPDATE_TIME                    DATE
 TIME_REMAINING                      NUMBER
 ELAPSED_SECONDS                     NUMBER
 CONTEXT                             NUMBER **
 MESSAGE                             VARCHAR2(512)
 USERNAME                            VARCHAR2(30)
 SQL_ADDRESS                         RAW(4)
 SQL_HASH_VALUE                      NUMBER
 QCSID                               NUMBER
```

As colunas marcadas com ** são aquelas sobre as quais você tem controle, e pode ajustar.

Os significados são:

- ❑ As colunas SID e SERIAL# são usadas para unir de volta à V$SESSION, para pegar as informações de sessão.
- ❑ A coluna START_TIME marca o tempo que esse registro criou (tipicamente, a sua primeira chamada a DBMS_APPLICATION_INFO.SET_SESSION_LONGOPS).
- ❑ A coluna LAST_UPDATE_TIME representa o tempo da sua última chamada a SET_SESSION_LONGOPS.
- ❑ A TIME_REMAINING é uma estimativa em segundos do tempo para terminar. É igual a ROUND(ELAPSED_SECONDS*((TOTALWORK/SOFAR)-1)).
- ❑ A coluna ELAPSED_SECONDS é o tempo em segundos desde o início da operação de execução longa, e o último tempo atualizado.
- ❑ A coluna MESSAGE é uma coluna derivada. Ela concatena peças reunidas de OPNAME, TARGET_DESC, TARGET, SOFAR, TOTALWORK e da coluna UNITS para fazer uma descrição legível do trabalho em processo.
- ❑ USERNAME é o nome do usuário sob o qual esse processo está executando.
- ❑ SQL_ADDRESS e SQL_HASH_VALUE podem ser usados para olhar em V$SQLAREA e ver em qual declaração SQL esse processo estava executando por último.
- ❑ QCSID é usado com consulta paralela. Ela seria a sessão do coordenador paralelo.

Então, o que você pode esperar dessa vista em particular? Um pequeno exemplo mostrará claramente o que ela pode oferecer. Em uma sessão, se você executar um bloco de código como:

```
tkyte@TKYTE816> declare
  2      l_nohint number default
              dbms_application_info.set_session_longops_nohint;
  3      l_rindex number default l_nohint;
  4      l_slno   number;
  5  begin
  6      for i in 1 .. 25
  7      loop
  8          dbms_lock.sleep(2);
  9          dbms_application_info.set_session_longops
 10          (   rindex => l_rindex,
 11              slno   => l_slno,
```

```
 12      op_name     => 'my long running operation',
 13                  target      => 1234,
 14                  target_desc => '1234 is my target',
 15                  context     => 0,
 16                  sofar       => i,
 17                  totalwork   => 25,
 18                  units       => 'loops'
 19              );
 20      end loop;
 21  end;
 22  /
```

Essa é uma operação de execução longa que tomará 50 segundos para completar (o DBMS_LOCK.SLEEP apenas dorme por dois segundos). Em outra sessão, podemos monitorar essa através da consulta abaixo (veja o Capítulo 23, para a definição do utilitário PRINT_TABLE usado neste código):

```
tkyte@TKYTE816> begin
  2      print_table('select b.*
  3                     from v$session a, v$session_longops b
  4                    where a.sid = b.sid
  5                      and a.serial# = b.serial#' );
  6  end;
  7  /
SID                            : 11
SERIAL#                        : 635
OPNAME                         : my long running operation
TARGET                         : 1234
TARGET_DESC                    : 1234 is my target
SOFAR                          : 2
TOTALWORK                      : 25
UNITS                          : loops
START_TIME                     : 28-apr-2001 16:02:46
LAST_UPDATE_TIME               : 28-apr-2001 16:02:46
TIME_REMAINING                 : 0
ELAPSED_SECONDS                : 0
CONTEXT                        : 0
MESSAGE                        : my long running operation: 1234 is my target
                                 1234: 2 out of 25 loops done
USERNAME                       : TKYTE
SQL_ADDRESS                    : 036C3758
SQL_HASH_VALUE                 : 1723303299
QCSID                          : 0
-----------

PL/SQL procedure successfully completed.

ops$tkyte@ORA8I.WOLD> /
SID                            : 11
SERIAL#                        : 635
OPNAME                         : my long running operation
TARGET                         : 1234
TARGET_DESC                    : 1234 is my target
SOFAR                          : 6
TOTALWORK                      : 25
UNITS                          : loops
START_TIME                     : 28-apr-2001 16:02:46
LAST_UPDATE_TIME               : 28-apr-2001 16:02:55
TIME_REMAINING                 : 29
ELAPSED_SECONDS                : 9
CONTEXT                        : 0
MESSAGE                        : my long running operation: 1234 is my target
                                 1234: 6 out of 25 loops done
USERNAME                       : TKYTE
```

```
SQL_ADDRESS                    : 036C3758
SQL_HASH_VALUE                 : 1723303299
QCSID                          : 0
---------

PL/SQL procedure successfully completed.

ops$tkyte@ORA8I.WORLD> /
SID                            : 11
SERIAL#                        : 635
OPNAME                         : my long running operation
TARGET                         : 1234
TARGET_DESC                    : 1234 is my target
SOFAR                          : 10
TOTALWORK                      : 25
UNITS                          : loops
START_TIME                     : 28-apr-2001 16:02:46
LAST_UPDATE_TIME               : 28-apr-2001 16:03:04
TIME_REMAINING                 : 27
ELAPSED_SECONDS                : 18
CONTEXT                        : 0
MESSAGE                        : my long running operation: 1234 is my target
                                 1234: 10 out of 25 loops done
USERNAME                       : TKYTE
SQL_ADDRESS                    : 036C3758
SQL_HASH_VALUE                 : 1723303299
QCSID                          : 0
---------

PL/SQL procedure successfully completed.
```

A primeira pergunta que você pode fazer é 'por que eu uni V$SESSION_LONGOPS à V$SESSION se, na verdade, não selecionei quaisquer informações de V$SESSION?' Isso é porque a vista V$SESSION_LONGOPS conterá valores das fileiras da atual, assim como das sessões herdadas. Essa vista não é 'esvaziada' quando você registra sua saída. Os dados deixados lá permanecem até que surja outra sessão e reutilize a sua trilha. Portanto, para ver informações de longas operações apenas de sessões atuais, você só quer unir ou usar uma subconsulta para obter apenas as sessões atuais.

Como se pode ver de um exemplo bem simples, essas informações poderiam ser bastante valiosas a você e ao seu DBA, quanto a monitorar procedimentos armazenados de longa execução, trabalhos em lote, relatórios e assim por diante. Um pouco de instrumentação pode poupar muita adivinhação na produção. Em vez de tentar 'adivinhar' onde um trabalho pode estar e quanto tempo ele pode demorar a completar, é possível obter uma vista apurada de onde ele está e uma adivinhação 'educada' quanto ao tempo que ele levará para completar.

Resumo

Vimos o pacote DBMS_APPLICATION_INFO, que com freqüência é desprezado e subutilizado. Cada aplicativo pode, e deve, usar esse pacote apenas para se registrar no banco de dados, para que o DBA ou alguém monitorando o sistema possa chamar aqueles aplicativos que estiverem usando-o. Em qualquer processo que demore mais que alguns segundos, é importante o uso de V$SESSION_LONGOPS. Para mostrar que um processo não está 'no ar', mas se movendo de uma maneira estável, esse recurso é a única maneira de fazê-lo. O Oracle Enterprise Manager (OEM) e muitas ferramentas terceirizadas estão cientes dessas vistas e, automaticamente, irão integrar as informações em suas exibições.

DBMS_JAVA

O pacote DBMS_JAVA, de certa forma, é um enigma. Ele é um pacote PL/SQL, mas não está documentado no guia *Supplied PL/SQL Packages Reference*. Ele é destinado a suportar Java no banco de dados, portanto você poderia esperar encontrá-lo no guia de Referência de pacotes PL/SQL fornecidos (mas não encontra). Ele está, de fato, documentado no *Oracle8i Java Developer's Guide*. Neste livro, já o usamos várias vezes, sem na verdade discuti-lo, portanto aqui iremos cobrir os procedimentos que uso nesse pacote, como usá-los e o que eles fazem.

O pacote DBMS_JAVA tem quase 60 procedimentos e funções, apenas uma pequena parte é usada por nós, como desenvolvedores. O grosso desse pacote está no suporte de depuradores (não para usarmos na depuração, mas para outros escreverem depuradores para nós, nas diversas rotinas de conveniência interna e nos utilitários de exportação/importação). Pularemos todas essas funções e procedimentos.

LONGNAME e SHORTNAME

São rotinas de utilitário para converter entre um identificador 'curto' de 30 caracteres (todos os identificadores Oracle têm 30 caracteres ou menos) e o 'longo' nome Java. Se você olhar no dicionário de dados, descobrirá um nome 'misturado' para as classes Java que são carregadas no banco de dados, porque elas vêm com nomes realmente grandes, com os quais o servidor não pode lidar. Essas duas rotinas permitirão que você veja qual é o nome 'verdadeiro', dado um nome curto (coluna OBJECT_NAME em USER_OBJECTS) e qual nome curto deve ser dado a um longo nome. Eis um exemplo do uso de cada um, quando registrado como o usuário SYS (que acontece possuir muito código Java, se você tiver Java instalado no banco de dados):

```
sys@TKYTE816> column long_nm format a30 word_wrapped
sys@TKYTE816> column short_nm format a30

sys@TKYTE816> select dbms_java.longname(object_name) long_nm,
  2         dbms_java.shortname(dbms_java.longname(object_name)) short_nm
  3    from user_objects where object_type = 'JAVA CLASS'
  4     and rownum < 11
  5  /

LONG_NM                         SHORT_NM
------------------------------  ------------------------------
com/visigenic/vbroker/ir/Const  /1001a851_ConstantDefImpl
antDefImpl

oracle/sqlj/runtime/OraCustomD  /10076b23_OraCustomDatumClosur
atumClosure
```

```
com/visigenic/vbroker/intercep      /10322588_HandlerRegistryHelpe
tor/HandlerRegistryHelper
...

10 rows selected.
```

Como se pode ver, usar LONGNAME no OBJECT NAME o retorna no nome original de classe à classe Java. Se tomarmos esse longo nome e o passarmos através de SHORTNAME, receberemos de volta o nome misturado-diminuído que o Oracle usa internamente.

Configuração de opções de compilador

É possível especificar a maioria das opções de compilador do compilador Java no banco de dados, em um de dois lugares: a linha de comando, quando usando loadjava, ou na tabela de banco de dados JAVA$OPTIONS. Uma configuração na linha de comando sempre irá sobregravar a tabela JAVA$OPTIONS. Isso só se aplica se você usar o compilador Oracle Java no banco de dados, claro. Se você usar um compilador individual Java, fora do banco de dados (talvez JDeveloper), irá ajustar as opções de compilador naquele ambiente.

Há três opções de compilador que podemos ajustar, e todas se referem ao compilador SQLJ (um pré-compilador para Java converte declarações SQL embutidas em chamadas JDBC), interno no banco de dados. São elas:

Opção	Significado	Valores
ONLINE	Qual tipo de verificação é feito por ocasião da compilação (online) ou no tempo de execução.	**True**/False
DEBUG	Se o código Java está compilado com a depuração capacitada. Equivalente a javac -g em um ambiente de linha de comando.	**True**/False
ENCODING	Identifica o arquivo fonte codificando para o compilador.	**Latin1** é o padrão.

*Os valores em **negrito** são as configurações padrão.*

Demonstraremos o uso de DBMS_JAVA para ajustar opções de compilador usando a opção de pré-compilador SQLJ. Em geral, essa opção padroniza para True, e levará o pré-compilador SQLJ a tentar fazer verificação semântica em nosso código SQLJ. O que isso significa é que normalmente o pré-compilador SQLJ iria verificar a existência de todo e qualquer objeto de banco de dado referido, quais tipos de ligação de variável host combinam e assim por diante. Se quiser que essa verificação seja feita no tempo de execução (talvez as tabelas que o seu código SQLJ irá acessar ainda não tenham sido criadas, mas você gostaria de instalar seu código bem limpo), podemos usar a rotina DBMS_JAVA.SET_COMPILER_OPTIONS para incapacitar esse tipo de verificação.

Como exemplo, usaremos este fragmento de código. Ele tenta INSERT em uma tabela que não existe no banco de dados:

```
tkyte@TKYTE816> create or replace and compile
  2    java source named "bad_code"
  3    as
  4  import java.sql.SQLException;
  5
  6  public class bad_code extends Object
  7  {
  8  public static void wont_work( ) throws SQLException
  9  {
 10      #sql {
 11          insert into non_existent_table values ( 1 )
 12      }
 13  }
 14  }
 15  /
```

Java created.

```
tkyte@TKYTE816> show errors java source "bad_code"
Errors for JAVA SOURCE bad_code:

LINE/COL          ERROR
--------          ------
0/0               bad_code:7: Warning: Database issued an error: PLS-00201:
                  identifier 'NON_EXISTENT_TABLE' must be declared

0/0               insert into non_existent_table values ( 1 )
0/0               ^^^^^^^^^^^^^^^^^
0/0               ;
0/0               #sql {
0/0               ^
0/0               Info: 1 warnings
```

Ajustaremos agora a opção de compilador ONLINE para FALSE. Para fazer isso, temos que desconectar e conectar de novo. Há um problema, o Java irá procurar a tabela JAVA$OPTIONS no tempo de execução, quando inicializar. Se essa tabela não existir, ele nunca tentará lê-la novamente naquela sessão. A rotina DBMS_JAVA.SET_COMPILER_OPTION criará essa tabela para nós, mas só se ela tiver sido chamada antes do tempo de execução de Java ter iniciado. Assim, precisamos de uma sessão 'limpa' para isso funcionar.

No exemplo a seguir, estabelecemos uma nova sessão e vemos que a tabela JAVA$OPTIONS não existe. Ajustaremos a opção de compilador e veremos se a tabela foi criada para nós. Por fim, criaremos a mesma rotina Java acima, e veremos se dessa vez ela compila sem avisos, devido à configuração de opção de compilador:

```
tkyte@TKYTE816> disconnect
Disconnected from Oracle8i Enterprise Edition Release 8.1.6.0.0 - Production
With the Partitioning option
JServer Release 8.1.6.0.0 - Production

tkyte@TKYTE816> connect tkyte/tkyte
Connected.
tkyte@TKYTE816> column value format a10
tkyte@TKYTE816> column what format a10

tkyte@TKYTE816> select * from java$options;
select * from java$options
              *
ERROR at line 1:
ORA-00942: table or view does not exist

tkyte@TKYTE816> begin
  2             dbms_java.set_compiler_option
  3             ( what         => 'bad_code',
  4               optionName   => 'online',
  5               value        => 'false' );
  6   end;
  7   /

PL/SQL procedure successfully completed.

tkyte@TKYTE816> select * from java$options;

WHAT        OPT              VALUE
-----       --------         ------
bad_code    online           false

tkyte@TKYTE816> create or replace and compile
  2    java source named "bad_code"
  3    as
```

```
4   import java.sql.SQLException;
5
6   public class bad_code extends Object
7   {
8   public statis void wont_work( ) throws SQLException
9   {
10          #sql {
11                      insert into non_existent_table values ( 1 )
12          };
13  }
14  }
15  /
```

Java created.

tkyte@TKYTE816> show errors java source "bad_code"
No errors.

Nesse caso, SET_COMPILER_OPTION toma três entradas:

- **WHAT** — Um padrão com o qual combinar. Normalmente, os programas Java usariam pacotes, e o nome acima seria a.b.c.bad_code, não apenas bad_code. Se você quiser ajustar uma opção para um pacote a.b.c, pode. Depois, tudo o que combinar com a.b.c deve usar essa opção, a menos que haja um padrão mais específico que combine com esse pacote. Devido a um WHAT de a.b.c e a.b.c.bad_code, a.b.c.bad_code seria usado, pois combina mais com o nome.
- **OPTIONNAME** — Um dos três valores ONLINE, DEBUG ou ENCODING.
- **VALUE** — O valor daquela opção.

Existem duas rotinas relacionadas a SET_COMPILER_OPTION:

- **GET_COMPILER_OPTION** — Retorna o valor de determinada opção de compilador, mesmo se o valor for padronizado.
- **RESET_COMPILER_OPTION** – Remove qualquer fileira da tabela JAVA$OPTIONS que combine com o padrão WHAT e o OPTIONNAME.

Eis exemplos de ambas em ação. Começaremos usando GET_COMPILER_OPTION para ver o valor da opção online:

```
tkyte@TKYTE816> set serveroutput on
tkyte@TKYTE816> begin
  2         dbms_output.put_line
  3           ( dbms_java.get_compiler_option( what       => 'bad_code',
  4                                           optionName => 'online' ) );
  5   end;
  6  /
false

PL/SQL procedure successfully completed.
```

e agora iremos reajustá-la, usando RESET_COMPILER_OPTION:

```
tkyte@TKYTE816> begin
  2         dbms_Java.reset_compiler_option( what       => 'bad_code',
  3                                          optionName => 'online' );
  4   end;
  5  /

PL/SQL procedure successfully completed.
```

Veremos que GET_COMPILER_OPTION sempre nos retornará um valor para a opção de compilador, ainda que a tabela JAVA$OPTIONS agora esteja vazia (o RESET apagou a fileira):

```
tkyte@TKYTE816> begin
  2      dbms_output.put_line
  3      ( dbms_java.get_compiler_option( what       => 'bad_code',
  4                                       optionName => 'online' ) );
  5  end;
  6  /
true

PL/SQL procedure successfully completed.

tkyte@TKYTE816> select * from java$options;

no rows selected.
```

SET_OUTPUT

Esse procedimento é como o comando SQL*PLUS SET SERVEROUTPUT ON. Exatamente como você precisa usá-lo para capacitar DBMS_OUTPUT, precisamos usar DBMS_JAVA.SET_OUTPUT para capacitar os resultados de chamadas System.out.println e System.err.print para aparecer na tela em SQL*PLUS. Se você não chamar:

```
SQL> set serveroutput on size 1000000
SQL> exec dbms_java.set_output( 1000000 )
```

antes de executar um procedimento armazenado Java em SQL*PLUS, precisa estar ciente de que qualquer de suas mensagens System.out.println serão escritas em um arquivo de controle no diretório especificado pelo parâmetro USER_DUMP_DEST init.ora, no servidor. Esse procedimento é realmente útil ao depurar procedimentos armazenados Java, pois é possível colocar chamadas a System.out.println no código, como você colocaria chamadas DBMS_OUTPUT.PUT_LINE em sua PL/SQL. Mais tarde, você pode incapacitar isso em seu código Java, redirecionando System.out para o 'bit bucket'.

Então, se você já pensou onde estão indo suas chamadas System.out em um procedimento armazenado Java, já sabe. Elas estão indo para um arquivo de controle. Agora é possível usar aquela saída para trazer para a sua tela em SQL*PLUS.

loadjava e dropjava

Essas funções oferecem APIs PL/SQL para fazer o trabalho dos utilitários de linha de comando, loadjava e dropjava. Como seria esperado com essas rotinas internas, não é preciso especificar um nome de usuário/senha ~u, ou especificar o tipo de driver JDBC a usar — você já está conectado! Essas rotinas carregarão os objetos Java no esquema atualmente registrado. As rotinas fornecidas são:

```
PROCEDURE loadjava(options varchar2)
PROCEDURE loadjava(options varchar2, resolver varchar2)
PROCEDURE dropjava(options varchar2)
```

Poderíamos usá-la para carregar o arquivo activation8i.zip, que também empregamos na seção UTL_SMTP, e mais informações sobre JavaMail API podem ser encontradas em http://java.sun.com/products/javamail/index.html. Por exemplo:

```
sys@TKYTE816> exec dbms_Java.loadjava( '-r -v -f -noverify -synonym -g p
ublic c:\temp\activation8i.zip' )
initialization complete
loading    : com/sun/activation/registries/LineTokenizer
creating   : com/sun/activation/registries/LineTokenizer
loading    : com/sun/activation/registries/MailcapEntry
creating   : com/sun/activation/registries/MailcapEntry
loading    : com/sun/activation/registries/MailcapFile
```

```
creating   : com/sun/activation/registries/MailcapFile
loading    : com/sun/activation/registries/MailcapParseException
creating   : com/sun/activation/registries/MailcapParseException
...
```

Procedimentos de permissão

De fato, esses são estranhos. Faça um DESCRIBE em DBMS_JAVA no banco de dados e me diga se vê GRANT_PERMISSION naquele pacote. Não vê, embora saiba que precisa existir, pois você me viu usá-lo algumas vezes. Ele existe, como existe um par de outras funções relativas a permissão. Descreveremos aqui GRANT_PERMISSION/ REVOKE_PERMISSION e seu uso. Para detalhes completos sobre o uso de rotinas de permissões e todas as suas opções, refira-se ao *Guia de desenvolvedores Oracle Java*. O Capítulo 5 desse manual, cobre essas funções.

No Oracle 8.1.5, a granularidade de privilégios em Java foi muito forçada. Ou você tinha JAVAUSERPRIV ou JAVASYSPRIV, no máximo. Seria como ter apenas RESOURCE e funções de DBA no banco de dados — em ambos os casos essas funções podem oferecer funcionalidade demais aos usuários finais. Com o Oracle 8.1.6, o Java no banco de dados suporta as classes de segurança Java 2. Agora temos privilégios muito granulares que podemos conceder e revogar, exatamente como o banco de dados tem para o seu conjunto de privilégios. Para uma discussão e visão gerais dessas classes de permissão, o encaminho a essa página web http://java.sun.com/j2se/1.3/docs/api/java/security/Permission.html.

Assim, as duas principais APIs que usarei aqui são GRANT_PERMISSION e REVOKE_PERMISSION. A questão é, como descobrir de quais permissões preciso? A maneira mais fácil é instalar Java, executá-la e ver o que diz que você precisa. Por exemplo, vou referi-lo à seção UTL_SMTP. Lá, crio o procedimento armazenado SEND, para enviar correspondência. Também mostro a você as duas concessões que precisamos para fazer GRANT_PERMISSION funcionar. A maneira pela qual descubro exatamente qual daquelas permissões era para executar SEND e ver como ele falha. Por exemplo:

```
tkyte@TKYTE816> set serveroutput on size 1000000
tkyte@TKYTE816> exec dbms_java.set_output( 1000000 )

PL/SQL procedure successfully completed.

tkyte@TKYTE816> declare
  2         ret_code number;
  3  begin
  4      ret_code := send(
  5                  p_from => 'me@here.com',
  6                  p_to => 'me@here.com',
  7                  p_cc => NULL,
  8                  p_bcc => NULL,
  9                  p_subject => 'Use the attached Zip file',
 10                  p_body => 'to send email with attachments, , , ,',
 11                  p_smtp_host => 'aria.us.oracle.com',
 12                  p_attachment_data => null,
 13                  p_attachment_type => null,
 14                  p_attachment_file_name => null );
 15      if ret_code = 1 then
 16          dbms_output.put_line ('Successful sent message. . .');
 17      else
 18          dbms_output.put_line ('Failed to send message. . .');
 19      end if;
 20  end;
 21  /
java.security.AccessControlException: the Permission (java.util.Property
Permission * read,write) has
not been granted by dbms_java.grant_permission to
SchemaProtectionDomain(TKYTE|PolicyTableProxy(TKYTE))
```

Agora, está quase tão claro quanto você pode ter. Ele está me dizendo que TKYTE precisa de permissão do tipo Java.util.PropertyPermission com * e read e write. Assim é que fiquei sabendo que precisava executar:

```
sys@TKYTE816> begin
  2    dbms_java.grant_permission(
  3       grantee => 'TKYTE',
  4       permission_type => 'java.util.PropertyPermission',
  5       permission_name => '*',
  6       permission_action => 'read,write'
  7    );
```

Depois de fazer isso, descobri um erro:

```
java.security.AccessControlException: the Permission (Java.net.SocketPer
mission aria.us.oracle.com resolve) has not been granted by
dbms_java.grant_permission to
SchemaProtectionDomain(TKYTE|PolicyTableProxy(TKYTE))
```

e depois de conceder aquilo, ele me disse que eu precisava CONNECT, além de RESOLVE. Foi assim que soube que precisava acrescentar:

```
  8       dbms_Java.Grant_permission(
  9          grantee => 'TKYTE',
 10          permission_type => 'java.net.SocketPermission',
 11          permission_name => '*',
 12          permission_action => 'connect,resolve'
 13       );
 14    end;
 15  /
```

aos privilégios que esse esquema tinha. Observe que usei * na permission_name para poder, de fato, solucionar e conectar qualquer host, não apenas o meu servidor SMTP.

Agora, o oposto de GRANT_PERMISSION é REVOKE_PERMISSION. Ele opera exatamente como você pode imaginar. Se você passar a ele os mesmos parâmetros passados a GRANT_PERMISSION, ele irá revogar aquele privilégio do esquema.

Resumo

Nesta seção, cobrimos o uso do pacote DBMS_JAVA para fazer diversas operações para nós. Começamos vendo como o Oracle, que tem um limite de nome de 30 caracteres, lida com os nomes muito longos usados em Java. Ele mistura um nome único, de 30 caracteres para cada um dos longos nomes Java. O pacote DBMS_JAVA nos dá uma função para converter um nome curto de volta ao seu nome longo correspondente ou um longo nome em sua representação de nome curto.

Depois, investigamos o uso de DBMS_JAVA para ajustar, recuperar e reajustar várias opções de compilador Java. Vimos como esse recurso usa a tabela JAVA$OPTIONS para armazenar, permanentemente, as opções de opções de compilador, e como podemos usá-la para reajustar de volta esses valores aos seus padrões. Depois, vimos rapidamente a rotina SET_OUTPUT. Essa redireciona a saída gerada por chamadas Java System.out.println à SQL*PLUS ou à sessão SVRMGRL, da mesma maneira como SET SERVEROUTPUT ON faz para a rotina PL/SQL DBMS_OUTPUT. Vimos também como o pacote DBMS_JAVA oferece um método alternativo de carregar código fonte Java, arquivos de classe e vasos no banco de dados, através de uma chamada de procedimento armazenado em Oracle8i, lançamento 2 (versão 8.1.6) e superior. Finalmente, vimos os procedimentos de permissão oferecidos por esse pacote no lançamento 2 e superior de Oracle8i. Essa interface nos permite conceder privilégios muito granulares às nossas rotinas Java, dando-nos o controle estrito do que podemos e não podemos fazer.

No total, se você estiver usando Java dentro do banco de dados Oracle, ainda julgará essas rotinas valiosas em sua programação do dia-a-dia.

DBMS_JOB

O pacote DBMS_JOB permite que você organize trabalhos individuais ou consecutivos em seu banco de dados. Um trabalho é um procedimento armazenado, um bloco PL/SQL anônimo ou um procedimento externo escrito em C ou Java. Esses trabalhos são executados ao fundo pelos próprios processos de servidor. Eles podem ser executados em uma base consecutiva (cada noite, às 2h da madrugada) ou uma vez (executar esse serviço exatamente depois de comprometê-lo e depois removê-lo da fila de serviços). Se você estiver familiarizado com os utilitários cron ou at em UNIX ou Windows, já tem um bom entendimento do pacote DBMS_JOB. Eles são executados no mesmo ambiente (usuário, conjunto de caracteres etc) em que foram submetidos (funções menores). Os trabalhos são executados num ambiente como é um procedimento armazenado de direitos de definidor — sem quaisquer funções sendo capacitadas. Podemos ver isso pelo seguinte exemplo:

As rotinas usadas neste exemplo são explicadas em mais detalhes, abaixo, nesta seção.

```
tkyte@TKYTE816> create table t ( msg varchar2(20), cnt int );

Table created.

tkyte@TKYTE816>     insert into t select 'from SQL*PLUS', count(*) from
                    session_roles;

1 row created.

tkyte@TKYTE816>     variable n number
tkyte@TKYTE816>     exec dbms_job.submit(:n, 'insert into t select ' 'from job' ',
                    count(*) from session_roles;');

PL/SQL procedure successfully completed.

tkyte@TKYTE816> print n

         N
   - - - - - -
        81

tkyte@TKYTE816> exec dbms_job.run(:n);

PL/SQL procedure successfully completed.

tkyte@TKYTE816> select * from t;

MSG                            CNT
- - - - - - - - - -        - - - - - -
from SQL*PLUS                   10
from job                         0
```

Como se pode ver, temos 10 funções ativas em SQL*PLUS, no ambiente job não temos nenhuma. Tipicamente, como a maioria das pessoas submete uma chamada de procedimento armazenado como o trabalho, nada será afetado, pois antes de tudo o procedimento armazenado executa sem funções. A única vez em que você pode observar isso é se estiver tentando organizar um procedimento armazenado ao qual tenha acesso através de uma *função*. Não irá funcionar — nunca há funções capacitadas em trabalhos.

Muitas vezes, as pessoas perguntam qual é o melhor método para ocultar um nome de usuário/senha associado a um trabalho em grupo (por exemplo, para analisar tabelas periodicamente) que é organizado através de cron, ou algum utilitário no Windows NT/2000. Elas estão preocupadas sobre a senha ser armazenada no arquivo (como deveria ser), ou estar visível na saída ps no UNIX e assim por diante. Minha resposta a isso é não usar o sistema operacional para organizar operações de forma alguma, no banco de dados, mas em vez disso escrever um procedimento armazenado que faça sua operação e a organize usando DBMS_JOB. Desse modo, não há nome de usuário e senha armazenados, e o trabalho só será executado se o banco de dados estiver disponível. Se o banco de dados não estiver disponível, claro, o trabalho não será executado, pois o banco de dados é responsável por sua execução.

Outra pergunta freqüente é: 'Como posso apressar isso?'. Você é defrontado com alguma longa operação e o usuário final não quer esperar. Às vezes, a resposta é que você não pode apressá-la. Por exemplo, tenho enviado e-mails do banco de dados por muitos anos. Com o tempo, tenho usado diferentes mecanismos; pipes de banco de dados, UTL_HTTP, procedimentos externos e Java. Todos eles funcionaram quase com a mesma velocidade, mas eram lentos. Às vezes, leva algum tempo para SMTP terminar as suas coisas. Definitivamente, parece muito tempo no meu aplicativo, onde qualquer coisa mais do que um quarto de segundo *é* muito tempo. O envio SMTP pode, às vezes, demorar de 2 a 3 segundos. Não podemos fazê-lo ir mais depressa, mas podemos dar a ele a *percepção* de ser mais rápido. Em vez de enviar o e-mail quando o usuário pressiona o botão de submissão no aplicativo, iríamos submeter um JOB, que enviaria o e-mail assim que comprometêssemos. Isso tinha dois efeitos laterais. O primeiro era que a operação parecia ser muito mais rápida, o segundo é que tornava o e-mail 'transacional'. Uma das propriedades de DBMS_JOB é que o trabalho só será visível na fila depois que você comprometer. Se você retornar, o trabalho é tirado da fila, e nunca será executado. Usando DBMS_JOB, não apenas fizemos o aplicativo parecer mais rápido, mas também o tornamos mais potente. Não enviamos mais avisos de e-mail de um disparador, sobre a atualização de uma fileira que foi retornada. Tanto a fileira foi atualizada e enviamos o email, quanto a fileira não foi atualizada e não enviamos o e-mail.

Assim, DBMS_JOB tem muitos usos. Ele pode fazer coisas 'não transacionais' como transacionais (como enviar um e-mail ou criar uma tabela quando da inserção em outra tabela). Ele pode parecer apressar as coisas, especialmente quando você não precisa de qualquer saída realmente lenta da operação. Ele pode organizar e automatizar muitas das tarefas para as quais você escreve script fora do banco de dados. Ele é um daqueles pacotes realmente úteis.

Para que o DBMS_JOB funcione corretamente, precisamos um pequeno ajuste no banco de dados. Há dois parâmetros init.ora que precisam ser ajustados:

- job_queue_interval — Especifica a freqüência, em segundos, em que as filas de trabalho serão inspecionadas quanto a trabalhos que estejam prontos para executar. Se você organizar um trabalho que execute a cada 30 segundos, mas ajustar job_queue_interval para 60 (o padrão), seu trabalho nunca executará a cada 30 segundos — no máximo, ele executará a cada 60 segundos.
- job_queue_processes — Especifica o número de processos de fundo disponíveis para executar os trabalhos. É um número inteiro entre 0 (o padrão) e 36. Esse valor pode ser mudado sem reiniciar o banco de dados através do comando ALTER SYSTEM SET JOB_QUEUE_PROCESSES=<nn>. Se esse valor for deixado em 0, os trabalhos na fila de trabalhos nunca serão automaticamente executados. Esses processos de fila de trabalhos são visíveis no ambiente UNIX, onde terão o nome de ora_snpN_$ORACLE_SID, onde N será um número (0, 1, 2, ..., job_queue_processes-1). No Windows, as filhas de trabalho executam como seqüências e não serão externamente visíveis.

Muitos sistemas executam com um valor de 60 para job_queue_interval (em outras palavras, verifica as filas a cada minuto) e 1 para job_queue_processes (executa no máximo um trabalho de cada vez). Se você usar pesadamente trabalhos, ou usar recursos que também usem filas de trabalho (reprodução e vistas materializadas são dois recursos que usam filas de trabalho), pode pensar em acrescentar um job_queue_processes adicional.

Quando as filas de trabalho estão configuradas para executar automaticamente, estamos prontos para começar a usá-las. A principal rotina que você usará com DBMS_JOB é a SUBMIT. Sua interface é:

```
PROCEDURE SUBMIT
Argument Name                  Type                In/Out    Default?
------------------             --------------      ------    --------
JOB                            BINARY_INTEGER      OUT
WHAT                           VARCHAR2            IN
NEXT_DATE                      DATE                IN        DEFAULT
INTERVAL                       VARCHAR2            IN        DEFAULT
NO_PARSE                       BOOLEAN             IN        DEFAULT
INSTANCE                       BINARY_INTEGER      IN        DEFAULT
FORCE                          BOOLEAN             IN        DEFAULT
```

onde os argumentos para a rotina SUBMIT têm os significados:

- ❏ JOB — Um identificador de trabalho. Ele é designado por *sistema* (e apenas um parâmetro OUT). Você pode usá-lo para consultar as vistas USER_JOBS ou DBA_JOBS através do ID de trabalho, para ver informações sobre aquele trabalho. Além disso, algumas rotinas como RUN e REMOVE tomam o ID de trabalho como sua única entrada, para identificar individualmente o trabalho a ser executado ou removido.
- ❏ WHAT — O texto SQL do que será executado. Ele precisa ser uma declaração PL/SQL válida, ou bloco de código. Por exemplo, para executar um procedimento armazenado P, você poderia passar a string P; (com o ponto e vírgula) para essa rotina. Sempre que submeter no parâmetro WHAT, será envolvido no seguinte bloco PL/SQL:

```
DECLARE
   job BINARY_INTEGER := :job;
   next_date DATE := :mydate;
   broken BOOLEAN := FALSE;
BEGIN
     WHAT
   :mydate := next_date;
   IF broken THEN :b := 1; ELSE :b := 0; END IF;
END;
```

Por isso é que você precisa acrescentar o ; a qualquer declaração. Simplesmente para substituir WHAT pelo seu código, será preciso um ponto e vírgula.

- ❏ NEXT_DATE — Na próxima vez (ou se você estiver acabando de submeter, na primeira) em que executar o trabalho. O padrão é SYSDATE — executar assim que possível (depois de comprometer).
- ❏ INTERVAL — Uma string contendo uma função de data, que calcula a próxima vez a executar o trabalho. Você pode considerar essa função para ser 'selecionada de duplo'. Se você passar a string sysdate+1, na verdade o banco de dados executará SELECT sysdate+1 INTO :NEXT_DATE FROM DUAL. Veja abaixo algumas advertências sobre a configuração do intervalo de um trabalho, para evitar 'deslizamento'.
- ❏ NO_PARSE — Determina se o parâmetro WHAT é analisado quando da submissão. Analisando a string, você pode ficar razoavelmente seguro de que a string é de fato executável. Geralmente, NO_PARSE deve ser sempre deixado com o seu padrão de False. Quando ajustado para True, o parâmetro WHAT é aceito 'como é', sem verificação de validade.
- ❏ INSTANCE — Só é significativo no modo Parallel Server, modo onde o Oracle pode executar em um grupo de máquinas livremente acoplado. Isso especificaria a cópia em que esse trabalho deve ser executado. Por padrão, terá um valor de ANY_INSTANCE.
- ❏ FORCE — De novo, só é significativo no modo Parallel Server. Se ajustado para True (o padrão), você pode submeter o trabalho com qualquer quantidade de cópias, mesmo que aquela cópia não esteja disponível por ocasião da submissão do trabalho. Se ajustado para False, a submissão não atenderá à solicitação se a cópia associada não estiver disponível.

Também há outros pontos de entrada no pacote DBMS_JOB. SUBMIT é apenas um, que você usará para organizar um trabalho, e os outros permitem que você manipule os trabalhos organizados e faça operações como RUN, REMOVE e CHANGE. Abaixo está uma relação dos mais usados, o que eles esperam como entrada e o que fazem:

Ponto de entrada	Entradas	Descrição
REMOVE	número de trabalho	Remove um trabalho de uma fila de trabalho. Você deve observar se o trabalho está executando, isso não pode pará-lo. Ele será removido da fila, portanto não executará de novo, mas não interromperá a execução de um trabalho. Para interromper a execução de um trabalho, você pode usar o comando ALTER SYSTEM para matar a sessão.
CHANGE	número de trabalho WHAT, NEXT_DATE, INTERVAL, INSTANCE, FORCE	Age como uma declaração UPDATE faria na vista JOBS. Permite que você mude qualquer configuração do trabalho.
BROKEN	número de trabalho BROKEN (booleano) NEXT_DATE	Permite que você 'quebre' ou 'desfaça quebra' de um trabalho. Um trabalho quebrado não executará. Um trabalho que falhou 16 vezes em uma fileira, será automaticamente ajustado para quebrado, e o Oracle irá parar de tentar executá-lo.
RUN	número de trabalho	Executa imediatamente um trabalho ao fundo (em sua sessão). Útil para tentar depurar porque uma sessão está falhando;

Agora que temos o conhecimento de trabalho de como funciona DBMS_JOB e quais funções estão disponíveis, veremos como executar um trabalho uma vez, como inicializar corretamente um trabalho consecutivo e como monitorar nossos trabalhos e descobrir quais erros eles encontraram.

Como executar um trabalho uma vez

Muitos dos trabalhos que executo são trabalhos 'de fora'. Uso DBMS_JOB como se usaria & em UNIX ou o comando start em Windows, para executar um processo ao fundo. O exemplo que dei com relação a enviar e-mail é um bom exemplo. Uso DBMS_JOB para tornar o envio de e-mail não apenas transacional, mas também para parecer mais rápido. Eis uma implementação disso, para demonstrar como executar um trabalho uma vez. Começaremos com um pequeno procedimento armazenado para enviar e-mail, usando o pacote UTL_SMTP fornecido:

```
tkyte@TKYTE816> create or replace
  2    PROCEDURE send_mail (p_sender     IN VARCHAR2,
  3                         p_recipient IN VARCHAR2,
  4                         p_message   IN VARCHAR2)
  5    as
  6        - - Note that you have to use a host
  7        - - that supports SMTP and that you have access to.
  8        - - You do not have access to this host and must change it
  9        l_mailhost VARCHAR2(255) := 'aria.us.oracle.com';
 10        l_mail_conn utl_smtp.connection;
 11    BEGIN
 12        l_mail_conn := utl_smtp.open_connection(l_mailhost, 25);
 13        utl_smtp.helo(l_mail_conn, l_mailhost);
 14        utl_smtp.mail(l_mail_conn, p_sender);
 15        utl_smtp.rcpt(l_mail_conn, p_recipient);
 16        utl_smtp.open_data(l_mail_conn );
 17        utl_smtp.write_data(l_mail_conn, p_message);
```

```
    18          utl_smtp.close_data(l_mail_conn );
    19          utl_smtp.quit(l_mail_conn);
    20  end;
    21  /

Procedure created.
```

Agora, para medir quanto tempo isso demora, o executarei duas vezes:

```
tkyte@TKYTE816> set serveroutput on
tkyte@TKYTE816> declare
  2          l_start number := dbms_utility.get_time;
  3  begin
  4          send_mail( 'anyone@outthere.com',
  5                            'anyone@outthere.com', 'hey there' );
  6          dbms_output.put_line
  7          ( round( (dbms_utility.get_time-l_start)/100, 2 ) ||
  8              ' seconds' );
  9  end;
 10  /
.81 seconds

PL/SQL procedure successfully completed.

tkyte@TKYTE816> /
.79 seconds

PL/SQL procedure successfully completed.
```

Parece que ele tomará cerca de 8 décimos de segundo para enviar uma correspondência, no melhor dos tempos. Quanto a mim, é tempo demais. Podemos fazer muito melhor — bem, 'aparentemente' podemos fazer muito melhor. Usaremos os trabalhos para dar essa aparência de maior rapidez e também obter o benefício de um e-mail 'transacional'.

Começaremos criando uma tabela para armazenar o e-mail e um procedimento que possamos executar nele para enviar o e-mail. Esse procedimento, por fim, se tornará nosso trabalho de fundo. A questão é, por que estou usando uma tabela para armazenar os e-mails? Por que não apenas passar parâmetros ao trabalho? Os motivos são a ligação de variáveis e a combinação compartilhada. Visto que todos os trabalhos são criados usando o parâmetro WHAT e o banco de dados irá simplesmente 'executar' essa string no tempo de execução, queremos ter certeza que o parâmetro WHAT que submetemos estará na combinação compartilhada. Poderíamos ter apenas submetido um trabalho, assim:

```
dbms_job.submit( x, 'send_mail(  ''someone@there.com'' ,
                              ''someone@there.com'' , ' 'hello' ' );' );
```

mas isso teria o efeito de inundar a nossa combinação compartilhada com centenas ou milhares de declarações únicas, matando nosso desempenho. Como planejamos enviar muitos e-mails (qualquer coisa mais do que um, são muitos, e exigem ligação de variáveis), precisamos ser capazes de submeter algo como:

```
dbms_job.submit( x, 'background_send_mail( constant );' );
```

Bem, sendo assim, há uma maneira fácil de fazer. Só precisamos criar uma tabela que contenha um campo para cada parâmetro que realmente queremos enviar para a rotina (nesse caso, sender, recipient e message), mais um campo de ID de chave principal. Por exemplo:

```
tkyte@TKYTE816> create table send_mail_data( id           number primary key,
  2                                    sender      varchar2(255),
  3                                    recipient   varchar2(255),
  4                                    message     varchar2(4000),
  5                                    senton      date default NULL );

Table created.
```

Acrescentei um ID de coluna como chave principal e, nesse caso, uma coluna de envio, senton. Usaremos essa tabela não apenas como lugar para enfileirar e-mails de saída, mas também para manter um registro preservado de e-mails enviados, e de quando eles foram enviados (muito jeitoso, confie em mim, para quando as pessoas dizem 'mas eu não recebi aquele aviso'). Agora, tudo o que queremos fazer é descobrir uma maneira de gerar uma chave para essa tabela e tê-la em nosso processo de fundo usando uma string constante. Felizmente, DBMS_JOB já faz isso para nós. Quando organizamos um trabalho, ele cria automaticamente um ID de trabalho e nos retorna. Como o bloco de código que ele envolve em torno de nosso parâmetro WHAT inclui esse ID de trabalho, nós mesmos podemos passá-lo! Isso significa que nossa rotina FAST_SEND_MAIL se parecerá com:

```
tkyte@TKYTE816> create or replace
  2    PROCEDURE fast_send_mail ( p_sender      IN VARCHAR2,
  3                               p_recipient   IN VARCHAR2,
  4                               p_message     IN VARCHAR2)
  5    as
  6        l_job number;
  7    begin
  8        dbms_job.submit( l_job, 'background_send_mail( JOB );' );
  9        insert into send_mail_data
 10        ( id, sender, recipient, message )
 11        values
 12        ( l_job, p_sender, p_recipient, p_message );
 13    end;
 14    /
Procedure created.
```

Essa rotina submeterá um trabalho, BACKGROUND_SEND_MAIL, e passará a ele o parâmetro JOB. Se você referir-se à descrição do parâmetro WHAT, acima, verá que o bloco de código inclui três variáveis locais às quais temos acesso — estamos apenas passando uma delas. A próxima coisa a fazermos nesse procedimento é inserir o e-mail na tabela QUEUE, para entrega futura. Assim, DBMS_JOB cria a chave principal e a inserimos com os dados associados nessa tabela. É tudo o que precisamos fazer. Precisamos agora criar a rotina BACKGROUND_SEND_MAIL, que é simplesmente:

```
tkyte@TKYTE816> create or replace
  2    procedure background_send_mail( p_job in number )
  3    as
  4        l_rec   send_mail_data%rowtype;
  5    begin
  6        select * into l_rec
  7         from send_mail_data
  8        where id = p_job;
  9
 10        send_mail( l_rec.sender, l_rec.recipient, l_rec.message );
 11        update send_mail_data set senton = sysdate where id = p_job;
 12    end;
 13    /
Procedure created.
```

Ela lê os dados que salvamos, chama a lenta rotina SEND_MAIL e atualiza o registro para registrar o fato que realmente enviamos a correspondência. Podemos então executar FAST_SEND_MAIL e ver o quanto ela é realmente rápida:

```
tkyte@TKYTE816> declare
  2        l_start number := dbms_utility.get_time;
  3    begin
  4        fast_send_mail( 'panda@panda.com',
  5                        'snake@snake.com', 'hey there' );
  6        dbms_output.put_line
  7        ( round( (dbms_utility.get_time-l_start)/100, 2 ) ||
  8          ' seconds' );
  9    end;
```

```
    10  /
.03 seconds

PL/SQL procedure successfully completed.

tkyte@TKYTE816> /
.02 seconds

PL/SQL procedure successfully completed.
```

No que se refere aos nossos usuários finais, essa FAST_SEND_MAIL é de 26 a 40 vezes *mais rápida* que o envio de correspondência original. Na verdade, não é mais rápida, apenas parece ser tão mais rápida (e é isso que realmente conta). O verdadeiro envio da correspondência acontecerá no fundo, depois de ser comprometida. É importante observar isso. Se você executar esse exemplo, assegure-se de COMMIT ao usar o exemplo DBMS_JOB, caso contrário o e-mail nunca será executado. O trabalho não será visível aos processos de fila de trabalhos até que você o faça (sua sessão pode ver o trabalho na vista USER_JOBS, mas os processos de fila de trabalhos não o verão até que você comprometa). Não tome isso como limitação, na verdade é um recurso — simplesmente tornamos o e-mail transacional. Se você ROLLBACK, sua correspondência também retorna. Quando você COMMIT, ela será entregue.

Entrada de trabalhos

O outro principal uso de DBMS_JOB é organizar trabalhos consecutivos no banco de dados. Como já mencionado, muitas pessoas tentar usar os utilitários de sistema operacional, como cron ou at, para executar trabalhos no banco de dados, mas depois encontram o problema 'Como protejo a senha?' e outros. Minha resposta é sempre usar filas de trabalho. Além de remover a necessidade de armazenar credenciais em qualquer lugar, garante que as filas de trabalho só executem de fato se o banco de dados estiver ativo e executando. Elas também tentarão novamente o trabalho, de tempos em tempos, no caso de uma falha. Por exemplo, se na primeira vez em que tentarmos executar o trabalho o link do banco de dados não estiver disponível, ele colocará o trabalho de volta na fila e tentará de novo mais tarde. O banco de dados fará isso 16 vezes, esperando um pouco mais a cada vez, antes de finalmente marcar o trabalho como 'quebrado'. Veja mais detalhes sobre isso na próxima seção, *Monitoração de trabalhos e como encontrar os erros*. Essas são as coisas que cron e at não fazem por você. Também, visto que os trabalhos estão no banco de dados, só podemos executar consultas para encontrar as suas posições — quando elas executaram por último, se executaram e assim por diante. Tudo é integrado.

Outros recursos de Oracle, como reprodução e vistas materializadas, usam implicitamente as filas de trabalhos como parte de seu funcionamento do dia-a-dia. A maneira que um instantâneo puxa suas mudanças ou que uma vista materializada é revisada, é executando filas de trabalhos de procedimentos armazenados que fazem essas operações.

Digamos que você quisesse organizar uma análise de todas as tabelas em determinado esquema, para ocorrer a cada noite, às 3h da madrugada. O procedimento armazenado para fazer tal coisa seria:

```
scott@TKYTE816> create or replace procedure analyze_my_tables
  2  as
  3  begin
  4          for x in ( select table_name from user_tables )
  5          loop
  6              execute immediate
  7                  'analyze table ' || x.table_name || ' compute statistics';
  8          end loop;
  9  end;
 10  /

Procedure created.
```

Para organizar a execução para *hoje à noite* às 3h (na verdade, na madrugada de amanhã) e para cada dia subseqüente, às 3h, usaremos:

```
scott@TKYTE816> declare
  2          l_job number;
  3  begin
  4      dbms_job.submit(    job        => l_job,
```

```
         5                              what      => 'analyze_my_tables;'
         6                              next_date => trunc(sysdate)+1+3/24,
         7                              interval  => 'trunc(sysdate)+1+3/24' );
         8  end;
         9  /

PL/SQL procedure successfully completed.

scott@TKYTE816> select job, to_char(sysdate, 'dd-mon'),
         2                to_char(next_date, 'dd-mon-yyyy hh24:mi:ss'),
         3                interval, what
         4    from user_jobs
         5  /

       JOB TO_CHA TO_CHA(NEXT_DATE, 'D  INTERVAL                WHAT
       --- ------ -------------------   ----------------------  --------------
        33 09-jan 10-jan-2001 03:00:00  trunc(sysdate)+1+3/24   analyze_my_tables;
```

Assim, a próxima data para esse trabalho executar será às 3h da madrugada no dia 10 de janeiro. Usamos uma data 'real', não uma string que fizemos para o intervalo. Usamos uma função de data para que, não importando quando ela for executada, nem em que período do dia, ela sempre retornará às 3h da madrugada *de amanhã*. Esse é um fato importante. Usamos exatamente a mesma função do parâmetro INTERVAL como uma string. Estamos usando uma função que sempre retorna às 3h da manhã de amanhã, independente de quanto seja executada. O motivo da importância disso é que evita o **deslizamento** dos trabalhos. Poderia parecer que, uma vez que o trabalho fosse executado, o seria às 3h da madrugada; poderíamos simplesmente usar um intervalo de sysdate+1. Se o executássemos às 3h da madrugada da terça-feira, ele nos daria 3h da madrugada na quarta-feira. Daria — *se* fosse garantido que os trabalhos executariam precisamente na hora, mas eles não são. Os trabalhos são processados seqüencialmente na fila, com base em seus tempos para serem executados. Se tiver um processo de fila de trabalhos e dois trabalhos para serem executados às 3h da madrugada, obviamente que um deles não executará exatamente às 3h da madrugada. Ele terá que aguardar que o primeiro se complete, depois será executado. Ainda que eu não tivesse trabalhos se sobrepondo, as filas de trabalhos são inspecionadas em períodos de tempo separados, digamos, a cada 60 segundos. Eu poderia pegar o trabalho para ser executado às 3h da madrugada às 3:00:45h. Se ele tivesse usado uma simples função sysdate+1, poderia computar o seu tempo a seguir para executar como '3:00:36h da madrugada' amanhã. Amanhã às 3:00:45h esse trabalho ainda não estaria pronto para executar, e seria pego na inspeção seguinte da fila, às 3:01:45h da madrugada. Com o tempo, esse trabalho seria lentamente separado. Ainda mais dramático, digamos que as tabelas estivessem sendo operadas uma madrugada às 3h, portanto a análise teria falhado. O procedimento armazenado falharia e as filas de trabalhos tentariam o trabalho mais tarde. Agora, o trabalho será 'separado' em muitos minutos para o próximo dia, pois ele executa em um momento bem posterior às 3h da madrugada. Por esse motivo, para evitar que o trabalho seja separado, você precisa usar uma função que retorne um ponto *fixo* no tempo, se quiser que o trabalho seja sempre agendado em um ponto de tempo em *especial*. Se for importante que esse trabalho execute às 3h da madrugada, você precisa usar uma função que retorne *sempre* às 3h da madrugada, e isso não depende da hora do dia em que ele for executado.

Muitas dessas funções 'não deslizantes' são muito fáceis de escrever — outras nem tanto. Por exemplo, uma vez me pediram para implementar um trabalho que coletasse estatísticas STATSPACK de segunda a sexta-feira, só às 7h da manhã e às 15h. Bem, o INTERVAL para isso, certamente não era intuitivo, mas vejamos o pseudocódigo:

```
if it is before 15:00
then
   return TODAY at 15:00
   (eg: if we are running at 7am, we want to run at 3pm today)
else
   return today + either 3 (if it is Friday) or 1 (otherwise) at 7am
end if
```

Portanto, o que precisávamos fazer era transformar essa lógica em uma bela declaração DECODE — ou, se isso fosse complexo demais, poderíamos ter usado uma função PL/SQL para realizar a lógica complexa. Usei o intervalo:

```
decode(sign(15-to_char(sysdate, 'hh24')),
           1, trunc(sysdate)+15/24,
           trunc( sysdate + decode(to_char(sysdate, 'd'), 6, 3, 1))+7/24)
```

O decodificador inicia com SIGN(15-TO_CHAR(SYSDATE, 'HH24')). SIGN é uma função que retorna −1, 0 ou 1 se o número resultante for negativo, zero ou positivo, respectivamente. Se esse número fosse positivo, implicaria que ele foi *antes* das 15h (a hora era anterior às 15h), assim, da próxima vez que fossemos executar, seria TRUNC(SYSDATE)+15/24 (15 horas depois da meia-noite de hoje). Por outro lado, se o sinal voltasse 0 ou −1, usaríamos o TRUNC(SYSDATE + DECODE(TO_CHAR(SYSDATE, 'D'), 6, 3, 1))+7/24. Usaria o DECODE para olhar o dia da semana atual para ver se deveríamos acrescentar três dias (na sexta-feira para chegar à segunda-feira) ou um dia (qualquer outro dia da semana). Poderíamos acrescentar muitos dias a SYSDATE, truncar essa data de volta à meia-noite e acrescentar 7 horas a ela.

Há ocasiões em que 'separar' uma data está bem, é até desejado. Por exemplo, se você quisesse que um trabalho coletasse algumas estatísticas das tabelas V$ a cada 30 minutos enquanto o banco de dados estivesse ativo e executando, seria completamente adequado usar um intervalo de SYSDATE+1/24/2, que acrescenta meia hora a uma data.

Organização personalizada

Há ocasiões, como acima, onde a NEXT_DATE é difícil de computar em uma simples declaração SQL, ou quando na próxima vez em que o trabalho executar dependerá de algum conjunto de regras complexas. Nesse caso, podemos ter o próprio trabalho ajustado à próxima data a executar.

Se você se recorda, acima, o bloco PL/SQL que executa um trabalho é:

```
DECLARE
   job BINARY_INTEGER := :job;
   next_date DATE := :mydate;
   broken BOOLEAN := FALSE;
BEGIN
       WHAT
   :mydate := next_date;
   IF broken THEN :b := 1; ELSE :b := 0; END IF;
END;
```

Já vimos como podemos usar o fato de JOB estar disponível lá, na seção *Como executar um trabalho uma vez*. Podemos usá-lo como uma chave principal num parâmetro de tabela, para utilizar ao máximo a SQL compartilhada. Bem, também podemos usar a variável NEXT_DATE. Como você pode ver no bloco de código acima, o Oracle usa a ligação de variável :mydate como *entrada* para a rotina, para ajustar a variável NEXT_DATE, mas também recupera esse valor depois de *what* (seu procedimento) executar. Se acontecer do seu procedimento modificar esse valor, de NEXT_DATE, o Oracle usará isso na próxima data para executar o trabalho. Como exemplo, inicializaremos um pequeno procedimento P que escreverá algumas mensagens informativas para uma tabela T e ajustará sua NEXT_DATE:

```
tkyte@TKYTE816> create table t ( msg varchar2(80) );
Table created.

tkyte@TKYTE816> create or replace
  2   procedure p( p_job in number, p_next_date in OUT date )
  3   as
  4       l_next_date date default p_next_date;
  5   begin
  6       p_next_date := trunc(sysdate)+1+3/24;
  7
  8       insert into t values
  9       (    'Next date was " ' ||
 10            to_char(l_next_date, 'dd-mon-yyyy hh24:mi:ss') ||
 11            ' " Next date IS ' ||
 12            to_char(p_next_date, 'dd-mon-yyyy hh24:mi:ss') );
 13   end;
 14   /
Procedure created.
```

Agora iremos organizar esse trabalho usando o método da seção *Como executar um trabalho uma vez*. Isto é, sem um INTERVAL:

```
tkyte@TKYTE816> variable n number

tkyte@TKYTE816> exec dbms_job.submit( :n, 'p(JOB,NEXT_DATE); ' );
PL/SQL procedure successfully completed.

tkyte@TKYTE816> select what, interval.
  2          to_char(last_date, 'dd-mon-yyyy hh24:mi:ss') last_date,
  3          to_char(next_date, 'dd-mon-yyyy hh24:mi:ss') next_date
  4      from user_jobs
  5     where job = :n
  6   /

WHAT               INTERVAL    LAST_DATE           NEXT_DATE
---------          --------    ----------          ----------
p(JOB,NEXT_DATE);  null                            28-apr-2001 18:23:01
```

Nesse caso, enviamos JOB e NEXT_DATE como parâmetros ao nosso procedimento. Serão fornecidos pela fila de trabalhos no tempo de execução. Como você pode ver, esse trabalho ainda não executou (LAST_DATE é Null), INTERVAL está ajustado para Null, para que a NEXT_DATE seja computada como SELECT NULL FROM DUAL. Em geral, significa que o trabalho iria executar uma vez e seria removido da fila de trabalhos. No entanto, quando esse trabalho executar, descobriremos:

```
tkyte@TKYTE816> exec dbms_job.run( :n );

PL/SQL procedure successfully completed.

tkyte@TKYTE816> select * from t;

MSG
------------------------------------------
Next date was " " Next date IS 29-apr-2001 03:00:00

tkyte@TKYTE816> select what, interval,
  2          to_char(last_date, 'dd-mon-yyyy hh24:mi:ss') last_date,
  3          to_char(next_date, 'dd-mon-yyyy hh24:mi:ss') next_date
  4      from user_jobs
  5     where job = :n
  6   /

WHAT               INTERVAL    LAST_DATE              NEXT_DATE
---------          --------    ----------             ----------
p(JOB,NEXT_DATE)   null        28-apr-2001 18:23:01   29-apr-2001 03:00:00
```

que NEXT_DATE é preenchida. NEXT_DATE é computada no próprio procedimento, e o trabalho ainda está na fila. Desde que esse trabalho continue a preencher o campo NEXT_DATE, ele continuará na fila de trabalhos. Se sair com sucesso, sem configurar NEXT_DATE, ele será removido da fila.

Isso é útil para aqueles trabalhos com valores difíceis de computar em NEXT_DATE, ou valores de NEXT_DATE que dependam de dados encontrados em outras tabelas de banco de dados.

Monitoração de trabalhos e descoberta de erros

Há três vistas principais para monitorar trabalhos no banco de dados. Elas são:

- ❏ USER_JOBS — Uma lista de todos os trabalhos submetidos pelo usuário atualmente registrado. Há também um sinônimo público, ALL_JOBS, que se refere a essa vista. ALL_JOBS é igual a USER_JOBS.
- ❏ DBA_JOBS — Uma relação compreensível de todos os trabalhos organizados no banco de dados.
- ❏ DBA_JOBS_RUNNING — Uma lista de trabalhos que estejam sendo executados atualmente.

Como de hábito, todos têm acesso a USER_JOBS, e as vistas DBA_* são limitadas às pessoas com privilégio de DBA ou àquelas que tiveram permissão de SELECT direta e especificamente a elas. Essas vistas lhe darão informações como:

- LAST_DATE/LAST_SEC — Informa quando o trabalho executou pela última vez. LAST_DATE é uma data/horário de Oracle. LAST_SEC é uma string de caracteres que tem apenas o componente de horário (hora:minuto:segundo) formatado nela.
- THIS_DATE/THIS_SEC — Se o trabalho estiver sendo executado, ele será preenchido com o tempo em que tiver iniciado sua execução. Como LAST_DATE/LAST_SEC, THIS_DATE é uma string de caracteres de data/horário e THIS_SEC tem apenas o componente de horário.
- NEXT_DATE/NEXT_SEC — O tempo em que o trabalho estiver organizado para ser executado a seguir.
- TOTAL_TIME — O tempo total, em segundos, que o trabalho tiver levado em execução. Inclui tempos de outras execuções –é uma contagem cumulativa.
- BROKEN — Uma sinalização Sim/Não que mostra se um trabalho está 'quebrado'. Trabalhos quebrados não são executados pelos processos de fila. Ele será 'quebrado' depois de 16 falhas. Você pode usar a chamada de API DBMS_JOB.BROKEN para 'quebrar' um trabalho (evitar temporariamente que ele seja executado).
- INTERVAL — A função de data a ser avaliada no início da próxima execução do trabalho, para determinar quando executar o próximo.
- FAILURES — O número de vezes em uma fileira, que o trabalho falhou. Uma execução bem sucedida reajustará essa contagem para 0.
- WHAT — O corpo do trabalho; em outras palavras, o que fazer.
- NLS_ENV — O ambiente **NLS** (National Language Support) em que o trabalho será executado. Inclui coisas como a linguagem, o formato de data, o formato de número etc. Todo o ambiente NLS é herdado do ambiente que submete o trabalho. Se você mudar esse ambiente e submeter um trabalho, ele será executado com o ambiente modificado.
- INSTANCE — Só é válida no modo Parallel Server. É o ID da cópia onde o trabalho pode executar ou, em DBA_JOBS_RUNNING, a cópia em que estiver executando.

Suponha que você olhe nessas vistas e veja alguns trabalhos com valor positivo na coluna FAILURES — aonde você iria para ver a mensagem de erro daquele trabalho? Ela não está armazenada no banco de dados, nem pode ser encontrada no registro de aviso. Por exemplo, digamos que você tenha criado um procedimento como:

```
tkyte@TKYTE816> create or replace procedure run_by_jobs
  2  as
  3          l_cnt   number;
  4  begin
  5          select user_id into l_cnt from all_users;
  6          - - other code here
  7  end;
  8  /

Procedure created.

tkyte@TKYTE816> variable n number
tkyte@TKYTE816> exec dbms_job.submit( :n, 'run_by_jobs;' );

PL/SQL procedure successfully completed.

tkyte@TKYTE816> commit;

Commit complete.

tkyte@TKYTE816> exec dbms_lock.sleep(60);

PL/SQL procedure successfully completed.

tkyte@TKYTE816> select job, what, failures
  2             from user_jobs
  3             where job = :n;

       JOB  WHAT                                 FAILURES
       ---  -------------------                  --------
        35  run_by_jobs                                 1
```

Se você tiver mais de um usuário em seu banco de dados (como acontece com todos os bancos de dados), esse procedimento provavelmente irá *falhar*. A SELECT . . . INTO sempre retornará fileiras demais; temos um erro de programação. Mas, como isso acontece ao fundo, é difícil para nós vermos exatamente o que pode estar errado. Felizmente, o erro é registrado no registro de aviso do banco de dados. Se fôssemos editar aquele arquivo e ir ao fundo, encontraríamos:

```
Tue Jan 09 13:07:51 2001
Errors in file C:\oracle\admin\tkyte816\bdump\tkyte816SNP0.TRC:
. . .
ORA-12012: error on auto execute of job 35
ORA-01422: exact fetch returns more than requested number of rows
ORA-06512: at "SCOTT.RUN_BY_JOBS", line 5
ORA-06512: at line 1
```

Ele nos dirá que o trabalho 35 (o nosso) falhou em executar. Mais importante, ele nos diz exatamente *porque* falhou; a mesma pilha de erros que obteríamos se executássemos em SQL*PLUS. Essas informações são importantes para diagnosticar porque um trabalho está falhando. Com essas informações, podemos corrigi-lo e executá-lo corretamente.

Praticamente, isso é tudo o que há quanto à monitoração de trabalhos. Você precisa ficar de olho em seu alert.log (algo que seu DBA já deve estar fazendo) ou monitorar a tabela DBA_JOBS de tempos em tempos, para garantir que as coisas corram suavemente.

Resumo

DBMS_JOB é uma excelente facilidade dentro do banco de dados para executar procedimentos ao fundo. Tem utilidade em organização automatizada de tarefas de rotina, como analisar suas tabelas, realizar alguma operação de arquivamento, limpar tabelas de rascunho — o que for. Tem funcionalidade de aplicativo na área de tornar operações de longa execução 'aparentemente mais rápidas' (e aparentemente mais rápidas no que se refere ao usuário final). Remove a necessidade de codificar scripts dependentes de sistema operacional para fazer operações de banco de dados consecutivamente. Ainda melhor, remove a necessidade de codificar pesadamente nomes de usuários e senhas em um script para registrar no banco de dados. O trabalho sempre executa como a pessoa que o submeteu — sem exigência de credenciais. Por fim, diferente de uma facilidade de organização de sistema operacional, esses trabalhos de *banco de dados* só executam quando o banco de dados está de fato disponível. Se o sistema estiver desativado quando um trabalho estiver programado para executar, ele não executará (obviamente, se o banco de dados não estiver ativado, as filas de trabalho não estarão ativadas). No geral, DBMS_JOB é uma potente facilidade para a qual descobrimos muitos usos.

DBMS_LOB

DBMS_LOB é um pacote fornecido para manipular **L**arge **Ob**jects (**LOB**s) no banco de dados. LOBs são novos tipos de dados disponíveis a partir de Oracle 8. Suportam a armazenagem e recuperação de até 4 GB de dados arbitrários em uma única coluna de banco de dados. Eles substituem os agora desprezados tipos de dados LONG e LONG RAW. Os tipos LONG em Oracle tinham muitos retrocessos, como:

- Só era possível ter um por tabela
- Não era possível manipulá-los em um procedimento armazenado quando cresciam além de 32 KB
- Não era possível modificá-los prontamente quanto à peça
- Muitas operações de banco de dados, como INSERT INTO T SELECT LONG_COL FROM T2, não eram suportadas
- Não era possível referi-los em uma cláusula WHERE
- Não era possível reproduzi-los
- E assim por diante...

O tipo de dados LOB contorna todas essas limitações.

Em vez de percorrer cada função/procedimento do pacote DBMS_LOB (há cerca de 25 deles), vou responder às perguntas mais comuns que surgem, referentes ao uso do pacote e a LOBs. Muitas são autoexplicativas, ou bem abordadas na documentação padrão do Oracle. Para LOBs, há dois documentos principais com os quais você deve se preocupar:

- *Referência de pacotes PL/SQL fornecidos por Oracle8i* — Uma visão geral do pacote DBMS_LOB e cada procedimento nele, com definição de todas as entradas e saídas. Bom para ter à mão, para referência. Você deveria ler rapidamente, para entender as funções que podem ser feitas em LOBs.
- *Guia do desenvolvedor de aplicativo Oracle8i — Large Objects (LOBs)* — Um documento inteiro dedicado a explicar como programar usando LOBs em várias linguagens e ambientes. Leitura obrigatória para o desenvolvedor que usará LOBs.

Além disso, muitas das nuances do trabalho com LOBs são específicas de linguagem. O modo de fazer algo em Java será diferente em C, será diferente em PL/SQL e assim por diante. Com esse objetivo, a Oracle Corporation desenvolveu um *Guia de desenvolvedor de aplicativo* por linguagem, para linguagens como PL/SQL, OCI, Pro*C, COBOL, VB e Java, detalhando como os LOBs interagem com cada uma. Há também um compreensível *Guia do desenvolvedor de aplicativo* sobre LOBs, já mencionado, que é útil independente da linguagem usada. Recomendo a qualquer um que esteja pensando em usar LOBs em seus aplicativos que leia esse documento, além do guia específico da linguagem de sua escolha. Esses documentos respondem à maioria das perguntas que você terá.

O que cobrirei aqui são as respostas às perguntas feitas com freqüência sobre LOBs, de 'Como posso mostrá-los na Web?' a 'Como posso converter entre BLOBs e CLOBs?', que não são cobertas muito bem na documentação padrão. Os LOBs são extremamente fáceis de usar quando você está familiarizado com o pacote DBMS_LOB (veja *Referência de pacotes PL/SQL fornecidos por Oracle 8i* para uma visão geral desse pacote). Se ainda não tiver feito isso, deve fazê-lo agora, antes de ler esta sessão, que supõe que você esteja pronto para fazer coisas com LOBs.

Como carrego LOBs?

Há vários métodos disponíveis para carregar LOBs. No Capítulo 9, por exemplo, demonstro como a ferramenta SQLLDR pode ser usada para carregar LOBs no banco de dados. Além disso, o *Guia do desenvolvedor de aplicativo* para cada linguagem, oferecido por Oracle, demonstra como criar e recuperar um LOB usando uma linguagem host específica (é um pouco diferente em cada uma). No entanto, na minha opinião, se eu tivesse um diretório cheio de arquivos para carregar, o uso de um BFILE, de um objeto DIRECTORY e da rotina LOADFROMFILE seria, de longe, o melhor a fazer.

No Capítulo 9, cobrimos em profundidade o tópico de uso do DBMS_LOB.LOADFROMFILE. Dirija-se àquela seção para todos os detalhes. Também a seção sobre *Conversões,* aqui, contém um exemplo completo de como carregar um CLOB usando LOADFROMFILE.

substr

Esta é apenas uma rápida nota sobre a função substr, fornecida pelo pacote DBMS_LOB. Qualquer outra função substr que eu já tenha visto (inclusive a fornecida com SQL e PL/SQL) tem esses argumentos, na seguinte ordem:

```
substr( the-string, from-character, for-number-of-characters );
```

Assim, a substr ('hello', 3, 2) seria 11 — o terceiro e quarto caracteres (do caractere 3 para 2 caracteres). DBMS_LOB.SUBSTR, no entanto, os define como:

```
dbms_lob.substr( the-lob, for-number-of-characters, from-character )
```

Portanto, aquela mesma substr com DBMS_LOB retornaria ell. Um teste bem pequeno confirma esse comportamento:

```
tkyte@TKYTE816> create table t ( str varchar2(10), lob clob );

Table created.

tkyte@TKYTE816> insert into t values ( 'hello', 'hello' );

1 row created.

tkyte@TKYTE816> select substr( str, 3, 2 ),
  2            dbms_lob.substr( str, 3, 2) lob
  3      from t
  4  /

SU   LOB
--   ----------
11   ell
```

Constantemente, estou retrocedendo. Esta é simplesmente uma daquelas coisas que temos que lembrar de verificar!

SELECT FOR UPDATE e Java

Para modificar um LOB baseado em banco de dados (não um LOB temporário), a fileira que contém o LOB no banco de dados precisa ser bloqueada pela nossa sessão. Esse é um ponto de confusão para programadores Java/JDBC. Considere o pequeno programa Java, abaixo. Ele simplesmente:

- ❏ Insere um registro (assim, você iria supor que ele está bloqueado)
- ❏ Lê o localizador LOB recém criado
- ❏ Tenta usar esse localizador LOB com DBMS_LOB.WRITEAPPEND

No fim, esse programa Java sempre encontrará o erro:

```
java test
java.sql.SQLException: ORA-22920: row containing the LOB value is not locked
ORA-06512: at "SYS.DBMS_LOB", line 715
ORA-06512: at line 1
```

Aparentemente, o LOB que inserimos não está mais bloqueado por nossa sessão. Esse é um efeito colateral infeliz do modo 'transacional' padrão de JDBC — por padrão ele não suporta transações! Depois de cada declaração ele compromete imediatamente o trabalho. No seguinte aplicativo, a menos que você acrescente conn.setAutoCommit (false); logo depois de getConnection — ele falhará. Essa linha de código deve (na minha opinião) ser a primeira depois de *cada conexão* em um programa JDBC!

```java
import java.sql.*;
import java.io.*;
import oracle.jdbc.driver.*;
import oracle.sql.*;

// You read a table:
// create table demo ( id int primary key, theBlob blob );
// in order for this application to execute.

class Text {

public static void main (String args [])
   throws SQLException , FileNotFoundExceptions, IOException
{
   DriverManager.registerDriver
       (new oracle.jdbc.driver.OracleDriver( ));

   Connection conn = DriverManager.getConnection
         ("jdbc:oracle:thin:@aria:1521:ora8i",
          "scott", "tiger");

   // If this program is to work, uncomment this next line!
   // conn.setAutoCommit(false);

   Statement stmt = conn.createStatement( )/

   // Insert an empty BLOB into the table
   // create it new for the very first time.
   stmt.execute
   (  "insert into demo (id, theBlob) " +
      "values (1, empty_blob( ))" );

   // Now, we will read it back out so we can
   // load it.
   ResultSet rset = stmt.executeQuery
              ( "SELECT theBlob " +
                "FROM demo " +
                "where id = 1 ");

   if(rset.next( ))
   {
      // Get the BLOB to load into.
      BLOB l_mapBLOB = ((OracleResultSet)rset).getBLOB(1);

      // Here is the data we will load into it.
      File binaryFile = new File("/tmp/binary.dat");
      FileInputStream instream =
             New FileImputStream(binaryFile);

      // We will load about 32 KB at a time. That's
      // the most dbms_lob can handle (PL/SQL limit).
      int chunk = 32000;
      byte[] l_buffer = new byte[chunk];

      int l_nread = 0;
```

```
        // We'll use the easy writespread routine to add
        // our chunk of file to the end of the BLOB.
        OracleCallableStatemet cstmt =
            (OracleCallableStatement)conn.prepareCall
            ( "begin dbms_lob.writeappend( :1, :2, :3 ); end;" );

        // Read and write, read and write, until done.
        cstmt.registerOutParameter( 1, OracleTypes.BLOB );
        while ((l_nread= instream.read(l_buffer)) != -1)
        {
            cstmt.setBLOB( 1, l_mapBLOB );
            cstmt.setInt(                   2, l_nread );
            cstmt.setBytes(     3, l_buffer );
            cstmt.executeUpdate( );

            l_mapBLOB = cstmt.getBLOB(1);
        }
        // Close up the imput file and callable statement.
        instream.close( );
        cstmt.close( );
    }
    // Close out the statements.
    rset.close( );
    stmt.close( );
    conn.close( );
}

}
```

Esse é um atalho geral de JDBC, e afeta em particular operações LOB. Não posso dizer quantas pessoas são surpreendidas por encontrar uma API que supostamente comprometeria para elas — algo que precisa ser feito pelo próprio aplicativo. Apenas um ex-programador de ODBC poderia esperar isso! A mesma coisa acontecerá no ODBC em seu modo padrão, também de autocomprometer.

Conversões

Freqüentemente, as pessoas têm os seus dados em um BLOB e, por algum motivo, precisam que eles apareçam como um CLOB. Tipicamente, alguém carregou uma mistura de texto e dados binários em uma coluna BLOB, e gostaria de analisar o texto. Analisar o BLOB é difícil, visto que o banco de dados estará constantemente tentando converter os dados brutos em hexadecimais, que não é o efeito desejado. Em outros casos, as pessoas têm dados em um LONG ou LONG RAW que gostariam de processar como se fossem um CLOB ou BLOB, pois as APIs para esses tipos são muito superiores a qualquer coisa disponível para LONGs e LONG RAWs.

Felizmente, essas conversões são fáceis de solucionar. Podemos converter:

- Dados BLOB em VARCHAR2
- VARCHAR2 em RAW
- LONGs em CLOBs
- LONG RAWs em BLOBs

Lidaremos primeiro com a conversão de BLOB para VARCHAR2, e vice versa, depois veremos de LONG para CLOB, ou a conversão de LONG RAW para BLOB.

De BLOB para VARCHAR2 e de volta

O pacote UTL_RAW tem duas rotinas bem úteis para usarmos com BLOBs. Cobriremos esse pacote em mais profundidade adiante, na seção sobre UTL_RAW. Essas duas rotinas são:

- CAST_TO_VARCHAR2 — Toma uma entrada RAW e apenas muda o tipo de dados de RAW para VARCHAR2. Na verdade, não acontece nenhuma conversão de dados, são realmente os tipos de dados que mudam.

❑ CAST_TO_RAW — Toma um VARCHAR2 como entrada e o torna RAW. Ele não muda os dados, apenas muda novamente o tipo de dados.

Se você souber que o BLOB que tem é, de fato, informação de texto, e no conjunto de caracteres certo etc, essas funções serão realmente úteis. Digamos que alguém tenha usado a rotina LOADFROMFILE, vista rapidamente anteriormente, para carregar uma série de arquivos numa coluna BLOB. Gostaríamos de ter a habilidade de vê-las em SQL*PLUS (mascarando quaisquer 'maus' caracteres que poderiam levar SQL*PLUS a se comportar inadequadamente). Podemos usar UTL_RAW para fazer isso por nós. Primeiro, carregaremos alguns arquivos em uma tabela DEMO:

```
scott@DEV816> create table demo
  2  (   id          int primary key,
  3      theBlob     blob
  4  )
  5  /

Table created.

scott@DEV816> create or replace directory my_files as '/export/home/tkyte';

Directory created.

scott@DEV816> create sequence blob_seq;

Sequence created.

scott@DEV816> create or replace
  2  procedure load_a_file(  p_dir_name in varchar2,
  3                          p_file_name in varchar2 )
  4  as
  5      l_blob      blob;
  6      l_bfile     bfile;
  7  begin
  8      -- First we must create a LOB in the database. We
  9      -- need an empty CLOB, BLOB, or a LOB created via the
 10      -- CREATE TEMPORARY API call to load into.
 11
 12      insert into demo values ( blob_seq.nextval, empty_blob() )
 13      returning theBlob into l_Blob;
 14
 15      -- Next, we open the BFILE we will load
 16      -- from.
 17
 18      l_bfile := bfilename( p_dir_name, p_file_name );
 19      dbms_lob.fileopen( l_bfile );
 20
 21
 22      -- Then, we call LOADFROMFILE, loading the CLOB we
 23      -- just created with the entire contents of the BFILE
 24      -- we just opened.
 25      dbms_lob.loadfromfile(  l_blob, l_bfile,
 26                              dbms_lob.getlength( l_bfile ) );
 27
 28      -- Close out the BFILE we opened to avoid running
 29      -- out of file handles eventually.
 30
 31      dbms_lob.fileclose( l_bfile );
 32  end;
 33  /

Procedure created.

scott@DEV816> exec load_a_file( 'MY_FILES', 'clean.sql' );
```

```
PL/SQL procedure successfully completed.

scott@DEV816> exec load_a_file( 'MY_FILES', 'expdat.dmp' );

PL/SQL procedure successfully completed.
```

Agora temos dois arquivos carregados. Um é o script em que estou trabalhando — clean.sql. O outro é algum expdat.dmp (arquivo de exportação) que tenho. Escreverei uma rotina chamada a partir de SQL, para me permitir ver qualquer pedaço arbitrário de 4000 bytes de um BLOB em SQL*PLUS. Só podemos ver 4.000 bytes, pois essa é uma limitação do tamanho SQL de um tipo de dados VARCHAR2. A função CLEAN, abaixo, funciona como faria SUBSTR em uma string regular, mas toma um BLOB como entrada e, opcionalmente, os argumentos FROM_BYTE e FOR_BYTES. Esses nos permitem pegar uma substring arbitrária do BLOB para exibir. Observe aqui como usamos UTL_RAW.CAST_TO_VARCHAR2 para converter a RAW em VARCHAR2. Se não usássemos essa rotina, os bytes RAW seriam convertidos em hexadecimais antes de serem colocados no campo VARCHAR2. Usando essa rotina, simplesmente 'mudamos o tipo de dados' de RAW para VARCHAR2, e não ocorre qualquer outra troca de lugares:

```
scott@DEV816> create or replace
  2    function clean( p_raw in blob,
  3                    p_from_byte in number default 1,
  4                    p_for_bytes in number default 4000 )
  5    return varchar2
  6    as
  7        l_tmp  varchar2(8192) default
  8                   utl_raw.cast_to_varchar2(
  9                       dbms_lob.substr(p_raw.p_for_bytes,p_from_byte)
 10                                 );
 11        l_char      char(1);
 12        l_return varchar2(16384);
 13        l_whitespace varchar2(25) default
 14                   chr(13) || chr(10) || chr(9);
 15        l_ws_char   varchar2(50) defaut
 16                   'rnt';
 17
 18    begin
 19        for i in 1 .. length(l_tmp)
 20        loop
 21            l_char := substr( l_tmp, i, 1 );
 22
 23            -- If the character is 'printable' (ASCII non-control)
 24            -- then just add it. If it happens to be a \, add another
 25            -- \ to it, since we will replace newlines and tabs with
 26            -- \n and \t and such, so need to be able to tell the
 27            -- difference between a file with \n in it, and a newline.
 28
 29            if ( ascii(l_char) between 32 and 127 )
 30            then
 31                l_return := l_return || l_char;
 32                if ( l_char = '\' ) then
 33                    l_return := l_return || '\';
 34                end if;
 35
 36            -- If the character is a 'whitespace', replace it
 37            -- with a special character like \r, \n, \t
 38
 39            elsif ( instr( l_whitespace, l_char ) > 0 )
 40            then
 41                l_return := l_return ||
 42                            '\' ||
 43                            substr( l_ws_char, instr(l_whitespace,l_char), 1 );
 44
 45            -- Else for all other non-printable characters
 46            -- just put a '.'.
```

```
47
48              else
49                  l_return := l_return || '.';
50              end if;
51          end loop;
52
53          -- Now, just return the first 4000 bytes as
54          -- this is all that the SQL will let us see. We
55          -- might have more than 4000 characters since CHR(10) will
56          -- become \n (double the bytes) and so, this is necessary.
57
58          return substr(l_return,1,4000);
59      end;
60  /

Function created.

scott@DEV816> select id,
  2      dbms_log.getlength(theBlob) len,
  3      clean(theBlob,30, 40) piece,
  4      dbms_lob.substr(theBlob, 40, 30) raw_data
  5  from demo;

        ID        LEN  PIECE                  RAW_DATA
    ------    -------  ---------------------  -------------------------
         1       3498  \ndrop sequence        0A64726F702073657175656E636520
                       blob_seq;\n\ncreate    626C6F625F7365713B0A0A63726561
                       table d                7465207461626C652064

         2       2048  TE\nRTABLES\n1024\n0   54450A525441424C45530A31303234
                       \n28\n4000\n. . . . .  0A300A32380A343030300A0001001F
                       . . . . .              00010001000000000000
```

Como se nota, podemos ver o componente textual do BLOB em SQL*PLUS como texto claro agora usando CLEAN. Se só usarmos DBMS_LOB.SUBSTR, que retorna uma RAW, obteremos o depósito hexadecimal. Olhando o depósito hexadecimal, podemos ver que o primeiro byte do primeiro BLOB é 0A, que é um CHR(10), que é uma nova linha. Podemos ver em nosso depósito do BLOB, que nossa função CLEAN converteu o 0A em \n (nova linha). Isso só confirma que a nossa rotina está trabalhando conforme esperado. Além do mais, no segundo BLOB, podemos ver muitos zeros binários (hexadecimal 0 0) no depósito bruto dos dados expdat.dmp. Podemos ver que transformaríamos . em nossa função CLEAN, como muitos desses caracteres especiais se os depositamos diretamente no terminal, se fossem exibidos de forma não perceptível.

Além da função CAST_TO_VARCHAR2, UTL_RAW contém a função CAST_TO_RAW. Como demonstrado, você pode ter texto ASCII simples armazenado em um BLOB. Se quiser ser capaz de usar STRINGs para atualizar esses dados, você deve saber como codificar a string em hexadecimal. Por exemplo:

```
scott@DEV816> update demo
  2      set theBlob = 'Hello World'
  3  where id = 1
  4  /
    set theBlob = 'Hello World'
                       *
ERROR at line 2:
ORA-01465: invalid hex number
```

não funciona. A conversão implícita de VARCHAR2 para RAW supõe que a string Hello World seja uma string de caracteres hexadecimais. O Oracle tomaria os dois primeiros bytes, os converteria de hexadecimal para decimal e designaria esse número como byte 1 dos dados RAW e assim por diante. Poderíamos perder tempo para descobrir qual a representação hexadecimal de Hello World ou poderíamos simplesmente classificar nossa VARCHAR2 em um tipo RAW — só mudar o tipo de dados e não os bytes contidos lá. Por exemplo:

```
scott@DEV816> update demo
  2         set theBlob = utl_raw.cast_to_raw('Hello World')
  3      where id = 1
  4  /

1 row updated.

scott@DEV816> commit;

Commit complete.

scott@DEV816> select id,
  2         dbms_lob.getlength*theBlob) len,
  3         clean(theBlob) piece,
  4         dbms_lob.substr(theBlob,40,1) raw_data
  5    from demo
  6   where id =1;

    ID    LEN  PIECE           RAW_DATA
  ----   ----  ----------      ------------------
     1     11  Hello World     48656C6C6F20576F726C64
```

Usar UTL_RAW.CAST_TO_RAW('Hello World') é muito mais fácil do que converter Hello World para 48656C6C6F20576F726C64,

Conversão de LONG/LONG RAW para um LOB

A conversão de um LONG ou LONG RAW para LOB é bastante direta. A função SQL fornecida, TO_LOB, faz o trabalho para nós. No entanto, TO_LOB é uma função bem restrita, pois:

- ❏ Ela só pode ser usada em uma declaração INSERT ou CREATE TABLE AS SELECT.
- ❏ Só pode ser usada em SQL, não em PL/SQL.

A ramificação da primeira restrição é que você *não pode* fazer uma declaração como:

```
alter table t add column clob_column;
update t set clob_column = to_lob( long_column );
alter table t drop column long_column;
```

O acima falhará com:

```
ORA-00932: inconsistent datatypes
```

durante a UPDATE. Para conversões brutas de tabelas existentes com LONGs/LONG RAWs, você precisa criar uma nova tabela. Provavelmente isso será o melhor em qualquer caso, visto que LONGs e LONG RAWs foram armazenados 'inline' — em outras palavras, com os dados da própria tabela. Se simplesmente os convertermos para LOBs e depois removermos a coluna LONG, deixaremos a tabela numa forma muito ruim. Agora, haveria muito espaço alocado, mas não usado, na tabela. O melhor é remontar esses objetos.

A ramificação da segunda restrição é que não é possível usar TO_LOB em um bloco PL/SQL. Para usar TO_LOB em PL/SQL, precisamos usar SQL dinâmica. Demonstraremos isso em um instante.

Veremos duas maneiras de usar TO_LOB nos exemplos a seguir. Um é sobre o uso da função TO_LOB em declaração CREATE TABLE AS SELECT ou INSERT INTO. O outro é útil quando a fonte de dados precisar permanecer por um tempo numa coluna LONG ou LONG RAW. Por exemplo, um aplicativo herdado precisa que ela esteja em LONG. Você gostaria que outros aplicativos fossem capazes de acessá-la como um LOB, dando a PL/SQL a oportunidade de ter acesso completo através de funções DBMS_LOB, quanto à peça, como READ e SUBSTR, por exemplo.

Começaremos sintetizando alguns dados LONG e LONG RAW:

```
ops$tkyte@DEV816> create table long_table
  2  (   id      int primary key,
  3      data    long
  4  )
  5  /

Table created.

ops$tkyte@DEV816> create table long_raw_table
  2  (   id      int primary key,
  3      data    long raw
  4  )
  5  /

Table created.

ops$tkyte@DEV816> declare
  2      l_tmp   long := 'Hello World';
  3      l_raw   long raw;
  4  begin
  5      while( length(l_tmp) < 32000 )
  6      loop
  7          l_tmp := l_tmp || ' Hello World';
  8      end loop;
  9
 10      insert into long_table
 11      ( id, data ) values
 12      ( 1, l_tmp );
 13
 14      l_raw := utl_raw.cast_to_raw( l_tmp );
 15
 16      insert into long_raw_table
 17      ( id, data ) values
 18      ( 1, l_raw );
 19
 20      dbms_output.put_line(   'created long with length = ' ||
 21                              length(l_tmp) );
 22  end;
 23  /
created long with length = 32003

PL/SQL procedure successfully completed.
```

Como fazer a ilustração de uma grande conversão de uma vez

Temos então duas tabelas, cada qual com uma fileira, e uma coluna LONG ou uma coluna LONG RAW. Podemos fazer uma conversão de LONG para CLOB tão facilmente como uma declaração CREATE TABLE AS SELECT:

```
ops$tkyte@DEV816> create table clob_table
  2  as
  3  select id, to_lob(data) data
  4     from long_table;

Table created.
```

Além disso, poderíamos ter criado a tabela em outro ponto no tempo e usado a variante INSERT INTO para preencher essa tabela:

```
ops$tkyte@DEV816> insert into clob_table
  2   select id, to_lob(data)
  3     from long_table;

1 row created.
```

O seguinte apenas mostra que a função TO_LOB não opera em um bloco PL/SQL e que isso deve ser esperado:

```
ops$tkyte@DEV816> begin
  2       insert into bloc_table
  3       select id, to_lob(data)
  4         from long_table;
  5   end;
  6   /
begin
*
ERROR at line 1:
ORA-06550: line 3, column 16:
PLS-00201: identifier 'TO_LOB' must be declared
ORA-06550: line2, column 5:
PL/SQL: SQL Statement ignored
```

É fácil trabalhar com isso usando SQL dinâmica (só é preciso executar dinamicamente a INSERT, não sintaticamente como acima). Agora que vimos como converter um LONG ou LONG RAW em CLOB ou BLOB, vamos considerar o desempenho da conversão. Geralmente, tabelas com LONGS e LONG RAWs são imensas. Por definição, elas são grandes tabelas — estão sendo usadas para armazenar objetos bem grandes. Em muitos casos, têm muitos gigabytes de tamanho. A pergunta é, como fazemos uma conversão em lote de maneira adequada? Sugiro usar os seguintes recursos:

- Operações não recuperáveis, como um caminho direto INSERT e NOLOGGING LOBs
- DML paralela (especificamente, INSERTs paralelas)
- Consulta paralela

Eis um exemplo usando esses recursos. Tenho uma tabela IMAGE bem grande, que contém centenas de arquivos baixados da Web. Os campos nessa tabela são o NAME do documento, o MIME_TYPE (por exemplo, application/MS-Word), o IMG_SIZE do documento, em bytes, e finalmente o próprio documento em um LONG RAW. Eu gostaria de converter essa tabela para uma tabela equivalente, onde o documento fosse armazenado em uma coluna BLOB. Poderia começar criando a nova tabela:

```
scott@DEV816> CREATE TABLE "SCOTT"."T"
  2   ("NAME" VARCHAR2(255)    ,
  3    "MIME_TYPE' VARCHAR2(255),
  4    "IMG_SIZE" NUMBER,
  5    "IMAGE" BLOB)
  6   PCTFREE 0 PCTUSED 40
  7   INITRANS 1
  8   MAXTRANS 255
  9   NOLOGGING
 10   TABLESPACE "USERS"
 11   LOB ("IMAGE") STORE AS
 12   (TABLESPACE "USERS"
 13    DISABLE STORAGE IN ROW CHUNK 32768
 14    PCTVERSION 10
 15    NOCACHE
 16    NOLOGGING
 17   );

Table created.
```

Observe que a TABLE e o LOB são NOLOGGING — isso é importante. Você pode alterá-los, em vez de criá-los dessa maneira. Agora, para converter os dados da tabela IMAGE existente, eu executaria:

```
scott@DEV816> ALTER SESSION ENABLE PARALLEL DML;

Session altered.

scott@DEV816> INSERT /*+ APPEND PARALLEL(t,5) */ INTO t
  2    SELECT /*+  PARALLEL(long_raw,5) */
  3              name, mime_type, img_size, to_lob(image)
  4        FROM long_raw;
```

Isso realiza uma inserção paralela de caminho direto em BLOBs não registrados. A título de comparação, executei a INSERT INTO com e sem o registro capacitado, e esse foi o resultado (usando um subconjunto de fileiras a serem convertidas):

```
scott@DEV816> create table t
  2  as
  3  select name, mime_type, img_size, to_lob(image) image
  4  from image where 1=0;
Table created.

scott@DEV816> set autotrace on

scott@DEV816> insert into t
  2  select name, mime_type, img_size, to_lob(image) image
  3  from image;
99 rows created.

Execution Plan
----------------------------------------------------------
0      INSERT STATEMENT Optimizer=CHOOSE
1    0   TABLE ACCESS (FULL) OF 'IMAGE'

Statistics
----------------------------------------------------------
      1242  recursive calls
     36057  db block gets
     12843  consistent gets
      7870  physical reads
  34393500  redo size
      1006  bytes sent via SQL*Net to client
       861  bytes received via SQL*Net from client
         4  SQL*Net roundtrips to/from client
         2  sorts (memory)
         0  sorts (disk)
        99  rows processed
```

Note como aquilo gerou 34 MB de redo (se você acrescentar os bytes das 99 imagens, terá 32 MB de dados). Agora, usando CREATE para T, que tenho acima, com as cláusulas NOLOGGING e apenas uma inserção de caminho direto, encontro:

```
scott@DEV816> INSERT /*+ APPEND */ INTO t
  2    SELECT name, mime_type, img_size, to_lob(image)
  3       FROM image;

99 rows created.

Execution Plan
----------------------------------------------------------
0      INSERT STATEMENT Optimizer=CHOOSE
1    0   TABLE ACCESS (FULL) OF 'IMAGE'
```

```
Statistics
----------------------------------------------------------
       1242  recursive calls
      36474  db block gets
      13079  consistent gets
       6487  physical reads
    1355104  redo size
       1013  bytes sent via SQL*Net to client
        871  bytes received via SQL*Net from client
          4  SQL*Net roundtrips to/from client
          2  sorts (memory)
          0  sorts (disk)
         99  rows processed
```

Gerei cerca de 1 MB de registro. Essa conversão executou dramaticamente mais depressa e gerou menos registro de redo. Claro, como é o caso com todas as operações não recuperáveis, você precisa garantir que ocorra um backup de banco de dados em um futuro próximo, para ter certeza da recuperação desses novos objetos. Caso contrário, pode se ver reconvertendo os dados convertidos, no caso de uma falha de disco!

Na realidade, o exemplo acima não é executável por si próprio. Apenas aconteceu ele ter uma tabela IMAGE por perto, com cerca de 200 MB. Isso é usado para demonstrar conversões grandes, de uma vez, e as diferenças que as cláusulas NOLOGGING tiveram no tamanho do redo gerado.

Como fazer uma conversão 'no ar'

Em muitos casos, você gostaria de ser capaz de acessar (ler) um LONG ou LONG RAW a partir de diversos ambientes, mas descobre que não pode. Por exemplo, ao usar PL/SQL, se LONG RAW exceder a 32KB em tamanho, você descobrirá que é impossível acessá-lo. Outras linguagens e interfaces também têm problemas com LONGs e LONG RAWs. Bem, usando a função TO_LOB e uma tabela temporária, podemos facilmente converter um LONG ou LONG RAW em um CLOB ou BLOB no ar. É muito útil, por exemplo, ao usar OAS4.x ou WebDB com o seu arquivo carregando funcionalidade. Essas ferramentas irão carregar documentos pela Web em uma tabela de banco de dados, mas infelizmente o tipo de dados da coluna que elas carregam é LONG RAW, o que torna o acesso a essa coluna, através de PL/SQL, virtualmente impossível. A função abaixo mostra como oferecer acesso a esses dados através de um BLOB, uma batida.

Começaremos com uma tabela temporária para conter o CLOB/BLOB convertido e uma seqüência para identificar nossa fileira:

```
ops$tkyte@DEV816> create global temporary table lob_temp
  2  (  id       int primary key,
  3     c_lob clob,
  4     b_lob blob
  5  )
  6  /

Table created.

ops$tkyte@DEV816> create sequence lob_temp_seq;

Sequence created.
```

Agora criaremos as funções TO_BLOB e TO_CLOB. Elas usam a seguinte lógica para converter um LONG ou LONG RAW no ar:

- ❏ O usuário final dessa função irá selecionar o ID de fileira da tabela com LONG ou LONG RAW, em vez de selecionar a coluna LONG ou LONG RAW. Ele nos passará o nome de coluna da coluna LONG, o nome de tabela e o ID de fileira, identificando a fileira que deseja.
- ❏ Obteremos um número de seqüência para identificar a fileira que criaremos na tabela temporária.

- Usando SQL dinâmica, faremos TO_LOB em sua coluna LONG ou LONG RAW. O uso de SQL dinâmica não apenas torna essa rotina genérica (trabalha para qualquer coluna LONG, em qualquer tabela), como também resolve o problema de TO_LOB não poder ser chamado diretamente em PL/SQL.
- Lemos BLOB ou CLOB que acabamos de criar e o retornamos ao chamador.

Eis o código para TO_BLOB e TO_CLOB:

```
ops$tkyte@DEV816> create or replace
  2  function to_blob(   p_cname in varchar2,
  3                      p_tname in varchar2,
  4                      p_rowid in rowid ) return blob
  5  as
  6      l_blob blob;
  7      l_id int;
  8  begin
  9      select lob_temp_seq.nextval into l_id from dual;
 10
 11      execute immediate
 12         'insert into lob_temp (id, b_lob)
 13          select :id, to_lob( ' || p_cname || ' )
 14              from ' || p_tname ||
 15          ' where rowid = :rid '
 16      using IN l_id, IN p_rowid;
 17
 18      select b_lob into l_blob from lob_temp where id = l_id;
 19
 20      return l_blob;
 21  end;
 22  /

Function created.

ops$tkyte@DEV816> create or replace
  2  function to_clob(   p_cname in varchar2,
  3                      p_tname in varchar2,
  4                      p_rowid in rowid ) return clob
  5  as
  6      l_clob clob;
  7      l_id int;
  8  begin
  9      select lob_temp_seq.nextval into l_id from dual;
 10
 11      execute immediate
 12         'insert into lob_temp (id,c_lob)
 13          select :id, to_lob( ' || p_cname || ' )
 14              from ' || p_tname ||
 15          ' where rowid = :rid '
 16      using IN l_id, IN p_rowid;
 17
 18      select c_lob into l_clob from lob_temp where id = l_id;
 19
 20      return l_clob;
 21  end;
 22  /

Function created.
```

Para demonstrar sua utilização, podemos usar um simples bloco PL/SQL. Convertemos o LONG RAW em um BLOB e mostramos seu comprimento e parte dos dados que ele contém:

```
ops$tkyte@DEV816> declare
  2      l_blob      blob;
  3      l_rowid rowid;
  4  begin
```

```
     5          select rowid into l_rowid from long_raw_table;
     6          l_blob := to_blob( 'data', 'long_raw_table", l_rowid );
     7          dbms_output.put_line( dbms_lob.getlength(l_blob) );
     8          dbms_output.put_line(
     9              utl_raw.cast_to_varchar2(
    10                  dbms_lob.substr(l_blob,41,1)
    11                              )
    12                          );
    13  end;
    14  /
32003
Hello World Hello World Hello World Hello

PL/SQL procedure successfully completed.
```

O código para testar TO_CLOB é virtualmente igual, com a exceção que não precisamos usar a funcionalidade UTL_RAW:

```
ops$tkyte@DEV816> declare
     2      l_clob       clob;
     3      l_rowid rowid;
     4  begin
     5      select rowid into l_rowid from long_table;
     6      l_clob := to_clob( 'data', 'long_table', l_rowid );
     7      dbms_output.put_line( dbms_lob.getlength(l_clob) );
     8      dbms_output.put_line( dbms_lob.substr(l_clob,41,1) );
     9  end;
    10  /
32003
Hello World Hello World Hello World Hello

PL/SQL procedure successfully completed.
```

Como escrever um BLOB/CLOB em disco

Está faltando essa funcionalidade no pacote DBMS_LOB. Temos métodos para carregar LOBs de arquivos, mas não para criar um arquivo de um LOB. Menciono isto aqui simplesmente porque temos a solução neste livro. Se você se reportar aos Capítulos 18 e 19, são oferecidos ambos os códigos, C e Java, para um procedimento externo que poderá escrever qualquer BLOB, CLOB ou TEMPORARY LOB num arquivo no sistema de arquivo do servidor. Ambas as implementações realizam a mesma função — apenas usando linguagens diferentes. Use a que for apropriada ao seu servidor (por exemplo, se você não tiver a opção Java, mas tiver Pro*C e um compilador C, o procedimento externo baseado em C será mais apropriado).

Como exibir um LOB na Web usando PL/SQL

Essa é uma questão levantada com freqüência. Esse exemplo supõe que você tenha um dos seguintes instalado e executando em seu sistema:

- ❑ Ouvidor de peso leve do WebDB.
- ❑ OAS 2.x, 3.x ou 4.x com o cartucho PL/SQL.
- ❑ iAS com o módulo mod_plsql.

Sem um dos três, esse exemplo não funcionará. Ele confia no PL/SQL Web Toolkit (conjunto de ferramentas web PL/SQL normalmente referido como as funções HTP) e no cartucho ou módulo PL/SQL.

Outra suposição que precisamos fazer é que o conjunto de caracteres do servidor web (o cliente do banco de dados) é o mesmo do próprio banco de dados, devido ao fato que o cartucho ou módulo PL/SQL usa VARCHAR2 como o tipo de dados para retornar páginas do banco de dados. Se o conjunto de caracteres do cliente (o servidor web está no cliente, nesse caso) for diferente do conjunto de caracteres do banco de dados, ocorrerá a conversão de conjunto de caracteres. Essa conversão geralmente irá corromper um BLOB. Por exemplo, digamos que você esteja executando o servidor web no Windows NT. O conjunto de caracteres típico de um cliente no Windows NT é WE8ISO8859P1 — Western European 8bit. Agora, digamos que o banco de dados esteja executando em Solaris. O conjunto de caracteres padrão naquela plataforma é US7ASCII — um conjunto de caracteres de 7 bits. Se você tentar retornar um BLOB através de uma interface VARCHAR2 usando esses dois conjuntos de caracteres, descobrirá que o 'grande bit' é tirado dos dados, como eles aparecem no banco de dados. Os dados serão mudados. Apenas se o cliente (o servidor web) e o servidor de banco de dados tiverem o mesmo conjunto de caracteres, os dados serão passados 'como são', sem alterações.

Assumindo que você tenha suas suposições acima satisfeitas, podemos ver como usar o conjunto de ferramentas web PL/SQL para exibir um BLOB na Web. Continuaremos usando o exemplo acima (conversões) com a tabela DEMO. Carregaremos mais um arquivo:

```
ops$tkyte@DEV816> exec load_a_file( 'MY_FILES', 'demo.gif' );

PL/SQL procedure successfully completed.
```

Um arquivo GIF. Agora, precisamos de um pacote que possa recuperar esse GIF e exibi-lo na Web. Ele poderia se parecer com:

```
ops$tkyte@DEV816> create or replace package image_get
  2  as
  3      -- You might have a procedure named
  4      -- after each type of document you want
  5      -- to get, for example:
  6      -- procedure pdf
  8      -- procedure doc
  8      -- procedure txt
  9      -- and so on. Some browsers (MS IE for example)
 10      -- seem to prefer file extensions over
 11      -- mime types when deciding how to handle
 12      -- documents.
 13      procedure gif( p_id on demo.id%type );
 14  end;
 15  /

Package created.

ops$tkyte@DEV816> create or replace package body image_get
  2  as
  3
  4  procedure gif( p_id in demo.id%type )
  5  is
  6      l_lob   blob;
  7      l_amt   number default 32000;
  8      l_off   number default 1;
  9      l_raw   raw(32000);
 10  begin
 11
 12      -- Get the LOB locator for
 13      -- our document.
 14      select theBlob into l_lob
 15        from demo
 16       where id = p_id;
 17
 18      -- Print out the mime header for this
 19      -- type of document.
 20      owa_util.mime_header( 'image/gif' );
 21
 22      begin
 23          loop
```

```
24                  dbms_lob.read( l_lob, l_amt, l_off, l_raw );
25
26                  - - It is vital to use htp.PRN to avoid
27                  - - spurious line feeds getting added to your
28                  - - document.
29                  htp.prn( utl_raw.cast_to_varchar2( l_raw ) );
30                  l_off := l_off+l_amt;
31                  l_amt := 32000;
32              end loop;
33          exception
34              when no_data_found then
35                  NULL;
36          end;
37      end;
38
39  end;
40  /
```

Package body created.

Portanto, se eu tiver inicializado um **DAD** (Database Access Descriptor; parte da configuração normal do cartucho e módulo PL/SQL) chamado mydad, poderei usar o URL:

```
http://myhost:myport/pls/mydata/image_get.gif?p_id=3
```

para recuperar minha imagem. Aqui estamos passando o argumento P_ID=3 para image_get.gif, pedindo para ela encontrar o localizador LOB armazenado na fileira com id=3. Poderíamos embutir essa imagem em uma página usando a guia IMG, como:

```
<html>
<head><title>This is my page</title></head>
<body>
Here is my GIF file
<img src=http://myhost:myport/pls/mydata/image_get.gif?p_id=3>
</body>
</html>
```

Resumo

Os LOBs oferecem muito mais funcionalidade do que o tipo de dados LONG, agora desprezado. Esta seção respondeu algumas das perguntas que ouço com mais freqüência, referentes a manipulações de LOB. Discutimos como carregar LOBs no banco de dados. Vimos como converter de um BLOB para um CLOB e de volta. Investigamos como você poderia converter com eficiência todos os seus dados LONG e LONG RAW herdados para dados CLOB e BLOB, usando operações não recuperáveis e paralelas. Finalmente, discutimos como você poderia usar o PL/SQL Web Toolkit para recuperar o conteúdo de um CLOB ou BLOB e exibi-lo em uma página web.

DBMS_LOCK

O pacote DBMS_LOCK expõe ao programador o mecanismo de bloqueio usado pelo próprio Oracle. Permite criar seus próprios bloqueios nomeados, que podem ser monitorados da mesma maneira que qualquer outro bloqueio Oracle. Eles aparecerão na vista V$LOCK de desempenho dinâmico com um tipo de UL (**user lock**). Qualquer ferramenta padrão, como Oracle Enterprise Manager e o script UTLOCK.SQL (encontrado em [ORACLE_HOME]/rdbms/admin) também os exibirá. Além de expor o mecanismo de bloqueio ao uso de um programador, DBMS_LOCK tem outra função de utilitário, uma função SLEEP que permite a um programa PL/SQL ser interrompido por determinada quantidade de segundos.

O pacote DBMS_LOCK tem muitos usos, por exemplo:

- Você tem uma rotina que usa UTL_FILE para escrever mensagens de controle em um arquivo de sistema operacional. Só um processo de cada vez deve escrever nesse arquivo. Em alguns sistemas operacionais, como Solaris, muitos podem escrever simultaneamente (o sistema operacional não evita isso), o que resulta em mensagens de controle entremeadas, difíceis ou impossíveis de ler. DBMS_LOCK pode ser usado para tornar em série o acesso a esse arquivo.

- Para evitar que operações mutuamente exclusivas ocorram consecutivamente. Por exemplo, suponha que você tenha uma rotina depurada de dados, que só possa executar quando outras sessões que precisem dos dados não estejam executando. Essas outras sessões não podem iniciar enquanto uma depuração estiver acontecendo precisam aguardar. A sessão de depuração tentaria obter um bloqueio nomeado no modo X (exclusivo). As outras sessões tentariam obter esse mesmo bloqueio nomeado no modo S (compartilhado). A solicitação de bloqueio X bloqueará enquanto qualquer bloqueio S estiver presente, e a solicitação de bloqueio S o fará enquanto o bloqueio X for mantido. Você terá que agir de modo que a sessão de depuração espere até que não haja mais sessões 'normais', e se a sessão de depuração estiver executando, todas as outras sessões serão bloqueadas, até que ela tenha terminado.

Esses são dois usos comuns do pacote. Funcionam bem, desde que todas as sessões cooperem com o uso de bloqueios (que não haja nada impedindo uma sessão de usar UTL_FILE para abrir e escrever naquele arquivo de controle sem ter o bloqueio apropriado). Como exemplo, implementaremos uma solução para um problema de exclusão mútua, do qual muitos aplicativos podem se beneficiar. Esse problema surge a partir de duas sessões tentando INSERT na mesma tabela, e aquela tabela tem uma chave principal (ou restrição única) nela. Se ambas as sessões tentarem usar o mesmo valor para as colunas restritas, a segunda (e terceira e assim por diante) sessão será indefinidamente bloqueada, aguardando que a primeira comprometa ou retorne. Se a primeira sessão comprometer, essas sessões bloqueadas obterão um erro; só se ela retornar, uma das sessões subseqüentes terá a sua INSERT bem sucedida. O ponto principal é que as pessoas aguardarão por algum tempo, até descobrir que não podem fazer o que desejam.

O problema é evitável ao usar UPDATE, porque podemos bloquear a fileira que queremos atualizar de maneira não bloqueadora, antes de atualizá-la. Isto é, em vez de apenas executar:

```
update emp set ename = 'King' where empno = 1234;
```

podemos codificar:

```
select ename from emp where empno = 1234 FOR UPDATE NOWAIT;
update emp set ename = 'King' where empno = 1234;
```

O uso de FOR UPDATE NOWAIT em SELECT terá o efeito de bloquear a fileira para sua sessão (fazendo com que UPDATE não bloqueie), ou retornar um erro ORA-54 'Resource Busy'. Se não obtivermos um erro de SELECT, a fileira estará bloqueada para nós.

Porém, quando se trata de INSERTs, não temos tal método. Não existe fileira para SELECT bloquear e, portanto, não há como evitar outros de inserir uma fileira com o mesmo valor, bloqueando assim nossa sessão e nos fazendo esperar indefinidamente. É aqui que entra em cena o DBMS_LOCK. Para demonstrar, criaremos uma tabela com uma chave principal e um disparador, que evitará duas (ou mais) sessões de inserir simultaneamente os mesmos valores. Colocaremos também um disparador nessa tabela. Esse disparador usará DBMS_UTILITY.GET_HASH_VALUE (veja a seção DBMS_UTILITY mais adiante neste apêndice, para mais informações) para misturar a chave principal em algum número entre 0 e 1.073.741.823 (a faixa de números de ID de bloqueio permitida pelo Oracle para nosso uso). Neste exemplo, escolhi uma tabela residual de 1.024 de tamanho, significando que iremos misturar nossas chaves principais em um dos 1.024 IDs diferentes de bloqueio. Depois, usaremos DBMS_LOCK.REQUEST para alocar um bloqueio exclusivo, baseado naquele ID. Apenas uma sessão de cada vez será capaz de fazer isso, portanto se alguém mais tentar inserir um registro em nossa tabela com a mesma chave principal, a sua solicitação de bloqueio irá falhar (e receberá o erro RESOURCE BUSY):

```
tkyte@TKYTE816> create table demo ( x int primary key );

Table created.

tkyte@TKYTE816> create or replace trigger demo_bifer
  2    before insert on demo
  3    for each row
  4    declare
  5        l_lock_id          number;
  6        resource_busy      exception;
  7        pragma exception_init( resource_busy, -54 );
  8    begin
  9        l_lock_id :=
 10           dbms_utility.get_hash_value( to_char( :new.x ), 0, 1024 );
 11
 12        if ( dbms_lock.request
 13                     ( id               => l_lock_id,
 14                       lockmode         => dbms_lock.x_mode,
 15                       timeout          => 0,
 16                       release_on_commit=> TRUE ) = 1 )
 17        then
 18            raise resource_busy;
 19        end if;
 20    end;
 21   /

Trigger created.
```

Se em duas sessões separadas você executar:

```
tkyte@TKYTE816> insert into demo values ( 1 );

1 row created.
```

haverá sucesso na primeira. Mas se emitir imediatamente:

```
tkyte@TKYTE816> insert into demo values ( 1 );
insert into demo values ( 1 )
            *
ERROR at line 1:
ORA-00054: resource busy and acquire with NOWAIT specified
ORA-06512: at "TKYTE.DEMO_BIFER", line 15
ORA-04088: error during execution of trigger 'TKYTE.DEMO_BIFER'
```

na segunda sessão (a menos que a primeira comprometa), uma violação UNIQUE CONSTRAINT será a mensagem de erro.

O conceito aqui é tomar a *chave principal* da tabela no disparador e colocá-la em uma string de caracteres. Podemos então usar DBMS_UTILITY.GET_HASH_VALUE para vir com um valor residual 'quase único' para a string. Desde que usemos uma tabela residual menor que 1.073.741.823, poderemos 'bloquear' aquele valor, usando exclusivamente DBMS_LOCK. Também poderíamos usar a rotina DBMS_LOCK, ALLOCATE_UNIQUE, mas ela vem com algum código extra. ALLOCATE_UNIQUE cria um identificador de bloqueio único, na faixa de 1.073.741.823 a 1.999.999.999, usando outra tabela de banco de dados e uma transação consecutiva (autônoma). A abordagem residual usa menos recursos e evita essa chamada SQL consecutiva.

Depois de misturar, tomamos esse valor e usamos DBMS_LOCK para solicitar que aquele ID de bloqueio seja bloqueado exclusivamente com um tempo de encerramento zero (ele retorna imediatamente se alguém mais tiver bloqueado o valor). Se marcarmos o tempo de encerramento, ergueremos o ORA-54 RESOURCE BUSY. Caso contrário, não fazemos nada — está certo INSERT, não bloquearemos.

Claro, se a chave principal de sua tabela for um INTEGER, você não irá esperar que a chave vá acima de 1 bilhão, pode pular a mistura e usar só o número como um ID de bloqueio.

Você precisará jogar com o tamanho da tabela residual (no meu exemplo, 1.024) para evitar mensagens artificiais de RESOURCE BUSY, devido a diferentes strings misturando o mesmo número. O tamanho da tabela residual será específico de aplicativo (dados) e será influenciado também pela quantidade de inserções consecutivas. O proprietário do disparador também precisará EXECUTE em DBMS_LOCK concedido diretamente a ele (não através de uma função). Finalmente, você pode descobrir que ficou sem ENQUEUE_RESOURCES se inserir muitas fileiras dessa maneira, sem comprometer. Se o fizer, precisa modificar o parâmetro init.ora ENQUEUE_RESOURCES para ser alto o bastante (você obterá uma mensagem sobre ENQUEUE_RESOURCES se atingir isso). Em vez disso, é possível acrescentar uma sinalização para o disparador permitir às pessoas alternarem a ativação e a desativação. Se eu fosse inserir centenas/milhares de registros, poderia por exemplo não querer essa verificação capacitada.

Podemos 'ver' nossos bloqueios na tabela V$LOCK, assim como a quantidade de chaves principais misturadas a ela (o bloqueio). Por exemplo, usando nossa tabela DEMO, acima, com o disparador no lugar:

```
tkyte@TKYTE816> insert into demo values ( 1 );

1 row created.

tkyte@TKYTE816> select sid, type, id1
  2         from v$lock
  3      where sid = ( select sid from v$mystat where rownum = 1 )
  4  /

       SID TY           ID1
     ----- --        ------
         8 TX        589913
         8 TM         30536
         8 UL           827

tkyte@TKYTE816> begin
  2           dbms_output.put_line
  3            ( dbms_utility.get_hash_value( to_char(1), 0, 1024 ) );
  4    end;
  5  /
827

PL/SQL procedure successfully completed.
```

Observe o bloqueio UL, nosso bloqueio de usuário, com um ID1 de 827. Acontece dessa forma porque 827 é o valor residual de TO_CHAR(1), nossa chave principal.

Para completar esse exemplo, precisamos discutir o que aconteceria se o seu aplicativo permitisse um UPDATE na chave principal. Idealmente, você não atualizaria uma chave principal, mas alguns aplicativos o fazem. Teríamos que considerar o que acontece se uma sessão atualiza a chave principal:

```
tkyte@TKYTE816> update demo set x = 2 where x = 1;

1 row updated.
```

e outra sessão tenta INSERT uma fileira com aquele valor de chave principal recém atualizada:

```
tkyte@TKYTE816> INSERT INTO DEMO VALUES (2);
```

Essa segunda sessão bloquearia novamente. O problema aqui é que cada processo que pode modificar a chave principal ainda não está participando de nosso esquema de bloqueio modificado. Para solucionar esse problema, o caso onde você UPDATE a chave principal. Precisamos modificar o número de vezes que nosso disparador será ativado:

```
before insert OR UPDATE OF X on demo
```

Se o disparador que codificamos ativar antes de qualquer INSERT, o UPDATE da coluna X ou o comportamento esperado será observado (e a UPDATE também se tornará não de bloqueio).

Resumo

DBMS_LOCK expõe o mecanismo interno de bloqueio de Oracle para nosso aplicativo explorar. Como demonstrado acima, podemos usar essa funcionalidade para implementar nosso próprio bloqueio personalizado, que vá além da funcionalidade fornecida. Revimos os usos potenciais dessa facilidade, como um dispositivo em série para acessar um recurso compartilhado (por exemplo, um arquivo de sistema operacional) ou um método para coordenar vários processos conflitantes. Vimos com profundidade o uso de DBMS_LOCK como ferramenta para evitar bloqueio de INSERTs. Esse exemplo demonstrou a forma de usar DBMS_LOCK e como ver seus bloqueios na própria tabela V$LOCK. Finalmente, encerramos com a importância de garantir que todas as sessões coordenem suas atividades com relação ao bloqueio personalizado, discutindo como a UPDATE de uma chave principal poderia subverter nossa lógica de inserção de não bloqueio.

DBMS_LOGMNR

Os pacotes LogMiner, DBMS_LOGMNR e DBMS_LOGMNR_D permitem a análise de arquivos redo log do Oracle. Você deveria usar esse recurso por alguns dos seguintes motivos:

- Você quer descobrir quando uma tabela foi 'acidentalmente' solta, e por quem.
- Deseja realizar uma auditoria em determinada tabela ou conjunto de tabelas, para ver quem esteve modificando suas peças. Você pode fazer esse controle 'depois do fato'. Normalmente, poderia usar o comando AUDIT, mas é preciso estar habilitado antecipadamente, e ele só informa que alguém modificou a tabela não o que foi modificado. LogMiner é bom para a descoberta *post-facto* 'de quem fez aquilo' e para ver exatamente quais dados mudaram.
- Você gostaria de 'desfazer' determinada transação. Para desfazê-la, precisaremos ver o que foi feito e conseguir PL/SQL para desfazer.
- Você gostaria de conseguir algumas contagens empíricas de fileiras modificadas em uma transação mediana.
- Gostaria de fazer uma análise histórica de como o banco de dados tem sido usado.
- Gostaria de descobrir porque, subitamente, seu banco de dados está gerando 10 MB de registros por minuto. Ele não costumava fazer isso e agora o faz, subitamente. Há alguns culpados óbvios a serem encontrados em uma rápida revisão dos registros?
- Você gostaria de ver o que, realmente, está acontecendo 'por trás do pano'. O conteúdo dos registros redo mostra o que aconteceu de fato quando você fez aquela INSERT numa tabela com um disparador fazendo UPDATE em outra tabela. Todos os efeitos de sua transação são gravados no registro. LogMiner é uma excelente ferramenta de exploração.

LogMiner oferece as ferramentas para fazer isso, e mais. O que darei aqui é uma rápida visão geral de como usar LogMiner, depois explicarei algumas advertências de seu uso, não esclarecidas no guia *Referência de pacotes PL/SQL fornecidos* que vem com o Oracle. Como com todos os outros pacotes, é recomendado que você leia a seção *Referência de pacotes PL/SQL fornecidos*, sobre DBMS_LOGMNR e DBMS_LOGMNR_D, para obter visão geral das funções e procedimentos que eles contêm e saber como são usados. Abaixo, na seção *Opções e uso*, daremos uma visão geral desses procedimentos, além de suas entradas.

LogMiner funciona melhor em arquivos de redo log arquivados, embora possa ser usado com arquivos de redo log online, que não são ativos. Tentar usar um arquivo de redo log online ativo pode levar a uma mensagem de erro ou apenas à confusão da sua parte, pois o arquivo de redo log conterá uma mistura de dados de transação antigos e novos. Uma coisa interessante a notar sobre o LogMiner é que você não precisa analisar um arquivo de registro no banco de dados que o criou originalmente. Nem mesmo precisa estar na mesma versão exata de banco de dados (é possível analisar arquivos gravados na versão 8.0 em um banco de dados 8.1). Você pode mover um arquivo de redo log arquivado para outro sistema e analisá-lo lá, o que pode ser bem conveniente para controle e busca em padrões de uso histórico, sem afetar o sistema existente. Entretanto, para fazer isso, você precisa usar um banco de dados que esteja na mesma plataforma de hardware (a organização de bytes, tamanhos de palavras etc serão afetados por isso). Você também irá querer ter certeza que os tamanhos de blocos do banco de dados são iguais (ou que o banco de dados fazendo a análise tem um tamanho de bloco *pelo menos* tão grande quanto o banco de dados originando o redo log) e têm o mesmo conjunto de caracteres.

Usar LogMiner é um processo de duas etapas. A etapa um envolve a criação de um dicionário de dados para o LogMiner operar. Isso é o que permite a um arquivo de redo log de um banco de dados ser analisado por outro o LogMiner não usa o dicionário de dados existente, usa o dicionário que foi exportado para um arquivo externo pelo pacote DBMS_LOGMNR_D. O LogMiner pode ser usado sem esse dicionário de dados, mas você descobrirá que a saída resultante é virtualmente ilegível. Veremos como isso se pareceria um pouco mais adiante.

A etapa dois envolve a importação de arquivos de redo log e o início de LogMiner. Quando o LogMiner é iniciado, você pode rever o conteúdo dos arquivos de redo log usando SQL. Há quatro vistas V$ associadas a LogMiner. A principal é V$LOGMNR_CONTENTS, que você usará para rever o conteúdo dos arquivos de redo log carregados. Veremos essa vista em mais detalhes no exemplo e, ao final desta seção, temos uma tabela que define cada coluna. As outras três vistas são:

- ❏ V$LOGMNR_DICTIONARY — Contém informações sobre o arquivo de dicionário carregado. Esse é o dicionário criado na etapa um. Para fazer sentido sobre o conteúdo de um arquivo de redo log, precisamos ter um arquivo de dicionário que nos diz qual nome de objeto vai com qual ID de objeto, quais são as colunas e os tipos de dados de cada tabela e assim por diante. No máximo, essa vista contém uma fileira, apenas para o dicionário carregado atualmente.
- ❏ V$LOGMNR_LOGS — Contém informações sobre os arquivos de redo log que você solicitou que LogMiner carregasse no sistema. O conteúdo desses arquivos de redo log será encontrado em V$LOGMNR_CONTENTS. Essa vista informa sobre o próprio arquivo de redo log. Atributos tais como o nome do arquivo de redo log, o nome do banco de dados do qual ele veio, os SCNs (mudança de números do sistema), contidos nele etc, são encontrados aqui. Essa vista terá uma entrada por arquivo de registro que você estiver analisando.
- ❏ V$LOGMNR_PARAMETERS — Mostra os parâmetros passados a LogMiner durante sua inicialização. Essa vista terá uma entrada depois que você chamar a rotina de inicialização para o LogMiner.

Um ponto importante a observar é que, uma vez que a alocação de memória do LogMiner vem de PGA, o LogMiner não pode ser usado em um ambiente MTS. Com o MTS, você será designado a um servidor compartilhado (processo ou seqüência) diferente cada vez que fizer uma solicitação no banco de dados. Os dados carregados no Process One (Shared Server One) simplesmente não estão disponíveis ao Process Two (Shared Server Two). Você precisa estar usando uma configuração de servidor dedicado para LobMiner funcionar. A saída só é visível em uma única sessão, e apenas pela duração daquela sessão. Se mais análise for necessária, é preciso recarregar as informações ou torná-las permanentes, talvez usando uma CREATE TABLE AS SELECT. Se estiver analisando uma grande quantidade de dados, torná-los permanentes através de uma CREATE TABLE AS SELECT ou INSERT INTO faz ainda mais sentido. Então, você deve ser capaz de indexar essas informações, enquanto que com a tabela V$LOGMNR_CONTENTS sempre precisará fazer uma varredura completa de uma tabela V$, visto que ela não tem índices. Essa varredura pode ser bem dispendiosa, quanto a recursos.

Visão geral

Agora será apresentada uma visão geral de como usar a facilidade LogMiner. Veremos todas as entradas dos dois pacotes LogMiner fornecidos e o que significam. Investigaremos o uso de LogMiner, para descobrir quando alguma operação tiver ocorrido no banco de dados. Depois, daremos uma rápida olhada em como o LogMiner afeta o uso de memória de sua sessão e como armazena internamente os arquivos de redo log. Por fim, veremos algumas das limitações do LogMiner não mencionadas na documentação.

Etapa 1: Criação do dicionário de dados

Para o LogMiner mapear IDs de objetos internos e colunas em suas tabelas apropriadas, é preciso um dicionário de dados. Ele não usará o dicionário de dados já presente no banco de dados. Em vez disso, ele confia no arquivo externo para oferecer o dicionário de dados. O LogMiner funciona dessa maneira, para permitir aos arquivos de redo log de *outros* bancos de dados serem analisados em um diferente. Também, o dicionário de dados que estiver atualmente em seu banco de dados pode não suportar todos os objetos que estavam no banco de dados quando o arquivo de redo log foi gerado, daí a necessidade de ser capaz de importar um dicionário de dados.

Para ver o objetivo desse arquivo de dicionário de dados, veremos algumas saídas do LogMiner sem ter um dicionário de dados carregado. Faremos isso carregando um arquivo de redo log registrado e iniciando o LogMiner. Depois, uma rápida consulta em V$LOGMNR_CONTENTS para ver o que há lá:

```
tkyte@TKYTE816> begin
  2       sys.dbms_logmnr.add_logfile
  3       ( 'C:\oracle\oradata\tkyte816\archiveTKYTE816T001S01263.ARC1,
  4           sys.dbms_logmnr.NEW );
  5   end;
  6   /

PL/SQL procedure successfully completed.

tkyte@TKYTE816> begin
  2       sys.dbms_logmnr.start_logmnr;
  3   end;
  4   /

PL/SQL procedure successfully completed.

tkyte@TKYTE816> column sql_redo format a30
tkyte@TKYTE816> column sql_undo format a30
tkyte@TKYTE816> select scn, sql_redo, sql_undo from v$logmnr_contents
  2  /

       SCN   SQL_REDO                         SQL_UNDO
----------   ------------------------------   ------------------------------
6.4430E+12
6.4430E+12   set transaction read write;
6.4430E+12   update UNKNOWN.Objn:30551 set    update UNKNOWN.Objn:30551 set
             Col[2] = HEXTORAW*'787878') wh   Col[2] - HEXTORAW('534d495448'
             ere ROWID = 'AAAHdXAAGAAAAJKAAAA)  where ROWID = 'AAAHdXAAGAAAA
             A';                              JKAAA';

6.4430E+12
6.4430E+12   commit;

tkyte@TKYTE816> select utl_raw.cast_to_varchar2(hextoraw('787878')) from dual;

UTL_RAW.CAST_TO_VARCHAR2(HEXTORAW('787878'))
--------------------------------------------
xxx

tkyte@TKYTE816> select utl_raw.cast_to_varchar2(hextoraw('534d495448')) from dual;

UTL_RAW.CAST_TO_VARCHAR2(HEXTORAW('534D495448'))
------------------------------------------------
SMITH
```

Essa saída é ilegível. Sabemos que o número de objeto, 30551, foi atualizado, e que a coluna 2 foi modificada. Além disso, podemos transformar o HEXTORAW('787878') em uma string de caracteres. Poderíamos ir para o dicionário de dados e descobrir que o objeto 30551 é:

```
tkyte@TKYTE816> select object_name
  2   from all_objects
  3   where data_object_id = 30551;

OBJECT_NAME
---------------
EMP
```

mas só se estivermos no mesmo banco de dados de onde se originou a geração do arquivo de redo log, e só se aquele objeto ainda existir. Além do mais, poderíamos DESCRIBE EMP e descobrir que a coluna 2 é ENAME. Portanto, a coluna SQL_REDO do LogMiner realmente é UPDATE EMP SET ENAME = 'XXX' WHERE ROWID = ... Felizmente, não precisamos percorrer essa trabalhosa conversão sempre que usarmos o LogMiner. Descobriremos isso montando e carregando um dicionário, teremos resultados muito melhores. O exemplo a seguir mostra qual saída poderíamos esperar se montarmos um arquivo de dicionário para LogMiner trabalhar e depois carregá-lo.

Começamos criando o arquivo de dicionário, que é bastante direta. Os pré-requisitos são:

- UTL_FILE foi configurado em seu arquivo init.ora para que haja pelo menos um dicionário em que se possa escrever. Veja a seção sobre UTL_FILE para informações sobre essa configuração. DBMS_LOGMNR_D, o pacote que monta o arquivo de dicionário de dados, confia em UTL_FILE para fazer I/O.
- O esquema que executará o pacote DBMS_LOGMNR_D teve a concessão de EXECUTE ON SYS.DBMS_LOGMNR_D, ou tem uma função capaz de executar esse pacote. Por padrão, o EXECUTE CATALOG_ROLE tem o privilégio de executar esse pacote.

Quando você tiver UTL_FILE ajustado e EXECUTE ON DBMS_LOGMNR_D, criar o arquivo de dicionário de dados será simples. Só há uma chamada dentro de DBMS_LOGMNR_D, e seu nome é BUILD. Você apenas executa algo parecido com:

```
tkyte@TKYTE816> set serveroutput on

tkyte@TKYTE816> begin
  2            sys.dbms_logmnr_d.build( 'miner_dictionary.dat',
  3 'c:\temp' );
  4   end;
  5  /
LogMnr Dictionary Procedure started
LogMnr Dictionary File Opened
TABLE: OBJ$ recorded in LogMnr Dictionary File
TABLE: TAB$ recorded in LogMnr Dictionary File
TABLE: COL$ recorded in LogMnr Dictionary File
TABLE: SEG$ recorded in LogMnr Dictionary File
TABLE: UNDO$ recorded in LogMnr Dictionary File
TABLE: UGROUP$ recorded in LogMnr Dictionary File
TABLE: TS$ recorded in LogMnr Dictionary File
TABLE: CLU$ recorded in LogMnr Dictionary File
TABLE: IND$ recorded in LogMnr Dictionary File
TABLE: ICOL$ recorded in LogMnr Dictionary File
TABLE: LOB$ recorded in LogMnr Dictionary File
TABLE: USER$ recorded in LogMnr Dictionary File
TABLE: FILE$ recorded in LogMnr Dictionary File
TABLE: PARTOBJ$ recorded in LogMnr Dictionary File
TABLE: PARTCOL$ recorded in LogMnr Dictionary File
TABLE: TABPART$ recorded in LogMnr Dictionary File
TABLE: INDPART$ recorded in LogMnr Dictionary File
TABLE: SUBPARTCOL$ recorded in LogMnr Dictionary File
TABLE: TABSUBPART$ recorded in LogMnr Dictionary File
TABLE: INDSUBPART$ recorded in LogMnr Dictionary File
TABLE: TABCOMPART$ recorded in LogMnr Dictionary File
TABLE: INDCOMPART$ recorded in LogMnr Dictionary File
Procedure executed successfully - LogMnr Dictionary Created

PL/SQL procedure successfully completed.
```

É recomendado que você emita um SET SERVEROUTPUT ON antes de executar DBMS_LOGMNR_D, pois permitirá assim que mensagens informativas de DBMS_LOGMNR_D sejam impressas. Ela pode ser extremamente útil quando estivermos tentando diagnosticar um erro de DBMS_LOGMNR_D. O que o comando acima fez foi criar um arquivo C:\TEMP\MINER_DICTIONARY.DAT, que é um simples arquivo ASCII de texto, que você pode editar para ver o que existe nele. Esse arquivo consiste em muitas declarações do tipo SQL que são analisadas e executadas pela rotina de início de LogMiner. Agora que temos em mãos o arquivo de dicionário, estamos prontos para ver como poderia parecer o conteúdo de V$LOGMNR_CONTENTS:

```
tkyte@TKYTE816> begin
  2      sys.dbms_logmnr.add_logfile
  3      ( 'C:\oracle\oradata\tkyte816\archive\TKYTE816T001S01263.ARC',
  4          sys.dbms_logmnr.NEW );
  5  end;
  6  /

PL/SQL procedure successfully completed.

tkyte@TKYTE816> begin
  2      sys.dbms_logmnr.start_logmnr
  3      ( dictFileName => 'c:\temp\miner_dictionary.dat' );
  4  end;
  5  /

PL/SQL procedure successfully completed.

tkyte@TKYTE816> column sql_redo format a30
tkyte@TKYTE816> column sql_undo format a30
tkyte@TKYTE816> select scn, sql_redo, sql_undo from v$logmnr_contents
  2  /

       SCN    SQL_REDO                         SQL_UNDO
   --------   ------------------------------   ------------------------------
 6.4430E+12
 6.4430E+12   set transaction read write;
 6.4430E+12   update TKYTE.EMP set ENAME = '   update TKYTE.EMP set ENAME = '
              xxx' where ROWID = 'AAAHdXAAGA    SMITH' where ROWID = 'AAAHdXAA
              AAAJKAAA';                       GAAAAAJKAAAA';
 6.4430E+12
 6.4430E+12 commit;
```

Agora está mais parecido — podemos agora ler a SQL que LogMiner gera para nós, que iria 'repetir' (ou desfazer) a transação que estamos vendo. Estamos prontos para a Etapa 2 — Como usar o LogMiner.

Etapa 2: Como usar o LogMiner

Pegaremos o arquivo de dicionário que acabamos de criar e o usaremos para rever o conteúdo de alguns arquivos de rego log gravados. Antes de carregarmos um arquivo de redo log, vamos gerar um com algumas transações conhecidas. Para a primeira rodada, facilitará para vermos o que temos. Seremos capazes de fazer uma comparação entre o que encontramos na vista V$LOGMNR_CONTENTS e o que acabamos de fazer. Para funcionar, é importante ter um banco de dados de 'teste', onde você possa ter certeza que é o único registrado. Isso nos permite restringir artificialmente, exatamente só o que é colocado no redo log. Também, seria necessário ter o privilégio ALTER SYSTEM nesse banco de dados, para podermos forçar o arquivamento de um arquivo de registro. Finalmente, isso é mais fácil de fazer se o banco de dados estiver no modo de arquivamento de registro com o arquivamento automático. Dessa forma, será simples encontrar o arquivo de redo log (ele será o que acabamos de arquivar — veremos abaixo como descobrir isso). Se você estiver usando um banco de dados NOARCHIVELOGMODE, precisará encontrar o registro ativo e determinar qual arquivo de registro estava ativo antes dele. Assim, para gerar nossa transação de exemplo, poderíamos:

```
tkyte@TKYTE816> alter system archive log current;

System altered.

tkyte@TKYTE816> update emp set ename = lower(ename);

14 rows updated.
```

```
tkyte@TKYTE816> update dept set dname = lower(dname);

4 rows updated.

tkyte@TKYTE816> commit;

Commit complete.

tkyte@TKYTE816> alter system archive log current;

System altered.

tkyte@TKYTE816> column name format a80
tkyte@TKYTE816> select name
  2    from v$archived_log
  3   where completion_time = ( select max(completion_time)
  4                               from v$archived_log )
  5  /

NAME
-----------------------------------------------------------
C:\ORACLE\ORADATA\TKYTE816\ARCHIVE\TKYTE816T001S01267.ARC
```

Como somos o único usuário registrado que está trabalhando, o arquivamento de redo log que acabamos de gerar terá duas atualizações nele e nada mais. Essa última consulta em V$ARCHIVED_LOG mostra o nome do arquivo de redo log arquivado que realmente queremos analisar. Podemos carregá-lo em LogMiner e começar, usando a seguinte SQL, que acrescentará o último arquivo de redo log arquivado à lista de LogMiner e iniciará o LogMiner:

```
tkyte@TKYTE816> declare
  2      l_name v$archived_log.name%type;
  3  begin
  4
  5      select name into l_name
  6        from v$archived_log
  7       where completion_time = ( select max(completion_time)
  8                                   from v$archived_log );
  9
 10      sys.dbms_logmnr.add_logfile( l_name, sys.dbms_logmnr.NEW );
 11  end;
 12  /

PL/SQL procedure successfully completed.

tkyte@TKYTE816> begin
  2      sys.dbms_logmnr.start_logmnr
  3       ( dictFileName => 'c:\temp\miner_dictionary.dat' );
  4  end;
  5  /

PL/SQL procedure successfully completed.
```

A primeira chamada, a DBMS_LOGMNR.ADD_LOGFILE, carregou um arquivo de redo log arquivado no LogMiner. Passei em nome dele, assim como a opção de DBMS_LOGMNR.NEW. Como esse é o primeiro arquivo de registro que estou acrescentando, usei DBMS_LOGMNR.NEW. As outras opções são ADDFILE, para acrescentar outro arquivo de registro a uma lista de arquivos existentes, e REMOVEFILE, para desconsiderar um arquivo. Depois de carregarmos os arquivos de registro nos quais estamos interessados, podemos chamar DBMS_LOGMNR.START_LOGMNR e dizer a ele o nome do arquivo de dicionário que criamos. Usamos uma chamada mínima a START_LOGMNR, passando apenas o nome do arquivo de dicionário. Na próxima seção, sobre *Opções e uso*, veremos algumas das outras opções de START_LOGMNR.

Agora que carregamos um arquivo de registro e iniciamos o LogMiner, estamos prontos para ver pela primeira vez o conteúdo de V$LOGMNR_CONTENTS. V$LOGMNR_CONTENTS contém muitas informações, e por ora veremos uma pequena parte dos dados disponíveis. Especificamente, iremos investigar as colunas SCN, SQL_REDO e SQL_UNDO. No caso de você não estar familiarizado com ele, o SCN é um mecanismo simples de temporização que o Oracle usa para garantir a ordem de transações e capacitar a recuperação de uma falha. Ele também é usado para garantir a consistência de leitura e ponto de verificação no banco de dados. Pense em SCN como um marcador sempre que alguém compromete, o SCN é aumentado em um. Aqui está um exemplo de consulta do nosso exemplo acima, onde colocamos em minúsculas os nomes nas tabelas EMP e DEPT:

```
tkyte@TKYTE816> column sql_redo format a20 word_wrapped
tkyte@TKYTE816> column sql_undo format a20 word_wrapped

tkyte@TKYTE816> select scn, sql_redo, sql_undo from v$logmnr_contents
  2  /

        SCN  SQL_REDO              SQL_UNDO
-----------  --------------------  --------------------
6.4430E+12   set transaction read
             write;

6.4430E+12   update TKYTE.EMP set  update TKYTE.EMP set
             ENAME = 'smith'       ENAME = 'SMITH'
             where ROWID =         where ROWID =
             'AAAHdYAAGaAAAAJKAAA' 'AAAHdYAAGAAAAJKAAA'
             ;                     ;
6.4430E+12
6.4430E+12   update TKYTE.EMP set  update TKYTE.EMP set
             ENAME = 'allen'       ENAME = 'ALLEN'
             where ROWID =         where ROWID =
             'AAAHdYAAAGAAAAJKAAB' 'AAAHdYAAGAAAAJKAAB1
             ;                     ;

. . . (many similar rows snipped out) . . .
6.4430E+12   update TKYTE.DEPT     update TKYTE.DEPT
             set DNAME = 'sales'   set DNAME = 'SALES'
             where ROWID =         where ROWID =
             'AAAHdZAAGAAAAKKAAC'  'AAAHdZAAGAAAAKKAAC'
             ;                     ;

6.4430E+12   update TKYTE.DEPT     update TKYTE.DEPT
             set DNAME =           set DNAME =
             'operations' where    'OPERATIONS' where
             ROWID =               ROWID =
             'AAAHdZAAGAAAAKKAAD'  'AAAHdZAAGAAAAKKAAD'
             ;                     ;

6.4430E+12   commit;

22 rows selected.
```

Como você pode ver, nossas duas declarações SQL geraram muito mais que duas declarações SQL do redo log. O redo log contém os bits e bytes não SQL que foram mudados. Portanto, nossa declaração de múltiplas fileiras UPDATE EMP SET ENAME = LOWER(ENAME) é apresentada pelo LogMiner como uma série de fileiras únicas atualizadas. Atualmente, o LogMiner *não pode* ser usado para recuperar a SQL atual feita no tempo de execução. Ele só pode reproduzir a SQL equivalente, que faz a mesma coisa, só que em muitas declarações individuais.

Daremos um passo à frente com esse exemplo. A vista V$LOGMNR_CONTENTS tem colunas 'contentoras de lugar', que são úteis para encontrar atualizações de até cinco colunas em sua tabela. As colunas contentoras de lugar podem nos dizer o nome da coluna alterada e mostrar o valor 'antes' e 'depois' da coluna. Como essas colunas são quebradas a partir de SQL, seria muito fácil descobrir a transação que a coluna ENAME atualizou (o nome da coluna contentora de lugar poderia ter ENAME) a partir de KING (a imagem antes da coluna poderia ter KING nela) para king. Faremos outro rápido exemplo de UPDATE, e para demonstrar, iremos configurar o necessário mapeamento de arquivo da coluna. Este mapeamento (colmap, resumido) é usado para dizer a LogMiner quais colunas, por tabela, são do seu interesse. Podemos mapear até cinco colunas por tabela, para serem mapeadas nessas colunas contentoras de lugar. O formato de um arquivo colmap é simplesmente:

```
colmap = TKYTE DEPT (1, DEPTNO, 2, DNAME, 3, LOC);
colmap = TKYTE EMP (1, EMPNO, 2, ENAME, 3, JOB, 4 , MGR, 5, HIREDATE);
```

A coluna DEPT DEPTNO será mapeada na primeira coluna contentora de lugar quando estivermos buscando por uma fileira da tabela DEPT. A coluna EMP EMPNO será mapeada para essa coluna contentora de lugar quando estivermos procurando uma fileira EMP.

O arquivo de mapeamento de coluna, em geral, tem linhas que consistem do seguinte (itens em **negrito** são constantes, <sp> representam um único espaço, obrigatório):

colmap<sp>=<sp>OWNER<sp>TABLE_NAME<sp>(1,<sp>CNAME[,<sp>2,<sp>CNAME]...);

O estilo de tudo é importante — o OWNER precisa ser em maiúsculas, o nome da tabela precisa ter o estilo 'certo' (letra maiúscula normalmente é o estilo certo, a menos que você tenha usado aspas identificadoras para criar objetos). Os espaços também são obrigatórios. Para tornar o uso do mapeamento de arquivo de coluna um pouco mais fácil, uso um script como:

```
set linesize 500
set trimspool on
set feedback off
set heading off
set embedded on
spool logmnr.opt
select
    'colmap = ' || user || ' ' || table_name || ' (' ||
    max( decode( column_id, 1,         column_id , null ) ) ||
    max( decode( column_id, 1, ', '| |column_name, null ) ) ||
    max( decode( column_id, 2, ', '| |column_id , null ) ) ||
    max( decode( column_id, 2, ', '| |column_name, null ) ) ||
    max( decode( column_id, 3, ', '| |column_id , null ) ) ||
    max( decode( column_id, 3, ', '| |column_name, null ) ) ||
    max( decode( column_id, 4, ', '| |column_id , null ) ) ||
    max( decode( column_id, 4, ', '| |column_name, null ) ) ||
    max( decode( column_id, 5, ', '| |column_id , null ) ) ||
    max( decode( column_id, 5, ', '| |column_name, null ) ) || ');' colmap
  from user_tab_columns
group by user, table_name
/
spool off
```

em SQL*PLUS para gerar o arquivo logmnr.opt. Por exemplo, se eu executar esse script em um esquema que só contenha as tabelas EMP e DEPT da conta SCOTT/TIGER, verei:

```
tkyte@TKYTE816> @colmap
colmap = TKYTE DEPT (1, DEPTNO, 2, DNAME, 3, LOC);
colmap = TKYTE EMP (1, EMPNO, 2, ENAME, 3, JOB, 4, MGR, 5, HIREDATE);
```

Ele sempre pega as cinco primeiras colunas da tabela. Se você quiser um conjunto diferente de cinco colunas, simplesmente edite o arquivo resultante logmnr.opt que ele cria e muda os nomes de coluna. Por exemplo, a tabela EMP tem mais três colunas que não são mostradas no colmap acima — SAL, COMM e DEPTNO. Se você quisesse ver a coluna SAL em vez da coluna JOB, o colmap seria simplesmente:

```
tkyte@TKYTE816> @colmap
colmap = TKYTE DEPT (1, DEPTNO, 2 DNAME, 3, LOC);
colmap = TKYTE EMP (1, EMPNO, 2, ENAME, 3, SAL, 4, MGR, 5, HIREDATE);
```

Dominando Oracle: programação avançada

Importantes considerações sobre o arquivo colmap, além de sua necessidade de ter o estilo e espaço certos, são:

- ❏ O arquivo precisa ser nomeado logmnr.opt. Nenhum outro nome pode ser usado.
- ❏ Esse arquivo precisa estar *no mesmo diretório* que o seu arquivo de dicionário.
- ❏ Você *precisa estar usando um arquivo de dicionário* para usar o arquivo colmap.

Agora iremos modificar toda a coluna na tabela DEPT. Estou usando quatro UPDATEs diferentes, cada uma em uma fileira diferente e conjunto de colunas. Por isso é que veremos melhor o efeito das colunas contentoras de lugar:

```
tkyte@TKYTE816> alter system archive log current;

tkyte@TKYTE816> update dept set deptno = 11
  2    where deptno = 40
  3  /

tkyte@TKYTE816> update dept set dname = initcap(dname)
  2    where deptno = 10
  3  /

tkyte@TKYTE816> update dept set loc = initcap(loc)
  2    where deptno = 20
  3  /

tkyte@TKYTE816> update dept set dname = initcap(dname),
  2                             loc = initcap(loc)
  3    where deptno = 30
  4  /

tkyte@TKYTE816> commit;

tkyte@TKYTE816> alter system archive log current;
```

Podemos agora rever as mudanças, coluna por coluna, carregando o recém gerado arquivo de redo log de arquivamento e iniciando o LobMiner com a opção USE_COLMAP. Observe que gerei o arquivo logmnr.opt usando o script acima e coloquei aquele arquivo no mesmo diretório que o meu arquivo de dicionário:

```
tkyte@TKYTE816> declare
  2      l_name v$archived_log.name%type;
  3  begin
  4
  5      select name into l_name
  6        from v$archived_log
  7       where completion_time = ( select max(completion_time)
  8                                   from v$archived_log );
  9
 10      sys_dbms_logmnr.add_logfile( l_name, sys.dbms_logmnr.NEW );
 11  end;
 12  /

PL/SQL procedure successfully completed.

tkyte@TKYTE816> begin
  2      sys.dbms_logmnr.start_logmnr
  3      (   dictFileName => 'c:\temp\miner_dictionary.dat',
  4          options => sys.dbms_logmnr.USE_COLMAP );
  5  end/
  6  /

PL/SQL procedure successfully completed.
```

```
tkyte@TKYTE816> select scn, ph1_name, ph1_undo, ph1_redo,
  2                  ph2_name, ph2_undo, ph2_redo,
  3                  ph3_name, ph3_undo, ph3_redo
  4    from v$logmnr_contents
  5   where seg_name = 'DEPT'
  6  /
```

SCN	PH1_NA	PH1	PH1	PH2_N	PH2_UNDO	PH2_REDO	PH3	PH3_UNDO	PH3_REDO
6.4430E+12	DEPTNO	40	11						
6.4430e+12				DNAME	accounting	Accounting			
6.4430E+12							LOC	DALLAS	Dallas
6.4430E+12				DNAME	sales	Sales	LOC	CHICAGO	Chicago

A saída nos mostra claramente (por exemplo, da linha 1) que DEPTNO tinha um valor de imagem antes de 40 (PH1) e tornou-se 11. Faz sentido, visto que fizemos SET DEPTNO = 11 WHERE DEPTNO = 40. Observe que as colunas restantes naquela primeira fileira de saída são Null, porque os registros de Oracle mudaram apenas bytes; não há imagem antes/depois das colunas DNAME e LOC para aquela fileira. A segunda fileira mostra a atualização da coluna DNAME de accounting para Accounting, e nenhuma mudança em DEPTNO ou LOC, pois essas colunas não foram afetadas. A última fileira mostra que, quando modificamos duas colunas com nossa declaração UPDATE, ambas apareceram nas colunas contentoras de lugar.

Como se pode ver, usar as colunas contentoras de lugar pode ser muito conveniente, se você estiver tentando localizar uma transação específica em um grande conjunto de redo. Se você souber qual transação atualizou a tabela X e mudou a coluna Y de a para b, encontrar essa transação será 'moleza'.

Opções e uso

Existem dois pacotes que implementam a funcionalidade de LogMiner — DBMS_LOGMNR e DBMS_LOGMNR_D. O pacote DBMS_LOGMNR_D (o _D é de 'dicionário') tem nele exatamente um procedimento, que é BUILD. É usado para montar o dicionário de dados, utilizado pelo pacote DBMSLOGMNR ao carregar um arquivo de redo log. Ele irá mapear os IDs de objeto para nomes de tabela, determinar tipos de dados, mapear posições de colunas para nome de coluna e assim por diante. O uso da rotina DBMS_LOGMNR_D é muito direto. Ela toma dois parâmetros:

- ❑ DICTIONARY_FILENAME — O nome do arquivo de dicionário a ser criado. Em nossos exemplos temos usado o nome de arquivo miner_dictionary.dat.
- ❑ DICTIONARY_LOCATION — O caminho para onde esse arquivo será criado. Essa rotina usa UTL_FILE para criar o arquivo, portanto esse caminho precisa ser válido, como ajustado no parâmetro utl_file_dir init.ora. Veja a seção URL_FILE, mais adiante neste apêndice, para mais detalhes sobre a configuração de UTL_FILE.

Isto é tudo quanto a BUILD. Nenhum parâmetro é opcional, assim ambos precisam ser fornecidos. Se você receber um erro dessa rotina, semelhante a:

```
tkyte@TKYTE816> exec sys.dbms_logmnr_d.build( 'x.dat', 'c:\not_valid\' );
BEGIN sys.dbms_logmnr_d.build( 'x.dat', 'c:\not_valid\' ); END;

*
ERROR ar line 1:
ORA-01309: specified dictionary file cannot be opened
ORA-06510: PL/SQL: unhandled user-defined exception
ORA-06512: at "SYS.DBMS_LOGMNR_D", line 793
ORA-06512: at line 1
```

significará que o diretório que você está tentando usar não está configurado no parâmetro utl_file.dir init.ora.

O próprio pacote DBMS_LOGMNR tem apenas três rotinas:

- ❑ ADD_LOGFILE — Para registrar o conjunto de arquivos de registro a serem analisados.
- ❑ START_LOGMNR — Para preencher a vista V$LOGMNR_CONTENTS.
- ❑ END_LOGMNR — Para liberar todos os recursos alocados pelo processamento de LogMiner. Deve ser chamada antes de sair da sua sessão, para liberar claramente os recursos, ou quando você tiver terminado de usar LogMiner.

A rotina ADD_LOGFILE, como foi visto acima, é chamada antes de iniciar o LogMiner. Ela simplesmente monta uma lista de arquivos de registro que START_LOGMNR irá processar e preencher na vista V$LOGMNR_CONTENTS. As entradas para ADD_LOGFILE são:

- LOGFILENAME — O nome de arquivo completamente qualificado do arquivo de redo log arquivado que você deseja analisar.
- OPTIONS — Especifica como acrescentar (ou remover) esse arquivo. Usamos as constantes DBMS_LOGMNR:
  DBMS_LOGMNR.NEW — Inicia uma nova lista. Se já existe uma nova lista, essa a esvaziará
  DBMS_LOGMNR.ADD — Acrescenta a uma lista já iniciada ou vazia.
  DBMS_LOGMNR.REMOVEFILE — Remove um arquivo da lista.

Se quiséssemos analisar os dois últimos arquivos de redo log arquivados, chamaríamos ADD_LOGFILE duas vezes. Por exemplo:

```
tkyte@TKYTE816> declare
  2        l_cnt number default 0;
  3    begin
  4        for x in (select name
  5                        from v$archived_log
  6                        order by completion_time desc )
  7        loop
  8            l_cnt := l_cnt+1;
  9            exit when (l_cnt > 2 ;
 10
 11            sys.dbms_logmnr.add_logfile( x.name );
 12        end loop;
 13
 14        sys.dbms_logmnr.start_logmnr
 15        ( dictFileName => 'c:\temp\miner_dictionary.dat',
 16            options => sys.dbms_logmnr.USE_COLMAP );
 17    end;
 18    /

PL/SQL procedure successfully completed.
```

Dentro da mesma sessão, depois de termos iniciado o LogMiner, poderemos chamar ADD_LOGFILE para acrescentar mais arquivos de registro, remover aqueles não interessantes ou, se você usar DBMS_LOGMNR.NEW, reajustar a lista de arquivos de registro apenas para aquele novo arquivo. Chamar DBMS_LOGMNR.START_LOGMNR depois de fazer mudanças na lista irá efetivamente fluir a vista V$LOGMNR_CONTENTS e enchê-la novamente com o conteúdo dos arquivos de registro que estiverem na lista.

Indo para dentro de DBMS_LOGMNR.START_LOGMNR, veremos que temos muitas entradas. Nos exemplos acima, só usamos duas das seis disponíveis. Usamos o nome do arquivo de dicionário e as opções (para especificar que queríamos usar um arquivo colmap). Todas as entradas disponíveis são:

- STARTSCN e ENDSCN — Se você souber exatamente a faixa de número de mudança de sistema na qual estiver interessado, isso imporá limites para que as fileiras em V$LOGMNR_CONTENTS fiquem entre esses valores. É útil depois que você carrega um arquivo de registro completo e determina os SCNs superior e inferior nos quais está interessado. Você pode reiniciar o LogMiner com essa faixa, para diminuir o tamanho de V$LOGMNR_CONTENTS. Esses valores padronizam para 0, de forma que não são usados, por padrão.
- STARTTIME e ENDTIME — Em vez de usar o SCN, é possível oferecer uma faixa data/horário. Só as entradas de registro que caem entre o horário de início e fim serão visíveis na vista V$LOGMNR_CONTENTS. Esses valores serão ignorados se STARTSCN e ENDSCN forem usadas, e padroniza para 01-Jan-1988 e 01-Jan-2988.
- DICTFILENAME — O caminho totalmente qualificado para o arquivo de dicionário criado por DBMS_LOGMNR_D.BUILD.
- OPTIONS — Atualmente só há uma opção para DBMS_logmnr.start_logmnr: dbms_LOGMNR.USE_COLMAP. Ela direciona o LogMiner para buscar um arquivo logmnr.opt no mesmo diretório onde ele encontra o DICTFILENAME. É importante observar que o nome do arquivo colmap precisa ser logmnr.opt, e que ele precisa ficar no mesmo diretório que o arquivo de dicionário.

O último procedimento em DBMS_LOGMNR é a rotina DBMS_LOGMNR.END_LOGMNR. Encerra a sessão LogMiner e esvazia a vista V$LOGMNR_CONTENTS. Depois que você chama DBMS_LOGMNR.END_LOGMNR, qualquer tentativa de consultar a vista resultará em:

```
tkyte@TKYTE816> exec dbms_logmnr.end_logmnr;

PL/SQL procedure successfully completed.

tkyte@TKYTE816> select count(*) from v$logmnr_contents;
select count(*) from v$logmnr_contents
                     *
ERROR at line 1:
ORA-1306: dbms_logmnr.start_logmnr( ) must be invoked before selecting from
v$logmnr_contents
```

Como usar LogMiner para descobrir quando...

Esse é um dos usos mais comuns de LogMiner que já vi. Alguém 'acidentalmente' soltou uma tabela. Você gostaria de tê-la de volta ou apenas descobrir quem fez isso. Ou talvez alguém tenha atualizado uma tabela importante e você não sabe quem, mas ninguém se acusará. Nesse caso, algo aconteceu, você não tem o controle capacitado, mas tem estado executando no modo de registro arquivado e tem os backups. Você gostaria de restaurar seus backups e fazer uma recuperação de ponto no tempo, para *imediatamente* antes de DROP TABLE. Dessa forma, você pode restaurar e recuperar (e, portanto, não soltar novamente a tabela), e depois exportar essa tabela do banco de dados restaurado e importá-la no banco de dados certo. Isso permite que você restaure a tabela com todas as mudanças intactas.

Para fazê-lo, precisaremos da hora exata ou do SCN da DROP TABLE. Como os relógios não estão sincronizados e as pessoas provavelmente entraram em pânico, podem dar más informações, nesse caso. O que podemos fazer é carregar os arquivos de registro arquivados do horário em torno da DROP TABLE e encontrar o SCN exato do ponto que queremos recuperar.

Faremos aqui outro exemplo rápido para isolar as declarações que você poderia ver em LogMiner quando uma tabela é solta. Estou usando espaços de tabela localmente gerenciados, de forma que se você estiver usando espaços de tabela gerenciados por dicionário poderá ver mais SQL do que faço a seguir. Essa SQL extra que você vê com o espaço de tabela gerenciado por dicionário será a SQL executada para retornar as extensões de volta ao sistema e liberar o espaço alocado para a tabela. Vamos soltar a tabela:

```
tkyte@TKYTE816> alter system archive log current;

System altered.

tkyte@TKYTE816> drop table dept;

Table dropped.

tkyte@TKYTE816> alter system archive log current;

System altered.
```

Queremos agora localizar a SQL_REDO que representa a DROP TABLE. Se você recorda, a verdadeira SQL executada no tempo de execução não é reportada por LogMiner, é relatada a SQL equivalente. Não veremos uma declaração DROP TABLE — veremos modificações no dicionário de dados. O que estamos procurando será uma DELETE em SYS.OBJ$, que é a tabela base para conter todos os objetos. Parte de soltar uma tabela envolve apagar uma fileira de SYS.OBJ$. Felizmente, quando LogMiner monta a SQL_REDO para processar uma DELETE, ele inclui os valores de coluna na SQL, junto com o ID da fileira. Podemos usar esse fato para a DELETE de DEPT, a partir de OBJ$. Eis como:

```
tkyte@TKYTE816> declare
  2      l_name v$archived_log.name%type;
  3  begin
  4      select name into l_name
  5         from v$archived_log
```

```
     6      where completion_time = ( select max(completion_time)
     7                                  from v$archived_log );
     8
     9      sys.dbms_logmnr.add_logfile( l_name, sys.dbms_logmnr.NEW );
    10  end;
    11  /
```

PL/SQL procedure successfully completed.

```
tkyte@TKYTE816> begin
    2      sys.dbms_logmnr.start_logmnr
    3      (   dictFileName => 'c:\temp\miner_dictionary.dat',
    4          options => sys.dbms_logmnr.USE_COLMAP );
    5  end;
    6  /
```

PL/SQL procedure successfully completed.

```
tkyte@TKYTE816> select scn, sql_redo
    2  from v$logmnr_contents
    3  where sql_redo like 'delete from SYS.OBJ$ %' 'DEPT' '%'
    4  /

SCN            SQL_REDO
-------------- --------------------------------------------------
6442991097246  delete from SYS.OBJ$ where OBJ# = 30553
               and DATAOBJ# = 30553 and OWNER# = 337 an
               d NAME = 'DEPT' and NAMESPACE = ' and SU
               BNAME IS NULL and TYPE# = 2 and CTIME =
               TO_DATE('29-APR-2001 12:32>11', 'DD-MON-
               YYYY HH24:MI:SS') and MTIME = TO_DATE('2
               9-APR-2001 12:32:11', 'DD-MON-YYYY HH24:
               MI:SS') and STIME = TO_DATE('29-AAPR-2001
               12:32:11', 'DD-MON-YYYY HH24:MI:SS') an
               dSTATUS = 1 and REMOTEOWNER IS NULL and
               LINKNAME IS NULL and FLAGS = 0 and OID$
               IS NULL and SPARE1 = 6 and ROWID = 'AAA
               AASAABAAAFz3AAZ';
```

E isso é tudo. Agora que descobrimos que SCN era 6442991097246, podemos fazer uma recuperação de um ponto no tempo em qualquer lugar, para recuperar essa tabela e restaurá-la em nosso sistema. Podemos recuperá-la exatamente no ponto imediatamente anterior a quando foi solta.

Uso de PGA

O LogMiner usa a memória de PGA para realizar sua tarefa. Já mencionamos que isso implica que você não pode usar DBMS_LOGMNR com MTS. O que não vimos é quanto de memória PGA o LobMiner poderia usar, de fato.

Os arquivos de registro em meu sistema têm 100 MB cada um. Carreguei os dois para análise, medindo o uso de memória PGA antes e depois:

```
tkyte@TKYTE816> select a.name, b.value
    2  from v$statname a, v$mystat b
    3  where a.statistic# = b.statistic#
    4     and lower(a.name) like '%pga%'
    5  /

NAME                              VALUE
-------------------------------- --------
session pga memory                454768
session pga memory max            454768
```

```
tkyte@TKYTE816> declare
  2          l_name varchar2(255) default
  3                  'C:\oracle\ORADATA\tkyte816\archive\TKYTE816T001S012';
  4  begin
  5          for i in 49 .. 50
  6      loop
  7          sys.dbms_logmnr.add_logfile( l_name || i || '.ARC' );
  8      end loop;
  9
 10      sys.dbms_logmnr.start_logmnr
 11      (   dictFileName => 'c:\temp\miner_dictionary.dat',
 12          options => sys.dbms_logmnr.USE_COLMAP );
 13  end;
 14  /

PL/SQL procedure successfully completed.

tkyte@TKYTE816> select a.name, b.value
  2      from v$statname a, v$mydtat b
  3   where a.statistic# = b.statistic#
  4      and lower(a.name) like '%pga%'
  5  /

NAME                              VALUE
-----------------------------     --------
session pga memory                11748180
session pga memory max            11748180
```

Assim, 200 MB de redo log de arquivo estão atualmente ocupando cerca de 11,5 MB de memória PGA, o que significa que o redo arquivo foi 'afofado' na maior parte, ou que o Oracle não armazenou todo o arquivo de redo log em RAM. A resposta é que realmente o Oracle não armazenou todo o arquivo de redo log em RAM. Em vez disso ele o lê do disco, quando necessário. Apenas algumas informações são armazenadas em RAM.

Se consultarmos a vista V$LOGMNR_CONTENTS exatamente agora e medirmos a quantidade de memória de PGA em uso depois dessa operação, veremos que as exigências de memória aumentarão conforme a acessamos:

```
tkyte@TKYTE816> create table tmp_logmnr_contents unrecoverable
  2  as
  3  select * from v$logmnr_contents
  4  /
Table created.

tkyte@TKYTE816> select a.name, b.value
  2    from v$statname a, v$mystat b
  3   where a.statistic# = b.statistic#
  4      and lower(a.name) like '%pga%'
  5  /

NAME                              VALUE
-----------------------------     --------
session pga memory                19965696
session pga memory max            19965696
```

Como se pode ver, nossa sessão precisa agora de quase 20 MB de memória de PGA.

Limites de Log Miner

O LogMiner tem alguns sérios limites sobre os quais você deve estar ciente. São relativos ao uso de tipos de objeto e fileiras encadeadas de Oracle.

Tipos de objeto Oracle

Os tipos de objeto são, de certa forma, suportados por LogMiner, que não é capaz de remontar a SQL que você geralmente usaria para acessar tipos de objeto, nem de suportar todos os tipos de objeto. Um rápido exemplo demonstra melhor algumas das limitações nessa área. Começaremos com um pequeno esquema com tipos comuns de objeto, como VARRAYs e tabelas aninhadas nele:

```
tkyte@TKYE816> create or replace type myScalarType
  2    as object
  3    ( x int, y date, z varchar2(25) );
  4    /

Type created.

tkyte@TKYTE816> create or replace type myArrayType
  2    as varray(25) of myScalarType
  3    /

Type created.

tkyte@TKYTE816> create or replace type myTableType
  2    as table of myScalarType
  3    /

Type created.

tkyte@TKYTE816> drop table t;

Table dropped.

tkyte@TKYTE816> create table t ( a int, b myArrayType, c myTableType )
  2    nested table c store as c_tbl
  3    /

Table created.

tkyte@TKYTE816> begin
  2           sys.dbms_logmnr_d.build( 'miner_dictionary.dat',
  3                                    'c:\temp' );
  4    end;
  5    /

PL/SQL procedure successfully completed.

tkyte@TKYTE816> alter system switch logfile;

System altered.

tkyte@TKYTE816> insert into t values ( 1,
  2                myArrayType( myScalarType( 2, sysdate, 'hello' ) ),
  3                myTableType( myScalarType( 3, sysdate+1, 'GoodBye' ) )
  4                              );

1 row created.

tkyte@TKYTE816> alter system switch logfile;

System altered.
```

No exemplo anterior, criamos alguns tipos de objeto, acrescentamos uma tabela que usa esses tipos, reexportamos nosso dicionário de dados e, finalmente, fizemos alguma DML isolada nesse objeto. Agora estamos prontos para ver o que LogMiner é capaz de nos dizer sobre essas operações:

```
tkyte@TKYTE816> begin
  2     sys.dbms_logmnr.add_logfile( 'C:\oracle\rdbms\ARC00028.001',
  3                                  dbms_logmnr.NEW );
  4  end;
  5  /

PL/SQL procedure successfully completed.

tkyte@TKYTE816> begin
  2     sys.dbms_logmnr.start_logmnr
  3       ( dictFileName => 'c:\temp\miner_dictionary.dat' );
  4  end;
  5  /

PL/SQL procedure successfully completed.

tkyte@TKYTE816> select scn, sql_redo, sql_undo
  2  from v$logmnr_contents
  3  /
```

SCN	SQL_REDO	SQL_UNDO
824288		
824288		
824288		
824288	set transaction read write;	
924288	insert into TKYTE.C_TBL(NESTED_TABLE_ID,X,Y,Z) values (HEXTORAW('252cb5fad8784e2ca93eb432c2d35b7c'), 3, TO_DATE('23-JAN-2001 16:21:44', 'DD-MON-YYYY HH24:MI:ss'), 'GoodBye');	delete from TKYTE.C_TBL where NESTED_TABLE_ID = HEXTORAW('252cb5fad8784e2ca93eb432c2d35b7c') and X = 3 and Y = TO_DATE('23-JAN-2001 16:21:44', 'DD-MON-YYYY HH24:MI:SS') and Z = 'GoodBye' and ROWID = 'AAAFaqAADAAAAGzAAA';
824288		
824288		
824288		
824288	insert into TKYTE.T(A, B,SYS_NC0000300004$) values (1, Unsupported Type,HEXTORAW('252cb5fad8784e2ca93ab432c2d35b7c'));	delete from TKYTE.T where A = 1 and B = Unsupported Type and SYS_NC0000300004$ = HEXTORAW('252cb5fad8784e2ca93eb432c2d35b7c') and ROWID = 'AAAFapAADAAAARjAAA';

```
    824288

10 rows selected.
```

Como você pode ver, nossa única INSERT original:

```
tkyte@TKYTE816> insert into t values ( 1,
  2                  myArrayType( myScalarType) 2, sysdate, 'hello' ) ),
  3                  myTableType( myScalarType( 3, sysdate+1, 'GoodBye' ) )
  4
1 row created.
```

foi transformada em duas INSERTs. Uma para a tabela filho (a tabela aninhada), outra para a tabela pai T. O LogMiner não reproduz a INSERT única — a SQL equivalente foi produzida. Porém, quando observarmos mais de perto, veremos que na INSERT INTO T temos Unsupported Type como um dos valores da coluna. Voltando à INSERT original, podemos ver que o tipo não suportado é, de fato, a nossa VARRAY. O LogMiner não é capaz de reproduzir essa construção em especial.

Isso não tira *toda* a utilidade de LogMiner com relação a objetos. Ele evita que o usemos para desfazer ou refazer transações, pois não pode reproduzir fielmente a SQL necessária. No entanto, ainda podemos usá-lo para analisar tendências históricas, fazer auditoria etc. Talvez o mais interessante seja que ele nos dá a habilidade de ver como o Oracle implementa fisicamente, tipos de objeto por trás do pano. Por exemplo, veja a inserção em T:

```
insert into tkyte.t (a, b, SYS_NC0000300004$) values . . .
```

Está muito claro para nós o que são A e B. São as nossas colunas INT e MyArrayType (VARRAY). No entanto, onde está C e qual é essa coluna SYS_NC0000300004$? Bem, C é a nossa tabela aninhada, e tabelas aninhadas são fisicamente armazenadas como uma tabela pai/filho. C não está armazenada *em* T; ela está armazenada como uma tabela totalmente separada. A coluna SYS_NC0000300004$ é, na verdade, uma chave principal substituta em T, usada como chave principal em C_TBL — a tabela aninhada. Se olharmos para a INSERT na tabela aninhada:

```
insert into tkyte.c_tbl( nested_table_id, x, y, z ) values . . .
```

poderemos ver que a NESTED_TABLE_ID foi acrescentada à nossa tabela aninhada, e que essa coluna é usada para unir à coluna T.SYS_NC0000300004$. Além do mais, olhando para o valor que é colocado nessas duas colunas:

```
HEXTORAW( '252cb5fad8784e2ca93eb432c2d357c' )
```

podemos ver que o Oracle, por padrão, está usando um valor RAW de 16 bytes gerado pelo sistema para unir C_TBL a T. Portanto, através da análise de LogMiner, podemos entender melhor como os vários recursos em Oracle são implementados. Vimos aqui como um tipo de tabela aninhada nada mais é que uma tabela pai/filho com uma chave substituta na tabela pai e uma chave estrangeira na tabela filho.

Fileiras encadeadas ou migradas

Atualmente, o LogMiner não lida com fileiras encadeadas ou migradas. Uma fileira encadeada é a que se expande mais que um bloco Oracle. Uma fileira migrada é a que iniciou em um bloco quando ele foi inserido, mas devido a uma UPDATE, ficou muito grande para caber nesse bloco com as outras fileiras que estavam lá e foi 'movida' para um novo bloco. Uma fileira migrada retém o ID de sua fileira original — o bloco em que ela estava originalmente tem um indicador para a nova localização da fileira. Ela é um tipo especial de fileira encadeada. É uma fileira encadeada onde não serão encontrados dados no primeiro bloco — todos os dados serão encontrados no segundo bloco.

Para ver o que LobMiner faz com fileiras encadeadas, criaremos uma artificialmente. Começaremos com uma tabela com nove colunas CHAR(2000). Estou usando um bloco com 8 KB de tamanho para meu banco de dados, assim se todas as nove colunas tiverem valores, elas terão 18.000 bytes em tamanho, o que é muito grande para caber em um bloco. Essa fileira terá que ser encadeada em pelo menos três blocos. A tabela que usaremos para demonstrar essa limitação é como:

```
tkyte@TKYTE816> create table t ( x int primary key,
  2                          a char(2000),
  3                          b char(2000),
  4                          c char(2000),
  5                          d char(2000),
  6                          e char(2000),
  7                          f char(2000),
  8                          g char(2000),
  9                          h char(2000),
 10                          i char(2000),

Table created.
```

Para demonstrar o problema, iremos inserir uma fileira em T, com um valor apenas para a coluna X e a coluna A. O tamanho dessa fileira será de mais de 2.000 bytes. Como B, C, D etc são Null, não ocupam qualquer espaço. Essa fileira caberá em um bloco. Então, a atualizaremos e ofereceremos valores para B, C, D, e E. Visto que CHARs são sempre preenchidas em branco, isso levará o tamanho da fileira a aumentar de mais de 2.000 bytes para mais de 10.000 bytes, forçando-a a encadear em dois blocos. Depois atualizaremos cada coluna na fileira, aumentando-a para 18 KB, forçando-a a ocupar três blocos. Poderemos então depositar o redo com o LogMiner e ver o que ele faz :

```
tkyte@TKYTE816> begin
  2     sys.dbms_logmnr_d.build( 'miner_dictionary.dat';
  3                              'c:\temp' );
  4     end;
  5   /

PL/SL procedure successfully completed.

tkyte@TKYTE816> alter system archive log current;

System altered.

tkyte@TKYTE816> insert into t ( x, a ) values ( 1, 'non-chained ' );

1 row created.

tkyte@TKYTE816> commit;

Commit complete.

tkyte@TKYTE816> update t set a = 'chained row',
  2                  b = 'x', c = 'x',
  3                  d = 'x', e = 'x'
  4     where x = 1;

1 row updated.

tkyte@TKYTE816> commit;

Commit complete.

tkyte@TKYTE816> update t set a = 'chained row',
  2                  b = 'x', c = 'x',
  3                  d = 'x', e = 'x',
  4                  f = 'x', g = 'x',
  5                  h = 'x', i = 'x'
  6     where x = 1;
```

```
1 row updated.

tkyte@TKYTE816> commit;

Commit complete.

tkyte@TKYTE816> alter system archive log current;

System altered.
```

Agora que criamos o estilo exato que queremos analisar, podemos depositá-lo, através de LogMiner. Não se esqueça, precisamos *remontar* o arquivo de dicionário de dados depois de criar a tabela T, ou a saída será ilegível!

```
tkyte@TKYTE816> declare
  2       l_name v$archived_log.name%type;
  3  begin
  4
  5       select name into l_name
  6         from v$archived_log
  7        where completion_time = ( select max(completion_time)
  8                                    from v$archived_log );
  9
 10       sys.dbms_logmnr.add_logfile( l_name, dbms_logmnr.NEW );
 11  end;
 12  /

PL/SQL procedure successfully completed.

tkyte@TKYTE816> begin
  2       sys.dbms_logmnr.start_logmnr
  3       ( dictFileName => 'c:\temp\miner_dictionary.dat' );
  4  end;
  5  /

PL/SQL procedure successfully completed.

tkyte@TKYTE816> select scn, sql_redo, sql_undo
  2    from v$logmnr_contents
  3   where sql_redo is not null or sql_undo is not null
  4  /

           SCN   SQL_REDO                         SQL_UNDO
--------------   ------------------------         ------------------------
6442991118354    set transaction read write;
6442991118354    insert into TKYTE.T(X,A) va      delete from TKYTE.T where X
                 lues (1, 'non-chained            = 1 and A = 'non-chained
                          ');                              ' and ROWID
                                                  = 'AAAHdgAAGAAAACKAAA';
6442991118355    commit;
6442991118356    set transaction read write;
6442991118356    Unsupported (Chained Row)        Unsupported (Chained Row)
6442991118356    Unsupported (Chained Row)        Unsupported (Chained Row)
6442991118357    commit;
6442991118358    set transaction read write;
6442991118358    Unsupported (Chained Row)        Unsupported (Chained Row)
6442991118358    Unsupported (Chained Row)        Unsupported (Chained Row)
6442991118358    Unsupported (Chained Row)        Unsupported (Chained Row)
6442991118359    commit;

12 rows selected.
```

Como se pode ver, a INSERT original que fizemos foi reportada por LogMiner, como seria esperado. No entanto, UPDATE não é relatada por LogMiner, pois fez com que a fileira fosse encadeada. Ao invés, ele relata Unsupported (Chained Row). É interessante notar que ele relata duas vezes em nossa primeira UPDATE e três vezes na segunda — LogMiner está relatando mudanças por bloco de banco de dados. Se a sua fileira estiver em dois blocos, haverá duas entradas de mudanças em V$LOGMNR_CONTENTS. Se o seu bloco de banco de dados estiver em três blocos, haverá três entradas. Só é preciso ter ciência do fato que LogMiner não pode reproduzir fielmente a SQL para ações de refazer ou desfazer em fileiras encadeadas e migradas.

Outros limites

LogMiner tem algumas outras limitações, semelhantes à de acima. Além dela, atualmente ele não suporta:
- Análise de IOTs.
- Análise de tabelas e índices agrupados.

V$LOGMNR_CONTENTS

A tabela V$LOGMNR_CONTENTS contém uma fileira para cada mudança lógica no banco de dados, recuperada a partir dos arquivos de redo log processados. Já usamos essa vista muitas vezes, mas utilizamos uma pequena fração das colunas dentro dela. A tabela a seguir descreve todas as colunas disponíveis nessa vista, com uma descrição mais detalhada do que está disponível nelas, do que há na documentação de Oracle:

Coluna privada	Descrição
SCN	System Change Numbers associados à transação que fez essa mudança.
TIMESTAMP	Data quando o registro de redo foi gerado. Carimbos de horário não podem ser usados para inferir na organização de registros de redo. Como o SCN é designado por ocasião do comprometimento, só o SCN pode ser usado para inferir na ordem dos registros de redo. A ordem por carimbo de horário, em um sistema de múltiplos usuários, resultará em ordem errada.
THREAD#	Identifica a seqüência que gerou o registro de redo.
LOG_ID	Identifica o arquivo de registro na tabela V$LOGMNR_FILES que contém o registro de redo. Essa é uma chave estrangeira para a vista V$LOGMNR_FILES.
XIDUSN	**ID** de transação **(XID) U**ndo **S**egment **N**umber **(USN)**. O identificador de transação é construído de XIDUSN, XIDSLOT e XIDSQN, e usado para identificar a transação que tiver gerado a mudança. Esses três campos tomados juntos só identificam a transação.
XIDSLOT	Número de faixa de ID de transação. Identifica o número de entrada da tabela de transação.
XIDSQN	Número de seqüência do ID de transação.
RBASQN	Só identifica o registro que continha esse registro de redo, entre um grupo de registros de redo. Um **RBA** (**R**edo **B**lock **A**ddress) é composto de campos RBASQN, RBABLK e RBABYTE.
RBABLK	O número do bloco dentro do arquivo de registro.
RBABYTE	O espaço de byte dentro do bloco.
UBAFIL	Número de arquivo **UBA** (**U**ndo **B**lock **A**ddress) identificando o arquivo contendo o bloco de desfazer. O UBA é montado a partir de UBAFIL, UBABLK, UBASQN e UBAREC, e é usado para identificar o undo gerado para a mudança.
UBABLK	Número de bloco UBA.
UBAREC	Índice de registro UBA.
UBASQN	Número de seqüência de bloco undo UBA.
ABS_FILE#	Número absoluto de arquivo de bloco de dados. O ABS_FILE#, junto com REL_FILE#, DATA_BLOCK#, DATA_DOBJ, identifica o bloco alterado pela transação.
REL_FILES	Número de arquivo relativo a bloco de dados. O número de arquivo é relativo ao espaço de tabela do objeto.
DATA_BLOCK#	Número de bloco de dados.

Coluna privada	Descrição
DATA_OBJ#	Número de objeto de bloco de dados.
DATA_DOBJ#	Número de objeto de dados de bloco de dados identificando o objeto dentro do espaço de tabela.
SEG_OWNER	Nome do usuário possuindo o objeto.
SEG_NAME	Nome da estrutura para a qual o segmento foi alocado (em outras palavras, nome de tabela, nome de grupo etc). Tabelas particionadas terão um nome de segmento constituído de duas partes; o nome da tabela seguido por um nome de partição separado por vírgula (por exemplo, (TableName, PartitionName)).
SEG_TYPE	O tipo de segmento na forma numérica.
SEG_TYPE_NAME	O tipo de segmento em forma de string (em outras palavras, TABLE, INDEX etc). Só o tipo, TABLE, será suportado no lançamento inicial. Outros tipos de segmentos serão reportados como UNSUPPORTED.
TABLE_SPACE_NAME	Nome do espaço de tabela.
ROW_ID	ID de coluna.
SESSION#	Identifica a sessão que gerou o redo. Um valor Null será reportado se o número de sessão não estiver disponível do registro de redo.
SERIAL#	Número de série da sessão que gerou o redo. SESSION# e SERIAL# podem ser usadas para identificar unicamente a sessão Oracle. Um valor Null será reportado se o número de sessão não estiver disponível a partir de redo log.
USERNAME	Nome do usuário iniciando a operação que gerou o registro de redo. O nome de usuário será sempre Null se a opção de arquivo de controle não estiver capacitada. Esse controle é capacitado através do parâmetro init. ora TRANSACTION_AUDITING.
SESSION_INFO	String contendo o registro de nome de usuário, informações de cliente, nome de usuário do sistema operacional, nome da máquina, terminal do sistema operacional, PID do sistema operacional, nome de programa do sistema operacional.
ROLLBACK	Um valor de 1 (True) identifica operações e declarações SQL que foram geradas como resultado de uma solicitação de retorno, caso contrário, 0 (False).
OPERATION	Tipo de operação SQL. Só serão reportadas INSERT, DELETE, UPDATE, COMMIT e BEGIN_TRANSACTION. Todas as outras operações serão reportadas como UNSUPPORTED ou INTERNAL_OPERATION.
SQL_REDO, SQL_UNDO	As colunas SQL_REDO e SQL_UNDO contêm declarações compatíveis com SQL que representam as operações lógicas de redo e undo decodificadas de um ou mais gravações de registros arquivados. Um valor Null indica que nenhuma declaração SQL válida pode ser gerada para esse registro redo. Alguns registros redo não podem ser traduzidos. Nesse caso, SQL_REDO e SQL_UNDO serão Null, e a coluna STATUS conterá a string UNSUPPORTED.
RS_ID	RS_ID (Record Set ID) só identifica o conjunto de registros usado para gerar uma declaração SQL (um conjunto pode ser um único registro). Ele pode ser usado para determinar quando múltiplos registros geraram uma única declaração SQL. A RS_ID será idêntica para todos os registros no conjunto. A declaração SQL só irá aparecer na última fileira do conjunto de registro. As colunas SQL_REDO e SQL_UNDO de todas as outras fileiras, dentro do conjunto, serão Null. Note que o par RS_ID/SSN junto oferece um identificador SQL único para cada declaração SQL gerada (veja SSN).
SSN	O SSN (SQL Sequence Number) pode ser usado para identificar múltiplas fileiras, com declarações SQL_REDO válidas, geradas de um único registro redo (em outras palavras, inserções de arrays, carregamentos diretos). Todas essas fileiras terão o mesmo RS_ID, mas um único SSN. O SSN é um valor que aumenta, começando em 1, para cada novo RS_ID.
CSF	CSF (Continuation SQL Flag) ajustada para 1 (True) indica que um LogMiner gerou a declaração REDO_SQL ou que a declaração UNDO_SQL é maior que o tamanho máximo de VARCHAR2 (atualmente, 4.000 caracteres) de tipo de dados. As declarações SQL excedendo esse limite serão distribuídas por múltiplas fileiras. A seguinte entrada de fileira conterá o restante da declaração SQL. O par RS_ID, SSN será idêntico em todas as fileiras continuadas correspondentes à mesma declaração SQL. A última das fileiras continuadas terá CSF ajustada para 0 (False) para indicar o fim da continuação SQL.

Coluna privada	Descrição
STATUS	Indica a posição da tradução. O valor Null indica uma tradução bem sucedida, UNSUPPORTED indicará que essa versão de LogMiner não suporta a tradução SQL, READ_FAILURE indicará uma falha interna de sistema operacional ao ler do arquivo de registro, TRANSLATION_ ERROR indicará que o LobMiner foi incapaz de completar a tradução (pode ser devido a um registro corrompido ou um arquivo desatualizado de dicionário).
PH1_NAME	Nome de coluna Placeholder (contentora de lugar). As colunas contentoras de lugar são colunas genéricas que podem ser designadas para especificar colunas de tabela de bancos de dados, através de um arquivo de mapeamento opcional de LogMiner.
PH1_REDO	Valor redo de coluna contentora de lugar.
PH1_UNDO	Valor undo de coluna contentora de lugar.
PH2_NAME	Nome de coluna contentora de lugar.
PH2_REDO	Valor redo de coluna contentora de lugar.
PH2_UNDO	Valor undo de coluna contentora de lugar.
PH3_NAME	Nome de coluna contentora de lugar.
PH3_REDO	Valor redo de coluna contentora de lugar.
PH3_UNDO	Valor undo de coluna contentora de lugar.
PH4_NAME	Nome de coluna contentora de lugar.
PH4_REDO	Valor redo de coluna contentora de lugar.
PH4_UNDO	Valor undo de coluna contentora de lugar.
PH5_NAME	Nome de coluna contentora de lugar.
PH5_REDO	Valor redo de coluna contentora de lugar.
PH5_UNDO	Valor undo de coluna contentora de lugar.

Resumo

LogMiner não é uma ferramenta que você usará todo dia — não posso prever qualquer aplicativo que realmente o usaria como parte de seu processamento. Porém, é uma maneira fácil de ver o que o banco de dados faz, e uma excelente ferramenta de exploração, nesse aspecto. Vimos como o LogMiner pode ser útil para descobrir 'quem fez o que e quando', depois do fato — é o uso de LogMiner que vi com mais freqüência que outros. Você tem um programa errante que está fazendo algo que não devia, ou tem uma pessoa privilegiada fazendo coisas que não deveria (e não tendo autoridade para fazer). Se o controle não estava ativado, você não tem outra maneira de voltar no tempo e ver o que aconteceu. Em uma pincelada, essa ferramenta também pode ser usada para desfazer uma transação errante, visto que oferece as declarações SQL UNDO e REDO. Geralmente você descobre que LogMiner é uma boa ferramenta 'dissimulada'. Ela não estaria na lista das dez mais de procedimentos executados, mas quando você precisa, é bom saber que está lá.

DBMS_OBFUSCATION _TOOLKIT

Nesta seção, daremos uma olhada na criptografia de dados. Discutiremos o pacote DBMS_OBFUSCATION_TOOLKIT fornecido por Oracle 8.1.6 e 8.1.7. Veremos outra implementação (um envoltório) que poderia ser colocada sobre esse pacote, aumentando sua funcionalidade. Discutiremos algumas das advertências ao uso desse pacote e, talvez mais importante, tocaremos no assunto de gerenciamento chave.

No Oracle 8.1.6 foram introduzidos os pacotes de banco de dados para criptografia, aperfeiçoados para o Oracle 8.1.7, para incluir suporte mais amplo, variando entre criptografia de tamanhos chave e resíduo MD5. No Oracle 8.1.6 é oferecido o suporte para criptografia **DES** (Criptografia Padrão de Dados) usando uma chave de 56 bits, permitindo o uso de chaves de 56, 112 ou 168 bits. DES é implementada usando uma **cifra de chave simétrica**, o que significa, simplesmente, que a mesma chave usada para criptografar dados é usada para decifrar dados. DES criptografa dados em blocos de 64 bits (8 bytes) usando uma chave de 56 bits. Veremos abaixo como esses 8 bytes nos afetam ao usar as rotinas de criptografia. O algoritmo DES ignora 8 bits da chave de 64 bits fornecida. No entanto, os desenvolvedores precisar fornecer uma chave de 64 bits (8 bytes) ao algoritmo. O DES triplo (**3DES**) é, de longe, uma cifra mais potente do que DES. Os dados criptografados resultantes são muito mais difíceis de romper usando uma busca exaustiva. Seriam necessárias 2 de 112 tentativas usando duas chaves (chave de 16 bytes) 3DES, ou 2 de 168 tentativas usando três chaves (chave de 24 bytes) de 3DES, em oposto a 2 de 56 tentativas com a chave única DES.

Citando o resumo de execução de **rfc1321** (para uma descrição completa de rfc1321, o web site é http://www.ief.org/rfc.html), o novo MD5:

> ... toma como entrada uma mensagem de comprimento arbitrário e produz como saída uma "impressão digital" de 128 bits, ou "mensagem sintetizada" da entrada. Sua conjuntura torna computacionalmente impossível produzir duas mensagens com a mesma síntese de mensagem ou qualquer mensagem tendo determinada mensagem sintetizada alvo pré-especificada. O algoritmo MD5 é destinado à assinatura digital de aplicativos, onde um grande arquivo precisa ser "compactado" de maneira segura antes de ser criptografado com uma chave privada (secreta), sob um sistema criptografado de chave pública, como RSA.

Em essência, MD5 é uma maneira de verificar a integridade de dados, muito mais confiável do que checksum e vários outros métodos comumente usados.

Para executar os exemplos DES3 e MD5 abaixo, você precisará de acesso a um banco de dados Oracle 8.1.7. Os exemplos DES requerem o uso de Oracle 8.1.6 ou superior.

As rotinas de criptografia e MD5 têm as seguintes restrições, que as tornam um pouco desajeitadas de usar 'fora da caixa' no pacote DBMS_OBFUSCATION_TOOLKIT. São elas:

- ❑ Os dados sendo criptografados precisam ter um comprimento igualmente divisível por 8. Um campo VARCHAR2 de 9 bytes, por exemplo, precisa ser preenchido para 16 bytes. Qualquer tentativa de criptografar e decifrar uma parte de dados que não tenha um comprimento igualmente divisível por 8 irá falhar, com um erro.

- A chave usada para criptografar os dados precisa ter 8 bytes de comprimento para DESEncrypt, e 16 ou 24 bytes para DES3Decrypt.
- Há diferentes rotinas a serem chamadas, dependendo se você está usando criptografia de 56 bits (DESENCRYPT e DESDECRYPT) contra criptografia de 112/168 bits (DES3ENCRYPT e DES3DECRYPT). Pessoalmente, acho melhor ter um conjunto de rotinas para todos os três.
- As rotinas de criptografia em Oracle 8.1.6 são procedimentos, portanto não se pode chamá-las de SQL (procedimentos não podem ser chamados de SQL).
- As rotinas de criptografia 'fora da caixa' suportam criptografia de até 32 KB de dados. Elas não criptografam/ decifram LOBs.
- As rotinas de criptografia em Oracle 8.1.7 incluem funções. No entanto, essas funções são sobrecarregadas de tal maneira (veja o exemplo abaixo), que também não se tornam passíveis de serem chamadas de SQL.
- As rotinas MD5, da mesma forma, são sobrecarregadas de tal maneira que também não podem ser chamadas de SQL.

Acredito que a primeira restrição, aquela que o comprimento dos dados precisa ser um múltiplo de 8, é a mais difícil de satisfazer em um aplicativo. Geralmente tenho apenas alguns dados, como uma quantia de salário ou alguns outros dados sensíveis, e quero criptografá-los. Na verdade, não quero me preocupar em garantir que eles tenham múltiplos de 8 bytes de comprimento. Felizmente, podemos implementar facilmente nosso pacote envoltório de criptografia para ocultar esse e a maioria de todos os outros problemas. Mas, o fato da chave precisar ter 8, 16 ou 24 bytes de comprimento é algo que você mesmo precisa fazer.

O que pretendo fazer aqui é criar um pacote envoltório, que possa ser instalado em 8.1.6 e versões posteriores, que ofereça suporte a toda a funcionalidade de criptografia e acrescente suporte a:
- Chamar as funções a partir de SQL
- Chamadas de função única, independente do comprimento de chave
- Criptografar/decifrar LOBs chamados de ambos, PL/SQL e SQL
- Instalação bem sucedida, independente de qual versão do banco de dados (8.1.6 ou 8.1.7) que você esteja usando. Isto é, não é dependente de suporte DES3Encrypt/Decrypt e MD5.

O envoltório

Começaremos com a especificação do pacote. Definiremos um API que oferece funções para criptografar e decifrar dados VARCHAR, RAW, BLOB e CLOB. O algoritmo usado (chave única DES ou 3DES, com chaves de 16 ou 24 bytes) será escolhido com base no comprimento da chave. Em nossa API, o comprimento da chave que você envia implica no algoritmo.

A API é configurada para que a chave possa ser passada com cada chamada ou, opcionalmente, possa ser ajustada para o pacote, chamando SETKEY. A vantagem de usar SETKEY é que determinada quantidade de trabalho precisa ser feita para ver o comprimento da chave e descobrir qual algoritmo usar. Se você ajustar a chave uma vez e chamar as rotinas muitas vezes, pode evitar realizar esse trabalho iterativo repetidamente. Outro detalhe sobre a chave que precisamos usar é que, se você estiver trabalhando com dados RAW ou BLOB, precisará usar a chave RAW. Se quiser usar VARCHAR como chave para dados RAW/BLOB, precisará classificá-lo para ser um RAW usando o pacote UTL_RAW, discutido em uma seção posterior deste apêndice. Por outro lado, se você estiver trabalhando com dados VARCHAR2 e CLOB, a chave precisará ser VARCHAR2.

Além de oferecer uma camada sobre a criptografia, o pacote oferece acesso às rotinas MD5 CHECKSUM, se instaladas (versão 8.1.7 e superior).

Esse pacote envoltório acrescenta um par de novos erros possíveis ao conjunto documentado de erros, DBMS_OBFUSCATION_TOOLKIT (que esse pacote simplesmente propagará). Os seguintes 'novos' erros só ocorrerão ao usar a versão 8.1.6:
- PLS-00302: componente 'MD5' must be declared
- PLS-00302: component 'DES3ENCRYPT' must be declared
- PLS-00302: component 'THREEKEYMODE' must be declared

Você obterá esses erros se tentar usar a funcionalidade 8.1.7 de criptografia DES3 ou residual MD5, no banco de dados 8.1.6.

Aqui está a nossa especificação de pacote envoltório sugerido. A explicação dos procedimentos e funções está relacionada abaixo, depois do código:

```
create or replace package crypt_pkg
as

function encryptString(    p_data in varchar2,
                           p_key in varchar2 default NULL ) return varchar2;
function decryptString(    p_data in varchar2,
                           p_key in varchar2 default NULL ) return varchar2;

function encryptRaw( p_data in raw, p_key in raw default NULL ) return raw;
function decryptRaw( p_data in raw, p_key in raw default NULL ) return raw;

function encryptLob(    p_data in clob,
                        p_key in varchar2 default NULL ) return clob;
function encryptLob(    p_data in blob,
                        p_key in raw default NULL ) return blob;
function decryptLob(    p_data in clob,
                        p_key in varchar2 default NULL ) return clob;
function decryptLob(    p_data in blob,
                        p_key in raw default NULL ) return blob;

subtype checksum_str is varchar2(16);
subtype checksum_raw is raw(16);

function md5str( p_data in varchar2 ) return checksum_str;
function md5raw( p_data in raw ) return checksum_raw;
function md5lob( p_data in clob) return checksum_str;
function md5lob( p_data in blob ) return checksum_raw;

procedure setKey( _key in varchar2 );

end;
/
```

As funções ENCRYPTSTRING e DECRYPTSTRING são usadas para criptografar/decifrar quaisquer dados STRING, DATE ou NUMBER até 32 KB em tamanho. 32 KB é o tamanho máximo de uma variável PL/SQL e é consideravelmente maior do que o tamanho máximo que pode ser armazenado em uma tabela de banco de dados, onde o limite é de 4.000 bytes. Essas funções podem ser chamadas diretamente de SQL, assim você será capaz de criptografar dados em um banco de dados, usando uma declaração INSERT ou UPDATE e recuperar dados decifrados usando uma simples SELECT. O parâmetro KEY é opcional. Se você tiver ajustado uma chave através do procedimento SETKEY, não será preciso passá-la em todas as chamadas.

Em seguida temos ENCRYPTRAW e DECRYPTRAW. Essas funções são para o tipo de dados RAW o que as duas funções anteriores são para VARCHAR2s. Observe como, propositadamente, evitamos a função sobrecarregando as rotinas de criptografar/decifrar para dados RAW e VARCHAR2, nomeando-as diferentemente. Fizemos isso devido a:

```
tkyte@TKYTE816> create or replace package overloaded
  2  as
  3          function foo( x in varchar2 ) return number;
  4          function foo( x in raw ) return number;
  5  end;
  6  /

Package created.

tkyte@TKYTE816> select overloaded.foo( 'hello' ) from dual;
select overloaded.foo( 'hello' ) from dual
                  *
ERROR at line 1:
ORA-06553: PLS-307: too many declarations of 'FOO' match this call
```

```
tkyte@TKYTE816> select overloaded.foo( hextoraw( 'aa' ) ) from dual;
select overloaded.foo( hextoraw( 'aa' ) ) from dual
                 *
ERROR at line 1:
ORA-06553: PLS=307: too many declarations of 'FOO' match this call
```

O banco de dados não distingue entre RAW e VARCHAR2 na assinatura da função sobrecarregada. Não teríamos como chamar essas funções de SQL. Mesmo se usássemos diferentes nomes de parâmetro para as entradas dessas rotinas (como atualmente DBMS_OBFUSCATION_TOOLKIT faz), elas não poderiam ser *chamadas* de SQL, pois a notação de parâmetro nomeado não pode ser *usada* em SQL. A única solução viável para esse quebra-cabeça é usar funções com nomes únicos para identificar a rotina que realmente quisermos.

Em seguida temos as funções ENCRYPTLOB e DECRYPTLOB, que são funções sobrecarregadas, destinadas a trabalhar com CLOBs ou com BLOBs. O Oracle é capaz de sobrecarregar com sucesso, com base nesses tipos, portanto obteremos benefícios desse fato. Como estamos limitados a criptografar no máximo 32 KB de dados pela rotina DBMS_OBFUSCATION_TOOLKIT, essas APIs de envoltório implementarão um algoritmo que criptografa punhados de 32 KB de um LOB. O LOB resultante será uma série de punhados de dados de 32 KB criptografados. O envoltório de decifrar que implementamos entenderá como os dados foram empacotados pelas rotinas de criptografia de LOB e decifrará as partes para nós, reunindo-as de volta em nosso LOB original.

Em seguida, temos as rotinas para os MD5 CHECKSUM. Para definir melhor o que essas rotinas retornam, configuramos os subtipos:

```
subtype checksum_str is varchar2(16);
subtype checksum_raw is raw(16);
```

e definimos nossas rotinas para retornar esses tipos. Você mesmo pode declarar variáveis desse tipo:

```
tkyte@TKYTE816> declare
  2      checksum_variable      crypt_pkg.checksum_str;
  3  begin
  4      null;
  5  end;
  6  /

PL/SQL procedure successfully completed.
```

Isso evita que você tenha que adivinhar o quanto os tipos de retorno checksum são grandes. Oferecemos quatro rotinas de dados CHECKSUM diferentes, uma para cada VARCHAR2 (inclui os tipos DATE e NUMBER), RAW, CLOB e BLOB. Deve-se notar que o MD5 checksum só será computado nos primeiros 32 KB dos dados CLOB ou BLOB, pois essa é a maior variável PL/SQL com que podemos trabalhar.

A implementação do pacote, abaixo, não apenas nos dará uma maior facilidade de usar o pacote de criptografia, como nos mostrará um par de conceitos úteis. Primeiro, ele mostra como você pode criar facilmente sua própria camada de envoltório para oferecer uma interface mais personalizada aos pacotes de banco de dados. Nesse caso, estamos trabalhando em torno de algumas determinadas limitações do pacote DBMS_OBFUSCATION_TOOLKIT. Em segundo lugar, ele mostra um método para desenvolver um pacote que é protegido de aperfeiçoamentos nos pacotes fornecidos pelo banco de dados. Gostaríamos de oferecer um único pacote de envoltório que funcionasse tanto em 8.1.6 quanto em 8.1.7, mas que dê acesso total à funcionalidade 8.1.7. Se usássemos SQL estática para acessar as rotinas DESENCRYPT, DES3DECRYPT e MD5, precisaríamos de um pacote diferente para 8.1.6, pois as funções MD5 e DES3 não existem em 8.1.6. A chamada dinâmica que usaremos abaixo nos permite desenvolver um pacote que pode ser usado por ambas as versões do banco de dados. Também reduz a quantidade de código que precisa ser escrito.

Eis a implementação do CRYPT_PKG com explicações do que está acontecendo, entremeadas com o código:

```
create or replace package body crypt_pkg
as
- - package globals
g_charkey           varchar2(48);
g_stringFunction    varchar2(1);
g_rawFunction       varchar2(1);
```

```
    g_stringWhich          varchar2(75);
    g_rawWhich             varchar2(75);
    g_chunkSize            CONSTANT number default 32000;
```

O pacote começa com algumas variáveis globais:

- ❑ G_CHARKEY — Armazena a chave RAW ou VARCHAR2 para uso das rotinas de criptografia. Ela tem 48 bytes de comprimento para suportar conter uma chave RAW de 24 bytes (que terá o dobro de comprimento, devido à conversão hexadecimal causada pela colocação de uma string RAW na variável VARCHAR2).
- ❑ G_STRINGFUNCTION e G_RAWFUNCTION — Contém Null ou a string '3' depois de uma chamada a SETKEY. Acrescentaremos dinamicamente essa string ao nome de rotina no tempo de execução, para executarmos DESENCRYPT ou DES3ENCRYPT, dependendo do tamanho de chave. Em resumo, isso é usado para montar o nome apropriado de função que precisamos chamar.
- ❑ G_STRINGWHICH e G_RAWWHICH — Usadas apenas com DES3EN/DECRYPT. Acrescenta o quarto parâmetro opcional para formar 3 modos chave, ao fazer 3DES no modo de 3 chaves. Enquanto a string de variáveis de função acima nos diz como chamar DESENCRYPT ou DES3ENCRYPT, isto nos diz qual o valor que precisamos passar para o modo de chave (duas ou três chaves).
- ❑ G_CHUNKSIZE — Uma constante que controla o tamanho do punhado LOB irá criptografar/decifrar. Também controla a quantidade máxima de dados enviados às rotinas MD5 checksum ao trabalhar com LOBs. É *crucial* que esse número seja um múltiplo de 8 — a implementação abaixo conta com isso!

Prosseguindo, temos seis pequenas rotinas 'privadas' para implementar. Elas são funções auxiliares usadas por outras rotinas no pacote:

```
    function padstr( p_str in varchar2 ) return varchar2
    as
            l_len number default length(p_str);
    begin
            return to_char(l_len, 'fm00000009') ||
                    rpad(p_str, ( trunc(l_len/8)+sign(mod(l_len,8)) )*8, char(0));
    end;

    function padraw( p_raw in raw ) return raw
    as
            l_len number default utl_raw.length(p_raw);
    begin
            return utl_raw.concat(  utl_raw.cast_to_raw(to_char(l_len,'fm00000009')),
                                    p_raw,
                                    utl_raw.cast_to_raw( rpad(char(0),
                                    (8-mod(l_len,8))*sign(mod(l_len,8)),
                                    chr(0))));
    end;
```

Se você recorda da descrição do algoritmo de criptografia DES, foi declarado que '*DES criptografa dados em blocos de 64 bits (8 bytes)*...' Um efeito colateral disso é que o pacote DBMS_OBFUSCATION_TOOLKIT *só* trabalha com dados cujo comprimento seja múltiplo de 8. Se você tiver uma string com 7 bytes de comprimento, ela precisará ser preenchida para 8 bytes. Uma string de 9 bytes precisará ser preenchida para 16 bytes. As duas rotinas acima codificam e preenchem strings e dados RAW. Codificam a string ou Raw, colocando o comprimento original na própria string/RAW. Depois, preenchem a string com zeros binários (CHR(0)), para torná-la um múltiplo de 8 bytes de comprimento. Por exemplo, a string Hello World será codificada como:

```
tkyte@TKYTE816> select length(padstr), padstr, dump(padstr) dump
  2     from
  3     (   select  to_char(l_len,'fm00000009') ||
  4                 rpad(p_str,
  5                 (trunc(l_len/8)+sign(mod(l_len,8)) )*8,
  6                 chr(0)) padstr
  7         from ( select length( 'Hello World' ) l_len,
  8                 'Hello World' p_str
  9                 from dual
 10         )
```

```
 11          )
 12      /
```

```
LENGTH(PADSTR)    PADSTR                          DUMP
--------------    ---------------------           --------------------
            24    0000001Hello World              Typ=1 Len=24: 48, 48, 48, 48, 48, 4
                                                  8, 49, 49, 72, 101, 108, 108, 111, 32,
                                                  87, 111, 114, 108, 100, 0, 0, 0, 0, 0
```

O comprimento final da string codificada é de 24 bytes (LENGTH (PADSDTR)) e o comprimento original era 11 (o que é visível nos primeiros 8 caracteres da coluna PADSTR). Olhando para a coluna DUMP, que mostra os valores ASCII dos bytes na string, podemos ver que ela termina com cinco zeros binários. Tivemos que preencher 5 bytes para tornar a string Hello World de 11 bytes um múltiplo de 8. Em seguida, temos as rotinas que 'desfazem' o preenchimento acima:

```
function unpadstr( p_str in varchar2 ) return varchar2
is
begin
   return substr( p_str, 9, to_number(substr(p_str,1,8)) );
end;

function unpadraw( p_raw in raw ) return raw
is
begin
   return utl_raw.substr( p_raw, 9,
           to_number( utl_raw.cast_to_varchar2(utl_raw.substr(p_raw,1,8)) ) );
end;
```

Elas são bem diretas. Supõem que os primeiros 8 bytes da string, ou RAW, são o comprimento original da string, e retornam adequadamente a SUBSTR desses dados decodificados.

Continuando, temos a última de nossas rotinas auxiliares internas:

```
procedure wa( p_clob in out clob, p_buffer in varchar2 )
is
begin
   dbms_lob.writeappend(p_clob,length(p_buffer),p_buffer);
end;

procedure wa( p_blob in out blob, p_buffer in raw )
is
begin
   dbms_log.writeappend(p_blob,utl_raw.length(p_buffer),p_buffer);
end;
```

Elas simplesmente facilitam chamar DBMS_LOB.WRITEAPPEND, encurtando o nome para WA e passando no comprimento do buffer para escrever para nós, o que em nosso caso é sempre o comprimento atual do buffer.

Agora, chegamos à nossa primeira rotina SETKEY, chamada externamente:

```
procedure setKey( p_key in varchar2 )
as
begin
   if ( g_charkey = p_key OR p_key is NULL ) then
           return;
   end if;
   g_charkey := p_key;

   if ( length(g_charkey) not in ( 8, 16, 24, 16, 32, 48 ) )
   then
        raise_application_error( -20001,
                         'Key must be 8, 16 or 24 bytes' );
   end if;
```

```
    select decode(length(g_charkey),8,' ','3'),
           decode(length(g_charkey),8,' ',16,' ',
                  24,',which=>dbms_obfuscation_toolkit.ThreeKeyMode'),
           decode(length(g_charkey),16,'','3'),
           decode(length(g_charkey),16,' ',32,' ',
                  48,',which=>dbms_obfuscation_toolkit.ThreeKeyMode')
      into g_stringFunction, g_stringWhich, g_rawFunction, g_rawWhich
      from dual;
end;
```

Essa rotina é usada se você a chamar ou não. As restantes rotinas passíveis de serem chamadas externamente, abaixo, podem chamar SETKEY independente de você fazê-lo ou não. Essa rotina irá comparar sua chave P_KEY àquela na variável global G_CHARKEY. Se elas se compararem, ou nenhuma chave for oferecida, ela simplesmente retorna, por não ter trabalho a fazer. Porém, se P_KEY for diferente de G_CHARKEY, a rotina prosseguirá. A primeira coisa que ela faz é uma verificação de limpeza, para ver se a chave é um múltiplo válido de 8. A chave precisa ter 8, 16 ou 24 bytes de comprimento. Como essa rotina pode ser passada a dados RAW, que leva cada byte a ser expandido para um código hexadecimal de 2 bytes, 16, 32 e 48 também são comprimentos válidos. No entanto, essa verificação não garante completamente que elas funcionarão. Por exemplo, você poderia enviar uma chave RAW de 4 bytes, que para nós pareceria de 8 bytes. Nesse caso, obterá mais tarde um erro de tempo de execução de DBMS_OBFUSCATION_TOOLKIT.

A SELECT com uma DECODE é uma utilização para configurar as variáveis globais restantes. Como nesse ponto não podemos dizer qual a diferença entre a string RAW e a VARCHAR2, configuramos todas as quatro variáveis possíveis. O ponto chave a notar sobre essa peça de código é que, se o comprimento da chave for de 8 bytes (16 bytes quando RAW), a variável FUNCTION será ajustada para uma string Null. Se o comprimento chave for 16 ou 24 bytes (32 ou 48 bytes quando RAW), a variável FUNCTION será ajustada para a string '3'. Isso é o que nos levará a chamar DESENCRYPT ou DES3Encrypt mais tarde. Outra coisa a observar aqui é a configuração da variável global WHICH, usada para ajustar o parâmetro opcional para a rotina DES3ENCRYPT. Se o comprimento chave for de 8 ou 16 bytes (16 ou 32 bytes RAW), ajustamos essa string para Null — não passamos um parâmetro. Se o comprimento chave for de 24 bytes (48 bytes RAW), ajustamos essa string para passar THREEKEYMODE para as rotinas ENCRYPT/DECRYPT, para instruí-las a usar essa chave maior.

Agora estamos prontos para ver as funções que fazem o verdadeiro trabalho para nós:

```
function encryptString(   p_data in varchar2,
                          p_key in varchar2 default NULL ) return varchar2
as
   l_encrypted long;
begin
   setkey(p_key);
   execute immediate
    'begin
        dbms_obfuscation_toolkit.des' || g_StringFunction || 'encrypt
        ( input_string => :1, key_string   => :2, encrypted_string => :3' ||
        g_stringWhich || ' );
    end;'
   using IN padstr(p_data), IN g_charkey, IN OUT l_encrypted;

   return l_encrypted;
end;

function encryptRaw(   p_data in raw,
                       p_key in raw default NULL ) return raw
as
   l_encrypted long raw;
begin
   setkey(p_key);
   execute immediate
    'begin
        dbms_obfuscation_toolkit.des' || g_RawFunction || 'encrypt
        ( input => :1, key => :2, encrypted_data => :3' ||
        g_rawWhich || ' );
```

```
      end;'
      using IN padraw( p_data ), IN hextoraw(g_charkey), IN OUT l_encrypted;

      return l_encrypted;
    end;
```

As funções ENCRYPTSTRING e ENCRYPTRAW funcionam de maneira similar. Ambas chamam *dinamicamente* DESENCRYPT ou DES3ENCRYPT. Essa chamada dinâmica não apenas reduz a quantidade de código que precisamos escrever, como evita a IF THEN ELSE que precisaríamos usar para chamar estaticamente qualquer das rotinas; também faz com que o pacote possa ser instalado sem mudanças em 8.1.6 ou 8.1.7. Como não referimos estaticamente DBMS_OBFUSCATION_TOOLKIT, podemos compilar em qualquer das versões. Essa chamada dinâmica é uma técnica útil sempre que você não tiver certeza quando ao que pode ou não ser instalado no banco de dados. Eu a usei no passado, ao escrever rotinas de utilitário que precisavam ser instaladas em 7.3, 8.0 e 8.1. Com o tempo, foi acrescentada funcionalidade adicional aos pacotes principais, e quando o código estava executando em 8.1 queríamos obter vantagem dele. Quando executávamos em 7.3, o código ainda funcionava; ele apenas não usufruía a funcionalidade mais recente. O mesmo conceito se aplica aqui. Quando instalado em um banco de dados 8.1.7, o código acima pode, e irá, chamar DES3ENCRYPT. Quando instalado em 8.1.6, qualquer tentativa de chamar DES3ENCRYPT resultará num erro de tempo de execução (em vez de preveni-lo a partir da instalação desse pacote). As chamadas a DESENCRYPT funcionarão como esperado em 8.1.6.

Essas funções funcionam simplesmente criando uma string dinâmica usando FUNCTION e WHICH que ajustamos na rotina SETKEY. Acrescentaremos ou não o número 3 ao nome de procedimento. Acrescentaremos o quarto parâmetro adicional a DES3ENCRYPT quando quisermos o modo de três chaves. Depois, executamos a string, enviamos os dados e a chave a ser criptografada e recebemos os dados criptografados como saída. Observe como ligamos PADSTR ou PADRAW dos dados originais. Os dados criptografados são a string codificada, que é preenchida para o comprimento apropriado.

Agora, o inverso das duas funções acima:

```
    function decryptString(  p_data in varchar2,
                             p_key in varchar2 default NULL ) return varchar2
    as
      l_string long;
    begin
      setkey(p_key);
      execute immediate
      'begin
          dbms_obfuscation_toolkit.des' || g_StringFunction || 'decrypt
          ( input_string => :1, key_string => :2, decrypted_string => :3' ||
          g_stringWhich || ' );
      end;'
      using IN p_data, IN g_charkey, IN OUT l_string;

      return unpadstr( l_string );
    end;

    function decryptRaw(  p_data in raw,
                          p_key in raw default NULL ) return raw
    as
      l_string long raw;
    begin
      setkey(p_key);
      execute immediate
      'begin
          dbms_obfuscation_toolkit.des' || g_RawFunction || 'decrypt
          ( input => :1, key => :2, decrypted_data => :3 ' ||
          g_rawWhich || ' );
      end;
      using IN p_data, IN hextoraw(g_charkey), IN OUT l_string;

      return unpadraw( l_string );
    end;
```

DECRYPTSTRING e DECRYPTRAW funcionam de maneira semelhante às rotinas de funcionalidade ENCRYPT acima. A única diferença é que elas chamam DECRYPT em vez de ENCRYPT no pacote DBMS_OBFUSCATION_TOOLKIT e UNPAD para decodificar a string ou dados RAW.

Agora, as rotinas para criptografar LOBs:

```
function encryptLob(  p_data in clob,
                      p_key in varchar2 ) return clob
as
   l_clob         clob;
   l_offset       number default 1;
   l_len          number default dbms_lob.getlength(p_data);
begin
   setkey(p_key);
   dbms_lob.createtemporary( l_clob, TRUE );
   while ( l_offset <= l_len )
   loop
      wa( l_clob, encryptString(
         dbms_lob.substr( p_data, g_chunkSize, l_offset ) ) );
      l_offset := l_offset + g_chunksize;
   end loop;
   return l_clob;
end;

function encryptLob(  p_data in blob,
                      p_key in raw ) return blob
as
   l_blob         blob;
   l_offset       number default 1;
   l_len          number default dbms_lob.getlength(p_data);
begin
   setkey(p_key);
   dbms_lob.createtemporary( l_blob, TRUE );
   while ( l_offset <= l_len )
   loop
      wa( l_blob, encryptRaw(
         dbms_lob.substr( p_data, g_chunkSize, l_offset ) ) );
      l_offset := l_offset + g_chunksize;
   end loop;
   return l_blob;
end;
```

Esses são procedimentos sobrecarregados para BLOBs e CLOBs. Eles trabalham criando um LOB temporário para escrever dados criptografados dentro. Como mudamos o comprimento de dados string/RAW quando criptografamos, para preservar seu comprimento original, e os preenchemos, não seria possível fazer isso 'no lugar', usando o LOB existente. Por exemplo, se você tivesse um LOB de 64 KB, tomaríamos os primeiros 32 KB e o tornaríamos 'maiores' que 32 KB. Depois, precisaríamos deslizar sobre os últimos 32 KB do LOB existente para fazer espaço para essa porção maior de dados. Também não seria possível chamar essas funções de SQL, visto que o localizador LOB teria que ser IN/OUT e parâmetros IN/OUT iriam impedi-lo de ser chamado de SQL. Assim, simplesmente copiamos os dados criptografados em um novo LOB, que o chamador pode usar em qualquer lugar, até numa declaração INSERT ou UPDATE.

O algoritmo usado para criptografar e codificar os dados LOB são como a seguir. Começamos no byte 1 (L_OFFSET) e criptografamos G_CHUNKSIZE bytes de dados. Isso é anexado ao LOB temporário que criamos. Acrescentamos G_CHUNKSIZE ao resultado e continuamos o loop até termos processado todo o LOB. Ao final, retornamos o LOB temporário ao chamador.

Em seguida, as rotinas para decifrar os dados LOB:

```
function decryptLob(  p_data in clob,
                      p_key in varchar2 default NULL ) return clob
as
   l_clob         clob;
   l_offset       number default 1;
   l_len          number default dbms_lob.getlength(p_data);
```

```
begin
    setkey(p_key);
    dbms_lob.createtemporary( l_clob, TRUE );
    loop
        exit when l_offset > l_len;
        wa( l_clob, decryptString(
                dbms_lob.substr( p_data, g_chunksize+8, l_offset ) ) );
        l_offset := l_offset + 8 + g_chunksize;
    end loop;
    return l_clob;
end;

function decryptLob(   p_data in blob,
                       p_key in raw default NULL ) return blob
as
    l_blob          blob;
    l_offset        number default 1;
    l_len           number default dbms_lob.getlength(p_data);
begin
    setkey(p_key);
    dbms_lob.createtemporary( l_blob, TRUE );
    loop
        exit when l_offset > l_len;
        wa( l_blob, decryptRaw(
                dbms_lob.substr( p_data, g_chunksize+8, l_offset ) ) );
        l_offset := l_offset + 8 + g_chunksize;
    end looop;
    return l_blob;
end;
```

Novamente, pelos mesmos motivos de antes, usamos um LOB temporário para decifrar. Porém, dessa vez há apenas um motivo adicional para o LOB temporário. Se não usássemos um LOB temporário para decifrar os dados, na verdade os decifraríamos no DATABASE. SELECTs subseqüentes veriam os dados já decifrados se não os copiássemos em um novo LOB! Aqui, o uso de LOB temporário é até mais importante do que antes.

A lógica empregada é fazer loop sobre as porções no LOB, como antes. Começamos na saída 1 (o primeiro byte) no LOB e SUBSTR tira G_CHUNKSIZE+8 bytes. Os 8 bytes adicionais provêm os 8 bytes para as funções PADSTR/PADRAW acrescentadas aos dados quando os codificamos. Assim, tudo o que fazemos é percorrer os LOB G_CHUNKSIZE+8, um de cada vez, decifrando os dados e anexando-os ao LOB temporário . É tudo que é retornado ao cliente.

E agora, para a última parte do CRYPT_PKG, a interface para as rotinas MD5:

```
function md5str( p_data in varchar2 ) return checksum_str
is
    l_checksum_str checksum_str;
begin
    execute immediate
    'begin :x ;+ dbms_obfuscation_toolkit.md5( input_string => :y ); end;'
    using OUT l_checksum_str, IN p_data;

    return l_checksum_str;
end;

function md5raw( p_data in raw ) return checksum_raw
is
    l_checksum_raw    checksum_raw;
begin
    execute immediate
    'begin :x := dbms_obfuscation_toolkit.md5( input => :y ); end;'
    using OUT l_checksum_raw, IN p_data/

    return l_checksum_raw;
end;
```

```
function md5lob( p_data in clob ) return checksum_str
is
  l_checksum_str checksum_str;
begin
  execute immediate
    'begin :x := dbms_obfuscation_toolkit.md5( input_string => :y ); end;'
    using OUT l_checksum_str, IN dbms_lob.substr(p_data,g_chunksize,1);

  return l_checksum_str;
end;

function md5lob( p_data in blob ) return checksum_raw
is
  l_checksum_raw checksum_raw;
begin
  execute immediate
    'begin :x := dbms_obfuscation_toolkit.md5( input => :y ); end;'
    using OUT l_checksum_raw, IN dbms_lob.substr(p_data,g_chunksize,1);

  return l_checksum_raw;
end;

end;
/
```

As rotinas MD5 agem como uma passagem para as rotinas originais DBMS_OBFUSCATION_TOOLKIT. A única coisa que elas fazem diferente é que não são sobrecarregadas, o que permite que sejam chamadas diretamente de SQL. Você deveria observar que as rotinas MD5 LOB só computam a CHECKSUM com base nos primeiros G_CHUNKSIZE bytes de dados, devido à limitação de PL/SQL com relação a tamanhos de variável.

Testaremos rapidamente e demonstraremos a funcionalidade desse pacote. Os seguintes exemplos foram executados em um banco de dados Oracle 8.1.7. Se fossem executados em 8.1.6, você deveria esperar que os exemplos DES3 e MD5 falhassem no tempo de execução:

```
tkyte@TKYTE816> declare
  2      l_str_data         varchar2(25) := 'hello world';
  3      l_str_enc          varchar2(50);
  4      l_str_decoded      varchar2(25);
  5
  6      l_raw_data         raw(25) := utl_raw.cast_to_raw('Goodbye');
  7      l_raw_enc          raw(50);
  8      l_raw_decoded      raw(25);
  9
 10  begin
 11      crypt_pkg.setkey( 'MagicKey' );
 12
 13      l_str_enc          := crypt_pkg.encryptString( l_str_data );
 14      l_str_decoded      := crypt_pkg.decryptString( l_str_enc );
 15
 16      dbms_output.put_line(    'Encoded In hex = ' ||
 17                               utl_raw.cast_to_raw(l_str_enc) );
 18      dbms_output.put_line(    'Decoded = ' || l_str_decoded );
 19
 20      crypt_pkg.setkey(utl_raw.cast_to_raw('MagicKey') );
 21
 22      l_raw_enc          := crypt_pkg.encryptRaw( l_raw_data );
 23      l_raw_decoded      := crypt_pkg.decryptRaw( l_raw_enc );
 24
 25      dbms_output.put_line(    'Encoded = ' || l_raw_enc );
 26      dbms_output.put_line(    'Decoded = ' ||
 27                               utl_raw.cast_to_varchar2(l_raw_decoded) );
 28  end;
 29  /
```

```
Encoded In hex = 7004DB310AC6A8F210F8467278518CF988DF554B299B35EF
Decoded = hello world
Encoded = E3CC4E04EF3951178DEB9AFAE9C99096
Decoded = Goodbye

PL/SQL procedure successfully completed.
```

Isso mostra a funcionalidade básica das rotinas ENCRYPT e DECRYPT. Estou chamando-as aqui por procedimento — abaixo iremos fazê-lo em SQL. De novo, testo a string e os dados RAW nesse exemplo. Na linha 11 do código, chamo SETKEY para ajustar a chave de criptografia, para ser usada para codificar e decodificar os elementos de dados VARCHAR2, para a string MAGICKEY, evitando que eu tenha que passa repetidamente a string nessas rotinas. Depois, criptografo a string em L_STR_ENC e a decifro, apenas para ter certeza que tudo está funcionando como esperado. Nas linhas 16-18 são impressos os resultados. Como os dados criptografados podem conter diversos caracteres que deixam os emuladores do terminal loucos, imprimo a string criptografada usando UTL_RAW.CAST_TO_RAW, na linha 17, o que tem o efeito apenas de mudar o tipo de dados de VARCHAR2 para RAW, conforme mencionado antes. Os dados subjacentes não mudam, absolutamente. Como os dados RAW são implicitamente convertidos em uma string de dígitos hexadecimais, podemos usar isso como uma forma conveniente de depositar dados na tela, em hexadecimais.

Nas linhas 20 a 27, faço a mesma coisa com os dados RAW. Preciso chamar SETKEY novamente, dessa vez com 8 bytes de dados RAW. Por segurança, uso UTL_RAW.CAST_TO_RAW para mudar uma chave VARCHAR2 em uma chave RAW. Eu também poderia ter usado HEXTORAW e passado uma string de caracteres hexadecimais. Depois, criptografo os dados e decifro os dados criptografados. Quando imprimo, apenas imprimo os dados criptografados (eles serão exibidos em hexadecimais) e classifico os dados decifrados de volta a VARCHAR2, para podermos ver que funcionou. A saída confirma que o pacote funciona.

Veremos agora como isso deveria funcionar em SQL. Testaremos a criptografia de triplo DES, dessa vez em dois modos chave:

```
tkyte@DEV817> drop table t;

Table dropped.

tkyte@DEV817> create table t
  2    ( id int primary key, data varchar2(255) );

Table created.

tkyte@DEV817> insert into t values
  2    ( 1, crypt_pkg.encryptString( 'This is row 1', 'MagicKeyIsLonger' ) );

1 row created.

tkyte@DEV817> insert into t values
  2    ( 2, crypt_pkg.encryptString( 'This is row 2', 'MagicKeyIsLonger' ) );

1 row created.

tkyte@DEV817> select utl_raw.cast_to_raw(data) encrypted_in_hex,
  2                  crypt_pkg.decryptString(data, 'MagicKeyIsLonger') decrypted
  3           from t
  4  /

ENCRYPTED_IN_HEX                                    DECRYPTED
-----------------------------------------           -------------
0B9A809515519FA6A34F150941B318DA441FBB0C790E9481    This is row 1
0B9A809515519FA6A34F150941B318DA20A936F9848ADC13    This is row 2
```

Assim, simplesmente usando uma chave de 16 bytes como entrada para a rotina CRYPT_PKG.ENCRYPTSTRING, trocamos automaticamente para a rotina DES3ENCRYPT, dentro do pacote DBMS_OBFUSCATION_TOOLKIT. Esse exemplo mostra o quanto é fácil usar o CRYPT_PKG em SQL. Todas as funções podem ser chamadas de SQL e podem ser usadas em qualquer lugar onde SUBSTR, por exemplo, poderia ser usada. O CRYPT_PKG poderia ser utilizado na cláusula SET de uma UPDATE, na cláusula VALUES de uma INSERT, na cláusula SELECT de uma consulta SQL e até na cláusula WHERE de qualquer declaração que você quisesse.

Veremos como esse pacote pode ser usado em LOBs, para demonstrar também as rotinas MD5. Usaremos um CLOB de 50 KB como nossa caixa de teste. Primeiro, precisamos carregar o LOB no banco de dados:

```
tkyte@DEV817> create table demo ( id int, theClob clob );

Table created.

tkyte@DEV817> create or replace directory my_files as
  2                                '/d01/home/tkyte';

Directory created.

tkyte@DEV817> declare
  2      l_clob          clob;
  3      l_bfile         bfile;
  4  begin
  5      insert into demo values ( 1, empty_clob() )
  6      returning theclob into l_clob;
  7
  8      l_bfile := bfilename( 'MY_FILES', 'htp.sql' );
  9      dbms_lob.fileopen( l_bfile );
 10
 11      dbms_lob.loadfromfile(  l_clob, l_bfile,
 12                              dbms_lob.getlength( l_bfile ) );
 13
 14      dbms_lob.fileclose( l_bfile );
 15  end;
 16  /

PL/SQL procedure successfully completed.
```

O procedimento acima carregou alguns dados em CLOB. Agora, gostaríamos de fazer nele algumas operações. Novamente, usaremos SQL, pois essa é uma maneira bastante natural de interagir com os dados. Começaremos computando uma CHECKSUM, com base nos primeiros 32 KB do CLOB:

```
tkyte@DEV817> select dbms_lob.getlength(theclob) lob_len,
  2         utl_raw.cast_to_raw( crypt_pkg.md5lob(theclob) ) md5_checksum
  3    from demo;

   LOB_LEN  MD5_CHECKSUM
----------  --------------------------------
     50601  307D19748889C2DEAD879F89AD45D1BA
```

Novamente, usamos o UTL_RAW.CAST_TO_RAW para converter a VARCHAR2 retornada das rotinas MD5 em uma string hexadecimal para exibição. A string VARCHAR2 provavelmente conterá dados 'não imprimíveis' em seu terminal, ou poderá conter novas linhas embutidas, guias e outros caracteres de controle. O código acima mostra como é fácil usar as rotinas MD5 — apenas envie alguns dados e ela computará a CHECKSUM.

Em seguida, queremos ver como se pode criptografar e decifrar um LOB, o que faremos com uma simples UPDATE. Observe que dessa vez nossa chave de criptografia tem 24 bytes de comprimento. Usaremos a rotina DES3ENCRYPT com o parâmetro opcional which => ThreeKeyMode ajustado, que nos dará uma criptografia de 3 chaves, triplo DES:

```
tkyte@DEV817> update demo
  2             set theClob = crypt_pkg.encryptLob( theClob,
  3                                'MagicKeyIsLongerEvenMore' )
  4   where id = 1;

1 row updated.
```

```
tkyte@DEV817> select dbms_lob.getlength(theclob) lob_len,
  2         utl_raw.cast_to_raw( crypt_pkg.md5lob(theclob) ) md5_checksum
  3    from demo;

   LOB_LEN   MD5_CHECKSUM
   -------   --------------------------------
     50624   FCBD33DA2336C83685B1A62956CA2D16
```

Podemos ver que modificamos os dados, na verdade, pelo fato do comprimento ter mudado de 50.601 para 50.624 bytes, e por MD5 CHECKSUM ser diferente. O que fizemos, se você recorda o algoritmo acima, foi tomar os primeiros 32.000 bytes do CLOB, acrescentar 8 bytes diante desses 32.000 bytes como parte da string de criptografia e criptografá-la. Depois recuperamos os restantes 18.601 bytes. Preenchemos para 18.608 bytes (divisível igualmente por 8) e acrescentamos 8 bytes para lembrar o comprimento original, resultando em nosso comprimento expandido de 50.624 bytes.

Finalmente, veremos como recuperar o CLOB decifrado do banco de dados:

```
tkyte@DEV817> select dbms_lob.substr(
  2                          crypt_pkg.decryptLob(theClob), 100, 1 ) data
  3    from demo
  4   where id = 1;

DATA
-------------------------
set define off
create or replace package htp as
/* STRUCTURE tags */
procedure htmlOpen;
procedure
```

Uma coisa interessante a notar aqui é que eu não passei a chave de criptografia. Como salvamos essa chave na posição do pacote, tal não é necessário aqui. O pacote se lembrará dela, de chamada para chamada, mas não de sessão para sessão. Eu poderia enviar a chave, mas não precisava; ela é armazenada em uma variável global de corpo do pacote, portanto não é visível a nada, exceto àquela função no corpo do pacote, e não pode ser vista por outras sessões.

Advertências

Atualmente, há uma situação com o DBMS_OBFUSCATION_TOOLKIT, através da qual dados criptografados em um sistema de 'pequeno endian' não podem ser decifrados usando a mesma chave de um sistema de 'grande endian'. 'Endian' tem a ver com a organização de bytes em um número de múltiplos bytes. Plataformas Intel (NT, muitos Linux e Solaris x86 executam em Intel) têm uma organização de bytes de pequeno endian. Tipicamente, Sparc e Risc têm um grande endian. Os dados criptografados em Windows NT usando uma chave de '12345678' não podem ser decifrados em Sparc Solaris usando a mesma chave. O exemplo a seguir demonstra o problema (e mostra como contorná-lo). No Windows NT:

```
tkyte@TKYTE816> create table anothert ( encrypted_data varchar2(25) );

Table created.

tkyte@TKYTE816> insert into anothert values
  2          ( crypt_pkg.encryptString( 'hello world', '12345678' ) );

1 row created.

tkyte@TKYTE816> select crypt_pkg.decryptstring( encrypted_data ) from anothert;

CRYPT_PKG.DECRYPSTRING(ENCRYPTED_DATA)
--------------------------------------------------------
hello world

tkyte@TKYTE816> host exp userid=tom/kyte tables=anothert
```

Faço um protocolo de transferência de arquivo (ftp) desse arquivo EXPDAT.DMP para minha máquina Sparc Solaris e carrego nela os dados. Quando tento consultá-la, recebo:

```
ops$tkyte@DEV816> select
  2    crypt_pkg.decryptstring( encrypted_data, '12345678' )
  3    from t;
crypt_pkg.decryptstring( encrypted_data, '12345678' )
       *
ERROR at line 2:
ORA-06502: PL/SQL: numeric or value error: character to number conversion
ORA-06512: at "OPS$TKYTE.CRYPT_PKG", line 84
ORA-06512: at "OPS$TKYTE.CRYPT_PKG", line 215
ORA-06512: at line 1

ops$tkyte@DEV816> select
  2    crypt_pkg.decryptstring( encrypted_data, '43218765' )
  3    from t;

CRYPT_PKG.DECRYPTSTRING(ENCRYPTED_DATA, '43218765'
-------------------------------------------------- hello
world
```

O erro acima está vindo de meu pacote de envoltório. Estou tomando os primeiros 8 bytes de dados na string e supondo que ele seja um número. Como a chave não pode decifrar os dados com sucesso, os primeiros 8 bytes *não* são, na verdade, meu campo de comprimento — é algum lixo de conjunto de caracteres.

Aparentemente, nossa chave de 8 bytes (ou 16 ou 24 bytes) é internamente encaminhada como uma série de inteiros de 4 bytes. Precisamos inverter os bytes em cada grupo de 4 bytes em nossa chave, para decifrar os dados num sistema que foi criptografado em outro, com uma ordem diferente de bytes. Portanto, se eu usar a chave '12345678' no Windows NT (Intel), precisarei usar a chave '43218765' em Sparc Solaris. Tomamos os 4 primeiros bytes e os invertemos, depois tomamos os próximos 4 bytes e os invertemos (e assim por diante em chaves maiores).

Esse é um fato importante a ter em mente se você mover dados de NT para Sparc Solaris, por exemplo, ou usar links de banco de dados para consultar dados. É preciso estar preparado para reorganizar fisicamente os bytes para decifrar com sucesso. Esse problema em particular é corrigido no lançamento de remendo de Oracle 8.1.7.1 e superior, e remove a necessidade de troca de bytes.

Gerenciamento de chave

Gostaria de falar rapidamente sobre o gerenciamento de chave. A criptografia é a única parte da solução para tornar dados 'seguros'. O motivo principal pelo qual as pessoas citam a criptografia de dados no banco de dados é fazê-la para que o DBA, que pode consultar qualquer tabela, não tome ciência dos dados na tabela. Por exemplo, você está em um web site online pegando pedidos de clientes. As pessoas estão dando seus números de cartão de crédito. Você os está armazenando no banco de dados. Você gostaria de garantir que nem o DBA, que precisa ser capaz de fazer o backup de seu banco de dados, nem o malicioso hacker que invade seu banco de dados, possam ler essas informações, altamente sensíveis. Se você as tivesse armazenado em um texto claro, seria fácil para qualquer um vê-las, se obtivessem acesso de DBA ao seu banco de dados. Se elas estiverem armazenadas criptografadas, não seria o caso.

Os dados criptografados são tão seguros quanto à chave que você usa para criptografá-los. Aqui, a chave usada é o componente mágico. Se a chave é descoberta, os dados podem não ser criptografados (como evidenciado pelo fato de que poderíamos simplesmente selecionar para decifrar dados, se tivéssemos a chave).

Portanto, a geração e a proteção de chave são duas coisas sobre as quais você precisa pensar muito. Há muitos caminhos que você poderia seguir. Temos adiante algumas idéias e conceitos que podem ser usados, mas cada um tem seus próprios problemas.

O aplicativo cliente gerencia e armazena chaves

Uma abordagem é manter as chaves fora do banco de dados, talvez até em outra máquina (só não as perca — você pode demorar um par de centenas de anos de CPU para adivinhar quais elas poderiam ser!). Nesse cenário, o aplicativo cliente, seja um software de aplicativo servidor de camada central ou um aplicativo cliente-servidor, gerencia as chaves em seu sistema. O software cliente determina se o usuário acessando os dados tem permissão para decifrá-los ou não, e envia a chave ao banco de dados.

Se você escolheu fazer isso, para transmitir a chave pela rede é preciso acrescentar ainda mais uma camada de criptografia — a corrente de criptografia de dados para o tráfego Net8. As ligações de variáveis e as strings literais são transmitidas não criptografadas, por padrão. Nessa situação, como as chaves são tão importantes, você precisaria usar uma tecnologia como a **ASO** (Opção de Segurança Avançada). Essa opção Net8 oferece corrente de criptografia de dados para que ninguém possa 'espionar' suas chaves a partir da rede.

Desde que a chave seja mantida com segurança pelo aplicativo cliente (você é quem tem que garantir isso) e você use ASO, essa seria uma solução viável.

Armazenagem das chaves no mesmo banco de dados

Aqui, você armazenaria as chaves no próprio banco de dados, com os dados. Não é uma solução perfeita, pois agora você sabe que um DBA com tempo suficiente ao seu dispor (ou um hacker que tenha obtido uma conta de DBA) possivelmente poderia descobrir suas chaves e os dados que as criptografam. O que é preciso fazer em um caso como esse é tornar o mais difícil possível colocar as chaves junto com os dados. É algo difícil de fazer, pois ambos estão no mesmo banco de dados.

Uma abordagem é nunca relacionar diretamente a tabela de chave e a tabela de dados. Por exemplo, você tem uma tabela com CUSTOMER_ID, CREDIT_CARD e outros dados. A CUSTOMER_ID é imutável; provavelmente é a chave principal (e todos sabemos que você nunca atualiza uma chave principal). Seria possível configurar outra tabela:

```
ID          number primary key,
DATA varchar2(255)
```

Essa é a tabela onde armazenaremos nossas chaves, uma chave por ID de cliente. Iremos oferecer uma função empacotada que retornará a chave se, e apenas se, o usuário *apropriado*, no ambiente *apropriado*, a estiver executando (semelhante ao conceito por trás de FGAC; você só pode obter os dados se tiver configurado o aplicativo de contexto certo).

Esse pacote ofereceria duas funções básicas:

- **Função 1: O acréscimo de um novo cliente** — Nesse caso, a função faria alguma operação no ID do cliente para 'misturá-lo' (convertê-lo em outra string). Essa função seria determinante para que, dado o mesmo ID de cliente, pudéssemos sempre obter a mesma saída. A seguir estão algumas idéias sobre como lidar com esse ID de cliente ou com qualquer string. Ela também iria gerar uma chave aleatória para esse cliente. Algumas idéias sobre como gerar aquela chave, a seguir. Então, ela usaria SQL dinâmica para inserir a fileira na tabela de chave (que não vai ser nomeada KEY_TABLE, ou algo tão óbvio como isso).
- **Função 2: A recuperação de uma chave por um cliente** — Essa função tomaria um ID de cliente, o executaria através da mesma função determinante de acima e depois, usando SQL dinâmica, buscaria pela chave para esse cliente e a retornaria. Ele só realizaria essas funções se o usuário atual estivesse executando no ambiente apropriado.

A razão para usar SQL dinâmica é que pode ficar óbvio para as pessoas que esse pacote é aquele fazendo o gerenciamento de chave. Um usuário pode ser capaz de consultar ALL_DEPENDENCIES para encontrar todas as tabelas a que esse pacote, estaticamente, refere. Usando a SQL dinâmica, não haverá correlação entre esse pacote e a tabela de chave. Não estamos evitando que uma pessoa realmente esperta deduza a tabela chave, apenas tornando tão difícil quanto podemos.

Quanto a misturar o ID de cliente (ou qualquer conjunto de dados imutáveis referentes a essa fileira — a chave principal é uma boa candidata, desde que você nunca a atualize), podemos usar muitos algoritmos. Se eu estiver usando Oracle 8.1.7, posso enviar essa peça de informações concatenadas com algum valor constante (comumente referido como um 'sal') para as rotinas MD5, para gerar uma CHECKSUM de 16 bytes. Eu usaria isso como minha chave. Com Oracle 8.1.6, posso fazer o mesmo tipo de operação, mas usando DBMS_UTILITY.GET_HASH_VALUE com um tamanho de tabela residual bem grande. Eu poderia usar um algoritmo XOR depois de inverter os bytes em CUSTOMER_ID. Qualquer algoritmo que pudesse ser difícil de adivinhar, devido à saída de dados resultante, seria suficiente.

Você deve estar dizendo: 'Ah, mas o DBA pode simplesmente ler o código, ver o algoritmo e descobrir isso tudo'. Não, se você *envolver* o código. Envolver código PL/SQL é muito direto (veja o utilitário WRAP, documentado em *PL/SQL User's Guide and Reference*) — pegará seu código fonte e o 'ofuscará'. Você irá carregar a versão envolvida do código no banco de dados. Ninguém poderá ler seu código. Não existem ferramentas disponíveis para 'inverter o envoltório'. Apenas assegure-se de manter uma boa cópia de seu algoritmo em lugar seguro. Como não há inversão de envoltório, você não terá ferramentas capazes de recordar seu código do banco de dados, se precisar.

Para gerar uma chave para esse cliente, precisamos de um classificador aleatório. Existem muitas maneiras pelas quais poderíamos fazer isso: usar as mesmas rotinas básicas utilizadas para ofuscar a CUSTOMER_ID; usar um gerador aleatório de número (como DBMS_RANDOM ou um que nós mesmos desenvolvemos). O objetivo é gerar algo que não possa ser 'adivinhado', com base em outra coisa.

Falando pessoalmente, essa seria a minha escolha preferida, armazenar as chaves no banco de dados. Se eu deixar o aplicativo cliente gerenciá-las, há o risco do aplicativo cliente 'perder' as chaves, devido a uma falha do meio ou alguma outra catástrofe de sistema. Se eu usar o método seguinte, armazenando-as no arquivo de sistema, corro o mesmo tipo de risco. Só se armazenar as chaves no banco de dados posso ter certeza de que os dados criptografados podem de fato ser decifrados — meu banco de dados está sempre em 'sincronização', e o backup e recuperação estão garantidos.

Armazenagem de chaves no arquivo de sistema com o banco de dados

Você também poderia armazenar as chaves usadas para criptografar os dados em arquivos dentro do arquivo de sistema e acessá-las usando um procedimento externo C. Sugiro usar um procedimento externo C, pois o objetivo aqui é evitar que o DBA as 'veja', e o DBA freqüentemente tem acesso à conta de software Oracle. UTL_FILE, BFILES e procedimentos armazenados Java fazendo I/O executam como conta de usuário de software Oracle. Usando um procedimento externo escrito em C, o serviço EXTPROC pode executar sob uma conta totalmente diferente, executando um ouvidor do serviço EXTPROC como outro usuário. Desse modo, a conta Oracle não pode 'ver' as chaves. Só através do ouvidor EXTPROC posso conseguir acesso a elas. Isso apenas acrescenta uma camada de certeza à sua solução. Veja o Capítulo 18, para mais informações referentes a essa abordagem.

Resumo

Gastamos um bom tempo nesta seção vendo o pacote DBMS_OBFUSCATION_TOOLKIT. Vimos como criar eficazmente um pacote envoltório que oferece a funcionalidade como gostaríamos (sinta-se à vontade para escrever seus próprios envoltórios, se não gostar de minha implementação). Também aprendemos como usar SQL dinâmica para criar pacotes que podem ser instalados em bancos de dados com diferentes capacidades (capacidades de criptografia em 8.1.6 contra 8.1.7, nesse caso). Investigamos um problema de plataforma cruzada, que acompanha o pacote DBMS_OBFUSCATION_TOOLKIT, aquele de organização de bytes nas chaves. Aprendemos como solucionar esse problema, se ele acontecer, reorganizando os bytes na própria chave. Um aperfeiçoamento interessante ao CRYPT_PKG acima seria que ele detectasse automaticamente se você estivesse em um sistema de pequeno ou grande endian, e trocasse os bytes na chave de um deles para você não precisar nem estar ciente dessas diferenças. Seria uma excelente idéia, pois na versão 8.1.7.1 acaba a necessidade de inverter bytes, e você poderia simplesmente remover o código que faz isso, e ser completamente funcional de novo.

Por fim, vimos a área muito importante de gerenciamento de chave. Demorei algum tempo trabalhando num simpático pacote envoltório, para fazer a criptografia e decifrar parecerem fáceis. A parte difícil ainda ficou para você — como proteger as chaves. É preciso considerar o fato de que, se acredita que suas chaves foram comprometidas, você deve vir com um novo conjunto de chaves, e precisa decifrar/criptografar todos os seus dados existentes para protegê-los. O planejamento antecipado evitará que tenha de fazer tais coisas.

DBMS_OUTPUT

O pacote DBMS_OUTPUT é um que as pessoas geralmente entendem mal. Elas entendem mal como ele trabalha, o que faz e os seus limites. Nesta seção, encaminharei esses mal entendidos. Também apresentarei algumas implementações alternativas que oferecem funcionalidade parecida com DBMS_OUTPUT, mas sem algumas das limitações encontradas no pacote original.

DBMS_OUTPUT é um pacote simples, projetado para parecer que PL/SQL tem a habilidade de fazer operações simples de I/O de tela. Ele é feito de modo a parecer que PL/SQL pode imprimir, por exemplo, Hello World em sua tela. Você me viu usando-o centenas de vezes neste livro. Um exemplo é:

```
ops$tkyte@DEV816> exec dbms_output.put_line( 'Hello World' );
Hello World

PL/SQL procedure successfully completed.
```

O que você não viu é que tive que emitir um comando SQL*PLUS (ou SVRMGRL) para fazer isso funcionar. Podemos ativar e desativar essa I/O de tela assim:

```
ops$tkyte@DEV816> set serveroutput off
ops$tkyte@DEV816> exec dbms_output.put_line( 'Hello World' );

PL/SQL procedure successfully completed.

ops$tkyte@DEV816> set serveroutput on
ops$tkyte@DEV816> exec dbms_output.put_line( 'Hello World' );
Hello World

PL/SQL procedure successfully completed.
```

Na verdade, PL/SQL não tem capacidade para fazer I/O de tela (por isso é que eu disse que ele foi destinado a dar a PL/SQL a *aparência* de ser capaz de fazer isso). De fato, é SQL*PLUS que está fazendo a I/O na tela — é impossível para PL/SQL escrever em nosso terminal. PL/SQL está sendo executada em um processo completamente diferente, executando geralmente em uma máquina diferente, em outro lugar na rede. Porém, SQL*PLUS, SVRMGRL e outras ferramentas podem facilmente escrever em nossas telas. Você perceberá que, se usar DBMS_OUTPUT em seus programas Java ou Pro*C (ou qualquer programa), os dados DBMS_OUTPUT vão para a 'cuba de dígitos' e nunca são exibidos, porque o seu aplicativo seria responsável por exibir a saída.

Como funciona DBMS_OUTPUT

DBMS_OUTPUT é um pacote com alguns pontos de entrada. Os que mais usará são:

- PUT — Coloca uma string, NUMBER ou DATE, no buffer de saída, sem acrescentar uma nova linha.
- PUT_LINE — Coloca uma STRING, NUMBER ou DATE, no buffer de saída e acrescenta uma nova linha.
- NEW_LINE — Coloca uma nova linha na corrente de saída.
- ENABLE/DISABLE — Capacita ou incapacita a armazenagem de dados no pacote. Efetivamente, ativa e desativa o DBMS_OUTPUT por procedimento.

Esses procedimentos escrevem em um buffer interno; uma tabela PL/SQL armazenada no corpo do pacote de DBMS_OUTPUT. O limite de comprimento total de uma linha (a soma de todos os bytes colocados no buffer por você, sem chamar PUT_LINE ou NEW_LINE para terminar aquela linha) é ajustado para 255 bytes. Toda a saída que seu procedimento gera é armazenada nessa tabela, e não será visível em SQL*PLUS, senão *depois* que o seu procedimento completar a execução. PL/SQL não está escrevendo em terminal algum, está apenas colocando dados em uma tabela PL/SQL.

À medida que o seu procedimento faz chamadas a DBMS_OUTPUT.PUT_LINE, o pacote DBMS_OUTPUT armazena esses dados em um array (tabela PL/SQL) e retorna o controle ao seu procedimento. Só quando você tiver terminado é que verá qualquer saída. Ainda assim, *só* verá a saída se o cliente que estiver usando estiver ciente de DBMS_OUTPUT e sair de seu caminho para imprimir. Por exemplo, SQL*PLUS emitirá chamadas a DBMS_OUTPUT.GET_LINES para obter um pouco do buffer de DBMS_OUTPUT e imprimi-lo em sua tela. Se você executar um procedimento armazenado de seu aplicativo Java/JDBC e esperar ver a saída DBMS_OUTPUT aparecer com o restante de seus dados System.out.println, ficará desapontado. A menos que o aplicativo cliente faça um esforço consciente para recuperar e imprimir os dados, ele só vai para a cuba de dígitos. Demonstraremos como fazer isso a partir de Java/JDBC, mais adiante neste apêndice.

Esse fato, que a saída fica armazenada até que o procedimento se complete, é o ponto de confusão número um com relação a DBMS_OUTPUT. As pessoas vêem DBMS_OUTPUT e lêem a respeito dele, depois tentam usá-lo para monitorar um processo de execução longa. Isto é, eles se ligam às chamadas a DBMS_OUTPUT.PUT_LINE por todo o código, e executam o procedimento em SQL*PLUS. Esperam pela saída começar a surgir na tela e ficam muito desapontados quando ela não aparece (porque não pode). Sem um entendimento de como ele é implementado, não está claro porque os dados não começam a aparecer. Uma vez que você entenda que PL/SQL (e rotinas externas Java e C) executando no banco de dados não pode fazer I/O na tela, e que DBMS_OUTPUT está realmente armazenando os dados em um grande array, torna-se claro. É quando você deve voltar à seção sobre DBMS_APPLICATION_INFO e ler sobre a interface de operações longas! DBMS_APPLICATION_INFO é a ferramenta que você deseja usar para monitorar processos de execução longa, não DBMS_OUTPUT.

Então, para que DBMS_OUTPUT é útil? Ele é ótimo para imprimir relatórios simples e fazer utilitários. Veja o Capítulo 22, para ver um procedimento PRINT_TABLE que usa DBMS_OUTPUT para gerar saída como:

```
SQL> exec print_table( 'select * from all_users where username = user' );
USERNAME                      : OPS$TKYTE
USER ID                       : 334
CREATED                       : 02-oct-2000 10:02:12
- - - - - - - - - -

PL/SQL procedure successfully completed.
```

Ele imprime os dados *até o fim* da tela, em vez de envolvê-los através dela. Ótimo para a impressão daquela fileira realmente larga, que gastaria muito espaço horizontal, envolveria sua tela e a tornaria ilegível.

Agora que sabemos que o DBMS_OUTPUT trabalha colocando dados em uma tabela PL/SQL, podemos ver outra implementação. Quando capacitamos DBMS_OUTPUT, chamando DBMS_OUTPUT.ENABLE ou usando SET

SERVEROUTPUT ON, não estamos apenas capacitando a captura dos dados, mas também configurando um limite máximo em que os dados serão captados. Por padrão, se emitir:

```
SQL> set serveroutput on
```

terei capacitado 20.000 bytes de buffer de DBMS_OUTPUT. Se eu exceder isso, receberei:

```
begin
*
ERROR at line 1:
ORA-20000: ORU-10027: buffer overflow, limit of 20000 bytes
ORA-06512: at "SYS.DBMS_OUTPUT", line 106
ORA-06512: at "SYS.DBMS_OUTPUT", line 65
ORA-06512: at line 3
```

Posso aumentar esse limite através de uma chamada a SET SERVEROUTPUT (ou DBMS_OUTPUT.ENABLE):

```
SQL> set serveroutput on size 1000000

SQL> set serveroutput on size 1000001
SP2-0547: size option 1000001 out of range (2000 through 1000000)
```

No entanto, como se pode ver a partir da mensagem de erro, o limite é de 20.000 bytes a 1.000.000 bytes. O limite do número de bytes que *você* pode colocar no buffer é um pouco menor do que a quantidade que você ajustou, talvez *muito* menor. DBMS_OUTPUT tem um simples algoritmo de empacotamento que usa para colocar os dados na tabela PL/SQL. Ele não coloca a 1ª fileira de sua saída no 1º elemento de array, ao contrário, ele empacota densamente o array. Um elemento de array #1 pode ter as suas cinco primeiras linhas de saída codificadas nele. Para fazer isso (codificar muitas linha em uma linha), necessariamente elas introduzem algum código extra. Esse código extra, os dados usados para lembrar onde estão seus dados e o quanto são grandes, estão incluídos na contagem de limite de bytes. Assim, mesmo que você ajuste SET SERVEROUTPUT ON SIZE 1000000, de certa forma conseguirá menos de um milhão de bytes de saída.

É possível saber quantos bytes você obterá? Às vezes sim, às vezes não. Se você tiver uma linha de saída de tamanho fixo, cada linha tiver o mesmo comprimento, a resposta é sim. Podemos computar, exatamente, o número de bytes que você terá. Se os seus dados forem de largura variada, não poderemos calcular o número de bytes que você será capaz de dar saída antes de, de fato, saírem. Abaixo, explico o algoritmo que o Oracle usa para empacotar esses dados.

Sabemos que o Oracle armazena os dados em um array. O número máximo total de linhas nesse array é ajustado com base em sua configuração SET SERVEROUTPUT ON SIZE. O array de DBMS_OUTPUT nunca terá mais que IDXLIMIT linhas, onde IDXLIMIT é computado como:

```
idxlimit := trunc((xxxxxx+499) / 500);
```

Assim, se você SET SERVEROUTPUT ON SIZE 1000000, DBMS_OUTPUT usará no máximo 2.000 elementos de array. DBMS_OUTPUT irá armazenar no máximo 504 bytes de dados em cada elemento de array, geralmente menos. DBMS_OUTPUT empacota os dados em uma fileira no array, no formato:

```
their_buffer(1) = '<sp>NNNyour data here<sp>NNNyour data here. . .';
their_buffer(2) = '<sp>NNNyour data here<sp>NNNyour data here. . .';
```

Então, em cada linha de sua saída, há um código extra de 4 bytes em um espaço, e um número de 3 dígitos. Cada linha no buffer de DBMS_OUTPUT não excederá 504 bytes, e DBMS_OUTPUT não envolverá seus dados de linha para linha. Portanto, se por exemplo, você usar o comprimento máximo de linha e sempre escrever 255 bytes por linha, DBMS_OUTPUT será capaz de empacotar uma linha por elemento de array acima. Isso porque (255+4)*2 = 518.518 é maior do que 504, e DBMS_OUTPUT não irá separar sua linha entre dois de seus elementos de array. As duas linhas simplesmente não caberão em uma das linhas do DBMS_OUTPUT. Portanto, ainda que você tenha pedido por um buffer de 1.000.000 bytes, só obterá 510.000 — pouco mais da *metade* do que pediu. Os 510.000 vêm do fato que você está imprimindo linhas de 255 bytes, e eles só permitirão um máximo de 2.000 linhas (lembre-se de IDXLIMIT de acima);

255*2000 = 510.000. Por outro lado, se você tivesse usado um tamanho de linha fixo de 248 bytes, obteria duas linhas em cada uma de suas linhas, resultando em ser capaz de imprimir 248*2*2000 = 992.000 — um pouco mais que 99 por cento do que pediu. Na verdade, isso é o melhor que você pode esperar com DBMS_OUTPUT — 992.000 bytes de seus dados. É impossível conseguir mais impresso.

Como eu disse anteriormente, com uma linha de tamanho fixo, é muito fácil determinar o número de linhas que serão capazes de imprimir. Se você me der um número, digamos, 79, 80 ou 81 bytes por linha, posso simplesmente determinar:

```
ops$tkyte@ORA8I.WORLD> select trunc(504/(79+4)) * 79 * 2000 from dual;

TRUNC(504/(79+4))*79*2000
-------------------------
                   948000

ops$tkyte@ORA8I.WORLD> select trunc(504/(80+4)) * 80 * 2000 from dual;

TRUNC(504/((80+4))*80*2000
--------------------------
                    960000

ops$tkyte@ORA8I.WORLD> select trunc(504/(81+4)) * 81 * 2000 from dual;

TRUNC(504/(81+4))*81*2000
-------------------------
                   810000
```

Como se pode ver, a quantidade de dados que podemos dar saída varia enormemente, dependendo do tamanho de sua linha de saída!

O problema com a saída de comprimento variável é que a quantidade de saída que podemos produzir é imprevisível. Depende de como você faz a saída e da mistura de tamanhos de linha que o DBMS_OUTPUT recebe. Se você der saída a linhas iguais, apenas em uma ordem diferente, pode ser capaz de imprimir mais ou menos linhas; resultado direto do algoritmo de empacotamento.

Esse é um dos aspectos mais confusos de DBMS_OUTPUT. É possível executar o seu procedimento uma vez e ele produzir com sucesso 700.000 bytes, e executá-lo amanhã e ele falhar, com um ORA-20000: ORU-10027: buffer overflow com 650.000 bytes de saída. Acontece devido à maneira com que DBMS_OUTPUT empacota os dados no buffer. Mais adiante nesta seção, veremos algumas alternativas a DBMS_OUTPUT, que removem essa ambigüidade.

Uma pergunta razoável a fazer é: 'Por que eles fazem esse empacotamento?'. O motivo é que quando DBMS_OUTPUT foi introduzido na versão 7.0, a alocação de memória de tabela PL/SQL era muito diferente. Se você alocasse uma faixa numa tabela PL/SQL, imediatamente era alocada armazenagem suficiente para o tamanho máximo de elemento de array, o que significa que, como DBMS_OUTPUT usa uma VARCHAR2(500), 500 bytes seriam alocados para um DBMS_OUTPUT.PUT_LINE('hello world') — o mesmo que para a saída de uma string realmente grande. 2.000 linhas de saída tomariam 1.000.000 bytes de dados, mesmo que você imprimisse hello world 2.000 vezes, algo que na verdade ocuparia cerca de 22 KB. Assim, esse pacote foi implementado para evitar essa sobre-alocação de memória na PGA para a armazenagem de array. Nos lançamentos mais recentes de Oracle (8.0 e superior), esse não é mais o caso. Os elementos de array são dinamicamente dimensionados e esse empacotamento tecnicamente não é mais necessário. Portanto, você poderia dizer que é um efeito colateral herdado do código escrito em lançamentos anteriores.

A última coisa sobre como o DBMS_OUTPUT trabalha, que eu gostaria de mencionar, tem a ver com aparar espaços dianteiros em branco em linhas de saída. É uma crença errada que esse é um 'recurso' DBMS_OUTPUT. Na verdade, é um 'recurso' SQL*PLUS (embora eu saiba que muitos não concordam com o rótulo 'recurso', nisso). Para ver o que quero dizer, podemos executar um pequeno teste:

```
ops$tkyte@ORA8I.WORLD> exec dbms_output.put_line( '         hello world' );
hello world

PL/SQL procedure successfully completed.
```

Quando chamo DBMS_OUTPUT com ' hello world', os espaços dianteiros em branco são aparados. Imagina-se que DBMS_OUTPUT está fazendo isso, mas ele não está. É SQL*PLUS que está aparando. A solução simples é usar a sintaxe estendida no comando SET SERVEROUTPUT. A sintaxe completa daquele comando é:

```
set serveroutput    {ON|OFF} [SIZE n]
            [FORMAT {WRAPPED|WORD_WRAPPED|TRUNCATED}]
```

Os formatos têm os seguintes significados:

- WRAPPED — SQL*PLUS envolve a saída de servidor no tamanho de linha especificado por SET LINESIZE, começando novas linhas quando necessário.
- WORD_WRAPPED — Cada linha da saída de servidor é envolvida dentro do tamanho de linha especificado por SET LINESIZE. As linhas são quebradas nos limites da palavra. SQL*PLUS justifica cada linha à esquerda, *pulando* todos os espaços em branco dianteiros. Esse é o padrão.
- TRUNCATED — Quando capacitado, cada linha da saída de servidor é truncada para o tamanho de linha especificado por SET LINESIZE.

É mais fácil ver o efeito de cada formato em ação, para entender o que cada um faz:

```
SQL>set linesize 20
SQL>set serveroutput on format wrapped
SQL>exec dbmsa_output.put_line( '       Hello       World       !!!!!' );
       Hello       World
       !!!!!

PL/SQL procedure successfully completed.

SQL>set serveroutput on format word_wrapped
SQL>exec dbms_output.put_line( '       Hello       World       !!!!!' );
Hello       World
!!!!!

PL/SQL procedure successfully completed.

SQL>set serveroutput on format truncated
SQL>exec dbms_output.put_line( '       Hello       World       !!!!!' );
       Hello       World

PL/SQL procedure successfully completed.
```

DBMS_OUTPUT
e outros ambientes

Por padrão, ferramentas como SQP*PLUS e SVRMGRL são cientes de DBMS_OUTPUT. A maioria dos outros ambientes não é. Por exemplo, seu programa Java/JDBC definitivamente não é ciente de DBMS_OUTPUT. Nesta seção, veremos como torná-lo ciente de DBMS_OUTPUT. Os mesmos princípios usados abaixo se aplicam a qualquer ambiente de programação. Os métodos que uso com Java podem ser facilmente aplicados a Pro*C, OCI, VB ou qualquer desses ambientes.

Começaremos com uma pequena rotina PL/SQL que gera alguma saída de dados:

```
scott@TKYTE816> create or replace
  2   procedure emp_report
  3   as
  4   begin
  5      dbms_output.put_line
  6      (    rpad( 'Empno', 7 ) ||
  7           rpad('Ename', 12) ||
  8           rpad('Job',11) );
  9
```

```
   10      dbms_output.put_line
   11      (   rpad( '-', 5, '-' ) ||
   12          rpad(' -',12, '-') ||
   13          rpad(' -',11, '-') );
   14
   15      for x in ( select * from emp )
   16      loop
   17          dbms_output.put_line
   18          ( to_char( x.depno, '9999' ) || ' ' ||
   19              rpad( x.ename, 12 ) ||
   20              rpad( x.job, 11 ) );
   21      end loop;
   22   end;
   23   /
```

Procedure created.

```
scott@TKYTE816> set serveroutpout on format wrapped
scott@TKYTE816> exec emp_report
Empno    Ename         Job
----     -----         -----
7369     SMITH         CLERK
7499     ALLEN         SALESMAN
 . . .
7934     MILLER        CLERK
```

PL/SQL procedure successfully completed.

Agora iremos configurar uma classe para permitir a Java/JDBC realizar o DBMS_OUTPUT para nós:

```java
import java.sql.*;

class DbmsOutput
{
/*
 * Our instance variables. It is always best to
 * use callable or prepared statements, and prepare (parse)
 * them once per program execution, rather then once per
 * execution in the program. The cost of reparsing is
 * very high. Also, make sure to use BIND VARIABLES!
 *
 * We use three statements in this class. One to enable
 * DBMS_OUTPUT, equivalent to SET SERVEROUTPUT on in SQL*PLUS,
 * another to disable it, like SET SERVEROUTPUT OFF.
 * The last is to 'dump' or display the results from DBMS_OUTPUT
 * USING SYSTEM.OUT.
 *
/*
private CallableStatement enable_stmt;
private CallableStatement disable_stmt;
private CallableStatement show_stmt;


/*
 * Our constructor simply prepares the three
 * statements we plan on executing.
 *
 * The statement we prepare for SHOW is a block of
 * code to return a string of DBMS_OUTPUT output. Normally,
 * you might bind to a PL/SQL table type, but the JDBC drivers
 * don't support PL/SQL table types. Hence, we get the output
 * and concatenate it into a string. We will retrieve at least
 * one line of output, so we may exceed your MAXBYTES parameter
 * below. If you set MAXBYTES to 10, and the first line is 100
```

```
 * bytes long, you will get the 100 bytes. MAXBYTES will stop us
 * from getting yet another line, but it will not chunk up a line.
 *
 */
public DbmsOutput( Connection conn ) throws SQLException
{
   enable_stmt = conn.prepareCall( "begin dbms_output.enable(:1); end;" );
   disable_stmt = conn.prepareCall( "begin dbms_output.disable; end;" );

   show_stmt = conn.prepareCall(
         "declare " +
         "       l_line varchar2(255); " +
         "       l_done number; " +
         "       l_buffer long; " +
         "begin " +
         "  loop " +
         "    exit when length(l_buffer)+255 > :maxbytes OR l_done = 1; " +
         "    dbms_output.get_line( l_line, l_done ); " +
         "    l_buffer := l_buffer || l_line || chr(10); " +
         "  end loop; " +
         "  :done := l_done; " +
         "  :buffer := l_buffer; " +
         "end;" );
}

/*
 * ENABLE simply sets your size and executes
 * the DBMS_OUTPUT.ENABLE call
 *
 */
public void enable( int size ) throws SQLExecption
{
   enable_stmt.setInt( 1, size );
   enable_stmt.executeUpdate( );
}

/*
 * DISABLE only has to execute the DBMS_OUTPUT.DISABLE call
 */
public void disable( ) throws SQLException
{
   disable_stmt.executeUpdate( );
}

/*
 * SHOW does most of the work. It loops over
 * all of the DBMS_OUTPUT data, fetching it, in this
 * case, 32,000 bytes at a time (give or take 255 bytes);
 * It will print this output on STDOUT by default (just
 * reset what System.out is to change or redirect this
 * output).
 */
public void show( ) throws SQLException
{
int                 done = 0;

   show_stmt.registerOutParameter( 2, java.sql.Types.INTEGER );
   show_stmt.registerOutParameter( 3, java.sql.Types.VARCHAR );

   for(; ;)
   {
         show_stmt.setInt( 1, 32000 );
         show_stmt.executeUpdate( );
         System.out.print( show_stmt.getString(3) );
         if ( (done = show_stmt.getInt(2)) = = 1 ) break;
```

```
    }
}

/*
 * CLOSE closes the callable statements associated with
 * the DbmsOutput class. Call this if you allocate a DbmsOutput
 * statement on the stack and it is going to go out of scope,
 * just as you would with any callable statement, resultset,
 * and so on.
 */
public void close( ) throws SQLException
{
  enable_stmt.close( );
  disable_stmt.close( );
  show_stmt.close( );
}
}
```

Para demonstrar seu uso, configurei um pequeno programa de teste Java/JDBC. Aqui, dbserver é o nome do banco de dados servidor e ora8i é o nome de serviço da cópia.

```
import java.sql.*;

class test {

public static void main (String args [])
   throws SQLException
{
   DriverManager.registerDriver
       (new oracle.jdbc.driver.OracleDriver( ));

   Conection conn = DriverManager.getConnection
         ("jdbc:oracle:thin:@dbserver:1521:ora8i",
          "scott", "tiger");
   conn.setAutoCommit (false);

   Statement stmt = conn.createStatement( );

   DbmsOutput dbmsOutput = new DbmsOutput( conn );

   dbmsOutput.enable( 1000000 );
   stmt.execute
   ( "begin emp_report; end;" );
   stmt.close( );

   dbmsOutput.show( );

   dbmsOutput.close( );
   conn.close( );
}
}
```

Iremos testá-lo, primeiro compilando e depois executando-o:

```
$ java test.java

$ java test
Empno     Ename        Job
- - -     - - - - -    - - - - -
7369      SMITH        CLERK
7499      ALLEN        SALESMAN
7521      WARD         SALESMAN
. . .
```

Isso mostra como ensinar Java a fazer DBMS_OUTPUT para nós. Simplesmente como SQL*PLUS faz, você terá que chamar DbmsOutput.show() depois de executar qualquer declaração que possa levar alguma saída a ser exibida. Depois de executarmos uma chamada a INSERT, UPDATE, DELETE ou procedimento armazenado, SQL*PLUS chama DBMS_OUTPUT.GET_LINES para obter a saída. Seu aplicativo Java (ou C, ou VB) chamaria SHOW para exibir os resultados.

Como contornar os limites

Encontrei duas limitações principais em DBMS_OUTPUT:

- ❑ O comprimento de uma 'linha' é limitado a 255 bytes. Você precisa injetar uma nova linha pelo menos a cada 255 bytes.
- ❑ A saída total que você pode produzir é limitada a entre 200.000 bytes (se a sua saída for de 1 byte por linha) e 992.000 bytes (se a sua saída for de 248 bytes por linha). Isso é suficiente para muitas operações, mas é um interruptor de exibição para outros, especialmente visto que a quantidade de saída que você pode gerar é uma função dos comprimentos das strings, e a ordem na qual as imprime.

Então, o que podemos fazer? Eu sugeriria três alternativas para contornar esses vários limites. As duas seções a seguir demonstram essas alternativas.

Como usar uma pequena função de envoltório ou outro pacote

Às vezes, o limite da linha de 255 bytes é apenas um aborrecimento. Você quer imprimir algumas declarações de depuração e o que está imprimindo tem 500 caracteres de comprimento. Você só quer imprimi-la, e seu formato não é tão relevante como a capacidade de vê-la. Nesse caso, podemos escrever uma pequena rotina de envoltório. Tenho uma instalada permanentemente em todas as cópias de meu banco de dados, em parte para contornar os 255 bytes por linha, em parte porque o DBMS_OUTPUT.PUT_LINE tem 20 caracteres de comprimento, o que é muita digitação. Com freqüência, uso um procedimento P. P é simplesmente:

```
procedure p( p_string in varchar2 )
is
   l_string long default p_string;
begin
   loop
      exit when l_string is null;
      dbms_output.put_line( substr( l_string, 1, 248) );
      l_string := substr( l_string, 251 );
   end loop;
end;
```

Ele não envolve a palavra saída, não faz nada fictício. Apenas pega uma string de até 32 KB de tamanho e a imprime. Ele irá partir minhas strings grandes em muitas de 248 bytes cada (248 bytes sendo o 'melhor' número que calculamos acima, dando-nos a saída máxima) e promover sua saída. Ele mudará os dados (portanto, não é adequado aumentar a largura da linha de uma rotina que esteja criando um arquivo plano) e levará aquela minha linha de dados a ser impressa em, talvez, muitas linhas.

Tudo o que ele faz é solucionar um problema simples. Evita que a mensagem de erro:

```
ops$tkyte@ORA8IWORLD> exec dbms_output.put_line( rpad('*',256,'*') )
BEGIN dbms_output.put_line( rpad('*',256,'*') ); END;

      *
ERROR at line 1:
ORA-20000: ORU-10028: line length overflow, limit of 255 bytes per line
ORA-06512: at "SYS.DBMS_OUTPUT", line 99
ORA-06512: at "SYS.DBMS_OUTPUT", line 65
ORA-06512: at line 1
```

aconteça quando estou imprimindo exatamente alguma depuração ou um relatório.

Um método mais potente de contornar esse limite, especialmente útil se você estiver criando um despejo de arquivo de dados planos, é não usar de forma alguma o DBMS_OUTPUT, mas usar UTL_FILE e escrever *diretamente* em um arquivo. UTL_FILE tem um limite de 32 KB por linha de saída, e não tem um limite de bytes no tamanho de um arquivo. Usando UTL_FILE, você só pode criar um arquivo no servidor, assim ele não é adequado se você estiver usando SQL*PLUS em um cliente conectado à rede e armazenando em um arquivo local no cliente. Se o seu objetivo for criar um arquivo plano para carregar dados, e criar o arquivo no servidor está certo, UTL_FILE seria a abordagem certa.

Cobrimos duas das três alternativas, agora vamos à última.

Criação de funcionalidade DBMS_OUTPUT

Essa é uma solução de objetivo geral que funciona muito bem em todos os ambientes. O que faremos é reinventar a roda, só que inventaremos uma roda 'melhor'. Criaremos um pacote como DBMS_OUTPUT que:

- Tem limite de 4.000 bytes por linha (infelizmente, esse é um limite SQL, não um limite PL/SQL).
- Não limita o número de saída de linhas.
- Pode ser armazenado no cliente, como DBMS_OUTPUT.
- SQL*PLUS não irá aparar espaços em branco na frente da string em qualquer modo.
- Pode ser buscado em um conjunto de resultados em um cliente, usando um cursor (a *saída* estará disponível através de uma consulta).

Começaremos criando um tipo SQL, que será o nosso buffer DBMS_OUTPUT. Como esse é um tipo SQL, podemos SELECT * facilmente a partir dele. Como virtualmente tudo pode fazer uma SELECT *, qualquer ferramenta seria capaz de exibir facilmente a nossa saída.

```
ops$tkyte@ORA8I.WORLD> create or replace type my_dbms_output_type
  2  as table of varchar2(4000)
  3  /

Type created.
```

Agora nos movemos para a especificação de nosso pacote do tipo DBMS_OUTPUT, que é configurado como o verdadeiro DBMS_OUTPUT. Ele não tem as rotinas GET_LINE e GET_LINES; elas não serão necessárias, dada a nossa implementação. As rotinas PUT, PUT_LINE e NEW_LINE funcionam exatamente como as suas contrapartes em DBMS_OUTPUT. As funções GET, FLUSH e GET_AND_FLUSH são novas — não têm contrapartes em DBMS_OUTPUT. Serão usadas para recuperar a saída, uma vez que o procedimento armazenado seja executado. A função GET simplesmente irá retornar os dados armazenados, mas não irá 'apagá-los'. Você pode chamar GET repetidamente para recuperar o mesmo buffer (DBMS_OUTPUT sempre flui o buffer). A função FLUSH permite reajustar o buffer, em outras palavras, esvaziá-lo. A função GET_AND_FLUSH, como se pode supor, retorna o buffer e o limpa — as próximas chamadas a esse pacote funcionarão novamente em um buffer vazio:

```
tkyte@TKYTE816> create or replace package my_dbms_output
  2  as
  3      procedure enable;
  4      procedure disable;
  5
  6      procedure put ( s in varchar2 );
  7      procedure put_line( s in varchar2 );
  8      procedure new_line;
  9
 10      function get return my_dbms_output_type;
 11      procedure flush;
 12      function get_and_flush return my_dbms_output_type;
 13  end;
 14  /

Package created.
```

Usaremos alguns dos métodos que discutimos no Capítulo 20, especificamente a capacidade de ser capaz de SELECT * de PL? SQL_FUNCTION, que é como o nosso pacote DBMS_OUTPUT irá trabalhar. As funções nas quais você está mais interessado são as rotinas ENABLE, DISABLE, PUT, PUT_LINE e NEW_LINE. Essas trabalham mais ou menos como as suas contrapartes DBMS_OUTPUT, sendo as principais diferenças que ENABLE não toma parâmetros e que MY_DBMS_OUTPUT é capacitada por padrão (enquanto DBMS_OUTPUT é incapacitado, por padrão). Você é limitado pela quantidade de RAM que pode alocar em seu sistema (portanto fique atento!). Depois, implementaremos o corpo de pacote. A implementação desse pacote é muito direta. Temos uma variável global de pacote que é o nosso buffer de saída. Acrescentamos linhas de texto a ele e ampliamos essa variável, quando necessário. Para fluí-lo, designamos a ele uma tabela vazia. Como ele é assim tão direto, é apresentado sem mais comentários:

```
tkyte@TKYTE816> create or replace package body my_dbms_output
  2    as
  3
  4        g_data          my_dbms_output_type := my_dbms_output_type();
  5        g_enabled       Boolean default TRUE;
  6
  7        procedure enable
  8        is
  9        begin
 10            g_enabled := TRUE;
 11        end;
 12
 13        procedure disable
 14        is
 15        begin
 16            g_enabled := FALSE;
 17        end;
 18
 19        procedure put( s in varchar2 )
 20        is
 21        begin
 22            if ( NOT g_enabled ) then return; end if;
 23            if ( g_data.count <> 0 ) then
 24                g_data(g_data.last) := g_data(g_data.last) || s;
 25            else
 26                g_data.extend;
 27                g_data(1) := s;
 28            end if;
 29        end;
 30
 31        procedure put_line( s in varchar2 )
 32        is
 33        begin
 34            if ( NOT g_enabled ) then return; end if;
 35            put ( s );
 36            g_data.extend;
 37        end;
 38
 39        procedure new_line
 40        is
 41        begin
 42            if ( NOT g_enabled ) then return; end if;
 43            put( null );
 44            g_data.extend;
 45        end;
 46
 47
 48        procedure flush
 49        is
 50            l_empty         my_dbms_output_type := my_dbms_output_type();
 51        begin
 52            g_data := l_empty;
 53        end;
```

```
 54
 55              function get return my_dbms_output_type
 56              is
 57              begin
 58                  return g_data;
 59              end;
 60
 61              function get_and_flush return my_dbms_output_type
 62              is
 63                  l_data      my_dbms_output_type := g_data;
 64                  l_empty     my_dbms_output_type := my_dbms_output_type();
 65              begin
 66                  g_data := l_empty;
 67                  return l_data;
 68              end;
 69      end;
 70  /

Package body created.
```

Agora, para tornar esse pacote útil, precisamos de algum método para obter facilmente o buffer. Você pode chamar MY_DBMS_OUTPUT.GET ou GET_AND_FLUSH e recuperar o tipo de objeto você mesmo, ou pode usar uma das duas vistas abaixo. A primeira vista, MY_DBMS_OUTPUT_PEEK oferece uma interface SQL à rotina GET. Ela permite consultar repetidamente a saída de buffer, permitindo que você 'examine' no buffer, sem reajustá-lo. A segunda vista, MY_DBMS_OUTPUT_VIEW, permite consultar o buffer uma vez — quaisquer chamadas subseqüentes a PUT, PUT_LINE, NEW_LINE, GET ou GET_AND_FLUSH funcionarão em uma saída de buffer vazia. Uma SELECT * FROM MY_DBMS_OUTPUT_VIEW é semelhante a chamar DBMS_OUTPUT.GET_LINES. Ela reajusta tudo:

```
tkyte@TKYTE816> create or replace
  2  view my_dbms_output_peek ( text )
  3  as
  4  select *
  5      from TABLE ( cast(  my_dbms_output.get()
  6                          as my_dbms_output_type ) )
  7  /

View created.

tkyte@TKYTE816> create or replace
  2  view my_dbms_output_view ( text )
  3  as
  4  select *
  5      from TABLE ( cast(  my_dbms_output.get_and_flush()
  6                          as my_dbms_output_type ) )
  7  /

View created.
```

Agora estamos prontos para demonstrar como funciona. Executaremos um procedimento para gerar alguns dados no buffer, depois veremos como exibir e interagir com eles:

```
tkyte@TKYTE816> begin
  2          my_dbms_output_line( 'hello' );
  3          my_dbms_output.put( 'Hey ' );
  4          my_dbms_output.put( 'there ' );
  5          my_dbms_output.new_line;
  6
  7      for i in 1 .. 20
  8      loop
  9          my_dbms_output.put_line( rpad( ' ', i, ' ' ) || i );
 10      end loop;
```

```
 11  end;
 12  /
```

PL/SQL procedure successfully completed.

```
tkyte@TKYTE816> select *
  2          from my_dbms_output_peek
  3  /

TEXT
-------------------------------
hello
Hey there
         1
             2
  . . .
                              19
                                20

23 rows selected.
```

O interessante a observar aqui é que SQL*PLUS, não estando ciente de MY_DBMS_OUTPUT, não exibirá automaticamente os resultados. Você precisará ajudá-lo o tempo todo e executar uma consulta para depositar os resultados.

Como só estamos usando SQL para acessar a saída, deve ser fácil para você reescrever sua própria classe DbmsOutput Java/JDBC. Ela será apenas o objeto ResulSet, nada mais. Como último comentário sobre esse fragmento de código, a saída de buffer ainda está lá, à nossa espera;

```
tkyte@TKYTE816> select *
  2          from my_dbms_output_peek
  3  /

TEXT
-------------------------
hello
Hey there
         1
             2
  . . .
                19
                  20

23 rows selected.
```

e não está só aguardando por nós, também podemos WHERE nela, classificá-la, uni-la e assim por diante (como com qualquer tabela):

```
tkyte@TKYTE816> select *
  2          from my_dbms_output_peek
  3          where text like '%1%'
  4  /

TEXT
-------------------------
1
                10
                  11
  . . .
                        18
                          19

11 rows selected.
```

Agora, se esse não for o comportamento desejado (ser capaz de consultar e reconsultar esses dados), selecionaríamos a partir de MY_DBMS_OUTPUT_VIEW:

```
tkyte@TKYTE816> select *
  2          from my_dbms_output_view
  3  /

TEXT
----------------------
hello
Hey there
1
...
                            19
                       20

23 rows selected.

tkyte@TKYTE816> select *
  2          from my_dbms_output_view
  3  /

no rows selected
```

Desse modo, só conseguimos ver os dados uma vez.

Essa nova implementação de DBMS_OUTPUT aumenta o limite de 255 bytes por linha para 4.000 bytes por linha, e efetivamente remove a limitação de tamanho no número total de saída de bytes (mas, você ainda está limitado pelo RAM disponível em seu servidor). Ele também introduz algumas novas funcionalidades (é possível consultar a sua saída, classificá-la e assim por diante). Ele remove o recurso padrão SQL*PLUS de apara de espaços em branco. Finalmente, diferente de UTL_FILE, os resultados de MY_DBMS_OUTPUT podem ser armazenados em um arquivo cliente, da mesma forma que a saída de DBMS_OUTPUT seria, tornando-o uma substituição viável para funções do lado cliente.

Você poderia perguntar porque usei um tipo objeto em vez de uma tabela temporária nessa implementação. A resposta é uma de código, e código extra. É grande a quantidade de código para gerenciar a tabela temporária, para ter pelo menos uma coluna adicional lembrando a ordem apropriada dos dados, em comparação a essa simples implementação. Uma tabela temporária também incorre em alguma quantidade de atividades e código extra de I/O. Por fim, seria difícil implementar o efeito da 'vista fluida' que tenho acima, enquanto que esvaziamos automaticamente a saída de buffer simplesmente selecionando a partir dele. Em resumo, usar o tipo de objeto leva a uma implementação de peso mais leve. Se eu planejasse usar isso para dezenas de MB de saída, poderia muito bem reconsiderar minha escolha de mecanismos de armazenagem e usar uma tabela temporária. Para quantidades moderadas de dados essa implementação funciona bem.

Resumo

Nesta seção, cobrimos como o pacote DBMS_QUTPUT é implementado. Agora que você sabe como ele funciona, não se tornará mais uma vítima de seus efeitos colaterais. Será capaz de prever que não obterá o tamanho de buffer que pediu, e saberá que o tamanho dessa saída de buffer às vezes irá parecer arbitrária. Você estará ciente de que não é possível produzir uma linha de saída que exceda 255 bytes sem uma nova linha. Você sabe que não pode ver a saída DBMS_OUTPUT senão *depois* que o procedimento ou declaração complete a execução, e ainda assim *só* se o ambiente que você estiver usando para consultar o banco de dados suportar DBMS_OUTPUT.

Além de obter um entendimento de como DBMS_OUTPUT funciona, também vimos como solucionar muitas das principais limitações, geralmente usando outros recursos para atingir nossos objetivos. Soluções como UTL_FILE para produzir arquivos planos e funções simples como P, não apenas poupam você de digitação, como imprimem linhas maiores. No caso extremo, vimos a implementação de sua própria funcionalidade equivalente, que não sofre alguns limites.

DBMS_OUTPUT é um bom exemplo de como algo parecendo simples pode ser uma peça de software muito complexa, com efeitos colaterais indesejáveis. Quando você lê a documentação de DBMS_OUTPUT no guia *Referência de pacotes fornecidos PL/SQL*, ele parece simples e direto. Depois, problemas como a quantidade total de bytes de saída que você pode gerar e assim por diante, o ceifam. Conhecimento de como o pacote trabalha nos ajuda a evitar esses problemas, seja estando cientes de que eles estão lá, seja usando métodos alternativos para implementar nossos aplicativos.

DBMS_PROFILER

O perfilador é um recurso há muito esperado (por mim, pelo menos). Ele nos oferece um perfilador de código fonte para nossos aplicativos PL/SQL. No passado, você sintonizava seus aplicativos PL/SQL usando SQL_TRACE e TKPROF, o que ajudava a identificar e sintonizar sua SQL de execução longa, mas tentar descobrir onde estava o gargalo em 5.000 linhas de código PL/SQL (que poderia até não ter sido escrito por você) era quase impossível. Geralmente, você acabava instrumentando o código com muitas chamadas a DBMS_UTILITY.GET_TIME para medir o espaço de tempo, em uma tentativa de descobrir o que estava lento.

Bem, não é mais preciso fazer isso — temos o pacote DBMS_PROFILER. Vou demonstrar como usá-lo. Eu mesmo uso pouco dessa funcionalidade total — só uso para encontrar as áreas realmente ruins, e vou direto lá, e o uso de forma muito simples. Porém, ele é configurado e destinado a fazer muito mais do que o apresentado aqui.

A reunião de estatística ocorre nas tabelas de banco de dados, configuradas para conter as estatísticas de muitas execuções diferentes de código. Para algumas pessoas isso está bem, mas eu só gosto de manter a última ou as duas últimas execuções lá. Qualquer coisa mais que isso fica confuso demais. Às vezes, informações demais é apenas isto — informações demais.

Seu DBA pode precisar instalar o perfilador no banco de dados. O procedimento para instalar esse pacote é simples:

- cd [ORACLE_HOME]/rdbms/admin.
- Usando SVRMGRL você se conectaria como SYS ou INTERNAL.
- Executar profload.sql.

De fato, para usar o perfilador depois disso, você precisará ter instaladas as tabelas de perfilação, que podem ser instaladas uma vez por banco de dados, mas recomendo que os desenvolvedores tenham a sua própria cópia. Felizmente, o pacote DBMS_PROFILER é montado com nomes de tabela não qualificados e direitos de chamador, para que possamos instalar as tabelas em cada esquema, e o pacote perfilador as usará corretamente. O motivo de cada um querer suas próprias tabelas é para que só você possa ver os resultados de execuções de seus perfis, não seus colegas de trabalho. Para obter uma cópia das tabelas de perfilação em seu esquema, você executaria [ORACLE_HOME]\rdbms\admin\proftab.sql em SQL*PLUS. Depois de executar proftab.sql, será preciso executar também profrep.sql. Esse script cria vistas e pacotes onde operar nas tabelas do perfilador, para gerar relatórios. É encontrado em [ORACLE_HOME]\plsql\demo\profrep.sql. Você também deve executá-lo em seu esquema, depois de criar as tabelas.

Gosto de manter um pequeno script por perto, para reajustar essas tabelas, e limpar cada uma delas com freqüência. Depois de ter feito uma ou duas execuções e tiver analisado os resultados, o executo. Tenho o seguinte script, que chamo de profreset.sql:

```
-- uses deletes because of foreign key constraint
delete from plsql_profiler_data;
delete from plsql_profiler_units;
delete from plsql_profiler_runs;
```

Estamos prontos para iniciar a perfilação. Vou demonstrar o uso desse pacote executando duas implementações diferentes de um algoritmo factorial. Um é recursivo, o outro iterativo. Usaremos o perfilador para ver qual é mais rápido e quais componentes do código são 'lentos' em cada implementação. O teste de direção para isso é, simplesmente:

```
tkyte@TKYTE816> @profreset
tkyte@TKYTE816> create or replace
  2    function fact_recursive( n int ) return number
  3    as
  4    begin
  5            if ( n = 1 )
  6            then
  7                    return 1;
  8            else
  9                    return n * fact_recursive(n=1);
 10            end if;
 11    end;
 12    /

Function created.

tkyte@TKYTE816> create or replace
  2    function fact_iterative( n int ) return number
  3    as
  4            l_result number default 1;
  5    begin
  6            for i in 2 . . n
  7            loop
  8                    l_result := l_result * i;
  9            end loop;
 10            return l_result;
 11    end;
 12    /

Function created.

tkyte@TKYTE816> set serveroutput on

tkyte@TKYTE816> exec dbms_profiler.start_profiler( 'factorial recursive' )

PL/SQL procedure successfully completed.

tkyte@TKYTE816> begin
  2            for i in 1 . . 50 loop
  3                    dbms_output.put_line( fact_recursive(50) );
  4            end loop;
  5    end;
  6    /
30414093201713378043612608166064768844300000000000000000000000000
. . .
30414093201713378043612608166064768844300000000000000000000000000

PL/SQL procedure successfully completed.

tkyte@TKYTE816> exec dbms_profiler.stop_profiler

PL/SQL procedure successfully completed.

tkyte@TKYTE816> exec dbms_profiler.start_profiler( 'factorial iterative' )

PL/SQL procedure successfully completed.
```

```
tkyte@TKYTE816> begin
  2             for i in 1 . . 50 loop
  3                     dbms_output.put_line( fact_iterative(50) );
  4             end loop;
  5     end;
  6     /
30414093201713378043612608166064768844300000000000000000000000000
. . .
30414093201713378043612608166064768844300000000000000000000000000

PL/SQL procedure successfully completed.

tkyte@TKYTE816> exec dbms_profiler.stop_profiler

PL/SQL procedure successfully completed.
```

Para coletar estatísticas de uma execução de perfilador, precisamos chamar START_PROFILER. Nomeamos cada execução com algum nome significativo, depois iniciamos a execução de código. Executo rotinas factoriais 50 vezes cada uma, antes de terminar a coleção de estatísticas de determinada execução. Estamos prontos agora para analisar os resultados.

Em [ORACLE_HOME]/plsql/demo há um script profsum.sql. Não o execute — algumas das consultas naquele script podem tomar um tempo considerável para executar (poderia levar horas), e a quantidade de dados que ele produz é muito grande. Abaixo está o profsum.sql modificado que eu mesmo uso, e que oferece praticamente as mesmas informações, mas com consultas que executam rapidamente, e onde muitos dos relatórios realmente detalhados são cortados. Algumas consultas também incluiriam as temporizações para a chamada STOP_PROFILER, outras não, distorcendo as observações de consulta para consulta. Ajustei todas as consultas para não incluir as temporizações do próprio pacote perfilador.

Meu profsum.sql é o seguinte e, claro, está disponível para carregar em http://www.wrox.com:

```
set echo off
set linesize 5000
set trimspool on
set serveroutput on
set termout off

column owner format all
column unit_name format a14
column text format a21 word_wrapped
column runid format 9999
column secs format 999.99
column hsecs format 999.00
column grand_total format 9999.99
column run_comment format all word_wrapped
column line# format 99999
column pct format 999.9
column unit_owner format all

spool profsum.out

/* Clean out rollup results, and recreate. */
update plsql_profiler_units set total_time = 0;

execute prof_report_utilities.rollup_all_runs;

prompt =
prompt =
prompt = = = = = = = = = = =
prompt Total time
select grand_total/1000000000 as grand_total
  from plsql_profiler_grand_total;
```

```
prompt =
prompt =
prompt = = = = = = = = = = =
prompt Total time spent on each run
select runid,
            substr(run_comment,1, 30) as run_comment,
            run_total_time/1000000000 as secs
  from (select a.runid, sum(a.total_time) run_total_time, b.run_comment
                    from plsql_profiler_units a, plsql_profiler_runs b
                where a.runid = b.unid group by a.runid, b.run_comment )
  where run_total_time > 0
  order by runid asc;

prompt =
prompt =
prompt = = = = = = = = = = =
prompt Percentage of time in each module, for each run separately
select pl.runid,
            substr(p2,run_comment, 1, 20) as run_comment,
            pl.unit_owner,
            decode(pl.unit_name, ' ', '<anonymous>',
                                            substr(pl.unit_name,1, 20)) as
unit_name,
            pl.total_time/1000000000 as secs,
            TO_CHAR(100*pl.total_time/p2.run_total_time, '999.9') as percentage
      from plsql_profiler_units p1,
              (select a.runid, sum(a.total_time) run_total_time, b.run_comment
                    from plsql_profiler_units a, plsql_profiler_runs b
                where a.runid = b.runid group by a.runid, b.run_comment ) p2
  where pl.runid=p2.runid
      and pl.total_time > 0
      and p2.run_total_time > 0
      and (pl.total_time/p2.run_total_time) >= .01
  order by pl.runid asc, pl.total_time desc;

column secs form 9.99
prompt =
prompt =
prompt = = = = = = = = = = =
prompt Percentage of time in each module, summarized across runs
select pl.unit_owner,
            decode(pl.unit_name, ' ', '<anonymous>', substr(pl.unit_name,1, 25)) as
unit_name,
        pl.total_time/1000000000 as secs,
        TO_CHAR(100*pl.total_time/p2.grand_total, '99999.99') as percentage
      from plsql_profiler_units_cross_run p1,
                plsql_profiler_grand_total p2
  order by pl.total_time DESC;

prompt =
prompt =
prompt = = = = = = = = = = =
prompt Lines taking more than 1% of the total time, each run separate
select p1.runid as runid,
        pl.total_time/1000000 as Hsecs,
            pl.total_time/p4.grand_total*100 as pct,
        substr(p2.unit_owner, 1, 20) as owner,
        decode(p2.unit_name, ' ', '<anonymous>', substr(p2.unit_name,1, 20)) as
unit_name,
        pl.line#,
        ( select p3.text
                from all_source p3
```

```
            where     p3.owner = p2.unit_owner and
                      p3.line = p1.line# and
                      p3.name=p2.unit_name and
                      p3.type not in ( 'PACKAGE', 'TYPE' ) ) text
    from plsql_profiler_data p1,
         plsql_profiler_units p2,
         plsql_profiler_grand_total p4
  where (p1.total_time >= p4.grand_total/100)
    AND p1.runID = p2.runid
    and p2.unit_number=p1.unit_number
  order by p1.total_time desc;
prompt =
prompt =
prompt = = = = = = = = = = =
prompt Most popular lines (more than 1%), summarize across all runs
select p1.total_time/10000000 as hsecs,
       p1.total_time/p4.grand_total*100 as pct,
       substr(p1.unit_owner, 1, 20) as unit_owner,
       decode(p1.unit_name, ' ', '<anonymous>',
                            substr(pl.unit_name,1, 20)) as unit_name,
       p1.line#,
       ( select p3.text from all_source p3
           where    (p3.line = p1.line#) and
                    (p3.owner = p1.unit_owner) AND
                    (p3.name = p1.unit_name) and
                    (p3.type not in ( 'PACKAGE', 'TYPE' ) ) ) text
    from plsql_profiler_lines_cross_run p1,
         plsql_profiler_grand_total p4
  where (p1.total_time >= p4.grand_total/100)
  order by p1.total_time desc;

execute prof_report_utilities.rollup_all_runs;

prompt =
prompt =
prompt = = = = = = = = = = =
prompt Number of lines actually executed in different units (by unit_name)

select p1.unit_owner,
       p1.unit_name,
       count( decode( p1.total_occur, 0, null, 0)) as lines_executed ,
       count(pl.line#) as lines_present,
       count( decode( p1.total_occur, 0, null, 0)) /count(pl.line#) *100
   as pct
    from plsql_profiler_lines_cross_run p1
  where (p1.unit_type in ('PACKAGE BODY', 'TYPE BODY',
                          'PROCEDURE', 'FUNCTION' ) )
  group by p1.unit_owner, p1.unit_name;
prompt =
prompt =
prompt = = = = = = = = = = =
prompt Number of lines actually executed for all units
select count(pl.line#) as lines_executed
     from plsql_profiler_lines_cross_run p1
  where (p1.unit_type in ('PACKAGE BODY', 'TYPE BODY',
                          'PROCEDURE', 'FUNCTION' ) )
          AND p1.total_occur > 0;

prompt =
prompt =
prompt = = = = = = = = = = =
prompt Total number of lines in all units
```

```
select count(pl.line#) as lines_present
    from plsql_profiler_lines_cross_run pl
  where (pl.unit_type in ( 'PACKAGE BODY', 'TYPE BODY',
                           'PROCEDURE', 'FUNCTION' ) );

spool off
set termout on
edit profsum.out
set linesize 131
```

Percorri todo o meu caminho para fazer aquele relatório caber em uma tela de 80 colunas; você poderia ser mais generoso com alguns formatos de coluna, se não usasse Telnet com freqüência.

Vejamos agora a saída de nossa execução fatorial, os resultados de executar o script profsum.sql acima:

```
Total time

GRAND_TOTAL
-----------
       5.57
```

Isso nos diz que o total geral de nossos tempos de execução através de ambas as execuções era de 5.57 segundos. Em seguida, veremos uma interrupção pela execução:

```
Total time spent on each run

RUNID   RUN_COMMENT       SECS
-----   -----------       ----
   17   factorial         3.26
        recursive

   18   factorial         2.31
        iterative
```

Esse já nos mostra que a rotina repetida não é nem de perto tão eficiente quanto a versão iterativa, demorou quase 50 por cento mais tempo para executar. Depois, veremos a quantidade de tempo gasto em cada módulo (pacote ou procedimento) em ambas as execuções e a porcentagem bruta de tempo por execução:

```
Percentage of time in each module, for each run separately

RUNID   RUN_COMMENT   UNIT_OWNER     UNIT_NAME        SECS    PERCEN
-----   -----------   ----------     ---------        ----    ------
   17   factorial     TKYTE          FACT_RECURSIVE   1.87      57.5
        recursive
   17   factorial     SYS            DBMS_OUTPUT      1.20      36.9
        recursive
   17   factorial     <anonymous>    <anonymous>       .08       2.5
        recursive
   17   factorial     <anonymous>    <anonymous>       .06       1.9
        recursive
   18   factorial     SYS            DBMS_OUTPUT      1.24      53.6
        iterative
   18   factorial     TKYTE          FACT_ITERATIVE    .89      38.5
        iterative
   18   factorial     <anonymous>    <anonymous>       .08       3.4
        iterative
   18   factorial     <anonymous>    <anonymous>       .06       2.7
        iterative

8 rows selected.
```

Neste exemplo, vimos que na implementação repetida, 57 por cento de nosso tempo de execução é gasto em nossa rotina, 37 por cento em DBMS_OUTPUT e o restante em rotinas variadas. Em nossa segunda execução, as porcentagens são bem diferentes. Nosso código tem apenas 38 por cento do tempo de execução total, e aqueles 38 por cento de um número menor! Isso já mostra que a segunda implementação é superior à primeira. Mais, falando sobre a coluna SECS. Podemos ver que a rotina repetida levou 1.87 segundos, enquanto a iterativa levou apenas .89. Se ignorarmos por um momento DBMS_OUTPUT, veremos que a rotina iterativa é duas vezes mais rápida que a implementação iterativa.

Deve-se notar que você poderia não obter exatamente as mesmas porcentagens (ou mesmo próximas) em seu sistema. Por exemplo, se você não tiver SERVEROUTPUT ON em SQL*PLUS, o DBMS_OUTPUT poderia até nem aparecer em seu sistema. Se você executar em uma máquina mais lenta ou mais rápida, os números serão muito diferentes. Por exemplo, quando executei em minha máquina Sparc Solaris, o tempo de GRAND_TOTAL foi de cerca de 1.0 segundos, e as porcentagens gastas em cada seção de código foram ligeiramente diferentes. No geral, o resultado final foi muito parecido, quanto à porcentagem.

Agora podemos ver o tempo gasto em cada módulo, resumido através das execuções, o que nos dirá qual peça de código gastou a maior parte de nosso tempo:

```
Percentage of time in each module, summarized across runs

UNIT_OWNER         UNIT_NAME              SECS       PERCENTAG
---------          ------------           -----      ---------
SYS                DBMS_OUTPUT            2.44       43.82
TKYTE              FACT_RECURSIVE         1.87       33.61
TKYTE              FACT_ITERATIVE          .89       16.00
<anonymous>        <anonymous>             .33        5.88
SYS                DBMS_PROFILER           .04         .69
```

Está óbvio que poderíamos cortar nosso tempo de execução quase pela metade, removendo a única chamada a DBMS_OUTPUT. De fato, se você simplesmente SET SERVEROUTPUT OFF, incapacitando efetivamente DBMS_OUTPUT e executando novamente o texto, descobrirá que ele cai para 3 por cento ou menos do tempo de execução total. Atualmente, ele está tomando a quantidade de tempo maior. O que é mais interessante do que isso é que 33 por cento do tempo total está na rotina repetida e apenas 16 por cento na iterativa — a rotina iterativa é muito mais rápida.

Vejamos alguns detalhes:

```
Lines taking more than 1% of the total time, each run separate

RUNID    HSECS    PCT    OWNER     UNIT_NAME         LINE    TEXT
-----    -----    ---    -----     ---------         ----    ----
  17     142.47   25.6   TKYTE     FACT_RECURSIVE      8     return n*fact_recursive(n-1);
  18      68.00   12.2   TKYTE     FACT_ITERATIVE      7     l_result := l_result * i;
  17      43.29    7.8   TKYTE     FACT_RECURSIVE      4     if ( n = 1 )
  17      19.58    3.5   SYS       DBMS_OUTPUT       116     a3 a0 51 a5 1c 6e 81 b0
  18      19.29    3.5   TKYTE     FACT_ITERATIVE      5     for i in 2     . . n
  18      17.66    3.2   SYS       DBMS_OUTPUT       116     a3 a0 51 a5 1c 6e 81 b0
  17      14.76    2.7   SYS       DBMS_OUTPUT       118     1c 51 81 b0 a3 a0 1c 51
  18      14.49    2.6   SYS       DBMS_OUTPUT       118     1c 51 81 b0 a3 a0 1c 51
  18      13.41    2.4   SYS       DBMS_OUTPUT       142     :2 a0 a5 b b4 2e d b7 19
  17      13.22    2.4   SYS       DBMS_OUTPUT       142     :2 a0 a5 b b4 2e d b7 19
  18      10.62    1.9   SYS       DBMS_OUTPUT       166     6e b4 2e d :2 a0 7e 51 b4
  17      10.46    1.9   SYS       DBMS_OUTPUT       166     6e b4 2e d :2 a0 7e 51 b4
  17       8.11    1.5   SYS       DBMS_OUTPUT        72     1TO_CHAR:
  18       8.09    1.5   SYS       DBMS_OUTPUT       144     8f a0 b0 3d b4 55 6a :3 a0
  18       8.02    1.4   SYS       DBMS_OUTPUT        72     1TO_CHAR:
  17       8.00    1.4   SYS       DBMS_OUTPUT       144     8f a0 b0 3d b4 55 6a :3 a0
  17       7.52    1.4   <ano>     <anonymous>         3
  18       7.22    1.3   <ano>     <anonymous>         3
  18       6.65    1.2   SYS       DBMS_OUTPUT       141     a0 b0 3d b4 55 6a :3 a0 7e
  18       6.21    1.1   <ano>     <anonymous>         1
  17       6.13    1.1   <ano>     <anonymous>         1
  18       5.77    10    SYS       DBMS_OUTPUT        81     1ORU-10028: : line length

22 rows selected.
```

Estou imprimindo o tempo de execução em centenas de segundos, em vez de segundos, e mostrando também a porcentagem. Não há surpresas — esperaríamos que a linha 8 na rotina repetida e a linha 7 na rotina iterativa fossem as grandes. Aqui, podemos ver que são. Essa parte do relatório dá as linhas específicas no código, de zero em diante, e corrige. Observe o estranho aspecto das linhas de código de DBMS_OUTPUT. É como se parece PL/SQL envolvida no banco de dados. É apenas uma representação de código de bytes na fonte atual, destinada a ocultá-los de olhos curiosos, como os seus e os meus.

O próximo relatório é semelhante ao de acima, mas ele agrega resultados através de execuções, enquanto que os números acima mostram porcentagens dentro de uma execução:

```
Most popular lines (more than 1%), summarize across all runs

   HSECS    PCT   OWNER    UNIT_NAME          LINE   TEXT
   -----    ---   -----    ---------          ----   ----
   142.47   25.6  TKYTE    FACT_RECURSIVE        8   return n* fact_recursive(n-1);
    68.00   12.2  TKYTE    FACT_ITERATIVE        7   l_result := l_result * i;
    43.29    7.8  TKYTE    FACT_RECURSIVE        4   if ( n = 1 )
    37.24    6.7  SYS      DBMS_OUTPUT         116   a3 a0 51 a5 1c 6e 81 b0
    29.26    5.3  SYS      DBMS_OUTPUT         118   1c 51 81 b0 a3 a0 1c 51
    26.63    4.8  SYS      DBMS_OUTPUT         142   :2 a0 a5 b b4 2e d b7 19
    21.08    3.8  SYS      DBMS_OUTPUT         166   6e b4 2e d :2 a0 7e 51 b4
    19.29    3.5  TKYTE    FACT-ITERATIVE        5   for i in 2 . . n
    16.88    3.0  <ano>    <anonymous>           1
    16.13    2.9  SYS      DBMS_OUTPUT          72   1TO_CHAR:
    16.09    2.9  SYS      DBMS_OUTPUT         144   8f a0 b0 3d b4 55 6a :3 a0
    14.74    2.6  <ano>    <anonymous>           3
    11.28    2.0  SYS      DBMS_OUTPUT          81   1ORU-10028: : line length overflow,
    10.17    1.8  SYS      DBMS_OUTPUT         147   4f 9a 8f a0 b0 3d b4 55
     9.52    1.7  SYS      DBMS_OUTPUT          73   1DATE:
     8.54    1.5  SYS      DBMS_OUTPUT         117   a3 a0 1c 51 81 b0 a3 a0
     7.36    1.3  SYS      DBMS_OUTPUT         141   a0 b0 3d b4 55 6a :3 a0 7e
     6.25    1.1  SYS      DBMS_OUTPUT          96   1WHILE:
     6.19    1.1  SYS      DBMS_OUTPUT          65   1499:
     5.77    1.0  SYS      DBMS_OUTPUT         145   7e a0 b4 2e d a0 57 b3

20 rows selected.
```

Finalmente, veremos um pouco de código de cobertura de estatísticas, útil não apenas para perfilar e sintonizar o desempenho, mas também para testar. Ele diz quantas declarações executamos no código e mostra a porcentagem do código que foi 'coberta':

```
Number of lines actually executed in different units (by unit_name)

UNIT_OWNER   UNIT_NAME        LINES_EXECUTED   LINES_PRESENT    PCT
----------   ---------        --------------   -------------    ---
SYS          DBMS_OUTPUT                  51              88   58.0
SYS          DBMS_PROFILER                 9              62   14.0
TKYTE        FACT_ITERATIVE                4               4  100.0
TKYTE        FACT_RECURSIVE                3               3  100.0
=
=
= = = = = = = = = = = = = = =
Number of lines actually executed for all units

   LINES_EXECUTED
   --------------
               67

=
=
```

```
= = = = = = = = = = = = = =
Total number of lines in all units

   LINES_PRESENT
   -----------
            157
```

Das 88 declarações no pacote DBMS_OUTPUT, executamos 51. É interessante notar como o DBMS_PROFILER conta linhas ou declarações aqui. Ele reivindica que FACT_ITERATIVE tem 4 linhas de código, mas se olharmos para o código fonte:

```
function fact_iterative( n int ) return number
as
        l_result number default 1;
begin
        for i in 2 . . n
        loop
                l_result := l_result * i;
        end loop;
        return l_result;
end;
```

Claramente, não vejo quatro de nada. DBMS_PROFILER está contando declarações e não, realmente, linhas de código. Aqui, as quatro declarações são:

```
. . .
        l_result number default 1;
. . .
        for i in 2 . . n
. . .
            l_result := l_result * i;
. . .
        return l_result;
. . .
```

Todo o resto, enquanto necessário para compilar e executar o código, realmente não era código executável, portanto não são declarações. DBMS_PROFILER pode ser usado para nos dizer quantas declarações executáveis temos em nosso código, e quantas de fato executamos.

Advertências

As únicas advertências que tenho com relação a DBMS_PROFILER são a quantidade de dados que ele gera e a quantidade de tempo que consome.

O pequeno teste que fizemos acima gerou mais de 500 fileiras de observações na tabela PLSQL_PROFILER_DATA. Essa tabela contém onze colunas de números, não é muito 'larga', mas cresce rapidamente. Cada declaração executada levará uma fileira a ser acrescentada a essa tabela. Você precisará monitorar o espaço que precisa para ela, e assegurar-se de limpá-la, às vezes. Esse não costuma ser um problema sério, mas tenho visto essa tabela ser preenchida com milhares de fileiras por rotinas PL/SQL extremamente complexas (centenas de milhares de fileiras).

A quantidade de tempo que ele pode consumir é um problema mais traiçoeiro. Não importa quanto você sintoniza, haverá *sempre* uma linha de código que consome a maior parte do tempo. Se você tirar essa linha de código do alto da lista, outra estará apenas esperando para ocupar o seu lugar. Você nunca obterá um relatório do DBMS_PROFILER que diz 'tudo executou tão rápido, eu nem ao menos gerei um relatório'. Para usar essa ferramenta com eficácia, você mesmo precisa ajustar alguns objetivos — dar a si próprio uma linha de chegada. Ajustar um limite de tempo (sintonizo essa rotina, com o melhor da minha habilidade, para duas horas) ou para um limite de desempenho métrico (quando o tempo de execução for N vezes de comprimento, ele irá parar). Caso contrário, se verá (como me acontece, de tempos em tempos) perdendo um tempo incrível fazendo a sintonização refinada de uma rotina que simplesmente não pode executar mais depressa.

DBMS_PROFILER é uma boa ferramenta, com muitas informações detalhadas. Ela é fácil demais para ficar atolado em detalhes.

Resumo

Nesta seção, cobrimos os usos do pacote DBMS_PROFILER. Um dos principais é o perfilamento de código fonte, para detectar onde o tempo de código está sendo gasto ou para comparar dois algoritmos diferentes. Outro uso importante é como ferramenta de cobertura de código, para relatar a porcentagem de declarações executáveis que suas rotinas de teste exercitam no aplicativo. Enquanto que 100 por cento de cobertura de código não garante que o seu código esteja livre de bug , certamente leva você um passo mais perto.

Também desenvolvemos um relatório, com base no relatório de perfilador de exemplo oferecido pelo Oracle, que extrai as informações básicas necessárias para usar com sucesso a ferramenta DBMS_PROFILER. Ele evita o grande detalhe com que você pode se envolver, oferecendo a vista agregada do que aconteceu em seu aplicativo e mais detalhes sobre as partes mais caras. Ele realmente pode ser o único relatório que você precisa para usar com essa ferramenta, para identificar gargalos e sintonizar seu aplicativo.

DBMS_UTILITY

O pacote DBMS_UTILITY é uma coleção de procedimentos variados. É onde muitos procedimentos individuais são colocados. Por padrão, o pacote DBMS_UTILITY é instalado no banco de dados, e tem EXECUTE concedido a PUBLIC. Os procedimentos nesse pacote não se relacionam uns com os outros, pois geralmente estão em outros pacotes. Por exemplo, todos os pontos de entrada no pacote DBMS_UTILITY têm objetivo e significado comuns — fazer I/O em um arquivo. Os pontos de entrada em DBMS_UTILITY são bem independentes uns dos outros.

Nesta seção, veremos muitas dessas funções, e apontaremos as advertências e problemas importantes.

COMPILE_SCHEMA

O objetivo do procedimento COMPILE_SCHEMA é tentar tornar válidos todos os procedimentos, pacotes, disparadores, vistas, tipos etc, *inválidos* em um esquema. Esse procedimento funciona em Oracle 8.1.6 usando a vista SYS.ORDER_OBJECT_BY_DEPENDENCY, que retorna objetos na ordem em que eles dependem uns dos outros. No Oracle 8.1.7 e superior, essa vista não é mais usada (o porquê disso ser relevante será mostrado adiante). Se compilarmos os objetos na ordem em que essa vista os retorna, ao final todos os objetos que *podem* ser válidos *deverão* ser válidos. Esse procedimento executa um comando ALTER COMPILE como o usuário que chamou o procedimento (direitos de chamador).

Deve ser observado que COMPILE_SCHEMA exige que você passe um nome de usuário com estilo de letra. Se você chamar:

```
scott@TKYTE816> exec DBMS_UTILITY.compile_schema( 'scott' );
```

é provável que nada vá acontecer, a menos que tenha um usuário chamado scott com letra minúscula. É preciso passar SCOTT.

Entretanto, há outro problema com COMPILE_SCHEMA em versões 8.1 do banco de dados anteriores a 8.1.6.2 (isto é, todas as versões 8.1.5, 8.1.6.0 e 8.1.6.1). Se você tiver um banco de dados capacitado para Java, isso introduzirá algumas dependências repetidas em seu sistema, o que levará COMPILE_SCHEMA a erguer o erro:

```
scott@TKYTE816> exec dbms_utility.compile_schema( user );
BEGIN dbms_utility.compile_schema( user ); END;

*
ERROR at line 1:
ORA-01436: CONNECT BY loop in user data
ORA-06512: at "SYS.DBMS_UTILITY", line 195
ORA-06512: at line 1
```

Isto vem da vista SYS.ORDER_OBJECT_BY_DEPENDENCY, e é o motivo pelo qual o Oracle 8.1.7 e superior não usam essa vista. Se esse erro for encontrado, poderemos criar o nosso próprio procedimento COMPILE_SCHEMA, que se comporta exatamente como o verdadeiro COMPILE_SCHEMA. Podemos fazê-lo compilando os objetos em qualquer ordem que quisermos. É um preconceito comum que precisamos compilar objetos em alguma ordem específica — na verdade, podemos fazê-lo em *qualquer ordem arbitrária*, e ainda assim terminar obtendo a saída que teríamos se ordenássemos por dependência. A lógica é:

1. Pegar qualquer objeto inválido de um esquema que ainda não tentamos compilar.
2. Compilá-lo.
3. Voltar para a etapa um até que não haja mais objetos inválidos que ainda não tentamos compilar.

É simples assim — não precisamos de ordem especial, porque um efeito colateral de compilar um objeto inválido é que todos os objetos inválidos dos quais eles dependem serão compilados na ordem, para validar esse. Só precisamos continuar compilando objetos até que não haja mais inválidos (bem, devemos ter alguns inválidos, mas isso porque eles não podem ser compilados com sucesso, independente de qualquer coisa). O que poderíamos descobrir é que só precisamos compilar um *único* procedimento para ter 10 ou 20 outros objetos compilados. Desde que não tentemos recompilar manualmente aqueles 10 ou 20 outros objetos (invalidaria novamente o primeiro objeto), estaremos **OK**.

Como a implementação desse procedimento é interessante, de certa forma, iremos demonstrá-la aqui. Precisamos confiar em uma rotina de direitos de chamador para fazer o comando ALTER COMPILE. No entanto, precisamos de acesso à tabela DBA_OBJECTS para encontrar o 'próximo' objeto inválido e relatar sobre a posição do objeto recém compilado. Necessariamente, não precisamos de chamador da rotina para ter acesso a DBA_OBJECTS. Para consegui-lo, usaremos uma mistura de rotinas de direitos de chamador e de definidor. Mas precisamos garantir que a rotina de nível alto, aquela chamada pelo usuário final, seja a rotina de direitos do chamador, para ter certeza que as funções estarão capacitadas.

Eis minha implementação de um COMPILE_SCHEMA

> *O usuário que executar esse script precisa ter permissão de SELECT diretamente na vista SYS.DBA_OBJECTS (refira-se ao Capítulo 23, para detalhes sobre o motivo).*

Como esse é um script SQL*PLUS, com algumas diretivas SQL*PLUS nele, dessa vez mostrarei o script, não os resultados de sua execução. Estou usando uma substituição de variável SQL*PLUS para preencher o nome do esquema à medida que compilamos objetos. Faço isso devido à rotina de direitos de chamador (a necessidade de objetos completamente qualificados se estiverem sempre acessíveis à *mesma* tabela, independente de quem a esteja executando), e o fato é que eu, pessoalmente, não gosto de confiar em sinônimos públicos. O script será dado a você em partes, entremeado de comentários:

```
column u new_val uname
select user u from dual;

drop table compile_schema_tmp
/

create global temporary table compile_schema_tmp
( object_name varchar2(30),
  object_type varchar2(30),
  constraint compile_schema_tmp_pk
  primary key(object_name, object_type)
)
on commit preserve rows
/

grant all on compile_schema_tmp to public
/
```

Iniciamos o script obtendo o nome de usuário do atualmente registrado, em uma substituição de variável SQL*PLUS. Usaremos isso mais tarde, em nossos procedimentos CREATE OR REPLACE. Precisamos fazê-lo porque nosso procedimento vai executar como uma rotina de direitos de chamador, e precisa acessar à tabela que acabamos de criar. Se você recorda o Capítulo 23, discutimos como são feitas referências a tabelas no procedimento, usando o esquema padrão da pessoa que estiver executando o procedimento. Então, temos apenas uma tabela temporária que todos os usuários usarão, e ela será de propriedade de quem instalar esse pacote. Precisamos portanto codificar pesadamente o nome de usuário na rotina PL/SQL. A tabela temporária é usada pelos nossos procedimentos para 'lembrar' quais objetos tentamos compilar. Precisamos usar ON COMMIT PRESERVE ROWS, devido a que faremos DDL em nosso procedimento (o comando ALTER COMPILE é DDL), e DDL compromete. Em seguida, podemos iniciar os procedimentos que precisamos:

```
create or replace
procedure get_next_object_to_compile(   p_username in varchar2,
                                        p_cmd out varchar2,
                                        p_obj out varchar2,
                                        p_typ out varchar2 )
as
begin
   select 'alter ' || object_type || ' '
                   || p_username || '.' || object_name ||
                   decode( object_type, 'PACKAGE BODY', ' compile body',
                           ' compile' ), object_name, object_type
     into p_cmd, p_obj, p_typ
     from dba_objects a
    where owner = upper(p_username)
      and status = 'INVALID'
      and object_type <> 'UNDEFINED'
      and not exists ( select null
                         from compile_schema_tmp b
                        where a.object_name = b.object_name
                          and a.object_type = b.object_type
                     )
      and rownum = 1;

   insert into compile_schema_tmp
   ( object_name, object_type )
   values
   ( p_obj, p_typ );
end;
/
```

Esse é um procedimento de direitos de definidor que acessa para nós a vista DBA_OBJECTS. Ele retornará 'algum' objeto inválido a ser compilado, desde que ainda não tenhamos tentado compilá-lo; ele só encontra o primeiro. À medida que os recuperamos, 'lembramos' deles em nossa tabela temporária. Note que essa rotina atirará a exceção NO_DATA_FOUND quando não restarem objetos a serem compilados no esquema solicitado — usaremos esse fato em nossa rotina, para parar de processar. Em seguida, temos nossa rotina de direitos de chamador, que irá de fato fazer a compilação. Isso também mostra porque precisamos da diretiva COLUMN U NEW_VAL UNAME acima — precisamos inserir fisicamente o *proprietário* da tabela temporária, para evitar precisar de um sinônimo. Como faço isso dinamicamente, quando da compilação do procedimento, ele é melhor que um sinônimo:

```
create or replace procedure compile_schema( p_username in varchar2 )
authid current_user
as
   l_cmd varchar2(512);
   l_obj dba_objects.object_name%type;
   l_typ dba_objects.object_type%type;
begin
   delete from %uname..compile_schema_tmp;

   loop
       get_next_object_to_compile( p_username, l_cmd, l_obj, l_typ );

       dbms_output.put_line( l_cmd );
       begin
           execute immediate l_cmd;
           dbms_output.put_line( 'Successful' );
```

```
            exception
                when others then
                    dbms_output.put_line( sqlerrm );
            end;
            dbms_output.put_line( chr(9) );
        end loop;

    exception - get_next_object_to_compile raises this when done
        when no_data_found then NULL;
    end;
/

grant execute on compile_schema to public
/
```

E é isso. Agora você pode entrar em qualquer esquema que seja capaz de compilar alguns objetos e executar:

```
scott@TKYTE816> exec tkyte.compile_schema('scott')
alter PROCEDURE scott.ANALYZE_MY_TABLES compile
Successful

alter PROCEDURE scott.CUST_LIST compile
ORA-24344: success with compilation error

alter TYPE scott.EMP_MASTER compile
ORA-24344: success with compilation error

alter PROCEDURE scott.FOO compile
Successful

alter PACKAGE scott.LOADLOBS compile
Successful

alter PROCEDURE scott.P compile
Successful

alter PROCEDURE scott.RUN_BY_JOBS compile
Successful

PL/SQL procedure successfully completed.
```

Vemos assim os objetos que ele tentou compilar e o resultado. De acordo com o acima, compilamos sete objetos, dois dos quais falharam, e cinco foram bem sucedidos. Nós os compilamos em qualquer ordem — a ordem não é relevante. Esse procedimento funcionaria em todas as situações.

ANALYZE_SCHEMA

A rotina ANALYZE_SCHEMA faz muito do que parece fazer — uma ANALYZE para coletar estatísticas dos objetos em um esquema do usuário. É recomendado que você nunca a faça em SYS ou em SYSTEM. Especialmente em SYS, como uma SQL repetida gerada pelo Oracle em anos em que foi otimizada para executar com o otimizador baseado em regra. Ter estatísticas em tabelas possuídas por SYS levará seu banco de dados a operar mais lentamente do que deveria. Você pode usar esse procedimento para analisar esquemas de aplicativo que você mesmo tenha desenvolvido.

O procedimento ANALYZE_SCHEMA aceita cinco argumentos:

- ❏ SCHEMA — O esquema a ser analisado.
- ❏ ETHOD — ESTIMATE, COMPUTE ou DELETE. Se ESTIMATE, ESTIMATE_ROWS ou ESTIMATE_PERCENT não poderá ser zero.
- ❏ ESTIMATE_ROWS — Números de fileiras a avaliar.
- ❏ ESTIMATE_PERCENT — Porcentagem de fileiras a avaliar. Se ESTIMATE_ROWS for especificado, esse parâmetro será ignorado.

❏   METHOD_OPT [FOR TABLE] [FOR ALL [INDEXED] COLUMNS] [SIZE n] [FOR ALL INDEXES] — Essas opções são as mesmas que você usa com o próprio comando ANALYZE. Você as encontrará completamente documentadas no manual *Referência Oracle8i SQL*, em comandos ANALYZE, *para cláusula*.

Por exemplo, para analisar todos os objetos no esquema do SCOTT, podemos fazer o seguinte. Começamos apagando e depois coletando estatísticas:

```
scott@TKYTE816> exec dbms_utility.analyze_schema(user, 'delete');

PL/SQL procedure successfully completed.

scott@TKYTE816> select table_name, num_rows, last_analyzed
  2    from user_tables

TABLE_NAME                          NUM_ROWS    LAST_ANAL
---------------------------         --------    ---------
BONUS
CREATE$JAVA$LOB$TABLE
DEPT
. . .

12 rows selected.

scott@TKYTE816> exec dbms_utility.analyze_schema(user, 'compute');

PL/SQL procedure successfully completed.

scott@TKYTE816> select table_name, num_rows, last_analyzed
  2    from user_tables;

TABLE_NAME                          NUM_ROWS    LAST_ANAL
---------------------------         --------    ---------
BONUS                                      0    03-FEB-01
CREATE$JAA$LOB$TABLE                      58    03-FEB-01
DEPT                                       4    03-FEB-01
. . .

12 rows selected.
```

Vimos que ANALYZE COMPUTE fez o seu trabalho — as colunas NUM_ROWS e LAST_ANALYZED foram preenchidas.

Geralmente o procedimento ANALYZE_SCHEMA é tão direto quanto parece. Se você tiver necessidade de analisar especificamente determinados objetos de certas formas, ele não se aplicará. Esse procedimento faz o mesmo tipo de análise em cada tipo de objeto, e não tem exceções. Por exemplo, se você tiver uma grande armazenagem de dados e usar histogramas em colunas específicas, ou conjuntos de colunas só em determinadas tabelas, ANALYZE_SCHEMA não é o que você quer. É possível usar ANALYZE_SCHEMA para obter histogramas de todas ou de nenhuma coluna — não apenas de certas colunas. Quando você estiver além do 'simples' com relação a analisar objetos, ANALYZE_SCHEMA não será mais útil. Essa rotina funciona bem em aplicativos de tamanho pequeno para médio, onde pequeno para médio é a medida da quantidade de dados que você tem. Se tiver grande volume de dados, irá querer analisar em paralelo ou usar opções especiais para analisar várias tabelas. Isso excluirá ANALYZE_SCHEMA de ser útil a você.

Se usar ANALYZE_SCHEMA, você deverá estar ciente dos dois problemas a seguir. O primeiro tem a ver com ANALYZE_SCHEMA em um esquema que esteja mudando. O segundo refere-se a objetos que ANALYZE_SCHEMA não analisa. Veremos cada uma dessas duas advertências.

ANALYZE_SCHEMA
com um esquema sendo mudado

Suponha que você inicie um ANALYZE_SCHEMA no esquema SCOTT. Algumas tabelas grandes foram acrescentadas, portanto irá demorar um pouco. Em outra sessão, você solta ou acrescenta alguns objetos ao esquema de SCOTT. O objeto que foi solto ainda não foi alcançado por ANALYZE_SCHEMA. Quando ele o fizer, você receberá uma mensagem de certa forma confusa:

```
scott@TKYTE816> exec dbms_utility.analyze_schema(user, 'compute');
BEGIN dbms_utility.analyze_schema(user, 'compute'); END;

*
ERROR at line 1:
ORA-20000: You have insufficient privileges for an object in this schema.
ORA-06512: at "SYS.DBMS_UTILITY", line 258
ORA-06512: at line 1
```

Obviamente, você tem todos os privilégios de que precisa; afinal, possui os objetos. O erro aqui é que uma tabela que ele está tentando analisar não existe mais, quando ele se aproxima para analisá-la. Em vez de reconhecer que a tabela não mais existe, ele supõe que existe, e o erro precisa ser que você não tem privilégios suficientes para analisá-la. Atualmente, não há nada que você possa fazer, a não ser:

- ❏ Reiniciar o ANALYZE_SCHEMA.
- ❏ Não soltar objetos enquanto ANALYZE_SCHEMA estiver executando.

Outra coisa a que você deve estar atento é que objetos acrescentados ao esquema *depois* de ANALYZE_SCHEMA começar não serão analisados — ele ainda não os verá. Isso é bastante prejudicial, pois o ANALYZE_SCHEMA executará a complementação com sucesso.

ANALYZE_SCHEMA
não analisa tudo

Há um problema em aberto com relação a ANALYZE_SCHEMA. Ele não irá analisar uma tabela organizada por índice que tenha um segmento de excesso (veja o Capítulo 7, para mais informações com referência a IOTs e excessos). Por exemplo, se você executar o código:

```
scott@TKYTE816> drop table t;

Table dropped.

scott@TKYTE816> create table t ( x int primary key, y date )
  2  organization index
  3  OVERFLOW TABLESPACE TOOLS
  4  /

Table created.

scott@TKYTE816> execute dbms_utility.analyze_schema('SCOTT', 'COMPUTE')

PL/SQL procedure successfully completed.

scott@TKYTE816> select table_name, num_rows, last_analyzed
  2     from user_tables
  3    where table_name = 'T';
TABLE_NAME                       NUM_ROWS    LAST_ANAL
------------------------------   ---------   ---------
T
```

ele não será analisado. No entanto, se você deixar de fora a cláusula OVERFLOW:

```
Scott@TKYTE816> drop table t;

Table dropped.
```

```
scott@TKYTE816> create table t ( x int primary key, y date )
  2  organization index
  3  /

Table created.

scott@TKYTE816> execute dbms_utility.analyze_schema('SCOTT', 'COMPUTE')

PL/SQL procedure successfully completed.

scott@TKYTE816> select table_name, num_rows, last_analyzed
  2    from user_tables
  3   where table_name = 'T';

TABLE_NAME                         NUM_ROWS   LAST_ANAL
-------------------------------    --------   ---------
T                                         0   03-FEB-01
```

ele o faz. Isso *não* significa que você deve deixar OVERFLOW fora de suas IOTs, mas que deve analisar manualmente esses objetos.

ANALYZE_DATABASE

Esta será uma seção excepcionalmente curta. *Não use esse procedimento*. Não é realista em um banco de dados de qualquer tamanho, e tem um efeito colateral desagradável por analisar o dicionário de dados (há objetos possuídos por SYS, e você nunca deve analisá-los). Não o use. Simplesmente ignore sua existência.

FORMAT_ERROR_STACK

Erro de Formato de Pilha é uma função que, à primeira vista, pareceria ser muito útil mas, em retrospecto, absolutamente não é. FORMAT_ERROR_STACK é simplesmente a implementação menos funcional de SQLERRM (SQL ERRor Message). Uma simples demonstração ajudará a entender o que quero dizer:

```
scott@TKYTE816> create or replace procedure p1
  2  as
  3  begin
  4          raise program_error;
  5  end;
  6  /

Procedure created.

scott@TKYTE816> create or replace procedure p2
  2  as
  3  begin
  4          p1;
  5  end;
  6  /

Procedure created.

scott@TKYTE816> create or replace procedure p3
  2  as
  3  begin
  4          p2;
  5  end;
  6  /

Procedure created.
```

```
scott@TKYTE816> exec p3
BEGIN p3; END;

  *
ERROR at line 1:
ORA-6501: PL/SQL: program error
ORA-06512: at "SCOTT.P1", line 4
ORA-06512: at 'SCOTT.P2", line 4
ORA-06512: at 'SCOTT.P3", line 4
ORA-06512: at line 1
```

Se tivermos um erro e ele não for pego no manuseio de exceção, toda a pilha de erros seria exibida, e estaria disponível para ser usada em um programa Pro*C, OCI, JDBC etc. Você deve esperar que a rotina DBMS_UTILITY.FORMAT_ERROR_STACK retorne informações semelhantes. Entretanto, descobrirá que ela perde essas informações importantes:

```
scott@TKYTE816> create or replace procedure p3
  2  as
  3  begin
  4       p2;
  5  exception
  6     when others then
  7         dbms_output.put_line( dbms_utility.format_error_stack )
  8  end;
  9  /
Procedure created.

scott@TKYTE816> exec p3
ORA-06510: PL/SQL: program error

PL/SQL procedure successfully completed.
```

Como se pode ver, perdemos de fato a pilha de erros, chamando FORMAT_ERROR_STACK! Essa rotina retorna as mesmas informações que SQLERRM retornaria:

```
scott@TKYTE816> create or replace procedure p3
  2  as
  3  begin
  4       p2;
  5  exception
  6     when others then
  7         dbms_output.put_line( sqlerrm );
  8  end;
  9  /
Procedure created.

scott@TKYTE816> exec p3
ORA-06501: PL/SQL: program error

PL/SQL procedure successfully completed.
```

Antes, eu disse que FORMAT_ERROR_STACK era uma SQLERRM menos funcional. Isso é porque SQLERRM pode não apenas retornar a mensagem de erro atual como qualquer mensagem de erro:

```
scott@TKYTE816> exec dbms_output.put_line( sqlerrm(-1) );
ORA-00001: unique constraint (.) violated

PL/SQL procedure successfully completed.
```

Infelizmente, não há forma, atualmente, de conseguir a pilha de erro verdadeira em PL/SQL. Você precisa permitir que erros fatais se propaguem até a chamada à rotina cliente, para conseguir o verdadeiro número de linha do código que inicialmente levantou o erro.

FORMAT_CALL_STACK

Felizmente, essa função é realmente útil, comparada a FORMAT_ERROR_STACK. Ela retorna para nós a atual chamada de pilha. Usando isso, podemos escrever alguns procedimentos de utilitário, como MY_CALLER e WHO_AM_I. Essas rotinas chamam um procedimento para determinar qual é o código fonte, a partir de qual número de linha o chamou, o que é muito útil para objetivos de depuração e registro. Um procedimento também poderia modificar esse comportamento, com base em quem o chamou ou de onde ele foi chamado.

Antes de introduzirmos o código para MY_CALLER e WHO_AM_I, vamos olhar o que a chamada de pilha nos oferece e qual deve ser o destino da saída dessas rotinas. Se usarmos o exemplo de P1, P2, P3 acima e a reescrevermos P1 para ser:

```
scott@TKYTE816> create or replace procedure p1
  2  as
  3      l_owner         varchar2(30);
  4      l_name          varchar2(30);
  5      l_lineno        number;
  6      l_type          varchar2(30);
  7  begin
  8      dbms_output.put_line( '- - - - - - - - - - - - - - - - -' );
  9      dbms_output.put_line( dbms_utility.format_call_stack );
 10      dbms_output.put_line( '- - - - - - - - - - - - - - - - -' );
 11      who_called_me( l_owner, l_name, l_lineno, l_type );
 12      dbms_output.put_line( l_type || ' ' ||
 13                            l_owner || '.' || l_name ||
 14                            '(' || l_lineno || ')' );
 15      dbms_output.put_line( '- - - - - - - - - - - - - - - - -' );
 16      dbms_output.put_line( who_am_i );
 17      dbms_output.put_line( '- - - - - - - - - - - - - - - - -' );
 18      raise program_error;
 19  end;
 20  /

Procedure created.
```

receberemos saída como:

```
scott@TKYTE816> exec p3
- - - - - - - - - - - - - - - - -
- - - - - PL/SQL Call Stack - - - - -
  object      line    object
  handle      number  name
  2f191e0        9    procedure SCOTT.P1
  39f0a9c        4    procedure SCOTT.P2
  3aae318        4    procedure SCOTT.P3
  3a3461c        1    anonymous block
- - - - - - - - - - - - - - - - -
PROCEDURE SCOTT.P2(4)
- - - - - - - - - - - - - - - - -
SCOTT.P1(16)
- - - - - - - - - - - - - - - - -
BEGIN p3; END;

*
ERROR at line 1:
ORA-06501: PL/SQL: program error
ORA-06512: at "SCOTT.P2", line 8
ORA-06512: at "SCOTT.P3", line 4
ORA-06512: at line 1
```

Assim, podemos ver toda a chamada à pilha em P1; P1 foi chamado por P2, P2 foi chamado por P3 e P3 foi chamado por um bloco anônimo. Além disso, podemos recuperar por procedimento o fato que nosso chamador em P1 era o procedimento SCOTT.P2 e nos chamou da linha 4. Finalmente, podemos ver que somos o procedimento SCOTT.P1.

Portanto, agora que vimos como se parece a chamada de pilha e qual tipo de saída deveríamos obter, podemos apresentar o código para fazer:

```
tkyte@TKYTE816> create or replace function my_caller return varchar2
  2
  3    as
  4         owner            varchar2(30);
  5         name             varchar2(30);
  6         lineno           number;
  7         caller_t         varchar2(30);
  8         call_stack       varchar2(4096) default dbms_utility.format_call_stack;
  9         n                number;
 10         found_stack BOOLEAN default FALSE;
 11         line             varchar2(255);
 12         cnt              number := 0;
 13    begin
 14
 15         loop
 16             n := instr( call_stack, chr(10) );
 17             exit when ( cnt = 3 or n is NULL or n = 0 );
 18
 19             line := substr( call_stack, 1, n-1 );
 20             call_stack := substr( call_stack, n+1 );
 21
 22             if ( NOT found_stack ) then
 23                 if ( line like '%handle%number%name%' ) then
 24                     found_stack := TRUE;
 25                 end if;
 26             else
 27                 cnt := cnt + 1;
 28                 - - cnt = 1 is ME
 29                 - - cnt = 2 is MY Caller
 30                 - - cnt = 3 is Their Caller
 31                 if ( cnt = 3 ) then
 32                     lineno := to_number(substr( line, 13, 6 ));
 33                     line         := substr( line, 21 );
 34                     if ( line like 'pr%' ) then
 35                         n := length( 'procedure ' );
 36                     elsif ( line like 'fun%' ) then
 37                         n := length( 'function ' );
 38                     elsif ( line like 'package body%' ) then
 39                         n := length( 'package body ' );
 40                     elsif ( line like 'pack%' ) then
 41                         n := length( 'package ' );
 42                     elsif ( line like 'anonymous block%' ) then
 43                         n := length( 'anonymous block ' );
 44                     else - - must be a trigger
 45                         n := 0;
 46                     end if;
 47                     if ( n <> 0 ) then
 48                         caller_t := ltrim(rtrim(upper(substr(line,1,n-1))));
 49                         line := substr( line, n );
 50                     else
 51                         caller_t := 'TRIGGER';
 52                         line := ltrim( line );
 53                     end if;
 54                     n := instr( line, '.' );
 55                     owner := ltrim(rtrim(substr( line, 1, n-1 )));
 56                     name := ltrim(rtrim(substr( line, n+1 )));
 57                 end if;
 58             end if;
 59         end loop;
 60         return owner || '.' || name;
```

```
 61    end;
 62  /

Function created.

tkyte@TKYTE816> create or replace function who_am_i return varchar2
  2  as
  3  begin
  4          return my_caller;
  5  end;
  6  /

Function created.
```

Agora que você tem essas rotinas, pode fazer algumas coisas interessantes. Ela tem sido usada para:

- **Fazer controle** — As rotinas de controlar o registro não apenas do *usuário* que fez alguma operação, mas também do *código* que ele fez.
- **Fazer depuração** — Por exemplo, se você entulhar seu código com chamadas a DBMS_APPLICATION_INFO.SET_CLIENT_INFO (WHO_AM_I), pode consultar V$SESSION em outra sessão, para ver onde estará, no seu código. Veja a seção anterior desse apêndice, sobre DBMS_APPLICATION_INFO, para detalhes sobre esse pacote.

GET_TIME

Essa função retorna um marcador que mede o tempo em centésimos de segundo. Você não pode usar GET_TIME para dizer que horas são, uma função que o seu nome pode implicar, mas pode usá-la para medir o espaço de tempo. Uma maneira comum de fazer isso é:

```
scott@TKYTE816> declare
  2      l_start number;
  3      n        number := 0;
  4  begin
  5
  6      l_start := dbms_utility.get_time;
  7
  8      for x in 1 . . 100000
  9      loop
 10          n := n+1;
 11      end loop;
 12
 13      dbms_output.put_line( ' it took ' ||
 14          round( (dbms_utility.get_time-l_start)/100, 2 ) ||
 15          ' seconds. . .' );
 16  end;
 17  /
it took .12 seconds. . .

PL/SQL procedure successfully completed.
```

assim, você pode usar GET_TIME para medir o espaço de tempo em centésimos de um segundo. Entretanto, você deve notar que GET_TIME voltará para *zero* e começará contando novamente se o seu banco de dados estiver ativo longo tempo. Na maioria das plataformas, esse tempo para ser retornado tem bem mais que um ano de comprimento. O contador é um inteiro de 32 bits, e isso pode conter centésimos de segundos de cerca de 497 dias. Depois disso, o inteiro de 32 bits retornará para zero e recomeçará. Em algumas plataformas, o sistema operacional oferece esse marcador em um aumento menor que centésimos de segundos. Nessas plataformas, o marcador pode retornar mais cedo que 497 dias. Por exemplo, em Sequent, é sabido que o timer retornará a cada 71.58 minutos, visto que o marcador desse sistema operacional mede o tempo em microssegundos, deixando significativamente menos espaço no inteiro de 32 bits. Em uma plataforma de 64 bits, o tempo pode muito bem não retornar por milhares de anos.

Uma última observação sobre GET_TIME. O mesmo valor que GET_TIME retorna pode ser recuperado a partir de SELECT * FROM V$TIMER. A vista dinâmica e GET_TIME retornam os mesmos valores:

```
tkyte@TKYTE816> select hsecs, dbms_utility.get_time
  2    from v$timer;

     HSECS       GET_TIME
----------     ----------
    7944822       7944822
```

GET_PARAMETER_VALUE

Essa API permite a qualquer um obter o valor de um parâmetro específico init.ora. Ainda que você não tenha acesso a V$PARAMETER e não possa executar o comando SHOW PARAMETER, pode usá-lo para obter o valor de um parâmetro init.ora. Ele funciona assim:

```
scott@TKYTE816> show parameter utl_file_dir
ORA-00942: table or view does not exist

scott@TKYTE816> select * from v$parameter where name = 'utl_file_dir'
  2  /
select * from v$parameter where name = 'utl_file_dir'
              *
ERROR at line 1:
ORA-00942: table or view does not exist

scott@TKYTE816> declare
  2      intval number;
  3      strval varchar2(512);
  4  begin
  5      if ( dbms_utility.get_parameter_value( 'utl_file_dir',
  6                                              intval,
  7                                              strval ) = 0)
  8      then
  9          dbms_output.put_line( 'Value = ' || intval );
 10      else
 11          dbms_output.put_line( 'Value = ' || strval );
 12      end if;
 13  end;
 14  /
Value = c:\temp\

PL/SQL procedure successfully completed.
```

Como você pode ver, ainda que SCOTT não possa consultar V$PARAMETER e a chamada para mostrar o parâmetro tenha falhado, ele ainda pode usar essa chamada para obter o valor. Deveria ser observado que parâmetros ajustados com strings True/False no arquivo init.ora reportarão como um tipo de número retornando (essa função em especial retornará 0), e um valor 1 indica True, enquanto um valor 0 indica False. Além disso, em parâmetros de valores múltiplos, como UTL_FILE_DIR, essa rotina só retorna o primeiro valor. Se eu usar uma conta que possa fazer uma SHOW PARAMETER no mesmo banco de dados:

```
tkyte@TKYTE816> show parameter utl_file_dir

NAME                           TYPE    VALUE
------------------------------ ------- --------------------
utl_file_dir                   string  c:temp, c:\oracle
```

posso ver mais valores.

NAME_RESOLVE

Essa rotina tomará o nome de um/uma:

- ❏ Procedimento de nível superior
- ❏ Função de nível superior
- ❏ Nome de pacote de banco de dados
- ❏ Sinônimo que indique para um pacote de banco de dados, ou um procedimento ou função de nível superior e esclarecerá totalmente o nome para você. Ele pode dizer se o objeto nome que você deu a ele é um procedimento, função ou pacote, e a qual esquema pertence. Eis um exemplo simples:

```
scott@TKYTE816> declare
  2              type vcArray is table of varchar2(30);
  3              l_types vcArray := vcArray(    null, null, null, null, 'synonym',
  4                                             null, 'procedure', 'function',
  5                                             'package' );
  6
  7              l_schema           varchar2(30);
  8              l_part1            varchar2(30);
  9              l_part2            varchar2(30);
 10              l_dblink           varchar2(30);
 11              l_type             number;
 12              l_obj#             number;
 13  begin
 14      dbms_utility.name_resolve(     name       => 'DBMS_UTILITY',
 15                                     context    => 1,
 16                                     schema     => l_schema,
 17                                     part1      => l_part1,
 18                                     part2      => l_part2,
 19                                     dblink     => l_dblink,
 20                                     part1_type => l_type,
 21                                     object_number => l_obj# );
 22      if l_obj# IS NULL
 23      then
 24          dbms_output.put_line('Object not found or not valid.');
 25      else
 26          dbms_output.put( l_schema || '.' || nvl(l_part1,l_part2) );
 27          if l_part2 is not null and l_part1 is not null
 28          then
 29              dbms_output.put( '.' || l_part2 );
 30          end if;
 31
 32          dbms_output.put_line(    ' is a ' || l_types( l_type ) ||
 33                                   ' with object id ' || l_obj# ||
 34                                   ' and dblink "' || l_dblink || '"' );
 35      end if;
 36  end;
 37  /
SYS.DBMS_UTILITY is a package with object id 2408 and dblink ""

PL/SQL procedure successfully completed.
```

Nesse caso, NAME_RESOLVE tomou nosso sinônimo DBMS_UTILITY e descobriu para nós que esse era, de fato, um pacote de banco de dados de propriedade de SYS.

Deveria ser observado que NAME_RESOLVE só funciona em procedimentos, funções, pacotes e sinônimos que indiquem para um desses três tipos de objeto. Ele não funcionará, explicitamente, em uma tabela de banco de dados, por exemplo. Você receberá o seguinte erro:

```
declare
*
ERROR at line 1:
ORA-06564: object emp does not exist
```

```
ORA-06512: at "SYS.DBMS_UTILITY', line 68
ORA-06512: at line 9
```

se você tentar usá-lo na tabela EMP, no esquema SCOTT, por exemplo.

Além de não ser capaz de fazer tabelas, índices e outros objetos, NAME_RESOLVE não funciona como documentado, quando se trata de esclarecer sinônimos que indicam para objetos remotos em um link de banco de dados. É documentado que se você passar um sinônimo NAME_RESOLVE para um pacote/procedimento remoto, o TYPE será ajustado para sinônimo, e ele nos dirá o nome do link de banco de dados. Esse é um problema com o código de NAME_RESOLVE (a documentação está certa, o procedimento não funciona como deveria). Atualmente, NAME_RESOLVE nunca retornará SYNONYM como o tipo. Ao invés, ele esclarecerá o objeto remoto e retornará seu nome e um ID de objeto de –1. Por exemplo, eu tenho um link de banco de dados configurado e crio um sinônimo X para DBMS_UTILITY@ora8i.world. Quando uso NAME_RESOLVE, recebo:

```
SYS.DBMS_UTILITY is a package with object id -1 and dblink " "

PL/SQL procedure successfully completed.
```

Eu devia ter dito que X era um sinônimo e que o parâmetro OUT DBLINK devia ter sido preenchido. Mas, como se pode ver, o DBLINK é Null, e a única indicação que temos que esse não é um pacote local é o fato do ID de objeto estar ajustado para –1. Você não deve confiar nesse comportamento persistindo em futuros lançamentos de Oracle. Ele tem sido determinado como um problema na implementação NAME_RESOLVE, e não é um problema de documentação. A documentação está certa, o comportamento observado está errado. Quando isso for corrigido, NAME_RESOLVE irá funcionar diferentemente em objetos remotos. Por esse motivo, você irá querer evitar usar NAME_RESOLVE em objetos remotos ou assegurar-se de 'envolver' a rotina NAME_RESOLVE em alguma de suas funções próprias. Isso fará com que, quando e se o comportamento mudar, você possa modificar facilmente seu código para oferecer a si mesmo a antiga funcionalidade, se for o que desejar.

Um último comentário sobre NAME_RESOLVE. Os parâmetros CONTEXT e OBJECT_NUMBER são pouco e nada documentados, respectivamente. O parâmetro CONTEXT é resumidamente documentado, como:

... . precisa ser um inteiro entre 0 e 8

De fato, ele precisa ser um inteiro entre 1 e 7, ou você receberá:

```
declare
*
ERROR at line 1:
ORA-20005: ORU-10034: context argument must be 1 or 2 or 3 or 4 or 5 or
6 or 7
ORA-06512: at "SYS.DBMS_UTILITY", line 66
ORA-06512: at line 14
```

E se ele for outro que não 1, você receberá uma das duas seguintes mensagens de erro:

```
ORA-04047: object specified is incompatible with the flag specified

ORA-06564: object OBJECT-NAME does not exist
```

Assim, o único valor válido para contexto é 1. O parâmetro OBJECT_NUMBER não é absolutamente documentado. Esse é o valor OBJECT_ID encontrado em DBA_OBJECTS, ALL_OBJECTS e USER_OBJECTS. Por exemplo, dado nosso primeiro exemplo, onde o OBJECT_ID foi mostrado sendo 2048, posso consultar:

```
scott@TKYTE816> select owner, object_name
  2  from all_objects
  3  where object_id = 2408;

OWNER                          OBJECT_NAME
------------------------------ ------------------
SYS                            DBMS_UTILITY
```

NAME_TOKENIZE

Essa rotina de utilitário simplesmente pega uma string que representa algum nome de objeto e a separa em suas peças de componente para você. Objetos são referidos através de:

```
[schema].[object_name].[procedure|function]@[database link]
```

NAME_TOKENIZE apenas toma uma string em sua forma e a separa em três peças principais e a última peça (link de banco de dados). Além disso, ela nos diz em qual byte parou de analisar o nome de objeto. Eis um pequeno exemplo, mostrando qual o retorno que você pode esperar dos vários nomes de objeto passados a ela. Observe que não é possível usar os nomes *verdadeiros* de objeto (essas tabelas e procedimentos não precisam existir), mas é preciso usar identificadores de objeto *válidos*. Se você não usar um identificador de objeto válido, NAME_TOKENIZE levantará um erro. Isso torna NAME_TOKENIZE adequado como método para descobrir quando determinada string de caracteres será ou não um identificador válido:

```
scott@TKYTE816> declare
  2          l_a        varchar2(30);
  3          l_b        varchar2(30);
  4          l_c        varchar2(30);
  5          l_dblink   varchar2(30);
  6          l_next     number;
  7
  8          type vcArray is table of varchar2(255);
  9          l_names vcArray :=
 10              vcArray( 'owner.pkg.proc@database_link',
 11                       'owner.tbl@database_link',
 12                       'tbl',
 13                       '"Owner".tbl',
 14                       'pkg.proc',
 15                       'owner.pkg.proc',
 16                       'proc',
 17                       'owner.pkg.proc@dblink with junk',
 18                       '123' );
 19  begin
 20          for i in 1 .. l_names.count
 21          loop
 22          begin
 23              dbms_utility.name_tokenize(name    => l_names(i),
 24                                         a       => l_a,,
 25                                         b       => l_b,
 26                                         c       => l_c,
 27                                         dblink  => l_dblink,
 28                                         nextpos => l_next );
 29
 30              dbms_output.put_line( 'name    ' || l_names(i) );
 31              dbms_output.put_line( 'A       ' || l_a );
 32              dbms_output.put_line( 'B       ' || l_b );
 33              dbms_output.put_line( 'C       ' || l_c );
 34              dbms_output.put_line( 'dblink  ' || l_dblink );
 35              dbms_output.put_line( 'next    ' || l_next || ' ' ||
 36                                         length(l_names(i)));
 37              dbms_output.put_line( '- - - - - - - - - - - - - -' );
 38          exception
 39              when others then
 40                  dbms_output.put_line( 'name    ' || l_names(i) );
 41                  dbms_output.put_line( sqlerrm );
 42          end;
 43          end loop;
 44  end;
 45  /
```

```
name        owner.pkg.proc@database_link
A           OWNER
B           PKG
C           PROC
dblink      DATABASE_LINK
next        28 28
```

Como você pode ver, ela separa para nós os diversos bits e peças de nosso nome de objeto. Aqui, NEXT é ajustada para o comprimento da string - terminando a análise quando chegamos ao final da string, nesse caso. Como usamos cada peça possível do nome de objeto, todos os quatro componentes são preenchidos. Agora, para os exemplos restantes:

```
name        owner.tbl@database_link
A           OWNER
B           TBL
C
dblink      DATABASE_LINK
next        23 23
-------------------------
name        tbl
A           TBL
B
C
dblink
next        3 3
-------------------------
```

Observe aqui como B e C são deixados Null. Ainda que um identificador de objeto seja SCHEMA_OBJECT, NAME_TOKENIZE não tenta colocar TBL no parâmetro OUT B. Ele simplesmente toma a primeira parte que encontra e a coloca em A, a próxima em B e assim por diante. A, B, e C não representam peças específicas do nome de objeto, apenas a primeira encontrada, a seguinte encontrada etc.

```
name        "Owner".tbl
A           Owner
B           TBL
C
dblink
next        11 11
-------------------------
```

Eis algo interessante. Nos exemplos anteriores, NAME_TOKENIZE colocou tudo em maiúsculas, porque os identificadores são em maiúsculas, a menos que você use identificadores *entre aspas*. Aqui, usamos um identificador entre aspas. NAME_TOKENIZE irá preservar isso e remover as aspas:

```
name        pkc.proc
A           PKG
B           PROC
C
dblink
next        8 8
-------------------------
name        owner.pkg.proc
A           OWNER
B           PKG
C           PROC
dblink
next        14 14
-------------------------
name        proc
A           PROC
B
C
```

```
dblink
next            4 4
- - - - - - - - - - - - - - - -
name            owner.pkg.proc@dblink with junk
A               OWNER
B               PKG
C               PROC
dblink          DBLINK
next            22 31
- - - - - - - - - - - - - - - -
```

Eis um exemplo onde a análise interrompeu *antes* de ficarmos sem string. NAME_TOKENIZE está nos dizendo que parou de analisar no byte 22, de 31. Esse é o espaço exatamente antes de with junk. Ele simplesmente ignora as peças restantes da string.

```
name            123
ORA-00931: missing identifier

PL/SQL procedure successfully completed.
```

Finalmente, isso demonstra que se usarmos um identificador inválido, NAME_TOKENIZE erguerá uma exceção. Ele verifica todas as senhas em busca de identificadores válidos, antes de retornar, o que o torna uma ferramenta útil para validar nomes de objeto, se você estiver montando um aplicativo que criará objetos no banco de dados Oracle. Por exemplo, se estiver montando uma ferramenta de modelagem de dados e gostaria que o nome que o usuário final deseja usar como nome de tabela ou coluna fosse válido, NAME_TOKENIZE fará o trabalho para você.

COMMA_TO_TABLE, TABLE_TO_COMMA

Esses dois utilitários ou usam uma string de *identificadores* delimitada por vírgulas e a analisam em uma tabela PL/SQL (COMMA_TO_TABLE), ou tomam uma tabela PL/SQL de qualquer tipo de string e fazem dela uma string delimitada por vírgulas (TABLE_TO_COMMA). Enfatizo a palavra identificadores, acima, porque COMMA_TO_TABLE usa NAME_TOKENIZE para analisar as strings, pois como vimos naquela seção, precisamos usar identificadores Oracle válidos (ou identificadores entre aspas). No entanto, isso ainda nos limita a 30 caracteres por elemento em nossa string delimitada por vírgulas.

Esse utilitário é mais útil para aplicativos que queiram armazenar uma lista de nomes de tabela em uma única string, por exemplo, e as tem facilmente convertidas para um array em PL/SQL no tempo de execução. Caso contrário, é de uso limitado. Se você precisar de uma rotina COMMA_TO_TABLE de objetivo geral, que funcione com strings de dados delimitadas por vírgulas, veja o Capítulo 20. Na seção *SELECT * de PLSQL_FUNCTION* demonstro como fazer isso.

Eis um exemplo de uso dessa rotina, demonstrando como ela lida com identificadores longos e identificadores inválidos:

```
scott@TKYTE816> declare
  2          type vcArray is table of varchar2(4000);
  3
  4          l_names vcArray := vcArray( 'emp,dept,bonus',
  5                                      'a, b , c',
  6                                      '123, 456, 789',
  7                                      '"123", "456", "789"',
  8              '"This is a long string, longer then 32 characters", "b",c');
  9          l_tablen number;
 10          l_tab           dbms_utility.uncl_array;
 11  begin
 12          for i in 1 .. l_names.count
 13          loop
 14              dbms_output.put_line( chr(10) ||
 15                                      '[' || l_names(i) || ']' );
 16          begin
 17
```

```
18                      dbms_utility.comma_to_table( l_names(i),
19                                          l_tablen,l_tab );
20
21              for j in 1..l_tablen
22              loop
23                  dbms_output.put_line( '[' || l_tab(j) || ']' );
24              end loop;
25
26              l_names(i) := null;
27              dbms_utility.table_to_comma( l_tab,
28                                      l_tablen, l_names(i) );
29              dbms_output.put_line( l_names(i) );
30          exception
31              when others then
32                  dbms_output.put_line( sqlerrm );
33          end;
34      end loop;
35  end;
36  /
[emp,dept,bonus]
[emp]
[dept]
[bonus]
emp,dept,bonus
```

Vemos portanto que ele pode tomar a string emp,dept,bonus, separá-la em uma tabela e colocá-la de volta, unida.

```
[a, b, c]
[a]
[ b ]
[ c]
a, b, c
```

Este exemplo mostra que, se você tiver um espaço em branco na lista, ele será preservado. Você deveria usar a função TRIM para remover espaços em branco na frente e atrás, se não quiser nenhum

```
[123, 456, 789]
ORA-00931: missing identifier
```

Para usar esse procedimento numa string de números delimitada por vírgulas, precisaremos ir um passo além, como demonstrado abaixo:

```
["123", "456", "789"]
["123"]
[ "456"]
[ "789"]
"123", "456", "789"
```

Aqui, ele é capaz de extrair os números da string. Entretanto, note como ele não apenas retém o espaço em branco na frente, mas também retém as aspas. Se quiser, você é quem terá que removê-las.

```
{"this is a long string, longer than 32 characters" "b",c]
ORA-00872: identifier is too long

PL/SQL procedure successfully completed.
```

Esse ultimo exemplo mostra que, se o identificador for longo demais (maior que 30 caracteres), ele também erguerá um erro. Essas rotinas só são úteis para strings de 30 caracteres ou menos. Enquanto é verdade que TABLE_TO_COMMA tomará strings maiores que 30 caracteres, COMMA_TO_TABLE não será capaz de desfazer esse trabalho.

DB_VERSION e PORT_STRING

A rotina DB_VERSION foi acrescentada no Oracle 8.0 para facilitar aos aplicativos descobrirem em qual versão do banco de dados estão executando. Poderíamos ter usado isso em nosso CRYPT_PKG (veja a seção DBMS_OBFUSCATION_TOOLKIT), por exemplo, para dizer aos usuários que tentaram usar as rotinas DES3 em um banco de dados Oracle 8.1.5 que elas não funcionariam, em vez de apenas tentar executar as rotinas DES3 e falhar. Ela é uma interface muito simples:

```
scott@TKYTE816> declare
  2      l_version           varchar2(255);
  3      l_compatibility     varchar2(255);
  4  begin
  5      dbms_utility.db_version( l_version, l_compatibility );
  6      dbms_output.put_line( l_version );
  7      dbms_output.put_line( l_compatibility );
  8  end;
  9  /
8.1.6.0.0
8.1.6

PL/SQL procedure successfully completed.
```

E oferece mais detalhes de versão do que a função mais antiga, PORT_STRING:

```
scott@TKYTE816> select dbms_utility.port_string from dual;

PORT_STRING
-----------
IBMPC/WIN_NT-8.1.0
```

Usando PORT_STRING, você não apenas teria que analisar a string, mas também não poderia dizer se está na versão 8.1.5, versus 8.1.6, versus 8.1.7. DB_VERSION será mais útil para nós. Por outro lado, PORT_STRING nos informa em qual sistema operacional estamos.

GET_HASH_VALUE

Essa função pegará qualquer string como entrada e retornará a ela um valor HASH numérico. Ela poderia ser usada para montar a sua própria 'tabela por índice', indexada por uma string ou, como fizemos na seção DBMS_LOCK, para facilitar a implementação de outro algoritmo.

Você deve ficar ciente de que o algoritmo usado para implementar GET_HASH_VALUE pode mudar, e tem mudado, de lançamento para lançamento, portanto não deve usar essa função para gerar chaves substitutas. Se você se vir armazenando o valor de retorno dessa função em uma tabela, pode estar se preparando para um problema em um lançamento futuro, quando a mesma entrada retornar um valor residual diferente!

Essa função tem três entradas:

- A string a misturar.
- O número 'base' a ser retornado. Se você quiser os números na faixa de 0 a algum número, use 0 para base.
- O tamanho da tabela misturada. Otimamente, esse número seria um múltiplo de dois.

Como demonstração do uso de GET_HASH_VALUE, implementaremos um novo tipo, HASHTABLETYPE, para acrescentar a linguagem PL/SQL a um tipo de residual. Isso é muito semelhante a um tipo de tabela PL/SQL que é indexado por uma string VARCHAR2 em vez de um número. Normalmente, elementos de tabela PL/SL são referidos por subscripts (números). Esse novo tipo de tabela PL/SQL terá elementos referidos por strings arbitrárias, o que nos permitirá declarar variáveis de tipo HASTABLETYPE e GET e PUT valores neles. Podemos ter tantos desses tipos de tabelas quanto quisermos.

```
tkyte@TKYTE816> create or replace type myScalarType
  2  as object
  3  ( key varchar2(4000),
  4    val varchar2(4000);
  5  );
  6  /

Type created.

tkyte@TKYTE816> create or replace type myArrayType
  2  as varray(10000) of myScalarType;
  3  /

Type created.

tkyte@TKYTE816> create or replace type hashTableType
  2  as object
  3  (
  4          g_hash_size         number,
  5          g_hash_table        myArrayType,
  6          g_collision_cnt     number,
  7
  8          static function new( p_hash_size in number )
  9              return hashTableType,
 10
 11          member procedure put( p_key in varchar2,
 12                                p_var in varchar2 ),
 13
 14          member function get( p_key in varchar2 )
 15              return varchar2,
 16
 17          member procedure print_stats
 18  );
 19  /
Type created.
```

Um detalhe interessante de implementação é a adição da função de membro estático, NEW, que nos permitirá criar nosso próprio construtor. Você deve notar que não há absolutamente nada de especial no nome NEW que usei — não é uma palavra chave ou algo assim. O que NEW nos permitirá fazer é declarar uma HASHTABLETYPE:

```
declare
    l_hashTable hashTableType := hashTableType.new( 0124 );
```

em vez de:

```
declare
    l_hashTable hashTableType := hashTableType( 1024, myArrayType( ), 0 );
```

Acredito que a primeira sintaxe, em geral, é mais legível e mais clara que a segunda. A segunda sintaxe torna o usuário final ciente de muitos detalhes de implementação (que temos um tipo de array lá, que há alguma variável G_COLLISION_CNT que precisa ser ajustada para zero etc). Eles nunca precisam saber aquilo, nem se importam realmente.

Portanto, para o próprio corpo de tipo:

```
scott@TKYTE816> create or replace type body hashTableType
  2  as
  3
  4  - - Our 'friendly' constructor.
```

```
5
6   static function new( p_hash_size in number )
7   return hashTableType
8   is
9   begin
10      return hashTableType( p_hash_size, myArrayType(), 0 );
11  end;
12
13  member procedure put( p_key in varchar2, p_val in varchar2 )
14  is
15      l_hash number =
16          dbms_utility.get_hash_value( p_key, 1, g_hash_size );
17  begin
18
19      if ( p_key is null )
20      then
21          raise_application_error( -20001, 'Cannot have NULL key' );
22      end if;
23
```

Esta próxima peça de código parece como se precisássemos 'aumentar' a tabela para conter esse novo valor, misturado. Se o fizéssemos, iríamos aumentá-la para grande o bastante para conter esse índice:

```
27      if ( l_hash > nvl( g_hash_table.count, 0 ) )
28      then
29          g_hash_table.extend( l_hash-nvl(g_hash_table.count,0)+1 );
30      end if;
31
```

Agora, não há garantia que a entrada de índice que a nossa chave misturou esteja vazia. O que fazemos depois de detectar uma colisão é experimentá-la e colocá-la no próximo elemento de coleção. Buscamos à frente até 1.000 vezes, para colocá-lo na tabela. Se chegarmos a 1.000 colisões, falharemos. Isso indicaria que a tabela não está adequadamente dimensionada, se for esse o caso:

```
35      for i in 0 . . 1000
36      loop
37              - - If we are going to past the end of the
38              - - table, add another slot first.
39              if ( g_hash_table.count <= k_hash+I )
40              then
41                  g_hash_table.extend;
42              end if;
43
```

A próxima porção de lógica diz 'se ninguém ainda estiver usando essa faixa *ou* a nossa chave nessa faixa, use-a e retorne'. Parece infantilidade verificar se o elemento G_HASH_TABLE é Null, ou se G_HASH_TABLE(L_HASH+I).KEY é Null. Isso só mostra que um elemento de coleção pode ser Nulo, ou que ele pode conter um objeto que tem atributos nulos:

```
46              if ( g_hash_table(l_hash+i) is null OR
47                  nvl(g_hash_table(l_hash+i).key,p_key) = p_key )
48              then
49                  g_hash_table*l_hash+I) := myScalarType(p_key,p_val);
50                  return;
51              end if;
52
53              - - Else increment a collision count and continue
54              - - onto the next slot.
55              g_collision_cnt := g_collision_cnt+1;
56      end loop;
57
```

```
58          - - If we get here, the table was allocate too small.
59          - - Make it bigger.
60          raise_application_error( -20001, 'table overhashed' );
61      end;
62
63
64      member function get( p_key in varchar2 ) return varchar2
65      is
66          l_hash number :=
67                  dbms_utility.get_hash_value( p_key, 1, g_hash_size );
68      begin
```

Quando vamos recuperar um valor, olhamos no elemento de índice em que pensamos que o valor deve estar e depois olhamos adiante, até 1.000 entradas, no caso de termos tido colisões. Encurtamos essa busca para frente se nunca encontrarmos uma faixa vazia — sabemos que nossa entrada não pode estar além daquele ponto:

```
71          for i in l_hash .. least(l_hash+1000, nvl(g_hash_table.count,0))
72          loop
73              - - If we hit an EMPTY slot, we KNOW out value cannot
74              - - be in the table. We would have put it there.
75              if ( g_hash_table(i) is NULL )
76              then
77                  return NULL;
78              end if;
79
80              - - If we find our key, return the value.
81              if ( g_hash_table(i).key = p_key )
82              then
83                  return g_hash_table(i).val;
84              end if;
85          end loop;
86
87          - - Key is not in the table. Quit.
88          return null;
89      end;
90
```

A última rotina é usada para imprimir informações úteis, tais como quantas faixas foram alocadas contra as que foram usadas, e quantas colisões tivemos. Note que colisões podem ser maiores que a própria tabela!

```
97      member procedure print_stats
98      is
99          l_usedr number default 0;
100     begin
101         for i in ' .. nvl(g_hash_table.count,0)
102         loop
103             if (g_hash_table(i) is not null )
104             then
105                 l_used := l_used + 1;
106             end if;
107         end loop;
108
109         dbms_output.put_line(      'Table Extended To. . . . .' ||
110                                 g_hash_table.count );
111             dbms_output.put_line( 'We are using. . . . . . . . .' ||
112                                 l_used );
113             dbms_output.put)line( 'Collision count put. . .' ||
114                                 g_collision_cnt );
115     end;
116
117     end;
118     /
```

Type body created.

Como você pode ver, simplesmente usamos GET_HASH_VALUE para transformar a string em algum número que poderíamos usar para indexar em nosso tipo de tabela, para obter o valor. Agora, estamos prontos para ver como esse novo tipo pode ser usado:

```
tkyte@TKYTE816> declare
  2       l_hashTbl hashTableType := hashTableType.new(power(2, 7));
  3   begin
  4       for x in ( select username, created from all_users )
  5       loop
  6               l_hashTbl.put( x.username, x.created );
  7       end loop;
  8
  9       for x in (  select username, to_char(created) created,
 10                       l_hashTbl.get(username) hash
 11                   from all_users )
 12       loop
 13               if ( nvl( x.created, 'x') <> nvl(x.hash, 'x') )
 14               then
 15                    raise program_error;
 16               end if;
 17       end loop;
 18
 19       l_hashTbl.print_stats;
 20   end;
 21   /
Table Extended To.....120
We are using..........17
Collision count put....1

PL/SQL procedure successfully completed.
```

É isso. Apenas estendemos novamente a linguagem PL/SQL, dando-lhe uma tabela residual usando os pacotes internos.

Resumo

Isso encerra nossa visão geral de muitos dos procedimentos encontrados no pacote DBMS_UTILITY. Muitos, como GET_TIME, GET_PARAMETER_VALUE, GET_HASH_VALUE e FORMAT_CALL_STACK, estão na minha lista de 'respostas dadas com freqüência'. Significa que são, com freqüência, a resposta a uma única questão — as pessoas apenas não estavam cientes de que eles existiam.

UTL_FILE

UTL_FILE é um pacote fornecido para permitir a PL/SQL ler e criar arquivos de texto no arquivo de sistema do servidor. As palavras chave aqui são:

- **Arquivos de texto** — UTL_FILE só pode ler e escrever arquivos de texto claros. Especificamente, ele não pode ser usado para ler e criar arquivos binários. Caracteres especiais contidos dentro de dados binários arbitrários levarão UTL_FILE a fazer a coisa errada.
- **Arquivo de sistema do servidor** — UTL_FILE só pode ler e escrever no arquivo de sistema do banco de dados servidor. Ele não pode ler ou escrever no arquivo de sistema onde o cliente estiver executando, se este não estiver registrado no próprio servidor.

UTL_FILE é uma ferramenta apropriada para criar relatórios e depósitos de dados de arquivo plano do banco de dados, ou para ler arquivos de dados a serem carregados. Na verdade, se você se referir ao Capítulo 9 neste livro, temos um exemplo completo do uso de UTL_FILE para criar depósitos de arquivo plano em um formato adequado para facilitar o recarregamento. UTL_FILE também é uma boa escolha para fazer 'depuração'. Se você se referir ao Capítulo 21, apresentamos o pacote DEBUG, que usa pesadamente UTL_FILE para gravar mensagens no arquivo de sistema.

UTL_FILE é um pacote extremamente útil, desde que você tenha ciência de seus limites. Se não, você pode tentar usar UTL_FILE de uma maneira pela qual ele não irá funcionar corretamente (ele pode funcionar no teste, mas não na produção), levando à frustração. Como com todas as ferramentas, será útil conhecer seus limites e como ele funciona.

Veremos alguns problemas freqüentemente encontrados ao usar UTL_FILE, incluindo:

- O parâmetro UTL_FILE_DIR em init.ora.
- Acesso a drives mapeados (drives de rede) em um ambiente Windows (não há problemas relacionados num ambiente Unix).
- Como lidar com exceções a partir de UTL_FILE.
- O uso de UTL_FILE para criar páginas web estáticas em uma base repetida.
- O mal-afamado limite de 1023 bytes.
- Obtenção de uma listagem de diretório para você poder processar todos os arquivos em um diretório.

O parâmetro UTL_FILE_DIR init.ora

Essa é uma parte chave para usar UTL_FILE, que sempre executa como o proprietário do software Oracle — é o seu servidor dedicado ou servidor compartilhado que está fazendo I/O, e estão executando como 'Oracle'. Como executam como Oracle, e Oracle pode ler e escrever em seus arquivos de dados, arquivos de configuração etc — seria muito ruim se UTL_FILE permitisse acesso a qualquer diretório. O fato de precisarmos ajustar explicitamente os diretórios nos quais queremos ser capazes de escrever em init.ora é um ótimo recurso de segurança — não é um aborrecimento. Considere se UTL_FILE permitisse a você escrever em qualquer diretório que o Oracle pudesse — qualquer usuário poderia usar UTL_FILE.FOPEN para reescrever o seu arquivo de dados de sistema. Isso, pondo suavemente, seria uma coisa ruim. Portanto, seu DBA precisa abrir acesso a diretórios específicos — explicitamente. Você não pode nem mesmo especificar um diretório root e permitir acesso a ele e a todos os diretórios subjacentes — é preciso listar todo e qualquer diretório, explicitamente, em que você deseje ler e escrever com UTL_FILE.

Deve-se notar que esse parâmetro init.ora não será intercambiável enquanto o banco de dados estiver ativo e executando. É preciso reiniciar a cópia para uma entrada de diretório ser acrescentada ou removida.

O parâmetro UTL_FILE_DIR init.ora toma uma de duas formas:

```
utl_file_dir = (c:\temp, c:\temp2)
```

ou

```
utl_file_dir = c:\temp
utl_file_dir = c:\temp2
```

Isto é, você pode usar uma lista de diretórios separados por vírgulas, entre parênteses, ou pode listar cada diretório em uma linha depois de outra. As palavras chave aqui são 'uma depois de outra'. Se você tiver o seguinte como as últimas linhas de seu arquivo init.ora:

```
utl_file_dir = c:\temp
timed_statistics=true
utl_file_dir = c:\temp2
```

Apenas a **última** entrada para UTL_FILE_DIR será usada. A primeira entrada de diretório será efetivamente ignorada, o que pode ser bastante confuso, pois não haverá mensagem de alerta ou entradas alert.log indicando que a primeira entrada UTL_FILE_DIR foi ignorada. Todas as entradas UTL_FILE_DIR precisam ser contíguas no arquivo init.ora.

Uma palavra de aviso sobre a plataforma Windows com relação a esse parâmetro init.ora. Se você resolver acrescentar \ final ao parâmetro UTL_FILE_DIR, assim:

```
utl_file_dir = c:\temp\
utl_file_dir = c:\temp2
```

Receberá, no início, a seguinte mensagem de erro:

```
SVRMGR> startup
LRM-00116: syntax error at 'c:\temputl_file_' following '='
LRM-00113: error when processing file 'C:\oracle\admin\tkyte816\pfile\init.ora'
ORA-01078: failure in processing system parameters
```

Isso porque \ é considerado um caractere de escape ao final da linha no arquivo init.ora. Normalmente, ele permitira que você continuasse longas entradas em 2 linhas. Simplesmente, você precisa usar duas barras:

```
utl_file_dir = c:\temp\\
utl_file_dir = c:\oracle
```

para evitar essa concatenação.

Outra nota de encerramento sobre esse parâmetro init.ora. Se você usar uma barra de encerramento nele, precisará usar a barra de encerramento em suas chamadas fopen. Se omiti-la no init.ora, deve omiti-la também em suas chamadas fopen. O parâmetro de diretório para fopen deve combinar em estilo e conteúdo com o valor colocado no arquivo init.ora.

Como acessar drives Windows mapeados

Essa é uma área comum de confusão, especialmente para pessoas acostumadas a trabalhar com Unix. No Unix, se você montar um dispositivo (por exemplo, NFS montado em um disco remoto) — ele será imediatamente visível a qualquer um naquela máquina — independente de sua sessão. Cada usuário pode ter direitos de acesso diferentes a ele, mas o disco montado é um atributo do sistema e não de uma sessão específica.

No Windows isso é muito diferente. É possível ter muitas sessões executando em determinado servidor e cada uma tem o seu próprio conjunto 'drives de disco' que ele vê. Pode muito bem acontecer que, ao me registrar em uma máquina veja um recurso de 'disco D:' em rede que, fisicamente, pertença a outra máquina. Isso não significa que cada processo executando naquela máquina possa ver aquele disco. É onde começa a confusão.

Muitas pessoas se registram no servidor e vêem o 'disco D:'. Elas configuram o init.ora para ter nele o UTL_FILE_dir = d:\reports; um diretório para escrever relatório para usar UTL_FILE. No entanto, no tempo de execução, recebem:

```
ERROR at line 1:
ORA-06510: PL/SQL: unhandled user-defined exception
ORA-06512: at "SYS.UTL_FILE", line 98
ORA-06512: at "SYS.UTL_FILE", line 157
```

Se tivessem usado um alavancador de exceção (veja abaixo o que gosto de usar), teriam algo mais informativo, como:

```
ERROR at line 1:
ORA-20001: INVALID_PATH: File location or filename was invalid.
ORA-06512: at "TKYTE.CSV", line 51
ORA-06512: at line 2
```

Bem, quanto ao que eles podem dizer, -D:\reports está bem. Eles usam o Explorer e está lá. Usam uma janela DOS e está lá. Só o Oracle parece não ser capaz de vê-lo, porque quando o sistema iniciou o drive D: não existia, e além do mais a conta sob a qual o Oracle está executando, por padrão, não pode ver quaisquer recursos de rede. Tente o mais que você puder, montando aquele disco de todas as formas possíveis — o Oracle não o 'verá'.

Quando é criada uma cópia de Oracle, os serviços que a suportam são inicializados para 'Log On As' na conta SYSTEM (ou sistema operacional) — essa conta tem muito poucos privilégios e nenhum acesso a domínios Windows NT. Para acessar outra máquina Windows NT, o OracleServiceXXXX precisa ser inicializado para registrar a entrada ao domínio Windows NT apropriado como um usuário que tenha acesso à localização exigida por UTL_FILE.

Para mudar o padrão de registro de entrada dos serviços Oracle, vá para (em Windows NT):

Control Panel | Services | OracleServiceXXXX | Startup | Log On As; (onde XXXX é o nome da cópia)

Em Windows 2000, isso deve ser:

Control Panel | Administrative Tools | Services | OracleServiceXXXX | Properties | Log On Tab; (novamente, XXXX é o nome da cópia)

Escolha o botão de rádio This Account e complete as informações de registro de entrada de domínio apropriadas. Quando os serviços tiverem sido inicializados como um usuário com os privilégios apropriados, há duas opções para configurar UTL_FILE_DIR:

- ❏ Drive mapeado: Para usar um drive mapeado, o usuário que o serviço inicia precisa ter inicializado um drive para combinar UTL_FILE_DIR e registrado no servidor quando UTL_FILE estiver em uso.
- ❏ Universal Naming Convention: UNC é preferível a drives mapeados, pois não exige que ninguém esteja registrado, e UTL_FILE_DIR deve ser ajustado para um nome na forma \\<machine name>\<share name>\<path>.

Lógico que será preciso parar e reiniciar o Oracle depois de mudar as propriedades do serviço.

Como lidar com exceções

UTL_FILE atira exceções quando encontra um erro. Infelizmente, ele usa exceções definidas por usuário — exceções que ele definiu em sua especificação de pacote. Essas exceções, se não pegas por nome, produzem a seguinte mensagem de erro, quase inútil:

```
ERROR at line 1:
ORA-06510: PL/SQL: unhandled user-defined exception
ORA-06512: at "SYS.UTL_FILE", line 98
ORA-06512: at "SYS.UTL_FILE", line 157
```

Isso não diz nada sobre o próprio erro. Para solucionar o problema, temos que rodear nossas chamadas a UTL_FILE com um bloco de exceção que pegue cada uma das exceções por nome. Prefiro então transformá-las em exceções

RAISE_APPLICATION_ERROR, que me permitem designar um código de erro ORA e fornecer uma mensagem de erro mais significativa. Usamos isso no exemplo anterior, para transformar a mensagem de erro acima em:

```
ORA-20001: INVALID_PATH: File location or filename was invalid.
```

Que é muito mais útil. O bloco que uso sempre para isso é:

```
exception
   when utl_file.invalid_path then
         raise_application_error(-20001,
           'INVALID_PATH: File location or filename was invalid.');
   when utl_file.invalid_mode then
         raise_application_error(-20002,
           'INVALID_MODE: The open_mode parameter in FOPEN was
            invalid.');
   when utl_file.invalid_filehandle then
         raise_application_error(-20002,
           'INVALID_FILEHANDLE: The file handle was invalid.');
   when utl_file.invalid_operation then
         raise_application_error(-20003,
           'INVALID_OPERATION: The file could not be opened or
            operated on as requested.');
   when utl_file.read_error then
         raise_application_error(-20004,
           'READ_ERROR: An operating system error occurred during
            the read operation.');
   when utl_file.write_error then
         raise_application_error(-20005,
             'WRITE_ERROR: An operating system error occurred
              during the write operation.');
   when utl_file.internal_error then
         raise_application_error(-20006,
             'INTERNAL_ERROR: An unspecified error in PL/SQL.');
end;
```

Na verdade, mantenho isso em um pequeno arquivo e o leio em cada rotina que use UTL_FILE para pegar a exceção e 'renomeá-la' para mim.

Como depositar uma página web em disco

Essa é uma pergunta feita com tanta freqüência que pensei em incluí-la aqui. O cenário é aquele em que você está usando Oracle WebDB, Oracle Portal ou tem alguns procedimentos que usam o Web Toolkit (os pacotes htp). Você gostaria de pegar um relatório que uma dessas ferramentas é capaz de exibir, e em vez de gerar dinamicamente aquele relatório para todo e qualquer usuário, gostaria de criar um arquivo estático com esse relatório a cada X minutos ou horas. De fato, é assim que eu mesmo gero a página do web site que gerencio no trabalho. A cada 5 minutos, geramos novamente a home page com dados dinâmicos, em vez de gerar cada vez para os milhares de acessos que temos durante aquele período de tempo. Os cortes diminuem os recursos necessários para ter a home page servida. Faço isso em páginas freqüentemente acessadas, páginas dinâmicas onde os dados subjacentes são relativamente estáticos (mudando lentamente).

O procedimento a seguir é um procedimento genérico que uso para fazer isso:

```
create or replace procedure dump_page( p_dir     in varchar2,
                                       p_fname   in varchar2 )
is
    l_thePage           htp.htbuf_arr;
    l_output            utl_file.file_type;
    l_lines             number default 99999999;
```

```
begin
    l_output := utl_file.fopen( p_dir, p_fname, 'w', 32000 );

    owa.get_page( l_thePage, l_lines );

    for i in 1 .. l_lines loop
        utl_file.put( l_output, l_thePage(i) );
    end loop;

    utl_file.fclose( l_output );
end dump_page;
/
```

É simples assim. Só precisamos abrir um arquivo, obter a página HTML, imprimir cada linha e fechar o arquivo. Se eu chamar isso depois de chamar um procedimento WebDB, ele salvará a saída daquele procedimento WebDB no arquivo que nomeio.

A única advertência aqui é que estaremos executando o procedimento WebDB não da web, mas diretamente. Se qualquer código nos procedimentos WebDB usar o ambiente CGI, aquele procedimento falhará, visto que o ambiente não foi configurado. Podemos solucionar isso simplesmente usando um pequeno bloco de código para inicializar um ambiente para nossa rotina WebDB:

```
declare
    nm      owa.vc_arr;
    vl      owa.vc_arr;
begin
    nm(1) := 'SERVER_PORT';
    vl(1) :=     '80';
    owa.init_cgi_env( nm.count, nm, vl );
    - - run your webdb procedure here
    dump_page( 'directory', 'filename' );
end;
/
```

Por exemplo, se o seu código WebDB quisesse verificar se estava sendo executado a partir do servidor na porta 80, precisaríamos oferecer o ambiente acima para ele. Você acrescentaria a esse bloco quaisquer outras variáveis de ambiente que fossem relevantes ao seu aplicativo.

Agora, tudo o que é preciso fazer é referir a seção DBMS_JOB e programar esse bloco de código para ser executado em qualquer ciclo que você precisar.

Limite de 1023 bytes

Era uma vez, em que havia um limite de 1023 bytes para UTL_FILE. Cada linha escrita em um arquivo não podia exceder a 1023 bytes. Se o fizesse, era erguida uma exceção e UTL_FILE falhava. Felizmente, em Oracle 8.0.5, eles introduziram uma versão sobrecarregada de FOPEN que nos permite especificar o comprimento máximo de linha até 32 KB de tamanho. 32 KB é o maior tamanho que uma variável PL/SQL jamais pode ter, e geralmente é suficiente para a maioria dos objetivos.

Infelizmente, a documentação tem essa função FOPEN recém sobrecarregada documentada muitas páginas *depois* da função original, levando muitas pessoas a verem rapidamente essa capacidade. Ainda receberei muitas perguntas sobre isso hoje, com a versão 8.1.7. As pessoas não viram a versão sobrecarregada de FOPEN; elas atingiram o limite e precisavam saber como contorná-lo. A resposta é simples — mas você precisa ler toda a função UTL_FILE para achá-la fácil!

A solução a esse problema específico é usar UTL_FILE como na rotina anterior, DUMP_PAGE, acima. O quarto parâmetro de UTL_FILE.FOPEN é o comprimento máximo da linha de texto que você gostaria de produzir. No meu caso, acima, tenho permissão para até 32.000 bytes por linha.

Leitura
de um diretório

Está faltando uma peça de funcionalidade no pacote UTL_FILE. Com freqüência, as pessoas querem configurar um trabalho repetido que varrerá um diretório em busca de arquivos de entrada e os processará, talvez carregando os dados no banco de dados. Infelizmente, fora da caixa lá não há como PL/SQL ler uma listagem de diretório. Podemos no entanto usar um pouquinho de Java para nos oferecer essa habilidade. O exemplo a seguir demonstra como você poderia conseguir isso.

Primeiro, crio um usuário com o conjunto mínimo de privilégios necessários para fazer essa operação e ser capaz de listar arquivos no diretório /tmp. Se você quiser ler outros diretórios, deve precisar fazer mais chamadas a dbms_java.grant_permission (veja o Capítulo 19 para mais informações) ou mudar o /tmp para *, para fornecer a habilidade de relacionar todos os diretórios.

```
SQL> connect system/manager

system@DEV816> drop user dirlist cascade;
User dropped.

system@DEV816> grant create session, create table, create procedure
  2  to dirlist identified by dirlist;
Grant succeeded.

system@DEV816> begin
  2      dbms_java.grant_permission
  3          ('DIRLIST',
  4          'java.io.FilePermission',
  5              '/tmp',
  6              'read' );
  7  end;
  8  /
PL/SQL procedure successfully completed.
```

Em seguida, depois de conectar como esse novo usuário DirList, configuramos uma tabela temporária global nesse esquema (para conter a listagem de diretório). É assim que conseguiremos os resultados do procedimento armazenado Java de volta ao chamador — na tabela temporária. Também poderíamos ter usado outros meios (strings, arrays etc).

```
SQL> connect dirlist/dirlist
Connected.

dirlist@DEV816> create global temporary table DIR_LIST
  2  ( filename varchar2(255) )
  3  on commit delete rows
  4  /
Table created.
```

Criamos agora um procedimento armazenado Java para fazer a listagem do diretório. Para facilidade de programação, estou usando SQLJ para evitar ter que codificar muitas chamadas de JDBC:

```
dirlist@DEV816> create or replace
  2      and compile java source  named "DirList"
  3  as
  4  import java.io.*;
  5  import java.sql.*;
  6
  7  public class DirList
  8  {
  9  public static void getList(String directory)
 10                  throws SQLException
 11  {
```

```
12        File path = new File( directory );
13        String[] list = path.list( );
14        String element;
15
16        for(int i = 0; i < list.length; i++)
17        {
18            element = list[i];
19            #sql {   INSERT INTO DIR_LIST (FILENAME)
20                     VALUES (:element) };
21        }
22    }
23
24  }
25  /
Java created.
```

A próxima etapa é criar uma função de 'mapeamento', a ligação de PL/SQL a Java, que será simplesmente:

```
dirlist@DEV816> create or replace
  2    procedure get_dir_list( p_directory in varchar2 )
  3    as language java
  4    name 'DirList.getList( java.lang.String )';
  5  /
Procedure created.
```

Agora estamos prontos para ir:

```
dirlist@DEV816> exec get_dir_list( '\tmp' );
PL/SQL procedure successfully completed.

dirlist@DEV816> select * from dir_list where rownum < 5;

FILENAME
---------
lost+found
.rpc_door
ps_data
.pcmcia
```

e é isso. Podemos então relacionar o conteúdo de um diretório nessa tabela temporária. Depois, facilmente, podemos aplicar filtros a ele, usando LIKE, e também classificar a saída, se quisermos.

Resumo

UTL_FILE é um excelente utilitário para o qual, muito provavelmente, você encontrará uso em muitos de seus aplicativos. Nesta seção, cobrimos a configuração necessária para usar UTL_FILE e descrevemos como funciona. Vimos alguns dos problemas mais comuns que vejo as pessoas tendo com UTL_FILE, tais como acessar drives de rede em um ambiente Windows, atingir o limite de 1023 bytes e lidar com exceções. Para cada um foram apresentadas as soluções. Também exploramos alguns utilitários que você poderia desenvolver com UTL_FILE, como o UNLOADER, descrito no Capítulo 9, a habilidade de ler um diretório apresentado aqui ou depositar uma página web em disco, como descrito acima.

UTL_HTTP

Nesta seção, veremos o UTL_HTTP e para o que ele pode ser usado. Além disso, eu gostaria de introduzir um novo e aperfeiçoado UTL_HTTP interno no SocketType, implementado na seção UTL_TCP. Ele oferece desempenho comparável ao UTL_HTTP original, mas com muito mais recursos.

O pacote UTL_HTTP fornecido com o banco de dados é relativamente simples — tem duas versões:

- **UTL_HTTP.REQUEST**: retorna até os primeiros 2.000 bytes do conteúdo de um URL como um valor de função de retorno.
- **UTL_HTTP.REQUEST_PIECES**: retorna uma tabela PL/SQL de elementos VARCHAR2(2000). Se você concatenou todas as peças reunidas, deve ter o conteúdo da página.

Entretanto, o pacote UTL_HTTP tem as seguintes funcionalidades faltando:

- Não é possível inspecionar os cabeçalhos HTTP. Isso torna impossível relatar erros. Não é possível dizer a diferença entre um Not Found e Unauthorized, por exemplo.
- Você não pode enviar informações em um servidor web que exija colocação de dados. Só é possível usar a sintaxe GET. Além disso, HEAD não é suportado no protocolo.
- Você não pode recuperar informações binárias usando UTL_HTTP.
- A solicitação de peças de API não é intuitiva, o uso de CLOBs e BLOBs para retornar os dados como uma 'corrente' seria muito mais intuitivo (e nos daria acesso a dados binários).
- Ele não suporta cookies.
- Ele não suporta autenticação básica.
- Ele não tem métodos para codificar dados de URL.

Uma coisa que UTL_HTTP suporta, que não teremos em nossa reimplementação, é SSL. Usando o gerenciador Oracle Wallet, é possível realizar uma solicitação HTTPS (HTTPS está usando SSL com HTTP). Demonstraremos o uso de UTL_HTTP em SSL, mas não o implementaremos em nosso próprio HTTP_PKG. Devido ao seu tamanho, o código fonte de corpo de HTTP_PKG será omitido deste apêndice — ele está disponível inteiramente no web site da Wrox, em http://www.wrox.com.

Funcionalidade UTL_HTTP

Veremos a funcionalidade UTL_HTTP primeiro, na medida em que suportaremos sua sintaxe em nosso próprio HTTP_PKG. A forma mais simples de UTL_HTTP é a seguinte. Neste exemplo, myserver é o nome que dei ao servidor web. Claro, você deve tentar este exemplo usando um servidor web ao qual tenha acesso:

```
ops$tkyte@DEV816> select utl_http.request( 'http://myserver/' ) from dual;

UTL_HTTP.REQUEST('HTTP://MYSERVER/')
-----------------------------------------------------
<HTML>
<HEAD>
<TITLE>Oracle Service Industries</TITLE>
</HEAD>
```

```
<FRAMESET COLS="130,*" border=0>
<FRAME SRC="navtest.html" NAME="sidebar" frameborder=0>
<FRAME SRC="folder_home.html" NAME="body" frameborder="0" marginheight="0"
marginwidth="0">
</FRAMESET>
</BODY>
</HTML>
```

Posso simplesmente executar UTL_HTTP.REQUEST e enviá-lo a um URL. UTL_HTTP se conectará com aquele servidor web e GET a página solicitada, depois retornará os primeiros 2.000 caracteres dela. Como mencionado, não tente usar o URL que tenho acima, ele é do meu servidor web dentro de Oracle. Você não será capaz de obtê-lo, a solicitação voltará com uma mensagem de erro.

Atualmente, a maioria das redes é protegida por firewalls. Se a página que eu quiser só estiver disponível através de um servidor de proxy firewall, também posso solicitá-la. Uma discussão sobre firewalls e servidores proxy está além do escopo deste livro. No entanto, se você conhece o nome de host de seu servidor proxy, pode recuperar uma página da Internet por este método:

```
ops$tkyte@DEV816> select utl_http.request( 'http://www.yahoo.com', 'www-proxy' )
from dual;

UTL_HTTP.REQUEST('HTTP://WWW.YAHOO.COM', 'WWW-PROXY')
-------------------------------------------------------------
<html><head><title>Yahoo!</title><base href=http://www.yahoo.com/> <meta http-
equiv="PICS-Label" content=' (PICS-1.1 http://www.rsac.org/ratingsv01.html" l gen
true for "http://www.yahoo.com" r (n 0 s 0 v 0 1 0))'></head><body><center><form
action=http://search.yahoo.com/bin/search><map name=m><area coords="0,0,52,52"
href=r/al><area cords="53,0,121,52" href=r/pl><area cords="122,0,191,2" href=r
```

O segundo parâmetro para UTL_HTTP.REQUEST e REQUEST_PIECES é o nome de um servidor proxy (N. do T. - proxy = mecanismo através do qual um sistema 'está para' outro sistema, ao responder às solicitações do protocolo, usado no sistema de gerenciamento de rede), Se o seu servidor proxy não estiver executando na porta 80 padrão, poderemos acrescentar a porta como a seguir (no código, esse myserver está na porta 8000):

```
ops$tkyte@DEV>816 select utl_http.request( 'http://www.yahoo.com',
  2   'myserver:8000' ) from dual
  3  /

UTL_HTTP.REQUEST('HTTP://WWW.YAHOO.COM', 'MYSERVER:8000')
-------------------------------------------------------------
<html><head>,title>Yahoo!</title><base href=http://www.yahoo.com/
```

Assim, simplesmente acrescentando :8000 ao nome do servidor proxy, somos capazes de conectar com aquele servidor. Vejamos agora a interface REQUEST_PIECES:

```
ops$tkyte@DEV816> declare
  2      pieces utl_http.html_pieces;
  3      n          number default 0;
  4      l_start number default dbms_utility.get_time;
  5  begin
  6      pieces :=
  7          utl_http.request_pieces(  url => 'http://www.oracle.com/',
  8                                    max_pieces => 99999,
  9                                    proxy => 'www-proxy' );
 10      for i in 1 .. pieces.count
 11      loop
 12          loop
 13              exit when pieces(i) is null;
 14              dbms_output.put_line( substr(pieces(i),1,255) );
 15              pieces(i) := substr( pieces(i), 256 );
 16          end loop;
 17      end loop;
```

```
 18   end;
 19   /
```

```
<head>
<title>Oracle Corporation</title>
<meta http-equiv="Content-Type" content="text/html;
charset=iso-8859-1">
<meta name="description" content="Oracle Corporation provides the
software that
powers the Internet. For more information about Oracle, pleas
e call 650/506-7000.">
```

As peças de solicitação de API não podem ser chamadas de SQL, visto que não retornam um tipo SQL, mas um tipo de tabela PL/SQL. Portanto, REQUEST_PIECES só é útil dentro do próprio bloco PL/SQL. Acima, estamos solicitando a página web http://www.oracle.com/ e os primeiros 99.999 punhados, que são do tamanho de 2.000 bytes. Estamos usando o servidor proxy www-proxy. Precisamos informar a REQUEST_PIECES quantos punhados de 2.000 bytes estamos dispostos a aceitar. Geralmente ajusto para um número bem grande, pois quero toda a página de volta. Se as informações que você deseja da página estiverem sempre nos primeiros 5.000 bytes, poderia solicitar apenas três punhados para obtê-los.

Como acrescentar SSL a UTL_HTTP

UTL_HTTP também suporta SSL (Secure Sockets Layer). Se você não estiver familiarizado com SSL e com sua utilização, pode encontrar uma rápida descrição em http://www.rsasecurity.com/rsalabs/faq/5-1-2.html. As funções REQUEST e REQUEST_PIECES em UTL_HTTP suportam a recuperação de URLs protegidos por SSL. Porém, a documentação disponível para fazê-lo pode ser descrita, quando muito, como escassa. O suporte de SSL é oferecido usando os dois últimos parâmetros nos procedimentos UTL_HTTP.REQUEST e UTL_HTTP.REQUEST_PIECES. Esses parâmetros são WALLET_PATH e WALLET_PASSWORD.

O Oracle usa a wallet como metáfora para o modo como uma pessoa guarda suas credenciais de segurança; exatamente como você mantém sua carteira de motorista e cartões de crédito em sua carteira, com objetivos de identificação, a carteira Oracle armazena as credenciais necessárias ao protocolo SSL. O WALLET_PATH é o diretório onde sua carteira é armazenada na máquina de banco de dados servidor; essa carteira é protegida por senha, para evitar que alguém use suas credenciais. Esse é o objetivo do parâmetro WALLET_PASSWORD — ele é usado para acessar a carteira. A senha evita que as pessoas copiem a carteira do diretório e tentem se passar por você, pois seriam incapazes de abrir e acessar a carteira. Isso é análogo a usar um PIN (Personal Identification Number) para obter suas contas.

A carteira, ou o conceito de uma carteira, não é usada apenas pelo banco de dados Oracle, mas também em browsers Web. O aspecto importante é: quando você conecta a um site, por exemplo http://www.amazon.com, como sabe que realmente é Amazon.com? Você precisa obter o certificado deles, que é digitalmente assinado por alguém. Aquele alguém é chamado de um Certificate Authority ou CA. Como meu browser ou banco de dados sabe confiar no CA que assinou aquele certificado? Por exemplo, eu poderia criar um certificado para Amazon.com e assiná-lo, a partir de hackerAttackers.com. O meu browser e o banco de dados não aceitariam esse certificado, ainda que ele fosse um legítimo certificado X.509.

A resposta para esse aspecto de confiança é que a carteira armazena um conjunto de certificados confiáveis. Um certificado confiável é o certificado de um CA em quem você confia. A carteira Oracle vem com alguns certificados confiáveis comuns. Você também tem a habilidade de acrescentar certificados, conforme necessário. Seu browser faz a mesma coisa. Se você se conectar com um site onde seu browser não tenha o CA em sua carteira, obterá uma janela instantânea que o informa sobre isso, assim como um assistente que permite prosseguir ou abortar sua conexão.

Vejamos alguns exemplos de como usar SSL. Primeiro, precisamos criar uma nova carteira. Você pode chamar o programa OWM (Oracle Wallet Manager) no UNIX ou lançá-lo a partir do menu Windows START, no Windows (ele está em ORACLE HOME\NETWORK ADMINISTRATION). A tela que você recebe para fazer isso se parece com:

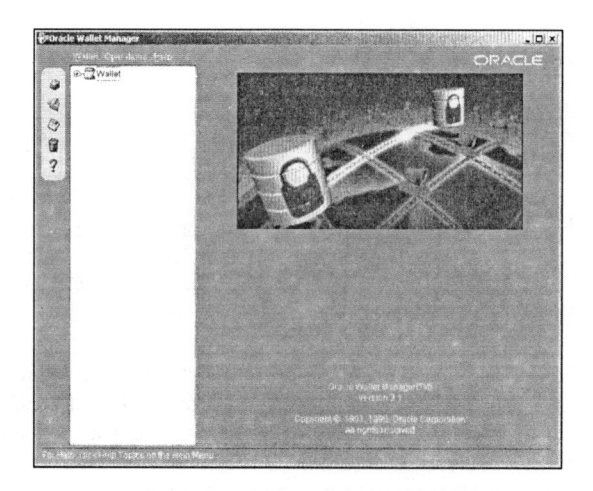

Tudo o que é preciso fazer é clicar no ícone NEW (o 'cubo' verde), localizado no lado esquerdo da exibição. Ele pedirá pela sua senha para essa carteira — nesse ponto, você estará dando a sua senha, portanto entre com qualquer uma que queira. Você pode receber um aviso sobre um diretório não existente; se isso acontecer, simplesmente ignore-o. Esse é o comportamento esperado se você nunca tiver criado uma carteira antes. OWM pedirá então que você crie uma solicitação de certificado:

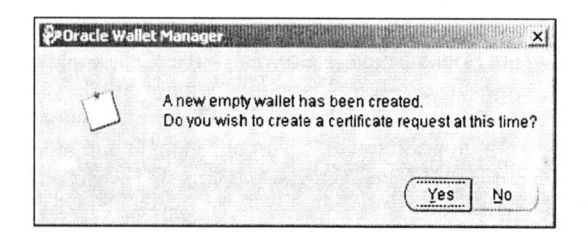

Não é preciso fazer isso. A solicitação de certificado é para que você mesmo possa obter um certificado. Isso seria usado em SSL v.3, onde o servidor precisa da identificação do cliente. A maioria dos web sites não autentica usuários através de certificados, mas através de nome de usuário e senha, porque um site de e-commerce não se preocupa com quem está comprando, desde que tenha o dinheiro. Mas você se preocupa que está mandando dinheiro (e informações de cartão de crédito) para a entidade certa, portanto use SSL v.2 para identificar o servidor, Amazon.com por exemplo, e para oferecer toda a criptografia de dados. Portanto, clique NO em resposta a isso e salve a carteira, clicando no ícone SAVE WALLET (o disquete amarelo) e estaremos prontos para prosseguir.

Vamos primeiro para Amazon.com. O certificado da Amazon foi assinado por Secure Server Certificate Authority, RSA Data Security, Inc. Esse é um dos padrões na carteira Oracle.

```
tkyte@TKYTE816> declare
  2      l_output long;
  3
  4      l_url varchar2(255) default
  5          'https://www.amazon.com/exec/obidos/flex-sign/in';
  6
  7      l_wallet_path varchar2(255) default
  8          'file:C:\Documents and Settings\Thomas Kyte\ORACLE\WALLETS';
  9
 10
 11  begin
```

```
 12          l_output := utl_http.request
 13                  (   url             => l_url,
 14                      proxy           => 'www-proxy.us.oracle.com',
 15                      wallet_path     => l_wallet_path,
 16                      wallet_path     => 'oracle'
 17                  );
 18          dbms_output.put_line(trim(substr(l_output,1,255)));
 19      end;
 20      /

<html>
<head>
<title>Amazon.com Error Page</title>
</head>
<body bgcolor="#FFFFFF"
link="#003399" alink="#FF9933" vlink="#996633" text="#000000">
<a name="top"><!- -Top of
Page- -></a>
<table border=0 width=100% cellspacing=0 cellpadding=0>
<tr

PL/SQL procedure successfully completed.
```

Não se preocupe se obtiver essa mensagem de erro; isso está certo. A razão para receber esse erro de página é que não há informações de sessão sendo passadas. Estamos apenas testando se a conexão funcionou ; recuperamos um documento SSL protegido.

Vamos experimentar outro site. Que tal E*Trade?

```
tkyte@TKYTE816> declare
  2          l_output long;
  3
  4          l_url varchar2(255) default
  5                  'https://trading.etrade.com/';
  6
  7          l_wallet_path varchar2(255) default
  8                  'file:C:\Documents and Settings\Thomas Kyte\ORACLE\WALLETS';
  9
 10
 11      begin
 12          l_output := utl_http.request
 13                  (   url             => l_url,
 14                      proxy           => 'www-proxy.us.oracle.com',
 15                      wallet_path     => l_wallet_path,
 16                      wallet_password => 'oracle'
 17                              );
 18          dbms_output.put_line(trim(substr(l_output,1,255)));
 19      end;
 20      /
declare
*
ERROR at line 1:
ORA-06510: PL/SQL: unhandled user-defined exception
ORA-06512: at "SYS.UTL_HTTP", line 174
ORA-06512: at line 12
```

Aparentemente não funcionou. E*Trace tem um certificado assinado por www.verisign.com/CPS Incorp.by Ref, que não é um certificado padrão confiável. Para acessar essa página, precisaremos acrescentar aquele certificado à nossa carteira Oracle — supondo, claro, que confiamos em Verisign! Eis o truque. Vá para o site (https://trading.etrade.com). Clique duas vezes o ícone PADLOCK, no canto inferior à direita da janela (no Microsoft Internet Explorer). Isso apresentará uma janela pop-up semelhante a esta:

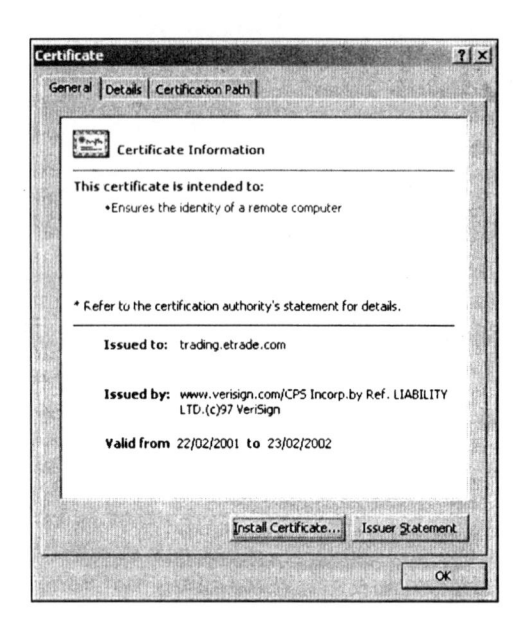

Selecione a guia Certification Path no alto dessa tela; o certificado que você está vendo aqui será listado, se ele for um para E*Trade (trading.etrade.com), assim como quem emitiu o certificado. Precisamos acrescentar a pessoa que assinou o certificado (o emissor) aos nossos certificados confiáveis na carteira Oracle. O emissor é www.verisign.com/CPS Incorp.by Ref.LIABILITY LID, como demonstrado pela hierarquia do tipo árvore.

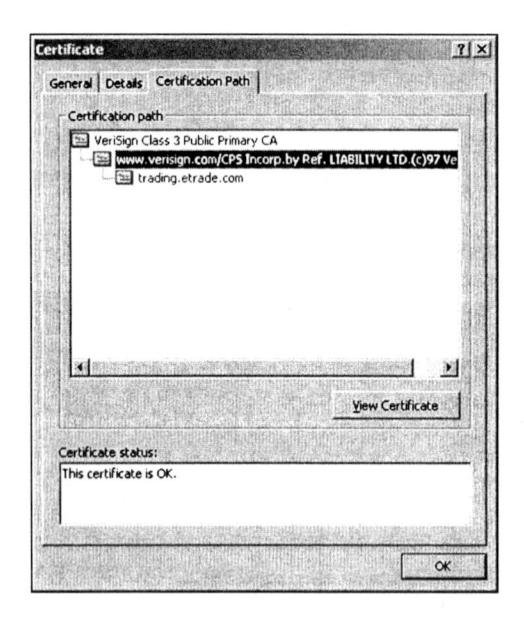

Clique o botão View Certificate, enquanto www.verisign.com/CPS Incorp.by Ref estiver destacado, o que irá mostrar informações do emissor do certificado. Clique a guia Details e você deverá ver:

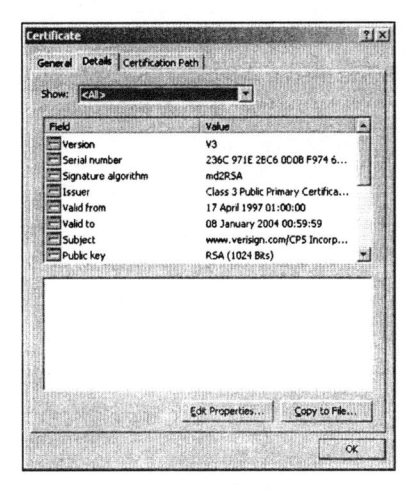

Agora, precisamos clicar o botão Copy to File. Salve o arquivo localmente como um arquivo Base-64 codificada X.509 (CER). A tela a seguir mostra a seleção feita; você pode nomear o arquivo com qualquer coisa de sua escolha e salvá-lo em qualquer lugar. Nós o importaremos em um momento, apenas lembre-se onde o salvou:

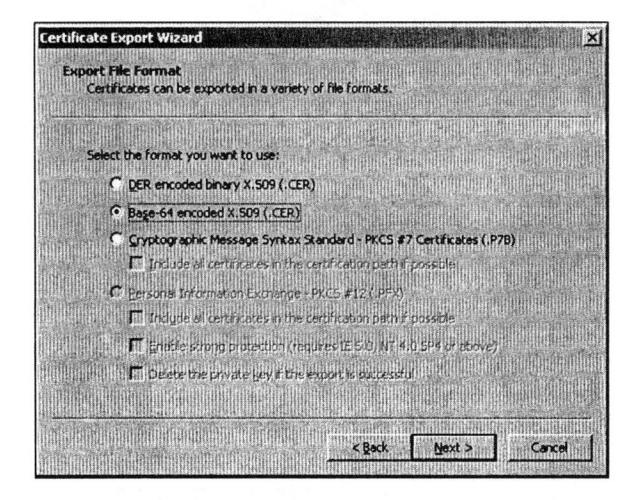

Podemos agora importar isso em nosso Oracle Wallet. Abra a carteira no OWM e clique à direita em Trusted Certificates — será apresentado um menu pop-up que tem Import Trusted Certificate:

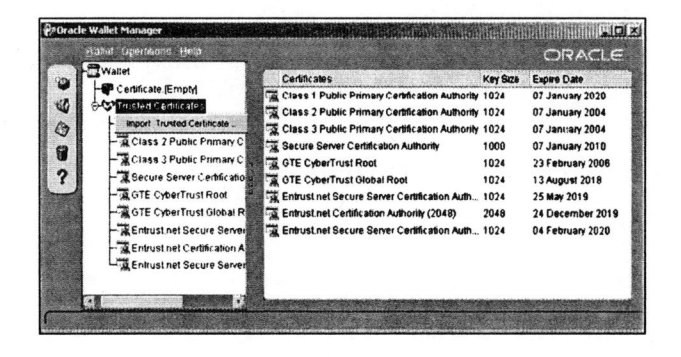

Você irá selecionar aquela opção e, na próxima caixa de diálogo que surgirá, escolha Select a file that contains the certificate

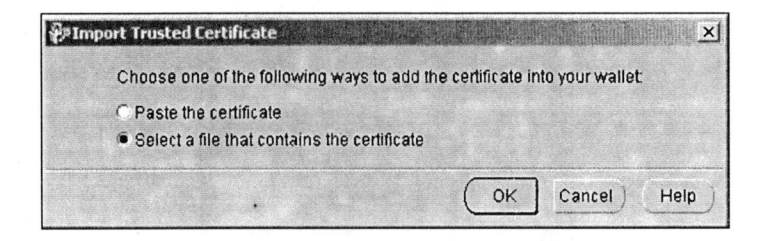

Use a caixa de diálogo padrão 'file open' que surgirá, para escolher o certificado que você acabou de salvar. Sua tela deverá se parecer como esta:

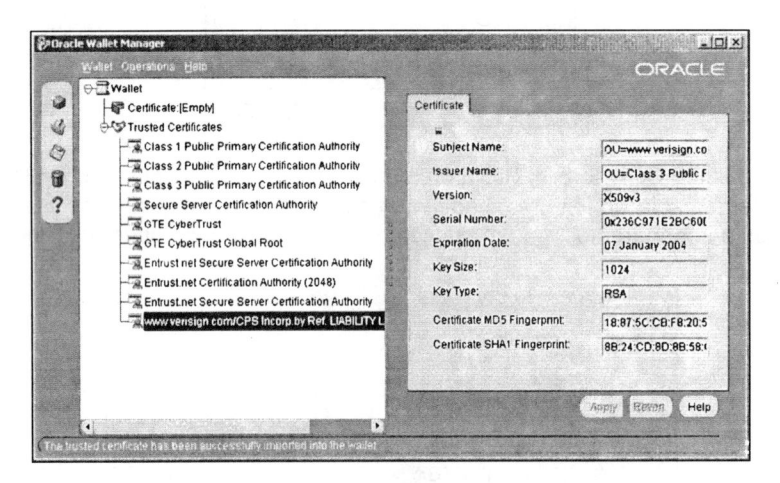

Agora, salve a carteira, clicando o ícone SAVE WALLET (o disquete amarelo) e vamos novamente testar o nosso exemplo:

```
tkyte@TKYTE816> declare
  2      l_output long;
  3
  4      l_url varchar2(255) default
  5          'https://trading.etrade.com/cgi-bin/gx.cgi/AppLogic%2bHome';
  6
  7      l_wallet_path varchar2(255) default
  8          'file:C:\Documents and Settings\Thomas Kyte\ORACLE\WALLETS';
  9
 10
 11  begin
 12      l_output := utl_http.request
 13              (   url              => l_url,
 14                  proxy            => 'www-proxy.us.oracle.com',
 15                  wallet_path      => l_wallet_path,
 16                  wallet_password  => 'oracle'
 17              );
 18      dbms_output.put_line(trim(substr(l_output,',255)));
 19  end;
 20  /
```

<HTML>
<HEAD>
<META http-equiv="Content-Type" content="text/html; charset=ISO-8859-1">
<TITLE>E*TRADE</TITLE>
<SCRIPT LANGUAGE="Javascript"

```
            TYPE="text/javascript">
                    <!- -

                    function mac_comment( ) {
                            var
            agt=navigator.userAgent.toLowerCase( );
                            var is_mac

            PL/SQL procedure successfully complete.
```

Dessa vez fomos bem sucedidos. Agora sabemos como usar e ampliar a carteira Oracle para fazer HTTPS seguros.

Como usar realmente UTL_HTTP

Bem, além de conseguir o conteúdo de uma página web, que é extremamente útil — o que mais podemos fazer com UTL_HTTP? Um uso comum para ele é uma maneira fácil de fazer com que PL/SQL possa executar um programa — um tipo de comando HOST. Visto que quase todo servidor web pode executar programas cgi-bin e UTL_HTTP pode enviar URLs, na verdade podemos conseguir que PL/SQL execute comandos host, configurando os comandos que queremos executar como programas cgi-bin no servidor web.

Nesse caso, o que eu gosto de fazer é configurar um servidor web executando no endereço IP 127.0.0.1 — que é o loop de retorno TCP. Esse endereço TCP só estará acessível se você estiver fisicamente registrado na máquina em que o servidor web executar. Dessa forma, posso configurar programas cgi-bin para meus programas PL/SQL, para executar o que ninguém mais pode — a menos que invadam a minha máquina de servidor, caso em que terei problemas muito maiores para tratar.

No passado, um uso que fiz dessa facilidade foi enviar email de PL/SQL. Digamos que você tenha o banco de dados Oracle 8i, sem Java nele. Sem Java, você não pode usar UTL_TCP ou UTL_SMTP — ambos confiam na opção Java no banco de dados. Assim, sem UTL_SMTP e/ou UTL_TCP, como poderia enviar um email? Com UTL_HTTP e UTL_FILE — posso inicializar um programa cgi-bin que recebe uma única entrada na variável de ambiente QUERY_STRING. A entrada única poderia ser um nome de arquivo. Usaremos /usr/lib/sendmail para enviar aquele arquivo (no Windows, para enviar correspondência, eu poderia usar o utilitário de domínio público, 'blat', disponível em http://www.interlog.com/~tcharron/blat.htm). Uma vez que o tenha configurado, posso simplesmente executar meu comando host através de:

```
    ...
    results := utl_http.request(
            'http://127.0.0.1/cgi-bin/smail?filename.text' );
    ...
```

O programa cgi-bin que configurei, smail, retornaria uma 'página web' que indicaria sucesso ou falha e eu olharia a variável do resultado, para ver se a correspondência foi ou não enviada com sucesso. A implementação em pleno desenvolvimento disso em Unix seria:

```
scott@ORA8I;WORLD> create sequence sm_seq
  2  /
Sequence created.

scott@ORA8I.WORLD> create or replace      procedure sm( p_to in varchar2,
  2                                       p_from in varchar2,
  3                                       p_subject in varchar2,
  4                                       p_body in varchar2 )
  5  is
  6      l_output        utl_file.file_type.
  7      l_filename      varchar2(255);
  8      lrequest        varchar2(2000);
  9  begin
 10      select 'm' || sm_seq.nextval || '.EMAIL.' || p_to
 11          into l_filename
 12          from dual;
 13
```

```
14          l_output := utl_file.fopen
15                  ( '/tmp', l_filename, 'w', 32000 );
16
17          utl_file.put_line( l_output, 'From: ' || p_from );
18          utl_file.put_line( l_output, 'Subject: ' || p_subject );
19          utl_file.new_line( l_output );
21          utl_file.put_line( l_output, p_body );
21          utl_file.new_line( l_output );
22          utl_file.put_line( l_output, '.' );
23
24          utl_file.fclose( l_output );
25
26          l_request := utl_http.request
27                  ( 'http://127.0.0.1/cgi-bin/smail?1' || l_filename );
28
29          dbms_output.put_line( l_request );
30     end sm;
31     /

Procedure created.
```

Você deve referir-se à seção sobre UTL_SMTP para entender porque formatei o email como fiz aqui, com os registros de cabeçalho From: e To:. Nessa rotina, estamos usando uma seqüência para gerar um nome de arquivo único. Codificamos o destinatário no nome do próprio arquivo. Depois, escrevemos o email em um arquivo de sistema operacional. Por fim, usamos UTL_HTTP para executar nosso comando host e passar a ele no nome do arquivo. Simplesmente, imprimimos o resultado disso nessa caixa de teste — na verdade, deveríamos inspecionar o valor de l_result para garantir que o email tenha sido enviado com sucesso.

O simples programa cgi-bin poderia ser:

```
#!/bin/sh

echo "Content-type: text/plain"
echo " "

echo $QUERY_STRING
to=`echo $QUERY_STRING | sed 's/.*EMAIL\.//'`
echo $to

(/usr/lib/sendmail $to < /tmp/$QUERY_STRING) 1> > /tmp/$$.log 2>&1
cat /tmp/$$.log
rm /tmp/$$.log
tm /tmp/$QUERY_STRING
```

O script envoltório começa imprimindo os cabeçalhos HTTP que precisamos, para retornar um documento; é o que o primeiro dos dois ecos (echoes) está fazendo. Estamos apenas imprimindo o valor de QUERY_STRING (é onde o servidor web põe suas entradas — a porção depois do ? no URL). Depois, extraímos o endereço de email da QUERY_STRING, usando o sed (**S**tream **ED**itor) para remover tudo da frente da palavra EMAIL/ no nome de arquivo. Depois, executamos sendmail (enviar correspondência em um subenvoltório) para sermos capazes de captar suas correntes de saída stdout e stderr. Eu catalogo (cat — tipo de stdout) o conteúdo do registro captado de sendmail. Nesse caso, eu queria que ambas, stdout e stderr, fossem retornadas como conteúdo da página web, assim o código PL/SQL poderia obter quaisquer mensagens de erro etc. A maneira mais fácil de fazer aquilo era redirecionar ambas as correntes de saída para um arquivo temporário e depois digitar aquele arquivo em stdout. A seguir, limpamos nossos arquivos temporários e retornamos.

Agora posso testar através de:

```
scott@ORA8I.WORLD> begin
  2          sm( 'tkyte@us.oracle.com',
  3                  'tkyte@us.oracle.com',
  4                  'testing',
  5                  'hello world!' );
```

```
  6    end;
  7    /
m1.EMAIL.tkyte@us.oracle.com
tkyte@us.oracle.com
```

Isso nos mostra as variáveis de ambiente QUERY_STRING e To:, e como não há outro teste (nem mensagens de erro), sabemos que o email foi enviado.

Esse pequeno exemplo demonstra como UTL_HTTP pode ser usado indiretamente por algo para o qual ele realmente não estava designado: permitir a PL/SQL executar comandos HOST. Você deveria inicializar um servidor web de objetivo especial no endereço IP 127.0.0.1, configurar um diretório cgi-bin dentro dele e colocar os comandos que quisesse que os desenvolvedores PL/SQL executassem ali. Depois teria uma maneira segura de permitir a PL/SQL executar o comando de SQL*PLUS equivalente.

Um UTL_HTTP melhor

Visto que temos a classe SocketType desenvolvida na seção UTL_TCP (ou só acesso a UTL_TCP) e conhecimento do protocolo HTTP, podemos fazer um pacote UTL_HTTP. Chamaremos nossa implementação de HTTP_PKG. Ela suportará a "antiga" interface UTL_HTTP de REQUEST e REQUEST_PIECES, mas também acrescentará suporte para

- Conseguir os cabeçalhos HTTP de volta com cada solicitação — Esses cabeçalhos contêm informações úteis, como a posição da solicitação (por ex, 200 OK, 404 Not Found), o nome do servidor que executou o URL, o tipo de conteúdo do conteúdo retornado, cookies e assim por diante.
- Conseguir o conteúdo de volta como um CLOB ou BLOB — Permite à sua PL/SQL recuperar um grande arquivo PDF para ser inserido numa tabela indexada por interMedia, assim como recuperar texto plano de outra página ou apenas acessar quaisquer dados binários retornados por um servidor web.
- Fazer um HEAD de documento — Isso é útil, por exemplo, para verificar se o documento recuperado na semana passada foi atualizado.
- String de codificar URL — Por exemplo, se você tiver um espaço ou um til (~) em uma solicitação de URL, eles precisam ser 'escapados'. Essa função escapa todos os caracteres que forem necessários.
- Enviar Cookies com solicitações — Se você estiver usando HTTP_PKG para obter acesso a um web site que usa um esquema de autenticação baseado em cookie, isso é importante. Você deve ter que GET o registro de entrada da página, enviando o nome de usuário e senha na solicitação GET. Depois deve olhar os cabeçalhos HTTP retornados por aquela página e extrair o seu cookie. O valor desse cookie é o que você precisa para enviar todas as solicitações subseqüentes, para provar quem você é.
- Dados POST em vez de GET — O protocolo GET tem limites quanto ao tamanho da solicitação, que variam por servidor web. Geralmente um URL não deve exceder de 1 a 2 KB de comprimento. Se o fizer, você deve POST os dados. Dados encaminhados podem ser de tamanho ilimitado.

Podemos implementar tudo isso em PL/SQL usando nosso SocketType da seção UTL_TCP, e com uma quantia bem pequena de código. Segue a especificação para nosso novo pacote HTTP_PKG. Veremos a especificação e alguns exemplos de seu uso. O que não estará neste livro é o código que implementa o corpo do HTTP_PKG. Ele está disponível e documentado no web site da Wrox (http://www.wrox.com); ele tem cerca de 15 páginas impressas de comprimento, daí não ser incluído aqui. A especificação do pacote é como a seguir. As duas primeiras funções, REQUEST e REQUEST_PIECES, são funcionalmente equivalentes (menos suporte SSL) às funções encontradas no pacote UTL_HTTP nas versões 7.3.x, 8.0.x e 8.1.5, e ainda levantaremos o mesmo tipo de exceções nomeadas que elas fariam:

```
tkyte@TKYTE816> create or replace package http_pkg
  2  as
  3      function request(   url in varchar2,
  4                          proxy in varchar2 default NULL )
  5      return varchar2;
  6
  7      type html_pieces is table of varchar2(2000)
  8          index by binary_integer;
  9
 10      function request_pieces(url in varchar2,
 11                              max_pieces natural default 32767,
 12                              proxy in varchar2 default NULL)
```

```
13          return html_pieces;
14
15      init_failed exception;
16      request_failed exception;
```

O procedimento seguinte é GET_URL. Ele chama o comando padrão HTTP GET em um servidor web. As entradas são:

- p_url é o URL a recuperar.
- p_proxy é o nome:<port> do servidor proxy a usar. Nulo indica que você não precisa usar um servidor proxy. Exemplos: p_proxy => 'www-proxy' ou p_proxy => 'www-proxy:80'.
- p_status é retornado a você. Ele será o código de posição HTTP retornado pelo servidor web. 200 indica complementação normal, bem sucedida. 401 indica não autorizado e assim por diante.
- p_status_txt é retornado a você. Ele contém o texto completo do registro de posição HTTP. Por exemplo, ele deveria conter: HTTP/1.0 200 OK.
- p_httpHeaders pode ser ajustado por você e, quando retornar, conterá os cabeçalhos http do URL solicitado. Na entrada, quaisquer valores que você ajustar serão transmitidos ao servidor web como parte da solicitação. Na saída, os cabeçalhos gerados pelo servidor web serão retornados. É possível usá-lo para ajustar e enviar cookies, autenticação básica ou qualquer outro registro de cabeçalho http que você quiser.
- p_content é um CLOB ou BLOB *temporário* (dependendo de qual procedimento sobrecarregado você chamar) que será alocado por você nesse pacote (você não precisa alocá-lo). Ele é uma sessão de LOB temporário. É preciso usar dbms_lob.freetemporary para desfazer a alocação dele, sempre que quiser, ou apenas deixá-lo desaparecer quando registrar a sua saída.

```
19      procedure get_url( p_url           in varchar2,
20                         p_proxy         in varchar2 default NULL,
21                         p_status            out number,
22                         p_status_txt        out varchar2,
23                         p_httpHeaders   in out CorrelatedArray,
24                         p_content       in out clob );
25
26
27      procedure get_url( p_url           in      varchar2
28                         p_proxy         in      varchar2 default NULL,
29                         p_status                out number,
30                         p_status_txt            out varchar2,
31                         p_httpHeaders   in      out CorrelatedArray,
32                         p_content       in out blob );
```

O procedimento a seguir é HEAD_URL. Chama a sintaxe padrão HTTP HEAD em um servidor web. As entradas e saídas são idênticas à get_url acima (exceto que *nenhum* conteúdo é recuperado). Essa função é útil para ver se um documento existe, qual é o seu tipo mime ou se ele foi recentemente alterado, sem recuperar o próprio documento:

```
34      procedure head_url( p_url          in varchar2,
35                          p_proxy        in varchar2 default NULL,
36                          p_status           out number,
37                          p_status_txt           out varchar2,
38                          p_httpHeaders          out CorrelatedArray );
```

A próxima função de codificar URL é usada ao montar listas de parâmetro GET ou POST CLOBs. Ela é usada para escapar caracteres especiais em URLs (por exemplo, um URL não pode conter um espaço em branco, um sinal % etc). Dada uma entrada como Hello World, o urlencode retornaria Hello%20World'

```
40      function urlencode( p_str in varchar2 ) return varchar2;
```

O procedimento Add_A_Cookie permite ajustar facilmente um valor de cookie para ser enviado a um servidor web. Só será preciso conhecer o nome e o valor do cookie. A formatação do registro de cabeçalho HTTP é feita por essa rotina. A variável p_httpHeaders que você envia como entrada/saída dessa rotina seria enviada como entrada/saída das rotinas <Get|Head|Post>_url:

```
42          procedure add_a_cookie
43              (   p_name in varchar2,
44                  p_value in varchar2,
45                  p_httpHeaders in out CorrelatedArray );
```

O seguinte procedimento, Set_Basic_Auth, permite que você entre com um nome de usuário/senha para acessar uma página protegida. A formatação do registro de cabeçalho HTTP é realizada por essa rotina. A variável p_httpHeaders que você envia como entrada/saída dessa rotina também seria enviada como entrada/saída das rotinas <Get|Head|Post>_url:

```
47          procedure set_basic_auth
48              (   p_username in varchar2,
49                  p_password in varchar2,
50                  p_httpHeaders in out CorrelatedArray );
```

O procedimento set_post_parameter é usado ao recuperar um URL que precisa de um grande (maior que 2.000 bytes, ou algo assim) conjunto de entradas. Recomenda-se que o método POST seja usado em grandes solicitações. Essa rotina permite acrescentar a uma solicitação POST parâmetro após parâmetro. Essa solicitação de encaminhamento é montada em um CLOB que você fornece:

```
52          procedure set_post_parameter
53              (   p_name in varchar2,
54                  p_value in varchar2,
55                  p_post_data in out clob,
56                  p_urlencode in Boolean default FALSE );
```

As duas rotinas a seguir são idênticas a GET_URL acima, com a adição da entrada p_post_data. p_post_data é um CLOB montado por repetidas chamadas a set_post_parameter, acima. As demais entradas/saída são definidas da mesma forma que em GET_UTL:

```
58          procedure post_url
59                  p_url           in      varchar2,
60                  p_post_data     in      clob,
61                  p_proxy         in      varchar2 default NULL,
62                  p_status                out number,
63                  p_status_txt            out varchar2,
64                  p_httpHeaders   in out CorrelatedArray,
65                  p_content       in      out clob );
66
67          procedure post_url
68                  p_url           in      varchar2,
69                  p_post_data     in      clob,
70                  p_proxy         in      varchar2 default NULL,
71                  p_status                out number,
72                  p_status_txt            out varchar2,
73                  p_httpHeaders   in out CorrelatedArray,
74                  p_content       in out blob );
75
76
77  end;
78  /
```

Package created.

1024 | *Dominando Oracle: programação avançada*

Assim, a especificação do pacote está feita; os procedimentos definidos dentro dele são bem diretos. Posso fazer coisas como GET_URL para obter um URL. Isso usará a sintaxe HTTP GET para recuperar o conteúdo de uma página web em um BLOB ou CLOB temporário. Posso HEAD_UTL para obter os cabeçalhos para um URL. Usando isso eu poderia procurar pelo tipo mime, por exemplo, para decidir se desejo usar um CLOB (text/html) para obter o URL ou um BLOB (image/gif). Posso até POST_UTL para encaminhar grandes quantidades de dados para um URL. Existem outras funções auxiliares para ajustar cookies no cabeçalho, para basear 64 codificações de nome de usuário e senha em autenticação básica etc.

Supondo que você tenha carregado a implementação de HTTP_PKG (o corpo do pacote consiste em cerca de 500 linhas de código PL/SQL) estamos prontos para experimentá-lo. Introduziremos um par de utilitários de rotina que será útil para testar, inicialmente. Print_clob, abaixo, apenas imprime todo o conteúdo de um CLOB usando DBMS_OUTPUT. Print_Headers faz o mesmo para os cabeçalhos HTTP que recuperamos acima, em nosso tipo CorrelatedArray (um tipo de objeto que é parte da implementação HTTP_PKG). Depois, o procedimento P é o procedimento P que introduzi na seção DBMS_OUTPUT para imprimir linhas longas:

```
ops$tkyte@DEV816> create or replace procedure print_clob( p_clob in clob )
  2  as
  3      l_offset number default 1;
  4  begin
  5      loop
  6          exit when l_offset > dbms_lob.getlength(p_clob);
  7          dbms_output.put_line( dbms_lob.substr( p_clob, 255, l_offset ) );
  8          l_offset := l_offset + 255;
  9      end loop;
 10  end;
 11  /

ops@tkyte@DEV816> create or replace
  2  procedure print_headers( p_httpHeaders correlatedArray )
  3  as
  4  begin
  5      for i in 1 .. p_httpHeaders.vals.count loop
  6          p( initcap( p_httpHeaders.vals(i).name ) || ': ' ||
  7                      p_httpHeaders.vals(i).value );
  8      end loop;
  9      p( chr(9) );
 10  end;
 11  /
```

Agora, no teste:

```
ops$tkyte@DEV816> begin
  2      p( http_pkg.request( 'http://myserver/' ) );
  3  end;
  4  /
<HTML>
<HEAD>
<TITLE>Oracle Service Industries</TITLE>
</HEAD>
<FRAMESET COLS="130,*"
border=0>
<FRAME SRC="navtest.html" NAME="sidebar" frameborder=0>
<FRAME SRC="folder_home.html"
NAME="body" frameborder="0" marginheight="0" marginwidth="0">
</FRAMESET>

</BODY>
</HTML>

ops$tkyte@DEV816> declare
  2      pieces      http_pkg.html_pieces;
  3  begin
```

```
  4        pieces :=
  5            http_pkg.request_pieces( 'http://www.oracle.com',
  6                                     proxy=>'www-proxy1');
  7
  8            for i in 1 . . pieces.count loop
  9                p( pieces(i) );
 10            end loop;
 11   end;
 12   /
<head>
<title>Oracle Corporation</title>
<meta http-equiv="Content-Type" content="text/html;
...
```

As duas rotinas anteriores mostram que os métodos UTL_HTTP de REQUEST e REQUEST_PIECES funcionam como esperado com nosso novo pacote. A funcionalidade deles é idêntica. Agora, chamaremos nossa função URLENCODE, que traduz caracteres "ruins" para seqüências de escape em URLs e dados POST:

```
ops$tkyteDEV816> select
  2    http_pkg.urlencode( 'A>C%{hello}\fadfasdfads~`[abc]:=$+' ' " ' )
  3    from dual;

HTTP_PKG.URLENCODE('A>C%(HELLO)\FADFASDFADS~`[ABC]:=$+' ' " ')
- - - - - - - - - - - - - - - - - - - - - - - - - - - - - - -
A%3EC%25%7Bhello%7D%5Cfadfasdfads%7E%60%%5Babc%5D%3A%3D%24%2B%27%22
```

Aquilo mostra que caracteres como > e % são escapados em %3E e %25, respectivamente, e outras seqüências, como a palavra hello, não são escapadas. Isso nos permite usar com segurança qualquer desses caracteres especiais em nossas solicitações HTTP.

Veremos agora o primeiro dos novos procedimentos HTTP URL. A chamada desse procedimento retornará a home page do Yahoo através de um servidor proxy, www-proxy1 (você precisará substituir isto pelo seu próprio servidor proxy, claro). Além disso, temos que ver a posição de HTTP retornada — 200 indica sucesso. Também vemos os cabeçalhos HTTP que o Yahoo nos retorna. O tipo mime estará sempre lá, e aquilo nos diz qual tipo de conteúdo podemos esperar. Finalmente, o conteúdo é retornado e impresso:

```
ops$tkyte@DEV816> declare
  2     l_httpHeaders      correlatedArray;
  3     l_status           number;
  4     l_status_txt       varchar2(255);
  5     l_content          clob;
  6   begin
  7     http_pkg.get_url(  'http://www.yahoo.com/',
  8                        'www-proxy1',
  9                        l_status,
 10                        l_status_txt,
 11                        l_httpHeaders,
 12                        l_content );
 13
 14     p( 'The status was ' || l_status );
 15     p( 'The status text was ' || l_status_txt );
 16     print_headers( l_httpHeaders );
 17     print_clob( l_content );
 18   end;
 19   /
The status was 200
The status text was HTTP/1.0 200 OK
```

```
Date: Fri, 02 Feb 2001 19:33:26 GMT
Connection: close
Content-Type: text/html

<html><head><title>Yahoo!</title><base href=http://www.yahoo.com/><meta http-
equiv="PICS-Label"
```

Em seguida, tentaremos a solicitação HEAD na home page do web site da Wrox, e veremos o que podemos descobrir:

```
ops$tkyte@DEV816> declare
  2       l_httpHeaders       correlatedArray;
  3       l_status            number;
  4       l_status_txt        varchar2(255);
  5   begin
  6       http_pkg.head_url( 'http://www.wrox.com/',
  7                          'www-proxy1',
  8                          l_status,
  9                          l_status_txt,
 10                          l_httpHeaders );
 11
 12       p( 'The status was ' || l_status );
 13       p( 'The status text was ' || l_status_txt );
 14       print_headers( l_httpHeaders );
 15   end;
 16   /
The status was 200
The status text was HTTP/1.1 200 OK

Server: Microsoft-IIS/5.0
Date: Fri, 02 Feb 2001 19:13:26 GMT
Connection: Keep-Alive
Content-Length: 1270
Content_Type: text/html
Set-Cookie: ASPSESSIONIDQQQGGNQU=PNMNCIBACGKFLHGKLLBPEPMD; path=/
Cache-control: private
```

A partir dos cabeçalhos, está claro que Wrox está rodando Windows com Microsoft IIS. Além do mais, eles estão usando ASPs, como indicado pelo cookie enviado de volta. Se fôssemos recuperar aquela página, ele teria tido 1.270 bytes de conteúdo.

Gostaríamos de ver agora como os cookies podem trabalhar. Estou usando aqui um procedimento padrão que é armazenado com OAS (O Oracle Application Server) e iAS (o Internet Application Server do Oracle); o exemplo cookiejar, que mostra o uso de cookies em um procedimento PL/SQL. A rotina cookiejar se parece com um valor de cookie e, se ajustada, aumenta em um e o retorna ao cliente. Veremos como funciona usando nosso pacote. Vamos enviar o valor 55 ao servidor e esperamos que ele nos retorne 56:

```
ops$tkyte@DEV816> declare
  2       l_hhtpHeaders       correlatedArray;
  3       l_status            number;
  4       l_status_txt        varchar2(255);
  5       l_content           clob;
  6   begin
  7       http_pkg.add_a_cookie( 'COUNT', 55, l_httpHeaders );
  8       http_pkg.get_url
  9       ( 'http://myserver.acme.com/wa/webdemo/owa/cookiejar',
 10         null,
 11         l_status,
 12         l_status_txt,
 13         l_httpHeaders,
 14         l_content );
 15
 16       p( 'The status was ' || l_status );
 17       p( 'The status text was ' || l_status_txt );
```

```
 18         print_headers( l_httpHeaders );
 19         print_clob( l_content );
 20   end;
 21   /
The status was 200
The status text was HTTP/1.0 200 OK

Content-Type: text/html
Date: Fri, 02 Feb 201 19:14:48 GMT
Allow: GET, HEAD
Server: Oracle_Web_listener2.1/1.20in2
Set-Cookie: COUNT=56; expires=Saturday, 03-Feb-2001 22?14?48 GMT

<HTML>
<HEAD>
<TITLE>C is for Cookie</TITLE>
</HEAD>
<BODY>
<HR>
<IMG SRC="/ows-img/ows.gif">
<H1>C
is for Cookie</H1>
<HR>
You have visited this page <STRONG>56</STRONG> times in the last 24 hours.
...
```

Como se pode ver, o valor de cookie de 25 foi transmitido, e o servidor o aumentou para 56. Depois, ele retornou o valor modificado, junto com uma data de encerramento.

Em seguida, gostaríamos de ver como acessar uma página que exija um nome de usuário e senha, o que é feito através de:

```
ops$tkyte@DEV816> declare
  2      l_httpHeaders        correlatedArray;
  3      l_status             number;
  4      l_status_txt         varchar2(255);
  5      l_content            clob;
  6   begin
  7      http_pkg.set_basic_auth( 'tkyte', 'tiger', l_httpheaders );
  8      http_pkg.get_url
  9        (  'http://myserver.acme.com:80/wa/intranets/owa/print_user',
 10           null,
 11           l_status,
 12           l_status_txt,
 13           l_httpHeaders,
 14           l_content );
 15
 16      p( 'The status was ' || l_status );
 17      p( 'The status text was ' || l_status_txt );
 18      print_headers( l_httpHeaders );
 19      print_clob(l_content);
 20   end;
 21   /
The status was 200
The status text was HTTP/1.0 200 OK

Content-Type: text/html
Date: Fri, 02 Feb 2001 19:49:17 GMT
Allow: GET, HEAD
Server: Oracle_Web_listener2.1/1.20in2

Remote user = tkyte
```

Aqui, só configurei um DAD (Database Access Descriptor) que não armazenou o nome de usuário/senha com o DAD. Significa que o servidor web está esperando que a solicitação contenha o nome de usuário/senha para usar. Passei minhas credenciais para uma rotina que apenas imprimiu a variável de ambiente cgi, REMOTE_USER em PL/SQL (o nome do usuário remotamente conectado).

Por fim, gostaríamos de demonstrar o encaminhamento de dados. Estou usando um URL de Yahoo, de novo. Yahoo facilita obter cotações de estoque em um formato de planilha. Como a lista de símbolos de estoque em que você pode estar interessado poderia ficar muito grande, sugiro encaminhar esses dados. Aqui está um exemplo que obtém algumas cotações de estoque de Yahoo usando HTTP. Os dados serão retornados em CSV (Comma Separated Values) para facilitar, por exemplo, analisar e carregar em uma tabela:

```
ops$tkyte@DEV816> declare
  2      l_httpHeaders        correlatedArray;
  3      l_status             number;
  4      l_status_txt         varchar2(255);
  5      l_content            clob;
  6      l_post               clob;
  7  begin
  8      http_pkg.set_post_parameter( 'symbols', 'orc' ^IXID ^DJI ^SPC',
  9                                   l_post, TRUE );
 10      http_pkg.set_post_parameter( 'format', 's11d1t1c1ohgv',
 11                                   l_post, TRUE );
 12      http_pkg.set_post_parameter( 'ext', '.csv',
 13                                   l_post, TRUE );
 14      http_pkg.post_utl( 'http://quote.yahoo.com/download/quotes.csv',
 15                          l_post,
 16                          'www-proxy',
 17                          l_status,
 18                          l_status_txt,
 19                          l_httpHeaders,
 20                          l_content );
 21
 22      p( 'The status was ' || l_status );
 23      p( 'The status text was ' || l_status_txt );
 24      print_headers( l_httpHeaders );
 25      print_clob( l_content );
 26  end;
 27  /
The status was 200
The status text was HTTP/1.0 200 OK

Date: Fri, 02 Feb 2001 19:49:18 GMT
Cache-Control: private
Connection: close
Content-Type: application/octet-stream

"ORCL",28.1875,"2/2/2001","2:34PM",-1.875,29.9375,30.0625,28.0625,26479100
"^IXID", 1620.60, "2/2/2001", "2:49PM", -45.21, 1664.55, 1667.46, 1620.40, N/A
"^DJI", 10899.33, "2/2/2001", "1:49PM", -84.30, 10982.71, 11022.78, 10888.01, N/A
"^SPC", 1355.17, "2/2/2001", "2:49PM", -18.30, 1373.53, 1376.16, 1354.21, N/A
```

Resumo

Nesta seção, vimos como usar o pacote interno UTL_HTTP. Vimos como, através de um pequeno pensamento criativo, podemos usar UTL_HTTP não apenas para pegar dados da web, mas para capacitar PL/SQL a ter o equivalente de um comando HOST. Com apenas um par de linhas de código, possibilitamos que qualquer lançamento de Oracle a partir de 7.3 possa facilmente enviar correspondência usando UTL_FILE e UTL_HTTP.

Investigamos como usar UTL_HTTP em SSL — um conceito não bem documentado no *Guia de pacotes fornecidos por Oracle* (ou qualquer outro documento sobre tal assunto). Aprendemos como tornar qualquer web site capacitado por SSL disponível às nossas rotinas PL/SQL usando o Oracle Wallet Manager.

Além disso, vimos como pegar uma boa idéia e torná-la melhor. Em comparação com a seção sobre DBMS_OBFUSCATION_TOOLKIT, onde 'envolvemos' a funcionalidade daquele pacote para torná-lo mais fácil e mais flexível de usar, aqui reimplementamos completamente um pacote, dando-lhe funcionalidade *adicional* que ele nunca teve. Isso veio com um certo preço, não suportamos SSL em nossa implementação, no entanto ele é útil em muitos casos.

Poderíamos facilmente dar um passo adiante e usar Java ou um procedimento externo baseado em C para acrescentar suporte total também a SSL. Há também diversas classes e bibliotecas terceirizadas e de domínio público por aí que fazem exatamente isso.

UTL_RAW

UTL_RAW é um pacote fornecido com o Oracle desde a versão 7.1.6. É um pacote de utilitário desenvolvido pela equipe da Procedural Gateway, inicialmente para acessar e converter a unidade principal de dados em ASCII, e mais tarde, pela reprodução da equipe de desenvolvimento. Ele contém quatro funções que uso com freqüência, e você já as viu espalhadas pelo livro. Só vou cobrir essas quatro funções, pois são as que julgo serem de mais uso. Existem outras contidas no pacote (treze, para ser mais exato), mas não as cobrirei aqui. Veja *Referência a pacotes PL/SQL fornecidos* para mais detalhes sobre essas.

As quatro funções que cobrirei aqui são:

- CAST_TO_VARCHAR2 — Converte uma RAW para uma VARCHAR2
- CAST_TO_RAW — Converte uma VARCHAR2 para RAW
- LENGTH — Retorna o comprimento de uma variável RAW.
- SUBSTR — Retorna uma substring para uma variável RAW.

Usamos pesadamente essas funções ao lidar com dados binários. Esta pode ser vista no CRYPT_PKG que usamos nas seções sobre DBMS_OBFUSCATION_TOOLKIT, DBMS_LOG e UTL_TCP.

Começaremos com as funções CAST_. Elas simplesmente mudam o tipo de campo de uma variável RAW para ser VARCHAR2 e vice-versa. Fazem isso sem qualquer tradução dos dados contidos na variável. Normalmente, se eu designasse uma RAW para uma VARCHAR2, a VARCHAR2 seria duas vezes mais longa que a RAW e conteria dígitos hexadecimais. Cada byte de RAW seria convertido para hexadecimal (nos beneficiamos dessa tradução na rotina DBMS_OBFUSCATION_TOOLKIT, por exemplo, para exibir dados criptografados em hexadecimais na tela). Nos casos onde não queremos que essa tradução ocorra, a função CAST_TO_VARCHAR2 é útil. Para ver o que ela faz, podemos usar a função DUMP SQL:

```
tkyte@TKYTE816> create table t ( r raw(10) );
Table created.

tkyte@TKYTE816> insert into t values ( utl_raw.cast_to_raw( 'helloWorld' ) );
1 row created.

tkyte@TKYTE816> select dump(r) r1, dump(utl_raw.cast_to_varchar2(r)) r1
  2             from t;

R1                                      R1
-------------------------------------   -------------------------------------
Typ=23 Len=10:                          Typ=1 Len=10:
104, 101, 108, 108, 111, 87, 111, 114   104, 101, 108, 108, 111, 87, 111, 114
,108, 100                               ,108, 100
```

Como você pode ver a partir de DUMP, a única coisa nos dados que mudou foi o TYP deles. Mudou de 23 para 1. Se você for para o *Guia do programador de interface de chamada de Oracle* e olhar o gráfico *Internal Datatypes*, descobrirá que o tipo 23 é uma RAW de até 2.000 bytes em comprimento e o tipo 1 é uma VARCHAR2 de até 4.000 bytes. A única coisa que CAST_TO_VARCHAR2 faz é mudar a sinalização de tipo de dados na variável — ele não toca, absolutamente, nos dados. É exatamente o que precisamos, no caso onde usamos DBMS_LOB.SUBSTR em um BFILE e, por acaso, esse BFILE contém 'texto claro'. Precisamos converter essa RAW para uma VARCHAR2 sem estar convertendo para hexadecimal — só precisamos mudar o tipo de dados.

UTL_RAW.CAST_TO_VARCHAR2 vai por outro caminho. Se você tiver uma VARCHAR2 que precise ser tratada como RAW, isso converterá mudando o tipo, nada mais. A usamos em nossa implementação SIMPLE_TCP_CLIENT, na seção sobre o pacote fornecido, UTL_SMTP. Externamente, o cliente PL/SQL está nos enviando dados VARCHAR2, mas a camada Java precisa de arrays de bytes (RAWs). PL/SQL faz com facilidade essa conversão.

As duas últimas funções a notar são UTL_RAW.LENGTH e UTL_RAW.SUBSTR. Quando temos uma RAW e a enviamos às rotinas internas LENGTH e SUBSTR, a RAW será implicitamente convertida em uma VARCHAR2 (em hexadecimal). Infelizmente, as funções internas não são sobrecarregadas para aceitar e receber tipos RAW, mas as convertem para VARCHAR2. Significa que o retorno de LENGTH teria sempre o dobro do tamanho, SUBSTR sempre retornaria uma string hexadecimal e nós também teríamos que corrigir os parâmetros de offset e comprimento. As funções UTL_RAW oferecem essa funcionalidade que está faltando. São equivalentes à seguinte SQL:

```
tkyte@TKYTE816> select utl_raw.length(r), length(r)/2 from t;

UTL_RAW.LENGTH(R)    LENGTH(R)/2
-----------------    -----------
               10             10

tkyte@TKYTE816> select utl_raw.substr(r,2,3,) r1,
  2         hextoraw(substr(r, 3, 6)) r2
  3    from t
  4  /

R1         R2
------     ------
656C6C     656C6C
```

Usar as funções UTL_RAW não é obrigatório, mas certamente faz a vida muito mais fácil. Descobrir os espaços de bytes para uma SUBSTR pode ser mais complexo, e lembrar de dividir por dois é algo que simplesmente não precisamos fazer.

UTL_SMTP e o envio de correspondência

UTL_SMTP introduzido pela primeira vez em Oracle 8.1.6, é uma interface para o Simple Mail Transfer Protocol. Exige que você tenha um servidor SMTP em algum lugar de sua rede — a maioria dos sites em que tenho estado tem pelo menos um servidor SMTP executando, pois ele é o método mais popular de enviar correspondência.

O pacote UTL_SMTP é mais adequado para enviar pequenos emails, apenas de texto, a partir do banco de dados. Enquanto sua API suporta o envio de anexos e tudo o mais — você é quem tem a incumbência de codificar o documento de múltiplas partes — por exemplo, transformando anexos binários em documentos de codificação mime.

Nesta seção, visitaremos o exemplo apresentado na seção DBMS_JOB, que usou UTL_SMTP, montando-o com funcionalidade adicional. Veremos também uma alternativa a UTL_SMTP que, de alguma forma, oferece muito mais funcionalidade — inclusive a habilidade de enviar anexos facilmente com o email. Como SMTP é um protocolo de nível muito baixo, reutilizaremos o código existente, de domínio público, para obter uma interface SMTP de nível muito mais alto — e o faremos com muito pouco código.

UTL_SMTP — um exemplo maior

Na seção DBMS_JOB, exploramos como enviar um email usando UTL_SMTP, fazendo com que ele 'aparentemente' executasse mais depressa, fazendo-o de modo assíncrono. Fizemos também email transacional em essência, naquela seção; se você retornar, o email não é enviado, se comprometer — ele segue. Por isso, recomendo muito o uso de DBMS_JOB como uma camada em suas rotinas de email. Naquela seção, a rotina do exemplo UTL_SMTP que usamos foi:

```
tkyte@TKYTE816> create or replace
  2    PROCEDURE send_mail(p_sender     IN VARCHAR2,
  3                        p_recipient  IN VARCHAR2,
  4                        p_message    IN VARCHAR2)
  5    as
  6        l_mailhost VARCHAR2(255) := 'yourserver.acme.com';
  7        l_mail_conn utl_smtp.connection;
  8    BEGIN
  9        l_mail_conn := utl_smtp.open_connection(l_mailhost, 25);
 10        utl_smtp.helo(l_mail_conn, l_mailhost);
 11        utl_smtp.mail(l_mail_conn, p_sender);
 12        utl_smtp.rcpt(l_mail_conn, p_recipient);
 13        utl_smtp.open_data(l_mail_conn );
 14        utl_smtp.write_data(l_mail_conn, p_message);
 15        utl_smtp.close_data(l_mail_conn );
 16        utl_smtp.quit(l_mail_conn);
```

```
   17    end;
   18    /
Procedure created.

tkyte@TKYTE816> begin
  2              send_mail( 'me@acme.com',
  3                         'you@acme.com',
  4                         'Hello Tom' );
  5    end;
  6    /

PL/SQL procedure successfully completed.
```

Isso funciona bem mas, em essência, é muito limitado. Ele envia email exatamente para um destinatário, você não pode CC (Cópia Carbono) ou BCC (Cópia Carbono Oculta) para ninguém, não pode configurar um assunto; o email sempre chega com uma linha de assunto em 'branco'. Gostaríamos de ter mais opções com esse pacote.

Uma discussão completa sobre todas as possibilidades com UTL_SMTP exigiria um conhecimento profundo do próprio protocolo SMTP — algo que está fora do escopo deste livro. Leitores interessados em todas as oportunidades disponíveis com SMTP devem rever a RFC812 — a descrição de SMTP, que está disponível online em http://www.faqs.org/rfcs/rfc821.html. Abaixo, simplesmente apresento como enviar um email usando UTL_SMTP, que suporta:

- Múltiplos destinatários 'To'.
- Múltiplos destinatários 'CC'.
- Múltiplos destinatários 'BCC'.
- Um único corpo de até 32 KB em tamanho.
- Uma linha de assunto.
- Uma linha descritiva 'from' (em vez de mostrar apenas o endereço de email como o 'from' no email cliente).

Uma especificação para um pacote PL/SQL que suporta isso pode se parecer como a seguir. Aqui, definimos um tipo de array para permitir a um chamador enviar facilmente uma lista de destinatários, bem como oferecer especificação externa da rotina PL/SQL que implementaremos:

```
tkyte@TKYTE816> create or replace package mail_pkg
  2    as
  3         type array is table of varchar2(255);
  4
  5         procedure sent( p_sender_email in varchar2,
  6                         p_from         in varchar2,
  7                         p_to           in array default array(),
  8                         p_cc           in array default array(),
  9                         p_bcc          in array default array(),
 10                         p_subject      in varchar2,
 11                         p_body         in long );
 12   end;
 13   /
Package created.
```

O corpo do pacote para essa implementação é relativamente direto — se entender apenas o suficiente do protocolo SMTP e de como se parece um email (como os clientes de email recebem o From, To, CC etc). Antes de vermos o código, vejamos como um email de fato se pareceria. Considere o seguinte texto ASCII:

```
From: Oracle Database Account <me@acme.com>
Subject: This is a subject
To: you@acme.com, us@acme.com
Cc: them@acme.com

Hello Tom, this is the mail you need
```

Isso é o que você gostaria de transmitir como o *corpo* do email usando UTL_SMTP, para ter o cliente de email ajustado para From, Subject e assim por diante. Não há comandos SMTP para fazer essa peça de 'mágica'; essas informações de cabeçalho são colocadas diretamente no corpo do próprio email, separadas do texto por uma linha em branco. Quando entendemos isso, enviar um email com todas as opções que precisamos é bem fácil. A única coisa que precisamos entender, além daquilo, para enviar o email a mais de um destinatário, é apenas chamar UTL_SMTP.RCPT mais de uma vez — com nomes diferentes. Essas são todas as informações que precisamos conhecer para então enviar um email.

Portanto, eis o corpo do pacote. Começamos com um par de constantes e variáveis globais. Claro que você precisará mudar o g_mailhost para ser o nome de um servidor ao qual você tenha acesso, nesse código a que dei um nome genérico — youserver.acme.com:

```
tkyte@TKYTE816> create or replace package body mail_pkg
  2  as
  3
  4      g_crlf          char(2) default chr(13)||chr(10);
  5      g_mail_conn     utl_smtp.connection;
  6      g_mailhost      varchar2(255) = 'youserver.acme.com';
  7
```

Em seguida, temos uma função interna (não publicada) para enviar um email a muitos destinatários — na verdade, ela encaminha o email. Ao mesmo tempo, monta as linhas To: ou CC: que eventualmente serão enviadas como parte do próprio email e retorna aquela string formatada. Ela foi implementada como função separada, visto que precisamos fazer isso separadamente para as listas To, CC e BCC:

```
  8      function address_email( p_string in varchar2,
  9                               p_recipients in array ) return varchar2
 10      is
 11          l_recipients long;
 12      begin
 13          for i in 1 .. p_recipients.count
 14          loop
 15              utl_smtp.rcpt(g_mail_conn, p_recipients(i) );
 16              if ( l_recipients is null )
 17              then
 18                  l_recipients := p_string || p_recipients(i) ;
 19              else
 20                  l_recipients := l_recipients || ', ' || p_recipients(i);
 21              end if;
 22          end loop;
 23          return l_recipients;
 24      end;
 25
 26
```

Temos agora a implementação de nossa função publicada, aquela que as pessoas de fato chamarão para enviar correspondência. Ela começa com um procedimento interno, writeData, usado para simplificar o envio dos cabeçalhos de email (os registros To:, From:, Subject:). Se o registro de cabeçalho *não for* Null, essa rotina usará a chamada UTL_SMTP apropriada para enviá-lo — junto com o marcador de final de linha necessário (o retorno de carro/alimentador de linha):

```
 27      procedure send( p_sender_email   in varchar2,
 28                      p_from           in varchar2 default NULL,
 29                      p_to             in array default array(),
 30                      p_cc             in array default array(),
 31                      p_bcc            in array default array(),
 32                      p_subject        in varchar2 default NULL,
 33                      p_body           in long default NULL )
 34      is
 35          l_to_list    long;
 36          l_cc_list    long;
```

```
37          l_bcc_list    long;
38          l_date        varchar2(255) default
39                        to_char( SYSDATE, 'dd Mon yy hh24:mi:ss' );
40
41          procedure writeData( p_text in varchar2 )
42          as
43          begin
44              if ( p_text is not null )
45              then
46                  utl_smtp.write_data( g_mail_conn, p_text || g_crlf );
47              end if;
48          end;
```

Estamos prontos agora para enviar a correspondência. Essa parte não é muito diferente da rotina bem simples com a qual iniciamos. Começa exatamente da mesma forma, conectando com o servidor SMTP e iniciando uma sessão:

```
49    begin
50        g_mail_conn := utl_smtp.open_connection(g_mailhost, 25);
51
52        utl_smtp.helo(g_mail_conn, g_mailhost);
53        utl_smtp.mail(g_mail_conn, p_sender_email);
54
```

Aqui é onde está a diferença, em vez de chamar UTL_SMTP.RCPT uma vez, ele usa a função address_email para chamar (potencialmente) muitas vezes, montando também para nós a lista To: e CC:. Ele monta a lista BCC:, mas na verdade não a enviamos (não temos destinatários para ver aquela lista!):

```
55        l_to_list    := address_email( 'To: ', p_to );
56        l_cc_list    := address_email( 'Cc: ', p_cc );
57        l_bcc_list   := address_email( 'Bcc: ', p_bcc );
58
```

Agora, usamos a chamada OPEN_DATA para começar a enviar o corpo do email. O código nas linhas 61 a 68 gera a seção de dados de cabeçalho. A linha 69 envia o corpo do email (o conteúdo do email) e a linha 70 o encerra para nós.

```
59        utl_smtp.open_date(g_mail_conn);
60
61        writeData( 'Data: '    || l_date );
62        writeData( 'From: '    || nvl( p_from, p_sender_email ) );
63        writeData( 'Subject: ' || nvl( p_subject, '(no subject)' ) );
64
65        writeData( l_to_list );
66        writeData( l_cc_list );
67
68        utl_smtp.write_data( g_mail_conn, ' ' || g_crlf );
69        utl_smtp.write_data(g_mail_conn, p_body );
70        utl_smtp.close_data(g_mail_conn );
71        utl_smtp.quit(g_mail_conn);
72    end;
73
74
75  end;
76  /
Package body created.
```

Agora, posso testar essa API assim:

```
tkyte@TKYTE816> begin
  2       mail_pkg.send
  3       (   p_sender_email => 'me@acme.com',
  4           p_from => 'Oracle Database Account <me@acme.com>',
```

```
     5                  p_to => mail_pkg.array( 'you@acme.com', ' us@acme.comn ' ),
     6                  p_cc => mail_pkg.array( ' them@acme.com ' ),
     7                  p_bcc => mail_pkg.array( 'noone@dev.null' ),
     8                  p_subject => 'This is a subject',
     9                  p_body => 'Hello Tom, this is the mail you need' );
    10  end;
    11  /

PL/SQL procedure successfully completed.
```

E aquela chamada é exatamente a que gerou o texto ASCII:

```
Date: 13 May 01 12:33:22
From: Oracle Database Account <me@acme.com
Subject: This is a subject
To: you@acme.com, us@acme.com
Cc: them@acme.com

Hello Tom, this is the mail you need
```

Vimos acima, isso é que é enviado a todos esses destinatários, inclusive noone@dev.null, embora não possamos ver qual o destinatário, pois ele estava em uma linha BCC:.

Cobrimos a maioria dos usos típicos do pacote fornecido UTL_SMTP. Eu disse antes que ele é capaz de enviar email com anexos etc, mas isso exigiria uma extraordinária quantidade de esforço de sua parte. Teríamos que:

❑ Aprender como formatar um documento de múltiplas partes codificado em mime, não é um pequeno desafio!

❑ Codificar dados binários usando Base-64 (ou usar alguma técnica equivalente de codificação, como uuencoding, binhex etc).

Aquilo seria (conservadoramente) um par de centenas, se não milhares de linhas de código PL/SQL. Então, em vez de fazer isso, eu sugeriria que você usasse a API JavaMail, já escrita e bastante poderosa, como descrito abaixo.

Carregamento e uso da API JavaMail

Para usar o pacote UTL_SMTP, você já precisa ter um banco de dados com Java capacitado, em Oracle 8i, porque o UTL_SMTP confia em UTL_TCP, e UTL_TCP por sua vez, é montado em funções Java. (Lembre-se, se você não tiver um banco de dados capacitado com Java, pode usar UTL_HTTP (veja aquela seção) para enviar email simples). Assim, se você for capaz de usar UTL_SMTP, pode ir ao web site da Sun e carregar a API JavaMail, que lhe dará a habilidade de enviar emails muito mais complicados a partir do banco de dados, inclusive anexos. O seguinte está baseado no trabalho feito por um colega meu de trabalho, Mark Piermarini, que me ajuda com muitos problemas Java.

Se você for para http://java.sun.com/products/javamail/index.html, será capaz de carregar a API JavaMail deles. O carregamento que obterá consiste de centenas de arquivos; só aqueles em que estamos interessados. Depois de carregar a API JavaMail, assegure-se também de obter a extensão JavaBeansTMActivation Framework, ou JAF (javax.activation). Isso é necessário para executar o pacote API JavaMail.

Depois de ter carregado esses dois conjuntos de arquivos, você precisará extrair mail.jar da API JavaMail carregada e activation.jar de JAF carregado. É tudo o que você precisará — sinta-se à vontade para ler a documentação, há muita funcionalidade lá que não estamos usando, usamos apenas a parte da API de 'enviar um email'. Ela inclui funções também para receber correspondência de IMAP, POP e outras fontes.

Precisaremos carregar o mail.jar e activation.jar no banco de dados, usando loadjava, mas antes de podermos fazer isso, precisamos reempacotá-los. Precisamos 'desfazê-los' e 'refazê-los' sem compactação *ou* usar uma ferramenta como WinZip para 'refazê-los' em um arquivo zip. O que fiz no Windows 2000 foi:

1. Usei WinZip para extrair o conteúdo de mail.jar em meu diretório c:\temp\mail
2. Usei WinZip para criar um novo arquivo c:\temp\mail8i.zip
3. Coloquei o conteúdo de c:\temp\mail*.*, incluindo subdiretórios, nesse novo arquivo

Fiz a mesma coisa com activation.jar — apenas substituindo correspondência por ativação nas etapas acima. Agora estamos prontos para carregar esses zip (ou arquivos jar, como quer que você os tenha chamado) no banco de dados. Eles precisam ser carregados no banco de dados utilizando o usuário SYS, pois têm pacotes Java 'protegidos' que os usuários normais não podem baixar. Usaremos os comandos loadjava:

```
loadjava -u sys/manager -o -r -v -f -noverify -synonym -g public mail8i.zip
loadjava -u sys/manager -o -r -v -f -noverify -synonym -g public activation8i.zip
```

Onde:

- **-u sys/manager** — é o ID de usuário e senha para a sua conta SYS. Alguns pacotes são protegidos e precisam ser carregados como SYS.
- **-o** — é a abreviação de –oci8; estou usando o driver oci8. Você também poderia usar o driver thin, mas precisará modificar o comando para fazê-lo.
- **-r** — é a abreviação de –resolve. Solucionará todas as referências externas nas classes carregadas, ajudando a verificar se as classes Java serão capazes de funcionar depois de carregadas.
- **-v** — é a abreviação de –verbose. Ele nos dá um pouco para fazer enquanto loadjava estiver executando. Podemos vê-lo trabalhando através de cada etapa de seu processo.
- **-f** — é a abreviação para –force. Não é necessário no primeiro carregamento, mas é bom usá-lo. Se você tentar um loadjava e atingir um erro, pode corrigi-lo e recarregar — depois, você precisaria usar o comando dropjava para soltar o arquivo jar do banco de dados ou usar –force. Usar –force facilita para nós.
- **-noverify** — não tenta verificar o código de bytes. Você precisa ter permissão oracle.aurora.security. JserverPermission(Verifier) para executar essa opção. Além disso, essa opção precisa ser usada em conjunto com –r. SYS tem esse privilégio. Ele é necessário, pois o verificador de código de bytes irá sinalizar alguns problemas com o arquivo mail.jar e isso contorna tal problema.
- **-synonym** — cria sinônimos públicos para essas classes. Como não iremos instalar o código de correspondência Java, pois escrevemos como SYs, ele nos permite 'ver' as classes Java de SYS carregadas.
- **-g public** — concede execução nessas classes carregadas a PUBLIC. Se isso não for desejável, mude o –g para ser apenas o usuário que você deseja, para criar nas rotinas 'send mail', por exemplo, –g UTILITY_ACCT.

Você pode encontrar mais sobre loadjava e as opções acima no *Guia de desenvolvedor de Oracle8i Java*.

Depois desses pacotes carregados, estaremos prontos para criar um procedimento armazenado Java para enviar a correspondência. Esse procedimento agirá como uma fina camada no alto da API JavaMail que, afinal, nos permitirá escrever uma camada de ligação PL/SQL com a especificação:

```
tkyte@TKYTE816> desc send
FUNCTION send RETURNS NUMBER
Argument Name                  TYPE              In/Out    Default?
------------------------------ ----------------- --------- --------
P_FROM                         VARCHAR2          IN
P_TO                           VARCHAR2          IN
P_CC                           VARCHAR2          IN
P_BCC                          VARCHAR2          IN
P_SUBJECT                      VARCHAR2          IN
P_BODY                         VARCHAR2          IN
P_SMTP_HOST                    VARCHAR2          IN
P_ATTACHMENT_DATA              BLOB              IN
P_ATTACHMENT_TYPE              VARCHAR2          IN
P_ATTACHMENT_FILE_NAME         VARCHAR2          IN
```

Essa função nos dará a habilidade de usar CCs e BCCs e enviar um anexo. É deixado para o leitor, como exercício, implementar a passagem de arrays de BLOBs ou sobrecarregar para suportar também tipos CLOB ou BFILE em anexos.

Criaremos a seguir o procedimento armazenado Java. Ele usa a funcionalidade básica da classe API JavaMail e é relativamente direto. De novo, não vamos utilizar tudo da API JavaMail (só aquilo tomaria um livro), apenas o básico. A classe mail abaixo tem um único método: send. Este é o método que usaremos para enviar uma mensagem. Como é implementado, ele retorna o número 1 se for bem sucedido ao enviar a correspondência, caso contrário, um 0. Essa implementação é muito básica — ela poderia muito bem ser sofisticada, oferecendo suporte a muitos tipos de anexos (CLOBs, BFILES, LONGs etc). Também poderia ser modificada para retornar ao chamador o erro exato recebido de SMTP, tal como invalid recipient, no transport (destinatário inválido, sem transporte).

```
tkyte@TKYTE816> create or replace and compile
  2    java source named "mail"
  3    as
  4    import java.io.*;
  5    import java.sql.*;
  6    import java.util.Properties;
  7    import.java.util.Date;
  8    import.javax.activation.*;
  9    import.javax.mail.*;
 10    import.javax.mail.internet.*;
 11    import.oracle.jdbc.driver.*;
 12    import oracle.sql.*;
 13
 14    public class mail
 15    {
 16        static String dftMime = "application/octet-stream";
 17        static String dftName = "filename.dat";
 18
 19        public static oracle.sql.NUMBER
 20                       send(String from,
 21                            String to,
 22                            String cc,
 23                            String bcc,
 24                            String subject,
 25                            String body,
 26                            String SMTPHost,
 27                            oracle.sql.BLOB attachmentData,
 28                            String attachmentType,
 29                            String attachmentFileName)
```

A lista de argumentos acima combina com a especificação de chamada SQL que esboçamos — os argumentos são, na maioria, auto explicativos. Os dois que precisam de algum esclarecimento são attachmentType e attachmentFileName. O attachmentType deve ser um tipo MIME, com o qual você deve estar familiarizado dos documentos HTML. O tipo MIME de uma imagem GIF, por exemplo, é image/gif, o tipo mime de um documento de simples texto seria text/plain e um anexo HTML seria text/html. O attachmentFileName nesse exemplo *não* é o nome de um arquivo de sistema operacional existente que seria anexado, mas o nome de arquivo do anexo no próprio email — o que o destinatário desse email verá como nome do anexo. O anexo atual é o oracle.sql.BLOB, enviado a essa rotina. Agora, no corpo do código. Começamos configurando a sessão de propriedade mail.smtp.host ao nome do host SMTP que o chamador enviou — a API JavaMail lê esse valor para decidir a qual servidor SMTP se conectar:

```
 30        {
 31            int rc = 0;
 32
 33            try
 34            {
 35                Properties props = System.getProperties();
 36                props.put("mail.smtp.host", SMTPHost);
 37                Message msg =
 38                    newMimeMessage(Session.getDefaultInstance(props, null));
 39
```

Em seguida, configuramos os cabeçalhos de email. Essa parte diz a API JavaMail de quem é a mensagem, para quem enviá-la, a quem enviar uma cópia carbono (CC) ou cópia carbono oculta (BCC), qual o assunto do email e qual data deve ser associada ao email:

```
40        msg.setFrom(new InternetAddress(from));
41
42        if (to != null && to.length( ) > 0)
43            msg.setRecipients(Message.RecipientType.TO,
44                        InternetAddress.parse(to, false));
45
46        if (cc != null && cc.length( ) > 0)
47            msg.setRecipients(Message.RecipientType.CC,
48                        InternetAddress.parse(cc, false));
49
50        if (bcc != null && bcc.length( ) > 0)
51            msg.setRecipients(Message.RecipientType.BCC,
52                        InternetAddress.parse(bcc, false));
53
54        if ( subject != null && subject.length( ) > 0 )
55            msg.setSubject(subject);
56        else msg.setSubject("(no subject)");
57
58        msg.setSentDate(new Date( ));
59
```

Em seguida, usamos um dos dois métodos para enviar um email. Se o argumento attachmentData não for Null, faremos o código do email em MIME — um padrão que suporta o envio de anexos e outros documentos de partes múltiplas. Fazemos isso configurando múltiplas partes de corpo MIME — nesse caso, duas delas, uma para o corpo do email (o texto), outra para o próprio anexo. As linhas 76 a 78 precisam de uma pequena explicação adicional. É através delas que podemos enviar um email por um BLOB. A API JavaMail não entende, originalmente, o tipo oracle.sql.BLOB (afinal, ela é uma API genérica). Para enviar o anexo BLOB, precisamos oferecer um método a API JavaMail para obter os dados BLOB. Conseguimos isso criando a nossa própria DataHandler — classe com uma interface que a API JavaMail entende como chamar, para obter os dados que preencherão o anexo. Essa classe (BLOBDataHandler) é implementada por nós como uma classe aninhada, abaixo.

```
60        if (attachmentData != null)
61        {
62            MimeBodyPart mbp1 = new MimeBodyPart( );
63            mbp1.setText( (body != null ? body : " ") );
64            mbp1.setDisposition(Part.INLINE);
65
66            MimeBodyPart mbp2 = new MimeBodyPart( );
67            String type =
68                (attachmentType != null ? attachmentType : dftMime);
69
70            String filename =  (attachmentFileName != null ?
71                        attachmentFileName : dftName);
72
73            mbp2.setDisposition(Part.ATTACHMENT);
74            mbp2.setFileName(filename);
75
76            mbp2.setDataHandler(new
77                DataHandler(new BLOBDataSource(attachmentData, type) )
78            );
79
80            MimeMultipart mp = new MimeMultipart( );
81            mp.addBodyPart(mbp1);
82            mp.addBodyPart(mbp2);
83            msg.setContent(mp);
84        }
```

Se o email não tiver um anexo, a configuração do corpo do email será conseguida simplesmente através de uma única chamada a setText:

```
85              else
86              {
87                  msg.setText((body != null ? body : " ") );
88              }
89              Transport.send(msg);
90              rc = 1;
91          } catch (Exception e)
92          {
93              e.printStackTrace();
94              rc = 0;
95          } finally
96          {
97          return new oracle.sql.NUMBER(rc);
98          }
99      }
100
```

Nossa classe aninhada BLOBDataSource oferece uma interface genérica para a API JavaMail acessar nosso tipo oracle.sql.BLOB. Ela é muito direta em sua implementação:

```
101         // Nested class that implements a DataSource.
102         static class BLOBDataSource implements DataSource
103         {
104             private BLOB      data;
105             private String    type;
106
107     BLOBDataSource(BLOB data, String type)
108             {
109                 this.type = type;
110                 this.data = data;
111             }
112
113         public InputStream getInputStream() throws IOException
114         {
115             try
116             {
117                 if(data == null)
118                     throw new IOException("No data.");
119
120                 return data.getBinaryStream();
121             } catch(SQLException e)
122             {
123                 throw new
124                 IOException("Cannot get binary input stream from BLOB.");
125             }
126         }
127
128         public OutputStream getOutputStream() throws IOException
129         {
130             throw new IOException("Cannot do this.");
131         }
132
133         public String getContentType()
134         {
135             return type;
136         }
137
```

```
138        public String getName( )
139        {
140            return "BLOBDataSource";
141        }
142    }
143 }
144 /
```

Java created.

Agora que temos a classe Java criada para PL/SQL ligar, precisamos criar aquela rotina de ligação para mapear os tipos PL/SQL para seus tipos Java e ligar a rotina PL/SQL a essa classe Java. Isso é feito apenas por:

```
tkyte@TKYTe816> create or replace function send(
  2     p_from                in varchar2,
  3     p_to                  in varchar2,
  4     p_cc                  in varchar2,
  5     p_bcc                 in varchar2,
  6     p_subject             in varchar2,
  7     p_body                in varchar2,
  8     p_smtp_host           in varchar2,
  9     p_attachment_data     in blob,
 10     p_attachment_type     in varchar2,
 11     p_attachment_file_name in varchar2) return number
 12  as
 13  language java name 'mail.send (   java.lang.String,
 14                                    java.lang.String,
 15                                    java.lang.String,
 16                                    java.lang.String,
 17                                    java.lang.String,
 18                                    java.lang.String,
 19                                    java.lang.String,
 20                                    oracle.sql.BLOB,
 21                                    java.lang.String,
 22                                    java.lang.String
 23                                 )  return oracle.sql.NUMBER';
 24  /
```

Function created.

A última coisa que precisamos fazer antes de usar isso é garantir que nosso usuário (o proprietário da classe mail acima e do procedimento armazenado send) tenha privilégios suficientes para executar a rotina. Seriam os seguintes:

```
sys@TKYTE816> begin
  2     dbms_java.grant_permission(
  3         grantee => 'USER',
  4         permission_type => 'java.util.PropertyPermission',
  5         permission_name => '*',
  6         permission_action => 'read,write'
  7     );
  8     dbms_java.grant_permission(
  9         grantee => 'USER',
 10         permission_type => 'java.net.SocketPermission',
 11         permission_name => '*',
 12         permission_action => 'connect,resolve'
 13     );
 14  end;
 15  /
```

PL/SQL procedure successfully completed.

Observe que na permissão em Java.net.SocketPermission usei um curinga na permission_name, permitindo ao USER se conectar e solucionar *qualquer* host. Tecnicamente, poderíamos colocar lá apenas o nome do servidor SMTP que iremos usar. Essa seria a permissão mínima que precisamos. Ela é necessária para solucionar o nome do host de nosso host SMTP e depois conectar com ele. A outra permissão, Java.util.PropertyPermission, é necessária para ajustar o mail.smtp.host em nossas propriedades de sessões.

Estamos prontos para testar. Reutilizei algum código da seção DBMS_LOB, onde tínhamos uma rotina load_a_file. Modifiquei aquela e a tabela DEMO para ter uma coluna BLOB em vez de um CLOB, e carreguei o arquivo mail8i.zip que carregamos como uma classe nessa tabela de demonstração. Agora posso usar o seguinte bloco PL/SQL para enviar para mim mesmo, como anexo, em um email do banco de dados:

```
tkyte@TKYTE816> set serveroutput on size 1000000
tkyte@TKYTe816> exec dbms_java.set_output( 1000000 )

tkyte@TKYTe816> declare
  2      ret_code number;
  3  begin
  4      for i in (select theBlob from demo )
  5      loop
  6          ret_code := sent(
  7                          p_from => 'me@acme.com',
  8                          p_to => 'you@acme.com',
  9                          p_cc => NULL,
 10                          p_bcc => NULL,
 11                          p_subject => 'Use the attached Zip file',
 12                          p_body => 'to send email with attachments. . . .',
 13                          p_smtp_host => 'yourserver.acme.com',
 14                          p_attachment_data => i.theBlob,
 15                          p_attachment_type => 'application/winzip',
 16                          p_attachment_file_name => 'mail8i.zip');
 17          if ret_code = 1 then
 18              dbms_output.put_line ('Successfully sent message. . .');
 19          else
 20              dbms_output.put_line ('Failed to send message. . .');
 21          end if;
 22      end loop;
 22  end;
 ·23  /
Successfully sent message. . .

PL/SQL procedure successfully completed.
```

Definitivamente, você quer set serveroutput on e chamar a rotina DBMS_JAVA.SET_OUTPUT ao testar isso, porque a exceção está sendo impressa pelo procedimento armazenado Java em System.out e, por padrão, aquilo irá para um arquivo de controle no servidor. Se você quiser ver qualquer erro em sua sessão SQL*PLUS, precisará fazer essas duas coisas. Serão muito úteis para depuração!

Resumo

Nesta seção, revimos rapidamente o pacote UTL_SMTP existente. Vimos como enviar emails para múltiplos destinatários com um cabeçalho From: e Subject: personalizado, o que deve satisfazer a necessidade da maioria das pessoas para enviar email do banco de dados. UTL_SMTP é bom para enviar apenas emails de texto simples, mas enviar anexos e emails complexos está além de suas capacidades (a menos que você mesmo queira codificar todo o email). Para os casos em que você precise dessa sofisticação adicional, vimos como usar a API JavaMail. Uma vez que a Sun graciosamente nos forneceu toda a lógica que precisaríamos para fazê-lo, simplesmente reutilizaremos o código deles. Esta seção demonstrou não apenas como enviar correspondências, mas um poderoso efeito colateral de ter Java como linguagem de procedimento armazenado alternativo. Agora você pode usar todo o conjunto de código de domínio público e bibliotecas de classe disponíveis. Podemos capacitar o banco de dados para fazer muitas coisas que anteriormente não eram possíveis. De fato, os próprios desenvolvedores de PL/SQL em Oracle usaram a mesma técnica. UTL_SMTP é montado na própria Java em Oracle 8i.

UTL_TCP

O Oracle 8.1.6 introduziu pela primeira vez o pacote UTL_TCP, que permite a PL/SQL abrir um soquete de conexão de rede em TCP/IP para qualquer servidor aceitando conexões. Supondo que você conheça o protocolo de um servidor, poderá 'falar' com ele a partir de PL/SQL. Por exemplo, como conheço HTTP (**H**yper **T**ext **T**ransfer **P**rotocol), posso codificar o seguinte em UTL_TCP:

```
test_jsock@DEV816> DECLARE
  2        c utl_tcp.connection; -- TCP/IP connection to the web server
  3        n number;
  4        buffer varchar2(255);
  5   BEGIN
  6        c := utl_tcp.open_connection('proxy-server', 80);
  7        n := utl_tcp.write_line(c, 'GET http://www.wrox.com/ HTTP/1.0');
  8        n := utl_tcp.write_line(c);
  9        BEGIN
 10            LOOP
 11                n:=utl_tcp.read_text( c, buffer, 255 );
 12                dbms_output.put_line( buffer );
 13            END LOOP;
 14        EXCEPTION
 15            WHEN utl_tcp.end_of_input THEN
 16                NULL: -- end of input
 17        end;
 19        utl_tcp.close_connection(c);
 20   END;
 21   /
HTTP/1.1 200 OK
Date: Tue, 30 Jan 2001 11:33:50 GMT
Server: Apache/1.3.9 (Unix) mod_perl/1.21
ApacheJServ/1.1
Content-Type: text/html

<head>
<title>Oracle
Corporation</title>
```

Isso permite abrir uma conexão para um servidor, nesse caso um servidor proxy chamado proxy-server. Permite ir, através de nosso firewall, para fora da Internet, o que acontece na linha 6. Depois, solicito uma página web, nas linhas 7 e 8. Nas linhas 10 a 13, recebemos o conteúdo da página web, inclusive todos os cabeçalhos HTTP importantes (alguma coisa UTL_HTTP, um outro pacote fornecido, que não compartilharão conosco) e a imprimimos. Quando UTL_TCP atira a exceção UTL_TCP.END_OF_INPUT, terminamos, rompemos o loop. A seguir fechamos nossa conexão — e é isso.

Esse exemplo simples demonstra a maior parte da funcionalidade encontrada no pacote UTL_TCP. Não vimos funções como AVAILABLE, que nos diz se os dados estão prontos para serem recebidos. Pulamos FLUSH, que leva qualquer saída armazenada a ser transmitida (não usamos armazenagem, visto que não precisamos dessa chamada). Da mesma forma, não usamos cada variação de READ, WRITE e GET para colocar e obter dados no soquete, mas o exemplo acima mostra bem como usar UTL_TCP.

Uma coisa que necessariamente não gosto no acima é a velocidade com que executa. Na minha experiência, UTL_TCP, ainda que funcional, não realiza tanto quando poderia, nesse lançamento (Oracle 8i). No Oracle 8.1.7, esse problema de desempenho está corrigido (o bug nº 1570972 corrige o problema).

Então, quão lento é lento? O código acima, para recuperar um documento de 16 KB, demora qualquer coisa de quatro a dez segundos, dependendo da plataforma, o que é especialmente ruim, considerando que a função UTL_HTTP original pode fazer a mesma operação com um tempo de resposta de menos de segundo. Infelizmente, o UTL_HTTP não permite acesso a cookies, cabeçalhos HTTP, dados binários, autenticação básica e similares portanto, muitas vezes é útil usar uma alternativa. Penso que posso fazer melhor. Com esse objetivo, implementaremos o nosso próprio pacote UTL_TCP. No entanto, usaremos a metáfora Object type que discutimos no Capítulo 20. O que faremos é implementar um SocketType em PL/SQL com um pouco da 'coragem' subjacente em Java. Na seção UTL_HTTP, também colocamos esse SocketType que criamos para usar na montagem de um melhor pacote UTL_HTTP para nós. Como nossa funcionalidade será modelada a partir da funcionalidade disponível no pacote UTL_TCP, quando o Oracle9i for lançado com o suporte original e mais rápido UTL_TCP, poderemos facilmente reimplementar nosso tipo de corpo, usando o verdadeiro pacote UTL_TCP e parar de usar o nosso, suportado por Java.

O SocketType

Nosso objeto tipo SocketType usará a especificação:

```
tkyte@TKYTE816> create or replace type SocketType
  2    as object
  3    (
  4         - - 'Private data', rather than you
  5         - - passing a context to each procedure, like you
  6         - - do with UTL_FILE.
  7         g_sock            number,
  8
  9         - - A function to return a CRLF. Just a convenience.
 10         static function crlf return varchar2,
 11
 12         - - Procedures to send data over a socket.
 13         member procedure send( p_data in varchar2 ),
 14         member procedure send( p_data in clob ),
 15
 16         member procedure send_raw( p_data in raw ),
 17         member procedure send_raw( p_data in blob ),
 18
 19         - - Functions to receive data from a socket. These return
 20         - - Null on eof. They will block waiting for data. If
 21         - - this is not desirable, use PEEK below to see if there
 22         - - is any data to read.
 23         member function recv return varchar2,
 24         member function recv_raw return raw,
 25
 26         - - Convenience function. Reads data until a CRLF is found.
 27         - - Can strip the CRLF if you like (or not, by default).
 28         member function getline( p_remove_crlf in boolean default FALSE )
 29                return varchar2,
 30
 31         - - Procedures to connect to a host and disconnect from a host.
 32         - - It is important to disconnect, else you will leak resources
 33         - - and eventually will not be able to connect.
 34         member procedure initiate_connection( p_hostname in varchar2,
 35                                               p_portno   in number ),
```

```
36         member procedure close_connection,
37
38         - - Function to tell you how many bytes (at least) might be
39         - - ready to be read.
40         member function peek return number
41     );
42     /
```

Type created.

Esse conjunto de funcionalidade é modelado com base no pacote UTL_TCP, e oferece quase a mesma interface. De fato, ele poderia ser implementado sobre aquele pacote, se você quisesse. Mas vamos implementá-lo sobre um pacote diferente, que posso chamar de SIMPLE_TCP_CLIENT. É um pacote comum PL/SQL em que o SocketType será montado. Essa é realmente a nossa especificação de um pacote UTL_TCP:

```
tkyte@TKYTe816> CREATE OR REPLACE PACKAGE simple_tcp_client
  2    as
  3         - - A function to connect to a host. Returns a 'socket',
  4         - - which is really just a number.
  5         function connect_to( p_hostname in varchar2,
  6                              p_portno   in  number ) return number;
  7
  8         - - Send data. We only know how to send RAW data here. Callers
  9         - - must cast VARCHAR2 data to RAW. At the lowest level, all
 10         - - data on a socket is really just 'bytes'.
 11
 12         procedure send( p_sock  in    number,
 13                         p_data  in    raw );
 14
 15         - - recv will receive data.
 16         - - If maxlength is -1, we try for 4k of data. If maxlength
 17         - - is set to anything OTHER than -1, we attempt to
 18         - - read up to the length of p_data bytes. In other words,
 19         - - I restrict the receives to 4k unless otherwise told not to.
 20         procedure recv( p_sock       in   number,
 21                         p_data       out  raw,
 22                         p_maxlength  in   number default -1 );
 23
 24         - - Gets a line of data from the input socket. That is, data
 25         - - up to a \n.
 26         procedure getline( p_sock  in    number,
 27                            p_data  out   raw );
 28
 29
 30         - - Disconnects from a server you have connected to.
 31         procedure disconnect( p_sock in  number );
 32
 33         - - Gets the server time in GMT in the format yyyyMMdd HHmmss z
 34         procedure get_gmt( p_gmt out varchar2 );
 35
 36         - - Gets the server's timezone. Useful for some Internet protocols.
 37         procedure get_timezine( p_timezone out varchar2 );
 38
 39         - - Gets the hostname of the server you are running on. Again,
 40         - - useful for some Internet protocols.
 41         procedure get_hostname( p_hostname out varchar2 );
 42
 43         - - Returns the number of bytes available to be read.
 44         function peek( p_sock in number ) return number;
 45
 46         - - base64 encodes a RAW. Useful for sending email
 47         - - attachments or doing HTTP which needs the user/password
```

```
48          - - to be obscured using base64 encoding.
49               procedure b64encode( p_data in raw, p_result out varchar2 );
50    end;
51    /

Package created.
```

Como nenhuma dessas funções pode de fato ser escrita em PL/SQL, iremos implementá-las em Java. O Java para fazer isso é surpreendentemente pequeno. Todo o script tem apenas 94 linhas de comprimento. Vamos usar a classe original Socket em Java, e manteremos um pequeno array delas, permitindo a PL/SQL ter até dez conexões simultaneamente abertas. Se você quiser mais de dez, apenas faça o array socketUsed maior, no código abaixo. Tentei mantê-lo tão simples e pequeno quanto possível, preferindo fazer o grosso do trabalho em PL/SQL. Apresentarei a pequena classe que precisamos e depois a comentarei:

```
tkyte@TKYTE816> set define off

tkyte@TKYTE816> CREATE or replace and compile JAVA SOURCE
  2    NAMED "jsock"
  3    AS
  4    import java.net.*;
  5    import java.io.*;
  6    import java.util.*;
  7    import java.text.*;
  8    import sun.misc.*;
  9
 10    public class jsock
 11    {
 12    static int              socketUsed[] = { 0, 0, 0, 0, 0, 0, 0, 0, 0, 0 );
 13    static Socket           sockets[] = new Socket[socketUsed.length];
 14    static DateFormat       tzDateFormat = new SimplaDateFormat( "z" );
 15    static DateFormat       gmDateFormat =
 16                              new SimpleDateFormat( "yyyyMMdd HHmmss z" );
 17    static BASE64Encoder encoder = new BASE64Encoder( );
 18
```

Essa classe tem algumas variáveis estáticas — os dois arrays, socketUsed e sockets são as principais. Quando retornos são chamados de PL/SQL, precisamos retornar algo que ela possa também retornar em chamadas subseqüentes, para identificar o soquete de conexão que ela deseja usar. Não podemos retornar a classe Java socket para PL/SQL, de modo que estou usando um array onde armazená-las, e retornarei a PL/SQL um índice naquele array. Se você olhar para o método java_connect_to, ele se parece com o array socketsUsed de uma faixa vazia, e aloca isso à conexão. Aquele índice em socketsUsed é o que PL/SQL verá. Usamos isso nas rotinas de soquete restantes para acessar a verdadeira classe Java que representa um soquete.

As outras variáveis estáticas estão lá por razões de desempenho. Eu precisava de alguns objetos de formato de data e, em vez de fazer novos a cada vez que chamar java_get_gmt ou java_get_timezone, os aloco uma vez e reutilizo. Por último está o objeto base 64 codificador. Pelo mesmo motivo que aloco os objetos de formato de data, aloco o codificador.

Agora, para a rotina que conecta em TCP/IP a um servidor. Essa lógica faz um loop sobre o array socketUsed para uma faixa vazia (onde socketUsed[I] não está ajustado para 1). Se ela encontrar um, ajusta a classe Socket Java para criar uma conexão para a combinação host/porta que tiver sido passada, e ajusta a sinalização socketUsed do array de faixa para 1. Depois, retorna um -1 em erro (sem faixas vazias), ou um número não negativo para sucesso:

```
 19    static public int java_connect_to( String p_hostname, int p_portno )
 20    throws java.io.IOException
 21    {
 22    int             i;
 23
 24        for( i = 0; i < socketUsed.length & & socketUsed[i] = = 1; i++ );
 25        if ( I < socketUsed.length )
```

```
26      {
27          sockets[i] = new Socket( p_hostname, p_portno );
28          socketUsed[i] = 1;
29      }
30      return i<socketUsed.length?i:-1;
31  }
32
33
```

As duas próximas rotinas são as rotinas Java chamadas com mais freqüência. Elas são responsáveis por enviar e receber dados em um soquete TCP/IP conectado. A rotina java_send_data é direta –simplesmente obtém a corrente de saída associada ao soquete e escreve os dados. A java_recv_data é ligeiramente mais complexa. Ela usa parâmetros OUT, daí o uso de int[] p_length, por exemplo, para retornar dados. Essa rotina inspeciona aquilo que foi enviado pelo chamador, e se o comprimento tiver sido -1, ela alocará um buffer de 4 KB para ler, caso contrário ela irá alocar um buffer do tamanho especificado. Depois, ela tentará ler a maioria dos dados do soquete. A verdadeira quantidade de dados lida (que será menor do que ou igual à quantidade solicitada) é colocada em p_length como um valor de retorno:

```
34  static public void java_send_data( int p_saock, byte[] p_data )
35  throws java.io.IOException
36  {
37      (sockets[p_sock].getOutputStream()).write(p_data);
38  }
39
40  static public void java_recv_data( int p_sock,
41
    byte[] [] p_data, int[] p_length)
42    throws java.io.IOException
43  {
44      p_data[0] = new byte[p_length[0] == -1 ? 4096:p_length[0] ];
45      p_length[0] = (sockets[p_sock].getInputStream()).read(p_data[0] );
46  }
47
```

java_getline é uma função de conveniência. Muitos protocolos de Internet respondem a operações de 'uma linha de cada vez' e é muito útil ser capaz de conseguir uma única linha de texto. Por exemplo, os cabeçalhos retornados no protocolo HTTP são simplesmente linhas de texto ASCII. Essa rotina funciona usando o método DataInputStream.readLine e, se uma linha de texto for lida, ela a retornará (colocando a nova linha, que readLine separa, de volta). Caso contrário, os dados serão retornados como Null:

```
48static public void java_getline( int p_sock, String[] p_data )
49throws java.io.IOException
50 {
51      DataInputStream d =
52          new DataInputStream((sockets[p_sock].getInputStream()));
53      p_data[0] = d.readLine( );
54      if ( p_data[0] != null ) p_data[0] += "\n";
55 }
56
```

java_disconnect também é muito direta. Ela simplesmente ajusta a sinalização de array socketUsed de volta para zero, indicando que podemos reutilizar essa faixa no array, e fecha o soquete para nós:

```
57static public void java_disconnect( int p_sock )
58throws java.io.IOException
59 {
60      socketUsed[p_sock] = 0;
61      (sockets[p_sock]).close();
62 }
63
```

A rotina java_peek_sock é usada para ver se dados em um soquete estão disponíveis para serem lidos. É útil para ocasiões em que o cliente não deseja bloquear um recebimento de dados. Se você olhar para ver se algo está disponível, pode dizer se um recebimento irá bloquear, ou retornar imediatamente:

```
64      static public int java_peek_sock( int p_sock )
65      throws java.io.IOException
66      {
67          return (sockets[p_sock].getInputStream()).available();
68      }
69
```

Agora temos nossas quatro funções. java_get_timezone é usada para retornar o horário de zona do servidor de banco de dados. Particularmente útil se você precisar converter uma DATE Oracle de um horário de zona para outro usando a função interna NEW_TIME, ou se apenas precisar saber o horário de zona em que o servidor estiver operando. A segunda função, java_get_gmt, é útil para obter a data e horário atuais do servidor em GMT (Greenwich Mean Time):

```
70      static public void java_get_timezone( String[] p_timezone )
71      {
72          tzDateFormat.setTimeZone( TimeZone.getDefault() );
73          p_timezone[0] = tzDateFormat.format(new Date());
74      }
75
76
77      static public void java_get_gmt( String[] p_gmt )
78      {
79          gmtDateFormat.setTimeZone( TimeZone.getTimeZone("GMT") );
80          p_gmt[0] = gmtDateFormat.format(new Date());
81      }
82
```

A rotina b64encode baseará 64 codificações de uma string de dados. A base de 64 codificações é um método padrão de Internet de codificar dados arbitrários em um formato ASCII de 7 bits, adequado para transmissão. Usaremos essa função em especial ao implementar o nosso pacote HTTP, pois ele suportará autenticação básica (usada por muitos web sites que exigem que você registre a entrada através de um nome de usuário e senha).

```
83      static public void b64encode( byte[] p_data, String[] p_b64data )
84      {
85          p_b64data[0] = encoder.encode( p_data );
86      }
87
```

A última rotina nessa classe retorna o nome de host do servidor de banco de dados. Alguns protocolos de Internet solicitam que você transmita essas informações (por exemplo, SMTP simples protocolo de transferência de correspondência):

```
88      static public void java_get_hostname( String[] p_hostname )
89      throws java.net.UnknownHostException
90      {
91          p_hostname[0] = (InetAddress.getLocalHost()).getHostName();
92      }
93
94      }
95      /
Java created.
```

Os próprios métodos Java são bastante diretos. Se você recorda o Capítulo 19, para obter os parâmetros OUT precisamos enviar para Java o que parece ser um array. Assim, a maioria dos procedimentos acima toma a forma de:

```
40      static public void java_recv_data( int p_sock,
41                                  byte[] [] p_data, int[] p_length)
```

Podemos assim retornar um valor em p_data e um valor em p_length. Agora que temos nossa classe Java, estamos prontos para montar o corpo de nosso pacote, o pacote SIMPLE_TCP_CLIENT. Ele consiste quase que inteiramente de ligações a Java:

```
tkyte@TKYTe816> CREATE OR REPLACE PACKAGE BODY simple_tcp_client
  2  as
  3
  4      function connect_to(p_hostname    in   varchar2,
  5                         p_portno      in   number ) return number
  6      as language java
  7      name 'jsock.java_connect_to( java.lang.String, int ) return int';
  8
  9
 10      procedure send( p_sock in number, p_data in raw )
 11      as language java
 12      name 'jsock.java_send_data( int, byte[] )';
 13
 14      procedure recv_i ( p_sock      in number,
 15                         p_data      out raw,
 16                         p_maxlength in out number )
 17      as language java
 18      name 'jsock.java_recv_data( int, byte[] [], int[] )';
 19
 20      procedure recv( p_sock       in   number,
 21                      p_data       out  raw,
 22                      p_maxlength  in   number default -1 )
 23      is
 24          l_maxLength    number default p_maxlenght;
 25      begin
 26          recv_i( p_sock, p_data, l_maxlength );
 27          if ( l_maxlength <> -1 )
 28          then
 29              p_data := utl_raw.substr( p_data, 1, l_maxlength );
 30          else
 31              p_data := NULL;
 32          end if;
 33      end;
```

Tenho aqui um procedimento RECV_I e um RECV. RECV_I é um procedimento privado (o _I significa interno), não passível de ser diretamente chamado fora desse pacote. Ele é chamado por RECV, que oferece um interno 'amigável' para RECV_I –verifica se quaisquer dados foram lidos do soquete e, se afirmativo, ajusta corretamente o comprimento. Se você recorda o código Java acima, alocamos um buffer de tamanho fixo na rotina RECV e lemos *até* tantos bytes do soquete. Precisamos aqui redimensionar nosso buffer para ser exatamente daquele tamanho, e esse é o objetivo da função UTL_RAW.SUBSTR. Caso contrário, se nenhum dado tiver sido lido, simplesmente retornamos Null.

```
 34
 35      procedure getline_i (p_sock   in number,
 36                           p_data   out varchar2 )
 37      as language java
 38      name 'jsock.java_getline( int, java.lang.String[] )';
 39
 40      procedure getline(  p_sock   in number,
 41                          p_data   out raw )
 42      as
 43          l_data      long;
 44      begin
 45          getline_I (p_sock, l_data );
 46          p_adat := utl_raw.cast_to_raw( l_data );
 47      end getline;
```

De novo, como RECV_I/RECV anterior, GETLINE_I é uma função interna chamada apenas por GETLINE. A interface externa PL/SQL expõe todos os dados como tipos RAW, e a função GETLINE aqui simplesmente converte para nós os dados VARCHAR2 em RAW.

```
48
49          procedure disconnect( p_sock            in number )
50          as language java
51          name 'jsock.java_disconnect( int )';
52
53          procedure get_gmt( p_gmt                out varchar2 )
54          as language java
55          name 'jsock.java_get_gmt( java.lang.String[] )';
56
57          procedure get_timezone( p_timezone      out varchar2 )
58          as language java
59          name 'jsock.java_get_timezone( java.lang.String[] )';
60
61          procedure get_hostname( p_hostname      out varchar2 )
62          as language java
63          name 'jsock.java_get_hostname( java.lang.String[] )';
64
65          function peek( p_sock          in number ) return number
66          as language java
67          name 'jsock.java_peek_sock( int ) return int';
68
69          procedure b64encode( p_data in raw, p_result out varchar2 )
70          as language java
71          name 'jsock.b64encode( byte[], hava.lang.String[] )';
72      end;
73      /

Package body created.
```

Estamos prontos para testar algumas de nossas funções para ver como estão instaladas e como, de fato, trabalham:

```
tkyte@TKYTE816> declare
  2         l_hostname   varchar2(255);
  3         l_gmt        varchar2(255);
  4         l_tz         varchar2(255);
  5     begin
  6         simple_tcp_client.get_hostname( l_hostname );
  7         simple_tcp_client.get_gmt( l_gmt );
  8         simple_tcp_client.get_timezone( l_tz );
  9
 10         dbms_output.put_line( 'hostname' || l_hostname );
 11         dbms_output.put_line( 'gmt time' || l_l_gmt );
 12         dbms_output.put_line( 'timezone' || l_tz );
 13     end;
 14     /
hostname tkyte-dell
gmt time 20010131 213425 GMT
timezone EST

PL/SQL procedure successfully completed.
```

Um ponto importante para executar os componentes TCP/IP desse pacote é que precisamos de permissão especial para usar TCP/IP no banco de dados. Para mais informações sobre o pacote DBMS_JAVA e os privilégios associados a Java, veja por favor a seção DBMS_JAVA neste apêndice. Nesse caso, especificamente, precisamos executar:

```
sys@TKYTE816> begin
  2     dbms_java.grant_permission(
  3     grantee => 'TKYTE',
  4     permission_type => 'java.net.SocketPermission',
```

```
  5    permission_name -> '*',
  6    permission_action => 'connect,resolve' );
  7  end;
  8  /

PL/SQL procedure successfully completed.
```

Refira-se à seção sobre DBMS_JAVA para mais detalhes sobre como esse procedimento funciona. Em resumo, ele permite ao usuário TKYTE criar conexões e esclarecer nomes de host para endereços IP para qualquer host (esse é o '*' acima). Se você estiver usando o Oracle 8.1.5, não terá o pacote DBMS_JAVA. Ao invés, nessa versão, você poderia conceder JAVASYSPRIV ao proprietário de jsock. Você deve estar ciente que o JAVASYSPRIV é um privilégio bastante 'amplo'. Enquanto DBMS_JAVA.GRANT_PERMISSION é bem granular, JAVASYSPRIV é muito amplo, abrangendo uma série de privilégios de uma só vez. Com essa permissão, estamos prontos para implementar e testar nosso SocketType, da mesma forma que testamos inicialmente UTL_TCP. Eis o corpo de SocketType. O tipo de corpo contém muito pouco código, e é mais uma camada no pacote SIMPLE_TCP_CLIENT que acabamos de criar. Ele oculta o 'soquete' do chamador:

```
tkyte@TKYTE816> create or replace body SocketType
  2  as
  3
  4  static function crlf return varchar2
  5  is
  6  begin
  7      return char(13)||chr(10);
  8  end;
  9
 10  member function peek return number
 11  is
 12  begin
 13      return simple_tcp_client.peek( g_sock );
 14  end;
 15
 16
 17  member procedure send( p_data in varchar2 )
 18  is
 19  begin
 20      simple_tcp_client.send( g_sock, utl_raw.cast_to_raw(p_data) );
 21  end;
 22
 23  member procedure send_raw( p_data in raw )
 24  is
 25  begin
 26      simple_tcp_client.send( g_sock, p_data );
 27  end;
 28
 29  member procedure send( p_data in clob )
 30  is
 31      l_offset  number default 1;
 32      l_length  number default dbms_lob.getlenght(p_data);
 33      l_amt     number default 4096;
 34  begin
 35      loop
 36          exit when l_offset > l_length;
 37          simple_tcp_client.send( g_sock,
 38              utl_raw.cast_to_raw(
 39                  dbms_lob.substr(p_data,l_amt,l_offset) ) );
 40          l_offset := l_offset + l_amt;
 41      end loop;
 42  end;
```

A rotina SEND é sobrecarregada por diversos tipos de dados e toma um comprimento arbitrário de CLOB. Ela romperá o CLOB em punhados de 4 KB para transmissão. A rotina SEND_RAW, abaixo, é semelhante, mas faz a operação para um BLOB:

```
43
44   member procedure send_raw( p_data in blob )
45   is
46       l_offset number default 1;
47       l_length number default dbms_lob.getlength(p_data);
48       l_amt    number default 4096;
49   begin
50       loop
51           exit when l_offset > l_length;
52           simple_tcp_client.send( g_sock,
53                   dbms_lob.substr(p_data,l_amt,l_offset) );
54           l_offset := l_offset + l_amt;
55       end loop;
56   end;
57
58   member function recv return varchar2
59   is
60       l_raw_data     raw(4096);
61   begin
62       simple_tcp_client.recv( g_sock, l_raw_data );
63       return utl_raw.cast_to_varchar2(l_raw_data);
64   end;
65
66
67   member function recv_raw return raw
68   is
69       l_raw_data     raw(4096);
70   begin
71       simple_tcp_client.recv( g_sock, l_raw_data );
72       return l_raw_data;
73   end;
74
75   member function getline( p_remove_crlf in Boolean default FALSE )
76   return varchar2
77   is
78       l_raw_data     raw(4096);
79   begin
80       simple_tcp_client.getline( g_sock, l_raw_data );
81
82       if ( p_remove_crlf ) then
83           return rtrim (
84               utl_raw.cast_to_varchar2(l_raw_data), SocketType.crlf );
85       else
86           return utl_raw.cast_to_varchar2(l_raw_data);
87       end if;
88   end;
89
90   member procedure initiate_connection( p_hostname in varchar2,
91                                         p_portno   in number )
92   is
93       l_data     varchar2(4096);
94   begin
95       -- we try to connect 10 times and if the tenth time
96       -- fails, we reraise the exception to the caller
97       for i in 1 .. 10 loop
98           begin
99               g_sock := simple_tcp_client.connect_to( p_hostname, p_portno );
100              exit;
```

```
101         exception
102             when others then
103                 if ( i = 10 ) then raise; end if;
104         end;
105     end loop;
106   end;
```

Tentamos a conexão dez vezes para evitar problemas com mensagens de tipo 'servidor ocupado'. Isso não é absolutamente necessário, mas é feito para que o chamador não receba erros com tanta freqüência quanto receberia em um servidor ocupado ou algum outro serviço.

```
107
108 member procedure close_connection
109 is
110 begin
111     simple_tcp_client.disconnect( g_sock );
112     g_sock := NULL;
113 end;
114
115 end;
116 /

Type body created.
```

Como se pode ver, essas são, na maioria, rotinas de conveniência em camadas sobre SIMPLE_TCP_CLIENT, para tornar esse pacote mais fácil de usar. Ele também serve como uma boa forma de encapsular a funcionalidade de SIMPLE_TCP_CLIENT em um objeto tipo. Usando SocketType em vez de UTL_TCP, a nossa simples rotina de 'obter uma página web através de proxy' se parece com:

```
tkyte@TKYTE816> declare
  2     s           SocketType := SocketType(null);
  3     buffer      varchar2(4096);
  4  BEGIN
  5     s.initiate_connection( 'proxy-server', 80 );
  6     s.send( 'GET http://www.oracle.com/ HTTP/1.0' || SocketType.CRLF );
  7     s.send( SocketType.CRLF );
  8
  9     loop
 10         buffer := s.recv;
 11         exit when buffer is null;
 12         dbms_output.put_line( substr( buffer,1,255 ) );
 13     end loop;
 14     s.close_connection;
 15  END;
 16  /
HTTP/1.1 200 OK
Date: Thu, 01 Feb 2001 00:16:05 GMT
Server: Apache/1.3.9 (Unix) mod_perl/1.21
ApacheJServer/1.1
YYYYYYYYYY: close
Content-Type: text/html

<head>
<title>Oracle Corporation</title>
```

Este código não é radicalmente diferente de usar UTL_TCP diretamente, mas mostra como encapsular seus pacotes com um Tipo Objeto, que pode acrescentar um agradável sentido de programação baseada em objeto à sua PL/SQL. Se você for um programador Java ou C++, deve sentir-se muito à vontade com o código acima, declarando uma variável de tipo SocketType e chamando métodos naquele tipo. Isso é oposto a declarar uma variável de algum tipo de registro que você passa a cada rotina, como UTL_TCP faz. O acima é mais baseado em objeto do que o método procedimental mostrado antes.

Resumo

Nesta seção, vimos a nova funcionalidade, oferecida pelo pacote UTL_TCP. Também investigamos uma implementação alternativa em Java. Além disso, empacotamos essa funcionalidade em um novo Object Type para PL/SQL, encapsulando completamente as capacidades do soquete TCP/IP, simpaticamente. Vimos como é fácil integrar a funcionalidade de rede em nossos aplicativos PL/SQL usando essa facilidade e, em uma seção anterior, sobre UTL_HTTP, vimos como usar isso para fornecer acesso total ao protocolo HTTP.

B
Suporte, errata e p2p.wrox.com

Uma das coisas mais irritantes em um livro de programação é quando você descobre que aquele pedaço de código no qual gastou uma hora digitando, simplesmente não funciona. Você o verifica cem vezes para ver se o configurou corretamente e depois vê o erro de ortografia no nome da variável na página do livro. Claro que você culpa os autores por não tomar o cuidado necessário e não testar o código, os editores por não fazer o seu trabalho adequadamente ou os revisores por não serem atentos o bastante, mas isso não impede que os erros aconteçam.

Tentamos com afinco garantir que erros entrem furtivamente no mundo real, mas não podemos prometer que esse livro seja cem por cento livre deles. O que podemos fazer é oferecer a próxima melhor coisa — suporte imediato e apoio por parte de especialistas que trabalharam no livro, e tentar garantir que futuras edições eliminem esses *gremlins*. Também nos comprometemos a oferecer suporte, não apenas enquanto você lê o livro, mas também quando começar a desenvolver aplicativos, através dos foros online, onde você pode apresentar suas perguntas aos autores, revisores e profissionais da indústria.

Neste apêndice, veremos como:

- Se inscrever nos foros **Programmer To Programmer™** em http://p2p.wrox.com
- Encaminhar e verificar erratas em nosso site principal, http://www.wrox.com
- Enviar um email ao suporte técnico com uma pergunta ou pedido de suporte sobre os nossos livros em geral

Dentre todos esses três procedimentos de suporte você deve obter uma resposta ao seu problema, sem demora.

Os foros online em p2p.wrox.com

Junte-se à lista de correio Oracle do autor e de suporte em rede. Nosso sistema oferece suporte **Programmer To Programmer™** em listas de correio, foros e newsgroups, tudo além de nosso sistema de email um-a-um, que veremos a cada minuto. Tenha certeza que a sua consulta não estará sendo examinada apenas por um profissional de suporte, mas por muitos autores Wrox e outros especialistas da indústria, presentes em nossas listas de correio.

Como se inscrever para suporte

Apenas siga essas instruções:

1. Vá para http://p2p.wrox.com em seu browser preferido. Você encontrará todos os avisos referentes a P2P – novas listas criadas, todas removidas e assim por diante:

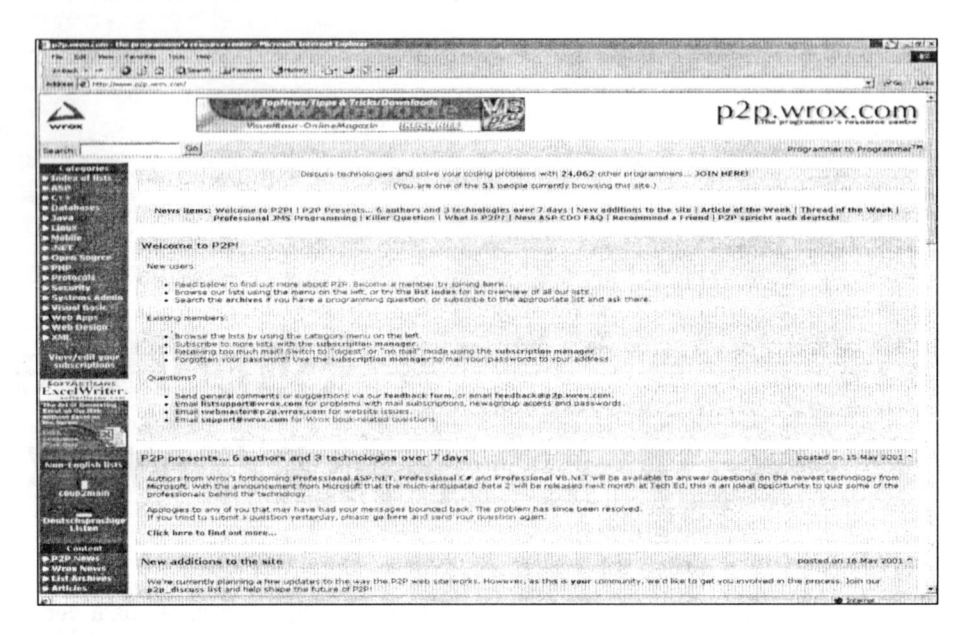

    Clique no botão Databases, na coluna à esquerda.

    Escolha acessar a lista Oracle.

    Se você não for um membro da lista, pode escolher ver a lista, sem unir-se a ela, ou criar uma conta na lista, pressionando os respectivos botões.

    Se você deseja unir-se, receberá um formulário que precisará preencher com seu endereço de email, nome e uma senha (de pelo menos quatro caracteres alfanuméricos). Escolha como você gostaria de receber as mensagens da lista e depois pressione Subscribe.

    Parabéns. Agora você é um membro da lista de correio oracle.

Por que esse sistema oferece o melhor suporte

Você pode escolher unir-se às listas de correio para receber correspondências à medida que elas são recebidas como contribuição, ou pode recebê-las como leitura semanal. Se você não tiver tempo ou facilidade de receber a lista de correio, pode buscar nossos arquivos online. Você encontrará a habilidade de buscar em áreas de assuntos específicos ou palavras-chave. Como essas listas são controladas, pode ter certeza de encontrar rapidamente informações boas e apuradas. As correspondências podem ser editadas ou movidas pelo moderador para o lugar certo, tornando esse um recurso eficaz. Correspondências inadequadas ou *spam* são apagadas e o seu próprio endereço de email é protegido pelo sistema único, Lyris, de bots web, que pode guardar automaticamente endereços de lista de correio de newsgroup. Quaisquer consultas sobre associação ou saída de listas ou sobre a lista, devem ser enviadas para support@wrox.com.

Como verificar
a errata em www.wrox.com

A próxima seção o encaminhará, passo a passo, pelo processo de encaminhar errata ao nosso web site, para obter aquele auxílio. As seções a seguir, portanto, são:

- Como encontrar uma lista de erratas existentes no web site
- Como acrescentar as suas próprias erratas à lista existente

Há também uma seção cobrindo como enviar uma pergunta por email ao suporte técnico. Isso compreende:

- O que o seu email deve incluir
- O que acontece com o seu email quando ele é recebido por nós

Como encontrar
uma errata no web site

Antes de enviar uma consulta, você pode ser capaz de poupar tempo, encontrando a resposta ao seu problema em nosso web site, em http://www.wrox.com.

Cada livro que publicamos tem a sua própria página e a sua própria folha de errata. Você pode obter a página de qualquer livro, clicando nos links relevantes sob o título Books na barra de navegação à esquerda. Para ver a errata daquele livro, clique no link Book errata, do lado direito do painel de informações do livro, sob as informações do livro.

Atualizamos regularmente essas páginas, para garantir que você tenha as informações mais recentes sobre bugs e erros.

Acrescente uma errata

Se quiser indicar uma errata para colocar no web site, ou consultar diretamente um problema na página do livro com um especialista que conhece o livro em detalhes, envie email para support@wrox.com, com o título do livro e os quatro últimos números do ISBN no campo de assunto do email. Clicando no link submit errata, na página de errata do web site, enviará um email usando o seu email cliente. Um email típico deve incluir os seguintes itens:

- O **nome, quatro últimos dígitos do ISBN** e **o número da página** do problema, no campo Subject.
- O seu **nome, informações de contato** e o **problema**, no corpo da mensagem.

Não enviaremos a você correspondência com bobagens. Precisamos dos detalhes para poupar o tempo de ambos, seu e nosso. Se precisarmos substituir um disco ou CD, seremos capazes de enviá-lo rapidamente a você. Quando você enviar um email, ele percorrerá a seguinte cadeia de suporte:

Suporte ao cliente

A sua mensagem é entregue a alguém de nosso pessoal de suporte ao cliente, que será a primeira pessoa a lê-lo. Eles têm arquivos sobre as perguntas feitas com mais freqüência e responderão imediatamente a qualquer coisa geral. Eles respondem perguntas gerais sobre o livro e o web site.

Editorial

Consultas mais profundas são encaminhadas ao editor técnico responsável por aquele livro. Eles têm experiência com linguagem de programação ou produto específico, e são capazes de responder a perguntas técnicas detalhadas sobre o assunto. Quando um problema tiver sido resolvido, o editor pode colocar a errata no web site.

Os autores

Finalmente, no improvável evento do editor não poder responder ao seu problema, ele encaminhará a solicitação ao autor. Tentaremos proteger o autor de quaisquer distrações de escrever. No entanto, temos grande satisfação em encaminhar solicitações específicas a eles. Todos os autores da Wrox ajudam no suporte de seus livros. Eles enviarão correspondência ao cliente e ao editor com as suas respostas e, novamente, todos os leitores se beneficiarão.

O que não podemos responder

Obviamente, com uma faixa sempre crescente de livros e uma tecnologia de base sempre mutável, há um crescente volume de dados exigindo suporte. Enquanto nos esforçamos para responder a todas as perguntas sobre o livro, não podemos dar respostas quanto a bugs em seus próprios programas, adaptados a partir de nosso código. Assim, enquanto você pode ter adorado os capítulos sobre lidar com arquivo, não espere muita simpatia se você incapacitar a sua empresa com uma rotina que apaga o conteúdo de seu disco rígido, mas conte-nos que você está especialmente satisfeito com a rotina que desenvolveu com nossa ajuda.

Como nos dizer exatamente o que você pensa

Entendemos que erros podem destruir a apreciação de um livro e causar muitas horas perdidas e frustradas, portanto buscamos minimizar o desgaste que isso pode causar.

Você pode, simplesmente, nos dizer quando gostou ou abominou o livro em questão. Ou pode ter idéias quanto a como todo esse processo poderia ser aperfeiçoado. Se for esse o caso, você deve enviar um email para feedback@wrox.com. Sempre haverá um ouvido simpático, não importando qual o problema. Acima de tudo, você deve lembrar-se que nos importamos com o que você tem a dizer e faremos o máximo para cuidar disso.

Índice

A

abordagem SET EVENTS, SQL_TRACE
  não-suportada ou documentada por Oracle, 382
aborrecimento com administração
  redução do uso de particionamento, 527
acesso a fileiras adjacentes
  função LAG, 489
  função LEAD, 489
  funções analíticas, 488
ADDRESS = (PROTOCOL = IPC) (KEY = EXTPROC1)
  arquivo LISTENER.ORA, 648
  arquivo TNSNAMES.ORA, 649
Advances Queues
  banco de dados Oracle, 20, 35
  EMNn, 80
  QMNn, 79
alavancador de evento WHEN OTHERS
  evitando usar, 399
ambiente de banco de dados, verificação
  arquivo TNSNAMES.ORA, 650-651
  solucionando erro ORA-28575, 650
ambiente de conta individual, suportando
  Fire Grained Access Control, razões para usar, 766
ambiente, configuração, 10
análise de bloqueios passível de interrupção, 99
  procedimentos armazenados e, 100
  usando, 100
  vista DBA_DDL_LOCKS, 99
análise difícil
  consultas, 22
análise lingüística
  geração de tema, 626
análise suave
  consultas, 22
análise
  análise difícil, 21-22
  análise suave, 21
  razão de análises suaves versus difíceis, 406
  tempo de desempenho, 847
aninhando transações autônomas, 569-570
API JavaMail
  carregando, 1036
  pacote UTL_SMTP, 1036
  usando, 1037
API JDBC
  autocomprometida por padrão, 122
API ODBC
  auto comprometimento por padrão, 122
API UTL_FILE
  acessando drives Windows mapeados, 1005-1006
  encapsulando funcionalidade em noto tipo de dados PL/SQL, 738-739
  leitura de diretório, 1009
  limitações, 1004
  limite de 1023 bytes, 1008
  manuseio de exceção, 1006
  pacotes necessários fornecidos, 1004
  SQL dinâmica, 592, 606
aplicativo de contexto
  confiança de aplicativo de contexto, 776
  configuração de aplicativo de contexto, 775
  criação de aplicativo de contexto, 776
  Fine Grained Access Control, 763, 767
  função SYS_CONTROL, 600
  implementação de política de segurança com FGAC, 771
  ligação de variáveis, 600, 768
  política de segurança, 777
  SQL dinâmica original, 600
  testando, 777-778
  variáveis de espaço de nome, 768
  variáveis globais, 778-779
aplicativo servidor
  autenticação n-Tier, 809
  sessão aplicativo servidor, 811
aplicativos de dicionário de dados
  direitos de chamador, motivos para usar, 825
  problemas com, 826
  tabelas de índice agrupado, 193
aplicativos Oracle, 15
  desenvolvimento, 15
  falhas de projeto, investigação, 19
  falhas de projeto, motivos para, 16
  independência de banco de dados, 30
  ligação de variáveis, 21-22
  lógica de segurança em banco de dados, 831
  sintonização, 18, 38, 363
  solucionando problemas simplesmente, 36
Application Server Providers
  Veja ASPs.
AQ
  Veja Advanced Queues.
Archives Process
  Veja ARCn.
ARCn
  focalizado em processos de fundo, 78
armazenagem de cursor
  descrição, 793-794
  Fine Grained Access Control, problemas com, 790
armazenagem de dados
  partição de índice global, 542
arquitetura de banco de dados, 43
  banco de dados Oracle, 19-20
  estruturas de memória, 57
  MTS, 46
  OPS, 44
  processos de fundo, 45, 70, 74
  processos escravos, 70, 80
  processos servidor, 70
  servidor dedicado, 45
  sistemas baseados em Windows, 44
  tipos de arquivo, 48
arquitetura de banco de dados, 74-75
  ARCn, 78
  BSP, 78
  CKPT, 77
  DBWn, 77
  LCKN, 79
  LGWR, 78
  LMD, 78
  LMON, 78
  PMON, 75
  RECO, 76-77
  SMON, 76
arquivo BAD
  uso com SQLLDR, 322, 323, 357
arquivo binário
  Veja BFILE.
arquivo de controle, SQLLDR, 312
  exemplo simples, 312
  linha de comando sobregrava arquivo de controle, 359
arquivo de registro
  SQLLDR, 312
arquivo DMP
  Veja arquivo dump.
arquivo dump
  ferramenta EXP, 269
  ferramenta IMP, 269
arquivo init.ora
  ajustes de configuração, 49
  arquivos de parâmetro, 49
  diretiva IFILE, 50
  parâmetro UTL_FILE_DIR, 1004-1005
  parâmetros documentados, 49
  parâmetros não documentados, 49
  SGA, 63
arquivo LISTENER.ORA
  (KEY = EXTPROC1), 648
  ADDRESS = (PROTOCOL = IPC)
  configuração, 648
  ouvidor, verificando, 651
  procedimentos armazenados baseados em C, configurando servidor, 648
  SID_DESC = (SID_NAME = PLSExtProc), 648
arquivo TNSNAMES.ORA
  (KEY = EXTPROC1), 649
  ambiente de banco de dados, verificação, 650
  CONNECT_DATA = (SID = PLSExtProc), 649
  EXTPROC_CONNECTION_DATA, 649
  procedimentos armazenados baseados em C, configurando servidor, 648, 649
arquivos de controle
  arquitetura de banco de dados, 48, 54
arquivos de controle
  impasses, arquivos de controle para, 88-89
  uso e interpretação, 391
arquivos de dados
  arquitetura de banco de dados, tipos de arquivo, 48, 50
  dados SYSTEM, 50
  dados USER, 52
  espaços de tabela, 52

arquivos de parâmetro
    arquitetura de banco de dados, tipos de
        arquivo, 49
    arquivo init.ora, 49
    rede e, 49
    SID, 49
arquivos de redo log arquivados, 56, 129
arquivos de redo log online, 54, 129
    afetando fatores, 55
    cache de buffer de banco de dados, 55
    DBWn, 55
    ponto de verificação, 55
    troca de registro, 55
arquivos de redo log
    analisando redo, 153
    arquitetura de banco de dados, tipos de
        arquivo, 48, 54
    arquivos de redo log arquivados, 56, 130
    arquivos de redo log online, 54-55, 130
    banco de dados Oracle, 129
    contenção de registro, 149
    dispositivos RAW, 150
    evitando geração de redo log, 143
    importância de, 54
    impossível alocar mensagem de registro,
        ligando com, 146
arquivos de senha
    arquitetura de banco de dados, tipos de
        arquivo, 48-49
arquivos temp
    arquitetura de banco de dados, tipos de
        arquivo, 49, 53
    não podem ser restaurados, 53
Array Interface, método getArray()
    manipulação de arrays, 679
arrays
    manipulação de arrays, 714
    passando parâmetro OUT usando arrays, 712
ASPS
atomicidade
    declaração em termos de atomicidade, 111
    mecanismos transacionais, 111
    transações Oracle, 111
atributo FIX
    carregando dados com novas linhas
        embutidas, 330
    cláusula INFILE, 330
atributo STR
    carregando dados com novas linhas
        embutidas, 335
    especificação hexadecimal, 335
atributo VAR
    carregando dados com novas linhas
        embutidas, 334
atualização em cascata
    deferindo verificação de restrição, 116
auditoria realmente estrita
    transações autônomas, 561
autenticação baseada na web, 805-806
autenticação de proxy
    Veja autenticação de n-Tier.
autenticação de senha
    autenticação de n-Tier, 810
autenticação de sistema operacional
    autenticação de n-Tier, 810
autenticação n-Tier, 805
    aplicativo servidor, 809
    autenticação baseada na web, 806
    autenticação de senha, 810
    autenticação de sistema operacional, 810
    código C, 807-888
    comando ALTER USER, cláusula GRANT
        CONNECT THROUGH, 806, 814
    comando AUDIT, 816

cuidado ao usar, 817
mecânica, 807-808
modelo de segurança, 807-808
programas OCI, 807-808
razões para usar, 806
sessão cliente, 810
autenticação
    autenticação baseada na web, 806
    autenticação de senha, 810
    autenticação de sistema operacional, 810
    autenticação n_Tier, 805
autoligação
    comando ALTER SESSION, 437
    parâmetro cursor_sharing=force, 448
auto-seccionamento
    interMedia Text, 638
AUTOTRACE
    configuração, 11
    controle de relatório, 12
    geração de relatório, 11
    plano de execução, 12

B

B*Tree Cluster Indexes, 227
backup
    combinação grande, 68
banco de dados em espera
    arquivos de redo log online, fatores afetando,
        56
banco de dados Oracle 106
    Advanced Queues, 20, 35
    aplicativos Oracle, 15
    arquitetura de banco de dados, 19-20, 43
    arquivos de redo log, 129
    banco de dados Oracle, 38
    bancos de dados compatíveis com ANSI, 31
    bloqueio de conversão, 92
    carregamento de dados, 309
    código OSD, 34
    comparado a SQL Server, 31-32
    compilador C, 13
    controle de consecução, 24, 84
    DDL sempre compromete, 98-99
    declaração em termos de atomicidade,
        112-113
    desenvolvendo, 16-17
    direitos de chamador, 819
    engates, 22
    escalonamento, 20
    espaços de tabela, 51-52
    exemplo simples, 764
    explicação de plano de facilidade, 390
    ferramenta EXP, 267
    ferramenta IMP, 267
    Fine Grained Access Control, 38, 763
    função SYS_CONTEXT, 767
    importância de familiaridade com, 16-17
    índices, 228
    interMedia, 619
    mecanismos transacionais, 28, 111
    modo ARCHIVELOG, 56
    modo NOARCHIVELOG, 56
    motivos para usar, 764
    MTS, uso com, 20
    múltiplas versões, 26-27
    não suporta escala de bloqueio, 91
    não suporta leitura suja, 103
    otimizador de plano de estabilidade, 425
    pacotes necessários fornecidos, 859-884
    padrão SQL92, 32
    particionamento, 525
    política de bloqueio, 24, 85
    política de segurança, 767
    problemas com, 786
    processos de fundo, 45
    recursos e funções, 34-35

recursos relativos a objeto, 725
segmentos, 51
sistema operacional virtual, Oracle como, 16
sobre temer incerteza e dúvida, 17
tabelas, 165
transações autônomas, 35, 553
transações distribuídas, 122
transações em série, 108
transações implícitas, 118
tratando como caixa preta, desvantagens
    de, 16
banco de dados
    comparado a cópia, 43-44
    definição, 43-44
bancos de dados compatíveis ANSI
    diferenças entre, 31
    banco de dados Oracle, 31
    SQL Server, 31
    Sybase, 31
BETWEEN
    cláusula de janela, 470
BFILE, 687
    procedimento LOB_IO, 690
    lendo arquivo usando, 330-331
biblioteca DEMOLIB, criação
    declaração CREATE LIBRARY, 653-654
    procedimentos armazenados baseados
        em C, 653
biblioteca lobToFile
    código Pro*C, 690
    procedimento LOB_IO, 689
bloco de processo servidor
    Veja BSP.
blocos
    cache de buffer de bloco, 64
    limpeza de, 146
bloqueio manual
    declaração LOCK TABLE, 123
    declaração SELECT...FOR UPDATE, 101
    política de bloqueio, 101-102
bloqueio otimista
    comparado a bloqueio pessimista, 87
    declaração SELECT FOR UPDATE
        NOWAIT, 87
    estratégias para evitar perda de atualiza-
        ções, 87
bloqueio pessimista
    comparado a bloqueio otimista, 87
    estratégias para evitar perda de atualiza-
        ções, 86
bloqueio
    declaração DELETE, 88
    declaração INSERT, 88
    declaração SELECT FOR UPDATE, 88
    declaração UPDATE, 88
    política de bloqueio, 88
bloqueios DDL compartilhados, 98-99
bloqueios DDL, 92, 98
    análise interrompida de bloqueios, 99
    bloqueios compartilhados DDL, 99
    bloqueios exclusivos DDL, 98
bloqueios de leitura compartilhada
    nível de isolamento de leitura repetida, 106
    problemas com, 107
bloqueios definidos por usuário
    criação, 102
    pacote DBMS_LOCK, 102
    política de bloqueio, 101
bloqueios distribuídos, 92
bloqueios DML, 92, 93
    bloqueios TM, 97-98
    bloqueios TX, 93
bloqueios internos, 92, 101
    comparados a engates, 101
    Veja também engates.
bloqueios PCM, 92

Índice | 1061

bloqueios TM
   bloqueios DML, 97-98
   configurando número de bloqueios permitidos, 98-99
bloqueios TX
   bloqueios DML, 93
   mecanismos transacionais, 93
   parâmetro INITRANS, 96-97
   parâmetro MAXTRANS, 96-97
   simples exemplo, 93
   uso, 93U
bloqueios, 83-84, 92-93, 98-101
BSP
   processos de fundo focalizados, 78
BSTAT/ESTAT
   substituído por StatsPack, 403
buffer de redo log
   segmentos de retorno, 125
   SGA, 63
   sistema quebra e, 126
buscando seção XML
   interMedia Text, 637

C

cache de buffer de banco de dados
   arquivos de redo log online, 54
cache de buffer de bloco
   combinação KEEP, 65
   combinação RECYCLE, 65
   SGA, 64
cache de dicionário
   relatório StatsPack, interpretação, 416
cadeia de dependência, rompendo
   SQL dinâmica, problemas com, 616
campo LONG RAW
   carregando em campo usando SQLLDR, 327
   conversões de LONG RAW para LOB, 905
campo LONG
   carregando em campo usando SQLLDR, 328
   conversões LONG para LOB, 905
canal de cobertura
   referencial de integridade, 786-787
carregamento de dados, 309
   carga de dados, 318-319
   carregando em LOBS, 344-345
   programas OCI, 310
   SQLLDR, 309
case sensitivity (estilo de letra)
   otimizador de plano de estabilidade, problemas com, 446
CBO
   FULL TABLE SCAN, 238
   função baseada em índices, 243
   tabelas temporárias e, 216
   vistas materializadas, 499
chama a API OCIExtProcGetEnv
   função init, gabarito de procedimentos externos, 667-668
chamada a API OCICollAppend
   mapeando tipos de dados Oracle para tipos de dados C, 677
chamada a API OCICollGetElem
   mapeando tipos de dados Oracle para tipos de dados C, 677
chamada a API OCICollSize
   mapeando tipos de dados Oracle para tipos de dados C, 677
chamada a API OCIContextGetValue
   função init, gabarito de procedimentos externos, 667-668
chamada a API OCIContextSetValue
   função init, gabarito de procedimentos externos, 669
chamada a API OCIExtractFromFile
   função init, gabarito de procedimentos externos, 669-670
chamada a API OCIExtractInit
   função init, gabarito de procedimentos externos, 669-670
chamada a API OCIExtractSetKey
   função init, gabarito de procedimentos externos, 669-670
chamada a API OCIExtractSetNumKeys
   função init, gabarito de procedimentos externos, 669-670
chamada a API OCIExtractTerm
   função init, gabarito de procedimentos externos, 669-670
chamada a API OCIExtractTo
   função init, gabarito de procedimentos externos, 669-670
chamada a API OCIFileInit
   função init, gabarito de procedimentos externos, 670-671
chamada a API OCIMemoryAllocate
   função init, gabarito de procedimentos externos, 668-669
chamada a API OCINumberFromReal
   mapeando tipos de dados Oracle para tipos de dados C, 671
chamada a SET_CLIENT_INFO
   pacote DBMS_APPLICATION, 872-873
chamador
   definição, 819
chaves estrangeiras
   chaves estrangeiras e índices, 255
   impasses, causas de, 88-89
CKPT
   processos de fundo focalizados, 77
classe Timestamp
   manipulação de tipos de dados Oracle, 712
cláusula BY <proxy>
   comando AUDIT, 816
cláusula de função
   funções analíticas, sintaxe, 461-462G
cláusula de janela
   BETWEEN, 471
   CURRENT ROW, 470
   expressão numérica FOLLOWING, 470
   expressão numérica PRECEDING, 470
   faixa de janelas, 465-466
   fileira de janelas, 468
   funções analíticas, sintaxe, 464
   UNBOUNDED PRECEDING, 470
cláusula de partição
   funções analíticas, sintaxe, 462
cláusula EXECUTE IMMEDIATE
   sintaxe, 594
   SQL dinâmica original, 594
cláusula FOR UPDATE
   banco de dados Oracle, política de bloqueio, 26
   cuidado ao usar, 18
cláusula GRANT CONNECT THROUGH
   commando ALTER USER
cláusula INFILE
   atributo FIX, 329-330
cláusula NOLOGGING
   cuidado ao usar, 145
   limitações, 145
   prevenindo geração de redo log, 143
   substitui cláusula UNRECOVERABLE, 144
   tabelas, sintaxe, 175
   usando implicitamente, 145
cláusula ON BEHALF OF ALL
   comando AUDIT, 816
cláusula ON BEHALF OF
   comando AUDIT, 816
cláusula ON COMMIT DELETE ROWS
   tabelas temporárias baseadas em transação, 214
cláusula ON COMMIT PRESERVE ROWS
   tabelas temporárias baseadas em sessão, 214
cláusula ON DELETE CASCADE
   referencial de integridade, 788
cláusula ON DELETE SET NULL
   referencial de integridade, 788
cláusula OPEN FOR
   SQL dinâmica original, 595
   variáveis de cursor, 595
cláusula ORDER BY
   funções analíticas, sintaxe, 462
cláusula REVOKE CONNECT THROUGH
   comando ALTER USER, 815
cláusula TERMINATED BY
   carregando dados delimitados por tab, 315
   TERMINATED BY WHITESPACE, 315
   TERMINATED VY X'09", 315
cláusula UNRECOVERABLE
   evitando geração de redo log, 143-144
   substituída pela cláusula NOLOGGING, 143-144
cláusula WHERE
   não pode conter funções analíticas, 493
código C
   autenticação n_Tier, 807-808
   código Pro*C, 690
   códigos de erro, 671
   função strtok, 808
   funções que retornam valores, 681
   gabarito para procedimentos externos, 664-665
   mapeando tipos de dados Oracle para tipos de dados C, 671
   portabilidade de macro, 671-672
   procedimentos armazenados baseados em C, primeiro exemplo, 664-665
   programas OCI, 808
código dependente de sistema operacional
   Veja código OSD.
código extproc.c, compilando
   compilando em UNIX, 652
   compilando em Windows, 652
   procedimentos armazenados baseados em C, testando, 652
código frágil
   funções analíticas, evitadas por, 479
   SQL dinâmica, problemas com, 617
código modular
   transações autônomas, 568
código OSD, 34
código Pro*C
   biblioteca lobToFile, 690
   método NON-POLLING, 692
   procedimento LOB_IO, 690
códigos de erro
   procedimento LOB_IO, 689
   procedimentos armazenados baseados em C, primeiro exemplo, 670-671
coluna CATEGORY
   tabela DBA_OUTLINES, 434
coluna CLUSTERING_FACTOR
   vista USER_INDEXES, 239
coluna HINT
   tabela DBA_OUTLINE_HINTS, 435
coluna JOIN_POS
   tabela DBA_OUTLINE_HINTS, 435
coluna NAME
   tabela DBA_OUTLINE_HINTS, 435
   tabela DBA_OUTLINES, 434
coluna NODE
   tabela DBMS_OUTLINE_HINTS, 435
coluna ONWER
   tabela DBA_OUTLINE_HINTS, 435
   tabela DBA_OUTLINES, 434

coluna SQL_TEXT
   tabela DBA_OUTLINES, 435
coluna STAGE
   tabela DBA_OUTLINE_HINTS, 435
coluna SYS_NC_OID$
   analisando, 222
   tabelas de objeto, 220
coluna TIMESTAMP
   tabela DBA_OUTLINES, 434
coluna USED
   tabela DBA_OUTLINES, 434
coluna VERSION
   tabela DBA_OUTLINES, 435
colunas ocultas
   direitos de chamador, problemas com, 851
comando ALTER OUTLINE
   DDL, 441-442
comando ALTER SESSION SET CREATE_STORED_OUTLINE
   esboços armazenados, criação, 437
comando ALTER SESSION SET USE_STORED_OUTLINE
   ferramenta de desenvolvimento, 433
   implementação de sintonização, 431
   otimizador de plano de estabilidade, 431, 433
comando ALTER SESSION
   autoligação, 437
   comando ALTER SESSION SET CREATE_STORED_OUTLINE, 437
   comando ALTER SESSION SET USE_STORED_OUTLINE, 431
   esboços armazenados, criação, 437
   implementação de sintonização, 428-429
   otimizador de plano de estabilidade, problemas com, 448
   sintaxe, 437
comando ALTER TYPE
   métodos de objeto, 732
comando ALTER USED
   cláusula GRANT CONNECT THROUGH, 806, 814
   cláusula REVOKE CONNECT, 815
comando AUDIT
   autenticação n_Tier, 816
   cláusula BY <proxy>, 816
   cláusula ON BEHALF OF ALL, 816
   cláusula ON BEHALF OF, 816
   tentativa de controle para modificar informações seguras, 553
comando CREATE OR REPLACE OUTLINE
   otimizador de plano de estabilidade, 427
   privilégio CREATE ANY OUTLINE, 427
comando DROP OUTLINE
   DDL, 443
comando DROP USER
   opção CASCADE, 448
   otimizador de plano de estabilidade, problemas com, 448
comando make
   montando extproc.c, 686
comando nmake
   montando extproc.dll, 684-685
combinação compartilhada
   combinação KEEP, 67
   ligação de variáveis, 67
   pacote DBMS_SHARED_POOL, 66-67
   problemas com, 67
   SGA, 62, 66
combinação de texto exata completa
   vistas materializadas, 506
combinação de texto
   combinação exata de texto completo, 506
   combinação parcial de texto, 506
   otimizador de plano de estabilidade, problemas com, 449

combinação grande, 62-68
combinação Java, 62-69
combinação KEEP, 66-67
combinação NULL, 62
combinação parcial de texto
   vistas materializadas, 506
combinação RECYCLE
   cache de buffer de bloco, 65
   combinação grande, 67-68
   compactação de índice, 229-230
   folha de nós, 229
   motivos para usar, 234
   relativos a índices de chave invertida, 232-233
compatibilidade agregada
   vistas materializadas, 506-507
compatibilidade de agrupamento
   vistas materializadas, 507
compilador C, 13
composição de particionamento, 530, 532-533
configuração de parâmetro
   gabarito para procedimentos externos, 655
   procedimentos armazenados Java, 706, 709
CONNECT_DATA = (SID = PLSExtProc)
   arquivo TNSNAMES.ORA, 646
consistência
   mecanismos transacionais, 111
consultas
   análise difícil, 21
   análise suave, 22
   consultas articuladas, 482-483
   consultas de leitura consistente, 26
   consultas TOP-N, 474
   múltiplas versões de consulta SQL, 410-411
   não bloqueio de consultas, 26
consultas articuladas
   consultas articuladas genéricas, 484
   função MAX, 483
   função ROW_NUMBER, 483
   funções analíticas, 482-483
consultas articuladas genéricas
   função COUNT, 484
   função MAX, 484
   função ROW_NUMBER, 484
   funções analíticas, 484
   SQL dinâmica, 485
   variáveis de cursor, 488
consultas de leitura consistente
   banco de dados Oracle, 103
   exemplo, 27
consultas escravas paralelas
   arquitetura de banco de dados, 80
consultas TOP-N
   ambigüidade, 474
   função COUNT, 475-476
   função DENSE_RANK, 474-475
   função ROW_NUMBER, 477
   funções analíticas, 474
conta SCOTT/TIGER, configuração, 9
   privilégio CREATE LIBRARY, 653
   procedimentos armazenados baseados em C, testando, 652
contas compartilhadas, evitando
   Fine Grained Access Control, razões para usar, 766
contenção de registro, 149
contexto global
   gabarito para procedimentos externos, 664-665
   pacote UTL_TCP, 645-646
   testando instalação, 651
controle de acesso personalizado
   comparado a Fine Grained Access Control, 828
   direitos de chamador, motivos para usar, 827

controle de consecução
   banco de dados Oracle, 24, 84-85
   definição, 102
   importância de, 24
   Informix, 84
   níveis de isolamento de transação, 102-103
   política de bloqueio, 24, 83-84
   Sybase, 84
   versões múltiplas, 26-27
convenções de codificação, 13
conversão de bloqueio
   banco de dados Oracle, 92
   comparada a escalonamento de bloqueio, 91
cópia
   comparada a banco de dados, 43
   definição, 43
   remontagem, 269
corrupção, detecção
   ferramenta EXP, motivos para usar, 269
criptografia
   gerenciamento de chave, 954
   pacote DBMS_OBFUSCATION_TOOLKIT, 940
CURRENT ROW
   cláusula de janela, 470

D

dados com novas linhas embutidas
   carregando com SQLLDR, 328-329
dados de estilo de relatório
   carregamento usando SQLLDR, 325
dados de formato fixo, carregando
   palavra-chave POSITION, 317
   SQLLDR, 317
dados delimitados por tab, 315
   carregando com SQLLDR, 315
   cláusula TERMINATED BY, 315
dados delimitados
   carregando, 314
   dados delimitados por tab, 315
   formato CSV, 314
dados SYSTEM
   arquivos de dados, 50
dados USER
   arquivos de dados, 50-51
dados, copiando entre plataformas
   ferramenta EXP, motivos para usar, 270
   ferramenta IMP, motivos para usar, 270
Data Definition Language
   Veja DDL.
Data Manipulation Language
   Veja DML.
Database Block Writer
   Veja DBWn.
DBMS_PROFILER
   pacotes necessários fornecidos, 971
   problemas com, 979
   sintonizando com, 401
   usando, 401
DBMS_SQL
   blocos PL/SQL, usando com, 592
   comparado com SQL dinâmica original, 587-588, 597
   declarações DML, uso com, 592
   DESCRIBE_COLUMNS API, 604
   estrutura de processos, 589
   PL/SQL dinâmica, 587-588
   processamento de array, 609
   pseudocódigo para, 589
   testando desempenho, 609, 610
   usando, 588-589
DBWn
   arquivos de redo log online, 55
   processos de fundo focalizados, 77
DDL
   comando ALTER OUTLINE, 441-442
   comando DROP OUTLINE, 443

Índice | 1063

esboços armazenados, criação, 436-437
esboços armazenados, gerenciando, 441
fazendo em disparadores, 556-557
impossível fazer DDL em link de banco de dados, 123
sempre comprometer em Oracle, 98
deadlocks (impasses)
arquivos de controle para, 88-89
causas de, 88-89
Oracle Forms e, 90
política de bloqueio, 88-89
raridade em Oracle, 88-89
declaração COMMIT
aumento de Redo, 138
chamadas síncronas a LGWR de COMMI, 131
comparada a retorno, 134
declarações de controle de transação, 111-112
descrição, 130
impossível COMMIT em link de banco de dados, 123
LGWR, 131
ORA-01555, 154, 158
resposta plana de tempo de operação, 131-132
SCN, geração, 131
declaração CREATE CLUSTER
comparada a declaração CREATE TABLE, 189-190
tabelas agrupadas residuais, 196
tabelas de índice agrupadas, 190
declaração CREATE INDEX
função baseada em índices, 244
função substr, 247
sincronização de índice de texto, 632
declaração CREATE LIBRARY
biblioteca DEMOLIB, criação, 653-654
declaração CREATE TABLE
aumentando a complexidade de, 304
comparada a declaração CREATE CLUSTER, 189-190
ferramenta IMP, problemas com, 304
objetos de múltiplos espaços de tabela, 305
tabelas aninhadas, 203-204
tabelas de índice agrupado, 190
tabelas de objeto, 219, 221
tabelas organizadas por acúmulo, 176
tabelas organizadas por índice, 182
declaração CREATE TYPE
tipos de dados, acréscimo, 726-727
declaração de nível de atomicidade, 112
banco de dados Oracle, 113
blocos PL/SQL, 113-114
disparadores, 114
declaração DELETE
bloqueio, 88
geração de Undo, 153
tabelas aninhadas, 207
declaração INSERT
bloqueio, 88
geração de Undo, 153
SQLLDR, 319
tabelas aninhadas, 207
declaração LOCK TABLE
bloqueio manual, 101
declaração ROLLBACK TO<SAVEPOINT>
declarações de controle de transação, 111-112
declaração ROLLBACK
declarações de controle de transação, 111-112
declaração SAVEPOINT
declarações de controle de transação, 111-112
impossível emitir SAVEPOINT em link de banco de dados, 123

declaração SELECT FOR UPDATE NOWAIT
bloqueio otimista, 87
declaração SELECT FOR UPDATE
bloqueio, 88
pacote DBMS_LOB, 900
declaração SELECT...FOR UPDATE
bloqueio manual, 101
declaração SET TRANSACTION
declarações de controle de transação, 111-112
segmentos de retorno, 154
declaração TERMINATED BY EOF
LOBFILEs, 350
declaração UPDATE
bloqueio, 88
geração de Undo, 153
tabelas aninhadas, 206
declarações de aplicativo cliente
arquivos de rastreio, usando e interpretando, 397
declarações de transação de controle, 111-112
declaração COMMIT, 112
declaração ROLLBACK TO <SAVEPOINT>, 112
declaração ROLLBACK, 112
declaração SAVEPOINT, 112
declaração SET TRANSACTION, 112
declarações DML
DBMS_SQL, usando com, 592
declarações repetidas
PL/SQL dinâmica, 608
testando desempenho, 608
declarações SELECT *
direitos de chamador, problemas com, 849-850
definidor
definição, 819
demonstração de programa
procedimentos armazenados baseados em C, testando, 652
dependência de banco de dados
não necessariamente um problema, 37
recursos específicos de fabricante, fazendo uso de, 33
descarregando dados
descarregando em formato amistoso SQLLDR, 336
DESCRIBE_COLUMNS API
DBMS_SQL, 604
usando, 604
desempenho de consulta
aumentando o uso de particionamento, 528
desempenho de DML
aumentando uso de particionamento, 528
DML paralela, 528
desenvolvimento de aplicativo, simplificando
Fine Grained Access Control, razões para usar, 766
diaparadores
declaração em termos de atomicidade, 113-114
disparador lê de tabela em consulta, 555
fazendo DDL, 556-557
transações autônomas, 554
dimensões
criação, 514-515
descrição, 511
hierarquias e, 517
pacote DBMS_OLAP validando dimensão de objetos, 519, 520-521
direitos de chamador
banco de dados Oracle, 819
comparados a direito de definidor, 821, 830
comportamento dinâmico, 821
descrição, 835
erros, 857

exemplo, 819-820
funções e, 840
gabarito de objetos, 841, 842
privilégios de segurança diretamente concedidos, 840
privilégios de segurança, apresentando, 836
problemas com, 843-844
procedimentos armazenados e, 819-820
procedimentos armazenados Java, 852
razões para usar, 822
direitos de definidor
comparado a direito de chamador, 820-821, 830
comportamento estático, 821
descrição, 831
erros, 857
função não-capacitada, 832, 834-835
motivos para usar, 830-831
privilégios de segurança diretamente concedidos, 832
procedimentos armazenados e, 819
procedimentos armazenados Java e, 854
diretiva IFILE
arquivos init.ora, 50-51
diretiva PRAGMA AUTONOMOUS_TRANSACTION
transações autônomas, 551-552
disparador AFTER
comparado ao disparador BEFORE, 139
disparador BEFORE
aumenta Redo, 139-140
comparado ao disparador AFTER, 140
disparador de banco de dados ON LOGON
configuração de aplicativo de contexto, 775
ferramenta de desenvolvimento, 432-433
Fine Grained Access Control, 767
implementando sintonização, 430
listando índices usados, 433
listando SQL executada, 433
disparador INSTEAD OF
importação em estruturas com coluna em falta, 289
importação em estruturas com tipo de dados mudado, 289
vistas de objeto relacional, atualização de vistas, 754
disparador lendo da tabela em consulta
mutação de tabelas, evitando, 556
transações autônomas, 554
disparadores de registro de dados em banco de dados
Veja disparador ON LOGON de banco de dados.
disponibilidade
aumentando o uso de particionamento, 525-526
dispositivo de fita, exportando para
exige sistema UNIX, 276
ferramenta EXP, grandes exportações, 276
dispositivos RAW
arquivos de redo log, 150
comparados com sistemas de arquivo cooked, 150
Distributed Database Recovery
Veja RECO.
DML paralela, 528
aumentando desempenho de DML, 528
limitações, 528
requer particionamento, 528
durabilidade
mecanismos transacionais, 111

E

editor de texto plano
arquivo LISTENER.ORA, configuração, 648
elementos mais discriminatórios devem ir primeiro
desaprovando mito, 265-266

mitos sobre índices, 263
eliminação de partição
　aumentando desempenho de consulta, 528-529
　limitações, 528-529
email, enviando e recebendo
　procedimentos armazenados Java, 706
EMNn
　Advanced Queues, 80
　utilitários de processos de fundo, 79
EMNn
encapsulamento
　métodos de objeto, motivos para usar, 730
enfileirados
　Veja bloqueios internos.
engates, 92, 101
　banco de dados Oracle, 21
　comparados a bloqueios internos, 101
　instruções atômicas, 101
　relatório StatsPack, interpretação, 415
　Veja também bloqueios internos.
erros de índice desatualizado
　interMedia Text, 643
erros de permissões
　procedimentos armazenados Java, 723
erros de procedimento externo
　interMedia Text, 643
erros de tempo de execução
　campos, significado de, 400
　arquivos de controle, uso e interpretação, 398
erros PARSE
　arquivos de controle, uso e interpretação, 398
　campos, significado de, 400
esboços armazenados, criação
　comando ALTER SESSION, 437
　otimizador de plano de estabilidade, 435
　privilégio ALTER ANY OUTLINE, 436
　privilégio CREATE ANY OUTLINE, 436
　privilégio DROP ANY OUTLINE, 436
　privilégio EXECUTE ON OUTLN_PKG, 436
　privilégios de segurança, 436
　usando DDL, 436
esboços armazenados, gerenciamento
　otimizador de plano de estabilidade, 441
　pacote OUTLN_PKG, 444
　usando DDL, 441
esboços armazenados, movendo entre bancos de dados
　otimizador de plano de estabilidade, 438-439
esboços armazenados, otimização
　otimizador de plano de estabilidade, 439
　vistas sugeridas, 440-441
esboços armazenados, uso
　determinando uso de índice, 260
escalonamento de bloqueio, 91
　comparado a conversão de bloqueio, 92
　não-suportado por Oracle, 91
escalonamento
　banco de dados Oracle, 19-20
　direitos de chamador, problemas com, 830
　direitos de definidor, motivos para usar, 830
　ligação de variáveis, 21, 367
escopo
　bloqueios, 574
　mudanças de banco de dados, 571
　posição de sessão, 571
　transações autônomas, 570
　variáveis empacotadas, 570
espaço de nome global de esboços
　otimizador de plano de estabilidade, problemas com, 454
espaço de tabela gerenciado por dicionário, 52
　SQL repetida, 52
espaço de tabela localmente gerenciado, 53
espaço nunca reutilizado em índice
　desfazendo mito, 263
　mitos sobre índices, 261

espaços de tabelas, 51
　arquivos de dados, 52
　determinando uso de índice, 260
　espaço de tabela gerenciado por dicionário, 52
　espaço de tabela localmente gerenciado, 53
　ferramenta EXP, transportando dados, 278, 279
　ferramenta IMP, transportando dados, 278, 280
　objetos de múltiplos espaços de tabela, 305
　segmentos, 51
　transporte, 269
esquemas de particionamento de índice, 534
　implementação de janela deslizante, 534-535
　partição de índice global, 534, 540-541
　partição de índice local, 534, 535
esquemas de particionamento de tabelas, 529
　particionamento composto, 530, 532-533
　particionamento de faixa, 529, 530
　particionamento residual, 530, 531-532
esquemas, clonagem
　ferramenta EXP, 292
　ferramenta IMP, 292
　referencial de integridade, 292-293
　tipos de objeto, 294-295
estatística de redo log
　medindo quantidade de Redo, 135
estatísticas relativas a análise
　razão de análises suaves versus difíceis, 406
　relatório StatsPack, interpretação, 405
estilo de declaração, SQL, 321
evento livre de engate
　ligação de variáveis, 369
eventos Wait
　relatório StatsPack, interpretação, 406-407
exclusivos bloqueios DDL, 98-99
execução paralela de declarações
　combinação grande, 68
execução remota
　servidor dedicado, 70
expansão OR
　otimizador de plano de estabilidade, problemas com, 450
exportações de caminho direto
　ferramenta EXP, 291
expressão numérica FOLLOWING
　cláusula de janela, 470
expressão numérica PRECEDING
　cláusula de janela, 470
extensões
　blocos, 51
　segmentos, 50
EXTRACT_CONNECTION_DATA
　arquivo TNSNAMES.ORA, 649

F

facilidade automatizada de reescrita de consulta
　vistas materializadas, resumo de história, 497-498
facilidade de explicação de plano
　problemas com, 390
　TKPROF, analisando consulta, 390
faixa de janelas
　funções analíticas, sintaxe, 465-466
fase EXECUTE
　TKPROF, analisando consulta, 386
fase FETCH
　TKPROF, analisando consulta, 386
fase PARSE
　TKPROF, analisando consulta, 386
FAST FULL SCAN
　comparado a INDEX RANGE SCAN, 235-236
ferramenta de desenvolvimento
　comando ALTER SESSION SET USE_STORED_OUTLINE, 433
　disparador de banco de dados ON LOGON, 432
　otimizador de plano de estabilidade, 432

ferramenta EXP, 267
　arquivo de depósito, 269
　DDL, extração, 281-282
　exemplo rápido, 267-268
　exportações de caminho direto, 291
　Fine Grained Access Control, problemas com, 795, 796
　função em backup, 286
　grandes exportações, 273
　inadequada como ferramenta de reorganização, 286
　inadequada para backup principal, 286
　motivos para usar, 269
　opção HELP = Y, 270-271
　parâmetros, 270-271
　pares nome-valor, 270-271
　problemas com, 291
　subconfiguração de dados, 276
　transporte de dados, 277
ferramenta IMP
　arquivo dump, 269
　DDL, extração, 282-283
　erros, 308
　exemplo rápido, 267-268
　Fine Grained Access Control, problemas com, 796, 797
　função em backup, 286-287
　importando em diferentes estruturas, 287-288
　inadequada como ferramenta de reorganização, 286
　inadequada para backup principal, 286
　motivos para usar, 268
　opção FROMUSER, 269
　opção HELP = Y, 270-271
　opção TOUSER, 269
　parâmetros, 272
　pares nome-valor, 270
　problemas com, 291
　transporte de dados, 277
ferramenta SQL*LOADER
　Veja SQLLDR.
FGAC
　Veja Fine Grained Access Control.
filas de serviço
　Veja SNPn.
fileira de janelas
　funções analíticas, sintaxe, 468
fileiras encadeadas
　pacotes LogMiner, limitações, 934-935
fileiras migradas
　definições, 169-170
　evitando, 169-170
　pacotes LogMiner, limitações, 934-935
　tabelas, sintaxe, 169-170
fileiras
　atualização com SQLLDR, 323-324
　inserção com SQLLDR, 323-324
filtros de documento
　interMedia Text, 623
　motivos para usar, 765
Fine Grained Access Control, 763
　aplicativo de contexto, 763, 767
　comparado a controle de acesso personalizado, 828
　depuração, 798-799
　disparador de banco de dados ON LOGON, 767
　erros, 799
　pacote DBMS_RLS, 767
folha de nós
　índices B*Tree, 229
formato CSV
　dados delimitados, 314-315
FREELIST
　declaração CREATE TABLEl, 178

tabelas, sintaxe, 167-168
FULL TABLE SCAN
  CBO, 238
  comparada a TABLE ACCESS BY INDEX ROWID, 235
função ANALYZE_DATABASE
  não deve ser usada, 987
  pacote DBMS_UTILITY, 987
função ANALYZE_SCHEMA
  limitações, 986
  pacote DBMS_UTILITY, 984
  usando com esquema, mudando, 986
função AVG
  funções analíticas, 472B
função CLOSE
  tipo de objeto FILETYPE, 740
função COMMA_TO_TABLE
  pacote DBMS_UTILITY, 997
função COMPILE_SCHEMA
  pacote DBMS_UTILITY, 981
função CORR
  funções analíticas, 472
função COUNT
  consultas articuladas genéricas, 484
  consultas TOP-N, 475
  funções analíticas, 472
função COVAR_POP
  funções analíticas, 472
função COVAR_SAMP
  funções analíticas, 472
função CUME_DIST
  funções analíticas, 472
função CURSOR
  tabelas relacionais e, 760
função DB_VERSION
  pacote DBMS_UTILITY, 999
função debugf
  gabarito para procedimentos externos, 665-666
função DENSE_RANK
  consultas TOP-N, 474-475
  funções analíticas, 472
função dropjava
  pacote DBMS_JAVA, 883
função FIRST_VALUE
  funções analíticas, 472
função FORMAT_CALL_STACK
  pacote DBMS_UTILITY, 988
função FORMAT_ERROR_STACK
  pacote DBMS_UTILITY, 987
função GET_HASH_VALUE
  pacote DBMS_UTILITY, 999
função GET_LINE
  tipo de objeto FILETYPE, 741
função GET_PARAMETER_VALUE
  pacote DBMS_UTILITY, 992
função GET_TIME
  pacote DBMS_UTILITY, 991
função Init, gabarito de procedimentos externos, 667-670
função INSTR
  texto de busca, 620-621
função LAG
  acessando fileiras adjacentes, 489
  funções analíticas, 461, 472
  sintaxe, 490
função LAST_VALUE
  funções analíticas, 473
função lastOCIError
  gabarito para procedimentos externos, 667
função LEAD
  acessando fileiras adjacentes, 489
  funções analíticas, 462, 472-473
  sintaxe, 490
função LOADFROMFILE
  pacote DBMS_LOB, 345

função loadjava
  pacote DBMS_JAVA, 883
função MAX
  consultas articuladas genéricas, 484
  consultas articuladas, 483
  funções analíticas, 472
função MIN
  funções analíticas, 472
função NAME_RESOLVE
  pacote DBMS_UTILITY, 993
função NAME_TOKENIZE
  pacote DBMS_UTILITY, 795
função NTILE
  funções analíticas, 473
função OPEN
  tipo de objeto FILETYPE, 739, 740
função PERCENT_RANK
  funções analíticas, 473
função PORT_STRING
  pacote DBMS_UTILITY, 999
função raise_application_error
  gabarito para procedimentos externos, 667
função RANK
  funções analíticas, 473
função RATIO_TO_REPORT
  funções analíticas, 473
função ROW_NUMBER
  consultas articuladas genéricas, 484
  consultas articuladas, 483
  consultas TOP-N, 477
  funções analíticas, 473
  obtendo pedaços de dados, 477
função RUN
  utilitário descarregador PL/SQL, 339
função STDDEV
  funções analíticas, 473
função STDDEV_POP
  funções analíticas, 473
função STDDEV_SAMP
  funções analíticas, 472
função strtok
  código C, 808
função substr
  chamada ocultando substr, 249-250
  declaração CREATE INDEX, 247
  índices baseados em função, 243
  pacote DBMS_LOB, 899
função SUM
  funções analíticas, 473
função SYS_CONTEXT
  aplicativo de contexto, 600
  Fine Grained Access Control, 767
  mudando valor durante aplicativo, 794
função TABLE_TO_COMMA
  pacote DBMS_UTILITY, 997
função term
  gabarito para procedimentos externos, 671
função VAR_POP
  funções analíticas, 473
função VAR_SAMP
  funções analíticas, 473
função VARIANCE
  funções analíticas, 473
funções analíticas, 457
  exemplos, 473
  problemas com, 491
  sintaxe, 460-461
  testando desempenho, 478, 488
  tipos de função, 461, 472, 473
  vantagens sobre SQL padrão, 459, 478-490
funções de janela, 461
funções de tipo de dados
  criação de tipos de coleção, 656
  mapeando tipos de dados Oracle para tipos de dados C, 658-659
  passando parâmetros, 656

procedimento LOB_IO, 688
  retornando tipos SCALAR, 657
funções estatísticas
  funções analíticas, 462
funções não padrão, 835
funções protegidas por senha, 835
funções REGR_
  funções analíticas, 473
funções
  direitos de chamador e, 840
  funções não padrão, 835
  funções protegidas por senha, 835
  não capacitadas para direitos de definidor, 832, 834

G

gabarito de objetos
  direitos de chamador, 841, 842
gabarito para procedimentos externos
  código C, 664
  configuração de parâmetro, 655
  contexto global, 664-665
  função debugf, 665
  função init, 668
  função lastOCiError, 667
  função raise_application_error, 667
  função term, 670-671
  macro debugf, 666
  manuseio de erro, 656
  mecanismos de controle, 655
  posição de gerenciamento, 655
  procedimentos armazenados baseados em C, 655
geração de tema
  análise lingüística, 626
  interMedia Text, uso, 626
gerenciamento de chave
  pacote DBMS_OBFUSCATION_TOOLKIT, 954
  criptografia, 954
  chaves em aplicativo cliente, 955
  chaves em banco de dados, 955
  chaves em arquivo de sistema, 956
grupo de seção
  interMedia Text, 634

H

hierarquias
  dimensões e, 517
hospedando aplicativos como ASP
  Fine Grained Access Control, motivos para usar, 766
  hospedando aplicativos como ASP, 766-767

I

I/O escravas
  arquitetura de banco de dados, 80
I/O lógicas e físicas
  relatório StatsPack, interpretação, 410
identificador de site
  Veja SID.
identificadores de aspas
  otimizador de plano de estabilidade, problemas com, 448
IDs de fileira
  IDs de fileira duplicada, 193
IDs duplicados de fileira
  tabelas de índice agrupado, 193
implementação de janela deslizante
  esquemas de particionamento de índice, 534
  partição de índice global, 542
implementação de sintonização
  comando ALTER SESSION, 429
  disparador de banco de dados ON LOGON, 430-431
  otimizador de plano de estabilidade, 428

SQL_TRACE, 428-429
TKPROF, 428-429
independência de banco de dados
   aplicativos Oracle, 30
   indisponibilidade de independência total, 33
   problemas com, 30
INDEX RANGE SCAN
   comparada a FAST FULL SCAN, 235
   comparada a TABLE ACCESS BY INDEX ROWID, 235
indexação de texto
   interMedia Text, 631
   sincronização de índice, 631
   stoplists, 633
indexação de XML
   interMedia Text, uso, 627
indexação extensível
   Veja índices de domínio de aplicativo.
índice agrupado
   tabelas de índice agrupado, 190
índices B*Tree, 227, 229
   comparados a índices de bitmap, 240
   comumente usados, 229
índices baseados em função, 228, 243-249
índices de bitmap, 228, 240-241
   comparados a índices B*Tree, 242
   razões para usar, 242
índices de chave invertida, 227-228, 232-233
   ping, evitando, 232
   relativos a índices B*Tree, 232
índices de domínio de aplicativo, 229, 251
   índices interMedia Text, 251
índices descendentes, 227-228, 233
índices interMedia Text, 229
   índices de domínio de aplicativo, 251
índices locais não-prefixados
   comparados a índices locais prefixados, 535
índices locais prefixados
   comparados a índices locais não-prefixados, 535
índices não usados, razões para, 256
   funções usadas em colunas, 256
   funções usadas implicitamente em colunas, 257
   índice deveria ser mais lento, 258
   índice em colunas anuláveis, 256
   índice usado para ser mais lento, 259-260
   margem dianteira de índice não usada em consulta, 256
índices secundários
   tabelas organizadas por índice, 188
índices, 189, 227-229, 237-238, 251, 260
índices, desaparecimento de
   ferramenta EXP, problemas com, 298
   ferramenta IMP, problemas com, 298
individualidade
   partição de índice local e, 539
informações seguras
   tentativas de controlar para modificar informações seguras, 553-554
Informix
   controle de consecução, 83
   política de bloqueio, 83
INLINE VIEW
   comparada a tabelas temporárias, 215
instruções atômicas
   engates, 101
instrumentação
   pacote DEBUG, 402
   sintonização, 401
interMedia Text, 619
   comparado a solução baseada em arquivo de sistema, 625
   criação de índice, 621
   descrição, 628
   erros de índice desatualizado, 643

   erros de procedimento externo, 643
   filtros de documento, 622
   indexação de texto, 631
   interMedia Text, resumo de história, 620
   objeto de armazenagem de dados, 623
   objeto operador, 628-629
   operador ABOUT, 634
   previsões futuras, 643
   problemas com, 638
   rápida história, 619
   seção de busca, 634
   seções de objeto, 627
   tabelas criadas por, 629
   tipo de índice CONTEXT, 628
   tipo de índice de catálogo CTXCAT, 628
   uso, 620
interMedia
   interMedia Text, 619
IOTs
   Veja tabelas organizadas por índice.
isolamento de espaço de endereço
   servidor dedicado, 70
isolamento
   mecanismos transacionais, 111

J

JPublisher
   procedimentos armazenados Java com tipos de dados complexos, 710

L

layout físico de dados
   importância de, 237
LCKN
   processos de fundo focalizados, 79
leitura fantasma
   níveis de isolamento de transação, 103
leitura não repetida
   níveis de isolamento de transação, 102-103
leitura suja em termos de isolamento
   controle de consecução, 102
leitura suja
   não-suportada por Oracle, 103-104
   transação em termos de isolamento, 102-103
LGWR
   chamadas síncronas a LGWR a partir de COMMIT, 131
   declaração COMMIT, 131-132
   processos de fundo focalizados, 78
ligação de variáveis
   aplicativo de contexto, 600, 768
   aplicativos Oracle, 21-22
   combinação compartilhada, 66, 67
   descrição, 21-22
   determinando se ligação de variáveis está sendo usada, 378-379
   escalonamento, 21, 367
   evento de engate livre, 369
   excesso de ligação, 376
   parâmetro cursor_sharing=force, 371
   PL/SQL dinâmica, 598
   sintonização, 367
   SQL dinâmica, 23
   SQL estática, 370
   tipos de coleção, usando consulta de rotina PL/SQL, 746
   usando novos tipos de dados como ligação de variáveis, 727
limite de 1023 bytes
   API UTL_FILE, 1008
   função FOPEN sobrecarregada contorne o limite de bytes, 1008
limpeza Commit
   forçando limpeza, 146
   limpeza de bloco, 146-147

link de banco de dados
   impossível COMMIT em link de banco de dados, 122
   impossível fazer DDL em link de banco de dados, 123
   impossível usar SAVEPOINT em link de banco de dados, 123
   transações distribuídas, 122
listagem de diretório, obtenção
   procedimentos armazenados Java, 717-718
   privilégios de segurança, 718-719
   SQLJ, 718
listagem de índices usados
   disparador de banco de dados ON LOGON, 433
   otimizador de plano de estabilidade, 433
listagem de SQL executada
   disparador de banco de dados ON LOGON, 433
   otimizador de plano de estabilidade, 433
listener
   MTS, 48
   servidor dedicado, 47
   verificação, 651
LMD
   processos de fundo focalizados, 78
LMON
   processos de fundo focalizados, 78
LOBFILEs
   carregando dados em LOBS, 349
   declaração TERMINATED BY EOF, 349-350
LOBS
   carregando dados em, 344-345
   conversões LONG para LOB, 905
   conversões LONG RAW para LOB, 905
   exibição na Web, 911-912
   manipulação, 688, 692
Lock Manager Daemon
   Veja LMD.
Lock Monitor Process
   Veja LMON.
Lock Process
   Veja LCKN.
Log Writer
   Veja LGWR.
lógica de segurança em banco de dados
   aplicativos Oracle, 831
   direitos de definidor, motivos para usar, 831
   Fine Grained Access Control, razões para usar, 764-765

M

macro debugf
   gabarito para procedimentos externos, 666
makefiles
   montando extproc.dll, 685, 693
   montando extproc.so, 686, 694
   procedimentos armazenados baseados em C, 683
   transportando exptproc para UNIX, 685
manuseio de erro
   direitos de chamador, problemas com, 848
   função lastOCiError, 667
   função raise_application_error, 667
   gabarito para procedimentos externos, 656
   ORA-29459 posição de sessão Java limpa, 723
   ORA-29531 sem método X na classe Y, 723
   permissões de erro, 723
   procedimentos armazenados Java, 706, 722
manuseio de exceção
   UTL_FILE API, 1006
manutenção
   Fine Grained Access Control, razões para usar, 764

marca d'água em relevo
  tabelas, sintaxe, 167
máscara de data
  SQLLDR, carga de datas, 318-319
mecanismos de rastreio
  gabarito para procedimentos externos, 655
  procedimentos armazenados Java, 706
mecanismos transacionais
  banco de dados Oracle, 28, 111
  bloqueios TX, 93
  declaração COMMIT, 130
  declarações de controle de transação, 111-112
  introdução, 111
  maus hábitos, 118
  propriedades ACID, 111
  Redo, 124
  restrições de integridade, 116
  segmentos de retorno, 119
  transações autônomas, 551
  transações distribuídas, 122
  transações em série, 18
  transações implícitas, 118
  Undo, 123
  vantagens de grandes transações, 129-130
mensagens de erro
  pacote DBMS_JOB, 896
metadados
  restrições como, 509
  vistas materializadas, 504
método getArray(), array de interface
  manipulando arrays, 714
método GETLENGTH
  pacote DBMS_LOG, 346
método IsOpen
  tipo de objeto FILETYPE, 741
método NON-POLLING
  LOBS, manipulação, 692
método READ
  pacote DBMS_LOB, 347
método SETPROPERTIES
  objeto ORDYS.ORDIMAGE, 352
métodos de objeto, 729
  comando ALTER TYPE, 732
  dificuldades de alterar, 730
  métodos MAP, 730
  métodos ORDER, 730
  razões para usar, 730
métodos de reescrita de consulta
  vistas materializadas, 505
métodos MAP
  comparados a métodos ORDER, 732
  descrição, 730-731
  métodos de objeto, 730
métodos ORDER
  comparados a métodos MAP, 732
  descrição, 731
  métodos de objeto, 730
métricas de desempenho, identificação, 365
migração de fileira
  Veja fileiras migradas.
modelo de consistência de leitura
  ORA-01555, 155
modelo de segurança
  autenticação de n-Tier, 807
modo ARCHIVELOG, 56
  comparado ao modo NOARCHIVELOG, 56
modo NOARCHIVELOG, 56
  comparado a modo ARCHIVELOG, 56
MTS
  arquitetura de banco de dados, 46
  banco de dados Oracle, uso com, 19
  combinação grande, 68
  combinação Java, 69
  comparado a servidor dedicado, 46, 72
  descrição, 20
  encaminhador de processo, 46

ouvidor Net8, 70
ouvidor, 48
processos servidor, 70, 71
quando e como usar, 73
vantagens, 72
mudanças de banco de dados
  escopo em transações autônomas, 571
múltiplas versões de consulta SQL
  relatório StatsPack, interpretação, 411
múltiplas versões
  banco de dados Oracle, 26
  exemplo, 26-27
  leitura consistente de consultas, 26, 103-104
  não bloqueando consultas, 26-27
  nível de isolamento de leitura repetida, 106
múltiplos usuários
  arquivos de redo log online, fatores afetando, 55
mutação de tabelas
  transações autônomas, problemas com, 580-581
  evitando com transações autônomas, 556

N
não-bloqueio de consultas
  banco de dados Oracle, múltiplas versões, 26
não-bloqueio de leituras
  banco de dados Oracle, política de bloqueio, 25
National Language Support
  ferramenta EXP, problemas com, 303
  ferramenta IMP, problemas com, 303
Net8 Assistant
  arquivo LISTENER.ORA, configuração, 648
níveis de isolamento de transação
  controle de consecução, 103
  leitura fantasma, 103
  leitura não repetida, 103
  leitura suja, 103
  nível de isolamento apenas de leitura, 103, 109
  nível de isolamento de leitura comprometida, 103, 105
  nível de isolamento de leitura não-comprometida, 102, 103-104
  nível de isolamento de leitura repetida, 102, 106
  nível de isolamento em série, 102, 108
  padrão SQL, 102-103
nível de isolamento apenas de leitura
  comparado em termos de isolamento em série, 109
  controle de consecução, 103, 109
  ORA-01555, 109
nível de isolamento de leitura comprometida
  comportamento varia entre bancos de dados, 105
  controle de consecução, 103, 105
nível de isolamento de leitura não-comprometida
  controle de consecução, 102, 103-104
nível de isolamento de leitura repetida
  banco de dados Oracle, múltiplas versões, 106
  bloqueios de leitura compartilhados, 106
  controle de consecução, 103, 106
  prevenção de perda de atualização, 107
  respostas consistentes, obtenção, 106
nível de isolamento em série
  comparado em termos de isolamento apenas de leitura, 109
  controle de consecução, 103, 108
  ORA-01555, 108
  prevenção de perda de atualização, 107
  transações em série, 108
NLS
  Veja National Language Support.

nomes de tipos de dados
  tabela de códigos para, 605-606
NULLS
  funções analíticas, problemas com, 493
  procedimentos armazenados Java, 713
número de saídas desconhecidas
  PL/SQL dinâmica, 602

O
objeto banco de dados
  interMedia Text, 623
  objeto de armazenagem de dados DETAIL_DATASTORE, 623-624
  objeto de armazenagem de dados DIRECT_DATASTORE, 623
  objeto de armazenagem de dados FILE_DATASTORE, 624
  objeto de armazenagem de dados URL_DATASTORE, 625
objeto biblioteca, criação
  procedimentos armazenados baseados em C, primeiro exemplo, 658
  procedimentos armazenados baseados em C, testando, 653
  procedimento LOB_IO, 688
objeto de armazenagem de dados DETAIL_DATASTORE, 623
objeto de armazenagem de dados DIRECT_DATASTORE, 623
objeto de armazenagem de dados FILE_DATASTORE, 624
objeto de armazenagem de dados UTL_DATASTORE, 625
objeto Directory
  carregando dados em LOBS, 345
objeto operador
  interMedia Text, 628-629
objeto ORDYS.ORDIMAGE
  carregando dados em LOBS, 351
  estrutura, 351
  método SETPROPERTIES, 352
objetos de múltiplos espaços de tabela
  declaração CREATE TABLE, 305
opção INCLUDING
  comparada a parâmetro PCTTHRESHOLD, 188
  declaração CREATE TABLE, 185-186, 187
  opção OVERFLOW, 188
opção CASCADE
  comando DROP USER, 448
opção COMPRESS N
  comparada a opção NOCOMPRESS, 185
  declaração CREATE TABLE, 183
  índices, 183
opção FROMUSER
  ferramenta IMP, 269
opção HASHKEYS, declaração CREATE CLUSTER
  tabelas agrupadas residuais, 196
opção HELP = Y
  ferramenta EXP, 270-271
  ferramenta IMP, 270-271
opção INDEXFILE
  comparada à opção SHOW = Y, 282-283
  DDL, extração, 281-282
opção NOCOMPRESS
  comparada a opção COMPRESS N, 185
  declaração CREATE TABLE, 183
  índices, 183
opção OVERFLOW
  declaração CREATE TABLE, 185, 187
  opção INCLUDING, 188
  parâmetro PCTTHRESHOLD, 222
opção SHOW = Y
  comparável à opção INDEXFILE, 282
  DDL, extração, 281

opção TOUSER
    ferramenta IMP, 269
opção TRUNCATE
    SQLLDR, problemas com, 359
opções de linha de comando
    TKPROF, 390
operações paralelas
    aumentando desempenho de consulta, 528
    limitações, 528
operador ABOUT
    interMedia Text, 634
operador LIKE
    texto de busca, 620
OPS
    arquitetura de banco de dados, 44
ORA-00060
    transações autônomas, erros, 583
ORA-00959
    ferramenta IMP, erros, 308
ORA-01555, 185
    causas, 154
    declaração COMMIT, 154, 158-159
    erro nem sempre pode ser evitado, 120
    lê modelo de consistência, 155
    limpeza de bloco, 154, 160
    nível de isolamento apenas de leitura, 109
    nível de isolamento em série, 108
    soluções para erro, 155
    tamanho de segmento de retorno, 154, 155
ORA-01562
    evitando erro com dimensionamento certo, 120
ORA-06519
    transações autônomas, erros, 582
ORA-06520
    procedimentos armazenados baseados em C,
        erros, 701-702
ORA-06521
    procedimentos armazenados baseados em C,
        erros, 702
ORA-06523
    procedimentos armazenados baseados em C,
        erros, 702-703
ORA-06525
    procedimentos armazenados baseados em C,
        erros, 703
ORA-06526
    procedimentos armazenados baseados em C,
        erros, 703-704
ORA-06527
    procedimentos armazenados baseados em C,
        erros, 704
ORA-14450
    transações autônomas, erros, 582
ORA-18001
    otimizador de plano de estabilidade, erros, 455
ORA-18002
    otimizador de plano de estabilidade, erros, 455
ORA-18003
    otimizador de plano de estabilidade, erros, 455
ORA-18004
    otimizador de plano de estabilidade, erros, 456
ORA-18005
    otimizador de plano de estabilidade, erros, 456
ORA-18006
    otimizador de plano de estabilidade, 456
ORA-18007
    otimizador de plano de estabilidade, erros, 456
ORA-28106
    Fine Grained Access Control, erros, 802
ORA-28110
    Fine Grained Access Control, erros, 799
ORA-28112
    Fine Grained Access Control, erros, 800-801
ORA-28113
    Fine Grained Access Control, erros, 801-802

ORA-28575, 649, 698-699
    solucionando erro, 650
ORA-28576
    procedimentos armazenados baseados em C,
        erros, 699
ORA-28577
    procedimentos armazenados baseados em C,
        erros, 699
ORA-28578
    procedimentos armazenados baseados em C,
        erros, 700
ORA-28579
    procedimentos armazenados baseados em C,
        erros, 700
ORA-28580
    procedimentos armazenados baseados em C,
        erros, 701
ORA-28582
    procedimentos armazenados baseados em C,
        erros, 701
ORA-29459 posição de sessão Java limpa
    procedimentos armazenados Java, 723
ORA-29531 sem método X na classe Y
    procedimentos armazenados Java, manuseio
        de erro, 723
Oracle Call Interface
    Veja programas OCI.
Oracle Forms
    estratégias para evitar perda de
        atualizações, 86
    impasses e, 90
Oracle Parallel Server
    Veja OPS.
otimizador baseado em custo
    Veja CBO.
otimizador de plano de estabilidade, 425
    comando ALTER SESSION SET
        USE_STORED_OUTLINE, 431, 433
    comando CREATE OR REPLACE
        OUTLINE, 427
    descrição, 425-426, 434
    erros, 455
    esboços armazenados, 436-441
    exemplo rápido, 425-426
    mecanismo de sugestão, 426
    motivos para usar, 425-426
    problemas com, 446
    tabela OUTLINE_HINTS, 435
    tabela OUTLINES, 434
    testando desempenho, 450-451
    usuário OUTLN, 437
    uso, 428
ouvidor Net8
    MTS, 70
    PMON, 75
    processo EXTPROC OS, 646-647
    servidor dedicado, 70

P

pacote DBMS_ALERT
    chamadas repetidas, 866
    muitas chamadas a assinalar, 867
    pacotes necessários fornecidos, 862, 863
    sinais consecutivos, 865
pacote DBMS_APPLICATION_INFO
    chamada a SET_CLIENT_INFO, 873
    pacotes necessários fornecidos, 872
    vista V$SESSION_LONGOPS, 874-875
pacote DBMS_JAVA
    função dropjava, 883
    função loadjava, 883
    opções de compilador, 880
    pacotes necessários fornecidos, 879
    procedimento SET_OUTPUT, 883
    procedimentos de permissão, 884

rotina LONGNAME, 879
rotina SHORTNAME, 879
pacote DBMS_JOB
    comparado a transações autônomas, 557
    fazendo DDL em disparadores, 557
    mensagens de erro, 896
    monitorando trabalhos, 895-896
    organização personalizada, 894
    pacotes necessários fornecidos, 886
    trabalhos por fora, executando, 889
    trabalhos consecutivos, agendamento, 892
pacote DBMS_LOB
    conversão no ar, 909
    conversões BLOB para VARCHAR2, 901
    conversões LONG para LOB, 905
    conversões LONG RAW para LOB, 905
    conversões, 901
    declaração SELECT FOR UPDATE, 899
    escrevendo BLOB em disco, 911
    escrevendo CLOB em disco, 911
    exemplo de conversão em massa, 906-907
    função LOADFROMFILE, 344
    função substr, 899
    LOBS, 899, 911-912
    método GETLENGTH, 346
    método READ, 347
    pacotes necessários fornecidos, 898
pacote DBMS_LOCK
    bloqueios definidos por usuário, 102
    pacotes necessários fornecidos, 914
pacote DBMS_LOGMNR
    Veja pacotes LogMiner.
pacote DBMS_LOGMNR
    Veja pacotes LogMiner.
pacote DBMS_OBFUSCATION_TOOLKIT
    criptografia, 940
    envoltório, 941-942
    gerenciamento chave, 954
    pacotes necessários fornecidos, 940
    problemas com, 953
pacote DBMS_OLAP
    rotina ESTIMATE_SUMMARY_SIZE, 519
    rotina RECOMMENDED_BY, 522
    rotina RECOMMENDED_MV_W, 522
    rotina VALIDATE_DIMENSION, 521
    vistas materializadas, 519
pacote DBMS_OUTPUT
    aumentando com a função de envoltório, 965
    criação de funcionalidade DBMS_OUTPUT,
        966
    descrição, 958
    fazendo programação de ambientes cientes
        de DBMS_OUTPUT, 961-962
    limitações, 965
    pacotes necessários fornecidos, 957
    usando UTL_FILE em vez, 965
pacote DBMS_PIPE
    comparado a procedimentos externos, 870
    exemplo online, 871
    pacotes necessários fornecidos, 862, 868
pacote DBMS_RLS
    Fine Grained Access Control, 767
    pacote DBMS_RLS, 767
    privilégio CREATE ANY CONTEXT, 767
    privilégio EXECUTE ON DBMS_RLS, 769
    privilégio EXECUTE_CATALOG_ROLE, 767
    rotina ADD_POLICY, 769
pacote DBMS_SHARED_POOL
    combinação compartilhada, 66
pacote DBMS_SPACE
    configuração de valor de parâmetro PCTFREE,
        172
    configuração de valor de parâmetro PCTUSED,
        172
    tabelas agrupadas residuais, medindo espa-
        ço usado por, 196

Índice | 1069

pacote DBMS_STATS
   tabelas temporárias e, 215
pacote DBMS_UTILITY
   função ANALYZE_DATABASE, 987
   função ANALYZE_SCHEMA, 984-985
   função COMMA_TO_TABLE, 997
   função COMPILE_SCHEMA, 981
   função DB_VERSION, 999
   função FORMAT_CALL_STACK, 989
   função FORMAT_ERROR_STACK, 987
   função GET_HASH_VALUE, 999
   função GET_PARAMETER_VALUE, 992
   função GET_TIME, 991
   função NAME_RESOLVE, 993
   função NAME_TOKENIZE, 995
   função PORT_STRING, 999
   função TABLE_TO_COMMA, 997
   pacotes necessários fornecidos, 981
pacote DEBUG
   sintonizando com, 402
pacote debug.f
   Fine Grained Access Control, depuração, 798-799
pacote HTTP_PKG
   aumentando o pacote UTL_HTTP, 1021
   tipo de objeto SocketType, 1021-1022
pacote OUTLN_PKG
   esboços armazenados, gerenciamento, 444
   funções não-documentadas, 444
   procedimento DROP_BY_CAT, 444-445
   procedimento DROP_UNUSED, 445
   procedimento UPDATE_BY_CAT, 444-445
pacote PL/SQL
   encapsulando UTL_FILE em novo tipo de dados PL/SQL, 739
   suportando tipo de objeto FILETYPE, 740
pacote UTL_HTTP
   aumentando, 1021
   executando programas PL/SQL, 1019
   pacotes necessários fornecidos, 1011
   SSL, 1013
   uso, 1011-1012
pacote UTL_RAW
   pacotes necessários fornecidos, 1030
pacote UTL_SMTP
   API JavaMail, 1036
   exemplo, 1032
   pacotes necessários fornecidos, 1032
pacote UTL_TCP
   procedimentos armazenados baseados em C, 645-646
   pacotes necessários fornecidos, 1043
   programação de rede, 1043
   tipo de objeto SocketType, 1044
pacotes fornecidos
   Veja pacotes necessários fornecidos.
pacotes LogMiner
   analisando redo, 153
   criação de dicionário de dados, 919-920
   descobrindo quando aconteceu um erro, 843-844
   limitações, 931
   opções, 927
   pacotes necessários fornecidos, 918
   PGA e, 930
   tabela V$LOGMNR_CONTENTS, 937
   uso, 922-923
pacotes necessários fornecidos
   banco de dados Oracle, 859
   DBMS_PROFILER, 971
   descrição, 859, 860
   motivos para usar, 859-860
   pacote DBMS_ALERT, 862, 863
   pacote DBMS_APPLICATION_INFO, 872
   pacote DBMS_JAVA, 879
   pacote DBMS_JOB, 886
   pacote DBMS_LOB, 898

pacote DBMS_LOCK, 914
pacote DBMS_OBFUSCATION_TOOLKIT, 940
pacote DBMS_OUTPUT, 957
pacote DBMS_PIPE, 862, 868
pacote DBMS_UTILITY, 981
pacote UTL_HTTP, 1011
pacote UTL_RAW, 1030
pacote UTL_SMTP, 1032
pacote UTL_TCP, 1043
pacotes LogMiner, 918
UTL_FILE API, 1004
padrão SQL92
   implementação completa, 32
   níveis de isolamento de transação, 102-103
   nível de entrada, 32
   nível intermediário, 32
   nível transacional, 32
   portabilidade e, 33
padronização
   reforçando com recursos relativos a objeto, 725-726
páginas web
   despejando em disco com API UTL_FILE, 1007
palavra-chave determinante
   índices baseados em função, 246-247
palavra-chave POSITION
   carregando dados de formato fixo, 317
palavra-chave RETURN, 661
Parallel Cache Management
   Veja PCM.
parâmetro COMPATIBLE
   vistas materializadas, configuração, 504
parâmetro cursor_sharing=force
   aperfeiçoando desempenho com, 38-39
   autoligação, 448
   ligação de variáveis, 371
   limitações, 371
   otimizador de plano de estabilidade, problemas com, 448
   problemas com, 38-39, 372
   sintonização, 371
parâmetro FILESIZE
   ferramenta EXP, grandes exportações, 273-274
parâmetro IN
   procedimentos armazenados Java, 710
parâmetro INDICATOR, 662
parâmetro INITIAL
   considerado obsoleto, 175
   tabelas, sintaxe, 175
parâmetro INITRANS
   bloqueios TX, 96-97
   tabelas, sintaxe, 175-176
parâmetro LENGTH, 661
parâmetro MAXEXTENTS
   segmentos de retorno, 159, 155
   tabelas, sintaxe, 175
parâmetro MAXLEN, 659
parâmetro MAXTRANS
   bloqueios TX, 96
   tabelas, sintaxe, 175
parâmetro MINEXTENTS
   tabelas, sintaxe, 175
parâmetro NEXT
   considerado obsoleto, 174
   tabelas, sintaxe, 174
parâmetro OUT
   passando parâmetro OUT usando arrays, 712-713
   procedimentos armazenados Java, 710
parâmetro PCTFREE
   ajustando valor de parâmetro, 171-172
   declaração CREATE TABLE, 178
   migração de fileira, evitando, 169-170
   tabelas, sintaxe, 169

parâmetro PCTINCREASE
   considerado obsoleto, 175
   tabelas, sintaxe, 175
parâmetro PCTTHRESHOLD
   comparado com opção INCLUDING, 188
   declaração CREATE TABLE, 183, 187
   opção OVERFLOW, 187
parâmetro PCTUSED
   ajustando valor de parâmetro, 171
   declaração CREATE TABLE, 178
   tabelas, sintaxe, 169-170
parâmetro QUERY_REWRITE_ENABLED
   vistas materializadas, configuração, 505
parâmetro QUERY_REWRITE_INTEGRITY
   valor ENFORCED, 505
   valor STALE_TOLERATED, 505
   valor TRUSTED, 505
parâmetro QUERY=
   ferramenta EXP, sub ajuste de dados, 276
parâmetro UTL_FILE_DIR
   arquivo init.ora, 1004-1005
   UTL_FILE API, 1004-1005
parâmetros documentados
   arquivos de parâmetro, 49-50
parâmetros não-documentados
   arquivos de parâmetro, 49-50
   cuidado ao usar, 49-50
parâmetros, rotina ADD_POLICY, 769-770
parâmetros, SQLLDR, 310-311
   tabela de parâmetros, 310-311
partição de índice global, 534, 540
   armazenagem de dados, 542
   comparada com partição de índice local, 535, 540
   implementação de janela deslizante, 542
   sistemas OLTP, 546
partição de índice local, 534, 535
   comparada a partição de índice global, 534, 540
   índices locais não-prefixados, 534
   índices locais prefixados, 534
   individualidade em, 539
particionamento de faixa, 529, 530
particionamento residual, 530, 532
particionamento, 525-534
PDML
   Veja DML paralela.
peças PL/SQL
   direitos de chamador e procedimentos armazenados, 835
peças SQL
   direitos de chamador e procedimentos armazenados, 835
PGA
   arquitetura de banco de dados, 57
   pacotes LogMiner e, 930
   testando uso, 58
ping, como evitar
   índices de chave inversa, 232-233
pipe de sistema operacional, exportando para
   exige sistema UNIX, 275
   ferramenta EXP, grandes exportações, 275
   pipes nomeados, 275
pipes nomeados
   pipe de sistema operacional, exportando para, 275
PL/SQL
   blocos, 592
   carregando dados em LOBS, 344-345
   comparada a SQLJ, 705-706
   escrevendo mini SQLLDR, 356
   estendendo com recursos relativos a objeto, 725-726, 738
   executando programas usando o pacote UTL_HTTP, 1019
   exigida para transações autônomas, 577

funções analíticas, problemas com, 491
SQL dinâmica, 585
tipos de coleção, uso, 746-747
utilitário descarregador de PL/SQL, 336
plano de consulta
TKPROF, analisando consulta, 388
PMON
ouvidor Net8, 75
processos de fundo focalizados, 75
política de bloqueio
banco de dados Oracle, 24, 85
bloqueio manual, 101
bloqueio otimista, 87
bloqueio pessimista, 86
bloqueio, 88
bloqueios definidos por usuário, 102
cláusula FOR UPDATE, 26
controle de consecução, 83
convenção de perda de atualização, 85-86
impasses, 88-89
Informix, 83-84
não-bloqueio de leituras, 25
Sybase, 84
política de segurança
aplicativo de contexto, 777
Fine Grained Access Control, 767
implementação de política com FGAC, 768
utilitários genéricos, desenvolvendo, 822-823
ponto de verificação
arquivos de redo log online, 55
portabilidade de macro
mapeando tipos de dados Oracle para tipos de dados C, 671
padrão SQL92, 32
portabilidade e, 33
posição de funções
funções analíticas, 461
posição de gerenciamento
gabarito de procedimentos externos, 655
procedimentos armazenados Java, 706
posição de sessão
escopo em transações autônomas, 571
pré-cálculo de contagem de objeto
vistas materializadas, 501
pré-compilador baseado em programação de banco de dados
SQL estática, 585-586
prevenção de perda de atualização
política de bloqueio, 85
bloqueio otimista, 87
Oracle Forms, 85-86
bloqueio pessimista, 86
nível de isolamento de leitura repetida, 107
nível de isolamento em série, 107
privilégio CREATE ANY CONTEXT
pacote DBMS_RLS, 767
privilégio CREATE ANY OUTLINE
otimizador de plano de estabilidade, 427
esboços armazenados, criação, 436
privilégio CREATE LIBRARY
conta SCOTT/TIGER, configuração, 653-654
privilégio DROP ANY OUTLINE
esboços armazenados, criação, 436
privilégio EXECUTE ON DBMS_RLS
pacote DBMS_RLS, 772-773
privilégio EXECUTE ON OUTLN_PKG
esboços armazenados, criação, 436
privilégio GLOBAL QUERY REWRITE
função baseada em índices, 243
privilégio GRANT CREATE MATERIALIZED VIEW
vistas materializadas, 498
privilégio GRANT CREATE SESSION
vistas materializadas, 498
privilégio GRANT CREATE TABLE
vistas materializadas, 498
privilégio GRANT QUERY REWRITE
vistas materializadas, 498

privilégio QUERY REWRITE
índices baseados em função, 243
privilégios ALTER ANY OUTLINE
esboços armazenados, criação, 436
privilégios de segurança diretamente concedidos
direitos de definidor, 832
direitos de chamador, 840
privilégios de segurança
comando ALTER USER, cláusula GRANT CONNECT THROUGH, 815
direitos de chamador, convergindo privilégios para, 836
esboços armazenados, criação, 436
listagem de diretório, obtenção, 718-719
privilégio ALTER ANY OUTLINE, 436
privilégio CREATE ANY CONTEXT, 767
privilégio CREATE ANY OUTLINE, 427, 436
privilégio CREATE LIBRARY, 653
privilégio DROP ANY OUTLINE, 436
privilégio EXECUTE ON DBMS_RLS, 772
privilégio EXECUTE ON OUTLN_PKG, 436
privilégio EXECUTE_CATALOG_ROLE, 767
privilégio GLOBAL QUERY REWRITE, 243
privilégio GRANT CREATE MATERIALIZED VIEW, 498
privilégio GRANT CREATE SESSION, 498
privilégio GRANT CREATE TABLE, 498
privilégio GRANT QUERY REWRITE, 498
privilégio QUERY REWRITE, 243
privilégios de segurança diretamente concedidos, 832, 840
sistema operacional, executando comando ou programa, 721
vistas materializadas, 499
problemas de saída de consulta
parâmetro cursor_sharing=force, 377
problemas relacionados a otimizador
parâmetro cursor_sharing=force, 373
procedimento DROP_BY_CAR
pacote OUTLN_PKG, 444-445
procedimento DROP_UNUSED
pacote OUTLN_PKG, 445
procedimento LOB_IO
BFILE, 691
biblioteca logToFile, 689
código Pro*C, 690
códigos de erro, 689
funções de tipo de dados, 687
instalando e executando
procedimento, 694-695
LOBS, manipulação, 687
makefiles, 693
objeto biblioteca, criação, 687
procedimentos armazenados baseados em C, 688
tipo BLOB, 691
tipo CLOB, 691
procedimento SET_OUTPUT
pacote DBMS_JAVA, 883
procedimento UPDATE_BY_CAT
pacote OUTLN_PKG, 445
procedimento WRITE_IN
tipo de objeto FILETYPE, 739, 741-742X
procedimentos armazenados baseados em C, 645
comparados com procedimentos armazenados Java, 709, 716-717
erros, 698
primeiro exemplo, 655
implementação, 646-647
procedimento LOB_IO, 694-695
LOBS, manipulação, 687-688
makefiles, 683
motivos para usar, 645-646
gabarito para procedimentos externos, 655, 664-665

procedimentos armazenados Java, 705
chamadas a PL/SQL, 710
comparado a procedimentos armazenados baseados em C, 709, 717
comparado a procedimentos armazenados PL/SQL, 706
conceito nulo suportado, 713
configuração de parâmetro, 706, 709
direitos de chamador usado por padrão, 852-853
direitos de definidor e, 853-854
email, enviando e recebendo, 706
exemplos, 717
listagem de diretório, obtenção, 706
manuseio de erro, 706, 722
mecanismos de rastreio, 706
parâmetro IN, 710
parâmetro OUT, 710
posição de gerenciamento, 706
razões para usar, 706
sistema operacional, executando comando ou programa, 706
tipo CLOB, 711
tipo DATEARRAY passado a tipo ARRAY, 711
tipo de dados passado a tipo Timestamp, 711
tipo de número passado a tipo BigDecimal, 710
tipo int, 712
tipo NUMARRAY passado a tipo ARRAY, 711
tipo RAW passado a tipo de byte, 711-712
tipo STRARRAY passado a tipo ARRAY, 711
tipo Varchar2 passado a tipo String, 711
tipos de dados complexos, 710
tipos escalares, 711-712
procedimentos armazenados PL/SQL
comparados a procedimentos armazenados Java, 705
procedimentos armazenados, 100, 645, 819-826
procedimentos externos
comparados com pacote DBMS_PIPE, 870
procedimentos armazenados baseados em C, 645
Process Global Area
Veja PGA.
Process Monitor
Veja PMON.
processamento de array
DBMS_SQL, 609
SQL dinâmica original, 611
processo Checkpoint (ponto de verificação)
Veja CKPT.
processo de encaminhador
conexão com, 47-48
MTS, 46
processo EXTPROC OS
ouvidor Net8, 647
procedimentos armazenados baseados em C, implementação, 646
verificando programa, 650
processos de fundo focalizados
processos de fundo
arquitetura de banco de dados, 45, 70, 74
focalizados em processos de fundo, 74
processos de utilitário de fundo, 79
sistemas baseados em UNIX, 44
sistemas baseados em Windows, 44-45
processos de snapshot
Veja SNPn.
processos escravos
arquitetura de banco de dados, 69, 80
consultas paralelas escravas, 80
I/O escravas, 80
processos servidor
arquitetura de banco de dados, 69
MTS, 69, 71
servidor dedicado, 69
programa ctxsrv
sincronização de índice de texto, 631

programação de banco de dados baseada em API
    SQL dinâmica, 585-586
programação em rede
    pacote UTL_TCP, 1043
programas OCI
    autenticação n-Tier, 807-808
    carregamento de dados, 309-310
    código C, 808
promoção de bloqueio
    Veja conversão de bloqueio.
propriedades ACID
    Atomicidade, 111
    Consistência, 111
    Durabilidade, 111
    Isolamento, 111
    mecanismos transacionais, 111
protocolo de comprometimento distribuído de
    duas fases
    transações distribuídas, 122-123
protótipo PL/SQL
    criação de corpo de pacote, 657
    criação de objeto biblioteca, 657
    funções de tipo de dados, 656
    mapeando tipos de dados Oracle para tipos de
        dados C, 658
    palavra-chave RETURN, 661
    parâmetro INDICATOR, 662
    parâmetro LENGTH, 661
    parâmetro MAXLEN, 659-660
    procedimentos armazenados baseados em C,
        primeiro exemplo, 656

Q

QMNn
    Advanced Queues, 79
    utilitário de processos de fundo, 79
quebra de sistema
    buffer de redo log e, 126
    Redo e, 124-125
    Undo e, 124
Queue Monitor Processes
    Veja QMNn.

R

ramificação de blocos
    extensões, 51
    índices B*Tree, 229
RECO
    processos de fundo focalizados, 76-77
recuperação de tempo
    arquivos de redo log online, fatores
        afetando, 56
recuperação e backup
    Veja backup.
recursos avançados Oracle, importância de, 35
recursos de banco de dados específicos de
    fabricante
    usando, 33
recursos relativos a objeto, 203, 220, 725-729, 733
rede
    arquivos de parâmetro e, 49
    Redo, 124-125, 129, 135, 138, 139, 143-153
REF CURSOR
    Veja variáveis de cursor.
referencial de integridade
    canal de cobertura, 787
    cláusula ON DELETE CASCADE, 788
    cláusula ON DELETE SET NULL, 789
    esquemas, clonagem, 293
    Fine Grained Access Control, problemas com,
        786-787
    não-suportado por tabelas aninhadas, 205
REFRESH ON COMMIT
    vistas materializadas, 503

registro APPNAME
    arquivos de controle, uso e interpretação, 392
    campos, significado de, 392
registro BIND
    arquivos de controle, usando e interpretando,
        396
    campos, significado de, 396
registro de cursor
    arquivos de controle, uso e interpretação, 393
    campos, significado de, 393
registro de espera
    arquivos de controle, uso e interpretação, 394
    campos, significado de, 394
registro EXEC
    arquivos de controle, uso e interpretação, 393
    campos, significado de, 393
registro STAT
    arquivos de rastreio, uso e interpretação, 398
    campos, significado de, 398
registro XCTEND
    arquivos de controle, uso e interpretação, 398
    campos, significado de, 398
relatório de funções
    funções analíticas, 461
reorganização
    ferramentas EXP/IMP, inadequadas para, 287
respostas consistentes, obtenção
    leitura passível de repetição em termos de
        isolamento, 106
restrição DEFERRABLE
    restrição INITIALLY IMMEDIATE, 117
    restrições de integridade, 117
restrição INITIALLY IMMEDIATE
    restrições de integridade, 117
restrições de integridade
    deferindo restrição de verificação, 116
    mecanismos transacionais, 116
    restrição DEFERRABLE, 117
    validadas após execução, 116
restrições
    cuidado ao usar, 511
    metadados, 509
    restrições de integridade, 116
    vistas materializadas, 507
resumo de gerenciamento de tabela
    vistas materializadas, história rápida, 497-498
rollback (retorno)
    comparado à declaração COMMIT, 134-135
    descrição, 134
    introdução, 153
    ORA-01555, 154
    tabelas temporárias, 151
    transações autônomas, problemas com, 577
    Veja também Undo.
rotina ADD_POLICY
    pacote DBMS_RLS, 769
    parâmetros, 769-770
rotina ESTIMATE_SUMMARY_SIZE
    pacote DBMS_OLAP, 519
rotina LONGNAME
    pacote DBMS_JAVA, 879
rotina RECOMMENDED_MV
    pacote DBMS_OLAP, 522
rotina RECOMMENDED_MV_W
    pacote DBMS_OLAP, 522
rotina SHORTNAME
    pacote DBMS_JAVA, 879
rotina VALIDATE_DIMENSION
    pacote DBMS_OLAP, 521
Row Level Security
    Veja Fine Grained Access Control.

S

savepoints
    transações autônomas, 575-576

SCN, geração
    declaração COMMIT, 132
script getallcode.sql
    DDL, extração, 284
script getallviews.sql
    DDL, extração, 285
script getaview.sql
    DDL, extração, 285
script getcode.sql
    DDL, extração, 284
script gettrig.sql
    DDL, extração, 286
script
    DDL, extração, 284
seção de busca HTML
    interMedia Text, 634
seção de busca, 631-638
seção de campo
    interMedia Text, 635
seção de zona
    interMedia Text, 637-638
seções de objeto
    interMedia Text, 628
Secure Sockets Layer
    Veja SSL.
segmentos de retorno
    buffer de redo log, 124-125
    declaração SET TRANSACTION, 154
    importância de dimensionamento adequado,
        120
    mecanismos de transação, 119
    parâmetro MAXEXTENTS, 154, 156
    problemas com segmentos de retorno, 153
    problemas com, 119
    SQLLDR, problemas com, 359
    Undo, 124
segmentos, 51
    espaços de tabela, 51
    extensões, 51
serviços de documento
    interMedia Text, problemas com, 623
servidor dedicado
    arquitetura de banco de dados, 45
    comparado a MTS, 46, 72
    criação, 47
    endereço de espaço de isolamento, 70-71
    execução remota, 70
    opção normalmente preferida, 73-74
    ouvidor Net8, 70
    ouvidor, 47
    processos de servidor, 70
    SQL*PLUS, 70
    vantagens, 72
servidor multisseqüenciado
    Veja MTS.
sessão aplicativo servidor
    autenticação n_Tier, 811
    sessão cliente, 811
sessão cliente
    autenticação n_Tier, 810
    sessão aplicativo servidor, 811
SGA fixa, 63
SGA, 45, 57, 60-68
SID
    arquivos de parâmetro, 49
SID...DESC=(SID_NAME = PLSEctProc)
    arquivo LISTENER.ORA, 648
Simple Mail Transfer Protocol
    Veja SMTP.
sincronização de índice
    interMedia Text, 631
sincronização de texto de índice, 632
sintonização, 361
    abordagem experimental, 364
    análise suave de consulta, evitando, 371
    aplicativos Oracle, 18, 38, 363

continuação de sintonização, 363-364
DBMS_PROFILER, 370
funções analíticas, problemas com, 494
implementando com otimizador de plano de estabilidade, 428
instrumentação, 401
ligação de variáveis, 367
métrica de desempenho, identificação, 365
problemas com, 361-362
programação defensiva, 365
SQL dinâmica, problemas com, 617
SQL_TRACE, 380-381
StatsPack, 402-403
tabelas V$, 418
teste de bancada, 365
TIMED_STATISTICS, 380-381
TKPROF, 380-381
sistema operacional virtual
    banco de dados Oracle como sistema operacional virtual, 16
sistema operacional
    banco de dados Oracle como sistema operacional virtual, 16
    executando comando ou programa, 705, 719-720, 721
sistemas de arquivo cooked
    comparados a dispositivos RAW, 150
sistemas OLTP
    partição de índice global, 545
    vistas materializadas, problemas com, 523-524
SMON
    funções de retorno, 76
    fusão de espaço livre, 76
    limpeza de funções, 76
    processos de fundo focalizados, 76
    recuperação de funções, 76
SMTP
    pacote UTL_SMTP, 1032
Snapshot (instantâneo)
    vistas materializadas, história rápida, 497-498
SNPn
    utilitário de processos de fundo, 79
solução baseada em arquivo de sistema
    comparado a interMedia Text, 625
SQL
    declaração de caso, 321
    funções analíticas, 457
    listagem de SQL executada, 433
    SQL estática, 585
    SQL repetida, 52
SQL dinâmica, 585
    comparada a SQL estática, 585-586
    consultas articuladas genéricas, 485
    ligação de variáveis, 23
    motivos para usar, 588
    PL/SQL, 585
    problemas com, 616-617
    programação de banco de dados baseada em API, 585-586
    UTL_FILE API, 592, 606E
SQL dinâmica original
    aplicativo de contexto, 600
    array de processamento, 611
    cláusula EXECUTE IMMEDIATE, 594
    cláusula OPEN FOR, 595-596
    comparada a DBMS_SQL, 587, 597
    testando desempenho, 611
    usando, 594
    variáveis de cursor, 595-596
SQL estática
    comparada a SQL dinâmica, 585-586
    ligação de variáveis, 370
    pré compilador baseado em programação de banco de dados, 585

SQL repetida
    espaço de tabela gerenciado por dicionário, 52
SQL Server
    banco de dados compatíveis com ANSI, 31
    comparado com banco de dados Oracle, 31
SQL*PLUS
    ambiente, configuração, 10
    AUTOTRACE, 12
    servidor dedicado, 71
SQL*TextRetrieval
    interMedia Text, história rápida, 619
SQL_TRACE
    capacitando seletivamente, 381
    configuração, 381
    diretrizes para uso, 383
    funções analíticas, teste de desempenho, 571
    implementando sintonização, 428-429
    sintonizando com, 380
    tabelas agrupadas residuais, teste de desempenho, 198
SQLJ
    comparada a PL/SQL, 706
    listagem de diretório, obtenção, 718-719
SQLLDR
    arquivo BAD, usando com, 322, 323, 357
    arquivo de controle, 312
    arquivo de registro, 312-313
    caminho convencional, 309
    caminho direto, 309
    carga de dados, 318-319
    carregamento de dados, 309
    chamando de procedimento armazenado, 355
    declaração INSERT, 319
    descarregando dados em formato amistoso a SQLLDR, 336
    introdução, 309-310
    parâmetros, 310
    problemas com, 359
SSL
    pacote UTL_HTTP, 1013
StatsPack
    configuração, 403
    relatório, interpretação, 404
    sintonização com, 403
    substitui BSTAT/ESTAT, 402-403
stoplists
    indexação de texto, 633
suficiência de dados
    vistas materializadas, 506
sugerindo mecanismo
    otimizador de plano de estabilidade, 425-426
sugestão NESTED_TABLE_GET_REFS
    testando tabelas aninhadas como tabelas reais, 209
superligação
    parâmetro cursor_sharing=force, 376
Sybase
    bancos de dados compatíveis com ANSI, 31
    controle de consecução, 83
    política de bloqueio, 83
System Change Number
    Veja SCN.
System Global Area
    Veja SGA.
System Monitor
    Veja SMON.

T

tabela ALL_OUTLINE_HINTS
    otimizador de plano de estabilidade, 435
tabela all_outlines
    otimizador de plano de estabilidade, 434
tabela DBA_OUTLINE_HINTS, 435
tabela DBA_OUTLINES, 434-435
tabela OUTLINE_HINTS, 435
tabela OUTLINES, 434

tabela única de grupo residual, 201
    declaração CREATE CLUSTER, 201
tabela USER_OUTLINE
    otimizador de plano de estabilidade, 435
tabela USER_OUTLINES
    otimizador de plano de estabilidade, 434
tabela V$EVENT_NAME, sintonizando com, 418
tabela V$FILESTAT, sintonizando com, 418
tabela V$LOCK, sintonizando com, 418
tabela V$LOGMNR_CONTENTS
    pacotes LogMiner, 937
tabela V$MYSTAT
    medindo quantidade de Redo, 135
    sintonizando com, 419
tabela V$OPEN_CURSOR, sintonizando com, 420
tabela V$PARAMETER, sintonizando com, 421
tabela V$SESS_IO, sintonizando com, 423
tabela V$SESSION, sintonizando com, 421
tabela V$SESSION_EVENT, sintonizando, 423
tabela V$SESSION_LONGOPS
    pacote DBMS_APPLICATION_INFO, 875
    sintonizando com, 423
tabela V$SESSION_WAIT, sintonizando com, 423
tabela V$SESSTAT, sintonizando com, 423
tabela V$SQL, sintonizando com, 423
tabela V$SQLAREA, sintonizando com, 423
tabela V$STATNAME
    medindo quantidade de Redo, 135
    sintonizando com, 424
tabela V$SYSSTAT, sintonizando com, 424
tabela V$SYSTEM_EVENT, sintonizando com, 424
tabela V$TEMPSTAT, sintonizando com, 419
tabelas agrupadas por índice
    aplicativos de dicionário de dados, 193
    comparadas a tabelas agrupadas residuais, 195
    declaração CREATE CLUSTER, 190
    declaração CREATE TABLE, 191-192
    descrição, 189
    IDs de fileira duplicados, 193
    índice agrupado, 190-191
    razões para não usar, 194
    tipos de tabelas, 165, 188-189
tabelas agrupadas residuais
    comparadas a tabelas agrupadas de índices, 195
    declaração CREATE CLUSTER, 196
    descrição, 195
    espaço usado por, medindo pacote DBMS_SPACE, 196
    tabela única residual de grupo, 201
    teste de desempenho, 197
    tipos de tabelas, 166, 195
tabelas agrupadas
    tabelas de índice agrupado, 165, 189
    tabelas residuais agrupadas, 166, 195
tabelas aninhadas
    armazenagem de tabelas aninhadas, 210
    carregando, 352
    comparadas a tabelas relacionais, 206
    comparadas a VARRAYS, 732-733, 736
    declaração UPDATE, 206
    declaração CREATE TABLE, 204
    declaração DELETE, 207
    declaração INSERT, 207
    descrição, 203
    estendendo PL/SQL com recursos relativos a objeto, 203
    recursos não-documentados, 207
    recursos relativos a objeto, 203
    referencial de integridade não suportado por, 205
    sintaxe, 203
    tipos de tabela, 166, 203
    tratando como tabela verdadeira, 209

Índice | 1073

usando como mecanismo físico de armazenagem, 203
tabelas de banco de dados
Veja tabelas.
tabelas de objeto
coluna SYS_NC_OID$, 221
comparadas a tabelas relacionais, 224
criação usando recursos relativos a objeto, 725-726
declaração CREATE TABLE, 219, 221
descrição, 219
desvantagens de usar como mecanismo físico de armazenagem, 224
face externa de tabela, 220
recursos de objeto relacional, 220
recursos não documentados, 222
tipos de objeto, 219
tipos de tabela, 166, 219
verdadeira estrutura de tabela, 220
tabelas organizadas por acúmulo
comparadas a tabelas organizadas por índice, 178
declaração CREATE TABLE, 175
descrição, 175
tipos de tabelas, 165, 175-176
tabelas organizadas por índices, 228
armazenagem de tabelas aninhadas, 211
comparadas a tabelas organizadas por resíduos, 178
declaração CREATE TABLE, 182
descrição, 178
índices secundários, 188
motivos para usar, 178
tipos de tabelas, 165, 178
tabelas relacionais
comparadas a tabelas aninhadas, 206
comparadas a tabelas de objeto, 224
função CURSOR e, 760
vantagens de usar, 759
vistas relativas a objeto e, 753-754, 758-759
tabelas temporárias baseadas em sessão, 213
cláusula ON COMMIT PRESERVE ROWS, 214
tabelas temporárias baseadas em transação, 213
cláusula ON COMMIT DELETE ROWS, 214
tabelas temporárias
CBO e, 216
comparadas a INLINE VIEW, 215
descrição, 213
desvantagens, 214-215
diferenças de tabelas permanentes, 214-215
medindo redo/rollback, 151
pacote DBMS_STATS e, 215
razões para usar, 215
Redo, 151
retorno, 151
tabelas temporárias baseadas em sessão, 213
tabelas temporárias baseadas em transação, 213
tipos de tabela, 166, 212
transações autônomas, problemas com, 579
tabelas V$, sintonizando com, 418-424
tabelas, 165
informações gerais sobre tabelas, 166
introdução, 165
sintaxe, 167
tipos de tabelas, 165
TABLE ACCESS BY INDEX ROWID
comparado a FULL TABLE SCAN, 235
comparado a INDEX RANGE SCAN, 235
tamanho de parâmetro
declaração CREATE CLUSTER, 190-191, 196
temer a incerteza e a dúvida
sobre banco de dados Oracle, 16
tempo, obtenção de tempo para milissegundos
procedimentos armazenados Java, 722

teste de bancada
sintonização, 365
tente de bancada para escalonar, 365
teste de bancada em isolamento, 365
texto de busca
função INSTR, 620-621
interMedia Text, uso, 621
operador LIKE, 620-621
TextServer3
interMedia Text, rápida história, 620
TIMED_STATISTICS
funções analíticas, testando desempenho, 478
sintonização com, 380
tipo ARRAY, Java
impressão de meta dados sobre tipos de array, 714
passado de tipo Oracle DATEARRAY de procedimentos armazenados Java, 711
passado de tipo Oracle NUMARRAY de procedimentos armazenados Java, 711
passado de tipo Oracle STRARRAY de procedimentos armazenados Java, 711
tipo BigDecimal, Java
passado do tipo Oracle Number de procedimentos armazenados Java, 710
tipo Binary Large Object
Veja tipo BLOB.
tipo BLOB, 687
armazenando VARRAYS como, 736
conversões BLOB para VARCHAR2, 901
escrevendo BLOB em disco, 911
procedimento LOB-IO, 690-691
tipo Character Large Object
Veja tipo CLOB.
tipo CLOB, 687
escrevendo CLOB em disco, 911
procedimento LOB_IO, 690
procedimentos armazenados Java, 710
usando tipos de corrente input/output Java com, 713-714
tipo DATEARRAY, Oracle
passando para procedimentos armazenados Java de tipo Java ARRAY, 710
tipo de byte, Java
passado de tipo Oracle RAW de procedimentos armazenados Java, 711-712
tipo de dados PL/SQL
criação de novo tipo de dados PL/SQL, 738-739
encapsulando funcionalidade UTL_FILE, 738-739
tipo de data, Oracle
manipulação usando classe Timestamp, 712-713
passando para tipo Java Timestamp de procedimentos armazenados Java, 850
SQLLDR, dados carregados, 379
tipo de índice CONTEXT
interMedia Text, 628
tipo de índice de catálogo CTXCAT
interMedia Text, 628
interMedia Text, problemas com, 641
tipo de objeto FILETYPE
demonstrando funcionalidade, 736
encapsulando UTL_FILE em noto tipo de dados PL/SQL, 739-740
função CLOSE, 740
função GET_LINE, 741
função OPEN, 739, 740
método isOpen, 741
procedimento WRITE_IO, 739, 742
suportado por pacote PL/SQL, 740
tipo de objeto SocketType
pacote HTTP_PCK, 1021-1022

pacote UTL_TCP, 1044
tipo de string, Java
facilidade de manipulação, 714
passada do tipo Oracle Varchar2 para procedimentos armazenados Java, 710-711
tipo int
procedimentos armazenados Java, 711
problemas com, 716
tipo NUMARRAY, Oracle
passando para tipo Java ARRAY, 711
tipo NUMBER, Oracle
passando para tipo Java BigDecimal procedimentos armazenados Java, 710
tipo RAW, Oracle
armazenando VARRAYS como, 736
passando para tipo de bytes Java, 711
tipo STRARRAY, Oracle
passando para tipo Java ARRAY, 710
tipo Timestamp, Java
passado de tipo Oracle Date para procedimentos, 711
tipo Varchar2, Oracle
conversões de BLOB para VARCHAR2, 901
procedimentos armazenados Java, 710
tipos de coleção, uso
array de busca em tabelas, 746, 749
consultando de rotina PL/SQL, 747
inserindo registros, 746, 750
recursos relativos a objeto, 746
tipos de corrente de input/output Java
usando com tipo CLOB, 714
tipos de dados C
mapeando tipos de dados Oracle para tipos de dados C, 658, 671-672
tabela mapeando tipos externos para tipos C, 664
tipos de dados complexos
JPublisher, 710
procedimentos armazenados Java, 710
tipos de dados externos
tabela mapeando tipos externos para tipos C, 664
tabela mapeando tipos SQL para tipos externos, 663
tipos de dados Java
mapeando tipos de dados Java para tipos de dados SQL, 708
tipos de dados Oracle
BFILE, 687
mapeando tipos de dados Oracle para tipos de dados C, 658, 672
tipo BLOB, 687
tipo CLOB, 687
tipos de dados SQL
mapeando tipos de dados Java para tipos de dados SQL, 708
mapeando tipos de dados Oracle para tipos de dados C, 658, 671
tabela mapeando tipos SQL para tipos externos, 663
tipos de dados, acréscimo
acréscimo de função de membro a tipo, 732
declaração CREATE TYPE, 726-727
recursos relativos a objeto, uso, 726-727
usando novo tipo, 727
tipos de objeto genéricos
direitos de chamador, razões para usar, 828
tipos de objeto
esquemas, copiando, 294-295
pacotes LogMiner, limitações, 931
tabelas de objeto, 219
tipo de objeto FILETYPE, 739
tipo de objeto SocketType, 1044
tipos escalares
procedimentos armazenados Java, 711-712

TKPROF
    analisando consulta, 384
    analisando tempo de desempenho, medindo, 847
    arquivos de controle, uso e interpretação, 391
    funções analíticas, teste de desempenho, 478
    implementando sintonização, 386
    opções de linha de comando, 380
    sintonização com, 380
    tabelas agrupadas residuais, testando desempenho, 197
    uso, 383
TNSLISTENER
    Veja ouvidor Net8.
transações autônomas, 551
    aninhando transações autônomas, 569-570
    banco de dados Oracle, 35
    código modular, 568
    comparadas a transações não-autônomas, 551
    comparadas ao pacote DBMS_JOB, 557
    controle de fluxo transacional
    diretiva PRAGMA AUTONOMOUS_TRANSACTION, 551-552
    disparadores, 555
    encerrando transações autônomas, 575
    erros, 582-583, 568
    escopo, 570
    escrevendo em banco de dados de funções SQL, 560-561
    exemplos rápidos, 551-552
    motivos para usar, 553-554
    mutação de tabelas, como evitar, 556
    problemas com, 577
    savepoints, 575-576
    tentativas para modificar controle de informações seguras, 553-554
transações distribuídas, 122
    limitações, 123
    link de banco de dados, 122
    protocolo de comprometimento distribuído de duas fases, 123
    transações autônomas, problemas com, 577
transações em série
    banco de dados Oracle, 18, 108
    nível de isolamento em série, 108
transações implícitas
    banco de dados Oracle, 118
transações não-autônomas
    comparadas a transações autônomas, 551-552
troca de registro
    arquivos de redo log online, 54-55

U

UGA
    arquitetura de banco de dados, 57
    utilização de teste, 58

UNBOUNDED PRECEDING
    cláusula de janela, 470
Undo
    buffer de redo log, 124
    gerando Undo, 153
    mecanismos transacionais, 124
    segmentos de retorno, 124
    sistema quebra e, 124
    Veja também retorno.
união de compatibilidade
    páginas web, depositando em disco, 1007
    parâmetro UTL_FILE_DIR, 1004-1005
    usando ao invés de DBMS_OUTPUT, 966
    vistas materializadas, 506
User Global Area
    Veja UGA.
usuário OUTLN
    em espaço de tabela SYSTEM por padrão, 437
    movendo de SYSTEM para TOOLS, 438
    otimizador de plano de estabilidade, 438
usuário PERFSTAT
    StatsPack, configuração, 403
utilitário de processos de fundo
    arquitetura de banco de dados, 79
    EMNn, 80
    QMNn, 79
    SNPn, 79
utilitário descarregador PL/SQL
    arquivo de controle, 337
    arquivo de dados, 337
    descarregando dados em formato amistoso SQLLDR, 336
    função RUN, 339
    uso, 342-343
utilitários genéricos, desenvolvendo
    direitos de chamador, razões para usar, 822
    política de segurança, 822
    problemas com, 822
utilização de combinação compartilhada
    direitos de chamador, problemas com, 843-844
    relatório StatsPack, interpretação, 407, 417

V

valor ENFORCED
    parâmetro QUERY_REWRITE_INTEGRITY, 504-505
valor STALE_TOLERATED
    parâmetro QUERY_REWRITE_INTEGRITY, 505
valor TRUSTED
    parâmetro QUERY_REWRITE_INTEGRITY, 505
valores separados por vírgula
    Veja formato CSV.
variáveis de cursor
    cláusula OPEN FOR, 595-596
    consultas de articulação genérica, 488
    SQL dinâmica original, 595

variáveis de espaço de nome
    aplicativo de contexto, 768
variáveis empacotadas
    escopo em transações autônomas, 570
variáveis globais
    aplicativo de contexto, 778-779
VARRAYS
    armazenando, 736
    carregando, 352
    comparados a tabelas aninhadas, 733, 736
    recursos de objeto relacional, 733
    usando, 733-734
Virtual Private Database (VPD)
    Veja Fine Grained Access Control.
vista DBA_DDL_LOCKS
    bloqueios DDL, 99
vista USER_INDEXES
    coluna CLUSTERING_FACTOR, 239
vistas materializadas, 497
    CBO, 498
    combinação exata completa de texto, 506
    combinação parcial de texto, 506
    compatibilidade agregada, 506-507
    compatibilidade de agrupamento, 507
    compatibilidade de união, 506
    configuração, 505
    descrição, 504
    dimensões, 514-515, 517
    exemplo rápido, 499
    metadados, 504
    métodos de reescrita de consulta, 505
    pacote DBMS_OLAP, 519
    privilégios de segurança, 498
    problemas com, 524
    rápida história, 497-498
    razões para usar, 504
    restrições, 507-508
    suficiência de dados, 506
vistas relativas a objeto, 751
    atualização de vistas, 754
    sintetização de vista, 752
    tabelas relacionais e, 753, 758
    tipos de dados, 751-752
    usando vista, 752
    vantagens de usar, 762
vistas sugeridas
    procedimentos armazenados, otimização, 441
vistas
    apresentando vistas de objeto relacional, 725-726
    importando em estruturas com coluna faltando, 289
    importando em estruturas com tipo de dados mudados, 290
    vistas e índices, 253
VPD (Virtual Private Database)
    Veja Fine Grained Access Control.